中国公路学会桥梁和结构工程分会

# 2021年全国桥梁学术会议论文集

主办单位　中国公路学会桥梁和结构工程分会
　　　　　山东高速集团有限公司
　　　　　山东公路学会
协办单位　山东高速沾临高速公路有限公司
　　　　　中交一公局集团有限公司
　　　　　中交一公局海威工程建设有限公司
　　　　　山东省交通规划设计院集团有限公司
　　　　　山东高速路桥集团股份有限公司
承办单位　中交公路规划设计院有限公司
　　　　　中交公路长大桥建设国家工程研究中心有限公司
　　　　　山东高速基础设施建设有限公司
　　　　　山东大学
　　　　　东南大学
　　　　　《桥梁》杂志社

人民交通出版社股份有限公司

北　京

**图书在版编目(CIP)数据**

中国公路学会桥梁和结构工程分会2021年全国桥梁学术会议论文集/中国公路学会桥梁和结构工程分会编.—北京：人民交通出版社股份有限公司，2021.11
　　ISBN 978-7-114-17644-9

Ⅰ.①中… Ⅱ.①中… Ⅲ.①桥梁工程—学术会议—文集 Ⅳ.①U44-53

中国版本图书馆CIP数据核字(2021)第189457号

Zhongguo Gonglu Xuehui Qiaoliang he Jiegou Gongcheng Fenhui 2021 Nian Quanguo Qiaoliang Xueshu Huiyi Lunwenji

| 书　　名： | 中国公路学会桥梁和结构工程分会2021年全国桥梁学术会议论文集 |
| --- | --- |
| 著　作　者： | 中国公路学会桥梁和结构工程分会 |
| 责任编辑： | 张征宇　韩亚楠　赵瑞琴　齐黄柏盈 |
| 责任校对： | 孙国靖　宋佳时　魏佳宁　卢　弦 |
| 责任印制： | 张　凯 |
| 出版发行： | 人民交通出版社股份有限公司 |
| 地　　址： | (100011)北京市朝阳区安定门外外馆斜街3号 |
| 网　　址： | http://www.ccpcl.com.cn |
| 销售电话： | (010)59757973 |
| 总　经　销： | 人民交通出版社股份有限公司发行部 |
| 经　　销： | 各地新华书店 |
| 印　　刷： | 北京市密东印刷有限公司 |
| 开　　本： | 889×1194　1/16 |
| 印　　张： | 69 |
| 字　　数： | 2090千 |
| 版　　次： | 2021年11月　第1版 |
| 印　　次： | 2021年11月　第1次印刷 |
| 书　　号： | ISBN 978-7-114-17644-9 |
| 定　　价： | 180.00元 |

(有印刷、装订质量问题的图书由本公司负责调换)

中国公路学会桥梁和结构工程分会

# 2021年全国桥梁学术会议论文集

## 编 委 会

| | | | | |
|---|---|---|---|---|
| 主　　编 | 张喜刚 | 周　勇 | 徐晓红 | |
| 副 主 编 | 赵君黎 | 王其峰 | 高雪池 | 冯良平 |
| | 刘成海 | 薛志超 | 杨志刚 | 董　滨 |
| | 谭昌富 | 李文杰 | 过　超 | 李会驰 |
| | 阮　欣 | 韩亚楠 | | |
| 审稿专家 | 赵君黎 | 逯一新 | 袁　洪 | 田克平 |
| | 秦大航 | 雷俊卿 | 曾宪武 | 谭昌富 |
| | 韩亚楠 | 魏巍巍 | | |
| 工 作 组 | 杨　雪 | 魏巍巍 | 杜　静 | 周　立 |
| | 胡文萍 | 朱尧于 | 张轩瑜 | 岳秀鹏 |
| 责任编辑 | 张征宇 | 韩亚楠 | 赵瑞琴 | 齐黄柏盈 |

# 目 录

## I 规划与设计

1. 山东桥梁建管养发展综述 ······ 周 勇(3)
2. 山东黄河桥梁建设新进展综述 ······ 徐 召 李怀峰 陈国红 张常勇(17)
3. "智美沾临、品质高速"建设管理实践 ······ 董 滨 刘兆新 杜 健 岳秀鹏(27)
4. 以黄河青海段公路桥梁发展看青海交通强国和生态立省 ······ 刘 强 游 新(35)
5. 黄河宁夏段桥梁发展综述 ······ 杨 辉 孔庆凯 汪 斌(40)
6. 黄河内蒙古段上的桥梁设计及管养特点
 ······ 盛海峰 张 宁 付塔文太 金浩然 吕 婧 马广路 王进田 杨 凯 刘 英 李吉富(48)
7. 沾化至临淄公路黄河大桥方案与技术创新
 ······ 徐 召 王宏博 陈国红 马雪媛 贺 攀 徐常泽 马汝杰(57)
8. 沾化至临淄公路黄河特大桥主桥设计 ······ 王宏博 陈国红 贺 攀(66)
9. 沾化至临淄公路黄河特大桥主桥设计阶段 BIM 技术应用研究
 ······ 张常勇 岳秀鹏 李心秋 董永泉 窦金锋 王文帅(73)
10. 黄茅海跨海通道工程高栏港大桥总体设计
 ······ 梁立农 孙向东 万志勇 徐德志 杜 磊 谭巨良(77)
11. 中国古桥特殊桥型与创造发明新发现的概述 ······ 王琪栋 罗关洲(91)
12. 连续钢箱梁桥结构及构造细节设计 ······ 方卫国(101)
13. 基于顶推施工的变曲率变截面钢箱梁设计 ······ 展丙来(110)
14. 整体预制工字形钢板组合梁设计及关键技术 ······ 展丙来 毛和光 凌晓政(115)
15. 无腹筋 UHPC-NC 桥梁的设计与实践 ······ 杨 晔 晏 辰(120)
16. 旧桥通航防撞能力提升设计分析 ······ 胡秀月 姚永健(126)
17. 大跨径钢桁梁桥的创新与安全 ······ 任自放 周海成 元 磊 袁鸿钊(134)
18. 临猗黄河大桥钢箱组合梁桥设计关键技术研究 ······ 韩 锋 杨 华(143)
19. 宁波舟山港主通道北斗卫星定位系统 GNSS 连续运行参考站的建设及应用
 ······ 朴 泷 张兴志 孙英杰 许超铃 方明山(150)
20. 高烈度区长联大跨连续梁桥减隔震方案分析
 ······ 陈露晔 杨世杰 欧阳静 陆潇雄 宋志远 袁江川(159)
21. 复杂异形钢构桥梁数字建造关键技术及应用
 ······ 李久林 林佳瑞 徐 浩 杨国良 何辉斌 闫克宵(168)
22. 江苏省平安百年品质工程建设研究——大跨索承桥梁系列技术创新与应用
 ······ 江苏省交通运输厅平安百年桥梁工程建设研究专题组(177)
23. 宁夏叶盛黄河大桥主桥设计关键技术 ······ 赵英策 孔庆凯(183)
24. 钢桁梁桥参数化 BIM 模型创建方法研究及其应用
 ······ 王文帅 许 勇 李正博 赵昌勇 徐 润(190)
25. 高速公路改扩建工程中桥梁抬高设计研究 ······ 柳 磊 刘 燕 赵海燕 王咸临(195)

26. 灌注桩智能后压浆技术在沾化至临淄公路中的设计与应用
 ························· 姜美文　罗小宝　邓　煜　李炙彬　刘　燕　朱建民(198)
27. 扩盘桩在桥梁超大直径桩基础中的设计与应用研究
 ································· 王海山　冉　衡　闫见华　仲浩然　刘　燕(204)
28. 泡沫混凝土在黄河冲积平原地区桥头路基处理中的设计与应用
 ································· 张　冉　王　健　宋玉鑫　宋晓莉　刘　燕(209)
29. 简支钢桁架桥在沾化至临淄高速公路上的应用 ········ 赵洪蛟　徐常泽　王洺鑫　张玉涛(212)
30. 沾化至临淄公路黄河大桥跨大堤桥设计 ·························· 徐常泽　张玉涛　李云鹏(219)
31. 沾化至临淄公路黄河大桥景观设计 ············ 陈国红　王宏博　刘　谦　朱世超　李心秋(223)
32. 沾化至临淄公路黄河大桥滩地引桥设计 ·························· 马雪媛　徐　召　王志英(231)
33. 基于高速公路改扩建中高挡墙窄拼路段的装配化桩板结构设计
 ············································· 李炙彬　李　壮　罗小宝　于　坤(234)
34. 宜昌柴埠溪大桥主桥方案比选 ·························································· 袁任重(239)
35. G108国道禹门口黄河公路大桥水文分析与设计优化 ············ 毛和光　侯　旭　王　技(247)
36. 试论高速公路建设工程自动化计量系统设计与实现 ···· 许　勇　赵昌勇　甄倩倩　肖　飞(254)

## II　施工与控制

1. 大跨度连续钢桁梁起拱方法的探讨与应用 ······················································ 高俊娟(263)
2. 双整体节点弦杆制造技术 ······································································ 李长杰(270)
3. 浅谈公路桥梁预制拼装桥墩建造技术 ························ 王志刚　倪四清　曾玉昆(277)
4. 鸡鸣三省大桥上承式拱桥斜拉扣挂悬臂浇筑施工 ·········· 韩卫民　白诗玮　王翔圣　张旭云(284)
5. 华丽高速公路金安金沙江大桥跨山区峡谷加劲梁悬索桥施工
 ······································· 韩卫民　白诗玮　常　勇　张旭云(287)
6. 大跨曲线预应力混凝土转体斜拉桥施工及控制关键技术 ···················· 郑建新　孙南昌(290)
7. 微型桩在桥梁基础施工中的应用和研究 ··················································· 徐　磊(295)
8. 大跨径U形节段预制波形钢腹板组合箱梁桥悬臂施工技术
 ······················· 陈加富　刘　朵　邓文琴　侯　爵　杨红成　张建东(300)
9. 西安建材北路跨灞河悬索桥空间缆双鞍槽主索鞍制造技术研究
 ············································· 石红昌　苏　兰　曾清健　黄安明(306)
10. 某高速公路60m跨Ⅱ形钢-混组合梁组拼与架设技术 ································· 周外男(312)
11. 一种新型大挑臂快速安装的轻型钢-混凝土组合盖梁 ···················· 项贻强　高超奇(319)
12. 预制桥面板间横向湿接缝的预压应力储备问题分析
 ······················· 俞承序　李　微　南松霖　高　峰　徐　栋(324)
13. 预制拼装空心墩的研究与工程应用 ············ 周　良　胡　皓　葛继平　闫兴非　张　涛(330)
14. 大体积混凝土均质化温度场施工应用技术研究 ······························· 吕骁阳　吕振国(334)
15. 深水埋入式承台无封底混凝土吊箱围堰施工技术 ··························· 石　兵　邓志深(339)
16. 大跨铁路叠合梁斜拉桥上部结构施工控制技术研究 ············ 周仁忠　黄　灿　郑建新(348)
17. 恶劣海况与复杂地质条件下跨海大桥深水基础施工关键技术 ············ 谭世霖　王志红　郭仁杰(356)
18. 大跨径连续刚构梁桥施工监控技术研究 ······················ 张利永　吕新亮　贾文杰(366)
19. 基于BIM应用的三峡库区大跨径悬索桥钢箱梁吊装技术研究 ································· 张　勇(371)
20. 自锚式悬索桥超宽长联钢箱梁智能顶推技术研究 ············ 吕昕睿　朱金柱　李　浩(378)
21. 大悬臂盖梁反拉法装配施工技术和应用 ······················ 王　兵　万　星　沈　殷(383)

22. 分块预制桥面板安装顺序优化方法 …………………………… 朱凌峰　朱志鹏　易岳林　阮　欣(390)
23. 南京仙新路过江通道深大锚碇基础施工关键技术 …………… 夏　欢　苏小龙　郭佳嘉　张国浩(397)
24. 大跨径梁拱组合刚构桥下弦拱梁挂篮选型及施工应用
　　 ………………………………………………………… 秦宗琛　李亚勇　张　斌　王　蓬　张　锐(402)
25. 常泰长江大桥主塔沉井出坞浮运施工关键技术 ………………………… 张　磊　吴启和　韩鹏鹏(409)
26. 顶推施工中预应力混凝土箱梁的开裂风险分析 ………………………… 朱绪江　郭　健　傅宇方(416)
27. 分离立交桥梁断柱顶升改造施工技术研究 ……………………… 刘　航　张新锋　李　通　董　锐(422)
28. 冬季施工混凝土质量控制措施 …………………………………… 杨榕城　林柏飞　周　雪　范晓华(427)
29. 盘扣支架工程应用性能分析研究 ……………………………………………………… 黄永亮　阳　洋(434)
30. 新型插入式牛腿托架在方墩盖梁中的运用 ………………………………………… 杨智勇　李月祥(439)
31. 粉砂地质条件下受限空间超大变径固结扩盘桩施工技术 ……………… 金晓宇　李兴林　刘　隆(445)
32. 特殊地质施工条件下超大变径固结扩盘桩垂直度测量技术研究 ……… 肖　得　李兴林　李月祥(456)
33. 浅谈U形拉森钢板桩围堰施工技术 …………………………………… 乔天飞　郑广顺　张晓郝勇(463)
34. 大跨径钢桁梁施工技术研究 ……………………………………………… 乔天飞　樊　露　刘　隆(473)
35. 移动式台座流水线预制箱梁施工技术 …………………………………… 杨　志　黄金涛　郑广顺(490)
36. 大跨径钢桁梁制作加工施工技术 ………………………………… 程海涛　乔天飞　樊　露　于　浩(495)
37. 降低箱梁腹板垫块阴影频率的研究 ……………………………… 樊　露　乔天飞　刘　浩　于　浩(508)
38. 简支钢混组合梁制造技术研究 …………………………………………… 唐思杰　陈　光　王鹏程(515)
39. 简支钢混组合梁整跨吊装施工技术 ……………………………… 宋梦楠　陈清立　罗曼丽　王鹏程(523)
40. 桩基后压浆施工技术应用 ………………………………………………… 肖付龙　杨　志　杨海淼(530)
41. 大跨径斜拉桥H形主塔主动横撑优化设计研究 …………………………… 张　奔　苏文明　杨海淼(538)
42. 锥套锁紧钢筋连接套筒在工程中的技术应用 …………………………… 陈　刚　邢学涛　李高波(543)
43. 大直径预应力管桩在公路桥梁基础中的应用 ………………………………………… 冯少杰　刘培元(548)
44. 变截面钢混组合梁施工技术研究 ………………………………… 齐勤华　耿汝超　洪增辉　刘培元(553)
45. 护栏自动喷淋养生台车的应用 …………………………………………… 陈庆明　朱　颖　窦文强(560)
46. 大跨度斜拉桥钢混组合梁施工关键技术及质量控制研究 …………………………… 王　岩　关忠国(564)
47. 工字形钢-混凝土组合简支梁施工工艺探究 …………………… 邢兰景　史继鹏　朱世超　甄倩倩　窦文强(569)
48. 钢混梁施工过程中监理工作的控制要点 ……………………………………………… 王丰亮　刘汉成(579)
49. 108m钢桁梁桥顶推施工稳定性分析 ………………………………………………… 范吉高　张轩瑜(583)
50. 双索面钢-混组合梁斜拉桥主塔施工质量控制研究 …………… 徐鑫达　洪增辉　耿汝超　朱　颖(590)
51. G108线禹门口黄河公路大桥主塔横梁支架设计及施工技术研究 …………………… 薛平安　梁建军(598)
52. G108线禹门口黄河公路大桥边跨合龙关键技术 ……………………………………………… 梁建军(603)
53. 国内首座超高性能混凝土(UHPC)箱形拱桥 …………………………… 韩　玉　翁贻令　解威威(607)
54. 工业化箱形拱形通道的设计与施工 ……………………………… 陈　瑶　陈露晔　廖刘算　吴淀杭(613)
55. 山区高等级公路工业化桥梁设计与快速施工
　　 …………………………………………………… 陈露晔　陈　瑶　陆潇雄　杨世杰　宋志远　袁江川(619)
56. 高速公路改扩建混凝土保通桥梁循环利用设计及施工技术
　　 ……………………………………………………………………… 王同卫　王咸临　刘　燕　宋玉鑫(628)

## Ⅲ　结构分析与试验研究

1. 超宽翼缘板斜裂缝成因分析 ………………………………………………………………………… 汪来发(637)

2. 组合后压浆对大直径钻孔灌注桩承载特性影响的现场试验研究
　　　　　　　　　　　　　　　　　　　　　　岳秀鹏　李　壮　李夕林　王海山　钱晓楠(642)
3. 常规桥梁立柱盖梁节点区钢筋配置优化研究 …………… 杜引光　凌之涵　程　坤　屠科彪(645)
4. UHPC湿接缝连接节段拼装护栏耐撞性能研究 ……… 李志勇　徐志荣　王松林　李应根　罗　征(652)
5. 单索面斜塔异性曲线钢箱梁悬索桥风致振动控制研究
　　　　　　　　　　　　　　　　　　　　　　　　王　威　傅立磊　陈　斌　赵永军　刘世忠(656)
6. 基于体内力影响矩阵的斜拉桥成桥索力能量法自动化调索和索力优化 ……………………… 阴存欣(663)
7. 梁式桥桥墩计算长度系数研究 ……………… 董佳霖　郭斌强　余茂锋　沈小雷　马芹纲(669)
8. 悬浮隧道车—隧—流耦合振动模型试验设计及分析 …… 项贻强　林　亨　白　兵　陈政阳(676)
9. 悬浮隧道车—隧耦合振动响应的数值模拟分析 ……… 林　亨　项贻强　白　兵　陈政阳　杨　赢(684)
10. 长大混凝土桥梁长寿命沥青铺装设计与组合结构路用性能试验研究
　　　　　　　　　　　　　　　　　　　　　　　　　　　　　　　　钱　杰　张　辉　李　娣(692)
11. 十年重载运营下环氧沥青钢桥面铺装耐久性评估研究 …… 张　辉　周橙琪　李　镇　张志祥(698)
12. 波纹钢腹板组合槽型梁动力特性研究 ……………………… 熊永明　杨子晔　杨　明　田林杰(706)
13. 分体式散索鞍制造技术研究 ……………………………………… 石红昌　曾清健　黄安明(715)
14. 基于空间网格模型的桥梁加宽受力分析 ………………… 孙承林　邱体军　唐国喜　徐　栋(721)
15. 陶粒轻质混凝土在公路桥梁中的应用研究 ……………………… 孙运国　郑连生　杜建涛(726)
16. 一种新型短束预应力混凝土技术研究与开发 …………… 王　勇　朱春东　张　伟　贾洪波(733)
17. 主梁间距对钢板组合梁桥面板受力性能的影响分析 …… 俞承序　秦立新　白万鹏　徐　栋(736)
18. 常泰长江大桥主塔结构偏心影响与稳定性分析 ……… 黄　侨　郑　兴　陆荣伟　樊梓元　宋晓东(743)
19. 船桥碰撞中的船舶简化模型影响因素研究 …………… 曹家铖　黄　侨　宋晓东　葛　晶　蒋　浩(750)
20. 多支点不平衡转体中斜拉桥支撑体系受力行为研究
　　　　　　　　　　　　　　　　　　　　　　孙全胜　顾子丰　刘　萌　孔丹丹　郭　阳(757)
21. 刚柔复合型钢桥面铺装系服役感知大数据融合分析
　　　　　　　　　　　　　　　　　　　　　　孔　燕　蒋　波　周　伟　孔令林　李　娣　张　辉(767)
22. 某钢-混组合梁桥面板混凝土开裂问题分析 ………………………………… 齐怀展　王　蕊(774)
23. 人行悬带桥运营阶段受力分析 ………………………………… 石雪飞　彭佳伟　朱　荣(779)
24. 复合材料——钢-混凝土组合实心墩柱及节点构造研究 …… 王吉吉　胡　皓　傅俊磊　田　浩(785)
25. 喷射UHPC加固既有RC梁抗弯性能研究 …………… 李　刚　杨荣辉　程飞翔　张国志(791)
26. 基于精细化有限元模型的锚跨索股频率-索力计算分析
　　　　　　　　　　　　　　　　　　　　　　周昌栋　高玉峰　郑　红　高润坤　张　波(800)
27. 节段装配式扶壁挡土墙结构静力力学性能研究 …………………………… 苏　昶　石雪飞(807)
28. 大跨悬索桥主缆钢丝加速腐蚀及腐蚀规律研究 ……… 傅俊磊　洪　华　曹素功　田　浩(816)
29. 京台高速公路(北京段)桥梁钻孔灌注桩试桩研究与应用 ……… 潘可明　王　航　张　为(822)
30. 组合钢板梁桥桥面板横向弯矩分布特性分析 ……………… 田　畅　向　达　刘玉擎(830)
31. 基于焊根处关键测点应力变化的钢桥面板纵肋顶板焊接细节疲劳失效判据研究
　　　　　　　　　　　　　　　　　　　　　　　　　　　　　　　　　　　　吴晓东　黄　灿(836)
32. 大跨径钢桥桥面铺装黏结机理与设计研究——以嘉鱼长江公路大桥为例
　　　　　　　　　　　　　　　　　　　　　　　　　　　　　　　程　斌　林贤光　邓丽娟(843)
33. 桥梁超大型沉井基础水动力性能评价和结构选型研究 …… 魏　凯　裘　放　秦顺全　蒋振雄(849)
34. 钢箱梁桥静载试验校验系数影响因素分析 …………… 何连海　周海川　刘　鹏　张建东(857)
35. 公路钢桁梁桥疲劳易损部位分析 ……………………………… 李传喜　姚　悦　吉伯海(860)
36. 自动补偿扭转效应的钢丝绳吊索电磁弹式索力传感器的研发 …… 魏　巍　段元锋　段元昌(866)

37. 基于各国规范的预应力筋松弛损失计算方法对比分析 …………………………… 武时宇 刘 钊(874)
38. 中欧公路桥梁抗震规范加速度反应谱对比分析 ……………………………………… 李佳滕 刘 钊(882)
39. 桥梁装配式预应力混凝土护栏研发 …………………………… 常志军 宋广龙 杜艳爽 金秀男(889)
40. 车辆荷载作用下钢箱梁焊缝应力响应特性研究 ……………………… 吴 飞 尹华杰 裴辉腾(895)
41. 正交异性钢箱梁桥疲劳损伤机理和结构铺装 ………………………… 郝 苏 徐 剑 朱尧于(900)
42. UHPC 钢纤维分布检测与抗弯性能有限元模拟
 …………………………………………… 张天野 岳秀鹏 樊健生 董永泉 肖靖林 窦文强(910)
43. 超大变直径扩盘桩基混凝土配合比设计与应用研究 ……………………………… 高建新 杜安裔(916)
44. UHPC 桥面板抗弯性能足尺试验 ……………… 张天野 杜 健 肖靖林 窦金峰 樊健生 徐长靖(924)
45. 养护工艺对超高性能混凝土(UHPC)性能影响研究 ………………… 徐兴伟 刘锦成 王阳春(929)
46. 中外钢桥梁规范疲劳设计对比分析 ……………………… 陈艺璇 刘 朋 赵 健 安路明 王元清(934)
47. 非保向力对明珠湾大桥恒载作用下稳定性分析 …………… 陆鸿萍 刘 朋 赵 健 安路明 王元清(941)
48. 黄埔大桥承重缆索抗火防护技术 …………………………… 赵 超 姚健勇 孟伟毅 阮 欣(946)
49. 开封市 S213 线开封黄河公路大桥改造加固设计研究 ………………… 高洪波 胡承泽 丁志凯(952)
50. 面向建设需求的超高性能混凝土力学指标控制研究 …………… 徐 召 王宏博 马汝杰 陈 昊(959)

## IV 养护管理、检测、加固及其他

1. 基于长标距 FBG 传感器的混凝土梁监测技术研究 …………………… 王亚奇 欧阳歆泓 丁文胜(967)
2. 圆钢管 K 型节点 FRP 加固的应力集中效应分析 …………………………… 李雯雯 熊治华 孟 扬(972)
3. 基于远程视频的润扬大桥动态线形监测与动力特性参数识别
 …………………………………………… 袁守国 张伊青 马志国 李枝军 汤啸天 张建东(981)
4. 常泰长江大桥沉井施工智能监控系统研发与应用 ………………………………… 李 浩 吕昕睿(989)
5. 正交异性钢桥面板疲劳损伤开裂与维修加固研究 …………………… 雷俊卿 黄祖慰 郭姝伦(994)
6. 已有锈蚀栓钉连接件推出试验结果的重新评估 ………………………… 何东洋 徐骁青 谭红梅(1000)
7. 宁夏黄河公路桥梁养护与管理实践 …………………………………………………… 王晓东 李正武(1007)
8. 基于信息模型的常规结构桥梁健康监测与智能巡检技术应用
 ……………………………………………………………… 葛胜锦 牛天培 闫 龙 傅 琨(1010)
9. 结合交通荷载机器视觉融合监测的桥梁群数字孪生系统 …… 淡丹辉 应宇锋 葛良福 官 华(1014)
10. 大跨悬索桥涡振事件的监测、智慧感知和在线预警 …………… 淡丹辉 李厚金 官 华 吴向阳(1021)
11. 黄河下游(山东段)黄河公路大桥养护管理技术发展与创新
 ……………………………………………………………… 李怀峰 张运清 吴军鹏 孟 涛(1028)
12. 基于 BIM + GIS 的高速公路建设项目协同管理系统应用 …… 高立勇 岳秀鹏 董永泉 窦金锋(1037)
13. 浅谈全寿命周期管理在公路和桥梁工程项目中的应用 ……………………………… 刘兆新 窦金锋(1042)
14. 绿色公路建设管理效果综合评价研究 ………………… 常发岗 岳秀鹏 徐长靖 夏建平 李 晨(1045)
15. 信息化在高速公路质量管控中的综合应用
 …………………………………… 常发岗 岳秀鹏 徐长靖 闫 凝 肖 飞 董士山(1051)
16. 旧桥拓宽改造风险评估与控制 ……………………………… 范海宾 葛 飞 王卫东 董 锐(1061)
17. 旧桥加固技术在高速公路改扩建工程中的应用研究 …………… 邢兰景 朱世超 甄倩倩 张 晓(1068)
18. 既有连跨石拱桥的结构状态评定与加固设计研究
 ……………………………………………………… 杨 强 李 壮 赵 耿 于 坤 王海山(1075)
19. 钢管混凝土系杆拱桥的浮托牵引拆除 ………………………………… 徐建秋 陈 祺 冯泉钧(1083)

# Ⅰ 规划与设计

# 1. 山东桥梁建管养发展综述

周 勇

(山东高速集团有限公司)

**摘 要** 论文梳理了山东桥梁的发展历程,即手工业生产、半工业化生产、工业化生产、智能化建造4个阶段。从建设、管理、养护等方面总结了斜拉桥、悬索桥、拱桥、梁式桥等不同桥型在山东的发展实践,列举了部分跨线、跨河、跨湖、跨海大桥的工程概况、技术特点、创新内容及管养状况。论文对今后一段时间山东乃至全国桥梁的规划、建设、管理、养护具有一定的指导意义。

**关键词** 山东桥梁 建设 管理 养护 发展

## 一、山东桥梁发展历程

山东省位于中国东部沿海、黄河下游,境域包括半岛和内陆两部分,山东半岛突出于渤海、黄海之中,同辽东半岛遥相对峙;内陆部分自北而南与河北、河南、安徽、江苏4省接壤;全省陆域面积15.79万 $km^2$,截至2019年末总人口常住人口10070.21万人,地区生产总值71067.5亿元。

2018年1月,国务院批复《山东新旧动能转换综合试验区建设总体方案》,将山东省全境划定为新旧动能转换综合试验区,包括济南、青岛、烟台三大核心城市,14个设区市的国家和省级经济技术开发区、高新技术产业开发区以及海关特殊监管区域,形成"三核引领、多点突破、融合互动"的新旧动能转换总体布局。2020年8月31日,中共中央政治局审议通过《黄河流域生态保护和高质量发展规划纲要》。作为黄河流域经济强省,山东发展又迎来了一次历史性机遇。

在新旧动能转换、黄河流域高质量发展背景下,《山东省"十四五"综合交通运输发展规划》提出:"山东在交通强国建设新征程中走在全国前列,初步建成安全、便捷、高效、绿色、经济的现代化综合交通运输体系,沿黄达海、连通全球的双循环战略支点作用充分发挥,成为东北亚乃至'一带一路'的综合交通枢纽。""在巩固提升既有'四横五纵'综合运输通道的基础上,推动形成'四横五纵沿黄达海'十大通道"。"畅通济南新旧动能转换起步区内通外联主通道,支撑打造黄河流域生态保护和高质量发展先行区"。"完善提升京杭运河、小清河、新万福河等'一纵两横、三干多支'航道网,扩大航道通达范围,提升标准等级。"

桥梁作为道路跨越山河湖海的"关节",一直是综合交通体系基础设施建设的重点。建成于20世纪80年代初的济南黄河公路大桥是我国大跨径预应力混凝土斜拉桥的开山之作,并服役至今。建成于1987年的东营胜利黄河大桥是我国第一座钢混组合桥塔钢箱梁斜拉桥,经过近期的换索大修也即将焕发新的活力。

回首新中国成立后山东桥梁建设70年,其技术发展大致可以分为4个阶段。

1. 桥梁建造1.0时代——手工业生产

本阶段时间跨度较长,自新中国成立后一直持续到改革开放前。由于生产力水平较低,桥梁建设以满足交通功能为主,追求经济性,不重视环保和桥梁景观,有以下显著特点:

(1)桥梁结构类型较为贫瘠,以中小跨径梁桥为主。

(2)设计手段原始,使用计算尺进行设计计算、手工绘图;设计理论不完善,以容许应力法为主。

(3)施工装备差,机械化程度低,多采用人海战术。

(4)建筑材料强度较低,下部结构多采用圬工结构;索结构多为现场制作、水泥浆简单防护。

(5)桥梁管养工作较为粗犷,以外观检查、小修保养为主。

这一时期建造的典型桥梁有山东临清县(今临清市)先锋大桥(图1)、山东沂水县初元大桥(图2)、济南纬二路天桥(图3),这三座桥均仍在服役。

图1　山东临清县(今临清市)先锋大桥(1959年建成,55m跨系杆拱桥)

图2　山东沂水县初元大桥(1966年建成,钢筋混凝土板桥)

图3　济南纬二路天桥(1975年建成,双曲拱桥)

## 2. 桥梁建造2.0时代——半工业化生产

本阶段主要集中在改革开放以后至21世纪初。桥梁建设除满足交通功能外,对桥梁耐久性重视程度进一步提高,有以下显著特点:

(1)桥梁结构体系不断丰富,大跨径桥梁不断涌现。

(2)设计手段提升,计算机辅助计算、绘图,设计效率不断提升;设计理论趋于完善,从容许应力法向概率极限状态法过渡。

(3) 施工装备制造水平及自动化程度显著提高,人工占比下降明显。

(4) 建筑材料性能提升,混凝土及钢材强度进一步提高,下部结构普遍采用钢筋混凝土结构,上部结构采用预应力钢筋混凝土或钢结构;索结构采用成品索居多,基本摒弃了水泥浆防护方式转而采用热挤聚乙烯防护(PE护套)。

(5) 桥梁管养逐步走向成熟,结构检测及评估技术全面提升,基本实现了纠正性养护。

东营胜利黄河大桥(图4)、滨莱高速公路樵岭前大桥(图5)、济南纬六路跨铁路大桥(图6)均在这一时期建成。

图4　东营胜利黄河大桥(1987年建成,钢塔钢箱梁斜拉桥)

图5　滨莱高速公路樵岭前大桥(1999年建成,连续刚构)

图6　济南纬六路跨铁路大桥(2004年建成,预应力混凝土斜拉桥)

3. 桥梁建造3.0时代——工业化生产

本阶段从21世纪初持续至今。桥梁建设对桥梁的耐久性、低碳环保、造型美观提出了更高的要求,有以下特征:

(1) 桥梁结构体系及关键构件设计继续创新和发展,创新桥型在大跨径桥梁中得到应用。

(2)设计进入精细化阶段,计算机仿真分析、三维构图技术成熟完善;设计理论和方法基本完善,概率极限状态法全面应用,正在向基于性能的设计方法发展;设计理念也已从可靠性设计向全寿命周期转变。

(3)施工装备种类齐全、规格完善,自动化水平较高;大直径钻孔桩、预应力高强度混凝土(PHC)管桩、大型群桩基础等施工技术与装备已较为成熟;混凝土箱梁预制与钢箱梁制造已达到数字化制造要求,形成了以多点同步柔性顶推和桥面吊机悬臂架设为代表的主梁架设成套技术;装配化施工基本实现。

(4)建筑材料的发展已达到国际先进水平,C50~C60混凝土已广泛应用,纤维混凝土、轻质混凝土、超高性能混凝土逐渐得到应用;高强度高性能钢材(Q355、Q370、Q420)应用不断加速;高强度缆索(1770~1960MPa钢丝、1860MPa钢绞线)在工程中得到应用。

(5)桥梁管养方面,建立了预防性养护为主、纠正性养护为辅的两级方法;监测技术、评估鉴定技术、加固技术日臻成熟。

胶州湾大桥(图7)、青兰高速公路东阿黄河大桥(图8)均体现了这一阶段桥梁建设的特点。

图7 胶州湾大桥(2011年建成,海上互通立交)

图8 青兰高速公路东阿黄河大桥(2019年建成,钢混组合梁斜拉桥)

4. 桥梁建造4.0时代——智能化建造

本阶段是面向未来的智能桥梁建造时代,有以下特征:

(1)本阶段桥梁建设和管养基本实现无人值守的智能化。

(2)以信息技术为手段,以建筑信息模型(BIM)为载体,实现桥梁设计完全数字化、信息化;将参数化的力学模型及其分析成果与几何模型包含构件信息和连接细节全部集成到同一平台下,通过大数据、云计算和人工智能等先进技术,形成智能桥梁设计。

(3)通过焊接机器人、钢筋骨架智能制造、混凝土3D打印等技术的推广应用,实现主要桥梁构件的智能加工;以无人集装箱码头的技术应用现状为参考图景,通过施工装备的信息化提升和系统集成,实现构件安装的无人工地。

(4)继续研发高性能钢材和混凝土、大型纤维复合材料(FRP)和形状记忆合金(SMA)等适用于智能桥梁的材料技术。

（5）在桥梁管养方面，稳定可靠、长寿命、数据承载容量大、交互能力强的结构安全检测系统得到广泛应用，结合养护智能决策系统，实现桥梁工程全寿命周期的风险感知、快速响应和智能管理。

位于美国纽约州的马里奥·科莫州长大桥（Mario M. Cuomo Bridge）为智能桥梁建造树立了典范。大桥应用的先进技术系统（图9）包括：结构健康监测（SHM）系统、交通管理系统、照明系统、全电子收费（AETC）系统、建筑信息模型（BIM）系统和资产管理系统。

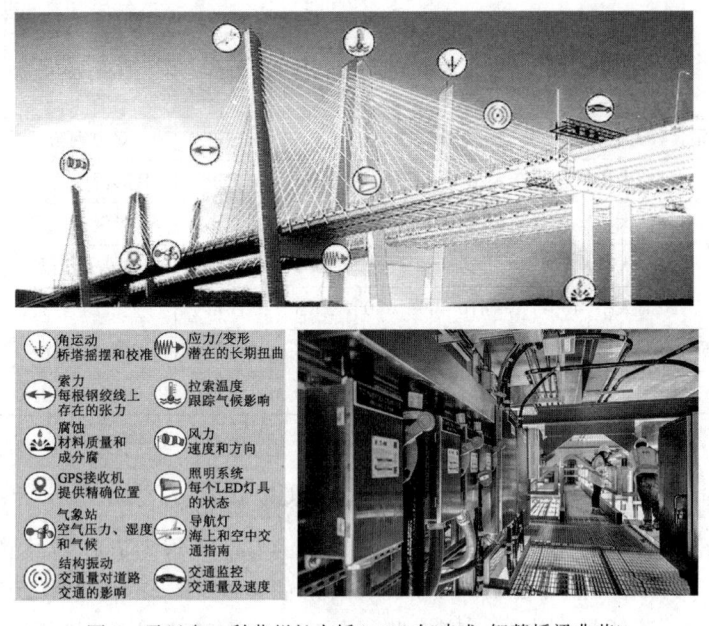

图9　马里奥·科莫州长大桥（2020年建成，智慧桥梁典范）

## 二、斜拉桥在山东的发展实践

### 1. 概述

自1982年建成G104京岚线济南黄河公路大桥以来，斜拉桥在山东省得到了快速发展，陆续建成了10余座跨海、跨江、跨湖、跨线大桥。山东的斜拉桥具有以下特点：

（1）桥梁以中等跨径为主，最大主跨不超过500m。

（2）主梁有混凝土箱梁、钢箱梁、钢混组合梁等多种形式，有PK断面、双边箱断面、Π形断面等。

（3）桥塔有独塔、双塔、三塔等不同布置方式，以混凝土桥塔为主，1987年建成的东营胜利黄河大桥采用了钢-混凝土组合桥塔。

（4）斜拉索有中央索面、双索面等形式，并以竖琴形、扇形密索体系为主；也由早期的灌浆防护平行钢丝发展到热挤聚乙烯平行钢丝、环氧钢绞线等成品索。

山东省建成的斜拉桥基本参数见表1。

山东斜拉桥概表　　　　　表1

| 序号 | 桥　名 | 类型 | 跨径组合<br>(m) | 桥宽<br>(m) | 桥塔<br>形式 | 主梁形式 | 拉　索 | 建成时间<br>(年) |
|---|---|---|---|---|---|---|---|---|
| 1 | 济南黄河公路大桥 | 跨河大桥 | 40+94+220+94+40 | 19.5 | H形 | PK断面混凝土梁 | 平行钢丝灌浆 | 1982 |
| 2 | 东营胜利黄河大桥 | 跨河大桥 | 60.5+136.5+288+<br>136.5+60.5 | 19 | H形钢塔 | 双边箱钢梁 | 平行钢丝成品索<br>（日本进口） | 1987 |
| 3 | 利津黄河公路大桥 | 跨河大桥 | 40+120+310+120+40 | 20.8 | H形 | Π形混凝土梁 | 平行钢丝成品索 | 2001 |
| 4 | 滨博高速公路<br>滨州黄河大桥 | 跨河大桥 | 2×42+2×300+2×42 | 30.7 | 独柱 | 混凝土梁 | 平行钢丝成品索 | 2004 |

续上表

| 序号 | 桥 名 | 类型 | 跨径组合（m） | 桥宽（m） | 桥塔形式 | 主梁形式 | 拉 索 | 建成时间（年） |
|---|---|---|---|---|---|---|---|---|
| 5 | 济南纬六路高架桥 | 跨线大桥 | 62+120+380+120+62 | 30 | A形 | Π形混凝土梁 | 平行钢丝成品索 | 2004 |
| 6 | 青银高速公路济南黄河大桥 | 跨河大桥 | 60+60+160+385 | 40.8 | A形 | 钢箱梁 | 平行钢丝成品索 | 2008 |
| 7 | 建邦黄河大桥 | 跨河大桥 | 53.5+56.5+2×300+56.5+53.5 | 30.5 | 独柱 | 混凝土箱梁 | 平行钢丝成品索 | 2010 |
| 8 | 胶州湾大桥红岛航道桥 | 跨海大桥 | 2×120 | 54.5 | 独柱 | 双边钢箱 | 平行钢丝成品索 | 2011 |
| 9 | 海阳海即大桥 | 跨海大桥 | 88+200+88 | 26.9 | A形 | Π形混凝土梁 | 平行钢丝成品索 | 2012 |
| 10 | 临沂临工大桥 | 跨河大桥 | 100+230+100 | 30 | H形 | Π形混凝土梁 | 平行钢丝成品索 | 2014 |
| 11 | 威海香水河大桥 | 跨河大桥 | 80+180+80 | 26.5 | 独柱塔 | 混凝土箱梁 | 平行钢丝成品索 | 2016 |
| 12 | 济齐黄河大桥 | 跨河大桥 | 40+175+410+175+40 | 35.5 | H形 | 钢混组合梁 | 平行钢丝成品索 | 2018 |
| 13 | 青兰高速公路黄河大桥 | 跨河大桥 | 180+430+180 | 35.5 | A形 | 钢混组合梁 | 平行钢丝成品索 | 2019 |
| 14 | 南四湖大桥 | 跨湖大桥 | 95+210+95 | 31.9 | H形 | PK断面混凝土梁 | 平行钢丝成品索 | 2020 |

## 2. 工程案例

1) 预应力混凝土斜拉桥代表——国道104济南黄河公路大桥

国道104京岚线济南黄河公路大桥（图10）全长2023.44m，主桥为五孔连续预应力混凝土箱梁双塔双索面斜拉桥，跨径组合为(40+94+220+94+40)m，桥面全宽19.5m。主跨220m是当时亚洲跨径最大的预应力混凝土斜拉桥，该桥是国内第一座大跨径预应力混凝土斜拉桥，是我国现代斜拉桥的里程碑。

大桥采用漂浮体系、带风嘴的分离双室梯形截面主梁、平行钢丝拉索及冷铸锚、拉索在塔端交叉锚固方式，取得多项创新成果，在设计与施工方面为斜拉桥的快速发展积累了宝贵经验。该桥于1982年获建设部国家优秀设计奖、国家优秀工程奖，1985年获国家科技进步奖一等奖。

大桥建成以来进行了数次维修，主要包括：①1995年更换全桥斜拉索；②2003年维修主桥人行道；③2009年更换主桥桥面铺装；④2012年、2013年主桥小修保养；⑤2018年主桥局部进行了维修加固。目前，大桥由济南市道路和桥隧服务中心管理和养护。

2) 钢箱梁斜拉桥代表——青银高速公路济南黄河大桥

青银高速公路济南黄河大桥（图11）位于山东省济南市北部，是青银高速公路跨越黄河的一座特大桥梁，在国家及山东省公路运输网中均占有重要地位。大桥设计标准为八车道高速公路，设计速度120km/h，桥梁标准宽度40.5m。桥梁全长4473.04m，其中主桥跨径布置为(60+60+160+386)m，为独塔双索面钢箱梁斜拉桥。

图10 国道104京岚线济南黄河公路大桥

图11 青银高速公路济南黄河大桥

大桥具有以下技术特点：①采用半漂浮与阻尼限位的组合体系，改善结构受力性能；②超宽扁平钢箱梁的受力特性较为复杂；③拉索在塔上锚固采用了外包混凝土的钢锚箱锚固形式；④采用棘块式多点同步顶推工法，简化了临时墩构造。

青银高速公路济南黄河大桥在建设过程中精心设计、大胆创新，在超宽扁平钢箱梁抗风设计、低重心斜拉桥抗震设计、钢箱梁多点同步柔性顶推施工等方面取得了重大突破，首次提出了"临时墩上窄板支撑结构稳定性优于宽板"的理念及棘块式多点同步顶推构造体系。该项目获2010年度公路交通优秀设计项目一等奖及2012年度全国工程建设项目优秀设计成果一等奖。

大桥目前由山东高速股份有限公司济青济南运管中心负责管养。自2008年建成以来，对主桥桥面、伸缩缝进行了维修：①对下行方向第三、第四车道高黏高弹沥青混合料铺装结构进行修复；②更换主桥D800伸缩缝4道。

3）组合梁斜拉桥代表——齐河黄河大桥

齐河黄河大桥（图12）位于黄河下游济南段北店子浮桥附近，路线全长3767.9m，其中黄河特大桥长2287m，右岸接线长630.5m，左岸接线长850.4m。齐河黄河大桥包括济南侧引桥、主桥及齐河侧引桥。主桥为(40+175+410+175+40)m双边箱格构式双塔钢-混组合梁斜拉桥；济南侧引桥为23×30m预应力混凝土连续梁桥；齐河侧引桥为25×30m预应力混凝土连续梁桥。主桥主梁含检修道顶宽38.0m，不含检修道顶宽35.5m；引桥分幅设置，全宽34.5m，单侧桥梁宽度17.05m。

图12 齐河黄河大桥

由于桥位处河道较窄，堤内无法设置大型存梁场，结合黄河河道不具备钢箱梁的运输条件，主梁采用钢-混组合梁断面的结构形式，由分离边钢箱、钢横梁、小纵梁及预制混凝土桥面板组合。组成主梁的格构架均实行工厂化制造、现场吊装施工的施工方式，体现了主体结构的标准化、工厂化、预制化的绿色公路设计理念。桥梁施工时，根据工程进度制定合理的钢结构加工工序，有效安排钢结构的工厂发送时间节点，减少工地临时占地和存梁期，实现了主梁快速、高效地架设。

大桥具有以下特点及技术创新：①功能先进，是黄河上首座预留轨道交通的公轨两用桥；②结构合理，选择了适应建设条件的桥型及主梁结构形式；③技术领先，总结了现代大跨径钢-混组合梁斜拉桥建设成套技术。

齐河黄河大桥的建设单位为齐河县交通运输局，经过3年多的运营，大桥各项指标均处于良好状态。目前，大桥由齐河黄河大桥管理公司管理和养护。

## 三、悬索桥在山东的发展实践

1. 概述

地锚式悬索桥可以充分利用主缆钢丝的受拉来承受荷载，在各种体系桥梁中跨越能力最大，主跨可达2000m以上；山东省处于我国东部沿海，区域内无大型的通航河流及大型连岛工程，对千米级主跨的桥梁需求较少，因此山东地锚式悬索桥的建设相对较少。大跨径地锚式悬索桥锚碇对地质要求较高、造价昂贵、建设时间长、养护难度大、主缆不可更换；而山东省大部分地区位于黄河冲积平原上，地基承载力较差，不适宜修建地锚式悬索桥。

自锚式悬索桥是以加劲梁梁端锚固主缆、主梁承受主缆端部的水平与竖向分力的自锚固体系结构，因主梁需承担主缆巨大的水平分力，跨径一般很难超过500m，且一般采用"先梁后缆"的施工方法，施工难度较大，在国内应用相对较少。近年来，山东省修建了数座自锚式悬索桥，如主跨260m的独塔自锚式悬索桥——胶州湾大桥大沽河航道桥、主跨428m的三塔自锚式悬索桥——济南凤凰大桥等；正在建设的济南绕城高速公路二环线北环黄河桥为2×350m独塔自锚式悬索桥，创同类型桥梁世界之最。山东悬索桥概表具体见表2。

山东悬索桥概表　　　　　　　　　　　　　表2

| 序号 | 桥　　名 | 类型 | 跨径组合<br>（m） | 桥宽<br>（m） | 桥塔形式 | 主梁形式 | 悬索桥类型 | 建成时间<br>（年） |
|---|---|---|---|---|---|---|---|---|
| 1 | 胶州湾大桥大沽河航道桥 | 跨海大桥 | 80+190+260+80 | 47.5 | 独柱 | 双边箱钢梁 | 自锚式 | 2011 |
| 2 | 天蒙山人行桥 | 跨峡谷 | 420 | 4 | 门形 | 型钢+预制板+玻璃 | 地锚式 | 2016 |
| 3 | 济南凤凰大桥 | 跨河大桥 | 70+168+2×428+168+70 | 61.7 | A形 | 钢箱梁 | 自锚式 | 2021 |
| 4 | 威海乳山口大桥 | 跨海大桥 | 193+666+51.4 | 19 | H形钢塔 | 钢箱梁 | 地锚式 | 预计2022 |
| 5 | 济南二环线北环段黄河大桥 | 跨河大桥 | 50+2×350+50 | 47 | 独柱 | 钢箱梁 | 自锚式 | 在建 |

## 2. 工程案例

### 1) 胶州湾大桥大沽河航道桥

胶州湾大桥大沽河航道桥（图13）为主跨260m的四跨连续独塔自锚式钢箱梁悬索桥，跨径布置为(80+190+260+80)m，总长610m；主跨及边跨为悬吊结构，主跨矢跨比为1/12.53，边跨矢跨比为1/18。为提高全桥结构的抗扭刚度，改善结构的动力特性，在索塔两侧设有三角撑，在其上设置钢箱加劲梁的竖向支座。

图13　胶州湾大桥大沽河航道桥

大沽河航道桥进行了大比例高雷诺数的涡振控制措施试验，大大促进了国内正在进行的桥梁涡振研究；在国内首次进行波浪和潮流共同作用下的冲刷试验研究，对冲刷研究进行了开创性的探索；混凝土套箱无封底技术为世界首创；大桥受盐害、冻融、海雾、台风、暴雨、工业排放物等多重腐蚀环境的综合作用，腐蚀环境严重恶劣，采用的防腐蚀体系具有独创性。

胶州湾大桥是国内长大跨海桥梁第一个BOT（建设-经营-转让）管理模式的工程，由山东高速集团承担其施工、运营和移交管理，以充分发挥大型企业丰富的管理和施工组织经验，与国际大型项目管理模式逐步接轨，充分吸收国外项目管理的经验，弥补国内工程管理经验、技术及水平的不足，是将我国大型桥梁工程管理推向国际水平进行的一次历史性尝试。

### 2) 威海乳山口大桥

威海乳山口大桥（图14）连接乳山市海阳所镇与乳山寨镇，跨越乳山口海湾。项目采用双向四车道一级公路技术标准建设，设计速度80km/h，桥梁标准宽度28.5m；主桥为(193+666+51.4)m双塔钢箱梁悬索桥。

图 14 威海乳山口大桥

乳山口大桥主桥是华北地区最大跨径的悬索桥,也是山东第一座大跨径公路悬索桥。主桥加劲梁采用带水平导流板的扁平流线型钢箱加劲梁,在提高结构颤振稳定性的同时也避免涡振风险;塔柱外部采用独特的带切角的三角形截面,内部空腔采用圆形。圆形钢筒一方面作为施工内模,另一方面又是永久结构参与受力。锚碇为深埋式重力锚,施工方便,景观效果好。

3)济南绕城高速公路二环线北环段黄河大桥

济南绕城高速公路二环线北环段黄河大桥(图 15)全长 5837m。主桥采用独塔双跨自锚式悬索桥,跨径布置(50 + 2 × 350 + 50)m;主梁采用双边钢箱梁,主跨全宽 47m,边跨全宽 43.5m;主缆为空间线形,从桥塔至主梁最大偏移近 21m,布置在钢箱梁两侧,垂跨比为 1/12.81;桥塔采用独柱结构,包括上下塔柱、横梁、塔座,桥塔总高 168.1m,桥面以上 134.8m。

图 15 济南绕城高速公路二环线北环段黄河大桥

该桥采用了独塔双跨 + 空间缆索的布置形式,线形优美、景观突出。因对称的主跨单侧锚固作用较小,主梁的竖向刚度较小,如何提高桥梁的竖向刚度是该桥需解决的技术难题。经技术攻关,最终采用了辅助斜拉索 + 桥塔处主梁布置双排支座的形式,辅助斜拉索相当于在主跨中间增设弹性支撑,在提高刚度的同时,可减小索塔横梁悬臂尺寸及压重重量,使结构体系达到最优平衡状态,解决该类型桥梁整体刚度小的问题。计算结果还表明,采用辅助斜拉索后,主缆抗滑移能力可提高 15% 左右。目前大桥已开工建设。

## 四、拱桥在山东的发展实践

### 1. 概述

拱桥是最古老的一种桥型,在山东也得到了充分的发展和应用。山东半岛以平原区为主,且黄河三角洲冲积平原地质条件相对一般,因此山东修建的拱桥多以无推力拱为主,包括混凝土系杆拱桥、钢系杆拱桥、钢桁架拱桥等。2015 年以前修建的拱桥主跨跨径一般不超过 100m,以混凝土系杆拱桥、圬工拱桥为主;2015 年以后,多座各具特色的拱桥在齐鲁大地拔地而起,建成了世界上最大跨径的系杆拱桥——济南齐鲁大道黄河大桥,拟建高青至商河公路跨黄河大桥主桥首次采用多跨拱墩固结下承式系杆拱桥,为拱桥在新时代的发展注入了新的活力。山东拱桥概表具体见表3。

山东拱桥概表    表3

| 序号 | 桥名 | 类型 | 跨径组合（m） | 桥宽（m） | 拱肋 | 主梁形式 | 施工工艺 | 建成时间（年） |
|---|---|---|---|---|---|---|---|---|
| 1 | 青新高速公路跨烟沪线桥 | 跨路口 | 80 | 17.2 | 钢管混凝土 | 纵横梁 | 支架 | 2001 |
| 2 | 京沪高铁济南黄河大桥 | 跨河大桥 | 112+3×168+112 | 31 | 钢桁 | 钢梁 | 悬拼 | 2010 |
| 3 | 济宁南外环跨京杭运河大桥 | 跨运河大桥 | 54+60+90+60+10 | 27.2 | 钢管混凝土 | 纵横梁 | 支架 | 2012 |
| 4 | 济宁南二环跨京杭运河桥 | 跨运河大桥 | 81+198+81 | 41 | 钢梁 | 钢梁 | 悬拼 | 2012 |
| 5 | 齐鲁大道黄河大桥 | 跨河大桥 | (95+280)+420+(280+95) | 60.7 | 钢箱 | 钢箱 | 顶推 | 2021 |
| 6 | 高青至商河公路黄河大桥 | 跨河大桥 | 190+260+260+190 | 34 | 钢管混凝土 | 钢-混凝土 | 支架 | 拟建 |

## 2. 工程案例

### 1）济宁市南二环跨京杭运河桥

济宁市南二环跨京杭运河桥（图16）主桥为三跨连续中承式钢桁架系杆拱桥，跨径布置为(81+198+81)m；主跨22个节间，节间长度11m；边跨9个节间，节间长度9m；边跨平行弦桁高13.18m，主跨拱顶桁高9m，支点加劲弦高16m，拱肋采用二次抛物线，下拱圈矢跨比1/4.15，最大吊杆长度30.4m，钢结构总质量约1.1万t。钢桁拱主桁由3片主桁架组成，桁架之间中心间距为17.5m。该桥边跨采用支架法施工，主跨采用悬臂拼装施工。

图16 济宁市南二环跨京杭运河桥

桥面采用正交异性钢桥面板，下设U形加劲肋。在下弦节点处及延纵桥向每3m设一道横梁。工地安装时桥面板采用熔透焊连接，横梁腹板采用高强螺栓连接。桥面铺装采用Eliminator防水黏结体系+浇注式沥青混凝土+高弹改性沥青，具有较好的抗疲劳性能和耐久性。

大桥自2012年建成以来共进行了3次维修，主要包括：①2015年的吊杆防水系统修复；②2017年主桥护栏的喷涂；③2018—2019年主桥吊杆锚头保养。目前，大桥由济宁市市政园林养护中心管理和养护。

### 2）高青至商河公路黄河大桥

高青至商河公路黄河大桥（图17）起点位于淄博市高青县青城镇，终点位于滨州市惠民县大年陈镇，路线由东南向西北跨越黄河，桥梁全长3702m，主桥跨径布置为(190+260+260+190)m，为下承式钢管混凝土系杆拱桥。主梁采用顶推施工方法，拱肋分段安装，先安装拱脚处钢管，在桥面上低位拼装其余区段拱肋，整体提升后与拱脚处钢管焊接，然后浇筑混凝土，逐对张拉吊杆。

该桥具有以下技术特点：采用多跨拱墩固结、梁拱分离的下承式系杆拱桥；桥面系采用纵横梁格+混凝土桥面板结构，仅在吊杆处设置横梁；多向受压高应力状态下大体积拱座的设计及施工；不等跨连拱体系拱座的水平推力与分段系杆的合理匹配。

图 17　高青至商河公路黄河大桥

3）齐鲁大道黄河大桥

济南齐鲁大道黄河大桥（图18）南起齐鲁大道与济齐路交叉口，北侧连接国道308线，路线呈南北走向，跨黄河桥长度2520m。主桥采用网状吊杆组合梁拱桥，跨径布置为[(95+280)+420+(280+95)]m，全宽60.7m。

图 18　齐鲁大道黄河大桥

420m跨拱矢跨比为1/6，矢高70m，内倾角度3.0°；280m跨拱矢跨比也为1/6，矢高46.67m，内倾角度5.3°，拱肋采用五边形钢箱断面。拱肋横联形式采用一字撑，撑杆为八边形钢箱断面。吊索采用网状布置，主梁上标准间距为9m，顺桥向倾角约60°。主梁采用正交异性组合桥面板组合梁，梁高4.15m。下部结构采用尖端形薄壁墩形式，矩形承台，钻孔灌注桩基础。

齐鲁大道黄河大桥采用了公轨下层合建的方式，轨道交通布置在桥梁中央。该桥采用了网状吊杆的布置形式，提高了结构的体系刚度。主桥为世界上最大跨径的系杆拱桥，因吊杆应力幅较高，在桥梁工程上首次采用了400MPa应力幅的吊杆。

## 五、梁式桥在山东的发展实践

### 1. 概述

梁式桥是世界上最为常用的一种桥型，它是以主梁自身的抗弯剪能力来抵抗外荷载的结构体系。按主要承重结构所用的材料来划分，有钢筋混凝土梁桥、预应力混凝土梁桥、钢梁桥等，大跨径的连续梁桥一般采用预应力混凝土结构或者钢结构。连续梁桥在山东得到了充分的应用和发展，取得显著的成就。1970年建成的平阴黄河大桥为主跨112m的钢桁架连续梁桥，代表了改革开放前我国的桥梁建设水平；1999年建成的京台高速公路济南黄河二桥为主跨210m的预应力混凝土连续刚构桥，体现了世纪之交我国大跨径连续梁桥的技术水平；2018年建成的主跨168m的济南长清黄河大桥是我国公路桥梁首次大规模采用钢桁架连续梁，诸多指标均创先例。山东梁式桥概表见表4。

山东梁式桥概表
表4

| 序号 | 桥名 | 类型 | 跨径组合（m） | 桥宽（m） | 主梁形式 | 基础 | 施工工艺 | 建成时间（年） |
|---|---|---|---|---|---|---|---|---|
| 1 | 平阴黄河大桥 | 跨河大桥 | 96.8+112+96.7 | 9 | 钢桁架 | 桩基础 | 拼装 | 1970 |
| 2 | 女姑山跨海大桥 | 跨海大桥 | 2×(40+11×50+40)+2×(40+14×50+40)+(40+3×50+40) | 26.5 | 混凝土 | 桩基础 | 移动模架 | 1994 |
| 3 | 京台高速公路济南黄河二桥 | 跨河大桥 | 65+160+210+160+65 | 35.5 | 混凝土 | 桩基础 | 挂篮悬浇 | 1999 |
| 4 | 烟台长岛大桥 | 跨海大桥 | 45+4×80+50 | 15 | 混凝土 | 桩基础 | 挂篮悬浇 | 2014 |
| 5 | 长清黄河大桥 | 跨河大桥 | 102+4×168+102 | 25.6 | 钢桁架 | 桩基础 | 拼装 | 2018 |
| 6 | 滨州黄河四桥 | 跨河大桥 | 80+5×190+80 | 33 | 钢-混凝土混合梁 | 桩基础 | 挂篮悬浇 | 在建 |

2. 工程案例

1）预应力混凝土箱梁——京台高速公路济南黄河二桥

京台高速公路济南黄河二桥（图19）全长5750m，桥面总宽35.5m。主桥为(65+160+210+160+65)m连续刚构桥。主桥箱梁为三向预应力混凝土结构，采用单箱单室断面，顶面宽17.15m，底面宽8.35m，刚构墩顶梁高10.5m，边跨连续墩顶梁高5.8m，跨中梁高3.5m，箱梁下缘按二次抛物线变化。

图19 京台高速公路济南黄河二桥

大桥采用设计、施工总承包的责任模式进行建设，山东省交通规划设计院为龙头单位与交通部第一公路工程局和山东省交通工程总公司共同组成总承包联合体，承担大桥的建设任务，这是首次在我国公路行业重点工程建设中采用该模式建设。

京台高速公路济南黄河二桥目前由山东高速股份有限公司京台济南运管中心负责管养，自1997年7月建成通车以来，各项指标均处于良好状态，桥梁无大修记录。在服役期间，为保证行车的舒适安全，对主跨的裂缝进行了封闭维修，对部分桥面铺装进行了翻修、伸缩缝进行了更换。此外，黄河二桥已搭建完成桥梁健康监测系统，实现了对桥梁荷载等重要信息的实时监测。

2）混合梁——滨州黄河四桥

滨州黄河四桥（图20）北接滨州城区渤海十一路，南连高新区高六路。跨黄河大桥桥长5138m，按双向六车道一级公路标准建设。主桥为连续刚构混合梁桥，跨径布置为(80+5×190+80)m，主跨跨中70m采用钢箱梁，其余为预应力混凝土箱梁；引桥长4028m，主要采用50m T梁，跨大堤处采用130m系杆拱桥和主跨160m连续刚构桥。

滨州黄河四桥是黄河上首座采用钢-混混合梁的连续梁桥，跨中70m钢梁的制造、运输及安装是桥梁建设的关键工程。

图20　滨州黄河四桥

3）钢桁梁——长清黄河大桥

长清黄河大桥（图21）采用双向四车道一级公路标准建设；其中桥梁总长6014m，跨越黄河、黄河滩区、黄河大堤、济平干渠。

图21　长清黄河大桥

主桥采用(102+4×168+102)m变高度连续钢桁梁，钢结构用量11500余t，规模为国内同类型公路桥梁之最。主跨跨径之大、一联总长度均属国内同类型公路钢桁梁桥梁之最。横桥向采用两片桁架设计，桁间距27m，创已建公路钢桁梁桥先例。首次采用混凝土桥面板与钢梁全结合的桥面结构形式，为公路钢桁梁桥的建设提供了新的思路。主桥采用悬臂法施工，钢桁梁杆件均在工厂制造完成，所有杆件在工地采用高强螺栓连接，实现了标准化、工厂化的施工理念，既保证施工质量，又大大缩短施工工期。

长清黄河大桥自2018年6月开通以来，各项指标均处于良好状态。目前，大桥由济南黄河长清大桥管理有限公司负责管养。

## 六、现代化管养体系

以胶州湾大桥为典型代表的长大桥现代化管养体系正逐步建成。胶州湾大桥由山东高速集团投资、建设、经营、管理，于2007年5月24日正式开工，2011年6月30日建成通车，是我国北方冰冻海域首座特大型桥梁集群工程。大桥投资规模近百亿元，海上通车里程26.737km，设计基准期100年。大桥建设规模浩大，自然条件复杂，是世界建桥史上建设标准和科技含量最高的现代化桥梁之一。同时作为山东半岛蓝色经济区及青岛市三城联动战略中的重要交通枢纽，胶州湾大桥进一步完善了青岛市东西跨海交通网络，扩大了青岛市城市框架，大桥通车10年来，胶州湾大桥通行总量超过1.1亿辆，日均车流量从2011年1.45万辆增长到2020年5.35万辆，增幅3.7倍。

"精筑跨海桥，固守百年业"，胶州湾大桥因地制宜创建了独具特色的管养机制，建立以健康监测系统为主的大桥管养体系,经受住了台风、冰冻、雨雪等极端恶劣天气的考验,彰显了中国桥梁工程建设运营的非凡实力。其中,胶州湾大桥结构监测巡检养护管理系统主要由传感器系统、数据采集传输系统、数据存储系统、数据分析评估系统等几部分组成。整个系统共在全桥布设各类传感器451个,采集设备24台,网络传输设备9台,辅助支持设备6台,数据处理设备11台。结构监测系统于2011年6月通车时同步建成,至目前,系统已运营满10年。

该系统建立了从施工监控、荷载试验到运营期结构响应的监测体系,除基本的环境荷载与结构响应监测外,结合自动监测与人工定检,针对北方冰冻海洋环境特点,设计了耐久性监测、构建评级、巡检养护等模块,进行大桥的结构安全性、耐久性和使用性评估。重点对3座航道桥梁端位移、主梁关键截面应变、结构整体振动特性以及耐久性进行分析和评价,结合分析结果科学指导养护工作。为了更好地发挥桥梁健康监测系统在智能管养中的重要作用,2019年对系统进行了专项升级工作,不仅延长了系统使用寿命,也使得系统整体性能得到提升。在台风梅花、日本地震、台风利奇马、台风烟花等特殊事件中,系统实时监测结构状态,第一时间提供关键结构响应(如振动、应力、挠度、桥塔偏位、索力、梁端位移等)变化情况,为科学评判大桥结构状态提供有力支撑,对护航胶州湾大桥成为大青岛城市发展战略的重要交通命脉、促进地方社会经济的运行与发展发挥重要作用。

## 七、展　　望

随着山东省经济社会的发展和一系列国家政策的推动与支持,山东桥梁建设将会有更大的舞台,更多满足人民美好生活需要的桥梁将拔地而起,为实现交通强国贡献力量。展望未来,山东桥梁发展将迈向"四化",即桥型多样化、建造装配化、材料工艺新型化、管养信息化,在高起点规划、高质量建设、高水平管理等方面继续走在全国前列。

**参考文献**

[1] 周绪红,张喜刚.关于中国桥梁技术发展的思考[J].Engineering,2019,5(06):1120-1130 + 1245-1258.
[2] Michael Whalen,Conner Christian.解读美国最"智慧"桥梁[J].大桥养护与运营,2021(2).
[3] 刘秉仁,李守善,万珊珊,等.济南黄河公路桥设计与施工[J].土木工程学报,1982(03):1-9.
[4] 万珊珊,李守善.东营黄河公路钢斜拉桥[J].土木工程学报,1989(03):48-54.
[5] 贾兆兵,胡吉利,王志英.青银高速公路济南黄河大桥总体设计[J].桥梁建设,2007(S1):11-14.
[6] 陈国红,徐召.大跨径钢-混组合梁斜拉桥主梁力学特性研究[J].桥梁建设,2019,49(05):39-44.
[7] 雷俊卿,郑明珠,徐恭义.悬索桥设计[M].北京:人民交通出版社,2002.
[8] 孟凡超,杨晓滨,王麒,等.我国北方海域第一座超大型跨海大桥——青岛海湾大桥设计[A].中国土木工程学会桥梁及结构工程分会、天津市建设管理委员会.第十八届全国桥梁学术会议论文集(上册)[C].中国土木工程学会桥梁及结构工程分会.天津市建设管理委员会:中国土木工程学会,2008:17.
[9] 夏涛.区域过河咽喉通道选线优化研究——以济南齐鲁大道北延工程为例[J].城市道桥与防洪,2019(08):13-15 + 7.
[10] 田军祯,周勇.济南黄河二桥主要施工技术[J].山东交通科技,2001(02):16-18.
[11] 王志英,徐召,王洺鑫,等.济南长清黄河公路大桥主桥设计方案比选[J].桥梁建设,2016,46(04):97-102.
[12] 徐金华.环胶州湾高速公路女姑山跨海大桥设计[J].山东交通科技,1999(04):28-29 + 33.
[13] 邵新鹏,钱宇音,倪一清.结构健康监测系统与巡检养护管理系统在青岛海湾大桥上的一体化设计[J].公路,2009(09):201-205.

# 2. 山东黄河桥梁建设新进展综述

徐 召  李怀峰  陈国红  张常勇

(山东省交通规划设计院集团有限公司)

**摘 要**  论文介绍了山东黄河桥梁的建设情况,梳理了2018年以来山东黄河桥梁建设新进展。大跨径系杆拱桥、独塔或多塔自锚式悬索桥、超高性能混凝土(UHPC)钢混组合梁斜拉桥等跨越黄河桥梁相继建成或正在建设当中,具有通道集约化、桥型多样化、设计数字化、施工装配化、更加注重桥梁景观及美学内涵等特点。桥梁建设技术逐渐工业化、智能化、产业化,新材料、新技术、新工艺、新装备等不断推动山东桥梁向高质量发展。

**关键词**  黄河桥梁  建设  通道集约化  桥型多样化  景观  装配化

## 一、概　　述

黄河是我国的第二大河流,全长约5464km,自西向东分别流经青海、四川、甘肃、宁夏、内蒙古、陕西、山西、河南和山东9个省(自治区),最后流入渤海。黄河下游河道为清咸丰五年(1855年)在河南兰阳(今兰考县)铜瓦厢决口,夺大清河改道后形成,由西向东流经华北平原,长约786km,在东营市垦利区入海。其中河南段长约165km,山东河南交界段长约205km,山东段长约415km;河道落差94m,比降上陡下缓,平均为1/10000,黄河下游河道示意图见图1。

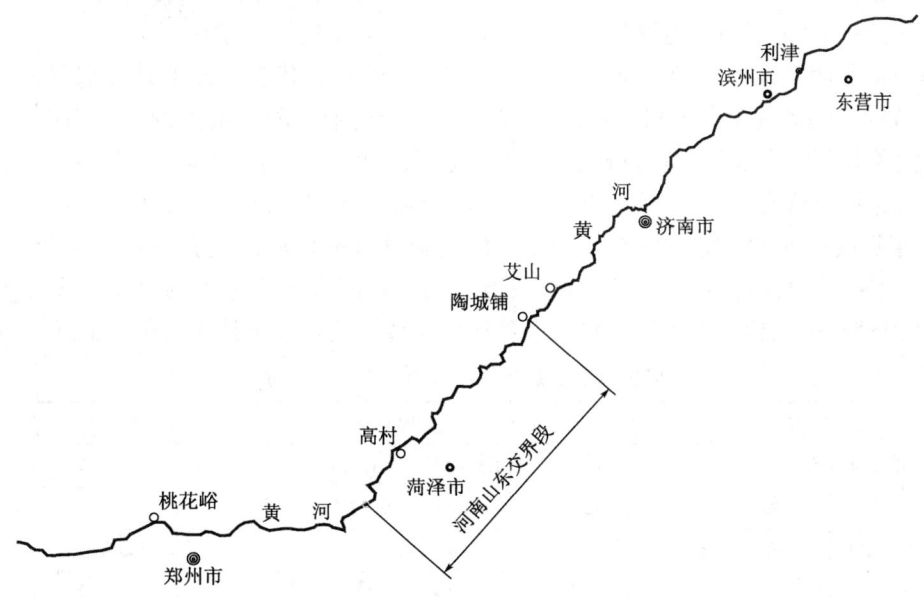

图1  黄河下游河道示意图

黄河是世界闻名的多沙河流,下游河道长期处于强烈的淤积抬升状态,河床平均每年抬高0.08~0.1m,河床一般高出堤外两岸地面4~6m,最大高出10m以上,形成典型的"地上悬河"。

目前,黄河下游(山东段)河道按其特性可分为4段:①河南山东交界处至高村河段,长约40km,两岸一般堤距5~14km,河宽水散,冲淤变化剧烈,主流摆动频繁,为典型的游荡性河段;②高村至陶城铺河段,长约165km,堤距1.5~8.5km,一般在3~4km之间,主槽摆幅及速率较游荡性河段小,属于由游荡性向弯曲性转化的过渡性河段,通过河道整治,主流已趋于稳定;③陶城铺至利津河段,长约310km,堤距

0.4~3km,两岸险工、控岛工程较多,防护段占河长的70%,河势已得到基本控制,属于弯曲型窄河段,局部河道没有右岸大堤,由3~5km的滩地作为滞洪区;④利津以下为河口段,长约104km,河口段泥沙逐年淤积,年平均造陆面积25~30km²。

## 二、山东既有黄河大桥建设情况(2018年以前)

山东黄河桥梁的建设可以追溯到20世纪初期建成的津浦铁路济南泺口黄河桥(图2),该桥采用钢桁架连续梁桥的结构形式,全长1271m,由21孔下承式钢桁梁组成,最大孔径为164.7m;建成后,曾遭受4次战争,1959年进行大修加固,1998年又进行纵梁更换和部分边孔主桁更换,至今仍在使用。直到新中国成立前,山东黄河上未建成新的桥梁。

图2 泺口黄河桥

20世纪70年代以前,山东跨黄河交通以浮桥为主,在汛期及凌期,浮桥需要拆除。1970—2018年,黄河山东段先后建成了20余座跨河桥梁。主桥的结构形式有斜拉桥、连续梁(刚构)桥、矮塔斜拉桥、钢桁梁桥等,滩地引桥一般采用预应力混凝土T梁或预应力混凝土连续箱梁桥。

1970年建成的平阴黄河大桥为主跨112m的钢桁架连续梁桥,代表了改革开放前我国的桥梁建设水平。1982年建成通车的济南黄河公路大桥,主跨220m,是当时亚洲跨径最大的预应力混凝土斜拉桥,也是国内第一座大跨径预应力混凝土斜拉桥,在我国现代斜拉桥建设历史上具有里程碑意义。1999年建成的京台高速公路济南黄河二桥为主跨210m的连续刚构桥,体现了世纪之交我国大跨径连续梁桥的技术水平。2008年建成的青银高速公路济南黄河大桥,主跨386m,建成时是我国最大跨径的独塔斜拉桥,该桥在扁平钢箱梁抗风设计、低重心斜拉桥抗震设计,尤其在配合顶推施工的钢箱梁设计等方面取得了重大突破,总体设计水平达到了国际先进水平。黄河山东段已建桥梁统计表(2018年以前)见表1。

**黄河山东段已建桥梁统计表(2018年以前)** 表1

| 序号 | 桥 名 | 主桥跨径布置(m) | 主桥桥型 | 建成时间(年) |
|---|---|---|---|---|
| 1 | 济南泺口黄河大桥 | 128.1+164.7+128.1 | 钢桁架梁桥 | 1912 |
| 2 | 平阴黄河大桥 | 96.8+112+96.7 | 钢桁架梁桥 | 1970 |
| 3 | 北镇黄河大桥 | 4×112 | 钢桁架梁桥 | 1972 |
| 4 | 曹家圈铁路黄河大桥 | 112+2×120+112 | 钢桁架梁桥 | 1982 |
| 5 | 济南黄河公路大桥 | 40+94+220+94+40 | 斜拉桥 | 1982 |
| 6 | 东营胜利黄河大桥 | 60.5+136.5+288+136.5+60.5 | 斜拉桥 | 1987 |
| 7 | 东明黄河公路大桥 | 75+7×120+75 | 连续梁桥 | 1993 |
| 8 | 京九铁路孙口黄河大桥 | 4×108 | 钢桁架梁桥 | 1995 |
| 9 | 京台高速公路济南黄河大桥 | 65+160+210+160+65 | 连续刚构桥 | 1999 |
| 10 | 利津黄河公路大桥 | 40+120+310+120+40 | 斜拉桥 | 2001 |
| 11 | 滨博高速公路滨州黄河大桥 | 2×42+2×300+2×42 | 斜拉桥 | 2004 |

续上表

| 序号 | 桥　名 | 主桥跨径布置(m) | 主桥桥型 | 建成时间(年) |
|---|---|---|---|---|
| 12 | 荣乌高速公路东营黄河公路大桥 | 116+200+220+200+116 | 连续刚构桥 | 2005 |
| 13 | 滨州黄河公铁两用黄河大桥 | 120+3×180+120 | 钢桁架梁桥 | 2006 |
| 14 | 惠青黄河公路大桥 | 133+220+133 | 矮塔斜拉桥 | 2007 |
| 15 | 青银高速公路济南黄河大桥 | 60+60+160+386 | 斜拉桥 | 2008 |
| 16 | 济阳黄河大桥 | 107+195+216+195+107 | 矮塔斜拉桥 | 2008 |
| 17 | 京沪高铁黄河大桥 | 112+3×168+112 | 钢桁架拱桥 | 2010 |
| 18 | 建邦黄河大桥 | 53.5+56.5+2×300+56.5+53.5 | 斜拉桥 | 2010 |
| 19 | 瓦日铁路黄河大桥 | 10×128 | 钢桁架梁桥 | 2014 |
| 20 | 鄄城黄河公路大桥 | 70+11×120+70 | 连续梁桥 | 2015 |
| 21 | 德大铁路黄河大桥 | 120+4×180+120 | 钢桁架梁桥 | 2015 |
| 22 | 东新高速公路东明黄河公路大桥 | 67+6×120+67 | 连续梁桥 | 2016 |

## 三、山东既有黄河大桥建设情况(2018年以后)

自在济南召开2016年全国桥梁学术会议以来,山东陆续建成了多座跨黄河大桥,2018年以来建成或在建的跨黄河桥梁见表2,达到了21座。从表中可以看出,主桥以斜拉桥为主,拱桥、自锚式悬索桥、钢桁架梁桥、钢-混混合梁桥等桥型逐渐被用于跨越主河槽,桥型呈现出多样化的特点。因桥梁逐渐密集化,受黄河防洪影响,部分河段主跨跨径逐渐增大,目前最大跨径桥梁为待建的京台高速公路济南黄河大桥扩建工程,主跨达到了530m;城区附近跨河通道资源弥足珍贵,部分桥梁开始公轨合建或普通公路与高速公路合建。此外,桥梁设计朝着数字化、装配化和更加注重桥梁景观及美学内涵等方向发展;桥梁建设技术逐渐工业化、智能化、产业化,新材料、新技术、新工艺、新装备等不断推动山东桥梁向高质量发展。

黄河山东段已建及在建桥梁统计表(2018年以后)　　　　表2

| 序号 | 桥　名 | 主桥跨径布置(m) | 主桥桥型 | 建成时间(年) |
|---|---|---|---|---|
| 1 | 长清黄河大桥 | 102+4×168+102 | 钢桁架梁桥 | 2018 |
| 2 | 济齐黄河大桥 | 40+175+410+175+40 | 斜拉桥 | 2018 |
| 3 | 石济客专黄河大桥 | 128+3×180+128 | 钢桁架梁桥 | 2018 |
| 4 | 青兰高速公路黄河大桥 | 180+430+180 | 斜拉桥 | 2019 |
| 5 | 范台梁高速公路黄河大桥 | 100+4×140+100 | 连续梁桥 | 2020 |
| 6 | 东营港疏港铁路黄河大桥 | 100+9×168+100 | 钢桁架梁桥 | 2020 |
| 7 | 聊城黄河大桥 | 105+3×180+105 | 矮塔斜拉桥 | 2021(暂未通车) |
| 8 | 齐鲁大道黄河大桥 | (95+280)+420+(95+280) | 系杆拱桥 | 2021(暂未通车) |
| 9 | 济南凤凰路黄河大桥 | 70+168+2×428+168+70 | 自锚式悬索桥 | 2021(暂未通车) |
| 10 | 聊泰铁路黄河公铁桥 | 120+3×180+120 | 钢桁架梁桥 | 在建 |
| 11 | 济南二环西黄河大桥 | 140+3×240+140 | 矮塔斜拉桥 | 在建 |
| 12 | 济郑高铁黄河大桥 | 108+4×216+108 | 矮塔斜拉桥 | 在建 |
| 13 | 京台高速公路黄河大桥扩建工程 | 70+100+530+240+65+75 | 斜拉桥 | 待建 |
| 14 | 济南黄河公路大桥扩建工程 | 80+180+488+180+80 | 斜拉桥 | 在建 |
| 15 | 济滨高铁黄河大桥 | 120+300+240+228+144+84 | 矮塔斜拉桥 | 在建 |
| 16 | 济南绕城高速公路二环线北环段黄河大桥 | 50+350+350+50 | 自锚式悬索桥 | 在建 |
| 17 | 乐安黄河大桥 | 85+165+4×190+110 | 钢-混连续梁桥 | 在建 |
| 18 | 高商黄河大桥 | 190+260+260+190 | 拱桥 | 在建 |

续上表

| 序号 | 桥　名 | 主桥跨径布置(m) | 主桥桥型 | 建成时间(年) |
|---|---|---|---|---|
| 19 | 滨州黄河四桥 | 80＋5×190＋80 | 钢-混连续梁桥 | 待建 |
| 20 | 沾化至临淄公路黄河大桥 | 80＋180＋442＋180＋80 | 斜拉桥 | 在建 |
| 21 | 东津黄河大桥 | 50＋180＋420＋180＋50 | 斜拉桥 | 在建 |

## 四、山东黄河桥梁建设新进展

### 1. 通道集约化

根据水利部黄河水利委员会《黄河河道管理范围内建设项目技术审查标准(试行)》(黄建管〔2007〕48号)文件规定,陶城铺以下河段桥梁间距不小于6km。随着经济社会的发展,为满足人民日益增长的出行及物流运输需求,跨河桥梁逐渐增多,诸多桥梁已很难满足桥梁间距不小于6km的要求,黄河桥梁逐渐密集化,暂未通车的齐鲁大道黄河大桥距离上游京沪高铁济南黄河大桥仅1.3km。

为了满足城市发展、公路及高速铁路建设需要,近几年的跨河桥梁建设表明,黄河桥梁特别是城市建成区内跨河通道逐渐集约化,公路与城市轨道交通、公路与高速铁路、高速公路与普通国省道项目开始共用桥位。正在建设中的G104济南黄河公路大桥扩建工程(主桥断面见图3)、济南齐鲁大道黄河大桥及凤凰路黄河大桥采用了公路与城市轨道交通合建的方式;石济客专公铁两用桥(图4)、济滨高铁公铁两用桥、聊泰铁路公铁两用桥则采用了上层公路＋下层铁路的建设模式。因黄河下游河道防洪压力较大,为减少桥梁建设对黄河防洪的影响,G104济南黄河公路大桥扩建工程及京台高速公路济南黄河大桥扩建工程还采用了复线建设的模式。

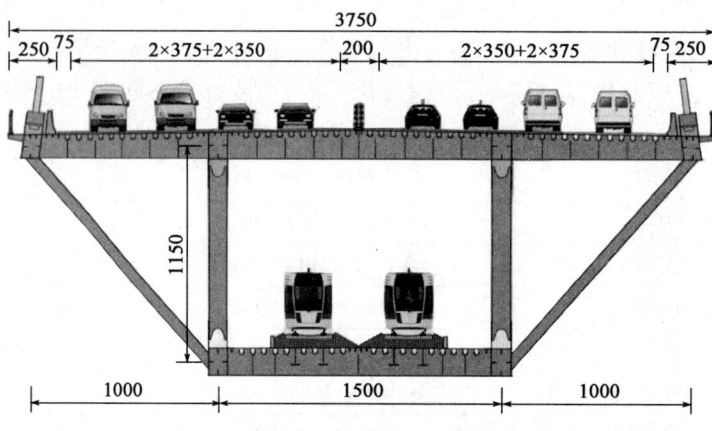

图3　G104济南黄河公路大桥扩建工程断面(尺寸单位:cm)

图4　石济客专公铁两用桥(上层济乐高速公路,下层石济客专)

### 2. 桥型多样化

2018年以前,山东黄河桥梁主桥以梁式桥、斜拉桥为主,跨黄河铁路桥基本上采用钢桁架连续梁桥或柔性拱钢桁架桥,跨黄河公路桥则以斜拉桥和连续梁(刚构)桥为主。2018年以后,拱桥、自锚式悬索桥相继应用于跨河工程,如2021年建成尚未通车的济南齐鲁大道黄河大桥(图5)采用了网状吊杆系杆拱桥,主跨跨径达到了420m,为同类型桥梁世界之最,正在建设当中的济南绕城高速公路二环线北环段黄河大桥(图6)主桥为(50+350+350+50)m的独塔空间缆自锚式悬索桥,也为同类型桥梁世界之最。

图5　济南齐鲁大道黄河大桥

图6　济南绕城高速公路二环线北环段黄河大桥

自建成主跨330m的重庆石板坡长江大桥复线桥工程钢-混混合梁桥以来,国内建成了多座钢-混混合连续梁桥。随着钢梁架设技术的提高,钢-混混合连续梁桥也开始应用于跨黄河工程,正在建设中的乐安黄河大桥及滨州黄河四桥主跨跨径均为190m,采用了钢-混混合连续梁,中间孔钢箱梁长度为70m。

3. 设计数字化

有别于传统的二维计算机辅助设计(CAD),数字化设计解决方案是以三维设计为核心,并结合产品设计过程的具体需求所形成的一套解决方案。建筑信息模型(BIM)技术自建筑行业引入交通运输行业,为提升交通基础设施建管养数字化水平提供了有效途径。通过近年来BIM技术在公路工程行业应用的大量研究,解决了BIM技术对大规模线状工程适应性不足的难题,桥梁工程建设数字化技术得以快速发展。

BIM技术在山东省内黄河桥的设计阶段也得到了广泛应用,形成了整套的数字化实现方法及整体解决方案。对于黄河大桥中的大跨径特殊结构桥梁、钢结构桥梁和混凝土桥梁,均可采用基于"骨架线"的参数化建模思路创建精细化BIM模型,建立设计参数与几何图元的关联,并通过参数驱动实现设计方案变化时模型的快速调整。同时,模型创建过程中实现构件编码及属性信息的同步挂接,为BIM模型成为信息载体延伸至施工、运维阶段应用打下基础。图7所示为沾临高速公路黄河大桥精细模型创建。

基于精细化BIM模型可充分发挥BIM技术的可视化、动态化、模拟化等优势,在设计过程中开展方案比选(图8)、可视化校核(图9)、辅助计算分析(图10)、施工可视化交底(图11)等多项辅助设计应用。通过数字化辅助设计,有效提升了设计方案决策的科学性,减少了图纸错误,提高了关键构造的计算分析效率和施工技术交底效果,设计质量和效率均得到显著提升。

a) 主桥精细模型

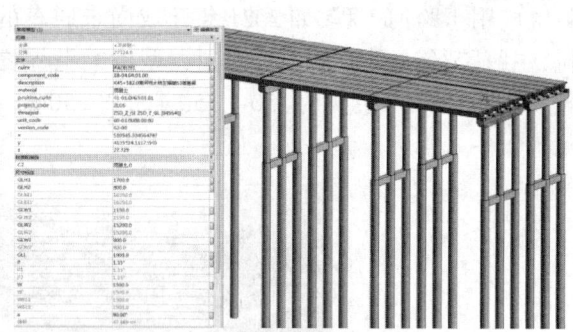
b) 引桥模型及编码

图7 沾临高速公路黄河大桥精细模型创建

a) 沾化至临淄公路黄河大桥

b) 济南绕城高速公路二环线西环段黄河桥

图8 基于BIM的黄河大桥设计方案比选

图9 可视化校核——钢锚箱与风嘴隔板冲突

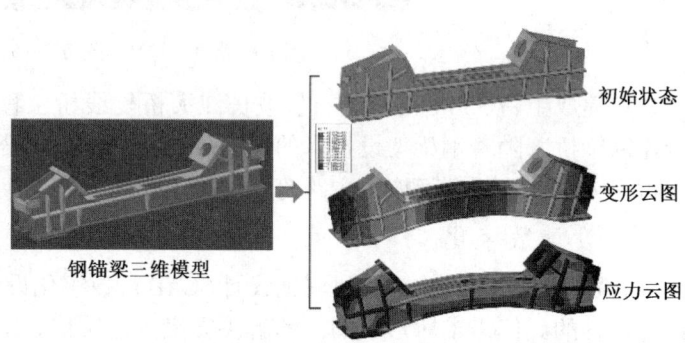
图10 辅助计算分析——钢锚梁受力分析

a) 顶推过程模拟

b) 拉索张拉模拟

图11 基于BIM的黄河特大桥主桥施工方案交底

## 4. 新材料、新技术、新工艺、新装备

随着时代的发展、科技的进步,越来越多的新材料、新技术、新工艺、新装备(简称"四新"技术)被应用在桥梁建设当中,对桥梁品质的提升起到了推动作用。"四新"技术的应用主要是为了提升桥梁建设的质量和建设效率,促进节约型桥梁的建设规划,提升桥梁建设的实用性和功能性,确保各个工艺流程的科学性和合理性,降低桥梁建设的成本和后期管理养护成本。

2021年建成尚未通车的济南齐鲁大道黄河大桥采用主跨420m的系杆拱桥。该桥采用了网状吊杆的结构布置,提高了桥梁的竖向刚度,降低了拱肋的弯矩,但吊杆的影响线范围大幅扩大,应力幅较高,首次采用了400MPa应力幅的吊杆,将我国应用于桥梁拉索结构构件的疲劳应力幅提高了50%,在大幅提高类似桥梁跨径的同时也促进了桥梁品质的提升。

正在建设当中的沾化至临淄公路黄河大桥也采用了诸多"四新"技术。鉴于钢-混组合梁先顶推后叠合的传统顶推方案存在工期长、工厂化率低、质量不易保证等问题,而采用全断面顶推时,最大弯拉应力为4.2MPa,常规混凝土很难满足抗裂要求,而UHPC材料抗弯强度可达15MPa以上,能满足顶推过程中的受力需要;因此沾化至临淄公路黄河大桥主桥采用UHPC超高性能混凝土钢-混组合梁斜拉桥,从而创新性地实现了钢-混组合梁全断面顶推方案。为解决施工用地紧张的问题,主桥主施工时将顶推平台分为组拼区、现浇养护区、辅助张拉区,将钢结构块体组拼、桥面板叠合、组合梁滑移、顶推施工、预应力张拉等多个工序集成一体,形成了系列化的流水化作业,可有效提升工程质量、缩短工期,为实现主桥3年内建成通车的目标提供了技术保障。此外,为了降低工程建设成本,还开展了面向建设需求的山东省UHPC制备、生产、应用系统性研究。图12所示为UHPC直拉性能试验图。

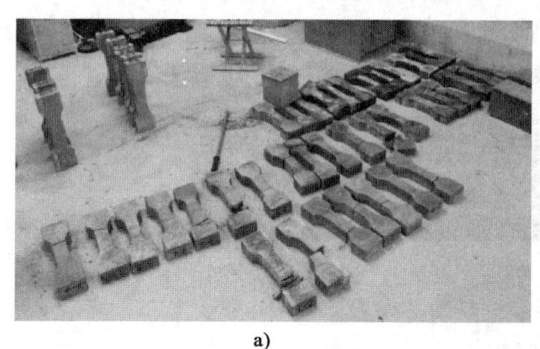  

a)          b)          c)

图12 UHPC直拉性能试验

正在建设当中的济南绕城高速公路二环线西环段跨黄河大桥主桥采用四塔中央索面变截面钢-混组合梁斜拉桥。针对黄河河道不具备大型航运的特点,该项目创新性采用桥下运梁方案(图13)。通过拟订方案、具体设计、组装调试、试用验收等流程,研发梁下运梁配套设备工装;开展梁下运梁轨道运输自动控制系统研究,设计确定梁下运梁提梁电子自动控制系统;进行施工过程有限元仿真分析;对施工阶段可能出现的各种问题进行安全评判和设计参数优化,为施工过程提供数据支撑。项目的实施可有效提升钢箱梁运输安装智能化、机械化水平,缩短钢箱梁运输安装周期,降低成本,提升质量,具有十分显著的经济和社会效益。

## 5. 注重景观及美学内涵

国际著名建筑美学专家JENSEN Poul Ove认为:美的可感知性和结构的实在性之间具有强烈关系,最有效地挖掘材料强度和材料特殊属性的结构形式是最美的。世界著名桥梁大师邓文中先生指出:任何一座成功的桥梁设计必须自然、简洁、新颖,并与周边环境协调;美观不是桥梁的附属品,而是桥梁设计中不可或缺的一部分;在桥梁的概念设计阶段,必须将结构外形与美学有机结合。桥梁造型设计在平衡、比例、韵律等方面都有其独特的魅力,桥梁与环境和谐统一,既能唤起人们美感,具有良好视觉效果和审美价值,与桥位环境共同构成景观,又有一定的文化内涵的桥梁,方可称得上是景观上较好的桥梁。

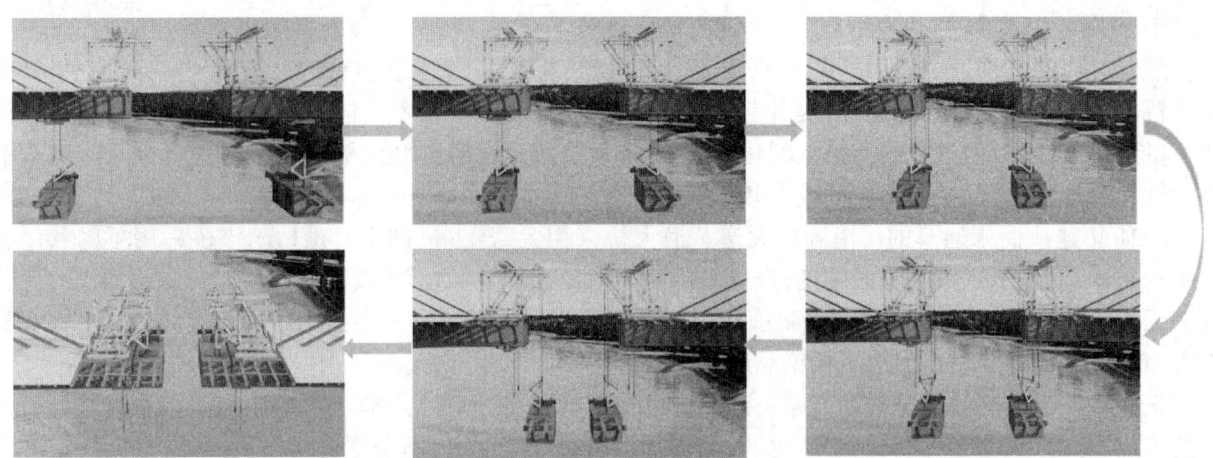

图13 济南绕城高速公路二环线西环段跨黄河大桥主梁智能化梁底运梁架设方案

沾化至临淄公路黄河大桥设计时从桥梁本身的功能出发,结合滨州人文特点、桥位地形、城市规划、区域定位等之间的相互影响关系,构建大桥自身的建筑美,从而提升整体景观效果。具体设计时,主要考虑了以下几点:①追求桥型创新性,依据桥位处上下游已建桥梁桥型调查的分析,避免造型的雷同或重复;②遵循桥梁与环境协调的规律,桥位处地形较为平坦,主桥的造型宜采用高耸结构,成为标志性明显的建筑结构;③注重地域文化特色,桥梁造型的选择要与该地域的历史、经济文化相协调,承接历史、衔接未来。经详细论证,确定了主桥采用斜拉桥方案,高耸的门型塔将成为区域内的最高点,具有明显的地标性,取"门户"之意,并在门形造型上将黄河下游大地的肌理、河海的波澜融入桥梁建筑的整体线条,表达黄河入海口桥梁的地域性特征,是一座城市的文化代表和延续,具体见图14。

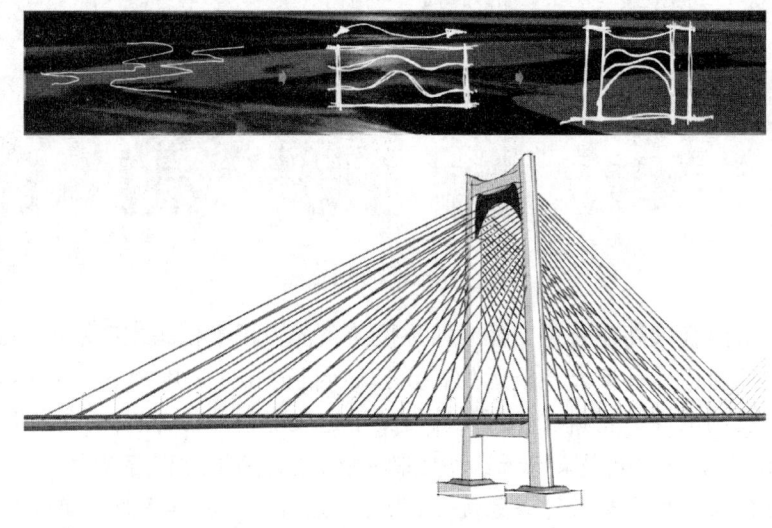

图14 沾化至临淄公路黄河大桥桥塔方案的演变及形态表现图

正在建设当中的济南绕城高速公路二环线北环段黄河大桥在设计时充分考虑了桥梁景观需求,并对局部造型进行了优化以提升桥梁的整体景观。在桥型选择上,对三塔斜拉桥及独塔悬索桥进行比选,以"泰山黄河"为桥梁的设计主题,从济南市的历史文化、黄河文化、环境文化、地质文化、特色文化及桥位上下游桥梁的桥型等确定了主桥采用独塔双主跨自锚式悬索桥,一塔挑两跨,造型突出(图15)。在进行桥塔设计时也充分考虑景观的提升需求。悬索桥的形式正如黄河水道的蜿蜒,是跨黄河桥梁的标志性线条,以济南市市花——荷花为素材,对桥塔进行修饰,形成犹如莲花般绽放的独塔造型,彰显了济南地域文化的建筑魅力(图16)。方案取名为"荷叶莲花",随着桥梁的建设,一座座桥似文化的传递者与表达者,讲述着地域文化的源远流长。

a) 多塔斜拉桥形式    b) 独塔悬索桥形式

图15 济南绕城高速公路二环线北环段黄河大桥主桥桥型方案

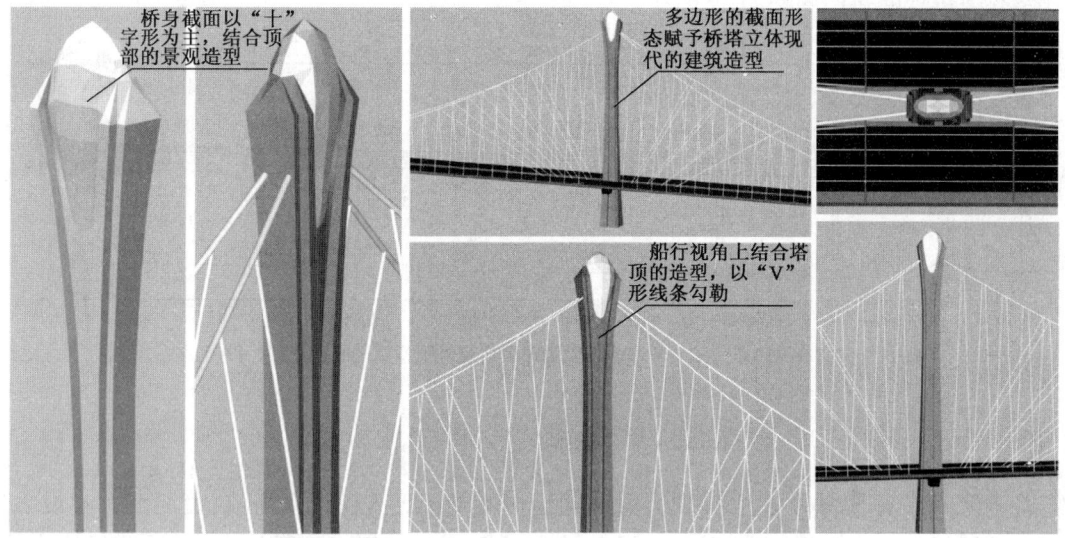

图16 济南绕城高速公路二环线北环段黄河大桥桥塔景观提升设计

### 6. 施工装配化

大力提升预制化、装配化比例，提升项目建设质量，降低安全风险，推动桥梁建设工业化水平，是落实《交通运输部关于实施绿色公路建设的指导意见》（交办公路〔2016〕93号）的实际行动。桥梁设计应贯彻绿色公路"低碳、环保、优质、高效"的理念。"工厂化、标准化、装配化"作为一种先进的设计理念，可以快速、安全、高质量地完成桥梁建设，代表今后桥梁建设的发展方向。通过标准化设计、工厂化加工、菜单式配送、装配化安装，推行精细管理、精益建造，追求集约高效、经济适用。

正在建设当中的沾化至临淄公路黄河大桥总长4630m，其中跨黄河段总长3271m，上部结构均为钢-混组合梁，是黄河上最大的钢-混组合结构桥梁建筑群；主桥采用UHPC钢-混组合梁斜拉桥，滩地引桥采用装配式Ⅱ形组合梁，跨大堤桥及滩地内80m跨径桥梁采用变截面钢-混组合梁桥；堤外引桥采用标准30m跨径的预制小箱梁桥；全桥上部结构均采用装配化设计与施工的方式，大大提高施工质量与速度，为全线的贯通提供保障。图17所示为沾化至临淄公路黄河大桥预制梁厂。

图17 沾化至临淄公路黄河大桥预制梁厂

Bulb-T梁作为传统T梁的一种优化形式,在欧美国家应用较为广泛,近年来在国内也逐渐开始应用。Bulb-T梁继承了传统T梁的优点,并在传统T梁基础之上进行了结构改进,减小上缘翼板宽度的同时增大了下缘底板宽度,结合T形截面和工字形截面的特点,增强了结构的抗弯能力,同时还提高了结构的侧向稳定性,适用于较大跨度桥梁。正在建设当中的济南绕城高速公路二环线北环段堤外引桥采用了标准跨径为30m的先张法Bulb-T梁,全线共计约800片,部分进入了互通区变宽部位的主线桥上部结构也采用该梁型,通过调整预制梁片数及优化梁间间距来满足桥梁宽度需求。济南绕城高速公路二环线北环段黄河大桥堤外引桥标准断面图如图18所示。

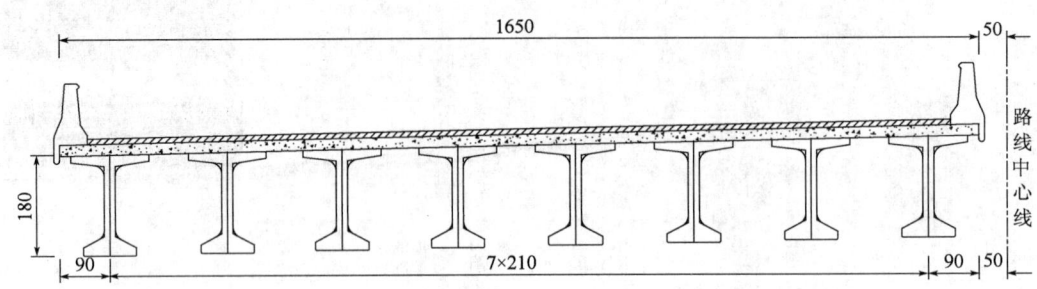

图18 济南绕城高速公路二环线北环段黄河大桥堤外引桥标准断面图(尺寸单位:cm)

## 五、结　　语

伴随着黄河两岸沟通的愈发紧密,现有过河通道仍不能满足人民群众需求,黄河大桥建设方兴未艾。部分城市的发展战略已明确提出跨河发展,沿黄城市过河通道密度将不断加大,桥梁跨径要求将进一步提高,未来在黄河上会出现更多大跨径桥梁,条件合适时可能出现一跨过河方案。随着黄河流域高质量发展战略的实施,黄河大桥的建设将更加注重对生态环境和黄河景观的保护。可以预见,在推动我国桥梁高质量发展、高品质建设方面,黄河桥将发挥重要作用。

**参考文献**

[1] 万珊珊,李守善.东营黄河公路钢斜拉桥[J].土木工程学报,1989(03):48-54.
[2] 项海帆,等.现代桥梁抗风理论与实践[M].北京:人民交通出版社,2005.
[3] 李怀峰,王志英,陈国红.黄河下游(山东段)黄河公路大桥的技术发展与创新[C]//中国公路学会桥梁和结构工程分会.中国公路学会桥梁和结构工程分会2016年全国桥梁学术会议论文集.北京:人民交通出版社股份有限公司,2016,3-11.
[4] 邓文中.桥梁的形式与美学[C]//重庆市工程师协会.重庆工程师论文集.2014,1-17.
[5] 张喜刚,陈艾荣.千米级斜拉桥——结构体系、性能与设计[M].北京:人民交通出版社,2010.
[6] 郑皆连.我国大跨径混凝土拱桥的发展新趋势[J].重庆交通大学学报(自然科学版),2016,35(S1):8-11.
[7] 孟凡超,王仁贵,徐国平.公路桥涵设计手册:悬索桥[M].北京:人民交通出版社,2011.
[8] 邵长宇.索承式组合结构桥梁[M].北京:人民交通出版社股份有限公司,2017.
[9] 胡建华.现代自锚式悬索桥理论与应用[M].北京:人民交通出版社,2008.
[10] 徐利平.谈城市景观桥梁[C]//中国土木工程学会桥梁及结构工程分会.第二十一届全国桥梁学术会议论文集.北京:人民交通出版社,2014,272-279.

# 3. "智美沾临、品质高速"建设管理实践

董 滨[1] 刘兆新[2] 杜 健[1] 岳秀鹏[1]

(1. 山东高速沾临高速公路有限公司；2. 山东高速基础设施建设有限公司)

**摘 要** 项目实施过程中牢固树立创新、协调、绿色、开放、共享的"五大"发展理念，以实现交通强国为目标，围绕综合交通、智慧交通、绿色交通、平安交通建设，落实交通运输部"五化"(发展理念人本化、项目管理专业化、工程施工标准化、管理手段信息化、日常管理精细化)要求，树立全寿命周期成本、精细化管理等理，大力推广"四新"技术，吸收和借鉴省内外高速公路工程施工标准化的成果，努力"建设智美沾临、打造品质高速"。

**关键词** 高速公路 智美沾临 品质高速 创新

## 一、引 言

"智美沾临、品质高速"建设理念的内涵是体现以人为本、本质安全、全寿命"建管养一体化"管理及价值理念；管理举措体现精益建造，深化人本化、专业化、标准化、信息化和精细化；科技创新体现技术进步与突破、先进理论与方法及"四新"技术得以全面推广应用；质量管理体现工程耐久性，实现实体质量、功能质量、外观质量和服务质量均衡发展；安全管理体现结构安全、施工安全和使用安全协调发展，促进工程风险可控和本质安全。

## 二、"智美沾临、品质高速"建设的意义

"智美沾临、品质高速"建设是推动高速公路工程和安全水平全面提升的有效途径，是推进实施现代工程管理和技术创新升级的不竭动力，对进一步推动我国交通运输基础设施建设向强国迈进具有重要意义，也为山东省新一轮高速公路品质工程建设指明了方向。

## 三、"智美沾临、品质高速"建设的思路

山东高速沾临高速公路有限公司(简称"项目公司")牢固树立创新、协调、绿色、开放、共享的"五大"发展理念，以实现交通强国为目标，围绕综合交通、智慧交通、绿色交通、平安交通建设，落实交通运输部"五化"(发展理念人本化、项目管理专业化、工程施工标准化、管理手段信息化、日常管理精细化)要求，树立全寿命周期成本、精细化管理等理念，坚持以现代工程管理为导向、以问题为导向、以打造优质精品样板工程为导向、以打造优秀团队为导向，吸收和借鉴省内外高速公路工程施工标准化的成果，大力推广"四新"技术，打造品质工程，擦亮"智美沾临，品质高速"建设品牌；创建交通运输部"李春奖"，争创"鲁班奖"。

## 四、管 理 模 式

项目公司由山东高速集团、中交一公局集团有限公司、滨州城建投资集团有限公司、淄博市交通投资建设有限公司共同出资设立，负责项目的建设、运营、管理等工作。本项目路桥主体工程划分为4个施工标段，分别为：山东省滨州公路工程总公司(一标段)、中交一公局集团有限公司(二标段)、中交一公局海威工程建设有限公司(三标段)、山东东方路桥建设总公司(四标段)；3个监理标段分别为：山东省交通工程监理咨询有限公司(总监办)、山东省德州市交通工程监理公司(一驻地办)、山东省滨州市公路工程监理咨询公司(二驻地办)。

## 五、"智美沾临、品质高速"建设的举措

### 1. 项目概述

沾化至临淄高速公路(简称"沾临高速")北接秦滨线,南连临临高速公路,是连接山东半岛蓝色经济区、黄河三角洲高效生态经济区与济南都市圈的重要通道。该高速公路全长107.584km,经过滨州市和淄博市7个区县,主线采用双向六车道高速公路标准,设计速度120km/h,路基宽度34.5m。全线共设特大桥4座、大桥15座;互通立交13处,其中枢纽互通4处;分离立交31处,其中与铁路交叉6处;服务区3处;养护工区2处;监控通信分中心2处;桥梁监控通信站1处(黄河特大桥);匝道收费站9处;互通立交连接线2处。主体工程建设工期36个月,黄河特大桥建设工期42个月。

### 2. 重难点分析

项目路线所经区域为鲁北黄河冲积平原(通常又称黄泛平原),村庄密集,人口密度大。沿线通行、灌溉排水结构物多,导致路基较高,台背回填存在跳车隐患;沿线土地多为基本农田,分布有较多的盐渍土,取土场选择困难、运距远,直接影响工程造价和工程建设的顺利开展;路基排水纵坡缓,及时排除汇水难;沿线地下油田和燃气等管线、电力线路、铁路、河流分布密集,大型交叉构造物较多,征地拆迁难度较大。

黄河特大桥、6个涉铁工程、4个枢纽互通是全线控制性工程,具有工期紧、任务重、资源配置投入大等特点。其中黄河特大桥主桥涉黄河施工,受河床冲刷及汛期凌期影响大,水中临时结构需有足够的抗冲刷、抗凌汛能力;大桥南北两侧土地为基本农田或环境保护敏感地带,临时借地难度非常大;由于黄河水文情况不具备大型船舶运输条件,全桥4.4万t钢结构只能后场成品加工、拆卸成板单元运送到前场,陆地大纵坡重载运输量巨大,运输车辆翻越大堤通行难度大、安全风险高。

### 3. 建设举措

项目公司组建后,紧紧抓住项目管理这一中心任务,制定整体管理思路、目标和措施,组织编写了具有前瞻性、综合性、指导性的《沾临项目管理规划大纲》和《沾临高速公路建设标准化技术指南》,并汇编成册,用于指导和规范参建单位的项目实施行为,提高项目管理能力。

1)制定方案,层层分解落实

(1)监理和施工单位进场后先按照项目公司标准化技术指南及品质工程相关要求做好本标段施工准备工作,并要求其上级公司参与前期策划或统筹谋划,经项目公司同意后方可实施。

(2)严格把控和审查各类施工方案,做到先有方案,后有操作。邀请省内外行业内专家对黄河特大桥、徒骇河大桥、小清河大桥等关键性控制工程的施工方案进行评审,确保施工方案安全可行。

(3)在科技创新和成果转化方面,创造性地引入全过程专家咨询机制,由山东省交通规划设计院集团有限公司牵头,联合清华大学、山东大学、长安大学、广州大学、山东省交通科学研究院等多家单位开展立项、实施及验收全过程技术服务工作,应用"四新技术"解决实际问题与质量通病。

(4)督促施工单位邀请第三方专业机构进行风险评估,同时邀请专家对评估报告和高大边坡、桥梁、深基坑等危险性较大的工程进行专项方案评审。

2)抓源头,严把设计审核关

(1)紧扣建设目标,指导设计工作。围绕"工程内在质量和外在品位的有机统一、优质耐久、安全舒适、经济环保、社会认可"的目标,选线避开沿线征拆难点和施工复杂区域,优化整合桥梁结构形式,提升技术含量,减少对主体工程施工的干扰。设计过程中把握的总体原则:①景观。人文景观与自然环境和谐统一。②生态。保护环境、美化环境,少破坏生态环境。③和谐。适应当地社会环境与人文环境,与之和谐统一。④平安。以安全作为设计考虑的重要因素。⑤耐久。建造安全、牢固、耐久的工程。⑥创新。有针对性地开展专题研究,尽量采用新材料、新设备和新工艺。

(2)注重源头审查,确保勘察方案合理。重点审查勘察设计单位提交的勘察方案和技术文件,审查勘察位置、方式、数量和深度是否满足地质勘察规范要求,是否有重要地质工点被遗漏。勘察方案应紧扣

设计意图,并根据沿线地质特点,有针对性地开展勘察工作。

(3)加强过程监管,提高勘察外业质量。项目公司成立地质勘察外业检查小组,定期邀请外部专家参与指导,全过程参与现场勘察工作。在这一过程中进行巡视检查,终孔参与验收,监督落实钻孔芯样送检,加强对控制性工程及特殊路基、桥梁重要工点的检查力度。

(4)强化刚性对接,加大审查力度。①采用"双院制审查"的方式,由设计咨询审查单位提出咨询意见,对方案的设计与制定、施行进行审查把关。②针对桥梁、不良地质路段等重要专题设计问题,聘请外部专家进行审核把关,确保设计深度。③收集集团公司以往项目由于设计深度不足引起的设计变更案例,要求设计单位认真研究并提出预防措施。

3)建章立制,统一标准

(1)完善制度,奠定"智美沾临、品质高速"基础。项目公司以《沾临项目管理规划大纲》和《沾临高速公路建设标准化技术指南》为基础,制定了《沾临项目监理、施工单位考核办法》《沾临项目工艺标准化指南》《沾临项目施工作业指导书》等,对施工准备、施工要点、安全环保、内业资料及工程验收等方面作出明确要求,内容翔实、图文并茂、简单易懂(图1)。

图 1　形成统一标准

(2)样板引路,打造"智美沾临、品质高速"标准。项目公司联合总监办制定《沾临项目首件工程认可制管理办法》和主要分项工程首件工程施工技术交底手册口袋书,确定首件工程的施工难点、控制点、关键工序、工艺要求、质量标准、安全方案,同时组织召开首件工程现场观摩会,指导后续工程施工。项目已开展浆喷桩、路基填筑、台背回填、梁板预制、桥涵结构、桥面铺装等20余项首件工程认可,总结形成了一批可复制推广的典型性经验(图2,图3)。

图 2　大体积混凝土浇筑　　　　图 3　塔柱施工

(3)质量溯源,树立"智美沾临、品质高速"标杆。严格落实质量责任终身制,执行各参建单位质量管理人员质量责任登记和落实岗位职责,实现质量责任可追溯。

(4)积极推行工程质量控制信息化技术,实施施工过程质量在线监控。利用BIM(建筑信息模型)协同高效、信息集成等优势,面向施工现场数据采集难、监管不到位等问题,以"可视化设计、多阶段信息互通、精细化施工管理"为原则,通过全线数字化电子沙盘、精细BIM模型创建、搭建建设管理GIS(地理信息系统)+BIM协同平台等功能实现对项目的质量管理,提高质量数据获取准确性、及时性、真实性和相对速度,实现全过程的全面感知、互通互联、智能处理和协同工作(图4)。

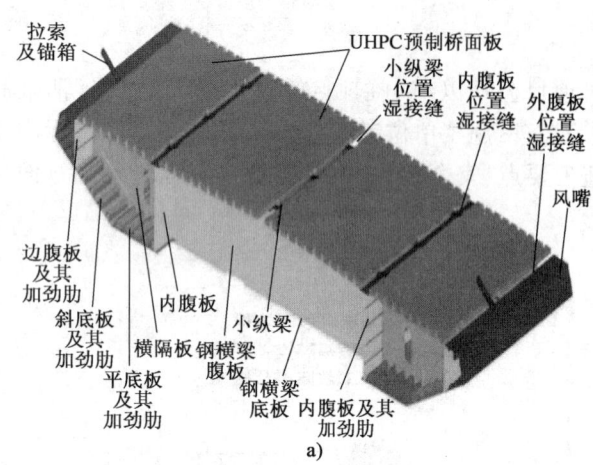
a)

b)

图4 BIM精细化模型

(5)全面推行班组工序标准化。在项目推行首件认可制和班组标准化的基础上,落实工序标准化制度,各班组按照标准化指南施工技术要求和安全要求组织施工,落实工序交接和工序三检制度,跟班管理人员负责工序质量验收和考核,每月组织一次班组大考核,工序标准化和安全标准化作为主控指标,做到奖罚分明。各班组实行"六步走常态化"(班前教育、班前检查、班中巡查、班后清理、班后交接、班后小结)和"7S"(整理、整顿、清扫、清洁、素养、安全、节约)管理,强化作业班组管理标准化、规范化、精细化,逐步培育产业化工人(图5、图6)。

图5 多媒体理论教学考试

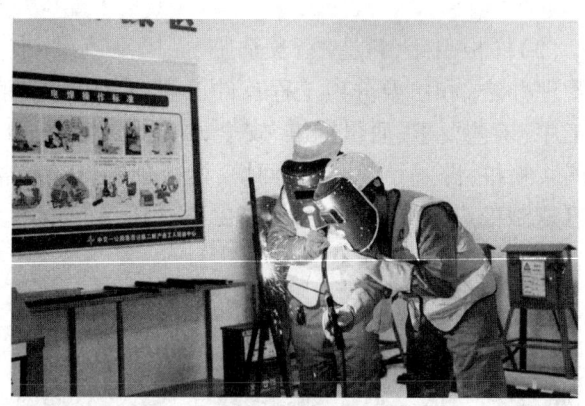

图6 实操培训考核

(6)严格原材料进场准入。项目公司加大监管力度,严格原材料进场准入制度和AB库制度,建立原材料的进出场台账、质量检验和质量跟踪台账。对大批量的材料做好物料管理和取用制度,对批次到达的材料分开码放、分开标记、分批取用,对每批次材料验收的相关人员进行登记签字,禁止材料的无序管理,确保出现质量问题时每批次材料的可追溯性。针对沥青、水泥、钢材、碎石、钢结构、UHPC(超高性能混凝土)预混料、河砂等重要原材料,严格检查相关技术指标,并委托第三方定期开展原材料专项抽查,从源头预防质量事故产生。

(7)认真开展"质量月"和专项质量检查活动,助推品质提升。项目公司认真组织开展"质量月"和专项质量检查活动,形成检查报告,并督促及时整改。其间组织特种电焊、钢筋电焊(平焊、立焊)和套筒连接钢筋滚丝等不同内容的技术比武活动,开展施工专题培训,强化科学指导,发扬"工匠精神",提升工程质量意识和管理水平。

4)推进安全管理,为"智美沾临、品质高速"护航

项目公司牢固树立"生命至上""安全第一"的思想,始终把安全生产放在首要位置,建立"党政同责、一岗双责、齐抓共管、失职追责"的安全生产责任体系,督促各参建单位落实全员安全生产责任制,规范参建人员安全生产行为,使全体参建人员牢固坚持底线思维,增强忧患意识、危机意识,实现"要我安全"向"我要安全、我会安全、我能安全"的转变,确保项目安全生产工作有序开展(图7、图8)。

图7 安全用电教育

图8 高处坠落应急演练

(1)建立健全各级安全生产管理体系,层层签订安全生产责任书,明确岗位职责,认真贯彻落实"一岗双责",加强对各监理、施工单位安全生产工作的组织领导,保证各项工作有序开展。

(2)认真组织监理和施工单位进行安全生产管理培训及进场人员安全技术交底工作,通过VR(虚拟现实)体验馆(图9)、班前教育、"安全生产知识口袋书"等形式,提高了现场人员的自我约束能力,增强全体参建人员的安全生产意识;打造"黄河特大桥工人产业园"品牌,培训中心具备功能齐全、体验教学、培训上岗、政府指导等特点,引入多媒体安全教育培训工具箱,实现自动建档、自动考核、二维码识别信息化管理,分批次组织全线参建人员进行安全教育培训,培训合格后方可上岗(图10)。

图9 VR体验馆

图10 人员安全技术交底

(3)推行安全防护标准化。项目公司印发安全标准化手册、印制口袋书,坚持"施工现场安全防护标准化、场容场貌规范化、安全管理程序化"的理念,针对标志标牌、场站建设、临时用电、临边防护、路基作业安全防护、桥梁作业防护、深基坑施工作业防护、房建施工安全措施等方面,按标准化规定统一标准、统一要求,推行安全防护设备设施工具化、定型化、装配化。

(4)加强施工现场安全生产经常性监督检查和管理,把安全生产措施落到实处;通过组织开展防汛、

防火、防溺水、防触电等多形式的应急演练,增强参建人员的防范意识,提高应急逃生和自救能力;扎实开展"平安工地""安全生产月""隐患大排查大整治"等专项活动。在施工现场通过设立咨询台、公共宣传栏、电子显示屏、悬挂横幅、张贴标语等形式,广泛开展安全宣传教育,进一步提高各参建人员的安全生产意识。

(5)积极开展安全管理创新。①推广使用安全生产管理信息系统和安全隐患"随手拍"应用程序(App),积极组织全员排查、举报安全隐患,建立隐患排查治理长效机制。②在黄河特大桥引进门禁管理系统和作业人员定位系统。

5)工程技术创新和应用

(1)加大科技创新力度,注入项目建设新动能。

①在省内首次大规模应用主桥钢-混凝土组合梁桥面板 UHPC,贯彻全寿命周期理念,充分发挥材料性能,大幅提高结构耐久性,为钢混组合梁全断面顶推施工提供了条件,为集团后期 UHPC 扩展应用范围及相关业态的发展提供经验(图11、图12)。

图11 UHPC 拌和楼　　　　　　　　　　　图12 UHPC 摊铺整体一体机

②全面推广应用桩基智能组合后压浆技术,提高桩基承载力,适当减少桩长,降低工程造价。

③大规模应用钢桁架、钢箱、钢-混凝土组合桥梁,倡导绿色公路理念。

④采用全厚式耐久性路面,推行路面设计新理念。

⑤采用泡沫轻质土、液态粉煤灰、高性能混凝土、波纹管涵、植物纤维毯边坡防护等新材料、新技术,提高项目建设技术含量。

⑥全程开展 BIM 技术应用,提高项目智能化管控水平,全面推行信息化管理。

⑦应用固结扩盘桩技术,采用 RJP 高压旋喷施工工艺,创下单桩最大扩盘直径(4.5m)、最大体量(桩长64m、混凝土用量456$m^3$)及最大桩径(3.5m)三项新纪录,解决了引黄济青干渠大桥桩基位置、数量受限问题。

(2)积极推广新技术应用。

①箱梁移动式台座施工(图13),实现预制箱梁流水线上移动作业,压缩工序间的移动衔接,提高了场地利用率;克服了传统台座占地面积大、周转时间长、冬季养生费用高的缺点,较传统梁场效率提高近两倍,大大缩短了预制时间。

②创新工程计量模式,实现黄河特大桥主桥自动化计量。以统一 WBS 标准为基础,将各项业务有机串联。通过嵌入质检资料标准,实现质检资料统一与自动提醒;通过嵌入计量规则对于满足条件的工作内容进行自动填写或控制;对于满足条件未计量、未出资料的工作内容自动提醒和预警,最终实现以计量管理为手段、进度管理为驱动、质量管理为依据的三方闭合管理模式。

③应用浆喷桩自动拌浆、双向搅拌施工设备。应用浆喷桩自动拌浆、双向搅拌桩技术,依托智慧云平台服务,实现数据采集和检查,提高搅拌均匀性,保证水泥土搅拌桩的水泥掺入量,确保成桩质量。

④应用混凝土砂石分离机(图14)对废弃混凝土绿色化处理,彻底解决了清洗罐车废水和残留混凝

土污染问题;通过混凝土、砂石分离机和压滤机的使用,实现了废料、废水的二次利用,节约了项目成本,取得了良好的经济效益。

图13　箱梁移动式台座

图14　混凝土砂石分离机

⑤推进信息化管理,以山东高速集团"建设工程智慧云平台"为依托,通过工序管控、质量管控、安全监管、人员管控四大体系,实现了施工过程管理可视、可知、可控。通过搭建质量数据中心、工程进度数据中心为项目决策、工程管理提供实时、高效的信息化支撑。

⑥在桥面护栏施工作业中,应用板台车技术将模板形成整体,施工无须逐块拆装模板,降低了线形和模板接缝间错台控制的难度,防撞墙外观美观。操作工人进行外侧模板定位和穿心拉杆安装时,可以在模架前端固定的平台上作业,安全风险低。

⑦桩基施工数量多,孔径大,项目创新采用钢护筒送桩器进行桩基施工,不仅提高了施工质量,而且接长部分临时钢护筒可在不同桩基施工中进行重复周转使用,大大减少了钢护筒材料用量,提高了施工质量与经济效益。

6)打赢2021年"蓝天保卫战",落实绿色公路目标

项目公司在施工过程中严格落实环保措施,分析潜在环境风险,制定环境保护责任制度,明确各参建单位职责分工,建立环境保护责任体系。

(1)树立节能环保理念,与自然和谐协调。在项目设计阶段,积极贯彻节能环保的建设理念,尽量避开农田,减少对原有生态环境的破坏。同时考虑与周围环境的协调,避开受保护的景观空间,路线顺势而为,线形连贯,与原有自然景观资源融为一体。牢固树立"不破坏就是最大保护"的理念,做好文物、古树、自然风景保护区和饮用水源保护区的保护管理工作,重点加强对沿线水源保护区的保护。

(2)做好临时场站、驻地及取弃土场选址、建设方案审批和复垦管理工作,严禁随意取弃土,线路可视范围内不得设置取土场。边坡及时防护绿化,环保水保验收提前全过程介入,做到边施工边复垦复绿、边恢复水系路系和环境,坚决杜绝现场三乱现象。

(3)扎实推进耕作土剥离再利用,守住耕地红线。积极开展表土剥离再利用土地复垦工作,配合国土部门做好表土剥离再利用工作,聘请专业机构编制表土剥离再利用实施方案。

(4)优化施工组织和工艺流程,采用"四新"技术,最大限度减少对环境的影响;充分利用在线监测和视频监控等技术手段对重点区域、部位实施全过程监管,严格控制污染物排放,改善环境质量。

7)建立奖惩机制,推进"智美沾临、品质高速"建设

(1)印发《沾临项目监理单位考核办法》《沾临项目施工单位考核办法》,按季度对监理和施工单位履约状况、质量、进度、安全、环保以及廉政等方面进行考核,给予奖惩。

(2)项目公司或施工单位每月对施工班组进行考核评比,对成绩突出的优秀班组和技工进行奖励,对获奖的班组和技工颁发"优秀班组"和"优秀技工"证书,给予经济奖励。

(3)根据综合考评情况评选出优秀项目经理、优秀监理工程师、优秀项目工程师等竞赛先进个人;优秀施工单位、优秀监理单位等竞赛优秀集体;有突出贡献单位将根据集团奖励措施上报评选集团年度优

秀施工单位、优秀监理单位;有突出贡献的个人将推荐参选集团内优秀个人的评选。对竞赛中涌现的优秀集体、先进个人推荐申报"山东省五一劳动奖"和"山东省工人先锋号"等荣誉。

**4. 党建引领,建设廉洁工程**

践行"红色山高"建设,沾临项目办坚持正风肃纪,认真贯彻落实中央、省委、集团关于党风廉政建设和反腐败工作的决策部署,不断强化从严管党治党的主体责任。坚持充分发挥党组织基层战斗堡垒作用和党员先锋模范作用,积极响应公司党委开展组织活动安排,加强项目党建工作,提高党建工作水平,有效推进与施工的深度融合(图15)。一是以创建"弘扬老渤海精神、铸造智美沾临"党建品牌和"阳光沾临、廉洁高速"廉洁品牌为支部中心工作,建立健全支部班子,配齐配强工作人员,强化党员管理,严肃组织生活;二是以深入学习习近平新时代中国特色社会主义思想和党的十九大精神作为首要政治任务,持续推进"党史学习教育"常态化、制度化为根本,巩固深化过硬党支部建设成果,不断提高支部建设质量;三是结合项目建设实际,推动项目党支部间进行结对共建,充分把党建与工程建设相融合,通过"开新局、争前列、比贡献"劳动竞赛,深入开展党员示范岗、党员先锋队、党员突击队活动,以实际行动攻坚活动目标,有效推进工程进展;四是充分引领四个示范工程,组织优秀党员,建立"党员创新工作室"成立党员技术攻关小组,开拓思想、创新思路,以"微创新""微改进"为落脚点,抓好创新管理工作;建立"党员科研攻坚队",结合沾临高速公路工程的特点,联合科研单位攻关,抓住重点,突出亮点,制定实施方案,确保科研项目攻关取得实效(图16)。

图15 渤海革命纪念园主题党日活动

图16 "阳光沾临、廉洁高速"建设会议

**5. 获得的荣誉或奖励**

项目自2019年12月开工以来,全体参建人员自上而下,凝心聚力,始终以斗志昂扬的精神面貌面对紧张的施工任务和复杂的施工环境,获得了集团、公司和外部单位的高度认可。2020年,沾临项目办荣获山东高速集团高速公路工程建设优秀建设管理单位一等奖、"过硬党支部"、基础设施建设有限公司综合评比二等奖和由中国交通企业管理协会颁发的"全国交通行业五星级现场",并受邀参加全国交通质量年会作典型发言。2021年,沾临项目办荣获山东高速集团有限公司"先进基层党组织""优秀党支部"和基础设施建设有限公司"春季百日大干"优秀建设管理单位等多项荣誉。

## 六、结　语

项目公司通过近两年的工程实践,在建设过程中以专业化和精细化为基础,以标准化和规范化为引领,以智慧化和信息化为手段,目前总体进展顺利,进度、质量、安全、环保受控。下一步,项目公司将以集团公司"六型山高"建设为抓手,继续提升对质量安全、环境保护、关键节点的把控,积极开展科研攻关和"微创新"活动,提高工程质量和耐久性,在技术创新方面实现"全面开花""全线突破",建设"智美沾临、品质高速"。

# 4. 以黄河青海段公路桥梁发展看青海交通强国和生态立省

刘　强　游　新

(青海省交通规划设计研究院有限公司)

**摘　要**　随着青海公路桥梁建设的不断往前推进，黄河青海段的公路桥梁也迎来了新的发展阶段。在青海省持续推进生态立省的发展战略和新时期开展交旅融合发展等交通强国建设试点工作中关于青海黄河流域交通基础设施高质量发展的背景下，本文在广泛收集资料的基础上，总结回顾了近5年来黄河青海段公路桥梁的建设成就，对公路桥梁发展如何与青海交通强国和生态立省发展战略相协调进行了相关的讨论。

**关键词**　青海　公路桥梁　黄河流域　生态立省　交通强国

"青海长云暗雪山，孤城遥望玉门关。""青海戍头空有月，黄沙碛里本无春。""暮雪连青海，阴霞覆白山。""关山万里恨难销，铁马金鞭出塞遥。为问昔时青海畔，几人归到凤林桥。"古诗词中的青海，苍茫而荒芜。青海，雄踞"世界屋脊"青藏高原的东北部，这里是名山大川的故乡，境内分布着昆仑山、唐古拉山、巴颜喀拉山，是长江、黄河、澜沧江的发源地，被誉为"三江之源""中华水塔"。作为长江、黄河、澜沧江等大江大河的发源地，三江源的生态保护不仅事关青海省，也直接关乎三江流域的20个省份，以及缅甸等东南亚5国的可持续发展。

2008年，青海省正式提出"生态立省"战略。中共青海省委明确指出："要金山银山，更要碧水青山。我们决不能靠牺牲生态环境和人民健康来换取经济增长，一定要保护好'中华水塔'的一山一水、一草一木，一定要建设好生产发展、生活富裕、生态良好的绿色家园，为中华民族的伟大复兴提供强有力的生态支撑。"青海最大的价值在生态、最大的责任在生态、最大的潜力也在生态[①]，2016年，习近平总书记考察青海时作出的这一重要指示，至今依然振聋发聩。为协调推进生态保护和绿色发展，青海以生态立省，让其在绿水青山间绽放出新的姿态。这一过程中，交通基础设施建设发挥了重要作用。

在全面落实环保设施与主体工程同时设计、同时施工、同时投产使用的环保"三同时"原则的同时，青海省交通运输厅编制了《青海省绿色交通"十三五"发展规划》。2016年，青海省交通运输厅与省环境保护厅联合下发《青海省公路建设生态环境保护技术指南》，为全面响应新形势下生态文明建设各项制度要求，2020年青海省交通运输厅联合省生态环境厅对该指南进行了全面修编，并于同年9月1日实施。青海省交通运输厅在行业内印发了《关于加快推进青海省绿色交通运输发展的指导意见》《青海省公路建设生态环境保护考核办法》《青海省公路建设生态环境事故应急预案(试行)》等管理办法，形成了责任到人、落实到位、齐抓共管的生态环境保护工作新局面。

2021年8月，交通运输部发布《关于青海省开展交旅融合发展等交通强国建设试点工作的意见》(交规划函〔2021〕393号)，明确交通强国建设青海省试点任务要点，其中一条是同意在青海黄河流域交通基础设施高质量发展方面开展试点，主要试点内容是以沿黄公路网为依托，拓展公路沿线设施旅游服务功能，建设沿黄生态运输走廊，推进"交通+文旅"融合发展，打造沿黄交旅融合景观带。开展公路沿线路域生态环境整治、交通设施节能减排，大力推广清洁能源，强化科技创新成果应用，打造沿黄交通运输绿色环保发展带。加快完善综合交通运输网络，提升服务水平和应急救援管理能力，打造沿黄交通运输安

---

[①]　习近平在青海考察时强调:尊重自然顺应自然保护自然　坚决筑牢国家生态安全屏障[N].人民日报,2016-08-25(1).

全高效服务带。

在遥远高寒的冰原雪地,冰川融雪的涓涓细流,一路汇集孕育成中华民族的母亲河——黄河。黄河发源于青藏高原巴颜喀拉山北麓的约古宗列盆地,自西向东分别流经青海、四川、甘肃、宁夏、内蒙古、陕西、山西、河南和山东9个省(自治区),最后流入渤海。黄河被称为祖国的母亲河,她滋养了勤劳勇敢的中华民族,孕育了灿烂辉煌的中华文明,黄河全长5464km,是中国第二长河、世界第五长河。黄河在青海境内长1455km,是青海境内流经最长、流域面积最广的一条河流。

从黄河源头的青海玛多县到入海口山东黄河口镇,黄河干流上不同结构的桥梁如长虹般凌空飞架,装扮着5464km长的黄河。一桥飞架南北,天堑变通途,1909年建成的天下黄河第一桥——兰州市中山铁桥,揭开了在飞跃5464km长黄河上的长虹卧波的建桥序章。1966年建成的黄河源头第一桥——玛多黄河公路大桥,是黄河干流上第一座钢筋混凝土永久性大桥。2004年建成的黄南州尖扎黄河大桥,桥梁全长248m,主桥为(50+90+50)m悬臂浇筑连续刚构结构,是当时施工难度最大的桥梁。2005年建成的循化积石黄河大桥,桥梁全长1225.323m,是当时青海省在黄河干流段建设的最长桥梁。2009年建成的河南蒙古族自治县宁木特黄河大桥,桥梁全长931.679m,是当时青海省单跨跨径最大的悬索桥。2012年建成的清关公路黄河2号特大桥,主跨170m,是当时青海建成单跨最大的预应力混凝土连续刚构桥梁。2016年建成的尕玛羊曲黄河特大桥,桥梁全长2418m,最大桥高120m,最大墩高115m,是青海省当时主墩最高的连续刚构桥,是青藏高原公路桥梁向高墩、大跨径转变的重要标志。2017年建成的苏龙珠黄河特大桥,主桥采用净跨径220m钢管混凝土桁架上承式拱桥,是黄河上游最大的混凝土钢管拱桥;同年,桥长1746m,其中主桥采用跨径组合(104+116+560+116+104)m的海黄大桥的横空出世,是青海省首座特大型斜拉桥和高速公路景观大桥,也是黄河上游跨径最大的斜拉桥,跨径规模和技术难度居当时同类桥型全国第四。

截至2021年8月,黄河青海段等级公路以上已建成有几十座桥梁,多座桥梁各具特点,如何在黄河上游段建设桥梁与持续推进"生态立省"战略相协调一直是黄河青海段公路桥梁建设研究的重点。本文通过查阅文献,搜集大量资料,选取近5年具有典型意义的黄河青海段公路桥梁建设,以此来谈谈青海交通强国建设之黄河上的桥梁与生态立省的协调发展。

# 一、尕玛羊曲黄河特大桥

## 1. 建设背景

尕玛羊曲黄河特大桥位于青海省海南藏族自治州兴海县河卡镇羊曲村与贵南县茫拉乡的交界处的羊曲水电站库区,是G572线贵南至乌兰公路三塔拉至黄沙头段的控制性工程之一。三塔拉至黄沙头公路是《青海省干线公路网规划(2009—2030年)》"6920网"中二十联的第五联,主要连接G214线与S101线(注:S101线现为省道西久公路,在新版《国家公路网规划》中规划为"国道G227线张掖至孟连公路")。G572线贵南至乌兰公路的建设对完善国家和青海省公路网、保障交通安全畅通、推动区域旅游和自然资源开发、巩固脱贫攻坚成果、实施乡村振兴战略、增强区域干线公路网应急保障能力都具有重要作用。尕玛羊曲黄河特大桥于2014年5月开工建设,2016年10月竣工通车,总投资7.8亿元。尕玛羊曲黄河特大桥是当时兼具青海省长度最长、主跨最大、墩身最高的连续刚构桥,成为青海省规模最大的钢筋混凝土桥梁和羊曲水电站库区旅游的一大景观(图1),为青海省高海拔、大温差、高墩、大跨径连续刚构桥建设积累了丰富和宝贵的经验,是青藏高原公路桥梁向高墩、大跨径转变的重要标志。

图1 尕玛羊曲黄河特大桥

## 2. 桥梁设计

尕玛羊曲黄河特大桥横跨羊曲水电站库区,桥梁包括主桥和引桥,桥梁全长2418m,桥宽12m。主桥采用(65+5×120+65)m预应力混凝土变截面刚构-连续梁组合体系,联长730m;引桥上部结构采用跨径40m的装配式预应力混凝土连续箱梁,兴海向共25孔,联长1004m,贵南向共17孔,联长684m。最大墩高110m,最大桩深60m。尕玛羊曲黄河特大桥桥型布置见图2。

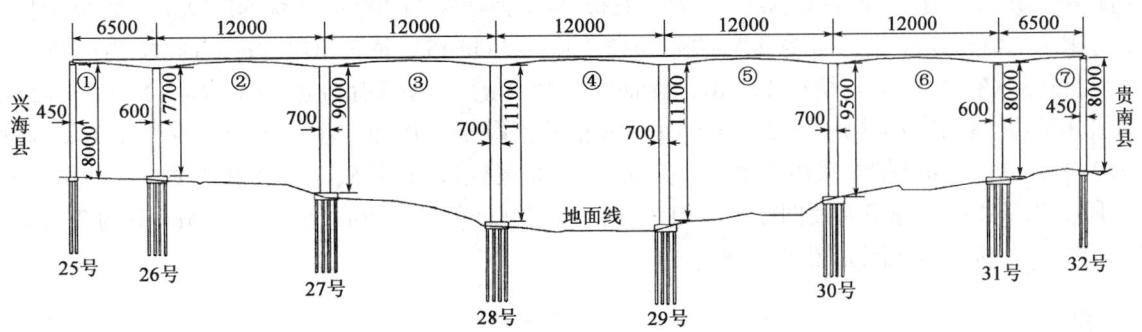

图2 尕玛羊曲黄河特大桥桥型布置图(尺寸单位:cm)

## 3. 品质工程

(1)在设计过程中,通过桥位和桥型的大量比选,从与周围环境协调和经济性角度确定理想的桥梁方案。

(2)在建设过程中,采用了大体积承台混凝土分层浇筑+冷却管水循环降温法等多项新的技术工艺和施工方法,并取得了2项实用新型专利和2项省部级工法,获得2项部级科技创新成果奖。

# 二、苏龙珠黄河特大桥

## 1. 建设背景

苏龙珠黄河特大桥(图3)位于青海省化隆回族自治县境内的公伯峡水库水域,是G310线连云港至共和公路循化至化隆段的控制性工程之一。循化至化隆公路既是G310线连云港至共和公路的重要组成部分,又是全省高速公路网路网规划(2009—2030年)"三纵、四横、十联线"中的第三横——临夏至共和(S22)的重要组成部分,也是循化县连接省会西宁和甘肃省的一条重要通道。G310线循化至化隆公路的建设,对完善国家路网,优化路域结构,开发利用沿线丰富的自然资源和旅游资源,带动沿线民族地区经济社会发展,促进"沿黄生态经济带"发展,建设丝绸之路经济带都具有十分重要的意义。苏龙珠黄河特大桥于2014年10月开工建设,2017年10月竣工通车。苏龙珠黄河特大桥是西北地区跨径最大的上承式钢管混凝土拱桥。

图3 苏龙珠黄河特大桥

## 2. 桥梁设计

苏龙珠黄河特大桥横跨黄河上游公伯峡水库的峡谷地段上，坡高山陡，河谷断面呈"V"形，借鉴行业内同类型桥的施工方法，推陈出新，探索出最符合现场实际的无支架、无索塔，直接将锚索锚固于山体岩石上的缆索吊装扣挂系统。主桥采用净跨径220m钢管混凝土桁架上承式拱桥，桥面高度55m，净矢跨比为1/5.5，拱轴线采用悬链线，拱轴系数为 $m=2.2$，拱顶距离水面约60m。大桥桥址位于"V"形峡谷地区，深且狭窄，坡高山陡，近似直立，桥位处无路通行，桥下河面宽约200m，水深60～90m。桥梁包括主桥与南北引桥，左幅桥梁起止桩号为 K2+787.652～K3+111.452，桥长323.8m，右幅桥梁起止桩号为 K2+809.858～K3+145.658，桥长335.8m，桥面全宽24.5m。全桥采用左幅(4×12+220+2×12)m钢筋混凝土Π形板，右幅(9+3×12+220+3×12)m钢筋混凝土Π形板。主桥主跨计算矢高44m，计算矢跨比为1/5.5。主拱圈拱轴线采用拱轴系数为 $m=2.2$ 的悬链线，拱肋截面从拱脚到拱顶截面相等，钢管壁厚有所变化。主拱肋分由两片四肢桁架组成，两桁架中心间距为8.6m，桁高为4.5m，宽为2.35m。苏龙珠黄河特大桥桥型布置图见图4。

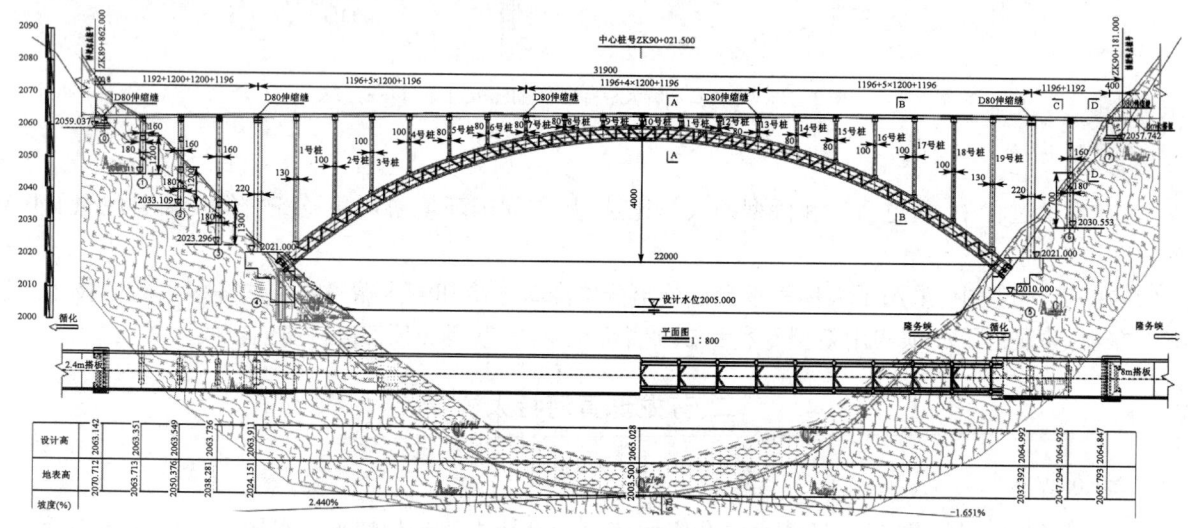

图 4 苏龙珠黄河特大桥桥型布置图(尺寸单位：cm)

## 3. 品质工程

(1)根据桥位处的具体地形，借鉴行业内同类型桥的施工方法，推陈出新，探索出最符合现场实际的无支架、无索塔，直接将锚索锚固于山体岩石上缆索吊装扣挂系统，对桥位实现了全覆盖，不仅能够满足主桥的施工要求，而且缩短了工期，节约了材料、成本。

(2)通过对库区施工特点的考察，对钢构件运输制定了科学严密的"运输车+船舶"即陆运水运相结合的运输方式，拱肋节段在运输过程中避免了二次倒运和翻身情况的出现，提高了运输效率，规避了倒运和翻身时的安全风险。

(3)苏龙珠黄河特大桥主拱圈钢构件加工做到了将工厂"搬"至现场，实现了钢构件的现场工厂化生产，避免了从生产厂家的长途运输过程，节省了运输时间和成本，提高了效率，缩短了工期。

(4)在进场后，经过详尽的方案比选，否定了开山修建临时便道的方案，提出了沿黄河库区开辟航线，利用船舶水路运输解决库区施工的物资机械保障及人员的流动问题。保护自然环境，也利用自然环境，避免了施工范围内的生态破坏，践行了"像保护眼睛一样保护生态环境"的精神，这也是西北高海拔地区建筑施工中首次以水路运输代替开山修建临时便道的案例。

## 三、海黄大桥

### 1. 建设背景

海黄大桥(图5)位于青海省海东市化隆回族自治县德恒隆乡挖家滩村与黄南藏族自治州隆务峡交

界的公伯峡水电站库区,是张掖至河南公路牙什尕至同仁段的控制性工程之一。张掖至河南公路是青海省高速公路网规划(2009—2030年)布局方案"三纵、四横、十联"中的纵线之一,与京藏、连霍两条国家高速公路相接,是对青海境内国家高速公路网的补充和完善。牙什尕至同仁高速公路,位于青海省东部的黄南藏族自治州和海东市,其建设对于实施西部大开发战略,巩固国防,加强甘肃、青海与成渝经济区之间的沟通联系,优化区域路网结构,开发利用沿线丰富的自然资源和旅游资源,带动沿线民族地区经济社会发展,都具有十分重要的意义。海黄

图5 海黄大桥

大桥于2013年9月开工建设,2016年底顺利合龙,2017年9月14日竣工通车,总投资6亿元。海黄大桥是青海省的首座大跨径斜拉桥和高速公路景观大桥,库区风景十分壮美,被称为西北地区最美的黄河大桥,也是目前西北地区跨径最大、全国排名第四的跨黄河双塔双索面钢-混叠合梁斜拉桥。

2. 桥梁设计

海黄大桥横跨黄河上游公伯峡水电站库区上,距离坝址约18.5km,桥梁包括主桥与南北引桥,桥梁全长1743m。主桥为半漂浮体系五跨双塔双索面钢-混叠合梁斜拉桥,桥跨布置为(104+116+560+116+104)m,桥面全宽28m。起点侧左幅引桥布置为:[3×30+2×(4×30)+4×27+3×30]m,共五联,其中第一至第三联为预应力混凝土先简支后结构连续预制T梁,第四、第五联为预应力混凝土现浇箱梁;起点侧右幅引桥布置为:[(30+25)+4×30+(25+2×30)+(30+32+30)+3×27+3×30]m,共六联,其中第一至第三联为预应力混凝土先简支后结构连续预制T梁,第四至第六联为预应力混凝土现浇箱梁。终点侧引桥布置为(4×30+3×30)m,左右幅布置相同,各两联,为预应力混凝土先简支后结构连续预制T梁。左幅桥共分为八联,右幅桥共分为九联。最大塔高相当于65层楼高,为193.6m,主塔高设计为H形,南塔高193.6m,北塔高186.2m,全桥共有88对176根拉索。海黄大桥主桥主要参数见表1,桥型布置图如图6所示。

海黄大桥主桥主要参数表　　　表1

| 跨径布置(m) | 索塔高度(m) | 主梁高度(m) | 边中跨比 | 索塔高跨比 | 主梁高跨比 |
| --- | --- | --- | --- | --- | --- |
| 104+116+560+116+104 | 132.1 | 3.5 | 0.393 | 0.236 | 1/160 |

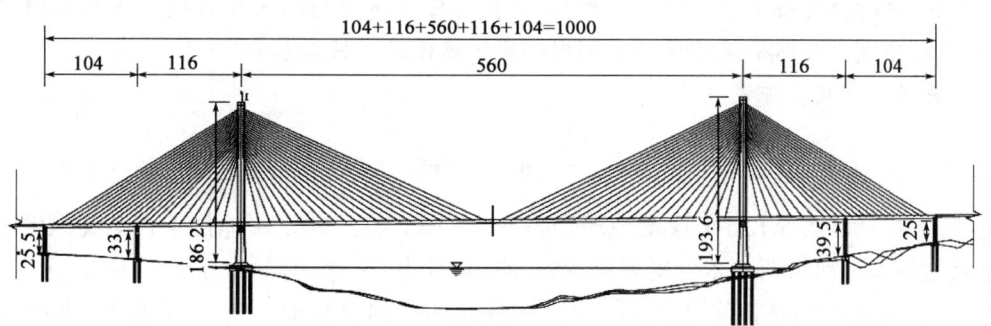

图6 海黄大桥桥型布置图(尺寸单位:m)

3. 品质工程

(1)主跨560m,是青海地区最大规模的桥梁,结构受力复杂、技术含量高。

(2)桥梁位于中国西北典型的高寒山区,地形、地质条件复杂,运输、场地条件困难,灾害性气候频发,工程施工及运营养护难度大。

(3)主梁创新性地采用"上"字形截面,相较于传统的"工"字形截面,锚拉板与主梁腹板直接焊接,避免了传统焊接方式上翼缘钢板层间受拉撕裂的潜在风险,改善了索梁锚固构造性能。

(4)采用钢-混叠合梁,提高了桥面系及铺装的耐久性,改善了结构的运营养护性能。

## 四、结 语

本文通过介绍黄河青海段公路桥梁发展,详细介绍了3座具有典型意义的黄河上的桥梁,从桥梁设计和品质工程两方面探讨了交通强国青海篇和青海省生态立省的发展战略。黄河青海段公路桥梁发展是进入21世纪以来交通强国青海篇和青海省生态立省大背景下的一个缩影,"十四五"期间,青海省交通运输管理部门将进一步谋划生态保护与交通建设、交旅融合等交通强国试点工作,重点围绕青海黄河流域交通基础设施高质量发展、三江源地区公路与生态保护和谐发展示范、青海海北藏族自治州交旅融合引领全域旅游发展等试点,加快推进交通强国试点在青海落实落地。

## 参考文献

[1] 青海省交通运输厅.青海高速公路建设实录[M].北京:人民交通出版社股份有限公司,2018.

[2] 赵德立.尕玛羊曲黄河特大桥桥位与桥型比选研究[D].西安:长安大学,2016.

[3] 刘安.尕玛羊曲高墩大跨连续刚构桥施工关键问题研究[D].南京:东南大学,2018.

[4] 王增全.苏龙珠黄河特大桥设计与施工技术分析[J].公路交通科技(应用技术版),2019,15(06):252-257.

[5] 马欢,徐宝林.苏龙珠黄河特大桥结构受力分析[J].公路,2021,66(06):209-213.

[6] 马欢.上承式钢管混凝土拱桥桥位选址与结构分析研究[D].西安:长安大学,2016.

[7] 马欢,张远.绿色公路设计理念在循隆高速公路中的应用[J].公路,2021,66(01):255-259.

# 5. 黄河宁夏段桥梁发展综述

杨 辉[1] 孔庆凯[1] 汪 斌[2]

(1.中交公路规划设计院有限公司;2.宁夏公路勘察设计院有限责任公司)

**摘 要** 论文介绍了黄河宁夏段流域、环境特点及宁夏桥梁建设条件,总结了宁夏公路黄河大桥发展史及建设特点,并对典型桥梁桥型进行了详细说明,对宁夏黄河公路大桥建设的发展脉络进行了梳理分析,为今后黄河宁夏段公路桥梁建设乃至国内桥梁的建设提供技术参考。

**关键词** 黄河 宁夏 桥梁 设计

## 一、引 言

黄河是我国第二大河,总长5464km,流域面积达79.5万km$^2$,其发源地位于青藏高原巴颜喀拉山北麓的约古宗列盆地。黄河自西向东分别流经青海、四川、甘肃、宁夏、内蒙古、陕西、山西、河南和山东等9个省(自治区),最后注入渤海。黄河宁夏段共长397km,占黄河全长的7.3%,属黄河上游下段。黄河流经中卫、吴忠、银川、石嘴山4个地级市13个县(市、区),人口密集。黄河大桥是连接宁夏黄河两岸经济的纽带,其建设历程也反映着宁夏地区经济的发展水平。

## 二、建设条件

### 1.地形地貌

宁夏回族自治区地处我国黄河中上游地区,东与陕西、内蒙古、甘肃接壤,西部毗邻甘肃、内蒙古,全境海拔1000m以上,地势南高北低,呈阶梯状下降。地形特征明显,主要分为北部引黄灌区、中部干旱带、南部山区。其中北部引黄灌区土地肥沃、地形平坦,是宁夏主要的农业种植区域。引黄灌区是黄河宁夏段主要的流经区域,也是宁夏黄河大桥建设的主要区域。

2. 地震

宁夏所处地区地壳构造活动强烈,地震繁发,是我国大陆地震灾害较为严重的地区之一。宁夏处在华北断块和青藏断块的交接部位,由于地处高地震区,故抗震设计是宁夏境内黄河大桥设计考虑的重要因素之一。

3. 气候

宁夏属温带大陆性气候,按气候特征全区主要分为半湿润区、干旱区和半干旱区。南部六盘山区属半湿润区,干旱区以卫宁平原以北为主,其他地区属半干旱区。全区年平均气温5.6℃~10.1℃,自南向北递增。最冷月平均气温为-7.3℃,最热月为22.4℃。年降水量在167.2~618.3mm之间,自南向北递减。

4. 通航

《宁夏回族自治区人民政府关于自治区航道技术等级评定的批复》(宁政函〔1998〕1号)要求区域永久性跨河建筑物按Ⅴ级航道标准设计,通航净高不低于8m。

5. 防洪

按《黄河河道管理范围内建设项目技术审查标准(试行)》附件2第十六条条文说明的规定,黄河在宁蒙河段"主河槽孔跨三盛公(位于内蒙古,本项目下游)以上不小于80m";此外,在设计时,主桥跨径大小应适当考虑流冰防撞设施所需的空间。

6. 冰凌

黄河宁夏段冬季寒冷、持续时间长,气温在0℃以下的时间长达4~5个月,最低气温可达-27℃,结冰期长达4~5个月,封冻河段稳定,且封冻时间长。封、开河期受气温、流量变化的影响易形成冰塞、冰坝等较为严重的凌情。由于黄河宁夏段特殊的地理位置,以及由南向北的河道流向走势,每年均有凌情灾害发生,影响范围广。对宁夏段黄河大桥下部结构设计,凌情是重点考虑因素。

## 三、桥梁建设综述

宁夏跨黄河大桥建设起步较晚,直至20世纪70年代,宁夏才建成第一座黄河公路大桥。之后的几十年里宁夏黄河大桥建设快速发展,截至目前已建成公路黄河大桥18座(不含改扩建),在建公路黄河大桥3座,规划建设公路黄河大桥4座,黄河大桥结构形式多种多样。

1. 拱桥

为结束宁夏交通被黄河阻隔、有渡无桥的局面,1969年10月,宁夏第一座黄河公路大桥——叶盛黄河大桥正式开工建设。叶盛黄河大桥桥长453m,上部结构为钢筋混凝土无铰双曲拱,下部结构为实心双柱式桥墩。叶盛黄河大桥是宁夏境内唯一一座采用钢筋混凝土拱结构的黄河大桥。目前,宁夏境内已建成2座拱结构黄河大桥(表1及图1、图2)。

**黄河宁夏段拱桥一览表** 表1

| 序号 | 桥名 | 主桥跨径组合(m) | 主桥形式 | 桥宽(m) | 建成时间(年) |
|---|---|---|---|---|---|
| 1 | 叶盛黄河大桥 | 8×44+2×43.7 | 钢筋混凝土上承式双曲拱 | 10 | 1970 |
| 2 | 中卫卫民黄河大桥 | 100+130+40 | 中承式双索面钢箱系杆拱 | 41 | 2021 |

中卫卫民黄河大桥是宁夏第18座跨越黄河的公路桥梁,也是宁夏第一座全钢结构钢箱梁大桥。大桥全长1409m,主桥长为270m,为异形钢拱设计,中跨主体为双索面钢箱系杆拱桥,是宁夏境内首座中承式拱梁组合体系梁桥。

图1 宁夏叶盛黄河大桥

图2 宁夏中卫卫民黄河大桥

## 2. 预制混凝土 T 梁桥

宁夏中宁黄河公路大桥全长926m,桥宽12m,桥梁跨径布置为23×40=920m,上部结构采用简支预应力混凝土T梁,下部结构为钻孔灌注桩高桩承台,大桥于1986年7月通车运行,是目前宁夏境内唯一一座主桥型采用常规简支T梁跨越黄河的大桥(图3)。由于该桥修建年代较早,通航等级要求低,荷载等级难以满足现行公路荷载等级要求,遂于2012年对该桥进行改扩建,扩建后在原桥一侧新建一座黄河大桥,新建大桥桥长1128m,桥宽32m,主桥跨径布置为40+8×80+40=720m,上部结构采用预应力混凝土连续梁,引桥采用40m跨径装配式预应力混凝土T梁。改扩建后的中宁黄河公路大桥(图4)于2014年11月通车运行。

图3 宁夏中宁黄河公路大桥(扩建前)

图4 宁夏中宁黄河公路大桥(扩建后)

## 3. 连续梁(刚构)桥

连续梁(刚构)桥是宁夏境内黄河公路大桥采用最多的桥梁结构形式。目前,宁夏境内已建成的连续梁(刚构)黄河大桥见表2。

黄河宁夏段连续梁(刚构)桥一览表　　　　表2

| 序号 | 桥　名 | 主桥跨径组合(m) | 主桥形式 | 桥宽(m) | 建成时间(年) |
|---|---|---|---|---|---|
| 1 | 银川黄河大桥 | 60+5×90+60 | 预应力混凝土T形刚构 | 23 | 1994 |
|  | 银川黄河大桥(扩建) | 60+5×90+60 | 预应力混凝土T形刚构 | 6(单侧) | 2004 |
| 2 | 中卫黄河大桥 | 60+2×90+60 | 预应力混凝土T形刚构 | 14 | 1997 |
|  | 中卫黄河大桥(扩建) | 60+6×90+60 | 预应力混凝土连续梁 | 32 | 2014 |
| 3 | 惠农黄河大桥 | 60+2×90+60 | 预应力混凝土T型刚构 | 14 | 1998 |
|  | 惠农黄河大桥(扩建) | 60+4×90+60 | 预应力混凝土连续梁 | 24.5 | 2016 |

续上表

| 序号 | 桥　名 | 主桥跨径组合(m) | 主桥形式 | 桥宽(m) | 建成时间(年) |
|---|---|---|---|---|---|
| 4 | 青铜峡黄河大桥 | 60＋3×90＋60 | 预应力混凝土连续梁 | 13 | 1991 |
| 5 | 京藏高速公路吴忠黄河大桥 | 54＋4×90＋54 | 预应力混凝土连续梁 | 34.5 | 2002 |
| 6 | 银川黄河辅道大桥 | 60＋5×90＋60 | 预应力混凝土连续梁 | 12 | 2003 |
| 7 | 陶乐黄河大桥 | 60＋5×90＋60 | 预应力混凝土连续梁 | 14 | 2006 |
| 8 | 沙坡头黄河公路大桥 | 65＋2×120＋65 | 预应力混凝土连续刚构 | 26 | 2008 |
| 9 | 吴忠黄河公路大桥 | 55＋5×92＋55 | 预应力混凝土连续梁 | 21 | 2010 |
| 10 | 青铜峡黄河特大桥 | 65＋5×110＋65 | 预应力混凝土连续梁 | 26 | 2012 |
| 11 | 中宁黄河大桥(扩建) | 40＋8×80＋40 | 预应力混凝土连续梁 | 32 | 2014 |
| 12 | 银川兵沟黄河大桥 | 6×80 | 预应力混凝土连续梁 | 31.5 | 2016 |

宁夏银川黄河大桥(图5)桥长1220m,桥宽23m,主桥采用(60＋5×90＋60)m预应力混凝土T形刚构变截面箱梁,中间挂30m T梁,引桥分别采用16m、30m装配式预应力混凝土T梁。2002年对银川黄河大桥进行了改扩建。改扩建对旧桥两侧进行加宽,加宽部分桥梁与旧桥跨径布置相同。改扩建后的银川黄河公路大桥于2004年8月竣工通车。

宁夏中卫黄河大桥(图6)桥长1116m,主桥采用预应力混凝土T形刚构变截面箱梁,引桥采用预应力混凝土空心板简支梁结构,下部结构为三柱式桥墩及轻型薄壁墩。2012年,中卫黄河大桥进行改扩建,改扩建后在原中卫黄河大桥一侧新建一座黄河大桥,新建黄河大桥主桥跨径布置为(60＋6×90＋60)m。上部结构采用预应力混凝土变截面连续箱梁,引桥采用30m装配式预应力混凝土连续箱梁。

图5　宁夏银川黄河大桥

图6　宁夏中卫黄河大桥

宁夏石嘴山惠农黄河大桥(图7)全长552m,主桥跨径布置为(60＋2×90＋60)m,上部结构采用预应力混凝土T形刚构梁,引桥采用预应力混凝土空心板梁。石嘴山惠农黄河大桥是宁夏第一座采用悬臂式浇筑、挂篮施工方法的黄河大桥。在安全通行了26年之后,石嘴山惠农黄河大桥已经不能承担日益繁重的通行任务。2013年4月,石嘴山惠农黄河大桥旧桥进行维修加固,将原本箱式桥改为矮塔斜拉桥,并重铺桥面,同期在原桥一侧按照新的技术标准新建一座黄河大桥(石嘴山黄河新桥),2013年10月新建大桥开工,2016年12月建

图7　宁夏石嘴山惠农黄河大桥

成通车。新建黄河大桥,在旧桥上游侧平行敷设,全长596m,桥宽24.5m。主桥采用(60+4×90+60)m的变截面箱梁结构,引桥采用(30+40+30)m的等截面预应力箱梁结构。其他几座黄河大桥见图8~图11。

图8　宁夏青铜峡黄河大桥

图9　宁夏京藏高速公路吴忠黄河大桥

图10　银川黄河辅道大桥

图11　陶乐黄河大桥

沙坡头黄河特大桥(图12),桥梁全长1341.5m,跨径组合为[9×40+(65+2×120+65)+15×40]m。主桥上部结构采用预应力混凝土连续刚构箱梁,下部结构采用矩形薄壁空心墩。引桥上部结构采用先简支后连续预应力混凝土连续箱梁。大桥施工先后克服了跨260m黄河水上与近70m高空作业、7m水深的钢套箱围堰、高墩悬臂施工、沙漠地质复杂等重重困难,攻克了风积沙、卵漂石地层的钻孔灌注桩基础、大体积沉井围堰及钢套箱围堰承台基础、矩形薄壁空心墩、大跨度悬臂梁施工等技术难题。另外三座黄河大桥见图13~图15。

图12　沙坡头黄河特大桥

图13　吴忠黄河公路大桥

图 14  青铜峡黄河特大桥

图 15  银川兵沟黄河大桥

## 4. 斜拉桥

宁夏目前境内已建成斜拉桥 1 座,在建斜拉桥 2 座,具体见表 3。

黄河宁夏段斜拉桥一览表　　　　　　　　　　　表 3

| 序号 | 桥 名 | 主桥跨径组合(m) | 主桥形式 | 桥宽(m) | 建成时间(年) |
|---|---|---|---|---|---|
| 1 | 永宁黄河大桥 | 110 + 260 + 110 | 双塔斜拉桥 | 33.5 | 2016 |
| 2 | 中卫下河沿黄河大桥 | 155 + 296 + 155 | 双塔斜拉桥 | 36.5 | 在建 |
| 3 | 中卫沙坡头黄河特大桥 | 105 + 240 + 105 | 双塔斜拉桥 | 29 | 在建 |

永宁黄河大桥(图 16)全长 3753m,主桥采用(110 + 260 + 110)m 钻石形双塔斜拉桥,副桥为(50.5 + 6 × 90 + 50.5)m 变截面连续箱梁,引桥采用 50m 预制 T 梁。桥宽 33.5m,塔高 85m。该桥具有"高墩、大跨、深桩、斜拉"等特点,主墩高 102.15m,最大跨度 260m 钢筋混凝土现浇箱梁,每个主墩桩基由 52 根直径 2.2m,桩长 80m 群桩组成,是黄河上游段及宁夏回族自治区第一座跨越黄河天堑的双塔双索面斜拉桥,大桥于 2013 年 10 月开工建设,2016 年 9 月正式通车。

图 16  宁夏永宁黄河大桥

中卫下河沿黄河大桥(图 17)是宁夏规划建设的第 20 座黄河公路大桥,是宁夏单跨跨径最长、桩基最深、桩径最粗、承台混凝土量最大、主塔最高的双塔斜拉黄河公路大桥。大桥全长 1228m,主塔呈 H 形,塔高 113m,大桥主跨 296m。该桥于 2020 年 12 月开工建设,计划于 2023 年 10 月完工。

中卫沙坡头黄河特大桥(图 18)全长 1539m,主桥采用双塔双索面半漂浮体系钢混组合梁斜拉桥,主梁采用双边"工"字形边主梁结合桥面板的整体断面;索塔采用钻石形索塔,上索塔高为 73.5m,下索塔高为 64 ~ 66m,索塔底部设置塔座与承台连接。单个索塔两侧各布置 20 对斜拉索,斜拉索间距为 7.2 ~ 10.8m,索塔附近主梁无索区长度 31.2m;索塔、过渡墩桩基均采用钻孔灌注桩。该桥计划于 2024 年建成。

图 17 中卫下河沿黄河大桥效果图

图 18 中卫沙坡头黄河特大桥效果图

### 5. 悬索桥

宁夏银川滨河黄河大桥(图 19)全长 6587m,桥宽 41.5m,主桥采用(88+218+218+88)m 跨径三塔结合梁自锚式悬索桥,边中跨比为 1/2.5,采用纵向抗震结构体系,中塔设置黏滞阻尼器耗能,以控制加劲梁纵向位移和减小桥塔底弯矩,即半漂浮体系。加劲梁采用钢-混凝土结合梁,梁高 3.854m,主纵梁采用箱形断面。桥塔横桥向采用 H 形,塔高 96m,在主梁下方设置横梁;索塔顺桥向采用单柱形。

图 19 宁夏银川滨河黄河大桥

宁夏银川滨河黄河大桥是宁夏第一座悬索桥,大桥于 2014 年 1 月开工建设,2016 年 4 月通车运营。本桥施工期间对多塔连跨钢-混叠合梁自锚式悬索桥施工成套技术研究、大跨度曲线组合钢箱梁施工成套技术研究、钢筋智能数控钢筋自动弯箍机应用塔身、利用冻土栈桥快速施工技术、智能张拉压浆技术的应用等新技术、新工艺进行了研究,并进行了良好的实践,为后续宁夏地区悬索桥建设提供了宝贵经验。

### 6. 钢-混组合连续梁桥

宁夏镇罗黄河特大桥(图 20)全长 1289m,主桥桥跨径布置为(55+6×90+55)m,上部结构采用钢-混组合连续梁桥,中心梁高 4.5m,顶板全宽 12.75m,底板宽 6.7m。主梁采用顶推法施工。主墩采用矩形实心片墩。引桥上部结构采用 40m 跨径和 70m 跨径钢-混组合梁连续梁桥。镇罗黄河特大桥是宁夏首座采用顶推技术架设钢-混组合梁的跨黄河特大桥,其桥上部钢-混组合梁结构及步履式顶推法施工均为宁夏首次采用。大桥于 2018 年 12 月开工建设,计划于 2021 年底完工。

### 7. 波形钢腹板连续梁桥

波形钢腹板连续梁桥是钢-混组合梁桥的一种,其设计核心是用波形钢板代替预应力混凝土箱梁的混凝土腹板,组成"混凝土顶板-钢腹板-混凝土底板"形式的箱形梁。波形钢腹板连续梁结构起于 20 世纪 80 年代的法国,之后在日本发展迅速,目前日本已经修建波形钢腹板连续梁桥 200 余座。2005 年,我国建成了第一座波形钢腹板连续梁人行桥——淮安长征桥。

图20 宁夏镇罗黄河特大桥施工现场

波形钢腹板连续梁由于腹板采用10~40mm厚的钢板,其结构自重相比同跨径预应力混凝土连续梁减少约20%,使其地震激励作用效果显著降低,抗震性能获得提高,适用于宁夏这样的高地震区桥梁建设。此外,自重减小有效地降低了跨中下挠,同时钢腹板也避免了混凝土梁由于腹板开裂而导致的截面削弱、钢筋腐蚀等问题。目前,宁夏已建成2座跨波形钢腹板连续梁黄河大桥,主梁均采用节段悬臂现浇的方法施工(表4)。

黄河宁夏段波形钢腹板连续梁桥一览表　　　　表4

| 序号 | 桥名 | 主桥跨径组合(m) | 主桥形式 | 桥宽(m) | 建成时间(年) |
|---|---|---|---|---|---|
| 1 | 新叶盛黄河公路大桥 | 64+5×120+64 | 波形钢腹板连续梁 | 31.5 | 2018 |
| 2 | 红崖子黄河公路大桥 | 62+14×90+62 | 波形钢腹板连续梁 | 24 | 2019 |

新叶盛黄河公路大桥(图21)是宁夏首座波形钢腹板预应力混凝土连续箱梁桥,大桥全长1357m。其中114根变截面桩基的施工难度堪称"宁夏之首"。红崖子黄河公路大桥(图22)全长3398m,是宁夏交通建设第一个PPP项目,采用"BOT+施工总承包+政府补贴"建设模式,大桥目前是西北地区单联最长的波形钢腹板梁桥,主桥、跨堤桥上部结构均采用波形钢腹板预应力混凝土连续梁,并且是宁夏桥梁水中墩承台施工中首次采用钢板桩围堰工艺。除上述2座已建成的波形钢腹板连续梁桥外,宁夏还有多座非跨黄河大桥也采用了波形钢腹板连续梁桥形式。

图21 新叶盛黄河公路大桥　　　　图22 红崖子黄河公路大桥

## 四、综　述

根据以上对宁夏境内黄河大桥建设情况的总结可见,宁夏黄河大桥结构形式涵盖多种桥型,在探索中不断进步。宁夏黄河大桥的建设大致经历了四个发展阶段：

（1）破冰阶段：1990年以前，在1970年建成了叶盛黄河公路大桥，在1986年建成了中宁黄河大桥，实现千百年来跨越黄河天堑的梦想，吹响了宁夏经济发展的号角。当时受技术条件限制，均选择在黄河河势稳定、河道较窄的位置，桥梁跨径约40m，上部结构为双曲拱及T梁。

（2）起步阶段：1990—2000年期间，结合通航规划的要求，修建了以青银高速公路银川黄河公路大桥为代表的多座预应力混凝土T形刚构桥，主桥跨径增加至90m。运营约10年后，该类桥梁普遍出现了跨中下挠、腹板开裂的问题。

（3）发展阶段：2000—2010年期间，黄河大桥的建设进入高峰期，基于对原有桥梁病害的认识，这一阶段预应力混凝土连续梁及预应力混凝土连续刚构成为黄河大桥主桥的主要桥型，舒适性和结构承载能力有了进一步提升，最大跨径达到120m，但是仍有多座桥梁出现较多的病害。

（4）成熟繁荣阶段：2010年以后，随着国内以港珠澳大桥为代表的一批跨江、跨海、跨峡谷桥梁工程建成，取得举世瞩目的成绩，中国已经从桥梁大国向桥梁强国大步迈进，而宁夏区域也在不断总结经验和教训，更加重视黄河大桥的耐久性，并开放式地引入新工艺、新材料、新结构桥梁的设计思想，以新叶盛黄河公路大桥（波形钢腹板组合连续梁桥）为开端，在随后的10年时间里，修建了斜拉桥、悬索桥、钢-混组合梁桥、钢拱桥等各式各样的桥梁，且最大单跨跨径已接近300m。

宁夏黄河公路大桥建设的发展，是中国桥梁建设发展的重要组成部分。紧随中国桥梁建设行业的快速发展步伐，宁夏黄河公路大桥的建设与宁夏的经济发展也正在迎头赶上，未来宁夏黄河公路大桥设计将更加注重耐久性和景观性，并全面贯彻绿色发展理念，届时宁夏将会成为一座璀璨的桥梁博物馆。

# 6. 黄河内蒙古段上的桥梁设计及管养特点

盛海峰[1]　张　宁[1]　付塔文太[2]　金浩然[1]　吕　婧[1]　马广路[1]　王进田[1]　杨　凯[1]　刘　英[1]　李吉富[1]

（1. 内蒙古交通设计院有限责任公司；2. 内蒙古高等级公路建设开发有限责任公司）

**摘　要**　黄河是我国第二长河，流经内蒙古长度约830km，形成了"几"字形的大弯，纬度差别较大，途经峡谷、平原、黄土高原、大青山断裂带等，故在这一段落修建的桥梁，有其独有的特殊性。本文结合黄河内蒙古段的特点，浅谈黄河内蒙古段桥梁的设计、养护管理特点。

**关键词**　黄河　内蒙古　桥梁　设计　养护管理

黄河在内蒙古自治区境内形成了约830km长的"几"字形大弯，这道弯从内蒙古与宁夏交界处（东经106°88′，北纬39°10′）进入内蒙古，到内蒙古、陕西、山西三省交界处（东经111°13′，北纬39°37′）流出内蒙古，把整个鄂尔多斯圈在鄂尔多斯高地上，给两岸人民生产和生活造成诸多不便，特别是鄂尔多斯地区盛产的煤炭等资源不易外运，制约着两岸经济的发展，同时，也影响着内蒙古自治区与山西、陕西、宁夏等省（自治区、直辖市）的交流和往来。

## 一、桥梁建设、养护管理应考虑的问题

为了解决黄河的交通问题，过去曾用过不少办法，最常见的就是船渡。木船，特别是羊皮筏更是黄河摆渡一大景观。后来，又架设了浮桥，但都不能满足河两岸经济文化发展的需要。从1970年开始，在内蒙古自治区境内黄河干流上，才出现第一座公路桥，一直到1988年，已有8座公路、铁路大桥。现如今，有黄河公路、铁路大桥二十余座（表1），基本解决了内蒙古与外省区交流往来的需求。黄河上桥梁的设计因素与一般桥梁设计不同，应全面考虑影响因素，并制定相关措施。

黄河公路、铁路大桥一览表　　　表1

| 序号 | 桥梁名称 | 主桥跨径(m) | 结构形式 | 通车时间(年) | 备注 |
|---|---|---|---|---|---|
| 1 | 乌海G6高速公路黄河大桥 | 75+130+75 | 变截面连续梁 | 2005 | |
| 2 | 乌海110国道黄河大桥 | 120+220+120 | 矮塔斜拉桥 | 2018 | |
| 3 | 乌海原110国道黄河大桥 | 8×65 | 顶推连续梁 | 1988 | 已废弃 |
| 4 | 乌海甘德尔黄河大桥 | 80+5×120+80 | 矮塔斜拉桥 | 2016 | |
| 5 | G6磴口黄河大桥 | 55+3×100+55 | 变截面连续梁 | 2003 | |
| 6 | 临河黄河大桥 | 60+11×100+60 | 变截面连续梁 | 2012 | |
| 7 | 奎素黄河大桥 | 60+7×100+60 | 变截面连续梁 | 2011 | |
| 8 | G65昭君黄河特大桥 | 85+9×150+85 | 波纹钢腹板变截面连续梁 | 2022 | 在建 |
| 9 | G65包头黄河大桥 | 12×65 | 顶推连续梁 | 1983 | |
| 10 | G65包头黄河二桥 | 50+9×80+50 | 变截面连续梁 | 2002 | |
| 11 | 德胜泰黄河大桥 | 55+9×100+55 | 变截面连续梁 | 2009 | 全长6355m 上中游最长 |
| 12 | 包树黄河大桥 | 85+6×150+85 | 变截面连续梁 | 2011 | |
| 13 | 大城西黄河大桥 | 60+10×100+60 | 变截面连续梁 | 2011 | |
| 14 | 巨合滩黄河大桥 | 55+5×100+55 | 变截面连续梁 | 2009 | |
| 15 | S31海生不浪黄河大桥 | 80+145+80 | 变截面连续梁 | 2006 | |
| 16 | 运煤线柳林滩黄河大桥 | 76.8+5×140+76.8 | 预应力混凝土连续刚构 | 2013 | |
| 17 | S103喇嘛湾黄河大桥 | 64.5+4×65+64.5 | 顶推连续梁 | 1985 | |
| 18 | G18准格尔黄河大桥 | 160+440+160 | 双塔双索面预应力混凝土斜拉桥 | 2016 | |
| 19 | G109小沙湾黄河大桥 | 88+160+160+88 | 预应力混凝土连续刚构桥 | 2009 | |
| 20 | 110国道三盛公水利桥 | 18×16 | 混凝土连续梁 | 1961 | 拦河闸 |
| 21 | 乌海三道坎铁路桥(新) | 64+104+64 | 预应力连续梁 | 2000 | 包兰铁路 |
| 22 | 乌海三道坎铁路桥(旧) | 3×55 | 钢桁架 | 1958 | 包兰铁路 |
| 23 | 三盛公黄河铁路一号桥 | 12×55 | 钢桁架 | 1958 | 包兰铁路 |
| 24 | 三盛公黄河铁路二号桥 | 12×54 | 钢桁架 | 1999 | 包兰铁路 |
| 25 | 包西铁路黄河大桥 | 108 | 钢桁架 | 2007 | 包西铁路 |
| 26 | 包头铁路黄河大桥 | 13×64 | 钢桁架 | 1987 | 包神铁路 |
| 27 | 呼准鄂铁路黄河大桥 | 98+5×168+98 | 连续刚构 | 2016 | 呼准鄂铁路 |
| 28 | 呼准铁路黄河大桥 | 48+10×80+48 | 预应力连续梁 | 2005 | 呼准铁路 |
| 29 | 丰准铁路黄河大桥 | 96+132+96 | 钢桁架 | 1991 | 丰准铁路 |

## 1. 开河、封河时凌汛对建桥、管养的影响

黄河内蒙古段位于黄河的中上游，由于下游比上游纬度低，有着显著的封河、开河时的凌汛特点。所谓凌汛，是指由于下段河道结冰或冰凌积成的冰坝阻塞河道，使河道不畅而引起河水上涨的现象。有时冰凌聚集，形成冰塞或冰坝，大幅度地抬高水位，轻则漫滩，重则决堤成灾。因此，黄河大桥的设计，必须首先考虑凌汛对黄河的影响，以及冰凌对桥体的破坏的影响。为了防止冰凌聚集形成的冰塞或冰坝影响河水正常流通，一般会利用载弹飞机对冰体进行爆破，这就要求所建桥梁之间要有一定的安全距离，以防

误炸,造成财产损失。桥梁设计时,为了减少冰凌对桥墩的破坏,会改变桥墩的外形,桥墩上游侧一般会做破冰棱体,如将上游侧加大、加固,并且在上游外侧的墩身表面增加护面钢板以防冰凌的撞击。河中凌汛和凌汛围桥如图1、图2所示。

图1　河中凌汛

图2　凌汛围桥

**2. 地震对建桥、管养的影响**

银川河套地震带东段和山西地震带北段是对黄河相关工程影响最大的地震带,可进一步按黄河流经顺序划分为4个地震亚带,即乌海临河地震亚带、白彦花地震亚带、呼包地震亚带和岱海地震亚带,其中呼包地震亚带活动强度最高,中小地震活动频繁,局部地区的动峰值加速度达到0.3$g$以上。而黄河内蒙古段覆盖了较厚的第四系砂类土且沿线地表水和地下水丰富,容易产生地震液化现象,局部地区液化深度约15m。一旦发生地震,将对地震带周围的基础设施建设产生影响,所以地震影响,是桥梁设计、管养时的重要考量。

**3. 车辆荷载对建桥、管养的影响**

黄河一侧的鄂尔多斯准格尔煤田南部和东胜煤田东南部煤田煤质优良、储量大,必将成为煤炭开发的"热土",煤炭外运量将有飞跃性的增长,将对煤炭大宗运输通道建设提出更加迫切的要求。因此,鄂尔多斯附近各个黄河大桥的修建将彻底打通优质煤炭运往东南沿海等地区的通途,成为蒙西地区支援国家经济建设和发展国家电力的重要电煤运输通道;另外,乌海市西卓山矿区和乌达煤田也是内蒙古自治区煤田、矿产的主要产地,所以鄂尔多斯、乌海附近通过黄河大桥的车辆有相当一部分为运煤车辆(图3),荷载大,车辆密度大,所以在黄河大桥的设计、管养中要考虑重载车辆的影响,适当加大梁的刚度,提高结构承载能力和桥梁耐久性。

图3　黄河桥上的重载车辆

**4. 桥梁和河道的相互影响**

由于桥墩和引道的存在,必然对桥址上、下游的水流结构产生影响,进而促使河床发生相应的调整,以达到新的平衡,表现为:桥址上游因壅水作用,流速减小,发生淤积;桥址处,过流断面缩窄,单宽流量加大,流速加大,造成冲刷;桥址下游因水流扩散,水流紊乱,以上这些都会对防洪、通航产生影响。

由此可见,根据地势、地形、地质、水文、地震、运输条件的不同以及现实的需要,桥梁的结构形式选取会有不同。根据黄河特点,黄河大桥的类型一般有简支梁桥、刚构桥、连续梁桥和斜拉桥等,另外,为拉动内需、去库存,包头G65连接线昭君黄河特大桥采用波纹钢腹板变截面连续梁。

## 二、已建成的桥梁设计、养护管理简介

早些年建成的包头黄河大桥、喇嘛湾黄河大桥、乌海黄河大桥均采用了65m跨径的等截面连续梁结构,施工采用顶推施工。2000年之后,内蒙古交通设计院参与设计的黄河大桥有5座,有G6磴口黄河大桥、海生不浪黄河大桥、包头德胜泰黄河大桥、巨合滩黄河大桥、大城西黄河大桥等,另外还有其他黄河大桥,一般都采用变截面连续梁或连续刚构桥梁。2010年以后内蒙古段黄河上又出现了几座矮塔斜拉桥和斜拉桥,以及波纹钢腹板变截面连续梁桥,进一步丰富了内蒙古段黄河大桥的种类。

桥梁的设计、养护管理需考虑很多因素,因此桥梁设计、养护管理时着重的方向会不同。下面举几类黄河桥的例子来做进一步说明。

### 1. 喇嘛湾黄河公路大桥

喇嘛湾黄河公路大桥(图4)全长416.42m,跨径组成为(64.5+4×65+64.5)m,桥面全宽11m,上部结构为6孔一联预应力混凝土箱形连续梁,下部结构为重力式墩、台。大桥于1985年8月13日建成通车,位于鄂尔多斯能源区,为能源运输通道的命脉之一。

图4 喇嘛湾黄河公路大桥鸟瞰图

该桥建设时,在国内顶推法施工的等截面连续箱梁桥中属于较为领先地位,自桥梁建成之日起,内蒙古自治区管养部门就对该桥的养护高度重视,组织专业单位对桥梁进行过多次检测、荷载试验等,掌握该桥的技术状况,确保运行安全。

2005年,由于运营年限增长,桥处在长期重载交通运营环境下,桥梁病害增多,技术状况等级降低,自治区管养部门第一时间组织相关单位对桥梁进行维修加固,在经历多次的方案论证后,最终确定了大桥的维修加固技术方案,内容主要包括:①翻建桥面铺装层;②箱室顶板底面挂预应力钢筋并锚喷高强抗拉复合砂浆,以提高桥面板的整体刚度,同时改变桥面铺装层的防水和受力性能;③在箱梁底板底面采取横向粘贴碳纤维加固措施;④拆除原桥人行道及栏杆扶手,更换为防撞墙;⑤重做桥面伸缩缝,采用多向大变位伸缩缝等。第一次加固维修工程于2007年4月开工,至2007年7月完工。

大桥加固后,自治区管养部门一直跟踪监测大桥的运营状况,近年来也是引入交通运输部的重点桥梁监测模式,对该桥进行监测。2020年,针对大桥的既有病害状况,组织专业单位对大桥进行了详细的评估,并根据评估结果进行第二次维修加固工程,工程内容包括:①常规病害进行修复;②桥面铺装进行改造、卸载;结合桥梁箱外卸载进行腹板局部加厚,提高腹板抗剪承载力储备及降低主拉应力。第二次维修加固工程于2020年8月开始,至2020年10月完工。

喇嘛湾黄河公路大桥通车运营35年来,内蒙古自治区管养部门对该桥的养护投入了大量的精力,及时地根据大桥的技术状况科学地制定了养护对策,确保大桥的运营安全,为能源区煤炭等资源的运输提供了保障,为黄河两岸的区域经济发展及百姓的通行起到了积极作用,社会、经济效益显著。

喇嘛湾黄河公路大桥加固施工及工程完成后通行场景如图5、图6所示。

图5　加固施工　　　　　　　　　　　　　图6　开放通行

## 2. 荣乌高速公路准格尔黄河特大桥

该桥桥址位于内蒙古鄂尔多斯市与呼和浩特市交界位置,该地冬季寒冷、夏季雨多,施工有效时间短。该地区年平均温度为6℃,日照时长2836h,全年蒸发量为2454mm,相对湿度56%;冬季时间为11月至次年3月,积雪最大厚度21～30cm,冻结最大深度1.5m,日平均最低气温为-23.3℃。

准格尔黄河特大桥引桥设计为30m装配式预应力混凝土连续箱梁结构,桥梁全长1277m,下部结构为双柱式桥墩,主桥设计为双塔双索面混凝土斜拉桥,主桥跨径布置为(160+440+160)m,该结构采用空间双索面、扇形布置、双边箱形主梁、塔梁分开的半漂浮式结构。

主塔采用双柱变截面A形塔,空心薄壁结构。8号主塔顶高程1214.633m,底高程(即承台顶面)986.033m,主塔总高度为228.6m。中、上塔柱横桥向内侧斜率为1/7.038。8号主塔共设上横梁1道、中横梁1道、下横梁2道。

主塔断面为空心箱形结构,中、上塔柱截面尺寸为8.0m×4.5m,塔柱混凝土厚度顺桥向、横桥向均为1.2m,上塔柱设环向预应力;主塔下横梁宽7m,高5m。准格尔黄河特大桥立面和正面照片见图7～图10,桥梁纵断面图、横断面图和索塔图见图11～图13。

图7　准格尔黄河特大桥主桥——桥面照　　　　图8　准格尔黄河特大桥主桥——立面照

自从2015年通车以后,前几年只做过日常的桥检,2020年做了桥梁定期检查工作,按结构部位包括下部结构、上部结构、桥面系等。主要进行支座检查、墩台检查、空心板梁检查、桥面铺装检查、伸缩缝检查、排水孔和护栏检查,并且做了斜拉索拉力检测、桥梁线形检测。

检测单位根据桥梁检测的综合评估结论,对桥梁提出有针对性的维修养护建议:

(1)对主梁梁体出现的小面积剥落进行修复处理。

(2)对索塔、主梁的裂缝宽度未超限裂缝采用专用环氧砂浆进行表面封闭,对宽度超限裂缝进行压力灌浆处理,定检观测封闭裂缝是否重新开展。

图9 准格尔黄河特大桥主桥——仰面照

图10 准格尔黄河特大桥——桥面护栏照

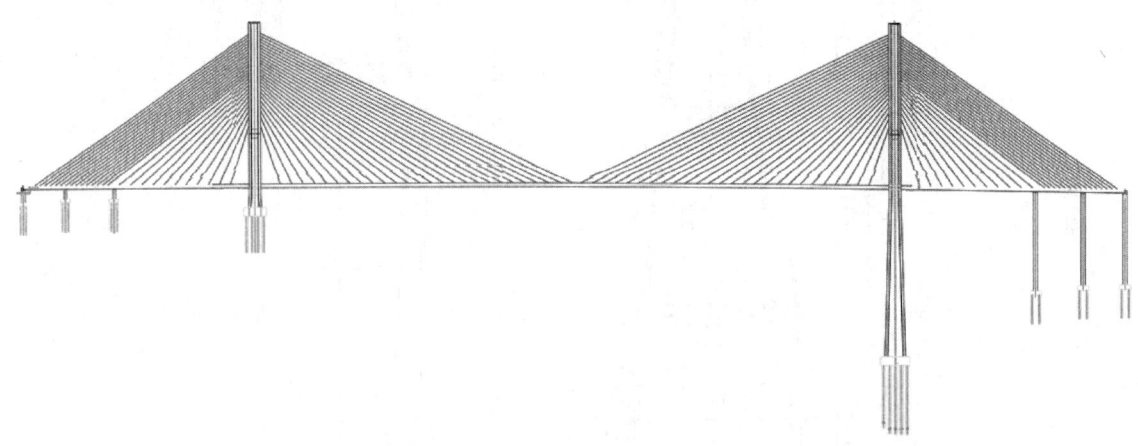
图11 准格尔黄河特大桥——主桥纵断面图

(3)定期进行索力检测,关注索力的变化,如果条件允许可以建立桥梁健康监测系统,保证桥梁的安全运营。

(4)混凝土泛碱是混凝土中可溶性碱随着水分迁移到混凝土表面,在水分蒸发后留下"白霜"或白色绒毛状的物质。可采用人工刮去或喷砂法,露出内部混凝土即可。

(5)结构混凝土出现麻面、剥落、空洞、露筋,主要是由于吊装时磕碰造成的剥落或凝土浇筑中缺乏应有的捣固,模板缝隙不严,水泥浆流失等造成。使用混凝土进行修补,修补方法可以采用直接抹面、浇筑、喷射和压浆等方法。

(6)对于墩柱竖向裂缝可采用表面封闭,用专用环氧砂浆在其表面反复涂抹,使树脂渗进裂缝内,对裂缝封闭。

(7)伸缩缝内杂物需清理,以保证伸缩缝正常工作,对于胶条剥落的伸缩缝可更换胶条。

(8)对横隔板存在的竖向裂缝进行封闭处理。

(9)盖梁顶端杂物需清理。

(10)对脱落泄水管进行修复。

(11)加强日常养护。

3. 大城西黄河大桥、海生不浪黄河大桥等变截面连续梁

这一类桥梁大概从2003年开始陆续通车,由于连续长度较长,温差较大,重车比例较高,再加上日常养护不到位等原因,前几年桥梁伸缩缝、支座开始陆续发生病害,主要病害形式如下。

(1)支座破损:支座组件断裂、缺失(图14)。

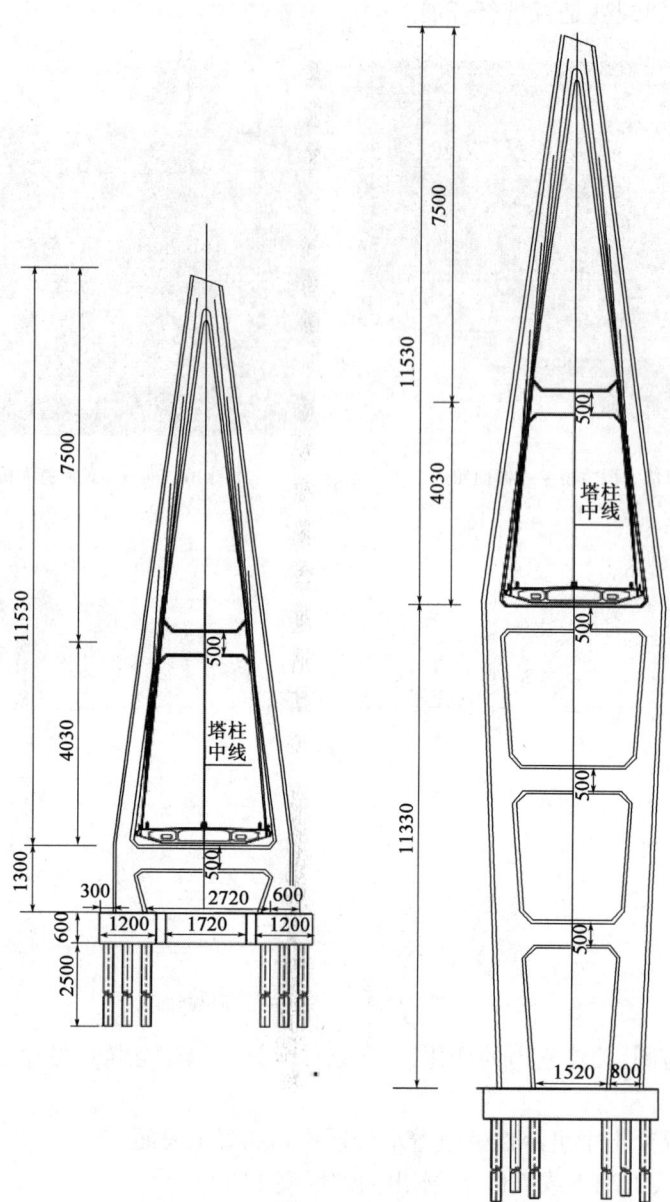

图 12 准格尔黄河特大桥——主桥索塔示意图(尺寸单位:cm)

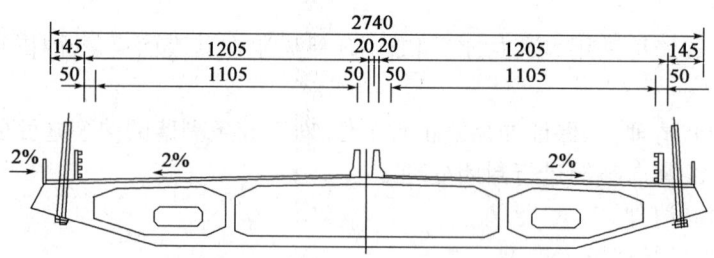

图 13 准格尔黄河特大桥——主桥箱梁横断面图(尺寸单位:cm)

(2)伸缩缝破损:橡胶条破损、型钢断裂、异物堵塞等(图15)。

(3)处理措施包括:支座破损采取同步整体顶升的方式更换部分破损的支座;伸缩缝破损采取清理异物、更换橡胶条、更换伸缩缝的处理方式。

图14 支座破损

图15 伸缩缝破损

## 4. 乌海两座黄河大桥

### 1)甘德尔黄河大桥

甘德尔黄河大桥(图16)位于内蒙古乌海市海勃湾水利枢纽上游,是跨越包兰铁路、连接110国道通往乌达区的重要通道。该桥为主跨跨径120m的预应力混凝土中央索面矮塔斜拉桥,桥宽37m,桥长 5120m。

2) 国道 110 线乌海黄河大桥

国道 110 线乌海黄河大桥(图 17)工程起点位于乌海市劳教所南,向西跨越黄河,终点位于乌达新区巴音赛大街东口南。该桥为主跨跨径 220m 的预应力混凝土中央索面部分斜拉桥,桥宽 32m,桥长 1130m。

图 16　甘德尔黄河大桥

图 17　国道 110 线乌海黄河大桥

3) 两座黄河大桥的预防性养护和健康监测

大桥养护工作是一项涉及面广、技术要求高、内容复杂、专业范围多的工作。总体来说具有以下特点和难点：

(1) 日常性。日常性是桥梁养护工作的主要特点之一。

(2) 季节性。桥梁季节性特点十分突出。

(3) 突发性。近年来,桥梁养护突发性的特点更加突出。

(4) 专业性。桥梁是多学科、多专业技术的集合体,桥梁养护工作呈现典型的多专业交叉的特点。

(5) 危险性。桥梁养护维修管理工作中,安全作业是重要的问题。

本次养护针对的两座桥梁,困难尤其突出,主要体现在以下几个方面：

(1) 结构复杂。

(2) 规模大。

(3) 桥梁易损设施多。

(4) 建设和运营条件复杂。项目所处的工程场区冰霜期长,给大桥的行车安全造成影响;存在季节性冻土和凌汛(凌洪),盐渍土,地下水具有微腐蚀性,影响桥梁结构耐久性。

结合以上特点,乌海的管养单位制定了详细的养护方案和健康监测方案。

## 三、结　　语

黄河内蒙古段上的桥梁,有其独特之处,主要有地震、液化、凌汛、重载车较多等因素的影响,设计时只有考虑了这些因素,才能保证安全、耐久、适用、环保、经济和美观的要求。

随着国民经济的快速发展,人们对安全、快速、舒适和美观的公路交通服务提出了越来越高的要求。对公路桥梁的养护与管理,已经十分紧迫地纳入各级公路管理部门的重要议事日程。如何管理好、养护好现有桥梁,保持桥梁的完好工作状态,提高其结构稳定性,延长其使用寿命,是桥梁管理者的重要职责和重要使命。

愿我国的桥梁事业蒸蒸日上,愿我国的交通强国规划早日实现。

**参考文献**

刘栓明,等. 黄河桥梁[M]. 郑州:黄河水利出版社,2006.

# 7. 沾化至临淄公路黄河大桥方案与技术创新

徐 召　王宏博　陈国红　马雪媛　贺 攀　徐常泽　马汝杰

（山东省交通规划设计院集团有限公司）

**摘　要**　沾临高速公路是《山东省高速公路网中长期规划(2014—2030年)调整方案》中"纵四"沾化(鲁冀界)至临沂(鲁苏界)高速公路的一部分，黄河大桥是全线的控制性工程。项目启动之初，从顶层设计积极谋划践行工厂化、标准化、装配化的桥梁工业化设计理念，开展多项技术创新及攻关。全文系统介绍了沾化至临淄公路黄河大桥的工程概况、设计思路、技术创新、关键技术及取得的成效。

**关键词**　沾化至临淄公路　黄河大桥　斜拉桥　设计　组合梁　技术创新　关键技术

## 一、工程概况

1. 地理位置

沾化至临淄公路是《山东省高速公路网中长期规划(2014—2030年)调整方案》中"纵四"沾化(鲁冀界)至临沂(鲁苏界)高速公路的一部分，北接在建的国高秦滨线(G0111)埕口至沾化高速公路，南连在建的临淄至临沂高速公路，路线全长约108km。

2. 主要技术标准

(1)公路等级：高速公路；
(2)设计速度：120km/h；
(3)行车道宽度：2×3×3.75m(六车道)；
(4)标准桥梁宽度：34m；
(5)桥面横坡：2%；
(6)桥梁设计汽车荷载：公路—Ⅰ级；
(7)设计基准期：100年；
(8)设计洪水频率：300年一遇；
(9)抗风设计标准：桥位处百年一遇风速为28m/s；
(10)桥梁抗震设防烈度：Ⅶ度，水平向设计基本地震动加速度峰值为$0.10g$，其余技术指标均满足《公路工程技术标准》(JTG B01—2014)的要求。

3. 建设条件

1) 地形地貌

拟建桥梁所在区域为黄河冲积平原，海拔高程一般在5~20m，总体上地势低平，微地貌差异明显的大平小不平的地貌特征。所在区域为鲁西—鲁北沉积平原区，其中博兴以北为东明—渤海强烈沉降平原区。

2) 工程地质

桥址区地质构造较为简单，其基底岩层为古生代沉积地层和前震旦纪变质岩系，第三纪与第四纪沉积物巨厚，没有裂变隐伏岩溶浅埋区等不良工程地质，属鲁北黄泛平原较稳定工程地质区。根据地勘资料，200m范围内地表揭露以粉土、粉质黏土为主，地质条件相对较差。

3) 黄河河道

本次拟建沾化至临淄公路黄河特大桥桥位(相应黄河左、右岸大堤桩号分别为286+165、180+358)

位于黄河下游陶城铺至利津河段,河势已得到基本控制,属于弯曲型窄河段,比降平缓,约为0.1‰。

小浪底水库投入运用以来,由于小浪底水库拦沙和调水调沙作用,下游河道总体上发生了持续冲刷,沿程主槽平滩流量有不同程度的增加。

根据本项目《防洪评价报告》和黄河水利委员会的批复文件,桥位断面设计洪峰流量按照堤防设防流量 11000m³/s 考虑,10 年一遇设计洪峰流量为 9260m³/s。

### 4. 工程规模

黄河大桥桩号范围为 K41+360.5~K45+990.5,桥梁总长 4630m(至桥台耳板尾部)。大桥由北向南的桥梁组成为:北侧堤外引桥采用(18×30.5)m 结构简支桥面连续组合小箱梁桥,北侧跨大堤桥采用(75+130+75)m 变截面钢混组合连续梁桥,北侧堤内引桥采用(8×54+9×50)m 结构简支桥面连续钢混组合梁桥,主桥采用(80+180+442+180+80)m 双塔组合梁斜拉桥,南侧堤内引桥采用(2×80+14×50)m 钢混组合梁桥,(2×80)m 跨为变截面钢混组合连续梁桥,(14×50)m 跨为结构简支桥面连续钢混组合梁桥,南侧跨大堤桥采用(75+130+75)m 变截面钢混组合连续梁桥,堤外引桥采用(27×30)m 结构简支桥面连续组合小箱梁桥,桥梁立面布置图如图 1 所示。

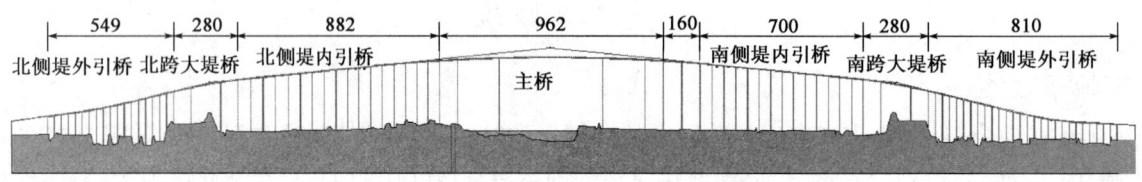

图 1　桥梁立面布置图(尺寸单位:m)

### 5. 总体工期安排

项目总工期 36 个月。主桥钢混组合梁斜拉桥作为全线的控制性工程,控制整个项目的工期。

## 二、设计理念及思路

充分研究借鉴国内外已建成桥梁的先进设计、施工经验,遵循安全、耐久、适用、环保、经济和美观的原则。针对黄河下游河段地质和河道特点,采用"工厂化、标准化、装配化"与全寿命周期的桥梁设计理念,重视环保和桥梁景观,打造黄河中下游河段高效装配化桥梁建设典范。

设计时需重点关注以下几个方面:

(1)落实《交通运输部关于推进公路钢结构桥梁建设的指导意见》(交公路发〔2016〕115 号),考虑到桥位处地质条件差、地震烈度等级高,桥梁上部结构宜采用自重小、耐久性能好、质量易于控制的钢结构或钢混组合结构。

(2)落实《交通运输部关于实施绿色公路建设的指导意见》(交公路发〔2016〕93 号),桥梁设计应贯彻"低碳、环保、优质、高效"的理念。

(3)"工厂化、标准化、装配化"作为一种先进的设计理念,可以快速、安全、高质量地完成桥梁建设,代表今后桥梁建设的发展方向。

(4)本项目地处黄河下游河段,具有独特的地形、地质特点;桥位处两岸均有堤防,属"地上悬河",主槽河道宽浅,大水冲、小水淤,不具备水上运输条件,地面百米以下均为细砂、粉细砂,地质条件差。应因地制宜地拟定桥型方案和施工方案。

## 三、工程方案

### 1. 控制因素

(1)根据《沾化至临淄高速公路黄河大桥防洪评价》,拟建桥梁桥位河槽断面图如图 2 所示。桥位处现状主槽宽度 506m,结合河势变化及河道断面的分析成果,并参考上下游已建黄河大桥的设计情况〔桥位上游6.41km已建成的滨州黄河公路特大桥主桥范围为679m(7×33m+4×112m);桥位上游3.31km已建成的滨州黄河公铁大桥主桥范围为780m(120m+3×180m+120m)],充分考虑黄河排洪及防洪防凌的需求,主槽范围按780m考虑,主槽范围自王大夫控导向右岸780m。

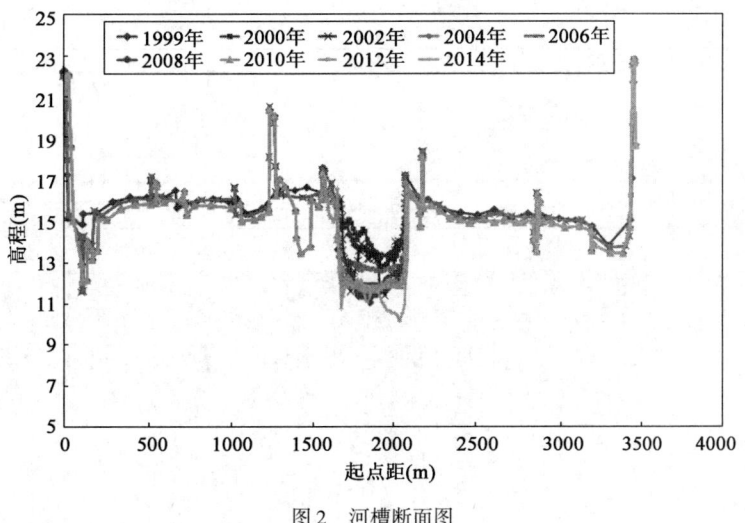

图2 河槽断面图

(2)根据黄建管〔2007〕48号文件要求:在黄河干流陶城铺以下河段主河槽孔跨不少于180m,滩地不少于50m,跨越方式为全桥跨越。此外,拟建黄河大桥距离上游滨州黄河公铁大桥3.31km,不满足桥梁允许间距要求,需增加主桥跨跨径,并在右岸主桥与引桥间增加过渡孔跨以减少对黄河行洪行凌安全影响。经过黄河水利委员会对《沾化至临淄高速公路黄河大桥防洪评价报告》的初步审查,确定主跨跨度不小于400m,主河槽内其他桥跨跨度不小于180m,并在北侧增加一跨80m,南侧增加三跨80m,提高桥位处河道的行凌能力。

(3)黄河堤身设计断面内不得设置桥墩。桥梁跨越堤防,桥墩应离开堤身设计堤脚线不得小于5m,大堤淤背区仅设置一个桥墩。

2. 桥跨布置

根据上述控制条件和黄河水利委员会行政许可文件《沾化至临淄高速公路黄河大桥建设项目工程建设方案审批准予行政许可决定书》(黄许可决〔2018〕9号),沾化至临淄高速公路黄河大桥桥梁以全桥跨方式跨越黄河,大桥在河道管理范围内由北向南的孔跨布设为(75+130+75+8×54+9×50+80+180+442+180+80+2×80+14×50+75+130+75)m。

3. 桥梁方案

1)主桥

根据主河槽宽度及黄河水利委员会的批复,主桥主跨跨径为442m。受材料性能和施工技术等限制,主跨442m桥型方案可选择斜拉桥、拱桥、悬索桥等。综合安全舒适、经济耐久、管理养护、施工快速、景观效果等因素,推荐采用斜拉桥方案。

对于主跨500m左右的斜拉桥,主梁可选择钢箱梁或者钢混组合梁。钢箱梁的优点是跨越能力大、结构轻巧、施工速度快、质量可靠度高;其缺点是价格稍高,钢桥面铺装耐久性较差。钢混组合梁采用预制混凝土桥面板代替常用的正交异性钢桥面板,可以充分发挥混凝土的抗压性能,减少桥梁的用钢量,以降低工程造价;同时采用混凝土桥面板后,桥面铺装技术远比钢桥面上简单和成熟,且后期温度变形小,材料性能更稳定,结构耐久性好,养护费用低。综合考虑工程造价、结构受力、桥面耐久性等因素,推荐采用钢混组合梁斜拉桥。

主桥为双塔双索面钢混组合梁斜拉桥,跨径布置为80+180+442+180+80=962m,桥面宽34m,含检修道宽38m。主梁采用双边钢箱钢混组合梁,中心梁高3.55m,由边钢箱、钢横梁及预制桥面板组成,钢材采用Q345qD材质;桥面板采用UHPC(超高性能混凝土),厚度17cm。斜拉索塔上索距为2.5m,梁上索距为12m。主桥采用塔墩固结、塔梁分离的半漂浮体系,主梁与桥塔下横梁间设置支座,桥塔采用门型钢筋混凝土塔。主桥立面布置图、横断面图如图3、图4所示。

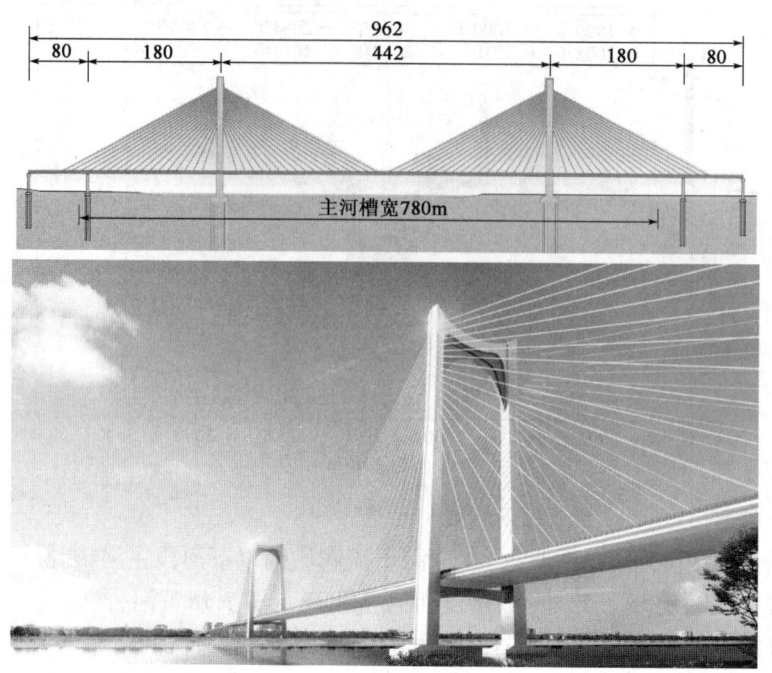

图3　主桥立面布置图(尺寸单位:m)

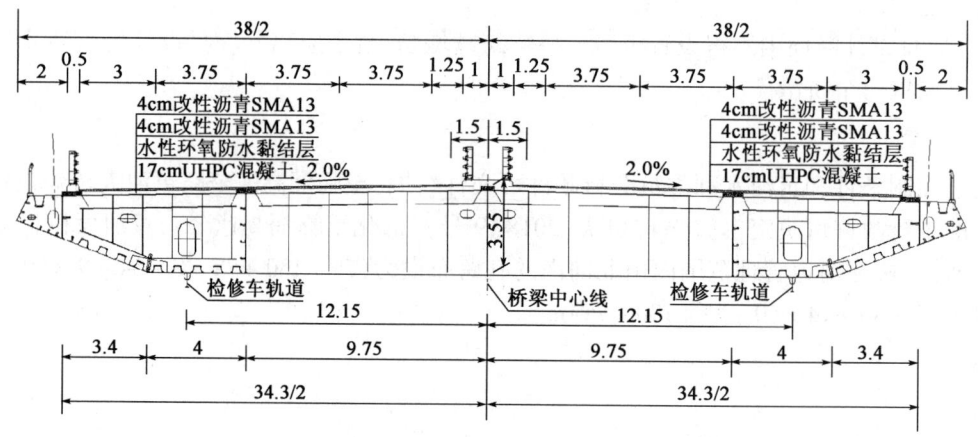

图4　主桥横断面图(尺寸单位:m)

主梁采用带UHPC桥面板的顶推施工方案,施工流程如下:辅助墩、共用墩、顶推临时墩施工→桥塔基础施工→在南侧共用墩处搭设顶推平台,同步进行主梁顶推及桥塔塔柱施工→从桥塔处往跨中逐对张拉斜拉索→拆除临时墩及顶推平台→进行二期恒载施工,成桥。

2) 跨大堤桥

跨大堤桥桥跨布置为75+130+75=280m。通过对变截面钢混组合梁方案、波形腹板钢混组合连续梁桥、预应力混凝土连续梁桥3个方案的经济技术比选,考虑钢混组合箱梁桥的受力性能、抗震性能好,避免了连续梁跨中长期下挠及腹板开裂,将其作为推荐方案。

主梁单幅横向设2片钢箱梁,主梁之间用横向连系梁连接。支点处梁高取为6.8m,边跨端支点处和跨中梁高为3.5m,从支点到跨中箱梁下缘按2次抛物线变化。桥面板采用预制板和现浇湿接缝相结合的施工方法。桥面板与钢梁顶板通过剪力钉连接,为了减小墩顶负弯矩区桥面板应力,在桥面板与钢梁组合前施加预应力,张拉预应力后浇筑剪力钉群处预留孔。跨大堤桥主梁断面图如图5所示。

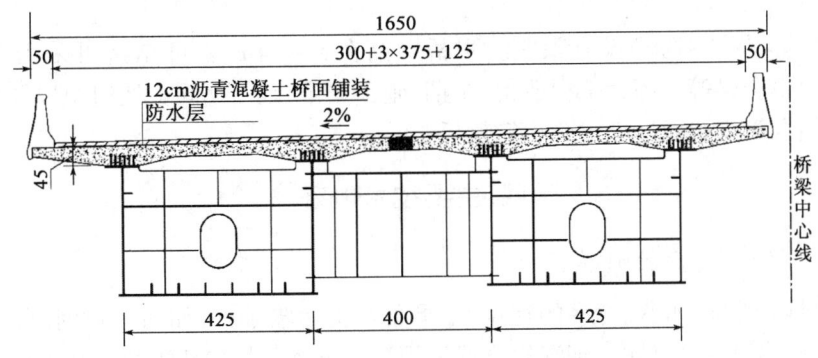

图5 跨大堤桥主梁断面图(尺寸单位:cm)

为调节钢梁应力,改善桥面板受力,采取中支点强制下落40cm的措施。具体措施为:

①在设计阶段,按照设置预拱度后的线形,制作钢箱梁。

②架设钢梁时,边支点处一次性安装永久支座,中支点处安装临时支座。钢梁架设安装完成之后,中支点临时支座处应顶起钢梁40cm并增设垫块。

③待桥面板施工完毕后,拆除主墩墩顶垫块及临时支座,顶升千斤顶需回落至支座设计位置,安装中支点永久支座。

施工中采用少支架一次性拼接钢梁形成连续结构,浇筑墩顶负弯矩区底板混凝土,顶升主墩处钢梁→连续墩支座位置千斤顶顶升钢主梁40cm,临时支架上千斤顶调整至钢梁底部,采用垫块顶紧钢梁底板→安装中跨正弯矩区域部分预制桥面板,浇筑湿接缝,形成钢混组合截面→拆除中跨正弯矩区临时支架→安装中墩负弯矩区桥面板,先浇筑湿接缝将桥面板连成整体,张拉预应力后浇筑剪力钉群预留孔内混凝土→安装剩余区域桥面板,并浇筑湿接缝→拆除临时支架,连续墩支座位置处顶升千斤顶回落到支座设计位置→施工桥面系及附属工程。

3)滩地引桥

北侧堤内引桥采用(8×54+9×50)m结构简支桥面连续钢混组合梁桥,南侧堤内引桥采用(2×80+14×50)m钢混组合梁桥,(2×80)m跨为变截面钢混组合连续梁桥,(14×50)m跨为结构简支桥面连续钢混组合梁桥。

根据防洪影响评价和黄河水利委员会对桥位的批复,堤内引桥布置不小于50m孔跨。桥型方案可选择钢混组合梁、节段预制拼装连续梁、预应力混凝土连续梁等。综合施工、安全、工厂化等因素,推荐采用钢混组合梁。

54m/50m钢混组合梁主梁采用工字钢梁,桥面板为钢筋混凝土结构。组合梁采用吊装施工,直接吊装预制组合梁,现场吊装后浇筑桥面板纵向湿接缝。滩地引桥(50m跨)主梁断面如图6所示。

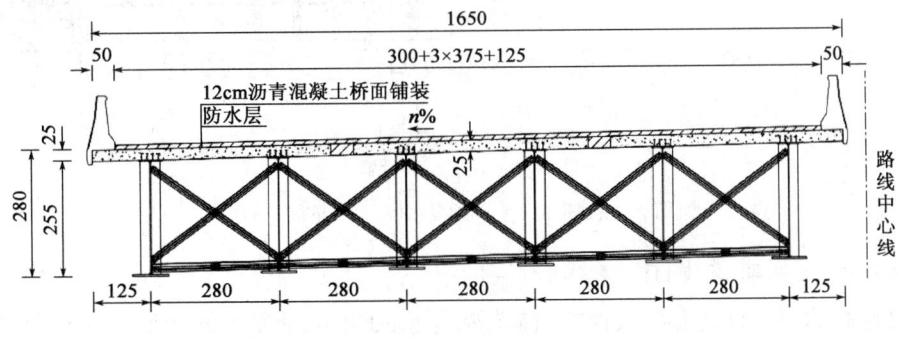

图6 滩地引桥(50m跨)主梁断面图(尺寸单位:cm)

2×80m采用变截面钢混组合连续梁,主梁为双箱单室钢-混凝土组合断面,混凝土桥面板为预应力混凝土结构。主梁采用支架施工,采用龙门式起重机吊装钢梁及桥面板,后浇筑桥面板纵向湿接缝。

4) 堤外引桥

黄河大桥在跨越大堤后,跨径没有限制。引桥墩高在5~24m,上部结构可采用空心板、小箱梁、T梁、连续箱梁及钢混组合梁等。综合工程造价、工期、施工安排、施工期间交通组织以及美观、对环境的影响等方面,采用了结构简支桥面连续组合小箱梁桥。

## 四、主要技术创新

### 1. 钢混组合梁全断面顶推技术

黄河下游河道具有滩宽、水浅、弯多的特点,不具备水上运输条件,如何在黄河下游河道建设大跨度桥梁一直是困扰桥梁建设者的难题。钢混组合梁利用混凝土桥面板代替正交异性钢桥面板,避免了钢桥面板后期开裂的风险,在400~600m跨径斜拉桥中具有明显优势。目前常规的钢混组合梁斜拉桥主梁架设一般采用大节段或者小杆件悬拼施工,如2018年建成的齐河黄河大桥钢混组合梁斜拉桥主梁采用小杆件悬拼施工,青兰高速公路黄河大桥钢混组合梁斜拉桥主梁则采用大节段悬拼施工;或者采用先将钢结构部分顶推到位,再叠合混凝土桥面板,如银川滨河黄河大桥。

沾化至临淄公路黄河大桥主桥是全线的控制性工程,其建设完成决定着全线的建成通车时间。根据建设单位的要求,主桥需在3年内建成,与常规黄河公路桥梁相比,工期压缩了近半年;为加快施工进度,主梁架设采用顶推施工,同时采用塔梁同步施工方案。鉴于钢混组合梁先顶推后叠合的传统顶推方案存在工期长、工厂化率低、质量不易保证等问题,考虑全断面顶推,但全断面顶推时,混凝土桥面板受拉,最大弯拉应力为4.2MPa,常规混凝土很难满足抗裂要求,而UHPC材料抗弯强度可达15MPa以上,能满足顶推过程中的受力需要;因此沾临高速公路黄河大桥主桥采用UHPC钢混组合梁,从而创新性地实现了钢混组合梁全断面顶推方案。

为解决施工用地紧张的问题,本项目将顶推平台分为组拼区、现浇养护区、辅助张拉区,将钢结构块体组拼、桥面板叠合、组合梁滑移、顶推施工、预应力张拉等多个工序集成一体,形成了系列化的流水作业,可有效地提升工程质量、缩短工期,为整体项目的按时通车提供了坚实的技术保障。主桥顶推平台功能分区如图7所示。

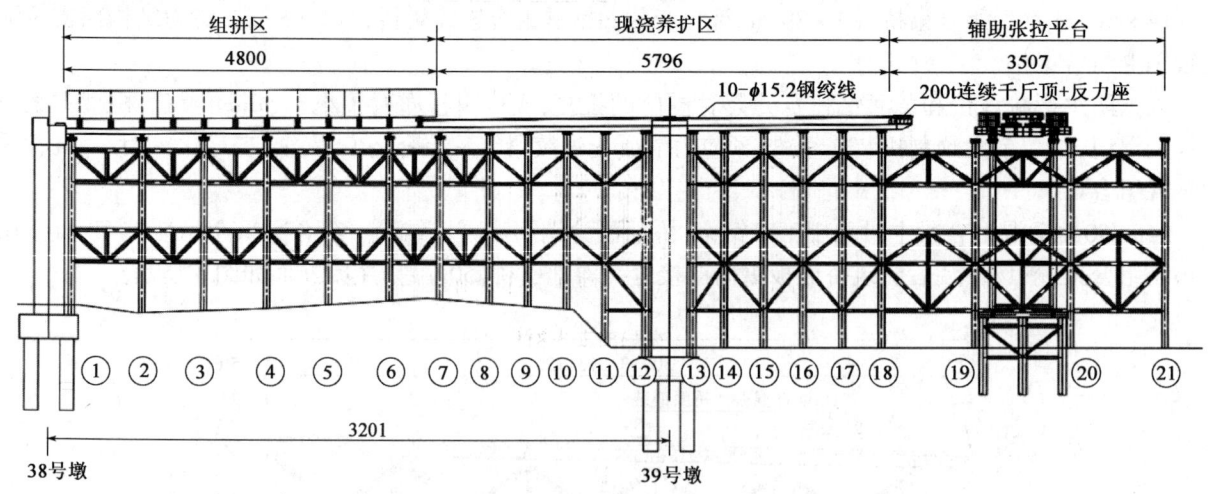

图7　主桥顶推平台功能分区图(尺寸单位:cm)

### 2. 面向山东建设需求的UHPC研制

UHPC具有超高的力学性能和耐久性能,被认为是近30年最重要的创新型工程材料,但由于市场不透明、原材料品质要求高等因素导致其制备成本较高,应用场景受限;同时,山东省内缺少稳定优良UHPC

产品的现状与工程日益增长的建设需求之间的矛盾更加尖锐。基于此,项目开展面向建设需求的山东省UHPC制备、生产、应用系统性研制。部分试验如图8、图9所示。

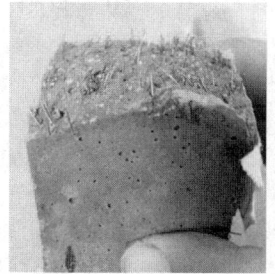

图8 直拉性能试验

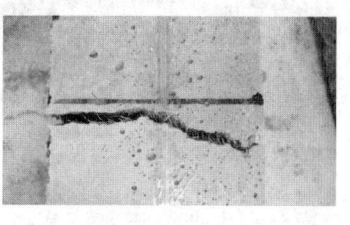

图9 弯拉性能试验

依托沾化至临淄公路黄河大桥工程,充分利用山东省本地市场既有原材料(90%以上),研制成功了该项目的"定制化"UHPC。在研制过程中,团队创新性地提出了"多层次递进式UHPC配合比设计方法"——以"力学指标优先控制,工作性能调整优化"为原则,以"集料掺和比—胶砂比—胶结料掺和比—水胶比—外加剂掺量—钢纤维掺量"为流程,快速高效地完成初步配合比设计;从项目实际控制指标出发,结合施工工作性能要求,实现UHPC配合比的"动态设计",满足项目四季施工要求。UHPC性能典型曲线如图10所示。

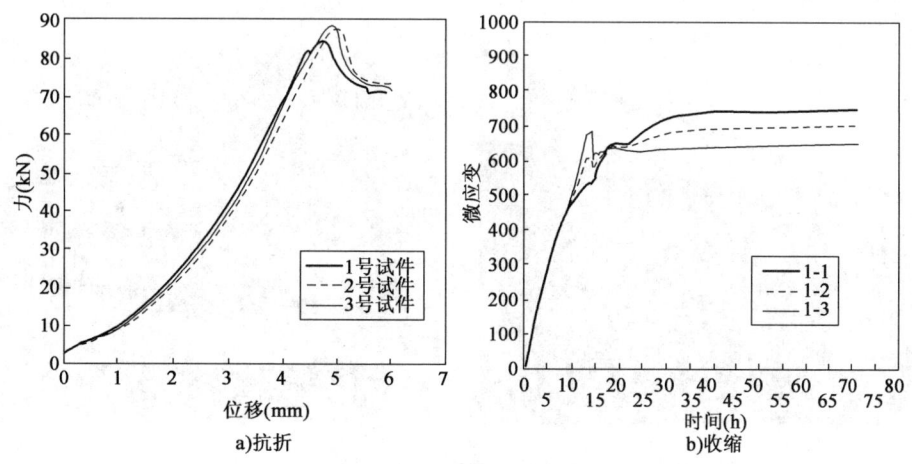

图10 UHPC性能典型曲线

### 3. UHPC 桥面板工厂化预制

UHPC作为一种性能优异的水泥基材料,其材料敏感性是其一大弊端;同时沾化至临淄公路黄河大桥预制桥面板尺寸大(12m×9.075m×0.17m,重约48t),需预埋与钢主梁连接的钢构件,对材料质量和浇筑、养护质量要求高。综合考虑建设工期要求,为保证预制板制造质量和效率,在施工现场搭建一整套预制桥面板生产线——集成了钢筋加工、UHPC投料、搅拌、布料、振动收面、滚压覆膜、脱模、吊运、养护等功能,如图11所示。

图11 预制桥面板生产线

通过调整生产配合和生产线浇筑流程的控制,实现了无粗集料UHPC的免振捣连续性浇筑;基于UHPC施工配合比的优化及生产线蒸养棚的升降温速度的控制,解决了预制桥板因预埋件引起的收缩应力问题,提高预制板的制造质量;利用全流程可控的生产线,降低设备投入成本70%,同时保证了预制板的生产效率(1块/d),大幅提高预制板的生产效率。

### 4. 大跨径变截面钢混组合连续梁桥设计技术

跨大堤桥采用主跨130m的变截面钢混组合连续梁,为当前国内最大跨径的公路钢混组合梁桥。降低墩顶负弯矩,防止混凝土桥面板受拉开裂,是钢混组合连续梁桥设计的重点和难点。设计中采用了以下技术措施:

(1)为了减小墩顶负弯矩区桥面板应力,在桥面板与钢梁组合前施加预应力,张拉预应力后浇筑剪力钉群处预留孔。

(2)施工中结合桥面板受力,分正、负弯矩区安装预制桥面板并适时在负弯矩区张拉预应力钢束。在顶升主梁之后,分次回落钢主梁,确保桥面板不出现较大拉应力。

跨大堤桥架设现场如图12所示。

图12 跨大堤桥架设现场

### 5. 装配式Ⅱ形组合梁在黄河滩区的工程应用

由于黄河不通航,大型桥梁构件无法通过水运进行运输,只能化整为零,通过公路进行运输。装配式

Ⅱ形组合梁自重较轻,分块灵活,符合"标准化、工厂化、装配化"的发展方向,同时受力合理,施工过程中无须辅助支撑,吊装中不会侧倾,具有良好的推广价值,如图13所示。

图13　Ⅱ形组合梁拼装现场及现场吊装图

本项目采用结构简支、桥面连续的结构体系,受力体系无须转换,充分发挥了钢梁受拉、混凝土受压的材料优势,通过对断面及横向联系进行优化,用钢量大大降低,节省了工程造价。

本项目在桥面连续处首次采用超高韧性纤维混凝土材料(UHTCC),其极限裂缝宽度小于0.1mm,且极限拉应变可稳定地达到3%以上。相较于通常采用的普通混凝土,UHTCC可以有效控制裂缝宽度、提高结构耐久性、增加行车的舒适性,从而有效降低后期维修养护的成本。

## 五、结　语

沾化至临淄公路黄河大桥是黄河上首例采取钢混组合结构的桥梁建筑,采用了工业化、标准化、装配化的桥梁建造技术和全寿命周期的桥梁设计理念,形成一整套适用于黄河下游河段的大规模桥梁建设的关键技术,为黄河下游跨河通道的工业化建设提出了新的设计理念。

### 参考文献

[1] 项海帆,等.桥梁概念设计[M].北京:人民交通出版社,2011.
[2] 范立础.桥梁工程[M].北京:人民交通出版社,2000.
[3] 尹超,杨善红.大跨度组合梁斜拉桥主梁结构设计构思[J].公路交通科技(应用技术版),2012,11:298-301.
[4] 聂建国,沈聚敏.滑移效应对钢-混凝土组合梁弯曲强度的影响及其计算[J].土木工程学报,1997,30(1):31-36.
[5] 高宗余.青洲闽江大桥结合梁斜拉桥设计[J].桥梁建设,2001,4:13-17.
[6] 黄祥,刘天舒,丁庆军.超高性能混凝土研究综述[J].混凝土,2019(9):12.
[7] 邵旭东,樊伟,黄政宇.超高性能混凝土在结构中的应用[J].土木工程学报,2021,54(1):1-13.
[8] 王俊颜,郭君渊,肖汝诚,等.高应变强化超高性能混凝土的裂缝控制机理和研究[J].土木工程学报,2017,50(1):10-17.
[9] 金文.超高性能混凝土弯曲疲劳性能及破坏中裂缝发展研究[D].广州:华南理工大学,2018.
[10] 郭志强.不同钢纤维含量对超高性能混凝土结构的抗弯性能影响研究[J].四川建筑科学研究,2020,208(02),46:95-102.

# 8. 沾化至临淄公路黄河特大桥主桥设计

王宏博 陈国红 贺攀

(山东省交通规划设计院集团有限公司)

**摘 要** 沾化至临淄公路黄河特大桥主桥采用双塔斜拉桥,桥跨布置为(80+180+442+180+80)m。主梁采用UHPC高性能混凝土双边箱钢-混组合梁,由双边钢箱、钢横梁及超高性能混凝土(UHPC)桥面板等构成;桥塔采用双柱式,设上下两道横梁;斜拉索呈空间扇形分布,两侧双索面布置。采用空间有限元软件对该桥进行了静、动力分析,结果表明该桥在施工期及运营阶段的各项指标均满足规范要求。

**关键词** 沾化至临淄公路黄河特大桥 斜拉桥 组合梁 超高性能混凝土(UHPC)桥面板

## 一、工程概况

沾化至临淄公路黄河特大桥起点位于滨州市滨城区梁才乡,终点位于滨州市博兴县乔庄镇,路线由北向南跨越黄河,桥位距离黄河出海口约120km。桥梁总长4630m(至桥台耳板尾部)。大桥由北向南的桥梁组成为:北侧堤外引桥、北侧跨大堤桥、北侧堤内引桥、主桥、南侧堤内引桥、南侧跨大堤桥、南侧堤外引桥;其中主桥采用(80+180+442+180+80)=962m双塔组合梁斜拉桥。桥梁立面布置图如图1所示。

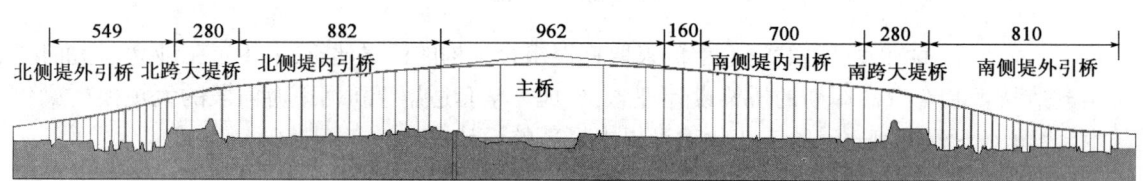

图1 桥梁立面布置图(尺寸单位:m)

## 二、主要技术标准

(1)公路等级:高速公路;
(2)设计速度:120km/h;
(3)行车道宽度:2×3×3.75m(六车道);
(4)标准桥梁宽度:34m;
(5)桥面横坡:2%;
(6)桥梁设计汽车荷载:公路—Ⅰ级;
(7)设计基准期:100年;
(8)设计洪水频率:300年一遇;
(9)抗风设计标准:桥位处百年一遇风速为28m/s;
(10)桥梁抗震设防烈度:Ⅶ度,水平向设计基本地震动加速度峰值为0.10$g$,其余技术指标均满足《公路工程技术标准》(JTG B01—2014)的要求。

## 三、主桥总体设计

1.桥跨布置

(1)控制因素

①根据《沾化至临淄高速公路黄河特大桥防洪评价》,拟建桥梁桥位河槽断面图如图2所示。桥位处

现状主槽宽度506m,结合河势变化及河道断面的分析成果,并参考上下游已建黄河特大桥的设计情况[桥位上游6.41km已建成的滨州黄河公路特大桥主桥范围为679m(7×33m+4×112m);桥位上游3.31km已建成的滨州黄河公铁大桥主桥范围为780m(120m+3×180m+120m)],充分考虑黄河排洪及防洪防凌的需求,主槽范围按780m考虑,主槽范围自王大夫控导向右岸780m。

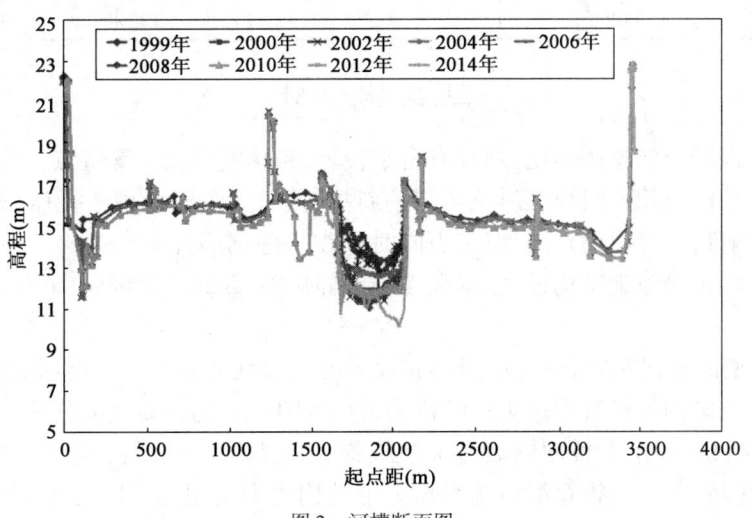

图2 河槽断面图

②根据黄建管〔2007〕48号文件要求:在黄河干流陶城铺以下河段主河槽孔跨不少于180m,滩地不少于50m,跨越方式为全桥跨越。此外,拟建黄河大桥距离上游滨州黄河公铁大桥3.31km,不满足桥梁允许间距要求,需增加主桥跨跨径,并在右岸主桥与引桥间增加过渡孔跨以减少对黄河行洪行凌安全影响。经过黄河水利委员会对《沾化至临淄高速公路黄河特大桥防洪评价报告》的初步审查,确定主跨跨度不小于400m,主河槽内其他桥跨跨度不小于180m,并在北侧增加一跨80m,南侧增加三跨80m,提高桥位处河道的行凌能力。

③桥位北岸现有王大夫控导工程及防洪救援道路,桥墩布设需避让。

(2)桥跨布置

根据上述控制条件和黄河水利委员会行政许可文件《沾化至临淄高速公路黄河特大桥建设项目工程建设方案审批准予行政许可决定书》(黄许可决〔2018〕9号),沾化至临淄公路黄河特大桥桥梁以全桥跨方式跨越黄河,主桥桥跨布置为80+180+442+180+80=962m,如图3所示。

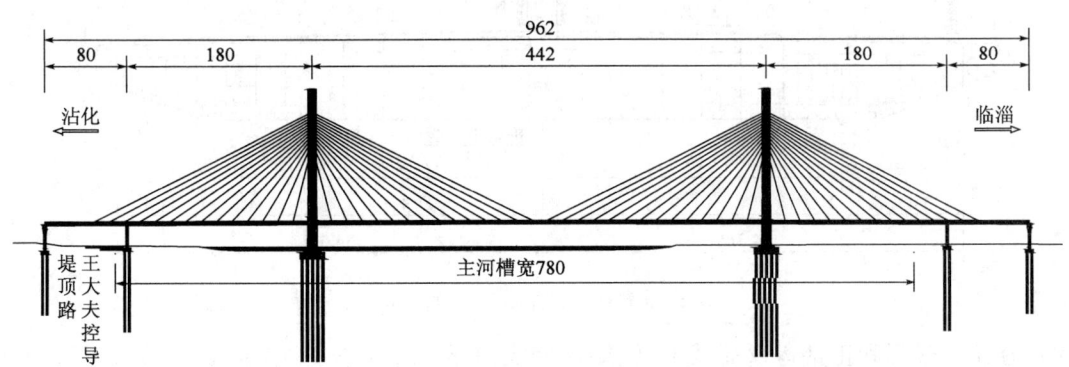

图3 桥型布置图(尺寸单位:m)

2. 约束体系

斜拉桥主桥采用塔墩固结、塔梁分离的半漂浮体系。主梁与桥塔下横梁间设置支座及纵桥向阻尼器,塔壁与钢主梁之间设置有横桥向抗风支座,共用墩及辅助墩处均设有支座及横桥向限位装置,结构约束体系见表1。

结构约束体系　　　　　　　　　　　　　　　　表1

| 约束方向 | 共用墩 | 南侧桥塔 | 北侧桥塔 | 辅助墩 |
|---|---|---|---|---|
| 纵桥方向 | 滑动 | 滑动 | 滑动 | 滑动 |
| 横桥方向 | 约束 | 约束 | 约束 | 约束 |
| 垂直方向 | 约束 | 约束 | 约束 | 约束 |

## 四、结构设计

组合梁斜拉桥与混凝土斜拉桥相比，则具有自重较轻，跨越能力较强等特点。因此，组合梁斜拉桥在世界范围内得到了广泛的应用。组合梁斜拉桥与钢斜拉桥相比，混凝土顶板受压，充分发挥了混凝土的抗压性能，节省了用钢量，降低建设费用；但它也同时存在一些钢筋混凝土结构共性问题，例如混凝土桥面板开裂，破损，桥面渗水导致钢结构锈蚀，耐久性较差等病害，因此，发展高性能材料和结构将是解决上述难题的有效途径。

UHPC是一种新型的水泥基复合材料，因具有优异的力学性能和耐久性能而受到了广泛关注并开始应用于桥梁工程领域。国内外已有超过400座桥梁采用UHPC作为主要或部分建筑材料。

在国内，UHPC材料多被用于桥面铺装等非主要结构受力层。本项目采用无粗集料超高性能混凝土，代替传统的混凝土桥面板，与钢箱梁组合后作为主结构受力使用，充分发挥两者的优良性能，避免了钢桥面铺装的病害，最大程度上减轻结构自重，节省用钢量。因混凝土内无粗集料，施工过程中无须振捣，降低了施工难度。

1. 主梁设计

主梁由边钢箱（包含斜拉索钢锚箱）、钢横梁、小纵梁通过焊接及高强螺栓拼接形成钢构架，其上架设预制UHPC桥面板，现浇湿接缝，与钢梁上的剪力钉形成整体，组成钢-混组合梁体系，主梁钢材采用Q345qD。为便于日常检修和防护，主梁两侧设置有检修道。主梁宽度34.36m，含检修道宽38m，顶面设双向2%横坡，桥梁中心线处梁高3.55m，箱梁横隔板间距为4.0m，全桥钢梁总长961.04m，共划分为80个梁段，各梁段之间采用工地现场焊接（对接熔透）形成整体，主桥标准横断面如图4所示。

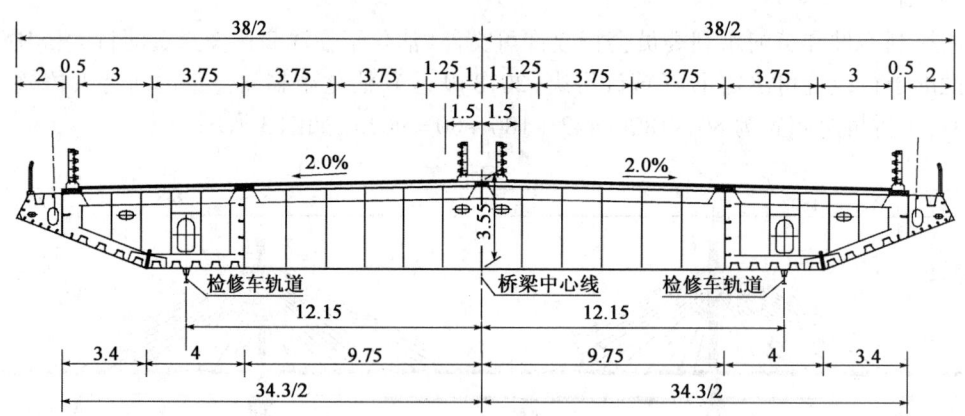

图4　桥梁标准横断面（尺寸单位：m）

为保证在施工过程和正常运营荷载下，辅助墩处支座不出现上拔力，在辅助墩墩顶附近施加压重。压重分为现浇钢筋混凝土及预制块两部分，施工时先在边钢箱底板上现浇钢筋混凝土层，作为压重及预制块的叠放平台；预制块采用预制铁砂混凝土块，按照一定的规则堆置在预制板上。

2. 桥面板设计

1）UHPC性能指标

主桥桥面板所用的混凝土材料为超高性能混凝土，它是一种由水泥、掺合料、细集料、钢纤维、高效减水剂、水等组成,兼具超高抗渗性能和力学性能的纤维增强水泥基复核材料。施工时采用经试验(力学性能、疲劳性能、收缩性能)验证后的配合比。本设计中,UHPC所采用的具体性能指标见表2。

UHPC 性能指标　　　　表2

| 控制指标 | 应用部位 | |
|---|---|---|
| | UHPC桥面板(标准蒸汽养护7d) | UHPC湿接缝(标准养护28d) |
| 抗压强度 | ≥150MPa | ≥120MPa;3d≥80MPa |
| 弹性极限抗拉强度 | ≥7MPa | 7MPa |
| 抗拉强度 | ≥8MPa | ≥8MPa |
| 抗拉强度/弹性抗拉强度 | ≥1.1 | ≥1.1 |
| 初裂抗弯强度 | ≥12MPa | — |
| 抗弯强度 | ≥18MPa | — |
| 弹性模量 | 45~55GPa | 40~55GPa |
| 总收缩 | — | ≤800με |

2) UHPC桥面板结构设计

主桥桥面板采用UHPC,分为预制板及现浇湿接缝两部分。桥面板通过布置在钢主梁顶板上的剪力钉与钢主梁结合。为减少顶推平台上湿接缝数量及避免在局部受拉区设置湿接缝,桥面板预制时,将钢主梁横隔板及钢横梁拆分成两部分,上翼缘位置处的T形钢板与桥面板一同预制,如图5所示。

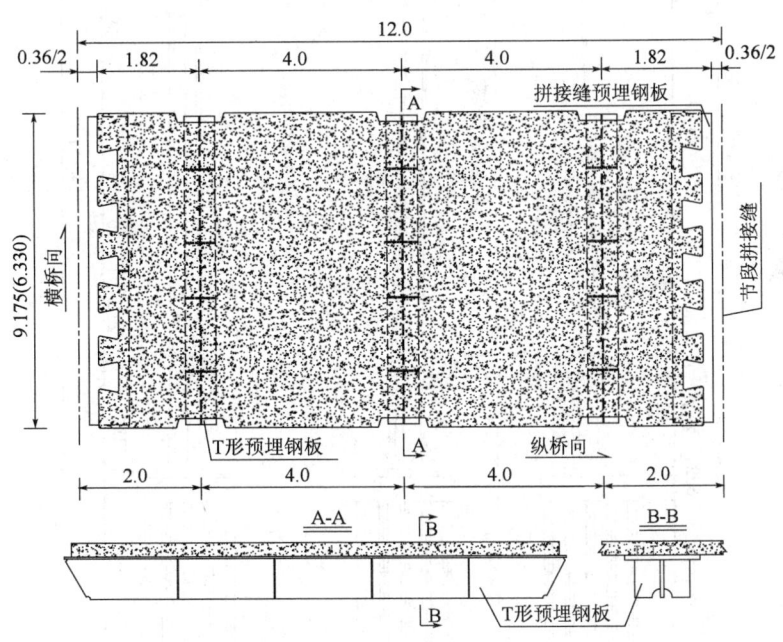

图5　预制板构造图(尺寸单位:m)

钢梁在顶推平台组拼完成后,吊装桥面板,将预埋入桥面板中的T形钢板与钢主梁横隔板焊接成整体;采用上述方法后,一个节段仅需设置一条横桥向湿接缝,宽度为36cm。桥面板采用大尺寸整体预制,最大尺寸为1164cm×917.5cm,单块预制板最大吊装重量近50t。为减少早龄期自收缩的影响,预制时采用高温蒸汽养护,以不超过15℃/h的升温速率升温至90℃±1℃,恒温蒸养48h,然后以不超过15℃/h的降温速率降温至20℃±5℃。

为了进一步提高桥面板的抗裂性能,在辅助墩墩顶及中跨跨中段设置桥面板纵桥向预应力,采用$4\phi_s15.2mm$高强度低松弛钢绞线;边跨无索区桥面板设有横桥向预应力,采用$3\phi_s15.2mm$高强度低松弛钢绞线。

## 3. 桥塔及基础设计

桥塔横向布置为 H 形,采用单箱单室空心箱形截面,塔柱四角采用半径 0.3m 的圆倒角来增加立体感,设上下两道横梁。塔柱及横梁混凝土采用 C50 混凝土。

桥塔分为塔顶结合段及塔冠、中塔柱和下塔柱。其中塔顶结合段及塔冠高 13m(含上横梁),中塔柱高 113.3m,沾化侧下塔柱高 27.7m(含下横梁),临淄侧下塔柱高 25.2m(含下横梁),沾化侧桥塔总高 154m,临淄侧桥塔总高 151.5m。

桥塔塔座高 2m,顶面尺寸为 13.2m×14.1m,底面尺寸为 17.2m×18.1m,采用 C40 混凝土。

桥塔基础采用钻孔灌注桩加承台。承台厚 6m,横桥向宽 24.0m,顺桥向长 24.0m。每个承台下设 25 根桩,按横向×纵向 = 5×5 布置,小桩号侧桩长 97m,大桩号侧桩长 101m,桩基直径为 2.0m,桩顶处设置 10m 长、内径 2.2m、厚 10mm 的永久钢护筒。承台采用 C35 混凝土,桩基采用 C35 水下混凝土,如图 6 所示。

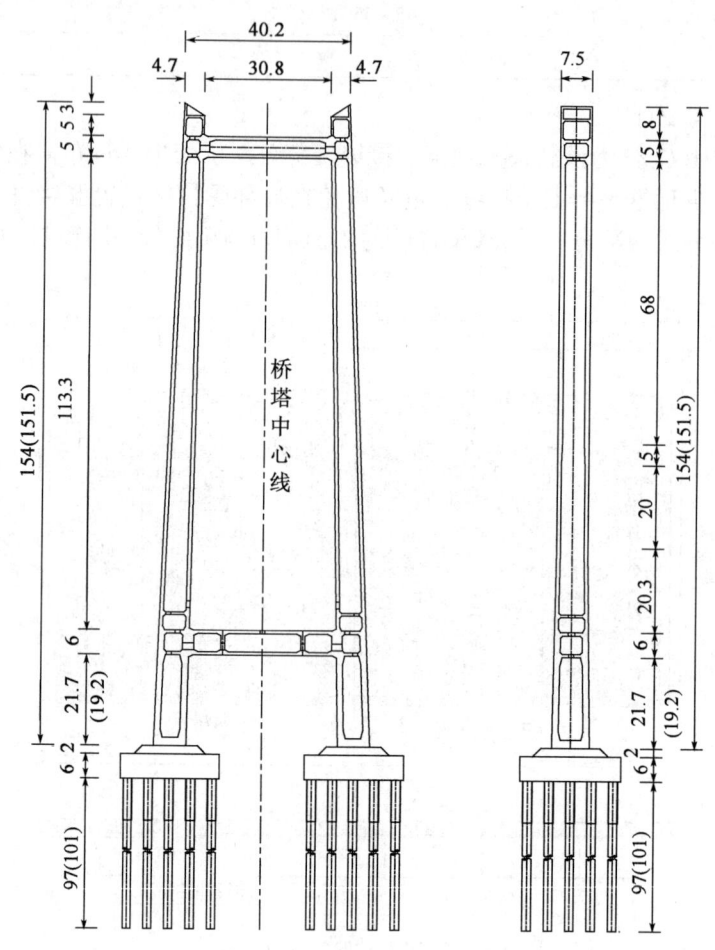

图 6  桥塔构造图(尺寸单位:m)

## 4. 桥塔钢锚梁设计

斜拉索塔上锚固结构采用钢锚梁,为箱形结构,由锚板、加劲板、侧拉板、顶板、底板及横隔板等组成。拉索张拉过程中,拉索锚头作用于锚板上,通过锚下侧板和锚下加劲板将压力传给侧拉板,并通过连接在塔柱内壁上的钢牛腿将钢锚梁所承受的压力传递给桥塔。为了解决钢锚梁两侧斜拉索不平衡索力对塔壁的不利影响,在桥塔斜拉索锚固区域布置了一定数量的环向预应力。

## 5. 斜拉索设计

斜拉索呈扇形分布,两侧双索面布置。塔端锚固于塔柱内的钢锚梁上,梁端锚固于主梁外的钢锚箱上。斜拉索塔上竖向索距为2.5m,梁上水平索距为12.0m。斜拉索钢丝标准强度1770MPa,全桥共144束。斜拉索除满足强度、疲劳的要求外,尚须满足抗振、抗风雨的气动要求。本桥采用阻尼器、气动措施并用的综合减振措施,斜拉索表面处理能抑制风雨振。

## 五、结构静动力分析

采用了空间有限元程序MIDAS进行计算分析,斜拉索采用索(杆)单元模拟,其余构件采用梁单元模拟。MIDAS计算模型见图7。

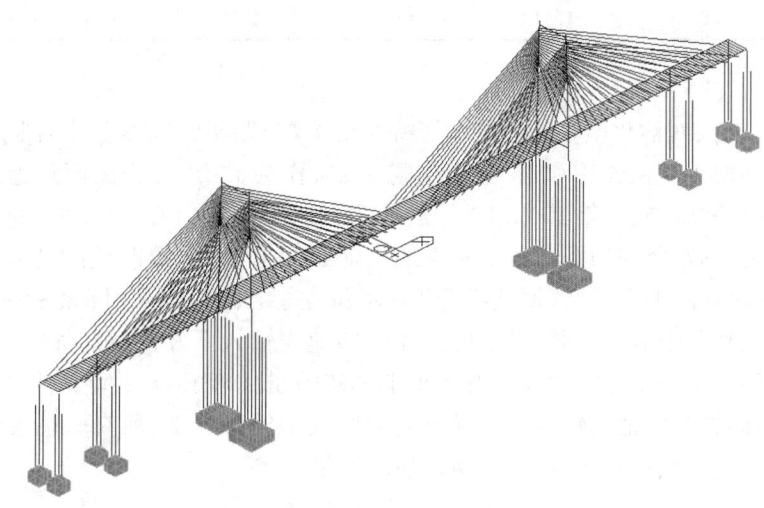

图7 有限元计算模型

### 1. 静力分析

在活载作用下主梁关键部位挠度见表3,可以看出,桥梁刚度满足要求。

活载下主梁挠度　　　　　　表3

| 位 置 | 最大竖向变形量(m) | | 挠 跨 比 |
|---|---|---|---|
| | 下挠 | 上挠 | |
| 中跨跨中 | -0.50 | 0.07 | 1/775 |
| 次边跨跨中 | -0.19 | 0.14 | 1/545 |
| 边跨跨中 | -0.05 | 0.03 | 1/1000 |

计算结果表明,成桥状态最不利组合下辅助墩位置处桥面板上缘最大拉应力为3.5MPa,最大压应力为15.9MPa,满足UHPC桥面板的受力要求;成桥状态不利组合下钢主梁最大正应力为241MPa,满足Q345qD钢材的受力性能;在施工和成桥状态各种不利荷载工况下桥塔均全截面受压,最大压应力为11.7MPa。

### 2. 动力特性

成桥状态动力特性见表4。从计算结果可以看出,主梁一阶对称竖弯频率为0.31Hz,主梁一阶对称扭转频率为0.63 Hz,一阶扭弯频率比为2.03,说明桥梁的抗风稳定性较好。

成桥状态动力特性　　　　　　表4

| 阶 数 | 周期(s) | 频率(Hz) | 振 型 描 述 |
|---|---|---|---|
| 1 | 7.35 | 0.13 | 主梁纵漂 |
| 2 | 3.22 | 0.31 | 主梁一阶竖弯 |
| 3 | 2.91 | 0.34 | 主塔一阶横向振动 |
| 4 | 2.88 | 0.35 | 主塔二阶横向振动 |

续上表

| 阶　数 | 周期(s) | 频率(Hz) | 振 型 描 述 |
|---|---|---|---|
| 5 | 2.29 | 0.43 | 主梁二阶竖弯 |
| 6 | 2.11 | 0.47 | 主梁一阶横弯 |
| 7 | 1.58 | 0.63 | 主梁一阶扭转 |
| 8 | 1.49 | 0.67 | 主梁二阶横弯 |
| 9 | 1.46 | 0.68 | 主梁三阶竖弯 |
| 10 | 1.37 | 0.74 | 主梁二阶扭转 |

3. 抗震设计

根据《地震安评报告》,对沾化至临淄公路黄河特大桥按《公路桥梁抗震设计细则》中 A 类桥梁,采用 50 年超越概率 10% 作为 E1 地震作用和 50 年超越概率 2% 作为 E2 地震作用两种地震动水平进行抗震设防。取阻尼比 0.03 时冲刷层 50 年 10%(E1 地震作用)和 50 年 2%(E2 地震作用)超越概率下的加速度反应谱作为水平地震荷载,竖向地震荷载取水平地震荷载的 1/2。计算时地震动输入分别采取纵向与横向两种方式,并取前 500 阶模态分析,振型组合采用 CQC 法,方向组合采用 SRSS 法。

计算结果表明,E1 地震作用水平下,在纵桥向加竖向地震输入下及横桥向加竖向地震输入下,所有塔柱关键截面及桩基础最不利单桩截面地震弯矩小于其初始屈服弯矩,截面保持为弹性工作状态;E2 地震作用水平下,在纵桥向加竖向地震输入下及横桥向加竖向地震输入下,所有墩柱关键截面及桩基础最不利单桩截面地震弯矩小于其等效屈服弯矩,截面强度满足要求。

## 六、施工方案

沾化至临淄公路黄河特大桥作为沾临高速公路建设的控制性工程,工期紧、任务重。根据建设单位总体要求,主桥需在 3 年内建成。与常规黄河高速公路桥梁相比,工期压缩了近半年;为加快施工进度,主梁架设采用顶推施工,实现塔梁同步施工,达到缩短工期的目的。传统钢混组合梁顶推,因普通混凝土抗拉性能较差,不得不采用裸钢主梁顶推到位后叠合桥面板的施工工艺,但该工艺存在工期长、工厂化效率低等问题。两侧顶推施工则需要搭设两侧顶推平台,购置两套顶推设备,施工费用巨大,施工工期虽明显缩短,但性价比不高。综合考虑工期、资金设备投入、运输距离等各种因素,项目采用单侧顶推方案。

鉴于本项目 UHPC 材料优异的抗拉性能,项目采用全断面顶推施工。顶推平台设置拼装叠合区、现浇养护区、辅助张拉区 3 个区域。桥面板在拼装叠合区与钢主梁叠合,形成整体断面;滑移至现浇养护区进行湿接缝浇筑与养护;然后在辅助张拉区张拉预应力钢束;最后全断面顶推前移,多个工序集成一体,形成系列化的流水化作业。临时墩最大间距为 45m,通过计算,顶推过程中主梁最大悬臂状态桥面板顶缘的拉应力未超过桥面板(湿接缝)混凝土的抗拉设计强度。主梁全断面顶推法施工,实现塔梁同步施工,钢混组合梁全断面滑移,缩短了施工工期,节约了资金投入,保证了施工安全。顶推平台及临时墩布置图如图 8 所示。

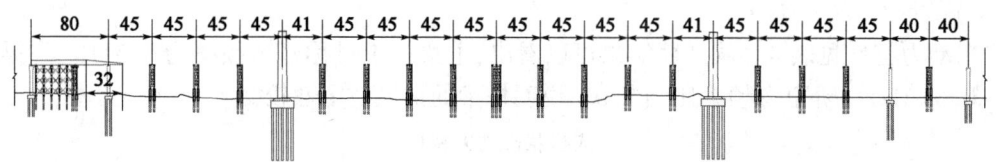

图 8　顶推平台及临时墩布置图(尺寸单位:m)

## 七、结　　语

沾化至临淄公路黄河特大桥主桥为主跨 442m 的双塔钢混组合梁斜拉桥。该桥桥位处桥梁较为密集,局部弯道较多,防洪及排凌压力较大,设计时充分考虑了各项控制因素。主梁选取了由边钢箱、钢横梁、小纵梁及带横肋的预制 UHPC 桥面板组成的钢混组合梁结构体系,主梁各构件采用工厂预制现场组拼后整体顶推的施工方式。目前本桥正在进行主梁的顶推及桥塔爬模施工工作,预计 2022 年底建成通车。

**参考文献**

[1] 项海帆,等.桥梁概念设计[M].北京:人民交通出版社,2011.
[2] 范立础.桥梁工程[M].北京:人民交通出版社,2000.
[3] 聂建国,沈聚敏.滑移效应对钢-混凝土组合梁弯曲强度的影响及其计算[J].土木工程学报,1997,30(1):31-36.
[4] 聂建国,陶慕轩,吴丽丽,等.钢-混凝土组合结构桥梁研究新进展[J].土木工程学报,2012,45(6):110-122.
[5] 高宗余.青洲闽江大桥结合梁斜拉桥设计[J].桥梁建设,2001,4:13-17.
[6] 邵长宇,陈亮,汤虎.大跨径组合梁斜拉桥试设计及力学性能研究[J].桥梁建设,2017,47(4):101-106.
[7] 陈宝春,李聪,黄伟,等.超高性能混凝土收缩综述[J].交通运输工程学报,2018(18),1:13-28.
[8] 王俊颜,郭君渊,肖汝诚,等.高应变强化超高性能混凝土的裂缝控制机理和研究[J].土木工程学报,2017,50(1):10-17.
[9] 邵旭东,邱明红,晏班夫,等.超高性能混凝土在国内外桥梁工程中的研究与应用进展[J].材料导报,2017(31),12:33-43.
[10] 刘诚,樊健生,聂建国,等.钢-超高性能混凝土组合桥面系中栓钉连接件的疲劳性能研究[J].中国公路学报,2017(30),3:139-146.

# 9. 沾化至临淄公路黄河特大桥主桥设计阶段 BIM 技术应用研究

张常勇[1]　岳秀鹏[2]　李心秋[3]　董永泉[2]　窦金锋[4]　王文帅[1]

(1.山东省交通规划设计院集团有限公司;2.山东高速沾临高速公路有限公司;
3.山东高速基础设施建设有限公司;4.山东省德州市交通工程监理公司)

**摘　要**　本文以沾临高速公路为依托,以黄河特大桥主桥为应用对象,在设计阶段采用基于骨架线的参数化建模方法创建了大桥精细化 BIM 模型,并基于精细化 BIM 模型在项目中开展方案比选、可视化校核、辅助计算分析、施工可视化交底等综合应用,有效提升了设计质量和效率,为 BIM 全寿命周期的探索打下了坚实的基础。

**关键词**　BIM 技术　桥梁工程　大跨径　斜拉桥　设计阶段

## 一、引　言

近年来,我国交通基础设施建设规模和技术水平飞速发展,交通运输行业发展对信息化、数字化的要求也大幅提高。建筑信息模型(Building Information Modeling,BIM)技术是基于现代图形技术、信息技术及物联网技术应用于工程建设全过程的新型工具与理念,是实现交通运输行业信息化、数字化的重要手段和途径。国内众多学者和工程技术人员针对 BIM 技术在交通基础设施全寿命期的应用进行了探索和研究,有力推动了 BIM 技术在交通运输行业的应用。对于大型特殊结构桥梁工程,BIM 技术的可视化、协调性、模拟性、优化性等优势和特点能够得到充分的发挥和应用,为工程建设、管养质量、效率和信息化水平提升提供强有力的支撑。本文以沾化至临淄公路黄河特大桥主桥为背景,在其设计阶段采用 BIM 技术开展了方案比选、可视化校核、辅助计算分析、施工可视化交底等综合应用,有效提升了设计质量和效率。

## 二、工程概况

沾临高速公路位于山东省中北部,项目路线全长 107.584km,全线采用双向六车道高速公路标准,设计速度 120km/h,是连接蓝、黄两区与济南都市圈联系的重要通道,对进一步完善山东省南北综合运输通道、加强与京津冀和长江经济带的联系具有重要意义。沾化至临淄公路黄河特大桥主桥为双塔双索面钢-混组合梁斜拉桥,跨径布置为(80 + 180 + 442 + 180 + 80)m,桥面宽34m,采用半漂浮体系,主梁为双边钢箱钢-混组合梁,桥塔为门式钢筋混凝土塔结构,主桥结构布置如图1所示。

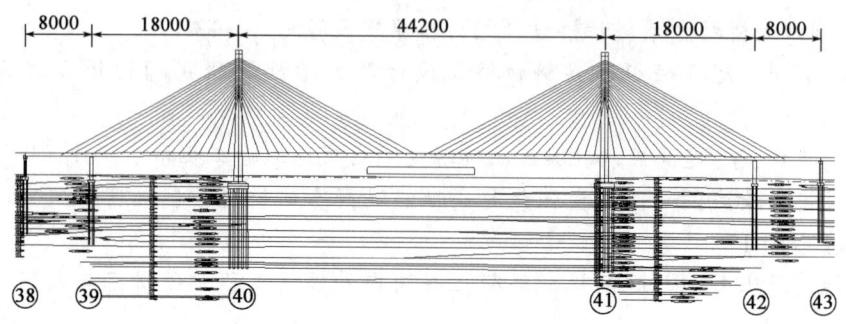

图1 黄河特大桥主桥布置图(尺寸单位:cm)

## 三、精细化 BIM 模型创建

为保证主桥 BIM 模型精度,选择达索系统 CATIA 系列软件建立大桥精细 BIM 模型,采用基于"骨架线"的建模思路,实现模型参数化和可调性,并结合项目管理应用需求对模型构件属性进行扩展。建模主要流程为:

1. 创建桥梁主骨架线

基于桥梁路线设计文件生成桥梁主骨架,然后根据各主要部件的特点和建模需求,基于桥梁主骨架创建各主要部件的子骨架,从而构成桥梁总骨架,如图2所示。

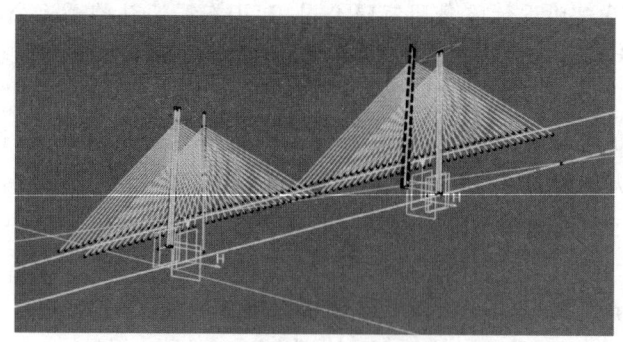

图2 沾化至临淄公路黄河特大桥主桥骨架线

2. 结合构件拆分原则

对全桥构件类型进行统计,并结合应用需求梳理不同类型构件需要扩展的属性,然后依据 IFC 标准对构件属性进行扩展。

3. 创建工程模板

根据不同类型构件的特点,按类别创建参数化的工程模板,通过改变工程模板的输入条件和设计参数即可实现同类构件模型的快速准确创建,主桥典型模板如图3所示。

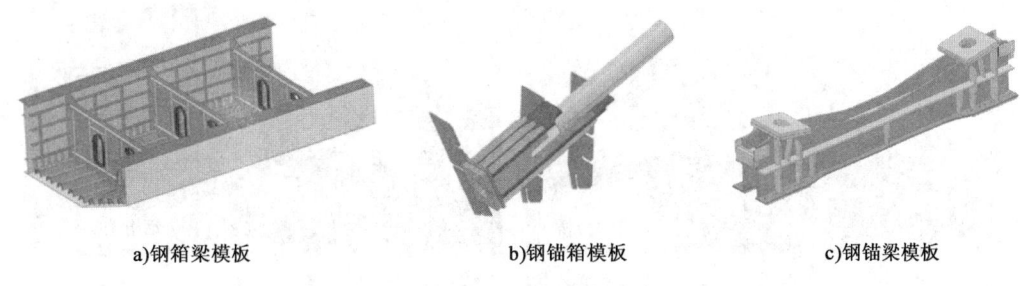

a)钢箱梁模板　　　　　b)钢锚箱模板　　　　　c)钢锚梁模板

图3　主桥典型模板

4. 全桥模型建立

基于桥梁总骨架,通过在各构件相应的空间位置采用工程模板进行实例化并由设计参数进行控制,得到全桥模型,如图4所示。全桥模型中各构件所带属性可进行批量修改,且通过调整桥梁骨架为成桥骨架或加工骨架,可分别获得成桥状态和钢结构加工状态的全桥模型。

图4　沾化至临淄公路黄河特大桥主桥精细化BIM模型

## 四、BIM技术综合应用

基于沾化至临淄公路黄河特大桥主桥精细化BIM模型,充分发挥BIM技术三维可视、动态化、模拟化等优势,在设计阶段开展了主桥方案比选、可视化校核、辅助计算分析、施工可视化交底等综合应用,有效提升设计质量和效率。

1. 设计方案比选

沾化至临淄公路黄河特大桥作为项目的控制性工程,其方案设计对工程进度、建设投资有显著影响。方案设计阶段,通过GIS + BIM技术融合应用,将不同设计方案与建设环境地理模型有机结合,直观展现了方案的特点、造型以及与环境的协调度,有助于设计方案理解及科学比选决策,如图5所示。

2. 可视化校核

钢结构桥梁具有构件数量大、造型不规则、空间关系复杂等特点,设计阶段难以避免出现错、漏、碰、缺等问题,在沾化至临淄公路黄河特大桥主桥设计阶段基于精细化模型开展可视化校核,对构件进行了尺寸核查、碰撞检查,及时发现设计中出现的差错,减少因设计疏忽导致的损失、浪费和返工,显著提升了设计质量,如图6所示。

3. 精细化模型辅助力学分析

对于现有的通用有限元分析软件,其可视化的前处理模块薄弱,在钢锚梁、钢锚箱等关键构造设计过程中,基于BIM精细化模型,通过数据接口将局部构造模型导入到有限元分析软件中,提高了建模精度,节省了有限元建模时间,避免重复建模工作,提高设计效率,如图7所示。

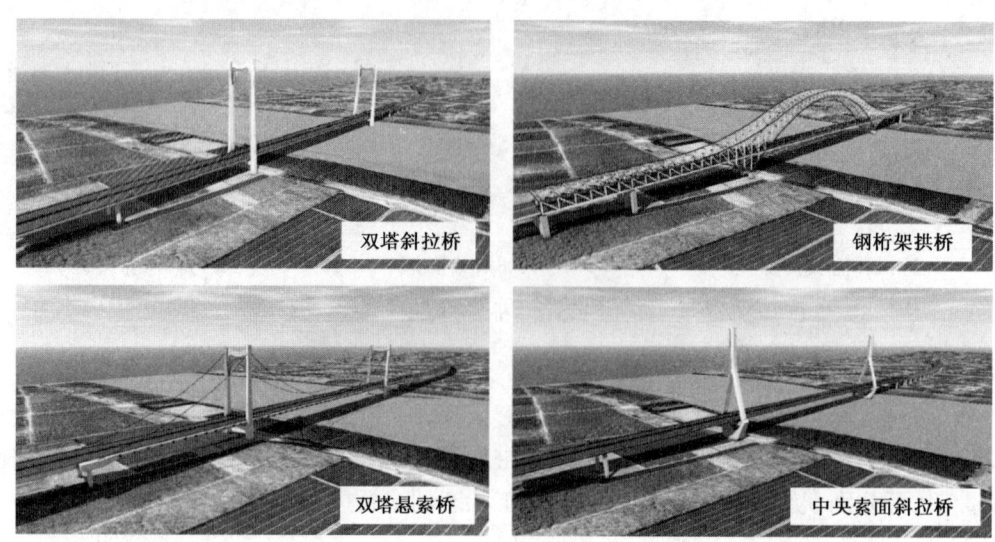

图 5 基于 GIS + BIM 的沾化至临淄公路黄河特大桥主桥设计方案比选

 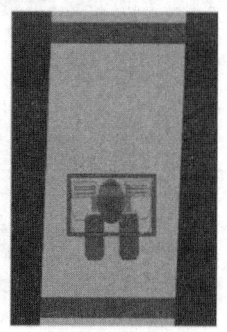

a)钢锚箱与风嘴隔板冲突    b)钢锚梁牛腿预埋板开孔方向错误

图 6 可视化校核发现的典型设计问题

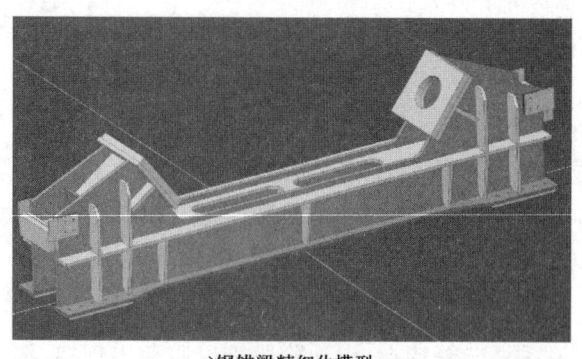 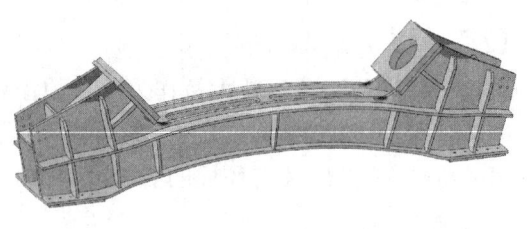

a)钢锚梁精细化模型    b)有限元分析结果(变形)

图 7 钢锚梁 BIM 模型及有限元分析结果

## 4. 基于 BIM 的黄河特大桥主桥施工可视化交底

基于精细化 BIM 模型对沾化至临淄公路黄河特大桥主桥施工方案进行模拟,实现了施工方案的可视化交底,有助于施工人员更透彻地了解施工过程,结合施工进度模拟,动态检查施工方案的可行性及存在的问题,有效减少项目返工及整改,如图8所示。

a) 顶推过程模拟　　　　　　　　　b) 拉索张拉模拟

图8　沾化至临淄公路黄河特大桥主桥施工方案模拟

## 五、结　语

本文依托沾化至临淄公路黄河特大桥主桥,通过GIS+BIM技术,创建了主桥全桥精细化BIM模型,并在此基础上充分发挥BIM技术三维可视、动态化、模拟化等优势,开展了方案比选、可视化校核、辅助计算分析、施工可视化交底等综合应用,提升了设计方案决策的科学性,提前发现了设计图纸中的问题,提高了关键构造的技术分析效率和施工技术交底效果,有效提升了设计质量和效率,应用效果和效益十分显著。

## 参考文献

[1] 何清华,钱丽丽,段运峰,等.BIM在国内外应用的现状及障碍研究[J].工程管理学报,2012,26(01):12-16.

[2] 王超,周磊生,徐润,等.BIM施工综合管理平台在隧道工程中的应用研究[J].重庆交通大学学报(自然科学版),2020,39(09):74-79.

[3] 马汝杰,夏建平,徐润,等.BIM技术在改扩建公路桥梁勘察设计中的应用研究[J].公路,2021,66(03):85-89.

[4] 赵越,李怀峰,徐润,等.公路工程全寿命周期BIM平台数据融合框架的设计与实现[J].公路,2021,66(04):188-192.

[5] 王丽园,陈楚江,余飞.基于BIM的公路勘察设计与实践[J].中外公路,2016,36(03):342-346.

[6] 傅战工,郭衡,张锐,等.BIM技术在常泰长江大桥主航道桥设计阶段的应用[J].桥梁建设,2020,50(5):90-95.

[7] 张贵忠.沪通长江大桥BIM建设管理平台研发及应用[J].桥梁建设,2018,48(5):6-10.

[8] 刘均利,张聪,薛飞宇,等.BIM技术在重庆曾家岩嘉陵江大桥设计中的应用[J].世界桥梁,2020,48(2):71-76.

# 10. 黄茅海跨海通道工程高栏港大桥总体设计

梁立农　孙向东　万志勇　徐德志　杜　磊　谭巨良

(广东省交通规划设计研究院集团股份有限公司)

**摘　要**　黄茅海跨海通道工程位于珠江口海域,建设条件极为复杂,需克服强台风、高烈度地震、强海水腐蚀、高船撞力、浅覆水施工等不利的建设条件。项目跨越崖门出海东东航道处设主跨700m的高栏港大桥,通航5万吨级,为崖门出海3个航道中通航吨位最高的航道。本文就高栏港大桥总体设计阶段方案进行详细比选,可供类似工程项目参考。

**关键词** 大跨径斜拉桥 分体式钢箱梁 独柱式桥塔

# 一、概　述

## 1. 项目概况

黄茅海跨海通道东接鹤港高速公路(港珠澳大桥西延线),西接西部沿海高速公路及新台高速公路,对于贯彻粤港澳大湾区合作精神、加强粤港澳大湾区区内联系,优化区域高速公路网络、改变过江通道单一的现状,有效促进珠西地区装备制造业基地集聚,进一步强化横琴自贸区、高栏港与大广海湾经济区的联动发展具有重要意义。

项目起点在珠海市平沙前西社区与鹤港高速公路顺接,与高栏港高速公路互通,向西经过拟建生态公园南侧,跨越崖门口黄茅海水域,依次跨越崖门出海航道东东航道、东航道、西航道,至台山赤溪镇福良村,终点于台山斗山镇与西部沿海高速公路相交,对接新台高速公路,路线全长31.11km。

## 2. 主要技术标准

本项目主要技术指标如下：

公路等级：高速公路。

设计速度：100km/h。

行车道数：双向六车道。

设计使用寿命：100年。

主桥宽度：全宽50.5m。路基段标准宽度33.5m,桥梁段标准宽度33.0m。

设计荷载：公路—Ⅰ级。

通航水位：最高通航水位+3.320m,最低通航水位：−0.788m。

设计通航净空：东东航道(538×64)m。

桥址设计基本风速：$U_{S10}=46m/s$。

地震设防标准：通航孔桥E1基准——100年超越概率10%,E2基准——100年超越概率4%。

设计温度：整体升降温±27℃,索塔两侧日照温差±5℃,斜拉索与索塔温差±10℃,斜拉索与钢箱梁温差±10℃,钢箱梁梯度温度按规范取值。

船舶撞击力：经专题研究,各桥墩采用表1中建议的设防力时,桥梁船撞后的倒塌风险水平满足相关规范的要求。

**高栏港大桥桥墩船舶防撞力** 表1

| 航道 | 桥墩 | 防撞船型DWT | 设防速度(m/s) | 设计防撞力(MN) 设防前 | 设计防撞力(MN) 设防后 | 船舶撞击力范围(m) |
|---|---|---|---|---|---|---|
| 高栏港大桥 | Z1 | 5000t | 2.25 | 25.6 | 20.4 | −2.0~+3.0 |
| | | 50000t(复核) | 0.86 | | | |
| | Z2 | 5000t | 2.65 | 30.7 | 24.6 | |
| | | 50000t(复核) | 1.03 | | | |
| | Z3 | 50000t | 3.16 | 94.6 | 77.1 | −1.0~+3.0 |
| | Z4 | 50000t | 3.16 | 94.6 | 77.1 | |
| | Z5 | 10000t | 2.90 | 47.3 | 37.9 | −2.0~+3.0 |
| | | 50000t(复核) | 1.58 | | | |
| | Z6 | 10000t | 2.11 | 34.2 | 27.6 | |
| | | 50000t(复核) | 1.15 | | | |

注：以上建议防撞力为横桥向防撞力,顺桥向取横桥向50%。

## 3. 建设条件分析

黄茅海跨海通道工程位于珠江口海域,建设条件极为复杂,根据前期各相关专题研究成果,项目建设条件主要特点分析如下:

(1)主桥跨径大,技术复杂,需开展多项专题研究。高栏港大桥跨径为700m,采用斜拉桥桥型,因其建设条件的特殊性,设计难度大,技术复杂,需开展有针对性的措施及相应专题研究。

(2)桥梁抗风要求高。项目区域位于台风多发地区,设计基本风速达46m/s,且本桥跨径大、施工工期长,对桥梁结构抗风设计要求高。

(3)桥梁抗震要求高。桥梁跨径大,桥梁高度高,该区域地震动峰值加速度为$0.10g$,需进行抗震专题研究,验证结构的安全性,并得到纵向阻尼器的指标参数。

(4)耐久性设计要求高。项目区域位于海洋条件,腐蚀环境较为恶劣,对于结构和材料的耐久性能要求较高,结构的耐久性设计是重点。

(5)桥梁防船撞问题。项目为跨海工程,主桥航道规划等级为5万t,且项目建设区域为台风多发地区,因此需进行桥墩的防船撞专题研究。

(6)主桥区域水深小,施工方案选择难度大。因东东航道为规划航道,目前尚未疏浚通航,施工期桥位区域水深较浅,水深约1~5m,平均水深在3m左右,桥梁快速建造难度较大。

## 4. 高栏港大桥总体布置

根据通航条件专题研究成果及航道批复,高栏港大桥跨越东东航道主跨要求不小于700m。据此,结合航道区域布置及跨海段桥梁总体设计,高栏港大桥跨径布置为(110+248+700+248+110)m=1416m,边中跨比为0.51,总体布置如图1所示。

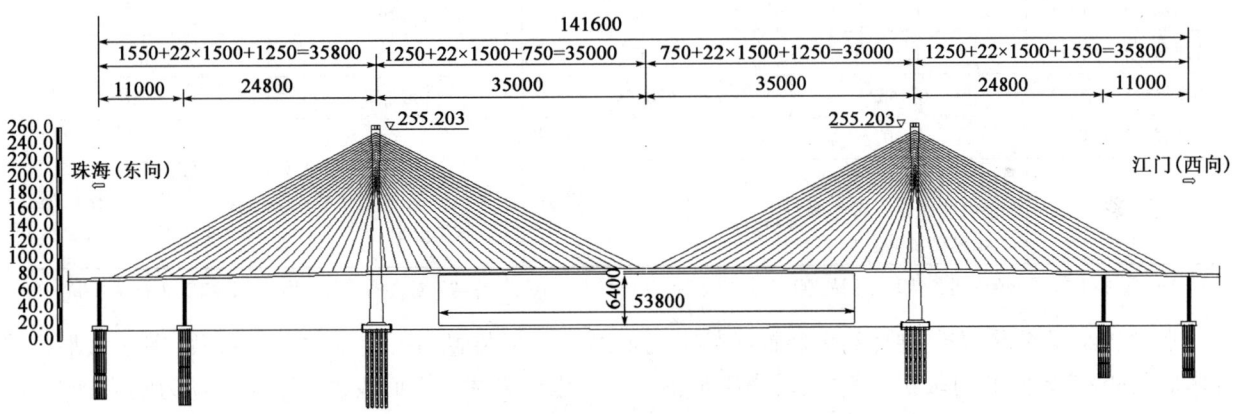

图1 高栏港大桥总体布置图(尺寸单位:cm)

## 二、总体设计方案比选

在总体设计阶段,根据主梁及索塔布置形式,拟定了两类桥型方案进行同深度比选,方案一:独柱式桥塔+分体式钢箱梁;方案二:A形旋动桥塔+整体式钢箱梁。

### 1. 独柱式桥塔+分体式钢箱梁

1)约束体系比选

现代斜拉桥主梁的约束体系多种多样,结构体系只有与桥梁的总体布置、结构特性和地质条件相匹配,才能充分保证结构的正常、合理使用。高栏港大桥约束系统布置图如图2所示。

①竖向约束体系:本方案采用全漂浮约束体系,索塔处不设置竖向支座,辅助墩和过渡墩处设置竖向支座。

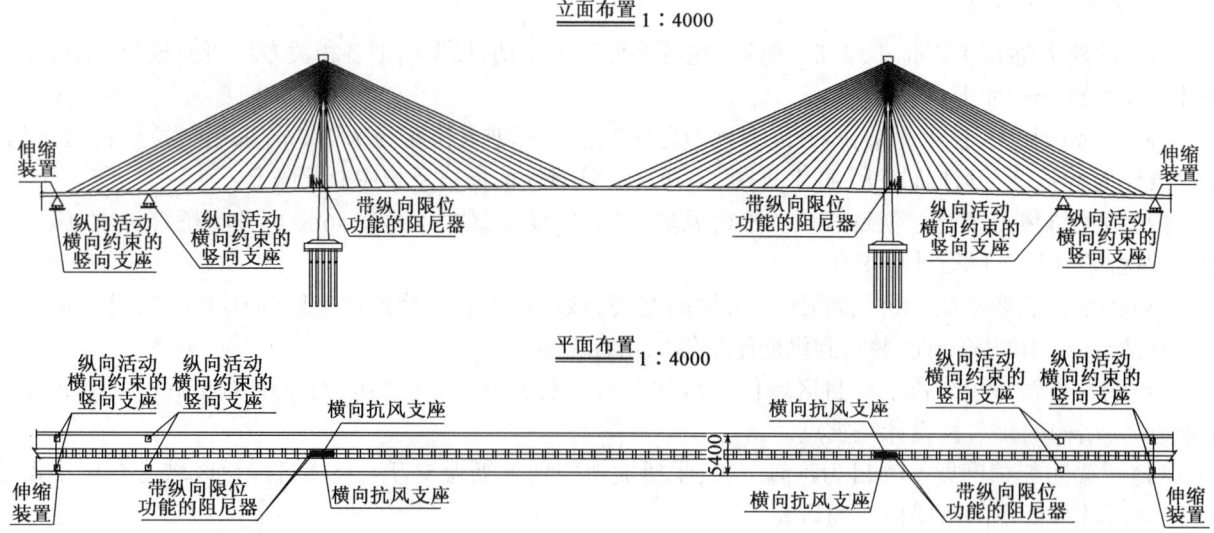

图 2 高栏港大桥约束系统布置图

②横向约束体系:在索塔处设置横向抗风支座,在辅助墩和过渡墩处也设置横向抗风支座。

③纵向约束体系:设计过程中,对全漂浮、弹性约束、阻尼加刚性限位以及塔梁固结等几种结构体系进行了详细计算分析比较(表2)。

不同结构体系在静力风荷载 + 温度作用下效果比选　　　　表2

| 比较项目 | 全漂浮 | 弹性约束 | 阻尼加刚性限位 | 塔梁固结 |
|---|---|---|---|---|
| 梁端水平位移(m) | 1.79 | 0.62 | 0.54 | 0.29 |
| 塔顶水平位移(m) | 1.85 | 0.57 | 0.53 | 0.14 |
| 塔底弯矩(kN·m) | 3011462 | 1670254 | 1435251 | 2429853 |
| 塔底弯矩比例 | 2.10 | 1.16 | 1.00 | 1.69 |
| 结构特性 | 梁端及塔顶位移最大,伸缩缝要求高。塔底弯矩最大,基础规模最大 | 梁端及塔顶位移较小,塔底弯矩较小 | 梁端及塔顶位移较小,塔底弯矩最小 | 梁端及塔顶位移最小,塔底弯矩较大,基础规模较大 |

注:比选过程中,对永久弹性约束取不同的刚度值进行了计算对比,表格中的计算结果对应的永久弹性约束刚度为32000kN/m。

从比较结果来看,安装弹性约束装置或是阻尼加刚性限位装置均可使梁端水平位移、塔顶水平位移及塔底弯矩都较小,相对较优。其中,动力阻尼器加刚性限位方式一方面改善了结构的动力响应,同时能较快地衰减主梁震动,耗能效果要优于水平弹性约束。加上刚性限位后结构在纵向极限风荷载等作用下的静力响应也大大减小,经综合比较,推荐采用动力阻尼器加刚性限位的结构体系。

纵向约束体系及横向约束体系示意如图3所示。

图3 索塔纵向阻尼及横向抗风支座三维示意

2)主梁方案比选

适用于700m主跨斜拉桥的主梁方案,主要有普通钢箱梁+环氧沥青混凝土铺装、UHPC钢箱组合梁+普通沥青混凝土铺装和STC钢箱梁+普通沥青混凝土铺装。针对高栏港大桥,主要设计参数及方案比选如下:

(1)普通钢箱梁(图4)。

主梁采用分体式钢箱梁,由两个钢箱梁及横向连接箱组成,钢箱梁梁高4.0m。标准梁段长15m,实腹式横隔板间距3.0m。钢箱梁设置通长内腹板及外侧腹板,外侧腹板外缘设置斜拉索锚箱。每个拉索位置设置横向连接箱,横向连接箱宽3.0m,高4.01m。

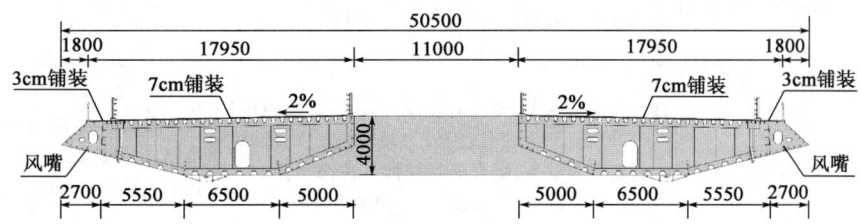

图4 普通钢箱梁标准横断面(尺寸单位:mm)

(2)UHPC钢箱组合梁(图5)。

主梁采用分体式UHPC钢箱组合梁,由两个钢箱组合梁及横向连接箱组成。组合梁高4.0m,钢梁上铺设17cm含粗集料UHPC高强混凝土桥面板,钢和混凝土通过剪力钉连接以形成组合截面。标准梁段长15m,桥面板设置横向预应力,在中跨跨中合龙段及边跨辅助墩位置设置纵向预应力。每个拉索位置设置横向连接箱,横向连接箱宽3.0m,高3.79m。

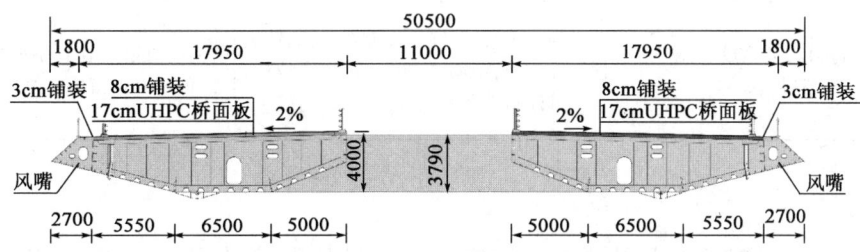

图5 UHPC钢箱组合梁标准横断面(尺寸单位:mm)

(3)STC钢箱梁(图6)。

主梁采用分体式STC钢箱梁,由两个STC钢箱梁及横向连接箱组成。钢箱梁高4.0m,钢梁上铺设超高韧性混凝土(STC)桥面板,STC与钢桥面板用剪力钉连接,形成永久结构层。标准梁段长15m,STC桥面板标准厚度5cm,钢箱梁桥面板通长布置,板厚14mm。每个拉索位置设置横向连接箱,横向连接箱宽3.0m,高4.01m。

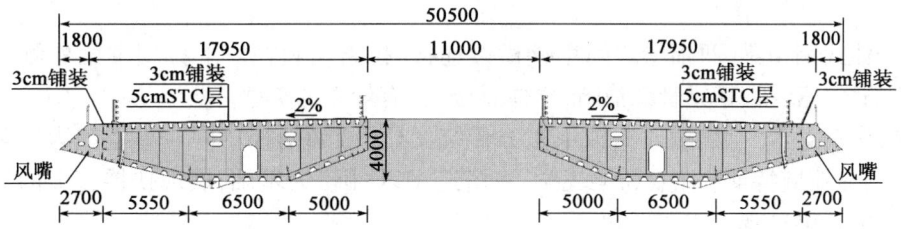

图6 STC钢箱梁标准横断面(尺寸单位:mm)

(4)综合比选(表3)。

经综合比选,UHPC由于重量大,虽主梁钢材用量有所节约,但斜拉索、索塔及基础规模均有所增大,其全桥整体经济性并无优势;而钢箱梁方案具有重量轻、工艺成熟、施工风险小、施工速度快等优点,故推荐采用钢箱梁方案。

主梁形式对比　　　　　　　　　　　　　表3

| 方案 | 普通钢箱梁 | UHPC钢箱组合梁 | STC钢箱梁 |
| --- | --- | --- | --- |
| 材料 | 标准段钢梁335.5t;铺装7cm | 标准段钢梁:246.2t;UHPC面板:88.1m$^3$;铺装8cm(比普通钢箱梁方案重33%) | 标准段钢梁:319.3t;STC面板:463.3m$^2$;铺装3cm(重量同普通钢箱梁方案) |
| 经济性 | 12.47亿元 | 12.74亿元 | 12.69亿元 |
| 桥面铺装 | 目前有多套成熟的方案可供选择 | 铺装方案同普通混凝土梁;造价低 | |
| 施工难易 | 工艺成熟,施工难度小 | 节段吊重大,运输吊装设备要求高;桥面板存放期长,主梁制造需较大场地;UHPC新材料需配套设备;组合梁制作涉及桥面板预制、组合梁总拼,作业面多,组织协调难度较大 | STC面板预制需配套设备;面板存放期长,主梁制造需较大场地;主梁制作涉及STC面板预制、总拼,作业面多,组织协调难度较大 |
| 质量控制 | 技术成熟 | 开口钢梁运输安装局部变形控制难度大;UHPC桥面板质量控制难度大;钢梁匹配连接质量控制难度大 | STC面板质量控制难度大 |
| 施工工效 | 6~8d/节段 | 7~10d/节段(工期增加2~3个月) | |
| 耐久性 | 钢桥面铺装易损坏,后期养护费用高 | 铺装与混凝土桥面板结合度好,后期养护费用低 | |
| 比选结论 | 钢箱梁重量轻,工艺成熟,施工风险小,施工速度快 | 组合梁具有刚度大、抗风性能好、桥面铺装耐久性好等优点,但对于700m跨径斜拉桥,其施工质量控制难度大 | STC钢箱梁具有桥面铺装耐久性好等优点,但STC面板质量控制难度大 |

3) 索塔

(1) 索塔设计。

桥塔采用简洁的"纤腰"形独柱式塔柱。塔底截面为圆形截面,直径18m,在塔底到高程+71.76m(桥面附近)过渡到圆端形截面,尺寸为13m×10m(顺桥向×横桥向),壁厚2m。高程+71.76~+168.26m范围内过渡到直径8.5m的圆形,壁厚由2m过渡到1.5m。高程+168.26m到塔顶范围内过渡到塔顶的直径11m的圆形,壁厚为1.2m。

在塔座以上168.26m处截面最小,形成"纤腰"的视觉效果(图7)。独柱塔竖向呈纤腰,外观简洁挺拔,个性鲜明,视野通透,能取得较好的景观效果。同时,上塔柱最小截面以上为索塔锚固区,不断增大的截面为索塔锚固构造的安装、维护提供更大的操作空间,有利于施工质量的控制和后期的维护管养。

主梁采用分体式钢箱梁,两幅梁之间用钢横梁连接,拉索从独柱塔上拉到主梁外侧,形成空间双索面,整个斜拉桥的塔、索、梁、横梁骨架清晰,立体感分明,有较强的美感。

圆形截面桥塔寓意着"圆满融通",汲取东方传统文化"圆融精神",呼应粤港澳大湾区互联互通、共建共享的战略,凸显地域特征。结合桥梁美学,主塔造型以"圆"为基础,展现扶摇直上的聚力融合之势,塑造了简洁大气的桥梁景观。

(2) 主塔材质比选。

主塔可供选择的材料类型有3种:钢筋混凝土塔、钢混组合塔、钢塔。针对3种形式进行比较分析(表4)。

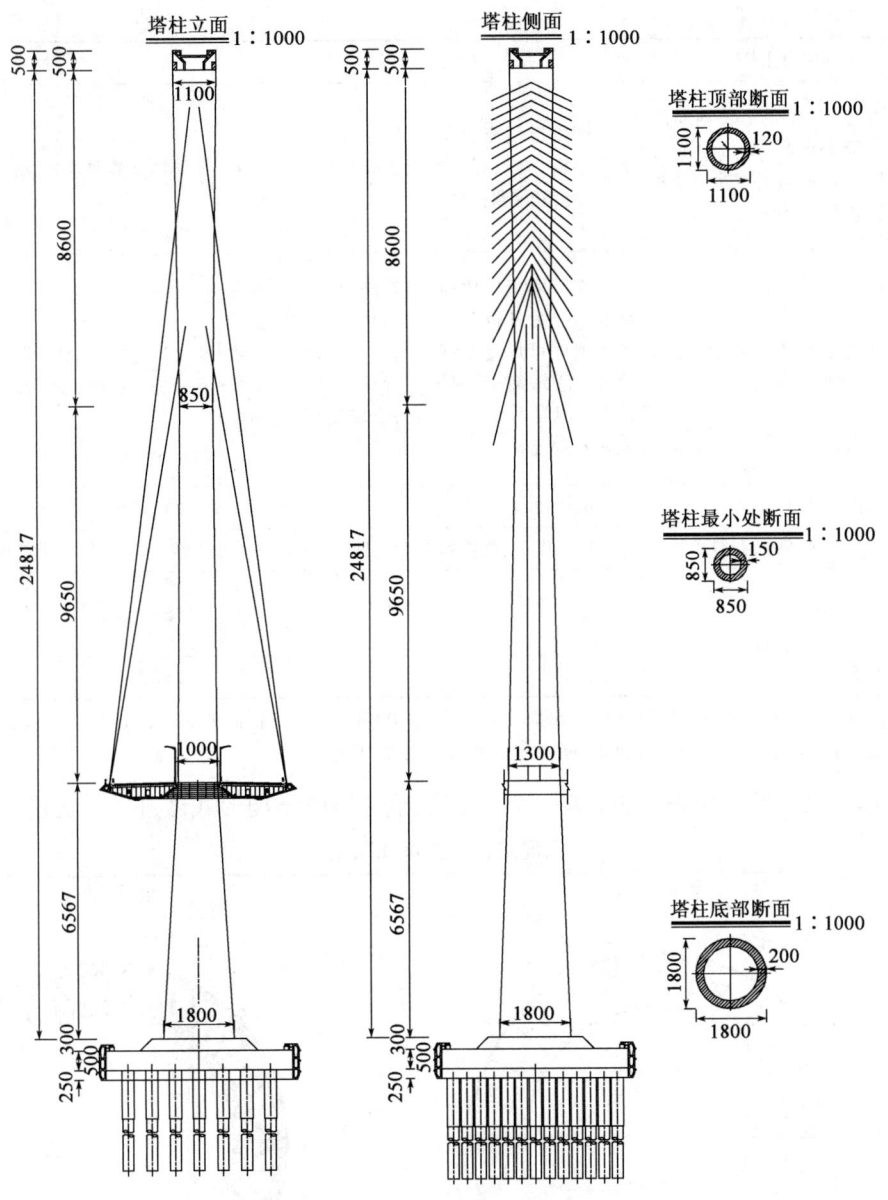

图 7 独柱型桥塔构造图(尺寸单位:cm)

桥塔材质方案比较表                                           表 4

| 方案 | 钢筋混凝土塔 | 钢混组合塔 | 钢 塔 |
|---|---|---|---|
| 结构受力 | 优点：<br>设计经验成熟，受力较为明确<br>缺点：<br>①自重大；<br>②锚固处理与补强相对复杂 | 优点：<br>①承载能力高、抗震性能好；<br>②塑性和韧性好；<br>③锚固处理与补强相对容易；<br>④钢塔中混凝土的存在可以避免或延缓壁板的局部失稳；<br>⑤钢结构桥塔外表面光滑度较混凝土塔好，风阻系数较小；<br>⑥钢壳可替代部分钢筋、替代模板及劲性骨架、永临结合。<br>缺点：<br>钢混组合构造、受力复杂，要辅以适当试验方能保证设计的可靠性及合理性 | 优点：<br>①体积小、自重轻；<br>②抗震性能好；<br>③材质较均匀，实际受力与计算分析结果较为接近；<br>④锚固处理与补强相对容易；<br>⑤钢结构桥塔外表面光滑度较混凝土塔好，风阻系数较小。<br>缺点：<br>①阻尼比小，容易发生涡激振动和弛振；<br>②截面刚度小，屈曲和失稳需充分考虑 |

续上表

| 方案 | 钢筋混凝土塔 | 钢混组合塔 | 钢塔 |
|---|---|---|---|
| 耐久性 | 存在裂缝,对混凝土及钢筋的耐腐蚀性能要求高,部分钢筋需采用不锈钢钢筋或环氧钢筋、桥塔后期涂装养护难度大 | 钢塔内部填充混凝土,钢结构部分耐久性优于钢塔,对内部混凝土及钢筋的耐久性要求低于钢筋混凝土塔 | 防腐涂装要求高,耐久性较好 |
| 施工难度 | 模板复杂,摊销率低;工序复杂烦琐;国内成熟经验较多 | 钢壳节段工厂化加工精度较高;桥塔钢壳除参与受力外也可充当模板,且施工过程所需预埋件可焊接于钢壳表面;内部钢筋布置较混凝土塔简单;现场进行节段吊装和拼装后灌注混凝土,对施工设备有较高要求;国内成熟经验较少 | 工厂化加工,易于保证精度,但对工厂设备及加工精度要求较高 |
| 施工周期 | 工期最长 | 工期较短 | 工期最短 |
| 养护难度 | 维修难度大,维修保养费较低 | 维修难度大,维修保养费最低 | 维修难度最大,维修保养费用最高 |
| 索塔塔身造价 | 1.98亿元 | 2.13亿元 | 3.56亿元 |
| 综合评价 | 比较方案 | 推荐方案 | 比较方案 |

注:表中的索塔塔身造价考虑全寿命周期计算而得,钢塔和钢壳塔按100年内进行5次涂装进行费用计算,混凝土塔中的部分钢筋按不锈钢钢筋进行费用计算并考虑桥塔表面涂装有机硅清水混凝土保护剂。

根据比选,本阶段推荐采用钢混组合塔。针对钢混组合塔的结构形式做进一步比选(表5)。

**钢混组合塔方案比较表** 表5

| 方案 | 多格室式 | 钢桁架式 |
|---|---|---|
| 截面示意 | | |
| 结构组成 | 将桥塔大截面分割为多格室,格室内设纵、横向加劲肋,格室内灌注混凝土与钢结构形成组合结构 | 索塔节段由内外钢壁板、竖向及水平加劲肋、竖向及水平角钢、焊钉、钢筋和混凝土组成。加劲肋开孔后依次穿过竖向及水平钢筋,形成钢筋混凝土榫,实现钢结构与混凝土协同工作 |
| 方案特点 | 较大尺寸的桥塔断面进行多格室划分,充分发挥钢结构对内部混凝土的套箍效应,提高了承载能力和延性,经济性好、承载能力高、抗震性能好。多腔内部可不设置钢筋笼,设置多腔后,混凝土的浇筑振捣难度增大,对混凝土流动性要求较高,需要自流平混凝土 | 内外钢壁板间通过水平及竖向角钢形成桁架进行加劲,内外壁板的加劲肋开孔后依次穿过竖向及水平钢筋,形成钢筋混凝土榫,实现钢结构与混凝土协同工作。加劲肋上布设混凝土浇筑和振捣孔,混凝土的浇筑振捣难度增大,对混凝土流动性要求较高,需要自流平混凝土 |

根据比选及国内外桥梁的建设情况,推荐采用钢桁架式钢混组合塔(图8),此种形式的钢混组合桥塔已在国内有实桥应用,如南京江心洲长江大桥、东莞梨川大桥。

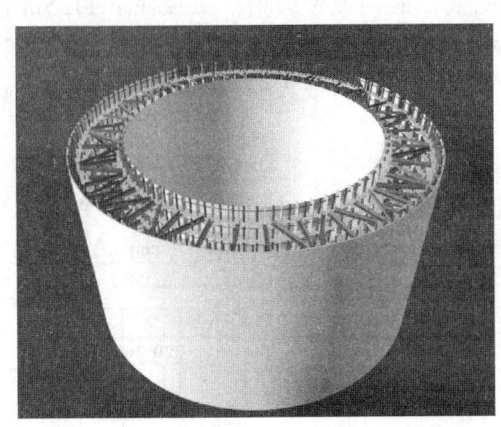 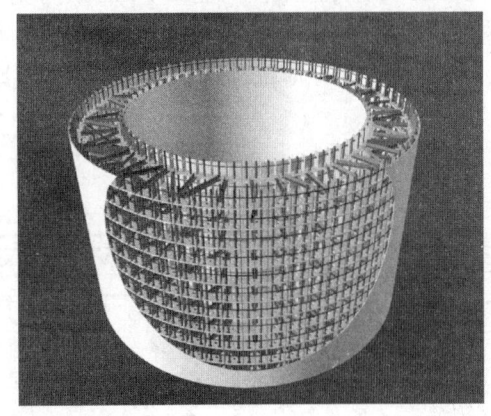

图 8　钢桁架式组合桥塔三维示意图

本项目桥梁位于海洋环境中,且桥塔高耸,日后养护过程中涂装难度大,费用高。因此,钢壳塔外表面材料可考虑采用不锈钢复合板。针对本项目的钢壳组合桥塔材料进行分析,若钢壳塔外表面采用不锈钢复合板(3mm S31603 + 16mm Q345qD),索塔塔身造价增加约 0.12 亿元,但可提高桥塔耐久性,降低日后养护难度。相关课题研究成果表明,复合材料可达到一次防腐、免维护,保用 100 年。

4）索塔基础

由于不同的桩径对基础的受力、工期、施工难易程度、工程造价均有影响,在桩身应力指标基本一致的前提下,对主塔基础开展了不同桩径的比选（表6）。

直径 2.8m、3.0m、3.4m 桩基均属于大直径桩基。直径 2.8m、3.0m 桩基使用较多,施工技术较为成熟,施工难度相对较小。直径 3.4m 桩基使用相对较少,对施工技术、施工设备要求较高,施工难度相对较大。

主塔基础桩基直径比较表　　表6

| 项　目 | 直径 | | |
|---|---|---|---|
| | 2.8m | 3.0m | 3.4m |
| 结构形式 | 37 根 | 30 根 | 25 根 |
| 标准组合桩顶应力(MPa) | 6 | 6.9 | 5.8 |
| 船撞桩顶应力(MPa) | 23 | 22.3 | 21.2 |
| 造价(万元) | 18753 | 17955 | 17980 |
| 结构形式 | 基础采用 37 根直径 2.8m 钻孔灌注桩,桩长 61.5m。承台平面尺寸 D47.5m,承台厚度 5m,塔座厚 3m | 基础采用 30 根直径 3.0m 钻孔灌注桩,桩长 63m。承台平面尺寸 D47m,承台厚度 5.5m,塔座厚 3m | 基础采用 25 根直径 3.4m 钻孔灌注桩,桩长 63.5m。承台平面尺寸 D46m,承台厚度 6m,塔座厚 3m |
| 施工特点 | 采用平台施工桩基,围堰施工承台,施工工艺成熟 | 采用平台施工桩基,围堰施工承台,施工工艺成熟 | 采用平台施工桩基,围堰施工承台,施工工艺成熟。单桩直径大,对平台及施工设备要求较其他方案高 |
| 施工工期 | 20 个月 | 18.5 个月 | 17 个月 |

综合造价、工期、施工难易程度、结构受力情况,本阶段推荐采用直径 2.8m 钻孔灌注桩基础,可利用自动滚焊机提升工业化水平,提升施工效率。

5）辅助墩和过渡墩

基础采用群桩基础,桩径为 3.0m。珠海侧承台为长轴 30.6m、短轴 21m 的椭圆形,承台顶高程 +3.5m,承台厚 5m,下设 10 根钻孔灌注桩。江门侧承台为长轴 38m、短轴 20m 的椭圆形,承台顶高程 +3.5m,承台厚 5m,下设 13 根钻孔灌注桩。

墩身采用 TY 形墩,盖梁横向宽 37.4m,顺向宽 4m,高 2m,内设预应力。墩顶往下 11.5m 范围内,采用 Y 形分枝,截面高度从 3.5m 渐变至 4.35m,外侧为圆端形,内侧为方形。墩身以 1∶25 的斜率,从 8m 往下渐宽。墩身采用空心薄壁结构,横桥向最大壁厚 1.2m,顺桥向最大壁厚 0.8m。过渡墩一般构造如图 9 所示。

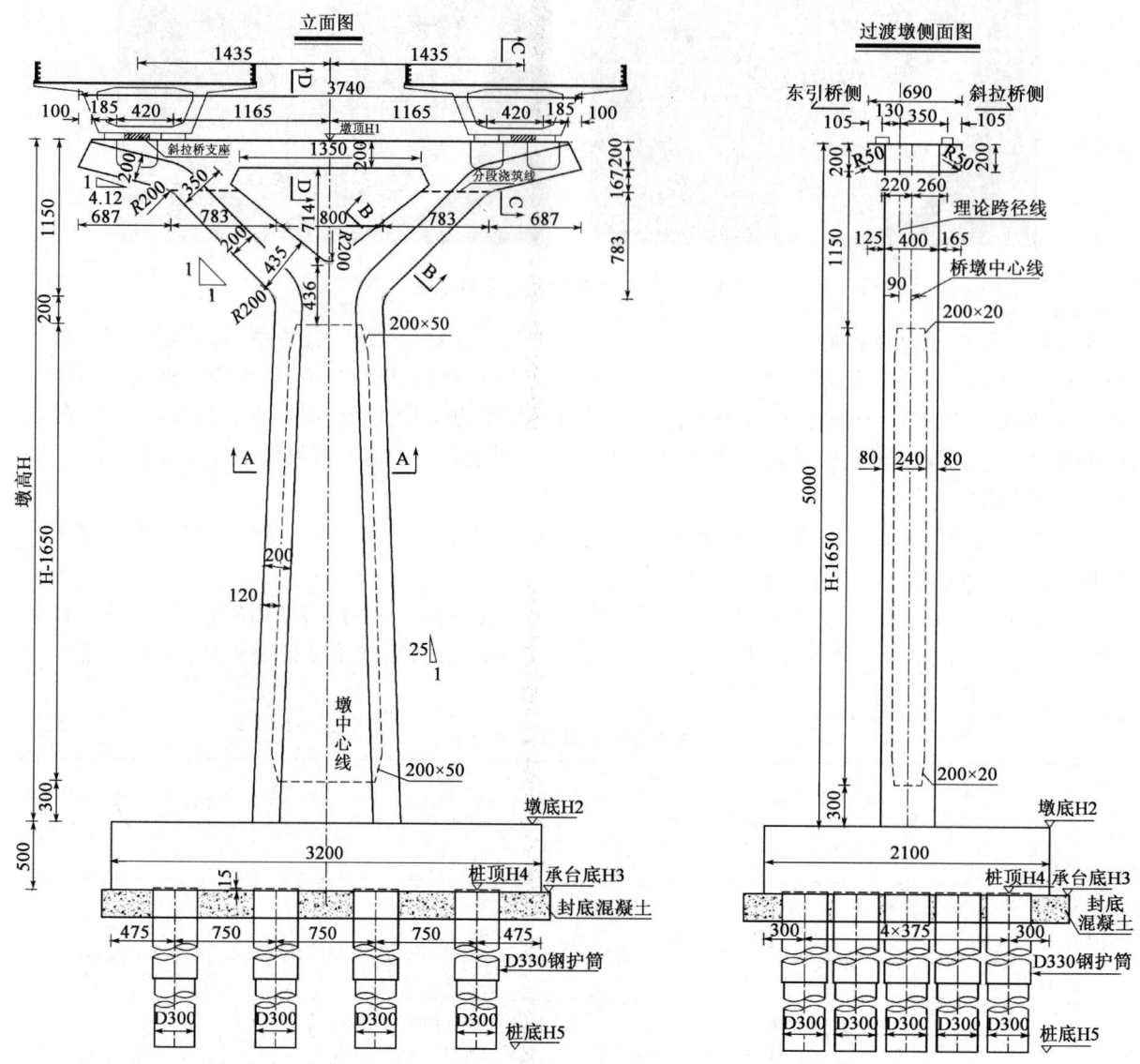

图 9　过渡墩一般构造(珠海侧)(尺寸单位:cm)

6)斜拉索及锚固构造

(1)斜拉索。

本桥设计风速大,斜拉索宜采用强度高的拉索形式,以减小拉索截面,降低拉索风载。经比选,本桥使用 1960MPa 高强平行钢丝斜拉索,技术成熟,质量可靠。

斜拉索采用空间索面扇形布置。根据结构受力、施工吊装重量和施工周期等因素,斜拉索在钢箱梁上索距 15m,组合梁上索距 12m,塔上索距 2~2.5m。

(2)索塔锚固。

塔上拉索锚固采用钢锚梁锚固系统,由钢锚梁和钢牛腿组成(图 10)。

钢锚梁由腹板、顶板、底板、垫板、隔板、加劲板、锚固单元(包括锚腹板、承力板、承压板、锚垫板、锚箱隔板、加劲板)等部分组成。钢牛腿主要由托架单元(包括顶板、腹板、加劲板、钢垫板)、壁板、锚管、抗剪钢板、剪力钉等部分组成。

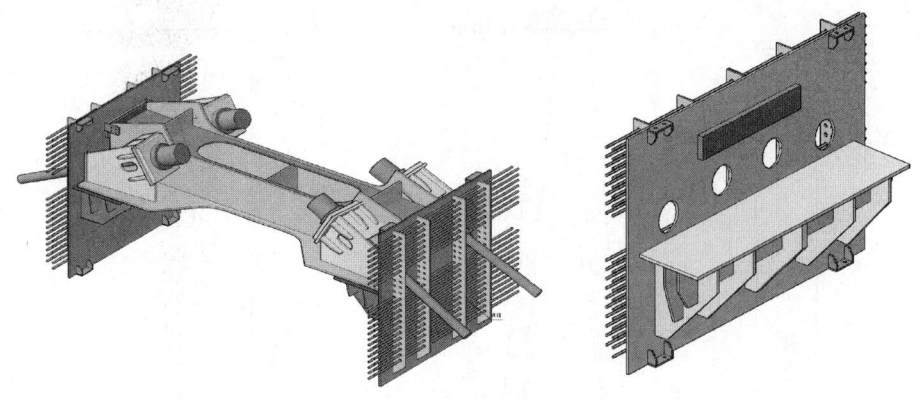

图10 索塔钢锚梁锚固方案

(3)索梁锚固。

索梁锚固结构局部应力大、传力复杂。设计时应尽量使力线流畅,避免出现过大的应力集中,避免在长期动载和静载作用下出现疲劳或强度破坏。

斜拉桥常见钢梁上的锚固方式主要有3种:销铰式(耳板或拉板式连接)、锚箱式和管锚结构。3种方式都是成熟技术,分别在国内外多座桥梁上有成功实践经验,均具有可靠的安全度,各有优缺点。耳板销铰式材质要求较高,局部应力较大,本次设计推荐采用锚箱式索梁锚固方案(图11)。

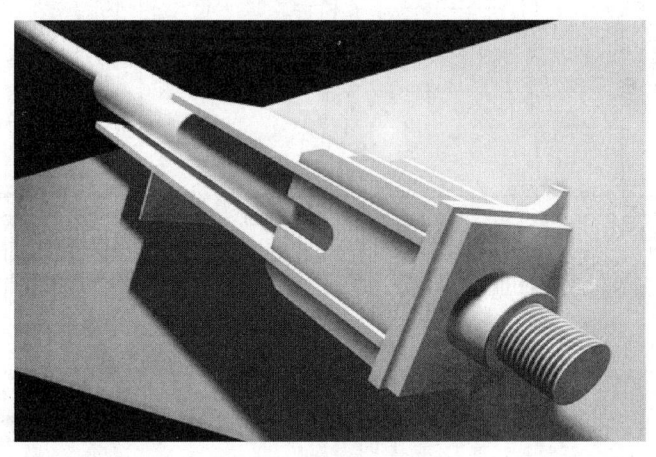

图11 索梁钢锚箱锚固方案

### 2. A形旋动桥塔 + 整体式钢箱梁

#### 1)索塔设计

主塔采用造型独特的A形旋动索塔,塔柱为扭转的菱形截面,截面尺寸由塔顶的10m×8m变化至塔底的14m×12m,变化采用直线形渐变,同时对每个塔柱截面进行90°扭转,在塔顶以下25m左右范围融合形成A形。

菱形扭转截面A形桥塔线条鲜明、光影效果明显(图12、图13)。依次排列的A形桥塔顺应黄茅海山海相望的自然生态格局。刚劲挺拔、充满力量感,集结构美、造型美、文化美于一体,充满现代气息,寓意着黄茅海跨海通道凝城聚力、向海而生,助力粤港澳大湾区的发展。

A形塔柱为菱形断面,风阻系数低,从塔底到塔顶均匀直线形扭转90°,两塔柱倾斜在塔顶融合成整体。塔柱侧面上的每一条竖直线与横截面上的每一条边,在扭转前后均保持直线,而且塔柱的截面变化与内力的分布是相互协调的。桥塔整体造型新颖,富有现代气息,截面线条鲜明、光影效果明显,集结构美、造型美、文化美于一体。索塔钢壳直线焊缝见图14,节段透视图见图15。

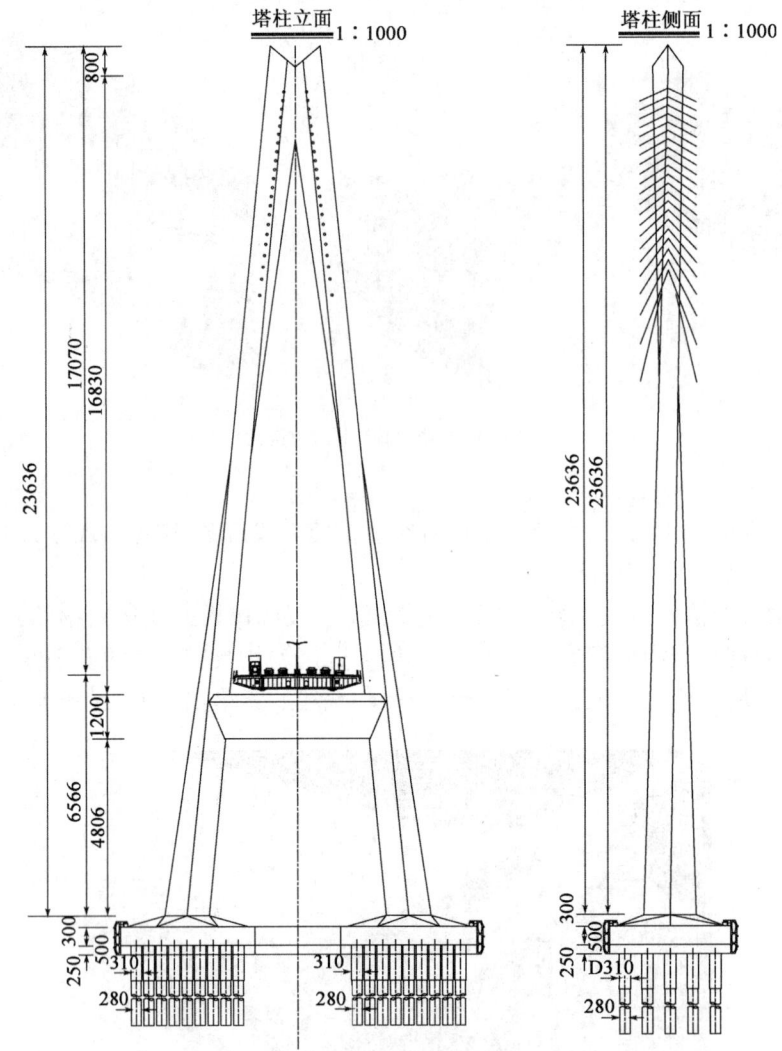

图 12 菱形扭转截面桥塔构造图(尺寸单位:cm)

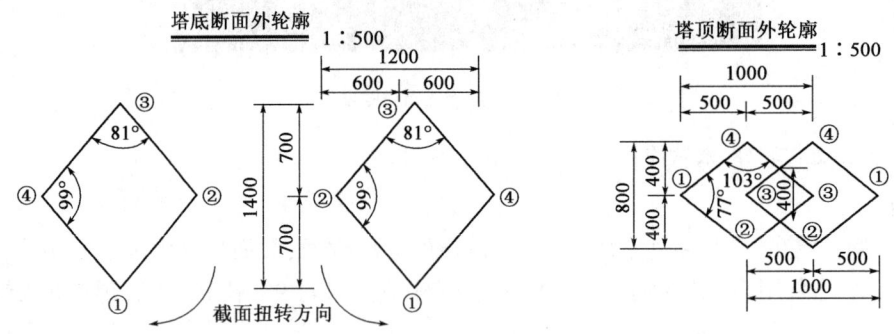

图 13 菱形扭转截面图(尺寸单位:cm)

2)索塔基础设计

主塔基础推荐采用 38 根 $D2.8m$ 钻孔灌注桩,桩基按行列式布置,桩长 63m,桩底持力层为中风化或微风化花岗岩。承台为高桩承台,圆端哑铃形布置,平面尺寸为 97.28m×32.5m,如图 16 所示。

3)过渡墩和辅助墩

过渡墩和辅助墩的墩型风格应与主桥及邻近的引桥风格一致,采用倒三角形形式,犹如 A 形主塔的倒影一般。基础设计受船撞力控制,采用椭圆形承台,承台下设 22 根 $D2.5m$ 桩基,如图 17 和图 18 所示。

图14 索塔钢壳直线焊缝

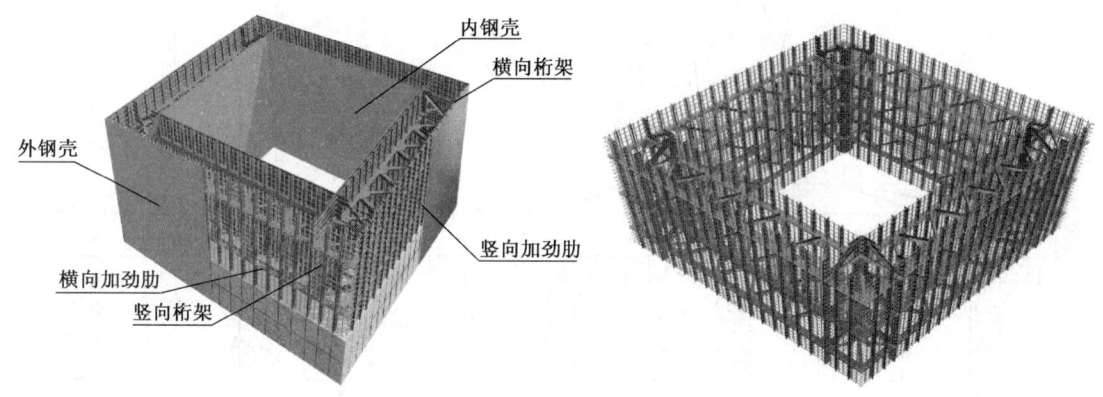

图15 索塔节段透视图

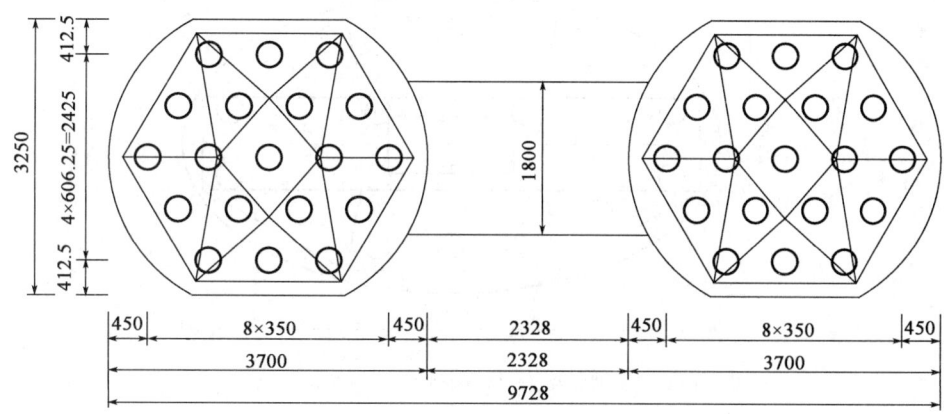

图16 承台平面布置(尺寸单位:cm)

## 3. 高栏港大桥桥型方案比选

1)方案一:独柱式桥塔+分体式钢箱梁

中央独柱塔采用"纤腰"形圆形、圆端形组合断面,造型简洁轻盈,视野通透,索塔基础规模略小。

2)方案二:A形旋动桥塔+整体式钢箱梁

A形桥塔通过其稳定强健的三角形能轻易地将绝大部分横向力转化为塔柱的轴力,横向受力性能较好;塔柱造型独特,设计新颖,通过扭转塔柱截面来增强索塔的立体阴影效果,景观效果好。

两个桥型方案的比较详见表7。

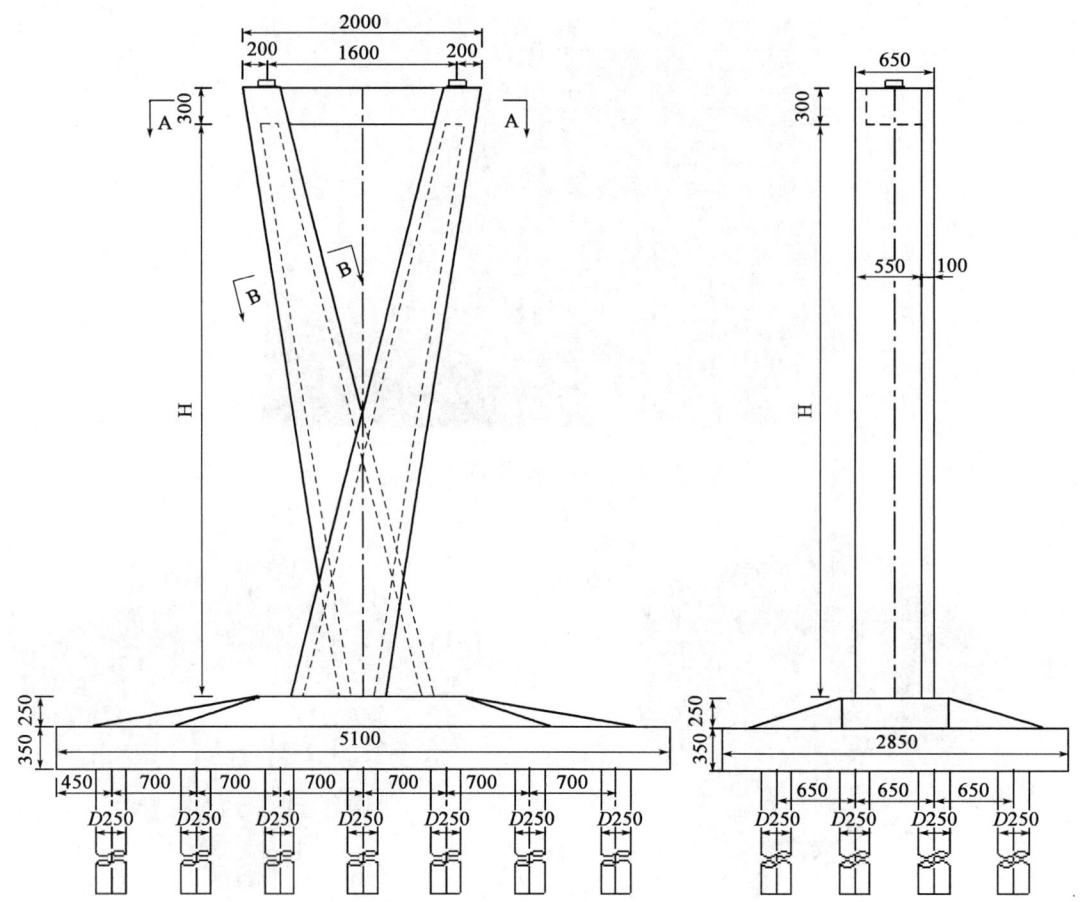

图 17 辅助墩及过渡墩立面及侧面构造(尺寸单位:cm)

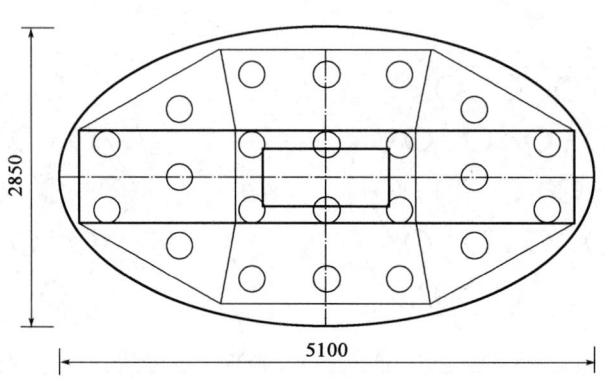

图 18 辅助墩及过渡墩基础平面(尺寸单位:cm)

**桥塔方案比较表** 表7

| 项 | 目 | 独柱式桥塔+分体式钢箱梁 | A形旋动桥塔+整体式钢箱梁 |
|---|---|---|---|
| 结构刚度对比 | 加劲梁位移 | 103/-572mm(活载竖向)<br>633mm(百年横风) | 131/-633m(活载竖向)<br>545mm(百年横风) |
| | | 满足规范要求 | |
| | 塔顶位移 | 206/-402mm(活载-顺桥向)<br>298mm(组合风-横桥向)<br>1543mm(百年横风-横桥向) | 542/-423m(活载顺桥向)<br>28mm(组合风-横桥向)<br>155mm(百年横风) |
| | | 结果均满足规范;A形塔方案横向刚度大,塔顶及主梁横向位移小 | |

续上表

| 项　　目 | 独柱式桥塔+分体式钢箱梁 | A形旋动桥塔+整体式钢箱梁 |
|---|---|---|
| 桥塔及基础受力 | A形桥塔横向受力性能较好,塔柱及基础控制工况为纵向百年风组合;独柱塔方案通过采用阻尼器+刚性限位的纵向约束体系后,桥塔纵向受力得到优化,塔柱受力控制工况为横向百年风组合,基础控制工况为横向船撞组合 | |
| 抗风性能 | 两种方案都有较为成熟的抗风成果案例,颤振、涡振均能满足要求。独柱塔由于钢箱梁为分体箱形式,颤振稳定性更好,但需关注涡振问题 | |
| 可实施性 | 两个方案均较为成熟,具有较好的可实施性 | |
| 建筑景观 | 结构简洁、轻盈 | 刚劲有力,灵动优美 |
| 工期 | 40个月 | 42个月 |
| 建安费 | 14.43亿元 | 14.52亿元 |
| 比选结论 | 推荐方案 | 比较方案 |

## 三、结　语

黄茅海跨海通道工程高栏港大桥建设条件极为复杂,需克服强台风、高烈度地震、强海水腐蚀、高船撞力、浅覆水施工等不利的建设条件。本文就高栏港大桥总体设计方案关键构件进行比选,如索塔、索塔基础、主梁、斜拉索、索梁索塔锚固、过渡墩和辅助墩等,可供类似工程项目参考。

黄茅海跨海通道建成后,将与港珠澳大桥、深中通道、南沙大桥、虎门大桥共同组成大湾区跨海跨江通道群,加快形成世界级交通枢纽,让粤港澳大湾区发展更加均衡。

**参考文献**

[1] 梁立农,万志勇,陈枝洪,等.广东江顺大桥总体设计[J].广东土木与建筑,2014(10):51-54.
[2] 梁立农,马玉全,万志勇,等.一种空间扭转曲面A形桥梁索塔及其施工方法:ZL201610269111.1[P].2016-04-27.
[3] 中华人民共和国交通运输部.公路斜拉桥设计规范:JTG/T 3365-01—2020[S].北京:人民交通出版社股份有限公司,2019.

# 11. 中国古桥特殊桥型与创造发明新发现的概述

王琪栋[1]　罗关洲[2]

(1.绍兴文理学院元培学院;2.绍兴市古桥学会)

**摘　要**　中国是目前世界上现存古桥数量最多,品类最全的古桥大国。中国古桥文化遗产包含的古桥建造技术、古桥诗文美学、古桥民俗典故是中华民族文化的优秀代表。中国古桥所具有的环境布局美、结构装饰美和桥楹诗文美,构成了特有的古桥交通景观。本文通过对国内主要古桥分布地区桥梁创造性技术特征的新发现,分析我国古桥的结构特征与历史文化价值,总结中国古桥与华夏文明的传承与联系,希望能为中国古桥的保护与传承提出建议与方法。

**关键词**　中国古桥　文化遗产　创造发明　新发现

## 一、引　言

随着社会的发展,文化遗产的保护和传承逐渐成为社会关注的热点。联合国教科文组织定义的文化遗产主要包括物质文化遗产(主要指文物、遗址、建筑群和文化景观等)和非物质文化遗产(主要指民俗活动、表演艺术、传统知识技能等)两大类。中国古代桥梁作为广义古建筑的一个分支,与中国的历史文化发展一脉相承。

对于古桥的定义,截至2019年,北京茅以升科技教育基金会共组织了八届中国古桥研究与保护学术研讨会,历次会议与会专家普遍达成古桥定义共识。中国古桥是指建于1840年以前的一切现存古桥,或建于1840年至1949年间、采用传统工艺和建筑材料建造、整体保存的桥梁,或新中国成立前后建造,具有特殊的地域风格或重要纪念意义、教育意义的桥梁。湖州、绍兴等市制定的《古桥保护管理办法》中也采用了这一定义。

中国古桥不仅涵盖了材料、数学、力学、工程、信息、交通、地质、气候等多学科的技术特征,还具备了很高的文化和历史价值。中国古代桥梁结合了诗文、书法、雕刻、民俗、神话、风水等传统艺术,形成了璀璨的桥梁文化遗产。古桥既包括了华表、阙、牌坊、桥碑、桥联等附属建筑物,也包括了桥廊、桥屋、桥亭等功能性建筑物,常与古城古建形成整体建筑群。

## 二、中国古桥的文化遗产价值

茅以升先生认为桥梁是代表文化的一种物质遗产。世界文化遗产的基本条件是作为建筑物的杰出范例,能够展示出具有时代特征的人类文化与艺术。入选世界文化遗产名录并不是桥梁文化遗产规划和保护的最终目的,但是入选会给桥梁遗产乃至这个学科方向带来许多积极的长远影响,尤其是现在还没有零的突破。

截至2019年,中国已有55项世界文化和自然遗产列入《世界遗产名录》,60项进入预备名单,入选总量与意大利并列世界第一。全球世界遗产中有6处以桥梁或以桥梁为主要建筑物入选,然而中国古桥却没有一处入选(表1)。作为四大文明古国之一的中国,是世界上唯一文明传统未曾中断的国家,全国各地均有大量的古桥群留存下来,这些古桥遗迹群,有些在历史上发挥过重要的交通功能,有些在艺术上别具一格,有些是桥梁建造史上重要的创造发明。中国古桥在科学技术、文化艺术、文物历史上具备极高的研究价值。

**古桥作为主要建筑物的六处世界文化遗产** 表1

| 国家 | 名称 | 结构形式和特点 | 建造时间 |
| --- | --- | --- | --- |
| 法国 | 加尔桥(水道桥) | 石拱桥:桥分三层,每层都是一个接一个的拱状桥洞。最底层6个拱,中间层11个拱,最上层35个拱 | 前20—前19年 |
| 西班牙 | 比斯开桥 | 拉索桥:全球第一座提供行人和车辆通过的高空拉索桥,桥高45m,跨度160m | 1893年 |
| 西班牙 | 塞哥维亚旧城和水道桥 | 石拱桥:古罗马人修建的高架水道桥,桥长275m,高49m,桥身为石拱桥三层结构 | 1世纪末—2世纪初 |
| 波黑 | 莫斯塔尔桥 | 石拱桥:桥宽4.55m,桥长27.34m。桥的两头各有一个石砌桥头堡 | 1557—1566年 |
| 波黑 | 索科洛维奇桥 | 石拱桥:全长179.5m,桥面宽4m,由11个石拱组成 | 1571年 |

## 三、中国古桥的技术特征

中国古桥大多是民间力量建造和维护,充分体现了中国古代人民自发建桥、修路做好事的优秀民族传统,是古代科技综合实力的体现,是世界上唯一成系统的古桥宝库。相比国内外古桥,中国古桥系列具有如下方面的特征。

(1)具有人类天才杰作水平的古桥,代表了中国古桥在相应历史时期的先进科技水平。在全国各地古桥系列中,每一座代表性古桥单体都能够符合市级、省级、国家级文物的要求,甚至能符合世界文化遗产的要求,这更是难能可贵。

(2)在国内外同类古桥中,中国古桥在技术上、时代上占有优势。人无我有,人有我特。许多古桥具有世界级文化遗产唯一性的品格。

(3)中国是保存古桥数量最多、品类最全的国家,是世界上古桥系列最完整的国家。一批代表性的古桥保存有七成以上的原创率和历史完整性,是中华文化的重要载体。

中国优秀古桥群具有申报世界文化遗产的资格。

中国古桥保存着反映古桥技术发展阶段的完整古桥系列,在部分省、市区域也相对完整地集中保存着。以浙江省绍兴市为例,据清光绪癸巳(1893年)绘制的《绍兴府城衢路图》所示,当时城内有桥梁229座,城市面积为7.4km$^2$,平均每0.0231km$^2$就有桥一座,与世界闻名的水城意大利威尼斯相比较,为该城市在第二次世界大战前的桥梁密度的45倍(该城面积为567km$^2$,当时有桥378座,现仅存桥76座),为清末时马可波罗笔下"东方威尼斯"苏州城内桥梁密度的2倍(清末苏州城内面积21km$^2$,桥梁310座)。绍兴古石桥连街接巷,五步一登,十步一跨,形成了"无桥不成市,无桥不成路,无桥不成村"的水乡景观。

中国古桥大多处于古城历史街区保护区和水乡古镇上,与周围的古建筑遗产形成整体,体现了中华民族优秀的历史文化底蕴(表2)。以浙江省为例,古桥集中分布于杭州、绍兴、宁波三城的隋代古运河、东汉古鉴湖、绍兴古城区、嘉兴西塘和乌镇、湖州南浔古镇等地。浙江古桥融合了包括余姚的河姆渡文化、杭州的良渚文化、古代唐诗之路等优秀古代文明。

**同时代中国特有的已知古桥类型**(以浙江省为例) 表2

| 同时代中国特有的古桥类型 | 代表性古桥 |
| --- | --- |
| 准悬链线拱桥系列 | 迎仙桥*(明代,浙江新昌);玉成桥*(清代,浙江嵊州) |
| 椭圆形拱桥系列 | 丰干桥*(宋代,浙江天台);丁公桥(清代,浙江新昌) |
| 七折边拱桥系列 | 广宁桥*、谢公桥*、宝珠桥*(宋代,浙江绍兴);宝珠桥*、迎恩桥*(清代,浙江绍兴) |
| 五折边拱桥系列 | 拜王桥*(宋代,浙江绍兴)、永嘉桥*(宋代,浙江绍兴);古月桥*(宋代,浙江义乌) |
| 三折边拱桥系列 | 溪缘桥*(清代,浙江绍兴)、和尚桥*(宋代,浙江嵊州);南庆桥*(清代,浙江泰顺) |
| 并列砌筑式半圆拱桥系列 | 光相桥*(东晋,浙江绍兴);小江桥*(宋代,浙江绍兴) |
| 三孔薄墩马蹄型拱桥系列 | 泾口大桥*(清代,浙江绍兴);接渡桥*(清代,浙江绍兴) |
| 江海闸桥系列 | 汤公桥*、扁拖闸桥、龙华桥(宋代,浙江绍兴)新河闸桥(宋代,浙江温岭) |
| 三孔薄墩驼峰拱桥系列 | 泗龙桥*(宋代,浙江绍兴);拱宸桥*(明代,浙江杭州)、双林三桥*(明代,浙江湖州) |

注:表中古桥年代皆指始建,*标者为入选《中国科学技术史(桥梁卷)》的古桥。

## 四、古桥保护的法规与政策

世界范围内对文化遗产的保护方式,主要可分为指定制度和登录制度。登录制度是欧美等西方发达国家采用的主要制度,在现代化过程中欧美国家的历史文化遗产得到了较好的保护。欧洲的文物登录制度一般先由建筑史方面的专家进行调查,将达到标准的建筑文物向社会公示并征求意见,后由主管部门进行认定。美国的文物登录制度,一般由财产所有者或城市历史保护组织负责,通过对建筑文物税制上的优惠措施,提高人们对历史文化遗产保护的积极性。我国文化遗产有指定制度和文物普查登记认定等形式,指定制度是由文物主管部门对遗产的历史、艺术、科学等综合价值评定后进行定级,分别作国家级、省级、市县级文物、文物保护点的行政命名(表3)。

**我国文化遗产的认定依据表** 表3

| 文化遗产级别 | 主要法规和认定依据 |
| --- | --- |
| 全国重点文物保护单位 | 《中华人民共和国文物保护法》<br>古文化遗址、古墓葬、古建筑、石窟寺、石刻、壁画、近代现代重要史迹和代表性建筑等 |
| 省级文物保护单位 | |
| 市、县级文物保护单位 | |
| 登记的不可移动文物 | |
| 历史文化名城、名镇、名村 | 《历史文化名城名镇名村保护条例》<br>传统格局、历史风貌、历史建筑、自然景观和环境等 |
| 历史文化街区 | |
| 历史建筑 | |

以浙江省为例。浙江的泰顺、庆元和福建寿宁、屏南共同上报的《木拱桥传统营造技艺》，浙江绍兴的《石桥营造技艺》皆已成为国家级非物质文化遗产。绍兴古桥学会由国务院公布为国家级非物质文化遗产《石桥营造技艺》的传承和保护单位。湖州市制定了古桥相关保护的地方性法规。根据浙江省文物局资料显示，全省被列入全国重点文物保护单位共有281项，主要包含了寺庙、古墓葬、古建筑等，其中古桥（群）遗产达到了12项（表4）。

**古桥为主体的国家级文保单位**（以浙江省为例） 表4

| 国家级文保单位（古桥） | 地　址 | 始建年代与文物构成 |
| --- | --- | --- |
| 赤溪五洞桥 | 温州市 | 宋，五孔梁式石桥 |
| 绍兴古桥群 | 绍兴市 | 宋至民国，广宁桥等13座全国文保单位 |
| 德清古桥群 | 湖州市 | 宋、元、明，7座全国文保单位，5座省级文保单位构成 |
| 古月桥 | 金华市 | 宋，并列砌置法建造的肋形的石拱桥 |
| 西山桥 | 杭州市 | 南宋，联锁式砌筑，桥呈五边形 |
| 新河闸桥群 | 台州市 | 宋至清，4座古闸桥为全国文保单位 |
| 处州廊桥 | 丽水市 | 明至民国，由249座廊桥构成，占全国廊桥近一半 |
| 古纤道 | 绍兴市 | 明至清，含502m 149孔古桥一段，377m 112孔古桥一段 |
| 泰顺廊桥 | 温州市 | 清，由19座省文保护单位和15座全国文保单位古桥构成 |
| 双林三桥 | 湖州市 | 清，万元桥、化成桥、万魁桥三座全国文保单位构成 |
| 狭獭湖避塘 | 绍兴市 | 明至清，全长3.5km，全段含5座古桥 |
| 大运河（含古桥） | 大运河 | 春秋至新中国成立，浙江段含拱宸桥等数十座古桥 |

## 五、中国石桥特殊桥型的新发现

中国古桥中有古桥基础技术、古桥上部结构建筑技术的完整的系列优势。有古桥桥墩、桥台、桥拱几十种卯榫结构组成的古桥卯榫结构技术系列。在古桥石拱圈砌筑类别上有并列砌筑、并列隼卯砌筑、错节横放并列砌筑、条石横放并列砌筑、纵联砌筑、分节并列砌筑、链锁分节并列砌筑、镶面纵联砌筑、框式纵联砌筑、乱石砌筑、镶面乱石砌筑、变幅拱桥系列、变截面拱桥系列、立交桥系列等形式的代表性古桥。古桥桥墩有拱桥联拱厚墩、联拱薄墩、迎水尖墩、双面尖墩等众多式样构成的古桥桥墩技术系列。

### 1. 悬链线古拱桥系列

罗关洲在1989年发现了悬链线拱古桥新昌迎仙桥（图1）和嵊县（今嵊州市）玉成桥（图2），在当年的《浙江运输》发布照片。1990年初在《浙江交通科技》1990年第一期上发表与黄湘柱合作的论文《中国古桥技术的新发现》。罗关洲、王琪栋的实测数据和程国强高工的三维测量证明了这一新发现（表5）。根据悬链线拱轴线方程 $y_1 = \frac{f}{m-1}(chk\xi - 1)$，拱跨1/4点的纵坐标 $y_{1/4}$ 与 $m$ 有下述关系：当 $\xi = \frac{1}{2}$ 时，$y_1 = y_{1/4}$ 且有 $ch\frac{k}{2} = \sqrt{\frac{chk+1}{2}} = \sqrt{\frac{m+1}{2}}$，代入拱轴线方程得 $\frac{y_{1/4}}{f} = \frac{1}{\sqrt{2(m+1)}+2}$。

规范对悬链线拱拱轴系数建议取值为1.167~2.814，并随着跨径的增大或者矢跨比的减小而减小。虽然从桥规和设计角度看，小跨径拱桥部分悬链线线形使得拱过于平坦，但是由于古桥建造时间久远，建桥之初拱桥设计理论尚未成熟，加上此桥构造简单，属于农村中人行为主，上部压力较小，并未对结构安全产生影响。罗关洲等近期又发现了浙江新昌的复初桥、浙江建德的苦竹岭桥等多座准悬链线拱桥。多座准悬链线古拱桥的发现，证明了我国桥匠在明、清时代已掌握了这一技术，是我国古桥技术的精华。我国古代桥匠掌握了这类古桥的修建技术。从拱石加工角度的精确性和拱石结合的紧密性可以说明这类拱桥在运用干砌技术建造前是经过计算的，一百多年后保持原建状态。

图 1　浙江新昌的迎仙桥

图 2　浙江嵊州的玉成桥

**迎仙桥、玉成桥测量计算数据表**　　　　　　　　　　　　　　　　　　　　表 5

| 迎仙桥拱轴系数 $M \approx 6.563$，拱圈上部呈准悬链线 | | 玉成桥拱轴系数 $M \approx 9.889$，拱圈上部呈准悬链线 | |
| --- | --- | --- | --- |
| 截面 No | 拱轴坐标 $y_1/f$ | 截面 No | 拱轴坐标 $y_1/f$ |
| （拱脚）0 | 1.0000 | （拱脚）0 | 1.0000 |
| 1 | 0.7758 | 1 | 0.7567 |
| 2 | 0.5955 | 2 | 0.5673 |
| 3 | 0.4507 | 3 | 0.4200 |
| 4 | 0.3349 | 4 | 0.3059 |
| 5 | 0.2428 | 5 | 0.2177 |
| 6 | 0.1700 | 6 | 0.1500 |
| 7 | 0.1133 | 7 | 0.0986 |
| 8 | 0.0701 | 8 | 0.0603 |
| 9 | 0.0384 | 9 | 0.0327 |
| 10 | 0.0136 | 10 | 0.0142 |
| 11 | 0.0041 | 11 | 0.0035 |
| 12（拱脚） | 0.0000 | 12（拱脚） | 0.0000 |

## 2. 古立交桥系列

中国古代立交桥是中国古代桥梁技术的重要创造发明。罗关洲在古运河申遗学术会议上提出浙东运河上存在四座古代立交桥，增加了中国古运河申报世界文化遗产的技术含量，为"中国古运河是世界工业革命前最伟大的水利工程"这一申遗关键词增加了一项新的内容。同时在《浙江日报》的一篇报道中提到《清明上河图》上的贯木拱桥是立交桥，因为桥下有纤道。罗关洲指出绍兴宋代广宁桥有纤道，是中国现存的最早的立交桥，并指出绍兴八字桥并不是立交桥，因为八字桥边的纤道没有穿过桥孔。浙江绍兴古桥见图 3~图 6。

图 3　浙江绍兴太平桥

图 4　浙江绍兴泾口大桥

图 5　浙江绍兴融光桥　　　　　　　图 6　浙江绍兴广宁桥

## 3. 古石拱桥的收分和变幅技术

中国古代的圆柱都不是上下等径的圆柱体,而是根部略粗、顶部略细的做法,城墙的倾斜称为"收溜"又称"收分"。罗关洲认为中国古石拱桥也大都采用收分、变幅(变截面)技术,古拱桥的侧面不在一个平面上,每座古桥的收分和变幅情况都各不相同。以浙江绍兴西跨湖桥为例,台阶下宽 4.22m,上宽 3.48m,全桥变幅 48cm。抱鼓边金刚墙、拱脚、桥拱拱顶三点的收分分别为 11cm、34cm、38cm。即西跨湖桥的桥拱变幅 4cm,全桥变幅 26cm。

夏祖照认为浙江天台在元朝末年(1367 年)即已成功建造了净孔径达 13m 多的变截面、变幅石拱桥,西坑大桥头桥变截面拱圈是国内目前已发现的最早建成的变截面石拱桥,是现代大型变截面石拱桥的鼻祖。对于拱圈受力认识要比欧洲早 500 年。赵州桥、西跨湖桥见图 7、图 8。

图 7　赵州桥(桥拱变幅 6cm)　　　　图 8　西跨湖桥(全桥变幅 26cm)

## 4. 三折边、五折边、七折边古拱桥系列

刘敦桢所著《中国古代建筑史》对中国汉代砖墓结构演变的考证,认为在西汉与东汉之间,砖墓结构由最初的平板,逐步变为折边拱,最后演进为圆拱。绍兴、南京、湖州等地还发现有蛋壳形拱。截至目前,罗关洲已经发现的国内除义乌、建德等地各有一座五折边桥外,其他五折边拱桥大都在绍兴;国内所有已发现的七折边拱桥均位于绍兴,如绍兴广宁桥、宝珠桥、迎恩桥等,见图 9~图 12。

笔者认为折边拱桥与力学意义上的曲线拱相比,折边拱上的重力较难转化成沿拱轴线的压力,需要很厚的墙体或台座来抵挡重力的作用,或采用特殊的联锁结构将拱圈形成整体,因此结构受力上介于梁拱之间,造型上属于拱桥系列。

图9　七折边的绍兴宝珠桥(宋代)

图10　五折边的绍兴拜王桥(五代)

图11　三折边的诸暨破溪桥(清代)

图12　五折边的浙江雁荡山果盒桥

### 5. 椭圆形拱古桥系列

椭圆形拱古桥是近十年来古桥桥型的新发现，这是中国古桥技术的创造发明。《中国古桥技术史》没有原建椭圆形拱古桥实例。书中的椭圆形拱古桥经罗关洲考察，发现是由半圆链锁拱桥变形形成的椭圆形拱桥(图13、图14)。

图13　浙江新昌丁公桥

图14　江苏太仓皋桥

### 6. 圆弧类古拱桥系列

圆弧拱是截取圆周的一部分构成拱圈，在圆曲线压力作用下不易产生应力集中。拱圈轴线按半圆弧或者部分圆弧设置，计算构造简单，石料规格最少，备料、放样、施工都很简便，一般适用于跨度小于20m的石拱桥。

目前罗关洲还发现了具有两个及以上圆心的椭圆形拱桥,即有多个圆弧(圆心)组成的拱桥。这类古桥过去有的称半圆拱桥,有的称椭圆形拱桥。经罗关洲实地测设,这类多圆心曲线桥拱结构形式特殊,反映出我国古代工匠高超的建桥水平(图15~图18)。

图15　广西桂林富里桥(多圆心曲线拱)

图16　浙江桐庐珠村桥(多圆心曲线拱)

图17　浙江新昌小溪头桥图(乱石镶边半圆拱)

图18　浙江绍兴徐公桥(链锁分节并列砌筑半圆拱桥)

### 7. 马蹄形等其他石拱桥系列

马蹄形拱由2个不同半径的4段圆弧构成,由于马蹄形拱的桥下净空大、受力性能优越、桥型高挑美观,因此该种拱圈形式仅在江南地区较为常见(图19~图22)。马蹄形断面形式较圆弧拱复杂,需要通过多个分段函数分别描绘,求解过程烦琐。至今虽然没有发现书面的科学的计算公式,但再次证明了我国古代桥匠却通过口口相传的经验法掌握了超越时代的建桥技术。

图19　浙江绍兴酒桥(马蹄形驼峰拱)

图20　浙江绍兴接渡桥(马蹄形梁拱组合)

图21 浙江绍兴万年桥(尖墩联拱)

图22 浙江绍兴寨口桥(条石并列砌筑拱)

## 六、中国石桥营造技艺创造发明的新发现

罗关洲在《石桥营造技艺》一书中概述了中国古石桥一般的建筑程序为：选址——桥型设计——实地放样——打桩——砌桥基——砌桥墩——安置拱圈架——砌拱——压顶——装饰——保养——落成。古营造技艺包括各类石梁桥、折边拱桥、半圆形拱桥、马蹄形拱桥、椭圆形拱桥、悬链线拱桥等古桥的建造技术。石桥营造方法从总体上分为水修法和干修法二类。

1. 水修法技术

我国江南地区水网土质多为污泥,故建造桥墩时要将木桩密集打入水中,改良桥墩的基础结构。水修法是水网软土地基常用桥墩建造法。水修法有二种：一种是直接将木桩密集打入水中的水修法；第二种是在建造桥墩的周围筑堰抽干堰中的水,再在堰内打桩。木桩打入后,在整体木桩桥基上放置长条石,直横砌置几层,使桥墩基础形成整体。再在坚固的底盘石基础上砌筑桥墩。

2. 干修法技术

许多单跨梁桥,桥墩在两岸旱地上,筑墩则在旱地无水干修筑墩。当河道可以裁弯取直时,则在规划的河道上,旱地造桥。这种干修法既经济方便,又保证质量,现代也常应用。

3. 拱圈砌筑和构筑程序

无论水修法和干修法,古桥建造过程主要分为选址和设计阶段、下部基础结构建造阶段、上部结构建造阶段。上部结构施工大致分为梁桥上部结构和拱桥上部结构二大类。石拱桥上部结构施工主要指拱券与拱上建筑施工。其主要程序为：先搭拱架,拱架有木结构拱架和土石垒拱架两大类。拱架搭好后,就在架上砌拱。拱券在拱架上正式砌筑前,要按设计的拱券形式加工好券石。古桥砌筑是靠力学结构干砌而成的。所以石料加工的精确度要求很高,即使是乱石拱,材料的选取要求也很高。拱券石备好,就可在拱架上砌筑拱券。拱券由拱脚往拱顶砌筑。拱石砌到拱顶时,留下龙门口一条。用尖拱技术将龙门石砌入,最终完成桥拱合龙。完成拱券的砌筑,尖拱技术是成败的关键。尖拱是先用与龙门石相仿的木块在龙门石的位置上敲入,将已砌好的拱石挤紧,取出木块后砌入龙门石。在龙门石上平压顶盘石,使拱石密合。顶盘石等重物压上后拱券成型挺立,拱券就砌筑成功了,不然就会被压塌。并列砌筑、分节并列砌筑的拱石一般都有榫卯。拱券砌好后再砌山花墙、金刚墙桥面、桥栏、桥阶等设施。

4. 古拱桥的砌筑

拱券的分段砌筑。桥拱可用砌筑方式和构筑方式建造。砌筑方式是用传统灰浆和干砌建造建筑物的方式称为砌筑。砌筑方式一般是无铰式。构筑方式有铰式建造桥拱的方式。

折边拱砌筑。折边拱桥的拱圈分为五折边拱桥和七折边拱桥。即拱圈成五折边形或七折边形。横向条形石板称为链石,榫卯结构横向拼实组成折边平面拱板。上下拱板间设有倒梯形截面的横系石,即锁石。锁石上设榫孔,链石上设榫头,互相套合组成折边拱圈。各折边相交的夹角相等。链石与锁石间结合,使之成"铰"。所以折边拱桥属多铰拱结构。现存的折边拱古桥都是链石与锁石结合的多铰拱结构。它是半圆链锁拱桥、圆弧链锁拱桥的先导。折边拱的折边是圆弧或悬链线形,但折边之间仍有交角,没有形成圆弧,是前二者的一种过渡类型。

圆弧拱砌筑。圆弧拱通常有半圆拱、小于半圆的圆弧拱、大于半圆的马蹄形拱、椭圆形拱、多心圆弧拱、悬链线拱等等。链锁结构的圆弧拱与折边拱组合的原理一样,无非是拱板由平直的变成了圆弧的。由圆弧的不同分别构成半圆拱、小于半圆的圆弧拱、马蹄形拱、椭圆形拱、多心圆弧拱。唯独古悬链线拱桥未见有链锁结构的。从现存古桥分析,链锁结构的圆弧拱砌筑方式最早不会超过唐代。建于唐代以前的古桥都是无铰拱结构。这些无铰拱圆弧拱结构有这样几种类型:长方形小块块石横向并列纵向错缝砌筑;长条石横向并列纵向错缝砌筑;整条石横置纵向并列砌筑;长条拱石横向并列纵向分节砌筑(每节之间拱石缝有相错和对齐之分)。有铰拱和无铰拱圆弧拱的拱石以每部位的弧度要求成形。到明清时代,链锁结构的圆弧拱砌筑已实行标准化生产,部件是事先加工好后,到现场进行组装。

### 5. 倒置直角三角形定位石

罗关洲发现了广宁桥的倒置直角三角形定位石。这一部件石质与全桥统一的石质不一样。它用特定的石料定制,在起拱时,用来确定拱板角度。这也说明所有拱圈石都是根据设计方案定制后,再上拱架进行安装的。安装时倒置直角三角形的长直角边垂直于桥基石,七折边第一块拱板紧贴三角定位石安装定位(图23、图24)。

图23 绍兴广宁桥倒置直角三角形定位石　　图24 广宁桥抱鼓(国内已知最长)

### 6. 古桥满堂支架施工技术与拱桥内伸臂式砌筑技术

罗关洲预测浙江绍兴的广宁桥桥基是小桩密植上加多层石板的满堂基础。即此桥的桥拱下也有石板基础与桥墩基础连成整体。这项技术是古代桥匠在桥基技术上的创造。

在江西抚州的黄洲桥拆除照片中,罗关洲发现黄洲桥体内是条石平行叠加式结构,可理解为伸臂式条石叠加式结构。此结构能增加拱桥的稳固度,是一种科学的拱桥内部结构。按此推理,此桥很可能运用了包括干修法在内的先进建桥技术。

### 7. 古拱桥其他施工技术

包括古拱桥的整体榫卯结构、乱石拱伸臂式桥台施工技术、砖拱桥施工技术、折边圆弧拱桥施工技术、古梁桥施工技术等。

## 七、结语与展望

中国古桥是前人创造的杰作,是中华文明珍贵的资源,中国的古建历史文化有相当一部分沉淀在古桥建筑中。保护好古桥是我们这代人的神圣责任。中国古桥是人类艺术与科技的杰出作品,具有古桥技术发展路线研究的普遍价值,对中华文化的研究、传承与保护,都具有十分重要的意义。古桥在长期的演变过程中产生了许多优美而坚固的桥型,这些桥型在设计建造的时候都能考虑到与周围环境的协调一致,众多桥梁既是造桥技术上卓越的典范,亦是艺术上的不朽之作。中国古石桥还是中国古建遗迹的百科全书,较为完整地保存了中国各个时期的各种桥型和技术,对古桥的演变和发展产生了深远的影响。

**参考文献**

[1] 张方,张开权,邓捷超,等.桥梁文化遗产的规划和保护2019年度研究进展[J].土木与环境工程学报(中英文),2020,42(05):201-212.
[2] 王锋.三峡库区石拱桥拱顶脱落限值研究[D].重庆:重庆大学,2010.
[3] 汪鑫.法国文物保护现状分析与研究初探[D].西安:西北大学,2019.
[4] 韩露.江苏省国家历史文化名城中城市管理示范路设计定位与空间影响研究[D].苏州:苏州科技大学,2016.
[5] 丁义馨.跨径120m上承式箱形拱桥设计及横向分布系数探讨[J].中国公路,2017(23):106-107.

# 12. 连续钢箱梁桥结构及构造细节设计

方卫国

(江苏中设集团股份有限公司)

**摘　要**　本文介绍了连续钢箱梁桥在公路和城市桥梁建设中的比较优势,并结合项目实际案例详细介绍了35m+55m+35m连续钢箱梁的总体布置、断面比选、结构计算分析和构造细节设计,为今后类似桥梁的设计提供一定的借鉴。

**关键词**　连续钢箱梁　断面比选　计算分析　构造细节设计

## 一、引　言

随着城市化进程的加快,建设环境友好型桥梁工程已成为国内很多业主和桥梁建设者追求的目标,可持续发展理念逐渐深入人心。桥梁设计应积极采用绿色建桥新技术、新工艺,将标准化、预制化及装配化设计理念落到实处。

2016年7月交通运输部发布《关于推进公路钢结构桥梁建设的指导意见》明确指出:"加强方案比选,鼓励选用钢结构桥梁"。钢结构可以进行工厂化加工制作,现场作业量小,环境污染小,交通影响小,符合绿色建桥新技术、新工艺,标准化、预制化及装配化的设计理念;同时符合"鼓励选用钢结构桥梁"的政策精神。因此钢结构桥梁在近期公路和城市桥梁建设中得到广泛的应用。

## 二、结构总体布置

某工程作为高速公路标准兼具城市快速路功能,对于交叉口路幅较宽的路口,推荐采用大跨桥梁结构,主要交叉口跨线桥跨径在40~70m之间。此跨径范围内可供比选的常见桥型结构有:钢混组合梁、预应力混凝土现浇箱梁、预制节段拼装PC箱梁和钢箱梁等。钢混组合梁桥面板施工技术要求高,负弯矩区桥面板混凝土易开裂,相对钢箱梁自重大;预制节段拼装PC箱梁施工工艺要求高,前期投入较大,而且对变宽段适应性较差;预应力混凝土现浇箱梁一般采用满堂支架浇筑,施工工期长,施工时对交通影响大;而钢箱梁具有自重轻、抗震性能好、质量高、寿命长、施工快、可塑性强、工厂化制造、装配施工、可循环利用、对被交道路交叉口交通影响小等优势。综合考虑对道路交通影响、结构跨越能力等,当跨越路口桥梁跨径大于50m时推荐采用连续钢箱梁方案。

本项目连续钢箱梁跨线桥跨径布置 35m + 55m + 35m,断面宽度 33.0m,路线平面位于 $R = 900$m 的圆曲线上。主梁立面采用等高布置(图1),梁高 2.4m。由于本项目标准段采用 30m 装配式预应力混凝土组合箱梁,下部结构盖梁采用隐形盖梁,为保证全桥立面景观效果,钢箱梁端部采用变高截面,端部高度与装配式预应力混凝土组合箱梁基本保持一致,钢箱梁梁端高度减小到 1.925m。梁高变化底板转折处采用半径 5m 的圆弧过渡,两个折点间距 4m。

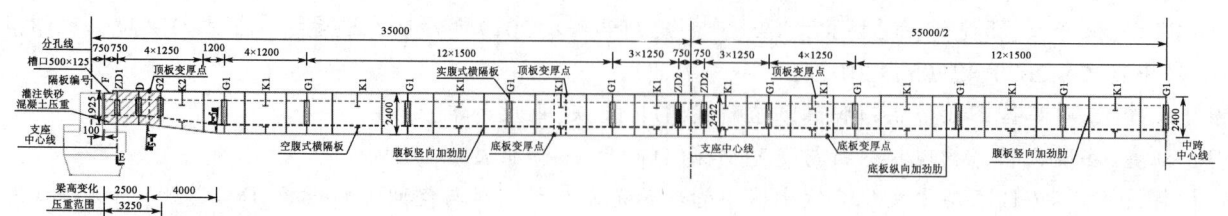

图1 立面布置图(尺寸单位:mm)

宽幅钢箱梁横断面形式可以采用单箱多室断面和多箱单室断面,两种断面形式各具优缺点,详见表1。根据综合比选,本项目推荐采用多箱单室断面。

钢箱横梁断面形式比选　　　　　　　　表1

| 比选内容 | 单箱多室断面 | 多箱单室断面 |
|---|---|---|
| 横断面形式 | | |
| 结构特点 | 1. 宽跨比较大时,采用多箱室断面,可以降低翼缘板剪力滞折减,顶底板利用率更高;<br>2. 封闭表面积增加,外露面积降低,减少了油漆更换的数量,减少了维护和管理费用;<br>3. 结构断面整体受力性能较好;<br>4. 国内应用较多 | 1. 多箱单室,可以减少底板系统面积,让中性轴更加靠近顶板,减小顶板第一体系应力,若使减小的顶板第一体系应力等于顶板的第二体系应力,此时用钢量较为经济节省;<br>2. 可以减少现场底板连续焊缝;<br>3. 结构横向连接构造相对复杂 |
| 施工工艺 | 需对梁段进行纵横向划分,少支架节段吊装 | 便于运输、吊装;现场焊接作业量大,横隔板对接较为困难 |
| 景观 | 箱梁底部为整体底板,视觉效果流畅,景观效果好 | 底部为多片箱梁,部分构件外露,视觉较为杂乱,景观效果较差;与相邻小箱梁较协调 |
| 经济性 | 较差 | 较好 |
| 比选 | 比选 | 推荐 |

## 三、结构设计

钢箱梁横断面采用多箱单室断面(图2)。单个箱室宽度设计为 3.8m,横断面布置 4 片钢箱梁,钢箱梁中心距 6.9m。桥面为单向 2% 横坡,顶、底板平行。钢梁斜腹板外缘与装配式预应力混凝土组合箱梁横断面的斜腹板外缘基本一致,平整美观,斜率均为 1∶4。

钢箱梁顶板厚度为 16 ~ 28mm;腹板厚度 16mm;底板厚度 20 ~ 30mm。钢箱梁钢板顶、底变厚处采用外对齐的原则。钢材采用 Q420qD。

钢箱梁沿结构中心线每隔 3m 交替设置实腹式横隔板和空腹式横隔板,实腹式横隔板处钢箱梁之间采用实腹式横梁连接,以保证箱梁的整体稳定。钢箱梁横隔板之间设置腹板竖向加劲肋,竖向加劲肋标准间距 1.5m,支座附近适当加密。

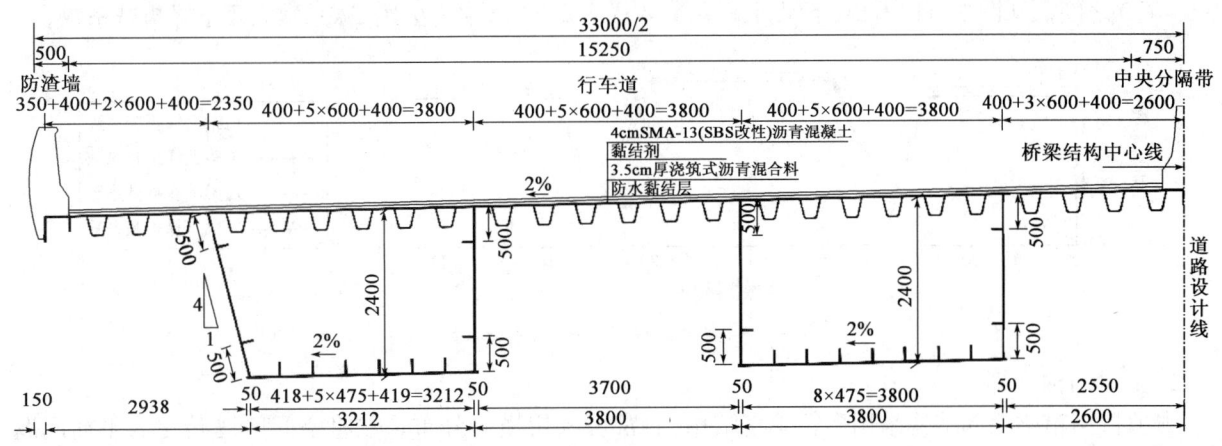

图2 钢箱梁标准断面图(尺寸单位:mm)

箱梁顶板设置纵向U肋,U肋板厚8mm,上口宽度300mm,肋高280mm,U肋标准中心距600mm。箱梁底板设置纵向板肋,板肋高160mm,肋厚16mm,板肋标准中心距475mm。考虑腹板局部屈曲稳定的问题,在腹板上下部均设置一道纵向加劲肋,纵向加劲肋距离顶底板500mm,肋高160mm,肋厚16mm。

钢箱梁端部依据道路中心线对称布置四个支座,支座间距均为8m;受桥下道路平面限制,中间桥墩布置两个支座和三个支座。支座布置详见图3。

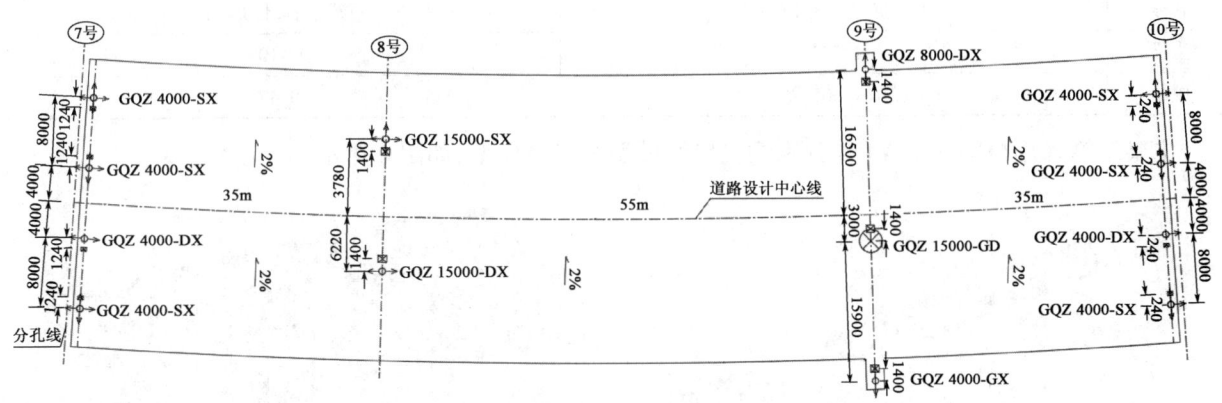

图3 支座布置示意图

施工方法上,钢箱梁采用工厂制作、现场拼装。

## 四、结构计算

本项目上部结构汽车荷载采用公路—Ⅰ级验算同时满足城—A级要求,结构重要性系数$\gamma_0 = 1.1$。基础不均匀沉降:中墩15mm,边墩10mm。

主梁内温差效应考虑了由于太阳辐射引起上部结构顶层温度增加时产生的正温差及由于再辐射由上部结构顶层散失时产生的负温差,该两种温差效应按BS5400第二篇的4.1.2条及5.4.5条取用,见图4。

1. 主梁计算分析

1) 主梁翼缘有效分布宽度计算

根据《公路钢结构桥梁设计规范》(JTG D64—2015)第5.1.8、5.1.9条,钢主梁应同时考虑剪力滞和局部稳定影响。有效分布宽度计算结果详见图5所示。支点附近有效分布宽度折减系数在0.74~0.81之间,跨中区域有效分布宽度折减系数在

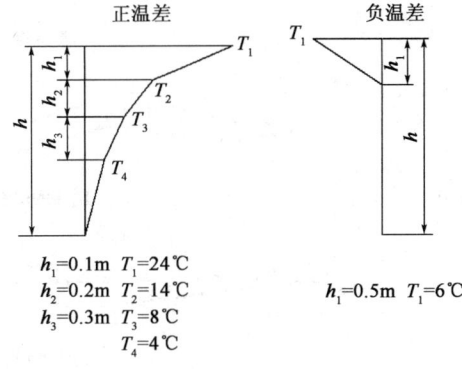

图4 非线性温差图式

0.95～1.0之间。从图中可以看出,下缘折减系数大于上缘折减系数;边梁折减系数大于下缘折减系数。

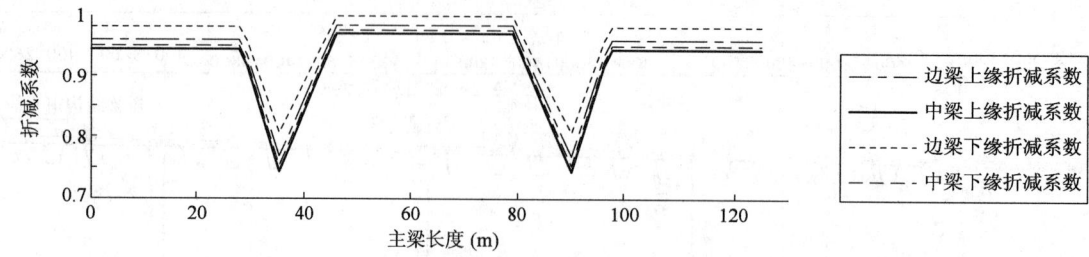

图5　主梁翼缘有效分布宽度折减系数

2)主梁结构计算

本项目钢箱梁上部结构采用多箱单室结构,通常可采用横向分布系数将空间问题转化为平面问题,将每个箱梁单独建立平面杆系模型进行计算分析。本文拟采用刚性横梁法进行横向分布系数计算。但是刚性横梁法适用于宽跨比小于或接近于0.5的窄桥,由于本项目钢箱梁宽度较宽,为保证计算的精确性,同时采用梁格法进行对比分析。

主梁截面特性如表2所示。根据刚性横梁法计算得到的边梁横向分布系数为1.366,中梁横向分布系数为1.092。

主 梁 截 面 特 性　　　　表2

| 名称 | 主梁抗弯惯性矩(m⁴) | 主梁抗扭惯性矩(m⁴) |
| --- | --- | --- |
| 边梁 | 1.523 | 0.4109 |
| 中梁 | 1.605 | 0.47 |

主梁计算采用桥梁博士V4.4分别建立单梁模型和梁格模型,如图6所示。

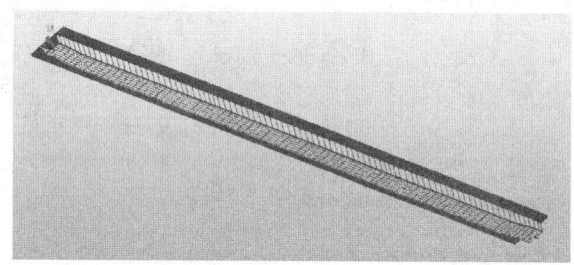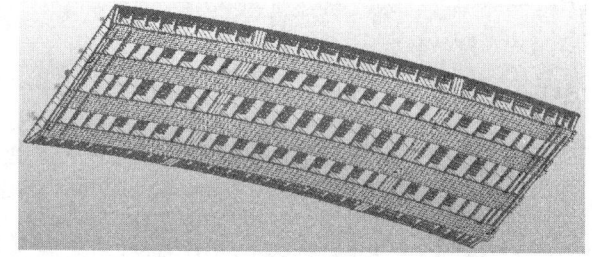

图6　钢箱梁总体计算单梁模型和梁格模型

根据梁格模型计算结果,持久状况承载能力极限状态下主梁正应力和剪应力包络图如图7所示。

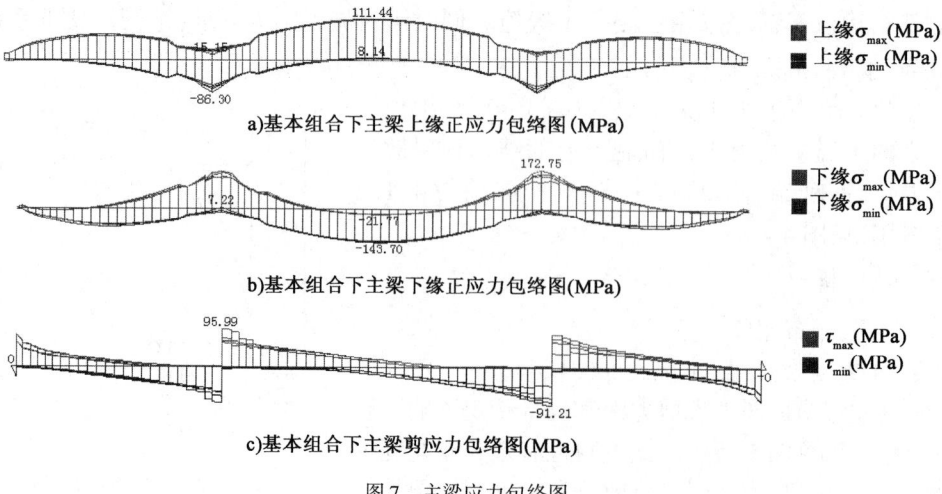

图7　主梁应力包络图

基本组合作用下,叠加第二体系桥面板应力后,主梁上缘最大压应力为161.6MPa,上缘最大拉应力为122.0MPa,主梁下缘最大压应力为172.8MPa,下缘最大拉应力为143.7MPa,主梁最大剪应力为96MPa,计算结果表明主梁抗弯和抗剪极限承载能力均满足规范要求。

同时将单梁模型计算结果和梁格模型计算结果对比汇总如表3所示。

**不同计算模型主梁应力对比汇总表** 表3

| 模型 | 结构位置 | 跨中应力(MPa) | | 支点应力(MPa) | |
|---|---|---|---|---|---|
| | | 上缘 $\sigma_{max}$ | 下缘 $\sigma_{min}$ | 上缘 $\sigma_{min}$ | 下缘 $\sigma_{max}$ |
| 单梁 | 边梁 | 110.2 | -145.5 | -75.8 | 158.4 |
| | 中梁 | 126.7 | -128.6 | -57.5 | 124.5 |
| 梁格 | 边梁1 | 111.3 | -143.0 | -81.2 | 172.8 |
| | 边梁2 | 111.4 | -143.7 | -73.3 | 150.0 |
| | 中梁1 | 108.6 | -138.0 | -73.0 | 139.8 |
| | 中梁2 | 108.9 | -139.2 | -86.3 | 161.7 |
| 对比 | 边梁1/边梁-1 | 0.01 | -0.02 | 0.07 | 0.09 |
| | 边梁2/边梁-1 | 0.01 | -0.01 | -0.03 | -0.05 |
| | 中梁1/中梁-1 | -0.14 | 0.07 | 0.27 | 0.12 |
| | 中梁2/中梁-1 | -0.14 | 0.08 | 0.50 | 0.30 |

由计算结果可知,边梁的应力计算结果单梁模型和梁格模型相差在10%以内,而中梁的应力计算结果单梁模型和梁格模型相差7%~50%。支点处梁格模型计算结果与单梁模型计算结果相差较大,跨中处梁格模型计算结果与单梁模型计算结果相差相对较小。综上分析可知,横向分布系数采用偏压法计算的单梁模型结果不能满足工程实际计算需要,且计算结果偏不安全。对于本项目采用的宽度较大的多箱单室钢箱梁结构而言,宜采用精度较高的空间梁格模型进行计算分析。

2. 横梁计算分析

横梁计算可采用空间梁格模型进行精确计算分析,另外,根据文献[3]~文献[5],也可采用类似于计算混凝土箱梁横梁的杆系计算方法,确定钢箱梁横梁有效宽度时,将支座横隔板作为腹板确定腹板间距,采用横向支撑体系确定换算跨径,根据《公路钢结构桥梁设计规范》5.1.8条公式计算横梁的有效分布宽度。本文按上述文献的简化杆系计算方法进行横梁的计算,并和梁格模型的精确计算结果进行对比分析。

横梁单梁计算模型如图8所示。横梁单梁计算模型假定纵桥向恒载剪力沿每道腹板均匀传递。活载按纵桥向单车道计算提取横梁处支反力,在横向单梁计算模型中按影响线加载。横梁单梁和梁格模型的计算结果对比如图9、图10及表4所示(以两个支座的中横梁为例)。

图8 横梁单梁计算模型

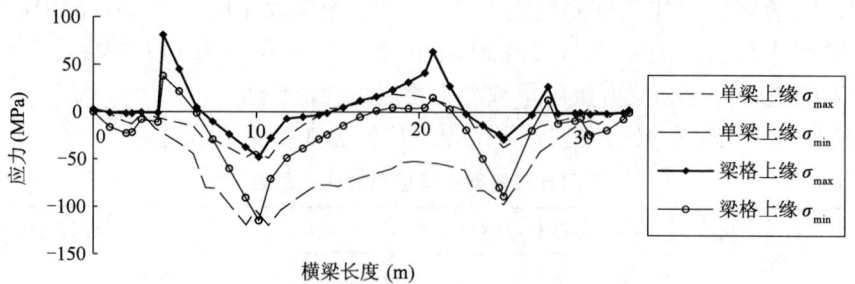

图9  单梁和梁格模型基本组合下横梁上缘正应力对比

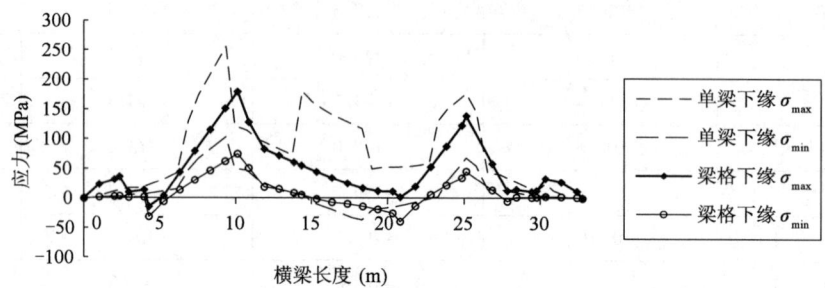

图10  单梁和梁格模型基本组合下横梁下缘正应力对比

**桥面板应力汇总表**　　表4

| 项目 | 正应力(MPa) | | | | 剪应力(MPa) |
|---|---|---|---|---|---|
| | 上缘 $\sigma_{max}$ | 上缘 $\sigma_{min}$ | 下缘 $\sigma_{max}$ | 下缘 $\sigma_{min}$ | $\tau_{max}$ |
| 梁格 | 81.1 | -114.9 | 179.3 | -37.0 | 103.9 |
| 单梁 | 23.2 | -119.9 | 255 | -39.7 | 108.0 |

根据梁格模型计算结果可知,基本组合作用下,横梁上缘最大压应力为81.1MPa,最大拉应力为114.9MPa,横梁下缘最大压应力为179.3MPa,最大拉应力为37.0MPa,横梁最大剪应力为103.9MPa,横梁抗弯和抗剪极限承载能力均满足规范要求。单梁计算模型的应力图形与梁格模型计算结果基本吻合,单梁计算模型的应力计算结果比梁格计算模型偏大,计算结果稍保守,其精度能满足工程设计需要。

### 3. 钢桥面板计算分析

桥面板第二体系应力计算采用格子梁法将横肋和纵肋简化为支承于主梁和横梁腹板的梁格,考虑到纵横肋处顶板剪力滞影响,将顶板切开时,横纵肋的顶板计算宽度采用有效分布宽度的方法计算。主梁腹板位置按竖向支承考虑,纵向按5跨计算,采用midas Civil建立梁格模型(图11)。

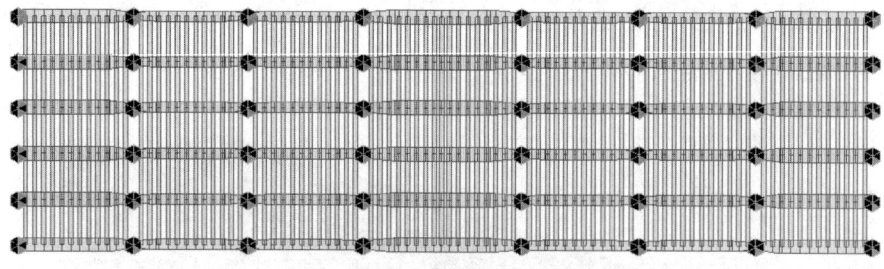

图11  钢箱梁桥面板梁格计算模型

车辆荷载采用《城市桥梁设计规范》(CJJ 11—2011)中的城—A级车辆荷载。车辆荷载冲击系数取0.4。为计算方便,将车轮分布荷载简化为集中荷载计算。纵肋的车轮荷载横向分配近似按杠杠法计算。

1)桥面板第二体系应力

根据上述计算模型得到桥面板第二体系应力见表5。

桥面板应力汇总表    表5

| 位 置 | 上缘应力(MPa) | | | 下缘应力(MPa) | | |
| --- | --- | --- | --- | --- | --- | --- |
| | 自重 | 活载 | 合计 | 自重 | 活载 | 合计 |
| 纵肋跨中 | 2.8 | 27.4 | 50.2 | −4 | −52.1 | −95.3 |
| 纵肋支点 | −3 | −13.8 | −28.7 | 6.4 | 38.5 | 69 |
| 横肋跨中 | 4.3 | 13.8 | 26.5 | −5.5 | −17.6 | −33.9 |
| 横肋支点 | −4.9 | −18 | −35.7 | 4.8 | 16.5 | 32.7 |

2)桥面板刚度计算

正交异性钢桥面板的刚度应采用钢桥面板顶面最不利荷载位置处的最小曲率半径 $R$、纵向加劲肋间相对挠度 $\Delta$ 和正交异性桥面顶板的挠跨比 $D/L$ 三项指标确定。

钢箱梁桥面铺装采用3.5cm厚浇筑式沥青混合料 + 4cm SMA-13(SBS改性)沥青混凝土。根据《公路钢桥面铺装设计与施工技术规范》(JTG/T 3364-02—2019)附录A相关公式计算,纵腹板位置和非纵腹板位置的纵向加劲肋间相对挠度 $\Delta$ 分别为0.135mm和0.090mm,小于0.4mm,满足规范要求。纵腹板位置和非纵腹板位置挠跨比 $D/L$ 分别为1/2216和1/3348,小于1/700,满足规范要求。纵腹板位置和非纵腹板位置桥面铺装顶面最不利荷载位置处的最小曲率半径 $R$ 分别为21mm和31mm,大于20mm,满足规范要求。

## 五、钢箱梁构造细节设计

### 1. 空腹式横隔板构造细节

参考欧洲规范相关规定:对于设置纵向加劲肋和横梁的桥面板,闭口纵向加劲肋的高度 $h_{stiff}$ 与横梁高度 $h_{crossb}$ 之比应大于或等于0.4。本项目U肋高度 $h_{stiff}=280$mm, $h_{crossb} \geq 700$mm。综合考虑钢箱梁悬臂根部受力高度和传力构造,空腹式横隔板上横梁高度取800mm(图12)。

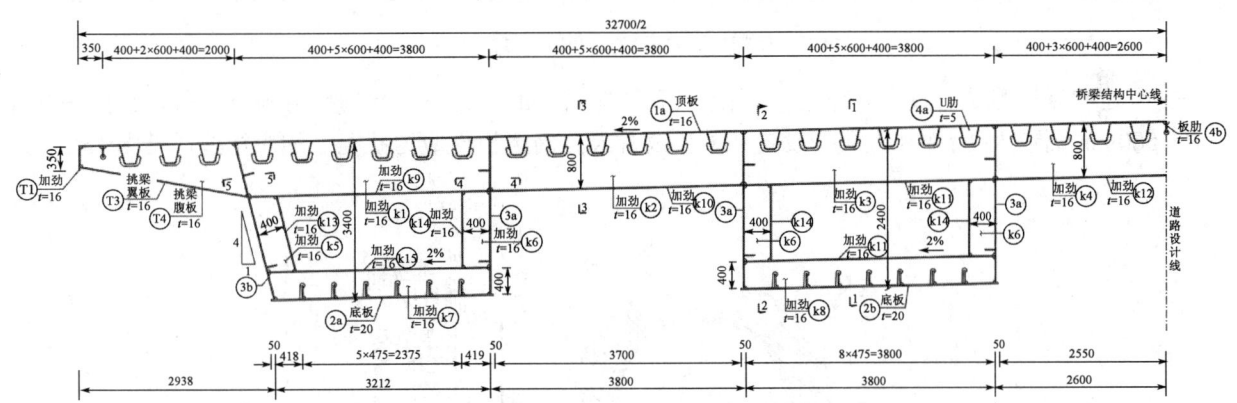

图12 空腹式横隔板构造(尺寸单位:mm)

空腹式横隔板在腹板处加劲K5、K6和底板加劲K7的高度取400mm,则边箱和中箱单个箱室内横隔板的开口率分别为 $\rho_{边}=0.35$、$\rho_{中}=0.37$,单个箱室的开口率均小于0.4,结构受力分析上该横隔板仍可视为实腹式。空腹式横隔板通过适当开孔,可以减轻横隔板的自重,节省材料用量。

### 2. 人孔细部构造

根据日本桥梁建设协会《钢桥构造细节设计指南》(第三版)图2.9b)中的人孔处翼缘板的焊接构造中板件数量虽然很少,但人孔四角的弯曲和气割精度一般不良,于是隔板与翼缘之间有间隙,对焊接是不利的;并且,加劲翼缘的对接焊缝拘束度也较大,是一种不良做法。因此本项目一般横隔板处人孔采用图2.9a)的构造形式,周边焊接四块加劲板加强人孔处构造,在横隔板两侧对称设置(图13)。

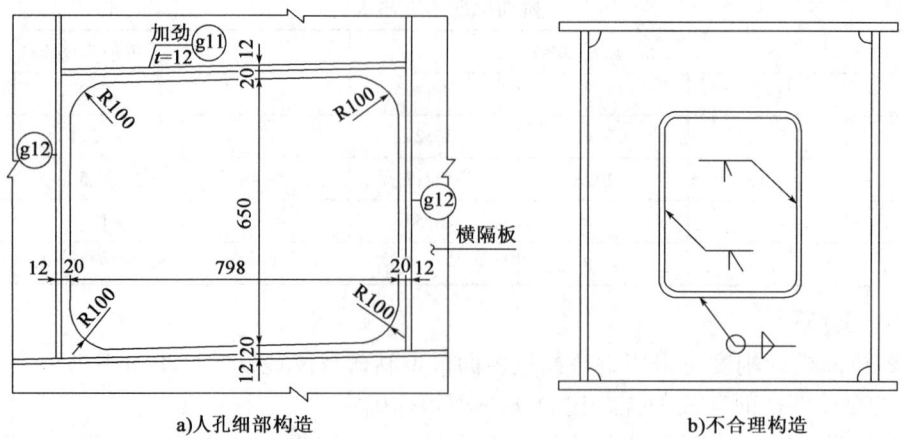

a) 人孔细部构造　　　　　b) 不合理构造

图 13　一般横隔板处人孔细部构造

另外，为方便后期养护检修作业，实腹式横梁处开设人孔，如图 14 所示。

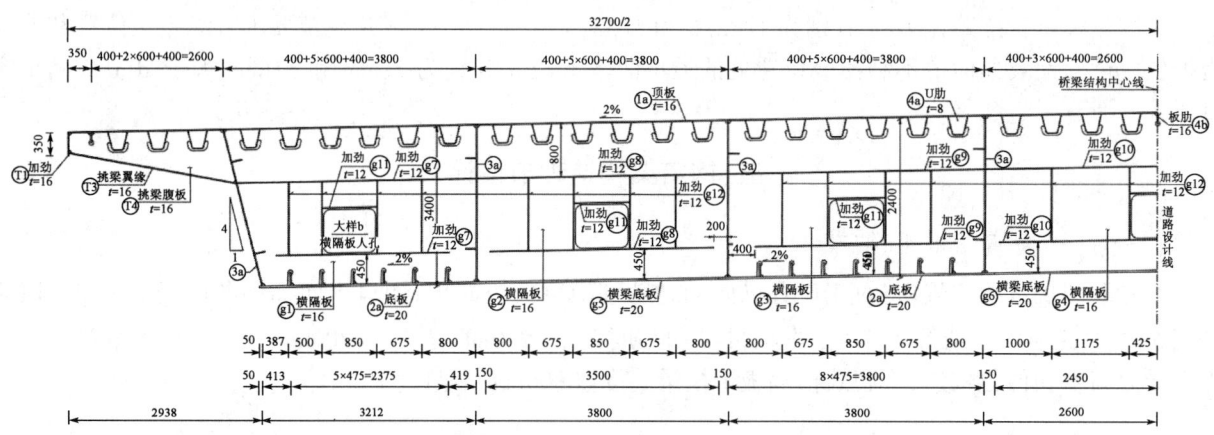

图 14　一般横隔板及横梁处人孔构造（尺寸单位：mm）

支座处横隔板等受力较大的部位，在满足人孔功能需求的前提下，尽量减小横隔板开口尺寸，采用半径 $R=500\mathrm{mm}$ 圆形人孔，并在人孔处设置补强板改善人孔周边板件应力状况。相应构造详见图 15。

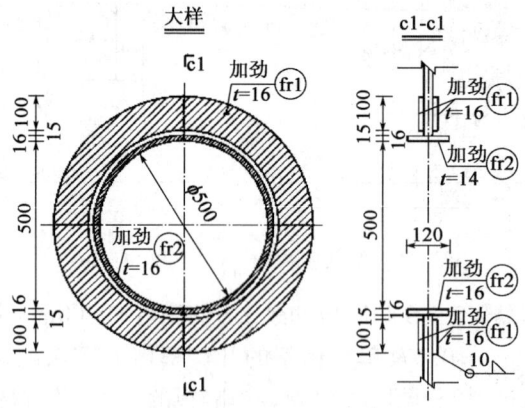

图 15　支座处横隔板人孔细部构造

### 3. 支承加劲肋细部构造

支座处承受集中荷载作用，腹板和支承加劲肋直接承受支座传来的局部荷载，腹板和支承加劲肋应力很大，需根据规范验算局部承压强度（图 16）。同时，腹板和支承加劲肋还需简化为受压短柱根据规范进行稳定验算。

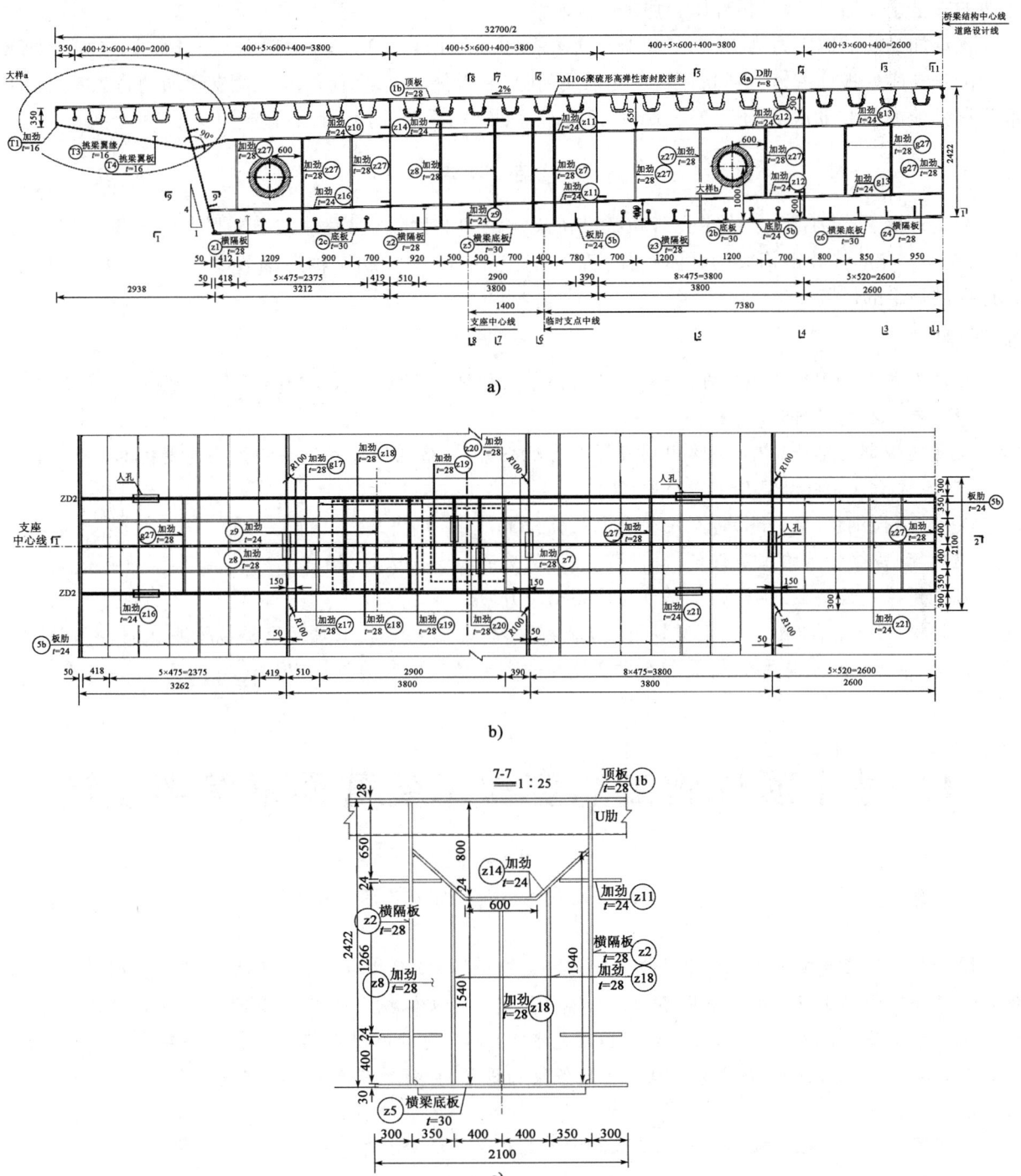

图16 支承加劲肋构造(尺寸单位:mm)

中支点处支承反力 $P=18580 \mathrm{kN}$，根据支承加劲肋构造验算，支承加劲肋局部承压计算应力为 105MPa，支承加劲肋的稳定验算应力为210MPa，均满足规范要求。

支承加劲肋上端应当尽量接触上翼缘，但桥面板的U肋会妨碍加劲肋向上延伸，使支承加劲肋离开上缘一定距离 $h$。此时需验算轮载作用下板的压屈稳定，通常按下式控制板的高厚比：

$$\frac{h}{t} \leqslant \sqrt{\frac{\pi^2 E}{12 \sigma_y}} = 20$$

支承加劲肋上端到翼缘板底面距离 $h=400\mathrm{mm}$，支点处横隔板厚度 $t=28\mathrm{mm}$，$h/t=14$，考虑板件初始弯曲的安全余度后,可满足板件压屈稳定的要求。

支承加劲肋的剪应力为 $P_{sb}/A_{sb}=(18580/4\times1000)/(1940\times28)=86\text{MPa}<185\text{MPa}$,满足规范要求。

由于支座处板件密集,空间封闭,在支承加劲肋 Z8 板件中上部开设槽口,使支承加劲肋 Z8 板件中上部至翼缘板加劲 U 肋底部的距离为 520mm,保证后期结构后期养护可检、可修、可达。

## 六、结　语

本文介绍了连续钢箱梁桥在公路和城市桥梁建设中的比较优势,并结合项目实际案例详细介绍了 35m+55m+35m 连续钢箱梁的总体布置、断面比选、结构计算分析和构造细节设计,为今后类似桥梁的设计提供一定的借鉴。

**参考文献**

[1] 中华人民共和国交通运输部.公路钢结构桥梁设计规范:JTG D64—2015[S].北京:人民交通出版社股份有限公司,2015.

[2] 交通运输部公路局,中交公路规划设计院有限公司.公路常规跨径钢结构桥梁建造技术指南[M].北京:人民交通出版社股份有限公司,2019.

[3] 吴冲.现代钢桥[M].北京:人民交通出版社,2006.

[4] 赵廷衡.桥梁钢结构细节设计[M].成都:西南交通大学出版社,2011.

[5] 日本桥梁建设协会.钢桥构造细节设计指南.2013.

[6] 成厚松,张艳静,郭夏.大悬臂宽钢箱梁支点横梁计算方法分析[J].城市道桥与防洪,2019(8):85-88.

[7] 王琼,刘斌,张胤.宽幅钢箱梁支点横梁计算方法研究[J].交通科技,2016(2):5-7.

# 13. 基于顶推施工的变曲率变截面钢箱梁设计

展丙来

(中交第一公路勘察设计研究院有限公司)

**摘　要**　步履式顶推施工技术应用在跨线桥、航道桥等项目中具有施工便捷的优势,应用逐渐增多。但在大跨径变曲率变截面梁中应用顶推技术罕见报道。论文依托实际工程,阐述了大跨径变曲率变截面梁中顶推施工关键技术,以保证航道通行和避免水中施工,通过有限元模型分析了关键不利的施工工况和运营工况的钢梁的应力,基于分析结果优化钢梁的设计,分析结果表明顶推工艺中钢梁结构安全可靠,可供类似工程参考。

**关键词**　桥梁工程　顶推施工　变截面　钢箱梁　受力分析

## 一、引　言

近几年步履式顶推技术逐渐成熟,具有设备轻巧的特点,同时也可以避免支架等施工方式的烦琐,可有效降低桥梁顶推施工对桥下车辆通行的不利影响,同时可提高施工效率,缩短建设工期。进一步扩大了顶推施工的应用场景,在施工场地限制的等高截面的桥梁中应用越来越多,具有施工便捷的优势[1-5]。但是在大跨径变曲率变截面梁中应用顶推技术罕见报道[4,5,6]。

本文依托实际工程,阐述大跨径变曲率变截面梁中顶推施工关键技术,以保证航道通行和避免水中施工,通过有限元模型分析了关键不利的施工工况和运营工况的钢梁的应力,基于分析结构优化钢梁的设计,分析结果表明顶推工艺中钢梁结构安全可靠。

## 二、工程概况

某实桥主跨径布置为66m+120m+66m,采用连续钢箱梁结构,桥面宽31m,双幅设置。主梁采用变高度钢箱梁,单幅为双箱单室截面,支点梁高5.4m,跨中梁高2.7m,采用二次抛物线变化。顶板厚16~22mm,底板厚18~30mm,腹板厚16~25mm。顶板采用U形加劲肋,腹板采用板式加劲肋,底板采用T形加劲肋,如图1所示。主梁横向设置横隔板,分为实腹式横隔板和空腹式横隔板,横隔板标准间距为2m。钢箱梁钢材主要采用Q345qD。顶推过程支反力较大,设计在中跨钢梁靠近支座端15m区域对25mm厚的两条中腹板进行间距500mm的加劲,再顺延15m对16mm厚的两条中腹板进行间距300mm的加劲,腹板加劲板横向设置,间距300mm一道在腹板内侧设置。

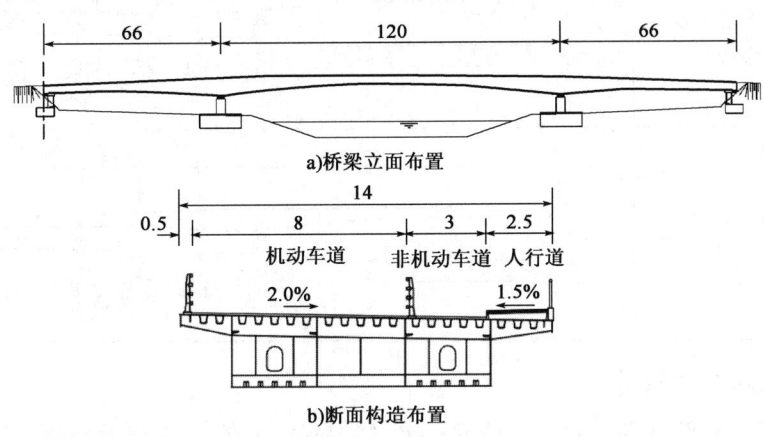

图1 变截面钢箱梁构造(尺寸单位:m)

## 三、顶推施工方案

推荐采用步履式顶推施工工艺进行钢箱梁安装施工,利用步履式顶推设备将钢箱梁由两岸拼装区域分别向中跨桥位的跨中进行顶推合龙,东岸顶推最大悬臂57m,西岸顶推最大悬臂55m。

### 1.顶推流程

设拼装支架,调整各节段高程、平面线形及节段间距,并确认无误后,在现场焊接钢箱梁节段,检测合格后,将拼装好的钢箱梁节段向前顶推,顶推设备必须同步。依次顶推、拼装,直至将钢箱梁顶推至指定位置,然后精调合龙,完成钢梁安装成型。以东岸为例,典型钢梁顶推工艺步骤见表1。钢梁顶推共计三组顶推支架,其中3号支架采用6根φ630×10mm钢管,管顶采用双拼H600型钢作纵梁;1号及2号支架采用6根φ630×10mm钢管,管顶采用三拼H440型钢作纵梁。

钢梁顶推工艺流程(单位:m) 表1

| 代表性顶推施工步骤 | 施工过程示意图 |
| --- | --- |
| 步骤1:2、3号各布置两台步履机,在拼装支架及2、3号支架上拼装钢梁节段 | |
| 步骤2:顶推一个钢梁节段,在2号支架及拼装支架上拼焊下一钢梁节段 | |

续上表

| 代表性顶推施工步骤 | 施工过程示意图 |
|---|---|
| 步骤3:重复顶推拼焊钢梁节段步骤,过程根据钢梁底部斜率设置抄垫及楔形块 | |
| 步骤4:将2号步履机周转至1号支架,拼装后续梁段,1号步履机介入顶推;顶推15.5m,在尾端拼焊下一节段 | |
| 步骤5:重复顶推、拼焊短节段步骤,直至钢梁到达预定合龙位置 | |

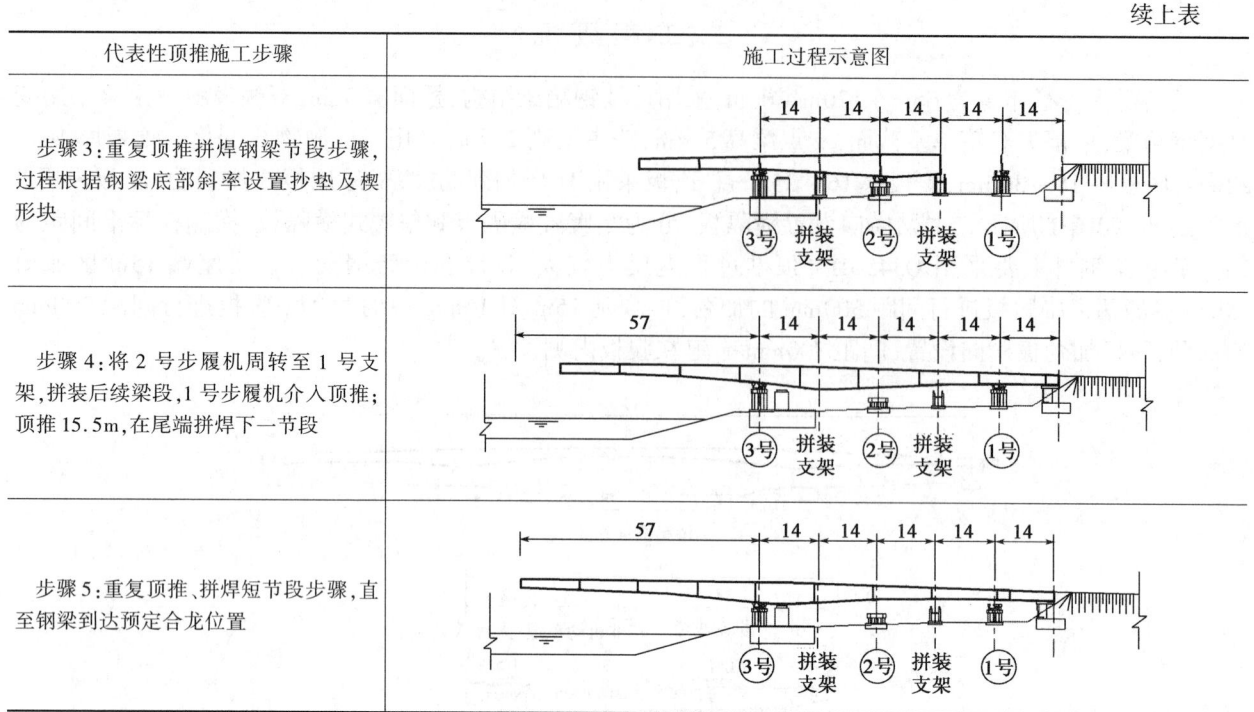

## 2. 变高截面钢梁顶推措施

钢箱梁由2.7~5.4m渐变高。每3m确定一次钢梁高程,并绘制成顶推高程数据表,模拟钢梁顶推过程姿态。梁底截面与步履机顶分配梁夹角变化,梁底夹角变化幅度为0.2%~12%,钢梁整体纵坡变化为0~3.25%。步履机顶球冠装置可调节坡度为0~5%,需增设4%坡度的楔形块以适应梁底纵坡。设一层楔形块即可适应4%~9%的坡度变化,设两层楔形块即可适应8%~13%的坡度变化,如图2所示。

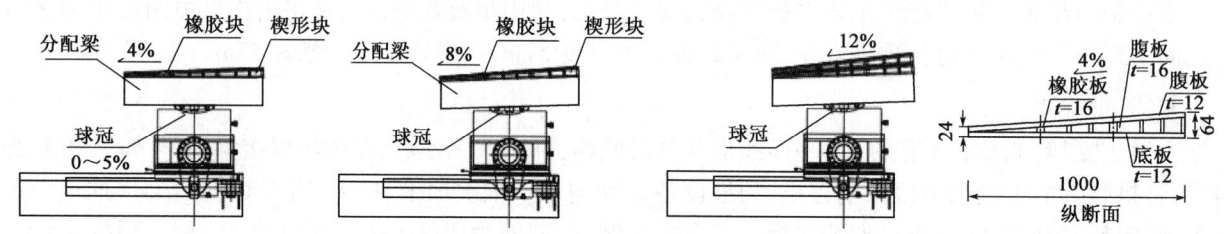

图2 楔形块示意(尺寸单位:mm)

楔形块由顶板、底板及腹板焊接构成,面板厚12mm,腹板厚16mm,顶板上附着一块1cm厚橡胶垫块以保证接触面摩擦力。利用楔形块的角度及球冠自身的角度来适应整个顶推过程的梁底角度,以使顶推设备顶部分配梁始终贴合梁底。

通过步履机上的压力与位移传感器,实时监控每台步履机顶升时的压力值与位移值,保证钢箱梁底面受力均匀,以防止钢箱梁局部压力过大而发生变形。

## 3. 顶推纠偏措施

防止钢箱梁在顶推过程中发生横向偏移的主要控制措施如下:

(1)根据路线高程和钢箱梁预拱度设计资料计算出钢箱梁梁底高程,各支架相对应的安装高程;

(2)根据步履机特点(程控方式)计算各相应支点的相对位移后的对应高程,编制顶推高程数据控制表;

(3)每台步履机都配置有两个横向纠偏顶,可以对各种情况下的偏移进行调整。若钢箱梁只有前端发生偏移,则只需对前端步履机进行局部纠偏,若钢箱梁整体发生偏移或者小幅旋转,则可通过前后纠偏顶调整偏移距离及偏移角度。在纠偏时,步履机竖向千斤顶处于顶升状态,两侧纠偏顶带动步履机上部滑箱进而带动钢箱梁向左或者向右偏移,偏移距离可根据纠偏顶行程进行调整,纠偏完成后,纠偏顶回收,竖向千斤顶回落。然后再进行下一次顶推循环。

## 四、施工阶段结构受力分析

### 1. 整体受力分析

采用 Midas Civil 2020 建立梁单元模型,主梁分 252 个单元,荷载按照规范取值。根据顶推过程工况取两个最不利工况进行结果验算。

①5.4m 梁高截面处于两处顶推支架跨中时,如图 3、表 2 所示;分析结果可知,钢梁最大组合应力为 62.2MPa,最大支点反力为 3070kN,钢梁前端最大挠度为 82mm。

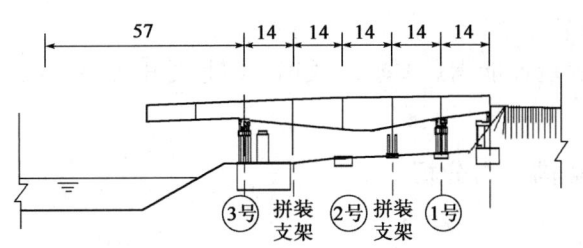 

图 3　施工阶段工况 a 及计算结果(尺寸单位:m)

②钢梁顶推至最大悬臂 57m,如图 4、表 2 所示;分析结果可知,钢梁最大组合应力为 110MPa,最大支点反力为 5167kN,钢梁前端最大挠度为 400mm。

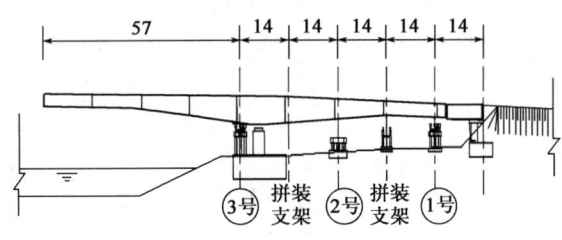 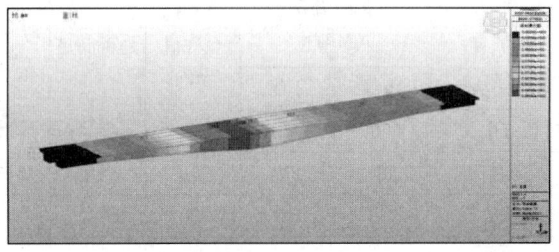

图 4　施工阶段工况 b 及计算结果(尺寸单位:m)

**施工过程计算结果汇总**　　表 2

| 工况 | 组合应力 $\sigma$ (MPa) | 最大挠度 (mm) | 步履机反力(10kN) | | | |
|---|---|---|---|---|---|---|
| | | | 1-1 号 | 1-2 号 | 3-1 号 | 3-2 号 |
| 允许值 | 275 | — | 800 | 800 | 800 | 800 |
| 工况 a | 62.2 | 82 | 307 | 307 | 220.5 | 220.5 |
| 工况 b | 110 | 400 | 516.7 | 516.7 | 89.9 | 89.6 |

由表 2 分析结果可知,钢梁顶推工况满足规范要求。

### 2. 步履顶推抗滑计算

取 2 倍安全倍数:$2F1 = 125.8t < F_摩 = 3.06MN$。故步履机顶部橡胶块与钢梁摩擦力满足要求,不会打滑。

### 3. 顶推梁体抗倾覆分析

根据顶推工艺分析可知,在顶推过程中可能发生倾覆的最大悬臂工况为最不利工况,即钢梁顶推至最大悬臂 57m,如图 5 所示。

为加强抗倾覆安全系数,根据节段划分,最后一轮顶推至 57m 悬臂前将最后边跨尾端 7m 钢梁节段吊装至钢梁尾端作配重,此时抗倾覆系数。抗倾覆满足 1.3 倍抗倾覆系数要求。

$$\frac{639.7 \times 26.25 + 51.6 \times 61}{568.3 \times 23.71} = 1.48 > 1.3$$

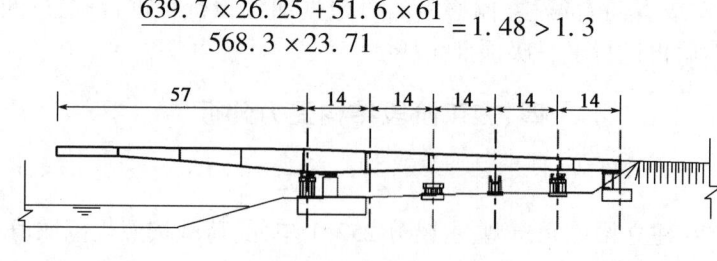

图5 最大悬臂阶段示意(尺寸单位:m)

### 4. 钢箱梁局部稳定性

钢梁受压及受拉翼缘与腹板稳定进行计算,钢梁梁高2.7~5.4m渐变,底板厚均为18mm,顶板、腹板取厚度16mm,横隔板间距2m。腹板加劲板横向设置。

故钢梁翼板受压翼缘与纵向加劲肋之间的区格稳定性能满足要求。故钢梁翼板受压翼缘与纵向加劲肋之间的区格稳定性能满足要求。

## 五、运营阶段结构受力分析

### 1. 整体受力分析

根据主梁整体应力计算结果,并考虑第二体系应力顶板40MPa,对应力分别按《公路钢结构桥梁设计规范》(JTG D64—2015)5.3.1条进行组合验算,详见表3。由此可知,应力均满足规范要求。

基本组合下应力结果  表3

| 荷载位置 | 正应力σ (MPa) | | 规范允许值 (MPa) | 是否满足 | 剪应力τ (MPa) | 规范允许值 (MPa) | 是否满足 | 正应力σ、剪应力τ组合系数 | | 规范允许值 (MPa) | 是否满足 |
|---|---|---|---|---|---|---|---|---|---|---|---|
| | 上缘 | 下缘 | | | | | | 上缘 | 下缘 | | |
| 边孔跨中 | 86 | 92 | 270 | 满足 | 32 | 155 | 满足 | 0.38 | 0.4 | 1 | 满足 |
| 中支点 | 186 | 172 | 270 | 满足 | 48 | 155 | 满足 | 0.76 | 0.71 | 1 | 满足 |
| 中孔跨中 | 213 | 192 | 270 | 满足 | 12 | 155 | 满足 | 0.8 | 0.72 | 1 | 满足 |

### 2. 疲劳分析

疲劳验算根据《公路钢结构桥梁设计规范》规定进行疲劳验算,取疲劳荷载计算模型Ⅰ。跨中区域上、下缘正应力幅分别为10.9MPa、小于考虑疲劳抗力系数调整的剪应力幅疲劳截止限值33.9MPa,剪应力疲劳验算满足规范要求。

### 3. 挠度验算

在静活载(不计冲击力)作用下,主梁跨中最大挠度为117mm,小于规范要求值L/500 = 12000/500 = 240mm,结构刚度满足规范要求。

## 六、结 语

论文钢箱梁桥顶推施工的工程实例,模拟分析了钢箱梁在顶推施工过程以及成桥状态的主要受力性能,为今后类似桥梁设计、施工提供了借鉴经验。

(1)结合楔形块的步履式顶推,可以较好地实现变截面钢梁的顶推,进一步扩大了顶推施工的应用场景。同时顶推施工线形控制及纠偏十分关键。

(2)施工过程和运营阶段的计算结果表明,顶推法施工钢箱梁桥整体应力、局部应力、稳定性等均满足规范要求,成桥运营状态应力、挠度满足规范要求。

**参考文献**

[1] 李传习,陈卓,等.变曲率竖曲线钢箱梁顶推过程受力分析[J].公路与汽运,2019.1.

[2] 陈君,吴波,等.步履式顶推施工研究综述[J].黑龙江交通科技,2021.2.
[3] 崔清强.复杂预制线形钢箱梁顶推计算分析[J].桥梁建设,2009.6.
[4] 王国兴.钢箱拱桥步履式顶推施工力学行为分析[J].价值工程,2020.6.
[5] 苏小敏.小曲率钢箱梁多点同步顶推转向技术研究[J].铁道与建筑技术,2020(05).
[6] 叶建良.瓯江北口大桥北引桥槽形钢梁顶推施工关键技术[J].桥梁建设,2020.50(S2).
[7] 耿白冰.郑北大桥钢箱梁步履式顶推技术研究[D].西安:长安大学,2019.

# 14. 整体预制工字形钢板组合梁设计及关键技术

展丙来　毛和光　凌晓政

(中交第一公路勘察设计研究院有限公司)

**摘　要**　整体预制工字形钢板组合梁是一种在梁场现浇混凝土实现钢混整体预制的预制梁,适用于连续长大高架中中等跨径的控制节点段,具有不改变架设设备而实现连续快速施工的优势,但相关设计施工、收缩徐变、负弯矩裂缝控制的应用研究较少。论文依托某高速连续高架,对50m跨径工字组合梁桥设计、施工进行了详细介绍,对比分析了整体预制梁的应力和经济性差异,探讨了混凝土板收缩徐变影响、裂缝控制等设计关键技术。

**关键词**　桥梁工程　钢板组合梁　设计施工　结构分析　收缩徐变　负弯矩区裂缝

## 一、引　言

因施工时序不同钢混组合受力时钢梁的应力状态不同,40～60m中小跨径工字形钢板组合梁可分为整体预制、分块预制组合梁[1-3]。整体预制工字形钢板组合梁是一种在预制梁场台架拼装钢梁并浇筑桥面板的组合梁形式,避免了小块预制面板的烦琐安装工序,适用于连续长大高架中40～60m跨的控制节点段,具有不改变架设设备而实现连续快速施工的优势,但目前国内该种结构类型设计施工应用、收缩徐变、负弯矩裂缝控制的报道较少[4-7]。论文对某高速公路连续高架中38m+50m+30m跨径整体预制工字组合梁桥设计施工、有整体预制梁应力和经济性的差异、混凝土板收缩徐变影响、负弯矩区裂缝控制等关键技术进行分析研究。

## 二、结构设计

城镇边缘一座高速公路高架桥(10km以上)主要采用30m标准跨预制T梁,其中的3处跨河控制节点采用了跨径38m+50m+30m的整体预制工字形钢板组合梁。半幅桥梁宽度12.5m,桥墩为桩柱墩(图1)。

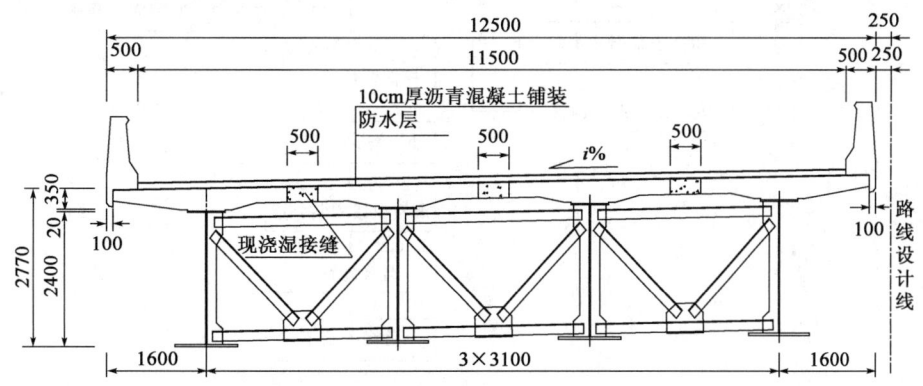

图1　横断面布置图(尺寸单位:mm)

### 1. 钢主梁设计

工字钢梁均采用 Q345D，单幅桥宽 12.25m，设 4 片钢主梁，主梁间距 3.1m；钢主梁高 2.2m，上翼缘板厚 24～32mm、宽 600mm，钢腹板厚 20mm、设置腹板加劲肋，下翼缘板厚 32～60mm、宽 1000mm，设置中支点附近受压翼板加劲肋。跨间采用空腹式横隔梁间距 6m，支点采用实腹式横梁，提高钢梁的抗扭刚度和横向整体刚度。

### 2. 桥面板设计

桥面板采用 C50 普通钢筋混凝土板，跨中厚度 25cm，钢主梁处厚 35cm，外翼板悬臂长 1.6m。单幅桥分 4 长块与工字钢纵梁整体预制，纵向湿接缝宽 50cm。桥面板与钢主梁共同预制形成单片组合"T梁"，满足混凝土龄期后，运梁至桥位处采用架桥机架设。

为控制连续梁负弯矩区混凝土板拉应力，在墩顶 6m 范围设置了 C50 微膨胀混凝土现浇带。

### 3. 连接方式设计

钢主梁与混凝土顶板间，在正弯矩区采用栓钉连接，在负弯矩区采用双开孔钢板连接，以可靠传递桥轴方向的剪力和抵抗由车轮荷载产生的横向顶板角隅弯矩。

为避开墩顶负弯矩较大的不利位置，同时减少桥面板浇筑段长度，组合梁采用支座外拼接设计，将纵向分段和拼接面设置在支座外 2.5m 的位置；采用腹板栓接顶底板焊接的组合方式，施工便捷且质量有保障。实腹式横隔板采用栓焊接的组合方式。

### 4. 预制与架设

工字形组合梁钢主梁采用工厂加工成型，单根钢梁纵向分为三段（或四段）进行加工，运输至预制场进行单片拼接。为精确控制安装线形，采用长线法工艺进行一联钢梁的组拼，一孔整体浇筑工艺进行桥面板预制。单片组合梁段采用架桥机进行安装，纵向逐孔安装，单跨采用边梁、中梁边梁的顺序安装。一联组合梁架设完成后，进行纵向湿接缝和墩顶后浇段施工。施工工序和设备基本与 30m 预制 T 梁一致（图 2）。

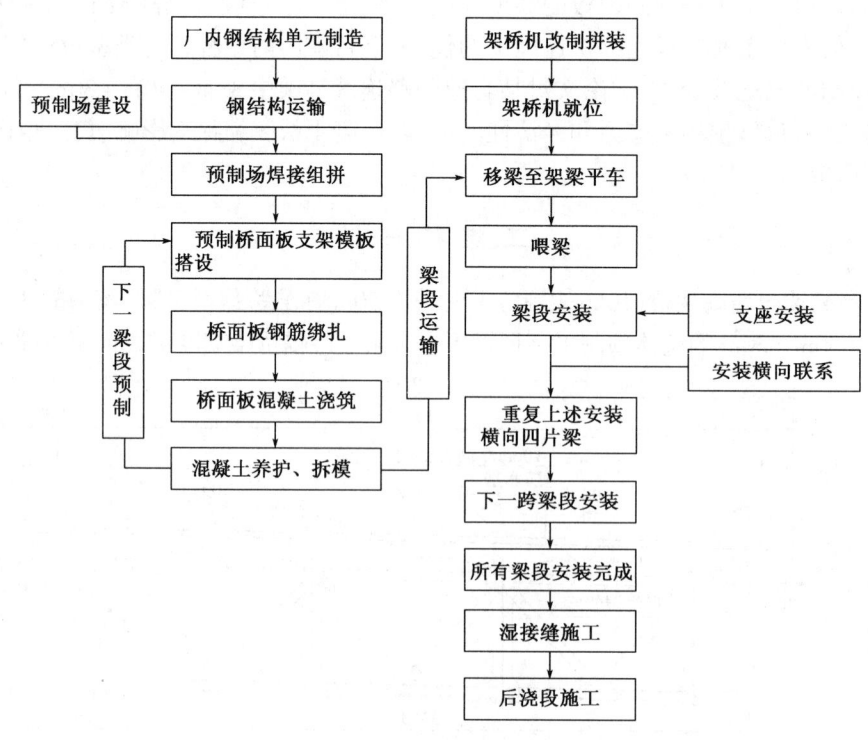

图 2　施工流程图

为了解决自重作用下,梁端产生转角,接缝处形成转角差,现场安装时螺栓孔错位,造成栓接困难,纵向接缝螺栓连接不上的问题,采取了三项关键措施:①采用长线法预制,确保预制梁与连续梁安装线形一致;②利用架桥机适应梁端转角的调整;③通过精确计算后螺栓孔设置预偏。

长线法整体预制见图3。横梁连接见图4。

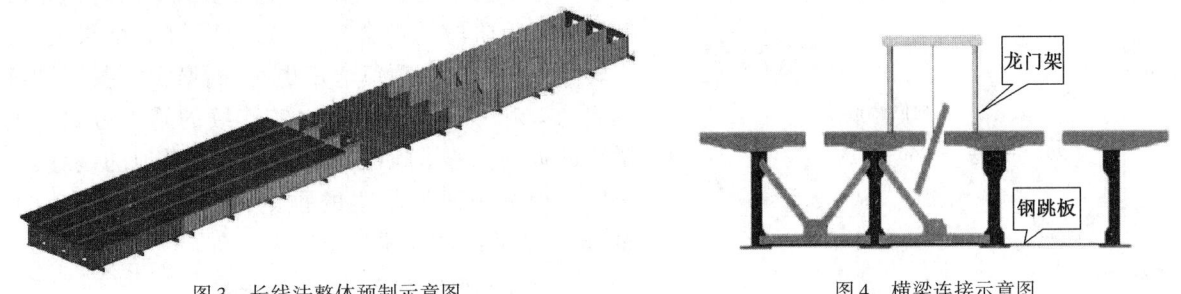

图3　长线法整体预制示意图　　　　　图4　横梁连接示意图

## 三、结构分析计算

### 1. 钢主梁应力、挠度及用钢量分析

采用 MIDAS Civil 有限元软件,以混凝土单元和钢梁单元公用节点的方式模拟计算,进行分块预制和整体预制组合梁的对比分析。钢梁恒载应力、挠度、用钢量对比结果见表1。

中跨钢梁恒载应力、挠度、用钢量对比表　　　　表1

| 叠合方式 | 钢梁上翼缘板应力(MPa) | | 钢梁下翼缘板应力(MPa) | | 腹板剪应力(MPa) | 跨中挠度(mm) | 钢材用量(kg/m²) |
|---|---|---|---|---|---|---|---|
| | 中支点 | 跨中 | 中支点 | 跨中 | 中支点 | | |
| 分块预制 | 194 | −156 | −99 | 63 | 32 | 111 | 346 |
| 整体预制 | 130 | −84 | −67 | 68 | 32 | 84 | 315 |
| 差值(整体-分块) | −64 | 72 | 32 | 5 | 0 | −27 | −31 |

注:表中应力正值表示拉应力,负值表示压应力。

由表1可见,工字形钢板组合梁截面相同时,采用整体预制比分块预制方式,钢梁中支点上翼缘拉应力减少64MPa(约33%),跨中上翼缘压应力减少72MPa(约46%),中支点下翼缘压应力减少32MPa(约32%),跨中下翼缘拉应力减少5MPa(约8%),跨中挠度减少27mm(约24%)。表明整体预制方式跨中段钢主梁的上翼缘可大幅减少,截面刚度大挠度更小。

按统一安全度进行设计时,钢材用量减少31kg/m²(约9%)。采用整体预制方式可以更好地发挥钢梁和混凝土的材料特性,减少用钢量。采用整体预制方式与分块预制方式,对于钢梁剪应力影响很小。

### 2. 施工期稳定性分析

施工阶段以含预制混凝土板组合梁自重为基准荷载,分别对分块预制的钢梁和整体预制的单梁整体稳定性进行分析。稳定分析结果:带混凝土顶板吊装时的临界荷载系数为6.532,分块预制钢梁临界荷载系数为0.4095;可见,施工期间整体预制组合梁吊装阶段稳定性远大于分块预制梁,可以很好地满足单片梁架设的需要。

由于钢主梁较轻,组合梁重心偏高,边梁钢腹板两侧桥面板混凝土不对称,使得组合梁横向稳定性差,在组合梁预制及运输过程中、安装就位时均需要设置临时侧向支撑加固保证安全。

整体预制50m钢板组合梁吊装的重量为127t,基本与40T梁吊重相当,可以实现架桥机的连续架设。不需要双片主梁一次性架设,需要特殊设计架桥机。避免了50mT梁的采用,实现了特大桥的上部全预制架设,经济性和快速施工的优势明显。

接缝连接的时间,纵向缝和接头可以同步施工,不需要等待龄期。

## 四、负弯矩区混凝土裂缝控制措施分析

### 1. 结构连续的方式影响

整体预制施工方式，在墩顶的连续方式可以分为简支转连续和逐孔连续的施工方式。两种施工方式铺装完成后阶段的组合弯矩结果见图5。结果表明，简支转连续的方式墩顶负弯矩更小，对墩顶混凝土裂缝控制更为有利。推荐采用简支转连续的施工方式。结合墩顶的强制位移措施可以较好地控制墩顶的裂缝，甚至可以实现墩顶段混凝土的预制，减少现场作业的工作量，也便于后续的运梁施工。

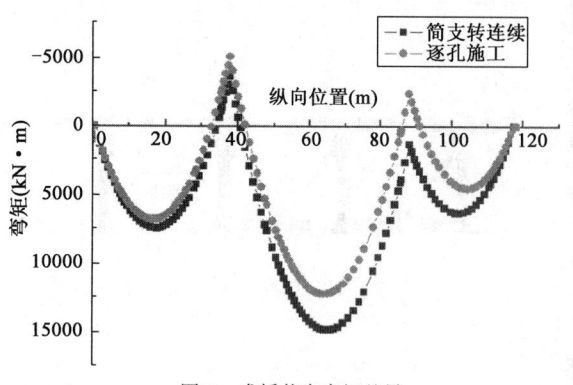

图5 成桥状态弯矩差异

### 2. 连续墩强制位移有效性

针对叠合梁负弯矩区混凝土裂缝问题[6]，以比较指标，即混凝土板应力、钢梁上翼缘应力、钢梁下翼缘应力、钢筋应力，探讨整体预制梁的有效控制措施。常用的裂缝控制措施有跨中预压、设置预应力、支点顶升回落、支点回落。其中，设置预应力、跨中预压在实际施工中可操作性相对较差，以下不做比较。均采用了分段浇筑混凝土的方式（跨中混凝土先浇筑，支点混凝土后浇筑），计算结果见表2及图6、图7。

负弯矩区混凝土控制裂缝措施效果对比（正值拉应力，负值压应力）　　表2

| 负弯矩区混凝土裂缝控制措施 | | 支点回落值（mm） | 支点处钢梁上翼缘应力（MPa） | 支点处钢梁下翼缘应力（MPa） | 混凝土面板应力（MPa） |
|---|---|---|---|---|---|
| 恒载组合 | 无顶升+无回落 | 0 | 15.8 | -62.6 | 4.86 |
| | 支点仅逐个回落 | 250 | -11.2 | -21.8 | 2.47 |
| | 逐个支点顶升+回落 | 250 | 71.5 | -66 | 2.32 |
| 频遇组合 | 无顶升+无回落 | 0 | 44 | -111 | 8.18 |
| | 支点仅逐个回落 | 250 | -30.1 | -70.6 | 5.89 |
| | 逐个支点顶升+回落 | 250 | 99.7 | -115.0 | 5.54 |

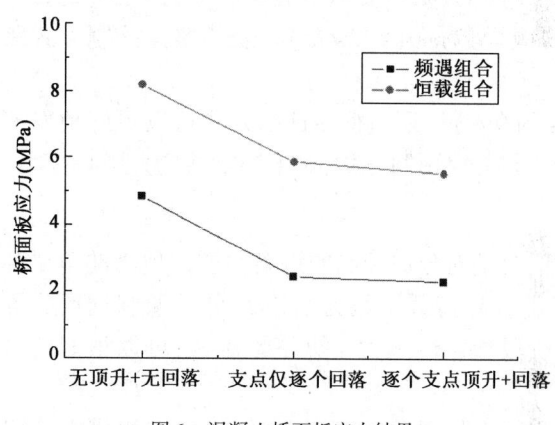

图6 混凝土桥面板应力结果

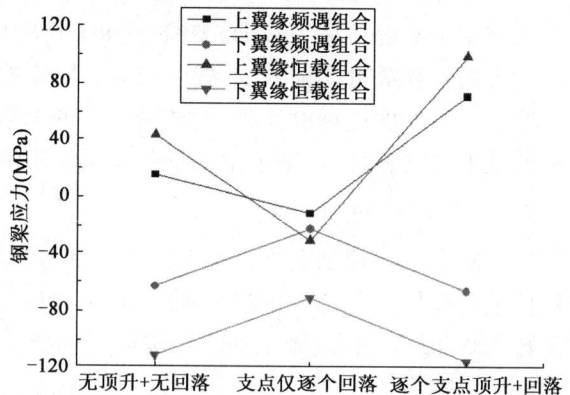

图7 钢梁应力计算结果

支点强迫位移措施可以明显改善墩顶混凝土桥面板的应力结果，恒载组合应力降低2.39MPa（49%），频遇组合应力降低2.49MPa（51%），支座顶升+回落组合与仅支座回落对混凝土板应力的影响基本一致，降低幅度基本一致。

恒载组合和频遇组合下钢梁的应力变化规律基本一致，顶升+回落措施下钢梁的上翼缘应力增加约55.7MPa，下翼缘应力基本相当，仅回落措施下钢梁的上翼缘应力减少约27MPa，下翼缘应力增加41MPa。

增加或减少的幅度均在钢梁的应力容许范围。

综合比较可见,仅支点回落的措施,可以同样实现负弯矩区应力控制目的,也减少施工过程,便于施工。

## 五、混凝土桥面板收缩徐变影响

为分析整体预制方式混凝土板的收缩徐变影响[2],开展了以3个月为步长的仿真模拟分析,提取中跨跨中截面和中支点截面结果如图8~图10所示。

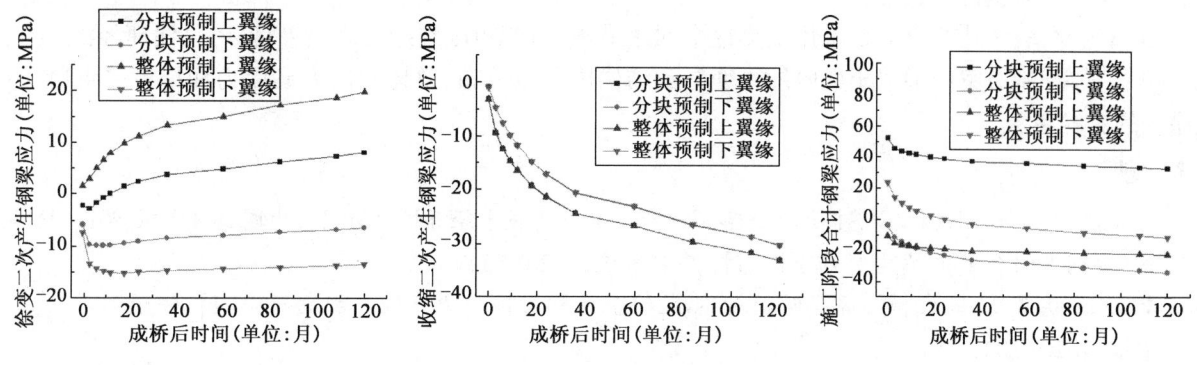

图8　支点截面钢梁上下翼缘应力结果

由图8可见,在外荷载持续不变作用下,连续钢板组合梁支点截面发生了内力重分布;钢板组合梁中混凝土桥面板收缩徐变对结构的受力影响非常大,随着运营时间的增加,结构的整体内力水平与成桥初期有较大差异。整体预制施工与分块预制施工桥面板收缩徐变对钢梁应力的影响规律相似。整体预制施工中徐变对钢梁应力的影响更大,收缩对钢梁应力的影响规律基本相当,组合作用影响变化趋势基本一致。受徐变收缩影响的钢梁应力变化幅度在钢梁容许范围内。

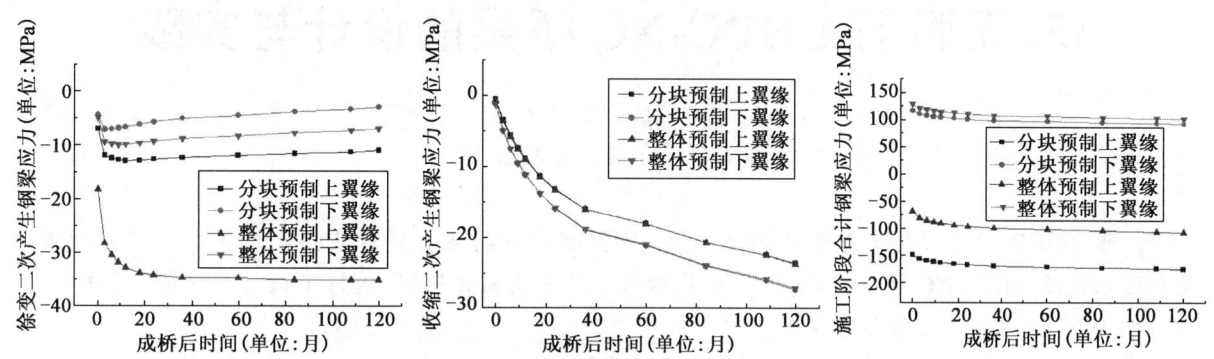

图9　跨中截面钢梁上下翼缘应力结果

由图9可见,在外荷载持续不变作用下,连续钢板组合梁跨中截面应力发生了内力重分布;钢板组合梁中混凝土桥面板收缩徐变对结构的受力影响非常大,随着运营时间的增加,结构的整体内力水平与成桥初期有较大差异。整体预制施工与分块预制施工桥面板收缩徐变对钢梁应力的影响规律相似,徐变对钢梁的影响中整体预制影响更大,收缩规律基本一致,合计影响变化趋势基本一致,徐变收缩影响变化幅度在钢梁容许范围。

由图10可见,在外荷载不变的情况下,整体预制方式中混凝土桥面板收缩徐变的影响,结构的整体变形持续增加,成桥后两年内变化较明显,之后趋于稳定;与分块预制方式相比,混凝土收缩徐变的影响更显著。因

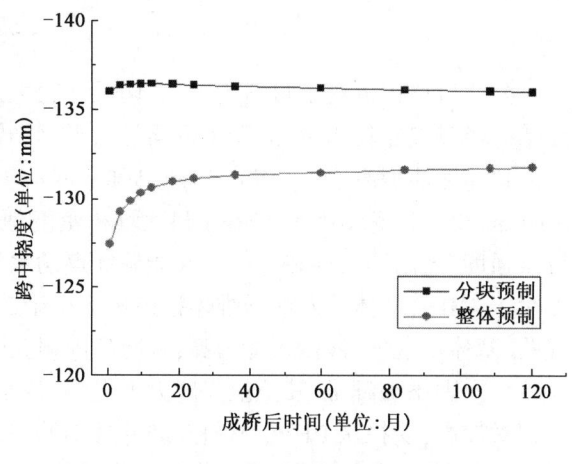

图10　跨中挠度的变化

此,整体预制方式在设计阶段需更关注混凝土收缩徐变效应对结构变形影响,对预拱度设置和钢梁应力要考虑充分。

## 六、结　语

(1)长线法预制确保了预制梁与连续梁安装线形一致,现场接头的螺栓精确连接。

(2)整体预制钢板组合梁钢主梁上翼缘用钢量可优化减少30%~46%,每平方米桥面用钢量可减少约10%,具有更好的经济性。

(3)对于一联3孔组合梁仅采用支点逐个回落措施,负弯矩区裂缝控制效果良好,且便捷经济。

(4)整体预制方案中混凝土的收缩徐变导致结构内力重分布,整体预制方案应力和挠度受混凝土收缩徐变的影响更大。

**参考文献**

[1] 刘永健,高诣民,周绪红,等.中小跨径钢-混凝土组合梁桥技术经济性分析[J].中国公路学报,2017(3).
[2] 黄玲.钢板组合梁桥结构受力分析[J].桥梁建设,2020(50).
[3] 李立峰,胡梦蝶,冯威,等.叠合时间对钢-混组合结构梁桥受力及经济影响研究[J].铁道科学与工程学报,2020(10).
[4] 周聪.钢-UHPC组合梁负弯矩区受力性能试验研究[D].长沙:湖南大学,2019.
[5] 郑和晖,巫兴发,黄跃,等.钢-混组合连续梁负弯矩区桥面板抗裂措施[J].中外公路,2014(10).
[6] 朱家海.连续组合梁桥负弯矩区支点顶升施工受力研究[J].中外公路,2014(6).
[7] 程观奇.钢板组合梁桥设计参数适应性与技术经济性分析[D].西安:长安大学,2019.

# 15. 无腹筋 UHPC-NC 桥梁的设计与实践

杨　晔　晏　辰

(苏交科集团股份有限公司)

**摘　要**　UHPC-NC 梁具有自重轻、承载力高、耐久性好等特点。针对某桥梁拼宽进行了方案比选,推荐采用无腹筋 UHPC-NC 梁替换外边梁,参考国内外规范及相关研究,进行了设计与计算,并进行试验验证,对 UHPC 桥梁设计具有参考意义。

**关键词**　UHPC　UHPC-NC 梁　无腹筋梁　拼宽桥梁

## 一、引　言

公路桥梁以混凝土材料为主,结构尺寸较大,自重占到桥梁总荷载的80%,甚至以上,结构给人以笨重感。经过多年使用后,混凝土桥梁易出现钢筋锈蚀和混凝土开裂等病害。

超高性能混凝土[1](Ultra High Performance Concrete,UHPC),也称作活性粉末混凝土(Reactive Powder Concrete,简称 RPC),是基于最大堆积密度理论及纤维增强技术而发展形成的一种具有高模量、高抗拉压强度、超高耐久性和低徐变性能等优点的水泥基复合材料。抗压强度不低于150MPa;开裂后抗拉强度大于7MPa;基体掺入钢纤维体积掺量不小于2%,材料级配优化且胶凝材料含量高,内部具有不连通的气孔,基体抵抗气、液侵入能力高,具有超高耐久性。UHPC 因其优异的性能,当运用于结构时,板厚会大大减小。因添加纤维,其抗拉强度大大提高,甚至可以取消普通钢筋。全 UHPC 梁桥结构性能优异,但造价相对较高;受拉区 UHPC 材料开裂并且钢筋屈服时,受压区 UHPC 的材料性能则未能充分发挥。因此,对于中、小跨径桥梁而言,全 UHPC 主梁结构未必是较好的选择。

UHPC-NC(普通混凝土)组合梁下缘受拉区采用UHPC的U形或I形梁[2]，上缘受压区采用现浇普通混凝土桥面板，可以充分发挥材料的性能并节省上部结构造价，兼有装配式和现浇整体式结构的优点，是一种整体性好、施工便捷、综合经济效益显著的结构形式。这种结构不仅在新建桥梁中具有较好的竞争力，而且能够适应建设条件受限的桥梁改造、拼宽等工程。

## 二、工 程 方 案

某在建高速公路桥梁总长850m，共11联，桥梁全宽33m，单幅桥宽16.25m，如图1所示。上部结构为30m跨径为主的装配式预应力混凝土简支小箱梁，结构简支桥面连续；单幅有5片梁，预制边梁高1.6m，底宽1m，顶宽2.85m，湿接缝宽0.84m。下部结构采用柱式墩、大悬臂盖梁、桩基础。本桥小箱梁已架设完成并浇筑湿接缝，桥面附属结构尚未施工。由于技术标准变化，桥梁标准断面由33m增加至35m，两侧分别加宽1m。

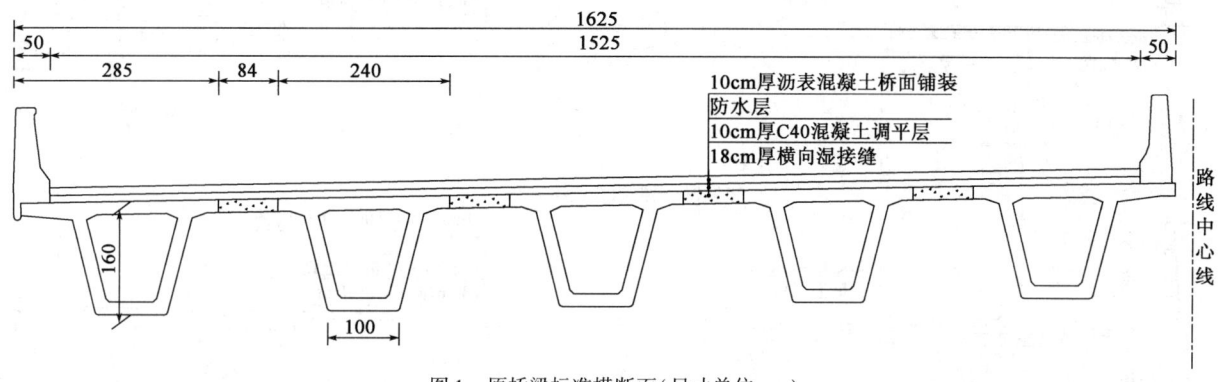

图1 原桥梁标准横断面(尺寸单位：cm)

总体方案确定拆除外边梁，新预制宽梁并通过湿接缝与原桥连接，实现外侧加宽1m；新预制梁高与原结构一致，湿接缝保持不变，以维持原中梁受力；综合工期及建设条件，改造方案应尽量减少对已建下部结构的影响。

设计就普通混凝土结构、自重较轻的钢混组合梁及UHPC-NC梁进行比选，各方案断面示意如图2所示，比选结果见表1。

方 案 比 选 表　　　表1

| 结　构 | 混凝土梁 | 钢混组合梁 | UHPC-NC梁 |
|---|---|---|---|
| 预制梁重 | 1350kN | 1112kN | 1190kN |
| 受力 | 自重大与原小箱梁刚度匹配，拼接局部受力较好 | 自重轻，承载力高；刚度较小，原次边梁及拼接缝受力增大 | 自重轻，承载力高；与原小箱梁相比刚度基本相当，受力较好 |
| 对既有结构影响 | 盖梁需要加固改造 | 无须改造 | 无须改造 |
| 施工工艺 | 成熟 | 成熟 | 较复杂 |
| 经济性 | 1.00 | 1.96 | 1.63 |
| 推荐 | — | — | 推荐 |

方案1：外边梁更换为宽混凝土箱梁，箱梁底宽1.5m，顶宽4m，由于混凝土梁自重增加以及荷载增加，需要加固盖梁提高承载力，且需凿除改造盖梁挡块。

方案2：外边梁更换为钢箱组合梁，钢箱底宽1m，顶宽4m；由于钢结构自重轻，原桥下部满足规范要求；但钢箱组合梁的刚度小，外侧重车作用下，湿接缝及原桥内边梁的受力较为不利。

方案3：外边梁更换为UHPC-NC梁，预制梁底宽1m，顶宽4m；自重介于混凝土梁及钢混组合梁之间，原桥下部满足规范要求；UHPC-NC梁刚度较大，原桥内边梁及湿接缝的受力基本保持不变。

UHPC-NC梁的自重较轻，刚度大，承载力高，耐久性好，后期基本无养护；原有结构受力基本不变。国内已建某16m跨径匝道桥，采用工字型梁；某30m跨径人行天桥，采用π型梁等[2]，材料及施工均有成功工程案例，故推荐采用UHPC-NC梁进行拼宽。

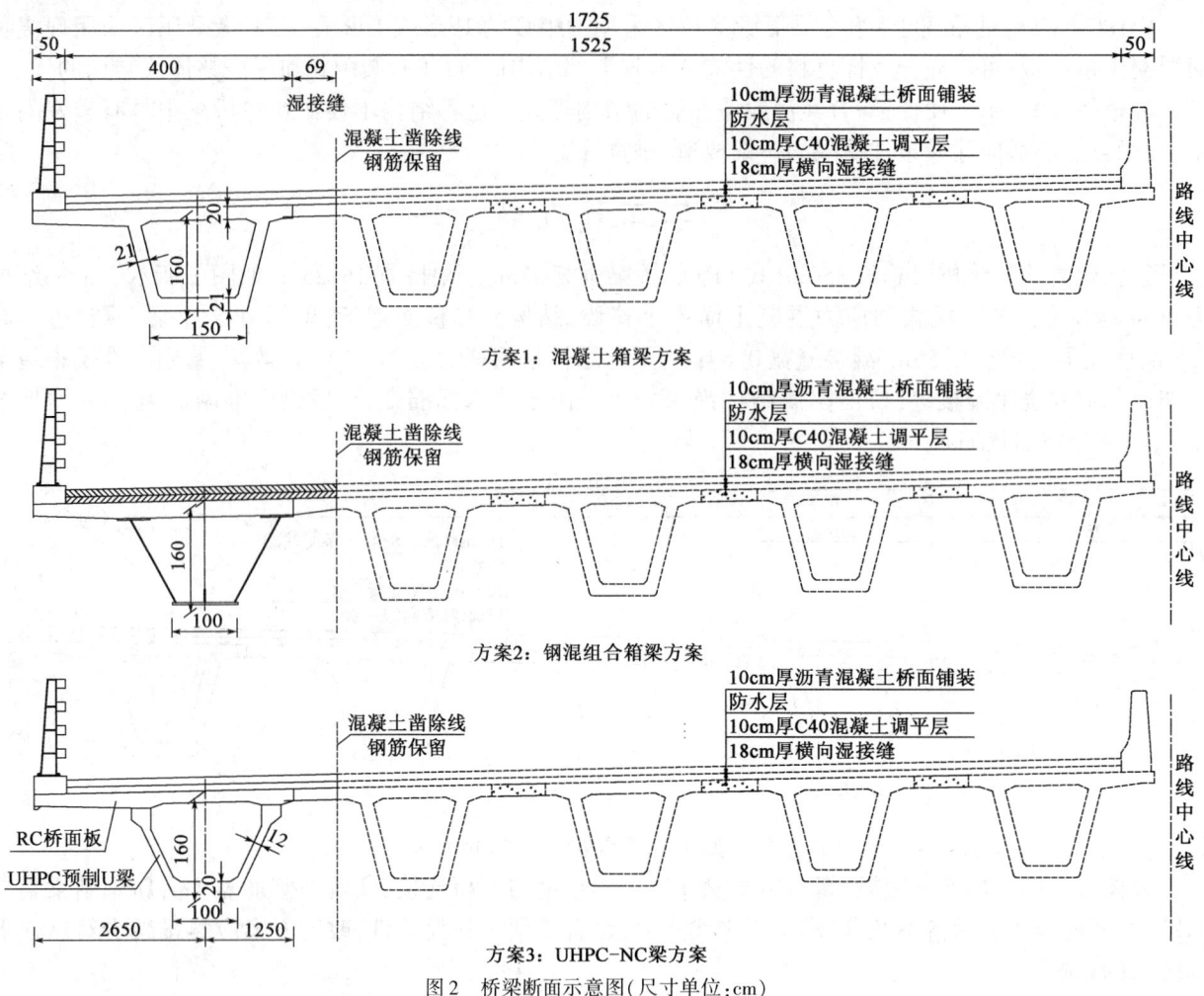

图 2　桥梁断面示意图(尺寸单位:cm)

## 三、结构设计与计算

### 1. 总体设计

UHPC-NC 梁采用原小箱梁外形,梁高 1.6m。预制 U 梁采用 UHPC,桥面板采用钢筋混凝土。综合生产能力及运输条件,将 UHPC 梁分为三段在工厂预制,运输至桥位胶拼,再张拉预应力形成 U 梁。在 U 梁顶现浇桥面板形成 UHPC-NC 预制梁。为了减少后期养护方便施工,采用体内预应力,按照全预应力构件设计。

在普通混凝土规范中,抗剪承载力的计算分别考虑混凝土和箍筋、普通弯起钢筋、预应力弯起钢筋的抗剪强度贡献。UHPC 由于钢纤维的存在,开裂后纤维将起到桥接裂缝的作用,可以承担一部分剪力[2][3],与抗剪钢筋的抗剪原理十分类似。为了充分发挥 UHPC 材料性能,结合国外成功经验,取消腹板内的箍筋,减小截面尺寸,降低自重,也简化了施工工艺。

### 2. 结构设计

30m 跨径预制 U 梁高 142cm,顶宽 230cm,底板宽 100cm;腹板不配置普通钢筋、且无腹板预应力钢束,可取较小的尺寸以方便施工,经计算比较后取为 12cm。跨中底板厚 20cm 以满足体内预应力管道的构造要求,端部底板加厚至 50cm 以方便预应力锚固。端部设置 65cm 厚横隔板,跨间不设中隔板。预制 U 梁节段间采用环氧接缝,表面设置剪力键,构造见图 3。

预制 U 梁顶现浇 C50 钢筋混凝土桥面板,悬臂端部及跨中厚 18cm,腹板处厚 24cm。为了提高桥面板承载力,考虑 7cm 调平层参与结构横向受力。U 梁顶面面凿毛,并设置 d16@10cm 抗剪钢筋,满足 U 梁与桥面板间抗剪要求。

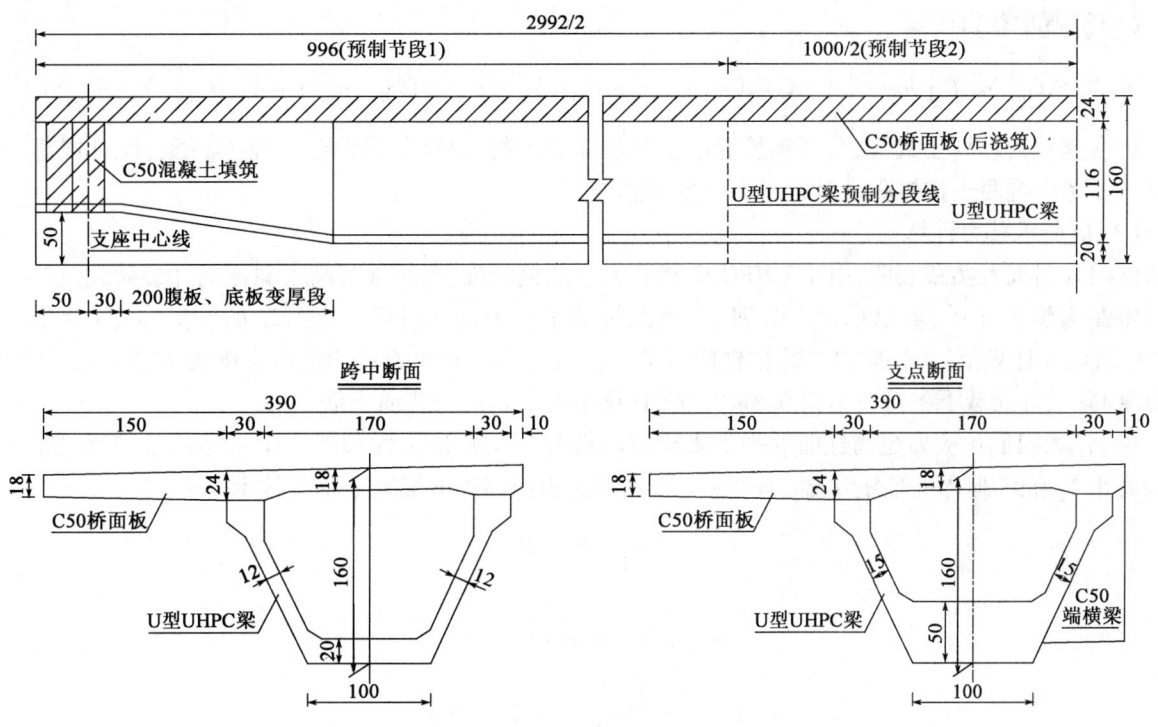

图3 UHPC-NC梁一般构造图(尺寸单位:cm)

U梁按照全预应力构件设计,底板内布置4束15-17体内束;顶部利用马蹄的空间布置2束15-5体内束。预应力束为直线束,底板束在支点处上弯,满足锚固要求,预应力钢束断面见图4。

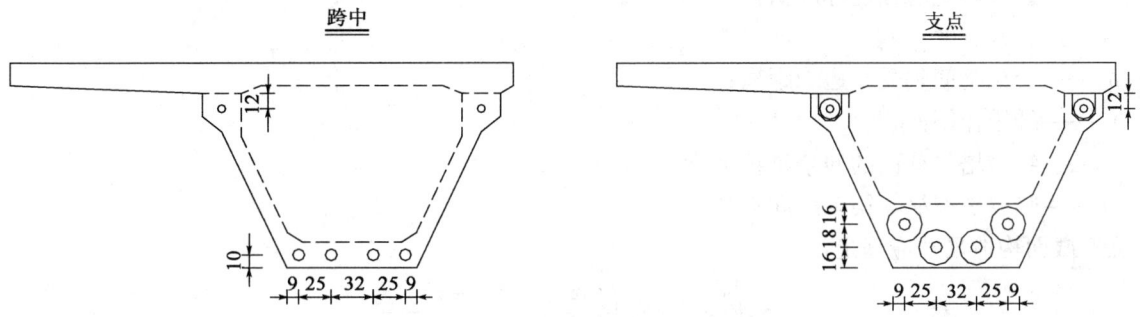

图4 UHPC-NC梁预应力断面图(尺寸单位:cm)

## 3. 结构计算

我国目前UHPC桥梁结构研究处于起步阶段,规范等均在编制中;设计参考了《无腹筋预应力超高性能混凝土梁桥技术规范》[3]以及法国UHPC结构设计规范进行持久状况承载能力极限状态计算。根据我国《公路桥涵设计通用规范》及《公路钢筋混凝土及预应力混凝土桥涵设计规范》[4][5]进行了持久状况正常使用极限状态的验算。

采用了UHPC150,组分通常包括水泥、石英砂、石英粉、粉煤灰、硅灰、高效减水剂、钢纤维和水,其中水胶比宜为0.16~0.22,其配合比要求应满足国家标准《活性粉末混凝土》要求。重度 $\gamma = 25.0 kN/m^3$,弹性模量为 $E_c = 4.25 \times 10^4 MPa$;UHPC采用高温蒸养,不计收缩,徐变按试验数据取值0.2。主要材料指标如表2。

材料指标表(MPa) 表2

| $f_{ck}$ | $f_{cd}$ | $f_{tk}$ | $f_{td}$ |
| --- | --- | --- | --- |
| 105 | 72.8 | 7.2 | 4 |

(1) 抗弯承载力计算

$$\gamma_0 M_d \leq \phi_b \left[ b_f' x f_{cd} \left( h_0 - \frac{x}{2} \right) + A_s' f_{sd}' (h_0 - a_s') + A_{p,i}' (f_{pd,i}' - \sigma_{p0,i}')(h_0 - a_{p,i}') - A_{p,e} \sigma_{pd,e} (h_0 - h_{pu,e}) \right]$$

抗弯承载力计算公式与《公路钢筋混凝土及预应力混凝土桥涵设计规范》基本一致,详见规范[5],偏安全的不考虑混凝土抗拉强度对承载力的提高影响。

(2) 抗剪承载力计算

国内外研究及实践表明,由于 UHPC 中掺有大量的钢纤维,钢纤维提高了斜截面开裂荷载,在开裂后起到限制裂缝的作用,可以承担部分剪力,因此抗剪承载力计算可考虑钢纤维的抗剪作用;参考《法国 UHPC 结构设计规范》弹性阶段计算构件腹板的主拉应力小于 $0.40 f_{tk}/K$ 时,可不配置箍筋。设计结构预应力度高,设计荷载下主拉应力仅 0.8MPa,故 U 梁未配置箍筋及普通主筋。

根据《无腹筋预应力超高性能混凝土梁桥技术规范》[3],预应力无腹筋 UHPC 梁的抗剪承载能力 $V_U$ 由混凝土 $V_c$ 和纤维 $V_f$ 两部分组成。详见《无腹筋预应力超高性能混凝土梁桥技术规范》[3]。

$$V_U = V_c + V_f$$

$$V_f = \frac{A_{fv} \sigma_f}{\tan \theta}$$

$$V_c = \frac{0.21}{\gamma_c} k_N (f_{cu,k} - 15)^{\frac{1}{2}} b h_0$$

式中:$\gamma_c$——材料分项系数,取 1.45;

$k_N$——预应力提高系数;

$f_{cu,k}$——立方体抗压强度标准值;

$b$——腹板宽度;

$h_0$——受拉钢筋到受压边缘距离;

$A_{fv}$——纤维作用面积;

$\sigma_f$——纤维增强截面的残余抗拉强度;

$\theta$——临界斜裂缝与梁轴线间夹角。

抗剪截面构造尺寸应满足:

$$\gamma_0 V_d \leq 2 \times 1.14 \frac{\alpha_{cc}}{\gamma_c} bz \frac{(f_{cuk} - 15)^{2/3}}{\cot\theta + \tan\theta}$$

(3) 预应力锚固计算

本桥采用体内预应力,结构尺寸大小很大程度取决于预应力布置及锚固。根据规范进行局部锚固计算,并联合锚具厂家开展锚固专题及试验研究。试验及有限元计算结果表明,与常规 C60 混凝土相比,锚垫板尺寸及锚垫板布置间距可以适当减小,最终锚固间距取值见表 3。螺旋筋对局部承载性能的提高起到了关键性作用,适当增加分布钢筋,可以改善局部承载性能,抑制裂纹拓展。设计配置了 d16 螺旋筋,并设计了 4 层 d12 锚下分布钢筋。

锚垫板间距表　　　　　　　　　　　　　　　　　　　　　表3

| 锚　具 | 设计值(mm) | |
|---|---|---|
| | 锚垫板最小中心距 | 锚垫板中心距混凝土边缘 |
| M15-17 | 310 | 160 |
| M15-21 | 350 | 200 |

(4) 主要计算成果

计算结果表明均满足规范及相关规程要求。详见表 4。

主要计算结果　　　　　　　　　　　　　　　表4

| 结构 | 项目 | | 计算结果 |
|---|---|---|---|
| U梁(MPa) | 施工阶段最大拉应力/允许值 | | 1.6/4.54 |
| | 施工阶段最大压应力/允许值 | | -32.7/-66.15 |
| | 正截面频遇组合/允许值 | 上缘 | -8.2/0 |
| | | 下缘 | -5.9/0 |
| | 正截面标准组合/允许值 | 上缘 | -30.7/-52.5 |
| | | 下缘 | -35.9/-52.5 |
| UHPC-NC梁 | 抗弯承载能力安全系数 | 跨中 | 1.20 |
| | | 接缝 | 1.27 |
| | 抗剪承载能力安全系数 | 支点 | 1.62 |
| | | 接缝 | 1.90 |

## 四、施工与试验

### 1. 施工

UHPC梁的施工步骤如下：

(1)在预制工厂将UHPC-U梁分为三段进行预制和蒸汽养护。

(2)将预制完成的UHPC-U梁分段运输至桥位，在已建桥梁桥面，将三段UHPC-U梁纵向通过胶接缝连为整体。张拉U梁中顶、底板的全部钢束。

(3)浇筑UHPC梁的混凝土桥面板、端横梁及中横梁。

(4)吊装UHPC-NC梁安装就位，将桥面板、横梁的伸出钢筋与原小箱梁伸出钢筋焊接，浇筑桥面板及端横梁、中横梁湿接缝，完成UHPC-NC梁与原小箱梁的连接。

(5)施工桥面附属设施。

### 2. 试验研究

本桥进行了UHPC-NC梁足尺模型的抗弯破坏试验，如图5所示，采用跨中三分点加载(加载点间距5m)，设计荷载15882kN·m，实际承载力约24840kN·m，表明结构有足够的承载力富裕。

图5　足尺模型试验

## 五、结　语

本桥采用UHPC-NC梁改造拼宽既有桥梁，充分利用UHPC材料的高强度，显著减小断面尺寸，结构自重仅为普通混凝土结构的85%，承载力更高，避免了下部结构的改造。此外，由于自身强度较高，采用全预应力体系,完全取消普通钢筋,简化了施工工艺,降低了劳动力成本,实现了装配化施工。这种新颖的高性能桥梁结构,无论在新建桥梁还是旧桥改造,都具有广阔的应用前景,对提升我国桥梁技术水平具有重要意义。

**参考文献**

[1] 孙莉,戴玮.超高性能混凝土在桥梁工程中的应用案例分析[J].北方交通,2017(11):16-19.

[2] 孙向东,马玉全,田月强.超高性能混凝土桥梁设计与施工关键技术问题探讨[J].广东公路交通,2019,45(5):25-30.

# 16. 旧桥通航防撞能力提升设计分析

胡秀月　姚永健

(东莞市交通规划勘察设计院有限公司)

**摘　要**　在公路桥梁抗撞设计新规范颁布的背景下,桥梁通航防撞的设计思路及船撞力选取与旧规范相比变化较大,新规范更加全面细致、科学合理、有针对性,更贴近国内桥梁通航的现状,更方便指导实际的工程设计。本文针对交通运输部印发的《船舶碰撞桥梁隐患治理三年行动实施方案》以及新旧规范衔接的特殊时期,对现状旧桥通航防撞能力提升设计存在的问题进行分析,并提出相应的设计思路及建议。

**关键词**　公路桥梁　通航防撞　新旧规范衔接　设计思路

## 一、引　言

船舶碰撞桥梁隐患治理三年行动是交通运输部、国家铁路局、国铁集团联合部署的专项整治水上交通安全隐患的重大举措,目的在于健全安全管理责任体系,提高航道通航保障服务水平,提升桥梁防撞能力,防止重特大事故发生。实施方案要求参照《公路桥梁抗撞设计规范》(JTG/T 3360-02—2020)新规范对现有桥梁进行全面排查,并进行抗撞性能验算,对抗撞性能不满足要求的桥梁采取加装防撞设施、加固或改造桥梁等方式提升防撞能力,并考虑加装主动预警装置及加强现场管理等措施保证桥梁和船舶的安全[1]。

本文根据桥梁通航防撞新旧规范的设计思路及船撞力计算的取值差异,对旧桥通航防撞能力提升存在的问题进行分析,并提出相应的设计思路和建议。

## 二、国内桥梁抗撞能力统计

随着国内经济的快速发展,在"东部率先、中部崛起、西部大开发"的战略引导下,我国桥梁规模不断增长。据相关资料统计,我国已建成桥梁当中,跨航道桥梁通航孔的涉水桥墩数量为17684个,涉及9285座桥梁,其中抗船撞能力不足的桥墩占36%,数量为6358个,涉及2244座桥梁,除此之外,尚有7921座桥梁未做抗船撞能力统计,抗撞能力未知的桥墩占45%。非通航孔的涉水桥墩数量为10062个,涉及1985座桥梁,其中抗船撞能力不足的桥墩占30%,数量为3067个,涉及484座桥梁,除此之外,尚有约7810座桥梁未做抗船撞能力统计,抗撞能力未知的桥墩占54%。可见我国现有通航桥梁数量庞大,抗撞能力不足的桥墩占比较高,存在巨大的安全隐患。

随着国内陆路和水路交通运输的迅速发展,桥梁遭受船舶撞击的风险显著提高,而航道桥梁大多数为陆路交通的咽喉和重要节点,一旦破坏产生的影响巨大。根据《交通运输部关于开展防范船舶碰撞桥梁调研报告》(交办水函〔2019〕745号)的数据,近5年来我国共发生204起船舶碰撞桥梁事故,船桥碰撞事故已成为影响航道桥梁安全的控制因素,迫切需要对旧桥的抗撞能力进行全面排查,并对抗撞能力不足的桥梁进行防撞能力提升。

## 三、新旧规范对比分析

现行《公路桥梁抗撞设计规范》(JTG/T 3360-02—2020)(简称现行新规范)于2020年8月1号开始实施,在这之前桥梁抗撞设计均依据《公路桥涵设计通用规范》(简称原通用规范)(JTG D60—2015)的要求。

1.《公路桥涵设计通用规范》(JTG D60—2015)的设计思路

(1)明确了桥梁船撞的设计原则。通航水域中的桥梁墩台,设计时应考虑船舶的撞击作用,船舶的撞击作用设计值宜逐桥按照专题研究确定;

(2)按照静力法给出了内河航道和通航海轮航道的船撞力设计值。当缺乏实际调查资料时,四至七级内河航道船舶作用设计值和海轮撞击作用设计值可以按照规范给出的参考值选取。

原《公路桥涵设计通用规范》的规定总体来说比较宽泛,采用基于单一目标来设计,在船型多样化、吨级大型化的通航背景下过于简单粗糙,缺乏行业规范的引导,且船桥撞击设计理论在动力设计和失效概率设计方面存在严重不足,规范将桥的船撞力当作偶然荷载来处理,且等效为一个水平静力作用,使得设计结果与实际情况存在一定的差距。总的来看,原通用规范的设计思想和设计策略不明确,对桥梁船撞问题的重视程度不够[9]。

2.《公路桥梁抗撞设计规范》(JTG/T 3360-02—2020)的设计思路

(1)新规范明确适用于公路新建桥梁主体结构的抗船撞设计。

(2)提出基于性能的抗撞设计方法,分类分级设防。基于性能的设计方法,考虑撞击发生的概率和撞击力的强度等因素,采用一系列的结构性能目标作为设计原则,保障在撞击作用下实现结构预定的功能。抗船撞性能验算应分别进行强度验算和变形验算。

(3)设防船撞力的计算上,提出了适应于工程实际设计的经验取值法,考虑了船舶尺寸和排水量、船舶撞击速度(考虑水位高低、船速、水流速度的影响)和撞击角度;设防代表船型的确定方法上,引入了分位值法和概率-风险分析方法,要求更严,安全水准更高。

(4)船撞效应计算采用质点碰撞法和强迫振动法,将动力学的理论作用于桥梁结构上,作为等效静力法的重要补充,适用于不同的设计阶段及研究要求,实际应用中根据具体情况选择相应的方法。

(5)桥梁的抗撞设计应以结构自身抗撞为主,必要时可采用防船撞设施。明确了新建桥梁结构自身应具有抵抗设防船撞力的能力,如果为了应对超越设防船撞力标准的撞击事件、防止桥梁局部破坏及兼顾船舶的保护考虑,可以设置:①主动防撞设施(包含预警、拦截、助航设施、管控措施等)降低船撞概率;②结构性防撞设施(防撞墩、防撞桩、各类防撞套箱等)降低船撞效应、减小对桥梁主体结构的损伤。

现行《公路桥梁抗撞设计规范》体现了"综合防控、抗防结合、标本兼治、本质安全"的理念。新规范要求合理确定桥位、桥型、跨径和构造,规范防撞设施的设置要求,提出降低船撞效应的设施要求和基于性能的抗撞设计方法。为我国桥梁抗撞防撞设计提供引导性技术方法,是对原通用规范的重要补充,与原通用规范一起构建成公路桥梁抗撞防撞设计规范体系,从总体上降低船撞概率,更科学合理,安全水准更高,符合国内陆路和水路交通的现状和需求,基本上达到美国和欧洲的水平。

3.设防船撞力计算对比

就实际设计工作而言,不论对于船舶设计师还是对于桥梁设计师,首先是如何科学地确定船桥碰撞力。船撞桥的力学问题研究涉及船型、船舶结构、撞击速度、撞击角度、桥梁结构、航道水深等多种因素,本质上是一个复杂的冲击动力学问题。大量的船撞桥事故调查分析以及模型试验表明,问题的焦点集中在船舶的撞击动能、船撞力、船舶结构的形变势能、桥墩防撞装置的吸能能力等方面。所有这些特点使得船与桥墩碰撞问题的研究变得相当复杂和困难,很难用一个精确的数学和力学模型来描述整个船撞桥的过程。

现有的船桥碰撞问题的研究方法主要有简化解析法、实验研究法、经验公式法以及数值模拟方法。在工程的实际应用中,为了简化设计,通常将动态的船舶撞击过程用一个等效静力来近似替代。现有国内外各种规范中的船撞桥碰撞力的计算公式,如我国现行铁路规范公式、公路规范公式、美国指导规范(ASHHTO)公式和欧洲统一规范公式等,本质上都是建立在船撞桥的刚体或弹性体碰撞的简单理论基础上,再作若干修正的半经验公式。

①原通用规范未给出明确的船撞力计算公式,规范明确船舶的撞击作用设计值宜逐桥按照专题研究确定,当缺乏实际调查资料时,四至七级内河航道船舶作用设计值和海轮撞击作用设计值可以按照表1、表2来取值。

内河船舶撞击作用设计值    表1

| 内河航道等级 | 船舶吨级 DWT(t) | 横桥向撞击作用(kN) | 顺桥向撞击作用(kN) |
| --- | --- | --- | --- |
| 四 | 500 | 550 | 450 |
| 五 | 300 | 400 | 350 |
| 六 | 100 | 250 | 200 |
| 七 | 50 | 150 | 125 |

当缺乏实际调查资料时,海轮撞击作用的设计值可按表2取值。

海轮撞击作用设计值    表2

| 船舶吨级 DWT(t) | 3000 | 5000 | 7500 | 10000 | 20000 | 30000 | 40000 | 50000 |
| --- | --- | --- | --- | --- | --- | --- | --- | --- |
| 横桥向撞击作用(kN) | 19600 | 25400 | 31000 | 35800 | 50700 | 62100 | 71700 | 80200 |
| 顺桥向撞击作用(kN) | 9800 | 12700 | 15500 | 17900 | 25350 | 31050 | 35850 | 40100 |

规划航道内可能遭受大型船舶撞击作用的桥墩,应根据桥墩的自身抗撞击能力、桥墩的位置和外形、水流流速、水位变化、通航船舶类型和碰撞速度等因素作桥墩防撞设施的设计。当设有墩台分开的防撞击的防护结构时,桥墩可不计船舶的撞击作用。

②我国现行新规范中5.1条,对我国多艘代表性船舶的船撞动态时程进行数理统计分析,给出了轮船和驳船的撞击力计算公式,根据设防代表船型尺寸、撞击速度(考虑水位高低、船速、水流速度的影响)、撞击角度等参数,对计算公式进行修正,同时还给出了轮船甲板室和桅杆对桥梁上部结构的撞击力公式,以及船撞力在桥梁结构上施加的位置和角度。

③现行新规范给出了我国《公路桥梁抗撞设计规范》《公路桥涵设计通用规范》和美国《公路桥梁船撞设计指南》对于海轮和内河船舶撞击力的计算取值对比表见表3、表4。

轮船撞击力的比较(MN)(船舶撞击速度3m/s)    表3

| 船舶吨位(DWT) | 本规划的计算值 | 中国公路桥涵设计通用规范 | 美国公路桥梁船撞设计指南 |
| --- | --- | --- | --- |
| 3000 | 18.3 | 19.6 | 20.05 |
| 5000 | 24.4 | 25.4 | 25.88 |
| 7500 | 30.6 | 31.0 | 31.70 |
| 10000 | 36.0 | 35.8 | 36.60 |
| 20000 | 53.0 | 50.7 | 51.76 |
| 30000 | 66.5 | 62.1 | 63.39 |
| 40000 | 78.2 | 71.7 | 73.20 |
| 50000 | 86.6 | 80.2 | 81.84 |

驳船撞击力的比较(MN)(船舶撞击速度3m/s)　　　　表4

| 船舶吨位(DWT) | 本规范的计算值 | 中国公路桥涵设计通用规范 | 美国公路桥梁船撞设计规范 |
| --- | --- | --- | --- |
| 50 | 0.62 | 0.15 | 3.67 |
| 100 | 1.00 | 0.25 | 6.18 |
| 300 | 2.17 | 0.40 | 6.57 |
| 500 | 3.10 | 0.55 | 6.80 |
| 1000 | 5.04 | 0.80 | 7.57 |
| 2000 | 8.18 | 1.10 | 8.82 |
| 3000 | 10.87 | 1.40 | 10.18 |

根据上表可以看出,对于海轮船撞力三种规范计算结果基本一致,相差比较小,对于内河驳船撞击力相差比较大。Ⅲ级航道1000t船舶撞击力,原通用规范取值为800kN,2020年新抗撞规范取值为5040kN,美国规范取值7570kN。可以看出,我国现行新规范《公路桥梁抗撞设计规范》计算结果除3000T级外,均小于美国《公路桥梁船撞设计指南》,均大于我国原《公路桥涵设计通用规范》。对于Ⅲ级航道,2020现行新规范取值为原通用规范取值的5040/800 = 6.3倍,Ⅳ级航道为3100/550 = 5.6倍,Ⅵ级航道为1000/250 = 4倍,现行抗撞规范对于船撞力的取值为旧规范的4~8倍。

## 四、旧桥防撞能力提升分析

我国现状桥梁抗撞设计基本上是按照原通用规范的船撞力取值计算,而交通运输部下达的船舶碰撞桥梁隐患治理三年行动实施方案,要求按照现行《公路桥梁抗撞设计规范》(JTG/T 3360-02—2020)对旧桥进行抗撞性能验算,因新旧规范的设计思路和船撞力取值差异较大,大部分现状桥梁的抗撞性能均达不到新规范的标准,尤其是通航驳船的内河桥梁,抗撞能力缺失较大。

降低船撞事故概率,提升桥梁的抗撞能力的措施主要有以下几种:

(1)对桥梁主体结构(桥墩、桩基等)进行加固,提高桥梁自身的抗船撞能力,常用的有增大墩柱截面、增加桩基根数等方式。这种方法因涉及水下施工,施工难度大工期长,造价高,且对通航运营影响较大。

(2)设置结构性防船撞设施。分为附着式(固定式和浮动式)和独立式,目前国内防船撞设施主要采用的材料为钢、橡胶、复合材料和混凝土材料中的一种或者几种材料组合而成,形状一般采用有利于改变船舶撞击后航向的圆形或者椭圆形。

①附着式防船撞设施(固定式和浮动式),以桥梁墩台为主要承载部件,将防船撞设施与桥墩采用某种方式连接,将撞击能量通过防撞设施的弹性或塑性变形进行消耗,分散或者缓冲船舶对下部结构的撞击作用,降低主体结构的撞击效应(图1、图2)。

图1　附着式(固定)防船撞设施

②独立式防船撞设施,桥墩与防撞设施之间是独立的,设置于桥墩的上游或者下游,防船撞设施独立承担船舶的撞击,避免船舶对桥梁下部结构的撞击作用,可以起到拨转船头的作用,减少船舶能量交换,

常用的比如柔性防撞桩、刚性的防撞岛、拦截锁链等(图3)。

图2 附着式(浮动)防船撞设施

图3 独立式防船撞设施

(3)采用桥梁船撞主动预警系统,就是利用 AIS、远红外热成像、雷达、可见光等硬件技术设备,搭配软件设备,实现立体条件下的全天候、实时在线数据采集、分析和预警,包含船舶自动识别系统 AIS、船舶交通管理系统 VTS 和防船撞视频监控系统(图4)。

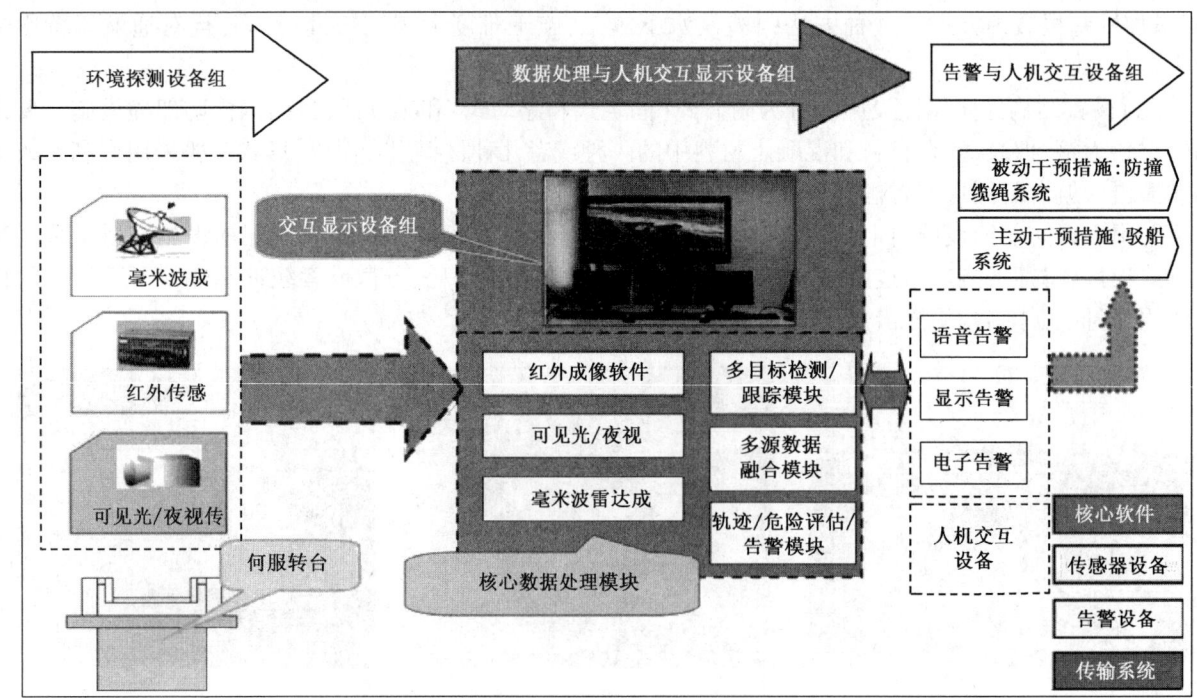

图4 防船撞主动预警系统简图[6]

①船舶自动识别系统 AIS 是一种新兴的船舶和岸基广播助航系统,可连续自动播发本船静态、动态、航次信息及安全短消息,同时也能自动接收周围船舶的发出的信息,并与海岸基站进行信息交换,可以提

高 VTS 系统对船舶的识别和跟踪能力;

②船舶交通管理系统 VTS 是利用 ATS 和 VFH 高频电话和雷达影像的方式,结合电子海图,在所辖区域内,为船舶航路监视、避碰及恶劣天气状况下的安全航行提供连续准确的信息并发布一些指令性建议,保证船舶水域的交通监控和管理,提高交通效率,减少辖区事故的发生;

③防船撞视频监控系统是通过分析视频图像,实现桥梁防撞,通过在桥区附近安装摄像机,采集视频后对图像进行分析处理,检测跟踪船舶的运行状态,出现异常时启动预警设备进行预警,避免船撞事故的发生。

(4)设置引导助航标志,通过在桥区水上的主梁及桥墩处设置桥涵警示标志、航标灯等,引导船舶规范行驶,降低船撞事故概率(图5)。

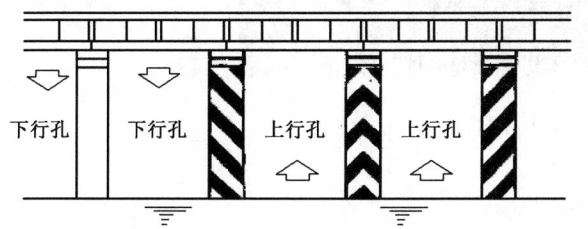 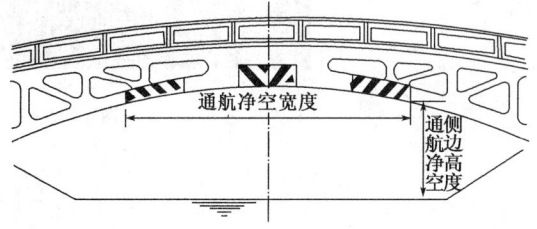

图 5　内河通航水域桥梁警示标志[10]

## 五、旧桥防撞能力提升措施建议

2021 年已连续发生 3 起船撞桥事件。1 月 5 号,南通市通州区一艘钢制运砂船经过英雄大桥时撞击桥墩,导致整孔主梁垮塌(图6);7 月 13 日一艘两千吨级内河集装箱船在航经广州番禺北斗大桥时,突然撞击南引桥过渡墩的一根柱墩,导致墩底发生严重破坏,船只轻微受损(图7);7 月 23 日一艘运沙船在经过长沙猴子石大桥通航孔时,突然偏离航向撞击猴子石大桥 5 号主墩,初步检测桥墩没有裂缝,已恢复通车通航(图8)。船撞桥事故频发,旧桥通航能力提升工作迫在眉睫。

我国目前现状通航桥梁数量庞大,旧桥防撞能力排查及提升处置措施的确定工作非常复杂,需要根据各种影响因素综合分析,对不同的桥梁给出针对性、效率高、经济实用的主被动防撞提升措施(图9)。

图 6　英雄大桥船撞事故图片

图 7　北斗大桥船撞事故图片

图 8 猴子石大桥船撞事故图片

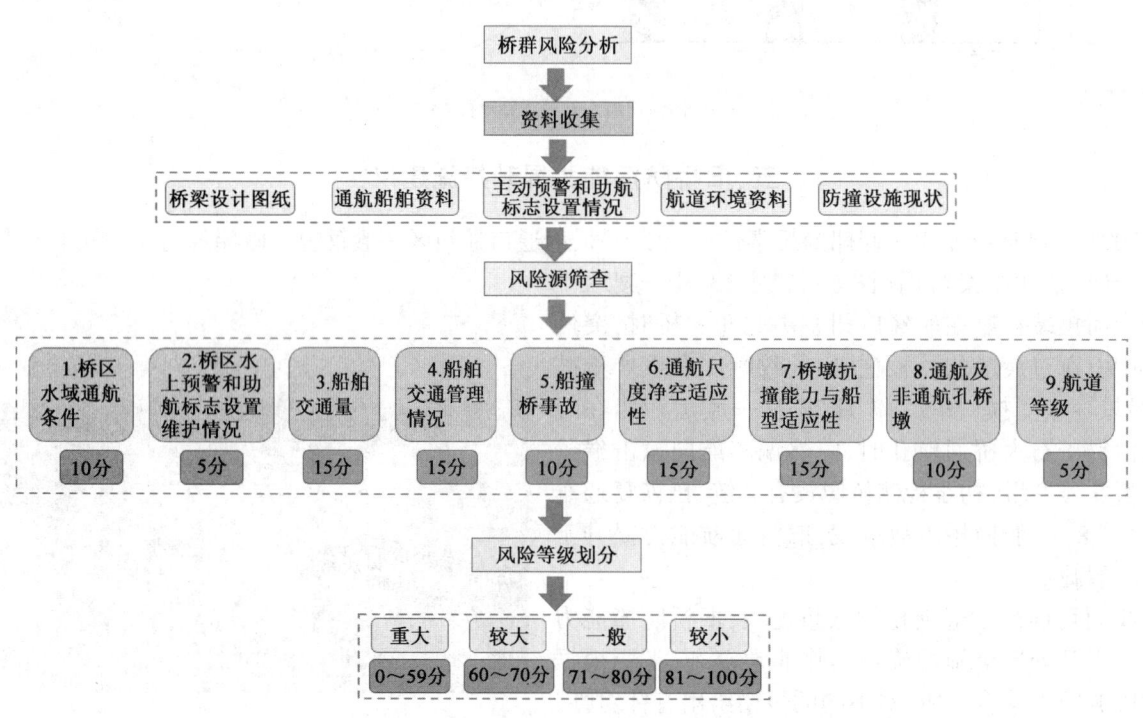

图 9 桥群风险分析图[6]

（1）基础资料收集，包含桥梁设计资料（竣工图、地勘报告、检测报告、维修加固图纸等），通航船舶资料（船舶的类型、吨位、密度等），桥梁主动预警和引导助航标志的设置情况，航道环境资料（码头、水文、河槽航道演变、等级提升等），防撞设施现状，水上船舶交通管理情况。

（2）通过基础资料综合分析确定桥梁的船撞事故风险等级，根据桥区的通航环境、主动预警和水上引导助航标志的设置情况、船舶交通量及通航秩序、通航净空适应性、桥墩抗撞能力、船型适应性等因素综合评定，确定桥梁的高中低风险等级。

（3）对于低风险桥梁，应加强日常养护和航道管理。

（4）对于中高风险桥梁，分析桥梁风险源，确定桥梁主动、被动防撞设施设置方案。

①对于本身桥墩抗撞能力缺失较大的桥梁，建议采用独立式防撞设施，比如转动式柔性防撞桩等，既可以缓冲船舶的撞击作用，还可以起到拨转船头的作用，减少船舶能量交换，避免船舶对桥墩产生撞击作用；

②对于本身抗撞能力缺失较小的桥梁，建议考虑附着式防撞设施，比如复合材料的防撞套箱等，技术成熟施工方便快捷，延长撞击时间，分散缓冲船舶对桥墩的撞击力，使船舶的撞击力降低到桥墩可以承受的范围；

③对于通航净空与航道等级和代表船型不匹配的桥梁，建议采用主动式防撞设施，安装防船撞主动预警系统，并设置引导助航标志，加强对船舶水域的交通管理，降低船撞事故发生的概率。

## 六、结　语

交通运输部关于船舶碰撞桥梁隐患治理三年行动方案，明确了实施范围为2019年12月31日前建成投入运营的跨越内河高等级航道的各类桥梁，行动分4个阶段：①动员部署，2020年8月底前；②隐患排查，2020年9至2021年6月；③集中整治，2021年7月至2022年10月；④巩固提升，2022年11月至2022年12月。要求隐患排查和集中整治工作从2020年9月至2022年10月一年时间内完成。

据了解，目前各省市尚未落实并正式开展本项工作，之前各省市自行开展的部分旧桥通航防撞能力提升的设计工作也因新旧规范的衔接问题以及三年行动方案的下发大部分都暂停，原来的一些计算结果需要根据新规范重新验算。

对于旧桥防撞能力全面排查、风险评估以及防撞设施的设置方案，需要根据各项基础资料，考虑各种影响因素，进行计算并综合分析，需要多学科多部门共同协作配合完成，是一项非常复杂的工程。并不仅仅是简单的桥梁抗撞能力的计算和被动防撞设施的设置问题，交通运输部三年行动计划方案中也明确了这个原则。但是目前很多部门的思路仍然停留在桥梁抗撞能力的提升就是通过计算桥梁本身的抗撞能力并设置被动的防撞设施，实际上这只是旧桥整治的其中一项工作，一个环节。

因此，综上分析，为了保证三年行动计划的顺利有效实施，建议各省市相关主管部门根据三年行动实施方案的原则和思路，制定符合本地实际情况的执行措施，召集各相关部门成立联合工作小组，明确各自的职责，分工协作密切配合，先收集基础资料，再进行桥群风险等级综合评估，最后根据每座桥的具体情况及风险源确定最经济、合理、快捷有效的主被动防撞设施。

## 参考文献

[1] 交通运输部办公厅 国家铁路局综合司 国家铁路集团办公厅关于印发船舶碰撞桥梁隐患治理三年行动实施方案的通知[EB/OL].2020.

[2] 中华人民共和国交通运输部.公路桥涵设计通用规范：JTG D60—2015[S].北京：人民交通出版社股份有限公司,2015.

[3] 中华人民共和国交通运输部.公路桥梁抗撞设计规范：JTG/T 3360-02—2020[S].北京：人民交通出版社股份有限公司,2020.

[4] 赵君黎.交通运输部公路工程行业标准宣贯《公路桥梁抗撞设计规范》总体情况介绍[R].广州：中交公路规划设计院有限公司,2020.

[5] 王君杰.交通运输部公路工程行业标准宣贯《公路桥梁抗撞设计规范》理论、方法介绍[R].广州：同济大学,2020.

[6] 耿波.交通运输部公路工程行业标准宣贯《公路桥梁抗撞设计规范》重点修订内容详解（三）—公路桥梁抗撞评估/设计示例[R].广州：招商局重庆交通科研设计院有限公司,2020.

[7] 潘放.通航桥梁船撞风险分析与规避措施研究与应用[D].广州：华南理工大学.2010.

[8] 任慧.桥梁防船撞主动预警系统及实验研究[D].上海：上海交通大学.2013.

[9] 项海帆.船撞桥设计理论的现状与需进一步研究的问题[J].同济大学学报,2002,30(4):386-392.

[10] 交通部安全监督局.内河通航水域桥梁警示标志：JT 376—1998[S].北京：人民交通出版社,1998.

# 17. 大跨径钢桁梁桥的创新与安全

任自放[1]　周海成[2]　亢　磊[1]　袁鸿钊[1]

(1. 江阴大桥(北京)工程有限公司；2. 雄安新区质安中心)

**摘　要**　由于钢桁梁桥具有较大的刚度及更大的跨越能力，特别适合对结构刚度要求更高的铁路桥梁而得到广泛的应用和发展。但大量出现的螺栓松动、螺栓孔磨损扩大和螺栓断裂、结构变形等病害，令工程师们头疼虐心。本文试图通过对钢桁梁桥的桥型、节点、杆件、连接、安装等一系列的演变过程进行探索和揭秘，找出钢桁梁桥病害发生的主要原因以及解决方法，重新认识和分析、考量钢桁梁桥从等截面到变截面、斜拉索钢桁结构、悬索钢桁结构、钢桁组合结构演变，中、小跨径向超大跨径发展特别是传统的普通节点拼接板向整体节点设计的演变；腹杆、横联、平联、杆件等零件从热轧型钢向钢板焊接箱形杆件演变；热铆连接向焊接、栓接的连接方式演变；结构无应力支架散装向结构不断产生交变应力的超大跨距、超重块体的顶推法、带斜拉扣索的超长悬拼法演变等一系列结构设计和施工设计的演变过程的利弊，在不影响和破坏结构的前提下综合考虑优化和创新设计、制造、安装、管养等全方位、全寿命措施，提高钢桁梁桥抗疲劳性能、保障和促进钢桁梁桥健康发展。

**关键词**　整体节点　箱形杆件　栓接间隙　疲劳断裂　顶推应力　热铆连接

## 一、引　言

随着我国社会经济、基础建设的快速发展，尤其是跨江渡海、穿山越谷的高速铁路、高速公路特大桥的建设规模强势不减，同时随着计算机应用软件的不断换代升级，材料(钢材)性能的不断提高，制造、安装装备的不断创新发展又进一步刺激桥梁设计向更大跨度、更高性能、更重块体的无限想象空间突破、不断冲击和刷新的纪录，从另一方面见证了我国在大跨度桥梁设计、制造、安装水平的提升，从桥梁大国向桥梁强国迈进的发展历程。但是我们也必须冷静清醒地意识到由于投资规模急速扩张，我们有关特大跨径钢结构桥梁的设计理论基础和实践经验的新技术支撑、有关试验数据以及相应的标准、规范均略显薄弱、滞后和不足，造成某些大桥的设计、制造、安装出现了一些误区和质量、安全隐患。在钢桁梁结构的某些领域还有一些重要技术障碍没有真正跨越，还有某些技术瓶颈有待突破。因此在滚滚大桥建设热潮面前我们需要的是冷静的头脑、清醒的认识和理智的思考，更需要严谨的科学态度，实事求是的工作作风，对优秀传统工艺的敬畏，对工程百年大计的责任。

笔者就有幸参与和参加的一些重大工程中关键技术难点和暴露的质量问题做一些探索和研讨，特别有关整体节点对钢桁梁结构产生的一些利弊和存在安全、质量隐患的思考和认识。

本文仅针对应用最多、风头正劲的大跨径钢桁梁桥上部钢桁梁结构及其相关整体节点的设计、制造、安装的理念和现状提一些看法和想法，抛砖引玉，以飨读者。

## 二、钢桁梁桥的性能与发展

1. 钢桁梁桥上部结构一般由桁架、桥面、支座组成

桁架由上弦杆、下弦杆或中弦杆通过节点和腹杆联结组成，由两榀以上主桁架联结成空间桁架结构。

桥面由横梁、纵梁及纵梁之间的联结系组成；或由正交异性板结构整体焊接而成，其作用是承受由桥面传来的竖向和纵向荷载，并传递给主桁节点。

钢桁梁桥按桥型结构分为平行桁架钢桁梁桥、变截面桁架钢桁梁桥、桁架拱(包括柔性拱)钢桁梁桥、斜拉索钢桁梁桥、悬索钢桁梁桥、组合结构钢桁梁桥等；

按桁架杆件连接方法不同有销接钢桁梁桥(大多用于钢便桥等跨径较小的临时结构,国外缅甸、老挝等国有大量二战遗留的销接钢桥至今还在继续使用)、铆接钢桁梁桥、栓接钢桁梁桥、栓焊结合钢桁梁桥、全焊接钢桁梁桥等;

按照主桁的支承方式不同,分为简支钢桁梁桥、连续钢桁梁桥和悬臂钢桁梁桥;

按照桥面位置不同,分为上承式钢桁梁桥、下承式钢桁梁桥、中承式钢桁梁桥等等。

2. 钢桁梁由桁架杆件组成,桁架杆件的交会点称为节点

把交会的杆件与节点板连接而成桁架梁。在竖向荷载的作用下其受力实质是格构式的空腹梁,能承受任何方向的荷载并可靠地传递到支座,尽管整体上看钢桁梁以受弯和受剪为主,但具体到每根桁架杆件则主要承受轴向力。与实腹梁相比是用稀疏的钢腹杆代替整体的钢腹板,从而节省钢材和减轻结构自重。

钢桁梁的杆件由型钢或钢板组成,截面一般有T形、L形、槽形、工字形和箱形,常用铆接、栓接或焊接联结成型。杆件连接早期多使用扁钢、角钢、槽钢、工形钢等热轧型钢通过缀板或缀条(分体式)进行热铆连接,现在以钢板焊接件(整体式)为主。焊接杆件绝大部分组焊成工形或箱形结构。

钢桁梁桥结构现场架设可以采用散件拼装,零件重量轻,运输、安装方便,最适合复杂地形和交通不便的山区架设。

由于钢桁梁腹杆钢材用量比实腹板箱梁的腹板重量轻,钢桁梁截面可做成较大高度,从而具有较高的刚度及更大的跨越能力,特别适合对结构刚度要求更高的铁路桥梁而得到广泛的应用和发展。

3. 钢桁梁的杆件和节点较多,构造复杂,制造精度要求高

钢桁梁结构强度较全断面实腹钢箱梁或加劲梁小,节点和杆件局部变形大,因此钢桁梁桥截面比其他结构的截面要高,所以对空间位置敏感、净空要求高的城市高架桥、立交桥则相对选择较少。

## 三、钢桁梁桥桥型、节点、杆件结构和连接方式、安装方法的改进和演变

1. 钢桁梁桥桥型和跨径的演变

1990年以前修建的多种形式的铁路桥梁中,大部分采用的都是普通钢桁梁桥形式。随着计算机和材料(钢材)性能的不断提高,制造、安装装备的不断创新发展,钢桁梁桥逐步向变截面桁架、桁架拱(包括柔性拱)、斜拉索结构、悬索结构、组合结构钢桁梁桥等多种形式发展,跨径从200m以内突破到千米级以上。钢材应用从普通G235发展到Q500以上等更高强度、更高性能的水平。

2. 钢桁梁从散装拼接板节点向整体节点演变

钢桁梁桥的节点是主桁杆件及纵、横联杆件及横梁连接主桁的地方,它通常连接位于主桁、纵联、横联三个正交平面内的杆件。传统的普通节点类型中相邻的弦杆、腹杆通过一块大的拼接板,用螺栓连接起来。而整体节点则是将弦杆连同一个或两个节点焊接为一个整体,使节点板成为杆件的一部分在工厂焊接好,运至工地后,各杆件再在节点外连接。由于整体式节点节省了大量螺栓连接和避免了复杂的拼接板,在施工时可以节省大量的工地安装时间,所以在许多大型的桁架式或桁拱式桥梁的关键部位,整体式节点是首选的连接形式(图1、图2)。

我国于1995在孙口黄河大桥中首次采用内插式焊接为主的整体节点结构技术,整体节点更适合于工厂化生产,由于节点全部采用在工厂焊接,因此减少了工程现场的工作量,缩短了安装工期,不但在工厂进行加工保证了整体节点焊接质量,同时还减少了大量节点板和螺栓的使用。

在诸多成功的工程实例鼓励下,整体节点结构形式在钢桁桥设计中开始被大量运用:在孙口黄河大桥的基础上,长东黄河二桥、芜湖长江大桥、天兴洲长江大桥等钢桁梁桥整体节点设计又向前迈进了一大步。这些钢桁梁桥在设计中不断改进节点的构造细节,大规模采用设计更为精细、复杂的焊接整体节点,杆件连接以焊接为主,下平联以及横梁与整体节点板焊连在一起。

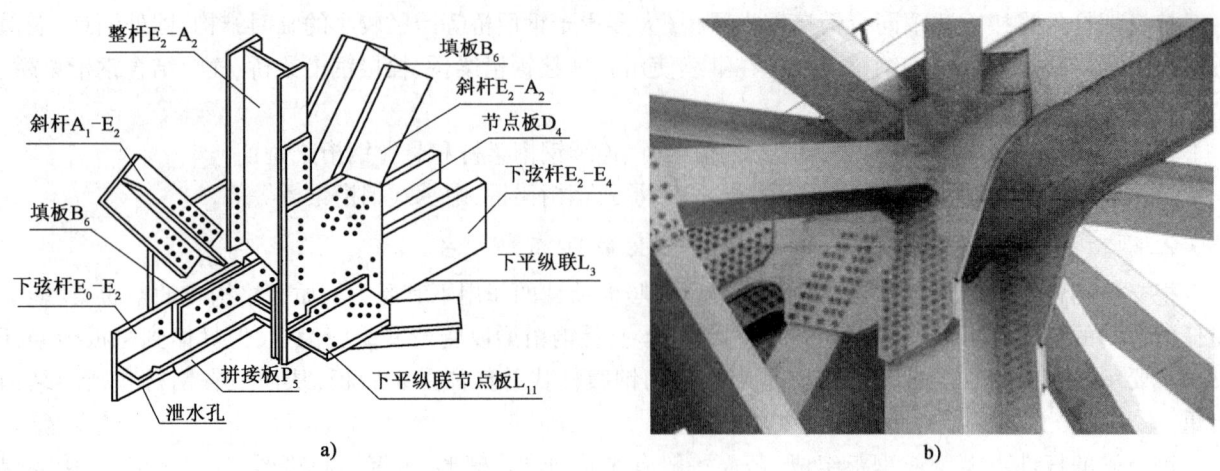

图 1 栓焊结合整体节点

图 2 全焊接整体节点

特别是芜湖长江大桥在孙口黄河大桥及长东二桥成功采用整体节点的基础上,在该桥整个钢桁梁结构体系中突出了以焊为主以栓为辅的设计思想,除钢梁结构件本身全部采用焊接外,开始在设计中大规模采用厚板焊接整体节点。

武汉天兴洲公铁两用斜拉桥是继武汉、南京、九江、芜湖长江大桥后,我国钢桁梁桥建设史上的又一重大里程碑。为增大截面抗扭转刚度,采用三主桁板桁结合钢桁梁新型结构,主桁节点采用整体节点构造形式,斜杆及竖杆均采用插入形式,中桁下弦同时与两侧的桥面系连接,结构复杂,制造加工和现场安装难度更大。

传统的钢桁梁各杆件的斜拉杆、斜腹杆、上弦杆、下弦杆、横梁、平联、横联等零件基本都由钢厂直接热轧成型的工型、槽型、L型、T型等实腹型钢结构组成,从大跨径桥型发展特别是在设计中大规模采用厚板焊接整体节点后也同步开始大量采用由厚钢板焊接而成的空腹箱形结构杆件。

3. 节点间距从小到大、从密变疏的演变

随着钢桁梁主体结构从零件散拼节点板演变为焊接整体节点,腹杆设计由钢厂热轧型钢演变为工厂二次制造的箱形空腹截面,节点刚度和杆件惯性矩抗扭性能大幅度提高,从而节点间距从传统的 6m 以内猛增至 10m、20m 以上。

4. 连接方式从热铆连接向焊接、栓接、栓焊结合方式演变

1964—1970 年成昆铁路的建设时期,我国钢桥栓焊技术开始得到应用和发展。

我国于 1995 在孙口黄河大桥中首次采用内插式焊接为主的整体节点结构技术,特别芜湖长江大桥在孙口黄河大桥及长东二桥成功采用整体节点的基础上,在该桥整个钢桁梁结构体系中突出了以焊为主

以栓为辅的设计思想,除钢梁结构件本身全部采用焊接外,开始在设计中大规模采用厚板焊接整体节点。

5. 安装方式的演变

钢桁梁桥从简单的结构无应力支架散件拼装向结构不断产生交变应力的超大跨距、超重块体的顶推法、带斜拉扣索的超长悬拼法等安装中结构不断产生交变应力的方式演变。黄河某特大桥顶推段钢桁梁全长840m,重13420t,最大跨度180m,最大悬臂达160m,为目前国内同类型桥梁顶推施工之最。

## 四、钢桁梁桥创新与安全的深层解读与思考

1. 爱恨交集的整体节点

自孙口黄河大桥首次采用焊接整体式节点开始,焊接整体式节点以其加工方便、安装简单、节约材料、降低成本的优势逐渐替代传统的单体散装式节点成为钢桁梁桥设计的不二首选结构形式。目前已建、在建和拟建的钢桁梁结构大桥几乎清一色全部采用的是焊接整体式节点结构。

大跨度钢桁梁桥主桁整体节点是主桁各杆件的斜拉杆、斜腹杆、上弦杆、下弦杆、横梁的交汇处,其受力极为复杂,且由于其本身结构的复杂,一旦出现问题,进行维修、更换和养护相当麻烦。整体式节点的设计、加工和安装质量成为钢桁梁桥的关键。随之而来国内有关科研院校、设计施工人员对于整体节点的研究,逐渐变得频繁起来。越来越多的学者开始对其整体节点的应力状态、焊接的残余应力等问题在以下几方面进行了大量研究和试验。

(1) 整体节点静力特性的研究。

针对节点静力特性的主要研究静力性能、结构次应力、节点刚域影响等方面。

(2) 整体节点疲劳性能的研究。

主要研究整体节点疲劳性能和关键性区域构造细节等方面的优化和合理设计;特别整体节点的疲劳问题,一直以来就受到学者们的广泛关注与重视。

(3) 整体节点焊接残余应力应变,焊接材料、工艺、接头、焊缝等的研究。

然而因为受条件制约大部分实验和试验只能由实验室和计算机完成,或者通过做一些节点实样或缩尺梁段来取得数据或成果。而面对实际工程中出现的那些既无法回避又难以解决的矛盾和问题,现场管理者、工程师们心知肚明而心照不宣,对实际出现的问题或避重就轻、王顾左右、讳莫如深。

因此在当前如火如荼、波澜壮阔、一浪高过一浪、一桥更长一桥的建桥大潮中不可避免地出现了一些令人担忧和不安的质量和使用安全问题,有些属于相关规范标准的概念模糊、产生设计理念的误区;有些是加工思维的误解;更多的属于现场安装的无序。无论在概念、设计、制造或者安装等概念或理论层面上确实存在与实际工程的矛盾需要统一,例如:在采用整体节点的孙口黄河大桥、长东黄河二桥、芜湖长江大桥、天兴洲长江大桥等工程中面对节点安装间隙根本无法实现设计规范和质量验收标准的实际现状而不得不违心调整钢梁安装细则、加大节点板安装间隙、冒险去顶增加节点间隙后会降低高强螺栓摩擦因数而诱发螺栓松动、断裂的"雷",而正是这些"雷"在稍后的运行中不断"引爆"质量事故,是造成高强螺栓不断疲劳断裂的主要原因之一。

2. 整体节点板与插入腹杆(尤其是厚板焊接空腹箱形杆件)的间隙降低高强螺栓的摩擦因数

由于高强螺栓连接方法是靠螺栓压紧杆件之间连接处,用摩擦来阻止构件之间滑动达到内力传递。因此当构件与拼接板面有间隙时,则固定后有间隙处的摩擦面间压力减小,摩擦力削弱、影响承载能力。所以规范要求凡顶紧的节点接触面不应少于70%紧贴,且边缘最大间隙不应大于0.8mm。

3. 整体节点发生间隙,板件之间就会出现滑动或变形

螺杆与孔壁中间的间隙会产生变化。被螺栓固定着的钢板会相对滑移,直到与螺栓接触,这个时候板件和高强度螺栓杆相互作用,最后达到极限状态形成结构破坏。

4. 造成间隙的原因

(1) 随着桥梁跨径和整体节点矩设计越来越大、截面越来越高、构件越来越重,整体节点安装在实际

操作中根本无法达到原有散拼安装的间隙标准,从第一座采用整体节点结构设计开始,安装间隙从最大0.8mm到现在的4.5mm甚至更多,而在实际安装中只有区区几毫米的间隙,几十吨重的箱形杆件就根本无法插入,稍有疏忽容易造成安全和质量事故(图3)。

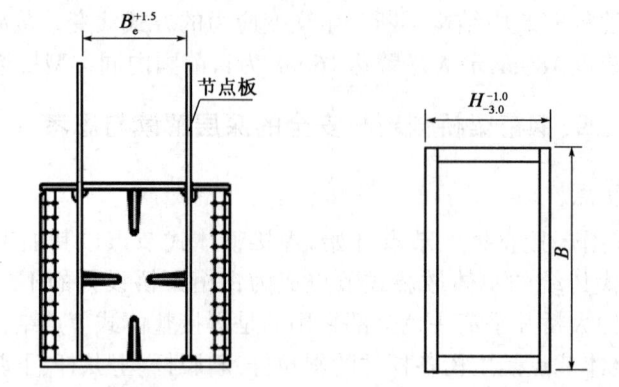

a)芜湖桥整体节点杆件节点板间距公差　　b)芜湖桥插入式箱形腹杆允许偏差

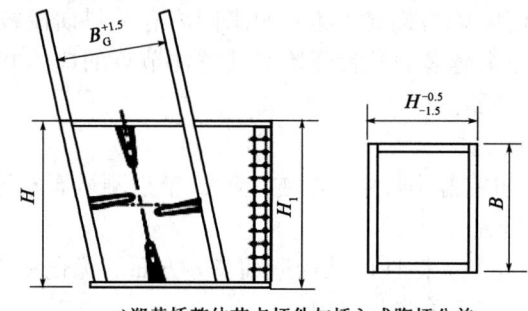

c)郑黄桥整体节点杆件与插入式腹杆公差

图3　节点连接的偏差

好在制造和安装一般都是同一家单位施工,为安装方便而适当增加间隙误差,大家彼此心照不宣。

(2)整体节点结构复杂,与斜杆、竖杆、平联杆、横联杆及相邻弦杆等多方位杆件连接而且构件是非直线的。焊接会产生节点纵横向收缩,结构越复杂焊接变形越大,尤其节点板根部的焊接变形更难以控制,拼装基准和焊接收缩都将影响栓接部位的连接精度。

## 5.节点的疲劳破坏

由于整体节点结构复杂,焊接产生的残余应力使得整体节点结构的疲劳强度大为降低。在桥梁运营中,这些部位也往往最容易出现疲劳破坏。从第一座采用整体节点的孙口黄河大桥开始,采用整体节点的钢桁梁桥中,各种接头、交叉焊缝、节点外拼接接头等细节的疲劳强度远远低于节点材料的极限强度。

## 6.当前钢桁梁桥整体节点安装过程出现的问题

钢桁梁桥安装方法主要有散件拼装、整体节点拼装、单片桁架拼装、单元节段拼装等几种。散装方法因工作效率低、操作复杂,在特大桥安装中逐渐被弃用;后几种方法对节点和杆件制造要求高,特别对焊接残余应力和焊接变形控制严格;且由于整体节点钢板厚、刚度大、接触面多,形成腹杆插入节点板间隙大,高强螺栓群摩擦因数较散装节点低。而整片桁架拼装或单元整体节段拼装则间隙更大。

## 7.钢桁梁桥节点连接方式

主要有销接、铆接、焊接、栓接、栓焊结合等几种,当前钢桁梁桥主要采用的是工厂焊接、现场栓接为主的栓焊结合连接方法(图4)。工厂焊接成本低、质量好、加工速度快是整体节点制造的不二选择,但现场高强螺栓栓接方法随着整体节点安装无法消除的间隙和大桥巨大不息的振动荷载而产生大量螺栓松动、螺栓孔磨损扩大和螺栓断裂等事故而越来越受到质疑,例如新兖线长东黄河大桥每年大约有1200条高强螺栓折断,其余大桥亦都有此类病害发生。

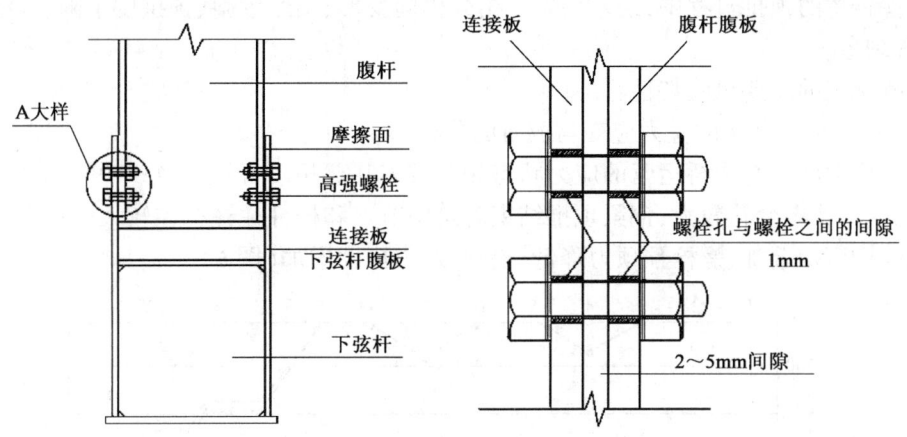

图4　栓接节点

### 8. 整体节点结构采用焊接箱形腹杆

随着钢桁梁桥跨径和节矩不断增加,设计人员将传统的钢板、角钢、槽形钢、工形钢等实腹杆件改为厚钢板焊接箱形空腹截面结构,以增加杆件刚度和惯性矩,而未顾及因杆件刚性大、加工复杂、焊接变形难控制而使安装难度加大,节点板间隙加大也易造成大桥质量隐患。而所谓在间隙中加垫薄板和其他填料不过是纯属自欺欺人的自我安慰。整体节点板、杆件之间发生间隙,板缝难以密封,雨水容易进入,造成板层间锈蚀,使间隙内部的防腐养护成为难题。

### 9. 杆件过大,增加经济成本

钢桁梁桥采用整体节点后杆件块重成倍增加,大部分构件四超(超长、超宽、超高、超重),给制造、运输、起重、安装、修换都增加困难,且必须配有大型或超大型机械设备、且多为非标准设备,工程投资大、安装成本高(图5)。

图5　大杆件的吊装

## 五、混乱无序的安装方法使整体节点结构钢桁梁桥雪上加霜

钢桁梁桥安装一般主要采用支架逐孔吊装法、悬拼法、拖拉滑移法、顶推法、整体浮运法等。随着整体节点结构刚度越来越大,安装方法更加随意任性、新奇古怪,为节约费用、赶抢工期而不考虑结构线形和节点受力性能,有的甚至为创新而创新,大量采用大跨径、超重、超长距离的顶推法安装。黄河某特大桥顶推段钢桁梁全长840m,重13420t,最大顶推跨度180m,最大悬臂达160m,为目前国内同类型桥梁顶推施工之最。

然而在一些钢桥的顶推过程中,经常会发生桁架横向变形、支座倾斜、预拱度下降、焊缝开裂、螺栓折断、结构变形等现象。

钢桁梁顶推施工的主要风险特性:

(1)顶推工法的桥梁结构的应力应变与成桥的分析。

顶推施工的应力状态与成桥运营的应力状态相差较多甚至相反,顶推时每一截面的内力为正负弯矩交叉出现,梁的受力状态变化较大,钢梁顶推结束时跨中节点和杆件往往存在较大的负弯矩内应力,在成桥运营中形成跨中弯矩叠加、螺栓预顶力降低、松动,跨中挠度增加(图6)。

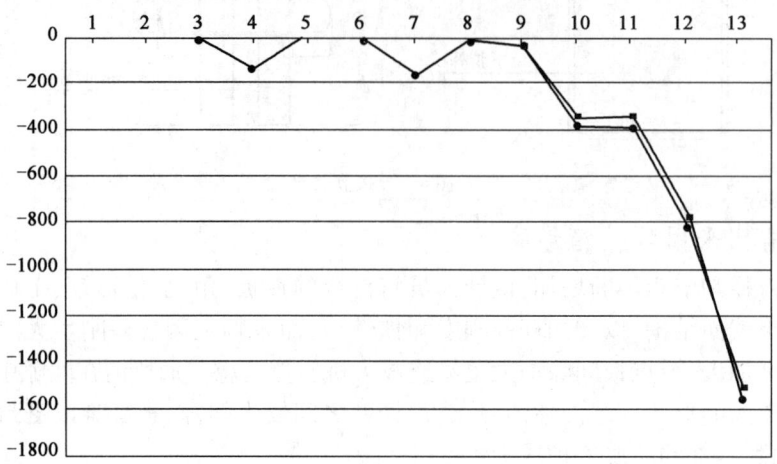

图6 顶推过程中某钢桁梁悬臂下挠曲线图

(2)推施工时难以保证钢箱梁运动的连续性,容易造成箱梁的"爬行"运动现象或顶推不同步而产生负荷载集中的现象,导致钢箱梁横向偏移梁体扭曲。

在钢桁梁桥顶推施工控制中,结构的应力和主梁线形作为双控指标,并以线形控制为主,防止主梁的轴线和高程偏位,而应力控制为辅。但由于某些顶推工程中悬臂超长、超重;结构应力和梁体线形很难两全,在节点过墩顶和竖向顶升上墩,以及梁体横向偏位控制时,结构局部应力过大,瞬间应力往往超出允许范围之内很多(图7)。

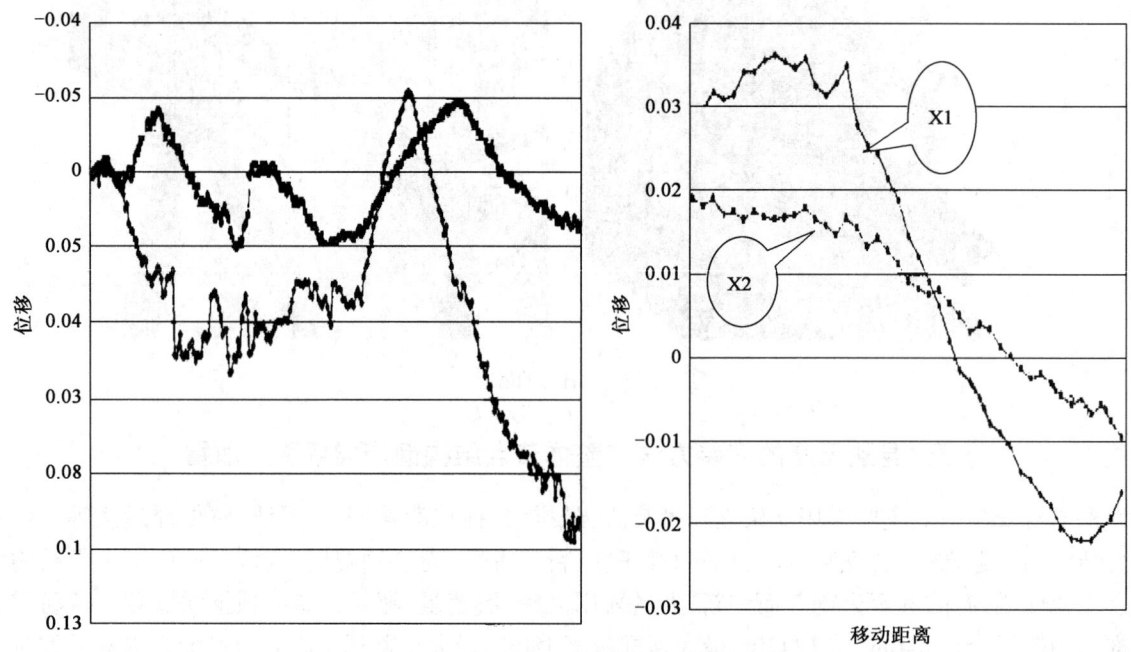

图7 某钢桁梁桥顶推过程中的横向位移变化图

## 六、钢桁梁桥健康发展之路

由于钢桁梁桥具有较高的刚度及更大的跨越能力,且用钢量低、架设安装方便,节点和杆件更换、维修保养方便,是钢桥特别是铁路钢桥的首选桥型。钢桁梁整体节点的优势亦显而易见。如何解决因整体节点安装间隙降低甚至丧失高强螺栓顶紧摩擦因数、因桥梁长期振动荷载导致高强螺栓松动甚至疲劳断裂这两大难题,选择合理的无应力或少应力架设安装方法是保障和促进钢桁梁桥健康发展的关键!

### 1. 钢桁梁主体结构和节点设计优化

钢桁梁主体结构和节点设计尽可能保留和优化传统钢桁梁小节矩、多节点密腹结构、腹杆优选槽型、L型T型等实腹结构,慎用厚钢板焊接整体空腹箱形刚性杆件,以降低整体节点、节段腹杆插入难度,减少节点板间隙,保证设计所需的高强螺栓摩擦因数。

### 2. 推广采用由四根或两根热轧型钢加缀板连接

保留并推广采用由四根或两根热轧型钢加缀板连接的传统分离式组合杆件,施工时先由型钢(热轧或钢板焊接)分别与节点板进行栓接或铆接,然后再由缀板采用栓接、铆接或焊接连接成箱形杆件,这样安装插入更方便且确保与节点板之间无间隙而满足设计所需的摩擦因数(图8)。

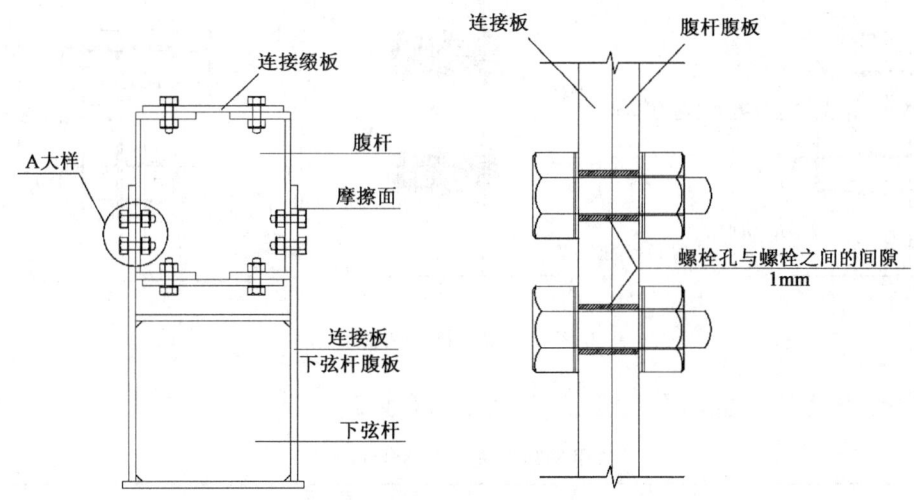

图8 分离式组合杆件

### 3. 恢复传统热铆连接技术,开发并推广智能型自动热铆设备

在振动环境下,螺栓连接抗振松的寿命比其材料和结构的疲劳寿命短得多,远在疲劳破坏之前,就已经出现了因松动而造成螺栓连接的松脱失效,或者出现了因松动而导致连接件和被连接件的过早疲劳破坏。会导致连接部位应力松弛和局部变形,进而导致连接松动和滑移,从而导致系统结构在不同的动载荷下出现一定的非线性特性,安装间隙、交变荷载、冲击和振动是造成螺栓松动、断裂的重要原因。钢桁架三种连接方法的性能比较见表1。

钢桁梁三种连接方法性能比较　　　表1

| 连接方式 | 技术特点 | 连接质量 | 常见病害 | 后期养护 | 成本 |
|---|---|---|---|---|---|
| 焊接 | 1.通过加热使母材与熔敷金属熔合,本质是通过两种材料中的原子或分子间的扩散和结合成整体的过程;<br>2.施工方便、工作效率高;<br>3.受现场气候、环境、温度影响较大 | 1.焊接工艺和焊工水平直接影响其质量;<br>2.存在热影响区、残余应力、焊接变形;<br>3.会改变材料化学成分、降低材料物理性能 | 1.疲劳裂纹;<br>2.气孔;<br>3.夹渣;<br>4.未熔合;<br>5.咬边 | 1.焊缝内部质量修复困难;<br>2.返修会影响母材性能 | 低 |

续上表

| 连接方式 | 技术特点 | 连接质量 | 常见病害 | 后期养护 | 成本 |
|---|---|---|---|---|---|
| 栓接 | 1. 几乎不受天气、环境温度影响；<br>2. 施工工艺及连接设备较简单；<br>3. 连接安全可靠,传力均匀 | 1. 易发生滑移、失效、松弛,不宜作为受振动、冲击构件的连接；<br>2. 不够美观；<br>3. 不会引起材料成分的相变 | 1. 螺栓摩阻力容易损失、降低失效；<br>2. 长期振动荷载下易松动、滑移、变形、断裂；<br>3. 连接副制造成本高 | 1. 拆卸、安装方便；<br>2. 利于检修 | 高 |
| 铆接 | 1. 工艺复杂,效率较低；<br>2. 受天气影响小；<br>3. 连接强度高 | 1. 连接强度高于栓接强度；<br>2. 不存在热影响区、残余应力、焊接变形 | 1. 铆孔充盈不足；<br>2. 铆头成型不规则 | 铆杆切除困难 | 较低 |

栓接铆接缀条连接如图9所示。

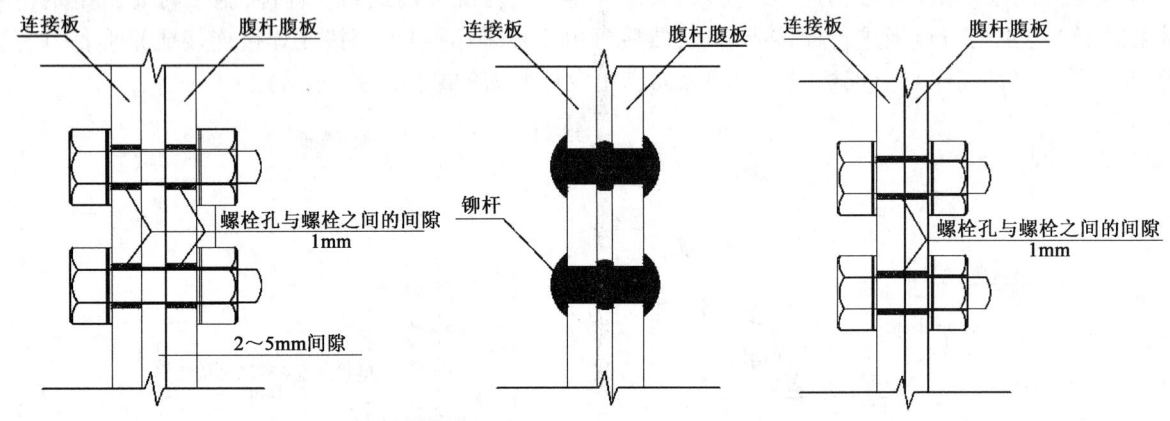

图9 栓接铆接缀条连接

### 4. 钢桁梁桥安装尽可能采用无应力工况施工(表2)

常用安装工法性能综合对比表　　　　　　表2

| 名　　　称 | 综合性能 |
|---|---|
| 支架法 | 主梁节段吊装成桥,结构无内外应力,线形可通过支架节点调整,技术简单,成本高 |
| 悬拼法 | 主梁逐段对称拼装,线形可通过节点控制,结构安装成桥应力与设计一致。技术要求高,成本较低 |
| 滑移、拖拉法 | 主梁逐段拼装,线形可通过下滑道调整,结构无内外应力。技术要求一般,成本较高 |
| 整体浮运法 | 主梁整体浮运安装,线形可通过拼装支架调整,技术装备高,成本较高 |
| 吊塔扣索法 | 通过设在岸上或跨中墩身的临时索塔拉索调整钢桁梁线形和内力 |
| 顶推法 | 主梁逐段拼装,结构内外交变应力大,线形调整困难。技术要求高,成本较低 |

## 七、结　语

钢桁梁结构是人类桥梁建设的宝贵遗产,国内外不乏历经百年风雨沧桑而依然在健康服役的长寿命钢桁梁桥,而反观我们近年来新建的同类型桥梁则不断发生诸如螺栓断裂、焊缝开裂、支座失效、结构变形等质量事故,使我们面对前辈和百年旧桥时倍感汗颜。

历史的经验值得注意,首先要在敬畏和尊崇前人的智慧、精神和经验的基础上全面学习、总结、继承前人宝贵的技术经验和优良传统,用严谨的科学理论和实践经验、克服浮躁、任性的心态,正确处理创新理念和安全责任的关系,传统不等于落后、创新不等于先进、大跨径钢桁梁桥一样要有章可循、有据可依,逐步走向标准化设计、工厂化制造、装配式施工,精细化管理,实现设计合理、操作便利、质量耐久,不断提升钢桁梁桥梁建设品质、提高结构安全耐久性、降低全寿命周期成本!

**参考文献**

[1] 王天亮.钢桁梁整体节点试验研究[J].桥梁建设,1999,4:32-40.
[2] 张建民,高锋.钢桁梁桥整体节点的优化分析[J].中国铁道科学,2001(05):92-95.
[3] 厚祥,熊健民,余天庆,等.钢桁梁整体节点技术研究[J].湖北工学院学报,2001(01):44-47.
[4] 李厚民,熊健民,余天庆,等.钢桁梁整体节点模型强度分析[J].湖北工学院学报,2002(01):37-40+41.
[5] 桂国庆,余长征,潘际炎,等.钢桥钢梁整体节点疲劳试验研究[J].工程力学,2001(04):38-44.
[6] 任伟平.钢桥整体节点疲劳性能试验与研究[D].成都:西南交通大学,2004.
[7] 瞿伟廉,何杰.钢桥整体节点焊接残余应力三维有限元分析[J].桥梁建设,2009(04):28-31+49.
[8] 黄永辉,王荣辉,甘泉.钢桁梁桥整体节点焊接残余应力试验[J].中国公路学报,2011,24(01):83-88.
[9] 李运生,王慧佳,张彦玲.钢桁梁桥高强螺栓连接的节点板局部受力性能分析[J].石家庄铁道大学学报(自然科学版),2013,26(03):1-7.
[10] 陈进昌.长东黄河二桥14MnNbq整体节点新技术[A].中国土木工程学会桥梁及结构工程学会第十三届年会论文集[C].1998.
[11] 徐伟.武汉天兴洲公铁两用长江大桥主桥钢梁设计[J].桥梁建设,2008(1):4-7+22.
[12] 刘志刚.南京大胜关长江大桥钢桁梁下弦杆制作工艺[J].钢结构,2010(5):59-62+22.
[13] 陈勇.单线铁路大跨度整体节点简支下承钢桁梁设计研究[J].铁道标准设计,2005(11):110-113.
[14] 乔晋飞,李凤芹.钢桁结合梁整体节点及细节构造设计与研究[J].铁道工程学报,2009,26(08):68-72+81.
[15] 卫星.郑州黄河公铁两用斜拉桥斜桁节点受力性能研究[J].铁道学报,2011,33(9):89-93.
[16] 钱沁,程斌.钢桁梁桥焊接整体节点的圆弧过渡对比试验[J].公路交通科技,2013,30(10):67-73+111.
[17] 郭兆祺,李军平,王岁利,等.芜湖长江大桥钢梁整体节点的制造[J].钢结构,2001(01):31-33+51.
[18] 张玉玲.大型铁路焊接钢桥疲劳断裂性能与安全设计[D].北京:清华大学,2004.
[19] 潘哲.钢桁架桥的整体节点疲劳性能分析[D].大连:大连理工大学,2012.
[20] 任伟平.钢桥整体节点疲劳性能试验与研究[D].成都:西南交通大学,2004.

# 18. 临猗黄河大桥钢箱组合梁桥设计关键技术研究

韩 锋[1]  杨 华[2]

(1. 山西省交通规划勘察设计院有限公司;2. 山西工商学院)

**摘 要** 介绍了临猗黄河大桥工程概况、建设条件及总体设计方案,重点阐述了上下部结构特点及组合结构桥梁设计关键技术。大桥采用的新材料、新技术、新工艺、新设备等创新技术的应用,为提高工程品质、确保设计使用寿命提供了坚实基础和有力保障。临猗黄河大桥设计中积累的经验,为今后同类型桥梁设计提供一定的参考。

**关键词** 桥梁设计 钢箱组合梁 桥面板 抗风性能 抗震性能 顶推施工

## 一、概 述

G3511菏宝线临猗黄河大桥及引线工程位于国家高速公路网济广高速公路菏泽至宝鸡联络线晋陕

界,项目东起顺接已建成的山西省闻喜东镇至临猗高速公路,向西跨越黄河后止于陕西省合阳县百良镇三汲村南,路线全长20.914km。其中黄河大桥是跨越黄河小北干流禹门口至潼关河段的特大型桥梁(图1、图2)。

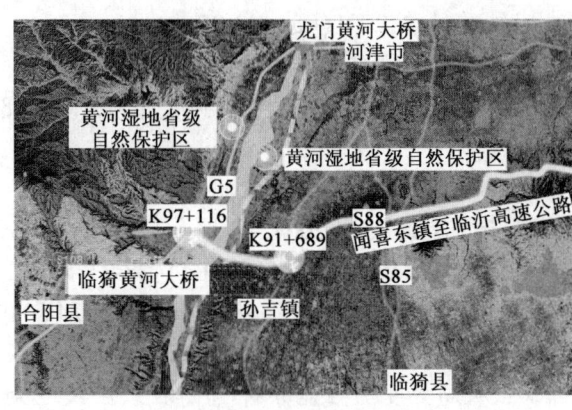
图1 项目地理位置

图2 临猗黄河大桥主桥布置缩略图

黄河大桥采用双向四车道高速公路标准建设,设计速度100km/h,桥面全宽26m。主桥采用128m等高度连续钢箱组合梁沿河道等跨径布设,桥跨布置为112m+28×128m+120m,共分2联,最大联长1912m;山西侧引桥采用40×40m预应力混凝土连续T梁,桥梁全长5427m。主桥平面位于直线段,纵断面位于1.3%的单坡上。

1. 桥位风环境

为获取桥址实际的风场参数,开展了"临猗黄河大桥桥位风观测与主桥结构抗风性能试验研究",桥址现场设立风观测塔,采集到2012年6月—2016年6月,共4年的风观测数据。研究表明,桥位基本风速为29.6m/s。

2. 河道水文

本河段河道宽浅,水流散乱,属于强烈堆积的游荡性河道,素有"三十年河东,三十年河西"之说。桥位河道全宽约3.6km,河道纵向河势平缓,纵向比降3.5;滩槽分界不明显,水面宽度约1200m,水深小于3m。主河槽最大冲刷水深32m,河滩最大冲刷水深26.8m。水利部黄河水利委员会要求,河道中桥墩承台顶面应在现状河床高程4m以下。

3. 工程地质

桥址处地质主要表现为黄河沉降带,地质构造较稳定。地质钻孔深度150m,除陕西岸侧在100m深度以下存在少量泥岩、砂岩,大部分地层未见基岩。河道表层覆盖可液化细砂层,液化深度9.5~20m,其下为粉质黏土层。阶地表层为湿陷性粉土,具有负摩阻效应。

4. 地震

桥址区属于Ⅲ类场地,设计基本地震加速度0.15$g$,地震基本烈度Ⅶ度。由于场地覆盖土层较厚,地震反应放大效应十分显著,从地震安评报告中提供的地表水平加速度反应谱中可以看出E2地震工况下黄河大桥山西、陕西两岸及河道的场地特征周期$T_g$最大达1.3s,远大于按规范查取周期(本桥区划图特征周期0.4s,Ⅲ类场地,查取场地特征周期为0.55s),导致反应谱峰值平台段延长,谱值下降段不仅出现较晚而且下降缓慢。专题研究表明,地震安评场地地表加速度反应谱峰值平台超长,长周期谱值下降缓慢;周期1s后的谱值是规范基本地震动峰值加速度0.15$g$标准谱的2倍,是规范基本地震动峰值加速度0.2$g$标准谱的1.5倍,与规范基本地震动峰值加速度0.4$g$标准谱基本相当。分析原因为河道内覆盖20m厚的饱和可液化细砂层,对地震反应有明显放大作用(图3、图4)。

5. 生态敏感区

大桥穿越两个省级湿地保护区,两个国家级水产资源保护区。四个保护区相互叠加,总长为河道范围。环保部要求黄河大桥防撞护栏上方加装不透光材质的双侧声屏障,设置范围为河道内桥梁。

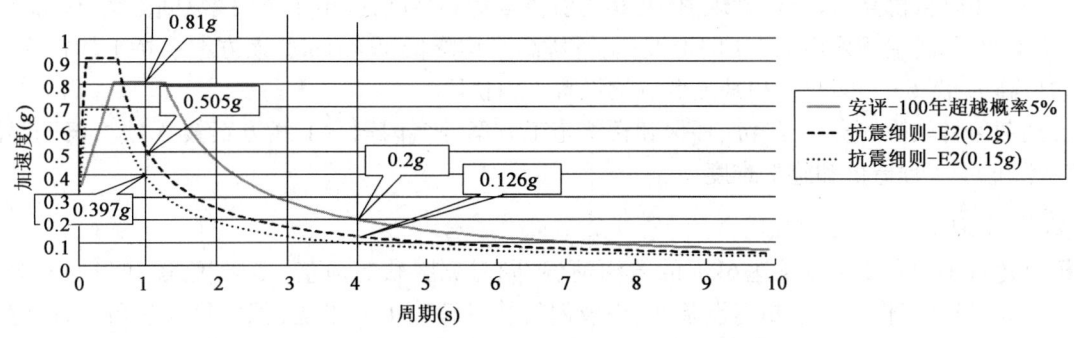

图3 河道场地安评谱与规范 0.15g、0.2g 标准谱对比

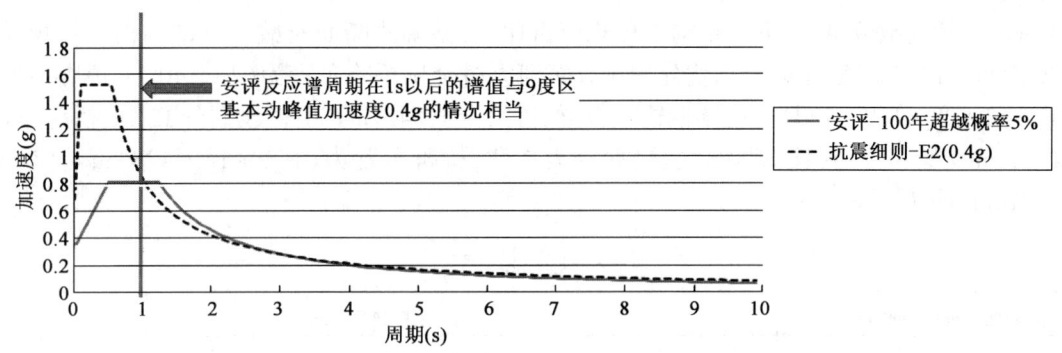

图4 河道场地安评谱与规范 0.4g 标准谱对比

## 二、总体设计

### 1. 桥位设计

项目连接已建成的山西省闻喜东镇至临猗孙吉高速公路和在建的陕西省合阳至凤翔高速公路,路线走向和主要控制点较为明确。路线走廊带内黄河河道宽浅,平面上应首选将桥位布设于河道较窄区域。路线走廊带内黄河两岸黄土塬与河道高差约200m,降低桥梁高度对减少工程规模、降低施工难度和质量安全风险具有重要意义,同时桥位纵断面设计需满足高等级公路安全设计要求,严格控制纵坡坡度和长度。

经过优选,初步设计阶段将A线作为推荐桥位。在该桥位的基础上,考虑到桥梁高度、桥梁施工组织、桥梁排水等因素,对桥梁段纵断面设计进行了细化研究,提出了A线纵断方案和A1线纵断方案(图5、图6)。

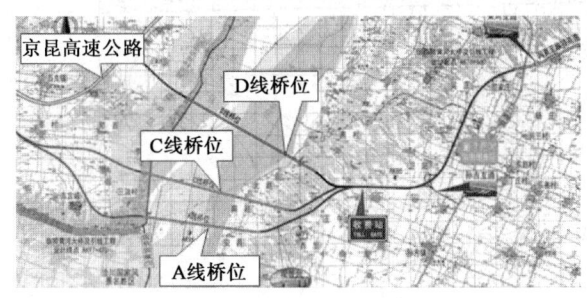

图5 桥位平面方案示意

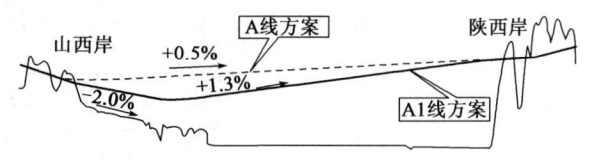

图6 A线与A1线纵断面比选

1)A线纵断方案

考虑到后期运营后凹曲线设计对桥梁的不利影响,临猗黄河特大桥全桥纵坡采用0.5%单向上坡,其中山西岸侧引桥段平均桥高43m,最大桥高74m;主桥平均桥高100.5m,最大桥高110m。

2) A1 线纵断方案

为了进一步降低桥高,减小桥梁规模,尤其是引桥段桥梁高度,提出了 A1 线纵断方案,该方案引桥段采用 -2.0% 的下坡,主桥采用 1.3% 的上坡,主桥桥高平均降低了 4.1m。该方案引桥平均桥高 32.5m;主桥平均桥高为 82.6m。凹曲线和其最低点均设置于引桥段。

考虑到黄河特大桥的安全、经济、环保和桥梁施工方案等多因素,A1 线方案较 A 线方案明显降低了桥高,有效降低了工程造价和施工难度。

## 2. 桥式布置

大桥以超百米的高度穿越长达 6km 的黄河河谷,同时克服软弱地基、强风、强震和强冲刷等诸多不利影响。因此,设计工作必须紧扣建设条件,积极创新技术解决工程难题,积极贯彻品质工程、绿色公路的设计理念,确保设计方案的可靠性、可实施性、工程的耐久性和经济性,把临猗黄河大桥建设成为百年大桥、放心大桥。

临猗黄河大桥高墩数量多,下部结构工程规模占比大,整幅式断面对减少下部结构工程规模十分有效,桥梁断面布置以整幅墩、整幅梁为优先原则。黄河大桥全桥桥跨布置为 (40×40)m 预应力混凝土连续 T 梁 + (112 + 28×128 + 120)m 连续钢箱组合梁,桥梁全长 5427m。引桥段划分 12 联,桥跨布置为 3×40m 与 4×40m 交错布置,共长 1600m,主桥划分为 2 联,桥跨布置为 (112 + 14×128)m + (14×128 + 120)m = 3816m(图7、图8)。

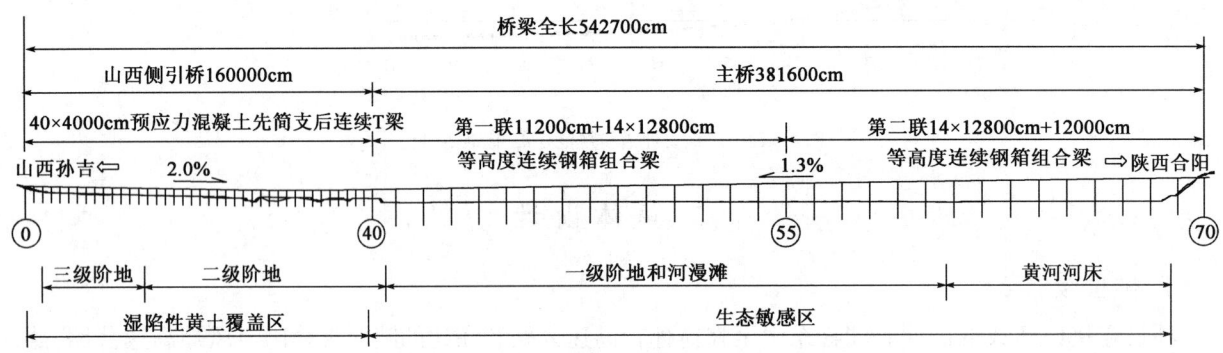

图 7　大桥总体布置概略图

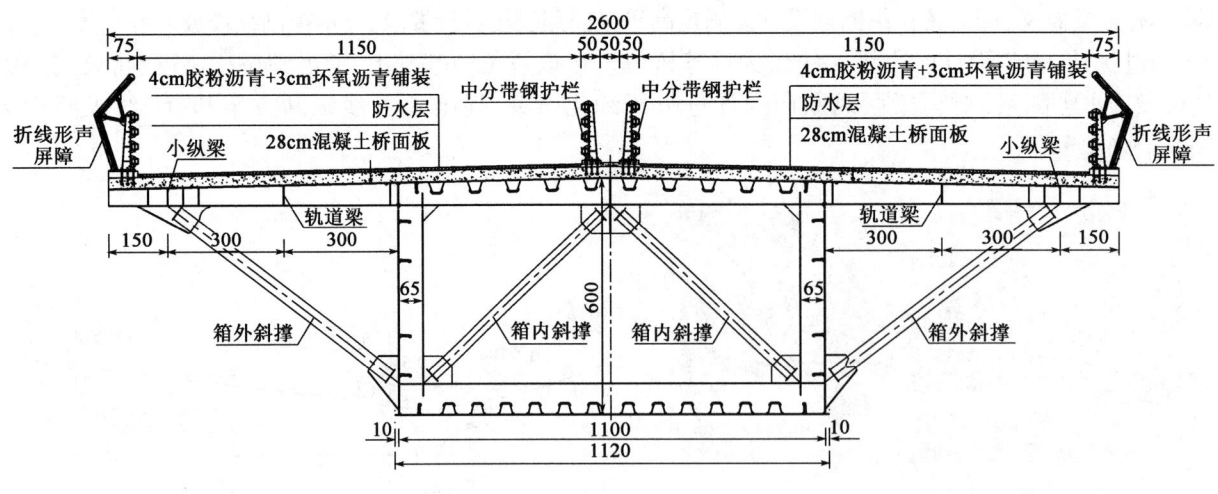

图 8　跨中典型横断面图(尺寸单位:cm)

## 3. 上下部结构特点

主梁采用整幅封闭钢箱组合梁,桥面全宽 26m,核心箱宽 11m、中心高 6m,混凝土桥面板厚 28cm,核心箱顶推就位后安装桥面板。钢梁采用免涂装耐候钢,除支点断面采用实腹式隔板外,其余均采用桁式隔板,间距4m,与隔板对用部位设置外挑横梁和外斜撑,辅助桥面板实现7.5m大悬臂。桥面板采用C50混凝土,设置横向预应力以改善横向受力。横向两侧外悬板部分为预制板,中间核心箱范围内为现浇部分。混凝土桥面板与钢梁之间通过布置于钢梁顶面的圆柱头焊钉连接。

中支点两侧各约20~28m范围内,在钢梁底板上浇筑0.4~0.6m厚C50微膨胀混凝土,与钢梁底板形成钢混组合板,充分发挥混凝土的抗压优势,节约用钢量。梁底板纵向加劲肋开孔穿入横向钢筋,形成PBL剪力键,同时在底板和腹板相应位置处焊剪力钉,保证混凝土与钢梁底板间的连接性能。

桥墩采用矩形变截面空心薄壁墩,最大墩高99m。墩身的迎水面设置破冰体。承台为矩形整体式结构,厚5m,下设24根直径2m钻孔灌注桩,最大桩长92m。为防止黄河泥沙冲刷桩基,在桩顶20m长度范围设永久性钢护筒。

## 三、设计关键技术

1. 特长联大跨径连续钢箱组合梁的应用

临猗黄河大桥主桥采用(112+14×128)m+(14×128+120)m桥跨布置,上部结构采用连续钢箱组合梁,整幅布置,单箱单室断面,最大联长度达1912m,单联长度及顶推行程在梁式桥梁中属世界第一。随着当代桥梁工程向质轻、高强、长跨目标的发展,组合梁桥结构有了迅猛发展,组合梁充分融合混凝土结构与钢结构的优点,其自身的优势正越来越受到国内外工程界的重视。同钢筋混凝土结构相比,可以减轻自重,减小地震作用,减小构件截面尺寸,增加有效使用空间,降低基础造价,节省支模工序和模板,缩短施工周期,增加构件和结构的延性等。同钢结构相比,可以减小用钢量,增大刚度,增加稳定性和整体性,增强结构抗火性和耐久性等。

2. 长联大跨步履式顶推技术的应用

钢梁采用步履式顶推法施工,沿桥梁轴线方向在桥台后方设置拼装场,墩顶及顶推平台上安装履式顶推设备,钢梁节段在顶推平台拼接成整体后连接钢导梁,利用步履顶推设备将钢梁逐步"顶—推"出拼装场后,继续拼装后续钢梁节段,反复循环直至钢梁顶推到设计位置。钢梁组装位置是固定的,可以极大地减少钢梁安装的场地和吊装支架等大临工程,有利于黄河水道的水土保持,减少环境破坏。集成自动化的步履式顶推设备可以确保顶推过程中的同步性,顶推过程中梁体启动和停止都十分平稳,步履顶推设备的自平衡结构对桥墩墩顶不产生水平力,集成化控制系统能减少人工数量和劳动强度,能较好地控制钢梁施工质量。

3. 结构抗风性能研究

开展为期四年的桥位风观测研究,结合桥位风场数值模拟,确定了大桥桥位基本风参数,为大桥抗风设计与施工提供了依据。采用计算流体力学与风洞试验相结合的方法,对临猗黄河大桥主桥结构抗风性能进行了研究。专题研究表明,主桥结构成桥状态及施工状态涡振性能、颤振性能和驰振性能均满足要求(图9、图10)。

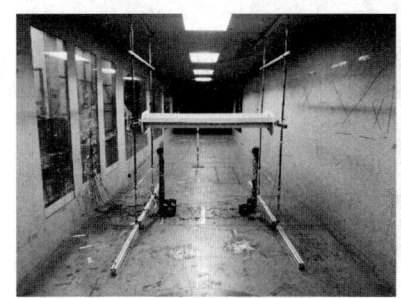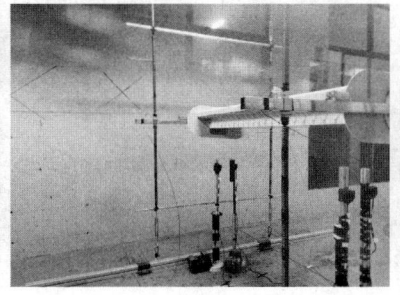

图9 主梁断面成桥状态节段模型

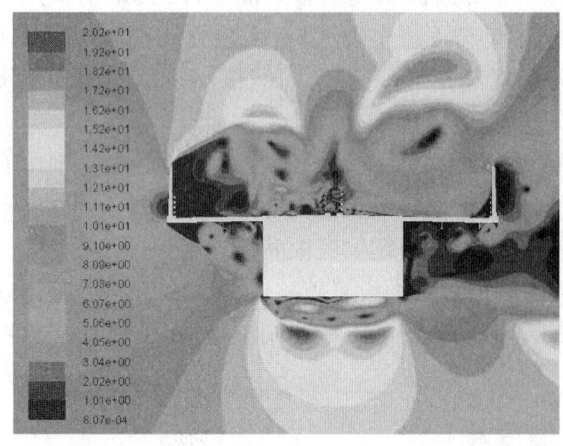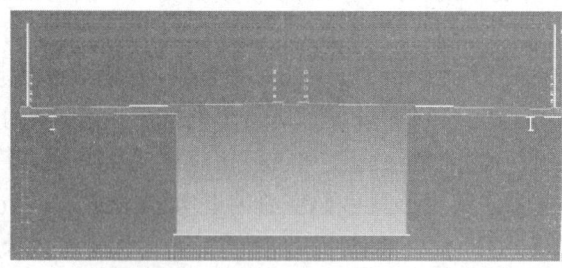

图10 抗风性能数值模拟

## 4. 结构抗震性能与摩擦摆支座应用研究

该桥跨度大、桥位高、地质及地震条件复杂,如何减小桥梁结构地震动力响应、提高结构抗震能力是设计需要考虑的重点。传统的桥梁抗震设计方法是根据不同的抗震等级采取相对应的抗震措施,依靠结构本身的延性能力而消耗大部分地震输入能量,该种设计方法不但材料的工程指标提高,震后修复难度也会相应增大;而在桥梁上下部结构之间设置摩擦摆支座是桥梁隔震设计一种有效方法。地震发生时,墩梁之间可发生较大相对位移,主梁的惯性力传递至下部结构有限,从而有效减小地震产生的灾害。

主桥共分为两联,每联中间4个桥墩设置固定支座,其余均为纵向滑动支座。固定支座的纵、横向以及纵向滑动支座的横向减震滑板与减震底座之间均设有剪力销,确保静力工况下剪力销不发生剪断,球面滑板不工作,避免抬高梁体影响正常使用。地震工况下,剪力销被剪断,固定摩擦摆在纵横向发生摆动,纵向滑动摩擦摆由于纵向容许位移比较大,在地震工况下表现为纵向滑动、横向摆动。经进一步优化摩擦摆支座参数,地震工况下桩基内力大幅降低。采用大直径钢筋混凝土桩基础加强配筋,不需钢护筒参与受力。

## 5. BIM技术的应用

在设计阶段将传统设计方式与BIM技术相结合,建立数字化、参数化的节段BIM模型,整合设计界面,进行钢构件碰撞检查,及时发现设计错误,减少设计变更。同时可提前进行施工工序模拟和施工工期推算,判断施工方案是否合理可行,即时做出调整,减少返工,加快施工进度,并提供后续施工规划,供运营单位维护管理。临猗黄河大桥设计构造复杂、施工方法特殊、施工周期长、投入大,BIM技术开发及应用意义重大(图11)。

a)山西侧顶推平台　　　　　　　　　　　b)陕西侧顶推平台

图 11

c)顶推到位切割导梁　　　　　　　　　　d)安装桥面板

图 11　BIM 技术应用典型节段

## 6. 水泥基结晶防水材料的应用

为提高桥墩耐久性,在墩底以上水位变动区范围内混凝土掺入了水泥基结晶防水材料。该防水材料机理在于以水为载体,通过水的引导,借助强有力的渗透性,在混凝土微孔及毛细管中进行传输、充盈,发生物化反应,形成不溶于水的枝蔓状结晶体。结晶体可填充混凝土裂缝,堵截来自任何方向的水流及其他液体侵蚀,达到永久性防水、耐化学腐蚀的目的。

## 四、顶推施工方案

钢梁采用顶推法施工,分别在山西、陕西侧设置顶推平台,钢梁拼装至一定长度,加装导梁和吊索塔架对向顶推。钢梁顶推就位后,浇筑中支点底板混凝土;待混凝土硬化后,吊装、安放预制桥面板,按照先跨中后支点浇筑桥面板现浇部分;桥面板硬化后进行二期施工(图 12)。

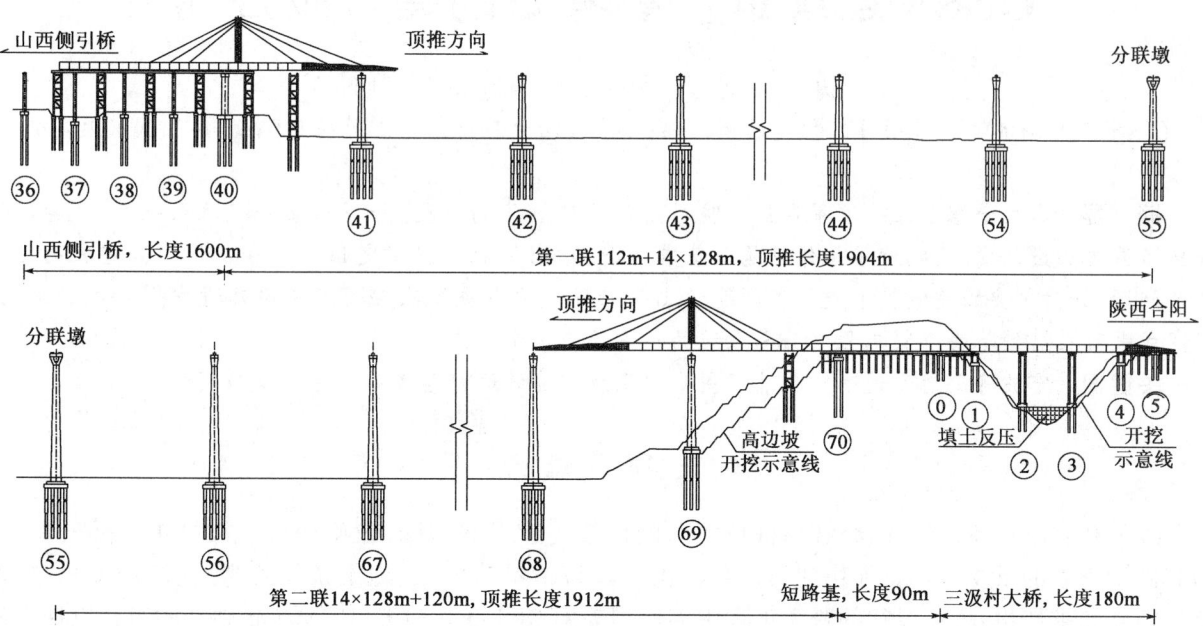

图 12　主梁顶推施工示意

## 五、结　语

临猗黄河大桥的综合建设技术难度和水平是世界级的。本着创建精品工程的初衷,必须积极主动、因地制宜、实事求是地提升建设理念、践行创新技术、深化细节设计。为此,在总体设计理念指导下,开展了多项技术创新,以期为实现临猗黄河大桥的宏伟建设目标奠定坚实基础,并为国内后续桥梁工程提供示范。设计阶段就桥位、桥高、桥型方案多次组织国内知名专家召开方案论证会、专家交流会、咨询审查会,于2019年12月获得交通运输部批复。大桥建成后将是目前同类结构中公路桥梁跨径国内第一、单联联长世界第一、顶推距离世界第一,是黄河上游用钢量最大的桥梁,也是国内耐候钢用量规模最大的公路桥梁。该桥已于2020年初开工,目前项目施工正按计划顺利进行之中,预计2024年底建成通车。

**参考文献**

[1] 陈冠华.福鼎八尺门大桥主桥设计[J].世界桥梁,2016,44(5):1-4.

[2] 苗家武,康仕彬,赵进锋,等.福州闽江长门大桥设计与关键技术研究[J].公路,2013(1):67-72.

[3] 张炎,陈孔令,刘黎阳,汪磊.六库怒江二桥设计[J].桥梁建设,2013,43(1):59-64.

[4] 史娣.武汉二环线上跨铁路立交桥总体设计[J].世界桥梁,2015,43(1):7-10.

[5] 张巨生,宁伯伟.新建安九铁路长江大桥主航道桥设计[J].桥梁建设,2018,48(2):77-82.

[6] 王枭,金文刚,王思豪,等.云宝黄河大桥主梁设计与施工关键技术[J].世界桥梁,2019,47(1):1-5.

[7] 李军心,怀华锋,黄金山,等.闽江大桥"帆"形塔斜拉桥总体设计[J].世界桥梁,2015,43(4):11-14.

[8] 孟凡超,刘明虎,吴伟胜,等.港珠澳大桥设计理念及桥梁创新技术[J].中国工程科学,2015,17(1):27-35.

# 19. 宁波舟山港主通道北斗卫星定位系统 GNSS 连续运行参考站的建设及应用

朴泷[1]　张兴志[1]　孙英杰[2]　许超铃[3]　方明山[1]

(1.宁波舟山港主通道项目工程建设指挥部;2.宁波冶金勘察设计院股份有限公司;3.武汉大学)

**摘　要**　本文介绍了北斗卫星定位系统对国产硬件设备的选型,并对单北斗定位系统开展了研究,提出了系统建设的要点,明确了总体结构及基本功能,指出了北斗卫星定位系统在应用中需重点关注的几个问题,并对主要的关键技术进行了阐述。北斗卫星定位系统首次在跨海桥梁建设中得到成功应用,研究成果可在后续跨海桥梁工程CORS系统的建设及应用中推广。

**关键词**　宁波舟山港主通道　北斗卫星定位系统　连续运行参考站　建设及应用

## 一、项目概况

改革开放以来,随着我国经济和科技实力的持续高速发展,基础设施建设持续推进,跨海桥梁作为基础设施中的重要一环正加快建设步伐。由于跨海桥梁跨度长、地质条件恶劣、气候环境复杂,对测量精度要求严格,故在以往的跨海工程中多使用美国GPS系统和进口GNSS软硬件的组合以保证测量精度。但是,GPS系统和进口GNSS软硬件的组合在以往的跨海工程使用过程中出现了定位精度不稳定,部分时段或区域无法得到固定解,部分区域未覆盖通信信号导致用户无法进行定位作业等问题。

---

基金项目:2019年度交通运输行业重点科技项目,编号2019-MS1-013;浙江省交通运输厅公路建设工程科技项目,编号2019-GCKY-02。

结合陆续发生的叙利亚地区 GPS 信号干扰事件中美贸易摩擦以及华为事件,如何利用我国北斗卫星导航系统(BDS)、国产 GNSS 软硬件产品以及导航定位领域的最新研究成果,在摆脱对美国 GPS 系统以及进口 GNSS 软硬件的依赖,实现重大工程项目的自主可控的同时,解决现有应用过程中所遇到的问题,引领相关技术更新换代,已成为一个亟待研究和解决的课题。

为实现宁波舟山港主通道工程及我国后续项目海上施工测量自主可控,本文拟针对跨海工程和技术发展需求,旨在研究北斗卫星定位系统应用于跨海桥梁工程中的关键技术研究,引入最新科研成果解决定位精度不稳定、固定解难以得到等问题,将我国北斗系统真正应用于跨海桥梁工程中,保障我国跨海桥梁项目可以在无须 GPS 信号及进口 GNSS 软硬件设备的状态下顺利高效的施工作业,将全北斗、全自主知识产权贯彻到我国跨海桥梁项目全生命周期中,将宁波舟山港主通道工程打造成为我国首个全北斗、全自主知识产权、全生命周期的跨海桥梁项目。

## 二、总体建设方案和技术难点

1. 总体建设方案

1) 基准站及数据中心建设

本项目依托宁波舟山港主通道公路工程,路线总长 36.777km,跨越 5 个航道,由 3 座大桥集成。其中,舟岱大桥总长约 26.19km,海域桥梁长 16.36km,设有 3 座通航孔桥,主通航孔桥为主跨 550m 三塔钢箱梁斜拉桥;富翅门大桥长约 2.01km,主跨为 340m 叠合梁斜拉桥;鱼山大桥全长 8.82km,为多跨连续变截面刚构桥。宁波舟山港主通道项目建成后,将连接已有的甬州高速,连同舟山连岛工程里程将达到 86.68km,将成为世界上规模最大的跨海桥梁群工程。

宁波舟山港主通道 CORS 站包括 1 个数据中心和 4 个连续运行参考站,参考站分别分布在舟山本岛、长白岛、岱山岛和鱼山岛。各参考站的 GNSS 观测数据通过专线网络传输到数据中心,由数据中心进行数据解算和存储。然后通过公有网络向流动站用户发送差分数据,提供厘米级的实时定位服务。流动站用户可通过 GPRS/CDMA 网络接入系统进行网络 RTK 定位。

2) 服务管理系统建设

(1) 北斗卫星导航系统(BDS)建设

宁波舟山港主通道舟岱大桥 CORS 系统建设要求满足海域桥梁 16.36 km 施工测量精度要求,CORS 系统最初建成为多星系统,并对其进行运行维护,保证该系统在工程建设期内每天 24 小时不间断地提供准确、可靠和稳定的测量定位信息,并确保基准站建站测量成果满足 B 级 GNSS 网的精度要求,基准站在 5km 范围内 RTK 测量平面定位精度 ≤ ±20mm、高程定位精度 ≤ ±40mm。

我国北斗卫星导航系统全球组网已完成,因此,本项目提出了基于北斗卫星导航系统(BDS)的 GNSS-RTK 基准站系统(CORS)。该 CORS 系统对软硬件进行了更新和替换。为进一步提高和保障施工放样的精度,对 CORS 站的 CGCS2000-大桥施工独立坐标系的转换参数系进行了求解。以舟山市 CORS 站、宁波市 CORS 站、北仑 CORS 站和鄞州 CORS 站为起算点,以周边其他 CORS 站为检核点,来推算本项目新建的 4 座 CORS 站的 CGCS2000 国家大地坐标系成果,在结合本次首级控制网的大桥施工独立坐标系的复测成果,解算出宁波舟山港主通道舟岱大桥的转换参数(CGCS200-大桥施工独立坐标系)。

(2) 单北斗网络 RTK 平台研制

我国 BDS 系统早在 2012 年就已提供亚太地区的定位服务,然而我国跨海桥梁对 BDS 系统使用较少,且均处于辅助 GPS 系统的地位,实现单北斗网络 RTK 技术将使得宁波舟山港主通道项目彻底摆脱对 GPS 系统的依赖,大大提高我国工程项目的自主可控性。尽管基于 GPS 观测值的实时网络 RTK 解算方法已经相对成熟,但针对单北斗系统的实时网络 RTK 解算策略仍存在一些误差消除、参考卫星选取等问题,影响其实际应用。

研制单北斗网络 RTK 数据处理平台,通过对 CORS 基准站的 BDS 数据进行实时处理,向用户播发改正数,为用户提供全时段、全区域高精度 BDS 位置服务,并在精度稳定性等指标上,摆脱对美国 GPS 系统的依赖,完全避免受 GPS 系统不可用带来的风险。

(3)北斗服务管理平台建设

北斗服务管理平台是卫星导航定位技术、网络通信技术等多种技术的集成与融合。该平台分为五个子系统——参考站子系统、控制中心子系统、数据中心子系统、数据通信子系统、用户应用服务,整个平台是以数据和控制中心为中心节点,以各基准站和最终用户作为子节点的星形网络结构,系统的网络通信协议采用 TCP/IP 协议,网络差分协议选择 Ntrip 协议。

该服务管理系统具有实现自动获取系统软件和硬件监控信息功能,形成相应的统计分析信息,并通过建立良好的信息交互平台,实现用户信息交互功能,为用户提供管理、决策和应用信息,提高系统的稳定性和信息化管理能力。

### 2. 技术难点

(1)现今基准参数的解算均基于 GPS 观测值,一旦 GPS 系统不可用,将严重影响我国绝大部分工程项目的正常进行。

(2)目前,我国跨海桥梁项目的 GNSS 设备选型尚无完整可靠的评判标准,而 GNSS 设备质量将直接决定后续施工测量的进度和精度。

(3)由于连续运行基准站建设成本高昂,后期的运维也很麻烦,所以 CORS 网建设时往往事先设计,期望在实际服务范围内,在满足位置服务精度的前下,建设的基站数越少越好。但是基站在运行过程中不可避免地会出现问题,导致数据流中断,致使部分区域的用户固定降低,从而使得服务质量显著下降。如果基站的修复时间较长,会直接影响各类用户或者工程的工期;此外由于跨海项目施工现场多处于海上,移动通信信号覆盖较弱,导致在部分区域用户无法正常接收 CORS 系统播发的改正信号,进而影响定位作业。

(4)由于工程施工过程中多使用正常高,跨海项目由于其地理条件需要进行大量跨海水准测量,极为不便。

(5)跨海桥梁项目多处于近海,极易受到台风等恶劣天气袭扰。为了实时监测桥梁的健康状况,对跨海桥梁进行基于我国 BDS 系统的自动化桥梁健康监测将是极其重要的。

## 三、关键技术

### 1. 基于 BDS 信号的基准参数解算技术

基线解算采用双差观测量来建立误差方程,这可以消除接收机钟差和卫星钟差,并削弱对流层延迟、电离层延迟及卫星星历误差带来的影响,且保留载波相位的整周模糊度为整数,也能消去解算参数,缩短解算时间,采用载波相位测量的观测值方程式为

$$L_k^j(t) = \frac{f}{c}\rho_k^j(t) - f[\delta t_k(t) - \delta t^j(t)] - \frac{f}{c}[I_k^j(t) - T_k^j(t)] + N_k^j(t) \tag{1}$$

式中: $j$——卫星;

$k$——接收机;

$t$——历元时刻;

$f$——载波相位的频率;

$c$——GNSS 信号的传播速度(光速);

$\rho$——接收机和卫星之间的距离;

$\delta t_k, \delta t^j, I_k^j, T_k^j$——接收机钟差、卫星钟差、电离层延迟、对流层延迟、整周模糊度。

采用式(1)进行单点定位,构造基线,在观测值之间求差并利用差分观测值进行相对定位,观测方程为

$$P_{AB}^{ij} = (l_B^j - l_B^i)\mathrm{d}X_B + (m_B^j - m_B^i)\mathrm{d}Y_B + (n_B^j - n_B^i)\mathrm{d}Z_B + I_{AB}^{ij} + T_{AB}^{ij} + \rho_{AB}^{ij} + M_P + \varepsilon_P \tag{2}$$

$$L_{AB}^{ij} = (l_B^j - l_B^i)\mathrm{d}X_B + (m_B^j - m_B^i)\mathrm{d}Y_B + (n_B^j - n_B^i)\mathrm{d}Z_B + \lambda_f N_{AB}^{ij} - I_{AB}^{ij} + T_{AB}^{ij} + \rho_{AB}^{ij} + M_L + \varepsilon_L \tag{3}$$

式中：$P$——伪距观测值；

$\mathrm{d}X,\mathrm{d}Y,\mathrm{d}Z$——基线向量的坐标改正数；

$\lambda$——载波频率的波长；

$l,m,n$——3坐标方向上的方向余弦；

$M_P,M_L$——伪距和相位观测值中的多路径误差；

$\varepsilon_P,\varepsilon_L$——伪距和相位的观测噪声。

基于GAMIT10.71分别进行BDS、GPS单系统数据解算，对比分析基线解算结果精度后，得出以下结论：

（1）利用GAMIT解算BDS、GPS基线的NRMS值都较小，均能满足高精度解算的要求，基线解算的相对精度可以达到$10^{-9}$。在工程或科研中，利用GAMIT解算BDS数据，完全可以满足精度需要。

（2）BDS数据解算基线的南北方向精度6mm，与GPS数据解算基线相差无几；BDS系统基线的东西方向精度10－12mm，较GPS系统数据中误差增加42%，且存在突变情况；BDS系统基线的高程方向精度25mm，且随着基线长度的增加，中误差存在较多突变发生，而GPS基线高程精度约为13mm，存在较大差异。

（3）由于GAMIT软件此前一直仅支持解算GPS数据，所以在新版本中可能对BDS数据解算时，加入的模型或卫星信息不是完全如GPS系统的精确，造成基线水平方向、高程方向的差异。

项目确定基于BDS信号的基准参数解算技术的基本技术指标，形成相应的使用办法，并利用本工程区域内的控制点进行精度检核，验证基于BDS信号的基准参数解算技术可以达到与传统GPS基准参数解算技术相当精度，满足大型跨海项目对测绘基准的精度需求，为后续工程推广提供成熟的实施方案。

### 2. 跨海项目中的国产BDS硬件设备选型

研究跨海桥梁项目对GNSS接收设备的基本要求，确定GNSS接收设备的基本性能指标，着重考察各型设备在抗多路径、数据完整性、周跳比例、跟踪卫星能力、独立接收BDS信号以及适应海洋气候环境能力等方面的性能，并在实际分析过程中，总结经验指标，确定国产BDS硬件设备的选型标准。最终为本项目以及后续的跨海桥梁项目的BDS硬件设备选型提供参考依据。

### 3. 流动基准站系统应用

由于跨海项目施工现场多处于海上，移动通信信号覆盖较弱，导致在部分区域用户无法正常接收CORS系统播发的改正信号，进而影响定位作业。为了避免这种情况发生，应用流动基准站系统技术，在故障基站附近架设临时基站，向服务器发送数据流，实现快速组网，暂时修复因原基站掉线造成的问题，为原基站的问题排查提供充足时间。

考虑了流动基准站灵活部署、基准站数据接收、数据传输、连续长时间供电等需求，流动型基准站设计从功能上分为观测系统、供电系统、数据无线传输系统、数据处理系统等部分。

观测系统是流动型基准站的核心功能实现系统，主要有接收天线、基准站接收机，另可配置气象仪作为辅助观测设备获取温度、湿度、气压等气象参数。为提高观测的系统安全，天线应能够同时接收到目前已有的导航卫星的信号，应具备同步跟踪地平仰角0°以上的所有可见的卫星的能力，具有抗多路径效应的能力，能在极端气象环境下长期正常稳定工作。流动基准站架设时，选择接收视野开阔的场地，将天线置于装载平台之外的稳定装置上。

接收机是移动基准站的核心，其可以跟踪、处理天线接收到的导航卫星系统的卫星信号，并测量计算出观测标墩上标志点的位置，同时通过电台向附近的动态测量用户发送观测数据和相关信息，实现RTK测量。

以宁波舟山港主通道工程作为示范项目，将流动基准站技术首次应用于工程实践中，实现宁波舟山港主通道工程施工过程中全时段、全区域 BDS 定位作业均可获得满足工程需要的平面定位精度≤±20mm、高程定位精度≤±40mm,满足工程施工对 BDS 定位作业的需要,提升施工效率,避免因 GNSS 无法固定引起的工期延误。

### 4. 数字微波通信方案

在设计跨海微波传输系统时,需分析收发信站间的工作断面,尤其是反射点断面状况,准确确定反射点的位置、天线的高度,才能使信号稳定传输。在工程设计中,应选择反射系数相对小的地方作为反射点,使直射波能够稳定传输。海面传输的理论计算有以下关键因素:

(1)路径断面状况及反射区附近的地物与高程状况;
(2)在求出最佳天线高度后,计算地面反射点位置以及反射损耗和绕射损耗;
(3)计算反射点处的地球凸起高度;
(4)计算路径余隙和自由空间余隙;
(5)等效地球半径系数 K 值变化对路径余隙的影响。

本项目在宁波舟山港主通道工程中移动通信信号覆盖较弱或无覆盖区域进行测试并实际使用,保障了本项目全区域均可进行高精度施工测量,提升施工效率。

### 5. 似大地水准面精化及应用

采用了 9 个点重力数据来计算舟岱似大地水准面的平均空间重力异常,如图 1 所示。为了独立评定似大地水准面的精度,使用了 10 个 GNSS 水准资料,其点位分布如图 2 所示。采用航天飞机雷达地形测绘任务(SRTM)的 DTM 数据来计算格网布格改正、地形改正和均衡改正。DTM 的空间分辨率为 $7''.5 \times 7''.5$,如图 3 所示。地形的最小高程值为 -30m、最大高程值为 481m。

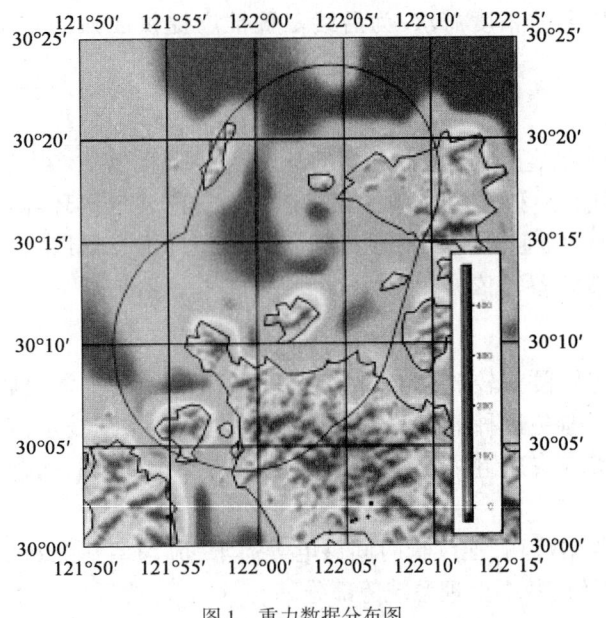
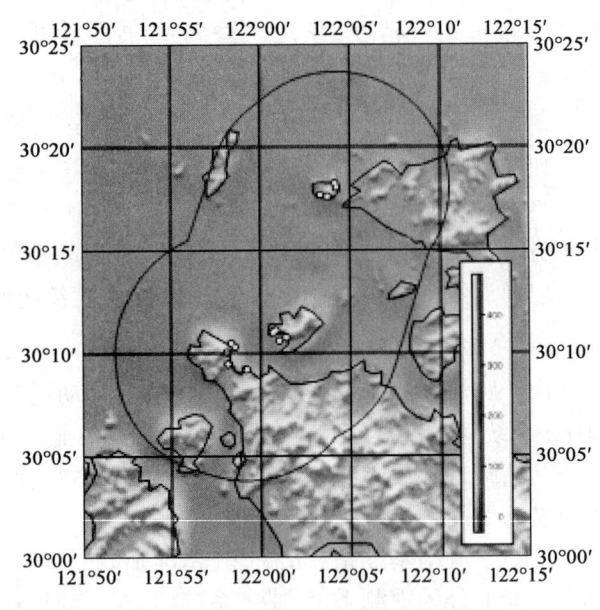

图 1　重力数据分布图　　　　　　　　　　　图 2　GNSS 水准点位图

采用点均衡重力异常来计算格网空间重力异常,利用重力点上的高程计算点重力值上的空间改正和布格改正,通过数值积分计算地形改正和均衡改正,并利用双三次内插方法得到地形改正结果。在某地区没有实测点重力值时,利用 WDM94 地球模型进行填补。图 4 为地形均衡异常图,图 5 为空间重力异常图。在该地区空间重力异常的最小和最大值分别为 -8.930 毫伽和 16.382 毫伽,而均衡重力异常的最小和最大值分别为 -7.532 毫伽和 4.612 毫伽。

将格网空间重力异常作为输入数据,采用参考重力场模型 EIGEN6C4。利用第二类 Helmert 凝集法(Wichiencharoen,1982;Martinec,1998)计算似大地水准面。采用 300 km 的积分半径计算地形的直接和间接影响。重力似大地水准面成果如图6所示。

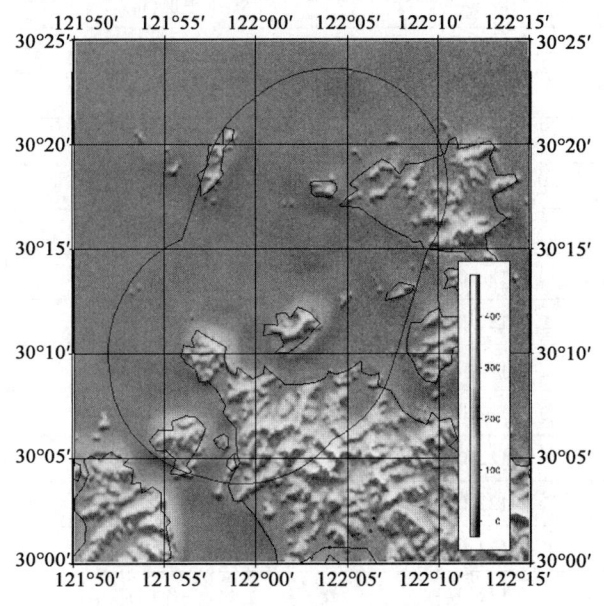

图3 7.5″×7.5″数值高程模型(m)

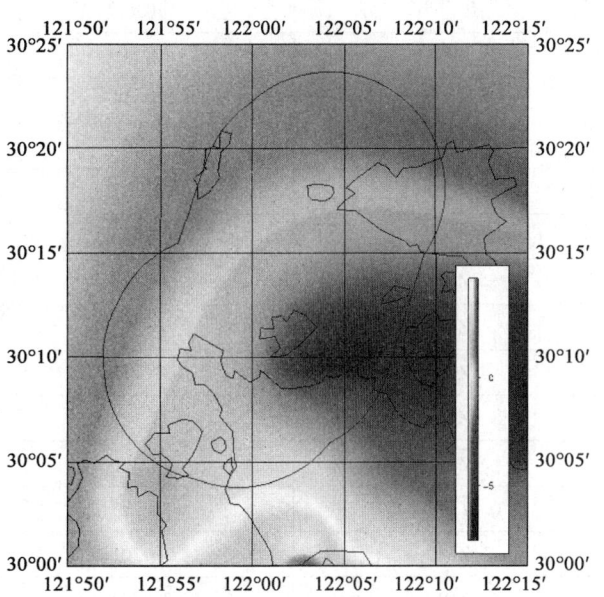

图4 2′×2′格网均衡重力异常(mGal)

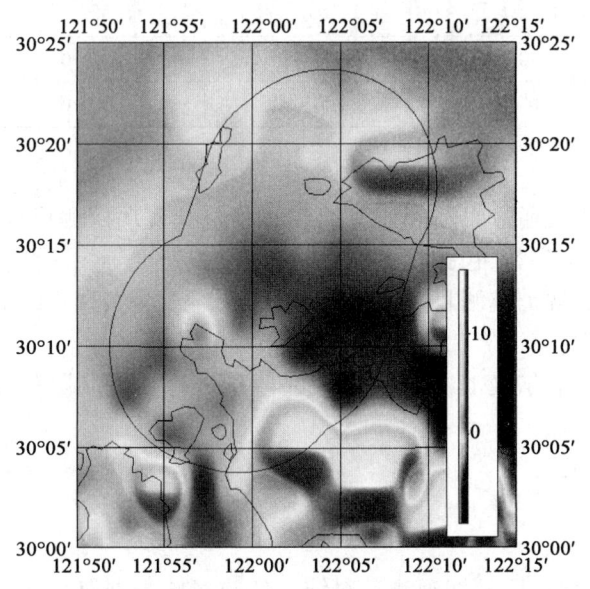

图5 2′×2′格网空间重力异常(mGal)

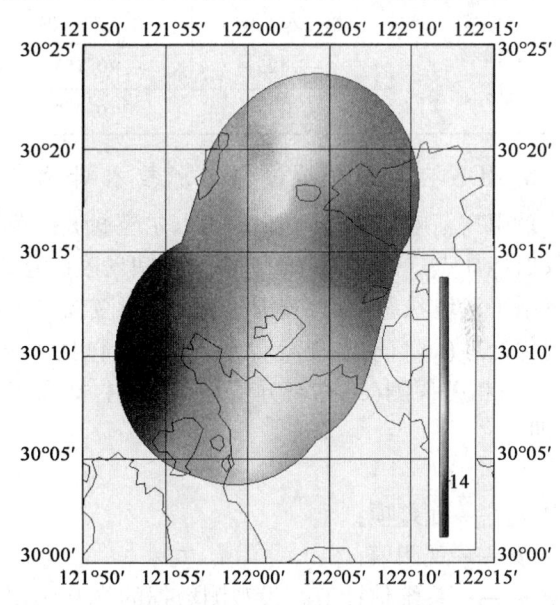

图6 2′×2′重力似大地水准面图(m)

11个GNSS水准与重力似大地水准面的比较结果在表1列出。我们认为点ZD09或者是GNSS或者是水准成果不正确,因此,删除了这个点。表2列出了10个GNSS水准和重力似大地水准面的比较的精度信息。从表2可知,10个GNSS水准成果的标准差为±0.010m。去掉-0.138m的系统偏移量后,最大值和最小值分别为0.015m和-0.015m。

GNSS水准与重力似大地水准面的独立比较结果包括了三项误差,一项是GNSS大地高、二是水准高、三是重力似大地水准面的误差,在舟岱范围内,通常大地高的精度应该在±0.010m,水准高程的精度达到±0.010m,这样,包含在GNSS水准的误差为±0.014m。因此,用目前的GNSS水准手段检核重力似大地水准面的精度最高也只能达到约为±0.014m精度。为此,国际同行也正在探求检核大地水准面精度的新的技术和方法。

GNSS 水准与重力似大地水准面的差值(单位:m)　　　　　　表1

| 点　号 | 纬度(°) | 经度(°) | 差值(m) |
|---|---|---|---|
| ZD01 | 30.153 | 121.987 | -0.009 |
| ZD02 | 30.158 | 121.970 | -0.002 |
| ZD03 | 30.167 | 121.969 | 0.015 |
| ZD04 | 30.172 | 121.976 | -0.000 |
| ZD05 | 30.175 | 121.973 | -0.012 |
| ZD06 | 30.183 | 122.012 | 0.003 |
| ZD07 | 30.177 | 122.017 | 0.001 |
| ZD08 | 30.185 | 122.014 | 0.008 |
| ZD09 | 30.179 | 122.024 | 0.030 |
| ZD10 | 30.293 | 122.063 | 0.010 |
| ZD11 | 30.295 | 122.056 | 0.013 |
| ZD12 | 30.301 | 122.071 | -0.015 |
| ZD13 | 30.304 | 122.070 | -0.011 |

GNSS 水准与重力似大地水准面的差值统计结果(单位:m)　　　　　　表2

| 点　数 | 最大值 | 最小值 | 平均值 | 均方根 | 标准差 |
|---|---|---|---|---|---|
| 12 | -0.123 | -0.153 | -0.138 | ±0.138 | ±0.010 |
|  | 0.015 | -0.015 | 0.000 | ±0.010 | ±0.010 |

## 6. BDS 自动化桥梁健康监测技术研究

采用高精度形变观测值,利用卡尔曼滤波降噪。然后通过自动阈值分类和假设检验自动探测形变,提取出特征点。并将其分解为不同时间尺度的运动状态参数,包括相对位移、速度及加速度等。这些信息将用于滑坡状态监测、分析和预测。形变监测实际上就是监测目标量的运动状态参数,为实现系统的自动化处理(即自动监测运动状态参数),包括4个步骤:

(1)粗差探测(或称奇异值检验)。主要采用基于卡尔曼滤波残差等外部信息进行粗差剔除的方法,即

$$v_k = l_k - A_k x_k \tag{4}$$

式中:$v_k$——残差项;

$l_k$——观测值;

$A_k x_k$——系统估计值。设观测数据的先验中误差为 m(取长期观测资料统计值或经验数据值),进行粗差检验,当 $|v_k| > 3m$ 时,认为是奇异值,予以舍弃。

(2)自适应分类。为达到通过假设检验实现程序化自动判定是否发生形变的目的,需建立符合统计规律的假设检验量及序列,主要采用 T 检验及 F 检验进行。

a. T 检验方法

$$\left. \begin{array}{l} d_i^h = h_i + h_0 \\ T_i^h = \dfrac{d_i^h}{S/\sqrt{n}} \sim T(n-1) \end{array} \right\} \tag{5}$$

式中:　　　　　　$h$——形变监测量;

$d$——区间内相对形变量,符合 $N(0, S^2)$ 分布;

$\overline{d_i^h} = \sum_{k=1}^{n} d_k$——该时段内形变平均值;

$S = \sqrt{\dfrac{1}{n-1}\sum_{i=1}^{n}(x_i - \bar{x})}$ ——样本标准差。如果 $S$ 值由历史数据的先验精度信息设定,则检验量变为 $Z$ 检验方法。

b. F 检验方法

$$\left.\begin{array}{l} d_i^h = h_i - h_0 \\ F_i^h = \dfrac{\delta_i^{h2}}{S^2} \sim F(n-1, n-1) \end{array}\right\} \quad (6)$$

式中：　　　　$h$——形变监测量；

　　　　　　　$d$——区间内相对形变量,符合 $N(0, S^2)$ 分布；

　　　　　　　$\delta_i^{h2}$——已测卡尔曼滤波残差项序列平方项；

$S = \sqrt{\dfrac{1}{n-1}\sum_{i=1}^{n}(x_i - \bar{x})}$ ——样本标准差。

(3)形变探测(图7)。当发现形变后,需记录该形变时段起始时刻及形变量。时段起始时刻为 $t_{s1} = \{t_0, t_i\}$；形变量为 $D_{ts} = d_i^h$,标记为 true。本循环判断完毕后,进入下一个循环判断,即起始时刻及参考位移量变为下一个历元。

$$\left.\begin{array}{l} t_{sj} = \{t_{i+1}, t_j\}s \\ d_j^h = h_j - h_{i+1} \\ i \geq j \end{array}\right\} \quad (7)$$

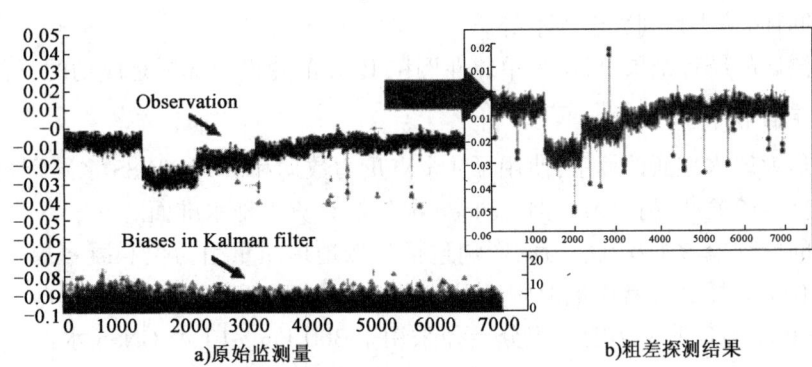

a)原始监测量　　　　b)粗差探测结果

图7　形变探测实例

通过卡尔曼滤波算法,将形变监测结果转化为表征监测目标运动状态的四维时空运动状态参数,包括位移参数、速度参数及加速度参数,实现最终形变分析结果的输出。

(4)时间序列分析预报变形。时间序列分析模型中最具代表性的 ARMA(n,m)模型为：

$$\begin{array}{l} x_t = \varphi_1 x_{t-1} + \varphi_2 x_{t-2} + \cdots + \varphi_n x_{t-n} - \theta_1 a_{t-1} - \theta_2 a_{t-2} - \cdots - \theta_m a_{t-m} + a_t \\ a_t \sim N(0, \sigma_a^2) \end{array} \quad (8)$$

式(8)反映了平稳、正态、零均值的时间序列某一时刻的观测值为因变量,过去时刻观测值为自变量,因变量和自变量之间的线性关系,公式中的 $x_t$ 是平稳、正态、零均值的时间序列在时刻 $t$ 的值,$\varphi_1$,$\varphi_2 \cdots \varphi_n$ 被称为自回归参数,是反应不同时刻之间时间序列观测值之间线性关系的参数,$\{a_t\}$ 为白噪声序列,即随机噪声,$\theta_1, \theta_2 \cdots \theta_m$ 被称为滑动平均参数,反映当前时刻时间序列值中所包含的噪声项与过去时刻中包含的噪声之间的线性关系。

由以上公式可知,利用 ARMA 模型进行解算首先需要确定模型的阶数,即 $m$、$n$,然后才能根据观测值列出观测方程求解自回归参数和滑动平均参数。自相关函数法(ACF)和偏相关函数法(PACF),F 检验定阶法,Akaike 信息准则定阶法等方法都是我们常用的模型定阶方法。

项目采用基于我国 BDS 系统的自动化监测设备,将 BDS 自动化监测设备和技术首次应用跨海桥梁的施工建设监测管养过程中,为用户提供水平<2mm,高程<5mm 的高精度自动化监测服务,确定该技术实施过程中的相关参数和实施路线。在桥梁运行维护阶段,重点对南通航孔桥、主通航孔桥、北通航孔桥以及富翅门大桥等复杂结构部分进行健康监测,并对桥梁周边的危险边坡进行实时高精度监测,为桥梁管理维护者提供实时高精度位移、振幅、震动频率等信息,为台风等恶劣条件下的桥梁安全运行决策提供实时数据支撑。分析长期的监测数据,为评估桥梁设计方案和改进后续桥梁设计方案提供数据依据。

## 四、系统应用

### 1. 单系统 RTK 平台应用

本项目单北斗网络 RTK 平台进行了内外业测试,总体来说,系统各项技术指标已经到达了设计要求,部分指标已经优于设计要求。具体表现为:

(1)单北斗网络 RTK 运行稳定、精度可靠;

(2)在单北斗网络 RTK 服务下,所有测站 RTK 平面精度内符合精度小于 1cm,外符合精度均小于 2cm,高程精度内符合精度小于 2cm,外符合精度优于 3cm,符合设计指标;

(3)对于测量环境较差的点,如墙角、树下等,在单北斗服务下能够固定,精度有了较大的提升,这说明支持单北斗系统的软硬件设施同样能够增加用户的使用范围或环境,同时在用户定位精度上也有一定程度的改善;

(4)测试结果显示系统的时间可用性、定位服务的时效性均满足设计指标,同时在实用性测试中,对于部分观测环境较差或者网络信号不好的测点,系统播发的单北斗改正服务能够很快地都得到精度较高的固定解,初始化的时间从十秒到数十秒不等。

通过本次外业测试的统计结果,可认为单北斗网络 RTK 的建设与部署是成功的,可靠的。

### 2. 似大地水准面精化及应用

本项目在舟岱似大地水准面计算中,使用了 9 个点重力数据和 10 个 GNSS 水准资料。参考重力场采用 EIGEN6C4 地球重力场模型,利用第二类 Helmert 凝集法计算大地水准面。

大地水准面中的各类地形位及其引力的影响包括牛顿地形质量引力位和凝集层位间的残差地形位的间接影响,以及 Helmert 重力异常由地形质量引力位和凝集层位所产生的引力影响。计算时利用严密球面积分的公式,考虑了地球曲率影响。积分半径采用了 300 km。10 个 GNSS 水准资料与重力似大地水准面独立比较精度为 ±0.010m。

舟岱高精度局部似大地水准面及高精度 GNSS 网成果,不但能够建立精确的、与国家大地测量坐标一致的区域大地测量平面控制框架,并且通过与高精度 GNSS 大地高相结合,地面点的水准高程能够被快速获取。这可以有效改善传统的高程测量作业模式,最大限度地降低项目的使用费用、施测难度、施测周期。将似大地水准面成果与 GNSS 测量相结合,可以满足城市规划与建设、工程设计与建设、国土资源调查等对高精度地形的需要,具有极大的科学及社会效益,可以带来巨大的经济效益。

## 五、结　语

舟岱大桥 CORS 系统首次实现利用单 BDS 观测值解算跨海工程所需测量基准参数,项目依托宁波舟山港主通道工程区域内的高级别控制点进行精度检核,验证基于 BDS 信号的基准参数解算技术可以达到与传统 GPS 基准参数解算技术相当精度,满足大型跨海项目对测绘基准的需求。研究实现了单北斗网络 RTK 算法,研制单北斗网络 RTK 平台,在工程建设过程中首次独立使用 BDS 系统,摆脱对美国 GPS 系统的依赖。同时对比多种国产 BDS 设备,通过数据分析以及在舟山区域的测试检核,由于各家多系统都不提供单 BDS 信号输出,研发了自主北斗接收机,并与单北斗网络 RTK 平台系统进行兼容等测试。此外,项目针对 CORS 用户定位精度不高或无法得到固定解的状况,利用流动基准站技术,真正保障用户在全区域、全时段可实时获得固定解。并利用数字微波通信技术,克服了光纤有线通信的不足之处,解决了卫星通信过程中成本费用高、易受大型建筑或山体影响、干扰设备应用中的通信信号等问题,为通信质量状况的改善、通信系统服务功能的完善及信号的高效传输等提供专业保障。应用确定似大地水准面的严密理论和最新的计算方法,研究确定了1985国家高程系统下的宁波舟山港主通道工程1cm级别精度的似大地水准面模型。建立了精确的、与国家大地测量坐标一致的区域大地测量平面控制框架,并且通过与高精度GNSS大地高程相结合,地面点的水准高程能够被快速获取。这可以有效改善传统的高程测量作业模式,最大限度地降低项目的使用费用、施测难度、施测周期。验证了桥梁结构安全监测中BDS自动化监测技术,首次利用单BDS观测值进行桥梁关键结构实时自动化监测,并通过长期数据分析为桥梁决策和设计提供必要数据支持。

提出并建设了自主的单北斗CORS基准站,从技术层面、科研层面、安全层面和社会效益层面都是一个提高和突破,也是后续的科研方向和主要内容,为今后长距离海上桥梁建设提供了参考和经验。

**参考文献**

[1] 国家测绘局.全球导航卫星系统连续运行参考站网建设规范:GH/T 2008—2005[S].北京:测绘出版社,2006.
[2] 倪剑峰.GPS技术在大型桥梁测量控制中的应用[D].南京:河海大学,2005.
[3] 杨保岑.大跨桥梁施工期结构形态监测系统的实现与应用研究[D].武汉:武汉大学,2010.
[4] 吴迪军,熊伟,周瑞祥,等.港珠澳大桥GNSS连续运行参考站系统设计与实现[J].测绘科学,2013,38(02):62-64.
[5] 李国鹏.城市区域似大地水准面精化与应用研究[D].西安:长安大学,2012.
[6] 石平,裴志刚,娄中军.贵阳市似大地水准面精化项目建设[J].测绘与空间地理信息,2016,39(04),194-196.
[7] 仝巧珍.包头市高精度三维GPS控制网的建立及似大地水准面精化工作的实施与研究[J].科技情报开发与经济,2011.
[8] 张琦.基于HZMB-CORS的GPS-RTK三维多波束水深测量[J].水运工程,2016(11).
[9] 戴吾蛟.GPS精密动态变形监测的数据处理理论与方法研究[D].长沙:中南大学,2007.
[10] 陈合忠.新疆全区域似大地水准面的建立[J].测绘与空间地理信息,2011,34(006):221-223.

# 20. 高烈度区长联大跨连续梁桥减隔震方案分析

陈露晔　杨世杰　欧阳静　陆潇雄　宋志远　袁江川

(浙江数智交院科技股份有限公司)

**摘　要**　基于长联大跨连续梁桥在高烈度区地震响应的特点,引入摩擦摆支座、液体黏滞阻尼器(FVD)等减隔震装置,提出了三种减隔震方案。采用非线性时程分析方法,深度剖析三种减隔震方案的减震效果。结果表明:摩擦摆支座方案会产生较大的墩梁相对位移,液体黏滞阻尼器方案,能够较好地限制墩梁相对位移,但固定墩内力减震效果有限,液体黏滞阻尼器(FVD)配合摩擦摆支座联合减隔震方案在实现限制墩梁位移的同时能够显著降低固定墩内力,是一种有效解决方案。

**关键词**　摩擦摆支座　液体黏滞阻尼器　减隔震　非线性时程分析　减震率

## 一、引　言

长联大跨连续梁桥因其跨越能力大,受力合理,刚度大,结构简单,施工工艺成熟,伸缩缝少等众多优点,目前应用较为广泛。近年来连续梁桥正在向大跨、超长联的方向发展[1]。长联大跨连续梁桥通常采用盆式橡胶支座,为了适应温度变化及混凝土收缩徐变的影响,全桥仅设置一个固定墩,全桥制动力由固定墩和其他桥墩的活动支座摩擦力共同承担,以满足桥梁的正常使用。由于只设置一个固定墩,在地震作用下,上部结构巨大的质量引起的地震力通常只能由固定墩承担,因此固定墩的抗震设计极为不利[2-4]。通过减弱制动墩对主梁的约束来减小制动墩顶有效主梁质量和实现各墩协同抗震,是该类桥梁减隔震设计的主要思路[5]。

近年来,国内外科研工作者和工程技术人员对这一课题进行了大量的研究。夏修身[6]等采用双线性滞回模型模拟摩擦摆支座,通过对超长联大跨连续梁桥减隔震效果研究表明:摩擦摆支座隔震时能显著地提高其抗震性能。邵长江[7]等通过对1/10缩尺模型的连续梁桥振动台试验,对桥梁位移、加速度及应变响应进行了分析,结果表明:摩擦摆支座可以有效降低桥墩内力响应。杜桃明[8]等通过对高烈度地区不对称刚构-连续梁桥减隔震设计研究,提出黏滞阻尼器方案能够有效控制墩底纵向弯矩、墩梁相对位移和梁端位移,减隔震效果明显。曹凤华[9]等以液体黏滞阻尼器(FVD)对某高速公路连续梁桥进行抗震加固研究,结果表明:FVD装置可有效控制支座地震位移,效果显著。但针对高烈度区大跨长联连续梁桥采用上述减隔震装置抗震性能研究相对较少[10],因此对位于高烈度区高速铁路大跨长联连续梁桥减隔震方案进行讨论很有必要。

本文以某高速铁路长联大跨连续梁桥为工程背景,采用摩擦摆支座、液体黏滞阻尼器等减隔震装置(FVD),提出3种减隔震方案,以非线性时程分析方法,深入剖析这3种减隔震方案在罕遇地震下的减震效果。

## 二、动力分析模型

### 1. 工程背景

以某高速铁路桥梁为工程背景,本桥跨径布置为50m + 8 × 100m + 50m预应力混凝土连续梁桥。主梁截面形式为单箱单室直腹板变高箱梁。主梁跨中及边支点梁高3.2m,中支点梁高为6.6m。材料为C50混凝土,箱梁底板下缘按二次抛物线变化,梁底抛物线方程为:$y = -0.001776x^2$。梁顶宽9.4m,梁底宽度变化为5.5~6.5m,顶板厚度为0.32~0.70m,底板厚度为0.32~0.80m,上部结构总重518435kN,桥型布置图见图1,支点以及跨中截面尺寸见图2。

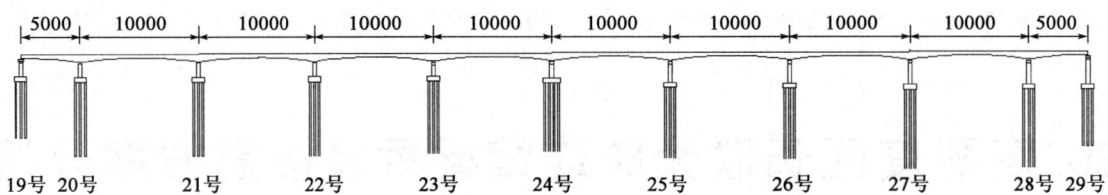

图1  50m + 8 × 100m + 50m连续梁桥总体布置(尺寸单位:cm)

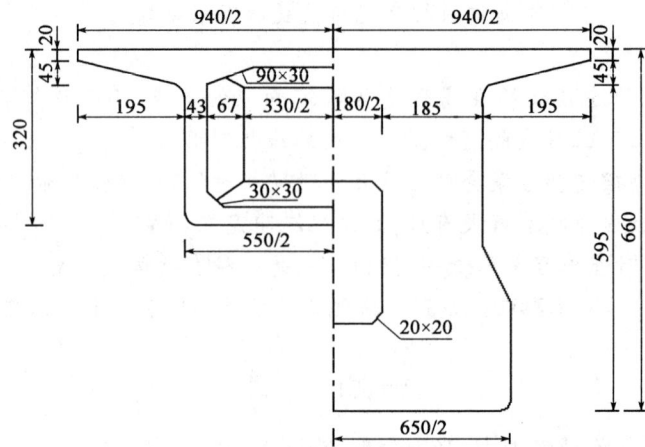

图2  支点截面和跨中截面(尺寸单位:cm)

## 2. 减隔震装置减震机理及力学模型

### 1) 摩擦摆支座减震机理

双曲面摩擦摆支座的主要构件是球型铸钢曲面和一个具有球型曲面的滑块,二者曲率半径相同。在水平地震力作用下,摩擦摆支座沿下支座摆动,球面的高程发生变化,上部结构高度随之增加,摩擦摆支座将一部分地震能量转化为势能,另一部分转化为摩擦产生的热能,从而达到消耗地震力,降低结构地震反应的目的。地震作用后,由于上部结构重力,使得摩擦摆支座能自动复位,大大节省人力调整。支座可以在任何方向滑动,支座的尺寸设计受最大地震设计位移控制。摩擦摆支座结构构造见图3。

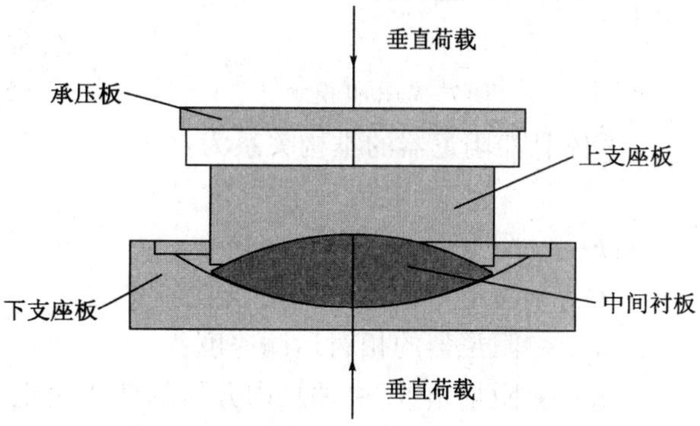

图3 摩擦摆支座构造图

### 2) 摩擦摆支座力学模型

当桥梁结构受到的地震力较小时,即地震力小于静摩擦力时,上部结构不发生滑动,当地震力大于静摩擦力时,摩擦摆支座发生滑动,随即发挥减隔震作用,滑动状态下,摩擦摆支座力与位移的关系见图4、图5。

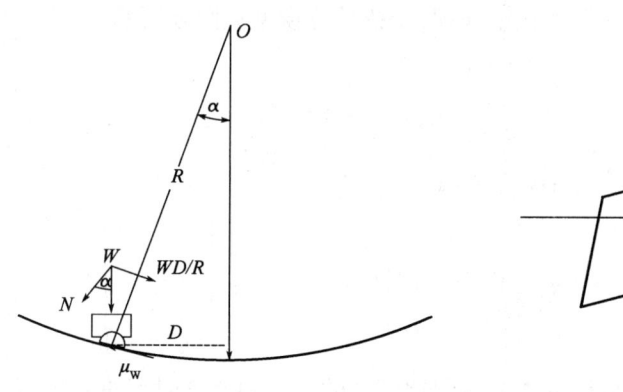

图4 摩擦摆支座摆动机理 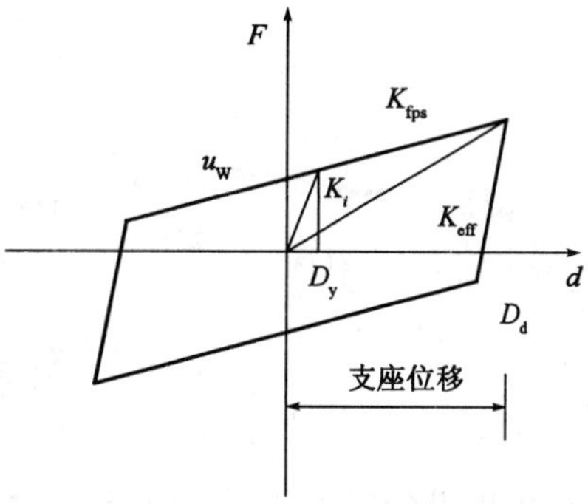　　　图5 摩擦摆支座恢复力模型

摩擦摆支座本构关系为:
$$F = WD/R + \mu W(\text{sgn}\dot{D})$$

式中,第一项为结构自重沿滑动曲面切线方向的分力提供恢复力,第二项为滑块与滑动曲面相对滑动时产生的摩擦力。可见,摩擦摆支座的切向力 $F$ 与支座的位移 $D$ 及摩擦因数有关,通过调整滑动面的曲率半径 $R$ 及滑动面的摩擦因数 $\mu$ 可以改变支座承担的地震力。

### 3) 黏滞阻尼器(FVD)构造原理

FVD装置由钢质圆柱缸体、活塞或节流孔和有机硅为流动介质组成。当结构受到水平地震力作用时,活塞杆在圆柱形缸体内往复运动,有机硅介质通过活塞与缸体之间的缝隙或节流孔从一个腔体流到另一个腔体内,并且与缸体产生剧烈的摩擦,同时产生巨大的节流阻尼,形成阻尼力。将地震荷载转化为液体黏滞阻尼器往复运动所产生的热能,耗散地震力,控制桥梁结构位移。阻尼器的构造见图6。

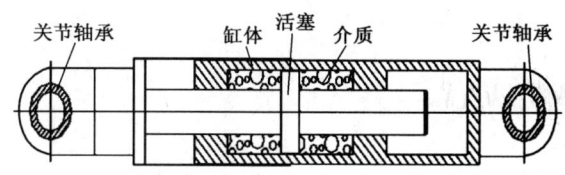

图6 液体黏滞阻尼器构造图

黏滞阻尼器相较于其他减隔震装置的主要特点是:第一,弹塑性阻尼装置、摩擦阻尼装置的屈服力或摩擦力是常值,对于液体黏滞阻尼器装置,当阻尼指数 $\alpha = 1$ 时,阻尼力与速度成正比,因此桥墩达到最大变形时,黏滞阻尼器的阻尼力最小,在桥墩变形速度最大时,黏滞阻尼器的阻尼力达到最大,此时桥梁变形最小,内力最小,因此阻尼器不会显著增加桥墩受力。第二,在正常使用状态下,液体黏滞阻尼器必须克服本身的屈服力或摩擦力后才能自由变形,然而阻尼器在正常使用状态下产生的抗力接近于零,因此不会影响桥梁结

构的正常使用功能。

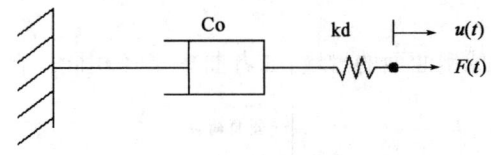

图7 Maxwell模型

液体黏滞阻尼器的本构关系为:

4) FVD力学模型

在1991年和1993年,Makris,Constantinou和Symas提出了基于Maxwell模型的计算模型并对其逐渐进行了完善和简化,常用的阻尼类型模型有Kelvin模型和阻尼-支撑组合模型,目前Maxwell模型是较为常用的模型见图7所示。

$$F = Cv^\alpha$$

式中:$F$——阻尼力的大小;
$C$——阻尼系数;
$v$——阻尼器的相对运动速度;
$\alpha$——阻尼指数,由油缸内介质的性质决定。

## 3. 有限元模型

基于有限元分析软件Midas Civil 2020建立全桥空间有限元模型。主梁及桥墩均采用梁单元模拟,全桥共392个节点,336个单元。边墩考虑邻跨梁体质量的影响,利用集中质量单元实现。24号墩为固定墩,墩梁之间的约束通过主从关系和弹性连接来模拟,全桥计算模型见图8所示。

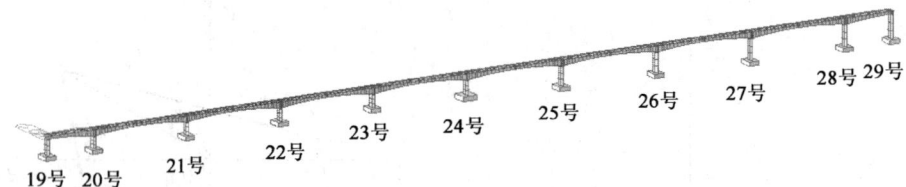

图8 全桥有限元计算模型

## 4. 地震动输入

采用安评报告提供的三条50年超越概率2%(罕遇地震)的场地加速度时程进行非线性时程反应分析(图9~图11)。

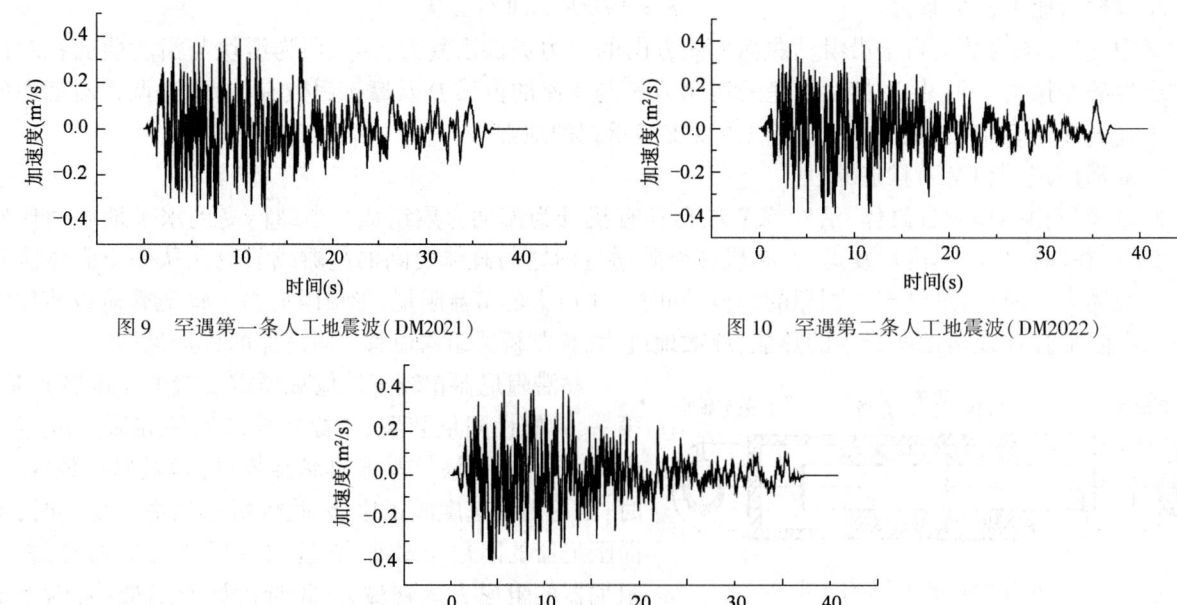

图9 罕遇第一条人工地震波(DM2021)　　图10 罕遇第二条人工地震波(DM2022)

图11 罕遇第三条人工地震波(DM2023)

为了比较减隔震装置的减震效果,以墩底弯矩、墩底剪力和墩梁相对位移为研究对象,定义减震率如下:

$$减震率 = \frac{非减隔震桥梁地震反应在 - 减隔震桥梁地震反应}{非减隔震桥梁地震反应} \times 100\%$$

## 三、减隔震方案及减震效果分析

1. 非线性分析方法

非线性时程分析方法利用直接积分法(Newmark-β 法)进行非线性运动方程的求解。Newmark-β 法是一种加速度法,依据时间增量内假定的加速度变化规律来计算结构动力响应。可以精确的考虑地基和结构的复杂作用、地震时程相位差及不同地震时程多分量多点输入、结构各种非线性因素,以及分块阻尼的影响,是公认的较为精确的方法[11]。所以本桥采用非线性时程方法分析桥梁结构地震反应。

2. 减隔震方案

常规连续梁桥通常设置普通盆式橡胶支座,为研究摩擦摆支座和黏滞阻尼器对桥梁的减震效果,定义四种工况如表1所示。

工 况 定 义　　　　　　　　　　　　　　　　　　　　表1

| | |
|---|---|
| 工况1 | 普通支座方案 |
| 工况2 | 摩擦摆支座方案 |
| 工况3 | 液体黏滞阻尼器配合普通支座方案 |
| 工况4 | 液体黏滞阻尼器配合摩擦摆支座方案 |

3. 减隔震效果分析

1)摩擦摆支座方案分析(工况2)

每个桥墩墩顶均布置两个摩擦摆支座,全桥共 11 个桥墩,共需布置 22 个摩擦摆支座,摩擦摆支座的布置如图 12 所示。

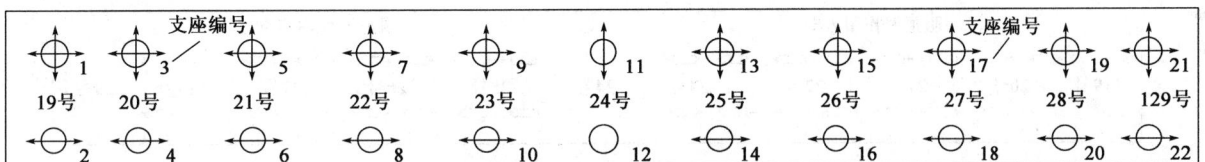

图 12　摩擦摆支座布置示意图

摩擦摆支座参数取值如下:曲面半径 $R$ 分别取 3m、3.5m、4m、4.5m、5m、5.5m,摩擦因数 $u$ 分别取 0.01、0.02、0.03、0.04、0.05、0.06、0.07,经过对比分析,当曲面半径取 4m,摩擦因数取 0.03 时减震效果最佳。减震计算效果如表 2 所示。固定墩摩擦摆支座向滞回曲线见图 13。

工况2 摩擦摆支座方案减震率　　　　　　　　　　　　　　　　　　　　表2

| 墩　号 | 顺　桥 | | | 横　桥 | | |
|---|---|---|---|---|---|---|
| | 弯矩 | 剪力 | 支座位移 | 弯矩 | 剪力 | 支座位移 |
| 19号墩 | -12.54% | -3.15% | 0.21% | 41.57% | 24.55% | -45.93% |
| 20号墩 | -269.82% | 29.67% | 4.50% | 80.19% | 71.47% | -76.69% |
| 21号墩 | -279.55% | 24.82% | 5.32% | 81.54% | 77.01% | -94.55% |
| 22号墩 | -264.66% | 26.59% | 1.95% | 78.49% | 74.79% | -34.67% |
| 23号墩 | -265.17% | 25.35% | 5.81% | 81.49% | 77.75% | -96.00% |
| 24号墩 | 96.29% | 12.00% | — | 81.74% | 71.72% | — |

续上表

| 墩 号 | 顺桥 | | | 横桥 | | |
|---|---|---|---|---|---|---|
| | 弯矩 | 剪力 | 支座位移 | 弯矩 | 剪力 | 支座位移 |
| 25号墩 | -110.05% | 26.37% | 6.88% | 75.39% | 69.81% | -40.33% |
| 26号墩 | -102.92% | 28.72% | -0.33% | 79.72% | 74.15% | -61.73% |
| 27号墩 | -92.22% | 27.88% | 5.25% | 78.90% | 65.36% | -20.53% |
| 28号墩 | 4.25% | 2.18% | 2.24% | 43.31% | 20.33% | -23.36% |
| 29号墩 | -120.38% | 91.23% | -2.57% | 80.18% | 76.47% | -30.81% |

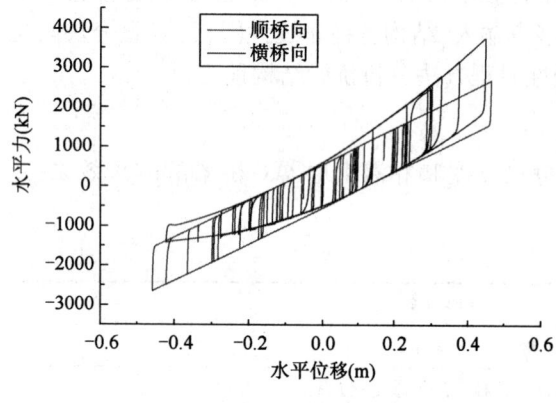

图13 固定墩摩擦摆支座向滞回曲线

由表2和图13可知：

（1）采用摩擦摆支座后，固定墩纵、横桥向墩底弯矩相比普通支座方案显著减小，顺桥向固定墩减震率为96.29%，横桥向减震率为81.74%，纵桥向支座位移减震率较小；横桥向活动墩支座位移减震率为负值，活动墩横桥向墩梁相对位移增加。

（2）摩擦摆支座纵、横桥向滞回曲线饱满，较好地吸收了地震能量，有效发挥减隔震作用。

（3）在高烈度地区，采用摩擦摆支座减隔震方案可有效提高桥梁抗震性能，固定墩墩梁相对位移达到了48cm，墩梁相对位移较大。需根据桥梁实际使用情况，考虑设置防落梁装置。

2）液体黏滞阻尼器（FVD）方案分析（工况3）

液体黏滞阻尼器在20号、21号、22号、23号、25号、26号、27号、28号墩各设置四个液体黏滞阻尼器，全桥共设置32个阻尼器，阻尼器通过外连杆端与主梁和桥墩相连，纵桥向布置，布置方式如图14所示。

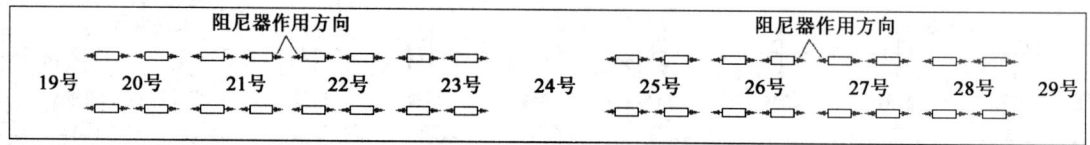

图14 液体黏滞阻尼器布置方式

液体黏滞阻尼器参数取值：分别取阻尼系数 $C=1000$、$C=1500$、$C=2000$、$C=2500$、$C=3000 kN\cdot(s/m)^\alpha$、取阻尼指数 $\alpha=0.1、0.2、0.3、0.4、0.5、0.6$ 进行分析，当 $C=2000 kN\cdot(s/m)^\alpha$，阻尼指数 $\alpha=0.4$ 时减震效果最佳。减震计算效果如表3所示。23号墩阻尼器滞回曲线见图15。

液体黏滞阻尼器减震效果对比　　　　　　表3

| 墩 号 | 顺桥 | | |
|---|---|---|---|
| | 弯矩减震率 | 剪力减震率 | 支座位移减震率 |
| 19号墩 | 0.82% | -0.69% | 68.13% |
| 20号墩 | -858.38% | -185.51% | 75.40% |
| 21号墩 | -808.32% | -175.97% | 75.83% |
| 22号墩 | -815.45% | -180.53% | 75.79% |
| 23号墩 | -818.22% | -184.06% | 77.73% |
| 24号墩 | 66.35% | 64.07% | — |
| 25号墩 | -436.41% | -155.64% | 82.36% |

续上表

| 墩 号 | 顺 桥 | | |
|---|---|---|---|
| | 弯矩减震率 | 剪力减震率 | 支座位移减震率 |
| 26号墩 | −398.37% | −141.02% | 83.18% |
| 27号墩 | −407.11% | −148.63% | 86.71% |
| 28号墩 | −0.36% | −0.93% | 86.40% |
| 29号墩 | −453.25% | −150.12% | 70.67% |

由表3和图15可知：

（1）液体黏滞阻尼器在地震瞬间达到速度锁定值，活动墩发挥固定墩的功能，将地震力分担到活动墩上，各个墩协同抗震，固定墩设计得以优化。

（2）顺桥向活动墩减震率为负值，固定墩墩底弯矩减震率达到66%，位移减震率达到68%~86%，液体黏滞阻尼器对限制纵桥向墩梁相对位移效果显著。

（3）固定墩纵桥向墩底弯矩时程曲线峰值小于普通支座方案，横桥向固定墩、活动墩弯矩时程曲线峰值相近，在纵桥向设置阻尼器对横桥向墩底内力减震影响不大。

（4）23号墩液体阻尼器滞回曲线饱满，表明阻尼器充分发挥耗能减震的作用。

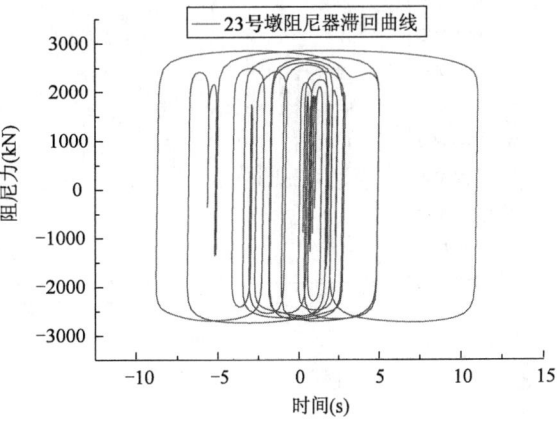

图15　23号墩阻尼器滞回曲线

3）液体黏滞阻尼器配合摩擦摆支座方案分析（工况4）

经过对比分析。摩擦摆支座和液体黏滞阻尼器最优参数取值分别为：曲面半径$R=4m$，摩擦因数$u=0.03$，阻尼系数$C=2000kN·(s/m)α$，阻尼指数$α=0.04$，减震效果最佳。液体黏滞阻尼器布置角度为45°时，纵桥向和横桥向减震效果较好。液体黏滞阻尼器配合摩擦摆支座方案的减震效果见表4。

**摩擦摆支座配合液体黏滞阻尼器方案减震率**　　　　表4

| 墩 号 | 顺 桥 | | | 横 桥 | | |
|---|---|---|---|---|---|---|
| | 弯矩 | 剪力 | 支座位移 | 弯矩 | 剪力 | 支座位移 |
| 19号墩 | 1.98% | 0.60% | 44.24% | 79.22% | 22.02% | 32.12% |
| 20号墩 | −441.00% | −52.54% | 50.61% | 56.20% | 61.24% | 21.54% |
| 21号墩 | −415.00% | −53.41% | 48.43% | 87.71% | 71.46% | 53.90% |
| 22号墩 | −411.51% | −56.60% | 45.94% | 77.74% | 68.59% | 42.12% |
| 23号墩 | −414.63% | −59.26% | 49.29% | 69.89% | 68.32% | 50.47% |
| 24号墩 | 95.03% | 91.92% | — | 82.85% | 66.96% | |
| 25号墩 | −174.84% | −46.78% | 52.92% | 73.69% | 62.36% | 34.06% |
| 26号墩 | −156.13% | −39.53% | 50.17% | 66.67% | 68.20% | 28.12% |
| 27号墩 | −155.42% | −40.56% | 56.60% | 79.12% | 60.20% | 58.33% |
| 28号墩 | 12.29% | 2.39% | 59.92% | 81.13% | 23.59% | 37.21% |
| 29号墩 | −189.90% | −45.38% | 52.12% | 64.96% | 60.79% | 49.81% |

（1）固定墩在纵、横桥向墩底内力减震效果显著，减震后墩底弯矩远远小于减震前即采用普通支座方案。

（2）固定墩内力减小约95%左右，活动墩顺桥向减震率高达−440%，墩底内力增大，顺桥向地震作用时，活动墩同固定墩共同承担地震力。横桥向各个桥墩减震率为22%~71%，墩底内力减震效果显著。

（3）固定墩在顺桥向位移减震率为44%~59%,在横桥向位移减震率为21%~53%,液体黏滞阻尼器对限制墩梁相对位移效果显著。

4）减隔震方案对比

基于以上三种减隔震方案的研究结果,定义4种工况进行对比分析:工况1:普通支座方案;工况2:摩擦摆支座方案;工况3:FVD配合普通支座方案;工况4:FVD配合摩擦摆支座方案。对比结果见图16~图20。

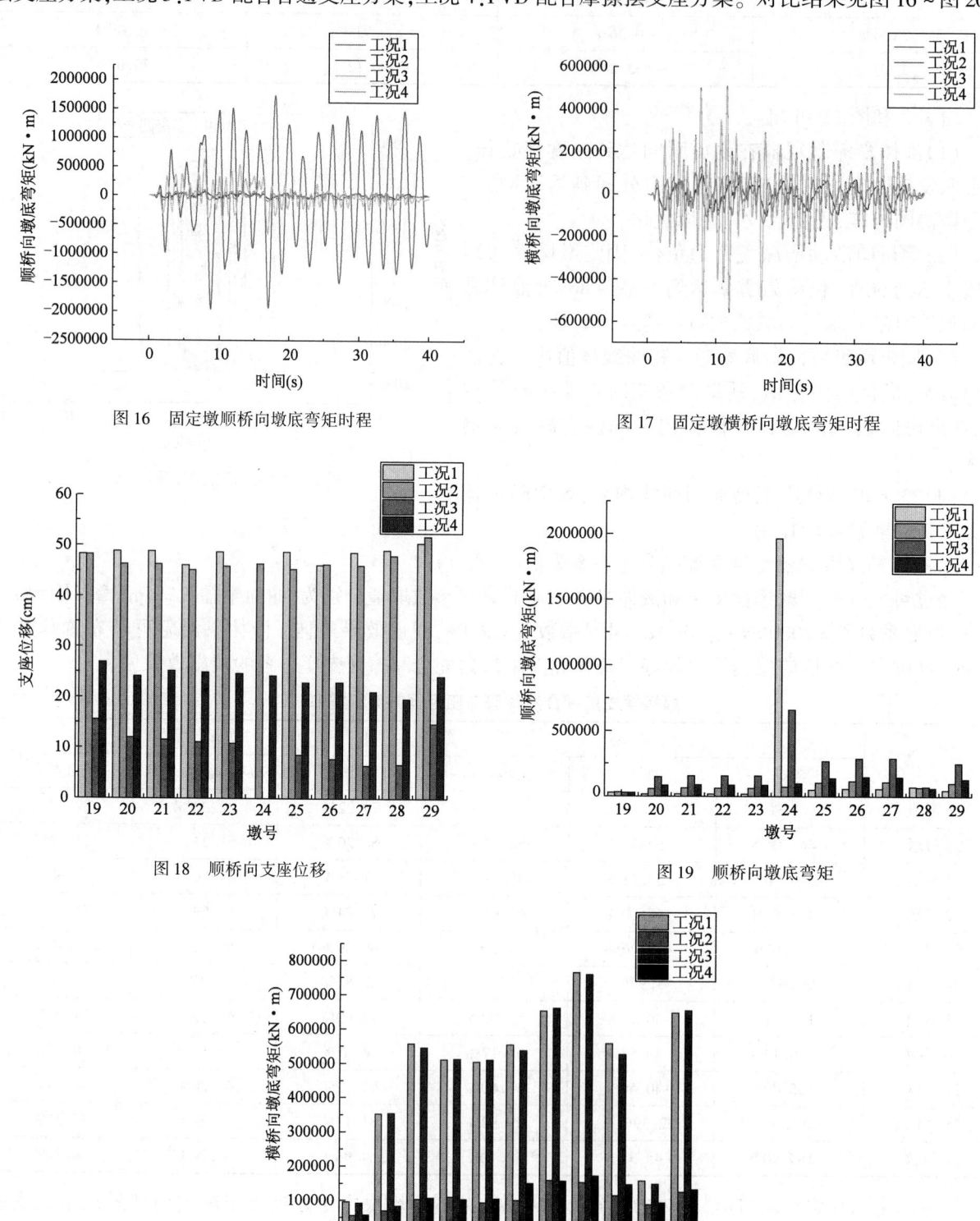

图16 固定墩顺桥向墩底弯矩时程

图17 固定墩横桥向墩底弯矩时程

图18 顺桥向支座位移

图19 顺桥向墩底弯矩

图20 横桥向墩底弯矩

(1)由图16可知：工况3减震效果明显优于工况1，工况2减震效果与工况4相近，但明显优于工况1和工况3。

(2)由图17可知：工况3和工况1结果接近，工况2和工况4减震效果相近，但明显优于工况1和工况3。

(3)由图18至图20可知：工况3位移减震效果最佳，但在顺桥向和横桥向的内力减震效果弱于工况2和工况4。工况2对固定墩内力减震效果最佳，但对位移减震效果有限。工况4对固定墩内力和支座位移减震效果显著。

## 四、结　语

通过对长联大跨连续梁桥3种减隔震方案分析，得到以下结论：

(1)罕遇地震作用下，三种减隔震方案均大幅降低顺桥向固定墩内力，摩擦摆支座减隔震方案与液体黏滞阻尼器配合摩擦摆支座方案对固定墩顺桥向减震效果相近，但明显优于液体黏滞阻尼器配合普通支座方案。

(2)液体黏滞阻尼器配合普通支座方案在罕遇地震作用下，横桥向墩底弯矩相近，对固定墩弯矩减震效果不明显，另外两种减隔震方案在横桥向墩底弯矩减震效果显著。

(3)摩擦摆支座方案对纵、横桥向支座位移减震效果不明显，各个桥墩的纵、横桥向支座位移在50cm左右，液体黏滞阻尼器配合普通支座方案对纵桥向墩梁相对位移减震效果最佳，活动墩墩梁相对位移在16cm左右，效果显著，液体黏滞阻尼器配合摩擦摆支座方案对墩梁相对位移的减震效果介于前二者之间，活动墩同固定墩支座位移在25cm以内。

(4)液体黏滞阻尼器配合摩擦摆支座方案结合了摩擦摆支座和液体黏滞阻尼器的优点，对长联大跨连续梁桥减隔震效果显著，建议同类型桥梁抗震设计可参考此方案。

**参考文献**

[1] 夏修身,崔靓波,陈兴冲,等.长联大跨连续梁桥隔震技术应用研究[J].桥梁建设,2015,45(04):39-45.

[2] 何庭国,袁明,陈列,等.福厦铁路跨越乌龙江长联大跨连续梁桥设计[J].桥梁建设,2008(04):43-46.

[3] 宋子威,蔡小培.黏滞性阻尼器在高速铁路长联大跨连续梁中的应用[J].清华大学学报(自然科学版),2012,52(08):1102-1105.

[4] 夏修身,崔靓波,陈兴冲.超长联大跨连续梁桥摩擦摆支座隔震研究[J].工程力学,2015,32(S1):167-171.

[5] 王力,杨延超,刘世忠,等.长联大跨摩擦摆支座隔震连续梁桥多维地震反应分析[J].世界地震工程,2020,36(02):129-137.

[6] 邵长江,肖正豪,漆启明,等.摩擦摆支座隔震铁路连续梁桥振动台试验研究[J].振动与冲击,2021,40(14):292-298+306.

[7] 杜桃明,叶仲韬,刘洋,等.高烈度地区不对称刚构-连续梁桥减隔震设计研究[J].世界桥梁,2021,49(03):78-83.

[8] 曹凤华,刘畅.采用黏滞流体阻尼器的桥梁支座抗震加固方法[J].桥梁建设,2021,51(01):95-100.

[9] 刘正楠,陈兴冲,马华军,等.高速铁路大跨长联连续梁桥减隔震方案优化研究[J].世界地震工程,2017,33(04):129-135.

[10] 张永亮.铁路桥梁桩基础抗震设计方法研究[D].兰州:兰州交通大学,2013.

# 21. 复杂异形钢构桥梁数字建造关键技术及应用

李久林[1,2]　林佳瑞[1]　徐　浩[2]　杨国良[3]　何辉斌[3]　闫克霄[1]

(1. 清华大学土木工程系；2. 北京城建集团有限责任公司；3. 北京城建道桥建设集团有限公司)

**摘　要**　复杂异形钢构桥梁在前期设计、生产加工、工程建造和运维阶段存在诸多难题。为了保障大型复杂异形钢构桥梁的多方协同设计、建造效率、施工精度和集成管理水平，基于 BIM 技术实现了全构件、超精细的桥梁正向设计、三维扫描的复杂异形单元数字加工以及施工全过程的集成管理，有效解决了工程实施过程中弯扭曲面表达、结构精细化设计、钢结构加工等项目难点，实现了桥梁工程的技术创新和应用创新。

**关键词**　桥梁工程　复杂异形　结构设计　数字建造　BIM

## 一、研究背景

当前，我国交通建设和城市发展水平日益提升，赋予大型工程建造的品质、美学期待。复杂桥梁结构设计、建造既要承接设计美学带来的挑战，又要考虑工业生产阶段的实际困难，也要兼顾工程施工阶段存在的诸多不确定性。近年来，大型钢构桥梁形体复杂度不断提升[1-2]，其生产制造、装配施工过程面临供应链、技术管理和外部环境等诸多挑战[3]，亟须融合先进信息技术提升设计、制造及施工水平，形成系统的桥梁智能建造技术体系。2020 年，住房和城乡建设部等 13 部门联合印发《关于推动智能建造与建筑工业化协同发展的指导意见》(以下简称《指导意见》)，大力推进建筑工业化、数字化、智能化升级，加快建造方式转变，推动建筑业高质量发展，明确了 2035 年迈入智能建造世界强国行列的目标[4]。当前我国正处在以信息产业为主导的经济发展时期，数字经济愈发完善，作为我国国民经济的支柱产业，建筑业必须要在工业化、数字化、智能化方面不断发展、提升与突破才能保持生命力[5]。智能建造正是在这个背景下提出的，以 BIM 等数字化技术为支撑，贯穿设计、加工、施工全过程与全产业链，实现更加高效、精细、安全的工程建造[6]。

针对复杂异形钢构桥梁在设计、制造及施工过程面临的一系列难题，本文以北京市重点工程——长安街西延跨永定河新首钢大桥为例，通过国内外相关资料与关键理论技术分析，研究形成涵盖全过程正向设计、高精数字加工与集成施工管理的桥梁数字建造关键技术体系，解决了复杂异形钢构桥梁高效设计、精准加工与高效施工难题，对新首钢大桥工程的高效、高标准建成具有重要作用。

## 二、研究现状

2011 年，住建部印发《2011—2015 年建筑业信息化发展纲要》明确提出十二五期间我国建筑业信息化发展的三大重点：建筑企业信息系统、专项信息技术应用与信息化标准[7]。这表明数字赋能技术已成为推动产业链升级的关键要素。以 BIM 技术为核心的数字化技术已逐步贯穿了建筑全生命周期，覆盖了设计、加工、施工、运维等各个阶段[8]。例如，在设计阶段中，可以消除信息孤岛问题、清除沟通障碍，又可以对结构复杂节点和构造深化过程中的碰撞问题进行检测；在加工阶段，引入精细化管理模式，开展对材料信息的录入，建立数据库还可以为后期在运维阶段进行更好地服务；在施工阶段，不仅可以对施工质量、施工方案进行检查和细化而且可以根据信息数据库对材料的运输、物流的管理进行追踪和管控，从而为施工现场决策提供帮辅，进而满足施工进度的最优化；而在运维阶段，通过前期建立的信息数据库或者系统平台可以做到对于构件信息的查询、分析和处理，为材料管理提供便捷[9,16]。

现阶段，随着计算机技术的不断发展，不仅实现了上述数字化生产，更借助算法技术和计算机模拟工具不断完善数字化施工应用[10-11]。因为"工厂定制化构件加工+现场装配"的模式越来越成为主要的设计、施工手段,所以在设计阶段就将 BIM 数据模型关联到项目管理平台以达成协作共通的目的,以实现对项目合同、造价、进度、施工平面、施工方案、质量、安全等数字化、精细化和可视化管理[11-12]。为了尽可能打造理想的数字建造与真实建造之间的映射关系,参数的真实性、关联性十分重要[13]。在工程应用中,已有数据验证了数字赋能对技术创新具有促进作用,并同时能降低技术创新的成本,进一步推动了创新活动的开展[14]。这表明现阶段以 BIM 技术为基础的,通过"数据+算法"实现的智慧工地、智能调度、模拟推演、风险管控、智能决策等智慧化服务是改善现状、面向未来的[15-16]。

## 三、桥梁数字建造关键技术

### 1. 基于 BIM 的桥梁正向设计

BIM 技术是桥梁数字化设计、分析与优化的重要支撑,也是实现桥梁正向设计的关键路径。鉴于复杂异形钢构桥梁的空间形体复杂,二维设计与出图在空间曲面设计与关键节点优化、自动出图等方面面临一系列挑战。针对有关难点,本研究提出如图1所示的桥梁正向设计技术方法。首先,通过参数化 BIM 模型实现复杂异形结构全参数化表示。进而利用一系列评价、优化指标分别对结构整体空间弯扭曲面和关键节点进行优化。最后,通过 BIM 实现二维自动出图,并整合关键轴测视图,有效兼顾设计信息传递的准确性与直观性。

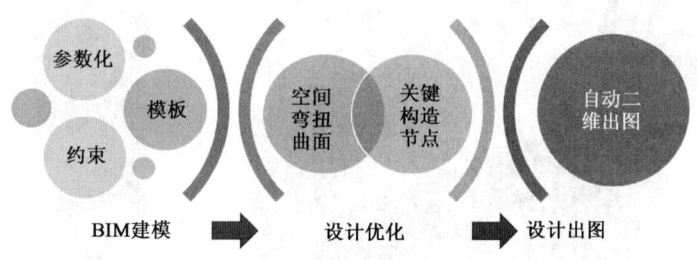

图1 基于 BIM 的桥梁正向设计技术方法

1) 参数化桥梁 BIM 建模

首先,结合大型桥梁结构特点,研究提出基于"骨架+模板"的桥梁部件拆分与参数化建模思路。具体的,根据本工程特点,将其分为高塔、矮塔、主梁、塔梁结合部位、下部基础、节段划分与附属结构等部分。同时,针对上述各主要部件进行分类参数化建模并分别设置了相关控制性参数及约束参数。这些参数共同决定了主要部件在数字建造和真实建造中的对应关系;同时,可通过参数化驱动后期设计模型调整与碰撞检测等多专业协同作业。

2) 空间弯扭曲面设计优化

以塔柱壁板优化调整为例,具体介绍壁板边线优化过程及壁板面的形成过程。如图2左侧所示,首先,保持壁板边线横断面投影椭圆方程不变,将翼缘板下部门洞顶附近位置以下调整为平面,在中上部设置部分空间点在原边线上,通过空间曲线拟合重新生成一条曲率连续的空间曲线,通过新生成的壁板边线来控制直纹扫略形成壁板面。从而,通过调整使得塔柱下部的几何关系得到了一定程度的简化,便于加工制造,改善了塔柱底部局部受力状况。同时,塔柱边线在桥面以上部分横断面投影为椭圆形,在塔梁结合部位因与主梁腹板衔接的需要,调整为竖直平面。图2中部展示了直线扫略的轨迹。最终,通过调整曲面的形成方式,有效改善了曲板的高斯曲率分布极值大小,使曲板在一定容差范围内可以实现展开,从而使加工制造得到简化。

3) 关键节点部位精细化设计

背景桥梁局部构造复杂,空间局促,设计时难度较大。通过多次优化调整后,部分局部构造精细化设计结果如下。

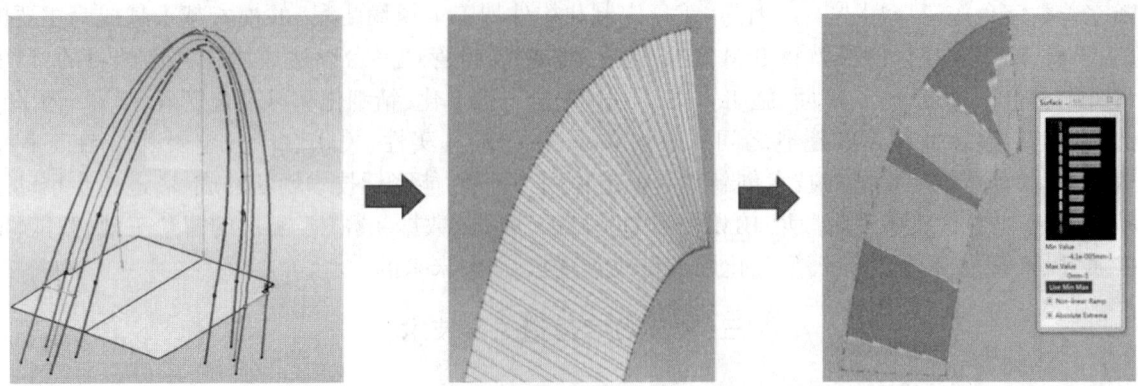

图2 矮塔壁板边线优化方法

(1) 主塔塔柱门洞区构造：塔柱门洞区因景观需求，将非机动车及人行步道布置在门洞区，从塔柱中部穿过，将塔柱由一个整体断面划分为两个箱室断面结构。为了适应结构的变化，在门洞过渡区设置了井字形的加强板来实现结构受力上的过渡（图3）。

图3 桥塔门洞区和桥塔门洞区井字形加强板构造

(2) 塔柱钢锚箱腹板：塔柱门洞顶尺寸较大，以高塔为例，门洞顶部尺寸约为10m见方的尺度，实现该区域结构上的衔接也是一件比较困难的事情。上部的钢锚箱腹板因锚区的需求，净距为1.2m，为了减小钢锚箱腹板对过渡区受力的影响，通过优化调整，将钢锚箱腹板局部进行了开大洞处理，只保留对应拉索锚区对位置的锚拉板结构，这种处理使得钢锚箱腹板结构受力局部化，从而减小了钢锚箱腹板向过渡区力的传递（图4）。

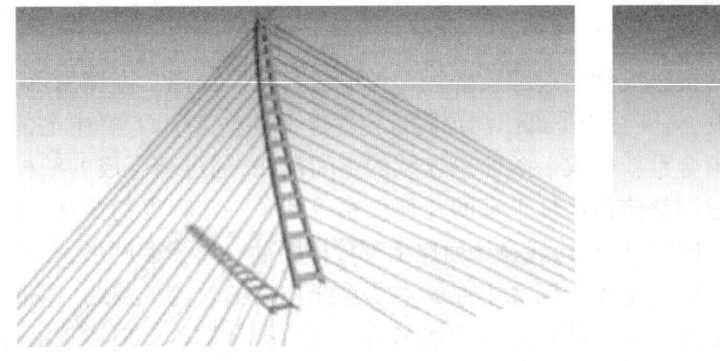

图4 塔柱钢锚箱腹板

(3) 塔梁结合：塔梁结合部是本桥构造上最为复杂的部位，上接桥塔、顺桥向接主梁边箱、横桥向接大横梁，加上塔肢的倾斜，三向衔接部位的构造比常规塔柱衔接更加复杂。高塔处采用的是塔梁墩固结方式，矮塔处采用的是塔梁固结，底部设置支座的形式（图5～图7）。

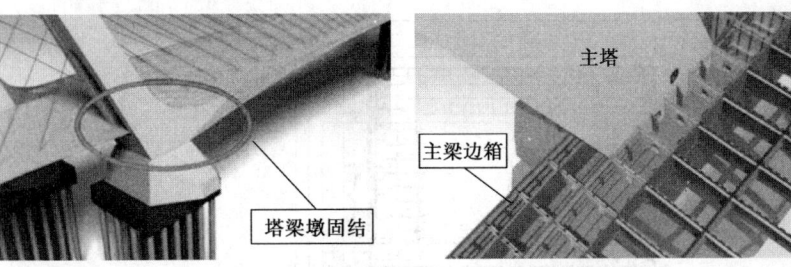

图 5　高塔塔梁固结关系图

图 6　高塔塔梁结合部横隔板布置

图 7　高塔主梁腹板与主塔腹板对应衔接

4）自动二维出图

通过节段图爆炸、拆解，达到板件分级控制，分级表达的目的，每个板件图都配有三维轴测索引，使得二维图纸表达的空间信息更为直观（图 8~图 11）。

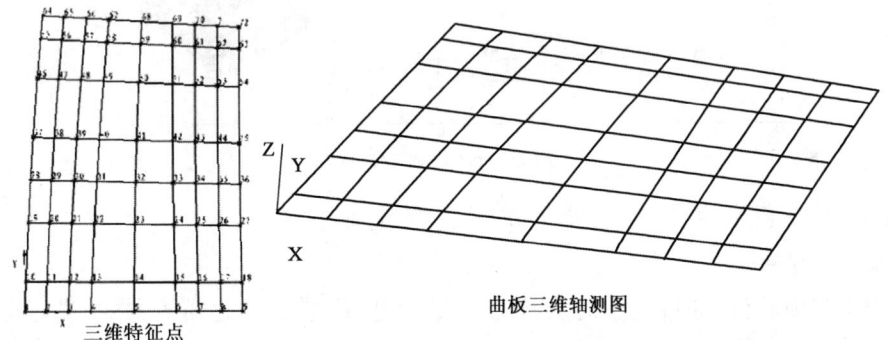

图 8　曲板三维特征点坐标点示意图

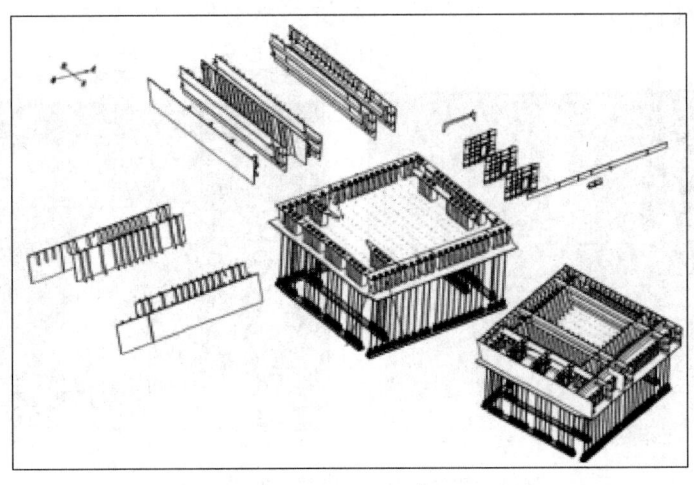

图 9　节段爆炸图示意

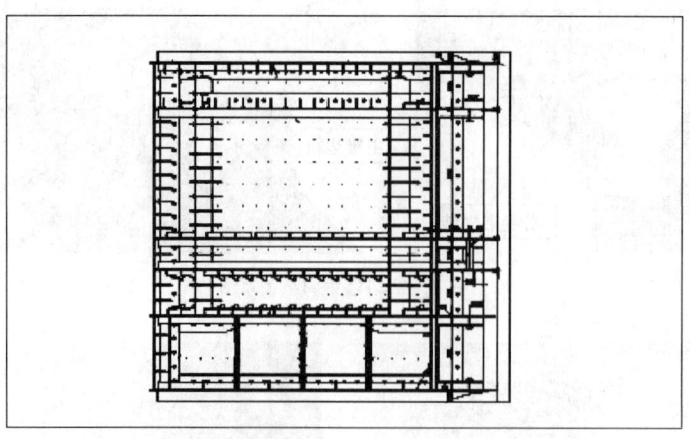

图10 节段平面示意

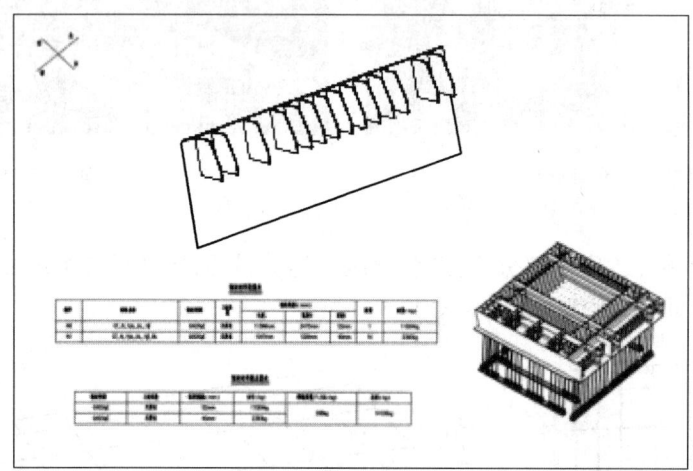

图11 板件大样图示意

## 2. 基于 BIM 及三维扫描的复杂异形单元数字化加工

### 1）多曲率板平面展开

利用三维 BIM 建模软件，通过基于约束建模、参数化建模、模板化建模等方式，进行空间曲线钢塔结构的数字化模型创建。根据创建的结构模型，结合项目加工、安装等施工条件，进行钢塔制造节段划分；结合钢材供货能力、加工水平、运输要求将制造节段的组成单元划分为若干构件单元。钢塔模型创建与节段、单元划分示意见图12。

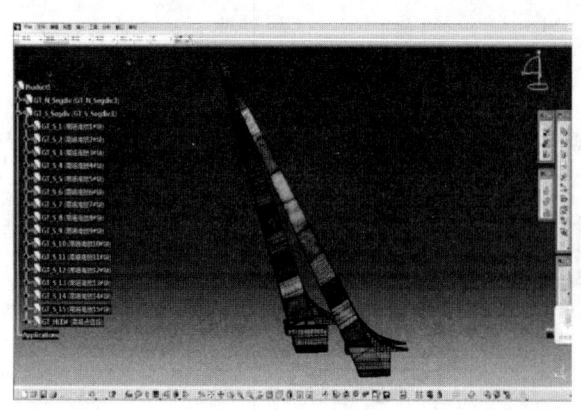 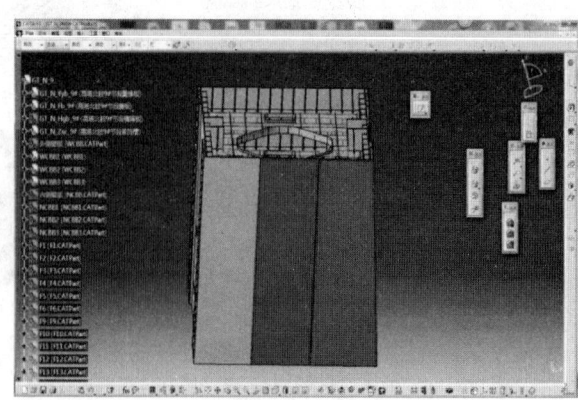

图12 钢塔模型创建与节段、单元划分示意

2）曲线零件加工

通过与设计同源的数字化模型，可以对复杂空间曲线零件进行钣金展开，从而得到零件的轮廓尺寸，再利用数控精密切割设备进行零件的下制，实现零件加工的智能化。空间曲线零件展开与数控下制示例见图13。

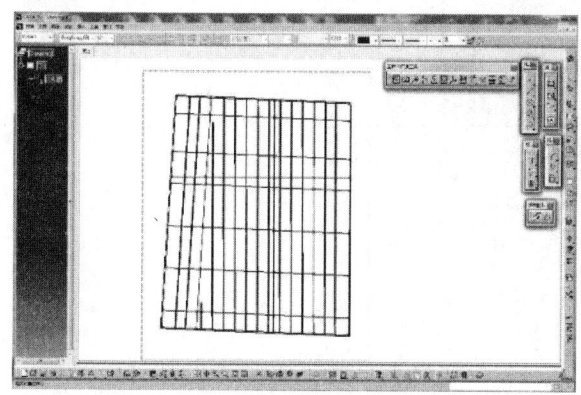

图13　空间曲线零件展开与数控下制示例

3）基于三维扫描的变截面弯扭构件加工精度检测

变截面弯扭构件的高精加工是异形钢构桥梁装配式建造的关键环节，对其加工精度控制、检测至关重要。以空间曲线钢塔建造为例，该过程既包括单元加工过程的检测还包括成品加工精度的检测。对二维板单元、节段的检测可采用传统检测方式，而对空间曲线板单元、空间曲线钢塔节段的线形、尺寸精度检测，则采用了三维扫描的方式，可通过三维点云与BIM模型的自动比对，全面分析评测建造偏差情况，确保建造精度要求（图14、图15）。

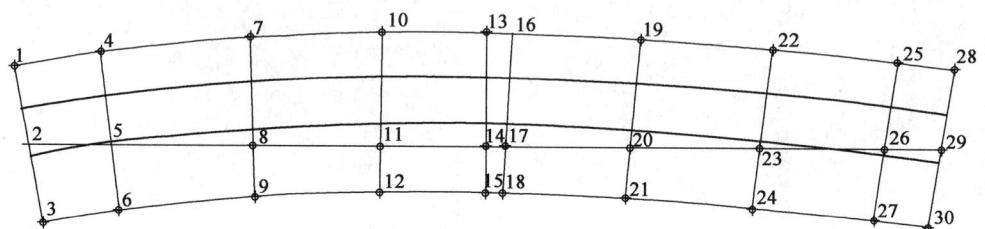

图14　空间曲线板单元加工过程中检测点布设

图15　空间曲线钢塔节段三维扫描检测实例

4）复杂结构虚拟预拼装

合理的钢桥梁结构组拼方案，不仅对构件的加工精度有控制作用，又可以有效降低工作强度。通过在三维软件中实现钢塔节段单元件组拼模拟，预先得到组拼数据，在实际组拼前预先估计出可能遇到的组拼问题，进而优化组拼方案，更合理的安排人、机、料、法、环等措施，确保钢塔组拼工作顺利开展，实现组拼精度要求。利用BIM技术进行钢塔组拼方案模拟示例见图16。

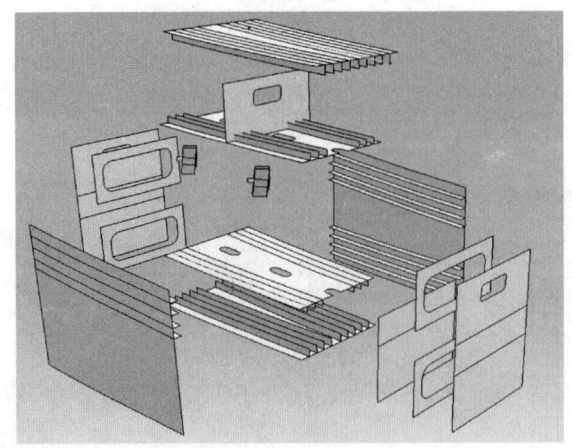

图 16 利用 BIM 数字化进行钢塔组拼方案模拟

## 3. 基于 BIM 的桥梁施工全过程集成管理

### 1) BIM 施工作业指导与技术交底

根据现场施工作业的需要,对复杂曲线结构除按图纸信息进行质量控制外,采用 BIM 数字化模型进行结构尺寸、角度、线形等信息的放样,以便于现场结构制造精度的控制。利用数字模型进行结构尺寸放样示例见图17。利用数字化模型,可以快速准确的进行复杂曲线结构的重心位置确定,确保现场起重、运输与吊装吊点布设要求。BIM 模型结构重心提取见图18。

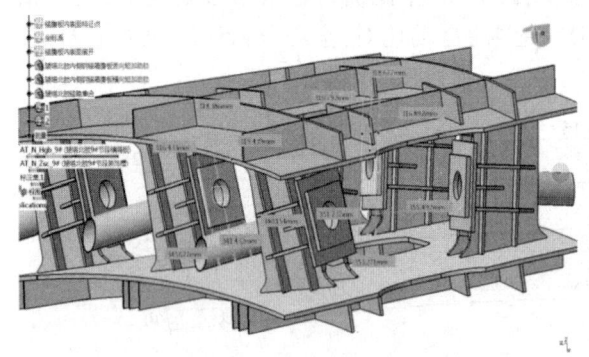 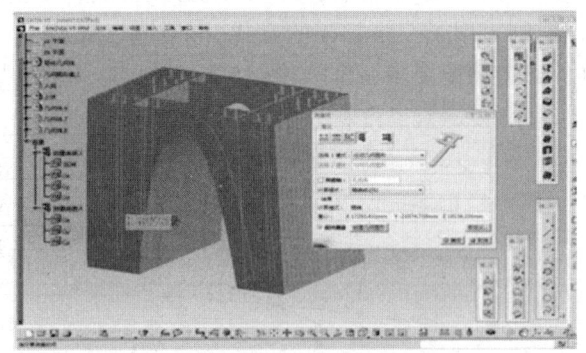

图 17 利用 BIM 模型进行结构尺寸放样示例　　　　图 18 利用数字模型进行结构重心提取示例

### 2) 物料统计管理

钢桥梁结构加工制造前,需对施工用主要材料(包括钢材、焊材、涂装材料)进行采购,以保证施工材料的及时供应。由于桥梁结构的多样性、复杂性,其材料统计难度大,需要投入大量的人力、时间成本。采用数字化技术后,桥梁材料信息统计工作难度将大大降低,效率也有显著提高。数字化物料信息统计示例见图19。

图 19 数字化物料信息统计

3）进度资源管理

复杂钢构桥梁施工过程受构件生产制造、资源场地限制、多专业协作等多因素影响,对其施工进度的高效、可视化管理是保障工程建造如期完成的重要手段。项目基于4D-BIM施工管理系统实现了物料状态实时跟踪、施工进度可视化分析管理与进度资源优化模拟,有效保障了工程施工进度(图20)。

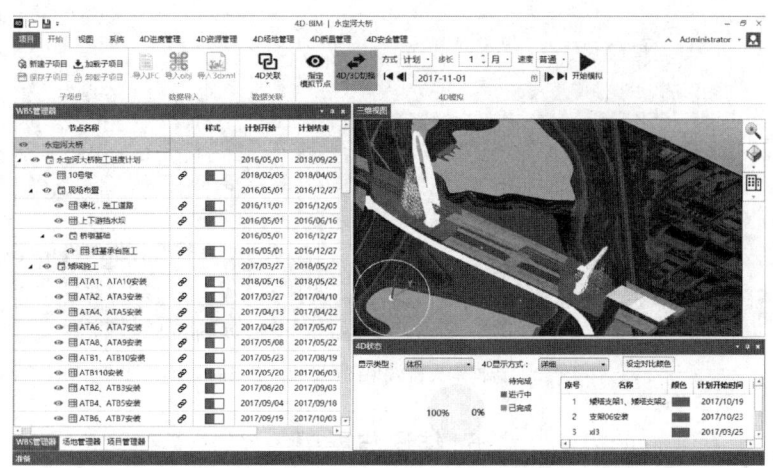

图20  4D-BIM桥梁施工进度管理

4）质量安全管理

质量安全是施工企业的生命线,也是建设项目成败的关键。现场质量安全管理责任重大,安全管理的方针是预防为主,实现项目本质安全是安全管理的最高要求。项目研发基于云的多终端协作管控系统,可通过移动终端微信小程序实现现场质量安全问题的实时填报、处理与验收。同时,可在云端和桌面端对有关数据进行统计分析,全面掌握、管控施工质量安全的薄弱环节以及临边、临洞等危险点,提前做好预防控制措施,确保施工作业安全、保障工程建设质量(图21)。

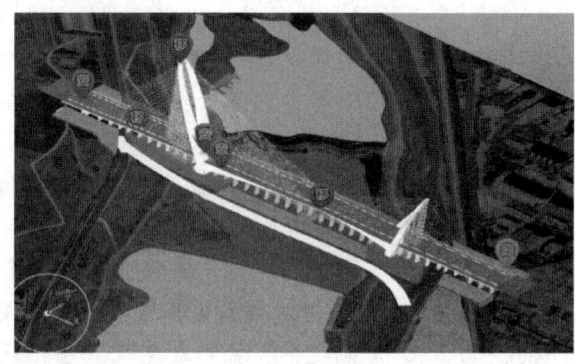

图21  质量安全问题检查及管理

## 四、工程应用实践

新首钢大桥主桥(图22)主塔外形为两塔柱非一致倾斜的拱形结构。桥塔的两塔柱中心线在塔底顺桥向间距均为25.1m,形成同一塔柱的两塔柱非一致倾斜。斜拉索采用竖琴式渐变距离布置,塔上索间距2.90~7.26m。主塔在桥面以上垂直高度约为112.195m,北侧塔柱倾斜角度约为61.251°,矮塔在桥面以上垂直高度约为76.5m,南侧塔柱倾斜角度约为71.127°。该建筑方案巧妙地将长安街和永定河之间的斜交角融入建筑设计中,与周边环境和谐一体。

项目基于BIM三维设计平台,采用"骨架+模板"的正向设计建模技术,实现空间弯扭钢塔节段及变截面主梁三维精细化协同设计与自动出图。同时,基于直纹扫略技术实现了弯扭节段变曲率板的平面展开与高精数控加工,并通过三维扫描有效保证了构件加工质量。结合工程特点,本项目对其在制造及架设阶段几何形态控制技术进行了研究,并将其与虚拟预拼装技术结合,实现了超高拱形分节段焊接钢塔轴线 H/6000 的架设精度、高程偏差不大于 20mm 几何姿态控制要求。工程施工过程中,项目集成利用 4D-BIM、移动终端、智慧工地等技术和系统,实现了工程施工全过程、各专业的高效协同与集成管理,保障了工程施工高效、高质量完成。

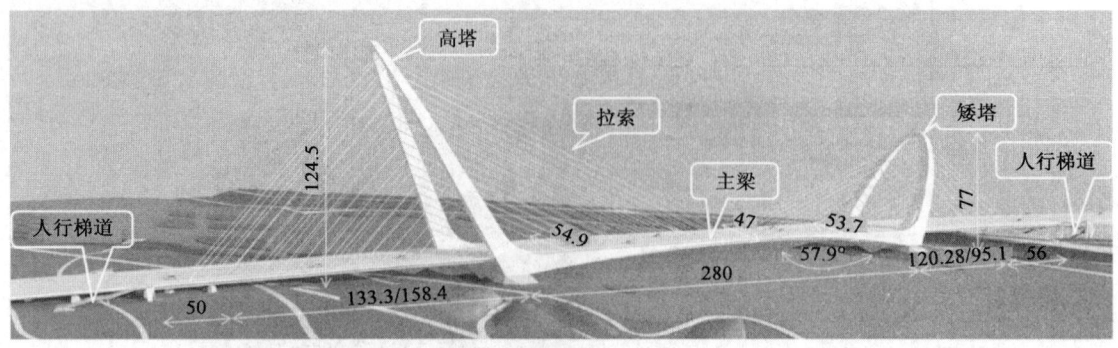

图 22　新首钢大桥效果图(尺寸单位:m)

## 五、结语与展望

本文针对复杂钢构桥梁设计、制造、施工全过程,系统研究了桥梁数字建造关键技术,形成了基于 BIM 的桥梁正向设计、复杂构件高精制造与高效集成施工管理成套技术,解决了复杂桥梁工程数字设计和数字建造中的关键问题,有效保障了复杂桥梁建造效率、精度与管理水平。结合本研究,项目协同引领项目各方共同解决了项目建造难题,成功完成超高难度复杂桥梁项目高效高质量建造。

**参考文献**

[1] 柳胜超,王夏黎,张琪,等.数字图像处理在桥梁结构变形检测的应用研究[J].信息技术与网络安全,2021,40(02):24-32.

[2] 徐利平.基于桥梁与建筑整体视野下的桥梁美学理论研究[J].公路,2021,66(03):78-84.

[3] 谢明辉,隋佳奇,苗泽惠.装配式建筑进度影响因素研究[J].安徽建筑,2021,28(08):261+273.

[4] 住房和城乡建设部等部门关于推动智能建造与建筑工业化协同发展的指导意见[J].工程建设标准化,2020(08):9-11.

[5] 加快建筑业转型 推动高质量发展——住房和城乡建设部建筑市场监管司副司长廖玉平解读《指导意见》[J].工程建设标准化,2020(08):12-14.

[6] 陈珂,丁烈云.我国智能建造关键领域技术发展的战略思考[J].中国工程科学,2021,23(04):64-70.

[7] 2011—2015 年建筑业信息化发展纲要[J].中国建设信息,2011(10):75-78.

[8] 陈光,马云飞,刘纪超,等.装配式建筑数字化设计、智能化制造的思考与应用[J].土木建筑工程信息技术,2021.

[9] 房霆宸,龚剑.建筑工程数字化施工技术研究与探索[J].建筑施工,2021,43(06):1117-1120.

[10] 张烨,刘嘉玲,许蓁.性能导向的数字化设计与建造[J].世界建筑,2021(06):108-111+127.

[11] 姚明球.数字建造在新型建筑工业化中的作用及实施路径探讨[J].广州建筑,2021,49(03):51-55.

[12] 张烨.智能建造引导下的建筑设计[C]//2018 年全国建筑院系建筑数字技术教学与研究学术研讨会.2018.

[13] 袁烽,肖彤.性能化建构——基于数字设计研究中心(DDRC)的研究与实践[J].建筑学报,2014(08):14-19.

[14] 张国胜,杜鹏飞,陈明明.数字赋能与企业技术创新——来自中国制造业的经验证据[J/OL].当代经济科学:1-18[2021-08-25].

[15] 魏少雷.建筑企业的数字转型[J].中国建设信息化,2021(08):26-29.

[16] 陈奕才,崔喜莹,杜佐龙,等.基于BIM的数字建造平台在EPC项目的应用研究[J/OL].施工技术:1-6[2021-08-27].

## 22. 江苏省平安百年品质工程建设研究
## ——大跨索承桥梁系列技术创新与应用

江苏省交通运输厅平安百年桥梁工程建设研究专题组

**摘　要**　我国大跨索承桥梁经过20多年的高速发展,在建设技术、装备、管理方面积累了丰富的实践经验,在工程质量安全方面已经具备了再上新台阶的现实需要和坚实基础。按照推进交通强国建设的要求,江苏省依托南京长江五桥、常泰长江大桥和龙潭长江大桥等,深入开展"平安百年品质工程"示范项目创建和科技攻关,从科学创新、技术创新、智慧建造等方面开展大跨径索承桥梁建设关键技术研究,创新性地解决设计理论、结构形式、材料、设备和施工等方面的技术难题,形成了可复制、可推广的具有实践性的科技创新成果和系列标准,这些大桥的科技成果显著提升了我国桥梁跨越能力、安全及耐久性保障水平,引领了交通基础设施的高质量发展。

**关键词**　斜拉桥　悬索桥　技术创新　平安百年　品质工程

### 一、引　言

中国桥梁的发展经历了20世纪80年代的学习与追赶、90年代的跟踪与提高,在"集成—发展—创新"的科学发展之路上,迎来了21世纪的超越发展和实质性飞跃。截至2020年底,全国仅公路桥梁就高达91.28万座,已超越美国成为世界第一桥梁大国,且每年还在以2万座左右的速度不断增加,建成了一批创造世界纪录的特大桥梁。目前已建成的苏通大桥、泰州大桥、杭州湾大桥、港珠澳大桥、西堠门大桥等一大批桥梁,在桥梁跨径、技术难度和施工质量方面均居世界同类桥梁前列。同时,我国主持和参与的一批国际知名桥梁工程,如马来西亚槟城二桥、巴拿马运河三桥、新奥克兰海湾桥等,也荣获了多项著名国际大奖。"中国桥梁"取得的辉煌成就越来越得到国际社会认可,已成为六张国家名片之一,有力服务了国民经济和社会发展大局。

在当今社会发展大变革的时代背景下,世界发展已呈现出新的格局,国家的发展业已进入新的时代,交通行业也迈入了新的发展阶段。《中共中央国务院关于开展质量提升行动的指导意见》(中发〔2017〕24号)明确要求,要确保重大工程建设质量,建设百年工程。习近平总书记在党的十九大报告中指出,我国经济已由高速增长阶段转向高质量发展阶段。在港珠澳大桥开通仪式上,习近平总书记又指出,对港珠澳大桥这样的重大工程,既要高质量建设好,全力打造精品工程、样板工程、平安工程、廉洁工程,又要用好管好大桥。面对国内外环境的不断发展与变化,中国桥梁的发展又站在了一个新的起点上,这给我国桥梁工程的发展提出了新的要求。如何打造出高质量的平安百年品质工程支撑交通强国的建设、支撑国家重大国家战略的实现,成为新时代发展赋予的历史使命。

江苏省作为一带一路、长江经济带、长三角区域一体化发展三大国家战略叠加的经济重地,对突破长江南北交通瓶颈,加快过江通道的建设有迫切的需求。2020年初,经国务院同意,国家发改委正式印发《长江干线过江通道布局规划(2020—2035年)》,规划明确:至2035年,江苏境内规划建设44座过江通道。这些过江通道项目具有几个显著特点:一是综合交通要素越来越高,同时需要解决公、铁、城市协调发展需求,这已经无案例可循;二是桥梁跨径越来越大,没有成熟技术可借鉴;三是在推行长江大保护的形势下,土地、岸线资源利用、生态红线要求越来越严格,通航要求越来越高。在上述这些前置条件下进行过江桥梁的建设,要求桥梁跨域能力进一步加大,而超大跨径带来的结构非线性、超高塔超大基础等技术难题,因前期技术储备不足,很多技术逐渐进入"无人区"。

为引领推进交通基础设施高质量发展,推动行业产业升级,2018年底,交通运输部印发了《"平安百年品质工程"建设研究推进方案》。在交通运输部的统一部署及领导下,结合2019年3月安质司组织召开的桥梁"平安百年品质工程"第二次专题研讨会精神,江苏省聚焦大跨索承桥梁设计与养护方面,依托常泰大桥、龙潭大桥、南京五桥以及江阴大桥、苏通大桥等在建和在役跨江特大索承桥梁,以提升桥梁耐久性和使用寿命为目标,针对重大难题和挑战,深入开展大跨径索承桥梁建养新材料、新工艺、新装备等一系列难题的研究攻关,取得多项具有自主知识产权的技术成果,创下多个世界纪录,形成了大跨索承桥梁设计、制造、施工和管养等成套技术和标准,工程规模、技术水平、运营速度等均处于世界先进或领先水平。

## 二、制定建设方案,建立工作机制

为保障平安百年品质工程建设研究工作能顺利实施,成果尽快落地见效,实现基础设施的高质量发展,江苏交通厅高度重视,成立了由分管副厅长任组长的"平安百年品质工程"(桥梁工程)推进工作组,并将"平安百年品质工程"(桥梁工程)纳入《交通强国江苏方案》的建设内容,与交通强国建设协同推进,并成为品质工程十大样板子任务之一。

专题组制定了平安百年品质工程建设研究的《实施方案》和《行动计划》,明确工作目标,建立"一季一咨询、半年一会商、一年一交流"工作机制,搭建"平安百年品质工程"(桥梁工程)研讨平台,由省内外桥梁工程建设行业管理部门和技术支撑机构共同参与专业研讨平台建设,不定期开展技术交流、研讨和论证。同时借力引智,邀请院士、设计大师等专家对关键技术难题和重大技术创新提供咨询和指导,提升平安百年品质工程建设研究水平。

## 三、梳理问题清单,确定研究方向

以目标和问题为导向梳理问题清单,通过对国内外大型桥梁的使用现状、养护技术进行调研,总结影响桥梁使用品质与寿命的主要因素,找出技术短板,建立问题清单。专题组分别对交建局、省控股、中设集团、东南大学等10多家建设、管养和科研院校等单位采用访谈和问卷形式进行调研与问题征集,共收集了100余个大型桥梁设计、施工、管养方面存在的各类问题,通过梳理分析,共有41个尚待研究解决的关键共性技术问题,其中设计方向17个,施工方向6个,管养方向18个。现阶段面临的主要问题集中在以下6个方面:

(1)大跨桥梁建设成绩斐然,但桥梁品质和耐久性问题日益凸显。20世纪90年代修建的桥梁开始逐步进入重大维修养护期,结构性能退化与失效问题突出。桥梁养护面临服役老龄化,一大批服役桥梁将超过30年,同时使用条件恶化、超载、超负荷使用情况严重,病害问题突出,耐久性不足,桥梁使用寿命偏短。

(2)大跨桥梁在全寿命设计、基于性能设计理论与方法的系统研究,高强、高性能、高耐久性新材料研发利用,智能施工技术及装备研发以及防灾减灾数值模拟和试验技术等方面仍存在问题和不足。

(3)桥梁设计、建设、管理和养护协调不够,存在一定的脱节,重建设轻管养问题依然突出。更多关注建设期成本,对耐久性成本、环境成本、管养成本等全寿命设计理念落实不够,全寿命设计指标缺乏系统研究。

(4)大跨桥梁等重特大工程一般前期论证审批周期较长,但设计、施工工期均存在不足等问题,影响了精细化设计和施工目标的实现。施工工期对大跨预应力混凝土结构桥梁影响巨大,合理的设计、施工工期是保证大跨桥梁品质和长寿耐久的根本。

(5)正交异性钢桥面板疲劳开裂、钢桥面铺装的耐久问题、索结构腐蚀问题等仍是困扰业界的顽疾,尚未得到很好的解决。

(6)智能化管养技术有待进一步提高。缺乏大跨度缆索桥梁关键构件无损检测等技术与设备;长期性能、承载能力评估及耐久性评估诊断技术等问题亟待突破；缺乏国家级或区域级桥梁群的桥梁资产管理系统以及智能化信息化技术的开发和应用。

通过对制约桥梁工程使用寿命的问题清单进行梳理和分析，确定了十大重点技术突破方向。其中，桥梁设计方面为全寿命周期设计、冗余设计、可维护设计、专项设计、构件标准化设计；桥梁养护方面为结构监测、无损检测、养护标准及手册制定、突出病害诊治。

## 四、攻关重点技术，验证科技成果

遵循"理论实践结合、成本效益平衡、对标对表国际、立足成果落地"的原则，结合大跨径索承桥梁工程设计、养护方向的重点难点，专题组开展相关科技研究和工程验证。

### 1. 设计方向科技攻关

1) 常泰长江大桥

常泰长江大桥主航道桥为主跨1176m的斜拉桥，具有跨径大、荷载非对称等显著特点，超大跨径带来的结构非线性、超高塔超大基础以及公铁同层非对称分布导致的非对称荷载对大跨径斜拉桥的结构设计、建造等都带来了新的挑战，大幅增加了设计难度与建造难度。针对上述问题，在建设过程中开展了超大跨径非对称荷载公铁斜拉桥建设关键技术的研究。通过项目研究，重点突破结构体系与设计理论、新型高性能材料、特殊装备研制开发、智能制造和智慧建造关键技术等核心技术，形成系列超大跨径非对称荷载公铁斜拉桥建设成套关键技术，打破1200m级斜拉桥技术瓶颈，解决1200m级斜拉桥设计和建造难题。

(1) 开展了超大超深基础地基承载力及破坏机理专题研究，提出超大沉井基础地基承载力理论解析和修正公式，以及适用于超大沉井基础地基承载力的简化公式，总结形成一套超大超深沉井基础地基承载力计算方法和设计要点指南。

(2) 开展了超大跨径公铁两用斜拉桥约束体系研究，针对特大跨江斜拉桥受温度、风力、地震、水流等方面的影响因素多，对结构约束体系要求高的难题，研究公铁两用斜拉桥塔梁墩之间的合理连接方式，提出新型的温度自适应约束体系，实现桥梁结构整体受力最优。

(3) 开展了新型超高索塔结构形式及设计施工方法、新型超高索塔核心混凝土索塔锚固结构力学性能、新型基础结构形式及设计施工方法等专题研究，设计了台阶型减冲刷减自重沉井基础、钢-混混合结构空间钻石型桥塔、钢箱-核芯混凝土组合索塔锚固结构等4个世界首创关键桥梁结构(图1~图4)，形成一部沉井、索塔等关键部位的专项设计指南。

图1　首创温度自适应塔梁纵向约束体系

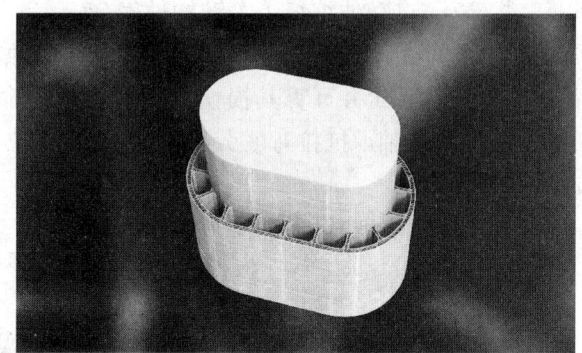

图2　首创台阶型减冲刷减自重沉井基础

2) 龙潭长江大桥

龙潭长江大桥是江苏已建高速公路中线路最复杂、桥隧比最高的项目，工程规模大、技术难度和环保要求高。在大桥建设过程中，针对悬索桥精细化设计和工程耐久性加强科研技术攻关。通过项目研究，形成了大跨悬索桥耐久性提升设计成套技术，编制了《大跨度悬索桥耐久性设计指南》。该指南重点填补了大跨度悬索桥耐久性技术、设计、施工、验收和维护方面的空白,体现我国在大跨度悬索桥耐久性设计方面的新理念、新方法,可切实满足我国大跨度悬索桥耐久性设计的需求。

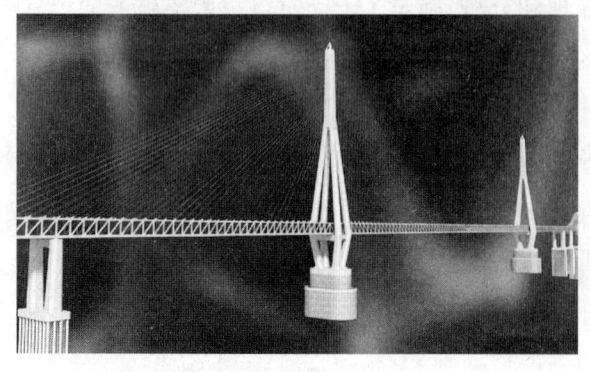
图3 首创钢-混结构空间钻石型桥塔

图4 首创钢箱-核芯混凝土组合索塔锚固结构

(1)开展了新型主缆除湿系统(图5)设计与研究,针对目前悬索桥主缆外表送气除湿系统送气效率低、除湿效果不理想的难题,研发了主缆内置送风管道的新型除湿系统,送气距离远、效能高,具有更好的除湿效果。

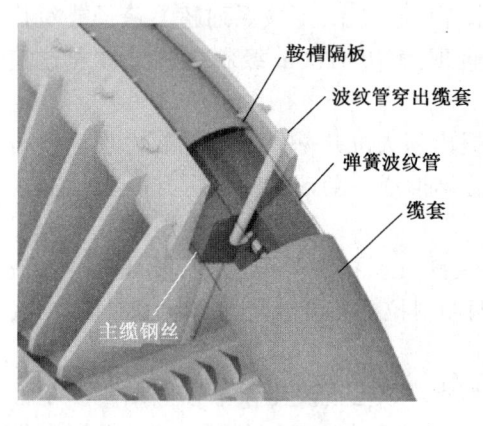
图5 新型主缆除湿系统

(2)开展了主缆-鞍座接触机理及鞍座精细化分析专题研究,实现鞍座结构设计轻型化;采用磨光顶紧鞍槽-主纵肋的连接工艺,替代传统加工困难的全熔透焊接工艺。通过新型散索鞍支座长效性滑板与防腐设计与研究,采用高力铜合金镶嵌固体润滑体系+不锈钢喷涂防腐工艺提高散索鞍耐久性,实现散索鞍支座使用寿命与桥梁同寿。

(3)开展了索夹-主缆接触作用机理专题研究,研发高抗滑新型索夹,克服吊索力作用下箍紧力降低导致的索夹滑移病害;基于精细化分析和细节设计,提出了改善索夹受力和密封性措施,通过加大螺栓与索夹内壁距离,避免索夹内壁开孔,以提高主缆的密封性。

(4)开展了速度锁定阻尼器方案设计与研究,研发了新型高耐久低指数黏滞性阻尼器,实现主梁低速下相对位移的有效控制,大幅降低了主梁累计位移量,可有效避免桥面伸缩装置及支座的长期变位疲劳损坏,提高了支座、伸缩缝等关键构件寿命。

(5)开展了吊索拉伸-弯曲双指标下疲劳与腐蚀耦合损伤模式及使用寿命研究,提出考虑护套影响的拉吊索腐蚀疲劳评价并计算其损伤程度及剩余寿命的方法;针对提高吊索可抗腐蚀疲劳的相关措施研究,开发新型关节轴承抗弯疲劳吊索,并进行了拉弯组合静载试验和拉弯组合疲劳试验,验证了相关措施的有效性。

相关创新性设计与试验如图6~图8所示。

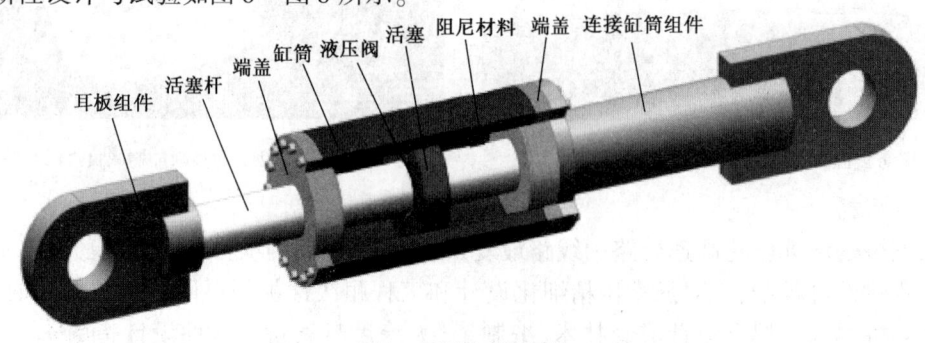
图6 新型速度阻尼器

图7 吊索疲劳腐蚀试验

图8 主缆紧固力试验

3）南京长江五桥

南京长江五桥建设起点高、工程规模大、施工工艺复杂、安全风险高，在工程建设中，针对多跨斜拉桥中塔稳定性、正交异性板疲劳及钢箱梁铺装实施难等技术难题，开展了钢壳-混凝土组合索塔新型结构、粗集料UHPC及其钢混组合箱梁等核心技术研究。项目中采用的多项世界或国内首创技术通过了南京长江五桥的建设实践和验证应用，得到了行业内专家的高度评价。

(1) 开展了钢壳-混凝土组合索塔关键技术研究(图9)，研发了结构性能优、工业化程度高、建造速度快的钢壳-混凝土组合索塔，有效解决了多跨斜拉桥中塔稳定性等问题，并编制了团体标准《公路桥梁钢壳-混凝土组合索塔技术指南》。在组合索塔受力机理、设计技术、施工技术等方面取得了重要突破，首创钢壳-混凝土组合结构，提高结构综合性能和延性，实现索塔快速化建造，降低现场作业强度、风险；形成密肋附筋板单元制作技术、附筋双壳薄壁结构总拼和节段立式匹配、索塔钢筋混凝土施工质量控制技术、索塔桥位定位安装等关键技术，该创新研究成果达到国际领先水平，获2019年中国公路学会科学技术奖特等奖。

(2) 开展了粗集料活性粉末混凝土研发及材料性能、粗集料活性粉末混凝土构件性能、粗集料活性粉末混凝土施工工艺及粗集料活性粉末混凝土-钢组合梁桥面板静力和疲劳性能研究，系统分析粗集料活性粉末混凝土桥面板的材料特性和力学性能，形成整套粗集料混凝土粉末混凝土的制备和桥面板自动化流水预制生产线(图10)，编制了团体标准《公路桥梁大跨径钢-粗骨料活性粉末混凝土组合梁技术指南》。粗集料活性粉末混凝土桥面板大幅减小了结构尺寸，桥面板厚度由传统的27cm降低至17cm，单位重量由37.3t/m降低至27.7t/m，显著改善结构整体受力性能，提高了结构的耐久性。粗集料活性粉末混凝土桥面板的使用，成功解决了桥梁装配化难题。新型桥面板使得南京长江五桥实现80%以上预制、装配化施工，从而成为国内工程化、装配化程度最高的特大跨径斜拉桥。这项创新技术的应用，对中国桥梁的技术进步影响巨大。

图9 钢壳混凝土组合索塔拼装

图10 混凝土桥面板预制流水线

## 2. 养护方向科技攻关

从养护技术标准规范、关键构件养护技术、养护检查管理制度三个方面开展专题研究,依托江阴大桥、润扬大桥、苏通大桥和泰州大桥四座大跨径索承桥对管养技术进行总结评估和提升研究,形成大跨索承桥梁成套养护技术体系,树立"苏式养护"品牌。

围绕缆索系统、斜拉索、钢箱梁、钢桥面铺装、水下基础等养护难点和实践,在全面梳理已有养护成果的基础上,针对存在不足或待完善提升的技术难点,开展了"大跨桥梁钢箱疲劳病害检测、评估及修复关键技术""千米级跨度悬索桥缆索体系测评与维养成套技术"和"大跨桥梁钢桥面铺装检测、评估及维护关键技术"等关键养护技术研究,形成索承桥梁全构件养护关键技术,确保养护"科学、精准、精确"。

在总结上述研究成果的基础上,编制了《公路桥梁钢箱梁疲劳裂纹检测、评定与维护规范》和《公路桥梁钢箱梁预防养护规范应用指南》,制定了索承桥梁检查手册,明确了定期检查内容,形成了运营养护年度报告。在保证不同结构类型桥梁特色检查的同时,明确共性的检查内容、检查频率、检查方法,制定检查表格,建立信息化统一养护平台基础。该平台明确了检查内容、检查重点、病害描述方式等,确保定检数据的连续性、可比性、有用性,确保病害精准可寻,保证能够利用信息化手段实现自动跟踪比对。

养护方向技术创新成果如图 11、图 12 所示。

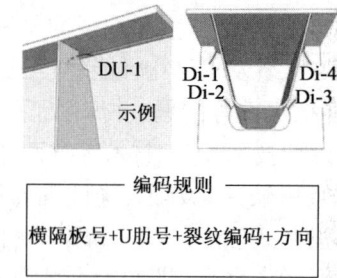

图 11　钢箱梁疲劳裂纹编码　　　　　　　　图 12　长吊索更换

## 五、结　语

大跨索承桥梁综合建设能力是衡量桥梁强国的标志之一,我国大跨索承桥梁建设水平已经达到国际先进水平。随着新一轮跨江通道的建设,江苏交通将践行高质量发展理念,以安全舒适、优质耐久、经济环保、和谐美观为工程建设目标,通过平安百年品质工程创建和科技攻关,系统解决制约大跨径斜拉桥技术发展的关键科学问题,研发引领大跨径斜拉桥发展方向的重大前沿技术,支撑建设常泰长江大桥、龙潭长江大桥等世界级示范工程,形成可示范推广的超大跨径索承桥梁技术体系,打造中国桥梁技术品牌,引领全球桥梁技术发展,支撑我国从桥梁大国向桥梁强国转变以及交通强国建设,落实长江经济带发展、粤港澳大湾区建设等国家区域协同发展战略,服务"一带一路"国际合作。

## 参考文献

[1] 基础司.长江干线过江通道布局规划(2020—2035 年)[Z].中华人民共和国国家发展和改革委员会,2020.

[2] 安质司.关于印发《"平安百年品质工程"建设研究推进方案》的通知.交通运输部,2018.

[3] 李娜,徐红艳.到 2035 年,江苏规划布局 44 座过江通道[N].现代快报,2020,7416:A5.

[4] 赵阳.加快过江通道建设构建完善现代综合交通运输体系[J].现代江苏交通,2020,33:26-27.

[5] 秦顺全,徐伟,陆勤丰,等.常泰长江大桥主航道桥总体设计与方案构思[J].桥梁建设,2020,50(03):1-10.

[6] 秦顺全,苑仁安,郑清刚,等.超大跨度公铁两用斜拉桥结构体系研究[J].桥梁建设,2020,50(04):1-8.

[7] 胡骏,郑清刚,张文明.常泰长江大桥风与温度荷载组合效应研究[J].桥梁建设,2020,50(04):42-47.
[8] 吴启和,张磊.常泰大桥水中沉井的关键技术[J].中国公路,2020(09):74-77.
[9] 秦顺全,谭国宏,陆勤丰,等.超大沉井基础设计及下沉方法研究[J].桥梁建设,2020,50(05):1-9.

# 23. 宁夏叶盛黄河大桥主桥设计关键技术

赵英策　孔庆凯

(中交公路规划设计院有限公司)

**摘　要**　宁夏叶盛黄河公路大桥为大跨变截面波形钢腹板 PC 组合箱梁桥,设计为双向六车道一级公路标准,桥跨布置为 64m+5×120m+64m=728m,桥宽 31.5m。桥址区设计基本地震动峰值加速度为 0.25g,地震烈度高,冬季常出现冰凌封河,桥梁将受到凌汛威胁。本文针对叶盛黄河大桥多跨、大跨、地震烈度高、冰情严重的特点,对其约束体系、主梁、墩身及基础的设计关键技术展开研究。为减小下部结构地震力,减小基础规模,降低工程造价,主梁采用轻型波形钢腹板,桥梁支座采用摩擦摆减隔震支座,桩基采用变截面桩;为抵御冰凌对桥梁的威胁,减小冰压力,桥墩在承台之上至凌汛水位高程范围内设置了破冰棱。

**关键词**　波形钢腹板　摩擦摆　减隔震　破冰棱　变截面桩

## 一、概　述

叶盛黄河公路大桥位于银川市以南约 40km,老叶盛桥以北 1.1km,位于灵武市和青铜峡市境内。本项目西接京藏高速,东连银西高速,在国家和区域路网中居重要地位。

老叶盛桥于 1970 年 12 月竣工通车,桥梁上部为无铰双曲拱,迄今已运营 40 余年,已属危桥,2009 年开始采取限行措施,为打通交通瓶颈,本桥建设迫在眉睫。

桥址区 50 年超越概率 10% 的地震动峰值加速度为 0.25g,地震烈度高。桥位河段冬季河道常出现封冻,冻结时间一般在 12 月份,解冻日期一般在次年 3 月,最大冰厚 0.54m,单块面积约 20m²。

主桥主梁采用抗震性能优越的变截面波形钢腹板预应力混凝土连续组合箱梁,桥跨布置为 64m+5×120m+64m=728m,如图 1 所示,采用双向六车道一级公路标准,设计速度为 80km/h,桥宽 31.5m。

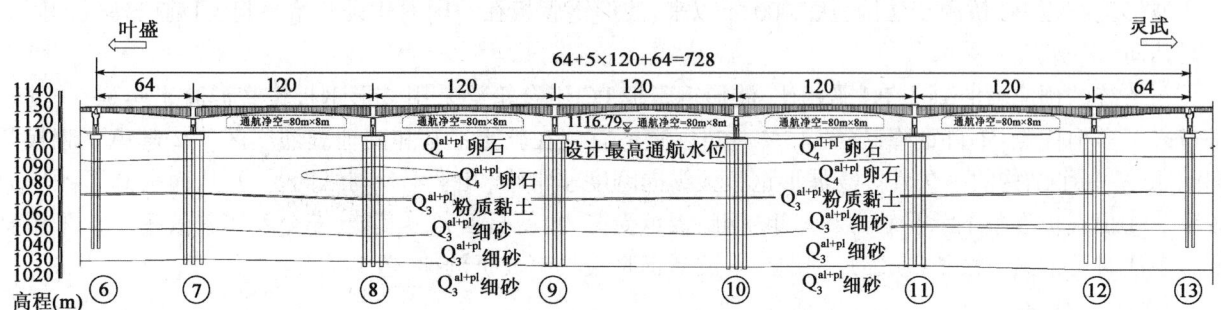

图 1　主桥总体布置图(尺寸单位:m)

该桥是宁夏首座、西北地区最大的一座波形钢腹板预应力混凝土连续组合箱梁桥。本项目 2015 年 5 月开工建设,2018 年 9 月建成通车,建成实景如图 2 所示。该桥通车后对完善国家干线公路网络,贯彻落实国家西部大开发战略部署,加强黄河两岸经济社会联系,促进民族团结和经济社会协调发展,有着重要的意义。

图 2　主桥建成实景图

本文对叶盛黄河大桥主桥从约束体系、主梁、墩身及基础等方面的设计关键技术进行了研究。

## 二、约束体系

约束体系是否合理不仅直接影响结构受力合理性,也将影响到结构运营安全和使用寿命。本桥的墩高在 10m 左右,墩高较矮,若采用连续刚构桥方案,则在温度及地震作用下,基础内力大,从而导致基础规模及造价大幅提高,因此不适合采用连续刚构桥方案,应选用连续梁方案。

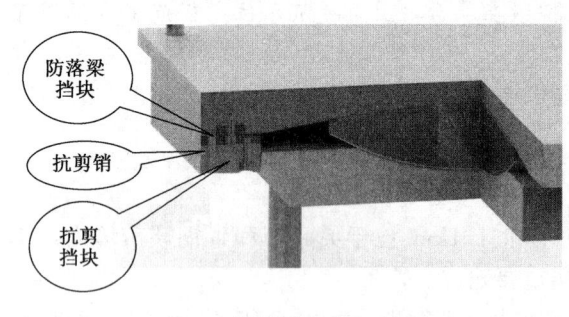

图 3　减隔震支座构造示意图

为减小上部结构传至墩身和基础的地震力,所有支座均采用摩擦摆减隔震支座,支座除了满足桥梁正常使用时的设计承载力、转动和位移等要求外,地震时,当地震水平力大于 15% 的竖向承载力时,限位约束装置解除,并通过支座摩擦摆动阻尼耗能,从而达到减震耗能的目的,地震后,具有自动复位功能(图3)。同时,支座具备防落梁功能,防落梁装置承受的水平力不小于竖向承载力的 30%。

主墩支座竖向承载力 30000kN,摆动半径为 5m,屈后刚度 6kN/mm;过渡墩支座竖向承载力为 6000kN,摆动半径为 5m,屈后刚度 1.2kN/mm。

## 三、主　梁

1. 波形钢腹板梁优点

波形钢腹板 PC 桥源于法国,从 2000 年以来,波形钢腹板在我国的建设开始兴起,目前已建成的同类桥梁达 40 多座。

与传统的预应力混凝土 PC 梁相比,波形钢腹板 PC 组合箱梁采用波形钢板代替混凝土腹板,一处改进带来了多项优点:①自重降低(约 15% ~25%),适宜建在软土地基和高地震烈度区。②避免了腹板开裂问题,提高了结构的耐久性。③波形钢腹板纵向刚度非常小,几乎不参与纵向受力,从而提高了预应力效率。④顶底板混凝土承受轴力和弯矩,钢腹板承受剪力,使材料各尽其能,充分发挥其效率。⑤采用悬臂施工法时可增大节段长度,缩短工期。⑥波形钢腹板具有波折韵律,造型美观。

2. 主梁结构设计

主梁分两幅设置,如图 4 所示,单幅主梁采用单箱单室斜腹板形式,斜腹板与箱梁中心线夹角为 11.836 度。采用斜腹板,使箱梁更加轻盈美观,同时可以减小底板宽度,使墩宽减小,降低基础规模。

箱梁顶板宽 15.25m,底板宽 4.8 ~6.39m。跨中梁高 3.7m,根部梁高 7.5m,按照 1.6 次抛物线过渡。跨中梁高与跨径比值为 1/32.4,中墩支点梁高与跨径比值为 1/16。顶板厚度 30cm,翼缘板厚 18 ~70cm,翼缘板悬臂长 3.8m;跨中底板厚 30cm,根部底板厚 100cm,按照 1.6 次抛物线过渡。

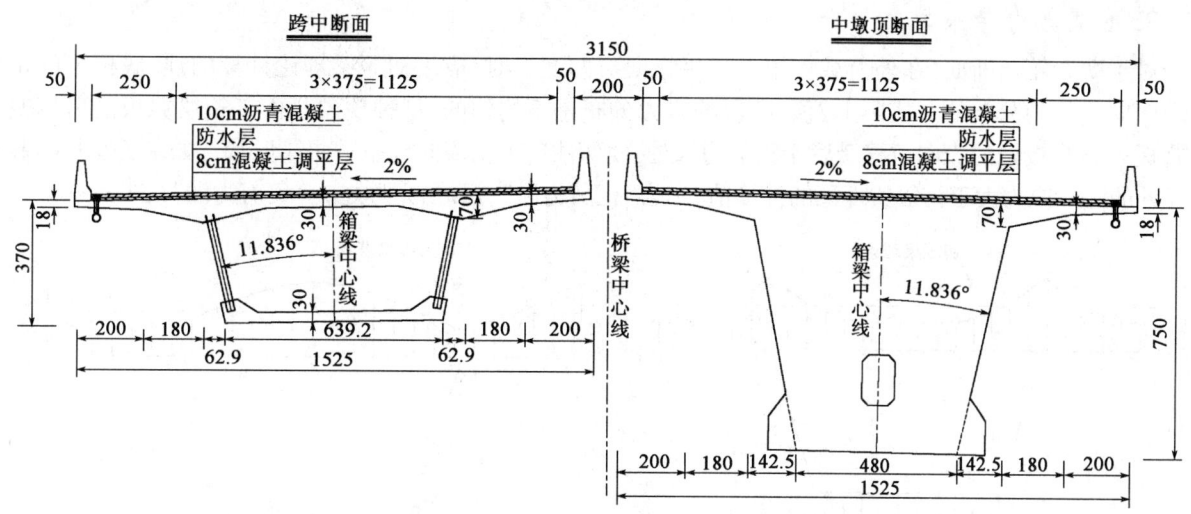

图4 波形钢腹板PC组合梁标准横断面(尺寸单位:cm)

波形钢腹板厚度采用12mm、14mm、16mm、18mm、20mm、25mm六种规格,波高22cm,波长160cm。箱梁在边跨设置3道横隔板,主跨设置7道横隔板,横隔板间距13.6~16m,横隔板厚度50cm。

波形钢腹板与顶板混凝土之间的连接采用Twin-PBL剪力键的型式,与底板的连接采用嵌入式。如图5所示。

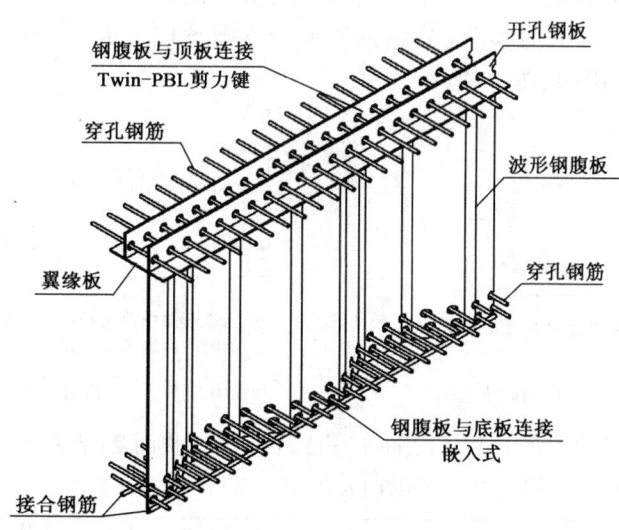

图5 波形钢腹板与顶底板的连接方式

箱梁设置体内、体外预应力钢束。在顶板设置横向预应力钢束。梁段三维示意如图6所示。本桥主梁采用悬臂浇筑施工法。

图6 梁段三维示意图

### 3. 主梁剪力滞系数

对于薄壁箱梁断面,在外荷载作用下发生纵向弯曲变形时,应用初等梁理论计算的顶、底板上的正应力沿横向是均匀分布的。实际上,顶、底板的应力分布是不均匀的,这种现象是由于箱梁翼板的剪切变形使翼板远离腹板处的纵向位移滞后于腹板边缘处,使弯曲应力的横向分布呈曲线形状。如果翼缘板与腹板交界处的法向应力大于初等梁理论的计算值,称为"正剪力滞",反之,则称之为"负剪力滞"(图7、图8)。

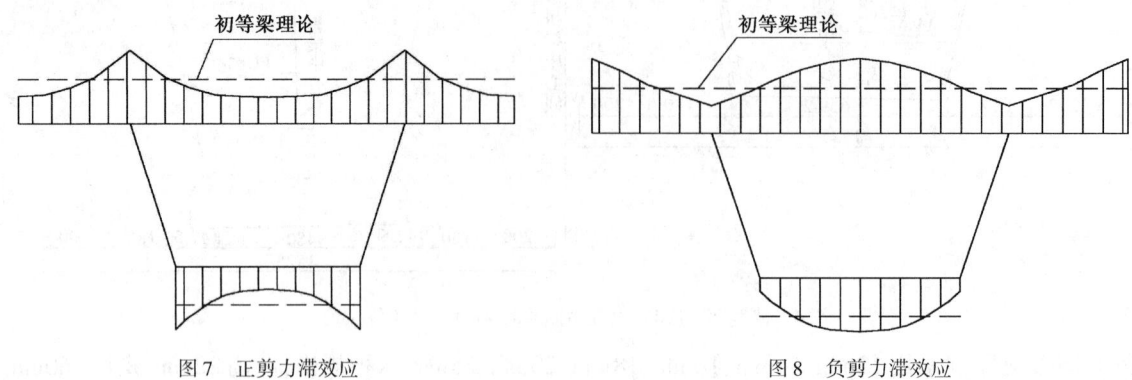

图7 正剪力滞效应　　　　　　图8 负剪力滞效应

由于剪力滞效应的存在,使得截面上的弯曲应力分布不均,应力最大值将大于按照初等梁理论计算的应力值,使截面受力更加不利。为了考虑剪力滞效应的影响,引入剪力滞系数 $\lambda$：$\lambda = \sigma_{max}/\bar{\sigma}$,$\sigma_{max}$——截面上实际发生的应力最大值,$\bar{\sigma}$——根据初等梁理论计算出的截面应力。

剪力滞系数沿桥梁纵向的取值参考《公路钢筋混凝土及预应力混凝土桥涵设计规范》(JTG D62—2004)中的4.2.3节进行,如图9、图10所示。

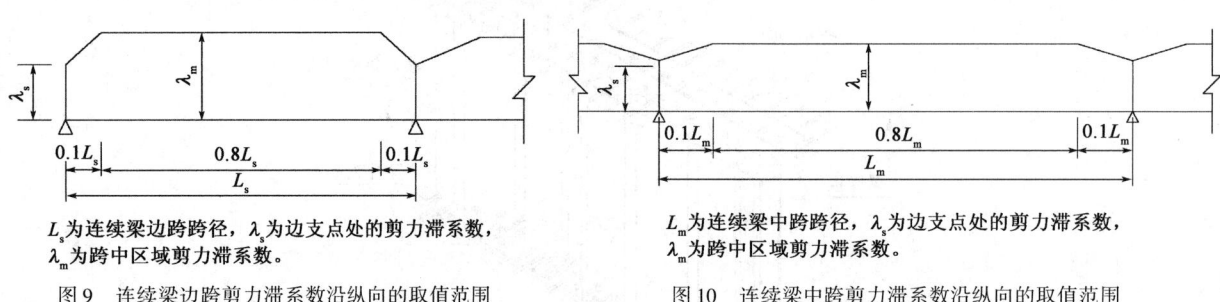

图9 连续梁边跨剪力滞系数沿纵向的取值范围　　　　图10 连续梁中跨剪力滞系数沿纵向的取值范围

选取五个典型截面计算剪力滞系数。截面1:边跨边支点,截面2:边跨跨中,截面3:边跨近中支点,截面4:中跨近中支点,截面5:中跨跨中。如图11所示。

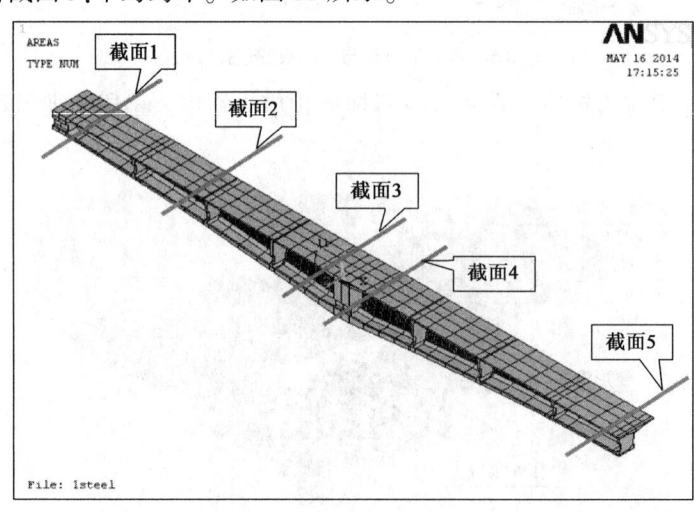

图11 计算截面示意图

剪力滞系数计算结果汇总见表1。

剪力滞系数计算结果一览表　　　　表1

| 位　置 | 工　况 | 截面1 | 截面2 | 截面3 | 截面4 | 截面5 |
|---|---|---|---|---|---|---|
| 顶板 | 工况一 | 1.11 | 1.18 | 1.09 | 1.08 | 1.06 |
|  | 工况二 | 1.16 | 1.22 | 1.10 | 1.10 | 1.07 |
| 底板 | 工况一 | 1.01 | 1.00 | 1.01 | 1.02 | 1.05 |
|  | 工况二 | 1.03 | 1.02 | 1.00 | 1.00 | 1.01 |
| 截面最终取值 | 工况一 | 1.11 | 1.18 | 1.09 | 1.08 | 1.06 |
|  | 工况二 | 1.16 | 1.22 | 1.10 | 1.10 | 1.07 |

工况一：自重+预应力。工况二：汽车荷载。

由计算结果知顶板剪力滞系数大于底板剪力滞系数，偏安全考虑，剪力滞系数按照顶、底板剪力滞系数中较大者取用。

4. 主梁偏载系数

波形钢腹板相比于混凝土腹板，其抗扭刚度比较小，在偏载作用下，其扭转、畸变变形比混凝土腹板箱梁要大，偏载侧的结构应力将比对称加载时要大。为了考虑偏载效应，特引入偏载系数 $\eta$，偏载系数又分为混凝土正应力偏载系数 $\eta_c$ 和波形钢腹板剪应力偏载系数 $\eta_s$。

定义混凝土正应力偏载系数为：

$$\eta_c = \frac{\sigma_{cp}}{\sigma_{cz}} \tag{1}$$

式中：$\sigma_{cp}$——偏载下混凝土正应力（弯曲正应力+扭转正应力+畸变正应力）；

$\sigma_{cz}$——对称加载下混凝土正应力（弯曲正应力）。

定义波形钢腹板剪应力偏载系数为：

$$\eta_s = \frac{\tau_{sp}}{\tau_{sz}} \tag{2}$$

式中：$\tau_{sp}$——偏载下钢腹板剪应力；

$\tau_{sz}$——对称加载下钢腹板剪应力。

混凝土正应力偏载系数大致在1.15左右，因而在总体计算中，混凝土正应力偏载系数取1.15。

混凝土顶底板正应力偏载系数见图12、图13。

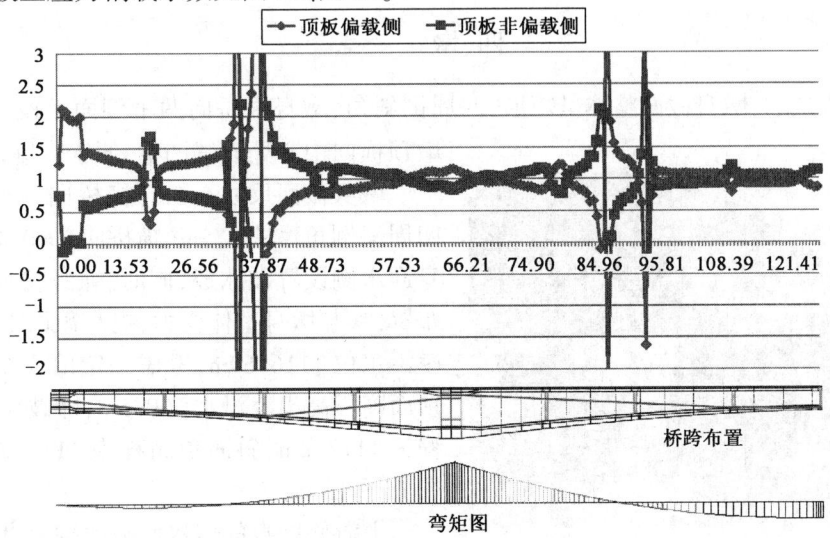

图12　混凝土顶板正应力偏载系数

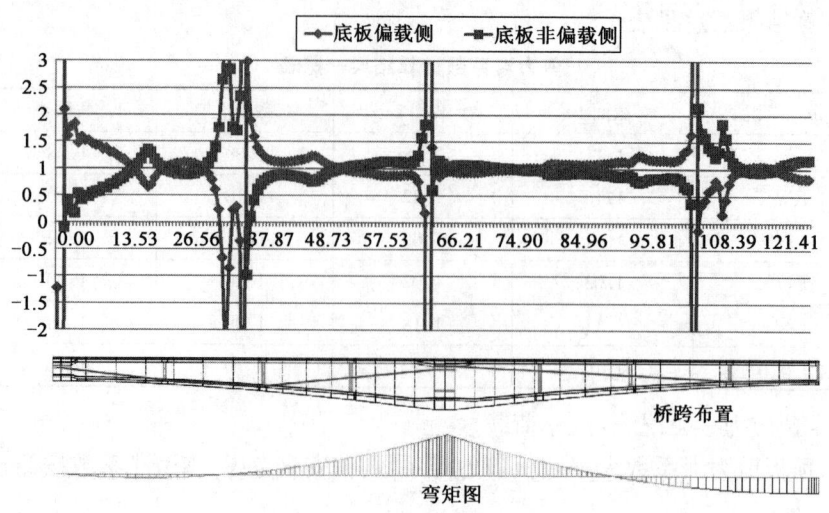

图 13　混凝土底板正应力偏载系数

波形钢腹板剪应力偏载系数大致在 1.3 左右,因而在总体计算中,钢腹板剪应力偏载系数取 1.3(图 14)。

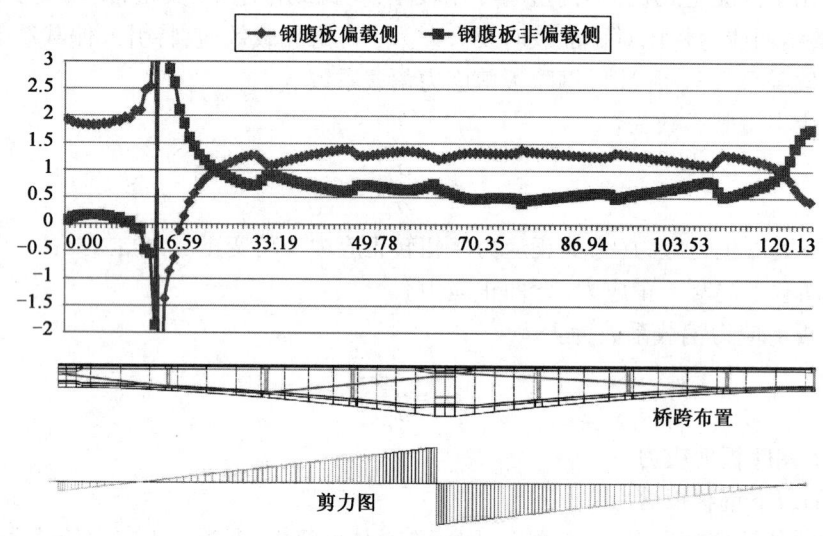

图 14　钢腹板剪应力偏载系数

## 四、墩　身

墩身为实体板式墩,墩身截面整体呈矩形,四周倒斜角,墩身横桥向两个侧面上设置竖向景观凹槽。墩顶横向中心处设置凹槽,便于支座检修及更换。

墩身截面尺寸 6.5m(横桥向) × 3.2m(顺桥向),四周斜倒角尺寸 0.5m(横桥向) × 0.4m(顺桥向)。墩身迎水侧设置破冰棱,同时,兼顾协调美观,构造对称布置,参与墩身整体受力,提高截面承载能力。本项目凌汛水位 1116.69m,考虑一定的安全富余量,破冰棱顶面高程高出凌汛水位 0.5m,即破冰棱顶面斜面底高程为 1117.2m、斜面顶高程为 1118.2m。墩身实景如图 15 所示。

上游侧墩身的迎水面破冰棱上设置破冰钢板。

为提高墩身结构的抗冻、抗渗性能,增强墩身耐久

图 15　墩身建成实景图

性,位于水位变动区(承台顶~破冰棱顶)的墩身采用 Ca40 引气混凝土。混凝土抗冻性指标应满足《公路工程混凝土结构防腐蚀技术规范》(JTG/T B07-01—2006)的要求。

## 五、基　　础

主墩承台采用整体式结构,承台厚度 4m,承台平面为矩形,尺寸 29.7m(横桥向)×16.6m(顺桥向)。每个承台下设 15 根直径 2.5~2.2m 变截面钻孔灌注桩,横向 5 排,每排 3 根,呈矩形布置,横桥向桩间距为 6.4m,顺桥向桩间距为 6.25m,按摩擦桩设计。主墩桩长 80m,持力层为⑨或⑩细砂层,上段桩径 2.5m,长 20m;下段桩径 2.2m,长 60m(图 16、图 17)。

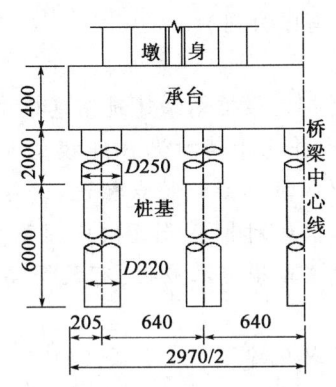

图 16　主墩基础立面图(尺寸单位:cm)　　图 17　主墩基础平面图(尺寸单位:cm)

过渡墩承台采用整体式结构,承台厚度 3m,承台平面为矩形,尺寸 26.95m(横桥向)×7.95m(顺桥向)。每个承台下设 12 根直径 1.9m~1.6m 变截面钻孔灌注桩,横向 6 排,每排 2 根,呈矩形布置,横桥向桩间距为 4.75m,顺桥向桩间距为 4.75m,按摩擦桩设计。过渡墩桩长 70m,持力层为⑨细砂层,上段桩径 1.9m,长 20m;下段桩径 1.6m,长 50m。

## 六、结　　语

本文针对叶盛黄河大桥多跨、大跨、地震烈度高、冰情严重的特点,对其约束体系、主梁、墩身及基础的设计关键技术展开了研究,得出以下几点结论:

(1)采用摩擦摆减隔震支座,平时满足桥梁正常使用要求,地震时,当地震水平力大于 15% 的竖向承载力时,限位约束装置解除,并通过支座摩擦摆动阻尼耗能,减小了基础规模,降低了工程造价。

(2)采用轻型波形钢腹板主梁,并且腹板倾斜设置,外形美观,同时减小混凝土底板宽度,降低了上部自重,减小了下部基础规模。

(3)采用带破冰棱的墩身结构,能有效减小冰压力,抵御冰凌对桥梁的威胁。

(4)采用变截面桩基结构,桩基上部弯矩大,采用大直径,下部弯矩小,采用小直径,采用此种精细化设计可节约材料,降低工程造价。

**参考文献**

[1]　中交公路规划设计院有限公司.叶盛黄河公路大桥施工图设计[Z].北京:2014.
[2]　华正阳,赵英策,孔庆凯,等.大跨变截面波形钢腹板 PC 组合箱梁剪力滞效应及偏载效应研究[J].公路,2014(8).
[3]　刘磊,钱冬生,编译.波纹钢腹板结合梁桥[J].国外公路,1999(1).
[4]　李宏江,万水,叶见曙.波形钢腹板 PC 组合箱梁的结构特点[J].公路交通科技,2002(3).
[5]　宋建永,张树仁,王宗林.波纹钢腹板体外预应力组合梁全过程分析[J].哈尔滨工业大学学报,2003(5).

# 24. 钢桁梁桥参数化 BIM 模型创建方法研究及其应用

王文帅[1] 许 勇[2] 李正博[2] 赵昌勇[2] 徐 润[1]

(1. 山东省交通规划设计院集团有限公司全寿命周期 BIM 技术应用研发中心；
2. 山东高速沾临高速公路有限公司)

**摘 要** 依托沾化至临淄高速公路工程,基于 CATIA 对钢桁梁桥精细建筑信息模型(BIM)的参数化创建方法进行了研究,阐述了三维参数化建模的思路及流程,并基于精细化 BIM 模型开展设计阶段的扩展应用。结果表明,基于"骨架线"的参数化建模方法与桥梁工程的线状特点相适应,可有效提高建模效率和精度;设计方案发生变化时,通过参数关联驱动模型,可快速对模型进行相应调整,显著减少模型更新调整的时间;基于精细化 BIM 模型开展碰撞检查、工程量核算等技术应用,有效提高了设计质量及效率,保障项目顺利开展。

**关键词** BIM 技术 工程应用 钢桁梁桥 CATIA 参数化建模

## 一、引 言

随着我国交通运输行业的飞速发展,项目的工程规模、建设难度、技术复杂程度均得到显著提升,因此对建设项目提出了更高的要求,在行业市场需求驱动下,建筑信息模型(Building Information Modeling,BIM)技术被应用到项目建设中。BIM 是基于现代图形技术、信息技术及物联网技术应用于工程建设全过程的新型工具与理念,通过 3D 直观表述、数据存储和传递,实现工程设计、施工、养护、运营管理信息有效传递共享和工作协同[1-3]。

桥梁工程具有结构复杂、异形构件数量多等特点,其空间关系仅靠二维图纸较难表达清晰,使得设计意图无法准确传递至施工,而采用 BIM 技术可有效解决此类问题。三维数字模型作为 BIM 技术的载体,其重要性不言而喻,目前市场上主流的三维建模平台主要有 Autodesk 平台、Bentley 平台和 Dassault 平台 3 类[4-5],国内学者和工程技术人员针对 3 个平台开展了桥梁工程 BIM 建模研究,杜一丛[6]、赵伟兰[7]等采用 Autodesk 平台建模软件进行桥梁工程的建模研究,刘彦明[8]、王达[9]等采用 Bentley 平台建模软件进行桥梁工程的建模研究,李兴[10]、黄俊炫[11]等采用 Dassault 平台建模软件进行桥梁工程的建模研究。

综合比较而言,Autodesk 平台建模软件的建模思想是针对建筑工程领域的民用建筑模型,当将其应用到基础设施领域时,专业适配性较差;Bentley 平台建模软件主要应用于基础设施领域,可以满足快速建立基础设施领域 BIM 模型的应用需求,但其中国本土化程度较低,不能满足具体工程项目的定制化需求;Dassault 平台建模软件其最先应用于航空工程领域,对异形结构、超大数据支持较好,有较好的参数驱动方式,提出的基于"骨架线"的公路工程基础设施解决方案,十分契合具有"线状"行业特点的公路工程领域。因此,本文依托沾化至临淄高速公路工程项目,针对项目典型的钢桁梁桥,选择 Dassault 平台的 CATIA 软件为三维建模软件,对其参数化建模方法进行研究和探索,并基于 BIM 模型在设计阶段开展了多项应用。

## 二、钢桁梁桥参数化建模思路

### 1. 参数化建模技术

在工程设计领域,不可避免地存在设计疏漏、设计变更等问题,每次返工修改均需从头梳理图形的几何约束关系进行全局修改,从而大大增加返工修改的时间成本。参数化建模技术是指采用预定义的外部参数与图形的几何约束相关联,通过修改外部参数同步实现几何图形的修改。在参数化设计过程中,将具有几何约束关系的尺寸进行归类整理,通过外部控制参数(特定参数、表格、公式)进行统一的管控,实现参数一次修改、图形多处同步调整的目标,有效提高变更修改的效率,如图1所示。

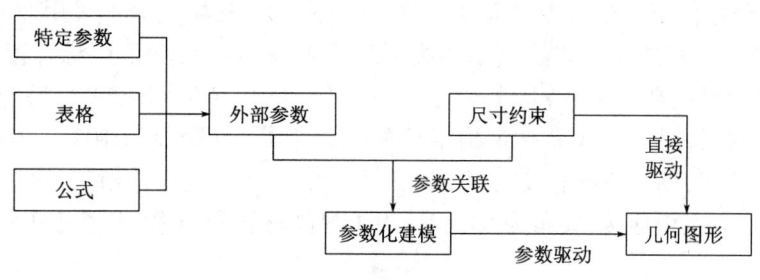

图1 参数化建模流程

## 2. 钢桁梁桥结构特点

钢桁梁桥属于空腹式受弯结构,由多个平面内的钢桁架连接形成的稳定空间桁架来承受荷载作用。按照受力特点可划分为主桁架、桥面系、联结系3部分,其中主桁架为主要承重结构,通过上下弦杆拉压轴力形成的力偶来抵抗竖向荷载引起的弯矩,通过腹杆的竖向分力抵抗剪力,因此,桁高、节间长度、腹杆倾角、桁间距为结构的主要影响参数。由于钢桁梁桥的结构特点使得其在施工方法的选择上具有很大的灵活性,主要有"化整为零"的杆件拼接方法和"集零为整"的节段拼接方法,满足桥梁标准化、装配化、工厂化的特点。

## 3. CATIA 参数化建模思路

针对标准化程度高的钢桁梁桥,采用 Dassault 平台的 CATIA 软件基于"骨架线"的参数化建模方法创建三维模型。首先根据项目文件生成道路中心线,在此基础上生成桁架骨架线,同时将桁高、节间长度、腹杆倾角、桁间距等结构主要影响参数制作成顶层骨架参数,实现桁架线形的总体控制;其次,按照桁架的结构组成部分进行拆分,并以此为参照创建工程模板,工程模板以桁架骨架线作为输入条件,将模板构件的高度、宽度、板厚等结构参数设置为模板参数,实现工程模板的总体控制;最后,采用 EKL 语言批量实例模板,模板的输入条件和参数通过图形约束引擎调用顶层骨架的设计数据,实现钢桁梁桥三维模型的创建,如图2所示。在参数化建模过程中,"骨架线"自顶向下地定义钢桁梁桥的空间位置和线形,"工程模板"自底向上层层完善总骨架线,实现骨架线与三维模型的关联和驱动。

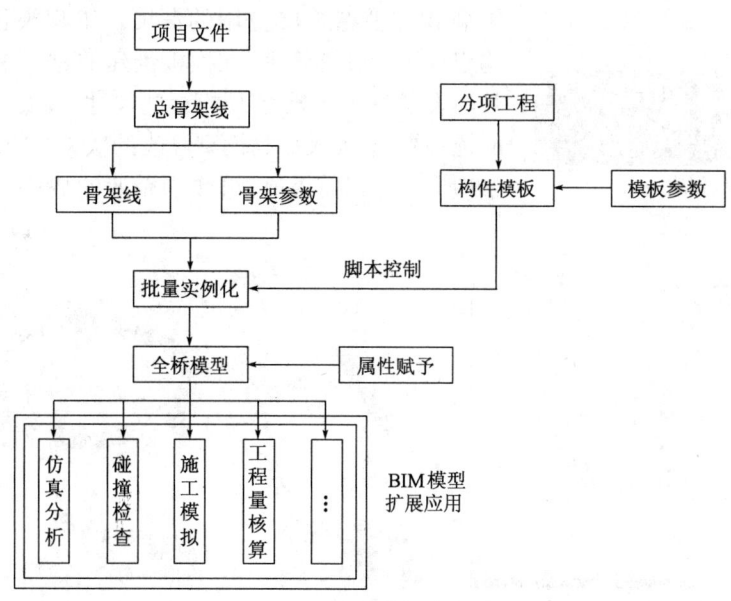

图2 CATIA 参数化建模流程

## 三、工程应用案例

### 1. 工程概况

沾化至临淄高速公路位于山东省中北部,项目路线全长107.584km,全线采用双向六车道高速公路标准,设计速度120km/h。工程具有建设规模大、路线交叉多、特殊钢结构桥梁多、综合管理难度大等特点。

钢桁梁桥为沾临项目的典型工程,全线共设有6处,以典型的韩墩干渠1号桥为例进行介绍,如图3所示。韩墩干渠1号桥采用下承式简支钢桁梁桥的结构形式,其跨径为108m,桁高13.5m,高跨比为1/8,全桥共分为8个节间,标准节间长度为13.5m。主桁架横向布置三片桁架,腹杆采用Warren布置形式,通过螺栓与上下弦节点板连接,夹角为63.4°。为了提高材料利用率,主桁杆件采用分级设计。

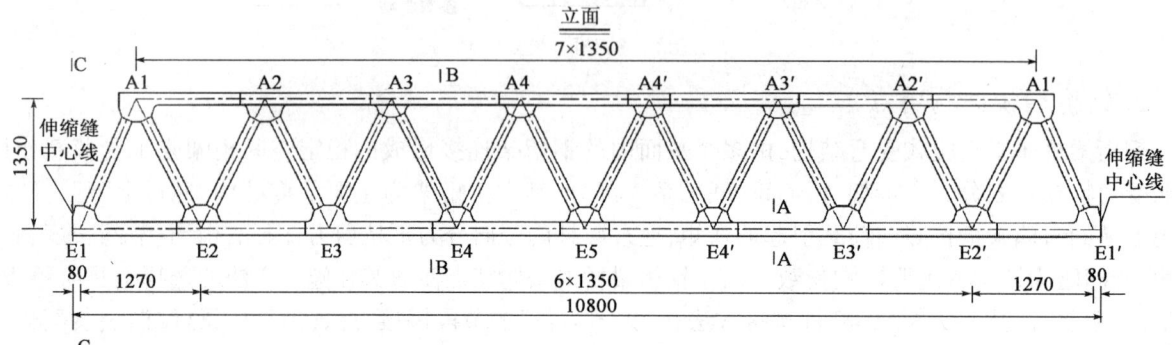

图3 桁架立面图(尺寸单位:cm)

### 2. 参数化建模流程

#### 1)骨架线创建

首先,根据工程设计平、纵曲线,通过CATIA软件内置的"展开""折叠"功能,根据空间曲线算法生成项目的道路中心线;然后,根据单位工程所在桩号,在道路中心线上定位出钢桁梁桥的位置;最后,采用CATIA软件EKL语言编写脚本,调用表格预设的顶层骨架线建模参数,自动生成桁架骨架线,如图4所示。

#### 2)工程模板创建

工程模板为建模过程中基础且重要的一环,模板的精细度影响BIM模型扩展应用的深度。工程模板根据钢桁梁桥的结构组成进行分类管理,在模板创建的过程中,将模板中的基础参数与表格关联链接,实现模板的尺寸驱动,如图5所示,通过表格的统一管理,大大提高模型修改的效率。将创建的工程模板分类整理形成工程模板库,可作为企业的战略资源,实现同类型桥梁的快速建模,如图6所示。

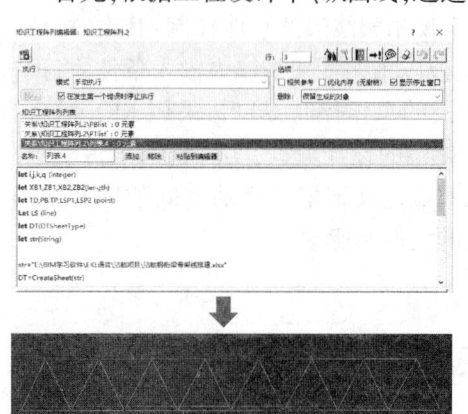

图4 骨架线创建

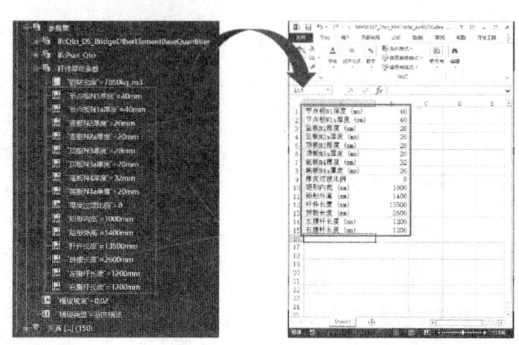

图5 表格数据驱动图形

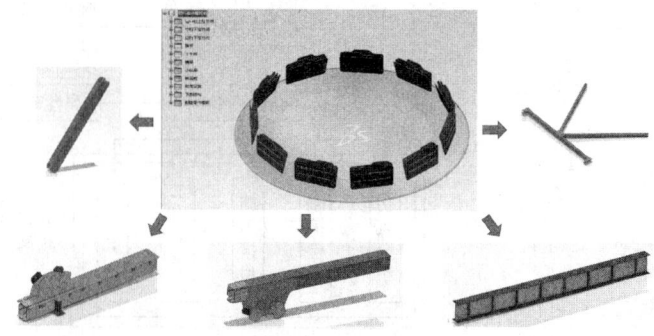

图6 工程模板库

3）批量实例构件

相较于常规混凝土桥梁,钢结构桥梁结构复杂、板件数量多,精细化建模的工作量庞大,常规的建模方式需要花费巨大的人力和时间,通过采用高精细度工程模板加 EKL 工作指令的方式,可以批量快速完成同类型构件的建模工作,如图 7 所示。以本项目的钢桁梁桥为例,通过 42 个工程模板,创建了全桥 647 个模型构件,如图 8 所示。

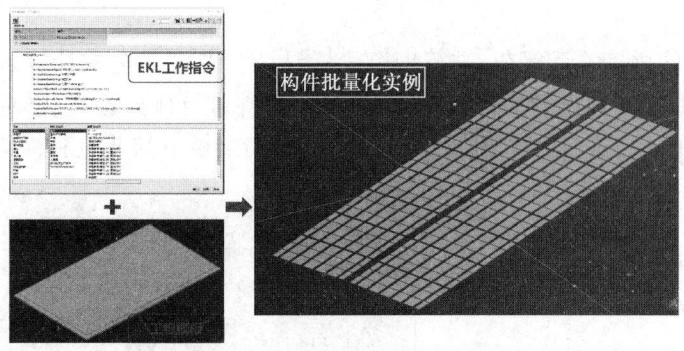

图 7　EKL 工作指令批量实例

图 8　钢桁梁桥效果图

4）属性赋予

属性信息作为 BIM 模型的核心,存在上下游传递混乱、信息封闭等问题,基于企业级 BIM 信息模型分类编码标准,为构件添加属性编码信息,通过五段式编码信息,赋予模型独一无二的身份信息,实现与各项业务数据的有效对接,满足项目多阶段的信息传递交互的要求,如图 9 所示。基于编码标准构建 BIM 模型属性信息库,通过 EKL 脚本程序读取信息,实现属性信息与 BIM 模型的自动关联挂接,满足项目管理需求。

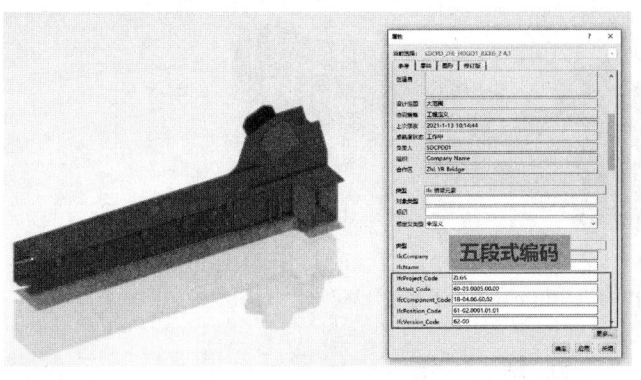
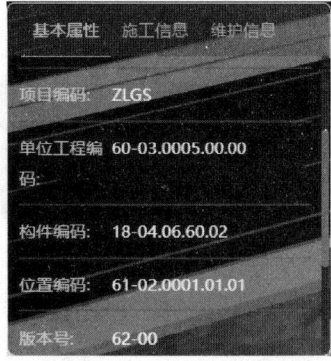

图 9　构件编码属性

## 四、BIM模型扩展应用

BIM技术的基础和核心是数字化模型,模型的本质是存储项目集成化信息的可视化载体,基于创建的钢桁梁桥精细化BIM模型,直观形象地传达了设计意图,减少传统设计施工的局限,通过开展碰撞检查、工程量核算等BIM技术应用,有效提高设计质量。

### 1. 碰撞检查

由于钢桁梁桥各构件拼接关系复杂,进行钢桁梁桥设计时考虑不全或计算不准确时,极易发生相连构件的碰撞,基于精细化BIM模型开展碰撞检查,对各个构件进行碰撞检查,形成碰撞检查结果,减少施工阶段因设计疏忽造成的损失和返工工作,图10所示为钢桁梁桥下弦节点和横梁之间发生碰撞。

图10 三维碰撞检查(下弦节点和横梁碰撞)

### 2. 工程量核算

在工程项目中,工程造价是极为重要的一环,基于二维图纸计算的工程量因无法准确考虑开孔、开槽、异性结构等因素,导致结果与实际用量存在较大的误差,基于精细化的BIM模型,通过几何体体积、面积自动计算功能开展工程量统计,可以较为准确地计算工程量,如图11所示,工程量统计的准确度与模型的几何精度和完整性相关。

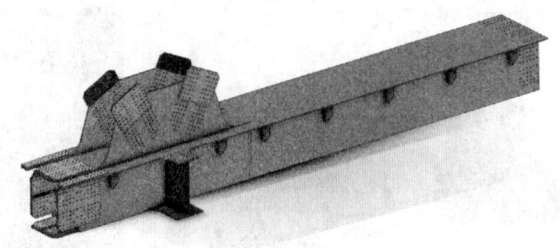

图11 中桁下弦节点工程量计算

## 五、结　语

本文依托沾临高速公路的钢桁梁桥,基于"骨架线"的参数化建模方法建立了钢桁梁桥的三维模型,通过设置顶层骨架参数驱动整桥模型,大大提高了模型修改的效率,有效降低时间成本。基于三维模型开展碰撞检查、工程量核算等BIM技术应用,有效避免了大量可能由于设计问题导致的成本浪费、工期延误等问题,提高了设计质量和效率,为BIM正向设计的发展奠定了基础。

**参考文献**

[1] 何清华,钱丽丽,段运峰,等.BIM在国内外应用的现状及障碍研究[J].工程管理学报,2012,26(01):12-16.

[2] 贺灵童.BIM在全球的应用现状[J].工程质量,2013,31(03):12-19.

[3] 郑华海,刘匀,李元齐.BIM技术研究与应用现状[J].结构工程师,2015,31(04):233-241.

[4] 何关培.BIM和BIM相关软件[J].土木建筑工程信息技术,2010,2(04):110-117.

[5] 张人友,王珺.BIM核心建模软件概述[J].工业建筑,2012,42(S1):66-73.

[6] 杜一丛,王亮.基于BIM参数化在桥梁工程设计阶段应用初探[J].建筑结构,2019,49(S2):972-978.

[7] 赵伟兰,李远富.某大桥基于Revit软件的桥梁BIM模型参数化设计探析[J].公路工程,2018,43(01):36-41.

[8] 刘彦明.基于Bentley平台的铁路桥梁构件参数化建模研究[J].铁路技术创新,2016,4(03):36-40.

[9] 王达.桥梁BIM技术中快速建立模型的探索[J].住宅与房地产,2018,4(02):97-98.

[10] 李兴,王毅娟,王健.基于CATIA的BIM技术在桥梁设计中的应用[J].北京建筑大学学报,2016,32(04):13-17.

[11] 黄俊炫,张磊,叶艺.基于CATIA的大型桥梁三维建模方法[J].土木建筑工程信息技术,2012,4(04):51-55.

# 25. 高速公路改扩建工程中桥梁抬高设计研究

柳磊[1] 刘燕[2] 赵海燕[1] 王咸临[1]

(1. 山东省交通规划设计院集团有限公司;2. 山东省路桥集团有限公司)

**摘 要** 高速公路改扩建工程中经常会遇到桥梁纵断抬高的案例,桥梁抬高设计不仅与抬高高度有关,还与桥梁的技术状况、上部结构体系、桥下建设条件、工程造价等因素有关。针对影响桥梁抬高设计的众多因素,本文对桥梁纵断抬高设计进行研究。

**关键词** 高速公路 改扩建工程 桥梁 抬高 设计

## 一、引 言

目前,我国高速公路建设已由大规模新建过渡为新建与改扩建并存,且改扩建工程比例呈逐年加大的趋势。利用既有公路资源进行改扩建,具有节约土地、保护环境、降低造价等优点,是符合科学发展观要求的公路工程建设形式。

在高速公路改扩建工程中,经常会遇到桥梁纵断抬高的案例。引起桥梁纵断抬高的原因主要有:①老路纵断面指标较低,不满足现行规范要求;②地方道路发展,桥下通行净高不足;③通航标准提高,桥下净高不满足通航要求;④铁路电气化改造需要增大桥下净高;⑤自然灾害、采空区沉陷等导致的桥梁下沉。桥梁的抬高设计不仅与抬高高度有关,还与桥梁的技术状况、上部结构体系、桥下建设条件、工程造价等因素有关。

## 二、桥梁抬高的划分

高速公路改扩建工程中桥梁抬高可以根据抬高高度不同进行划分,分为小位移抬高、中位移抬高和大位移抬高,不同的抬高高度对应不同的设计方案。根据以往的工程经验可按下面的原则进行划分,小位移抬高:抬高高度≤20cm;中位移抬高:抬高高度20～100cm;大位移抬高:抬高高度≥100cm。

## 三、桥梁抬高设计

### 1. 抬高高度对抬高设计的影响

根据上述桥梁抬高类型的划分,不同的抬高高度可分别采用桥面加铺、垫石加高、盖梁加高、墩柱接高等方式。

小位移抬高可采用的设计方案有:①加铺桥面整体化现浇层。铣刨旧桥沥青铺装,将旧桥现浇层凿毛、植筋后浇筑加铺的混凝土现浇层。对加铺混凝土现浇层的上部结构按照组合式受弯构件进行验算。为减少上部结构第一阶段的恒载效应,可采用轻集料混凝土或跨中设置临时支撑等方式。②板底增设垫块。采用环氧砂浆将旧垫石和加高垫块黏连在一起,为保证水平力作用下的垫块受力,可在盖梁顶浇筑一层小石子混凝土将垫块嵌在其中,如图1所示。

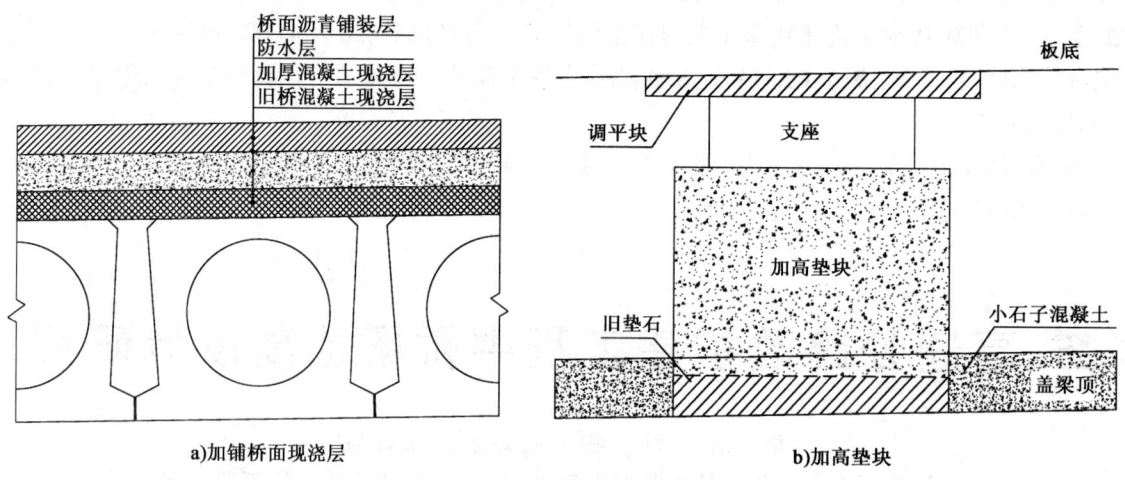

图1 小位移抬高设计

中位移抬高可采用将旧板整体顶升,在旧盖梁顶加高的设计方案。在旧板板底设置分配梁,采用液压同步顶升千斤顶将旧板抬高,对盖梁顶凿毛、植筋后浇筑加高段混凝土。对加高混凝土现浇层的盖梁同样按照组合式受力构件进行验算,如图2所示。

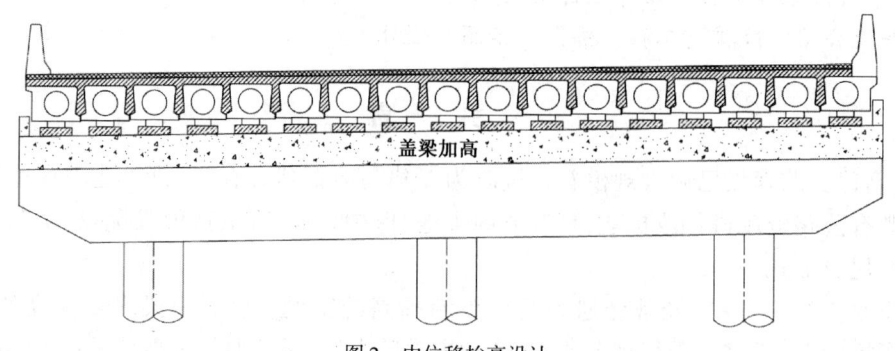

图2 中位移抬高设计

大位移抬高可采用将墩柱截断,把上部结构及盖梁整体顶升的设计方案。桥梁整体顶升在不破坏原有桥梁主体结构的前提下,通过抬高桥梁高程的方式与两侧路基衔接,不需要对旧桥进行拆除,只需对主梁顶升、加高墩台即可实现对旧桥的改造,具有经济性好、改造速度快、节能环保的特点,如图3所示。

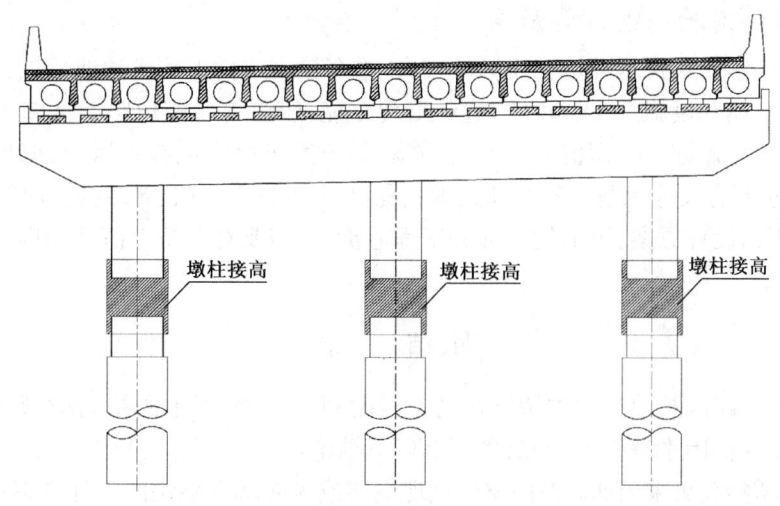

图3 大位移抬高设计

桥梁整体顶升的具体施工工序为：在旧墩柱侧面凿毛处理，浇筑抱柱梁。若原桥基础为扩基，可直接用作整体顶升的反力基础，仅浇筑上抱柱梁；若原桥基础为桩基且无承台，需浇筑上、下抱柱梁。上抱柱梁为上部结构及盖梁的支撑，下抱柱梁为千斤顶的支撑。上、下抱柱梁之间搭设钢管支撑，布设顶升千斤顶，并在上、下抱柱梁预留孔洞设置纵横向限位钢架。静力切割墩柱，上部结构及盖梁的重量经由上抱柱梁和千斤顶传递至下抱柱梁。采用液压同步顶升控制系统进行整体顶升，待顶升至设计高程后，加粗并接高墩柱。桥墩接高部分达到设计强度后，将桥梁上部结构缓慢放置到接高后下部墩台结构上，完成整体顶升。墩柱的截断位置应综合考虑结构受力、墩柱高度、顶升数值和施工便利等因素进行选择。

2. 桥梁技术状况对抬高设计的影响

根据对已实施改扩建高速公路中桥梁上部结构的技术状况统计，评定结果以2类为主，其次是1类和3类，4类及以上桥梁较少，见表1。

部分高速公路上部结构评定结果　　表1

| 评定等级 | 1类 | 2类 | 3类 | 4类 | 合　计 |
| --- | --- | --- | --- | --- | --- |
| 京沪高速公路×段 | 5.8% | 91.4% | 2.8% | 0.0% | 100% |
| 京台高速公路×段 | 13.3% | 85.0% | 1.7% | 0.0% | 100% |
| 滨莱高速公路×段 | 14.0% | 86.0% | 0.0% | 0.0% | 100% |

当桥梁上部结构的技术状况评定为3类及以上时，从结构耐久性和桥梁抬高工程造价综合考虑，可采用"上部拆除新建、下部加高"的设计方案，下部加高可采用垫石加高、盖梁加高或盖梁拆除后墩柱接高等方式，无须采用整体顶升方案。当桥梁上部结构的技术状况评定为1类或2类，应继续利用上部结构，按照上述抬高类型划分选取适应的设计方案。

桥梁下部结构的技术状况评定结果一般都为1类或2类，经局部修补即可。但对河道流速快、桩顶冲刷外露的情况，应先进行桩头防护处理后再进行抬高施工。

3. 上部结构体系对抬高设计的影响

桥梁上部结构体系不同，其抬高设计也有所不同。根据调查，在已实施改扩建的高速公路中空心板桥数量较大，占80%～90%；其余结构形式主要为T梁和部分现浇梁。空心板和T梁主要为结构简支桥面连续体系，现浇梁主要为连续结构体系。

若各墩台的抬高高度相同，可按照同步顶升的原则进行控制。若各墩台的抬高高度不同，当桥梁上部结构为结构简支桥面连续体系时，应解除桥面整体化层的桥面连续再顶升。当桥梁上部结构为连续体系时，各支点应按照不同速率进行顶升，保证各墩台同时顶至设计高程，尽量避免引起上部结构的附加内力。

### 4. 桥下建设条件对抬高设计的影响

当桥下建设条件较差,如跨越的被交路纵坡较大、重车较多或桥下河道通航繁忙,若采用上部结构整体顶升,应重点加强对顶升设施的安全防护,避免出现车撞、船撞等碰撞风险。从施工安全角度考虑,该情况下可采用"上部拆除新建、下部加高"的设计方案,该方案可以降低施工风险,但也存在工程造价高、对被交路(河道)交通影响大等问题。若上部技术状况良好,也可采用上部结构临时拆分吊离,下部加高完成后再吊装旧梁板的设计方案,可节约一部分工程造价,但需要对旧桥上部结构拆分和改造再利用,施工工序稍多。

## 四、结 语

本文通过对高速公路改扩建工程中桥梁抬高类型的划分,研究了不同抬高类型下的设计方案,并对影响桥梁抬高设计的其他因素进行了研究,主要有以下结论:

(1)小位移的桥梁抬高可采用加铺桥面整体化现浇层或板底增设垫块的设计方案;中位移的桥梁抬高可采用盖梁加高的设计方案;大位移的桥梁抬高可采用墩柱截断、上部结构及盖梁整体顶升的设计方案。

(2)桥梁抬高设计应结合上部结构技术状况,从耐久性及经济性角度综合考虑,确定采用上部结构顶升后继续利用还是拆除后新建的方案。

(3)上部结构为连续体系的桥梁抬高应注意控制顶升引起的附加内力,结合不同支点的顶升高度,制定相应的顶升方案。

(4)桥梁抬高设计应结合被交路(河道)的交通情况,综合考虑施工安全风险、工程造价等因素来确定。

### 参考文献

[1] 雷剑.桥梁整体升高技术在某桥钢筋混凝土连续钢构桥改造中的应用[D].西安:长安大学,2008.
[2] 张春轩,张春满.在役连续钢构桥顶升技术及应用[J].长安大学学报:自然科学版,2007,27(4):52-56.
[3] 吴杰.上海吴淞大桥北引桥整体顶升施工技术[J].中国市政工程,2003(05):37-41+70-71.
[4] 桂学.桥梁顶升技术研究[D].西安:长安大学,2005.
[5] 单成林,奉翔.桥梁加固改造中的整体顶升施工[J].中南公路工程,2002(03):79-80.
[6] 王宏辉,王凤莲,刘德福.采用顶升工艺整体加高整体式连续箱梁[J].黑龙江交通科技,2004(12):52-54.
[7] 柳磊,于坤,王同卫.改扩建高速公路空心板桥现状及承载力研究[J].山东交通科技,2019(06):42-46.

# 26. 灌注桩智能后压浆技术在沾化至临淄公路中的设计与应用

姜美文[1]　罗小宝[1]　邓 煜[1]　李炙彬[1]　刘 燕[2]　朱建民[3]

(1.山东省交通规划设计院集团有限公司;2.山东省路桥集团有限公司;
3.南京东大自平衡桩基检测有限公司)

**摘 要**　针对黄河下游冲积平原的特殊地层条件,采用灌注桩智能后压浆技术,通过智能压浆系统,对成桩后的桩基进行桩侧和桩端压浆。本文从设计的角度介绍了灌注桩智能后压浆技术,并通过自平衡静载试验对压浆后的桩基承载力的提高效果进行了检验。试验结果证明,该技术可以有效提高桩基承载力,缩减桩长,降低造价。

**关键词** 公路桥梁 灌注桩 智能后压浆技术 自平衡静载试验

# 一、引 言

沾化至临淄公路位于滨州市和淄博市,路线主要穿过黄河流域下游冲积平原。该处地层岩性主要为第四系全新统及上更新统素填土、粉质黏土、粉土、粉砂等,各土层的摩阻力标准值和承载力特征值偏低,若按照公路桥梁常规钻孔灌注设计,则所需桩长较长,经济性较差。

结合本项目所处地质情况,设计采用灌注桩智能后压浆技术,通过预埋压浆管,对成桩后的桩基进行桩侧和桩端智能压浆,并通过自平衡静载试验对后压浆桩基承载力的提高效果进行检验。

# 二、灌注桩智能后压浆技术

灌注桩智能后压浆技术,由桩基后压浆技术、智能压浆系统和智能云平台系统组成。

## 1. 桩基后压浆技术

桩基后压浆技术分为桩端压浆和桩侧压浆两个组成部分,利用桩身预埋的压浆管,在成桩后用压浆泵进行高压压浆,固化桩底沉渣和加固桩侧泥皮[1-3]。其优点主要体现在:桩基承载力提高明显,桩基沉降减小;可有效减少桩长,节省造价;施工设备受现场条件限制少,对周边环境影响小;施工时间短,不占工期。

## 2. 智能压浆系统

施工现场的控制中枢集成为控制柜,组成智能压浆系统。可以实现:

(1)上料自动化,同时通过传感器计量水泥用量、水的用量;

(2)按预先设定的程序进行搅拌;

(3)压浆泵处的压力传感器、流量传感器进行压浆压力、压浆流量的监控。

控制柜中的数据将实时上传至云端服务器,所有试桩压浆关键参数均可通过客户端监控。智能压浆系统示意图如图1所示。

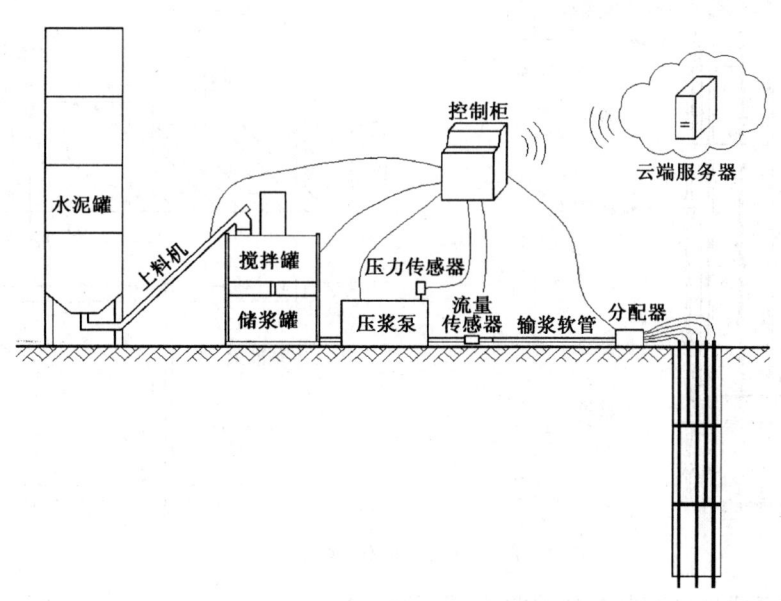

图1 智能压浆系统示意图

## 3. 智能云平台系统

智能云平台是灌注桩智能后压浆技术的网络化、数字化、可视化监控平台。

智能云平台以工程项目为单位,实时显示桩基平面图、标段信息、桩号列表、单桩压浆曲线图、压浆管布置图以及钻孔柱状图,并可查看现场施工视频。

另外,可在手机端或者计算机端随时查看,方便监管。控制柜中的数据将实时上传至云端服务器(图2),所有试桩压浆关键参数均可通过客户端监控。

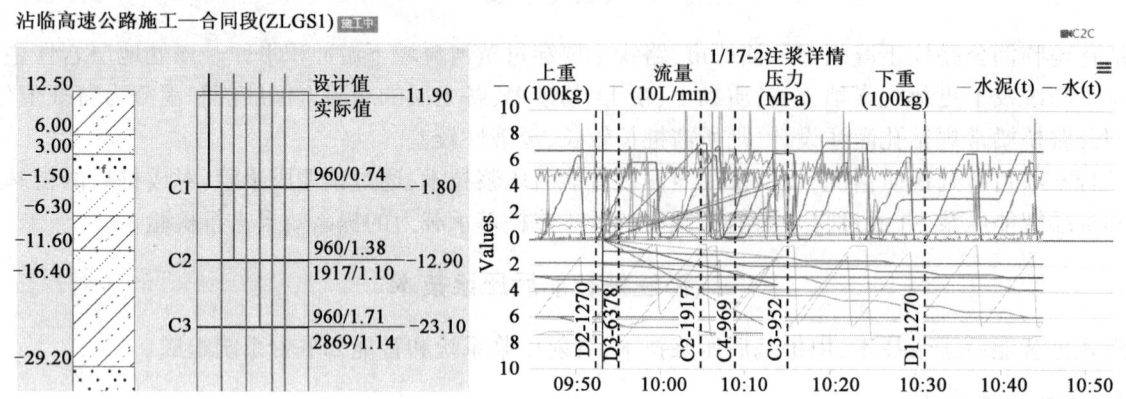

图2 实时上传的压浆数据曲线(包括压力、流量、水泥量、用水量等)

灌注桩智能后压浆技术,可以减少因人为控制而带来的不利影响,方便施工,通过智能云平台系统,可以实时查看压浆数据,施工质量得到有效保障。

## 三、自平衡静载试验

1. 试验介绍

自平衡静载试验是在桩身预埋荷载箱,利用桩身自重、桩侧阻力及桩端阻力互相提供反力的试验方法[4-5],自平衡静载试验系统如图3所示。

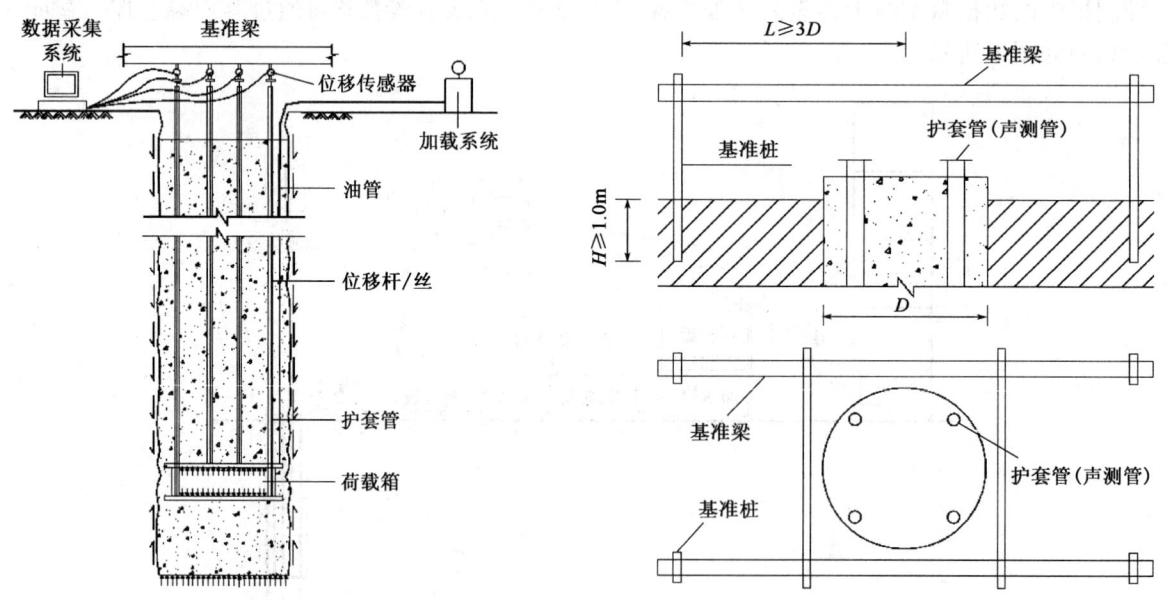

图3 自平衡静载试验系统

本法测得上、下两段桩的荷载—位移曲线,得到上、下两段桩的承载力(当桩身预埋内力测试元件时,可测得土层侧阻和端阻),进而得到整桩承载力。另外,还可按照等效转换方法,得到桩顶受压时的桩顶等效荷载—位移曲线。

试验采用慢速维持荷载法,试验所需的仪器设备有荷载箱、位移传感器、压力传感器、静载仪等。

选取6根压浆后的灌注桩进行荷载试验，桩身混凝土等级C30，桩径180cm，桩长分别为57m和61m，桩端持力土层为粉砂，单桩压浆量为9.36t，试验过程照片如图4所示。

图4 试验过程照片

## 2. 结果分析

### 1) 承载力

受检桩基极限承载力按下式计算：

$$P_{ui} = \frac{Q_{uui} - W_i}{\gamma_i} + Q_{lui} \tag{1}$$

式中：$P_{ui}$——试桩$i$的单桩极限承载力，kN；

$Q_{uui}$——试桩$i$上段桩的极限加载值，kN；

$Q_{lui}$——试桩$i$下段桩的极限加载值，kN；

$W_i$——试桩$i$荷载箱上部桩自重，kN，若荷载箱处于透水层，取浮自重；

$\gamma_i$——试桩$i$的修正系数，根据荷载箱上部土的类型确定：黏性土、粉土 $\gamma_i = 0.8$，砂土 $\gamma_i = 0.7$，岩石 $\gamma_i = 1$，若上部有不同类型的土层，$\gamma_i$取加权平均值。

检测结果汇总见表1。

受检桩承载力表  表1

| 桩 号 | | 极限加载值 | | 扣除重量（kN） | 修正系数 | 抗压极限承载力（kN） |
|---|---|---|---|---|---|---|
| | | 上 | 下 | | | |
| 1 | 压浆前 | 11000 | 10000 | 1679 | 0.75 | 22428 |
| | 压浆后 | 17000 | 18133 | 1679 | 0.75 | 38561 |
| 2 | 压浆前 | 11000 | 10000 | 1679 | 0.75 | 22428 |
| | 压浆后 | 17000 | 18133 | 1679 | 0.75 | 38561 |
| 3 | 压浆前 | 10000 | 9000 | 1603 | 0.75 | 20196 |
| | 压浆后 | 15867 | 17000 | 1603 | 0.75 | 36019 |
| 4 | 压浆前 | 10000 | 9000 | 1603 | 0.75 | 20196 |
| | 压浆后 | 15867 | 17000 | 1603 | 0.75 | 36019 |
| 5 | 压浆前 | 10000 | 9000 | 1603 | 0.75 | 20196 |
| | 压浆后 | 15867 | 17000 | 1603 | 0.75 | 36019 |
| 6 | 压浆前 | 10000 | 9000 | 1603 | 0.75 | 20196 |
| | 压浆后 | 15867 | 17000 | 1603 | 0.75 | 36019 |

注：抗压桩扣除重量为上段桩的自重与附加重量之和。

从表中可以看出,压浆后的桩基抗压极限承载力是压浆前的 1.71~1.78 倍,抗压极限承载力有了较大提高。

2) 侧阻力

取某一试桩压浆前、后单位面积侧阻力实测值见表 2。

某一试桩桩侧土层侧阻力表　　　　　表 2

| 土 层 | 地勘值（kPa） | 实测值（kPa） | |
|---|---|---|---|
| | | 压浆前 | 压浆后 |
| 2-1-1 粉质黏土 | 34 | 36 | 53 |
| 2-2-1 粉土 | 35 | 38 | 63 |
| 2-3-1 粉砂 | 40 | 46 | 81 |
| 2-1-3 粉质黏土 | 60 | 65 | 96 |

注:上段桩对应侧阻已扣除桩身自重并转换为正摩阻力。

从表 2 可以看出,各土层的侧阻力值在压浆后较压浆前有了较大提高。

各试桩压浆后侧阻力实测值与压浆前实测值的比较见表 3。

侧阻力增强系数实测值　　　　　表 3

| 桩号 | 1 | 2 | 3 | 4 | 5 | 6 | 平均值 |
|---|---|---|---|---|---|---|---|
| 2-1-1 粉质黏土 | 1.41 | 1.47 | 1.47 | 1.49 | 1.51 | 1.42 | 1.46 |
| 2-2-1 粉土 | 1.63 | 1.66 | 1.60 | 1.54 | 1.63 | 1.71 | 1.63 |
| 2-3-1 粉砂 | 1.70 | 1.76 | 1.88 | 1.82 | 1.82 | 1.88 | 1.81 |
| 2-1-3 粉质黏土 | 1.50 | 1.48 | 1.59 | 1.57 | 1.56 | 1.57 | 1.54 |

各土类的侧阻力增强系数实测值与《公路桥涵地基与基础设计规范》(JTG 3363—2019)推荐值的比较见表 4。

侧阻力增强系数实测值与规范值的比较　　　　　表 4

| 土类 | 黏土、粉质黏土 | 粉土 | 粉砂 |
|---|---|---|---|
| 规范值 | 1.3~1.4 | 1.4~1.5 | 1.5~1.6 |
| 实测平均值 | 1.46~1.48 | 1.54~1.65 | 1.66~1.81 |

从表中可以看出,各土层的侧阻力增强系数实测值较规范值均有了较大提高。

3) 端阻力

各试桩的压浆前、后单位面积端阻力实测值见表 5。

各试桩压浆前后桩端土层承载力表　　　　　表 5

| 桩　号 | 土　层 | 实测值(kPa) | |
|---|---|---|---|
| | | 压浆前 | 压浆后 |
| 1 | 粉砂 | 1449 | 3226 |
| 2 | 粉砂 | 1397 | 3187 |
| 3 | 粉砂 | 1402 | 3285 |
| 4 | 粉砂 | 1420 | 3305 |
| 5 | 粉砂 | 1386 | 3179 |
| 6 | 粉砂 | 1419 | 3207 |

注:端阻为最下层轴力减去对应桩段侧阻后的值。

各试桩压浆后端阻力实测值与压浆前实测值的比较见表 6。

端阻力增强系数实测值    表6

| 土层 | 1 | 2 | 3 | 4 | 5 | 6 | 平均值 |
|---|---|---|---|---|---|---|---|
| 粉砂 | 2.23 | 2.28 | 2.34 | 2.33 | 2.29 | 2.26 | 2.29 |

按《公路桥涵地基与基础设计规范》(JTG 3363—2019),粉砂层的端阻力增强系数推荐值为1.9~2.2,实测值的平均值为2.29,可见略高于其上限值。

## 四、后压浆经济性分析

本项目全线采用灌注桩智能后压浆技术的桥梁桩基情况统计见表7。

采用智能桩基组合后压浆的桥梁桩基数据统计表    表7

| 桩基直径(cm) | 原设计桩长(m) | 压浆桩长(m) | 根数 | 缩减桩长(m) | 压浆水泥量(t) |
|---|---|---|---|---|---|
| 120 | 48714 | 39534 | 1530 | 9180 | 10710 |
| 130 | 24840 | 22032 | 468 | 2808 | 3276 |
| 140 | 34945 | 31369 | 596 | 3576 | 4172 |
| 160 | 63928 | 57580 | 1058 | 6348 | 7406 |
| 180 | 63150 | 57846 | 884 | 5304 | 6188 |
| 合计 | 235577 | 208361 | 4536 | 27216 | 31752 |

本项目全线桥梁桩基4536根(不包含黄河大桥),常规设计桩长合计约23.56万m;采用灌注桩智能后压浆技术后桩长合计约20.84万m,缩短桩长2.72万m,可降低建安费约5000万元,经济效益可观。

## 五、结　语

本文基于沾化至临淄高速公路项目,介绍了灌注桩智能后压浆技术的组成系统,并通过自平衡静载试验研究了压浆前后的桩基承载力、侧阻力和摩阻力的变化,得出如下结论:

(1)针对黄河下游冲积平原的特殊地层条件,采用灌注桩智能后压浆技术可以有效提高桩基承载力,缩减桩长。

(2)灌注桩智能后压浆技术通过把后压浆技术、智能压浆系统和智能云平台系统组合在一起,在提高自动化智能化程度的同时,可有效减少人工成本,方便施工,压浆数据实时上传,能够更好地保证压浆质量。

(3)通过自平衡静载试验对压浆前后的灌注桩进行研究得知,其桩基承载力、侧阻力和摩阻力均有了较大提高,灌注桩智能后压浆技术可以有效改善桩周和桩端的土层参数,提高桩基承载力。

灌注桩智能后压浆技术可以使桩基在满足相同承载力的条件下,减少可观的桩长,取得很好的经济效益。对于大直径桩基和桩数较多的工程,带来的效益尤为显著。本工程的应用可为类似公路工程项目提供有益借鉴。

**参考文献**

[1] 龚维明,戴国亮,张浩文.桩端后压浆技术在特大桥梁桩基中的试验与研究[J].东南大学学报(自然科学版),2007(06):1066-1070.

[2] 高振鑫.公路桥梁钻孔灌注桩后压浆技术应用研究[D].西安:长安大学,2012.

[3] 康琦.典型黄土地区桥梁桩端后压浆钻孔灌注桩受力特性研究[D].西安:长安大学,2014.

[4] 戴国亮,万志辉.后压浆桩增强效应作用机制及荷载沉降关系研究[J].岩土工程学报,2017,39(12):2235-2244.

[5] 戴国亮,龚维明,程晔,等.自平衡测试技术及桩端后压浆工艺在大直径超长桩的应用[J].岩土工程学报,2005,27(6):690-694.

# 27. 扩盘桩在桥梁超大直径桩基础中的设计与应用研究

王海山[1]　冉衡[1]　闫见华[1]　仲浩然[1]　刘燕[2]

(1.山东省交通规划设计院集团有限公司;2.山东省路桥集团有限公司)

**摘　要**　随着时代的发展、施工技术的进步,扩盘桩作为一种近30年发展起来的桩型,已经逐步在桥梁桩基础工程中推广开来,但至目前多是用来替代常规直径(1.2~2.0m直径)的桩型。本文以沾化至临淄高速公路引黄济青大桥为依托,结合桥位处构筑物的特殊性及相对较差的工程地质条件,创新性地将扩盘桩应用于超大直径桥梁桩基础中,经最终测算,技术经济效益明显。

**关键词**　桥梁基础　大直径　扩盘桩　承载能力

## 一、引　言

扩盘桩是在普通的钻孔灌注桩基础上根据仿生学原理通过一些专用设备在桩的不同深度处设置承力盘或分支结构,将原来的桩端单点承载改变为桩端及多个盘环或分支多点承载的新型变截面桩基结构形式。该桩型增加了桩基的端承面积,改变了桩的受力机理,充分发挥各土层的承压能力,在摩擦端承桩中极大地增加了端承力在桩基承载力中所占的比例,可有效缩短桩基长度,减小桩基直径。该项技术于20世纪90年代由北京俊华地基基础工程技术集团研制开发,并相继在多项工程中得以应用。在起步阶段,扩盘桩技术主要应用于工民建以及一些地基处理的小直径桩中。随着时代的发展、施工技术的革新以及大量的试验研究与工程实践的进行,扩盘桩的应用也开始从小直径往大直径桩基发展,并于近些年逐步在桥梁基础工程中得以应用推广,并取得了显著的技术经济效益。

本文以沾化至临淄高速公路为依托,结合引黄济青大桥跨越引黄济青高低输砂渠桥位处地质条件的特殊性,而超大直径钻孔灌注等截面桩想要获得可靠的桩基承载能力需要的桩长过长问题,施工成孔困难,创造性利用扩盘桩技术,成功解决了这一问题。

## 二、概　况

### 1.工程概况

沾化至临淄高速公路引黄济青大桥采用108m+70m的跨径组合跨越引黄济青高低输砂渠,交叉角度60°;上部结构分别采用108m钢桁架、70m钢混组合梁。其共用墩恰好位于引黄济青高输砂渠与低输砂渠间堤身上,初步设计阶段共用墩采用方柱墩,承台加群桩基础。若采用承台加群桩基础的设计方案,对现有堤身开挖量大,易破坏堤身结构,而抬高承台高程易形成阻水断面,对防洪不利,因此最终将承台加群桩基础的方案改为3.5m超大直径灌注桩基础的方案。本文便以此类超大直径桩基础为例,对常规钻孔灌注等截面直桩与扩盘桩进行对比分析。桥梁总体布置示意图如图1所示。

### 2.地质概况

桥位地处黄河下游冲积平原,地层岩性主要以第四系全新统以来冲积可塑~硬塑型粉质黏土、稍密~密实粉土为主,中间夹杂稍密~密实粉砂层、稍密~密实细砂层等。

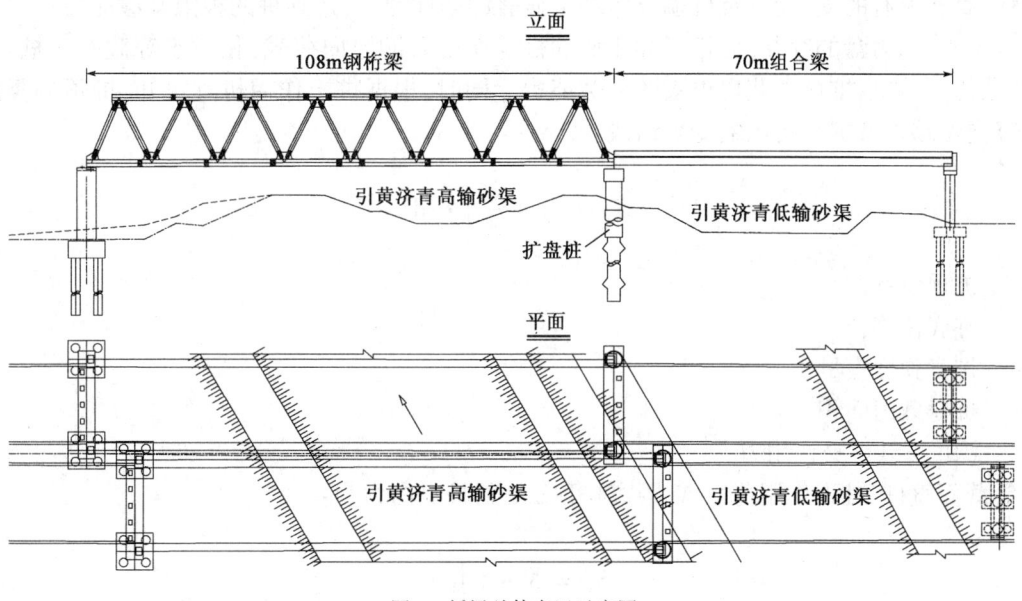

图1 桥梁总体布置示意图

## 三、等截面直桩与扩盘桩竖向承载理论

### 1. 等截面直桩作用机理

常规等截面直桩的单桩承载力 $Q_{总}$ 由桩侧摩阻力 $Q_{摩}$ 和桩端阻力 $Q_{端}$ 组成,其静力平衡表达式可以简单表示为:

$$Q_{总} = Q_{摩} + Q_{端}$$

常规等截面直桩桩、土相互作用体系的荷载传递机理相对简单。桩顶受到竖向荷载作用后,桩身压缩产生向下的位移,桩基侧面受到土向上的摩阻力,桩身竖向荷载通过桩土间发挥出来的侧摩阻力部分传递到桩周的土层中去,使得桩周土体产生向下的弹性剪切变形,从而使桩身荷载通过桩身压缩变形逐步向下传递,并且随深度的增加,压缩变形及荷载逐步递减。随着桩顶竖向荷载的增加,桩端竖向位移和桩端阻力开始显现出来,桩端竖向位移的出现加大了桩身各截面的位移,并促使桩侧阻力进一步发挥,当桩端阻力超过桩端土层的极限承载能力时,桩端土层产生显著的塑性变形,达到桩的极限承载能力。

### 2. 扩盘桩作用机理

因为承力盘或分支的存在,更好地发挥了土的压硬性这一基本特性,使得扩盘桩的作用机理不同于等截面直桩。对于扩盘桩,其单桩承载力 $Q_{总}$ 除了桩侧摩阻力 $Q_{摩}$ 和桩端阻力 $Q_{端}$ 外,还多出了承力盘或分支的端阻力 $Q_{盘}$,因此扩盘桩的静力平衡表达式可表示为:

$$Q_{总} = Q_{摩} + Q_{端} + Q_{盘}$$

扩盘桩的桩土相互作用是研究桩顶荷载如何通过桩侧、承力盘或分支、桩端传递到土体中的过程。首先当桩顶受到竖向荷载作用时,桩身压缩产生向下的位移,承力盘或分支上部的桩侧受到土向上的摩阻力,随着荷载逐步向下传递,支盘也随着桩身的压缩而产生向下的位移,支盘也受到其下部土层的反作用力,支盘端阻力发挥作用。桩身受到的竖向荷载及压缩变形随深度的增加而逐渐减小。随着荷载的不断增加,桩的位移继续向下传递,促使各个盘环或分支的端阻力发挥作用,最终桩端土体压缩,桩端阻力开始发挥作用。桩端的位移加大了桩身各截面以及承力盘或分支处土体的位移,并促使桩侧摩阻力和各支、盘端阻力进一步增大。当荷载进一步增大,桩侧摩阻力全部发挥出来,部分支、盘周围土体产生局部的剪切破坏,直至所有的支、盘以及桩端土体产生显著的塑性变形,达到桩的极限承载能力。

由于多个支、承力盘的存在,分担了大比例的桩身所受到的竖向荷载,相对于等截面直桩,在相同的桩径、桩长条件下,扩盘桩可以获得更大的承载能力。同时,根据桩土作用机理可知,桩顶的竖向位移主要由桩底竖向位移以及桩身的压缩变形组成:

$$S_0 = S_1 + \frac{1}{E}\int_0^l \frac{N_z}{A}\mathrm{d}z \tag{1}$$

式中:$S_0$——桩顶位移;
$S_1$——桩底位移;
$E$——桩身弹性模量;
$A$——桩身截面面积;
$N_z$——深度$z$处桩身作用力。

对于等截面直桩,桩顶作用荷载$N$,距离桩顶$z$处的桩身内力为:

$$N_z = N - U\int_0^z q\mathrm{d}z \tag{2}$$

式中:$U$——桩基直径;
$q$——桩侧摩阻力。

对于扩盘桩,桩顶作用荷载$N$,距离桩顶$z$处的桩身内力为:

$$N_z = N - U\int_0^z q\mathrm{d}z - \sum Q_{盘} \tag{3}$$

在相同荷载条件下,扩盘桩因为支、盘的端承作用一方面减小了桩底的竖向位移,另一方面减小了桩身的压缩变形,因此扩盘桩相对于等截面直桩还有减小桩基沉降的优势。

## 四、方 案 比 选

### 1. 等截面直桩设计方案

根据计算,桩基所受到的轴向力标准值约为26000kN,采用3.5m直径等截面钻孔灌注桩方案(图2),根据《公路桥涵地基与基础设计规范》(JTG 3363—2019)第6.3.3条规定,按照支承在土层中的钻孔灌注桩进行计算,拟采用的设计桩长为112m。共计需要混凝土方量为1077m³。

### 2. 扩盘桩设计方案

桥位所处位置位于黄河下游冲积平原区,土层多以粉质黏土、粉土为主,中间分布一些砂层,且无软土及液化土地层的夹杂,易寻找出合适的持力层或组合持力层,有利于扩盘桩分支或承力盘的设置。

扩盘桩的桩土作用机理相对于普通等截面直桩更复杂,桩侧摩阻力及支盘端阻力的发挥,除了与桩土作用效应相关外,还与支盘的间距有关。若支盘间距较小时,相邻支盘间的土体存在着应力叠加问题。由于支盘之间间距较小,上方支盘对下方土体产生的附加应力,造成盘间土体的附加变形,因此抵消了盘间部分桩侧土体的剪切变形,从而降低了桩侧摩阻力;同时上支盘的端承力部分传到下支盘上,影响下支盘的端承效果。根据《公路桥涵地基与基础设计规范》(JTG 3363—2019)第9.5.2条规定,盘间、支与盘间的最小间距不宜小于8倍的盘环宽或支长。另外在桩顶竖向荷载作用下,支、盘随桩基变形产生向下的位移,易使支、盘上方出现一个桩土的临空状态,使得支、盘上方一定范围内的桩身摩阻力发挥不充分,因此在设计计算时对1.5倍盘环高或支高范围内的桩侧摩阻力不予考虑。扩盘桩设计方案如图3所示。

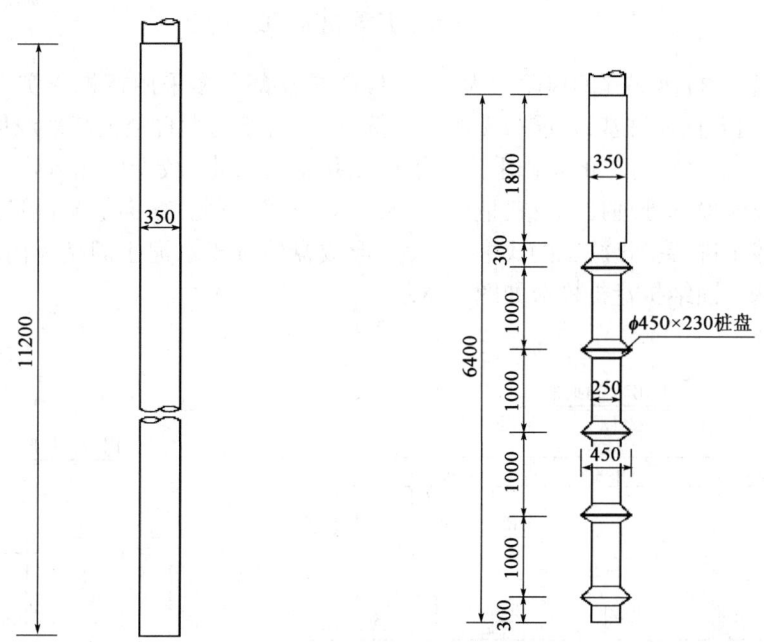

图 2　3.5m 等截面钻孔灌注桩方案(尺寸单位:cm)　　图 3　扩盘桩设计方案(尺寸单位:cm)

桩顶除了承受墩柱传递下来的竖向荷载,同时还要承受墩柱传递下来的水平荷载及弯矩。因此在扩盘桩支、盘设置时尽量设置在桩基弯矩及剪力零点以下。

综上所述,本桥桩基设计方案采用变桩径的扩盘桩,桩基总长 64m,上段 18m 桩基桩径采用 3.5m 直径,下段 46m 桩基直径采用 2.5m,下段桩基上共设置 5 个盘体,分别位于桩顶以下 21m、31m、41m、51m、61m。盘环宽 1.0m,盘环高 2.3m,共计需要的混凝土方量为 466m³。

根据《公路桥涵地基与基础设计规范》(JTG 3363—2019)第 9.5.4 条规定,计算得到扩盘桩单桩轴向受压承载力特征值 $R_a$ 为 35850kN。扣除桩身自重与置换土重的差值引起的作用效应,本桩所能提供的桩顶受压承载力特征值为 31500kN,大于所需要的桩基受到的轴向力标准值 26000kN;且存在 5500kN 的安全储备。

3. 技术经济效益对比分析

首先采用 3.5m 直径等截面钻孔灌注桩方案,桩长需 112m 才能满足使用要求。从施工层面来看,此方案桩基属于超大直径、超长桩基,目前国内也已有超大直径桩基或超长桩基的施工案例,施工设备的功率问题比较好解决,但桥位地处黄河下游冲积平原地区,采用此方案,对于桩基的垂直度以及防止桩基下端塌孔方面缺少较好的应对措施。而采用扩盘桩方案,桩长仅需要 64m 即可,目前对于桩基在此深度范围内的施工工艺已比较成熟,且扩盘的施工工艺相对于小直径的桩来说只是对施工设备的要求更高一些。因此从施工工艺方面来说,采用扩盘桩方案可操作性更高。

其次对于桩基础来说,直径越大,桩长越长,其提供的桩侧摩阻力越大,桩端阻力也越大,但同时桩身自重与置换土重的差值产生的作用效应也越明显;桩侧摩阻力及桩端阻力有一部分作用需要来平衡这一部分作用效应,并且桩径越大,对摩阻力及桩端阻力的消耗越大;因此从这一方面来说,3.5m 直径等截面钻孔灌注桩方案消耗了更多的人力物力,但得到的效果却大打折扣。

最后从原材料方面来说,3.5m 直径等截面钻孔灌注桩方案需灌注混凝土 1077m³,而扩盘桩方案仅需灌注混凝土 466m³;从原材料消耗来说采用扩盘桩方案可节约基础总造价约 50%。

综上所述,采用扩盘桩方案不仅在技术层面的可操作性更高,在经济效益方面的效果也非常突出。

## 五、扩盘桩施工

随着桩径的增大,桩基塌孔的风险增大;扩盘桩的扩盘部分多采用挤扩压实土体成形的方案来减小塌孔风险,但对于超大直径桩基,目前尚无成功案例,而且对于超大直径桩基来说塌孔带来的经济损失尤其大,因此本设计在扩盘桩理论的基础上引入了固结扩盘桩技术,减少塌孔风险。此项技术开创性地将桩体扩盘技术和复合地基处理技术有机地融合为一体,形成一种全新的桩基础形式,其核心是在预先设置的水泥土固结体中进行扩盘施工的成桩工艺,并形成盘体嵌于水泥土固结体内,与水泥土固结体融为一体的复合桩结构。固结扩盘桩构造如图4所示。

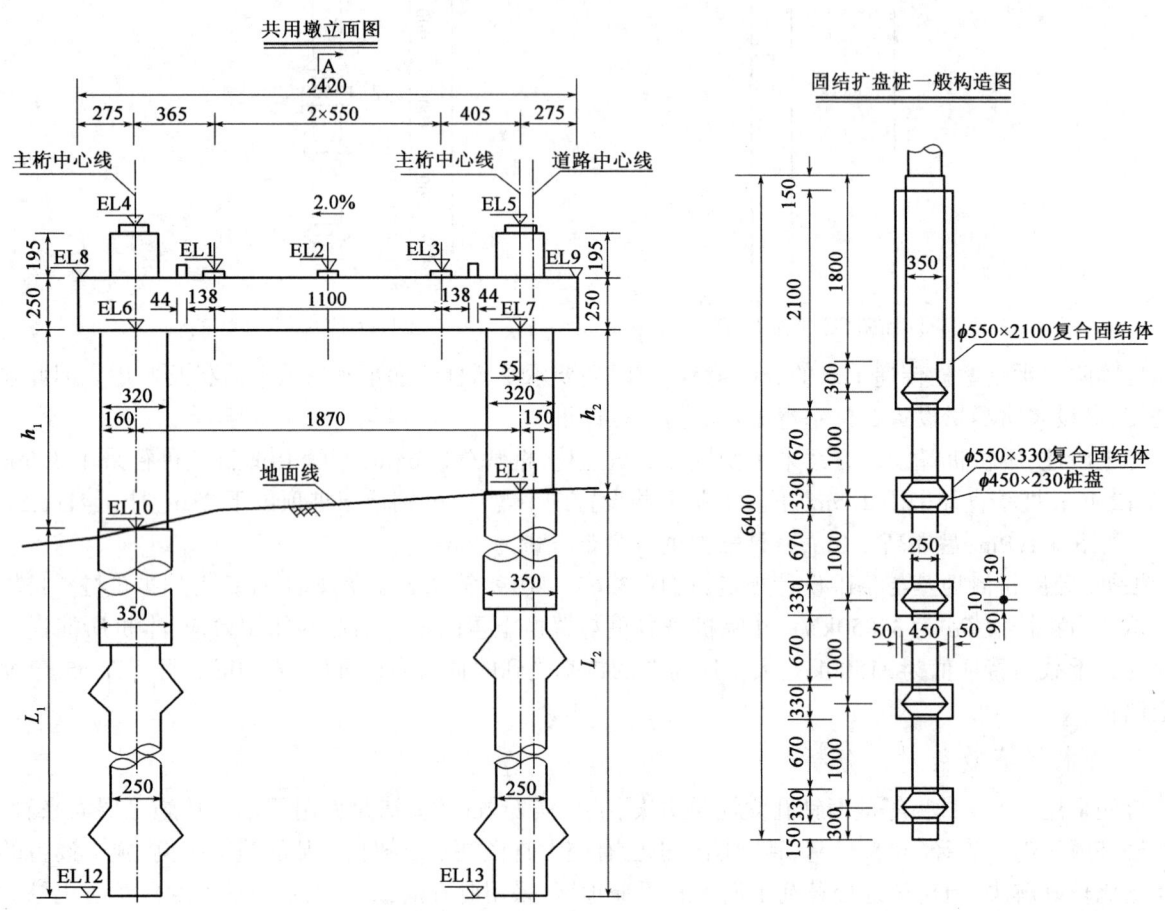

图4 固结扩盘桩构造图(尺寸单位:cm)

本桩基的塌孔风险主要集中在上端3.5m桩径部分以及桩盘部分,因此在3.5m桩径部分及桩盘部分均设置水泥土固结体,上端固结体高度21m,直径5.5m,下端桩盘部分固结体高度3.3m,直径5.5m。主要施工工艺流程为预先采用RJP工法技术,从桩基底部依次向上施工固结体;待固结体成型后采用旋挖钻机钻孔施工,旋挖到桩盘位置旋切扩盘,形成盘腔,依次向下完成所有扩盘及钻孔施工;成孔后进行成孔检测,下放钢筋笼,灌注混凝土成桩。其主要施工工艺流程图如图5所示。

## 六、结　语

本文以沾化至临淄高速公路引黄济青大桥为依托,结合黄河下游冲积平原地质条件,对比分析了在超大直径桥梁桩基础中等截面钻孔灌注桩以及扩盘桩适用性,最终得出结论,即扩盘桩方案具有更好的经济效益与社会效益,在超长以及超大直径桩基础中同样具有广阔的应用前景。

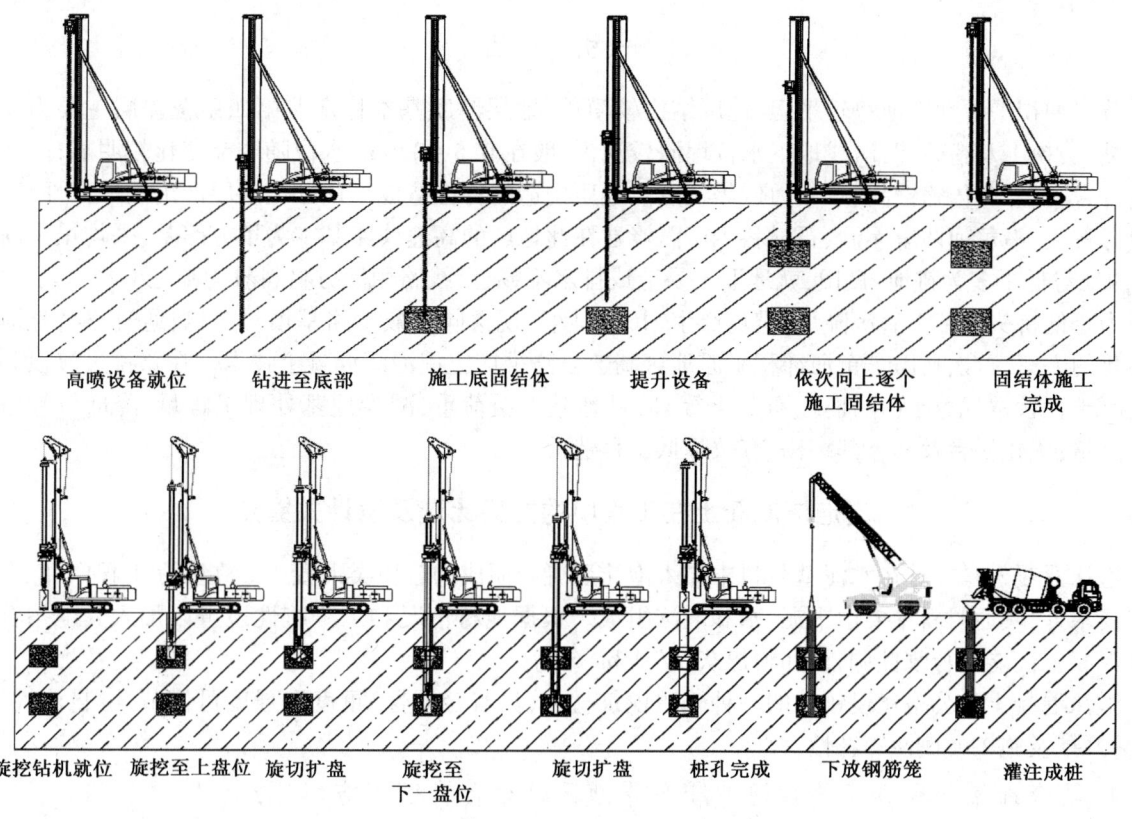

图5 固结扩盘桩施工工艺流程图

**参考文献**

[1] 中华人民共和国交通运输部.公路桥涵地基与基础设计规范:JTG 3363—2019 [S].北京:人民交通出版社股份有限公司,2019.
[2] 沈保汉.第九讲 多节挤扩灌注桩[J].工程技术,2001(01),51-53.
[3] 钱永梅,徐广涵.挤扩多盘桩实验研究的发展概述[J].建筑技术开发,2014(11),22-24.
[4] 张思军.支盘灌注桩的荷载作用机理与工程应用研究[D].南京:河海大学,2005.
[5] 司小雷,胡炜,胡兵.挤扩支盘桩承载理论、破坏机理及其影响因素分析[C].石油天然气勘察技术中心站第二十八次技术交流研讨会论文集,2020,114-128.
[6] 祝波,裴隽仪.一种混凝土灌注桩施工方法及装置:ZL201910211363.2 [P].2021-04-09.

# 28. 泡沫混凝土在黄河冲积平原地区桥头路基处理中的设计与应用

张 冉[1]　王 健[1]　宋玉鑫[1]　宋晓莉[1]　刘 燕[2]

(1.山东省交通规划设计院集团有限公司;2.山东省路桥集团有限公司)

**摘 要** 针对黄河冲积平原地区区域地质特性及区内岩矿资源贫乏的特点,在山东省首次通过路桥设计一体化方案设计,采用泡沫混凝土进行桥头路基处理以降低桥台台后工后沉降。

**关键词** 泡沫混凝土 黄河冲积平原 路基处理 工后沉降 设计一体化

# 一、引 言

黄河冲积平原地区地势较平坦,地层结构较简单,地层厚度基本稳定。第四系覆盖层主要为冲洪积粉质黏土、粉土及粉砂等,沿线地下水位埋深较浅,一般在0.5~3.5m,水位随季节变化较明显,上部地基土具有含水量高、压缩性高、承载力低等特点。地质构造的特性造成了该区域地层产出的一致性,区内岩矿资源贫乏,沿黄河两岸无砂、石材料生产。修建在此地区的高速公路基本为填方路基,平均填土高度约5m,因地势低平多为耕地、良田,就地取土易造成排水不畅,沿线路用填方材料较为缺乏。

为降低桥头路基工后沉降量,避免产生"桥头跳车"现象同时减少路基填料缺口,通过路桥整体设计一体化的方案,首次在山东黄河冲积平原地区高速公路推广应用泡沫混凝土技术。在路桥过渡段利用泡沫混凝土代替常规填土(水泥土、石灰土等)降低地基上覆荷重,减少地基处理工程量,降低桥头路基工后沉降量;优化桥台及其下部结构,有效降低工程造价。

## 二、泡沫混凝土在工程中的方案比选及设计关键点

泡沫混凝土是一种在水泥基浆料中加入泡沫后凝固而成的轻质类混凝土。在实际工程中,除有特殊性能要求外,其原材料主要由水泥、水和泡沫组成。根据地材情况和工程特性还可以加入其他掺合料对泡沫混凝土性能进行改良调整,如粉煤灰、矿渣粉、砂等。

泡沫混凝土是公路建设领域的一种轻质填筑材料,具有轻质性、重度和强度可调节性、自流性、直立性、易开挖及施工便捷性等特性。

1.结合地基处理方案的黄河冲积平原地区桥台台背回填方案比选

为降低路桥过渡段工后沉降,避免"桥头跳车"病害,需从桥台台背填料的选择和地基处理方案两个方面结合考虑。

1)常规处理方法

常见台背填料主要有水泥处治土、砂砾、碎石土、石灰处治土、水泥稳定风化砂等。结合场址区工程地质特征及岩土物理力学指标,经沉降计算后,对不能满足规范要求的路段,常采用与地基处理结合处治的方式。

目前常用的桥头地基处理方法有塑料排水板+堆载预压法、水泥搅拌桩法、水泥粉煤灰碎石桩法(CFG桩)、预应力管桩法等。由于现有项目取土场土源的不确定性,造价低廉的堆载预压法预压时间很难保证;水泥搅拌桩法通过将水泥和原位地基土进行搅拌混合形成复合地基,达到提高复合地基承载力、降低沉降的目的,处理深度较浅,一般不超过15m;CFG桩处理效果优于水泥搅拌桩,造价介于水泥搅拌桩与预应力混凝土管桩之间;预应力管桩法指通过锤击或静压设备将预应力混凝土管桩插打至土层设计深度形成复合地基,优点为桩体长度可控,但造价较高。

2)轻质材料路堤

利用泡沫混凝土进行台背回填与传统材料相比,主要优势如下:

(1)泡沫混凝土整体性能优越,能更好地分散路基应力集中现象,提高台背回填施工质量。

(2)泡沫混凝土是一种绿色、环保、节能、利废的无机建筑材料,对周边环境影响小,节能环保。

(3)泡沫混凝土具有密度小、强度大于常规回填土、整体性、抗冲击性能好、无侧向压力等特性。使用泡沫混凝土填筑后,桥背处于超固结状态,由此减少沉降和不均匀沉降、彻底消除台背路堤填料本身的工后沉降、避免"桥头跳车"病害,具有明显的技术优势。

(4)由于泡沫混凝土具有更好的自立性,对于桥台的侧向土压力非常小,设计中可对传统桥台进行优化,由原肋板式桥台调整为柱式桥台,桩基础、承台的尺寸也大幅减小,有效降低工程造价。

(5)由于泡沫混凝土自重轻,可以降低地基土上覆荷载,在同样填土高度的路桥过渡段,与普通台背

填料相比,泡沫混凝土可以减少甚至取消桩基地基处理。

(6)传统采用水泥处治土进行台背回填时,需要约每20cm分层压实养护,施工周期较长,采用泡沫混凝土可极大加快施工进度。

(7)由于泡沫混凝土初凝前为流态,具有良好的流动性和填充自密实特性,可避免常规填料充填不饱满、难以达到规范要求相应部位压实度的缺陷,施工性强;可以有效解决组合式结构物间(两个距离较近的结构物)台背填料难以压实施工的难题。

2. 设计关键点

1)组合式涵洞台背回填设计

黄河冲积平原地区耕地间灌溉沟渠较多,高速公路跨越地方道路及相邻沟渠时常采用桥梁的形式,桥梁跨径大、孔数多,同时路基填土高度较高。用一行车、一排水的两个距离较近的涵洞可有效降低路基填土高度,替代桥梁解决行车及排水问题,降低了工程造价。由于组合式结构物间距离通常小于30m,路基填筑过程中台背回填土很难用大型机械进行压实,采用流态的泡沫混凝土浇筑可有效解决施工难题。

2)桥梁台背回填设计——路桥整体设计一体化

采用泡沫混凝土进行台背回填可有效减少"桥头跳车"的现象,由于泡沫混凝土单价较高,如果仅从路基工程方面考虑其可以减少或取消部分桩基处理的造价外,价格优势仍不明显。因此在设计时需要采用路桥整体设计一体化的思路,同时对传统桥台进行优化。由于泡沫混凝土具有更好的自立性,对于桥台的侧向土压力非常小,设计中可将原肋板式桥台调整为柱式桥台,桩基础、承台的尺寸也大幅减小,有效降低工程造价。

(1)工程案例1:桥头路基填土高度$5m \leqslant H < 7m$,黄河冲积平原地区某大桥A。

A大桥桥头路基填土高度约为6.5m,选用的两种对比方案分别为:

方案一——常规处理方案:桥台台背回填采用4%水泥处治土,桥头地基处理采用浆喷桩,桥台为肋板式台,桩基础采用双排桩,设计桩长43m。

方案二——轻质土方案:桥台台背采用泡沫混凝土回填。经沉降计算后确定采用轻质土填筑台背后不需要进行桥头地基处理即可满足工后沉降要求;由于轻质土固化后不产生侧向推力,桥台采用桩柱式桥台,桩基础设计桩长40m,每个桩柱另外配一根15m长辅助桩,如图1所示。

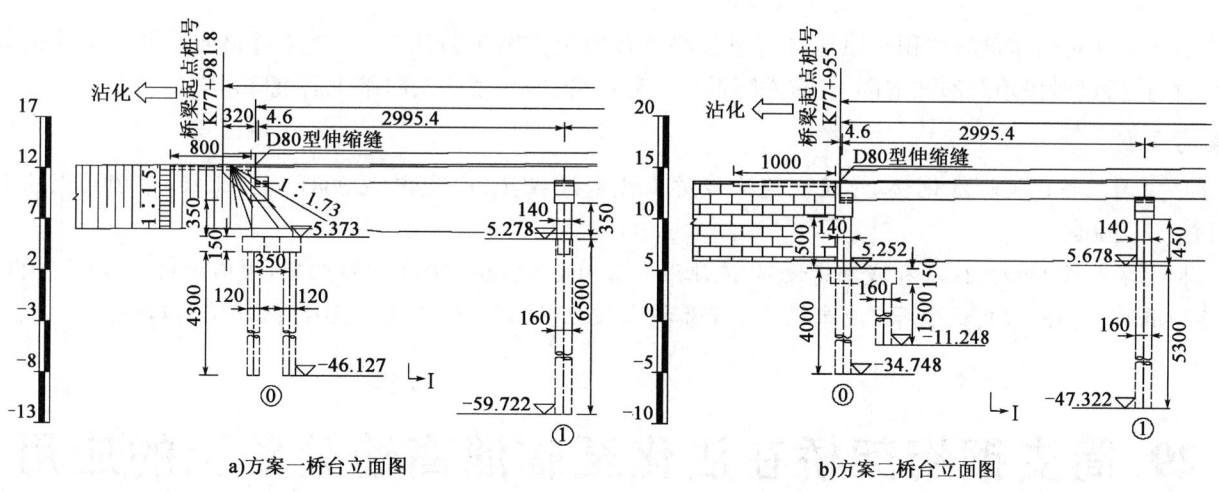

图1 A大桥(尺寸单位:cm;高程单位:m)

通过预算对比,方案一水泥土台背回填方案,台背回填、桥台、桥头地基处理等建安费合计557万元;方案二泡沫混凝土台背回填方案,台背回填、桥台等建安费合计502万元。采用泡沫混凝土方案,两个桥台共可节约建安费55万元。

(2)工程案例2:桥头路基填土高度$H \geq 7m$,黄河冲积平原地区某大桥B。

B大桥桥头填土高度约为9.2m,选用的两种对比方案分别为:

方案一——常规处理方案:采用4%水泥土进行台背回填,桥头地基采用管桩进行地基处理。桥台为肋板式台,桩基础采用双排桩,设计桩长53m。

方案二——轻质土方案:采用泡沫混凝土进行台背回填,桥头地基采用管桩进行处理,桥台为桩柱式桥台,设计桩长38m,每个桩柱另外配一根15m长辅助桩,如图2所示。

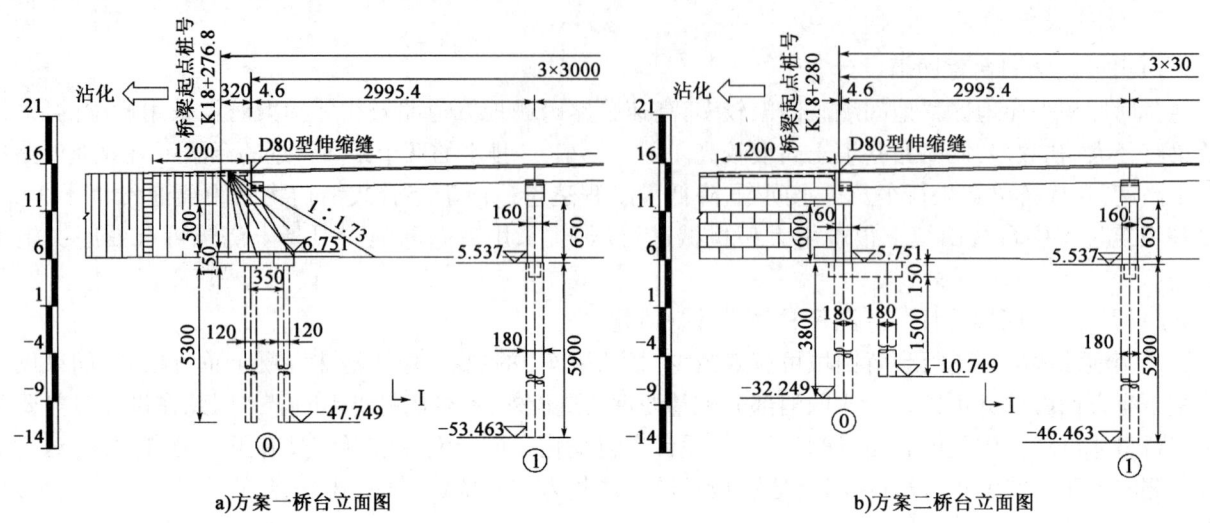

a)方案一桥台立面图　　　　b)方案二桥台立面图

图2　B大桥(尺寸单位:cm;高程单位:m)

通过预算对比,方案一采用水泥土台背回填方案,台背回填、桥台、桥头地基处理等建安费合计1080万元;方案二泡沫混凝土台背回填方案,台背回填、桥台、桥头地基处理等建安费合计1030万元。采用泡沫混凝土方案,两个桥台共可节约建安费50万元。

经以上综合比较,在满足规范要求工后沉降的基础上,结合地基处理优化及桥台设计优化后,采用泡沫混凝土进行台背回填可有效加快施工进度,减少台背工后沉降,降低工程造价。

## 三、结　语

本文针对山东黄河冲积平原地区高速公路台背回填方案进行比选,通过路桥整体设计一体化的方案,在路桥过渡段填筑泡沫混凝土,有效降低了工程造价,减少了桥头路基工后沉降量。

**参考文献**

[1] 中国工程建设标准化协会.现浇泡沫轻质土技术规程:CECS 249—2008[S].北京:中国计划出版社,2008.

[2] 中华人民共和国住房和城乡建设部.泡沫混凝土:JG/T 266—2011[S].北京:中国计划出版社,2011.

[3] 陈忠平,孙仲均,钱争晖.泡沫轻质土充填技术及应用[J].施工技术,2011,40(10):74-76.

# 29. 简支钢桁架桥在沾化至临淄高速公路上的应用

赵洪蛟　徐常泽　王洺鑫　张玉涛

(山东省交通规划设计院集团有限公司)

**摘　要**　沾化至临淄高速公路沿线跨河跨渠部分大跨径桥梁采用下承式简支钢桁梁,跨径布置有

96m、108m和130m 3种。本文介绍了其总体布置和结构设计,归纳总结了钢桁梁桥的设计难点和技术创新,可为今后同类桥梁设计提供参考。

**关键词** 简支钢桁梁 全结合板桁组合 落梁 支座布置 横梁面外受力 预拱度

## 一、工程概况

沾化至临淄高速公路是山东省"九纵五横一环七射多连"高速公路网中"纵四"线的一部分,北接滨州市沾化区,南延淄博市临淄区,路线全长112.6km。该项目的建设可以有效分流该区域高速公路交通量,进一步完善山东南北综合运输通道,对加强山东与京津冀和长江经济带的联系具有重要意义。

沾临高速公路路线所经区域河流较多,大桥主要跨越徒骇河、韩墩干渠、引黄济青干渠和小清河,大桥主桥结构形式均采用下承式简支钢桁梁桥。

## 二、主要技术标准

(1)公路等级:高速公路;
(2)设计速度:120km/h;
(3)标准桥梁宽度:34m;
(4)桥梁设计汽车荷载:公路—Ⅰ级;
(5)设计基准期:100年;
(6)设计洪水频率:大桥100年一遇;
(7)航道等级:徒骇河规划Ⅲ级航道、小清河Ⅲ级航道;
(8)桥梁抗震设防烈度:Ⅶ度,水平向设计基本地震动加速度峰值为0.10$g$,其余技术指标均满足《公路工程技术标准》(JTG B01—2014)的要求。

## 三、总体布置

根据沿线地形、水文、地质等资料,综合防洪及通航的要求,河道内不设置桥墩,采用一孔跨越方式,主墩均在主河槽外侧,按照符合路线总体走向原则,各大桥桥跨布置见表1。

钢桁梁桥跨布置一览表  表1

| 序号 | 桥梁名称 | 桥跨布置(m) | 主桁个数(片) | 备 注 |
|---|---|---|---|---|
| 1 | 徒骇河大桥 | 130 | 3 | 整幅布置 |
| 2 | 韩墩干渠1号大桥 | 108 | 3 | 整幅布置 |
| 3 | 韩墩干渠2号大桥 | 108 | 3 | 整幅布置 |
| 4 | 引黄济青干渠大桥 | 108 | 4 | 错孔分幅布置 |
| 5 | 小清河特大桥1 | 108 | 3 | 整幅布置 |
| 6 | 小清河特大桥2 | 96 | 3 | 整幅布置 |

其中徒骇河大桥130m简支钢桁梁桥布置形式如图1所示。

沾临高速公路简支钢桁梁桥断面形式有两种,其中跨越引黄济青干渠处路线与干渠夹角为60°,为减小桥梁跨径,左右幅采取错孔布置,故钢桁梁采用横向四片桁架,即单幅两片桁架的断面布置形式,如图2所示;其余各桥均为整幅布置,横向三片桁架的断面布置形式,如图3所示。

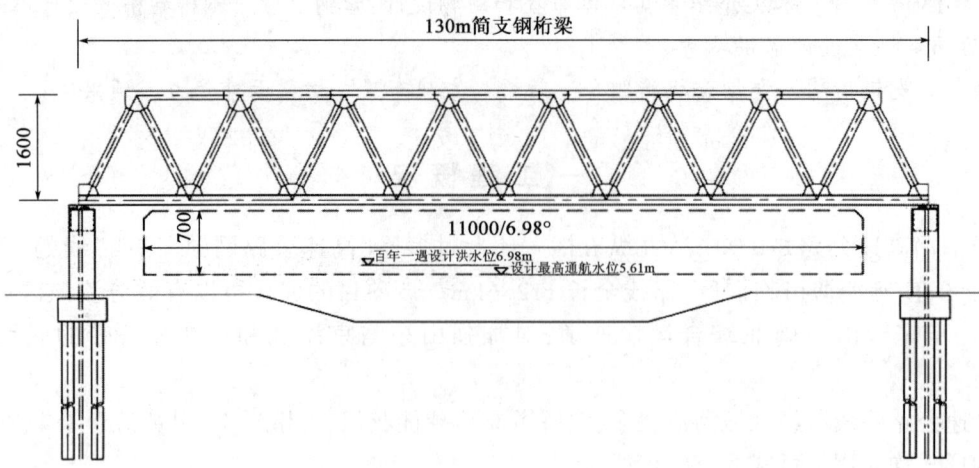

图 1 徒骇河大桥桥型布置图(尺寸单位:cm)

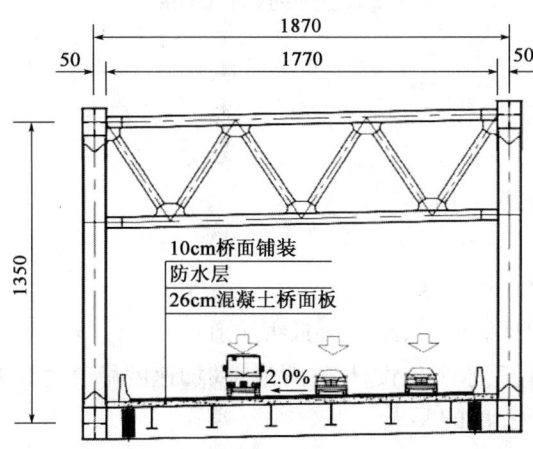

图 2 单幅两片桁架断面图(尺寸单位:cm)

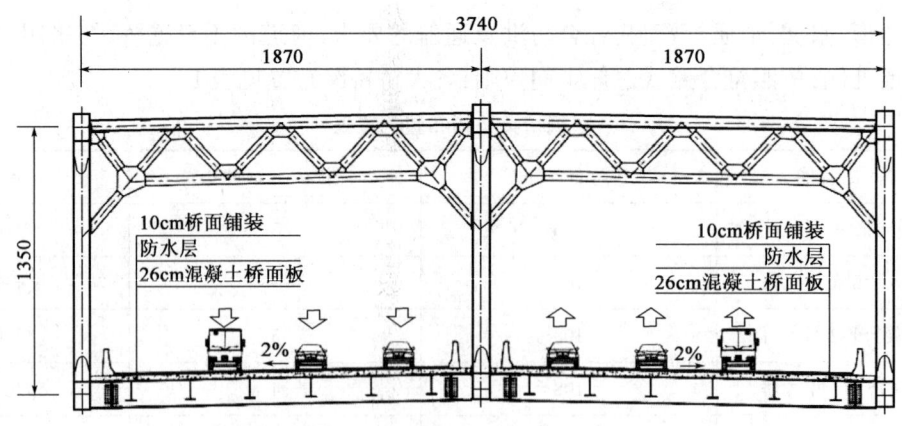

图 3 整幅三片桁架断面图(尺寸单位:cm)

## 四、结构设计要点

1. 主桁杆件

沾临高速公路钢桁梁由上弦杆、下弦杆、腹杆、纵横梁、上平联、桥门架组成。采用 Q370qE 和 Q420qE 两种钢材型号,其中下弦杆内侧节点板采用 Z 向钢。

上下弦杆为闭口箱形截面,节点均采用整体节点。腹杆分为闭口箱形截面和焊接H形截面两种,腹杆与上下弦节点板采用插入式高强螺栓连接。

横梁采用变高鱼腹梁截面形式,横梁端部与下弦横梁采用高强螺栓连接。根据位置不同分为两种,其中支点横梁采用箱形截面,非支点处节点横梁采用工字形截面。

纵梁在横桥向每幅设置6道,基本间距为2.8m,采用工字形截面,纵梁与横梁在工地通过高强螺栓连接,形成纵横梁格体系。

为使各片主桁架间形成整体受力的协作体系,提高结构的横向刚度以承受横向荷载,在两片桁架间设置平纵联,按照设置的部位不同,分为上平联和桥门架。其中,上平联采用"K"形布置形式,桥门架采用桁架式构造形式。

2. 混凝土桥面板

沾临高速公路钢桁梁桥面系采用钢筋混凝土桥面板与纵横梁及下弦杆均结合的全结合板桁组合受力结构体系。

其中混凝土桥面板为等厚布置,板厚26cm,分为预制部分和现浇部分。预制部分采用C50混凝土,现浇部分采用C50微膨胀混凝土,其中与主桁下弦杆连接的纵向湿接缝采用C50微膨胀钢纤维混凝土。为提高钢筋混凝土桥面板的抗裂性能,采用高配筋率的钢筋配置形式。

混凝土桥面板与钢梁之间采用剪力钉连接,剪力钉布置于纵梁、横梁及下弦杆顶板之上。

## 五、设计难点及技术创新

1. 标准化设计

沾临高速公路共采用96m、108m和130m 3种跨径跨越主要河道和水渠,如何高质量地完成跨河跨渠钢桁梁桥设计是一个难题。

1)模块化、标准化的设计思路

在满足结构受力安全、经济合理的前提下,采用节间长度与桁架高度相等的系统线布置形式,确保不同跨径钢桁架腹杆与上、下弦杆在节点处的夹角相等,如图4所示。

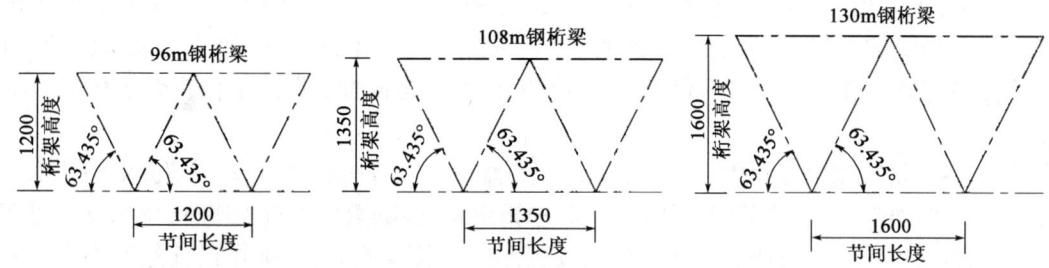

图4 不同跨径系统线布置大样(尺寸单位:cm)

如此,不同跨径的钢桁梁桥其上弦节点和下弦节点的轮廓形状基本相同,可实现标准化设计和制造,大大减少了节点的种类,提高了生产效率。

2)化整为零、装配式设计的指导思想

钢桁梁桥杆件工地连接均采用高强螺栓连接,需按照杆件受拉、受压状态的不同和截面尺寸的差异,设计不同形式的杆端螺栓孔群连接构造。以各桥弦杆杆端高强螺栓连接接头设计为例,阐述化整为零、装配式设计的指导思想。96m、108m、130m跨径钢桁梁弦杆截面形式如图5所示。

针对不同截面尺寸的钢桁梁弦杆,可将各截面离散成4块钢板,即800mm、1000mm、1200mm和1400mm钢板。针对4块钢板的拉压状态分别进行连接螺栓群的设计,并建立为相应的螺栓孔群装配式单元。在进行具体桥梁弦杆连接接头设计时,可直接调用对应的螺栓孔群装配式单元进行组装。此举可大大简化杆端连接构造设计的工作,提高效率。且此类螺栓孔群装配式单元亦可应用到腹杆与节点板连

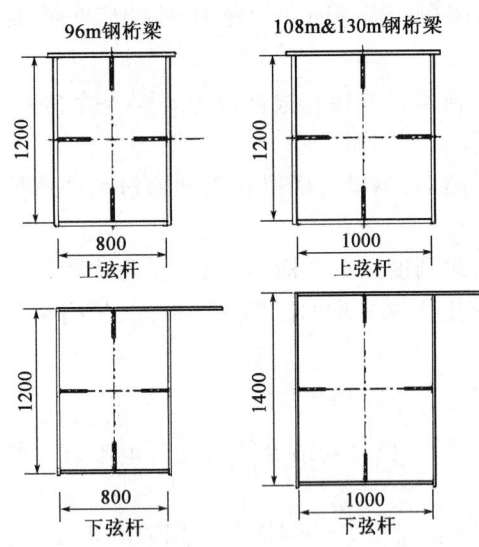

图 5　钢桁梁弦杆截面形式(尺寸单位:mm)

接螺栓孔群和纵横梁接头螺栓连接孔群的设计中。

沾临高速公路钢桁梁桥基于模块化、标准化和装配化的思路可以为后续类似桥梁提供数据积累和经验支持。

## 2. 混凝土桥面板与钢梁全结合方式

常见的混凝土桥面板与钢桁梁的结合方式可分为不结合、半结合及全结合 3 种。不结合方式是其桥面板仅支承在桥面纵梁上,由于桥面板不参与纵横梁的受力,荷载传递路径简单明确,但纵横梁受力较大,需配置较大的纵横梁截面,同时需增设下平联。半结合方式为混凝土桥面板通过抗剪连接件与纵梁或与纵横梁连接组成组合梁,混凝土桥面板不仅传递车轮竖向荷载,还参与纵横梁受力,纵横梁尺寸可做得更为经济,但横梁在与节点连接处面外受力较大,横梁截面尺寸较大。全结合方式为混凝土桥面板通过剪力键与纵横梁及下弦杆顶板组成组合梁,桥面板既承担车轮局部荷载,又在整体中作为主梁截面的有效部分,结构的竖向刚度和横向刚度均较大,设计中可取消下平联的设置。

全结合钢混组合桥面板目前在国内公路钢桁梁桥中应用较少,已建成通车的项目中有济南长清黄河公路大桥成功运用了该种新型结构形式,该桥采用的是双向四车道横向两片桁架的断面形式[1]。

本项目钢桁梁桥不同于济南长清黄河大桥,其采用横向三片桁架的断面形式,针对该种新型的结构形式,设计中采用了有限元数值分析方法,研究了混凝土桥面板与主桁杆件间的共同作用机理;分析了汽车活载、收缩徐变、温度作用、板厚等因素对桥面板受力的影响。

综合计算结果和结构设计,采用板桁全结合的结构形式,结构布置更加合理,经济性指标更好。

## 3. 采取落梁方式调整边中桁受力

根据结构力学[2]原理分析可知,横向三片桁架结构在荷载作用下,会呈现边桁受力小、中桁受力大的特点,这将导致边桁和中桁杆件截面不同,给设计和施工带来较大的困难。在充分调研国内外类似桥梁成功建设经验的前提下,采取施工措施,对中间桁架进行卸载,可增加边桁承担的荷载比例,达到边中桁受力更加均匀的目的,从而使边中桁可以采用相同截面,进而简化设计,为施工制造提供便利[3]。

具体措施为:在钢梁架设过程中,中桁支点处下弦底面应抬高一定数值($n$)高度,中桁临时支座处应注意增设垫块至实际位置。钢梁架设完毕后,顶起中桁钢梁,拆除墩顶临时支座,待中桁支点处下弦底面下落至理论高度后,安装永久支座。为使得横梁按照无应力长度安装,横梁在设计过程中在原有横坡的基础上在中桁侧将横梁顶底板预抬高数值($n$)高度,形成新的工厂制造横梁横坡。预抬高数值($n$)一般通过试算取得。

以 130m 跨径钢桁梁为例。在未采取落梁措施前,下弦杆边桁受力约为中桁受力的 70% 左右,通过中桁落梁 60mm 后,可使得边桁、中桁受力基本一致,如图 6 所示。

## 4. 支座布置形式

一般来说,对于横向布置 3 个支座的简支梁桥,单端 3 个支座均采用纵向约束的支座,另一端 3 个支座均采用纵向活动的支座,在竖向荷载作用下,各支座均不产生水平反力。

而对于横向 3 片桁架的简支钢桁梁来说,由于边桁与中桁受力存在差异,而边中桁截面刚度一致,边桁下弦杆受拉状态下的杆件伸长量总和小于中桁。如采用常规的支座布置形式,则由于边桁和中桁纵向变形不协调将导致纵向约束的 3 个支座在恒载作用下便会产生较大的顺桥向水平反力,增大墩底及基础的弯矩,造成结构尺寸及基础规模加大。

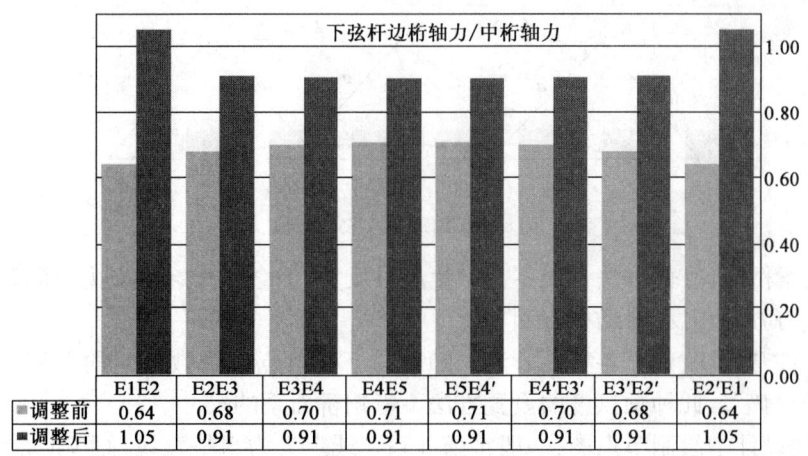

图6 落梁前后下弦杆边桁与中桁轴力比值

为消除边、中桁纵向变形不协调导致的支座水平反力,本设计创新性地采用仅在一端的两边桁处采用约束纵向的支座,两端中桁处的支座均采用纵向活动的支座。此举,可使得恒载作用下,各支座在恒载作用下不产生水平反力,改善了下部结构和基础的受力。

### 5. 横梁面外受力的改善措施

钢桁梁桥桥面系由纵横梁和下弦杆构成。在竖向荷载作用下,纵横梁发生仅弯曲变形,下弦杆不但会发生弯曲变形,还存在轴向拉伸变形(简支钢桁梁下弦杆受拉)。下弦杆的轴向变形带动横梁端头跟随变形,而横梁中部由于纵梁的约束,其变形量与下弦杆的变形量 $\Delta$ 相比可以忽略,从而引起横梁的面外弯曲[4]。

为减小横梁面外受力的问题,本设计通过调整纵梁的制作长度"$+\Delta$",在纵梁安装时预先让横梁发生反方向的面外变形以抵消由下弦杆伸长导致的横梁面外变形来实现。纵梁的制作长度加长的 $\Delta$ 一般与对应节段内下弦杆的伸长值 $\Delta$ 相等,如图7所示。

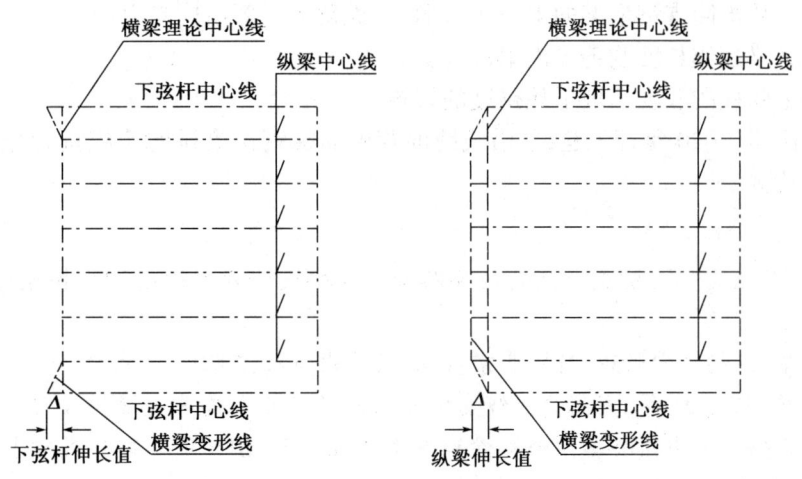

图7 横梁面外受力示意图

### 6. 预拱度设置

根据《公路钢结构桥梁计规范》(JTG D64—2015)第4.2.4条的规定[5],预拱度大小应视实际需要而定,宜为结构自重标准值加1/2车道荷载频遇值产生的挠度值,频遇值系数为1.0。

简支钢桁梁桥的预拱度通常采用伸长上弦杆的长度,保持腹杆及下弦杆长度不变的方式实现[6],如图8所示。

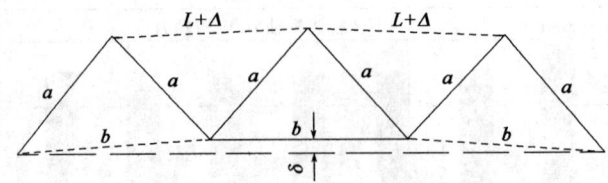

图 8 桁架预拱度设置示意图

针对简支钢桁梁桥来说,此方法一般不会产生起拱反力,但会产生起拱应力,而起拱应力相对较小且一般认为与自重应力方向相反,对结构有利。

本项目采用杆件升温法,建立各杆件升温未知数与下弦节点预拱数值间的平衡方程组,从而求解得到上弦杆伸长值最优解,且此种预拱度的设置方法不影响桥面系的尺寸。

此外,为了方便设计中绘制节点图,一般将弦杆系统线定义为水平直线,而按照系统线放样得到的下弦节点在其位置处与路线纵段线间必然存在弦高差,通常将此弦高差加到由恒载和活载计算得到的预拱度上,从而得到最终需要的下弦节点预拱目标值,以此为目标求解上弦杆的伸长值。

## 六、结　语

简支钢桁梁桥跨越能力大,适合于对桥梁纵段高程要求较低的工程项目,且桥梁建筑高度低,可以减小桥梁规模,节省工程造价。同时,钢桁梁桥尤其以工厂化制造、精准化施工、快速化架设等优点,在公路跨河跨渠特别是跨径较大的项目中逐渐得到广泛运用和发展。

沾临高速公路根据跨越河渠的实际情况,采取了不同跨径、不同断面形式的简支钢桁梁桥,通过一系列的创新设计,取得了以下成果:

(1)提出了适用于高速公路简支钢桁梁桥标准化设计思路。

(2)应用了全结合的钢-混凝土桥面板板桁组合结构体系,该组合结构体系具有优越的受力性能和简洁的构造形式。

(3)采用中桁落梁的方式调整边、中桁的受力,方便了钢桁架设计和制造安装。

(4)通过改进三片桁简支钢桁梁的支座布置形式,优化了下部结构受力。

(5)通过调整纵梁制作长度改善了横梁面外受力。

(6)通过调整上弦杆的长度实现了预拱度的设置。

沾临高速公路已于 2020 年开工建设,沿线跨河跨渠简支钢桁梁桥的实施将为今后公路钢桁梁桥建设提供有益的工程经验。

**参考文献**

[1] 王志英,徐召,王洺鑫,等.济南长清黄河公路大桥主桥设计方案比选[J].桥梁建设,2016,46(04):97-102.

[2] 龙驭球,包世华.结构力学教程[M].北京:高等教育出版社,2000.

[3] 赵洪蛟,马雪媛,陈国红,等.国高青兰线泰安至东阿界黄河大桥跨大堤桥设计[C]//中国公路学会桥梁和结构工程分会.中国公路学会桥梁和结构工程分会2016年全国桥梁学术会议论文集.北京:人民交通出版社股份有限公司,2016.

[4] 刘文,徐召.纵横梁体系结合桥面大跨度钢桁梁桥横梁面外弯曲的改善措施[J].湖南交通科技,2017,43(03):118-120.

[5] 中华人民共和国交通运输部.公路钢结构桥梁设计规范:JTG D64—2015[S].北京:人民交通出版社股份有限公司,2015.

[6] 吴冲.现代钢桥[M].北京:人民交通出版社,2006.

# 30. 沾化至临淄公路黄河大桥跨大堤桥设计

徐常泽　张玉涛　李云鹏
（山东省交通规划设计院集团有限公司）

**摘　要**　沾化至临淄公路黄河大桥跨大堤桥采用主跨130m的变截面钢-混组合连续梁桥，钢梁采用双箱U形梁，桥面板采用预制混凝土桥面板后浇湿接缝结合，混凝土桥面板与钢梁顶板通过剪力钉连接，施工方案采用在大堤少支架安装钢梁后浇筑桥面板的工序。本文介绍了该桥的总体布置、结构设计、施工方案和技术创新。

**关键词**　钢-混组合梁　落梁　少支架安装　二次落架　负弯矩区　底板屈曲

## 一、工程概况

沾化至临淄公路是山东省"九纵五横一环七射多连"高速公路网中"纵四"线的一部分，地处山东省北部，北接滨州沾化区，南延淄博临淄区，路线全长约108km。该项目的建设可有效缓解区域路网现有公路难以适应交通量快速增长的压力，并更好地助推山东半岛蓝色经济区的建设。

项目所在区域为黄河冲积平原，微地貌差异明显的大平小不平的地貌特征，地质构造较为简单，地质条件相对较差。桥位处黄河河道属于弯曲型窄河段，设计洪峰流量按照堤防设防流量11000$m^3$/s考虑。

全线采用双向六车道高速公路标准建设，设计速度120km/h，桥梁标准宽度34m，汽车荷载等级为公路—Ⅰ级，黄河设计洪水频率为1/300，场地地震动峰值加速度为0.10$g$，基本地震烈度为Ⅶ度。

沾临公路黄河大桥总长4630m，大桥由北向南的桥梁组成为：北侧堤外引桥、北侧跨大堤桥、北侧堤内引桥、主桥、南侧堤内引桥、南侧跨大堤桥、南侧堤外引桥，南北两侧跨大堤桥采用桥跨布置(75+130+75)m的变截面钢-混组合连续梁桥。

## 二、总体布置

根据黄河水利委员会相关规定，桥梁跨越黄河大堤，在堤身设计断面内不得设置桥墩，桥墩应离开堤身设计堤脚线不得小于5m，大堤淤背区内可设置一个桥墩。沾临公路黄河大桥路线与北岸大堤斜交65°，与南岸大堤斜交115°，为满足黄河水利委员会桥跨布置的要求，采用主跨130m跨径跨越。

针对130m主跨，较为经济、合理的桥型主要有连续梁桥、系杆拱桥和矮塔斜拉桥，其中拱桥和矮塔斜拉桥造价高，施工难度大，在两侧布置影响主桥的景观效果。连续梁桥经济指标低，施工相对成熟，是较为合适的桥型，根据连续梁的受力特性，边跨配为75m。

钢-混组合梁由钢主梁和混凝土桥面板组合而成，能够充分发挥两种材料的优势性能，相比常规混凝土箱梁，其结构自重轻，抗震性能优越，收缩徐变和温度效应对结构影响小。综合考虑结构受力、耐久性、运营养护难度、工期和工程造价等因素，贯彻"工厂化、标准化、装配化"、绿色环保及全寿命周期的桥梁设计理念，跨大堤桥采用变截面钢-混组合连续梁桥。

跨大堤桥跨径布置为75+130+75=280m，横断面上下行分幅布置，桥梁全宽34.0m，主梁采用变截面钢-混组合梁，桥型布置如图1所示。

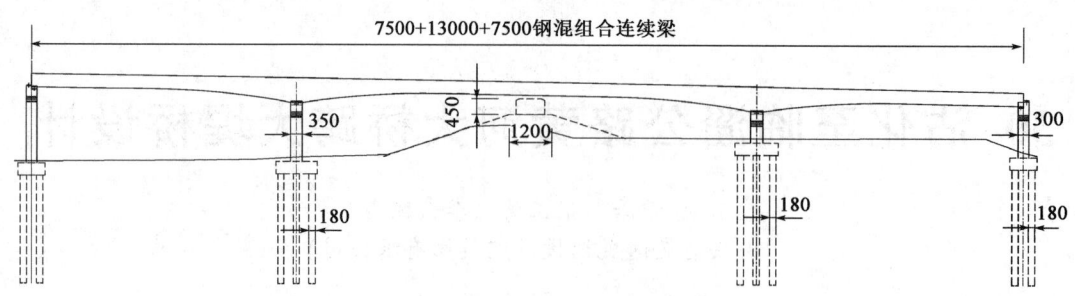

图 1　桥型布置图(尺寸单位:cm)

## 三、结构设计

1. 钢主梁

每幅桥横向设 2 片 U 形钢箱梁,钢箱梁根部梁高 6.35m,跨中梁高 3.05m,跨中 50m 及边跨 35m 范围内等梁高布置,梁高变化段长 38.5m,梁高按 2.0 次抛物线变化,桥面设置 2% 横坡,横断面如图 2 所示。

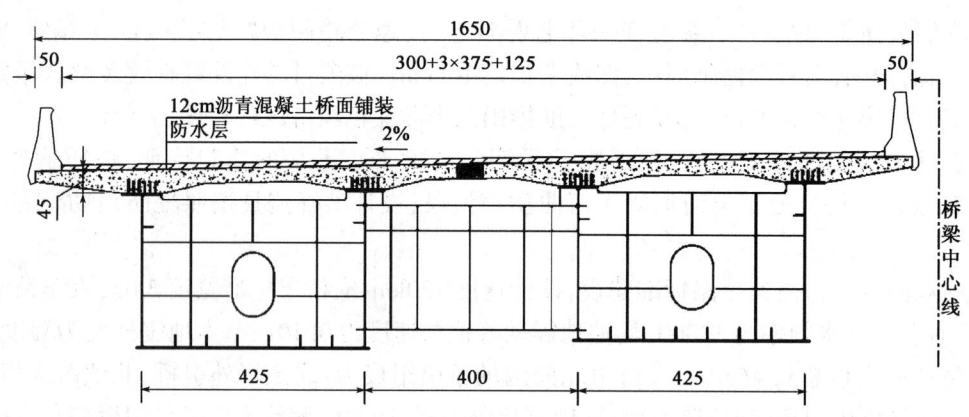

图 2　主梁横断面图(尺寸单位:cm)

钢箱梁采用开口 U 形截面,单个箱室宽 4.25m,两箱室间距 4.0m,两侧悬挑 2.0m,箱梁底板在横桥向保持水平。钢箱梁上翼缘板宽度根据位置不同分别设置为 750mm 和 800mm,箱梁底板宽 4.45m,腹板高度随梁高逐渐变化,均采用板肋加劲,底板加劲肋基本间距为 60cm,腹板在上翼缘下方 60cm 设置一道通长加劲肋,在中支点附近底板上方设置两道。钢主梁之间设置横向联系梁,联系梁梁高大致为钢箱梁梁高的 4/5,全桥共设置 23 道横向联系梁。

钢梁与桥面板连接采用栓钉连接,每道上翼缘横桥向共布置 6 列 $\phi22$ 栓钉,顺桥向每块桥面板设置 3 处,每处设 5~6 排。

2. 桥面板

混凝土桥面板采用预制板和现浇湿接缝相结合的施工方法,材料采用 C55 混凝土,桥面板厚度为 28~45cm,悬臂长 2.0m。单幅桥横向分为 2 块板,板宽 8m,湿接缝宽 50cm,顺桥向标准板宽 5m,湿接缝宽 50cm,如图 3 所示。

桥面板预应力采用 15-5、15-9 和 15-11 规格的钢绞线束,在桥面板跨中和悬臂部分局部采用 15-5 规格的钢绞线束,在加腋处采用 15-9 和 15-11 钢绞线。

图 3　现场预制桥面板

3. 下部结构

下部结构采用分幅设置,承台为分离式承台,为增加景观效果,桥墩为拱门形。

主墩墩身截面尺寸为 2.8m×3.5m,承台厚 3.5m,平面尺寸为 12.2m×12.2m,下设 9 根 φ1.8m 钻孔灌注桩。

共用墩墩身截面尺寸为 2.8m×3.5m,共用墩承台厚 3.5m,平面尺寸为 12.2m×7.6m,下设 6 根 φ1.8m 钻孔灌注桩。

## 四、施工方案

具体的施工流程为:

(1)桩基、桥墩等下部结构施工,同时在预制场加工预制桥面板,工厂加工钢结构。在临时支架上拼装钢主梁,浇筑负弯矩区底板混凝土。

(2)首先对中支点进行顶升 40cm,并用临时支架上千斤顶顶紧主梁。

(3)吊装跨中正弯矩区混凝土桥面板,并浇筑该段预制桥面板板间的纵横向湿接缝,最终浇筑剪力钉槽形成钢-混组合截面。6~8 号临时支架千斤顶回落,拆除该部分临时支架。

(4)从连续墩顶向两边顺序安装负弯矩区预制桥面板,并按顺序浇筑纵横向湿接缝同时张拉对应预应力束,最终浇筑负弯矩区剪力钉槽混凝土,形成钢-混组合截面。

(5)从共用墩侧向边跨跨中顺序安装正弯矩区预制桥面板,浇筑该部分纵横向湿接缝,最终浇筑剪力钉槽混凝土形成钢-混组合截面。

(6)安装剩余预制桥面板,并浇筑剪力钉槽混凝土和湿接缝混凝土,全桥形成整体钢-混组合梁结构。

(7)拆除临时支架,顶升千斤顶回落,施工桥面系及附属工程。

跨大堤桥架设现场施工图如图 4 所示。

图 4 跨大堤桥架设现场

## 五、计算分析

采用有限元分析软件 Midas-Civil 建立计算模型,钢主梁和混凝土桥面板采用双单元建模。进行施工过程分析时,严格按照实际施工方案进行建模,恒载按照实际重量计取,考虑混凝土收缩徐变及预应力效应等永久荷载,汽车、稳定等作用按照现行规范取用,结构计算模型如图 5 所示。

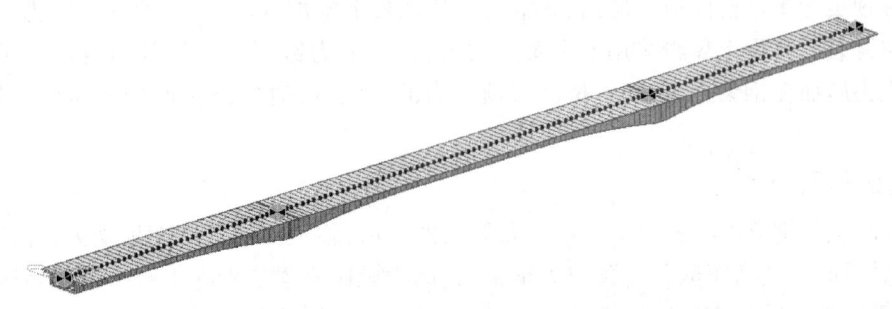

图 5 有限元计算模型

施工阶段验算结果表明,边跨端部混凝土桥面板最大拉应力为 0.04MPa,钢主梁最大拉应力为 154.5MPa,最大压应力为 135.5MPa。

正常使用极限状态频遇组合验算结果表明,混凝土桥面板最大压应力为 15.1MPa,钢主梁最大拉应力为 172.9MPa,最大压应力为 174.8MPa。

边跨正弯矩区混凝土桥面板未配置预应力束,该部分混凝土桥面板按普通钢筋混凝土控制,最大裂缝验算为 0.11mm。

汽车活载作用下梁体竖向位移 = 120/130000 = 1/1083。

以上计算结果表明,该桥的结构验算结果均满足规范要求。

## 六、设计难点及措施

大跨径钢-混组合连续梁在中支点处的负弯矩导致上翼缘桥面板受拉,下翼缘钢梁受压,本桥主跨达到130m,其设计的难点是中支点负弯矩区。如何降低墩顶负弯矩,防止混凝土桥面板受拉开裂和高应力水平下钢底板受压局部屈曲,设计中采用了以下技术措施。

1. 中支点落梁

在桥面板浇筑后,给中支点一定向下的位移,会给全桥桥面板产生一定的预应力,设计中按照每次递增 10cm 落梁计算,墩顶负弯矩结果见表1。

落梁对墩顶桥面板弯矩影响　　　　　　　　　　　　　　　　表1

| 措　施 | 墩顶桥面板弯矩(kN·m) | 减小比例 |
| --- | --- | --- |
| 不落梁 | 413 | — |
| 中支点落梁10cm | 395 | 4.4% |
| 中支点落梁20cm | 377 | 8.7% |
| 中支点落梁30cm | 359 | 13.1% |
| 中支点落梁40cm | 341 | 17.4% |
| 中支点落梁50cm | 323 | 21.8% |

综合考虑主梁结构验算结果和施工安全风险,采用中支点落梁40cm,墩顶弯矩比正常施工降低17.4%,改善了桥面板的受力,落梁的具体措施为:

(1)在钢梁制作阶段,按照设计设置预拱度后的线形,制作钢箱梁。

(2)架设钢梁时,边支点处一次性安装永久支座,中支点处安装临时支座。钢梁架设安装完成之后,中支点临时支座处应顶起钢梁40cm并增设垫块。

(3)待桥面板施工完毕后,拆除主墩墩顶垫块及临时支座,顶升千斤顶需回落至支座设计位置,安装中支点永久支座。

2. 桥面板施加预应力

为了减小墩顶负弯矩区桥面板拉应力,在混凝土桥面板上施加预应力,以增加压应力储备,避免运营阶段混凝土受拉开裂。钢梁上翼缘采用的是集簇式剪力钉,剪力钉预留孔浇筑前对桥面板施加预应力,从而避免了预应力施加在钢梁上,提高了桥面板预应力的导入度,对提高桥面板的压应力储备有良好的效果。

3. 分区域施加预应力

为了避免混凝土与钢梁由于收缩徐变不一致导致的变形,施工中结合桥面板受力,分正、负弯矩区安装预制桥面板,并适时在负弯矩区张拉预应力钢束,具体的操作流程是先施工跨中正弯矩区桥面板,然后墩顶负弯矩区,再施工边跨正弯矩区桥面板,最后浇筑各区域之间的湿接缝。

4. 二次落架技术

本桥少支架临时墩拼装钢主梁的施工方案,拆除临时墩的时机对组合截面的内力分配有很大的影响,如在钢梁架设完成后拆除临时墩,则钢主梁承受自身以及混凝土桥面板的恒载,组合截面只承受二期铺装的恒载,则会导致钢梁用钢量大,结构不经济。如在混凝土桥面板完全结合之后拆除临时墩,则组合截面承受所有的恒载,桥面板应力较大,钢主梁利用率较低。

因此本次设计采用二次落架技术,在跨中正弯矩区的桥面板结合之后第一次落架,在桥面板全部结合之后拆除所有临时墩第二次落架,桥面板和桥面铺装等后期恒荷载由组合截面共同承担。

二次落架可以充分发挥钢主梁的应力利用率,并减少墩顶负弯矩区桥面预应力钢绞线用量,降低混凝土桥面板的拉应力。

5. 支点段双组合截面

支点负弯矩区主梁下缘钢底板受压,为防止钢梁受压翼缘钢板在高应力状态下发生局部屈曲现象,在中支点两侧灌注厚度为50cm的C50微膨胀混凝土,同时在腹板上增加两道局部加劲肋。

## 七、结　　语

跨大堤桥采用主跨130m的变截面钢-混组合连续梁,为目前国内最大跨径的公路钢-混组合梁桥,设计中采用了落梁、施加预应力、二次落架、底板浇筑混凝土等一系列措施,改善了结构受力、提高了耐久性。施工方案主梁钢结构加工工艺简单,根据施工吊装设备能力对钢结构分段,运输和吊装均较为便捷,混凝土桥面板现场预制、吊装与钢主梁连接,速度快,预制结构浇筑质量有保障。

沾临高速公路黄河大桥跨大堤桥变截面钢-混组合连续梁的设计和建设,可为国内同类型桥的设计提供参考。

**参考文献**

[1] 肖汝诚. 桥梁结构体系[M]. 北京:人民交通出版社,2013.
[2] 苏庆田,刘玉擎,曾明根. 钢-混组合箱梁桥受力的有限元仿真分析[J]. 桥梁建设,2006(05):28-31.
[3] 聂建国. 钢-混凝土组合结构[M]. 北京:中国建筑工业出版社,2005.
[4] 徐君兰,孙淑红. 钢桥.[M]. 2版. 北京:人民交通出版社,2011.
[5] 邵旭东,程翔云,李立峰. 桥梁设计与计算[M]. 2版. 北京:人民交通出版社,2012.
[6] 吴冲. 现代钢桥[M]. 北京:人民交通出版社,2006.

# 31. 沾化至临淄公路黄河大桥景观设计

陈国红[1]　王宏博[1]　刘　谦[2]　朱世超[3]　李心秋[3]

(1. 山东省交通规划设计院集团有限公司;2. 上海高格工程设计咨询有限公司;
3. 山东高速基础设施建设有限公司)

**摘　要**　沾化至临淄公路北侧连接高秦滨高速公路埕口至沾化段,南侧连接临淄至临沂高速公路。跨黄河大桥是全线的控制性工程,离滨州市主城区约4km,区位优势明显。从现状分析、规划分析、周边桥梁分析、文化分析等角度确定了大桥景观采用"生态、人文"的设计理念。结合平面及纵断面线形,对主桥、跨大堤桥、滩地引桥、堤外引桥进行了外形设计。结合黄河下游滩区的特点,对黄河大桥主桥桥塔外形及比例进行美学设计,确定了全桥的涂装色彩。

**关键词**　沾化至临淄公路黄河大桥　设计理念　景观设计

## 一、区　域　位　置

沾化至临淄高速公路是《山东省高速公路网中长期规划(2014—2030年)调整方案》中"纵四"沾化(鲁冀界)至临沂(鲁苏界)高速公路的一部分,北接国高秦滨线(G0111)埕口至沾化高速公路,南连在建的临淄至临沂高速公路,路线全长约 108km。黄河特大桥起点位于滨州市槟城区梁才乡,终点位于滨州市博兴县乔庄镇,路线由北向南跨越黄河,桥位距离黄河出海口约 120km,为双向六车道高速公路,项目距离滨州市主城区约 4km,桥梁平面位置图如图 1 所示。

图 1　桥梁平面位置图

本项目的实施对完善全省高速公路网布局,有效分流该区域东西两条高速公路交通量,发挥路网的整体效益,实现蓝黄两区与省会城市群经济圈联动发展,促进黄河三角洲高效生态经济区中北部开发和发展起到积极推动作用。

## 二、总体分析

1. 现状分析

桥位所在地区周边现状为黄河河道两岸,建筑形式为乡村式自建房屋,建筑形式低矮。建筑周边用地多为农业耕作农田用地及传统工业用地,无明显地域高度景观建筑体。景观形式较为单一。

2. 规划分析

根据《滨州市城市总体规划(2017—2035 年)》草案文件,滨州城市发展目标为国家生态文明示范区。项目桥位周边区域北岸为城镇建设生态功能区和高效生态农业区;包含东海生态节点的东海东郊水库公园和梁才特色组团。桥位跨越河道为黄河一级生态廊道,黄河两岸为区域级郊野型绿道。桥位南岸为森林公园区和高效生态农业区;未来规划于渔张省级湿地森林公园,桥位主桥终点乔庄镇为旅游开发型城镇。桥位周边的规划影响桥梁景观,方案应适宜区域规划,展现城市魅力。

3. 周边桥梁分析

黄河作为我国母亲河,全长约 5464km,黄河经菏泽市的东明县流入山东省内。随着城市的不断建设,陆续在黄河上建成几十座大桥,天堑变成了通途。

滨州境内已有 5 座黄河大桥,分别为惠青黄河大桥、长深高速公路黄河大桥、北镇黄河大桥、滨州黄河公铁大桥、德大铁路跨黄河大桥;距本次沾化至临淄公路黄河大桥约 4~20km,桥型多为钢桁架及柱状塔斜拉桥形式,按此桥梁间距情况,可视范围内无法看清桥梁形态。

桥梁的不同形态有着各自不同的形态之美,结合所处地域及文化特征分析得出,门形桥塔在区域环境中,既能突出门户桥梁的特点,又体现出斜拉桥的张力感,对于滨州已有桥梁及人文元素的提炼来说更有代表性意义。

4. 文化分析

滨州是山东省下辖地级市,位于山东省北部、鲁北平原、黄河三角洲腹地,地处黄河三角洲高效生态经济区、山东半岛蓝色经济区和环渤海经济圈、济南省会城市群经济圈"两区两圈"叠加地带,是山东省的北大门。滨州历史文化悠久,是黄河文化和齐文化的发祥地之一,是渤海革命老区中心区、渤海区党委机关驻地,古代著名军事思想家孙武、汉孝子董永、宋代著名政治家范仲淹、清代帝师杜授田的出生地或生活所在地。

黄河是中华文明最主要的发源地,中国人称其为"母亲河";河水的灌溉,历史的交汇,形成了丰富的地方文化,展现了滨州独特的城市魅力,桥梁方案的设计可融入地域特色成为城市地标性建筑景观。

## 三、设计原则及理念

### 1. 设计原则

桥梁等大型工程建设既要重视质量又要重视景观,不但满足交通功能的要求,而且要与周围环境和整个城市融为一体,成为一道独具特色的建筑"艺术品"。

本次方案设计应从桥梁本身的功能出发,结合人文特点、地形、规划等之间的相互影响关系,形成桥梁自身的建筑美,从而提升整体景观效果。

桥梁造型设计只有在平衡、比例、韵律等方面都有其独特的魅力,桥梁与环境和谐统一,既能唤起人们美感、具有良好视觉效果和审美价值、与桥位环境共同构成景观,又有一定的文化内涵的桥梁,方才称得上是景观桥梁。

本次桥梁造型将遵循以下3点进行分析设计:

(1)桥型创新性。依据桥位处上下游已建桥梁桥型调查的分析,避免造型的雷同。

(2)遵循桥梁与环境协调的规律。桥位处地形较为平坦,主桥的造型宜采用高耸结构,成为标志性明显的建筑结构。

(3)地域文化特色。桥梁造型的选择要与该地域的历史、经济、文化相协调,承接历史,衔接未来。

### 2. 工程设计理念

本次设计,构思定位滨州为黄河入海口地域特点以"生态、人文"的设计理念,结合滨州地域文化及城市精神,打造新颖的地标建筑,凸显以黄河地域文化为特色的生态文明城市的特征,展现城市发展的萌动进程。

## 四、桥梁方案设计

### 1. 桥梁总体线形设计

黄河特大桥起点位于滨州市滨城区梁才乡,终点位于滨州市博兴县乔庄镇,路线由北向南跨越黄河,桥梁全长为4630m,由北向南依次包括北侧堤外引桥、北侧跨大堤桥、北侧堤内引桥、主桥、南侧堤内引桥、南侧跨大堤桥、南侧堤外引桥。全程桥梁跨度较长,是由多种桥型组合而成,在景观上有其地区的独特性。

在长线形的桥梁中,延绵不断的线形是大桥整体景观的主体,也是长桥的气势所在,任何大跨径的桥梁都显得形态弱小。但长桥的气势与景观恰恰由简单的梁和墩的重复序列组合形成。长桥的序列组合是遵循着桥梁总体平纵线形的布设而形成的整体效果。因此在长桥的景观设计中,平纵线形的设计是长桥景观设计的重点。

1)线形的变化

在长桥的景观中,整体线形至关重要,长桥的线形从景观的角度上可分为两个部分:即平面线形的变化与纵坡线形的变化。

①单一的直线线形使大桥呆板,容易产生疲劳;

②变化与柔美的曲线使人产生舒心的感觉;

③弯转的线形使大桥富于变化,给人带来行车的兴奋感和景观上的优美视觉效果;

④纵坡上的线形变化给行车带来起伏变化之感,同时在纵坡的高点处可一览大桥的全貌。

本项目特定的工程环境和工程结构特点,决定了其景观方面的独到之处,近海口平原地形决定了桥梁的线形应贴合地形景观进行设计,主要反映在其线形的平纵变化上,总计有3个平面弯曲和1个较大的纵向起伏,如图2所示。

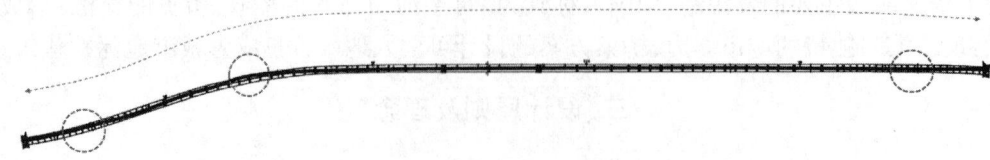

图2　总体平面线形变化点分布图

2)线形的起伏

桥梁在纵断面线形上有1个较高的控制点和2个局部轻微控制点,形成1个较大的纵向起伏变化,如图3所示。舒缓的起伏变化能降低驾驶者的疲劳感,对于桥梁全线景观观赏也较为舒适、缓和。

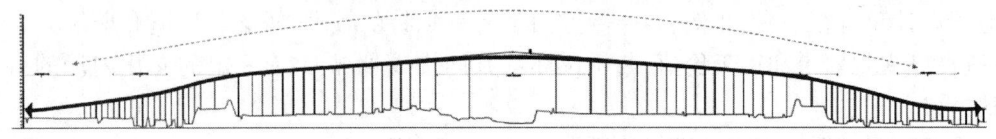

图3　总体纵向起伏变化示意图

## 2. 线形景观构成

黄河特大桥工程由北向南依次包括北侧堤外引桥、北侧跨大堤桥、北侧堤内引桥、主桥、南侧堤内引桥、南侧跨大堤桥、南侧堤外引桥,如图4所示。

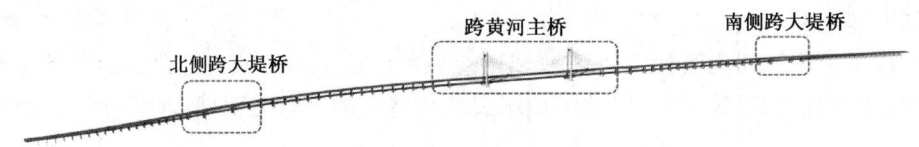

图4　桥梁景观节点构成图

全线工程舒缓起伏的曲线元素充分展示了桥梁的整体形态(图5)。通过透视可见桥梁线形变化较大区域位于北侧跨大堤桥附近,此区段能明显地感受到桥梁至高点的桥面变化和主桥桥塔的完整景观,是视觉观赏的高潮区域。

图5　桥梁视觉模拟图

通过模拟选定桥梁北侧跨大堤桥、主桥和南侧跨大堤桥作为本次设计主要景观设计构成点,从而展现桥梁的景观变化,使桥梁全线姿态各异,各自闪耀着独具特色的光芒。

### 3. 主桥设计

1）主桥造型

方案以"思本溯源"为设计初衷,由于索塔是斜拉桥最突出的构造物,索塔外形设计在满足结构受力要求的前提下,其造型的美观与否是全桥景观设计的重点。

桥梁采用门形塔形式结构将桥梁作为城市的地标性建筑,取"门户"之意,并在门形造型上将大地的肌理、河海的波澜融入桥梁建筑的整体线条之中,表达黄河入海口桥梁的地域性特征,是一座城市的文化代表和延续。

桥梁方案的线条传递了滨州人民面向黄河入海口从始至终思本溯源的人文传统和黄河奔腾入海的广阔胸襟。方案的演变如图6所示,方案形态表现如图7所示。

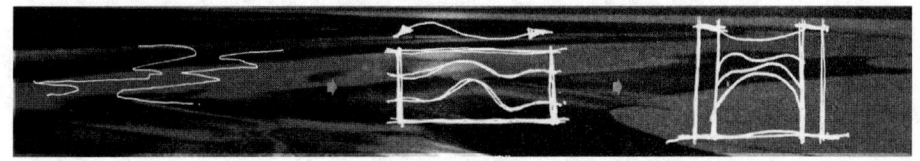

图6　方案的演变

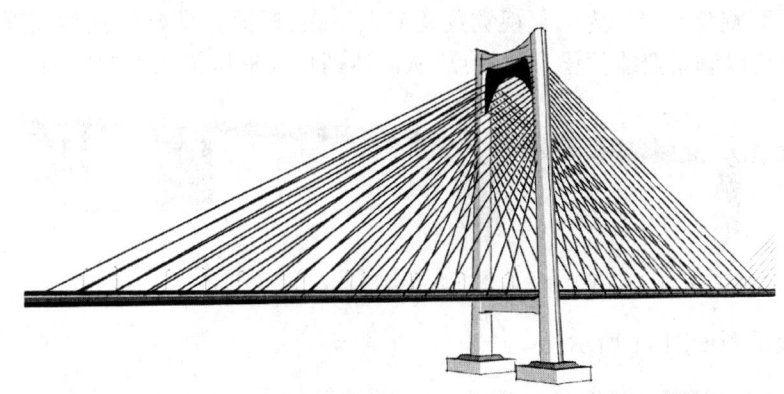

图7　方案形态表现图

2）桥塔断面设计

跨黄河主桥桥塔断面内侧采用方形导圆角设计,视觉上增加大桥的柔和感(图8)。内侧采用斜面加曲线线条,加大了桥塔的线条美,使桥梁整体感觉圆润的同时提升了造型的细腻度。

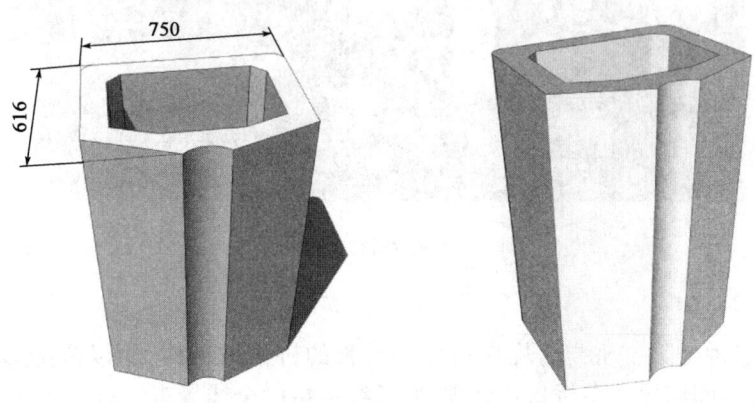

图8　塔柱断面形式图(尺寸单位:cm)

3）桥塔结构组成景观

桥塔采用混凝土塔的结构形式,满足桥塔的受力结构和加工要求。桥塔顶部造型部分采用钢混材质相互结合,组成富有曲线的顶部景观,造型优美,施工便捷。同时代表了现代桥梁建造工艺的精湛技术和富有设计感的现代桥梁景观。钢混组合构造示意图如图9所示。

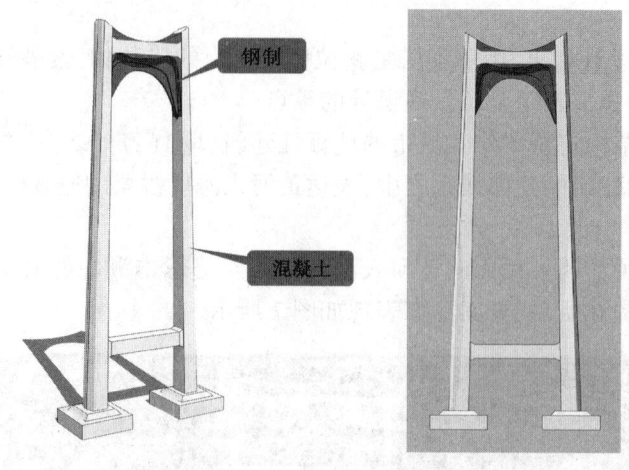

图9　钢混组合构造示意图

## 4. 跨大堤桥设计

本项目全线主桥两侧跨堤岸桥为第二视觉景观节点所在,桥梁方案延续主桥曲线元素,选择变截面桥梁结构形式(图10),以满足全线桥梁景观特点,从而达到长线形桥梁景观的延续性。

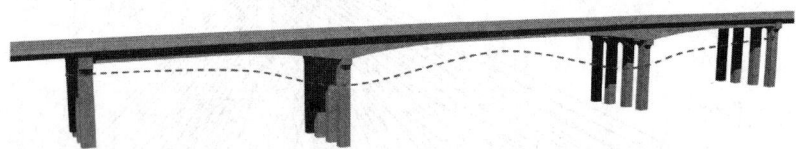

图10　跨大堤桥桥梁形式

跨大堤桥桥梁效果图如图11所示。

图11　跨大堤桥桥梁效果图

## 5. 引桥设计

本项目全线桥梁引桥是除主桥与跨堤岸桥之外最长的桥梁段结构,所以桥梁形式将在依据结构合理,的前提条件下开展不同区段的引桥景观处理,使长线型桥梁全线景观富有变化。

全线引桥段分别为北侧堤外引桥、北侧堤内54m跨和50m跨引桥、南侧堤内80m跨和50m跨引桥、南侧堤外引桥六段引桥桥梁(图12),其中南北侧堤外引桥桥梁、北侧堤内50m跨桥梁形式相同,如图13~图15所示。

桥梁引桥形式随桥梁结构有所变化,形式多样,景观造型丰富。

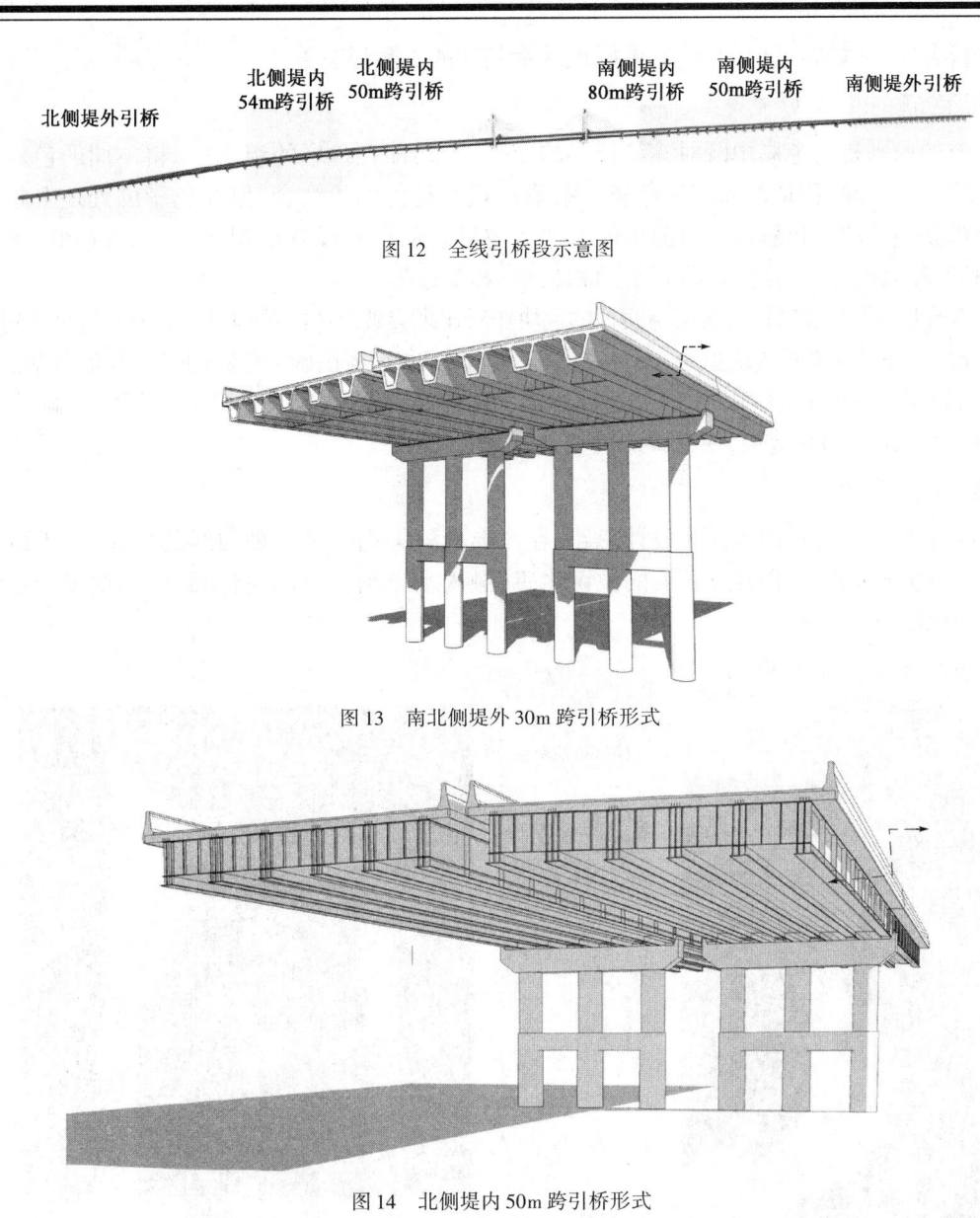

图 12　全线引桥段示意图

图 13　南北侧堤外 30m 跨引桥形式

图 14　北侧堤内 50m 跨引桥形式

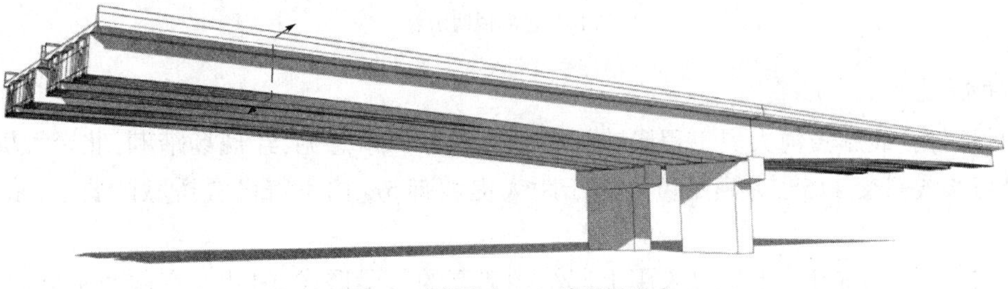

图 15　南侧堤内 80m 跨引桥形式

## 五、桥梁色彩涂装设计

桥梁作为交通运输中最重要的一个节点工程，它不是单独的构筑物，是城市环境建筑的一个组成部分，桥梁、河流以及其他的建筑物共同构成了一个完整的城市形象。他们之间相互协调、统一，形成一个整体的城市景观。他们组成的色彩也叫作城市色彩。

本次桥梁桥塔以混凝土结构为主，在门形造型装饰上采用局部钢结构材料，其外表面需要进行整体的钢结构涂装，介于该区域在桥面视觉的重点区域，因此色彩选择尤为重要，应结合混凝土的本色以及文化特点上进行分析,选择相适应的色彩,更好地展示其功能美和形态美。

### 1. 桥梁色彩的搭配原则

色彩和谐的原则是指色彩中既对比又调和的统一关系,即在色彩的组合中,将不同的色彩与相似的色彩有机地统一在一起,创造出和谐的色彩。眼睛喜欢的是色相的结合,但在色彩的处理上超过三个基本色相就很难获得成功。色彩设计最简单的方法是主导色的色相设置面积最大,彩度最低;辅导色为其次的面积,彩度较高的色相;而重点色则是面积最小,彩度最强。

桥梁色彩通常以简单、淡雅为宜,用小面积的色块作对比来突破总体的单调,起到补充、强化空间的作用。

（1）应充分考虑民族文化传统和地方民俗的影响,尊重各地区、各民族对色彩的爱好习惯,兼顾民风民俗。

（2）从与周围环境色彩协调原则出发选择桥梁主体色相,并考虑环境色彩对桥梁的影响。

（3）色彩要突出和加强造型,使桥梁造型更加完善。

### 2. 色彩涂装设计

本次桥梁造型以黄河水的波澜为设计思路,在门形的框架内寻求一种曲线的变化,给人以委婉生动的感觉;那么在色彩涂装上,仍延续黄河的波澜之感,融入水墨画的色调,将国画中的浓墨淡彩运用至桥梁色彩中,如图16所示。

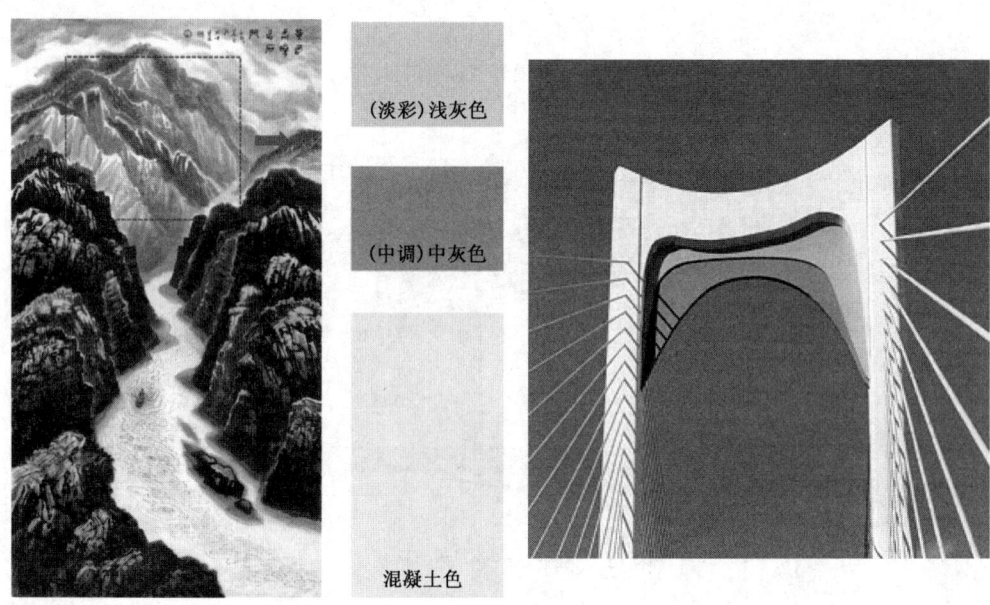

图16　色彩说明示意

### 3. 跨大堤桥

根据本项目对南、北岸黄河大堤工程影响评价报告及其评审意见,经现场踏勘,北岸大堤与路线斜交65°,南岸大堤与路线斜交115°,为满足黄委关于距大堤坡脚5m内不得设置桥墩的要求,采用主跨130m跨径跨越。

由于考虑与主桥相距较近,不建议采用上部结构造型的桥梁形式,因此以变截面桥梁形式为宜,可增加长线形中,视觉的中间层次效果。在桥梁的色彩上,与主桥相统一,采用中灰色,增加结构质感。

## 六、结　语

结合沾化至临淄高速公路建设的特点,从现状分析、规划分析、周边桥梁分析、文化分析等角度确定了跨黄河大桥景观采用"生态、人文"的设计理念。结合平面及纵断面线形,对主桥、跨大堤桥、滩地引桥、堤外引桥进行了外形设计。结合黄河下游滩区及滨州市的人文的特点,黄河大桥桥梁采用门形塔形式结构,作为城市的地标性建筑,对桥塔外形及比例进行美学优化,确定了全桥的涂装色彩。全桥景观风格一致,造型元素突出,符合新时代桥梁特征。

**参考文献**

[1] 项海帆,等.桥梁概念设计[M].北京:人民交通出版社,2011.
[2] 范立础.桥梁工程[M].北京:人民交通出版社,2000.
[3] 罗晓瑜,陈艾荣,刘波.巴拿马运河三桥景观与造型设计[J].世界桥梁,2017(45),4:11-14.
[4] 王毅,徐国平,罗晓瑜,等.长桥中桥梁群的景观分析与设计[J].公路,2010,7:140-144.

# 32. 沾化至临淄公路黄河大桥滩地引桥设计

马雪媛　徐　召　王志英

(山东省交通规划设计院集团有限公司)

**摘　要**　沾化至临淄公路黄河特大桥滩地引桥采用50m结构简支桥面连续钢混组合梁桥,主梁采用吊装施工。本文介绍了滩地50m Ⅱ形组合梁的设计及计算结果,为同类桥梁的设计提供参考。

**关键词**　钢板梁　Ⅱ形组合梁　组合结构

## 一、引　言

钢混组合结构利用了不同材料的特性,可以充分发挥材料各自的优势,因此其在现代桥梁设计中组合结构的使用越来越广泛。而且钢混组合结构桥梁有着自重轻、施工工期短、有利于工厂加工和标准化施工、后期可回收利用价值大等优势。

相对于钢混组合连续梁,钢混组合简支梁更能发挥钢梁受拉、混凝土受压的材料优势,且有效地避免了负弯矩区桥面板开裂问题。因此,滩地引桥采用钢混组合简支梁。

## 二、工程概况

沾临高速公路是《山东省高速公路网中长期规划(2014—2030年)调整方案》中"纵四"沾化(鲁冀界)至临沂(鲁苏界)高速公路的一部分,北接在建的国高秦滨线(G0111)埕口至沾化高速公路,南连在建的临淄至临沂高速公路,黄河大桥是全线的控制性工程。其中,北侧跨大堤桥和主河槽之间为北滩地引桥,采用(8×54+9×50)m结构简支桥面连续钢混组合梁桥,主河槽和南侧跨大堤桥之间为南滩地引桥,采用14×50m结构简支桥面连续钢混组合梁桥。

沾化至临淄公路黄河特大桥滩地引桥正在进行上部结构施工(图1),Ⅱ形组合梁正在吊装,预计2022年底通车。

图1　滩地引桥施工图

## 三、主要技术标准

(1) 公路等级:高速公路;
(2) 设计速度:120km/h;
(3) 行车道宽度:2×3×3.75m(六车道);
(4) 标准桥梁宽度:34m;
(5) 桥面横坡:2%;
(6) 桥梁设计汽车荷载:公路—Ⅰ级;
(7) 设计基准期:100年;
(8) 设计洪水频率:300年一遇;
(9) 抗风设计标准:桥位处百年一遇风速为28m/s;
(10) 桥梁抗震设防烈度:Ⅶ度,水平向设计基本地震动加速度峰值为0.10$g$,其余技术指标均满足《公路工程技术标准》(JTG B01—2014)的要求。

## 四、总体设计

黄河滩区平整开阔,交通便捷,宜采用中小跨径桥梁。根据防洪影响评价和黄河水利委员会对桥位的批复,堤内引桥布置不小于50m孔跨。滩地引桥选择与主桥相对应的钢混组合简支梁作为推荐桥型,钢混组合连续梁、节段预制拼接箱梁和连续箱梁作为比选桥型。经对比,多工字形钢混组合简支梁(即装配式Ⅱ形组合梁)虽然用钢量相对较高,但施工工期短,安全性好,质量好,符合"标准化、工厂化、装配化"的发展方向,且与主桥桥型相对应,故50m/54m滩地引桥采用装配式Ⅱ形组合梁。

另外,结合黄河滩区便于吊装运输的优势地质情况,对断面及横向联系进行了优化,极大降低了用钢量,降低了结构的整体造价。

滩地引桥结构体系为结构简支桥面连续结构,桥面连续处采用高韧性纤维混凝土。主梁为钢混组合梁,单幅桥面全宽为16.5m,钢梁中心线处的总梁高为2.8m。钢主梁采用6片工字钢梁,由2片外主梁和4片内主梁组成。钢主梁中心间距为2.8m,外悬臂为1.25m。主梁标准横断面如图2所示。

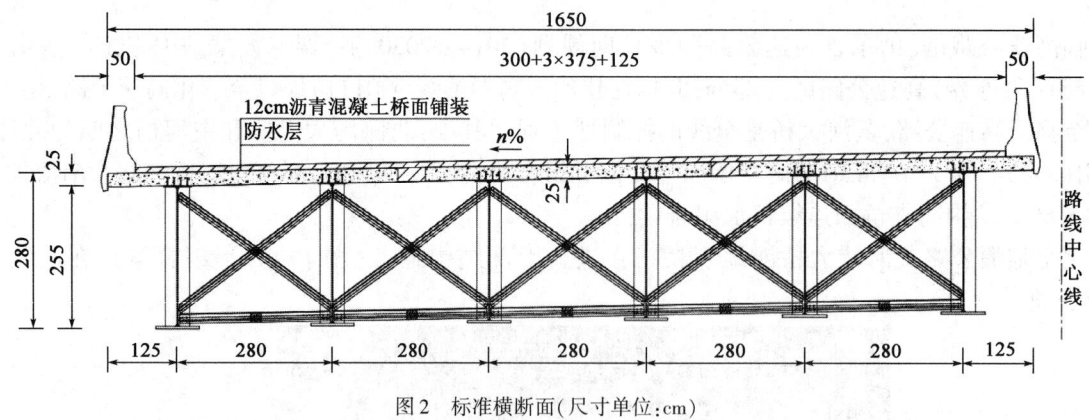

图2 标准横断面(尺寸单位:cm)

## 五、结构设计

### 1. 钢主梁设计

钢主梁采用Q345qD、Q420qD工字形直腹板钢梁,由顶板、底板和腹板焊接而成。

钢主梁底板为等宽变厚度钢板,底板宽度为780mm,底板厚度为32~42mm;主梁腹板为变厚度钢板,厚度为14~20mm;顶板为等厚度钢板,厚度为20mm,宽度为500mm。

钢主梁之间通过横梁、横撑加强横向联系,预制组合梁的横撑标准间距为5.0m,预制组合梁间的横撑间距为 5.0～10.0m。

端横梁采用实腹式横梁，采用焊接工字形截面，横梁顶板、底板和腹板采用等厚度钢板，厚度为 16～20mm，横梁设置 4 道竖向加劲肋。

横撑采用桁架式结构，下弦杆和斜腹杆均采用角钢。

2. 桥面板设计

桥面板为钢筋混凝土结构，桥面板标准厚度为 25cm。桥面板分预制部分和现浇部分，采用 C50 混凝土，其中预制部分和钢主梁预制为一个整体 π 形组合梁，现浇部分为现浇纵向湿接缝。

钢筋混凝土桥面板受力为单向板受力模式，为提高混凝土桥面板的抗裂性，采用高配筋率的钢筋布置形式。横桥向主受力方向钢筋直径为 20mm，布置间距为 12.5cm。

混凝土桥面板和钢主梁通过剪力焊钉连接，焊钉尺寸为 $\phi 19 \times 150$，纵向间距 125mm、250mm。

在桥面连续处采用高韧性纤维混凝土，其极限裂缝宽度小于 0.1mm，且极限拉应变可稳定地达到 3% 以上。

3. 基础设计

桥墩采用三柱式桥墩加盖梁。桥墩盖梁高度 2.0m，柱径为 2.0m。桥墩基础采用灌注桩，按摩擦桩设计，桩径为 2.2m。

4. 施工方案

沾化至临淄公路黄河大桥在现场设预制梁厂，滩地引桥所有 π 形组合梁均在预制梁厂预制完成，待 π 形组合梁养生完成后直接运输、吊装，然后浇筑湿接缝、铺装、护栏，成桥。

图 3 所示为 π 形组合梁拼装现场及现场吊装图。

图 3　π 形组合梁拼装现场及现场吊装图

## 六、结构静力分析（以 50m 为例）

1. 计算模型

采用 Midas Civil 2015 建立模型进行计算，共建立 789 个节点，1280 个单元。计算模型如图 4 所示。

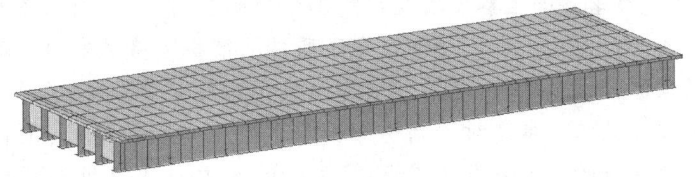

图 4　有限元模型

2. 计算荷载

静力计算荷载主要包括结构一期恒载、二期恒载、活载、基础沉降、温度效应、风荷载等，验算结构的强度、刚度和应力。此外还验算了高强螺栓的连接强度、钢梁整体和局部的稳定性、焊缝应力以及焊钉的抗剪强度等。

桥面板横向及纵向分析采用板单元建模分析,通过控制板的强度和裂缝指标配置桥面板横向及纵向钢筋。

### 3. 主要计算结果

根据《公路钢结构桥梁设计规范》(JTG D64—2015)第4.2.3条验算挠度。汽车荷载作用下梁跨中最大挠度为37mm,为计算跨径的1/1351,挠度验算满足规范要求。

运营阶段,钢梁上翼缘已与混凝土桥面板结合,上翼缘受压不再存在局部稳定问题,运营阶段的验算不再考虑上翼缘的局部稳定折减系数,可直接使用全截面计算应力。基本组合下钢梁上缘压应力-220MPa,钢梁下缘最大拉应力295MPa。钢材强度设计值上缘为270MPa,下缘为335MPa,钢梁应力满足规范要求。

## 七、结　语

装配式Π形组合梁现场施工简单,极大缩短了现场施工周期,且质量较好、安全性较高,是50m滩地引桥的最优选择。本文介绍了滩地装配式π形组合梁的设计,为之后的钢混组合梁的设计提供了一定的参考,也为同类型项目的设计提供借鉴。

**参考文献**

[1] 吴冲. 现代钢桥(上册)[M]. 北京:人民交通出版社,2006.
[2] 陈绍蕃. 钢结构设计原理[M]. 北京:科学出版社,2005.
[3] 陈绍蕃,顾强. 钢结构(上册)[M]. 中国建筑工业出版社,2007.
[4] 中华人民共和国交通运输部. 公路钢结构桥梁设计规范:JTG D64—2015[S]. 人民交通出版社股份有限公司. 2015.

# 33. 基于高速公路改扩建中高挡墙窄拼路段的装配化桩板结构设计

李炙彬[1]　李　壮[2]　罗小宝[1]　于　坤[1]

(1. 山东省交通规划设计院集团有限公司;2. 山东高速沾临高速公路有限公司)

**摘　要**　装配式桩板结构具有结构刚度大、沉降变形小、占地面积少、环境影响低和施工快速便捷等技术优点,是改扩建高速公路路基拼宽的设计解决方案之一,在公路领域受到越来越多的关注。本文介绍了桩板式结构在京台高速公路济南至泰安段改扩建工程中的应用,这是山东省首例高速公路桩板式结构的设计施工,具有重要的示范意义。本文详细介绍了高挡墙窄拼宽路段采用装配式桩板结构拼宽的设计方案,其特点是针对高挡墙窄拼宽路段,采用预制桥面板和预制空心圆柱墩,通过特定的拼接方式完成道路拼宽,实现了预制装配化施工。本文对预制桥面板与预制空心墩的连接、预制空心墩和扩大基础的连接、预制桥面板与路基的连接的设计方案与要点进行了介绍,总结了桩板式结构在桥面板的工厂化预制、预制空心墩安装、桩板式结构架设安装等施工技术要点和质量管控方法。本工程可以为预制桩板式结构在高速公路改扩建工程中路基拼宽设计与施工提供案例参考。

**关键词**　桩板式结构　预制装配化　公路改扩建　设计要点　施工措施

# 一、引言

随着我国公路运输产业的持续迅猛发展,越来越多的高速公路需要进行拼宽改建以满足未来的交通运输需求。高速公路改扩建通常在原有道路侧以拼宽路基的方式进行,但面临土地征用的难题,占地、取土的代价也越来越高,因此应用传统的路基结构其经济性和适用性受到一定冲击。桩板式结构是一种新型的路基结构形式,通过打入式预制管桩支撑桥面板形成路基结构,具有刚度大、沉降小、占地面积少、环境影响低和施工快速便捷等优势,能够适用于软土和湿陷性黄土等地质条件。桩板式结构对于横向拼宽的改扩建公路工程具有非常好的应用前景。

近几年桩板式结构在公路工程中的应用受到了高度关注和研究。郑吴悰研究了桩板式结构桩板接头性能,采用有限元分析方法对比研究了两种不同的接头形式,研究其在静动力荷载作用下的受力和疲劳性能,推荐 H 型钢接头作为桩板连接方案。杨庆云提出公路桩板式结构施工的工业化建造方案,分别对管桩预制和桥面板预制总结了标准化施工工艺,并归纳了桩板式结构现场施工中的管桩安装、梁板连接、桩板连接和新老路基连接等施工要点。高井望和马彪报道了桩板式结构在徽州大道南延投标中的应用,并与复合地基设计方案进行对比,强调了桩板式结构在缺方严重的圩区中的应用优势。

公路改扩建工程存在新老路基沉降差的技术难题,也存在征地困难和取土代价高的社会难题,桩板式结构则很好地解决了上述技术瓶颈。本文介绍桩板式结构在京台高速公路济南至泰安段改扩建工程中高挡墙路段的应用,这是山东省乃至北方地区首例高速公路桩板式结构施工,具有重要的示范意义。总结桩板式结构在本工程中的设计方案和施工要点,可以为桩板式结构在今后高速公路改扩建工程中的推广应用提供有益参考。

# 二、项目概况

正在实施的京台高速公路济南至泰安段改扩建工程,将既有高速公路由六车道改扩建为八车道,设计速度 120km/h,路基宽度 42m,采用"两侧拼宽为主、局部路段改移中分带"的加宽方式。

# 三、桩板式结构介绍

本项目中桩板式结构的应用路段,为"依山傍水"地形,两侧高差较大。临山一侧地质以岩石为主,现为路堑石质边坡,临水一侧为重力式挡墙路基,上下地面高差约为 8~12m,公路左侧距离 10 多 m 处为一条季节性河流。考虑到特殊地形的限制,为保护生态环境,避免开挖山体,采用"单侧拼宽,改移中分带"的拼宽方案。

该路段左侧为河道,原高速公路实施时为了避免路侧边坡占用河道,采用了路堤挡墙收坡的工程措施,本次拼宽工程,根据道路设计需拼宽 6.5m,如采用常规的路基拼宽方式,因拼宽较窄,土质很难压实,且路基边坡会占用河道;如再增设一道重力式挡墙,则造价较高,且内外两道挡墙间的窄缝很难填实。基于以上条件,设计中采用了一种适用于高挡墙窄拼宽路段的桩板式结构,该结构的横断面如图 1 所示。

该结构的上部分为预制拼宽段和与老路连接的现浇段两部分。

预制拼宽段采用在工厂标准化生产的钢筋混凝土板,根据位置不同,预制板分为 A、B、C′、C 4 种板。其中 A 板与墩柱连接,B 板位于非联端跨中,C 板位于联端,C′位于联端跨中。A 板、B 板、C′板横向跨中厚 26cm,悬臂端厚 20cm,加腋根部 46cm 厚,沿顺桥向等厚度布置。C 板为提高刚度和强度,跨中板厚与加腋根部同厚,为 46cm,悬臂端板厚 20cm,纵向加厚范围为联端 100cm 范围。预制板之间采用现浇湿接缝连接。各板的连接方式如图 2 所示。

与原路基连接的现浇段宽度为 280cm,预制板预留横向钢筋,与现浇部分连接成整体。在现浇段范围内通过钢花管注浆,加强与老路基的连接。

下部墩柱采用预制预应力混凝土空心圆柱墩,基础采用扩大基础。

纵向采用标准跨径 6m,拼宽宽度 6.25m,每 15 跨为一个联长,联长 90m。联端设置伸缩缝,缝宽

4cm。因跨越盖板涵、圆管涵等结构物,设置非标准跨径6.5m。外侧设置桥梁护栏,拼宽后总宽度为41.5m。

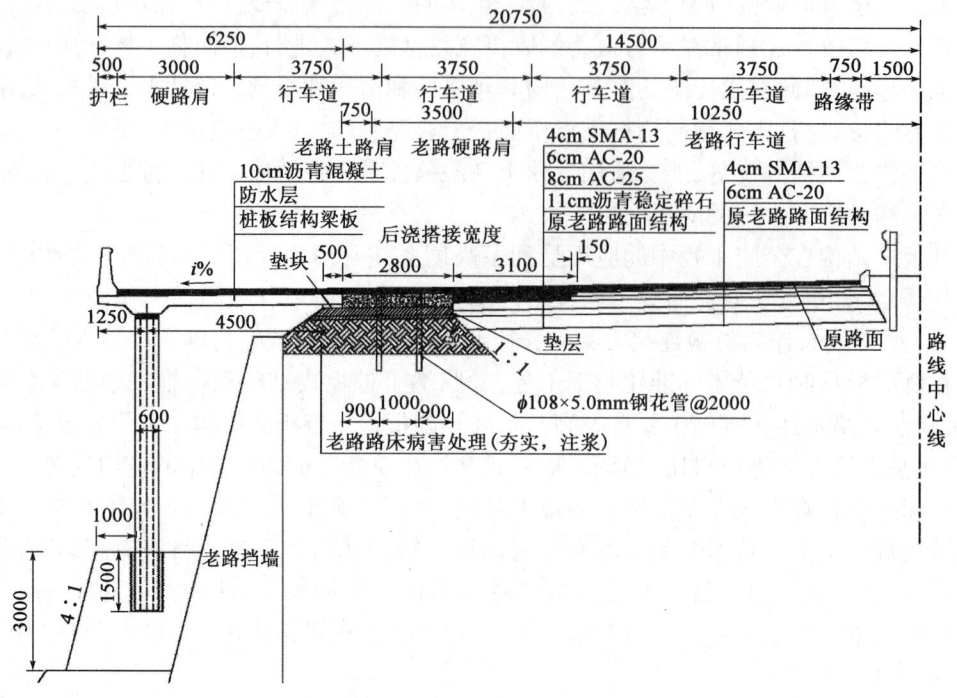

图1 高挡墙窄拼宽桩板式结构横断面(尺寸单位:mm)

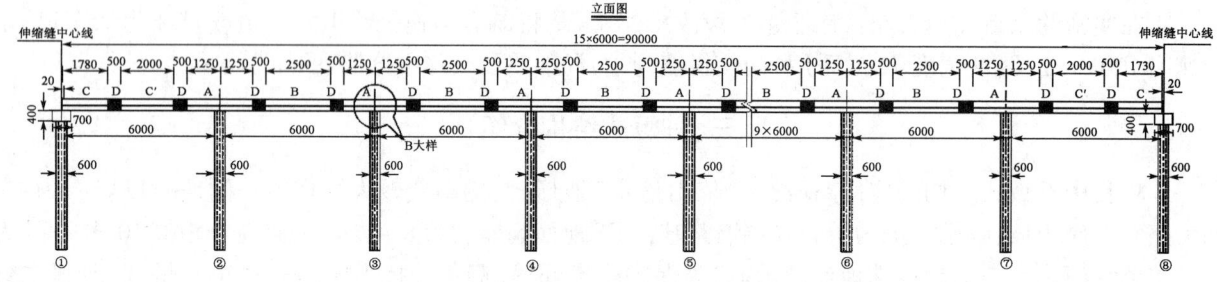

图2 桩板式结构设计标准联立面图(尺寸单位:mm)

## 四、关键构造的设计方案

设计中通过将桩板式结构的各个构件进行标准化设计,达到实现预制装配的快速工业化建造的目的。预制桥面板和预制空心墩如何连接、预制空心墩和混凝土扩大基础如何连接、预制桥面板和既有路基如何连接是3个主要的连接构造难题,下面对其展开描述。

1. 预制桥面板与预制空心墩的连接设计

预制桥面板与预制空心墩的连接采用半固结方式。在空心墩墩顶焊接U形钢筋,墩顶外包圆钢板,板顶高出墩顶10cm,并在板顶焊接垫片底钢板,放置改性聚合物圆环垫片,通过梁板预留孔后浇灌浆料与预制板实现半固结,可以通过调整改性聚合物圆环垫片实现横坡的调整。联端空心墩与盖梁通过预埋钢板与预制空心墩端板焊接,梁板放置在盖梁上。

2. 预制空心墩与扩大基础的连接设计

上部预制板对应的墩柱位置往下投影,正好位于老路挡墙墙身上,因该路段地质条件较好,采用钢筋混凝土扩大基础。

扩大基础与预制空心墩的连接采用承插法。扩大基础顶部预留150cm深，直径80cm的圆孔，内壁采用镀锌钢波纹管，圆孔中间设置圆柱形定位块。预制空心墩底部也预埋镀锌钢波纹管，插入定位块后，往空隙内浇筑C50无收缩细石混凝土，使之连成一体，如图3所示。

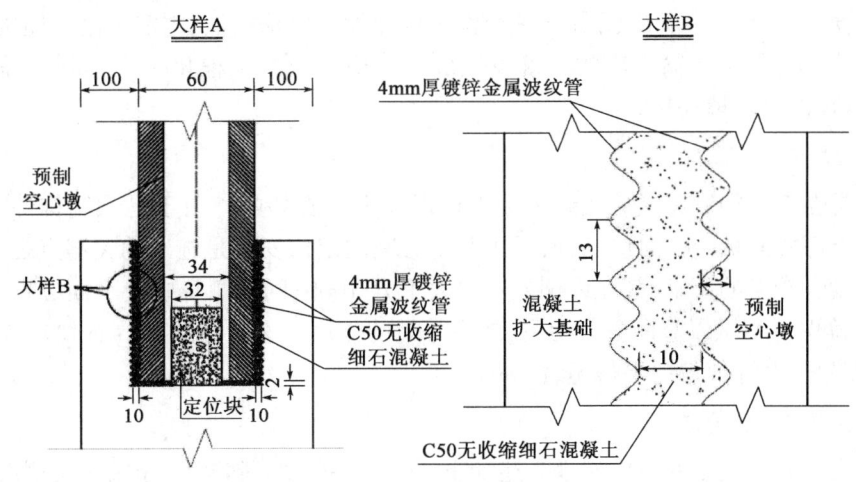

图3 预制空心墩与扩大基础连接细部图（尺寸单位：cm）

### 3. 预制桥面板与路基的连接设计

预制桥面板与原路基之间的连接问题，其关键是刚度过渡。老路基刚度较大，桥面板刚度较小，如何实现刚度平稳过渡，实现行车安全和行车舒适是设计的重点问题。

在本设计中，我们采用预制板预留外伸钢筋，通过路基现浇混凝土等一系列措施，来实现刚度的平稳过渡。预制桥面板与老路基连接部位是老路路肩，承受汽车荷载小，沉降不完全，土质较为松散。因此首先对老路基部分进行病害加固处理，包括夯实和注浆，使路基达到设计强度。路基顶铺设度为10cm厚的C20素混凝土垫层，垫层顶面设置乳化沥青防水层（膜厚不小于1mm），防止路面渗水浸入地基。不透水垫层顶部再铺设厚度为20cm的C20透水混凝土垫层，将路面下渗积水排出路基。透水混凝土要求透水性不小于1mm/s，以形成良好的横向路面层间水排水通道。桥面板预留外伸钢筋，与路基现浇段浇筑在一起。为增强现浇段与路基的连接，设置两排钢花管注浆，注浆完成后，钢花管上部与现浇段浇筑在一起，如图4所示。

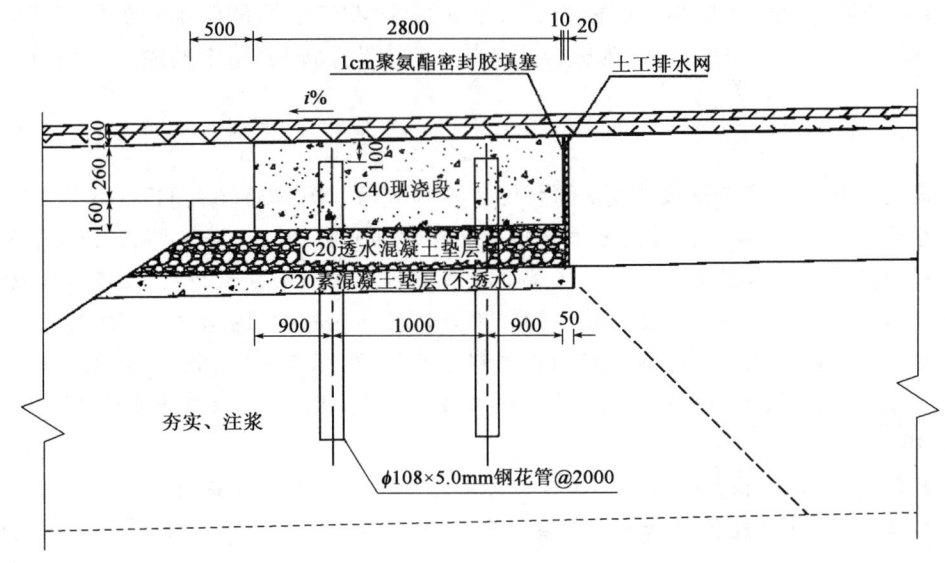

图4 预制桥面板与路基连接图（尺寸单位：mm）

## 五、桩板式结构施工技术要点与质量控制

### 1. 桥面板的工厂化预制

桥面板采用模具进行工厂标准化预制，预埋件应按照设计要求定位、固定牢固。连接件、预埋件的允许偏差也要满足施工要求。运输中应防止混凝土破损。桥面板的工程化生产有利于提高质量、节约工期、有利于施工管理以及环境保护。

### 2. 预制空心墩的施工

预制空心墩是在工厂预制完成后运到工地进行现场定位安装的。由于是预制构件，空心墩的高度、高程和位置是跟上部桥面板一一对应的，所以预制空心墩的定位安装是施工的关键点之一。

墩身的垂直度有严格的要求，其允许偏差不得大于 $H/1000$，同时墩身中线平面位置与设计位置偏差不得超过 15mm，确保空心墩以竖向受力为主，减小弯矩的作用。墩顶位置和高程要求准确控制，墩顶平面应平整，墩顶高程与设计值偏差不得超过 5mm。

### 3. 桩板式结构架设流程

桩板式结构安装架设施工的主要流程简述如下：①进行扩大基础施工，预制空心墩施工，精确定位，并固定空心墩顶部预留钢筋，放置高弹性聚合物垫片；②在空心墩顶部安装临时钢抱箍和钢纵梁，起吊 A 板，调整相对位置，使墩顶预留钢筋准确插入 A 板预留孔，向孔内浇入自留平灌浆料；③起吊中跨预制 B 板，将其置于相邻两片已经固结稳定的 A 板之间，吊放在钢纵梁上。调整预制板位置，确保 B 板两侧与 A 板距离，为 D 板现浇预留空间；④浇筑 B 板与相邻 A 板之间的 D 板；⑤重复第②~④以完成相邻跨的预制 A 板、B 板的安装以及湿接缝的浇筑；⑥起吊 C 板，将其置于桥墩盖梁和钢纵梁之上；⑦起吊 C′板，将其置于钢纵梁之上，调整 C′位置，为 D 板现浇预留空间；⑧浇筑相邻板之间的 D 板；⑨待湿接缝达到90%设计强度后拆除 C 板起吊纵梁；⑩一联主体结构施工完毕后，完成附属设施安装及桥面铺装。

## 六、结　　语

本文以桩板式结构在京台高速公路济南至泰安段改扩建工程中高挡墙窄拼路段的应用为背景，总结了桩板式结构在高速公路改扩建工程中的高挡墙窄拼路段设计解决方案。本工程中桩板式结构的最大特点是下部墩柱结构和上部预制桥面板均采用标准化工厂生产，针对高挡墙窄拼宽路段采用扩大基础的方案，上部结构通过不同节段的预制板实现全路段覆盖，施工迅速，质量有保证。给出了桩板式结构的施工技术要点和质量控制方法，主要是桥面板的工厂化预制、预制空心墩的施工和桩板式结构架设施工的施工质量控制标准和要点。本项目可以为桩板式结构在改扩建高速公路中的应用提供设计和施工参考作用。

## 参考文献

[1] 岳军委.高速公路改扩建工程设计方法探讨[J].中外公路,2015,35(6):343-346.
[2] 涂文博,李远富.桩板复合地基对高速铁路路基沉降影响分析[J].路基工程,2011(3):172-175.
[3] 康艳飞.桩板结构路基在湿陷性黄土地区客运专线中的应用[J].建设科技,2013(8):100-101.
[4] 李丹.公路工程中桩板式结构的施工技术[J].黑龙江交通科技,2019,42(7):20-21.
[5] 郑吴惊.桩板式结构桩板接头性能研究[J].工程与建设,2018,32(1):68-71+82.
[6] 杨庆云.基于工业化建造的公路桩板式结构施工技术研究[J].城市建筑理论研究(电子版),2018,18:128-129.
[7] 高井望,马彪.桩板式结构在徽州大道南延投标中的应用[J].工程与建设,2018,32(4):583-585.
[8] 李刚,郭艳玲.高速公路改扩建新旧路基差异沉降影响因素分析[J].公路交通科技,2021,38(7):22-28.

# 34. 宜昌柴埠溪大桥主桥方案比选

袁任重

(中南勘察设计院集团有限公司)

**摘　要**　宜昌柴埠溪大桥是宜都至来凤高速公路宜昌段控制性工程,本文结合项目的地形、地质、河势、施工等条件,重点介绍主桥方案比选过程,通过比选得出结论,综合施工工艺、建设工期、工程造价、结构耐久、景观效果等方面比选,组合梁方案均较优,作为本项目的推荐方案。

**关键词**　组合梁　混合梁　钢桁架梁　方案比选

## 一、工程概况

宜都至来凤高速公路宜昌段是《湖北省综合交通运输"十三五"发展规划》及《湖北省省道网规划(2011—2030年)》中"横五"通道——阳新至咸丰高速公路通道的重要组成部分。柴埠溪大桥是宜都至来凤高速公路宜昌段控制性工程,该桥为路线跨越柴埠溪而设,受地形、路线方案制约,桥位基本确定。主要建设条件如下:

1. 地形条件复杂

柴埠溪大桥桥位跨越典型的深切"V"形沟谷,沟谷上宽约440m,下宽约50m,沟谷谷底至路线设计高程达290m左右。桥位处"V"形沟谷两侧地势均较陡峭,宜都侧自然边坡坡度近66°,来凤侧近47°,两侧边坡上均难以设置桥墩。

2. 地质条件复杂

柴埠溪大桥桥位所处区域内岩石主要为奥陶系中—下统灰岩。基岩一般埋藏较浅,顶部常有直接裸露,溶蚀现象较普遍,地表偶有残积物覆盖;局部谷底堆积有一定厚度的洪积物、坡积物或冲积物;在边缘地带常堆积有结构松散的新近堆积物,地下水分布较复杂。区域内存在岩溶、滑坡、危岩等不良地质现象,寒武系、奥陶系、三叠系的灰岩、白云质灰岩等碳酸盐岩分布较广,岩性硬脆,并处于构造断裂带附近,岩体破碎,裂隙发育。因此桥梁设计时需重点考虑岩溶、滑坡、危岩等不良地质影响,确保边坡稳定和桥塔基础的安全性。

3. 环境保护及景观要求突出

柴埠溪大桥桥位所在区域内生态资源丰富,相关风景区和自然保护区有:柴埠溪国家森林公园(柴埠溪大峡谷风景区)、渔洋关大鲵省级自然保护小区、湖北五峰国家地质公园等。

柴埠溪特大桥位于柴埠溪国家森林公园(柴埠溪大峡谷风景区)东南部,距离渔洋关大鲵省级自然保护小区核心区仅为250m,因此应通过优化桥梁总体设计、合理确定工程方案以及完善细节部位设计等措施,尽量减小桥梁工程对风景区及自然保护区的影响,同时应重点考虑桥梁的景观这一要素,使得桥梁建成后能融入周围的自然山水,成为柴埠溪大峡谷风景区风格独特、形态优美的地标性建筑及一道新的人文景观,并带动风景区旅游发展和生态敏感区保护,使项目建设与环境保护、经济发展达到统一。

4. 桥梁涉及两个不同性质的公路工程

本项目涉及高速公路和省道242渔洋关绕城段公路,两桥合建,主桥横断面布置需综合考虑主桥、引桥、接线以及后期营运安全,牵涉面广,制约因素多,需衔接的其他项目多,是个复杂的系统工程。管理运营涵盖高速公路、省道,需要相互协调统一。因此本项目的设计需要从技术及管理运营等多方面进行综合考虑。

## 二、主桥主墩位置及主孔跨径选择

主桥桥跨的选择关键是塔墩位置的选择,塔墩位置主要受地形、地质条件等因素控制,同时需考虑岩溶、滑坡、危岩等不良地质现象,在主墩离陡崖边一定安全距离的前提下确保边坡稳定和桥塔基础的安全性。此外塔墩应选择地势平缓、开挖方量小的位置,以利于施工场地布设,降低施工难度。

桥位跨越典型的深切"V"形沟谷,两侧地势均较陡峭,宜都侧自然边坡坡度近62°,来凤侧自然边坡坡度稍缓,近43°,从节省工程投资的角度考虑,宜都岸塔墩基础可设置在高程420m以上,来凤岸塔墩基础可设置在高程470m以上相对缓一些的岸坡上,且基础距离两岸山体前缘临空面有一定安全距离。

然而,大桥基础施工不可避免地会对山体有所扰动,两岸岸坡在大桥基础增载作用下的稳定性成为方案成立的关键。在初步设计阶段,工程勘察通过地质测绘、工程物探及地质钻探,着重落实了两岸山体的节理裂隙的分布及产状。经地质调查,宜都岸主墩处岩石产状与边坡走向基本一致而倾向相反,对工程稳定较为有利。来凤岸纵向边坡顶部斜坡略缓,岩石产状与边坡的走向、倾向基本相同,且岩层的倾角小于坡脚,属于不利结构。考虑到两岸山体的地形地质条件,主塔墩位的设置应满足以下两个条件:

①距离山体前缘临空面一定安全距离。
②主墩基础的持力层为完整基岩。

索塔位置示意图如图1所示。

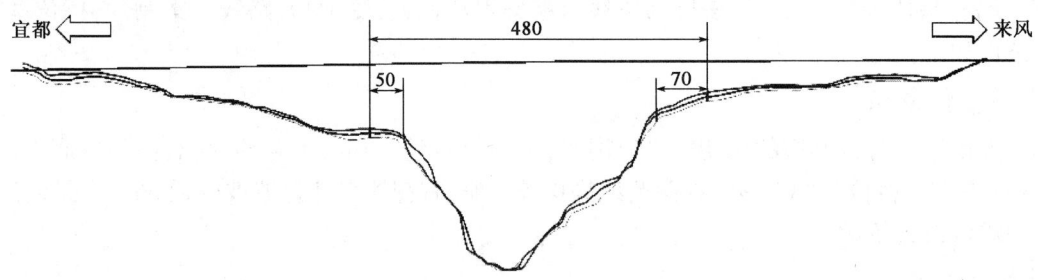

图1 索塔位置示意图(尺寸单位:m)

宜都侧主墩布置在距离山体前缘临空面约50m的位置,来凤侧主塔墩布置在距离山体前缘临空面约70m的位置,桩基进入中风化岩体约30m。针对主墩位置,项目组进行了桥位两岸岸坡稳定性专题研究。经研究表明,在各种不利工况组合下,两岸岸坡稳定性均满足规范要求且有一定富裕。

根据桥址处地形、地貌及地质条件,综合考虑环保、施工、工程造价及周边自然环境的协调,主桥拟采用主跨480m斜拉桥方案。

## 三、主梁形式的选择

斜拉桥主梁是斜拉桥设计的关键部位,综合地形、地质、景观以及国内外同等规模桥梁的建设经验,特别考虑到本桥的主跨跨径已达到480m,主梁只宜考虑钢结构加劲梁。通过对国内、外各斜拉桥钢主梁进行分析,钢结构主梁主要考虑钢箱梁、钢-混组合梁、钢桁梁,其对比研究结果见表1所示。

钢结构主梁对比研究结果一览表　　表1

| 项目 | 钢箱梁 | 钢-混组合梁 | 钢桁梁 |
|---|---|---|---|
| 力学性能 | 自重轻、受力明确、抗风性能好,桥面铺装性能一般 | 钢-混组合体系共同受力、自重较大,采用混凝土桥面,桥面铺装性能好 | 自重轻、受力明确、抗风性能好、整体刚度大、行车舒适、结构耐久 |
| 施工特点 | 工厂制作,现场整体吊装施工,施工周期短 | 钢结构工厂制作,现场吊装拼接完毕后,安装混凝土面板,施工周期适当 | 钢结构工厂制作,现场吊装拼接完毕后,施工周期适当 |
| 养护 | 养护方便,便于防腐,但钢桥面铺装耐久性不好 | 钢结构养护不方便,钢混结合处易开裂 | 结构外露面积大,养护工作量大 |

续上表

| 项目 | 钢 箱 梁 | 钢-混组合梁 | 钢 桁 梁 |
|---|---|---|---|
| 技术可行性 | 国内外已有成熟的经验 | 最大跨径720m,国内外已有较成熟的经验 | 最大跨径1092m,多用于铁路桥 |
| 造价 | 用钢量一般,480m为其经济跨径,造价相对较低 | 主梁用钢量省,拉索用钢量大,基础用量增加,桥面铺装省 | 主梁用钢量最大,480m不是其经济跨径,造价最高,经济性较差 |
| 综合意见 | 钢桁梁与组合梁方案各有优缺点,可进一步做经济技术比较。由于受地形、运输、吊装条件限制,钢箱梁方案实施困难,钢箱梁方案放弃 | | |

通过以上对比分析研究可知,钢箱梁重量轻、整体性强,但需要大件运输和安装,施工条件要求高;组合梁重量大、施工烦琐、养护麻烦,但桥面为混凝土面板,桥面铺装性能好;钢桁梁用钢量大、造价高,但行车舒适、耐久性好。

对于480m跨径,目前在建的大桥多采用钢箱梁的形式,相比较而言,钢箱梁方案经济实用、技术可行。但钢箱梁斜拉桥相对于其他主梁形式的斜拉桥,综合考虑地形地貌、技术难度及工程规模等因素,项目组认为本项目采用钢箱梁斜拉桥有以下几方面不利影响:

①山区道路线形条件较差,钢箱梁大节段整体运输困难。
②桥位跨越典型的深切"V"形沟谷,不具备整体吊装条件。
③钢桥面铺装耐久性不好。

因此本项目采用钢箱梁主梁形式实施难度较大,放弃钢箱梁方案。

目前公路钢桁梁斜拉桥的最大跨径达到800m(鸭池河大桥),考虑到钢桁梁斜拉桥整体刚度较大,行车舒适性稍好;钢桁梁的一些构件在运营期可以维修更换,耐久性稍好;钢桁梁较多地使用了高强螺栓连接,焊缝疲劳破坏问题相对于钢箱梁稍好一些;故将钢桁架梁斜拉方案应用于本桥,从跨径角度看是可行的。

近些年来,公路组合梁斜拉桥技术在国内外应用广泛,在设计和施工方面均积累了丰富的经验。已建湖北赤壁长江大桥跨径达到720m。由于其钢结构工厂制作,现场吊装拼接方便,结构用钢量省,具有良好的桥面铺装性能,后期养护费用低,也是极具竞争力的主梁形式。目前国内山区部分主跨超过400m的公路斜拉桥见表2。

**国内山区大跨斜拉桥主梁断面形式** 表2

| 桥 名 | 主跨(m) | 桥宽(m) | 主梁断面形式 |
|---|---|---|---|
| 鸭池河特大桥 | 800 | 28.0 | 钢桁梁(混合梁) |
| 毕都北盘江特大桥 | 720 | 28.0 | 钢桁梁 |
| 六广河特大桥 | 580 | 27.7 | π形钢-混组合梁 |
| 平塘特大桥 | 2×550 | 30.2 | π形钢-混组合梁 |
| 红水河大桥 | 508 | 27.7 | π形钢-混组合梁 |
| 六冲河特大桥 | 438 | 24.1 | π形预应力混凝土梁 |
| 忠建河大桥 | 400 | 27.0 | 钢桁梁 |
| 宜昌香溪河大桥 | 470 | 26.5 | 组合混合梁 |

因此借鉴国内山区斜拉桥建造经验,本项目初设阶段拟采用钢桁梁和组合梁两种主梁形式进行同等深度比较。

此外结合本桥为"两桥合建",宜来高速公路断面为双向四车道断面,全宽26.0m,省道242渔洋关绕城段公路断面为双向二车道断面,全宽10.0m。主梁断面布置主要有双层布置和单层布置两种方案。因此,针对主梁断面布设及结构形式的不同,同时结合总体路线,考虑两岸的地形、地貌,主墩的合理位置,兼顾经济,并注重与周边地形的整体协调,经综合比选后,拟定以下3个方案:

方案一:主桥跨径布置为(72+180+480+180+72)=984m,结构形式为双塔双索面双层钢桁梁斜拉桥。

方案二：主桥跨径布置为(56+156+480+156+56)=904m,结构形式为双塔双索面单层钢-混组合混合梁斜拉桥。

方案三：主桥跨径布置为(68+144+480+144+68)=904m,结构形式为双塔双索面单层钢-混组合梁斜拉桥。

## 四、桥型方案介绍

1. 双层钢桁架梁方案(方案一)

1)总体布置

桥跨布置为(72+180+480+180+72)=984m双塔双层钢桁斜拉桥方案,全长984m。主梁为钢桁架结构,主桁中心距14.0m,桁高8.5m。主塔为钢筋混凝土结构,斜拉索为平行双索面,立面上每塔两侧共18对索,全桥144根斜拉索。桥式立面布置如图2所示。

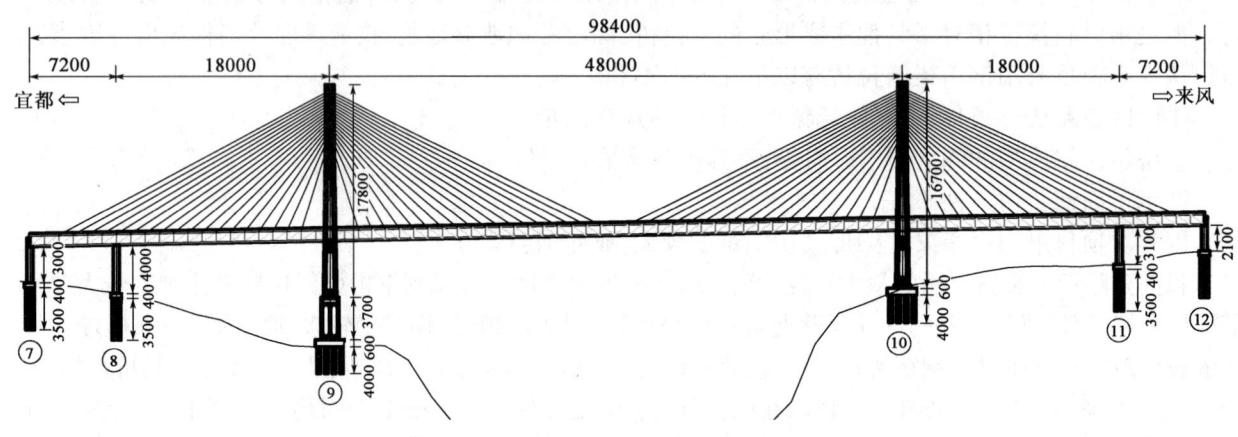

图2 主桥方案一桥型布置图(尺寸单位:cm)

2)结构体系

结构整体为半漂浮体系。索塔位置设置竖向支座、横向抗风支座、纵向限位阻尼,辅助墩位置设置竖向支座,过渡墩位置设置竖向支座和横向抗风支座。

为改善纵向静风荷载及地震荷载作用下的结构性能,在每个索塔处各设置4个纵向黏滞式阻尼器。阻尼器可控制动风、地震、汽车制动力等动力荷载产生的位移和速度,控制主梁的最大行程并保护梁端伸缩缝。

主桥约束系统平面布置如图3所示。

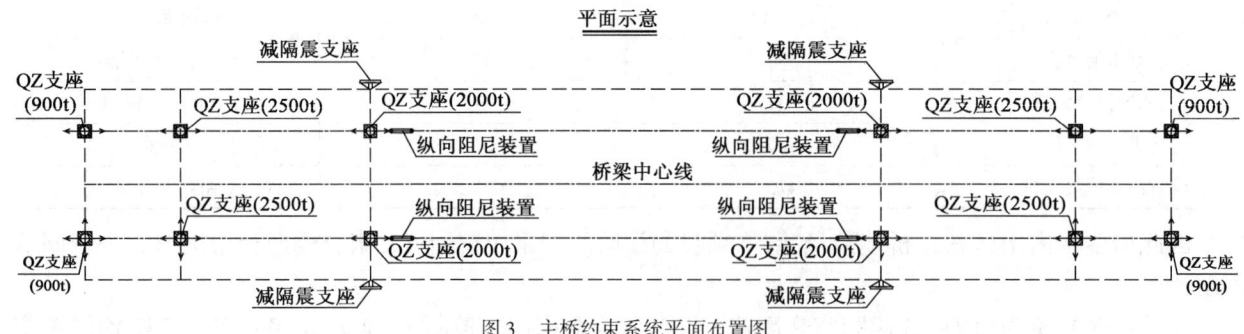

图3 主桥约束系统平面布置图

3)主梁结构

主梁为"N"形桁式,桁高8.5m,节间距12m,主桁横向中心距为14m,主桁节点处两侧设倾斜副桁,副桁上弦横向中心距为27.5m,上端连接副桁节点,下端连接下弦节点。桥面分两层布置,上层桥面为4车道高速公路,桥面宽26.0m。下层桥面为2车道省道,桥面宽10.0m。斜拉索布置在上层桥面副桁上弦杆上,中心距为27.5m。主梁横断面布置如图4所示。

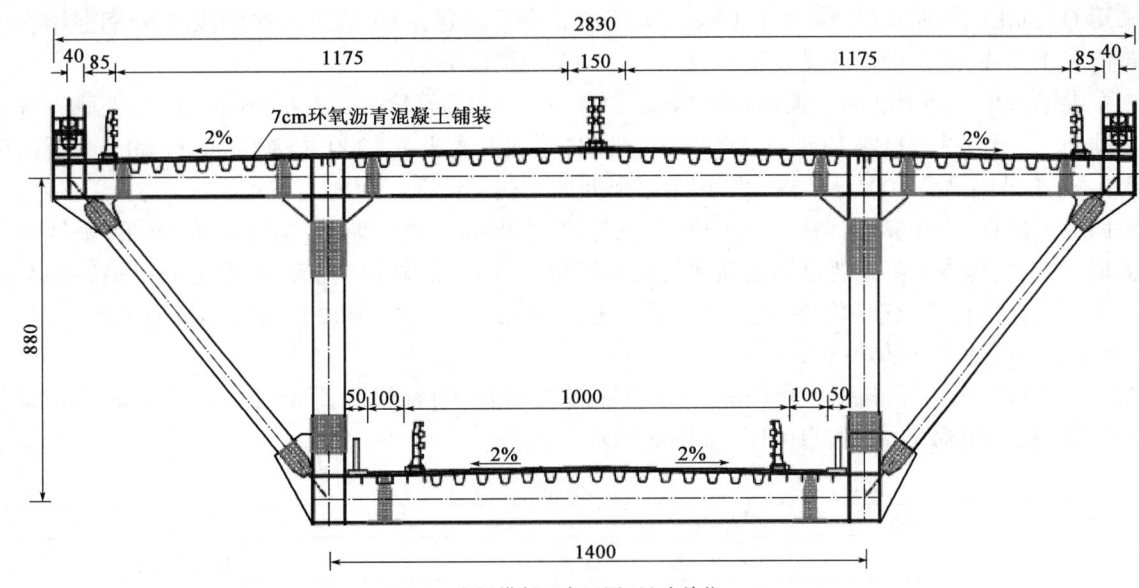

图4 主梁横断面布置图(尺寸单位:cm)

## 2. 组合混合梁方案(方案二)

### 1) 总体布置

桥跨布置为(56+156+480+156+56)=904m的双塔双索面单层钢-混组合混合梁斜拉桥(图5)。其中两侧边跨为混凝土梁,其余梁段为工字钢组合梁。

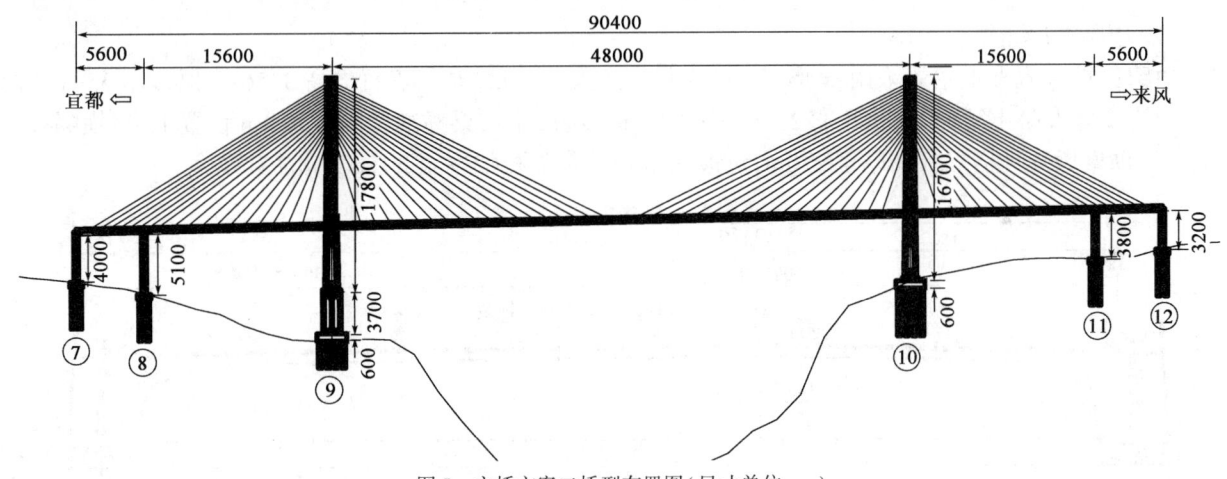

图5 主桥方案二桥型布置图(尺寸单位:cm)

### 2) 结构体系

本桥主桥采用的支撑体系为半漂浮结构体系。索塔下横梁处和各辅助墩处设置竖向活动支座,横向设置抗风、抗震支座,用于抵抗风荷载和地震荷载作用下的主梁横向效应;每个索塔下横梁处设置带限位的纵向黏滞阻尼器。其中纵向黏滞阻尼器可控制动力风、地震、汽车制动力等动力荷载产生的位移和速度,保护梁端伸缩缝;当温度、静风和汽车引起的墩梁相对位移在阻尼器设计行程以内时,不约束主梁运动;超出行程时,对主梁产生限位作用。

结构体系布置同主桥方案一。

### 3) 主梁结构

主桥中跨及近塔区边跨的主梁采用组合梁,边跨压重区的主梁采用预应力混凝土π形梁,主梁混凝土采用C50。

(1) 钢-混组合梁。

组合梁全宽38.9m,中心断面全高3.56m,双工字钢纵梁梁肋间距38.0m,梁高3.0m,组合梁主体钢结构采用 Q420qE。桥面板设 2% 和 1.13% 双向横坡。全桥共划分 65 个组合梁梁段、2 个钢混结合段、2 个边跨混凝土梁段,组合梁标准梁段长 12.0m,共有 13 种梁段类型。

钢主纵梁采用工字形断面。顶板宽 900mm、厚 36mm;腹板高 2884mm、厚 36mm,腹板外侧设置 2 道水平加劲肋,腹板沿纵向每隔 1250mm 设置一道竖向加劲肋;底板宽 1200~1800mm、厚 80mm;桥面设置 2 道小纵梁,小纵梁梁高 300mm。横梁采用工字形断面。横梁标准间距为 4.0m。

桥面板采用预应力混凝土结构,与主梁同宽,厚度为 28cm。在主纵梁、小纵梁及横梁顶板区域设置桥面板现浇接缝,现浇混凝土通过钢梁顶面的抗剪焊钉、预制板的外伸钢筋及接缝上的纵横钢筋有效地结合成整体。在组合梁拉索和塔区支座处等负弯矩区,可根据受力需要设置抗拔不抗剪的特殊剪力钉,以提高结构的抗裂性和整体性。

主梁上斜拉索锚固标准间距为 12m,每个索距设 3 道横梁,横梁间距 4m;边跨斜拉索锚固间距为 8m,每个索距设两道横梁,横梁间距 4m,如图 6 所示。

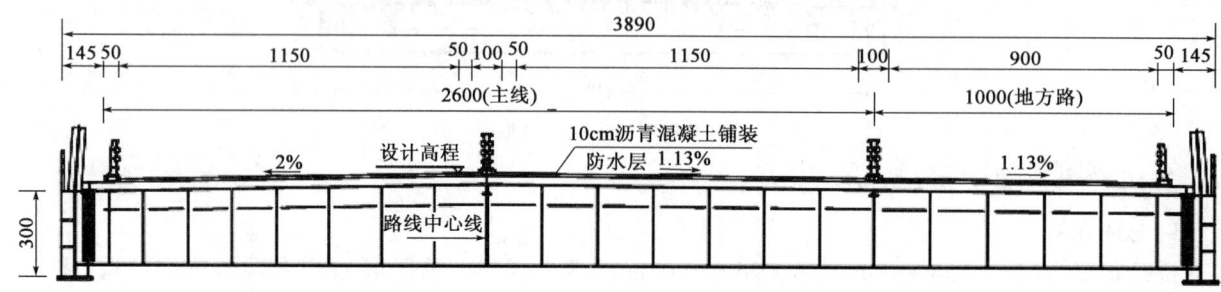

图 6 钢-混组合梁横断面布置图(尺寸单位:cm)

(2)边跨混凝土梁。

边跨压重区混凝土主梁采用 π 形梁,主梁顶部全宽 39.3m,中心断面梁高 3.56m,顶板厚 35cm。两边主肋为实体混凝土结构,主肋底宽 2.4m,高 3.27m。混凝土主梁标准横隔板每 4m 设置 1 道,横隔板厚 35cm,辅助墩墩顶处横隔板加厚至 2.0m,过渡墩墩顶处横隔板加厚至 2.5m,如图 7 所示。

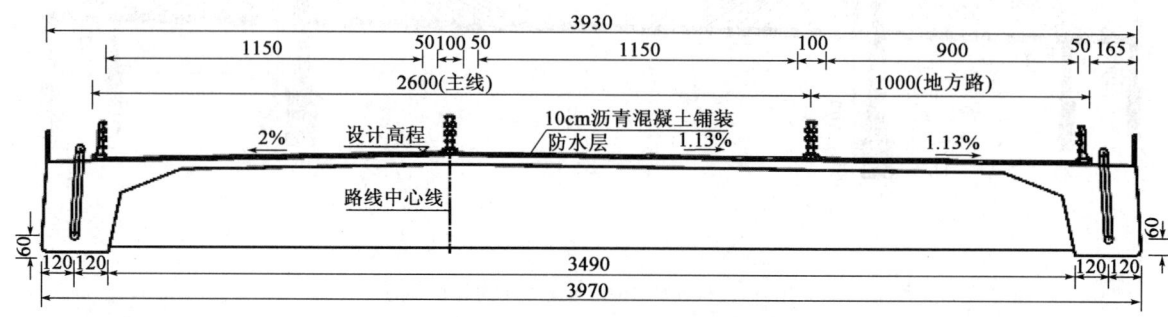

图 7 边跨混凝土横断面布置图(尺寸单位:cm)

(3)钢-混结合段设计。

斜拉桥钢-混凝土结合段的位置和形式的选择是混合梁的关键技术。在功能上要求比较流畅地传递各种荷载产生的内力和变形,同时接头位置具有良好的抗疲劳性、耐久性和可靠性。结合段构造主要从结合段的构造形式和设置位置两个方面考虑。

混凝土边主梁与钢主梁的结合位置确定原则如下:结合段位置的选择考虑受力、施工便利性。结合段位置尽量选择不会产生正负应力变化和竖向位移变动较大的位置。经计算分析,混凝土结合面伸入近塔处边跨,距辅助墩中心 9m 处。

钢-混凝土接合部主要构造如下:主纵梁的腹板、顶板、底板延伸至钢混结合段内,通过纵向预应力筋、承压板、主纵梁腹板、顶板、底板上的剪力钉及纵梁与混凝土的摩擦力传递内力。钢混结合段长度 7000mm。主纵梁加强段在顶板、底板、腹板以及与承压板结合处设置多道水平及竖向加劲肋。

## 3. 组合梁方案(方案三)

### 1)总体布置

桥跨布置为(68 + 144 + 480 + 144 + 68) = 904m 的双塔双索面单层钢-混组合梁斜拉桥(图8)。全桥梁段为工字钢组合梁。

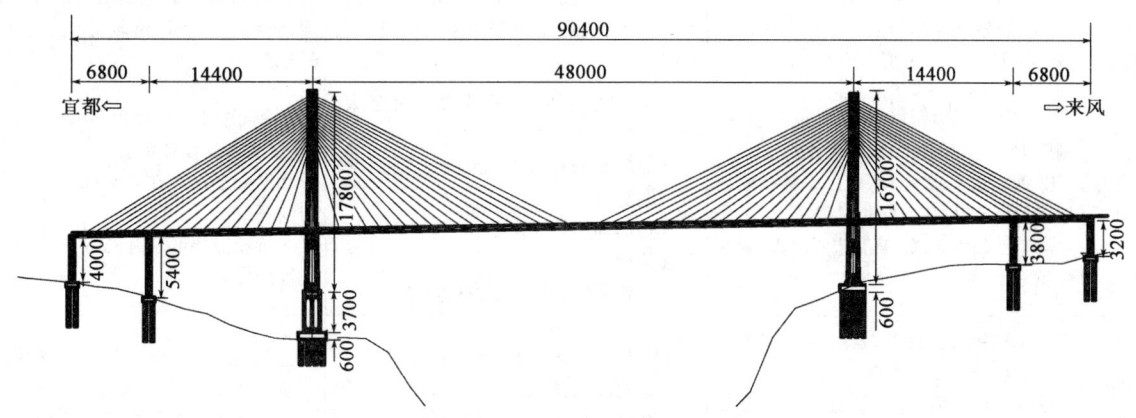

图8 主桥方案三桥型布置图(尺寸单位:cm)

### 2)结构体系

本桥主桥采用的支撑体系为半漂浮结构体系。索塔下横梁处和各辅助墩处设置竖向活动支座,横向设置抗风、抗震支座,用于抵抗风荷载和地震荷载作用下的主梁横向效应;每个索塔下横梁处设置带限位的纵向黏滞阻尼器。其中纵向黏滞阻尼器可控制动力风、地震、汽车制动力等动力荷载产生的位移和速度,保护梁端伸缩缝;当温度、静风和汽车引起的墩梁相对位移在阻尼器设计行程以内时,不约束主梁运动;超出行程时,对主梁产生限位作用。

结构体系布置同主桥方案一。

### 3)主梁结构

主桥主梁采用组合梁,组合梁全宽38.9m,中心断面全高3.56m,双工字钢纵梁梁肋间距38.0m,梁高3.0m,组合梁主体结构采用Q420qE。桥面板设2%和1.13%双向横坡。

全桥共划分79个组合梁梁段,组合梁标准梁段长12.0m,边跨处梁段长8m,组合梁共有14种梁段类型。

主纵梁采用工字形断面。主纵梁顶板宽900mm、厚36mm;腹板高2884mm、厚36mm,腹板外侧设置4道水平加劲肋,腹板沿纵向每隔1250mm设置1道竖向加劲肋;底板宽1200~2400mm、厚80mm;桥面设置2道小纵梁,小纵梁梁高300mm。横梁采用工字形断面。横梁标准间距为4.0m。

桥面板采用预应力混凝土结构,与主梁同宽,标准段厚度为28cm,边跨梁段厚度为55cm。预制混凝土桥面板长1845cm,宽315mm,厚28cm,在主纵梁、小纵梁及横梁顶板区域设置桥面板现浇接缝,现浇混凝土通过钢梁顶面的抗剪焊钉、预制板的外伸钢筋及接缝上的纵横钢筋有效地结合成整体。

主梁上斜拉索锚固标准间距为12m,每个索距设3道横梁,横梁间距4m;边跨斜拉索锚固间距为8m,每个索距设两道横梁,横梁间距4m,如图9所示。

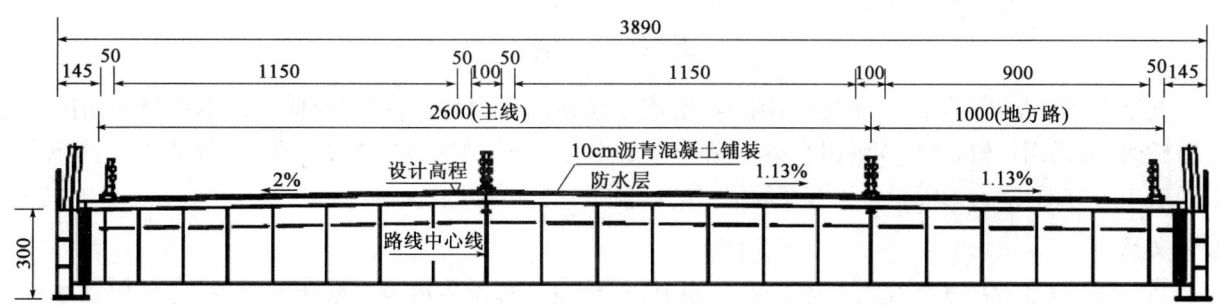

图9 钢-混组合梁横断面布置图(尺寸单位:cm)

## 4. 综合比选(表3)

**桥型方案综合比选表**　　　　　　　　　　　　　　　　　　　　　　　　　　　表3

| 方案 | 方案一:双层钢桁梁方案 | 方案二:组合混合梁方案 | 方案三:组合梁方案 |
|---|---|---|---|
| 工程造价 | 主梁用钢量大,480m 不是其经济跨径、造价较高(主桥建安费8.0亿元),经济性较差 | 主梁用钢量省,基础用量稍有增加,桥面铺装省,工程造价较低(主桥建安费5.9亿元) | 主梁用钢量省,基础用量稍有增加,桥面铺装省,工程造价较低(主桥建安费6.5亿元) |
| 结构受力性能 | ①钢桁梁受力明确、抗风性能好、整体刚度大、行车舒适、结构耐久性能好。②钢桁梁较多地使用了高强螺栓连接,焊缝疲劳破坏问题相对稍好。③钢桥面铺装,施工工艺要求高,耐久性稍差 | ①钢-混组合体系共同受力、自重较大,受力满足设计要求。②混凝土板存在开裂问题,连接件疲劳问题突出。③桥面铺装可采用SMA,施工方便,耐久性能好。④边跨采用混凝土梁,整体刚度大 | ①钢-混组合体系共同受力、自重较大,受力满足设计要求。②混凝土板存在开裂问题,连接件疲劳问题突出。③桥面铺装可采用SMA,施工方便,耐久性能好 |
| 主梁制造、架设难易程度 | ①钢桁梁杆件接头较多,对加工制作及现场拼装精度要求高。②根据国内施工企业的施工经验和设备配备,钢桁梁加工、制造工艺成熟,架设风险和架设难度均在可控范围内,工期可控 | ①双边工字梁加工、制造工艺成熟。②梁宽较大,横梁需分段制作拼装,钢梁拼装完成后安装混凝土桥面板,工序复杂,架设风险和架设难度均在可控范围内,施工周期稍长 | ①双边工字梁加工、制造工艺成熟。②梁宽较大,横梁需分段制作拼装,钢梁拼装完成后安装混凝土桥面板,工序复杂,架设风险和架设难度均在可控范围内,施工周期稍长 |
| 运营安全及舒适性 | ①下层省道行车受上层桥面限制,行车稍感压抑、视野受限、行车时明暗变化明显,舒适性略差。②下层桥面由于日照条件较差,下层车道易造成积冰和积雪,影响行车安全 | 主梁为敞口断面,视野开阔,但同一平面车道较多,桥面行车视觉上会产生不适应感 | 主梁为敞口断面,视野开阔,但同一平面车道较多,桥面行车视觉上会产生不适应感 |
| 后期养护 | ①常规养护设备即可满足桥梁日常养护要求,外观检查更易到达。②钢桁梁的一些构件在运营期可以维修更换,耐久性更好。③结构外露面积大,养护工作量大,养护工作量及费用较高 | ①常规养护设备即可满足桥梁日常养护要求。②钢结构养护工作量小,钢混结合处易开裂 | ①常规养护设备即可满足桥梁日常养护要求。②钢结构养护工作量小 |
| 桥梁景观 | 钢桁梁结构高度较高,杆件虽多但整齐划一,景观效果整体较好,视觉冲击感更强 | 双边钢主梁、混凝土梁外观简洁、流畅 | 双边钢主梁外观简洁、流畅 |
| 对引桥结构的影响 | 合建段采用双层桥面,桥墩采用门式框架墩,结构和施工相对复杂,但影响范围较小 | 引桥均分幅建设,结构简单 | 引桥均分幅建设,结构简单 |
| 综合比较意见 | 综合比较结果表明:3种桥型方案在结构受力、结构耐久、施工难度、技术可行性上基本相当;钢桁梁方案尽管结构刚度大、空间利用率高,但其经济性较差;组合梁方案在钢材用量、桥面铺装、工程造价、后期养护等方面优势明显;因此推荐方案三——主跨480m 单层组合梁斜拉桥为实施方案 | | |

## 五、结　语

近年来,钢-混组合梁能充分发挥钢结构、混凝土结构的受力特性,被广泛应用。本项目为山区高速公路桥梁,可采用钢桁架梁、钢混组合梁、混凝土梁结构,综合施工工艺、建设工期、工程造价、结构耐久、景观效果等方面比较,钢混组合梁方案较优,作为本项目的推荐方案。

**参考文献**

[1] 袁任重.湖北郧十高速汉江大桥方案比选[C]//中国公路学会桥梁和结构工程分会.中国公路学会桥梁和结构工程分会2013年全国桥梁学术会议论文集.北京:人民交通出版社,2013.

[2] 中华人民共和国交通部.公路斜拉桥设计细则:JTG D65-01—2007[S].北京:人民交通出版社,2007.

[3] 中华人民共和国交通运输部.公路桥涵设计通用规范:JTG D60—2015[S].北京:人民交通出版社股份有限公司,2015.

[4] 中华人民共和国交通运输部.公路钢混组合桥梁设计与施工规范:JTG/T D64-01—2015[S].北京:人民交通出版社股份有限公司,2015.

# 35. G108国道禹门口黄河公路大桥水文分析与设计优化

毛和光 侯 旭 王 技

(中交第一公路勘察设计研究院有限公司)

**摘 要** 黄河桥梁,尤其是桥群区新建桥梁时,前期工作在做好水文调查、勘测、分析的基础上,应尽早与水利部门沟通,确认桥位、跨径、高程等控制因素。同时宜根据水利部门的意见和建议,优化构造设计,使结构适应所在河段的河势、水情与防洪、防凌需求,提前防控施工与运营风险,为大桥顺利建设奠定基础。

**关键词** 禹门口 公路大桥 水文分析 防洪评价 设计优化

## 一、引 言

禹门口,为黄河晋陕峡谷南端出口,历来为秦晋交通要冲,国道108线在两省交界处依1973年建设的单跨144m悬索桥连接黄河两岸,2006年该桥经检测评定为危桥,成为国道大动脉的通行瓶颈,交通压力巨大,亟待重建。但路线走廊处桥位资源受限,水文地质条件、自然环境复杂,大桥建设面临诸多技术难题。其中路线走廊所处峡谷与漫滩交界的复杂水环境,制约大桥的设计和施工。禹门口区域地形概貌如图1所示。

图1 禹门口区域地形概貌

新建G108国道禹门口黄河大桥自项目启动至2016年开工建设历经10余年,在此期间根据黄河水利委员会和防评部门的多次指导,设计方案数次优化调整,最终获批在原桥下游420m处,跨主河槽1060m范围主桥采用245+565+245=1055m双塔双索面组合梁斜拉桥。设计单位在工作过程中体会到:在水情复杂、桥群密集河段设计大型桥梁,必须与水利部门充分沟通,充分考虑河道防洪、行凌对大桥建设的影响,并及时根据意见优化调整,才能优质高效地完成前期工作。

## 二、流域概况

拟建 G108 国道黄河大桥桥址区属暖温带大陆性半干旱季风气候区。历年平均降水量 590mm，年内季节降水分配极不均匀，7、8 月雨量集中，常有大雨及暴雨发生，雨量之和占年平均的 40%。降水量的年际变化大，丰水年降水量约为平均年 155%，枯水年约为 54%，年平均蒸发量介于 900～1300mm 之间。

桥址区域属于黄河小北干流（禹门口至潼关黄河段）流域。黄河在禹门口上游，属峡谷型河道，位于秦晋山峡中，河岸相对稳定，河槽限制在峡谷之间，河面宽度一般为 300～400m，流速较快，无明显滩槽分界，主槽摆动变化幅度较小。其中峡谷口仅 100 多 m，出禹门口后，河槽骤然展开，平面呈现喇叭状，属典型的堆积性游荡河道。黄河韩城河段（禹门口至韩合交界），全长 42.5km。这段河道主要表现为河道宽浅，水流散乱，主河槽游荡，沙洲林立，鸡心滩遍布。该河段中河道的主要特征是：河床纵比上陡下缓，平均为万分之四，河道沙粒径为 0.2～0.3mm，韩城滩地面积 29.95km$^2$，主流摆幅最大处 3.0～3.5km，一般处 1.5～2.0km，滩槽高差 1.85m；历年自然弯道半径 1.4～4.6km，曲折系数 1.0～1.4；平滩以下河相稳定系数 0.34，宽深比 $\sqrt{B/H}$ 为 30～50，平滩河槽宽度，最宽处 3.5～4.0km，最窄处不到 1.0km，一般在 2.0km 以下。

新建大桥受两岸既有道路接线限制，仅能在原桥位附近至京昆高速公路龙门大桥以上约 6km 河段。该河段桥梁布设较为密集（图 2）。在禹门口处，河槽中有一河心小岛，长约 70.0m，宽为 30.0m 左右，至此河流分为两股，主流由现禹门口黄河公路大桥通过，水面宽约 140.0m。此位置，目前自上向下密集布设四座桥梁，分别为：原 108 国道公路桥，单孔 144m 单链悬索钢桁梁桥；禹门口（龙门）黄河铁路大桥，为单孔跨径 144m 下承式钢桁梁；黄陵—韩城—侯马铁路黄河大桥，主桥为跨径 154m 下承式钢桁梁桥。该河段在黄淤 68 断面下游 6270m 处为京昆高速公路龙门特大桥，包括主跨 352m 双塔双索面混凝土斜拉桥和主跨 2×125m 三塔单索面混凝土矮塔斜拉桥。新建桥梁时，需考虑桥群效应对防洪的不利影响。

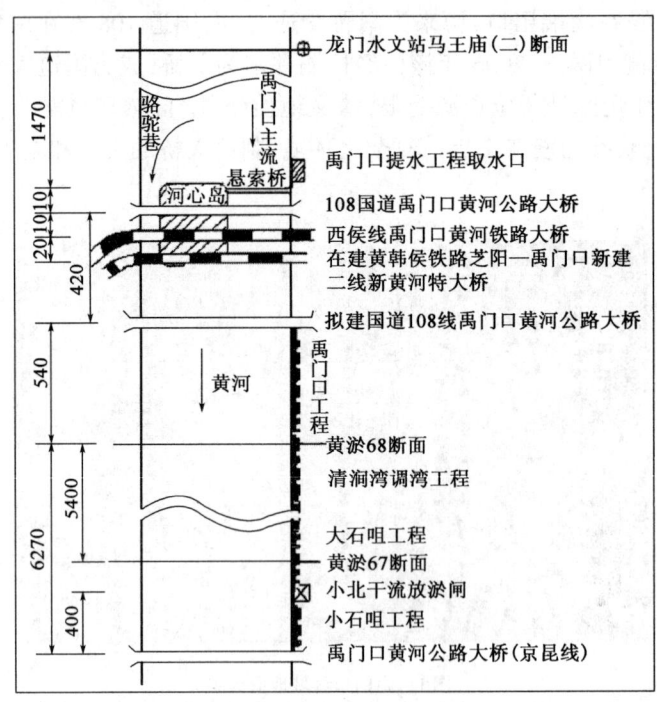

图 2　拟建桥位河段既有桥梁分布（尺寸单位：m）

## 三、桥位比选

### 1. 第一桥位：原禹门口黄河公路大桥向下游约 66m 桥位

该桥位位于原禹门口黄河公路大桥下游约 66m 处，即紧邻新建黄韩侯铁路桥。路线起于山西河津侧原108国道距大桥650m处,向西跨越黄河左岸龙门提水工程、抽黄一级站及其渠道、黄河堤防工程、黄河河槽,进入陕西省韩城市境内,与新建黄韩侯铁路复线基本保持平行,采用桥梁上跨方式通过。桥梁全长1680m。

2. 第二桥位:原禹门口黄河公路大桥向下游约420m桥位

该桥位位于原禹门口黄河公路大桥下游约420m处,路线顺接河津市规划的一级公路,起点位于山西省河津市境内(国道108线K1033+000),在抗日英雄纪念碑南侧向西跨越黄河堤防工程、黄河河槽,进入陕西省韩城市境内采用桥梁上跨方式通过。桥梁全长1640m。

3. 第三桥位:原禹门口黄河公路大桥向下游约2.6km桥位

该桥位位于原禹门口黄河公路大桥向下游约2.6km处,路线起点位于山西省河津市境内西侯家村南侧,桥梁起点为CK1+200附近,向西在CK1+500附近跨越黄河堤防工程、清涧湾调湾工程、黄河河槽,进入陕西省韩城市境内,采用桥梁上跨方式通过,桥梁终止于CK5+850。桥梁全长4650m。

拟建大桥第一桥位、第二桥位、第三桥位布置示意如图3所示。

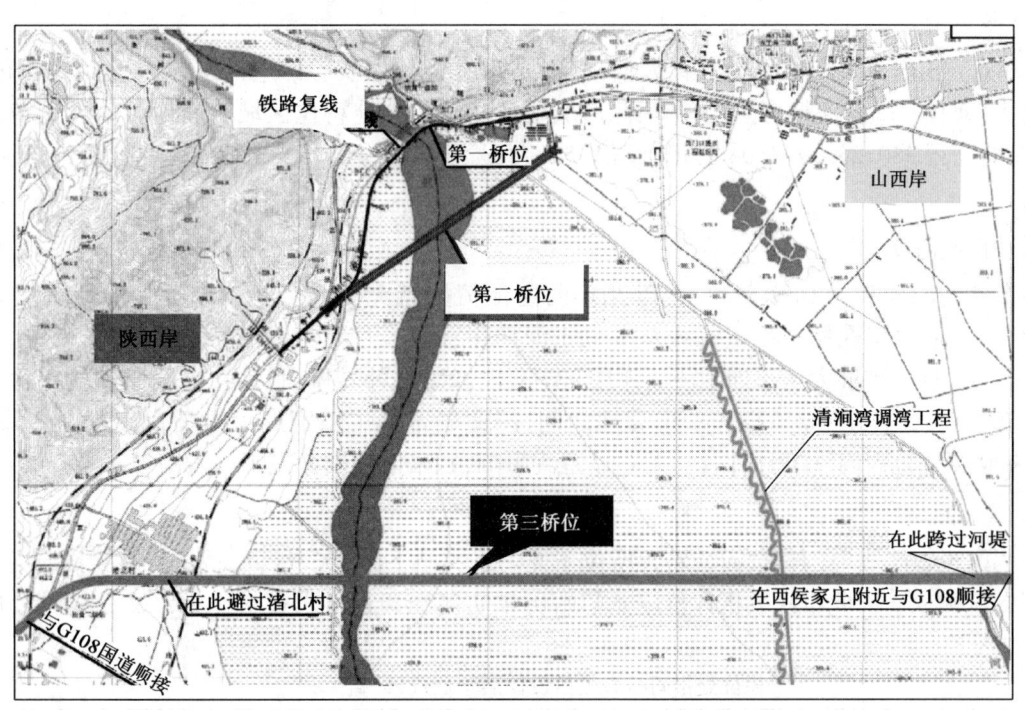

图3 拟选桥位示意

拟建国道108线禹门口黄河公路大桥主桥桥位比选考虑因素包括:平、纵面线型指标、工程地质影响、工程水文影响、地形地物影响、征地/拆迁量比选、区域交通规划、实施技术难度、受铁路及隧道影响、现有108国道保通等因素。现仅就水文影响比选见表1。

主桥桥位比选相关参数　　　　表1

| 项　目 | 桥位名称 | | |
|---|---|---|---|
| | 第一桥位 | 第二桥位 | 第三桥位 |
| 距原桥距离(m) | 原桥下66 | 原桥下420 | 原桥下2600 |
| 跨河长度(m) | 650 | 1062 | 3780 |
| 桥梁长度(m) | 1680 | 1640 | 4650 |
| 2004—2010年河槽摆动宽度(m) | 550 | 1068 | 2300 |

续上表

| 项 目 | 桥 位 名 称 | | |
|---|---|---|---|
| | 第一桥位 | 第二桥位 | 第三桥位 |
| 线位与2010年汛后主流线切线方向夹角(°) | 2 | 1 | 1 |
| 距龙门水文站(m) | 1500 | 1920 | 4060 |
| 距黄淤68断面(m) | 上960 | 上540 | 下1600 |
| 距龙门黄河大桥(m) | 7230 | 6810 | 4670 |
| 结论 | 推荐第二桥位为设计桥位 | | |

经综合比选,并报请黄河水利委员会批准,原桥下游约420m处为推荐桥位。

## 四、水文调查、勘测与影响因素分析

桥位确定后,在进行桥梁选型、结构方案比较时,尚应考虑桥位处地形水情、主河槽宽度、河道冲淤演变、相关管理规定等具体因素。

### 1. 地形概况

拟建桥址区位于禹门口黄河河漫滩及阶地上,黄河在此处由峡谷区进入平原区,河谷急剧变宽。地形略有起伏,地势开阔。河槽弯曲,河岸两侧形成明显岸坎。拟建桥位区域所属地貌单元为黄河河漫滩及阶地,地面高程380.26~433.04m,相对高差52.78m,河水深约0.20~3.00m。此地形位置优异,适宜桥梁建设。

### 2. 主河槽宽度

黄河在此河段河槽平面摆动频繁,近几年的主流流路就充满整个主槽断面。前期现场调查时至2011年冬季之前,黄河在桥位处主流线基本位于河津岸;2012年元旦前后,黄河主流线改移至韩城岸,2012年1月14日实测最大水深处距离河津岸937m,已经紧邻韩城岸;目前主流线又偏于河津岸。主流摆动幅度基本在禹门口控导工程和右岸高地之间,因此确定的主槽宽度为禹门口工程至右岸山体,即1060m。在此宽度范围内,受河槽摆动,无明显主流影响,宜采取全断面范围内大跨径跨越。

### 3. 流量、流速

拟建的国道108线禹门口黄河公路大桥位于龙门水文站下游1920m处,桥位所在断面与龙门水文站区间没有支流加入。因此本次分析评价以龙门站历年实测和调查洪水资料作为水文分析计算的基本依据,见表2、表3。

**桥位处不同频率流量设计洪水位成果**(黄海高程)   表2

| 项目 | 300年一遇 | 100年一遇 | 10年一遇 |
|---|---|---|---|
| 频率(%) | 0.33 | 1 | 10 |
| 洪峰流量(m³/s) | 34500 | 28300 | 16400 |
| 断面平均水位(m) | 387.00 | 386.35 | 385.00 |
| 左岸水位(m) | 387.20 | 386.55 | 385.10 |
| 右岸水位(m) | 386.80 | 386.15 | 384.90 |

**滩槽流速**   表3

| 频率$P(90)$ | 禹门口—"黄淤68" | | |
|---|---|---|---|
| | 河槽流速 | | 河滩平均流速 (m/s) |
| | $V_{平均}$(m/s) | $V_{最大}$(m/s) | |
| 1 | 8.25 | 13.5 | 2.27 |
| 0.33 | 8.52 | 14.05 | 2.42 |

不同频率 $P(\%)$ 的洪峰流量 300 年一遇 ($P = 0.33\%$) 设计洪峰流量为 34500m³/s，100 年一遇 ($P = 1\%$) 设计洪峰流量为 28300m³/s，10 年一遇 ($P = 10\%$) 设计洪峰流量为 16400m³/s。

在此条件下，桥梁设计时，需按 300 年一遇洪水设防。

4. 一般水沙特征

该段黄河水沙主要来自黄河龙门以上，水沙的主要特征是水沙量年内分配不均，年际变化大，水沙异源。该区间干支流坡度较大，坡面植被稀疏，是黄土高原多沙区，使龙门的洪水含沙量较大，暴涨暴落，且集中发生在 7—9 月上旬，以 8 月居多。实测最大含沙量 1040kg/m³ (2002 年 7 月 5 日)，最大年平均含沙量是 61.3kg/m³ (1959 年)。1950—2009 年汛期平均含沙量约为 44kg/m³。

受此泥沙特征影响，桥梁下部设计耐久性要求很高，必须充分考虑 100 年设计基准期内，泥沙磨蚀对墩台的影响，故应严格按现行的《公路工程混凝土结构耐久性设计规范》(JTG/T 3310) 规定的下部结构混凝土强度和保护层厚度设置，并宜通过加大跨径减少墩台数量。

5. 特殊水沙现象——"揭河底"冲刷

"揭河底"冲刷是桥址区所在黄河小北干流河段的一种特殊水沙现象。当来水来沙，河床边界条件适宜时，即会出现因含沙水流引起的一种典型河床突变现象，主要表现为：大片河床质被向上掀起，有时露出水面数米之高，然后坍塌、破碎、被水流冲散，向下游输移；部分宽浅河道和大部分峡谷河道的河槽被强烈冲刷下切，滩地却大量淤积，形成窄深河槽，同流量水位比揭河底前有大幅度降低；大量泥沙集中向下输移，往往引起下游河道滩、槽强烈淤积，同时流量水位升高，河势常发生较大的摆动。

"揭河底"现象，是典型的河床淤积抬高——"揭河底"——冲刷——再回淤过程。桥梁下部结构设计时，必须考虑足够的冲刷深度和基础埋深，确保结构安全。

6. 河道冲淤演变调查分析

今后桥位所在河段的河道演变趋势将与过去相同。河床纵向演变趋势仍将以淤积为主，同时随着河床的不断淤积抬高，遇高含沙量大洪水时发生"揭河底"冲刷的可能性也是存在的。因此，预测桥位河段未来 50 年的淤积情况，采用黄淤 68 全断面 1966 年 5 月—2011 年 10 月的 46 年的年平均淤积厚度，分析得出的年均淤积厚度为 0.039m/a。根据黄淤 68 断面的淤积情况 (0.039m/a)，预测未来 50 年(至 2065 年)桥位断面淤积厚度将达到 1.95m。

考虑古贤水利枢纽建成运用后桥位断面冲淤发展，中国水科院对不同系列黄淤 62~黄淤 68 断面的最大冲刷情况进行了计算。5031 系列 645 高起调方案的冲刷量最大，约为 2.71 亿 m³，即相当于黄淤 62~黄淤 68 最大冲刷深度为 4.12m。因桥位距黄淤 68 断面最近，因此未来 50 年的最大自然冲刷深度取 4.12m。

本河段桥梁设计受河道冲淤演变影响较大，既要考虑淤积对梁底高程控制的影响，又要考虑冲刷对基础埋深的影响。

7. 冰凌特征

禹门口河段每年冰期长达 3、4 个月，龙门水文站受禹门口卡口影响，封冻年份占 6.8%，最长封冻天数 67 天 (1954—1955 年)。拟建桥位凌汛期近年来最低水位 380.04m (2005 年 2 月 2 日)，最高水位 385.74m (2000 年 2 月 10 日)；根据龙门站冰情观测资料知，冲到岸上最大冰块体积 10m³；实测流凌最大流速 3.16m/s 表面流速一般为垂线平均流速的 1.1~1.2 倍，这样表面最大流速可达 3.79m/s。

此类冰凌特征要求桥梁设计中必须考虑施工过程中临时栈桥、围堰和长期运营过程中桥墩防凌安全需要。因此，宜通过适度的增大桥梁跨径，减少建设期栈桥长度，增大流凌通道，亦可在运营期减少冰凌碰撞的概率，确保桥梁安全。

8. 通航要求

根据交通部 1988 年编制的《黄河水系航运规划报告》，桥位所在河段的通航标准采用Ⅳ(3)级通航标准,同时考虑20年淤高影响,通航净空为:38m×8.0m。

### 9. 相关规定

根据《黄河河道管理范围内建设项目审查标准(试行)》的要求:禹门口至潼关河段,桥梁容许间距4km,主河槽孔跨不小于100m,滩地孔跨不小于40m,并采用全桥跨越。

综上分析:在此桥梁密集区段,考虑河段的河道特性、河势演变规律,为减少桥梁建设对河势演变、河道防洪、工程管理的影响,减小河段因修建桥梁引起的壅水叠加及河段防洪(防凌)需要,本河段新建桥梁宜采用大跨径结构,尽量减少水中基础。

## 五、防洪评价与设计优化

黄河禹门口河段桥梁建设,受水文影响因素多,建设条件复杂。设计单位在前期工作中,结合防评研究阶段性成果,多次优化。

### 1. 前期方案

1) 工程可行性研究推荐方案

G108国道禹门口黄河公路大桥工程可行性研究阶段前期研究推荐方案桥梁按全桥跨越河道方式设计,主河槽内为6跨,跨径177m(图4),全桥总长:1685.36m。具体设计为:

①主桥:107+6×177+107m(预应力混凝土变截面连续箱梁),共长1276m;
②跨主河槽桥长:6×177=1062m;
③东引桥:4×40m+3×40m(装配式预应力混凝土组合箱梁),共长280m;
④西引桥:3×40m(装配式预应力混凝土组合箱梁),共长120m。

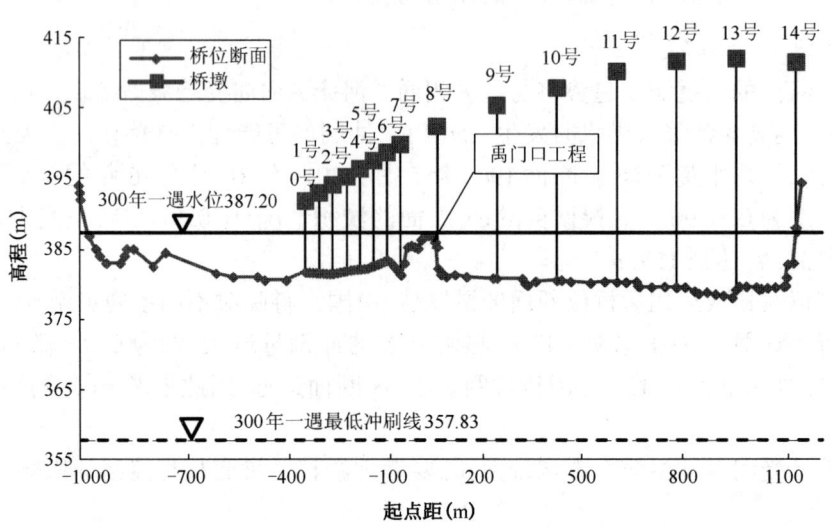

图4 工可前期方案主槽桥墩立面布置图

2) 对应防评结论

水位及控制高程:桥位处左岸水位300年一遇为389.37m,100年一遇相应设计水位为388.82m,10年一遇相应设计水位为386.48m;右岸水位300年一遇为388.97m,100年一遇相应设计水位为388.42m,10年一遇相应设计水位为386.28m,考虑河道淤积,至2063年相应水位较2011年可抬高2.03m。因此,按照行洪要求,桥梁下弦高程不能低于390.85m;按照通航要求,桥梁下弦高程不能低于396.51m。经计算跨越禹门口工程坝顶的桥梁梁底高程不小于392.33m。

壅水、冲刷:桥墩壅水最大影响范围为1200m。主河槽300年一遇冲刷线高程分别为357.82m,最低冲刷线高程取357.83m。滩地300年一遇最大冲刷深度为10.27m,最低冲刷线高程分别为376.71m。

针对桥梁设计方案,综合评价后满足《公路工程技术标准》(JTG B01—2014)并符合《防洪标准》

(GB 50201—94)的规定。

2. 设计优化与防评结论

1) 设计优化

经公路部门和水利部门多次专家咨询评审,从黄河行洪、防凌、通航要求、抗震、施工难度、后期养护等多方面因素分析,认为预应力混凝土连续箱梁桥方案存在水中桥墩较多、施工难度和风险较大、结构自重过大抗震设防困难、后期存在下挠和开裂等养护问题且施工工期较长等不利影响,宜予以优化调整。本文仅陈述行洪、防凌方面影响。

由于该河段洪水和冰凌情况比较严重,流冰及洪水期漂浮物是影响大桥桥墩安全的重要因素。流冰尺寸较大,凌汛期流冰和汛期最大漂浮物(如树木、船只等)将有可能直接撞击栈桥,对施工期临时设施和桥墩产生一定的撞击作用,威胁结构安全。考虑在2000—2013年,河段曾发生两次冰凌漫溢且在建桥梁均发生过相关险情:G5京昆高速公路禹门口黄河大桥施工辅助栈桥、围堰发生过冰凌冲毁;黄韩侯铁路复线桥亦发生洪水冲毁钢栈桥等实际情况,主桥在施工过程中必须考虑防洪、防凌要求。原方案在河道内主墩较多且平均分布,建设期需在河槽内全断面架设钢栈桥压缩行洪行凌断面,运营期间要考虑洪水、冰凌对主墩的撞击,存在一定的风险。

对此,设计依据不同频率洪峰流量,采用防评计算、实体+数字模型试验等多举措建立高含沙洪水冲刷和冰凌冲击模型,采取增设钢护筒防护、主塔防护涂层等,解决冰凌撞击、泥沙磨蚀等问题;同时依据主塔局部冲刷试验,全过程监测河床稳定性,预研防护措施并提出合理的基础施工方案。

综合其他因素,工可推荐方案调整主桥为主跨565m双塔双索面钢-混组合梁斜拉桥,跨径组合为[10×40+(245+565+245)+(50+90+50)]m的方案作为本项目大桥推荐方案。变更后方案左岸禹门口工程至右岸河槽范围内桥墩个数由7个变为4个。禹门口1号坝工程坝档内仍有一桥墩位置与原批复方案相同。原批复方案主槽最大桥跨为177m,变更后主桥最大跨度为565m(图5)。该方案在满足孔跨布置要求的同时,亦满足《黄河流域河道管理范围内建设项目审查同意书》中提出的防洪、防凌、通航等要求。经比较分析,抗冰凌、抗震性能、施工难度、景观方面都较大跨径预应力混凝土连续箱梁桥有优势,因此,在斜拉桥方案与预应力混凝土连续箱梁桥方案中进行比选,选择斜拉桥方案。

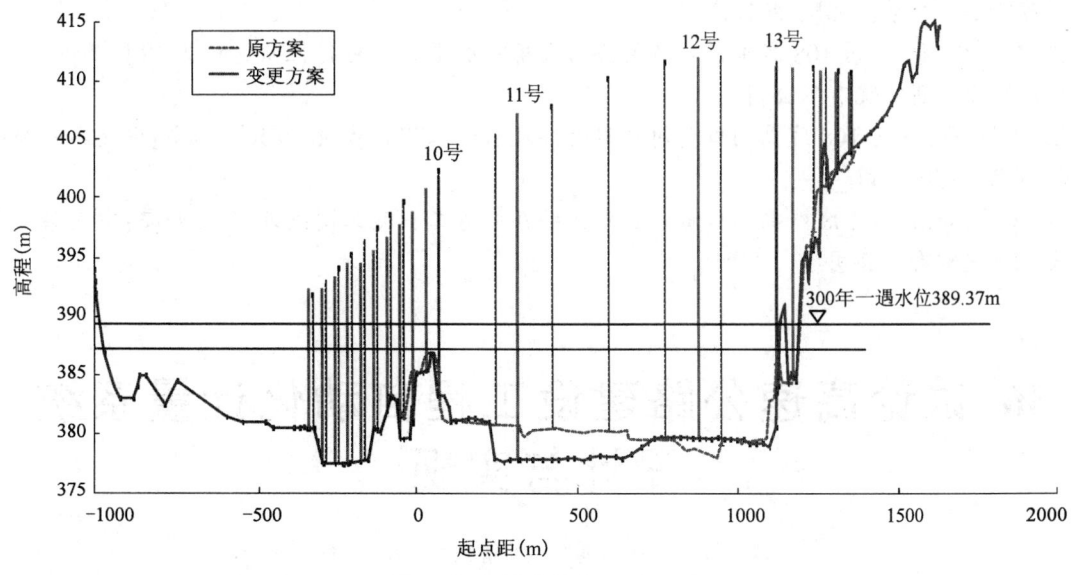

图5 变更后主槽桥墩立面布置图

2) 防评结论

本项目沿线属于黄河小北干流(禹门口至潼关黄河段)流域水系。根据相应的设计规范,针对245+565+245m钢-混组合梁斜拉桥方案,进行了专门的防洪评价。经详细分析、专家现场调研和召开咨询会,认为:因斜拉桥较预应力混凝土连续梁梁高大幅减小,故桥梁下弦高程较原方案提高4.2m;壅水及影响范围较原方案有所减小,但局部冲刷深度有所增大,但河槽内基础数量大幅减少,故对桥梁下部结构实施难度无明显影响;施工期钢栈桥长度由1070m减小至550m,实现了最小占用河道过流断面,最大限度地减小对行洪、行凌的干扰,提高施工中抵御洪水冰凌的能力。防洪评价主要结论在满足规范要求基础上,均较原方案更加改善。

2017年7月,桥位附近继1977年后再次发生"揭河底",因双塔间预留行洪通道,施工栈桥大大减短,桥塔和临建挺过了大洪水的考验。

## 六、设计体会

G108国道禹门口黄河公路大桥于2016年10月开工建设,2020年9月通车运营。针对桥涵水文,设计单位在前期工作中体会到:

(1)桥位比选阶段,宜尽量满足水利部门不同河段容许桥梁间距要求,如确实无法满足,应采取加大桥梁跨径、减少桥墩数量等措施,减少因新建桥梁引起的壅水叠加,保证所在河段行洪安全。

(2)桥梁选型与跨径设计阶段,除满足水利部门最小跨径要求外,尚应考虑施工过程中行洪行凌需要和运营期桥墩防撞需要,在无固定主槽的摆动性河段,宜采用大跨径结构,减少河道内桥墩数量,则有效过流断面宽度增加,利于行洪、行凌。

(3)黄河桥梁建设,其水文分析复杂,影响因素较多,应在前期设计工作中加强与水利部门沟通协调,根据其意见和建议优化结构设计,为大桥建设和安全运营打下坚实的基础。

**参考文献**

[1] 中华人民共和国交通运输部.公路桥涵设计通用规范:JTG D60—2015[S].北京:人民交通出版社股份有限公司,2015.

[2] 高东光.桥位设计[M].北京:人民交通出版社,2011.

[3] 时明立,李勇,等.国道108线禹门口黄河公路大桥防洪评价[R].郑州:黄河水利委员会黄河水利科学研究院,2012.

[4] 时明立,张敏,李勇,等.国道108线禹门口黄河公路大桥变更方案防洪评价[R].郑州:黄河水利委员会黄河水利科学研究院,2016.

[5] 侯旭,樊茂林,等.国道108线禹门口黄河公路大桥及引道工程可行性研究报告[R].西安:中交第一公路勘察设计研究院有限公司.

[6] 侯旭,王技,等.国道108线禹门口黄河公路大桥及引道工程初步设计[R].西安:中交第一公路勘察设计研究院有限公司.

[7] 侯旭,王技,等.国道108线禹门口黄河公路大桥及引道工程施工图设计[R].西安:中交第一公路勘察设计研究院有限公司.

# 36. 试论高速公路建设工程自动化计量系统设计与实现

许勇[1] 赵昌勇[1] 甄倩倩[2] 肖飞[2]

(1. 山东高速沾临高速公路有限公司;2. 山东高速基础设施建设有限公司)

**摘 要** 当前,高速公路项目的地质环境日益复杂、规模持续扩大,建设过程中存在设计变更等变动,使得计量支付活动难度持续增加,相关人员需要积极将前沿科技融入其中,进行支付系统设计。对此,本文分析了支付系统设计概况,介绍了相应系统的实现方法,并融入信息化、智慧化理念,实现"自动化"计量,从而提升工程计量支付系统的服务能力和效果。

**关键词** 公路建设工程 计量支付 系统设计和实现

# 一、引　言

对于计量工作,主要是结合合同条款,测量和计算竣工项目的数据量,同时进行确定。对于支付,即以确认的项目数量为基础,结合清单单价以及合同规定进行金额计算,并将相应资金支付给承包人。在工程量信息计量以及数据处理等活动中,传统人工方式存在重复劳动多、枯燥及繁杂等特点,同时无法保证数据及时性与准确性。所以,在这一过程中,有效使用信息化手段,对公工程实时监管,自动化计量,可以实现工程计量支付的精准性、高效性,应加强相关研究投入[1]。

## 二、计量支付系统设计

### 1. 智慧工程系统结构

在高速公路建设工程计量支付系统设计过程中,计量属于支付的前提,应根据计量结果进行支付。为了体现计量的精准性、高效性,可以使用信息化技术,设计"自动化"计量系统,实现实时计量和动态管理。具体设计时,"自动化"计量系统应依靠智慧工程系统实现,主要包括项目管控、工序管控、质量追溯、人员管控、知识管理五大体系,并利用物联网技术建设数字化工地,形成智慧生态圈,创建数据中心、可视化中心和物联中心。其中,数据中心包括质量安全管控中心和投资进度数据中心。物联中心主要是指智慧生态圈。可视化中心,主要包括AI视频、BIM协同、现场巡检、可视化调度。项目监控体系主要负责项目管理,工序监控体系主要负责工序管理,质量追溯体系主要负责质量追溯,人员管控体系主要实施人员网格化,知识管理体系主要负责知识管理。基于此建设智慧工程结构图,具体如图1所示。

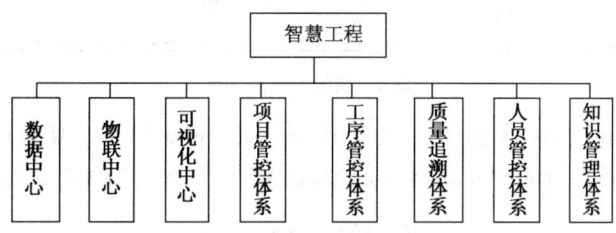

图1　智慧工程系统结构

### 2. "自动化"计量系统

"自动化"计量系统,属于智慧工程系统的重要组成部分,主要使用信息化技术实现实时计量和精准计量,具体的结构包括数据信息获取、数据信息传送、数据信息存储、数据信息处理、结果与显示、命令发布、命令执行(图2)。当"自动化"计量系统完成上述操作之后,将结果传递至支付功能系统,由其根据计量结果进行支付。

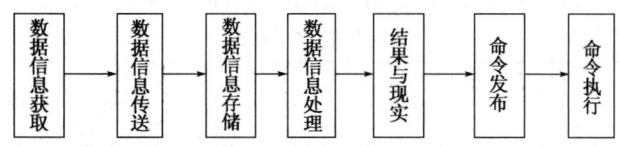

图2　"自动化"计量系统数据处理程序

### 3. 支付系统结构

对于支付系统而言,应该具备报表以及统计分析、变更管理、系统参数、合同管理以及系统管理等基本模块结构。其中,报表输出,主要是指系统中各个报表输出,涵盖中间计量表以及支付证书等。支付管理,主要是处理计量支付等相关业务,就是查询相关数据,有效审核交工证书。系统参数,主要是维护系统参数,涵盖工程名称、系统类别以及暂定金额比例等。系统管理,该模块为系统基础模块,涵盖系统定义、角色权限、用户、角色以及用户组等管理工作(图3)。

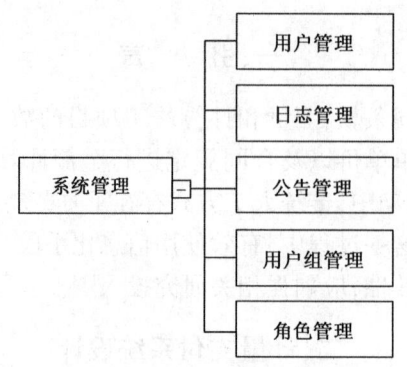

图3 系统结构中系统管理单元

## 4. 主界面设计

在该系统中,根据审核流程管控借助用户角色定义流程中,角色处理事务具体时间顺序,把审核流程制作为通用组件,对于系统中各个业务流程仅需要进行业务角色配置。

主系统选择 Iframe 结构,此种结构能够在一个页面内嵌组合不同的 Web 页面,同时在相同 Web 浏览器中打开,构成一个大 Web 页面。系统的操作界面如图4所示。

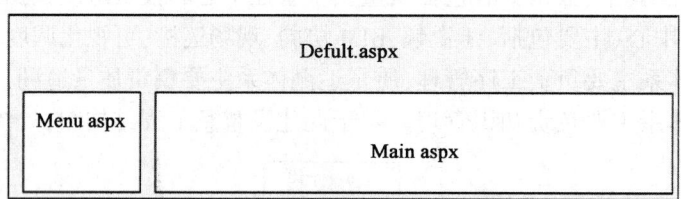

图4 系统的操作界面

主操作界面就是 Default.aspx,涵盖图中两个 Iframe:即 Main Iframe 与 Left Iframe。Default 进行系统 Logo 等方面加载;Eft Iframe 进行 Menu.aspx 页面加载;Main Frame 进行菜单链接页面加载[2]。

## 五、数据模型设计

对于高速公路的工程计量支付业务而言,会涉及不同类型数据,具有复杂的逻辑结构。项目台账数据较为庞大,但是编制规格存在差异,所以需要保证结构具有良好扩展性。

借助详细分析业务需求,并通过数据建模技术设计系统数据库,图5所示为借助 Power Designer 技术构建的数据模型。

## 6. 系统关键数据库的结构

系统中涵盖不同数据库文件,以下简单分析几种关键数据库文件,见表1。

表1 高速公路

| 字段名称 | 公路编号 | 起始桩号 | 终止桩号 | 名称 |
|---|---|---|---|---|
| 编码 | glbh | qszh | zzzh | glnam |
| 数据类型 | CHAR(8) | CHAR(8) | CHAR(8) | VARCHAR(60) |
| 主键 | √ | | | |
| 外键 | | | | |
| 非空 | | √ | | |

表1主要对高速公路基本信息进行了说明,涵盖名称、终止桩号等内容。

表2对工程台账的部分基本信息进行了说明,涵盖合同单价以及合同数量等内容。

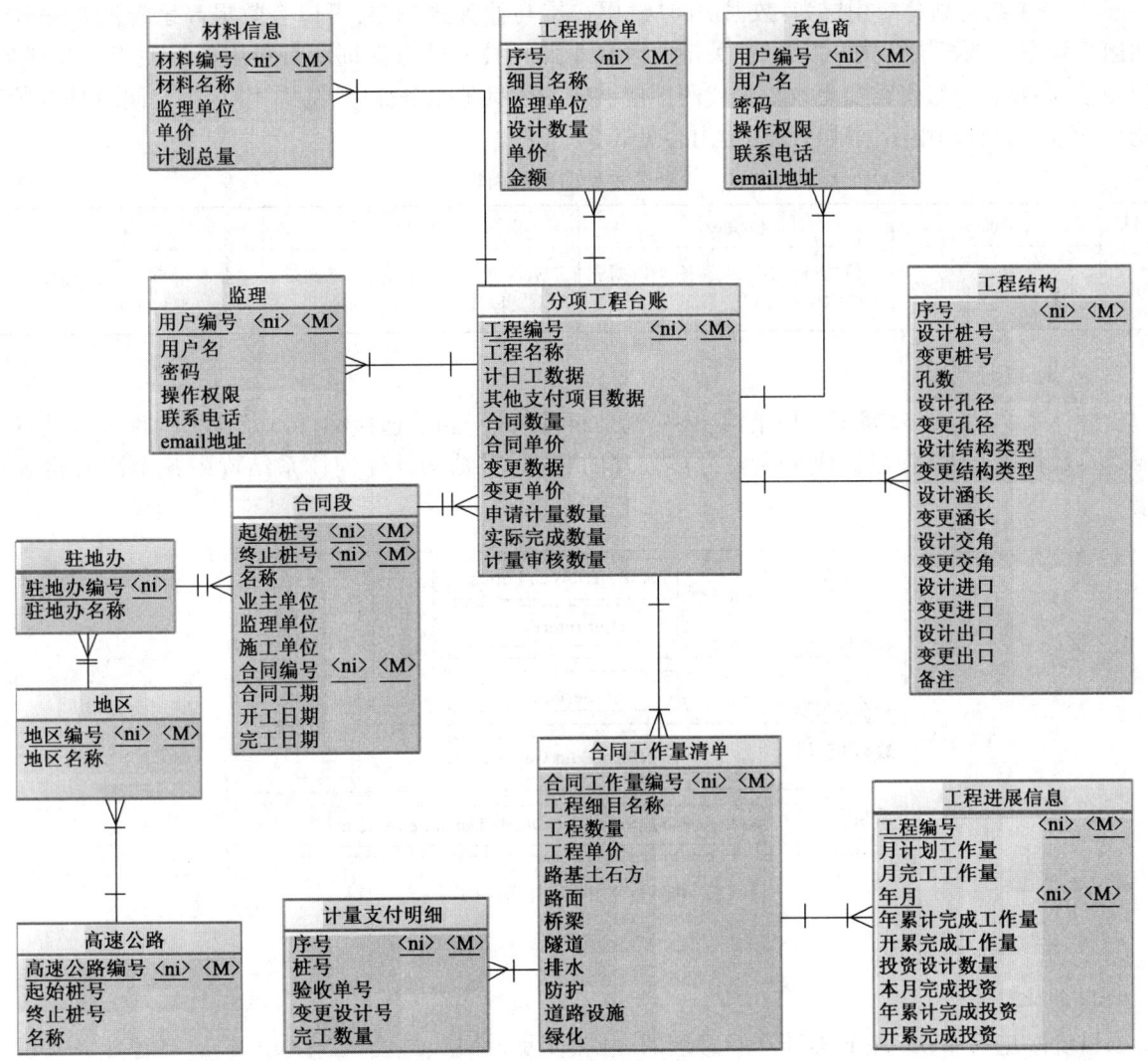

图5 工程计量以及数据库模型

**工程台账**(部分信息) 表2

| 字段名称 | 合同编号 | 计日工数据 | 合同数量 | 合同单价 |
|---|---|---|---|---|
| 编码 | htbh | jrg | htsl | htdj |
| 数据类型 | CHAR(8) | NUMBER(8,2) | NUMBER(8,2) | NUMBER(8,2) |
| 主键 | | | | |
| 外键 | √ | | | |
| 非空 | √ | | | |

## 三、高速公路项目计量支付系统实现

### 1. 以 ASP.NET 为基础的三层架构

对于 ASP.NET 技术而言,主要是利用服务器脚本、Java Script、CSS、HTML 创建网站与网页的框架,其可以支持以下开发模式:Web Forms、MVC、Web Pages。

在 ASP.NET 页面中,Web Pages 属于最简单的开发技术,其借助简单方式对服务器脚本、Java Script、CSS、HTML 进行结合,具有容易使用、理解与学习等特点,其内置图形、数据路等功能,所以,系统扩展操作较为便捷。

ASP.NET 结构划分应用层为:数据访问层、用户层与业务逻辑层,可以有效提高系统的数据处理速度和运行效率。选择该结构开发系统,关键原因在于此种技术能够保证所有应用层专注于自身任务,同时应用较为简单,一般仅需要更改少量代码即能够应用于其他服务器中,结构相对灵活,同时具有较强的性能。计量支付管理中不同项目的关键内容见表3[3]。

表3 计量支付项目的内容

| 项目 | Domain | Entities | Web | Service |
| --- | --- | --- | --- | --- |
| 用途 | 业务逻辑的实体类 | 信息持久层,涵盖各个数据表中的实体类 | Web 页、页面基类、配置文件、自定义控件 | 业务逻辑文件的存放位置,涵盖接口类与业务逻辑类等 |

## 2. 应用程序系统结构

软件体系结构(图6)属于一种结构元件,就是组件集合,涵盖连接构件以及数据构件等。处理组件主要是对数据进行处理,数据成员主要为被处理的数据,梁结构件促使体系结构中各个部分得到充分连接。

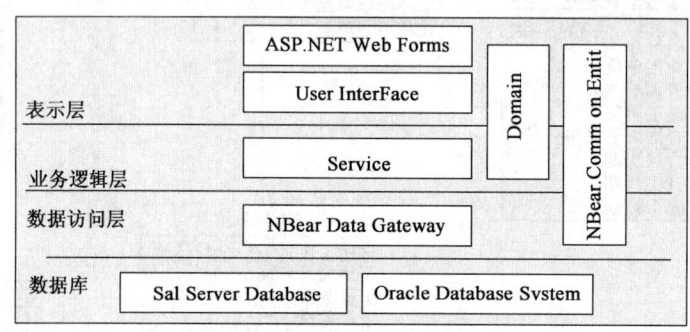

图6 应用程序体系结构

## 3. 主要功能的实现

1) 自动化计量

项目统一进行 WBS 划分,基于项目管理的合同、变更、计量、进度、安全、质量、决算等业务实现综合管控。使用大数据观分析技术,进行实时集中调度,对于每天在建项目信息、施工点信息、人员投入信息、完成产值信息、施工进度信息、制约因素信息跟进、固定点视频、流动记录仪等及内部在线监管,并自动生成相应的报表和资料。满足计量条件的工程部位可以自动进行计量数据填写,从而减小计量支付前置工作周期,提升计量进度比例,实现进度自动统计、计量自动控制的目的。

除此以外,设置项目投资进度数据中心,对于多项目进度实施整合,并准确计量数据信息,建立工程进度数据中心,进行进度、计量数据的平行比较,细化到项目的不同标段、章节、部位的计量情况,从而辅助相关决策开展。在这一工程中,为了提升数据信息精准性,采用网络版试验软件,统一数据标准。

2) 工程台账

支付系统根据项目管理需求,进行工程台账设置,保证计量业务满足项目管理实际要求。根据单位工程,工程台账涵盖互通立交、环保、防护、涵洞、隧道、桥梁、路面、路基等工程。进入台账输入界面,并进行台账细目填写,之后点击"确定"即完成保存工作。在该模块中还具备退出、删除、修改等功能。可以将选定的台账编号项直接删除,也能够向模块中导入 Excel 台账文件,并且能够便捷导入 Excel 文档格式,充分减轻台账录入压力。

3) 合同信息管理

在进入主界面之后,点击合同管理模块,用户即进入该界面。主要涵盖合同条款与合同概况两部分内容,其中,合同概况主要是记录项目基本信息,借助合同概况能够整体了解项目内容。其数据涵盖两类,输入类(监理单位、现场办、承包商、起始与结束桩号、建设单位与合同地点等)与默认类(合同名称与编号、项目名称与编号、路线长度等)。

对于合同条款,主要是按照合同条款录入,为计量工作提供保障,其数据源就都属于输入类。该环节操作便捷,按照合同条款内容可以直接填写,但是在计量中的作用不可忽视,若是输入错误,则会严重影响整体计量工作,因此录入之后应该进行有效核对。

4)工程量清单

录入过程为清单基本操作,主要通过直接便捷、增加清单以及将提前编制的清单导入系统两种方式。点击"工程量清单"即进入相应界面。涵盖修改当前项目以及增加当前项目等功能,由 Excel 导入,点击添加即能够将编辑界面激活[4]。

若是清单样本涵盖所添加清单变化,那么可以借助"选择"按钮与模块,在窗口中寻找相应编号,并点击"选择"即能够进行清单单价与清单数量填写和清单类型选择等。若是样本库没有录入相关清单项目,则应该手动录入信息,之后点击"确定"保存。该模块具有退出、汇总、删除章、删除、修改等功能。

支付管理系统能够便捷地导入 Excel 文档,点击"由 Excel 导入"按钮,弹出对话框,在其中寻找清单文件的路径,挑选已经完成制作的 Excel 文件,之后打开。挑选 Excel 表相关名称,将清单工程开始行数与结束行数输入其中,选择 Excel 文件中相关内容所在列数,系统即能够自动导入数据。

## 四、结　语

公路项目计量支付属于重要工作,涵盖工程结算和预付款等支付环节,信息较为复杂,在施工监理中属于核心内容,需要利用信息化技术,实现计量支付功能,以满足信息共享需求。对此本文借助智慧工程管理系统、自动化计量系统、Iframe 结构、Power Designer 技术等进行设计,并借助 ASP.NET 技术等提升计量支付系统的准确性、实时性。

**参考文献**

[1] 张敏.分析如何优化高速公路工程变更与计量支付处理程序[J].建筑工程技术与设计,2018,000(021):2028.

[2] 李孝毅.试论高速公路计量支付对预算成本控制的影响[J].中小企业管理与科技(下旬刊),2019,000(015):57-58.

[3] 杨碧宇,李锐,张龙.基于项目总控管理平台的计量系统在云南昭乐高速的应用研究[J].公路交通科技(应用技术版),2020,16(03):376-378.

[4] 谭展军,肖青海.计量支付云平台在轨道交通长沙地铁6号线中的应用与研究[A].//中国城市科学研究会数字城市专业委员会轨道交通学组.《智慧城市与轨道交通2018》——第五届全国智慧城市与轨道交通科技创新学术年会论文集[C].中国城市科学研究会数字城市专业委员会轨道交通学组:中城科数(北京)智慧城市规划设计研究中心,2018:6.

# Ⅱ 施工与控制

# 1. 大跨度连续钢桁梁起拱方法的探讨与应用

高俊娟

(中铁山桥集团有限公司)

**摘　要**　通过对钢桁梁起拱方法的对比分析,归纳了一种采用几何法实现大跨度连续钢桁梁的无应力起拱方法,能够准确得到每根杆件的最终长度和各节点的相对位置关系,获得较为理想的拱度曲线,最终实现无应力起拱的效果,达到设计目的和要求,并方便制造单位加工制作。通过在工程中的实际应用,证明用此方法对大跨度连续钢桁梁起拱,能够达到设计预拱度的设置要求,顺利完成杆件的试拼装,即此方法是可靠的。本文的研究成果,对今后类似钢桥的预拱度设置具有借鉴和指导作用。

**关键词**　大跨度　连续钢桁梁　几何法　无应力起拱

## 一、引　言

桥梁上部结构在自重和荷载作用下会产生挠度,挠度分为永久荷载挠度和可变荷载挠度。永久荷载(包括结构自重、桥面铺装和附属设备的重力等)是恒久存在的;可变荷载是临时出现的,随着可变荷载的变化,挠度大小逐渐变化,在最不利的荷载组合下,挠度会达到最大值。

钢结构桥梁预拱度就是为了抵消梁、拱、桁架等结构在荷载作用下产生挠度,而在制造或施工时预留的与位移方向相反的位移量,为了保证桥梁竣工后尺寸的准确性,在施工时须设置一定数量的预拱度。为使列车过桥时线路平顺、旅客舒适,提高线路的运行质量,《铁路桥梁钢结构设计规范》规定:桥跨结构应设预拱度,预拱度曲线宜与恒载和半个静活载产生的挠度曲线形状基本相同,但方向相反。在桥梁设计中,预拱度的设置非常重要,直接影响桥梁系统线的形状,对节点位置系统线角度、杆件长度和结构受力均有非常大的影响。预拱度设置的不妥,不仅会产生附加应力,还极大可能影响到桥梁的使用功能。

预拱度的设置就是将钢桁梁做成下凹曲线。如果凹曲线设置得当,梁体在荷载作用下经过一段时间的变形,既不会上拱也不会下凹。在实际生产制造过程中,钢桁梁的工厂制作线形都是通过施加预拱度进行控制的。

如何确定钢桁梁的预拱度,既取得比较理想的拱度曲线,又不产生较大的附加应力是设计人员关心的问题;而如何实现设计要求的预拱度,使其达到设置预拱度预期效果,既满足设计要求又不过多增加制造困难是钢桥制造人员关心的问题。

## 二、钢桁梁预拱度设置的探讨

下面以标准梁64m铁路钢桁梁为例,就起拱方法进行探讨:

### 1. 第一种起拱方法——在大节点的节点板上起拱

利用上弦节间伸长或缩短的方法起拱,这也是标准铁路钢桁梁最常用的方法。为使所有的弦杆取得统一的构造和长度,各节间的伸缩值并不加在弦杆和各小节点上,而是加在上弦大节点的节点板上,即让上弦大节点板第一排螺栓孔的起线至大节点中心距离较未设上拱度时增大一个长度 $\Delta$ 值,$\Delta$ 值为8mm,如图1所示。

未设上拱度时,弦杆、斜杆、竖杆相交于大节点中心O点,弦杆端部第一排孔至节点中心距离 $a=90$mm;设上拱度后,其距离增大至 $a+\Delta=90+8=98$mm。此时,两斜杆不交于O点而交于其左右各8mm处。因此可以说,这种起拱方法中,钢桁梁上弦的伸长与缩短,实际上就是把上弦大节点进行了伸长或缩短(伸缩值放在节点板上),从而形成预置拱度,如图2所示。

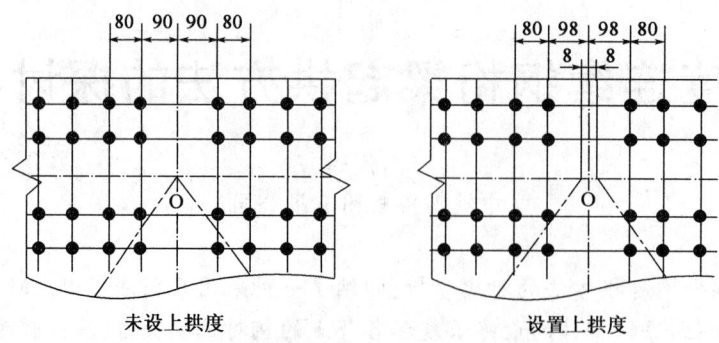

图1 大节点节点板设置拱度对比(尺寸单位:mm)

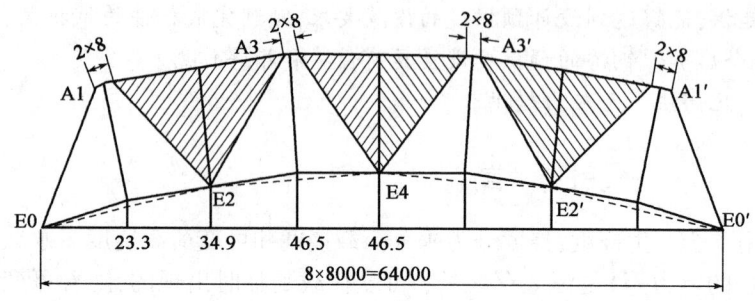

图2 钢桁梁起拱示意图(尺寸单位:mm)

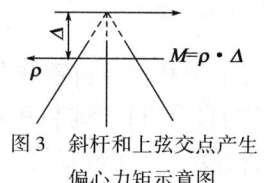

图3 斜杆和上弦交点产生偏心力矩示意图

该起拱方法的特点是:
(1)腹杆长度不变,上、下弦杆的长度不变;
(2)斜杆和上弦杆交于伸缩处产生一个偏心力矩,$M = \rho \times \Delta$(图3);
(3)上弦杆与斜杆组成不变的三角形(图中阴影部分);
(4)下弦杆在小节点处被拽弯;
(5)上弦在大节点处弯折,导致在上弦大节点处弦杆与节点板错孔。

2. 第二种起拱方法——调整上弦节间长度起拱

为了克服第一种起拱方法中斜杆与上弦杆不在大节点中心交汇从而产生偏心力矩的缺点,第二种起拱方法是让斜杆交于上弦大节点中心。如图4所示,将图中有阴影的各三角形设计做成标准统一的尺寸,设计时只需调整上弦节间长度,使之适当地伸长或缩短,同样可以使钢桁梁获得预期的拱度。

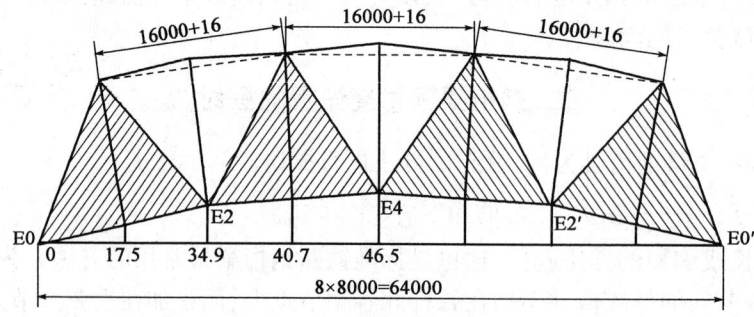

图4 调整上弦节间长度起拱示意图(尺寸单位:mm)

该起拱方法与第一种通用的起拱方法相比,若竖杆长度不按起拱要求做出相应的伸缩,下弦杆虽保持平直,但上弦杆却被顶弯。两种起拱方法在这点上优劣相当。但后者由于弦斜竖三种杆件交汇于上弦大节点中心,就消除了偏心力矩。该方法对于杆件受力较大、刚度较强的大跨径钢桁梁桥较为适合,尤其是对钢桁拱桥的拱肋部分具有重要意义。

该起拱方法的特点是：
(1)斜杆长度不变；
(2)斜杆、上弦杆与竖杆均交汇于节点中心；
(3)下弦杆与斜杆组成不变的三角形(图中阴影部分)；
(4)上弦杆在小节点处被竖杆顶弯；
(5)下弦大节点弯折；
(6)下弦大节点处弦杆与节点板错孔。

3. 第三种起拱方法

第一种起拱方法使上弦杆保持平直而下弦杆在小节点处被拽弯；第二种起拱方法则可令下弦杆保持平直而使上弦杆在小节点处被竖杆顶弯。如果斜杆与上弦杆交点位于上弦节间伸缩值与上弦大节点中心之间，拱度将如何变化呢？这样就引出了下面的第三种起拱方法。令斜杆与上弦杆交于大节点中心左右的各4mm处，该方法介于前两种方法之间。该起拱方法还有一个更大的优点，就是在大跨度钢桁梁制造时，大小节点所发生的转角仅有前两种方法的二分之一。一般情况下，只靠杆件与节点板错孔即可实现安装要求。这种起拱方法在多座特大桥上都得到了很好的运用，如图5所示。

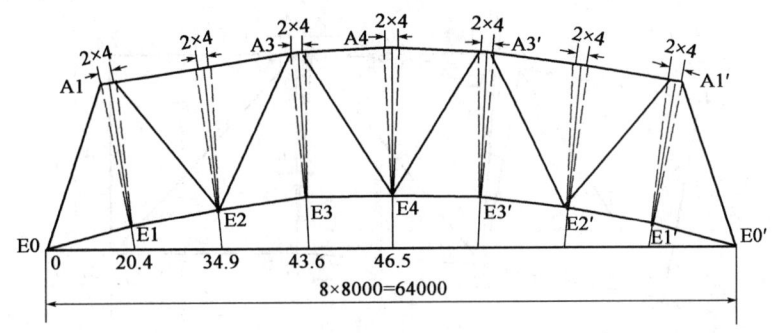

图5 大节点两侧分别起拱示意图(尺寸单位：mm)

大跨度钢桁梁采用第三种起拱方法与标准梁采用第一种起拱方法相比，其节点错孔量减小一半。采用此种起拱方法设计，不需将节点板作出相应的翘度，也能满足安装起拱的要求。在九江长江大桥、南京大胜关大桥中按此方法起拱，线形准确，栓孔重合率达到保准要求。

当然大跨度钢桁梁杆件受力较大，杆件断面大，刚度也较强，弯曲较之困难，是不利的一面。该起拱方法的特点是：
(1)斜杆长度不变；
(2)斜杆交于上弦大节点板伸缩值一半处，偏心力矩相应减少了一半；
(3)上、下弦在大、小节点处都发生弯折，但折弯程度较前减少了一半；
(4)上、下弦大节点处弦杆与节点板都错孔，错孔数值减少一半；
(5)拱度曲线匀顺。

通过对拱度分析可知，下弦大节点的弯折是由于上弦杆伸缩而产生，小节点的弯折是由于上弦节点的伸缩而产生。上述三种起拱方法，杆件都产生了一定的应力，都必须使上弦节间长度伸长或缩短，弦、斜杆的交汇点位置发生了变化，不论交汇在哪一点，大节点的拱度都不会改变(这也是为什么在计算拱度时可以不管小节点而只计算大节点的缘故)，弦杆孔和斜杆孔的起线亦均相同。

## 三、几何法无应力起拱的研究

为了使得结构设计考虑预拱度后不产生起拱应力，有必要研究一种新的大跨度连续钢桁梁预拱度设计方法。针对现有技术存在的连续钢桁梁结构设计考虑预拱度后会产生起拱应力的问题，现研究一种连续钢桁梁预拱度无应力起拱转角法，即，不仅能够设置无起拱应力的预拱度，还能得到考虑预拱度后的几何位置关系。具体实施方案为，通过伸长上弦杆长度，保持下弦杆、斜杆和竖杆的长度不变，将下弦杆、斜杆和竖杆组成的三角形整体转角的方法达到起拱要求,其起拱示意图如图6所示。

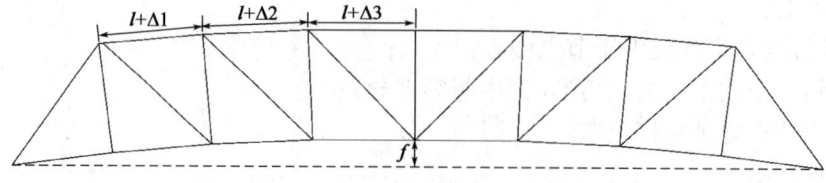

图6 连续钢桁梁预拱度设置示意图

具体做法:首先获取具有起拱应力的钢桁梁预拱度及各杆件的初始长度;根据预拱度及各杆件的初始长度,通过伸长上弦杆,在下弦节点位置对下弦杆、斜杆及竖杆组成的三角形进行转角,从而使其他节点产生翘度,叠加各节点的翘度值,再以某制定直线为拱度基线计算出各节点的拱度值。

当节点两侧上弦杆的长度各增大$\Delta$时,两端节点将下降,若将节点下降值累积在节点中心的一侧,则A2节点的下降值$D$可按照几何关系求出。由图7可得$D \approx 2\Delta \cdot l/H$。依据几何关系公示,可以计算出下一个节点的下降值为$2D$,以此类推,可以建立上弦杆伸长值和下弦杆挠度间影响矩阵。E4下翘为0,E4拱度为$4D = 8\Delta \cdot l/H$,E2下翘为$D$,E2拱度为$4D - D = 3D = 6\Delta \cdot l/H$,E1下翘为$4a$,E1拱度为$4a - 4a = 0$。

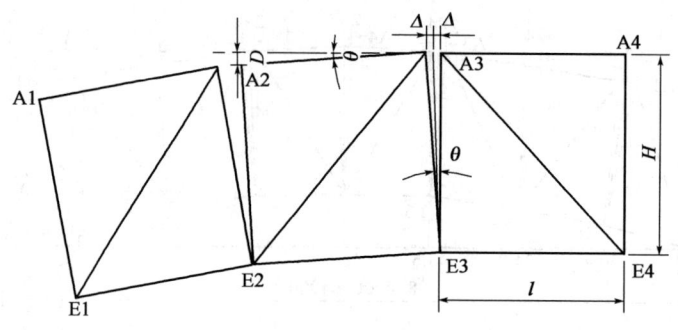

图7 杆件转角几何模型

几何法获取各杆件最终伸缩量及节点位置,由于几何法得到的各节点位置及各杆件长度为纯几何关系,自然没有起拱应力,最终得到无起拱应力的预拱度。根据该结果进行绘图放样,仅是杆件的几何关系发生变化,与杆件受力无关,制作出的杆件能够消除起拱应力,进而节省制作成本和工序。

## 四、几何法无应力起拱在工程中的应用(常泰长江大桥的预拱度方法)

在建的常泰长江大桥位于泰州大桥与江阴大桥之间。路线全长10.03km,公铁合建段长5299.2m,普通公路接线长4730.8m。其中主航道桥采用双层斜拉桥,桥梁上层为高速公路,下层为城际铁路和普通公路;录安洲、天星洲专用航道桥采用钢桁拱桥,而常泰长江大桥录安洲非通航孔桥采用(124+124+124)m连续钢桁梁桥,共计1.75万t,钢桁梁采用两桁结构,主桁中心间距为35m,"N"字形桁架,桁高15.2m,节间长依据所处位置不同有13.0m、14.0m、12.4m及12.65m四种。连续钢桁梁每跨9个节间,全桥共27个节间。上层桥面采用正交异性整体钢桥面板,节点处设置桁架式横梁,上下层桥面均参与主桁共同受力,下层桥面亦采用正交异性整体钢桥面板,主梁采用双层板桁组合结构,录安洲非通航孔桥与主航道桥及专用航道桥的上下桥面高度保持一致,桁高为15.2m,主梁标准断面图如图8所示。

本桥下层采用公路与轻轨并行的桥面体系,因受力考虑设计的两榀主桁杆件的板厚或尺寸不尽相同,且纵向三跨连续非对称(主梁立面图如图9所示)。主桁采用栓焊结构整体节点,在工厂内将节点板和杆件及各连接件的接头板焊成整体,运到工地。架设时,除弦杆顶板采用熔透焊缝焊接连接外,其余板件均采用高强度螺栓拼接,亦是典型的栓焊结构连续钢桁梁。

由于该桥主梁采用双层板桁组合结构,上、下层布置,桁高15.2m。上层桥面布置双向六车道高速公路,下层桥面上游侧布置两线城际铁路,下游侧布置四车道普通公路,跨径大,预拱度的设置对行车平顺性、安全性,以及整体节点的杆件拼接和桥面焊接都有较大影响。设计图中预拱度参数值较大,杆件强度和刚度均较大,如采用带内力起拱,可能导致杆件安装内力太大,无法顺利安装。因此设计明确要求主桁预拱度采用下弦节间长度不变,加长或缩短上弦节间长度的传统方法实现。

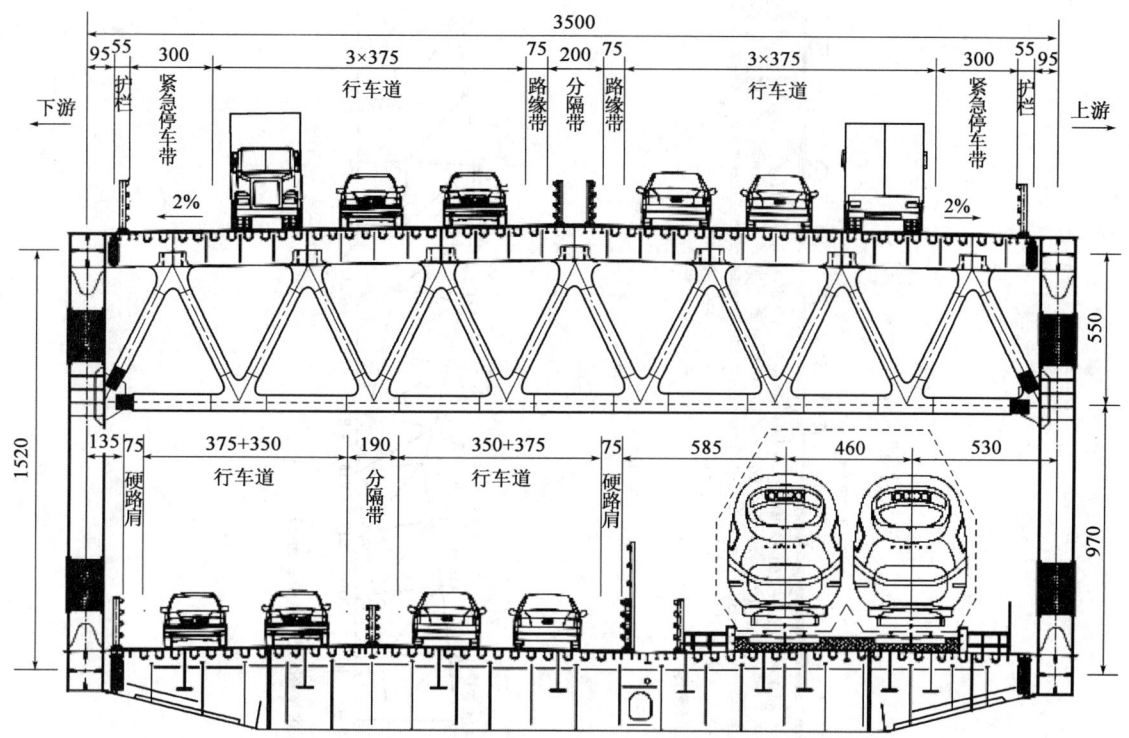

图8 常泰长江大桥录安洲非通航孔桥断面示意图(尺寸单位:cm)

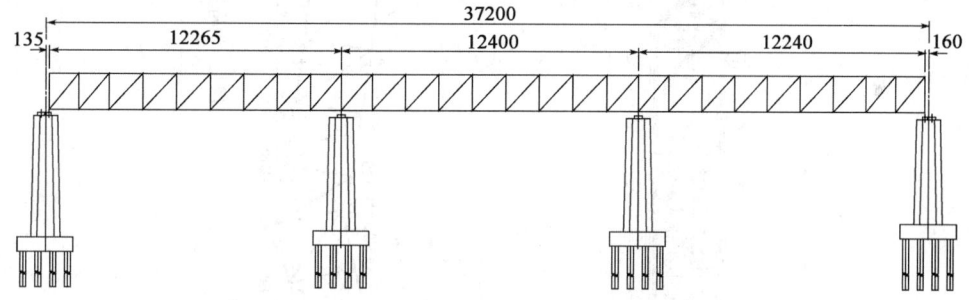

图9 常泰长江大桥录安洲非通航孔桥立面图(尺寸单位:cm)

已知常泰长江大桥录安洲非通航孔桥连续钢桁梁上、下弦杆及腹杆、竖杆的长度(图10),以及钢桁梁的纵坡和预拱度(图11),现将钢桁梁的线形和起拱方法进行归纳总结。

1. 做出钢桁梁下弦杆带拱度的系统线

具体做法为:

(1)首先在AUTOCAD中画一条水平基准线,将最左端点命名为E0节点,以E0点为圆心,以E0E1节间长度为半径做圆,再以此圆与水平基准线的交点为圆心,以E1节点预拱度为半径做圆,两圆的交点即为E1节点(图12);

(2)以E1为圆心,以E1E2节间长度为半径做圆,以此圆与水平基准线的交点为圆心,以E2节点预拱度为半径做圆,两圆的交点即为E2节点(图12);

(3)依次类推,依次做出E3、E4、E5、……,直至E27节点;

(4)将E0、E1、E2、……、E27节点依次连成多段线,运用对齐命令,将E0、E27两节点对齐到12‰的直纵坡上,现在的E0E27多段线即为常泰长江大桥录安洲非通航孔桥连续钢桁梁下弦杆的系统线。

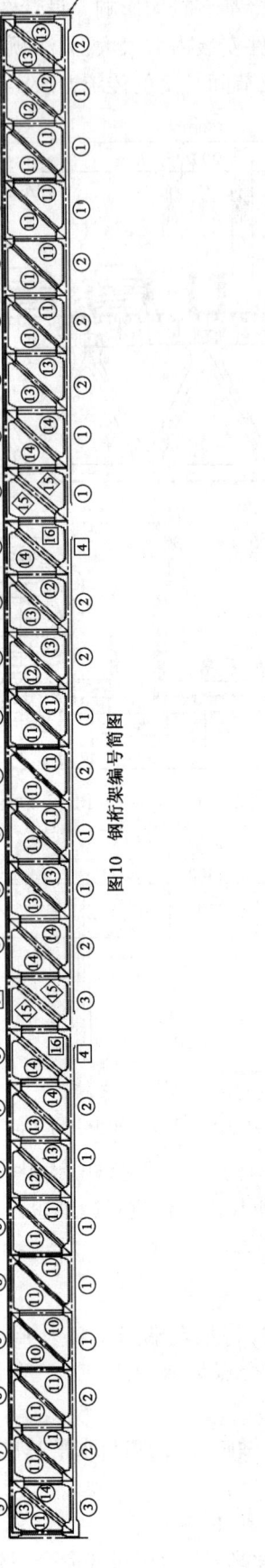

图10 钢桁架编号简图

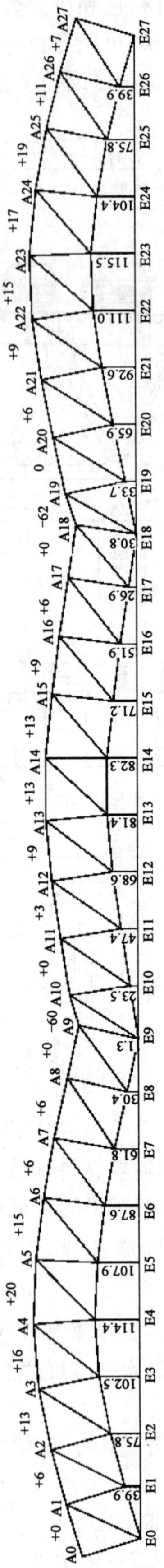

图11 钢桁梁工厂预拱度图（尺寸单位：mm）

## 2.定位钢桁梁的上弦节点

具体做法为：

（1）因上弦端节点 A0 和端竖杆还不涉及上弦杆的伸长缩短，端竖杆和下弦杆的角度不变，以 E0 为圆心，以主桁高 A0E0 为半径做圆，与过 E0 点做 E0E1 的垂线相交的点，即为 A0 节点。

（2）将原钢桁梁的桁架简图，以 E0、E1、A1 三点连成三角形，用对齐命令将 ΔE0E1A1 的下弦中心线对齐到 E0E27 下弦系统线的 E0E1 上，此时，定位上弦节点 A1。（图13）

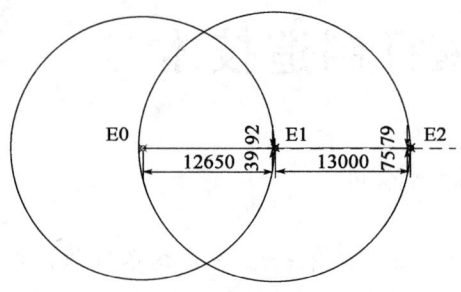

图12　AUTOCAD 做图示意图（尺寸单位：mm）

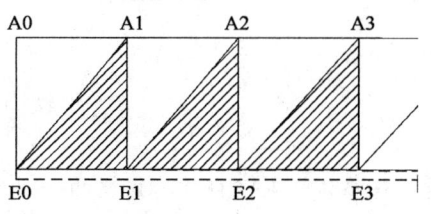

图13　定位上弦节点示意图

（3）将原钢桁梁的桁架简图，以 E1、E1、A2 三点连成三角形，用对齐命令将 ΔE1E2A2 的下弦中心线对齐到 E0E27 下弦系统线的 E1E2 上，此时，定位上弦节点 A2。

（4）依次类推，依次做出 A3、A4、A5、……，直至 A27 节点。

（5）将 A0、A1、A2、……、A27 节点依次连成多段线，此时的 A0A27 多段线即为常泰长江大桥录安洲非通航孔桥连续钢桁梁上弦杆的系统线。

最后形成的常泰长江大桥录安洲非通航孔桥连续钢桁梁的整片桁架的系统线（图14）。

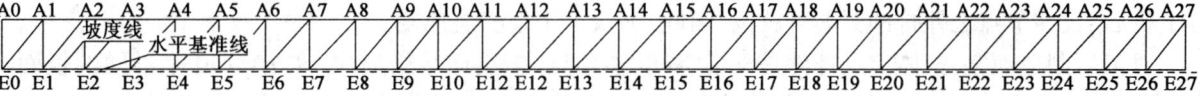

图14　整片桁架系统线

## 3.定位各节点位置及节点连接的系统线

定位出考虑钢桁梁桥梁线形和预拱度的上、下弦杆各节点的位置以及各节点连接的系统线，并放样出上、下弦杆和直、斜腹杆的长度，从而得出上弦杆的伸长值。

## 4.绘制施工图

根据放样结果，绘制出用于车间制造的施工图，开始各零件的下料、加工和杆件组焊等各工序的制作。

## 五、结　语

经过常泰长江大桥录安洲非通航孔桥连续钢桁梁的首轮制造，各杆件尺寸和角度符合施工图中规定的尺寸要求，已完成首轮桁片的试拼装，获得了较为理想的拱度曲线，验证了几何法无应力起拱的方法能够达到设计预拱度的要求，证明了对大跨度连续钢桁梁起拱此方法可行，可以用于类似钢桁梁的起拱中。

**参考文献**

[1] 国家铁路局.铁路桥梁钢结构设计规范：TB 10002.2—2005[S].北京：中国铁道出版社，2005.

[2] 胡步毛，艾宗良，袁明，等.基于非线性规划实现钢连续梁预拱度[J].铁道工程学报，2010（4）：49-52.

[3] 曾水平，陈天地，袁明，等.大跨度铁路钢梁斜拉桥预拱度设置[J].铁道工程学报，2010，27（10）：

78-81.

[4] 向律楷,鄢勇,袁明,等.钢桁梁预拱度设置方法研究[J].四川建筑,2015(1):150-153.

[5] 李佳莉,张谢东,陈卫东,等.基于多目标规划的连续钢桁梁预拱度设置研究[J].武汉理工大学学报(交通科学与工程版),2016(02):360-364.

[6] 冯沛.大跨度铁路连续钢桁梁桥预拱度设置研究[J].铁道标准设计,2016,60(04):62-64.

# 2. 双整体节点弦杆制造技术

李长杰

（中铁山桥集团有限公司）

**摘 要** 双整体节点弦杆作为桁梁的一种常规结构,因其具有省料、工厂内尽可作大以减少桥位工作量的优势,越来越频繁用于桥梁设计。针对该特殊弦杆,分析其结构特点与制造难点,制定具有针对性的控制要点和具体控制措施。通过其他项目验证,杆件制作质量满足相关规范要求,证明所采取的技术措施合理、可行。

**关键词** 双整体节点弦杆 方案 控制要点

## 一、引 言

近年来,整体节点被广泛应用于特大栓焊梁桥。比较拼装式节点,整体节点构造可节约高强度螺栓1/3左右。栓少了,钢板就自然节省了。由于工地不再进行弦杆与节点板等连接件的预拼,整体节点弦杆上桥后,仅在节点之外打冲钉即可就位,因此,加快了工地安装速度。

对工厂制造而言,整体节点杆件是三维空间、多角度、多层面结构形式,在10~30个不同的板面上,布置着20~50个工地孔群,任意两个栓孔孔群尺寸允许偏差均不大于1mm。插入与被插入杆件宽度公差配合,按《铁路钢桥制造规范》(Q/CR 9211—2015)的规定,斜杆、竖杆插入整体节点弦杆内最大间隙(两侧间隙之和)为3mm,最小间隙为0.5 mm。间隙大时影响摩擦面传递受力;间隙小时,斜杆、竖杆插不进去。当弦杆、斜杆、竖杆的焊缝为深坡口、大熔量焊接时,焊接收缩量及矫正焊接变形对杆件几何尺寸的影响较大,控制整体节点弦杆的内侧宽度及斜杆、竖杆的外侧宽度有一定难度。

综上,采用整体节点构造优化了设计,方便了工地安装,加大了工厂制造难度,延长了生产制造周期。

## 二、工程概况

常泰长江大桥位于泰州大桥与江阴大桥之间,距离泰州大桥约28.5km,距离江阴大桥约30.2km,路线全长10.03km,是世界上最大跨径斜拉桥、最大连续长度钢桁梁、最大跨径公铁两用钢桁拱桥。大桥(图1)跨江主航道桥为双塔斜拉桥,孔跨布置为(142+490+1176+490+142)m,主跨跨度1176m。大桥集高速公路、普通公路、城际铁路"三位一体"合并过江。桥面采用双层设计,上层桥面为双向六车道高速公路,下层桥面上游侧为两线城际铁路,下游侧为四车道普通公路。

跨江主航道桥主梁采用非对称箱桁组合桁架结构,桁宽35m,桁高15.5m,桁式采用'N'形桁,由上弦杆、下弦杆、腹杆组成。上层桥面采用正交异性整体钢桥面,在节点处设置组合式横梁,组合式横梁由节点横肋与桁架式杆件组合。下层桥面采用钢箱整体桥面,上层桥面和下层箱梁参与主桁共同受力。主桥钢材采用Q370qE、Q420qE与Q500qE三种规格的高强度桥梁结构钢。大桥立面图和横截面图分别如图2、图3所示。

图1 常泰长江大桥

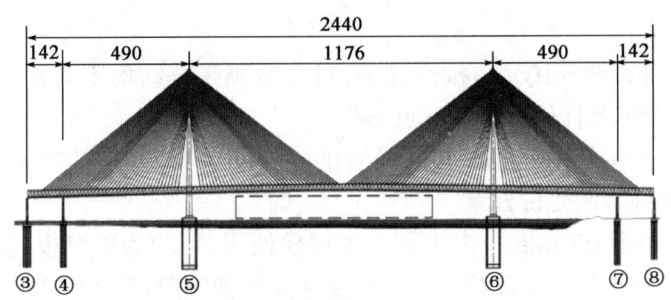

图2 常泰长江大桥跨江主航道桥立面(尺寸单位:m)

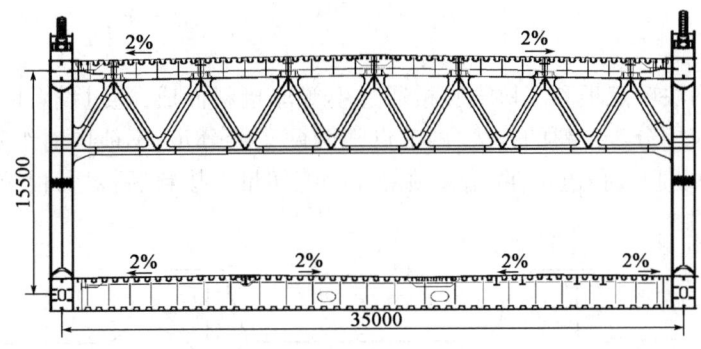

图3 常泰长江大桥跨江主航道桥横截面(尺寸单位:mm)

## 三、双整体节点弦杆结构特点及制造难点

1. 双整体节点弦杆结构特点

弦杆是由上盖板、下盖板、节点板、腹板、隔板、横梁接头板等零部件组成的箱形杆件,弦杆内宽1200mm,内高1400mm,腹板由两块异形大节点板与三块方板不等厚对接而成,上盖板有两块方板对接并设有通长纵肋。上盖板开槽,节点板从槽口穿出。两个14m长的标准节间组为一个全焊节段,每节段长28m。同一节段内所有构件工厂均采用焊接,节段间的弦杆顶板采用焊接连接,其余均采用高强度螺栓连接。弦杆结构图见图4。

2. 双整体节点弦杆制造难点

(1)下弦杆杆件长28m,截面尺寸1.2m×1.4m,过大的长细比导致杆件整体刚度相对较弱,制造过程中的上拱及扭曲变化难以控制。

(2)钢桁梁插入式节点板与顶板的焊接为熔透焊接,节点处熔透焊缝、棱角焊缝交错,焊接量大,特别是盖板与节点板之间的围焊缝槽口等关键位置处的熔透焊缝质量要求较高,一旦处理不当极易引起焊缝的层状撕裂。

(3)杆件纵向存在多处接头板,需要设置精确焊接收缩量。

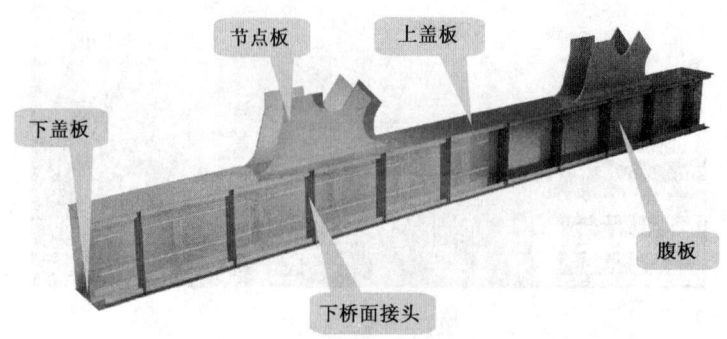

图 4　弦杆结构图

（4）横梁接头板与弦杆内侧焊接又与桥面横梁栓接，造成弦杆结构不对称，焊接变形易造成杆件旁弯，如何控制杆件的焊接变形是杆件制造的重点和难点。

（5）弦杆采用全焊接双整体节点，两端栓焊结合的连接形式，杆件钻孔需要考虑消除接头板焊接引起的变形、修整偏差，且保证节间允许公差。

（6）高强度桥梁用结构钢 Q500qE 在本工程中大规模使用，且均为中厚板，该钢种碳当量高，冷裂纹敏感系数高，焊接难度大，焊接过程中冷却速度过快会存在淬硬倾向，易产生焊接冷裂纹。

## 四、措 施 方 案

### 1. 单元件

腹板接料：腹板由两块节点板和三块直腹板通过不等厚接料而成，通过设置限位挡角控制接料直线度，为控制两节点间距采用分步接料的方法，两节点间两两条缝分步，不能同时组对焊接，组对预留焊接收缩量 10mm，同时为保证腹板孔边距，两端头预留二次配切量。接料后，对每根弦杆两片竖板单元进行合擦检查，接料示意见图 5。

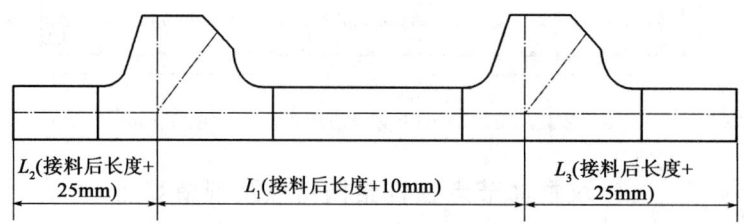

图 5　腹板接料示意图

隔板采用等离子程切，较厚隔板采用刨周边控制隔板尺寸及垂直度，隔板作为箱型内胎以确保相同截面精度。

### 2. 组装

组装顺序：上盖板单元→隔板单元→腹板单元→横梁腹板接头板→下盖板单元。组装在平台上进行，保证隔板与顶底腹板间隙≤0.5mm；以节点分中组对，盖腹板单元确保节点系统中心同心度。组装系统线位置见图 6。

### 3. 出孔

弦杆节点板与腹杆、横梁接头板、节段间上盖板及腹板连接均为高强螺栓连接。考虑到杆件间连接精度，节点板孔及箱体栓孔均采用后孔法出孔，在组焊成箱型杆件后用龙门数控钻床钻制各孔群定位孔，然后卡小型机械样板钻制其余栓孔。为提高工作效率，横梁接头板采用先孔法出孔，并且相应采取具体措施确保先孔法出孔板件焊后位置精度。

图6　杆件系统线位置示意图

### 4. 焊接工艺评定

针对钢桁梁结构特点及使用钢材种类、焊接接头的质量要求,按照等强度、等屈服、等韧性匹配原则,依据《铁路钢桥制造规范》关于焊接接头力学性能的要求,对 Q370qE、Q420qE、Q500qE 及桥梁复合钢板进行焊接工艺评定试验。以确定合理的坡口形式、焊接方法、焊接设备、焊接材料、预热温度、层间温度及工艺参数等,根据试验结果编制焊接工艺评定报告,作为编制焊接工艺文件的依据。

## 五、工艺控制要点

根据杆件的结构形式和特点,针对制作难点进行分析,研究确定了下弦杆制作总体工艺流程:零件制作→单元件制作→箱体拼焊→杆件附属件装焊→栓孔钻制。下面着重分析关键单元件的精度控制、箱体组焊的变形控制、杆件钻孔的精度控制。

### 1. 关键单元件的精度控制

1) 腹板单元制作

腹板单元是控制箱体扭曲变形的关键,由于超长小断面弦杆极易扭曲,因此腹板的加工精度至关重要。

腹板采用节点板与直线段分段下料,接料完成后再一起组焊加劲肋,下料前需对钢板预处理,在数控火焰切割机上精切下料,下料时重点控制腹板单元下边缘的直线度,预留一定的工艺量用铣边机加工。

组焊腹板加劲肋时为防止焊接收缩引起腹板旁弯,将腹板放置在反变形胎架上,反变形量可预留 15mm。

2) 盖板单元制作

因上盖板(图7)节点板位置上下均是熔透焊缝,容易产生撕裂,原材料应无缺陷,号料后首先划线探伤该位置,探伤合格后方能进行后续工序。

上盖板节段间有接料,为精确控制节段长度,板件采用长度两端预留二切量的方式。制作分三个步骤:零件下料→盖板对接→组焊纵肋。上盖板二接一后采用数控切割机精准切出槽口,为方便整体节点板从槽口穿出,槽口开孔宽度可留有 +3mm 的公差。基准线是保证纵肋组焊精度的基础,以两槽口线分中线为基准划板肋位置线。

3) 隔板精度控制

隔板是箱形杆件组焊的内胎,是保证弦杆宽度、高度及箱体对角线的关键部件,因此隔板需先采用数控切割技术下料,后机械加工周边(图8)的方法来严格控制其宽度、高度及板边垂直度的偏差。

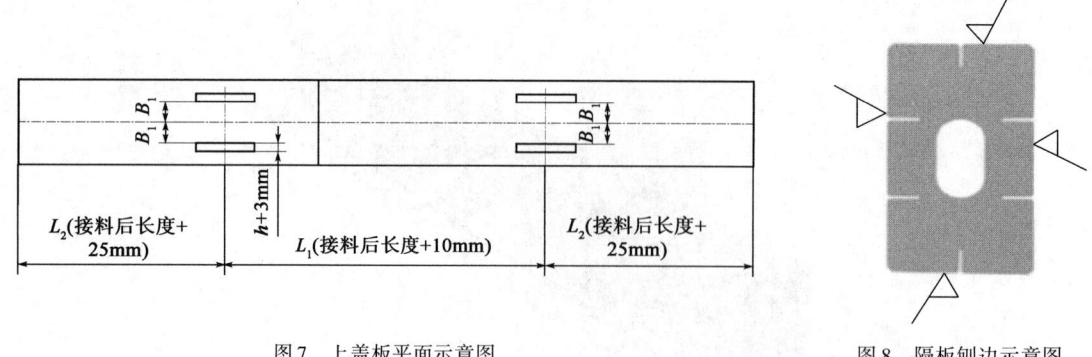

图7 上盖板平面示意图　　　　图8 隔板刨边示意图

## 2. 箱体组焊

箱体组焊应在专用胎型上进行,以胎架为外胎,隔板为内胎,箱体采用反位组装(图9)。为了降低杆件高度,胎型设置两个地坑,节点板伸入坑内,将上盖板单元倒置于胎架上,划线组隔板及两侧腹板单元形成槽形,测量其宽度、垂直度、隔板间距等尺寸精度,合格后扣底板组成箱形,焊接4条棱角焊缝。组焊顺序如图10所示。

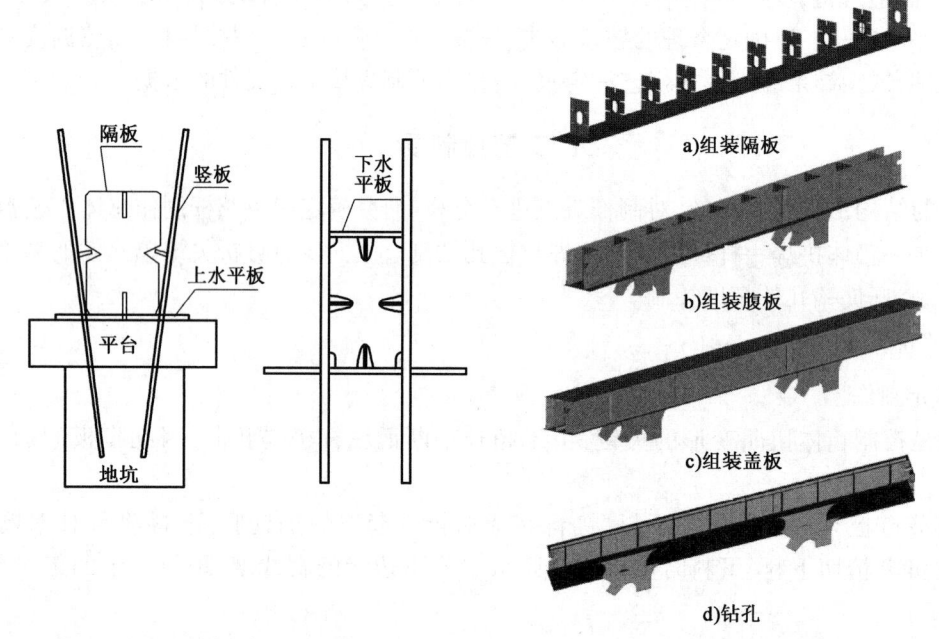

图9 反位组装法　　　　图10 箱体组焊顺序

为保证整体节点杆件的几何尺寸和连接精度,箱体的组装、焊接过程中应遵循以下要求:

(1)上盖板铺设在平台上后,不但要进行对线,还要检查其平面度,然后用临时定位装置两端固定。

(2)组装箱内隔板和端隔板时,应根据杆件预留焊接收缩余量按长度平均分配的原则,加上该收缩量。在垂直度和位置确定后,按照定位焊接工艺定位。隔板组装后在重心以上位置设置临时支撑,防止倾倒。

(3)以上盖板系统线组装两侧腹板单元,腹板单元组装时以隔板作为内胎严格控制盖腹板对角线,保证组装精度后方可定位焊。

(4)焊接箱内焊缝时需在专用焊接平台上施焊,为防止箱形扭曲,采取合理的焊接顺序及焊接方法。四条主角焊缝同向施焊,采用多层多道焊,严格控制热输入,并进行适当的约束,采用焊接线能量小的二氧化碳气体保护焊焊接,达到箱内焊缝的焊接变形最小的目的,同时及时配合火焰修整,进行矫正。箱形杆件焊接顺序见图11。为保证主焊缝为平位焊,焊件要翻身两次。

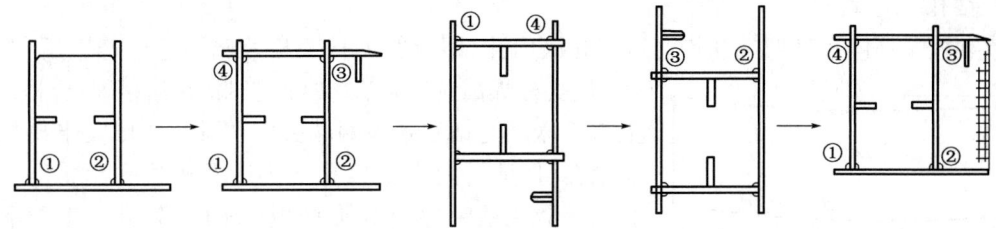

图 11　箱形杆件焊接顺序图

（5）为了便于下弦杆下盖板的组装和控制棱角焊缝焊接后节点板的变形,槽形部件焊接后,需要对杆件修整,对整体节点板进行预置反变形(图12)。

（6）为控制焊接变形,组装应分步多次组装,每次焊接完毕后要对易产生焊接变形的部位进行矫正。杆件在焊接过程中,焊接变形不可避免,关键是怎样利用变形的发生和发展规律把变形控制在允许范围之内。通常矫正焊接变形分为两种,一种是机械矫正即冷矫,冷矫的作用力向相反方向弯曲;一种是火焰矫正,杆件局部受热后,在冷却过程中产生收缩,获得一个新的反方向变形。杆件组焊成箱体后一旦发生扭曲,火焰矫正难度很大,需采用在竖板上斜线状火焰加热方法(图13)。

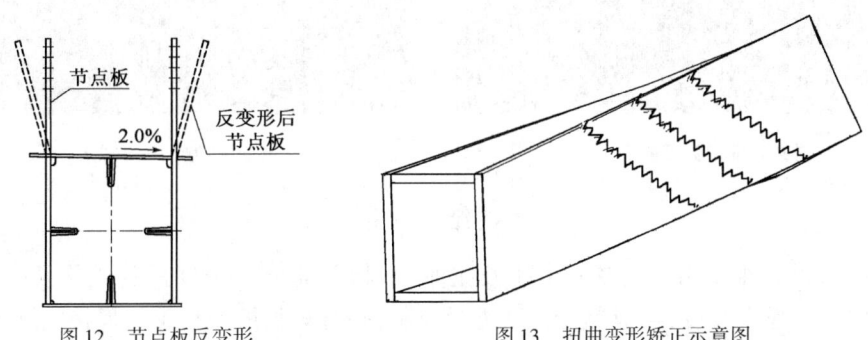

图 12　节点板反变形　　　　图 13　扭曲变形矫正示意图

（7）整体节点弦杆数量较大,在制造过程中,由于组装、焊接、矫正、钻孔等工序的工位需要,每根杆件均要进行多次翻身,综合考虑杆件重量、尺寸、场地、翻身效率等因素,设计制造了专门用于整体节点弦杆翻身的胎架,将杆件固定于胎架上,通过胎架的转动来达到翻身的目的,保证杆件在翻身、吊运时平稳安全,防止因翻身、吊运不当造成杆件的变形。

（8）在专用划线平台上首先检测下弦杆的各种几何精度,满足要求后,利用最小二乘法原理划出节点中心线和纵向基准线,依次为基准再划出整体钻孔模具的对向线和接头板、加劲板的组装位置线。

（9）钻孔时,需要精确对位钻孔模具对向线,同时杆件的支撑必须水平稳固,以确保制孔精度。

（10）制孔后要对杆件进行全面的检查,包括几何精度、孔群精度、外观,全部合格后,方可进行下道工序。

3. 杆件钻孔

1）接头板钻孔

横梁接头板钻孔有先孔法和后孔法。

先孔法：横梁接头板与箱形杆件组焊前出孔。此方法的优点是可以利用数控钻床对板件批量出孔,效率高,孔与板面垂直度好。采用这种方法,必须掌握较准的预留焊接收缩规律,使预先钻出的工地孔经杆件组焊修整后达到允许误差标准。而往往焊接及修整收缩量很难控制,除焊接收缩变形外,各道工序造成误差也较大,将直接影响安装时的螺栓孔重合率。

后孔法：横梁接头板与箱形杆件组焊后划线钻孔。其优点是不需更多地考虑预留焊接收缩量问题、各道工序要求相对宽松,能较好地保证孔群精度,但受现场条件限制,后出孔时只能采用磁力钻等小型钻孔设备,加大了施工难度,降低了生产效率。

权衡2种制孔方法,采用先孔法出孔。为保证熔透焊后栓孔精度,焊接边到孔群位置留有 +1.5mm 的焊接收缩量。

2) 弦杆钻孔

弦杆节点板及箱体杆件两端孔均通过后孔法出孔,即待箱外接头板及箱体组焊修整后,检测杆件旁弯(接头板焊前预变形,图14)、扭曲、几何精度,合格后通过龙门数控钻床同时钻制腹板两端头定位孔(图15),卡机械样板接钻剩余孔,保证了两腹板栓孔同心度及极边孔距精度。弦杆盖板孔采用数控钻床配合U形样板(图16)钻孔。由于下盖板孔的行数和列数多种多样,同时腹板板厚20~50mm,制作U形样板时需综合考虑,控制U形样板种类数量。

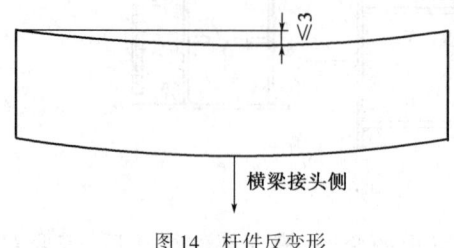

图14 杆件反变形

图15 龙门数控钻床

图16 U形样板

## 六、结　语

(1) 为控制过大的长细比引起的弦杆上拱及扭曲,下料前充分考虑杆件的结构及受力特点,对腹板单元下料精度、腹板边缘直线度、隔板单元精度进行控制,同时对腹板接料预留焊接收缩量。

(2) 对栓焊结合部位接头板的出孔方法进行研究,保证接头板施焊后孔群精度符合要求的同时,提高加工生产效率。

(3) 弦杆结构不对称,双整体节点与上盖板的全熔透焊缝导致箱体组焊过程中的焊接变形大,通过调整箱体组焊顺序,采用合理的焊接顺序及焊接方法,保证了弦杆的几何尺寸。

(4) 为确保组装成品精度,就应考虑从单件制作到组装焊接的全过程,且最好采用逆向思维,从焊接收缩、组装精度往回推,确定单件制作需要的公差,并严格按照制定此公差所要求的工艺步骤制作,此技术方案在其他项目已经得以验证。

(5) 对高强度桥梁用结构钢Q500qE,通过焊接工艺评定试验,确定工艺参数;采用增加焊接道数,控制线能量和层间温度的措施,减少焊缝热影响区的韧性下降;通过选用优化后的埋弧自动焊焊丝、烧结型焊剂、气保焊丝,使焊缝满足强度的同时达到较高的韧性。

**参考文献**

[1] 吕建峰. 整体节点钢桁梁桥设计、制作细节问题及有关标准的探讨[J]. 钢结构,2013,28(3):57-62.
[2] 刘志刚. 南京大胜关长江大桥钢桁梁下弦杆制作工艺[J]. 钢结构,2010(5):59-62.
[3] 张阔. 折线型双节点整体主桁制作工艺研究[J]. 钢结构,2017,32(219):86-92.
[4] 周宇娟. 港珠澳大桥青州航道桥钢锚箱制造工艺[J]. 钢结构,2015(6):30-34.
[5] 胡广瑞. 大型公路钢箱梁整体拼装制造线形和尺寸的控制[J]. 钢结构,2006(5):74-75.
[6] 何艳萍. 公路大桥索塔钢锚箱关键制作技术及焊接变形控制[J]. 金属加工,2014(6):79-81.
[7] 李峰,潘丽婷. 港珠澳大桥青州航道桥钢锚箱外形尺寸控制[J]. 金属加工,2016(22):58-61.
[8] 胡海清,阮家顺,徐杨. 宁波象山港公路大桥斜拉索索塔钢锚箱焊接技术[J]. 钢结构,2011(12):63-67.
[9] 王建国,唐勇. 沪通长江大桥主航道桥钢桁梁制孔精度控制[J]. 世界桥梁,2017,45(1):66-70.

# 3. 浅谈公路桥梁预制拼装桥墩建造技术

王志刚[1]　倪四清[2]　曾玉昆[2]

(1. 中交第二公路勘察设计研究院有限公司；2. 湖北交投建设集团有限公司)

**摘　要**　预制拼装桥墩在国内分为市政模式和公路模式，其建造技术应包含预制构件的选择、设计、制作以及构件之间的连接方式。该文以湖北省江北东高速公路的预制拼装桥墩为背景进行研究，介绍了预制拼装桥墩的各种连接方式的原理及其优缺点，并初步分析国内市政模式和公路模式预制拼装桥墩存在的不足，并简介江北东高速公路创新研究的管墩-桩基承台新型承插式连接结构并与现浇桥墩或其他连接结构进行对比。结果表明：公路桥梁预制拼装桥墩构件应选择和研究轻型化构件；连接方案应选择和研究大容差连接结构。江北东预制拼装桥墩的研究，为公路桥梁快速建造技术提供了良好的技术方案和经验借鉴。

**关键词**　公路桥梁　预制拼装桥墩　承插式连接　轻型化构件　大容差连接

## 一、引　言

20世纪70年代，美国、欧洲和日本等国以及我国台湾地区开展了预制拼装桥墩的实际工程应用。国内预制拼装桥墩的研究起步较晚，20世纪90年代初，北京积水潭桥试验工程中五座桥梁采用了承插式预制钢筋混凝土桥墩。21世纪初，东海大桥、杭州湾大桥、上海长江大桥等跨海、跨江长大桥梁工程中采用了预制拼装桥墩的施工方案，连接构造为钢筋焊接或搭接后现浇混凝土的湿接缝。上海嘉闵高架北段二期4-6标是国内城市桥梁桥墩首次大规模采用桥梁预制装配施工的项目；降低了施工现场噪声、扬尘等污染，现场施工无须封闭交通，架设周期短，大幅降低对现有交通、居民的影响。安徽省济祁高速公路淮南至合肥段淮河特大桥引桥是国内公路桥梁桥墩大规模采用桥梁预制装配施工的项目，下部结构采用了高强预应力混凝土管桩和高强普通钢筋混凝土管墩，管墩与桩基承台间采用现浇杯口式连接方案；之后安徽省在G3京台高速公路方兴大道至马堰段改建工程的中派河大桥中采用了插槽式连接方案。与江北东高速公路同期的河北省荣乌高速公路5座桥梁采用了管桩和管墩，管墩与承台连接方案为灌浆金属波纹管连接。

为满足桥梁快速建造目标和降低对施工单位技术、管理水平的要求，本文依托江北东高速公路项目，简述公路桥梁预制拼装桥墩整体方案选择和关键技术问题连接方案的解决方式，为公路桥梁预制拼装桥墩工业化建造技术的推广和应用提供必要的技术基础。

## 二、预制拼装桥墩主要连接方式简介

### 1. 灌浆套筒连接

灌浆套筒连接(图1)本质是实现构件中钢筋的连接，连接方式为"钢筋—灌浆料—灌浆套筒—灌浆料—钢筋"。其优点是：较成熟，实验和应用较多，有地方标准。其缺点是：施工精度要求高；套筒直径较大，如果纵筋含量较高，布置困难；变形和破坏向接缝处集中；灌浆质量检测困难，灌浆不满存在连接失效的风险。

### 2. 灌浆金属波纹管连接

灌浆金属波纹管连接(图2)的本质是实现一个钢筋混凝土构件的主筋锚固在另外一个构件的混凝土中。灌浆金属波纹管连接主要是应用在墩柱与承台、墩柱与盖梁间的连接。其主要优点与不足与灌浆套筒连接相类似,但如把金属波纹管预埋在承台或盖梁,通过灌浆锚固预制节段的纵筋,可以避开墩柱塑性区域。受力性能与现浇接近一致,但施工比灌浆套筒连接要求和问题更多。

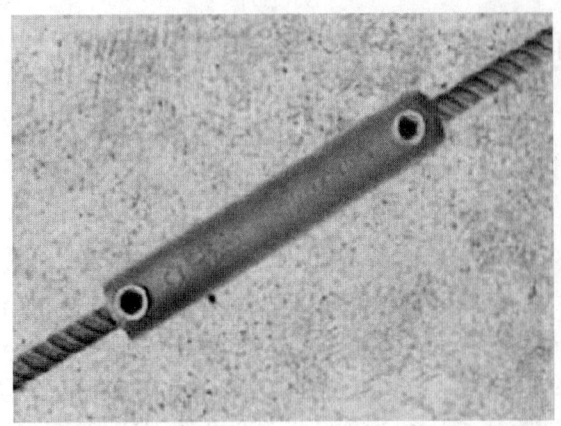

图1 灌浆套筒及灌浆套筒连接应用

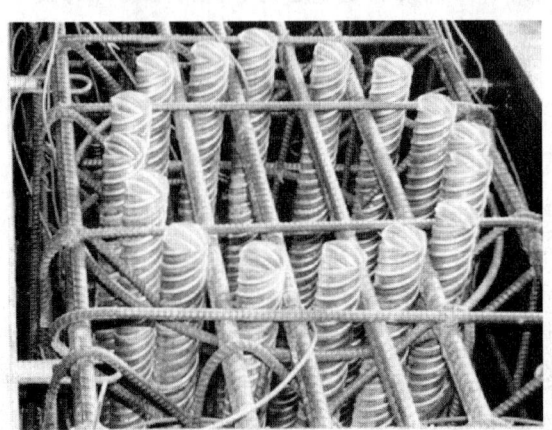

图2 灌浆金属波纹管连接

### 3. 插槽式连接

插槽式连接(图3)的本质是不同构件间有钢筋交互段时,通过后浇湿接缝实现构件之间的连接。其优点是:可以解决套管或金属波纹管灌浆不满的问题、降低拼装时施工精度要求,其整体性能和抗震性能均较好。其缺点是:插槽中断盖梁或承台中钢筋的连续性增加盖梁和承台的构造难度;插槽浇筑混凝土体积相对较大,较难实现桥梁快速建造的目标。插槽连接国外主要应用在墩柱与盖梁连接;国内常规的帽梁应用和配筋方案,预留插槽预制时非常困难。

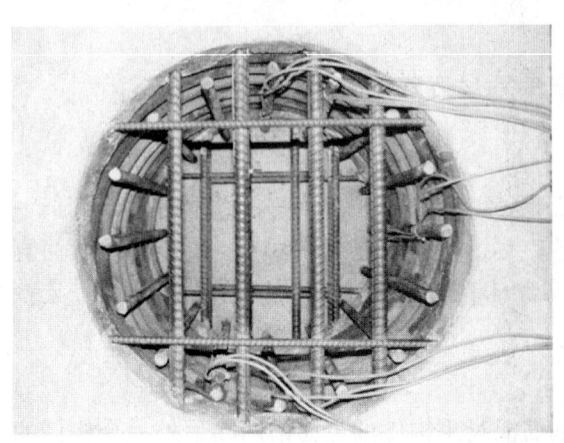
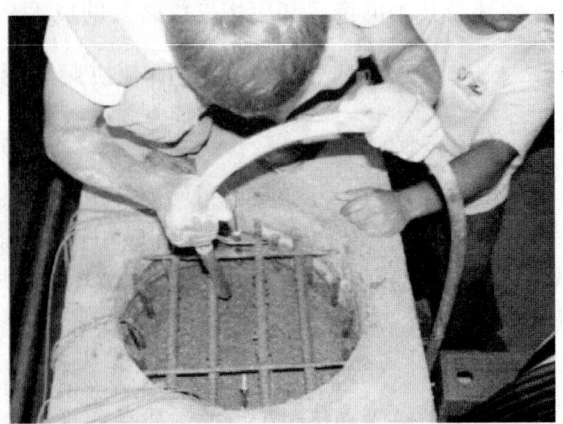

图3 插槽式连接

### 4. 有/无黏结预应力连接

有/无黏结预应力连接(图4)的本质是把墩柱构件结构类型从普通钢筋混凝土结构变为预应力混凝土结构。其优点是：构件分块灵活，相关研究试验较多。其缺点是：极限承载能力降低，耗能小；预制精度要求非常高，拼接后线形差，安装控制难。并且预应力连接桥墩在强震作用下的耗能能力较现浇桥墩差，一般需要辅加内部耗能钢筋或外部耗能装置提高预制桥墩结构的耗能能力。

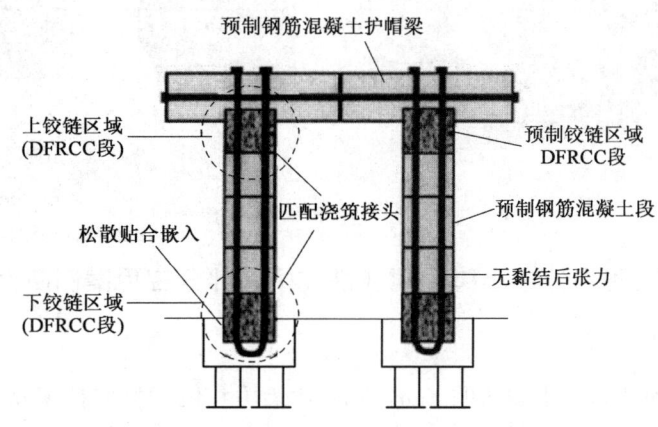

图4 有/无黏结预应力连接

### 5. 承插式连接

承插式连接(图5)的本质是卯榫结构，即将预制墩柱插入基础或盖梁的预留孔内，墩柱与基础或盖梁之间没有钢筋连接，仅通过预制墩柱与基础或盖梁之间的空隙填充混凝土或高强低收缩材料进行固定连接。优点是施工工序简单，施工允许偏差大，对施工单位技术、管理水平要求不高。缺点是国内外研究和应用均较少，文献和应用显示一般承插深度是 $1.2D \sim 1.5D$，至少应为 $1.0D$（$D$ 为桥墩横截面尺寸）。

图5 承插式连接试验研究破坏模式图

### 6. 其他连接方式

现浇湿接缝连接(图6)的本质还是普通钢筋混凝土构件。其优点是：施工允许偏差较大，原理简单明了。其缺点是：施工现场工序较多、工期较长；柱的湿接缝连接构件需要临时固定措施，且模板和振捣工艺等相对困难，现浇段与预制段接缝处混凝土密实度和开裂问题难以避免。

现浇湿接缝采用 UHPC 浇筑，则可以利用钢筋在 UHPC 中锚固长度变短的特性，采用钢筋搭接锚固的方式，且可以满足桥梁快速建造目标，但是墩柱构件需要异形，塑性铰区也受到了一定影响。

图6 现浇湿接缝连接和 UHPC 湿接缝连接

## 三、国内外中小跨径预制拼装桥墩部分应用案例简介

1. 国外部分应用案例简介

20世纪70年代,美国北卡罗来纳州的 Linn Cove 高架桥和位于科罗拉多州的 Vail Pass 桥梁是以景观保护为首要因素,采用预制拼装技术建造桥墩。桥墩预制节段采用有黏结后张预应力筋连接,节段接缝采用环氧树脂连接来改善防水能力,提高耐久性。美国得克萨斯州,Redfish Bay 桥项目中采用了一种插槽式连接构造进行墩身与预制盖梁的连接。

1996年,纽约的哈尔玛建筑公司开始建设克罗斯—韦斯特切斯特高速公路(州际287道)上的两座高架桥——索米尔河高架桥、布朗克斯高架桥。这两座桥的桥墩均采用预制节段施工方法建造。

2001年德克萨斯大学(奥斯汀)的 Billington 提出了适用于非抗震设防区域中小跨径规则桥梁的预制节段拼装下部结构体系。该项体系应用于得克萨斯州的实际工程主要有:183号联邦高速公路得克萨斯州奥斯汀段,249号得克萨斯州高速公路跨越 Louettablvd 休斯顿,以及建于埃尔帕索的跨越州际10号高速公路立交工程。

2. 国内部分应用案例简介

国内常规中小跨径桥梁预制拼装桥墩起步较晚,但基本实现了规模化建设,并适用于国内国情,参考借鉴意义更重要。

1)市政模式

市政模式(图7)以上海研用使用的实心方柱墩+灌浆套筒/灌浆金属波纹管连接为特点,在上海、长沙、成都、石家庄、郑州等多个城市有较广泛的应用推广,并发布了上海市地标《预制拼装桥墩技术规程》。

图7 湖南长沙湘府路市政模式预制拼装桥墩

以上海S7公路(S20-月罗公路)为例,墩柱和帽梁的控制吊装重量分别为125t、230t,这个重量在已有道路且未来依然为桥下道路的城市高架桥建设中问题尚不突出,但构件重量在路线里程长、便道运输条件差的高速公路中已成为限制性条件。

2) 公路模式

公路模式(图8)以离心预制空心管墩+预制管桩的轻型构件使用为特点,在安徽省、湖北省、河北省等多条高速公路中实现应用推广。离心预制混凝土管墩,具备混凝土强度高、工业化制作生产、空心截面混凝土材料用量少、运输吊装重量轻、绿色环保等优点,是公路中小跨径桥梁的理想预制构件。

图8 河北荣乌高速公路模式预制拼装桥墩

管墩薄壁空心结构,限制了连接方式的选择。安徽省先后采用了现浇湿接缝连接模式的杯口结构和插槽式结构;河北省采用了灌浆金属波纹管结构。其中湿接缝和插槽式连接结构施工允许偏差较大,但实现桥梁快速建造目标较差;灌浆金属波纹管连接结构实现桥梁快速建造目标较好,但是施工精度要求极高。

## 四、江北东高速公路预制拼装桥墩简介

### 1. 整体方案

本项目对应的现浇桥墩和预制拼装桥墩三维模型图如图9所示,其中:现浇桥墩由1个预制盖梁、2根现浇墩柱、1个桩系梁和2根灌注桩基础组成;预制拼装桥墩由1个预制盖梁、2根预制管墩、1个现浇承台和8根PHC管桩组成,桩基承台采用现浇施工工艺,其他均可采用预制拼装施工工艺。管墩和管桩可满足预制构件轻型化的目标要求。

### 2. 新型管墩-桩基承台承插式连接

本项目对预制管墩与桩基承台承插式连接技术进行研究和改进(图10),并在同济大学完成两个批次共13个构件的大比例缩尺模型试验,设计承插深度0.7$D$,试验承台总厚度1.5m(规范承台厚度最小值),应用承台总厚度1.8m。

模型试验时,承插深度0.5$D$的构件在极限破坏时连接也未失效;冲切以承台底板受力为主的冲切试件,设计轴压比加载至1.2时连接也未失效;冲切仅以接缝受力的冲剪试件,设计轴压比加载至1.2时连接也未失效。新型管墩-桩基承台承插式连接可以确保连接的安全。

## 五、江北东高速公路预制拼装桥墩对比分析

### 1. 现浇桥墩与预制拼装桥墩原材料用量、单位重量对比

单位长度的现浇墩柱与预制管墩混凝土、钢筋用量和墩柱重量对比如表1所示,预制构件混凝土用量较现浇降低48.9%,钢筋用量增加13.4%。

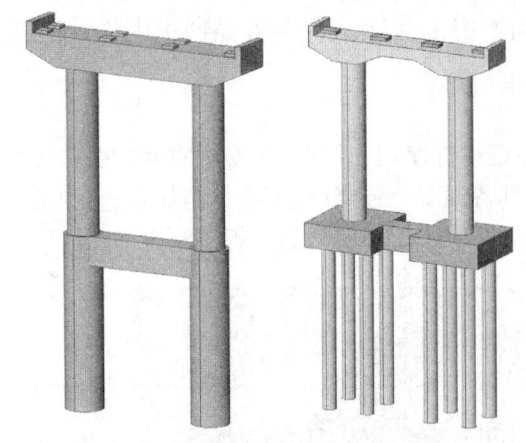 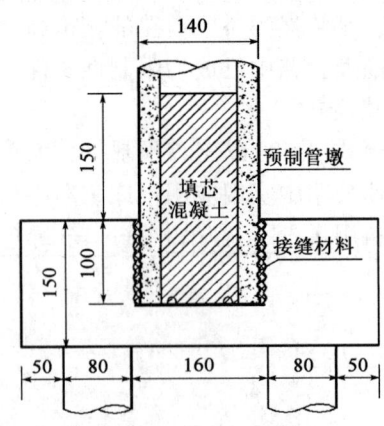

图 9 现浇桥墩和预制拼装桥墩三维模型图

图 10 新型管墩-桩基承台承插式连接构造大样(尺寸单位:cm)

现浇墩柱和预制墩柱原材料用量对比表    表 1

| 对 比 项 目 | 混凝土用量($m^3/m$) | 钢筋用量(kg/m) | 墩柱重量(kN/m) |
|---|---|---|---|
| 现浇墩柱 | 1.7671 | 212.15 | 45.94 |
| 预制墩柱 | 0.9032 | 240.68 | 23.48 |
| 百分比(预制:现浇) | 51.1% | 113.4% | 51.1% |

单节墩柱预制长度小于15m,15m长的现浇墩柱重量为70.25t,而预制管墩重量为35.91t。根据《超限运输车辆行驶公路管理规定》和《道路车辆外廓尺寸、轴荷及质量限值》(GB 1589)规定,原现浇墩柱直接作为预制构件不能满足常规化运输条件,而预制管墩则可满足常规化运输条件。

离心预制普通钢筋混凝土管墩钢材用量略有增加,混凝用量大幅降低,而墩柱构件的抗侧能力和抗震性能相差不大;因此在满足常规化运输条件下,公路桥梁的预制墩柱构件推荐选用管墩。

2. 灌浆金属波纹管连接与承插式连接精度要求对比

管墩和承台之间分别采用灌浆金属波纹管连接和承插式连接的主要精度控制要求如表2所示。采用灌浆金属波纹管连接,承台预埋波纹管的位置和墩柱主筋偏差及扭转,已经决定了管墩的安装位置;而采用新型承插式连接,管墩自由扭转,平面位置和墩柱垂直墩也有较大的调整空间,管墩顶部的安装精度几乎不受承台处连接的影响。

主要精度控制要求    表 2

| 对 比 项 目 | | 灌浆金属波纹管连接 | 新型承插式连接 |
|---|---|---|---|
| 管墩主筋 | 位置 | 2mm | 10mm |
| | 相对位置 | 2mm | 无要求 |
| 承台 | 平面位置 | 2mm | 20mm |
| 连接钢筋 | 相对位置 | 2mm | 无要求 |

3. 预制拼装桥墩与现浇桥墩施工周期对比

从表3中可以看出,该项目所采用的预制拼装桥墩建造方案,现场施工周期相比传统现浇桥墩可缩短50%左右。

现浇桥墩与预制拼装桥墩施工周期对比（天） 表3

| 项　　目 | 现 浇 桥 墩 | 预制拼装桥墩 |
|---|---|---|
| 桩基础 | 16 | 3 |
| 系梁/承台 | 10 | 10 |
| 墩柱 | 9 | 4 |
| 帽梁 | 9 | 4 |
| 总时间 | 44 | 21 |

**4. 预制拼装桥墩与现浇桥墩混凝土用量和造价对比**

从表4中可以看出，该项目所采用的预制拼装桥墩建造方案，规模化应用后混凝土用量节约40%左右，造价节约6%左右。

现浇桥墩与预制拼装桥墩混凝土用量和造价对比 表4

| 单个桥墩 | 现 浇 桥 墩 | | | | 预制拼装桥墩 | | | |
|---|---|---|---|---|---|---|---|---|
|  | 盖梁 | 墩柱 | 系梁 | 灌注桩 | 盖梁 | 管墩 | 承台 | 管桩 |
| 数量(m³) | 35.09 | 35.34 | 9.62 | 234.11 | 25.32 | 21.25 | 62.52 | 68.67 |
| 单价(元/m³) | 1940 | 1750 | 1240 | 1830 | 3000 | 6010 | 1150 | 3793 |
| 价格(元) | 68075 | 61845 | 11929 | 428421 | 75960 | 127710 | 71898 | 260496 |
| 合计 | 混凝土用量 314.16m³ | | | | 混凝土用量 177.76m³ | | | |
|  | 造价 570270 元 | | | | 造价 536064 元 | | | |

## 六、公路桥梁预制拼装桥墩研究方向

公路桥梁装配式桥墩工业化建造技术包含的关键技术内容有：
(1) 管墩与桩基承台的承插式连接方式；
(2) 管墩与灌注桩之间的承插式连接方式；
(3) 盖梁与管墩之间的承插式连接方式；
(4) 墩柱之间的焊接或法兰连接方式；
(5) 基于管墩和承插式连接的抗震性能研究；
(6) 带墩系梁的高墩的研究；
(7) 预制盖梁的轻型化研究。

江北东项目中初步对管墩与桩基承台的承插式连接方式和墩柱之间的焊接或法兰连接方式进行了研究，其先进性、适用性和推广价值均较高。

## 七、结　　语

本文以江北东高速公路项目装配式桥墩试验段为背景，对于公路桥梁装配式桥墩的连接技术、国内研究和应用，本项目装配式桥墩整体方案、构件选择、新型管墩—桩基承台承插式连接方案进行了简介，并与现浇桥墩、灌浆金属波纹管连接进行了简单的对比分析。结果表明：本项目装配式桥墩整体方案及新型管墩-桩基承台承插式连接方案，具备先进性、适用性的特点，可促进桥梁建设的工业化水平，节约原材料用量，绿色低碳环保，推动桥梁建设的高质量发展。

**参考文献**

[1] 王志刚,余顺新,陈亚莉.桥梁快速建造技术[J].中外公路,2018,38(4):184-188.
[2] 王志强,卫张震,魏红一,等.预制拼装联接件形式对桥墩抗震性能的影响[J].中国公路学报,2017,30(5):74-80.

[3] 葛继平,王志强,魏红一.干接缝节段拼装桥墩抗震分析的纤维模型模拟方法[J].振动与冲击,2010,29(3):52-57,203-204.

[4] 葛继平,王志强.干接缝节段拼装桥墩振动台试验研究[J].工程力学,2011,28(9):122-128.

[5] 葛继平,沈磊,王志强,等.基于并联弹簧接缝模型的装配式桥墩抗震分析方法[J].中外公路,2014,34(6):86-92.

[6] 赵宁,魏红一.节段拼装桥墩拟静力试验研究[J].上海公路,2008(4):24-28,42.

[7] 葛继平,闫兴非,王志强.灌浆套筒和预应力筋连接的预制拼装桥墩的抗震性能[J].交通运输工程学报,2018,v.18;No.92(02):46-56.

[8] 姜海西,王志强,沈佳伟.灌浆金属波纹管连接预制拼装立柱抗震性能试验研究[J].结构工程师,2016(5).

[9] Osanai Y,Watanabe F,Okamoto S. Stress transfer mechanism of socket base connections with precast concrete columns[J]. Journal of Structural & Construction Engineering,1996,93(3):266-276.

[10] Ou Y C,Chiewanichakorn M,Aref A J,et al. Seismic performance of segmental precast unbonded posttensioned concrete bridge columns[J]. Journal of structural engineering,2007,133(11):1636-1647.

[11] Petros Sideris,Amjad J Aref,et al. Large-Scale Seismic Testing of a Hybrid Sliding-Rocking Posttensioned Segmental Bridge System[J]. Journal of Structural Engineering,2014,140(6):4014025.

[12] 徐艳,曾增,葛继平,等.承插式预制拼装桥墩的最小合理承插深度[J].同济大学学报(自然科学版),2019,12(47):1706-1711.

[13] 孙贵清,王志刚,曾增,等.公路桥装配式桥墩承插式连接的桩基承台研究[J].桥梁建设,2020,第50卷第3期(总第263期):81-85.

[14] 曾增,王志刚,余坚,等.预制桥墩不同承插式连接构造试验研究[J].结构工程师,2019.

[15] 左光恒,黄遵义,曾玉昆,等.承插连接离心预制管墩抗震性能试验研究[J].结构工程师,2019.

[16] Zeng Z L,Xu Y,Wang Z,G. Experimental study of the axial bearing capacity of prefabricated pier-cap with socket connection[C]// 9th Asia-Pacific Young Researchers and Graduates Symposium. 2019,217-220.

[17] Tong Z L,Xu Y,Shivahari S. Longitudinal loading of socket connection with different bottom plate depth[C]// 9th Asia-Pacific Young Researchers and Graduates Symposium. 2019,214-216.

# 4. 鸡鸣三省大桥上承式拱桥斜拉扣挂悬臂浇筑施工

韩卫民[1] 白诗玮[1] 王翔圣[2] 张旭云[2]

(1.曲靖经济技术开发区规划建设局;2.曲靖开发区焜翔项目管理有限公司)

**摘要** 鸡鸣三省大桥桥梁长为286.4m,桥型为主跨180m钢筋混凝土上承式拱桥,主拱圈采用斜拉扣挂法悬臂浇筑法施工工艺,最大悬臂浇筑节段重量239t,在国内同类型拱桥中浇筑重量居首。大桥有创新性强,技术难度大,设计要求高等特点。大桥建成后,两地居民往来,开车仅需一分钟,步行仅有300m,节约通行时间2.5h,告别过去耗时长、危险系数高的出行方式。大桥不仅便捷了当地居民往来,也促进了当地旅游业的发展,助力脱贫攻坚。

**关键词** 拱桥 斜拉 扣挂 悬臂

## 一、工程概况

鸡鸣三省大桥建于川滇黔三省交界处(图1),横跨鸡鸣三省大峡谷和赤水河上游支流倒流河,连接四川省叙永县水潦彝族乡岔河村和镇雄县坡头镇德隆村。桥梁建设单位为泸州市交通投资集团有限责任公司,由四川省公路规划勘察设计研究院有限公司设计,由四川路桥建设集团股份有限公司下属四川路桥桥梁工程有限责任公司负责施工,项目工程估算总投资5900万元。大桥采用二级公路等级,设计速度为40km/h,设计荷载为公路—Ⅰ级,桥梁长为286.4m,桥型为主跨180m钢筋混凝土上承式拱桥,主拱圈采用斜拉扣挂悬臂浇筑法施工工艺。桥面宽度11.5m(9m行车道+两侧1.25m人行道);桥梁四川岸桥头引道全长637.88m,云南岸桥头引道全长140.6m,路线全长1041.3m,双向两车道。

图1 大桥区位图

## 二、方案优化

鸡鸣三省大桥在桥型方案设计上,拱桥较斜拉桥、悬索桥方案具有施工工艺相对成熟、经济指标好和后期养护简单、结构刚度大等优点。同时大跨径拱桥与该处"U"形河谷山区更加协调,犹如一道彩虹飞跨两岸,气势雄伟。(1)根据该处运输条件差、地形陡峻、吊装困难等特点,采用了四川公路设计院开发的挂篮斜拉扣挂悬臂浇筑拱桥技术,在两岸架设操作平台,将主拱圈分为若干节段,从两岸向跨中循序渐进逐段浇筑混凝土主拱圈的施工工艺。该施工工艺具有以下优点:对起重装置需求小,不需要大型缆索吊装设备,不受桥下地形地势限制,不需要大型预制场,已施工部分整体性良好,施工安全性比较好,悬浇施工过程变形控制方便,对环境友好,造价比较便宜。(2)由于桥位处存在滑坡、危岩、卸荷等不良地质,为了应对不良地质保证拱座的安全距离,设计中采用深挖埋置拱座。同时为防止开挖出现大的临空面和滑坡,采用抗滑桩、框架锚杆、框架锚索等一系列工程措施,对开挖边坡进行预加固,以保证桥梁施工和运营安全。(3)对细节的精细化设计上,采用在拱圈外周设防裂钢筋网、闭合箍筋体系等结构措施,改善了主拱圈耐久性,解决了主拱圈施工期早期裂缝问题;设置斜拉扣挂体系,对拱圈进行线形、内力、偏位调整,既保证施工精度,又改善受力状态;设置抗风缆保证悬臂施工过程中主拱圈的抗风稳定性等。

## 三、工艺控制

鸡鸣三省大桥地质情况复杂,地形陡峭,地面顺层横坡在15°~20°。岩层破碎、节理发育、滑坡风险较大,拱座开挖方量较大,四川岸和云南岸总计开挖方量达12万$m^3$,施工区处于鸡鸣三省大峡谷景区内,无法修筑便道,为减少植被破坏,施工人员从岸边装满混凝土后吊到距河面150余m的高处,用施工吊笼一篮一篮地往上吊运,然后运走。四川路桥鸡鸣三省大桥施工的技术难度主要体现在以下两个方面:一方面,两岸拱座开挖方量12万余$m^3$,岩层顺层节理发育,岩体破裂,必须逐层开挖逐层防护,且地处鸡鸣三省大峡谷风景区,赤水河源头,环境保护及水土保持要求高,需布设缆索吊装系统及载人索道,全桥起重吊装作业全靠吊装系统施工,弃土垂直调运出渣,基坑开挖后将在四川岸形成高度近47m高边坡,云南岸形成近43m高边坡,基坑开挖过程需逐级开挖逐级防护,工期长,约耗时7个月。另一方面,全桥布设缆索吊装系统,主拱圈采用斜拉扣挂法悬臂浇筑施工,在桥墩架设操作平台,将主拱圈分为若干节段,以一个节段为一个单位,逐段浇筑混凝土。施工过程中受峡谷风、温度等自然因素影响大,因此在技术、施工工艺上进行研讨及优化,确保施工质量和安全。鸡鸣三省大桥钢筋混凝土上承式拱桥采用斜拉扣挂法悬臂浇筑施工,最大悬臂浇筑节段重量239t,在国内同类型拱桥中浇筑重量居首。主拱圈采用1~2号节段采用梁柱式现浇支架施工,3~15号节段采用悬浇挂篮施工,16号节段采用合龙吊架施工。

主拱圈施工周期长,扣锚体系受自然气候、风荷载、振动荷载等影响较大,施工过程中高空作业面窄,安全风险高。施工措施多,包括锚碇、索塔、挂篮、扣挂系统等,环环相扣。

## 四、建设意义

鸡鸣三省大桥的建设提议起于1982年,由当时叙永籍全国人大代表杨美芬在全国人代会上提出。随后,云贵川三省交通部门组织开展了相关前期研究工作,由于当地地形地质条件复杂,受当时桥梁建设技术水平的制约,较长时间没有实质性进展。在三省历届领导的重视下,经各方共同努力,最终在具备建设技术条件后,四川省于2016年将其纳入渡改桥推进方案,实现落地建设。

2016年7月3日,组建成立工程施工项目部,鸡鸣三省大桥正式开工建设,2016年11月,对四川岸塔架基础进行施工,2018年5月9日,完成拱座基础开挖,正式进入桥梁主拱圈施工,2019年7月7日,主桥主拱圈合龙,进入拱上立柱等上部结构及桥面附属设施施工,2020年1月21日,历时1297d,大桥全面建成通车(图2),不仅解决了群众长久以来相互隔绝、相望难相通的历史,还将贯通鸡鸣三省一带独特的峡谷自然风光和红色旅游资源,密切三省之间的经济往来,助推脱贫攻坚。(1)提供了安全便捷的交通运输保障。鸡鸣三省大桥的建设意义非凡,作用巨大。长久以来,老百姓要到对岸,需绕道走坛厂、水田、坡头等乡镇。开车需2.5h,爬山渡河需1.5h。如遇刮风下雨、河流涨水、河道起雾,由于渡船结构简单,救生设备

图2 大桥完工图

有限等极易发生安全事故。大桥建成后将彻底改变百姓渔船过河的出行方式,两岸通行路程呈几何级数缩短,开车过桥仅1min到达对岸,步行距离仅300m,大大节省了出行时间,也将彻底消除两岸居民水上客渡的安全隐患。(2)有利于促进两岸三省的经济发展。鸡鸣三省大桥所处的贫困乌蒙山区,千百年来在地理区位上是交通死角,历史上一直是落后贫困地区,它连接的四川叙永县、云南镇雄县均为国家级贫困县,与贵州省毕节市七星关区隔河相望。云南的煤、硫铁矿不能送过来,四川叙永的冰脆李、烟草难以运过去;交通的不便让川滇黔三地的众多风景秀丽、鬼斧神工的旅游资源不能相互汇通。大桥建成有力落实交通扶贫政策,将进一步带动沿岸经济产业发展,增加农民收入;将进一步助力旅游产业发展,当地丰富的旅游资源"死角"全部"盘活";将进一步助推乌蒙山区脱贫奔康,打赢脱贫攻坚战,为乡村振兴注入新的活力;将进一步补充优化四川与云南的省际通道布局,促进区域经济社会一体化发展。(3)促进红色精神的传承发展。赤水河畔、古彝圣地曾经是中央红军一渡赤水的行军之地;这里召开了著名的鸡鸣三省会议,确定了毛泽东同志的党内核心地位,是遵义会议的延续。大桥施工条件艰苦、技术难度极大。鸡鸣三省大桥建设者们攻坚克难、甘于奉献、勇于胜利,正是体现了不朽长征精神的传承和决胜脱贫攻坚伟业的决心与干劲,同时大桥的建成进一步促进当地红色旅游业的发展。

鸡鸣三省大桥亦是一座"民生桥",大桥的修建将大大减少两岸通行时间。作为四川省渡改公路桥项目之一,它的建成将改变四川叙永县、云南镇雄县两个国家级贫困县隔河相望不相连的历史,并彻底改变当地民众交通状况;鸡鸣三省大桥更是当地居民期盼已久的"惠民桥"。随着这一交通瓶颈的打通,云南的煤,四川的冰脆李、烟草等经济作物将更为方便、快捷地运输到山外,助力鸡鸣三省大峡谷旅游产业项目落地,助推乌蒙山区群众脱贫奔小康。

**参考文献**

[1] 尹洪明,李小东,郭军.大跨度钢筋混凝土拱桥斜拉扣挂法悬臂浇筑施工关键技术[J].施工技术,2016,45(4):127-132.

[2] 田唯,由瑞凯,周仁忠,等.大跨钢桁拱桥斜拉扣挂悬臂法施工技术[J].中国港湾建设,2016,36(8):62-68.

[3] 刘辉.大跨径钢筋混凝土拱桥悬臂桁架浇筑法施工技术研究[D].重庆:重庆交通大学,2013.
[4] 万娇.钢筋混凝土拱桥悬臂浇筑与劲性骨架组合施工技术研究[D].重庆:重庆交通大学,2013.
[5] 朱波.大跨径钢筋混凝土拱桥悬臂浇筑施工控制技术研究[D].重庆:重庆交通大学,2012.
[6] 李刚.钢筋混凝土拱桥悬臂浇筑施工控制全过程优化分析[J].黑龙江交通科技,2009(5):119-120+122.

# 5. 华丽高速公路金安金沙江大桥跨山区峡谷加劲梁悬索桥施工

韩卫民[1] 白诗玮[1] 常勇[2] 张旭云[2]

(1.曲靖经济技术开发区规划建设局;2.曲靖开发区焜翔项目管理有限公司)

**摘 要** 华丽高速公路金安金沙江大桥是国家高速公路网 G4216 成都至丽江高速公路华坪至丽江段高速公路的控制性工程。主桥为主跨1386m的双塔双索面单跨简支板桁结合加劲梁悬索桥,华坪岸边跨为跨径320m的无悬吊结构,丽江岸为跨径205m的无悬吊结构。金安金沙江大桥由隧道式锚碇、索塔、索鞍、主缆和板桁结合加劲梁等部分组成,是世界上在建最大跨径的山区峡谷悬索桥,是世界范围内在"三高地区"(高海拔,高差大,高地震烈度)建设的结构复杂、技术难度高、最大跨径的峡谷悬索桥。大桥上下游共两根主缆,每根主缆直径860mm,由169根长约2046m的通长索股组成,每根索股由127根直径5.25mm的高强度镀锌钢丝组成,每根索股钢丝共长260km,全部主缆钢丝共长8.8万km,可绕地球两圈。每根主缆设计最大承载力为6.2万t,可承载16.4万t。

**关键词** 金沙江 加劲梁 悬索桥

## 一、工程概况

金安金沙江大桥位于国家高速公路网 G4216 成都至丽江高速公路华坪至丽江段高速公路 SJ-2 标段 K114+695 处,丽江市东偏南约20km,金安桥水电站大坝上游1.4km处,所处地理位置在东经100°26'~100°27',北纬26°49'~26°50',为跨越金沙江而设,是整个项目的控制性工程。

主桥为主跨1386m的双塔双索面单跨简支板桁结合加劲梁悬索桥,华坪岸边跨为跨径320m的无悬吊结构,丽江岸为跨径205m的无悬吊结构。在设计成桥状态下,中跨理论矢跨比为1/10。全桥共设两根主缆,主缆横向中心距为27.0m。除两岸端吊索距离桥塔中心为12.6m外,其余吊索间距均为10.8m。在主跨钢梁两端设置液压缓冲阻尼装置。桥面采用1.0%的双向纵坡,主桥为2%的双向横坡。

## 二、主塔承台施工

金安金沙江大桥共有两个主塔,丽江侧主塔高186m,该主塔下两个承台具有面积大、体量大、施工难度大、施工周期长等特点。大桥所处地理位置地势险要,承台处于金沙江悬崖边,整个承台共消耗钢筋约1050t,共浇筑混凝土约8000m²。

为确保承台施工顺利进行,建设单位组织各参建单位提前从方案研究、人员组织、物资备料、设备安装、环节把控等多方面精心布局、超前谋划,强化安全及技术交底,采取两班倒作业,严格过程管控,同时根据承台结构分区、分层、平行作业,加快施工进度,整个承台施工用时35d。该承台为大体积混凝土承台,存在单次浇筑混凝土方量大、水化热高等技术难题;加之目前云南滇西地区昼夜温差大等不利因素,对混凝土裂缝控制提出严峻挑战。为解决大体积混凝土散热难关,施工单位通过技术攻关,在每次承台混凝土浇筑时安装 8 层冷却水管系统装置,通过水的循环冷却作用,化解大体积混凝土浇筑施工时产生的巨大热量,确保承台施工质量。

金安金沙江大桥是新建华丽高速公路项目的关键性和控制性工程。2018 年 4 月 4 日主塔承台施工的顺利完成,为主塔柱、主梁施工争取了时间,为总体工期目标的实现创造了宝贵条件(图1、图2)。

图 1　主塔承台施工

图 2　塔柱封顶

### 三、主塔塔柱施工

金安金沙江大桥地处丽江市和永胜县的交界地带。永胜县是丽江市下辖县,位于金沙江边,长期以来都是纳西族和傈僳族等少数民族聚居区,属于高海拔、高差大、高地震烈度的"三高地区"。

金安金沙江大桥丽江岸主塔为钢筋混凝土门式框架结构,因主塔高 192m,施工过程中"高塔泵送混凝土"难度极大。为了解决"高压泵送混凝土"的难题,施工单位与同济大学合作,强强联合组成研发团队,多次邀请同济大学专家到工地现场进行试验、研究。施工单位经过反复试验最终确定混凝土最优配合比,同时优化泵管布设,采用高性能拖泵解决超高塔混凝土泵送难题。因施工现场昼夜温差大,对混凝土温度控制提出严峻挑战。通过优化原材级配、强化混凝土加工过程中的质量控制、泵送机械和泵送方式的探索,完成了塔柱的浇筑高度达 230m 以上的施工任务。为确保主塔施工质量,施工单位对大体积混凝土施工进行专项温控设计,在混凝土内埋设温度传感器,对混凝土从生产到入模全过程实行严格监控,保证混凝土温度控制在规范允许值内。自 2018 年 4 月主塔施工开始,项目部历时 7 个月圆满完成主塔封顶,为大桥全面转入上部结构施工打下坚实基础。

### 四、隧道锚施工

丽江岸隧道锚分为散索鞍基础、前锚室、锚塞体、后锚室四部分,轴线角度 42°,最大倾角达 49°,隧长 73m,单洞最大断面为 17m×24m,开挖方量 1.5 万 $m^3$,浇筑混凝土达 1 万 $m^3$。

在开挖过程中,项目主要面临"三大三难"困境,即角度大、出渣难;断面大、开挖难;围岩破碎大、支护难。由于常规开挖方法难以实现,特别是如何出渣是摆在建设者面前的一个难题。施工单位做了大量的研究及创新,利用类似煤矿中的侧倾矿车配合大型卷扬机牵引出渣,简单讲就是洞内的土石方坐过山车到达洞外。对于断面大、开挖难问题,不同于常规的三台阶或两台阶开挖,采用了六台阶分级开挖法,多台阶施工。为了提高围岩的整体稳定性,施工单位通过打设锚杆进行围岩注浆,再进行开挖分节段支护。

施工过程中,建设者克服了高山峡谷区地形陡峭、场地狭窄等重重困难,攻克了大倾角开挖、大断面预拱、新奥法爆破以及斜锚洞出渣等课题和难题,摸索和制定了隧道斜锚施工系列工法,创造了一整套大倾角隧道斜锚的施工工艺和工法,攻克了一道道技术难关,使工程施工得以顺利实施。

## 五、上横梁施工

金安金沙江大桥丽江岸主塔上横梁为预应力混凝土门式框架结构,由于内倾角的存在,需要及时浇筑横梁混凝土,使得两个独立的塔形成"门"式框架结构,互相支撑,使其增加稳定性。上横梁高8m、长21.7m,宽8m,分两次浇筑,此次为第二次浇筑,浇筑高度4m。

施工现场,在高约200m的上横梁作业面上,施工支架钢材用料多达140t,共布置48束预应力钢绞线。内部作业面狭小,无法铺开全断面施工,钢筋和模板形式多变,对绑扎和安装的精度要求高,施工难度非常大。为此,项目部提前部署,积极组织好各类物资机械及劳动力资源,召开专项施工交底会,采取分班24h跟进作业形式,现场施工人员在"钢筋丛林"里振捣混凝土,确保混凝土由泵车顺利送至高空,通过分料器、布料点对称布置输送到指定浇筑点,此次共浇筑365$m^3$混凝土。待混凝土强度达到张拉要求后,张拉横梁预应力束。

## 六、施 工 总 结

"一桥飞架南北,天堑变通途。"华丽高速金安金沙江大桥华坪岸主塔封顶标志着金安金沙江大桥全面转入上部结构施工阶段,距离大桥建成通车又近了一步。大桥建成通车后,不仅能为当地百姓的生活提供便利,也将给当地的旅游业带来更大的机遇和发展。

2017年4月进场施工以来,2018年2月6日大桥主塔桩基承台浇筑完成;2018年10月31日大桥主塔浇筑完成;2019年4月22日大桥主塔猫道架设完成;2019年10月18日大桥钢桁梁开始吊装,2020年1月15日大桥胜利合龙。

2018年10月31日,随着最后一节塔柱混凝土浇筑完成,云南华丽高速公路项目金安金沙江大桥丽江岸主塔顺利封顶,大桥全面转入上部结构施工阶段,向大桥最终建成通车迈出坚实一步。因项目所在山区多雾,大桥建成后将如同一条穿梭在云雾间的"天路"。随着大桥关键性节点任务的完成,金安金沙江大桥全面转入上部结构施工阶段,向大桥最终建成通车又迈出了坚实的一步。

金安金沙江大桥是华丽高速的"卡脖子"工程。华丽高速公路起点位于丽江华坪县,终点为丽江拉市镇,是川西南滇西北唯一一条东西向高速公路。金安金沙江大桥的建设创造了四个世界之最:世界最大跨径山区悬索桥,采用世界桥梁领域最大跨径缆索吊,大桥宽跨比居世界第一,世界上首座全桥采用U肋全熔透焊接工艺的桥梁。作为中国西南边陲的重要"桥头堡",华丽高速公路项目还被列入丽江南连大理通东盟、国家"一带一路"建设的重点项目。

## 七、结　　语

金安金沙江大桥的竣工,使得从丽江古城至攀枝花的行车时间从原来的6h缩短至2h,丽江驾车至成都也将缩短到7h以内,使得滇川通道将更为便捷。同时,该线路将串联起大理、丽江、四川等地,金安金沙江大桥建成通车后,将给当地村民出行、生产生活带来极大的便利,自永胜县到丽江的路程缩短为25min左右。同时,丽江作为著名的旅游胜地。华丽高速公路通车后,将给当地的旅游业带来更大的机遇和发展。因气候宜人、空气质量较高,这里将会因为项目通车带来更多观光旅游的游客,而交通便利更加受自驾游、自由行的游客青睐,促进当地旅游业的发展。

**参考文献**

[1] 王定宝.怒江四线特大桥钢桁拱桥施工关键技术[C].//全国钢结构工程技术交流会,2016.
[2] 王定宝.杭瑞高速公路北盘江大桥钢桁梁纵移悬拼施工[J].建筑,2017(10).
[3] 王定宝,袁伟.锁蒙高速南盘江特大桥斜拉索施工技术研究[J].建筑,2018(6).
[4] 袁伟,王定宝.保腾高速龙江特大桥双塔单跨钢箱梁悬索桥锚碇施工[J].建筑,2018(20).

# 6. 大跨曲线预应力混凝土转体斜拉桥施工及控制关键技术

郑建新　孙南昌

(中交第二航务工程局有限公司)

**摘　要**　郑万铁路主跨138m预应力混凝土独塔斜拉桥,为塔梁墩固结体系,主梁采用盘扣支架现浇,斜拉索张拉完成,将主梁与支架脱空,之后整体平转至设计位置,施工及控制难度大。依托该项目,提出了转体斜拉桥施工全过程控制方法;基于主梁满堂支架体系转换安全性要求,优化确定了斜拉索合理张拉控制工序;理论分析、现场测试、反演分析确定了主梁与支架间变形协调性;通过转速的理论分析及监测,确保了转体全过程结构安全平稳。

**关键词**　大跨曲线　预应力混凝土　转体斜拉桥　全过程控制　张拉工序　支架安全　转动速度

## 一、项目概况

郑万铁路跨郑西高铁设计采用(32+138+138+32)m单塔双索面转体斜拉桥,夹角17°,塔墩梁固结体系,竖向位于$R=1400$m平曲线上,纵坡29.062‰,采用165000kN转体球铰支座,横向偏心0.847m,设计球铰中心与结构重心重合。球铰以上索塔全高89.0m。主梁为单箱双室预应力混凝土箱梁。全桥共11对斜拉索,桥型布置如图1所示。

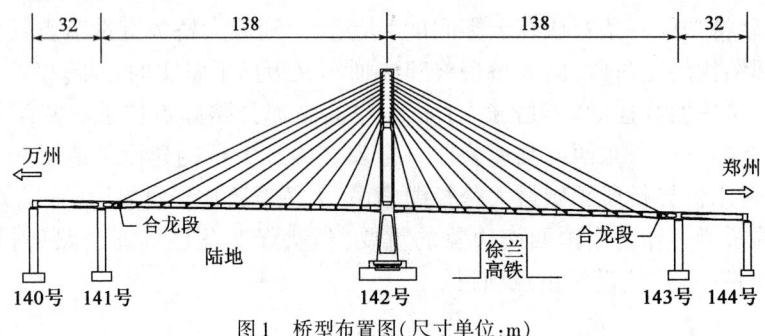

图1　桥型布置图(尺寸单位:m)

## 二、总体施工工艺流程

斜拉桥主梁采用盘扣式满堂支架浇筑,其中索塔两侧各128m范围主梁采用在制梁位现浇,斜拉索张拉完毕后与索塔整体平转至设计目标位置,再与边跨梁段合龙。总体施工工艺流程为:基础施工→下球铰、上球铰安装→索塔液压爬模施工→主梁支架现浇→斜拉索挂设及张拉→主梁与支架接触脱空→临时锁定拆除→结构称重和配重→天窗时间转体,精确定位后封固球铰→合龙段浇筑和二期施工→斜拉索二张。施工平面布置如图2所示。

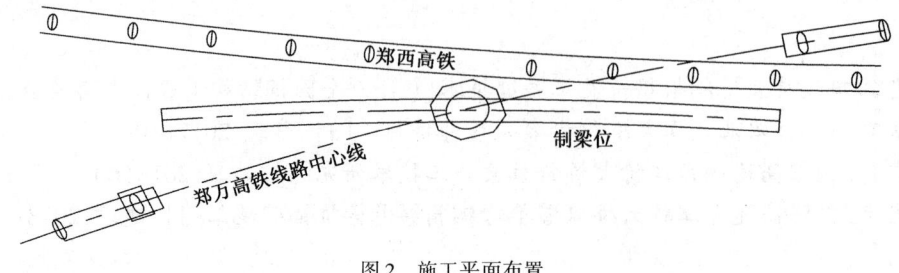

图2　施工平面布置

## 三、施工及控制关键技术

### 1. 转体施工全过程控制技术

本工程平曲线半径小,跨度大,在索塔施工过程中,索塔重心相对转动中心往曲线外侧偏移0.847m,随着主梁由索塔往前端浇筑,结构横向重心逐渐往曲线内侧偏移,最终达到转动体重心与转动球铰中心重合。大跨小半径曲线转体斜拉桥,相对于传统转体桥梁施工,经历了结构偏心转换的过程,结构稳定控制难度大。同时,主梁转动前端、塔顶到球铰中心的距离,分别为撑脚到球铰中心距离的28.4倍、19.7倍,撑脚位置微小变形会导致主梁高程及塔偏误差放大,控制精度要求高。且跨繁忙高铁,属小天窗转体,施工可靠性需保证。

针对转体斜拉桥结构及施工特点,采用施工全过程控制方法,主要分为计划阶段、浇筑张拉阶段、转体阶段3个阶段。在计划阶段,结合结构特点及施工工艺进行施工全过程分析,确定关键控制参数、施工预拱度、成桥控制目标等;在浇筑张拉阶段,重点进行转体系统精细化安装控制、支架安全性主动控制、自重及索力误差识别与修正;在转体阶段,通过转动速度控制、结构受力与空间姿态实时监测,实现精准对接。全过程控制方法如图3所示。

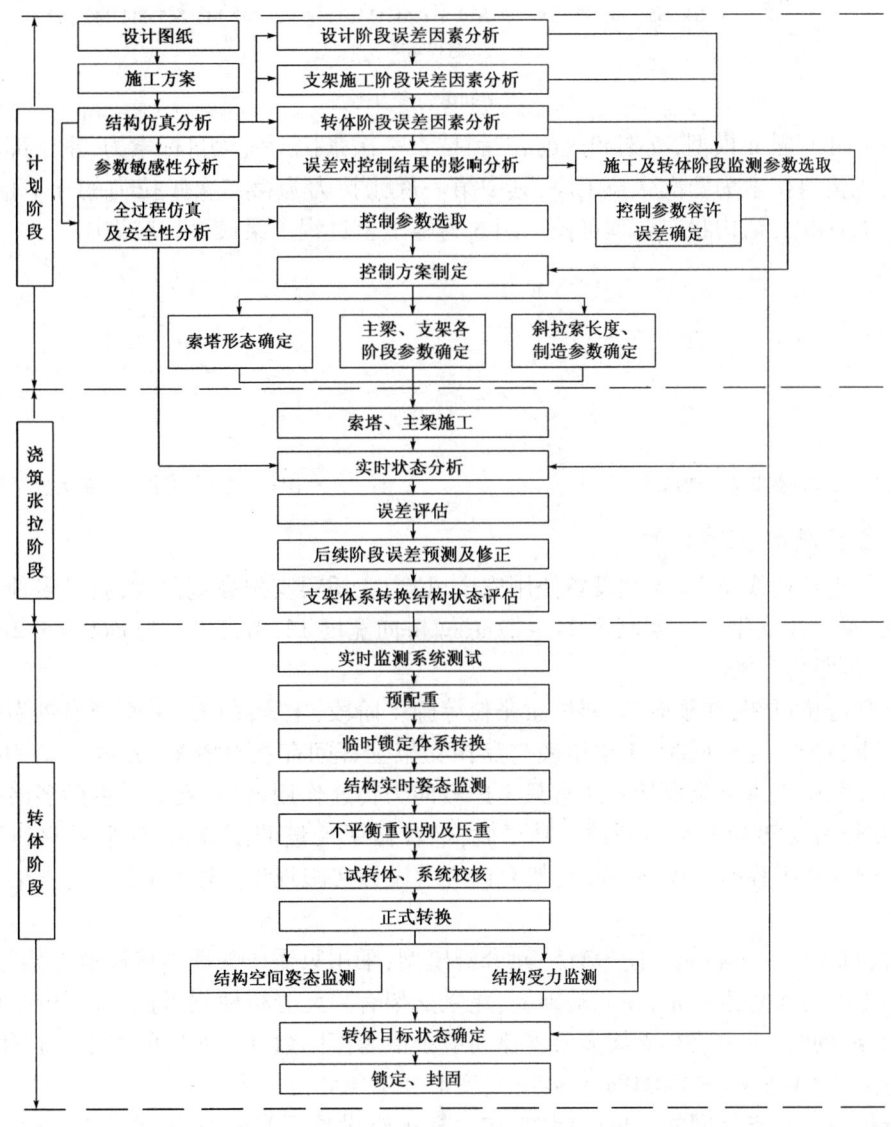

图3 全过程控制方法

## 2. 斜拉索合理张拉工序控制

为保证转体施工全过程的安全性,临时锁定拆除前,需要将主梁现浇满堂支架卸落至主梁底板以下约3m,确保体系转换及转体过程中主梁不会触碰到下面的支架。而支架若在受力状态下卸落,则会产生极大的安全隐患,因此,需要通过斜拉索合理张拉工艺控制,使得斜拉索张拉完成后,主梁与支架脱空。

基于全过程控制方法,以施工期主梁拉应力小于C55混凝土容许抗拉强度1.89MPa、支架卸落前主梁上拱为阶段控制目标,通过索力与主梁响应分析,得到支架卸落前斜拉索索力为成桥索力0.6~1.0倍时,主梁整体上拱。图4、图5分别为支架卸落前索力与成桥索力比值以及主梁变形图。

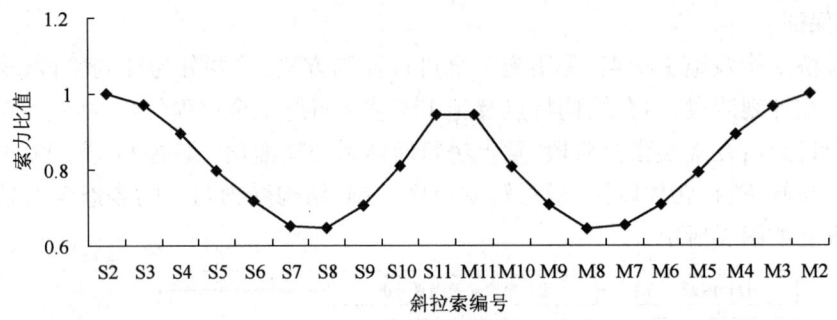

图4 支架卸落前索力比值

采用Midas/civil有限元模型,支架卸落前,若斜拉索一次张拉至阶段目标索力,主梁部分区域出现拉应力超限,为此,优化斜拉索为两次张拉工序,其中第一次张拉力为第二次张拉力的0.7倍,施工全过程主梁最大拉应力1.6MPa,结构状态合理可控。图6为施工全过程主梁最大拉应力图。

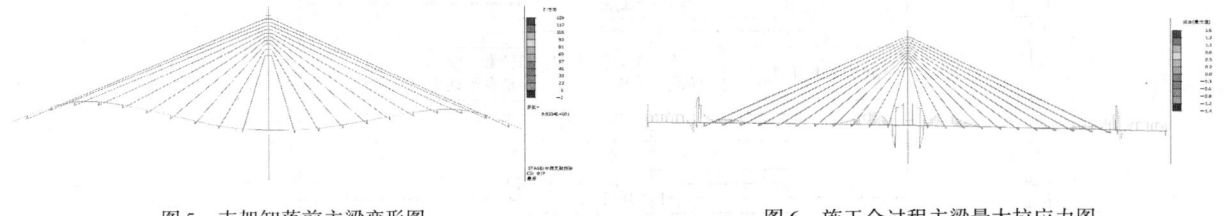

图5 支架卸落前主梁变形图    图6 施工全过程主梁最大拉应力图

## 3. 支架安全监测及反演分析

考虑到本桥邻近营业线特点,大型设备使用安全风险高,桥梁支架高宽比大,通过多种支架形式对比研究,现场采用满堂盘扣支架。支架高度21~27m,横桥向宽度13.8m,立杆为$\phi 60 \times 3.2$mm钢管,立杆横距、纵距1.2m,步距均为1m。

由施工全过程分析可知,在预应力、斜拉索张拉等施工阶段,主梁高程及平面变形较为明显。主梁变形使得支架受力重分配。与此同时,主梁梁底与盘扣支架立杆间存在竹胶板、方木、工字钢等多层支撑。国内现有规范和文献中满堂支架设计时通常只考虑竖向力传递作用,鲜有支架与主梁多层接触间相对变形的说明,而此变形对支架受力是不利的。基于此,笔者做了大量调研分析,其中了解到英国工业标准BS 5975:2008 + A1 2011《临时工程项目和支架允许应力设计实施规程》建议按主梁与支架支撑体系之间相对滑动考虑。

支架设计时,首先建立全桥施工阶段有限元分析模型,采用只受压弹性连接模拟支架竖向支承,得到支架受力最不利工况为4号索一张,在此基础上,建立支架有限元分析模型,将全桥分析中得到的立杆轴力施加于支架顶端,同时,取主梁与支架多层支撑间最小值摩擦因数0.2对应的水平力作用于立杆顶部,立杆最大综合应力276MPa $< f = 300$MPa(Q345A),变形在$L/400$范围内。

为验证及分析主梁与支架间的变形协调性,在立杆顶端设置反光贴测点,在对应的主梁截面中心线处设置变形测点。同时,在受力不利的前端第1排、第2排立杆上安装应力监测点,通过实时监测系统自动测试立杆受力。

最不利工况监测结果显示,主梁前端纵向变形实测值33.7mm,与整体模型计算结果吻合,支架前端变形实测值29.0mm,表明主梁—支架之间相对变形接近5mm(图7)。支架实测轴力如图8所示。

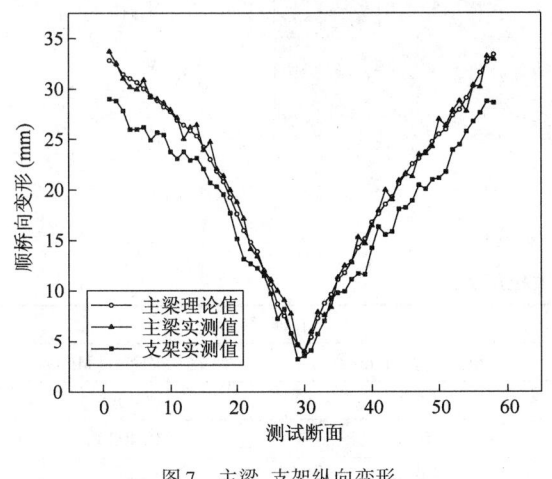

图7 主梁、支架纵向变形

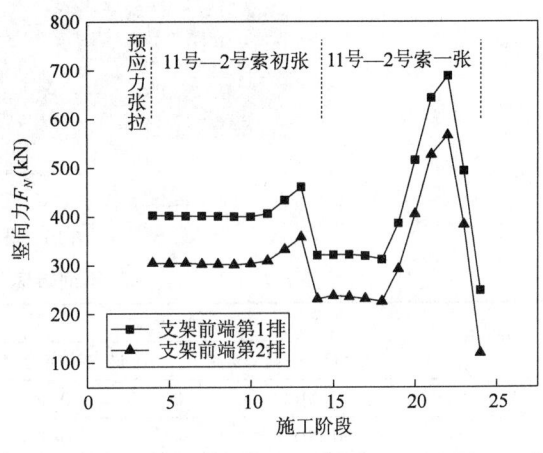

图8 各施工阶段支架轴力结果(kN)

为了研究盘扣式满堂支架与混凝土主梁之间的等效摩擦因数,可依据支架顶端纵向变形的实测值,通过有限元模型分析,得出满堂支架在相应工况下的顶端水平力,即为此工况下支架前端承受的摩阻力$F_f$。由实测该工况下立杆轴力$F_N$,即主梁传递的竖向力,便可获取主梁与支架之间多层接触的摩擦因数$\mu$,即:

$$\mu = \frac{F_f}{F_N} \tag{1}$$

图9为由该方法得到的各施工阶段摩擦因数结果。

有限元分析、现场测试研究、反演分析表明,支架设计时,需考虑主梁与支架之间多层支撑体系的摩擦效应。该摩擦因数在0.21~0.245之间。理论与实时研究确保了支架施工期的安全。

### 4. 转动速度分析及控制

斜拉桥转体过程分为加速、匀速及减速转动等阶段。相关研究表明,匀速转动时,主梁做离心运动。加速转动时,惯性作用下主梁前端相对于塔根处存在转动滞后。为研究本工程转体过程力学特性,分别针对加速与匀速转动阶段,对水平转体过程中桥梁的受力进行分析。

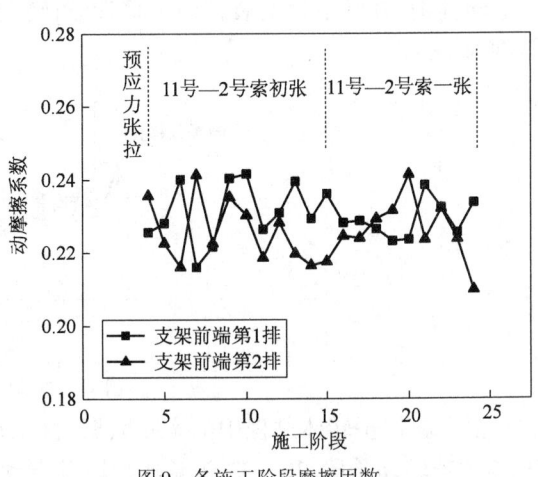

图9 各施工阶段摩擦因数

根据规范,C55混凝土抗拉强度设计值为1.89MPa,由高等动力学理论,以转体时最不利截面的拉应力小于C55混凝土抗拉强度设计值作为控制条件,解析法求得索塔处主梁转动线加速度为0.13m/s²;在对应线加速度下,有限元实体模型分析得到索塔处主梁最大拉应力为1.53MPa,与解析法结果接近。图10为塔根处主梁应力图,可以看出主梁呈S形扭动。同时,采用有限元分析了0.001m/s²、0.005m/s²、0.01m/s²、0.04m/s²、0.08m/s²、0.12m/s²等不同加速度下的主梁受力。

匀速转动在整个转动过程中持续时间最长,同样也是分析的重要环节,为了合理控制匀速转动阶段的转速,防止转速过大而发生失稳,采用有限元模型模拟0.01rad/min、0.05rad/min、0.1rad/min、0.5rad/min、1rad/min、2rad/min共6种角速度下的主梁受力。

表1为不同加速度及角速度下主梁最大拉应力值。

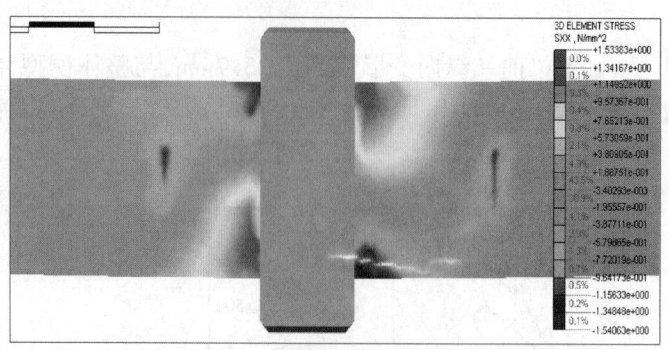

图10 塔根处梁底应力分布

不同转速下主梁最大拉应力　　　　　　　　　　　　　　　　　　　　　　　　　表1

| 序号 | 加速转动 | | 匀速转动 | |
| --- | --- | --- | --- | --- |
| | 加速度(m/s²) | 最大拉应力(MPa) | 角速度(rad/min) | 最大拉应力(MPa) |
| 1 | 0.001 | 0.402 | 0.01 | 0.4015 |
| 2 | 0.005 | 0.411 | 0.05 | 0.4020 |
| 3 | 0.01 | 0.427 | 0.1 | 0.40217 |
| 4 | 0.04 | 0.520 | 0.5 | 0.40218 |
| 5 | 0.08 | 0.784 | 1 | 0.40218 |
| 6 | 0.12 | 1.190 | 2 | 0.40288 |

从表1可知,匀速转动阶段,主梁拉应力受转动速度的影响较小,加速转动阶段,主梁拉应力随加速度增大变化明显,由于转体自重较大,实际施工时,为防止转动速度过大造成不易控制的惯性作用,现场加速度控制在0.01m/s²以下,匀速阶段转速控制在0.02rad/min以内。

转体前,在转盘处安装拉绳位移计,对转动速度进行实时监测。拉绳位移计布置如图11所示,测量精度为1mm。

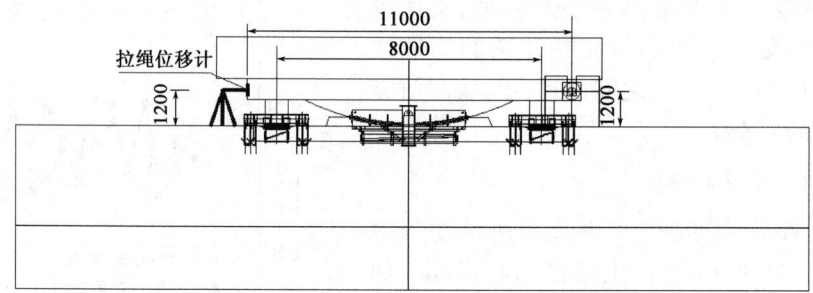

图11 拉绳位移计布置图(尺寸单位:mm)

根据斜拉桥转体过程中的实测数据,整个转体过程共分37个转动阶段,其中1~6为加速阶段,7~29为匀速转动阶段,30~37为减速阶段及点动定位阶段,实测转动角速度如图12所示,转体全过程结构平稳,转速在控制范围内。

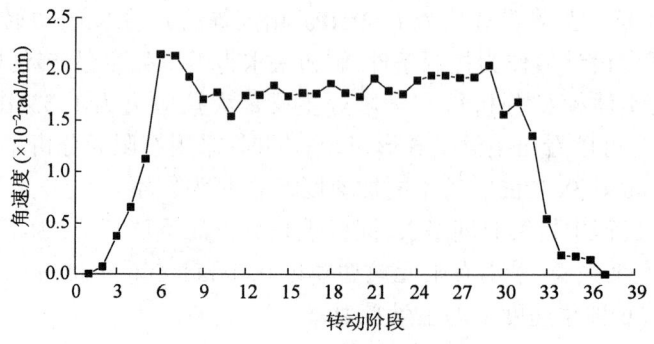

图12 转动角速度测试结果

## 四、结　语

（1）针对郑万铁路大跨曲线预应力混凝土转体斜拉桥,提出了施工全过程控制方法,该方法使得结构安全和精度控制可靠。

（2）优化斜拉索合理张拉工序及各阶段目标索力,使得现浇满堂支架卸落前与主梁脱空,确保了支架体系转换的安全性。

（3）通过施工期满堂盘扣支架受力监测、主梁—支架变形相关性监测,以及变形与受力反演分析,得出主梁与支架间多层接触摩擦因数约为0.23,为支架结构设计及施工安全提供了有力支撑。

（4）加速转动阶段,塔根处主梁成"S"形扭动,且此处拉应力值最大,匀速转动阶段,主梁应力受转动速度影响较小,为防止造成不易控制的惯性作用,确保转体安全,转体加速度宜控制在$0.01m/s^2$内,角速度宜控制在$0.02rad/min$内。

**参考文献**

[1] 胡义新,孙艳鹏,孙远,等.T构转体桥精细化施工控制技术[J].土木工程与管理学报,2019,36(4),108-113.

[2] 冉涛,张玲,李永超,等.转体式现浇箱梁桥满堂支架受力分析研究[J].公路交通科技(应用技术版),2020(4),225-228.

[3] 罗民声.大吨位刚构桥平转转动体系力学特性[D].重庆:重庆交通大学,2018.

[4] 王立峰,王二强,孙永存,等.万吨级斜拉桥转体施工过程的力学特性[J].交通运输工程学报,2015,15(3):52-61.

[5] 孙全胜,郭晓光.转体斜拉桥平转加速度阶段容许角加速度研究[J].中外公路,2012,32(2):98-32.

# 7. 微型桩在桥梁基础施工中的应用和研究

徐　磊

(湖北交投建设投资开发有限公司)

**摘　要**　随着城市市政建设的逐步深入,桥梁等基础设施在同一块场地上的密度会越来越高,提供给桥梁建设的场地会呈现出越来越狭窄,越来越受限,越来越困难的特点。由于城市拆迁成本越来越高,通过大规模征地拆迁进行建设的方法越来越不经济,而通过技术优化则比较容易解决,微型桩在桥梁基础施工中就有着非常灵活的应用。本文通过微型桩在马来西亚市政高架DASH-CB4项目中的成功应用,分析了微型桩的优势,从而为解决桥梁基础施工中遇到的复杂场地问题提供了参考。

**关键词**　微型桩　桥梁基础　施工工艺　灵活可靠

## 一、工程概况

马来西亚市政高架桥DASH-CB4项目位于吉隆坡DAMANSARA地区与雪兰莪州交界处的一片交通繁忙而复杂的互通立交匝道区,该匝道群处现有13条道路和桥梁,本项目在此区域新建7条匝道桥;新建的7条匝道桥穿插于原有的匝道群中,同时要互相联通。空中俯瞰此处交通错综复杂,道路密集交织,现有道路网已经有3层立体交叉,本项目建成后,最高处5层立体交叉,匝道的复杂程度,极其少见。

1. 地质情况

工程地质报告显示,岩层以上的覆盖土层厚度在1.50m到25.5m之间。介于1.50m到4.50m的土层由粉质砂土和粉质砂砾组成。介于 3.00m 到 7.50m 的土层由黏土或砂质黏土组成,7.5m 到 25.50m 的土层为密实的砂砾层。岩层以上 6m 范围内的土层,大都由砂质粉土或砾砂质粉土组成。地下水位较高,地下水丰富。

岩层为中风化—微风化的花岗岩,等级Ⅰ至Ⅱ级,岩质坚硬,完整性较好,有利于桥梁的建设。

2. 施工遇到的问题

桥梁桩基础在施工中遇到如下问题:

(1) 设计桩基础位于既有桥面投影下方,既有桥面高约 7m,钻机、吊机无法进入。

(2) 设计桩基础及承台位于高速公路路边,挡土墙墙角下,挡土墙为干码,挡土墙内填土至墙顶,挡土墙已现裂缝,场地狭窄,呈三角形,最宽处不足 5m,挡土墙高约 5m。钻机无法进入且不敢扰动。

(3) 设计桩基础及承台位于高速公路路堤边坡上,边坡斜长 5m,坡度 1:1.5,坡脚是一条宽 4m,深 4m 的钢筋混凝土矩形排水渠。钻机无法进入,空间狭窄,无法修筑钻孔平台。

(4) 设计桩基础位于高速公路边的石方路堑边坡二级平台上,平台高 10m,宽 2~3m。石方边坡坡度 1:0.2,工作面狭小,钻机无法进入。

(5) 原设计为直径 3.6m 的人工挖孔桩,涌水、塌孔严重,安全风险大,无法继续人工挖孔施工。

3. 解决建议

项目部在分析以上问题后,给出如表 1 所示的建议。

**桩基施工问题的解决建议**　　　　　　　　　　　　　　　　　　表1

| 问题 | 解 决 建 议 | 业 主 态 度 | 结论 |
|---|---|---|---|
| 1 | 建议修改桩基设计位置,挪出桥面投影区 | 周围没有空间,线形无法改变 | 不可行 |
| 2 | 建议拆除挡土墙及上面的建筑物 | 地主要价太高,无法拆迁 | 不可行 |
| 3 | 建议封闭两条高速公路车道 | 交警部门拒绝封闭两条车道 | 不可行 |
| 4 | 建议将石方平台桩基础改为扩大基础 | 设计师不同意,扩大基础不安全,山体不稳,可能整体垮塌 | 不可行 |
| 5 | 建议修改挖孔桩为钻孔桩,增加征地拆迁 | 没有空间进行群桩施工,该基础为大跨度门式墩的基础,受力特殊,只能实施大直径单桩 | 不可行 |
| — | 建议将所有受影响的桩,改为微型钢管桩 | 同意 | 可行 |

结合实际问题,经业主和设计同意后,项目部将部分大直径钻孔灌注桩基变更为小直径的微型钢管桩群桩。

## 二、微型桩设计

微型钢管桩设计的原则为:不增加占地面积,便于施工,满足受力要求。设计图如图 1 所示。

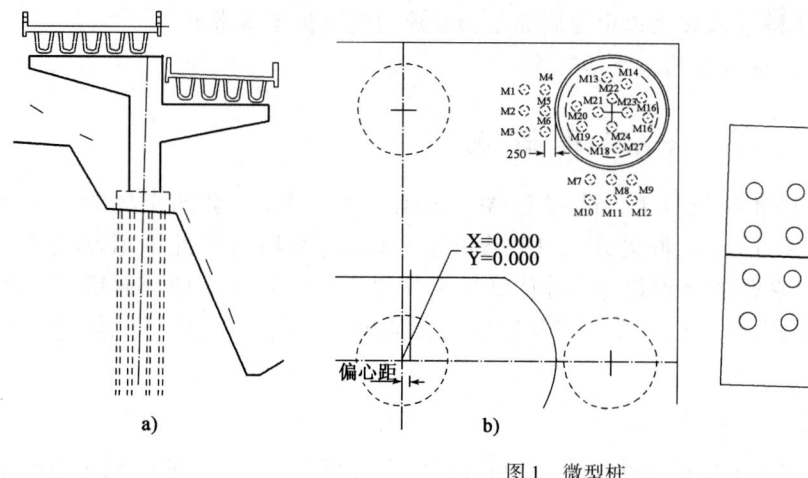
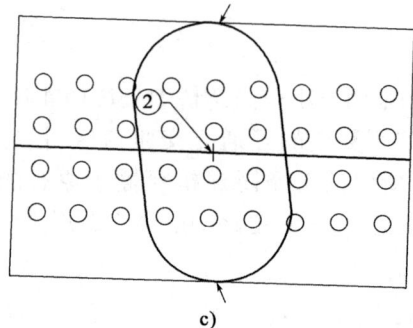

图 1　微型桩

微型桩设计为直径260mm的钢管桩,钢管采用直径177.8mm的高强度API管,注浆强度为C30水泥浆(图2)。微桩仍设计为嵌岩桩,持力层为花岗岩层,根据桥墩基础受力要求,结合地质情况,设计入岩深度为4~4.5m,单桩设计承载力150t。

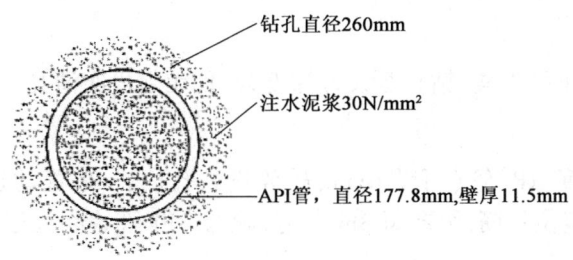

图2 微型钢管桩

微型桩施工具有以下特点:施工机具小、施工占地少、施工震动噪声小、承载力高、对地质适应性强、桩位布置灵活等,在特殊场地条件下具有极大的优势。

本工程设计承载力对比如表2所示。

**本工程设计图纸中微型桩与钻孔灌注桩设计承载力对比** 表2

| 位置 | 桩 型 | 设计桩径(mm) | 设计承载力(t) | 数 量 | 单桩截面积($m^2$) |
|---|---|---|---|---|---|
| F-4 | 原设计:钻孔灌注桩 | 1800 | 1500 | 4 | 2.545 |
| F-4 | 变更后:微型钢管桩 | 260 | 150 | 36 | 0.053 |
| B-2 | 原设计:钻孔灌注桩 | 2200 | 3500 | 1 | 3.801 |
| B-2 | 变更后:微型钢管桩 | 260 | 150 | 24 | 0.053 |

可以看出,微型钢管桩可以利用很小的桩径,提供较大的承载力,可以在特殊环境下完成替代施工,在满足相同承载力的情况下可以节约施工占地。

采用微型钢管桩的桥梁基础,承台尺寸适度变小,减小了特殊场地的占地要求,克服了场地狭小的困难。

## 三、微型桩施工工艺

详见工艺流程图(图3)。

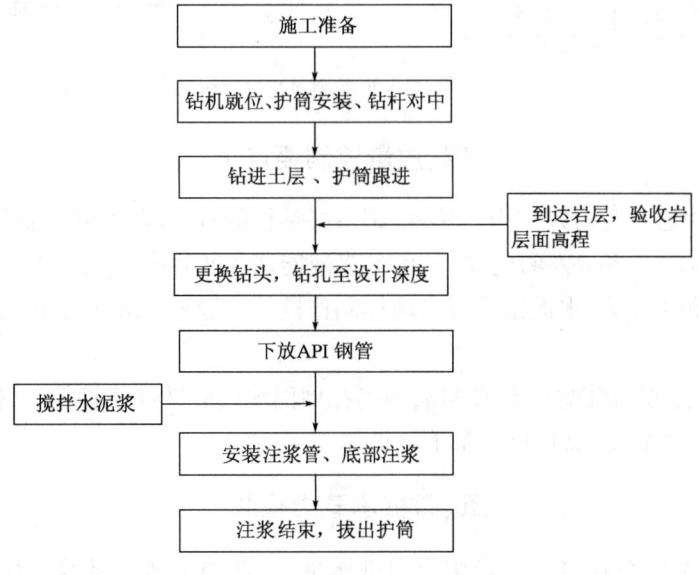

图3 微桩施工工艺流程图

1. 钻孔

根据本工程地质情况,钻孔采用钢护筒跟进支护,钢护筒随钻头钻进后入孔,分段连接采用焊接。护筒下至岩层面后停止。土层钻进采用刮刀钻头,岩层钻进采用潜孔锤钻头。

2. 除渣

岩层除渣采用空压机高压风吹渣,钻孔至设计深度即可,无须再次清孔。

3. 下放 API 管

将壁厚 11.5mm 的高强度 API 管(每节 6m),吊放进去孔内,API 管的连接采用螺丝口螺旋连接。API 管需要在管壁外侧焊接定位耳筋,纵向每 3m 一道,确保 API 管始终处于孔洞的中心位置,并且保证 API 管不会歪倒。

4. 注浆

将 HDPE 灌浆软管深入到 API 管底部,注浆从底部开始,缓慢进行,直到新鲜的浆液持续从顶部溢出。

水泥浆为净浆,要求水灰比为 0.45~0.5,为防止水泥凝固收缩,水泥浆中添加 2% 的膨胀剂,注浆压力在 0.5MPa 以内。

5. 拔出护筒

护筒在注浆完后的 2h 内拔出,护筒拔出后出现浆液面下降应及时补浆,直到水泥浆液面不再下降。

6. 桩头处理

微桩注浆达到设计强度后,将桩头截至设计高程,在 API 管上焊接连接钢板,或者根据需要在钢板上焊接锚固钢筋,如图 4 所示。

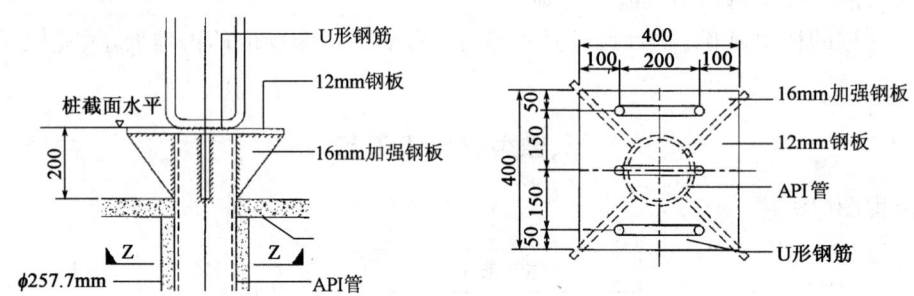

图 4 微桩桩头处理(尺寸单位:mm)

## 四、质量控制要点

(1)钻孔时钻头的中心点要对好桩中心位置,调整好钻杆的垂直度,调整好护筒的定位卡箍。

(2)API 钢管底部应割开 5cm 左右的缺口,确保浆液能从 API 管底部顺利排出。

(3)水泥浆液搅拌必须充分,水泥浆应每盘取样制作试块,试块的 7d 强度必须达到 $20N/mm^2$,28d 强度达到 $30N/mm^2$。

(4)施工群桩时,新注浆的微型桩不满 24h,不得在周围使用震动锤拔护筒。施工时应同时完成多个微型桩的钻孔,等到全部注浆完成后,再施工下一批。

## 五、微桩承载力检测

微型钢管桩的单桩竖向承载力检测采用反力桩压桩法,即锚桩法。试验采用四锚一横梁的反力装置,配置液压千斤顶加载,荷载达到设计承载力的两倍(图5)。

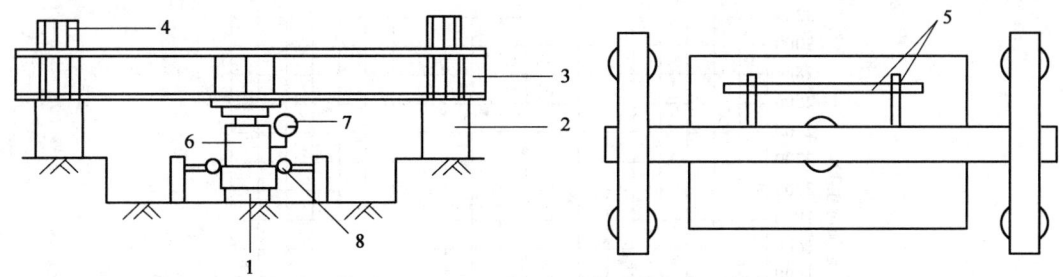

图 5 单桩竖向静载试验示意图

1-试验桩;2-锚桩;3-主梁;4-次梁;5-基准梁;6-千斤顶;7-压力表;8-百分表

根据马来西亚桩基检测规范,荷载加载分两个行程,第一个行程由 0 加载到 1 倍设计荷载,持荷 6h,然后逐步释放荷载到 0,第二个行程由 0 逐步加载到 2 倍设计荷载,持荷 6h 后逐级卸载至 0,详见表 3。

单桩竖向静载试验最小持荷时间　　　　　　表 3

| 荷　　载 | 最小持荷时间 |
| --- | --- |
| 25% 工作荷载 | 30min |
| 50% 工作荷载 | 30min |
| 75% 工作荷载 | 30min |
| 100% 工作荷载 | 6h |
| 75% 工作荷载 | 10min |
| 50% 工作荷载 | 10min |
| 25% 工作荷载 | 10min |
| 0 | 1h |
| 100% 工作荷载 | 1h |
| 125% 工作荷载 | 1h |
| 150% 工作荷载 | 1h |
| 175% 工作荷载 | 1h |
| 200% 工作荷载 | 6h |
| 150% 工作荷载 | 10min |
| 100% 工作荷载 | 10min |
| 50% 工作荷载 | 10min |
| 0 | 1h |

试验判别标准:根据当地规范,当试验不出现以下三种情况则试验成功(满足试验判别标准):(1)荷载解除后,累计位移不超过 12.5mm 或者(桩径/120 + 4mm),取较小者;(2)在 1 倍设计荷载下,累计位移不超过 12.5mm;(3)在 2 倍设计荷载下,累计位移不超过 38mm。

本工程试验结果如图 6 所示。

检测结果显示,单桩承载力试验满足以上(1)、(2)、(3)判别标准,且数据收敛。试验结果证明,微型钢管桩达到了设计要求。

## 六、结　语

在采用微型钢管桩代替一部分钻孔灌注桩后,本工程桥梁遇到的所有桩基施工难题,都得到了很好的解决,通过实践证明,微型桩施工具有方便灵活、施工快捷、性能可靠、操作安全、用料经济的特点。不需要大型的设备,不需要大规模的场地,不依赖混凝土的供应,施工速度快,安全风险小,并且为业主节约了大量的征地拆迁成本。

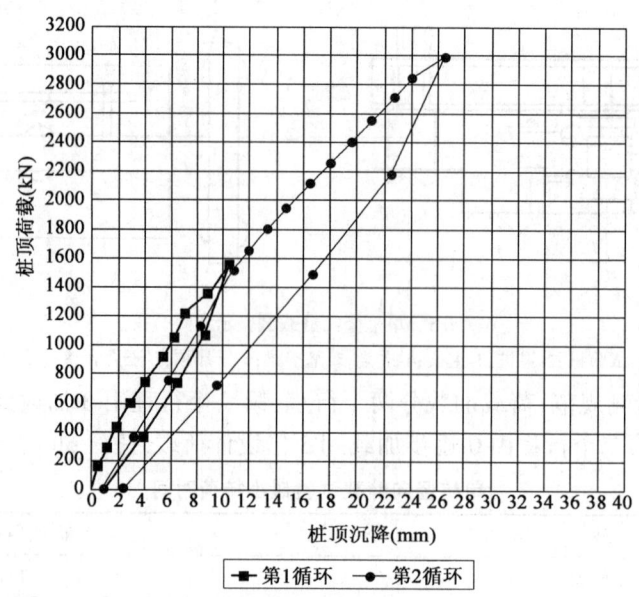

图6 微型桩试验荷载-位移图

微型钢管桩作为钻孔灌注桩基础的有益补充,很好地解决了桥梁基础施工中遇到的场地问题,从而为今后的市政桥梁方案设计上提供了更多的选择。同时,本工程在实施直径3.6m的挖孔桩时,以微型桩作为止水帷幕结构,对于解决地下水堵水、地基加固有着灵活广泛且有效的应用,为微型桩处理更多地质问题提供了参考。

**参考文献**

[1] 方家强.微型钢管桩在桩基础加固中的应用[J].福建建设科技,2006,2.
[2] 唐传政.微型钢管群桩在基坑工程事故处理中的应用[J].岩石力学与工程学报,2005,11.
[3] 中华人民共和国住房和城乡建设部.建筑基桩检测技术规范:JGJ 106—2014[S].北京:中国建筑工业出版社,2014.

# 8. 大跨径U形节段预制波形钢腹板组合箱梁桥悬臂施工技术

陈加富[1] 刘朵[2] 邓文琴[3] 侯爵[1] 杨红成[2] 张建东[2,3]

(1.江苏省交通工程建设局;2.苏交科集团股份有限公司;3.南京工业大学)

**摘 要** 结合悬臂现浇和节段预制两种施工技术优点,创新性提出一种U形节段预制-顶板现浇混合悬臂施工技术,可有效解决底板钢混结合部钢筋复杂及混凝土浇筑质量差,节段重量大及运输吊装难度高,节段悬拼线形控制难度高等难题,增强了结构整体性和耐久性,并提高了大跨桥梁工业化建设水平。最后,以盐洛高速宿泗段洪泽湖滞洪区特大桥为例,给出了大跨径波形钢腹板预制-现浇混合悬臂施工方法的主要施工流程及关键施工技术注意事项,为同类桥型的施工提供了技术借鉴。

**关键词** U形节段 波形钢腹板组合梁桥 钢-混凝土组合

## 一、引 言

波形钢腹板组合梁桥是近年来迅速发展的一种钢-混凝土组合结构,其主要特点是用波形钢腹板代替传统混凝土腹板，与后者相比，可以大幅降低大跨度梁式桥上部结构自重，而且跨度越大降低越明显，从而达到大幅度减小桥梁结构恒载的目的。另外利用波形钢腹板承受剪力，可避免传统混凝土腹板常见的开裂问题，且波形钢腹板存在褶皱效应，可降低顶、底板混凝土收缩徐变的影响，另外还具有材料利用充分、施工方便、现场工期短、造型美观等优点，是今后中大跨径桥梁中一种富有竞争力的结构形式。据不完全统计，截至2020年10月我国已建、在建波形钢腹板组合桥梁约180余座，桥梁跨径也在逐步增加，主跨超过120m的大跨桥梁超过50座，且波形钢腹板组合梁桥的最大跨径有逐年上升趋势。目前国内大跨径波形钢腹板组合梁桥大多采用悬臂浇筑施工。随着桥梁工业化的发展，具有节能、环保、高效、耐久等优点的节段预制拼装技术在混凝土桥梁中得以推广。将该技术引入波形钢腹板组合结构桥梁建设中，可降低节段重量，便于运输和吊装，提高接缝抗剪性能，有效避免悬臂浇筑施工期波形钢腹板失稳问题，缩短施工工期，保障施工质量。

目前国内外关于节段预制波形钢腹板PC组合梁桥的研究和应用尚处于起步阶段，现有节段预制波形钢腹板组合梁桥应用跨径较小，由于吊装重量受限，施工线形控制难度大等问题，国内针对超过百米采用节段预制拼装技术的大跨径波形钢腹板组合梁桥案例较少。本文依托洪泽湖滞洪区特大桥，结合波形钢腹板组合梁桥结构特点，创新性提出了一种U形断面预制-顶板现浇的组合施工工艺，有效融合了节段预制和现浇两种工艺的技术亮点，具备更优越的技术优势，拓展了各自的应用范围和适用跨径，在大跨径桥梁的建设中具有较好的应用前景。

## 二、工程概况

盐城至洛阳国家高速公路江苏省宿城至泗洪段洪泽湖滞洪区特大桥主桥上部结构采用(85+138+85)m三跨波形钢腹板PC连续箱梁，由上下行分离的单箱单室截面组成，设置体外预应力，单箱底宽6.5m，两侧悬臂3.263m，全宽13.025m。中支点处箱梁中心梁高为8.3m，跨中箱梁中心梁高为4.2m，梁高以二次抛物线变化。顶板厚0.3m，悬臂板端部厚0.2m，根部厚0.8m；腹板为波形钢板，板厚0.016~0.026m；底板厚0.32~1.0m。除在端部及墩顶根部设置混凝土腹板外(钢腹板内侧设置内衬混凝土)，其余节段腹板均为波形钢腹板。波形钢腹板采用1600型波形钢板，材料为Q355D级低合金钢，采用模压法成形。波形钢腹板与顶板间设计采用双PBL键连接，与底板间设计采用新型槽钢连接。洪泽湖滞洪区特大桥构造如图1所示，上部结构箱梁悬浇节段采用底板与钢腹板同时预制、顶板挂篮悬浇的U形节段部分预制施工工艺。

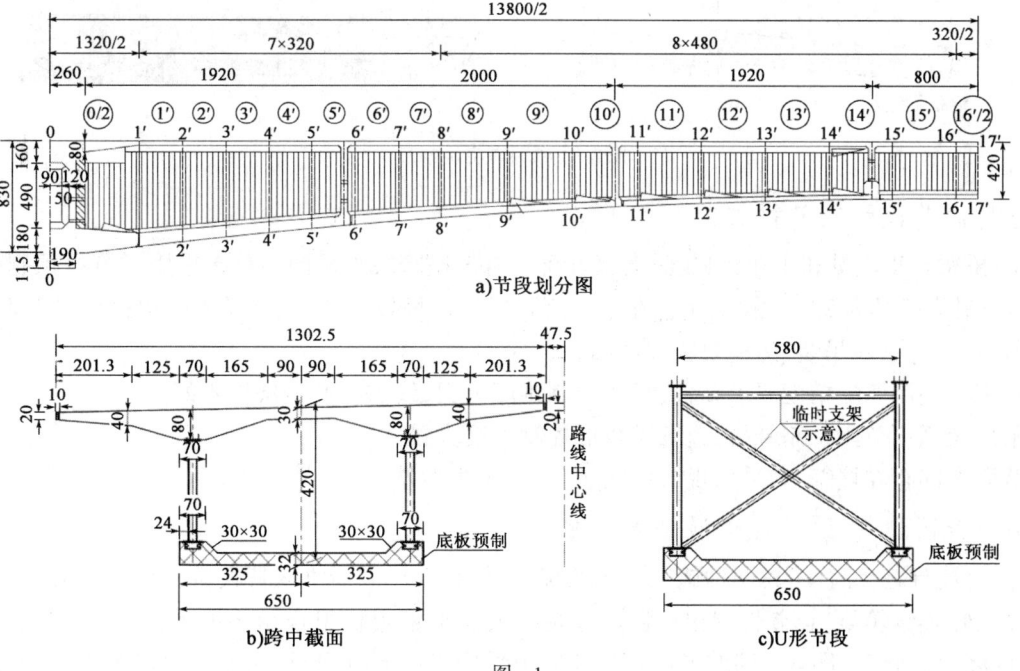

图 1

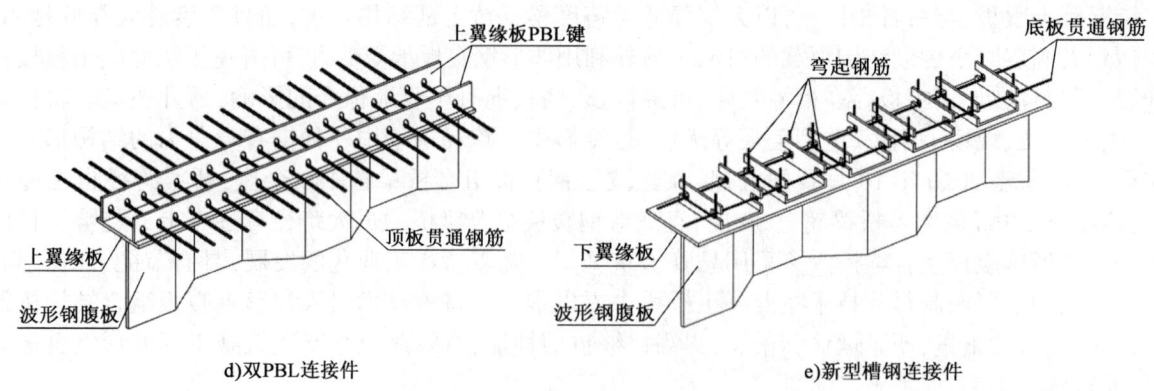

图 1  洪泽湖滞洪区特大桥构造图(尺寸单位:cm)

## 三、预制-现浇混合悬臂施工方法的提出

### 1. 传统悬臂现浇施工

目前国内大跨径波形钢腹板组合梁桥大多采用悬臂浇筑施工(图2),调研总结国内已建采用悬臂浇筑施工的大跨波形钢腹板组合桥梁,发现存在以下问题需解决:

(1)采用悬臂浇筑施工时,由于墩顶底板厚度较大,养护条件受限,底板脱模时容易出现混凝土纵向开裂问题;

(2)底板结合部位采用翼缘式连接件,结合部位混凝土浇筑难度大,且质量不易保证;

(3)现场混凝土浇筑量大,不符合国家"优质高效、绿色施工、节能环保"工业化发展要求。

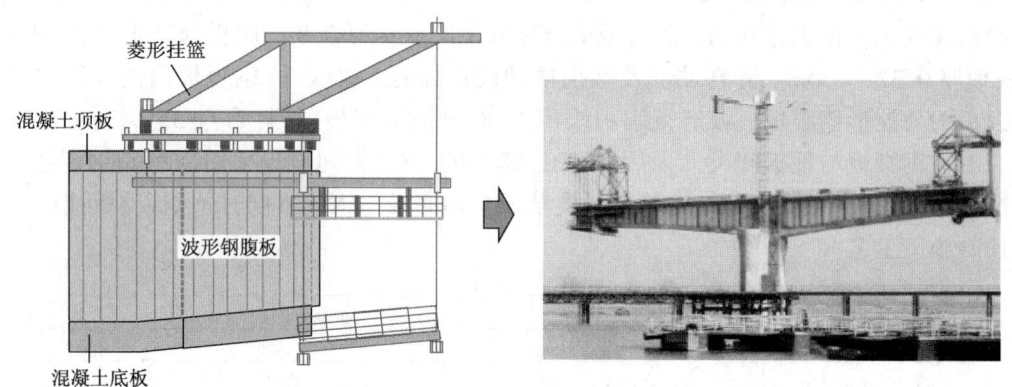

图 2  传统悬臂浇筑施工

### 2. 全断面节段预制悬拼施工

为提高桥梁施工质量和工业化程度,南京五桥中有3座跨线引桥国内首次采用了节段预制拼装施工(图3),其中最大跨径为78m。该类工艺在中小跨径中适用性较好,在大跨径中应用存在以下难题:

(1)节段重量大,对吊装、运输要求非常高;

(2)对工厂预制匹配精度要求高,短线法控制难度大,长线法控制经济性不好;

(3)采用全截面节段预制悬拼,施工期线形控制难度大;

(4)节段之间存在接缝,容易出现渗水问题,结构耐久性差。

### 3. U形断面预制-顶板现浇混合悬臂施工

为解决上述难题,综合考虑两种施工工艺的优点,依托洪泽湖滞洪区特大桥(85m+138m+85m三跨波形钢腹板PC连续箱梁)创新性提出一种部分装配式波形钢腹板组合结构体系,采用U形节段预制悬拼+顶板现浇混合施工(图4),即波形钢腹板和底板采用工厂节段预制,顶板采用现场浇筑,改施工方法具有以下几个优点：

（1）与悬臂现浇施工工艺相比，波形钢腹板与混凝土底板在工厂预制形成U形断面，U形预制断面可以有效解决底板钢混结合部钢筋布置复杂、现场混凝土浇筑质量难以保证的难题，提高了工业化程度。

（2）与全断面预制悬臂拼装工艺相比，采用U形预制断面可以减少节段重量50%左右，显著降低了运输-吊装难度以及预制节段现场定位安装难度，有效保障了悬臂拼装线形；顶板采用悬臂浇筑形成连续结构，避免了全断面预制节段的顶板拼接缝，增强了结构的整体性和耐久性。

图3　节段预制悬臂拼装施工

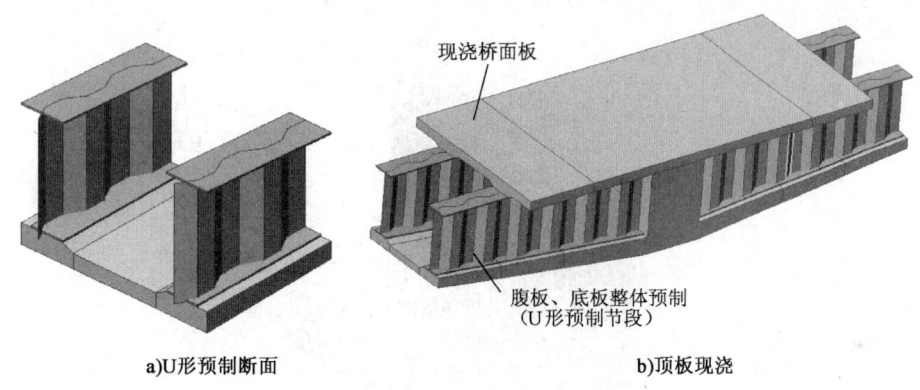

图4　U形断面预制-顶板现浇组合施工工艺示意图

## 四、波形钢腹板组合梁预制-现浇混合悬臂施工技术

1. 预制-悬臂混合施工顺序

以洪泽湖滞洪区特大桥为例，该桥采用U形节段预制-顶板现浇混合悬臂施工，波形钢腹板在钢结构工厂加工，运输至混凝土构件预制场，采用短线匹配法逐节段预制U形组合梁节段，具体预制流程如图5a)所示。待存放期满足要求后转运至施工场地，U形节段现场吊装悬拼，后悬臂现浇混凝土顶板和横隔板，现场施工流程如图5b)所示。

2. 波形钢腹板U形组合节段预制

U形组合节段梁采用短线匹配法预制，先调整模板，绑扎底板钢筋笼。波形钢腹板在预制场内通过门式起重机吊入预制台座，波形钢腹板定位分平面定位和高程定位量大部分，需对钢腹板上下左右前后6个方位进行定位导向，根据现场高程及设计位置，利用三向千斤顶微调波形钢腹板空间姿态。梁段匹配时，每一U形预制梁段底部设置6个控制测点，波形钢腹板上翼缘设置2个测点，如图6所示。波形钢腹板定位后，为防止腹板侧向变形，在两腹板之间需设置临时横撑。起始块预制完毕后，推至匹配位置后，开始预制标准节段，标准节段可利用匹配梁考虑变截面尺寸完成定位。预制底板预制完成后，需称重，比较实际重量与设计重量之差，确定梁体自重误差对悬拼线形的影响。

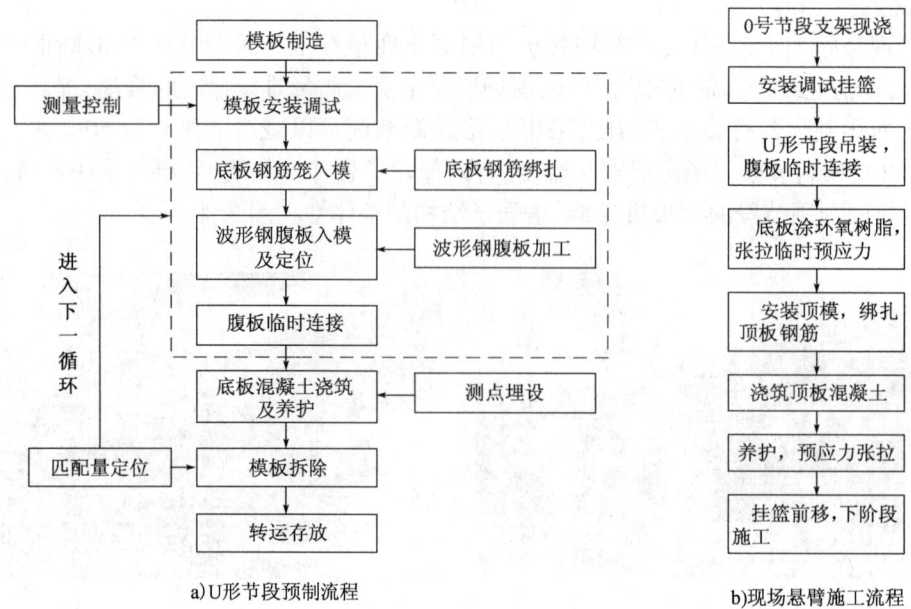

图 5 预制-现浇混合悬臂施工流程

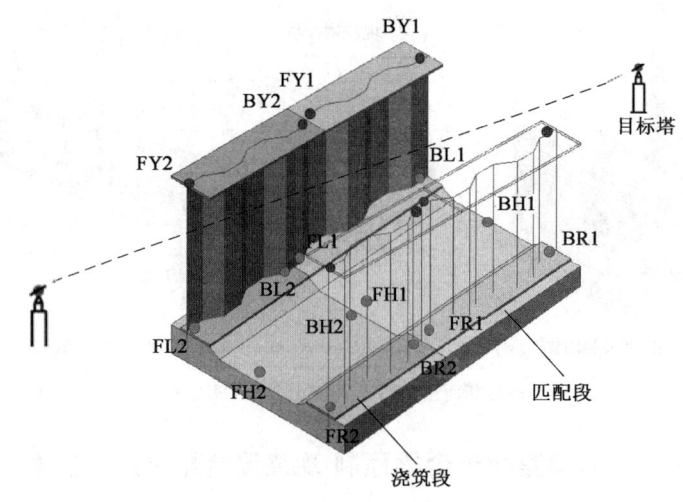

图 6 U形组合梁段匹配预制测量控制网

### 3. U形节段安装及顶板现浇

U形节段预制-现浇混合悬臂施工控制重点主要包括U形预制节段悬拼,顶板现浇及中跨合龙等阶段。

(1) U形预制节段悬拼:U形节段吊装就位后,波形钢腹板纵向连接采用对接焊连接,施工时采用梁间临时匹配件进行临时固定,调整到位后施焊。预制底板匹配面涂环氧树脂作为黏结剂,并采用临时预应力钢绞线施加临时预应力(图7),1号至18号节段、1′号至15′号节段可利用中跨底板备用束ZDP和边跨底板备用束BDP的预埋管道张拉临时预应力钢绞线,16′号节段可利用中跨底板合龙束ZD1作为临时预应力钢束张拉进行临时预应力的施加。为保证两梁段预制底板拼接面高程、倾斜度保持一致,减少涂胶后的梁段位置调节时间,在胶拼前,需进行试拼装。试拼装时,调整待拼节段高程,将梁段拼接面靠拢,保证梁段拼接面完全匹配。试拼完成后将预制梁段移开0.4~0.5m(以方便胶拼为准),除纵向进行平移外,板预制节点的高程和倾斜度不应进行调整。

(2) 顶板混凝土现浇:U形节段吊装到位后,安装挂篮及顶板模板,顶板悬浇施工应严格遵照对称、平衡的原则进行(图8),且严格控制各浇筑梁段混凝土超方,任何梁段实际浇筑的混凝土重量不得超过该梁段理论重量的3%。箱梁顶板顶面浇筑混凝土的不平整度不得大于5mm。待混凝土强度达到设计强度的90%且养护龄期不小于7d后张拉0号块顶板悬浇钢束并灌浆,张拉中横梁横向预应力和竖向预应力并灌浆,0号块顶板横向预应力滞后2个梁段再张拉。箱梁浇筑过程中,应特别注意箱梁线形,综合考虑竖曲线、梁高变化、施工荷载、温度等因素合理设置预拱度,控制好各梁段底模的立模高程,使成桥高程符合设计要求。

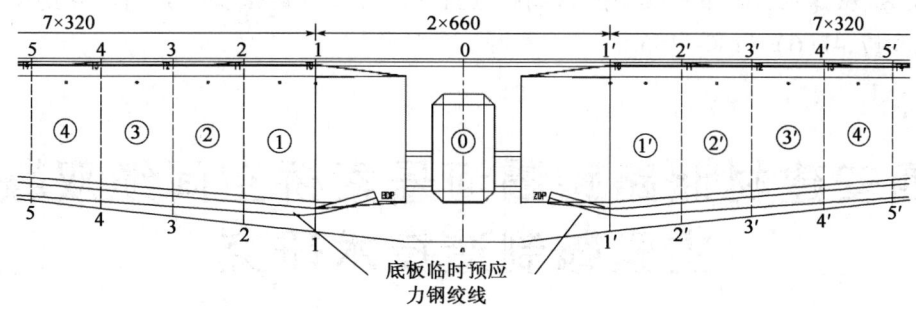

图7 U形节段悬拼临时预应力钢绞线布置(尺寸单位:cm)

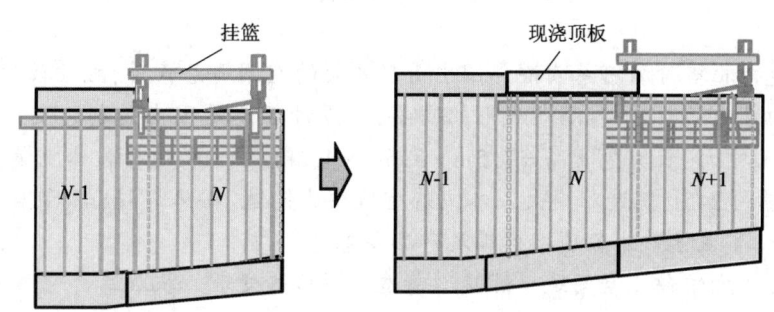

图8 顶板悬臂现浇施工

(3)中跨合龙控制:中跨合龙是主梁施工的关键工序,合龙前应对悬臂两端高程、长度及主梁温度、大气温度进行连续观测,结合气象资料,确定合龙时机。同时,在钢腹板制造阶段,中跨合龙段端部需预留5cm现场配切长度。

## 五、结　语

本文结合大跨径波形钢腹板组合梁桥结构特点,以洪泽湖滞洪区特大桥为背景,创新性提出了一种U形断面预制-顶板现浇的组合施工方法,并给出了该工艺主要施工流程,明确了U形组合节段预制、现场安装及混凝土顶板悬浇全过程施工关键要点及施工线形控制措施。波形钢腹板组合梁桥采用预制-现浇混合施工,有效融合了节段预制和现浇两种工艺的技术亮点,具备更优越的技术优势,拓展了各自的应用范围和适用跨径,在大跨径波形钢腹板组合桥梁的建设中具有较好的应用前景。

**参考文献**

[1] 姬同庚.大跨径波形钢腹板连续箱梁桥设计与施工关键技术[J].世界桥梁,2014(5):12-17.
[2] 楼亚东,梁朝安,欧阳平文,等.波形钢腹板预应力混凝土连续箱梁施工技术[J].施工技术,2015,44(9):52-55.
[3] 杨丙文,万水,张建东,等.波形钢腹板PC箱梁桥悬臂施工中腹板的定位与安装技术[J].施工技术,2013,42(5):48-50.
[4] 种爱秀,周桥,严登山,等.南京长江五桥波形钢腹板箱梁节段预制拼装技术[J].施工技术,2021,50(10):32-34.
[5] 张鸿,郑和晖,陈鸣.波形钢腹板组合箱梁桥节段预制拼装工艺试验[J].桥梁建设,2017,47(1):

82-87.

[6] Wenqin Deng, Jiandong Zhang, Man Zhou, et al. Flexural behaviour of segmental prestressed composite beams with corrugated steel webs [J]. Magazine of concrete research, 2020, 72(11), 578-594.

[7] 邓文琴,张建东,张鸿,等.节段预制波形钢腹板PC组合箱梁受力性能试验研究[J].华南理工大学学报(自然科学版),2017,46(7):128-136.

[8] 张鸿,邓文琴,张建东,等.节段预制波形钢腹板组合梁弯曲性能试验研究[J].东南大学学报(自然科学版),2017,47(6):1180-1186.

# 9. 西安建材北路跨灞河悬索桥空间缆双鞍槽主索鞍制造技术研究

石红昌　苏　兰　曾清健　黄安明<br/>(德阳天元重工股份有限公司)

**摘　要**　西安建材北路跨灞河悬索桥是国内荷载最大的空间缆悬索桥,主索鞍鞍槽采用在主缆通过平面内设计仅有竖向弯曲的鞍槽,以满足线形的需要,该设计理念是国内首创。主索鞍鞍体采用铸焊结合的结构,鞍体轮廓尺寸大:长×宽×高=7.5m×5.6m×4.8m,主索鞍边跨鞍体重量126t,主跨鞍体重量119t,组合后整体重量约245t,制造难度大。本文着重从鞍头铸造,鞍体焊接,焊后热处理,机加工几个方面进行工艺研究,保证了主索鞍体各项指标满足产品要求。

**关键词**　悬索桥　主索鞍　空间缆　焊接　铸造　焊后热处理　机加工

## 一、工程概况

建材北路跨灞河悬索桥为会展中心配套道路的组成部分,主要承担连接会展中心区域、体育中心区域、西安市区、港务区及高铁站的功能。该项目是体育中心对外交通快速通道,是西安市北部片区东西向交通联系的重要交通干道,项目的建设将带动沿线区域的开发建设,完善该区域交通路网,进而刺激整个西安市城市建设的发展。

本工程桥梁包括主桥、引桥、人行天桥三部分,主线桥梁全长1054.18m;主桥为空间双索面自锚式悬索桥,主索鞍采用铸件和钢板组焊结构。为降低吊装运输重量,主索鞍需要分块制作,组拼件调至塔顶后采用螺栓连接成为整体。主索鞍结构示意图如图1所示。

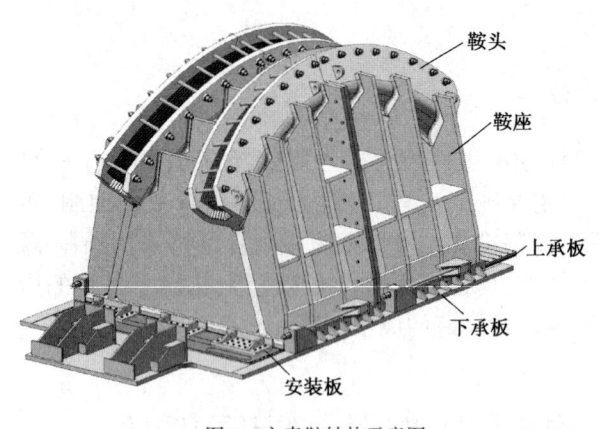

图1　主索鞍结构示意图

## 二、主索鞍结构特点

建材北路跨灞河悬索桥采用了主跨和边跨均是空间缆的结构形式,同时主塔为钢塔,桥面宽度达56m,其主索鞍结构特殊,是国内荷载最大的空间缆悬索桥。

为了克服空间缆在塔顶处由主缆产生的水平分力对塔产生的附加应力,主索鞍采用了一鞍双槽的设计理念。采用整体式索鞍,增强了索鞍对水平分力的承载能力。主索鞍设计两个对称鞍槽。

主索鞍鞍槽设计理念,区别于常规空间缆索鞍鞍槽既有平弯亦有竖弯的结构。本结构采用在主缆通过平面内设计仅有竖向弯曲鞍槽的结构,以满足线形的需要,该设计理念是国内首创。

主索鞍鞍体的轮廓尺寸大:长×宽×高＝7.5m×5.6m×4.8m;主索鞍边跨鞍体重量126t,主跨鞍体重量119t,组合后整体重量约245t。

## 三、主索鞍制造施工技术

主索鞍鞍体制造工艺流程包括鞍头铸造、鞍头与鞍座焊接、热处理、机加工、装配、试验、涂装等。本文主要介绍主索鞍鞍头铸造,鞍头与鞍座焊接,热处理及机加工四方面制造技术。

### 1. 主索鞍鞍头铸造

由于铸件外形结构尺寸大,鞍头底部铸造型腔水路厚大,使钢水难以实现顺序凝固,造成组织拉应力大,对铸件毛坯产生危害。

鞍头结构截面尺寸变化大,交叉节点较多,鞍槽结构属于U字形的开口结构,开口容易出现铸造变形,同时筋板位置尺寸难以控制。

索鞍鞍头的鞍槽、主筋板、侧筋板的壁厚变化大,主筋板和鞍槽、鞍槽和侧筋板的交接部位形成了带状热节,其补缩难以兼顾,顺序凝固控制困难等,易出现疏松、缩孔、气孔、夹渣等质量缺陷。

铸造缺陷的产生很大程度上是由于铸造工艺方案不够合理和完善产生的,为了避免由于工艺方案的不佳导致在铸造生产中出现问题,铸造前采用专业的铸造模拟软件,依照索鞍毛坯铸造方案,进行钢水凝固及充型过程的计算机模拟,最终确定最优的铸造方案。

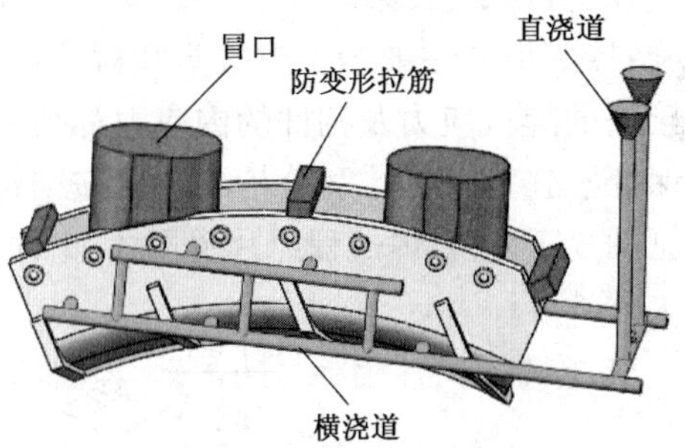

鞍头铸钢件的铸造方案示意图见图2,针对主索鞍鞍头铸钢件浇注补缩距离较长的问题,采取设置双层浇道系统并适当增设补贴的方式予以解决。

图2 鞍头铸造方案示意图

为了确保铸件的质量,采用鞍槽口朝上组芯地坑造型、双层浇道浇注的铸造工艺方案,在鞍头槽部设置大冒口,加强对鞍头底部等厚大部位的补缩,在U形槽口底部放置外冷铁。通过计算机模拟铸件冷却过程,检测冒口位置、大小是否合理,并调节冷铁的位置及数量,使钢水凝固按照控制意图进行,形成顺序凝固,从而减小内部组织应力。浇铸系统设计为底注式浇筑,既能减缓钢水流动速度,使钢水平稳浇铸,又可逐步将型腔中的气体排出,同时使钢水中的夹杂物上浮至冒口,减少铸件中气孔等缺陷的产生。

浇筑前需将钢水精炼纯净,减少非金属夹杂物及有害气体N、O、H的含量,尽量降低钢中S、P含量,钢液充分脱氧。同时选择合理的砂型配比及砂型的密实度使砂型具有良好的透气性,在筋板交叉处的热节部位放置冷铁,加快热节部位的冷却速度,防止由于附近薄壁冷却快于热节点,造成先冷部位收缩对后冷部位的拉伸。在铸钢件脱模后尽快进行消应热处理,防止铸钢件由于铸造应力大造成开裂。

通过采取上述技术控制措施,可有效减少和防止铸钢件出现气孔、疏松、缩孔和夹渣等铸造缺陷。

### 2. 主索鞍鞍头与鞍座的焊接

主索鞍鞍头与鞍体间的焊缝按照GB/T 11345—2013标准进行超声波探伤的要求,达2级要求;所有焊缝按GB/T 26951—2011、GB/T 26952—2011标准进行磁粉探伤,达2级要求。

由于主索鞍外形尺寸大,结构焊缝不规则,焊缝相对集中,焊缝坡口大,容易致使纵向收缩和横向收缩较大,焊接应力和变形大,所以必须通过科学、合理的焊接工艺方案,以保证主索鞍的焊接质量。

1)确保焊缝探伤质量的措施

(1)设计合理的、便于实现全熔透焊接的焊缝坡口形式。

(2)鞍体装配时按工艺要求预留适当间隙,以保证焊接时熔透,同时又可减少反面清根工作量。

(3)焊接前依据 GB/T 19869.1—2005 标准进行焊接工艺评定,确定焊接工艺参数。

由于主索鞍为铸焊结构,鞍头采用 ZG270-480H 铸钢铸造,鞍座采用 Q345R 钢板焊接,所以焊接工艺评定的施焊对象应包括:钢板与钢板焊缝的焊接,铸钢与钢板焊缝的焊接。

钢板间焊缝的焊接工艺评定,应保证焊缝的力学性能达到《锅炉和压力容器用钢板》(GB 713—2014)的规定。

铸钢件与钢板间焊缝的焊接工艺评定,应保证焊缝的力学性能达到《焊接结构用碳素钢铸件》(GB/T 7659—2010)的规定。

由于索鞍鞍体结构复杂,不易实现自动化焊接,所以首选 $CO_2$ 气体保护焊;$CO_2$ 气保焊具有焊接时电弧穿透能力强、抗氢气孔能力强、熔敷率较高、焊缝成形美观、易进行全位置焊接等优点,其焊接质量容易得到控制和保证。

主索鞍鞍体焊接选用与母材强度相当的焊接材料,并综合考虑焊缝金属的强度、韧性等性能符合标准要求,选择 ER55-G 焊丝;选用的焊丝中含有足够的脱氧元素 Si 和 Mn,且含碳量较低,焊接过程中可有效地防止 CO 气孔的产生。

2)保证主索焊后的结构尺寸的措施

(1)制定科学合理的装焊顺序。主索鞍结构尺寸大、重量大,主筋板、端板、侧筋板、边筋板分别与鞍头、底板形成焊接结构,各件之间的主要焊缝分别为钢板与钢板间的熔透焊缝和钢板与铸钢间的熔透焊缝;接头形式主要为 T 形接头和对接接头,钢板件数量多,焊缝比较集中,且主筋板厚度达 160mm,焊接时接头的焊接应力及构件的内应力都很大,且各主要焊缝均为熔透焊缝,焊接收缩大,构件焊后的尺寸不易保证。在充分考虑和分析了主索鞍结构后,采用了以下装配方案进行主索鞍的装配和焊接,装焊顺序图见图 3,产品装焊过程照片见图 4,此方案既能保证各零部件间焊缝的可操作性,又能保证焊缝质量。

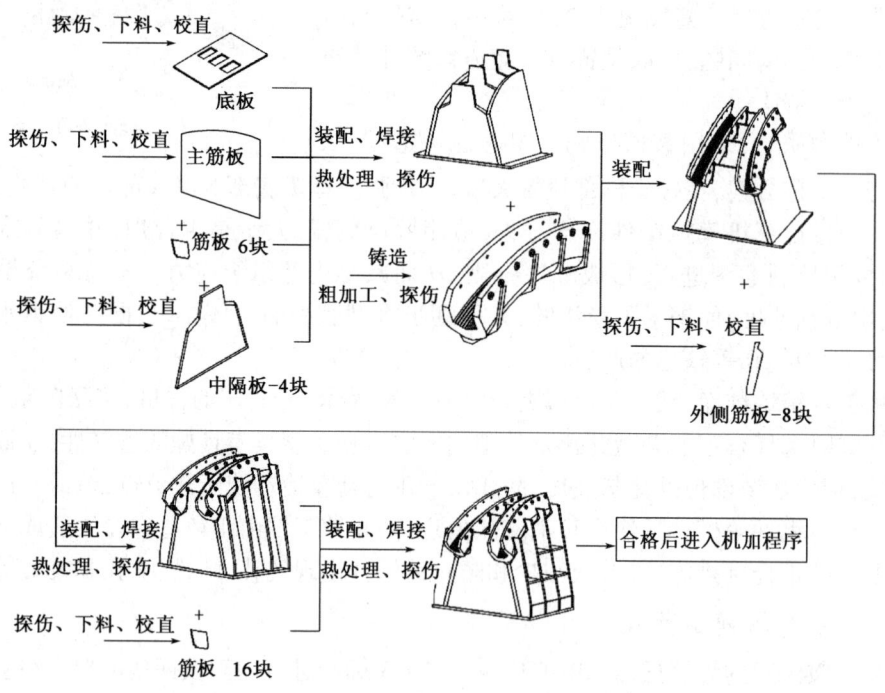

图 3 主索鞍装焊顺序示意图

(2)焊接时先焊深坡口一侧,施焊中除底层及面层外均采取锤击的方式进行应力消除。

(3)焊接中适时翻身,以避免和减小鞍体的焊接变形,忌将一侧坡口焊完再焊另一侧焊缝。

(4)在适当的部位加焊防变形工艺拉筋,焊接操作时由偶数名焊工同时对称施焊,对于长度大于 1m 的焊缝,采用分段退焊法,尽量减小焊接变形。

## 3. 鞍体热处理

由前述可知体结构尺寸大,板厚达160mm,且结构焊缝不规则,焊缝相对集中,焊缝坡口大,焊接量大,因而造成焊后应力大,需及时进行消应处理,避免由于应力过大导致开裂。焊接完成后工件进行保温缓冷,防止产生冷裂纹,整个焊接过程中采取分阶段两次中间消应热处理以消除焊接应力,焊接完成后再整体进行焊后消应热处理。

工件进行焊后热处理目的是:消除或降低焊接残余应力;软化焊缝区的淬硬组织,提高焊接接头韧性;促使残余氢逸出;提高结构的几何稳定性、增强接头抵抗应力腐蚀的能力。主索鞍完成焊接及焊后热处理后的照片见图5。

图4　主索鞍装焊过程照片　　　图5　主索鞍焊接及焊后热处理完成后照片

## 4. 主索鞍机加工

### 1)加工设备的选择

根据主索鞍体的结构特点以及鞍体自身的重量,为了保证加工精度提高加工效率,宜采用回转法进行加工;加工设备选用带回转工作台的大型数控落地镗铣床,实现一次装夹后通过数控回转台回转来进行多个加工面的加工,回转工作台承重需在250t以上,以保证边跨侧鞍体和中跨侧鞍体的组合精加工需要,保证鞍槽加工精度。

鉴于以上分析,在实际加工中选用我公司专为加工特大型索鞍定制的FB260大型数控落地镗铣床(图6),机床主轴φ260,X轴行程18m,Y轴行程9m,Z+W轴行程3.3m。X、Y、Z、W轴定位精度0.02mm/1000。机床配备450t数控联动回转工作台,工作台面5500m×8000m,承重450t,行程5m,B轴旋转定位精度12″。数控系统采用最先进的西门子840Dsl,响应速度快,联动性能优越,控制精度高。适合索鞍三轴及四轴联动加工,同时加工车间配置有起吊能力4000kN的行车,可以满足主索鞍整体加工的需要。

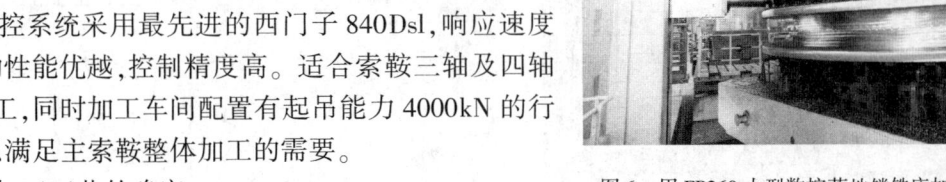

图6　用FB260大型数控落地镗铣床加工本项目主索鞍

### 2)加工工艺的确定

深入研究图纸,了解鞍槽空间结构,掌握两鞍槽之间的位置关系、鞍槽与底平面以及鞍槽与中分面的位置关系,设置合理的工艺基准。由于鞍体是双鞍槽结构,且双鞍槽与底面成一定夹角,造成底平面与鞍槽面没有垂直方向的基准,所以必须要设置合理的工艺基准,以确定两鞍槽空间的位置关系。

### 3)加工程序的编制

针对西安建材北路跨灞河悬索桥索鞍鞍槽的空间双索面结构,经分析比较,加工程序宜选用离线编程软件NX(UG),它功能强大,可以轻松实现各种复杂曲面的加工程序。主要流程为:

(1)建立索鞍1:1三维模型。

(2)确定加工机床及工件装夹方式。
(3)确定加工选用的刀具。
(4)在NX加工模块中选用多轴曲面加工模块。
(5)设定加工参数。
(6)生成刀具路径。
(7)NX软件内模拟加工,检查刀路的正确性。
(8)刀路后处理转成G代码数控程序。

数控程序编制完成后,为了验证数控程序的正确性,我们将NX生成的程序导入到其他模拟加工软件上,进行二次仿真加工。

4)主索鞍的加工流程

针对主索鞍体设计结构特点,为了保证双鞍槽空间结构鞍体的加工尺寸精度,同时满足边跨侧鞍体与主跨侧鞍体组合使用的需要,在加工过程中首先分别将主跨侧鞍体和中跨侧鞍体毛坯进行划线,然后分别进行鞍体的粗加工、半精加工。为了保证鞍体组装后底面的平面度,同时为了实现两半鞍体鞍槽台阶无错台,最后将边跨侧鞍体与主跨侧鞍体定位拼装成为一个整体,再精加工底平面及鞍槽。

(1)毛坯划线

将主索鞍主跨鞍体和边跨鞍体分别放置于划线平台上,以非加工面为基准,画出底面、对合面及端面的加工位置线。

(2)单件鞍体粗加工

在FB260大型数控落地镗铣床上对主鞍体底面进行半精加工。旋转工作台,粗加工对合连接端面,底面和对合连接端面均留加工余量。加工示意图见图7a)。

(3)单件鞍体半精加工

单件鞍体侧放置于数控落地镗铣床的旋转工作台上,侧面向下,结合面向机床主轴,按粗加工面找正并装夹工件。

首先粗加工底平面,留加工余量。旋转数控工作台90°,通过数控工作台保证底平面和结合面垂直,精加工对合面到位,按计算出的连接面上的螺栓孔的坐标尺寸,用数控机床定位坐标尺寸,钻出连接面上的螺栓孔并钻铰定位销孔。加工示意图见图7b)。

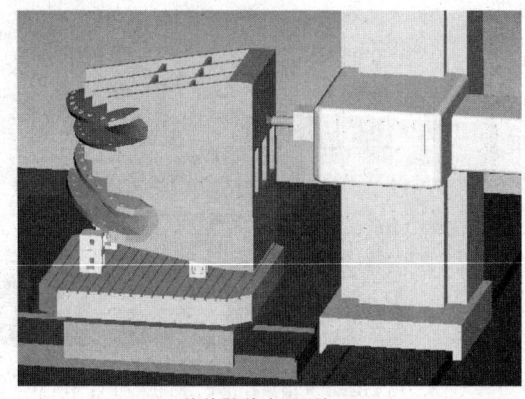
a)单件鞍体底平面加工

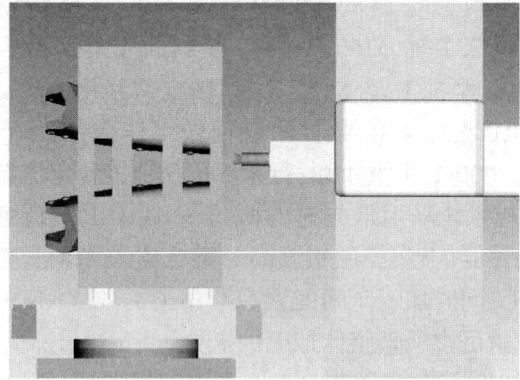
b)单件鞍体中分面加工

图7 单件鞍体粗加工、半精加工

(4)组合精加工

主跨侧主索鞍和边跨侧主索鞍分别完成半精加工后,在固定平台上将边跨侧鞍体与主跨侧鞍体进行组合;组合时应保证边跨和中跨对合面设置的销孔对正,并打入销子定位,对合面螺栓把合牢固,用塞尺检查对合面缝隙不得大于0.15mm,使边跨和中跨成为一个整体。然后索鞍整体进行精加工。

①如图8所示,将主索鞍竖立放置在机床数控回转工作台上,底平面面向机床主轴,将主索鞍底平面找正,然后精加工底平面。

②按照鞍槽与底平面的角度,数控旋转工作台,保证鞍槽与底平面的倾斜角度精确。在单个鞍槽内侧面加工出鞍槽精加工所需的找正基准,如图9所示。然后再旋转工作台至另外一个鞍槽的图纸理论倾斜角度,加工好另外一个鞍槽两侧的工艺基准。

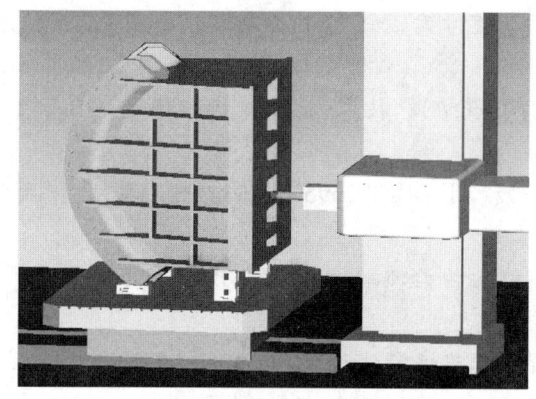 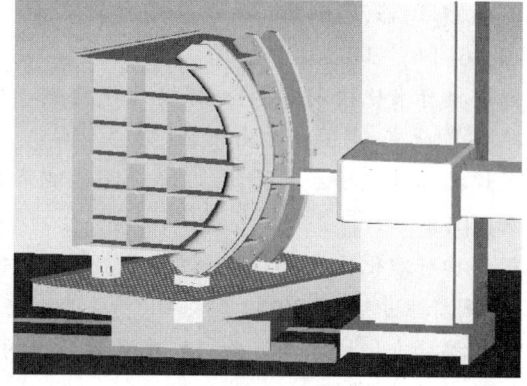

图8 组合鞍体底平面整体精加工　　　图9 鞍槽工艺基准加工

③将主索鞍侧立放在机床数控回转工作台上,通过上序加工的工艺基准进行找正装夹,使下部鞍槽正对主轴,再通过UG数控程序数控精加工该鞍槽。使用相同方法,将另外一鞍槽基准找正,然后再数控精加工该鞍槽,如图10所示。

图10 组合索鞍鞍槽整体精加工

由于索槽与底平面呈夹角,若鞍槽侧放找正,底平面与机床主轴呈一角度,无法一次性加工鞍槽和底平面,从而无法保证两者角度关系,因此必须通过一次性加工出各鞍槽加工面的工艺基准,再通过多次装夹调整,分别重复找正每个鞍槽的加工工艺基准,然后再数控精加工鞍槽。

本加工工艺将主索鞍竖立放置在机床数控回转工作台上,在一次装夹的情况下,先精加工好鞍体底平面并一次性加工出两个倾斜鞍槽各自的找正工艺基准,这样所有加工基准是一致的、准确的。然后再通过分别装夹找正各自的基准来加工鞍槽,有效保障鞍槽与底平面的角度。

## 四、结　语

建材北路跨灞河悬索桥采用了主跨和边跨均是空间缆的结构形式,其主索鞍结构特殊,轮廓尺寸大,鞍体重量大,是国内载荷最大的空间缆悬索桥,主索鞍鞍槽设计理念是国内首创。其主索鞍制造过程涉及鞍头铸造、鞍头和鞍座的焊接、焊后热处理、机加工等制造环节,通过分析该桥的结构特点,借鉴以往悬索桥索鞍的制造经验,制定出了合理的制造工艺,解决了生产制造中的难题,经检验和验收产品符合设计要求,建材北路跨灞河悬索桥已与2021年6月30日全线通车。通过该桥空间缆主索鞍的成功制造为将来更大体量、更复杂结构索鞍的加工提供参考依据。

**参考文献**

[1] 中华人民共和国交通运输部.悬索桥索鞍索夹：JT/T 903—2014[S].北京：人民交通出版社股份有限公司,2014.
[2] 钱冬生,陈仁福.大跨悬索桥的设计与施工[M].成都：西南交通大学出版社,2015.
[3] 甄玉杰,刘国栋,惠刚强,等.西安建材北路灞河桥景观方案设计[J].公路交通科技(应用技术版),2020,16(11):298-301.
[4] 全国焊接标准化技术委员会.焊缝无损检测 超声波检测 技术、检测等级和评定：GB/T 11345—2013[S].北京：中国标准出版社,2013.
[5] 全国焊接标准化技术委员会.焊缝无损检测 磁粉检测：GB/T 26951—2011[S].北京：中国标准出版社,2011.
[6] 全国焊接标准化技术委员会.焊缝无损检测 焊缝磁粉检测验收等级：GB/T 26952—2011[S].北京：中国标准出版社,2011.
[7] 全国焊接标准化技术委员会.钢、镍及镍合金的焊接工艺评定试验：GB 19869.1—2005[S].北京：中国标准出版社,2005.
[8] 全国铸造标准化技术委员会.焊接结构用铸钢件：GB/T 7659—2010[S].北京：中国标准出版社,2011.
[9] 全国钢标准化技术委员会.锅炉和压力容器用钢板：GB 713—2014[S].北京：中国标准出版社,2014.
[10] 全国焊接标准化技术委员会.气体保护电弧焊用碳钢、低合金钢焊丝：GB/T 8110—2008[S].北京：中国标准出版社,2008.
[11] 杨冬.悬索桥鞍座的制造工艺形式及其槽道的加工方法[J].桥梁建设,1995,04:31-35.

# 10. 某高速公路60m跨Ⅱ形钢-混组合梁组拼与架设技术

周外男

(中铁大桥局集团有限公司)

**摘　要**　赣皖界至婺源高速公路某标段新亭大桥、十亩大桥、花园大桥等三座桥梁均为双幅桥,上部结构设计采用60m跨Ⅱ形钢-混组合梁,钢梁简支、混凝土桥面连续体系,每三孔为一联。每单幅桥设有两榀Ⅱ形钢-混组合梁,通过横向连接系和桥面板纵向湿接缝混凝土连接。钢-混组合梁的钢构件均在工厂制造,通过陆路运输至工地拼装场组拼,并与整体现浇混凝土桥面板结合。拼装场布置在新建路基上,设置弧形厂房。单榀Ⅱ形钢-混组合梁最大重量约360t,采用400t运输台车运输、400t/60m架桥机架设。组合梁架设时以每孔双幅桥进行,每单幅桥均设置运梁通道。每孔4榀Ⅱ形钢-混组合梁架设完成后架桥机过孔架设下一孔梁。全桥架通后,进行每联墩顶横向湿接缝混凝土浇筑,完成桥面连续。

**关键词**　钢-混组合梁　Ⅱ形梁　组拼　安装　架设

## 一、工 程 概 况

赣皖界至婺源高速公路某标段新亭大桥、十亩大桥、花园大桥等三座桥梁均为双幅桥,上部结构设计采用60m跨Ⅱ形钢-混组合梁,钢梁简支、桥面板连续体系(图1)。墩顶位置设混凝土湿接缝,3孔为一联。墩顶附近5.535m范围内钢梁顶不设剪力钉,以减小墩顶桥面板约束刚度。

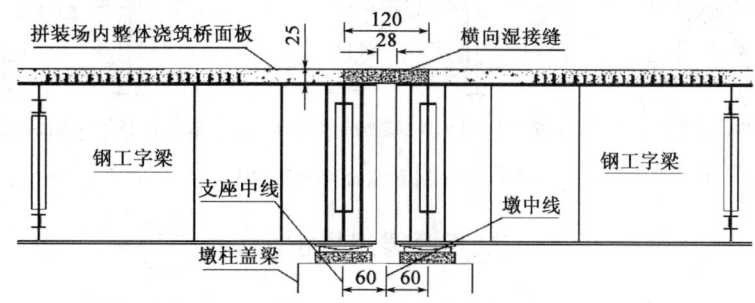

图1 钢-混组合梁桥面连续结构(尺寸单位:cm)

单幅桥主梁由两榀Ⅱ形钢-混组合梁组成,两榀Ⅱ形梁内侧工字梁中心距离3.65m,通过桥位现场安装横向连接系和现浇桥面板之间1m宽纵向混凝土湿接缝连接,如图2所示。单榀Ⅱ形钢-混组合梁由两片钢工字梁、横向联结系和拼装场内浇筑整体混凝土桥面板组成,梁高3m,最大梁重约360t。两片钢工字梁中心间距3.3m,桥面板宽5.875m,厚0.25m。单片钢工字梁由上翼缘板、腹板、腹板纵横加劲肋以及下翼缘板组成,上翼板宽0.6m,下翼板宽0.8m(跨中0.9m),梁高2.75m(为上翼缘顶至下翼缘顶的距离)。各片钢工字梁之间每隔5m设置横向连接系,其中在墩、台顶支撑处以及跨中采用实腹式构造,跨间其他位置采用"K"形桁架式构造。

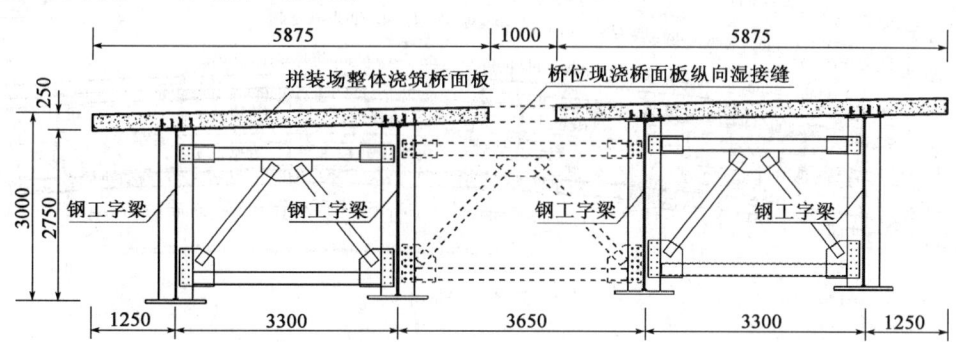

图2 单幅桥主梁标准横断面(尺寸单位:mm)

## 二、总体施工方案

每榀Ⅱ形钢-混组合梁的钢构件均在工厂加工制造。每片钢工字梁分成7节制造,长度为1×6.11m+2×10m+1×7.5m+2×10m+1×6.11m,最大节段重量为9.72t(表1)。"K"形横向联结系在工厂焊接成桁片式结构。制造好的钢梁构件经陆路运输至工地拼装场组拼,钢工字梁节段、横向联结系之间均采用拼接板通过高强度螺栓连接。然后组拼好的钢梁与整体现浇混凝土桥面板结合,步骤如图3所示。成品Ⅱ形钢-混组合梁采用400t运输台车运输、400t/60m架桥机架设。组合梁架设时以双幅桥进行,每单幅桥均设置运梁通道。每孔4榀Ⅱ形钢-混组合梁架设完成后架桥机前移架设下一孔梁,直至全桥架通后,进行墩顶桥面板横向湿接缝混凝土浇筑,完成桥面连续。

钢梁分段长度及重量表    表1

| 钢梁节段 | | | | | | | |
|---|---|---|---|---|---|---|---|
| 节段编号 | ZL1(ZL5a) | ZL2a | ZL3a | ZL4 | ZL3b | ZL2b | ZL5b |
| 节段长度 | 6.11 | 10.00 | 10.00 | 7.50 | 10.00 | 10.00 | 6.11 |
| 工字梁重 | 5.31(5.26) | 8.53 | 9.72 | 7.35 | 9.72 | 8.53 | 5.26 |

注:表中括号内的数字为中梁数据,长度单位为m,重量单位为t。

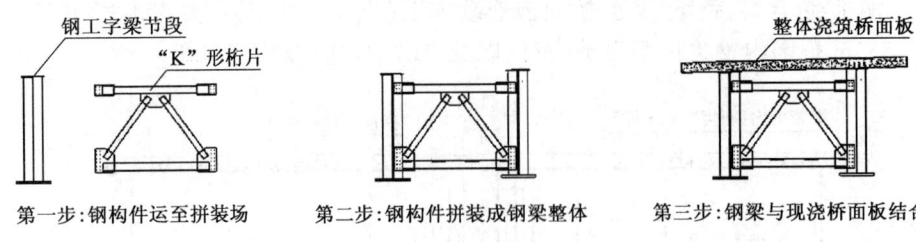

图3 Ⅱ形钢-混组合梁组拼步骤

## 三、组合梁组拼技术

### 1. 拼装场规划

受施工环境限制,工地拼装场布置在该标段负责施工的一段路基上。该段路基属于高填路基,中心最大填方高度31.1m,路堤边坡最大高度37m,线路曲线半径为1500m,路基设计纵坡为−3.5%～−1.5%。拼装场占地长408m,宽27m,场内两侧设置钢梁半成品存放区、钢筋绑扎区、钢梁拼装区(桥面板浇筑养护区)等区域,中间设置运输通道,宽6.5m(图4)。拼装场场外设置试验室、高强度螺栓库、拼装场信息化控制室等。拼装场设计为弧形钢结构封闭厂房,厂房长408m,宽26.6m,檐口高度17.6m。厂房内纵向布置4台吊重10t、跨度25.5m的桁车,以及2台吊重200t、跨度24m的门式起重机(图5)。

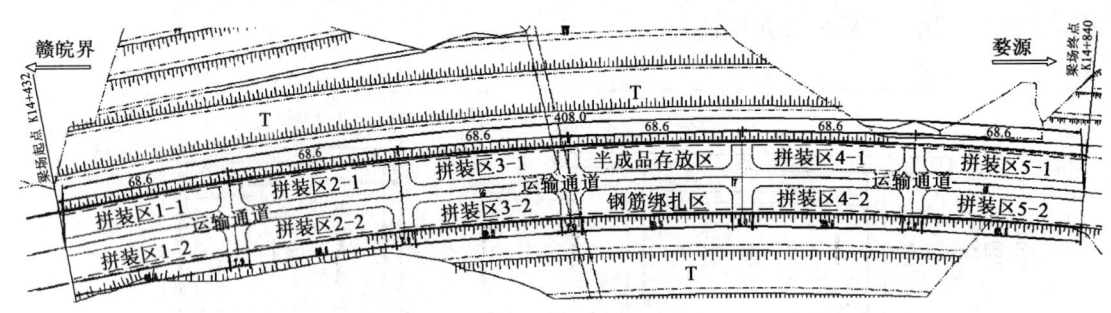

图4 拼装场平面布置

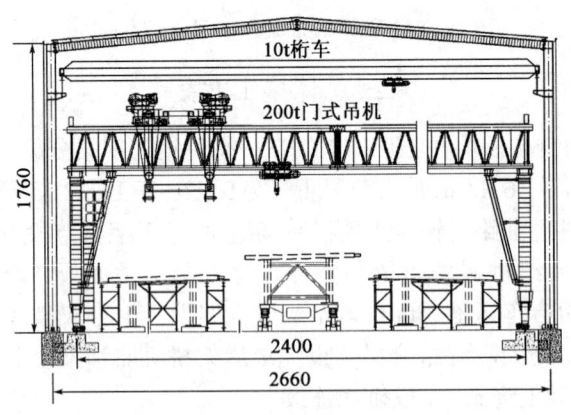

图5 拼装场横断面布置(尺寸单位:cm)

### 2. 组拼台座设计

钢梁组拼和整体桥面板浇筑、养护等工序均在组拼台座上完成。拼装场内一共设置10个组拼台座。为便于组合梁线形调整,组拼时每节钢工字梁下设置两个支点,因此每个台座设置14列、2排共计28个支墩(图6)。每个支墩采用C30混凝土扩大基础,底平面尺寸为1.7m×0.8m,上部通过预埋件焊接3根φ60×3.2mm、高320mm钢管支撑。钢管支撑上端设置顶托,可通过顶托丝扣调节支点高程。采用工10

型钢作垫梁,支撑在顶托上,见图7。

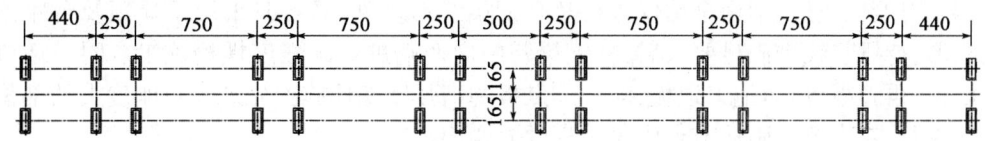

图6 台座支墩平面布置(尺寸单位:cm)

3. 钢梁拼装

1)工厂预拼装

钢梁构件从工厂发往工地拼装场组拼之前,需完成工厂预拼装。钢梁预拼装是将钢梁构件按照增加预拱后的理论立面线形、平面线形在无应力状态下组拼成整体,检查和修正构件制造过程中产生的误差,调整相邻构件之间的错边量,同时匹配相邻构件之间的端口尺寸和螺栓孔位。预拼装确定了构件的相对位置,在工地组拼时只要通过冲钉、工装螺栓连接,即可恢复到预拼装状态。

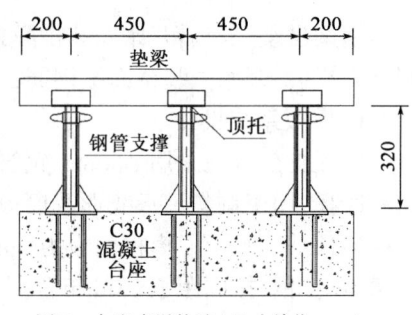

图7 台座支墩构造(尺寸单位:mm)

预拼装以单幅单孔为一个轮次进行。将全部构件上胎固定后,调整整体线形、节段间隙、相邻构件之间的错边量,匹配相邻构件之间的端口和螺栓孔。预拼装胎架根据梁段的重量、结构形式、外形轮廓、设计线形、成桥预拱值、温差影响值及节段转运等因素进行结构设计和制作。

2)工地拼装

(1)节段进场检验及存放

从工厂运输至工地拼装场的钢梁构件已完成预拼装和涂装(工地拼装后仅需对环缝处补涂及损伤处进行修补)。钢梁进场时需对节段梁进行进场验收,对构件表面的锈蚀、油漆划痕、构件尺寸、标识、螺栓孔位置、直径等进行全面检验。进场后,构件存放在拼装场半成品存放区,下设30cm高抄垫。

(2)节段吊装对位及组拼

钢工字梁节段及横向联结系构件均采用拼装场内10t桁车吊运至拼装台座上。钢梁拼装前,对拼接板进行预安装。钢梁拼装由跨中向两端逐节段进行,以减少误差累积。钢梁线形通过台座支墩的垫梁顶高程控制。

①拼装台座支点高程设置

钢梁组拼线形是通过设置拼装台座上支墩的垫梁顶高程,使整体梁段的拼装曲线、预拱度、横坡等满足设计要求。每孔钢梁拼装前,需对拼装台座相应地标点、线形等进行测量放样。通过调节台座支墩顶部可调节顶托的高程及垫梁上的平面限位,使拼装台座支点高程满足钢梁组拼线形要求。

②拼接板预安装

钢梁节段组拼前,在存放区里对先吊装的纵梁节段底板以及腹板的拼接板采用临时螺栓预先安装。临时螺栓做一般拧紧即可,下一梁段做插入对接。

③钢梁安装

a. 首先将跨中节段(ZL4节段)两片钢工字梁吊装至台座垫梁标记的相应位置。通过全站仪扫描,精确调整节段梁位置、高程,确保钢梁位置及线形满足施工要求。在钢工字梁腹板两侧采用临时撑杆固定,防止梁片倾覆。然后对位安装ZL4节段两片钢工字梁之间的横向联结系构件,并按要求安装临时螺栓及冲钉,横联与钢工字梁连接完成后,已安装节段形成较稳定体系,拆除临时撑杆。

b. 接着以ZL4节段梁为基准,对接安装ZL3a、ZL3b节段的钢工字梁。吊装对位时,与ZL4梁段相邻端需先缓慢平稳插入ZL4梁端拼接板缝中,然后根据放样地标点及标记线调整钢工字梁另一端位置,最后再根据全站仪扫描精确调整节段梁位置及高程。待满足要求后,安装拼接点临时螺栓及冲钉。然后对位安装钢工字梁之间的横向联结系构件,按要求安装临时螺栓及冲钉。

c. 重复以上步骤,完成剩余钢梁节段安装。

④高强度螺栓施工

待整孔钢梁对接完成后,利用全站仪进行整孔钢梁线形复测,必要时采用千斤顶及台座顶部调节装置修正钢梁线形,待拼装线型满足要求后,从钢梁跨中向两端进行高强度螺栓施工。同一环口的高强度螺栓施拧先底板、再腹板、最后施工顶板,同一节点板的高强度螺栓施拧先从节点刚度大的部位向不受约束的边缘方向进行,对大节点则从节点中央沿杆件向四周进行。

4. 桥面板施工

钢梁拼装完毕后开始安装桥面板底模及侧模,在各横联空挡间设置盘扣式支架作为模板支架。模板调整完毕后,开始安装桥面板钢筋,然后浇筑桥面板混凝土并养护。

1) 模板系统设计

模板支架立柱采用 $\phi 60mm$ 钢管、斜杆采用 $\phi 48mm$ 钢管焊接成整体,顶部和底部分别设置可调节顶托和底托,用于调整模板线形及模板拆除时落架。模板支架底部设有万向轮,便于支架移动。模板固定在支架顶部顶托上。模板面板为6mm钢板,纵向背肋采用槽8型钢,按间距0.4m布置;横向背肋采用双拼槽14型钢,按间距1.25m布置。如图8所示。

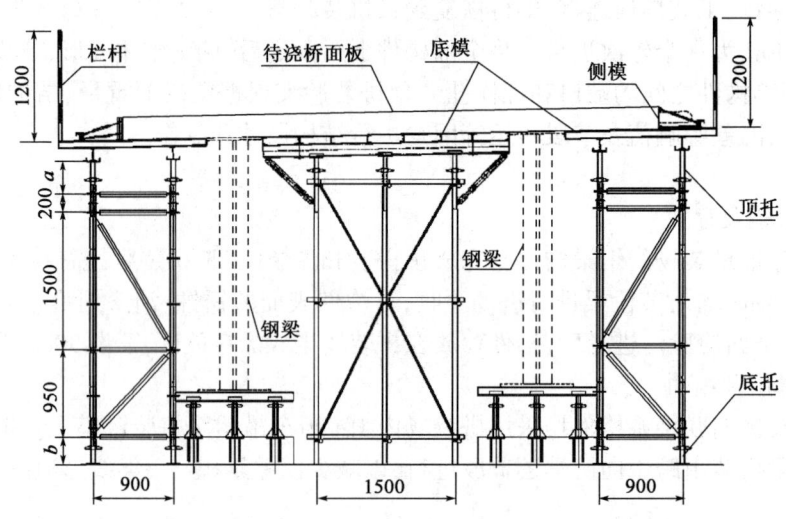

图8 模板系统示意(尺寸单位:mm)

2) 模板安装

(1) 模板安装前,先对模板面板进行清理,在模板表面涂刷模板漆。先将模板与支架组装成整体,利用支架底部万向轮,移动至待安装位置。

(2) 模板接缝处采用3mm厚回力胶条牢固粘贴,以防止漏浆。按照设计横、纵坡度调整上部顶托,使得各块模板线形一致。

(3) 调整支架底座,使底座受力,万向轮悬空,对模板顶面线形进行复测,二次调整。

3) 桥面板钢筋安装

桥面板钢筋在工地钢筋加工厂集中下料,用平板车运输至组合梁拼装场,在钢筋绑扎区的胎架上整体绑扎成形。胎架根据桥面板钢筋间距采用钢板开槽进行定位,胎架采用螺栓连接,方便梁型不同时进行卡槽位置调整。绑扎成整体的桥面板钢筋采用2台10t桁车分两个30m节段吊装入模,为防止钢筋变形,设置专用吊架进行吊装。吊架上吊点按横向1.7m、纵向3m进行布置。

4) 桥面板混凝土浇筑与养护

桥面板混凝土利用10t桁车+2m³料斗自卸放料。放料沿桥面板短边方向呈Z形缓慢均匀地从钢梁两端向跨中进行布料浇筑(根据拱度,起始端为最低点),布料宽度控制在80cm左右。松铺厚度按照横坡进行相应调整,高侧松铺系数按1.2左右(30cm),低侧按1.1左右(27cm)控制。

混凝土非冬季养护采用自动喷淋系统洒水养护。桥面板顶面覆盖土工布,并沿梁全长铺设喷淋小车移动轨道。在桥面板上、下面布设温度、湿度监测传感器,喷淋小车根据实测温度和湿度数据,自动沿轨道移动并喷淋洒水。

## 四、组合梁运输与架设

### 1. 组合梁运输

成品Ⅱ形钢-混组合梁利用拼装场内2台200t门式起重机及专用吊具通过与梁面四个临时吊点连接,四点起吊将组合梁吊装至DCY400型轮胎式运梁车(主要技术参数如表2)上进行运输。单个吊耳通过8根φ36的精轧螺纹钢与钢工字梁锚固连接,吊耳安装时需对每根精轧螺纹钢施加200kN的预拉力,以确保钢梁在吊装过程中吊耳不会发生相对滑动。运梁车由两台200t单车组成(图9),通过前后单车承载横梁共同驮运Ⅱ形钢-混组合梁。运梁车在重载联动走行时,由一个驾驶室操作整机走行,空载时前、后车可单独运行。

**DCY400型运梁车主要技术参数表**　　　　表2

| 序号 | 项　目 | 参数描述 | 备注 |
|---|---|---|---|
| 1 | 使用方式 | 2台200t运梁车组成整车同步作业 | — |
| 2 | 整机功率 | 2×206kW | — |
| 3 | 整机额定承载能力 | 4000kN | — |
| 4 | 轴线数 | 20 | — |
| 5 | 适应最小曲线半径 | 前后第一轴线转角±20°转弯半径外后车110.5m,前车111.66m,内98.7m | 驮运60m梁时 |
| 6 | 适应道路坡度 | 纵坡≤5%　横坡≤4% | — |
| 7 | 接地比压 | ≤0.6MPa | — |
| 8 | 整机自重 | 约90t(单车约45t) | — |
| 9 | 轴重设计载荷 | ≤250kN | 任一轴载荷 |

为确保已架钢-混组合梁在承受运梁荷载时结构受力安全,运梁通道限定在单幅桥面中线位置,且需保证运梁车横向车轴作用于钢工字梁腹板顶位置,因此对车轮行驶范围进行限制,并使用醒目油漆进行画线标记,运梁车两侧轮胎外轮廓间距为4.8m,可通行区域标记宽度为5m,见图10。

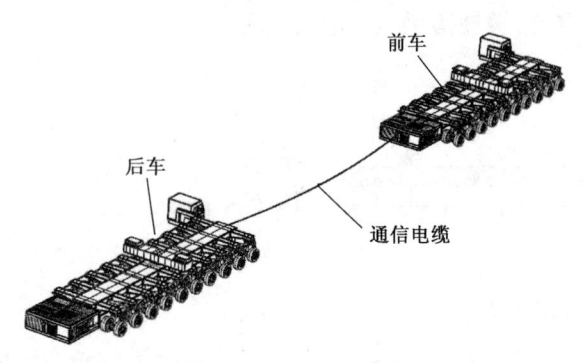

图9　DCY400型运梁车3D示意图

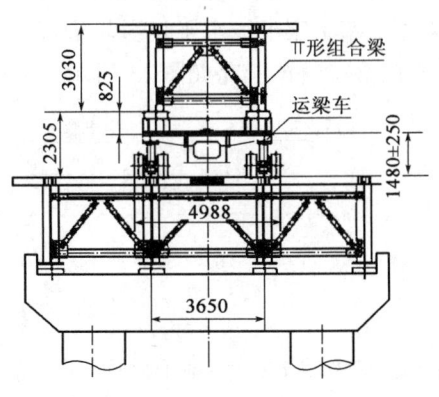

图10　桥上运梁工况(尺寸单位:mm)

### 2. 组合梁架设

钢-混组合梁采用新制JQ400t/60m型架桥机(主要技术参数见表3)进行架设,架梁时以每孔双幅桥进行。为了避免架桥机带载跨幅横移,每单幅桥均设置运梁通道,每孔桥架设完单幅2榀Ⅱ形钢-混组合梁后,架桥机空载横移至另一幅桥位架设该孔另外2榀Ⅱ形钢-混组合梁。每孔4榀Ⅱ形钢-混组合梁架设完成后,架桥机横移至桥中心位置过孔,继续架设下一孔梁,同一联组合梁桥面板纵向钢筋部分临时连接。待全桥架通后,进行墩顶桥面板横向湿接缝混凝土浇筑,完成桥面连续。

JQ400t/60m 型架桥机主要技术参数表    表3

| 序号 | 项目名称 | 规格参数 | 序号 | 项目名称 | 规格参数 |
|---|---|---|---|---|---|
| 1 | 钢结构工作级别 | A3 | 6 | 过跨速度 | 3m/min |
| 2 | 机构工作级别 | M4 | 7 | 适应纵坡 | ±3.5% |
| 3 | 施工桥跨 | 60m 及以下 | 8 | 适应横坡 | ±4% |
| 4 | 额定起重量 | 200t+200t | 9 | 最小曲线半径 | $R \geqslant 1200$m |
| 5 | 喂梁方式 | 尾部喂梁 | 10 | 最大斜交角度 | 45° |

组合梁架设主要步骤如下：

(1) 架桥机在待架孔就位后,运梁车将待架梁运输至桥位,从架桥机后端进行喂梁(图11)。

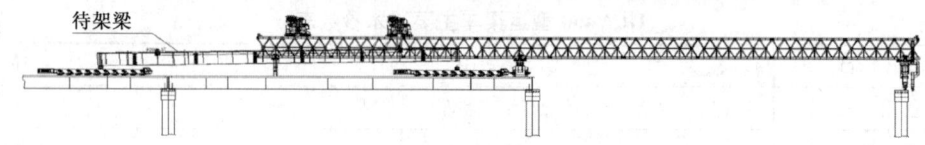

图11　架桥机后端喂梁工况

(2) 架桥机前、后起重天车一起台吊待架梁纵移至待架桥位上方(图12)。

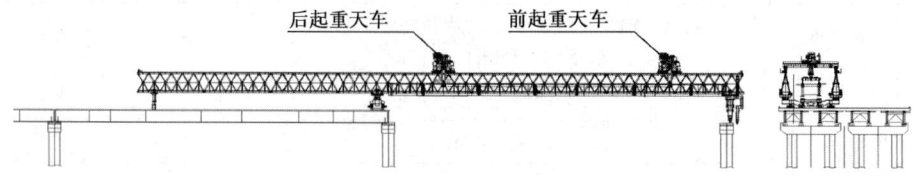

图12　天车纵向运梁就位工况

(3) 横向移梁至设计梁位上方,落梁就位。①架桥机后支腿收起,此时前、中支腿支撑受力,架桥机主桁架后端悬臂;②通过架桥机中支腿及前支腿横移系统进行整机带载横移,再通过天车横移系统将待架梁移动至设计位置正上方,使梁体支座连接位置于盖梁支座位置对齐;③架桥机前、后天车同步下放待架梁,下落过程中实时对待架梁位置进行调整;当梁底离临时支座 5~10cm 时停止下落,调整待架梁位置,使梁体支座十字中线水平投影与垫石十字中线完全重合,缓慢落梁至临时支座上。

架梁机落梁就位工况如图13所示。

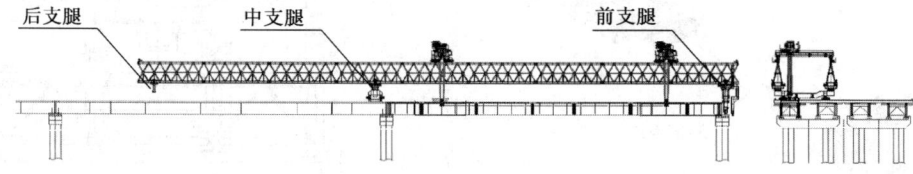

图13　架桥机落梁就位工况

临时支座采用100t特制千斤顶,千斤顶直径小于15cm,高度约20cm,组合梁落至临时支座后,架桥机缓慢卸载,但不解除吊点的连接。同步启动千斤顶,缓慢调整梁底高程至设计高程,并与永久支座连接。及时完成永久支座灌浆,支座灌浆料养护时间不小于2h且强度不低于20MPa后,进行受力转换,架桥机摘勾;待养护时间超过4h后,拆除临时支座。

(4) 利用架桥机和汽车起重机完成同跨Ⅱ形组合梁之间的横向联结系安装;待同跨4榀Ⅱ形组合梁间横向联结系全部安装完成后,方可在本跨梁面进行架桥机过孔和待架梁运输。

(5) 重复步骤(3)和(4),直至全桥架通,然后进行每一联组合梁墩顶桥面板横向湿接缝混凝土浇筑,完成桥面连续;在此之前,同一联组合梁纵向需作临时连接。

## 五、结　语

项目因地制宜选择一段路基作为工地拼装场,解决了施工场地不足的难题。设置弧形厂房,内配可曲线走行的大型门式吊机,实现了工厂化生产。工厂预拼装避免工地拼装时构件间出现大间隙、大错边量或螺栓孔错位,使工地拼装工作顺利进行,降低了工地施工难度。工地拼装场组拼台座支墩结构简单、操作方便,能有效控制组合梁拼装线形。整体桥面板混凝土浇筑支架利用常规盘扣式构件组拼设计,既操作灵活,又节约成本。采用智能化运、架设备架设组合梁,设置双运梁通道,确保了大吨位组合梁架设安全。

**参考文献**

[1] 程绍山.装配式桥梁钢混组合梁施工技术分析与探究[J].工程建设与设计,2021(06):141-145.
[2] 李义成.大跨径钢混组合箱梁工厂化制造关键技术[J].钢结构(中英文),2020,35(9):44-51.
[3] 李科,陶忠.某高架桥工字型钢混组合梁桥面板施工[J].中国水运,2019,19(10):198-199.
[4] 陈荣获.钢混组合梁桥面板施工工艺研究[J].中国高新科技,2021(02):42-43.
[5] 唐斌.钢混工字组合梁桥梁吊装方式分析[J].工程技术研究,2021,6(05):83-84.
[6] 林青.跨长晋高速简支钢混组合梁施工技术方案研究[J].山西交通科技,2020(05):69-71.

# 11. 一种新型大挑臂快速安装的轻型钢-混凝土组合盖梁

项贻强　高超奇

(浙江大学建筑工程学院)

**摘　要**　本文基于桥梁工业化,针对目前多车道城市高架桥梁混凝土盖梁自重大、不便于运输安装等问题,提出了一种新型大挑臂快速安装的轻型钢-混凝土组合盖梁。它由封闭的钢箱及钢腹板组成,包括顶板和底板,两端设有梁端板,盖梁内部沿纵向设有两块靠近支座线下方加劲的钢腹板和在支座位置处沿盖梁横向设置局部加强的加劲肋。同时,在盖梁内部通过设计计算取用一定高度由外向墩柱侧倾的斜钢板将箱室分隔成上下两层,并在钢盖梁安装后将其下层腔内浇筑混凝土以承受盖梁较大的负弯矩,增加其抗弯承压和防屈曲能力。桥墩上方与盖梁的连接部位,通过盖梁底板上预留孔洞使墩柱预留连接钢筋深入盖梁,再在连接部位通过浇筑混凝土使桥墩与盖梁连接。

**关键词**　桥梁工程　盖梁　钢-混组合　工业化　设计　施工

## 一、引　言

随着国民经济和桥梁技术的发展,为最大限度地减少对路面交通和周围居民生活及环境的干扰,以"工厂化、装配化、信息化、绿色化、快速化"为目标的装配式桥梁施工技术正逐渐在桥梁设计施工领域研发及推广应用。桥梁预制拼装的理念也逐渐从上部结构到下部结构,并向全预制拼装桥梁方向发展,预制构件范围逐渐覆盖主梁、桥墩柱、桥台、盖梁等。关于快速施工、桥梁工业化和钢-混组合梁桥,浙江大学桥隧工程从2013年就开始了相关的研究,2017年提出了一种适用于中小跨径的快速施工钢-混组合小箱梁桥的发明专利[4],并对其展开了系列研究。如通过设计制作群钉式快速施工高性能钢-混组合小箱梁若干缩尺试验梁,进行加载试验研究,测试其滑移分布、挠度、应力分布及比较,进行推出试验数值模拟分析、极限承载力试验及非线性分析等,获得了相应结构的静力力学特征;在动力研究方面,通过对缩尺模型的车桥耦合试验和基于铁木辛柯梁理论的动力特性理论推导,得到适用于此类结构的动力研究方法,给出具有体外预应力索的快速施工钢-混组合梁的动力特性分析,竺盛(2019)等针对群钉式快速施工钢-混组合梁结构栓钉内部的间距较小、其抗剪刚度会发生折减的特点,通过不同间距、不同直径及排数的栓钉参数的研究,探讨了这类组合梁的抗剪性能折减效应分析方法,提出了计算组合梁栓钉连接件剪切刚度的等效m法和基于变分原理的组合箱梁对称弯曲受荷分析的有限段法,作者等则对快速施工桥梁的研究进展进行了总结。在上述研究的基础上,作者等进一步研究提出了模块化钢-混组合小箱梁简支连续桥及其施工方法和改进的轻型模块化钢-混组合小箱梁简支桥两项发明专利,同时对其简支-连续的过程进行了施工过程模拟分析和设计计算,提出了有关施工工艺和设计建议。为最大限度地拓展城市高架桥梁桥下的空间,有时需采用大悬臂盖梁,并采用工程化生产的预制装配化盖梁,但如何快速预制、减轻道路运输桥梁构件的重量和负荷,并实现有效快速的安装,成为目前桥梁快速设计施工中的一个难题。

传统的混凝土或预应力混凝土盖梁体积大、重量重,在运输和吊装的过程中需采用大型工程机具,并对运输沿线的桥梁等负荷要求高,存在施工难度大、安装费用高等问题。同时,预制过程中需进行钢筋笼的绑扎和预应力波纹管孔道的预留搭设,钢束的分批张拉等,预制过程及工序仍非常烦琐。当前,由于桥梁宽预制盖梁体量庞大,通常将盖梁分成两段或三段进行预制和吊装,这需要两侧设置临时支撑和进行后期钢束的张拉安装,并且需要很高的安装精度来保证连接盖梁段的准确对接,施工难度高,影响交通通行时间长。而整体预制的盖梁整体性好,无论从施工还是受力性能均优于分段安装预制安装的盖梁。一般说来,整体预制安装构件要求盖梁的重量较轻,如果能降低盖梁重量,就能实现整体预制安装,从而优化盖梁的受力性能,降低下部结构的恒载重量,提高经济效益,方便施工和加快施工进度。

本文在目前系列快速施工钢-混组合结构桥研究的基础上,进一步提出一种适用于桥梁工业化、城市高架新型大挑臂快速安装的轻型钢-混组合盖梁,该项工作的研发已经获得国家知识产权专利局授予发明专利,这里概要介绍该新型钢-混组合盖梁的研发设计、主要施工方法和优势。

## 二、大挑臂快速安装的轻型钢-混组合盖梁的设计构思

大挑臂快速安装的轻型钢-混组合盖梁的设计构思,主要包括盖梁钢箱梁和内部后浇的下层混凝土区域。其中盖梁外壁采用封闭的钢壳钢箱梁,它包括顶板、底板及侧板和两端的留有后浇混凝土孔的梁端板。首先,在盖梁箱内部设有沿纵向增加抗弯刚度的两块钢腹板,分别位于靠近支座线的下方,在盖梁的每个支座位置处沿盖梁横向设置加劲肋加强承受局部的均布荷载。其次,在盖梁的内部一定高度处用向墩柱侧倾斜的钢板将箱分隔成上下两层,盖梁安装固定在墩柱上后,先连接盖梁墩柱钢筋等,再浇筑连接混凝土,而后在其下层腔内后浇筑混凝土,以增加盖梁的抗弯承压能力。再次,在桥墩柱上方设置桥墩与盖梁的连接部位,在连接部位的底板上预留孔洞使墩柱钢筋深入盖梁,连接后内浇筑混凝土使桥墩与盖梁连接成整体。所形成的大挑臂盖梁下部则以钢板环箍内的混凝土抗压为主,而上侧则利用两侧钢板及中竖向钢腹板抗拉,可以有效利用各个材料的特性,发挥各自的优势。

根据设计尺寸加工顶板、底板、侧腹板和梁端板、中间竖向钢腹板及倾斜钢板,按设计的加工顺序进行焊接,各个面板的厚度根据设计受力要求和构造要求确定,焊缝形式、焊接要求及顺序也应按照设计要求确定。盖梁顶板水平,底板以一定的倾角向盖梁根部向下倾斜,使靠近桥墩柱根部的盖梁截面比盖梁自由端部截面大,以适应悬臂梁的受力分布特点,盖梁两侧腹板为竖直平面。大挑臂盖梁下侧一般为受压区,钢板在受压时容易发生屈曲失稳,若增加钢板厚度,则会显著增加用钢量及造价;而混凝土具有很好的抗压特性,故盖梁的下层内腔设计成钢板框架既可以作为浇筑混凝土的模板,又可以使混凝土形成环箍效应增加混凝土抗压强度。此外,通过预留及后浇混凝土可有效减轻运输重量、方便安装和减少施工时间。混凝土浇筑的内腔尺寸需通过具体受力要求进行设计计算。盖梁在两自由端设端封板,并预留后浇孔洞以浇筑底层内腔混凝土。图1给出了轻型钢-混组合盖梁的主视半剖面结构示意图,图2给出了该盖梁的端部Ⅰ—Ⅰ剖面图,图3给出了该盖梁靠近桥墩处Ⅱ—Ⅱ剖面图,图4给出了桥墩与盖梁连

接部位的Ⅲ—Ⅲ剖面图,图5给出了墩柱之间盖梁Ⅳ—Ⅳ剖面图。

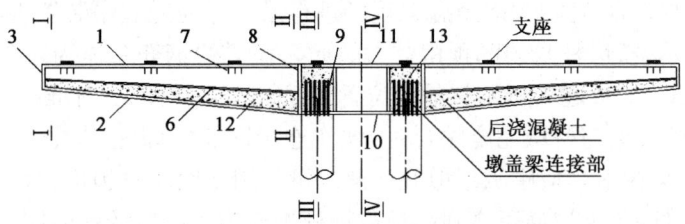

图1　轻型钢-混组合盖梁的主视半剖面结构示意图

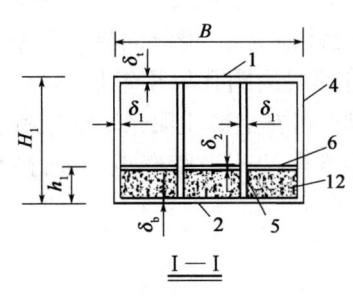

图2　盖梁的端部Ⅰ—Ⅰ剖面图　　图3　盖梁靠近桥墩处Ⅱ—Ⅱ剖面图

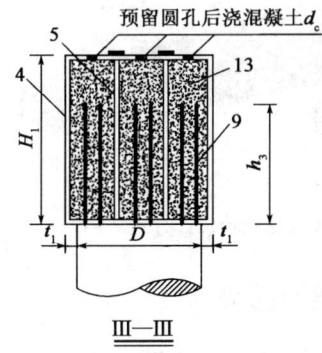 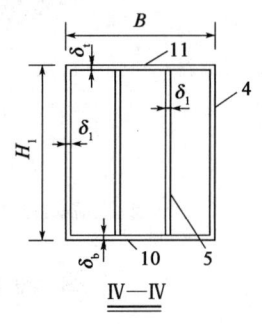

图4　桥墩与盖梁连接部位的Ⅲ—Ⅲ剖面图　　图5　墩柱之间盖梁Ⅳ—Ⅳ剖面图

图1～图5注:1-盖梁顶板;2-盖梁底板;3-梁端板;4-梁外腹板;5-内腹板;6-内腔分隔板;7-加劲肋;8-桥墩柱与盖梁的连接部位隔板;9-桥墩柱预留连接钢筋;10-盖梁与墩柱连接的水平钢底板;11-盖梁与墩柱连接部位的水平钢顶板;12-内部下层腔内后浇筑的混凝土;13-桥墩柱与盖梁后浇筑的混凝土。

## 三、施　工　方　法

如图1所示,该轻型钢-混组合盖梁包括整体钢板预制加工的盖梁构造和内部下层腔内后浇筑的混凝土。各个钢板应根据设计荷载要求合理选取尺寸、预先制作加工而成。拼装前,可以预先制作一个焊接拼装平台,方便进行各个面板的焊接,焊接应保证焊接质量——按照《公路钢结构桥梁设计规范》(JTG D64—2015)的相关要求执行。

在进行拼装时,首先将两内腹板5焊接在盖梁顶板1上,再焊接连接部位隔板8、同时按尺寸在两内腹板5的外侧焊接局部加劲肋7;然后,焊接内腔分隔板6,使分隔板6与内腹板5连接,再将两外侧竖向腹板4与顶板1、分隔板6等进行焊接或连接;再次,将盖梁与墩柱连接的水平钢底板10及盖梁坡面底板2盖在与前述的部分成型的钢板骨架上,焊接连接形式封闭的箱、而后再将梁两端板3焊接于盖梁两侧,在预制梁端板3、盖梁与墩柱连接的水平钢底板10及盖梁与墩柱连接部位的水平钢顶板11时,为后期浇筑内腔下层混凝土及盖梁与墩柱连接部位混凝土,需在适当位置预留足够空间的圆孔。

需注意的是应在盖梁与墩柱的连接部位的顶板上预留圆孔,作为后期浇筑连接部位混凝土的通道,在盖梁两侧腹板需焊接 4~8 个辅助吊环,以方便盖梁吊装。

在完成盖梁的预制加工后,将盖梁运至施工现场进行吊装。通过起吊装置将盖梁整体吊至相应墩柱位置处。如图 1、图 4 所示,桥墩柱身顶部预留受力的插入盖梁的钢筋 9 作为接头,墩柱连接钢筋 9 长度一般大于盖梁高度的 2/3。通过起重机调整盖梁位置,使墩柱连接钢筋 9 对准盖梁连接部位的圆孔,将盖梁缓慢下放至桥墩上。当盖梁与桥墩完全贴合时,墩柱连接钢筋 9 即完成了插入盖梁的作业,条件许可的话,将连接钢筋 9 在盖梁内适当成喇叭形散开。此时可采用在墩柱身顶部预设的临时固定卡扣与盖梁墩柱连接部位底端的临时固定卡口通过高强螺栓或锚杆进行施工阶段的临时固定(一般一个墩柱至少要 2 到 4 个固定螺栓或锚杆),待浇筑盖梁墩柱连接部位的混凝土 13 到达设计强度的 80% 时,才可进行下一步的盖梁两侧内部下层腔内后浇筑的混凝土 12 的施工。在混凝土浇筑时需用插入式振捣器充分振捣,并保证各后浇混凝土的密实性。待后筑混凝土达到设计强度后,检测混凝土有无脱空等,检测合格后可认为盖梁与桥墩柱身施工符合质量要求,同时,可将各预留的圆孔等用钢板焊封。各钢构件在加工过程中应注意除锈及涂层油漆保护等。临时固定螺栓或锚杆可在上部主梁吊装前或后,主梁吊装应尽可能采用平衡吊装作业,受吊装作业限制时,可对施工过程中产生的不平衡弯矩等进行验算。图 6 给出了静预制安装组合后轻型钢-混组合盖梁的整体结构示意图。

图 6　新型轻型钢-混组合盖梁的整体结构示意图

## 四、轻型组合盖梁的优势

本文基于目前预制混凝土盖梁存在的问题,提出了一种新型大挑臂快速安装的轻型钢-混组合盖梁结构形式,它能有效解决目前混凝土盖梁因运输重量受限而需分段预制、现场回拼安装、工序复杂、运输吊装困难等问题。它具有如下优势:

(1) 所提出的轻型钢-混组合盖梁,可以在工厂快速预制加工钢板盖梁进行焊接拼装、整体性好,极大地减少了采用预制混凝土盖梁的预制工序繁杂、缩短盖梁预制时间,降低了盖梁预制的难度;同时有效减小了盖梁的整体重量,在运输和吊装过程中可以减少大型施工机具的使用。此外,通过整体预制安装,降低了施工现场的安装难度,无须搭设临时支撑进行固定,节省了现场施工费用。

(2) 所提出的轻型钢-混组合盖梁,将钢材和混凝土相结合,通过合理的设计各部位的尺寸,使钢板承担拉应力,下层环箍混凝土承担压应力,充分发挥两种材料的受力性能,提高了经济效益,特别尤其适用于为最大限度地拓展城市高架桥下空间的城市高架道路桥梁。

## 五、结　语

本文在目前系列快速施工钢-混组合结构桥研究的基础上,提出一种适用于桥梁工业化、城市高架大挑臂快速安装的轻型钢-混组合盖梁,它与纯预制的混凝土盖梁相比具有重量轻,方便运输和安装等优点,尤其适用于城市高架道路桥,能有效减少现场的施工作业时间及对交通的影响。

## 参考文献

[1] 何余良,项贻强,李少俊,等.基于不同抛物线翘曲函数组合箱梁剪力滞[J].浙江大学学报(工学

版),2014(11):1933-1940.
[2] 项贻强,郭树海,陈政阳,等.快速施工桥梁技术及其研究[J].中国市政工程,2015(04):28-32+35+99.
[3] 项贻强,李少骏,刘丽思,等.多梁式钢-混组合小箱梁横向受力性能[J].中国公路学报,2015,28(7):31-41.
[4] 项贻强,郭树海.一种模块化钢-混快速施工小箱梁桥及其施工方法,发明专利:201510365055.7[P],2017.3.8.
[5] 项贻强,郭树海.复杂应力条件下快速施工钢-混组合梁群钉推出试件参数分析[J].中国公路学报,2017,30(3):246-254.
[6] 项贻强,郭树海,邱政,等.群钉布置方式对钢-混凝土组合小箱梁受力性能的影响分析[J].建筑结构学报,2017(S1):376-383.
[7] Yiqiang Xiang, Zheng Qiu, Shuhai Guo. Experimental Study on Dynamic Behavior of Steel-Concrete Composite Small Box Girder Models with Accelerated Construction [C]. // Proceedings of the 3rd International Conference on Mechanics of Composites (MECHCOMP3), Bologna, Italy, 4-7 July 2017, ISBN:978-88-9385-0292, Press:Editrice-esculapio.it.
[8] Yiqiang Xiang, Shuhai Guo, Zheng Qiu. Parameter analysis of push-out specimens with different group studs in ABC Steel and concrete composite bridges[C]. // Proceedings of the 3rd International Conference on Mechanics of Composites (MECHCOMP3), Bologna, Italy, 4-7 July 2017, ISBN:978-88-9385-0292, Press:Editrice-esculapio.it.
[9] Yiqiang Xiang, Shuhai Guo. Influence Analysis of Group Studs Stiffness in Accelerated Construction Steel-Concrete Composite Small Box Girder Bridge[C]. // The International Symposium on Life-Cycle Civil Engineering 2018 (IALCCE2018 conference) 28-31 Oct. 2018, Ghent, Belgium.
[10] Bishnu Gupt Gautam, Yi-Qiang Xiang, Zheng Qiu, et al. A Semi-Empirical Deflection-Based Method for Crack Width Prediction in Accelerated Construction of Steel Fibrous High-Performance Composite Small Box Girder, Materials 2019,12(6),964-988; doi:10.3390/ma12060964.
[11] Bishnu Gupt Gautam, Yiqiang Xiang, Xiaohui Liao, et al. Experimental Investigation of a Slip in High-Performance Steel-Concrete Small Box Girder with Different Combinations of Group Studs, Materials 2019,12(17),2781; https://doi.org/10.3390/ma12172781.
[12] 项贻强,何超超,邱政.体外预应力钢-混组合梁长期滑移计算[J].浙江大学学报(工学版),2017,51(4):739-744.
[13] 项贻强,邱政,GAUTAM B G.考虑滑移效应的体外预应力钢-混凝土组合梁自振频率分析[J].东南大学学报(自然科学版),2017,47(1):107-111.
[14] 项贻强,邱政,何百达,等.具有体外预应力索的快速施工群钉式钢-混组合小箱梁自振特性分析[J].中国公路学报,2020,33(01):100-110.
[15] 竺盛.快速施工简支钢混组合小箱梁若干问题分析[D].杭州:浙江大学,2019.
[16] 项贻强,竺盛,赵阳.快速施工桥梁的研究进展[J].中国公路学报,2018,31(12):1-27.
[17] 项贻强,何百达.一种模块化钢-混组合小箱梁简支连续桥及其施工方法[P].发明专利:201910141326.9,2020.10.16.
[18] 项贻强,何百达.一种改进的轻型模块化钢-混组合小箱梁简支桥[P].发明专利:201910185016.7,2020.5.19.
[19] 项贻强,何百达.装配式简支-连续钢-混组合小箱梁桥的设计分析[C].//中国公路学会桥梁和结构工程分会2020全国桥梁学术会议论文集.北京:人民交通出版社股份有限公司,2020.11(137-144).

[20] 何百达,项贻强.快速施工简支-连续钢-混组合小箱梁桥施工过程模拟分析[C].//中国公路学会桥梁和结构工程分会2020全国桥梁学术会议论文集.北京:人民交通出版社股份有限公司,2020.11:514-520.

[21] 项贻强,高超奇.一种大挑臂快速安装的轻型钢-混组合盖梁[P].发明专利:202010263126.3,2021.5.4.

[22] 中华人民共和国交通运输部.公路钢结构桥梁设计规范:JTG D64—2015[S].北京:人民交通出版社股份有限公司,2015.

# 12. 预制桥面板间横向湿接缝的预压应力储备问题分析

俞承序[1]　李微[2]　南松霖[2]　高峰[2]　徐栋[1]

(1.同济大学;2.吉林省交通规划设计院)

**摘　要**　双工字钢板组合梁桥因其主梁间距较宽,通常需要设置横向预应力束以保证混凝土桥面板的正常使用性能。在采用全宽预制桥面板的组合梁桥中,预制板间的湿接缝可能存在混凝土预压应力储备不足的问题。本文利用空间网格模型,对一座双工字钢板组合梁桥进行精细化分析,探究导致湿接缝处混凝土预压应力储备不足的原因。

**关键词**　钢板组合梁桥　预应力桥面板　预压应力储备　混凝土龄差　空间网格模型

## 一、引　言

双工字钢板组合梁桥作为一种结构简洁美观,经济性及力学性能良好的组合结构梁桥,在国外已有大量的实践应用。随着桥梁工业化建造理念的推广,采用预制混凝土桥面板的双工字钢板组合梁桥,因其简洁的构造形式和高度预制装配化的结构设计,在我国的装配式梁桥中也逐渐获得了较广泛的应用。

一般而言,双工字钢板组合梁的主梁间距较宽,桥面板的横向跨度较大,使得桥面板在设计荷载的作用下将产生较大的横向弯曲拉应力。为了保证混凝土桥面板的正常使用性能,在双工字钢板组合梁桥的桥面板中通常需要设置横向预应力,以减少混凝土桥面板的开裂风险。我国学者对如何提高横向预应力施加效率的问题也开展了一系列研究,以期提高混凝土桥面板的抗裂性能。对于本文的研究对象,通过精细化的计算分析发现:对于预制桥面板,横向预应力束能提供足够的预压应力储备。然而,对于预制板间的横向湿接缝,则可能面临预压应力储备不足的问题,导致在运营过程中可能出现混凝土桥面板开裂的问题,降低双工字钢板组合梁桥的正常使用性能和耐久性。

针对双工字钢板组合梁桥湿接缝位置横向预应力储备不足的问题,本文将利用空间网格模型,对一座 4×35m 跨径,12.75m 桥宽的四跨连续钢板组合梁桥的混凝土桥面板进行精细化分析,探究导致桥面湿接缝处预压应力储备不足的原因。

## 二、研究对象及计算分析方法

### 1.总体结构布置

本文中的研究对象取自某实际工程中的双工字钢板组合梁桥。主梁的计算跨径为(34.2 +2×35 + 34.2)m,组合梁全高2.2m,桥面宽度为12.75m,主梁间距6.5m。各跨跨中区段设置6道中横梁和2道支点横梁,均为工字钢梁。全桥起、终点的2道端横梁为大横梁,通过剪力钉与桥面板相连,其余横梁均为小横梁,不与桥面板连接。结构的立面布置见图1和图2。

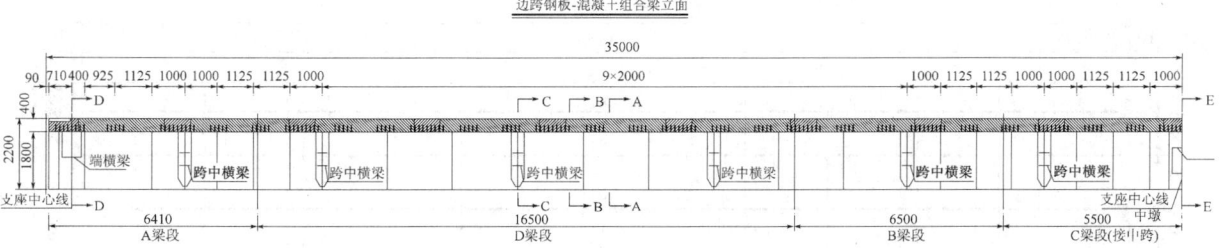

图1 边梁立面图(尺寸单位:mm)

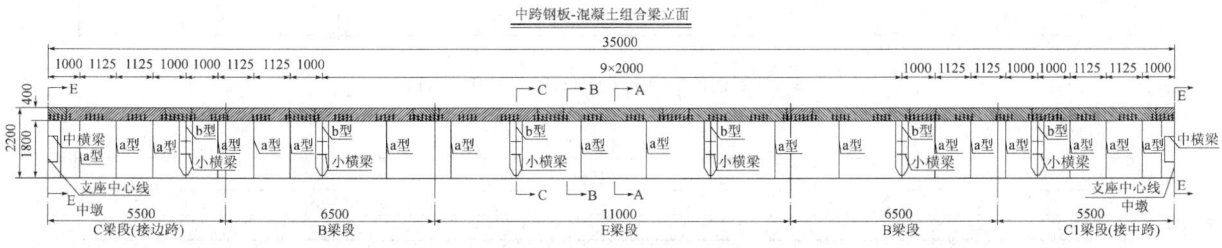

图2 中梁立面图(尺寸单位:mm)

## 2. 桥面板及预应力束布置

桥面板采用C50混凝土材料,在截面尺寸上分为全桥起、终点两端1m范围内的等厚段,和其他位置的变厚段。等厚段桥面板厚0.4m,变厚段桥面板悬臂段厚0.22m,钢梁顶厚0.4m,梁间区段厚0.25m。如图3所示。

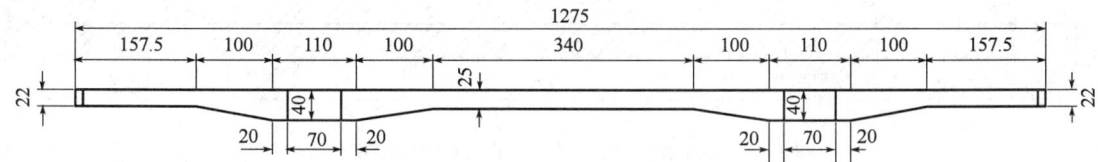

图3 变厚段混凝土桥面板(尺寸单位:cm)

构件制作方式上,桥面板分为预制板和现浇段两种。预制板在工厂内全宽预制,留有剪力钉槽口,内张横向预应力钢绞线,现场吊装定位。预制板在现场安装完成后,浇筑预制板间的现浇混凝土,混凝土达到规定龄期后,张拉横向预应力钢绞线。图4中展示了边跨的桥面板平面布置(仅示出半桥宽的桥面板),图中阴影部分为现浇段,其余部分为预制桥面板。

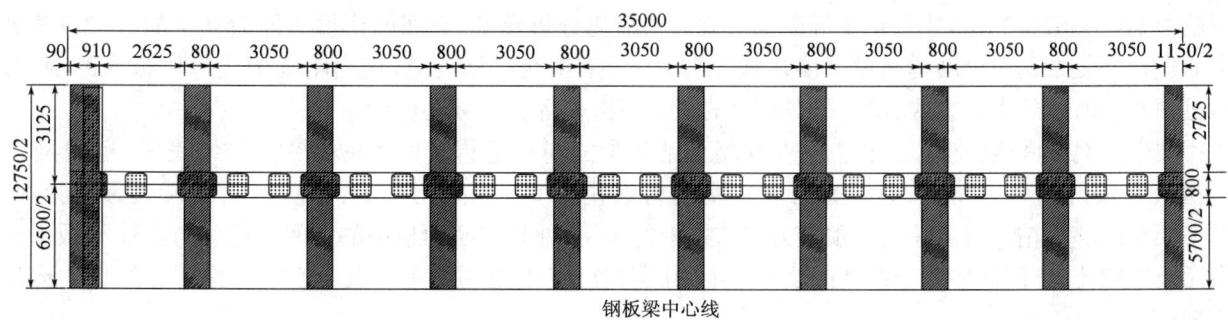

图4 混凝土桥面板平面布置图(尺寸单位:mm)

标准预制板中两端交替张拉5束4ϕ15.2的预应力钢绞线,如图5所示。墩顶处1.15m宽的湿接缝中张拉2束4ϕ15.2的预应力钢绞线,其他预制板间0.8m宽的湿接缝中张拉1束4ϕ15.2的预应力钢绞线,如图 6 和图 7 所示。

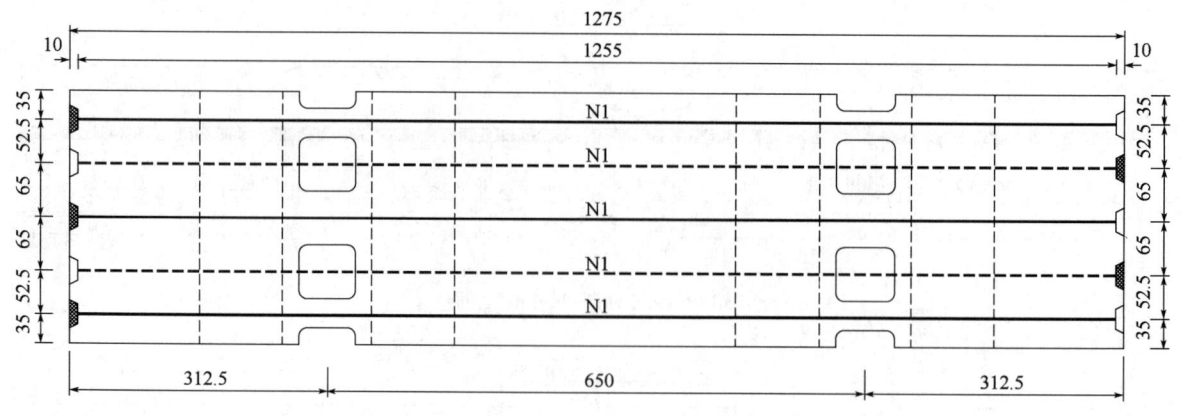

图 5 预制板预应力束平面布置(尺寸单位:cm)

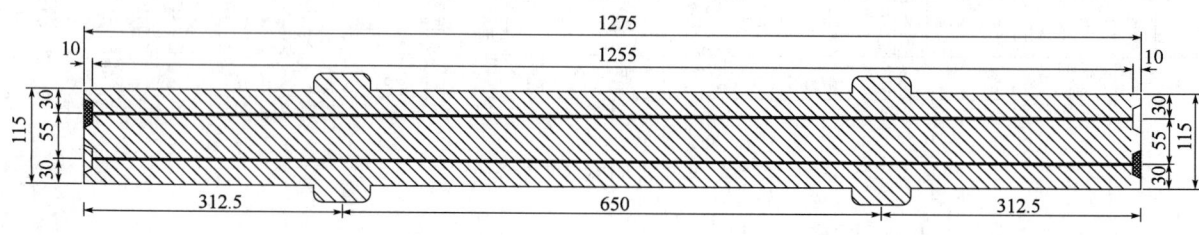

图 6 墩顶湿接缝预应力束平面布置(尺寸单位:cm)

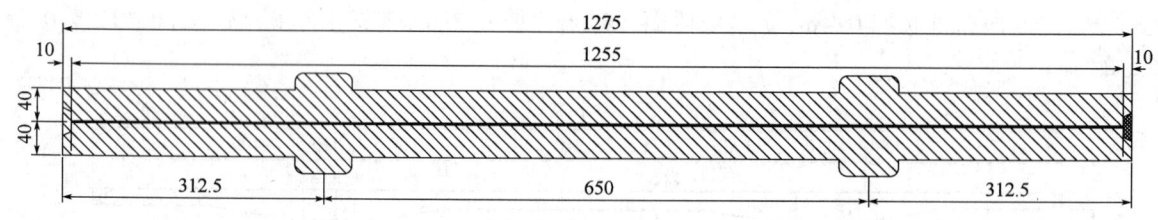

图 7 普通板间湿接缝预应力束平面布置(尺寸单位:cm)

3. 实用精细化分析方法

对于横向预应力效应,在设计中通常采用横向框架模型或实体有限元模型进行计算分析。但横向框架模型中无法考虑邻近结构的影响,实体有限元模型则缺少通用的混凝土收缩徐变算法。为了能够较为精确地对混凝土桥面板在设计荷载作用下的空间效应以及收缩徐变效应进行计算分析。本文将采用空间网格模型,建立钢板组合梁桥的全桥模型进行计算分析。《公路钢筋混凝土及预应力混凝土桥梁设计规范》(JTG 3362—2018)中提出了混凝土桥梁的精细化分析模型,空间网格模型即为其中的一种。其基本原理是将复杂的桥梁结构离散成多块板元,再用十字正交梁格的纵、横向刚度等代每块板元的刚度。通过图 8 中所示的离散方式,即可用空间上的正交网格来等代实际的桥梁结构。

文献 5 对空间网格模型分析方法在混凝土结构中的应用进行了深入的研究。结果表明,空间网格模型具有较好的计算精度,是一种可靠的实用精细化模型。相较于单梁和横向框架模型,采用空间网格模型能够更精细地考虑横向预应力在结构中的作用,并计算桥面板中的空间效应。与实体和板壳有限元模型相比,空间网格模型能利用梁单元中的成熟算法,更便利地考虑混凝土收缩徐变在结构中产生的响应。

由于本文仅关注混凝土桥面板中的应力分布情况,为了节约计算成本,仅对混凝土桥面板进行网格划分,每根钢主梁仍采用 6 自由度梁单元进行模拟,钢梁与桥面板网格间通过竖杆(采用钢的材料特性)和刚臂相连。

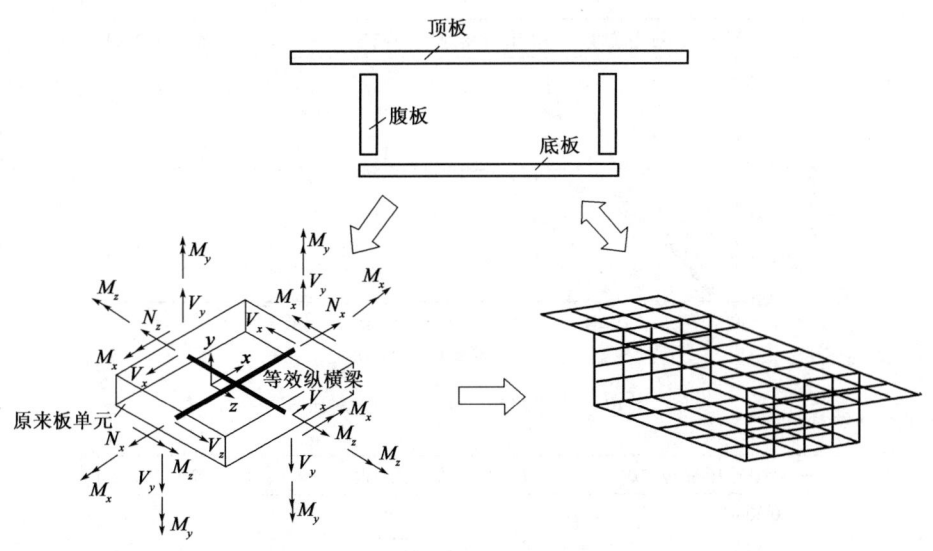

图 8　空间网格模型结构离散示意图

## 三、桥面板横向预压应力储备不足的成因

对于本文中分析的对象,图 9 中绘制了二期铺装施工完成后,第二跨桥面板顶面预压应力的分布。从图中可明显看出,在模拟的湿接缝的 6 个位置处,预压应力储备远低于两侧的预制板。在湿接缝的横向跨中位置甚至出现了拉应力,这将使湿接缝在活载等其他设计荷载的作用下,拉应力进一步增大,桥面板存在开裂风险。

图 9　二期铺装施工完成后的桥面板顶面拉应力

1. 湿接缝与预制板混凝土的龄差影响

《公路钢混组合桥梁设计与施工规范》中,第 6.2.4 条建议:"桥面板采用预制板时,预制板安装前宜存放 6 个月以上"。根据相关图纸中的要求,本桥预制板在工厂中预制后需存放 180d,即加载龄期为 180d。湿接缝为现场浇筑,假定其加载龄期为 28d。湿接缝的加载龄期远低于预制板,在预应力钢绞线的预压应力作用下,湿接缝处的徐变变形将远大于预制板。而结构需满足变形协调条件,所以在张拉湿接缝处的预应力后,湿接缝和预制板间将发生内力、应力重分配,产生的预压应力将主要由湿接缝两侧的预制板承担。

图 10 示出了湿接缝横向单元顶面的预压应力变化。在预应力束张拉完成时,考虑龄差影响的预压应力略低于龄差为 0 的情况。但随着湿接缝徐变变形的发展,其预压应力将逐渐降低,徐变十年后,在横向跨中区段内甚至出现拉应力。

图 11 示出了湿接缝单元两侧相邻的预制板横向单元顶面的预压应力变化。在预应力束张拉完成时,考虑龄差影响的预压应力略高于龄差为 0 的情况。随着湿接缝徐变变形的发展,相邻预制板中的预压应力将逐渐增加。徐变十年后,预制板内的预压应力平均提升约 60%。

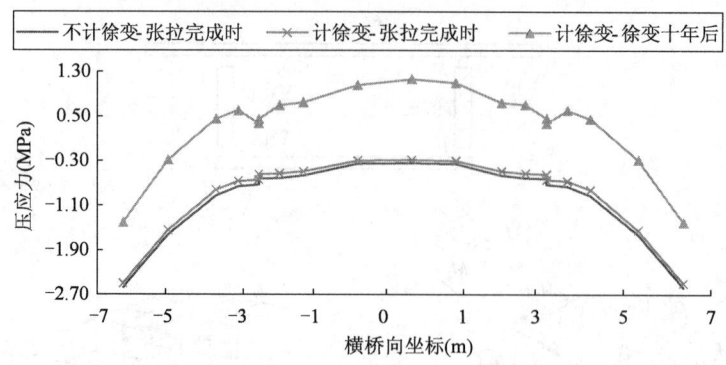

图 10　湿接缝单元顶面预压应力对比图

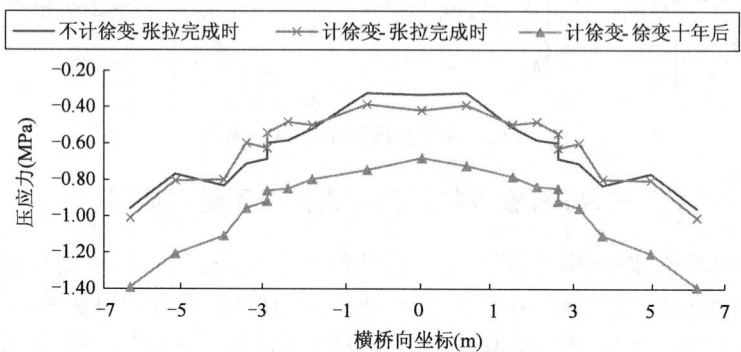

图 11　湿接缝旁预制板单元顶面预压应力对比图

由以上结果可见,湿接缝与预制板的龄差将使预压应力在湿接缝和预制板中发生重分配,使混凝土湿接缝中的预压应力降低。

2. 湿接缝中预应力与预制板中的传递范围不同

由于预应力束产生的预压应力在桥面板内扩散范围较大,预制板中的预应力在工厂中张拉完毕,而湿接缝在现场浇筑、养护约28d后才张拉预应力。因此湿接缝中施加的预应力将向两侧预制板中扩散,而预制板中钢束提供的预压应力主要由预制板本身承担,导致湿接缝中的预压应力储备低于预制板。

如图12和图13所示,在不计徐变、全桥一次落架的情况下,仅在次边墩、中墩湿接缝位置和跨中预制板位置张拉预应力钢绞线(墩顶湿接缝各2束,跨中1束)。预应力钢束所产生的预压应力从张拉位置向两侧各扩散约6.5m(以横向跨中位置产生的预压应力为张拉处的0.1倍为扩散界限)。

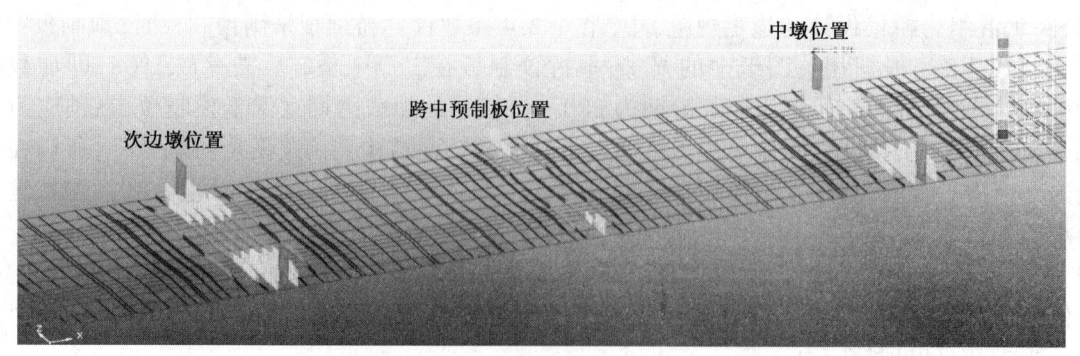

图 12　桥面板顶面横向预压应力全桥分布图

在考虑施工过程的情况下,预制板中的预应力束是先完成张拉再架至钢梁上的,应力束所产生的预压应力完全由预制板承担。而湿接缝是现场浇筑的,待混凝土达到强度要求后才张拉预应力钢绞线。由于文中分析对象的最大湿接缝宽度仅为1.1m,远小于预压应力的扩散范围13m。此时,湿接缝位置张拉的预应力束所产生的预压应力将向两侧的预制板中扩散。

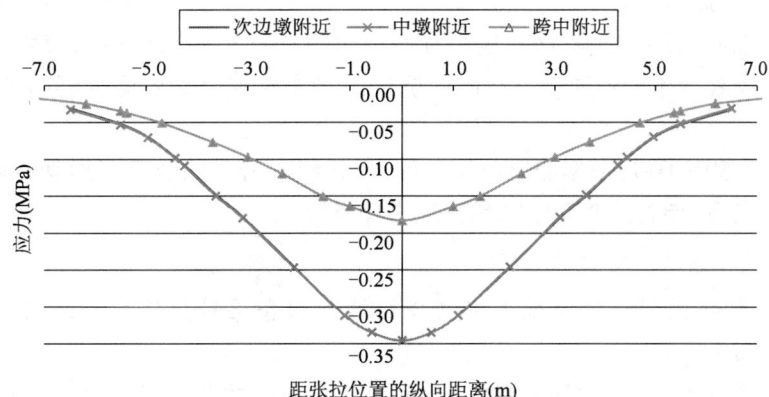

图13　横向跨中位置预压应力纵桥向分布图

图14中绘出了不计徐变,考虑施工过程情况下的预压应力分布。从图中可见,跨中预制板中的预压应力仅在3.05m的预制板宽范围内存在,而湿接缝位置的预压应力与一次落架的情况相同,将向两侧13m范围内扩散。预制板中钢束张拉位置的预压应力相较于一次落架的情况要提高约82%。本桥的横向预应力沿纵桥向基本均布,间距约60cm左右,未在湿接缝处增加预应力束。在此情况下,预压应力的传递范围不同也就导致了湿接缝处的预压应力储备要低于预制板。

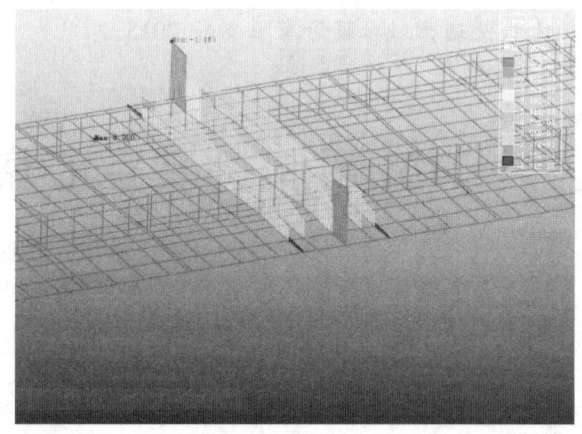

a)墩顶位置　　　　　　　　　　　　　　b)跨中位置

图14　桥面板顶面横向预压应力全桥分布图

3. 湿接缝混凝土收缩产生拉应力

与徐变效应类似,湿接缝的龄期远低于预制板,导致湿接缝中的收缩应变将大于两侧预制板。而相邻构件的交界面处需满足变形协调条件,因此湿接缝的收缩变形将受到两侧预制板的限制,使其产生拉应力。由于在使用的计算软件中,收缩和徐变产生的效应是合并在一项结果中的,未列出单项,较难清晰地分离并展示出收缩效应对混凝土湿接缝处预压应力储备的影响。因此本文中未对混凝土收缩产生的影响进行进一步的分析研究。

## 四、结　语

(1)本文研究对象的湿接缝混凝土预压应力储备不足主要是由混凝土的收缩、徐变效应以及预压应力在预制板和湿接缝中传递范围不同所致。

(2)由于湿接缝与预制板间存在较大的混凝土龄差,在相同预压力的作用下,湿接缝的徐变变形将更大。根据变形协调条件,随着湿接缝徐变变形的发展,湿接缝内预应力束产生的预压应力将在湿接缝和预制板间发生重分布。徐变10年后,预制板中的预压应力储备将提高约60%,而湿接缝处的预压应力储备将大幅降低,甚至出现拉应力。

(3) 由于预应力张拉顺序的影响,预制板中预应力钢绞线产生的预压应力将主要作用在预制板中,而湿接缝中预应力钢绞线产生的预压应力将向两侧的结构中传递。导致湿接缝中的预压应力储备低于预制板。

(4) 与混凝土徐变效应类似,根据变形协调条件,湿接缝混凝土的收缩变形受到两侧混凝土板限制,将在湿接缝中产生拉应力,导致湿接缝中的预压应力储备降低。

**参考文献**

[1] 邱国阳,陈智寿,蔡邦国,等.桥面板干湿混合接缝在组合梁斜拉桥中的应用研究[J].世界桥梁,2019,47(06):74-79.

[2] 吴玲琳,苏庆田,俞文生,等.带槽孔预制桥面板预应力筋张拉合理顺序分析[J].结构工程师,2020,36(03):236-243.

[3] 蔡邦国,邱国阳,谈华顺.组合梁斜拉桥桥面板纵向抗裂措施研究[J].世界桥梁,2019,47(03):44-48.

[4] 中华人民共和国交通运输部.公路钢筋混凝土及预应力混凝土桥涵设计规范:JTG 3362—2018[S].北京:人民交通出版社股份有限公司,2018.

[5] 徐栋,赵瑜,刘超.混凝土桥梁结构实用精细化分析与配筋设计[M].北京:人民交通出版社,2013.

[6] 中华人民共和国交通运输部.公路钢混组合桥梁设计与施工规范:JTG/T D64-01—2015[S].北京:人民交通出版社股份有限公司,2015.

# 13. 预制拼装空心墩的研究与工程应用

周良[1,2] 胡皓[2,3] 葛继平[2,4] 闫兴非[1,2] 张涛[1,2]

(1. 上海市城市建设设计研究总院(集团)有限公司;2. 上海工业化装配化市政工程技术研究中心;
3. 南京工业大学;4. 上海应用技术大学)

**摘要** 为了减轻预制构件自重,降低运输吊装难度,本文介绍了采用灌浆套筒连接的预制拼装空心墩的构造方案,可有效减重36%,且材料成本基本与实心墩相当。针对上述方案进行了7个缩尺模型试件的拟静力加载试验,试验结果表明:增加壁厚、设置墩底实心段等方式可有效提高预制拼装空心桥墩的抗震性能;预制拼装空心桥墩的受力性能与整体现浇桥墩接近,可以满足工程需求。根据试验结果进一步优化方案后,预制拼装空心墩在绍兴市越东路及南延段智慧快速路进行了工程应用,取得了良好的经济效益,为预制拼装空心墩的进一步推广提供了宝贵的经验。

**关键词** 灌浆套筒 预制拼装 空心墩

## 一、引 言

近10年来,随着预制拼装技术由桥梁上部结构推广至下部结构,我国桥梁的工业化进程得到了加速推进。截至目前,上海已经完成了100多km的全预制高架桥梁工程,全国各地约完成了200多km的预制高架桥梁工程。

---

本论文得到上海市科学技术委员会课题资助,资助课题编号19XD1432400,20DZ2251900,得到天津市交通运输委员会课题资助,资助课题编号:2020-15。

受当地运输吊装能力限制,单个预制混凝土构件的自重需控制在一定范围内。对于截面较大、墩高较高的桥墩,采用预制拼装工艺时通常需将桥墩分段预制,再运输至现场吊装拼接,桥墩节段接缝的设置不仅导致施工烦琐,也较大地限制了施工速度。综上,采用轻量化设计、整体预制的桥墩既实现了低碳经济,节约高墩成本,又省去接缝构造加快了施工进度,对于推动桥梁工业化的进一步发展意义重大。

## 二、工程概况

越东路及南延段智慧快速路是绍兴"六横八纵"快速路网的重要组成部分。项目北起杭甬高速绍兴口,沿三江路、越东路、二环东路,南至二环南路以北,进行快速化改造。道路总长17.5km,其中快速路主线总长约13.8km。高架主线标准段为双向6车道(桥宽25.5m),上部结构采用28~32m跨径预应力混凝土小箱梁,下部结构采用大悬臂盖梁+双柱墩形式,上下部均采用预制拼装施工工艺。为了减轻预制构件自重,拟在该项目下部结构中进行预制拼装空心墩的试点应用。

## 三、预制拼装空心墩的方案设计

### 1. 构造设计

预制拼装桥墩截面尺寸2m×2m,并设置200mm×200mm的倒角。桥墩中间高度范围内壁厚400mm,顶底部塑性铰区范围内壁厚加厚至550mm,根据试验结果,这样设计有利于提高预制空心墩的抗震性能。沿着截面外侧四周共配置40根C40mm受力纵筋,与承台及盖梁间钢筋通过灌浆套筒连接。沿着截面内侧四周共配置20根C16mm构造纵筋,构造纵筋在桥墩—承台、桥墩—盖梁交界面处断开,内圈采用构造纵筋的设计减少了普通钢筋和灌浆套筒的用量,试验结果表明这种设计对空心墩的静力性能和抗震性能影响不大。箍筋采用复合箍,并通过拉筋相连以增强对混凝土的约束效果,箍筋间距150mm布置,近墩顶及墩底处塑性铰区箍筋间距加密至100mm,相应的体积配箍率分别为0.896%:1.344%。用于形成内部空心的钢模板在构件养护完成后可以较方便地取出并重复使用,有力地控制了施工成本。预制拼装空心桥墩的构造配筋如图1所示。

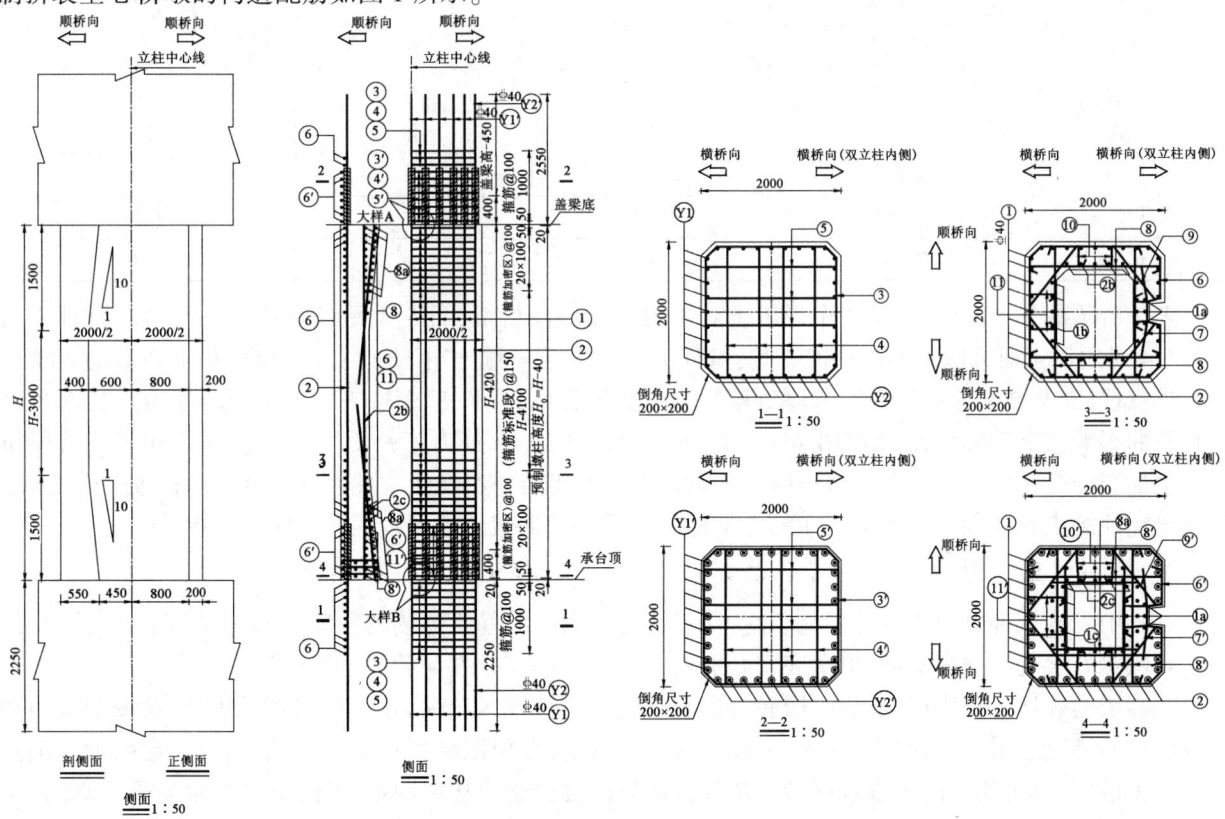

图1 预制拼装空心桥墩构造配筋图(尺寸单位:mm)

## 2. 材料用量比较

以10m墩高为例,将预制拼装空心截面桥墩与预制拼装实心截面桥墩的材料用量进行比较(表1)。

预制实心与空心桥墩材料用量对比　　　　表1

| 材料类别 | 统计量 | 预制空心墩 | 预制实心墩 |
|---|---|---|---|
| C40混凝土 | 总量（m³） | 27.32 | 39.84 |
| HRB400级普通钢筋 | 总量（kg） | 7266.43 | 5946.3 |
|  | 指标（kg/m³） | 265.97 | 149.25 |
| 灌浆套筒 | 总量（个） | 70 | 70 |

从表1中可以看出,与实心墩相比,空心墩混凝土用量降低了36%,相当于每根立柱减少碳排放量约6000kg。但内部空心之后,由于增设了内圈构造纵筋及箍筋、拉筋,空心墩的普通钢筋用量及指标有所提高。由于内圈纵筋采用了构造配筋的设计,灌浆套筒数量也与实心墩相同。综上所述,预制拼装空心墩与实心墩工程造价基本持平,但空心墩有效减小了预制构件自重,极大地方便了运输吊装,同时也更加环保,具有较大的工程应用价值。

## 四、预制拼装空心墩的试验研究

### 1. 试件设计与加载

为了进一步研究预制拼装空心墩的力学性能,保证设计方案的安全可靠,选取壁厚、实心段范围及剪跨比为参数设计了7个缩尺比为1/3的模型试件进行拟静力加载试验,试件参数如表2所示。

试件参数表　　　　表2

| 编号 | 施工方法 | 剪跨比 | 有无墩底实心段 | 壁厚（mm） |
|---|---|---|---|---|
| 试件1 | 现浇 | 2 | 无 | 133 |
| 试件2 | 现浇 | 2 | 有 | 133 |
| 试件3 | 预制 | 2 | 无 | 133 |
| 试件4 | 预制 | 2 | 有 | 133 |
| 试件5 | 预制 | 2 | 无 | 150 |
| 试件6 | 预制 | 4 | 无 | 133 |
| 试件7 | 预制 | 1 | 无 | 133 |

表2所示的7个试件中,前2个是用于对比的整体现浇桥墩,后5个是预制拼装空心墩。试件1与2、3与4对比用于研究墩底实心段的影响;试件1与3、2与4对比用于研究现浇与预制空心墩的力学性能差异;试件3与5对比用于研究壁厚对预制空心墩的影响;试件3、6与7对比用于研究剪跨比对预制空心墩的影响。试件轴压比取为10.6%~11.6%,水平向加载分为第一阶段力控制加载和第二阶段位移控制加载两个阶段。第一阶段重点研究运营期内预制拼装空心墩正常使用状态的力学性能;第二阶段重点研究地震工况下预制拼装空心墩的力学性能。试件的加载示意图及照片如图2所示。

### 2. 试验结果与结论

试验中发现试件1与2的开裂荷载基本一致,说明内圈纵筋不连续的情况下,不会降低开裂荷载;加大空心墩壁厚会提高开裂荷载,但墩底实心的构造措施对提高开裂荷载的效果最佳。

空心墩的破坏过程可以归纳为:墩底混凝土开裂→塑性铰区域纵筋屈服→侧面斜裂缝发展明显→塑性铰区域裂缝宽度增大→保护层脱落→极限状态。各试件在极限破坏状态下,其墩底在一定高度范围内发生严重破坏,具有明显的塑性铰区域。塑性铰区域内混凝土保护层脱落明显,纵筋发生显著变形,是重要的易损区域。空心墩达到极限状态时,塑性铰区域的箍筋和拉筋出现较大变形或断裂现象,核心混凝土破坏严重。灌浆套筒预制拼装桥墩中套筒下方的纵筋变形集中,变形向承台内渗透发展明显,该范围内的纵筋会发生较大弯曲剪切变形,甚至拉断、剪断。

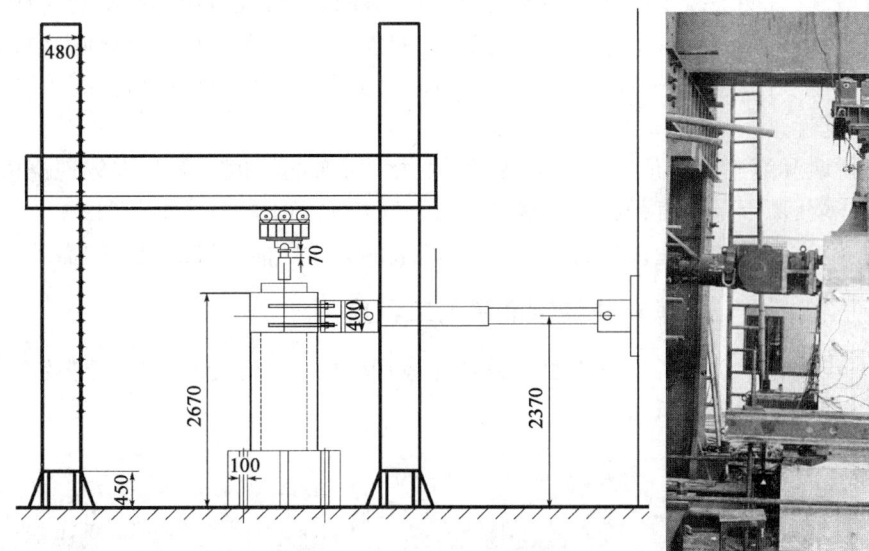

图2 预制拼装空心桥墩试件加载(尺寸单位:mm)

整体现浇试件在墩底形成塑性铰,损伤区域高度较小,纵筋在塑性铰区范围内发生屈曲,混凝土压碎导致试件抗剪抗弯破坏。预制拼装试件损伤区主要集中套筒高度范围内,由于立柱里预埋灌浆套筒,立柱底刚度大,纵筋在接缝处和套筒上方发生局部屈曲,两侧腹板中套筒之间的混凝土压碎使得构件丧失承载能力。空心墩腹板两侧的损伤范围较现浇钢筋混凝土立柱要大,加载方向的混凝土损伤范围较现浇钢筋混凝土立柱要小。接缝处砂浆垫层破坏后,纵筋发生局部屈曲和潜在剪切破坏的可能性较大。

大剪跨比(剪跨比为4,代表弯曲破坏)试件套筒下方的纵筋没有发生剪切变形,原因是剪力较小;小剪跨比(剪跨比为1,代表纯剪破坏)的试件套筒下方的纵筋也没有发生剪切变形,原因是墩底与承台保持全截面接触,抗剪能力强,剪切变形集中在墩身。中等剪跨比(剪跨比为2,代表弯剪破坏)套筒下方的纵筋发生严重剪切变形,甚至剪断,主要原因是塑性铰区混凝土开裂压碎,同时受弯变形后桥墩与承台接触面积减小,导致抗剪能力显著下降。建议灌浆套筒空心桥墩应该设置实心段,保证塑性铰区的抗剪能力。

试验结束后,各试件的破坏面如图3所示。

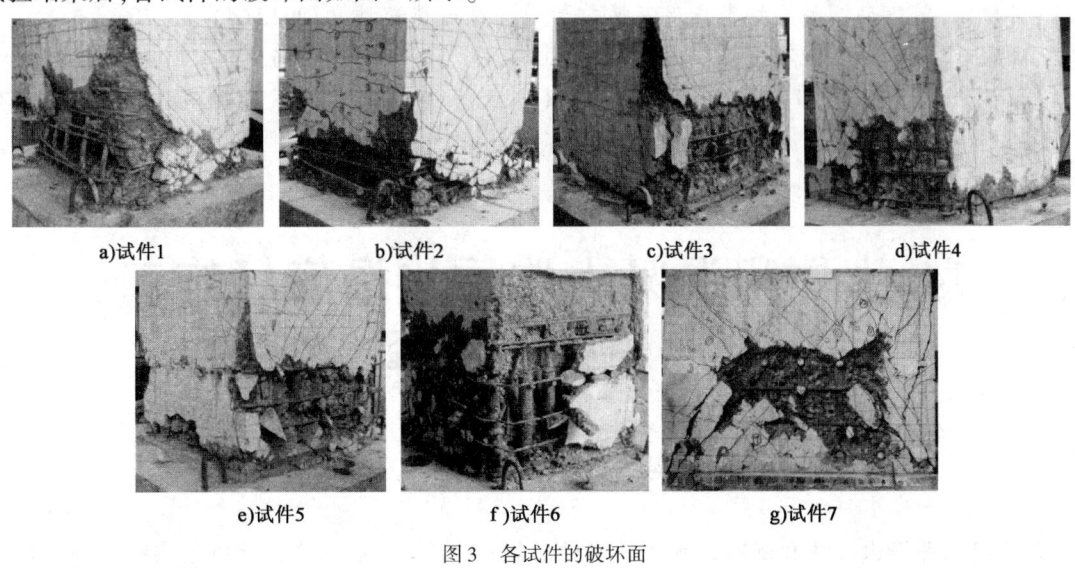

图3 各试件的破坏面

进一步对试验数据进行分析,得到了如下结论:

设置实心段的整体现浇桥墩的延性系数比没有实心段的桥墩高;设置实心段的预制拼装桥墩的延性系数比没有实心段的桥墩高,说明混凝土墩底实心段的设置对提高整体现浇桥墩和灌浆套筒预制拼装桥墩的延性是有利的。比较不同剪跨比的试件,在剪跨比1~4的范围内,剪跨比越大,延性系数越高,即同样构造下,墩越矮,延性越小。比较不同壁厚的预制拼装试件,表明提高壁厚可以缓解混凝土受压区的压碎,提高预制拼装桥墩的延性。

比较整体现浇空心桥墩和灌浆套筒预制拼装桥墩,预制拼装桥墩的峰值荷载与整体现浇桥墩接近,但是变形能力比整体现浇弱,原因是大直径的套筒对空心截面腹板混凝土的整体性削弱。

上述试验结果表明:经过合理的构造设计,预制拼装空心墩的力学性能能够满足工程需求。

## 五、预制拼装空心墩的工程应用

根据试验结果,进一步优化了预制拼装空心墩的设计方案(图1),并在绍兴市越东路及南延段智慧快速路项目中开展了试点研究,如图4所示。

图4 预制拼装空心墩——越东路及南延段智慧快速路

这是全国首根采用灌浆套筒连接的预制拼装空心桥墩,每根重量仅70t(10m高),减重约36%,计算表明当桥墩截面更大时减重效率更为显著。该项目的成功将为预制拼装空心墩更大规模的工程应用提供宝贵经验。

## 六、结　语

预制拼装施工技术是桥梁建设的大势所趋,经过合理的构造设计,预制拼装空心桥墩的工程应用可以很好地保证结构的安全和耐久性能,且材料成本与相应的实心桥墩基本相当。但空心墩很好地降低了运输吊装难度,节约了高墩成本,实现了低碳经济,更符合桥梁工业化的发展需求,具有良好的工程应用前景。

**参考文献**

[1] 李浩,孙峻岭.节段预制桥梁技术应用发展前景[J].铁道建筑技术,2012(4):38-40.
[2] 李坚,陆元春.节段预制混凝土桥梁的设计与施工实践[J].城市道桥与防洪,2003(6):35-38.
[3] 胡皓.预制拼装桥梁下部结构轻量化研究[R].上海市城市建设设计研究总院(集团)有限公司,2020.

# 14. 大体积混凝土均质化温度场施工应用技术研究

吕骄阳[1]　吕振国[2]

(1. 哈尔滨工业大学;2. 内蒙古路桥集团有限责任公司)

**摘　要**　研究并提出大体积混凝土水化热温升防控技术,阐明水化热温升抑制剂梯度掺量的控温抗裂的作用机理、抑制效果以及施工应用方法,研究提出掺加水化热温升抑制剂对大体积混凝土浇筑单层的层内温度变化情况以及浇筑多层的层与层之间延接后温度梯度的变化,为水化热温升抑制剂适用于大体积混凝土工程中代替传统冷却水管降温温控技术奠定研究基础并为大体积混凝土均质化温度场施工应用提供借鉴。

**关键词** 大体积混凝土 均质化温度场 水化热温升抑制剂 梯度掺量 温度变化

# 一、引 言

大体积混凝土具有随温度变化而引起体积变化的性质,因此体积变化的约束会产生温度应力。大体积混凝土内的温度应力主要是由混凝土内水泥的水化热造成,温度应力成为造成大体积混凝土裂缝的主要原因。粉煤灰对大体积混凝土绝热温升具有相当大的影响,掺入粉煤灰可以降低大体积混凝土的绝热温升和温升速度。锚碇大体积混凝土配合比设计中采用粉煤灰,可以起到很好的降温效应。国内外大体积混凝土冷却水管降温温度场的计算方法相对成熟。并通过算例,利用有限元模型对冷却水管降温温度场进行计算研究,验证了模型的可行性,同时得到用冷却水进行主动降温,在开始阶段效果较为明显。现阶段,针对大体积混凝土的降温布设冷却水管已成为普遍的施工方式,学者们通过混凝土水管冷却中水温的理论解法、有限元解法及近似算法,给出了水温调控的原则和方法,并同时指出了目前水管冷却中存在的问题。Loo. Y. H等论述了大体积混凝土水化热引起了混凝土的内外温差,从而导致温度应力和温度裂缝,提出了通过分层浇筑来降低大体积混凝土的温差,能够减少裂缝生成因素,但不能彻底解决。综上所述,本文提出大体积混凝土均质化温度场的概念,通过分层浇筑降低温差以及对重点高温区域水化热温升抑制,调整层与层之间温度场,避免或降低浇筑体整体温度梯度的产生,使大体积混凝土整体温度相对均质化,可以有效地控制温度引起的裂缝产生。

# 二、原材料与温度控制研究设计分析

## 1. 原材料

水泥:海螺牌P.O42.5低热水泥;细集料:机制砂+河沙;粗集料:采用5.0~10.0mm和10.0~25.0mm两种粒级碎石参配;掺合料:F类Ⅰ级粉煤灰;外加剂:PH-HPC-H聚羧酸高效减水剂、70H型水化热温升抑制剂;水:采用长江水。各原材料通过进场检验合格后投入使用。

## 2. 配合比设计

目标:通过掺入粉煤灰和水化热温升抑制剂等技术手段优化混凝土配合比设计,实现降低温度峰值和延长水化作用时间达到控温效果。

根据前期系列试验,通过等量取代法(胶凝材料质量比)单掺25%、30%、35%、40%、45%的粉煤灰,绘制混凝土降温曲线和强度增长曲线,研判强度增长趋势、水化抑制效果和自收缩趋势等。选用粉煤灰掺入量为38%配制低热大体积混凝土,重点考虑大体积混凝土温升周期、粉煤灰、水化热温升抑制剂控温效果,再次优化混凝土配合比设计(表1)。该配合比出机坍落度215mm,1h坍落度200mm;初凝时间,40h30min,终凝时间49h50min。7d水化热95.7J/g。

低热混凝土配合比 表1

| 抑制剂类型 | 强度等级 | 水泥 | 粉煤灰 | 砂 | 碎石 | 水 | 减水剂 | 抑制剂 |
|---|---|---|---|---|---|---|---|---|
| 70H-拆模5d | C30 | 215 | 135 | 794 | 1096 | 160 | 1% | 0.036% |

## 3. 温度均质化控制设计思路

混凝土浇筑体的内外温差是导致温度应力和温度裂缝的主要原因,为了降低大体积混凝土浇筑体的内部温度梯度和内部与外表面的温差,需要控制各浇筑层水化热温升度时间与速度以及浇筑体表层覆盖保温的温度均质化,尽力促使浇筑体的内外温差趋于零或最小。按照这个思路制定大体积混凝土浇筑方案,在浇筑的过程中进行温度数据采集及分析,进一步优化大体积混凝土的施工配合比设计。

### 4. 温度控制指标

根据《公路桥涵施工技术规范》(JTGT F50—2011),同时参考《大体积混凝土施工规范》(GB 50496—2018)的规定,大体积混凝土温度评价指标主要有入模温度、内部最高温度及内表温差等。本项目经过论证、设置的温度控制指标为：

(1) 入模温度的控制值≤28℃；
(2) 混凝土内部最高温度控制值≤75℃,且实际温升值不大于50℃；
(3) 混凝土最大内表温差(指混凝土内部最高温度与同一时刻距表面50mm处的混凝土最低温度之差)≤25℃。

## 三、测温点布设与数据采集方案

### 1. 设置测温点

在大体积混凝土浇筑体施工前,参照《大体积混凝土温度测控技术规范》(GB/T 51028—2015),采用"热电偶测温法",预先进行温度测点布置与监测元件(温度传感器)的埋设,有效连接测温记录数据的设备；确保能够自混凝土浇筑开始准确记录混凝土的升温降温速度及混凝土内部的温度场分布。

### 2. 数据采集

根据温控设计浇筑方案,首先进行水化热温升抑制剂掺入效果验证的数据采集。现场浇筑8m³正方形试件3块,其中两块掺入水化热温升抑制剂,掺入量分别为0.028%和0.036%,另一块则不掺,按中心放射状布设温度传感器后进行浇筑并采集数据。

此后,现场对新田侧锚碇的扩大基础浇筑层按配比设计掺入抑制剂后的浇筑体进行温度数据监测。施工中,混凝土扩大基础每一次浇筑层厚为4.0m,混凝土总方量约2500m³,浇筑速度约60m³/h,连续浇筑42h后结束。在浇筑体表面凝固后进行保温养护,1d后,开始后续接拼模板、表面凿毛、绑钢筋等工序。一般在5～7d进行下一浇筑层的施工,其浇筑数量和时间基本一致。每浇筑层在浇筑前要进行测温点布设,浇筑时,由四周往中心按50cm左右布料；布料过程中始终保持浇筑体周边混凝土高度略高,由最底层开始逐层浇筑至完毕。温度数据监测需专人负责,自现场浇筑开始即开机进行连续采集。

## 四、数据分析

### 1. 对比试验数据分析

经数据整理,绘制的温度与时间关系曲线如图1～图3所示。

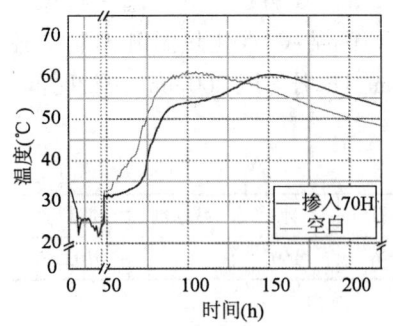 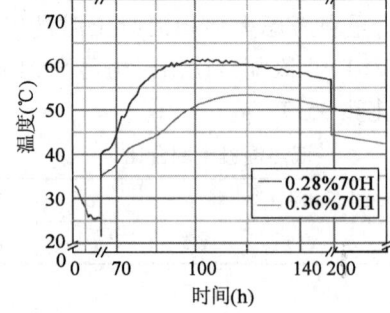 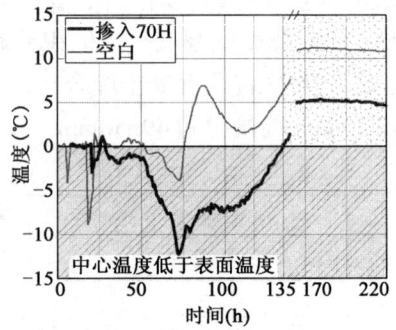

图1 时间与温度关系对比　　图2 温升抑制剂变掺量时间与温度关系对比　　图3 里表温差时间与温度关系对比

从图1可以看出：掺入水化热温升抑制剂后,混凝土水化热放热温峰与未掺者有所降低,且温峰时间向后推移近2d。

从图 2 可以看出:提高水化热温升抑制剂掺量后,混凝土浇筑体中心温度下降更为明显,且随着掺量增减,温峰相应延后。

从图 3 可以看出:掺入水化热温升抑制剂后,混凝土浇筑体中心升温速度得以延缓,135h 内仍低于散热期表层混凝土,170h 后里表温差低于空白组。

2. 多个浇筑层层间温度控制数据分析

混凝土的导热性能差,内部热量传递速度较低,由于不同浇筑层浇筑时间间隔较短(5~7d),多个浇筑层层间温度必然受到温升与散热的相互干扰,由此对温度数据进行了连续采集。本文整理了其中三层的监测数据进行分析研判,如图 4~图 7 所示。为方便表述,确定 A 层为最下层,B 层为中间层,C 层为最上层。

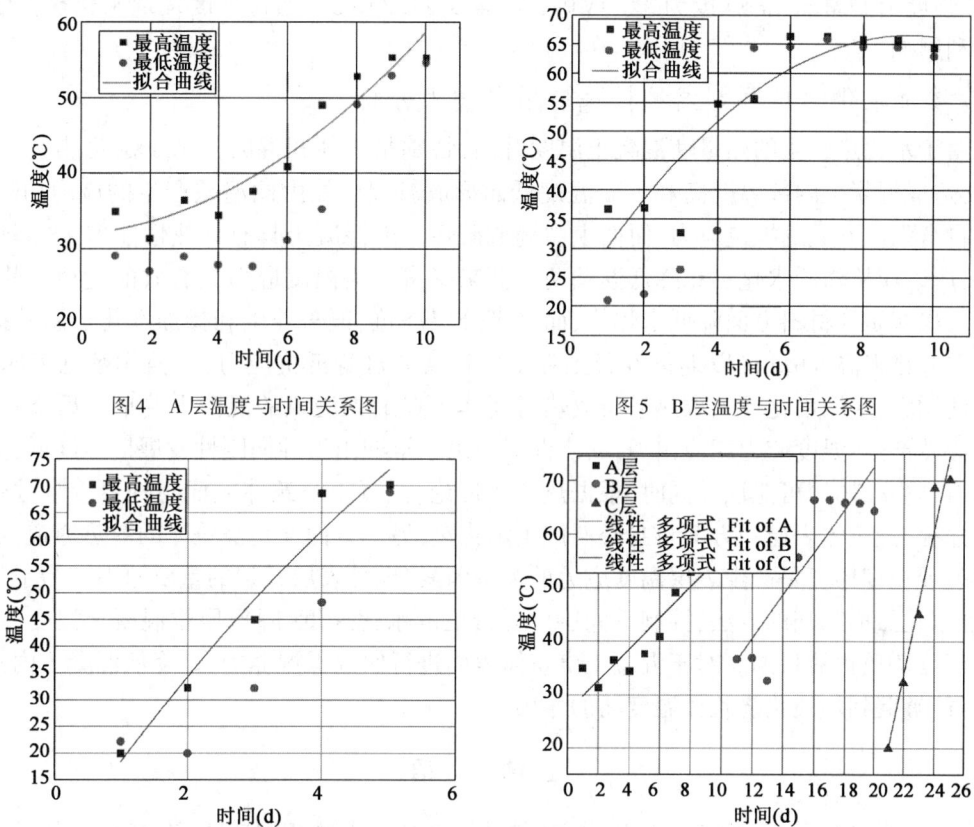

图 4　A 层温度与时间关系图　　　　　　图 5　B 层温度与时间关系图

图 6　C 层温度与时间关系图　　　　　　图 7　ABC 层温升趋势的比较

从图 4 可以看出,A 层混凝土按照表 1 低热混凝土配合比掺入 70H 型水化热温升抑制剂(掺量 0.036%)后,温度上升较为平缓,9d 后中心温度达到峰值并开始缓慢降温。

B 层混凝土为 A 层混凝土延接层,B 层混凝土浇筑时,A 层混凝土正处于中心持续升温和四周散热时刻,此时 A 层混凝土表面与 B 层混凝土底面相互衔接过程中,A 层混凝土由于还在处于温升时刻,其表面温度应高于 B 层混凝土底层并形成温差和温度应力。根据热传递基本原则,在没有外界干预下都是从温度较高的一方传给温度比较低的一方。考虑 B 层混凝土底层在一方面吸收 A 层混凝土热量的同时,尽快水化并产生热量升温,对原配合比 70H 型水化热温升抑制剂的掺量进行了调整,即 B 层混凝土 4m 范围按高度进行了掺量的梯度设计(表 2),这样 B 层混凝土按浇筑层高度中心向上下辐射方向按梯度降低水化热抑制剂掺量使 B 层后温度能够尽快接近于 A 层,中心温度上升速率与温峰到来时间较 A 层更快。从图 5 可以看出,B 层混凝土 6d 后中心温度达到峰值,温度走向比较平缓。

C 层混凝土为 B 层混凝土延接层,延续 B 层混凝土的做法,从图 6 可以看出,C 层混凝土 4d 后中心温度达到峰值,并且峰值高于 A、B 两层混凝土,但未超过温度控制指标。

**70H 型水化热温升抑制剂梯度掺量**　　　　　表 2

| B、C 层混凝土现浇高度(m) | 0~0.5 | 0.5~1.5 | 1.5~2.5 | 2.5~3.5 | 3.5~4.0 |
|---|---|---|---|---|---|
| 70H 抑制剂类型掺量(%) | 0 | 0.018 | 0.036 | 0.018 | 0 |

由此可以看出。梯度掺加水化热抑制剂后，能使 BC 层延接到 A 层后形成一个整体层的温度模式，三层虽然不是一体式浇筑完成，但内部温度场已经优化，类似单一浇筑层温度场模式,保证了 ABC 三层混凝土整体的温度均匀性，避免产生较大温度梯度带来的损害。

### 3. 强度分析

混凝土浇筑的同时，成型了强度试件。测试数据为 2d 强度 2.2MPa，3d 强度 10.8MPa，4d 强度为 14.5MPa，5d 强度 18.1MPa，6d 强度为 22.9MPa，7d 强度 27.8MPa。通过强度发现水化热抑制剂的掺入对强度无不利影响。

### 4. 梯度掺加水化热抑制剂温控措施应用与技术分析

混凝土由于水化热产生的热量使混凝土温度升高，特别是大体积混凝土由于水化热产生的热量大，热量弥散慢，造成混凝土内部温度高和表面温度低而形成温差。如由此温差产生的应力（即温度应力）大于混凝土自身强度形成的抵抗应力，便产生裂缝或破坏。因混凝土具有导热性能差，内部热量传递速度低的特性，所以应从降低水化热和降低温差两方面来寻求解决温度应力是有效的途径。其中，掺入水化热较低的粉煤灰是从材料方面降低水化热，而水平分层浇筑、覆盖养生和掺加水化热温升抑制剂则是为了缩小温差和推迟温度峰值（以期待混凝土强度增长增加自身抵抗应力）。监测数据表明，随着混凝土浇筑方量的增大，水泥水化反应放热量与放热时间体现在最先浇筑的混凝土要早于后浇筑的混凝土，温度梯度将必然产生，温度应力相应出现；新浇混凝土由于早期由塑性向刚性发展期强度低，温度梯度产生的应力具有产生破坏的可能性。同时，根据热传递理论，混凝土浇筑体表面与外界接触散热是水化热释放的唯一途径，浇筑体表层一方面自身必然产生水化热，另一方面又是浇筑体的散热通道；浇筑体表层与内部的温差或温度梯度是产生表层温度应力的关键因素，也是表层开裂的重要原因。为了降低温度梯度，采用掺加水化热抑制剂的方法，控制不同层位混凝土的水化速度，降低层位混凝土温度差异，可以达到整体结构温度均质化的目的。对于混凝土浇筑体表面进行保温保湿养护，是降低混凝土内部和表温差的关键，同样能够起到均质化浇筑体温度场的作用。

## 五、结 语

（1）混凝土的导热性能差，内部热量传递速度较慢，尤其是大体积混凝土，对各种外部措施的反应较为缓慢。大量粉煤灰的掺入可有效地降低混凝土绝对水化热热量，降低混凝土浇筑体内部温度。掺加水化热温升抑制剂能够延缓混凝土的水化热放热时间和温升速度并可有效降低内部最高温度的峰值。

（2）按大体积混凝土一次或短时间连续浇筑的不同层位，采用水化热抑制剂梯度掺量温控方案，通过水化热抑制剂梯度掺量的配比式进行浇筑，可以人为干预浇筑体混凝土的水化速度与水化热的放热速率以及温峰到来的时间，缩小混凝土内部与表层的温差，通过均质化浇筑体温度场，有效降低由水化热产生的温度应力。

（3）大体积混凝土浇筑体表层是水化热与外界接触散热的重要部位，散热太快是造成混凝土内部与表层的温差的主要原因，加强保温保湿养护是降低混凝土内部和表层温差，达到均质化混凝土浇筑体温度场的关键，应引起足够的重视。

（4）大体积混凝土施工布置冷却水管进行内部降温的传统工艺，由于冷却水管布置和冷水循环路径存在不确定性，混凝土体内热量淤积和温度将更加不平衡造成局部温差而产生应力，而采用水化热抑制剂梯度掺量温控方案和相关措施，施工更为方便，工程质量易于控制。可以降低人工、材料成本，节约工期，显而易见能够产生一定的经济效益。

## 参考文献

[1] 中华人民共和国住房和城乡建设部.大体积混凝土施工规范:GB 50496—2018[S].北京:中国建筑工业出版社,2018.

[2] 中华人民共和国交通运输部.公路桥涵施工技术规范:JTG/T F50—2011[S].人民交通出版社,2011.

[3] M Ashraf, A Goyal, A M Anwar, et al. Beneficial Role of the Industrial Wastes to Combat Adiabatic Temperature Rise in Massive Concre-te[J]. Journal of Applied Sciences,2007,7(4):494-498.

[4] 张宇鑫,黄达海,刘海成.大体积混凝土温度场差分法求解精度问题[J]. Hydropower,2004.217-221.

[5] 林绍忠,苏海东.大体积混凝土结构仿真应力分析快速算法及应用[J].长江科学院院报,2003,20(6):679-680.

[6] 经德良,周昌栋,甘新平.宜昌长江大桥锚碇大体积混凝土温度控制技术[C].2000年湖北省桥梁学术讨论会论文集(上册),2000,296-302.

[7] Dunja Mikulic, Bojan Milovanovic, Ivan Gabrijel. Simulacija toplinskog toka[J]. Gradev-iner,2010,62(10):941-950.

[8] 刘建平.大体积混凝土冷却水管降温温度场的计算研究[J].山西建筑,2008,34(18):152-153.

[9] 朱岳明,徐之青,贺金仁,等.混凝土水管冷却温度场的计算[J].长江科学院院报,2003,20(2):19-22.

[10] 朱伯芳.混凝土坝水管冷却中水温的计算、调控与反馈分析[J].水利水电技术,2009,40(8):67-73.

[11] Loo Y H, Peterson J S, Swaddiwuhipong S, et al. Application of the layering method on largar concrete pours[J]. Magazine of Concrete Research,1995,47(172):209-217.

# 15. 深水埋入式承台无封底混凝土吊箱围堰施工技术

石 兵  邓志深

(中国铁建港航局集团有限公司)

**摘 要** 本文依托珠海市黄杨河大桥主墩承台装配式钢混组合无封底混凝土吊箱围堰的施工,从钢吊箱设计及结构受力分析、钢围堰壁体便拆式连接形式、软土层内下沉技术、底板封堵止水、钢围堰下放等方面进行施工技术总结,并阐述了钢吊箱在赶潮河段受力特点及施工注意事项。深水承台无封底混凝土吊箱围堰施工技术达到了工艺清楚简单,操作便捷,通用性强,节材环保、成本低等效果,可在类似工程领域推广应用。

**关键词** 深水 埋入式 超厚淤泥层 装配式 吊箱围堰

## 一、引 言

自20世纪末以来,我国公路、铁路建设事业发展迅猛,进入了一个全新的鼎盛时期,作为公路、铁路建设的重要组成部分,桥梁建设也得到相应发展,沿海地区跨大江(河)、海湾的特大型桥梁如雨后春笋般兴起。伴随着国家绿色施工所倡导的"四节一环保"的理念,对桥梁施工中如何通过科学管理和技术进步实现资源节约和节能减排提出了更高要求。本文通过对装配式钢混组合吊箱围堰施工技术研究,提出了新型钢吊箱施工技术,可解决以往钢围堰安装费时、不能重复使用、回收困难的问题,真正实现装配式节材、环保的目标,同时将以往仅在高桩承台上应用的钢吊箱围堰扩展用于软弱地层埋入式低桩承台施工中,充分发挥绿色施工对促进可持续发展的作用,创造可观的经济效益。

## 二、工程概况

### 1. 工程概述

黄杨河大桥横跨珠海市鸡啼门水道连接斗门区和金湾区,桥梁总长1210m,主桥为(120+210+120)m中央索面部分矮塔斜拉桥。主桥12号、13号主墩承台为圆端形承台,横桥向宽35.345m,顺桥向宽15.6m,厚5.5m,横桥向两端为半径10.706m的圆弧段,每个墩梅花形布置16根直径2.5m桩基础。

### 2. 地质情况(图1)

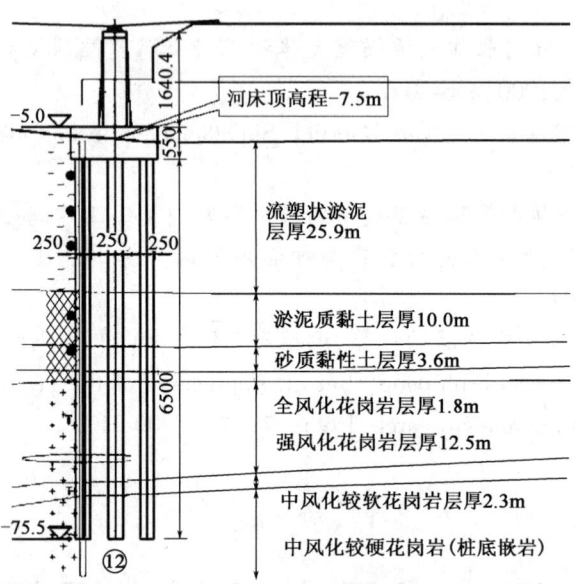

图1 12号主墩地质情况(尺寸单位:cm)

主桥场址发育地层自上而下的顺序为:淤泥层、淤泥质黏土层,此两层均属软弱地基土,具有高压缩性、高含水率、低强度的特点;下伏为燕山期花岗岩,按风化程度不同,勘察部分揭露可分为全风华、强风华及中风化共三带。主墩承台处淤泥层厚度26~30m(淤泥快剪指标黏聚力$c=4$kPa、摩擦角$\varphi=2.2$),淤泥质黏土层厚度5~10m,承台埋入淤泥层内。

主墩所处鸡啼门水道属珠江水系八大入海口之一,河口水位受潮汐影响较大,潮汐为不规则半日潮(一天内两次涨、落潮),历年最大潮差2.9m。12号主墩处水深受涨落潮影响在7.2~10.0m之间,13号主墩处水深受涨落潮影响在4.5~7.0m之间。

## 三、主墩承台钢围堰方案比选

主墩承台钢围堰方案如表1所示。

围堰方案比选　　　　　表1

| 方　案 | 优　点 | 缺　点 |
| --- | --- | --- |
| 双壁钢围堰(费用预估942万元,工期110d) | 1. 刚度大,结构稳固,堵水效果好,施工风险小<br>2. 围堰拆除无时间限制,方便后续施工<br>3. 承台施工无需模板,可节约模板费用<br>4. 围堰内吸泥下沉,围堰外淤泥涌入较少,作业平台钢管桩埋深变化不大,对平台安全性影响较小 | 1. 增加围堰拼装平台以及下放系统,下放工序复杂,成本增加,风险增加<br>2. 现场焊接量大,焊接质量要求高<br>3. 浇封底前,坑底隆起稳定性达不到规范要求<br>4. 围堰周转性差,钢材回收率低,回收成本大<br>5. 围堰拆除时需水下切割,施工难度大,成本高 |

续上表

| 方　案 | 优　点 | 缺　点 |
| --- | --- | --- |
| T-C型锁扣钢管桩围堰(费用预估864万元,工期128d) | 1. 施工便利,施工速度快<br>2. 钢管桩基本可全部回收,节约成本<br>3. 钢管桩底部穿过淤泥层,可保证坑底隆起满足要求<br>4. 围堰内挖土,围堰外泥面高程保持不变,不会对围堰四周的吊车作业平台造成安全影响 | 1. 锁扣止水效果对围堰止水效果影响很大,且锁扣数量多<br>2. 增大了围堰内空面积,封底混凝土以及清淤量增加<br>3. 增加了承台施工模板的费用<br>4. 总钢材使用量大<br>5. 钢管与钢围接触位置局部应力大,须做局部处理<br>6. 淤泥层特性差,抽水施工最下部一道围圈及支撑时,钢管桩受弯不易算过(水头大、土层差),施工风险大<br>7. 内支撑布置较密,不利于承台施工 |
| 钢吊箱(费用预估505万元,工期100d) | 1. 围堰用钢量较小,加工成本较低<br>2. 围堰拆除无时间限制,方便后续施工<br>3. 承台施工无需模板,可节省模板费用<br>4. 解决挖泥问题后基本不用考虑坑底隆起问题 | 1. 流塑性淤泥,开挖深度7.5m,按1:0.5放坡开挖面积大,清淤难度大,有可能回淤情况<br>2. 淤泥开挖深度较大,会减小围堰四周吊车作业平台钢管桩的埋深,对吊车作业平台造成安全隐患<br>3. 底板止水工序多,止水技术要求高,水下作业频繁,而且水深大,需派深潜人员进行封堵作业,封堵时,水质混浊,视线不清,封堵质量难保证<br>4. 水深高达12m,对吊箱拉压杆、内支撑刚度要求高 |

由于承台所处地质淤泥层厚较大,常规低桩承台所采用的双壁钢围堰、锁扣钢管桩及钢板桩围堰等施工方案坑底抗隆起稳定验算均无法满足规范要求,且围堰需穿过流塑性淤泥层及淤泥质土层,深度45m左右,不经济。采用预制底板钢混组合吊箱通过底板配筋可解决抗隆起问题,大大降低壁体高度,节省钢材用量,同时通过便拆式的连接方式可避免后期拆除时水下作业,尽量降低对周围环境的污染,因此最终决定选用钢吊箱方案。

## 四、钢吊箱设计

钢吊箱底板结构(图2、图3)采用C30混凝土预制而成,厚度为$t=50cm$,环向主梁尺寸为800mm×700mm,钢护筒四周环向圈梁尺寸为400mm×850mm,底板次梁尺寸为400mm×700mm。壁体面板选用$\delta 10mm$厚钢板;壁体环向主梁型号为$2\times HN850\times 300mm$和$2\times HN550\times 200mm$,环向次梁采用$HN200\times 100mm$,竖向背肋型号采用$HN400\times 200mm$,壁体之间连接采用CIC锁扣形式连接,内填充黏土、棉絮聚合物。底板设置共12组扁担梁,每组扁担梁设置2个下放吊点预埋件,共设置12个钢吊箱下放吊点,吊箱下放时,12台同步连续作用千斤顶将钢吊箱同步下放。内支撑选用$\phi 820mm\times 12mm$和$\phi 630mm\times 10mm$两种型号圆钢管。每个钢护筒四周设置3道拉压杆和6道剪力板。

由于工程所处河段受上下游桥梁通航净高影响,大型浮吊船不能进驻施工现场,钢吊箱壁体采用分块拼装设计,整个壁体分成22块竖向通长壁板,共3种类型(直线段壁板、弧形段壁板、转角壁板)。

为便于后期壁体整体拆除周转,壁体采用CIC锁扣形式连接,不同于以往钢吊箱螺栓刚性连接,此处类似铰接容易发生转动变形,因此要求内围檩设计时具备足够大的刚度(内围檩计算最大变形不超过1cm),避免吊箱在抽水后壁体连接处变形引发渗水。

钢吊箱下放吊点扁担梁通过精轧螺纹钢锚固于预制底板底面,因钢吊箱含预制底板设计总重量达1500t,按常规方式在底板表面预埋锚固钢板焊接下放吊点容易导致吊点处混凝土受力发生开裂。

## 五、钢吊箱受力分析

1. 钢吊箱建模

钢吊箱有限元模型采用ANSYS建模并计算,模型主要采用单元为Beam188和Shell63单元,底板梁系以及壁体梁系计算时均采用Beam188梁单元(图4),钢吊箱壁板均采用Shell63单元(图5),壁体底端与底板连接处按铰接考虑。

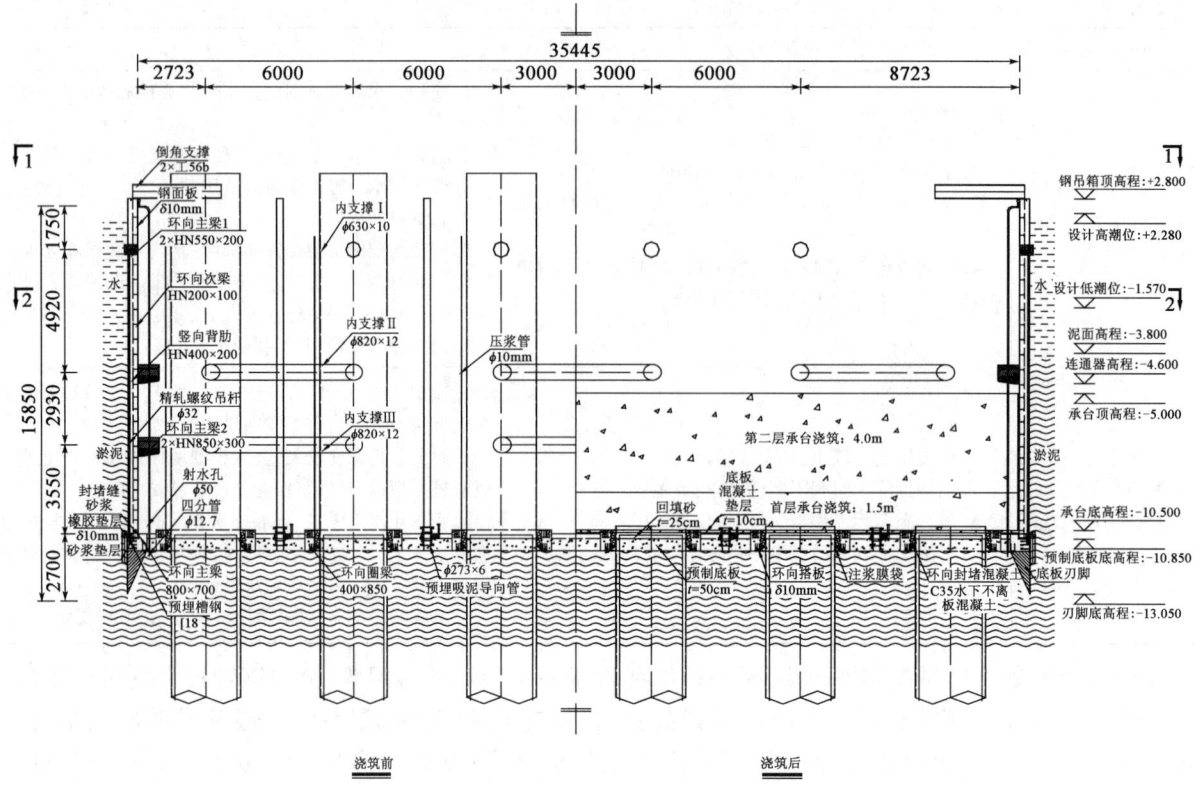

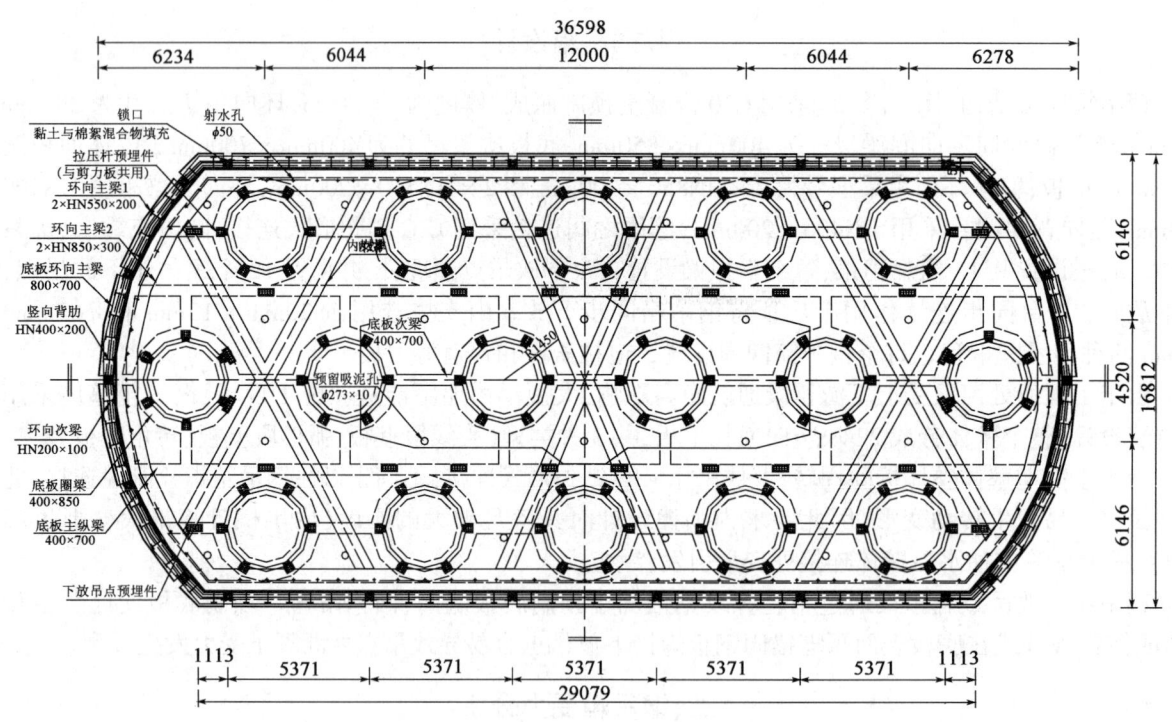

图 2 钢吊箱构造示意图(尺寸单位:cm)

## 2. 计算工况

钢吊箱是承台及其下节墩身施工的挡水结构,同时作为承台钢筋混凝土施工的外侧模板。根据钢吊箱安装过程,按以下几种工况进行受力分析[3]:

工况一:钢吊箱起吊下放时吊箱及附属结构计算;
工况二:钢吊箱内抽水后高水位时吊箱结构受力计算;
工况三:钢吊箱高水位浇筑首层承台2m时吊箱结构受力计算;
工况四:钢吊箱高水位浇筑二层3.5m承台时吊箱结构受力计算。

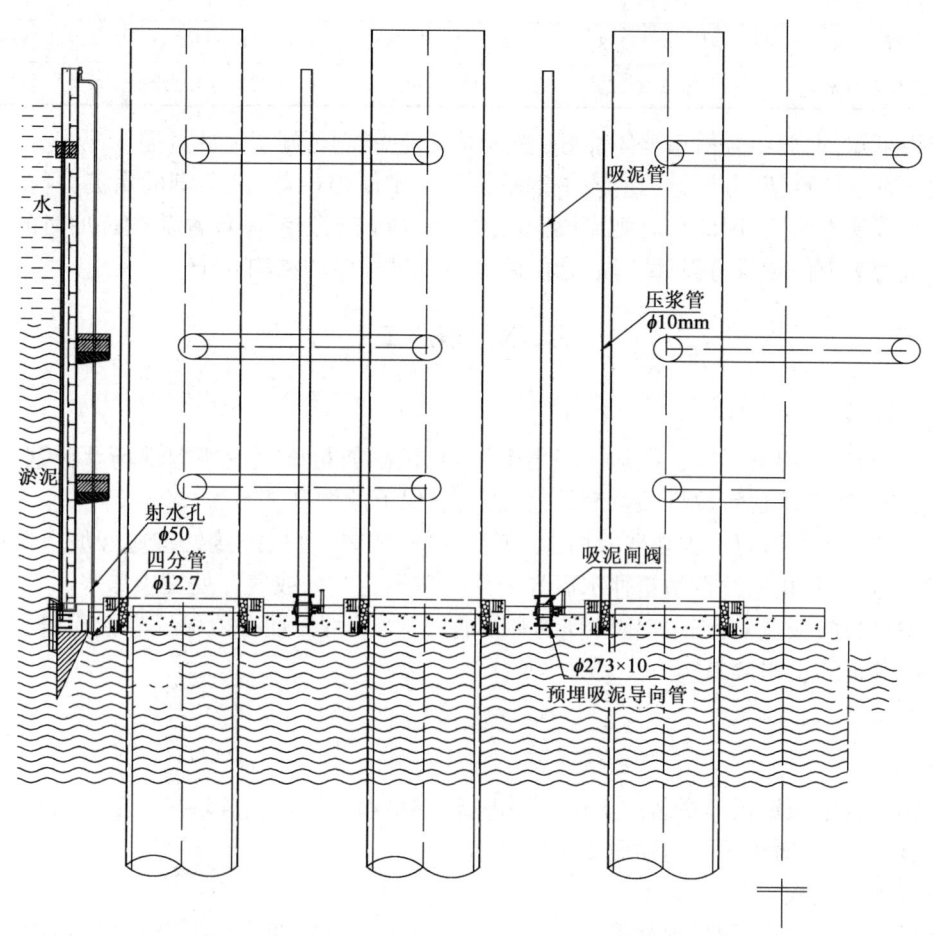

图3 钢混组合吊箱底板吸泥装置

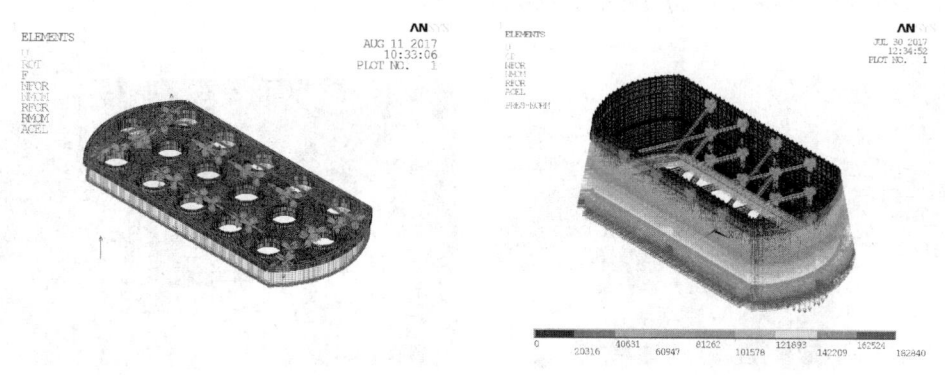

图4 钢吊箱底板有限元模型　　　　　图5 钢吊箱壁体有限元模型

## 3. 钢吊箱结构受力对比

根据各工况下的荷载组合输入,得出各工况下钢吊箱结构受力如表2所示,表格中括号外的数据为各种工况下的理论计算数据,括号内的数据为各种工况下的实测数据。

各工况实测应力及变形数据对比　　　　表2

| 名称 | 计算项目 | 工况阶段 | | | |
|---|---|---|---|---|---|
| | | CS1 | CS2 | CS3 | CS4 |
| 整体结构 | 横桥向变形(mm) | 5.4(2) | 12.3(9) | 17.8(15.2) | 2.45(4) |
| 围檩 | 等效应力(MPa) | 41(20.9) | 172(186.5) | 164(174.5) | 22.9(35.8) |
| 内支撑 | 轴力(kN) | 747.4(623.8) | 3320(3565) | 2870(3025) | 582.7(598) |
| | 等效应力(MPa) | 36.2(33.8) | 143(159.5) | 123.3(135.2) | 33.5(37.9) |

从表2结果可知,钢混组合吊箱整体性好,整体刚度大,能满足施工需要。但工况二、三、四阶段实际监测数值均大于理论计算值,分析原因应该是钢吊箱位于主航道两侧,涨落潮的水流力与过往船只航行的波浪力叠加导致受力增大,因此在赶潮河段钢吊箱设计应该充分考虑各种荷载叠加时的最不利状态,同时应对局部应力集中位置进行设计加强,才能确保施工过程中的结构安全。

## 六、钢吊箱施工

### 1. 钢吊箱加工

如图6所示,钢吊箱混凝土底板在加工场集中预制,预制前精确测量所有现场承台钢护筒垂直度及偏位情况,根据实际钢护筒位置放样预留钢护筒孔洞,确保下放顺利。

壁板的加工在台座上进行。大块壁板由于受钢板尺寸所限,钢板连接处均应开坡口双面焊接,壁板连接焊缝要确保饱满,防止后续钢吊箱抽水后焊缝受力在不连续处或气孔处发生渗水。

壁板封边槽钢与面板及C型锁扣钢管焊缝必须通长连续设置,且必须保证焊接质量,此处焊缝是否饱满将直接影响壁板的止水效果。

### 2. 钢吊箱安装

1) 壁体运输

钢吊箱壁体运输按照钢吊箱拼装的先后顺序进行,钢吊箱壁体最大分块尺寸13.6m×5.11m,场内运输采用平板车,河对岸主墩可采用运输驳船进行转运。

2) 支撑梁及预制底板安装

支撑梁在后场加工成型,测量根据设计图纸放出支撑梁在钢护筒上的开孔位置,精确开孔后用起重设备起吊支撑梁至安装位置,进行支撑梁安装。支撑梁安装完成后通过水准仪精准测量后并调平,然后分块吊装预制底板、焊接湿接缝钢筋、浇筑湿接缝(图7)。

图6　钢吊箱底板预制、壁板加工　　　　图7　预制底板湿接缝施工

3) 壁体安装(图8)

壁板安装前用砂浆对预制底板四周进行找平,找平完成后在上方铺设一层橡胶垫,壁体安装完成后通过精轧螺纹钢将壁体上方一道环向主梁与底板预埋槽钢进行拉接,并在下放焊接止推块。钢吊箱侧壁拼装时严格控制其垂直度,在壁体没有整个连成一体前应使用临时支撑对钢吊箱壁体进行固定,以防止

由于风荷载作用造成壁体扭曲变形。

钢吊箱壁体采用 CIC 锁扣连接形式,提高了吊箱壁体周转率及回收率,同时提升了围堰拼装拆除速度。壁体安装过程中在相邻壁体连接处 C 型锁扣内插入工字钢,同时进行锁扣内黏土聚合物填充,填充时务必采用钢筋插捣密实,防止后期锁扣漏水。

壁体安装完成后,通过精轧螺纹钢将壁体最上方环向主梁与预制底板进行拉接,同时在预制底板外侧预埋槽钢上焊接止推块。

钢护筒与壁体之间共布置双层 16 个导向架,确保下放过程中钢吊箱不会发生偏位。同时在钢吊箱下沉到位后,可防止水流压力、波浪力及靠船力等动荷载引起自由悬挂的钢吊箱产生位移。

4) 内围檩及内支撑安装(图9)

弧线段内围檩工字钢提前在工厂冷弯成型,在壁体上提前设置槽钢牛腿进行内围檩安装,内围檩 4 个转角点为弧线段拱脚,受力最大,此处应采用加劲钢板进行加强。壁体拼装完成后内壁难以达到绝对平整,应检查壁体每条竖向背楞处壁体与内围檩是否有缝隙,如有缝隙须采用薄钢板填塞确保壁体与内围檩均匀传力。

图8 壁体拼装

图9 内支撑钢管安装

内支撑 X 接头提前在 CAD 图上进行平铺放出大样图,将大样图绘制于油毡上,再将油毡卷包至内支撑钢管表面画出切割线,内支撑 X 形接驳头为应力集中处,施工时可在钢管接驳头内组焊型钢进行加劲,或者在接驳头内灌注混凝土。

5) 下放系统及拉压杆安装(图10)

下放系统由挑梁、12 束钢绞线(每束 10 根)、底板底面锚固反力座、锚固精轧螺纹钢、吊点扁担梁及下放挑梁和与之配套的锚垫板、锚夹具、连续千斤顶等组成。拉压杆由 $\phi 426 mm \times 10 mm$ 圆钢管加工而成,拉压杆的一端与钢吊箱底板采用铰接相连,下放完成后顶端焊接于钢护筒上。每根钢护筒上面布置 3 根拉压杆,共计 48 根。拉压杆在钢吊箱下放完毕后对钢吊箱进行固定,承受钢吊箱的整体重量、抽水阶段浮力以及后期施工中的荷载。

3. 钢吊箱下放(图11)

图10 下放系统安装

图11 钢吊箱下放

钢吊箱在下放前，要同时启动千斤顶将吊箱上提10cm，使钢吊箱脱离钢护筒上的搁置梁，拆除拼装支撑梁及搁置梁。

钢吊箱采用12台200t的同步千斤顶进行下放，千斤顶最大行程为25cm。在启动前先进行试运行，保证液压系统行程统一且顶升力量大小一致。施工前对千斤顶系统进行调试，保证同步下放，通过控制油压表的度数来控制下放的同步性，并在钢绞线上刻画标线，控制下放的同步性。下放到位后焊接拉压杆进行受力转换。

### 4. 钢吊箱淤泥层内下沉

为确保钢吊箱淤泥层内顺利下沉，在钢吊箱安装之前需清除河床内的障碍物，同时利用长臂挖掘机清理河床承台位置的淤泥，清理后的河床顶高程比钢吊箱底高程低约1m。在施工过程中，并没有出现预想中不断回淤的不利情况，因此不需通过钢吊箱底板中的预留孔利用吸泥泵进行吸泥下沉。

图12 水下封堵混凝土施工

### 5. 钢吊箱封堵（图12）

护筒与预制底板间采用水下不离析混凝土封堵，混凝土质量是封堵成功的重要因素之一，采用双掺技术提高混凝土的和易性、流动性及稳定性。

混凝土运送至现场后，检查混凝土的和易性，汽车输送泵软管端接内径φ150mm消防软管，由潜水员在水下将软管端头插入护筒与预制底板间缝隙进行浇筑。

### 6. 钢吊箱抽水及体系转换

水下封堵混凝土的强度达到90%后开始进行吊箱围堰内抽水，钢吊箱内抽水完毕，沿各护筒四周分别焊接6个剪力板，剪力板一端与护筒焊接，另一端与预制底板上的对应预埋件焊接成整体，剪力板高度为15mm，待剪力板焊接完成检查无误后，即可依次拆除各拉压杆，实现钢吊箱的体系转换。体系转换完成后即可开始进行承台施工。

### 7. 钢吊箱拆除

钢吊箱壁板与预制混凝土底板之间采用精轧螺纹钢拉杆连接并用止推块限位。在承台施工完成后，直接在水面以上松开精轧螺纹钢，在提前拆除内围檩、内支撑及相邻壁板之间连接锁扣工字钢的情况下，可直接提升钢吊箱壁板并拆除；如有回淤可以辅以振动锤进行拔除，避免了传统的水下切割拆除方式，同时100%保证了拆除后壁体的完整性。拆除后的壁体可直接转运至下个墩位或者其他工程的钢围堰施工，真正实现可拆装配式钢围堰。

## 七、钢吊箱监测

由于施工河段水位受潮汐影响较大，且涨、落潮过程中水流速较大，同时该河段常有大型运输船通航，船只航行时波浪较高，且台风登陆时极易产生海水倒灌，整个围堰结构长期受动荷载容易产生疲劳，因此必须做好吊箱的监测并建立相关的应急预案。

### 1. 水位监测

水位监测点可采用在吊箱外壁体竖向主梁上张贴标尺，测量班需用水准仪测出实时监测点水位的高程，再对照刻度安装水位标尺，标尺刻度应精确到厘米，并牢固耐用。

钢吊箱设计高潮位为+2.28m，施工现场技术人员应每天关注高潮位时间段标尺所反应的实际潮位值，如发现潮位异常应及时启动应急预案，主墩承台施工期间潮位到达+2.2m时撤离吊箱内作业人员，潮位到达+2.3时吊箱壁体连通器自动往吊箱内补水平衡内外水头差，如果潮位上涨速度快，应视具体情况增加抽水设备往吊箱内加快补水。

2. 钢吊箱围堰结构变形监测

考虑到壁体连接处最容易产生疲劳变形，每两块壁体CIC连接锁扣旁布置一个监测点位，共计12个。抽水过程中每2h观测一次，抽水过程中变形预警值为1cm。抽水完成后每天观测一次，根据钢吊箱计算书，壁体累计最大变形值为21.7mm，因此设壁体上端变形预警值为2cm，一旦出现预警，应立即停止抽水并撤离吊箱内人员，并在低潮期检查主要构件焊缝，对变形点附近主要构件焊缝及焊缝开裂处进行钢板加劲补焊加强。

除此之外，每月农历初一、十五大潮时选择在涨潮前和退潮后各测量一次，拆除内支撑等工序转换时前后各测一次。

## 八、钢吊箱施工质量关键控制点

（1）因壁体锁扣连接形式无抗变形能力，因此钢围堰内围檩及内支撑安装质量尤为重要，内围檩接头、内撑钢管支撑点及转角处必须焊连接钢板及加劲板以保证刚度，内支撑接驳头必须精准放样确保无缝连接，同时接驳头内必须采用型钢加强或直接灌注混凝土。

（2）钢围堰壁体连接锁扣内必须填充密实，防止后期壁体渗漏水，底板进行水下不离析混凝土灌注前须清理钢护筒与预制底板环形圈梁内表面，灌注过程中潜水员要确保所有封堵位置检查到位，保证封堵混凝土质量。

（3）由于吊箱壁体直接作为承台模板，因此必须保证拼装尺寸符合承台规范允许尺寸偏差要求。

（4）钢吊箱围堰所有受力焊缝均应按一级焊缝施工，且应按规范频率进行焊缝检测，确保焊接质量与结构安全。

（5）由于施工河段水位受潮汐影响较大，且涨、落潮过程中水流速较大，同时该河段常有大型运输船通航，船只航行时波浪较高，且台风登陆时极易产生海水倒灌，整个围堰结构长期受动荷载容易产生疲劳，应经常组织对变形点附近主要构件及焊缝进行检查，发现问题及时采取补强措施。设计阶段应对容易产生疲劳的部位要提高设计安全系数。

## 九、结　　语

（1）钢吊箱壁体采用了一种新型的"CIC型锁扣连接技术"，规避了传统施工拆除需要潜水员水下切割的危险作业工艺，降低了安全风险，同时大幅提高了壁体的重复周转利用率。

（2）采用研制的同步千斤顶智能安放，保证了钢围堰多吊点下放的精准同步和安全稳定性。

（3）钢围堰壁体标准段与异型调节段之间采用"CIC型锁扣"，实现了围堰施工标准化、装配化、节能环保的目标。

（4）新型钢吊箱施工技术具有良好的安全性能和经济性能，可应用于公路、铁路、市政等类似结构的施工，具有广泛的市场应用前景。

**参考文献**

[1] 毕见山，王慧东. 扬中夹江二桥桩基础承台钢吊箱施工技术[J]. 国防交通工程与技术，2005，3(3)：43-45.

[2] 郭莉. 海中桥梁墩台施工采用钢板桩围堰与钢吊箱围堰施工方案的技术经济比较[J]. 石家庄铁道学院学报，2005，6(18)：89-91.

[3] 徐伟，吕凤梧. 深水区域特大型施工平台与钢吊箱结构分析方法[M]. 北京：中国建筑工业出版社，2009.

[4] 张延河，杜俊，翁方义，等. 钢吊箱底板快速封堵装置，CN211172025U[P]. 2020.

[5] 苗博宇. 恶劣海况下大型钢吊箱围堰施工关键技术[J]. 铁道建筑技术，2014，(6)：18-21.

[6] 李陆平，尤继勤，王吉连. 蔡家湾汉江特大桥深水基础钢套箱围堰施工技术[J]. 桥梁建设，2010(1)：

25-29.
[7] 程建新,董涛,张志伟,等.青岛海湾大桥大沽河航道桥桥塔承台钢套箱围堰施工技术[J].桥梁建设,2009(Z1):38-41.
[8] 张国红.创新型单壁钢吊箱设计与施工技术[J].铁道建筑技术,2015(7):43-45.
[9] 李陆平.武汉鹦鹉洲长江大桥中塔基础施工关键技术[J].桥梁建设,2015(4):53-55.
[10] 贾卫中,宋小三,李艳泽.嘉陵江特大桥12号墩单壁钢套箱围堰的设计与施工[J].铁道标准设计,2003(Z1):44-46.

# 16. 大跨铁路叠合梁斜拉桥上部结构施工控制技术研究

周仁忠[1,2,3] 黄 灿[1,2,3] 郑建新[1,2,3]

(1. 中交第二航务工程局有限公司;2. 公路长大桥梁建设国家工程研究中心;
3. 长大桥梁建设施工交通行业重点实验室)

**摘 要** 新建福厦铁路泉州湾跨海大桥主桥为大跨铁路结合梁斜拉桥,线形控制精度要求高,桥位位于滨海区,常年风荷载大,结构受力和线形控制难度大。采用全过程自适应几何控制法,对大桥建立理论模型,进行成桥有限元分析和设计参数进行比对,确保计算参数符合设计要求;充分考虑实际施工工序,对全过程进行有限元分析,对桥梁施工过程进行有效控制;索塔施工时考虑恒载作用下压缩量补偿,在钢主梁制造阶段对钢梁考虑索力压缩补偿和温度补偿;在施工过程中采用自适应调控,实现主梁辅助跨、边跨顺利合龙;采用"顶推+配切+索力调整"的主动调控合龙方法,实现中跨快速高精度无应力合龙,项目施工控制技术研究成果对后续同类工程具有重要的参考价值。

**关键词** 泉州湾跨海大桥 顶推+配切 压缩补偿 自适应几何控制法 有限元分析

## 一、工程概况

新建福厦铁路泉州湾跨海大桥主桥全长800m,跨径布置(70+130+400+130+70)m,主跨400m,为双塔双索面钢-混结合梁斜拉桥。每侧边跨设一个辅助墩,半漂浮体系,承载双线客运专线铁路(ZK活载)。

主塔采用带曲线造型的H形混凝土索塔,分离式塔柱;塔底以上索塔高160.254m。主梁为混凝土桥面板+槽形钢梁的结合梁,单箱三室,含风嘴全宽21m,梁高4.25m;槽型钢梁主要由平底板、斜底板、中纵腹板、边腹板、锚拉板以及风嘴等组成。全桥钢梁共77个节段,标准节段长10.5m,塔区梁段长12m,中跨合龙段长10m。钢梁节段顶板、边腹板、中腹板及加劲肋采用高强螺栓拼接,底板采用焊接。施工时要求先初拧高强螺栓,底板焊接完成后再终拧高强螺栓至设计值。

混凝土桥面板由预制板(231块,最重58.4t)、纵向湿接缝以及横向湿接缝三部分组成。预制板采用C55高性能混凝土,湿接缝采用C55聚丙烯纤维补偿收缩混凝土。为了减小混凝土收缩、徐变对结构的影响,桥面板需存放6个月方可与钢梁结合。桥面板纵向按全预应力结构设计,悬拼过程中设计912束5-φ15.2mm钢绞线,采用连接器进行接长。根据受力需要,同时配置了92束15-φ15.2mm规格的钢绞线及相应的锚固齿块。

斜拉索采用抗拉标准强度1770MPa环氧涂层平行钢丝拉索,空间双索面体系,扇形布置。全桥共72对(144根)斜拉索。梁端采用锚拉板锚固,塔端1号~3号索采用混凝土齿块,4号~18号索采用钢锚梁+钢牛腿;斜拉索最长219.2m,最大自重24.8t;拉索采用梁端入锚,塔端张拉。图1为主桥桥型布置图,图 2 为索塔布置图,图 3 为主梁断面图。

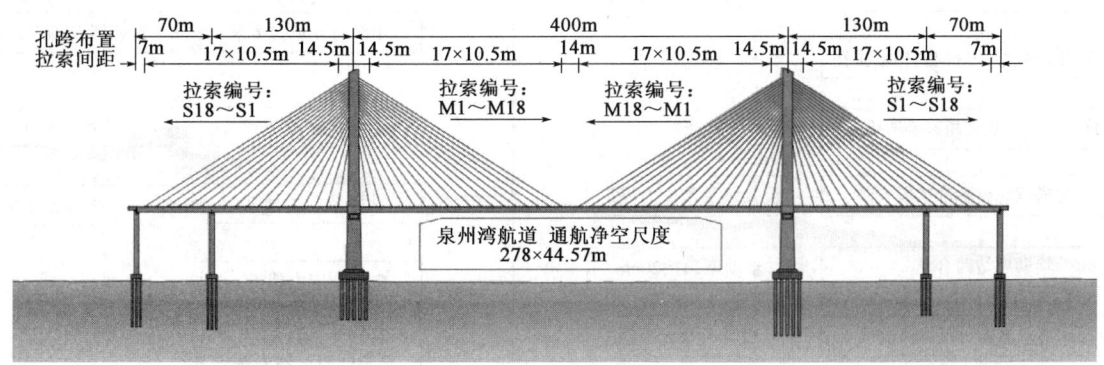

图 1　主桥桥型布置图

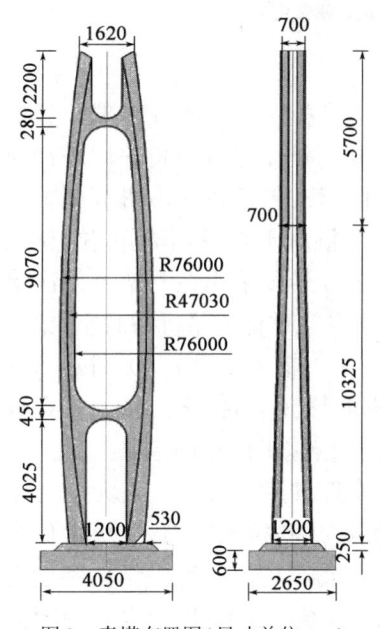

图 2　索塔布置图(尺寸单位:cm)

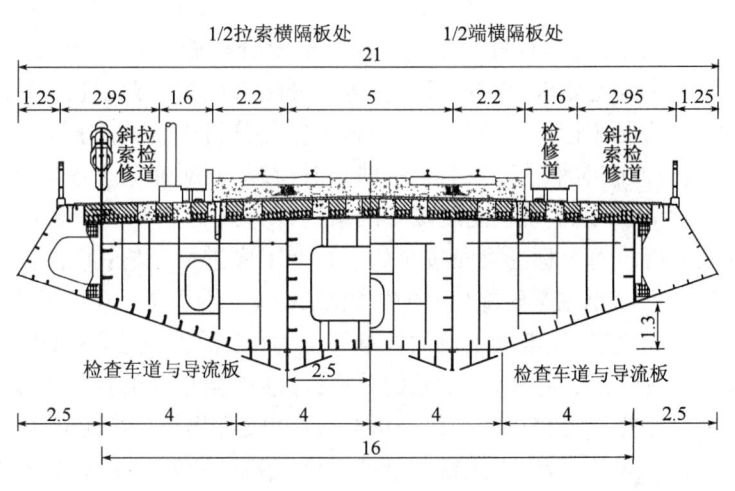

图 3　主梁断面图(尺寸单位:m)

## 二、上部结构总体施工工艺

在基础和主塔、边墩、辅助墩施工完成后,开始进行主桥上部结构施工,总体工艺如下:
(1)塔区 0 号、1 号、2 号梁段、辅助墩支架梁段、过渡墩支架梁段采用大型起重船存梁施工。
(2)标准梁段施工,采用桥面吊机悬臂对称吊装。
(3)辅助墩合龙,边跨合龙,中跨合龙段。
(4)二期恒载铺装,调索调整桥面线形,竣工验收。
上部结构安装工艺流程如图 4 所示。

## 三、有限元计算

大跨斜拉桥施工控制计算一般分为两部分:成桥计算分析和施工过程计算分析。
(1)成桥计算分析。成桥有限元计算的目的,主要是校核施工控制模型和设计的差异,检验模型截面尺寸、截面刚度、桥梁荷载、弹性模量、边界条件等取值是否符合设计要求。通过计算和设计对比,包括反力、索力、结构线形、主梁内力和应力、索塔偏位等结果和设计差异情况,如果和设计相差在误差范围以内,表明施工控制模型可靠。

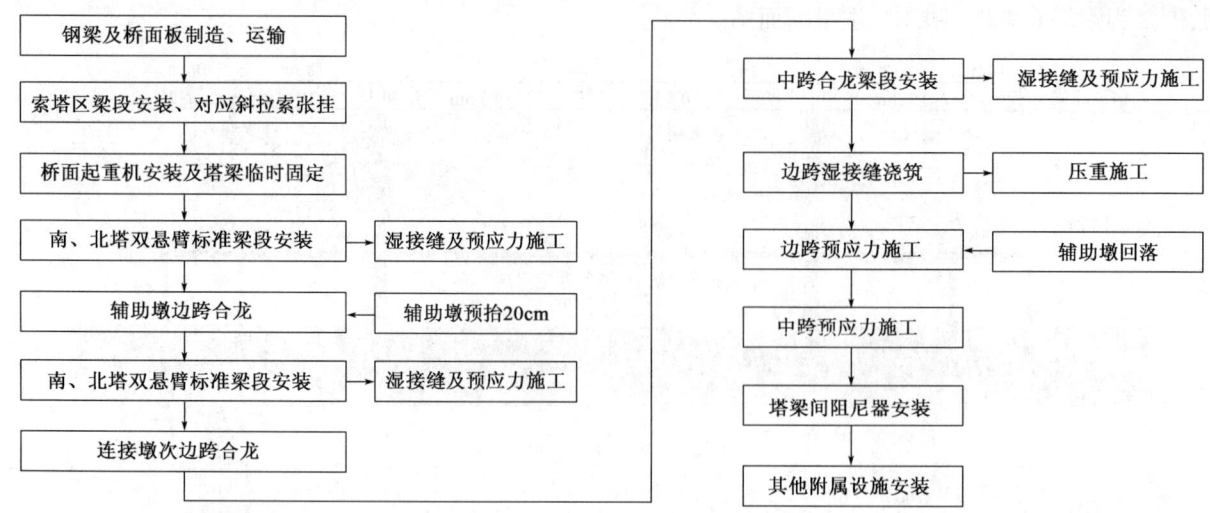

图4 上部结构安装工艺流程

（2）施工过程计算。施工过程有限元分析施工控制中最重要工作环节和内容。成桥有限元分析和设计对比满足要求，检查无误后，再充分结合施工工艺，进行施工过程分析。施工过程分析中以理论模型和实际情况相符为原则开展。在施工过程分析中，需充分考虑施工临时荷载，包括桥面吊机等施工机具荷载、桥面临时堆载以及其他一些临时荷载；同时充分考虑实际施工工序、混凝土龄期、吊机占位、桥面板和钢梁结合时机、现场温度场等因素进行分析。本桥中塔区0号、1号、2号梁段采用在支架上一次落架成型分析。每个标准梁段按照如下8个工序进行分析：①钢主梁吊装（钢主梁重计入吊机荷载重，钢主梁未激活），②钢主梁匹配（钢主梁激活，未施加钢梁重），③桥面吊机松钩（施加钢主梁重），④斜拉索一张，⑤湿接缝浇筑，⑥混凝土桥面板参与受力（激活混凝土桥面板），⑦吊机前移，⑧斜拉索二张。只有根据实际现场情况，通过深入细致的分析，才能得出正确的控制指令参数，才能给施工以正确指导。

通过施工过程正装迭代分析至成桥，成桥仍按"塔直梁平"目标，对施工过程中的索力、无应力索长进行迭代调整，最终当成桥主梁各点挠度和目标值在1cm范围内，主梁内力、斜拉索索力、主塔偏位等参数和设计差值满足设计要求时，即完成施工过程中的模型调整。由此可以得出各个过程中结构参量的控制参数，包括施工过程中梁段匹配高程、一张索力、二张索力、斜拉索无应力索长、辅助跨合龙、边跨合龙、中跨合龙调控措施等。图5为全桥施工过程有限元模型图。

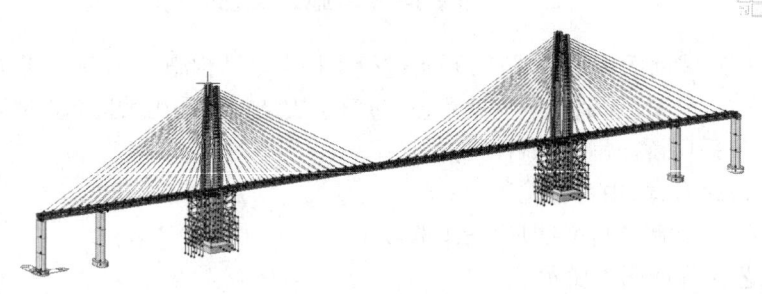

图5 全桥施工过程有限元模型图

## 四、塔梁锚固区控制

在主梁开始架设时，需对塔梁进行临时锚固，目的是为了保证施工期主梁的稳定性和安全性，以抵抗悬臂施工过程中可能出现的不平衡荷载，即限制主梁在施工过程中的纵向、横向水平位移和竖向转角位移。由于大桥桥位位于滨海区，风荷载显著，百年一遇最大风荷载为38.4m/s，塔梁锚固措施尤为重要。

塔梁临时锚固计算主要考虑结构恒载、静风荷载（横向风荷载、竖向风荷载）和温度荷载。首先通过对大桥的施工全过程静力仿真分析，得出最不利工况。通过分析可知，在全过程中不利工况有11号梁吊装架设、边跨合龙前、中跨合龙前。针对这些最不利工况,分别考虑对称起吊、不对称起吊、同时考虑静风荷载(横向风荷载和竖向风荷载)和温度荷载(整体升温或整体降温15℃)进行塔梁锚固受力状况分析。

经分析可知塔梁锚固区竖向不平衡力达1571kN,设置8个临时支座,每个支座设8根 $\phi32$ 精轧螺纹钢,单根抗拉力为667kN,承载力共计为5330kN,安全系数为3.3;纵向不平衡力3769kN,采用2根 A426×16钢管,其内灌注C30混凝土,单根承载力为7500kN,承载力安全系数为1.5;横向不平衡力4775kN,采用2根A800×12钢管,单根承载力为6480kN,承载力安全系数为2.7。经分析竖向、纵向和横向上塔梁临时锚固受力均满足要求。图6为临时支座布置图,图7为竖向抗拉支座立面图。

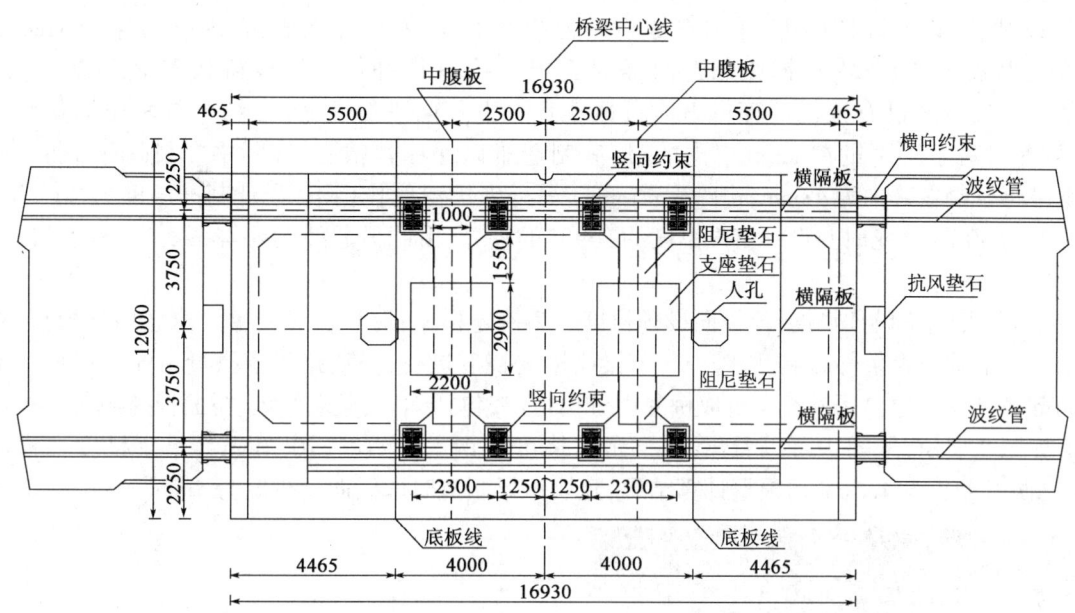

图6 临时支座布置图(尺寸单位:mm)

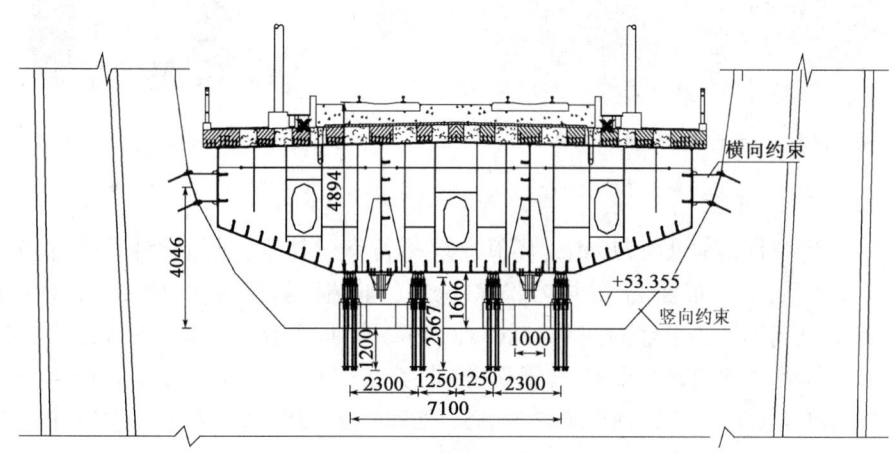

图7 竖向抗拉支座立面图(尺寸单位:cm)

## 五、几何要素控制

### 1. 索塔预抬控制

由于塔柱在恒载和主梁恒载作用下受弹性压缩和收缩、徐变等因素的影响,塔柱长度会较设计长度有所缩短,即使在放样时塔柱拉索锚点的坐标与设计坐标重合,在主梁施工和成桥时,塔柱拉索锚点的高程也将比设计高程要矮,因此在施工塔柱时需对塔柱拉索锚点进行预抬高。从理论上说,每一排锚点的预抬高值是不同的,但这样修正锚点高程将使施工放样复杂化。通过全桥施工全过程分析表明,从1

号~18号锚点,塔柱的变形量并无太多变化,因此,对1号锚点进行预抬,控制精度将满足设计要求。根据计算,拟对1号锚点进行预抬高26mm。另外成桥状态主梁在索塔支座处下挠0.013m,因此在塔区梁段施工时,塔区梁段高程也需预抬13mm。

### 2. 钢主梁制造线形控制

本桥采用全过程自适应几何控制法,将钢梁制造过程纳入施工控制。在钢梁制造时,需考虑如下两个因素对钢主梁进行制造线形计算:

(1) 钢梁压缩量补偿:本桥主跨400m,边跨包括辅助跨各200m长,设计图纸中钢梁根据主跨和边跨长度进行设计,然而实际结构中,主梁在成桥索力状态下,将发生弹性压缩,因此为保证主跨和边跨主梁在受力状态下的长度,在钢梁制造时需对钢梁长度进行补偿。按成桥状态逼近设计状态,即"塔直梁平"状态;通过有限元计算得出成桥恒载状态下各梁段的压缩量,各个节段压缩量从0.1~4.4mm不等。对于压缩量在1mm以内的,厂家制造难以保证其精度,实际中在制造时进行分批次补偿。补偿量每桥侧在跨中为48mm,边跨为45mm。另外考虑温度作用下,设计基准温度为20.7℃,在合龙时的温度为30℃,合龙时与设计基准温度约9℃的差异,由此另需补偿约43mm,该补偿可以在合龙前一梁段实施。

(2) 钢主梁竖向不设预拱度,仅横向设预拱度。为确定横向预拱量,对钢主梁建立局部模型,模型如图8所示。为消除边界条件影响,取跨中5节梁段横向挠度进行计算,最终预拱量由5节梁段中部梁段确定。局部模型受力边界条件经全桥成桥受力分析得出,包括索力、梁端弯矩、桥面板荷载等。模型跨中断面变形如图9所示,从图中可以看出,横向最大挠度在钢主梁两侧(10.7mm),最小挠度在横向中部(6.2mm),两者差值为4.5mm。根据计算结果,建议钢梁制造时取横向预拱度为5mm。

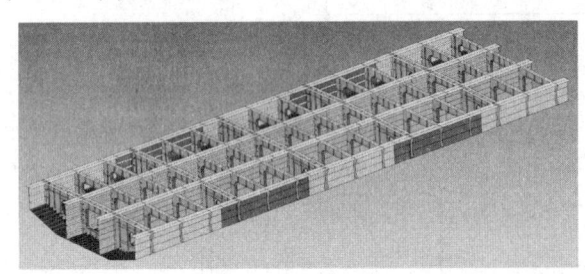

图8 横向预拱有限元计算模型图

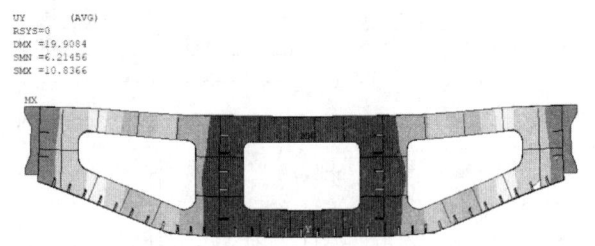

图9 模型跨中断面竖向变形云图(数据单位:mm)

### 3. 斜拉索无应力长度控制

本桥斜拉索采用抗拉标准强度1770MPa环氧涂层平行钢丝拉索,成品索计算弹性模量采用$1.97 \times 10^5$MPa;空间双索面体系,扇形布置,全桥共72对斜拉索(144根)斜拉索,张拉端设置在塔内。斜拉索在梁上索距为10.5m,塔上索距(锚点竖向间距)2.6~3.5m。线胀系数:$1.18e-5$/℃,密度78.5kN/m$^3$,按照拉索和护套一起按等效密度处理。斜拉索规格分别为PES(C)7-121、PES(C)7-151、PES(C)7-187、PES(C)7-211、PES(C)7-223、PES(C)7-265、PES(C)7-283、PES(C)7-313、PES(C)7-337,共9种。斜拉索无应力索长是指拉索在无外力作用下的自然长度,即厂家制造长度,其长度表示如图10中$L_0$所示(张拉端和锚固端两锚垫板之间的净距),即为无应力索长。

影响斜拉索无应力长度的因素主要包括锚点坐标、成桥索力、垂度影响、拉索的单位重量。计算无应力索长时,首先通过成桥有限元分析,得出初步斜拉索无应力索长,和设计进行初步对比校核后,再根据施工过程有限元分析,按施工过程成桥目标"塔直梁平",通过多次正装迭代计算后,得出最终各索的索力以及无应力索长。本桥通过计算,全桥无应力索长和设计相差在±2%以内。

考虑到实际情况复杂多变,通常斜拉索无应力长度分批次提交给厂家,本桥无应力索长分4次提交给制造厂家,主要目的是根据前批次的理论无应力索长和实际的差别,对模型进行修正,从而使后续批次斜拉索无应力索长更逼近实际。

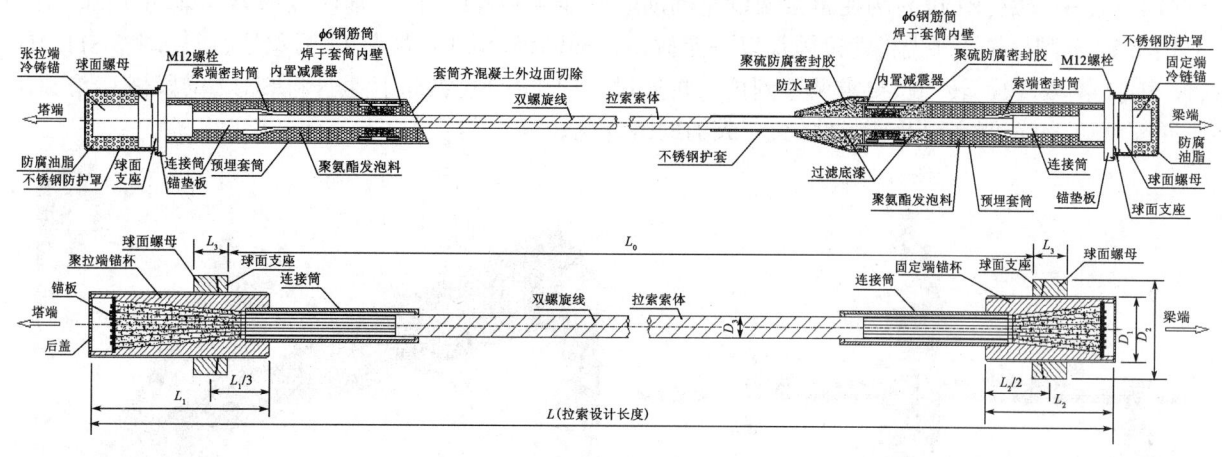

图 10　斜拉索无应力长度示意图

## 六、梁段架设控制

### 1. 塔区梁段架设控制

塔区起始梁段共 5 榀梁段，包括 SG2、SG1、G0、MG1、MG2，采用起重船吊装，在支架上拼装，落梁后纵向滑移就位。首先通过支架预压，消除非弹性变形。利用支架的轨道及垫块进行梁段位置进行调整就位及临时连接。塔区梁段精度控制十分关键，关系到后续梁段的线形，塔区梁段安放精度要求达到 5mm 以内。梁段安放到位并经过验收合格后开始焊接，焊接时应采用合理的措施避免顶底板不均匀收缩。对梁段焊接前后顶底板的收缩量以及主梁控制点变形进行监测。塔区梁段安装到位后需布置线形测点，供后续施工过程中进行监测。

### 2. 标准梁段架设控制（图 11）

钢梁标准节段长 10.5m，宽 21m，共 62 个标准梁段、1 个中跨合龙梁段。使用桥面吊机双悬臂吊装。标准梁段悬拼施工顺序：预制板放置钢梁上→运梁船抛锚定位→桥面吊机吊具与钢梁连接→起吊→精确对位→钢梁连接→挂索并第一次张拉→混凝土面板湿接缝浇筑及预应力施工→前移桥面吊机就位→第二次张拉斜拉索→施工下一节梁段。

钢梁工地连接采用栓焊组合形式。工地连接施工顺序为：腹板高强螺栓初拧→顶板高强螺栓初拧→底板焊接→底板加劲肋焊接→腹板及顶板高强螺栓终拧。所有焊缝焊接、高强螺栓施拧均沿钢梁横截面对称施工。标准梁段控制关键点有如下：

（1）梁段匹配：分梁段初匹配和精确匹配过程。前者是指梁段吊装就位，以已架梁段为参考，使待装梁段顶板、底板、中腹板进行初对齐，包括高程、轴线；后者为根据监控指令提出的每节梁段控制点高程，再进行梁段精确调整。通常精确匹配完成后，梁底缝宽控制在 8~10mm，梁顶及腹板以梁段间螺栓正常安装为宜。完成梁段精确匹配后，立即焊接马板，进行高栓施拧和底板焊接施工。

（2）斜拉索一张：在梁段间高栓施拧完成，底板焊接完成，桥面吊机即可松钩，挂设斜拉索并进行一张。一张索力一般按成桥索力的 50%~60% 控制。一张索力不可拉过大，如果过大，则后续二张时给桥面板预压力不足；如果过小，则在后续工序中吊机移位，影响吊机安全。

（3）斜拉索二张：在湿接缝浇完，预应力张拉完，吊机便移至最前端，进行斜拉索二张，斜拉索二张按成桥时无应力索长时的索力张拉到位，同时以塔端伸长量进行校核。二张时以索力控制为主，桥面线形控制为辅，二张时要尽量使上下游索力相差小于 1%。

### 3. 辅助跨和边跨合龙控制

为改善边跨桥面板应力，在边跨施工时，将辅助墩预抬 20cm，待边跨湿接缝浇筑再回落，以给边跨桥面板预压力。

(1)辅助跨合龙(图12):为使钢梁架设至辅助墩时能顺利匹配合龙,辅助墩钢梁存梁 SG12 时,在里程上预留1m间距,并且预先将钢梁施加以一定倾角。辅助跨合龙时,吊装11号梁段,通过调整 S11、M11 索,使 SG11 梁段高程、转角按要求调整到位。再通过三向千斤顶,纵向上通过将 SG12 梁段滑移与 SG11 梁段匹配就位,再精调高程及轴线偏位,完成辅助跨合龙。

图11 标准梁段施工

图12 辅助跨合龙

(2)边跨合龙(图13、图14):为使钢梁架设至边墩时能顺利匹配合龙,边墩存梁 SG19 时,在里程上预留1m间距,并且预先将钢梁施加以一定倾角。吊装18号梁段时,通过调整 S16、S17 索,使梁段高程、转角调整到位。在通过三向千斤顶,纵向上通过将 SG19 梁段滑移与 SG18 梁段匹配就位,再精调高程及轴线偏位,完成边跨合龙。

图13 边跨合龙照片

图14 墩顶梁段调梁照片

## 4. 中跨合龙控制(图15~图17)

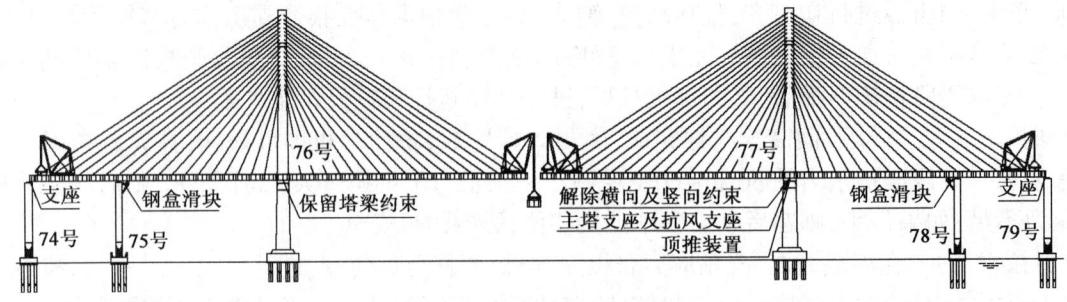
图15 主桥合龙施工总体布置图

中跨合龙段长为10.0m,重量240t,中跨合龙段3块桥面板安装完成后,与钢主梁一同进行吊装。中跨合龙方法和步骤如下:(1)18号梁架设;(2)76号塔侧起重机前移一节梁段;(3)释放77号塔侧竖向、横向约束;(4)调整合龙口 M17、M18 索力,使合龙口平顺;(5)合龙口连续观测;(6)合龙口配切指令下达(合龙段配切);(7)77号塔侧千斤顶置换,往边跨侧顶推16cm;(8)调整76号塔侧 S17、S18 索索力;

(9)吊装合龙段匹配连接 MG19-NMG18;(10)调整合龙口误差,匹配连接 MG19-SMG18;(11)拴焊连接合龙段;(12)完成合龙。

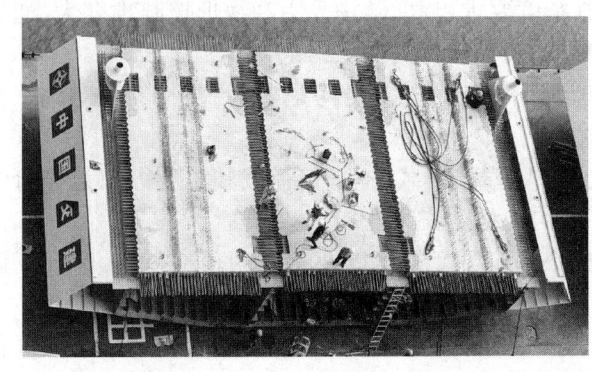

图16 中跨合龙段

图17 中跨合龙

本桥中跨合龙创新采用"顶推+配切+索力调整"的合龙调整方法。由于合龙段较重,常规合龙方法通常采用配重置换来调整合龙口平顺;由于该桥桥面较窄,合龙口无足够空间施加如此多配重。本桥采用通过调整合龙口 M17、M18 两对索力的方法,快速使合龙口平顺。再通过合龙口连续观测,确定合龙段配切长度,再主动顶推钢梁,使合龙口间距满足合龙要求,吊装合龙段使之合龙。采用该方法,温度适应性强,功效高,大幅节省施工时间。

合龙顶推力分析:合龙段吊装时,按高于设计基准温度12℃考虑,合龙口间距减小6cm,另外两侧各预留5cm喂梁空间,顶推装置按16cm设计。顶推时,77号墩侧竖向反力总和为1208t,按0.07摩擦因数计算摩擦力为84t。分别针对顶推10cm、16cm、20cm、26cm等进行顶推敏感性分析。经计算,顶推26cm时,最大顶推力为747t,在顶推16cm时,顶推力为438t,实际顶推力为445t,相差仅为1.6%。

合龙口连续观测包括合龙口误差观测(高程、轴线、里程)、索力观测、温度场观测。通过48h连续观测,得到合龙口里程、高程、轴线随温度场变化规律,为制定合龙段配切方案提供最根本的依据。

实际合龙情况:由于采用"顶推+配切+索力调整"的主动合龙方法,上午在77号塔侧往边跨顶推16cm后,随即梁段吊装,中午初匹配,下午6点即完成高精度合龙。

## 七、主梁线形和索力控制

本桥为大跨高速铁路叠合梁斜拉桥,为我国第一条真正意义上的海洋服役环境高速铁路工程。同时主桥拟采用无砟轨道,施工线形控制精度要求极高。施工过程中高程需控制在 ±2cm 以内,成桥线形在 ±1cm 以内。S9~S18、M9~M18 等控制性拉索,其索力张拉最大容许误差为 ±2% 设计索力,其他拉索容许误差为 ±4% 设计索力。

采用全过程自适应几何控制法,将控制阶段纳入施工过程中。钢梁制造阶段,考虑压缩量补偿以及温度效应补偿,主塔考虑压缩补偿,保证线形满足要求。钢梁进入现场前,在钢结构厂家需进行预拼装,按照3+1滚动式预拼装;预拼装时对线形进行测试,测试结果报监控进行分析,预测评估后续梁段架设线形。

在每节段施工完成,对节段线形进行测试,和理论进行对比评估。每架完3节,对全桥线形进行通测,对整体线形进行评估。索力张拉时,对当前节段索力和邻近2对索索力进行测试,每架完5节,对全桥索力进行通测评估,确保梁段架设线形和索力满足设计要求。

在中跨合龙完成后,边跨湿接缝浇筑完成,辅助墩落梁后,对桥面荷载进行全面清理,对全桥索力和线形进行通测,对索力和线形进行第一次调整;在二恒铺装完成后,对全桥索力和线形再进行通测,对索力和线形进行第二次调整,确保成桥主梁线形和内力、索力满足设计要求。

## 八、结　语

本桥大跨高速铁路叠合梁斜拉桥,对施工线性控制精度要求极高,结构受力和线形控制难度大,通过采用自适应全过程几何控制法,对施工全过程实施控制技术研究,得到如下结论:

(1) 通过采用成桥计算分析,确保理论计算参数和设计相符;通过充分考虑实际施工工序,对施工全过程进行详细有限元分析,实施对桥梁各参数的有效控制。

(2) 针对塔梁临时锚固区,在最不利工况下综合考虑风荷载、恒载、不平衡荷载和温度等因素进行综合分析,确定索塔锚固区合理布置,保证了施工过程中结构的稳定安全性。

(3) 将主梁制造过程纳入施工控制,考虑主梁压缩补偿和温度补偿以及索塔的预抬措施,保证了施工线形满足要求。

(4) 创新采用"顶推+配切+索力调控",通过48h连续观测,进行合龙顶推分析,实施主梁全天候快速无应力合龙。

(5) 通过采用自适应几何控制法,在施工过程中利用结构的几何关系,对梁段进行自适应调控,顺利实施辅助跨合龙、边跨合龙、中跨合龙,保证了施工过程中结构线形和索力满足设计要求。

**参考文献**

[1] 吴月星,严仁章,张博恒,等. 大跨混凝土斜拉桥成桥状态不闭合因素量化分析[J]. 公路,2019,64(06):68-77.

[2] 李炎,陈常松,董道福. 斜拉桥施工控制张拉力的计算方法研究[J]. 中外公路,2019,39(02):157-161.

[3] 施洲,胡豪,周文,等. 大跨度混合梁斜拉桥施工控制关键技术[J]. 桥梁建设,2018,48(03):111-115.

[4] 赵树青,于新波,沈洪涛. 自适应控制法在大跨径PC斜拉桥施工监控中的应用[J]. 公路,2017,62(02):170-174.

[5] 徐剑楠,夏争志,杜鹏刚,等. 混凝土斜拉桥大跨度合龙施工控制研究[J]. 中外公路,2016,36(03):168-172.

[6] 岳青,严和仲,阙水杰,等. 大跨度钢箱梁斜拉桥施工控制[J]. 桥梁建设,2013,43(04):54-60.

[7] 袁建新,李之达. 重庆忠县长江大桥斜拉桥施工控制计算[J]. 桥梁建设,2009(01):56-59.

[8] 秦顺全. 斜拉桥安装无应力状态控制法[J]. 桥梁建设,2003(02):31-34.

[9] 何畏,唐亮,强士中,等. 大跨度焊接钢箱梁斜拉桥施工控制技术研究及应用[J]. 桥梁建设,2002(05):14-18.

# 17. 恶劣海况与复杂地质条件下跨海大桥深水基础施工关键技术

谭世霖　王志红　郭仁杰

(中国铁建港航局集团有限公司)

**摘　要**　平潭海峡公铁两用大桥施工条件恶劣,面临水深、风大、浪高、孤石等恶劣施工因素,为目前世界上建造完成的难度最大的海峡大桥,如何选择合适的方案是深水基础成功实施的关键因素。本文结合平潭海峡公铁两用大桥(B0~B58)其中B26号~B38号墩深水基础施工的特点与难点,介绍了深水基础独立组合钢平台施工技术、人造覆盖层施工技术、大型单壁钢吊箱整体快速吊装施工技术、承台施工技术、施工安全监测技术,为以后类似条件下跨海大桥深水基础施工提供借鉴。

**关键词**　平潭海峡　恶劣海况　复杂地质　深水基础　独立组合钢平台　人造覆盖层　关键技术

## 一、工程概况

新建福州至平潭海峡公铁两用大桥（B0～B58）位于福建省平潭县境内，起讫里程为 DK072+024.440～DK075+737.915，总长 3713.5m，连接大练乡与苏澳镇，主桥为（92+2×168+92）m 连续刚构桥，引桥采用 64m 或 40m 简支梁。

其中我司承担的 B26 号～B38 号墩处于深水区域，基础采用钻孔灌注桩和高桩承台，最大桩径 $\phi$300cm，最大桩长 81m，最大承台尺寸 40m×17.4m×6m；墩身采用空心墩设计，整体为门式墩，壁厚 0.8m，最大墩身高度 27.5m。

## 二、桥址海况与地质条件

桥址处海况非常恶劣，常年风大、浪高、涌急、潮差大；地质条件复杂，存在陡峭裸岩、岩质坚硬，并不时有孤石。具体如下：

（1）气象条件差，有效作业时间少。与以往建设的跨越海湾桥不同，在深海环境修建超长桥梁，受外海高频强风、深水、强涌、强波浪力、大潮差等的影响更为显著。桥址全年 6 级以上大风超过 300d，7 级以上大风超过 238d，采取相关措施并合理组织施工后年有效作业时间勉强达 127d。建设期间经历台风 31 次，年均 5.2 次，最大台风 15 级。

（2）水深、浪高、涌急、海况恶劣。设计水文资料显示，B26 号～B38 号墩桥址海域最大水深达 31m；平潭海峡受其独特的"狭管效应"影响，使得工程海域流速远超内河和海湾，最大流速可达 3.1m/s；受外海强风、涌浪影响，桥址区波浪力巨大，10 年一遇波高为 $H_{5\%}=6.35m$；桥址海域潮型属正规半日潮，最大潮差达 7.09m。基础施工受波浪力作用大，如 B38 号墩承台钢围堰在施工期间受波浪力高达 1140 余吨（相当于内河同等规模围堰受力的 10 余倍）。在大临设计方面，必须考虑波浪力作用，以确保安全质量。

（3）海床起伏大、覆盖层浅、孤石，地质复杂。桥址底部海床高低起伏大、岩面倾斜角度大；同时海峡区域海流湍急，长时间的海流冲刷使得海床岩面覆盖层浅薄甚至裸露；桥址区基岩强风化层厚度大，暗礁多，极易形成强度较高的球状风化残留体（孤石），通过前期地质勘探资料及工程建设期间地质补钻发现，桥址区海床分布有大量直径 2～12m 的孤石及孤石串。

## 三、基础总体施工方案

国内深水基础施工平台方案一般有钢管桩平台、钢护筒平台、钢管桩和钢护筒联合平台、钢围堰平台等形式。B26 号～B38 号墩水深在 13～31m，由于桥址地质复杂，海况恶劣，钻孔施工平台的施工、钢护筒的准确定位和沉放难度很大，经过多次专题讨论研究，最后确定不设置栈桥，采用独立钻孔平台，钻孔平台采用钢护筒和钢管桩组合钢平台的结构形式，采用混凝土锚桩方式解决平台稳定问题；对于覆盖层较薄的区域采用人造覆盖层+高压旋喷帷幕注浆技术，解决钢护筒漏浆问题；承台施工采用大型单壁钢吊箱作为围堰，利用大型浮吊整体吊装快速安装，经封底后进行承台混凝土浇筑；采用安全监测技术防止意外产生。

## 四、主要施工关键技术

1. 组合钢平台施工技术

1）钢平台设计

海上施工平台作为海上桥梁深水墩施工生产及生活的基地，其主要功能是为海上桥梁桩基施工提供工作平台和生活场所,同时兼作材料转运码头及人员上、下班的码头。所以,平台设计首先要考虑结构安全,平台设计除应满足桩基钻孔、承台、墩身施工等使用功能要求外,还应满足在水流、台风、波浪、船舶挤靠以及钻孔桩施工期间所有施工动荷载及静荷载的作用下的使用要求。其次要简化施工,提高施工速率,降低海上作业时间;此外,还要进行技术经济比选,在确保技术可行的情况下,选用经济的方案。

基于以上的设计思路,提出了四个方案:方案一:桅杆吊"U"形施工平台,由起始平台、2个辅助平台和钻孔平台组成,采用桅杆吊进行海上吊装作业。方案二:桅杆吊半"U"形施工平台,由起始平台、1个辅助平台和钻孔平台组成,履带吊与桅杆吊进行海上吊装作业。方案三:履带吊"U"形施工平台,由起始平台、2个辅助平台和钻孔平台组成,采用履带吊进行海上吊装作业。方案四:履带吊单边施工平台,由1个起始平台和钻孔平台组成,采用履带吊进行海上吊装作业。

经过对四个方案进行技术与经济比选,最终选用方案四:起始平台+钻孔平台+履带吊的设计方案。平台结构见图1、图2。针对起始平台形成抗台,起始平台形成+3根钢护筒抗台,平台整体形成正常工作,平台整体形成抗台(空载),护筒区平台拆除,起始平台系船等6种不同工况,采用ANSYS和MIDAS两种计算软件对平台进行计算分析,相互校核,结果显示:结构各构件在6种工况下的变形、应力和结构整体稳定性均满足要求。

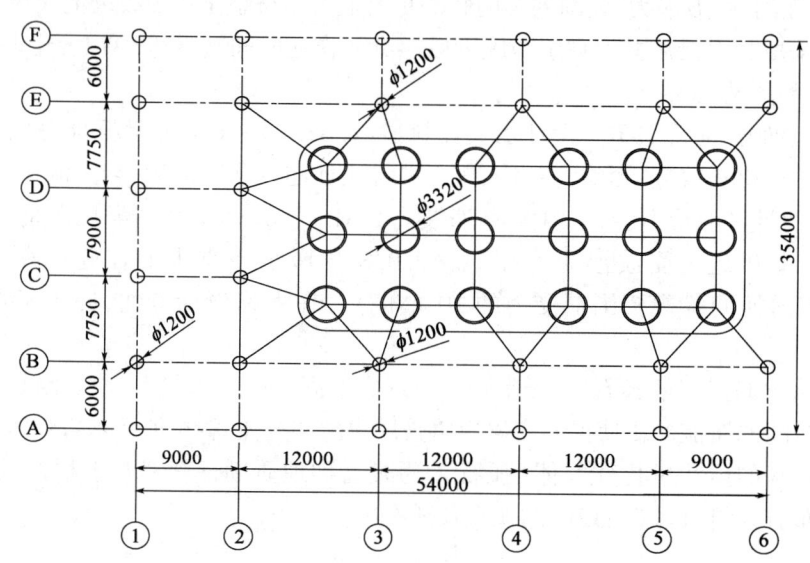

图1 组合钢平台结构平面图(尺寸单位:mm)

2)组合钢平台施工技术

平台搭设施工顺序:准备工作→打桩船打设钢管桩钢护筒→平联焊接→钢管桩顶调平→下横梁架设→架设贝雷梁→安装分配梁→铺设面板。

(1)施打钢管桩与钢护筒

打桩选用路桥建设桩8号打桩船打桩,该打桩船桩架高92m,配hhp35液压打桩锤,能施打90m长桩和3.3m以内的钢护筒。施打钢护筒见图3。钢管桩与钢护筒的打桩顺序,主要以打桩船方便施工为前提,以最少换桩帽的次数来确定打桩顺序。钢管桩、钢护筒插打施工流程为:起桩、吊桩→移船→竖桩→抱桩→套桩帽→定位→插稳→锤击→起锤→移船。

钢管桩施打以高程控制为主,贯入度控制为辅,对贯入度达不到设计深度的钢管桩,应进行锚固处理;打桩应选择在小潮期间进行,以确保施工安全质量,同时提高打桩速度;施打过程中要保证平面位置与垂直度偏差控制在施工规范之内;对已沉好的桩应按设计要求及时连接,提高钢管桩与钢护筒的稳定性。

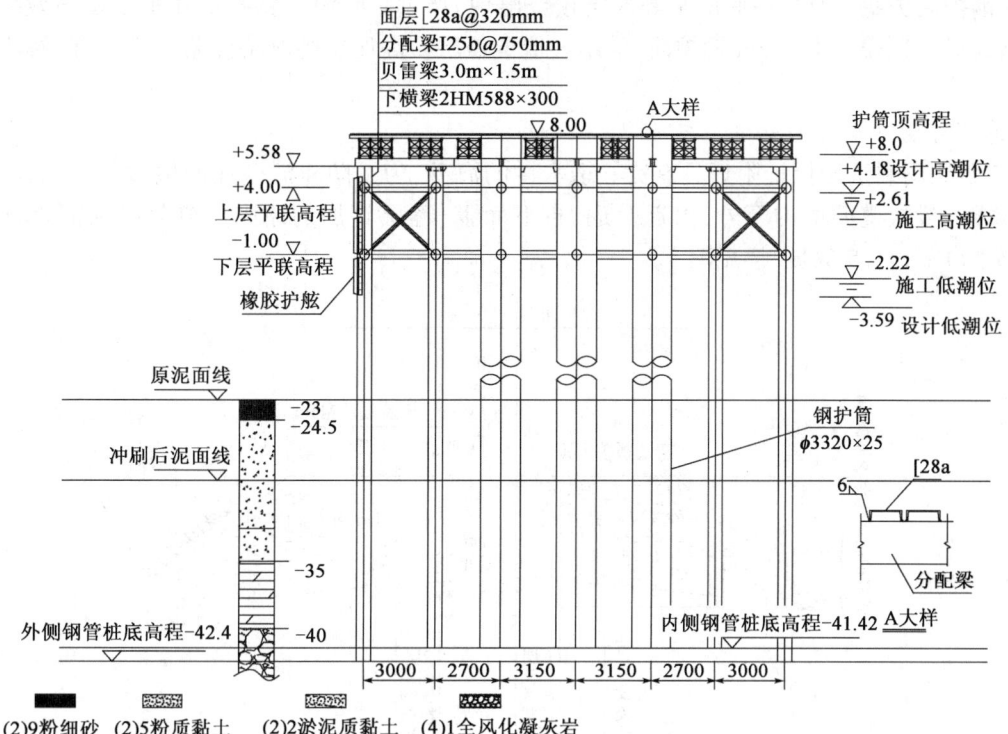

图2 组合钢平台结构剖面图(尺寸单位:mm)

(2)钢管桩锚固处理

B26号~B38号墩所处区域覆盖层浅,由于平台钢管桩前期沉桩深度不足、平台钢管桩数量少,平台自稳能力差,抗台能力薄弱,重型设备吊装、行走存在较大安全风险,故对钢管桩进行锚固处理;将冲击钻机安放在已打入钢管桩的相应位置,利用冲击钻机成孔到设计深度后,下放钢筋笼,清孔后浇筑C30的水下混凝土至钢筋笼顶面1.0m处,锚固深度根据计算确定。

(3)钢平台的铺设

由于海上风浪大,为了提高钢管桩的稳定性,钢管桩横联在钢管桩插打后快速及时安装、焊接,使已打入的钢管桩形成群桩增强水平稳定性。

钢管桩打设好后进行抄平,随即按照平台施工方案进行承重梁施工、贝雷片安装、分配梁安装、面层施工。搭设完毕的平台见图4。

图3 施打钢护筒

图4 搭设完毕的海上钻孔平台

## 2. 人造覆盖层施工技术

B26号~B38号墩覆盖层薄、部分基岩裸露、基岩风化不均呈球状凸起、岩面倾斜大,部分墩位覆盖层内无规律充填"串珠状"大直径孤石,地质条件极为复杂,使得钢护筒无法打入或打入深度不足的情况时有发生,钢护筒失稳以及护筒底漏浆等现象频繁出现,严重影响海上钻孔灌注桩质量与效率。经现场研究分析后,对于覆盖层小于6m钢护筒,采用人造覆盖层+高压旋喷帷幕注浆技术处理,解决了钢护筒漏浆问题。

1) 人造覆盖层

人造覆盖层材料选用桥址附近具有良好透水性的海砂,为了防止海砂在回填过程流失,海砂采用袋装投放,砂袋的投放遵循由内至外、由近及远、自下而上、逐层叠加的原则。覆盖层顶部距钢护筒外侧3m,边坡按1∶1~1∶1.5放坡,详见图5。

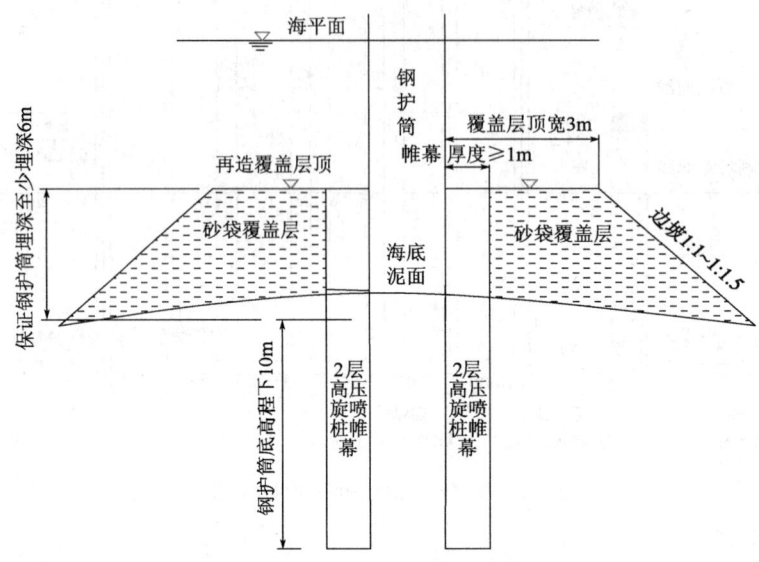

图5 人造覆盖层与旋喷注浆止水帷幕方案图

2) 高压旋喷注浆止水帷幕

以地质条件最为复杂的B37号墩钻孔桩处理为例,在B37号-1钢护筒的外侧布置2层高压旋喷桩形成帷幕,第1层各旋喷桩中心距钢护筒外侧0.15m,按桩中心距0.4m沿护筒周边均匀布置。第一层高压旋喷桩施工完成后,第2层高压旋喷桩距钢护筒外侧0.55m,按桩中心距0.4m沿护筒周边均匀布置形成第2层帷幕。两层高压旋喷桩各桩之间紧密胶结形成帷幕,在B37号-1桩处形成厚度不小于1m的保护层,保护层强度大于4MPa。帷幕注浆旋喷桩位布置详见图6。

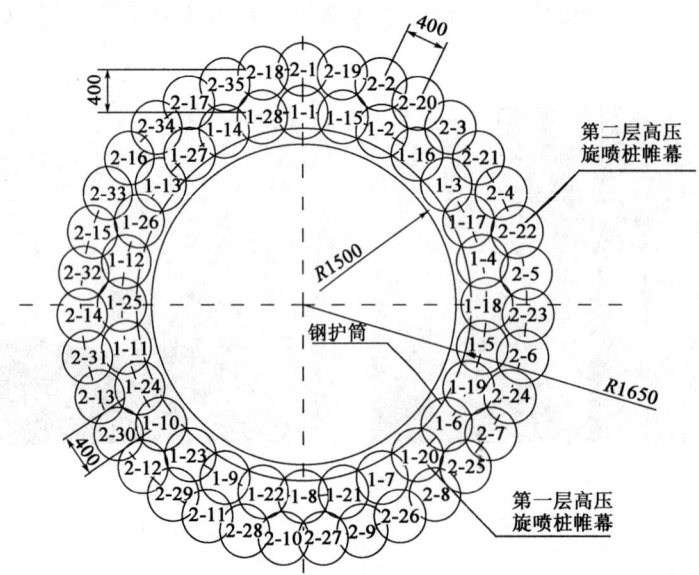

图6 帷幕注浆旋喷桩位布置示意图(尺寸单位:mm)

施工平台处于深水区,为解决套管不受波流力冲击而变形的施工难题,自制了一种导向钢管,即在旋喷桩孔位布置 $\phi250mm$ 导向钢管,竖直安放在已测量完成并定位的点上,其底部至海床面,然后将其固定在钢护筒上。

3. 钻孔桩施工技术

结合海上施工工况条件,经过方案比选,钻孔桩采用冲击钻机施工,采用气举反循环方式清孔。

1）海水造浆

大桥工程所在区域淡水资源匮乏,工期短、任务重,为了保证施工质量达到设计和施工质量验收规范的要求,采用海水造泥浆。海水泥浆的材料选择至关重要。结合大桥工程的实际,对常用的泥浆材料进行优选对比,选择最合适的材料进行海水泥浆的配合比设计,确保海水泥浆的性能指标符合设计和施工规范的要求。

结合工程实践及以往的海上施工经验,进行海水泥浆的配合比设计,而且在钻孔的过程中根据实际情况的需要再进行调整,确定海水泥浆的配合比（表1）。

海水泥浆配合比　　　　　　表1

| 名称 | 海水(L) | 钠基膨润土(g) | PAC(g) | 分散剂(g) |
|---|---|---|---|---|
| 用量 | 1 | 150 | 1.5 | 2.0 |

本工程采用 CK-3000 型钻孔机,根据孔内的水量和泥浆基本配合比计算膨润土和外加剂用量,然后通过钻机搅拌制造泥浆;泥浆调配过程中对孔内和泥浆池出口处的泥浆的技术指标进行检测,根据试验检测情况,调整海水、膨润土和外加剂的用量,直到满足所设计的基本配合比为止。

2）护筒内泥浆循环

钻孔泥浆循环系统由钻机的钻杆系统、泥浆池、泥浆连通槽、泥浆净化机、空气压缩机（气举）等组成。

为节约空间及设施,钻孔泥浆的制配采取在护筒内钻机自行造浆,然后通过平联管流入钻孔桩内。钻机就位后,启动钻机搅拌孔内膨润土等混合物制造泥浆;打开空气压缩机,孔内泥浆通过气举经过钻杆和泥浆管进入泥浆净化器,钻渣装入自制的储渣钢筒内,净化后的泥浆平联管作为连通器进入循环池（即桩周的钢护筒）,通过平联管流入钻孔的孔内。泥浆回收按新制泥浆调配反复使用,钻孔施工中泥浆的排放和处理符合环保的要求。泥浆循环系统见图7。

3）钻进成孔

(1)护筒内钻进。在护筒内钻进,采取高冲程快速钻进,以加快施工进度。

(2)护筒外钻进。当护筒内的泥浆指标达到相对密度1.1左右,黏度28s左右,pH值9~10,然后提锤钻进,通过护筒底口,钻速控制在每小时0.2~0.3m范围内。当穿过钢护筒2m以后,再正常冲孔。入弱风化岩石后,注意锤头的磨损、钻孔桩施工时保持泥浆液面始终高于护筒外水面1~1.5m。

4）清孔

为了保证清孔质量,必须采用二次清孔。第一次清孔是从终孔后开始,清孔时将钻头上下慢速提放,通过反复注入合格的泥浆把钻渣带动出来,直到沉渣厚度和泥浆满足要求并经监理工程师验收合格为止。钢筋笼下放后,为了避免泥浆沉淀厚度不满足要求,必须进行第二次清孔,利用空压机通过导管采用气举法进行二次清孔,第二次清孔要控制时间,防止出现塌孔现象。

5）灌注桩基混凝土

剪球封底是灌注混凝土的关键环节,B26号~B38号墩钻孔桩最大直径达3.0m,桩长达81m,加上海上阵风频繁,施工难度极大,为此,根据现场条件,自制了一种海上桩基封底浇筑料斗,见图8。

混凝土采用 $200m^3/h$ 的铁建混凝土01,拌和船停靠在平台旁边供应,在封底料斗、导管漏斗和拌和船的料斗储存足够的混凝土以后,才开始剪球浇筑封底混凝土,确保一次性封底成功。在灌注过程中通过大功率拌和船确保连续作业,保障了海上钻孔桩得以高效率、高质量灌注完成。

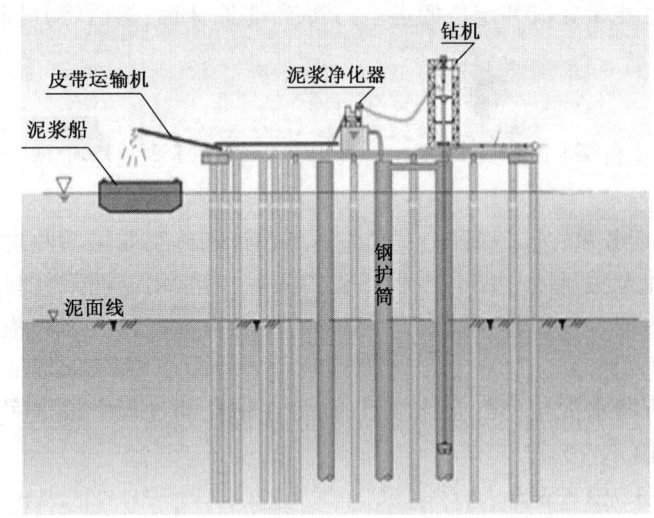

图7 泥浆循环系统示意图

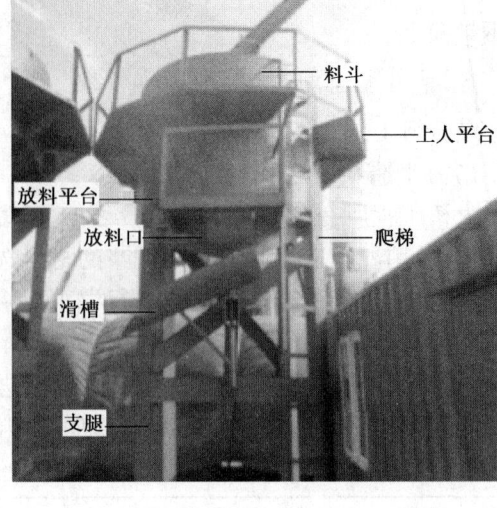

图8 海上桩基封底料斗构造图

**4. 钢吊箱快速安装技术**

1) 钢吊箱结构设计

通过对单、双壁钢吊箱对比分析,决定采用单壁钢吊箱,单壁钢吊箱围堰由侧板系统、底板系统、内支撑系统、吊挂系统、导向定位系统5部分组成。考虑了风荷载、水流和波浪的影响,对钢吊箱起吊下放、钢吊箱下放到位、浇筑封底混凝土、钢吊箱抽水、浇筑第一层承台混凝土、挑梁撑拆除、浇筑第二层承台、承台浇筑完成达到强度后拆除钢管撑等8种不同工况,采用有限元对钢吊箱的强度与刚度进行计算分析,结果显示:钢吊箱结构的强度和刚度的满足要求,最后确定了钢吊箱方案,吊箱各系统结构构造示意见图9和图10。

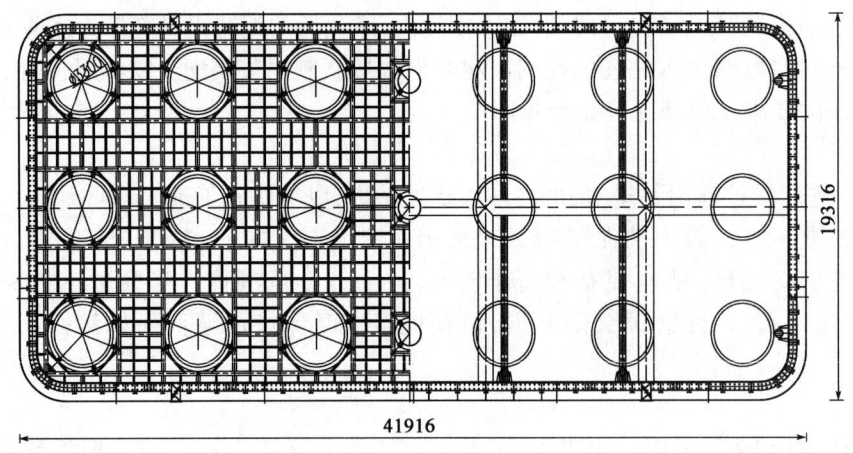

图9 钢吊箱系统结构平面示意图(尺寸单位:mm)

2) 钢吊箱整体快速吊装

钢吊箱的自重有360t,桥址场地狭窄,现场拼装钢吊箱非常困难,同时,海上气候环境恶劣,海水水流较大,风浪较高,风力、水流力、波浪力最大合外力约11400kN。而现场现有的1000t大型吊装设备为钢吊箱整体吊装创造了条件。因此,综合考虑施工质量、安全性、经济性、工期等多方面因素,最终采用在码头加工制作并组拼成钢吊箱整体,然后选择合适的气象窗口期,在低潮水位时,利用1000t浮吊整体吊装、下放、直接就位的施工工艺。现场实施情况表明,从钢吊箱运输到钢吊箱下放就位。全程平均仅需8h,由此可见该工艺的超高效率。钢吊箱整体吊装下放见图11。

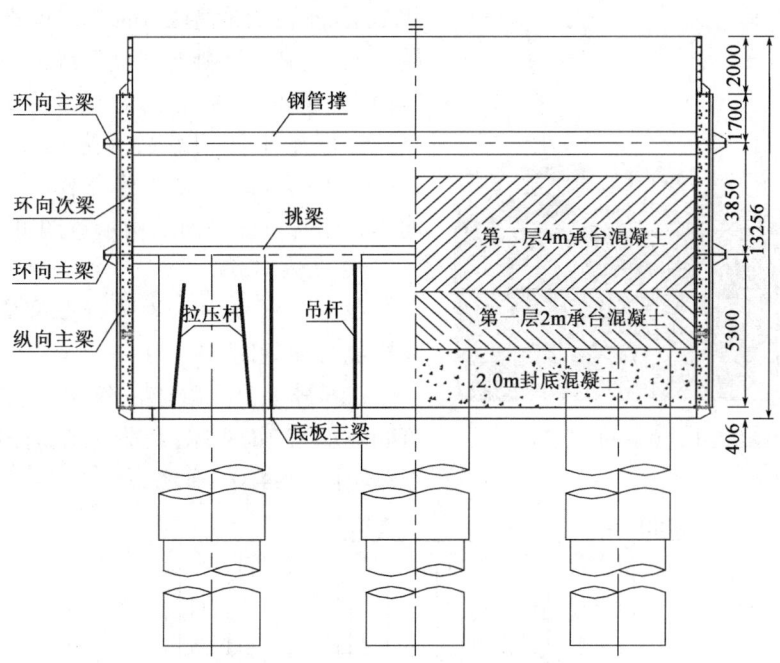

图 10 钢吊箱系统结构立面示意图(尺寸单位:mm)

3)钢吊箱快速纠偏

在承台施工过程中,钢吊箱的下放是一道关键工序,下放过程中的平面位置控制关系到日后承台以及墩身施工的精度。钢吊箱下放时利用起重船将其缓缓套入钢护筒后进行下放,由于钢吊箱自重大,且入水后受到的水流力较强,利用起重船与卷扬机配合调整平面位置不易控制其精度。采用千斤顶在水平方向上对挑梁进行纠偏处理。

纠偏支撑架整体设计为型钢结构,采用双拼 HN400×200mm 作为主要骨架,加设厚度为 20mm 的钢板作为垫板与加强肋,利用割除的钢护筒与支撑横梁一侧焊接以保证与护筒接触面受力均匀。具体结构见图 12。

图 11 钢吊箱整体吊装对位下放

图 12 现场纠偏装置图

### 5. 承台施工技术

1)承台封底

钢吊装定位后,由潜水员开展底板封堵与清理,加固底板与钢护筒的连接,封堵钢吊箱底板与钢护筒之间的缝隙。封底混凝土厚 2m,以满足导管布点为原则进行封底施工平台搭设,布置导管。浇筑过程由两侧向中间,基本对称进行封底混凝土施工。施工详见图 13。

2)混凝土温控技术

(1)冷却水管的布置

以首个施工墩 B26 号承台为例,承台平面尺寸为 30.6m×14.2m,厚度 5.0m。承台分 2.0m+3.0m

图 13 封底混凝土浇筑现场图

共 2 层浇筑,封底厚 2.0m。该构件浇筑方量大(单次最大 1322m³)、混凝土强度等级高(C50)、长宽比大( > 2∶1),开裂风险较大,需对布设冷却管进行温控施工,以保证混凝土使用寿命和运行安全。冷却水管采用 $\phi 50mm \times 2.5mm$ 的铁皮管制作,水平和竖向布设间距均为 80cm,布设平面结构示意图见图 14。

(2)仿真验算

取承台混凝土 1/4 进行温度应力计算,计算模型网格剖分图见图 15。

B26 号承台混凝土浇筑温度按照 21.0℃取值,浇筑间隔期按 7d 考虑;混凝土在钢吊箱内浇筑,水上施工,风速按≤4.0m/s 考虑。

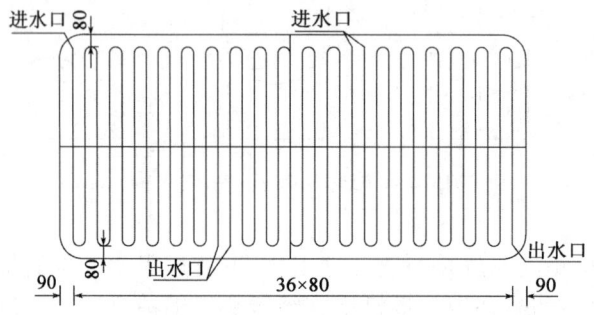

图 14 承台冷却水管布设平面示意图(尺寸单位:cm)

验算结果表明,承台第一层内部最高温度为 60.7℃,承台第二层内部最高温度为 65.8℃,均符合《大体积混凝土施工规范》(GB 50496—2009)对混凝土温升不宜大于 50℃的规定。温峰出现时间约为浇筑后第 2 天,承台内部最高温度图见图 16。

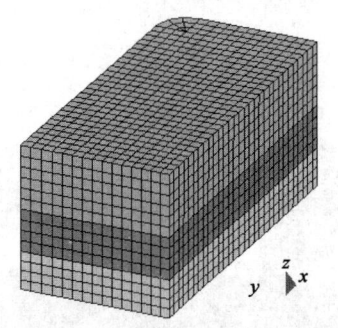

图 15 B26 号承台 1/4 网格划分图(附带封底混凝土)

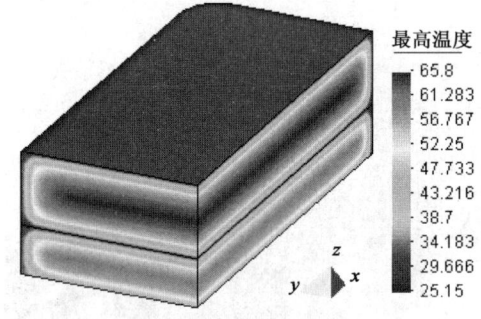

图 16 B26 号承台内部最高温度包络图(单位:℃)

从图 16 可以看出承台混凝土温度场特点为内部温度较高、散热较慢,应优化冷却水管布置,适当加密中间部位冷却水管,确保混凝土内外温差控制在 25℃以内。

3)大体积混凝土浇筑

承台分两次进行浇筑混凝土,采用 200m³/h 的"铁建混凝土 01 号"拌和船供应混凝土,确保混凝土连续供应,每层浇筑厚度按照 30cm 控制,确保上层在下层混凝土初凝前浇筑完毕,振捣间距按 50~60cm 进行控制。振捣时,振捣棒应插入混凝土内,上层混凝土振捣时应将振捣棒插入下层混凝土内 10~15cm,每一处振捣应快插慢拔,必须振捣至该处混凝土不再下降,气泡不再冒出,表面出现泛浆为止。

## 6. 施工安全监测技术

桥址处施工工况复杂,需要利用安全监测技术,降低施工安全风险,并指导施工,具体如下:

(1)风速监测

除了及时收听气象报告预测外,现场还布置了风速仪,对现场风速进行实时监测,根据现场风速,指导生产:当现场风速>6级,停止现场吊装作业;风速>8级,停止现场钻孔作业。

(2)水文监测

现场采用波浪潮汐仪及流速仪对现场浪高、潮汐、流速等进行实时监测,收集数据,同时结合当地海洋部门的潮汐数据(图17),指导现场当日施工。

(3)平台监测

独立平台需确保14级台风下结构安全,因此平台的沉降变形监测尤为重要。

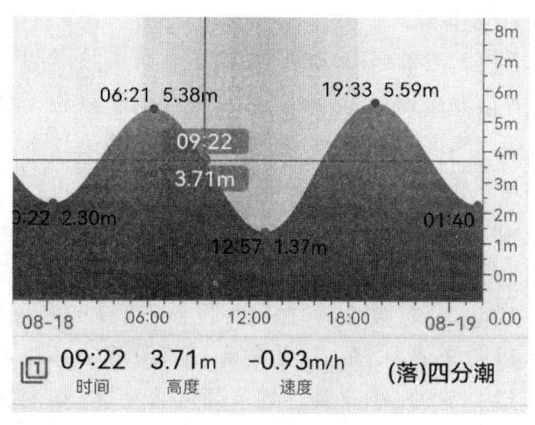

图17 当日水文预测图

在平台搭设完成后,在每个平台四角共设置4个监测点,定期进行观测。

沉降监测点的平面位移测设用GPS静态测量方式;沉降监测点的高程测设用GPS高程拟合方法,采用EDM三角高程进行跨河水准测量复核。

由于海上作业条件复杂,监测频率必须根据出现的情况进行调节,监测频率如表2所示。

监 测 频 率 表　　　　　　　　　　　表2

| 观测阶段 | 观测频次 | |
| --- | --- | --- |
| 一个月内 | 一般 | 1天/次 |
| 三个月内 | 一般 | 3次/周 |
| | 形变量突变时 | 1次/天 |
| 三个月之后 | 一般 | 3次/月 |
| | 形变量突变时 | 1天/次 |

在出现台风等特殊情况后,必须及时增加监测频次,以保证施工安全。

## 五、结　语

B26号~B38号墩基础比计划工期提前了四个月完成了,实践证明基础施工工艺是可行的,我们得到以下经验:

(1)采用独立组合钢平台施工技术,解决了恶劣海况下的钻桩平台问题。

(2)采用人造覆盖层+高压旋喷帷幕注浆止水技术,解决了深水浅覆盖层的大直径钻孔桩漏浆的难题。

(3)采用大型单壁钢吊箱整体吊装、快速定位施工技术,缩短了海上作业时间,降低了海上施工安全风险。

(4)海水造浆降低了桩基施工成本;确保封底成功、混凝土供应是海上桩基施工的关键环节。

(5)确保封底成功,合理分层组织施工、科学做好混凝土温控是承台施工的关键。

(6)施工安全监测技术为深水基础施工信息化提供了有力支撑,对现场施工具有较强的指导作用。

## 参考文献

[1] 纪尊众,刘昌永.平潭海峡公铁两用跨海大桥钻孔灌注桩成孔关键问题分析及处理措施[J].铁道建筑技术,2018(12):1-5.

[2] 纪尊众.复杂恶劣海况公铁跨海大桥大临设施规划设计[J].铁道建筑技术,2017(08):23-27.

[3] 范发财.台风区跨海桥梁独立钻孔平台抗风浪设计[J].铁道建筑技术,2016(03):82-86.

[4] 李毅.恶劣海况与复杂地质条件下深水钻孔平台方案设计与研究[J].铁道建筑技术,2018(10):

31-37.
[5] 王志红.深水区独立钢平台施工技术[J].铁道建筑技术,2015(4):14-18.
[6] 郭永斌.深海桥梁钻孔平台钢管桩施工技术[J].铁道建筑技术,2015(08):26-29.
[7] 陈震.复杂海况深水区覆盖层再造技术[J].铁道建筑技术,2015(11):58-61.
[8] 唐大文,陈震,郭海龙.浅谈公铁两用跨海大桥桩基础施工技术[J].2015,44(Z):292-299.
[9] 赵多苍,纪尊众,白玉川,等.跨海桥梁大直径钻孔桩冲击钻进参数研究[J].施工技术,2018,47(19).
[10] 肖强.复杂海洋条件下单壁有底钢吊箱设计与施工[J].铁道建筑技术,2018(04):44-48.
[11] 王志红,陈震.复杂海况钢吊箱施工技术[J].施工技术,2015,44(Z):300-305.
[12] 曾浩.平潭大桥钢吊箱外力计算[J].铁道建筑技术,2015(14):28-32.
[13] 曾浩.跨海大桥高标号大体积混凝土温控技术[J].珠江水运,2015(11):46-47.
[14] 赵多苍,樊立龙,李义强.跨海大桥施工结构监控预警系统研究[J].铁道建筑技术,201(08):18-22.

# 18. 大跨径连续刚构梁桥施工监控技术研究

张利永　吕新亮　贾文杰

(黑龙江省八达路桥建设有限公司)

**摘　要**　大跨径连续刚构桥是我国桥梁建设中的一种比较常见的桥梁结构体系。现阶段大跨径桥梁多数采用挂篮悬臂现浇施工,施工过程中结构线形受不确定因素影响较大,成桥之后的桥面线形调整问题又处于路线、路面、桥梁的三角地带。对于连续刚构桥施工控制而言,由于结构荷载复杂,施工过程中影响质量的因素较多,如何做好施工过程中的全过程监控措施,确保工程质量、进度和安全是施工技术人员不断探讨和解决的重要课题。在施工中施工人员需要时时刻刻对结构应力,支架的承载力以及弹性变形进行监测。本文结合工程实例,从施工监测内容和措施方法出发,阐述了悬臂浇筑施工监控的重点以及影响,为以后的施工起到重要的借鉴作用。

**关键词**　连续刚构　监控　技术　研究　悬臂浇筑　质量监控措施

## 一、引　言

由于大跨径桥梁工序简单,造价低,施工工期短,被广泛地应用在大跨径桥梁建设中;随着中国大跨径桥梁施工技术的发展,大跨径连续刚构桥的建设越来越多。据不完全统计,目前世界上已建或在建的主跨大于240m的特大跨径连续刚构桥就有18万座之多。但是连续刚构桥施工过程中的各种不确定因素(如外部环境温度、混凝土的强度、支架的非弹性变形、弹性变形、混凝土收缩系数、结构自重、施工可变荷载、固定荷载等)使得桥梁的实际状态偏离理想状态。大跨度连续梁和连续刚构一般采用挂篮悬臂现浇对称施工法,本文结合工程实例,从施工监测内容和监控措施及方法出发,阐述了悬臂浇筑施工监控的重点以及影响,为以后的施工起到很好的借鉴作用。

## 二、工程概况

河南某大桥上部部分为(60+2×110+60)m预应力混凝土连续刚构,箱梁高和底板厚度均按1.8次抛物线变化。箱梁中线处根部梁高650cm,跨中梁高250cm,顶板宽1281cm,底板宽660cm,悬臂长310.5cm,顶板厚28cm,底板厚32~80cm,腹板厚50~80cm。箱梁0号段长1900cm,箱梁单"T"共分11段悬臂浇筑,分段长为(5×3.5+6×4.5)m,边跨现浇段长3.76m,中、边跨合拢段均为2.0m。悬臂现浇最重梁段重 1537kN。下面重点对本工程施工中的质量监控措施进行分析探讨。

## 三、施工监控的内容

我国悬臂浇筑连续刚构桥施工主要监控项目有:线形控制、应力控制、温度监测、高程监测、施工中线的控制,其主要工作内容包括阶段施工前的预测计算、施工过程中的控制测量、实测结果与计算预测结果的偏差分析及优化分析三个方面的内容。

1. 线形控制

在大桥的施工过程中,为确保施工中结构的可靠性和安全性以及保证桥梁线形及受力状态符合设计要求,对桥梁悬臂施工进行线性控制。

1)线形控制相关参数的测定

(1)挂篮的变形值

施工挂篮的变形难以准确计算,要通过挂篮荷载试验测定。现场挂篮拼装后,施工人员采用反压加载法进行荷载试验,加载量按最不利梁段重量计算确定。分级加载,加载过程中测定各级荷载下挂篮前端变形值,可以得到挂篮的荷载与挠度关系曲线。

(2)施工临时荷载测定

施工临时荷载包括施工挂篮、人员、机具等。

(3)箱梁混凝土容重和弹性模量的测定

混凝土弹性模量的测试主要是为了测定混凝土弹性模量 $E$ 随时间的变化规律,即 $E\text{-}t$ 曲线,采用现场取样通过万能实验机进行测定,分别测定混凝土在 7d、14d、28d、60d 龄期的 $E$ 值,以得到完整的 $E\text{-}t$ 曲线。

混凝土弹性模量和容重的测量通过现场取样,采用实验室的常规方法进行测定。

(4)预应力损失的测定

预应力损失分几种,本标段桥施工中主要测定纵向预应力钢绞线的管道摩阻损失,以验证设计参数取值和实际是否相符,根据有效预应力计算由预应力施工引起的悬臂挠度。

(5)混凝土的收缩与徐变观测

混凝土的收缩与徐变采用现场取样,进行 7d、14d、28d、90d 的收缩徐变系数测定。

2)施工预拱度计算

箱梁预拱度计算根据现场测定的各项参数由专业程序计算得出。

3)悬臂箱梁的施工挠度控制

(1)根据预拱度及设计高程,确定待悬臂梁段立模高程,严格按立模高程立模。

(2)挠度观测资料是控制成桥线形最主要的依据,在现场成立专门的观测小组,加强观测每个节段施工中混凝土浇筑前后、预应力张拉前后 4 种工况下悬臂的挠度变化。每节段施工后,整理出挠度曲线进行分析,及时准确地控制和调整施工中发生的偏差值,保证箱梁悬臂端的合拢精度和桥面线形。

(3)合龙前将合拢段两侧的最后 2~3 个节段在立模时进行联测,以保证合龙精度。

2. 应力控制

应力监测可直接反映桥梁在各种施工状态下的应力水平,是保证桥梁结构安全的重要预警措施。本桥段为了确保箱梁悬臂施工安全进行,在施工过程中对箱梁控制截面应力状态进行监测。

1)仪器及元件选择

应力监测采用钢弦应变计作为应力传感元件按测点位置埋置在箱梁混凝土中,其导线引出混凝土面保护好,测量时用频率接收仪测量其频率,将频率换算成应变,最后可得出测点位置混凝土的应力。

2)应力测点布置

墩顶现浇段中心、箱梁悬臂根部、$L/8$、$L/4$、$3L/8$、$L/2$($L$ 为大桥主跨跨度)截面及边跨端部为控制截面,在每一个控制截面内的测点布置见图1。根据监测结果,可了解施工阶段箱梁的受力状态,保证施工安全。

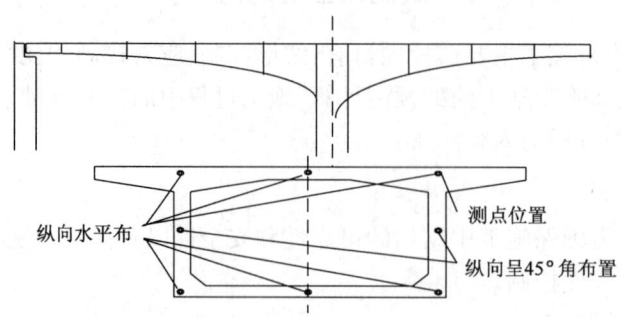

图 1　箱梁控制截面应力测点布置示意图

### 3. 温度监测

在大跨连续梁和连续刚构桥施工过程中,环境温度的大小和日照温差会影响到结构体系的内力分布,而结构的温度变形还影响到施工中构件的测量精度。温度变化分为日温度变化和季节变化两种情况。在梁体上布置温度观测点进行观测,以获得准确的温度变化规律。

### 4. 高程监测

1）高程测点布置与监测安排

在每个箱梁节段上布设四个高程控制点,一个布置在顶板中线处,两个对称布置在相应横断面桥梁两侧,一个布置在底板中线处,以监测各段箱梁施工的挠度及整个箱梁施工过程中是否发生扭转变形。高程控制点布置见图2。

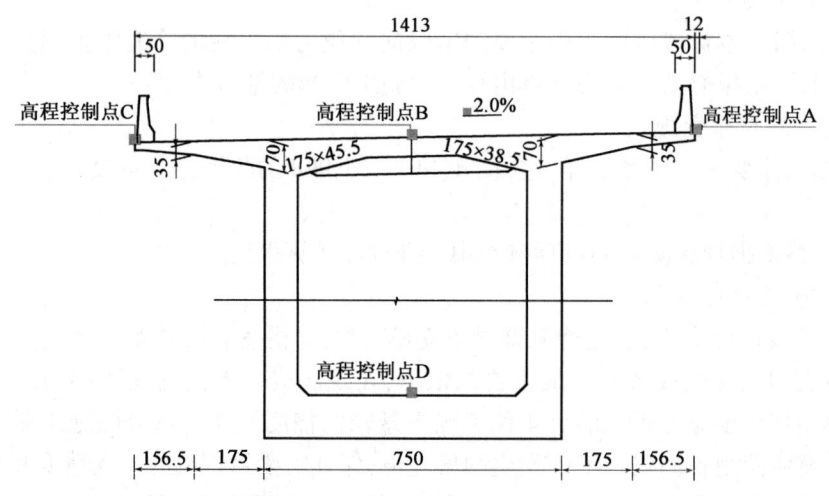

图 2　高程控制点布置(尺寸单位:cm)

2）测量仪器选择与测量时间安排

采用电子水准仪来进行高程测量监控,测量时间安排在一天温度变化较小的时间。

### 5. 悬臂浇筑施工中线的控制

1）在0号段施工完后,用全站仪将箱梁的中心点放置在0号段上,并在箱梁段未施工前将两墩0号段上放置的箱梁中心点进行联测,确认各个箱梁中心点在误差精度范围内,才进行下一步的箱梁施工测量。

2）箱梁中心线的施工测量,首先是将全站仪安置在0号块的中心点,然后是另一墩0号段中心点,测量采用正倒镜分中法。为使各箱梁段施工误差不累积,各箱梁施工段的拉距均以0号段中心点作为基点进行拉距,在距离超过钢尺的有效范围后,另选择基点。

## 四、施工监控的措施和方法

### 1. 悬臂箱梁的施工挠度的监控措施

为了保证施工质量,在施工过程中对悬臂箱梁的施工挠度进行监控,挠度监控资料是控制成桥线形最主要的依据;在现场成立专门的观测小组,加强观测每个节段施工中混凝土浇筑前后、预应力张拉前后4种工况下悬臂的挠度变化。每节段施工后,整理出挠度曲线进行分析,及时准确地控制和调整施工中发生的偏差值,保证箱梁悬臂端的合拢精度和桥面线形。采用精密水准仪和水准尺,以水准测量的方法,对预埋在悬臂中每一块箱梁顶板上的监测点进行监测,则不同工况下同一监测点高程的变化(差值),就代表了该块箱梁在这一施工过程中的挠度变形。运用三点监测法有如下优点:(1)可观察该块箱梁有无出现横向扭转。(2)同一块箱梁上测点有其对称的观测点,其监测结果可进行比较和相互验证,以确保各块箱梁挠度观测结果的正确无误,从而真实地反映变形。(3)可以较好控制横向坡度的设置。同时,在每个块件的底板上预埋两个测点,通过对底板测点的测量可以测出挂篮的真实变形。

### 2. 支架施工过程的监控措施

1) 在混凝土施工前,要对支架进行预压,支架搭设时预压前,顶部预留抛高。要计算地基相对沉降量、支架弹性和非弹性值等。地基相对沉降量以地基处理时试验检测后计算确定。支架的弹性变形运用沙普软件程序节点计算确定。根据以往施工经验,支架施工沉留值为15～20mm,通过下述步骤进行预压沉降监控及记录:

(1)采用沙袋法预压,沙袋逐袋称量,设专人称量、专人记录;称量好的沙袋一旦到位就采用防水措施,准备好防雨布。每捆钢绞线也要全部覆盖。

(2)派专人观察支架变化情况,一旦发生异常,立即进行补救。

(3)要分级加载,加载的顺序接近浇筑混凝土顺序,不能随意堆放,卸载也分级并测量记录。

(4)通过第一施工段预压并沉降后,将实测沉降量(地基沉降量、支架变形量)作为一个参数值直接运用。

2) 沉降观测点的设置

支架压载观测点布置:箱梁模板上的测点布置11个断面,即每2m一个断面,每个断面分别在底板布设3个点,每侧翼板上布设2个点。

在垫木下的钢板处设观测点,布置方式与梁部相同。

预压时主要观测的数据有:支架底座沉降——地基沉降;卸载后顶板刻恢复量以及支架的侧位移量和垂直度,按测得的沉降量及设计高程,重新调整模板高程。

沉降稳定卸载后算出地面沉降、支架的弹性和非弹性变形具体数值,并在卸载后全面测得个测点的回弹量。根据各点对应的弹性、非弹性变形数值及设计梁体挠度来调整模板的高程,通过支架顶部微调装置进行调整、加固。

3) 卸载及支架调整

卸载后记录地基及支架、木材变形的反弹量,当弹性变形恢复后结束观测,绘出观测曲线,最终计算出每个施工段支架体系的沉降量及弹性变形量,并根据此沉降量及弹性变形量调整相应竖杆高程。预压过程中必须随时观测地基、支架变形情况,发现问题及时采取措施进行处理,以保证安全。在首次加载前先观测一次,作为起始观测值,以后每加载完毕观测一次,全部加载完毕,每2h观测一次,一天之后每6h观测一次,一直观测3d,若每次观测每点下沉量均不超过1mm,即认为支架已经稳定。然后根据观测值绘制出支座预压变化(时间-下沉量)关系曲线。压重至总重量的120%时停止压重并持荷1d。

### 3. 主梁悬臂浇筑施工中监控要点

1) 钢筋监控

在钢筋进场后由工区工地试验室及时进行试验检测,并留存记录,检测合格后方可投入使用。钢筋加工前检查钢筋,应无有害的锈蚀,无锈皮、油漆、油脂或其他有害物质,对轻微锈蚀的钢筋必须做除锈处理。钢筋的加工严格按设计图纸中各种型号的钢筋长度结合弯成不同角度的钢筋伸长值进行划线下料。钢筋加工区制作成形后,由人工配合机械运输至现场进行安装。

2)混凝土监控

施工现场施工人员严格按照中心实验室所给出的 C50 混凝土配合比进行配置,由 3 号拌和站进行拌和出料,再用混凝土运输车运输到现场,浇筑时设专人进行混凝土振捣。采用插入式振动器,移动间距不应超过振动器作用半径的 1.5 倍,与侧模应保持 50~100mm 距离,插入下层混凝土 50~100mm,每处振动应垂直、自然地插入混凝土中。该处振捣完毕后应边振动边慢慢拔出振动棒,避免振动棒碰撞模板、钢筋和其他预埋件。每一振动部位,必须振动到该处混凝土密实,一般以混凝土不再下沉及冒泡、表面呈现平坦、泛浆为准,以免影响混凝土外观。混凝土浇筑过程中设置专人对模板、支架进行巡查,发现模板、支架松动即时调整。

设专人进行混凝土养护,混凝土浇筑完毕后采用草帘、土工布等对混凝土外表面进行覆盖,浇筑后 8h 左右开始对混凝土进行洒水养生,并随时保持混凝土表面湿润,养生时间不得少于 14d。

3)预应力钢绞线张拉监控要点

现阶段桥梁发展过程中,预应力钢绞线施工工序是施工中较容易出问题的部分,因此应该对本桥预应力构件的施工质量进了重点监控,包括钢绞线、预应力管道、夹片锚具数量和型号、安装位置尺寸、张拉压浆以及张拉设备标定核准等。对预应力张拉及其孔道压浆全过程旁站,记录有关数据,当场审查其是否符合设计要求。主要从以下几个方面注意:

(1)锚具进场后必须进行抽样检查,检查锚具是否符合设计要求,表面是否有损伤,数量是否有偏差,严禁使用不合格锚头及夹片。

(2)张拉设备必须事先经过校验,并有校验报告。校验报告应注明顶号,表号给出顶力与油表的关系线。

(3)预应力束采用张拉力与延伸量双控,延伸量误差控制在设计值 $-6\%~6\%$ 以内。当延伸量超过 $6\%$ 时,应查找原因。

(4)预应力钢束在同一截面上的断丝率不得大于 $1\%$,且一根钢绞线不得断丝 2 根。当张拉束中有一根或多根钢绞线产生滑移时,应停止张拉查明原因并处理后再行张拉。

(5)安装锚具及千斤顶时必须保证锚板、锚环、千斤顶均在一条直线上。在安装夹片时必须先检查钢绞线锚固部位及夹卡是否清洁,合格后方可安装。安装时必须使夹片外露部分平齐,开缝均匀。

(6)张拉较长或曲线较多的钢束时,应先不安装夹片而反复张拉数次,以降低摩阻系数。

(7)张拉锚固后在离夹片后 10cm 位置钢束上用油漆做记号,以复测钢束是否有回缩现象,如有回缩应复张拉处理。

4)预应力精轧螺纹钢监控要点

(1)对进场的预应力筋进行力学检测,不得使用力学性能不合格的预应力筋。

(2)采用预应力与伸长值校核双控。张拉力以千斤顶标定为主,伸长值与设计值的误差在 $+6\%$ 到 $-6\%$ 之间。当超出此范围后停止张拉进行原因分析。

5)管道压浆监控

水泥浆的配合比是压浆的关键,所以要时时根据现场需要和气温的影响对水泥浆配比进行调整。配制压浆浆体的基本原则:低水化热、高流动性、低泌水率,低水灰比、少孔隙、无离析现象;减少和补偿水泥浆在凝结过程中的收缩变形,防止裂缝的产生;具有较高的抗压强度和有效的黏结强度。试块标准养护 28d 强度不低于 45MPa。控制好压浆工艺,压浆前用压缩空气或压力水清除管道内杂质。

## 五、结　语

桥梁施工监控不仅是桥梁施工组成中不可或缺的重要组成部分,也是确保桥梁施工整体质量好坏的关键及桥梁建设的重要安全屏障,它在施工过程中起着消除安全隐患、保证施工质量、预防事故发生的重要作用。任何大体系桥梁在每一个施工工序时的混凝土内力和变形以及钢筋、模板的变形都是可以提前预知的,因此当施工中发现监测的实际值和设计值相差过于悬殊,超过容许值时,应立刻进行检查和分析,找出原因并解决问题,尔后方可继续施工,以避免事故的发生,避免损失。大跨径连续梁桥的施工质量和使用效果是否能达到业主的要求,不仅取决于桥梁结构的成桥质量,也取决于后期的持续监控。为保证大跨径桥梁施工的安全性、稳定性,为今后同类结构体系桥梁的设计、施工提供进一步优化、改进的数据依据,所以开展大跨径桥梁施工监控研究有着重要的意义。

**参考文献**

[1] 刘防震.苏通大桥主跨268m连续刚构施工监控[J].公路,2008,(12).
[2] 徐君兰.大跨度桥梁施工控制[M].北京:人民交通出版社,2000.
[3] 中华人民共和国交通运输部.公路桥涵施工技术规范:JTG/T 3650—2020[S].北京:人民交通出版社股份有限公司,2020.
[4] 张喜刚.大跨径预应力混凝土梁桥设计施工技术指南[M].北京:人民交通出版社,2012.
[5] 中华人民共和国住房和城乡建设部.混凝土结构耐久性设计规范:GB/T 50476—2019[S].北京:中国建筑工业出版,2019.
[6] 中华人民共和国住房和城乡建设部.混凝土结构设计规范:GB 50010—2010[S].北京:中国建筑工业出版社,2016.

# 19. 基于BIM应用的三峡库区大跨径悬索桥钢箱梁吊装技术研究

张 勇

(中国铁建港航局集团有限公司第四工程分公司)

**摘 要** 跨越通航江河海的悬索桥钢箱梁一般采用厂内分节段制造,船舶运输到桥位后,采用起重机进行吊装。靠塔侧无吊索梁段及运输船舶无法就位的区段,搭设存移梁支架,将钢箱梁吊装到支架上滑移就位,也可降低支架高度,待梁段滑移到设计位置投影下时,由起重机垂直起吊就位。本文以长寿二桥主桥钢箱梁节段吊装为例,结合实际工程特征,进行基于BIM技术应用的缆索吊装技术研究,依托BIM技术进行缆索吊设计、工况模拟及过程监控,在不搭设存移梁支架的情况下,克服三峡库区V形河谷梁段运输难题,通过定点起吊、全回转吊具、梁面上纵向移运就位等技术实施,顺利完成工程建设。

**关键词** 悬索桥 主梁 缆索吊 BIM 吊装顺序 线形影响

## 一、工 程 概 况

重庆长寿长江二桥为跨长江特大型市政桥梁,主桥采用悬索桥设计,设有南北双塔,主跨采用钢箱加劲梁,跨度739m,桥宽34m(图1)。设计主缆成桥状态矢跨比为1:9,横桥向主缆中心距32.5m。每个吊点处设置2根吊索,每组吊索纵向间距12m。吊索与索夹、钢箱梁均采用销接式连接,利于更换的同时,还可以缓解主缆及加劲梁在不断反复纵移状态下,导致吊索出现弯折产生的弯曲次应力。

主桥加劲梁采用钢箱梁(图2),扁平流线型封闭形式,桥面板与桥底板均采用正交异性板结构。全桥加劲梁划分为62个梁段,包括58个长12m的标准梁段,2个长12.5m的中央梁段,2个长8.34m的端梁段。端梁段最重,达201t,全桥加劲梁总重约1.2万t。

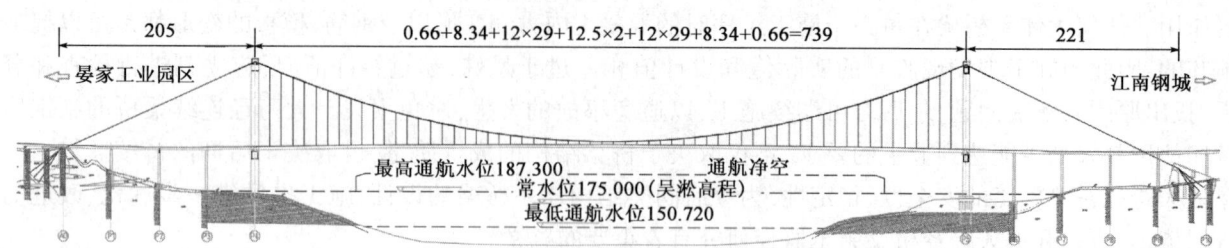

图 1 重庆长寿长江二桥主桥结构形式(尺寸单位:m)

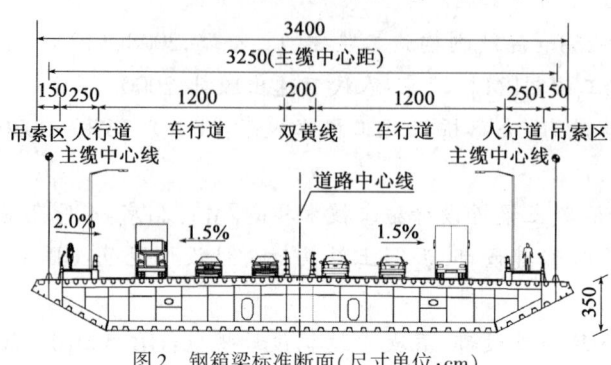

图 2 钢箱梁标准断面(尺寸单位:cm)

## 二、技术方案比选

长寿二桥桥址为典型三峡库区 V 形河谷(图 3),枯水期、蓄水期水位变化在 30m 以上。桥位正处过河航道,受河道中礁石影响,枯水期桥位处水流急、水情坏,可通行航道宽度仅为 200m 左右。结合实际工程特点,考虑施工条件,长寿二桥钢箱梁吊装可选择两种施工方案(表 1):跨缆起重机,缆索起重机。

图 3 长寿二桥桥址地形图

**两种吊装方案全方面综合比选** 表 1

| 序号 | 比选项目 | 缆载起重机 | 缆索起重机 |
|---|---|---|---|
| 1 | 设备投入 | 工效低,跨缆起重机需 2 套;<br>滑移支架搭设拆除设备;<br>定位船舶 | 投入一套缆索;定位船舶 |
| 2 | 支架搭设 | 低水位施工方案需要搭设 130m 左右滑移支架,投入 1400t 左右钢材;高水位施工支架投入翻倍<br>支架搭设、使用及拆除,会破坏江岸水土现状 | 不用搭设滑移支架 |
| 3 | 施工工期 | 吊装工效低,需要滑移,工期 70d | 缆索吊装工效高,工期 45d |
| 4 | 通航维护 | 航道上吊装需要封航;搭设支架影响通航维护及度汛;工期长,维护投入更多 | 可定点起吊,不影响通航,不影响度汛 |

续上表

| 序号 | 比选项目 | 缆载起重机 | 缆索起重机 |
|---|---|---|---|
| 5 | 经济比较 | 考虑支架投入、通航维护及工期成本,总体成本高 | 节约支架投入,减少通航维护费用,总体成本占优 |
| 6 | 技术管理 | 跨缆吊结构属于传统技术,利用主缆作为承载系统,技术成熟 | 缆索吊装在悬索桥上的应用技术管理难度更高 |
| 7 | 安全控制 | 缆索起重机安全风险较低,但吊装工艺及滑移支架对通航度汛影响大,安全控制点多面广,风险高 | 结构受力安全控制要求高;其他安全隐患少 |
| | 分析结论 | 综合分析,缆索起重机更优 | |

缆载起重机吊装方案:在主缆上安装起重机,调试完成、试吊通过后,起重机空载行走到设计位置,垂直起吊钢箱梁就位。运梁船不能直接将梁段运到吊点下时,需搭设滑移支架作为运梁栈桥或通过疏浚使桥下满足驳船运梁条件[4][5]。

缆索起重机吊装方案:在悬索桥索塔及锚碇上安装缆索起重机,调试完成、试吊通过后,行走就位垂直起吊钢箱梁,起重机可带载行走。钢箱梁起吊位置灵活,在运输条件有限的区域可选取适当位置定点起吊后,起重机带载行走纵向移运至设计位置。

通过方案比选,缆索起重机可定点起吊后带载纵移,无需搭设滑移支架,不影响航道通行及度汛安全,工效更高,经济性、环保性良好,更适合长寿二桥钢箱梁吊装。

### 三、缆索起重机吊装钢箱梁BIM技术应用

1. 缆索起重机设计

1)总体设计方案

长寿二桥加劲梁缆索吊系统利用悬索桥本身塔锚,采用双塔三跨方案(图4),跨径组合:233.3m+739m+250.6m,支点分别位于两岸主桥锚碇及索塔横梁上。缆索吊工作时,承重索最大矢跨比为1:14,与主缆空缆状态比较,跨中处安全高差达22m。缆索吊设左、右幅两组工作主索,中心间距10m,单组主索采用10根直径φ60强度1960MPa的钢丝绳。采用全回转吊具,设计钩下吊重220t。

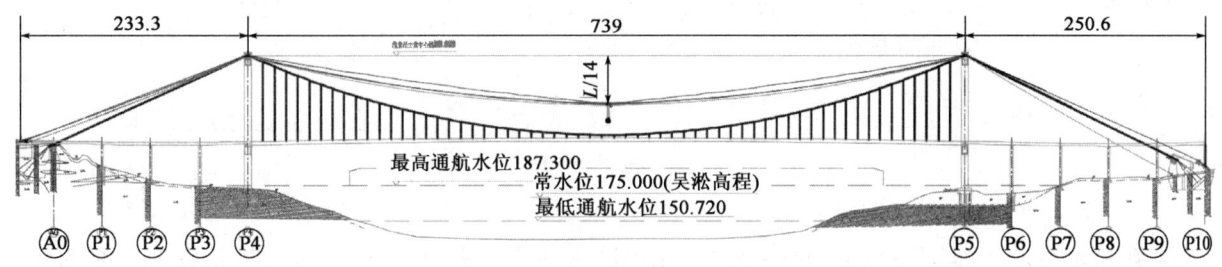

图4 长寿二桥缆索吊结构形式布置(尺寸单位:m)

2)主要方案亮点

(1)利用悬索桥塔锚

充分利用悬索桥结构,将缆索吊锚固系统设置在锚碇上,将主索索鞍设置在主塔上横梁上,总体布局合理,受力体系简单明确,节约材料、用地等资源。

(2)应用BIM技术进行设计优化

利用BIM技术进行结构、空间建模,进行缆索吊方案设计。结合桥面上运梁的方案设计,通过主缆空缆线形及缆索吊结构进行反算,确定最佳缆索吊承重索矢跨比,既满足安全使用要求,又实现结构轻量化设计。

为避免搭设大体量的近塔侧箱梁节段安装支架,对缆索吊结构进行优化,改变传统的四天车结构,采

用双天车扁担梁结构(图5),大大减小缆索吊起吊中心与塔柱的距离(图6),保障了近塔侧箱梁的顺利吊装就位。

图5 缆索吊双天车扁担梁吊具吊装端梁　　图6 缆索吊平衡吊具吊装钢箱梁节段

通过 BIM 技术,结合该工程钢箱梁节段重心变化,对吊具进行设计优化,通过平衡梁的设置调整节段重心,通过长短索的设置调整节段梁平衡,确保结构安全及操作方便。

(3)应用 BIM 技术进行空间碰撞检查

应用 BIM 技术,通过空间模型及进度模型进行空间碰撞检查,保证缆索吊结构与猫道、主缆、吊索在空间上顺利并行,优化起梁孔梁段吊装顺序及近塔侧合龙梁段吊装工序,确定吊装及合龙工况下空间位置限定数据。

(4)应用 BIM 技术进行结构安全验算

应用 BIM 技术对钢箱梁吊装全过程中缆索吊自身结构、主塔上横梁结构、主塔偏载等进行安全验算,确保施工安全。

## 2. 缆索起重机吊装钢箱梁工况模拟计算

1)吊装工况钢箱梁节段线形变化规律(图7、图8)

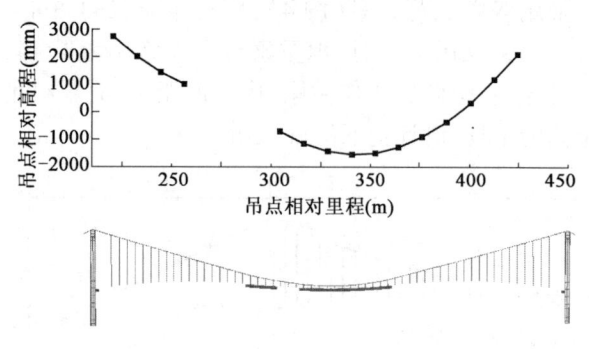
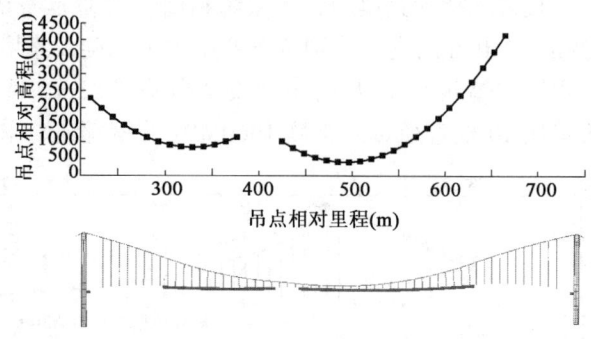

图7 吊装 S10 节段时各吊点高差　　图8 吊装 S20 节段时各吊点高差

应用 BIM 技术,结合计算软件,对钢箱梁缆索吊装方案全工况进行建模分析,钢箱梁节段线形变化规律如下:随着梁段吊装就位,主缆线形逐步变化,先跨中下垂至低于最终成桥线性(边跨抬高),然后跨中逐步抬高至最终成桥线形(边跨同步压低至成桥线形)。主缆线形变化导致吊装过程中相邻梁段吊点

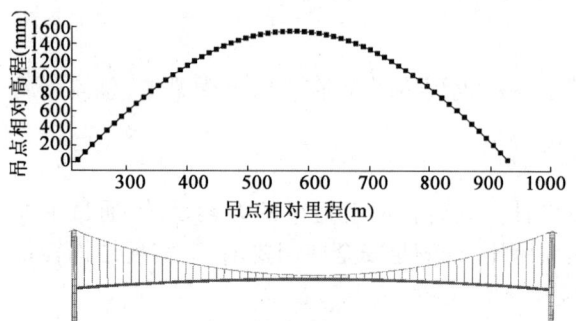

图9 吊装合龙段时各吊点高差

(钢箱梁吊耳处)高差,最大达92cm(吊装10号梁段时与已吊装9号梁段高差)。

随着梁段逐步吊装至全部完成,相对高差逐步减小,最终趋于设计线形。

在最后吊装起梁孔4、5、6梁段前,起梁孔处高差已基本分布均匀。吊装4、6梁段时,与相邻梁段高差在10cm左右,吊装5号合龙块时,与4、6梁段高差在3cm左右(图9)。

2）吊装工况钢箱梁节段间底板开口变化规律

根据建模分析结果，在整个吊装施工过程中，钢箱梁节段底板在节段缝处呈现开口状态，各梁段间开口数据呈锯齿形变化，随着吊装梁段的增多，锯齿状变化幅度逐渐变小。在吊装10梁段时，吊点相对高差最大，此时为最不利工况，在该工况下箱梁节段顶口连接，底口开口，开口理论值达到近12cm。在全部施工过程中，开口在整个梁段上是呈锯齿形变化的，随着吊装梁段的增多，锯齿状变化幅度逐渐变小（图10、图11）。

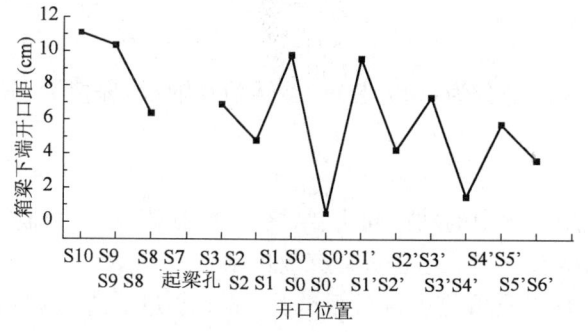

图10 吊装S10后各梁段底板开口距离图　　图11 吊装S14后各梁段底板开口距离图

3）缆索吊装钢箱梁工序优化

根据监控单位吊装工况吊点高差分析结果，对吊点相对高差大于30cm的节段吊装时，步骤如下：

（1）使用平衡吊具，使得梁起吊时重心处于缆索吊挂架中心，平稳起吊；

（2）连接永久吊索与钢箱梁，但不卸力，保持大部分梁体荷载作用在缆索吊上；

（3）钢箱梁靠塔端使用滑车组起吊，使其跨中端部（与已吊装梁连接部位）高度降低；

（4）高差调至30cm左右时，利用马板与千斤顶对钢箱梁连接处进行顶压调平；

（5）待吊装钢箱梁与已吊装节段顶板高程一致时，连接临时拉杆。

吊点相对高差≤30cm的节段吊装步骤如下：

（1）使用平衡吊具，使得梁起吊时重心处于缆索吊挂架中心，平稳起吊；

（2）缆索吊下放，待吊装钢箱梁与已吊装节段顶板高程一致时，连接临时拉杆；

（3）下放过程若需要梁段倾斜，即在钢箱梁靠塔端使用滑车组起吊调整（图12）；

（4）临时连接就位、采用码板加固后，利用缆索吊缓缓提升梁体，当永久吊索与梁面吊耳孔对应时候，连接吊索与梁体。

钢箱梁吊装就位后，完成箱梁顶板临时连接件安装。在钢箱梁吊装初期，梁段下部呈开放状态，随着箱梁节段吊装的进行，相邻梁段的下部间隙开始闭合。因此只能连接顶板上的临时连接件，内部及底口的连接件需随着吊装进程底口闭合后再及时安装。

3. 缆索起重机吊装钢箱梁

1）缆索起重机安装及验收（图13）

图12 采用滑车组调整节段高程示意图　　图13 长寿二桥缆索吊总装照片

(1) 缆索吊主索布置

缆索吊两组主索,每组 10 根高强钢丝绳。主索采用钢结构锚固在悬索桥锚碇上,在悬索桥主塔上横梁顶分别设置索鞍。

(2) 起重绳及牵引绳布置

缆索吊配置 2 台 25t 起重卷扬机,每台连接 1 根直径 36 起重索,通过跑车走 12 线连接吊具;2 台 30t 牵引卷扬机,每台连接 1 根直径 42 闭合牵引绳,通过卷扬机正反转实现南北双向牵引,牵引索在跑车处走 4 线。

(3) 全回转吊具

全回转吊具可以完成钢箱梁在空中整体旋转,主要组成部分为:动力装置、旋转轴及轴承、扁担梁、分配梁、万向铰和挂钩等。

(4) 全电子集成监控控制

缆索吊采用全电子集成监控控制系统,有效保证使用过程中的动作同步、结构安全、施工安全。监控系统分应力应变结构安全监控及全景视频监控,对全结构及全施工过程进行有效控制。

缆索起重机安装完成后进行全面安全检查验收,由有资质单位进行荷载试验,试吊通过后进行钢箱梁吊装。

2) 缆索起重机吊装钢箱梁

选择航道外水深合适处作为运梁船固定泊位。钢箱梁节段在工厂预制,水运至桥位处,运梁船在定位船辅助下完成定位,缆索吊垂直起吊钢箱梁就位。钢箱梁吊装从跨中开始,逐段对称,向桥塔方向推进,最后合龙。主要施工步骤如下:

(1) 从跨中开始吊装,向桥塔侧对称作业,至边跨合龙块;运梁船泊位处梁段暂不吊装,其位置留做起梁孔;

(2) 随着吊装进程,完成主索鞍分步顶推,确保塔偏及缆索线形满足设计及规范要求;

(3) 吊装边跨合龙块于地面存放支架,吊装端梁就位,完成临时固定;

(4) 吊装起梁孔处梁段,完成起梁孔合龙;

(5) 吊装边跨合龙块,完成定位连接,全桥合龙,施工完成;

(6) 拆除缆索吊,进行下步工序。

3) 基于 BIM 技术的缆索起重机吊装过程管理

(1) 利用 BIM 技术建立的模型,搭载 Civil3D 地形模型,输入施工计划、施工方案和选用的工法动态,生成总体模型及动画,进行可视化交底。

(2) 利用总体模型,结合电子监控系统,进行缆索吊吊装全过程的智能操作、智能监控,保障施工安全质量,提高作业效率。

(3) 依托总体模型,结合实际构建信息管理平台,实现吊装全过程的施工质量管控、人员管理、施工安全管控、进度计划管控、安全巡检等管理功能,实现项目快速高效的信息化协同管理。

## 四、缆索吊装关键技术应用

### 1. 定点起吊技术

在通航航道外施工水域选择合适水深的位置设置定点起梁孔,作为缆索起重机定点起吊位置。运梁船采用定位船辅助定位,整个吊装期间不占航道,保障通航的同时节省航道维护费用。

### 2. 全回转吊具及梁面上纵向移梁

缆索吊机采用全回转吊具,梁段起吊后可实现 360°全回转,实现吊装梁段横向宽度变位为与桥轴线平行,避开与吊索之间的冲突,顺利纵向移运至设计位置与吊索及已吊装梁段临时连接,完成吊装。

通过全回转吊具的应用,实现梁面上纵向移运箱梁(图14),是实现定点起吊、不搭设滑移支架的关键技术保障。

### 3. 端梁悬吊系统（图15）

无吊索钢箱梁（端梁段）的吊装需要支撑定位，可采用滑移支架或滑移托架。若采用落地滑移支架，高空作业多，安全隐患较大；若采用在主塔横梁上设置滑移托架的方式，预埋件易对主塔造成结构伤害。

图14 全回转吊具实现梁面上纵向移梁

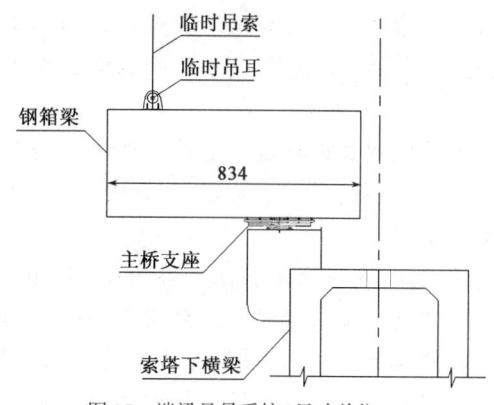

图15 端梁悬吊系统（尺寸单位：m）

通过技术研究，长寿二桥端梁吊装成功应用悬吊系统定位：梁段上设置临时吊耳，待梁段吊装后与布置在主缆上的临时索夹锚固的临时吊索连接，配合永久支座进行临时固定。悬吊技术取代传统存移梁支（托）架，结构安全隐患少，吊装应力简单，可控性好，能有效降低成本。该技术成功实现无吊索端梁临时存放和梁段调位，减少预埋件对主塔混凝土结构的伤害，达到端梁架设安全可靠的目的。

### 4. 牵引合龙技术

起梁孔合龙时，钢箱梁段还有空缺，主缆线形与设计线形不一致，钢箱梁桥面各梁段位置与成桥状态位置不同，起梁孔空隙长度小于梁段长度。

合龙位置与端梁相邻时，可以利用端梁向桥塔偏移加大空间长度实现预偏合龙。而起梁孔位置位于跨中，常规做法是搭设顶推桁架加大吊装空间，桁架搭设体量大，成本高，施工复杂，且需要在钢箱梁顶板上焊接定位，易造成钢箱梁结构变形及损伤。考虑到长寿二桥吊索与钢箱梁及索夹采用销接式连接，存在一定偏移空间，优先选用牵引法施工（图16）。

基于受力平衡分析，要实现钢箱梁自重 $G$、吊索立 $f$ 和牵引力 $F$ 三力平衡（图17），结合偏移距离、吊索长度和偏移角度进行计算，牵引力设为750kN。通过在塔柱处布置滑车组牵引钢箱梁均衡的向两侧岸边偏移，使合龙口间距比梁段长度富余30cm以上。牵引法相对顶推桁架法，降低了施工成本，保障了施工安全，工效也得到显著提升。

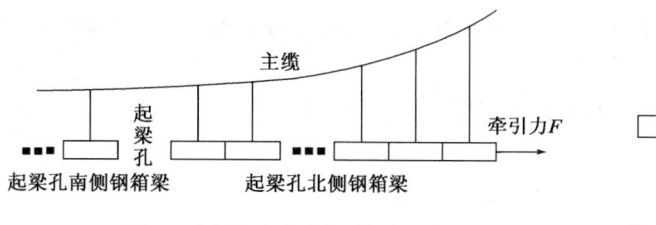

图16 起梁孔合龙时牵引方案示意

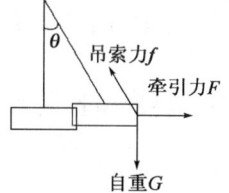

图17 牵引状态结构受力分析图示

## 五、结 语

通过BIM技术应用，进行三峡库区大跨径悬索桥钢箱梁缆索吊总装设计及优化，深入研究吊装技术，依托智能化、信息化管理，长寿二桥钢箱梁吊装顺利完成作业，有效吊装工期仅35d。实践证明，缆索吊装技术在三峡库区大跨径悬索桥施工应用中优质高效、安全可控、绿色环保，应用推广性极强，具有良好的效益。

## 参考文献

[1] 沈锐利,潘鑫,才振山.铁路悬索桥疲劳荷载下吊索内力与变形分析[J].铁道建筑技术,2019(06):2.

[2] 周翰斌.土耳其伊兹米特海湾大桥设计施工关键技术[J].中外公路,2019(129):109.

[3] 冯宏江.悬索桥施工安全风险管理探讨[J].工程管理,2020(09):181.

[4] 张太科,唐茂林,李旻拾,等.大跨悬索桥加劲梁吊装过程强静风安全性研究[J].桥梁建设,2019(06):31.

[5] 曲江峰.重庆鹅公岩轨道交通悬索桥边跨钢箱梁顶推施工技术[J].铁道建筑,2018(10):27.

[6] 田仲初,李真颜,黄欢.大跨度悬索桥缆索吊装系统承重索性能分析[J].公路与汽运,2020(05):100.

[7] 文强,陈应陶.重庆油溪长江大桥760m钢箱梁悬索桥设计[J].桥梁建设,2019(04):89.

[8] 张海顺.超大跨度悬索桥主梁架设顺序研究[J].铁道建筑技术,2020(08):16-17.

[9] 傅泓力,陈军锋.秀山大桥钢箱梁架设施工安全管理[J].公路,2019(09):206-207.

[10] 谭立心,李传习.虎门二桥坭洲水道桥近塔区无吊索钢箱梁临时支承体系设计[J].世界桥梁,2019(04):7.

[11] 李兴华,潘东发.武汉杨泗港长江大桥主桥施工关键技术[J].桥梁建设,2020(4):15.

[12] 杨武,梁进达.山区大跨径悬索桥钢箱梁施工技术[J].交通世界,2019(14):122.

# 20. 自锚式悬索桥超宽长联钢箱梁智能顶推技术研究

吕昕睿　朱金柱　李浩

(中交第二航务工程局有限公司)

**摘　要**　针对超宽、超重、长联桥梁顶推施工存在的问题,本文围绕超宽长联钢箱梁智能化顶推工艺、信息化监控技术开展了关键技术研究。研发了基于数字孪生的顶推智能监控技术及平台,通过智能决策系统快速判断,发出决策指令指挥多台顶推设备同步协调作业。感知网络将信息反馈回决策系统,形成自适应动态闭环控制系统。研究表明,该施工技术极大地提高施工效率、缩短工期和节约成本,相关技术应用推广前景广阔,适用于各类结构无人值守步履式顶推及大跨度桥梁施工实时监测平台及全寿命期监测。

**关键词**　悬索桥　桥梁顶推施工　智能决策　施工监控

## 一、引　言

悬索桥因其跨越能力强,适应性好,在很多跨越山脉、河流、峡谷等桥梁项目中成为最优方案。自锚式悬索桥作为悬索桥的一种具有造型美观、经济、适应性强等优点,在400m以内跨径具有较强的竞争力。近年来,随着钢结构施工技术高速发展,节能环保材料不断创新,钢箱主梁被越来越广泛运用在大跨度桥梁上,且呈现超宽、超重、长联的发展趋势。顶推法作为自锚式悬索桥常用的施工方法,因适用广泛、精度可控、工效合理、经济适宜得到广泛应用,如杭州九堡大桥顶推梁长主桥630m、引桥900m,顶推桥宽度31.5m;六广河特大桥顶推梁长243m,顶推桥宽度27.7m;江汉六桥顶推桥宽度41m等工程。桥梁超宽、超重、长联的发展趋势对施工工艺和技术的安全和质量提出了更高的要求。目前,大部分现有顶推施工存在智能化程度低、监测覆盖面不足等问题,本文依托济南凤凰路黄河大桥主桥,围绕超宽长联钢箱梁智能化顶推工艺、信息化监控技术开展了关键技术研究。

## 二、工程背景

济南凤凰路黄河大桥全长1332m,宽61.7m,跨径布置(70+168+428+428+168+70)m,建成后为世界第一的三塔自锚式组合梁悬索桥。主桥主梁为6跨,采用钢箱梁结构。中塔柱高126m,边塔柱高116.1m,如图1所示。其施工具有以下特点:(1)钢梁架设采用步履式顶推工艺,具有结构自重大、超宽变腹、温度效应显著、安全风险高;(2)共采用104台步履式千斤顶同时顶推,对施工同步控制要求高、纠偏困难;(3)顶推施工过程中,监测项目多,存在实时性差、预警延时高等问题;(4)临时墩数量多,人员需求大,顶推精度控制难度大;(5)主、引桥均采用顶推施工。

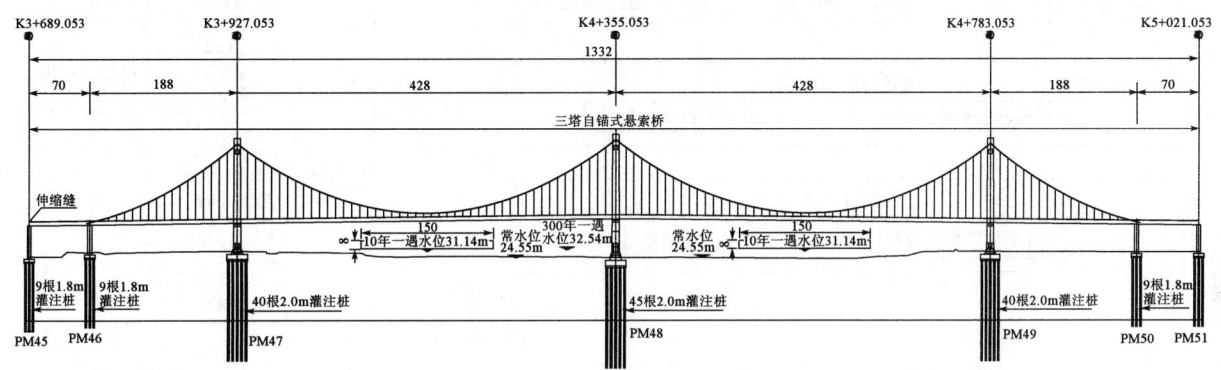

图1 济南凤凰路黄河大桥(尺寸单位:m)

## 三、智能控制体系设计

目前采用顶推施工的桥梁工程项目存在缺乏智能化手段、分析与评判要求高、监测覆盖面不足等问题。因此针对三塔四跨钢箱梁的自锚式悬索桥结构复杂、影响因素众多的工程特点,设计了基于BIM的桥梁顶推数字孪生控制体系,构建了顶推施工数字孪生仿真场景,结合长联钢箱梁顶推的控制要素,从多参数全方位反映施工现场真实状态,实现数据动态传递、指令智能决策和设备精细控制。体系总体设计架构由用户域、数字孪生体、监测与实体控制、现实物理域组成,具体如图2所示。

其中,现实物理域为可观测目标对象;监测与实体控制通过安装在桥梁上的各类传感器实时采集数据,并将监测数据,全方位实时传输到云端服务器。同时接受施工指令发送至顶推设备,实现信息在物理域与数字孪生体的传输交互、智能辅助施工决策等功能。数字孪生体将采集的沉井监测数据进行滤波、存储与结构化处理,分析施工阶段和进度,自动调整预警指标与参数,对超限数值发出警报。根据预警内容,结合数据库中的参数影响矩阵,自动生成初步顶推设备调整方案,如图3所示。用户域主要向用户提供所需要的应用服务,使用者可以利用PC、智能手机等设备,访问云数据中心的Web服务器,获取所需信息和调取数字孪生模型。

## 四、智能顶推技术研究

### 1. 顶推施工控制指标

对顶推过程进行有限元分析,顶推计算包括顶推施工方案的论证与优化,包括导梁长度、临时撑杆设置、临时墩控制反力等,再与相关数据与基于BIM的数字孪生施工模型(图4)进行关联。根据设计和施工现场情况,收集计算相关资料,施工顶推全过程中桥梁主体及临时结构进行敏感性分析,如图5所示。选取工况时主要考虑的因素如下:(1)各节段钢箱梁安装前后结构受力变化;(2)导梁上临时墩前后主梁受力及支点反力变化;(3)拆除导梁和合龙结构受力变化。

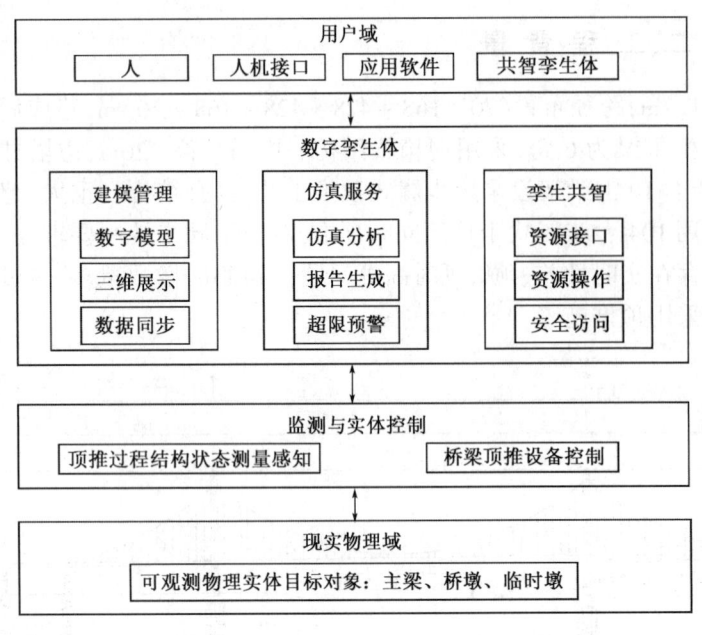

图 2 桥梁顶推数字孪生控制体系　　　　　　　图 3 辅助决策流程

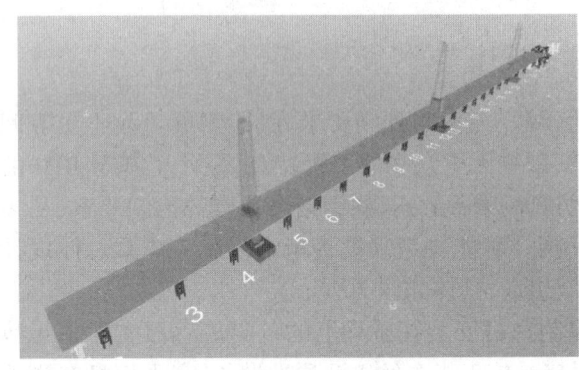

图 4 桥梁顶推施工数字孪生模型

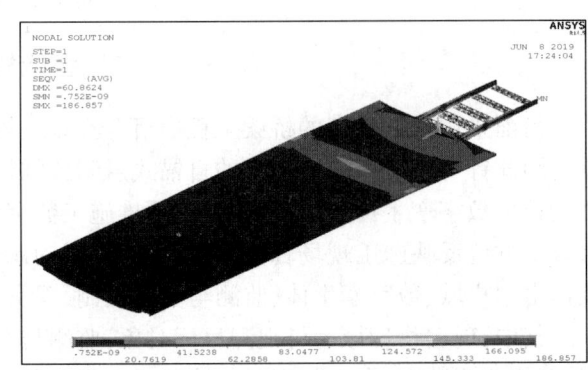

图 5 桥梁主体结构敏感性分析

有限元分析可得,全桥顶推施工,钢箱梁主梁应力控制在71MPa左右,各临时墩支反力大部分均在25500kN左右,考虑到一定的施工安全因素,岸上标准临时墩起顶最大反力控制值为27000kN,墩旁临时墩起顶最大反力控制值为24000kN。最大位移出现在顶推施工导梁上辅助墩前,最大悬臂端约100mm。最终钢主梁顶推到位最大应力为15.9MPa,如图6所示。通过计算,拟定顶推过程控制指标,具体数据见表1。

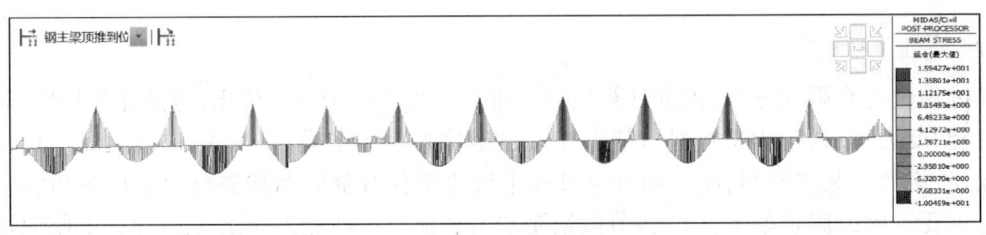

图 6 钢主梁顶推到位应力图

顶推过程控制指标表  表1

| 施工监控项目 | 纵向位移(mm) | 横向位移(mm) | 竖向位移(mm) | 最大应力(MPa) | 顶推最大反力(kN) | 允许沉降值(mm) |
|---|---|---|---|---|---|---|
| 钢主梁 | — | 50 | 30 | 70 | — | — |
| 导梁 | — | 50 | — | 187 | — | — |
| 岸上临时墩 | 60 | 40 | 30 | 110 | 27000 | 40 |
| 水中临时墩 | 100 | 80 | 30 | 110 | 27000 | 40 |
| 墩旁支架 | 10 | 20 | 10 | 90 | 24000 | — |

## 2. 物联网感知系统

为保障桥梁顶推施工相关实时数据的采集和传输，在施工现场建立一套基于4G物联网的全自动物联网感知系统，在桥梁梁体与桥墩、辅助墩指定位置安装各类一定数量的传感器装置，将采集到的实时数据通过4G路由器上传至云端服务器进行实时分析处理，确保数字孪生模型能够获取足够的仿真信息，如图7所示。在施工监控数据种类方面，系统涵盖了桥梁主梁线形、导梁线形、顶推支点高程、应力监测等重要参数。在主梁应力应变测点全桥共设置16个断面，断面在所处梁段的正中部位置布置。单个临时墩支架有8根钢管立柱分为两排，取顶推过程中压应力较大的一排布置测点，每个临时墩支架设置4个测点，传感器采用振弦式应变计；导梁线形监测，临时墩倾斜监测采用倾角传感器，临时支架与主梁位移采用拉杆式位移计测量。

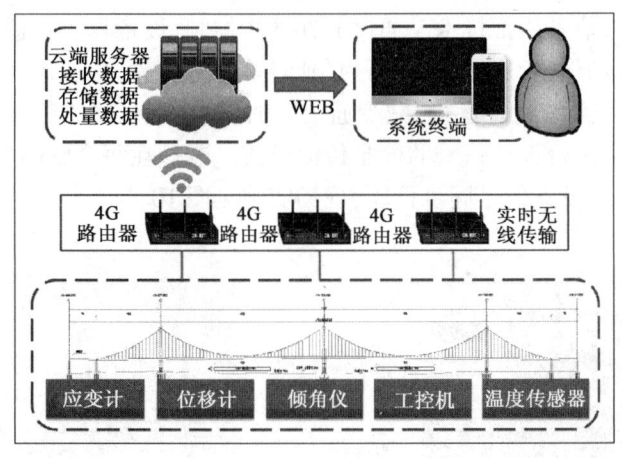

图7 物联网系统示意图

## 3. 顶推智能决策算法

将得到的计算结果和控制指标与桥梁顶推数字孪生模型相关联，作为预警标准和算法基础。构建了监测与控制数据库，结合敏感性分析和集成学习模型，研发了基于随机森林(RF)的智能决策算法。将顶推进度数据、导梁线形数据、主梁应力数据、和临时墩位移等数据，作为模型的数据输入，而是否顶推的指令作为目标值输出。根据历史数据构建样本集，按照80%、20%分为训练集和测试集，采用基础模型分类与回归树(CART)，训练多个弱CART模型，通过装袋法方法进行融合，构建成最终的随机森林模型。CART作为简单实用的数据挖掘技术，可递归地划分自变量空间，并用验证数据进行剪枝构建二叉树。顶推数据辅助决策随机森林模型构建方法如下：

(1)使用自助法抽样技术从原始数据集 $D$ 中有放回地抽取 $K$ 个训练数据集，每个训练子集的样本数也为 $N$。(2)采用分类回归树方法构建基分类器模型。在树的结点处，从 $M$ 个输入特征中随机选择 $m$ 个特征($m \leq M$)作为决策树当前结点的分裂特征集，从中按基尼指数(Gini index)最小化准则。选择最优分裂特征和切分点，将训练数据集划分到两个子结点中去。(3)将 $K$ 个bootstrap样本集按照2的方式训练决策树模型,把所有生成的决策树组合成一个随机森林模型 $\{t_i, i=1,2,3\cdots,K\}$。将测试样本 $x$ 输入模型,得到对应的分类是否顶推的结果 $\{t(1),t(2),\cdots,t(K)\}$。(4)RF 算法通过对每棵树的结果进行统计来做出最终是否顶推的预测,即 $T(x)=\text{argmax}\sum_{i=1}^{K}I(t_i(x)=y)$,具体如图 8 所示。

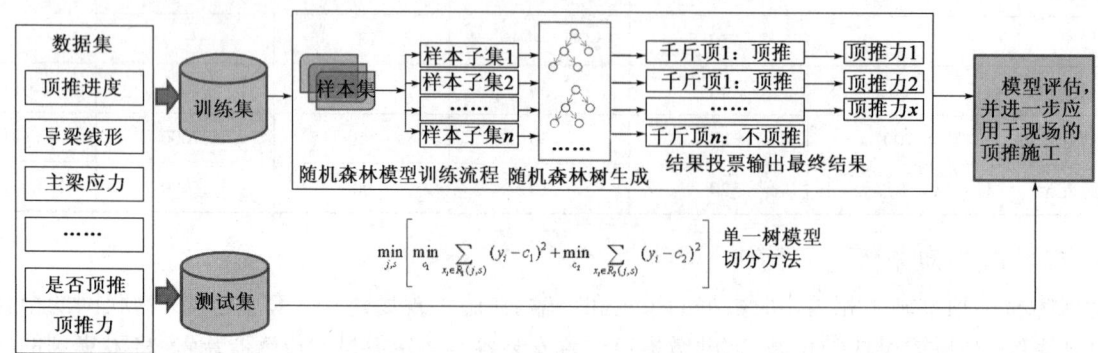

图 8 基于随机森林的智能决策算法

以云端数据库为基础开发智能监控平台终端软件,将智能决策算法集成到后台数据处理程序,由云端服务器传输到设备控制系统。在数字孪生模型中自动判断施工工况,调取当前工况下控制指标,通过智能辅助决策系统,对处于橙色预警状态时自动识别纠偏目标,实现动态发布纠偏指令。

4. 无人值守顶推技术

针对桥梁顶推千斤顶数量多,顶推同步控制要求高、纠偏困难,人员需求大等施工特点,研发了多智能体协同的长联钢箱梁无人值守顶推技术。通过 PID 同步控制,设备具有自适应控制算法的液压自动控制系统,在预顶、顶升、下降动作中,通过位移、压力、延时等实时参数,自动识别及调整梁体与顶推设备接触面的贴合,见图 9。为保证系统稳定运行,减少通信延时,改进了传统 DP 通信电缆将主控与众多分控串联实现信号传输的远距离多台设备信号的同步传输模式。通过在每个临时墩上配置无线网桥发送端,主控处设置接收端,实现多台设备信号同步传输,现场实施见图 10。

图 9 自适应控制算法的液压自动控制系统

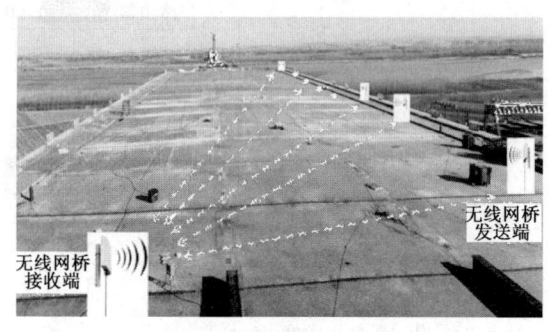

图 10 改进型远程无线通信系统

同时,在反力座与纵梁之间设 MGE 板,并涂抹钙基润滑脂,用于解决联钢箱梁温度效应显著、顶推同步误差累计所造成的墩顶水平力过大等问题。钢箱梁与临时墩将产生滑动,降低墩承受水平荷载产生的弯矩,通过不锈钢板与 MGE 板之间的摩阻系数试验。静摩擦因数从 0.14 降为 0.017 墩顶水平力从 3500kN 降为 425kN,大幅降低了施工过程中墩顶水平力。

## 五、实施效果

针对项目特点研发并应用了桥梁顶推施工实时监控平台,实时展现顶推施工综合情况,在不同施工阶段将相应的传感器数据用图表和曲线形式展示在主页;通过实时数据驱动桥梁模型在数字孪生仿真界面进行情景还原,提供了直观的施工控制界面,如图 11 所示。及时掌握桥梁施工状态及整体稳定性。对施工监控数据进行自动实时分析,由每天的施工数据自动生成报表,对监测数据超限事件进行实时预警,通过手机端监控系统将桥梁顶推施工综合信息推送到相关管理人员,向顶推设备控制系统传输智能决策指令,控制顶推千斤顶作业,确保桥梁构件处于合理的应力范围之内和施工的顺利进行。

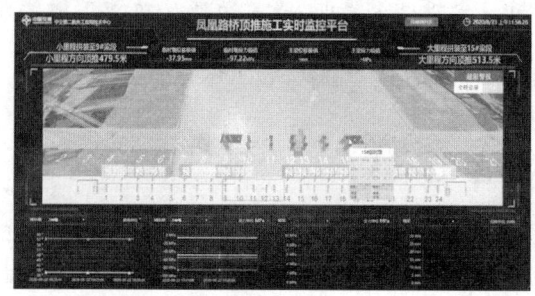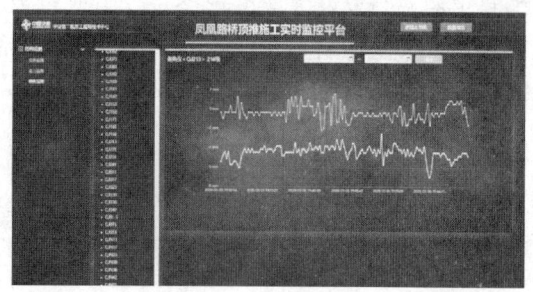

图11 智能监控系统主界面

现场实施表明,超宽长联钢箱梁智能顶推技术在现场设备操作方面减少了施工人员数量,从单侧35人降低至6人,节段平均耗时降至7h,解决传统顶推的虚推问题,保障了结构安全,有效降低85%墩顶水平力。同时顶推施工各类数据展示在数字孪生监控平台,预警信息和智能决策控制指令均实时推送到手机终端与设备控制系统,实现高效评判与决策,在桥梁顶推过程中实现了实时纠偏和高精度连续作业。通过现场实测数据显示,桥梁实际合龙口精度均控制在5mm以内,高差小于2mm。

## 六、结　语

自锚式悬索桥超宽长联钢箱梁智能顶推技术研究,针对桥梁施工特点研发了基于数字孪生的智能监控平台,以数据驱动的设备工装控制、施工安全与动态控制评估的信息化体系为基础,建立了集设备工装作业、结构及环境状态的实时全息感知数据库,搭建了以BIM构件为核心的数字孪生仿真场景,从多参数全方位反映施工现场真实状态,采用基于随机森林的智能决策算法实时分析最优施工指令,并与顶推自动控制设备进行云端互联;多智能体协同的无人值守步履式顶推技术,提高长联钢箱梁顶推施工质量及工效,实现了104套顶升设备自适应动态闭环控制,降低了温度效应引起的85%水平力,确保了结构安全。本技术提高了桥梁快速顶推施工的智能化水平,为顶推过程装上了"千里眼",通过高效评判与智能决策,确保顶推过程连续作业与动态调整,降低了顶推过程的误差风险,保证了桥梁合龙精度,对于类似工程具有较大推广价值。

## 参考文献

[1] 常晨曦,薛华.杭州九堡大桥钢拱梁整体顶推技术[J].施工技术,2012,41(23):32-33+46.
[2] 李钊.六广河特大桥边跨顶推施工技术[J].世界桥梁,2017,45(05):11-16.
[3] 国内跨度最大自锚式悬索桥主桥钢梁第一推顺利完成[J].施工技术,2013,42(07):4.
[4] 张鸿,张永涛,周仁忠.步履式自动化顶推设备系统研究及应用[J].中外公路,2012,32(04):123-125.
[5] 高雷雷.多滑道顶推技术在大宽高比桥梁施工中的应用[J].施工技术,2018,47(04):85-88.
[6] 吴文平,孙夏峰,苏中海,等.85m跨简支钢桁架桥浮托顶推法架设施工技术[J].施工技术,2018,47(02):34-36.

# 21. 大悬臂盖梁反拉法装配施工技术和应用

王　兵[1]　万　星[1]　沈　殷[2]

(1.上海城建市政工程(集团)有限公司;2 同济大学土木工程学院)

**摘　要**　大悬臂盖梁采用反拉法装配施工经济性好,施工效率高,同时占道少,可开放地面空间,特别适合于城市高架桥梁的快速化、低影响施工。本文介绍了盖梁反拉法装配式施工在浙江绍兴越东路智慧快速工程中的应用以及盖梁装配全过程监测结果分析。分析结果表明：盖梁节段反拉施工能满足盖梁和立柱连接构造的快速拼装需求，反拉阶段结构体系稳定，立柱和盖梁姿态可控，受力状态良好。

**关键词** 大悬臂盖梁 反拉法 施工技术

# 一、引　言

从环保、高效、经济等角度出发，桥梁下部结构构件装配化施工是目前我国城市桥梁建设发展的趋势和目标。盖梁作为桥梁下部结构中的重要单体构件，随着桥梁宽度的增加呈现出悬臂长度大、体量大的特点，所以大悬臂盖梁可以采用分节预制、现浇合龙装配施工。

反拉法装配施工适用于分段盖梁装配式施工，特别是小墩距、大悬臂盖梁，预制盖梁和立柱之间采用灌浆套筒或灌浆金属波纹管等类似连接方式。盖梁节段反拉法装配施工是将大悬臂盖梁分为两节段预制，在盖梁节段的短悬臂端，通过张拉大直径高强预应力钢筋，建立盖梁节段和桥梁承台之间的连接，提供桥墩内预压应力，同时平衡盖梁节段大悬臂段产生的不平衡弯矩，实现盖梁不平衡节段快速拼装，最后现浇中间湿接段合龙盖梁。盖梁节段反拉法施工和传统支架法施工对比示意见图1。反拉法施工以受拉杆件为主受力构件，不存在支架的失稳问题；吊装前无需搭设支架等额外工序，缩短了工期；最为重要的是，不占用地面交通空间，适应性广，对周边环境影响小，具有优越的社会经济效益（表1）。

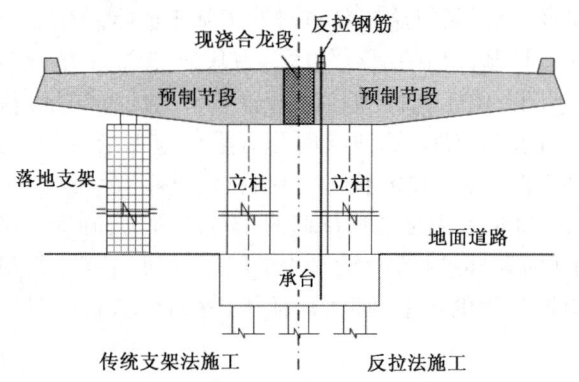 

图1　悬臂盖梁反拉法装配施工示意及现场图

反拉法和支架法对比　　　　　　　　　　　　　　　　　　　　　　　　　　表1

| 项　目 | 传统支架法拼装 | 无支架反拉法拼装 |
|---|---|---|
| 传力机制 | 支架以受压为主，有失稳问题 | 反拉钢筋受拉为主 |
| 适应性 | 不适用于有保通需求桥位 | 适应性广 |
| 材料 | 钢结构等 | 高强钢材 |
| 施工工序 | 吊装前搭设支架，工序多 | 吊装前除埋设预埋件外无特殊工序 |
| 施工难度 | 成熟工法，难度适中 | 反拉力需动态平衡，控制要求高 |
| 经济性 | 支架成本高，周转慢 | 成本适中 |
| 社会经济效益 | 环境影响大，占道，社会经济效益差 | 环境影响小，开放桥下空间，社会经济效益好 |

# 二、工程概况

浙江绍兴越东路及南延段（杭甬高速公路—绍诸高速公路平水口）智慧快速工程1标道路总长约17.5km。快速路主线按城市快速路标准设计，敷设形式以高架主线+地面辅路为主，地面半侧辅路有保通需求。主线双向6车道桥宽25.5m，盖梁长24.9m，宽2.6m，中心高2.6m，总重量达309t。双立柱的墩距4.8m，悬臂长近10m，为我国城市六车道高架桥中常见大悬臂、小墩距盖梁。全线采用预制装配施工的预应力混凝土盖梁数量117个,包括三种标准类型:GL1型、GL2型和GL5型(图2)。

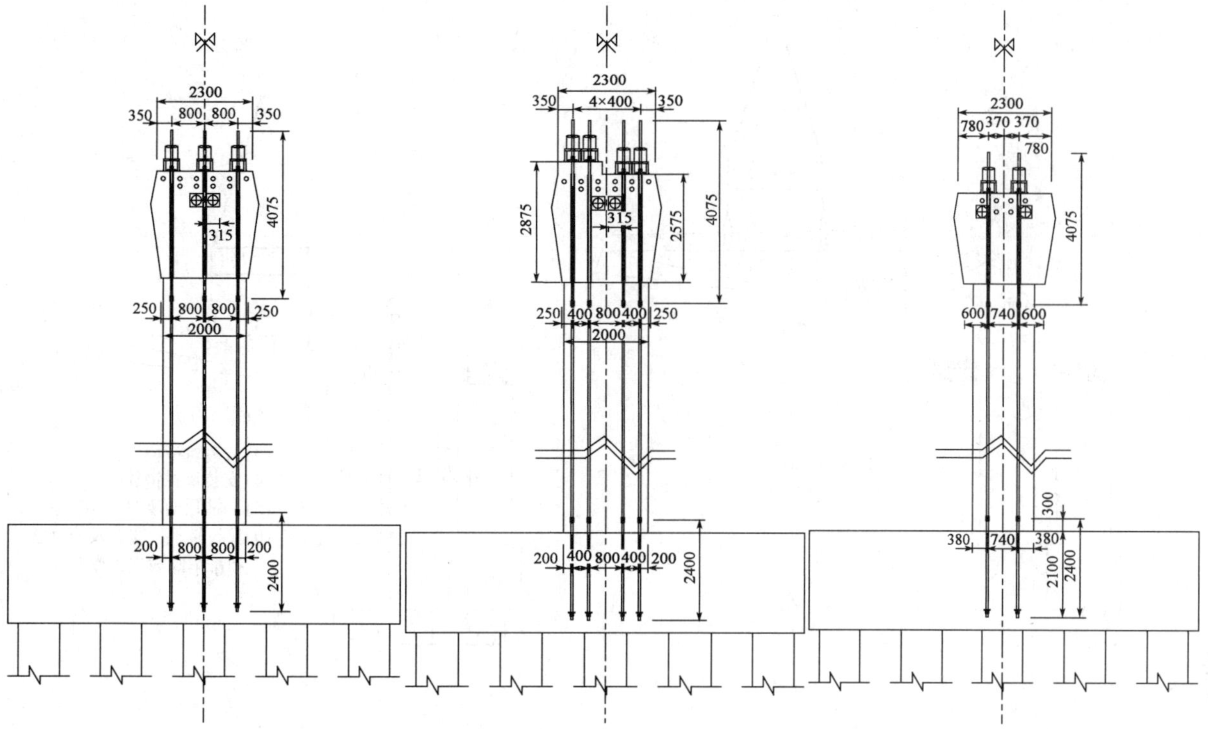

图2 盖梁反拉法装配构造图(尺寸单位:cm)

a)GL1型　　b)GL2型　　c)GL3型

GL1型盖梁适用于25.5m标准桥宽,盖梁长24.9m,高2.6m,宽2.6m;适用于1.9m(及1.6m)高预制小箱梁中墩、1.9m(及1.6m)高预制小箱梁交接墩、1.6m高预制小箱梁—叠合梁交接墩、1.6m高预制小箱梁—钢箱梁交接墩;对应的立柱截面尺寸2m×2m,高度范围7.9~12.5m。GL2型盖梁适用于25.5m标准桥宽,盖梁长24.9m,高2.6m,宽2.6m;适用于1.9m高预制小箱梁—1.6m高叠合梁交接墩、1.6m高预制小箱梁—1.9m高预制小箱梁交接墩、1.9m高预制小箱梁—1.6m高钢箱梁交接墩;对应的立柱截面尺寸2m×2m,高度范围8~11.1m。GL5型盖梁适用于19.5m标准桥宽,盖梁长18.4m,高2.2m,宽2.5m;适用于主线叠合梁与小箱梁交接墩、主线钢箱梁与小箱梁交接墩、主线双向2%横坡小箱梁中墩和交接墩、主线单向2%横坡小箱梁中墩和交接墩、中兴大道主线ZX13号墩、中兴大道主线ZX14号墩、中兴大道ZX15号墩;对应的立柱截面尺寸1.5m×1.5m,高度范围5.2~8.7m。

通过分析依托工程节段转配盖梁的设计构造特点,分别针对三种盖梁类型进行反拉法施工构造设计,盖梁横截面的反拉钢筋布置和构造如图2。其中,GL2型盖梁为交接墩高低盖梁,每侧盖梁节段设置四根反拉钢筋,盖梁两个高低顶面各锚两根。反拉钢筋采用D50的精轧螺纹钢。反拉钢筋和承台内预埋锚杆相连,上穿预制盖梁内预留孔道,锚固在盖梁顶面。反拉钢筋距离预制盖梁内边缘330mm,距离立柱边缘320mm。

## 三、盖梁反拉法现场装配施工流程

盖梁节段装配施工在相应立柱吊装完成,且立柱和承台之间的连接构造达到设计强度以后进行。盖梁节段吊装采用地面吊车在一侧原有地面上起吊,另一侧辅路可以开放交通。

盖梁节段现场装配主要流程如下:(1)吊装前准备工作;(2)节段起吊调平;(3)节段对位校正;(4)安装反拉钢筋;(5)立柱顶面坐浆及初步就位;(6)反拉转换:张拉反拉钢筋和吊车卸载交叉作业;(7)装配另一侧盖梁节段;(8)合龙段水平钢筋连接;(9)盖梁和立柱连接构造压浆;(10)现浇合龙段;(11)盖梁预应力钢束施工完成后拆除反拉钢筋;(12)预埋孔道灌浆。大悬臂盖梁两节段反拉法装配施工流程如图 3 所示。

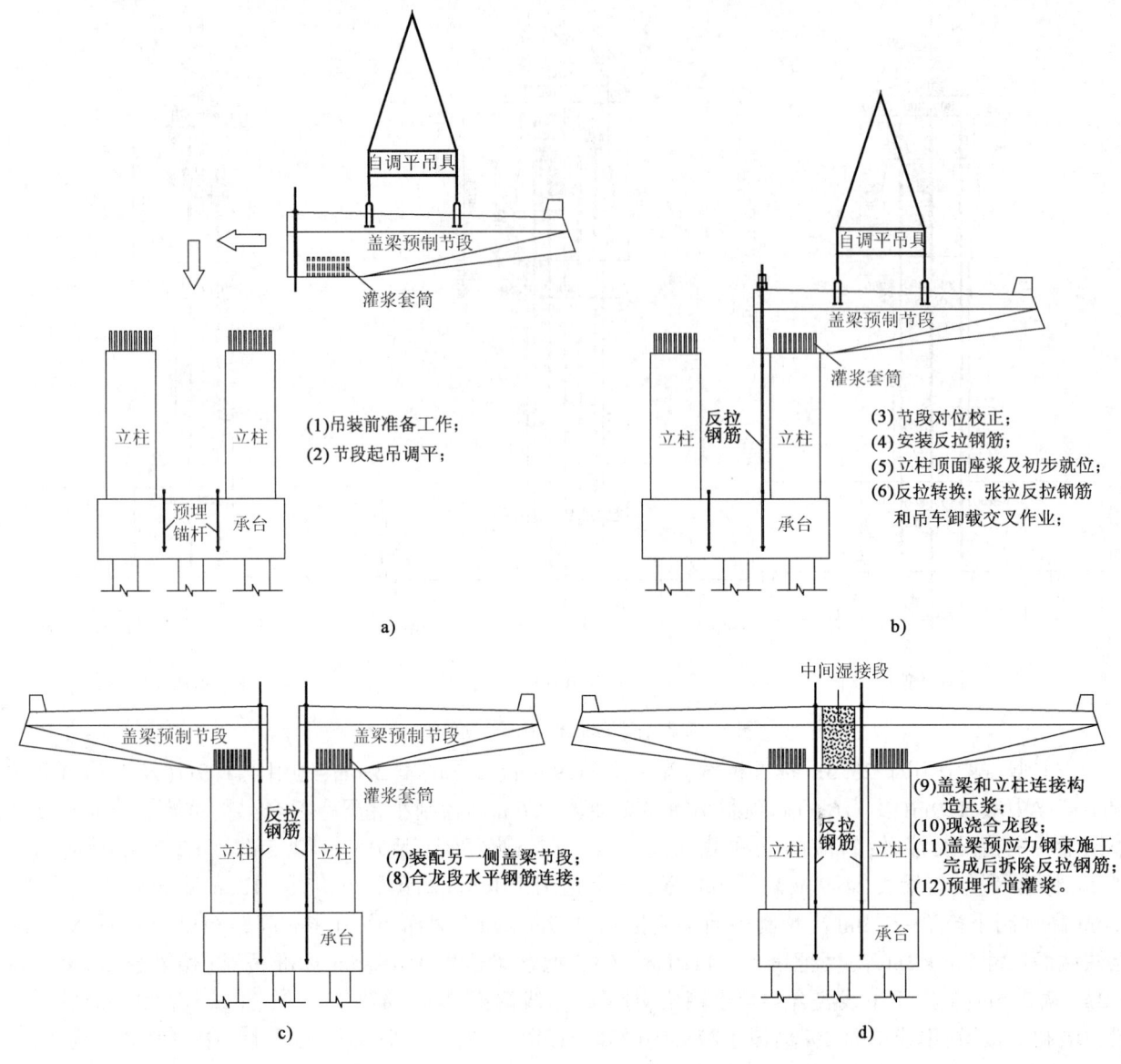

图 3 盖梁节段反拉法装配施工流程示意

### 1. 吊装前准备工作

平板运输车将预制盖梁节段从预制场运输到吊装现场。盖梁节段和立柱的拼接面按设计要求进行凿毛处理。

反拉钢筋采用 D50 高强钢筋，由上段和承台内预埋段组成。反拉钢筋上段可视立柱高度分为多节连接，为确保连接安全和减少预应力损失，反拉钢筋分节最好不超过两节。反拉钢筋上段穿过盖梁节段内预留孔道，上端穿钢垫板和螺帽进行临时固定。钢垫板和螺帽采用反拉钢筋锚固用配套产品。为确保反拉钢筋锚固效率，钢垫板应保证水平，因盖梁顶面有 2% 的横坡，可以铺设少量砂浆垫层等方式找平。

承台内预埋段在盖梁节段吊装前进行拉拔荷载强度检验，检验率要求 100%。拉拔检验荷载取为反拉施工荷载的 1.2 倍。

### 2. 节段起吊调平

盖梁节段采用地面吊车进行四吊点起吊，起吊后对节段水平位置进行低空调整，使盖梁底面保持水平，水平度误差 ±1mm。人工调整盖梁节段水平度难度大，精度难以控制，且耗时长。为此研发液压自调平吊具。装载液压自调平吊具,起吊后通过自调平吊具控制系统进行节段水平调整。装载时,注意立柱、节段和自调平吊具的总高度控制在吊车有效吊高范围。自调平吊具在空载情况下应行程居中,确保后期能有足够的调平行程。

读取地面吊车载重,测量盖梁节段自重;如果节段实际自重误差超过设计自重±10%,则需对后续节段吊装荷载步进行修正。

### 3. 立柱顶面坐浆及初步就位

立柱顶面坐浆施工流程如下:施工准备→立柱顶面清理→安放定位钢垫块→调节垫块找平→充分湿润拼接缝表面→搭设坐浆挡板→坐浆料搅拌→浇筑坐浆料。

施工前清理立柱顶面,将表面浮尘、油污、松动颗粒等清理干净,并用水充分润湿,但不得存有积水。定位钢垫块尺寸为200mm×200mm×20mm,一共四个,放置在立柱顶面外露钢筋的四个内角区域,距离外露钢筋20mm。四个定位垫块顶面进行水平放样控制,通过加设1mm厚钢垫片进行调整,垫块中心高程差控制在±1mm以内。

搭设立柱顶面坐浆挡板,设置浆料收集和导引管,避免坐浆时浆料污染立柱表面。节段缓慢起吊至立柱上方,使盖梁内预埋灌浆套筒和立柱外露钢筋对齐。盖梁节段下落到距离立柱顶面10~15cm,灌注坐浆料。坐浆料灌注应充分,高度应高于钢垫块顶面。

盖梁节段进一步下落到距离钢垫块5mm左右,利用自调平吊具进一步精细控制盖梁节段就位。初步就位时,盖梁节段底部落在垫块上,但吊车或吊具不出现明显卸载。利用自调平吊具监测系统,验证盖梁空间水平位置。

### 4. 反拉转换

盖梁节段的反拉转换过程设计采用基于施工过程的稳定性进行可靠度设计,可靠度设计方法和可靠度指标根据《公路工程结构可靠度设计统一标准》(JTG 2120—2020)确定。同时根据《公路钢筋混凝土及预应力混凝土桥涵设计规范》(JTG 3362—2018)进行施工阶段应力控制和验算。设计时考虑盖梁节段反拉法装配过程的两类失效模式:(1)盖梁节段倾覆失效模式,因装配过程中盖梁和立柱未固结,存在倾覆风险,具体包括节段绕外点倾覆和节段绕内点倾覆两种极限工况;(2)墩柱底面拉应力超限模式,因墩柱和承台拼接面上的自重压应力储备仅0.2MPa,拼装过程中不合适的反拉力值或者吊机卸载值都可能使墩柱底面拉应力超限,具体包括立柱内侧拉应力超限和外侧拉应力超限两种极限工况。

盖梁节段在反拉实施过程中,目标可靠指标按结构安全等级一级,构件破坏类型为延性破坏来选取,取为4.7。选取原则考虑以下原因:(1)反拉实施过程时间短,同时也进行交通封堵,施工风险造成的不利影响较小;(2)反拉过程中一旦发生倾覆,可有明显预兆,同时吊机仍然部分持荷,可以避免破坏的扩大。盖梁节段采用反拉法实现临时锚固后,目标可靠指标按结构安全等级一级,构件破坏类型为脆性破坏来选取,取为5.2。选取原则如下:(1)节段吊装到盖梁合龙之间的时间相对较长,同时开放交通,施工风险造成的不利影响很大;(2)节段固结一旦失效,便是突然发生,预兆很难监测,破坏也难以控制,所以按脆性破坏来确定。

基于反拉法施工过程,盖梁施工极限状态函数中的随机变量均为独立变量。假定各随机变量均服从正态分布。随机变量包括两类:荷载类和长度类。因为结构预制施工质量控制性好,长度类变异系数取为0.01,荷载类变异系数取为现浇混凝土结构中对于重量测量值所采用的一般值0.05。

以GL2型盖梁反拉转换施工为例。GL2型节段设计自重1514kN,考虑上述极限状态的反拉力包络,经过反拉优化和倒退设计,GL2型盖梁反拉法流程可分解为14个施工荷载步,其中反拉力施加和起重机卸载交叉作业。反拉钢筋的张拉次序考虑对称施工和最少操作原则,首先张拉中间的N2和N3钢筋,然后对称张拉两侧N1和N4钢筋。每个荷载步的反拉钢筋设计张拉力和吊机力设计如表2所示。因为GL2型盖梁为交接墩盖梁,两侧高度不等,钢筋张拉力根据自重的不对称做相应调整。

反拉法施工可靠度及应力验算（压为正，拉为负）    表2

| 荷载步 | 内容 | N2(N3)(kN) | N1(N4)(kN) | T(kN) | $\beta_1$ | $\beta_2$ | $\sigma_1$(MPa) | $\sigma_2$(MPa) |
|---|---|---|---|---|---|---|---|---|
| 0 | 初始 | — | — | 1514 | — | 6.66 | 0.28 | 0.28 |
| 1 | 张拉 N2 和 N3 | 188(212) | — | — | — | 5.62 | −0.02 | 0.77 |
| 2 | 起重机卸载 | — | — | 1183 | — | 7.42 | 0.92 | 0.00 |
| 3 | 张拉 N2 和 N3 | 403(454) | — | — | — | 7.79 | 0.58 | 0.57 |
| 4 | 起重机卸载 | — | — | 990 | — | 7.58 | 1.13 | 0.12 |
| 5 | 张拉 N2 和 N3 | 726(818) | — | — | 4.70 | 6.97 | 0.62 | 0.97 |
| 6 | 起重机卸载 | — | — | 652 | 5.27 | 6.75 | 1.58 | 0.18 |
| 7 | 张拉 N2 和 N3 后锚固 | 877(990) | — | — | 7.28 | 7.34 | 1.34 | 0.58 |
| 8 | 张拉 N1 和 N4 | — | 201(227) | — | 8.33 | 6.86 | 1.04 | 1.08 |
| 9 | 起重机卸载 | — | — | 495 | 8.24 | 6.90 | 1.49 | 0.71 |
| 10 | 张拉 N1 和 N4 | — | 498(561) | — | 9.94 | 5.80 | 1.02 | 1.49 |
| 11 | 起重机卸载 | — | — | 147 | 8.63 | 5.69 | 2.01 | 0.68 |
| 12 | 张拉 N1 和 N4 | — | 865(976) | — | 11.00 | 5.51 | 1.43 | 1.65 |
| 13 | 起重机卸载 | — | — | 0 | 10.24 | 5.85 | 1.85 | 1.31 |
| 14 | 张拉 N1 和 N4 后锚固 | — | 877(990) | — | 10.38 | 5.90 | 1.81 | 1.37 |

注：$T$-起重机力；$\beta_1$-节段抗倾覆可靠度指标；$\beta_2$-立柱拉应力控制可靠度指标；$\sigma_1$-柱底外侧应力；$\sigma_2$-柱底内侧应力。

对反拉流程步的结构安全验算结果见表2。验算结果表明，节段抗倾覆可靠度指标 $\beta_1$ 和立柱拉应力控制可靠度指标 $\beta_2$ 均满足目标可靠度指标要求，即反拉施工过程中大于4.7，反拉锚固后大于5.2。另外需要说明，在吊机未大幅卸载之前，预制节段不具备自由倾覆的可能性，故仅对应力可靠度指标 $\beta_2$ 进行验算。基于规范（JTG 3362—2018）对立柱底面应力状态的计算也表明，柱底在反拉施工全过程中应力满足要求，应力范围 −0.02～2.01MPa。反拉法施工完成，反拉钢筋预应力损失发生后的柱底压应力范围 1.37～1.81MPa，全截面受压，满足规范要求。

盖梁反拉转换作业前首先进行反拉钢筋上段和承台预埋钢筋的连接，连接采用钢筋连接器。在反拉钢筋上端穿入马凳和张拉千斤顶，采用对称张拉的反拉钢筋采用同步张拉液压千斤顶。

反拉转换过程的关键流程是反拉钢筋张拉和吊车卸载的交叉循环作业。每一标准循环包括两步动作：每一阶段首先张拉反拉钢筋到设计张拉力，张拉后持荷 2min，然后吊车缓慢卸载到设计吊机力，继续持荷 2min 后进行下一阶段张拉。张拉力误差要求 ±10% 以内。吊车卸载力误差要求 ±10% 以内。GL2型盖梁首先张拉 N2 和 N3 钢筋，使盖梁节段和立柱间初步预压。经过三个交叉循环后，在第 7 荷载步，钢筋 N2 和 N3 张拉到设计荷载后进行锚固。在第 8 荷载步开始 N1 和 N4 钢筋的反拉张拉流程。经过三个交叉循环后，直到第 13 荷载步，吊车缓慢卸载全部节段重量。在最后第 14 荷载步，进一步张拉 N1 和 N4 钢筋到设计张拉力后进行锚固。等反拉钢筋完全锚固，千斤顶回油后，可松掉吊具卸扣，同时对锚头进行防水保护。

5. 盖梁合龙施工

完成另一侧盖梁节段的装配施工，连接盖梁合龙段的预留水平钢筋。根据相关施工规范，及时进行盖梁和立柱连接构造内的压浆或灌浆。盖梁合龙段混凝土采用现浇施工。在盖梁体内预应力钢筋张拉灌浆完成以后，上部结构施工之前，进行反拉法系统的拆除。反拉钢筋拆除后对两端螺杆螺纹包扎保护，可以重复使用。最后对盖梁内预埋孔道进行灌浆。

## 四、盖梁反拉法装配实测结果分析

对依托工程的盖梁反拉法装配施工全过程进行工艺试验和实测分析。施工过程监测内容包括：

(1)反拉钢筋拉力;(2)立柱和盖梁姿态;(3)立柱应力状态;(4)盖梁应力状态。GL2型盖梁反拉法装配实测结果分析如下:

### 1. 反拉钢筋拉力

GL2型盖梁节段吊装施工时,反拉钢筋从张拉开始到锚固结束一共耗时12~14min,施工速度快,能满足接缝砂浆层一小时快速拼装施工的需求。

反拉钢筋锚固后拉力稳定,未发生明显的进一步拉力损失,说明精轧螺纹钢的锚固性能稳定。两侧节段装配和合龙后的总反拉力设计值和实测值比较见表3。设计值和实测值吻合程度高,说明盖梁节段采用精轧螺纹钢进行反拉锚固在装配阶段性能稳定,施工过程可控。

反拉钢筋的总反拉力实测结果  表3

| 工况 | 反拉用时(min) | 节段吊装时反拉力 | | | 节段合龙时反拉力 | | |
|---|---|---|---|---|---|---|---|
| | | 设计值(kN) | 实测值(kN) | 实测值/设计值 | 理论值(kN) | 实测值(kN) | 实测值/理论值 |
| 东侧 | 12 | 3734 | 3579.3 | 0.959 | 3689.6 | 3321.4 | 0.900 |
| 西侧 | 14 | 3734 | 3538.3 | 0.948 | 3689.6 | 3520.6 | 0.954 |

锚固后钢筋拉力稳定,说明松弛等导致的预应力损失数值较小。所有反拉钢筋发生的预应力损失实测值换算为压缩量的平均值为3.225mm,近似等于规范给出的建议值3~4mm。可见,体外的精轧螺纹钢在施工阶段的预应力损失可以按规范建议的压缩量来估算。

### 2. 立柱和盖梁姿态

通过检测立柱和盖梁的关键截面倾角变化,可获得立柱顶的南北向水平位移为0.16~0.2mm,东西向水平位移为0.03~0.08mm,而采用Midas civil软件,考虑施工过程计算所得南北向位移值为0mm,东西向为0.24mm。测量值和计算值基本一致,说明节段吊装施工中产生的扰动对立柱位移影响很小,几乎可以忽略,立柱垂直姿态可控。

### 3. 立柱应力

盖梁节段装配施工中,关键施工节点的立柱底应力实测数据见表4。盖梁装配过程中基本没有出现拉应力,立柱混凝土全截面受压,满足盖梁预制拼装施工过程中立柱混凝土应力状态要求。且立柱底南北侧混凝土压应力增长基本一致,说明反拉锚固过程满足节段对称施工要求。立柱应力和理论分析值比较,立柱底应力实测值略小于理论值,吻合程度较好。

立柱底混凝土应力实测结果  表4

| 工况 | 位置 | 吊装时立柱应力(MPa) | | 合龙后立柱应力(MPa) | | 箱梁吊装后立柱应力(MPa) | |
|---|---|---|---|---|---|---|---|
| | | 实测值 | 理论值 | 实测值 | 理论值 | 实测值 | 理论值 |
| 东侧节段 | 内侧 | -1.01 | -1.3 | -1.79 | -1.38 | -2.12 | -2.51 |
| | 外侧 | -1.25 | -1.85 | -0.97 | -2.75 | -1.26 | -1.86 |
| 西侧节段 | 内侧 | -0.91 | -1.3 | -0.97 | -1.38 | -2.16 | -2.51 |
| | 外侧 | -1.11 | -1.85 | -1.71 | -2.75 | -1.21 | -1.86 |

### 4. 盖梁应力

对盖梁悬臂根部的上缘混凝土表面应变进行了全过程监测。随着反拉锚固过程的进展,盖梁悬臂根部拉应变逐步增长,这与盖梁从简支状态逐步动态转换到悬臂梁的受力图式相一致。虽然GL2型盖梁截面不对称,但实测的南北侧微应变变化却基本一致,即反拉力的不对称设计是合理的,盖梁未因为不对称截面而出现显著的扭转效应。盖梁节段反拉锚固后,盖梁控制截面有-0.50MPa~-0.39MPa的实测拉应力,满足盖梁施工阶段应力控制要求。

## 五、结　语

(1)大悬臂盖梁采用反拉法装配施工经济性好,施工效率高,同时占道少,可开放地面空间,特别适合于城市高架桥梁的快速化、低影响施工。

(2)盖梁反拉法装配式施工在浙江绍兴越东路智慧快速工程中得到大量应用。从盖梁装配全过程监测结果表明:盖梁节段反拉施工时间可控制在10~15min,能满足盖梁和立柱连接构造的快速拼装需求。采用精轧螺纹钢作为反拉钢筋,在反拉阶段结构体系稳定,吊装中产生的扰动对立柱位移影响很小,几乎可以忽略;立柱垂直姿态可控,施工过程可控。盖梁合龙后和箱梁架设后,立柱底全截面受压,立柱应力水平基本对称,受力状态良好。

**参考文献**

[1] 查义强.上海S7公路盖梁预制拼装施工工艺[J].城市道桥与防洪,2018,230(6):152-154,374-375.

[2] 叶可炯,赵国强,沈殷,等.大悬臂盖梁节段拼装施工及应用[J].上海公路,2019,155(4):4,40-45.

[3] 王国华.大悬臂盖梁钢支撑施工技术的应用[J].中国市政工程,2013,167(4):20-21,91.

[4] 马如进,李忠鹏.连续梁倒拆施工倾覆稳定性的体系可靠度方法[J].同济大学学报(自然科学版),2015,43(8):1167-1173.

[5] 王兵,万星,沈殷.基于可靠度理论的盖梁无支架反拉法设计[J].建筑结构,2021,51(S1):394-399.

# 22.分块预制桥面板安装顺序优化方法

朱凌峰[1]　朱志鹏[2]　易岳林[2]　阮欣[1]

(1.同济大学土木工程学院桥梁工程系;2.安徽省交通控股集团有限公司)

**摘　要**　针对组合梁系杆拱桥分块预制桥面板的施工方法及施工阶段的受力状态,采用全桥多尺度有限元模型进行了仿真,分析不同桥面板架设顺序对施工阶段结构受力的影响,同时还开展了预制板的架设顺序以及组合截面结合时机的优化研究。研究表明:不同的桥面板架设顺序之间各存优劣,可根据工程实际情况进行选择;减少一次性在同一断面上安装桥面板的数量可以大大优化施工阶段的结构受力;采用从边到中的安装顺序,可以配合桥面板早结合的方式增加主梁刚度,同样可以优化结构受力。

**关键词**　工业化建造　组合梁拱桥　分块预制桥面板　系杆拱桥　组合结构桥梁施工

## 一、引　言

钢梁与预制桥面板是组合结构桥梁中经常采用的结构体系。钢梁和桥面板先在各自的预制厂内完成加工,分别运至桥位,现场安装、连接。这种施工方法构件可模块化生产,提高了加工质量,缩短工期提升了效率,充分体现了工业化建造的特点。

预制桥面板的施工通常是先使用汽车吊或浮吊在已经架设好的钢梁上按一定顺序铺设,然后浇筑湿接缝。由于施工顺序的不同,施工过程所引起的钢梁、预制板和现浇缝的受力状况和对工艺的要求也有所差别。在使用全宽预制桥面板的连续组合梁中,通常使用间断施工法(图1):先架设跨中部位的桥面板,再架设支点部位的桥面板,这种方法能有效减少支座上方桥面板中产生的拉应力,目前已经成为大跨径组合梁桥普遍采用的施工方法。

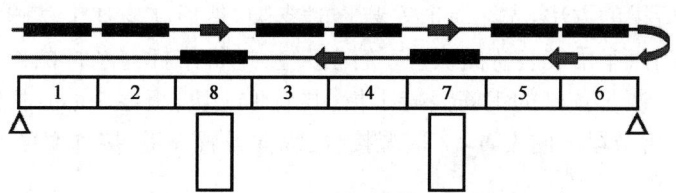

图 1　预制桥面板的间断施工法

如采用分块预制桥面板,则因板件数量众多,导致可能的施工顺序多种多样,目前对这方面的研究仍然较少。苏庆田等研究了不同的混凝土浇筑顺序对钢主梁拱桥桥面系结构受力性能的影响,发现一次浇筑的桥面板性能要优于分批浇筑;李辉等研究了组合梁钢管混凝土拱桥桥面板与钢梁结合时间对桥面系结构受力的影响,发现先形成结合梁再施工后浇层的方法更有利于桥面系结构的受力。但都没有对分块预制板的施工顺序进行系统性的研究。由于构件众多导致施工周期往往较长,再加上结构超静定次数高、受力形式复杂,即使是始终处于材料的弹性范围内,不同的施工顺序也可能会造成施工末状态的不同,因此各个工序步骤之间存在重新组合优化的可能。

本文利用全桥的精细化有限元针对上述问题开展研究工作,对不同施工过程中结构主要构件的受力状态进行分析,并从结构性能最优的角度对桥面板铺设顺序和工序组合进行研究,以提高此类结构的施工效率,改善施工过程中的受力状态。

## 二、工 程 概 况

某钢箱梁系杆拱桥主跨135m,桥面布置为双向四车道高速公路,设计速度为120km/h;上部结构为提篮式拱桥,主拱高32.75m,矢跨比1/4,采用两片提篮式钢箱截面拱肋;拱顶设置三道风撑,全部为箱形结构,钢梁桥面系包括主纵梁、小纵梁、端横梁和中横梁,结构的总体布置图如图2所示。

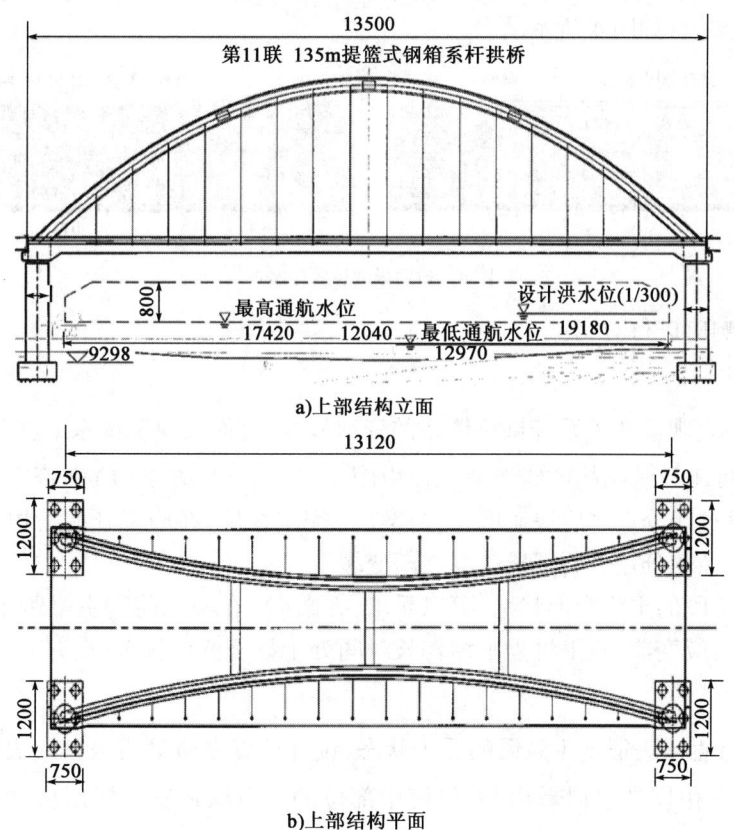

a)上部结构立面

b)上部结构平面

图 2　组合梁拱桥总体布置(尺寸单位:cm)

本桥施工采用先梁后拱的方法：先在河道安装临时支架，然后在支架上架设主梁、拱肋并合龙落架，然后在已有的钢梁上利用汽车吊安装桥面板、浇筑湿接缝，进行吊杆与系杆的补充张拉和二期铺装等工序。主桥桥面板为C50混凝土预制的钢筋混凝土板，共有144块，板厚26cm；板间采用补偿收缩C55混凝土现浇湿接缝，整个主桥节段横向设置37道湿接缝，纵向设置5道，接缝宽度50cm，与预制板同厚。

### 三、桥面板架设顺序仿真

施工过程的仿真分析计算使用大型有限元软件ANSYS，使用APDL语言参数化控制构件安装及顺序。钢梁使用壳单元SHELL43，混凝土桥面板使用实体单元SOLID45，拱肋使用梁单元BEAM4，吊杆、系杆使用杆单元LINK8，全桥共计77335个单元，96850个节点，全桥单元离散如图3所示。

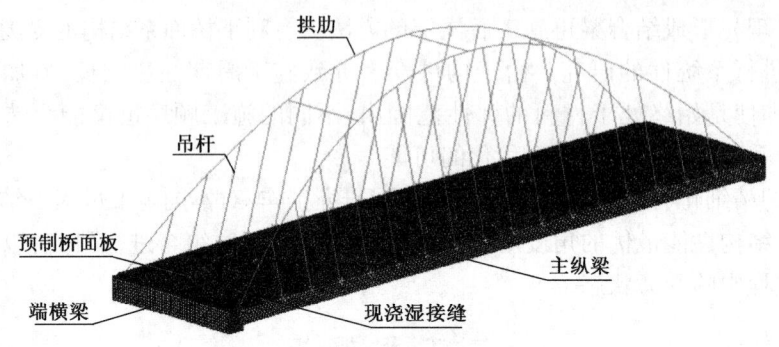

图3 全桥多尺度有限元模型

主桥的组合梁桥面板共有144块钢筋混凝土预制双向板，数量众多导致施工周期长，结构在施工过程中的受力情况复杂。桥面板架设的顺序既要使得结构受力对称以满足安全性，又要减少施工机具行进路线的往复来提高效率，考虑纵向安装顺序的变化，桥面板可能的架设方式方案有：(1)从两边往跨中架设，(2)从跨中向两边架设，如图4所示。

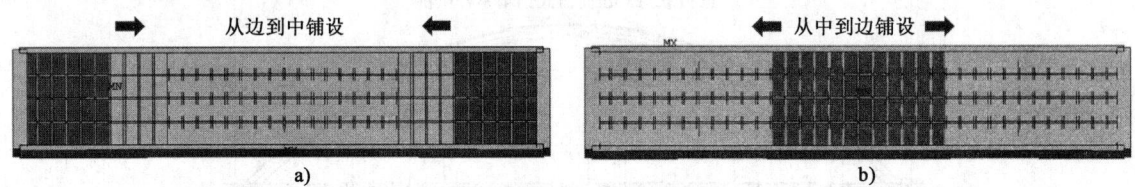

图4 桥面板铺设顺序示意

以下对关键结构响应进行对比：

1. 挠度

系梁的挠度$\delta(\xi_i)$直观反映了系杆拱桥体系的变形程度，进而反映了体系的受力状态，设计计算中通常用跨中和支点的挠度来反映结构的线形变化。由图5可以看出，方案(1)中跨中变形量在桥面板架设初期变化很慢，在架设过四分点之后快速增长；方案(2)完全相反，在施工开始阶段先经历了主梁快速变形，在桥面板铺装过跨径四分点之后下挠速度逐渐变缓。

图6反映了施工阶段的主梁变形状况，可以看出，方案(2)在施工前期主梁跨中产生了较大的挠度，因此结构会积攒更多的应变能，施工过程中结构长时间处于显著变形状态下。

2. 应力

系梁的应力$\sigma(\xi_i)$直接表征了主系梁的受力状态，设计计算中通常用最具代表性的跨中上下缘应力来表征梁的受力水平。由图7可以看出，系梁跨中部位的上下缘在安装桥面板之前均受到很小的压应力，随着桥面板的依次架设，两种施工顺序下系梁上下缘应力的变化呈现相反的趋势，与系梁跨中挠度时程的结果反映了相同的结构状态变化。

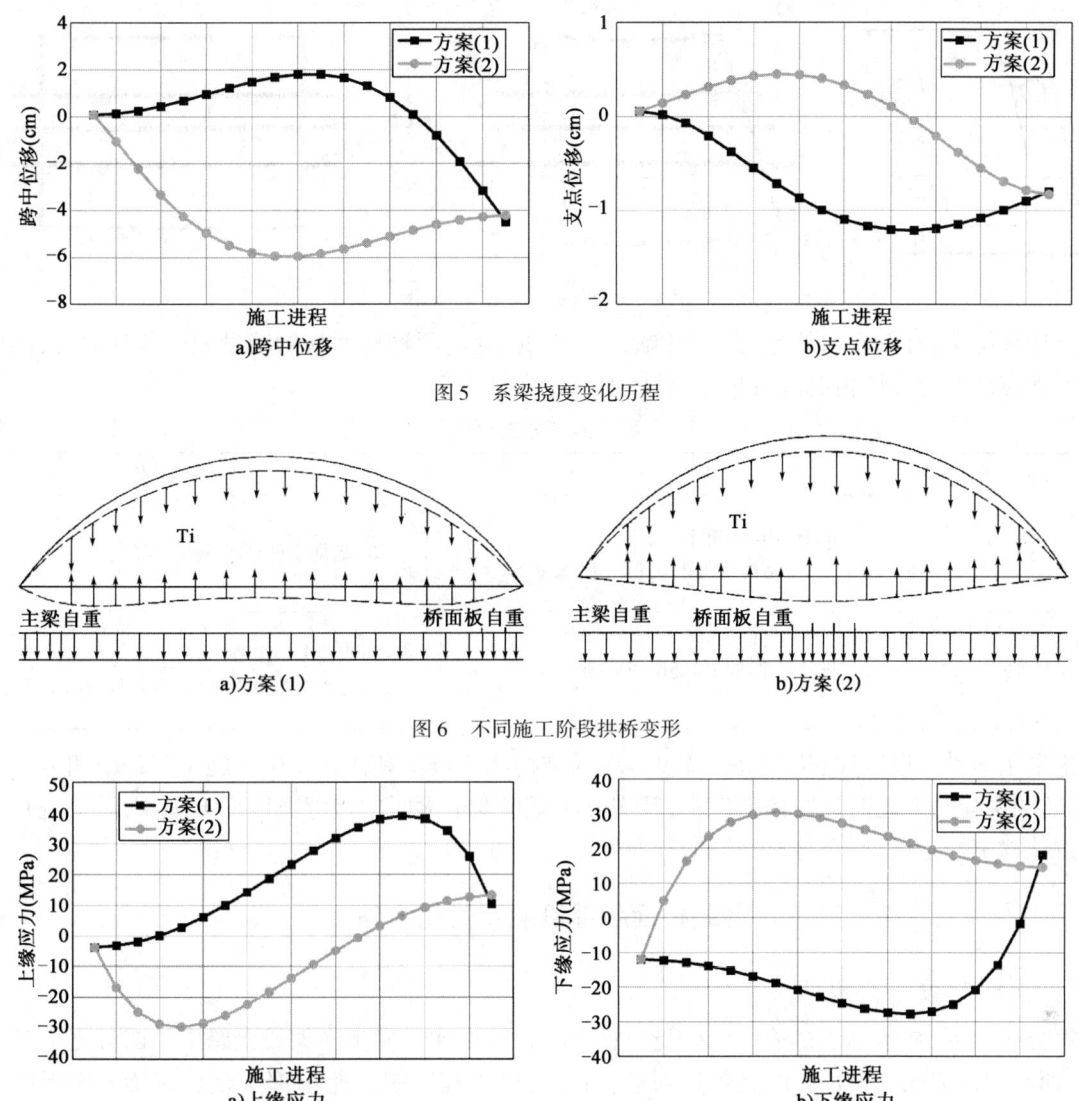

图5 系梁挠度变化历程

图6 不同施工阶段拱桥变形

图7 系梁应力变化历程

架设施工全部桥面板之后，桥面板重量通过吊杆传给拱肋，在拱脚产生的水平力由系梁受拉抵消，因此整个系梁受到拉力作用，后期运营荷载中作用在桥面上的力还会继续通过吊杆—拱肋—拱脚以拉力的形式作用在系梁上，因此在架设完桥面板之后还需要再通过张拉系杆来施加系梁内的预压力。

两种施工方案下的系梁应力变化趋势相反（表1），方案(1)的施工末状态上下缘应力有一定差距，系梁处于明显的弯拉受力状态，方案(2)的施工末状态上下缘应力更加均匀。应对不同的系梁受力情况，需要在后续施工中施加不同的系杆张拉力，如果系梁受轴拉，那么只需要施加轴心预压力，如果系梁受弯拉，则需要通过调整主系梁三排系杆中最下排的张拉力来抵消，如图8所示，为了抵消系梁中下缘比上缘多出的8MPa拉应力，需要将最下排系杆的张拉力设计值增加160kN，无疑增大了施工难度。

不同施工顺序系梁应力状况　　　　表1

| 方案 | 位置 | 初状态压应力(MPa) | 过程中占据主导的应力状态 | 末状态拉应力(MPa) | 拉应力增长(MPa) |
|---|---|---|---|---|---|
| 方案1 | 上缘 | -3.7 | 拉 | 10.5 | 14.2 |
|  | 下缘 | -12.0 | 压 | 18.0 | 30.0 |
| 方案2 | 上缘 | -3.7 | 压 | 13.3 | 17.0 |
|  | 下缘 | -12.0 | 拉 | 14.5 | 26.5 |

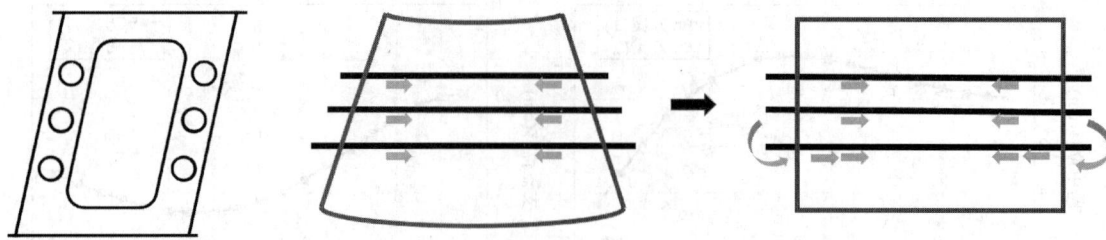

图 8　偏心张拉纵梁系杆示意图

结合计算结果,可以看出从受力安全和施工方便的角度,两种桥面板的铺设顺序各有优劣,因此对于不同的工程应该结合具体情况进行选择,具体的对比详见表2。

不同施工方案对比　　表2

| 纵向顺序 | 优点 | 缺点 |
| --- | --- | --- |
| 从边到中 | (1)可以使用汽车吊施工；<br>(2)过程中结构长期处于变形较小的状态 | 施工后期变形突增,施工难度大 |
| 从中到边 | 施工末状态系梁均匀受拉,便于张拉系杆 | (1)只能采用浮吊；<br>(2)过程中结构长期处于变形较大的状态 |

无论采用何种架设顺序,桥面板安装过程中的结构状态最不利往往发生在施工到跨中四分之一位置处,施工监测中应注意此时的结构状态,尤其需要注意挠度最大时的接缝宽度变窄现象,需要进行合理的吊杆张拉让缝宽恢复设计值,这对接缝的长期性能十分重要。

## 四、桥面板铺设顺序优化方法

### 1. 桥面板架设顺序优化

计算分析表明,结构施工过程中系梁受力状态的转折点往往发生在架设到跨中约四分之一位置的桥面板时,即在架设完此处桥面板时指标达到最不利值,而在施工越过跨中部位之后钢梁的变形响应逐渐变小,这说明铺设跨中四分之一与其他位置的桥面板时对系梁受力状态的影响是相反的。

本桥宽度较大,一排四块桥面板同时架设时自重对该位置处的系梁而言负载较大,因此考虑调整横桥向桥面板的架设顺序：将一排四列桥面板分为两次架设,先安装其中对称的两列,再安装另外两列,最后浇筑湿接缝。

如图 9 所示,原本的方案 1、2 将桥面板的安装划分为 18 步,每一步对应安装对称位置 2 排全部 4 列的共 8 块桥面板；新方案提出两列同时架设的方案将桥面板的安装划分为 36 步,每一步对应安装对称位置 2 排其中 2 列的共 4 块桥面板。

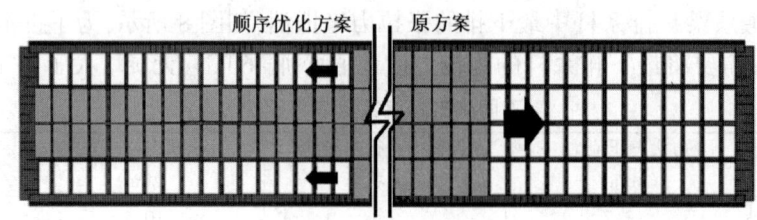

图 9　桥面板施工顺序优化示意图

从图 10 可以看出,按照原方案的从中到边的施工顺序,系梁会在桥面板架设过程中经历一段时间的挠度线性增长,并在达到 5cm 上下时趋于稳定；但在一次架设两列的施工方案下,系梁在施工过程中的线形得到了很好的控制。以从中到边的铺设顺序及其改进方案的计算结果为例,说明优化效果。

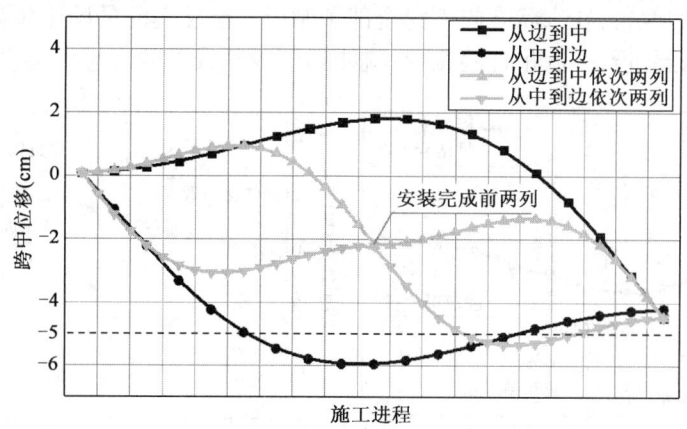

图10 优化施工方法系梁跨中位移时程

(1)如果以系梁下挠5cm为标准,那么原方案下,从第5步到第13步,即从架设40块桥面板之后一直到架设112块桥面板之间的时间内,系梁跨中挠度始终超出这一限值;而在新方案下,从第25步到第31步,即从架设100块桥面板之后一直到架设124块桥面板之间的时间内,系梁跨中挠度超过限值,如果架设每块桥面板所需时间相同,那结构处于不利状态的时间将缩短为原先的1/3。

(2)如果以系梁下挠4cm为标准,那么原方案下,从第4步开始,即架设32块桥面板之后,系梁跨中挠度始终超出这一限值;而在新方案下,直到第22步开始,即架设88块桥面板之后,系梁挠度才超出这一限值,如果架设每块桥面板所需时间相同,那结构处于不利状态的时间将缩短为原先的1/2。

2. 预制桥面板的早结合施工方式

目前预制板+现浇缝体系的主流施工顺序为安装好全部桥面板之后一次性浇筑现浇段,相应梁拱组合桥的施工顺序为架设预制板—一次张拉—现浇湿接缝—二次张拉。但是施工过程中未浇湿接缝完成连接工作的桥面板只是四边简支在钢梁上,既作为自重荷载施加在钢梁之上,又不能提供组合截面应有的刚度,导致了施工中的结构响应较大,可能会造成施工过程受力控制设计的情况出现。

如果能让预制桥面板与钢梁在施工早期就进行结合,形成架设—现浇—再架设—再现浇—……—终张拉的施工顺序,那么组合截面就能在施工过程中便发挥作用,提高结构刚度,减小系梁的弯曲,改善结构的受力(图11)。

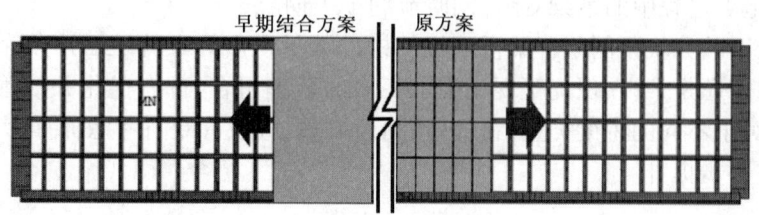

图11 预制板早期结合施工方法示意

将本桥的桥面板划分为相同长度的6段,即每段包含对称位置的6排24块桥面板,每架设完成一段之后先进行本段预制板的结合——现浇相应位置的湿接缝使其与钢梁相连,然后再进行后续的桥面板架设施工,图12所示为桥面板早结合施工方法下的系梁跨中位移与原方案的对比,其中a)为从中到边方案,b)为从边到中方案。

对比图12的a)、b),可以看出,两种施工方式下系梁变形的终状态出现明显差异,施工过程是一个刚度逐渐增长的非线性过程。

如果采用从中到边的顺序施工,在施工前期位于跨中的预制板+现浇段的巨大重量会让系梁产生更大的弯曲,在浇筑前期湿接缝之后系梁都会产生较大的位移突增,使得主梁受弯更加明显。但如果采用的是从边到中的顺序施工,钢梁从受弯较小的支点位置向跨中逐渐形成组合截面,桥面系刚度增加之后的弯曲状况得到了很大的改善,在末状态施工完全部预制板+湿接缝时的跨中位移甚至小于只安装了预制板的原方案,此后只需要进行一次吊杆终张拉,就能达到成桥线形的理想状态。

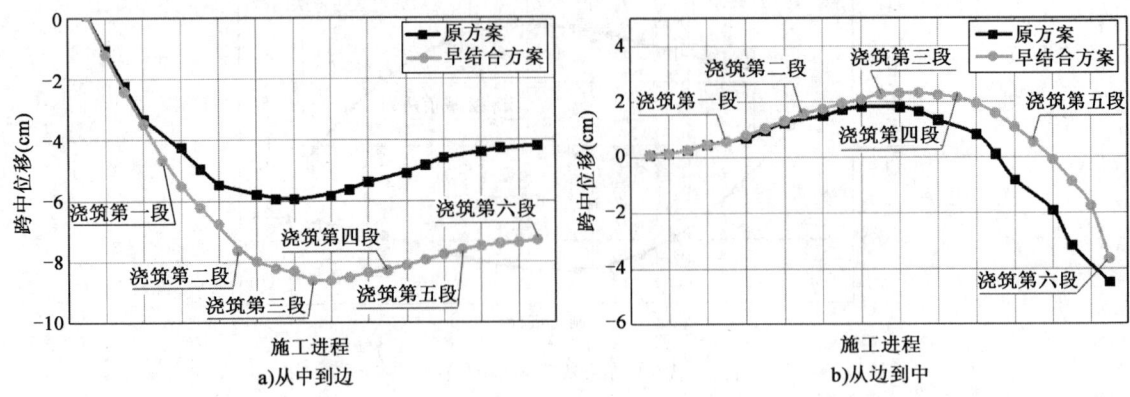

图12 采用预制板早结合施工的系梁跨中位移时程

从边到中、桥面板先结合的施工方法既节约了工期,又改善了施工过程和末状态的结构受力,而如果选择桥面板从中到边施工,那么先结合的施工方法则会对结构受力更加不利。另外,如果早结合的施工段划分过密,那么会增加过多的混凝土养护时间,在实际应用中需要根据预制板的模数和采用的现浇混凝土材料特性具体进行考虑。

## 五、结　语

本文利用有限元方法,仿真模拟了宽幅组合梁拱桥预制混凝土桥面板的施工过程,基于施工阶段的结构受力提出了优化方案,得出以下结论:

(1)大跨径宽幅组合梁拱桥超静定次数高、受力复杂,采用不同的施工方案也会显著影响结构在施工过程中及末状态的受力情况,进而影响施工安全程度与结构长期性能,不同的施工顺序各有优劣,可根据工程实际情况选择更适合的方案。

(2)可以采用减少一次性在同一断面上安装桥面板的数量来优化施工过程的结构内力状态,同时减少了施工过程中系梁处于受力不利状态的时间。

(3)可以采用桥面板从边到中的铺设顺序配合与钢梁早期结合的施工方法改善施工过程中的结构受力,这样可以减小施工过程中的系梁变形,同时节约了工期。

工业化建造背景下的分块预制组合梁桥面板的构件数量众多导致施工工序复杂、步骤繁多,无论是预制板安装的最佳顺序还是架设、现浇等现场施工工序的合理组合,都有优化并改善施工过程受力状态和施工难度的空间,对于不同的桥梁类型、跨径、预制板模数,应该有专门考虑,使得大跨度组合结构桥梁的工业化建造技术进一步提升。

**参考文献**

[1] 刘玉擎.组合结构桥梁[M].北京:人民交通出版社,2005.

[2] 邵长宇.梁式组合结构桥梁[M].北京:中国建筑工业出版社,2015.

[3] 余浩,阮杰.纵向预应力对下承式组合桥面系钢桁架拱桥受力性能的影响研究[J].城市道桥与防洪,2020(9).

[4] 苏庆田,李杰,董冰.钢主梁拱桥组合桥面系力学性能分析[J].工程力学,2012(S1):1-7.

[5] 苏庆田,李杰,董冰.钢主梁拱桥桥面系合理结构的力学性能分析[C].全国结构工程学术会议,2011.

[6] 李辉.新光大桥主跨桥面钢-混组合梁桥面设计研究[J].铁道勘察,2007.

[7] 段亚军.钢板组合梁桥施工工艺综述[J].钢结构(中英文),2019(10).

# 23. 南京仙新路过江通道深大锚碇基础施工关键技术

夏　欢[1,2]　苏小龙[2,3]　郭佳嘉[2,4]　张国浩[2,4]

(1. 中交第二航务工程局有限公司；2. 中交二航局第四工程有限公司；
3. 长大桥梁建设施工技术交通行业重点实验室；
4. 中交公路长大桥建设国家工程研究中心有限公司)

**摘　要**　南京仙新路过江通道主桥为主跨1760m的单跨悬索桥,栖霞侧南锚碇基础采用外径65m、壁厚1.5m的圆形地下连续墙加环形钢筋混凝土内衬支护结构,基坑开挖深度达58.5m。南锚碇基础由地下连续墙、帽梁、内衬、底板、顶板、隔舱及填芯混凝土组成。根据锚碇结构特点和地质条件,地下连续墙采用抓凿铣结合的工艺成槽施工,接头形式为铣接头；基坑开挖采取逆作法施工,边开挖取土方边施工内衬,采用抓斗式起重机将土方从基坑内吊出,帽梁和内衬分8段施工；锚碇底板、填芯大体积混凝土分层分块施工。针对大桥设计特点和工程施工要求,通过工艺研究和优化,有效保障了锚碇施工安全和质量。

**关键词**　悬索桥　锚碇　地下连续墙　深基坑　施工技术

## 一、引　言

国家已经批复的长江中下游过江通道共规划36座,悬索桥由于其合理的受力性能和跨越能力,成为过江通道的主要桥型。悬索桥的跨径极限不断被刷新,随着跨度的增加,锚碇基础的施工深度及水头差越来越大,地质条件越来越复杂。地下连续墙重力式锚碇由于开挖期间受力性能好,是大跨度悬索桥中常用的锚碇形式,该锚碇形式在国内悬索桥建设中多有应用。本文结合南京仙新路过江通道主桥南锚碇基础施工期间的重难点问题进行分析,介绍了解决方案和工程的创新点,可作为其他相关工程建设的参考。

## 二、工程概况

南京仙新路过江通道为主跨1760m的单跨悬索桥,跨江大桥主缆跨度布置为(580 + 1760 + 580)m,矢跨比1:9。为目前国内第一,世界第二跨度的悬索桥。主桥立面布置如图1所示。

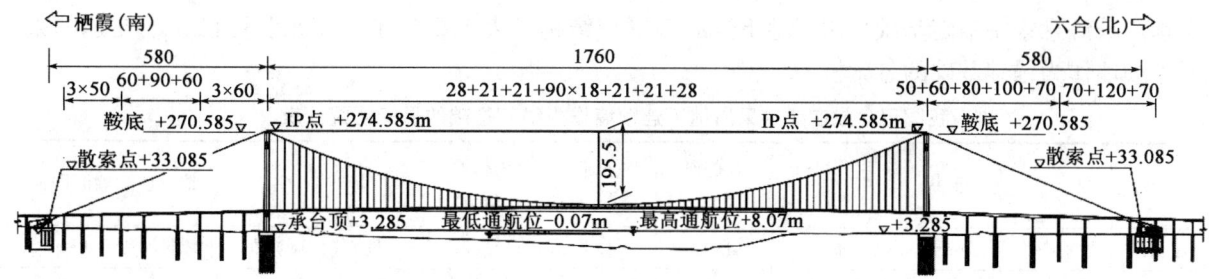

图1　南京仙新路过江通道跨江主桥立面布置(尺寸单位:m)

南锚碇覆盖层主要为填土及软土,下伏基岩为砾岩,其中强、中风化砾岩层厚2~5m,地下连续墙墙底嵌入微风化砾岩3m。微风化砾岩层物理性质良好,地基承载力容许值为3000kPa,是理想的锚碇地下连续墙基础持力层。在地下连续墙及钢筋混凝土内衬围护下,基坑开挖至岩面 -45.915m高程,基坑内布置的降水管井抽排至 -48.415m高程,基坑地下连续墙底最大水头差达60m。锚碇基础平立面图如

图2所示。

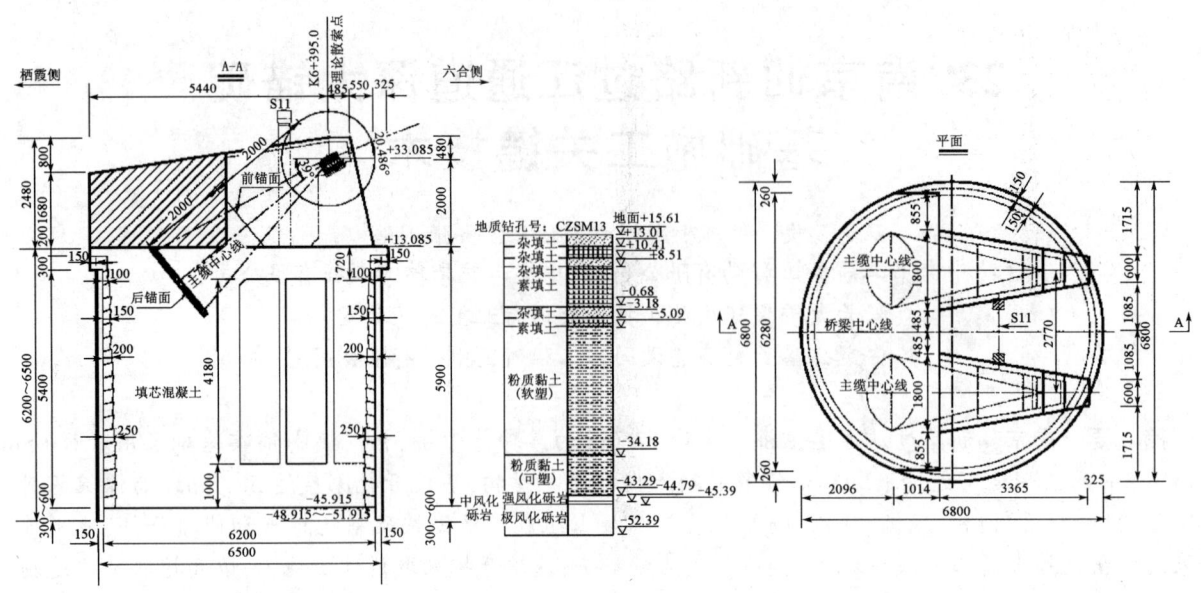

图2 南京仙新路过江通道跨江主桥锚碇基础平立面图(尺寸单位:cm)

南锚碇处自然条件较差,临近长江,透水层较厚;锚碇开挖深度深、面积大,锚碇基坑属于超大型深基坑,施工安全风险高;锚碇底板和填芯混凝土方量超大,属于大体积混凝土施工,同时穿插着主缆锚固系统安装,施工组织难度大。

## 三、施工关键技术

结合仙新路过江通道南锚碇的主体结构特点和地质条件,地下连续墙采用铣槽机和成槽机抓铣结合成槽,钢筋笼采用胎架上整体制造,大型履带吊机分段安装,混凝土采用水下直升双导管法灌注。基坑开挖采用逆作法施工,边开挖取土边施工内衬,采用电动抓斗+挖机的方式取土,内衬分段施工,取土完毕后及时闭合。底板和填芯混凝土分层分块施工,按照大体积混凝土要求进行温控。主缆型钢锚固系统采用工厂制作,大型履带吊机吊装,支架支撑精定位,在填芯混凝土施工时穿插安装就位。

### 1. 地下连续墙施工

地下连续墙作为悬索桥锚碇基础的重要围护结构,因为其刚度大、占地少、施工速度快、防渗性能好、经济效益高等优点使其得到广泛应用。我国自虎门大桥引进并采用地下连续墙作为锚碇围护结构以来,多座越江跨海悬索桥锚碇基础采用了地下连续墙围护结构。表1统计了近年来我国已建或在建的采用地下连续墙作为锚碇基础的悬索桥。

我国已建或在建的采用地下连续墙作为锚碇基础的悬索桥统计表　　　　　表1

| 项　　目 | 形状 | 尺寸(m) | 开挖深(m) | 地下连续墙厚(m) | 内衬厚(m) | 基础持力层 | 地下连续墙嵌固情况 |
|---|---|---|---|---|---|---|---|
| 阳逻长江大桥南锚碇 | 圆形 | φ73 | 45.5 | 1.5 | 1.5~2.5 | 卵石(圆砾)层 | 弱风化岩1~2.5m |
| 珠江黄埔大桥锚碇 | 圆形 | φ73 | 30 | 1.2 | 2~2.5 | 强风化混合岩 | 弱风化混合基岩不小于3m |
| 南京四桥南锚碇 | ∞形 | 82×59 | 42 | 1.5 | 1~2 | 中风化砂岩 | 中风化砂岩约3m |
| 龙潭长江大桥北锚碇 | 圆形 | φ72 | 22.5 | 1.5 | 1.5~2.5 | 弱胶结含砾砂岩 | 弱胶结含砾砂岩11m |
| 五峰山长江大桥南锚碇 | 圆形 | φ90 | 39 | 1.5 | 1.5~2.5 | 弱、微风化基岩 | 微风化基岩2m |

续上表

| 项目 | 形状 | 尺寸(m) | 开挖深度(m) | 地下连续墙厚(m) | 内衬厚(m) | 基础持力层 | 地下连续墙嵌固情况 |
|---|---|---|---|---|---|---|---|
| 虎门二桥坭洲水道桥锚碇 | 圆形 | φ90 | 29 | 1.5 | 1.5~2 | 强风化岩层 | 中风化泥岩或泥质粉砂岩不小于6m |
| 棋盘洲长江公路大桥南锚碇 | 圆形 | φ64 | 52 | 1.5 | 1~2.5 | 卵石层 | 中风化岩不小于3~6m |
| 深中通道海中锚碇 | ∞形 | 107×65 | 42 | 1.5 | 1.5~3 | 中风化基岩 | 完整中风化花岗岩5m |
| 杨泗港大桥北锚碇 | 圆形 | φ98 | 39 | 1.5 | 2~3 | 硬塑—坚硬状黏土夹密实圆砾 | 泥质砂岩约5m |
| 仙新路过江通道南锚碇 | 圆形 | φ65 | 58.5 | 1.5 | 1~2.5 | 微风化砾岩 | 微风化砾岩 |

从表1可知,锚碇基础地下连续墙墙厚一般为1.5m,基础持力层一般选择强度高,基地摩擦因数大,渗透系数低,隔水性好的地层。内衬的厚度一般为1.5~2.5m厚。

仙新路过江通道南锚碇地下连续墙结构长度分为两种:A区段地下连续墙单幅长度为60m和B区段地下连续墙单幅长度为63m,各幅墙的厚度均为1.5m。地下连续墙原设计共48个槽段,Ⅰ期槽孔和Ⅱ期槽孔各24个。根据首件施工情况,考虑实际地层条件,为保证地下连续墙一期槽二铣成槽垂直度,后续施工Ⅰ期槽段长度拟调整为6.304m,即边槽长2.8m,中间槽长1.2m;Ⅱ期槽段长度与宽度均保持不变;地下连续墙槽段数由48幅调整为44幅。地下连续墙槽段布置及接头大样图如图3所示。

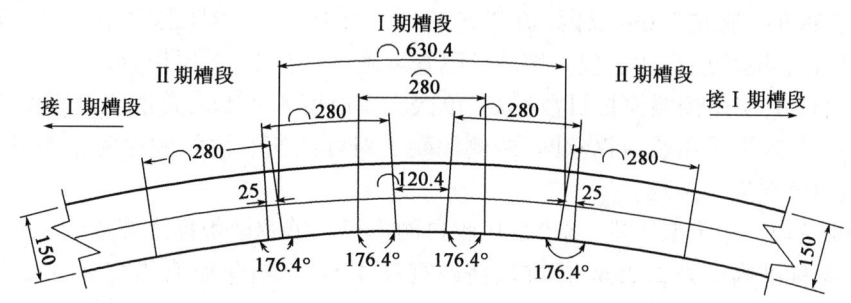

图3 地下连续墙槽段布置及接头大样图(尺寸单位:cm)

Ⅰ期槽软弱覆盖层采用液压抓斗成槽(20~30m范围),然后采用铣槽机铣槽至岩层。Ⅱ期槽采用铣槽机铣至岩层。岩层先采用旋挖钻(优先)和冲击钻引孔,最后采用铣槽机进行铣孔至设计深度。施工现场布置成套泥浆循环系统,极大提高泥浆重复使用率。将液态泥浆进行固化处理,形成泥饼后方便外运,实现泥浆零污染和零排放。

Ⅰ期槽段采用液压抓斗成槽机和铣槽机配合施工,三抓成槽(先抓取槽段两侧长2.8m土体,再抓取槽段中间长1.2m土体)。采用液压抓斗开挖至岩面,底部入岩部分采用双轮铣槽机铣削至设计高程;Ⅱ期槽段待两相邻Ⅰ期槽段混凝土强度达到90%后开始施工,采用双轮铣槽机一铣到底、一次成槽。为了保证Ⅱ期槽段开孔位置准确,在Ⅰ期槽段浇筑混凝土前,在孔口接头位置下设长9m长的导向板,混凝土浇筑后将导向板拔出。为了防止地下连续墙施工过程中出现槽壁坍塌、钢筋笼散架,基坑开挖过程中出现渗水、流沙等现象,本项目地下连续墙施工采取了如下措施:(1)在地下连续墙施工前,使用双轮铣深层搅拌技术进行地下连续墙的槽壁加固,加固深度达48.3m,加固层穿过了软塑状的粉质黏土层。(2)Ⅱ期槽段施工时铣掉Ⅰ期槽段两侧25cm宽的混凝土,形成锯齿状铣接头;(3)地下连续墙施工时在墙身预留压浆管,通过压浆在地下连续墙墙底形成止水帷幕;(4)通过各个工况的有限元分析,对钢筋笼受力薄弱点进行有针对性的加固处理,做到在每一个钢筋笼吊装前,对钢筋笼的加工质量进行验收。上述措施确保了整个地下连续墙施工过程安全可控,且成墙质量好,施工效率高,污染小,垂直度和防渗性能均能

## 2. 基坑开挖施工

仙新路过江通道南锚碇基坑开挖深度达58.5m,为同类型基坑开挖深度世界之最。采用逆作法施工,分18层开挖,分层开挖深度3m。基坑开挖前采用深管井降水,并进行抽水试验,观测基坑内水位变化,确认地下连续墙无渗漏。基坑土方采用岛式开挖方案施工,先沿地下连续墙周边开挖,形成内衬施工作业面,基坑内中心区域土体开挖与内衬施工同步进行,形成土体开挖与内衬施工的流水作业。内衬混凝土强度达到设计强度的80%后,进行下一层土体开挖。基坑开挖采用干法作业,挖出的土方利用渣土自卸车外运至弃土场。

## 3. 内衬、底板及填芯混凝土施工

地下连续墙内衬为沿竖向分段变厚的钢筋混凝土环形结构,内衬施工层高为3m,与基坑开挖深度相匹配,每层内衬环向分8段施工,节段间设置2.5m长的微膨胀混凝土后浇段。内衬采用"逆作法"施工,即开挖一层土体施工一层内衬,当同一层内衬混凝土强度达到80%后开挖下一层土体。内衬按照土方开挖→凿毛→绑扎钢筋→安装模板→混凝土浇筑→拆模养护的工序逐段逐层施工。模板采用钢模板,混凝土采用汽车泵进行浇筑。

锚碇底板采用钢筋混凝土结构,厚10m,采取竖向分四层,横向分两块的方式浇筑。底板直径57m,采用C30微膨胀混凝土浇筑,底板单次浇筑最大方量为3447.5m$^3$。

填芯厚42m,采用C30混凝土浇筑,每层浇筑层厚3.6m,分12层施工。填芯及隔舱施工前人工对内衬内壁立面进行凿毛,凿除时注意加强对内衬预埋水平接驳器保护。对于填芯和隔仓的水平施工缝,水平顶面强度达到0.5MPa时,高压水清洗表面浮浆;先浇筑混凝土强度达到2.5MPa以上,采用人工凿毛。

填芯一次浇筑厚度控制在3.6m以内,填芯施工共分为10层。当填芯水平分层和隔墙分层较相近时,可调整填芯层高,和隔墙层高相适应。填芯较隔仓墙施工先行1~2层模数。

隔墙混凝土为C30,层厚按照模板目数控制,单次浇筑厚度为4.5m,首次浇筑厚度为2.25m;隔仓墙施工共分为10层。分隔面采用收口钢丝网,两侧混凝土对称浇筑。浇筑顺序先中心开始,沿半径方向,向两侧浇筑,模板内分层连续浇筑。

填芯及隔舱侧模均采用定型钢模,端模采用收口网模板。填芯模板标准高度为1.8m,每层浇筑不大于3.6m。隔仓模板标准高度为2.25m,标准段浇筑高度4.5m。隔仓和填芯交接面安装单侧立面模板,模板布置斜向拉杆和已浇筑钢筋进行连接。

填芯混凝土施工过程中同步进行锚固系统安装施工。本桥主缆锚固系统采用型钢结构,由后锚梁和锚杆组成。后锚梁埋于锚碇混凝土内,锚杆一端连接在后锚梁上,另一端伸出锚体前锚面,与主缆索股相连接锚固系统是将主缆荷载传递和分散至锚碇上的受力结构,其安装精度须严格控制。锚固系统采用定位支架进行支撑和定位。安装和定位流程为:定位支架和后锚梁预埋件放样→定位支架安装测量定位→后锚梁安装粗定位→后锚梁精定位→锚杆拼装粗定位→临时固定→底层锚杆精定位→永久固定→上一层锚杆定位。锚杆和锚梁均采用大型履带吊机分层安装,精定位多次复核无误后再进行混凝土浇筑。

## 四、施工创新点

### 1. 双轮铣水泥土搅拌墙槽壁加固

在成槽开工前对槽壁进行预加固,提高土体强度,可有效限制加固范围内土体的侧向变形,提高槽壁的稳定性,对于减小槽段外地面沉降具有明显效果。加固深度对变形控制效果的影响较大,一方面,加固深度越深,变形控制效果越明显;另一方面,加固体越深,隔水效果越好,减小地下水对成槽的影响。

南京仙新路过江通道南锚碇处地质条件较差,为保证地下连续墙成槽施工时槽壁的稳定性,需要采用槽壁加固工艺穿过流塑状粉质黏土层。槽壁加固一般在地下连续墙成槽前施工,加固措施可采用双轴、三轴水泥土搅拌桩、高压旋喷桩和注浆等。

国内较大跨度悬索桥锚碇的地下连续墙槽壁加固均采用水泥搅拌桩，一般加固深度为20m，超过30m深度难以保证施工质量。高压旋喷桩施工深度较浅，在层厚不均匀、地质特征变化较大时容易导致各土层成桩截面不一致，且深度越深成桩效果越差，超过40m无法保证质量；同时桩体接缝较多，止水效果难保证。对于本项目而言，一方面地下连续墙底灌浆帷幕承担最大水头差达60m，止水要求高；一方面流塑状粉质黏土层较厚，槽壁加固需要穿透该软弱土层。

本项目槽壁加固引入了双轮铣水泥土搅拌墙技术。该技术是将双轮铣削成槽工艺和传统的深层水泥土搅拌工艺技术特点相结合的一种新型地下深层搅拌工法，提高了水泥与原位土拌和的均匀性和隔水效果，为深大基坑工程深层地下水控制提供了新对策。不同于常规的跳槽施工方式，本槽壁加固技术可采用逐槽施工，降低了成槽机械的移动频率，减少了对槽壁周围土体的扰动。双轮铣水泥土搅拌墙槽壁加固如图4所示。

2. 调整优化出渣工艺

常规的基坑出土工艺有履带吊出土、门架出土等。作为目前国内基坑开挖深度和水头差最大的锚碇工程，采用传统的出土工艺难以保质保量按期完成。南京四桥南锚碇基坑出土方式是履带吊出土，单斗方量大，取土深度能满足60m要求，但是现场需要设置临时堆存区域，不环保，设备租赁价格高。棋盘州大桥南锚碇采用门式起重机取土，单斗方量大，取土深度满足要求，略加改造即可用于悬索桥上部结构施工，仍然存在设备租赁价格高，卷扬机易损坏等问题。深中通道东锚碇采用液压伸缩臂式挖掘机，具有起降速度快，工效高，可直接装车，环保，存在单斗方量小，取土深度不满足要求，设备租赁价格高等问题[8]。

经过多方研究比选，最终决定采用抓斗式起重机取土工艺。该方案具有场地占用位置小、出渣速度快、工效高等优点。同时避免了基坑开挖与基坑内衬施工时的交叉作业，有效降低了施工安全风险；通过平台系统的灵活布置，充分利用设备的工效，加快了工程进度；避免了土石方装运过程中的洒落，清洁环保，利于文明施工。现场实际投入了4台抓斗式起重机，4台平均日出土量达1600m³，提前两个月完成了基坑出土工作。基坑开挖平面布置图如图5所示。

图4　双轮铣水泥土搅拌墙槽壁加固　　　　　图5　南京仙新路过江通道基坑开挖施工平面布置图

3. 超深基坑底板浇筑

底板平面面积为2550.47m²，厚10m，竖向分4层，每层厚度2.5m，每层分两次浇筑，施工缝上下错开；采用C30微膨胀混凝土，摊铺浇筑厚度小于300mm。同层底板横向两块连续作业，上下两层底板设置台阶状错口缝，分层错开不小于1.0m。横向分块采用收口网模板，内侧采用锚固拉杆与预埋钢筋焊接固定，外侧采用钢管斜撑。每层底板混凝土浇筑完成后，在顶面植入长度不小于30cm、直径不小于12mm的钢筋，钢筋平面间距50cm。待底板混凝土强度达到2.5MPa之后立即对施工缝进行凿毛，清除表面浮浆、松动的石子及软弱混凝土层。底板采用蓄水养护。底板施工现场布置图如图6所示。

单块底板混凝土浇筑分为两个区域，首先是基坑周边区域的混凝土，利用组合平台将混凝土运输车直接开到平台上，将混凝土通过导管进行浇筑。导管分为三段，依托预埋在帽梁和内衬上的三角托架进

图6 南京仙新路过江通道底板施工现场布置图

行固定,通过溜槽将混凝土分散展开。中心区域采用天泵+塔吊吊装导管+下方散料斗浇筑,这里面有4个需要关注的重要因素:(1)塔吊的起重能力;(2)下方散料斗的设置;(3)导管的结构安全;(4)钢丝绳的安全储备。

## 五、结　语

南京仙新路过江通道南锚碇处在临江环境、不利的地层和水文条件下,开挖深度深、面积大,给锚碇施工带来了巨大的挑战和风险。施工中根据地质条件和结构特点,地下连续墙采用成槽机、铣槽机分别施工Ⅰ、Ⅱ期槽段,既保障质量又经济有效;地下连续墙采用铣接头形式,安全可靠,防渗效果好;内衬采用逆作法由上而下施工,基坑采用岛式法开挖,抓斗式起重机取土,内衬施工和基坑开挖同步进行;深基坑施工采取了良好的支护止水技术和严密科学的基坑监测,保障了深基坑在开挖过程中的坑壁安全稳定和干燥的施工环境;根据结构的特点和施工能力,对底板、填芯大体积混凝土采取了合理的分层分块浇筑方式,同时采取温控措施,以保障大体积混凝土的施工质量。该桥超深基坑开挖时坑壁安全稳定无较大渗水,地下连续墙均为Ⅰ类墙体,混凝土无明显裂纹,内实外美,达到了预期目标。

**参考文献**

[1] 中铁大桥勘测设计院集团有限公司.南京仙新路过江通道工程施工图设计文件[Z].武汉:2019.
[2] 中交二航局南京仙新路过江通道工程A3标项目经理部.南锚碇基础施工方案[Z].南京:2020.
[3] 龚维明,王正振,戴国亮,等.长江大桥基础的应用与发展[J].桥梁建设,2019,49(6):13-23.
[4] 崔冰,贾立峰,李丹.南京第四长江大桥南锚碇地下连续墙支护结构设计[J].中国工程科学,2013(8):26-30.
[5] 韩胜利.武汉杨泗港长江大桥超大型锚碇施工关键技术[J].世界桥梁,2020,48(4):30-34.
[6] 汪西华,赵文艺,韩冬冬,等.棋盘洲长江公路大桥南锚碇基础建设中的几点创新[J].公路,2019,(3):111-114.
[7] 段朝静,徐伟,何超然.南京长江四桥南锚碇基础"∞"形超深基坑开挖施工技术[J].建筑技术,2010,41(03):204-207.
[8] 张晖.重力嵌岩式锚碇深基坑开挖施工技术[J].世界桥梁,2018,48(3):27-31.

# 24. 大跨径梁拱组合刚构桥下弦拱梁挂篮选型及施工应用

秦宗琛　李亚勇　张　斌　王　蓬　张　锐
(中建隧道建设有限公司)

**摘　要**　梁拱组合混凝土刚构桥是一种由梁拱融合而成的新结构形式桥梁,主梁为上梁、下拱组成的三角区结构,其下弦拱梁线形变化大,斜拱角度大。施工时会遇到拱梁"大坡度、变弧线、挂篮斜爬"等施工难题。以礼嘉嘉陵江大桥工程下弦拱梁为例开展挂篮优化选型研究,形成下承式倒三角挂篮悬浇施工技术。此技术成功应用表明:下承式挂篮爬坡能力强,拱梁线型质量高、施工效率高。该工艺在大坡度混凝土拱梁悬臂施工取得多方面成果,为此类型桥梁施工提供成熟的施工技术。

**关键词** 梁拱组合刚构桥 挂篮悬臂浇筑 下承式挂篮 下弦拱梁

## 一、引 言

梁拱组合刚构桥作为一种结构新颖的桥梁,融合拱桥、梁桥的工程特点,此类桥型梁拱组合三角区施工属重难点,三角区合龙之前上弦梁与下弦拱梁为独立的悬臂浇筑施工体系;下弦拱梁需解决"大坡度、变弧线、挂篮斜爬"等施工难题。

目前,从我国目前钢筋混凝土拱桥梁体施工多采用悬拼法、整体支架法或转体施工,但这些方法都受地形条件约束,而大跨度、深沟谷、地形陡峭地带拱桥梁体首选方法为挂篮悬臂浇筑施工。某些大跨径混凝土斜拉桥为避免斜拉索梁体上部空间干涉而采用下承式挂篮进行普通悬浇施工;北盘江大桥甘溪特大桥针对梁拱组合结构下弦拱梁采用上承式挂篮悬臂浇筑,并辅以临时拉索斜拉施工。挂篮爬坡能力鉴于挂篮结构形式受限,拱梁施工效果较差。国内外对梁拱组合桥型下弦拱梁施工技术研究极少,现有拱梁施工工艺无法满足技术质量要求。因此本文以礼嘉嘉陵江大桥梁拱组合结构下弦拱梁施工为基础,开展现场试验研究,创新应用下承式倒三角挂篮设计和施工,解决此类施工难题。

## 二、工程背景

礼嘉嘉陵江大桥全桥长785m,为国内首座上承式梁拱组合预应力混凝土刚构桥,大桥主墩梁体为上梁下拱组合而成三角区结构(图1),成桥后三角区具备拱辅梁桥的受力特征,其三角区下弦拱梁矢跨比1/7.7,拱梁顶、底缘线设计为2.2次抛物线规律变化,其变化方程式为 $y = -0.0006924(119 - x)^{2.2} + 25.5$,拱梁斜拱角度达到27°。拱梁截面高度4.8m,宽度9m,采用挂篮悬臂浇筑并墩身设置临时拉索辅助支撑施工。

图1 礼嘉大桥主梁结构图

## 三、下弦拱梁挂篮选型对比分析

针对下弦拱梁工程特点,提出两种挂篮结构进行比选:上承式与下承式挂篮(图2)。

1. 上承式挂篮

挂篮承重主桁架固定在梁体顶部,与悬吊平台组成整体悬浇结构。

优点:上承式挂篮施工工艺成熟;挂篮吊装简便。

缺点:经施工模拟,本桥拱梁后节段上部空间狭窄,挂篮施工困难;上承式挂篮自重较大,经济指标为

0.48 左右；上承式挂篮爬坡能力较差。

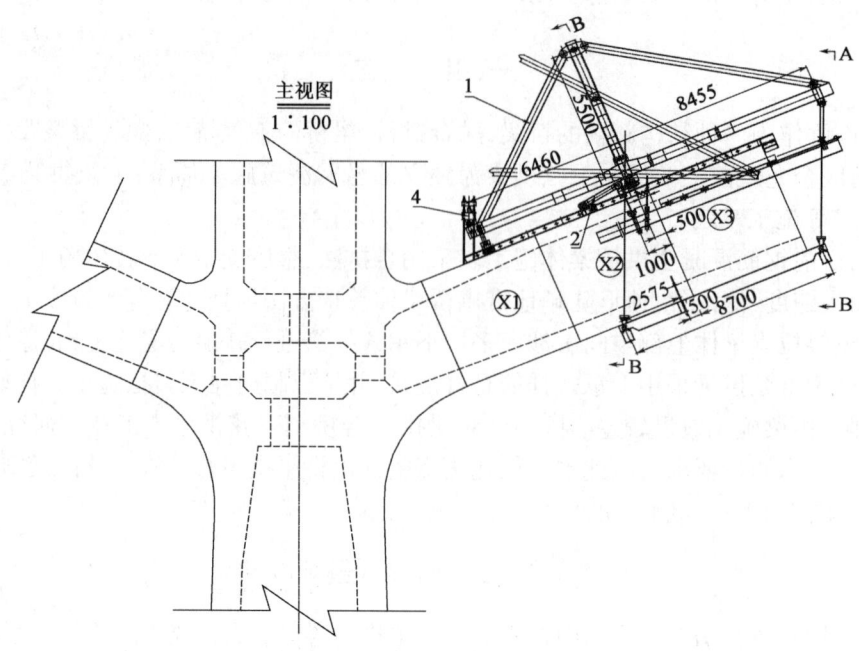

图 2　承式挂篮施工图（尺寸单位：cm）

## 2. 下承式挂篮

挂篮承重主桁设置于拱梁下部，由挂腿固定在拱梁背部形成整体悬浇结构（图 3）。

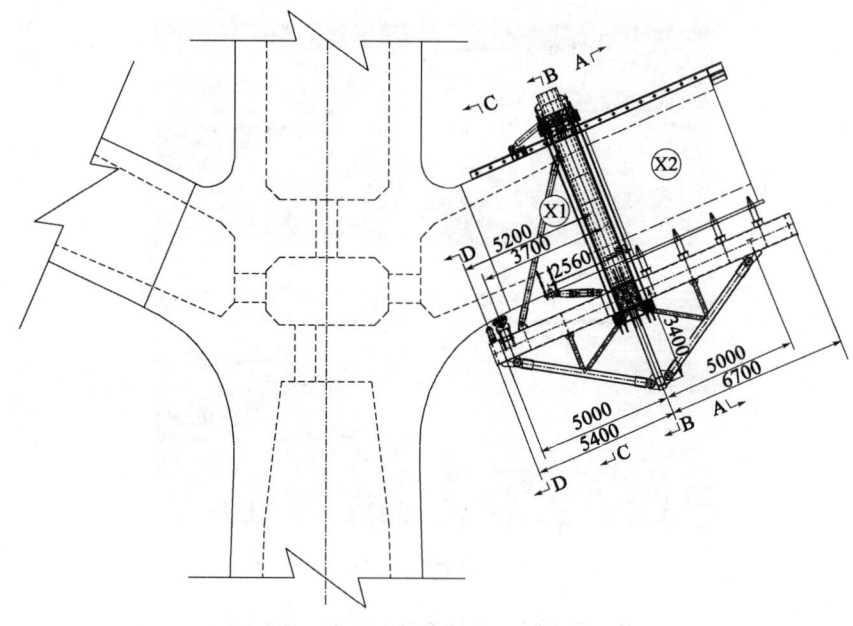

图 3　下承式挂篮施工图（尺寸单位：cm）

优点：挂篮自重较小，经济指标为 0.32 左右；下承式挂篮爬坡能力、角度定位调节能力强。
缺点：施工无可借鉴经验，施工工艺不成熟；挂篮安装困难。

## 3. 上承式和下承式挂篮比较

上承式和下承式挂篮对比示于表 1 中。

下弦拱梁挂篮对比分析图　　　　表1

| 序号 | 描　述 | 上承式挂篮 | 下承式挂篮 | 备注 |
|---|---|---|---|---|
| 1 | 挂篮设计承载力 | 2080kN | 2080kN | |
| 2 | 挂篮自重 | 99.6t | 81t | |
| 3 | 主桁架位置 | 顶板上部 | 底板下部 | |
| 4 | 适用施工缝形式 | 竖直施工缝 | 垂直施工缝 | |
| 5 | 挂篮主桁架最大纵向尺寸 | 15m | 12m | |
| 6 | 主桁架拼装特点 | 梁体上部拼装，较容易 | 梁体下部拼装，难度较大 | |
| | 与扣索干涉情况 | 主桁后横梁有干涉 | 横桥向可避开 | |
| 7 | 挂篮操作空间 | 桥面较拥挤 | 桥面空间开阔 | |
| | 挂篮调节精度 | 挂篮调节复杂、粗糙，定位精度低 | 挂篮调节灵活，定位精度高 | |
| 8 | 挂篮结构变形 | 35.6mm | 22mm | |
| 9 | 安全性 | 中等 | 高 | |
| | 结论 | 不采用 | 采用 | |

由表1分析可知，在相同设计承载力下，下承式挂篮自重更小，整体结构尺寸更小，爬坡能力更强；而且挂篮定位调节灵活性更强，更能适应拱梁弧度变化，下承式挂篮结构形式更优。

## 四、下承式挂篮设计

挂篮由承重桁架、行走系统、锚固系统、定位系统、模板系统、工作平台等部分组成，总体结构如图4所示。

### 1. 承重桁架

承重桁架是挂篮支撑模板体系和悬浇荷载的主体结构。其中两榀倒三角形承重主桁设置于挂篮下部（图5），主桁中间挂腿可配合主顶系统调整挂篮姿态，也是挂篮行走时支撑挂篮自重的主要受力构件。

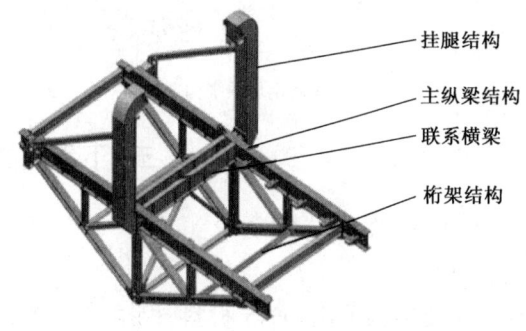

图4　下承式挂篮总构造图　　　　图5　下承式挂篮承重主桁架构造图

### 2. 行走系统

行走系统实现挂篮空载前移，主要由行走轨道、前后行走小车及行走油缸组成（图6）。行走时利用主顶系统将挂篮下放，使前行走小车（履带式小坦克）落至轨道，调节顶升机构使后行走小车接触下梁面并受力，行走小车伸缩杆调整挂篮行走角度，使挂篮处于平稳行走状态，由行走油缸推动挂篮行走。

### 3. 挂篮锚固系统

挂篮锚固系统（图7）包括两组中横梁锚杆组。其作用是将挂篮自重和所承受的施工荷载传递到已浇梁段上，锚固系统采用精轧螺纹钢锚固在拱箱横隔板两侧。

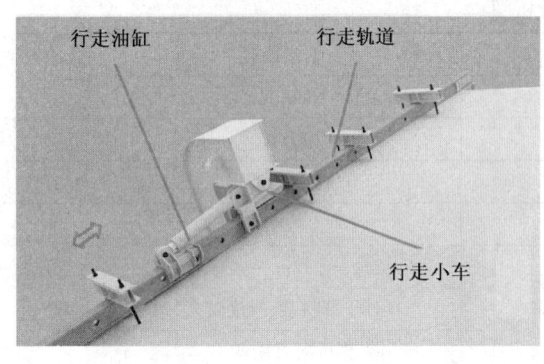
图6 下承式挂篮承行走系统构造图

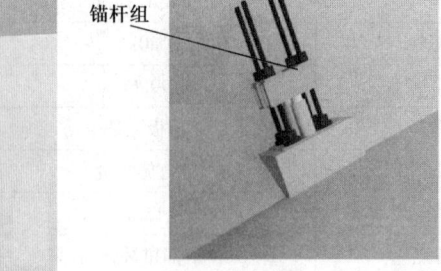

图7 下承式挂篮锚固系统构造图

### 4. 定位系统

定位系统实现挂篮浇注前的定位调节功能，由顶升机构、止推机构及主顶系统等组成（图8）。挂篮走行到位后，首先将止推机构固定于梁体；通过调节承重主桁尾部顶升机构微调挂篮竖向高程，使模板高程到位；之后止推机构中液压千斤顶可微调挂篮纵向位置，使模板中轴线到位。

### 5. 工作平台

为保证施工人员安全，挂篮设置工作平台供人员往返（图9）。工作平台可根据施工过程中挂篮姿态的变化而进行调整。

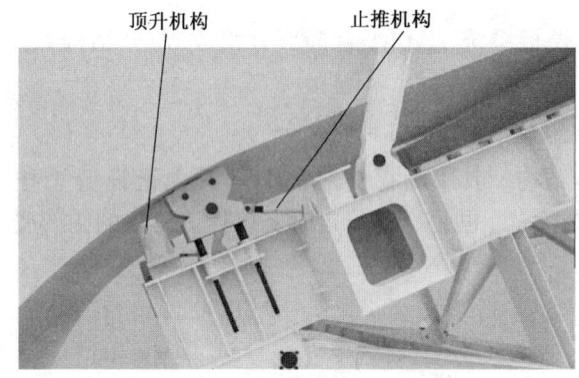
图8 下承式挂篮定位系统构造图

图9 下承式挂篮操作平台构造图

## 五、下承式挂篮受力分析

### 1. 材料特性及刚度控制

#### 1) 材料特性

本挂篮主要结构采用Q345材料，根据以上规定，按载荷组合B考虑许用应力，计算可得钢材的容许应力如表2所示。

钢材容许应力（MPa） 表2

| 类型 | 许用应力 | | |
|---|---|---|---|
| | 拉应力 | 剪应力 | 承压应力 |
| Q345 | 250 | 150 | 350 |
| 40Cr（销轴材料） | 365 | 220 | $d < 160$ |
| | 330 | 200 | $d > 160$ |

#### 2) 刚度控制

（1）主梁简支段挠度取值范围$\leq L/500$，外伸悬臂端挠度取值范围$\leq L/350$；

(2)根据《钢结构设计手册》2.5.1 规定,受压构件的长细比不宜超过表 3 中的数值。

受压构件容许长细比  表 3

| 序 号 | 构 件 名 称 | 容许长细比 |
|---|---|---|
| 1 | 主要构件(如柱、桁架、柱缀条及吊车梁以下柱撑等) | 150 |
| 2 | 其他构件及支撑 | 200 |

### 2. 计算工况与分析模型

#### 1)边界条件

挂篮整体结构为一弹性支承空间刚架,通过构件计算,确定构件截面尺寸,拼接成整体结构并运用 ANSYS 软件进行有限元分析计算。

#### 2)有限元模型的建立

根据本挂篮结构的特点,采用 ANSYS 软件对结构强度进行计算分析,主要结构 Beam188 梁单元仿真模拟,锚固系统及顶升机构等单向受力构件采用 Link10 单元模拟。模型各部分装配采用共节点固结、节点耦合及接触分析等方式模拟。在有限元分析的基础上再根据得到的内力等相关信息对结构杆件及相关构件进行详细计算。在 ANSYS 中建模完成后的挂篮结构如图 10 所示。

图 10 下承式倒三角挂篮有限元模型

#### 3)模型的简化

有限元分析建模中,通常必须对实体做一些合理的简化。在建模过程中,作了以下假设与简化:

(1)工作平台、内外模板结构等没有在有限元模型中进行体现,而是将它们视为分布质量加载到各节点、单元上;

(2)箱梁之间的焊缝及螺栓连接,在有限元建模中用单元共节点模拟,其截面参数由其单元截面参数代替,销轴连接采用节点耦合或连接单元方式模拟;

(3)挂篮锚固系统和止推装置等在结构计算中忽略,挂篮的约束加在对应位置的主纵梁上;

(4)挂篮所受荷载按箱梁截面及模板等载荷的分布状况简化为均布荷载加载在各主纵梁及模板横梁的相应节点上。

#### 4)模型中坐标的定义

根据该挂篮结构形状的特点,在 ANSYS 建模过程中,采用了全局坐标系、局部坐标系、辅助坐标系等多种坐标系。其节点、单元信息最后全部统一在全局坐标系下。

#### 5)模型的约束

ANSYS 中的 DOFConstraint 将对挂篮的自由度进行约束,在结构分析过程中,作为位移和边界条件出现。挂篮模型约束定义如表 4 所示。

下弦拱梁挂篮对比分析图  表 4

| 工 况 | 约 束 位 置 | 约 束 |
|---|---|---|
| 浇筑工况 | 锚固点 | UX、UY、UZ |
| | 止推 | UZ |
| | 顶升机构、中支点垫块 | 单向 UY |
| 行走工况 | 挂腿 | UX、UY、UZ |
| | 行走反滚轮 | 单向 UY |

### 3. 计算工况

工况 I(图 11):挂篮位于 X2 节段,混凝土浇筑完成(混凝土重 209.6t)但未凝固,挂篮与水平夹角

23°,风向垂直于模板(风速13.6m/s),计算挂篮工作状态的受力和变形。

工况Ⅱ(图12):挂篮位于X11号节段,混凝土浇筑完成(混凝土重218.2t)但未凝固,挂篮与水平夹角13.1°,风向垂直于模板(风速13.6m/s),计算挂篮工作状态的受力和变形。

工况Ⅲ(图13):挂篮位于X2节段且行走到位,挂篮与水平夹角23°,风向垂直于模板(风速13.6m/s),计算挂篮行走到位状态的受力和变形。

图11 工况Ⅰ下承式挂篮力学验算图　　图12 工况Ⅱ下承式挂篮力学验算图　　图13 工况Ⅲ下承式挂篮力学验算图

各工况总体计算:

浇筑工况下挂篮最大应力148MPa,底模前端最大变形19.8mm;行走工况下挂篮最大应力132MPa,最大变形35mm。挂篮强度和刚度均满足要求。

## 六、下承式挂篮施工工艺

下弦拱梁挂篮悬浇工艺步骤如下(图14):

(1)混凝土浇筑完成,混凝土强度、弹性模量及龄期、扣索张拉达到要求后,做好挂篮行走准备;
(2)移除挂篮顶模;
(3)侧模横移约40cm脱模;
(4)前移行走轨道并锚固;

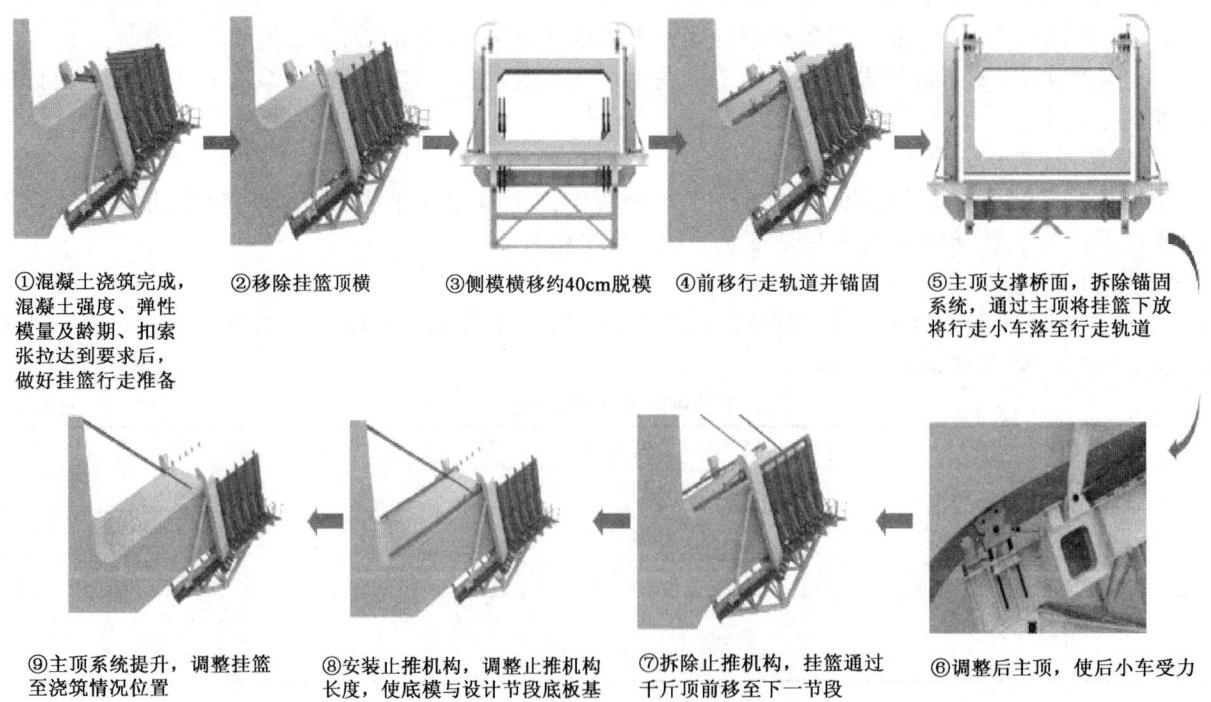

图14 下承式挂篮悬浇施工流程图

(5) 主顶支撑桥面,拆除锚固系统,通过主顶将挂篮下放,将行走小车落至行走轨道;

(6) 调整后主顶,使后小车受力;

(7) 拆除止推机构,挂篮通过千斤顶前移至下一节段;

(8) 安装止推机构,调整止推机构长度,使底模与设计节段底板基本平行;

(9) 调整主顶系统,调整挂篮至浇筑情况位置,进行混凝土浇筑。

## 七、结　语

实际应用表明,对比常规挂篮悬浇工艺,下承式倒三角挂篮悬浇工艺在下弦拱梁应用得到了良好的施工效果。

(1) 本工艺显著提高拱梁线形质量,线形质量平均合格率均达到95%以上。

(2) 减少因梁体质量差造成二次返工费用(人工、材料费),减少梁体混凝土约2.5%耗损量。

(3) 优化的下承式倒三角挂篮对比常规悬浇挂篮钢材减少约20%。

(4) 下承式倒三角挂篮拱梁爬升效率高,爬行顺畅,避免常规挂篮爬行困难问题,节约工期0.2天/m。

在拱梁桥型中,拱梁坡度较大时、梁体上侧空间受限时及梁体上侧有其他构筑物(如存在拉索)时,上承式挂篮无法满足施工要求,可结合下承式挂篮的构造及使用特点合理选用,经实践证明下承式挂篮保证拱梁施工工效及施工质量。

**参考文献**

[1] 杨辉. 钢筋混凝土拱桥悬臂浇筑倒三角挂篮设计与施工[J]. 施工技术. 2017(46):45-49.

[2] 孙克强,李松,李百富. 甘溪特大桥300m跨空腹式刚构桥三角区施工技术[J]. 世界桥梁. 2020(204):45-49.

[3] 李海方,李清华. 新型下承式施工挂篮设计[J]. 公路. 2017(11):96-98.

[4] 杨辉. 钢筋混凝土拱桥悬臂浇筑倒三角挂篮设计与施工[J]. 施工技术,2017,46(3):102-106.

[5] 韩洪举. 290m空腹式刚构桥三角区箱梁施工支架受力分析[J]. 重庆交通大学学报(自然科学版),30(3):361-365.

[6] 蔡新宁,南志. 桥梁施工常用计算实例[M]. 北京:人民交通出版社股份有限公司,2015.

[7] 李星荣,魏才昂,李和华. 钢结构连接节点设计手册[M]. 2版. 北京:中国建筑工业出版社,2005.

[8] 满洪高,李君君,赵方刚. 桥梁施工临时结构[M]. 北京:人民交通出版社,2012.

[9] 向富中,杨寿忠. 新编桥梁施工工程师手册[M]. 北京:人民交通出版社,2011.

[10] 黄坤全,彭旭民. 空腹式连续刚构桥施工过程受力特性分析[J]. 桥梁建设,2011(03):40-43.

[11] 丁艳超,熊峻,罗超. 大跨径上承式梁拱组合刚构上下弦三角结合区施工方法研究[J]. 工程技术研究,2019(16):21-23.

# 25. 常泰长江大桥主塔沉井出坞浮运施工关键技术

张　磊[1,2,3]　吴启和[1,2,3]　韩鹏鹏[1,2,3]

(1. 中交第二航务工程局有限公司;2. 长大桥梁建设施工技术交通行业重点实验室;
3. 交通运输行业交通基础设施智能制造技术研发中心)

**摘　要**　常泰长江大桥是世界上跨度最大的斜拉桥,其5号墩主塔沉井基础为世界上最大的水中沉井基础,平面尺寸为95.0m×57.8m,高64m。首节43m高钢沉井在工厂内制作,并在干船坞内拼装成整体后浮运至设计墩位。浮运沉井总重近2万t,自浮吃水13.5m,船坞和浮运线路水深无法满足自浮状态下出坞浮运。因此,沉井采用封底助浮措施减小沉井吃水至6m后出坞,临时停靠坞门码头,拆除部分封舱底板调整吃水为8.5m后,浮运至墩位。

**关键词** 常泰长江大桥 沉井 出坞浮运 助浮结构 封舱底板 浮运阻力

## 一、工程概况

常泰长江大桥主航道桥采用主跨1176m的双塔五跨142+490+1176+490+142=2440m连续钢桁梁斜拉桥,是世界上跨度最大的斜拉桥。该桥5号墩主塔基础首创台阶型减冲刷减自重沉井基础结构形式,是世界上最大的水中沉井基础,也是首座采用全钢壳结构的沉井基础。沉井基础平面呈圆端形,立面为台阶形,沉井底面尺寸为95.0m×57.8m(横桥向×纵桥向),圆端半径为28.9m。沉井顶面尺寸77.0m×39.8m(横桥向×纵桥向)圆端半径19.9m,台阶宽度9.0m。钢沉井分36个井孔,外井壁厚1.8m,内井壁厚2.0m,内隔墙厚1.4m,如图1所示。

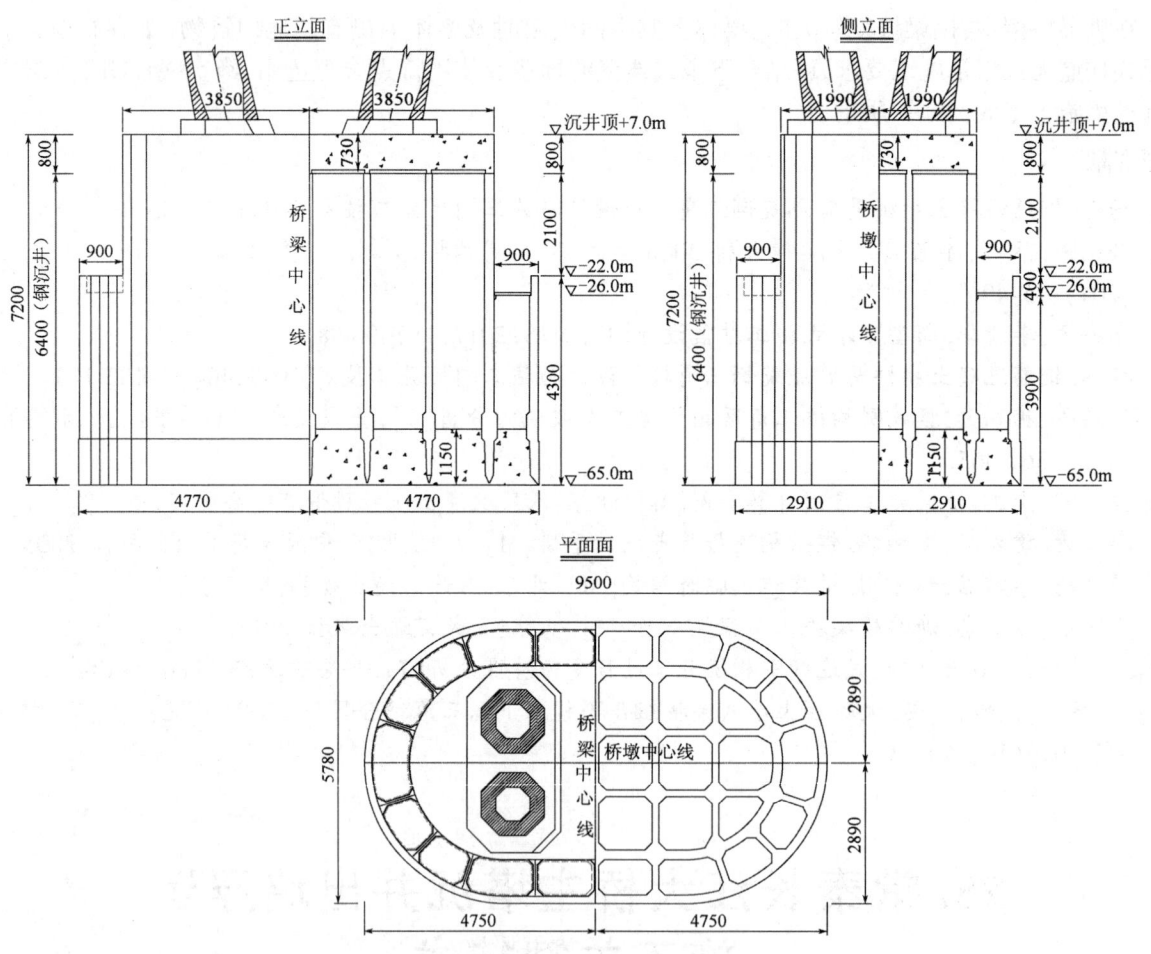

图1 主桥5号墩沉井基础结构图(尺寸单位:cm)

桥址处于长江感潮河段,全年除枯季大潮有上溯潮流外,基本上为单向下泄流,枯季垂线平均最大流速约1.0m/s。涨潮历时较落潮历时短,全潮平均12.5h,一次涨潮历时约4h,一次落潮历时约8.5h。

## 二、钢沉井助浮方案比选

5号主墩首节钢沉井高43m,制作时分为5层,其中第1层平面尺寸为95.4m×58.2m、高9m,第2~

4层平面尺寸为95.0m×57.8m、高34m。在工厂内制作并在干船坞内拼装成整体后浮运至设计墩位。首节钢沉井钢壳重14000t,刃脚混凝土重4000t,施工荷载及附属结构重1500t,总重约19500t。经计算可知,在自浮状态下,钢沉井吃水深度13.5m,受船坞和浮运线路水深限制,沉井无法在自浮状态下出坞和浮运,因此必须采取助浮措施,减小沉井吃水。

以往钢沉井、沉箱或钢围堰的助浮方式主要有增压助浮方案、封底助浮方案和浮箱助浮方案。增压助浮方案是在沉井井孔上对称加设封闭盖板,以封闭井孔形成密闭气舱,然后通过主动增压系统向密闭气舱内加压注气,从而减小钢沉井的吃水深度,如图2所示。此方案的优点有:①封闭盖板的安装和拆除均位于水上,方便施工;②封闭盖板可作为临时施工平台。缺点有:①沉井井孔密封范围大,漏气风险大;②自由液面不能产生恢复力矩,因此浮运稳定性相对较差;③密闭气舱内加压注气后,中隔墙吃水浅,高压气体有一定的压穿风险。沪通长江大桥29号墩钢沉井工程采用了增压助浮方案[1,2]。

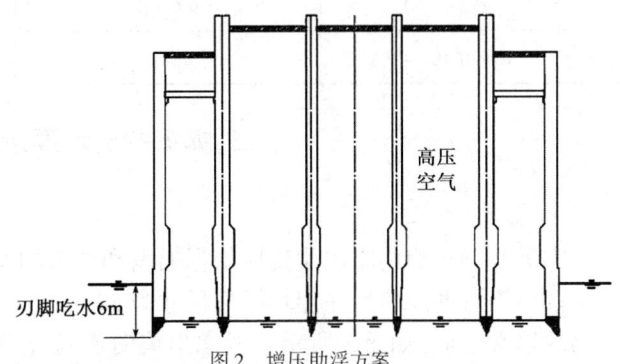

图2 增压助浮方案

封底助浮方案是在井孔底部设置封舱底板,通过增大钢沉井的排水面积来减小钢沉井的吃水深度,如图3所示。此方案的优点有:①仅对钢沉井底部吃水范围有水密性要求,漏水风险小;②截面惯性矩大,浮运稳定性好。缺点有:①封舱底板拆除作业属于水下作业,水下切割、打捞作业难度大;②沉井刃脚部位传感器密集,且填充有刃脚混凝土,刃脚部位焊接和切割作业容易对传感器和刃脚造成损伤。杨泗港长江大桥2号墩沉井工程采用了封底助浮方案。

浮箱助浮方案是加工若干浮箱,并将其固定在沉井井孔内,通过浮箱的浮力来减小钢沉井的吃水深入,如图4所示。此方案的优点有:①助浮措施拆除时无需水下切割,且切割工作量比较小;②截面惯性矩大,浮运稳定性好。缺点有:①浮箱需要设计、制作、安装,施工周期长;②相同助浮能力下,浮箱所需钢材更多,施工成本更高。

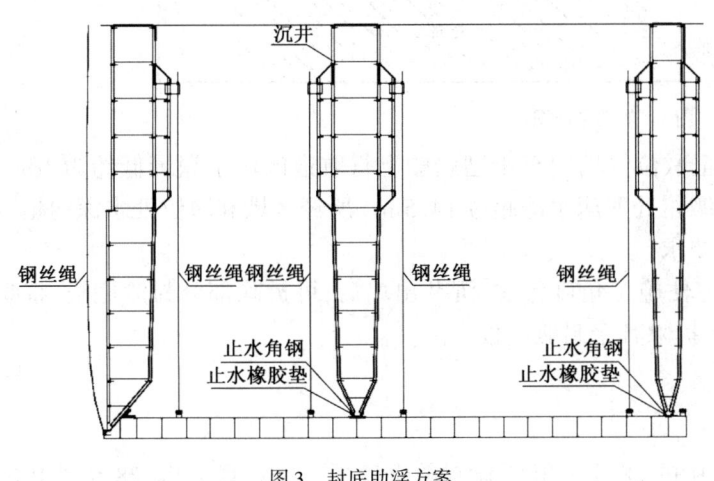

图3 封底助浮方案

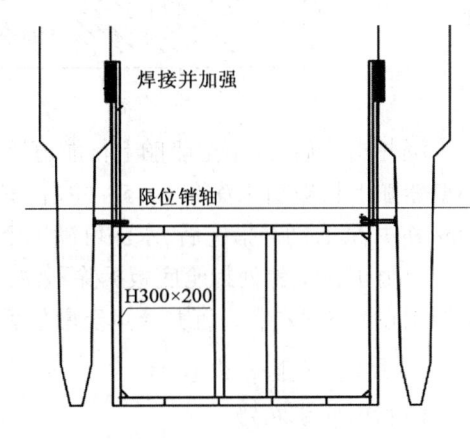

图4 浮箱助浮方案

根据常泰长江大桥5号主墩钢沉井结构特点,对比三种助浮方案,如表1所示。综合各助浮方案的安全性、工期、成本和施工便利性,采取封底助浮方案。

**钢沉井助浮方案比选** 表1

| 对比项目 | 封顶增压助浮 | 封底助浮 | 浮箱助浮 |
| --- | --- | --- | --- |
| 工程案例 | 沪通长江大桥 | 杨泗港长江大桥 | — |
| 浮运稳性 | 较好,能满足浮运要求 | 非常好 | 非常好 |

续上表

| 对比项目 | 封顶增压助浮 | 封底助浮 | 浮箱助浮 |
|---|---|---|---|
| 漏气(水)风险 | 密闭范围大,漏气风险大 | 浮运过程漏水风险小 | 浮箱漏气风险小 |
| 拆除的复杂程度 | 水上切割,较简单 | 水下切割,较复杂 | 水上切割,且工作量比较小 |
| 工期 | 目前图纸已完成,工期压力小 | 必须在沉井首节总拼前完成,工期压力大 | 浮箱的设计、制作需要一定周期,工期压力大 |
| 成本 | 约600t钢材 | 约600t钢材 | 约1215t钢材 |
| 比选结论 | 比较 | 推荐 | 不推荐 |

## 三、钢沉井出坞浮运施工关键参数分析

### 1. 吃水深度分析

钢沉井助浮后的吃水深度应依据船坞和航道的水深进行确定。

首节钢沉井总拼所在船坞平面尺寸为543m×147m×13m(长×宽×深),钢沉井坞内拼装时,坐落在船坞的坞墩上面,如图5所示。考虑出坞时潮位变化,在沉井出坞作业的时间段内,坞内水深在8.7~10.8m之间变化。扣除坞墩高度2.2m,则净水深(坞墩顶至水面距离)最低约为6.5m。沉井在出坞过程中,必须要有一定的安全高度才能出坞,沉井出坞的安全高度按照0.5m考虑,则要求沉井出坞吃水不得大于6.0m,必须采取助浮措施控制沉井吃水不大于6.0m。

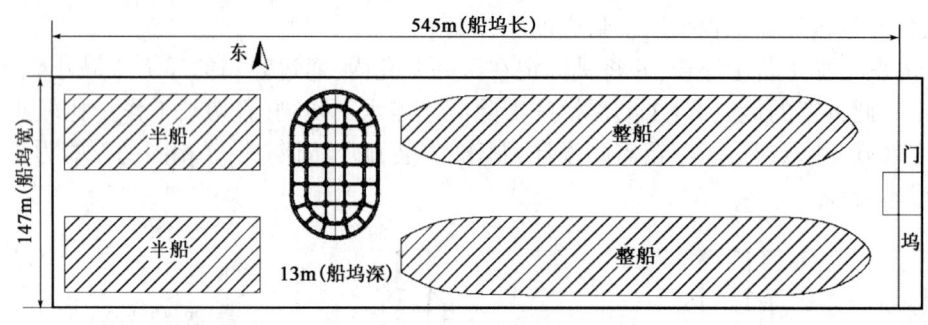

图5 船坞平面图

沉井出坞后,经小型船舶上行航道浮运至墩位。坞门至小型船舶上行航道区域水深最低约为10m,小型船舶上行航道水深在14.5m左右,沉井墩位处河床水深超过14.5m。所经水域和墩位处水深均超过10m,沉井采取助浮措施后,水深可满足浮运要求。

但由于在墩位处封舱底板拆除不便,从方便施工角度考虑,沉井出坞后,可拆除部分封舱底板,将吃水控制在8.5m左右。沉井浮运至墩位后,再拆除其余封舱底板。

### 2. 助浮封舱底板设计

1) 封舱底板布置

采用封底助浮形式,将钢沉井36个井孔中的28个井孔增设封舱钢底板。经计算分析,28个井孔的底部全部封闭后沉井的吃水深度约6.0m,封舱底板布置如图6a)所示。沉井出坞后在坞门码头靠泊后拆除中间位置的12个封舱底板,如图6b)所示,沉井吃水深度调整为8.5m后,再将沉井浮运至桥墩位置,其余封舱底板待沉井定位系统施工完毕后再进行拆除。

2) 封舱底板结构设计

沉井隔舱封舱板采用梁板式结构,面板采用8mm厚钢板,主梁为HM588×300型钢,次梁为HN350×175型钢,每根主梁端部设置加劲板与沉井刃脚内壁相连。主梁端部设置封边钢板,封边钢板顶部设置一圈环形板,环板与沉井刃脚内壁之间设置一圈环形角板。封边钢板与沉井刃脚内壁之间设置膨胀型止水

条,封边钢板内侧设置加强角钢,如图7所示。

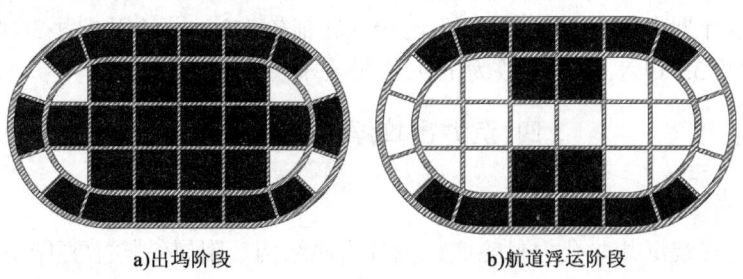

a) 出坞阶段　　　　b) 航道浮运阶段

图6　封舱底板布置图

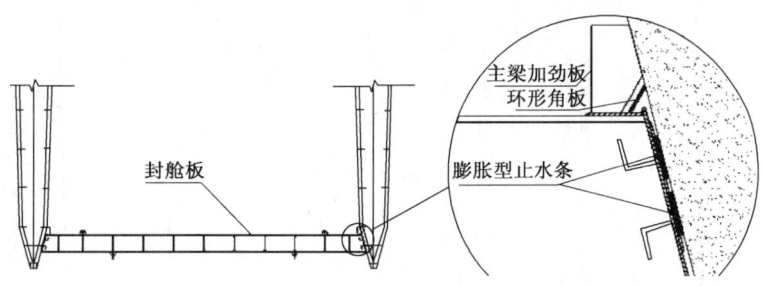

图7　沉井封舱底板结构

### 3. 浮运阻力与拖轮配置

1) 浮运作业条件确定

根据桥位区域气象、水文条件分析,确定沉井出坞及航道内浮运过程作业窗口条件如表2所示。

沉井出坞、航道浮运边界条件　　　　表2

| 边界条件 | 出坞 | 航道浮运 | 备注 |
| --- | --- | --- | --- |
| 沉井吃水(m) | 6 | 8.5 | — |
| 相对水流(m/s) | 0.5 | 1.5 | 沉井出坞按1节航速考虑;水流流速按1m/s考虑 |
| 风 | 5级风,风速10.7m/s | 5级风,风速10.7m/s | 风力大于5级,停止作业 |

2) 浮运阻力计算

沉井浮运过程主要受风和水流的作用,由于沉井结构尺寸大,浮运阻力大,因此必须对沉井浮运阻力进行估算,从而合理配置拖轮。沉井在浮运过程中为浮式结构,而且浮运结构复杂,需要合理计算沉井定位阶段受到的水流、风荷载。

水流力计算综合采用了规范公式、CFD数值模拟及模型试验三种方法计算沉井浮运阶段水流力。对比规范公式、CFD数值模拟和模型试验三种方法沉井浮运水流力计算结果,如表3所示。根据计算可知,规范公式和CFD数值计算水流力较模型试验小,沉井浮运阻力偏安全取470.0kN。

沉井浮运阻力计算结果　　　　表3

| 计算方法 | 规范公式 | CFD数值计算 | 物模试验 |
| --- | --- | --- | --- |
| 浮运阻力(kN) | 362 | 450 | 470 |

风荷载按《建筑结构荷载规范》(GB 5009—2012)计算。

3) 浮运总阻力与拖轮配置

根据计算,考虑一定安全系数,出坞过程总阻力1467kN,航道浮运过程总阻力1620kN,如表4所示。

沉井出坞过程总阻力　　　　表4

| 工况 | 水流阻力 | 风阻力 | 安全系数 | 总阻力 |
| --- | --- | --- | --- | --- |
| 沉井出坞 | 166kN | 812kN | 1.5 | 1467kN |
| 沉井浮运 | 470kN | 718kN | 1.5 | 1782kN |

根据浮运阻力计算结果,首节43m高钢沉井在航道浮运过程中综合阻力约1780kN。为便于操作确保航行安全,本次拖带计划由6艘4000HP以上的全回转拖轮实施,另备用1艘3600HP全回转拖轮应急维护。船队总拖带力约3370kN,安全系数为1.9,满足要求。

## 四、沉井出坞浮运施工步骤

### 1. 封舱底板安装

沉井出坞前,预先安装沉井井孔内封舱底板及其附属结构。附属结构主要作用为方便封舱板拆除作业,主要包括钢丝绳、提升吊篮、竖向爬梯、浮漂,如图8所示。

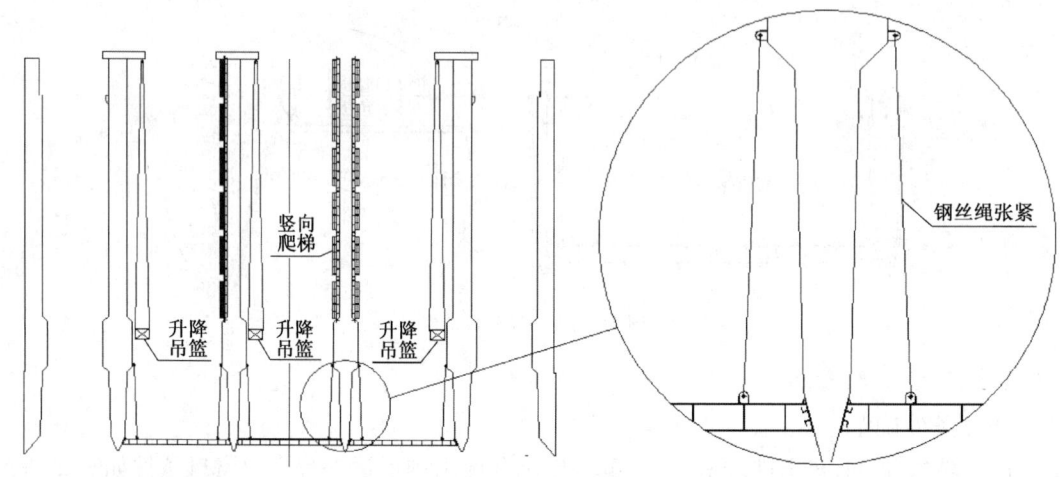

图8　井孔内附属结构安装

### 2. 沉井出坞

沉井出坞过程主要包括沉井坞内系缆、坞内注水沉井起浮、坞门开启、拖轮进坞编队、拖带沉井出坞等工序。在沉井出坞前应完成沉井坞内系缆定位,在沉井起浮时,应注意随时收紧缆绳,防止沉井注水后漂移,如图9所示。

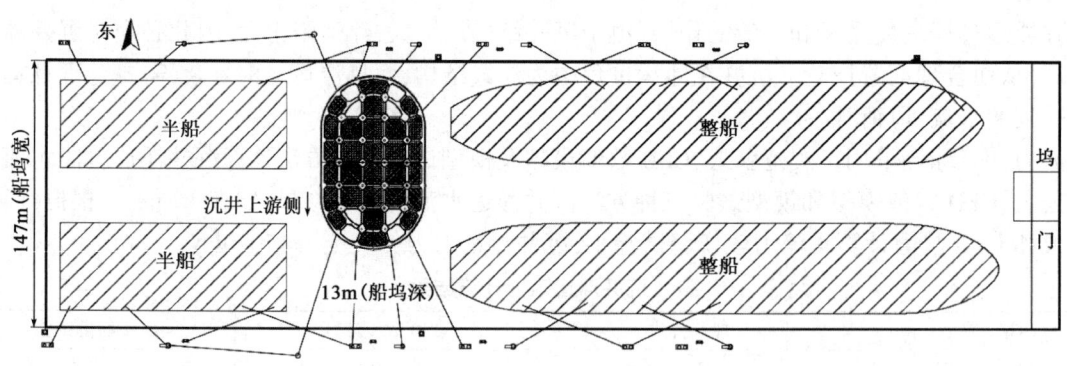

图9　沉井坞内系缆定位

当船坞注水至内外水位平衡以后,打开坞门,沉井前的2条整船出坞。2条整船出坞后,4条拖轮进入坞内,进行拖轮坞内编队,并将沉井缓缓拖带出坞,如图10所示。

### 3. 码头拆除部分封舱底板

沉井出坞后,在坞门码头附近临时系泊,进行钢沉井内圈共计12块封舱板拆除作业。拆除施工采用水下切割工艺,按施工顺序,分为水下切割、封舱板拆除和封舱板打捞三个工序。拆除前,需要在船坞内预先将封舱板顶面吊耳与井孔内预留的拆除吊耳通过保护钢丝绳连接并拉紧，潜水员下到井孔内开启封舱底板上的截止阀，使12个井孔内的水位与江面平齐，水位齐平后潜水员开始进行封舱板四周连接板部位水下切割。

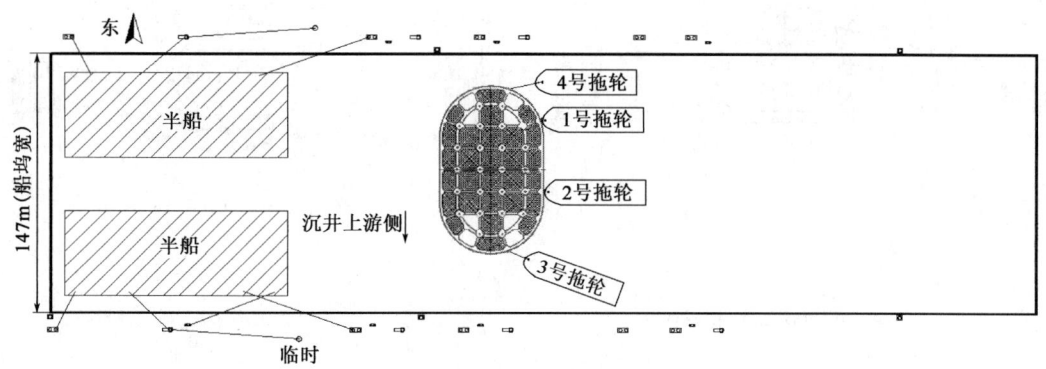

图10　拖轮坞内编队

对水下切割完毕的封舱板，将起重设备吊钩钢丝绳与封舱板顶面吊耳水下挂钩连接，带力拉紧（张拉力稍大于封舱板重量）后切除井孔内保护钢丝绳上端吊耳，此时封舱板自重由起重设备承担。切除完毕后，封舱板缓慢下放，平稳落在河床面后吊装钢丝绳一同留在江中，并在钢丝绳上端系上定位浮漂。后续钢沉井通过拖轮浮运航离坞门码头，利用起重船将12块封舱底板打捞并装船，完成码头部分的封舱板拆除工作。

4. 航道浮运

选用"4艘拖轮绑拖，1艘拖轮顶拖，1艘拖轮倒拖"的拖带方案，1号拖轮前面挂缆倒拖，4号拖轮（挂带3缆）沉井左舷后编队，2号拖轮（挂带2缆）左前编队，6号拖轮解部后顶推；沉井离开码头约50m后，5号拖轮（挂带3缆）右后编队、3号拖轮（挂带2缆）右前带缆。拖轮编队整体的宽度为137.4m，长度为247.54m，与海事部门联系沟通以后，满足沉井拖带要求，如图11所示。编队完毕后，在现场海巡艇及护航艇维护下，进行钢沉井浮运作业。

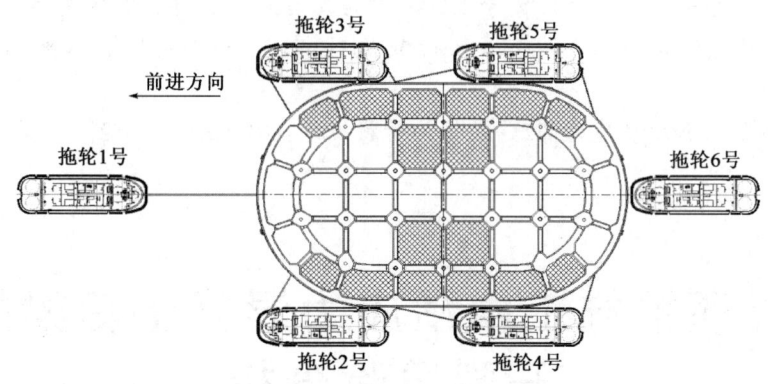

图11　钢沉井拖轮编队示意图

5. 桥位拆除其余封舱底板

沉井浮运到墩位且定位系统施工完成后，开始进行其余封舱底板拆除施工。利用锚缆系统将沉井向岸侧偏移35m后固定，即可进入封舱板拆除工作。桥位处封舱板切割顺序与码头封舱板切割顺序类似，此处不再赘述。再利用锚缆系统将沉井向江心侧偏移35m后固定，完成沉井江心侧8块封舱底板的拆除工作，如图12所示。

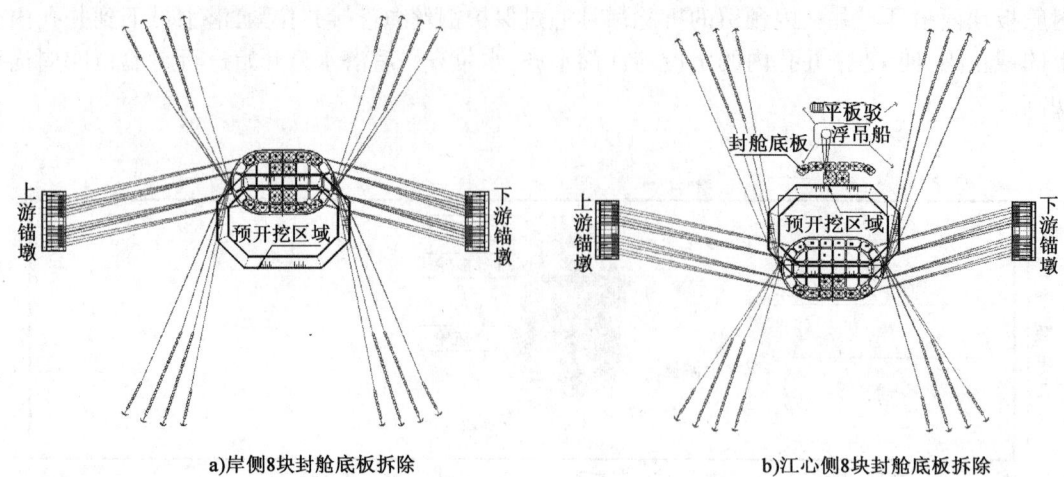

a) 岸侧8块封舱底板拆除    b) 江心侧8块封舱底板拆除

图12 封舱底板拆除示意图

## 五、结 语

沉井助浮的封舱底板安装及拆除技术的应用,解决了钢沉井出坞、浮运过程中的以下技术难题:(1)通过封舱板的安装,将钢沉井的吃水深度由13.5m减小至6m,解决了首节钢沉井在沉井出坞、浮运过程中,施工水深不足的难题。(2)通过在码头临时停靠拆除部分封舱板的方式,解决了桥位处内圈12块封舱板难以拆除的施工难题。(3)利用锚缆系统将沉井向侧边偏移,再拆除封舱底板,大大减小了桥位区域封舱底板移除的难度。

常泰长江大桥5号墩主墩钢沉井于2019年12月24日完成坞内制造,12月28日沉井顺利出坞并停靠坞门码头,完成12块封舱底板拆除作业,2020年1月2日浮运至墩位。

**参考文献**

[1] 余允锋,邱琼海,王立忠.沪通长江大桥主航道桥钢沉井增压助浮方案[J].桥梁建设,2015,45(06):74-78.
[2] 李军堂.沪通长江大桥主航道桥沉井施工关键技术[J].桥梁建设,2015,45(006):12-17.
[3] 郑大超,朱斌.武汉杨泗港长江大桥2号墩钢沉井施工关键技术[J].桥梁建设,2017(06):106-110.
[4] 中华人民共和国交通运输部.港口工程荷载规范:JTS 144-1—2010[S].北京:人民交通出版社,2010.
[5] 中华人民共和国住房和城乡建设部.建筑结构荷载规范:GB 5009—2012[S].北京:中国建筑工业出版社,2012.

# 26.顶推施工中预应力混凝土箱梁的开裂风险分析

朱绪江[1]  郭 健[1,2]  傅宇方[3]

(1.浙江工业大学桥梁工程研究所;2.西南交通大学桥梁工程系;
3.交通运输部公路科学研究院)

**摘 要** 以东部沿海一座顶推施工的预应力混凝土连续梁桥(30+6×50)m为工程背景,研究了顶推施工过程中混凝土箱梁应力场分布及开裂诱因,考虑了可能导致混凝土开裂的多种不利因素,采用

Beam-Shell-Solid 混合单元有限元方法分析了顶推施工过程中混凝土顶板易产生裂缝的主要原因,并提出了相应的改进措施。分析结果表明:该桥在顶推施工过程中构件温度梯度效应是造成箱梁产生裂缝的主要原因,根据公路规范计算,裸梁状态下日照温差可导致箱梁顶板拉应力提升 0.7MPa;在箱梁顶推的最不利因素中,相邻支座高差 10mm 和预应力损失 10% 会分别提升顶板 0.5MPa 的拉应力。由于顶推施工过程中结构受力状态转换复杂,多种极端因素耦合都可能导致箱梁出现局部区域的拉应力阶段性快速增大,出现混凝土开裂风险。本文的分析结果可供同类桥梁采用顶推施工法提供参考。

**关键词** 桥梁工程 预应力混凝土箱梁 顶推施工 箱梁开裂 温度应力

# 一、引 言

顶推施工法是一种较为常见的施工方法,特别是在跨度不大的等截面桥梁建设中,以其相对轻便、对较为特殊的施工现场环境适用性强、易于质量管理等诸多优点,目前已在桥梁结构建设领域被广泛采用,顶推施工比其他施工更加具备优势。此外,在面对需要跨越障碍物(如道路,建筑物等)时,采用此法施工可以保证道路和建筑的使用不会因为施工而长时间受到阻碍。

裂缝控制是顶推施工的重要问题,因此有必要对不同工艺技术细节和开裂诱因进行深入研究。采用顶推法施工的桥梁,其施工过程中的受力与其他施工方法的桥梁有很大的区别。施工过程中梁体截面的纵向位置不断变化,截面的内力也随着不断变化,截面经过支点时要承受负弯矩,而经过跨中段时又要承受正弯矩,顶推梁的每个断面均要经历墩顶和跨中两种状态,使得其处于复杂的应力突变状态。此外,在东部沿海地区,环境湿度高、海水侵蚀严重,日照温差大等极端荷载多变,这些恶劣的环境条件也给混凝土结构的施工带来了严峻的挑战(表1),严重影响桥梁的使用性和耐久性。因此,针对顶推施工过程中开裂控制问题,结合考虑复杂的环境条件,建立了空间有限元模型,对箱梁的局部受力进行分析。依据计算结果和对比分析,确保能够真实、准确、快速地把握桥梁结构在整个顶推施工过程中的受力状态和变形情况,对保证顶推桥梁的质量和安全意义重大。

**顶推施工技术难点** 表1

| 技术难点 | 简 要 说 明 |
| --- | --- |
| 体系转换复杂 | 顶推过程中结构体系的频繁转换带来结构内力和应力状态变幅较大,会引起箱梁局部应力过大 |
| 顶推不同步 | 由于理论顶推与实际顶推之间的差异,这些误差将导致在梁段中产生一些非期望的应力,从而增加了产生裂缝的可能性 |
| 箱梁制作 | 顶推施工法对各类箱梁制造、加工尺寸要求高 |
| 滑道高程误差 | 对于采用顶推法施工的桥梁,由于施工过程中施工人员操作上的误差、基础不均匀沉降以及其他主客观原因的影响,滑道高程实际值与设计的理论值有误差 |
| 温度变化的影响 | 桥梁结构在顶推施工过程中处于自然环境中,受季节温差、昼夜温差和日照温差等作用的影响。这种温度变化会使桥梁结构引起温度次应力 |

本文以沿海实际桥梁为工程背景,对顶推施工全过程进行有限元模拟分析计算,根据结构及施工特点,提出顶推施工过程中控制混凝土箱梁开裂的关键技术,为同类桥型的工程控制提供技术参考。

# 二、工 程 概 况

东部沿海的一座预应力混凝土桥梁全长 330m,采用混凝土连续梁,分上下行双幅布置。桥跨布置为 30m + 6×50m = 330m。桥跨布置如图 1 所示。上部结构采用单箱单室预应力混凝土结构,单幅桥宽 12.5m,梁高 3.3m,下部结构采用钢筋混凝土矩形实体墩,基础采用钻孔灌注桩,由于大桥水域覆盖层很浅,搭设支架无处生根,该桥采用顶推施工方案。顶推最大跨度 50m,顶推长度 330m,单幅顶推总重量超过一万吨,顶推长度及重量在全国尚属首例。

针对该桥段顶推施工过程中顶板局部出现的微裂缝(图2),为了分析顶推过程中混凝土开裂,找到导致施工期裂缝出现的原因,以改进施工方案,采取合理工艺措施来提高箱梁抗裂性能,在现场分析调研的基础上,采用了ANSYS开展精细化空间有限元分析,模拟了混凝土温度效应及预应力损失等。通过多参数变化的对比计算,分析了导致混凝土箱梁在顶推施工中开裂的主要原因,得出顶推施工过程中混凝土局部开裂往往是多种因素耦合的结果。

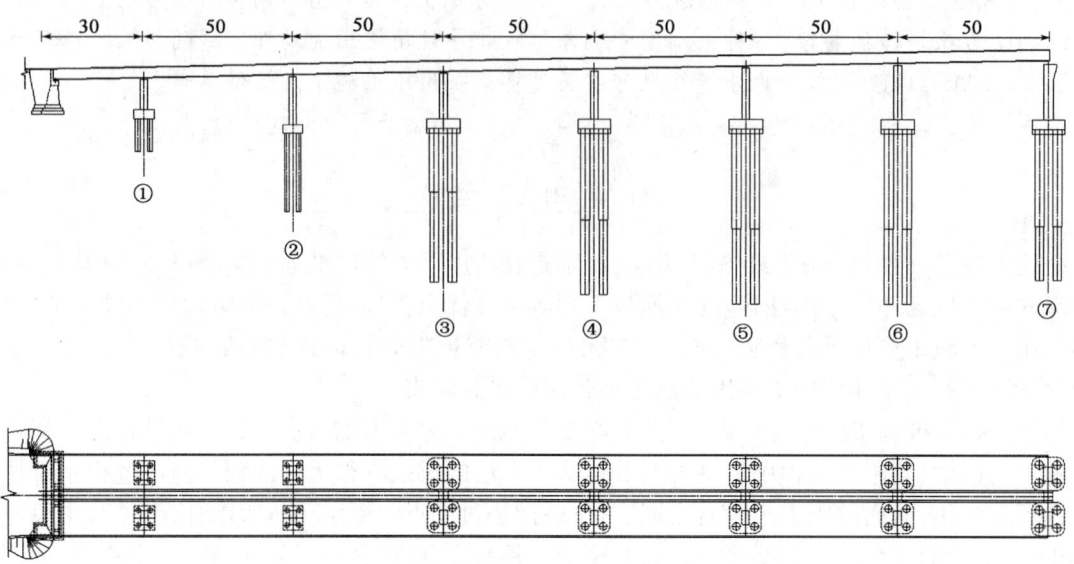

图1 桥跨布置图(尺寸单位:m)

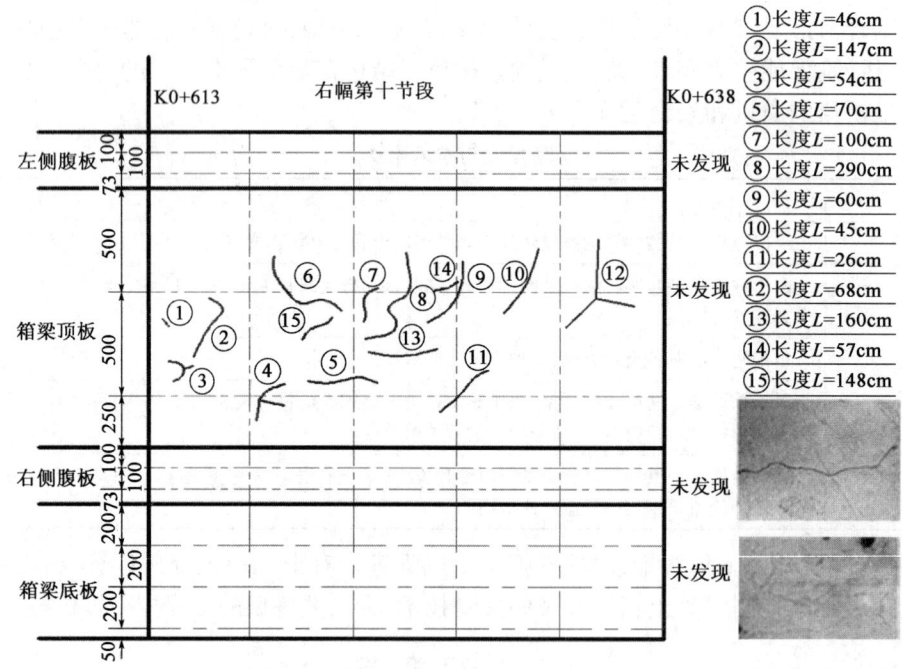

图2 典型节段裂纹分布图(尺寸单位:mm)

### 三、有限元模型建立

根据施工单位提供的数据,现有施工过程信息设计了计算工况(图3)。从温度梯度差、相邻支座高差,预应力损失三个方面对箱梁顶板产生裂缝的成因进行分析。ANSYS模型采用了多种单元多尺度模拟,共有88万个单元。如图4所示。采用了Solid65实体单元模拟混凝土,采用了Link180杆单元模拟钢筋及钢绞线,采用了Shell63模拟钢导梁部分,混凝土结构中考虑了顶、底板纵向预应力筋,顶板横向预应力钢束,腹板竖向预应力筋的影响,采用了降温法施加预应力荷载,同时考虑了钢导梁与混凝土梁连接处钢绞线预应力作用和剪力连接件的作用,精细化模拟了钢导梁的细部结构,并考虑了箱梁2%横坡。

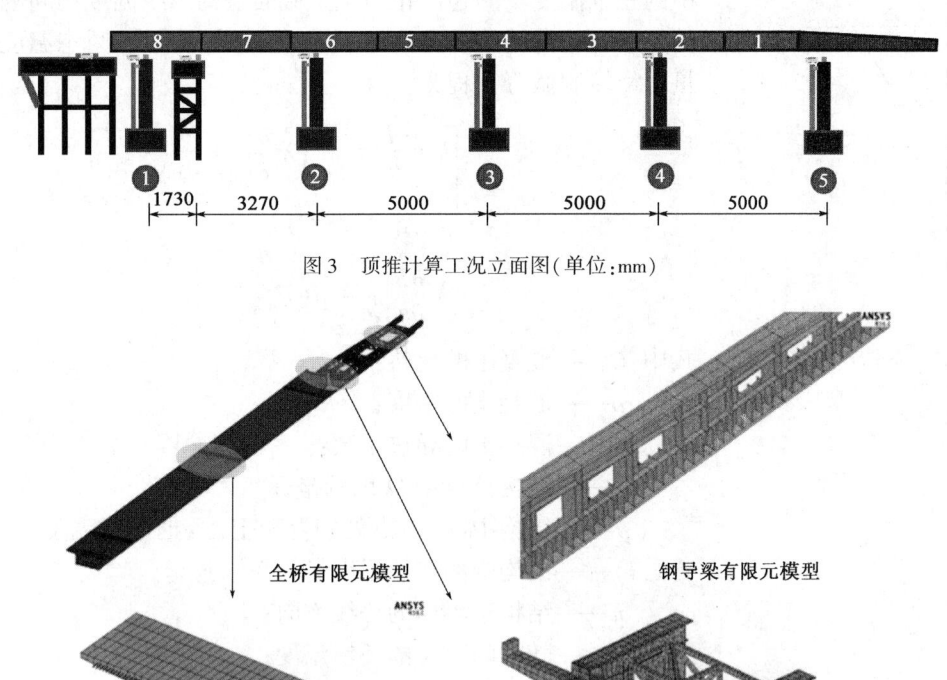

图3 顶推计算工况立面图(单位:mm)

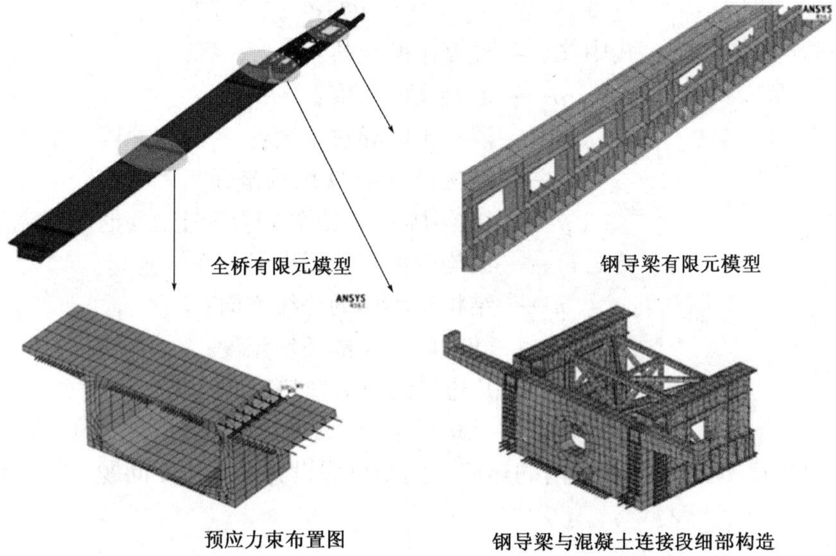

图4 有限元模型

## 四、箱梁顶板受力影响分析

### 1. 温度对箱梁顶板受力影响

桥梁结构暴露于自然环境中,混凝土箱梁桥在季节温差、昼夜温差及日照温差等因素作用下,产生较大的温度应力和变形,会导致混凝土开裂,严重影响桥梁的耐久性。季节温度变化会使桥梁结构沿纵向均匀而缓慢地伸缩变形,在纵向位移不受约束的情况下不会引起结构温度次应力。日照温差对混凝土桥的影响较大,特别是施工中裸梁状态下,使温度沿梁高成梯度分布,这种温度变化导致了温度应力,是形成混凝土开裂的主要原因。对于混凝土桥梁来说,桥面板一般较宽,直接受日照作用,而腹板因悬臂板的遮挡,两侧温度变化相对较小,因此对梁式结构可主要考虑沿截面高度方向的日照温差作用。目前,竖向温度梯度形式主要分为多折线模型和曲线模型两种模式,其中多折线模型因形式简单,便于设计计算,在英国BS5400规范、欧洲Eurocode规范、中国《公路桥梁设计通用规范》(JTG D60—2015)等规范中得到广泛应用。本文参照中国公路规范温度梯度模式,采用如图5所示的竖向温度曲线,桥面板表面最高温度 $T_1$ 见表2。对于混凝土结构,当梁高 $H<400mm$ 时,$A=H-100$;梁高 $H\geq 400mm$ 时,$A=300mm$。

竖向日照正温差计算的温度基数 表2

| 结构类型 | $T_1$(℃) | $T_2$(℃) |
| --- | --- | --- |
| 混凝土铺装 | 25 | 6.7 |
| 0.05m沥青混凝土铺装 | 20 | 6.7 |
| 0.1m沥青混凝土铺装 | 14 | 5.5 |

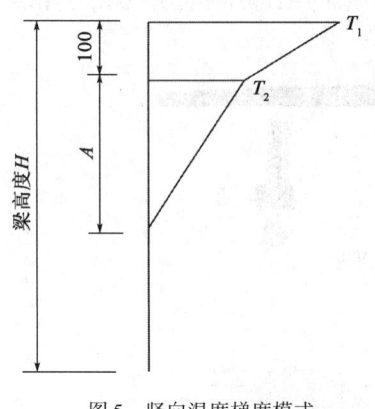

图5 竖向温度梯度模式
(尺寸单位：mm)

桥主梁轴线方向的温度在跨间假设为均匀分布,所以可以把主梁中的三维温度场问题简化为主梁截面上的二维温度场问题。根据固体传热学理论的傅立叶定律,对于无内热源的系统,瞬态温度场问题中热量平衡控制微分方程为:

$$\begin{cases} C\rho \dfrac{\partial T}{\partial t} = \dfrac{\partial}{\partial x}\left(\lambda \dfrac{\partial T}{\partial x}\right) + \dfrac{\partial}{\partial y}\left(\lambda \dfrac{\partial T}{\partial y}\right) \\ T|_{t=0} = f(x,y) \\ \lambda \dfrac{\partial T}{\partial n}\bigg|_{\Gamma} = a(T - T_f)|_{\Gamma} \end{cases} \quad (1)$$

式中：$C$——混凝土的比热；
$\rho$——混凝土的密度；
$\lambda$——混凝土的导热系数；
$x,y$——结构计算域 $\Omega$ 内的坐标；
$T$——结构中 $(x,y)$ 点处的混凝土在 $t$ 时刻的温度；
$f(x,y)$——结构中的初始温度场；
$n$——结构边界面的法线方向；
$T_f$——随时间变化的环境温度；
$a$——$\Gamma$ 边界的对流换热系数；
$\Gamma$——结构的边界。

由温度梯度引起的混凝土主梁截面内的热应力问题可假设为平面应变问题。只考虑温度效应时,系统总势能为:

$$I = \iint_{\Omega} \dfrac{1}{2}(\{\varepsilon\} - \{\alpha\}\Delta T)^{\mathrm{T}}[D](\{\varepsilon\} - \{\alpha\}\Delta T)\mathrm{d}x\mathrm{d}y \quad (2)$$

其中,$\{\alpha\} = [\alpha_x, \alpha_y, 0]^{\mathrm{T}}$,$\alpha_x$、$\alpha_y$ 分别是混凝土结构沿 $x$、$y$ 方向的热膨胀系数；$\Delta T$ 为温差；$[D]$ 为弹性矩阵；$\{\varepsilon\} = [\varepsilon_x, \varepsilon_y, \gamma_{xy}]^{\mathrm{T}}$。由弹性力学和变分原理可得到求解热应力场的有限元控制方程:

$$[k]\{\delta\}^{\mathrm{e}} = \{R\}^{\mathrm{e}} \quad (3)$$

由于随时间变化的结构温度场和应力场在时间和空间上具有很强的相关性,属于单向耦合问题,即一定时刻的温度场决定了该时刻的应力场,而应力场对温度场的作用很小可忽略不计。因此针对结构温度场和应力场的这种单向耦合特性,结合有限元分析中温度场和应力场的共同特点,可以把结构中温度和应力的两个有限元计算过程按离散的时间序列叠加起来,在同一有限元模型中实现[11]。

如图6所示,在日照条件下由于正温差作用,顶板的上边缘受压、下边缘受拉。箱梁顶板将产生0.7MPa的拉应力。从计算结果可以得出竖向温度作用对箱梁顶板受力影响明显,较少的温差都将引起箱梁顶板很大的温度次应力。在顶推施工体系转换过程中,应制定相应的管控措施,通过向路面表层喷洒养生剂、在表层覆盖塑料薄膜、洒水降温、避开高温时段施工等措施降低温度效应对混凝土开裂的影响。

**2. 相邻支座高差对箱梁顶板受力的影响**

对于采用顶推法施工的桥梁来说,在桥梁预拱度、

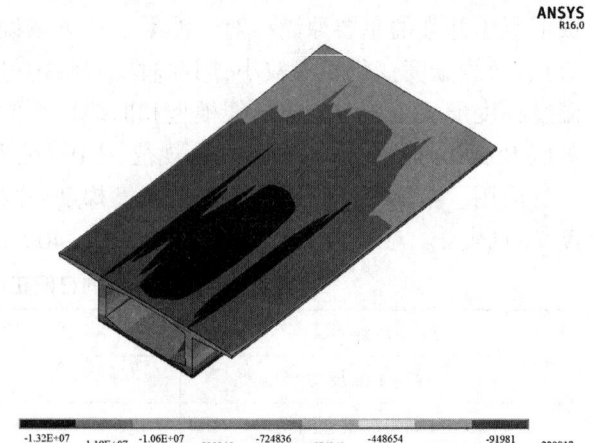

图6 箱梁温度升温正应力云图

箱梁施工精度等因素的影响下,顶推的下落过程相邻支垫会出现较大的高差。纵向相邻墩之间的高差会在梁内产生二次弯矩,而同一墩上横向两支座之间高差将使梁体产生附加扭矩。箱形截面梁既具有较大的抗弯刚度,还有很大的抗扭刚度,高误差会在梁内产生较大的二次内力。结合顶板裂缝的位置,对相邻两墩高差开展参数化分析,分别计算相邻支座高差为0、2.5mm、5mm、10mm时,对顶板正应力产生的影响。

如图7所示,在相邻支座没有高差时,墩顶主梁正应力值为-0.82MPa,此时,混凝土还有较大的压应力储备,随着相邻支座高差增大,正应力显著增大;当纵向相邻支座的相对误差为10mm时,墩顶箱梁顶板正应力增量为0.5MPa,微小的高程相对误差都会引起较大的二次应力。为控制落梁时箱梁底面距临时支撑的高差,可以将落梁处的临时固定支撑改为油缸跟随支撑,保证该处临时支撑受力大小与相邻顶推设备顶升力基本相同,实现支撑力的无差值转换。

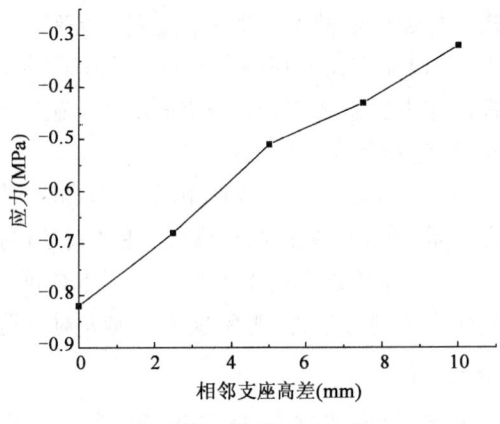

图7 墩顶主梁顶板正应力值

### 3. 预应力损失对箱梁顶板受力的影响

对于预应力混凝土桥梁而言,预应力设计和张拉工艺都将影响到桥梁结构的安全性与耐久性。结构中所施加的预应力,在正常条件下会产生相当比例的损失,继而影响预应力混凝土的抗裂性,特别是在桥梁顶推过程中,整个结构体系反复经历顶起和下落工况,会产生预应力损失。预应力损失值的大小,与许多因素有关,精确估计预应力损失值是重要的,但也是困难的。本文假设预应力损失为0、2.5%、5%、7.5%、10%时进行参数化计算,分析预应力损失对箱梁顶板的受力影响。

如表3所示,根据有限元结果分析,在无预应力损失的情况下,墩顶主梁顶板正应力大小为-0.82MPa,在预应力损失10%的情况下会引起顶板正应力增加0.5MPa,可以看出,预应力损失对箱梁正应力影响不可忽视,会引起较大的二次应力。在顶推施工过程中,对于预应力束的布置,除了永久预应力束外还应该要布置顶推临时预应力束,以克服顶推时正负弯矩变化产生的拉应力。并且由于精轧螺纹钢比钢绞线回缩变形大,锚固应力损失大。因此,采用顶推工艺施工的箱梁尽量采用钢绞线作为纵向束,或者施工时通过计算,设置临时体外束,避免预应力损失造成混凝土开裂。

预应力损失对墩顶主梁顶板正应力大小的影响　　　表3

| 预应力损失值 | 0 | 2.5% | 5% | 7.5% | 10% |
|---|---|---|---|---|---|
| 正应力大小(MPa) | -0.82 | -0.69 | -0.52 | -0.4 | -0.31 |

### 4. 对比分析

通过对顶推施工过程中三种易导致开裂的诱因进行了分析,可知温度梯度差对顶推施工过程中箱梁顶板的影响最大(表4),提升了0.7MPa的拉应力,在最不利的影响因素中,相邻支座高差10mm和预应力损失10%会分别提升0.5MPa的拉应力。由于顶推施工过程中结构体系转换复杂,多种极端因素的耦合都可能导致箱梁出现局部区域的拉应力阶段性快速增大,所以需要针对易开裂的影响因素研究制定特定的管控措施,确保结构在顶推过程中保持安全状态。

几种不同因素对箱梁受力的影响　　　表4

| 基准应力(MPa) | 影响因素 | 影响值(MPa) | 单向累计应力(MPa) | 全部累计(MPa) |
|---|---|---|---|---|
| -0.8 | 温度梯度差(中国规范) | +0.7 | -0.1 | +0.7 |
| | 相邻支座高差10mm | +0.5 | -0.3 | |
| | 预应力损失10% | +0.5 | -0.3 | |

## 五、结　语

本文结合沿海某预应力混凝土桥,对顶推施工过程的三种易造成开裂的影响因素进行分析,结合结构计算的分析结果及桥梁裂缝的分布特征,得出了以下研究结论与管控措施建议:

(1)温差是造成箱梁顶推过程中产生裂缝的主要原因,根据中国公路规范计算,温差可导致箱梁顶板拉应力提升 0.7MPa。在桥梁设计施工阶段,特别是施工时裸梁状态下,日照温差引起的温度应力影响显著,应对其充分考虑。

(2)箱梁顶推过程中,由于桥型和跨径不一致,支座高差产生的二次应力也不一致,要根据具体的工程背景,确定合适的高程误差,使其满足顶推过程中箱梁安全受力。

(3)箱梁顶推施工过程中除了永久预应力束外还应布置顶推临时预应力束,以克服顶推时正负弯矩变化产生的拉应力,避免预应力损失对其造成的影响。

**参考文献**

[1] 田仲初,陈耀章,赵利平,等.连续钢梁顶推过程局部接触分析及改善措施[J].长安大学学报:自然科学版,2012(04):48-54.
[2] 张晔芝,谢晓慧.铁路特大桥钢箱梁顶推过程受力分析及改善方法[J].中国铁道科学,2009(03):23-28.
[3] 陈勤.桥梁钢箱梁顶推施工过程受力分析及施工对策[D].重庆:重庆大学,2013.
[4] 蒋田勇,安磊,田仲初,等.斜交连续箱梁顶推施工中落梁仿真分析[J].桥梁建设,2014,44(1):101-106.
[5] 刘江,刘永健,白永新,等.混凝土箱梁温度梯度模式的地域差异性及分区研究[J].中国公路学报,2020,33(3).
[6] 张培炎.桥梁顶推施工过程受力分析及关键问题研究[D].成都:西南交通大学,2014.
[7] 范振华,张谢东,张行,等.钢箱梁顶推施工简化计算与受力分析[C].//中国公路学会桥梁和结构工程分会2013年全国桥梁学术会议论文集,2013.
[8] BS5400:Steel,Concrete and Composite Bridges Part2. Specification for Actions [S].
[9] Eurocode 1, Actions on Structures, Part1-5: General Actions-Thermal Actions [S].
[10] 中华人民共和国交通运输部.公路桥涵设计通用规范:JTG D60—2015[S].北京:人民交通出版社股份有限公司,2015.
[11] 郭健.混凝土斜拉桥主梁的非稳态温度场与应力场分析[J].中国公路学报,2005(02):69-72.

# 27.分离立交桥梁断柱顶升改造施工技术研究

刘　航[1]　张新锋[1]　李　通[1]　董　锐[2]
(1.中交一公局集团有限公司;2.山东高速基础设施建设有限公司)

**摘　要**　随着国家经济的快速发展和高速公路的建设,桥梁改扩建以及路线交叉导致的桥梁改造越来越多,在桥梁改造施工过程中,有很多需要桥梁高程进行抬高调整的情况,为了经济、快速地实现桥梁高程调整,经常需要对桥梁上部结构进行顶升施工,该方法经济、安全、节能环保、施工简便、不影响桥面整体结构。

**关键词**　桥梁改造　断柱顶升　桥台加高

## 一、项 目 概 况

本工程实例为山东省滨州市沾化至临淄高速公路工程二标项目部的朝阳六路分离立交桥梁,中心桩号为 K118+296。该桥为双幅桥,桥梁全长 48.89m,全宽 27.5m,桥面横向布置为:0.5m(防撞墙)+12.25m(行车道)+0.5m(护栏)+1.0m(中央分隔带)+0.5m(护栏)+12.25m(行车道)+0.5m(防撞墙)。该桥上部结构形式为(3×16)m 的装配式预应力混凝土简支空心板。下部结构为柱式墩、桩基础、肋台、桩基础。桥面铺装为沥青混凝土,采用 D80 伸缩缝,板式橡胶支座。该桥于 2016 年建成通车,设计荷载等级为公路-Ⅰ级。现场调查桥梁情况,未发现桥梁主梁及下部墩台明显病害,桥梁处于较好状态。本桥采用在桥墩距柱底 0.5m 处截断墩柱,以地面作为顶升下支撑点,盖梁作为顶升上支撑点,然后上、下部结构整体实现纵断抬高。单幅桥梁顶升的总重为 1303t,顶升后,墩柱直接加粗 0.4m 接高,桥台台帽、背墙也做相应接高;接高后,重做桥面沥青铺装等桥面系系统。

## 二、顶升方案概述

桥墩位置新做顶升反力基础(抱柱梁),在桥台位置利用原承台做加大牛腿作为顶升受力平台,在顶升反力基础上放置 $\Phi$500 型钢管支撑。桥台位置(0 号及 3 号墩)在梁底部安装钢结构分配梁,千斤顶倒装在钢结构分配梁底,以钢结构分配梁作为顶升受力点,直接顶升梁板。

对于盖梁底部斜面处采用高强灌浆料找平。通过 PLC 电脑同步顶升控制系统,整体调坡顶升,同时就位。

顶升前在桥面设置验收点,测量其高程和坐标,顶升完成后再次测量,作为顶升成果验收数据之一。

## 三、桥梁顶升施工技术研究

### 1. 千斤顶的选用与安装

千斤顶的选用和钢支撑尺寸、混凝土局部受压、上部梁体受力等有关,还要考虑一个千斤顶失效时钢支撑、混凝土局部受压及上部梁体受力等是否满足要求。本次顶升选用 200t 小吨位液压千斤顶。因千斤顶在运行过程中可能失效,此时要更换新的千斤顶,通过计算在一个千斤顶失效更换时对桥梁本身及支撑系统无影响。200t 的千斤顶重量约为 120kg,在安装、调整较为便利。

1)千斤顶规格及顶升安全系数

200t 的千斤顶的顶身长度 395mm,底座直径 375mm,顶帽 258mm,行程为 140mm。千斤顶均配有液压锁及机械锁,可防止任何形式的系统及管路失压,从而保证负载的有效支撑。

每一个支撑墩 12 台 200t 千斤顶做顶升,顶升过程安全系数在 1.8 以上,满足顶升安全需求。

2)千斤顶安装

为便于顶升操作,所有千斤顶均按向下方向安装,即千斤顶底座固定在梁下方分配梁上;千斤顶安装时应保证千斤顶的轴线垂直,以免因千斤顶安装倾斜在顶升过程中产生水平分力。千斤顶的上下均设置钢垫板以分散集中力,保证结构不受损坏。

3)千斤顶调平及对中

由于梁体伸长,千斤顶中心会偏离支撑中心,需要将千斤顶调整对中支撑中心。

4)千斤顶的布置

桥墩:配备 12 台千斤顶,分 A、B 组,每组 6 台,顶升重量约 500t,安全系数为 2.4。两台二点 PLC 变频调速同步顶升液压泵站。

桥台位置:配备 12 台千斤顶,分 A、B 组,每组 6 台,顶升重量约 250t,安全系数为 4.8。两台二点 PLC 变频调速同步顶升液压泵站。

### 2. 单幅同步交替式顶升施工技术

(1)在需顶升桥梁结构的底部安装两组千斤顶,在盖梁底墩柱两侧设置,每组 6 台,共计 12 台。千斤顶的活塞朝下设置,并在活塞底部垫置等高的钢支撑垫块。

(2)在桥梁每根墩柱上设置 1 个位移传感器,用以实时测量桥梁结构的顶升高度。

(3)通过控制台控制液压泵站驱动其中的第一组千斤顶,进行顶升桥梁结构一个行程,第二组千斤顶的活塞下端垫设相应高度的钢支撑垫块。

(4)通过控制台控制液压泵站驱动第二组千斤顶进行顶升桥梁结构一个行程,同时控制第一组千斤顶收缸,并在收缸后的第一组千斤顶的活塞下垫设相应高度的钢支撑垫块。

(5)重复步骤(3)、(4),以进行反复交替顶升,直至将桥梁结构顶升至设计高度。在步骤(3)或(4)中,上下叠置垫设的钢支撑垫块之间通过连接螺栓互相固定。相邻的钢支撑垫块之间还通过连接杆件连接加固成钢格构形式。

### 3. 墩柱无振动直线切割施工技术

#### 1)保压及切割前预加压

对将要顶升的部位进行保压,保压至设计上部荷载的 90%。保压操作前检查所有电缆和液压油管是否按图纸要求连接,确认无误后,通电,给每台千斤顶做充压。

#### 2)墩柱切割

切割前,依据施工图,在需切割位置标示切割线;待预加压完成后,对墩柱进行切割。切割采用金刚石链锯进行,墩柱切割位置在顶升基础以上 0.5m 处。

#### 3)切割注意事项

(1)托架体系安装完毕;

(2)避免因千斤顶失压造成桥梁姿态改变;

(3)将千斤顶加压至计算荷载的 90%,关闭液控单向阀;

(4)螺纹装置旋紧后进行;

(5)切割线要保证平整。

#### 4)应用效果

通过采用具有体积轻巧、切割能力强的特点的新型无震动直线切割设备对立柱进行切割,切割采用水冷却,无粉尘噪声污染,切口平顺。切割后表面平整,墩柱边缘没有出现缺边掉角现象。

### 4. 桥台接高施工技术

#### 1)桥台接高施工工艺流程

桥台接高施工工艺流程为:凿毛→定位划线→钻孔→清孔→灌注植筋胶→植入钢筋→养护固化→桥台钢筋绑扎→模板支护→浇筑混凝土。

#### 2)施工工艺

(1)凿毛:凿除旧桥台及背墙表面混凝土,深度控制在 10mm,集料外露 75%,表面采用空压机吹扫。(2)定位划线:凿毛后,在背墙上标明钻孔位置。(3)钻孔:采用电锤钻钻孔,成孔直径为 2cm,锚固深度 20cm。(4)清孔:钻孔完成后,将孔周围半径 0.5m 范围内灰尘清理干净;用气泵、毛刷清孔,作到三吹两刷。(5)灌入植筋胶:胶黏剂注入钻孔底部,深度为孔深的 2/3,再将锚固钢筋缓慢旋转插入孔内,保证孔内的胶黏剂与钢筋、孔壁结合密实。插入后再进行补胶,保证孔内胶水灌满。(6)养护固化:植筋后加以保护,防止碰撞和移位,保持 2d。(7)钢筋绑扎:骨架受力钢筋接头设置在内力较小处,错开布置。钢筋骨架侧面保护层垫块不低于 4 个/m²。按图纸要求埋设支座垫石、挡块预埋钢筋并焊接固定。(8)侧模安装:侧模采用 1.5cm 厚竹胶板,背肋采用 8×8 方木。安装过程中注意模板错台、平整度控制,接缝之间粘贴海绵条。采用吊垂线的方法对模板竖直度进行检查,保证模板竖直度小于台帽高度的 0.3%且不大于 20mm。(9)混凝土浇筑:入模坍落度按设计的 140~180mm 进行控制。采用泵车将混凝土入模送浇筑。混凝土振捣采用 50 型插入式振捣棒振捣。顶面采用二次收浆,二次压光。混凝土浇筑同时,制作同期同条件养护试块 2 组。(10)养生:混凝土表面覆盖土工布并在桥台顶放置滴灌养生水桶滴水养生。

## 5. 顶升施工桥梁姿态监测技术

为使顶升施工切实达到设计要求,要设置一整套监测流程,以便将姿态数据反馈给施工加载过程。

### 1) 顶升监测部位

(1) PLC 顶升控制系统上配置位移传感器及压力传感器,属于实时监控系统;

(2) 其他监测包括承台沉降、桥面高程监测、桥梁中线、伸缩缝宽度、梁体端头纵向位移、支撑压力、墩柱偏移等,属于间断式监测,为顶升控制提供一定的依据。表1为监测位置安排。

顶升桥梁监测位置表　　　表1

| 序号 | 测点位置 | 测点数 | 监测内容 | 报警值(设计提供) | 仪器设备 |
|---|---|---|---|---|---|
| 1 | 发力沉降 | 4 | 相对高程 | 2mm | 水准仪 |
| 2 | 桥面高程监测 | 8 | 相对高程 | 4mm | 水准仪 |
| 3 | 伸缩缝宽度 | 4 | 宽度 | 5mm | 钢卷尺 |
| 4 | 梁体端头纵向位移 | 4 | 相对位移 | 10mm | 钢卷尺 |
| 5 | 支撑压力 | 8 | 压力 | 变化5% | 压力传感器 |
| 6 | 墩柱偏移 | 8 | 垂直度 | 垂直度变化0.3% | 经纬仪 |

### 2) 监测内容

(1) 承台沉降观测:设置承台沉降观测体系来反应承台沉降状况,及时做出相应的措施。

(2) 桥面高程观测:桥面高程观测点用来推算每个桥墩的实际顶升高度。测点设在桥面上,在每个墩柱位置的桥面两侧设置两个测点,每联共设8个高程测点,共8个监测点。

(3) 梁体纵向位移观测:对顶升过程中梁体纵向位移及立柱垂直度的观测。

(4) 伸缩缝间隙观测:每个伸缩缝设2个点,共4个点,与初值相比较。

(5) 支撑压力:在每个千斤顶上安装的压力传感器可推算出支撑的受力情况,每个墩柱取2个点计算,一联8个点。

(6) 墩柱偏移:墩柱顶升过程中,监测墩柱的纵横位移,每排墩柱2个点,纵横各布置2个点,一联4排墩,共8个点。

### 3) 顶升指标控制

(1) 顶升施工总目标是成桥后桥面高程与设计值误差控制在 ±5mm 以内,横向控制在 ±2mm 以内。

(2) 在顶升过程中,墩柱之间的沉降差报警值为 3.5mm。

(3) 顶升过程中,主梁附加应力处于合理范围内,不出现原有裂缝增大及新裂缝。

(4) 顶升过程中,钢管支撑轴向压应力均应控制在满足规范规定的材料强度和结构稳定范围之内。

### 4) 控制点布置

控制点的划分原则为顶升过程安全可靠,特别着重同步性和桥体的姿态控制。

控制区域设置拉线传感器控制位移的同步性,根据桥梁的结构,位移同步精度控制在2mm之内。位移传感器与中央控制器相连形成位移的闭环控制从而实现顶升过程中位移的精确控制。

位移传感器固定于墩柱侧面中心线上,与梁底相连,顶升梁体时,记录梁体顶升高度并控制梁体的位移及姿态。图1为控制点布置示意图。

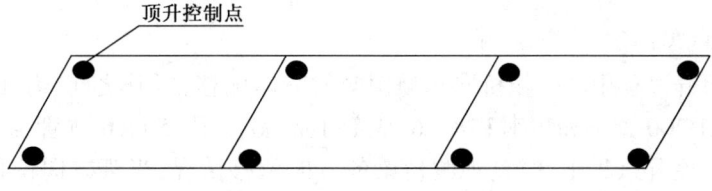

图1　控制点布置平面示意图

5)控制效果

(1)高程监控:用顶升高程数据表进行对比分析,顶升高程相差 1mm 之内则满足施工规范要求,顶升过程稳定可控。

(2)承台沉降监控:顶升过程中承台沉降初期为 1mm,当顶升至最后一阶段,承台趋于稳定,沉降值不再变化,整体最大沉降 2mm。经检验顶升基础设计合理。

(3)顶升偏位监控:顶升过程中初期偏移最大 1mm,随顶升过程,偏移累计最大 3mm。平均偏移量为 2mm。

## 四、顶升施工质量控制措施

按照施工图设计文件,顶升施工的最终目标是:桥梁顶升施工完成后的线形与设计线形在各测点的误差均控制在规范规定和设计要求的范围之内。按《公路工程质量检验评定标准》(JTG F80/1—2004)、《公路桥涵施工技术规范》(JTGTF 50—2011)、《城市桥梁工程施工与质量验收规范》(CJJ 2—2008)的要求,设计制定了如下的高程误差及钢管支撑应力控制水平:

(1)顶升施工总目标是成桥后桥面高程与设计值误差控制在 ±5mm 以内,横向控制在 ±2mm 以内。

(2)在顶升过程中,墩柱之间的沉降差报警值为 3.5mm。

(3)顶升过程中,主梁附加应力处于合理范围内,不出现新的裂缝,原有裂缝宽度无明显增大,满足相关规范要求。

(4)顶升过程中,钢管支撑轴向压应力均应控制在满足规范规定的材料强度和结构稳定范围之内。

### 1. PLC 液压整体同步控制系统实现过程质量监控

PLC 液压整体同步控制系统是由液压控制室、位移监控系统、液压千斤顶、液压泵站等构成。由液压控制室按照预先编制的控制程序输入液压、位移指令,传输给液压泵站和位移监控系统,液压泵站收到指令后,输送相应的液压给千斤顶,液压千斤顶根据液压值和顶力产生相应的位移。位移监控系统根据各液压千斤顶的位移情况,及时将数据反馈回 PLC 液压控制室,控制软件程序将根据收到的位移信息及时修正,使各个千斤顶的位移在每个循环内的误差控制在 2mm 以内,从而确保建筑物在位移过程中的安全、稳定。

### 2. 正式顶升前进行试顶升

为了观察和考核整个顶升施工系统的工作状态,需进行试顶升,试顶升高度 20mm。

试顶升过程中加强各关键点的监控监测,确定顶升系统、支撑体系、监控系统安全可靠运行。

试顶升主要监测以下内容:

(1)油缸、油管、泵站操纵台、监测仪等安装完毕检查后进行,确保正确无误。

(2)检查整个系统的工作情况,油路情况。

(3)为保证顶升同步进行,在顶升前测定每顶升点的实际荷载,按计算荷载的 30% ~90% 加压。

(4)依据计算顶升荷载,采用逐级加载的方式进行,在一定的顶升高度内(1~10mm),通过反复调整各组油压,可以设定一组顶升油压值,使每个顶点的顶升压力与其上部荷载基本平衡。

(5)为观察顶升处是否脱离,使用百分表测定其行程。

(6)将每点的实测值与理论计算值比较,计算其差异量,由液压工程师和结构工程师共同分析原因,最终由领导组确定该点实测值能否作为顶升时的基准值。如差异较大,将做相应调整。

### 3. 顶升偏移预警限位装置的应用

为了避免桥梁在顶升过程中产生横桥向和顺桥向的整体偏移,顶升之前,需在两侧桥台背墙顶升限位装置,限位装置采用 H200 型钢和角钢 L78×6 焊接而成,斜撑用 150×6 方管,约束顶升过程中桥梁的横桥向和顺桥向位移。顶升过程中,时刻观测桥梁各方向位移情况,当某方向位移超限时,立刻停止顶升,及时核查原因,待问题解决后继续顶升。

### 4. 正式顶升过程数据监控

正式顶升,须按下列程序进行,并作好记录:
(1) 操作:按预设荷载进行加载和顶升;
(2) 观察:各个观察点应及时反映测量情况;
(3) 测量:各个测量点应认真做好测量工作,及时反映测量数据;
(4) 校核:数据报送至现场领导组,比较实测数据与理论数据的差异;
(5) 分析:若有数据偏差,有关各方应认真分析并及时进行调整;
(6) 决策:认可当前工作状态,并决策下一步操作。

## 五、结　语

朝阳六路分离立交顶升施的效果良好,主梁完成顶升并固定后,梁体纵横向位移、高程、承台沉降、墩柱偏移等都在规范允许范围内,可为其他类似工程提供参考依据。

**参考文献**

[1] 焦等福.断柱整体同步顶升技术在旧桥改造施工中的应用[J].科技资讯,2014(03).
[2] 王万平,李慧华.基于PLC控制的液压同步桥梁顶升系统研究[J].江西公路科技,2017.
[3] 蒋光炜.某互通桥梁顶升工程施工关键技术探究[J].福建交通科技,2018.

# 28. 冬季施工混凝土质量控制措施

杨榕城[1]　林柏飞[1]　周　雪[1]　范晓华[2]

(1. 中交一公局第二工程有限公司;2. 山东高速基础设施建设有限公司)

**摘　要**　在冬季混凝土施工中主要解决的问题,一是防止混凝土早期冻害,二是确定混凝土最短的养护龄期,三是确保混凝土后期强度和耐久性满足要求。在实际工程中要根据气温情况、实体状况及外露情况、工期紧迫程度、混凝土原材料性能成本、保温材料性能成本、热源功耗等来选择合适的施工方法。结合山东省沾化至临淄公路工程施工二标段黄河特大桥施工实践,分析总结冬季施工混凝土质量控制措施。

**关键词**　冬季施工　冻害　养护措施　耐久性

## 一、引　言

我国许多地方有较长的寒冷季节,受工期制约不少工程在冬季需要进行混凝土施工。混凝土养护质量是不容忽视的关键问题,直接决定实体微观特性,早期养护得当,后期混凝土密实度高,总空隙率低,对冬季施工混凝土尤其避免早期冻伤,产生不可逆的冻伤病害。同时冬季施工成本高、功效低、风险大的特点需要着重因地制宜,根据实际条件配置合适的冬季施工方案,在确保混凝土质量满足要求的条件下,取得最佳的质量、工期、成本综合效益。

## 二、混凝土冻害机理及控制思路

$0 \sim 4℃$时,水的活性较低,水泥的水化反应极其缓慢,凝结时间较$15℃$时延长3倍,混凝土的强度发展不能达到要求;温度降到$0.3℃\sim 0.5℃$时,混凝土中没有足够液态水参与水化反应,开始冻结,反应停止;$-10℃$时,水化反应完全停止,混凝土强度不再增长。在负温条件下混凝土中的游离水结冰,体积增加9%,混凝土结构发生永久性冻胀破坏;在恢复正常温度以后,水泥浆体中的孔隙率将比正常凝结的混凝土显著增加,致使实体各项力学性能(抗压强度、抗拉强度等)、耐久性能(抗渗性、抗冻融性、钢筋与混凝土黏结强度等)全面下降,受到不可逆的严重损害。

因此,冬期施工的混凝土应在凝结硬化初期,采取适当的保温或增温措施,充分利用混凝土自身或外部热量,在冻结前,使其强度具备正常增长的条件,尽快获得受冻临界强度。对于临界强度各国规定取值不等,我国 GB 50204—2015《混凝土结构工程施工质量验收规范》规定,以硅酸盐水泥或普通硅酸盐水泥拌制的混凝土,其抗冻临界强度为标准强度的30%;以矿渣水泥拌制的混凝土,其抗冻临界强度为标准强度的40%,同时要求混凝土浇筑入模温度:严寒地区不低于10℃;寒冷地区不低于5℃。

## 三、控 制 措 施

### 1. 配比调整

冬季施工时,需要及时对混凝土配合比进行调整,提高混凝土的早期强度及水化放热量,保证混凝土强度尽快发展,以防早期受冻。采用高强度等级水泥(一般采用不低于42.5级水泥)或早强水泥配制混凝土、降低矿物掺合料掺量或增加水泥用量、使用低水胶比配合比等措施增大早期水化热。本项目混凝土配合比水胶比均较保守,自冬季施工以来重新启用纯水泥配合比,以C40墩柱混凝土配合比为例,如表1、表2所示。

夏季 C40 混凝土配合比(矿渣粉掺量18%)　　　　　　　　　　表1

| 材料名称 | P.O.42.5 水泥 | 矿渣粉 | 砂 | 碎石 | 水 | 外加剂 |
|---|---|---|---|---|---|---|
| 材料用量(kg/m³) | 355 | 78 | 734 | 1057 | 156 | 4.330 |

冬季 C40 混凝土配合比(纯水泥)　　　　　　　　　　　　　表2

| 材料名称 | P.O.42.5 水泥 | 矿渣粉 | 砂 | 碎石 | 水 | 外加剂 |
|---|---|---|---|---|---|---|
| 材料用量(kg/m³) | 423 | — | 786 | 1043 | 148 | 4.230 |

### 2. 外加剂配方调整

取消或减少缓凝组分;若无必要(水胶比极低)可选用减水率低的减水剂,避免滞后泌水和引气过量等问题;适当增加早强和防冻成分,早强防冻成分的增加要适量,其对后期强度的增长存在微小的负面影响。

混凝土冬季常用防冻剂有氯化钠、氯化钙、亚硝酸钠、硝酸钠、乙酸钠、碳酸钾、尿素等,常用早强剂有硫酸钠、三乙醇胺、硫代硫酸钠等。其中单掺较好的有氧化钠、氧化钙、硫酸钠。复合剂以硫酸钠与亚硝酸钠、三乙醇胺与氯化钠(或氯化钙)使用较普遍,效果较单一型好。本项目选择硫酸钠与亚硝酸钠适量复合添加。

需注意,掺加氧盐不得用于高湿度(相对湿度大于50%)、高温度(60℃以上)环境中使用的结构(如排出大量蒸汽的车间、澡堂、洗衣房等,靠近电源的结构如发电站、变电所)以及预应力混凝土结构等。掺氯盐早强抗冻剂,氧盐(按无水状态计)的掺量,钢筋混凝土中不得超过水泥重量的1%;无筋混凝土中不得超过水泥重量的3%。为减少氧盐对钢筋锈蚀的影响,使用时亦同时掺入阻锈剂。

### 3. 原材料保温

1)胶凝材料

对胶凝材料储存罐采用防风棉被包裹,胶凝材料储存温度宜不低于5℃,但不允许加热胶凝材料。

2)砂石料

做好冬期施工混凝土原材料储备工作,砂子提前控水,防止受冻结冰,全部存放于搅拌站封闭的料仓内保温;料仓隔墙及门口挂门帘密闭,并在料仓底设置地暖以备启用,如果温度低于-10℃需覆盖保温篷布保温(图1、图2)。若存在结冰结块情况,使用时应将表层0.5m内的受冻材料弃除。当混凝土出机温度、入模温度不能满足要求时,尚需要考虑对集料加热。

图 1 料仓封闭保温　　　　　图 2 料仓覆盖保温

3) 外加剂

外加剂储存罐宜设置单独封闭仓位，需包裹棉被保温，外层覆盖塑料模以防雨雪，对罐内增设电热垫加热盘管或罐体缠绕保温带，以保证外加剂良好的匀质性。做好外加剂管道的故障排查及保温措施，以防管道局部堵塞。

4) 拌和用水

当气温低于 0℃或混凝土入模温度低于 10℃时，混凝土采用热水拌和。在混凝土开盘前 4h，将拌和站水池内的凉水全部排尽，由锅炉注入热水，并用棉被及塑料膜覆盖蓄水池，采用岩棉管包覆搅拌机上、下水管道，以利于保温。设置水温控制器（图 3）；水加热温度根据现场所测的混凝土入模温度进行实时调整，长时间持续施工过程，需减少凉水单次注入数量、增加注入次数，以保证水温总体水平满足要求。加热水同加热集料相比，当重量相等温度也相等的情况下水可以把 5 倍的热量带入拌合物内，能有效地提高拌合物的温度，同时加热水也比较容易，故要先考虑对水加热。当水温提升仍不能满足混凝土温度要求时，考虑启用砂石料仓地暖加热，集料加热顺序优先只加热砂，最后才加热碎石。

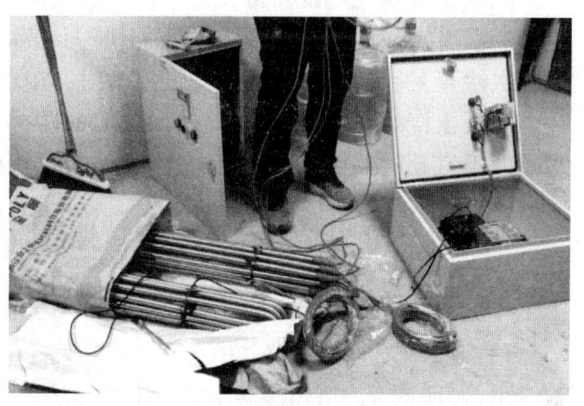

图 3 蓄水池加热管及控制器安装

考虑到搅拌、运输和浇筑过程中的热量损失，当仅升温水时，水温宜控制在 60℃左右，最高温度不得超过 80℃，同时升温水和集料时，不能超过表 3 所示最高允许温度。

拌和水及集料的最高允许温度　　　　表 3

| 水泥品种 | 拌和用水 | 集料 |
| --- | --- | --- |
| 强度等级 <52.5MPa 级普通硅酸盐水泥、矿渣硅酸盐水泥 | 80℃ | 60℃ |
| 52.5MPa 级和 >52.5MPa 级的硅酸盐水泥、普通硅酸盐水泥 | 60℃ | 40℃ |

4. 混凝土拌和保温

混凝土拌和上料仓采用篷布覆盖，防止雨雪进入配料机内结冰，影响混凝土拌和质量。混凝土拌和过程中，应严格控制混凝土的配合比与坍落度，集料不得带有冰雪或冻结团块。首次启动投料前，应先用热水冲洗搅拌机。投料顺序应为先集料、水和外加剂，稍加搅拌 15～30s 后再加入水泥或矿物掺合料。水泥与 80℃以上热水接触会发生假凝或形成团块，胶凝材料严禁与热水直接接触。

提高搅拌时间，一般应比普通混凝土延长 50%；在本项目仅升温水的实践中，甚至应提高为两倍搅拌时间，以使拌合物各材料热量充分传导均匀。

要保证混凝土出机温度不低于 15℃，入模温度不低于 10℃，考虑到混凝土在运输过程中的热量损耗，出机温度宜高于15℃。具体实施过程中,通过测定环境温度及各种原材料温度,动态控制加热水的温度。

### 5. 混凝土运输保温

(1)采用混凝土罐车运输,多装快运,少停留,少倒运。混凝土罐车采用棉被或含棉篷布包裹保温(图4),尽量减少运输过程热损失,一般保证混凝土在运输过程每小时降低不宜超过5℃。当罐车内混凝土因故不能及时使用而造成混凝土受冻时,应作废弃处理。

(2)拌和站专人测量混凝土出站温度,动态控制调整,现场及时量测混凝土的入模温度,及时与拌和站沟通,调整混凝土的出机温度。为减小混凝土运输过程温度损失,采取措施:

①施工时间应尽量避免交通高峰期,缩短混凝土运输时间。
②沿途交叉路口、拐弯处设专人指挥、协调疏导车辆。
③加强现场调度协调,与拌和站要密切配合好,保证混凝土运送的连续均衡,避免运输车在施工现场等待时间过长。

图4 混凝土罐车保温外衣包裹

### 6. 混凝土浇筑保温

混凝土浇筑应尽量安排在白天且气温较高时段进行,入模温度不低于10℃,做好混凝土入模温度的监控。混凝土在浇筑前应清除模板、钢筋上的冰雪和污垢;尤其构件底部的积雪和冰,必须在混凝土浇筑前再次检查是否清除。当环境温度过低时,先使用暖风机在墩柱模板内部加热钢筋和钢模板。

混凝土浇筑时,出料口与浇筑面之间的距离小于2.0m,以防混凝土离析。应水平分层浇筑,每层浇筑厚度不宜超过0.5m,尽量缩短浇筑时间,且严格加强振捣,要充分致密,保证不漏振、过振。

## 四、混凝土养护

### 1. 承台、地系梁及塔座施工保温措施

1)混凝土浇筑及带模养护

承台、地系梁及塔座保温主要采用蓄热法。为充分利用混凝土的水化热,通过于侧模肋槽内粘贴保温板(苯板或挤塑板)、外包白铁皮的方式,对钢模板进行保温改造;顶面采用条状棉布进行全覆盖包裹养护。

侧模养护的具体方式为:在进入冬期施工前,按照钢模板的肋槽尺寸,对保温板(成品苯板或挤塑板)进行切割、粘贴,并外包裹白铁皮,可用钢筋将其固定于钢模板,并用聚氨酯发泡剂填充白铁皮边缘与模板的空隙处。此外,需预留出合模安装的位置。

2)拆模后养护

结构物的模板拆除不宜过早,以防混凝土温度较高时接触负温,产生温度裂缝。根据结构物的实测温度数据以及同条件养护试件的强度,确定适宜的拆模及保温蓄热时间,拆模时,混凝土表层温度与环境温差不宜超过20℃,不应超过25℃。

承台、地系梁带模养护(图5)后3d进行拆模,并于拆模后,承台及地系梁立即进行回填处理;塔座带模养护后7d进行拆模;通过同条件养护试块试验及回弹强度检测,此时混凝土强度已接近设计值,远高于抗冻临界强度,无需再进行养护。

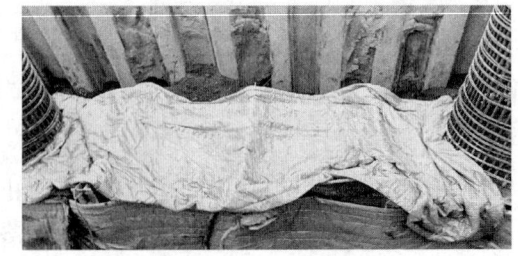

图5 地系梁浇筑棉被覆盖保温

### 2. 圆墩柱施工保温措施(图6~图8)

1)当最低气温高于-5℃时,圆墩柱施工保温措施

当最低气温高于-5℃时,通过于侧模肋槽内粘贴保温板(苯板或挤塑板)、外包白铁皮的方式,对下

墩柱钢模板进行保温改造;顶面采用条状棉布进行全覆盖包裹养护。带模养护后3d进行拆模;拆模后,采用墩柱养护架+篷布对墩柱进行全覆盖,并采用火炉(或暖风机)升温蒸养,确保架体内温度不低于20℃。

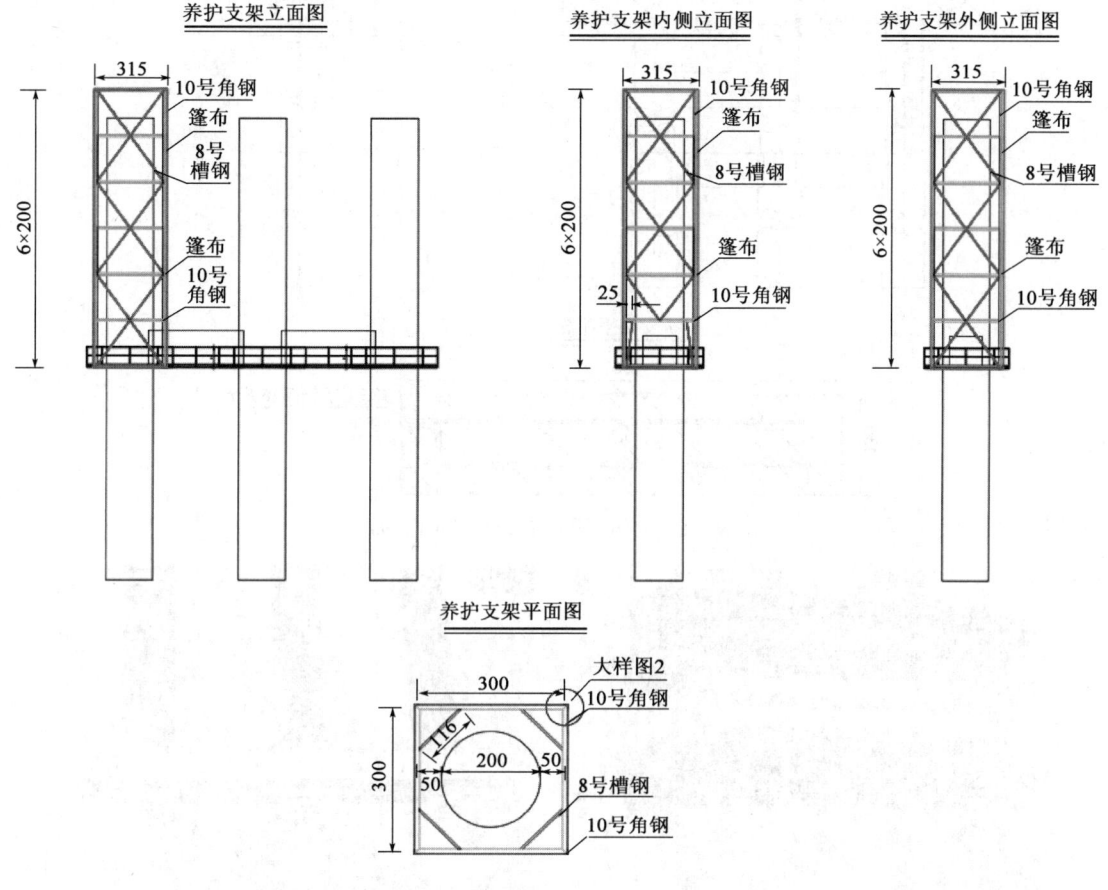

图6 墩柱封闭蒸养示意(尺寸单位:cm)

图7 圆墩保温养护措施

图8 墩柱采用棉被覆盖

2)当最低气温低于-5℃时,圆墩柱施工保温措施

当最低气温低于-5℃时,圆墩柱施工全程采用带模养护+暖棚保温的方式,养护7d后方拆除暖棚和模板。

3. 方墩、中系梁及盖梁施工保温措施(图9～图13)

1)当最低气温高于-5℃时,中系梁及盖梁施工保温措施

对模板进行保温改造(改造方式同墩柱模板,即覆盖电热毯,混凝土浇筑后顶面覆盖棉被,直接带模养护7d)。

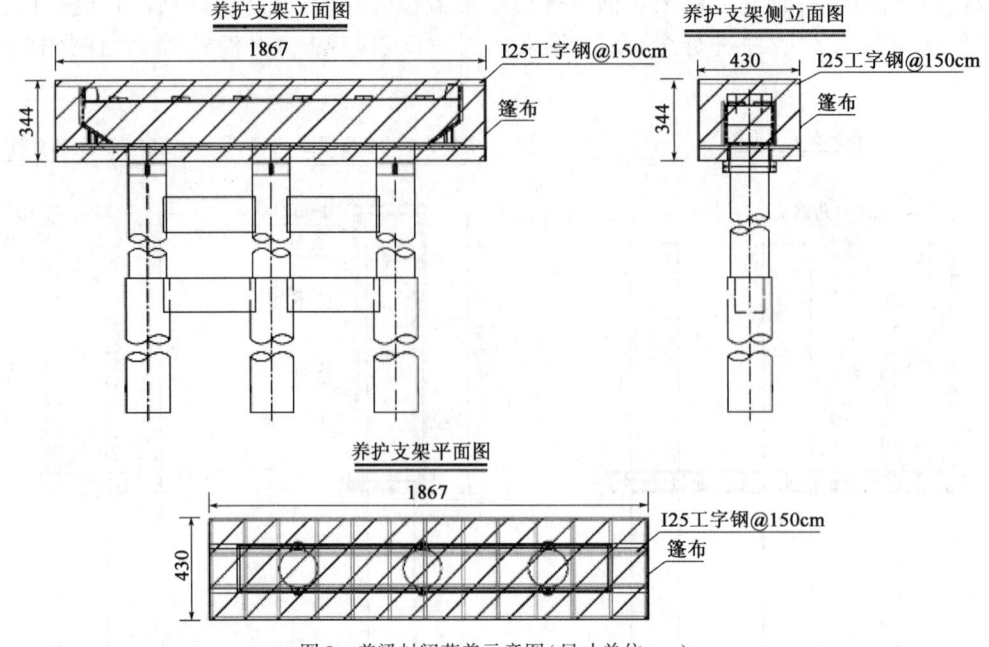

图 9 盖梁封闭蒸养示意图(尺寸单位:cm)

图 10 方墩施工保温措施

图 11 中系梁施工保温措施

图 12 盖梁施工保温措施

图 13 盖梁采用棉被覆盖保温

2)当最低气温低于 −5℃时,中系梁及盖梁施工保温措施

除模板保温改造(覆盖电热毯)外,混凝土浇筑完成后直接覆盖暖棚,养护 5~7d,根据强度情况拆模。

具体措施为:模板进行保温处理后,带模养护 7d 至混凝土达到设计强度,其间采用养护架+篷布对中系梁/盖梁进行全覆盖,并采用火炉升温蒸养,确保架体内温度不低于 20℃。

墩顶、梁顶设置 I25 工字钢,以便篷布将中系梁及其施工平台进行全覆盖,且圆柱墩区域塞入篷布,从而确保中系梁全封闭养护。

### 4. UHPC预制桥面板施工保温措施(图14、图15)

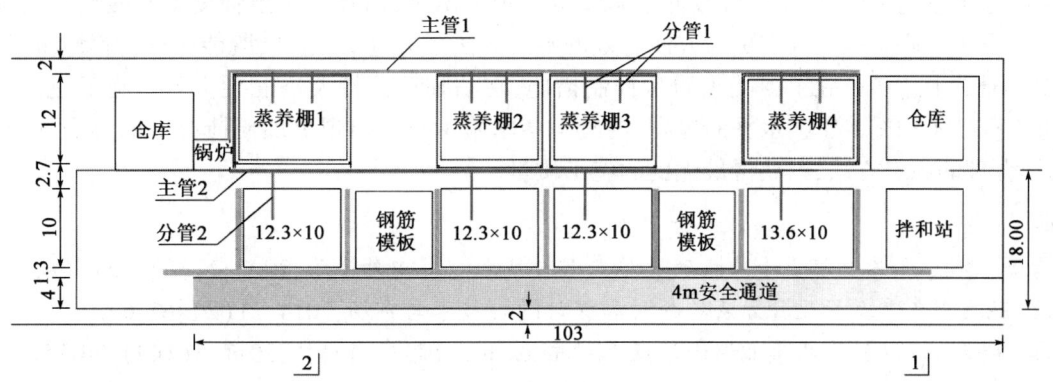

图14 养护水管布置图

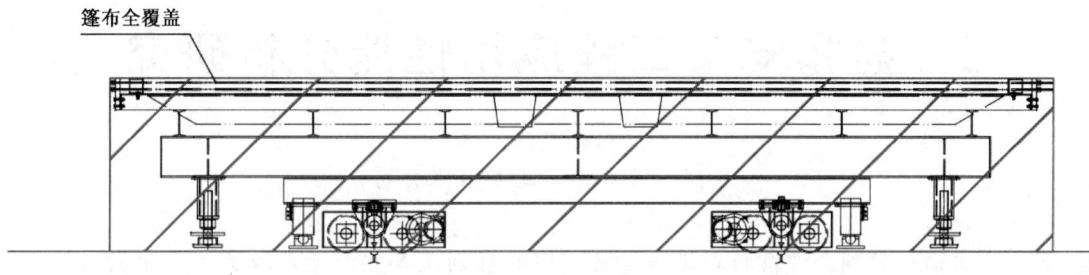

图15 冬季静置养护(24h)措施示意图

UHPC预制桥面板浇筑、覆膜完成后,先将振捣梁移出浇筑区域,静置养护24h后,再通过模板小车将桥面板滑移至蒸养棚,采用智能蒸汽养护系统进行恒温恒湿蒸汽养护,具体如下：

混凝土浇筑完成后,在进入高温蒸养棚之前,通过接通临时蒸汽管道至模板下方进行蒸养,并采用篷布对模板进行全覆盖(棉被与地面接触位置采用方木或其他方式进行压紧),确保在不低于20℃条件下静置养护24h；

静置养护24h后,将模板系统及桥面板整体滑移至蒸养车间进行高温蒸养,具体如下：
(1) 升温期：以不超过15℃/h的速度,升温到90℃±1℃。
(2) 恒温期：温度保持90℃±1,保温养护48h。
(3) 降温期：以不超过15℃/h的速度,从90℃降温到20℃±5℃。

### 5. C55预制桥面板施工保温措施

(1) 钢筋安装完成后,接通临时蒸汽管道至模板下方,并采用蒸养棚对模板及钢筋进行全封闭升温,确保其整体温度不低于0℃；
(2) 模板及钢筋整体温度达到要求后,将蒸养棚进行转移,从而浇筑桥面板混凝土；混凝土选择于白天温度较高时段浇筑；
(3) 混凝土浇筑完成后,采用蒸养棚对桥面板全封闭蒸汽养护3d,温度不低于40℃；实际蒸养时间根据混凝土强度进行调整。

## 五、试验检测保障措施

针对现场不同的养护方式,制作标养、同养试件进行抗压强度试验,即采用泡沫板包裹试块,同条件跟随实体养护至拆模龄期,对试块进行抗压试验；同时前期进行拆模、停止养护实体,回弹检测与同养试件试验结果比对,作为结构物最终养护时间的依据。

## 六、结　语

在混凝土冬季施工中,由于气温较低给施工带来很大困难,而且混凝土强度增长缓慢常与加快工程进度的要求发生矛盾。努力寻求更为方便有效的施工方法至关重要,这样,既能保证工程质量,又能加快工程进度。通过上述冬季施工混凝土质量控制措施,在沾临黄河特大桥混凝土冬季施工中获得良好效益。随着工程技术和施工工艺水平的提高,混凝土冬季施工将会出现更加便捷有效的方法,应根据实际情况,选择合理的施工方法,以获得最优良的施工质量。

**参考文献**

[1] 张勇进,李源.冬季混凝土受冻机理及施工温控技术[J].中外公路,2007,27(5):124-126.
[2] 周波.混凝土冬季养护几种方法的分析和探讨[J].技术与市场,2014,21(2):61-63.
[3] 肖宾.浅谈水泥混凝土冬季低温浇注及养护措施[J].公路交通科技,2017,5(149):74-75.

# 29. 盘扣支架工程应用性能分析研究

黄永亮　阳　洋

(中交一公局第二工程有限公司)

**摘　要**　本文通过案例介绍盘扣支架与传统支架的区别及其相对于碗扣式支架的优缺点。依托具体工程实例,介绍了碗扣式支架的强度计算方法。支架施工过程中的关键控制要素也在本文结尾有所提及。

**关键词**　承插式盘扣支架　优缺点　验算方法　施工控制要点　经济性分析

## 一、引　言

随着社会的不断进步,我国交通建设无论在规模还是速度上,都有着惊人的进展。城市高架施工兴起,现浇箱梁不断应用。现浇箱梁施工中,出现了各种支架形式:门式支架、碗扣式支架、钢管支架、盘扣支架等。不同的模板支架体系,有着不同的技术经济特点。目前,盘扣支架已经被广泛应用在城市下穿隧道施工、房建施工、市政高架桥等各种工程项目中。然而,为何盘扣支架会备受推崇,到底盘扣支架相对于碗扣支架有怎样的优势,目前业内还没有对此做出系统的分析。本文从盘扣支架的工艺原理、成本、支架立杆性能、经济性等方面做了细致分析,从多维度针对盘扣支架做了详细说明。与此同时,本文还针对市面上48型和60型盘扣支架如何比选,从不同结构形式盘扣支架的施工成本入手分析,提供了比选方向和经验。希望对类似工程项目在做施工工艺比选时提供参考和借鉴。

## 二、盘扣式支架工艺原理及优点

盘扣支架,顾名思义,即通过轮盘和插销扣使横纵水平杆和立杆连接成整体。

插销被设计成楔形,是因为楔形有自锁功能,较为可靠,在受到振动过程中会不断地锁紧,这是盘扣支架相对于碗扣式支架最大的结构性能特点。

如图1所示,盘扣支架立杆同轮盘焊接,横杆与插头焊接,每个轮盘可以同时同4个横向连接,横杆通过插头插入轮盘上相应的锥形孔实现与立杆的连接固定。

盘扣支架较传统碗扣式支架有以下几方面的优点:

(1)整体稳定性强。碗扣式支架需要通过剪刀撑提高整体稳定性,但是剪刀撑设置过程中,因为钢管件存在较大的缝隙,无法保证剪刀撑同每个立杆均能扣接,碗扣式支架整体稳定性难以得到保障。而盘扣支架通过轮盘节点扣接，纵向、横向、斜向均连接牢固，且抗震性强。

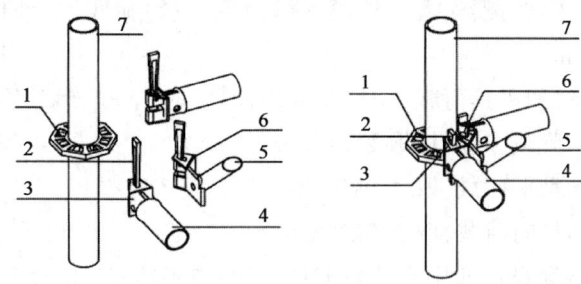

图1 盘扣节点构造图

1-连接盘；2-插销；3-水平杆杆端扣接头；4-水平杆；5-斜杆；6-斜杆杆端扣接头；7-立杆

（2）综合施工成本低。我项目某工程主线第三联和第四联因为材料周转原因，分别采用盘扣支架和碗口支架。经过测算，盘扣支架因为其施工工期短等因素，折合到每方混凝土的价格低于碗扣式支架。

（3）施工便捷。经过施工总结，以下几方面因素导致盘扣支架施工较碗口支架更便捷高效：首先，盘扣支架结构少，搭设和拆除过程中不需要特殊的工具即可完成，施工效率较高；第二，盘扣支架承载力高、结构设计轻巧，施工过程高效快捷，能较好地满足作业要求；第三，节点连接方便，且有自锁功能，装拆易于掌握。经过实践检验，盘扣支架相对于碗扣式支架更省工、省力、省时。

（4）安全美观。盘扣支架构件经过镀锌防腐处理，不容易锈蚀且安全美观。盘扣支架在施工过程中均采用标准化打包式施工，很大程度上减少了施工现场乱堆、乱放的现象，最大限度减少了材料的丢失和损坏。而碗扣式支架容易锈蚀，整体美观性差，搭设过程中乱象频发，安全文明形象不好，且容易造成材料和构件的损失。

## 三、盘扣支架力学性能

1. 工程概况及盘扣支架结构

1）所依托的工程概况

以某引桥混凝土连续箱梁为例，梁体采用C50混凝土，桥梁横坡为2%。桥箱梁截面构造如图2所示。

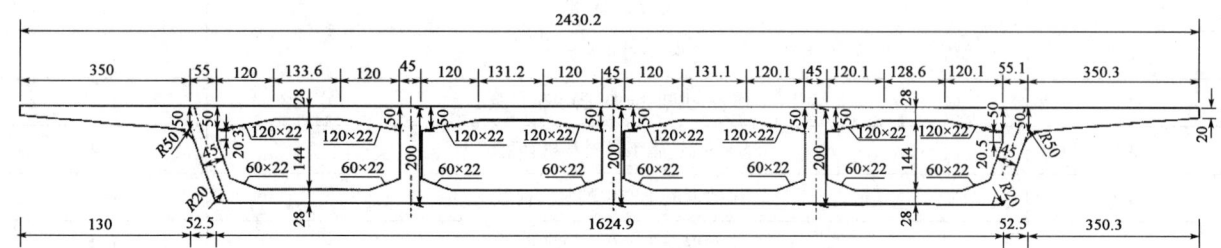

图2 箱梁截面一般构造图（尺寸单位：cm）

2）盘扣支架结构

该桥梁现浇箱梁施工采用支架结构形式为：支架立杆采用规格$\Phi 48mm \times 3.2mm$钢管作为箱梁的支撑，钢管顶安置可调顶托，顶托上面铺设纵向顶梁I14工字钢，然后横向布置10cm×10cm方木，方木间距20cm；方木上面铺设箱梁模板。立杆纵距均为1.2m，横距在翼缘板处和箱室处均为0.9m，在箱梁斜腹板和中腹板处为0.6m，竖向斜杆满布设置。中间步距均为1.5m。每4个步距增设水平层斜杆。如图3所示。

3）计算荷载说明

根据本桥现浇箱梁及斜腿的结构特点，在施工过程中将涉及以下荷载形式：

$q_1$——箱梁自重荷载,取 $26kN/m^3$。

$q_2$——箱梁内模、底模、外模、内模支撑及外模支撑荷载,或斜腿底模、外模及外模支撑,按均布荷载计算,取 $q_2 = 3kN/m^2$。

$q_3$——施工人员、施工材料和机具荷载,按均布荷载计算,取 $q_3 = 1.5kN/m^2$。

$q_4$——振捣混凝土产生的荷载,对底板取 $2.0kN/m^2$。

$q_5$——倾倒混凝土产生的水平荷载,取 $2.0kN/m^2$。

$q_6$——倾倒混凝土产生的竖向荷载,取 $2.0kN/m^2$。

$q_7$——风荷载,由《公路桥涵设计通用规范》(JTG D60—2004)2.3.8 取 $1.0kN/m^2$。风力 = 风压 × 迎风面积。

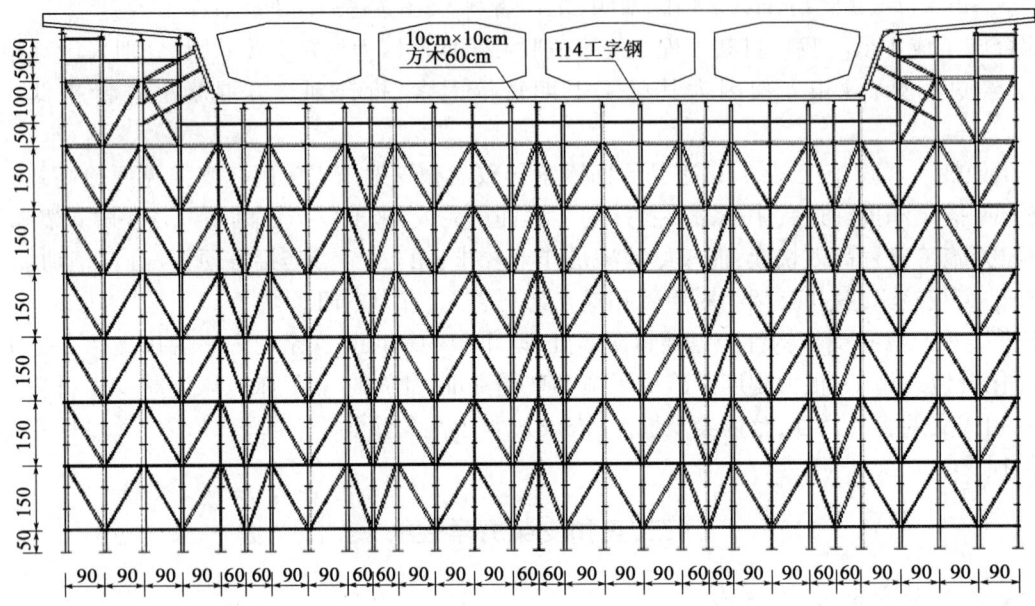

图3 支架搭设构造图(尺寸单位:cm)

荷载分项系数 $\gamma$ 见表1。

荷 载 分 项 系 数　　　　　表1

| 序 号 | 荷 载 类 别 | $\gamma$ |
|---|---|---|
| 1 | 箱梁自重荷载 | 1.2 |
| 2 | 模板、拱架、支架、脚手架自重 | 1.2 |
| 3 | 施工人员、施工材料和机具荷载 | 1.4 |
| 4 | 振捣混凝土产生的竖向荷载 | 1.4 |
| 5 | 倾倒混凝土产生的水平荷载 | 1.4 |
| 6 | 倾倒混凝土产生的竖向荷载 | 1.4 |
| 7 | 风荷载 | — |

计算时的荷载组合见表2。

计算模板、拱架和支架的荷载组合　　　　　表2

| 序 号 | 模 板 类 别 | 参与组合的荷载项 | |
|---|---|---|---|
| | | 计算承载力 | 验算刚度 |
| 1 | 梁、板和拱的底模板以及支撑板、拱架、支架等 | (1)(2)(3)(4)(6) | (1)(2) |
| 2 | 缘石、人行道、栏杆、柱、梁、板、拱等的侧模板 | (5)(7) | (8) |

## 2. 立杆承载力性能

常规来说,业内针对盘扣支架模板的设计计算都是以单根立杆为计算模型进行的,通过计算长度系数、安全系数等相关参数,确保整体盘扣模板支架的整体稳定性以及承载力。以60型盘扣支架为例,材料参数为:材质Q345钢、管径为6cm、壁厚3.2mm,常用的立杆长度为1.5m以及2m。

根据盘扣式钢管支架安全技术规程,压杆稳定的计算方法为利用欧拉公式进行极限荷载计算,最终得出1.5m和2m盘扣支架立杆的极限荷载分别为209kN和117kN。为了更好地指导现场施工,验证相关计算数据的真实性,我项目联合高校开展了盘扣支架的承载力试验。试验主要是以60型支架立杆为研究对象,通过加载检测立杆水平方向应变和竖直方向位移。利用千斤顶逐级加载,直至立杆水平方向应变不断增加,当60型支架立杆达到屈服状态时,加载结束停止试验。

加载过程中每次加载5kN,持续15min,记录响应的应变值,并把全部数据进行分析。得到加载的荷载-位移曲线图,如图4所示。

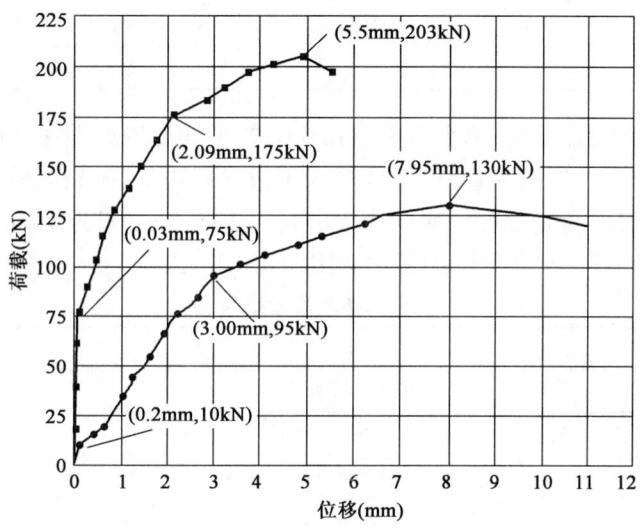

图4 立杆荷载-位移图

通过数据分析,得到结论如下:

(1)盘扣支架起始受力节段,会有明显的位移变化折点,主要原因为立杆连接节点处存在空隙,此种误差不可避免,且变化无规律。

(2)通过曲线可以发现1.5m和2m的M60盘扣支架立杆的竖向极限荷载分别为203kN和130kN。

(3)在极限压力作用下,1.5m和2m的M60盘扣支架立杆的最大位移分别为6mm和8mm。

与此同时,建立盘扣支架立杆模型,通过软件计算分析,总结出盘扣支架立杆性能影响因素如下:

(1)步距。立杆步距对于支架整体性能影响显著,步距越大,支架整体稳定性越弱,承载力越小。通过模型计算,步距每增加0.5m,其极限承载力下降约50%左右。

(2)钢管壁厚。钢管壁厚越大,承载力越大,通过模型计算分析,壁厚每增加0.2mm,极限承载会相应提高约8%。

(3)立杆初始偏心。根据规范规定,支架立杆垂直度允许偏差在L/500,且不大于50mm。

但是在规范允许范围内,垂直度偏差仍然会对直接承载力有较大影响。立杆水平位移每增加25mm,立杆承载力降低40%~60%。

## 四、盘扣支架经济效益分析

以上针对盘扣支架的优点以及结构设计计算进行了详细论述,实际施工过程中在选择支架类型及相关跨距设计过程中有多种方案可供选择,目前行业内针对不同方案的经济性无细致的分析,本文通过同结构下的48型和60型盘扣支架经济性进行对比,希望可以为类似工程提供参考,在确保结构安全和质量的同时,能够实现经济效益的最大化。

针对上述结构,分别采取48型和60型盘扣支架,其设计参数如表3所示。

**48型和60型盘扣支架对比标** 表3

| 序号 | 项 目 | | 48型 | | 60型 | |
|---|---|---|---|---|---|---|
| 1 | 底模板 | | 15mm竹胶板 | | 6mm钢模板 | |
| 2 | 横向分配梁 | | 10cm×10cm方木@25cm | | 12.6工字钢 | |
| 3 | 纵向分配梁 | | 12.6工字钢 | | 10号槽钢@30cm | |
| 4 | 盘扣支架 | 纵距 | 1.2m | | 1.2m | |
| 5 | | 步距 | 1.5m | | 1.5m | |
| 6 | | 横距 m | 腹板处 | 0.6 | 腹板处 | 0.6 |
| 7 | | | 箱室处 | 0.9 | 箱室处 | 1 |
| 8 | | | 翼缘板 | 0.9 | 翼缘板 | 1.2 |

根据以上2种盘扣支架设计情况,单个节段盘扣支架的平均使用周期按30d计算,分配梁采用购买方式,盘扣支架采用租赁方式。根据调查,施工区域人工及材料单价为:钢材购买价格——4500元/t;盘扣支架租赁价格每月——310元/t(顶托底座同样价格);人工成本——330元/d。根据以上参数对比,计算48型和60型盘扣支架在同荷载条件下的各项费用如表4所示。

**支架成本对比分析表** 表4

| 项 目 | 48型 | 60型 |
|---|---|---|
| 形式 | 48型 | 60型 |
| 组合步距 | 1.2m×0.9m | 1.2m×1.2m |
| 支架费用 | 27567.9元 | 31288.4元 |
| 分配梁费用 | 21087元 | 103005元 |
| 人工费用 | 31680元 | 23760元 |

综上可知,60型盘扣支架,除人工费便宜外,其余需投入费用均高于48型;造成60型成本高于48型的原因,是受力步距与支架自重的比值问题:60型1.2m×1.2m,在杆件数量上少于48型1.2m×0.9m,但重量上仍高于48型。还是需要根据荷载来进行支架形式的选择。60型支架,适用于荷载较大的结构,荷载越大优势能体现。在常规荷载的情况下,只能通过加大步距来减轻自重,但同时会造成分配梁的加强。

## 五、结　语

综上可知,盘扣支架在结构形式上稳定性强、外形美观,且施工便捷,安全系数较高。在经济效益方面,市面上48型盘扣支架和60型盘扣支架各有优缺点,需要根据实际情况进行选择。鉴于盘扣支架对于碗口支架结构形式、安全质量等各方面都有突出优势,在经过计算确保安全的情况下,应综合比选不同形式盘扣支架的经济性,确保所选支架系统经济效益最高。在实际施工设计阶段,针对盘扣支架的选型,在力学性能和经济性能上建议如下:

(1)力学性能:在计算立杆稳定性设计过程中,步距为1.5m和2m的立杆按照80kN和50kN计算。鉴于立杆长度、壁厚、垂直度等因素对于支架影响非常大,即使满足相关规范要求,亦需要对以上相关参数进行严格把关;

(2)经济性能:最优的支架选型,只能通过荷载验算,多次比选得出。计算支架选型和步距时,必须结合项目或队伍自有材料的情况重点考虑分配梁的布置形式。如果项目或队伍自有较多的型钢,分配梁间距可拉大,可优先考虑60型承插型盘扣式钢管支架(立杆规格 $\phi60mm \times 3.2mm$);如果有较多的方木等普通材料,分配梁间距需控制,可优先采用48型承插型盘扣式钢管支架(立杆规格 $\phi48mm \times 3.2mm$)。部分地区支架配件按个算租赁费,经对比发现支架配件、附属件尽量包干,统一按吨计量,效益最高。人工费结算形式需根据现场实际情况测算,采取最经济的结算方案。

**参考文献**

[1] 梁锐.承插盘扣式支架与碗扣式支架的比较分析[J].市政技术,2017(01):181-183.
[2] 刘建伟,薛志文.盘扣式现浇支架的设计与应用[J].公路交通科技(应用技术版),2017(03):236-238.
[3] 肖明葵,徐灿,段军,等.承插型盘扣式模板承重体系承载力计算和现场监测对比分析[J].施工技术,2017(07):31-35.
[4] 北京土木建筑学会.建筑施工脚手架构造与计算手册[M].北京:中国电力出版社,2008.
[5] 朱孙庭.承插型盘扣式钢管模板支架施工技术及工程应用[C].施工技术编辑部会议论文集,天津:2019.

# 30. 新型插入式牛腿托架在方墩盖梁中的运用

杨智勇[1] 李月祥[2]

(1. 中交一公局第二工程有限公司;2. 山东高速基础设施建设有限公司)

**摘　要**　通过对类似方墩盖梁施工的研究与探讨,结合沾临黄河特大桥现场实际施工状况,主要从施工成本、施工可操作性、实体施工质量等方面进行了对比分析,设计一种新型插入式牛腿托架,并成功在沾临黄河特大桥方墩盖梁施工中应用。

**关键词**　方墩盖梁　预制拼装　嵌入式牛腿托架　可周转使用

## 一、引　言

方墩盖梁常规工艺一般采用落地钢管支架,支架座立在承台顶部或直接入土,在安全方面涉及大量的空中吊装及焊接作业,危险性极大;在质量方面,钢管在现场接长也难以控制垂直度及焊接质量,检测难度也极大。而新型插入式牛腿托架的运用,将牛腿嵌入至墩柱中,并利用爬锥进行固定,实现了钢牛腿与墩柱约束固定,整体结构体系稳定,减少落地支架材料投入,且钢牛腿可进行多次周转使用,施工成本大幅降低;同时装配式牛腿支架安装拆除方便,减少了高空作业的时间。

## 二、工程概况

沾化至临淄高速公路工程主线全长107.584km,是山东高速公路网规划中"纵四线"沾化至临沂(鲁苏界)的重要组成部分,其中黄河特大桥是本项目的关键控制性工程。黄河特大桥上部结构统一采用预制装配化设计:主桥为双塔组合梁斜拉桥,跨径布置为(80+180+442+180+80)=962m,是黄河下游跨径最大的桥梁;南、北跨大堤桥均采用(75+130+75)m变截面钢混组合梁,是目前国内跨径最大的钢混组合连续梁桥;南、北堤内引桥采用50/54m钢板组合梁;堤外引桥均采用30/30.5m预制小箱梁。

桥下部结构分为圆柱墩盖梁、方墩盖梁两种形式,其中方墩盖梁共计22个,盖梁距地面高度为

8~25m。

## 三、设计原理

### 1. 常规施工工艺

方墩盖梁常规施工工艺主要有落地支架(图1)、预埋钢棒托架(图2)法两种方式。此外还有三角托架法施工工艺。

图1 落地支架施工

图2 预埋钢棒托架法施工

1)落地支架

落地支架座立在承台顶部或直接入土,在安全方面涉及大量的空中吊装及焊接作业,危险性极大;在质量方面,钢管在现场接长也难以控制垂直度及焊接质量,检测难度也极大,同时支架材料投入量大,施工成本高。

2)预埋钢棒托架法

于墩柱内插入钢棒进行承重,墩柱预埋用的PVC管直径较大,对墩柱结构受力产生破坏影响。

3)三角托架法

若方墩盖梁采用三角托架法施工,需要在墩柱内插入槽钢或预埋钢板进行承重,留有腐蚀通道,三角托架结构自重较大,安装拆除不便,且后续牛腿无法周转。

### 2. 新型插入式牛腿托架设计

结合预埋钢棒托架、三角托架(图3)两种结构形式,本项目创新性设计插入式牛腿托架(图4)进行方墩盖梁施工,其中钢板牛腿主要由4种类型钢板组拼而成,具体设计思路如下:

(1)①号钢板厚2cm,与墩柱表明进行紧贴,并采用6根PSB930级$\phi$28mm精轧螺纹钢将垫板与墩柱固定(精轧螺纹钢区域设置加劲板),确保预埋钢板与墩柱形成整体。

(2)②号钢板厚3cm,插入至墩柱混凝土中,深入墩柱尺寸为30cm×20cm,抗剪截面尺寸为3cm×20cm,外侧悬臂长度为50cm,确保牛腿抗剪满足要求,实现了无需焊缝抗剪的突破。

(3)为确保插入至墩柱的②号钢板位置局部混凝土的局部应力满足要求,在其下方设置2cm的③号垫板；

(4)牛腿顶部设置2cm厚的④号盖板。①号钢板、③号垫板、④号盖板在后场加工成整体（提前预留精轧螺纹钢及②号钢板预埋孔），并整体安装完成后，依次进行②号钢板及精轧螺纹钢的安装。

图3　三角托架法施工

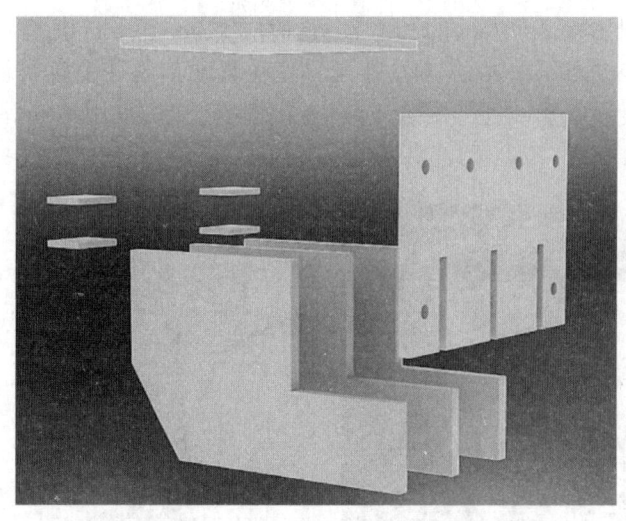

图4　插入式牛腿托架设计图（尺寸单位：cm）

## 四、新型插入式牛腿托架施工

1. 施工工艺流程

本项目创新性地利用新型插入式牛腿托架施工盖梁，即将后场加工好的钢牛腿通过墩柱预留承重槽口嵌入，并利用精轧螺纹钢进行锚固后施工盖梁，具体施工流程如下（图5）：

(1)后场加工制作钢牛腿；
(2)整体起吊钢牛腿，通过墩柱预留槽口嵌入；
(3)牛腿通过钢板上预留孔洞穿精轧螺纹钢与墩柱锚固；
(4)牛腿上搭设盖梁支架进行盖梁施工；
(5)盖梁施工完成后，拆除支架和钢牛腿，并采用与混凝土墩柱同等级的砂浆封堵牛腿板槽口及精轧螺纹钢孔洞，避免腐蚀通道的产生，确保墩柱混凝土外观质量。

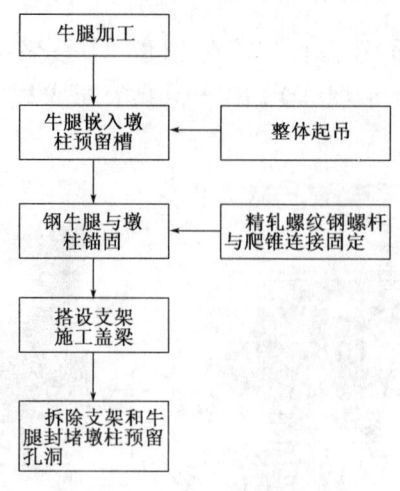

图 5　整体施工流程图

## 2. 预埋爬锥及钢板施工（图 6）

（1）爬锥及牛腿嵌入盒安装需要在墩柱浇筑混凝土前进行施工，其中爬锥共 6 个，上层设置 4 个，下层设置 2 个。

（2）离墩身 4cm 处安装 60cm×17cm 的 2cm 钢板，对应 12cm 开 4cm 孔洞和墩身钢筋连接。

（3）牛腿嵌入盒 30cm×3.5cm×20cm 对应牛腿预留位置端部紧贴模板安装。

（4）由于爬锥安装精度直接影响托架安装成败，在预埋安装时，采用钢筋焊接成井字架，预留出每个爬锥位置，确保爬锥安装精度。

图 6　预埋爬锥及钢板施工

## 3. 牛腿加工及安装（图 7、图 8）

墩柱施工完成后，将后场加工好的钢牛腿吊装到墩位处，并通过墩柱预留承重槽口嵌入，然后通过预留孔洞穿精轧螺纹钢并拧紧与墩柱锚固，完成整个牛腿的安装。

## 4. 盖梁施工（图 9）

按照施工方案在牛腿上搭设盖梁支架，进行钢筋模板混凝土等常规工艺施工，完成整个盖梁浇筑养护。

## 5. 支架拆除

在盖梁达到强度要求后，利用砂筒卸落盖梁模板，依次拆除底模、侧模及支架的纵横梁。

拆除牛腿时，统一用自行曲臂式高空作业平台升降车（图 10）提供高空作业平台，先将精轧螺纹钢螺母拧松并将其拔除，然后利用吊车或者葫芦拔除牛腿，最后采用与混凝土墩柱同等级的砂浆封堵牛腿板槽口及精轧螺纹钢孔洞，避免对混凝土墩柱的外观造成破坏和通道产生腐蚀。

图7 插入式牛腿加工及安装

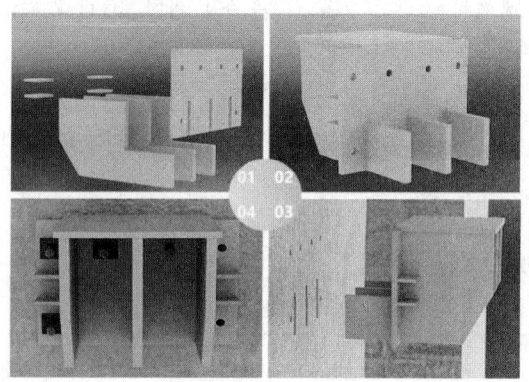

图8 插入式牛腿安装顺序图

图9 方墩盖梁施工　　　　　　　　图10 自行曲臂式高空作业平台升降车

## 五、取得的效果及效益分析

### 1. 常规落地式钢管支架施工

若采用常规落地式钢管支架施工，单个盖梁钢管立柱采用6根 φ610mm×8mm 钢管桩，设置平联、剪刀撑，同时根据总体施工计划，需4套支架进行周转使用，共计施工成本（只包含支架下部结构施工成本）约 29.21+9.66=38.87 万元。

1) 材料费

4套常规落地式钢管支架需64.44t钢材，则需投入的材料费为29.21万元，具体材料计算如表1所示。

支 架 材 料 费  表1

| 名称 | 规　　格 | 数量<br>(m) | 单重<br>(kg/m³) | 总重<br>(t) | 单价<br>(元) | 合价<br>(万元) |
|---|---|---|---|---|---|---|
| 钢管桩 | $\phi 610mm \times 8mm$ | 360 | 118.77 | 42.75 | 4550 | 19.45 |
| 平联钢管 | $\phi 273mm \times 6mm$ | 222 | 39.51 | 8.79 | 4550 | 4.00 |
| 剪刀撑 | I20a 工字钢 | 345 | 27.90 | 9.65 | 4350 | 4.20 |
| 预埋钢板 | 1200mm×<br>1200mm×12mm | 24 块 | 7850kg/m³ | 3.25 | 4800 | 1.56 |
| 合计 | | | | 64.44 | | 29.21 |

2)施工费用

根据上述分析可知,4套常规落地式钢管支架需64.44t钢材,钢管支架搭设及拆除费用为1500元/t,则施工成本为:64.44×1500=9.66(万元)。

2. 新型插入式牛腿托架的运用

根据总体施工计划,需加工4套钢牛腿支架进行周转使用,施工成本共计2.96+0.8=3.76(万元),具体如下:

1)材料费

单个墩设置4个牛腿,全线共计16个牛腿,共需钢材5.32t,施工成本2.96万元,具体计算如表2所示。

牛 腿 材 料 费  表2

| 名称 | 规　　格 | 数量<br>(m) | 单重<br>(kg/m³) | 总重<br>(t) | 单价<br>(元) | 合价<br>(万元) |
|---|---|---|---|---|---|---|
| ①号钢板 | 0.7mm×0.55mm×0.02mm | 16 | 7850 | 0.97 | 4800 | 0.47 |
| ②号钢板 | 0.8mm×0.5(0.2)mm×0.03mm | 48 | 7850 | 3.25 | 4800 | 1.56 |
| ③号钢板 | 0.6mm×0.17mm×0.02mm | 16 | 7850 | 0.26 | 4800 | 0.12 |
| ④号钢板 | 0.48mm×0.7mm×0.02mm | 16 | 7850 | 0.84 | 4800 | 0.40 |
| 精轧螺纹钢 | $\phi 32mm \times 1m$ | 96 | — | — | 42 | 0.40 |
| 合计 | | | | 5.32 | | 2.96 |

2)施工费用

根据上述分析可知,4套牛腿支架需5.32t钢材,钢管支架搭设及拆除费用为1500元/t,则施工成本为:5.32×1500=0.80(万元)。

3. 对比分析

新型插入式牛腿托架的运用,节省施工成本38.87-3.76=35.11(万元),且盖梁牛腿支架安装及拆除便捷,大大提升了施工功效,减少了高空作业的风险。

## 六、结　　语

1. 施工注意事项

(1)由于爬锥及②号钢板于墩柱上预埋位置精度直接影响牛腿安装精度,需爬锥及牛腿嵌入盒预埋需做好加固措施。

(2)由于牛腿由②号插入钢板抗剪,爬锥仅起牛腿整体稳定作用;安装时需先将牛腿安装,待②号钢板与垫块接触后,方可进行爬锥安装。

(3)盖梁施工完成后,需采用与混凝土墩柱同等级的砂浆封堵牛腿板槽口及爬锥孔洞,避免对混凝土墩柱的外观造成破坏和通道产生腐蚀。

2. 发展前景

项目创新性地采用新型插入式牛腿托架进行盖梁施工,通过钢牛腿与墩柱约束固定,结构体系稳定,实现了无需焊缝抗剪的突破。施工安全性高;且钢牛腿可进行多次周转使用,减少落地支架材料投入,施工成本大幅降低;同时装配式牛腿支架安装拆除方便,减少了高空作业的时间。新型插入式牛腿托架施工方法在今后方墩盖梁施工中必定是较为好的选择。

**参考文献**

[1] 中华人民共和国住房和城乡建设部.混凝土结构工程施工质量验收规范:GB 50204—2015[S].北京.中国建筑工业出版社,2014.
[2] 中华人民共和国住房和城乡建设部.钢结构设计标准:GB 50017—2017[S].北京.中国建筑工业出版社,2017.
[3] 中华人民共和国交通运输部.公路工程施工安全技术规范:JTG F90—2015[S].北京.人民交通出版社股份有限公司,2015.
[4] 中华人民共和国交通运输部.公路交通安全设施设计规范:JTG D81—2017[S].北京.人民交通出版社股份有限公司,2018.
[5] 中华人民共和国住房和城乡建设部.建筑机械使用安全技术规程:JGJ 33—2012[S].北京.中国建筑工业出版社,2012.

# 31. 粉砂地质条件下受限空间超大变径固结扩盘桩施工技术

金晓宇[1]　李兴林[1]　刘　隆[2]

(1. 中交一公局第二工程有限公司;2. 山东高速基础设施建设有限公司)

**摘　要**　国家基础建设在如火如荼地进行中,高速公路桥梁的不断发展,扩盘桩逐渐在软土地区应用,原有的扩盘设备已不能适应桩基施工的需求,为了能更好发挥支盘桩的优势,应从常规扩桩盘开始向固结变径扩盘桩发展。普通挤扩支盘桩只适用于小直径和桩长有限的稳固地质,针对这种空间受限,地质条件较差且承载力要求较高的施工环境,无法设置群桩,固结扩盘桩则是一个优良的选择。变径扩盘桩的实践,提高了成桩质量,减少了施工风险,对类似工程施工提供了参考。

**关键词**　施工技术　变直径　固结扩盘桩　桥梁　固结体护壁

## 一、工程概况

本工程为沾临高速公路二标引黄济青干渠大桥13号墩固结扩盘桩施工,引黄济青干渠大桥起点桩号为K47+458,终点桩号K48+441,13号墩固结扩盘桩桩号为:ZK47+949.5(YK47+954.5)。由于大桥横跨两道引黄济青引用水渠,桥梁跨径达100多m,两道水渠之间空间狭小,无设置群桩的空间,所以单桩承载力要求达到26000kN。设计桩型为固结扩盘桩,桩长64m,桩身自上至下18m段的直径为3.5m,以下除扩盘处外直径全变为2.5m;设置5个固结体内扩盘,桩盘间距10m,盘径4.5m,盘高2.3m,桩盘固结体直径5.5m,高度3.3m。

## 二、总体技术方案

### 1. 设计比选

方案一(图1):墩柱采用 φ3.2m 圆柱,桩基采用 φ3.5m 大直径钻孔灌注桩+桩基组合后压浆技术方案,桩长取值88m(不考虑组合后压浆技术桩长110m),单根桩基混凝土用量为846m³,桩基承载力有很大一部分用来抵消桩基自身重量,而且在施工过程中塌孔风险大。

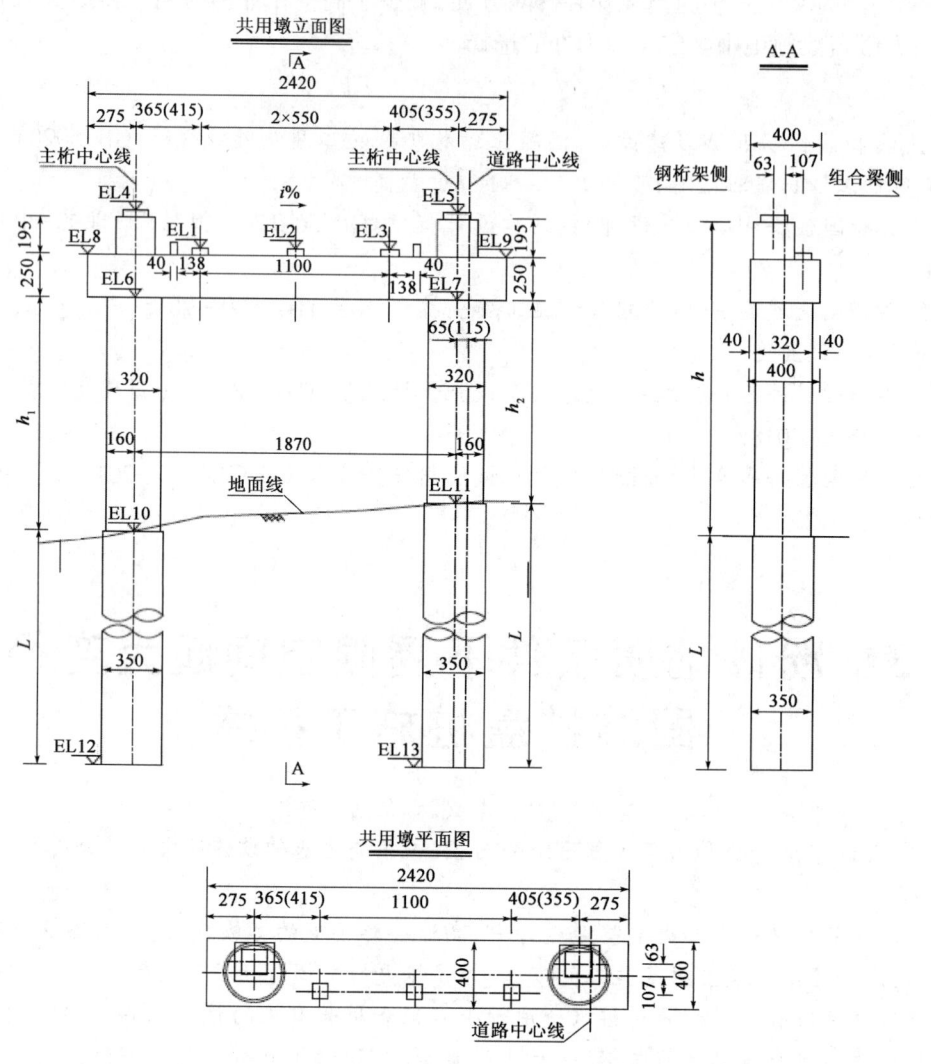

图1　方案一设计图纸(尺寸单位:cm)

方案二(图2):墩柱采用 φ3.2m 圆柱,桩基采用固结扩盘桩技术方案,上端18m采用3.5m直径,下端46m采用2.5m直径,每间隔10m设置一个扩大头,扩盘直径4.5m,共5个,桩基总长64m,单根桩基混凝土用量456m³。桩基钻孔施工前首先进行复合固结体施工,采用高压旋喷施工工艺。采用此种工艺混凝土用量相较于方案一每根桩节省约400m³混凝土,且固结体的施工能有效地减小塌孔的风险。

### 2. 地质条件

桥位处为黄河冲积平原,勘探深度范围内地基土主要以粉土、粉质黏土、粉砂、细砂层为主。地基承载力容许值及土侧摩阻力标准值均较小。

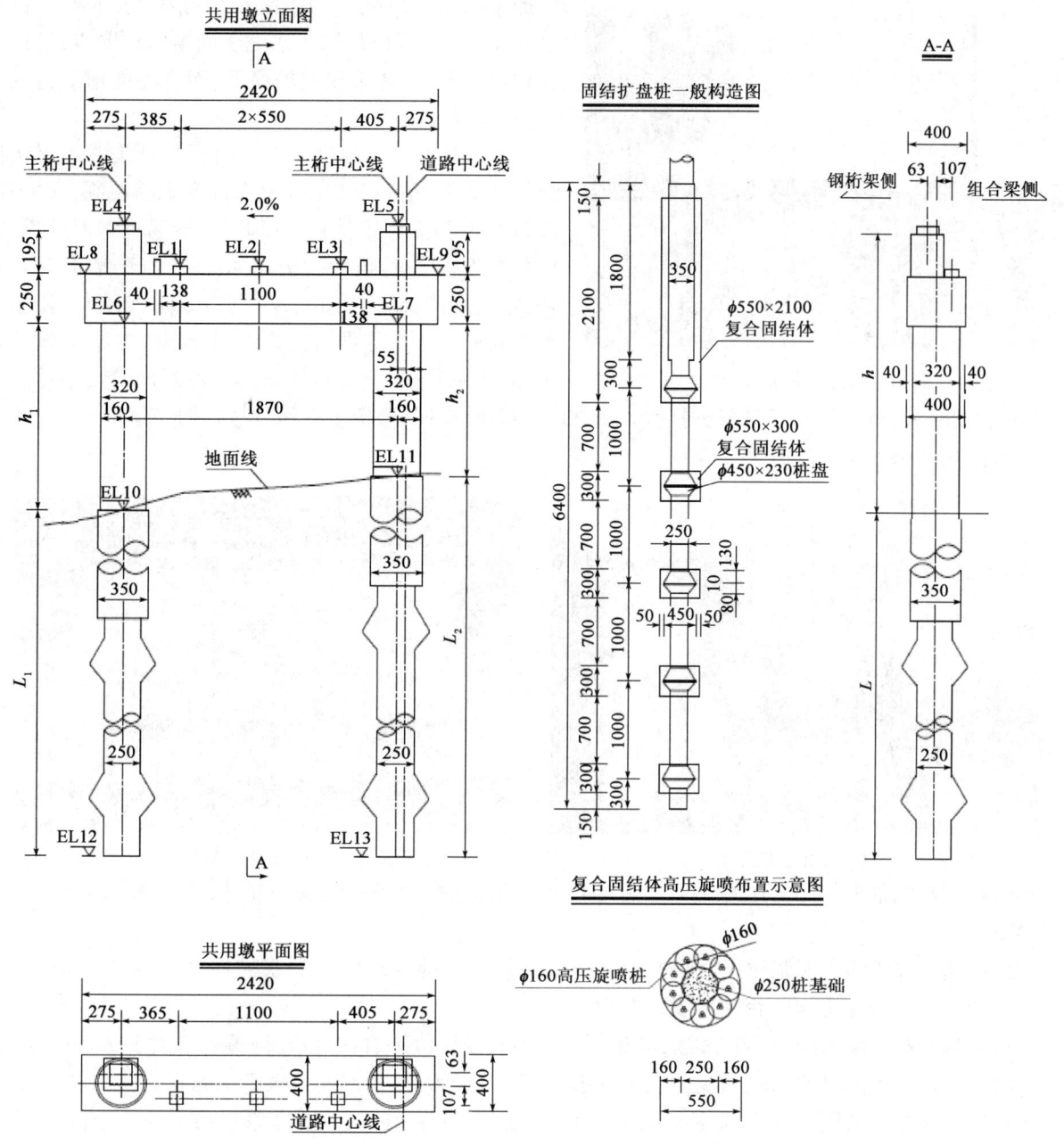

图2 方案二设计图纸(尺寸单位:cm)

### 3. 最终技术方案

本项目先采用RJP长螺旋高压旋喷设备施工,将桩周围施作9根直径1.8m的高压旋喷桩,再采用普通钻机分深度成直桩孔,待旋挖至扩盘深度,将可扩盘钻头吊入孔内进行扩径。为保证底盘可以正常扩径到设计值,在钻头上安装限位器,当限位器指针达到设计范围,可得知盘腔已经旋扩到位。逐个进行扩盘作业,形成锥体状的盘形空间,最后安放桩基钢筋笼并灌注水下混凝土。

## 三、主要施工工艺

### 1. RJP设备的技术应用

1) RJP设备的使用(图3)

由于本项目桩基上部18m桩径达3.5m,孔壁弧度小,易塌孔,而且该段土层有两层稍密的粉土层,更增加了塌孔的风险。为了减小塌孔风险,本项目桩基上部3.5m径部位采用了水泥土固结体护壁方式,该方式护壁效果好,造价比钢护筒低,而且还能增加桩的摩擦力,效果比钢护筒好。

桩长达到了64m,属于超长桩,特别是对水泥土固结体的施工,是一个挑战:①垂直度不易控制。②高喷设备40m深度以下接杆时,地下水容易携带泥沙反压,堵住高喷设备的喷嘴。选用46m杆的长螺旋RJP设备,垂直度高,制作出的水泥土固结体直径大(要求达到1.6m),这样需要钻的高喷孔数少,提高了施工速度,减小了施工风险;钻杆长,减少接杆次数,本项目每

图3 高压旋喷桩施工场地

个高喷孔只接一次杆。另外长螺旋钻杆在入孔20m左右时接杆,避免了在深处接杆的风险。

2)RJP施工参数(图4、图5)

图4 RJP桩机后台

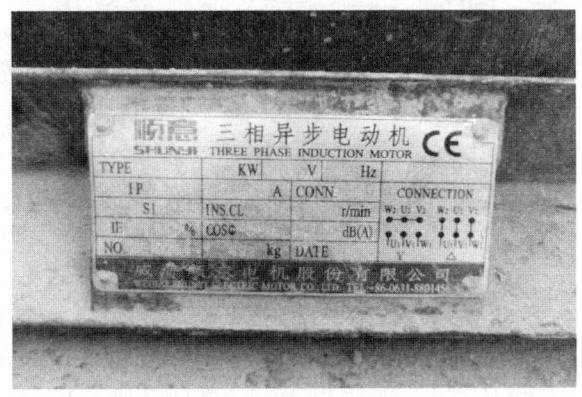

图5 电动机铭牌

(1)喷射水泥浆水灰比1.0,水泥采用P.O42.5普通硅酸盐水泥,进场并复试,喷射水泥浆压力不小于36MPa。

(2)高速搅拌机的水泥浆搅拌时间不少于30s,使用普通搅拌机的水泥浆搅拌时间不少于90s;水泥浆有效使用时间不应超过4h,否则作废浆处理。

(3)钻机与高压泵的距离不宜过远,避免压力达不到设计值,钻机孔位允许偏差不大于50mm。

(4)桩位偏差不超过50mm,桩身垂直度误差不超过1/200,桩径偏差不大于10mm。

(5)钻进到指定高程,方可喷射注浆,两个喷嘴直径3.2~3.4mm,喷射注浆应由下往上进行;喷射注浆参数达到规定值后,按照双重管法施工工艺要求提升。

(6)施工时必须采用跳跃法,两根相邻桩施工间隔时间不小于48h,间距不小于4m,以免发生孔间串浆。

3)施工方法及技术措施

(1)平整施工场地

施工前探明地下障碍物埋深和位置,挖出探坑做好明确标记。由于RJP设备自重较大,施工场地地基承载力必须满足要求,作业场地的外围应设置围挡。

(2)测量定位(图6)

①对于灌注桩的桩位(主桩位)标定的基准点要做好明显的标志和编号,并做好保护工作。

②从主桩位放出RJP的桩位,并做好明显、牢靠的桩位标志。此外,还要做好测量记录,以便复核。

(3)桩机就位

①RJP桩机就位垫平并固定,配齐空压机、水泥浆制备系统等机械和相关材料。对正桩机并调直垂

直度(旋喷管的允许倾斜度不得大于0.5%),然后进行钻进。采用双重管法施工。

②钻孔的位置与设计桩位偏差不得大于50mm。

③钻机与高压注浆泵的距离不宜过远。

④钻机钻杆必须采用钻杆导向架进行定位。

4)钻孔(图7)

(1)钻孔的目的是为了将喷射注浆管插入预定的高程处,应边射水、边钻进,水压力一般不宜超过1MPa,为防止泥砂堵塞喷嘴。

(2)钻孔的位置与设计位置的偏差不得大于50mm。成孔过程中应做好详细的钻进记录。

(3)钻进至20m左右深度,开始接杆;接杆要保证喷浆管的密封,接完杆要试压,确保不漏浆不漏气再继续钻进。

(4)钻进过程中要随时观察钻杆的垂直度,一旦有偏差要及时调整。

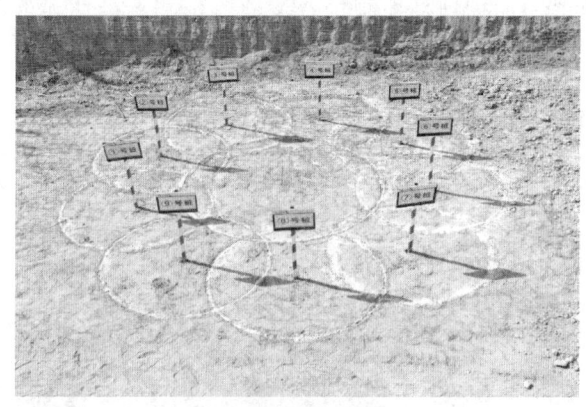

图6  RJP桩位放样

图7  RJP下钻

5)制备固化剂浆液

在RJP桩机钻进的同时,后台拌制固化剂浆液(水泥浆等),待压浆前将浆液倒入集料斗中。严格按设计要求配制浆液,注浆配合比宜取1.0。

6)旋喷注浆

待喷嘴达到设计高程后方可喷射注浆,当喷射注浆参数达到规定值后即可随喷随转随提升。

(1)旋喷过程中应严格按照设计与试桩参数进行施工。

(2)注浆管分段提升的搭接长度不得小于100mm。

(3)在高压喷射注浆过程中出现压力骤减、加大或冒浆异常(冒浆量大于注浆量20%或不冒浆)等异常情况时,应查明产生的原因并及时采取措施。

(4)浆液搅拌后应在4h内使用,如果超时,应经专门试验证明其性能符合要求后方可使用。

(5)旋喷施工中应做好施工记录,记录应详细准确。

7)拔管与冲洗

旋喷施工完毕,应迅速拔出注浆管,并用清水冲洗管路。为防止浆液凝固收缩影响桩顶高程,必要时可在原孔位采用冒浆回灌或第二次注浆等措施。由于管径较小,冲洗时必须将管内残浆冲洗干净,以免影响下次使用。

8)桩机移位

先关闭电机,将RJP桩机注浆管全部提出地面,然后将桩机移至新的桩位。位置移动时,要确认好活动区域地质环境是否满足承载力要求;因机械自重较大,需要严格控制,消除安全隐患。

2. 旋挖成孔技术

1)钻机就位

钻机安放前,将桩孔周边地面夯平,确保钻机机身安放平稳;根据设计桩位放线,埋设好护筒,护筒周围填黏土;开钻前纵横调平钻机,安装导向套。钻机就位时确保钻头中心及桩位中心在同一铅垂线上,对中误差应小于10mm;钻机就位后,测量护筒顶高程。正式钻孔前,钻机先进行运转试验,检查钻机的稳定和机况,确保后面成孔施工能连续进行。

2) 旋挖钻机护壁泥浆

为保证护壁质量,采用现场配置泥浆并用泥浆池储备,储备的泥浆量应能保证单根桩成孔施工的需求量。旋挖作业时,保持泥浆液面高度,以形成足够的泥浆柱压力,并随时向孔内补充泥浆。灌注混凝土时,适时做好泥浆回收,以便再利用并防止造成环境污染。

泥浆池容量应 $>500m^3$,由于场地狭窄,为了避免污染两侧的饮用水渠,将泥浆池设置在南侧饮水渠对岸的场地内,距离 $>100m$,使用高扬程泥浆泵直接输送泥浆。

试成孔完成后,根据本工程地质条件最终确定泥浆配比,用膨润土配置泥浆完成后,膨化24h后再使用。成孔后在泥浆面以下取样一次,清孔后测一次。应测孔底泥浆指标,检验清孔效果。

如果使用后的泥浆含沙量过高,采用除砂器清除回浆中的泥砂,控制护壁泥浆性能指标使之始终处在良好工作状态。

3) 扩盘处理施工(图8~图10)

图8 扩盘下放前指针状态

图9 扩盘提起后指针状态

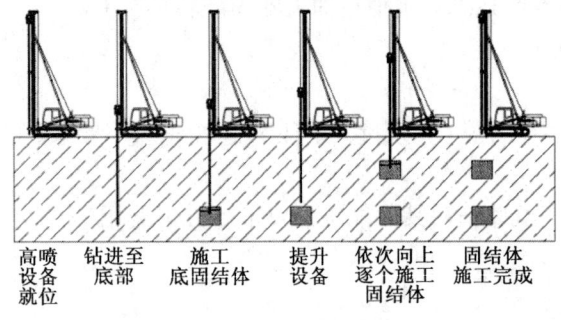
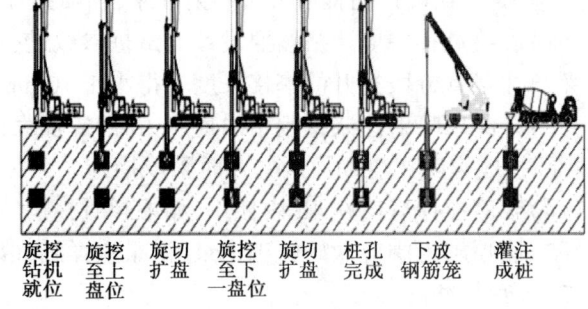

图10 固结扩盘桩施工顺序

扩盘位采用旋挖钻(一机多用),在盘位更换旋扩钻头进行施工。

①钻机就位,将钻头对准桩位,复核无误后调整钻机垂直度,测量人员用全站仪校验是否垂直。

②开钻前,用水平仪测量孔口护筒顶高程,以便控制钻进深度。钻进开始时,注意调整不同地层的钻速。

③钻进过程中,采用工程检测尺随时观测检查,调整和控制钻杆垂直度;边钻进边补充泥浆护壁。

④当旋挖钻钻至上盘盘位下一个扩盘超钻高度时,换旋扩钻头,此时旋扩臂处于完全收回状态,检查扩盘指针位置及是否紧固、是否在抬起状态,检查无误后下放至实钻孔深,开始加压旋切。通过扩盘指针角度判定是否到达水平状态,以判定旋切钻头是否完全张开。

⑤旋切钻头扩至完全状态后,换回旋挖钻头,钻至下一盘位,重复④、⑤项,直至全部盘腔旋切完成。

4)终孔

钻进孔深将达到规定深度时,用测绳下放检验深度,成孔检查后进行清孔。清孔利用旋挖钻机捞渣,下方较细小的钻渣用泥浆泵连接导管进行一次清孔,清孔后沉渣厚度不得大于200mm,泥浆指标应达到要求。清孔时,孔内水位应保持在护筒下0.5m左右,防止塌孔。

5)成孔、盘腔检测(图11、图12)

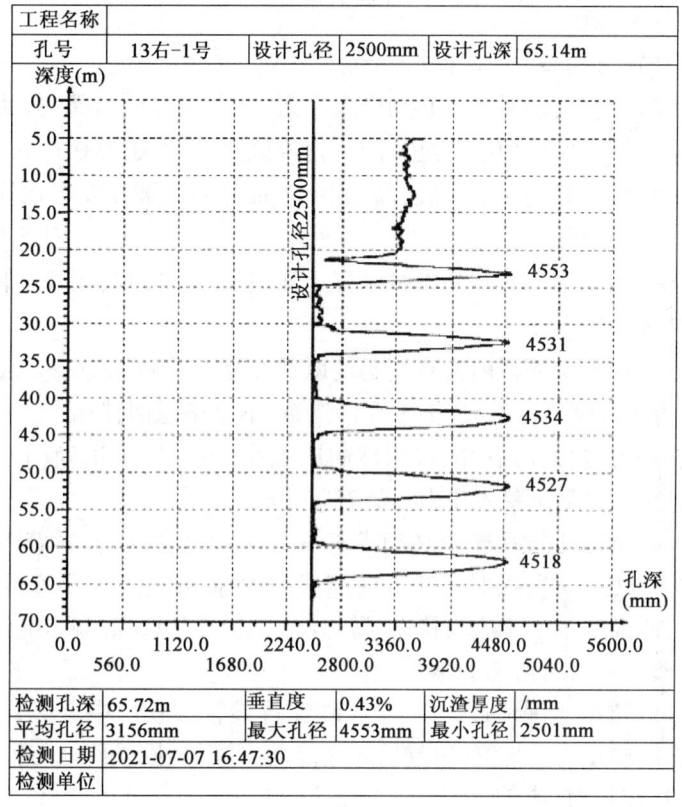

图11 成孔检测设备　　　　　　　　　　　　图12 成孔检测数据

旋挖固结扩盘桩终孔后,委托第三方用伞形成孔质量检测仪对桩孔、盘腔进行扫描检测,检测项目有:钻孔孔深、钻孔孔径、扩盘盘位高度、盘腔直径以及盘腔高度。

6)钢筋笼下放、连接钢筋笼(图13、图14)

图13 变径段钢筋笼安装　　　　　　　　　　图14 变径段钢筋弯曲

引黄济青大桥13号墩桩基钢筋笼设计长度为64m,钢筋笼往下1.4m范围为变径段,外径由320cm变为350cm;再往下15.4m范围外径为350cm;再往下1.2m范围为变径段,外径由350cm变为250cm;再往下46m范围外径均为250cm。钢筋笼由φ28mm桩顶连接主筋、φ32mm主筋、φ28mm定位筋、φ16mm耳筋、φ12mm劲环筋及φ54mm×1.5m声测管组成。单根桩钢筋笼重约20t。

根据现场实际情况,钢筋笼分段下放、钢筋连接采用锥套锁紧接头,此接头为一级接头,抗拉强度高,相比直螺纹套筒连接速度快,效率高。由于桩基存在变径段,钢筋需要现场弯曲,上口直径3.5m的钢筋笼向内侧弯曲,下口直径2.5m的钢筋笼向外侧弯曲,在斜面的位置完成连接,采用钢筋弯曲液压钳完成此项工作。

7) 下导管

(1) 根据孔径选择合适的导管。

(2) 导管组装时接头必须密合不漏水(要求加密封圈,黄油封口)。

(3) 第一次使用前应进行闭水打压试验,试水压力0.6~1.0MPa,不漏水为合格。

(4) 导管底端下至孔底,高程上50cm左右。漏斗安装在导管顶端。

8) 水下灌注混凝土

(1) 由于本项目桩基单桩混凝土灌注量近500m³,灌注时间长,所以要求混凝土添加超缓凝剂,保证30h内不初凝。

(2) 混凝土灌注前检查坍落度以及和易性并做好记录。混凝土运到灌注点不应产生离析现象,到灌注点再次检测其性能,合格才允许浇筑,不合格退回拌和站。

(3) 导管内使用的隔水塞球胆应大小合适、安装正确(位于水面以上)。灌注混凝土前孔口必须盖严,以防止混凝土落入孔中污染泥浆。

(4) 混凝土首次灌量必须灌至导管下口2m以上,导管下口埋入混凝土的深度不小于2m,不大于6m;安排专门人员及时量测,以便掌握导管提升高度。导管拆卸前,测量、计算导管埋深,然后确定卸管长度,使混凝土处于流动状态,做好浇注施工记录。混凝土灌注连续进行,中间不得间断。拆除后的导管放入架子中及时清洗干净。

(5) 混凝土灌注过程中,应始终保持导管位置居中。提升导管时应有专人指挥,若钢筋骨架发生位移,立即停止提升导管,使导管缓慢降落,并轻轻摇动使之与钢筋笼脱开,使钢筋笼复位。

9) 拔护筒、成桩

混凝土灌注完成后及时拔出护筒,为确保成桩质量符合要求,桩顶加灌0.5m高度。灌注过程中,指定专人负责填写灌注记录。

待混凝土灌注28d后进行桩基检测,100%桩基进行超声波无损检测,对超声波检测存在缺陷的桩,通过钻孔取芯检测桩身质量。

## 四、施工难点分析

1. 单桩承载力计算

根据表1、表2的计算,单桩承载力达34823kN,设计单桩承载力为26000kN,富裕设计34%,满足设计要求。

**单桩承载力计算1** 表1

墩台编号:13号　　88　　-74.3

| 常规灌注桩(后压浆) | 侧壁摩阻力 | | | | | 桩端阻力 | | 总效应 | |
|---|---|---|---|---|---|---|---|---|---|
| 土层编号 | 层底高程 $l_i$ (m) | 土层厚 $l_i$ (m) | 桩径 $q_{ik}$ (kPa) | 桩径 $d$ (m) | 桩身周长 $u$ (m) | 侧壁摩阻力 (kN) | 计算参数 | | 荷载 | 数值 |
| | | | | | | | 桩底 | 桩自重(kN) | 12700 |
| 桩顶高程 | 13.7 | | | | | | 高程(m) | -74.3 | 桩顶反力(kN) | 26000 |

续上表

| 常规灌注桩(后压浆) | 侧壁摩阻力 | | | | | 桩端阻力 | | 总效应 | |
|---|---|---|---|---|---|---|---|---|---|
| 土层编号 | 层底高程 | 土层厚 $l_i$ | 土层 $q_{ik}$ | 桩径 d | 桩身周长 u | 侧壁摩阻力 | 计算参数 | 荷载 | 数值 |
| | (m) | (m) | (kPa) | (m) | (m) | (kN) | 桩底 | 桩自重(kN) | 12700 |
| | 9.8 | 3.90 | | 3.5 | 10.996 | 0 | 面积 $A_p$(m²) | 9.62 | 桩基承载力(kN) | 26071 |
| 粉土 2-2-1 | 6.1 | 3.70 | 32 | 3.5 | 10.996 | 651 | 清底系数 $m_0$ | 0.7 | 富裕系数 | 1.00 |
| 粉质黏土 2-1-1 | 5.1 | 1.00 | 32 | 3.5 | 10.996 | 176 | 修正系数 $\lambda$ | 0.65 | 桩端所占比例 | 12% |
| 粉土 2-2-1 | 2.4 | 2.70 | 32 | 3.5 | 10.996 | 475 | 基本容许值 $f_{a0}$(kPa) | 300 | | |
| 粉质黏土 2-1-1 | -1.8 | 4.20 | 35 | 3.5 | 10.996 | 808 | 修正系数 $k_2$ | 1.5 | | |
| 粉质黏土 2-1-1 | -8.9 | 7.10 | 38 | 3.5 | 10.996 | 1483 | $\gamma_2$ | 9 | | |
| 粉砂 2-3-1 | -10.9 | 2.00 | 35 | 3.5 | 10.996 | 385 | 埋深 h(m) | 40.0 | | |
| 粉质黏土 2-1-2 | -14.3 | 3.40 | 45 | 3.5 | 10.996 | 841 | $q_r$ | 363.8 | 总桩长(m) | 88 |
| 粉砂 2-3-2 | -16.7 | 2.40 | 50 | 3.5 | 10.996 | 660 | 端阻力(kN) | 3499.9 | | |
| 粉质黏土 2-1-2 | -21.7 | 5.00 | 50 | 3.5 | 10.996 | 1374 | | | | |
| 粉质黏土 2-1-2 | -25.4 | 3.70 | 52 | 3.5 | 10.996 | 1058 | | | | |
| 粉土 2-2-3 | -32 | 6.60 | 52 | 3.5 | 10.996 | 1887 | | | | |
| 粉砂 2-3-3 | -35.9 | 3.90 | 55 | 3.5 | 10.996 | 1179 | | | 说明:粉土、砂层中,$\lambda$ 取值 0.7;粉质黏土层,$\lambda$ 取 0.65。粉土层中,$k_2$ 取 1.5;粉质黏土层,$k_2$ 取值 2;密实细砂层,$k_2$ 取 4.0;中密中砂层,$k_2$ 取 4.0。 | |
| 粉土 2-2-4 | -42.7 | 6.80 | 60 | 3.5 | 10.996 | 2243 | | | | |
| 细砂 2-4-4 | -47.2 | 4.50 | 65 | 3.5 | 10.996 | 1608 | | | | |
| 细砂 2-4-4 | -51.7 | 4.50 | 65 | 3.5 | 10.996 | 1608 | | | | |
| 细砂 2-4-4 | -54.5 | 2.80 | 65 | 3.5 | 10.996 | 1001 | | | | |
| 细砂 2-4-5 | -60.5 | 6.00 | 68 | 3.5 | 10.996 | 2243 | | | | |
| 粉质黏土 2-1-5 | -66 | 5.50 | 70 | 3.5 | 10.996 | 2117 | | | | |
| 细砂 2-4-5 | -67.4 | 1.40 | 75 | 3.5 | 10.996 | 577 | | | | |
| 粉土 | -74.3 | 6.90 | 75 | 3.5 | 10.996 | 2845 | | | | |
| 桩长合计(m) | 3.5 | 88 | | 侧壁摩阻力合计(kN) | | 25219 | 端阻力合计(kN) | 3499.9 | | |

**单桩承载力计算 2** 表2

墩台编号:13 号    64    -2.3    -50.3

| 复合扩盘桩 | 侧壁摩阻力 | | | | | 盘体及桩端阻力 | | | | | | 总效应 | |
|---|---|---|---|---|---|---|---|---|---|---|---|---|---|
| 土层编号 | 层底高程 | 土层厚 $l_i$ | 土层 $q_{ik}$ | 桩径 d | 桩身周长 u | 侧壁摩阻力 | 计算参数 | 上盘 | 中1盘 | 中2盘 | 中3盘 | 底盘 | 桩底 | 荷载 | 数值 |
| | (m) | (m) | (kPa) | (m) | (m) | (kN) | | | | | | | | 桩自重(kN) | 6743 |
| 桩顶高程 | 13.7 | | | | | | 高程(m) | -8.3 | -18.3 | -28.3 | -38.3 | -48.3 | -50.3 | 桩顶反力(kN) | 26000 |
| | 9.8 | 3.90 | | 3.5 | 10.996 | 0 | 面积 $A_p$(m²) | 11.00 | 11.00 | 11.00 | 11.00 | 11.00 | 4.91 | 桩基承载力(kN) | 34823 |

续上表

| 复合扩盘桩 | 侧壁摩阻力 | | | | | 盘体及桩端阻力 | | | | | | | 总效应 | |
|---|---|---|---|---|---|---|---|---|---|---|---|---|---|---|
| 土层编号 | 层底高程 (m) | 土层厚 $l_i$ (m) | 土层 $q_{ik}$ (kPa) | 桩径 $d$ (m) | 桩身周长 $u$ (m) | 侧壁摩阻力 (kN) | 计算参数 | 上盘 | 中1盘 | 中2盘 | 中3盘 | 底盘 | 桩底 | 荷载 | 数值 |
| | | | | | | | 高程(m) | −8.3 | −18.3 | −28.3 | −38.3 | −48.3 | −50.3 | 桩自重(kN) | 6743 |
| 桩顶高程 | 13.7 | | | | | | | | | | | | | 桩顶反力 (kN) | 26000 |
| 粉土 2-2-1 | 6.1 | 3.70 | 32 | 3.5 | 10.996 | 651 | 清底系数 $m_0$ | 1 | 1 | 1 | 1 | 1 | 0.7 | 富裕系数 | 1.34 |
| 粉质黏土 2-1-1 | 5.1 | 1.00 | 32 | 3.5 | 10.996 | 176 | 修正系数 $\lambda$ | 0.65 | 0.65 | 0.7 | 0.7 | 0.7 | 0.7 | 桩端所占比例 | 8% |
| 粉土 2-2-1 | 2.4 | 2.70 | 32 | 3.5 | 10.996 | 475 | 基本容许值 $f_{a0}$ (kPa) | 130 | 160 | 170 | 220 | 240 | 240 | 盘所占比例 | 72% |
| 粉质黏土 2-1-1 | −1.8 | 4.20 | 35 | 3.5 | 10.996 | 808 | 修正系数 $k_2$ | 2 | 2 | 15 | 15 | 3.5 | 3.5 | 盘个数 | 5 |
| 粉质黏土 2-1-1 | −2.3 | 0.50 | 38 | 3.5 | 10.996 | 104 | $\gamma_2$ | 9 | 9 | 9 | 9 | 9 | 9 | 直径 3.5mm 桩长(m) | 16 |
| 粉质黏土 2-1-1 盘 | −8.9 | 3.10 | 38 | 2.5 | 7.854 | 463 | 埋深 $h$(m) | 22.0 | 32.0 | 40.0 | 40.0 | 40.0 | 40.0 | 直径 2.5mm 桩长(m) | 48 |
| 粉砂 2-3-1 | −10.9 | 2.00 | 35 | 2.5 | 7.854 | 275 | $q_r$ | 306.8 | 443.3 | 468.7 | 503.7 | 983.9 | 688.7 | 总桩长(m) | 64 |
| 粉质黏土 2-1-2 | −14.3 | 2.40 | 45 | 2.5 | 7.854 | 424 | 端阻力(kN) | 3373.4 | 4874.3 | 5153.1 | 5537.9 | 10818.0 | 3380.6 | | |
| 粉砂 2-3-2 盘 | −16.7 | 0.00 | 50 | 2.5 | 7.854 | 0 | | | | | | | | 说明：粉土、砂层中，$\lambda$ 取值0.7；粉质黏土层，$\lambda$ 取 0.65。粉土层中，$k_2$ 取1.5；粉质黏土层，可塑 $k_2$ 取值2，硬塑 $k_2$ 取值 2.5；中密细砂层，$k_2$ 取 3.5；中密中砂层，$k_2$ 取 4.0。盘直径为 5.0m，单个盘体积取 12.0m³。 | |
| 粉质黏土 2-1-2 | −21.7 | 4.90 | 50 | 2.5 | 7.854 | 962 | | | | | | | | | |
| 粉质黏土 2-1-2 盘 | −25.4 | 1.90 | 52 | 2.5 | 7.854 | 388 | | | | | | | | | |
| 粉土 2-2-3 | −32 | 4.90 | 52 | 2.5 | 7.854 | 1001 | | | | | | | | | |
| 粉砂 2-3-3 盘 | −35.9 | 2.10 | 55 | 2.5 | 7.854 | 454 | | | | | | | | | |
| 粉土 2-2-4 | −42.7 | 5.10 | 60 | 2.5 | 7.854 | 1202 | | | | | | | | | |
| 细砂 2-4-4 盘 | −47.2 | 1.00 | 65 | 2.5 | 7.854 | 255 | | | | | | | | | |
| 细砂 2-4-4 | −50.3 | 3.10 | 65 | 2.5 | 7.854 | 791 | | | | | | | | | |
| 桩长合计(m) | 2.5 | 48 | | 侧壁摩阻力合计(kN) | | 8429 | | | | | | 端阻力合计(kN) | 33137.4 | | |

## 2. 难点分析

13 号墩地层砂性土分布多，尤其是稍密的粉土、粉砂层，塌孔风险非常大，另外稍密的粉土、粉砂层主要分布在埋深 26m 以内，而埋深 19m 范围内的桩径为 3.5m，曲率半径大，塌孔几乎是不可避免的。

水泥土固结体埋深达 64m，垂直度要求高、RJP 施工难度非常大，RJP 施工的倾斜率必须控制在 0.5% 以内，否则就起不到保护盘腔的作用。

固盘桩每个盘腔体积为 12m³，每根桩设了 5 个盘，在旋切成盘的过程中会产生 60m³ 的水泥土沉渣。旋挖钻机在清理这些沉渣相对比较困难。

## 3. 解决方案

桩上部 18m，直径 3.5m 段，原来方案是用 18m 长的永久性钢护筒护壁，该方案虽能有效地控制埋深 19m 多，直径 3.5m 桩身段的塌孔现象，但制作成本高、施工难度大，而且还降低了该段的侧摩阻力。我们结合需要在盘腔周边施工固结体的实际情况,开创性地建议设计将埋深19m多,直径3.5m桩身段也用水泥土固结体进行护壁,这样既节省了造价、降低了施工难度,又可以提高该段桩身的侧摩阻力。设计采纳了我们的建议,实际也取得了非常好的效果,尤其是在第一根桩的施工过程中由于需要进行桩孔及盘腔的扫描,在对大直径桩尤其是4.5m盘腔扫描的过程中遇到了一些问题,导致成桩时间达12d,终孔时间也达8d之久,但桩孔没有任何塌孔现象。这也证明了水泥土护壁的有效性。

埋深35.2m以下虽然是中密~密实粉土、粉砂及细砂层的巨厚砂土层,但该层土的密实度比上层的高,塌孔风险要小很多;且该段桩身直径为2.5m,曲率半径减小了,更降低了塌孔的风险;另外该段位于桩身的下部,泥浆比重相对较大,不易塌孔;尤其在这个范围内在埋深42m、52m及62m处均设置了厚度达3.3m的水泥土固结体,所以砂性土被分割成了6.7m厚的若干段,进一步增加了孔壁的稳定性,所以不需要再特别处理。

对于设置于砂性土中的盘体,由于预先在盘体周围施工了水泥土固结体,只要保证水泥土固结体施工的垂直度以及深度的准确性,保证盘腔是在水泥土中旋切而成,就不存在塌孔的风险。水泥土随着时间的推移,强度会越来越高,到90d左右其强度的增加趋于平缓,所以盘腔放置时间越长就越稳定,对泥浆也没有额外的要求。正由于有了水泥土的护壁作用,如此大直径的扩盘才能得以实现。

为了保证RJP施工的倾斜率控制在0.5%以内,我们放弃了用MD200A锚杆钻机引孔、再用CP65-MJS-RJP型RJP设备喷浆的常规施工工艺,选用了XF-220型液压履带式多功能桩机的RJP设备(图15),作为配双超高压(40MPa)泥浆泵作的后台。该设备钻杆刚度大、垂直度高,制作出的水泥土固结体直径大,(达到1.8m),这样需要钻的高喷孔数少,提高了施工速度,减小了施工风险。该设备的高度达到了52m,钻杆长46m;这已经是国内最大的RJP设备,但仍然满足不了在64m深度喷浆的要求,经过技术攻关,我们采取了入土20m后接一根20m钻杆的施工方案,这样既满足了64m深度进尺的要求又避免了在深处接杆,地下水携带泥沙堵住喷嘴的风险。

对桩孔的施工,我们选择了TR500D型旋挖桩机配三臂旋切钻头(图16),该设备动力大能满足大体量大盘径的施工要求,另外该设备垂直度高,保证了成桩质量。

图15　XF-220型液压履带式多功能桩机　　　　图16　配了三臂旋切钻头的TR500D旋挖桩机

固盘桩每个盘腔体积为12m³,每根桩设了5个盘,在旋切成盘的过程中会产生60m³的水泥土沉渣。旋挖钻机在清理这些沉渣相对比较困难,效果不如反循环钻机。为了解决这个问题,我们改变了旋挖成桩的工艺流程,成孔后立刻下导管进行反循环清孔、换浆,用导管反循环来进行一次清孔,清孔后再进行桩孔、盘腔检测,检测合格后下放钢筋笼,将导管再次下放进行二次清孔,将沉渣控制在规范范围内再灌注混凝土。这样,增加了一道导管一次清孔的工序,虽然麻烦一些,但弥补了旋挖钻机清孔困难的短板。

## 五、结　语

固结扩盘桩以狭小空间之内单桩承载力较高的一个特性应用在这个项目,特点是在大直径超长桩身的情况下,固结体的施工为主桩形成了坚硬的护壁,大大降低了塌孔的风险,保障施工质量。对于受限空间且地质条件较差的施工环境,固结体发挥护壁的作用更为突出。固结扩盘桩下方摩擦力远大于常规桩,单桩承载力起到事半功倍的效果。但也存在弊端,比如工序较多,较常规桩相比施工进度缓慢;成本较高,固结体施工RJP设备费用投入较大。

综上所述,固结扩盘桩应用于这种空间受限,地质条件较差且承载力要求较高的施工环境较为合适;可用于解决重大施工难点。

**参考文献**

[1] 陈兰贞.新型挤扩支盘桩工臂力学性能分析及结构优化设计[J].机械工程师,2007,(9).
[2] 李启民,满潮,唐业清.挤扩支盘支护桩试验研究[J].岩土力学,2005,(10).
[3] 钱德玲.利用数值仿真系统实现支盘桩的荷载传递性状[J].土木工程学报,2004,(7).
[4] 卢成原,孟凡丽,王龙.模型支盘桩的试验研究[J].岩土力学,2004,(11).
[5] 巨玉文,梁仁旺,赵明伟.挤扩支盘桩的荷载传递法及数值模拟[J].建筑技术,2004,(3).
[6] 卢成原,孟凡丽,王章杰,等.非饱和粉质黏土模型支盘桩试验研究[J].岩土工程学报,2004,(4).
[7] 卢成原,孟凡丽,吴坚,等.不同土层对支盘桩荷载传递影响的模型试验研究[J].岩石力学与工程学报,2004,(2).
[8] 陈轮,蒋力,王海燕.DX桩抗拔承载力机理的现场试验研究[J].工业建筑,2004.(10).
[9] 巨玉文,梁仁旺,赵明伟.挤扩支盘桩承载变形特性的试验研究[J].建筑技术,2003,(3).
[10] 丁佩民,肖志斌,施健勇.松砂中大型静压沉桩模型试验研究桩基挤土加密效应[J].工业建筑,2003.(3).

# 32. 特殊地质施工条件下超大变径固结扩盘桩垂直度测量技术研究

肖　得[1]　李兴林[1]　李月祥[2]

(1. 中交一公局集团第二工程有限公司;2. 山东高速基础设施建设有限公司)

**摘　要**　本文通过超大变径固结扩盘桩施工测量及相关控制措施的研究,提出钻孔施工纠偏、垂直度控制等相关措施,在实际施工过程中有效控制了钻机垂直度偏差,保证了施工顺利进行。

**关键词**　超大变径　桩基　垂直度　测量控制

## 一、引　言

随着国家科技的快速发展,桥梁技术也在逐渐推动增强,本项目设计桩基位置处于两道水渠之间,空间狭小,无设置群桩的空间。故设计桩型为固结扩盘桩基,可通过变径有效的克制现场不良的地质,从而提高成桩质量。固结扩盘桩基对于单桩承载力及其垂直度要求很高,使用单一的测量方式不能满足其精度要求,需选取合适的测量方法才能有效管控桩基垂直度误差,保证桩基质量。

本文以沾临高速公路引黄济青大桥13号台固结扩盘桩为例,对高压旋喷桩垂直度精确测量,对高压旋喷桩位点应用等边三角联动复测法,对固结扩盘桩使用双十字护桩定位法进行桩位复测,用独立控制网控制来保证固结扩盘桩基的垂直度和钢筋笼定位准确度,使单桩承载力满足设计及规范要求。

## 二、工程概况

本项目由于大桥横跨两道引黄济青引用水渠,桥梁跨径达100多m,两道水渠之间空间狭小,无设置群桩的空间,设计桩型为固结扩盘桩。

### 1.固结扩盘桩基特点(图1、图2)

桩长64m,桩身自上而下18m为3.5m的直径,以下除扩盘处外全变为2.5m的直径;设置5个固结体内扩盘,桩盘间距10m,盘径4.5m,盘高2.3m,桩盘固结体直径5.5m,高度3.3m。孔壁弧度小,易塌孔,而且该段土层有两层稍密的粉土层,更增加了塌孔的风险。

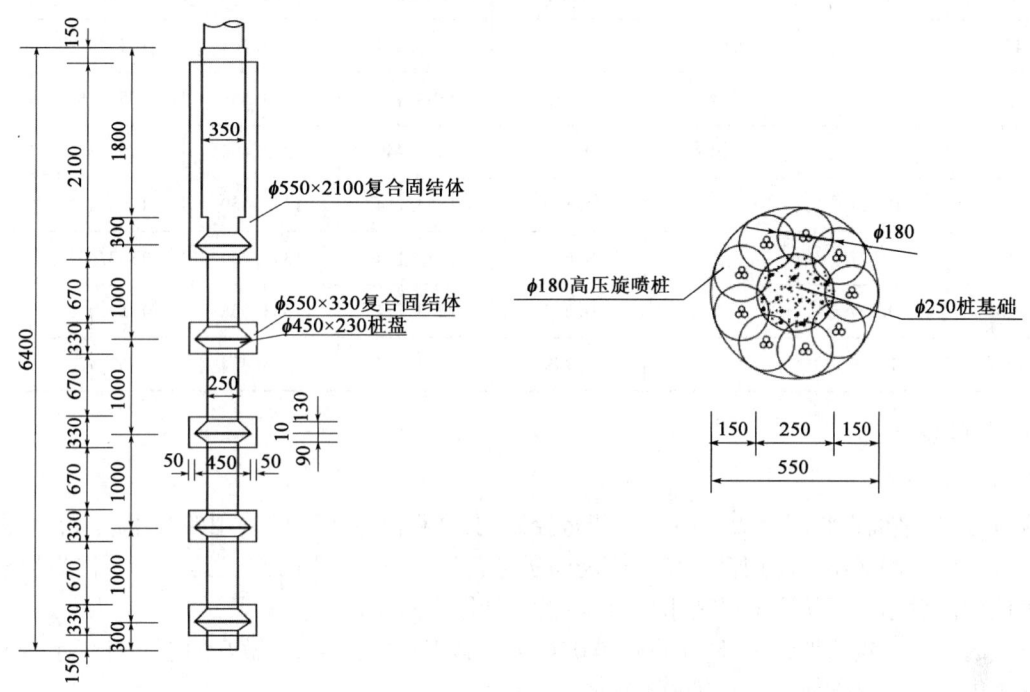

图1　固结扩盘桩示意图(尺寸单位:cm)　　　图2　固结体护壁示意图(尺寸单位:cm)

### 2.固结体护壁

将桩周围施9根直径1.8m的高压旋喷桩,桩基上部3.5m径部位采用了水泥土固结体护壁,而且还能增加桩的摩擦力,效果比钢护筒坚实稳固。

## 三、测量流程

### 1.桩基周边已有结构物沉降观测

大桥横跨两道引黄济青引用水渠,桥梁跨径达108m,两道水渠之间空间狭小,桩基设计在距离已有结构物半坡,桩基开挖后大坝边上垂直挖开3m易造成大坝边缘土质垮塌大坝下沉,土质松垮会造成桩基塌孔,垂直度偏差影响桩基质量。在这种恶劣的施工条件下根据实际情况分析试验将开挖裸露在外面的边坡进行喷浆。

为保证现场施工安全,对周边大坝进行沉降观测布控,分为两个部分:沉降观测点埋设,水准测量和数据记录。观测期间如发现沉降异常,则对已有结构物进行不间断监测,直至确认无安全隐患后才允许桩基进一步施工。

观测点是固定在已有结构物上的测量标志,观测点采用测量钉加固在大坝混凝土顶面作为观测立尺点,既便于观测又不容易遭到破坏。三个观测点布置在大坝的左中右,保证施工期间内能顺利进行观测,并正确反映沉降。

## 2. 桩基施工场地沉降观测

钻机就位前,将桩孔周边地面夯平、压实。原地面如土质虚软会造成钻机就位后下陷,存在施工安全隐患,并会造成桩基垂直度偏差影响桩基成品质量。

解决措施:在钻机施工范围内进行反复碾压,碾压完成后采集钻机就位前原地面高程,再将钻机开到打桩位置进行碾压,尔后进行原地面复测,看原地面是否有沉降变化,是否符合钻机施工规范条件(表1)。

测量成果记录表　　　　　　　　　　　　　　　表1

| 点位 | 后视点 | 转基准点 | 前视点 | 相对高程 | 高程 | 前次高程 | 沉降 |
|---|---|---|---|---|---|---|---|
| 23号D-1 | — | 0.649 | 0.7 | 1353.494 | 1353.443 | 1353.449 | 5mm |
| D-2 | — | 0.649 | 0.685 | 1353.494 | 1353.458 | 1353.462 | 4mm |
| D-3 | — | 1.019 | 0.974 | 1343.449 | 1353.494 | 1353.497 | 3mm |
| D-4 | 0.977 | — | 0.632 | 1353.114 | 1353.459 | 1353.461 | 2mm |
| D-5 | 0.977 | — | 0.642 | 1353.114 | 1343.449 | 1353.451 | 2mm |
| D-6 | 0.977 | — | 0.553 | 1353.114 | 1353.538 | 1353.539 | 1mm |
| D-7 | 1.109 | — | 0.749 | 1353.114 | 1353.474 | 1353.472 | 上升2mm |

## 3. 高压旋喷桩

### 1)桩位测量

测量方式:平面控制网等级采用E级测量控制网,高程测量控制网采用四等水准进行观测,确保桩基在施工放样中精确无误。应用全站仪坐标定向法进行测量,由三个已知点其中一个作为校核点,通过校核点确认此次设站是否符合放样要求,放样示意图如图3所示。

放好的点位用钢筋埋设,为防止点位被破坏影响施工进度,用事先做好的空心杆标示牌套在钢筋上,既符合施工标准化又有效地保护了放好的点位(图4)。

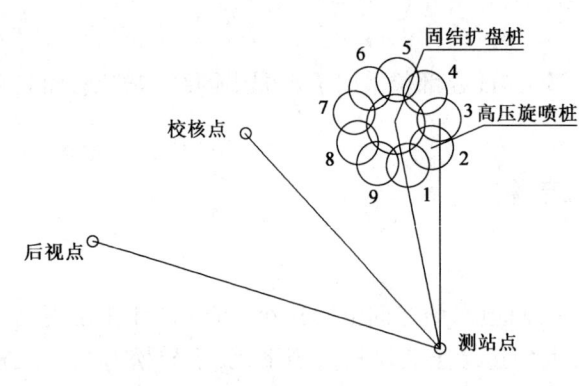
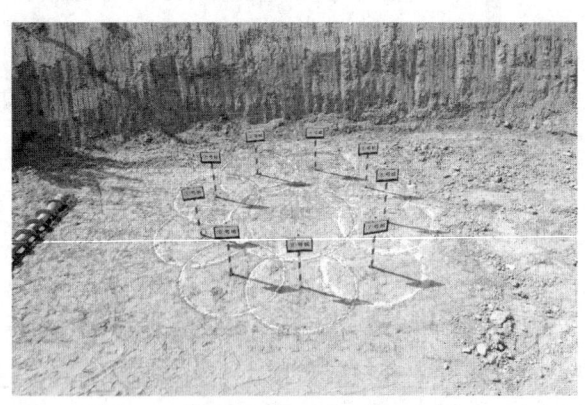

图3　放样示意图　　　　　　　　　　图4　桩位点测量保护

高压旋喷桩共有9根,相互连接,每3个桩位点相连成一个等腰三角形(图5)。

利用等腰三角形的边长公式:

$$AD = \frac{1}{2}AC = 1$$

$$AB = \sqrt{AD^2 + BD^2} = \sqrt{2}$$

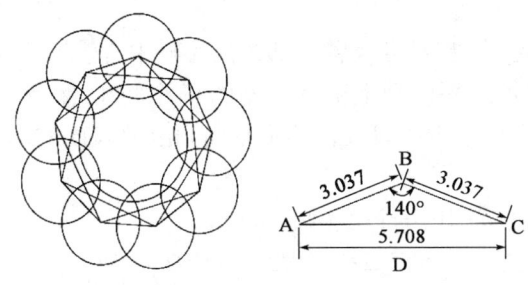

图 5　桩位三角连接示意图(尺寸单位:m)

利用等腰三角形的边长关系,9 根桩位可以相互依偎相互控制。可以进行点位与点位之间联动复测,从而降低反复测量点的时间也缩短施工期限,将这种测量方法命名为"等边三角联动复测法"。

2)垂直度控制

钻机就位时确保钻头中心和桩位中心在同一铅垂线上,对中误差应小于 10mm;钻机就位后,检查钻杆垂直度,验收合格方可钻进。

钻机垂直度控制测量是桩基施工测量中的一个重点,由于垂直度的好坏是直接反应施工质量的最重要的因素之一,垂直度偏差过大,容易造成桩基受力的改变,而导致安全事故的发生。

3)测量方法步骤

(1)测量方法

垂直度观测采用全站仪平距法,全站仪可直接测量需检测目标与设站位置间的平距角度,其精度误差 1″以上最佳,精度越高越为准确。

设置独立控制网控制,控制网加密点为混凝土浇筑式独立测量墩(图 6),测量墩设计为圆柱式(直径 300mm,高 1600mm)顶面放置固定式测量基准点托盘。测量墩设置在视野开阔且正对桩位,以提高对钻机各个角度的垂直度控制。

优点:①一般架设仪器使用三脚架架设,使用测量墩可以直接将仪器架设在测量墩上,降低测量耗时,提升施工进度。②牢固不易被破坏。

在钻机大臂上、下同一竖直轴上各自粘贴测量反光贴片(图 7)。

图 6　测量观测墩

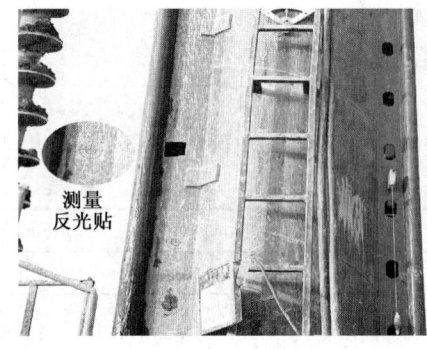
图 7　高压旋喷测量反光贴示意图

反光贴是带背胶的材料,它具有很好的耐候性,防水、防晒、防霉,由于防反光材料的特性,能向光源投射方向反射光线,在夜间测量时能快速找到设置的点位,相比一般的免棱镜测量它具有敏感的识别度、可靠度、精确度。

(2)测量步骤

钻机进场后根据实际钻机大臂凹凸情况设置测量反光贴片,先将钻机调平至垂直状态,先将钻机大臂上端粘贴测量反光贴片,测量其 x 轴、y 轴坐标并记录,采集数据进行下端放样,确认下端反光贴位置,使其上下两个反光贴片在同一坐标轴上。

根据钻机架设方向确定大臂的纵横方向,以驾驶室正对方向为纵向,垂直纵向方向为横向,分别在纵向和横向钻机正面架设全站仪。

利用全站仪反光贴片的测距功能,瞄准大臂上部的反光贴中心进行水平、竖直制动,测量钻机反光贴到仪器的水平距离 HD1 以及仪器水平面到上部反光贴的高差 VD1,保持水平制动,松开竖直制动,移动至下部反光贴后,制动测量水平距离 HD2 以及仪器水平面到上部表面的高差 VD2,准确至 1mm。

(3)计算方法

按下式计算钻机在测试高度范围内的斜度(倾斜量)

$$\Delta D = HD1 - HD2$$

式中:$\Delta D$——钻机在测试高度范围内的斜度(倾斜量)(mm),结果正负号按(3)条规定计取;

$HD1$——测试高度范围内钻机上部反光贴到基准的水平距离(mm);

$HD2$——测试高度范围内钻机下部反光贴到基准的水平距离(mm)。

按下式计算钻机在测试高度范围内的竖直度(垂直度)

$$B = \Delta D/(VD1 - VD2) \times 100$$

式中:　　$B$——钻机在测试高度范围内的竖直度(垂直度)(%),准确至 0.01。

　　　　　结果正负号按(3)条规定计取;

$(VD1 - VD2)$——测试范围内大臂上下反光贴的高度(mm)。

横向竖直度向左幅倾和纵向竖直度向路线前进方向倾用"+"表示;反之用"-"表示。

利用全站仪反光贴片的测距功能观测,钻进过程中每隔 4h 应进行钻机垂直度测量,一旦有偏差要及时调整以确保钻杆垂直度,按钻机大臂上下两个反光贴记录测出的平均距离进行计算。

4. 固结扩盘桩

根据设计桩位放线,埋设护筒,护筒周围填黏土;开钻前纵横调平钻机,安装导向套。钻机就位时确保钻头中心及桩位中心在同一铅垂线上,对中误差应小于 10mm;钻机就位后,测量护筒顶高程,报验。钻机的对中、钻杆垂直度检查验收合格方可钻进。钻孔过程中定期进行垂直度检测,钢筋笼定位,成孔检测。

1)桩位放点

平面控制网采用 E 级 GPS 控制网(表2)。

$$\sigma = \pm \sqrt{a^2 + (b \cdot d)^2}$$

式中:$a$——固定误差(mm);

$b$——比例误差系数(ppm);

$d$——相邻点 1 距离(km)。

相邻点最小距离应为平均距离的 1/2 ~ 1/3;最大距离应为平均距离的 2 ~ 3 倍。

主 要 技 术 应 用　　　　表2

| 级　别 | 平均距离(km) | $a$(mm) | $b(1 \times 10)$ | 最若边相对中误差 |
|---|---|---|---|---|
| E 级 | 0.2 ~ 5 | ≤10 | ≤20 | 1/45000 |

复测采用了标称精度为 5mm + 0.5ppm 的 7 台大地测量型双星双频 GPS 接收机,安置天线采用三角架和对中精度小于 1mm 的光学对中器。作业前对 GPS 接收机和光学对中器进行了检验校正,经权威鉴定仪器检验全部合格。观测前,精心进行时段设计,避开少于 4 颗卫星的时间窗口,选择最佳时段,测量的具体观测技术要求如下:

采用 GPS 静态相对定位模式进行测量,有效时段长度为 ≥60min;观测时段数 ≥1.6;卫星高度角:15°;有效卫星总数:≥4 颗;数据采样间隔:5 秒;PDOP:≤6。

高程控制测量精度等级为二、三、四、五等。各等级高程控制采用水准仪测量,四等以下等级可采用测距三角高程测量。

本施工高程测量控制网等级应用四等水准测量规范,采用全站仪三角高程测量法。确保桩基在施工放样中精确无误。

如图8所示N、M两点之间高差,如水准仪测量一样,直接将全站仪架置在中间O处,再N、M处分别架设测量棱镜片,通过前后镜进行测量,获取O、N之间水平距离$L1$,竖直角$α1$,获取前视数据,O、M两点之间距离$L2$,竖直角$α2$。

2) 护筒埋设

为保证护壁质量,采用现场配置泥浆并用泥浆池储备,储备的泥浆量能够保证单根桩成孔施工的需求量。旋挖作业时,保持泥浆液面高度,以形成足够的泥浆柱压力,并随时向孔内补充泥浆。灌注混凝土时,适时做好泥浆回收,以再利用并防止造成环境污染。钢护筒埋设(图9)前,采用全站仪准确测量放样,保证钢护筒顶面位置偏差不大于2cm,埋设钢护筒斜度不大于1%;埋设钢护筒前,采用与护筒相同直径的钻头先预钻至护筒底的高程位置后,使用挖掘机挖斗作为吊臂吊起护筒入孔口,用挖掘机挖斗将钢护筒压入预定位置。护筒的平面位置采用十字护桩精确控制。

根据桩位点设置护筒,护筒的内径不大于桩直径200mm,护筒顶部高出原地面200mm使护筒平面位置中心与桩设计中心一致。

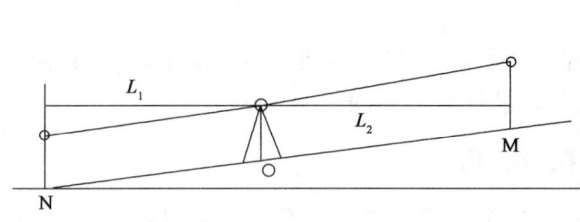

图8　全站仪三角高程测量示意图

图9　护筒埋设示意图

3) 十字护桩加固(图10)

桩位中心点经过放样确定后,中心点在埋设护筒时会被破坏,按照要求必须设置4个保护桩又叫十字护桩。用十字护桩校核护筒的准确性保证点位偏差,并保证后续的钻机就位、下方钢筋笼对准的准确性。因施工现场环境复杂有时护桩会遭到破坏影响护桩准确度造成桩基偏位。

采取将十字护桩点位用混凝土浇筑确保护桩不易移动,并采集四个护桩桩位点坐标,以便对护桩偏位进行有效控制,如发现护桩偏移,应及时重新放样埋设护桩,使其护桩十字线拉设准确无误对桩基,为施工提供有力保障。

图10　护桩加固示意图

4) 垂直度测量管控措施

固结扩盘桩基和高压旋喷桩垂直度控制难度较大,在旋挖钻杆举升和调平过程中(图11),轴线与水平面的夹角随钻杆位置发生变化而变化。对钻杆举升过程中可能出现的垂直度偏差进行测量管控。

同样,垂直度采用独立控制网观测控制,控制网加密点为混凝土浇筑式独立测量墩,测量墩设计为圆柱式(直径300mm;高1600mm),顶面放置固定式测量基准点托盘。测量墩设置在视野开阔且正对桩位处,这样提高了对钻机各个角度的垂直度控制。

在钻机大臂上下同一轴线上各自粘贴测量反光贴片(图12),能够在夜间快速找到设置的点位进行测量,比一般的免棱镜观测方便、迅速、准确。

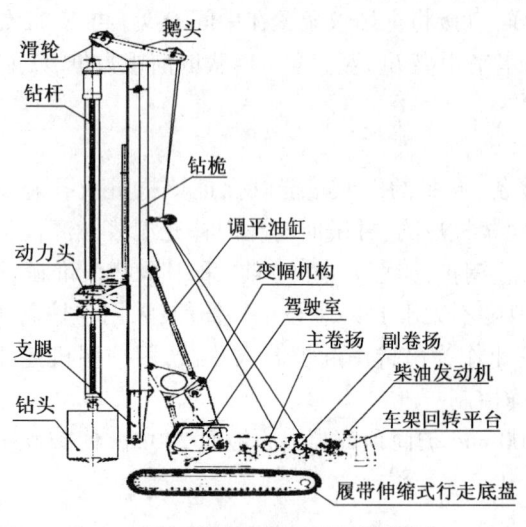 

图 11　旋挖钻机示意图　　　　　　　图 12　测量反光贴示意图

利用全站仪反光贴片的测距功能观测,钻进过程中每隔 4h 应进行钻机垂直度测量,一旦有偏差要及时调整以确保钻杆垂直度。钻机大臂上下两个反光贴记录测出平距;角度需进行计算。

## 四、成孔检测

采用上述测量方法控制旋挖固结扩盘桩终孔后,委托第三方用伞形成孔质量检测仪对桩孔、盘腔进行扫描检测,检测项目有:孔深、孔径、盘位、盘腔直径和盘腔高度、垂直度。

检测结果孔深、孔径、盘位、盘腔直径和盘腔高度、垂直度全部符合设计及规范要求(图 13)。

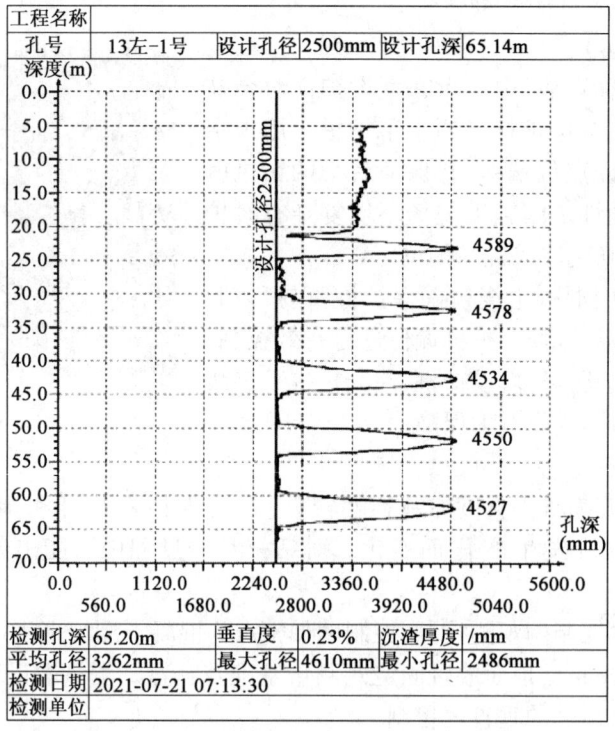

图 13　成孔质量检测报告

## 五、结　语

以前采用单一的测量方式不能够完全有效地控制桩基垂直度,会造成钻机在作业时不能及时调整自身垂直度而导致桩基成孔后形成倾斜状态。

经过上述测量方法,本项目在固结扩盘桩施工过程中,采用了各种测量方法对固结扩盘桩进行测量控制,取得了满意的测量成果。

垂直度控制采用独立控制网控制,提高了对钻机各个角度的垂直度控制,从而更好控制了桩身的垂直度,使其满足设计承载力要求,加快了后续施工进度。

最终通过上述测量方式,保证了变径固结扩盘桩基的垂直度满足施工规范,使得其单桩承载力满足26000kN,垂直度符合设计及规范要求,提高了后续基础及下部构造的稳定性。

**参考文献**

[1] 李青岳. 工程测量学[M]. 北京:测绘出版社,1984.
[2] 张正禄,等. 工程的变形监测分析与预报[M]. 北京:测绘出版社,2007.
[3] 岳太恒. 土木工程施工中的测量施工分析[J]. 科技创新与应用,2017,01:251.
[4] 杨天. 精密工程测量中全站仪三角高程精度分析[J]. 四川建材,2017,02:187+191.
[5] 王文贤. 工程测量与现场施工管理的关系[J]. 交通世界,2017,08:126-127.
[6] 卢成原,孟凡丽,王章杰,等. 非饱和粉质黏土模型支盘桩试验研究[J]. 岩土工程学报,2004.
[7] 卢成原,孟凡丽,吴坚,等. 不同土层对支盘桩荷载传递影响的模型试验研究[J]. 岩石力学与工程学报,2004.
[8] 陈轮,蒋力,王海燕. DX桩抗拔承载力机理的现场试验研究[J]. 工业建筑,2004.

# 33. 浅谈 U 形拉森钢板桩围堰施工技术

乔天飞[1] 郑广顺[2] 张晓[2] 郝勇[3]

(1. 中交一公局海威工程建设有限公司;2. 山东高速基础设施建设有限公司;
3. 山东高速沾临高速公路有限公司)

**摘 要** 钢板桩是带有锁口的一种型钢,其截面有直板形、槽形及Z形等,有各种大小尺寸及联锁形式,常见的有拉尔森式,拉克万纳式。本文以小清河特大桥11号墩基坑围堰施工为案例,对基坑围堰设计、施工工艺、施工方法、施工过程可能遇到的渗漏问题、插打困难问题及处理措施等做了详细阐述,为类似工程提供借鉴。

**关键词** 钢板桩 围堰 设计 施工 技术

## 一、引 言

钢板桩围堰具有整体刚度大、防水性能好、穿透能力强、施工方便、占地面积小、适用范围广等优点,尤其对坚硬河床(流速较大的砂类土、黏性土、碎石土及风化岩等河床)、水深10~30m的桥墩基础围堰、深基坑等施工,具有较好的经济性。

## 二、工 程 概 述

沾化至临淄高速公路工程施工三标段项目,位于山东省滨州市博兴县。起止桩号为K56+050~K93+908,全线主线全长37.827km。施工内容主要包含路基工程、路面工程、桥梁工程、涵洞通道工程、绿化工程、临时保通工程等。设计速度120km/h,路基宽度34.5m,全线有特大桥1435.5m/1座,大桥1752.4m/5座,中桥155.04m/2座,分离立交3365m/13座,涵洞6964.26m/149座,互通3座(博兴北互通区、博兴东互通区、博兴南互通区),服务区1处,路基挖方29.98万$m^3$,填方795.62万$m^3$(含水泥土),路面工程

81万 $m^2$,总投资337126.7514万元,总体工期1080历天。其中K74+372小清河特大桥,桥梁起点桩号K73+657.46,终点桩号为K75+086.54,桥梁全长为1429.08m。两座主桥分别跨小清河和引黄济青干渠分别为96m钢桁梁和108m钢桁梁。小清河特大桥11号、12号、32号、33号承台采用单排三个承台,墩身3.5m×4m矩形墩采用竖直边均设置R=20cm倒角。墩身采用C30混凝土。承台采用C30混凝土,厚度为3.5m。基础采用钻孔灌注桩群桩基础,C30水下混凝土,11号、12号承台设4根直径1.8m的钻孔灌注桩,32号、33号承台设5根直径1.8m的钻孔灌注桩。钻孔灌注桩及承台采用钢板桩围堰施工,小清河特大桥108m竖向及平面布置图如图1所示。

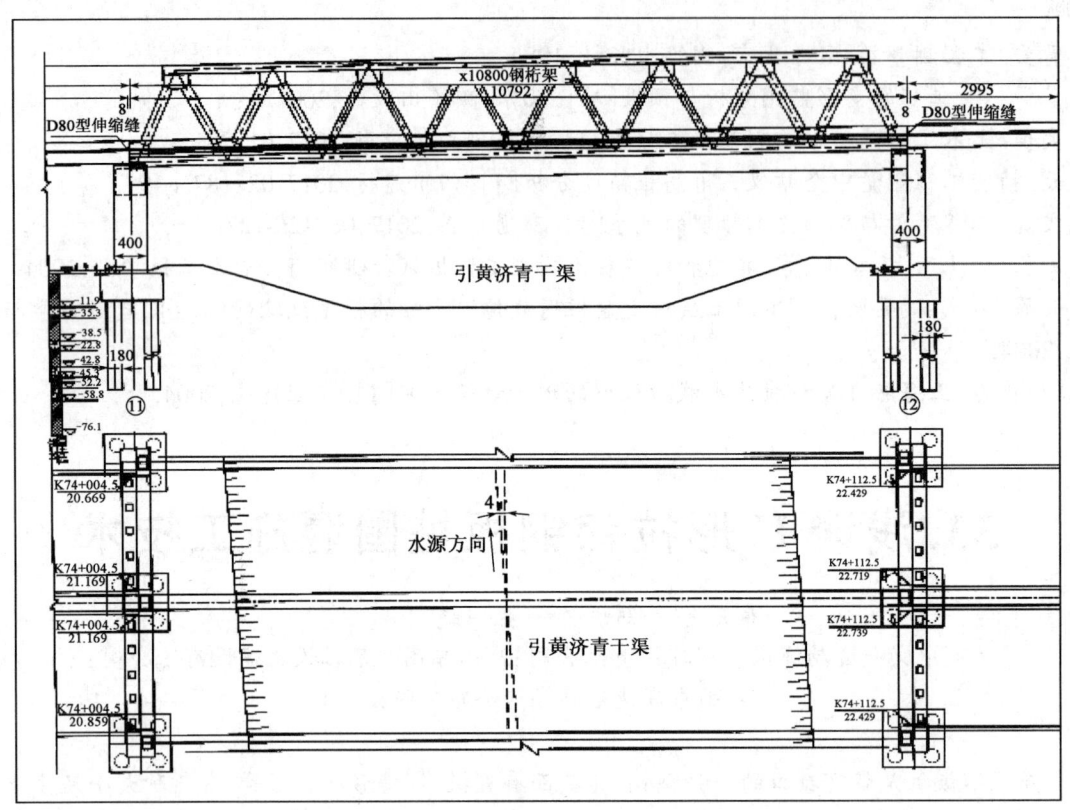

图1 小清河特大桥108m竖向及平面布置图(尺寸单位:cm)

## 三、承台基坑围堰施工设计

考虑安装模板和钢筋绑扎等施工工作面的要求,钢板桩围堰平面尺寸为:长31.1(承台长)+2.5×2(工作面)=36m,宽12.3(承台宽)+2.25×2(工作面)=16.8m。根据施工图设计,钢板桩围堰设计顶高程按此应高出施工期间可能出现的最高水位0.5m,围堰设计顶高程为8.5(百年一遇)+0.5m=9m,墩钢板桩围堰采用单层结构,钢板桩采用拉森Ⅵ型,桩长为10.77m(开挖深度)+1.2m(防水倒灌)+1/2外露长度(锚固)=17.955≈18m,钢板桩底高程为−9m,主墩基坑底高程为−2.97m,钢板桩入土深度为6.03m。

钢板桩主锁口形状为套型锁口,板桩两侧均为勾状槽口,采用挖机+DZ40振动锤在岸上进行插打钢板桩围堰;然后进行基坑开挖及支护,钢板桩围堰围檩支护及内支撑采用边开挖边支护的施工方案,设置两层围檩支护及一层临时围檩支护。

第一道内支撑高程为+7.5m,围檩采用双拼H400型钢围檩,围檩中部沿短边设置2道H700型钢对支撑,型钢之间用一道 $\phi509mm×16mm$ 横支撑连接,钢围堰四角设置8道 $\phi509mm×16mm$ 斜支撑。第一道钢支撑平面布置如图2所示。

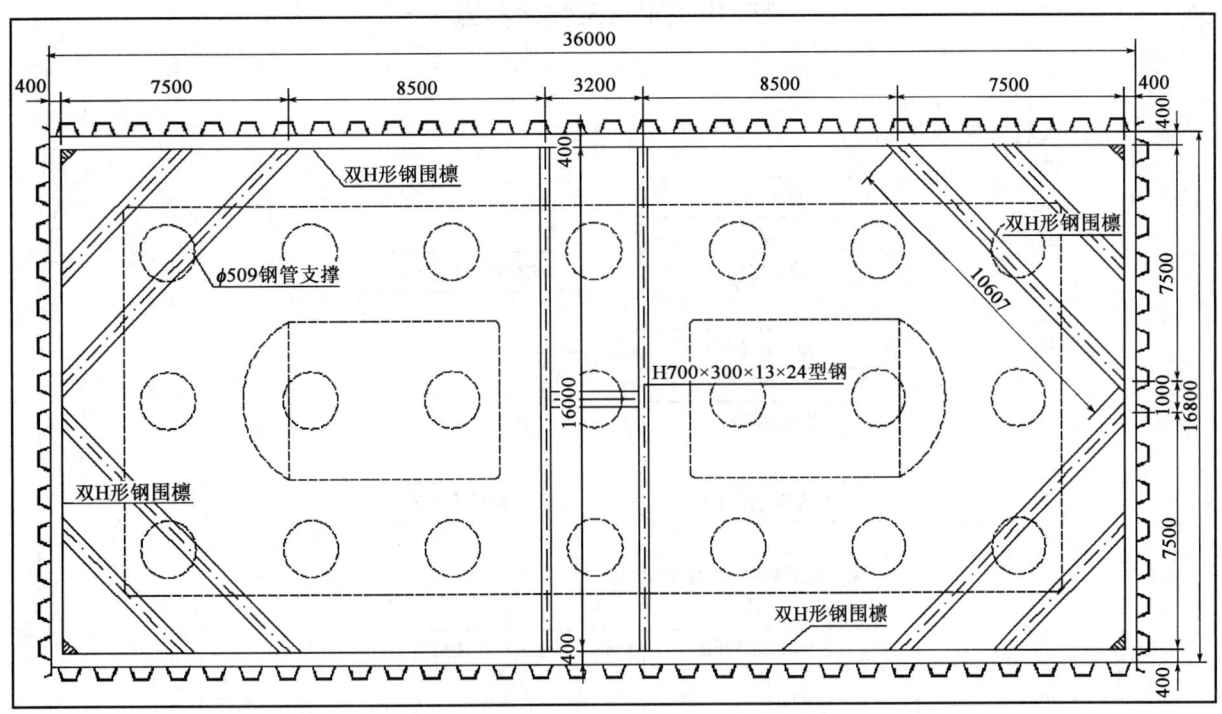

图 2　第一道钢支撑平面布置图(尺寸单位:cm)

第二道、第三道内支撑高程依次分别为 +2.83m、-0.67m，围檩采用双拼 H400 型钢围檩，围檩沿短边设置 2 道 H700 型钢对支撑，型钢之间用两道 $\phi609\times16$mm 横支撑连接，钢围堰四角设置 8 道 $\phi609\times16$mm 斜支撑，对支撑处设置 4 道 $\phi609\times16$mm 斜支撑。第二、三道钢支撑平面布置图如图 3 所示。

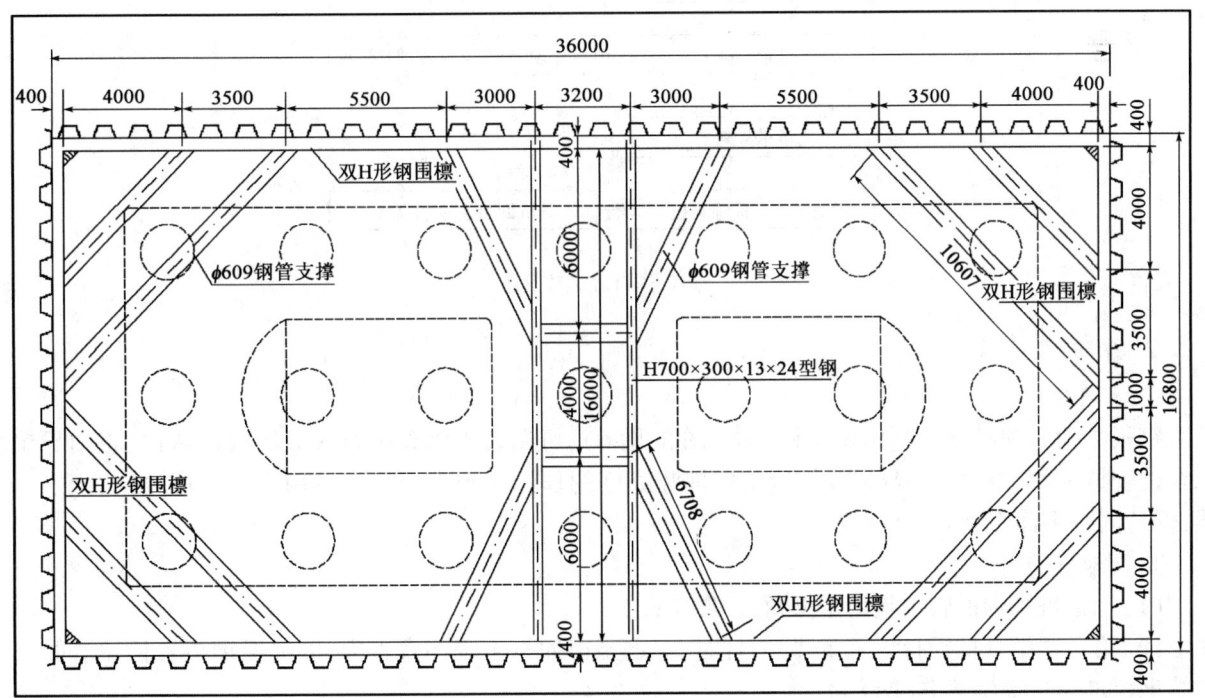

图 3　第二、三道钢支撑平面布置图(尺寸单位:mm)

## 四、施工工艺及技术要点

### 1. 施工工艺

施工工艺流程如图4所示。

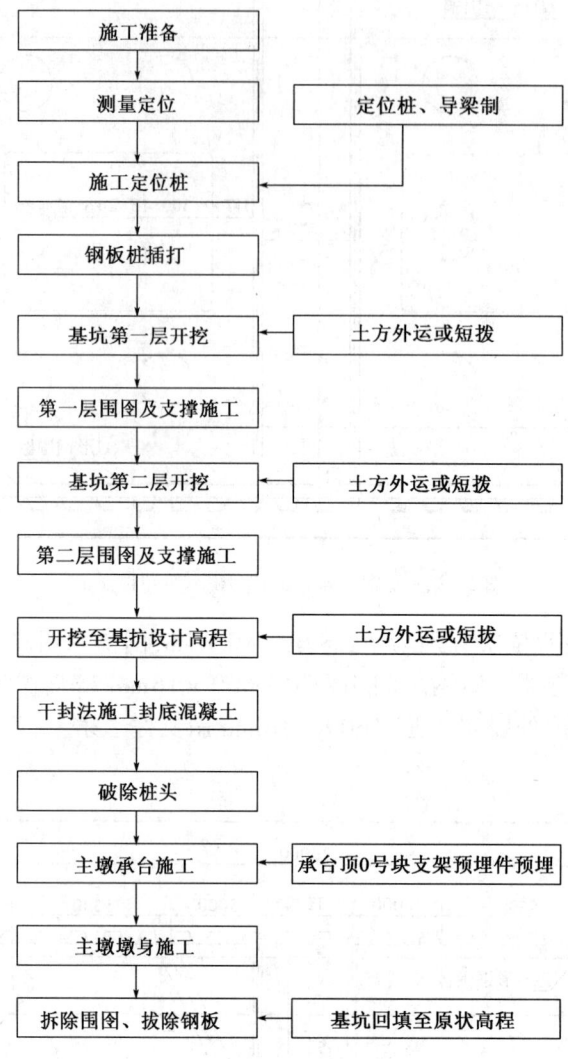

图4 施工工艺流程图

### 2. 钢板桩施工

1）导梁安装

钢板桩插打前必须先制作和安装导梁（图5、图6），可用若干钢管桩打入驳岸或河床内，将内导梁焊接在钢管桩上面，主要起到导向和控制钢板桩竖直度的作用。施工中建议采用上下两层导向，上下一条线，保持同一平面上，确保垂直度。

2）钢板桩插打

（1）钢板桩围堰的转角使用定型角桩（图7）；

（2）第一根钢板桩插打至关重要，插打时，一定要边插打边观测垂直度，以确保钢板桩插正、插直，为后续钢板桩插打提供基准（图8）；

（3）以首根桩为基准，向两侧插打每一根钢板桩到设计位置；

（4）钢板桩插打至设计高程后，为更好地抵抗水流冲击，应将其与导向架焊接。

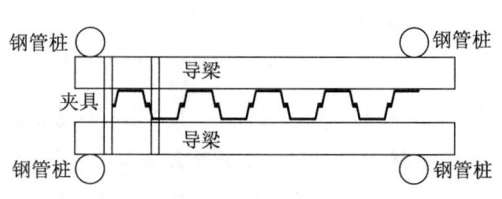
图5 钢板桩施工导梁及夹具示意图

图6 钢板桩施工导梁及夹具安装图

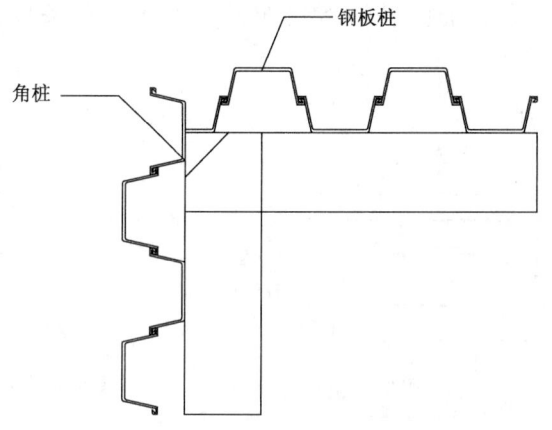
图7 钢板桩围堰角桩设计图

图8 钢板桩插打

3）钢板桩围堰合龙

钢板桩合龙点选择在靠岸一侧角桩附近4~5根钢板桩处（图9）。合龙处附近的钢板桩应严格控制倾斜度，为保证钢板桩顺利合龙，钢板桩轴向及法向倾斜度均应小于0.2%的倾斜度进行控制，且合龙钢板桩两侧应设置15cm左右的高差，施工时先套高桩再套低桩以便合龙桩能顺利咬合。

3. 基坑开挖

围堰支护完成，检测合格后方可进行基坑开挖，基坑采用PC250挖机（图10）和PC220-8（20m）长臂挖机（图11）进行土方开挖，开挖的土方及时运出施工现场，土方存放至远离基坑边缘40m外的空旷场地上，用于基坑回填。

图9 钢板桩合龙

图10 PC250挖机基坑开挖

图11 PC220-8长臂挖机基坑开挖

(1) 土方开挖前先开挖4处集水井，开挖过程中及时对基坑内的积水进行抽除。

(2) 土方开挖遵循分层、平衡、适时开挖，分层厚度1m为宜。严禁全断面开挖，避免土体压力不平衡影响围堰整体受力。

(3) 开挖过程中应安排专人指挥，防止挖机触碰围堰支护结构，发生安全事故。

(4)开挖至基底时,基坑内外露桩头较多。通过吊放PC80小挖机入基坑内进行基坑土方挖机,小挖机与长臂挖机配合将土方挖除。挖机下班后应吊出基坑,防止挖机被积水浸泡。

(5)基坑周边10m范围内禁止堆放土方、存放机械和原材料等。

4. 钢支撑安装

钢板桩合龙后即安装第一道围檩及钢支撑,然后进行基坑开挖,开挖至第二层围檩及支撑的设计高程以下50cm,进行第二层围檩和支护结构的安装,然后继续下挖至第三层直至基坑底。内支撑在钢结构加工厂按设计下料、预制后在墩位处拼装、焊接,待检验合格后,利用吊车安装围檩和内支撑。

1)钢围檩安装

钢围檩采用双拼H400mm×400mm×13mm×21mm,每道支撑处设置一组800mm×800mm×30mm加劲钢板;沿围堰翼缘内侧设置一组358mm×160mm×10mm加劲肋板@1500(支撑位置3m范围内@500),肋板和一组800mm×200mm×12mm连接钢板;刚肋板与连接钢板错开布置,采用E50焊条与H钢接触面进行满焊,钢围檩立面图、剖面图如图12、图13所示。

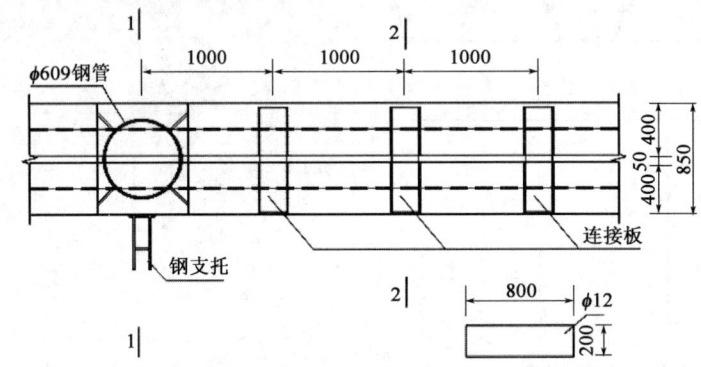

图12 钢围檩立面图(尺寸单位:mm)

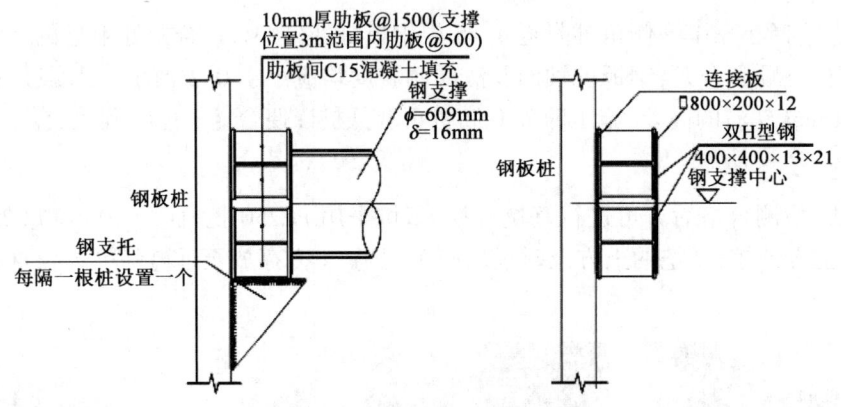

图13 钢围檩剖面图(尺寸单位:mm)

2)钢支托安装

基坑开挖至围檩一下约50cm后,用水准仪测出围檩高程,根据围檩高程推算钢支拖高程。钢支拖每3m设置1道,钢支拖安装应挂通线,严格控制表面平整度,钢支拖平面图、立面图如图14所示。

3)钢管支撑安装

钢支撑采用φ609mm×16mm钢管,钢管端部设置872mm×872mm×20mm钢板法兰盘如图15、图16所示,法兰盘与钢支撑采用E50焊条满缝焊接,并设置厚度14mm三角形加劲16道。

4)内支撑安装施工要点

(1)基坑竖向平面内需分层、分段、对称开挖,并遵循先支撑、后开挖的原则。

(2)钢管支撑按现场实际需要长度进行分节,管节间用法兰、高强螺栓栓接。

(3)加强钢管支撑轴力及围护结构位移监测,发现异常及时处理和加固。
(4)钢管支撑、钢围檩确保焊缝质量。

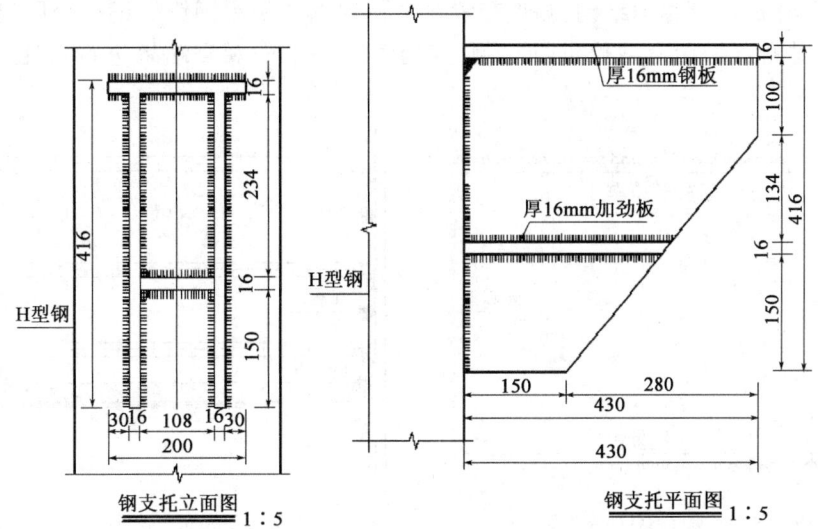

图14 钢支拖平面图、立面图(尺寸单位:mm)

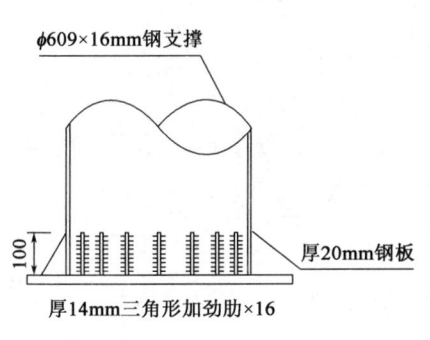

图15 钢支撑法兰盘布置图

图16 钢支撑法兰盘布置

### 5. 围堰施工监测

1) 地表沉降观测

在基坑周边20m范围内设置地表沉降观测点(图17、图18),围堰宽度方向设置4排,长度方向设置6排,沉降观测点采用60cm短钢筋插入土层内,周边采用混凝土进行护桩。采用水准仪对地表沉降进行观测,观测频率为1次/2d。

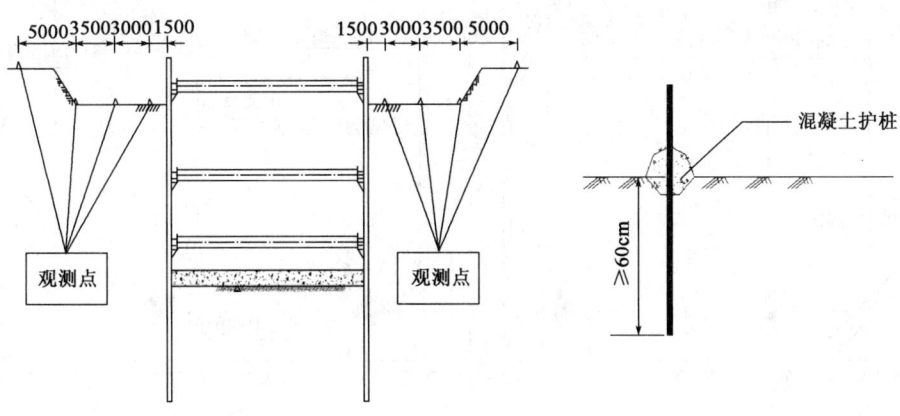

图17 地表沉降观测点(尺寸单位:cm)　　图18 地表沉降观测点大样图

2) 钢板桩变形观测

围堰内共选取4根钢板桩布置12个变形观测点。钢板桩的变形测点布置在每相邻支撑的中部钢板桩内侧,采用∠75焊接成小型牛腿结构,测点布置在牛腿顶面并采用钢钉标记。变形观测点布置后在每道工序施工后及时对测点采用全站仪进行观测,与前道工序下的观测结果进行对比,观测点布置图如图19~图21所示。

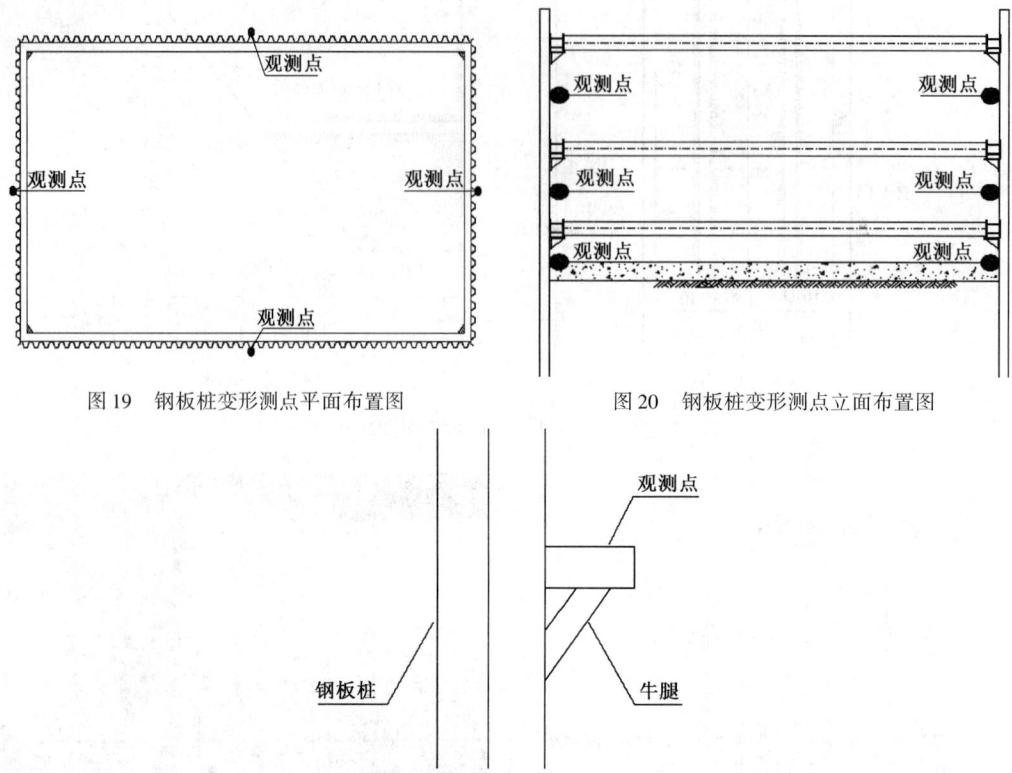

图19 钢板桩变形测点平面布置图　　图20 钢板桩变形测点立面布置图

图21 观测点布置位置示意图

3) 内支撑应力监测

内支撑上的测点选第2、3道内支撑布置测点,测点布置在对支撑钢管两点支撑间1/3处,第2、3道内支撑应变计布置图如图22所示。

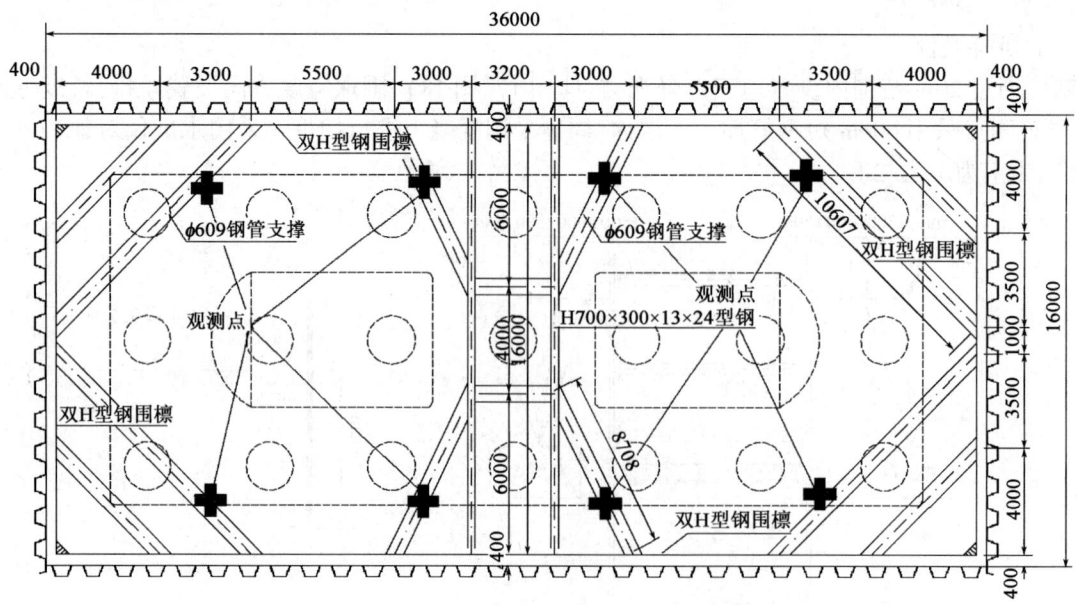

图22 第2、3道内支撑应变计布置图(尺寸单位:mm)

应力测试的应变计拟采用 JMZX-206 智能弦式数码应变计,该应变计由原装美国进口钢弦应变片与金码智能数码感应探头组成。适用于各种钢筋应力、锚杆应力、钢板表面应力、钢管表面应力等钢结构应变测量,适应长期监测和自动化测量。通过点焊将钢弦应变片与被测钢结构永久固结,不影响结构强度。应变计结构如图 23、图 24 所示。

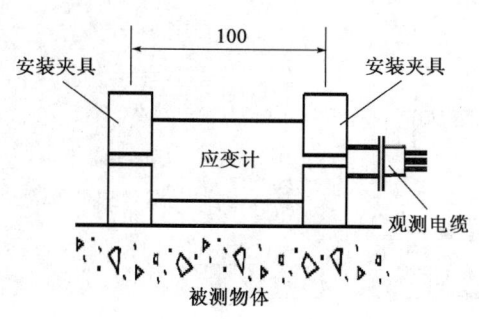

图 23 应变计设计图(尺寸单位:mm)

图 24 应变计

### 6. 基坑排水措施

围堰四角设置 4 个集水坑(图 25),布置 4 台泥浆泵抽水,集水坑之间设置 30cm×30cm 排水沟,排水沟由中间向两侧集水坑排水,设置 2% 横坡。围堰排水过程中及时堵漏,前期围堰渗水量相对较大,根据实际排水量可增加 1~2 台泥浆泵。

在抽水过程中,要确保围堰内水位平稳下降;抽水的同时须观测围堰漏水情况,如发现围堰漏水需及时对漏水区域进行堵漏;抽水过程中,注意观测围堰是否存在整体变形及移位现象,以确保围堰整体的结构稳定性。围堰封底施工完毕后,对围堰进行抽水,围堰四角设置集水坑,用水泵抽出施工过程中的少量围堰渗水及雨水,确保垫层表面无积水。

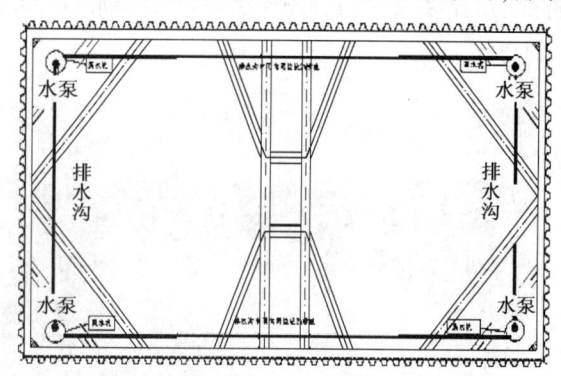

图 25 基坑排水设施平面位置布置图

## 五、钢板桩渗漏问题处理措施

### 1. 渗透水预处理措施

锁口钢板桩利用锁口嵌锁能够起到防水效果,局部渗漏水一般是由于板桩锁口变形、倾斜造成的,因此在施工过程中必须加强对锁口的检查,一是采用短桩做锁口渗漏试验,锁口不能过松也不能过紧,不然都会导致拉森钢板桩施工后渗漏;二是在拉森钢板桩锁口内抹黄油增加密闭性同时起到润滑作用;三是钢板桩施工时严格控制垂直度,不得强行施打,不然会损坏锁口,造成渗漏。

### 2. 少量渗漏水处理

少量渗漏水一般采用在漏水处钢板桩上溜下细砂袋或锯木屑等填充的方式进行堵漏,主要是利用水压差产生吸力,在吸力的作用下,填充物会被吸入接缝的漏水处,将漏水通道堵塞,有效地减少漏水量,但需要注意堵漏时观察漏水位置,准确定位。

### 3. 中量渗漏水处理

因钢板桩打入困难,造成倾斜错位或钢板桩锁口局部变形造成渗漏水,渗漏略大则采取将围堰内积水排干,在钢板桩内侧焊接钢板形成三角空隙(图 26),钢板空隙采用土工布 + 细砂(锯末)填充堵水。

### 4. 较大量渗漏水处理

因钢板桩打入困难,锁口反复摩擦,导致锁口熔化变形造成较大量渗漏水,采用钢板焊接无法堵水时，可在围堰内侧标识漏水钢板桩编号，在围堰外开挖确定漏水点深度开挖至漏水点以下2m，外部插打围护桩（图27），围护桩空间采用沙袋填充堵水。

图26 钢板桩焊接钢板堵漏

图27 补打钢板桩堵漏

5. 大量渗漏水处理

当围堰开挖过程中出现漏水严重，围堰内水排干困难，采用围护桩无法处理且无法在围堰内焊接处理时，可用长臂挖机在围堰外开挖找漏水点（图28），由潜水员下潜进行水下焊接，焊接采用全封闭满焊（图29）。

图28 开挖漏水点

图29 潜水员下潜堵漏

## 六、钢板桩插打困难处理措施

1. 遇障碍物

打桩过程中若遇到钢板桩无法打入或打入深度不够或发生倾斜时，通过周围钢板桩判断是否是遇到抛石等障碍物，如果仅是个别钢板桩遇到此情况则可判断是遇到障碍物。首先采用将拉森钢板桩往上拔1.0~2.0m，反复锤进的方式，可使大的石块等不明障碍物被振碎或使其发生位移，让拉森钢板桩的位置得到纠正；如仍不可行，则采用转角桩或弧形桩绕过障碍物。

2. 土质坚硬

钢板桩插打时遇到土质较硬不能直接用振动锤打入时，需要进行引孔后再插打。土质较硬但深度浅的采用高压水刀引孔即可（图30），土质较硬且深度深区域的则采用高压旋喷桩钻机+长螺旋钻杆进行引孔（图31）。

图 30　高压水刀引孔

图 31　长螺旋钻杆引孔

## 七、结　语

钢板桩围堰是简单而又实用的结构,既能满足结构上安全和环境保护方面的所有要求,又能缩短工期,减少使用空间,并且使用钢板桩可以不受天气条件的制约;适应范围广,互换性良好,可以重复使用,经济环保,将越来越多的成为公路水运工程施工中的首选。本文以 U 形拉森钢板桩围堰基坑围堰施工进行经验总结,希望能给类似工程提供一些帮助。

**参考文献**

[1] 王瑞强. 深水超长钢板桩围堰施工技术[J]. 价值工程,2019,537(25):277-280.
[2] 杨益斌. 超深钢板桩围堰在桥梁施工的应用[J]. 城市建设,2011,000(011):241-242.
[3] 毛朝勋. 深水基础钢板桩围堰施工技术[J]. 工程技术(引文版),2016,000(004):P.191-193.
[4] 沙群辉,周忠. 东沙大桥主承台钢板桩围堰施工[J]. 城市道桥与防洪,2016,01(1):115-118.
[5] 陈真良. 佛山市华阳特大桥钢板桩围堰施工技术[J]. 建筑遗产,2013,000(005):160-161.
[6] 黄飞,毕继刚,陈吉亮. 拉森桩基坑支护在河道整治工程中的应用[J]. 山东水利,2017,03(No.220):17-18.

# 34. 大跨径钢桁梁施工技术研究

乔天飞[1]　樊露[1]　刘隆[2]

(1. 中交一公局海威工程建设有限公司;2. 山东高速基础设施建设有限公司)

**摘　要**　钢桥由于其材料高强度、高弹性模量而相对较轻,施工比预应力混凝土桥轻盈和方便等特点,大量使用在大中跨度的桥梁上。本文以小清河特大桥108m钢桁梁施工为例,通过钢桁梁施工方案比选、施工要点分析,总结出一套钢桁梁施工关键技术,为类似工程施工提供借鉴。

**关键词** 大跨度 钢桁梁 原位拼装 施工 技术

## 一、引 言

钢桁梁桥由桁架杆件组成,尽管整体上看,钢桁梁桥以受弯和受剪为主,但具体到每根桁架杆件则主要承受轴向力。与实腹梁相比使用稀疏的腹杆代替整体的腹板,从而节省钢材和减轻结构自重;又由于腹杆钢材用量比实腹梁的腹板有所减少,钢桁梁可做成较大高度,从而具有较大的刚度及更大的跨越能力。钢桁梁可以依据实际地形地貌采取多种方法架设,施工方法灵活多样。钢桁梁常用的施工方法有支架法、悬臂拼装法、顶推法、拖拉法、浮拖法、浮运法、整孔吊装法、转体法等。本文通过方案比选选定原位拼装法(支架+门式起重机)施工;原位拼装法施工相对安全,施工难度小,符合小清河特大桥现场情况,相对经济合理。

## 二、工 程 概 述

沾化至临淄高速公路工程施工三标段项目,位于山东省滨州市博兴县。起止桩号为K56+050~K93+908,全线主线全长37.827km。施工内容主要包含路基工程、路面工程、桥梁工程、涵洞通道工程、绿化工程、临时保通工程等。设计速度120km/h,路基宽度34.5m,全线有特大桥1435.5m/1座,大桥1752.4m/5座,中桥155.04m/2座,分离立交3365m/13座,涵洞6964.26m/149座,互通3座(博兴北互通区、博兴东互通区、博兴南互通区),服务区1处,路基挖方29.98万$m^3$,填方795.62万$m^3$(含水泥土),路面工程81万$m^2$,总投资337126.7514万元,总体工期1080历天。

其中K74+372小清河特大桥,桥梁起点桩号为K73+657.46,终点桩号为K75+086.54,桥梁全长为1429.08m。两座主桥分别跨小清河和引黄济青干渠,分别为96m钢桁梁和108m钢桁梁。小清河特大桥跨引黄济青干渠采用108m简支钢桁梁桥(图1),钢桁梁总重2771t,整幅布置,横桥向布置三片桁架,横坡为双向2%,钢结构加工应根据中桁预拱值调整。主桁中心距为2×18.7m,桁架中心高13.5m,节间标准长度13.5m,梁端节间长度为12.7m,全桥共8个节间。桥面系采用钢筋混凝土桥面结构,混凝土桥面板与纵、横梁顶板及下弦杆顶板伸出板通过抗剪连接件结合,形成共同受力体系。小清河特大桥跨小清河采用96m简支钢桁梁桥(图2),钢桁梁总重2474t,整幅布置,横桥向布置3片桁架,位于横坡2%超高段上,钢结构加工应根据中桁预拱值调整。主桁中心距为2×18.5m,桁高12m,节间标准长度12m,梁端节间长度为11.2m,全桥共8个节间。桥面系采用钢筋混凝土桥面结构,混凝土桥面板与纵、横梁顶板及下弦杆顶板伸出板通过抗剪连接件结合,形成共同受力体系。

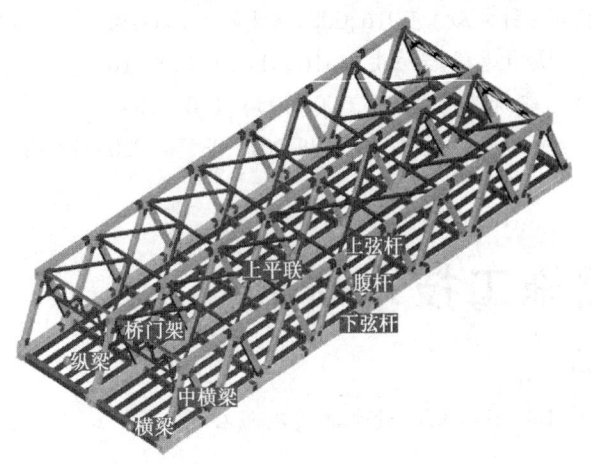

图1 108m钢桁梁三维效果图

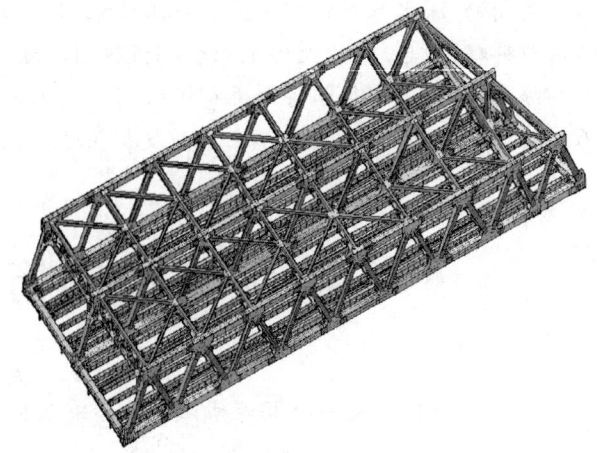

图2 96m钢桁梁三维效果图

## 三、钢桁梁施工方案比选

因小清河钢桁梁仅部分位于水中且附近无浮船等,故排除浮运法和浮托法。

钢桁梁安装可采用顶推设备进行拖拉和原位安装(支架+门式起重机)两种方式。两种方案均能满足施工安全需要,原位安装集中在桥位本联区域施工,自身采用门式起重机起重作业,但水中支墩多;拖拉安装需要占用其他联位置做拼装场地,并搭设拼装支架,影响其他联施工,也需要起重设备。方案一、方案二费用对比详见表1、表2。

方案一(拖拉安装,170d)　　　表1

| 材料名称 | 规　格 | 单位 | 需求量 | 单价(元) | 施工单价(元) | 合价(元) |
|---|---|---|---|---|---|---|
| 钢立柱 | φ426×8 | t | 101 | 595 | 1000 | 161095 |
| 钢立柱 | φ609×14 | t | 150 | 595 | 1000 | 239250 |
| 钢立柱 | φ609×14 | t | 689 | 1190 | 1000 | 1508910 |
| 连接系 | φ127×5 | t | 68 | 1190 | 1000 | 148920 |
| 连接系 | φ219×6 | t | 60 | 1190 | 1000 | 131400 |
| 分配梁 | HN440×300 | t | 24 | 1190 | 1000 | 52560 |
| 分配梁 | HM588×300 | t | 15 | 1190 | 1000 | 32850 |
| 分配梁 | HN700×300 | t | 141 | 1190 | 1000 | 308790 |
| 分配梁 | HN850×300 | t | 52 | 1190 | 1000 | 113880 |
| 分配梁 | HN900×300 | t | 156 | 1190 | 1000 | 341640 |
| 钢板 | 12mm、16mm、20mm | t | 245 | 1190 | 1000 | 536550 |
| 不锈钢板 | 4mm | t | 10 | 14000 | 1000 | 150000 |
| 平台 | 角钢、花纹板 | t | 54 | 1190 | 1000 | 118260 |
| 钢导梁 | Q370qE | t | 291 | 9500 | — | 2764500 |
| 合计 | — | — | — | — | — | 6608605 |

方案二(原位安装,95d)　　　表2

| 材料名称 | 规　格 | 单位 | 需求量 | 单价(元) | 施工单价(元) | 合价(元) |
|---|---|---|---|---|---|---|
| 钢立柱 | φ529×8 | t | 52 | 665 | 1000 | 86580 |
| 钢立柱 | φ820×10 | t | 209 | 665 | 1000 | 347985 |
| 连接系 | I25a | t | 54 | 665 | 1000 | 89910 |
| 横梁 | HM588×300 | t | 75 | 665 | 1000 | 124875 |
| 钢板 | 20mm | t | 62.94 | 665 | 1000 | 104795.1 |
| 角钢 | ∠75×5 | t | 3.3 | 665 | 1000 | 5494.5 |
| C型钢 | C200×50×20×3 | t | 16 | 665 | 1000 | 26640 |
| 安全爬梯 | — | t | 5 | 13000 | 0 | 65000 |
| 钢栈桥 | — | t | 550 | 665 | 1000 | 915750 |
| 河道配合费 | — | 项 | 1 | 300000 | — | 300000 |
| 合计 | — | — | — | — | — | 2067029.6 |

从施工周期看,原位安装天数为95d,拖拉安装为170d,原位安装优于拖拉安装方案。另外从安装施工及拼装支架工料费方面,原位拼装经济性更好些。

综合来看,本工程桁架桥架设选用门式起重机原位安装施工方案。

## 四、施工工艺及技术要点

### 1. 施工工艺

施工工艺流程图如图3所示。

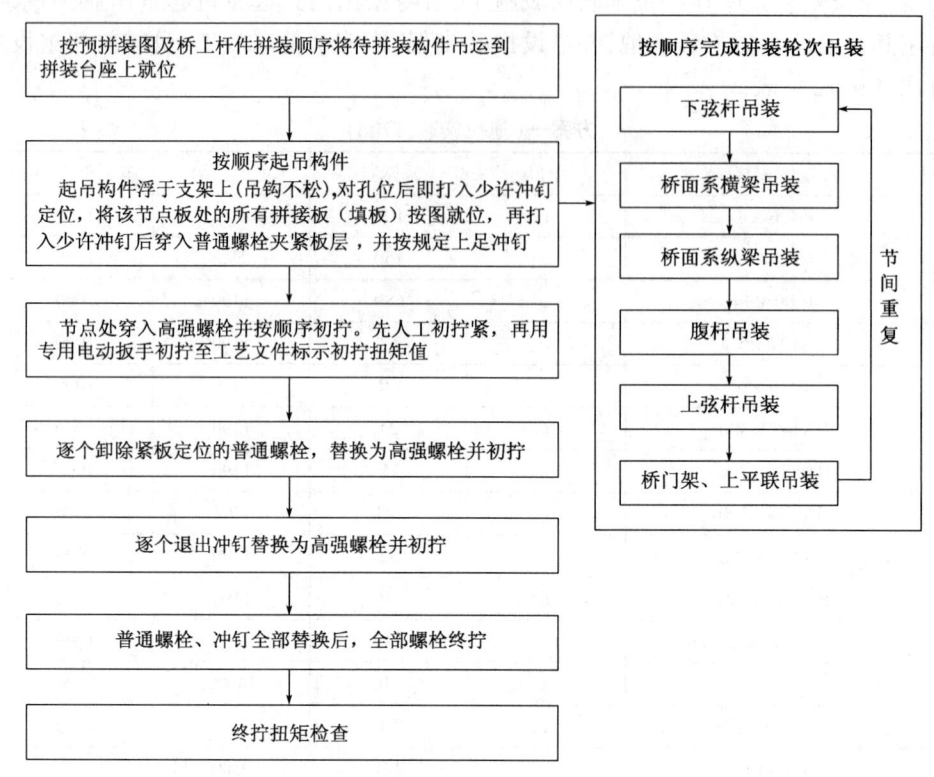

图3 施工工艺流程图

### 2. 临时支架及钢桁梁布置

小清河特大桥108m钢桁梁采用原位拼装,在108m跨度内搭设钢管桩支架,每两个节间设置一排支架,每排支架在每个节点处设置1组钢管桩支架(4根),钢管支架顶设置纵横梁及调节装置。整个桁梁的拼装采用45t门式起重机进行拼装,龙门轨道采用钢栈桥支架,轨道专用钢栈桥,宽度为3.0m,长132m。钢桁梁全桥采用45t门式起重机进行拼装,需在桥梁两侧各设置门式起重机行走轨道,轨道全长为132m,横向间距为46m,在横桥向两侧设置龙门轨道栈桥平台,栈桥基础为$\phi 630 \times 8mm$钢管桩,入土深度$\geqslant 15m$,纵向跨径为12.0m,横向设置2根钢管,横向间距为1.7m。钢管桩顶为双支I40a工字钢横梁,横梁顶放置$3.0 \times 1.5m$贝雷梁,龙门轨道位置并排4片贝雷梁,贝雷梁顶设置I22a横向分配梁,间距400mm。I22a工字钢上方布置龙门行走轨道,轨道采用43号工字钢。在轨道两侧布设4mm花纹钢板作为通道,栈桥支平台顶面高程为18m,钢桁梁安装支架及钢栈桥布置图如图4~图7所示。

### 3. 钢桁梁拼装施工

(1)钢栈桥平台搭设,临时墩施工,门式起重机安装如图8、图9所示。

(2)安装E1'~(E4'+E5)节间下弦,如图10、图11所示。

按照先中桁、后边桁的顺序,采用45t门式起重机依次吊装下弦ZE1'/ZE2'/ZE3'/ZE4'+ZE5、LE1'/LE2'/LE3'/LE4'+LE5、RE1'/RE2'/RE3'/RE4'+RE5杆件与支架固定。栓捆时应注意杆件上标示的重量和重心位置。栓捆后应试起吊,调整杆件前后左右水平度。经检查确认无问题后正式起吊。

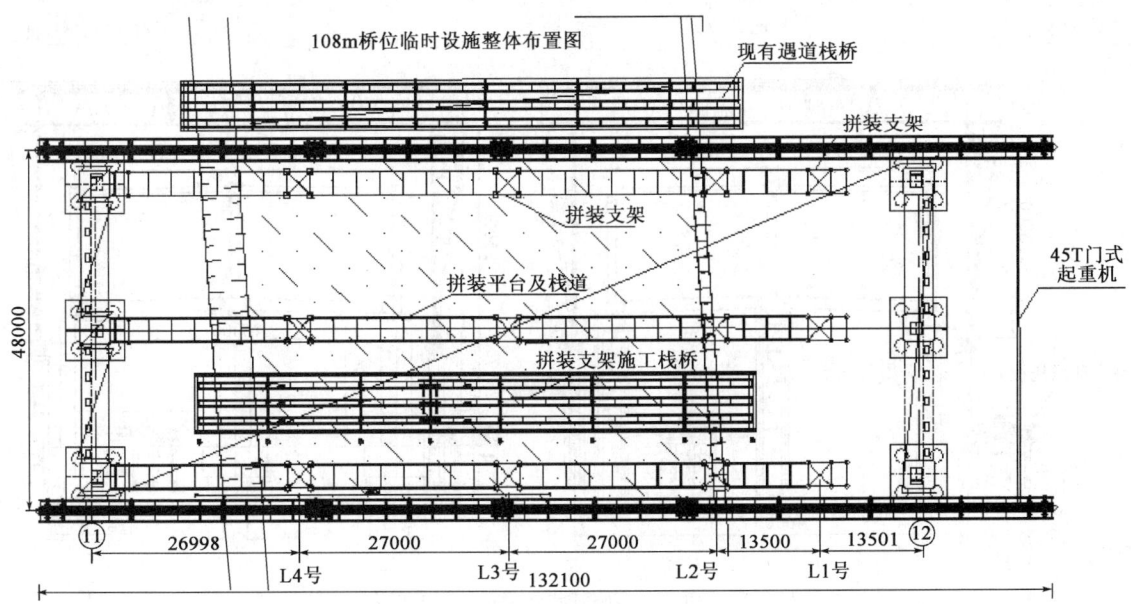

图4  108m钢桁梁安装桥位平面布置图(尺寸单位:mm)

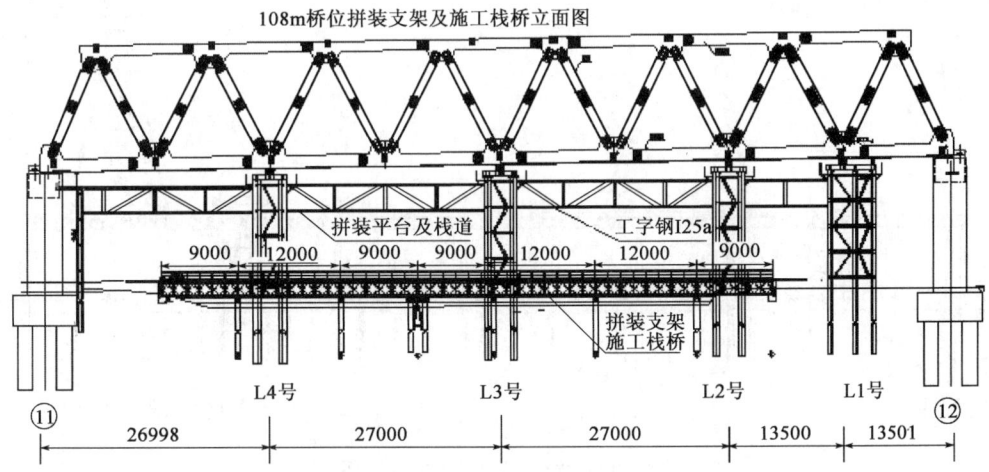

图5  108m钢桁梁拼装支架及施工栈桥立面图(尺寸单位:mm)

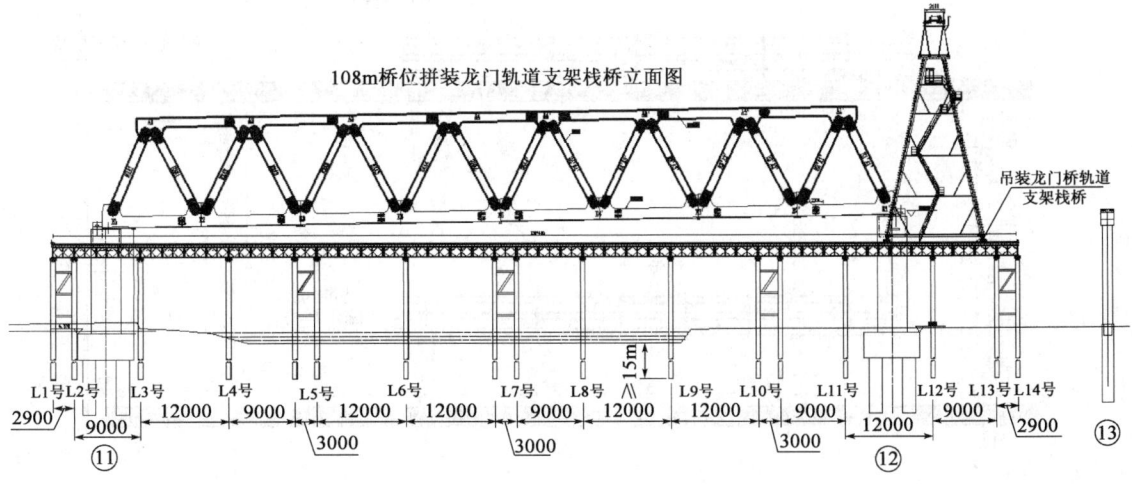

图6  108m钢桁梁拼装龙门轨道支架栈桥立面图(尺寸单位:mm)

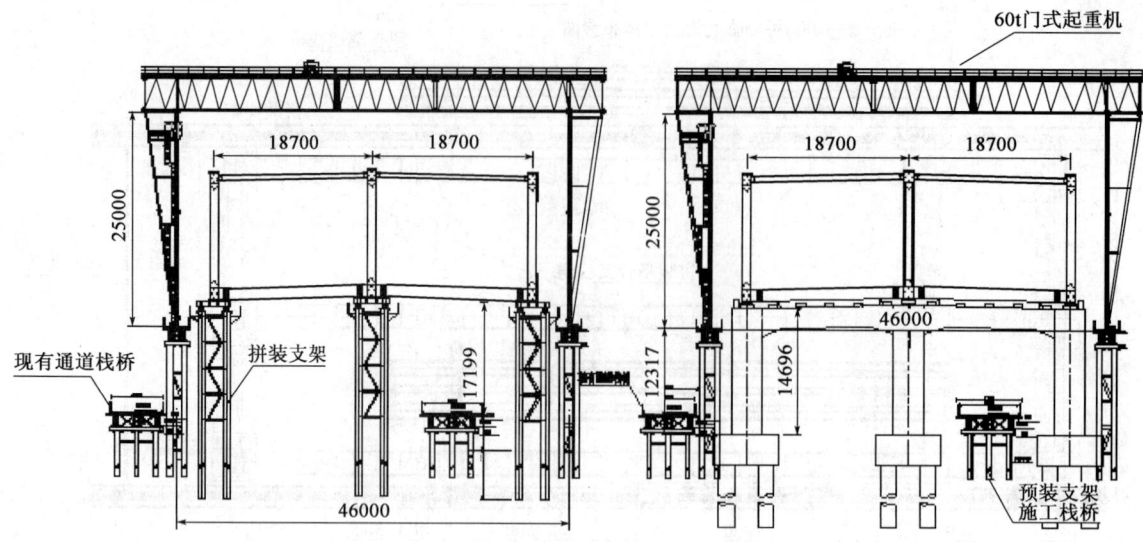

图 7　108m 钢桁梁安装临时设施截面图(尺寸单位:mm)

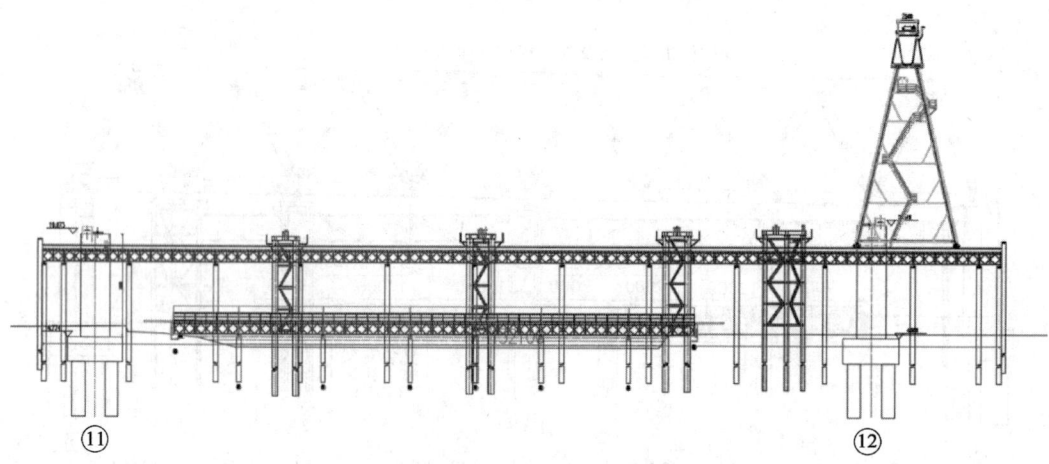

图 8　108m 钢桁梁安装临时设施立面图

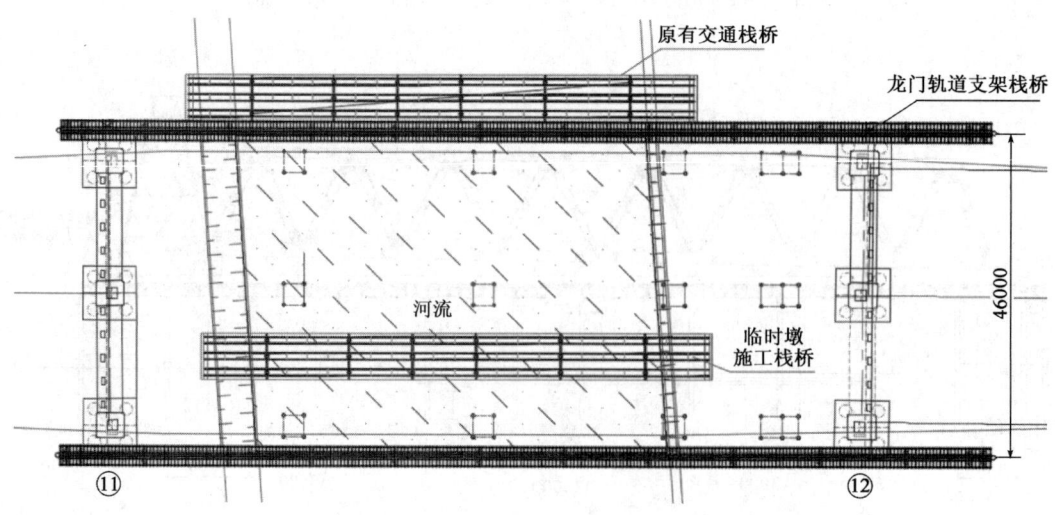

图 9　108m 钢桁梁安装临时设施平面图(尺寸单位:mm)

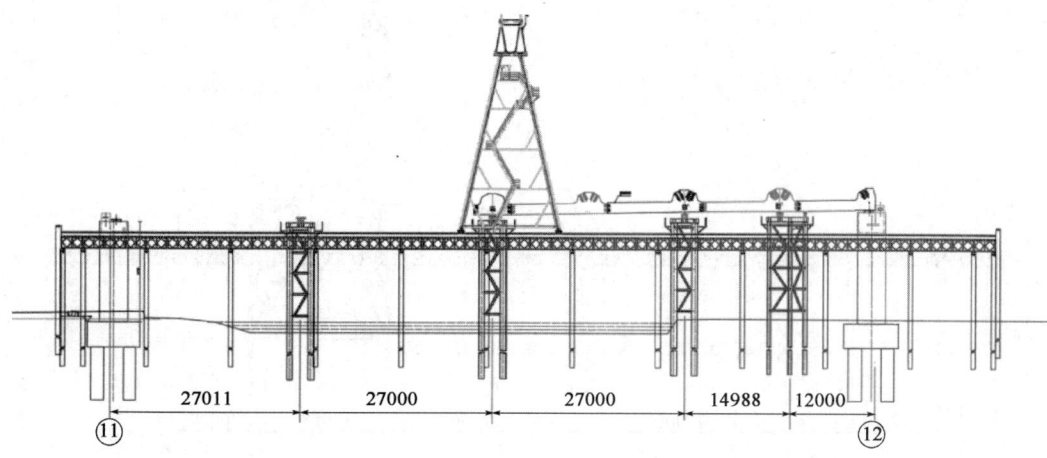

图10 安装 E1'~(E4'+E5)节间下弦立面图(尺寸单位:mm)

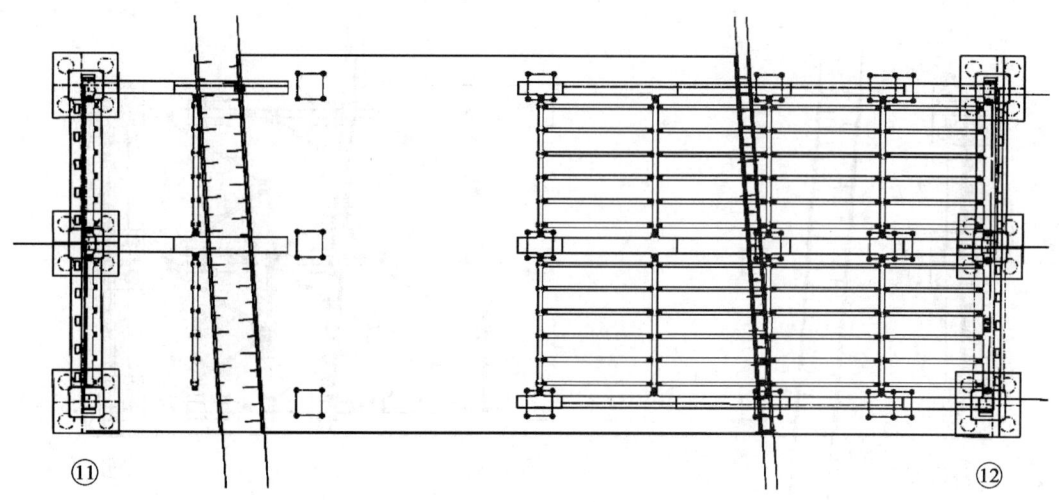

图11 安装 E1'~(E4'+E5)节间下弦平面图

(3)安装 E1'~E4'+E5 节间斜腹杆,如图12 所示。

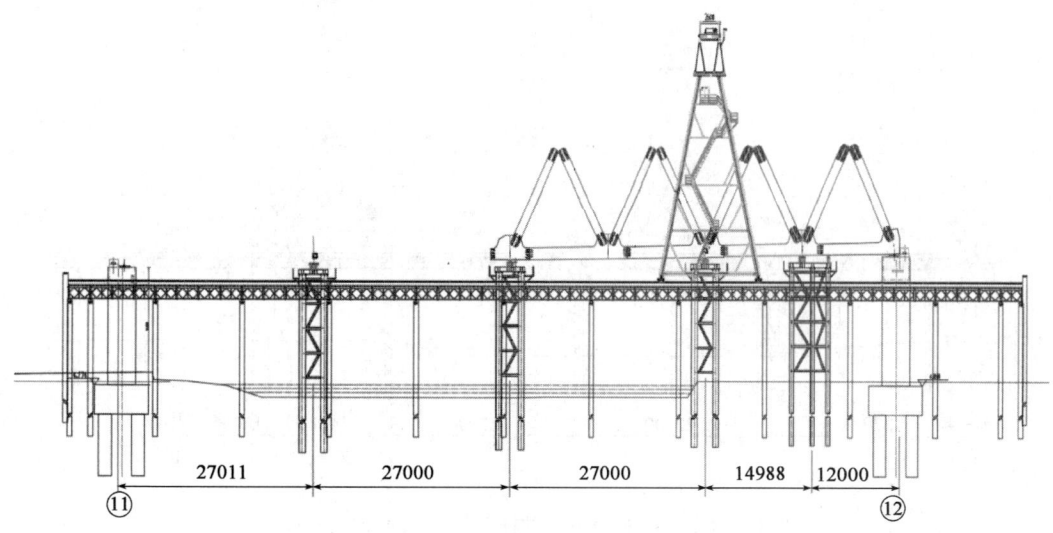

图12 安装 E1'~E4'+E5 节间斜腹杆立面图(尺寸单位:mm)

(4)安装 E1'~E4'+E5 节间上弦(A1'~A4'),如图13、图14 所示。

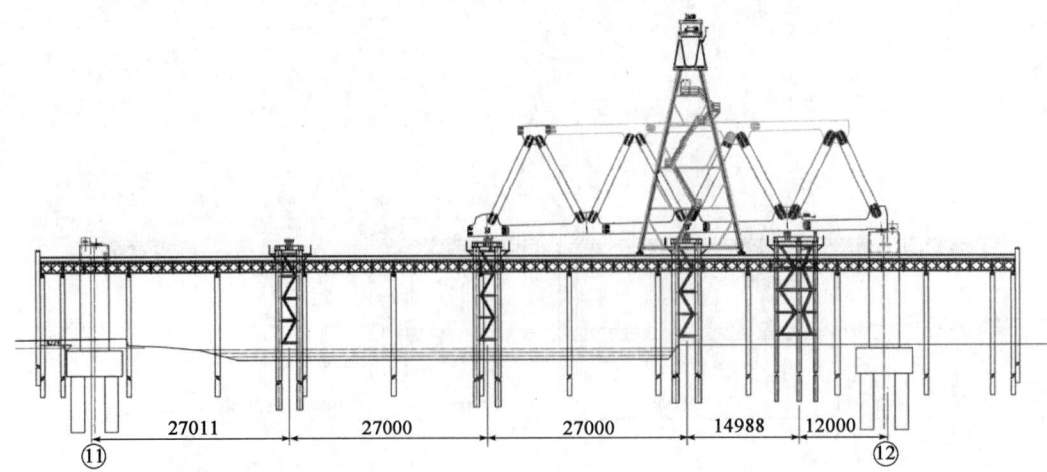

图 13　安装 E1'~E4'+E5 节间上弦(A1'~A4')立面图(尺寸单位:mm)

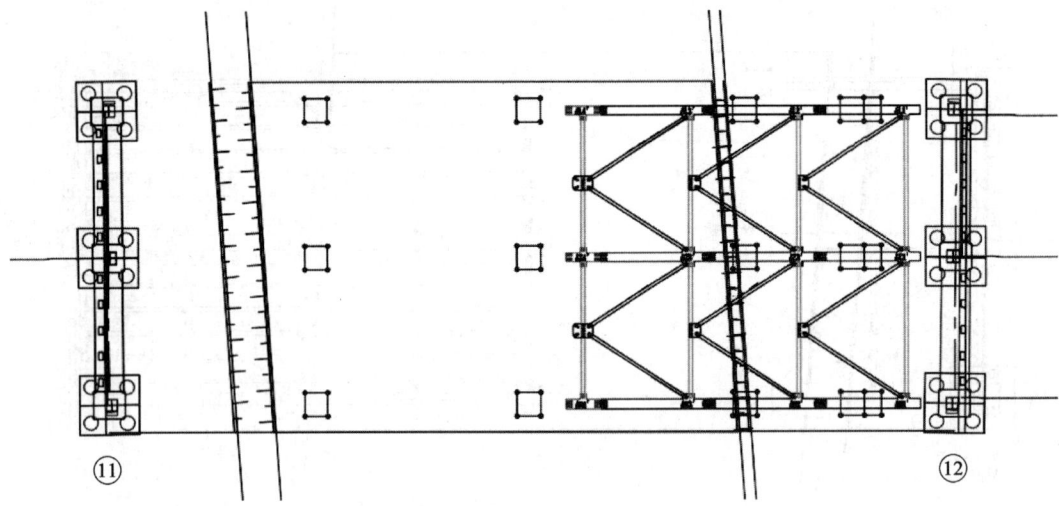

图 14　安装 E1'~E4'+E5 节间上弦(A1'~A4')平面图

(5)安装 E4~E1 节间下弦杆如图 15、图 16 所示。

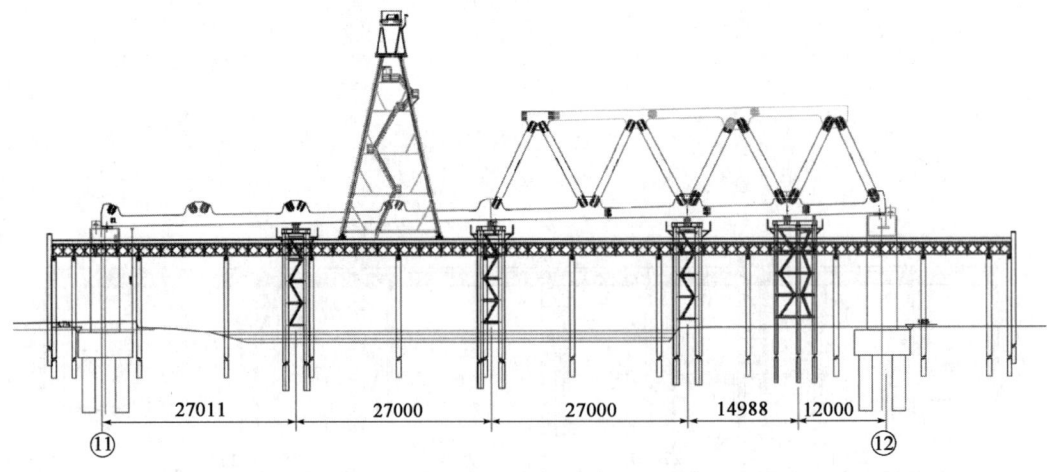

图 15　安装 E4~E1 节间下弦杆立面图(尺寸单位:mm)

(6)安装 E4~E1 节间斜腹杆如图 17 所示。
(7)安装 E4~E1 节间上弦杆如图 18 所示。

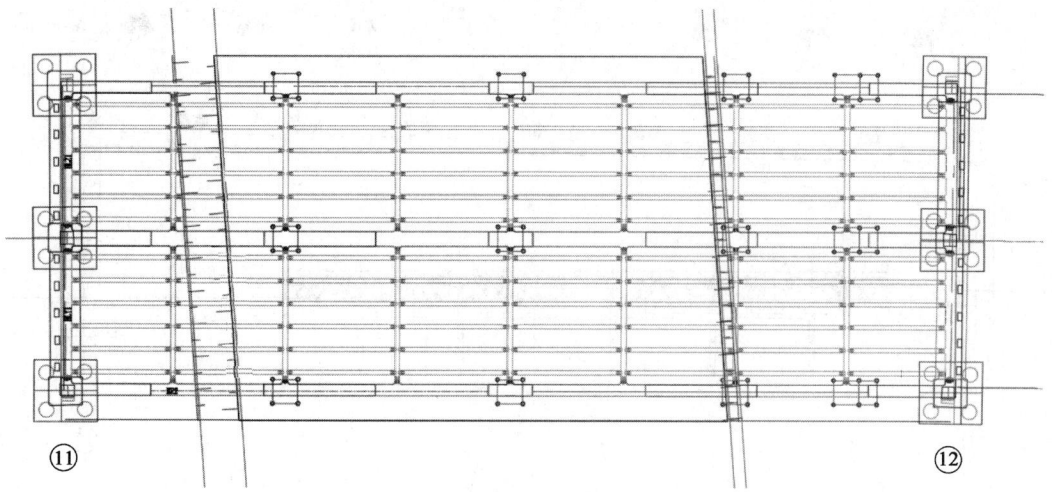

图 16 安装 E4~E1 节间下弦杆平面图

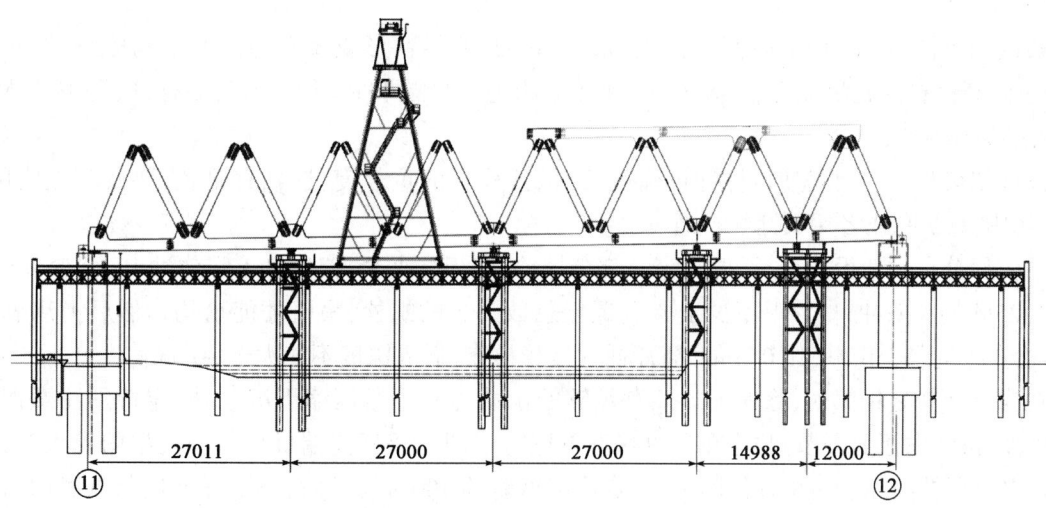

图 17 安装 E4~E1 节间斜腹杆立面图(尺寸单位:mm)

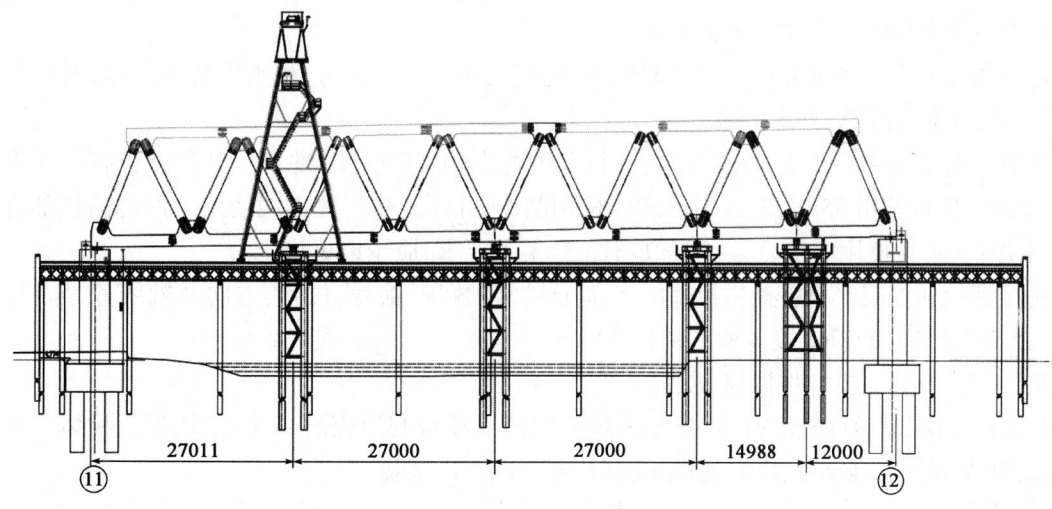

图 18 安装 E4~E1 节间上弦杆立面图(尺寸单位:mm)

(8)拆除拼装临时墩,中桁完成落梁 60mm 如图 19 所示。

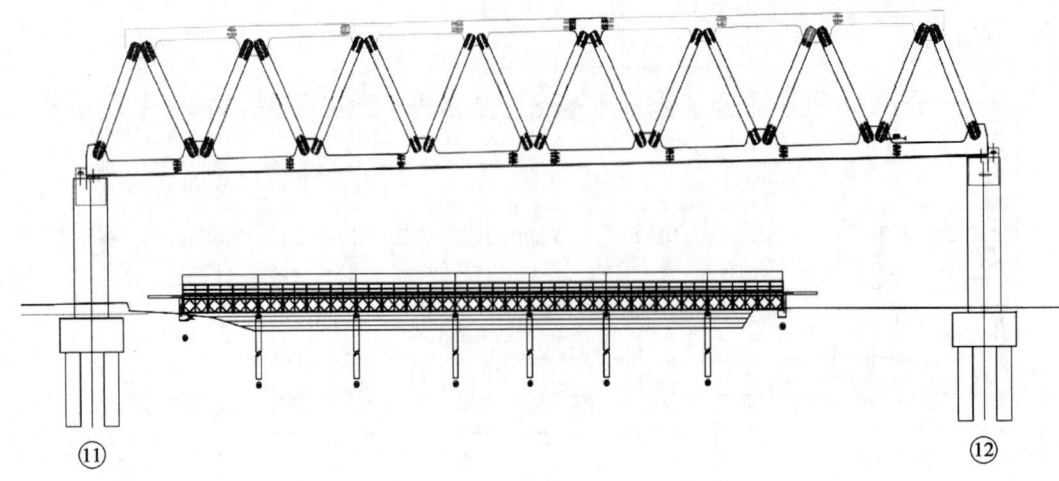

图 19 拆除拼装临时墩,中桁完成落梁 60mm

### 4. 钢桁梁拼装原则

(1)架设钢梁杆件一般由下而上,先下平面,后立面,要尽快形成闭合稳定的结构体系,然后安装上平面。还应注意吊机的起吊能力、最大吊距和杆件的供应;先装杆件不得妨碍后装杆件,上下游体系两桁对称架设,避免偏载[2]。

(2)杆件架设作业主要是使得杆件正确就位,保证栓孔的重合度,遇到有错孔,要及时查明原因,研究处理,不得随意扩孔或者用大锤强行通过。

(3)平弦部分杆件架设对孔后,要先穿一部分螺栓,将板缝夹紧,首先打入定位冲钉,至少节点远端 4 个,再打入 25% 的一般冲钉,穿上不少于节点螺栓总数 1/3 的螺栓,吊机才能松钩。然后上满剩余的高栓,初拧,检查板缝是否密贴,用 0.3mm 插片插入板缝检查,插入深度不能大于 20mm。

(4)在支架上拼装钢梁时,除保证支架有足够的承载力和预留压缩下沉量外,应特别注意钢梁的拼装拱度曲线。拼装主桁前一节间,应在自由状态下进行。即下弦杆前端拼至前一支架的支点时,不得受力,与支架支点保持间隙。主桁杆件闭合,节点高强度螺栓 100% 终拧后,下弦杆前端节点底面与支架支点垫块之间才能用钢板固定死。该节间高栓全部终拧后,再拼装下一节间。

(5)杆件拼装前,应根据预拼图和螺栓标注图,清查杆件编号和数量,在基本杆件上标出螺栓长度区域线,起吊重心位置和单元重量及安装方向。

(6)杆件拼装时在节点板和杆件连接部分,应先把泥沙、浮土、油污、积水等清理干净,对栓孔内的铝皮、油漆、飞边、铁屑、浮锈等亦应清除。

(7)拼装冲钉的公称直径应与工厂试拼中钉孔重合率相适应,拼装冲钉的公称直径宜小于设计孔径 0.2mm。冲钉材质可选用 35 号或 45 号碳素结构钢制作,并经过热处理方能使用。冲钉圆柱部分的长度应大于板束厚度,冲钉使用多次后,经检查如不符合偏差要求,应予以更换。

(8)拼接螺栓初拧前严格检查拼接件的各部分尺寸、数量、编号、位置、方向及轴线等是否符合设计要求,确认无误后,再进行高强度螺栓的初拧、终拧。

(9)整体节点及其主要杆件拼装规定。

上、下弦杆整体节点外拼装的拼接板及其填板应预拼在带有填板的一端,以便套插拼装。箱型弦杆拼接接头应复查,有误者必须按规定重新处理后,方允许上桥拼装。

斜杆与整体节点插入拼装时,应核对,如装配时间隙过小无法自由插入,允许使用梯形螺纹顶将整体节点撑开少量或将插入杆件端部用法兰收拉[3],但不得使用大力量的千斤顶,绝对不允许损伤整体节点板角焊缝,整体节点顶开量应在预拼场作预拼试验时取得数据,以利拼装。

## 5. 吊耳及吊具选用

### 1）吊耳设置

为方便现场施工，在确保杆件吊装过程中安全稳定前提下，根据结构特点及每个安装杆件的重心位置、隔板位置，单独设置各杆件的吊耳位置。

（1）吊耳设置原则：①吊耳布置应尽量选择在构件1/4L区域处。②吊耳布置应尽量布置在隔板、腹板及加劲上部对应位置。③根据重心位置放置每个吊点的相对位置，确保构件每个吊点受力均衡。④根据吊车型号、钢丝绳长度、构件长度、吊装净空高度等工况设置，确保钢丝绳与构件夹角大于60°。

（2）上、下弦杆吊装：钢桁梁下弦杆采用栓接吊耳吊装，吊耳安装在弦杆顶面接头拼接板的螺栓孔上。钢桁梁上弦杆考虑门式起重机高度限制，采用栓接和焊接2种吊耳形式吊装，栓接吊耳安装在弦杆顶面接头拼接板的螺栓孔上，焊接吊耳根据杆件中心焊接在弦杆顶面上，上下弦杆构件吊耳布置如图20、图21所示。

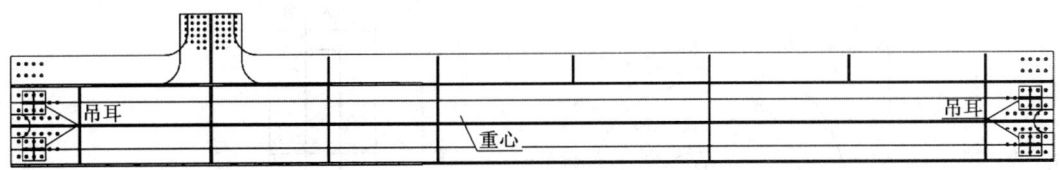

图20 下弦杆构件吊耳布置示意图

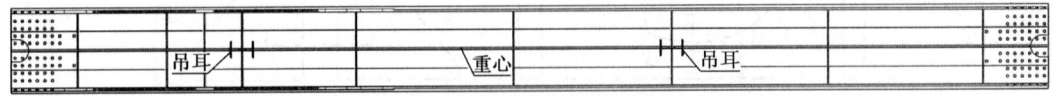

图21 上弦杆构件吊耳布置示意图

（3）腹杆采用栓接吊耳和吊带吊装如图22所示。

图22 腹杆构件吊耳布置类似图

（4）箱形端横梁采用4个吊耳进行安装，工形横梁采用2个吊耳安装，均设置在顶板上部如图23、图24所示。

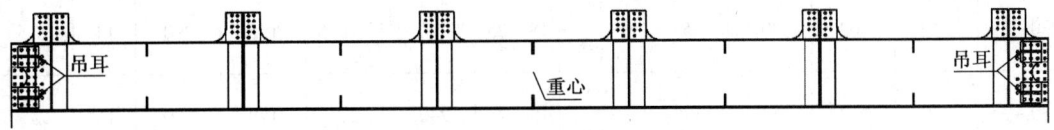

图23 端横梁（箱形）构件吊耳布置示意图

（5）桥面系纵梁、上平联、桥门架构件重量0.324~6.032t之间，数量较轻且杆件数量多，为减少吊耳切割工作量，采用吊带进行安装。

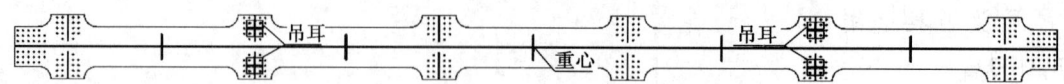

图 24 中横梁构件吊耳布置示意图

2)起重吊装采用吊索具计算

根据现场实际情况和钢桁架梁分段重量,主要构件及其最大重量等数据为:边桁上弦杆 AL4\AR4 重 29.033t,中桁上弦杆 AZ4 重 29.426t,边桁下弦杆 E3 重 25.55t,中桁下弦杆 EZ3 重 27.344t,上述构件长为 13500mm;横梁(箱型)重 19.922t(长 15813mm)。

(1)吊装用吊耳

主线吊装最大梁段重量为30t,钢箱梁顶板上共设置4个吊耳,按两个吊耳计算,采用1.2倍安全系数则每个吊耳受到的拉力为 $F = 30 \times 1.2 \times 10/2 = 180$ kN,因此吊耳选择 10~20t 级吊耳,吊耳结构如图25所示,吊耳具体结构及参数详见表3。

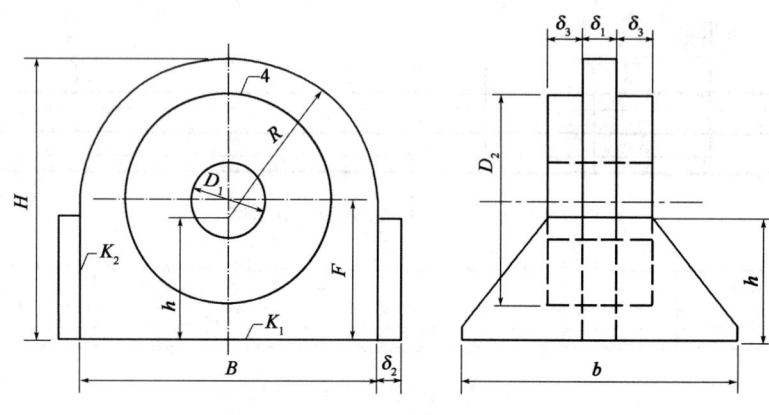

图 25 吊耳结构示意图

吊耳技术参数表　　表3

| 允许负荷 (10kN) | 吊耳尺寸 (mm) | | | | | | | | | | | 焊脚高度 (mm) | | 配用卸扣直径 (mm) |
|---|---|---|---|---|---|---|---|---|---|---|---|---|---|---|
| | $\delta_1$ | $H$ | $B$ | $D_1$ | $R$ | $F$ | $\delta_3$ | $D_2$ | $\delta_2$ | $h$ | $b$ | $K_1$ | $K_2$ | |
| <5 | 14 | 150 | 120 | 40 | 60 | 90 | — | — | — | — | — | 5 | — | 26 |
| 5~10 | 16 | 180 | 150 | 50 | 72 | 105 | — | — | — | — | — | 5 | — | 34 |
| 10~20 | 20 | 210 | 200 | 60 | 100 | 120 -110 | | | | | | 8 | | 46 |
| 20~30 | 25 | 240 | 250 | 70 | 125 | 135 -115 | | | | | | 10 | | 51 |
| 30~40 | 30 | 280 | 280 | 80 | 140 | 160 -140 | | | 10 | 140 | 260 | 12 | 6 | 58 |
| 40~50 | 30~35 | 310 | 300 | 90 | 155 | 175 -155 | 18~25 | 220 | 18 | 155 | 290 | 14 | 8 | 65 |
| 50~60 | 30~35 | 340 | 340 | 100 | 170 | 190 -170 | 18~25 | 240 | 22 | 170 | 320 | 16 | 12 | 70 |
| 60~70 | 30~35 | 370 | 370 | 110 | 185 | 205 -185 | 22~30 | 275 | 22 | 185 | 350 | 16 | 12 | 75 |

（2）卡环（卸扣）选用计算

结合本项目最大构件重量，通过查阅《一般起重锻造卸扣—D型卸扣和弓形卸扣》（GB/T 25854—2010），D型卸扣基本参数表详见表4。

D型卸扣基本参数表  表4

| 极限工作载荷 WLL | | | $d^a$ | $D^b$ | $e^c$ | $S^d$ | $W^b$ |
|---|---|---|---|---|---|---|---|
| 4级 | 6级 | 8级 | max | max | max | min | min |
| 10kN | | | mm | | | | |
| 10 | 16 | 20 | 45 | 50 | 110 | 100 | 50 |
| 12.5 | 20 | 25 | 50 | 56 | 123.2 | 112 | 56 |
| 16 | 25 | 32 | 56 | 63 | 138.6 | 125 | 63 |
| 20 | 32 | 40 | 63 | 71 | 156.2 | 140 | 71 |
| 25 | 40 | 50 | 71 | 80 | 178 | 160 | 80 |
| 32 | 50 | 63 | 80 | 90 | 198 | 180 | 90 |
| 40 | 63 | 80 | 90 | 100 | 220 | 200 | 100 |
| 50 | 80 | 100 | 100 | 112 | 246.4 | 224 | 112 |
| 63 | 100 | — | 112 | 125 | 275 | 250 | 125 |
| 80 | — | — | 125 | 140 | 308 | 280 | 140 |
| 100 | — | — | 140 | 160 | 352 | 315 | 160 |

吊装主要构件时，选用重量30t，按2个吊点计算，每吊点为18t，本工程主要构件的吊装使用卸扣GB/T 25854—2010-4-DW32型；

其他如腹杆、纵梁、上平联、桥门架等构重量在6t以下，按2个吊点计算，每吊点为$F = 6 \times 1.2 \times 10/2 = 36$kN，采用卸扣GB/T 25854—2010-4-DW10型即可。

（3）吊装钢丝绳选择

以下弦杆典型吊装为例，选取按60°吊索夹角进行索力计算，示意图如图26所示。

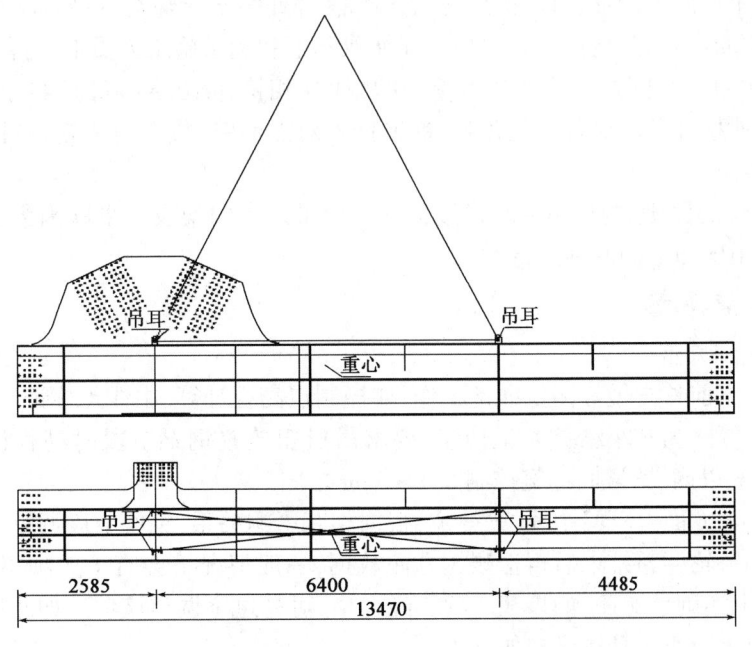

图26 钢丝绳吊装示意图（尺寸单位：mm）

主要构件设置 2 至 4 个吊点,按两个吊点设置计算,其重量为 29t 多,取 30t,则

$$Q_{绳} = \frac{30/2}{\sin 60} \times 10 = 173.2 (kN)$$

参考,故钢丝绳的计算破断拉力总和为:

$$\frac{Q_{绳} \times K}{\varphi} = \frac{173.2 \times 10}{0.82} = 2112.25 (kN)$$

式中:$Q_{绳}$——钢丝绳承受的拉力,kN;

$K$——安全系数,取值 10;

$\varphi$——应力折减系数,取值 0.82。

参考《重要用途钢丝绳》(GB 8918—2006),故选用 $\phi$60 钢芯钢丝绳,其最小破断拉力为 2140kN 大于 2112.25kN,满足要求。

(4)吊带选用

桁架上弦杆吊带选用考虑起升高度限制和减少使用吊耳,按 30t 杆件起重,选用两根 30t 吊带,颜色为橙色,其安全系数为 6~10。参照 JB/T 6521.2—2007。

其他如纵梁、上平联、桥门架等构重量在 6t 以下,起重用吊带采用两根 6t 即可,颜色为棕色。参照 JB/T 6521.1—2007。

3)起吊注意事项

(1)用卡环将钢丝绳和吊耳连接,钢丝绳另一端与门式起重机主吊钩连接。

(2)保证钢丝绳受力均匀,钢丝绳与梁段夹角大于 60°。

(3)吊装前在梁段上系设好 2 根缆风绳,以控制梁段在空中时的状态。当挂钩与钢梁吊耳挂好后,安全员对其进行检查验收,合格后,再由吊装指挥员指挥吊车将梁段缓慢起升。在达到预定起升高度时,缓慢移动至桥位上空,吊装指挥人员指挥吊车缓慢落钩将构件吊至临时支架顶面 10cm 左右停下,然后参照事先放出定位线初步定位后,吊车再继续缓慢落钩至安装位置完成精确定位。

(4)构件栓捆时应注意杆件上标示的重量和重心位置。栓捆后应试起吊,调整杆件前后左右水平度。经检查确认无问题后正式起吊。

(5)斜腹杆起吊保持 40°~50°的倾角。斜腹杆安装捆绑时要在捆绑卡环上拴溜绳,下端用环钩钩住斜杆腹板,防止起吊千斤向上滑移,待吊机松钩后拉松捆绑处的千斤绳至安装杆下端进行拆卸。起吊前应在上端挂绳梯或钢筋梯,以防止松钩后捆绑千斤取不下和利于施工人员上去拆卸卡环。

(6)杆件起吊就位后对孔时,在栓孔基本重合的瞬间(相错在 10mm 以内)将小撬棍插入孔内拨正,然后微微起落吊钩,使杆件转动对合其他孔眼,首先打入对点冲钉,接着打入定位冲钉和一般冲钉,按工艺安装施拧高强螺栓。

(7)按照便于施工的原则,构件吊装时拼接板进行栓带。桥门架及上平联因为整体安装有困难所以采用散装,散装按照由下而上的原则进行。

### 6. 钢梁吊装位置调整

1)钢桁梁精确定位调整

钢梁精确定位调整前首先做好测量准备工作,如控制点高程计算、中线点标记等,接着精调需用的工具,如千斤顶、薄钢板等。为减小精调时工作量,要求吊机粗放置钢梁节段时高程误差控制在 ±5cm 以内,中线误差控制 2cm 以内,梁段间缝宽控制在 1~3cm 之间。

精调主要调整 3 个方面:高程、中线、梁缝宽,根据相互影响关系,钢梁节段调整按先高程后纵移而后横移的顺序进行。第一轮调整结束后再检测 3 方面数据,一般情况下会有 1、2 项不符合要求,则进行下一轮的调整,仍按着上述调整顺序;如果某一项已经合格,可越过不调整该项。如此反复直到高程、中线、梁缝宽均满足设计要求为止。具体措施如下:

(1)临时支架搭设时,为方便构件就位,设置各控制点牙板高程应比理论梁底高程低 0~3mm,防止

后期调整高程时对牙板进行多次切割。

（2）待钢梁梁段吊装就位后，通过千斤顶及牙板高度调整箱梁梁底高程。

（3）若设置的牙板高于梁底高程，则在小钢管内侧（底板下部）横梁处放置多个千斤顶。同时向上顶起梁段，切割牙板高度至实际高程后，落下构件撤除千斤顶。

2）钢桁梁就位临时措施

下弦杆构件临时就位后，在构件两侧设置挡块，防止钢桁梁滑移、倾覆。在钢桁梁分段接口位置利用冲钉和普通螺栓对就位的构件和栓接板进行临时固定，防止梁段位移。待吊装完成后按高强螺栓施工工艺逐个替换冲钉和普通螺栓。

3）钢桁梁吊装的测量方法

（1）钢桁梁安装过程中，项目测量人员进行全过程检测。

（2）钢箱梁吊装前，测量人员提前在临时支架顶部放出钢桁梁边线，便于钢桁梁吊装定位；同时复核临时支架顶部高程（即钢桁梁下弦杆高程）是否准确，如误差超过规范要求，及时进行调整，以免耽误吊装。

（3）钢桁梁每拼装完毕一个杆件后，测量人员复核平面方向和垂直方向是否安装正确，如误差超过规范要求，及时进行调整。

**7. 高强螺栓施拧**

1）施拧前准备

施拧前对栓接面应进行检查，栓接板面应平整、清洁、无焊渣、无油污、无水汽，孔边、板边无毛刺和飞边，严禁在栓接面上做任何标记。板面或栓孔若有脏污，严禁用手套等擦拭，可用细铜丝刷进行清除，有油污处可用香蕉水或丙酮擦净。在现场操作时注意螺栓等不得被泥土、油污沾染，应保持洁净、干燥状态。必须按批号，同批内配套使用，不得混放、混用。

2）安装冲钉、临时螺栓

高强度螺栓连接安装时，在每个节点上应穿入的临时螺栓和冲钉数量，由安装时可能承担的荷载计算确定，并应符合下列规定：（1）不得少于节点螺栓总数的1/3；（2）不得少于2个临时螺栓；（3）冲钉穿入数量不宜多于临时螺栓数量的30%。

3）高强螺栓安装

（1）螺栓穿入方向应以施拧及维修方便为准，但方向宜一致。主桁节点的高强度螺栓，其螺母一律安装在节点板外侧。纵梁上翼缘的螺栓，螺栓头一律朝上，其余平面及斜面上的高强度螺栓，螺母一律朝上或朝外。组装时，螺栓头一侧及螺母一侧必须各置一个垫圈，垫圈有内倒角的一侧必须分别朝向螺栓头和螺母支承面。

（2）安装高强度螺栓时，严禁强行穿入。当不能自由穿入时，该孔应用铰刀进行修整，修整后孔的最大直径不应大于1.2倍螺栓直径，且修孔数量不应超过该节点螺栓数量的25%。修孔前应将四周螺栓全部拧紧，使板迭密贴后再进行校孔。严禁气割扩孔。

（3）按标准孔型设计的孔，修整后孔的最大直径超过1.2倍螺栓直径或修孔数量超过该节点螺栓数量的25%时，应经设计单位同意。扩孔后的孔型尺寸应做记录，并提交设计单位，按大圆孔、槽孔等扩大孔型进行折减后复核计算。

（4）安装高强度螺栓时，构件的摩擦面应保持干燥，不得在雨中作业。

（5）高强度螺栓连接处摩擦面如采用喷砂（丸）后生赤锈处理方法时，安装前应以细钢丝刷除去摩擦面上的浮锈。

（6）对因板厚公差、制造偏差或安装偏差等产生的接触面间隙，应按下表规定进行处理。

4）高强螺栓初拧和终拧

（1）初拧力矩定为终拧施工力矩的50%。初拧后的高强度螺栓应用颜色在螺母上标记，按规定的终拧扭矩值进行终拧。终拧后的高强度螺栓应用另一种颜色在螺母上标记。高强度大六角头螺栓连接副的初拧、复拧、终拧宜在一天内完成。大六角头高强度螺栓拧紧时,应只在螺母上施加扭矩。

(2)高强度螺栓在初拧和终拧时,连接处的螺栓应按一定顺序施拧,确定施拧顺序的原则为由螺栓群中央顺序向外拧紧,和从接头刚度大的部位向约束小的方向拧紧。常见螺栓连接接头施拧顺序如图27所示,接头螺栓施拧顺序应符合下列规定:

①一般接头应从接头中心顺序向两端进行;
②箱形接头应按 A、C、B、D 的顺序进行;
③工字梁接头栓群应按图 27 中的①~⑥顺序进行;
④工字形柱对接螺栓紧固顺序为先翼缘后腹板;
⑤两个或多个接头栓群的拧紧顺序应先主要构件接头,后次要构件接头。

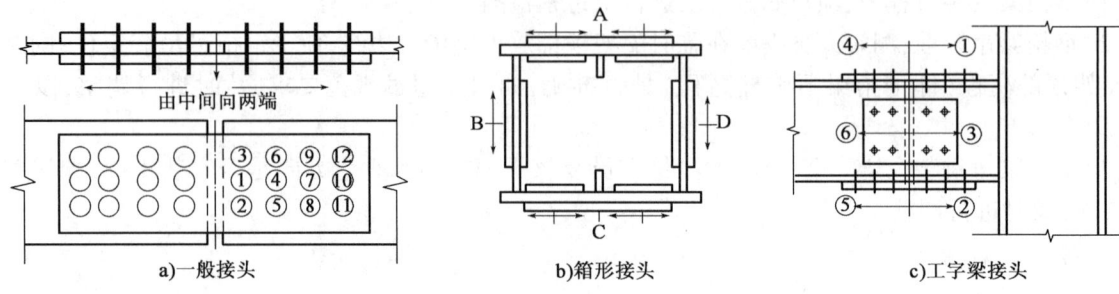

图27 常见螺栓连接接头施拧顺序

(3)初拧和终拧应在同一工作日内完成,施拧时用卡死扳手卡住螺栓头,防止螺栓转动。

(4)高强螺栓初拧完毕后用油漆在螺栓、螺母、垫片及连接板上画标识[4]。

(5)初拧完毕 2h 后进行终拧,终拧顺序应与初拧顺序相同,终拧时施加扭矩应平稳连续,螺栓、垫片不得与螺母一起转动,如发生转动,应更换螺栓,重新初拧、终拧。

(6)终拧完毕后,用油漆在螺栓上画标识,并记录施拧班组的人员、施拧位置、施工扳手编号,以便在扳手不合格时查找其施拧的螺栓,利于检查处理。

(7)每班施拧高强度螺栓前、后,必须由专职专业人员对施工扳手进行校验,其相对误差应为±3%。施工扳手必须编号,将校验结果填入记录表,并由校验人签认。班前校验如扭矩超过±3%,该扳手必须重新标定校验符合要求才能使用,班后校验如扭矩超过±3%则应对该扳手终拧的高强螺栓全部用检查扳手按规定检查处理。

(8)冲钉及临时拆除拆除必须在高强螺栓初拧完毕后方能对其逐个替换,并进行处理。

5)紧固质量检验

(1)用小锤(约0.3kg)敲击螺母对高强度螺栓进行普查,不得漏拧。

(2)扭矩检查宜在螺栓终拧 1h 以后、24h 之前完成。

(3)终拧扭矩应按节点数抽查 10%,且不应少于 10 个节点;对每个被抽查节点应按螺栓数抽查10%,且不应少于 2 个螺栓。

(4)检查时先在螺杆端面和螺母上画一直线,然后将螺母拧松约60°;再用扭矩扳手重新拧紧,使两线重合,测得此时的扭矩应在 $0.9 \sim 1.1 T_{ch}$ 范围内。$T_{ch}$ 应按下式计算:

$$检验扭矩\ T_{ch} = k \cdot P \cdot d$$

式中:$T_{ch}$——检查扭矩(N·m);
$k$——高强螺栓连接副的扭矩系数平均值;
$P$——高强螺栓设计预拉力(kN);
$d$——高强螺栓公称直径(mm)。

(5)如发现有不符合规定的,应再扩大 1 倍检查,如仍有不合格者,则整个节点的高强度螺栓应重新施拧。

(6)观测全部终拧后的高强度连接副,检查初拧后用油漆固定的螺栓与螺母相对位置是否已发生错动,以检查终拧有否漏拧。

8. 涂装施工

1)现场补涂装工艺内容

(1)杆件安装完毕后,对杆件栓接节点部位进行处理,按涂装体系要求喷漆。

(2)杆件安装完毕后,对运输、安装施工中造成的漆膜破损进行修复。

(3)杆件整体施工完毕并进行表面清理后,喷涂面漆。

(4)钢桁梁整体涂装采用喷涂,喷涂时需在钢桁梁下方铺设彩条布予以防护,避免大面积喷涂对引黄济青干渠、小清河造成污损。

2)一般要求

(1)施工应按防腐材料供应商的推荐工艺进行。涂层可采用喷涂、刷涂和辊涂等方式,各涂层的厚度应满足设计的最低要求;

(2)与涂装有关的所有操作均应在防腐涂料供应商规定的温度范围内进行,所有涂覆操作均应严格按照供应商的要求进行;

(3)涂装环境条件、表面处理、防腐层施工、涂料配置及涂装过程中的质量检查与控制措施必须遵照相关标准规定的要求和厂家的技术要求、作业指导书和使用说明书进行。并应进行细致、严格的测试和检查;

(4)施工人员根据所使用的产品特点进行防腐涂层施工培训并取得合格证后,方可进行施工操作。正式开始施工前,材料供应商应派专人现场指导;

(5)涂层施工时,环境温度5℃~38℃,被涂刷钢结构表面温度应高于露点3℃以上,空气湿度应低于80%;

(6)当存在下列情况之一,且无有效防护措施时,不应进行露天施工:雨天、雪天、风沙天;风力达到5级以上;相对湿度大于85%。

9. 钢结构安装误差消除措施

1)误差来源及危害分析

在正常情况下钢结构安装误差来源于:构件在吊装过程中因自重产生的变形、因日照温差造成的缩胀变形、因焊接产生收缩变形。结构由局部到整体的安装过程中,若不采取相应措施,对累积误差加以减小、消除,将会给结构带来严重的质量隐患[5]。

2)钢结构安装误差消除具体办法

针对以上分析,消除安装误差,应当从安装工艺和施工测控两方面采取以下措施:

(1)安装过程中,构件应采取合理保护措施。

由于在安装过程中,细长、超重构件较多,构件因抵抗变形的刚度较弱,会在自身重力的影响下,发生不同程度的变形。为此,构件在运输、倒运、安装过程中,应采取合理保护措施,如布设合理吊点,局部采取加强抵抗变形措施等,来减小自重变形,防止给安装带来不便。

(2)在构件测控时,节点定位实施反三维空间变形。

钢构件在安装过程中,因日照温差、焊接会使细长杆件在长度方向会有显著的伸缩变形。从而影响结构的安装精度。因此,在上一安装单元安装结束后,通过观测其变形规律,结合具体变形条件,总结其变形量和变形方向,在下一构件定位测控时,对其定位轴线实施反向预偏,即节点定位实施反三维空间变形,以消除安装误差的累积。

(3)对构件焊前焊后及施工过程中不间断测量控制,观测结果,做好记录,上报监理单位,为下道工序做好准备。

## 五、结  语

本文通过钢桁梁原位拼装施工,详细阐述了在施工过程中对组装、杆件吊装、栓接、涂装工艺质量等的关键技术控制措施,对后续类似工程施工具有借鉴意义。

**参考文献**

[1] 袁凯.以赣江特大桥施工为例探究大跨径连续桥梁施工的技术以及优点[J].中华建设,(23):2.
[2] 周财辉.徒骇河特大桥64m单线简支钢桁梁施工技术[J].石家庄铁路职业技术学院学报,2016,15(002):10-16.
[3] 李超.同江.中俄铁路大桥144m钢梁架设施工方法的探讨[J].中国科技投资,2017,000(024):51.
[4] 赵才华.沪昆铁路改建工程64m钢桁梁桥原位拼装施工技术[J].上海铁道科技,2017,000(004):99-101.
[5] 张双梅,吴纪东,崔亚新.多跨连续钢箱梁工程施工测量控制技术[J].城市道桥与防洪,2016(12):120-123.

# 35. 移动式台座流水线预制箱梁施工技术

杨 志[1]  黄金涛[1]  郑广顺[2]

(1.中交一公局海威工程建设有限公司;2.山东高速基础设施建设有限公司)

**摘 要** 目前国内铁路桥梁、公路桥梁制梁厂数不胜数,梁体预制基本采用固定式台座,存在占地面积大,不能形成流水线作业,工效低等问题。本文以山东省沾临高速公路为施工实例,进行箱梁预制技术的革新,提出了移动式台座流水线施工技术;各移动式台座通过滑移轨道进行串联实现流水线作业,同时运用蒸汽养护技术,减少养护时间与用地面积、缩短预制周期。对类似箱梁预制施工具有一定的借鉴作用。

**关键词** 梁体预制  移动式台座  滑移轨道  流水线作业  蒸汽养护

## 一、引  言

传统预应力混凝土箱梁预制施工采用单一集中生产模式,即在同一施工区域内,进行钢筋绑扎、立模、混凝土浇筑、拆模、预应力张拉、移梁等一系列工序,预制梁固定底座使用效率低,场地面积大,且整个制梁生产效率较低。从养护工艺来看,传统预制梁采用自然喷淋养生,其养护龄期一般需7d才能满足设计张拉要求,养护时间占整体制梁时间的2/3以上;制梁周期较长,不利于大规模预制梁体施工。采用移动式台座工厂化流水线作业的箱梁预制新技术,通过移动式移动台座将各独立平行施工区域有机串联,实现流水线作业,并采用蒸汽养护技术,大幅减少养护时间,从而节约大量预制场地,并大幅缩短制梁周期,具有很好的社会经济效益和推广应用价值。

## 二、依托工程介绍

沾化至临淄高速公路工程施工三标段项目,位于山东省滨州市博兴县。桩号为K56+050~K93+908,主线全长37.827km,其中沾临三标一分部桩号为K56+050~K75+090,长19.04km。项目部预制场位于K68+200右侧470m处,预制区分两个区域,分别采用移动式台座和装配式台座,移动式台座主要负责701片25m箱梁预制任务,设置两条生产线,配置移动式台座9个,采用两套液压模板,养生采用蒸养设施1套。25m箱梁中梁宽度2.4m,高1.4m,设计方量28.3m³,重量73.58t。25m箱梁边梁宽度

2.85m,高1.4m,设计方量30.6m³,重量79.56t,如图1所示。

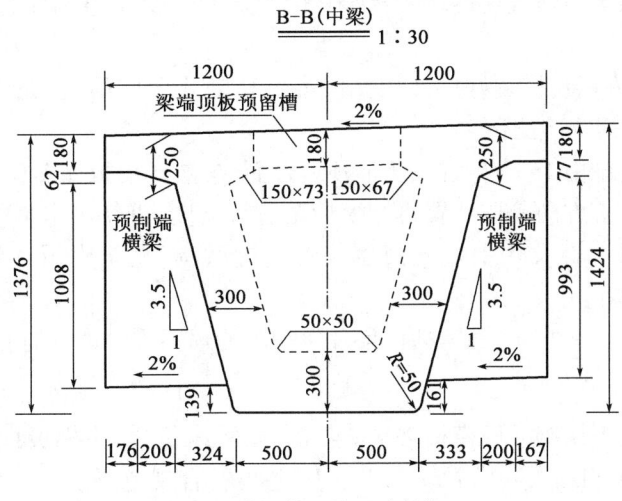

图1 25m箱梁截面图(尺寸单位:mm)

## 三、国内外研究现状

目前国内铁路桥梁、公路桥梁制梁厂数不胜数,但都存在梁厂占地面积大的缺点。占地面积大的主要原因是制梁台座数量需要满足制梁到张拉周期循环,所以数量较多,占地面积较大,也不具备流水化作业的条件。针对梁厂建设占地面积大,制梁不能达到流水作业。本项目经过实地考察个别项目,制定出一套梁厂建设过程中占地少、节约资源且能保证混凝土梁的正常达到流水作业的方案。利用移动式台座达到箱梁流水线作业,提高效能、减少劳务人员用工数量,减小预制梁场面积。

## 四、移动式台座施工原理

移动台座以钢轨为滑移轨道,定制型钢为台座,靠电力驱动。在每条滑动轨道上的滑动方向依次按照施工工序分为钢筋绑扎区(单独设置胎模架绑扎完成后吊装)、混凝土浇筑区、养护区、预应力张拉区。在钢筋绑扎胎模架上绑扎箱梁钢筋,吊装至混凝土浇筑区;液压模板定位并浇筑混凝土,待混凝土达到规定强度后拆除箱梁芯模和液压外模;将移动台座滑移至养护区进行预制箱梁的养护;预制箱梁强度达到张拉强度后将移动台座从养护区滑移至预应力张拉区进行预应力筋张拉,压浆,然后将预制箱梁吊移至存梁场,最后将移动台座吊至空返台座轨道返回浇筑区。分区布置图如图2所示。

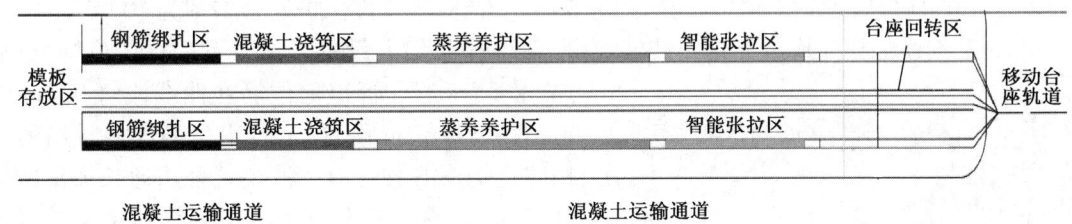

图2 移动式台座分区布置

## 五、移动台座箱梁预制应用

1. 移动式台座布设与安装

(1)进行场地平整,为保证排水,在场地平整时预设横坡。场地平整完成后,对场地进行碾压处理,碾压后预制区场地采用C20混凝土硬化,厚度10cm,纵坡0.3%,横坡1%[2]。

(2)使用全站仪将台座轨道位置进行放样,使用桩头定位移动台座轨道位置。在定位桩上放出台座轨道高程,并做好标记。

(3)移动台座轨道采用43号轨道,移动式台座共计2条生产线、1条回转区,共布置6道43号轨道,每道长150m。

(4)将移动式台座进行拼装,拼装好后使用龙门吊将移动式台座吊起,龙门吊慢速下降,进行安装。安装完成后,移动式台座进行空跑测试。

(5)液压模板的动力体系由16个单缸液压油顶组合而成,液压模板如图3所示。

(6)模板安装先使用垂直方向液压装置将侧模抬至适宜高度,再使用水平方向液压装置将侧模推至移动台座使其闭合,再使用垂直及水平方向液压装置进行微调,直至模板达到要求,模板接缝处用宽10mm,厚5mm的止浆条粘贴。

(7)使用打磨机将模板存在水泥浆、锈蚀污染及保护膜清理不干净的地方打磨干净,涂刷脱模剂。

2. 施工技术要点

(1)预制箱梁模板采用不锈钢液压模板(5mm + 1mm),翼缘板、端头模板预留钢筋处均采用梳齿板。脱模剂采用水机脱模剂。预制箱梁脱模后外观质量、平整度符合规范要求[3]。模板如图4所示。

图3 液压模板安装实景图　　　　图4 不锈钢模板

(2)钢筋加工及安装。箱梁腹板钢筋和顶板钢筋分别在绑扎胎架上绑扎成型,使用龙门吊与自制的吊装架分别将腹板钢筋和顶板钢筋吊装入模,钢筋绑扎是在拐角处全部绑扎,中间平直处交错绑扎,扎丝头都朝向内部。经验收,钢筋绑扎、间距合格。

(3)保护层垫块。腹板、翼缘板、顶板保护层垫块采用圆形垫块,底板采用梅花形垫块。腹板外侧设置3道,内侧设置3道,绑扎于钢筋外侧,纵向间距50cm。底板底、顶均设置2道,纵向间距为50cm。各翼缘板底设置1道,顶板底设置3道,纵向间距为50cm。经检测首件保护层合格率为100%。

(4)在底腹板钢筋绑扎完成后穿管安装波纹管,在绑扎胎架上设置了波纹管坐标定位标尺筋,每隔1m,安装一道。管道定位筋在曲线段每0.4m设置一道,直线段0.8m设置一道;定位筋焊接时用薄木板遮挡防止烧伤波纹管[4]。波纹管采用通长加工的特制波纹管,避免了接头不密实出现堵管现象。混凝土浇筑前安装塑料衬管,混凝土终凝后把衬管拔出,波纹管定位标记如图5所示。

图5 预应力波纹管定位标记

(5)混凝土浇筑采用龙门吊从梁一端向另一端进行,浇筑顺序是底板→腹板→顶板,采用斜向分段、水平分层连续浇筑,分层下料厚度约20cm。振捣以30型和50型插入式振捣棒为主,2.2kW附着式高频振动器为辅,先浇底板再浇腹板,最后浇筑顶板。混凝土振捣完成后，用木抹子对梁顶进行收浆压光，初凝之前对梁顶进行二次收面，最后对梁顶进行横向拉毛处理，拉毛采用自制笓子，间距为5cm，拉毛效果良好。

(6)内模、侧模拆除时间为浇筑完第二天，内模拆除用5t卷扬机分两节从两端分节拉出，箱梁模板拆除时，不可破坏混凝土表面及棱角。

(7)箱梁养生，箱梁顶板采用覆盖土工布喷淋养生，箱梁四周采用自动喷淋养生，养生时间为7d，经7d测试同条件养生试件强度为53.2MPa，达到设计强度；弹性模量为34800MPa，达到28d弹性模量的99%，同时混凝土表面没有裂纹。冬期施工时采用试验恒温养护，外部使用隔热保温层进行包裹；将变温型蒸养技术随梁体预埋的温感数据进行监控，实时对蒸养室温度湿度进行调节，提升混凝土强度及弹性模量，及早达到可进行张拉条件。

(8)张拉、压浆。预应力张拉采用智能张拉设备两端同时张拉，由主控电脑、油泵、千斤顶三部分组成。张拉顺序按照 N1→N3→N2→N5→N4 进行。首先在主控电脑上输入张拉参数并确认，启动张拉程序。张拉程序为：$0 \rightarrow 0.15\sigma_k$（记录伸长值）$\rightarrow 0.30\sigma_k$（记录伸长值）$\rightarrow \sigma_k$（持荷5min、记录伸长值）$\rightarrow$回油、锚固（测量总回缩量）。张拉前进行"混凝土强度、弹性模量、混凝土龄期"三控：即张拉前梁体混凝土强度及弹性模量均应达到设计值的85%，且龄期不少于7d。张拉中进行"张拉应力、应变、时间"三控：即张拉时以张拉力为主，以钢绞线的伸长值做校核，在 $\sigma_k$ 作用下持荷5min。测量钢束伸长值，检查两端钢束伸长值之总和及其偏差是否在规定范围(±6%)以内。两端应同步张拉，两端不同步率应小于5%，通过两端伸长值计算得出。张拉完成24h后检查确认无滑丝、断丝现象方可割束，每片梁断丝及滑丝数量不得超过预应力钢绞线总丝数的1%，并不得位于梁体的同一侧，且一束内断丝不得超过一丝。

后进行压浆准备，浆体按配合比和搅拌时间进行控制，搅拌时间为180s。浆顺序先下后上，两侧孔道同时压浆(N5→N4→N3→N2→N1)，使浆液在循环管道内满管路持续循环，排尽管道内空气。在压浆过程中进行压力(0.6MPa)、流量、水胶比(0.28)三参数控制。关闭出浆口后，保持不小于0.5MPa且不少于5min的稳压期，孔道完全密实。

3. 控制要点

(1)内模安装后调整高程和尺寸，并在内模顶部沿梁长方向间隔2m设置压杠防止内模上浮。模板高程偏差允许值±10mm，模板轴线偏位≤10mm，拼缝密实无漏浆现象。

(2)胎膜架按照钢筋间距每100mm在角钢上设置卡口，钢筋间距允许偏差值±5mm。垫块均按两排梅花状布置，且每 $m^2$ 不少于4个。

(3)箱梁浇筑总时间不宜超过6h。浇筑顺序为"先底板、再腹板、最后顶板，以水平分层、斜向分段、连续浇筑至端头5m时往回浇筑，确保无施工冷缝，一次成形的施工工艺灌注。下料控制10~20cm一层。混凝土振捣以附着式振捣器为主，插入式振动棒为辅的联合振捣工艺。附着式振捣器1.5m一道，上下错开分布，振捣15~20s间歇5s。振动棒应将棒头插入下层混凝土5~10cm，间距控制在10~20cm，时间控制在20~30s。振动棒振捣时不应碰撞模板及波纹管。浇筑完成后，采用木抹子对梁顶进行收面，初凝后对进行横向拉毛处理。

(4)使用蒸养棚进行喷淋养生，养生时间7d。达到设计强度后，滑移至张拉区进行100%整体凿毛，凿毛表面无浮浆，露出新鲜集料。

(5)张拉力满足设计要求，断丝滑丝数每束不超过一根，每断面总数不超过钢丝总数1%，伸长率满足设计要求(偏差允许值±6%)，两端同步率不得超过5%。

(6)张拉完成后48h内完成压浆，浆体搅拌到进入梁体不得超过40min，压浆完成持续荷载5min。预应力管道压浆饱满无空隙。强度满足设计要求。水胶比为0.26%~0.28%。

## 六、移动台座特点

(1)时间缩短：压缩了工序之间的衔接时间，实现钢筋绑扎、浇筑、养护在流水线上移动作业，与传统吊装模式比较，缩减了钢筋提吊环节提高钢筋安装质量、进度，错峰作业，节省了台座挤占时间，大大提高了作业功效。

（2）提高场地利用率：由传统的固定台座转变为移动式台座，场地只需要滑移轨道所占场地即可。

（3）提高劳动生产率：实现了流水施工的连续性和专业化，有利用提高劳动生产率。

（4）保证了工程质量：专业化施工可提高工人的技术水平，使工程质量相应提高。

（5）降低了工程成本：由于工期短、效率高、用人少、资源消耗平衡，可以减少用工量和管理费，降低工程成本，提高利润水平。

## 七、应 用 效 果

### 1. 施工工效指标分析

采用自行式台座工厂化流水线预制箱梁施工新技术与传统固定式台座施工方法相比，无论是台座数量、占地面积、施工天数、养生时间和生产效率均具有明显优势[5]，见表1。

施工工效分析表　　　　表1

| 项目 | 传统固定式台座施工 | 自行式台座流水施工 |
| --- | --- | --- |
| 预制模式 | 施工工序交叉，易受影响 | 平行作业，不受影响 |
| 台座数量 | 25个固定台座 | 8个移动台座 |
| 预制场地面积 | 5292 m² | 3381 m² |
| 每年施工时间 | 240 天/年 | 365 天/年 |
| 模板安装时间 | 5h | 3h |
| 梁体养生时间 | 7d | 2d |
| 单台座梁体生产效率 | 2 片/月～3 片/月 | 7 片/月～8 片/月 |

### 2. 施工成本指标分析

表2～表4示出了施工成本有关指标。

移动式台座成本费用　　　　表2

| 项目 | 数量 | 单价 | 实际成本 | 备注 |
| --- | --- | --- | --- | --- |
| 征地费用 | 3381 m² | 11500 元/亩 | 7.09 万元 | — |
| 台座费用 | 8 个 | 183500 元/个 | 73.4 万元 | 考虑50%折旧 |
| 台座基础费用 | C25 混凝土 80 m³ | 420 元/m³ | 3.36 万元 | — |
| 移动台座轨道 | 43 号钢轨 600m | 215 元/m | 12.9 万元 | — |
| 蒸养设施 | 2 套 | 140000 元/套 | 28 万元 | — |
| 液压模板 | 2 套 | 600000 | 120 万元 | — |
| 合计(万元) |  |  | 244.75 万元 | — |

装配式台座成本费用　　　　表3

| 项目 | 数量 | 单价 | 实际成本 | 备注 |
| --- | --- | --- | --- | --- |
| 征地费用 | 5292 m² | 11500 元/亩 | 11.11 万元 | — |
| 台座费用 | 25 个 | 27500 元/个 | 34.37 万元 | 考虑50%折旧 |
| 台座基础费用 | C25 混凝土 356.5 m³ | 420 元/m³ | 14.973 万元 | — |
| 不锈钢模板 | 6 套 | 200000 元/套 | 120 万元 | — |

续上表

| 项　目 | 数　量 | 单　价 | 实际成本 | 备　注 |
|---|---|---|---|---|
| 养护水系统 | 1套 | 800000元/套 | 80万元 | — |
| 合计(万元) | | | 260.45万元 | — |

总成本、工效对比　　　　　　　　　　　　　　　　表4

| 项　目 | 建设成本 | 工　效 |
|---|---|---|
| 自行式移动式台座 | 244.75万元 | 56片/月 |
| 装配式台座 | 260.45万元 | 50片/月 |

注：自行式、移动式台座比装配式台座节约成本15.7万元，同时每月预制梁产能比装配式台座多6片。

### 3. 社会效益

（1）达到标准化水准，实现了流水生产线和全方位工厂化管理模式，得到了业主、监理单位的一致认可。举行了多次施工单位观摩学习。

（2）提高场地利用率：由传统的固定台座转变为移动式台座，场地只需要滑移轨道所占场地即可，提高了场地的利用率。

（3）生产效率提升：流水施工得到实现，展现出连续性和专业化，大大提升了劳动生产效率。

## 八、结　语

箱梁预制新技术采用移动式台座工厂化流水线作业，将移动式台座和各独立的平行施工区域现实了有机联动，形成流水施工模式进行作业，并结合了蒸汽养护技术使箱梁养护时间大幅减少，从而将预制场地大量节约，并大幅缩短制梁周期，具有很好的社会经济效益和推广应用价值。

**参考文献**

[1] 兰廷波.滑移式台座预制箱梁施工技术[J].建筑工程技术与设计,2018.
[2] 朱勇.预制梁移动式台座施工技术[J].中国新技术产品,2012.
[3] 中华人民共和国交通运输部.公路桥涵施工技术规范：JTG/T 3650—2020[S].北京：人民交通出版社股份有限公司,2020.
[4] 叶宏卫,吴国柱.提高预应力张拉施工质量的控制方法[J].中国公路,2018,000(013):112-113.
[5] 陈礼彪,陈荣刚.自行式台座工厂化流水线预制箱梁新技术的应用[J].中国公路,2019.

# 36. 大跨径钢桁梁制作加工施工技术

程海涛[1]　乔天飞[1]　樊露[1]　于浩[2]

(1.中交一公局海威工程建设有限公司；2.山东高速基础设施建设有限公司)

**摘　要**　在桥梁工程领域，为满足使用功能和承载功能的要求，钢桁架结构的应用逐渐广泛，本文结合具体工程介绍钢桁梁的桁架分段、胎架选择、预拼装制作技术及制作过程中需要重点控制的工序，从而更好地满足工程质量要求和现场安装进度。

**关键词**　大跨径　钢桁梁　制作　加工　技术

## 一、引　言

目前钢结构桥梁在社会建设中发挥着举足轻重的重要作用，在整个钢结构桥梁中，钢桁梁是主要组成部分,钢桁梁的制造工艺直接关系着整座桥梁的施工质量。尤其是焊接质量,孔群精度和构件尺寸精度等关键点,清楚把握这些工艺的关键点是保障桥梁质量的一个重要前提,同时也是满足社会需要的关键技术。

## 二、工程概况

沾临高速公路是山东省高速公路网"九纵五横一环七连"的重要组成部分,道路起始位置位于滨州市沾化区,终点位于淄博市张店区,采用双向六车道高速公路标准,设计速度120km/h。

小清河特大桥主桥采用108m简支钢桁梁桥,整幅布置,横桥向布置三片桁架,横坡为双向2%,钢结构加工应根据中桁预拱值调整。主桁中心距为2×18.7m,桁架中心高13.5m,节间标准长度13.5m,梁端节间长度为12.7m,全桥共8个节间。桥面系采用C50钢筋混凝土桥面结构,混凝土桥面由设置在纵、横梁顶板和下弦杆顶板上的剪力钉组合而成,剪力钉纵向基本间距150mm,形成共同受力体系。

钢桁梁桥是由上弦杆、下弦杆、腹杆、横纵梁、上平联、桥门框架组成,采用Q370qE钢,其中边桁下弦杆内侧节点板、中桁下弦杆节点板均采用Q370qE-Z35钢,钢材总重约2674t。

## 三、施 工 工 序

1. 本工程钢桁梁制造流程

"赶平、预处理→下料→板单元制作→杆件制作→杆件试拼装→解体→涂装→运输至桥位"的工艺流程。

关键工艺:
(1)数控精密切割;
(2)顶板、底板、腹板、隔板、板肋精确组装;
(3)顶板、底板、腹板、隔板单元焊接;
(4)杆件的组装精度和焊接质量控制;
(5)杆件试拼装阶段的组装精度控制;
(6)每道工序焊接完成后矫正焊接变形。

2. 梁段划分

钢桁梁梁段划分依据设计节段划分进行,各梁段之间采用工地现场栓接形成整体,各桥梁段划分示意图,如图1所示。

3. 零件制作

1)钢板预处理

(1)钢板下料前必须全部进行赶平处理,使其偏差控制在1mm/m范围之内,通过矫平消除钢板的轧制变形(特别是局部硬弯)和内应力,从源头上开始预防和控制,使制造过程中的变形最小化,这是保证板件平面度的必要工序之一。

(2)对于钢板的表面缺陷根据相关规定进行修补和处理。

(3)钢板经表面处理后达Sa2.5级后,涂装车间底漆。

2)下料

(1)下料应根据施工图纸、工艺技术文件及相关技术标准进行。

(2)要使轧制方向与杆件的受力方向一致,下料前应检查所有材料的牌号、规格、质量。

(3)所有零部件都优先采用精细切削工艺作为下料。对于一个类似矩形的板件,在进行下料时,沿着相反的长度两边需要同时进行多次切割,防止这些板件发生在相反的平面内侧向弯曲。对于各种形状复杂的零部件,采用计算机电脑自动进行取样处理来分析和确定各种几何材料的大小和尺寸,并且我们可以选择采用数控切割机进行精切和下料,并且还需要适当地添加一些补偿剂,以达到有效地消除材料过热和产生变形的影响。

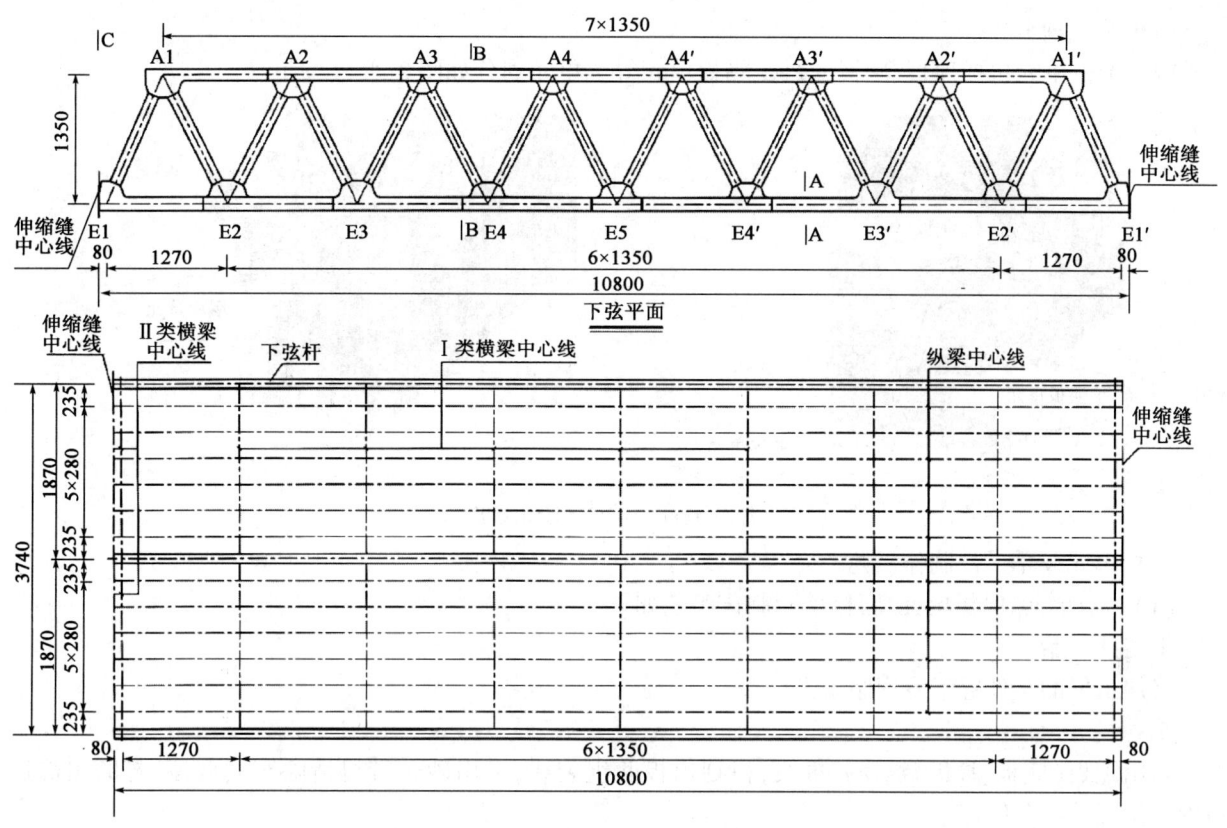

图1　小清河108m钢桁架梁设计节段划分示意图(尺寸单位:cm)

(4)精密切割的边缘表面质量达到如下要求,见表1。

**精密切割边缘表面质量要求**　　表1

| 序号 | 项　目 | 用于主要零件 | 用于次要零件 | 备　注 |
|---|---|---|---|---|
| 1 | 表面粗糙度Ra | ≤25μm | ≤50μm | GB/T 1031用样板检测 |
| 2 | 崩坑 | 不允许 | 1m长度内,允许有一处1mm | 深度小于2mm时,可磨修匀顺;当深度超过2mm时,应先补焊,然后磨修匀顺 |
| 3 | 塌角 | 允许有圆角半径≤0.5mm的塌角 | | — |
| 4 | 切割面垂直度 | ≤0.05t,且不大于2.0mm | | t为钢板厚度 |

3)加工

(1)在进行零部件的制造过程中,首先要保证制造精度,提高在组装过程的准确性和在焊接过程中按规范要求施工的工艺,见表2。

**主要板件制造允许偏差(mm)**　　表2

| 序号 | 名　称 | 允许偏差(mm) | | 备　注 |
|---|---|---|---|---|
| | | 长度 | 宽度 | |
| 1 | 顶板、底板、腹板 | ±2.0 | ±2.0 | |
| 2 | 横隔板 | ±1.0 | ±1.0 | |
| 3 | 螺栓孔 | +0.7(孔径) | ≤0.3(孔壁垂直度) | |

(2)需要进行边缘加工的部件,下料时必须要预留加工余量。

## 4. 板单元制作

### 1）板单元划分

钢桁梁板单元包括顶板、底板、腹板、隔板单元等。单元划分如图2所示。

图2 钢桁梁板单元划分示意图

### 2）板单元及单元件制作工艺

（1）顶板单元、底板单元、腹板单元制作工艺如下：

①零件上胎

将加工好的零件置于专用胎架上。

②划线

划出顶板（底板、腹板）纵横基准线，粗划出板肋组装线，采用砂布带机清除车间底漆，打磨出焊道，精确划出板肋组装线。

③组装

按线组装板肋，施定位焊，打磨焊点，焊接过程严格按照《焊接工艺规程》进行。

④焊接

采用$CO_2$气体保护焊焊接板肋，焊接过程严格按照《焊接工艺规程》进行。

⑤矫正

在火工矫正平台上矫正焊接变形。

⑥标识、标记

检验合格后，标记标识板单元编号。

（2）隔板单元制作工艺如下：

①零件上胎

将加工好的零件置于划线平台上。

②划线

粗划出加劲肋组装线，采用砂布带机打磨焊道，精确划出加劲肋组装线。

③组装

将零件置于专用胎架上，组装加劲肋及人孔护筒，施定位焊，焊接过程严格按照《焊接工艺规程》进行。

④焊接

采用$CO_2$气体保护焊焊接板肋，焊接过程严格按照《焊接工艺规程》进行。

⑤矫正

在火工矫正平台上矫正焊接变形。

⑥标识、标记

检验合格后，标记标识板单元编号。

(3) 板单元制作工艺说明

① 板单元组装

a. 在进行组装过程前,首先要对施工图纸和工艺技术文件熟悉,对部件进行查看并确认,进行核对,然后按设计图纸和施工流程进行组装。

b. 将材料放置在工作平台上进行组装,首先在板上划线,准确划出肋板位置,误差控制在规范允许的范围之内;在组装肋板时,应将其与主板顶紧后再进行定位焊,距端部30mm,间隔400~600mm,长度50~100mm。控制肋板垂直度误差不大于1mm。具体见表3。

**板单元的组装允许偏差(mm)** 表3

| 序号 | 名称 | 项目 | | 图例 | 允许偏差 |
|---|---|---|---|---|---|
| 1 | 顶板、底板、腹板 | 长度L、宽度B | | | ±2.0 |
| | | 平面度f | 横向 | | 不大于2 |
| | | | 纵向 | | 小于4/4.0m |
| | | 加劲肋与顶板、底板、腹板组装间隙a | | | 不大于1.0 |
| | | 加劲中心距S | 端部及横隔板处 | | ±1.0 |
| | | | 其他部位 | | ±2.0 |
| 2 | 隔板 | 隔板及其接板长度L、宽度H | | | ±2.0 |
| | | 隔板接板垂直度 | | | ±2.0 |

② 板单元焊接

a. 在进行焊接过程中,严格按照焊接工艺,对工艺中的控制点严格遵守,不得更改。

b. 对于由不同厚度的钢板组成的单元,在接收材料之前,应将厚板的一侧加工成1:8的坡度。

c. 板元件加劲肋的角焊缝应采用$CO_2$气体保护焊进行焊接。

5. 杆件制作

1) 杆件划分

钢桁梁钢筋按结构形式分为H形钢筋、普通箱形钢筋、整体节点封闭箱形钢筋、连接板等。具体划分情况见表4。

**杆件划分表** 表4

| 序号 | 钢桁梁杆件 | 杆件类型 |
|---|---|---|
| 1 | 上弦杆 | 带整体节点的闭口箱形杆件 |
| 2 | 下弦杆 | 带整体节点的闭口箱形杆件 |
| 3 | 腹杆 | H形杆件 |
| | | 普通箱形杆件 |
| 4 | 横梁 | H形杆件 |
| | | 普通箱形杆件 |
| 5 | 纵梁 | H形杆件 |
| 6 | 上平联 | 普通箱形杆件 |
| | | 连接板 |
| 7 | 桥门架 | H形杆件 |
| | | 普通箱形杆件 |
| | | 连接板 |

2) H 形杆件制作

(1) H 形杆件结构示意图如图 3 所示。

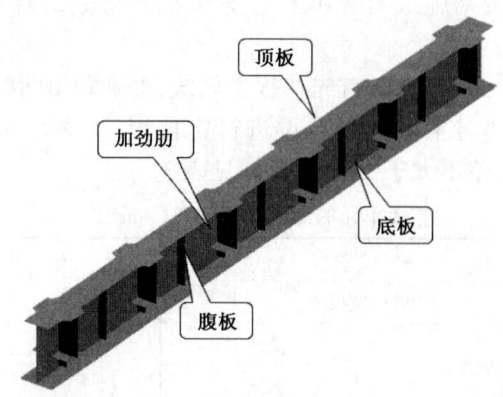

图 3　H 形杆件结构示意图

(2) H 形杆件制作工艺如下：

① 零件上胎

将加工好的零件置于划线平台上。

② 划线

在顶底腹板上划出纵横基准线，顶底板上粗划出腹板组装线，腹板上划出加劲肋组装线，采用砂布带机打磨焊道，精确划出腹板组装线及加劲肋组装线。

③ 组装

将零件置于专用胎架上，按组装线腹板，并采用 $CO_2$ 气体保护焊实施定位焊，焊接过程严格按照《焊接工艺规程》进行。

④ 焊接

单元件置于专用焊接胎架上采用埋弧自动焊进行焊接，焊接过程严格按照《焊接工艺规程》进行。

⑤ 矫正

矫正焊接变形。

⑥ 组装

按线组装加劲肋，并采用 $CO_2$ 气体保护焊实施定位焊，焊接过程严格按照《焊接工艺规程》进行。

⑦ 焊接

采用 $CO_2$ 气体保护焊实施定位焊，焊接时严格按照《焊接工艺规程》进行。

⑧ 矫正

矫正焊接变形。

⑨ 制孔

用制孔模板对杆件进行制孔。

⑩ 标识、标记

检验合格后，标记标识 H 形构件编号及方向识别码。

3) 普通箱形杆件制作

(1) 普通箱形杆件结构示意图如图 4 所示。

(2) 普通箱形杆件制作工艺如下，内部实景如图 5、图 6 所示：

① 板单元上胎

将底板单元置于杆件制作专用胎架上。

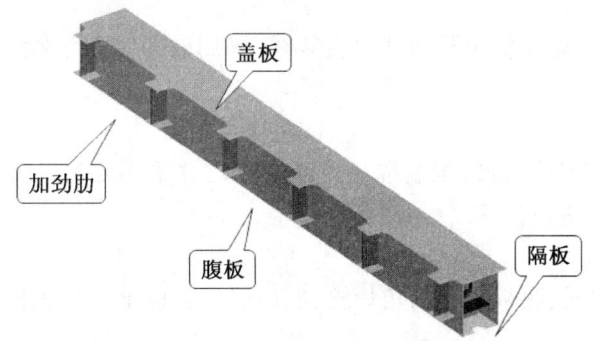

图4 普通箱形杆件结构示意图

图5 普通箱形杆件内部

图6 普通箱形杆件内部隔板

②划线

在底板单元上划出隔板组装线。

③组装

按线组装隔板及两侧的腹板单元,并采用$CO_2$气体保护焊实施定位焊,焊接过程严格按照《焊接工艺规程》进行。

④焊接

首先焊接隔板与底板单元、腹板单元的角焊缝,然后焊接底板单元与腹板单元的角焊缝,焊接过程严格按照《焊接工艺规程》进行。

⑤矫正

矫正焊接变形。

⑥组装顶板单元

组装顶板单元,并采用$CO_2$气体保护焊实施定位焊,焊接过程严格按照《焊接工艺规程》进行。

⑦焊接

焊接顶板单元,焊接过程严格按照《焊接工艺规程》进行。

⑧矫正

矫正焊接变形。

⑨制孔

用制孔模板对杆件进行制孔。

⑩标识、标记

检验合格后,标记标识杆件编号及方向。

(3)横梁位置处箱形杆件制作工艺如下:

①零件上胎

将加工好的零件置于划线平台上。

②划线

划出纵横基准线,粗划出隔板单元及加劲肋组装线,采用砂布带机清除车间底漆,打磨出焊道,精确划出组装线。

③组装隔板单元、腹板

将底板置于专用胎架上定位,按线组装隔板单元、腹板,并采用$CO_2$气体保护焊实施定位焊,焊接过程严格按照《焊接工艺规程》进行。

④焊接隔板单元、腹板

首先焊接隔板与底板单元、腹板单元的角焊缝,然后焊接底板单元与腹板单元的角焊缝,焊接过程严格按照《焊接工艺规程》进行。

⑤矫正

矫正焊接变形。

⑥组焊顶板

按线组装顶板单元,并采用$CO_2$气体保护焊实施定位焊,焊接过程严格按照《焊接工艺规程》进行。

⑦矫正

矫正焊接变形。

⑧组焊加劲肋

按线组装腹板加劲肋,采用$CO_2$气体保护焊进行焊接,焊接过程严格按照《焊接工艺规程》进行。

⑨矫正

矫正焊接变形。

⑩制孔

用制孔模板对杆件进行制孔。

⑪标识、标记

检验合格后,标记标识杆件编号及方向。

4)带整体节点的闭口箱形杆件制作

(1)带整体节点的闭口箱形杆件结构示意图如图7所示。

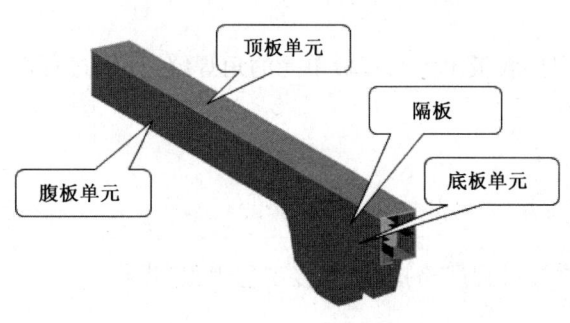

图7 带整体节点的闭口箱形杆件结构示意图

(2)带整体节点的闭口箱形杆件(上弦杆和腹杆位置处)制作工艺如下:

①顶板单元上胎

将顶板单元置于胎架上。

②划线

检验校准板单元纵横基准线,粗划出隔板组装线,采用砂布带机清除车间底漆,打磨出焊道,精确划出隔板组装线。

③组装隔板、腹板

按线组装隔板、腹板,用二氧化碳气体保护焊实施定位焊,焊接过程严格按照《焊接工艺规程》进行。

④焊接隔板、腹板

首先焊接隔板与顶板单元、腹板单元的角焊缝,然后焊接顶板单元与腹板单元的角焊缝,焊接过程严格按照《焊接工艺规程》进行。

⑤矫正

矫正焊接变形。

⑥组焊底板单元

按线组装底板单元,并采用$CO_2$气体保护焊实施定位焊,然后二氧化碳气体保护焊进行焊接,焊接过程严格按照《焊接工艺规程》进行。

⑦矫正

矫正焊接变形。

⑧制孔

用制孔模板对杆件进行制孔。

⑨标识、标记

检验合格后,标记标识杆件编号及方向。

(3)带整体节点的闭口箱形杆件(下弦杆位置处)制作工艺如下:

①顶板单元上胎

将顶板单元置于胎架上。

②划线

检验校准板单元纵横基准线,粗划出隔板组装线,采用砂布带机清除车间底漆,打磨出焊道,精确划出隔板组装线。

③组装隔板、腹板

按线组装隔板、腹板,用二氧化碳气体保护焊实施定位焊,焊接过程严格按照《焊接工艺规程》进行。

④焊接隔板、腹板

首先焊接隔板与顶板单元、腹板单元的角焊缝,然后焊接顶板单元与腹板单元的角焊缝,焊接过程严格按照《焊接工艺规程》进行。

⑤矫正

矫正焊接变形。

⑥组焊底板单元

按线组装底板单元,并采用 $CO_2$ 气体保护焊实施定位焊,然后二氧化碳气体保护焊进行焊接,焊接过程严格按照《焊接工艺规程》进行。

⑦组焊加劲肋

按线组装加劲肋,用二氧化碳气体保护焊实施定位焊,后用二氧化碳气体保护焊进行焊接,焊接过程严格按照《焊接工艺规程》进行。

⑧矫正

矫正焊接变形。

⑨制孔

用制孔模板对杆件进行制孔。

⑩标识、标记

检验合格后,标记标识杆件编号及方向。

5)杆件焊接变形矫正措施

施工现场在焊接结构物过程时,运用了一些对杆件防止变形的措施,但是总免不了在部分杆件中出现超出规范要求的焊接变形,对于杆件变形通常通过机械矫正(如图8所示)或火焰矫正(如图9、图10所示)予以处理。

### 6. 杆件试拼装

根据结构特点,杆件制作完成后,在拼装场进行杆件试拼装。杆件试拼装包括:主桁杆件试拼装、桥面系杆件试拼装、上平联杆件试拼装及桥门架杆件试拼装。试拼装长度按3+1个节间的试拼装方式进行,分为3个轮次,首轮试拼装完成后,将需要运输至桥位的杆件运出转序,留下尾部杆件与下一轮次杆件进行试拼装。

图8 机械矫正

杆件试拼装工艺流程如下：

1）杆件试拼装胎架

根据杆件结构及试拼装场地情况，共设计 2 组试拼装胎架，如图 11 所示。每个胎架上进行连续拼装作业，检查合格后，标记杆件号。

图 9　火焰矫正　　　　　　　　图 10　工人施作火焰矫正

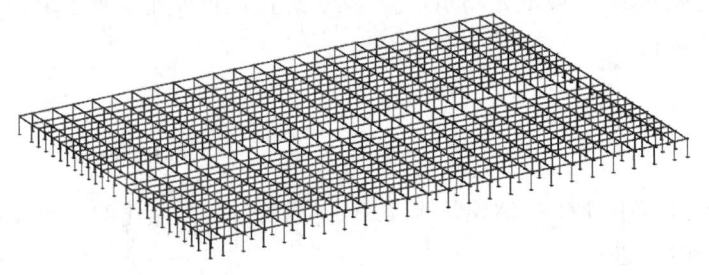

图 11　试拼装胎架三维图

2）主桁杆件试拼装

主桁杆试拼装制作工艺如下：

（1）按线组装上弦杆及下弦杆

在胎架上划出上弦杆及下弦杆位置线；按线组装上弦杆、下弦杆。

（2）组装腹杆

根据上下弦杆结构组装腹杆。

（3）配钻

根据拼接板模板上螺栓孔位置，对杆件进行配钻。

（4）栓接

将拼装好的杆件利用定位销及螺栓固定，定位销及螺栓数量符合规范规定。

（5）标记节段

检查合格后，将试拼装好的杆件进行标记。

（6）解体

将试拼装好的杆件解体，进入下一工序。

3）桥面系杆件试拼装

（1）按线组装下弦杆

在胎架上划出下弦杆位置线，按线组装下弦杆。

（2）组装横梁

根据下弦杆结构组装横梁。

(3) 组装纵梁

根据横梁结构组装纵梁。

(4) 配钻

根据拼接板上的螺栓孔位置,对杆件进行配钻。

(5) 栓接

将拼装好的杆件利用定位销及螺栓固定,定位销及螺栓数量符合规范规定。

(6) 标记节段

检查合格后,将试拼装好的杆件进行标记。

(7) 解体

将试拼装好的杆件解体,进入下一工序。

4) 桥门架杆件试拼装

(1) 按线组装上弦杆及腹杆

在胎架上划出上弦杆及腹杆位置线;按线组装上弦杆、腹杆(腹杆悬空,需设置临时工装予以支撑)。

(2) 组装桥门架

根据上弦杆、腹杆结构组装桥门架。

(3) 配钻

根据拼接板上的螺栓孔位置,对杆件进行配钻。

(4) 栓接

将拼装好的杆件利用定位销及螺栓固定,定位销及螺栓数量符合规范规定。

(5) 标记节段

检查合格后,将试拼装好的杆件进行标记。

(6) 解体

将试拼装好的杆件解体,进入下一工序。

5) 杆件试拼工艺说明

(1) 提交试拼装的钢桁梁桥构件应是经验收合格的产品,且将构件飞刺、电焊熔渣及飞溅清除干净;

(2) 在进行试拼装时,对场地和设备机械应提前准备充分,在施工过程中进行起吊,场地要满足构件自己承重的能力,要达到平整、密实,在过程中不应发生支点下沉;

(3) 构件试拼装应在测平的胎架上进行,构件应处于自由状态;

(4) 试装时,高强螺栓连接处钢板的平整度和连接板的紧密度应符合图纸要求,使试装的连接板层紧密黏结。冲孔钉不得少于螺栓孔总数的10%,螺栓不得少于螺栓孔总数的25%;

(5) 在试装配过程中,检查拼接是否相互冲突,螺栓是否不易拧紧;

(6) 在进行拼装过程中,所有螺栓孔必须用试孔器检查。桁架主桁架的螺栓孔应100%自由通过比设计孔径小0.75mm的试孔器;桥面系和联结系的螺栓孔应100%自由通过较设计孔径小1.0mm的试孔器;

(7) 在进行拼装过程中,作业人员应进行详细记录,留存过程资料,经鉴定合格后可批量生产;

(8) 将文件报监理工程师和设计方签认,然后提交给安装方;

(9) 钢桁梁桥试拼装的主要尺寸及允许偏差应符合表5中的规定。

钢梁试拼装的主要尺寸允许偏差　　　　表5

| 项　目 | 允许偏差(mm) | 说　明 |
|---|---|---|
| 桁高 | ±4.0 | 上下弦杆中心距离 |
| 节间长度 | ±4.0 | — |
| 旁弯 | $L/5000$ | 桥面系中线与其试装全长 $L$ 的两端中心所连接直线的偏差 |

续上表

| 项　目 | 允许偏差(mm) | 说　明 |
| --- | --- | --- |
| 试装全长 | ±5 | $L\leqslant 50000$ mm($L$ 为预拼装长度) |
|  | ±$L$/10000 | $L>50000$ mm($L$ 为预拼装长度) |
| 拱度 | ±5 | 当 $f\leqslant 60$ mm 时($f$ 计算拱度) |
|  | ±5$f$/50 | 当 $f>60$ mm 时($f$ 计算拱度) |
| 主桁中心距 | ±5 |  |
| 对角线差 | ±5 | 每个节间 |

### 7. 制孔工艺

**1）制孔方案**

钢桁梁制孔按制孔时机分为3种：零件制孔、杆件制孔、桁片制孔。

零件制孔：下弦杆上与横梁栓接的小件、上弦杆上与上平联栓接的小件、横梁上与纵梁栓接的小件、上平联节点板、桥门架节点板以及所有拼接板均采用先孔法，下料后直接制孔，统一做成标准件。

桁片制孔：上下弦杆靠近节点板的一端在杆件装焊完工并检测合格后整体制孔，另一侧在杆件匹配检测合格后进行配钻。

杆件制孔：腹杆、横梁（不含横梁与纵梁连接处孔群）、纵梁、上平联、桥门架杆件全部在杆件匹配检测合格后进行配钻。

**2）制孔流程**

（1）零件制孔

零件制孔采用 CNC 钻制孔或采用钻模用摇臂钻制孔。

数控平面钻制孔流程：检查拼接板尺寸、编号，将拼接板零件四周打磨清洁完毕后，将拼接板用磁力吊吊入机床内，确定分区，按定位要求定位好，根据零件钻孔图选择钻孔程序（机床可识别 CAD 版本的 DXF 文件）进行钻孔。特别注意程序选用和定位时的边距。可适当将拼接板叠放，叠放厚度不超过 100mm。

摇臂钻制孔流程：检查拼接板尺寸、编号，将拼接板零件四周打磨清洁完毕后，将多块拼接板叠放一起，可以点焊规定，叠放厚度不超过 150mm。然后划出（用钢针）模板定位线（纵横基准线），根据图纸选用钻模，将钻模按照定位线进行定位。然后将钻模和拼接板（零件）用 C 形夹定位。然后整体吊至钻孔平台进行钻孔作业。

（2）桁片制孔

弦杆组装焊接完毕，检验合格后，修正弦杆顶、底、腹板系统中心线、节点中心线，按工艺图划定位孔中心线，钻定位孔。布模定位，打入冲钉（冲钉不少于3个）。在自由状态下用冲钉和工艺螺栓将钻模进行定位，用摇臂钻进行孔群制孔。

为满足不同面的钻孔要求，杆件需翻身制孔。安全起见，杆件使用落地翻身方案，采用"L"形翻身工装，保证工装有足够的强度，制作成箱形结构形式，工装示意图如图12所示。

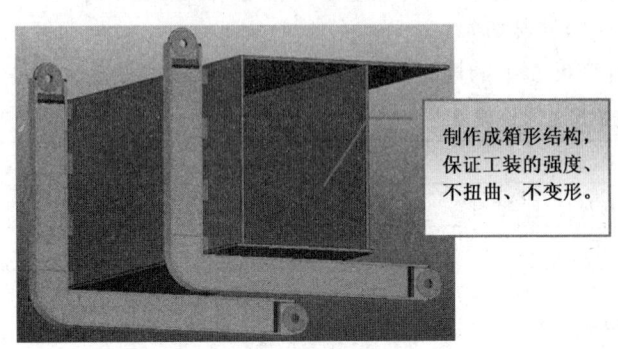

图12　工装示意图

（3）杆件制孔

杆件匹配组装焊接完毕，检验合格后，将杆件顶、底、腹板拼接板模板按照图纸设计要求定位，打入冲钉（冲钉不少于3个），然后用工艺螺栓紧固。用空心磁力钻，在杆件配钻端（顶板、底板、腹板）孔群四周钻出不少于4个定位孔。然后拆除杆件，在自由状态下用冲钉和工艺螺栓将钻模进行定位,用摇臂钻进行孔群制孔。

3) 制孔要点

(1) 杆件钻孔前,必须完成矫正、划线,并报检合格。严格执行"三检"制。

(2) 钻定位孔原则:先钻对角(样板),再钻其他孔;钻完一个孔,安装一个冲钉,以防样板发生位移。

(3) 在任何工作状态下钻孔,钻孔面要调整到水平状态,确保工作台的平整稳定。

(4) 在进行首次钻孔时,应先在废料上试钻,经检验合格后方可在正式零部件上钻孔。

(5) 钻孔时应经常用试孔器检查孔径偏差是否在规范允许范围内。

4) 制孔精度见表6。

孔 距 允 许 偏 差　　　　　表6

| 项　　目 | | 允 许 偏 差 |
| --- | --- | --- |
| 同一孔群两相邻孔距离 | | ±0.4 |
| 多组孔群两相邻孔中心距 | | ±2.0 |
| 两端孔群中心距 | $L \leq 11m$ | ±2.0 |
| | $L > 11m$ | ±2.5 |
| 孔群中心线与杆件中心线的横向偏移 | | 2.0 |
| 杆件两侧面各孔群纵、横向偏移 | | 2.0 |

8. 钢桁梁制作线形监控措施

1) 边桁、中桁及桥面系杆件制作完成后需于梁段预拼装胎架上进行连续匹配拼装,梁段预拼装需严格执行测量监测制度,梁段上胎前需确保支点高度偏差满足设计及规范要求,梁段上胎后需及时监测梁段拼装线形,及时纠偏,从而梁段整体制作线形,并保证三片桁架间线形的同步性。

2) 需参考设计院及监控单位提供的厂设制作预拱度,提前做好预控方案,并在制造过程中加以落实和预留;另一方面制造时必须采取可控的调整措施及纠偏方案,对钢梁制造误差进行动态控制,避免误差的累积,以保证钢梁拼装线形。

3) 在杆件试拼装过程中,在杆件上进行定位以及下一个节杆件时,均需要对其平面度、对角线差、节间长度、桁高等进行检查,以便于保证整个试验的拼装准确性及线形;在后续节间进行试装时,不仅首先要考虑前一节间的匹配精度及相对几何的精度,还要做一个整体的测量,避免因为误差而产生积累,导致质量上存在缺陷。

4) 测量控制点标识。节段制作完成后将测量控制点打样冲眼,节段涂装完成后用油漆做明显标记,方便桥位吊装时测量使用。

5) 胎架纵、横基准线设置。胎架纵向基准线设于胎架马板及预埋钢板之上,并用样冲做好标记,每轮胎架改造时需进行重测。横向基准线刻划在胎架纵梁之上以及地面预埋钢板上。胎架的纵、横向基准线仅用于节段制造过程中结构的初步定位,结构的精确定位则依据梁段两端的标志塔上标尺配合经纬仪或全站仪进行。

6) 钢梁节段预拼胎架必须严格按监控单位提供线形进行制作,制作完毕后需对胎架线形进行整体验收;钢梁加工过程中需注意胎架变形,及时纠偏。

7) 测量器具必须经过标定或与标定器具比对无误后方可使用。

## 四、结　语

钢桁梁是现代桥梁中的一种重要结构形式,已经广泛应用于大跨度桥梁工程中,具有受力明确,施工便捷,安全可靠,最大限度地加快工程进度等特点,具有广阔的前景,本文以小清河特大桥钢桁梁制作加工为例,通过钢桁梁制作要点的阐述,为类似工程提供借鉴。

## 参考文献

[1] 葛星.钢桁梁下弦杆制造工艺[J].工程技术(文摘版),2016:00266.
[2] 中华人民共和国住房和城乡建设部.钢结构工程施工规范:GB 50755—2012[S].北京:中国建筑工业出版社,2012.

# 37. 降低箱梁腹板垫块阴影频率的研究

樊 露[1] 乔天飞[1] 刘 浩[1] 于 浩[2]

(1. 中交一公局海威工程建设有限公司;2. 山东高速基础设施建设有限公司)

**摘　要**　预制箱梁具有对地理环境要求低,整体重量轻,结构轻盈,配筋少,整体性好,施工工期短等优点,被广泛运用于高速公路建设中。但在预制箱梁施工过程,预制箱梁腹板垫块阴影产生的原因不能有效确定。以沾临高速公路相邻标段的预制箱梁调查中发现,梁体腹板均出现不同程度的垫块阴影,为有效解决这一外观质量问题,制定对策,优化施工方案,调整参数,并认真组织实施,有效降低了垫块阴影出现的频率,保证了预制箱梁外观质量。

**关键词**　预制箱梁　垫块阴影　垫块　附着式振动器　阴影面积

## 一、引　言

预制箱梁腹板垫块阴影出现的频率,对箱梁整体外观造成严重影响,通常对箱梁外观质量一般采用涂刷水泥浆整修的方式进行处理,但此方法从根本问题上并没有得到有效解决,造成人工费用、材料费用的增加和工期的延误。为有效解决这一问题,由现场的技术负责人员和管理人员组成研究小组,对所涉及造成预制箱梁外观垫块阴影的现象进行分析查看,并在过程中进行排除,深入研究,得出具有针对性的问题,从作业人员的教育和施工过程中进行管控,从而改进质量、降低消耗、提高经济效益。项目小组针对预制箱梁腹板垫块阴影出现频率低于业主要求的问题,结合现场数据调查及问题分析对工艺进行改进、加强管控后预计取得的效果进行模拟评估,将质量管理目标设定为有效管控治理后阴影出现频率降低到5%以下。

## 二、依托工程介绍

### 1. 工程概况

沾化至临淄公路工程施工三标段项目,位于山东省滨州市博兴县。起止桩号为K56+050~K93+908,全线主路全长37.827km。全线有特大桥1435.5m/1座,大桥1752.4m/5座,中桥229.4m/4座,分离立交3365m/13座。本标段共有后张法预制小箱梁2515片,本工程设计中箱梁长度、角度种类众多,分别有:20m、25m、30m、35m的预制箱梁。

根据收到的图底箱梁数量统计见表1。

预制箱梁统计表　　　　　　　　　　　　　　　　表1

| 箱梁长(m) | 20 | 24 | 25 | 30 | 35 | 合计 |
|---|---|---|---|---|---|---|
| 数量(片) | 160 | 20 | 1014 | 1142 | 106 | 2442 |

### 2. 预制箱梁工艺情况

(1)预制箱梁模板采用不锈钢模板(5mm+1mm),翼缘板、端头模板预留钢筋处均采用梳齿板,脱模剂采用水机脱模剂（沧州隆源有限公司－水基脱模剂－A1号），模板应具有足够的强度、刚度，而且能够达到在安装和混凝土施工等情况下不变形，模板制作时，既要保证尺寸、平整度、又要保证光洁度，并尽量减少板面焊缝，焊缝打磨抛光；模板全部采用不锈钢模板，设计加工成大块模，以减少拼装时接缝数量。30m箱梁模板采用分节拼装式，底模采用不锈钢板，底模、侧模和内模面板厚度均不少于6mm。

（2）钢筋加工及安装，钢筋弯制成形过程中，发现钢材开裂、脆断、过硬、回弹等异常现象，应及时向技术人员反映，找出原因适当处理。钢筋弯制成形质量满足规范要求。当螺纹钢筋末端制作成135°弯钩时，其弯曲半径≥4$d$，平直部分长度≥5$d$；当螺纹钢筋末端制作成90°弯钩时，其弯曲半径≥4$d$，平直部分长度≥10$d$。箱梁腹板钢筋和顶板钢筋分别在绑扎胎架上绑扎成形，使用门式起重机与自制的吊装架分别将腹板钢筋和顶板钢筋吊装入模，钢筋绑扎是在拐角处全部绑扎，中间平直处交错绑扎，扎丝头都朝向内部。

（3）保护层垫块。在钢筋与模板间设置保护层垫块。保护层垫块采用同梁体混凝土强度的C50混凝土垫块。模板安装和浇筑混凝土前，仔细检查保护层垫块的位置、数量及紧固程度。垫块布置均匀，确保垫块承受足够的压力而不破碎，绑扎牢固可靠，腹板、翼缘板、顶板保护层垫块采用圆形垫块，底板采用梅花形垫块，腹板外侧设置3道，内侧设置3道，绑扎于钢筋外侧，纵向间距50cm。底板底、顶均设置2道，纵向间距为50cm。各翼缘板底设置1道，顶板底设置3道，纵向间距为50cm。

（4）混凝土配料严格按试验室通知单进行，并派试验人员在现场进行施工控制。配料误差：水、外加剂、水泥为±1%，粗细集料为±2%（均以质量计）。混凝土拌和物含气量控制在3%~4.5%。加料顺序为集料、水泥，稍加搅拌，再加水及外加剂搅拌，搅拌时间不少于120s。

（5）混凝土浇筑采用龙门吊从梁一端向另一端，浇筑顺序是底板→腹板→顶板，采用斜向分段、水平分层连续浇筑，分层下料厚度约20cm。以使混凝土具有良好的整体性，每片梁浇筑总时间不宜超过6h。混凝土振以附着式振捣器为主（图1），插入式振捣器为辅，附着式振捣器间距为2m，上下交错布置，振捣棒30振捣棒，振捣时间为20s，先浇底板再浇腹板，最后浇筑顶板。混凝土振捣完成后，用木抹子对梁顶进行收浆压光，初凝之前对梁顶进行二次收面，最后对梁顶进行横向拉毛处理，拉毛采用自制笤子，间距为5cm。

图1 侧模附着式振捣器

（6）梁体拆模后用土工布覆盖，采用自动喷淋设施养护，梁板两端及翼板腋角洒水薄弱部位安排专人补充洒水养护，保持表面湿润，养护时间不得少于7天。当环境温度低于5℃时，严禁洒水养护，需按照冬季施工方案进行养护。

3. 现状情况

采用抽查的方式，选择K68+198.5三号支沟大桥其中8片成品预制箱梁。结合现场数据调查及问题分析对工艺改进，通过关联分析，确定箱梁腹板垫块阴影出现频率影响的原因，最终确定主要原因，进行改进。

## 三、研究分析

1. 现状调查

通过对三号支沟大桥已经预制的箱梁统计，箱梁腹板位置均出现了不同程度的阴影，具体统计情况详见表2、图2。

预制箱梁腹板垫块阴影频率统计表　　　　　表2

| 桥　　梁 | 梁　号 | 左面/右面 | 垫块数量 | 阴影出现次数 | 出现频率 | 检测方法 |
|---|---|---|---|---|---|---|
| K68+198.5 三号支沟大桥 | 右幅1-2 | 左面 | 180 | 60 | 33.33% | 观察 |
| | | 右面 | 180 | 45 | 25.00% | |
| K68+198.6 三号支沟大桥 | 左幅1-1 | 左面 | 180 | 30 | 16.67% | 观察 |
| | | 右面 | 180 | 50 | 27.78% | |
| K68+198.7 三号支沟大桥 | 左幅1-5 | 左面 | 180 | 55 | 30.56% | 观察 |
| | | 右面 | 180 | 45 | 25.00% | |
| K68+198.8 三号支沟大桥 | 左幅2-1 | 左面 | 180 | 48 | 26.67% | 观察 |
| | | 右面 | 180 | 70 | 38.89% | |
| K68+198.9 三号支沟大桥 | 左幅2-5 | 左面 | 180 | 75 | 41.67% | 观察 |
| | | 右面 | 180 | 80 | 44.44% | |
| K68+198.10 三号支沟大桥 | 左幅3-1 | 左面 | 180 | 75 | 41.67% | 观察 |
| | | 右面 | 180 | 60 | 33.33% | |
| K68+198.11 三号支沟大桥 | 左幅3-5 | 左面 | 180 | 64 | 35.56% | 观察 |
| | | 右面 | 180 | 63 | 35.00% | |
| K68+198.12 三号支沟大桥 | 左幅3-2 | 左面 | 180 | 35 | 19.44% | 观察 |
| | | 右面 | 180 | 43 | 23.89% | |
| 合计 | — | — | 2880 | 898 | 31.18% | — |

图2　预制箱梁腹板垫块阴影

项目小组针对预制箱梁不满足低于业主要求的问题,结合现场数据调查及问题分析对工艺改进、加强管控后预计取得的效果进行模拟评估,将质量管理目标设定为有效管控治理后阴影出现频率降低到5%以下,如图3所示。

## 2. 原因分析

通过对预制箱梁关联分析,导致出现外观垫块阴影可能的主要末端原因有:技术交底不到位、未按方案要求振捣、工人技术不熟练、附着式振动器振动时间不足、模板未涂刷脱模剂、预制箱梁模板未打磨、未覆盖洒水养护、养护时间不足、未按混凝土配合比施工、混凝土坍落度小、混凝土垫块材料不合格、垫块未润湿、未采用整体式吊装、吊点少、胎膜架尺寸大、垫块尺寸大,如图4所示。

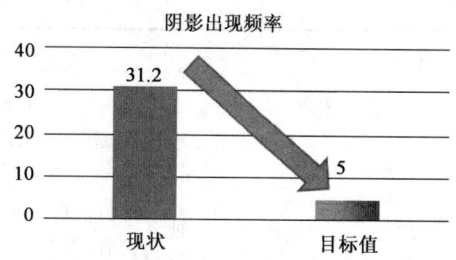

图3 预制箱梁腹板垫块阴影出现频率目标设定图

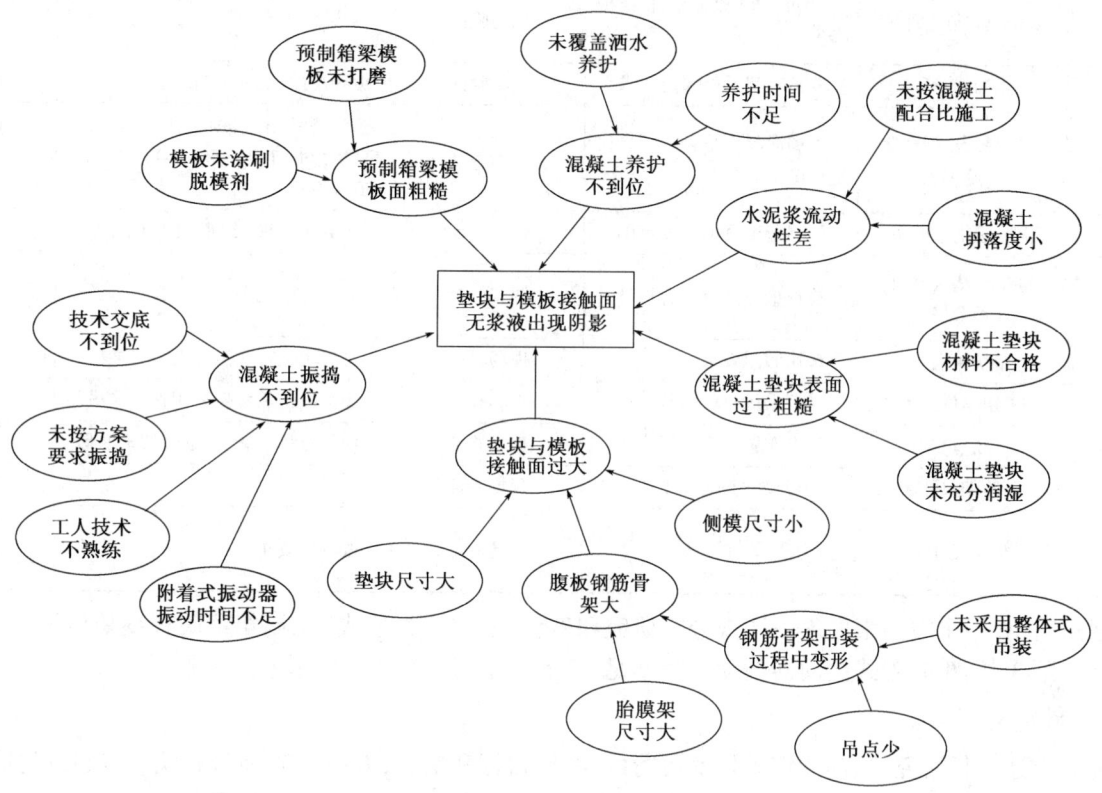

图4 预制箱梁腹板垫块阴影原因分析系统图

## 3. 确定主要原因

从原因分析关联图可以看出,造成"预制箱梁腹板垫块阴影"的末端因素共有16条,见表3。

要因确定计划表　　　　表3

| 序号 | 末端因素 | 确认内容 | 确认方法 | 标　准 | 是否要因 |
|---|---|---|---|---|---|
| 1 | 技术交底不到位 | 是否对每一位工人进行了三级技术,交底是否全面 | 调查分析 | 施工作业人员经过了专业技术培训且考试合格率达到100% | 否 |
| 2 | 未按方案要求振捣 | 现场是否按方案要求间距、振动时间振捣 | 现场验证 | 振动棒的操作,应做到"快插慢拔",间距控制在10~20cm为宜,时间一般控制在20~30s,不得漏振或过振 | 否 |
| 3 | 工人技术不熟练 | 统计班组人员混凝土施工经验年限 | 调查分析 | 从事混凝土施工经验在3年以上达到90%以上 | 否 |

续上表

| 序号 | 末端因素 | 确认内容 | 确认方法 | 标准 | 是否要因 |
|---|---|---|---|---|---|
| 4 | 附着式振动器振动时间不足 | 附着式振动器是否满足方案要求振动时间 | 现场验证 | 侧振的开停时间一般控制在30~40s | 是 |
| 5 | 模板未涂刷脱模剂 | 每次施工前是否涂刷脱模剂 | 现场验证 | 脱模剂要涂抹均匀 | 否 |
| 6 | 预制箱梁模板未打磨 | 模板是否清理干净 | 现场验证 | 安装前将模板表面清理干净 | 否 |
| 7 | 未全覆盖洒水养护 | 是否采取覆盖洒水养护措施 | 现场验证 | 全覆盖洒水养护 | 否 |
| 8 | 养护时间不足 | 养护时间是否满足要求 | 现场验证 | 养护时间不少于7d | 否 |
| 9 | 未按混凝土配合比施工 | 现场混凝土是否按配合比进行施工 | 现场验证 | C50配合比:水泥:细集料:粗集料:水:外加剂 = 469:712:1114:150:4.96 | 否 |
| 10 | 混凝土坍落度小 | 检测施工时坍落度范围 | 现场验证 | 在140~180之间,接近上限为宜 | 是 |
| 11 | 混凝土垫块材料不合格 | 检查垫块是否有合格证 | 调查分析 | 出厂合格证书 | 否 |
| 12 | 垫块未润湿 | 垫块润湿效果 | 现场验证 | 对垫块进行润湿处理 | 是 |
| 13 | 未采用整体式吊装 | 是否采用整体吊装 | 现场验证 | 底腹板钢筋骨架采用整体式吊装 | 否 |
| 14 | 吊点少 | 吊点布置情况 | 现场验证 | 均匀对称布置,钢筋骨架不变形 | 否 |
| 15 | 胎膜架尺寸大 | 是否尺寸与设计不符 | 现场验证 | 按设计要求 | 否 |
| 16 | 垫块尺寸大 | 垫块尺寸是否符合设计要求 | 现场验证 | 按设计要求 | 否 |

通过对16条末端因素的逐一调查分析研究和确认,一致认为造成"预制箱梁腹板垫块阴影"的主要原因有以下3条:①附着式振动器振动时间不足;②混凝土坍落度小;③垫块未润湿。

### 4. 制定对策

通过上述分析研究,随即制定了切实可行的对策、目标和措施,并按照六何分析法(5W1H)的原则制定了如表4所示对策表。

对 策 表　　　　　表4

| 序号 | 对策 | 目标 | 措施 |
|---|---|---|---|
| 1 | 附着式振动器振动时间不足 | 附着式振动器振动时间控制在35s | 1.对工人重新进行交底。<br>2.加强过程中巡查。<br>3.设置处罚措施,未达到要求时间的每次按500元对操作人员进行处罚 |
| 2 | 混凝土坍落度小 | 控制混凝土坍落度在170~180 | 1.严格按配合比拌和的基础上适当调整掺水比例。<br>2.每车混凝土进行坍落度检测 |
| 3 | 垫块未润湿 | 每次垫块安装前提前润湿垫块 | 1.制定专人负责垫块润湿工作。<br>2.每次垫块安全前技术员进行检查。<br>3.项目部加强过程巡查 |

### 5. 对策实施

1)附着式振动器振动时间不足

(1)对工人重新进行交底,明确外观质量的重要性,针对分析出来的问题,后续在施工过程中进行控制,管理人员加强过程监督,如图5所示。

(2)加强过程中巡查,每天在混凝土浇筑时,安排专人进行检查,严格控制附着式振动器振动时间,如图6所示。

图5　三级技术交底

图6　附着式振动器振动

(3)设置处罚措施,未达到要求时间的每次按500元对操作人员进行处罚。

效果验证:经过对附着式振动器的振动时间控制,振动时间均能有效保证在35s,箱梁外观阴影面积有明显减小,阴影面积减少约30%,阴影出现频率降低约10%。充分说明措施是有效的。

2)混凝土坍落度小

(1)严格按在配合比拌和的基础上适当调整掺水比例。

(2)每车混凝土进行坍落度检测。

效果验证:经过对混凝土坍落度的控制,坍落度正常控制在170~180之间,箱梁外观阴影面积减小约15%,阴影出现频率降低约5%。充分说明措施是有效的。

3)垫块未润湿

(1)制定专人负责垫块润湿工作。

(2)每次垫块安装前技术员进行检查,如图7所示。

(3)项目部加强过程巡查。

效果验证:经过对垫块润湿工作的控制,垫块安装前均能保持有效湿润,箱梁外观阴影面积减小约30%,阴影出现频率降低约15%。充分说明措施是有效的,如图8所示。

图7　垫块

图8　施工过程控制实照

6. 效果检查

通过本次深入研究,取得了显著的效果,箱梁腹板阴影明显减少,预制箱梁腹板垫块阴影出现的频率降低到2%。达到了预期目标。后续继续对管理人员及施工班组进行技术培训和交底,由现场技术人员每天对操作人员进行班前教育,并把岗位培训纳入项目的管理计划中。编制《预制箱梁施工作业指导书》,并在公司内部进行推广,为今后类似工程积累经验。详见表5和图9下列检查统计表和活动效果柱状图。

预制箱梁阴影频率出现统计表　　　　　　　　　　　　　　　表5

| 桥梁 | 梁号 | 左面/右面 | 垫块数量 | 阴影出现次数 | 出现频率 | 检测方法 |
| --- | --- | --- | --- | --- | --- | --- |
| K68+198.5 三号支沟大桥 | 右幅1-2 | 左面 | 180 | 2 | 1.11% | 观察 |
| | | 右面 | 180 | 3 | 1.67% | |
| K68+198.6 三号支沟大桥 | 左幅1-1 | 左面 | 180 | 5 | 2.78% | 观察 |
| | | 右面 | 180 | 6 | 3.33% | |
| K68+198.7 三号支沟大桥 | 左幅1-5 | 左面 | 180 | 4 | 2.22% | 观察 |
| | | 右面 | 180 | 4 | 2.22% | |
| K68+198.8 三号支沟大桥 | 左幅2-1 | 左面 | 180 | 5 | 2.78% | 观察 |
| | | 右面 | 180 | 4 | 2.22% | |
| K68+198.9 三号支沟大桥 | 左幅2-5 | 左面 | 180 | 5 | 2.78% | 观察 |
| | | 右面 | 180 | 5 | 2.78% | |
| K68+198.10 三号支沟大桥 | 左幅3-1 | 左面 | 180 | 6 | 3.33% | 观察 |
| | | 右面 | 180 | 4 | 2.22% | |
| K68+198.11 三号支沟大桥 | 左幅3-5 | 左面 | 180 | 2 | 1.11% | 观察 |
| | | 右面 | 180 | 0 | 0.00% | |
| K68+198.12 三号支沟大桥 | 左幅3-2 | 左面 | 180 | 1 | 0.56% | 观察 |
| | | 右面 | 180 | 2 | 1.11% | |
| 合计 | — | — | 2880 | 58 | 2.01% | — |

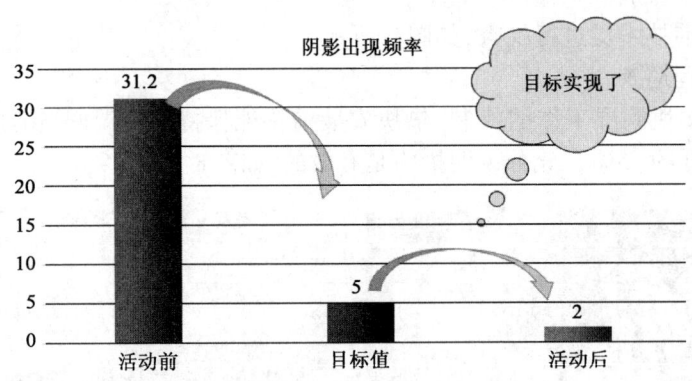

图9　活动前、后合格率目标对比柱状图

## 四、应用效果

### 1. 社会效益

通过此次活动,使得预制箱梁阴影出现的频率得到有效降低,提高了箱梁外观质量,得到了业主和监理的一致好评,在提高了工程质量的同时,也提升了管理人员的专业技术水平,增强了施工作业队操作人员的整体素质,以诚信、务实的精神提升了企业的社会形象。

### 2. 经济效益

根据业主对外观质量的要求,外观质量较差的需要找专业队伍进行涂装,涂装费用为120元/m²,全线预制箱梁共计2442片,每片梁按涂装面积=360×0.31×0.01=1.116m²,本次成果将节约1.116×120×2442=327032.64元。

## 五、结　语

本文以沾化至临淄高速公路施工三标段K68+198.8三号支沟大桥为依托,对预制箱梁外观腹板垫块阴影出现频率得到了有效解决,分析存在的问题,依托施工过程不断的观察研究和按照图纸设计、规范和施工方案在过程中的管控,最终确定以附着式振动器振动时间不足;混凝土坍落度小;垫块未润湿这三个最根本的问题,导致预制箱梁外观腹板垫块阴影的产生,针对这三个根本问题采取过程加以管控进行有效解决,提高预制箱梁外观的质量,同时减少了对施工进度和经济效益的影响,此次研究更为以后施工和同类项目起到借鉴参考的价值。

**参考文献**

[1] 沈琦,程佳.预制小箱梁外观质量控制浅析[J].维普期刊专业版,2016,(10).
[2] 中华人民共和国交通运输部.公路桥涵施工技术规范:JTG/T 3650—2020[S].北京:人民交通出版社股份有限公司,2020.
[3] 中华人民共和国交通运输部.公路工程质量验收评定标准:JTG F80/1—2017[S].北京:人民交通出版社股份有限公司,2017.

# 38. 简支钢混组合梁制造技术研究

唐思杰[1]　陈　光[1]　王鹏程[2]

(1. 中交一公局海威工程建设有限公司;2. 山东高速基础设施建设有限公司)

**摘　要**　本文以ZK60+655.5/YK60+662.5北支新河大桥组合梁工程桥梁项目为对象,针对其简支钢混组合钢箱梁制作的重、难点,从精度控制、桥梁线形控制、焊接变形控制及制作工艺等方面,对简支钢混组合钢箱梁制造技术进行了研究与总结,其施工方法及措施对同类简支钢混组合钢箱梁的制造具有一定参考价值。

**关键词**　简支钢混组合钢梁　精度控制　钢结构　制造　技术

## 一、工程概况

本桥左幅桥跨布置为3×30+3×35+3×35+3×35+(35+2×28)+3×35=601m,右幅桥跨布置为3×30+3×35+3×35+3×35+3×35+3×35=615m。平面分别位于缓和曲线(起始桩号:K60+354.6,终止桩号:K60+590.694,参数A:924.338,左偏)和直线(起始桩号:K60+590.694,终止桩号:K60+956.4)上,纵断面位于$R=20000m$的竖曲线上,墩台径向布置。

主梁均采用"槽形钢箱梁+混凝土桥面板"的简支组合结构,断面采用三主梁结构,总梁高2m。混凝土桥面板宽16.5m,混凝土板悬臂长1.5m,桥面板厚0.35m。钢主梁主要由上翼缘板、腹板、腹板加劲肋、底板、底板加劲肋、横隔板及横肋组成,单片钢梁上翼缘中心间距2.5m,两片钢梁中心间距5.5m,中间设置横梁。钢主梁上翼板宽0.6m,梁底宽2.58m。

槽形钢主梁成坡原则:槽形钢主梁顶板左幅设置+2%的横坡,右幅部分存在超高渐变,从-2%变为+2%,其余均为+2%,顶底板同坡。横截面布置图见图1。

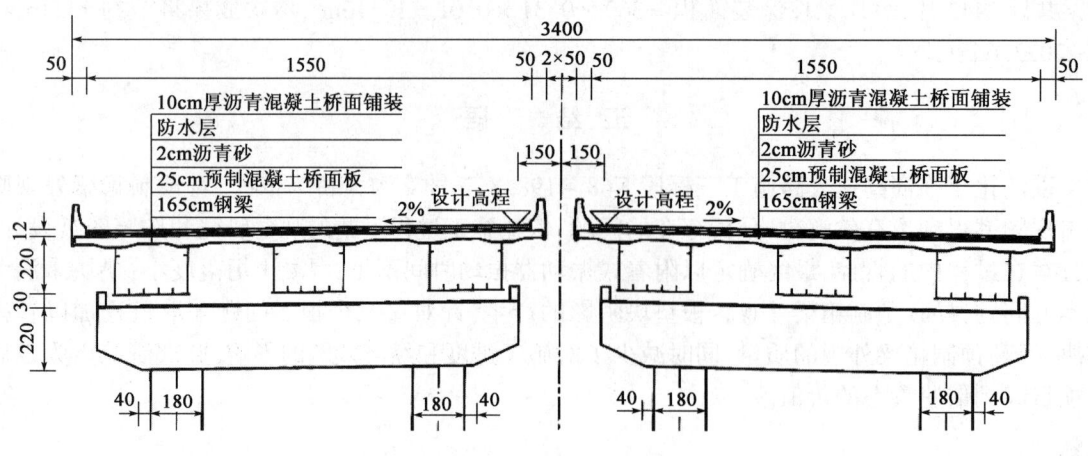

图1 横截面布置图(尺寸单位:cm)

## 二、制作重、难点及对策

### 1. 桥梁线形的控制

纵断面线形由竖曲线及设计预拱组成,制造过程中重点控制。相应对策:

(1)钢箱梁制作采用单箱整跨组装,采用节段组装及预拼装同时进行的方案。

(2)底板单元在胎架上依据桥梁纵向线形组装。

(3)胎架完成、底板组焊完成、隔板组焊完成、腹板组焊完成、整体报验。

### 2. 焊接变形控制

简支钢箱梁由于顶板为窄截面结构,而且强隔板布置间距较大,制造过程中非常容易出现焊接变形。相应对策:

(1)大件薄板焊接前在背面点焊临时筋板,防止大件薄板焊接变形。

(2)箱形横梁焊接前在内部设置临时支撑固定。

(3)焊接采取从中间往两端对称分步退焊,控制焊接顺序。

(4)采用小间隙、小坡口焊接,选择线能量小的焊接方法。

## 三、钢主梁设计

### 1. 钢结构设计参数

(1)上翼缘板:钢梁上翼缘板厚度端部区域为26mm,跨中加厚为34mm,厚度往钢梁内变化,翼缘板宽600mm。

(2)底板:底板宽2580mm,底板板厚端部区域为16mm,跨中加厚为18mm,底板厚度往钢梁外变化,底板随横坡设置。底板纵向加劲肋采用板式构造,截面尺寸为16mm×190mm。

(3)腹板:钢主梁腹板厚度为14mm。

(4)横隔板及横肋板:支座处横隔板采用实腹式构造,厚度为20mm;支承加劲肋厚度30mm。支点处横隔板顶部设置通长的顶板与钢梁翼缘相连,顶板上布置剪力钉与混凝土板相连;在钢梁梁端底板中心个设置一个底板检修孔。标准横隔板厚度12mm,横隔板中间开设人孔,横隔板标准间距5m。

(5)横梁:支点处横梁截面为工字形,梁高1.3m,顶板宽910mm、底板宽500mm,顶板厚34mm,底板厚20mm;腹板厚20mm;横梁工地连接采用焊接的方式。

中间横梁截面为工字形,横梁标准间距5m布置,与箱梁中间横隔板对应;横梁高0.55m,顶、底板宽250mm,厚度均为12mm;腹板厚12mm;横梁工地连接采用焊接的方式。见图2。

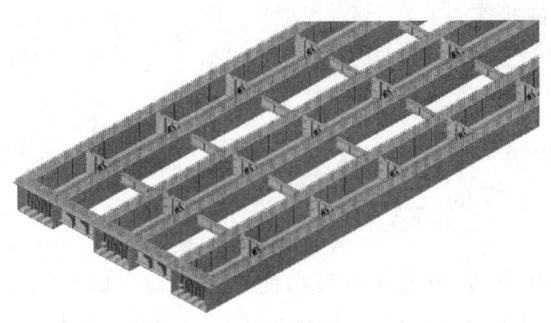

图2　钢梁示意图

2. 工艺流程图(图3)

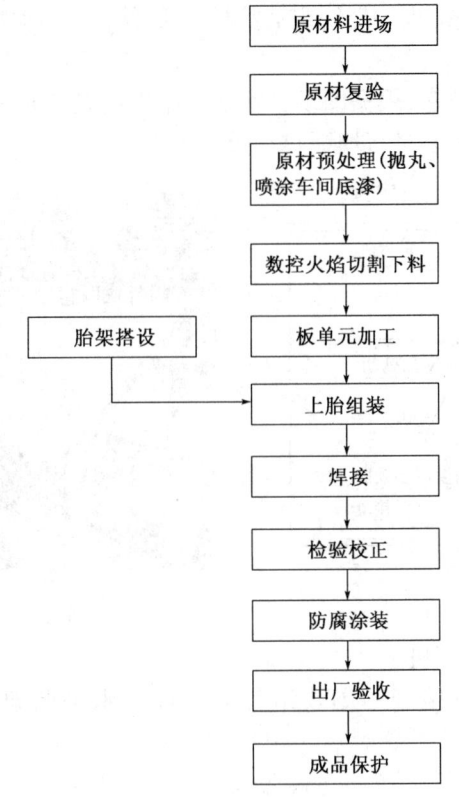

图3　钢箱梁制作流程图

3. 余量加设

(1)联梁均无余量。

(2)主梁长度方向加设30mm余量。

## 四、板单元及横梁制造工艺

1. 放样、下料

(1)根据设计图和加工技术要求进行放样。钢箱梁结构的放样工作全部采用1∶1计算机放样;横向构件与有线形的零件采用数控切割机根据切割指令下料。

(2)放样时将结合桥梁平曲线、竖曲线、预拱度、横坡及纵坡对桥梁的构件进行准确放样,放样时考虑钢结构桥梁在成桥时状况对零件的影响。

(3)钢结构排板时可以采用T形焊缝,但是两T形焊缝交点间距不得小于200mm。相邻焊缝应错开,错开最小距离应符合图4的规定。

(4)主要构件的零件号料时,钢板的轧制方向与部件主要受力方向一致。

## 2. 零件加工

(1)零件的边缘、端头可保留锯切或焰切状态,也可进行刨铣加工,但经锯切、剪切或焰切后不再进行机加工的零件应磨去边缘的飞刺、挂渣,使切割面光滑匀顺。并进行棱角打磨,圆角半径 $R \geqslant 2mm$。

(2)加劲板坡口使用铣边机开设,其余零件坡口使用半自动火焰切割机开设。

(3)连接板、牛腿、两边节段腹板与底板均采用数控钻床制孔。螺栓孔应钻制成正圆柱形,孔壁表面粗糙度 $Ra$ 不应大于 $25\mu m$,孔缘应无损伤和不平整,且无刺屑。

## 3. T形梁制作

T形横梁制作工艺流程:零件检查→划线组装翼板→船型工装自动焊接→矫正及检验。

T形横梁制作工艺要点:

(1)组装前检查零件尺寸及坡口,根据图纸在水平胎架上组装T形横梁。

(2)采用可调式多角度船型工装进行埋弧自动焊。见图5。

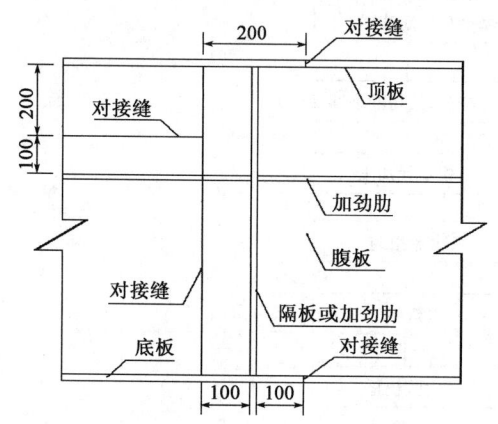

图4 焊缝错开示意图(尺寸单位:mm)

图5 T形横梁埋弧自动焊过程图

(3)焊接后进行矫正,用于矫正机。

箱形横梁制作工艺流程:零件检查→划线组装加劲板→水平胎架上组装箱形梁→焊接→矫正及检验。

箱形横梁制作工艺要点:

(1)划线前检查顶底板现场坡口方向,根据图纸划线安装加劲板。

(2)组装箱形梁控制对角线及几何尺寸精度,并加装支撑固定以防止焊接变形。

(3)根据需要翻转箱体,采用平位焊焊接,提升焊缝外观质量。见图6。

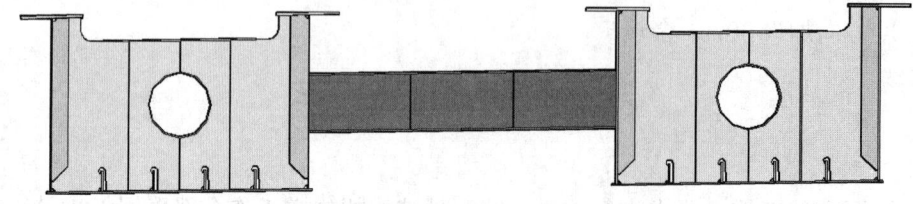

图6 箱形横梁加工示意图

## 4. 隔板单元制作

隔板单元制作工艺流程:零件检查→加强圈安装→焊接→及检验。

隔板单元制作工艺要点：
(1) 检查槽口间距及对角线精度是否满足要求。
(2) 先组焊人孔加劲圈，最后完成隔板加劲及隔板翼板焊接。见图7。

## 5. 腹板单元制作

腹板单元制作工艺流程：零件检查→划线→组装翼板及水平 I 肋→龙门焊自动焊接翼板→组装 T 形竖向加劲肋→焊接加劲肋→火焰矫正及检验。

腹板单元制作工艺要点：
(1) 划线前检查腹板线形，确定腹板上下方向，以腹板线形中心线为基准划线，划出单元板纵、横向基准线，加劲肋装配线，一端的收缩余量线。
(2) 上翼缘板与腹板呈2%横坡，翼板安装需检查横坡方向，并在一面点焊相应角度的肘板固定，使用船位自动埋弧焊先焊接无角度固定肘板的一面，另一面焊接前拆除角度固定肘板，并在已焊完一面加装角度固定肘板。
(3) 且 I 肋垂直腹板；组装 T 肋时竖向需铅锤，且 T 肋垂直腹板。
(4) 纵向水平 I 肋与腹板、翼板与腹板、T 肋面板与 T 肋腹板间焊缝均工装自动焊接。见图8。

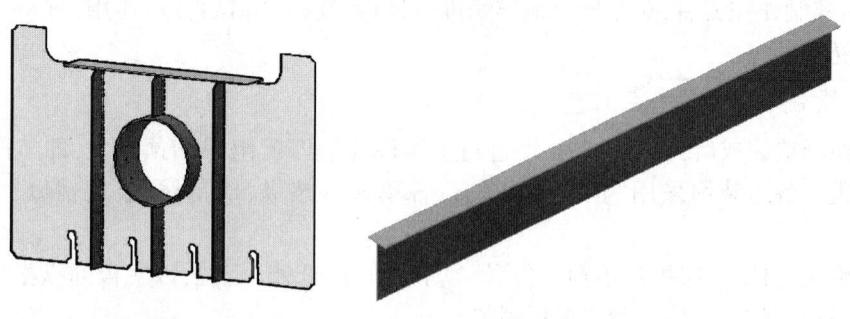

图7　隔板单元加工示意图　　　　图8　腹板单元示意图

## 6. 底板单元制作

底板单元制作工艺流程：零件检查→拼板→焊接→检验。

底板单元制作工艺要点：
(1) 底板单元在反变形胎架上拼接，拼接时检查几何尺寸及对角线，过度坡口面设置在箱梁外表面，保证内表面平齐。
(2) 采用 $CO_2$ 气体保护焊打底，埋弧自动焊填充与盖面的方式焊接。焊后24小时根据要求对焊缝进行检测。

## 五、节段制造及预拼装工艺

### 1. 拼装胎架制作

简支梁总拼装采用整跨(单条主梁)整体组装、焊接和预拼装同时完成的长线施工技术。

根据梁段的重量、结构形式、外形轮廓、梁段制作预变形、设计线形、成桥预拱值等因素进行胎架的设计和制作，胎架结构有足够的刚度，满足承载钢箱梁及施工荷载的要求，确保不随梁段拼装重量的增加而变形。胎架顶端支点设计成高度可调整形式，满足每轮梁段纵坡值、预拱值复测调整的要求。在底板角点处及牛腿腹板端点处设地样点、地样线，以便底板及牛腿准确定位。见图9。

拼装胎架要求：
(1) 场地布置：在平整的地面上铺设钢板作为胎架底面，钢板铺设面不小于 $4m \times 60m$。
(2) 胎架结构：胎架以 H 形钢作立柱，立柱端头焊接一块零件板，调整定位高程。立柱横向连接成整体,纵向设置斜撑。胎架两边设置角钢及铁跳板作为装焊操作平台。

图9　胎架布置图

(3)在胎架上设置纵、横基线和基准点,以控制节段的位置及高度,确保各部尺寸和立面线形。胎架外设置独立的基线、基点,形成测量网,以便随时对胎架和节段线形进行检测。

(4)根据成桥的平面投影,在地面钢板上划出底板地样线、隔板及牛腿地样线。

(5)胎架制作完成后,对胎架及地样线进行复检,复检合格后方可使用,且每一轮拼装开始前均需对胎架进行复检。

2. 节段制作及预拼装工艺

单元件制造完成后,在总拼胎架上进行多梁段连续匹配组焊和预拼装,即节段组焊和预拼装在胎架上一次完成。各组装均采用"正装法"制造;各单元件按纵、横基线就位,辅以加固设施以确保精度和安全。

底板单元定位:①底板从小轴号(高侧)朝大轴号(低侧)定位,以底板的纵横边线与地样线对齐进行定位。②底板定位完成后与胎架点焊固定。

底板划线及纵向加劲焊接:以底板中心线为基准,根据图纸将底板放线、腹板线划出;再根据图纸及地样线划出隔板线。加劲采用 $CO_2$ 角焊机从焊缝中间往两边对称施焊。见图10。

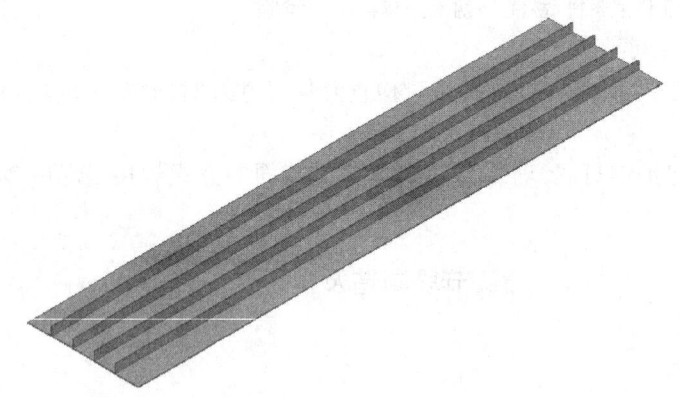

图10　底板结构图

隔板定位:①根据底板上的隔板装配线安装隔板。②隔板需铅锤地面安装,为保持隔板垂直度,需在隔板两边设置支撑点焊固定。见图11。

腹板定位:①根据底板上腹板装配线安装腹板单元。②腹板单元安装需注意腹板线型与底板线型的吻合、腹板的垂直度及直线度。

腹板及隔板焊接:腹板安装完成后开始腹板及隔板的焊接。①腹板与底板间焊缝,采取从焊缝中间往两边对称分步退焊。②隔板与腹板、底板焊缝采取分段跳焊法焊接,以减少焊接变形。见图12。

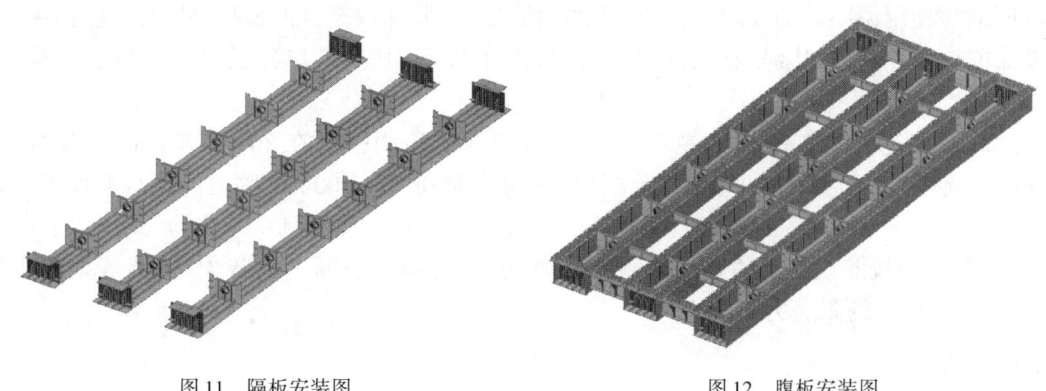

图11 隔板安装图　　　　　　　图12 腹板安装图

## 六、抛丸除锈

1. 抛丸除锈工艺要求

(1) 抛丸除锈前,首先检查钢结构件表面的外观,对表面有焊瘤、飞溅物、针孔、飞边和毛刺突兀、焊渣等,进行打磨清理。

(2) 抛丸磨料采用带棱角钢砂。砂粒直径大小在 0.5~2.0mm 之间,含水率小于 1%,表面清洁干净。

(3) 抛丸使用的压缩空气必须保持清洁和干燥,空压机需配备除湿、除油净化设备,喷砂过程中保持喷砂气体压力稳定,大致在 0.65~0.77MPa。

(4) 抛丸环境要求相对湿度小于或等于 80%,禁止在雨雪、雾天、结露或风沙场合等天气室外作业。

2. 抛丸操作要领及质量要求

(1) 喷砂距离保持在 200~300mm 范围内,根据基体表面硬度的大小相应调整距离,基体硬度较大,则喷砂距离相对较近。

(2) 喷砂角度应保持在 70°~80°的最佳喷砂水平。为达到工程要求的粗糙度的要求,喷砂时间应在基体表面达到要求的清洁度以后,相应延长适当时间。

(3) 喷砂时,所用喷砂高压管应尽可能保持拉直状态,并经常检查喷嘴的磨损程度,当喷嘴的磨损量超过起始内径的 20% 时,应及时更换,不得继续使用。

(4) 质量要求:桥面梁清洁度达到《涂装前钢材表面锈蚀等级和除锈等级》GB 8923 标准 Sa2.5 级、粗糙度达到 $Rz = 25~50\mu m$;钢箱梁内外表面清洁度达到 GB 8923 标准 Sa2.5 级、粗糙度达到 $Rz = 40~75\mu m$;对于焊缝部位清洁度为 GB 8923 St3 级。见图 13。

图13 打砂除锈过程图

## 七、油漆喷涂

1. 油漆喷涂工艺要求

(1) 涂装施工作业环境应控制在环境温度 5℃~38℃,底材表面温度高于空气露点 3℃以上,相对湿度应在 85% 以下。当表面受大风、雨、雾或冰雪等恶劣气候的影响时,应停止涂装施工。

(2) 除锈合格后应及时喷涂底漆,间隔时间不宜过长。相对湿度不大于 60% 时,除锈后应在 12h 内完成底漆涂装;相对湿度为 60%~85%,应在除锈后 4h 内完成底漆涂装。若表面出现返锈现象,则应重新除锈。

(3) 涂装前将所有现场焊缝 100mm 范围内屏蔽保护不涂装。

(4)按照油漆使用说明书的要求,进行正确的油漆配合,并加以充分的搅拌,使油漆完全融合。

(5)喷涂前对于孔内侧、边缘、拐角处、焊缝、缝隙、不规则面等难以喷涂到位的部位,先采用毛刷或滚筒进行预涂装。

(6)喷涂时严格遵守相关的技术要求,保证产品质量。喷距控制在300~380mm,喷幅宽度控制在300mm左右,喷枪与喷涂面要互相垂直,喷幅的搭接宽度控制在50~100mm,喷枪的运行速度控制在300~600mm/s。

(7)覆涂时,必须按照说明书的要求控制覆涂时间,并对覆涂表面上的灰尘、油脂等杂物进行清理,以保证涂层之间有良好的附着力。

2.涂层质量

(1)外观质量:表面光滑无气泡、裂纹、灰尘、干喷、龟裂、针孔、麻点、流挂、橘皮等缺陷。表面颜色与比色卡一致。构件表面不应误涂、漏涂,涂层不应脱皮和返锈。全部构件需目测检查。

图14 油漆完成实物图

(2)干膜厚度:施工中随时检查湿膜厚度以保证干膜厚度满足设计要求。结构内表面干膜厚度采用"85-15"规则判定,即允许有15%的读数可低于规定值,但每一单独读数不得低于规定值的85%。外表面可采用"90-10"规则判定。涂层厚度达不到设计要求时,应增加涂装道数,直至合格为止。漆膜厚度测定点的最大值不能超过设计厚度的3倍。

(3)附着力:当检测的涂层厚度不大于250μm时,各道涂层和涂层体系的附着力按划格法进行,不大于1级;当检测的涂层厚度大于250μm时,附着力试验按拉开法进行,涂层体系附着力不小于3MPa。用于钢桥面的富锌底漆涂层附着力不小于5MPa。见图14。

## 八、结　语

简支钢混合梁,其特点是易变形且制作精度要求高。桥梁线形控制、焊接变形控制等方法及措施合理进行各项工序,保证了制造质量,同时采用了标准化、模块化的生产方式,大量使用自动化设备,提高了制造精度及效率,取得良好的社会效益和经济效益。为今后类似工程提供一定的参考。

**参考文献**

[1] 杨阳,严亚飞,李胜乾,等.城市高架钢结构桥的钢箱梁制作技术[J].建筑施工,2018,40(12):136-138.

[2] 卢利杰,胡海国,马顺忠,等.昆山北环城河主线桥钢结构工程加工制作技术[C]// 装配式钢结构建筑技术研究及应用.

[3] 中华人民共和国交通运输部.公路桥涵施工技术规范:JTG/T 3650—2020[S].人民交通出版社股份有限公司,2020.

[4] 中华人民共和国交通运输部.公路桥梁钢结构防腐涂装技术条件:JT/T 722—2008[S].人民交通出版社,2008.

[5] 中国铁路总公司.铁路钢桥制造规范:Q/CR 9211—2015[S].北京:中国铁道出版社,2015.

[6] 中华人民共和国住房和城乡建设部.钢结构焊接规范:GB 50661—2011[S].北京:中国建筑工业出版社,2011.

# 39. 简支钢混组合梁整跨吊装施工技术

宋梦楠[1]　陈清立[1]　罗曼丽[1]　王鹏程[2]

(1. 中交一公局海威工程建设有限公司；2. 山东高速基础设施建设有限公司)

**摘　要**　以沾化至临淄高速公路ZK60+655.5/YK60+662.5北支新河大桥钢混组合梁现场吊装施工为背景。针对单跨35m简支钢混组合梁，为尽可能减少现场安装工作量，本文介绍了钢混组合梁整跨节段公路运输及现场整跨吊装施工技术。

**关键词**　钢混组合梁　运输　整跨　吊装　施工技术

## 一、引　言

本文基于北支新河大桥整跨吊装方案实施成功后，对于整跨吊装施工技术对比传统分段式吊装施工技术进行对比分析。

## 二、工　程　概　况

本桥左幅桥跨布置为3×30+3×35+3×35+3×35+(35+2×28)+3×35=601m，右幅桥跨布置为3×30+3×35+3×35+3×35+3×35+3×35=615m。平面分别位于缓和曲线(起始桩号：K60+354.6，终止桩号：K60+590.694，参数A:924.338，左偏)和直线(起始桩号K60+590.694，终止桩号K60+956.4)上，纵断面位于$R=20000$m的竖曲线上，墩台径向布置。

主梁均采用"槽形钢箱梁+混凝土桥面板"的简支组合结构，断面采用三主梁结构，总梁高2m。混凝土桥面板宽16.5m，混凝土板悬臂长1.5m，桥面板厚0.35m。钢主梁主要由上翼缘板、腹板、腹板加劲肋、底板、底板加劲肋、横隔板及横肋组成，单片钢梁上翼缘中心间距2.5m，两片钢梁中心间距5.5m，中间设置横梁。钢主梁上翼板宽0.6m，梁底宽2.58m。

槽形钢主梁成坡原则：槽形钢主梁顶板左幅设置+2%的横坡，右幅部分存在超高渐变，从-2%变为+2%，其余均为+2%，顶底板同坡。

本工程左右幅钢梁共计18跨，单幅设置3片钢主梁，全桥共计108片主梁。其中，28m跨径钢梁6片；30m跨径钢梁18片；35m跨径钢梁84片。所有钢主梁在工厂整跨制作、整跨运输、整跨安装，钢梁在单跨内纵向不分段。钢梁横向采用横梁连接，全桥支点位置横梁144个，中间位置横梁416个。全桥钢梁规格重量如表1所示。

北支新河大桥钢梁规格重量统计表　　　　表1

| 序号 | 名　称 | 长×宽×高(m) | 单重(t) | 数　量 | 总重(t) |
|---|---|---|---|---|---|
| 1 | 28m钢梁 | 28×3.1×1.85 | 39.8 | 6 | 238.8 |
| 2 | 30m钢梁 | 30×3.1×1.85 | 42.3 | 18 | 761.4 |
| 3 | 35m钢梁 | 35×3.1×1.85 | 48.1 | 84 | 4040.4 |
| 4 | 支点横梁 | 3×0.91×1.5 | 1.56 | 144 | 224.64 |
| 5 | 中间横梁 | 3×0.25×0.6 | 0.3 | 416 | 124.8 |

## 三、运　输　方　案

采用炮车进行钢梁整跨运输，相较于以前的分段运输方式，整跨运输运输效率高，运输成本低。极大减少施工工期。运输车辆参数表见表2。

运载车辆参数表　　　　表2

| 牵引车 | | | |
|---|---|---|---|
| 牵引车型号 | 欧曼 | 驱动形式 | 6×4 |
| 牵引车自重 | 9.35t | 发动机功率 | 480马力[①] |
| 外形尺寸 | 6.6m×2.5m×3.5m | 准拖挂 | 55t |
| 挂车 | | | |
| 炮车 | 轴数 | 2轴 | 轮胎数 | 16条 |

## 四、吊装方案

### 1. 方案选择

钢箱梁安装的方法有很多种,有顶推法、满堂支架法、临时支架+节段吊装、整跨吊装等,根据滨州施工现场现有设备,施工安全和施工工期要求,通过对比,整跨吊装施工方法为较优方案,故采用此方法施工(表3)。

施工方法特点对比表　　　　表3

| 施工方法 | 优点 | 缺点 | 备注 |
|---|---|---|---|
| 整跨吊装 | 无临时支架,效率最高,施工时间最短,造价低 | 需要大型吊装设备 | |
| 满堂支架 | 现场施工方便,钢箱梁变形小 | 支架安装速度慢,效率低,施工时间长,支架数量多 | |
| 临时支架+节段吊装 | 支架较少,效率较高,钢箱梁变形较小 | 施工时间较长,造价较高 | |

### 2. 钢梁安装概述

本项目钢梁均为简支梁,设计有28m、30m、35m三种不同跨度。钢梁在工厂进行加工制作,整跨公路运输至施工现场,现场施工便道位于桥位右侧。桥位采用2台80t履带吊直接吊装整跨钢主梁至设计位置,整个钢主梁吊装无需搭设临时支架。每两榀钢主梁安装完成后安装钢主梁之间的横梁,横梁与钢主梁现场采用焊接连接。横梁焊接完成后,对焊缝位置及破损处进行修补,最后完成全桥第二道面漆的涂装。

钢梁横向安装顺序:现场施工便道位于桥位右侧,钢梁横向按从左向右的顺序安装。钢梁横向安装顺序按以下步骤进行。

(1)先安装左幅最左侧钢梁接着安装左幅中间位置钢梁,两榀钢梁安装完成后安装两榀钢梁之间的横梁;

(2)安装左幅最右侧钢梁接着安装中间位置钢梁与右侧钢梁之间的横梁;

(3)安装右幅最左侧钢梁接着安装右幅中间位置钢梁,两榀钢梁安装完成后安装两榀钢梁之间的横梁;

(4)安装右幅最右侧钢梁接着安装右幅中间位置钢梁与右侧钢梁之间的横梁。

钢梁纵向安装顺序从大桩号向小桩号方向安装(图1)。

### 3. 安装设备

北支新河大桥钢主梁采用2台80t的履带吊抬吊进行安装,中间横梁单台履带吊进行安装。80t履带吊外形及性能见图2、图3。

### 4. 吊耳选用

安装吊耳对应腹板焊接在钢主梁翼缘板上,单个吊装段设置4个吊耳,吊耳尺寸如图4所示。

---

[①] 1马力=735.499W。

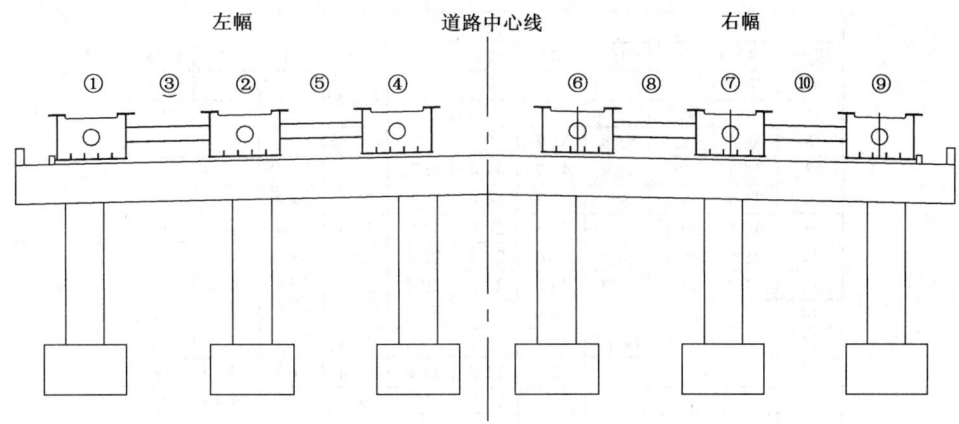

图 1　钢梁横向安装顺序示意图

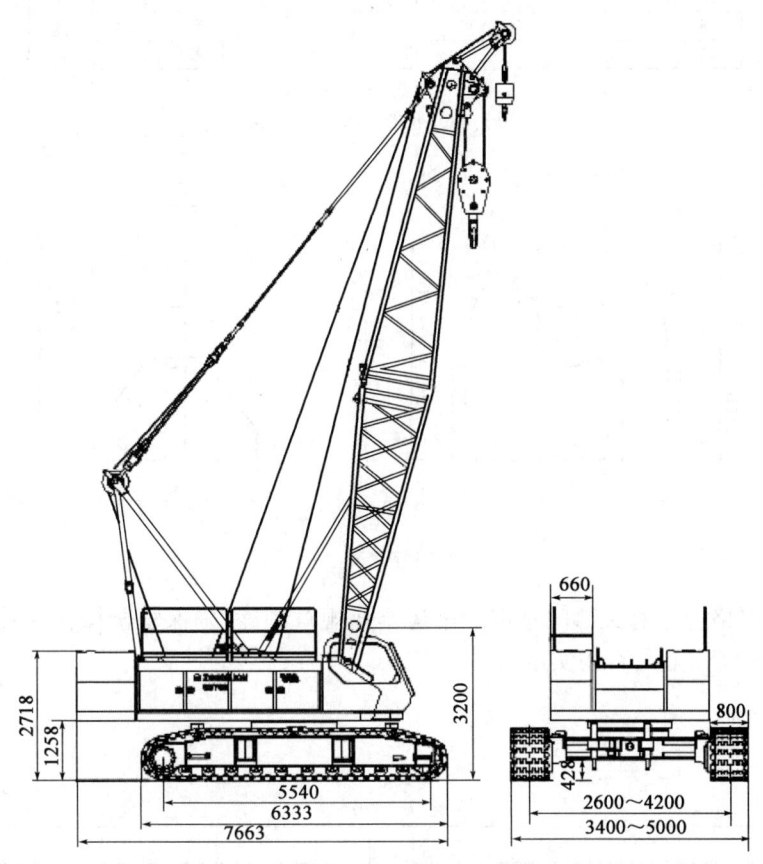

图 2　80t 履带吊外形图(尺寸单位:mm)

(1)吊耳所用材料的力学性能不得小于母材力学性能,焊接用辅材必须与吊耳用材料相匹配。
(2)吊耳焊接方法、焊脚尺寸,根据吊装物体的不同由技术人员规定吊耳的焊接方法、焊脚尺寸等。
(3)吊耳的孔眼宜采用钻孔,数控割孔眼应打磨光滑,孔眼应打磨成圆弧倒角,以免损坏索具。
(4)吊耳的安装方向应与受力方向一致,以免产生扭矩,致使吊耳断裂。
(5)吊耳的安装位置与吊装构件的重心成对称布置,以保证吊耳的负荷均匀,及吊装构件的平稳。
(6)吊耳布置时注意构件的刚性,不得任意布置;吊耳应布置在纵、横构件交叉处,或有加强劲的部位。不得布置在构件受力差的部位。
(7)吊耳焊接完成后必须认真检查,经由质检人员检验后方可使用。
(8)严禁超负荷吊运作业,吊运作业中若发现异常情况,应停止作业并查找隐患。

| 幅度 | 臂长 | | | | | | | | 幅度 |
|---|---|---|---|---|---|---|---|---|---|
| | 13 | 16 | 19 | 22 | 25 | 28 | 31 | 34 | 37 | |
| 4.3 | 80 | | | | | | | | | 4.3 |
| 5 | 68 | 66.8 | | | | | | | | 5 |
| 6 | 52.3 | 52 | 51.8 | 51.7 | | | | | | 6 |
| 7 | 42.3 | 42 | 41.9 | 41.7 | 41.4 | 40.72 | | | | 7 |
| 8 | 35.5 | 35.2 | 35 | 34.8 | 34.6 | 33.97 | 33.8 | 33.5 | | 8 |
| 9 | 30.5 | 30.2 | 30 | 29.8 | 29.5 | 29 | 28.8 | 28.6 | 28.4 | 9 |
| 10 | 26.7 | 26.4 | 26.2 | 26 | 25.7 | 25.3 | 25 | 24.8 | 24.6 | 10 |
| 12 | 21.2 | 20.9 | 20.7 | 20.6 | 20.3 | 19.9 | 19.7 | 19.4 | 19.2 | 12 |
| 14 | | 17.2 | 17 | 16.9 | 16.6 | 16.2 | 16 | 15.8 | 15.5 | 14 |
| 16 | | | 14.37 | 14.2 | 13.9 | 13.6 | 13.4 | 13.1 | 12.9 | 16 |
| 18 | | | | 12.2 | 11.9 | 11.6 | 11.4 | 11.1 | 11 | 18 |
| 20 | | | | | 10.3 | 10 | 9.8 | 9.6 | 9.4 | 20 |
| 22 | | | | | 9 | 8.8 | 8.6 | 8.3 | 8.1 | 22 |
| 24 | | | | | | 7.7 | 7.5 | 7.3 | 7 | 24 |
| 26 | | | | | | | 6.7 | 6.4 | 6.2 | 26 |
| 28 | | | | | | | | 5.6 | 5.4 | 28 |
| 30 | | | | | | | | 4.9 | 4.7 | 30 |

图3　80t 履带吊起重性能表

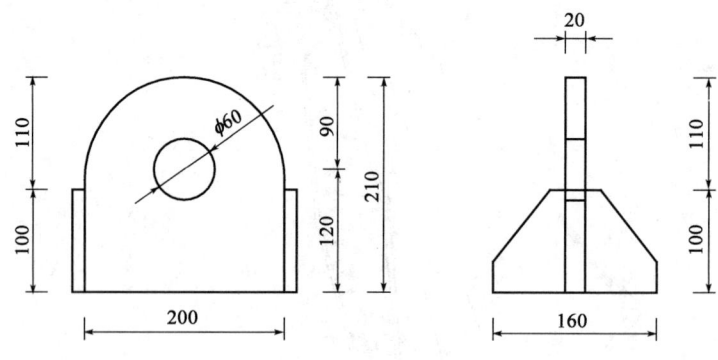

图4　吊耳构造图(尺寸单位:mm)

(9)吊运过程要严格遵守有关部门制定的吊运作业规章制度,确保安全操作。接近满负荷吊运作业前应进行试吊,判断吊运作业是否切实可行。

## 5. 吊点布置

吊点布置见图5。

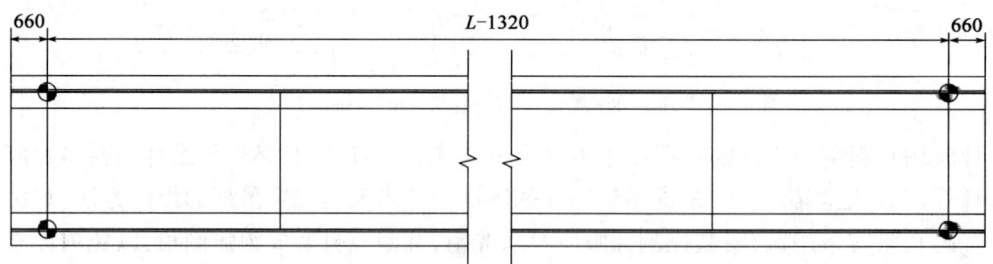

图5　吊点位置布置图(尺寸单位:mm)

## 6. 钢丝绳

北支新河大桥钢梁钢丝绳采用《重要用途钢丝绳》(GB 8918—2006)中的 $\phi42mm$ 钢丝绳($6\times37$ 纤维芯),公称抗拉强度1770MPa,破断拉力为1030MPa。

卸扣采用美国联邦规范 RR-C-271D G213 卸扣的25t 卸扣,每个制作段4个卸扣,总起重能力为 $4\times$

25t=100t,本工程最重的吊装段为86t<100t,卸扣的选择满足要求(图6)。

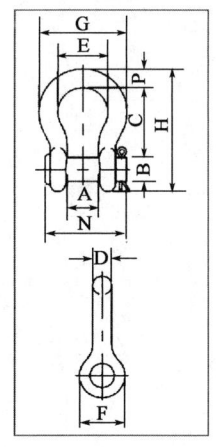

| Nominal Size (in.) | Working Load Limit (t)* | Stock No. G-213 | Stock No. S-213 | Weight Each (kg.) | A | B | C | D | E | F | G | H | N | P | Tolerance +/- C | Tolerance +/- A |
|---|---|---|---|---|---|---|---|---|---|---|---|---|---|---|---|---|
| 1/4 | 1/2 | 1018017 | 1018026 | .06 | 11.9 | 7.85 | 28.7 | 6.35 | 19.8 | 15.5 | 32.5 | 46.7 | 34.0 | 6.35 | 1.50 | 1.50 |
| 5/16 | 3/4 | 1018035 | 1018044 | .08 | 13.5 | 9.65 | 31.0 | 7.85 | 21.3 | 19.1 | 37.3 | 53.0 | 40.4 | 7.85 | 1.50 | 1.50 |
| 3/8 | 1 | 1018053 | 1018062 | .13 | 16.8 | 11.2 | 36.6 | 9.65 | 26.2 | 23.1 | 45.2 | 63.0 | 47.2 | 9.65 | 3.30 | 1.50 |
| 7/16 | 1-1/2 | 1018071 | 1018080 | .17 | 19.1 | 12.7 | 42.9 | 11.2 | 29.5 | 26.9 | 51.5 | 74.0 | 54.0 | 11.2 | 3.30 | 1.50 |
| 1/2 | 2 | 1018099 | 1018106 | .32 | 20.6 | 16.0 | 47.8 | 12.7 | 33.3 | 30.2 | 58.5 | 83.5 | 60.5 | 12.7 | 3.30 | 1.50 |
| 5/8 | 3-1/4 | 1018115 | 1018124 | .68 | 26.9 | 19.1 | 60.5 | 16.0 | 42.9 | 38.1 | 74.5 | 106 | 74.0 | 17.5 | 3.30 | 1.50 |
| 3/4 | 4-3/4 | 1018133 | 1018142 | 1.05 | 31.8 | 22.4 | 71.5 | 19.1 | 51.0 | 46.0 | 89.0 | 126 | 87.0 | 20.6 | 6.35 | 1.50 |
| 7/8 | 6-1/2 | 1018151 | 1018160 | 1.58 | 36.6 | 25.4 | 84.0 | 22.4 | 58.0 | 53.0 | 102 | 148 | 96.5 | 24.6 | 6.35 | 1.50 |
| 1 | 8-1/2 | 1018179 | 1018188 | 2.27 | 42.9 | 28.7 | 95.5 | 25.4 | 68.5 | 60.5 | 119 | 167 | 115 | 26.9 | 6.35 | 1.50 |
| 1-1/8 | 9-1/2 | 1018197 | 1018204 | 3.16 | 46.0 | 31.8 | 108 | 28.7 | 74.0 | 68.5 | 131 | 190 | 130 | 31.8 | 6.35 | 1.50 |
| 1-1/4 | 12 | 1018213 | 1018222 | 4.42 | 51.5 | 35.1 | 119 | 32.8 | 62.5 | 76.0 | 146 | 210 | 140 | 35.1 | 6.35 | 1.50 |
| 1-3/8 | 13-1/2 | 1018231 | 1018240 | 6.01 | 57.0 | 38.1 | 133 | 36.1 | 92.0 | 84.0 | 162 | 233 | 156 | 38.1 | 6.35 | 3.30 |
| 1-1/2 | 17 | 1018259 | 1018268 | 7.82 | 60.5 | 41.4 | 146 | 39.1 | 98.5 | 92.0 | 175 | 254 | 165 | 41.1 | 6.35 | 3.30 |
| 1-3/4 | 25 | 1018277 | 1018286 | 13.4 | 73.0 | 51.0 | 178 | 46.7 | 127 | 106 | 225 | 313 | 197 | 57.0 | 6.35 | 3.30 |
| 2 | 35 | 1018295 | 1018302 | 20.8 | 82.5 | 57.0 | 197 | 53.0 | 146 | 122 | 253 | 348 | 222 | 61.0 | 6.35 | 3.30 |

图6 卸扣参数表

**7. 吊装前准备**

(1)根据设计院提供控制线、钢箱梁高程,提前利用全站仪放出各个控制点。

(2)梁段吊装避免大风等恶劣天气进行,确保安全架设钢箱梁。

**8. 试吊**

(1)试吊前检查

试吊前对吊车各部件进行详细检查,包括各传动部分,如发动机、变速器、轴承等部位,有无发热、噪声和振动与漏油等不正常现象,如发现问题须及时处理。检查各传动部位的润滑情况,注意油温和油量。检查各表计的灵敏度和可靠性、准确性。钢丝绳状况、安全防护状况等均须做认真检查,确保满足使用后方可进行下一步工作。

(2)空载试车

要求对汽车吊大臂升降、伸展、回转等进行空载测试,观察各部件是否正常,并同时查看各仪表、指针是否正常。

(3)试吊装

开始起吊时,先将构件吊离地面200~300mm后停止起吊,静止5min,并检查起重机的稳定性,制动装置的可靠性,构件的平衡性,绑扎的牢固性等,检查吊索具有无异常情况。待确认无误后,方可继续起吊。已吊起的构件不可长久滞留于空中。

**9. 钢箱梁吊装钢主梁吊装**

钢主梁沿着施工便道从小桩号向大桩号方向运至桥位,利用2台80t的履带吊吊起后负载行走至安装设计位置完成钢主梁的吊装。履带吊吊装过程中吊臂长25m,工作半径不超过8m。根据80t履带吊起重性能表,吊臂25m,工作半径8m时的起重能力为346kN。35m钢主梁最重为49.1t,吊钩及钢丝绳重0.9t,履带吊负载率=(49.1+0.9)/(2×34.6)=72.3%<75%,满足履带吊负载行走的规范要求。钢主梁吊装步骤如下所示:

第一步:钢主梁运输至桥位,2台履带吊如图7所示站位,挂好钢丝绳及卡环准备起吊。

第二步:履带吊起吊钢主梁,运输车开走,2台履带吊配合摆动吊臂,钢梁一头转至履带吊北侧(图8)。

第三步:起吊钢梁直至梁底高出盖梁顶面,继续摆动吊臂,直至钢梁均位于履带吊北侧(图9)。

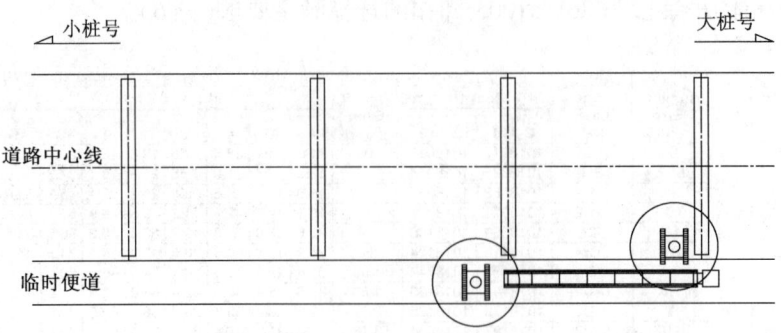

图 7　吊装第一步骤示意图

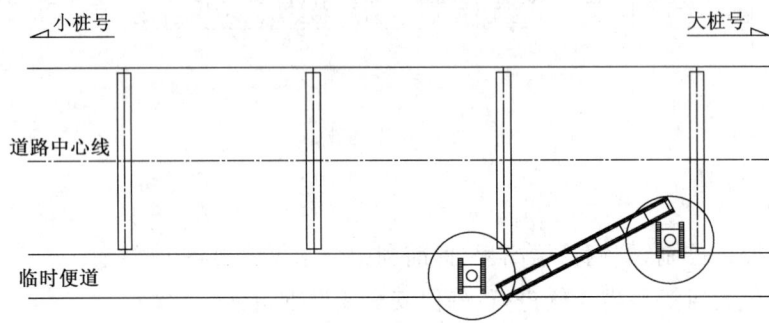

图 8　吊装第二步骤示意图

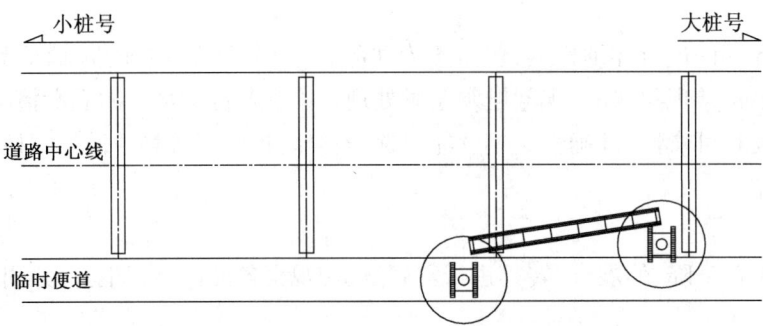

图 9　吊装第三步骤示意图

第四步：小桩号侧履带吊向北侧行走，调整钢梁位置基本与道路中心线平行且位于待安装跨上方（图10）。

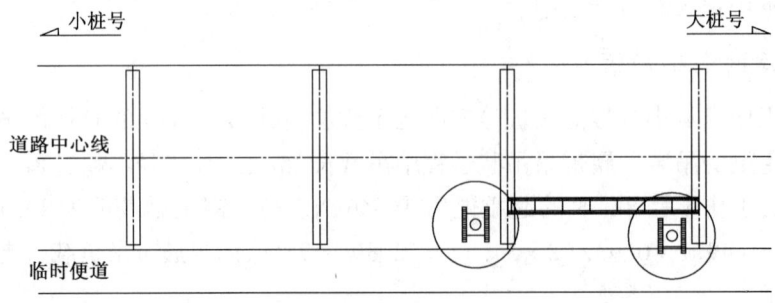

图 10　吊装第四步骤示意图

第五步：2台履带吊同时吊着钢梁负载向北行走至安装位置，调整钢梁轴线及平面位置，满足要求后落梁至设计位置，完成吊装（图11）。

第六步：按照上述步骤依次完成剩余钢梁的吊装（图12）。

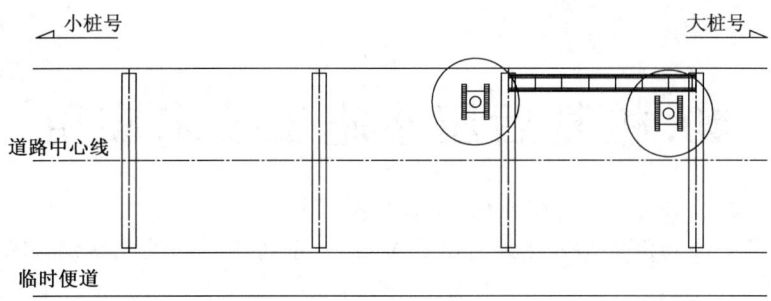

图 11 吊装第五步骤示意图

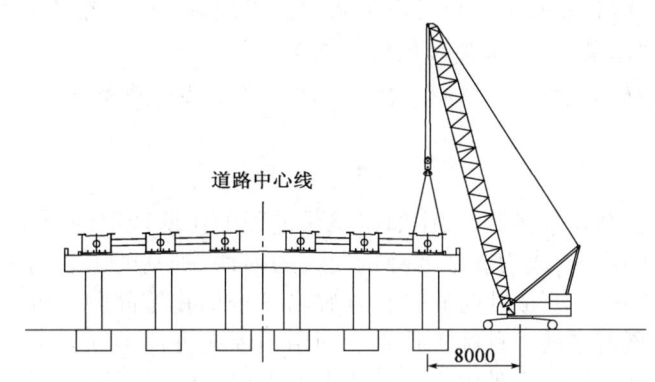

图 12 吊装第六步骤示意图(尺寸单位:mm)

### 10. 横梁吊装

每吊装完两榀钢主梁就吊装钢主梁之间的横梁,横梁采用一台履带吊进行吊装。吊装时,履带吊工作半径 12m,吊臂长 25m,额定起重能力为 203kN。横梁最重为 1.5t,负载率 1.5/20.3 = 7.4% < 80%,满足要求横梁吊装见图 13、图 14。

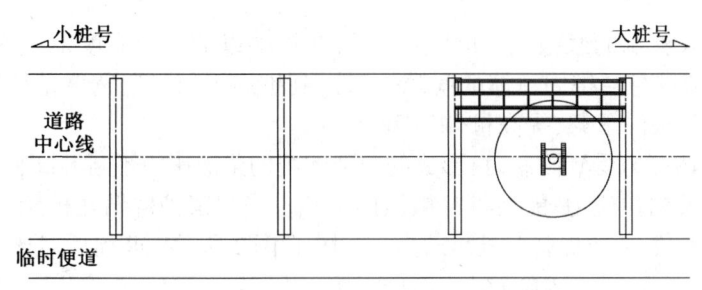

图 13 横梁吊装平面示意图

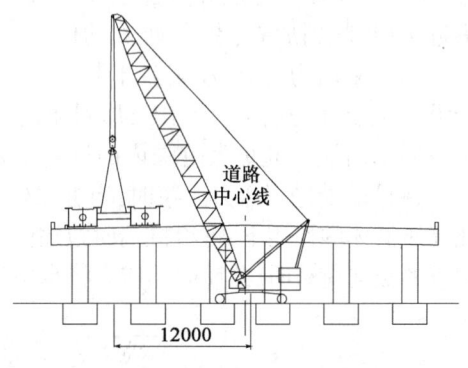

图 14 中间横梁吊装立面示意图(尺寸单位:mm)

## 五、结　语

简支梁吊装不仅可以采用传统分段式吊装,在条件允许的情况下也可以采用整跨吊装施工技术。整跨吊装施工技术相较于传统分段式吊装施工成本低,施工效率高,大大节省现场施工工期,为今后类似工程提供借鉴和参考。

**参考文献**

[1] 中华人民共和国交通运输部. 公路桥涵施工技术规范:JTG/T 3650—2020[S].北京:人民交通出版社股份有限公司,2020.
[2] 全国钢标准化技术委员会.重要用途钢丝绳:GB/T 8918—2006[S].北京:中国标准出版社,2006.

# 40. 桩基后压浆施工技术应用

肖付龙[1]　杨 志[1]　杨海淼[2]

(1. 中交一公局海威工程建设有限公司；2. 山东高速基础设施建设有限公司)

**摘　要**　桩基后压浆是利用桩基钢筋笼预埋的注浆管，在成桩后使用压浆泵进行注浆，起到加固桩侧泥皮和固化桩底沉渣的作用，桩基承载力提高明显，减少桩基的沉降，能有效减少桩基的长度，节约造价，桩基压浆技术包含桩端压浆、桩侧压浆两个组成部分。

**关键词**　桩后压浆　桩基压浆量　浆施工技术　单桩承载力　桩基沉降

## 一、引　言

传统摩擦桩的施工工艺存在很多弊端，比如在成孔过程中孔壁残留的土层和孔底沉渣，很大程度地减少了桩侧的摩阻力和桩端阻力，成为桩基沉降量较大的因素，桩基的承载力不能发挥到极致。比如传统摩擦桩钻孔较深，在钻孔施工中，成孔时间较长且容易发生塌孔等问题。桩后压浆摩擦桩即是针对传统工艺所存在的弊端而发展起来的一种施工技术。利用预埋在桩体钢筋笼上的注浆管，将水泥浆，通过注浆管注入桩侧及桩底。使其形成一种中高强度的水泥土层，从而使桩底的桩头扩大，增加桩端与桩侧的阻力，大幅度增加桩基的承载力，减少了桩基的沉降，能有效减少桩基的长度，节约工期及成本。本文结合沾化至临淄公路工程施工三标段为实例，介绍后压浆钻孔灌注桩的施工流程及技术特点。

## 二、桩基后压浆的特点及原理

桩后压浆是在桩身强度达到70%以上时，经超声波检测合格后，通过预埋安装在钢筋笼上的注浆管，将水泥浆压入桩底和桩侧土体中，以补充、渗透的形式对桩底沉渣、受力层软化、土层松动、桩端、桩侧附近土层、起到加固、渗透、填充的作用。

当注浆压力升高，注浆量不断增加时，注入桩端的浆液，在压力作用下，在桩端以上一定高度范围内会沿着桩土间泥皮上渗泛出，加固泥皮、充填桩身与桩周土体的间隙并渗入到桩周土层一定宽度范围，浆液固结后调动起更大范围内的桩周土体参与桩的承载，提高桩侧摩阻力。

在桩端处进行压力注浆时，当桩端处的渗透能力受到限制时，形成的梨形体内的浆液压力不断升高，在此高压液体的作用下，将给桩端面施加向上的反向预应力，能使桩身微微向上抬。当泥浆护壁钻孔桩承受向下的竖向荷载时，此反向预应力将承担部分荷载，从而提高单桩承载力。如图1、图2所示压浆前后对比。

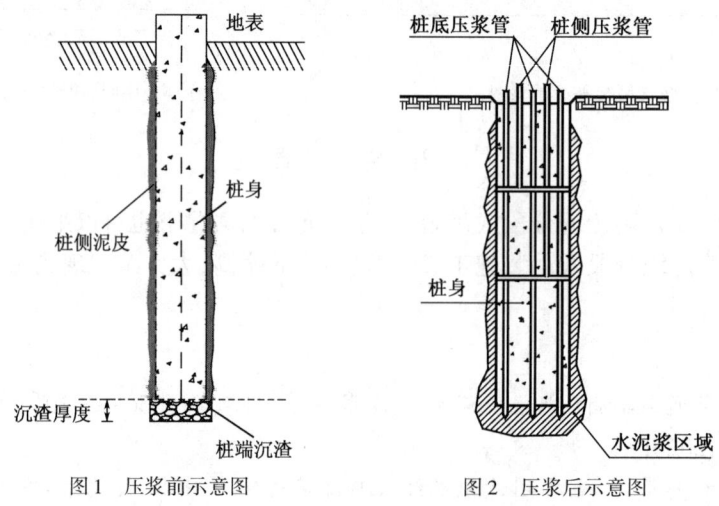

图1　压浆前示意图　　　图2　压浆后示意图

目前,后注浆技术已逐步融合前沿科技成果,正向自动化、智能化、信息化、透明化方向发展。钻孔灌注桩后注浆的实施,可由专业队伍配备专业设备来完成,确保项目的成功。

## 三、工程概况

沾临公路三标段项目,位于山东省滨州市博兴县。起止桩号为 K56+050~K93+908,全线主路全长 37.827km。标段全线有:特大桥 1435.5m/1 座,大桥 1752.4m/5 座,中桥 155.04m/2 座,分离立交 3365m/13 座,互通 3 座(博兴北互通区、博兴东互通区、博兴南互通区)。

标段范围内共有桥梁桩基 2646 根,其中直径 1.2m 桩基 228 根,直径 1.3m 桩基 406 根,直径 1.4m 桩基 600 根,直径 1.6m 桩基 1058 根,直径 1.8m 桩基 354 根。大部分桩基为陆地桩,水中桩分布在北支新河大桥(24 根)、三号支沟大桥(12 根)、支脉河大桥(30 根)、预备河大桥(18 根)。需压浆桩基根数 2300 根,总桩长 115143m。压浆管小于 1.8m 的桩基布置 3 根,大于或等于 1.8m 的桩基布置 4 根。桩侧压浆装置应保证最上层压浆点距桩顶不小于 8m,往下每 8~13m 设置一层(一般为 10m)设置一层,最下层压浆点距离桩底不小于 8~15m。

## 四、施工准备

1. 技术准备

桩基压浆施工前,要认真审核图纸并核对终止压力、压浆量等设计参数。

2. 压浆设备系统

施工现场控制中枢集成为控制柜,其中:

(1) 上料自动化,同时通过传感器计量水泥用量、水的用量;
(2) 按预先设定的程序进行搅拌;
(3) 如图 3 所示,压浆泵通过压力传感器、流量传感器进行压浆流量、压浆压力的监控。

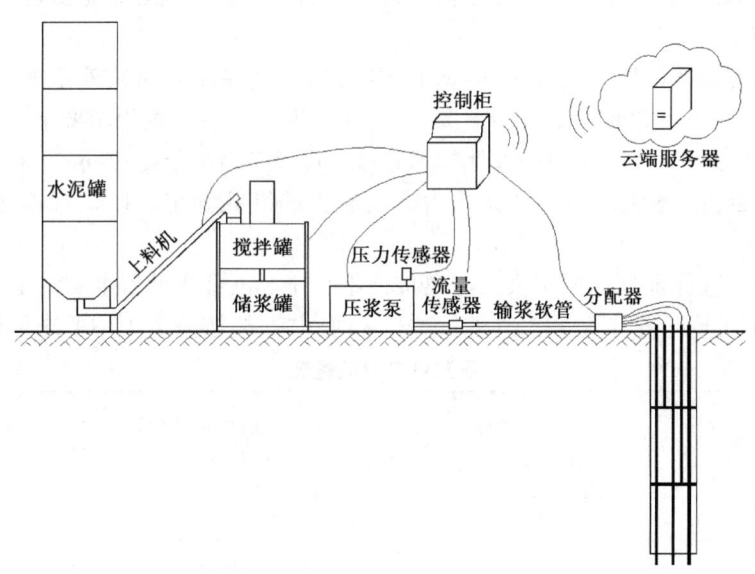

图 3  压浆设备示意图

控制柜中的数据将实时上传至云端服务器,所有桩基压浆关键参数均可通过客户端监控。

过程控制标准化、自动化,参数计量实时、透明,杜绝人为干扰,保证注浆效果。

控制柜功能:外部电源接入及分配、传感器数据采集、指令发布、数据显示、上传数据等。

## 五、施 工 工 艺

**1. 施工工艺流程图(图4)**

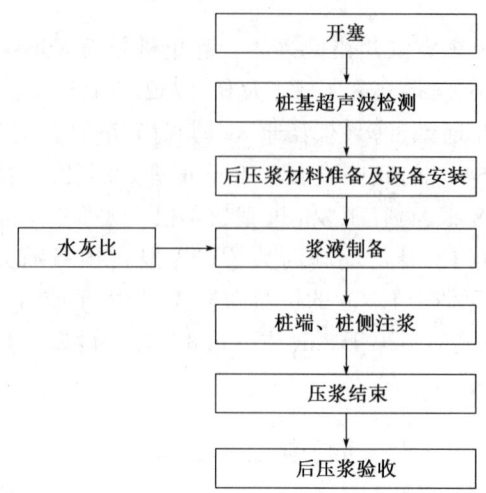

图4 施工工艺流程图

**2. 压浆导管制作与安装**

压浆管采用低压液体输送管制作,质量符合国家标准《低压流体输送用焊接钢管》(GB/T 3091)的规定。

桩端压浆着墨低于桩底高程5cm,插入桩端持力层,并在桩端钢筋笼处固定牢固。桩侧压浆装置绑扎在钢筋笼外侧固定牢固。保证压浆口对着桩侧土层。压浆口采用定制单向阀,单向阀的出浆口直径为10mm。压浆阀能承受压的压力应大于压浆终止压力;压浆阀外部保护层应能抵抗砂石等硬质物的剐撞不致使管阀受损。

压浆管的制作与安装严格把关,特别是桩基上部压浆管,确保压浆时浆液不能冒出地面。钢筋笼下放过程中,桩侧出浆口处正下方要安置混凝土保护块,并预先在压浆装置内填塞泡沫剂。

桩基后浆压浆管如图5所示,使用钢管外径为 $\phi32mm$,壁厚不小于2.75mm。在桩基钢筋笼段,压浆管由桩基箍筋绑扎固定,在素混凝土段,压浆管由桩底通长筋绑扎固定。压浆管连接处使用钢螺纹套筒连接。

桩侧压浆管安装位置保证最上层压浆点距离桩顶不小于8m,往下每隔8～12m(一般为10m)设置一层,最下层压浆点距离桩底不小于8～15m;桩长≤38m时,并严格按照表1中要求层数布置。

压浆管布置数量表  表1

| 桩长范围 | 桩侧压浆层数(层) | 底侧桩侧与桩端压浆间隔距离(m) | 桩侧压浆层间隔距离(m) |
| --- | --- | --- | --- |
| $L<30m$ | 1 | 14 | |
| $30m≤L≤36m$ | 2 | 10 | 10 |
| $36m≤L≤44m$ | | 15 | 13 |
| $44m≤L≤51m$ | 3 | 12 | 12 |
| $51m≤L≤55m$ | | 13 | 13 |
| $55m≤L≤62m$ | 4 | 13 | 11 |
| $62m≤L$ | | 15 | 13 |

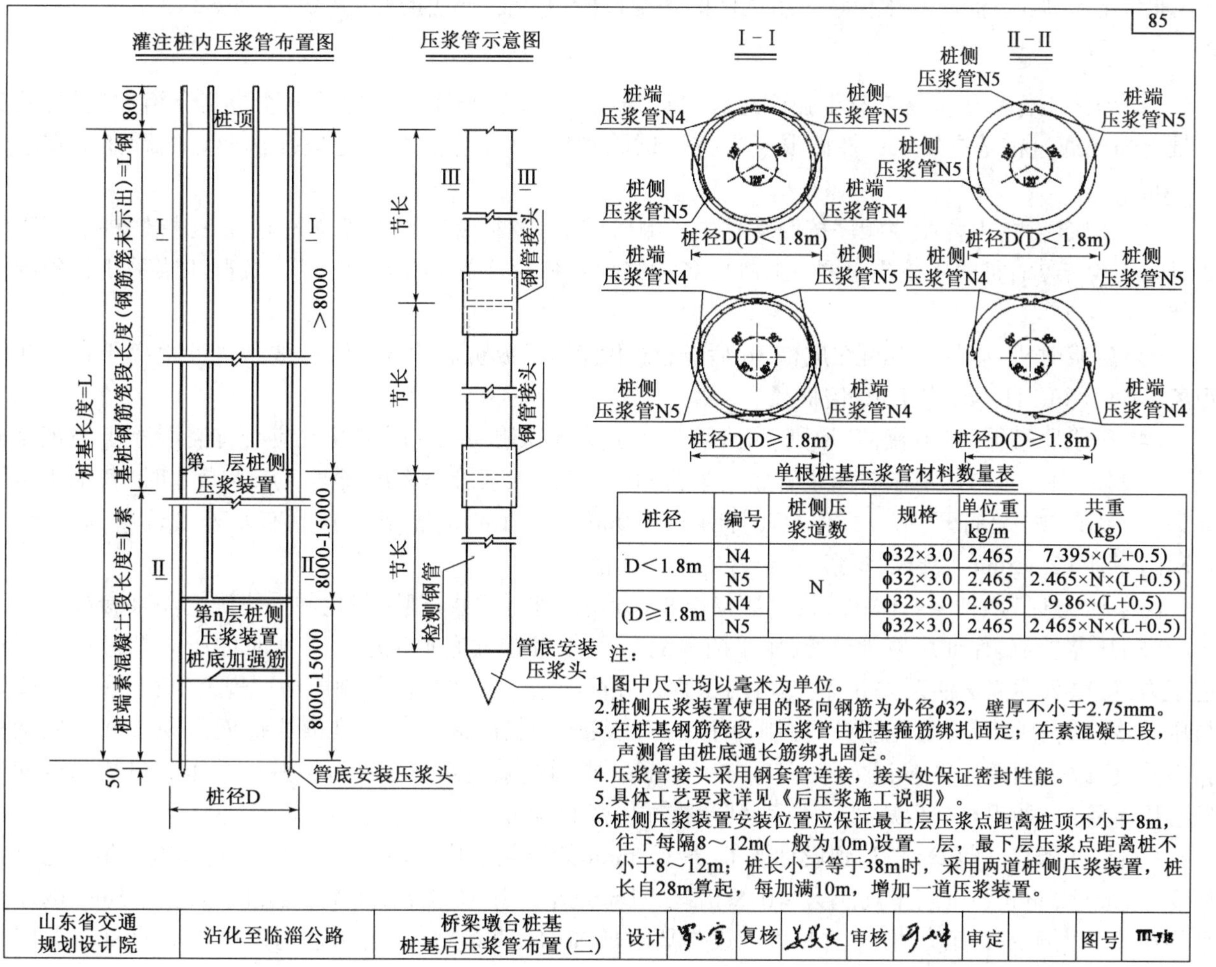


| 桩径 | 编号 | 桩侧压浆道数 | 规格 | 单位重 kg/m | 共重 (kg) |
|---|---|---|---|---|---|
| D<1.8m | N4 | N | φ32×3.0 | 2.465 | 7.395×(L+0.5) |
| | N5 | | φ32×3.0 | 2.465 | 2.465×N×(L+0.5) |
| (D≥1.8m | N4 | | φ32×3.0 | 2.465 | 9.86×(L+0.5) |
| | N5 | | φ32×3.0 | 2.465 | 2.465×N×(L+0.5) |

图5 压浆管的布置

如图6所示压浆管竖直固定在钢筋笼上，与钢筋笼的加劲筋点焊并绑扎牢固，且与钢筋笼一起下孔，每下一节钢筋笼时，在压浆管内灌水并检查接头密封性；钢筋笼沉放到底，不得悬吊，下笼受阻时不得撞笼、扭笼；压浆管应通向自然地坪以上且临时封闭，以避免泥浆或其他杂物落入堵塞压浆管，桩身空孔部分的压浆管不宜设置接头。

图6 压浆管安装

3.浆液配制

(1)压浆采用水泥为P.O42.5，水泥每200t抽样检测一次。抽样检测合格后方可用于水泥浆配置，水泥浆强度要求为7天强度不小于10MPa。

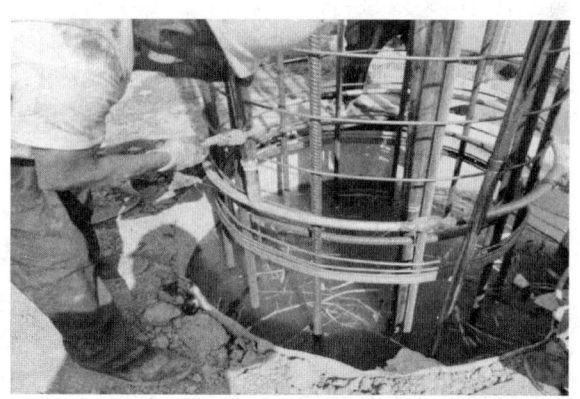

(2)经试验室试验得出浆液水灰比为0.6，浆液搅拌时间不少于3min，不添加外加剂。拌制好的浆液具有良好的流动性，不离析、不沉淀，浆液进入储浆桶时采用不小于12目纱网进行过滤。配合比、性能指标等通过试桩压浆试验确定。

(3)水泥浆拌制采用连续制拌制模式，边搅拌边压浆。水泥浆停拌时间不宜超过30min。因特殊情况超过30min，水泥浆不得使用，应立即清洗压浆设备及管道，防止水泥浆固结堵塞压浆设备及管道。

(4)对水泥浆做7天强度检测。方法为在拌制好的浆液中随机抽样制作试件，试件尺寸为40mm×40mm×160mm，以三个试件为一组，对桩基压浆应每桩取一组试件。每组试件强度测定值的算术平均强度不低于设计强度标准,其中任意一组试件的强度最低值不低于规定强度等级的75%。

### 4. 压浆工艺

(1) 压浆工作宜于桩身混凝土强度达到设计强度75%、桩身完整性的超声波检测合格后进行;桩身混凝土强度通过桩基混凝土试件做混凝土抗压试验确定;压浆作业与其他成孔作业点的距离不宜小于8~10m。

(2) 压浆顺序:组合压浆顺序按照编号先压侧后桩端,多断面桩侧压浆应先上后下,桩侧桩端压浆间隔时间不少于2h;桩端压浆应对同一根桩的各注浆导管依次实施等量注浆;对于桩群注浆采用先外围后内部。

(3) 压浆时机:压浆作业可在成桩3d后进行(不宜迟于成桩后30d),注意被压浆桩距离正在成孔桩距离不少于8m,且不宜小于10倍桩径。

(4) 压浆应遵循"细流慢注"原则,最大流量不应大于75L/min。压浆开塞应在首灌混凝土浇筑完成后12~24h,由压浆泵用清水将压浆管底压浆孔冲开,确保压浆管路系统畅通。压水开塞时,若水压突然下降,表明单向阀已打开,应立即停泵,封闭阀门10min,以消散压力,若观察到有水外喷现象,应继续关闭阀门,每隔2~5min后再次观察,直至管内压力消散。

注浆压力宜为1.2~4.0MPa,待后注浆作业开始前,进行注浆试验,优化并最终确定注浆参数。

(5) 压浆控制:保证压浆管畅通,压浆前先对每根压浆管做通水试验。开塞时如压力超过压浆泵额定压力,可以采用高压油泵先开塞,然后用压浆泵进行疏通。压浆总体控制严格按规范执行,实行压浆量与压力双控,以压浆量(水泥用量)控制为主。当注浆压力长时间低于正常值或地面出现冒浆或周围桩孔串浆,应改为间歇注浆,间歇时长宜为30~60min,或调低浆液水灰比。每根桩桩端压浆量均匀分配到桩端压浆管上,如出现一根压浆管不通,其余桩端压浆管均分。

(6) 终止条件:①压浆量达到设计要求,最近5min的压浆平均压力达到终止压力;②压浆量已达到设计要求,最近5min的压浆平均压力≥0.8倍终止压力,增加压浆量至120%后封压;③最近5min的压浆平均压力已大于终止压力,压浆总量大于设计要求的80%,直接封压,若未达到设计要求的80%暂时停止压浆,分析异常原因。

### 5. 压浆量计算

水泥用量按《公路桥涵地基与基础设计规范》(JTG 3363—2019)附录K桩基后压浆技术参数计算。

$$G_C = \sum_{i=1}^{m} a_{si} d + a_p d$$

式中:$G_C$——单桩压浆量(t);

$a_{si}$——为第i压浆断面处桩侧压浆量经验系数(t/m);

$a_p$——为第i压浆断面处桩端压浆量经验系数(t/m);

$m$——横断面桩侧压浆;

$d$——桩径(m)。

### 6. 压浆质量评定

(1) 压浆压力达到压浆终止压力,且管路压浆量达到设计值时,管路压浆合格。

(2) 压浆量达到设计要求后,压浆平均压力在5min内不小于0.8倍压浆终止压力,管内压浆量达到1.2倍设计压浆量时,该管内压浆压力为合格。

(3) 各管路实际压浆量总和(不计因压力不足而多压入的压浆量)大于设计压浆量时,压浆量为合格。

(4) 若各管路压浆泵出浆口处压力达到终止压力,且未发生堵管,压浆量总和大于设计压浆量的75%时,压浆量为合格。

## 7. 常见故障与处理措施

压浆施工过程中可能出现中断，一是被迫中断，如设备故障、停水、停电、材料供应不及时等；二是有意中断，如在压浆中压浆量不见减少，而压浆延续时间较长，为防止串浆、跑浆等实行的间歇压浆。

压浆压力达不到结束标准，应采取的措施主要是先查清原因，并采用以下方进行处理：

(1) 降低压浆压力，限制浆液流量，以便减小浆液在裂隙中的流动速度，使浆液中的颗粒尽快沉积；

(2) 采用水灰比较小的浆液；

(3) 加入速凝剂，如水玻璃等，控制浆液的凝胶时间；

(4) 采用间歇压浆的方式，促使浆液在静止状态下沉积，根据地质条件和压浆目的决定材料用量和间歇时间的长短。若有地下水的流动，宜反复间歇压浆；

(5) 若为填充压浆，可在浆液中加入砂等粗粒料，采用专门的压浆设备。

对于桩长比较短的桩容易出现冒浆，一般采用间歇压浆防止冒浆。

压浆管路堵塞，而管路堵塞原因主要有如下几点：

(1) 工艺设计方面的原因，如压浆头设计不当打不开，压浆头开塞过早，砂子倒灌进压浆管内，压浆浆液过浓等；

(2) 施工方面的原因，如压浆头制作不过关，压浆管焊接问题(如漏浆)，压浆管弯断，压浆管堵塞等。

单桩所有压浆管打不开一般采用桩侧打孔补压浆(对于短桩也可采用桩身钻孔补压浆)，同时利用钻杆压浆或重新下压浆管。

## 六、承载力计算

桩基后压浆承载力以桩径1.4m、桩长38m为例：

侧阻力增强系数$\beta_s$取1.4、端阻力增强系数$\beta_p$取1.8，摩擦桩单桩轴向承载力计算如表2所示，计算公式为：

$$[R_a] = \frac{1}{2}u\sum q_{ik}l_i + A_p q_r$$

$$q_r = m_0\lambda[[fa_0] + k_2\gamma_2(h-3)]$$

摩擦桩后压浆单桩轴向承载力计算入表3。

计算公式为：

$$[R_a] = \frac{1}{2}u\sum \beta_s q_{ik}l_i + \beta_p A_p q_r$$

**摩擦桩单桩轴向承载力计算表** 表2

| 摩擦桩计算 | | |
|---|---|---|
| 参数计算 | | |
| $D =$ | 1.40 | 桩直径(m) |
| $A_p =$ | 1.54 | 桩底横截面面积(m²) |
| $U =$ | 4.40 | 桩周长(m) |
| $L =$ | 38.00 | 桩长(m) |
| 桩侧摩阻力部分计算 | | |

続上表

| | 土层数 | 土层厚度 $L_i$(m) | 各土层与桩侧的摩阻力标准值 $q_{ik}$(kPa) | 各土层重度(kN/m³) |
|---|---|---|---|---|
| 地基土参数 | 粉质黏土 | 2.22 | 32 | 19.48 |
| | 粉土 | 2.7 | 32 | 19.68 |
| | 粉质黏土 | 5.4 | 30 | 19.45 |
| | 粉土 | 5.2 | 35 | 19.68 |
| | 粉质黏土 | 4.4 | 35 | 19.45 |
| | 粉砂 | 6.08 | 40 | 20 |
| | 粉砂 | 2.22 | 40 | 20 |
| | 粉土 | 0.78 | 42 | 19.55 |
| | 粉土 | 7.12 | 42 | 19.55 |
| | 粉质黏土 | 1.88 | 48 | 19.33 |
| 桩侧摩阻力合计 = | | 3100.856 | kN | |
| 桩端端阻力部分计算 | | | | |
| $t$ = | | 0.30 | 沉渣厚度(m) | |
| $m_0$ = | | 0.829 | 清底系数 | |
| $[f_{a0}]$ = | | 200.00 | 桩端土的承载力基本容许值(kPa) | |
| $k_2$ = | | 1.50 | 深度修正系数 | |
| $\gamma_2$ = | | 19.63 | 桩端以上土层的加权平均重度(kN/m³) | |
| $\lambda$ = | | 0.65 | 修正系数 | |
| $h$ = | | 38.00 | 桩端埋置深度(m),大于40m按40m计 | |
| $q_r$ = | | 662.881 | 端桩土承载力容许值(kN) | |
| 桩端端阻力合计 = | | 1020.837 | kN | |
| 合计 | | | | |
| $[R_a]$ = | | 4121.69 | 承载力容许值(kN) | |

**后压浆单桩轴向承载力计算** 表3

| | 摩擦桩计算 | | | |
|---|---|---|---|---|
| | 参数计算 | | | |
| $D$ = | | 1.40 | 桩直径(m) | |
| $A_p$ = | | 1.54 | 桩底横截面面积(m²) | |
| $U$ = | | 4.40 | 桩周长(m) | |
| $L$ = | | 38.00 | 桩长(m) | |
| 桩侧摩阻力部分计算 | | | | |
| | 土层数 | 土层厚度 $L_i$(m) | 各土层与桩侧的摩阻力标准值 $q_{ik}$(kPa) | 各土层重度(kN/m³) |
| 地基土参数 | 粉质黏土 | 2.22 | 32 | 19.48 |
| | 粉土 | 2.7 | 32 | 19.68 |
| | 粉质黏土 | 5.4 | 30 | 19.45 |
| | 粉土 | 5.2 | 35 | 19.68 |
| | 粉质黏土 | 4.4 | 35 | 19.45 |
| | 粉砂 | 6.08 | 40 | 20 |
| | 粉砂 | 2.22 | 40 | 20 |
| | 粉土 | 0.78 | 42 | 19.55 |
| | 粉土 | 7.12 | 42 | 19.55 |
| | 粉质黏土 | 1.88 | 48 | 19.33 |

续上表

| 桩侧摩阻力合计 = | 4341.198 | kN | |
| --- | --- | --- | --- |
| 桩端端阻力部分计算 | | | |
| $t=$ | 0.30 | | 沉渣厚度(m) |
| $m_0=$ | 0.829 | | 清底系数 |
| $[f_{a0}]=$ | 200.00 | | 桩端土的承载力基本容许值(kPa) |
| $k_2=$ | 1.50 | | 深度修正系数 |
| $\gamma_2=$ | 19.63 | | 桩端以上土层的加权平均重度(kN/m³) |
| $\lambda=$ | 0.65 | | 修正系数 |
| $h=$ | 38.00 | | 桩端埋置深度(m),大于40m按40m计 |
| $q_r=$ | 662.881 | | 端桩土承载力容许值(kN) |
| 桩端端阻力合计 = | 1837.507 | (kN) | |
| 合计 | | | |
| $[R_a]=$ | 6178.71 | | 承载力容许值(kN) |

1)承载力

通过计算得知摩擦桩在相同条件及相同桩长、桩径情况下,使用后压浆的轴向承载力为6178.71kN,未使用后压浆的轴向承载力为4121.69kN。轴向承载力比未使用后压浆增加了2057.02kN。

2)桩侧摩阻力

通过计算表中桩侧摩阻力对比,后压浆的桩侧摩阻力比未压浆的桩侧摩阻力多1240.34kN。

3)桩基长度

根据桩侧摩阻力的计算公式进行反算后,确定使用后压浆的桩长要比未使用后压浆的桩长缩短11.8m。

## 七、结　语

本文以沾化至临淄公路桥梁为依托,结合具体的地质条件,对比分析了桩基压浆对桩体竖向承载能力和桩长的影响,最终得出结论桩基后压浆技术通过浆液对桩底沉渣和桩底土层及桩周泥皮渗透、填充、压密、劈裂、固结等作用,单桩竖向极限承载力可提高30%以上,有效缩短设计桩长,具有一定经济和社会效益。

综合来看后注浆法具有可靠性好、费用低、承载力增幅大等优点,尤其是桩底后注浆后可以提高桩基工程的承载力与稳定性,减少桩长或桩数,减轻施工任务量,使桥梁下部施工周期缩短,能够降低工程造价,同时能改善桩的受力情况,消除一些不良地质现象。

桩基后压浆技术能够在桥梁工程施工中充分发挥作用,达到理想的施工要求,因此受到了人们的广泛关注。相信在未来的社会发展中,该项技术必然还会不断改进,具有非常广阔的发展前景。

## 参考文献

[1] 中华人民共和国交通运输部.公路桥涵地基与基础设计规范:JTG 3363—2019[S].北京:人民交通出版社股份有限公司,2019.

[2] 梁定河.后压浆技术在钻孔灌注桩中的应用与分析[J].建筑工程技术与设计,2014(6).

[3] 刘仁超,史寿国,冯冲.桩端压浆法在工程中的应用[J].中国科技信息,2005(13).

[4] 张学东,董武,刘凤奎.桩基后压浆技术在某桩基工程中的应用[J].山西建筑,2006(24).

[5] 尤富春.后压浆技术在桥梁桩基施工中的应用[J].华东公路,2017(3).

[6] 李小丰.钻孔灌注桩后压浆技术研究[J].公路交通科技:应用技术版,2020(1).

# 41. 大跨径斜拉桥 H 形主塔主动横撑优化设计研究

张 奔[1,2]　苏文明[1,2]　杨海淼[3]

(1. 山东高速工程检测有限公司；2. 桥梁结构大数据与性能诊治提升交通运输行业重点实验室
3. 山东高速基础设施建设有限公司)

**摘　要**　斜拉桥主塔塔柱施工过程中，在塔柱设置主动横撑可以消除塔柱的不良应力状态，同时保障施工过程中的安全性和稳定性；通过确定主动撑杆的位置以及对预顶力的计算，分析主动横撑在施工监控中的要点，采用 Midas 软件进行模拟。结果表明，设计用主动横撑强度和抗拉满足规范要求，主动横撑的设置可以有效消除塔柱不良应力状态，保障施工过程中的安全性、稳定性。

**关键词**　斜拉桥　桥塔　主动横撑　施工监控

## 一、引　言

由于 H 形塔柱存在一定的倾角，塔肢的悬臂状态在自重和施工荷载的影响下，在主塔根部形成很大的弯矩，主塔外侧混凝土在拉应力下可能造成开裂，影响施工的安全、稳定性；成桥之后也会影响索塔的使用寿命。为消除这种不利因素的影响，在主塔施工时进行设置主动撑杆，使塔肢向外承受一定的顶推力，消除施工过程中塔柱倾斜造成的塔柱底端截面弯矩和应力的不利影响。

## 二、工　程　概　述

黄河特大桥主桥为双塔双索面钢-混组合梁斜拉桥，跨径布置为 80 + 180 + 442 + 180 + 80 = 962(m)，桥面宽 34m，含检修道总宽 38m。主梁采用双边钢箱钢-混组合梁，主桥采用塔墩固结、塔梁分离的半漂浮体系，主梁与桥塔下横梁间设置支座，主桥桥型布置图如图 1 所示。

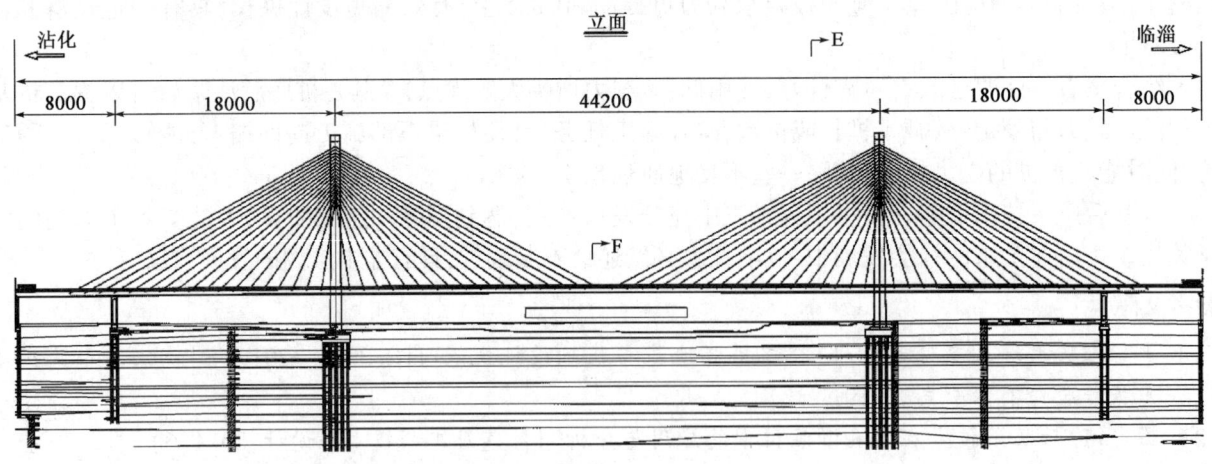

图 1　黄河特大桥主桥桥型布置图(尺寸单位:cm)

黄河特大桥分为南北主塔，桥塔横向布置为 H 形，采用单箱室空心箱形截面，设上下两道横梁，塔柱及横梁混凝土采用 C50 混凝土，北塔高 154m，南塔高 151.5m，设上下两道横梁，塔柱、塔座及横梁混凝土采用 C50 混凝土。桥塔分为塔冠、中塔柱和下塔柱。其中塔冠高 13m(包括上横梁)，中塔柱高 113.3m，小桩号侧下塔柱高 27.7m(包括下横梁)，大桩号侧下塔柱高 25.2m(包括下横梁)，小桩号侧桥塔总高

154m,大桩号侧桥塔总高151.5m。顺桥向上塔柱宽7.5m,中塔柱宽7.5m~8.177m,小桩号侧下塔柱宽8.177~9.10m,大桩号侧下塔柱宽8.177~9.017m。

### 三、主动撑杆设计

主动撑杆必须保证一定的强度、刚度和稳定性,与塔柱刚接。根据与各单位协调沟通,在主塔处设置5道主动横撑,主塔的上下横梁下方横撑设置形式为主动鹰架。撑杆材料为 $\phi800 \times 12mm$ 钢管,共设置2根钢管,主动撑杆安装位置图如图2所示。

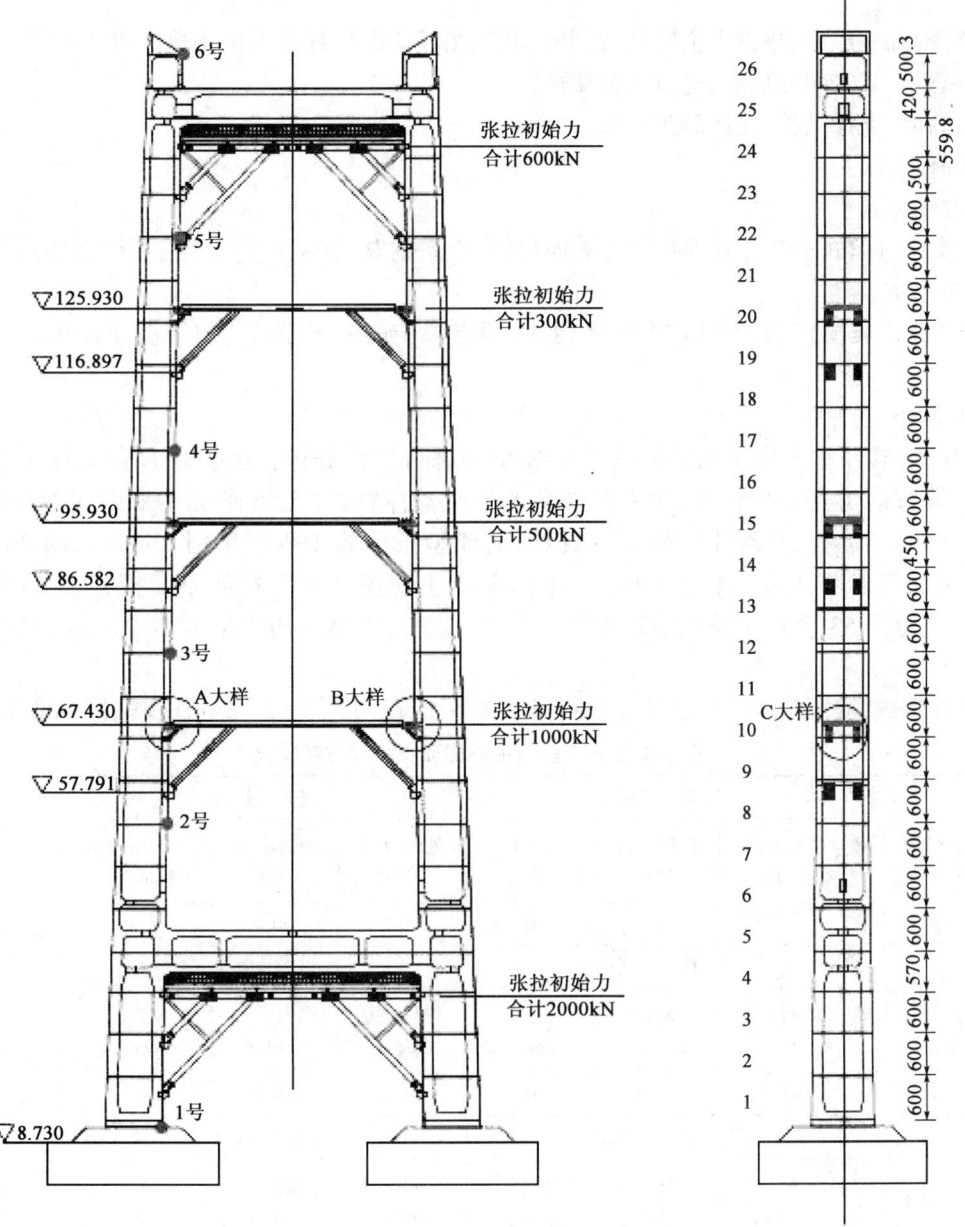

图2 主动撑杆位置示意图(尺寸单位:cm)

1)施工工况

主塔施工采取爬模施工的方式,浇筑一节塔柱之后爬模升至下一阶段继续施工,在设计位置增加横向撑杆和施工塔柱横梁,现对主塔主要施工工况做简要的描述:

(1)塔柱第一节至第五节浇筑完成,并将爬模爬升至第六节,下横梁鹰架开始安装。
(2)完成第七节塔柱浇筑后,停止主塔施工;同步完成下横梁支架的三角托架安装,并将其横杆作为主动撑杆进行预紧。

(3) 停止主塔施工,进行下横梁施工。

(4) 待塔柱第十一节浇筑完成,且爬模爬升至塔柱第十二节后,开始进行第一道横向支撑架安装以及张拉区域施工。

(5) 塔柱浇筑至十六节,提前进行钢锚梁安装,待爬模爬升至第十七节后,开始第二道主动撑杆安装。

(6) 塔柱浇筑至二十一节,再次提前进行钢锚梁安装,待爬模爬升至第二十二节,开始第三道横向支撑架安装。

(7) 爬模拆除完成后,搭设上横梁托架,并将其三角托架的横杆作为主动撑杆进行预紧。

(8) 上横梁支架安装完成后,进行上横梁施工。

(9) 拆除临时支撑结构,主塔施工结束。

2) 计算荷载

(1) 塔肢结构自重

结构自重通过 Midas Civil 软件自动计算而得,自重系数取 1.04,混凝土容重为 $26kN/m^3$。

(2) 模板自重

塔柱施工采取爬模施工,按照 800kN 考虑,作用点位于前一节段已浇筑混凝土段中心,为竖直方向荷载。

3) 计算模型

采用 Midas 软件对主塔主动撑杆施工主要结构进行建模分析,根据施工单位主塔施工方案,进行主塔主动撑杆的仿真分析计算,主塔共布置 5 道主动撑杆,在上下横梁下采取鹰架撑杆形式。根据主塔的实际施工流程,进行主塔施工仿真计算,模型按照施工程序采用 Midas Civil 2019 模拟,索塔、上下横梁和鹰架撑杆采用梁单元模拟,中间 3 道主动撑杆采取桁架单元模拟,共 96 个单元,按照施工流程共分为 53 个施工阶段,模拟每一节塔柱施工情况下的主塔参数,支撑与塔柱相连处采取固结。

经过计算整理,塔柱施工过程中关键控制截面在各工况下最大应力和塔柱顶端位移见表1。

主动横撑施工前后主要截面受力和位移状况　　表1

| | 主塔1号截面 | | | 主塔2号截面 | | | |
|---|---|---|---|---|---|---|---|
| 第一道主动撑杆(下横梁支架横杆)安装前 | 外侧应力(MPa) | 内侧应力(MPa) | 位移(mm) | 外侧应力(MPa) | 内侧应力(MPa) | 位移(mm) | |
| | −1.3 | −0.7 | 0 | −0.2 | −0.1 | 1 | 第一道主动撑杆预紧力2000(kN) |
| | 主塔1号截面 | | | 主塔2号截面 | | | |
| 第一道主动撑杆(下横梁支架横杆)安装后 | 外侧应力(MPa) | 内侧应力(MPa) | 位移(mm) | 外侧应力(MPa) | 内侧应力(MPa) | 位移(mm) | |
| | −0.8 | −1.1 | 0 | −0.2 | −0.1 | 0.3 | |
| | 主塔1号截面 | | | 主塔3号截面 | | | |
| 第二道主动撑杆安装前 | 外侧应力(MPa) | 内侧应力(MPa) | 位移(mm) | 外侧应力(MPa) | 内侧应力(MPa) | 位移(mm) | |
| | −1.5 | −1.9 | 0 | −0.2 | −0.1 | 4.3 | 第二道主动撑杆预紧力1000(kN) |
| | 主塔1号截面 | | | 主塔3号截面 | | | |
| 第二道主动撑杆安装后 | 外侧应力(MPa) | 内侧应力(MPa) | 位移(mm) | 外侧应力(MPa) | 内侧应力(MPa) | 位移(mm) | |
| | −1.4 | −1.8 | 0 | −0.2 | −0.1 | 0.6 | |

续上表

| | 主塔1号截面 | | | 主塔4号截面 | | | |
|---|---|---|---|---|---|---|---|
| 第三道主动撑杆安装前 | 外侧应力（MPa） | 内侧应力（MPa） | 位移（mm） | 外侧应力（MPa） | 内侧应力（MPa） | 位移（mm） | 第三道主动撑杆预紧力500(kN) |
| | -1.8 | -2.2 | 0 | -0.2 | -0.1 | 3.2 | |
| 第三道主动撑杆安装后 | 主塔1号截面 | | | 主塔4号截面 | | | |
| | 外侧应力（MPa） | 内侧应力（MPa） | 位移（mm） | 外侧应力（MPa） | 内侧应力（MPa） | 位移（mm） | |
| | -1.9 | -2.2 | 0 | -0.2 | -0.1 | 0.5 | |
| 第四道主动撑杆安装前 | 主塔1号截面 | | | 主塔5号截面 | | | |
| | 外侧应力（MPa） | 内侧应力（MPa） | 位移（mm） | 外侧应力（MPa） | 内侧应力（MPa） | 位移（mm） | 第四道主动撑杆预紧力300(kN) |
| | -2.2 | -2.6 | 0 | -0.1 | -0.1 | 3.4 | |
| 第四道主动撑杆安装后 | 主塔1号截面 | | | 主塔5号截面 | | | |
| | 外侧应力（MPa） | 内侧应力（MPa） | 位移（mm） | 外侧应力（MPa） | 内侧应力（MPa） | 位移（mm） | |
| | -2.2 | -2.6 | 0 | -0.1 | -0.1 | 1 | |
| 第五道主动撑杆（上横梁支架横杆）安装前 | 主塔1号截面 | | | 主塔5号截面 | | | |
| | 外侧应力（MPa） | 内侧应力（MPa） | 位移（mm） | 外侧应力（MPa） | 内侧应力（MPa） | 位移（mm） | 第五道主动撑杆预紧力600(kN) |
| | -2.6 | -3.0 | 0 | -0.1 | -0.1 | 5.6 | |
| 第五道主动撑杆（上横梁支架横杆）安装后 | 主塔1号截面 | | | 主塔5号截面 | | | |
| | 外侧应力（MPa） | 内侧应力（MPa） | 位移（mm） | 外侧应力（MPa） | 内侧应力（MPa） | 位移（mm） | |
| | -2.6 | -3.0 | 0 | -0.1 | -0.1 | 1.1 | |

经过结构计算，在设置主动横撑后，主塔塔柱在整个施工过程中，塔柱内外侧几乎所有施工阶段都承受压应力，很好地避免塔柱外侧产生拉应力，保证施工过程中的安全性和稳定性，同时良好控制住塔柱顶端的位移。

根据上述计算可知，主动撑杆最大轴向压力为1935.6kN，撑杆长度按照33.0m计，材料为$\phi 800 \times 12mm$钢管，共设置2根钢管，单根钢管受最大轴力967.8kN，为防止钢管由于自重引起下挠，造成失稳，在钢管中部6m位置设置2处竖向支撑，以限制竖向位移。受力结果如图3所示。

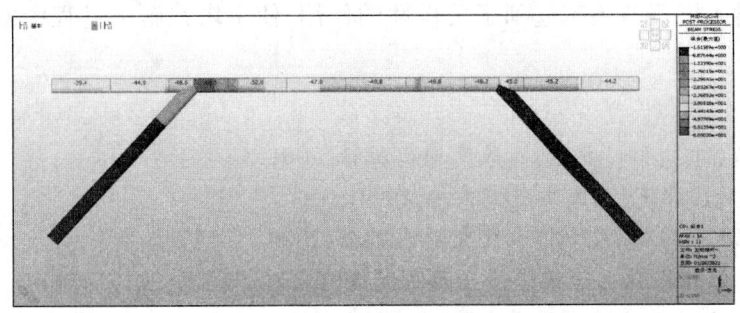

图3 主动撑杆应力图（最大60.5MPa）

由上述计算结果可知，主动撑杆最大应力60.5MPa＜215MPa，最大剪应力为1.9MPa＜119MPa，最大轴向应力为40.3MPa＜215MPa，满足规范要求。

根据上述计算可知,主动撑杆最大轴向拉力为 1099.3kN,撑杆长度按照 30m 设计,材料为 $\phi 800 \times 12$mm 钢管,共设置 2 根钢管,单根钢管受最大拉力 549.65kN,为防止钢管由于自重引起下挠,造成失稳,在钢管中部 6m 位置设置 2 处竖向支撑,以限制竖向位移。受力结果如图 4 所示。

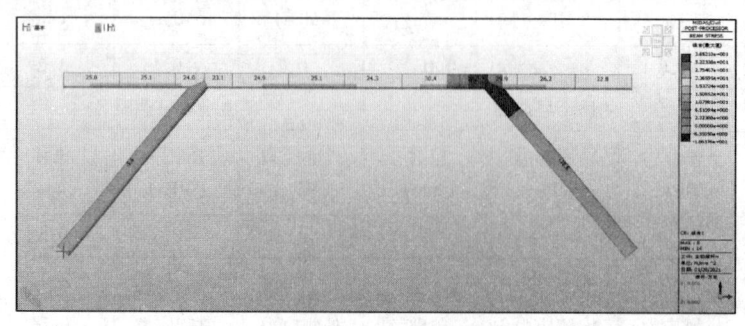

图 4　主动撑杆应力图(最大 36.5MPa)

由上述计算结果可知,主动撑杆最大应力 36.5MPa<215MPa,最大剪应力为 1.7MPa<119MPa,最大轴向应力为 22.2MPa<215MPa,满足规范要求。

由于下横梁支架在施工过程中横杆增加了 2000kN 的轴力,故对下横梁支架进行再次验算。下横梁支架布置四组支架,故单组支架所受轴力为 500kN,采用 midas 建立整体模型进行分析计算如图 5 所示。

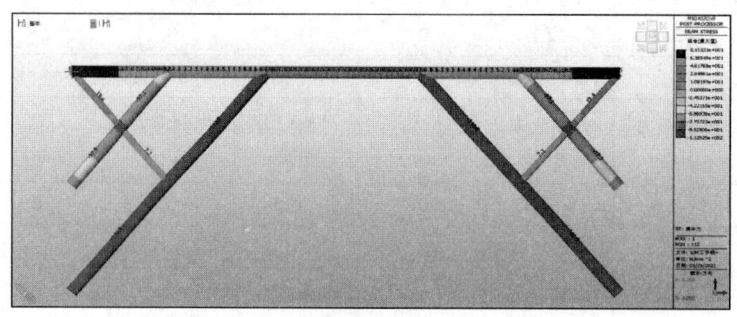

图 5　组拼支架最大组合应力(112.9MPa)

组拼支架最大轴应力 94.4MPa<215MPa,强度满足要求;组拼支架最大剪应力 3.1MPa<125MPa,强度满足要求;组拼支架最大应力 112.9MPa<215MPa,强度满足要求;组拼支架最大挠度 15.6mm<10000/400=25mm,刚度满足要求。

## 四、结　语

综合以上计算结果,黄河特大桥塔柱主动支撑各部分结构受力均符合规范要求,且有一定的安全储备,整体结构受力安全性满足要求。采用主动支撑并合理施加预顶力能有效避免在施工过程中的塔柱外侧混凝土的拉应力,对主塔逐节施工起到了关键性的作用,使主塔在施工过程中安全性和稳定性得到保障。

**参考文献**

[1] 范立础.桥梁工程(上)[M].北京:人民交通出版社,2001.
[2] 林元培.斜拉桥[M].北京:人民交通出版社,1994.
[3] 顾安邦.桥梁工程(下)[M].北京:人民交通出版社,2000.
[4] 董俭召,陈雁云.倾斜塔柱主动横撑设置问题浅析[J].施工技术,2018,47(S1):1302-1305.
[5] 严瑾.独塔斜拉桥主塔主动横撑结构计算[J].公路工程,2017,042(003):180-183.
[6] 中华人民共和国住房和城乡建设部.钢结构设计规范:GB 50017—2017[S].北京:中国建筑工业出版社,2017.

# 42. 锥套锁紧钢筋连接套筒在工程中的技术应用

陈 刚[1] 邢学涛[1] 李高波[2]

(1.山东省德州市交通工程监理公司;2.山东高速基础设施建设有限公司)

**摘 要** 桥梁建设在我国的道路交通建设中是不可或缺的重要组成部分,也是在道路交通建设中最核心的工程。随着我国经济建设的不断快速发展及桥梁建设技术的不断提升,我国桥梁的建造技术已经迈入世界领先行列,许多世界超一流的桥梁陆续建成并投入使用,桥梁的设计使用寿命最长已达120年。但桥梁建设中钢筋机械连接技术却与之极不相称,还停留在30年前就开始使用的钢筋直螺纹连接上。适合于钢筋部品连接的锥套锁紧钢筋接头的面世,将会大大改变这一情况,将会极大提高钢筋机械连接的质量及可靠性,与世界一流的桥梁建造技术相匹配。

**关键词** 锥套锁紧 变直径 钢筋连接 桥梁 技术

## 一、工程概况

引黄济青大桥13号墩桩基钢筋笼设计长度为64m,钢筋笼往下部1.4m范围为变径段,外径由320cm变为350cm;往下15.4m范围外径为350cm;往下部1.2m范围为变径段,外径由350cm变为250cm;往下部46m范围外径均为250cm。钢筋笼由①φ28mm桩顶连接主筋、φ32mm主筋、φ28mm定位筋、φ16mm耳筋、φ12mm劲环筋及φ54×1.5m声测管组成。单根桩钢筋笼重约20t。

## 二、目前我国桥梁工程中使用的钢筋连接技术

自20世纪80年代,随着钢筋机械连接技术在我国的兴起,该技术也陆续在桥梁建设中开始大量使用,如虎门大桥(1993年)的套筒挤压连接、天津海河大桥(1998年)的镦粗直螺纹钢筋连接等。它的使用相对于传统的搭接、焊接连接,无论质量还是施工效率上,都具有一定的优势。采用这些连接技术在桥梁工程中各有所长。

### 1. 套筒挤压连接

这种连接技术是通过挤压变形,使套在钢筋外表面的钢套筒与钢筋咬合并塑性变形形成连接。其特点是连接质量稳定,但连接效率很低,连接一根钢筋需要几分钟甚至10~20min,且作业面上需要使用连接设备,设备的故障率高。这种技术尤其不适合钢筋笼快速连接的要求。该技术现在已经很少在桥梁中使用。图1为挤压接头及连接施工。

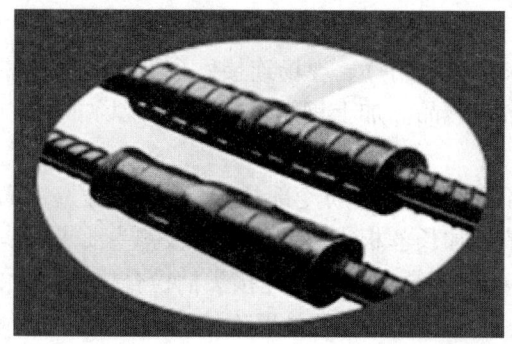 

图1 挤压接头及连接施工

## 2. 钢筋直螺纹连接

自天津海河大桥开始，直螺纹钢筋连接技术就广泛应用于我国的桥梁工程。钢筋直螺纹连接按照其加工工艺分为三种：镦粗直螺纹、直接滚轧直螺纹、剥肋滚轧直螺纹。三种工艺的接头图片见图2。

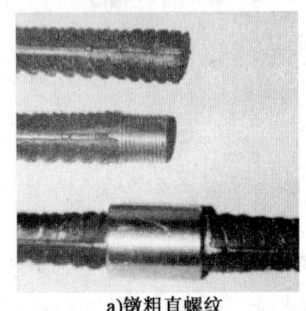 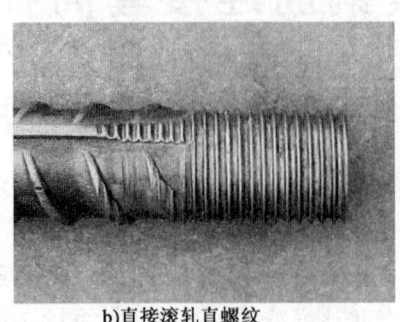 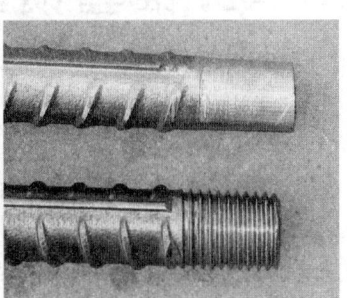

a)镦粗直螺纹　　　　　　b)直接滚轧直螺纹　　　　　　c)剥肋滚轧直螺纹

图2　三种工艺的直螺纹接头

## 3. 镦粗直螺纹连接

其工艺是将钢筋的端部先行镦粗，再在钢筋外表面车削加工螺纹，这对钢筋截面积没有损伤，连接质量较好。但是，加工需要镦粗、车削螺纹两道工序，加工设备多、人员多、加工成本高，施工单位多不愿使用。有时对个别钢厂的钢筋，镦粗工艺不适应而易产生连接不合格情况。为了避免这种情况，往往现场采用少镦粗，因此易造成螺纹外观牙形不饱满情况，质检对钢筋螺纹外观质量常常容易产生非议。

## 4. 直接滚轧直螺纹连接

其工艺是在钢筋表面通过钢筋滚丝机一次整形、滚轧出直螺纹，它由于加工工艺简单、人工消耗少而备受施工单位的青睐。但其螺纹外观质量差、螺纹牙形不完整、螺纹的锥度大、连接质量不稳定，丝头毛刺太多并非常容易上锈，连接极其困难，其使用也经常受到非议，工程上使用也较少。

## 5. 剥肋滚轧直螺纹连接

其工艺是将钢筋端部表面先切削剥肋，将带肋不规则表面车削成圆形，再滚轧加工螺纹。钢筋的剥肋和滚轧是在同一台设备上一次加工完成，设备简单、操作人员少、钢筋螺纹的外观质量好看，这种工艺不但在桥梁工程，还有核电、房屋建筑等各个领域被广泛采用。但由于剥肋切削加工，造成钢筋面积的损伤，极易在套筒外的钢筋螺纹部位先破坏，造成连接质量经常难以满足I级接头的要求。组成此接头合格的条件有以下三个关键环节：

（1）套筒的合格（现场施工过程中套筒质量属于监管盲区）。套筒丝扣，现场无检查专业设备，有些检查项目并非现场能做到，厂家提供的套筒检测工具大多是非标产品，并不能检查套筒的质量，只是应付监理和质检提出的要求。

（2）丝头加工的合格（工人素质和责任心的要求相对较高）。为了现场更容易连接，现场连接人员会故意要求把丝头做细，为了连接时更容易扭转省力。为了应付监理环止规检测，"有些工人还会用锤子砸丝头第一扣。砸完第一扣环止规形同虚设。

（3）现场连接的要求（现场连接必须使用专用力矩连接扳手）。现场连接发现套筒一边偏靠严重，再加上丝扣偏小，所以连接后的接头成品，就会成为不合格产品。加上钢筋直径偏大，现场抽检后不好处理断筋，质检和监理部门尽量不去抽检。

剥肋滚扎直螺纹施工工艺在桥梁施工过程中并不适合用在钢筋笼部位，当时设计开发钢筋笼，使用螺纹连接是镦粗直螺纹，并非剥肋滚压直螺纹，剥肋滚压加长丝根本不能满足I级接头要求，现场抽检也不合格。最近几年在房屋土建施工过程中，来自质检部门的数据剥肋滚扎接头抽检合格率仅为30%。

上述三种直螺纹连接，由于连接具有可预制加工、连接无需设备、单根连接（连接钢筋时可以转动钢筋）、连接快速方便等特点，广泛受到施工单位的欢迎。但直螺纹连接在桥梁基础钢筋笼连接中，都有不能100%实现钢筋可靠连接的问题。近几年来据施工单位和监理部门反映有些队伍在钢筋笼施工连接时,偷工严重,连接一半或三分之一,有的甚至只连接十几个接头就下放。

### 三、直螺纹钢筋连接在桥梁钢筋笼连接中的主要问题

桥梁钢筋笼部位的钢筋机械连接,是所有工程领域钢筋机械连接中难度最大、也是问题最多的。

1．钢筋笼连接的特点与技术难点

钢筋笼它是由多根钢筋(几十根甚至上百根钢筋)在地面先预制成笼状的钢筋部品,常常是在竖直状态下与另一个钢筋笼的钢筋一一对接。连接时,连接的钢筋固定而无法转动,且钢筋也无法沿轴向单独串动。

桥梁基础钢筋笼是在水面以下部位,由于考虑钢筋笼的基坑挖掘后时间一长会产生"塌坑"情况,会影响钢筋笼的质量,所以在钢筋笼对接时都希望能够快速完成连接。

对于采用机械接头连接的,还要求钢筋与钢筋对接时位置准确,对接钢筋轴向间隙大或者偏移量大都会影响连接的质量与效率。现场一旦出现无法连接的钢筋,也很难采取有效的补救措施。有许多桥梁主塔下部承台的钢筋笼深度达几十甚至上百米,为了保证对接位置的准确,很多采用在地面一字排开,将一节一节的钢筋笼预先在地面连接好并做好对位标记,再打开一节一节安装。这种方式现场需要很大的场地,许多项目是无法做到的。而且,即使这样,还是会有许多钢筋因为其他问题而无法连接。

2．直螺纹连接在钢筋笼连接中的问题

对于钢筋笼连接的特点,直螺纹连接基本上都是采用"扩口型"直螺纹接头,其结构如图3所示。

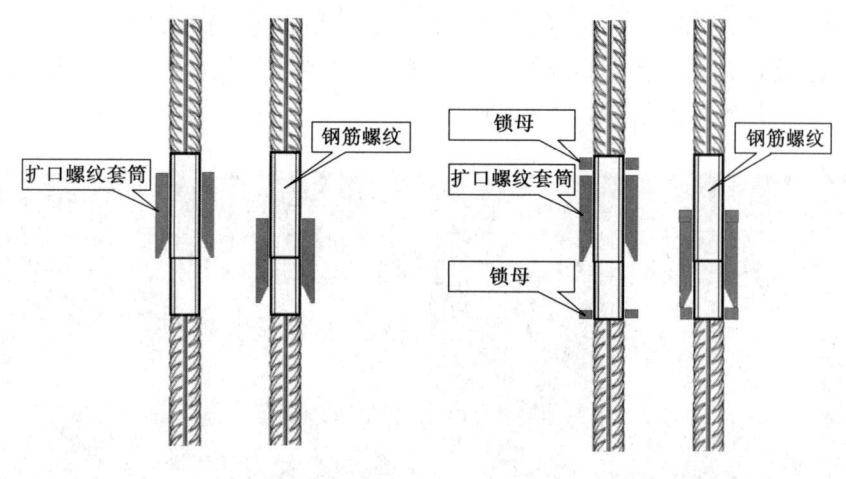

a)"扩口型"接头(不带锁母)连接前后　　b)"扩口型"接头(带锁母)连接前后

图3　"扩口型"直螺纹接头的结构

连接钢筋的一端加工成加长螺纹(往往是上侧钢筋,钢筋螺纹长度不短于连接套筒的全长),一端为标准螺纹(连接套筒长度的一半),套筒的扩口段是为了保证在钢筋没有对中情况下可以方便对中。连接时,先将套筒旋合到长螺纹一端,扩口段朝下并不超过钢筋外露丝头。

为了保持下部钢筋笼的位置,往往采用支撑杆横穿过钢筋笼并担在钢筋笼水平筋及基坑坑口位置,上部钢筋笼下落至下部钢筋笼上表面后停留在这个位置,此时吊机还需要吊着上部的钢筋笼,直到钢筋全部连接完成,吊机再将坑口支撑杆拆除后将上部钢筋笼落到坑口位置固定,再连接下一节钢筋笼。这种连接工艺下,在采用剥肋滚轧直螺纹连接时,极易出现的接头质量问题:

(1)受场地所限,无法在现场将几十米的钢筋笼预先在地面实现预拼装,造成连接钢筋的位置度误差过大,钢筋笼连接费时费力。偏移量大时,连接钢筋即使矫正,也由于钢筋倾斜角过大,钢筋丝头无法

全部旋入钢筋连接套筒中。

（2）"扩口型"接头连接后，长螺纹端由于采用剥肋工艺，钢筋截面受到削弱，接头连接后往往会在外露的钢筋丝头一侧先于钢筋破坏，接头的强度难以保证Ⅰ级接头的强度要求（现场检验能够达标的接头大多采用预先加工成"标准型"直螺纹接头送样检验，而不是真正连接使用的"扩口"加长螺纹的接头），接头的检验与接头的实际使用状态完全不符。

（3）为了进一步保证钢筋机械连接质量，行业标准《钢筋机械连接技术规程》JGJ 107—2016 中已经明确要求"各种类型和形式接头都应进行工艺检验，检验项目包括单项拉伸极限强度和残余变形"，所以，要解决接头变形性能的要求就必须在"扩口型"接头的两端各增加一个锁紧螺母才能保证其变形性能要求（"扩口型"接头原设计中是有锁母的，但施工单位为了节省成本及方便施工，往往给省掉了），这样势必增加连接的工作量，降低连接效率，增加连接成本，且剥肋滚轧工艺的外露丝头难以达到Ⅰ级接头强度要求的质量缺陷将完全暴露无遗。总结：剥肋滚扎直螺纹不能用于钢筋笼连接。

（4）由于连接钢筋上下两段钢筋丝头的轴向位置错动（超过0.2～0.3mm时），上下螺纹不在同一个螺旋轨迹线上，螺纹连接套筒无法与下部钢筋螺纹旋合入扣，这也是造成钢筋无法实现连接的一个主要原因。造成轴向位置错动的原因，主要是钢筋笼在地面拼装时及与钢筋笼吊装连接时的位置不完全一致所致。如，预制拼装时钢筋处于顶紧状态，钢筋笼吊装连接时，可能吊装钢筋笼吊索起吊两点造成钢筋笼变形，竖向钢筋高低不平，或者下部钢筋笼水平两点或四点支撑也会使钢筋笼变形，钢筋上表面不在一个平面内，这都会引起部分连接钢筋中间产生微小间隙，钢筋中间缝隙处发生轴向位置错动，螺旋轨迹线此处错动。钢筋笼直径尺寸越大的越容易产生上述情况。

（5）接头螺纹"滑脱"破坏，强度不合格：由于"扩口型"直螺纹接头长螺纹的加工难度较大，不论直螺纹那种工艺都极易产生锥度（图4），为了套筒可以旋合到丝扣底部，有时加工人员往往就要减小钢筋螺纹丝头直径，因此造成连接后，连接套筒内的钢筋长螺纹丝头端与连接套筒的螺纹配合间隙过大，连接强度低，而造成钢筋丝头从套筒中拔出的"滑脱"破坏。

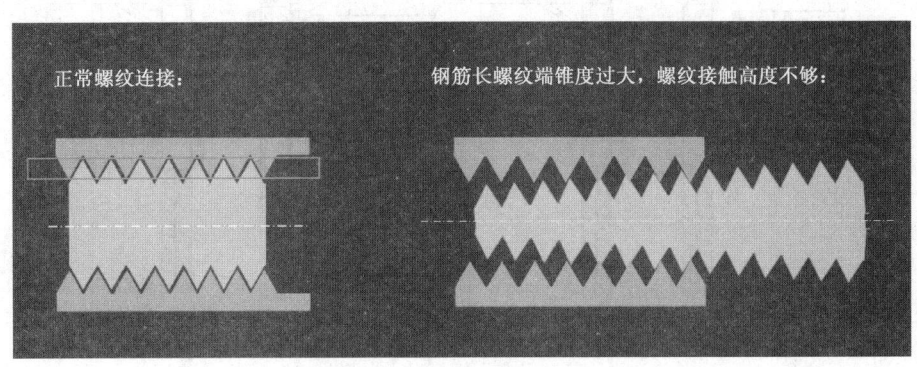

图4　钢筋长螺纹端锥度过大

据不完全统计，由于上述原因钢筋笼不能100%实现钢筋连接的比例个别项目超过10%，个别施工人员为了掩盖这个事实，趁着夜间施工质检人员看不清，不管可以连接多少都将钢筋笼下落下去浇筑混凝土，这严重危害着工程的质量与安全。

## 四、锥套锁紧钢筋连接技术

锥套锁紧钢筋接头及钢筋部品连接技术是2015年推出的最新一代钢筋机械连接技术。

### 1. 锥套锁紧钢筋接头组成、原理及特点

锥套锁紧接头的连接件由2个锥套、一副锁片和1个锁片保持架组成，如图5所示。连接前后的情况如图6所示。

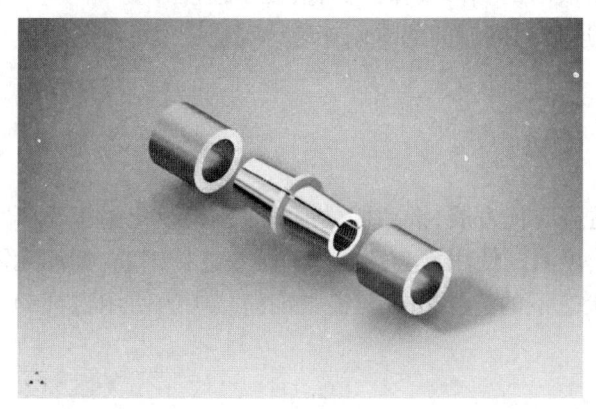
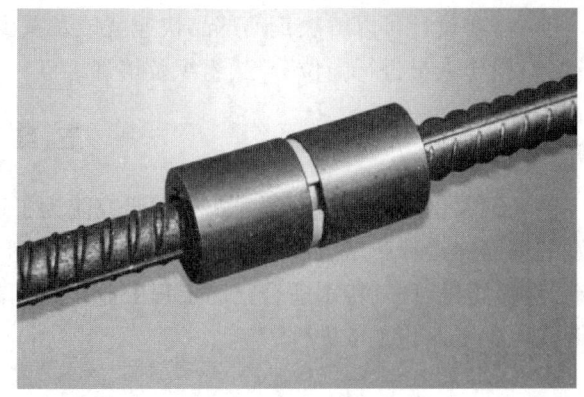

图5 锥套锁紧接头结构图

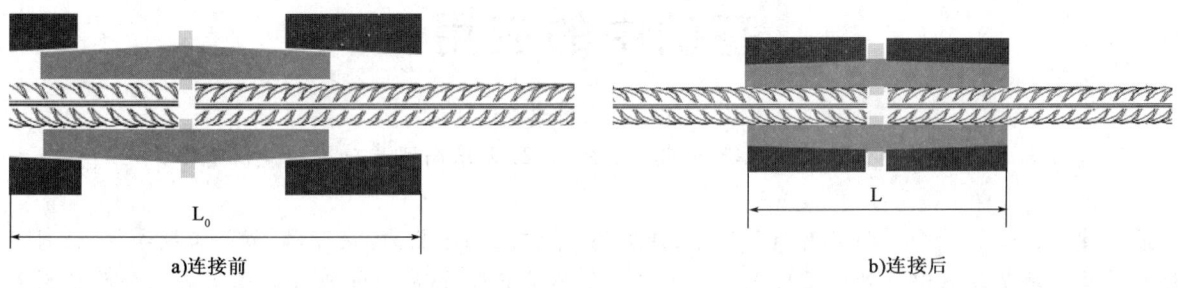

图6 锥套锁紧接头连接前后

(1)连接原理:采用外圆弧表面为锥面、内圆弧表面带有齿形的多片锁片将被连接的两根表面未经任何加工的带肋钢筋包裹住,使用专用挤压工具沿轴向向内挤压套在锁片外侧的2个锥套,使锁片沿径向向内压紧钢筋,锁片内齿与钢筋紧紧啮合,使待连接钢筋、锁片及锥套咬紧并紧密成为一体,从而实现钢筋的连接。

(2)锥套接头的连接特点:

①钢筋不需要提前进行螺纹加工,省去了专业的钢筋加工人员、设备及场地。连接可在施工作业面一次完成。②连接时钢筋不需要转动,操作方便。③连接时,在对接钢筋位置精度误差较大时(图7)也能方便地实现连接。④连接快捷、方便:连接一个接头的时间仅需 20~30s,操作简单易学。⑤接头性能优异:可达到行业标准《钢筋机械连接技术规程》JGJ 107—2010 中 500MPa 级 I 级接头的性能要求。⑥接头质量便于检查:连接后通过测量接头的长度尺寸即可判断连接是否合格。

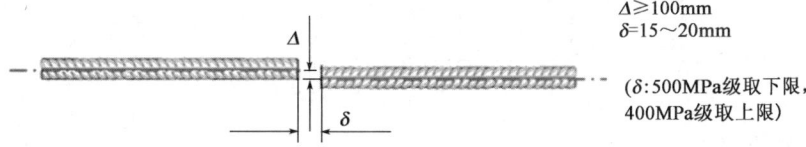

图7 锥套锁紧接头可实现连接的钢筋位置度误差示意图

## 2. 锥套锁紧接头用于钢筋部品连接需要解决的问题

(1)依据工程具体情况、起重机能力等设计钢筋部品的方案。

(2)使用专用成形胎具预制:为了保证钢筋部品间连接钢筋的位置精度,这是必须保证的。钢筋部品成形胎具是按照具体钢筋部品的方案进行设计。

(3)使用钢筋部品专用吊具:可以减少钢筋部品吊装时的变形及保证竖直,便于连接。

(4)需要设计可以解决钢筋部品快速就位及减少连接辅助时间的专用工装、工具。

(5)操作人员进行岗位分工、组织及培训。

## 五、结　语

锥套锁紧钢筋接头是中国建筑科学研究院为了适应时代发展,推动桥梁钢筋工程工业化施工而研究开发的钢筋连接新产品。由于其连接质量可视、可检、可测。使用锥套锁紧钢筋接头连接钢筋,钢筋无需转动,连接质量可靠,特别适合钢筋工程工业化施工状态下的连接。锥套锁紧钢筋接头的使用将推动桥梁钢筋工程工业化施工进程。

# 43. 大直径预应力管桩在公路桥梁基础中的应用

冯少杰[1]　刘培元[2]

(1. 山东省滨州市公路工程监理咨询有限公司;2. 山东高速基础设施建设有限公司)

**摘　要**　PHC预应力管桩具有质量可控、强度高、单桩竖向承载力高、环保、节约工期等优点,目前在房建基础及软地基处理中得到广泛应用。本文主要介绍了PHC预应力管桩在山东省高速公路桥梁基础中应用的一个具体工程案例,经过实践证明,PHC预应力管桩在高速公路桥梁基础中具有很好的应用效果。

**关键词**　大直径　预应力管桩　桥梁　应用　节约工期

## 一、引　言

随着我国社会经济的不断发展,国家各项基础设施建设也在不断完善中,作为我国基础设施建设中重要的组成部分,高速公路桥梁建设的发展更是取得骄人的成绩。山东省的高速公路桥梁基础施工过去都是采用钻孔灌注桩,可是钻孔灌注桩工程造价大、施工工期长、施工质量难于控制、环境污染较严重,但PHC预应力管桩在山东省高速公路桥梁基础上尚未采用过。本文就沾临高速公路K101+387淄博高新区一号高架桥(北段)桥墩基础首次采用PHC预应力混凝土管桩替代原钻孔灌注桩的工程案例,认为PHC预应力管桩在山东省高速公路今后类似工程建设中具有一定的推广应用价值。

## 二、工程案例

1. PHC预应力管桩工程概况

沾临高速公路施工四合同K101+387淄博高新区一号高架桥位于淄博市高新区,桥长3760m,属特大桥。其中117号墩~149号桥墩桩基础采用PHC800AB110型预制管桩,桩基设计等级为甲级,桩径为800mm,壁厚110mm,桩身采用C80混凝土预制,单桩承载力特征值为2200kN,单桩设计桩长30m。根据《沾化至临淄公路工程地质勘查报告》进行设计,持力层为硬塑型粉质黏土,按照《公路桥涵地基与基础规范》(JTG D63—2007)持力层极限端阻力标准值$q_{rk} \geqslant 3000$kPa,桩端进入持力层不小于1.5m。管桩施工共365根,总施工长度10950m。

## 2. 工程地质概况

经勘测单位勘测，土层自上而下为：①粉质黏土：黄褐色，可塑，切面稍光滑，干强度中等，韧性中等，含铁锈斑纹，局部姜石含量高，表层为素填土，层厚5m，地基土承载力特征值130kPa；②粉土：褐黄色，稍湿，稍密，切面粗糙，摇振反应中等，干强度低，韧性低，含少量云母碎片，偶见大块姜石颗粒，局部夹粉质黏土，层厚6m，地基土承载力特征值140kPa；③粉土：褐黄色，湿，中密，切面粗糙，摇振反应迅速，干强度低，韧性低，含少量云母碎片，偶见大块姜石颗粒，局部夹粉质黏土，层厚5.8m，地基土承载力特征值150kPa；④粉质黏土：黄褐色，硬塑，切面稍粗糙，干强度高，韧性高，含铁锈斑纹，含姜石颗粒，土质不纯，局部砂感明显，层厚9.5m，地基土承载力特征值160kPa；⑤粉质黏土：黄褐色，硬塑，切面稍粗糙，干强度高，韧性高，含铁锈斑纹，含较多姜石颗粒，局部粉粒含量较高层厚2.9m，地基土承载力特征值180kPa；⑥中砂：黄褐色，饱和，中密，主要成分为石英长石，砂质不均匀，含圆砾，层厚2.5m，地基土承载力特征值250kPa；⑦粉质黏土：褐黄色，硬塑，切面较光滑，干强度高，韧性高，含铁锈斑纹，局部为钙质胶结，夹粉土薄层，层厚2.4m，地基土承载力特征值180kPa。

## 3. 预应力管桩施工

选择K101+387淄博高新区一号高架桥123-1号墩5根管桩与124-4号墩5根管桩作为首件工程。

### 1）测量放样

复核设计图纸中每根管桩的坐标和高程，确认无误后根据监理审批完成的控制点进行逐桩放样，桩位的放样偏差不大于20mm。以桩位中心点为圆心，用白灰按桩径大小画圆，以方便插桩和对中。

### 2）桩机组装、就位

打桩机运至施工现场后，由专业人员安装调试，然后移机至桩位处就位。打桩机就位时，对准桩位，调整好桩机的水平度、垂直度，确保桩机稳定，在施工中不发生倾斜、移位。

### 3）预应力管桩的吊运、存放、验收及调直

管桩吊运分为两点吊法和两端钩吊法，如图1、图2所示。

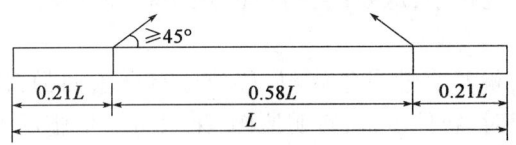

图1 两点吊法

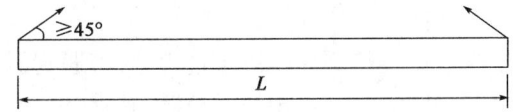

图2 两端钩吊法

现场管桩存放，选择靠近桩机且便于取用的平整、坚实的场地。预力管桩分层堆放时，在垂直于预制管桩长度方向的地面上设置2道垫木（0.2m×0.2m），垫木分别位于距桩端0.21L处，底层最外缘的预制管桩在垫木处用木楔塞紧以防滚动。堆放层数不超过2层。如图3所示。

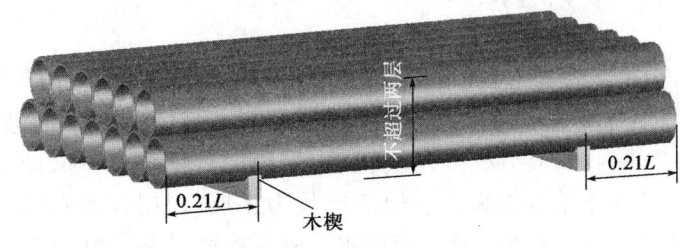

图3 管桩堆放

管桩桩身的混凝土必须达到设计强度及龄期。桩基质量应符合《先张法预应力混凝土管桩》（GB 13476—2009）及国标图集《预应力混凝土管桩》（10G409）的相关规定。运抵施工现场的管桩应有出厂合格证、质量检测报告、管桩技术性能等技术资料。管桩进场后，现场技术人员按照设计及规范要求对管桩的外观和质量进行验收，并审查产品合格证明文件，自检合格后报监理工程师审批，经监理工程师同意后方可进行下步施工。

起吊前,在管身上逐米标记刻度,以便对每米的锤击数进行记录分析。

在距离管桩端头 0.29L 处,将捆桩钢丝绳套牢,一端拴在打桩机的卷扬机主钩上,另一端钢丝绳挂在吊车主钩,打桩机主卷扬向上先提桩,吊车在后端辅助用力,使管桩与地面基本成 45°～60°角向上提升,将管桩上口喂入桩帽内,将吊车一端钢丝绳取下,将管桩移至桩位中心。见图4。

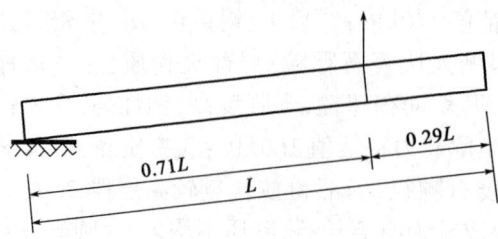

图4 施工时立桩吊点

当桩对位后,由两人同时成 90°角由正前、侧面 25m 处两方向用全站仪观测,指挥机手开动纵横两向油缸移动桩机调整桩身垂直度,第一节管桩插入地面时的垂直度偏差不得超过桩长的 0.3%。

4)锤击沉桩

根据地质条件、桩身结构强度、单桩承载力、锤的性能并结合试桩情况确定选用 20t 柴油锤。其他辅助装备与所选用的桩锤相匹配。采用"重锤轻击"法锤击沉桩,即:采用较重锤体,较小冲程进行施工。

为防止管桩施打时的挤土效应造成已施工的基桩偏移和上浮,合理规划了打桩顺序,并定时对已完成的沉桩桩顶高程进行复测,如若管桩出现上浮现象,及时进行复打至设计高程。

为减少桩架的迁移工作量,加快沉桩速度,每个承台的沉桩顺序应按 1→2→3→4→5 进行,如图5所示。

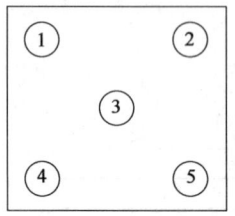

图5 沉桩顺序

开始锤击沉桩时,采用 2.0m 冲程,待管桩插入地面下 0.5m 时,再次使用全站仪对垂直度进行检测,确保垂直度偏差不大于 0.5%。待管桩插入地面下 5m 后,采用 2.5m 冲程连续锤击。在桩的沉入过程中,应始终保持锤、桩帽和桩身在同一轴线上。

沉桩过程中,若遇到贯入度剧变,桩身突然发生倾斜、移位或有严重回弹,桩顶出现严重裂缝、破碎,桩身开裂等情况时,暂停沉桩,查明原因,采取有效措施后方可继续沉桩。

锤击沉桩考虑锤击振动对其他新浇筑混凝土结构物的影响,当结构物混凝土强度未达到 5MPa 时,距结构物 30m 范围内,不得进行沉桩。

对发生"假极限""吸入"现象的桩,应进行复打。每一根桩的沉桩作业,宜一次完成,不宜中途停顿过久,避免土的阻力恢复,使继续下沉困难。

5)接桩

打入桩就地接桩时,在下节桩露出地面 0.5～1m 时进行。预先清洗干净施焊面上的泥土、油污、铁锈等。接桩时,施工人员引导上节桩平稳、准确就位,就位后使用水平尺对接缝进行检查,确保上下节桩段保持顺直,错位不超过 2mm。当上节桩方向找正后,采用二氧化碳气体保护焊先在圆周上对称点焊 4～6 点,待上下桩节固定后再分层对称施焊。焊接层数为 3 层,内层焊渣必须清理干净后方能施焊外层,焊缝应满足三级焊缝连续饱满、不得有裂纹等要求。外观检测采用目测方式,裂纹的检查应辅以 5 倍放大镜并在合适的光照条件下进行,尺寸的测量应用量具、卡规。

焊好后的桩接头应自然冷却到环境温度后方可进行外观检测,经检测合格后继续锤击,自然冷却时间不少于 8min;严禁采用水冷却或不冷却就开始沉桩;沉桩过程中遇到较难穿透的土层时,接桩在桩端穿过该土层后进行。桩接头入土前,对焊缝外表面进行清理并涂防腐蚀涂料。

6)送桩

当桩顶设计高程低于原地面时,须采用送桩器进行送桩。送桩器做成圆筒形,外部尺寸与预制管桩相匹配,并有足够的强度、刚度。送桩前在送桩器上做好长度标记(一般标记间距5cm,在设计高程上下20cm范围内按间距1cm标记),便于桩顶高程控制,桩顶高程的允许偏差为+50mm,0。

沉桩至最后一节管桩顶部距地面0.6~0.8m时停锤,套上并调节送桩器,使送桩器顶部与桩帽、送桩器底部与管桩顶接触平实后开锤送桩,直至达到桩顶设计高程。测量人员应始终通过水准仪观测桩的入土情况,并记录锤击数,计算每米的锤击数以及停锤前最后三阵的平均贯入度。

7)收锤

锤击沉桩以控制桩端设计高程为主,控制贯入度(10击不大于30mm)为辅:

①当桩端已达到设计高程且贯入度小于控制贯入度时,可执行收锤;

②当桩尖已达到设计高程而贯入度仍较大时应暂停沉桩,与设计、监理等有关人员研究处理后方可继续施工;

③当沉桩贯入度已达到控制贯入度,而桩端未达到设计高程时,继续锤击30击并计算10击的平均贯入度。平均贯入度不大于控制贯入度,且桩端距设计高程不超过1~3m时(硬土层顶面高程相差不大时取小值),可执行收锤;

④当沉桩贯入度已达到控制贯入度,而桩端距设计高程超过3m时应暂停沉桩,与设计、监理等有关人员研究处理后方可继续施工。

锤击沉桩每根桩的总锤击数及最后1m沉桩锤击数应符合下列规定:总锤击数不超过2500击,最后1m沉桩锤击数不超过300击。

8)截桩

按照贯入度控制的管桩,当终锤完成,经监理工程师现场确认无质量问题后,高于地面的管桩在移机前用专用锯桩器截去,不得使用锤桩机强行扳断,截桩的截断口宜在地面以下20~40cm,截桩的具体流程如下:

①用水准仪测出高程并在管桩周围标出环切线;

②无齿锯切割桩周一圈(1mm),然后校验高程确认无误后再一次性切割到底,最后人工进行清理,以免破坏桩头。将桩头上已松动混凝土用钢丝刷刷除;

③截桩时,必须确保截桩后管桩质量,严禁使用大锤硬砸。

9)桩机移位

在预制管桩达到设计高程或者贯入度等相关标准达到设计要求后,进行桩机移位,进行下一根桩的施工。

10)总结

①124-4-1管桩桩端正常锤击达到设计高程,总锤击数1920击;最后1m锤击数123击;最后30击每10击平均贯入度23.3mm;通过高应变检测:单桩竖向抗压承载力不小于4902kN,满足规范及设计要求;

②124-4-4管桩贯入度已达到控制贯入度而管桩桩端未达到设计高程(桩端距设计高程2.5m<3m),总锤击数1685击;最后1m锤击数165击;最后30击每10击平均贯入度20mm;通过高应变检测:单桩竖向抗压承载力不小于5205kN,满足规范及设计要求;

③123-1-2与123-1-4管桩贯入度已达到控制贯入度而管桩桩端未达到设计高程(桩端距设计高程分别为10m、11m>3m),总锤击数分别为994击、110击;最后1m锤击数分别为187击、198击;最后30击每10击平均贯入度分别为17mm、18mm;通过高应变检测:单桩竖向抗压承载力分别不小于4501kN、4622kN,满足规范及设计要求;

④118-4-4管桩先用$\phi$400mm长螺旋钻机引孔20m后,正常锤击达到设计高程,总锤击数970击;最后1m锤击数57击;最后30击每10击平均贯入度25mm;通过高应变检测:单桩竖向抗压承载力不小于4657kN,满足规范及设计要求。

综上所述:首件施工的管桩单桩竖向抗压承载力均远大于设计值,施工质量可以得到保证。

## 三、工 期 分 析

资源配置固定的情况下,每日可施工 5 根管桩或 1 根灌注桩,承台与系梁的施工日期同为 4d,每根墩柱施工日期为 5d,混凝土施工间歇为 7d,横道图如图 6 所示。

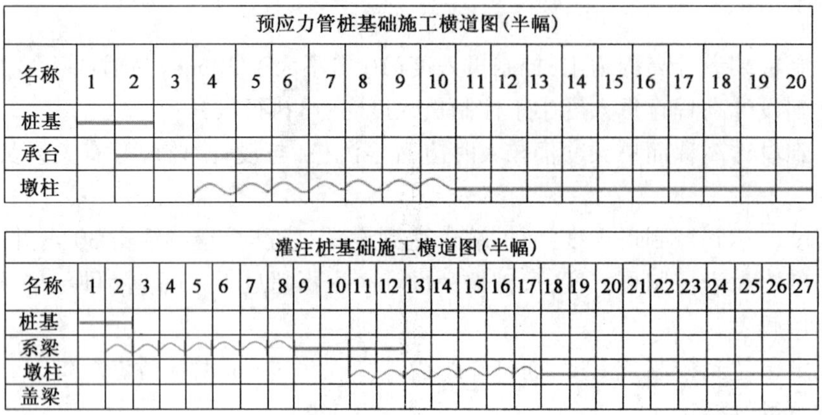

图 6 基础施工横道图

由横道图可以看出:每个作业队施工管桩基础的墩柱(20d)比施工灌注桩基础的墩柱(27d)节省工期 7d。

## 四、结 语

本次沾化至临淄公路工程施工四合同 K101＋387 淄博高新区一号高架桥北段桥墩基础首次采用 PHC 预应力管桩代替钻孔灌注桩,设计是成功的,经济效益是明显的,社会效益是深远的,希望今后可在类似高速公路建设工程中进一步推广应用。

**参考文献**

[1] 徐兴茹. PHC 预应力管桩在我省高速公路桥梁基础上的首次应用[J]. 安徽建筑,2011.
[2] 中华人民共和国交通运输部. 公路工程质量检验评定标准:JTG F80/1—2017[S]. 北京:人民交通出版社股份有限公司,2017.
[3] 中华人民共和国交通运输部. 公路桥涵施工技术规范:JGJ/T 3650—2020[S]. 北京:人民交通出版社股份有限公司,2020.
[4] 交通运输部公路局. 高速公路施工标准化技术指南[M]. 北京:人民交通出版社,2012.
[5] 中华人民共和国住房和城乡建设部. 预应力混凝土管桩技术标准:JGJ/T 406—2017[S]. 北京:中国建筑工业出版社,2017.
[6] 全国水泥制品标准化技术委员会. 先张法预应力混凝土管桩:GB 13476—2009[S]. 北京:中国标准出版,2010.
[7] 中华人民共和国住房和城乡建设部. 建筑地基基础工程施工质量验收标准:GB 50202—2018[S]. 北京:中国计划出版社,2018.
[8] 国家建筑标准设计图集. 预应力混凝土管桩:10G409[S]. 北京:中国计划出版社,2008.
[9] 广东省建筑设计研究院. 锤击式预应力混凝土管桩基础技术规程:DBJT 15-22—2008[S]. 北京:中国建筑工业出版社,2009.

# 44. 变截面钢混组合梁施工技术研究

齐勤华[1]　耿汝超[1]　洪增辉[1]　刘培元[2]

(1. 山东省交通工程监理咨询有限公司；2. 山东高速基础设施建设有限公司)

**摘　要**　钢混组合梁因其受力性能、经济、造型各方面的优越性得到广泛应用。本文以沾化至临淄高速公路桥梁工程为背景，分析其变截面钢混组合梁施工技术，包括总体概况、临时结构安装、钢混组拼及叠合施工等方面。工程实践表明，在采取科学的施工技术后，可以高效完成桥梁的建设工作，表明该施工技术具有可行性，可为同类桥梁工程提供参考。

**关键词**　组合梁　组拼　叠合施工　可行性

## 一、引　言

钢和混凝土都是建筑桥梁的主要材料，这两种材料无论在物理性能还是力学性能上都具备各自的优势。对于混凝土材料，具有较高的刚度和抗压强度，但是其抗拉强度较低，在实际的工程设计中一般忽略其抗拉强度。对于钢材，其具有强度高的特点，但是钢构件在受力时通常会发生失稳而发生破坏，这样，钢材强度高的优势得不到有效的发挥，其利用效率也大大降低。将钢筋混凝土结合在一起的钢混组合结构综合了钢和混凝土的优势，通过某种方式将两种材料结合在一起，不仅能够发挥两种材料各自的传统优势，同时抑制了各自的一些缺陷，从而能够做到扬长避短、物尽其用的优势。既避免了混凝土因为受拉而开裂，又避免了钢材因为受压时侧向刚度较弱而发生失稳破坏。组合结构因其自重轻和刚度高的显著技术和经济优势，已经成为桥梁工程和建筑工程等领域重要的发展方向。

本文依托沾化至临淄公路工程，结合第二合同段黄河特大桥变截面钢混组合梁的施工，阐述了其在临时支墩搭设拆除、变截面钢桥面板吊装、预应力张拉及湿接缝浇筑施工等方面的技术要点。

## 二、工　程　概　况

### 1. 工程地质与气象条件

沾临高速公路黄河特大桥所在区域为黄河冲积平原，海拔高程一般在5~20m，总体地势低平，微地貌差异明显的大平小不平的地貌特征。所在区域为Ⅱ：鲁西—鲁北沉积平原区。项目所经区域地质构造复杂，其基底岩层为古生代沉积地层和前震旦纪变质岩系，第三纪与第四纪沉积物巨厚，没有裂变隐伏岩溶浅埋区等不良工程地质，属鲁北泛平原较稳定工程地质区。

气候方面。沾临黄河特大桥项目所经区域气候属半干旱大陆性气候区，四季分明，雨热同期。冬季寒冷干燥，雨雪稀少，春季干旱多风，光照充足，夏季炎热多雨，易成洪涝，秋季温和凉爽，降水减少。滨州站多年平均气温13.0℃，极端最高气温40.7℃，极端最低气温-17.3℃，年平均地面温度14.7℃，年蒸发量1805.8mm。多年平均降水量562.5mm，平均日照时数2632.0h，年平均相对湿度为66%，8月最大为81%。另外，项目所在地为温带大陆性季风气候特征，风向冬季以偏北风为主，夏季以偏南风为主，年平均风速2.7m/s，多年最大风速30.4m/s，全年无霜期平均为205d左右。

### 2. 工程简介

(1) 结构形式

沾临高速公路黄河特大桥北侧跨大堤桥跨径布置为75+130+75=280(m)。横断面分左右两幅布置，单幅桥桥面布置为0.5m(防撞护栏)+15.5m(行车道)+0.5m(防撞护栏)=16.5m，桥梁全宽

34.0m。主梁采用钢-混组合箱型梁,单幅横向设2片钢梁,主梁之间用横向连系梁连接。主梁位于缓和曲线和超高渐变段上,最大横坡为3%。支点处梁高取为6.6m,高跨比为1/17,边跨端支点处和跨中梁高为3.4m,高跨比为1/38.2。综合考虑受力和美观因素,从支点到跨中钢梁下缘按2.0次抛物线变化。钢混组合梁桥图见图1、图2。

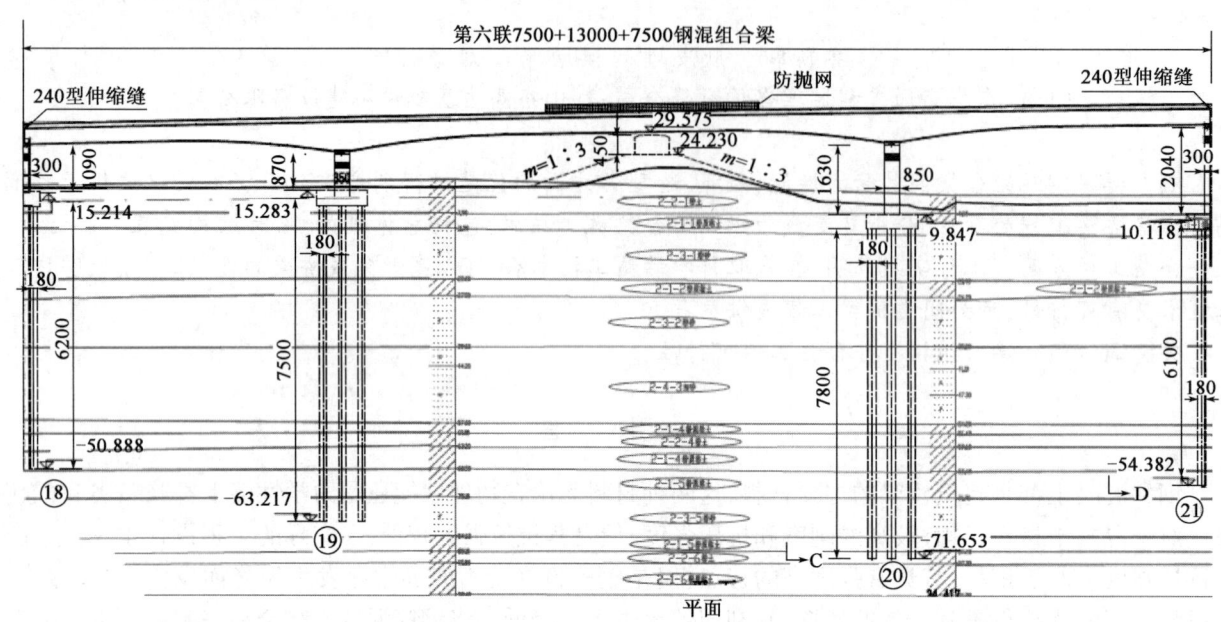

图1 钢混组合梁桥立面图(尺寸单位:cm)

图2 钢混组合梁桥效果图

(2)钢梁断面及构造

钢梁采用开口U形截面,单个箱室宽4.25m,两箱室间距4.0m,两侧悬挑2.0m,桥面设置$i\%$横坡,通过内外侧腹板高度调整,钢梁底板在横向桥保持水平。钢梁上翼缘板在边跨支点附近33m范围内宽750mm,厚32mm;中支点附近及全部跨中位置处宽800mm,厚40mm;钢梁底板宽4.45m,钢板厚度根据受力区域不同,钢梁底板在中支点处厚36mm,边跨端支点附近厚16mm,中跨跨中处厚40mm,其余位置底板厚30mm;钢梁腹板在中支点附近厚24mm,在边跨端支点附近厚14mm,其余位置腹板厚20mm,腹板高度随梁高逐渐变化。

钢主梁之间设置横向联系梁,联系梁梁高大致为钢梁梁高的4/5,全桥共设置23道横向联系梁,横向联系梁间距9.27~18.0m。钢梁内沿桥纵向每4.27~6m设置一道横隔板,中支点梁段截面处增设两道横隔板。钢梁与桥面混凝土板通过剪力连接件连接在一起,剪力连接件采用Φ22圆柱头栓钉,栓钉熔后长度220mm,钢梁每道上翼缘共布置6列栓钉,横向间距100mm,沿梁轴线方向间距132mm。北侧跨大堤桥断面图见图3。

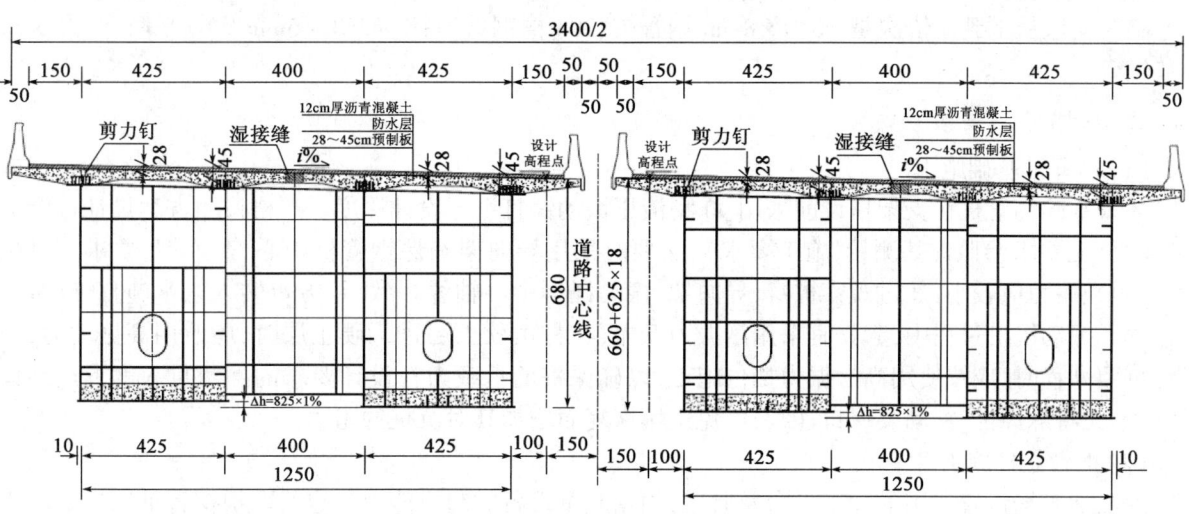

图 3 北侧跨大堤桥断面图(尺寸单位:cm)

(3)C55 桥面板

混凝土桥面板采用 C55 混凝土,桥面板厚度 28~45cm,悬臂长 2.0m,采用预制和现浇湿接缝相结合施工方法,桥面板内预应力钢筋采用扁形 5$\phi^s$15.24 规格的钢绞线束,部分局部采用圆形 9$\phi^s$15.24 和 11$\phi^s$15.24 规格的钢绞线束在桥面板中锚固。预制桥面板共计 204 块,长度均为 800mm,宽度分为 300、488、500mm 三种类型,最大重量 33.36t,具体如表 1 所示。

预制桥面板参数表　　　　　表 1

| 序号 | 桥梁名称 | 跨径布置(m) | 类型 | 尺寸(cm) | 数量 | 单块重(t) | 总重(t) |
|---|---|---|---|---|---|---|---|
| 1 | 北跨大堤桥 | 75+130+75 | A1/E1/F1 类 | 800×500×45 | 96 | 33.36 | 3202.56 |
| 2 |  |  | A2/E2/F2 类 | 800×500×45 | 96 | 33.36 | 3202.56 |
| 3 |  |  | B1/B2 类 | 800×300×45 | 4 | 20 | 80 |
| 4 |  |  | C1/C2 类 | 800×488×45 | 4 | 32.47 | 129.88 |
| 5 |  |  | D1/D2 类 | 800×488×45 | 4 | 34.47 | 129.88 |

## 三、临时结构安装

### 1. 支架设计

由于设计要求拼装支架管桩不得打入大堤,经实测:大堤区域地基承载力 200~300kPa,故采用 2.5m×2.5m 的 C25 混凝土基础(厚 0.8m),非大堤区域钢管桩直接入土;其中大堤区域以 1:1 的坡比对大堤进行台阶式开挖,在确保混凝土基础正常施工的前提下,减少开挖面积。钢梁支架设计见图 4。

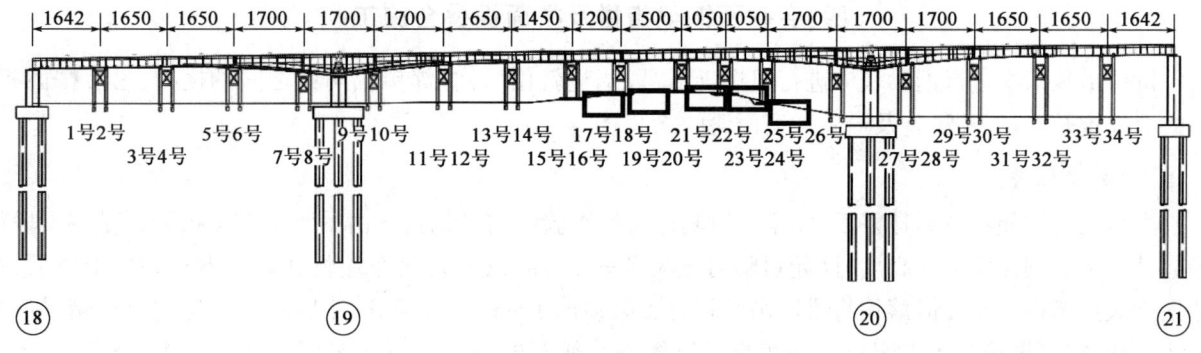

图 4 钢梁支架设计图(尺寸单位:mm)

临时支墩从下到上依次是 φ610×8mm 钢管桩、20a 槽钢剪刀撑、φ273×6mm 钢管平联、φ325×8mm 顶口钢管。

### 2. 临时结构安装

（1）钢管桩基础施工

插入基础钢管桩在支架搭设前采用90型液压振动锤打设至设计深度。严格按照方案设计位置放样（测量、施工要求参照桩基测量、施工要求），必要时采用导向架确保钢管桩中心偏差满足要求。打桩初时，起锤激振力应较小，通过观察桩身、导向架、振动锤等中心轴线一致后，方可转入正常施打，以避免偏心振动。振动沉桩过程中，起先宜采用激振力低振，在桩由软土层进入硬土层时，应改用高振动力；快至设计桩顶高程时，应按使用高激振力挡位施工，以确保桩的承载力在设计要求的停锤贯入度下达到设计承载力，无特殊原因，振动要保持连续，以免土壤恢复而增加其对沉桩的阻力。

（2）钢管立柱施工

地面加工场设置专用的加工平台及胎架，根据起重设备的起重能力确定每两根钢管桩通过平联组成桁架。场内加工平台上按照图纸设计将钢管桩加工组装成桁架（含未安装平联管的接头）。加工完成后喷涂防腐油漆并编号，采用平板车运输到待安装位置。

（3）剪刀撑施工

剪刀撑采用20号槽钢，待节点板施工完成后利用履带吊/汽车吊将剪刀撑安装节点板上，现将剪刀撑点焊在节点板上，然后将剪刀撑与节点板满焊，剪刀撑施工完成如图5所示。

图5 剪刀撑连接

（4）临时支撑施工

每根钢管桩顶部设置1.2cm厚钢板+30cm高的φ325×8mm钢管做临时支撑，放置临时支撑前需对钢管桩顶部做加劲处理。内侧焊接两块φ610×200mm加劲板形成十字撑，外侧均匀布置6块加劲板，并与钢管焊接成整体，加劲板均采用1.2cm钢板。临时支架搭设时，为方便箱梁就位，小钢管支撑（Φ325×8mm）顶口高程比理论梁底高程低0~10mm，防止后期调整高程时对小钢管支撑进行多次切割。待钢梁梁段吊装就位后，通过千斤顶及小钢管高度调整箱梁梁底高程。当梁底高程低于设计高程＞10mm时，采取千斤顶临时顶起钢梁，并于小钢管上部抄垫钢板的方式调节梁底高程至±10mm范围内。

（5）施工支架拆除

桥面板湿接缝全部浇筑完成后，进行临时支墩的拆除。临时支撑拆除时先敲除钢梁底的垫片，使梁底与临时支撑分离，然后移除临时支撑，最后利用吊车从上到下依次拆除平联剪刀撑。钢管桩按照单根分节拆除，受净空限制，首节长度不宜过长。后续节段可适当增加拆除长度。

## 四、变截面钢梁组拼及桥面板叠合施工

桥位吊装依次进行钢梁块体进行组拼，待位置调整就位后，组焊单幅两梁之间的横撑，吊装桥面板、湿接缝浇筑及养护、补涂装及最后一道面漆的涂装。

### 1. 钢梁安装

当挂钩与钢箱梁吊耳挂好后，安全员对其进行检查验收，合格后，再由吊装指挥员指挥吊车将梁段缓慢起升。在达到预定起升高度时（超过临时支架顶表面1m以上），吊车缓慢转动主臂至桥位上空后，吊装指挥人员指挥吊车缓慢落钩将梁段吊至临时支架顶面10cm左右停下，然后参照事先放出钢箱梁底板边线、中心线将钢箱梁初步定位后吊车再继续缓慢落钩至安装位置。初定位的精度要求为横向不大于50mm，纵向不大于100mm。

## 2. 钢梁焊接及检测

(1) 焊接工艺要求

钢梁的工地焊接主要包括梁段就位后顶板、底板、腹板、隔板的对接焊缝,底板、腹板纵肋嵌补段对接焊缝,接口部位腹板与顶底板焊缝等。焊接措施见表2。

钢梁各构件焊接措施　　　　　表2

| 序号 | 焊接部位 | 焊接方法 | 工艺措施 |
|---|---|---|---|
| 1 | 顶板 | $CO_2$ 气体保护焊 | 背面贴陶瓷质衬垫,单面焊,双面成形,采用焊丝 ER50-6 打底、填充、盖面 |
| 2 | 底板 | $CO_2$ 气体保护焊 | 背面贴陶瓷质衬垫,单面焊,双面成形,采用焊丝 ER50-6 打底、填充、盖面 |
| 3 | 腹板 | $CO_2$ 气体保护焊 | 背面贴陶瓷质衬垫,单面焊,双面成形,采用焊丝 T492T1-1C1A 打底、填充、盖面 |
| 4 | 隔板 | $CO_2$ 气体保护焊 | 双面坡口焊,采用焊丝 T492T1-1C1A 打底、填充、盖面 |
| 5 | 纵肋 | $CO_2$ 气体保护焊 | 双面坡口焊,采用焊丝 ER50-6 打底、填充、盖面 |

(2) 现场焊缝的焊接顺序:隔板对接焊缝→底板纵向对接焊缝→顶板纵向对接焊缝→顶底腹板横向对接焊缝→梁段接口部位腹板与顶底板角焊缝→底板、腹板纵向加劲肋嵌补段对接焊缝→纵肋与底板、腹板的角焊缝焊接→顶板 U 肋栓接。

(3) 所有对接缝全部采用马板定位焊接,气体保护焊焊接时的焊道打磨干净,避免夹渣等缺陷的产生。顶板、底板、腹板对接焊缝采用单面焊双面成形工艺,坡口形式为 V 形。纵肋嵌补段焊缝采用 $CO_2$ 气体保护焊配 ER50-6 焊丝焊接。顶板底板横向焊缝从桥轴中心线向两侧对称施焊;腹板采取从下到上的方向施焊。采用 $CO_2$ 气体保护焊,需采取严格及可靠防风、防雨措施,$CO_2$ 气体纯度应≥99.5%。

## 3. 无损检验要求

所有焊缝不得有裂纹、未熔合、焊瘤、烧穿、夹渣、未填满弧坑及漏焊等缺陷。外观检查不合格的焊接构件,在未进行处理并满足要求之前,不得进入下一道工序。经外观检验合格的焊缝,方可进行无损检验。无损检验的最终检验应在焊接24h后进行。钢板厚度 $t \geqslant 30mm$ 焊接件应在焊接48h后进行无损检验。要求同时进行超声波和磁粉检验的焊缝,磁粉检验必须安排在超声波检验合格后进行。进行局部探伤的焊缝当发现裂纹或超标缺陷时,裂纹或缺陷附近的探伤范围应扩大一倍,必要时延至全长。

## 4. 底板混凝土施工

为保证支点处钢箱梁受压翼缘钢板不发生局部屈曲现象,在支点两侧各15m范围内灌注厚度为50cm的C50微膨胀混凝土;同时为保证共用墩支座不出现负反力,在边支点10m范围内灌注厚度为30cm的C50微膨胀混凝土,提高支点两端钢箱梁底板局部稳定性。

C50现浇混凝土由拌和站集中拌和,运输采用混凝土罐车运送;由于底板混凝土施工前桥面板尚未安装,现场采用汽车泵直接浇筑即可。混凝土养生采用土工布覆盖洒水养生,保证混凝土表面始终处于湿润状态,养生时间不少于7d。

## 5. 钢梁整体顶升

顶升双作用千斤顶按照单幅桥配置,顶升40cm(2×80m 堤内引桥右幅顶升35cm)后利用临时垫块支撑,倒换顶升千斤顶至左幅;

根据计算,单个墩顶升力为13600kN;因此,单个墩顶设置8台300t双作用千斤顶,即4个垫石前后各布置1台,配1拖4液压泵站和同步控制系统。

300t双作用千斤顶高度443mm(垫石高度580mm),外径310mm;由于行程仅200mm,需利用支座+I18工字钢及2cm钢板进行倒顶,支座与钢梁固定、上升;支座与垫石留有2cm空隙,后续与支座地脚螺栓一起采用支座灌浆料浇筑封闭即可。千斤顶见图6~图8。

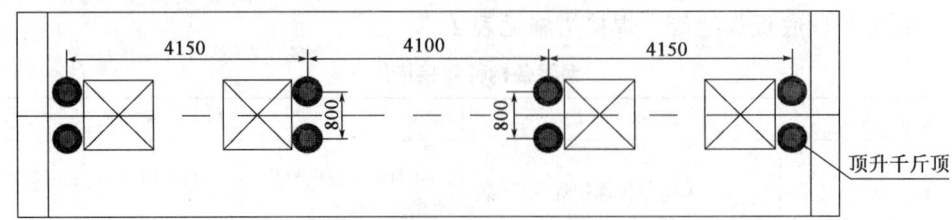

图6 千斤顶平面布置图(尺寸单位:mm)

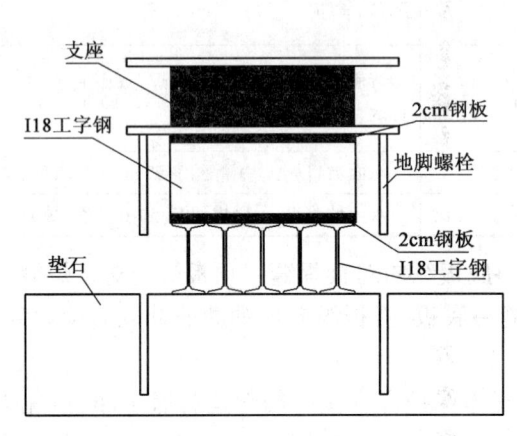

图7 千斤顶顶升支垫图

图8 千斤顶实物图

### 6. 桥面板安装

桥面板由运输车经便道运输至拼装平台侧面,采用220t履带吊起吊安装。当挂钩与桥面板吊具挂好后,由吊装指挥员指挥吊车将梁段缓慢起升。在达到预定起升高度时(超过已安装钢梁顶表面1m以上),吊车缓慢转动主臂至桥位上空后,吊装指挥人员指挥吊车缓慢落钩将梁段吊至已安装钢梁顶面10cm左右停下,然后参照事先放出桥面板边线、中心线进行落板。桥面板安装见图9。

图9 桥面板安装图

### 7. 桥面板湿接缝施工

(1)模板施工

预制桥面板横向湿接缝模板利用桥面板吊点孔采用吊挂模板。底模板均采用竹胶板+木方+型钢组合模板。底模采用竹胶板作为面板,木方与槽钢作为背肋,竹胶板表面弯折处钉镀锌铁皮平顺过渡;吊挂系统由精轧螺纹、槽钢组成。剪力钉预留槽混凝土直接浇筑在钢主梁顶板上,侧面以已浇筑混凝土做侧模。故剪力钉槽混凝土无须模板。南北跨大堤桥湿接缝浇筑顺序由跨中向两边依次浇筑,80m 跨堤内引桥直接有连续墩顶向两边浇筑。

施工时应注意注意:底模收紧前,清除表面杂物、污垢,并涂刷脱模剂;底模收紧后,仔细检查模板拼缝、错台是否满足规范要求,若不满足应立即调整;检查吊挂系统是否收紧;模板拆除后,及时清理出槽形钢主梁;模板安装及拆除时,应尽量轻拿轻放,避免损伤钢主梁涂层。

(2)混凝土浇筑与养护

混凝土浇筑过程中各个部分需均匀、充分的振捣,对新旧混凝土接触面附近混凝土需要特别注意,振捣采用插入式振捣棒,同时注意避免欠振、过振;混凝土浇筑完成,表面收浆 2 道抹平,用湿土工布覆盖养护,严格控制养护天数(不少于 7d),防止裂纹出现。

湿接缝混凝土浇筑完成后立即表面洒水并覆保水膜,当环境温度≥10℃时,在保水膜上覆盖土工布,土工布保持湿润状态。冬季施工,湿接缝顶面采用"保水膜 + 电热毯 + 棉被覆盖"的方式,确保顶面养护温度不小于15℃;同时,在钢梁横梁底面以及两端面采用"防雨帆布兜底 + 帆布封端 + 通蒸汽"的方式进行养护,蒸汽由小型蒸汽机提供,帆布形成的养护空间内温度不小于10℃。

**8. 桥面板预应力施工**

主梁桥面板设置有纵向体内预应力束,采用低松弛高强度预应力钢绞线。单根钢绞线直径 $\phi^s 15.2mm$,钢绞线面积 $139mm^2$,标准强度 $f_{pk} = 1860MPa$,弹性模量 $E_p = 1.95 \times 10^5 MPa$,钢筋松弛率 ≤ 2.5%。

桥面板纵向预应力钢束均采用 BM 扁形锚具及配套设备,其中预应力型号分为 BM15-4、BM15-5、BM15-9、BM15-11、BM15-12 五种。管道成孔采用塑料波纹管。预应力采用两端张拉,先长后短、均匀、对称张拉。

(1)预应穿束及管道连接

预应力管道采用塑料波纹管,预制桥面板部分的管道在桥面板预制时埋入(波纹管不外漏),采用"内衬管 + 堵头"的模式进行端头封堵并防止端头波纹管变形,桥面板模板拆除后,将内衬管连带堵头一起回收。连接头处理见图10。

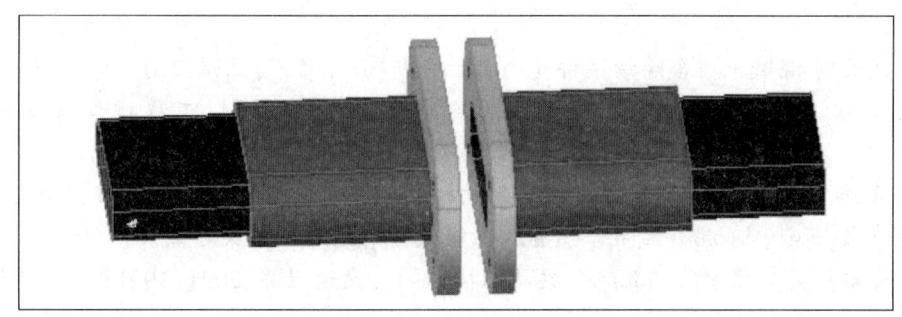

图10 桥面板预应力孔道连接头处理示意图

(2)预应力张拉作业

张拉工艺流程:制束→穿束→初张拉→终张拉→锚具外钢绞线切割。预应力张拉采用两端同步张拉,均匀、对称进行。张拉顺序按照设计图纸中的要求进行。预应力张拉采用双控,以控制应力为主,伸长量作为校核。要求计算伸长量与实测伸长量之间的误差不超过 ±6%。超过时应分析原因并采取措施加以调整后方可继续张拉。每个断面断丝之和不超过该断面钢丝总数的1%,且每束钢绞线断丝或滑丝不得超过 1 丝,否则须采取补救措施。钢绞线张拉控制应力考虑锚口摩阻损失,钢绞线不得采用超张拉,以免钢绞线张拉力过大。预应力张拉程序如下:安装锚具、千斤顶张拉 0→初应力→σcon(持荷 5min 测伸长量)→锚固→检查是否有滑丝、断丝情况发生。

(3)孔道压浆及封锚

预应力管道采用真空辅助压浆工艺。真空压浆的工作原理是:首先在孔道的一端采用真空泵对管道抽真空,使孔道达到负压 0.1MPa 左右的真空度,然后在孔道的另一端用压浆机以 ≥0.7MPa 的正压力将压浆料压入孔道,提高孔道压浆的饱满度和密实度,减少气泡和水分对预应力筋的影响。

9. 钢结构补涂装

主梁节段的钢结构涂装主要在加工车间内进行,现场主要进行焊缝的补涂装、涂层损伤后的补涂装以及最终全桥面漆的统一喷涂。桥位补涂装的主要工作内容包括:钢梁外环缝焊接后的补涂装、钢梁内环缝(还包括节段接口处嵌补段)焊接后的补涂装、现场涂层损伤后补涂装及成桥后全桥面漆补涂装。

## 五、钢混组合梁的应用优势

(1)桥面板分块预制,在剪力钉所处位置预留剪力钉槽,桥面板吊装具有轻质化、便捷化的特点。

(2)对全桥桥面板叠合进行逐一模拟,并以此进行剪力钉间距调整,同时对安装过程中对局部钢筋进行调整,确保桥面板叠合精度;严格按照设计工序组织施工,确保施工质量。

(3)台座上形成组合截面,按顺序单榀依次吊装;可缩小钢梁的结构尺寸,摆脱现场空间的制约性影响,同时降低施工成本。

(4)钢混组合梁分为多个单个起吊单元,配备架桥机,利用该装置完成钢混组合梁的架设作业。采取的施工工艺可靠,施工机械的性能优势得到有效发挥,资源投入与产出成正比。

(5)机械化程度高,节省人力资源,提高施工安全。构件集中制作和安装,以机械为主、人工为辅,可大幅节省人力资源并提高施工安全性。

## 六、结　语

综上所述,本文从临时支墩搭设拆除、变截面钢梁安装、钢梁顶升、桥面板浇筑养生、预应力张拉及湿接缝浇筑施工等方面介绍了变截面钢混组合梁的施工技术要点,经实践,该桥梁在结构尺寸、内力、线形等方面均可满足要求,且施工环境较佳,全程未发生安全事故。本文采取的变截面钢混组合梁施工技术可行,可为同类工程提供一定参考。

**参考文献**

[1] 严忠林.变截面钢-混凝土组合连续梁桥受力特性分析[D].兰州:兰州交通大学,2014.
[2] 白茗文.公路钢混组合梁桥标准化施工方法及质量控制措施[J].工程建设与设计,2020(16):208-209.
[3] 聂建国,陶慕轩,吴丽丽,等.钢-混凝土组合结构桥梁研究新进展[J].土木工程学报,2012(06).
[4] 李小珍,谭清泉,肖林.钢-混凝土组合梁疲劳性能试验研究[J].桥梁建设.017(06).
[5] 文辉.高速公路桥梁工程中的钢混组合梁施工技术[J].交通世界,2021(19):92-93.

# 45. 护栏自动喷淋养生台车的应用

陈庆明[1]　朱　颖[2]　窦文强[3]

(1.山东东方路桥建设有限公司,2.山东高速基础设施建设有限公司;
3.山东高速站临高速公路有限公司)

**摘　要**　护栏混凝土浇筑完成后,通常采用覆盖土工布,通过人工或洒水车定时对土工布进行洒水,让护栏保持润湿状态对其进行养护,减少护栏表面裂缝,确保护栏后期强度符合要求。因此,需定时安排人员对其进行洒水养护,保证混凝土强度的稳定增长,避免出现收缩裂缝。但在炎热天气的状态下,气温高,水分蒸发快,人工需不断的对其进行洒水养护,养护效率低下,且护栏临空难以养护到位,造成临空面不可避免地出现强度增长慢、甚至出现收缩裂缝的质量缺陷。人工或洒水车占用时间长,养护成本增加。自动喷淋养生工艺技术是桥梁护栏实现自动化的养生,确保夏季桥梁护栏生产混凝土关键技术之一,结合工程实际特点进行灵活设置,基本实现了桥梁护栏混凝土养生过程全自动控制,大大降低了劳动强度,提高了生产效率,节约了工程造价,以沾化至临淄高速公路工程施工四合同段为依托工程,对采用自动喷淋养生工艺情况进行总结改进,为类似工程提供借鉴。

**关键词** 护栏 自动喷淋 养生 台车 应用

## 一、工 程 概 况

沾临高速公路沾化至临淄段,路线起点位于滨州市沾化区,通过沾化枢纽立交与G18荣乌高速公路相交,向北衔接拟建G0111秦滨高速公路埕口至沾化段,向南经滨城区、东营市利津县、滨州市博兴县、淄博市桓台县、临淄区,终点位于淄博市张店区中埠镇G20青银高速公路,采用双向六车道高速公路标准,设计速度120km/h,路线全长107.02km。本合同段起点K93+908,终点K108+200,标段长度14.292km,全线采用双向六车道高速公路标准,路基宽度34.5m。设特大桥5310m/2座,中桥120m/2座,分离立交7座,主线钢筋混凝土箱涵11道,互通立交3处。沾临施工四合同段SS级防护栏杆20705.2延米,SA级防护栏杆11795.2延米,合计32500.4延米。

## 二、自动喷淋系统的选择及应用

以前对于护栏混凝土的养护一般采用人工洒水养护,劳动力投入相对较大,操作过程中因受操作者的质量意识和工作态度的影响,时常出现养护不及时或漏养的现象,使护栏顶部及侧面产生裂纹,造成混凝土开裂,强度不够等质量通病。并且传统的人工养护因工人疏忽或漏养等原因造成养护不到位,从而很难保证混凝土在凝结固化期间表面水分流失的补水,而造成混凝土质量缺陷。针对沾临四合同段护栏体量较大,且项目办对护栏混凝土养护要求较高等特点,沾临四合同段从建筑中的自动喷淋及草坪养护喷淋系统中得到启发,通过大量前期的调查研究,经过多次试验、不断总结,最终采用护栏自动喷淋养生台车自动养生方式对护栏混凝土进行自动养生,此养生方式最为便捷和经济,其优点主要体现在养护效果显著,自动化程度高,减少劳动力投入,节约水资源,节约成本,满足护栏养生标准化、规模化的要求,保证了护栏质量目标。

## 三、自动喷淋养生的特点

(1)养生效果显著。自动喷淋养生系统从工作开始到结束基本上实现了自动化控制,其喷出的水呈雾状,养护效果极为明显,达到全天候、全方位、全湿润的"三全"养护质量标准。

(2)自动化程度高。护栏自动喷淋养生台车采取自动养生方式对护栏体混凝土进行自动养生。自动喷淋养生从工作开始到结束基本实现了自动化控制。

(3)提高劳动生产率。采用自动喷淋养护系统,可采取分段喷淋,只需施工人员操作自动喷淋小车,一次喷淋200m护栏只需2min。

(4)系统配件安拆、购买方便。由于该系统所用的配件均为常规的小型电器配件,因此安装和拆卸都较为方便,在普通的电器市场上都能购买到。

(5)有效地减少了劳动力的投入,同时便于日常管理。自动喷淋养护系统只需要1人进行操作和维护工作。

(6)节约用水和环保施工。自动喷淋养护系统在工作过程中从供水、用水两个阶段都体现了节约理念,喷养生用水少,养生全面,从而达到了节约用水和绿色、环保施工的目的。

## 四、自动喷淋养生的原理

护栏自动喷淋养生台车由蓄水箱、机电系统、行走系统、喷淋系统等组成。蓄水箱采用不锈钢板焊接而成,长1m,宽1m,满载可容1m³。机电系统位于蓄水箱右侧,采用双圆盘收线,避免行走过程中线路缠绕,简单快捷,前进与后退自动化调整。行走系统由行走小车、行车系统与轨道组成。行走小车位于蓄水箱底部,轨道采用双轨,由5cm三角铁铺设,轨道宽0.9m,行走装置端头设置限位器,轻触即可改变行进方向,适合自动养生。喷淋系统位于蓄水箱左侧,采用不锈钢圆管框架,框架下方采用雾化喷头进行喷淋,结构简单易于维护。可独立设置每个喷淋端的喷淋时间与喷淋时长,护栏模板拆除后将护栏自动喷淋养生台车放置于安装的轨道上即可,启动喷淋程序后该系统即可按照程序自动对护栏进行喷淋养生解决混凝土局部养生不到位的问题,提高混凝土施工质量。

## 五、喷淋系统及操作要点

1. 喷淋系统(图1)

图1 喷淋系统结构示意图

2. 操作要点

(1)水源要充足,水的流量应满足水泵功率的要求;同时为了满足供水的连续性,保证不间断供水,需要修建。

(2)水泵压力要充足,要满足喷淋面积覆盖全护栏面,不能有空隙,且喷淋水成气雾状。若压力小,喷淋水成水柱状,则养护效果会大打折扣。

(3)喷淋时间控制。喷淋时间太长,对水的浪费过大。同时喷淋小车需要加水次数增多,增加养护了时间,降低了养护效率。时间过短,则水早已蒸发,影响了混凝土质量。因此必须根据天气、温度情况和护栏养护阶段来调节喷淋时间继电器,时间一般(5~10min),如刚拆模的护栏表面温度较高喷淋时10min,养护周期快结束的设置5min,循环养护后等待时间也需根据天气、温度情况来调节,甚至不设置等待时间一直循环喷淋。

## 六、工 艺 特 点

(1)养护效果好。自动喷淋小车系统喷出的是气雾状水自动养护,养护水直接喷洒在混凝土表层,可以达到全方位、全湿润的养护质量标准。

(2)大大降低劳动强度。采用自动喷淋养护系统,可采取分段喷淋,只需施工人员操作自动喷淋小车,一次喷淋200m护栏只需2min。同时便于日常管理。自动喷淋养护系统只需要1人进行操作和维护工作。

(3)节约用水。工程建设讲究循环用水保护环境,合理使用水资源,节约用水,达到了施工循环用水保护环境的目的。

(4)行走装置行走在护栏轨道尽头接触限位开关后不会马上反转,而是自动延时两秒再往回行走,大大增加了电机及设备的使用寿命。

(5)控制电路增加了定时器,可自由设置机器每天喷淋的工作时间和停息时间,大大降低了人工开机、关机的烦琐工作。

(6)系统零部件购买、安装、维修方便。系统所需配件零部件,在一般的电器元件市场及五金市场都能买到,方便以后的维护。

## 七、设备质量控制

由于此系统属于辅助配套设施,还需不断总结完善,目前尚无强制性的国家、行业标准可参考。为了减少喷淋过程中的水压损失,加工过程中的喷雾嘴与支水管焊接时焊缝一定要饱满,焊工要持证上岗,确保支水管不渗不漏,从而保证喷淋效果。

喷雾嘴的间距及高度设置,间距以能保持护栏全部湿润为宜,要根据喷头距护栏的距离和喷雾嘴的辐射面积确定,一般间距0.2~0.4m即可。时间控制要准确,在每次喷淋后水分还没有完成蒸发,即混凝土表面还附着少量水分时,第二次喷淋又开始,确保生产的护栏在早期能进行全湿润养护,对预防护栏产生早期裂纹和快速提高护栏早期强度有较大作用。若一次喷淋的护栏长度较长,要保证喷淋效果,需要加大资源投入,否则系统就要进行分段工作。

## 八、安全及环保措施

针对本项目主要注意以下几点。

现场安装及操作人员,必须遵守工地现场安全管理规定,进入施工现场均应佩戴好安全帽,养护人员防水胶鞋,焊工必须佩戴防护罩。电工、焊工必须持证上岗,确保作业的安全性。

操作人员必须经过岗前安全、技术交底与培训,培训合格后方可上岗。操作人员定期对设备进行保养,并做好维修、保养记录。安全员每天应随时对加工过程及养护过程的安全问题进行监督检查,发现问题及时予以整改。

## 九、效 益 分 析

1. 经济效益

经计算,每个护栏自动喷淋养生台车原材料费用+人工费用每个养生台车约为8000元,每100m轨道材料费用加安装摊销约12元,轨道可流转使用;传统养生采用人工养生,每100m护栏养生人工费用360元,养生水管易损坏,而护栏自动喷淋养生台车重复利用,只需适当维护,本标段护栏总计32500延米,扣去回收的收入,每100m护栏大约摊销13元,因此护栏自动喷淋养生台车创造的效益为:(360 - 13)×325 = 112775(元),护栏自动喷淋养生台车减少了护栏养护人工,节约了水管材料成本,提高了护栏质量,减少因养护不到位产生的温差裂缝,适宜大面积推广。

## 2. 社会效益

使用该系统,不仅大大提高劳动生产率,而且养护周期内护栏混凝土一直保持湿润状态,由于良好的养生条件,混凝土早期强度上升也较快,对提高混凝土的早期强度、防止混凝土产生收缩裂纹具有明显效果。

## 十、结　语

本文以沾化至临淄高速公路工程施工四合同段为依托工程,对采用自动喷淋养生工艺系统进行了研究,研究表明:自动喷淋养护工艺技术是预制护栏实现大规模养生标准化生产、确保护栏质量,加快生产周转的关键技术之一。通过桥面护栏已投入使用的自动喷淋养护设备,已基本达到"三全"的预期效果,养护期间护栏混凝土土表面始终保持湿润状态,较好地预防了护栏裂纹的出现,且养护过程中,设备操作较简便,本工艺基本实现了全过程控制,大大降低了劳动强度,提高了劳动生产率,节约了工程造价。

**参考文献**

[1] 弓春晓.浅谈自动喷淋养生在护栏预制中的应用[J].中国科技期刊,2017.
[2] 杨晓翔,刘要玲.桥梁工程预制护栏质量控制[J].科技与企业,2012,12:224.
[3] 陈宽长,严春峰.浅谈预制护栏施工质量控制[J].四川建材,2011,05:108+110.

# 46. 大跨度斜拉桥钢混组合梁施工关键技术及质量控制研究

王　岩[1]　关忠国[2]

(1. 山东高速基础设施建设有限公司;2. 山东省交通工程监理咨询有限公司)

**摘　要**　斜拉桥以其优越的跨越能力、合理的受力体系及新颖的结构形式,已成为现代桥梁建设中发展最快、最具有竞争力的桥型之一,钢混组合梁斜拉桥是斜拉桥的一种重要的形式,不仅弥补了钢箱梁斜拉桥工程造价高及桥面铺装耐久性不足的问题,而且在跨越能力及桥梁经济性方面比混凝土主梁更进一步。结合实际工程,对钢混组合梁斜拉桥主桥上部结构施工工艺及施工方法进行了研究,从而能够更完善地做好质量控制、更合理地加快施工进度。

**关键词**　斜拉桥　钢混组合梁　加工制作　悬臂拼装　精密定位

## 一、引　言

钢混组合梁斜拉桥是斜拉桥的一种重要的形式,其主桥箱梁是由钢箱梁和混凝土桥面板组合而成。施工阶段的结构内力、位移具有继承性,前一阶段的主梁线形和截面内力是后一施工阶段的基础,随着悬臂拼装施工阶段的进行,结构形式、约束条件、荷载形式等不断变化。因此,必须对斜拉桥每一施工阶段进行详细的分析、验算。另外,由于材料的弹性模量、混凝土的收缩徐变、结构自重、施工荷载、温度影响等不确定性因素,以及施工过程产生的误差,实际测量值难以做到与结构理论设计值完全一致,两者之间会存在偏差。甚至某些偏差具有累积的特性,若对偏差不及时有效的控制和调整,随着主梁悬臂长度的增加、斜拉索拉力的变化,其几何位置会显著偏离设计值,造成合龙困难或影响成桥的内力和线形。所以,对施工过程每一个关键工序进行精确计算与严格控制是非常必要的。

本文以济齐黄河公路大桥为案例,从钢箱梁加工制作、悬臂拼装、线形及轴线控制等关键技术,讨论其施工方法和工艺,为同类型斜拉桥施工提供参考。

## 二、工程概况

济齐黄河公路大桥全长2287m,采用双向六车道一级公路技术标准设计,设计速度80km/h,桥跨布置为:23×30+(40+175+410+175+40)+25×30(m)。主桥桥型为双塔双索面钢-混组合梁斜拉桥,在普通钢-混组合梁斜拉桥的基础上,采用塔墩固结、塔梁分离半漂浮体系。索塔两侧扇形布置16对斜拉索,斜拉索塔端锚固于中塔柱钢锚梁上,梁端锚固于主梁边钢箱外腹板钢锚箱上。

该工程桥面横桥向设计宽度达35.5m,双向六车道布置,两侧预留轻轨车道。双边箱钢-混组合梁由边钢箱、横梁、小纵梁拼接形成钢构架,构架上安装预制混凝土桥面板,现浇微膨胀混凝土湿接缝,与钢梁上的抗剪钉形成整体。钢梁各构件之间、梁段与梁段之间均采用高强螺栓连接,拼装精度要求极高。

该工程钢梁起步段边钢箱长约22m,标准节段边钢箱长约12m。为防止钢梁拼装过程中对黄河行洪造成影响,降低施工安全风险,同时减少临时钢栈桥施工投入,通过比选、优化施工方案,采用"梁上运梁+悬臂拼装"的钢-混组合梁拼装施工工艺。

## 三、钢箱梁加工制作质量控制要点

本工程的钢主梁、横梁及小纵梁等钢结构全部在工厂加工制作,钢梁分为近塔区梁段(A梁段)、标准梁段(B梁段)、辅助墩梁段(C、D梁段)、共用墩梁段(E梁段)和边中跨合龙段(F梁段),详细参数见表1。钢箱梁加工制作质量控制要点分为原材料控制、焊接工艺评定、板单元及单元件制造、梁段拼装、喷砂除锈及防腐涂装、存放及运输六部分。

钢梁参数表　　　　　　　　表1

| 梁段类型 | A型 | B型 | C型 | D型 | E型 | F型 |
|---|---|---|---|---|---|---|
| 梁段长(m) | 21.992 | 11.992 | 11.992 | 11.992 | 7.396 | 3.992 |
| 主梁重量(t) | 199.3 | 99.2 | 107.0 | 99.2 | 61.0 | 30.3 |
| 横梁重量(t) | 164.9 | 71.7 | 75.3 | 72.9 | 76.3 | 23.3 |
| 小纵梁重量(t) | 6.1 | 3.8 | 3.8 | 3.8 | 2.1 | 1.3 |
| 梁段重(t) | 370.3 | 174.7 | 186.1 | 175.9 | 139.4 | 54.9 |

1. 原材料控制

本工程使用的原材料包括钢板、焊条、焊丝、焊剂、高强螺栓、防腐油漆等,按批次检查上述原材料的出厂质量合格证明文件,若证明材料不全、无出厂合格证或是所示指标不符合要求,则该产品不能使用。

(1)钢板检验

钢板检验内容包括钢板的外观尺寸和机械性能试验。在钢板质量证明书合格的前提下,应对钢板用色带标识,色带标识的每种色带宽度不宜小于30mm,以方便对本桥的钢板识别,避免与其他工程钢板混用。对进场的钢板外观和尺寸进行逐张检验,并进行取样及试验检测,取样原则:同一厂家、同一材质、同一板厚、同一出炉状态每10个炉(批)号抽检一组试件,试件包括拉伸、冷弯、化学成分试样各一个、冲击试样一组(数量3个)进行机械性能试验。

(2)焊接材料的检验

焊接用的焊条、焊丝、焊剂及保护气体,必须符合设计要求和钢结构焊接的相关规范规定,应符合《埋弧焊用碳钢焊丝和焊剂》(GB/T 5293—1999)、《碳钢药芯焊丝》(GB/T 10045—2001)的标准,且应具有出厂合格证和试验报告。焊条外观不应有药皮脱落、焊芯生锈等缺陷,焊剂不应受潮结块,每批取一组样品,同一厂家、同一牌号的,首批做熔敷金属检测,续批做化学成分检测。

(3)高强度螺栓的复验

高强度螺栓进场时应具有合格证及质保书,须符合《钢结构用高强度大六角头螺栓、大六角螺母、垫圈与技术条件》(GB/T 1231—2006)的10.9S级要求,并进行相关系数检验。高强度螺栓连接副按出厂批号复验扭矩系数,其平均值和标准偏差应符合图纸要求,复验数据作为施拧的主要参数。复验应在施工现场进行,使扭矩系数测定的环境温度与施工施拧环境温度接近,避免修正扭矩系数带来的误差。高强度螺栓连接件摩擦面应作抗滑移系数检验,抗滑移系数检验的最小值应满足要求,若不符合规定,构件摩擦面要重新处理,并重新试验。

(4) 防腐涂装的检验

防腐涂料供应商实行市场准入制,防腐涂料性能各项指标必须满足最新技术标准要求,并按要求进行各项理化性能指标试验。

### 2. 焊接工艺评定

焊接工艺评定是保证焊接质量的重要措施,通过焊接工艺评定检验拟订的焊接工艺指导书焊制的焊接接头使用性能是否符合设计要求,为正式制定焊接工艺指导书或焊接工艺卡提供可靠依据。焊接试板、焊接形式、焊接工艺应具有代表性和覆盖性,焊接接头的选择应能涵盖本桥的所有焊缝。试板长度应根据样坯尺寸、数量(含附加试样数量)等因素予以综合考虑,自动焊不得小于600mm,$CO_2$保护焊不得小于400mm。焊接工艺评定试验包括机械性能试验、焊缝金属五元素化学成分分析、1:1接头断面照片、100倍金相照片、接头熔合情况及硬度HV10。

在焊接工艺评定时,试板所用钢板应从已检验的批次中进行选定,全程跟踪试样制作、试样试验等各个流程。焊接工艺试验评定结束后,应出具《焊接工艺评定报告》。

### 3. 板单元及单元件制造

(1) 切割、矫正及弯曲

板单元下料采用数控切割技术,这即保证精度又避免了变形。切割腹板上下缘曲线时,将切割机轨道预制成相应曲线形状,以确保切割尺寸。热矫温度应控制在600~800℃,矫正后钢板温度应缓慢冷却,降至室温以前不得冲击钢板或用水急冷。主要受力构件作弯曲时,环境温度不宜低于-5℃,内侧弯曲半径不小于15倍板厚,冷作弯曲后零件边缘不得产生裂纹。

(2) 坡口、制孔

所有坡口的加工均用半自动切割机切割,坡口尺寸及允许偏差应符合规范要求。钢梁两端的连接螺栓孔应在试拼装后进行;所有螺栓孔均采用带钻套的模板配钻,模板孔距应符合设计要求;钻孔前应对各接头进行编号,按编号逐个检查接头处的间隙及偏差,并做好记录,钻孔时将间隙及偏差均分在两个制作段上。

(3) 焊接

钢箱梁为全焊结构,结构焊缝较多,所产生的焊接变形和残余应力较大,加工过程中,在保证焊缝质量的前提下,应尽量采用焊接变形小、焊缝收缩小的工艺。斜拉索的钢锚箱与钢主梁的外腹板焊为一体,相互间连接焊缝均为熔透焊缝,并应采用焊缝金属少、焊后变形小的坡口,要求焊后对焊缝表面进行锤击处理,以减小应力集中。对于施工过程中的工艺孔洞,施工结束后按原状恢复。所有焊缝均应进行尺寸、外观检查,焊缝不得有裂纹、未熔合、焊瘤、未填满的弧坑等缺陷,并在施焊完成24h后进行焊缝的无损检测,焊缝的级别、检验方法及检验范围应符合相应规范及设计要求。

### 4. 梁段拼装

钢梁分为顶板单元、底板单元、腹板单元、横隔板单元、检修道单元及附属结构单元。主梁构件梁段拼装的步骤为:底板→横隔板→腹板→顶板。组装必须在胎架上进行,胎架长度不得小于5个梁段长度。预拼装必须不少于5个梁段(包括横梁),按设计线形及梁段间预留的间隙使相邻梁段连接断面相匹配。匹配完成后将测点按图纸要求焊于钢箱梁腹板上,并测量记录所有梁段测点间的相互关系。将前4个梁段运出堆放,留下一个梁段,与下4个梁段进行预拼装,梁段拼装顺序应与悬拼顺序相同。这是整个施工过程的重点阶段,拼装的质量直接影响到钢箱梁是否能精确合龙。

## 5. 喷砂除锈及防腐涂装

（1）喷砂除锈

喷砂除锈的用砂采用棕刚玉砂、带棱角的钢砂、白刚玉砂、氧化铝等，磨料粒度0.5~1.5mm，除锈等级根据ISO8501-1标准提供的照片和标准粗糙度卡来判定。喷砂完成后，应先把由于打砂而暴露出来的焊接缺陷（如气孔，夹渣等）处理好，再用压缩空气和干毛刷把表面浮尘清理干净，检验合格后才能进行涂装。

（2）防腐涂装

防腐涂装应在喷砂除锈后4h之内完成，最迟不能超过12h。油漆由两种组分构成，按"现配现用，用多少配多少"的原则使用，严禁使用过期的油漆，涂装温度范围10~30℃，相对湿度85%以下，雨雪、风沙较大等恶劣天气，不能进行涂装。涂装时可用湿膜测厚仪进行厚度控制，表面应平整均匀，不允许有起皮、鼓泡、大熔滴、流缀、裂纹、剥落、漏涂等缺陷。油漆实干后，用干膜测厚仪进行厚度检测，用划格法进行油漆附着力试验。钢梁涂装体系干膜最小总厚度必须符合设计要求，每一涂层干膜平均厚度不得小于设计要求厚度，最小厚度不应小于设计厚度的90%，高强度螺栓连接部位涂装必须符合设计要求，涂装方案见表2。

涂装方案   表2

| 结构部位 | 涂层 | 涂装体系 | 膜厚（μm） |
| --- | --- | --- | --- |
| 边钢箱外表面、横梁、小纵梁及检修道（检查车及轨道、防撞护栏、人行道栏杆、底座，除边钢箱、横梁、小纵梁顶面） | 车间底漆 | 喷砂Sa2.5<br>粗糙度Rz40~60μm<br>无机硅酸锌车间底漆 | 20 |
| | 二次涂装 | 喷砂Sa2.5<br>粗糙度Rz40~80μm<br>环氧富锌底漆<br>环氧云铁中间漆<br>丙烯酸脂肪族聚氨酯面漆 | 80<br>2×150<br>2×40 |
| 边主梁内表面 | 车间底漆 | 喷砂Sa2.5<br>粗糙度Rz40~60μm<br>无机硅酸锌车间底漆 | 20 |
| | 二次涂装 | 喷砂Sa2.5或St3<br>环氧富锌底漆<br>环氧（云铁）厚浆漆 | 60<br>300 |

## 6. 存放及运输

钢箱梁应单层存放，堆放支点必须位于纵、横隔板下，应尽量使各点受力均匀，不允许出现支点脱空现象；应存放在清洁、干燥、无有害介质的环境中；应设有遮盖物防止日晒雨淋，保持充分通风，使冷凝水减至最低限度。属同一总成的零部件必须印有识别标记和定位标记，防止在发运和安装时互相混淆，保证在施工过程中准确确定其相对位置。钢箱梁的运输包括场内运输，在起吊时应保证四点起吊，且吊点位置须经设计部门同意。钢箱梁存放、运输均不得使任何部件受到永久性的损伤和散失。

## 四、箱梁悬臂拼装施工技术及质量控制要点

主梁由钢主梁、横梁和小纵梁通过节点板及高强螺栓连接形成钢构架，钢梁安装分为四个部分进行施工，即：索塔区梁段安装、标准梁段安装、共用墩顶梁段安装及合龙段安装。其中索塔区梁段及共用墩梁段安装采用履带吊进行吊装，标准梁段采用桥面起重机"梁上运梁+悬臂拼装"拼装施工工艺。

### 1. 钢混组合梁悬臂拼装施工技术

（1）起步节段安装

起步节段，即0号节段，边钢箱长21.992m，分两节进行加工吊装，在桥塔两搭设拼装支架，支架的平面中轴线与桥轴线重合，支架以索塔承台及下横梁为依托搭设。分钢主梁、横梁及小纵梁分别吊装，平板

车通过钢栈桥运至吊装位置,通过500t履带吊吊装就位。

梁段采用扁担梁吊具吊装,在钢主梁横梁与纵向隔板上相交处焊接吊耳,用于与扁担吊梁连接,单个钢主梁上共焊接备6个吊耳,吊索选用钢丝编织软吊带,一个梁段需吊索6根,吊索与吊具及钢梁采用销接连接。

(2) 标准节段安装

标准梁段为1号梁段至16号梁段,标准梁段长11.992m,采用桥面起重机散件吊装,单件钢主梁最大起吊重量约54t。根据钢梁节段的吊重要求,桥面起重机选取两台WD-60架梁起重机,均为步履式走行起重机。标准梁段构件通过钢栈桥运至桥面起重机下,通过起重机直接上桥,桥面起重机吊装。

(3) 合龙节段安装

为了防止由于工厂制作偏差、现场拼装偏差及焊接收缩等出现合龙节段长度不够而无法拼接合龙的现象,合龙节段的边钢箱在工厂下料时纵向预留100mm的现场切割量,根据现场实际合龙段长度现场切割调整。

1) 边跨合龙节段安装

边跨合龙梁段长11.3m,采用桥面起重机分次吊装钢箱梁、横梁及小纵梁及桥面板。梁段吊装及主要施工程序为;①安装辅助墩主桥侧支座;②边跨桥面起重机吊装两侧钢箱梁;③吊装钢横梁并与两边钢箱梁栓接;④吊装小纵梁及压重小纵梁,并栓接;⑤安装桥面板并浇注湿接缝,拆除桥面起重机;⑥依次安装、张拉横向预应力束、纵向预应力束。

2) 中跨合龙节段安装

中跨合龙节段长度为4m,采用桥面起重机散件吊装进行合龙。梁段吊装及主要施工程序为:①提前两个节段观测合龙口间距与温度关系,适时进行合龙;②桥面起重机起吊钢主梁并与两侧梁段钢主梁进行栓接就位;③吊装钢横梁并与两边钢箱梁栓接;④吊装小纵梁及小纵梁并栓接;⑤安装桥面板并浇注湿接缝、拆除桥面起重机;⑥依次安装、张拉横向预应力束、纵向预应力束;⑦解除桥塔处临时固结,安装辅助墩永久支座;⑧二次压重、全桥索力调整。

2. 悬臂拼装质量控制要点

(1) 现场匹配、安装控制

桥钢梁架设采用悬臂拼装法,起重机将梁段整体起吊,初步就位后进行精确匹配。边钢箱吊到位后,将边腹板位置对齐,安装临时连接件,存吊装梁接缝处焊接部分码板,码板仅在吊装梁段侧焊接,根据现场接缝情况,适当落吊钩,使吊装梁段一部分重量通过临时连接件(包括角式匹配件、止推板、对位螺杆底座等)、码板传递给已安装梁上,这样桥面吊机前支点的反力也随即减小,经过几次反复调整,主梁线形达到设计要求,然后方可施焊或栓接,梁段线形调整应选择气候相对平稳时段进行调整。应按"腹板→底板→顶板"顺序连接匹配件,梁段定位时先固定梁段刚性较大的拐角部位,然后固定其他匹配件。

梁段接口在匹配件连接完成后,由于钢梁节段在吊装过程中受力变形以及主梁线形调整时接口局部微调,箱口尺寸无法达到工厂内胎架上的制造线形,梁段组拼间隙和接口高差都会出现超差现象,接口高差超过1.0mm时,应调整到1.0mm以内,当接口间隙超出组装和工艺标准要求的值时,应进行修整。

(2) 高强螺栓栓接控制

节段拼装时,每个接头应穿入40%的冲钉和60%的螺栓并初拧,螺栓和冲钉应均匀交叉排列,逐步将冲钉更换成螺栓进行初拧,再将全部螺栓终拧。一个面高强螺栓群施拧顺序应该从螺栓中心开始向四面展开。高强螺栓连接副用扭矩法施拧,施拧分初拧和终拧,初拧扭矩为终拧扭矩的50%,终拧应和初拧在同一天内完成。终拧时,施加扭矩必须连续、平稳、螺栓、垫圈不得与螺母一起转动。

高强螺栓终拧扭矩检查,应在终拧后4~24h之内进行。检查前,要对使用检查的扭矩扳手进行标定,扭矩误差值不大于检查扭矩值的±3%。应用紧扣法检验,测得螺母与螺栓刚发生微小相对转角时的扭矩,应在0.9~1.1倍紧扣检查扭矩范围内,紧扣检查扭矩由试验确定。对欠拧者补足扭矩,对超拧者更换螺栓后重新拧紧。采用螺栓连接的钢梁段,当完成拼接段终拧检查后,还须对拼接缝进行防水处理。

## 五、钢混组合箱梁线形及轴线控制技术

主桥箱梁安装阶段钢箱梁单元件施工定位是施工控制的重点,施工放样的精度是确保钢箱梁线形及主桥箱梁轴线满足设计及规范要求的关键工序。同时,钢箱梁单元件散拼的精度也是确保主桥箱梁合龙后结构内力和变形满足设计的重要指标。

温度对钢混组合梁的变形影响非常大,施工阶段的温度变化会影响已成梁段的高程,同时也影响高程放样进所需要的梁上基准点。因此,高程放样不便采用常规的几何水准测量的方法,为了方便快速进行施工放样,结合索塔施工测量和钢锚箱精密定位测量方法,本桥采用了基于对边高差测量的桥梁线形测量方法,通过坐标放样精度确保每一个钢箱梁的平面位置,利用高程精度确保主桥钢箱梁的线形。

本桥的悬臂拼装施工是在施工现场对每一段钢箱梁中的各个梁单元进行散拼组装而成,每一个梁单元定位精度均影响主箱梁的线形和结构内力,最终决定整个桥梁的线形和轴线偏差。因此,钢箱梁施工阶段的定位测量是钢混组合梁施工质量的控制重点。钢箱梁桥位拼装采用的轴线并非钢梁真实的轴线,而是在预制拼装时确定的一个"标记轴线"。悬臂拼装时如何将"标记轴线"放样至主桥箱梁的施工现场轴线(桥梁设计轴线),是施工测量的关键工作。

对主梁拼装线形应及时进行复核,并指导钢梁加工制作进行预拼线形的调整。主梁预制线形出现异常将导致现场拼装无法达到预定高程,对于这种情况不宜一味通过缝宽来调整高程,焊缝宽度最大不宜超过20mm,过大的焊接变形将导致较差的焊接质量及较大的焊接收缩量,如果依然无法完成高程调整则应牺牲部分高程绝对值以保障主梁的匀顺,而这部分高程误差可以考虑通过索力的调整来修正,即在安全的范围内将主梁的几何误差转换为索力(内力)误差。

## 六、结　语

针对大跨度斜拉桥钢混组合梁的施工特点,从钢箱梁加工制作、悬臂拼装、线形及轴线控制出发,阐述了钢混组合梁的施工关键技术,分析了各环节质量控制要点。"梁上运梁+悬臂拼装"拼装施工工艺,未对黄河行洪造成影响,并降低了施工安全风险,同时减少临时钢栈桥施工投入,降低了施工成本,保证了施工质量,并为其他工程实践提供经验。

**参考文献**

[1] 中华人民共和国交通运输部. 公路钢结构桥梁设计规范:JTG D64—2015[S]. 北京:人民交通出版社股份有限公司,2015.
[2] 中华人民共和国住房和城乡建设部. 钢结构设计标准:GB 50017—2017[S]. 北京:中国建筑工业出版社,2018.
[3] 中华人民共和国建设部. 钢结构工程施工质量验收规范:GB 50205—2001[S]. 北京:中国标准出版社,2001.
[4] 中华人民共和国建设部. 建筑钢结构焊接技术规程:JGJ 81—2002[S]. 北京:中国建筑工业出版社,2003.
[5] 王岩. 基于空间直线方程的索道管精密测量研究[J]. 公路交通与建设论坛,2016(11):106-111.

# 47. 工字形钢-混凝土组合简支梁施工工艺探究

邢兰景[1]　史继鹏[2]　朱世超[1]　甄倩倩[1]　窦文强[3]

(1. 山东高速基础设施建设有限公司;2. 中交第三公路工程局有限公司;
3. 山东高速沾临高速公路有限公司)

**摘　要**　工字形钢-混凝土组合梁充分发挥了钢材和混凝土的力学特性,并具有很好的施工性能。随着科学研究工作的深入开展,设计规范、规程的不断完善,随着我国钢产量的不断增加和人们对钢-混

凝土组合结构优越性认识的不断提高,组合桥将会在我国桥梁建设事业中发挥越来越重要的作用。

**关键词** 钢混梁 改扩建 焊接 涂装 钢纤维

## 一、引　言

随着道路等级和工程建设规模的不断扩大,桥梁结构类型不断丰富、结构形式不断向轻型化发展,桥梁建设的经济性效益越来越重视。在这种背景和需求条件下,钢筋混凝土现浇、预应力混凝土桥以及圬工拱式桥等传统的桥梁形式在当前时期已无法满足社会的各项需求。

近年来,钢-混凝土组合梁桥作为一种新型桥梁结构,与传统的桥梁结构形式相比,其结构自重轻、桥跨能力强、钢材用量小、结构刚度高的特点将成为当今桥梁结构体系的重要发展方向之一。

## 二、工程概况

日照至兰考高速公路巨野西至菏泽段改扩建工程是G1511日兰高速公路、G35济广高速公路、G3W德上高速公路三条国家高速公路的重合路段,是鲁西南地区重要的交通干线。项目起自济广高速公路与日兰高速公路交叉的王官屯枢纽立交,终点为日兰高速公路与菏宝高速公路交叉的曹州枢纽立交。项目建成后,对改善现有通行条件、促进山东省西部经济隆起带建设和新旧动能转换重大工程实施、带动以菏泽为中心的区域经济快速发展等方面将发挥重要的交通引领作用。

## 三、工艺原理

(1)工字形钢-混凝土组合梁制作由专业钢厂参照施工设计图工厂化加工、拼装;钢厂加工时应编制详细的钢梁制造、焊接工艺方案并根据接头进行焊接工艺评定,确定合适的焊坡口尺寸及焊接工艺、参数,从而降低焊接变形和焊接残余应力。

(2)工字形钢梁在厂家分段焊接成形后运输过程中应增设临时支撑措施,防止钢梁出现扭曲变形。

(3)工字形钢梁吊装时,应合理设置吊点,采取足够的措施防止钢梁扭转变形,并且应减少拼接部位的误差。

(4)工字形钢梁间安装时通过摩擦性高强度螺栓、钢横梁将相邻钢梁连接为一个整体,应严格控制初拧、复拧、终拧的顺序和质量。

(5)桥面板混凝土分两次浇筑,第一次浇筑跨中、消除预拱度;第二次浇筑墩柱顶连接段从而形成整体结构。

## 四、工字形钢梁原材料性能

(1)工字形钢-混凝土组合简支梁主要采用Q390D钢,技术标准应符合《桥梁用结构钢》(GB/T 7142015)要求;普通钢筋主要由HPB300、HRB400钢筋组成,技术标准应符合《钢筋混凝土用钢　第1部分:热轧光圆钢筋》(GB/T 1499.1—2017)、《钢筋混凝土用钢　第2部分:热轧带肋钢筋》(GB/T 1499.2—2018)。

(2)工字形钢梁:Q390D钢执行国家标准《低合金高强度结构钢》GB/T 1591—2018;具有Z向性能的钢板执行《厚度方向性能钢板》GB/T 5313—2010。钢材屈服强度实测值与抗拉强度实测值的比值不应大于0.85,钢材应有明显的屈服台阶且伸长率不应小于20%;钢材应有良好的可焊性和合格的冲击韧性。钢材均要求具有抗拉强度、伸长率、屈服强度和硫、磷、碳含量的合格保证及冷弯试验的合格保证。

(3)螺栓:钢横梁连接主要采用M24高强度螺栓,M24螺栓强度均为10.9级摩擦型大六角高强度螺栓;高强螺栓的设计预拉力值按《高强钢结构设计标准》(JGJ/T 483—2020)的规定采用,高强度螺栓的质量标准应符合(GB/T 1228—1231)或(GB/T 3632—2008)的规定;普通螺栓应符合国家标准(GB/T 5780)和(GB/T 5782)的规定,螺栓的表面处理应保证提供不低于结构各部分及各构件相应的涂层所达到的防腐要求。高强螺栓连接连接处构件接触面采用喷砂处理,$\mu$值的确定须根据实验进行,高强度螺栓摩擦面的摩擦因数见表1。

高强度螺栓摩擦面摩擦因数表 表1

| 接触面处理方法 | 摩擦面抗滑移系数 | | | 备注 |
|---|---|---|---|---|
| 喷砂后生赤锈 | Q235 | Q345 | Q420 | |
| | 0.45 | 0.50 | 0.50 | |

（4）剪力钉：采用φ22圆柱头焊钉，其材料为ML15《冷镦和冷挤压用钢》（GB/T 6478—2015），焊钉的尺寸、化学成分、机械性能应符合《电弧螺柱焊用圆柱头焊钉》（GB/T 10433—2002）的要求。

（5）钢结构涂装材料：钢构件表面除锈方法采用喷砂除锈，钢梁除锈等级要求达到Sa2.5级。根据《公路桥梁钢结构防腐涂装技术条件》（JT/T 722—2008）的要求，按大气腐蚀种类C3设计，采用长效型（保护年限为25年）涂装体系，所有钢板进场后均要喷涂20~25μm车间底漆。

## 五、工艺流程及操作要点

### 1. 工艺流程

工字形钢-混凝土组合简支梁施工工艺流程：工字形钢梁焊接→工字形钢梁组装→工字形钢梁涂刷漆面→工字形钢梁整体运输、吊装→桥面板混凝土浇筑→养生。

### 2. 操作要点

1）下料

（1）钢梁厂家严格按照设计钢梁几何尺寸计算钢板需求量，钢板通过钢板矫平机进行矫平，矫平的目的是消除钢板的残余变形和减少轧制内应力，从而减少制造过程中的变形。

（2）下料时长度方向预留切割余量，一般不超过30mm，宽度方向误差控制在±2mm。

（3）下料员根据每片钢板的用途进行编号，并通过数控切割机编程合理安排、钢板切割作业。

（4）钢板或型钢采用气割切割时，要放出手动气割或自动气割的割缝宽度。其割缝宽度余量可按下列数值考虑，具体要求见表2。

割缝宽度余量表 表2

| 板厚（mm） | 3~5 | 6~10 | 12~20 | 22~28 | 30~40 | >40 | 备注 |
|---|---|---|---|---|---|---|---|
| 自动切割余量（mm） | 1.5 | 2 | 2.5 | 3 | 3.5 | 4 | |
| 手动切割余量（mm） | 2.5 | 3 | 3.5 | 4 | 4.5 | 5 | |

（5）各种切断线必须打印上加工线：如弯曲线、中线等并写上构件的编号，必要时可用凿子或样冲在厚板的侧面打出构件的编号。

（6）切割采用专用切割机进行，切割时零件之间留切口量2mm。

2）切割

（1）钢板施工前应采用火焰切割工艺进行试切；板材切割采用氧—丙烷火焰切割或采用剪板机机械剪切，型材下料切割采用氧—丙烷火焰切割或锯床切割；坡口采用专用进口切割机进行切割；切割时应保证切割端面光滑、平直、无缺口、挂渣。

（2）钢材切割面或剪切面应无裂纹、夹渣、分层和大于1mm的缺陷，热轧H形钢下料时加20~30mm余量；板材条料切割，长度方向的余量为30~50mm（根据杆件长度及焊接节点数量定），腹板宽度方向预留2mm焊接收缩余量。

3）坡口锁口加工

（1）钢板连接时坡口切割方式分为三种（V形、Y形、X形），分别如图1~图3所示，其关键工艺在于切割角度及厚度的控制以及割嘴号码的选择。

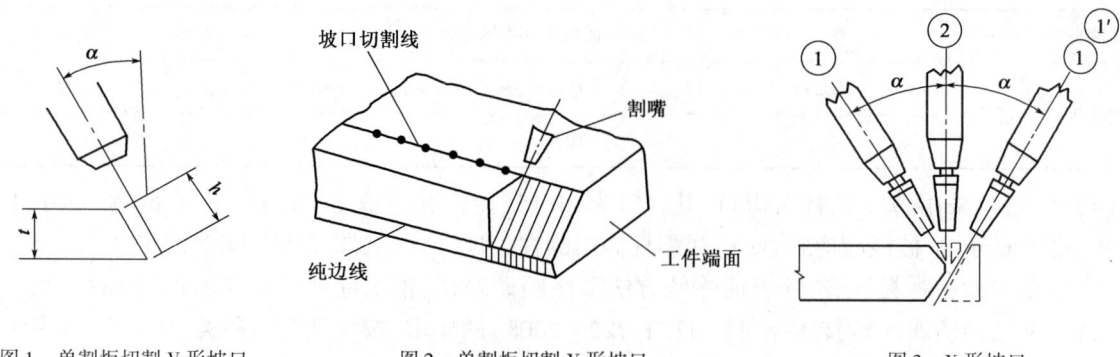

图1 单割炬切割 V 形坡口　　图2 单割炬切割 Y 形坡口　　图3 X 形坡口

（2）开锁口要使锁口圆弧曲线保持光滑，$r_1$ 做到 35mm 左右、$r_2$ 做到 10mm 左右，如图4、图5 所示。其他复杂形式用复合圆加工，使其圆滑过度。

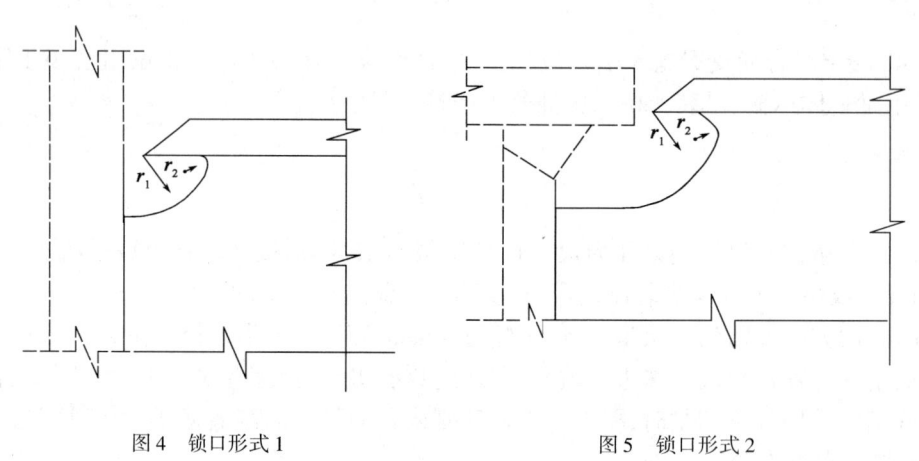

图4 锁口形式1　　图5 锁口形式2

### 4）矫正

钢材外形尺寸的允许偏差超过有关标准规定即要进行加工前的矫正，钢材的矫正采用矫直机进行；矫正后的钢材表面，不应有明显的凹面，损伤划痕深度不得大于 0.5mm。

### 5）制孔

（1）螺栓孔以及型钢混凝土梁连接的穿孔均应在工厂制孔。

（2）钢柱、钢梁及连接板高强螺栓孔采用三维数控钻床和平面数控钻床钻孔，钻孔时应将工件放平，夹紧固定、编好程序进行钻孔。

（3）螺栓孔的偏差超过规定允许值时可采用于母材材质相匹配的焊条补焊后重新钻孔，焊补孔部位应打磨平整。

（4）需要打孔的钢板必须平直，首件必须进行报检。

### 6）组装

（1）组装前准备：组装前确认零部件的尺寸、须检查板条的外观质量，严禁板条在变形的情况下组装。组装前，零部件的连接接触面和沿焊缝边缘应清除干净；大型型钢零件应先抛丸除锈再组装。

（2）设置引弧板与引出板：T形接头、十字形接头、角接接头和对接接头主焊缝两端，必须配置引弧板和引出板；两板厚、材质应和被焊母材相同，坡口形式应与被焊焊缝相同。

（3）引弧板、引出板的定位焊缝应焊在坡口内，不应焊在焊缝以外的母材上。焊接完成后，应用火焰切割去除引弧板和引出板并修磨平整。

### 7）工字形钢焊接工艺

具体焊接工艺见表3。

工字形钢焊接工艺表    表3

| 序号 | 名 称 | 示 意 图 | 工 艺 |
|---|---|---|---|
| 1 | 钢板矫平 |  | 钢板进厂后需进行矫正处理,以消除钢板的变形,提高下料尺寸的精确性;钢板矫平前在钢板预处理中心处理,防止矫平时对钢板造成损伤;矫平后的钢板不平度控制在1mm之内 |
| 2 | 翼腹板下料 |  | 钢板矫平后,采用多头切割机进行翼腹板的数控下料;下料时遵循两边同时受热切割原理,避免产生旁弯;下料前先排版,严格按照排版图下料;下料时翼腹板的长度和宽度方向预留切割余量;下料后进行二次矫平 |
| 3 | 翼腹板拼接 |  | 原则上工字形钢材料采购时定尺进料,翼腹板不拼接,但尺寸超长时可以拼接;拼接焊缝两端需加设与母材同规格的引熄弧板;坡口采用X形,双面焊反面清根;焊接采用$CO_2$气保焊打底,埋弧焊盖面和填充;焊后进行二次矫平 |
| 4 | 腹板坡口加工 |  | 腹板坡口加工采用半自动火焰切割机,切割后打磨;腹板坡口采用V形坡口,并预留钝边,切割前先放板厚中心线,以中心线为基准放坡口切割线及钝边;坡口加工必须遵循两边同时受热切割原理,避免单面切割产生旁弯 |

续上表

| 序号 | 名　称 | 示　意　图 | 工　艺 |
|---|---|---|---|
| 5 | 工字形钢组立 | | 采用组立机组立,组立时腹板的板厚中心线必须对准翼板的板宽中心线,为防止变形,应加刚性支撑进行固定;检查腹板和翼板的垂直度及外形尺寸,然后定位焊 |
| 6 | 工字形钢焊接 | | 工字形钢焊接采用$CO_2$气保焊打底、埋弧焊填充及盖面焊接,两端需加设与母材同规格引熄弧板;埋弧焊在龙门焊机采用船形位置焊接,采用对角施焊法进行,控制焊接变形;焊后进行后热消氢处理 |
| 7 | 工字形钢矫正 | | 工字形钢焊接完毕后,进行角变形矫正,对于板厚小于80mm的,可采用H形钢矫正机进行矫正,对于板厚80mm以上(含80mm),采用火焰矫正;H形钢的饶度变形矫正在H形专用弯曲矫直机上进行 |
| 8 | 取长加工 | | 工字形钢矫正完毕后,采用数控锯床或半自动数控切割机进行构件的取长,并对构件进行端铣加工,保证构件的长度并提供制孔及筋板和牛腿组装的基准面;构件取长时先定尺划线切割一端,后量尺寸切割另一端 |

续上表

| 序号 | 名 称 | 示 意 图 | 工 艺 |
|---|---|---|---|
| 9 | 制孔 | | 工字形钢制孔优先选用数控加工,采用三维数控钻床或型材加工中心 |
| 10 | 过焊孔坡口加工 | | 工字形钢锁口采用数控锁口机进行加工或缘板坡口采用半自动切割、腹板过焊孔采用放样人工切割,切割后打磨圆滑过渡 |
| 11 | 筋板和牛腿装焊 | | 工字形钢筋板、牛腿组装应以型钢铣平的端面为基准,组装前应首先放出H形钢翼腹板的板厚、板宽中心线以及筋板、牛腿的定位中心线;筋板及牛腿组装时其板厚中心线应与H形钢上的定位线相一致,组装完成后用$CO_2$气体保护焊焊接 |
| 12 | 检验 | | 工字形钢组装焊接完成并经矫正后,进行尺寸检查,检查内容包括H形钢的截面宽度、面高度、中心线偏移、翼缘板垂直度、螺栓孔及牛腿的定位、孔间距检查等;检查后作记录 |

8)涂刷工艺流程

涂刷工艺流程如图6所示。

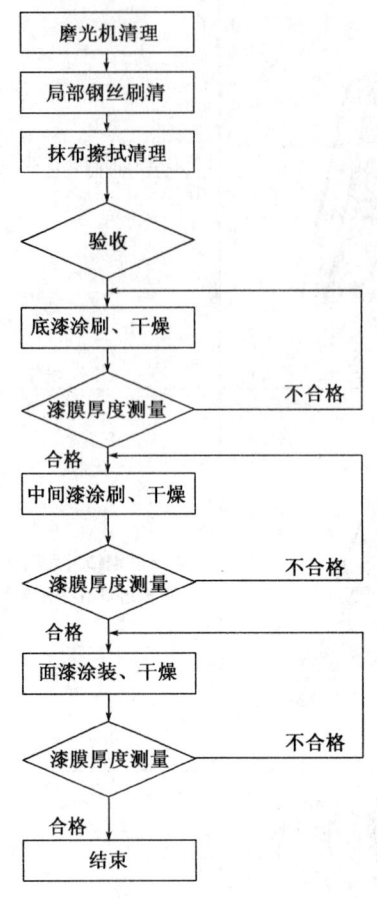

图6 涂刷工艺流程图

9)钢结构涂装防腐要求

钢结构涂装防腐要求见表4。

钢结构涂装防腐要求　　　　表4

| 大气腐蚀环境类别 | 构件部位 | 涂料（涂层名称） | 涂层道数 | 最低干膜厚度（μm） | 总干膜厚度（μm） | 配套编号 |
|---|---|---|---|---|---|---|
| C3 | 钢梁、横梁外表面 | 环氧富锌底漆 | 1 | 60 | 240 | S04 |
| | | 环氧云铁中间漆 | 1~2 | 100 | | |
| | | 丙烯酸脂肪族聚氨酯面漆 | 2 | 80 | | |
| | 钢梁上翼缘板顶面 | 环氧富锌涂料 | 1 | 80 | 80 | S16 |
| | 防撞护栏 | 环氧磷酸锌底漆 | 1 | 60 | 210 | S01 |
| | | 环氧(厚浆)漆 | 1 | 80 | | |
| | | 丙烯酸脂肪族聚氨酯面漆 | 2 | 70 | | |

10)工字形钢梁整体运输

整体焊接组装完成后,由钢梁厂家进行自检,主要对焊接质量、螺栓连接位置处等设计要求检测部位进行检测,并交由具有长轴运输资质的单位对钢梁整体运输至现场、吊装。

11）工字形钢梁吊装

按照总体施工、导行方案要求,钢梁到场后开始钢梁安装作业;吊装前应根据钢梁重量及吊装半径,合理选择相应的吊机配置。

12）桥面板混凝土浇筑

钢梁吊装完成后施工钢梁桥面板,桥面板施工分为三个阶段:

第一阶段:安装桥面底板,桥面底板采用Q235定制钢板,根据测量放样、确定钢板位置;底板连接方式为二氧化碳保护焊接。

第二阶段:桥面钢筋绑扎,钢筋绑扎时要按照设计图纸要求下料,并提前注意预埋伸缩缝钢筋及护栏预埋筋;根据桥面厚度变化,钢筋绑扎分为两段加厚段钢筋区、底板钢筋区、顶板钢筋区以及墩柱处剪力钢筋区。

第三阶段:混凝土浇筑,该桥桥面板浇筑分两次浇筑完成,第一次浇筑部分为跨中或梁端至距墩柱顶1m位置,第二次浇筑部分为桥墩墩顶两侧各1m位置,两次浇筑间隔应不小于7d。

(1)浇筑前检查:混凝土浇筑前对桥面钢筋及桥面连续处的钢筋进行检查,桥面干净无杂物,钢筋数量及位置准确。混凝土浇筑前要对混凝土进行坍落度检测,合格后方可进行浇筑施工。

(2)混凝土浇筑:

①混凝土拌和:混凝土采用拌和站集中拌和,混凝土运输罐车运输;混凝土拌和前对集料的含水率进行检测,调整施工配合比;根据调整后的施工配合比计算集料和水的用量,拌制混凝土;桥梁桥面铺装层采用C40钢纤维补偿收缩混凝土。

②混凝土输送至摊铺机行进方向前方,并沿桥梁横向按照横坡由底侧向高侧均匀布料,布料长度根据摊铺速度实时调整,5~8m一般为一个摊铺整平段,利用摊铺机对混凝土进行整平及振捣。

③浇筑铰缝混凝土前,必须清除结合面上的浮皮,并用水冲洗干净,洒水保持铰缝面湿润,铰缝混凝土必须与桥面整体化层混凝土一起浇筑,铰缝混凝土采用插入式振捣棒振捣饱满密实。(无铰缝)

④摊铺:激光摊铺机摊铺或三滚轴摊铺现场控制好平整度,范围在5mm之内。

⑤振捣:混凝土振捣施工采用插入式振捣器及振动平尺相组合的方法进行;混凝土布料完成后先用插入式振捣器振捣,使得集料分部宽度和厚度均匀,并且进行第一次振捣;第二次采用两台5m长振捣平尺对全幅振捣找平,直至振捣密实,振捣时应沿轨道缓慢、匀速前行,铝合金直尺横桥向,拉动混凝土面,均匀的向前滑移尺杆,并设专人检查尺杆与面层的接触情况;防撞护栏内桥面铺装混凝土,通过轨道下方间隙进入,人工将该部位混凝土做成斜面,方便后期防撞护栏施工。

⑥收面:加工移动式钢横梁架作为工作平台,底面及侧面采用$\phi16$螺纹钢焊接而成,底面宽度为60cm,侧面高度为30cm,焊接完成后底面铺设竹夹板,移动式钢横梁架上一次只能两人在上面作业,且人员不能局部集中。

a.一次抹面:在振捣平尺作业完毕,工人用钢抹子第一次抹面,第一次抹面应将混凝土表面的水泥浆排出,并且控制好大面平整度。

b.二次收面:混凝土初凝前,采用抹光机进行二次收面。二次收面应控制好局部平整度,由于在沥青混凝土路面工程施工前,要进行抛丸处理,因此混凝土面不需要拉毛。

13）养生

(1)该桥混凝土因采用C40钢纤维补偿收缩混凝土,按照设计要求需保湿、养生14d。

(2)养生土工布覆盖洒水养生,土工布整体覆盖桥面铺装层,指派专人洒水养生,确保混凝土表面经常处于湿润状态。

(3)养生期间,须在桥头两侧摆设安全锥及反光桶提醒通行车辆,阻止车辆驶入桥面,对桥梁结构造成损伤。

## 六、质 量 控 制

### 1. 质量控制标准

本施工工艺质量、安全严格执行《公路桥涵施工技术规范》(JTG/T 3650—2020)、《公路工程质量检验评定标准》(JTG F80/1—2017)、《公路工程施工安全技术规程》(JTG F90—2015)等相关质量控制标准及验收规范。

### 2. 焊接质量保证措施

(1) 钢梁焊缝经外观检测合格后方可进行无损检测,无损检测应在焊接24h后进行。各构件焊缝分级、探伤比例、探伤数量和检验等级按照下表执行。焊缝的一次探伤合格率必须控制在100%以上,以减少焊缝的返修量和返修率。

(2) 焊缝的检测须按与其焊缝等级向对应的检测等级进行,为确保焊接质量,钢梁的焊接除制造厂家自行组织无损检测外,仍需组织第三方检测单位进行复检。焊缝检验应符合《公路桥涵施工技术规范》(JTG/T 3650—2020)的规定,超声波检测应符合《钢焊缝手工超声波探伤方法和探伤结果分级》(GB 11345)的规定,焊缝射线探伤应符合《金属熔化焊接接头射线照相》(GB/T 3323)的规定。

(3) 当采用射线、超声波等多种方式检测的焊缝,必须达到各自的质量要求,该焊缝方可认为合格。

(4) 进行局部超声波探伤的焊缝,当发现裂缝或较多其他缺陷时,应扩大该条焊缝探伤范围,必要时沿至全长。进行射线探伤或磁粉探伤的焊缝,当发现超标缺陷时应加倍检验。

(5) 焊接材料除进场时必须有生产厂家的出厂质量证明外,并应按现行有关标准进行复验,做好复验记录。

### 3. 钢纤维混凝土质量控制

(1) 在合理的用量范围之内,细集料应尽可能多地使用粗砂,这主要是因为粗砂与细砂相比需要的水泥量少,在水泥使用量一定的情况下,用粗砂进行钢纤维混凝土的配制可以显著提高混凝土的强度。

(2) 钢纤维混凝土中所使用的粗集料宜选用反击破工艺生产的坚硬、无风化、洁净的碎石或卵石,并且要求集料的形状尽量接近规则立方体。

(3) 为保证钢纤维的增强作用,应对施工中所选取的钢纤维的长径比进行严格控制,防止钢纤维因过短、过粗而达不到预期的增强效果,另外,钢纤维若太长或是过细则会导致施工困难、钢纤维在拌和过程中易发生弯折破坏。

(4) 为了保证钢纤维混凝土的质量,在使用外加剂前应对水泥与外加剂的化学适应性进行专门的检验。掺入外加剂的种类应当按照工程的需要来确定,常用的添加剂有高效减水剂、早强剂等。需要注意的是不得在混凝土中掺入各种盐系外加剂,以防止钢纤维发生锈蚀,影响结构质量。

(5) 为避免钢纤维沿接缝隙表面排列,产生裂缝而不能产生增强作用,混凝土的浇筑应连续不能中断。在混凝土的整个浇筑过程中,还应利用平板振捣器、震动梁、滚杠等仪器进行振捣密实。

(6) 对混凝土表面进行检查发现没有泌水的情况下,方可安排专人采用抹光机对混凝土进行抹面作业,抹面处理的标准是抹面完成之后的表面不得留有浮浆或有钢纤维裸露。在对表面平整度进行检查时,应连续放直尺,一旦发现超标应立即进行处理。

## 七、结 语

工字形钢-混凝土组合简支梁由钢纤维混凝土桥面板、剪力键和工字形钢梁3部分组成,混凝土桥面板与工字梁钢梁通过剪力键形成一个组合结构。该组合结构具有3个主要特点：一是钢梁及剪力键由钢厂工厂流水线分段加工预拼装、现场吊装；二是钢厂分段焊接成形，现场采用栓接，减少现场焊接，保证成品质量；三是安装施工可靠、梁体轴线、间距精度高。本施工工艺成功地应用于日兰高速公路巨野西至菏泽段改扩建工程施工，工程质量满足设计及规范要求，关键技术安全可靠，提高了上部结构施工质量；对于改扩建工程起到了缩减工期的作用，在类似工程上具有较高的推广应用价值。

**参考文献**

[1] 文辉. 高速公路桥梁工程中的钢混组合梁施工技术[J]. 交通世界，2021(19):92-93.
[2] 中国公路学会桥梁和钢结构分会. 公路桥梁钢结构防腐涂装技术条件：JT/T 722—2008. [S]. 北京：人民交通出版，2008.
[3] 周争菊. 钢结构桥梁施工关键工序质量控制要点[J]. 建筑学研究前沿，2018，(23):20-22.
[4] 中华人民共和国交通运输部. 公路桥涵施工技术规范：JTG/T 3650—2020[S]. 北京：人民交通出版社股份有限公司，2020.

# 48. 钢混梁施工过程中监理工作的控制要点

王丰亮　刘汉成

（山东省德州市交通工程监理公司）

**摘　要**　随着我国经济建设的不断发展，扩大了桥梁工程的规模，为人们的出行提供了便利。科技的广泛应用，在很大程度上提高了桥梁的施工技术水平，在众多桥梁体系中，钢混梁是应用较为频繁的一种。它充分体现了自重轻、承载能力强的优势，加强了桥梁跨越技能，受到了众多设计师的赞赏。现对沾临高速公路黄河特大桥施工控制做简述，实现新型钢混组合箱梁制造精度控制目标，保证桥梁顺利安装架设。

**关键词**　钢混梁　大跨径　精度控制　安装架设

## 一、引　言

遵循"以人为本、安全第一"的原则，在此基础上竭力打造"品质工程、绿色公路"为目标和导向，通过合理的规划、科学的方案以及精细的组织，实现工程建设目标。充分理解设计意图，优化设计方案，做到在安全、合理、科学的基础上寻求优化的施工技术方案，做到降本增效、节约社会资源。充分了解当地社会环境和人文氛围，做到组织规划的合理性，发挥地方协调力量的有效性，避免内业与外业的脱节断档；通过合理的资源配置确保项目总工期的及时性，针对特殊工况提前谋划做好组织安排和应急措施；大力推进"互联网+BIM+大数据"的信息化管理平台，提高工程管理水平，进一步推进国家关于推进信息化管理的要求和理念。

本文以沾化至临淄高速公路为依托，黄河特大桥上部结构统一采用预制装配化设计：主桥为双塔组合梁斜拉桥，跨径布置为(80+180+442+180+80)m=962m，是黄河下游跨径最大的桥梁。本文主要介绍沾化至临淄高速公路工程施工二标段钢混组合梁施工内容。

## 二、工程概况

沾化至临淄高速公路工程主线全长107.584km，是山东高速公路网规划中"纵四线"沾化至临沂（鲁苏界）的重要组成部分，其中黄河特大桥是本项目的关键控制性工程。

黄河特大桥全长 4630m,桩号范围为 K41+360.5~K45+990.5,自北向南依次为北侧堤外引桥(K41+360.5~K41+913)、北侧跨大堤桥(K41+913~K42+193)、北侧堤内引桥(K42+193~K43+075)、主桥(K43+075~K43+957)、南侧堤内引桥(K43+957~K44+897)、南侧跨大堤桥(K44+897~K45+177)和南侧堤外引桥(K45+177~K45+990.5)。

黄河特大桥上部结构统一采用预制装配化设计:主桥为双塔组合梁斜拉桥,跨径布置为(80+180+442+180+80)m=962m,是黄河下游跨径最大的桥梁,且主梁采用的 UHPC 无粗集料超高性能混凝土预制桥面板设计在国内尚属首次;南、北跨大堤桥均采用(75+130+75)m 变截面钢混组合梁,是目前国内跨径最大的钢混组合连续梁桥;南、北堤内引桥采用 50/54m 钢板组合梁;堤外引桥均采用 30/30.5m 预制小箱梁。

北侧跨大堤桥跨径布置为(75+130+75)m=280m。横断面分左右两幅布置,单幅桥桥面布置为 0.5m(防撞护栏)+15.5m(行车道)+0.5m(防撞护栏)=16.5m,桥梁全宽 34.0m。主梁采用钢-混组合箱形梁,单幅横向设 2 片钢梁,主梁之间用横向连系梁连接。主梁位于缓和曲线和超高渐变段上,最大横坡为 3%。支点处梁高取为 6.6m,高跨比为 1/17,边跨端支点处和跨中梁高为 3.4m,高跨比为 1/38.2。综合考虑受力和美观因素,从支点到跨中钢梁下缘按 2.0 次抛物线变化。

跨大堤混凝土桥面板采用 C55 混凝土,桥面板厚度 28~45cm,悬臂长 2.0m,采用预制和现浇湿接缝相结合施工方法,桥面板内预应力钢筋采用扁形 $5\phi_s15.24$ 规格的钢绞线束,部分局部采用圆形 $9\phi_s15.24$ 和 $11\phi_s15.24$ 规格的钢绞线束在桥面板中锚固。北跨大堤桥预制桥面板共计 204 块,长度均为 800mm,宽度分为 300mm、488mm、500mm 三种类型,最大重量 33.36t。

## 三、施工过程中监理工作质量控制的难点

(1)桥面板预制精度高。预制桥面板尺寸为长大构件,外形尺寸多变,底部预埋多道与钢梁对接钢构件,钢筋端部连接螺纹套筒,钢构件和钢筋的位置精度要求极高,控制难度大。

(2)开口钢梁刚度弱,几何尺寸控制难度大。开口钢梁桥面板叠合前刚度较弱,受焊接变形及桥面板叠合组装时的压重变形影响,几何尺寸控制难度大。

(3)桥面板与钢梁叠合精度要求高。桥面板多道预埋钢构件与多道横隔板采用对接焊,且相邻桥面板间湿接缝预埋钢筋套筒中心对正,钢筋对位偏差≤3.0mm,隔板对接缝匹配精度和湿接缝嵌补钢筋连接精度要求极高,叠合精度控制困难。

(4)节段匹配及预拼线形要求高。节段间中腹板采用拼接板栓接连接,总拼时的匹配及预拼线形精度控制要求高。

(5)施工安全风险高。涉及钢梁安装、顶升、桥面板安装、落架等多项工序,且设计要求拼装支架管桩不得打入大堤,临时结构设计难度大,安全风险高;大型构件运输及起重吊装安全风险高。

(6)湿接缝施工中钢筋定位尺寸和结构尺寸的二次变形控制难度大。纵向湿接缝浇筑前的钢筋定位精度和混凝土浇筑过程中的变形控制难度大。

## 四、监理工作质量控制原则

(1)保证各零件、板单元件的制作精度是保证钢混组合梁总拼精度的前提,为此零件下料、加工,板单元组装、焊接等全部在车间内采用专用工装上流水化施工作业。其中钢筋的螺纹加工满足机械连接质量要求。

(2)为提升混凝土桥面板的预制质量和精度,需研发专用的预制模具,并在标准化、智能化的生产线上完成预制桥面板的预制施工,主桥桥面板采用四新 UHPC 技术。

(3)在后场制作,设计制作专用总拼胎架,按节段连续匹配总拼制作钢混组合梁节段,重点控制节段组装精度和节段间匹配及预拼线形精度。

(4)组合梁节段总拼完成后,完成纵向湿接缝的浇筑施工,重点控制钢筋定位精度和浇筑后的箱梁

尺寸精度。

## 五、对几个关键工序的具体质量控制方法

（1）为保证产品整体质量，加快制造进度，钢梁所有钢构件施工采用两地制作模式完成，即"钢结构制造场地→桥位（前场）"。

即在制造场地：进行钢板预处理、下料、板单元、钢梁块体等制作；钢梁块体通过公路运输至桥位处。

桥位吊装（前场）：依次进行钢梁块体进行组拼，待位置调整就位后，组焊单幅两梁之间的横撑，吊装桥面板、湿接缝浇筑及养护、补涂装及最后一道面漆的涂装。

（2）临时支架搭设时，为方便箱梁就位，采用小钢管立柱作为支撑，顶口高程比理论梁底高程低0~10mm，防止后期调整高程时对钢管立柱进行多次切割。待钢梁梁段吊装就位后，通过千斤顶及小钢管高度调整箱梁梁底高程。钢箱梁临时就位后，在钢箱梁两侧设置挡块，防止钢箱梁滑移、倾覆。在钢箱梁分段接口位置利用马板和匹配件对就位的梁段进行临时固定，防止钢箱梁梁段位移。待吊装完毕焊接完成后对临时固定措施进行拆除。

（3）钢梁的工地焊接主要包括梁段就位后顶板、底板、腹板、隔板的对接焊缝，底板、腹板纵肋嵌补段对接焊缝，接口部位腹板与顶底板焊缝等。焊接措施见表1。

钢梁各构件焊接措施　　　　表1

| 序号 | 焊接部位 | 焊接方法 | 工艺措施 |
|---|---|---|---|
| 1 | 顶板 | $CO_2$ 气体保护焊 | 背面贴陶瓷质衬垫，单面焊，双面成形，采用焊丝 ER50-6 打底、填充、盖面 |
| 2 | 底板 | $CO_2$ 气体保护焊 | 背面贴陶瓷质衬垫，单面焊，双面成形，采用焊丝 ER50-6 打底、填充、盖面 |
| 3 | 腹板 | $CO_2$ 气体保护焊 | 背面贴陶瓷质衬垫，单面焊，双面成形，采用焊丝 T492T1-1C1A 打底、填充、盖面 |
| 4 | 隔板 | $CO_2$ 气体保护焊 | 双面坡口焊，采用焊丝 T492T1-1C1A 打底、填充、盖面 |
| 5 | 纵肋 | $CO_2$ 气体保护焊 | 双面坡口焊，采用焊丝 ER50-6 打底、填充、盖面 |

工地对接缝焊接顺序及工艺措施：

现场焊缝的焊接顺序：隔板对接焊缝→底板纵向对接焊缝→顶板纵向对接焊缝→顶底腹板横向对接焊缝→梁段接口部位腹板与顶底板角焊缝→底板、腹板纵向加劲肋嵌补段对接焊缝→纵肋与底板、腹板的角焊缝焊接→顶板U肋栓接。

所有对接缝全部采用马板定位焊接，气体保护焊焊接时的焊道打磨干净，避免夹渣等缺陷的产生，各部位所采用的焊接工艺如下：

顶板、底板、腹板对接焊缝采用单面焊双面成形工艺，坡口形式为V形。

纵肋嵌补段焊缝采用 $CO_2$ 气体保护焊配 ER50-6 焊丝焊接。

顶板底板横向焊缝从桥轴中心线向两侧对称施焊；腹板采取从下到上的方向施焊。

一端有自由端的长焊缝时，可从另一端向自由端施焊。

所有焊缝的焊接先焊纵向对接焊缝，后焊接环形对接焊缝。

顶板、底板的横向焊缝的起弧、息弧均应避开纵向焊缝200mm以上。

所有过焊孔或焊接工艺孔部位的焊缝端部，均包角焊并修磨成圆弧匀顺过渡。

采用 $CO_2$ 气体保护焊，需采取严格及可靠防风、防雨措施，$CO_2$ 气体纯度应大于或等于99.5%。

构件焊接前必须清除焊接区的有害物，连接接触面和焊缝边缘每边不小于30mm范围内的铁锈、毛

刺、污垢等要清除干净,露出钢材金属光泽。焊接部位除锈范围见图1。

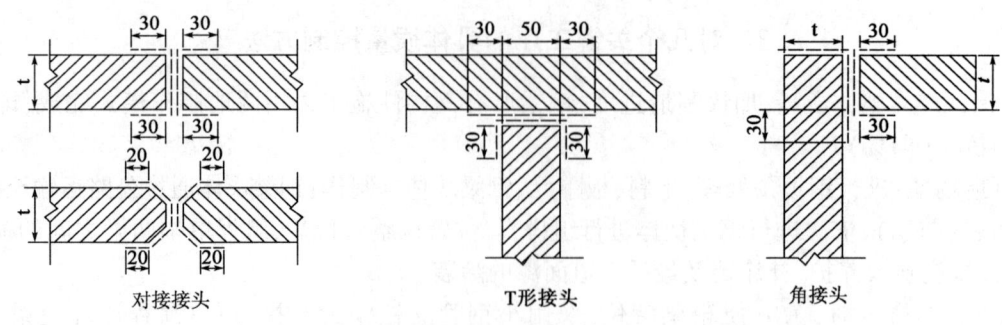

图1 焊接部位除锈

(4)黄河不具备水运条件,且陆运受限高、限宽的影响,钢梁在钢结构加工厂内进行板单元加工、块体单元加工及预匹配,匹配完成后将块体单元拆解,采用陆运至桥位处进行安装。

北跨大堤桥具体安装顺序为:右幅钢梁安装(远离便道侧)→右幅桥面板(远离便道侧)及左幅钢梁同步安装→右幅桥面板安装。

(5)预制桥面板横向湿接缝模板利用桥面板吊点孔采用吊挂模板。底模板均采用竹胶板+木方+型钢组合模板。底模采用竹胶板作为面板,木方与槽钢作为背肋,竹胶板表面弯折处钉渡锌铁皮平顺过渡;吊挂系统由精轧螺纹、槽钢组成。剪力钉预留槽混凝土直接浇筑在钢主梁顶板上,侧面以已浇筑混凝土做侧模。故剪力钉槽混凝土无须模板。南北跨大堤桥湿接缝浇筑顺序由跨中向两边依次浇筑,80m跨堤内引桥直接有连续墩顶向两边浇筑。

混凝土各个部分需均匀、充分的振捣,对新旧混凝土接触面附近混凝土需要特别注意,振捣采用插入式振捣棒,同时注意避免欠振、过振;混凝土浇筑完成,表面收浆2道抹平,用湿土工布覆盖养护,严格控制养护天数(不少于7d),防止裂纹出现。

湿接缝混凝土浇筑完成后立即表面洒水并覆保水膜,当环境温度≥10℃时间,在保水膜上覆盖土工布,土工布保持湿润状态。

(6)主梁节段的钢结构涂装主要在加工车间内进行,现场主要进行焊缝的补涂装、涂层损伤后的补涂装以及最终全桥面漆的统一喷涂。

桥位补涂装的主要工作内容包括:现场焊缝部位补涂装,①钢梁外环缝焊接后的补涂装②钢梁内环缝(还包括节段接口处嵌补段)焊接后的补涂装;现场涂层损伤后补涂装;成桥后全桥面漆补涂装。涂装体系和除装方案见表2、表3。

涂装体系 表2

| 序号 | 项目 | 要求 |
| --- | --- | --- |
| 1 | 表面净化 | 无油、干燥 |
| 2 | 手工机械除锈 | St3 |
| 3 | 环氧云铁厚浆漆 | 一道150μm |

现场焊缝外表面涂装方案 表3

| 序号 | 项目 | 要求 |
| --- | --- | --- |
| 1 | 表面净化 | 无油、干燥 |
| 2 | 手工机械除锈 | St3 |
| 3 | 环氧富锌底漆 | 一道80μm |
| 4 | 环氧云铁中间漆 | 一道80μm |
| 5 | 丙烯酸聚硅氧烷面漆 | 2×40μm |

桥位设置涂装材料存放专用集装箱,提供隔热、加热、通风等措施,涂料储存温度宜3~30℃。涂装材料必须具有产品合格证、复验合格后方可使用。

## 六、结　语

综上所述,我国在大跨径桥梁施工中应用最为广泛的就是钢混结合梁,所以对钢混结合梁施工技术进行探讨尤为重要。随着我国科学技术的进步和创新,尽可能地在施工项目中运用新型科学技术,在一定程度上可以促进桥梁施工技术的可持续发展。

**参考文献**

[1] 秦延华.钢混叠合梁施工组合桥在我国的应用[J].公路桥梁施工,2012(10):158-160.
[2] 陈辉.跨高铁大跨度钢混叠合梁施工技术研究[J].安徽建筑,2014(4):150-151.

# 49.108m钢桁梁桥顶推施工稳定性分析

范吉高[1]　张轩瑜[2]

(1.山东华鉴工程检测有限公司;2.山东高速基础设施建设有限公司)

**摘　要**　钢桁梁桥在顶推施工中存在着失稳的风险,顶推施工过程中结构受力分析尤为重要。本文考虑了各种不利荷载作用,采用Midas Civil有限元模型,对一座桥跨布置为108m钢桁梁桥在顶推施工过程中的稳定性进行了分析,并根据计算结果对现场施工进行控制,目前桥梁正在施工中,各项控制指标满足要求。

**关键词**　钢桁梁桥　顶推施工　稳定性　施工控制　有限元

## 一、引　言

随着桥梁设计及建造技术的发展,钢桁梁逐渐成为大跨径桥梁主梁结构的一种重要形式。顶推施工方法简便,跨越能力大,运输安全速度快,施工干扰小,在我国的钢桁梁桥建设工程中越来越受重视,对顶推技术的要求也越来越严格。而由于施工不当,顶推过程经常造成梁体的损坏,特别是桥梁在顶推施工过程中的稳定性一直都是关注的重点。

李兆峰等在石济客运专线济南黄河公铁两用桥顶推施工中,将关键节点从整体结构模型中割离,通过施加合理的位移和应力边界条件来建立节点力学模型,采用2个尺度分步分析了该钢桁梁顶推过程中关键节点的应力状态,并对节点可能出现较大应力的区域布置应力传感器,将试验结果与有限元分析结果进行了对比。舒彬等对利津县黄河铁路特大桥连续钢桁梁多点同步顶推施工进行了仿真,分析顶推过程中最不利工况下主梁支点处最大反力值以及导梁悬臂端最大变形值,模拟计算了不同纠偏值对主梁内力的影响,得到顶偏横向位移限制。孟令强采用MIDAS/Civil建立京张高速铁路官厅水库特大桥各施工阶段的有限元模型,分析了多跨长联拱型钢桁梁桥各主要工况下的结构受力状态,并采用弦式应变传感器系统、全站仪和精密水准仪对钢桁梁桥拼装、拖拉和落梁全过程进行现场监控。华旭刚以三门峡黄河公铁两用大桥钢桁梁顶推施工为背景,采用ANSYS软件建立该桥顶推状态有限元模型,分析结构在大悬臂工况下由顶推启动所引起的瞬态冲击效应、考虑风荷载的冲击效应及阻尼比对冲击效应的影响,结果表明:只考虑顶推启动状态时,冲击效应随悬臂跨度的增加有减小趋势;在静风荷载联合作用下,顶推启动瞬态冲击效应随悬臂跨度的增加而增加。杨湛建立了曲线钢桁架桥的空间有限元模型,研究了曲率半径的变化对曲线钢桁架桥的支座反力、挠度、扭转以及局部应力的影响规律。特大跨钢桁架桥梁顶推法施工过程中会不可避免地出现桥梁半悬臂半简支状态，该情况常常是桥梁顶推施工中最不利应力状态，杨雪锋等根据某钢桁架桥顶推施工监控过程中的有限元计算结果及测量数据，对桥梁半悬臂半简支状态受力状况进行了研究，分析结果显示，桥梁半悬臂半简支状态的前端挠度与墩顶反力呈线性关系。本文以韩墩干渠1号大桥主桥为例，对108m钢桁梁桥顶推施工过程中稳定性分析的控制要素进行了研究。

## 二、工 程 概 况

韩墩干渠1号大桥主桥采用108m简支钢桁梁桥，整幅布置，横桥向布置三片桁架，横坡为双向2%。主桁中心距为2×18.7m，桁高13.5m，节间标准长度13.5m，梁端节间长度为12.7m，全桥共8个节间。下部桥墩采用柱式墩，墩身为实心矩形。见图1~图3。

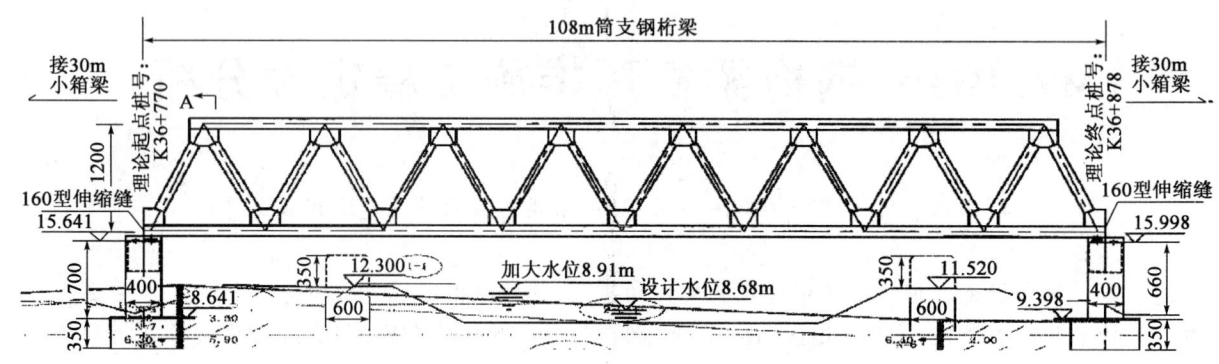

图1 钢桁梁桥立面图（尺寸单位：cm）

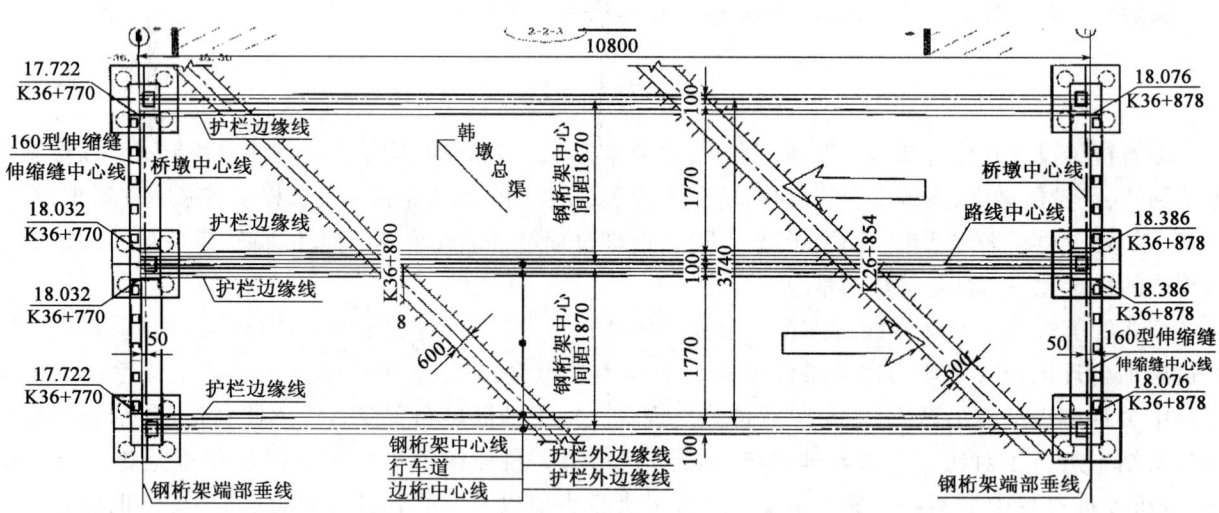

图2 钢桁梁桥平面图（尺寸单位：cm）

韩墩干渠1号大桥顶推在河中设置2列6组临时墩L1、L2，顶推跨径布置为13.4m+80.2m+13.4m，岸上设置11×7.5m的通长拼装滑移支架。临时墩L1、L2钢管立柱采用φ609×14钢管，钢管柱之间采用φ219×6连接系，柱顶焊接桩帽，桩帽采用钢板焊接加工而成，并在钢板四周焊加劲板。横向分配梁上方设置2根滑道梁A，滑道梁A采用双拼HN1000×300×19×36拼焊而成。横向分配梁上方设置2根滑道梁B，滑道梁B采用双拼热轧H形钢HN850×300×16×27拼焊而成。顶推临时墩结构图见图4、图5，施工过程见图6。

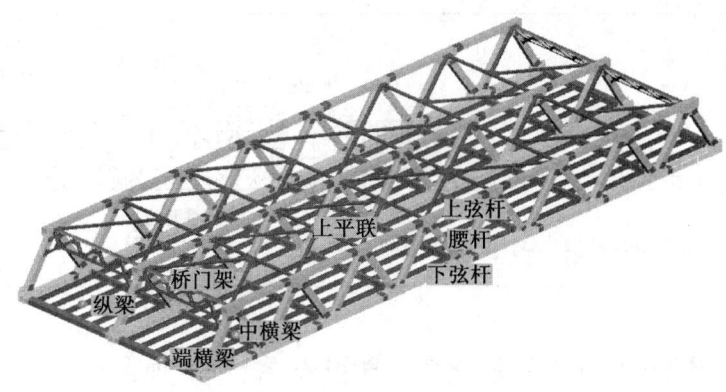

图 3 钢桁梁钢桁梁三维示意图

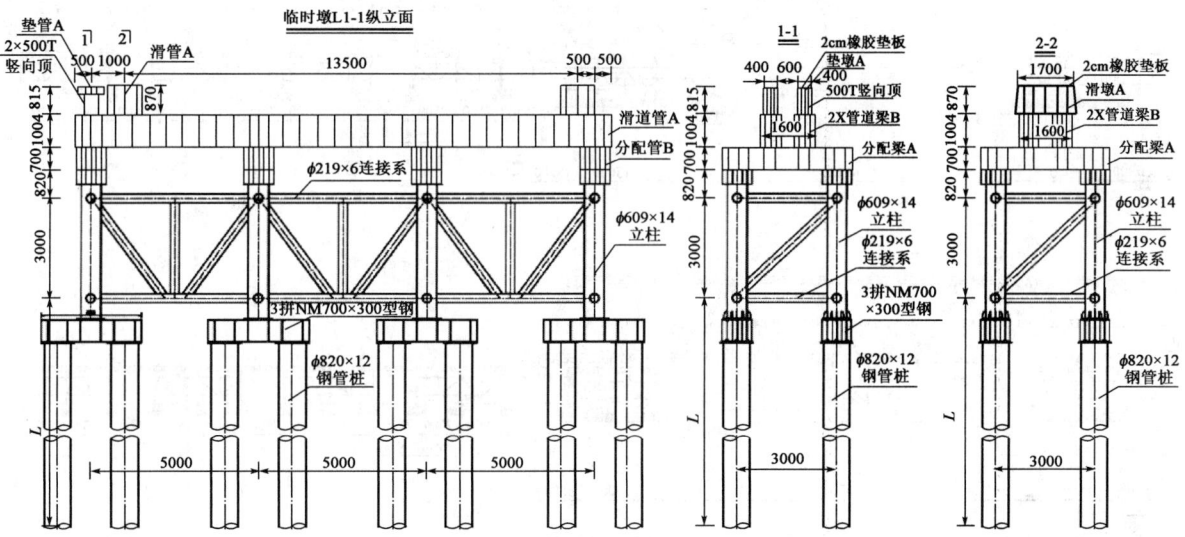

图 4 顶推临时墩 L1 结构图(尺寸单位:mm)

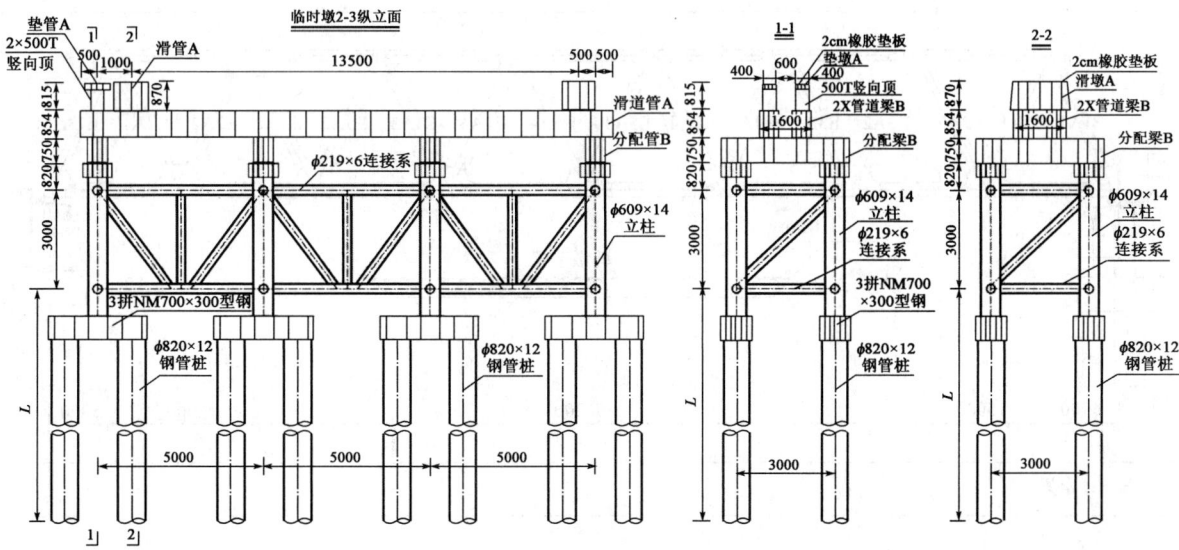

图 5 顶推临时墩 L2 结构图(尺寸单位:mm)

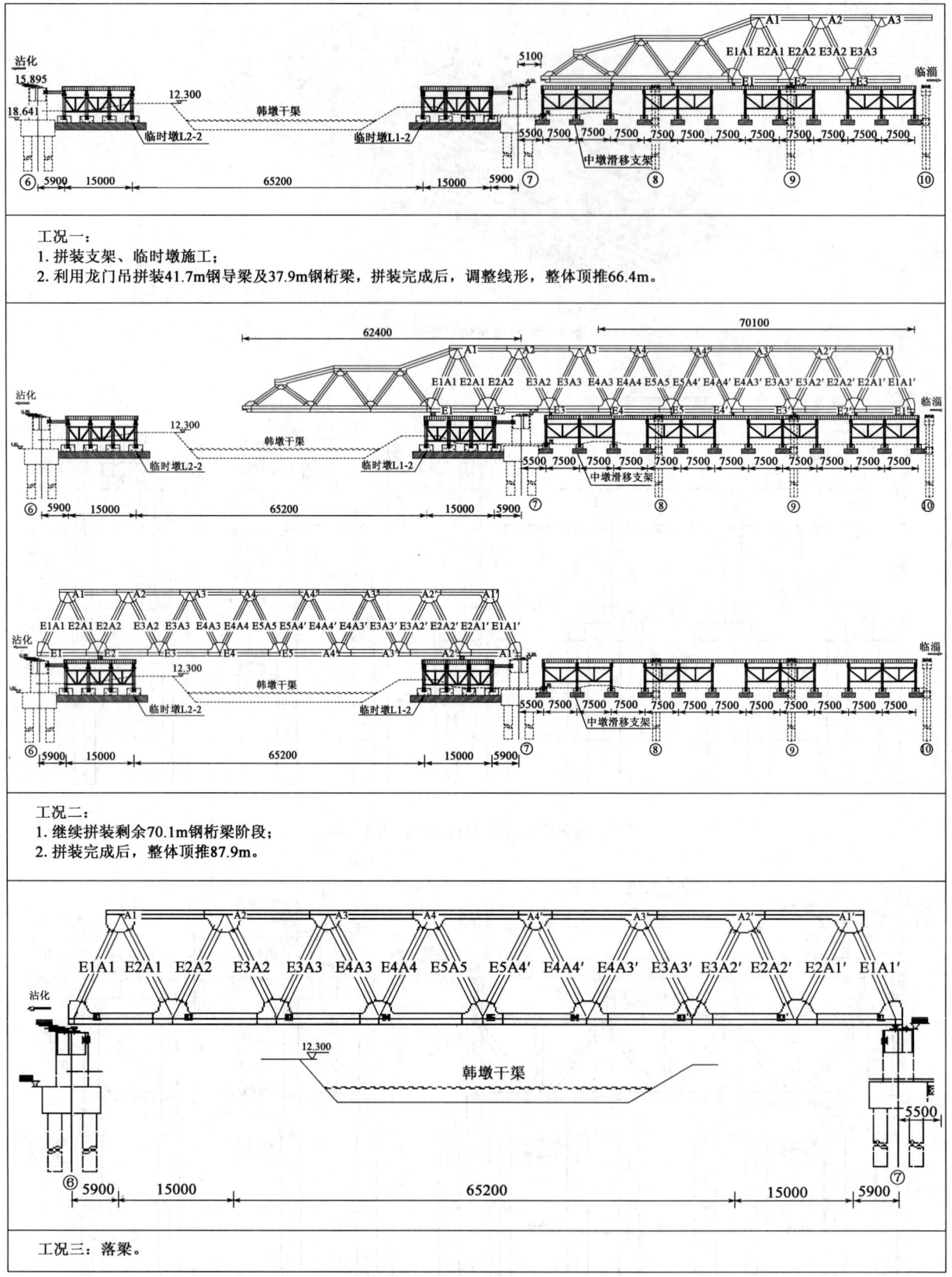

图 6 顶推施工过程(尺寸单位:mm)

## 三、支架计算参数及荷载组合

### 1. 计算参数取值(表1)

材料的强度设计值　　　　　　　　　　　　　　　　　　　　　　表1

| 材　料 | 设计值(MPa) | |
|---|---|---|
| | 抗压、抗弯容许应力 $\sigma$ | 抗剪容许应力 $\sigma_c$ |
| Q370qE | 250 | 140 |
| Q235 | 170 | 100 |

### 2. 荷载取值

(1) 钢主梁及钢导梁自重

钢主梁及钢导梁自重由程序自动加载,考虑劲板等未计入模型,取自重系数为1.27。

(2) 临时墩自重

临时墩支架自重由程序自动加载,考虑焊缝及劲板等未计入模型,自重系数取1.2。

(3) 顶推水平力

临时墩顶部施加纵桥向的水平荷载,荷载取值为支点反力的10%。

(4) 纠偏水平力

临时墩顶部施加横桥向的水平荷载,荷载取值为支点反力的5%。

(5) 施工荷载

临时墩墩顶操作平台上考虑 $2.0kN/m^3$ 施工荷载。

## 四、计 算 分 析

### 1. 计算工况

根据钢桁架顶推施工流程,计算工况如下:

工况一:拼装37.9m钢桁梁及41.7m钢导梁,整体顶推66.4m。

工况二:拼装剩余70.1m钢桁梁,整体顶推86.3m,钢桁梁到达设计位置(悬臂68.7m,最大悬臂状态)。

工况三:落梁。

### 2. 有限元分析

采用Midas对钢桁架顶推过程中进行有限元分析,有限元分析模型如图7~图9所示。

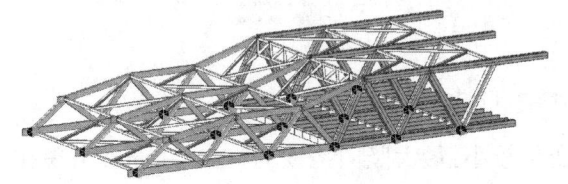 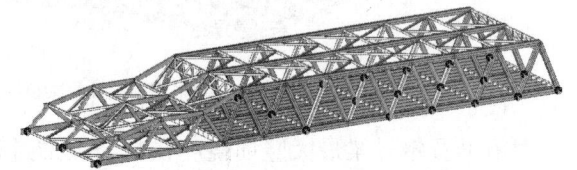

图7　工况一顶推施工计算模型图　　　　　　图8　工况二顶推施工计算模型图

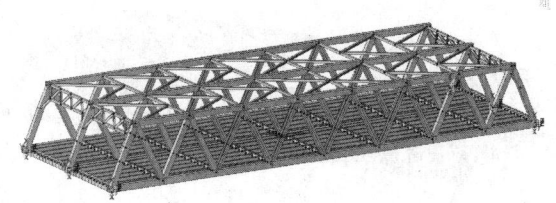

图9　工况三落梁阶段施工计算模型图

## 3. 顶推阶段分析结果(图10~图13)

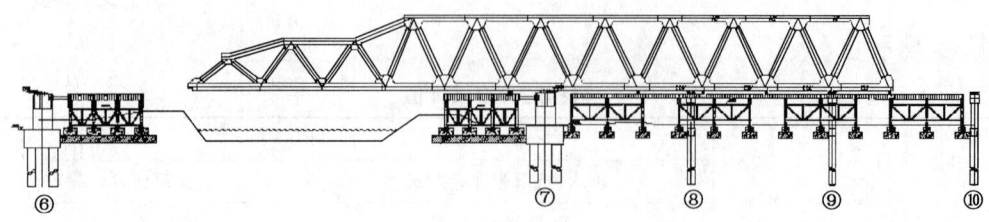

图10 顶推示意图

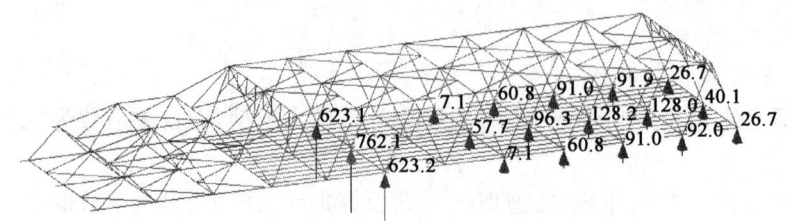

图11 顶推支点最大反力图(反力单位:10kN)

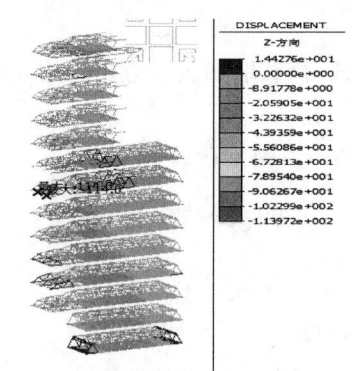

图12 顶推钢桁梁及导梁挠度图【全部工况】(挠度单位:mm)

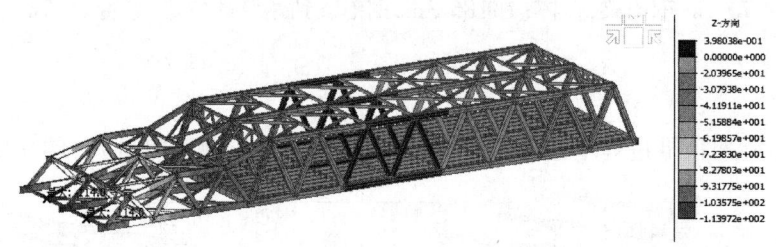

图13 顶推钢桁梁及导梁挠度图【悬臂最大工况】(挠度单位:mm)

钢桁梁及钢导梁最大竖向挠度在整个顶推过程中变化较小,最大竖向挠度为 -114.0mm,出现在工况7(最大前悬臂68.7m),满足要求。

## 4. 落梁阶段计算(图14~图16)

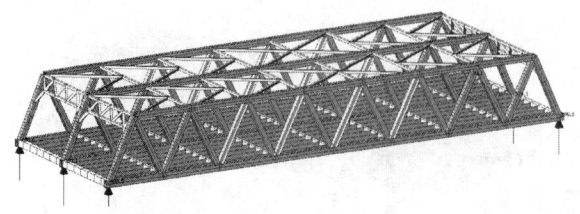

图14 落梁施工支点反力图(反力单位:10kN)

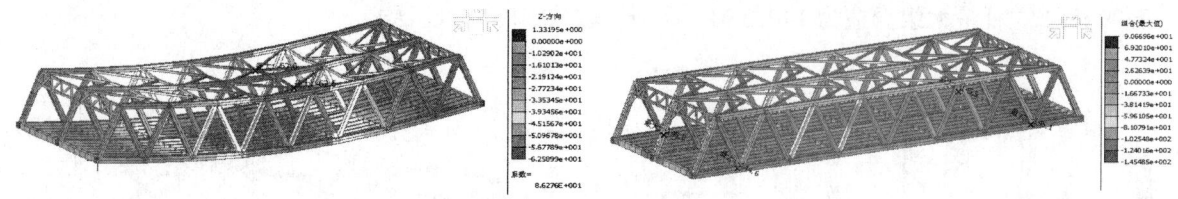

图15 落梁施工钢桁梁挠度图(挠度单位:mm)　　图16 落梁施工钢桁梁组合应力图(应力单位:MPa)

落梁施工最大支点反力值为5341kN,钢桁梁最大挠度出现在上平联,为62.6mm,最大组合应力出现在下横梁,为145.5MPa<250MPa,满足要求。

## 5. 临时墩计算(图17～图22)

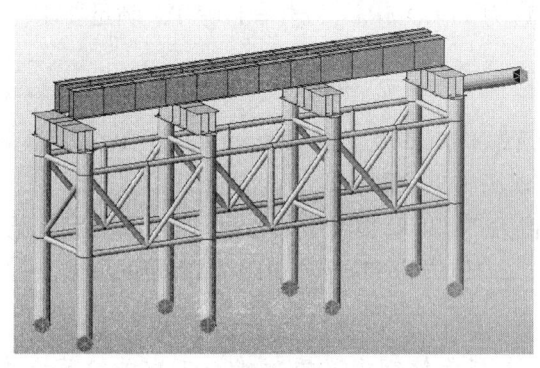

图17 临时墩L1计算模型图

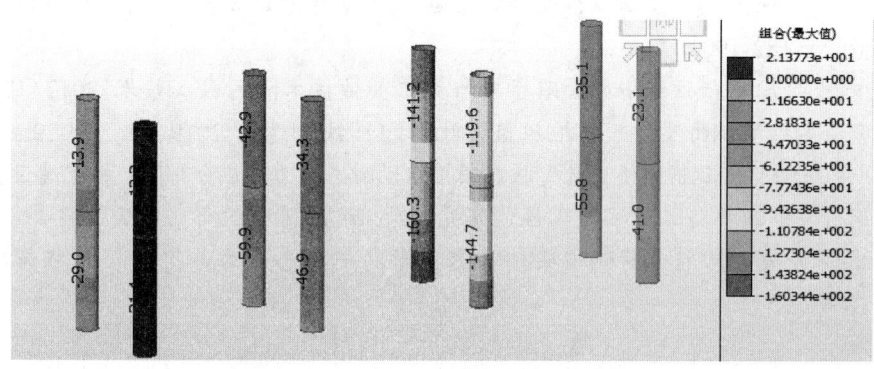

图18 临时墩L1$\Phi 609 \times 14$钢管立柱组合应力图(应力单位:MPa)

$\Phi 609 \times 14$立柱最大组合应力160.3MPa<$[\sigma]$=170MPa,满足要求。

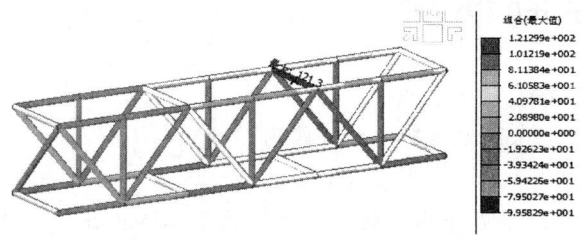

图19 临时墩L1$\Phi 219 \times 6$钢管连接系
组合应力图(应力单位:MPa)

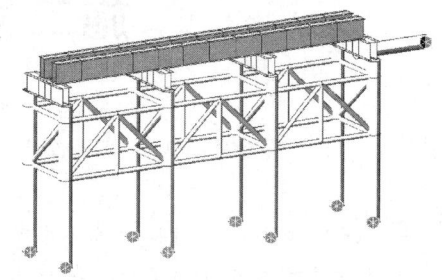

图20 临时墩L2计算模型图

$\Phi219\times6$ 连接系最大组合应力 $121.3\text{MPa}<[\sigma]=170\text{MPa}$,满足要求。

$\Phi609\times14$ 立柱最大组合应力 $140.3\text{MPa}<[\sigma]=170\text{MPa}$,满足要求。

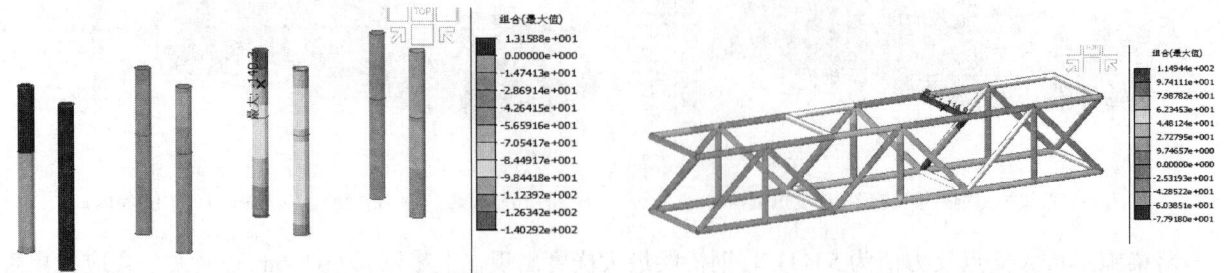

图 21　临时墩 L2 $\Phi609\times14$ 钢管立柱组合应力图(应力单位:MPa)

图 22　临时墩 L2 $\Phi219\times6$ 钢管连接系组合应力图(单位:MPa)

$\Phi219\times6$ 连接系最大组合应力 $114.9\text{MPa}<[\sigma]=170\text{MPa}$,满足要求。

## 五、结　语

本文利用 Midas Civil 有限元软件对韩墩干渠 1 号大桥主桥 108m 简支钢桁梁桥各个施工阶段进行了计算,得出以下结论,并指导于现场施工控制:

(1)临时墩墩顶反力最大值为 7622kN,临时墩的强度、刚度和稳定性满足规范要求。

(2)顶推到位后落梁,最大反力值为 5341kN,可用于现场确定落梁千斤顶的规格。

**参考文献**

[1] 李兆峰,牛忠荣,方继,等.大型连续钢桁梁桥顶推施工中关键节点力学分析研究[J].铁道学报,2021(4):158-165.

[2] 李兆峰,牛忠荣,丁仕洪,等.连续钢桁梁桥顶推施工过程整体式节点受力性能试验研究[J].建筑结构学报.2020(2):182-190.

[3] 舒彬,杨超.超大跨度平行弦钢桁梁铁路桥顶推施工关键技术[J].施工技术,2017(17):48-51.

[4] 孟令强.多跨简支拱型钢桁梁桥顶推拖拉监控技术[J].铁道建筑,2019(12):26-29.

[5] 华旭刚,曹利景,王钰,等.钢桁梁桥大悬臂状态顶推启动瞬态动力效应分析[J].桥梁建设,2019(4):18-22.

[6] 杨湛.曲线钢桁架桥顶推施工过程力学性能研究[D].南京:东南大学,2019.

[7] 杨雪锋,方继,张庆发,等.特大跨钢桁梁桥半悬臂半简支状态应力监控[J].工程与建设,2012(3):289-292.

# 50. 双索面钢-混组合梁斜拉桥主塔施工质量控制研究

徐鑫达[1]　洪增辉[1]　耿汝超[1]　朱　颖[2]

(1. 山东省交通工程监理咨询有限公司;2. 山东高速基础设施建设有限公司)

**摘　要**　主塔施工作为斜拉桥施工中的关键环节,其水平直接影响到整座桥梁的施工和使用。本文通过总结沾临黄河特大桥在建工程主塔施工工艺,主要对主塔包括塔座、塔柱的施工方法、原材料、混凝土浇筑、养生等关键施工技术进行介绍,结合施工中质量控制取得的成效以及针对该工程制定的关于养生、接缝处理、孔洞修补等有效改进措施进行了分析与论述。

**关键词** 斜拉桥 主塔 施工工艺 质量控制

# 一、引 言

沾化至临淄高速公路工程主线全长107.584km,是山东高速公路网规划中"纵四线"沾化至临沂(鲁苏界)的重要组成部分,其中黄河特大桥为本项目的关键控制性工程。作为黄河下游跨径最大的桥梁,主梁在国内首次采用UHPC无粗集料超高性能混凝土预制桥面板设计,南、北跨大堤桥采用的(75 + 130 + 75)m变截面钢混组合梁,也是目前国内跨径最大的钢混组合连续梁桥。本文以在建工程沾化至临淄高速公路工程为依托,结合黄河特大桥在建主塔施工情况,对主塔塔座、塔柱施工过程中难点、质量控制要点、存在问题及解决方法进行描述,为广大同行在后续斜拉桥主塔施工中提供借鉴参考。

# 二、工程概况

## 1. 主桥总体布置

黄河特大桥全长4.63km,主桥为双塔双索面钢混组合梁斜拉桥,桥面宽34m,含检修道宽38m,跨径布置为80 + 180 + 442 + 180 + 80 = 962m。下部结构为门式塔、柱式墩、整体式承台及桩基础,钢梁为双边钢箱钢-混组合梁,主梁为UHPC高性能混凝土预制桥面板,斜拉索为双层护套的平行钢丝成品索,采用塔墩固结、塔梁分离的半漂浮体系,钢梁与桥塔下横梁间设置支座。

## 2. 主塔概况

黄河特大桥南北主塔横向布置为H形钢筋混凝土塔,采用单箱室空心箱形截面,塔柱四角采用半径0.3m的圆倒角来增加立体感,设上下两道单箱单室截面的预应力混凝土结构横梁,桥塔上拉索锚固区采用钢锚梁构造,塔壁四周布置环向预应力。塔柱及横梁浇筑C50混凝土,塔顶结合段及塔冠高13m(包括上横梁),中塔柱高113.3m,北塔下塔柱高27.7m(包括下横梁),南塔下塔柱高25.2m(包括下横梁)。

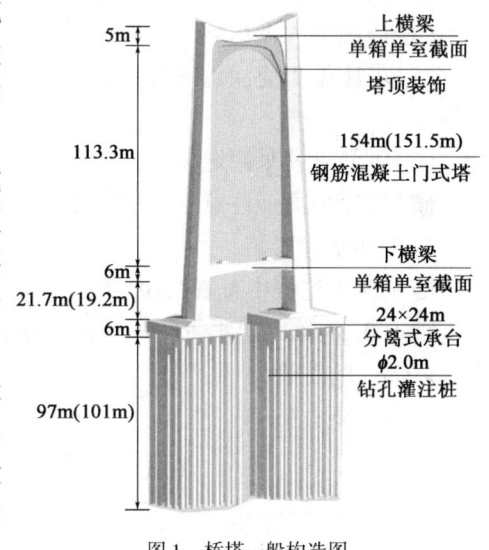

图1 桥塔一般构造图

全桥共计4个塔座,其施工采用定型模板,形状为整体式四边形棱台结构,棱台角度为45°,横桥向宽度由17.2m渐变至13.2m;顺桥向宽度由18.1m渐变为14.1m;高度2m,布设两层冷却水管,浇筑全部采用C40混凝土,单个塔座混凝土方量为492.1m³,施工质量按照大体积混凝土控制。

塔柱采用液压爬模施工,通过对塔柱节段划分优化后,最终南北主塔均分为26节,节段长度4~6m,标准节段高度6m。为便于通行和维护,在塔顶、桥面以及上、下横梁的顶面处均设有进出桥塔的人孔。塔柱各部分均通过人孔相互连通,塔柱内部均设爬梯,塔顶设避雷针和航空标志等。桥塔构造见图1。

# 三、主塔施工

## 1. 塔座施工工艺

通过对工程结构特点、项目施工环境、地理条件、地方政策等因素综合考虑,确定主塔施工方法如图2所示。

1)承台顶面混凝土清理

(1)利用风镐人工凿毛,凿毛要轻微细致,深度控制在10mm;

(2)清除混凝土表面浮浆及松软层,露出粗集料,集料外露75%即可;

(3)禁止将粗集料凿除松散,避免条状,保证根部干净湿润,不得有积水;

(4)将凿除的混凝土及集料用空压机清理,并用高压水枪清洗干净。

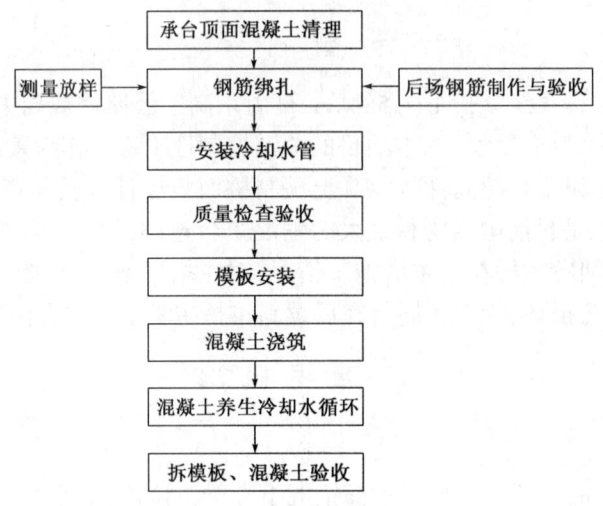

图 2 塔座施工流程图

2)钢筋绑扎及安装

(1)塔座钢筋在后场加工厂统一预制成半成品,经验收合格后,通过挂车运输至现场进行绑扎;

(2)塔座为四边形直倒角结构,在塔座钢筋下料时,应注意尺寸的准确性,同时应注意塔座箍筋随高度变化时长度缩小;

(3)在承台施工过程中注意塔柱及塔座钢筋预埋,在塔座钢筋安装过程中应提前预埋劲性骨架基础;

(4)塔座为大体积混凝土,需采用温控措施,防止产生有害裂缝;

(5)塔座施工应注意塔柱钢筋预埋,重点检查预埋数量及位置,如遇冲突对塔座钢筋进行适当避让调整;

(6)钢筋绑扎采用定位框架精确定位,四周设置保护层垫块;

(7)塔座顶面应注意下横梁支架、上部结构钢梁支架及首节塔柱模板限位等临时预埋件安装。

3)冷却水管安装

塔座施工过程中布置两层水管(图3),其中第一层水管距离混凝土底面50cm,第二层水管距离第一层水管100cm,第二层水管距离顶面50cm,冷却水管之间的水平距离为100cm。塔座冷却水管采用直径 $\Phi40\times3$ mm的钢管。

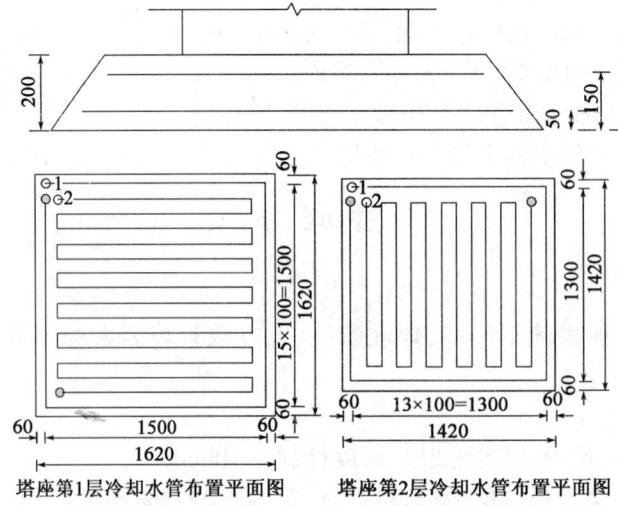

图 3 塔座冷却水管布置图(尺寸单位:cm)

4）塔座模板安装

（1）由于塔座为棱台结构，塔座在混凝土施工时，模板底口受到一个外翻向上的混凝土侧压力，容易导致塔座模板上浮或底口位移。因此承台施工时，在塔座模板底口附近预埋一定数量的Φ32的钢筋，待塔座模板安装完成后，应在底口位置预埋的钢筋上焊接短槽钢限位，防止塔座模板底口移位；

（2）模板接缝位置采用双面胶带或泡沫胶进行封堵处理，防止混凝土漏浆；

（3）模板表面用钢丝刷清理干净，张贴透水模板布（图4），安装施工完毕，模板布与模板连成一体，确保表面没有皱褶或气泡。

5）塔座混凝土浇筑

为避免塔身根部因结构突变、混凝土龄期差等原因产生裂缝，本工程塔柱第一节起步段1m与塔座共同浇筑。混凝土由项目部自建拌和站供应，投入1套拌和楼、4辆混凝土罐车及1辆汽车泵，利用汽车泵管泵送入模，桥塔施工现场采用1台125t龙门吊作为现场施工的吊装设备。

图4　透水模板布张贴

6）拆模养生

（1）塔座模板拆除

塔座浇筑完毕后，模板在混凝土初期养护阶段可以起到很好的保温效果，因此应该严格限制混凝土的拆模时间，规范要求混凝土抗压强度达到2.5MPa且能保证其表面及棱角不致因拆模而受损坏时即可拆除模板。

（2）塔座混凝土养护

塔座混凝土应加强初始保湿养护，模板处应保持湿润，待收浆后再予以覆盖和洒水养护，覆盖土工布时不得损伤或污染混凝土表面。养护使用淡水，洒水保湿时间不得小于15d，若在高温情况下可延长养护时间，并使混凝土表面始终保持湿润状态。塔座混凝土为大体积混凝土施工，在养护期间，需持续向冷却管内进行通水，以减少水化热对混凝土的影响。

2. 塔柱施工

南北塔塔柱划分为26节段，采用液压爬模施工，标准节高6m，首节塔柱混凝土利用地泵进行浇筑，塔柱施工外模采用Visa覆膜木模板，内模采用钢模。

1）钢筋工程

（1）原材料控制

钢筋原材料进场后，存放在原材料待检区，待监理单位验收合格后，存放至已检区，并标记及挂牌。见图5、图6。

图5　钢筋标识分类

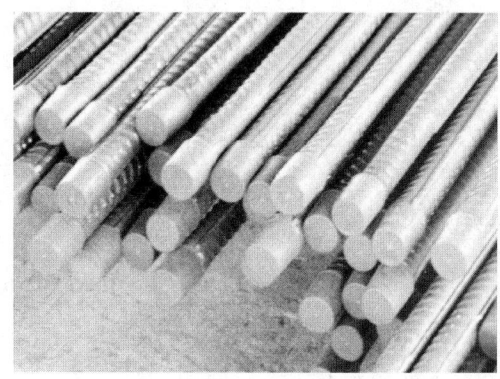

图6　丝头保护

(2) 钢筋连接要求

①钢筋搭接长度应满足双面焊不小于 5d, 单面焊应不小于 10d, 绑扎 HRB335 钢筋不小于 35d、HRB400 钢筋不小于 45d。搭接焊接时仅在双面焊无法施焊时方可采用单面焊。主筋接头采用滚扎直螺纹接头,接头等级为Ⅰ级。

②采用机械套筒连接器接长的,接头等级采用Ⅰ级,对于索塔配筋,要求同一截面内主筋接头数量不得超过全部主筋数量的 1/3。

(3) 丝头加工要求

施工工序:钢筋下料→套丝→端头打磨→丝长丝径检测→"余慈线"标记→存放及丝头保护。

(4) 钢筋安装要求

①当钢筋与预埋件位置冲突时,预埋件应避让钢筋,当预应力波纹管、预应力锚头与水平箍筋及塔柱主筋冲突时,上下平移水平箍筋避免截断,竖向主筋截断时在其附近补充焊接钢筋。

②钢筋安装及绑扎顺序:主筋→箍筋→水平筋,安装精度满足设计及规范要求。

2) 液压爬模安装

主塔液压爬模采用 ZPY-100 型液压爬模,总体由上下两部分架体组成,根据功能需要设置了8层平台,分别为钢筋绑扎平台、模板操作平台、主操作平台、液压操作平台,其中钢筋绑扎平台三层,模板操作平台两层,液压操作平台两层。塔柱液压自爬模施工流程如图7所示。

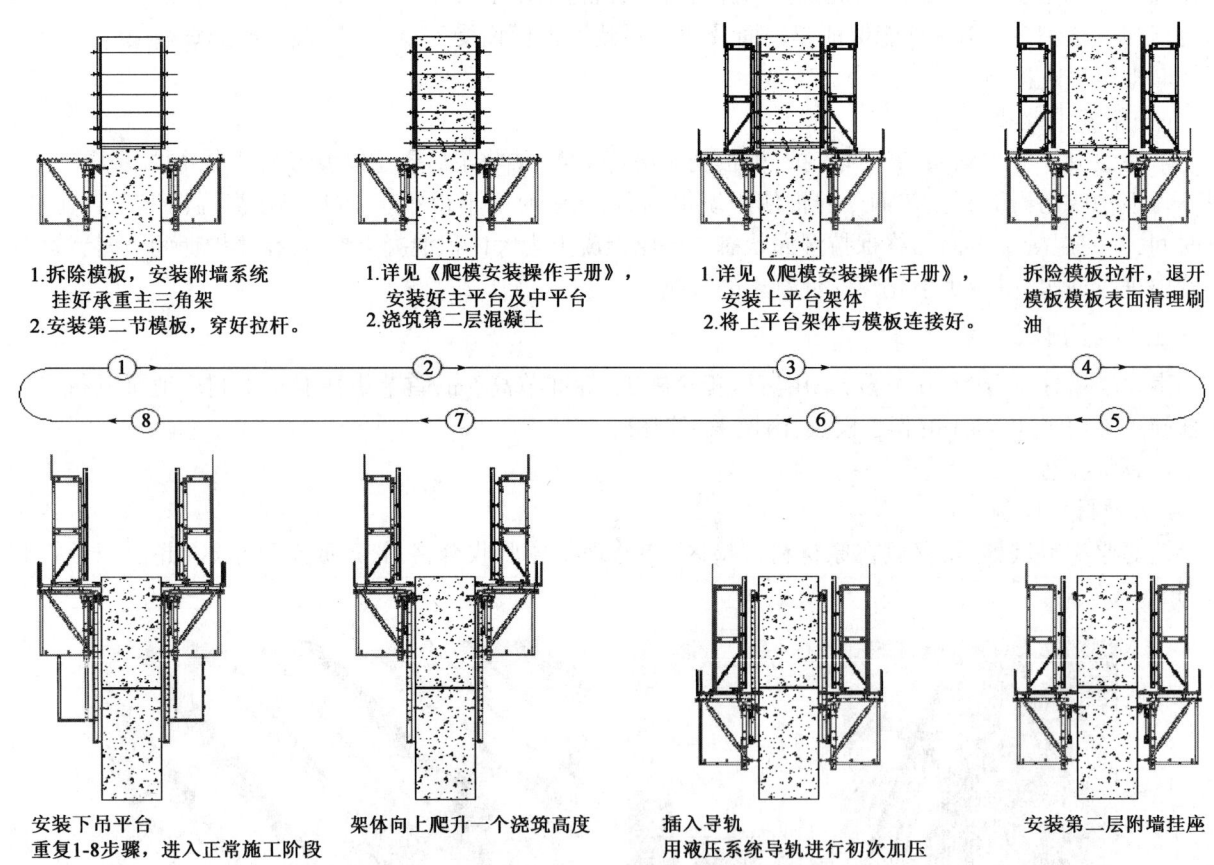

图7 液压爬模施工流程图

3) 混凝土工程

(1) 混凝土性能要求

混凝土强度不小于50MPa,并具备良好的耐久性及抗裂性能;满足卧泵泵送要求。

(2)混凝土拌制、输送、布料

①拌制

混凝土浇筑时,根据砂石料的含水率,试验室人员在浇筑混凝土过程中每盘混凝土测坍落度,在保证水灰比不变的前提下,随时调整用水量,并做好记录,混凝土拌制时应严格控制水灰比和搅拌时间,搅拌时间不得少于90s。

②输送、布料

混凝土用HBTS80-13-90型卧泵泵送入仓,混凝土泵管沿塔柱外侧壁布设,上下游塔柱各铺设一道泵管。输送管的直径为125mm,随塔身上升而上升,工作面上采用水平管外接软管布料。

(3)混凝土浇筑

由于主塔钢筋间距比较密,对混凝土布料、混凝土振捣质量都会产生较大的影响。因此在施工前,须结合外观质量、混凝土配合比进行混凝土浇筑工艺性试验,确定混凝土浇筑分层厚度、振捣方式等浇筑工艺。振捣时采用插入式振捣器振捣,混凝土分层对称浇筑,分层厚度为30~50cm。

塔柱节段高度最大6m,为防止混凝土离析,在泵口端布置软管下料。混凝土进行振捣作业时,振捣棒做到快插慢拔,控制插入下面一浇筑层5~10cm,每个振动点振捣时间控制在35~45s,密切观察振捣情况,在混凝土泛浆、不再冒出气泡视为混凝土振捣密实。混凝土振捣时分区定块、定员作业,保证混凝土振捣密实,不能漏振、欠振或过振。

振捣过程中,振捣棒严禁接触模板,并在混凝土浇筑期间内,派专人检查爬模模板对拉螺杆松紧情况,防止出现爆模、漏浆等现象;设专人检查预埋钢筋和其他预埋件的稳固情况,对松动、变形、移位等情况,及时进行处理。

(4)混凝土养护

为保证混凝土质量,防止或减少混凝土表面开裂,根据高温、低温天气分别采用不同的养护方法,具体如下:

①高温养护措施

夏季混凝土采用带模养护+养生板覆盖+洒水的方式进行养护。当混凝土浇筑完成后,先带模养护3d;待拆除模板,混凝土表面覆盖养生板养护2d;养生板采用数层土工布结合网格式护栏制作,单块养生板可覆盖面积为1.2m×2m,养生板利用模板拉杆穿透土工布即可固定;随即洒水养护2d,即通过在液压爬模上沿塔柱四周环向布置开孔的PPT水管,并接入塔下循环水体系,实现了自动化全覆盖的养生。

②冬季养护措施

运用"保湿膜"+"养生板"的冬季养护方式,在提模后采用"水能量保湿膜"包裹塔柱,同时为达到保温效果,在"保湿膜"外覆盖养生板,养生板采用数层土工布结合废旧网格式护栏制作,单块养生板可覆盖面积为1.2m×2m,养生板利用模板拉杆穿透土工布即可固定。见图8。

 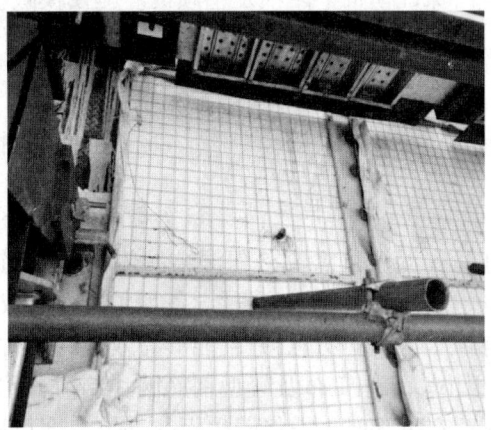

图8 保湿膜及养生板的应用

### 3. 施工缝处理

为确保塔柱节段间接缝处混凝土的内在和外观质量,拟采取以下措施保证施工质量:

(1) 在每节塔柱浇筑完成拆模后,在接缝往下2cm位用墨线进行弹线,然后利用手持水磨切割机根据弹线对塔柱进行切割,切割深度2cm,然后利用风镐将此部分混凝土进行凿除。凿除过程中应注意不损坏切缝下放的混凝土,以此可有效避免接缝因凿毛造成的不平整的问题。

(2) 塔柱施工过程中在每节塔柱顶口四个面均预埋爬锥,在下层模板安装后利用爬锥和模板预留孔通过精轧螺纹钢进行锁定,同时采用双面胶对底口模板进行粘贴。这样可有效减少接缝产生错台或漏浆的出现。

(3) 混凝土浇筑前,再次对接缝表面进行检查清理(若有杂物,应清理干净,以防夹渣);混凝土浇筑过程中,经常观察模板与下节段混凝土面的贴紧情况,若出现漏浆,拧紧相应部位的对拉螺杆。接缝两侧的混凝土应充分振捣,以使缝线饱满密实。

## 四、主塔质量控制要点

### 1. 塔座

(1) 严格按照设计布置温控冷却管,并保证管间接头密封及回路畅通;

(2) 塔座模板安装完毕后,利用承台顶预埋钢筋焊接槽钢对模板进行限位,防止混凝土浇筑过程中模板上翻或底口位移;

(3) 混凝土浇筑前项目部应严格组织,机械设备应满足混凝土浇筑施工要求,并有一定数量的储备,确保混凝土连续浇筑;

(4) 混凝土浇筑完成后,控制好模板拆除时机,拆模既不能过早,防止表面及棱角损坏,又不能过晚,防止模板表面温升影响混凝土散热。

### 2. 塔柱

1) 劲性骨架

首节钢筋施工前应提前安装劲性骨架,劲性骨架放样精确定位后,再利用塔吊对劲性骨架与塔座内预埋件进行固定。

2) 钢筋安装

钢筋安装应通过劲性骨架定位,用塔吊配合人工进行安装,钢筋安装时应注意安装液压爬模相关预埋件。

3) 模板安装

首节塔柱施工模板与液压爬模模板通用,通过拉杆对拉,模板安装时应在塔柱倾斜方向一面模板外侧设立撑杆,保证模板整体不发生倾覆。爬模模板拼装完毕后,应对相邻面板拼缝高低差、拼缝间隙进行系统检查,高低差及间隙均控制在1mm以内;拼缝处应采用高质量化学填料(如硅胶、水玻璃等)处理,严防漏浆。

## 五、创新性技术措施

### 1. "保湿膜"+"养生板"冬季养生

"水能量保湿膜"(含高效保湿结晶体)是专门针对混凝土养护的新型产品,以可控高分子吸水材料为核心,以塑料薄膜为载体,通过设备加工复合而成的卷材产品,在一个养护周期内能保持恒定的水分与湿度,具有锁水保湿的功能,并且能够有效做到节省人工和管理成本,促进早强,预防微裂缝产生。

养生板由多层土工布及轻型钢筋网片制成,重量较轻,仅10kg左右,单个工人即可快速将养生板全部安装到位,在拆除时仅需将养生板往外拉拽即可取出,安拆十分方便。应用养生板进行保温养护不仅可以达到保湿保温效果,对液压爬模标准化施工也具有积极作用,在拆除后容易堆存,相较传统直接覆盖土工布、棉被,不仅易于固定,且周转率较高。

## 2."环切法"+"锁口爬锥"接缝处理

在每节塔柱顶部,下一节塔柱模板包边的范围内,每一面预埋2个爬锥,并在混凝土浇筑完成后,将该节塔柱的顶部5cm进行切缝处理,切缝深度1cm,在安装完下节塔柱后,利用预埋爬锥将模板底口进行锁定,即可防止错台、漏浆产生,并由于切缝的存在,两节塔柱的接缝极为均匀。

常规每节塔柱接缝均在顶面凿毛的同时将四边进行人工打磨,人工打磨效果时好时坏,致使接缝外观层次不齐,因此提出采用"环切法"+"锁口爬锥"对每节塔柱顶部进行接缝处理,"环切法"使切缝规则,"锁口爬锥"将模板底口与塔柱进一步锁定,保证塔柱接缝规则无错台。

## 3."预埋爬锥"+"修补模具"孔洞修补

通过"预埋爬锥"+"修补模具"提升孔洞修补效果。对塔柱预埋件进行统一规定,除模板自身对拉杆外,其余预埋孔(如临时操作平台、泵管限位夹等)均采用预埋爬锥的方式,施工完成后可将爬锥取出,降低形成锈蚀通道的风险,此外取出爬锥后塔壁上的孔洞形状一般较为规则,无需人工进行进一步处理。同时,采用修补模具辅助进行孔洞修补,保证修补形状规则,不影响塔柱整体外观。

"预埋爬锥"尽可能统一塔柱的预留孔洞大小,"修补模具"简化工人修补工作。如图9所示。

图9 预埋爬锥及修补模具

## 六、结 语

沾化至临淄高速公路黄河特大桥是沾临高速公路关键的控制性工程,其中南北主塔是整个大桥项目在整体节点计划中首要完成的关键构件,其施工难度大,工艺复杂,技术含量、精度控制要求高,对项目部的管理水平、工装配备及工人素质都提出了更高要求,本文在总结了斜拉桥主塔施工工艺的同时,也对主塔施工质量控制提出更高要求,希望通过此文能为广大同行在后续斜拉桥主塔施工中起到一定的借鉴作用。

**参考文献**

[1] 中华人民共和国交通运输部.公路桥涵施工技术规范:JTG 3650—2020[S].北京:人民交通出版社股份有限公司,2020.
[2] 王迎春.浅述矮塔斜拉桥结构设计要[J].建材与装饰,2020,(10):236-237.
[3] 李小军.大跨度跨海矮塔斜拉桥主桥施工技术[J].北方交通,2020,(6):4-7.
[4] 李扬,马骉,王浩.上海泖港大桥新建主桥设计[J].世界桥梁,2019,47(3):1-4.
[5] 丁广炜.不等跨独塔双索面斜拉桥的施工控制及效果分析[J].勘察科学技术,2020(3):46-50.

# 51. G108 线禹门口黄河公路大桥主塔横梁支架设计及施工技术研究

薛平安　梁建军

(中交一公局西北工程有限公司)

**摘　要**　斜拉桥以其外观优美、跨越能力强的优点已成为当今大跨度桥梁的主要桥型之一,主要跨越江河湖海、高山峡谷。主塔下横梁作为承担梁部重量的重要构件,其尺寸一般较大,由于受主塔所处环境的影响,下横梁常见的施工方法有支架法、托架法两种,而支架现浇方式适应性强、灵活多变等优点得到了众多施工单位的认可,特别是钢管支架施工方式,无论下横梁为混凝土结构还是钢结构,均得到了有效的应用。本文以 108 国道禹门口黄河大桥项目主桥索塔混凝土下横梁施工为例,对下横梁落地钢管支架的设计及施工进行了全面阐述,并利用 Midas Civil 有限元软件建模,对支架整体结构进行分析,确保施工安全并为今后同类支架提供参考。

**关键词**　支架现浇　下横梁　施工方法　注意事项

## 一、引　言

随着我国交通基础设施的蓬勃发展,各种大型、特大型桥梁稳增不减。在桥梁施工过程中,支架现浇方式适用性强,灵活多变等优点得到了众多施工单位的认可。本文以 108 国道禹门口黄河大桥项目主桥索塔下横梁施工为例,介绍了下横梁钢管支架的施工方法及注意事项,并利用 Midas Civil 有限元软件建模,对支架整体结构进行分析,以确保钢管支架在施工过程中的安全可靠。

## 二、工程概述

G108 线禹门口黄河公路大桥项目位于晋陕峡谷出口约 420m 处。主桥为 245m + 565m + 245m 三跨双塔双索面钢-混结合梁斜拉桥,主桥索塔分为上塔柱、中塔柱和下塔柱。其中上塔柱为 71.55m,中塔柱高 71m,下塔柱高 25.75m,塔座为 3m,索塔总高 168.3m。索塔横梁采用等截面单箱单室预应力混凝土结构,下横梁长 31m,宽 7.4m,高 6.5m;顶底腹板厚度均为 1m。见图 1。

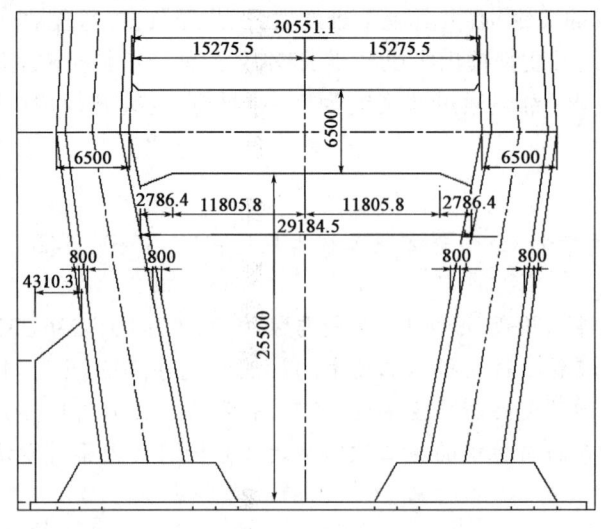

图 1　主桥下横梁正立面图(尺寸单位:mm)

钢管桩立柱作为支撑、贝雷桁片作为支撑平台的支架结构在横梁施工时使用范围较广(或万能杆件、军用桁片梁结构),支架设计时根据施工区域地基承载力、工程水文及地质条件、横梁自重、施工荷载等情况,钢管桩立柱基础可选用钻孔桩基础、扩大基础或打入桩基础等。

## 三、支架体系设计

108国道禹门口黄河大桥项目主桥下横梁采用钢管桩贝雷梁桁架支架法施工,横梁高度方向分两次浇筑,第一次浇筑3.25m、第二次浇筑3.25m,直接利用主桥承台及塔座作为钢管桩基础。

在承台施工时预埋钢管桩支架预埋件,预埋件尺寸为100cm×100cm×1.6cm和140cm×140cm×1.6cm两种规格,预埋钢板下设置长度60cm、HRB400Φ25锚筋14个,支撑钢管与预埋钢板采用焊接进行连接,其四周设置12个加劲板,下横梁支撑钢管直径为820mm,采用焊接和加劲板固定形式接高,钢管桩顶为横桥向布置的内嵌式三拼I40工字钢,工字钢两端放置于塔壁预埋牛腿上,三拼工字钢上放置直径30cm砂筒,砂筒上为顺桥向布置的H582×300型钢,型钢上为19排、7组贝雷梁,贝雷梁横桥向每排设置7片,横梁腹板下设置2组贝雷梁,每组贝雷梁由3排组成,排间距45cm,横梁下设置1组贝雷梁,横梁以外每侧设置1组贝雷梁,横梁下倒角位置采用I25工字钢焊接的焊接作为支撑,高度与贝雷梁相同,贝雷梁上为间距60cm的I25工字钢分配梁,分配梁上为10cm×10cm的方木,间距为30cm,方木上为1.8cm厚竹胶板底模。下横梁支架结构见图2。

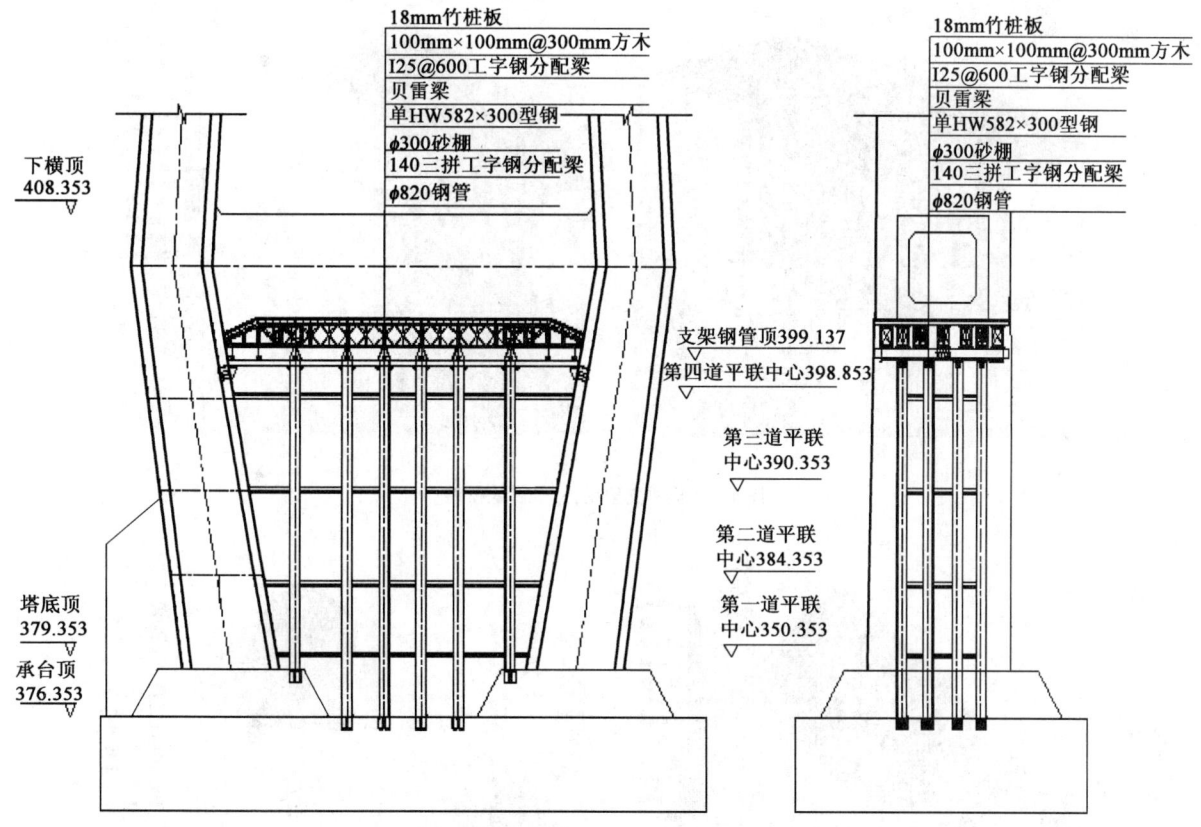

图2 下横梁支架结构图(尺寸单位:mm)

通过Midas Civil 2015对下横梁支架进行整体施工模型分析(图3),具体如下:
(1)模型建立说明:
①钢管与承台连接形式按固结考虑;
②钢管平联与钢管共用节点;
③I40三拼工字钢与钢管之间共用节点;
④I40三拼工字钢两端外部约束:$x$、$y$、$z$三个方向平动约束,$x$、$y$、$z$转动仅约束$x$轴,$y$、$z$轴可自由转动;

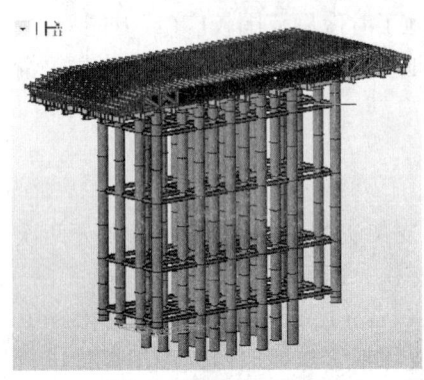

图3 下横梁支架整体模型

⑤HW582×300型钢与I40三拼工字钢之间采用弹性一般连接，$x$、$y$、$z$三个方向平动以力值约束，$y$轴转动以力值约束，$x$、$z$轴可自由转动；

⑥贝雷梁与HW582×300型钢之间采用弹性一般连接，$x$、$y$、$z$三个方向平动以力值约束，$z$轴转动以力值约束，$x$、$y$轴可自由转动；

⑦I25工字钢分配梁与贝雷梁之间、方木与I25工字钢分配梁之间采用弹性一般连接，竹胶板与方木之间采用共用节点方式连接；

⑧混凝土荷载以压力荷载形式添加，腹板对应1m范围添加压力荷载162.5kN/m²，中间5.4m范围添加压力荷载50kN/m²，均按一次性浇筑添加荷载，同时将自重、压力荷载按1.2倍系数进行组合。

（2）根据模型分析，钢管底部最大反力为953.3kN；塔柱壁板牛腿最大反力762.5kN；最大位移6mm；I25工字钢最大应力36.9MPa；I25工字钢异型桁架最大应力为108.7MPa；贝雷梁弦杆最大应力为167.7MPa；贝雷梁腹杆最大应力为381.2MPa；HW582×300型钢分配梁最大应力为62.6MPa；820×10钢管支架最大应力为39.7MPa；竹胶板最大应力为29.2MPa。见图4～图7。

 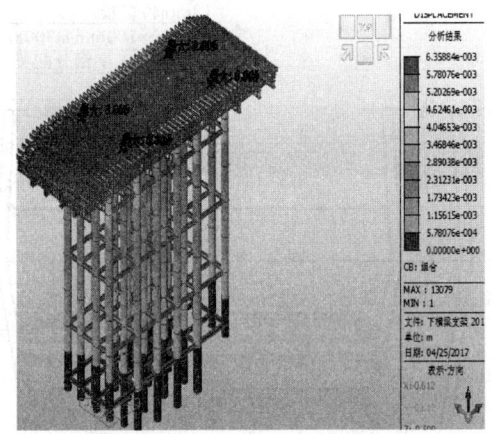

图4 下横梁支架反力、等高线模型

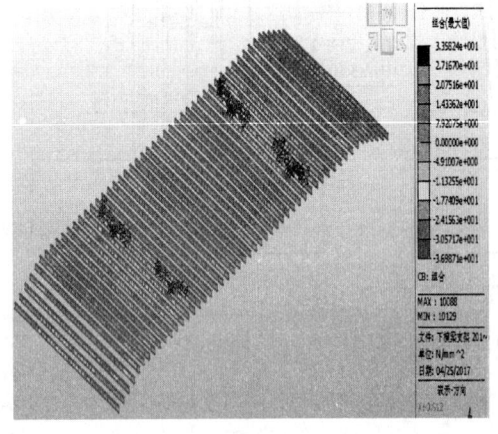 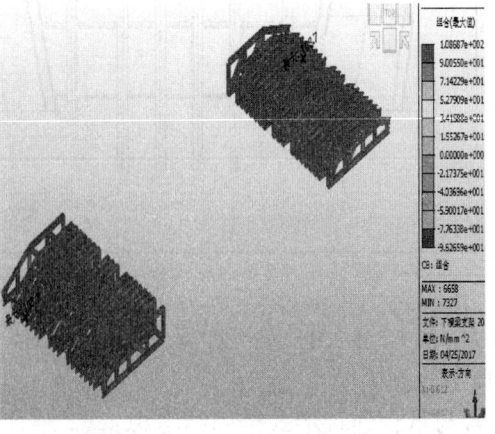

图5 下横梁支架分配梁、异行桁架梁单元应力图

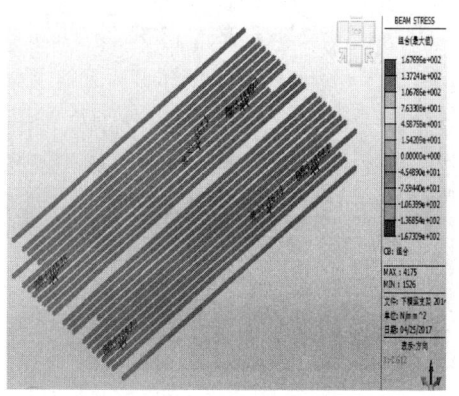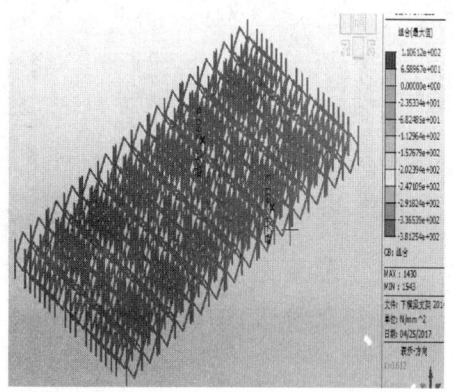

图6 下横梁贝雷梁上弦杆、腹杆梁单元应力图

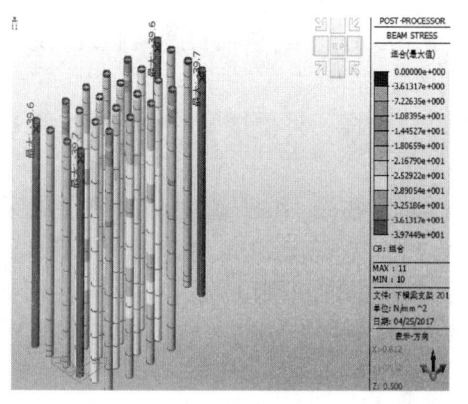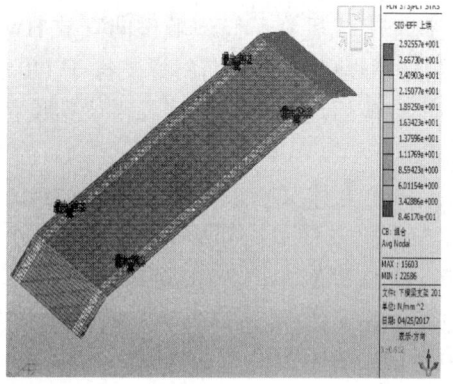

图7 下横梁钢管支架、竹胶板应力图

## 四、支 架 施 工

### 1. 支架体系搭设

（1）钢管架立

钢管桩与预埋钢板安装过程中，严格控制钢管柱的垂直度及焊缝质量，做到焊缝饱满均匀、无夹杂、无气孔，预埋件位置要准确，位置偏差控制纵横向偏差≤5mm，四角高差≤2mm。钢管立柱与承台预埋钢板之间满焊，同时在接触面四周焊接12块10cm×20cm×1.6cm加劲板。

$\phi$820mm钢管采用焊接接高，按钢管总高度，将其分为2部分，在平整台座上将钢管接长，保证接长钢管同轴，同时在接缝四周焊接4块长度40cm、宽30cm加劲板，然后采用吊车将2部分钢管空中对接，焊缝四周焊接4块长度40cm、宽30cm加劲板。

为增加钢管柱之间的整体稳定性，用32双拼槽钢作为平联，将钢管桩连接为整体，见图8。

（2）落梁装置

钢管桩安装完成后，沿横桥向在钢管桩顶部开槽，放置I40三拼工字钢，单根工字钢长度为28.28m，工字钢接头采用对接和加劲板形式连接，同时在I40工字钢两侧焊接三角壁板，以增加I40工字钢受力面积，工字钢安装完成后，按钢管桩位置放置砂筒，根据工字钢顶面高程及落梁砂筒顶面设计高程确定落梁长度，按10cm超高量装砂（根据经验$\Phi$300砂筒装砂10cm，压缩量为10cm），砂筒填砂时采用锤击方式对砂筒进行夯实，并在压力机上根据每个砂筒承受的荷载进行预压，确定出预抬高值，砂筒安装完成后，将其与下支撑工字钢进行点焊固定。反

图8 现场钢管桩布置图

力架砂筒预压示意图见图9,落梁砂筒安装示意见图10。

图9 反力架砂筒预压示意图

图10 落梁砂筒安装示意图

(3)分配梁、贝雷梁安装

落梁高度调整完成后在砂筒顶顺桥向安放HW582×300分配梁,单根长度为11m。为增加H形钢稳定性,在其两侧分别焊接φ32钢筋斜撑支撑于I40分配梁左右。

H形钢固定完成后使用全站仪将贝雷梁架设位置进行放样。将拼接好的贝雷梁按照H形钢上的点位进行架设。

贝雷梁采用90支撑架将其拼装成组,每组三排,排距45cm,组于组之间的贝雷梁采用7.5cm×7.5cm角钢栓接固定,其横桥向间距为3m。每排贝雷梁7片,总长度21m,剩余部分采用I25工字钢焊接异型桁架支撑于下横梁倒角位置,其顺桥间距随贝雷梁布置,同时采用U形卡具将异性桁架与贝雷梁固定,并采用6道10cm×10cm角钢将异型桁架连接为整体,异型桁架端部放置于壁板牛腿上,牛腿与塔柱内预埋钢板焊接固定。

贝雷梁架设加固完成后,在其顶面铺设I25a工字钢分配梁,工钢在铺设间距为0.6m,以保证所有接触点均在贝雷梁节点上。铺设完成后在分配梁两端采用5cm×5cm角钢将分配梁进行横向连接增加其稳定性。

2. 支架预压

支架预压加载采用分级加载,加载重量分布应与横梁混凝土分布情况一致,加载按总荷载的50%、100%和110%三级加载,支架预压时间为7d。

支架沉降观测点布置,横桥向布置在横梁跨中、1/4跨、横梁端点处,纵桥向布置在横梁中心线及边缘处;沉降观测点总共布置15个点。

加载过程中应注意:

(1)加载前应加强支架的全面检查,确保支架在荷载作用下无异常变形。

(2)对各级压重荷载必须由专人负责,认真称量、计算和记录,当采用砂袋作为压重物时,应采取防雨措施,防止砂袋吸水超重,造成支架超载,影响结构安全。

(3)所有压重荷载应提前准备至方便起吊运输的位置。

(4)加载过程中,要求详细记录加载时间、吨位及位置,要及时通知测量人员现场跟踪观测,未经观测记录不得进行下一级加载。每完成一级加载应暂停一段时间,进行观测,并对支架进行检查,发现异常情况及时停止加载,及时分析,并采取相应措施。如实测值与理论值相差太大,应分析原因后再确定下一步方案。

(5)加载过程中加强施工现场安全保卫工作,确保各方面安全。

(6)加载全过程,要统一组织,统一指挥,要有专业技术人员及工点负责人在现场协调。

## 五、结 语

通过对钢管贝雷梁桁架结构的计算分析,发现荷载按混凝土一次性浇筑施加时,贝雷梁、方木出现局部应力集中,针对这一情况,对应力集中部位的贝雷梁立杆予以加强,下横梁混凝土分次浇筑措施,更大程度确保了支架安全,同时在异形桁架与贝雷梁支架之间设置U形加强螺栓,提供架体整体稳定性。

钢管贝雷梁组合结构的成功应用,将为主桥钢主梁架设的支架体系施工积累宝贵经验,为今后类似工程施工提供准确的依据。

**参考文献**

[1] 阮泽莲.超高钢管柱支架受力分析及稳定性研究[D].重庆:重庆交通大学,2015.
[2] 中华人民共和国交通运输部.公路桥涵施工技术规范:JTG/T F50—2011[S].北京:人民交通出版社,2011.
[3] 卿三惠.土木工程施工工艺桥梁工程[M].2版.北京:中国铁道出版社,2013.

# 52. G108线禹门口黄河公路大桥边跨合龙关键技术

梁建军

(中交一公局西北工程有限公司)

**摘　要**　国道108线禹门口黄河大桥为主跨565m的双塔双索面钢-混结合梁斜拉桥。综合地区地形地貌、周围环境温度等多种因素,边跨采用温度配切法合龙。为提高合龙精度,减小累积误差,边跨合龙前连续48h观测合龙口宽度随温度变化情况,确定合龙段加工参数、合龙段姿态参数及最终合龙时机;同时,合龙前采取预防措施确保合龙精度。实践表明,采用上述方法进行合龙可缩短锁定时间,减少温度影响,提高施工工效和合龙精度。

**关键词**　斜拉桥　组合梁　边跨合龙　温度配切法

## 一、概　述

斜拉桥合龙段涉及结构受力体系转换,是斜拉桥施工过程中的关键部位,同时也是施工难度较大的部位。斜拉桥合龙过程即将斜拉桥从施工期结构体系转换为成桥结构体系的过程,一般包括合龙口准备(位置、高程调整)和合龙段吊装、临时锁定和焊接、主梁施工期内临时约束解除及主要施工荷载撤除等。

目前国内斜拉桥合龙采用施工工艺有:顶推法和温度配切法。顶推法施工,通过合龙前对钢箱梁进行整体顶推来对合龙口宽度进行调节,施工时间充裕,合龙施工的可靠性和可控性高。缺点是施工过程需要释放顶推侧的塔梁临时约束,结构变形释放后可能无法恢复,且大跨度斜拉桥的顶推力和顶推距离较大,施工存在一定的难度和风险。温度配切法,施工前对合龙口连续观测,确定合龙段制造参数,在一定温度范围内或确定温度下完成合龙,温度配切法对温度要求较高,可采用临时拼接板锁定合龙解决,且没有释放塔梁临时固定的风险。

禹门口黄河公路大桥根据地区地形地貌、周围环境温度、施工工期、经济技术等多种因素,边跨采用温度配切法合龙。节省了施工成本,提高了施工安全性。

## 二、工程概况

G108线禹门口黄河公路大桥主桥为245m+565m+245m的三跨双索面钢-混结合梁斜拉桥,索塔为H形塔,塔高171.3m,桥长1055m,采用半漂浮结构支撑体系,采用双工字形钢主梁与混凝土板共同受力的结合梁,斜拉索为OVM250钢绞线拉索体系,钢结构采用散件吊装、摩擦型高强度螺栓连接的方式拼装,边跨设置有支架段,长度32.11m,由B18、B19、B20梁段组成,边跨合龙段为B17梁段,中跨合龙段为HL,长度为6.7m。桥跨布置见图1。

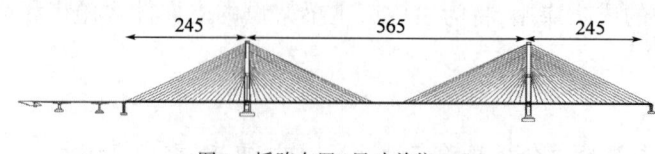

图1 桥跨布置(尺寸单位:m)

## 三、边跨合龙工艺流程

禹门口黄河公路大桥边跨合龙段采用温度配切法进行合龙,其合龙段为B17节段,长度12m,待B16梁段二张结束后,持续2d(第一天观测、第二天复核,确定合龙段吊装和锁定时机)对合龙段尺寸进行观测,确定合龙段B17梁段加工长度及栓接孔群转角,并将数据反馈至工厂,工厂进行合龙口高强螺栓孔的钻制及接口配切。合龙段运到现场后进行锚拉板固定式焊接和检修道拼装,然后利用桥面吊机完成主纵梁合龙,随后进行锚拉板焊接和横梁、稳定板、小纵梁、隔流板等构件安装。

边跨合龙施工将B17-B18环口设置为最终合龙口,具体施工工艺如图2所示。

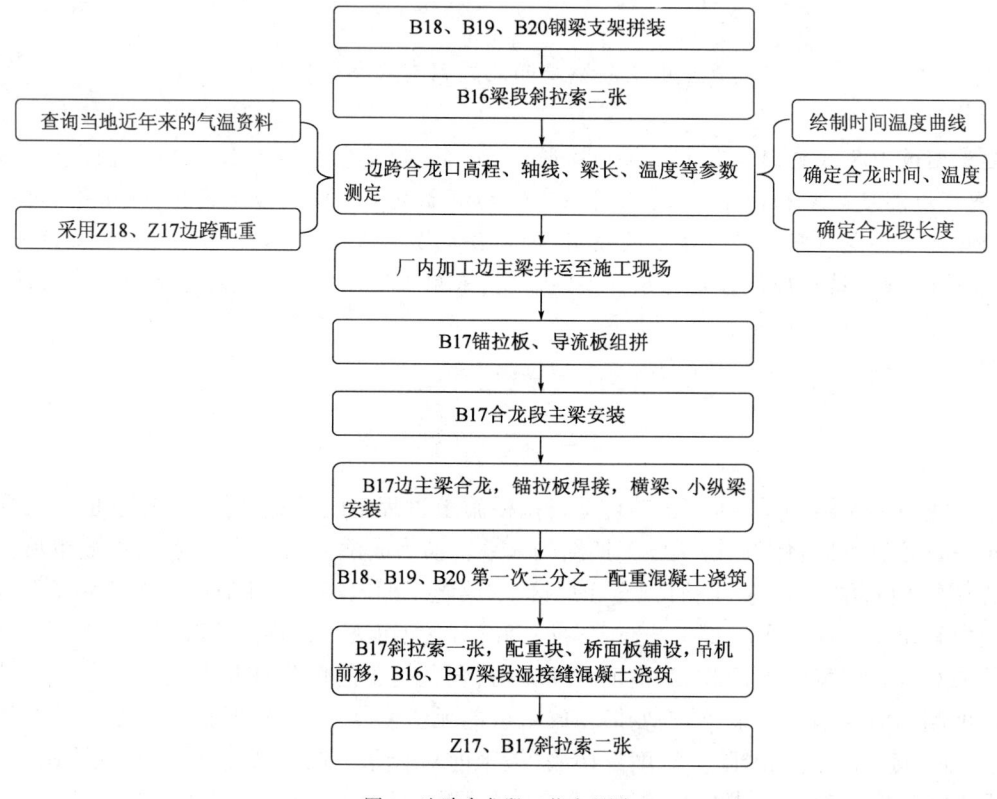

图2 边跨合龙段工艺流程图

## 四、边跨合龙关键技术-温度配切法

禹门口大桥边跨合龙的关键控制点为:合龙段钢主梁空间姿态调整、高强螺栓连接、现场作业时间有限,对施工组织要求高、合龙温度及时机确定。

1. 合龙段钢主梁空间姿态调整及作业准备

为提高合龙控制精度,确保合龙线形平顺,同时控制边跨支架段和悬臂端梁段的线形,使梁段高程、轴线及梁端转角均满足合龙要求。合龙前需完成准备工作:

(1)对已完成主梁轴线、高程、索力、塔偏位及应力等方面的监测,对不满足要求的部位及时进行调整。保证合龙口两侧梁段的自身轴线及高程绝对偏差达标,使两侧钢梁的高程及轴线绝对偏差的相对偏差降到最低。

(2)提前在合龙口两侧梁段上布设测量点。边跨合龙口测点布置见图3。

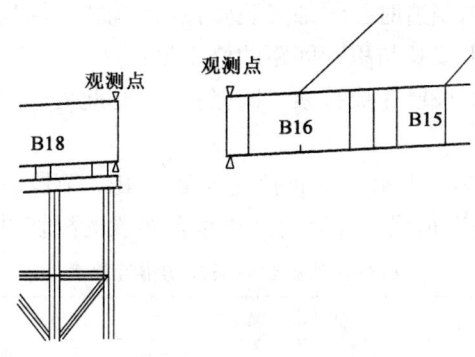

图3 边跨合龙口测点布置

(3)边跨合龙段观测前,中跨将 Z17 梁段安装到位,边跨将 Z18 梁段放置于 B16 梁段(Z18 梁重 24t,B17 梁重 26t,支垫位置为距主梁梁端 3m 处),模拟合龙段安装后的高程情况,中跨合龙前采用配重块模拟 HL 梁段安装至 12 号 23 号节段后的情况(合龙段重 13.5t,从距梁端 2.29m 处开始摆放配重块,共 3 排,每排 4 个 1t 配重块,最后 1.5t 放置在第二层),高程若不合适,根据监控单位和监控咨询单位的意见进行相应配重(配重块位置重量由监控单位提供),将高程、轴线调整到位,满足合龙段梁长观测条件。边跨合龙段配重示意图见图4。

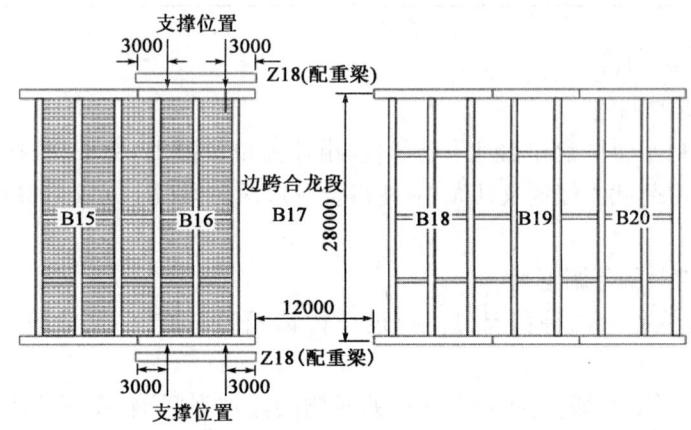

图4 边跨合龙段配重示意图(尺寸单位:mm)

(4)合龙观测前对合龙口姿态进行观测,观测周期为连续 48h,观测内容包含合龙口长度、环境温度、钢梁上下翼缘板温度、索体温度、合龙口高程、合龙轴线偏差。观测时间为:8:00~20:00 每 2 小时观测一次;20:00~8:00 每 1 小时观测 1 次。合龙段观测后,及时分析整理数据,绘制环境温度与时间变化曲线、钢梁上下缘温度与时间变化曲线、合龙口长度与温度时间变化曲线、高程与时间变化曲线等以便于确定最终合龙时机、合龙段配切量。

2. 合龙时间及温度控制

根据合龙时机选取原则:逼近设计基准温度、选定相对稳定的区间温度场、确保有足够的操作时间,以及韩城市往年同期天气状况(往年 4 月 25 日~5 月 5 日期间温度大约在 10~30℃,8 月下旬温度大约在 18~36℃),暂定合龙时机为:边跨以设计基准温度 15℃ 为合龙温度;边跨合龙时机区间为 23:00~4:00 之间。

3. 合龙配切量计算

合龙段配切量 $\triangle l$ = 合龙段预留量 -(当前剩余缺口里程 - 理论未安装段钢梁总长)

(1)边跨合龙段预留量为100mm;
(2)由于未安装段主纵梁厂内制造时已预加安装张拉后的轴向压缩值,暂定其与实际相符;
(3)此处暂未考虑安装线形上梁长与里程间距的修正量;
(4)由于合龙时合龙口两侧节段已完成拉索二次张拉,因此此处选定最远端以已完成拉索二次张拉节段的里程为参考。

根据大桩号侧边跨已完成B20－B18、二次张拉完成B1－B13节段,小桩号侧边跨已完成B20－B18、二次张拉完成B1－B12节段的施工情况。计算得到边跨合龙段的配切量见表1、表2。

小桩号侧边跨合龙段配切量计算表　　　　　　　　　　　　　　　　　　　　　　　表1

| 位置 | | 悬臂端实测里程(m) | | 边跨合龙口推测间距(mm) | 边跨合龙段配切量(mm) |
| --- | --- | --- | --- | --- | --- |
| | | 边跨12号 | 边跨18号 | | |
| 主桥11号 | 左幅 | 1123.555 | 1063.295 | 12080 | 20 |
| | 右幅 | 1123.537 | 1063.305 | 12052 | 48 |

大桩号侧边跨合龙段配切量计算表　　　　　　　　　　　　　　　　　　　　　　　表2

| 位置 | | 悬臂端实测里程(m) | | 边跨合龙口推测间距(mm) | 边跨合龙段配切量(mm) |
| --- | --- | --- | --- | --- | --- |
| | | 边跨13号 | 边跨18号 | | |
| 主桥12号 | 左幅 | 2003.463 | 2051.69 | 12047 | 53 |
| | 右幅 | 2003.431 | 2051.671 | 12060 | 40 |

4. 合龙口两侧高差调整

(1)两侧梁段相对高差调整

两侧梁段相对高差利用斜拉索和临时压重荷载(由监控单位提供)完成,根据监控计算结果,通过调整斜拉索索力和临时压重荷载的位置及其大小,使得合龙口两侧梁段上对应的高程控制点的相对高差满足要求。

(2)两侧梁段轴线相对偏差调整

两侧梁段轴线相对偏差有两种情况,即:以设计桥轴线为基准,两侧梁段轴线会出现同向和异向偏差。

轴线同向偏差需预先控制,即:对接近合龙口的两侧梁段加强联测,发现梁段轴线同向偏位时,通过调整后续梁段逐渐进行纠偏,同向偏差须随时纠偏,不得累积,在合龙口前三个梁段安装时,每次都应进行通测,发现偏差及时纠正。

合龙口两测梁段轴线出现异向偏差时,通过设置在悬臂梁前段的轴线调整系统对拉完成。轴线调整系统由耳板(在工厂内安装)、滑轮组、手拉葫芦以及钢丝绳组成。当合龙梁段主纵梁连接完成后,解除轴线调整系统。

# 五、结　语

禹门口黄河大桥11号钢梁边跨于2019年5月28日12时30分完成合龙,12号钢梁边跨于2019年5月12日5时10分完成合龙。12号计算合龙温度16.5°,实际合龙温度为16.4°和16.9°,11号计算合龙温度20°,实际合龙温度20.2°和20.1°,计算合龙温度与实际合龙温度高度一致。整个合龙过程顺利有序,合龙线形平顺,合龙精度高。

结果表明:

(1)主桥钢梁边跨采用温度配切法是有效可行的;

(2)对合龙前悬臂端梁体与支架段梁体线形控制到位;

(3)对数据观测前合龙段姿态(高程、轴线、转角)模拟准确;

(4)连续48h(环境温度与时间变化曲线、钢梁温度与时间变化曲线、合龙口长度与时间变化曲线、高程与时间变化曲线等)数据采集的准确。

**参考文献**

[1] 张亚海,南飞.飞云江跨海特大桥中跨合龙关键技术[J].施工技术,2020,(46)2:66-69.
[2] 刘明虎,谭皓,徐国平,等.大跨径混合梁斜拉桥合龙技术研究与实践[J].桥梁建设,2011(4):83-87.
[3] 易云焜,谢泽福,牛海喜.厦漳跨海大桥南汊主桥定时合龙技术[J].桥梁建设,2013,43(2):105-109.
[4] 魏家乐,舒涛,王旭.禹门口大桥边跨大节段合龙施工控制技术[J].重庆交通大学学报(自然科学版).

# 53. 国内首座超高性能混凝土(UHPC)箱形拱桥

韩 玉  翁贻令  解威威

(广西路桥工程集团有限公司)

**摘 要** 为探索大跨径UHPC拱桥建造技术,设计并建造了国内首座UHPC箱形拱桥——八丘田车行天桥。本文从设计、施工、监测等方面,系统介绍该桥建设关键技术。该桥建造过程克服了全预制装配式的UHPC拱桥设计难题、UHPC原材料本土化难题、UHPC现场制备与质量控制难题、拱肋内外模板的拆装难题、拱肋节段接头匹配难题、拱肋吊装精确合龙难题、拱桥受力特性评估难题。研究结果表明:采用UHPC建造拱桥可减小截面厚度,大幅减轻拱肋自重;采用机制砂制备UHPC不仅可满足桥梁应用需求,还可降低材料成本;桥梁各项试验结果显示,UHPC拱桥受力性能良好。该桥的成功建造,充分显示了UHPC在拱桥中的应用潜力,为后续的大跨径拱桥建造提供技术积累。

**关键词** 桥梁工程  箱形拱桥  设计  施工  超高性能混凝土(UHPC)  机制砂

拱桥因跨越能力大、承载能力强、造型优美,在桥梁工程中应用广泛。随着拱桥跨径的增大,自重大及施工困难成为制约拱桥跨径增长的关键因素,采用更高强度的混凝土是减轻拱桥自重、降低施工难度的重要发展方向。

超高性能混凝土(UHPC)具有高强度、高韧性、高耐久性等突出优点,非常适合压弯为主的拱桥结构。国内对UHPC拱桥开展过一些研究,研究表明,采用UHPC建造拱桥可减小构件尺寸、大幅减轻拱桥自重,有望突破拱桥跨径的限制。尽管围绕UHPC拱桥的研究成果较多,但已建成的仅有4座,并且建成跨径较小,UHPC的优势未能得到充分发挥,大跨径UHPC拱桥的建设理论急需实践检验。另一方面,UHPC高昂的成本限制其大规模应用。钢纤维、石英砂、硅灰等高价值原材料的大量使用,使UHPC成本居高不下。因此,以就地取材原则发展本土化的UHPC制备技术,降低其成本,是促进UHPC在桥梁中应用的重要发展方向。

箱形截面是大跨径混凝土拱桥的主要截面形式,但国内目前并未有采用UHPC建造箱形拱桥的案例。UHPC箱形拱桥的建造存在不少技术难点:在拱桥设计中如何充分利用UHPC的材料特性;拱肋节段连接问题;UHPC现场施工的质量控制问题,如新拌UHPC的均匀性和浇筑连续性;薄壁箱形结构中,因UHPC收缩量大而潜在的开裂风险;拱肋模板的拆装问题;拱肋吊装的就位与精确合龙问题等。

由此可见,UHPC拱桥建造技术尚未成熟。因此,以建造大跨UHPC拱桥的理念设计和建造一座小跨径UHPC拱桥,在建造该桥的过程开展研究,为将来大跨径UHPC拱桥建造积累经验,具有重大现实意义。

# 一、结 构 设 计

## 1. 总体设计

该桥名为八丘田车行天桥,位于云南省保山市丙麻乡附近,为跨越昌宁至保山高速公路上的车行天桥,路面宽6m。八丘田车行天桥为上承式UHPC无铰拱桥,拱圈拱轴线为悬链线,计算跨径 $L=34\mathrm{m}$,计算矢高 $f=7\mathrm{m}$,计算矢跨比 $f/L=1/4.86$,拱轴系数 $m=1.543$,桥型布置见图1。主拱为等截面分离双箱单室截面,每个箱截面高度为1.3m,截面宽度为1.5m。拱肋采用UC150-4级UHPC,即混凝土立方体(100mm×100mm×100mm),抗压强度不小于150MPa,轴拉强度不小于9MPa。拱上建筑采用普通混凝土制作。

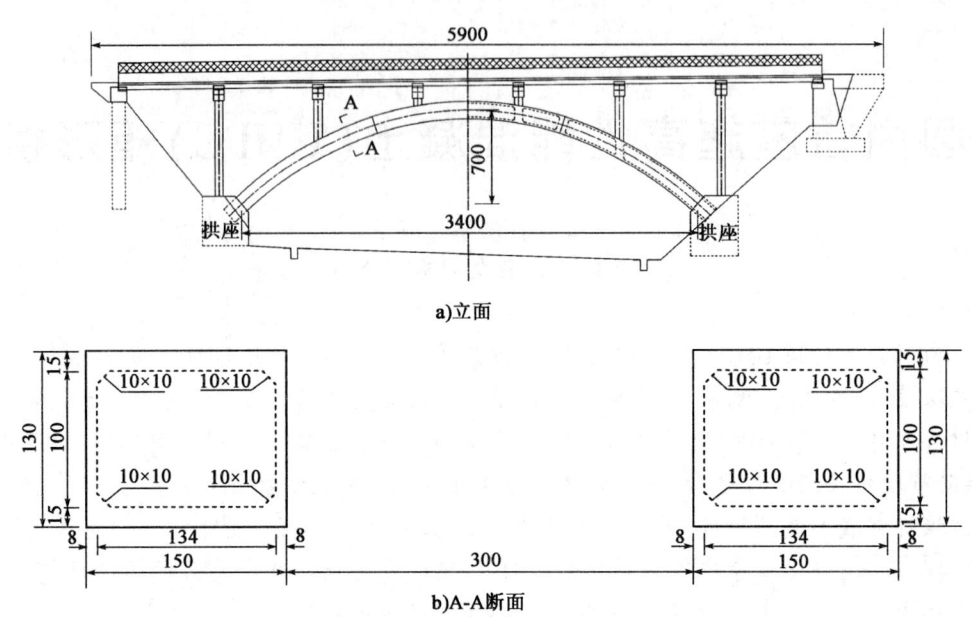

图1 八丘田车行天桥桥型布置(尺寸单位:cm)

拱肋采用预制装配式施工方法,每根拱肋分3个节段,节段采用干式连接方案,在拱肋端部设置35cm厚的端横梁,端横梁上设置预应力管道,拱肋通过端横梁上的16根预应力高强螺纹钢棒连接,拱肋接头大样见图2。拱肋与拱座通过分别设置在拱肋底部的拱肋钢板和拱座上的拱座钢板连接,拱肋钢板与拱座钢板通过地脚螺栓固定。

## 2. 结构设计分析

拱圈采用Midas Civil建立全桥空间梁单元模型(图3),对成桥状态下的恒载、活载作用下进行受力分析,并提取最不利内力截面按钢筋混凝土结构对主拱进行偏心受压承载能力计算、稳定性验算、最大位移计算、抗剪承载力计算。

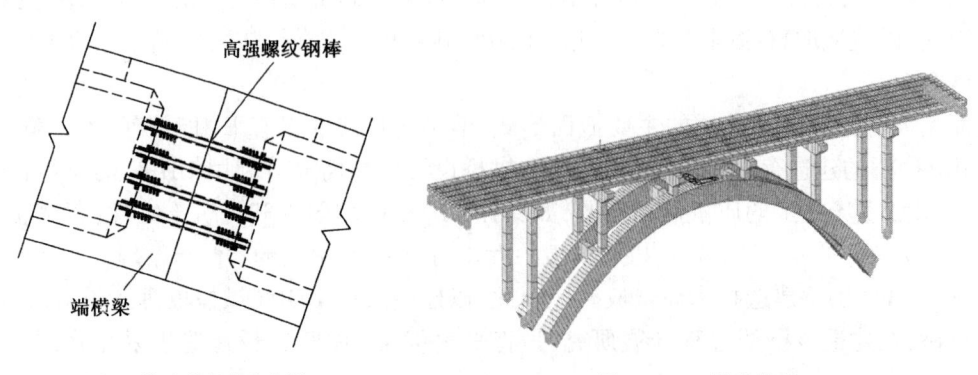

图2 拱肋节段接头大样　　　　图3 Midas计算模型

本桥计算净跨径34m,跨径不大,轴力小而基频大,活载冲击系数大,使得压力线难以控制,主拱不可避免产生拉应力,主拱变成大偏心受压构件。经计算标准组合下,最大拉应力3.8MPa,发生在拱脚上缘,见图4,对应的抗拉强度标准值为9MPa。UHPC轴拉强度一般可达8MPa～12MPa,经过优化可满足抗拉强度要求,因此该桥采用了不配筋设计。

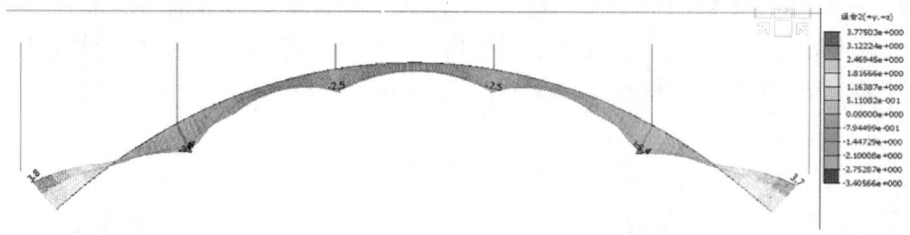

图4　拱圈强度验算

经计算该桥第一类稳定系数88.4,主拱圈刚度较大,稳定性很高。主拱圈在活载作用下最大位移1.9mm,最小位移-2.5mm,最大挠度$\delta = 1.2 + 2.5 = 3.7$mm,小于规范要求的$L/1000 = 34$mm。对最大轴力的立柱处主拱圈进行局部承压验算$\gamma_0 N_d = 1105.3$kN,小于规范要求的32400kN。主拱圈最大剪力$\gamma_0 V_d = 756.5$,小于规范要求的2491kN。

## 二、本土化 UHPC 材料

在UHPC原材料中,钢纤维和硅灰的作用至关重要,可替代性较低。而采用机制砂和石灰石粉来替代石英砂的可行性较高,相关研究表明,机制砂可制备出性能优良的UHPC,但至今未有实现工程应用。

在八丘田车行天桥的建造中,在云南省保山市找到品质稳定的母矿,再根据UHPC的要求定制机制砂。提升机制砂应用潜力的关键在于改善颗粒粒型和优化颗粒级配。首先,采用"石打石"原理的干法制砂工艺提升成砂颗粒球型度。其次,严格控制机制砂颗粒级配,通过试验确定最佳级配曲线,见图5。

该桥采用云南大理滇西红塔牌P·O52.5水泥;硅灰为重庆劲锋商贸供应的微硅粉,$SiO_2$含量90%以上;钢纤维为上海真强牌,为直径0.2mm、长13mm的平直镀铜型,抗拉强度大于2800MPa;减水剂为苏博特UHPC专用减水剂,减水率大于30%。采用以上材料,试验中可获得较好的UHPC性能,见图6。试块抗压强度最高达191.8MPa、抗弯拉强度达32.1MPa,弹性模量为46.8GPa。

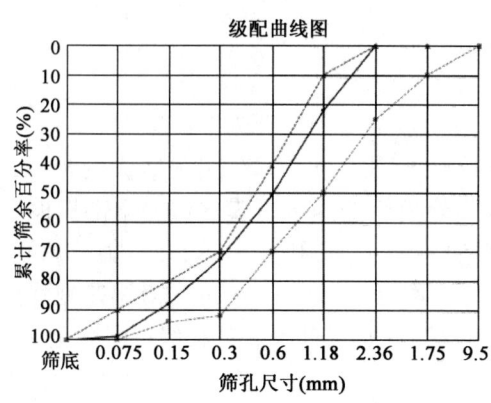

图5　机制砂颗粒级配曲线

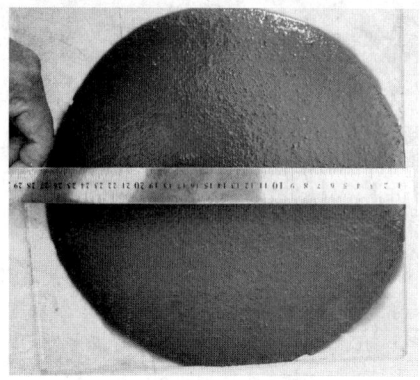

图6　UHPC试验

## 三、施　　工

### 1. UHPC 制备

全桥共需预制6片拱肋和4片连系梁,UHPC用量约为67.48m³。跨边节段长度12.99m,使用9.74m³ UHPC,节段重25.33t;跨中节段长度14.23m,使用11.76m³ UHPC,节段重30.58t。

由于采用机制砂配制 UHPC,且用量较小,决定采用现场拌制的方式制备 UHPC。UHPC 原材中基本为细料和粉料,拌和物的均匀性对其性能影响极大。超高性能混凝土拌和物的均匀性有两个关键:①在低水胶比条件下拌和物的均匀性;②钢纤维在拌和物中均匀分散。为了提高拌和物均匀性,一方面,采用更好的立轴行星式搅拌机配合钢纤维分散机,另一方面在搅拌程序上进行了优化:搅拌时先将砂投入搅拌机,水泥、石粉、硅灰随后投入搅拌机中,干拌 2min,减水剂称量准确后提前与水混合均匀,待干料搅拌均匀后加入水与减水剂。砂上料完毕后即开始缓慢均匀地投入钢纤维,在 UHPC 搅拌过程中钢纤维持续投料,待钢纤维投料完毕后再持续搅拌一段时间,完成 UHPC 搅拌工作。投料过程约 2min,搅拌过程约 6min。

2. 拱肋模板

外模板分为底模和内外侧模,采用全钢结构分段制造,底模制作全拱肋,侧模制作跨中和跨边各一套,跨边节段侧模可对称使用,底模共 12 节,每节段拱肋 4 节底模,每节段拱肋 16 片侧模。由于拱肋为两端封闭结构,内模板的拆除只能通过人洞进行,因此,内模板必须采用"化整为零"的方案拼装。内模板采用钢-木组合,钢模作为内模骨架,保证内模刚度,竹胶板作为平面模板,易于裁切和拆装,模板情况见图 7。

3. 浇筑与养护

拱肋节段采用卧式浇筑法,采用长线耦合预制工艺以提高接头接触面契合度,完成 1、2 号节段浇筑后以 1、2 号节段的端头为 3 号节段的端头模板预制 3 号节段。为保证预应力管道精准对齐,加工 32 根略小于预应力管道的钢棒,通过钢棒限定预应力管道的精确位置。浇筑顺序示意图见图 8。

图 7 拱肋模板

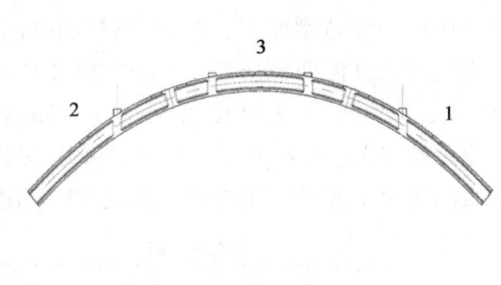

图 8 拱肋预制顺序示意

拱肋浇筑完毕后立即喷洒蒸发抑制剂并覆盖薄膜保水,避免早期干缩开裂。大约 8~12h 后,结构具有一定强度即拆除模板,先拆外模板再拆内模板,拆除外模后即洒水覆膜保湿。全部拆模完毕后即进行蒸汽养护,蒸汽养护采用定制的移动装配式养护房保温(图 9),采用 3 台 48kW 电力锅炉提供蒸汽,升温速度不大于 15℃/h,升温至 80℃后,保持恒温 48h 以上,再以不超过 15℃/h 的降温速度降至构件表面温度与环境温度之差不大于 20℃。构件蒸养结束进行自然养护,构件表面覆膜保持湿润至 14d 龄期。

4. 拱肋安装

拱肋吊装采用支架法,支架采用钢管和型钢焊接,根据拱肋吊装时的工况对支架进行了设计和计算。拱肋采用 2 台 100t 汽车吊进行吊装,预先根据施工现场对吊车布置位置进行设计,并对吊跨边节段和跨中节段两种工况进行了验算。考虑到拱肋起吊过程的平衡,在拱肋预制时,根据拱肋重心的计算结果设置了吊孔。拱肋吊装见图 10。

拱肋安装有两个关键问题,一是拱肋安装前的翻转,二是拱肋的精准安装。拱肋转体过程中重心瞬变易造成拱肋的碰撞损伤,解决方法是在沙堆上进行翻转,在桥址附近根据拱肋翻转前后的形状设计了沙堆,沙堆采用湿润的级配碎石堆积而成,翻转过程中 2 台吊车配合缓慢翻转。

拱肋的吊装遵循先两边后中间的顺序,为保证拱肋的安装精度,制定了两个措施,一是在支架顶端根据线形设置若干螺旋千斤顶,调整拱肋合龙姿态,二是在拱肋对齐后将 4 根定位钢棒插入四角的预应力管道中进行定位,随后进行高强螺纹钢棒的安装与张拉。成桥照片见图 11。

图 9　蒸汽养护装置　　　　　　图 10　拱肋安装　　　　　　图 11　八丘田 UHPC 拱桥

## 四、试　　验

### 1. 模型试验

由于拱箱结构在施工过程主要发生受弯开裂,为验证结构的抗弯承载力和 UHPC 浇筑的均匀性,在拱肋预制前先开展了等比例模型试验,见图 12。A1、A2 两组模型试验与实桥拱箱尺寸、材料相同,节段长 2m。试验对构件破坏形态、荷载-挠度关系、荷载-应变关系、弹性极限应力和极限承载力进行了分析,结果表明:试验构件不同位置的实际破坏形态与其理论受力特性基本吻合,说明 UHPC 的均匀性良好;试件达到极限荷载后有明显的应变硬化阶段,达到破坏时的挠度相对较大,破坏时的延性性能较好;试件不同位置的弹性极限应力基本接近,大致处于 9.5MPa ~ 11.9MPa,大于 UHPC 的弯曲抗拉强度设计值(4.13MPa)和标准值(6.75MPa)。

图 12　模型试验

### 2. 荷载试验

桥梁通车前开展了静力荷载试验和动力荷载试验,测定桥跨结构在试验静力荷载作用下控制截面应力和挠度,以及在试验动荷载作用下桥跨结构的自振特性和动力响应。试验结果表明:在公路—Ⅱ级等效试验荷载作用下,受检桥跨梁体控制截面实测应变值均小于其对应的理论计算值,应变校验系数在 0.700 ~ 0.833,卸载后的相对残余应变均小于 20%,结构强度满足设计要求。桥梁自振特性测试得到主桥一阶竖向实测振动频率分别为 7.42Hz,大于相应的理论计算值 7.38Hz,实测振型与理论振型基本吻合,表明结构的整体刚度较大。不同车速的无障碍行车作用下,实测桥跨最大冲击系数为 0.272,小于计算值 $\mu = 0.337$,桥面总体较平顺。

### 3. 健康监测

为了解施工和运营过程主拱结构的受力情况,对主拱的应力进行监测。监测位置选取为拱脚截面上缘、立柱截面下缘以及接缝位置的下缘,共布置 7 个监测截面,每个监测截面布置 1 个应力测点(可同时监测结构表面温度),全桥共布置 15 个应力测点,测点布置见图 13。

近半年的运营期监测数据表明:监测过程中最大拉应力为 2.22MPa,其他各点拉应力处于抗弯拉强度设计值(4.125MPa)28% ~ 50%范围,主拱结构具有较大的安全余量。

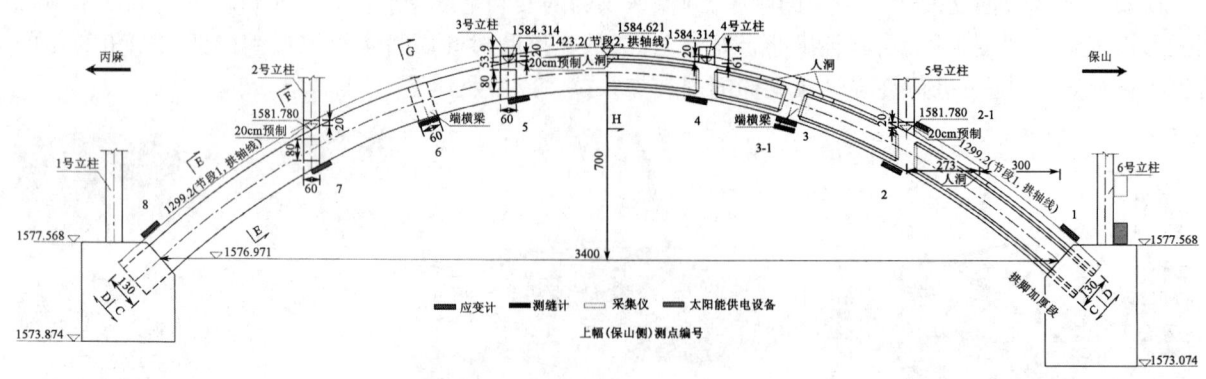

图 13　监测测点布置

## 五、结　语

八丘田车行天桥的设计研究和工程应用表明:采用 UHPC 建造拱桥可减小拱肋截面厚度,使拱圈自重大幅度减小,UHPC 应用于拱桥结构具有良好的应用前景。

采用机制砂配制 UHPC 可取得较好的效果,同时可降低应用成本。机制砂经过生产工艺和颗粒级配优化可进一步挖掘潜能,配制出性能更加优良的 UHPC。机制砂配制的 UHPC 满足工程结构应用需求,首次实现工程应用。

八丘田车行天桥静荷载和动荷载试验均体现出优异性能:在设计荷载作用下结构强度、刚度满足设计要求,抗冲击、动力响应表现优良。结构监测数据表明主拱应力远小于弯曲抗拉强度设计值,具有较大的安全余量。

八丘田车行天桥的建设为大跨径 UHPC 拱桥建设进行了技术验证,该桥在设计、建造、科研方面已获得关键技术突破,大跨 UHPC 拱桥建造有望获得突破。

**参考文献**

[1] 郑皆连,王建军,牟廷敏,等.700m 级钢管混凝土拱桥设计与建造可行性研究[J].中国工程科学,2014,(8):33-37.

[2] 邵旭东,何广.800m 级钢-UHPC 组合桁式拱桥概念设计与可行性研究[J].中国公路学报,2020,33(2):73-82.

[3] 邵旭东,邱明红,晏班夫,等.超高性能混凝土在国内外桥梁工程中的研究与应用进展[J].材料导报,2017,31(023):33-43.

[4] 陈宝春,韦建刚,苏家战,等.超高性能混凝土应用进展[J].建筑科学与工程学报,2019,036(002):10-20.

[5] 王宗山,周建庭,马虎,等.大跨 UHPC 箱形拱桥试设计研究[J].中外公路,2020,252(02):97-100.

[6] 黄卿维,沈秀将,陈宝春,等.韩国超高性能混凝土桥梁研究与应用[J].中外公路,2016,36(2):222-225.

[7] 杜任远,黄卿维,陈宝春.活性粉末混凝土桥梁应用与研究[J].世界桥梁,2013,(01):69-74.

[8] 陈宝春,黄卿维,王远洋,等.中国第一座超高性能混凝土(UHPC)拱桥的设计与施工[J].中外公路,2016,036(001):67-71.

[9] 张阳,唐重玺.装配式 UHPC 拱桥结构力学性能分析[J].中外公路,2016,(2):125-130.

[10] 安蕊梅,段树金.韩国首尔仙游人行拱桥[J].世界桥梁,2006,(3):8-10.

[11] Huh S,Byun Y. Sun-Yu Pedestrian Arch Bridge,Seoul,Korea[J]. Structural Engineering International:Journal of the International Association for Bridge and Structural Engineering (IABSE),2005,15(1):32.

[12] Reichel M,Freytag B,Sparowitz L. Road Bridge "Wild": Application of the UHPFRC Precast Segmental Construction Method for an Arch Structure[M]. Toutlemonde F,Resplendino J,Hoboken,NJ USA:John

Wiley & Sons,Inc,2011,209-220.
[13] 褚洪岩,蒋金洋,李荷,等.环保型细集料对超高性能混凝土力学性能的影响[J].材料导报,2020,34(24):24029-24033.
[14] 丁庆军,彭程康琰,胡俊,等.细集料对超高性能混凝土的性能影响[J].硅酸盐通报,2019,38(02):183-189.
[15] 余睿,范定强,水中和,等.基于颗粒最紧密堆积理论的超高性能混凝土配合比设计[J].硅酸盐学报,2020,48(8):1145-1154.
[16] 王永霞.含白云石粗骨料超高性能混凝土的性能试验研究[J].长江科学院院报,2020,37(1):149-155.
[17] 黄伟,孙伟,Huang,等.石灰石粉掺量对超高性能混凝土水化演变的影响[J].东南大学学报(自然科学版),2017,04(v.47):124-132.
[18] 张云升,张文华,陈振宇.综论超高性能混凝土:设计制备·微观结构·力学与耐久性·工程应用[J].材料导报,2017,031(023):插1-插2,1-16.
[19] 叶显,纪宪坤,吴文选,等.基于最紧密堆积理论的超高性能混凝土配比设计[J].人民长江,2021,52(7):198-203.
[20] 刘珍,王武峰,余睿,等.基于黏度区间优选与颗粒紧密堆积理论协同作用的高密实度UHPC材料研究[J].混凝土,2020,(1):11-14.

# 54. 工业化箱形拱形通道的设计与施工

陈 瑶[1] 陈露晔[2] 廖刘箅[2] 吴淀杭[2]

(1. 杭州市交通运输行政执法队;2. 浙江数智交院科技股份有限公司)

**摘 要** 本文从传统现场浇筑施工方法的缺点出发,提出工业化研发的整体目标,针对通道断面类型和尺寸、节段划分、连接方式、防水措施等展开方案比选,考虑其制造、运输、吊装、拼接等全工业化流程,选择符合装配式结构特点并满足工业化条件的最优方案。通过依托工程实际施工检验,总结出标准化的施工工艺和作业流程。新型装配式通道工业化程度高,适用范围广,施工快捷方便,结构安全耐久,研究成果对于促进装配式结构大规模应用有重要意义。

**关键词** 预制装配式 方案比选 通道设计 快速施工 工业化 工艺流程

## 一、引 言

通道是公路工程中一种十分常见的结构,以人、车通行或过水为主要功能。作为公路工程中的重要组成部分之一,通道量大面广,投资较大,往往成为影响整个工程造价、质量和工期的重要因素之一。

目前,国内的通道普遍以现浇钢筋混凝土结构为主,现浇通道在施工过程中容易受到地理环境、季节气候及原材料等条件的限制,加上施工方法、工艺、材料单一,存在一定局限性,不适应新时期我国交通强国建设,打造公路品质工程建设所提出的,对结构构件实现工厂化生产、机械化装配、标准化施工的要求。

本课题研发的必要性论述:预制装配式通道是改变交通建筑行业设计模式和建造方式,提高交通建筑行业科技含量、性能和质量的需要;是控制工地扬尘,减少环境污染的需要;是解决建筑市场劳动力资源短缺及劳动力成本增加的需要;是交通建筑行业节能减排、节约资源和合理控制造价的需要。

## 二、研发目标

为完成新型预制装配式通道的研发,提高交通建设行业工业化、装配化、智慧化水平,制定了三个目标。

目标1：通道种类归并、尺寸优化、环境适用。

影响通道种类、尺寸的因素如下：功能（机通、人通、排水），通道埋深（明涵、暗涵），运输吊装条件（起重设备、道路情况、超限上路审批），净空要求。只有当装配式通道种类、尺寸经过归并后，实际施工中通道才能做到工业化、标准化、规模化，以适应沿线多种运输、安装，减少造价。装配式通道不仅需要适应各种环境下（山区、平原）的运输、吊装，而且应减少现场施工对环境的污染。只有做到各种环境适用，装配式通道才能适应未来国家建设的需求。

目标2：施工全过程的便利性。

现浇通道施工必须在地基处理完后进行，换填或管桩处理本身需要一定时间，现浇作业工序包括：钢筋绑扎焊接、模板架立、混凝土浇筑、模板拆除、混凝土养护，工艺复杂无法利用地基处理前期的时间。现场劳动力多，机械化程度低，现场立模、钢筋绑扎、喷水养护势必需要较多人力。现场施工场地占用大，原材料堆放难以管理。通过以上分析可以得出，为了实现施工全过程的便利性，装配式通道的实施，其"工厂制造简捷高效、预制构件运输便利、现场装配快速可靠"的研究不可缺少。

目标3：通道结构经济、可靠、耐久。

通道结构的设计，要求按照安全、耐久、经济等原则进行。通道的耐久性和可靠性，除了与结构尺寸有关外，还与以下因素有关：构件的连接方式（纵向有约束连接、纵向无约束连接）及防水措施（压缩胶圈密封、砂浆或弹性材料密封、外包止水带等）。只有当构件的连接方式、防水措施都满足实际施工、运营需求，装配式通道才能达到可靠耐久。

装配式通道可以做到工业化、标准化、规模化，现场施工人员少，成本可控，但是由于目前国家标准缺少相应预制构件定额，难以供设计、施工编制预算，因此装配式通道预算定额的编制也是本课题研发目标之一。

## 三、方 案 设 计

### 1. 装配式通道断面类型和尺寸

装配式通道按其断面形状可分为箱形、拱形和异式通道三种结构形式（图1）。

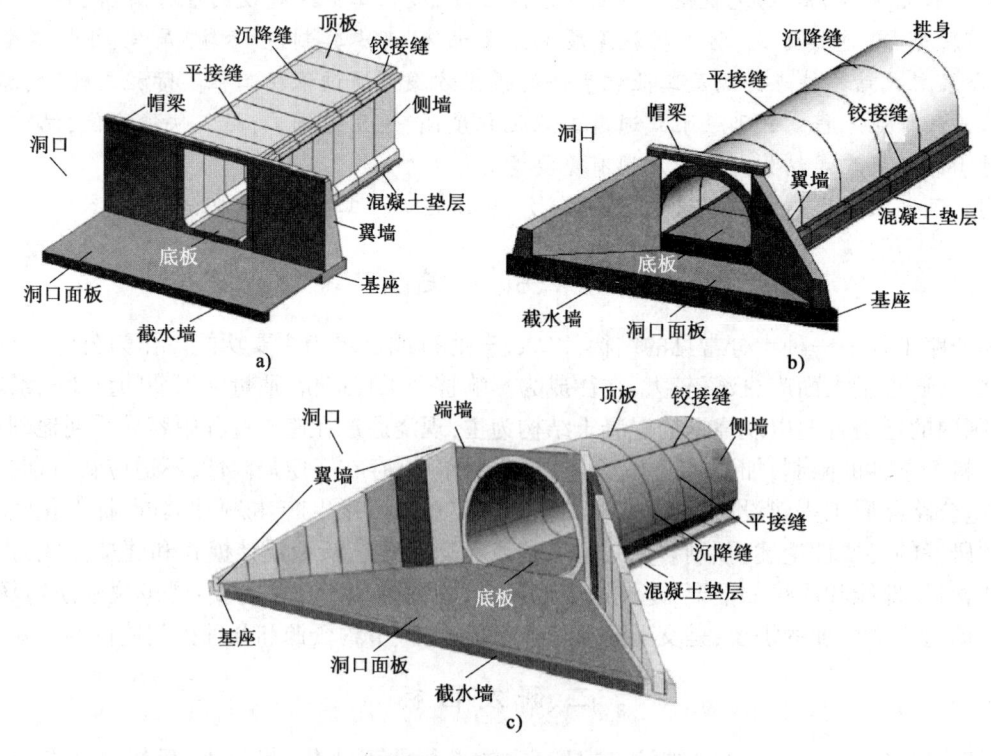

图1 箱形通道、拱形通道、异式通道示意图

根据其功能,装配式通道可分为人通、机通和排水。根据实际使用情况,可以单独或者混合使用其功能。

通道断面类型选择(表1)应保证:①用于人通、机通时,保证其净空满足使用要求;②用于排水时,尽可能提高其过水能力;③通道类型形式简单、断面规整、造价经济。

**断面类型方案比选** 表1

| 断面类型方案 | 箱形通道 | 拱形通道 | 异形通道 |
| --- | --- | --- | --- |
| 净空适应能力 | 内轮廓与规范净空要求形状基本一致,能充分利用通道内空间 | 不能充分利用弧线段空间 | 不能充分利用弧线段空间 |
| 过水能力 | 弱于拱形截面 | 拱形截面过水能力最强 | 弱于矩形、拱形截面 |
| 成本控制 | 模板形式简单,构件存放空间小,减少施工成本 | 模板形式较箱形通道复杂 | 弧度变化较多,模板形式最为复杂 |

经过表1对比分析,为了提高装配式通道对使用功能的适应性,从方便施工、降低造价的角度出发,最终确定采用"箱形通道"作为人通、机通的通道断面类型,"拱形通道"作为纯过水的通道断面类型。

通过对既有项目的大数据统计分析,净宽4m、5m、6m,净高3.5m、4m、4.5m占比最大,净高分布大致以0.5m等差变化。考虑到减少模板尺寸、提高利用率,标准净宽采用4m和6m,标准净高采用3.5m和4.5m,考虑1m高度的预制水沟,最终确定两种标准结构通道:6m×5.5m及4m×4.5m通道,侧墙以0.5m为模数,根据实际需求进行调整,满足不同净高的要求。每一种标准结构通道根据填土高度再细分为三种,结构型号和断面尺寸详见表2及图2。

**新型装配式通道结构型号和尺寸表** 表2

| 序号 | 结构型号 | 类 型 | 填土高度(m) | 顶板厚度(m) | 底板厚度(m) | 侧墙厚度(m) | 使用性质 |
| --- | --- | --- | --- | --- | --- | --- | --- |
| 1 | XT-M4×4.5 | 箱形通道(明涵) | 0.2~1 | 0.3 | 0.4 | 0.4 | 用于人通、机通、过水、通道兼过水 |
| 2 | XT-A4×4.5-(L) | 箱形通道(暗涵) | 1~5 | 0.4 | 0.45 | 0.45 | 用于人通、机通、过水、通道兼过水 |
| 3 | XT-A4×4.5-(H) | 箱形通道(暗涵) | 5~10 | 0.5 | 0.5 | 0.5 | 用于人通、机通、过水、通道兼过水 |
| 4 | XT-M6×5.5 | 箱形通道(明涵) | 0.2~1 | 0.4 | 0.5 | 0.5 | 用于汽通、过水、通道兼过水 |
| 5 | XT-A6×5.5-(L) | 箱形通道(暗涵) | 1~5 | 0.5 | 0.55 | 0.55 | 用于汽通、过水、通道兼过水 |
| 6 | XT-A6×5.5-(H) | 箱形通道(暗涵) | 5~10 | 0.6 | 0.6 | 0.6 | 用于汽通、过水、通道兼过水 |
| 7 | GT-3×2 | 拱形涵洞(暗涵) | 2~10 | 0.35 | 0.4 | | 用于过水 |

实际工程应用中直径为1.0m、1.5m、2m的圆管涵均为常见横断面,预制工艺已经成熟,考虑到较大过水断面的需求,确定拱形通道尺寸3m×2.0m,过水面积为5m²。

2. 纵横向节段划分

根据实际施工条件,装配式通道在纵横向往往需要划分节段,以满足工厂施工便利性、运输吊装重量等条件要求。

装配式通道纵向节段划分首先既要能根据通道长度灵活调节、又要能保证拼装施工量少,这就要求纵向节段不能过短,以往装配式通道节段长度一般分为1.0m、1.5m、2.0m三种;其次,吊装重量不能过大,控制在30t以下为宜;最后,考虑减少构件运输上路审批流程,构件节段尽量控制在2.5m以内。综上所述,纵向标准节段长度取2.5m,为了灵活调节通道长度,增加1m长度的调整节段,可实现0.5m级的长度调整。

装配式箱式通道横向节段主要有:整体式、上下两部分拼块式、门形拼装式、盖板式等形式。整体式通道现场拼缝最少,但起吊重量大,不适合运输,故不做比选,其余均有现场拼缝,门式有现浇底板(表3)。

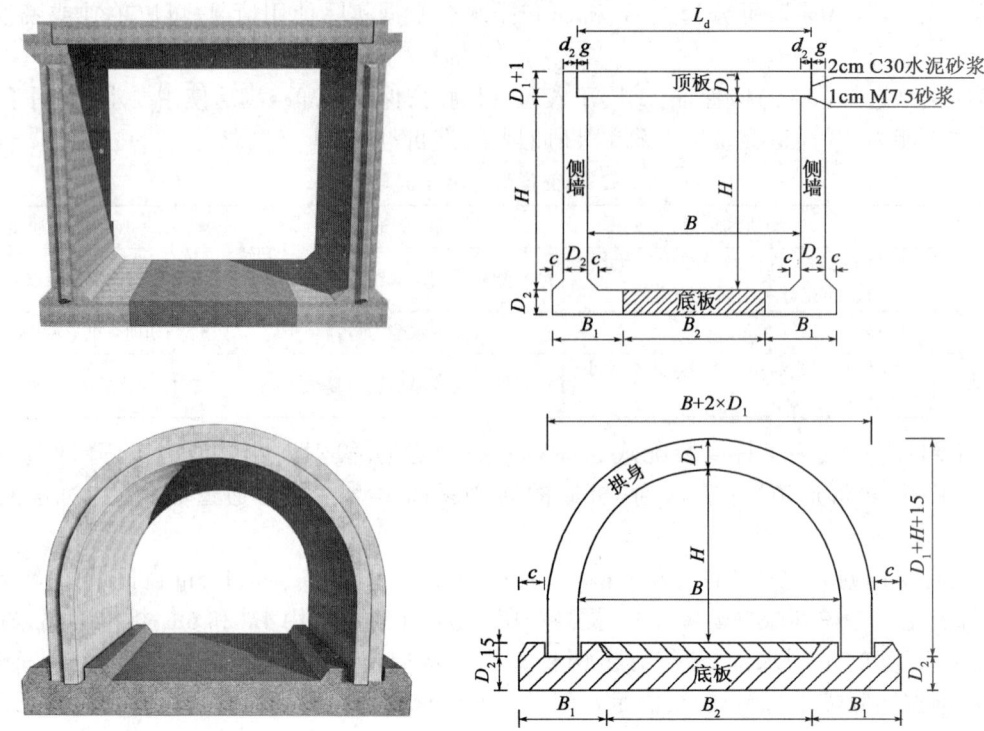

图2 新型装配式通道断面透视图

**横向划分方案比选** 表3

| 横向划分方案 | 盖板式(1块顶板、2块侧墙、底板现浇) | 门形拼装式 | 上下两部分拼块式 |
|---|---|---|---|
| 吊装次数 | 3 | 2 | 2 |
| 预制精度要求 | 精度要求低 | 底板凹槽精度要求较高 | 上下两部分接缝精度要求较高 |
| 运输、存放条件 | 占用空间较少 | 占用空间较大 | 占用空间较大 |
| 起吊重量 | 起吊重量较小,各构件间重量差较小 | 起吊重量较大,各构件间重量差较大 | 起吊重量较大,各构件间重量差较小 |

考虑到通道吊装前需要根据具体地质条件对地基基础进行加固处理,施作调平层要满足预制构件安放平整度要求。为了增加基础平整度容错率,方便施工,底板宜采用现浇底板。盖板式预制精度要求小、存放所需场地较小、起吊重量小且各构件间的起吊重量差异小,所需起吊设备要求低,因此选择盖板式作为装配式箱形通道横向节段划分方案。

拱形通道顶板圆弧段对竖直段有水平推力,因此为减少现场侧墙临时固定作业量,拱形通道顶板宜采用整体预制,选择门形拼装式作为装配式拱形通道横向节段划分方案。

3. 纵向连接方式

装配式通道连接形式主要有两种:构件间无约束锁紧装置的连接和构件间带有纵向锁紧装置的连接(表4)。

**纵向连接方式方案比选** 表4

| 方　案 | 无约束锁紧装置 | 带有纵向锁紧装置 |
|---|---|---|
| 接口密封可靠性 | 柔性接口,可以适应一定程度的位移和转角 | 整体刚度大,接口不发生位移和转角,密封性较为可靠 |
| 连接方式适用性 | 1. 降低对基础的要求,可直接铺在素土平基或砂石垫层上;<br>2. 地基基础越软,底板中内力越小,提高通道承载能力;<br>3. 该连接方式下的通道,抵御沉降应力能力较弱,需加强地基、基础的设计要求 | 1. 难以设置沉降缝,发生地基沉降时,通道断面内将引起内应力,严重时通道会开裂,甚至破坏;<br>2. 贯穿整个箱涵管道的纵向串接,张拉钢筋后在断面内产生压应力,可抵御沉降应力,防止通道开裂 |

续上表

| 方　案 | 无约束锁紧装置 | 带有纵向锁紧装置 |
|---|---|---|
| 制造安装便利性 | 1. 安装施工简单，不需作预应力操作；<br>2. 施工中可对每一接口进行接口抗渗检验，合格后可立即还土，缩短施工工期；<br>3. 工作面尺寸精度要求较高，承插口接口制作难度较大 | 1. 制作简单，端面只需保证平整、平行，无需制作承插口；<br>2. 需对孔，穿预应力筋并张拉；<br>3. 尺寸精度要求较低 |
| 成本 | 省去预应力器材，可用普通胶圈为密封材料，工程本身费用低 | 1. 竖向土压力作用加大，配筋需增多；<br>2. 遇水膨胀胶圈为接口密封材料，价格高于普通密封胶圈；<br>3. 需用纵向高强钢筋或钢绞线 |

1）无约束锁紧装置的连接

无约束锁紧装置的连接，又分为刚性接口和柔性接口。接口形式主要有以下几种：①小企口接口，用砂浆或弹性材料密封；②大企口胶圈密封接口，其分为带胶圈槽的接口和无胶圈槽接口、单胶圈密封和双胶圈密封接接口；③钢承口接口。

2）带有纵向锁紧装置的连接

其把每节通道连接成整体，所用的方法是在通道中预留穿筋孔道，节段安装时穿入高强钢筋螺杆或钢绞线，经张拉锁紧，节段就被串联成有一定刚度的整体通道，用以抗御基础不均匀沉降。因各节段间纵向具有压力，故此类通道常用节段端面压缩胶圈形成接口密封，接口密封材料常用遇水膨胀胶圈。

装配式通道的连接方式是形成整体质量的重要因素。其连接方式应保证：①在通道全寿命过程中接口密封的可靠性；②连接方式能适应施工工艺的要求，简单方便；③连接接口便于生产制造；④连接方式形式简单、成本低廉。

考虑装配式通道的适应性及耐久性，从方便施工、降低造价的角度出发，确定采用"柔性大企口"作为实施方案。承插口设置为可竖向插拔式，避免施工中水平顶推作业。

4. 综合防水措施

通道一般防水措施有：①砂浆或弹性材料密封；②胶圈密封接口；③钢承口接口；④采用遇水膨胀胶圈。但效果往往不尽如人意，尤其是装配式通道在施工精度影响下，接缝处防水措施在设计时更需注意。根据调查资料，实际运营过程中，常常会发生接缝处渗水情况，防水措施有待优化。

经过资料查找、研究后，参考水底隧道防水措施，装配式通道防水采用综合防水措施，顶板铺设抗渗混凝土，侧墙接缝内采用膨胀止水条＋双组份聚硫密封胶，接缝外侧采用SBS改性沥青防水卷材，底板下采用水泥基渗透结晶防水涂料。

## 四、施工工艺

1. 新型装配式箱形通道工业化预制流程（图3）

经过前期摸索和首件认可，总结出标准化的预制作业流程：

①钢筋在胎架上制安；②钢筋整体吊装；③预制模板打磨涂脱模剂；④整体钢筋入预制台座；⑤装配式箱形通道混凝土浇筑；⑥混凝土养护；⑦脱模检查外观质量；⑧装配式构件翻转装车；⑨存放区养护堆放。

2. 新型装配式箱形通道工业化安装流程（图4）

经过前期摸索和首件认可，总结出标准化的安装作业流程：

（1）检测高程，铺筑垫层。铺筑基础底砂砾垫层和浇筑混凝土垫层，定位浇筑低侧洞口卡槽、低侧洞口铺砌、一字墙或八字墙等；

（2）安装标准节段侧墙。现场检查各预制构件有无运输过程中的破损，包含遇水膨胀止水条是否固定，安装就位前水泥砂浆坐浆厚5cm；

(3)安装顶板。顶板与两侧墙接头为承插式,顶板吊装就位前于侧墙凹槽内涂设黏稠状 M30 水泥砂浆,用以顶板就位时的铰缝自行填塞;

(4)现浇底板混凝土。浇筑底板混凝土时,应将两侧墙的与底板接触面混凝土浮浆凿掉、凿毛,以便于现浇底板实现良好接合;

(5)处理结构接缝、沉降缝。固定遇水膨胀止水条,用钢钉或胶粘将止水条固定在安装部位,并预留注胶孔。接缝内填充双组份聚硫密封胶,外面安装 SBS 改性沥青防水卷材;

(6)分层对称台背回填。采用级配碎石对称分层填筑与压实箱形通道结构物台背至顶板接缝,然后对称分层填筑与压实箱形通道结构物至路基顶面。

图 3　新型装配式通道预制流程图

图 4　新型装配式通道安装流程图

## 五、结语与展望

本文研究和设计的新型装配式通道,具有如下标准化、工业化特点:①构件尺寸整齐划一,模板种类高效精简;②侧墙高度分级可调,涵盖多种适用范围;③现场装配零焊接量,环境污染持续降低;④产品质量有效保障,通道结构耐久环保;⑤专用定额有据可查,通道造价经济节省;⑥形成若干技术指南,方便后续推广应用。

(1)目前,规范对于埋深较大的通道涵洞,计算要求并未规定考虑土拱效应,因此本次开发设计尚未考虑该部分的有利影响,而事实上土拱效应在高填深埋路段的通道中普遍存在,后期将根据依托工程中对实际通道受力的检测分析,建立结构与土拱联合作用的实体有限元模型,摸清高填深埋路段的结构受力机理,对薄壁通道进行优化,进一步提高其经济型。

(2)在山区公路中填高较大,其下有多车道公路通行需求或者河流通过,建设桥梁规模较大,经济上无法接受,或者市政道路中受高程控制无法建设桥梁等特殊情况下,多孔通道结构不失为一种优良的选择。有必要对其进一步开发。

(3)结合BIM软件进行二次开发,将三维模型直接导出工程实用的施工图纸,只需输入少数几个控制参数就可以完成不同跨度、不同高度、不同角度的施工图纸。

**参考文献**

[1] 胡可,等."装配式钢筋混凝土管形通道"设计体系研究[J].公路交通科技(应用技术版),2010(10):8-12.
[2] 柯代琳.装配式预制箱涵通道设计施工技术研究[J].交通科技,2016(5):114-117.
[3] 陈志明,等.预制装配式混凝土箱涵设计与施工[J].现代交通技术,2019(1):49-51.
[4] 吴斌,等.关于装配式箱涵施工中防水的措施[J].广东公路交通,2019(5):148-152.
[5] 宋林,等.昌九高速改扩建项目装配式箱涵设计研究[J].公路,2020(4):145-151.

# 55. 山区高等级公路工业化桥梁设计与快速施工

陈露晔[1]　陈瑶[2]　陆潇雄[1]　杨世杰[1]　宋志远[1]　袁江川[1]

(1.浙江数智交院科技股份有限公司;2.杭州市交通运输行政执法队)

**摘要**　本文从传统现场浇筑施工方法的缺点出发,针对山区高等级公路存在运输困难、地势起伏、工点分散、桥墩普遍较高的特点,以浙江西部某典型山区高速为例,介绍了预制装配工业化桥梁关键技术及应用,并就其总体方案进行阐述。重点研究下部结构选型及节段合理划分,对连接形式进行方案比选,提出了一站式架桥机的快速施工方案,同步实现了上下部结构的机械化安装,研究结果和实践对于探索并扩大预制装配工业化桥梁在山区公路上的应用有重要意义。

**关键词**　山区高速　预制装配桥梁　一站式架桥机　快速施工　桥梁设计

## 一、引言

传统桥涵现场浇筑施工方法有以下缺点:①搭设大量支架,对交通影响大;②现场作业需大量的劳动力;③建造效率低、施工工期长;④粉尘、泥浆、噪声等对环境影响大;⑤行业整体能耗高。而工业化预制装配桥涵能有效解决以上缺点,适应产业升级的趋势,适应劳动力成本上升的压力,并有效推动全产业链发展,逐渐成为下一代桥梁工程的重要发展方向,因而近些年发展迅速,特别是在市政高架、跨海长桥上的应用逐年增加,有时成为不二之选。然而山区公路桥涵存在运输困难、地势起伏、工点分散、桥墩普遍较高等特点,根据相关文献及调研,国内外对于在山区公路上大规模应用全预制装配式桥涵,尤其是混凝土下部结构,研究和实践较少,山区高速应用相对空白。

## 二、工程概况

浙江西部某典型山区高速,全线采用双向四车道高速公路标准,设计速度100km/h,路基宽度26m,其中由于项目建设需要设置先行段24km。

先行段线路主要在浙西中低山丘陵区,沿线以低山丘陵间夹沟谷为主,地势起伏大,地貌类型总体上可划分侵蚀剥蚀地貌、堆积地貌两类。项目桥梁多跨越沟谷,场地浅部主要有冲洪积黏性土、含黏性土卵石、坡洪积含砾、碎石黏性土等,大部分桥梁下伏中风化基岩埋深适中且基岩面平整,总体物理力学性质良好。不良地质有:断层、岩溶、崩坡积体。

工作区Ⅱ类场地条件下地震动峰值加速度基本值为0.05g区,相当于地震基本烈度为Ⅵ度。

## 三、总体方案

从打造品质工程出发,提升产品质量,积累工程经验,推动山区高速建设转型升级,结合工程形象、施工工期、运输条件、经济性等因素,拟在先行段范围内实施全预制装配化设计方案。

### 1. 桥梁范围的选择

对于主线桥梁,首先要求跨径标准化,结合墩高,经经济技术比选,本项目以30m跨径为主(占比90%以上),少量20m跨径。采用一站式架桥机为主实施装配式结构。

对于互通区桥梁,其具有桥梁超高、变宽、斜交,结构形式多样等特点,但桥墩高度相对较低,同时曲线半径小不适应架桥机连续作业,采用吊装法实施装配式结构。

因此先行段除斜交桥外,其余主线桥梁和互通区桥梁全部采用全预制装配化方案。

### 2. 单桥构件选择

由于山区公路养护不便,一般不选择钢结构,山区高速公路桥梁常规上部结构选型为T梁、矮T梁、组合小箱梁等预制装配混凝土结构。根据浙江高速公路建设经验,本项目选择常规T梁,其已为预制装配化,因此重点对预制下部结构进行分析说明(图1)。

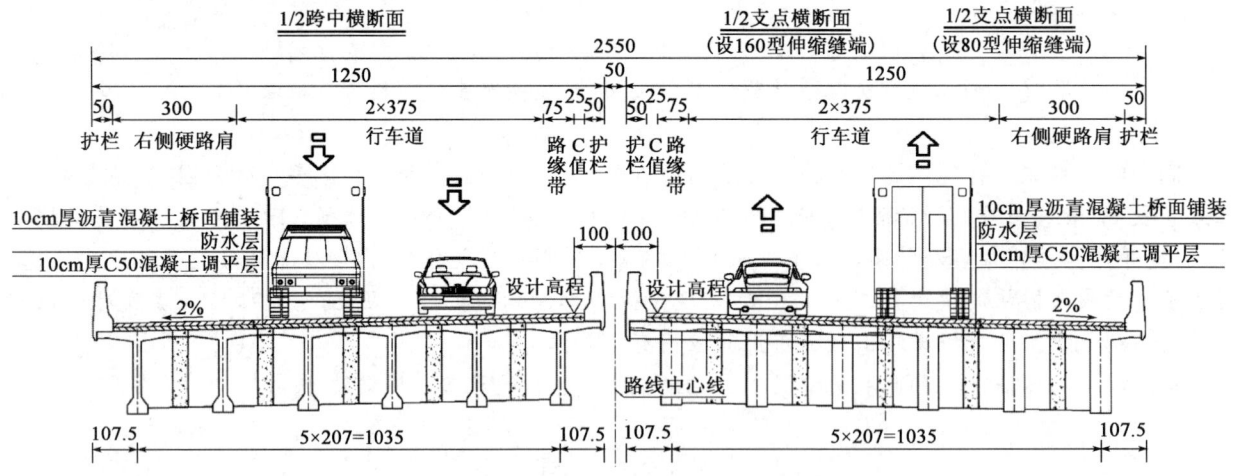

图1 先行段主线桥梁标准横断面(尺寸单位:cm)

本项目地质条件较好,中风化岩层埋深较浅,桩基绝大多数为嵌岩桩,预制管桩打设困难,且群桩基础需增设承台,经济性差;山区地势起伏、运输困难,大型打设、吊装设备到达每一桥墩工点不符合绿色环保理念;隐蔽工程对构件外观无较高质量要求,因此采用灌注桩基础。

灌注桩基础需凿除桩头,其桩头钢筋精准定位十分困难;预制立柱吊装需设置安装调平平台,该平台内预埋连接钢筋,因此采用现浇底系梁作为过渡平台。

桥台台帽为局部隐蔽工程,直接与桩基或承台相连,且有耳墙、背墙等薄壁异型构造,几何尺寸和重量较大,其控制架桥机规模,结构物重心整体安装时较难把握,吊装、运输风险较高,因此仍采用现浇方式。

综上所述,先行段采用预制T梁、盖梁、立柱全预制装配化方案(图2)。

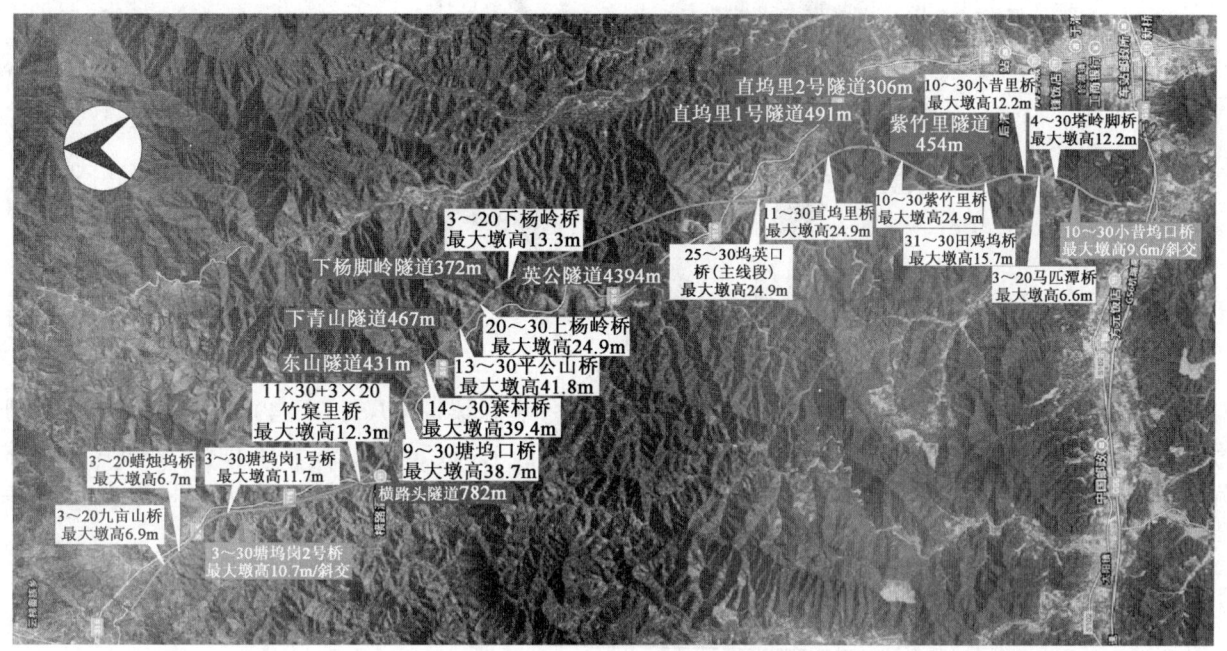

图2　先行段主线桥梁分布示意

## 四、下部结构选型

### 1. 预制立柱

预制立柱设计的原则:

①要求立柱整段快速安装。理由:空中接头需做钢牛腿,后期切割影响外观质量,避免立柱空中对接,降低施工难度和风险;接头只出现在顶部和底部两处,方便及时发现问题,如果有开裂或需加固,也方便及时处理。②限制吊装重量(小于150t)。理由:控制架桥机体量(接近400t),减少整体施工难度,控制总体施工风险。

根据上述原则进行立柱种类划分,划分少经济就差,划分多种类太多规模效应差。考虑减少立柱种类并兼顾经济性,并辅有计算分析结果,下部构造选型划分四档(表1)。总体上还可以分为两类,30m以下整段立柱,30m以上分成上下两段,上段预制,下段现浇。由于标准跨径为30m,据测算,立柱竖向转体最长28m,因此以30m墩高为界限。立柱构件断面种类分为三类,分别是1.2m×1.2m、1.5m×1.5m、1.7m×1.7m。其中为缩减吊装重量,控制架桥机整体规模,1.7m×1.7m立柱为空心薄壁方墩,壁厚35cm。

立柱构造选型　　　　表1

| 30m跨径T梁墩高 | 方墩尺寸(m) | 桩基直径(m) | 主筋直径(mm) | 节段划分 | 节段重量(t) |
| --- | --- | --- | --- | --- | --- |
| 小于10m | 1.2×1.2(实心) | 1.5 | 24根32 | 整体 | 38 |
| 10～20m | 1.5×1.5(实心) | 1.8 | 32根36 | 整体 | 117 |
| 20～30m | 1.7×1.7(空心) | 2 | 40根40 | 整体 | 139 |
| 30～42m | 1.7×1.7(空心)+2×2(实心) | 1.7群桩 | 40根40 | 整体 | 139 |

30m墩高以上立柱下部考虑现浇段,原因如下:①控制架桥机前支腿长度,从而控制架桥机规模。②可以作为支撑辅助,提高前支腿的稳定性。③作为立柱拼装的施工平台。立柱构造示意见图3。

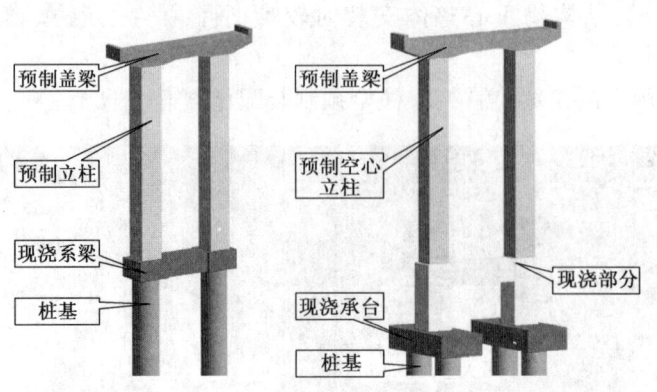

图3 30m以下和30~42m立柱构造三维示意

2. 预制盖梁

主线预制盖梁形式归并为两种类型,每种跨径统一为一种盖梁构造尺寸(图4),即30m和20m标准跨径盖梁,盖梁采用预应力混凝土结构,30m跨径跨中盖梁高1.4m,立柱处盖梁高1.7m,20m跨径跨中盖梁高1.2m,立柱处盖梁高1.5m。预制盖梁最大吊装重量90t。预应力采用双层布置,每层4束,钢束均采用两端张拉,为便于封锚及普通钢筋布置以及考虑美观要求,张拉端设置深埋锚。

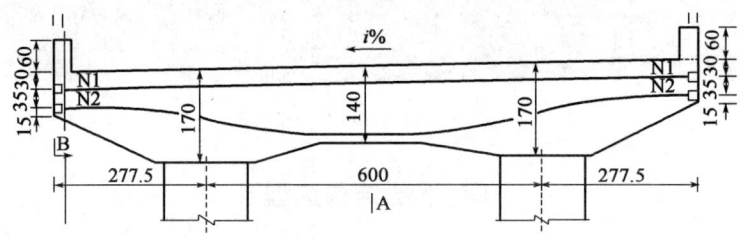

图4 预制盖梁构造和钢束配置(尺寸单位:cm)

普通钢筋盖梁和预应力盖梁的选用理由如下:

(1)盖梁在工厂预制,受弯盖梁做成预应力构件其耐久性较好,适用于山区养护不便的环境。

(2)预应力盖梁重量较轻,便于旋转安装。

(3)经比选,预应力盖梁相比普通钢筋混凝土盖梁造价略低。

本项目采用的预应力盖梁具有如下技术特点:一是工厂一次张拉到位;二是张拉端采用深埋锚。

## 五、连 接 形 式

预制拼装桥墩根据国内外应用情况,大致可分为6类:灌浆套筒连接、灌浆波纹管连接、插槽式连接、承插式连接、现浇湿接缝连接、预应力筋连接等。

1. 方案介绍

1)灌浆套筒连接(图5)

预制墩身节段通过一端预埋灌浆套筒、一端预埋钢筋进行连接,在墩身与墩身、盖梁或承台之间的接触面往往采用高强砂浆垫层进行找平。

此方法现场施工时间短,无需现场浇筑混凝土,现场工作量少,但造价因为套筒原因相对略高,施工精度要求也较高。套筒直径较大,如果纵筋含量较高,布置困难。灌浆质量检测困难,灌浆缺陷存在连接失效的风险。正常使用条件下的力学性能与传统现浇混凝土桥墩类似,相对刚性区域(套筒区域)可能产生应力集中,低震区已应用较多。

图 5 灌浆套筒连接

2）灌浆波纹管连接（图6）

该连接与灌浆套筒连接较为类似，常用于不同构件之间的连接。预制墩身预埋钢筋通过插入预埋于盖梁或承台内的波纹管进行连接，在墩身与盖梁或承台之间的接触面往往采用高强砂浆垫层进行找平。

此方法现场施工时间短，现场灌浆量较少，现场工作量少。传力机理是把一个节段的纵筋延伸到相邻节段，利用波纹管灌浆对纵筋进行锚固，为纵筋提供足够的锚固强度，使得纵筋的力传递到相邻节段，因此需要满足纵筋的锚固长度，其力学性能与传统现浇混凝土桥墩类似。

图 6 灌浆波纹管连接

3）插槽式连接（图7）

插槽式连接主要用于墩身与盖梁、桩与承台处的连接，墩柱吊装到位，墩身预埋钢筋伸入槽口后，现场在槽口里浇筑混凝土。

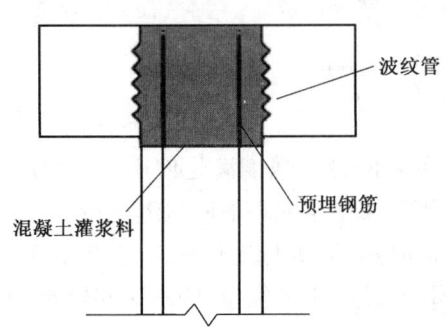 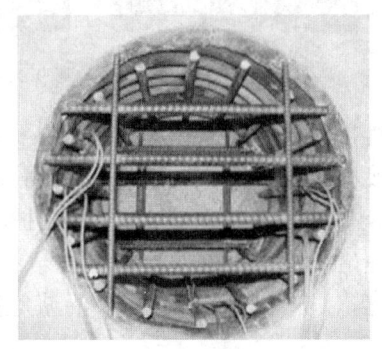

图 7 插槽式连接

与灌浆套筒、灌浆波纹管连接工艺相比，施工精度要求较低，可以解决套管或金属波纹管灌浆不满的问题，其整体性能和抗震性能均较好。但现场需要浇筑一定的混凝土，工作量较多，施工时间也相应较长。槽口有可能中断盖梁或承台中钢筋的连续性，增加盖梁和承台的构造难度。

4）承插式连接（图8）

承插式连接是将预制墩身插入基础对应的预留孔内，插入长度一般为墩身截面尺寸的 1.2~1.5 倍，底部铺设一定厚度的砂浆，周围用半干硬性混凝土填充。

此方法施工工序简单，与插槽式连接类似，施工精度要求较低，现场浇筑混凝土工作量少，但接缝处的力学行为尚需进一步研究。

图 8　承插式连接

5）现浇湿接缝连接（图9）

预制拼装桥墩预埋一定数量的钢筋以便与相邻构件预埋钢筋焊接，施工过程中需设临时支撑，钢筋连接部位需通过湿接缝后浇混凝土方式连接。

采用该构造建造桥墩，力学性能往往与传统现浇混凝土桥墩类似，但钢筋预埋精度要求较高，且现场存在钢筋焊接、湿接缝混凝土浇筑等工作，工序复杂、施工时间较长。

图 9　现浇湿接缝连接

6）预应力筋连接（图10）

预应力筋连接构造通过张拉预应力筋，使得阶段间的接缝强度满足使用要求，预应力筋可采用钢绞线或精轧螺纹钢等高强钢筋，节段间接触面往往采用砂浆垫层或环氧胶接缝构造。

此方法设计理论和计算分析以及施工技术经验成熟，但墩身造价相对传统现浇混凝土桥墩要高许多，同时现场施工需对预应力筋进行张拉、灌浆等操作，施工工艺复杂，施工时间较长。

2. 综合比选

考虑到先行段工期要求高，快速施工的需求紧迫，立柱与盖梁、系梁和立柱的连接均采用现场施工时间短，现场工作量少的灌浆套筒连接（半灌浆套筒）。

利用定制钢筋胎架以提高钢筋预埋精度，加强施工管理和检测以提高灌浆套筒灌浆质量，最终确保产品质量，推动山区高速建设转型升级的目标（表2）。

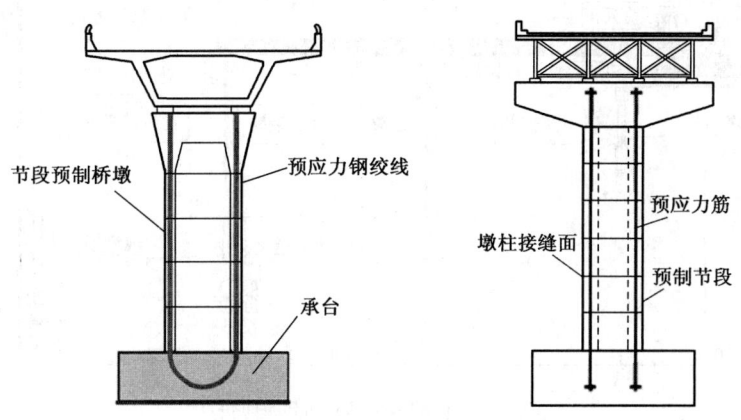

图 10 预应力筋连接

**预制墩柱连接方式综合比选** 表 2

| 连接形式 | 优 点 | 缺 点 | 力学性能 |
| --- | --- | --- | --- |
| 灌浆套筒连接 | 现场施工时间短,现场工作量少 | 施工精度要求较高,造价略高,灌浆套筒检测困难 | 与常规结构类似,低震区应用较多 |
| 灌浆波纹管连接 | 现场施工时间短 | 需要有足够的锚固长度 | 与常规结构类似 |
| 插槽式连接 | 施工精度要求相对较低,整体性能较好 | 现场浇筑混凝土,施工时间较长,可能中断盖梁或承台钢筋的连续性 | 与常规结构类似 |
| 承插式连接 | 施工精度要求相对较低,现场作业量少 | 现场浇筑混凝土,施工时间较长,可能中断盖梁或承台钢筋的连续性 | 尚需进一步研究 |
| 现浇湿接缝 | 力学性能与传统现浇桥墩类似 | 钢筋预埋精度要求较高,施工作业量大,施工时间较长 | 与常规结构类似 |
| 预应力筋连接 | 设计理论和计算分析以及施工技术经验成熟 | 造价较高,现场施工工艺复杂,施工时间较长 | 具有自复位能力,震后残余变形小 |

## 六、施 工 方 案

### 1. 一站式架桥机

基于"提高产品质量,减少环境污染,加快施工速度,降低人工消耗,合理控制造价"的设计理念,本项目强调构件标准化、工厂化、装配化、通用化、大型化,而山区高速的特点是:运输困难、地势起伏、工点分散、桥墩较高,为解决上述矛盾,克服山区高速在面对预制装配化桥梁时所遇到的困难,本项目提出"一站式机械化安装"方案,实现了上下部结构的一站式安装。

根据构件构造尺寸以及路线设计参数,对传统架桥机进行升级改造(图11、图12),设备性能要求如下:前天车起吊能力为160t,构件最大重量为140t,前/后天车起升高度为10m/35m,适应曲线为 $R \geqslant 1000m$,适应纵坡/横坡为±5%/±3%。

### 2. 施工步骤

主要施工流程分为六个工序,循环往复实现上下部结构的一站式安装(图13)。

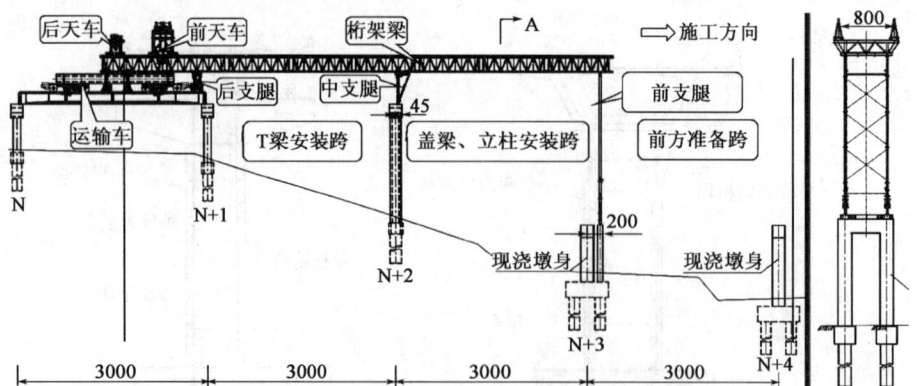

图 11 一站式架桥机立面和断面布置

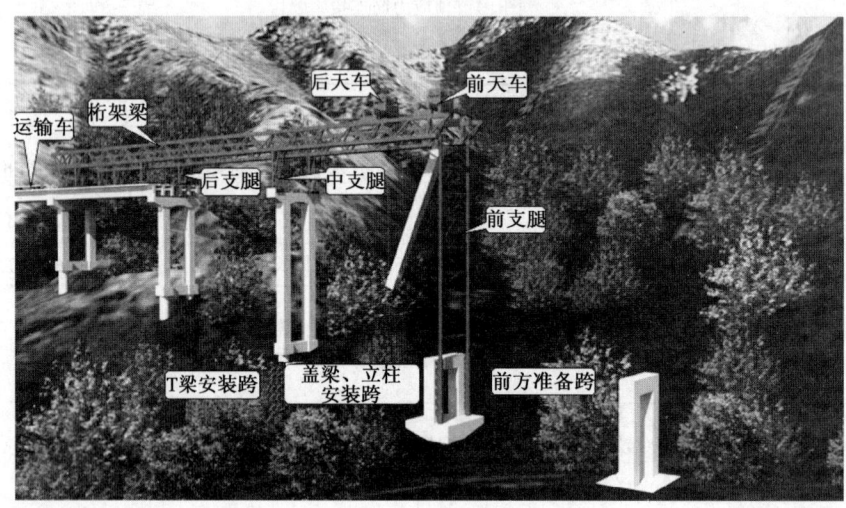

图 12 一站式架桥机三维示意

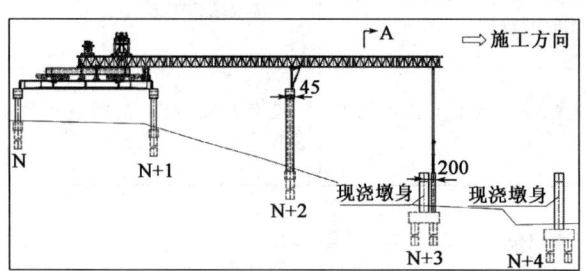

a) 工序1：立柱运输

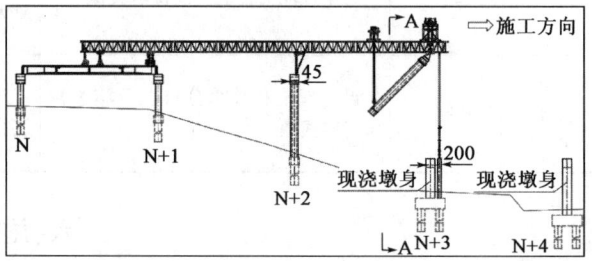

b) 工序2：立柱空中竖向旋转

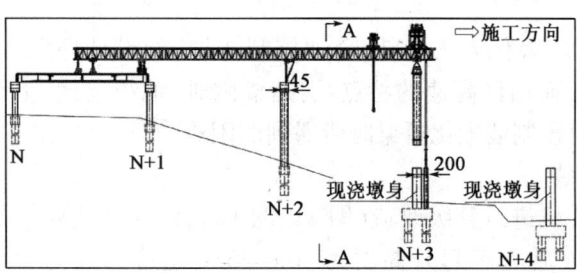

c) 工序3：立柱吊装到位，灌浆等强

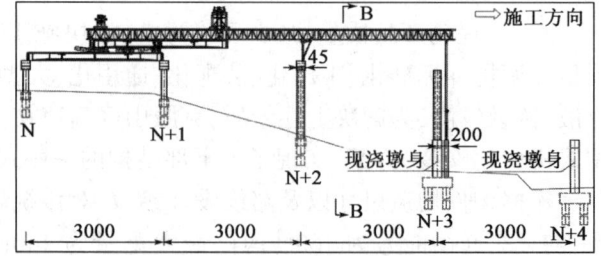

d) 工序4：T梁运输、安装

图 13

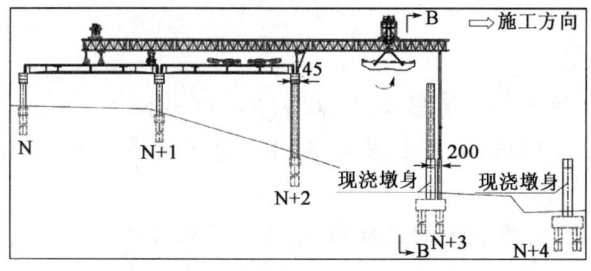
e) 工序5：盖梁吊装，平转就位，灌浆等强

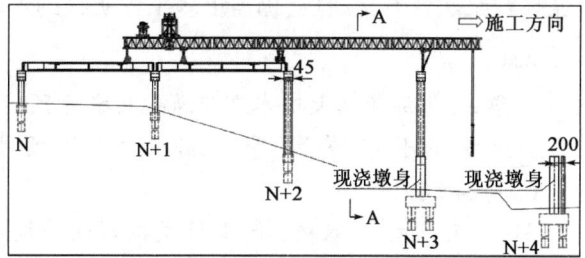
f) 工序6：架桥机前移过孔

图13 一站式架桥机关键施工工序

## 3. 工效分析

架桥机安装工效分析，假设立柱盖梁均一次安装到位，24小时作业安排，其他边界条件不影响的情况下，黑色填充为控制线路（表3）。

一站式架桥机工序横道图　　　　　　表3

| 序号 | 项目名称 | 小时 | 4 | 8 | 12 | 16 | 20 | 24 | 28 | 32 | 36 | 40 | 44 | 48 | 52 | 56 | 60 |
|---|---|---|---|---|---|---|---|---|---|---|---|---|---|---|---|---|---|
| 1 | 安装前跨两侧立柱 | 4 | ■ | | | | | | | | | | | | | | |
| 2 | 灌浆等强 | 24 | | ■ | ■ | ■ | ■ | ■ | ■ | | | | | | | | |
| 3 | 安装T梁 | 8 | | ▌ | ▌ | | | | | | | | | | | | |
| 4 | 安装前跨盖梁 | 4 | | | | | | | | ■ | | | | | | | |
| 5 | 灌浆等强 | 24 | | | | | | | | | ■ | ■ | ■ | ■ | ■ | ■ | |
| 6 | 安装T梁 | 8 | | | | | | | | | | ▌ | ▌ | | | | |
| 7 | 架桥机过孔 | 4 | | | | | | | | | | | | | | | ■ |

根据架桥机工序横道图测算，桥梁架桥机3天可完成一孔架设，本项目分线桥梁、错墩布设桥梁较多，考虑调试、维护、天气等不确定因素，可按5天一孔考虑。先行段按4台架桥机双向流水作业，24个月可完成所有桥梁架设任务。

# 七、结语与展望

本文从山区公路特点出发，对工业化预制装配桥梁的关键技术进行了全面的研究和分析，重点对立柱选型，盖梁设计，连接形式，预制护栏，预制通道等进行多方案的技术经济比选，择优选用。提出"一站式架桥机"进行机械化安装，详细设计了其施工流程，分析其架设工效，并应用于实际工程，主要结论如下：

（1）预制装配工业化桥梁是大势所趋，是"绿色发展"的必由之路。提高山区公路桥梁预制装配工业化水平，并使用快速化施工方法，拥有以下优势：利于控制环境污染，事故发生风险减少，产品质量有效保障，充分发挥机械设备能力，降低劳动人力开支，现场施工时间缩短，符合国家产业变革导向。

（2）桥梁上部结构工业化预制装配技术如预制T梁、预制箱梁施工等工程实践已相对较多，而桥梁下部结构工业化预制拼装技术的研发和工程实践自20世纪末才开始在美国、日本、韩国和中国逐步得到政府、工程界和学术界的重视。21世纪以来在市政高架、跨海长桥工程中下部结构预制技术成为热点研究问题，工程应用逐年增多，本项目山区公路"一站式架桥机"施工方案的提出，有效填补该研究领域的空白，可供未来山区类似工程参考。

（3）影响工业化预制装配式桥涵质量耐久性的重要因数是其连接形式的可靠性，工程实践中必须高度重视连接部位的施工及检测。针对灌浆套筒连接，现有的检测技术中例如抽拔钢丝法、预埋芯片法、高压循环灌浆法各有优缺点,仍需更多工程实践的考验。

**参考文献**

[1] 叶华成.上海长江大桥水上非通航孔墩身预制安装技术[J].桥梁建设,2007(5):55-58.
[2] 卢永成,邵长宇,黄虹,等.上海长江大桥预制拼装结构设计与施工要点[J].中国市政工程,2010(1):24-26.
[3] 苏强,谢正元,卢双桂,等.套筒式钢筋连接技术在预制桥墩中的试验研究[J].预应力技术,2013,5(4):11-16.
[4] 姚晓飞,徐岳,刘士林,等.预制节段拼装混凝土桥墩力学性能研究进展[J].公路,2013,59(6):59-64.
[5] 郭熙冬.港珠澳大桥承台墩身工厂化预制施工技术[J].桥梁建设,2014,44(2):107-111.
[6] 项贻强,郭树海,陈政阳,等.快速施工桥梁技术及其研究[J].中国市政工程,2015,6(4):28-32.
[7] 王志强,卫张震,魏红一,等.预制拼装联接件形式对桥墩抗震性能的影响[J].中国公路学报,2017,30(5):74-80.
[8] 夏樟华,邵淑营,葛继平.美国华盛顿州桥梁快速施工技术研究与实践[J].世界桥梁,2017,45(6):1-6.
[9] 尹富秋.中心城区高架桥桥墩预制拼装施工关键技术[J].施工技术,2017,46(12):80-82.
[10] 周良,闫兴非,李雪峰.桥梁全预制拼装技术的探索与实践[J].城市道桥与防洪,2018,38(4):38-41.
[11] 何志春.深中通道陆域桥梁大型盖梁快速化施工技术[J].世界桥梁,2020,48(4):25-29.
[12] 孙策.城市桥梁预制装配化绿色建造技术应用与发展[J].世界桥梁,2021,49(1):39-44.

# 56. 高速公路改扩建混凝土保通桥梁循环利用设计及施工技术

王同卫[1]　王咸临[1]　刘　燕[2]　宋玉鑫[1]

(1. 山东省交通规划设计院集团有限公司;2. 山东省路桥集团有限公司)

**摘　要**　本文以京沪高速公路改扩建工程中S234分离立交为工程实例,通过对桥梁保通设计方案进行比选,确定采用混凝土保通桥梁循环利用的设计方案;结合工程实际,阐述了高速公路混凝土保通桥梁循环利用设计理念、施工方案及施工工序。

**关键词**　高速公路改扩建工程　混凝土保通桥梁　循环利用　施工方案　施工工序

高速公路建设时期通常能预测5年或者10年以后的道路规划及预留,对于20年或者更远期的城市发展和路网规划往往做不到面面俱到。在高速公路改扩建时,由于城市快速发展、路网不断规划完善,扩孔桥、路基改桥在高速公路改扩建工程几乎每个项目中都难以避免。由于大部分需要改扩建的高速公路工程现状交通量都接近饱和,交通压力巨大,改扩建期间不断交施工交通组织设计显得格外重要。高速公路改扩建工程中扩孔桥、路基改桥又成为整个改扩建工程交通组织中的关键节点。

## 一、工程背景

既有京沪高速公路于1999—2002年建成通车。设计技术标准采用《公路工程技术标准》(JTJ 01—97)中高速公路标准,双向四车道。既有S234分离立交位于蒙阴段,设计速度120km/h,路基宽度28m。

既有桥梁为双幅桥，跨径布置为(1-35)m，上部结构为(1-35)m装配式预应力混凝土小箱梁，下部结构为U台、扩大基础，桥梁全长63.288m，右幅等宽，左幅变宽，平均全宽29.261m，被交路为S234，限高5.0m。桥面铺装为沥青混凝土铺装，采用80型伸缩缝，板式橡胶支座。设计荷载等级为汽车—超20级，挂车—120。

改扩建工程采用《公路工程技术标准》(JTG B01—2014)规定的高速公路标准建设，双向八车道。根据S234远期升级改造规划，原有桥梁跨径无法满足通行需求，改扩建设计将左幅桥梁跨径扩大为4×25m，右幅桥梁跨径扩大为3×25m+35m，左右幅0、3号桥台处各设置一道80型伸缩缝，桥墩处均为桥面连续。上部结构采用预应力混凝土后张法简支小箱梁，下部结构采用柱/肋式桥台，柱式桥墩，墩台基础均采用钻孔灌注桩基础。

## 二、设计理念

京沪高速公路为绿色公路示范工程，改扩建设计秉承永临结合、循环利用的环保设计理念，最大程度地利用既有桥梁，交通组织的设计既要保证双向四车道全过程保通，又要体现降本增效的理念。

## 三、设计方案

京沪高速公路由于现状交通量几近饱和，交通压力巨大。改扩建施工期间要求双向四车道保通，本桥为扩孔桥梁，成为整个项目保通交通组织的关键节点之一。因此，对本桥的保通方案做了详细的研究和对比分析。

根据既有桥梁检测情况，原桥全桥技术评定为2类，运营情况良好，根据《高速公路改扩建设计细则》规定，既有桥梁可用于改扩建期间保通。为保证施工期间双向四车道保通，需将半幅既有桥梁加宽至四车道宽度。根据本桥位处路线平面偏移情况，本桥右侧需临时变宽拼宽。为更好地保证施工期间车辆通行，需对不同的桥梁临时保通拼宽方案进行比较分析。

方案一：在既有桥梁右侧拼接混凝土保通桥与原桥右幅临时拼宽为整体四车道通行断面。首先进行右侧拼宽部分混凝土保通桥下部结构施工，然后架设小箱梁，施工湿接缝。既有桥梁内侧设置移动钢护栏，拆除原桥外侧混凝土防撞护栏。施工混凝土保通桥及与既有桥梁拼接缝位置的临时保通路面，形成双向四车道保通断面。

本方案优点是小箱梁可工厂化预制，混凝土小箱梁可循环利用，对施工技术要求不高，拼宽部分与既有桥梁刚度一致，可满足车辆高速行驶，拼接缝位置不会出现明显挠度差，行车舒适性较好。缺点是湿接缝浇筑时间较长，工期有所增加。小箱梁循环利用需凿除湿接缝后重新浇筑，施工工序较复杂。

方案二：在既有桥梁右侧填筑路基与原桥右幅临时拼宽为整体四车道通行断面；首先进行右侧拼宽部分路基填筑压实，然后进行路面结构施工。既有桥梁内侧设置移动钢护栏，拆除原桥外侧混凝土防撞护栏。施工路基与桥梁拼接缝位置临时保通路面，最终形成双向四车道保通断面。

本方案优点是施工工期短、造价低，对施工技术要求不高。缺点是需要临时中断被交S234道路，影响地方道路通行。路基与既有桥梁横向拼接缝位置路基填土不易压实，施工完后易产生高差，临时保通路面易出现病害，路面行车存在一定的安全隐患，行车舒适性不佳。

方案三：在既有桥梁右侧拼接临时钢便桥与原桥右幅临时拼宽为整体四车道通行断面。首先进行右侧拼宽部分钢便桥下部结构施工，然后架设临时钢便桥。既有桥梁内侧设置移动钢护栏，拆除原桥外侧混凝土防撞护栏。施工临时钢便桥及与既有桥梁拼接缝位置临时保通路面，最终形成双向四车道保通断面。

本方案优点是施工工期短、钢便桥可循环利用，对施工技术要求不高。缺点是临时钢便桥刚度小，难以满足车辆高速行驶，需限制保通期间车辆以较低的速度通过。钢便桥与既有桥梁刚度相差较大，行车过程中，钢便桥与既有桥梁拼接缝位置易产生挠度差，造成临时路面损坏，路面行车存在一定的安全隐患，行车舒适性不佳。

方案四：在既有桥梁右侧拼接钢箱梁桥与原桥右幅临时拼宽为整体四车道通行断面。首先进行右侧拼宽部分钢箱梁桥下部结构施工，然后架设钢箱梁。既有桥梁内侧设置移动钢护栏，拆除原桥外侧混凝土防撞护栏。施工钢箱梁桥及与既有桥梁拼接缝位置临时保通路面，最终形成双向四车道保通断面。

本方案优点是施工工期短、钢箱梁桥可循环利用，对施工技术要求不高，可满足高速行车要求，行车舒适性较高。缺点是钢箱梁桥造价高，刚度与既有混凝土桥略有差异。钢箱梁循环利用需对钢箱梁进行切割重新焊接，防腐处理施工较复杂。

综合考虑既有桥梁刚度及施工工期，兼顾造价等因素，确定采用混凝土保通桥进行临时保通，保通桥小箱梁实现永临结合、循环利用。

## 四、交通组织设计

由于本桥为整个项目交通组织设计的关键节点，因此，对本桥做了关键工点专门的交通组织方案设计。

第一阶段：既有桥现状双向四车道通行。施工右幅临时保通桥梁下部结构，如图1所示。

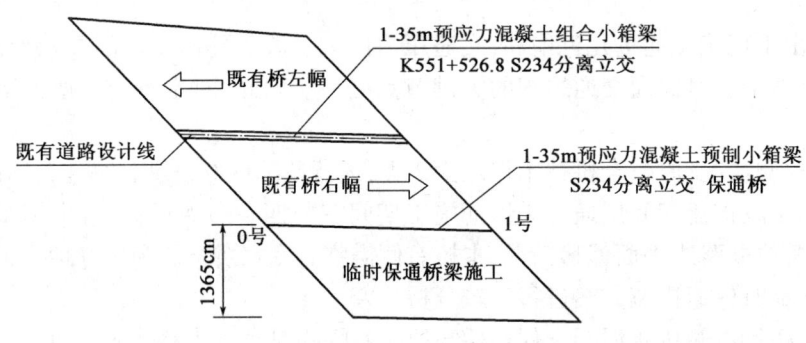

图1 第一阶段保通示意图

第二阶段：仍然是既有桥梁双向四车道通行，施工右幅临时保通桥梁上部结构，与既有桥梁右幅临时拼接为整体。临时保通桥梁端横梁及中横隔板现浇部分暂时不施工连接，如图2所示。

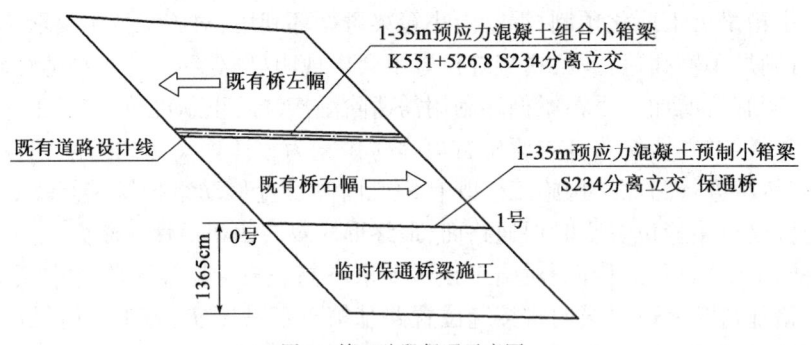

图2 第二阶段保通示意图

第三阶段：交通导流至右幅双向四车道通行，限速60km/h。拆除既有桥梁左幅，切除既有桥梁右幅左侧两片梁板。既有桥梁右幅剩余部分与临时保通桥保证右幅双向四车道通行。施工左幅新建桥梁下部结构及上部结构吊装，如图3所示。

第四阶段：交通导流至左幅双向四车道通行，左幅新建桥梁保证双向四车道通行，拆除既有桥右幅剩余部分，切割、吊离临时保通桥梁上部主梁，分离吊装临时保通桥梁的同时，施工新建右幅第4孔桥梁下部结构，对保通桥梁上部4片中梁及1片边梁切割、凿除湿接缝，保留预制梁预埋湿接缝钢筋。将分解开的临时保通桥小箱梁吊装至右幅第4孔予以循环利用。施工右幅前3孔桥梁下部及上部结构，施工桥面系、护栏、伸缩缝等附属设施，完成交通转换，实现双向八车道通车，如图4所示。

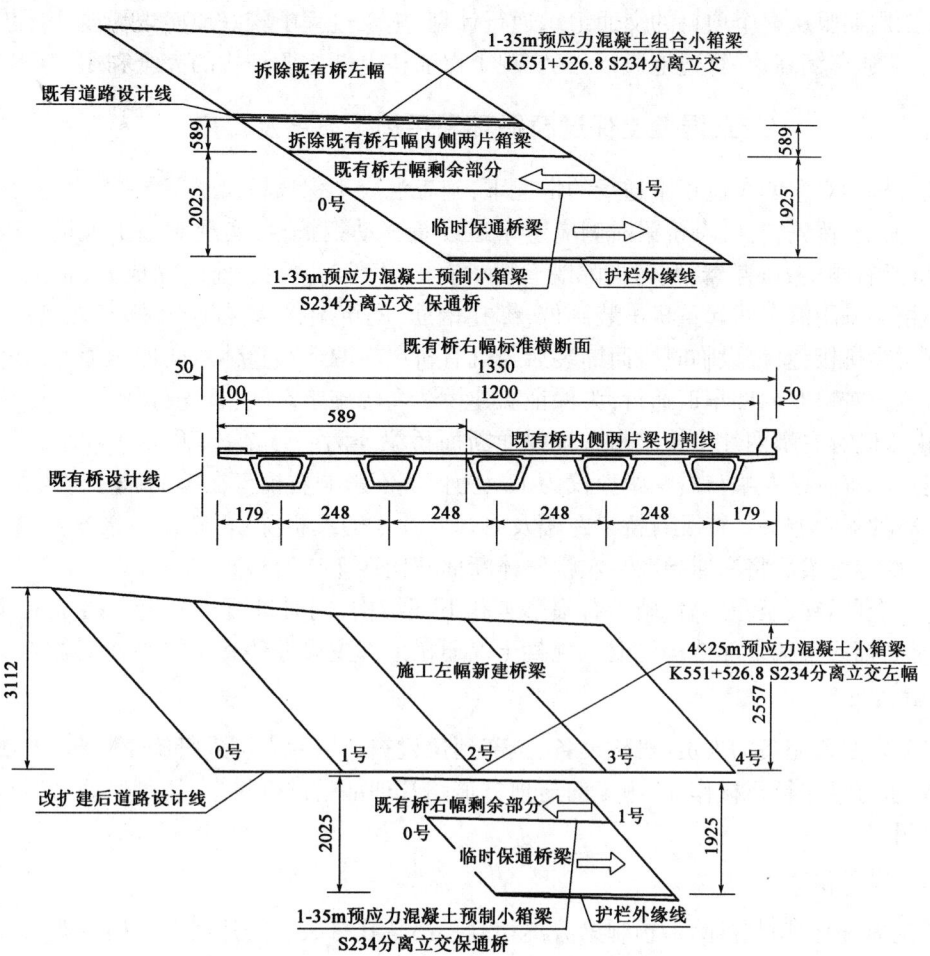

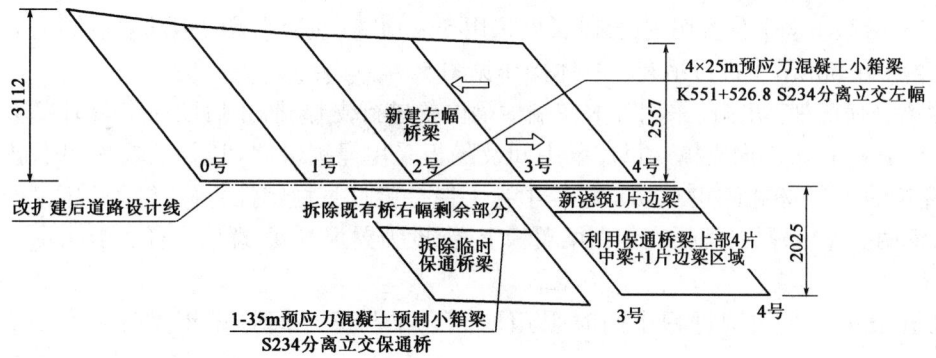

图3 第三阶段保通示意图(尺寸单位:cm)

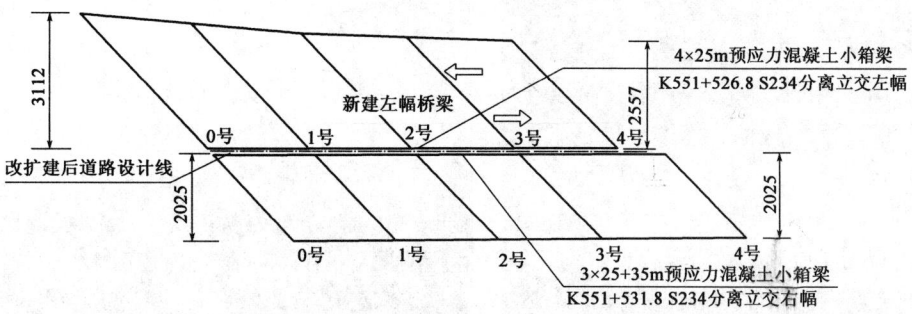

图4 第四阶段保通示意图(尺寸单位:cm)

本桥的施工周期服从整个项目的交通组织通行计划,施工过程中较好地实现了设计预想的交通组织设计,既保证了交通车辆高速、舒适地通行,又实现了保通桥上部主要结构的完全利用,节省了造价。

## 五、混凝土保通桥循环利用施工方案及工序

在保证既有桥梁双向四车道正常通行的情况下,施工混凝土保通桥梁下部结构。待下部结构施工完成,为保证施工安全,首先,在既有桥梁右侧应急车道设置移动钢护栏,实现对施工人员的安全保证。其次,切除既有桥梁右侧93cm悬臂,同时拆除既有桥梁右侧混凝土护栏。前序完成后,将提前预制好的保通桥梁上部小箱梁采用汽车式起重机吊装到位,绑扎钢筋,浇筑湿接缝混凝土,施工外侧混凝土护栏,同时施工与既有桥梁拼接缝,铺设临时桥面铺装后与既有桥梁右幅形成整体双向四车道通行断面。

待交通导改至右幅双向四车道通行,为保证新建桥梁左幅施工空间,首先,拆除既有桥梁左幅及右幅两片小箱梁,由于既有右幅两片小箱梁与右幅保通断面桥梁连为一体,右幅左侧两片小箱梁采用切割吊离的拆除方案。既有桥梁左幅与右幅距离仅为1m,为保证不影响右幅正在车辆通行桥梁的安全,左幅同样采用切割吊离的拆除方案。待既有桥梁左幅及右幅两片小箱梁拆除后,新建左幅4×25m桥梁上下部结构,完成左幅新建桥梁后将交通导改至左幅整体断面双向四车道通行。

待右幅车辆全部导改至左幅后,施工右幅第4孔下部结构,同时进行混凝土保通桥上部小箱梁的切割、分离吊装至右幅第4孔下部结构之上。混凝土保通桥上部主梁循环利用主要施工方案及工序如下。

1. 切割前准备

按照方案要求配置完备的人员、机械设备,全部到位检查合格后方可进行施工;场地按照设备需要进行平整,满足要求方可进行机械作业;施工前与地方道路管理部门进行对接,切割吊装时对被交路交通进行短暂临时封闭。

2. 上部结构拆除施工工艺

施工工艺流程:护栏切割拆除→预制梁分离切割→吊装孔打眼→分片吊离→破除既有湿接缝→重新吊装→浇筑湿接缝、桥面铺装。

(1)护栏切割:外侧墙式护栏在护栏切割前采用电钻打眼,孔径为20mm,满足钢丝绳吊装即可。再采用绳锯将护栏沿基座水平分段切割,分段长度采用5m,切割完成前,需将钢丝绳捆绑完成,防止切割完成后提前掉落,采用50t吊车进行吊装。具体操作见图5。

(2)预制梁分片切割:切割前采用方木在端横梁位置进行支垫,防止后期在吊装时发生倾覆,边梁外侧采用20cm×20cm枕木斜向支撑。每片梁中间及隔板采用绳锯纵向切割,梁端先期不进行切割,后期钢丝绳安装完毕后再完成端部切割,切割过程中为了保持梁自身稳定性,每道缝均匀间距设置6道临时连接角钢,角钢两头连接螺栓,螺栓安装在梁翼板上,深度为翼板厚度,螺栓直径为16mm。安装完毕后切割完成。

(3)吊装孔设置。在切割过程中同时采用取芯在梁与梁之间打设钢丝绳吊装孔,直径为10cm(图6)。

图5 护栏切割

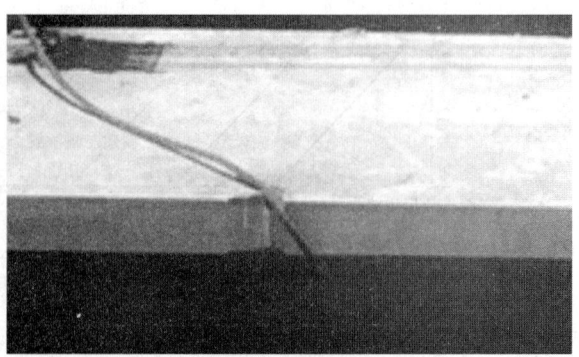
图6 吊装孔设置

(4) 分片吊离。2台300t吊车分别安放在梁体两端地面上同步吊装,吊车就位后,待安装完毕并将钢丝绳带劲持力后,每端采用2根钢丝绳吊装,总受力钢丝绳为8根,直径56mm,切割两端头桥面连接部分,再拆卸连接固定角钢,所有工序完成准备后,启动吊车调离。

(5) 湿接缝破除。调离小箱梁放置在桥位临时平整的空地上进行湿接缝破除,破除过程中注意对原预制梁湿接缝连接钢筋的保护,损坏的钢筋处采用植筋进行补充完善。

(6) 重新吊装、浇筑湿接缝,铺设桥面铺装。将吊离并凿除原湿接缝的小箱梁按照新的布梁间距重新吊装至第4孔预先施工完的下部结构之上,绑扎钢筋,浇筑湿接缝,最后铺设桥面铺装,完成混凝土保通桥上部主梁的循环利用。

## 六、结 语

通过对扩孔桥临时保通桥梁设计方案进行比选,确定采用混凝土保通桥永临结合、循环利用的设计方案。混凝土保通桥梁循环利用是高速公路改扩建工程领域中较为经济又实用的保通设计方案,可避免混凝土保通桥梁完成保通后全部拆除所造成的不必要浪费,从而进一步发挥保通桥混凝土梁的利用价值,符合交通运输部倡导的绿色公路集约节省资源的理念。

**参考文献**

[1] 代庆兵.高速公路改扩建工程施工交通组织分析[J].科技经济导刊,2016(17).
[2] 宋晓莉.高速公路改扩建工程中央分隔带改造设计[J].山东交通科技,2017(04):88-89+120.
[3] 崔珊珊.高速公路改扩建工程交通组织管理探讨[J].公路交通科技(应用技术版),2012,8(08):148-150.
[4] 孙岩.高速公路改扩建工程保通方案研究[J].山东交通科技,2017(05):94-95+104.
[5] 佟永恒,王雪梅.浅谈集同高速公路改扩建关键技术问题[J].黑龙江交通科技,2013,36(07):5.
[6] 王立红.沈棋公路改扩建工程设计体会[J].北方交通,2010(02):10-11.

# III 结构分析与试验研究

# 1. 超宽翼缘板斜裂缝成因分析

汪来发

(中交第三航务工程局有限公司)

**摘 要** 混凝土裂缝产生的机理很多,主要分为结构性裂缝及非结构性裂缝,非结构性裂缝又分为收缩裂缝、温度裂缝等。某桥梁翼缘板宽度3.6m,在施工过程中发现从翼缘板根部出现斜向45°的裂缝。分析表明,该裂缝是在主肋混凝土水化热影响和翼缘板自身过早的降温作用下引起。通过合理改变施工工艺,可有效减少该裂缝产生。

**关键词** 翼缘板 裂缝 温度效应 收缩

## 一、引 言

收缩是混凝土的固有特性,尤其是高强混凝土收缩现象尤为显著[1]。在新老混凝土接触面,由于已浇筑的混凝土收缩已基本完成,对新浇筑的混凝土变形有约束作用,当约束作用超过混凝土抗拉极限,从而导致新浇筑混凝土裂缝产生。

宽幅桥梁翼缘板位置出现裂缝的情况也时有发生[2],重庆双碑嘉陵江大桥在施工过程中也发生翼缘板斜向裂缝[3]。裂缝的产生,一般都归咎于裂缝位置混凝土自身的水化热和收缩徐变。

## 二、工 程 背 景

某斜拉桥翼缘板宽度3.6m,节段混凝土采用牵索挂篮浇筑,节段长度6m,主梁标准横断面如图1所示。

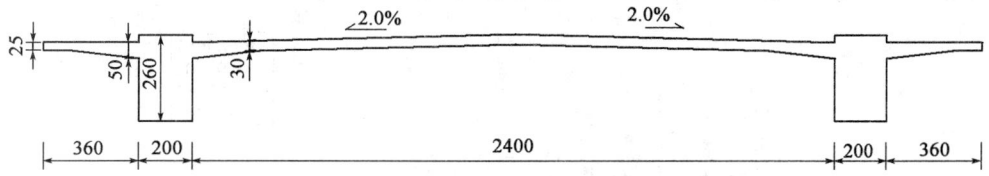

图1 主梁标准横断面图(尺寸单位:cm)

**1. 裂缝发生位置**

施工过程中发现2~4号节段翼缘板位置新老混凝土接缝处,沿45°方向分布有裂缝,裂缝长度50~150cm,宽度0.2~0.3mm,裂缝位置有水渍渗出,表明裂缝上下贯通。而0号、1号块为一次性整体浇筑,在相应位置并无相应裂缝,如图2、图3所示。

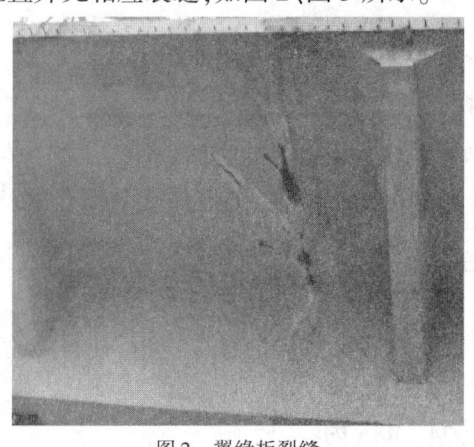

图2 翼缘板裂缝

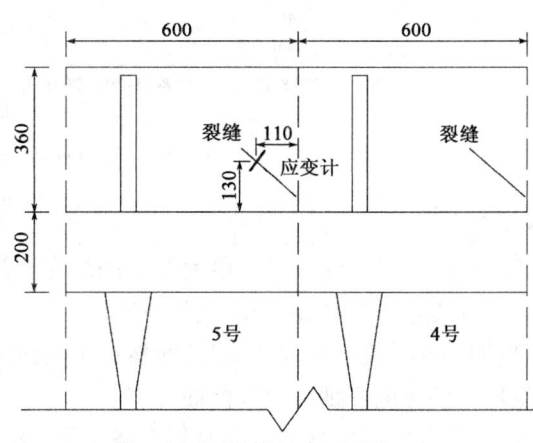

图3 应变片位置图(尺寸单位:cm)

## 2. 裂缝发生时间

4号节段混凝土浇筑完3d,拆除局部翼缘板模板,发现裂缝已经出现,此时翼缘板尚未承受任何荷载,混凝土仍处于养护期间,混凝土本身自重仍由模板支撑。因此排除外力原因导致裂缝形成。

## 三、现场测量

### 1. 应变测量

为分析裂缝产生原因,5号节段浇筑之前,在易产生裂缝部位埋设应变计,测量翼缘板混凝土在硬化过程的应力变化情况。

应变计型号为振弦式应变计,固定在翼缘板底层钢筋上,距离翼缘板底部5cm,在大里程和小里程的左、右幅翼缘板各埋设一个。

经测量计算,各点的应变值见表1。

应 变 统 计 表　　　表1

| 应变计编号 | 日期 | 初始值 | 11-27 | 11-28 | 11-29 | 11-30 | 12-2 | 12-4 | 12-9 |
|---|---|---|---|---|---|---|---|---|---|
| 083057（小里程右侧） | 温度(℃) | 22.6 | 28.5 | 44 | 34 | 23 | 18.2 | 14.7 | 5.1 |
|  | 应变(με) | 3461 | 3489 | 3412 | 3478 | 3491 | 3505 | 3508 | 3513 |
| 096502（小里程左侧） | 温度(℃) | 21.7 | 25.7 | 43 | 33 | 21.2 | 17.6 | 12.2 | 3.1 |
|  | 应变(με) | 3458 | 3463 | 3390 | 3462 | 3451 | 3449 | 3446 | 3442 |
| 096492（大里程左侧） | 温度(℃) | 21.2 | 26.8 | 44 | 33.8 | 22.4 | 18.5 | 13.2 | 4.1 |
|  | 应变(με) | 3443 | 3459 | 3342 | 3382 | 3400 | 3432 | 3431 | 3442 |
| 096501（大里程右侧） | 温度(℃) | 21.8 | 29.2 | 43 | 35.2 | 24.8 | 19.6 | 15.6 | 5 |
|  | 应变(με) | 3465 | 3487 | 3444 | 3494 | 3509 | 3494 | 3505 | 3522 |

对应变值进行温度修正后,得出应变量发展曲线,如图4所示。

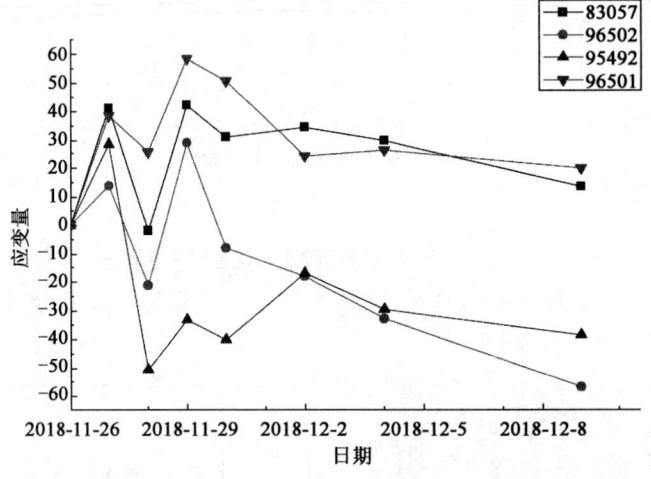

图4　温度修正后应变量发展曲线

### 2. 数据分析

从测量数据可看出,在5号节段混凝土浇筑完浇筑完成后,较初始读数应变微弱上升,第二天应变急速下降,第三天急速上升,之后应变缓慢下降。

由于早期混凝弹模量在快速增长,突然产生的压应变可以产生很大的徐变变形,使得应力得到很大释放,突然增加的拉应变则会导致截面开裂。

根据应变曲线分析裂缝产生的时间为浇筑完混凝土24~48h内。

## 四、模 型 分 析

### 1. 根据实际情况建立模型

利用有限元软件模拟,分析翼缘板在浇筑后的应力变化情况,如图5所示。

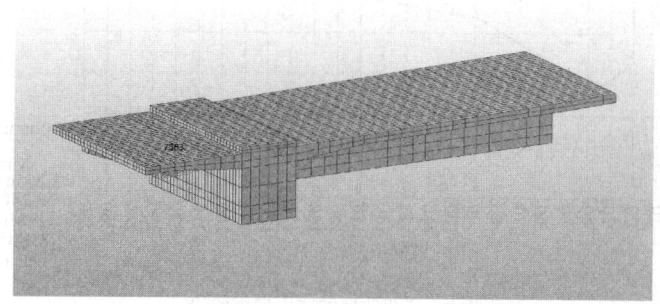

图5 有限元模型

拾取易产生裂缝位置的点分析其应力变化情况,如图6所示。

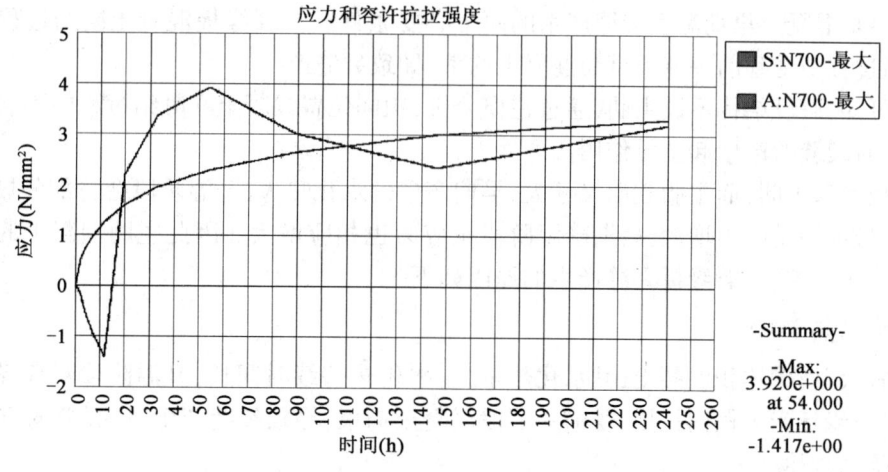

图6 翼缘板相应位置应力发展曲线

由分析结果可看出,该点应力变化曲线与实测曲线基本吻合,其应力发展经历了短暂受压,到突然受拉的过程。浇筑后约20h,混凝土拉应力逐渐超出允许拉应力,截面发生开裂。

### 2. 不设主肋的分析模型

为对比分析主肋混凝土水化对翼缘板裂缝的影响,建立不设主肋的梁段模型(图7),分析同一位置的应力增长曲线(图8)。

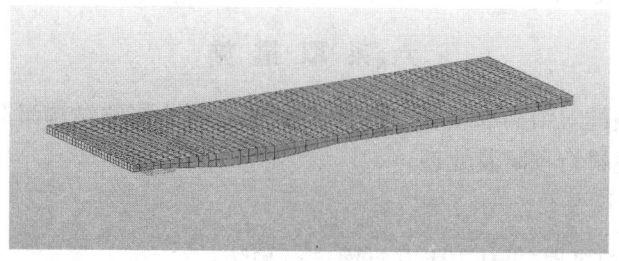

图7 不设主肋的结构模型

由图8可知,翼缘板应力也经历了短暂受压到受拉的变化过程,但其拉应力一直保持在混凝土允许抗拉强度范围内,故混凝土不会开裂。

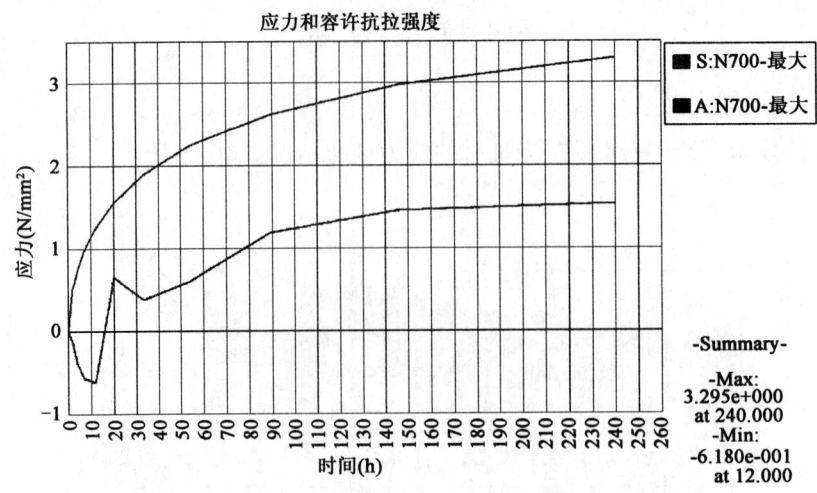

图8 不设主肋的应力发展曲线

## 五、原 因 分 析

温差和约束是混凝土早期温度裂缝产生的两个必要条件[4]。翼缘板混凝土凝结过程中产生水化热发生膨胀,降温过程中受到前一节段钢筋混凝土约束,导致裂缝产生。

通过上文可知,假设结构不设主肋,通过建模分析,相同位置混凝土在凝结过程中不会发生裂缝。因此,主肋水化热对裂缝的产生起主导作用。

由于翼缘板紧邻主肋,而主肋截面尺寸大,早期产生的水化热大,升温阶段会将部分热量传递到翼缘板上,导致翼缘板前期压应力增大,后期降温阶段拉应力也相应增大。因此主肋混凝土的水化热促进了翼缘板裂缝的产生。综上,翼缘板裂缝产生的原因如下。

1. 主肋水化热影响

主肋尺寸较大,属大体积混凝土,其水化热量大,水化热持续时间长,升温阶段对翼缘板产生横向挤压,降温阶段对翼缘板产生横向拉拽,受前一节段混凝土约束,导致裂缝产生,且裂缝的方向为斜向45°,符合剪切破坏受力规律。

2. 翼缘板过早的降温

翼缘板养护温度虽然能满足规范要求,但是翼缘板养护温度降低过早,根据实测数据表明,浇筑后第二天温度即开始下降产生收缩,而此时混凝土抗拉强度尚在形成。

3. 翼缘板宽度

翼缘板越宽,产生的温度应变量越大,因升温或降温产生的应力也越大。本桥翼缘板宽度达到3.6m,也是裂缝产生的一个诱因。

## 六、采 取 措 施

经计算分析,翼缘板裂缝对结构承载能力影响不大,但裂缝会影响结构耐久性,也会影响桥梁外观和正常使用,因此必须对裂缝进行预防及处理。

1. 裂缝预防

根据翼缘板裂缝产生的机理,可从以下几方面进行预防:

1) 翼缘板后浇

将翼缘板延迟一个节段施工,主肋混凝土浇筑完3~4d后开始浇筑翼缘板,避开主肋混凝土的水化热高峰,消除主肋混凝土水化热对翼缘板的影响。

2)设置后浇带

在翼缘板的新老混凝土衔接处设置后浇带,减少翼缘板混凝土凝结过程中的横向约束,使翼缘板在强度发展期间有充分的横向变形能力,通过位移来释放横向拉应力。

3)降低主肋水化热影响

该方法主要是减少相邻主肋混凝土的水化热对翼缘板的影响。

在主肋中增设冷却管,降低主肋混凝土内外温差,减少主肋混凝土水化热向翼缘板的传递。

此外,还可以通过调整混凝土配合比,减少水泥用量,减少混凝土水化热。

4)加强养护

加强浇筑后的混凝土养护,尤其是要加强翼缘板保温,有条件下应将前一节段翼缘板至于相同的养护条件内,使新老混凝土能同步发生变形。

此外延迟翼缘板降温时间,确保降温时混凝土已达到足够抗拉强度。

2. 局部加强及修补

对裂缝加固及处理措施主要有:

(1)在翼缘板底部增设钢筋网,适当提高翼缘板抗裂性能和承载力,如图9所示。

图9 翼缘板底部加设钢筋

(2)对于已产生裂缝的位置,向裂缝内压注高性能聚合胶[5],表面凿毛清洗后施工环氧砂浆,桥面铺装施工完成后再根据设计和规范施工桥面防水层。

## 七、结　语

对于设置超宽翼缘板的节段法施工的现浇梁,翼缘板位置在新老混凝土衔接处,很容易产生斜向裂缝。

(1)产生斜向裂缝的主要原因:与翼缘板相邻的主肋温度效应影响;翼缘板养护期间过早的降温;超宽翼缘板对温度效应的敏感性。

(2)通过合理设置后浇带,调整混凝土配合比,加强保温措施等可有效减少裂缝的产生。

(3)建议设计时考虑将翼缘板延迟浇注,尽量避免翼缘板裂缝产生,或采用装配式翼缘板,以保证工程质量。

**参考文献**

[1] 王甲春,阎培渝. 混凝土自收缩的测定与模型分析[J]. 南京航空航天大学学报,2008,40(5):711-714.

[2] 李元兵. 某矮塔斜拉桥主梁施工期开裂原因及影响参数分析[J]. 城市道桥与防洪,2016(9):

151-153.

[3] 陆治屹. 单索面宽斜拉桥主梁早期裂缝成因分析[D]. 重庆:重庆交通大学,2014.

[4] 江昔平. 超大体积混凝土温度裂缝产生机理分析与抗裂控制新对策[J]. 混凝土,2007(12):98-99.

[5] 中华人民共和国住房和城乡建设部. 混凝土结构加固设计规范:GB 50367—2013[S]. 北京:中国建筑工业出版社,2013.

## 2. 组合后压浆对大直径钻孔灌注桩承载特性影响的现场试验研究

岳秀鹏[1] 李壮[2] 李夕林[1] 王海山[1] 钱晓楠[3]

(1. 山东高速基础设施建设有限公司;2. 山东高速沾临高速公路有限公司;3. 东南大学土木工程学院)

**摘　要**　对德龙烟铁路公铁立交工程桥梁桩基项目中的2根组合式压浆钻孔灌注桩进行自平衡静载试验,研究组合后压浆对大直径钻孔灌注桩承载特性的影响。结果表明:桩端桩侧组合后压浆能显著提高桩基承载力,两根试桩的极限承载力均提高了172%;桩端土强度在压浆后得到了增强且桩基沉降得到有效控制。在极限荷载作用下,试桩端阻力在桩端位移减小42%的情况提高了114%;组合后压浆浆液的上返下渗改善了桩周土层条件,大幅提高了桩侧摩阻力,试桩总侧阻提高比例为61%。

**关键词**　组合后压浆　钻孔灌注桩　自平衡测试法　极限承载力　侧摩阻力　桩端阻力

## 一、引　言

钻孔灌注桩因其适应性好、无振动、对土体无挤压等特点在高层建筑、桥梁工程、铁路工程等领域获得了广泛的应用[1]。随着目前交通运输需求量的不断增大,桥梁所受荷载也不断增加,这就要求桥梁桩基提供更大承载力。因此,桥梁桩长、桩径也在不断增加。对灌注桩按直径分类,各地区和各专业的分类标准不尽相同,主要依据施工习惯、桩型和承载性状来区分。《建筑桩基技术规范》(JGJ 94—2008)[2]中将桩径大于或等于800mm的钻孔灌注桩视为大直径钻孔灌注桩。本文所研究的试桩桩径为1800mm,可视为大直径桩。

钻孔灌注桩在施工过程中会产生桩侧泥皮、桩端虚土等问题会影响其承载力的发挥。而这些问题在大直径钻孔灌注桩施工中尤为凸显,会进一步的限制和影响大直径钻孔灌注桩的工作效率。后注浆技术因其工艺简练、成本低廉、加固效果可靠,被许多学者认为是改善上述问题及提高桩基承载力的有效手段[3-5],目前已在大量钻孔灌注桩基础工程中得到应用。本文基于济南至乐陵高速公路南延线工程,对其中2根桩端桩侧组合压浆的桥梁桩基进行自平衡静载试验,研究组合后压浆工艺对该工程大直径钻孔灌注桩承载特性的影响。

## 二、场地地质和试桩概况

德龙烟铁路公铁立交工程位于滨州市沾化区秦皇台乡洛王村东约800m处,属黄河冲积平原地貌单元。桥梁沿线地貌类型为平原区,土层覆盖层较厚,承载能力较低,岩性主要以粉质黏土、粉土、粉砂层组成。以该工程试桩SZ1、SZ2为例,其中试桩桩周土层分布及钢筋计布置如图1所示。

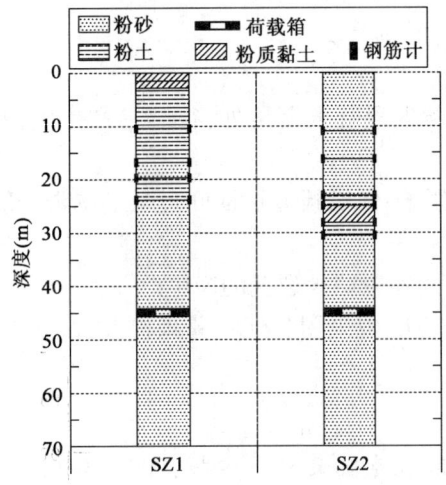

图1　试验场地土层分布及钢筋布置图

本文选取 SZ1、SZ2 两根大直径桩作为研究对象,对这两根试桩加载两次,第一次静载试桩完成后进行桩端桩侧组合后压浆,待压浆达到强度后再进行第二次静载试验。通过自平衡现场试验结果分析组合式后压浆对承载特性的影响。两根试桩桩身混凝土强度为 C30,桩端持力层均为粉砂层。试桩详细参数见表1。

试 桩 参 数  表1

| 试 桩 | 桩径(mm) | 桩长(m) | 桩端持力层 | 荷载箱距桩端(m) |
| --- | --- | --- | --- | --- |
| SZ1 | 1800 | 61 | 粉砂 | 17 |
| SZ2 | 1800 | 61 | 粉砂 | 17 |

试桩在桩身强度达到强度要求后,进行自平衡静载试验,根据《基桩静载试验 自平衡法》(JT/T 738—2009)[6],采用慢速维持荷载法加载。加载前通过经验公式计算试桩的承载力,并根据计算值确定每级荷载的大小,每级加载量为预估承载力的1/15,第一级按两倍分级荷载加载。

## 三、静载试验结果分析

试桩 SZ1、SZ2 压浆前、后实测 $Q\text{-}s$ 曲线如图2所示。

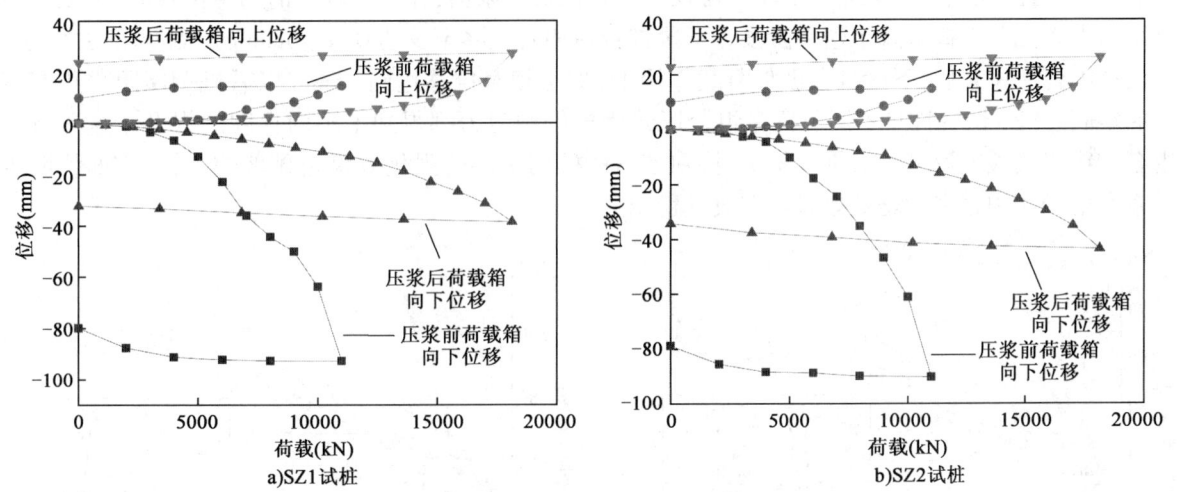

图2 试桩压浆前后自平衡测试曲线

由图2可知,当荷载箱加载值不大时,荷载箱并未发生显著位移。随着荷载值的增加,桩土相对位移逐渐扩大,桩侧摩阻力得到发挥。当荷载箱加载到极限时,压浆前两根试桩下段部分 $Q\text{-}s$ 曲线均呈陡降型,压浆前后两根试桩上段部分 $Q\text{-}s$ 曲线基本处在弹塑性阶段呈缓变型。说明压浆前后两根试桩上段部分侧摩阻力未充分发挥,上段桩实际承载力要大于试验值。

由图2还可以看出,压浆后两根试桩的 $Q\text{-}s$ 曲线变化趋势相同,说明组合后压浆对提高桩基承载性能具有稳定、有效的特点。SZ1、SZ2 试桩在经过组合压浆后下段桩位移量有显著的减小。在极限荷载下,SZ1、SZ2 两根桩下段位移分别减小了 54.33mm、46.63mm,这表明组合压浆在该地区粉砂层中能有效地控制桩基沉降,减小桩基位移。从图2b)可以看出,在极限荷载作用下,SZ2 试桩在压浆后不仅沉降量减小,其极限承载力也得到了提高。相比于压浆前,SZ2 试桩下段桩极限承载了提高了 64.8%,且产生的位移量仅为未压浆时的 48.27%。这进一步说明组合后压浆能在较小的位移下发挥更大的承载力。对该地区地质条件而言,组合后压浆技术能有效地在控制沉降量的同时大幅提高桩基承载力。

通过荷载箱加载值和桩身应变计的换算,可以得到不同荷载下的桩端阻力,还可以通过加载过程中测得的位移量,得到不同桩端阻力对应的桩端位移,并且可以据此绘制出桩端阻力-位移的关系曲线。以 SZ1 试桩为例,压浆前后桩端阻力-桩端位移曲线如图3所示。

从图3可以看出,压浆后 SZ1 试桩端阻力有大幅提升,提升幅度为 114%。在极限荷载作用下,压浆后的 SZ1 桩端位移也大幅减小,减小幅度约 42%。这说明在压浆前,由于桩端虚土的存在,激发相同大

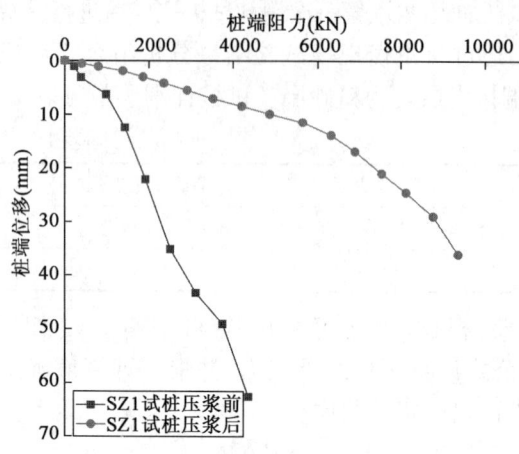

图 3　SZ1 试桩压浆前后桩端阻力与桩端位移

小的桩端阻力,需要更大的桩端位移。在桩侧泥皮的影响下,荷载从桩顶传递到桩端时所需位移较大。而在组合压浆的劈裂、渗透、压密等作用下,桩端土得到加固。在产生较小桩端位移时,组合后压浆桩能有效地发挥出更大的桩端阻力。

桩侧摩阻力的发挥需要桩土间相对位移。随着桩土之间相对位移增加,摩阻力成非线性地增加,并逐渐发挥到极限。根据应变片采集的数据换算成桩身轴力后,可间接获得各截面的桩侧平均摩阻力。以 SZ1 试桩为例,压浆前后桩侧摩阻力与桩土相对位移曲线如图 4 所示。

由图 4 可知,桩侧摩阻力的发挥是一个异步的过程,通常是从上部土层向下部土层逐步发挥。在加载过程中,桩身不同深度处的侧摩阻力随相对位移表现出不同程度的增加,且桩身上段侧摩阻力先于下段桩身发挥。各试桩压浆前,在产生较小的相对位移时,上段桩身的桩侧摩阻力就充分发挥进入了塑性阶段。下段桩身在相对位移至少达到 62.6mm 时,侧摩阻力才完全发挥。而经组合后压浆后,下段桩在极限荷载作用下,桩土相对位移达到 35mm 以后桩侧摩阻力仍有继续发挥的空间。SZ1 试桩桩身不同位置在组合压浆后桩侧摩阻力都得到了不同程度的提升。这一方面说明组合式压浆浆液上返下渗对桩周土层,特别是下段桩周土层的强化效果是显著的;另一方面说明组合式压浆的增径作用带来的增益效果是有效且稳定的。

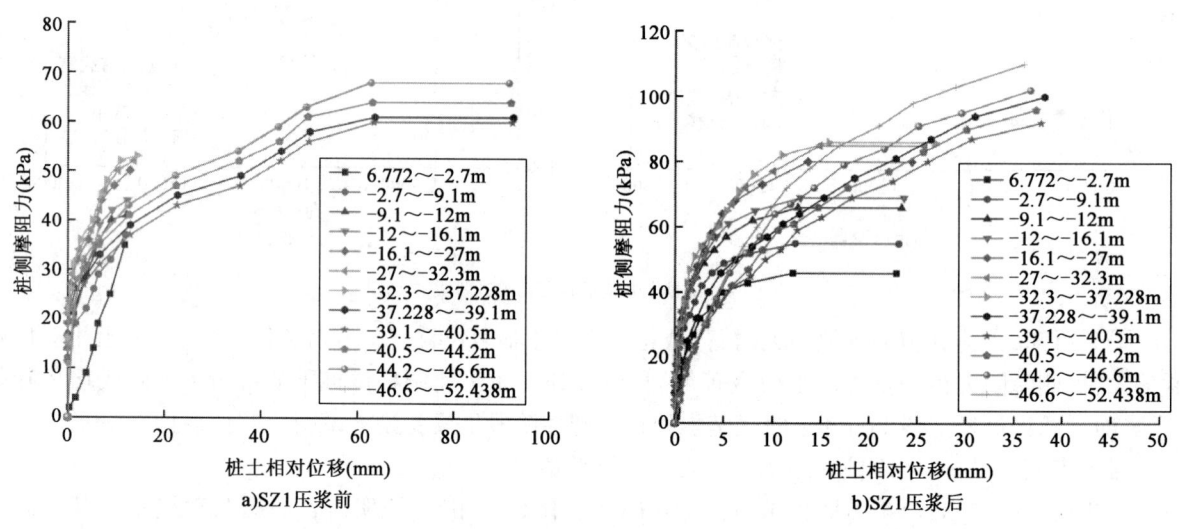

a)SZ1压浆前　　　　　　b)SZ1压浆后

图 4　SZ1 试桩压浆前后桩侧摩阻力-桩土相对位移曲线

## 四、结　语

本文通过对现场两根大直径后压浆钻孔灌注桩进行了自平衡静载试验,研究了组合后压浆对大直径钻孔灌注桩承载特性的影响,得出以下结论:

(1)组合后压浆浆液的上返下渗能够有效改善桩周及桩端土层条件,提高桩基承载力、控制桩基沉降。

(2)组合后压浆中对桩端土的加固作用显著。在极限荷载作用下,SZ1 试桩端阻力提高比例为 114%。

(3)组合后压浆对桩基的荷载传递特性产生了明显影响,使得其在产生较小的桩土相对位移时能够提供更大的桩侧摩阻力。

(4)施工中过多的桩底沉渣会影响桩端土层的工程性质,限制桩端阻力的发挥。

**参考文献**

[1] 张忠苗.桩基工程[M].北京:中国建筑工业出版社,2009.
[2] 中华人民共和国住房和城乡建设部.建筑桩基技术规范:JGJ 94—2008[S].北京:中国建筑工业出版社,2008.
[3] 张忠苗,吴世明,包凤.钻孔灌注桩桩底后注浆机理与应用研究[J].岩土工程学报,1999,21(6):681-686.
[4] 戴国亮,龚维明,程晔,等.自平衡测试技术及桩端后压浆工艺在大直径超长桩的应用[J].岩土工程学报,2005(06):690-694.
[5] Muilins G, Winters D and Steven D. Predicting End Bearing Capacity of Post-Grouted Drilled Shaft in Cohesionless Soils[J]. Journal of Geotechnical and Geoenvironmental Engineering,2006,132(4):478-487.
[6] 中华人民共和国交通运输部.基桩静载试验 自平衡法:JT/T 738—2009[S].北京:人民交通出版社,2009.

# 3. 常规桥梁立柱盖梁节点区钢筋配置优化研究

杜引光 凌之涵 程 坤 屠科彪

(浙江交工集团股份有限公司设计院分公司)

**摘 要** 常规梁式桥梁的立柱盖梁节点区配筋复杂,施工难度极大。本文以一座实际桥梁为研究对象,对立柱盖梁节点区在地震作用的受力机理展开了拟静力数值分析。结果表明:节点区内有无螺旋箍筋对结构的变形滞回曲线、承载能力均无明显影响,破坏模式仍以立柱塑性铰破坏为主,此数值分析结果与桥梁众多破坏实例一致。根据国内外桥梁相关规范要求及对桥梁实际施工调查分析后,提出对立柱盖梁节点区的常规配筋提出优化建议。

**关键词** 立柱盖梁节点区 抗震 承载能力 数值模拟 配筋优化

## 一、引 言

常规梁式桥梁的下部结构一般采用立柱接盖梁的形式,立柱盖梁节点区的配筋方式常规设计是立柱竖向钢筋伸入盖梁一定长度,上端扩展成喇叭形,外侧布置螺旋箍筋(图1)。在施工过程中,节点区存在着盖梁、立柱不同方向的钢筋相互穿插,施工难度很大,混凝土浇筑质量也难以保证的问题。

图1 立柱盖梁配筋施工实景图

通过大量桩柱式桥梁下部结构破坏模式调研,极少发现立柱盖梁节点破坏实例,与常规设计中立柱盖梁节点区加强配筋的设计模式不符。因此,本文选择一座实例桥梁,对节点区的受力特性进行非线性有限元分析,研究其破坏模式和受力机理,以探求节点区的钢筋优化配置方案。

## 二、数值分析

### 1. 分析对象

选取一高速公路空心板桥为研究对象,桥梁跨径为20m,单幅桥宽12.5m,下部结构采用双立柱盖梁结构,立柱高3.162m,直径1.3m,中心距7.9m,盖梁高1.6,厚1.5m,混凝土标号C30。立柱纵筋深入盖梁1.2m高,呈喇叭状,并配置螺旋箍筋(直径为10mm,螺旋间距为20cm),详细配筋情况如图2所示。

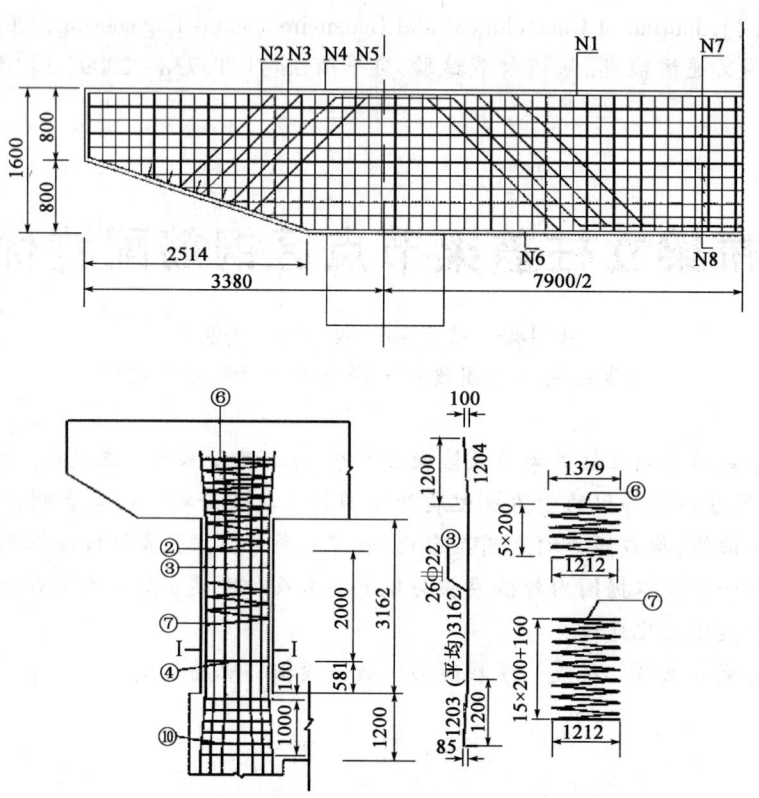

图2 立柱盖梁配筋设计图(尺寸单位:cm)

### 2. 有限元模型

基于ABAQUS非线性有限元软件,建立立柱盖梁有限元模型如图3所示,其中混凝土采用C3D8R实体单元模拟,钢筋采用T3D2桁架单元模拟,混凝土和钢筋分别采用损伤塑性模型和理想弹塑性模型,钢筋与混凝土单元间采用绑定连接,不考虑相对滑移变形。

桥梁立柱段的箍筋主要起抗剪作用,伸入盖梁节点区的箍筋主要是保证墩柱在地震作用下产生塑性铰后的延性,因此本文重点研究水平地震荷载下立柱盖梁节点区的受力问题。模型采用桩顶固结的约束方式,不考虑桩基变形的因素,上部结构荷载则仅考虑自重和二期恒载。以参考点的方式在单侧施加往复强制位移加载的方式模拟横桥向地震作用,最大位移幅值120mm。

为便于对比,共设计表1所示的3个计算模型,模型GL-1与原设计保持一致,模型GL-2不考虑盖梁内螺旋箍筋(图1中6号箍筋),模型GL-3为将螺旋箍筋采用一般环式水平箍筋(以下简称"平箍")代替。

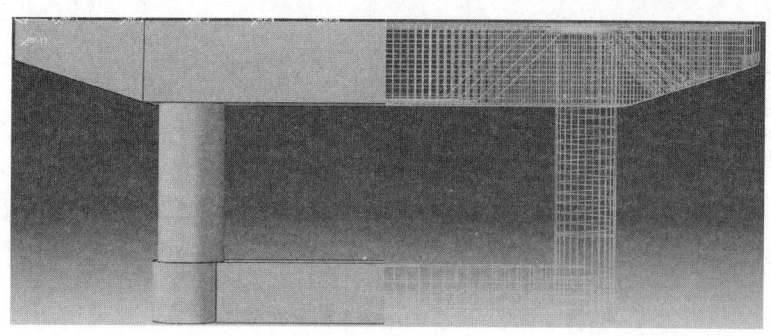

图3 有限元模型

**计算模型一览表**　　　　　　　　　　　　　　　　　　　　　　　　　　　表1

| 模型编号 | 模型说明 | 加载方式 |
| --- | --- | --- |
| GL-1 | 与原设计一致 | 横桥向拟静力加载,最大位移幅120mm |
| GL-2 | 删除6号螺旋箍筋 | |
| GL-3 | 6号螺旋箍筋用同规格平箍代替 | |

## 3. 分析数据

### 1) 滞回曲线对比

图4给出了三个计算模型的滞回曲线计算结果。可以看出,各模型曲线均呈梭形,滞回环饱满,耗能强,无捏拢现象。这表明各计算模型均具有良好的横桥向抗震性能,盖梁内箍筋的配置形式对滞回曲线的影响较小。

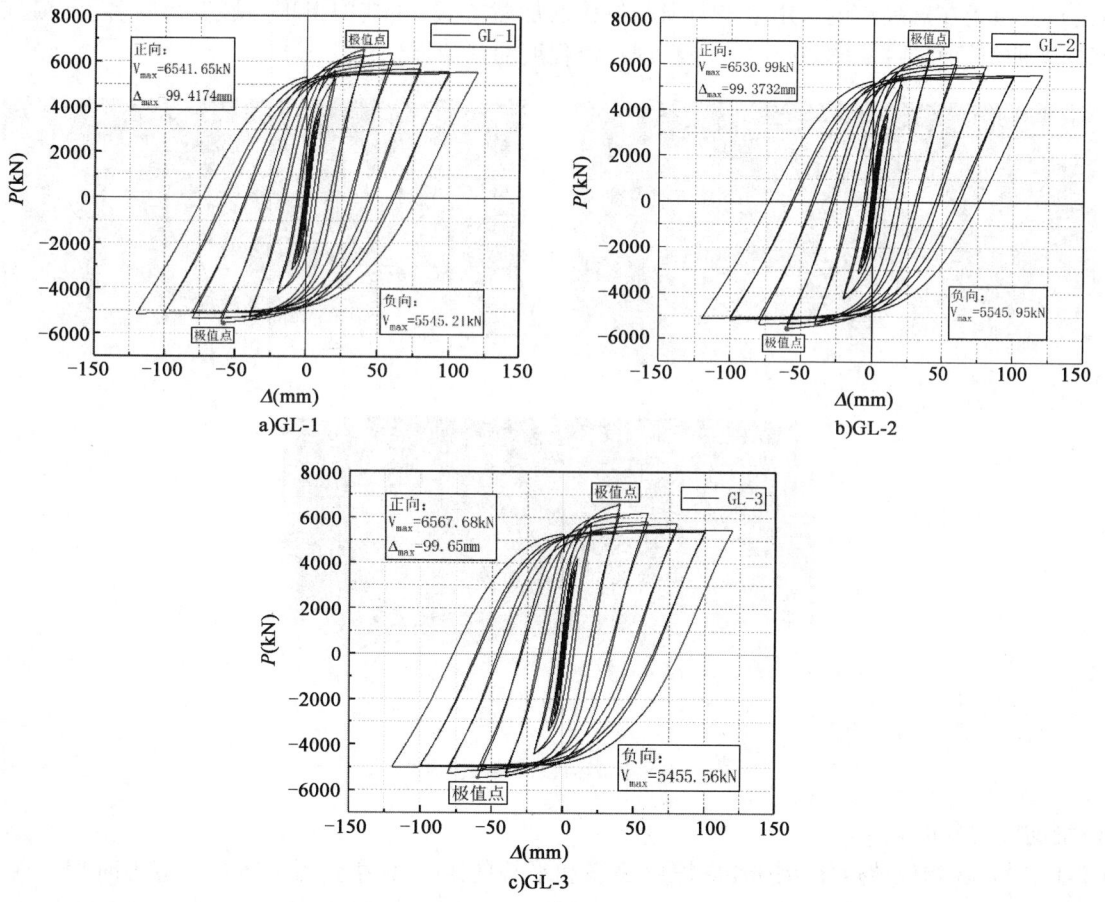

图4 各模型滞回曲线

2) 骨架曲线对比

图 5 为各模型骨架曲线的对比情况,可知各模型的极限承载能力和极限位移基本一致,螺旋箍筋为平行箍筋后承载力也无明显差别,取消螺旋箍筋后极限承载能力也仅降低不到 2%,且下部结构的横桥向抗震承载能力不受立柱盖梁节点控制。

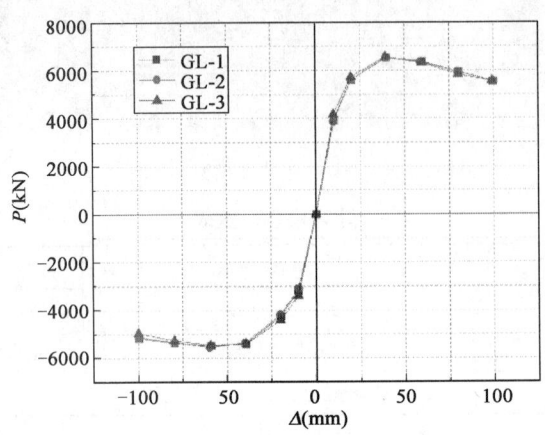

图 5 各模型骨架曲线图

3) 破坏模式分析

各模型在极限状态下的混凝土损伤情况如图 6 所示。对比发现,各构件破坏模式基本类似,均以柱顶和柱底的塑性铰破坏为主,立柱盖梁节点区混凝土存在一定程度的损伤开裂但尚未达到破坏状态。需要说明的是,由于在盖梁左侧采用水平向强制位移的加载方式,在结构出现塑性变形时容易引起盖梁左端的竖向弯曲,进而导致左侧节点区上缘出现一定程度的开裂损伤。

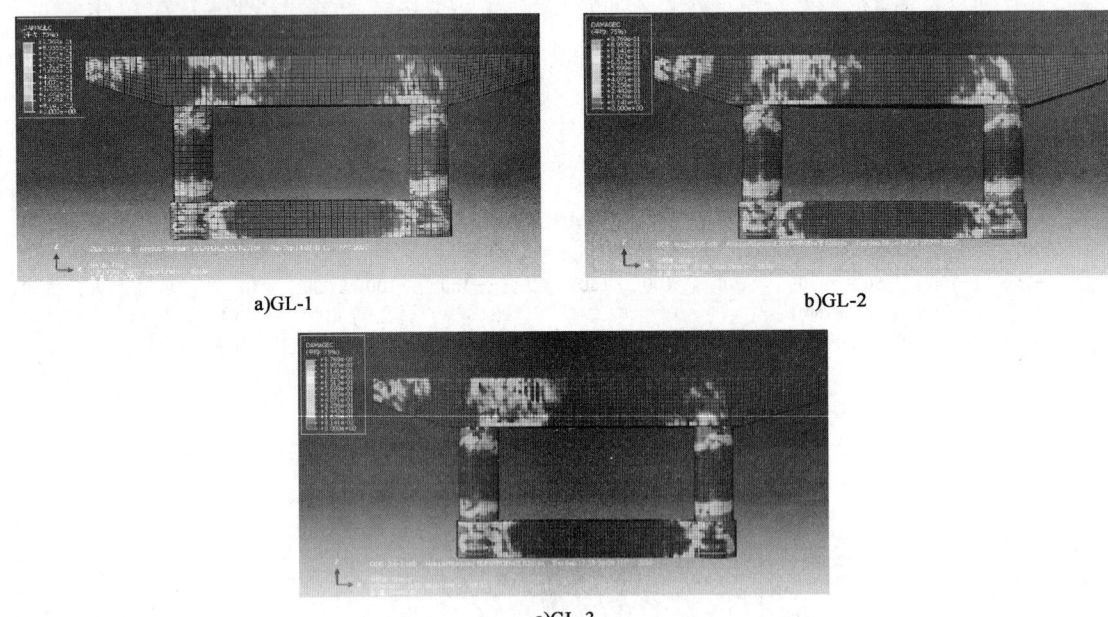

图 6 各模型破坏状态下混凝土损伤云图

4) 钢筋应力分析

GL-1 和 GL-3 构件节点区域内各层螺旋箍筋和平箍的定义编号如图 7 所示。应力时程曲线如图 8 所示。可以看出,GL-1 和 GL-3 构件的箍筋应力结果无明显差异,第 1 层箍筋(编号 S6)最大应力超过

300MPa,基本达到屈服状态,第2层箍筋(编号S5)应力在200～250MPa之间,第3层箍筋(编号S4,伸入盖梁高度为60cm)最大应力约150MPa,第6层箍筋(编号S1)应力几乎为0MPa,可见箍筋应力随伸至盖梁内高度增加而减小,且超过一定高度后受力较小。

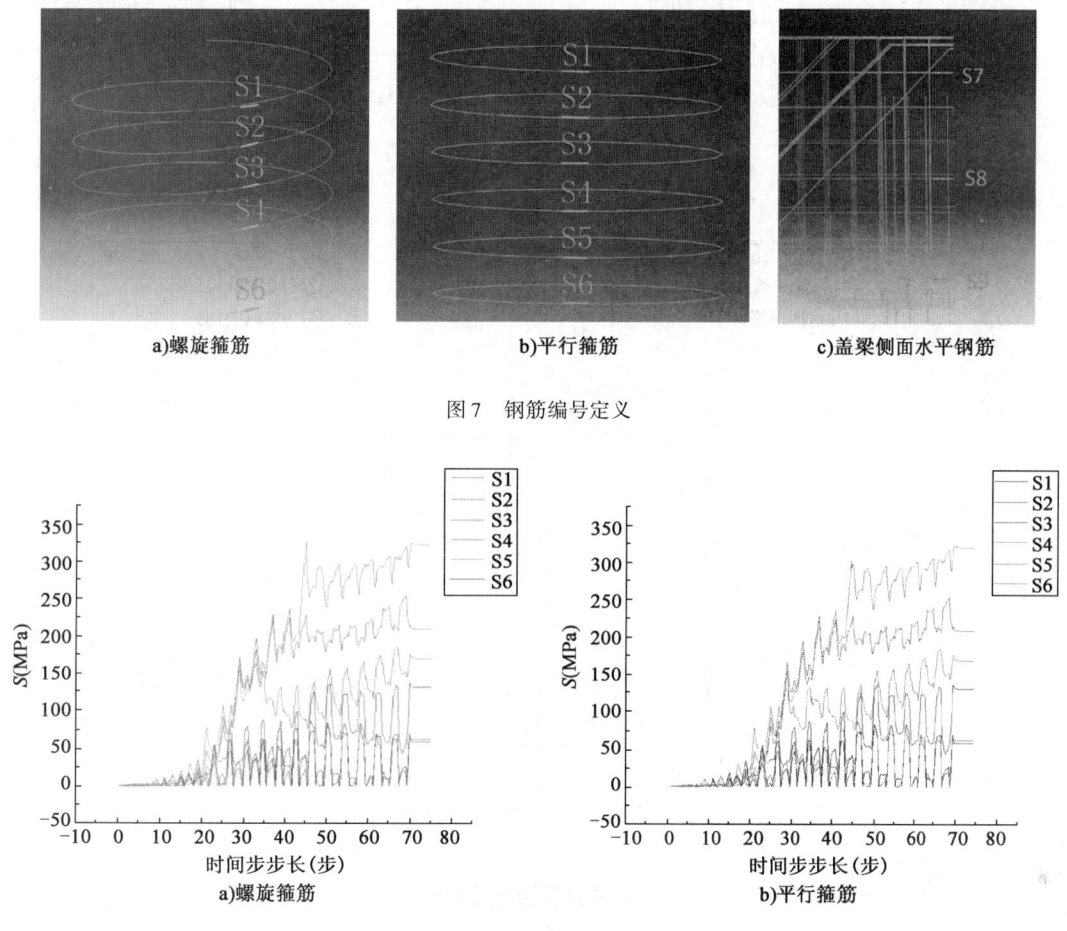

图7 钢筋编号定义

图8 箍筋应力时程曲线

为进一步了解有无螺旋箍筋时盖梁侧面水平钢筋的变化情况,图9给出了GL-1和GL-2盖梁水平筋的应力结果。可以看出,盖梁侧面水平筋从上到下依次增大,与螺旋箍筋的变化规律保持一致,其中顶层钢筋(S7)的应力几乎不受螺旋箍筋影响,而取消螺旋箍筋后盖梁中心及底层水平钢筋(S8、S9)均明显增大,尤其对于S9钢筋由约150MPa的应力水平增大至近屈服状态。这表明取消螺旋箍筋后,盖梁侧面水平钢筋在立柱盖梁节点核心区的抗剪方面也发挥明显作用。

4. 结论

通过数值分析在地震作用下立柱盖梁节点区的受力特性,得到以下主要结论:

(1)地震荷载作用下,桥梁下部结构主要表现为立柱塑性铰破坏,立柱盖梁节点区内有无螺旋箍筋对结构的变形滞回曲线、承载能力及破坏模式均无明显影响。

(2)地震荷载作用下,盖梁内螺旋箍筋的应力水平从下而上依次减小,达到一定高度后箍筋受力较小,即立柱盖梁节点区内箍筋仅在盖梁底部一定范围内发挥作用。

(3)与螺旋箍筋相比,立柱盖梁节点区内配置平箍时,在计算结果上也无明显区别,因此平箍与螺旋箍筋作用相仿。

(4)地震荷载作用下,盖梁侧面的水平钢筋也可以代替螺旋箍筋承担部分抗剪作用,加强盖梁水平钢筋的配置对于立柱盖梁节点区的抗震是有利的。

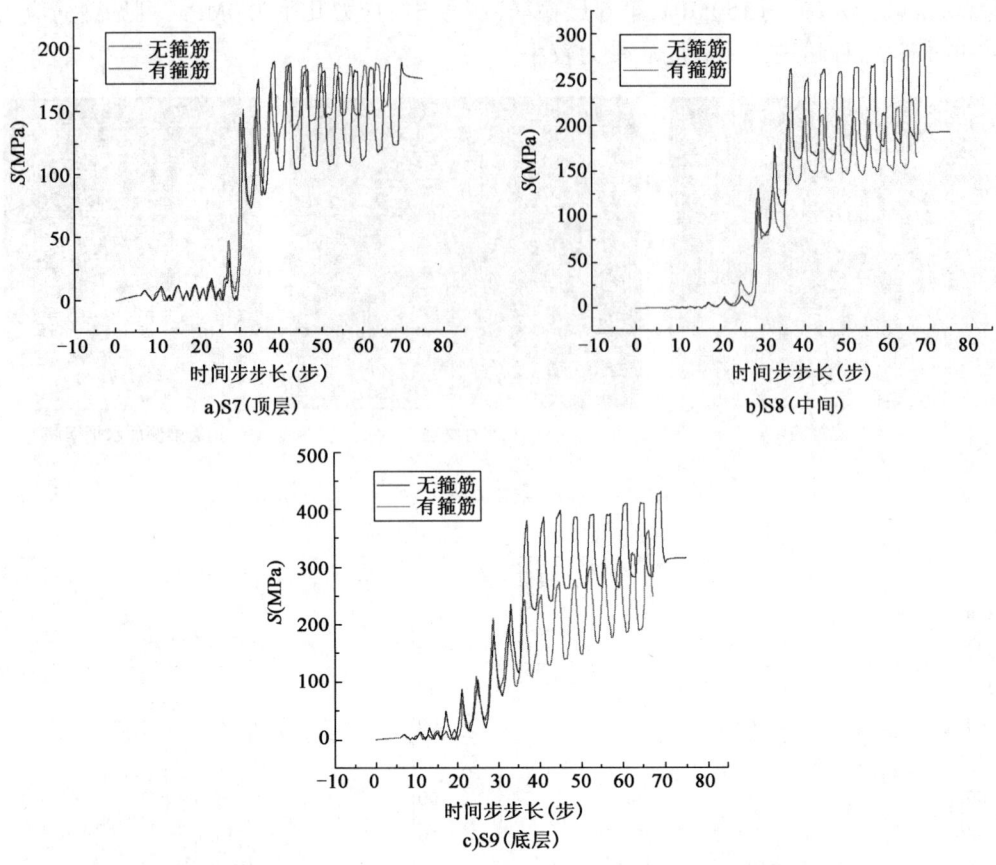

图9 盖梁侧面水平筋应力时程曲线

## 三、破坏形态调研

不同于常规的房建结构梁柱节点,桥梁盖梁与立柱线刚度差异性较大,立柱盖梁节点区很难出现控制性破坏。大量的试验及实际工程表明在地震荷载作用下,立柱盖梁结构仍以柱顶和柱底的塑性区破坏为主,未发现节点区发生破坏状况。以2008年汶川地震中桥梁的灾害为例[1],双柱墩桥梁的破坏形式主要有立柱塑性铰区的弯曲破坏、剪切破坏、弯剪破坏,盖梁的梁体开裂、挡块破坏、盖梁上垫石破坏,以及立柱的系梁破坏等,而立柱盖梁节点区则相对完好。

## 四、施工现状调研

一般施工工序:首先,浇筑立柱混凝土,顶部竖向钢筋预留外露;其次,整体吊装盖梁钢筋骨架,嵌套在立柱竖向钢筋中;然后,在盖梁骨架间扩展立柱竖向钢筋成喇叭形,并在外侧穿插绑扎螺旋箍筋;最后,浇筑盖梁混凝土。

由于节点区存在着盖梁水平向主筋与架立筋、竖向的箍筋与弯起钢筋,若是预应力结构则还存在着钢束波纹管。要将穿插在盖梁钢筋骨架中的立柱竖向钢筋外展成喇叭形,再在如此密集的钢筋丛中穿插绑扎螺旋箍筋,其难度极大。且由于节点区钢筋密集,间隙很小,混凝土浇筑时粗集料难以下沉,振捣不便,难以保证节点区混凝土浇筑质量。

通过对众多桥梁工程施工现场调查了解到,实际施工时由于操作空间受限,大多不将立柱的竖向钢筋外展成喇叭形,近乎一半的工点将螺旋箍筋调整为平箍或未完全按设计要求进行设置。

## 五、规 范 规 定

### 1. 一般要求

《公路钢筋混凝土及预应力混凝土桥涵设计规范》(JTG 3362—2018)[2]要求立柱"纵向受力钢筋应伸入基础和盖梁,伸入长度不应小于表9.1.4规定的锚固长度",但对立柱伸入盖梁的竖向钢筋是否扩展成喇叭形及螺旋箍筋是否要延续到盖梁中均未特别要求。

### 2. 抗震要求

《公路桥梁抗震设计规范》(JTG/T 2231-01—2020)[3]关于"延性构造细节的墩柱构造细节设计"中规定:"对抗震设防烈度为Ⅶ度及Ⅶ度以上地区的常规桥梁,墩柱潜在塑性铰区域加密箍筋的配置""塑性铰加密区域配置的箍筋应延续到盖梁和承台内,延伸到盖梁和承台的距离应按施工允许的最大距离确定"。

《铁路工程抗震设计规范》(GB 50111—2006)[4]、美国AASHTO规范[5]、美国加州桥梁抗震设计规范CALTRANS[6]、欧洲规范Eurocode 8[7]等规范对墩柱塑性铰加密区域的箍筋配筋率有类似的规定,但对立柱竖向钢筋是否扩展成喇叭形及螺旋箍筋是否延续到盖梁未做具体明确要求。

## 六、结语及建议

(1)数值分析及大量实例证明,在地震荷载作用下,立柱接盖梁形式的桥梁下部结构的破坏模式主要为立柱塑性铰破坏,极少发现立柱盖梁节点区破坏。因此,立柱盖梁节点区的常规配筋从结构受力角度可以简化。

(2)鉴于立柱与盖梁节点区钢筋绑扎、混凝土浇筑施工难度极大,因此从工程实施便捷性的角度非常有必要优化节点区配筋。

(3)建议优化立柱与盖梁节点区常规设计,一是对立柱竖向钢筋不做外展成喇叭形的要求;二是对抗震设防烈度为Ⅶ度以下地区的常规桥梁,立柱螺旋箍筋无须延伸入盖梁;三是对抗震设防烈度为Ⅶ度以上地区的桥梁为了保持梁柱塑性铰的可靠性,应按《公路桥梁抗震设计规范》(JTG/T 2231-01—2020)"延性构造细节的墩柱构造细节设计"中规定设置,为了减少施工难度,可将螺旋箍筋调整为平箍。

不完全统计,近年来全国每年新建成公路桥梁约315万m,其中约2/3桥梁的下部结构是桩柱接盖梁形式。若立柱与盖梁节点钢筋按上述建议优化,全国一年新建的公路桥梁将在类似节点区节省工程造价约2500万元,并能更好地保证节点区的混凝土浇筑质量,具有显著的经济及社会效益。

## 参考文献

[1] 庄卫林,刘振宇,蒋劲松.汶川大地震公路桥梁震害分析及对策[J].岩石力学与工程学报,2009,28(07):1377-1387.

[2] 中华人民共和国交通运输部.公路钢筋混凝土及预应力混凝土桥涵设计规范:JTG 3362—2018[S].北京:人民交通出版社股份有限公司,2018.

[3] 中华人民共和国交通运输部.公路桥梁抗震设计规范:JTG/T 2231-01—2020[S].北京:人民交通出版社股份有限公司,2020.

[4] 中华人民共和国铁道部.铁路工程抗震设计规范:GB 50111—2006[S].北京:中国计划出版社,2006.

[5] AASHTO Guide Specifications for LRFD Seismic Bridge Design[S],2004.

[6] Caltrans Seismic Design Criteria (Version 1.7)[S],2013.

[7] European Committee for Standardization. Eurocode 8: Design of Structures for Earthquake Resistances[S]. 2004.

# 4. UHPC湿接缝连接节段拼装护栏耐撞性能研究

李志勇[1]　徐志荣[1]　王松林[1]　李应根[1]　罗征[2]

(1.宁波市交通规划设计研究院有限公司;2.浙大宁波理工学院)

**摘　要**　本文提出了UHPC湿接缝连接节段拼装混凝土护栏,研发预制节段护栏与桥梁主梁竖向及节段护栏自身纵向可靠、高效、标准化连接构造,详细介绍了节段预制护栏在某高速桥梁工程中试点应用施工细节;建立车辆及预制节段护栏精细化碰撞模型,以护栏最大动态位移、护栏导向性、车辆加速度等参数为护栏安全性能指标,评估护栏在车辆撞击下的安全性能。结果表明:与整体现浇混凝土护栏相比,UHPC节段拼装护栏耐撞性能更加优越,碰撞车上乘员受到更好的保护,而且碰撞车辆具有更强的碰撞稳定性。

**关键词**　预制装配　节段拼装护栏　耐撞性能　UHPC湿接缝

## 一、引　言

公路防撞护栏具有诱导交通及避免失控车辆冲出路面的关键作用[1],防撞护栏对于公路行车安全意义重大。港口城市宁波公路网络发达,受海洋环境和高温高湿气候影响,护栏钢筋锈胀致使护栏混凝土保护层开裂,护栏病害情况堪忧,防护等级下降,为我市道路安全运营巨大隐患。采用传统现浇护栏替换,不仅高速需要封道,施工质量难以把控,同时护栏立模、浇筑、养护、拆模,工期长、成本高,与发展桥梁产品工业化建造理念相悖。预制装配施工是我国节能减排与可持续发展的战略选择[2],其采用工厂化生产桥梁构件运至现场拼装,但该项技术在防撞护栏领域却少有问津,究其原因是节段预制护栏连接构造在冲击荷载下安全冗余度尚未可知,适用于预制护栏节段装配连接方式有待开发。对此,结合防撞护栏的荷载特点和装配化要求,研发UHPC湿接缝连接节段拼装混凝土护栏产品,如图1所示。

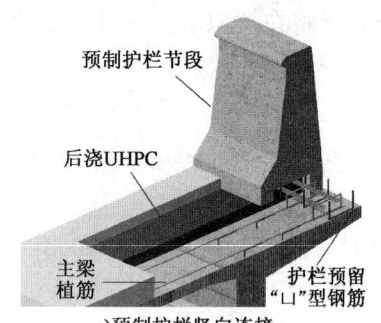
a)预制护栏竖向连接

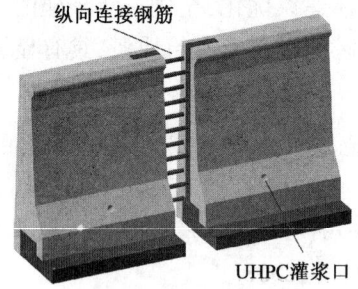
b)预制护栏纵向连接

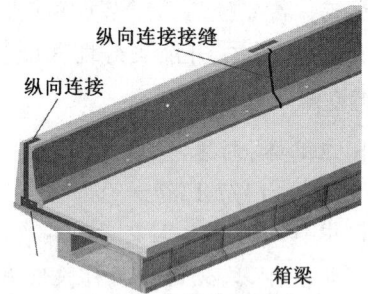
c)UHPC湿接缝连接预制护栏连接

图1　UHPC接缝连接RC预制节段护栏

UHPC接缝[3,4]连接RC预制节段护栏:预制RC护栏及桥面板的竖向连接通过后浇UHPC与预留横向钢筋联合组成,UHPC则通过预制护栏注浆口灌注。同时为了保证护栏纵向的整体性,节段护栏纵向端部预留钢筋上下错落布置,节段护栏端部槽口灌注UHPC,最终形成护栏节段接缝纵向连接刚接化。

为了验证上述预制节段拼装防撞护栏实际工程应用价值,有必要通过实际工程验证、精细化数值模拟与理论分析对上述预制护栏节段竖向及纵向连接构造在车辆撞击作用下的剪切行为、损伤破坏模式及施工构造细节等方面的深入讨论,研究成果对保障桥梁正常安全运营与桥梁预制装配化技术发展有着非常积极的意义。

## 二、UHPC 湿接缝连接预制节段护栏试点工程

UHPC 湿接缝连接节段护栏前期已在宁波某高速公路桥梁护栏抢修工程中实际应用。原有混凝土护栏因大货车与其刮擦后，货车油箱破裂自燃，混凝土防撞护栏损伤严重，难以满足车辆通行的安全保障，急需更换。鉴于工程位于高速公路，无法封道施工，同时护栏防护等级较高（SS 级），因此采用本文提出的 UHPC 湿接缝连接节段护栏进行现场装配施工，如图 2 所示。考虑到运输以及吊装的限制，预制护栏节段长度为 4m，预制混凝土强度 C30，节段护栏钢筋绑扎、浇筑和养护等预制工作均在工厂完成，同时预制护栏预留用于竖向连接及纵向连接的钢筋；节段护栏运至现场后通过吊车进行安装，临时支撑支护，节段护栏与桥面预留钢筋交错布置，灌注 UHPC 进行节段护栏与桥面的竖向连接以及节段护栏之间的纵向连接。施工过程无须模板支架，减少施工周期并且保障高速道路安全通畅，同时预留钢筋无须焊接，大幅减少现场工作量，而利用 UHPC 自流平的材料特性，实现了节段护栏与桥面的快速高效连接。

a) 撞损护栏　　　　　　b) 预制节段护栏

c) 预制节段护栏吊装　　　　　　d) UHCP 湿接缝连接预制护栏

图 2　UHPC 预制节段护栏施工工艺

## 三、预制节段护栏防撞系统有限元模型

实车碰撞试验是检验护栏实际防撞性能最直接可靠的方式。但是，实车碰撞试验费用高昂，并且整体试验周期较长，在各类护栏初期的开发和后续优化中进行大量的实车撞击试验非常不经济且效率较低。如今随着有限元软件的不断开发和升级优化，其相关数值模拟仿真技术已经日渐成熟。由于有限元仿真具有周期短、计算成本低以及参数修改方便[5]等优点，非常适合车辆碰撞护栏的安全性能测试模拟。

预制节段护栏混凝土采用 Solid 实体单元，单元尺寸大小为 20～40mm，混凝土以及 UHPC 材料本构均采用混凝土连续盖帽模型（CSCM）[6]；钢筋采用 Beam 梁单元模拟，材料本构采用弹塑性材料本构模

型;混凝土与钢筋单元利用节点耦合的方式实现钢筋与混凝土黏结考虑了钢筋和混凝土都是应变率效应[7],预制节段护栏有限元模型如图3所示。

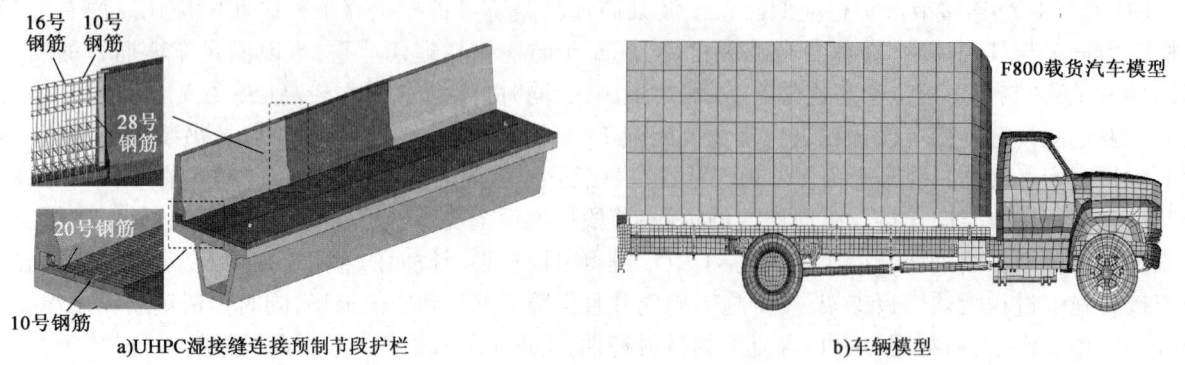

a)UHPC湿接缝连接预制节段护栏　　　　　　　　　b)车辆模型

图3　UHPC连接节段拼装护栏与车辆有限元模型

车辆模型采用乔治华盛顿大学国家碰撞分析中心(NCAC)开发的福特F800载货汽车模型,该车辆有限元模型已被广泛用于各类基础设施在车辆碰撞下的受力性能研究。

## 四、车辆碰撞护栏安全性能评价

为揭示UHPC节段拼装护栏在车辆冲击作用下的防撞性能,开展车辆碰撞数值模拟分析,并以整体现浇护栏作为对照组,结合国内外相关规范中车辆碰撞护栏的相关安全评价指标(护栏最大动态位移、护栏导向性、车辆速度和加速度等参数指标[8]),评估护栏在车辆撞击下的安全性能,揭示UHPC节段拼装护栏在车辆撞击下的可靠性和安全性。根据规范对于防撞护栏安全性能评价要求,本文采用载货汽车模型对整体现浇护栏和UHPC节段拼装护栏进行20°斜向碰撞分析,车辆碰撞初速度通过车轮行驶速度控制,载货汽车质量调整通过车辆模型中位于货箱位置的ADDED MASS模块进行控制,车辆总质量为18t,车辆速度为80 km/h。

### 1.护栏顶部的动态位移

护栏被失控车辆撞击后,护栏时产生最大动态外倾值,车辆不得接触到路旁障碍物(如道路内部跨线桥墩)。为载货汽车撞击护栏时护栏顶部的最大动态位移变形值,护栏顶部的动态位移可以反映护栏在车辆冲击作用下变形情况以及护栏时产生最大动态外倾值。混凝土护栏变形曲线主要分为两阶段(图4):前0.12s载货汽车车头撞击变形阶段,护栏顶部位移较小;后阶段卡车车厢撞击变形阶段,在0.12s之后载货汽车车厢重物撞击护栏,由于车厢载物较重(质量达16.4t),因此护栏变形迅速大幅度上升,并且保持峰值不变,说明护栏本身产生一定的塑性变形,护栏最大动态外倾值为200mm。该值远远小于规范中护栏最大横向动态位移外延允许值500mm,说明两类护栏的刚度较大,失控车辆不会撞击到路旁障碍物。然而,护栏自身刚度过大,会导致车辆损伤增加,降低事故车辆的安全度。对比预制节段护栏及整体现浇护栏,护栏顶部位移总体发展趋势基本一致,由于节段拼装护栏具有UHPC连接构造,底部连接刚度高于现浇整体护栏,其动态位移峰幅低于整体现浇护栏,在大能量冲击作用下UHPC连接构造表现仍比较稳定。

### 2.护栏导向性对比分析

通过对比车辆碰撞护栏过程中的行驶轨迹和车辆碰撞后驶出角度,分析护栏的导向性,若导向性能不足会造成车辆高速碰撞后甩尾、翻车与横向掉头等危险现象,影响相邻车道其他车辆的行车安全,造成连环交通事故,因此护栏的

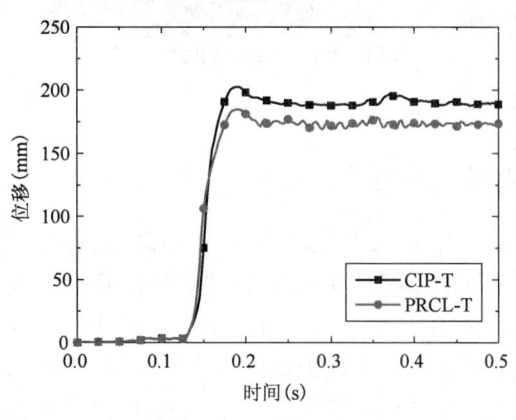

图4　载货汽车撞击下护栏动态位移时程曲线

导向性尤为重要。

分别截取计算结果中 $t=0s$、$t=0.1s$、$t=0.2s$、$t=0.3s$ 和 $t=0.4s$ 时刻小车碰撞整体现浇护栏和节段拼装护栏后的行驶轨迹图,如图5所示。由图可得,载货汽车以20°斜向碰撞护栏后,摩擦滑行0.3s后,载货汽车整体车身姿态调整至与护栏平行。由0.3s、0.4s 时刻的轨迹图可知,载货汽车车头和货厢依次与护栏充分碰撞接触后,车辆与护栏保持平行的状态向前滑行;在载货汽车碰撞护栏并滑行的过程中,无论碰撞整体现浇护栏还是节段拼装护栏,车辆均表现出了良好的稳定性,载货汽车均未出现翻越、骑跨和横向甩尾掉头等现象,并且可以有效地引导碰撞载货汽车的运行方向和行驶姿态,满足规范评价标准。

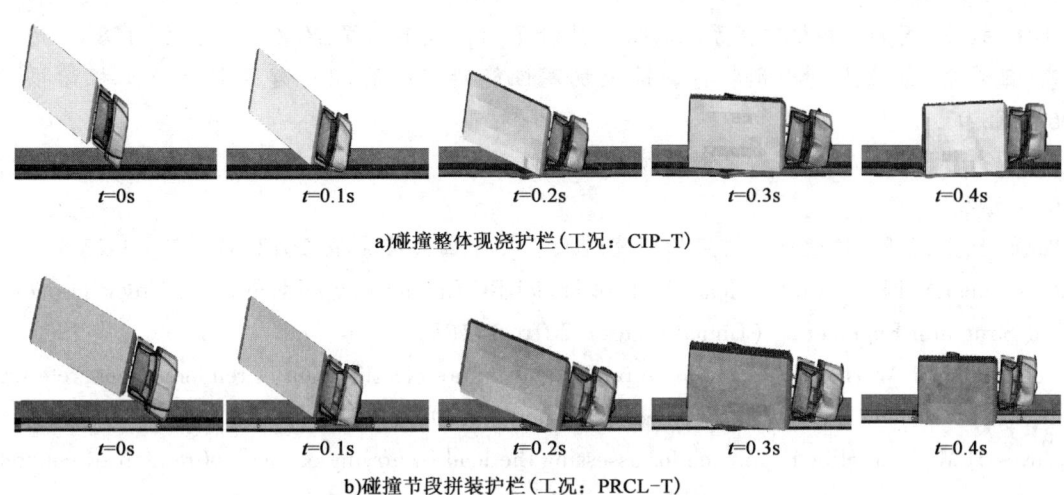

图5 载货汽车碰撞护栏行驶轨迹对比图

### 3. 车辆加速度

车辆加速度用以判断车内驾驶员安全的评价指标,提取车辆碰撞护栏过程中车辆驾驶室座位的加速度时程曲线,通过数据处理后分为车辆横向速度分量和纵向速度分量,具体如图6所示。载货汽车加速曲线在冲击过程中剧烈波动,说明两类护栏刚度较大,车辆在撞击过程中,损伤变形明显。同时对比两类护栏:

(1)载货汽车撞击护栏后加速度主要波峰出现时间相对较迟,其加速度横向分量和纵向分量峰值均出现在0.35s左右,此时主要为载货汽车车厢整体碰撞护栏;

(2)载货汽车碰撞节段拼装护栏后加速度横向分量和纵向分量的峰值和震荡幅度与撞击整体现浇护栏时基本相同,其中两者峰值均小于 $200 m/s^2$,均值都小于 $100 m/s^2$,符合相关规范中护栏确保驾驶员安全的加速度评价标准。

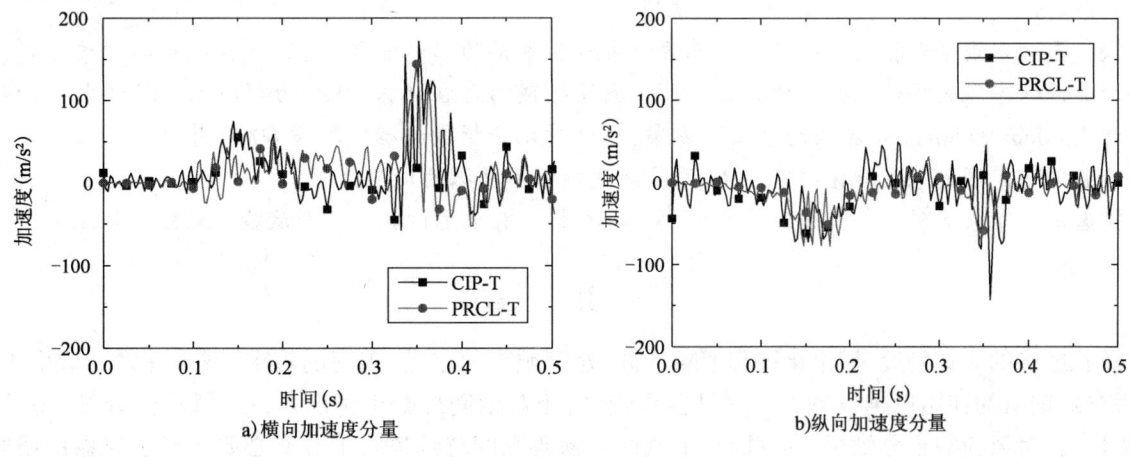

图6 载货汽车加速度变化时程曲线

## 五、结　语

本文研发的UHPC湿接缝连接节段拼装护栏具有施工简便,节段连接区域无须养护,工期短等特点,为确保新型节段拼装护栏符合实际车辆撞击下的防撞性能要求,采用大型载货汽车对节段拼装护栏进行了车辆撞击下的安全性能指标的评估与对比分析,与整体现浇混凝土护栏相比,UHPC湿接缝连接节段拼装混凝土护栏撞性能更加优越,撞击车的乘员受到更好的保护,而且碰撞车辆具有更强的碰撞稳定性。

**参考文献**

[1] 雷正保,杨兆.汽车—护栏碰撞系统的安全性研究[J].汽车工程,2006(02):152-158.

[2] 王震,王景全.预应力节段预制拼装桥墩抗震性能研究综述[J].建筑科学与工程学报,2016,33(06):88-97.

[3] 周良,闫兴非,张凯龙,等.工业化全预制桥梁设计施工关键技术研究及应用[J].建设科技,2018(16):53-55.

[4] 项贻强,竺盛,赵阳.快速施工桥梁的研究进展[J].中国公路学报,2018,31(12):1-27.

[5] Chen L,Xiao Y,El-Tawil S. Impact Tests of Model RC Columns by an Equivalent Truck Frame[J]. Journal of Structural Engineering(United States),2016,142(5).

[6] Do T V,Pham T M,Hao H. Impact force profile and failure classification of reinforced concrete bridge columns against vehicle impact[J]. Engineering Structures,2019,183:443-458.

[7] Cotsovos D M. A simplified approach for assessing the load-carrying capacity of reinforced concrete beams under concentrated load applied at high rates[J]. International Journal of Impact Engineering,2010,37(8):907-917.

[8] 中华人民共和国交通部.高速公路护栏安全性能评价标准:JTG/T F83-01—2004[S].北京:人民交通出版社,2004.

# 5. 单索面斜塔异性曲线钢箱梁悬索桥风致振动控制研究

王　威[1]　傅立磊[2]　陈　斌[3]　赵永军[1]　刘世忠[3]

(1.江苏省交通工程集团有限公司;2.厦门市市政建设开发有限公司;3.兰州交通大学)

**摘　要**　以现今世界最大跨度单塔单索面曲线悬索桥为工程背景,通过风洞试验和理论分析,研究该桥的成桥状态风致响应特性。研究结果表明原设计截面存在驰振问题,为解决原设计的驰振问题,提出了增设60cm和80cm导流板两个改进方案,通过对比分析最终确定增设60cm导流板的设计方案,在驰振检验风速范围内未见驰振现象发生,同时满足颤振和涡振的规范要求。

**关键词**　单索面斜塔异性曲线悬索桥　风振控制　有限元仿真　模型试验　驰振　导流板

## 一、引　言

随着经济的飞速发展,城市化进程不断推进,处于城市的交通、美观的需求,城市桥梁的造型越发复杂,桥梁对钢材的使用也越发频繁。钢材自重较轻,相对钢筋混凝土桥而言,钢桥轻巧、纤细,桥身刚度小,柔性大,对风荷载十分敏感。因此,对于风振问题研究的持续进行十分有必要。对于风振的研究,国内已有许多学者经行过相关研究,如颜大椿提出虎门大桥的风振问题[1];李先进等以广东沿海强风区某在建中承式三主桁式大跨度钢拱桥为工程背景,通过风洞试验和理论分析,研究该桥梁施工状态和成桥状态风致响应特性[2];廖海黎等从海洋桥梁场址风场特性、抗风设计理论、风振控制技术和行车安全防风技术,重点梳理了海洋桥梁工程抗风安全面临的重点难点问题及技术发展方向[3];赵澎湧研究了大跨简支叠合梁悬索桥抗风性能[4];王峰等进行了超窄悬索桥抗风稳定性研究及风振响应控制[5]。尽管关于桥梁风振的研究成果较多,但节点二桥为现存世界跨度最大跨度的单塔单索面曲线悬索桥,桥型复杂,受风荷载作用的响应特征不同。本文通过对节点二桥的主梁横截面进行三分力系数计算分析与测振试验发现节点二桥存在驰振问题,并通过增设导流板解决桥梁的驰振问题,同时对导流板进行了优化处理。本文对单塔单索面曲线悬索桥问题的发现及解决问题的研究可为今后相似类型桥梁提供借鉴。

## 二、工程概况

节点二桥为厦门健康步道跨仙岳路节点桥梁,连接了狐尾山和仙岳山,本桥采用单塔单侧悬挂曲线悬索桥体系,跨径布置为:216.7m+10m,全长226.7m。边跨(10m跨)为连续梁体系,主跨(216.7m跨)为组合体系。悬索桥主缆北侧一端锚固在主梁上,另一端与背索相连锚固在地锚锚碇上;南侧一端锚固在地锚锚碇上,另一端与背索相连锚固在地锚锚碇上。由于主梁为空间曲线形式,主缆锚固点的水平分力由两侧的地锚锚碇和桥台承担,主梁承担由于倾斜设置的吊杆而产生的轴向拉力和扭矩。桥塔位于桥梁216.7m主跨的对称轴位置,两侧的桥梁在几何平面上是对称的。悬吊索等距对称地布置在索塔两侧,并与桥面及主缆连接因此本桥设置为两跨一联结构。

桥梁主梁采用扁平钢箱结构,梁高1.2m,标准段顶板宽4.0m,底板宽0.9m,箱内设置2道腹板。箱梁内顶板设置5道12mm厚140mm高纵向U形板肋,底板设置6道12mm高140mm厚纵向U形板肋,每个腹板设一道12mm厚140mm高纵向U形板肋。桥塔采用高度更低、体量感更好的V形桥塔造型,塔斜高60m。桥塔断面为菱形,塔顶底端断面对角线长1.6m,塔中断面对角线长2.977m,采用直线型变截面。桥塔的两肢均采用梭形箱型截面,壁厚30mm。在桥塔变截面位置设置横隔板,横隔板30mm。塔上对应主缆和背索的锚固位置设置耳板。

## 三、主梁断面三分力系数计算与试验

### 1. 主梁断面三分力系数计算

1)主梁横断面三分力系数定义

作用于主梁单位长度上的静气动力可由主梁横断面气动三分力系数计算,而气动三分力系数可由数值模拟和风洞试验得到。为了描述气动三分力和气动三分力系数,作用于主梁横断面上的气动三分力如图1所示。作用在主梁断面上的气动三分力可用体轴系中的竖向气动力$F_V$、横向气动力$F_H$和绕纵轴气动俯仰扭矩$M$来表示,也可以用风轴系中的气动阻力$F_d$、气动升力$F_l$和气动俯仰扭矩$M$来表示,其中两个参考坐标系中的气动俯仰扭矩$M$一致,$\alpha$为风攻角,当平均风向上时为正。

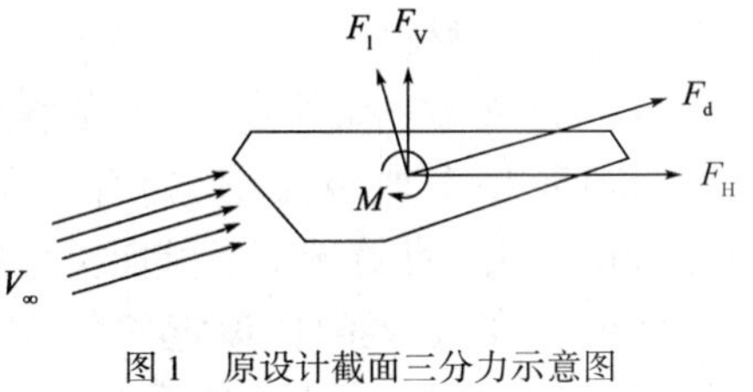

图1 原设计截面三分力示意图

体轴系下的三分力系数定义如下:

横向气动力系数:

$$C_H = \frac{F_H}{1/2\rho U_\infty^2 DL}$$

竖向气动力系数:

$$C_V = \frac{F_V}{1/2\rho U_\infty^2 BL}$$

气动俯仰扭矩系数:

$$C_M = \frac{M}{1/2\rho U_\infty^2 B^2 L}$$

式中:$U_\infty$——试验风速;

$\rho$——空气密度,1.225kg/m³;

$L$——节段模型长度。

其中,横向气动力系数以主梁高度 $D$ 为参考长度,竖向气动力系数和气动俯仰扭矩系数以桥面主梁断面的宽度 $B$ 为参考长度。

风轴系气动力三分力系数定义及与体轴系气动力系数之间转换关系如下:

风轴气动阻力系数:

$$C_D = \frac{F_D}{1/2\rho U_\infty^2 DL} = C_H \cdot \cos\alpha + C_V \cdot B/D \cdot \sin\alpha$$

风轴气动升力系数:

$$C_L = \frac{F_L}{1/2\rho U_\infty^2 BL} = C_H \cdot D/B \cdot \sin\alpha + C_V \cdot \cos\alpha$$

2)计算模型

主梁典型结构横断面的三分力数值仿真计算使用了 ANSYS 中 FLUENT 计算流体模块。计算过程中,定义全局最大网格尺寸为0.5,为了适应计算数据的分布特点,在计算数据变化梯度较大的部位(如流固交界面处),为了较好地反映流动特征的变化规律,需要采用比较密集的网格。而在计算流动特征变量变化梯度较小的部位,可在同时考虑计算精度与计算效率,适当减小网格数量,划分相对稀疏的网格。这样,整个结构便表现出疏密不同的网格划分形式。定义的全局面网格类型为 Quad Dominant。面网格的生成方法采用 Patch Dependent,根据面的轮廓线来生成网格。将模型近壁面处的网格定义为比较小尺寸为0.00004,增长率为1.1,$y+$ 值控制在 1 ~ 5,满足 SSTk-W 湍流模型使用的要求。调整网格质量在0.4以上,满足工程计算要求0.3以上。最终共生成44万个网格单元,43万个计算节点,远高于一般文献设置的10万~20万个网格单元。

3)边界条件及参数设置

(1)选择求解模型为 SST k-W 模型,湍流强度为5%,耗散率为10%,时间离散采用二阶隐式,对流项插值方法采用二阶迎风格式,扩散通量采用默认 Least-Squares-Cell-Based,压力插值方法等其他空间离散均为二阶格式,以 SIMPLE 算法处理压强与速度的耦合。

(2)定义材料为 air。

(3)定义边界条件:入口边界条件类型选择 Velocity-Inlet,由厦门市百年一遇的极端风速,采用指数率风剖面,B 类地貌,换算到桥梁所在高度处,定义入流速度为 49.4 m/s;出流边界条件类型选择 Pressure-outlet;计算域上下壁面类型选择 symmetry 对称边界条件。

(4)定义收敛条件:设定各个参数的收敛残差值为 $1 \times 10^{-5}$。这里提高了收敛的要求,目的是使迭代计算可以无限进行,通过残差曲线的变化趋势、进出口流量变化以及三分力系数的变化趋势来判断其是否收敛。

(5)定义监视器:监视三分力——升力($C_l$)阻力($C_d$)和扭矩($C_m$)以及对流入和流出计算域的流量进行监视。

(6)进行稳态计算,在计算上千步之后,待设定的各个参数的曲线呈规律性变化时切换成瞬态计算。

(7)瞬态计算的时间步长设置为 0.02s,每个步长最大迭代步数为 50 步进行计算,待结果曲线稳定变化很小后停止计算。

4)主梁截面三分力计算结果分析

主梁锚定侧迎风的三分力数值计算,经上述计算得到静三分力的收敛值后,计算静三分力系数。由图2

可以看出:阻力系数 $C_d$ 在负攻角范围内随着风攻角增大呈现出缓慢下降趋势,在正攻角范围内随攻角增大呈现波动趋势;升力系数 $C_l$ 随着风攻角的增大先上升后下降,在0°攻角时出现最大升力值,此时升力系数 $C_l$ 在0°风攻角为极值点其一阶导数为零;在0°~9°范围内,升力系数 $C_L$ 对风攻角的导数为负值;扭矩系数 $C_m$ 随风攻角变化呈现缓慢的下降趋势。

根据表1数值,按《公路桥梁抗风设计规范》(JTG/T 3360-01—2018)第7.3.2条,可计算在0°风攻角时,结构断面的驰振系数:

$$C_g = \frac{B}{D} \cdot C'_L + C_D = \frac{4.4}{1.2} \times 0 + 1.6464 = 1.6464 > 0$$

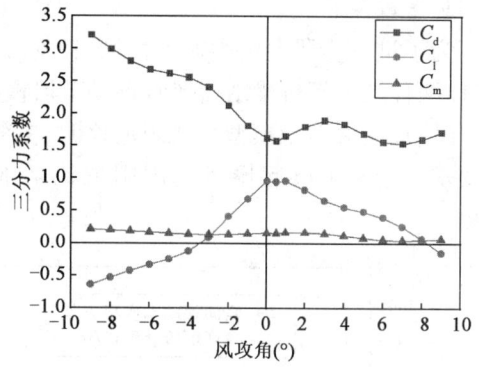

图2 主梁断面成桥状态三分力系数随风攻角变化曲线

应用三分力系数计算主梁所受的静风荷载可依据公路桥梁抗风设计规范》(JTG/T 3360-01—2018)第5.3条。利用三分力系数可以计算驰振断面系数,初步检验驰振稳定性。通过计算原截面的驰振系数,判断原截面不存在驰振问题,但《公路桥梁抗风设计规范》(JTG/T 3360-01—2018)第7.3.1条中,规定节点二桥宽高比小于4且为钢桥塔,因此需要检验驰振稳定性,如图3所示。

2. 模型测振试验

节点二桥梁主梁节段模型风洞试验于2019年1月在厦门理工学院风工程研究中心进行。该风洞风速的调节和控制采用计算机终端集中控制的交流变频调速系统,该风洞的试验段截面尺寸为2.6m(宽)×2.8m(高)×8m(长),试验风速范围为2~90m/s,如图4~图6所示。

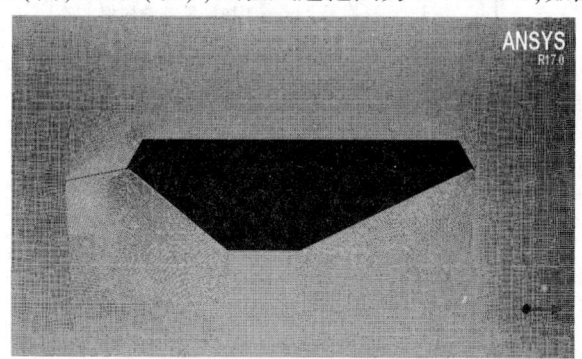

图3 断面网格示意图

图4 节段模型试验照片(整体效果)

图5 主梁节段模型锚定侧(A侧)视图

图6 主梁节段模型非锚定侧(B侧)视图

1)主梁断面节段模型涡振试验结果

当主梁吊杆锚固侧(A侧)迎风,从图7中可以看出,当攻角为+3°时,当风速超过15m/s后,随风速的增加主梁竖向振动响应幅值逐渐增大,当风速达到28.6m/s左右时,主梁竖向振动响应根方差约为0.53m。当风速为35~47m/s时,存在一个较为明显的扭转涡振锁定区,对应的最大扭转振动响应根方差为0.790。当主梁非锚固侧(B侧)迎风,在设计风速范围内主梁未出现明显的竖向和扭转涡激共振现象和驰振现象。

为了进一步研究主梁振动特征,针对+3°风攻角,主梁断面 A 侧迎风,分别进行了阻尼比为 0.01、0.015 两种工况下桥梁结构风致振动节段模型风洞试验研究,试验结果分别见图 8、图 9。从图中可以看出,当增加主梁节段模型系统阻尼比时,主梁竖向振动和扭转振动响应明显减小,均满足规范对涡振振幅的要求。结合主梁起振风速因阻尼比增加而明显推后的特点可以判定主梁大幅竖向振动应为驰振现象。

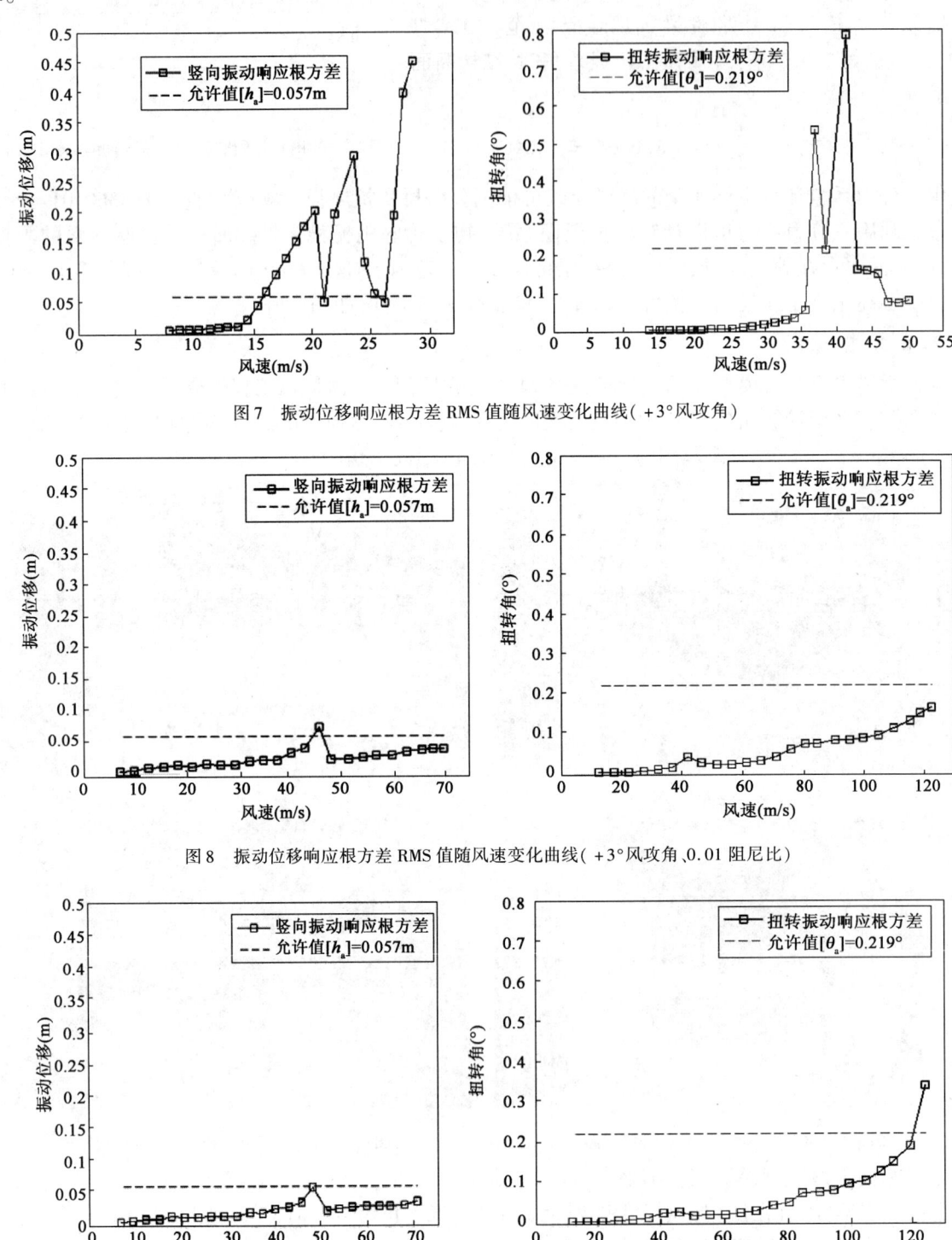

图 7　振动位移响应根方差 RMS 值随风速变化曲线(+3°风攻角)

图 8　振动位移响应根方差 RMS 值随风速变化曲线(+3°风攻角、0.01 阻尼比)

图 9　振动位移响应根方差 RMS 值随风速变化曲线(+3°风攻角、0.015 阻尼比)

## 四、增设导流板的测振试验

2019年1月在厦门理工学院风工程研究中心分别进行增设80cm导流板和60cm导流板的测振对比试验。

### 1. 增设80cm导流板的测振试验

节点二桥梁新主梁断面在吊杆的锚定侧增设80cm扰流板,具体见图10。从图11、图12中可以看出:主梁在低风速区间主梁的竖向位移和扭转并没有出现明显的增大,主梁未出现明显的涡振现象,竖向位移根方差和扭转位移根方差均在允许值范围内,而高风速情况参见颤振分析结果。

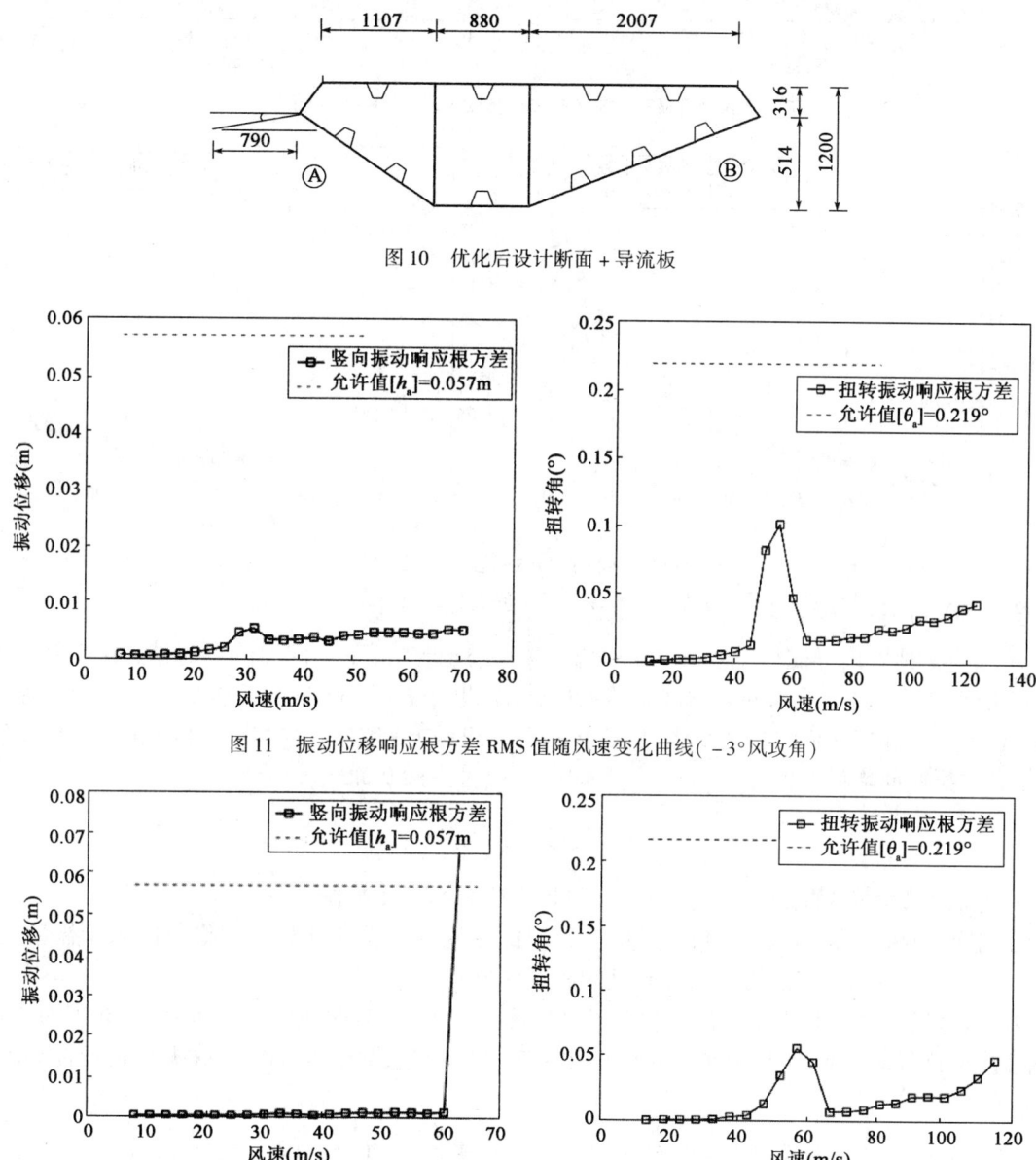

图10 优化后设计断面+导流板

图11 振动位移响应根方差RMS值随风速变化曲线(-3°风攻角)

图12 振动位移响应根方差RMS值随风速变化曲线(+3°风攻角)

### 2. 增设60cm导流板的测振试验

节点二桥梁新主梁断面在吊杆的锚定侧增设60cm扰流板。从图13、图14中可以看出主梁在低风速区间主梁的竖向位移和扭转并没有出现明显的增大,主梁未出现明显的涡振现象,竖向位移根方差和扭转位移根方差均在允许值范围内。

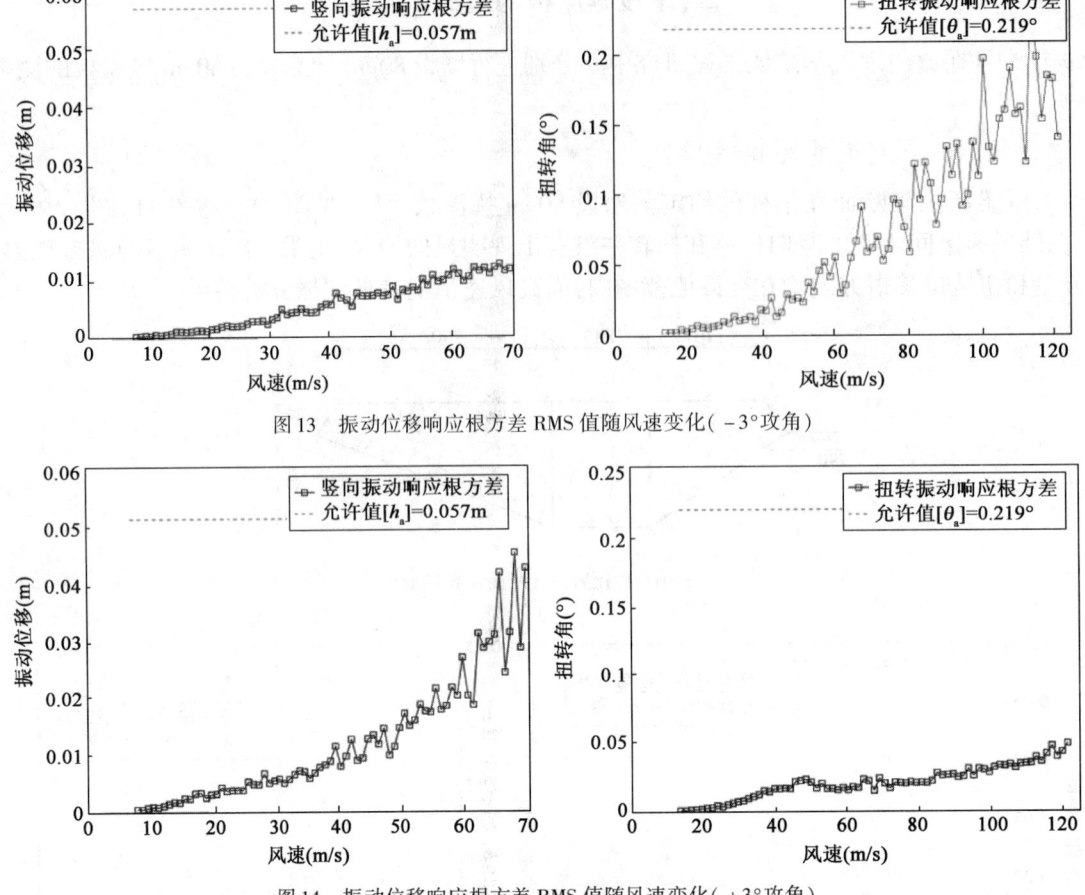

图13 振动位移响应根方差 RMS 值随风速变化（-3°攻角）

图14 振动位移响应根方差 RMS 值随风速变化（+3°攻角）

3. 增加80cm导流板与增加60cm导流板结果对比分析

为了更为直观地看出导流板宽度对抗风性能的影响,同种工况下不同导流板的风洞试验结果进行比较,与增设长度 $L=80$ cm 导流板的风洞试验结果相比,增设长度 $L=60$ cm 导流板后主梁的竖向振动响应明显降低,仅两个工况扭转涡振幅值略大,但扭转振动响应根方差均小于规范允许值 $[\sigma_\alpha]=0.219°$。综合比较,推荐主梁断面增设长度 $L=60$ cm 的导流板,以改善主梁断面气动性能。

## 五、结　语

（1）本文通过节段模型的测振试验,发现原设计主梁截面存在驰振现象。

（2）分别增设60cm和80cm导流板,对修改新截面后的桥梁重新计算并制作节段试验模型,进行风洞试验,两种导流板在低风速区均未出现明显的涡振现象。

（3）本文研究了增加不同宽度导流板后的气动性能。研究结果表明,修改截面形状后再增加60cm导流板可改善主梁断面气动性能,在驰振检验风速范围内未见驰振现象发生,同时满足颤振和涡振的规范要求。

**参考文献**

[1] 颜大椿. 湍流、风工程和虎门大桥的风振[J]. 力学与实践,2020,42(04):523-525.

[2] 李先进,卿仁杰,朱强,等. 三主桁式大跨度钢拱桥气动力特性与风振性能研究[J]. 铁道科学与工程学报,2020,17(03):628-636.

[3] 廖海黎,李明水,周强. 海洋桥梁工程抗风安全的难题及其对策思考[J]. 中国工程科学,2019,21(03):12-17.

[4] 赵澎湧. 基于数值风洞的大跨简支叠合梁悬索桥抗风性能研究[J]. 上海公路,2017(02):45-48,5.

[5] 王锋,赖笑. 超窄悬索桥抗风稳定性研究及风振响应控制[J]. 建筑技术开发,2017,44(09):108-110.

# 6. 基于体内力影响矩阵的斜拉桥成桥索力能量法自动化调索和索力优化

阴存欣

(北京市市政工程设计研究总院有限公司)

**摘　要**　弯曲能量法和影响矩阵法都是用于斜拉桥成桥索力调整的比较成熟的方法,但目前缺乏一种用能量法进行自动化调索的程序,而且没有将二者的优点综合利用起来。体内力、体外力和无应力索长都可以用于调索过程的效应计算,而体内力影响矩阵调索具有计算索力效应时不需要切断拉索能和有限元模型保持一致的优点。本文讲述了作者开发的基于体内力影响矩阵的斜拉桥成桥索力能量法自动化调索软件的计算方法和程序框架流程。该软件具有体内力和体外力的转换功能,并具有所见即所得的全结构影响量调索界面,既可以在不切断索单元的条件下,按体内力调索方式自动实现能量目标下的索力闭合,又可以在能量目标基础上应用内力和位移影响矩阵进行快速的索力优化,并对影响矩阵调索结果进行有限元闭合验算。本文还结合工程实例应用软件行了调索分析。

**关键词**　斜拉桥　成桥索力调整　弯曲能量法　影响矩阵法　体内力

## 一、引　言

弯曲能量法被经常用于斜拉桥成桥索力调整。应用弯曲能量最小的方法,可以将斜拉桥的成桥索力调到塔梁弯矩都很小的一种状态,但是在设计或计算中,由于缺乏能量法自动化调索的软件,需要进行多个环节的人为处理和操作,斜拉桥设计分析中需要能自动实现能量法调索的软件。

另外,能量法调索调出的索力满足了能量最小状态,结构在能量标准上达到了最优,但是对于别的控制因素来说并不一定处于最优状态,按能量法调出的索力仍然可能出现索力严重不均匀、局部塔梁内力不合理的现象,需要采用别的更加有效的方法进行索力优化。

本文将讲述作者开发的能量法自动化调索软件的调索流程和编程原理,以及在此基础上用体内力影响矩阵法进行快速索力优化的全界面调索过程。

## 二、能量法自动化调索的流程

### 1. 体内力与体外力以及体内力影响矩阵

在讲述能量法调索之前,有必要先了解一下体内力和体外力的概念。

体内力,类似于先张法预应力,通过将拉索张拉至输入的初拉力值,然后连接拉索两端构件,类似于把橡皮筋拉到一定伸长量然后挂到索与塔梁相交的节点上。根据两端构件的刚度,发生新的变形以及内力重分配,索力发生变化。只有在拉索两端为固接状态下,张拉后的内力与输入初拉力相同。体外力,类似于后张法预应力,将索的初拉力视为外力。通过将拉索连接在两端构件,并将拉索张拉至初拉力值。因随着张拉过程结构随即发生变形,最终索力即为所输入的初拉力值。

在模型上来理解,则在计算体外力效应时,与之相匹配的模型需要将施加体外力的拉索切开,在索两端节点施加初拉力荷载对,由于拉索已经切断,该模型不包括拉索单元,程序中计算体外力张拉效应时对该拉索的刚度需要置零,完成体外力对其他单元影响的计算后,还要将该单元的内力赋予体外力数值。很明显,对于体外力荷载效应的计算,是一个变刚度的材料非线性过程。而计算体内力效应的模型是包含施加体内力拉索单元在内的模型,不需要切断拉索。体内力和温度荷载作用具有相似性,从有限元等效荷载来理解,在拉索上施加的体内力相当于拉索两端的等效节点荷载对和固端力的叠加,如图1所示。

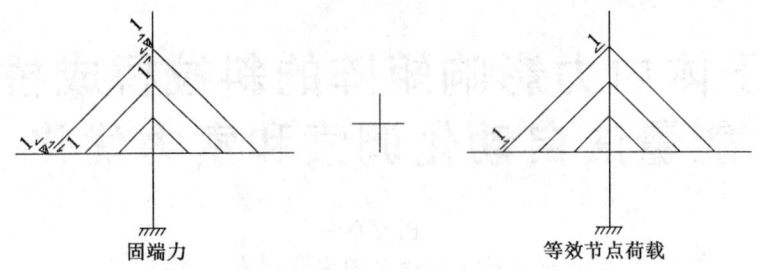

固端力　　　　　　等效节点荷载

图1　体内力等效荷载图示

体内力、体外力和无应力索长都可以用于调索过程的效应计算,它们之间具有相关性。第$i$根拉索的体内力$T'_i$和等效温度荷载$\Delta t_i$,有式(1)、式(2)的转换关系,$\alpha_i$为拉索的温度线膨胀系数。由于施加单位体内力的初拉力可以转为对索单元施加等效降温荷载,体内力荷载和温度荷载是完全等效的。求解体内力效应的过程,和求解温度作用的效应过程完全类似。体内力$T'_i$和无应力索长$l_{0i}$具有式(3)、式(4)的转换关系。$l'_i$为拉索单元挂索前两端节点之间的距离,即挂索前的单元长度。体外力$T_i$和无应力索长$l_{0i}$关系的见式(4)、式(5)[1],与式(3)、式(4)类似,但是要把挂索前的单元长度$l'_i$替换为张拉后的有应力长度$l_i$。

$$T'_i = E_i A_i \alpha_i \Delta t_i \tag{1}$$

$$\Delta t_i = \frac{T'_i}{E_i A_i \alpha_i} \tag{2}$$

$$T'_i = \frac{E_i A_i (l'_i - l_{0i})}{l_{0i}} \tag{3}$$

$$l_{0i} = \frac{l'_i}{1 + \dfrac{T'_i}{E_i A_i}} \tag{4}$$

$$T_i = \frac{E_i A_i (l_i - l_{0i})}{l_{0i}} \tag{5}$$

$$l_{0i} = \frac{l_i}{1 + \dfrac{T_i}{E_i A_i}} \tag{6}$$

显然,无论是有限元计算,还是影响矩阵调索,由于体内力相应的模型是带需要张拉的拉索单元在内的模型,在计算张拉效应时不需要切断拉索,在计算时采用体内力比体外力具有优越性。在有限元计算中把体内力荷载$T'_i$代入模型运算后所得的索单元的内力结果,即为体外力$T_i$。在求影响矩阵调索需要的体内力影响矩阵时,只需要索单元上作用单位体内力或初拉力,计算该单位体内力作用下对主梁或塔,索单元内力或节点位移的影响,便可以求得体内力的内力影响矩阵或位移影响矩阵。有些不变形预张力调索资料[2~4],实际上也是用的体内力影响矩阵调索。

2. 能量法自动化调索的实现

经过推导证明可知,弯曲能量法相当于斜拉桥成桥状态下不考虑梁单元轴向变形和剪切变形时的力法[5]。根据文献[6]的弯曲能量法结论:令塔梁的$EI \to 0$,则斜拉桥一次落架的内力状态与调索目标为弯曲能量最小时的内力状态一致。根据该结论,只要修改模型的截面特性,就可以根据弯曲能量法计算出斜拉桥的成桥索力。

作者开发的能量法自动化调索软件的步骤和算法流程可以用式(6)~式(14)表示。其中,式(6)表示根据能量法目标状态和初状态求索力差$\{\Delta T\}$。其中的目标索力$\{T\}$,通过将桥梁模型的塔梁截面特性修改成$I \to 0$或$A \to \infty$的虚拟截面特性模型,在成桥体系施加除索力外的所有恒载,进行计算得到。初状态索力$\{T_0\}$在计算完能量目标状态后恢复塔梁的实际截面特性按实际截面特性模型再次进行计算得到。式(7)、式(8)是根据索力差和影响矩阵反求拉索的体内力增量$\{\Delta T'\}$和体内力$\{T'\}$的过程。该过程需要编制索对索的影响矩阵,即索单元的体内力和体外力的转换矩阵。根据体内力和体外力的转换矩阵解方程,可以根据表现为体外力的索力差$\{\Delta T\}$直接解出体内力或初拉力调节量$\{\Delta T'\}$。式(9)~式(11)是根据索的体内力增量和内力或位移影响矩阵求弯矩,位移和索力增量的过程。式(12)~式(14)为求调索后的弯矩、位移、索力的过程。

$$\{\Delta T\} = \{T\} - \{T_0\} \tag{7}$$

$$\{\Delta T'\} = [CT]^{-1} \times \{\Delta T\} \tag{8}$$

$$\{T'\} = \{T'_0\} + \{\Delta T'\} \tag{9}$$

$$\{\Delta M\} = [CM] \times \{\Delta T'\} \tag{10}$$

$$\{\Delta d\} = [Cd] \times \{\Delta T'\} \tag{11}$$

$$\{\Delta T\} = [CT] \times \{\Delta T'\} \tag{12}$$

$$\{M\} = \{M_0\} + \{\Delta M\} \tag{13}$$

$$\{d\} = \{d_0\} + \{\Delta d\} \tag{14}$$

$$\{T\} = \{T_0\} + \{\Delta T\} \tag{15}$$

式中:$\{M_0\}$、$\{d_0\}$、$\{T_0\}$、$\{T'_0\}$——调索前的索力、弯矩、位移,索初拉力(体内力)向量;

$\{M\}$、$\{d\}$、$\{T\}$、$\{T'\}$——调索后的索力、弯矩、位移,索初拉力向量;

$\{\Delta M\}$、$\{\Delta d\}$、$\{\Delta T\}$、$\{\Delta T'\}$——弯矩、位移、索力,索初拉力增量;

$[CM]$——索施加单位体内力或初拉力荷载对截面产生的弯矩影响矩阵;

$[Cd]$——索施加单位体内力或初拉力荷载对节点产生的位移影响矩阵;

$[CT]$、$[CT]^{-1}$——分别为索施加单位体内力或初拉力荷载对索产生的索力影响矩阵和逆矩阵。

通常,完成能量法计算后,由于能量最小只是优化目标中的一个控制目标。能量最优状态的索力不一定是总体最优的索力,可能还存在局部索力或塔梁单元内力不均匀等问题。所以还需要观察塔梁的内力和位移,用影响矩阵法对内力、位移,索力不均匀处进行二次优化调整。图2是某独塔斜拉桥弯曲能量法目标状态的弯矩图。能量目标状态的弯矩很理想很小而且很均匀,但索力不均匀,靠近外侧的第二对索力达到7302kN,明显比其他索的索力大。把第二对索的索力减小1315kN进行索力优化后,弯矩图如图3所示。该状态满足了弯矩较小目标的同时还满足了索力均匀的条件。按能量法目标状态和索力优化后的索力后处理结果截图见图4。

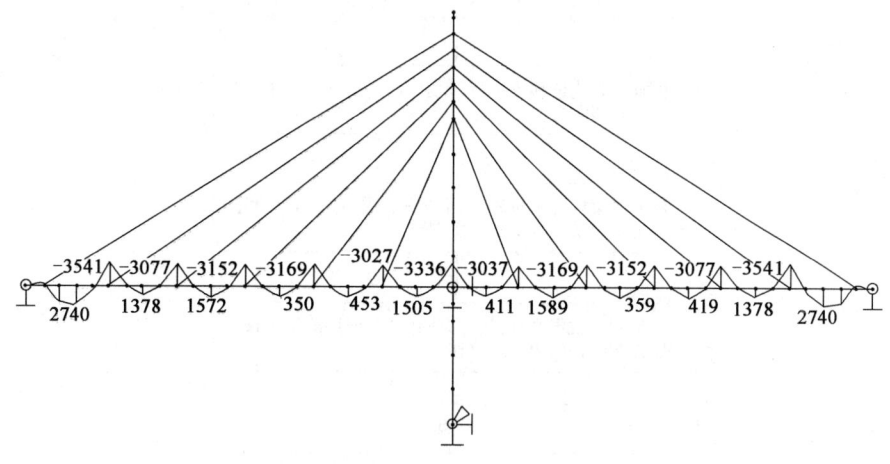

图2 能量法目标状态下的弯矩图(单位:kN·m)

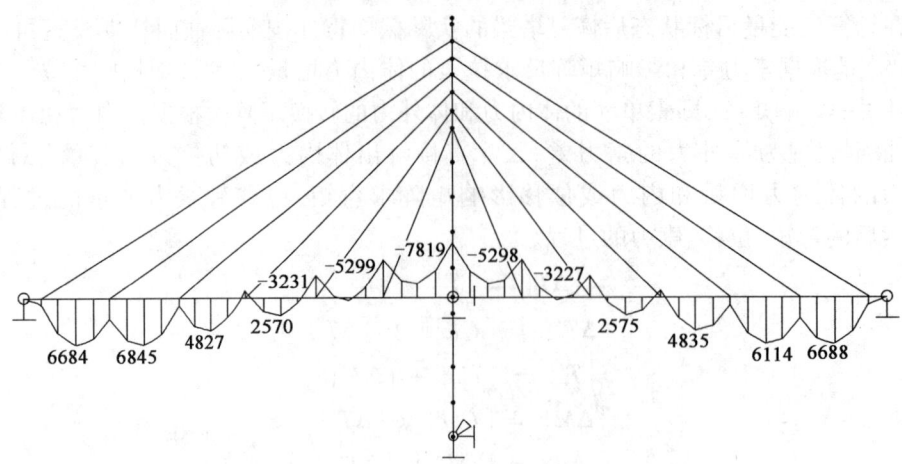

图3 影响矩阵调索界面索力优化后的弯矩图(单位:kN·m)

| 索单元 | 66 | 67 | 68 | 69 | 70 | 71 | 72 | 73 | 74 | 75 | 76 | 77 |
|---|---|---|---|---|---|---|---|---|---|---|---|---|
| 调节dti | 0 | 1315.3 | 0 | 0 | 0 | 0.1 | 0.1 | 1315.3 | 0 | 0 | 0 | 0 |
| 调节前Ti | -4202.9 | -7302.2 | -6051.4 | -5380 | -4697.5 | -4069.1 | -4203 | -7302.2 | -6051.4 | -5380 | -4697.5 | -4069 |
| 调节后Ti | -4202.9 | -5986.9 | -6051.4 | -5380 | -4697.5 | -4069 | -4202.9 | -5986.9 | -6051.4 | -5380 | -4697.5 | -4069 |

图4 索力优化前后的索力(单位:kN)

影响矩阵调索的结果需要进行验证。更新索力数据文件后,将影响矩阵调索所得的体内力回代进行有限元计算,可以对影响矩阵调索的效果进行有限元闭合验算,输出最终的索力和结构的内力、位移。作者开发的自动化调索软件的流程图见图5。

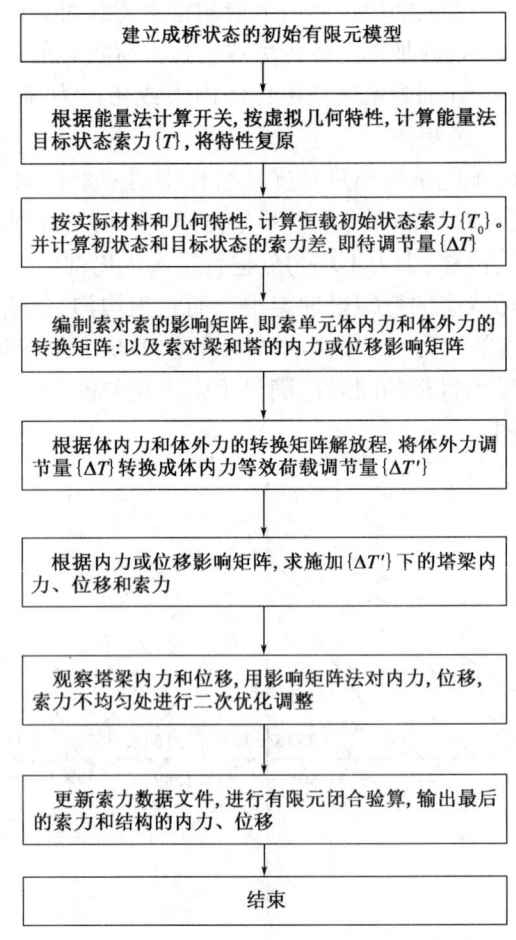

图5 能量法自动化调索框架流程图

本文作者根据以上流程开发了"桥梁有限元综合软件系统 BRGFEPV6.0"的能量法自动化调索和全结构影响矩阵优化调索软件。能量法调索通过程序两轮自动计算完成,不需要人工修改虚拟截面特性。点击能量法调索后,进入如图 6 所示的全结构影响矩阵优化调索界面,该界面进入时已经完成能量法调索,还可以在能量法基础上进行快速的索力优化。调索界面由图形区和表格区构成。图形区用于显示调索前后的结构变形或内力变化。表格区由 4 个表组成:内力或位移影响矩阵表,最大最小影响量用不同颜色加量显示;作为体内力的初拉力表;调索过程输出的内力或位移表;调索过程输出的索力表。该软件将整个桥梁结构放在界面里进行全结构的影响矩阵优化调索,可以即时更新和显示调索过程的塔梁位移,弯矩,和索力变化。既可以根据体内力调节量正向求解位移,内力和索力,也可以在调索界面中输入目标索力反求体内力。界面底端还有"更新索力"荷载,进行"有限元计算"的按钮,用于调索后进行有限元闭合计算。

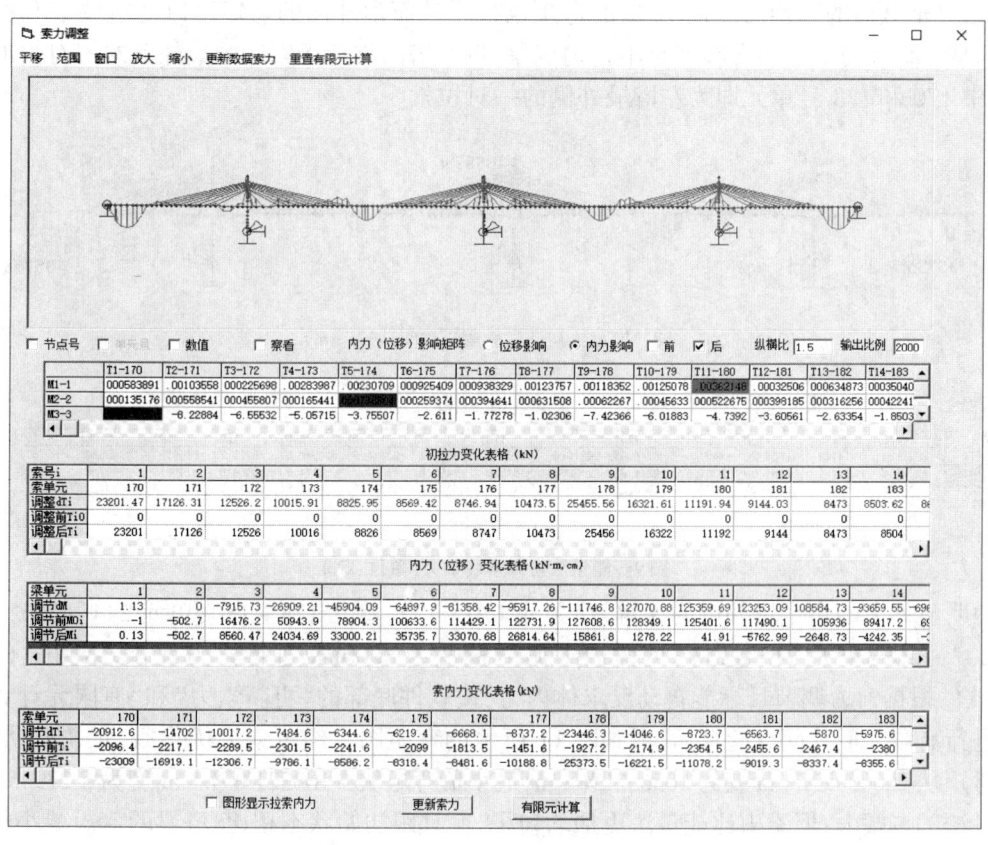

图 6　全结构影响矩阵优化调索软件界面

## 三、算例应用

如图 7 所示,某三塔双索面矮塔混凝土斜拉桥,桥宽 29.5m,跨径为 72m + 120m + 120m + 72m = 384m,中塔塔梁墩固结,边塔塔梁固结,塔墩分离,边塔和边墩上设纵向活动支座。预应力混凝土变截面箱型主梁,梁高由 4.2m 按照二次抛物线渐变到 2.2m。主梁、索塔和墩柱均采用 C50 混凝土,承台和桩采用 C30 混凝土。

主梁边室顶板厚 26cm,底板厚 24cm;中室顶板厚 50cm,底板厚 24cm;中腹板厚 60cm,边腹板厚 80cm。主桥墩身采用圆形薄壁结构,中塔墩柱直径 8m,壁厚 1.5m;边塔墩柱直径 6m,壁厚 1.2m;边墩直径 4m,壁厚 1m。

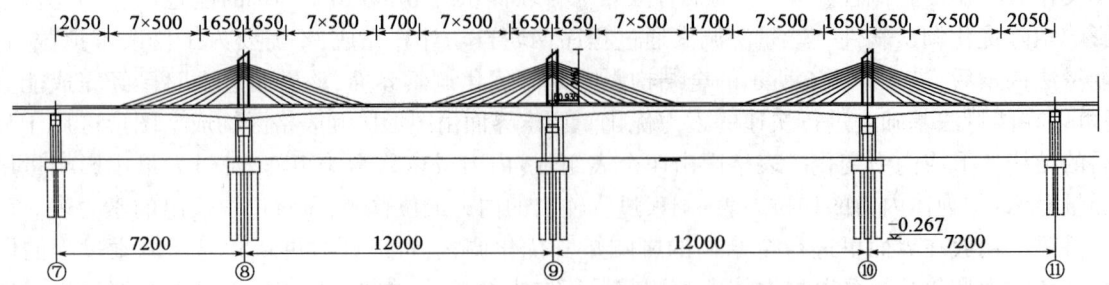

图7 三塔斜拉桥立面图(尺寸单位:cm)

初始状态弯矩范围 260600 ~ -1033213kN·m。通过能量法自动调索后,弯矩和索力见图8、图9。弯矩范围减小到了 35735 ~ -46882kN·m,主梁弯矩明显减小,除了索外区和近索外区由于索力对该影响范围有限,其他截面的弯矩已经很小,塔的弯矩也很小。而索外区的弯矩可以通过调节和配置预应力钢束进行削减。而此时的索力存在严重不均匀现象,每个塔的靠近无索区的最外侧的三对索的索力明显偏大,如表中170和178号单元即为左塔最外侧的一对拉索。

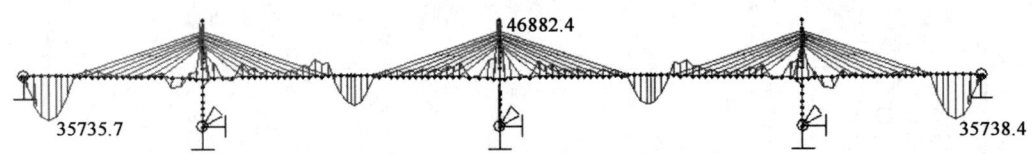

图8 能量法初调索后弯矩(单位:kN·m)

| 索单元 | 170 | 171 | 172 | 173 | 174 | 175 | 176 | 177 | 178 | 179 | 180 | 181 | 182 | 183 |
|---|---|---|---|---|---|---|---|---|---|---|---|---|---|---|
| 调节dTi | -20912.6 | -14702 | -10017.2 | -7484.6 | -6344.6 | -6219.4 | -6668.1 | -6737.2 | -23446.3 | -14046.3 | -6723.7 | -6563.7 | -5870 | -5975.6 |
| 调节前Ti | -2096.4 | -2217.1 | -2289.5 | -2301.5 | -2241.6 | -2099 | -1813.5 | -1451.6 | -1927.2 | -2174.9 | -2354.5 | -2455.6 | -2467.4 | -2380 |
| 调节后Ti | -23009 | -16919.1 | -12306.7 | -9786.1 | -8586.2 | -8318.4 | -8481.6 | -10188.8 | -25373.5 | -16221.5 | -11078.2 | -9019.3 | -8337.4 | -8355.6 |

图9 能量法初调索后索力(单位:kN)

将索力明显偏大的每个塔外侧的3对索(单元170 ~ 172,单元178 ~ 180,单元244 ~ 246,单元252 ~ 254,单元207 ~ 209,单元215 ~ 217)的体内力调节量变为8000kN进行索力优化,索力优化后的索力见图10。软件根据索力调节目标能自动反求体内力,按软件底部的"更新索力"和"有限元计算"按钮,将此体内力进行有限元回代闭合验算后,得到图11所示的弯矩图。经过索力优化后,跟初始状态相比,主梁最大正弯矩从260600kN·m变为105652kN·m,最小负弯矩从-1033213kN·m变为-279451kN·m,虽然没有能量法的调幅大,但索力比能量法更加均匀了,而且跟初始状态相比,塔梁的弯矩减小幅度依然很明显。

| 索单元 | 170 | 171 | 172 | 173 | 174 | 175 | 176 | 177 | 178 | 179 | 180 | 181 | 182 | 183 |
|---|---|---|---|---|---|---|---|---|---|---|---|---|---|---|
| 调节dTi | -8000 | -8000 | -8000 | -7484.6 | -6344.6 | -6219.4 | -6668.1 | -6737.2 | -8000 | -8000 | -8000 | -6563.7 | -5870 | -5975.6 |
| 调节前Ti | -2096.4 | -2217.1 | -2289.5 | -2301.5 | -2241.6 | -2099 | -1813.5 | -1451.6 | -1927.2 | -2174.9 | -2354.5 | -2455.6 | -2467.4 | -2380 |
| 调节后Ti | -10096.4 | -10217.1 | -10289.5 | -9786.1 | -8586.2 | -8318.4 | -8481.6 | -10188.8 | -9927.2 | -10174.9 | -10354.5 | -9019.3 | -8337.4 | -8355.6 |

图10 影响矩阵法优化调索后索力(单位:kN)

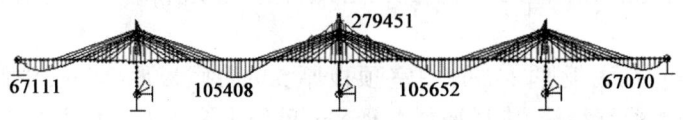

图11 影响矩阵法优化索力后弯矩(单位:kN·m)

有限元计算后的索力和图9中的应用能量法初调和影响矩阵索力优化调整后的目标索力完全闭合，弯矩和位移跟目标状态也接近。由于采用的是索对索的影响矩阵，而且索的根数跟索力的未知量个数一样，所以索力能完全闭合。但塔梁内力截面的个数通常多于索的根数，内力并不一定能完全闭合，但也能和目标状态接近。由于内力变化和位移变化具有密切的相关性，本软件具有内力和位移影响矩阵的选项卡，还可以通过该软件观察索力变化过程的位移变化，提高调索效率。

## 四、结　语

本文讲述了作者开发的应用体内力影响矩阵进行斜拉桥成桥索力的弯曲能量法自动化调索和索力优化软件的开发原理，计算方法和工程实例应用。应用该软件，可以实现弯曲能量法的程序化自动调索，并能借助软件全结构影响矩阵多功能调索界面，即时更新和显示调索过程的塔梁位移、弯矩，和索力变化，进行快速的索力优化。开发的软件具有体内力和体外力互相转换的功能，可以根据目标索力反求体内力等效荷载，并且在更新索力荷载后，进行有限元闭合计算。

**参考文献**

[1] 秦顺全. 桥梁施工控制-无应力状态法理论与实践[M]. 北京：人民交通出版社，2006.
[2] 杜蓬娟. 混凝土斜拉桥施工过程控制理论研究[D]. 大连：大连理工大学，2003.
[3] 杜蓬娟，张哲，谭素杰，等. 斜拉桥施工阶段索力确定的优化方法[J]. 大连民族学院学报，2006，(9)(34)：20-23.
[4] 杜蓬娟，谭素杰，崔建宇. 不变形预张力在斜拉桥设计中的应用[J]. 大连民族学院学报，2007，5(40)：108-111.
[5] 王美. 红枫湖大桥成桥后索力调整及调索顺序的优化[D]. 大连：大连理工大学，2005.
[6] 梁鹏，肖汝诚，张雪松. 斜拉桥索力优化实用方法[J]. 同济大学学报，2003，31(11)：1270-1274.
[7] 钱江，某三塔双跨空间索面人行索桥总体设计要点与分析[J]. 特种结构，2019(6).

# 7. 梁式桥桥墩计算长度系数研究

董佳霖[1]　郭斌强[1]　余茂锋[1]　沈小雷[1]　马芹纲[1,2]

(1.浙江数智交院科技股份有限公司；2.桥梁隧道工业化浙江省工程研究中心)

**摘　要**　桥墩计算长度系数是影响桥墩设计的一个重要参数，$\mu$值的取值过小会造成结构设计不安全，$\mu$值取值过大会造成设计不经济。现行规范中给定$\mu$的取值限定于固定、铰支或自由等理想约束状态，但是桥梁实际的墩底约束和墩顶约束并非规范中的理想约束，桥墩计算长度系数的求解一直是设计过程中模糊地带。本文考虑相邻桥墩抗推刚度与支座水平刚度对墩顶弹性约束的影响，从理论分析角度提出了桥墩计算长度系数的求解方法，并结合有限元模型，利用欧拉公式中的临界荷载与桥墩计算长度系数的关系，对比分析理论解与有限元模型计算的差异。本文还探讨了墩高、墩径及桥跨布置形式对梁式桥桥墩计算长度系数的影响和变化规律，以及计算长度系数对桥墩配筋的影响，为相似桥墩计算长度系数的取值及桥墩设计提供了依据。

**关键词**　计算长度系数　临界荷载　有限元分析法　墩顶约束刚度

## 一、引　言

桥墩作为下部结构的重要受力构件，其设计关乎整个桥梁结构的安全性。桥墩计算中的两个关键问题分别是：一是温度力、制动力、摩阻力、风荷载等水平力的分配；二是桥墩计算长度系数的选取。对于问题二,《公路钢筋混凝土及预应力混凝土桥涵设计规范》(JTG D62—2004)给定了当构件两端固定时,计算长度系数 $\mu$ 值取 0.5,一端固定一端自由时,$\mu$ 值取 2;一端固定一端铰支时,$\mu$ 值取 0.7[1]。很明显,桥墩实际的受力模式均不满足以上三种形式。在实际设计过程中,桥墩计算长度系数的选取往往凭借设计人员的经验,缺乏理论依据,对结构安全性和经济性造成不利的影响。

本文从墩顶集成刚度、第一阶纵向失稳临界荷载两个角度介绍了桥墩计算长度系数的求解方法,与《公路钢筋混凝土及预应力混凝土桥涵设计规范》(JTG 3362—2018)给定的计算公式进行对比分析。并通过对墩高、墩径、桥跨布置形式等 $\mu$ 值的影响分析,探讨桥墩计算长度系数的变化规律。

## 二、计 算 方 法

### 1. 理论方法

袁伦一[2]在《连续桥面简支梁桥墩台计算实例》一书中介绍了桥墩计算长度系数求解的理论方法。桥梁中某一桥墩的墩顶水平约束不仅仅受墩顶支座的影响,同时也受相邻桥墩刚度的影响,墩顶水平刚度可以看成其他桥墩与支座通过串联、并联集成的弹性约束。

设桥墩的抗推刚度为 $k_G$,其计算公式为:

$$k_G = \frac{3EI}{l^3} \tag{1}$$

对于板式橡胶支座,支座水平刚度记为 $k_s$,其计算公式为:

$$k_s = \frac{GA}{\sum t} \tag{2}$$

式中:$G$——支座的剪切模量;
$A$——支座的剪切面积;
$\sum t$——支座橡胶层总厚度。

桥墩与支座的串联刚度可以表示为式(3),并联刚度可以表示为式(4):

$$k_{串} = \frac{k_1 \cdot k_2}{k_1 + k_2} \tag{3}$$

$$k_{并} = k_1 + k_2 \tag{4}$$

以四跨连续梁中 1 号桥墩为例(图 1),1 号桥墩的墩顶刚度可以看成 2 号桥墩与墩顶支座串联,3 号桥墩与墩顶支座串联,两者并联后与 $k_{s1}$ 串联组成。因此 1 号墩墩顶水平约束可以表示为:

$$K_{墩顶} = \frac{\left(\dfrac{k_{G2} \cdot k_{s2}}{k_{G2} + k_{s2}} + \dfrac{k_{G3} \cdot k_{s3}}{k_{G3} + k_{s3}}\right) \cdot k_{s1}}{\left(\dfrac{k_{G2} \cdot k_{s2}}{k_{G2} + k_{s2}} + \dfrac{k_{G3} \cdot k_{s3}}{k_{G3} + k_{s3}}\right) + k_{s1}} \tag{5}$$

通过以上串并联形式求得墩顶约束刚度后,带入式(6)中解超越方程即可求取桥墩的计算长度系数。

$$\tan\left(\frac{\pi}{\mu}\right) = \frac{\pi}{\mu} - \frac{EI}{K_{墩顶} l^3} \left(\frac{\pi}{\mu}\right)^3 \tag{6}$$

### 2. 有限元方法

根据欧拉公式,轴心受压构件发生第一类失稳时的临界荷载为:

$$N_{cr} = \frac{\pi^2 EI}{l_0^2} = \frac{\pi^2 EI}{(\mu l)^2} \tag{7}$$

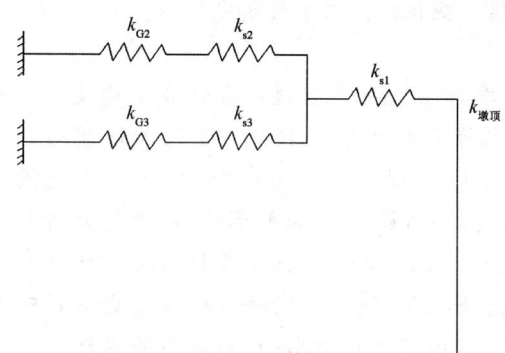

图 1  1 号墩墩顶刚度示意图

在全桥有限元模型中对墩顶施加单位力作用,进行屈曲分析可以求解桥墩发生第一阶纵向失稳时的临界荷载,带入式(8)即可求出桥墩计算长度系数 $\mu$。

$$\mu = \sqrt{\frac{\pi^2 EI}{N_{cr} l^2}} \tag{8}$$

## 3. 按规范中公式求取

《公路钢筋混凝土及预应力混凝土桥涵设计规范》(JTG 3362—2018)给出了受压构件计算长度的简化计算公式,如图2所示,对于一端固定、一端仅有水平弹性约束的构件,计算长度换算系数 $\mu$ 可按照式(9)计算,其中 $k_F$ 为构件转动和水平弹性约束端的相对水平约束刚度系数,计算公式为式(10)[3]。

本质上《公路钢筋混凝土及预应力混凝土桥涵设计规范》给定的计算公式与本文中介绍的桥墩计算长度系数的理论方法相同,规范中直接给定了 $\mu$ 值的数值解,而并不需要再一次带入公式中解超越方程。

$$\mu = 2 - \frac{1.3 k_F^{1.5}}{9.5 + k_F^{1.5}} \tag{9}$$

$$k_F = k_{墩顶} \frac{l^3}{EI} \tag{10}$$

根据式(9),构件转动和水平弹性约束端的相对水平约束刚度系数 $k_F$ 与桥墩计算长度系数 $\mu$ 值之间的关系见图3。桥墩计算长度系数随墩顶水平约束刚度的增大而减小,当墩顶水平约束系数为0时,$\mu$ 值为2,此时桥墩相当于一端固定、一端自由的受力模式;当墩顶水平约束系数逐渐增大时,$\mu$ 值下降至0.7左右,此时桥墩相当于一端固定、一端铰支的受力模式。

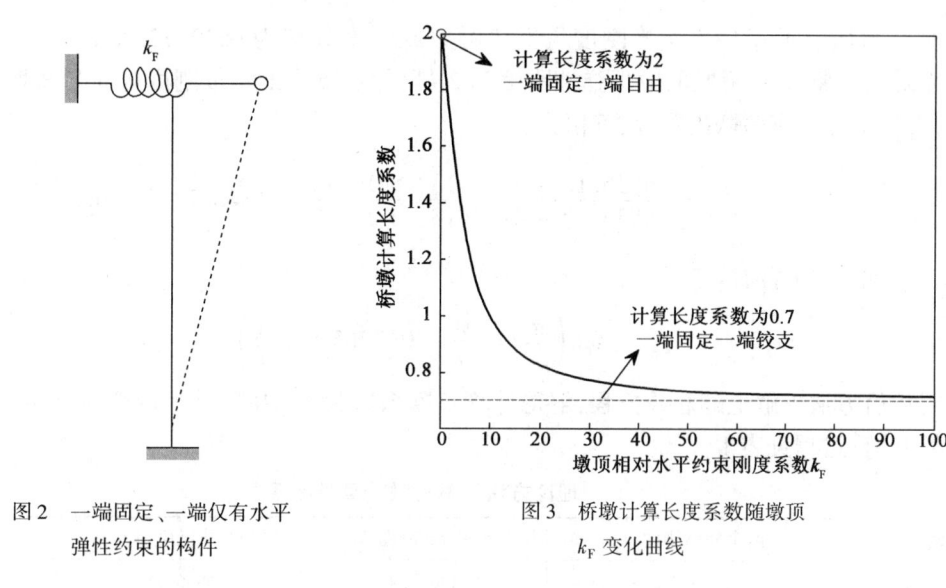

图2 一端固定、一端仅有水平弹性约束的构件

图3 桥墩计算长度系数随墩顶 $k_F$ 变化曲线

## 三、工程示例

### 1. 工程概况

本节以如图4所示的 4×30m 先简支后连续T梁桥为例,详细介绍以上三种计算长度系数的求解方法。桥梁上部结构由5片T梁组成,桥面宽12.5m,梁高2m,C50混凝土。下部结构为双柱式圆形桥墩,C30混凝土,其中1号桥墩墩高24m,墩径1.8m;2号桥墩墩高18m,墩径1.6m;3号桥墩墩高30m,墩径2m。桥台处采用 GJZF₄350×400×71 四氟滑板支座,桥墩处采用 GJZ450×550×99 板式橡胶支座。

### 2. 理论方法求解桥墩计算长度系数

以1号桥墩为例说明理论方法求解桥墩计算长度系数。桥台处滑板支座的水平刚度为0,桥墩处支座的水平约束刚度为:

$$k_{s1} = k_{s2} = k_{s3} = \frac{5 \times 1.1 \times 450 \times 550}{71} = 19172 (kN/m)$$

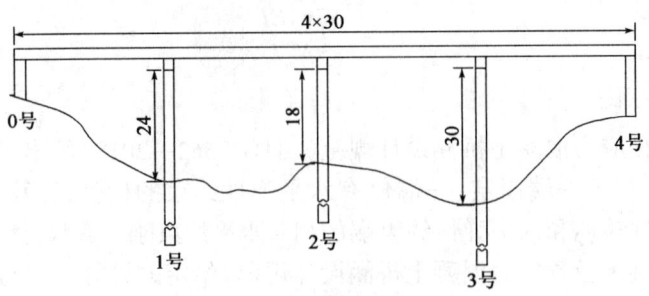

图4 桥梁立面图

将墩高、墩径、弹模带入式(1)中求解桥墩刚度,因为本项目中为双柱式桥墩,两个桥墩为并联关系,所以1号桥墩的抗推刚度为:

$$k_{G1} = \frac{2 \times 3 \times 3 \times 10^7 \times (3.14 \times 1.8^4/64)}{24^3} = 6706.24(kN/m)$$

1号桥墩与支座的合成刚度为:

$$k_1 = \frac{k_{G1} \times k_{s1}}{k_{G1} + k_{s1}} = \frac{6706.24 \times 19172}{6706.24 + 19172} = 4968.34(kN/m)$$

同理,2号墩、3号墩桥墩抗推刚度与支座的集成刚度分别为6539.12kN/m和4111.13kN/m。以1号桥墩为研究对象,1号桥墩的墩顶弹性刚度为2号桥墩、支座的集成刚度与3号桥墩、支座的集成刚度并联后,再与1号支座串联的集成,其值为:

$$k_{墩顶} = \frac{(6536.12 + 4111.13) \times 19172}{(6536.12 + 4111.13) + 19172} = 6846.78(kN/m)$$

将$k_{墩顶}$带入式(6)有:

$$\tan\left(\frac{\pi}{\mu}\right) = \frac{\pi}{\mu} - 0.3265 \times \left(\frac{\pi}{\mu}\right)^3$$

利用数值方法求解上述超越方程,解得计算长度系数为1.418。其他两个桥墩的计算长度计算方法相同,详细计算过程见表1。

理论方法计算桥墩计算长度系数　　表1

| 编号 | 两个桥墩刚度(kN/m) | 桥墩支座合成刚度(kN/m) | 墩顶合成刚度(kN/m) | 计算长度系数 |
| --- | --- | --- | --- | --- |
| 1号 | 6706.24 | 4968.34 | 6846.78 | 1.418 |
| 2号 | 9923.96 | 6539.12 | 6161.50 | 1.577 |
| 3号 | 5233.34 | 4111.13 | 7191.16 | 1.313 |

## 3. 有限元方法求解桥墩计算长度系数

采用MidasCivil建立桥梁结构的全桥模型,其中墩底采用一般约束进行固结约束;主梁与盖梁之间采用弹性约束模拟支座的三向约束,桥台处水平向约束刚度为0。如图5所示,在1号墩墩顶(盖梁中心处)施加一个竖直向下的单位力,在模型中进行屈曲分析。提取桥梁结果第一阶纵向失稳时的临界荷载,结果如图6所示,临界荷载为283200kN。带入式(8)中有:

$$\mu = \sqrt{\frac{\pi^2 EI}{N_{cr} l^2}} = \sqrt{\frac{\pi^2 \times 3 \times 10^7 \times \pi \times 1.8^4/64}{283200 \times 24^2}} = 1.366$$

其他桥墩的第一阶失稳临界荷载及桥墩计算长度系数见表2。

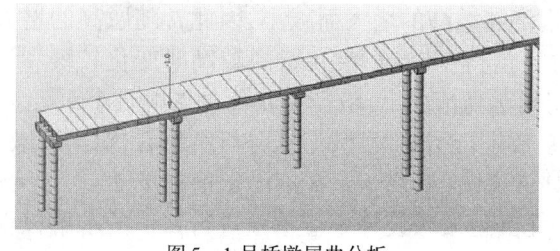
图5　1号桥墩屈曲分析

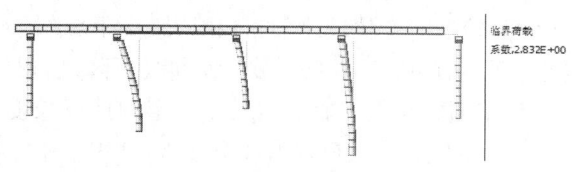
图6　1号桥墩第一阶纵向屈曲临界荷载

**有限元方法求解桥墩计算长度系数**　　　　　　　　　　　　　　　　表2

| 编　号 | 临界荷载(kN) | 计算长度系数 |
|---|---|---|
| 1号 | 283200 | 1.366 |
| 2号 | 254900 | 1.517 |
| 3号 | 318000 | 1.274 |

### 4. 公式求解法

按照《公路钢筋混凝土及预应力混凝土桥涵设计规范》(JTG 3362—2018)附录E中给定的计算公式,分别计算1号墩~3号墩的桥墩计算长度系数,计算结果见表3。

**公式法求解桥墩计算长度系数**　　　　　　　　　　　　　　　　　表3

| 编　号 | $K_F$(kN/m) | 墩顶相对水平约束刚度 $k_F$(kN/m) | 计算长度系数 |
|---|---|---|---|
| 1号 | 6846.787 | 3.06 | 1.531 |
| 2号 | 6161.505 | 1.86 | 1.726 |
| 3号 | 7191.165 | 4.12 | 1.392 |

### 5. 不同计算方法对比

三种计算方法$\mu$值的计算结果对比见表4。其中采用规范推荐的方法计算的$\mu$值最大,与理论计算方法的最大误差在10%左右;采用有限元临界荷载法计算的$\mu$值最小,与理论计算方法的最大误差在4%以内。

**三种不同计算方法对比**　　　　　　　　　　　　　　　　　　　　表4

| 编　号 | 理论计算方法 | 有限元计算方法 | | 按照规范中公式求解 | |
|---|---|---|---|---|---|
| | 数值 | 数值 | 误差 | 数值 | 误差 |
| 1号 | 1.418 | 1.366 | 3.67% | 1.531 | -7.97% |
| 2号 | 1.577 | 1.517 | 3.80% | 1.726 | -9.45% |
| 3号 | 1.313 | 1.274 | 2.97% | 1.392 | -6.02% |

三种计算方法给出了墩顶除铰支、自由等理想状态外,受到任意弹性水平约束下的桥墩计算长度系数的求解方法。经对比发现,各个方法的计算结果之间存在一定的差异,新规范推荐的公式求解值最大,可以保证桥墩设计的安全。

## 四、计算长度系数影响因素分析

本章以4×30mT梁为研究对象,假定各个桥墩的高度和墩径相同,探讨墩高在10~60m变化范围内、墩径在1~2.2m范围内桥墩计算长度系数的变化。从式(6)和式(9)中可以看出,影响桥墩计算长度系数$\mu$最重要的因素是墩顶的水平约束刚度,本章选取墩高、墩径、桥跨布置形式三个参数分析其对桥墩计算长度系数$\mu$的影响。

### 1. 墩高影响分析

对于不同的墩径,选取10~60m的墩高进行分析,墩高对桥墩计算长度系数$\mu$的影响分析分别见

表5和图7。在其他结构尺寸不变的情况下,墩顶约束刚度随墩高的增大而减小,因此$\mu$随墩高的增大而减小,在墩高较低时变化较剧烈,且相同墩高下,墩径对$\mu$值得影响较大;在墩高较高时变化较缓和。从图7看出,墩高$H$超高35m时,$\mu - h$曲线下降缓慢,相同墩高情况下,墩径对$\mu$值的影响较小。

在设计中通常根据经验选取一个固定的计算长度系数进行指导设计,但从分析结果看,对于矮墩(墩高$H = 10m$),桥墩计算长度系数$\mu$在$1.5 \sim 1.9$变化,对于高墩(墩高$H = 60m$),$\mu$值在$1.2 \sim 1.3$变化。矮墩与高墩计算长度系数存在较大的差异,因此设计中尤其是矮墩设计中应单独进行$\mu$值的求解以保证桥墩设计的安全性。

四跨一联梁式桥墩高对$\mu$值的影响　　　　表5

| 墩径 | 墩高 | | | | | |
|---|---|---|---|---|---|---|
| | 10m | 20m | 30m | 40m | 50m | 60m |
| 1m | 1.484 | 1.233 | 1.193 | 1.183 | 1.180 | 1.178 |
| 1.2m | 1.629 | 1.287 | 1.211 | 1.191 | 1.183 | 1.180 |
| 1.4m | 1.746 | 1.360 | 1.240 | 1.203 | 1.191 | 1.185 |
| 1.5m | 1.791 | 1.402 | 1.260 | 1.213 | 1.195 | 1.187 |
| 1.6m | 1.828 | 1.446 | 1.282 | 1.223 | 1.201 | 1.191 |
| 1.8m | 1.883 | 1.537 | 1.332 | 1.249 | 1.215 | 1.199 |
| 2m | 1.919 | 1.622 | 1.392 | 1.284 | 1.235 | 1.211 |
| 2.2m | 1.940 | 1.697 | 1.457 | 1.325 | 1.260 | 1.227 |

**2. 墩径影响分析**

对于不同的墩高,选取$1 \sim 2.2m$的墩径进行分析,墩径对桥墩计算长度系数$\mu$的影响分析分别见表5和图8。在其他结构尺寸不变的情况下,墩顶约束刚度随墩径的增大而增大,因此桥墩计算长度系数$\mu$值随墩径增大而增大。

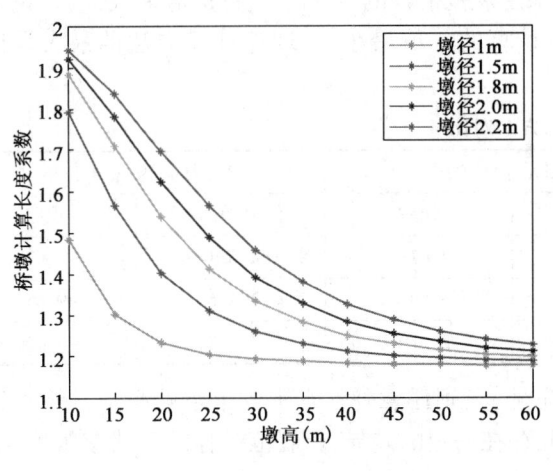
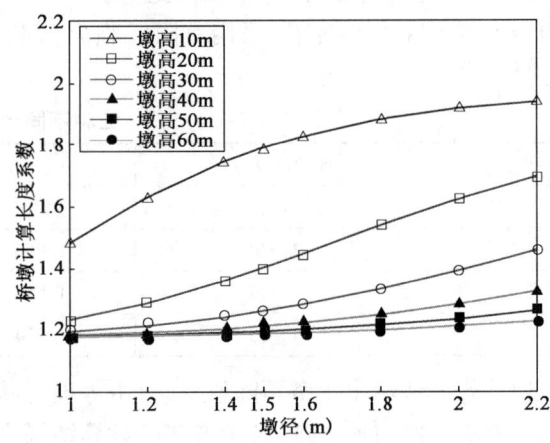

图7　墩高对桥墩计算长度系数的影响　　　　图8　不同墩径对桥墩计算长度系数的影响

对于墩径$D$小于$1.2m$的细墩,相同墩径不同墩高的桥墩$\mu$值差异性较小;对于$D$大于$2m$的粗墩,相同墩径不同墩高的桥墩$\mu$值差异性较大。因此,在矮墩直径较大的情况下,应需要特别注意$\mu$的取值。

**3. 一联桥跨数影响分析**

为了提升行车的舒适性,减小伸缩缝处桥梁的冲击作用,常常作成多联一跨的连续梁形式,连续墩与主梁之间布置板式橡胶支座,过渡墩上放置四氟滑板支座。因此对于一个具有$n$跨的连续梁而言,某桥墩墩顶由相邻桥墩集成的水平刚度可以表示为:

$$K = (n - 2) \frac{k_G \cdot k_s}{k_G + k_s} \tag{11}$$

式中:$n$——一联 T 梁的跨数。

由式(11)可知,随着桥梁一联跨数的增加,导致限制墩顶位移的集成刚度增大,桥梁结构对桥墩的约束作用增强,因此桥墩的计算长度系数会随之减小。图 9 也展现了相同的变化规律,且在墩高较大的情况下,桥梁一联跨数对 $\mu$ 值的影响越明显,如表 6 所示。

桥梁一联跨数对桥墩计算长度系数的影响　　　　　表 6

| 墩高(m) | 墩径(m) | 三跨一联 | 四跨一联 | 五跨一联 | 六跨一联 |
|---|---|---|---|---|---|
| 10 | 1.4 | 1.813 | 1.746 | 1.712 | 1.691 |
| 15 | 1.6 | 1.720 | 1.616 | 1.562 | 1.528 |
| 20 | 1.8 | 1.664 | 1.537 | 1.469 | 1.427 |
| 25 | 1.8 | 1.579 | 1.412 | 1.322 | 1.263 |
| 30 | 2 | 1.565 | 1.392 | 1.296 | 1.237 |

### 4. 计算长度系数对桥墩配筋的影响

本文已经讨论了三种计算长度系数求解方法的计算误差,相比之下,按照规范推荐的公式计算结果最大。在设计过程中,设计人员往往选取一个计算长度系数经验值指导桥墩配筋,本节选取四组实际工程中常用的桥墩来探讨 $\mu$ 值的大小对桥墩配筋的影响。以 $4 \times 30$m T 梁,桥面宽 12.5m,单向双车道为例,各个桥墩高度和直径相同,内力统计见表 7。按照设计经验,$\mu$ 值常常取 1.4 ~ 1.5,表 8 以 1.4 为例,对比按照规范计算的长度系数与经验值对桥墩配筋的影响。

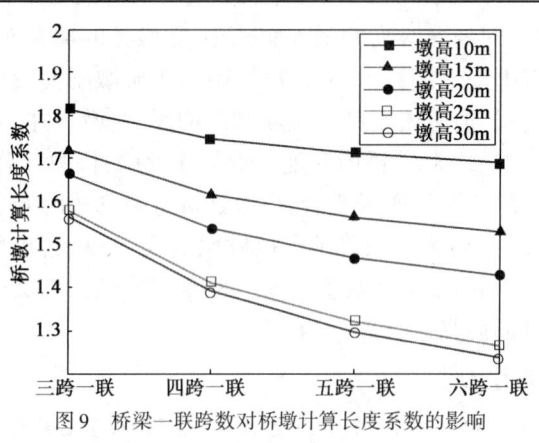

图 9 桥梁一联跨数对桥墩计算长度系数的影响

桥墩内力统计表　　　　　表 7

| 墩高(m) | 墩径(m) | 承载能力极限状态 | | 正常使用极限状态 | |
|---|---|---|---|---|---|
| | | 轴力(kN) | 弯矩(kN·m) | 轴力(kN) | 弯矩(kN·m) |
| 10 | 1.4 | 6023 | 2164 | 4665 | 1860 |
| 15 | 1.5 | 6377 | 2647 | 4933 | 2271 |
| 20 | 1.6 | 6815 | 3113 | 5265 | 2665 |
| 25 | 1.8 | 7557 | 3807 | 5827 | 3257 |

计算长度系数对桥墩配筋的影响　　　　　表 8

| 墩高(m) | 设计经验值 | | 按规范公式求解 | | 配筋误差 $\frac{(2)-(1)}{(1)}$ |
|---|---|---|---|---|---|
| | $\mu$ | 配筋(1)(cm²) | $\mu$ | 配筋(2)(cm²) | |
| 10 | 1.4 | 30.41 | 1.88 | 50.95 | 67.54% |
| 15 | 1.4 | 71.5 | 1.71 | 113.98 | 59.41% |
| 20 | 1.4 | 130 | 1.57 | 165.42 | 27.25% |
| 25 | 1.4 | 153.27 | 1.52 | 184.5 | 20.38% |

由表 8 分析可知,在相同的外力作用下,按照规范计算的 $\mu$ 值指导桥墩配筋比按照经验值配筋面积多 20% 以上,对于墩高 10m 的桥墩,两者差值能够达到经验值配筋面积的约 70%。可见,计算长度系数对桥墩配筋影响非常大,尤其在桥墩高度较小的情况,应尤其重视计算长度系数的计算和取值,以保证桥

墩受力的安全性。

## 五、结　语

（1）桥墩计算长度系数受桥墩两端约束情况影响很大，墩顶水平约束受到结构形式、桥墩的墩高、墩径、支座刚度等因素影响，设计时很难采用一个固定值指导桥墩配筋设计。计算长度系数 $\mu$ 值取值过小会造成结构设计不安全，$\mu$ 值取值过大会造成设计不经济。因此，应当采取合理的计算方法选取 $\mu$ 值大小。

（2）理论计算方法是通过将桥墩刚度、支座刚度采用串联、并联的形式，求解出桥墩顶部的水平弹性约束，带入至文中超越方程中求解 $\mu$ 值。

（3）有限元方法是根据欧拉公式对桥梁整体结构进行屈曲分析，利用压弯构件失稳临界荷载与计算长度系数 $\mu$ 值之间的关系进行求解。

（4）对于嵌岩桩，考虑桥墩下部约束为固结，桥墩计算长度系数主要受相邻结构集成的水平刚度影响，并随着墩高的增大而减小，随墩径的增大而增大。当桥墩的刚度较大时，$\mu$ 值接近于2，近乎等效于下端固定上端自由的计算模式；对于桥墩刚度较小，$\mu$ 值接近于1.2，近乎等效于下端固定上端铰支的计算模式，但是由于结构集成刚度的影响，墩顶并不是完全铰支的状态。

（5）对于桥墩高度一致的连续梁，桥墩计算长度系数随一联跨数的增加而减小，根据这一规律，对于不同的墩高墩径组合，可以选取合适的桥跨布置使桥墩计算长度系数在合理的变化范围内。

（6）为了精确地模拟桥墩的受力模式，求解桥墩计算长度时应考虑桥墩下部土层对墩底的约束作用，同时也应考虑墩顶转动刚度的影响。本文因篇幅有限不做详述，在后续的研究中应注重以上两点内容的研究。

**参考文献**

[1] 中华人民共和国交通部.公路钢筋混凝土及预应力混凝土桥涵设计规范:JTG D62—2004[S].北京:人民交通出版社,2004.

[2] 袁伦一.连续桥面简支梁桥墩台计算示例[M].北京:人民交通出版社,1998.

[3] 中华人民共和国交通运输部.公路钢筋混凝土及预应力混凝土桥涵设计规范:JTG 3362—2018[S].北京:人民交通出版社股份有限公司,2018.

# 8. 悬浮隧道车—隧—流耦合振动模型试验设计及分析

项贻强[1,2]　林亨[1,2]　白兵[1,2]　陈政阳[1,2]

(1.浙江大学建筑工程学院；2.浙江大学建工学院悬浮隧道研究中心)

**摘　要**　悬浮隧道是一种新型的跨海交通结构物。不同于传统的桥梁和水下隧道，其主要由依靠自身所受的浮力来平衡结构后期运营荷载，其在穿越长、大深水道等方面表现出巨大的应用前景。由于悬浮隧道将常年浮在水下环境中，在建造及营运过程中不可避免面临一系列由运营环境水流、波浪及汽车荷载引起的振动问题。本文简要介绍了悬浮隧道组成及在环境水流、波浪荷载引起的结构振动问题及相关的研究，指出目前模型试验研究中还缺乏对车—隧或车—隧—流耦合振动问题的研究，并结合其结构特点，讨论了模型试验研究的有关要求，在浙江大学设计制作了悬浮隧道缩尺试验模型。整个试验测试模型的几何比例为1:100，采用法兰连接的铝管来模拟悬浮隧道的主体结构，同时在两端设两个敞口的有机玻璃隔水箱和支座，为模型测试小车在管内移动提供无水平台。可方便对悬浮隧道各控制截面点位的索力、位移和加速度及应力进行测量,为研究悬浮隧道在各种波流和荷载作用下的振动受力机理提供试验平台。

**关键词** 悬浮隧道 模型设计 相似关系 车—隧—流相互作用 试验研究

# 一、引 言

进入 21 世纪以来,我国经济从单一的陆地经济逐步发展到陆、海和海岛协同发展的区域模式。这使一些资源丰富的沿海发达城市和孤立的岛屿之间形成紧密的经济圈或经济带,成为我国经济新一轮重要的增长点之一。在这样的时代背景下,海底悬浮隧道应运而生,其主要的功能在于穿越长而深的航道,连接海峡两岸。悬浮隧道一般是由悬浮在水中的隧道管体、限制管体位移的锚索、深水锚固基础和连接两岸的驳岸段组成[1],如图 1 所示。与现有的桥梁、沉海隧道和海底隧道等跨海通道相比,悬浮隧道具有施工成本高、跨度大等优势。此外,由于悬浮隧道对环境的影响较小,对恶劣天气的敏感性较低,而引起了许多研究人员和工程人员的重视。

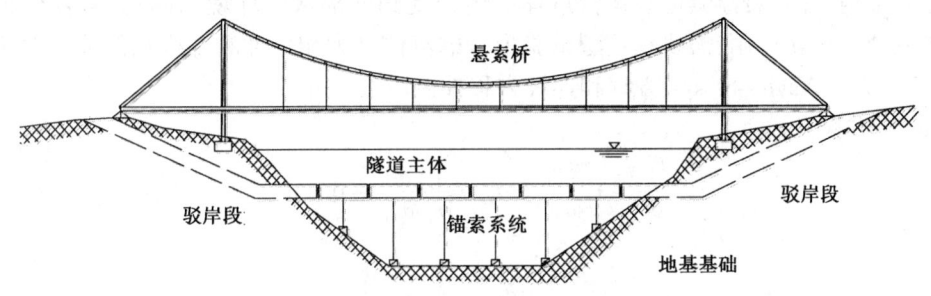

图 1 典型悬浮隧道示意图

由于复杂的海底环境和地质条件,这使得悬浮隧道的行为分析变得十分复杂。Kunisu 等分别采用边界元法和 Morison 方程研究了作用于悬浮隧道上的波浪力特性,研究发现莫里森方程和边界元法的计算结果具有较好的一致性[2]。Li 等[3] 推导研究了涡激振动下锚索自锁振动的临界速度解析方程。麦继婷等[4]以涡激振动的锚索为研究对象,分析不同因素对管体横向安装锚索的影响。葛菲等[5]以悬浮隧道的某一节段为研究对象,利用 Hamilton 变分原理推导出管-索耦合振动方程。Xiang(项贻强)等[6]进一步改进假设条件,建立了考虑边界约束的管—索耦合振动模型,研究发现悬浮隧道管体的初始扰动对锚索的瞬时振幅影响较大,且随着锚索倾斜角的减小,锚索振动的耦合效应较弱。此外,Fogazzi 等[7]在考虑流固耦合和土—结构相互作用的基础上,建立了极端地震作用下海底锚索式悬浮隧道的非线性数值分析程序。Di Pilato 等[8]改进了几何非线性有限元,建立了墨西拿海峡渡口在地震和波浪荷载作用下的全三维响应模型。项贻强等[9]则对悬浮隧道动力响应分析方法及模拟的研究进行了总结归纳。这些研究加深了人们对悬浮隧道的认识,为后续研究奠定了坚实的基础。

目前,世界上还没有真正意义上的悬浮隧道的工程实例。因此,模型试验成为验证理论分析方法的有效手段之一。1994 年,Yoshihara 等[10]将悬浮隧道缩尺模型水平放置于循环水通道中,水流方向垂直于管体的布置方向,研究了悬浮隧道管体的涡激振动现象。Seo 等[11]在波浪水槽中进行了物理模型试验,通过试验验证了悬浮隧道水动力理论计算方法。其通过在模型悬浮隧道上方牵引出 LED 靶,通过测量 LED 靶的位置而记录悬浮隧道的水下位移。试验发现,悬浮隧道在受波浪荷载作用过程中,锚索出现了轻微的松弛现象,这在工程中应当予以避免。为了控制悬浮隧道锚索涡激振动,晁春峰,项贻强,林建平等[12]通过试验研究了三种不同扰流装置的作用。不同工况研究结果表明,螺旋条纹的锚索的控制效果最好。杨赢等[13]设计了相关的缩尺模型和加载装置,对悬浮隧道在冲击荷载下的整体冲击响应行为进行了理论分析模拟及试验验证;林巍等[14]以 1.2km 长为原型,利用比尺 1∶50,分节段设计制作了一悬浮隧道整体结构模型,并在天津水科院的专用波浪试验水池进行相关的模拟试验研究,其主要的试验工况为不同截面外形、不同波浪及水力参数下的悬浮隧道整体振动机理和参数试验研究,而并未聚焦车—

隧或车—隧—流耦合振动的试验研究。上述模型试验研究大部分是以悬浮隧道的一个节段为研究对象，虽然节段模型试验布置灵活，但是在模拟悬浮隧道管体连接以及护岸连接支撑约束方面却存在明显的不足或局限性，因此，有必要对悬浮整体模型试验展开讨论和研究。本文在总结过去浙江大学悬浮隧道研究团队就相关振动问题展开的理论与试验研究成果基础上，以车辆-隧道及车—隧—流耦合振动模型试验为例进行模型设计和分析，为后续在波流池中展开试验工作奠定基础。

## 二、悬浮隧道模型试验基本原理

### 1. 相似关系要求

由于试验场地和设备的限制，通常在模型试验设计过程中将结构缩放到一定的尺寸。相似模型和缩尺模型是结构实验设计中常用的两种典型方法。相似模型通常需要几何相似，运动相似性和材料相似性。当满足所有相似条件时，可以从相似模型监测荷载作用下的实际结构的状态和信儿行为。然而，缩尺模型的相似性要求相对不那么严格，模型试验通常用于验证理论计算方法和参数影响分析中。

同其他海洋结构一样，悬浮隧道在运营过程中还会受到外部水体环境的影响，若要模拟真实模拟悬浮隧道的流体—结构相互作用，需要在模型试验中考虑流体动力相似性和结构相似性。对于不可压缩黏性流体而言，其行为由 Navier-Stokes 方程和连续方程控制[15]。

Naiver-Stokes 方程：

$$\frac{\partial v_i}{\partial t} + v_j \frac{\partial v_i}{\partial x_j} = f_i - \frac{1}{\rho_w} \frac{\partial p}{\partial x_i} + \upsilon \nabla^2 v_i \tag{1}$$

连续方程：

$$\frac{\partial v_i}{\partial x_i} = 0 \tag{2}$$

式中：$v_i$——流体质点在 $i$ 方向上的速度分量；

$\rho_w$——流体的密度；

$p$——流体的压强；

$\nu$——流体运动黏性系数；

$t$——时间；

$f_i$——流场中在 $i$ 方向的保守力分量；

$x_i$——笛卡尔坐标系 $i$ 方向的单位量，关于 $i$ 的取值范围为 1，2，3，其分别代表笛卡尔坐标系下 $x$，$y$，$z$ 主方向。

在模型试验设计中，通过物理参数的比例尺来定量描述相似关系。根据 Navier-Stokes 方程和连续方程，将模型与实际结构参考的比尺关系代入式（1）和式（2），得到关系式为：

$$\frac{\lambda_v}{\lambda_t} = \frac{\lambda_v^2}{\lambda_l} = \lambda_g = \frac{\lambda_p}{\lambda_{\rho_w} \lambda_l} = \frac{\lambda_\nu \lambda_v}{\lambda_l^2} \tag{3}$$

式中：$\lambda$——物理参数比尺。

下角"$v$"、"$t$"、"$l$"、"$g$"、"$p$"、"$\rho_w$"、"$\nu$"分别代表在式（1）和式（2）中的各个物理量。

对式（3）进一步做等效处理变换，可以得到水动力相似的关键参数，如斯特劳哈尔数（Strouhal Number）、雷诺数（Reynolds Number）、弗劳德数（Froude Number）和欧拉数（Euler Number）。

斯特劳哈尔数（Strouhal Number）：$\lambda_l/\lambda_t\lambda_v = 1$；雷诺数（Reynolds Number）：$\lambda_l\lambda_v/\lambda_\nu = 1$；

弗劳德数（Froude Number）：$\lambda_v^2/\lambda_g\lambda_l = 1$；欧拉数（Euler Number）：$\lambda_p/\lambda_\rho\lambda_v^2 = 1$。

结构状态可以由平衡方程、物理方程、应变-位移方程和边界条件来描述[16]。

平衡方程：

$$\frac{\partial \sigma_{ij}}{\partial x_i} + f_i = \rho_s \frac{\partial u_i}{\partial t^2} \tag{4}$$

物理方程：

$$\sigma_{ij} = \lambda_s \delta_{ij} \varepsilon_{kk} + 2\mu_s \varepsilon_{ij} \tag{5}$$

应变—位移方程：

$$\varepsilon_{ij} = \frac{1}{2}\left(\frac{\partial u_i}{\partial x_j} + \frac{\partial u_j}{\partial x_i}\right) \tag{6}$$

边界条件：

$$\overline{\Gamma}_i^{\sigma} = \sigma_{ij} n_j \quad 和 \quad u_i = \overline{u}_i \tag{7}$$

式中：$\sigma_{ij}$——结构的弹性应力张量；

$\varepsilon_{ij}$——结构的弹性应变张量；

$\rho_s$——结构质量密度；

$f_i$——结构体力分量；

$\lambda_s$、$\mu_s$——分别是材料的拉梅系数常量；

$\overline{\Gamma}_i^{\sigma}$——表示已知的特定应力边界条件；

$\overline{u}_i$——表示为已知的特定位移边界条件；

$\delta_{ij}$——Kronecker 函数；

$n_j$——边界上的法向量分量。

在模型设计过程中，将物理参数比例关系代入到式(4)~式(7)中，可以得到方程的系数关系为：

$$\frac{\lambda_\sigma}{\lambda_l} = \lambda_g \lambda_{\rho s} = \frac{\lambda_{\rho s} \lambda_l}{\lambda_t^2} \quad 和 \quad \lambda_\sigma = \lambda_E \lambda_\varepsilon = \lambda_\mu \tag{8}$$

式中：$\lambda$——物理参数比尺。

下角"$\sigma$"、"$l$"、"$\rho_s$"、"$E$"、"$\mu$"、"$t$"分别代表应力，长度，密度，弹性模量，泊松系数和时间的物理量。

对于线弹性体而言，$\lambda_\varepsilon$ 等于1，且对于大多数材料而言，其具有相近的泊松系数，可近似的取 $\lambda_\mu$ 也等于1，因此可以近似得到 $\lambda_E = \lambda_\sigma$ 的关系。

在模型试验中，流体动力相似性要求4个参数能够同时满足，但是在不改变流体介质的情况下是非常难实现的（$\lambda_\mu = 1$）。在重力场中（$\lambda_g = 1$），通常控制弗劳德数满足条件，调整雷诺数使结构处在近似的流场环境中来模拟。同时，由于流体动力相似的要求限制了结构的相似参数，即 $\lambda_{\rho s} = 1$ 和 $\lambda_E = \lambda_l$。在试验模型结构中可以通过增加质量块，让材料的质量密度满足相似条件，但是却不能够保证材料的弹性模量和几何比尺的相似关系。通常在工程测试模型设计过程中，采用部分相似的准则，通过增加结构的断面厚度使得结构的刚度满足几何比尺的关系（$\lambda_{EI} = \lambda_l$）。

2. 悬浮隧道车—隧耦合振动基本理论

随着高速铁路技术的兴起，交通结构受到车辆移动载荷的动力行为受到人们普遍关注。由于悬浮隧道处在水下环境，当行驶车辆通过时，悬浮隧道将比路上结构面临更大的潜在风险。Tariverdilo 等[17]分别使用 2D 和 3D 结构理论模型，分析了移动载荷作用下悬浮隧道的振动特性。研究结果发现，流体—结构间的相互作用将会放大隧道动态响应。张嫄等[18]研究了单个移动荷载下悬浮隧道的动力行为，并讨论了锚索刚度、荷载重力和移动速度等的影响。在此基础上，林亨、项贻强、杨赢等[19,20]建立了考虑流体—车辆—隧道相互作用的结构耦合振动模型，其中通过直接在作用在悬浮隧道的升力来模拟洋流的效应。这些工作的开展为悬浮隧道进一步研究奠定了基础（图2）。

悬浮隧道车—隧耦合振动运动微分方程：

$$m\frac{\partial^2 w}{\partial t^2} + c\frac{\partial w}{\partial t} + EI\frac{\partial^4 w}{\partial x^4} + kw = f_v(x,t) + f_D(x,t) \tag{9}$$

式中：$m$、$c$、$EI$——分别为悬浮隧道的质量、阻尼、弯曲刚度；

$f_v(x,t)$——移动车辆荷载;

$f_D(x,t)$——流体作用力;

$k$——弹性地基梁的等效刚度,$k = K/h$。

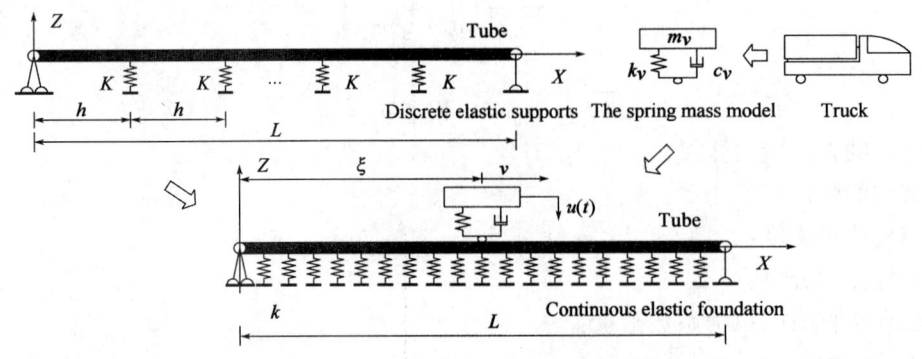

图2 悬浮隧道在车辆荷载作用下的理论分析模型

为了考虑车辆与隧道的相互作用,将移动车辆荷载模型化为由弹簧和阻尼器连接的质量块模型。根据D'Alembert原理,移动载荷可以表示为:

$$\begin{cases} f_v(x,t) = m_v g + k_v[u(t) - w(x,t)\delta(x-vt)] + c_v[\dot{u}(t) - \frac{\partial w(x,t)}{\partial t}\delta(x-vt)]; \text{for } 0 \leq vt \leq L \\ m_v \ddot{u}(t) + k_v[u(t) - w(x,t)\delta(x-vt)] + c_v[\dot{u}(t) - \frac{\partial w(x,t)}{\partial t}\delta(x-vt)] = 0; \text{for } 0 \leq vt \leq L \end{cases} \quad (10)$$

式中:$u(t)$——小车相对于静平衡位置的位移;

$m_v,k_v,c_v$——分别为小车的质量,刚度和阻尼;

$\delta(\cdot)$——Dirac's函数。

在运营过程中,悬浮隧道承受诸如汽车或者火车等长期移动车辆荷载作用,而这势必会引起悬浮隧道的耦合振动。虽然车辆荷载比极端荷载的量级要小,但长期的周期性荷载会导致悬浮隧道受到冲击和疲劳损伤。同时,在车辆荷载作用下还可能诱发悬浮隧道产生共振现象。车辆诱发的悬浮隧道共振将使得隧道的动态响应进一步放大,影响驾驶的安全和舒适性。目前,有关悬浮隧道车辆振动的研究还处于起步阶段,并且上述分析和研究还没有得到相关实验的验证。

## 三、悬浮隧道模型试验

### 1. 模型试验设计

为探索行驶车辆荷载和其他荷载对水环境下悬浮隧道的振动受力机理,有必要进一步完善悬浮隧道车—隧—流相互作用的分析方法,并通过实际的模型试验来验证所提方法的适用性。为此,浙江大学悬浮隧道研究团队专门设计了一个悬浮隧道缩尺模型试验平台。整个悬浮隧道缩尺模型是由支架平台、锚固装置、隧道管体和防水箱组成,如图3a)、b)所示。整个缩尺模型被放置在浙江大学海洋与水动力实验室的风浪流综合水槽中。整个水槽槽体净长达65m,净宽1.2m,断面高1.6m(最大水深1.0m),空气层高0.6m。而试验模型大约有14m长和0.6m宽。支架平台是由槽钢和角钢通过螺栓制成,有机玻璃防水箱通过自攻螺钉固定在支架平台上,在两端防水箱的一侧预留一个直径为20cm的圆孔,并在其外设置相应支座,用于隧道管体接头连接和支撑。图3c)、d)给出了水槽和实际模型的连接构造。同时,为了保证整个模型的防水性能,2mm厚的防水胶用于管段间的连接。

在模型试验中,移动车辆载荷由牵引系统控制,车辆的重量可由载荷板进行调节。牵引系统工作时,车辆模型从一端的防水箱内驱动移动到另一端的防水箱,牵引系统由变速电机和变频器组成,并可调节牵引速度,电机功率应满足模型试验要求。在本次试验研究中,为方便试验,暂不考虑模拟车辆的弹簧刚度及阻尼,认为整个车辆模型近似为刚性接触,如图4a)、b)所示,前后螺栓能够固定几片钢板不发生松动,车辆质量可调节钢板数量实现。

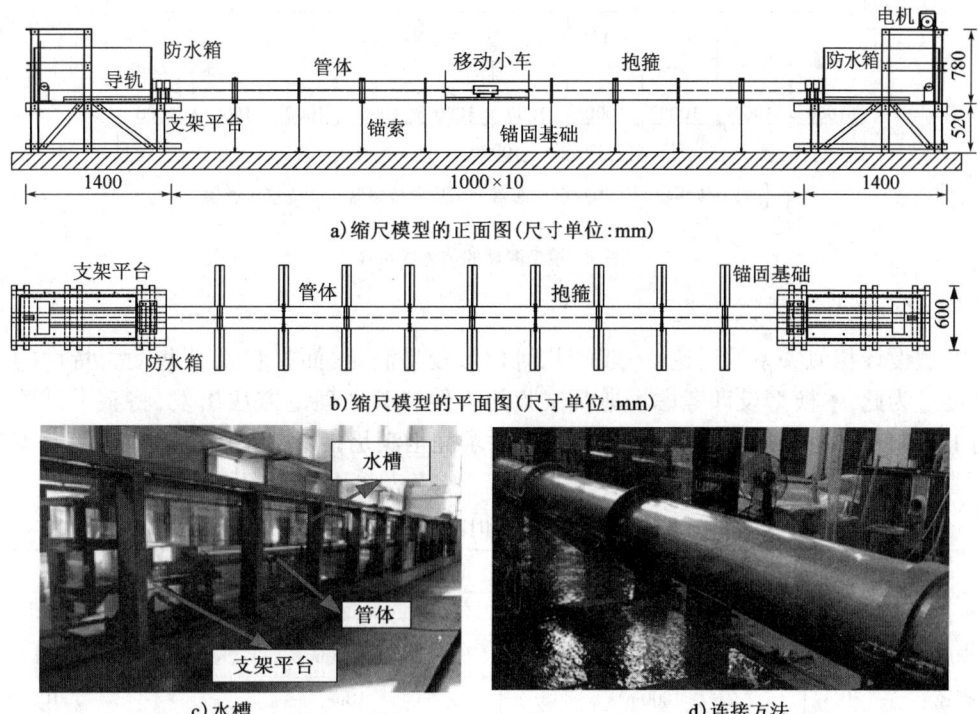

图3 悬浮隧道整体模型及试验设施示意图

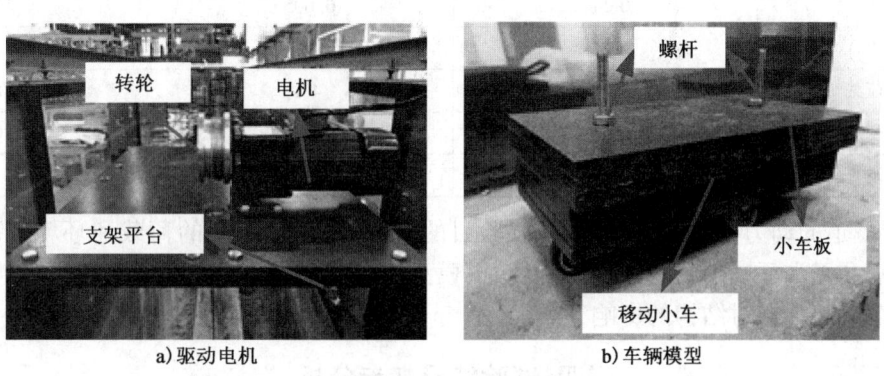

图4 牵引系统和车辆加载模型

## 2. 模型测试的传感器布置

本次模型试验的主要目的是获得在悬浮隧道在行驶车辆的作用下控制截面位置处的位移、加速度以及锚索的相对索力变化。因此,在试验测试前应根据加荷量预估各物理参数,选择稳定性、精度和信号输出满足要求的相应传感器的灵敏度、响应特性、线性测量范围。在模型试验中,一些单轴加速度传感器被安装在隧道管体的$1/4L$、$1/2L$、$3/5L$和$3/4L$等控制部分的垂直方向上。同时,一些单轴位移传感器安置在隧道管体的$1/4L$、$1/2L$、$3/5L$和$3/4L$等垂直方向的位置。为了测试在移动车辆载荷作用下管体的扭转位移,两个位移传感器对称地安装在中跨位置的管体两侧。缆索力由设置在系绳上的力传感器进行测量。由于数据采集均要求在水中环境下完成,因此,在每次试验开始时均需要再次检查传感器,确认它们是否处于良好的工作状态。悬浮隧道模型的传感器布置如图5所示。

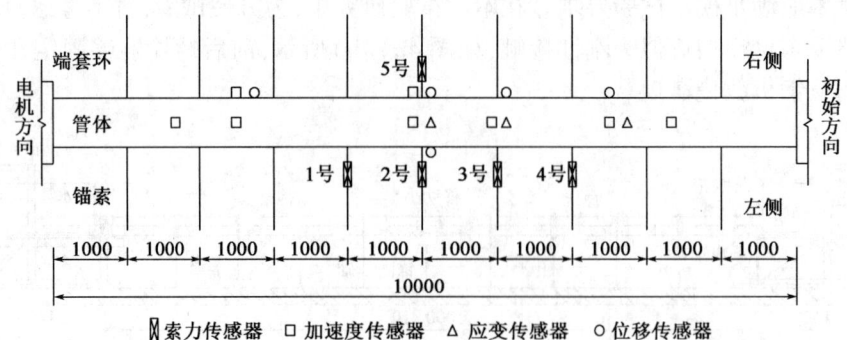

图 5　模型测试的传感器布置

### 3. 材料参数和试验测试工况

由前面模型设计相似关系的讨论,一般的几何相似较易满足,而材料及某些动力特性的相似关系则很难得到满足。为此,本模型设计考虑场地及试验的方便和验证理论方法出发,将整个试验模型的几何比例设定为1:100,某些材料及动力特性参数则不要求完全满足相似关系。表1列出了基本参数的比例关系。

**基本参数和比例关系**　　　　　　　　　表1

| 项目 | 原型参数 | 缩尺参数 | 比例关系 |
| --- | --- | --- | --- |
| 外径 | 20m | 0.2m | 100:1 |
| 壁厚 | 0.5m | 0.005m | 100:1 |
| 跨径 | 1000m | 10m | 100:1 |
| 管体密度 | 2500kg·m³(混凝土) | 2700kg·m³(铝材) | 0.925:1 |
| 弹性模量 | $3.55\times10^4$MPa | $7\times10^4$MPa | 0.507:1 |
| 锚索直径 | 0.5m | 0.005m | 100:1 |
| 锚索倾角 | π/3 | π/3 | 1:1 |
| 移动车辆荷载 | $1.2\times10^5$kg | 40kg | 3000:1 |
| 移动速度 | 25m/s | 0.25m/s | 100:1 |
| 流体介质 | 1000kg·m³ | 1000kg·m³ | 1:1 |

同时,悬浮隧道的动力模型试验,可根据试验目的和要求,设计不同的荷载和环境工况。诸如,悬浮隧道模型在有水和无水环境中的自由振动,以获得模型的基本特征;悬浮隧道模型在移动车辆作用下的动力响应以了解行驶车辆对结构的影响等。

## 四、试验结果初步分析

图6为有水和无水环境下悬浮隧道跨中位置的垂直加速度曲线,图7为加速度频谱。可以发现,在无水环境下,自由振动的振幅衰减比在水环境下要慢得多。利用快速傅立叶变换(FFT)处理加速度信号。结构在水环境和无水环境中的固有频率分别为5.280Hz和2.747Hz。采用时域衰减法可以得到结构的阻尼比。结构在有水和无水环境下的阻尼比分别为0.0271和0.1457。可以看出,悬浮隧道在有水和无水环境下的振动特性存在较大差异。结构在水环境中的自振频率降低约1.92倍,阻尼比提高约5.38倍,验证了附加质量和流体阻尼力对水环境中结构振动的影响。

此外,模型试验还可记录悬浮速调模型在不同测量位置沿纵向的挠度,车辆在SFT上行驶时,挠度曲线会发生振动出现动力放大现象等。悬浮隧道的最大挠度值出现在1/2L_右侧位置,为0.521mm。它比1/2_左侧上的悬浮隧道的挠度略高。1/4L和3/4L位置的最大挠度分别为0.485mm和0.473mm。表明,在移动荷载作用下,悬浮隧道的挠度变形发生在垂直面上。在静水环境中移动车辆的作用下,悬浮隧道变形非常小,表明该结构在浮力和车辆作用下具有足够的支撑刚度。同时,在模型试验中,还测量了悬浮隧道在1/2L和3/5L上的索力,发现索力与挠度有对应关系,悬浮隧道在1/2L_左侧上的锚索索力略小于在1/2L_右侧上的锚索索力。在车辆行驶过程中,悬浮隧道的锚索索力是变化的,并且能够恢复到初始水平,这也意味着当车辆在悬浮隧道内行驶时,锚索状态处于弹性阶段水平。

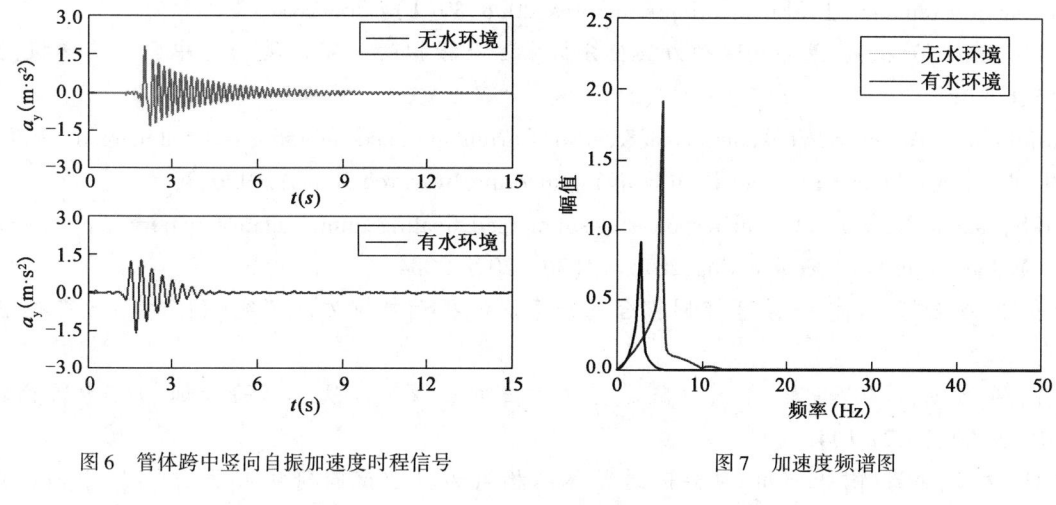

图6　管体跨中竖向自振加速度时程信号　　　　　图7　加速度频谱图

## 五、结　语

作为一种新型的水下交通结构物,悬浮隧道受到越来越多专家的关注。本文结合悬浮隧道的特点,从为研究悬浮隧道在各种波流和荷载作用下的振动受力机理提供试验平台角度出发,设计并制造了相关的缩尺测试模型,并根据典型的试验测试工况,给出了锚索的索力,隧道管体的位移和加速度等测试结果,通过初步分析,可以得出以下结论:

(1)模型试验研究是验证理论分析方法、探索复杂工况下结构受力机理的一种主要手段。但在模型设计制作的实际过程中,几何相似关系一般较易满足,而某些材料及动力特性参数相似关系则较难完全满足,应根据模型试验要求,有选择的设计满足一些相似参数。

(2)车—隧或车—隧—流耦合振动是一个非常复杂的科学问题。目前,悬浮隧道中车辆诱导振动的研究尚处于起步阶段,尤其在理论分析中,如何处理悬浮隧道两端不同边界条件(固支、弹簧约束等)、同时考虑车—隧—流及多自由度车辆弹簧阻尼作用,仍需要进一步的探索。同时,试验方法也不失为一个增加感性认识、了解规律的有效手段之一。

(3)从部分试验结果可以看出,在静水环境中,当移动车辆通过在悬浮隧道上时,悬浮隧道变形非常小。车辆通过悬浮隧道后,锚索索力能够恢复初始状态,处于弹性阶段。

**参考文献**

[1] Xiang Y, Ying Y. Challenge in Design and Construction of Submerged Floating Tunnel and State-of-art[J]. Procedia Engineering, 2016, 166: 53-60.

[2] Kunisu H. Evaluation of wave force acting on Submerged Floating Tunnels[J]. Procedia Engineering, 2010: 99-105.

[3] Li J, Li Y. Analytical Solution to the Vortex-Excited Vibration of Tether in the Submerged Floating Tunnel[C], Geoshanghai International Conference. 2006.

[4] 麦继婷,罗忠贤,关宝树. 波流作用下悬浮隧道的涡激动力响应[J]. 铁道学报, 2005, 27(1): 102-105.

[5] 葛斐,龙旭,王雷,等. 水中悬浮隧道管段锚索耦合模型涡激振动研究[J]. 中国公路学报, 2009, 22(3): 83-88, 100.

[6] Xiang Y, Chao C. Vortex-Induced Dynamic Response Analysis for the Submerged Floating Tunnel System under the Effect of Currents[J]. Journal of Waterway Port Coastal and Ocean Engineering-ASCE, 2013,

[7] Fogazzi P,Perotti F. The dynamic response of seabed anchored floating tunnels under seismic excitation [J]. Earthquake Engineering & Structural Dynamics,2000,29(3): 273-295.
[8] Di Pilato M,Perotti F,Fogazzi P. 3D dynamic response of submerged floating tunnels under seismic and hydrodynamic excitation[J]. Engineering structures,2008,30(1): 268-281.
[9] 项贻强,陈政阳,杨赢.悬浮隧道动力响应分析方法及模拟的研究进展[J].中国公路学报,2017,30(01):69-76.
[10] Yoshihara S,Toyoda S,Venkataramana K,et al. Current-Induced Vibrations of Submerged Floating Tunnels[R]. Kagoshima University Faculty of Engineering Research Report,1996,36.
[11] Seo S,Sagong M,Son S. Global response of submerged floating tunnel against underwater explosion[J]. KSCE Journal of Civil Engineering,2015,19(7): 2029-2034.
[12] 晁春峰,项贻强,林建平.基于流固耦合的锚索涡激振动抑制方法研究[J].力学与实践,2016,37(6):725-730.
[13] 杨赢,项贻强,陈政阳,林亨.悬浮隧道整体冲击响应模拟方法及试验验证[J].中国公路学报,2019,32(01):127-134.
[14] 林巍,林鸣,尹海卿,张宁川.悬浮隧道整体结构行为机理试验研究1:总体[J].中国港湾建设,2020,40(02):6-14.
[15] Bazilevs Y,Takizawa K,Tezduyar T E. Computational fluid-structure interaction: methods and applications[M]. John Wiley & Sons,2013.
[16] Ziebjuewicz O,Taylor R,The Finite Element Method[M]. Fourth ed. McGraw-Hill,2008.
[17] Tariverdilo S,Mirzapour J,Shahmardani M,et al. Vibration of submerged floating tunnels due to moving loads[J]. Applied Mathematical Modelling,2011,35(11): 5413-5425.
[18] Zhang Y,Dong M,Ding H,et al. Displacement response of submerged floating tunnel tube due to single moving load[J]. Procedia engineering,2016,166: 143-151.
[19] Lin H,Xiang Y,Yang Y,et al. Dynamic response analysis for submerged floating tunnel due to fluid-vehicle-tunnel interaction[J]. Ocean Engineering,2018,166: 290-301.
[20] 林亨.水流环境中悬浮隧道流—车—隧耦合振动响应及试验研究[D].杭州:浙江大学,2020.

# 9. 悬浮隧道车—隧耦合振动响应的数值模拟分析

林亨[1,2] 项贻强[2] 白兵[1,2] 陈政阳[1,2] 杨赢[3]

(1.浙江大学建筑工程学院;2.浙江大学建筑工程学院悬浮隧道研究中心;3.绍兴文理学院土木工程学院)

**摘 要** 本文提出悬浮隧道在行车作用下的整体动力响应有限元简化分析的数值模型,并介绍了数值模型中管体流体作用力和移动车辆荷载的加载方法。结合有关几何比尺为1:100的试验结构模型,通过典型试验工况的分析,对比了结构在有、无水环境下的结构动力特性,把数值模型分析的管体挠度、加速度、应变和锚索索力响应与相关的测试结构进行了比对,验证了数值模型分析水下悬浮隧道行车效应的有效性。

**关键词** 悬浮隧道 行车效应 数值模拟 动力响应 分析

# 一、引 言

随着工程建设技术的不断进步，像悬浮隧道（SFT）这样一种水下长距离跨水域的潜在交通结构物将有望实现。通常而言，典型的悬浮隧道是由悬浮于水面以下一定深度的管状混凝土或钢结构（结构尺寸大，以满足车辆运行和通风等要求）、锚固在水下基础的锚缆或锚杆（或水上浮箱）及两岸的驳岸段组成[1]。与传统桥梁和沉管隧道相比，悬浮隧道具有跨越能力强、纵坡平缓、单位工程造价低、全天候运行、环境影响小等优点，被认为是21世纪最具竞争力的交通形式[2]。2018年5月，中国科协第20届年会上将悬浮隧道工程技术列为前沿领域60个重大科学问题和工程技术难题之一，为悬浮隧道在我国跨海交通领域的发展明确了方向和要求。

近二十年来，悬浮隧道的研究主要集中在水下结构项目可行性和风险评估[3,4]、隧道管体的静力分析[5]、锚索构件的涡激振动[6]、极端地震和沉船冲击作用[7,8]等方面。而作为跨水域的交通结构物，悬浮隧道具有供来往车辆通行的功能，且因为本身水环境的特殊性，使其不同于往常的车桥耦合振动。Sato等将悬浮隧道的锚索构件视为具有一定刚度的弹性支承进行对比验证，给出了连续弹性基础等效离散弹性支承的简化条件[9]。Tariverdilo等[10]使用2D和3D结构模型分析了由于移动载荷引起的悬浮隧道的振动，研究发现流体－结构的相互作用会放大结构的位移响应。Zhang等[11]和董满生等[12]采用控制变量法分析悬浮隧道结构锚索刚度、荷载幅值、移动速度和等荷载间距等参数队结构的影响。以千岛湖悬浮隧道为参考，焦双健等[13]通过有限元模型构建了车辆冲击系数与重浮比、车速的关系。基于弹性地基梁的结构模型，Xiang和Lin等[14,15]考虑均匀流场内悬浮隧道流—车—隧相互作用进一步分析管体的动力行为。此外，何任飞等[16]研究了SFT在列车荷载作用下的动态响应，分析了水下惯性力对车—隧共振速度的影响。通过构建7自由度的小车，Jin和Kim等[17]推到了车辆耦合动力学公式并分析了乘客舒适性标准。Jin等[18]结合悬浮隧道的锚固系统，分析车—隧耦合振动过程中受到的波浪和地震影响。

为研究行驶车辆对水下悬浮隧道的动力影响，本文提出分析悬浮隧道在行车作用下的整体动力响应的有限元数值模型，并结合文献的缩尺模型设计及试验测试结果，验证了所提出数值分析方法的有效性，模型试验测试工况见表1。通过结构参数识别工况，能够认识整体悬浮隧道在有水环境和无水环境中的振动特性的差异，同时进行结构动力参数的识别。同时，车辆荷载测试工况可以分析车辆在通行过程中对悬浮隧道的影响，以此说明数值模拟方法的适用性。

**悬浮隧道试验工况** 表1

| 测试工况 | 工况说明 |
| --- | --- |
| 结构参数识别 | 有水环境＋锚索松弛＋强迫位移（自由振动） |
| | 无水环境＋锚索松弛＋强迫位移（自由振动） |
| 车辆荷载测试 | 有水环境＋1m锚索张紧＋移动车辆（受迫振动） |

# 二、数值模拟

## 1. 数值模拟方法及模型

按照试验模型的结构尺寸，通过ABAQUS建立悬浮隧道有限元数值模型如图1所示。管体采用空间梁B31单元进行建模，不受压的桁架T3D2单元用来分析悬浮隧道的锚索结构，通过Rayleigh阻尼考虑结构阻尼的影响。在有限元模型中，管体和锚索采用MPC-Beam的连接方式，认为管体和锚索在连接节点位置处具有相同的位移量，同时由于结构长度长，可视整个管体的边界条件为简支约束，锚索与海床的锚固点不发生位移运动。整个有限元模型共包含1037个节点、1018个单元。

## 2. 流体作用力施加

对于水下悬浮隧道有限元模型而言，采用Morison方程考虑结构在水下的动力行为是被验证了的有效的弱—流固耦合处理方法[20]。其将流体力主要分为附加质量力和非线性阻力：

$$f_D = \frac{1}{4}\pi\rho_w D^2 C_A \frac{\partial^2 w}{\partial t^2} + \frac{1}{2}\rho_w D C_D \left| \frac{\partial w}{\partial t} \right| \frac{\partial w}{\partial t} \tag{1}$$

式中：$f_D$——隧道管体受到的流体力；

$w$——管体的竖向位移；

$t$——时间；

$\rho_w$、$D$——分别为水的密度和管体的特征尺寸；

$C_A$、$C_D$——分别为附加质量系数和阻力系数，可以取 $C_A = 1.0$，$C_D = 0.7$ 进行数值分析[14]。

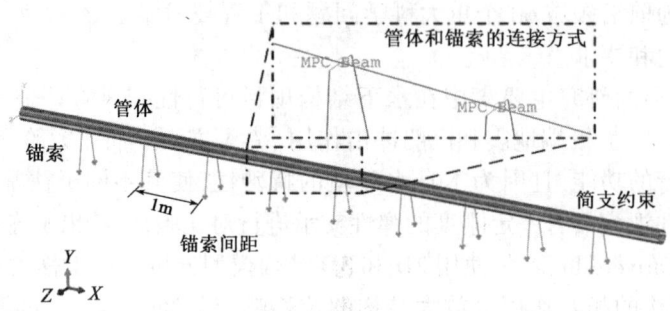

图1 悬浮隧道的有限元数值模型

在 ABAQUS/EXPLICIT 有限元分析中，可以通过 *VUAMP 子程序接口实现悬浮隧道的弱—流固耦合分析（图2）。对于 *VUAMP 子程序接口，其主要依靠 ABAQUS 提供的 Sensor 功能，即实时读取结构在计算过程中的运动状态参数，诸如结构的位移、速度、加速度等，由此计算得到结构运动状态变化而产生的外力，再通过以自定义幅值函数的形式施加在结构体上，其实现过程如图2所示。杨赢[21]曾采用该方法模拟流体作用力，并计算分析冲击荷载下结构的动力响应，其通过试验和数值分析验证了方法的有效性。

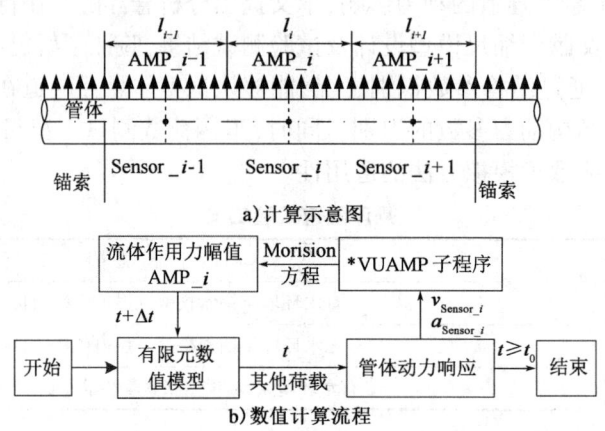

图2 流体作用力在 *VUMAP 子程序中实现

## 3. 车辆荷载施加

为在 ABAQUS/EXPLICIT 中实现移动车辆荷载的施加并实现结构的动力特性分析，可以采用 *VDLOAD 子程序接口并依靠 Fortran 语言将移动车辆荷载的作用力大小和作用位置能够实时地施加在结构上，通过 *VDLOAD 子程序中的 curCoords 和 value 等参数来传递移动车辆与管体的接触位置和相互作用力。为说明程序的有效性，以 Yang 等（2004）[22]的单自由度质量块模拟车辆过桥工况为例，如图9所示，该算例为 $L = 25m$ 长的简支梁桥模型，简支梁截面的面积和抗弯惯性矩分别为 $A = 2.0m^2$ 和 $I = 0.12m^4$，梁体的弹性模量 $E = 27.5GPa$，梁体的单位长度质量 $m = 4800kg/m$；小车的质量 $m_v = 1200kg$，弹簧的劲度系数 $k_v = 500kN/m$，以车速 10m/s 通过桥梁结构，不考虑系统阻尼的影响。采用 *VDLOAD 编程的有限元计算结果和文献的结果对比如图3所示。

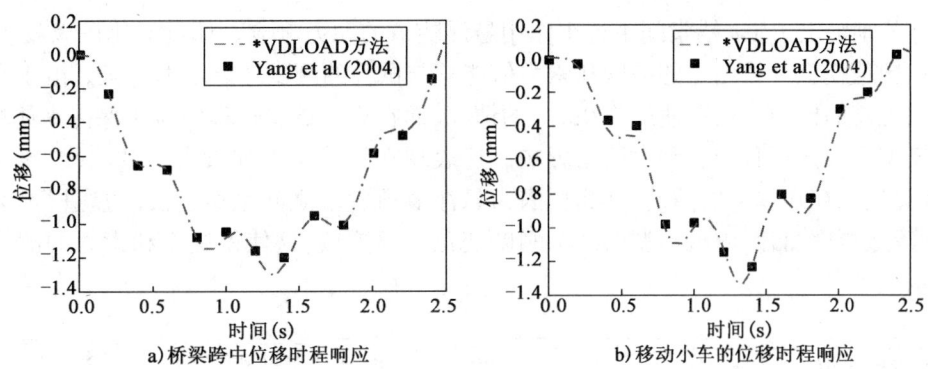

图3 车辆荷载施加方程结果验证对比

## 三、试验结果及分析

### 1. 模型参数测定

在悬浮隧道模型试验中,由于隧道管体通过法兰接头相互连接,并且在管体上安有抱箍,导致计算得到的管体刚度不连续。杨赢[21]曾在整体动力模型试验中发现,采用截面特性计算得到的试验管体刚度与实际测量得到的管体动力参数存在一定差距,应在数值模型中予以校正。基于此,根据结构参数识别工况,分别对悬浮隧道管体在有、无水环境锚索松弛情况下,测试给定初始强迫位移的结构自由振动响应。

文献[19]给出了在无水和有水情况中管体自由振动时管体跨中竖向加速度时程曲线和频谱图。在无水的环境中,管体自由振动幅值衰减要比有水的情况下慢得多,且自由振动持续时间也要更长。对加速度时程信号做FFT变化,得到无水和有水情况下结构的自振频率分别为5.280Hz和2.747Hz,并通过时域衰减法[23]计算结构在该频率所对应的阻尼比为0.0271和0.1457。由此可见,隧道管体在有水和无水的情况下,其振动特性表现出较大的差异,结构的自振频率降低了约1.92倍,而结构的阻尼上升了约5.38倍。

结构的自振频率是管体刚度最直接的反映,根据边界条件采用简支梁的基频计算公式反算得到模型管体的等效刚度,计算公式如下:

$$EI_{等效} = \omega_n^2 \cdot \frac{1}{n^4\pi^4} \cdot mL^4 \quad (n = 1,2,3,\cdots) \tag{2}$$

式中:$EI_{等效}$——梁体模型的等效刚度;

$m$——单位长度管体的质量;

$L$——管体的跨径。

通过对无水环境工况重复测量5次,平均得到结构的等效刚度和阻尼比分别为$9.302 \times 10^5 \mathrm{N} \cdot \mathrm{m}^2$和0.0311。基于此,整个模型试验的结构参数见表2。

悬浮隧道模型试验参数　　　　表2

| 构件 | 参数 | 数值 |
|---|---|---|
| 管体 | 等效抗弯刚度 $EI_{等效}(\mathrm{N}\cdot\mathrm{m}^2)$ | $9.302 \times 10^5$ |
| 管体 | 阻尼比 $\varepsilon$ | 0.0311 |
| 管体 | 密度 $\rho(\mathrm{kg}\cdot\mathrm{m}^{-3})$ | 2700 |
| 锚索 | 弹性模量 $E_c(\mathrm{N}\cdot\mathrm{m}^{-2})$ | $1.285 \times 10^{11}$ |
| 锚索 | 密度 $\rho_c(\mathrm{kg}\cdot\mathrm{m}^{-3})$ | 7800 |

## 2. 挠度和索力响应

图4a)、b)分别给出了1m锚索间距行车作用悬浮隧道的动力响应。通过对比可以发现，在1m锚索间距的情况下，数值模型计算测点的挠度和索力值能够与试验的测试结果基本吻合。由于在数值模型计算过程中，可以理想的模拟水质点速度为0m/s的情况，而在现实试验过程中无法保持水体环境的绝对静止，这让试验模型在测试过程中受到水波的影响。这表现在管体挠度和索力测试曲线上，使得测试结果相较于数值计算结果存在局部的波动。同时，因为悬浮隧道管段之间是通过法兰盘进行螺栓连接，相比数值模型中的等效刚度而言，测试模型的结构刚度变化不够连续，这使得挠度和索力的测试结果不够光滑，如图4所示。

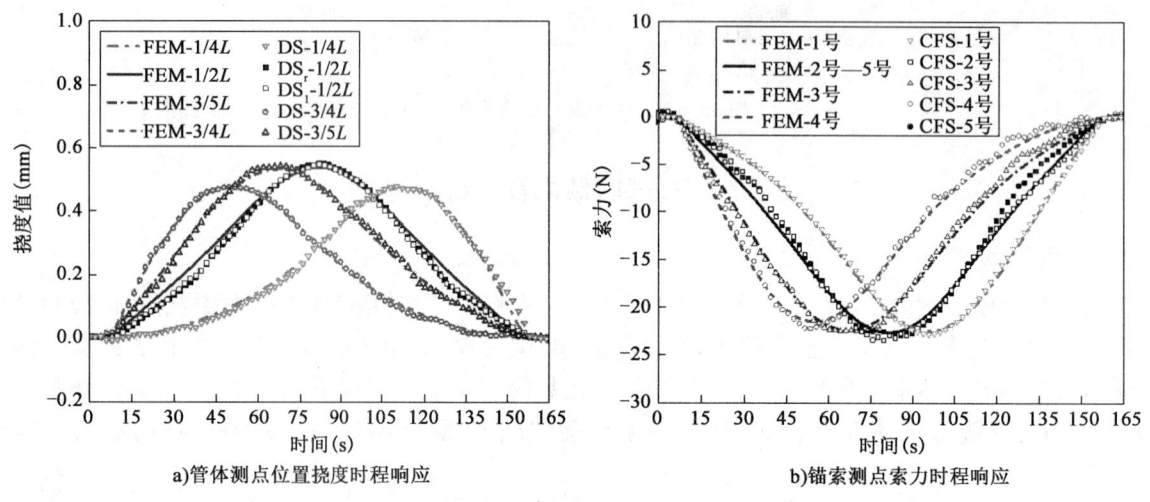

a)管体测点位置挠度时程响应　　　　b)锚索测点索力时程响应

图4　1m锚索间距行车作用悬浮隧道动力响应

为进一步分析行车作用下悬浮隧道动力特性，表3给出了管体位移和锚索索力最值对比结果。在跨中测点 $DS_l - L/2$ 和 $DS_r - L/2$ 的挠度测试值分别为0.538mm和0.544mm，扭转偏转角为 $3.11 \times 10^{-5}$ rad。与此同时，2号和5号锚索的索力最大索力测试值为 -22.98N和 -23.67N，跨中断面锚索的索力变化具有相似性。且在 $L/4$ 和 $3L/4$ 位置处的挠度与1号和3号锚索的索力都呈现出较好的对称性。由此可见，在竖向移动小车作用下，管体没有发生明显的扭转，也说明了悬浮隧道管体的竖向振动和横向振动保持独立而不存在耦合情况。此外，重复试验测试2次，比较试验测试值与数值计算值的误差变化，最大的平均误差在6%以内，验证了通过数值模型分析行车作用下悬浮隧道动力响应是适用的。

管体位移和锚索索力响应最值对比　　　　表3

| 位置 | 挠度试验值(mm) | 挠度计算值(mm) | 平均误差 | 位置 | 索力试验值(N) | 索力计算值(N) | 平均误差 |
|---|---|---|---|---|---|---|---|
| $DS - L/4$ | 0.481(0.473) | 0.476 | 1.68% | CFS-1号 | -22.919(-23.784) | -22.571 | 3.46% |
| $DS_l - L/2$ | 0.538(0.527) | 0.539 | 1.21% | CFS-2号 | -23.272(-23.663) | -22.781 | 3.01% |
| $DS_r - L/2$ | 0.544(0.549) | 0.539 | 1.39% | CFS-3号 | -22.982(-24.013) | -22.571 | 4.10% |
| $DS - 3L/5$ | 0.546(0.578) | 0.535 | 5.05% | CFS-4号 | -22.206(21.575) | -21.588 | 2.93% |
| $DS - 3L/4$ | 0.480(0.431) | 0.476 | 5.15% | CFS-5号 | -23.667(22.917) | -22.781 | 2.24% |

## 3. 加速度响应

采用连续小波变换(Continuous Wavelet Transform, CWT)对悬浮隧道管体断面测点的加速度信号进行处理[24],从而分析模型试验过程中行车作用下悬浮隧道的时频特性。加速度信号$f(t) \in L^2(R)$的CWT定义为:

$$W(a,b) = \langle f, \psi_{a,b} \rangle = |a|^{-\frac{1}{2}} \int_{-\infty}^{+\infty} f(t) \bar{\psi}\left(\frac{t-b}{a}\right) dt \tag{3}$$

式中:$\langle \rangle$——内积;
　　　$\bar{\ }$——共轭运算;
$W(a,b)$——小波系数;
$a$——信号尺度;
$b$——平移因子。

通过信号尺度和平移因子的变化,便可以直观得到信号的时频特性,反映加速度信号在时频相平面上的状态。

图5给出了1m锚索间距行车作用悬浮隧道加速度响应。可以直观发现,在$L/4$和$L/2$位置的加速度时频图中存在一个主频率贯穿整个移动小车行驶的过程,其分别对应11.04Hz和6.45Hz,并且在时间$t=6.08s$、39.44s、69.64s、98.77s、127.54s和158.73s处出现存在瞬间高频成分。分析原因,隧道管体采用法兰连接,当小车移动至管段间的接口时对管体行车跳跃冲击,反应在加速度信号上就出现了瞬间高频。此外,Sato等[9]曾对等间距锚索支撑的悬浮隧道做弹性地基梁边界简化处理,并给出了固有频率的计算公式。

$$\omega_n = \sqrt{\frac{E_{tb}I_{tb}}{\bar{m}}\left(\frac{n\pi}{L}\right)^4 + \frac{K_{tether}}{h\bar{m}}} \quad (n=1,2,\cdots,\infty) \tag{4}$$

式中:$E_{tb}I_{tb}$——分别为管体的抗弯刚度;
　　　$\bar{m}$——单位长度悬浮隧道管体的等效质量,$\bar{m}=m+0.25C_A\pi D^2\rho_w$;
$K_{tether}$、$h$——分别为锚索提供的竖向刚度、间距。

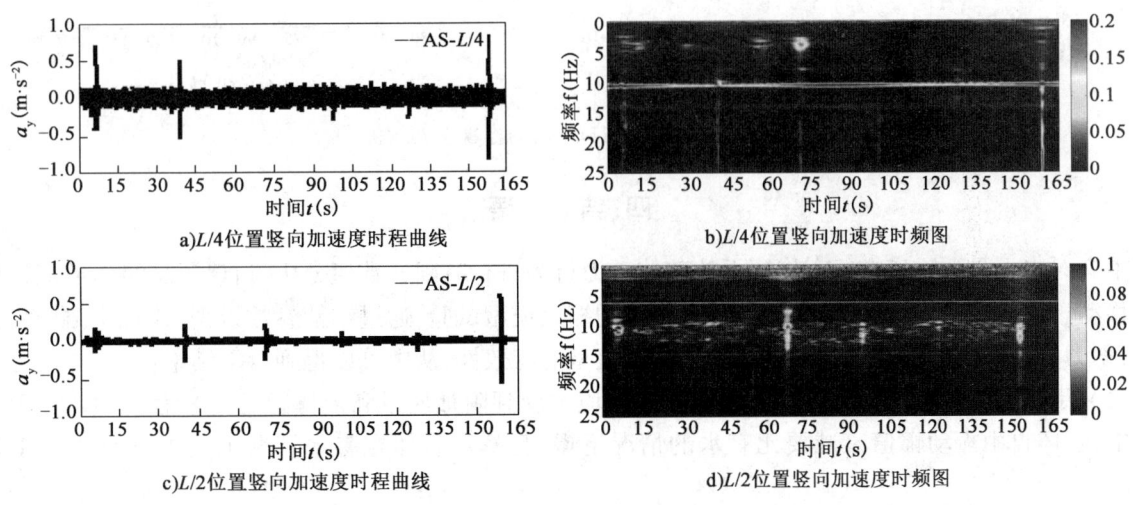

图5　1m锚索间距行车作用悬浮隧道加速度响应

基于此,通过数值模型的自振特性计算分析,得到结构的前两阶竖向的振型和频率见表4。对比发现,试验测试得到的结构频率要小于数值自振频率计算的结果,这是由于锚索和隧道管体的连接方式要比理想有限元模型中的铰接连接方式要弱导致的。

**悬浮隧道模型竖向自振特性**　　　表 4

| 序号 | 振　　型 | 有限元计算频率(Hz) | 理论公式频率(Hz) | 试验测试频率(Hz) |
|---|---|---|---|---|
| 1 | | 7.76(-1.31) | 7.72(-1.27) | 6.45 |
| 2 | | 12.52(-1.48) | 12.58(-1.54) | 11.04 |

#### 4. 应变响应

图 6 给出了 1m 锚索间距行车作用悬浮隧道在 $L/2$、$3L/5$ 和 $3L/4$ 位置断面的应变响应。总体上讲，模型试验在不同位置断面测得的应变响应仍然要比有限元计算得到的测点应变要小，这是由于试验中采用的工具式应变传感器是通过测量测点附件的平均应变，比数值计算中测点的点应变要偏小，且受到管体的刚度不连续的影响，应变的误差要明显很多。同时，通过 $SS_b$-$L/2$ 处的应变时程曲线发现，在移动小车经过应变传感器位置时，存在由移动车辆车轮与管体底面接触引起的局部"尖峰"现象。这也说明在应变测量过程中受到管体表面干扰因素的影响。

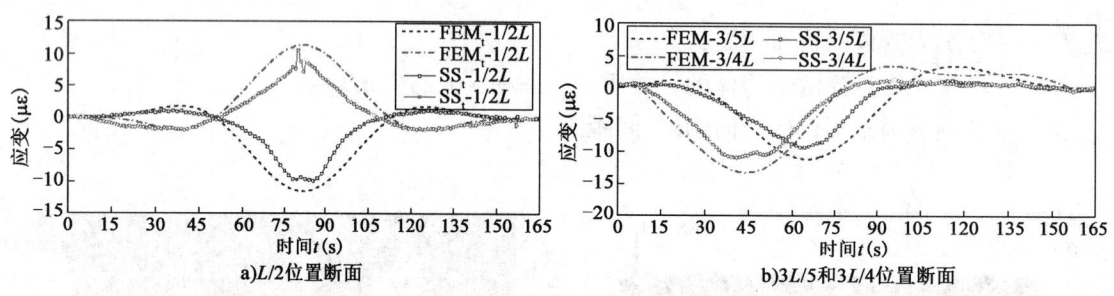

图 6　1m 锚索间距行车作用悬浮隧道应变响应

### 四、结　语

本文对水下悬浮隧道在行车作用下的整体动力行为进行有限元数值分析，讨论了悬浮隧道流体作用力和移动车辆荷载的加载方法。同时，结合相关的缩尺模型试验，通过结构参数识别，并对比结构模型的挠度、索力、加速度和应变等动力响应，验证数值模型的有效性，从中可以得到以下结论：

（1）相比无水的环境条件，悬浮隧道在有水环境中受到附加质量和流体阻尼的显著影响。在无水的环境中，管体自由振动幅值衰减要比有水的情况下慢，且隧道管体在有水情况下自振频率要低于无水环境。

（2）静水环境中悬浮隧道在竖向移动车辆作用下，结构管体没有发生明显的扭转。1m 锚索布置间距的悬浮隧道跨中断面的扭转角 $3.11\times10^{-5}$rad，且在 $L/4$ 和 $3L/4$ 处的挠度与 1 号和 3 号锚索的索力都呈现对称性。

（3）在移动车辆行驶作用下，长柔悬浮隧道的高阶响应将被有效激发。从加速度时频图中可以捕获结构的第 1 阶和第 2 阶模态，故在悬浮隧道行车作用分析中仅考虑 1 阶自振模态是不够精确的。

## 参考文献

[1] Østlid H. When is SFT competitive? [J]. Procedia Engineering,2010,4:3-11.

[2] 项贻强,陈政阳,杨赢.悬浮隧道动力响应分析方法及模拟的研究进展[J].中国公路学报,2017,30(1):69-76.

[3] Xiang Y,Liu C,Zhang K,et al. Risk analysis and management of submerged floating tunnel and its application [J]. Procedia Engineering,2010,4(1):107-116.

[4] Xiang Y,Liu C,Chao C,Risk analysis and assessment of public safety of submerged floating tunnel[J]. Procedia Engineering,2010,4(1):117-125.

[5] 干湧.水下悬浮隧道的空间分析与节段模型试验研究[D].杭州:浙江大学,2003.

[6] 葛斐,龙旭,王雷,等.水中悬浮隧道管段锚索耦合模型涡激振动研究[J].中国公路学报,2009(03):83-88.

[7] 惠磊,葛斐,洪友士.水中悬浮隧道在冲击载荷作用下的计算模型与数值模拟[J].工程力学,2008,25(2):209-213.

[8] Xiang Y,Chen Z,Bai B,et al. Mechanical behaviors and experimental study of submerged floating tunnel subjected to local anchor-cable failure[J]. Engineering Structures,2020,212:110521.

[9] Sato M,Kanie S,Mikami T,et al. Structural modeling of beams on elastic foundations with elasticity couplings[J]. Mechanics Research Communications,2007,34(5):451-459.

[10] Tariverdilo S,Mirzapour J,Shahmardani M,et al. Vibration of submerged floating tunnels due to moving loads[J]. Applied Mathematical Modelling,2011,35(11):5413-5425.

[11] Zhang Y,Dong M,Ding H,et al. Displacement Response of Submerged Floating Tunnel Tube Due to Single Moving Load[J]. Procedia Engineering,2016,166:143-151.

[12] 董满生,张嫄,唐飞,等.等间距移动荷载作用下水中悬浮隧道管体的位移响应[J].应用力学学报,2016,33(005):760-765.

[13] 焦双健,王毓祺,王振超.移动荷载作用下悬浮隧道冲击系数影响因素研究[J].公路工程,2017,042(006):268-274.

[14] 项贻强,林亨,陈政阳.移动荷载作用下悬浮隧道动力响应分析[J].振动与冲击,2018,37(4):82-87.

[15] Lin H,Xiang Y,Yang Y,et al. Dynamic response analysis for submerged floating tunnel due to fluid-vehicle-tunnel interaction[J]. Ocean Engineering,2018:290-301.

[16] 何任飞,袁勇,贺维国,等.固定支承式悬浮隧道在列车荷载下的竖向动力响应研究[J].铁道科学与工程学报,2020,017(001):167-173.

[17] Jin C,Kim M H. Tunnel-mooring-train coupled dynamic analysis for submerged floating tunnel under wave excitations[J]. Applied Ocean Research,94,102008.

[18] Jin C,Bakti F P,Kim M H. Time-domain coupled dynamic simulation for SFT-mooring-train interaction in waves and earthquakes[J]. Marine Structures,75,102883.

[19] 项贻强,等.悬浮隧道车—隧—流耦合振动模型试验设计及分析,中国公路学会桥梁和结构工程分会.中国公路学会桥梁和结构工程分会2021年全国桥梁学术会议论文集[C].北京:人民交通出版社股份有限公司,2021.

[20] 陈健云,孙胜男,苏志彬.水流作用下悬浮隧道锚索的动力响应[J].工程力学,2008,25(10):229-234.

[21] 杨赢,项贻强,陈政阳,等.悬浮隧道整体冲击响应模拟方法及试验验证[J].中国公路学报,2019,32(1):127-134.

[22] Yang Y,Lin C W. Vehicle-bridge interaction dynamics and potential applications[J]. Journal of Sound and Vibration,2004,284(1):205-226.

[23] 周云,卢德辉,张敏.钢管铅阻尼器的性能试验研究[J].土木工程学报,2017(01):50-56.
[24] 刘习军,相林杰,张素侠,等.基于小波分析的跳车对桥梁的振动影响[J].振动.测试与诊断,2015(6):1123-1128.

# 10. 长大混凝土桥梁长寿命沥青铺装设计与组合结构路用性能试验研究

钱杰[1] 张辉[2] 李娣[2]

(1. 江苏省交通工程建设局;2. 江苏中路工程技术研究院有限公司)

**摘要** 鉴于混凝土桥面铺装使用条件苛刻,早期病害频发,为进一步提升沥青铺装使用寿命,本文通过运用ABAQUS有限元分析软件对混凝土桥面沥青铺装及沥青路面力学特性进行对比分析,结合长寿命路面理念,提出了2.5cm UPAVE-10 + 8cm HMAC – 13的高强密水长寿命沥青铺装方案,并对该方案的结构性能进行了对比验证。研究结果表明,与常规设计方案相比,本文提出的长寿命沥青混凝土铺装组合结构有更优异的高温稳定性和更高的黏结强度,具有优异的路用性能和耐久性,能够满足桥梁大交通量、高重载比的使用要求。

**关键词** 长寿命桥面 力学分析 高强密水 沥青混合料 路用性能

## 一、引 言

随着国家经济的飞速发展,高速公路面临的交通压力将进一步增加,建设通行能力强、载重交通量大的长大桥梁就已成为一种趋势,水泥混凝土桥面以优异的抗变形和抗重载能力,在长大桥梁中有着广泛的应用。但是由于水泥混凝土桥面铺装与路基段路面受力条件等存在巨大差异,更容易出现车辙、推移、裂缝等病害[1,2]。因此,有必要针对重载条件下的长大水泥混凝土桥梁的使用特点,进行长寿命桥面铺装结构与材料研究,以保证桥梁路面结构能够保持长期稳定,保障良好的路用性能。

德国混凝土桥面铺装一般采用浇注式沥青铺装,日本一般下层采用粗粒式/细粒式沥青混凝土,上层多采用排水性铺装[3,4]。国内水泥混凝土桥面铺装早期基本采用路面中上面层结构,病害严重,使用效果较差[5]。鲁华英[6]等依托港珠澳大桥采用正交试验法研究了粗集料/沥青砂胶、沥青用量对浇注式沥青混合料高温性能的影响。王健[7]等运用单轴贯入试验和汉堡车辙试验,得出杭州湾大桥车辙病害成因和发展变化规律。黄新颜[8]等通过对高温性能、水稳性能、低温性能和模量特性的研究,提出了50号沥青和PRM、PRS两种聚合物改性高模量沥青混合料的适用场合。马立杰[9]等通过电子显微镜SEM、贯入剪切、间接拉伸疲劳等试验,评价了单纤维及交织化复合纤维对BRA改性高模量沥青混合料性能的增强作用,揭示了纤维对高模量沥青混合料的增柔增韧改性机理。陈建勇[10]等比选了不同种类轻质集料对高强密水沥青混合料性能的影响,并根据体积-质量转化法进行了配合比设计和路用性能研究。

长大混凝土桥面铺装倾向于依据自身条件进行专门设计,且针对高强密水沥青混合料已进行较多研究,但从力学设计出发,提出长寿命桥面铺装方案并进行组合结构性能研究的较少。本文借鉴长寿命路面设计理念,结合大交通量、高重载比的混凝土长大桥梁的使用特点,对混凝土桥面沥青铺装及沥青路面进行力学对比分析,并进行高强密水长寿命沥青铺装结构设计,对组合结构路用性能进行了对比研究。

## 二、桥面沥青铺装力学特性分析

按照混凝土桥实际尺寸完整的有限元模型(图1)。该桥面模型由下至上分别为水泥混凝土桥面板、6cm沥青铺装下层及4cm沥青铺装上层。水泥混凝土桥面板厚度为15cm,长度为15m,宽度为7.5m,设定模量为30GPa,泊松比0.2。路面力学模型采用单圆荷载作用下的多层连续体系作为有限元分析的基本力学模型,由4cm上面层+6cm中面层+8cm下面层沥青混合料+水稳基层、地基组成,沥青混凝土铺装模量设定为500~2000MPa,泊松比0.3,并做以下假设:

(1)各部分为均匀、连续、各向同性的纯弹性材料;

(2)不计自重和阻尼;

(3)完全连续。

图1 桥面及路面计算模型图

### 1. 竖向压应力特性分析

竖向压应力反映沥青混凝土在车载作用下所承受的压力和由于压力所产生的应变,将桥面两层与路面的中上面层竖向压应力进行对比,结果如图2所示。

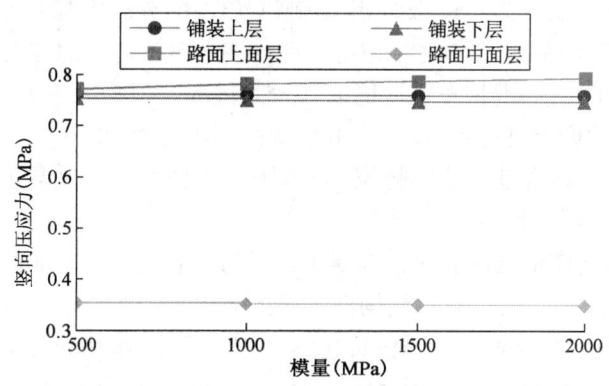

图2 沥青铺装与沥青路面竖向压应力对比

从图2中可以发现,随着模量的提高,桥面铺装上下层竖向压应力均逐渐减小,路面上面层竖向压应力逐渐增大,下面层竖向压应力逐渐减小,且在相同模量下,桥面铺装上层竖向压应力小于路面上面层,但桥面铺装下层竖向压应力是路面中面层的2倍。因此,从控制路面车辙的角度出发,桥面沥青铺装层应采用模量较高的沥青混合料。

### 2. 界面剪应力特性分析

为了明确在行车荷载作用下,不同铺装模量层间剪应力变化情况,通过对模型施加剪切应力,对沥青层与混凝土界面、水稳界面剪应力进行了对比,计算结果见图3。

由力学计算结果可知,沥青混凝土铺装与水泥板界面、沥青路面与水稳基层界面剪应力均随着铺装模量的提高而增大,桥面铺装与水泥板界面剪应力约为沥青路面与水稳基层界面剪应力的2.6倍,这是由于桥面铺装要薄且桥面沥青铺装与水泥板之间模量差距较大。因此,剪应力指标是桥面铺装的重要力学指标,且铺装防水黏结层应采用黏结力更强的防水黏结材料。

### 3. 横向拉应变特性分析

路表横向拉应变反映桥面铺装在车轮作用下变形的情况,在一定程度上反映了铺装层产生裂缝的风险,因此将桥面铺装与路面表面横向拉应变进行了对比研究(图4)。

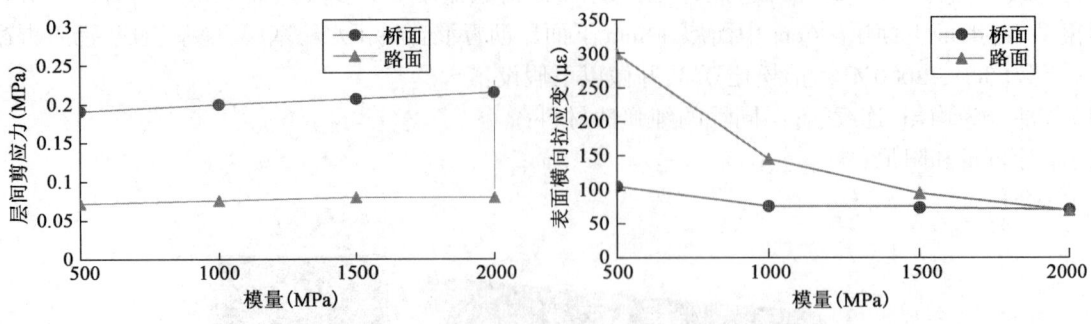

图3 桥面铺装与路面层间剪应力对比　　　　图4 桥面铺装与路面表面横向拉应变对比

力学计算结果表明,当铺装模量由500MPa增长到1000MPa时,路表横向拉应变降低幅度较大,当模量由1000MPa增长到2000MPa时,路表横向拉应变降低幅度趋于平缓。当铺装模量相同时,由于水泥桥梁刚度较大,桥面铺装表面横向拉应变较小,但当铺装模量大于1500MPa时,桥面铺装与路面表面横向拉应变几乎相当。因此,提高沥青铺装模量,可在一定程度上降低混凝土铺装表面发生裂缝的概率。

## 三、长寿命桥面铺装结构设计

一般混凝土桥面铺装结构设计为4cm改性沥青SMA-13+6.5cm中粒式Sup-20,防水黏结层采用热喷SBS改性沥青+碎石,黏结层采用SBS改性乳化沥青。该方案为传统的方案,施工工艺成熟,但在大交通量、高重载比的使用条件下,其高温抗车辙性能面临较大挑战。根据上述力学分析结果,借鉴长寿命沥青路面设计理念,结合长大桥梁项目特点,提出以下长寿命桥面铺装(图5):

(1)上面层为2.5cm厚的高质量超薄磨耗层,为车辆提供良好的行驶界面,具有足够的表面构造深度、抗车辙、水稳定性好、耐磨耗的特点;

(2)下面层为8cm厚的高模量抗车辙沥青混凝土,起到连接和扩散荷载的作用,具有高模量、抗车辙的特点,同时其空隙率只有2%左右,可起到结构性防水的效果;

(3)防水及黏结层采用高性能防水黏结材料,起到保护桥面板,增加沥青铺装整体性的作用。

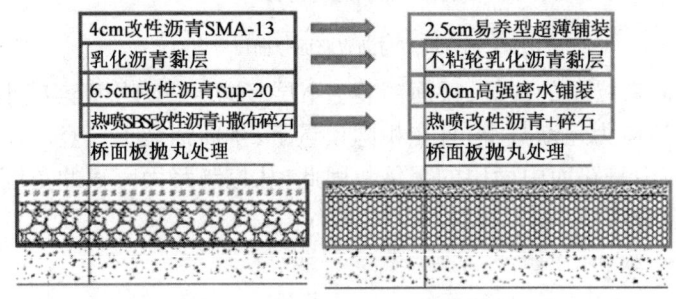

图5 长大混凝土桥面长寿命沥青铺装结构

## 四、组合结构路用性能研究

通过组合结构车辙试验、浸水后车辙试验及拉拔强度试验等对原桥面铺装和长寿命铺装组合结构的使用性能进行对比研究。

### 1.车辙试验

分别成型长寿命铺装结构(结构一)与原铺装结构(结构二)车辙板试件进行车辙试验,试验温度60℃,试验时间3h。其中,在第1h、2h、3h时记录动稳定度,试验结果如图6所示。

由试验结果可以看出,两种结构的动稳定度均随着试验时间的延长而增加,这主要是由于碾压之后铺装结构空隙率降低,结构更加密实,因此高温稳定性能变好。相比而言,结构一的动稳定度更高,第1h为12001次/mm,第2h为29446次/mm,第3h为63606次/mm,分别为结构二的1.3倍、2倍和2.4倍,说明桥面铺装采用2.5UPAVE-10+8 HMAC-13的长寿命铺装结构高温抗车辙性更好。随着试验试件延长,混合料内部逐步被压密,导致混合料动稳定度增大。

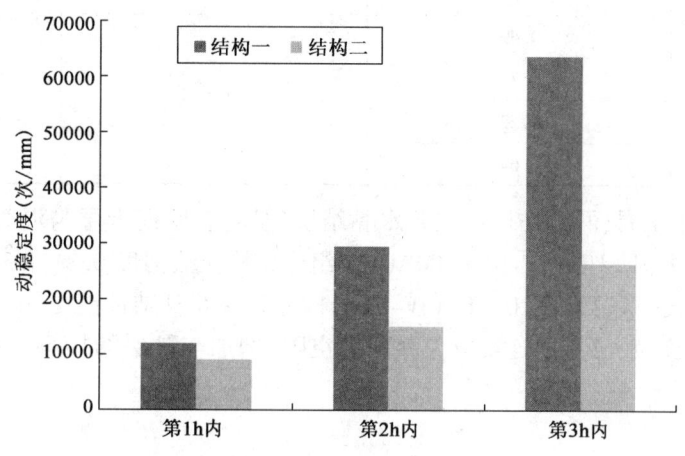

图6　不同组合结构3h车辙试验结果

### 2. 浸水后车辙试验

将车辙试件放入盛水的塑料水箱中,水面至少没过车辙板2cm以上,将放入车辙板的水箱放置在60℃的烘箱中保温48h,然后进行室内复合试件的车辙试验,试验温度60℃,试验时间3h(图7)。其中,在第1h、2h、3h时记录动稳定度和车辙变形量。

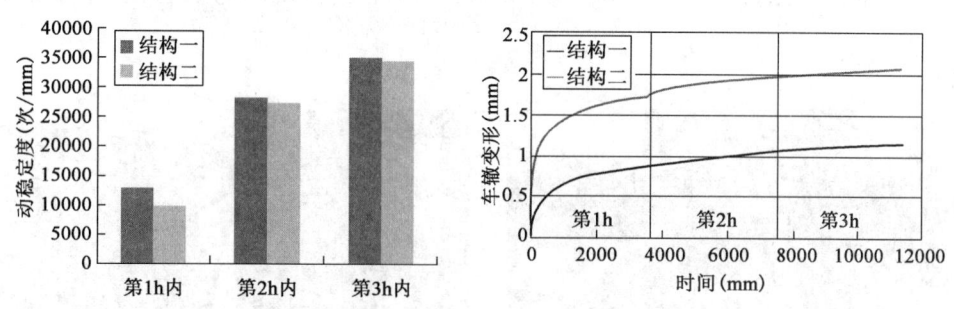

图7　不同组合结构浸水后3h车辙试验结果

从两种结构浸水后车辙试验结果可知,随着试验时间的延长,两种结构动稳定度的差距逐步减小,但结构一的动稳定度始终大于结构二。此外,随着试验时间的延长,两种结构的车辙深度发展趋势均逐步减缓,但结构二的车辙深度始终大于结构一。结构一最终车辙深度1mm左右,结构二车辙深度2mm左右。试验结果表明,经过水侵蚀后长寿命铺装方案高温稳定性依然优于原铺装方案。与非浸水车辙试验类似,随着试验试件延长,混合料内部逐步被压密,导致混合料动稳定度增大。

### 3. 拉拔强度试验

通过组合结构拉拔试验对长寿命桥面铺装方案与原铺装方案层间黏结性能进行了对比研究。两种方案均采用热喷SBS改性沥青+碎石作为防水黏结层,混凝土板统一采用C30混凝土。将成型后的试件放入20℃烘箱保温24h,进行钻心拉拔试验,试验结果见表1。

**不同组合结构拉拔试验结果** 表1

| 混合料类型 | 拉拔强度（MPa） | 平均拉拔强度（MPa） | 破坏界面 |
| --- | --- | --- | --- |
| 结构一 | 0.79 | 0.81 | 防水黏结层 |
|  | 0.83 |  |  |
|  | 0.74 |  |  |
|  | 0.89 |  |  |
| 结构二 | 0.69 | 0.70 | 防水黏结层 |
|  | 0.75 |  |  |
|  | 0.72 |  |  |
|  | 0.64 |  |  |

从拉拔强度试验结果来看，两种结构均从防水黏结层破坏，表明沥青层与混凝土板之间的黏结为组合结构的薄弱环节。结构一即 UPAVE-10 + HMAC-13 组合结构拉拔强度 0.81MPa 要高于 SMA-13 + Sup-20 组合结构的 0.7MPa，表明 U-PAVE10 + HMAC-13 结构方案层间黏结性能更好。从拉拔后界面可以看出，HMAC-13 空隙率低，较为密实，可有效减少界面的空隙，增加与黏层的接触面积，从而达到更好的黏结效果。

4. 现场性能实测

为测试本文提出的长寿命铺装的性能，在某大桥桥面段铺筑了试验段，并进行了现场性能试验：

1）贝克曼梁回弹弯沉

贝克曼梁法是一种适用于测定静止加载时或非常慢的速度加载时路面弹性弯沉值的方法，可以良好的反映出路面的总体强度，评定其承载能力。沥青路面的弯沉以标准温度20℃时为准，在其他温度（超过20℃±2℃范围）测试时，对厚度大于5cm的沥青路面，弯沉值应予温度修正，但本论文为对比高低温季节路面实际承载能力，不对回弹弯沉值进行修正，直接进行横向对比。对长寿命铺装试验段以及原铺装路段分别在冬季路表低温（5℃）和夏季高温（55℃）条件下进行现场弯沉检测，结果如图8～图10所示。

图8 现场贝克曼梁弯沉试验

从图中可以看出，低温5℃时，HMAC-13 + UPAVE-10 长寿命铺装回弹弯沉主要分布在 1～2(0.01mm)，原 SUP-20 + SMA-13 路桥铺装回弹弯沉部分分布在 3～4(0.01mm)，总体弯沉差距小。这是由于低温时各类型沥青混合料回弹模量差距小导致的；高温55℃时，桥梁原铺装回弹弯沉主要分布于 5～10(0.01mm)，桥梁段耐久性铺装回弹弯沉主要分布于 0～2(0.01mm)；高温回弹弯沉大小为：桥梁原铺装 > 桥梁段耐久性铺装，这是由于高温时耐久性路面模量高于原路面结构。这表明试验段的结构（8cmHMAC-13 + 2.5cmUPAVE-10）具有良好的稳定性。

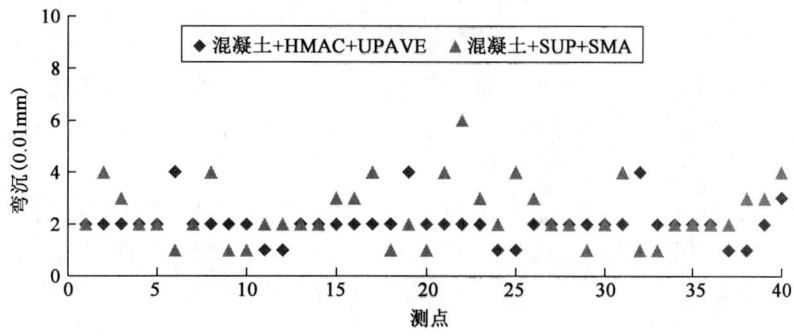

图9 5℃不同结构贝克曼梁弯沉

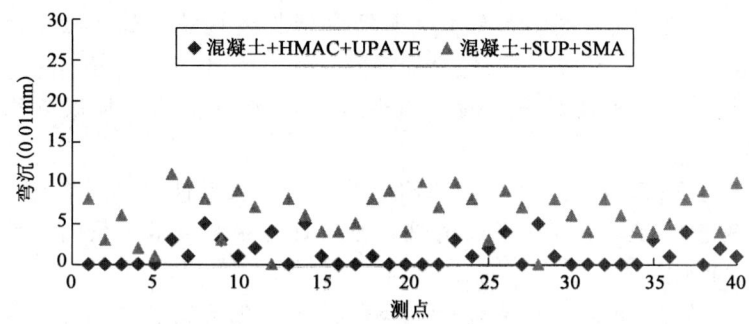

图10 55℃不同结构贝克曼梁弯沉

2) 渗水系数

在下面层高强密水混合料 HMAC-13 和上面层易养超薄 UPAVE-10 施工结束后,对其进行现场渗水性能检测,结果如图11所示。

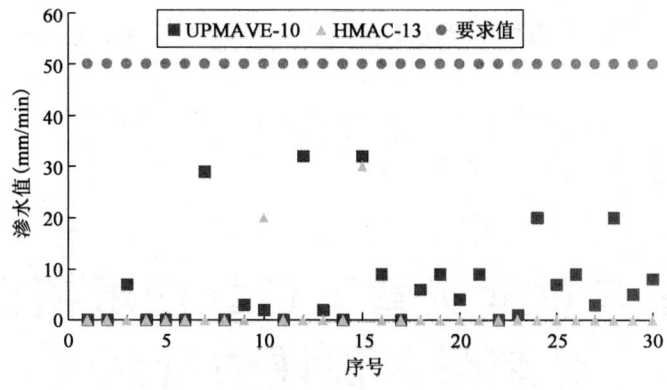

图11 不同组合结构现场渗水性能检测

由试验结果可知,长寿命铺装的两种材料渗水系数均满足技术要求,高强密水混合料 HMAC–13 的抗渗水性能更好,在所取的测点检测中,除两个点位外,其均为"零渗水"。

## 五、结　语

本文通过运用 ABAQUS 有限元数值模拟方法对混凝土桥梁铺装性能进行了分析,结合长寿命设计理念,提出了满足大交通量、重轴载比的混凝土桥梁长寿命铺装结构方案,通过室内和现场的试验对该结构进行了验证,得到结论如下:

(1)桥面沥青铺装层应采用模量较高的沥青混合料,但层底界面剪应力增大,应选用黏结性更强的防水黏结材料,结合长大混凝土桥梁大交通量、高重载比的特点,提出了 2.5cmUPAVE-10 + 8cmHMAC-13

的长寿命铺装结构。

（2）室内试验结果表明本文提出的长寿命铺装结构不同时间段下动稳定度均高于原铺装结构,浸水后,长寿命铺装结构3h内动稳定度均高于原铺装结构;与Sup-20沥青混合料相比,下面层HMAC-13高强密水沥青混合料更为密实,界面接触面积更大,组合结构黏结性能更好。该长寿命铺装结构具有较好的高温稳定性和层间黏结能力,满足长寿命设计理念。

（3）现场弯沉测试结果表明夏季高温时,原铺装与长寿命铺装总体弯沉差距较小,而冬季低温条件下,长寿命铺装弯沉值远小于原铺装,总体弯沉小于原铺装;长寿命铺装上面层HMAC-13和上面层UP-AVE-10渗水值满足设计要求,HMAC-13几乎"0渗水",该耐久性铺装路用性能优越。

**参考文献**

[1] 陈龙龙.高温多雨地区桥面铺装层设计与施工工艺研究[D].武汉:武汉理工大学,2016.
[2] 虢柱,周志刚,邓长清,等.不同水泥混凝土桥面沥青铺装防水黏结层性能分析[J].公路,2018,63(09):87-93.
[3] 王朝辉,郭瑾,陈宝,等.桥面铺装结构的应用现状与发展[J].筑路机械与施工机械化,2017,34(12):42-52.
[4] 李明月,徐鸥明,曹志飞,王松.浇筑式沥青混凝土应用与发展现状[J].公路,2019,64(04):1-5.
[5] 汪双杰,李志栋,黄晓明.水泥混凝土桥沥青铺装系设计与铺装技术发展[J].筑路机械与施工机械化,2017,34(02):34-41.
[6] 鲁华英,王民,徐伟.港珠澳大桥浇注式沥青混合料性能优化试验研究[J].科学技术与工程,2020,20(06):2434-2440.
[7] 王健,毕玉峰,张宏超.杭州湾跨海大桥水泥混凝土桥梁桥面铺装车辙病害分析与预估[J].公路工程,2018,43(02):229-233+269.
[8] 黄新颜,沙爱民,邹晓龙,等.高模量沥青混合料的性能及适用场合[J].公路交通科技,2016(33):35-41.
[9] 马立杰,杨春风.掺加纤维对高模量沥青混合料柔韧性及路用性能影响研究[J].功能材料,2019(50):1164-1177.
[10] 陈建勇,罗瑞林,徐肖龙,等.轻质高强密水混合料在淮安大桥主桥桥面铺装中的应用研究[J].交通科技,2018(03):86-89.

# 11. 十年重载运营下环氧沥青钢桥面铺装耐久性评估研究

张 辉[1] 周橙琪[1] 李 镇[2] 张志祥[1]

(1.江苏中路工程技术研究院有限公司;2.江苏省交通工程建设局)

**摘 要** 目前国内外针对运营期内钢桥面铺装的耐久性评估几乎处于空白状态。因此,本文调查并检测了国内某斜拉桥环氧沥青混凝土桥面铺装的使用状况。结果表明:重车道不同位置处的强度均有不同程度上的衰减,其中上坡段桥面铺装层受损最为严重;环氧沥青混合料的抗裂性能受外界条件的影响较小;复合梁中在受力复杂桥段且病害威胁处的混合料抗弯拉强度有明显下降,变形性能有先增大后减小的趋势;单层梁中凡存在脱空病害且受力复杂的桥面铺装层处其铺装下层混合料低温性能均不如铺装上层;环氧沥青混合料的水稳定性较好,环氧沥青混合料疲劳寿命受应变大小变化更为敏感,模量变化整体呈现逐渐衰减的趋势,已不能满足大应变条件下的工作环境。

**关键词** 桥梁工程 钢桥面铺装 环氧沥青混凝土 在役桥梁 耐久性评估

近20年来,我国的大跨钢桥建设经历了一个跨越式的发展历程,国内近年来在正交异性板钢桥面大规模建设的背后,隐藏着巨大的弊端,最突出的就是正交异性板结构疲劳损伤和桥面铺装耐久性问题[1-4]。正交异性钢桥面板具有构造各向异性、结构复杂、焊缝数量众多等特点,在轮载作用下局部应力和变形也非常复杂[5]。

国内某斜拉桥主桥全长2088m,主跨采用正交异性钢桥面板,长1088m,宽35.4m。该斜拉桥的采用的是双层环氧沥青混凝土铺装方案,铺装下层厚25mm,铺装上层厚30mm,铺装上、下层以及铺装下层与钢桥面板之间均采用环氧沥青黏结,桥面板防腐涂装采用环氧富锌漆。该斜拉桥通车10年时间(2008年6月~2017年11月),环氧沥青混凝土铺装层已出现多种病害类型,影响铺装层的使用寿命,那么环氧沥青混凝土铺装层在长期重载服役的实际交通环境下路用性能是否还能满足设计年限内的使用要求,其变化如何是值得研究与分析的。

国内外关于环氧沥青混合料耐久性的研究大多集中于室内疲劳试验,主要有间接拉伸疲劳试验和弯曲疲劳试验两种[6-10]。1967年,美国人Metcalf利用自己设计的复合梁模型对普通沥青混凝土和环氧沥青混凝土进行了弯曲疲劳试验,在钢桥面铺装应用中,环氧沥青混凝土在抗疲劳性能方面远优于普通沥青混凝土。Fondriest通过对不同厚度的钢板和不同的铺装材料的复合梁疲劳性能试验,采用疲劳循环500万次时复合梁不出现破坏的跨挠比值来评价沥青混凝土材料的抗疲劳性能,当温度大于48℃时,热塑性和热固性材料由于具有良好的柔韧性不会产生疲劳破坏,即使环氧沥青混凝土铺装层的厚度只有普通沥青混凝土厚度的四分之三,其抗疲劳性能仍然远优于普通沥青混凝土。德国斯图加特大学通过对3种不同铺面材料的复合梁疲劳试验研究,当加载次数达到100万次时,环氧沥青混凝土铺装层上仍然没有观察到裂缝,但是复合梁的挠度值发生了一定的变化,增大了近25%。日本人姬野贤治等发现在疲劳作用下,钢桥面铺装层的纵向裂缝不仅出现在形加劲肋的顶部,肋与肋之间的压应力区也容易出现纵向裂缝。国内关于运营期沥青路面的性能评估研究较早,相关的评估试验方法较多,设备较为齐全。目前,沥青路面的芯样性能评估参考沥青混合料性能的评估试验方法,或直接引用,或经修正后采用,基本形成了相应的评估方法。然而,与普通沥青路面相比,钢桥面铺装层的厚度较薄,为避免钢桥面板损伤,钢桥面铺装不允许采用钻芯取样。因此,截至目前国内外针对运营期内钢桥面铺装的耐久性评估几乎处于空白状态,不同服役年限及受力历史下的钢桥面铺装的使用寿命等相关信息处于无数据可考状态。

因此,本文对某斜拉桥环氧沥青铺装养护现场,调查检测了该斜拉桥钢箱梁环氧沥青桥面铺装的使用状况,并结合现场养护区域进行了十年期环氧沥青铺装层不同车道、不同荷载作用位置处的取样工作,从强度、变形、水稳定性和疲劳性能方面评价环氧沥青混合料的耐久性。

## 一、某斜拉桥环氧沥青铺装使用性能评估

为了准确评估国内某斜拉桥的桥面病害分布规律,从而掌握其使用性能衰减规律,科学指导养护决策,采用分段分区网格化方法对桥面铺装破损状况进行精细化评估,使得桥面养护决策有更精确的依据。根据《大跨径桥梁钢桥面环氧沥青混凝土铺装养护技术规程》(DB32/T 3292—2017),对该斜拉桥各车道铺装使用性能进行评估。

按照钢桥面铺装破损指数SDPCI的分值对铺装层破损状况进行评价;裂缝率PCR指标对钢桥面铺装裂缝状况进行宏观评价,按照0.5%的裂缝进行桥面裂缝等级的递进评价;采用脱空率PDR指标进行桥面连接状况的综合评价,按照每1%的脱空率进行桥面连接的递进评价,评价等级分优、良、中、次、差5种等级,见表1。该斜拉桥评价结果见表2。

**钢桥面铺装使用状况评价等级**　　表1

| 破 损 状 况 | 裂缝率(%) | 脱空率(%) | 评价等级 |
|---|---|---|---|
| SDPCI≥90 | 0≤PCR<0.5 | 0≤PDR<1 | 优 |
| 80≤SDPCI<90 | 0.5≤PCR<1 | 1≤PDR<2 | 良 |
| 70≤SDPCI<80 | 1≤PCR<1.5 | 2≤PDR<3 | 中 |
| 60≤SDPCI<70 | 1.5≤PCR<2 | 3≤PDR<4 | 次 |
| SDPCI<60 | 2≤PCR | 4≤PDR | 差 |

**某斜拉桥钢桥面铺装层分车道使用性能评价**　　表2

| 方　向 | 评价项目 | 重　车　道 | | 行　车　道 | | 超　车　道 | |
|---|---|---|---|---|---|---|---|
| 南—北 | SDPCI | 16.9 | 中 | 83.3 | 良 | 92.5 | 优 |
|  | PCR/% | 2.0 | 差 | 0.9 | 良 | 0.18 | 优 |
|  | PDR/% | 0.025 | 优 | 0.002 | 优 | — | — |
| 北—南 | SDPCI | 79.6 | 中 | 84.9 | 良 | 93.4 | 优 |
|  | PCR/% | 1.4 | 中 | 0.6 | 良 | 0.13 | 优 |
|  | PDR/% | 0.023 | 优 | 0.002 | 优 | — | — |

由以上评价结果可以看出：重车道、行车道、超车道破损状况分别为中级、良级、优级状态，其中重车道的裂缝率较高，铺装损害情况较为严重，铺装层整体的脱空情况不甚严重。

为进一步评估该斜拉桥的桥面病害分布规律，采用分段分区方法对桥面铺装破损状况进行精细化评估。基于大跨径桥梁缆索的纵向分布、渠化交通条件下的轮迹带横向分布特点，建立单元段网格化的评价管理方法。横向车道分布为：重车道、行车道、超车道；纵向分区按照缆索进行分区，相邻两根缆索为一个单元区，一个单元区可看成是一跨，即一个简支梁，节点是缆索连接位置。由北向南方向将缆索依次编号，共136根缆索(1s,2s,……,136s)。按行车方向由左到右，将车道分为车道1、车道2、车道3，将全桥划分为804(136×6)个单元区，再对每个单元区进行破损评估，具体性能坐标化网格图如图1所示，可以看出：

(1)重车道整体病害程度偏"中"级，少数单元区出现"差"级；

(2)行车道病害程度偏"良"级，少数单元区出现"中"级；

(3)超车道产生病害很少，为"优"级状态。

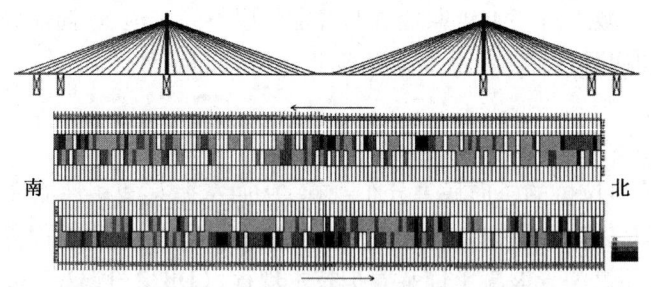

图1　某斜拉桥桥面性能坐标化网格图

## 二、某斜拉桥环氧沥青混凝土铺装耐久性评估

某斜拉桥通行已久，其铺装层耐久性评估亟待进行。本书利用现场取回的铺装层，进行环氧沥青混合料的马歇尔稳定度试验、劈裂试验、低温弯曲试验、浸水马歇尔试验、冻融劈裂试验，评价十年期环氧沥青混合料的强度、低温变形性及水稳定性。

根据该斜拉桥桥面铺装的使用状况调研来看,重车道病害程度较大,行车道次之。本文按照载荷历史(重车道和行车道)、铺装受力行为(上坡段、跨中、下坡段、桥墩和桥塔)及铺装病害情况(脱空和开裂)进行了10年期环氧沥青铺装层的取样工作,评价不同车道及不同位置处的环氧沥青混合料的耐久性。除重车道桥塔及部分行车道跨中位置处的桥面铺装层完好,其余桥段取回的铺装层均有脱空病害。脱空是密级配类型桥面铺装混合料最主要的病害类型之一。通常因施工过程中水汽、油分或者土等黏接在钢板表面或者两层铺装之间,施工过程中或者施工完毕后一段时间内表现不明显,随着使用时间延长,在荷载作用下或高温作用下会最终显现出来。

## 1. 评价方法与指标

结合《公路工程沥青及沥青混合料试验规程》(JTG E20—2011)中相关的混合料试验方法对使用十年期的环氧沥青混合料进行路用性能的评价,具体试验方法和指标见表3,各指标依据环氧沥青混合料桥面铺装设计值而定。采用意大利 MATEST 进口多功能材料试验机 DTS-30 进行环氧沥青混合料路用性能试验。

某斜拉桥十年期环氧沥青铺装层性能评价方法及指标　　　　表3

| 试验项目 | 试验条件 | 指标要求 | 试验方法 |
| --- | --- | --- | --- |
| 芯样马歇尔试验 | 马歇尔稳定度(kN) 60℃,50(mm/min) | ≥40 | T 0710—2011 |
| 劈裂试验 | 劈裂强度(MPa) 15℃,50(mm/min) | ≥5 | T 0716—2011 |
| 弯曲试验 | 最大弯拉应变(με) -10℃,50(mm/min) | ≥3000 | T 0715—2011 |
| 浸水马歇尔试验 | 残留稳定度(%) 60℃,50(mm/min) | ≥90 | T 0709—2011 |
| 冻融劈裂试验 | TSR(%) 25℃,50(mm/min) | ≥80 | T 029—2000 |

与传统沥青路面不同的是,为避免钢桥面板损伤,钢桥面铺装不允许采用钻心取样。某斜拉桥铺装厚度为5.5cm双层环氧沥青混凝土(2.5cm+3cm),由于现场切割后再钻取的芯样与室内成型制作的试件不同,其高度达不到标准的高度值且存在差异,故根据《公路工程沥青及沥青混合料试验规程》(JTG E20—2011)中的芯样马歇尔试验要求对实测稳定度值进行修正,所得试验结果可作为环氧沥青混凝土桥面服役后性能变化的参考值。

考虑到单层环氧沥青混合料厚度太薄,马歇尔试验过程中受力不均匀,试验结果离散性较大,故采用原铺装结构,即双层环氧沥青混合料作为试验研究试件。某斜拉桥桥面铺装所用黏层材料为环氧沥青黏结料,黏层结构层很薄,从图2中可以看出,上下两层结构几乎为一整体,考虑试验一致性,所有马歇尔试件相关的试验所得结果均忽略黏层材料的影响。

现场取回的桥面铺装层中除桥塔处桥面铺装层完好,桥面上坡段、下坡段、跨中、桥墩处均有脱空病害。经观察发现部分存在1~2条纵向疲劳裂缝,有的裂缝还未延伸至下面层混合料,有的裂缝已由上至下开裂到底。为保证试验数据的稳定性,弯曲试验中所用小梁试件均排除裂缝的存在,避免已开裂的试件对试验结果带来较大的离散性。

考虑实际桥面铺装厚度较薄,故选用复合梁(240mm×50mm×40mm)和单层梁(下层250mm×30mm×25mm,上层250mm×30mm×30mm)两种模式对某斜拉桥十年期的环氧沥青混合料铺装层进行低温性能的测试,如图3所示。

图2　某斜拉桥马歇尔芯样

## 2. 强度变化

采用马歇尔稳定度试验和劈裂试验评价十年期的环氧沥青混合料的强度变化。

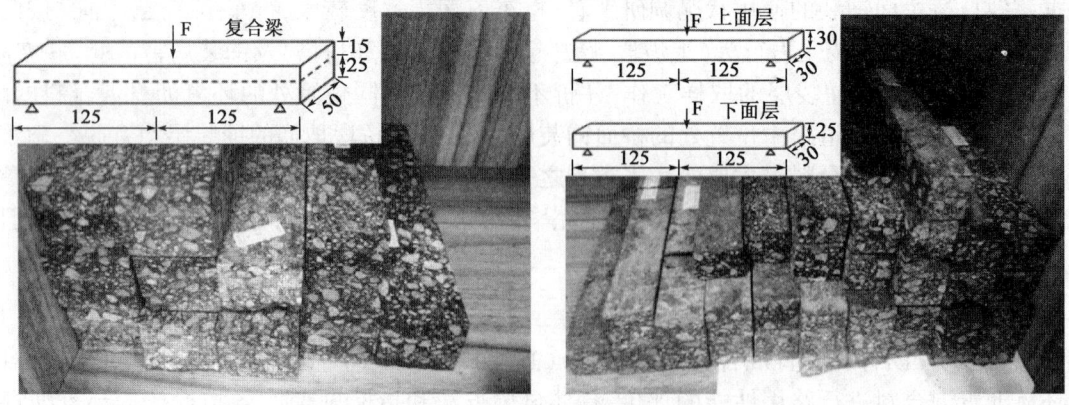

图3 低温弯曲复合梁和单梁试件(尺寸单位:mm)

1)重车道不同位置马歇尔稳定度

图4为重车道不同位置处的环氧沥青混合料马歇尔稳定度的对比,桥墩及桥塔处的桥面铺装层由于受力条件较为温和,所对应的马歇尔稳定度相对较高,接近40kN,而上坡段及下坡段这两处受力条件较为恶劣,所对应的马歇尔稳定度较低。固化初期的环氧沥青混合料强度会随养生时间的增长而不断增强。据资料[11]显示,某斜拉桥养生结束后其主桥环氧沥青混合料稳定度抽检结果在48~64kN。可以看出:使用十年期的环氧沥青混凝土铺装层强度是有所衰减的,且受不同受力形式的影响,衰减程度有所不同但差异不大。

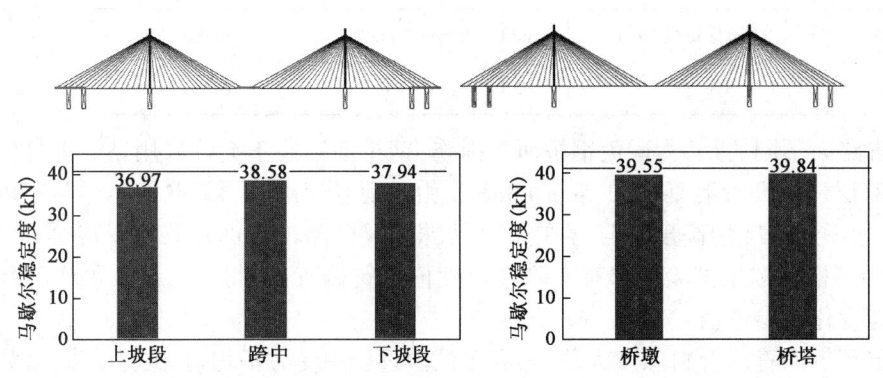

图4 重车道不同位置马歇尔稳定度对比

2)相同位置不同车道处马歇尔稳定度

图5针对相同位置不同车道处的马歇尔稳定度也进行了对比,相比较而言,行车道的强度高于重车道。其中,未受脱空影响的行车道跨中位置处的桥面铺装层马歇尔强度在切割及钻芯二次破坏下仍能达到近42kN。这说明由于环氧富锌防腐层的破坏或黏结层的损坏,导致铺装层与桥面板没有很好地结合在一起,发生脱空,使得铺装层在车载下经受弯拉的破坏对于铺装层强度的衰减有一定程度上的关联。

3)重车道不同位置劈裂强度

通过环氧沥青混合料的劈裂试验得到荷载最大值$P_T$,经式(1)计算得到劈裂强度$R_T$可作为混合料强度评价的另一参考值。由于重车道各位置处取回的铺装层数量有限,劈裂强度只有跨中、桥塔及下坡段的数据。图6中重车道下坡段桥面铺装层的劈裂强度相比跨中和桥塔处的桥面铺装层强度偏低。从图7可以看出,15℃下混合料断裂面大部分破坏在集料处,部分断裂面发黑,沥青胶结料分离,并且在铺装层长期服役的过程中,由于防水层的破坏,从而对铺装层结构产生侵蚀,然而环氧沥青混合料空隙率较小,仅存在少部分锈水侵蚀现象,对铺装层的整体抗裂强度并未造成较大破坏,说明环氧沥青混合料的抗裂性能受运营期内外界条件的破坏影响较小。

$$R_T = 0.006287 P_T/h \tag{1}$$

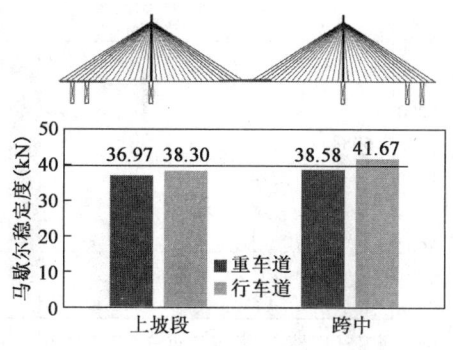
图5 不同车道相同位置马歇尔稳定度对比

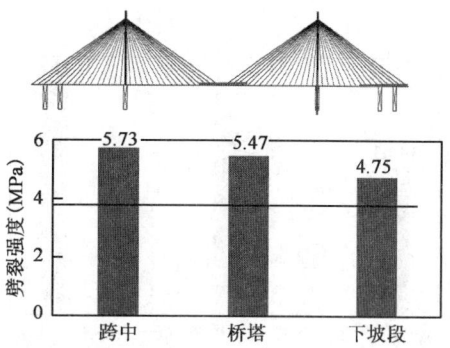
图6 重车道不同位置劈裂强度对比

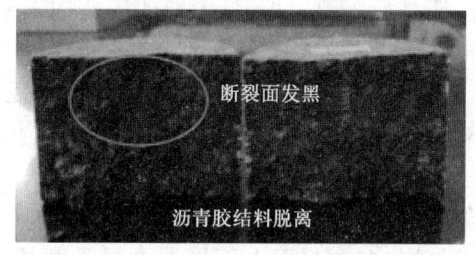
图7 重车道铺装层劈裂破坏断面

### 3. 变形性能

采用小梁弯曲试验评价十年期的环氧沥青混合料的变形性能。

**1) 铺装结构层低温变形性能(复合梁)**

图8a)小梁试件断裂面可以观察到,上、下坡段位置处的下面层混合料均存在明显的锈水侵蚀痕迹,细看还伴有微裂纹,且锈水已侵蚀至黏结层,低温抗弯拉强度均在11MPa左右。图8b)跨中位置处的下面层混合料也存在轻微的锈水侵蚀现象。这综上说明防水层的破坏导致钢板锈蚀,黏结层的失效导致铺装层的脱空,车载下的弯拉破坏及锈水的综合作用使得铺装下面层出现肉眼可见的微裂缝。图8c)左图中桥塔处对应的小梁弯曲断裂面可以清晰看出上面层混合料明显分两层,上面层距表面约0.5cm层混合料呈灰色,黏层至上表面约0.5cm处混合料呈黑色,灰色及黑色环氧沥青胶结料与集料黏结程度较差,集料未发生断裂,右图中除距表面约0.5cm层混合料呈灰色外,其余混合料由上至下均呈黑色,无集料断裂,这主要与环氧树脂基复合材料本身的抗紫外老化性能较差有关。虽然环氧沥青的固化是一个不可逆的过程,但在环氧沥青混合料作为钢桥面铺装材料投入使用的过程中,由于自然条件下尤其是在长期的紫外照射下,沥青和环氧树脂都会发生不同程度上的老化。

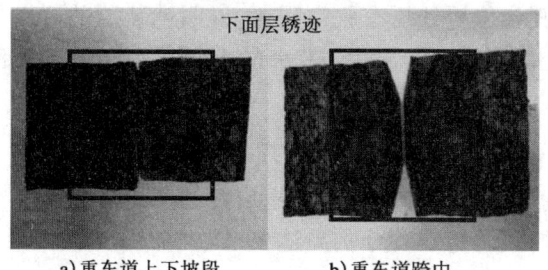

图8 重车道不同位置处铺装层弯曲破坏断裂面(-10℃)

图9、图10为复合梁-10℃低温弯曲试验结果,相比重车道而言,行车道虽有脱空现象,但由于所承受的车载压力较小,整体结构内部并未遭受太大的破坏,其破坏面中铺装下面层约2mm厚处存在锈水侵蚀痕迹,整体结构性良好,集料断裂面清晰,复合结构低温抗弯拉强度达到22MPa,低温弯拉应变高

达 10865με。

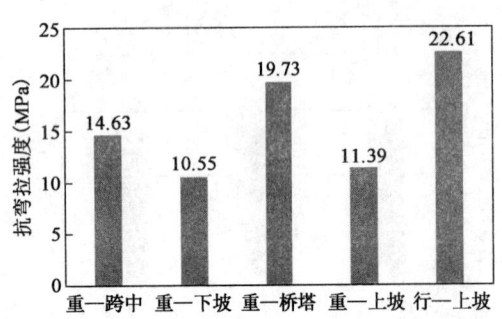

图 9　不同位置处复合梁低温弯拉强度对比

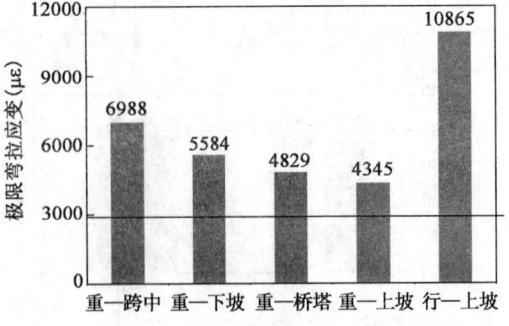

图 10　不同位置处复合梁低温弯拉应变对比

然而,无论是重车道不同位置,还是行车道上坡,低温弯曲应变均未减小,而是有所提高,并且不同载荷位置处应变大小相差较多。同样的铺装材料,行车道上坡处 -10℃弯曲应变达 10865με,但重车道上坡处 -10℃弯曲应变只有 4345με,重车道其他位置处也不及 10865με,反映出某斜拉桥经十年运营期后,重车道上坡段及其他位置处的环氧沥青混合料铺装层变形性能已处于下降阶段,环氧沥青混合料的变形性能有先增大后减小的趋势。

2) 上下面层低温变形性能(单梁)

考虑到下面层混合料受弯拉破坏影响较多,而上面层混合料受磨损及紫外老化较多,两层混合料的强度及变形性能会有所不同,为对比上下面层的低温性能,故分别对两层进行了单层小梁弯曲试验。试验结果如图 11、图 12 所示。

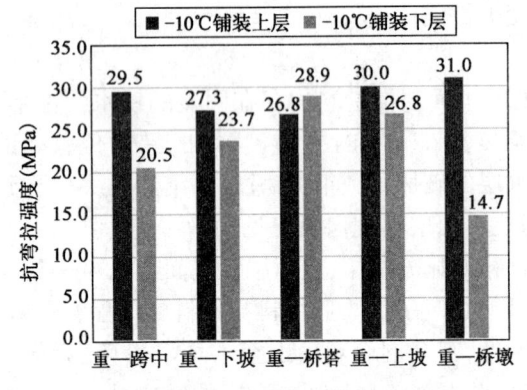

图 11　不同位置处单层梁弯拉强度对比

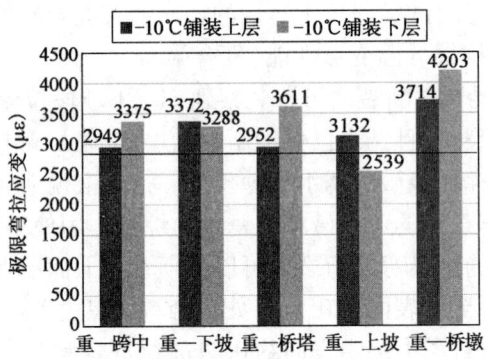

图 12　不同位置处单层梁极限弯拉应变对比

从图 11 看出除重车道桥塔处桥面铺装层外,重车道上坡、跨中、桥墩处的铺装下面层的低温抗弯拉强度都明显低于铺装上面层,同位置处下面层混合料的抗弯拉强度分别低于上面层混合料的 11%、31%、53%。考虑到桥塔处所取铺装层本身完好,而其余位置处均有脱空现象,说明铺装层的脱空导致铺装下面层受弯拉破坏更严重,抗弯拉强度不如铺装上面层,也说明脱空带来的力学压力相比环氧沥青胶结料受紫外老化对混合料性能衰减的影响更大。

4. 水稳定性

采用残留稳定度和冻融劈裂强度比评价 10 年期的环氧沥青混合料水稳定性的变化情况。

图 13 中重车道跨中、重车道桥塔处桥面铺装层的残留稳定度分别高达 93%、95%,而重车道上坡、下坡、桥墩处的桥面铺装层的残留稳定度在 86% ~ 87%,略低于设计要求的 90%。此外,图 14 中重车道不同位置处的冻融结果看出,桥塔处的桥面铺装层由于受力缓和,又无明显病害,冻融劈裂强度比 TSR 高达 94%。重车道上坡、桥墩处桥面铺装层的 TSR 也在 91% ~ 94%,重车道下坡、跨中处的桥面铺装层 TSR 在 87%。总而言之,重车道不同位置处十年期的环氧沥青混合料桥面铺装层水稳定性较好,残留稳定度和 TSR 均在 85% 以上,抗水损害性整体满足设计要求,没有明显衰减。

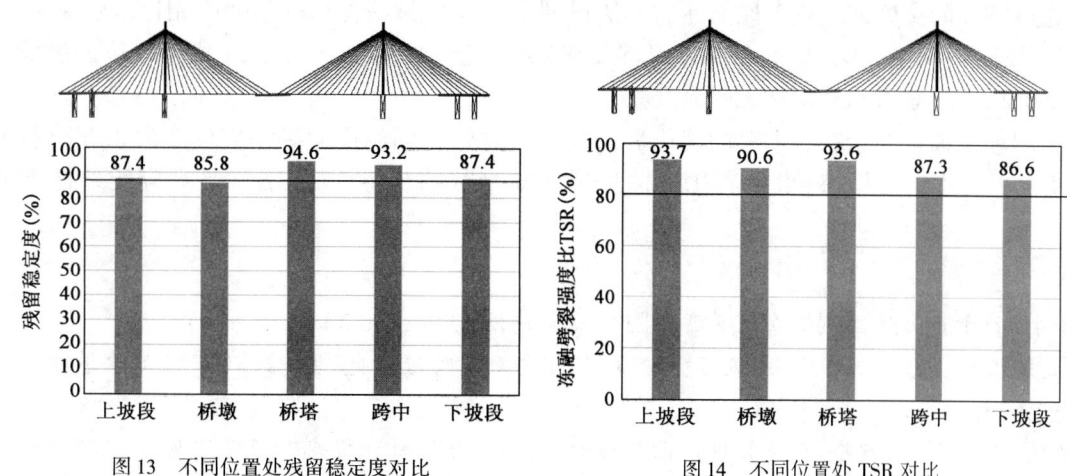

图13 不同位置处残留稳定度对比　　　　　　　　图14 不同位置处 TSR 对比

### 5. 疲劳性能

采用四点弯曲试验评价十年期的重车道跨中处铺装层的疲劳性能。试验停止条件为应变控制模式下模量下降至50%或加载次数达100万次,各应变下的试验结果见表4。

不同应变下四点弯曲疲劳试验结果　　表4

| 应变大小<br>($\mu\varepsilon$) | 初始刚度<br>(MPa) | 终止刚度<br>(MPa) | 模量下降 | 累积耗散能<br>(MJ/m³) | 疲劳寿命<br>(次) | 试件情况 |
|---|---|---|---|---|---|---|
| 400 | 11820 | 10135 | 86% | 1434.014 | 1000000 | 未破坏 |
| 800 | 10163 | 5081 | 50% | 1723.305 | 277630 | 未破坏 |
| 1200 | 2765 | 1379 | 50% | 1.736 | 480 | 未破坏 |

小应变400$\mu\varepsilon$下,试件加载到100万次时试验停止,模量值仅下降到86%,试验周期长达28h,可以预测当模量下降至50%时,疲劳寿命将达到几百万次的数量级。小应变的范围内(<400$\mu\varepsilon$),环氧达到一个几乎无法被破坏的疲劳极限点;800$\mu\varepsilon$下模量下降至50%时试验停止,疲劳寿命只有27.8万次,试验周期长达8h,从图15可以看出,曲线有明显的缓慢下降趋势,但未出现大幅度的下降阶段,即模量达50%时环氧沥青混合料还未达到疲劳点;1200$\mu\varepsilon$下模量下降50%,疲劳寿命仅480次,使用十年期的环氧沥青混合料已无法满足大变形的受力需求。

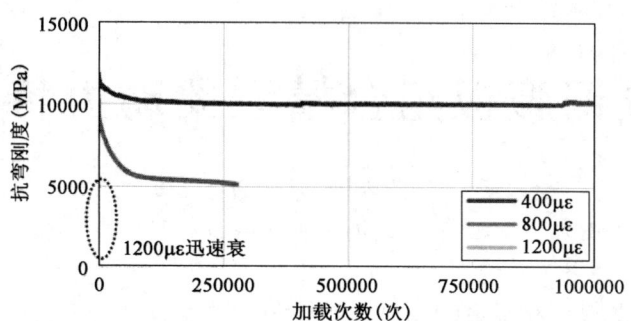

图15 重车道跨中位置处不同应变下的铺装层模量衰减

## 三、结　语

某斜拉桥环氧沥青混凝土铺装层使用时间已长达十年,总体使用状况较好,环氧沥青作为钢桥面铺装材料是值得肯定的,其使用性能变化评价如下:

(1)重车道、行车道、超车道的使用状况等级分别为中、良、优,其中重车道裂缝率较高,存在纵向疲劳裂缝,且裂缝由上至下贯穿到底,各车道均有脱空病害,但情况不严重。

（2）通过缩尺的实桥铺装剩余性能评估方法得到十年期环氧沥青马歇尔强度相比新建衰减15%左右,不同车道剩余强度差异不大,抗裂强度局部衰减20%,变形性能衰减30%,下面层弯拉强度低于上面层15%~30%,不同车道水稳定性无明显衰减。

（3）美国环氧沥青混合料经十年的使用后,刚度大幅增大,同温度同频率同应变大小下材料相对偏硬,受应变大小变化更为敏感,模量变化整体呈现逐渐衰减的趋势,已不能满足大应变条件下的工作环境。

**参考文献**

[1] 钱冬生.关于正交异性钢桥面板的疲劳[J].桥梁建设.1996,4:8-13.

[2] 蒋永,陈惟珍,钱骥.正交异性板疲劳分析及构造细节改进设想[J].武汉工程大学学报.2012.34(7):19-23.

[3] 赵欣欣,刘晓光,张玉玲.正交异性桥面板设计参数和构造细节的疲劳研究进展[J].钢结构,2010,25(8):1-7.

[4] Cuninghame J R,Beales C. Fatigue crack locations in orthotropic steel decks[R]. IABSE Periodical No. 4,1990,133-146.

[5] 黄卫,刘振清.大跨径钢桥面铺装理论与设计的研究[J].土木工程学报,2005,3:51-59.

[6] M. H. Kolstein,J. Wardenier. Evaluation of recently observed fatigue cracks in the stiffener to deck plate joint of orthotropic bridge decks[C]. Current and future trends in bridge design,Construction and maintenance,Thomas Telford. 1999:458-469.

[7] 张顺先,张肖宁,徐伟,等.基于冲击韧性的钢桥面铺装环氧沥青混凝土疲劳性能设计研究[J].振动与冲击,2013,32(23):1-5.

[8] 罗桑,钱振东,HARVEY J.环氧沥青混合料疲劳衰变特性试验[J].中国公路学报,2013,26(2):20-25.

[9] 陈团结,钱振东.环氧沥青混凝土复合铺装结构疲劳试验研究[J].武汉理工大学学报(交通科学与工程版),2012,36(2):319-323.

[10] CT Metcalf. Flexural tests of paving materials for orthotropic steel plate bridges[C]. Mechanical properties of bituminous paving mixtures.

[11] 黄卫,陈先华,王晓,等.大跨径桥钢桥面铺装的设计与实施[J].公路交通科技(应用技术版),2008(4).

# 12. 波纹钢腹板组合槽型梁动力特性研究

熊永明[1]　杨子晔[1,2]　杨明[1]　田林杰[1]

(1.东南大学交通学院;2.苏州市铁路与航空事业发展中心)

**摘　要**　为研究波纹钢腹板槽型梁(TGCW)动态特性,本文基于能量变分法和Hamilton原理,建立了适用TGCW动态行为的一般解析模型。通过解析公式得到了考虑TGCW的剪切变形、剪力滞效应及波纹刚腹板(CSW)的刚度修正的耦合效应的自然频率和振动模态。通过理论值与有限元分析结果的对比分析,讨论了通过不同解析公式计算出的基频的差异,研究了不同CSW形状对自振频率的影响,验证了该公式的正确性,结果表明:考虑剪切变形效应及剪力滞效应的简支波形钢腹板槽形梁的竖向弯曲自振频率小于按欧拉梁理论所得计算值,较传统规范计算更精确,采用较小的(A + D)/(A + C)值可提高结构的自振频率。

**关键词**　槽型梁　波纹刚腹板　能量法　钢混组合结构　数值模拟

传统的预应力混凝土槽形梁存在如结构受力复杂,特别是在板梁结合处应力传力途径复杂,腹板处于三向拉应力状态;混凝土易开裂,耐久性差;构造配筋烦琐、施工工艺要求较高,施工难度大等缺点[1]。为克服传统槽桥的上述不足,本课题组提出一种新型的钢-混组合槽型梁结构[2],由混凝土桥面板、波形钢腹板等组成,其结构形式如图1所示。该结构具有建筑高度更低、形状更美观、受收缩、蠕变、温度梯度影响更小、预应力强度效率更高等优点。与传统的槽梁桥相比,由于波形钢腹板(CSW)的抗剪切能力强,波纹钢腹板槽型梁(TGCW)不需布设腹板钢筋,可较好地简化施工过程,易于实现预制拼装,减少现场施工量,可实现快速工业化施工,较好重量优势也可降低运输成本。该结构同时可有效解决传统腹板混凝土处于三向拉应力状态而难以控制裂缝的问题,还可避免槽型梁钢筋布置复杂和混凝土浇筑不密实等现象[3,4]。

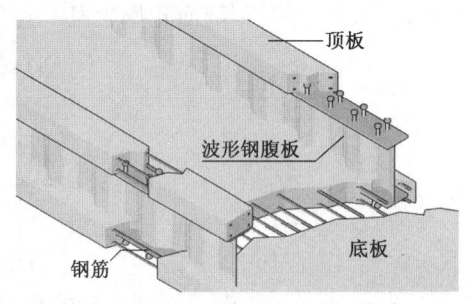

图1 TGCW结构示意图

基于槽型梁或波纹刚腹板组合结构,国内外学者做了大量研究。在槽型梁方面,Gan等[5]基于能量变分原理和最小势原理推导出了槽型梁的动力微分方程组和相应的自然边界条件,并求解微分方程组得到了槽型梁的动力响应,但未给出解析解。一年后,在此基础上,其验证了计算槽型梁时引入自平衡条件的必要性[6]。在波纹刚腹板组合箱梁方面,张永健等[7]、Ji等[8]和Cao等[9]对波形钢腹板组合箱梁在各种边界条件下的竖向弯曲频率进行了一系列研究,利用能量变分原理推导了考虑剪力滞和剪切变形影响的固有频率公式。马驰等[10]提供了一种考虑波形钢腹板箱梁剪切变形和剪力滞效应的动力特性计算新方法,其利用能量变分原理推导出组合梁的单元刚度矩阵和质量矩阵,并用子空间迭代法对广义特征值进行求解。随后,Hu等[11]将CSW混凝土梁理想化为正交异性芯层夹层梁,为CSW混凝土梁的动力特性分析提供了新的视角。

以上研究主要针对槽型梁和CSW箱梁,而TGCW为一种下承式钢混组合开口截面,与传统的混凝土槽梁相比,受载荷时剪切变形影响较大,可忽略不计[3],同时CSW代替混凝土腹板改变了底板的剪切滞后效应。虽然文献[4]通过实验和理论研究论证了该结构形式在静载作用下结构的强度和刚度满足要求,但并未涉及TGCW的动态特征研究。因此,由于CSW的几个独特特性,预计TGCW的动态行为与槽型梁的动态行为不同。为了填补这一空白,亟须对该结构动力学特性进行分析研究。

本文首先考虑了梁的剪切变形、底板的剪切滞后效应和CSW的刚度修正,根据能量变分法和Hamilton原理推导出结构运动控制方程。通过求解特征方程,得到了简支边界下的单跨度TGCW的自振频率和模态。通过有限元分析软件进行模态分析,将理论结果与有限元分析结果进行对比,分析了通过不同的理论方法计算出的基频的差异以及CSW形状对该结构自振频率的影响。

## 一、基本假设及位移函数

本文在利用能量变分原理对波形钢腹板组合槽形梁的进行竖向弯曲振动分析时引入如下基本假定:

(1)波形钢腹板组合槽形梁在进行竖向对称挠曲时,底板的纵向变形不符合平截面假定,存在剪切变形和由剪力滞效应产生的附加翘曲位移。

(2)由于波形钢腹板在桥梁纵向具有波折效应,因而可以忽略波形钢腹板在纵向的抗弯作用(即应变能计算时忽略波形钢腹板的纵向弯曲应变能)[12]。

(3)在计算槽形梁底板和上翼板应变能时,假定其竖向应变$\varepsilon_y$、横向应变$\varepsilon_z$及板平面外的剪切应变$\gamma_{xz}$、$\gamma_{yz}$可忽略不计,即仅考虑底板和上翼板的纵向应变$\varepsilon_x$与板平面内剪切应变$\gamma_{xy}$[12]。

(4)波形钢腹板与混凝土底板、上翼板在弹性范围内完全共同工作,不产生相对滑移或剪切连接破坏。

(5)波形钢腹板承受全部剪力,在运用能量变分法时,需要考虑其剪切应变能。

文献[5,13]表明,排除CSW高度范围内的所有应变分布点(由于CSW的纵向折叠效应,钢腹板高度范围内的内部应力和应变值接近零),荷载作用下 TGCW 截面混凝土应变值与测量点到中性轴的距离呈线性关系,即 TGCW 服从"准平面假定"。

根据假设,TGCW 在发生竖向弯曲振动时,其沿梁长方向初始弹性轴的位移由基于"准平面假定"的纵向位移和梁剪力滞效应引起的附加翘曲位移组成。在跨度为 L 的结构中,截面竖向挠度为因此 $\omega(x,t)$,则任意时刻剖面轮廓上某一点的轴向位移 $U(x,y,z,t)$ 可表示为:

$$U(x,y,z,t) = z\theta(x,t) + f_i(y,z)u(x,t) \tag{1}$$

$$f_i(y,z) = \begin{cases} -z\left[1-\left(\frac{y}{b}\right)^m\right] & \text{底板} \\ -z\left[1-\left(\frac{b+\zeta b-y}{\zeta b}\right)^m\right] & \text{底板翼缘板} \\ 0 & \text{顶板和腹板} \end{cases} \tag{2}$$

式中:$\theta(x,t)$——梁横截面绕 $y$ 轴的角位移函数;

$u(x,t)$——剪切滞后效应带来的最大纵向位移;

$f_i(y,z)$——翘曲函数,为三次抛物线函数($m=3$);

$b$——TGCW 混凝土内底板宽度;

$\zeta$——悬臂底板宽度与 $b_b$ 的比值。

1. 波形钢腹板剪切模量

为考虑结构中剪切变形影响,参考文献[14]文中研究,CSW 的等效剪切模量 $G_s$ 定义为:

$$G_e = \frac{c}{s}G_s = \frac{A+C}{A+D}G_s = \eta G_s \tag{3}$$

式中:$G_s$——钢板的剪切模量;

$\eta$——CSW 投影长度($c = A+C$)与实际长度($s = A+D$)的比值。

2. 控制微分方程及固有频率和振型

本文研究的是波形钢腹板组合槽形梁的竖向弯曲振动频率,因此只考虑槽形梁的竖向弯曲振动,故结构的总动能 $T$ 可表示为:

$$T = \frac{1}{2}\int \dot{\omega}^2 \rho A \mathrm{d}x \tag{4}$$

TGCW 的体系总势能 $P_i$ 为由底板的弯曲应变能 $V_b$、上翼板的弯曲应变能 $V_u$、波形钢腹板的剪切应变能 $V_f$ 以及荷载势能组成:

$$\begin{aligned}\Pi &= \sum_{i=1}^{4}V_i + V_f \\ &= \frac{K_1}{2}\int_0^L (\theta')^2 \mathrm{d}x + \frac{K_2}{2}\int_0^L (u')^2 \mathrm{d}x - K_3\int_0^L \theta' u' \mathrm{d}x + \\ &\quad \frac{K_4}{2}\int_0^L u^2 \mathrm{d}x + \frac{G_e A_s}{2}\int_0^L (\omega' - \theta)^2 \mathrm{d}x\end{aligned} \tag{5}$$

式中:$K_1 = \sum_{i=1}^{4} E_i I_i$;

$K_2 = \sum_{i=1}^{4} E_i I_{if}$;

$K_3 = \sum_{i=1}^{4} E_i I_{izf}$;

$K_4 = \sum_{i=1}^{4} G_i A_i$。

由于外荷载为 0,根据广义 Hamilton 原理 [$\delta\int_{t_1}^{t_2}(\Pi - T)\mathrm{d}x = 0$],通过能量变分原理可以获得有关 $u$,$w$ 和 $\theta$ 的微分控制方程和边界条件(变分可以通过分部积分法计算):

$$\begin{cases} \rho A\ddot{w} - G_eA_s(w'' - \theta') = 0 \\ -K_1\theta'' + E_{cb}I_{byu}u'' - G_sA_s(w' - \theta) = 0 \\ E_{cb}I_{byu}\theta'' - E_{cb}I_{bu}u'' + G_{cb}A_{bu}u = 0 \end{cases} \quad (6)$$

$$\begin{cases} [-\rho A\dot{w} + G_sA_s(w - \theta)]\delta w\big|_0^L = 0 \\ [K_1\theta - E_{cb}I_{byu}u']\delta\theta\big|_0^L = 0 \\ [-E_{cb}I_{byu}\theta' + E_{cb}I_u u']\delta u\big|_0^L = 0 \end{cases} \quad (7)$$

式中：$(\cdot)$——关于时间 $t$ 的变分；

$('\,)$——关于 $x$ 轴的变分。

## 二、简支 TGCW 固有频率与振型

在小变形的条件下求解 TGCW 的自由振动时，外部荷载所做功 $W$ 为零，令 $\omega(x,t) = \bar{\omega}(x)\sin(\omega t + \phi)$，$u(x,t) = \bar{u}(x)\sin(\omega t + \phi)$，$\theta(x,t) = \bar{\theta}(x)\sin(\omega t + \phi)$，通过函数替换，可重写为关于挠度 $w(x,t)$ 的表达式：

$$D_1 w_n^{(6)} + D_3 K_1 w_n^{(4)} - \frac{D_1\rho A}{G_sA_s}\ddot{w}_n^{(4)} - D_2\rho A\ddot{w}_n^{(2)} + D_3\rho A\ddot{w}_n = 0 \quad (8)$$

式中：$D_1 = E_{cb}I_{bzf} - \dfrac{K_1 I_{bf}}{I_{bzf}}$；$D_2 = \dfrac{I_{bf}}{I_{bzf}} + \dfrac{G_{cb}A_{bf}K_1}{E_{cb}I_{bzf}G_sA_s}$；$D_3 = \dfrac{G_{cb}A_{bf}}{E_{cb}I_{bzf}}$。

由于 $\sin(\omega_n t + \phi_n) \neq 0$，可得函数 $\bar{\omega}_n(x)$ 的特征方程为：

$$D_1\lambda^{(6)} + \left(D_3K_1 + \frac{D_1\rho A\omega_n^{(2)}}{G_sA_s}\right)\lambda^{(4)} + D_2\rho A\omega_n^{(2)}\lambda^{(2)} - D_3\rho A\omega_n^{(2)} = 0 \quad (9)$$

因此，通解可表示为：

$$\begin{aligned}\bar{\omega}_n(x) = &\, C_1\cos\lambda_1 x + C_2\cos\lambda_1 x + C_3\cos\lambda_2 x + \\ &\, C_4\cos\lambda_2 x + C_5\cos\lambda_3 x + C_6\cos\lambda_3 x \end{aligned} \quad (10)$$

式中：$C_i(i=1,2,3,4,5,6)$——可通过由边界条件确定的常数；

$\pm\lambda_1$——共轭虚拟根的虚部，$\pm\lambda_2$ 和 $\pm\lambda_3$ 是其余 4 个实根（$\lambda_i > 0$）。

可得函数 $\bar{\theta}_n(x)$ 和 $\bar{u}(x)$ 的表达式：

$$\begin{aligned}\bar{\theta}'_n(x) = &\, C_1\Theta_i\cos\lambda_1 x + C_2\Theta_1\cos\lambda_1 x + \\ &\, \sum_{i=2}^3(C_{2i-1}\Theta_i\cosh\lambda_i x + C_{2i}\Theta_i\cosh\lambda_i x)\end{aligned} \quad (11)$$

$$\begin{aligned}\bar{u}_n(3)(x) = &\, C_1 U_1\cos\lambda_1 x + C_2 U_1\cos\lambda_1 x + \\ &\, \sum_{i=2}^3 C_{2i-1}U_i\cosh\lambda_i x + C_{2i}U_i\cosh\lambda_i x\end{aligned} \quad (12)$$

式中：

$$\Theta_i = \begin{cases} -\lambda_i^2 + \dfrac{\rho A\omega_N^2}{G_sA_s} & (i=1) \\ \lambda_i^2 + \dfrac{\rho A\omega_N^2}{G_sA_s} & (i=2,3) \end{cases} \quad (13)$$

$$U_i = \begin{cases} \dfrac{1}{E_{cb}I_{bcf}}\left(K_1\lambda_i^4 - \dfrac{K_1\rho A\omega_N^2\lambda_i^2}{G_sA_s} - \rho A\omega_N^2\right) & (i=1) \\ \dfrac{1}{E_{cb}I_{bcf}}\left(K_1\lambda_i^4 + \dfrac{K_1\rho A\omega_N^2\lambda_i^2}{G_sA_s} - \rho A\omega_N^2\right) & (i=2,3) \end{cases} \quad (14)$$

TGCW 在简支边界条件下,将式(10)、式(11)和式(12)代入边界条件($w_n(x)|_0^L = 0$、$\bar{\theta}'_n(x)|_0^L = 0$、$\bar{u}'_n(x)|_0^L = 0$)可得关于 $C = [C_1,C_2,C_3,C_4,C_5,C_6]^T$ 的线性齐次方程组 $AC = 0$,而齐次方程组有非零解的前提是系数矩阵 A 的行列式为 0,故:

$$\frac{\sin(L\lambda_1)}{\lambda_1^2}\prod_{i=2}^{3}\frac{\sinh(L\lambda_i)}{\lambda_i^4}(\lambda_1^2+\lambda_2^2)^2(\lambda_1^2+\lambda_3^2)^2(\lambda_2^2-\lambda_3^2)^2 = 0 \quad (15)$$

而除非 $\lambda_i = 0$(简支梁为静态时),否则 $\sinh(L\lambda_i)$ 不为零,因此等式(15)可被简化为:

$$\sin(\lambda_1 L) = 0 \quad (16)$$

故:

$$\lambda_1 = \frac{n\pi}{L} \quad (17)$$

由于 $\lambda_1$ 为共轭虚根的虚部,故将 $\lambda = (nL/\pi)i$ 代入式(9)可得 TGCW 竖向弯曲振动频率的解析解为:

$$\omega_n = \sqrt{\frac{\beta_n K_1}{\bar{m}}}\left(\frac{n\pi}{L}\right)^2 \quad (18)$$

通过结构自振频率与圆频率的换算,可得 TGCW 自振频率解析解:

$$f_n = \frac{\omega_n}{2\pi} = \frac{1}{2\pi}\sqrt{\frac{\beta_n K_1}{\bar{m}}}\left(\frac{n\pi}{L}\right)^2 \quad (19)$$

式中:$\beta_n$——波形钢腹板组合槽形梁竖向弯曲振动频率的影响系数;

$\beta_n = \dfrac{1}{\alpha_1 + \alpha_{2-1}}$;

$\alpha_1 = -\dfrac{K_1\lambda^2}{G_eA_s}$;

$\alpha_2 = 1 - \dfrac{K_3^2\lambda^2}{K_1(K_2\lambda^2 - K_4)}$。

对 $\beta_n$ 进行分析,由于 $\lambda_2 < 0$,故 $\alpha_1 > 0$、$\alpha - 1_2 > 1$,因此 $\beta_n$ 总是小于 1。由此可见考虑了剪切变形效应及剪力滞效应的简支波形钢腹板槽形梁的竖向弯曲自振频率小于按初等梁理论所得计算值。

在以上研究基础上,研究考虑 TGCW 钢-混界面滑移效应的竖向弯曲振动行为解析解,对滑移行为提出以下假设:

(1)接触界面上的水平剪切与相对滑移成正比。

(2)钢梁与混凝土板之间的剪切剪力键为纵向连续均匀分布,说明接触界面上的水平剪切器纵向均匀分布。

根据以上假设,当 TGCW 发生竖向弯曲振动时,沿梁初始弹性轴的位移包括梁的剪力滞后效应引起的额外翘曲位移和相对界面滑移引起的纵向位移。

因此,在截面上的一个点的位移分量可以随时表示如下:

$$U_i(x,y,z,t) = -z\theta(x,t) + f_i(y,z)u(x,t) + k_i(z)\xi_i(x,t) \quad (20)$$

式中:$k_i$——混凝土上板相对界面滑移与纵向位移的比率,$i = 1,2,3,4$,其中;$k_1(z) = -(n_uA_3)/(A_1+n_uA_3)$;$k_2$ 为混凝土底板相对界面滑移与相对界面滑移引起的纵向位移比值;

$k_2(z) = (n_bA_4)/(A_2+n_uA_4)$;$k_3$ 为由于相对界面滑移和相对界面滑移而导致的钢梁上凸

缘纵向位移的比值; $k_3(z) = (A_1)/(A_1 + n_u A_3)$; $k_4$ 为钢梁底板相对界面滑移引起的纵向位移比; $k_4(z) = -(A_2)/(A_2 + n_u A_4)$;

$n_u = E_3/E_1$;

$n_b = E_4/E_2$;

$xi_1(x,t)$、$xi_2(x,t)$——板梁界面之间的滑移;

$\xi_1 = \xi_3 = \xi_u$;

$\xi_2 = \xi_4 = \xi_b$;

$A_1$、$A_2$——混凝土顶部和底板的横截面面积;

$A_3$、$A_4$——带有 CSWs 的钢梁顶部和底板的横截面面积。

TGCW 的势能是混凝土板和钢波纹板中的应变能之和,即:

$$V_i = \frac{E_i}{2}\int_0^L [I_i(\theta')^2 + I_{if}(u')^2 + I_{ik}(\xi')^2 - 2I_{izf}\theta' u' - 2I_{izk}\theta' \xi' + 2I_{ifk} u' \xi' + \frac{G_i}{E_i} A_{if} u^2]dx \quad (21)$$

$i = 1,2,3,4$

式中: $I_{ik} = \int_{A_i} k_i^2 dA$;

$I_{izk} = \int_{A_i} z k_i dA$;

$I_{ifk} = \int_{A_i} f_i(y,z) dA$。

TGCW 中顶底板相波纹刚腹板之间的对滑移势能则为:

$$V_{stu} = \frac{1}{2}\int_0^L k_{stu} \xi_u dx \quad (22)$$

$$V_{stb} = \frac{1}{2}\int_0^L k_{stb} \xi_b dx \quad (23)$$

式中: $k_{stu}$、$k_{stb}$——分别是混凝土板与钢梁之间的滑移刚度。

TGCW 的势能是混凝土翼缘板和 CSWs 中的应变能之和,可表示为:

$$\Pi = \sum_{i=1}^{4} V_i + V_f + V_{stu} + V_{stb} \quad (24)$$

即可采用类似的方法求解得考虑 TGCW 界面滑移的圆频率方程如下式:

$$\omega_n = \sqrt{\frac{\beta_n K_1}{\bar{m}}} \left(\frac{n\pi}{L}\right)^2 \quad (25)$$

式中: $\beta_n = \dfrac{1}{\alpha_1 + \alpha_2^{-1}}$。

$$\alpha_1 = -\frac{K_1 \lambda^2}{G_e A_s}$$

$$\alpha_2 = 1 - \frac{D_1 \lambda^6 + D_2 \lambda^2 + D_3 \lambda^4}{K_1(D_5 \lambda^6 + D_6 \lambda^4 + D_7 \lambda^2 - D_4)}$$

式中: $D_1 = -K_6^2 K_9^2 - K_7^2 K_8^2 + K_2 K_5 K_7^2 + K_2 K_{10} K_6^2 + K_5 K_{10} K_3^2 + K_1 K_5 K_9^2 + K_1 K_{10} K_8^2 - K_1 K_2 K_5 K_{10} - 2K_3 K_6 K_8 K_{10} - 2K_3 K_5 K_7 K_9 + 2K_6 K_7 K_8 K_9$;

$D_2 = +K_7^2 K_4 K_{slb} + K_6^2 K_4 K_{slu} + K_{32} K_{slb} K_{slu} - K_1 K_{10} K_4 K_{slb} - K_1 K_5 K_4 K_{slu} - K_1 K_2 K_{slb} K_{slu}$;

$D_3 = +K_5 K_7^2 K_4 + K_{10} K_6^2 K_4 - K_1 K_5 K_{10} K_4 + K_2 K_7^2 K_{slb} + K_{10} K_{32} K_{slb} + K_1 K_9^2 K_{slb} + K_2 K_6^2 K_{slu} + K_5 K_3^2 K_{slu} + K_1 K_8^2 K_{slu} - K_1 K_2 K_{10} K_{slb} - K_1 K_2 K_5 K_{slu} - 2K_3 K_7 K_9 K_{slb} - 2K_3 K_6 K_8 K_{slu}$;

$D_4 = K_4 K_{slb} K_{slu}$;

$D_5 = -K_5 K_9^2 - K_{10} K_8^2 + K_2 K_5 K_{10}$;

$D_6 = -K_9^2 K_{slb} - K_8^2 K_{stu} + K_2 K_{10} K_{stb} + K_2 K_5 K_{stu} + K_5 K_{10} K_4$;

$D_7 = K_{10} K_4 K_{stb} + K_5 K_4 K_{tu} + K_2 K_{stb} K_{stu}$。

由此可知,考虑滑移的圆频率公式与式(18)完全相同。两者之间唯一的区别在于参数 $\alpha_2$ 的值。当 $K_3 = K_4 = K_6 = K_8 = K_9 = 0$ 和 $K_{stb} = K_{stu} = +\infty$ 时,两公式的 $\alpha_2$ 可化简通用。

## 三、有限元建模与分析

### 1. 建立有限元模型

为验证等式(19)的准确性,基于《城市轨道交通技术规范》(GB 50490—2016)[15]设计了25m跨径简支 TGCW 单线钢筋混凝土槽型梁。采用 ABAQUS 对该梁进行了数值仿真分析,模型横截面的示意图如图2所示。结构的横断面尺寸和材料性能分别列于表1和表2。

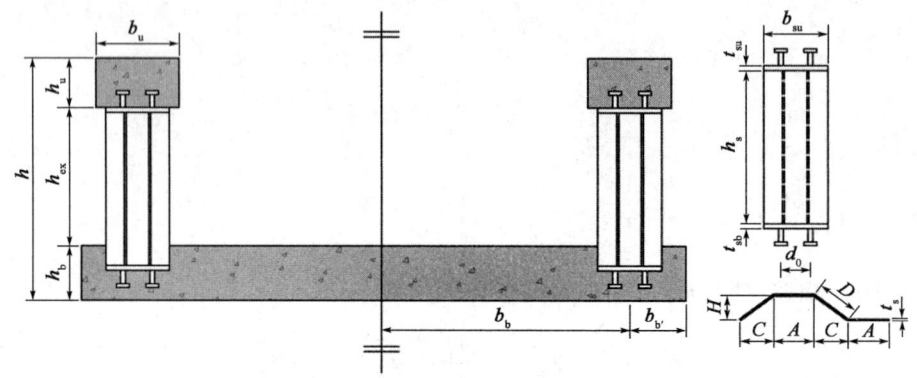

图2 TGCW 截面图

**TGCW 几何特性**(单位:mm) 表1

| 上翼缘板 | | 底板 | | | 波形刚腹板 | | | | | | | | | |
|---|---|---|---|---|---|---|---|---|---|---|---|---|---|---|
| $b_u$ | $h_u$ | $b_b$ | $\zeta b_b$ | $h_u$ | type | $t_{su}$ | $b_{su}$ | $t_{sb}$ | $b_{sb}$ | $h_s$ | $t_s$ | A | C | H |
| 680 | 400 | 2e3 | 500 | 400 | 1200 | 420 | 40 | 420 | 40 | 1240 | 16 | 330 | 270 | 200 |

**TGCW 材料参数** 表2

| 部件名称 | 材料 | 密度(kg/m³) | 弹性模量(MPa) | 泊松比 |
|---|---|---|---|---|
| 上翼缘板/底板 | C40 | 2440 | 32500 | 0.2 |
| 波形钢腹板 | Q235 | 7890 | 2.06e5 | 0.3 |

为研究钢筋和混凝土板与波纹钢梁之间的滑移对 TGCW 固有频率的影响,分别建立了四种有限元模型:考虑钢筋和界面滑移模型(TGCW-RS)、只考虑钢筋模型(TGCW-R)、只考虑滑移模型(TGCW-S)和普通 TGCW 模型(TGCW-N)。

网格尺度分析后,选用尺寸为10mm网格建立有限元模型如图3所示,模型中分别使用八节点实体构件(C3D8R)、四节点壳构件(SR4)和二节点三维桁架构件(T3D2)来模拟混凝土板、CSWs 和钢筋。对于考虑滑动的模型(TGCW-RS,TGCW-R),使用弹簧单位模拟界面剪切刚度,弹簧参数可计算为: $K = 0.66 V_u$,其中 $V_u$ 为单个剪切连接器的极限剪切强度[16]。因此,本文中单个连接器的剪切连接刚度值为57.6kN/mm。

对于忽略"滑移效应"(TGCW-R、TGCW-N)的模型,假设混凝土板和 CSW 板通过 Tie* 绑定连接。假设材料的应力—应变关系是线弹性的。模型的铰链支撑在 $z$(竖向)和 $y$(横向)方向上都受到约束,而滚子支撑在 z(竖向)、y(横向)和 x(纵向)方向上的运动则受到约束。

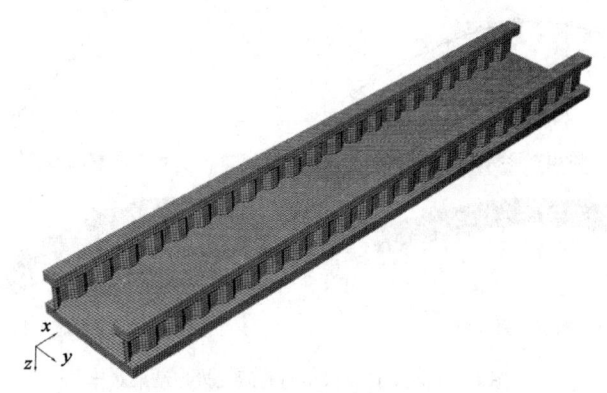

图 3　TGCW 有限元模型示意图

为验证有限元分析方法的正确性,基于文献[4]试验与计算的参数建立有限元建模模型,模型采用同样的边界条件和荷载施加方式。使用模型 TGCW-RS 模型,跨中挠度为 18.79mm 较该文献结果 18.67mm 误差 0.64%。由此认为有限元分析模型建立可较好模拟 TGCW 结构。

2. 自振频率及模态分析

基于以上建模方法进行结构模态分析,四种不同建模方法的前三个自然频率对比见表 3。

**TGCW 不同建模方法固有频率对比**　　表 3

| 频率(Hz) | TGCW-RS | TGCW-S | 误差(%) | TGCW-R | 误差(%) | TGCW-N | 误差(%) |
|---|---|---|---|---|---|---|---|
| 1st order | 5.80 | 5.81 | 0.05 | 5.81 | 0.8 | 5.81 | 0.13 |
| 2nd order | 20.76 | 20.77 | 0.09 | 20.79 | 0.17 | 50.81 | 0.26 |
| 3rd order | 36.39 | 39.42 | 0.07 | 39.45 | 0.18 | 36.458 | 0.25 |

从表 3 可以看出,四种计算方法计算出的自振频率差异较小。因此,对于 TGCW 可以忽略界面滑移和结构加固对竖向弯曲振动分析的影响,以实现简化公式,便于计算的目的,理论分析得到的计算结果如表 4 所示,通过解析解计算方法和通过有限元软件数值计算方法得到的前两阶振动模态如图 4 所示。可以发现,本文提出的方法可以很好地预测 TGCW 的竖向振动模态。

**TGCW 前三阶固有频率计算对比**　　表 4

| 频率(Hz) | $f_{ab}$ | $f_{sss}$ | 误差(%) | $f_{ss}$ | 误差(%) | $f_{sl}$ | 误差(%) | $f_e$ | 误差(%) |
|---|---|---|---|---|---|---|---|---|---|
| 1st order | 5.81 | 5.80 | 0.17 | 5.80 | 0.17 | 6.09 | 4.77 | 6.09 | 4.77 |
| 2nd order | 20.81 | 20.55 | 1.24 | 20.55 | 1.24 | 24.36 | 17.09 | 24.36 | 17.10 |
| 3rd order | 36.48 | 39.63 | 8.65 | 39.63 | 8.65 | 54.81 | 50.26 | 54.82 | 50.28 |

注:$f_{ab}$ 是 ABAQUS 有限元分析结果,$f_{sss}$ 是考虑剪力滞、剪切变形和滑移的结果;$f_{ss}$ 是考虑剪力滞和剪切变形的结果,$f_{sl}$ 是仅考虑剪力滞效应的结果,$f_e$ 是欧拉梁理论的结果。

由表 4 可知,该方法计算出的分析结果 $f_{ss}$、$f_{sss}$ 与数值结果 $f_{ab}$ 非常吻合,验证了推导的解析公式的正确性。对比研究不同理论分析结果可知,$f_{ss}$ 与 $f_e$ 之间的差异显著,而 $f_s$ 与 $f_t$ 或 $f_{sl}$ 与 $f_e$ 之间没有明显差异。这些结果可以解释为 TGCW 的剪切变形对结构固有频率的影响远大于底板的剪力滞效应。此外,$f_{sl}$ 和 $f_e$ 与有限元建模结果的显著偏差表明,剪切变形的影响是不可忽略的。此外,在高阶模态中,$f_e$ 频率计算误差显著增加,这表明剪切变形对竖向弯曲固有频率的影响随模态阶数的增加而增加,此时,基于欧拉梁理论的设计规范[15,16]提出的简支梁竖向固有频率的计算公式,忽略了剪切效应而不再适用于 TGCW。

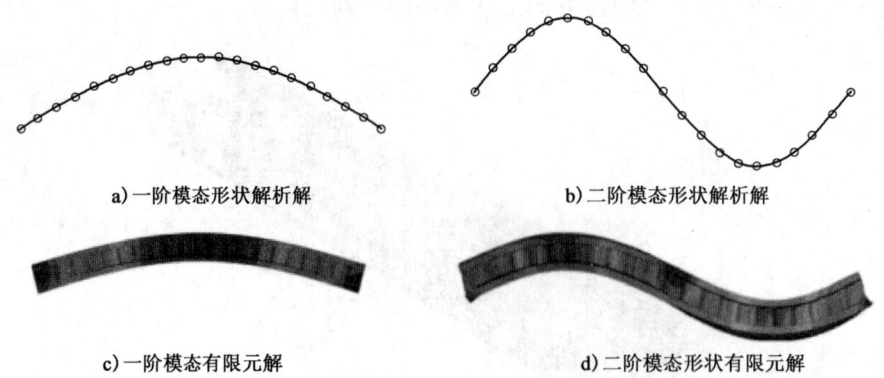

a) 一阶模态形状解析解    b) 二阶模态形状解析解

c) 一阶模态有限元解    d) 二阶模态形状有限元解

图 4　TGCW 计算振型与有限元模拟结果对比

### 3. 不同 CSW 形状对固有频率的影响

为了研究 CSW 波形对 TGCW 垂直弯曲固有频率的影响,控制 CSW 的厚度为 16mm,根据《公路波形钢腹板组合箱梁桥设计规范》(DB14/T 1552—2017)选用了三种波纹波形如图 5 所示,详细的截面尺寸见表 8,TGCW 的基振动频率见表 5。

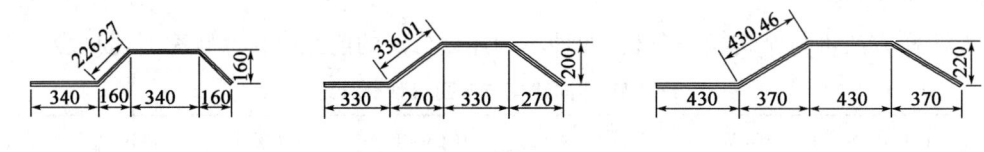

图 5　不同波纹刚腹板示意图

**TGCW 的几何特性**　　　　　　　　　　　　　　　　　　　　　　　表 5

| 波纹刚腹板类型 | $t_s$ (mm) | | | | | | | $G_s$ | $f_z$ |
|---|---|---|---|---|---|---|---|---|---|
| | A | C | D | H | A+C | A+D | (A+D)/(A+C) | | |
| 1600 | 430.00 | 370.00 | 430.46 | 220 | 800 | 860.46 | 1.08 | $5.93 \times 10^4$ | 5.84 |
| 1200 | 330.00 | 270.00 | 336.01 | 200 | 600 | 666.01 | 1.11 | $5.79 \times 10^4$ | 5.82 |
| 1000 | 340.00 | 160.00 | 226.27 | 160 | 500 | 566.27 | 1.13 | $5.69 \times 10^4$ | 5.81 |

从表 5 中可以看出,波形对基本振动频率有一定的影响,发现频率 $f$ 和 $(A+D)/(A+C)$ 之间呈正相关。根据公式(19)可分析出 TGCW 的基本振动频率与其等效剪切模量 $G_s$ 成正比。因此,从结构设计的角度来看,建议采用较低的 $(A+D)/(A+C)$ 比率来增加结构的固有频率。

## 四、结　语

结构的固有频率和模态是桥梁结构动态分析中的基本问题,也是其他动力学问题的基础。本文考虑到剪切变形和剪力滞的影响,利用 Hamilton 原理和能量变分推导出了 TGCW 的动力学微分方程和自然边界条件。在此基础上,推导出自然频率和模态振型的解析解,进行了有限元分析对比研究,验证了该公式的正确性,可以得出以下结论:

(1)该方法考虑了剪切变形和剪力滞的影响,得出的竖向弯曲自振频率小于按初等梁理论所得计算值,更接近有限元计算值。

(2)规范采用基于欧拉梁设计理论精度相较更低,采用本方法是计算 TGCW 自振频率更为精确。

(3)工程中,可采用只考虑剪切变形和 CSW 刚度修正的计算公式,该方法虽损失一定的精度,但可以较低的计算成本预测波纹板振动的频率和模态。

(4)波形钢腹板的波形对组合槽形梁的基振频率有一定的影响,从结构设计的角度出发,可采用较低的 $(A+D)/(A+C)$ 值来提高结构的固有频率。

## 参考文献

[1] 袁鹏飞.波形钢腹板组合槽形梁桥静动力学性能研究[D].南京:东南大学,2019.
[2] Yang M,Tian L,Yuan Y,et al. The study on composite trough beam with corrugated steel web wrapped with steel plate: Experiment and bending properties[J]. Journal of Constructional Steel Research,185.
[3] 陈卓昇.波形钢腹板组合槽型梁桥的力学性能与试验研究[D].南京:东南大学,2014.
[4] 陈卓昇,黄侨,李传习,等.波形钢腹板组合槽型梁静载试验与有效预应力分析[J].土木工程学报,2018,51(08):60-70.
[5] 甘亚南,吴亚平.自平衡条件对槽形梁力学特性影响的分析[J].世界桥梁,2011(02):43-47.
[6] 甘亚南,周广春,赫中营.槽形梁动力反应分析的能量变分法[J].振动与冲击,2010(11):195-198+262.
[7] 张永健,黄平明,狄谨,等.波形钢腹板组合箱梁自振特性与试验研究[J].交通运输工程学报,2008(05):76-80.
[8] Ji W,Deng L,Liu S,et al. Calculation of the vertical bending vibration frequencies of multi-span PC continuous box girder with corrugated steel webs of uniform cross-section[J]. J. Vib. Shock,2016,35(18):140-146.
[9] Cao L,Liu J,Chen Y F. Theoretical and numerical study on the natural frequencies of bridges with corrugated steel webs[C]//Structures. Elsevier,2018,15:224-231.
[10] 马驰,刘世忠.波形钢腹板PC组合箱梁剪滞剪切效应的动力特性分析[J].铁道学报,2018,40(12):145-152.
[11] 胡霖远,陈伟球,张治成,等.基于Zig-zag理论的波形钢腹板梁自由振动分析[J].浙江大学学报(工学版),2019,53(03):503-511.
[12] 黄侨,陈卓昇,荣学亮,等.波形钢腹板预弯槽形梁的应力分析与试验研究[J].桥梁建设,2013,43(05):42-48.
[13] 潘湘文.基于能量变分法的连续槽型梁桥剪力滞效应分析[J].结构工程师,2012,28(01):45-49.
[14] Samanta,A.,and M. Mukhopadhyay. "Finite element static and dynamic analyses of folded plates." Engineering Structures. 1999,21(3):277-287.
[15] 中华人民共和国住房和城乡建设部.城市轨道交通技术规范:GB 50490—2016[S].北京:中国建筑工业出版社,2016.
[16] 中华人民共和国住房和城乡建设部.钢结构设计标准:GB 50017—2017[S].北京:中国建筑工业出版社,2017.

# 13. 分体式散索鞍制造技术研究

石红昌 曾清健 黄安明

(德阳天元重工股份有限公司)

**摘要** 悬索桥散索鞍是主缆的主要受力及传力构件,为主缆提供支撑并使其线形平顺改变方向的构件,开州湖散索鞍为摆轴式散索鞍,采用分体式结构形式,在国内悬索桥建造中尚属首例。本文以开州湖散索鞍的焊接、机加工进行分析研究,解决制造中存在的技术难点,通过制定合理的焊接、加工工艺保证了产品的质量,为分体式散索鞍的制造提供参考依据。

**关键词** 悬索桥 散索鞍 分体式 焊接 机加工

## 一、工程概况

开州湖特大桥(图1)位于瓮安至开阳高速公路 K35～K37 路段,横跨洛旺河峡谷。桥跨布置为 3×30m T 梁 +1100m 单跨钢桁梁悬索桥 +1×40m T 梁。主桥为1100m 单跨钢桁梁悬索桥,垂跨比1/10;主塔塔高分别为135.0m、139.0m;桥梁为单跨千米级板桁结合加劲梁,是亚洲第二大山区双塔单跨钢桁梁悬索桥,主跨长度为贵州省第二。结合两岸锚位处的地形及地质条件,瓮安岸采用重力锚开阳岸采用隧道锚。

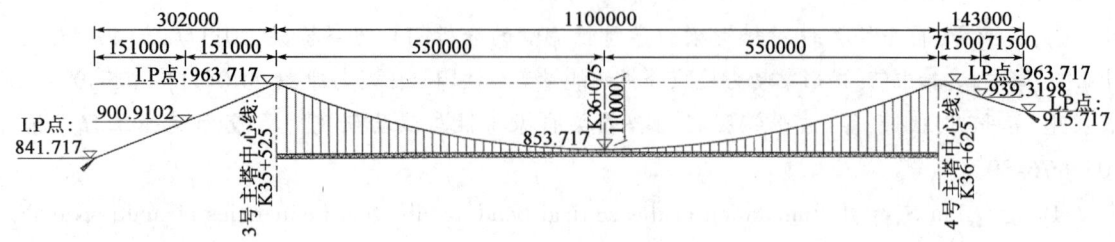

图 1 开州湖特大桥桥型布置图(尺寸单位:mm)

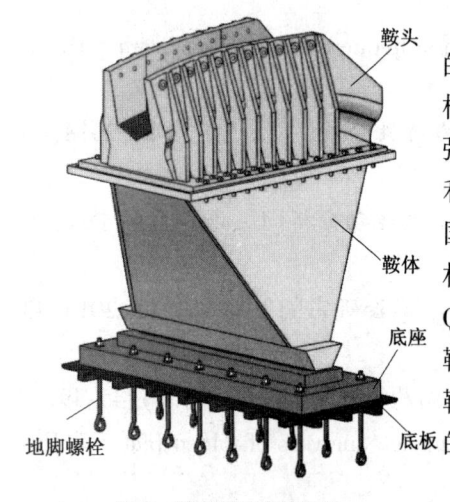

图 2 散索鞍总成效果图

散索鞍位于桥塔锚碇处,主要起支撑主缆并平顺改变主缆方向的作用[1]。开州湖散索鞍(图2)为摆轴式结构,采用铸焊结合的结构形式,鞍头用铸钢铸造,鞍座体由钢板焊成,鞍头与鞍座体采用高强螺栓连接,由于开州湖散索鞍所处的山区地理位置,为了便于运输和现场安装时便于起吊以及减少门架等措施费用,开州湖散索鞍在国内悬索桥建设中首次采用分体式散索鞍体结构。鞍头为铸钢件,材料牌号为 ZG270-480H[2],散索鞍座体为焊接件,采用材料牌号为 Q345R[3] 的钢板焊接。开州湖散索鞍的制造主要涉及鞍头的铸造,鞍座体的焊接,鞍头和鞍座体的机加工,本文从开州湖散索鞍鞍头和鞍座体的机加工进行工艺技术分析,研究和探讨分体式结构散索鞍的制造加工问题。

## 二、焊接工艺研究

针对散索鞍焊接结构鞍身的设计结构特点,本文首先对设计图纸进行仔细的分析和研究,经过反复的工艺论证和分析后,制订出科学、合理的焊接工艺方案,以确保散索鞍鞍身的焊接质量。

1)焊接工艺方案的制订要求

(1)保证结构外形尺寸符合设计要求;

(2)保证焊缝质量;

(3)有利于采用先进的焊接工艺方法;

(4)有利于提高劳动生产率和降低成本等。

2)焊接方法及设备的选择

考虑主要选用 $CO_2$ 气体保护焊进行焊接,$CO_2$ 气保焊具有焊接时电弧穿透能力强、抗氢气孔能力强、熔敷率较高、焊缝成形美观、易进行全位置焊等优点,相对于手工电弧焊,其焊接质量更容易得到控制和保证。$CO_2$ 气体保护焊使用松下 YD-500 FR1 型数字逆变焊机等设备。

3)焊接材料的选择

散索鞍鞍身焊接件的材料采用 Q345R 钢板,选用与母材强度相当的焊接材料,并综合考虑焊缝金属的强度、韧性等性能符合标准要求,考虑选择 ER 50-G 焊丝,选用的焊丝中含有足够的脱氧元素 Si 和 Mn,且含碳量较低,焊接过程中可有效地防止 CO 气孔的产生。

4) 焊接坡口的制备

采用数控切割机和半自动切割机作为下料设备,以确保钢板切割后的外观质量。根据产品结构,设计合理的焊接坡口,焊接坡口采用刨边机、铣边机或镗床进行加工,以使得焊接坡口角度准确,坡口面光整,为焊接创造条件。坡口面应进行表面无损探伤检查。

5) 焊接预热温度的控制

在各部件装配好并定位焊后,采用天然气管道对焊接坡口及周边区域进行预热(预热区域为以焊缝为中心,单边宽度不小于2倍板厚且不小于75mm区域),预热温度应达到100~150℃范围,预热的目的在于减缓焊接接头加热时温度梯度及冷却速度,适当延长在800~500℃区间的冷却时间,从而减少或避免产生淬硬组织,减小焊接应力及变形,有利于氢的逸出,防止裂纹的产生。

6) 焊接方案的选择

散索鞍鞍身结构,由6块端板、2块侧板、5块中筋板组成,分别与上部顶板、下部锻件底块形成封闭箱形结构,各件之间的主要焊缝为钢板+钢板的熔透焊缝,接头形式主要为T型接头,钢板件数量多,焊缝比较集中,且钢板厚度最厚达80mm,焊接时接头的焊接应力大,构件的内应力也非常大,且各主要焊缝均为熔透焊缝,焊接收缩大,保证构件焊后的尺寸困难,如果装配及焊接方案选择不妥当,就难以保证焊后的构件尺寸,也难以保证接头质量。在充分考虑和分析了散索鞍结构后,我公司决定采用以下方案进行散索鞍鞍身的装配和焊接(图3)。

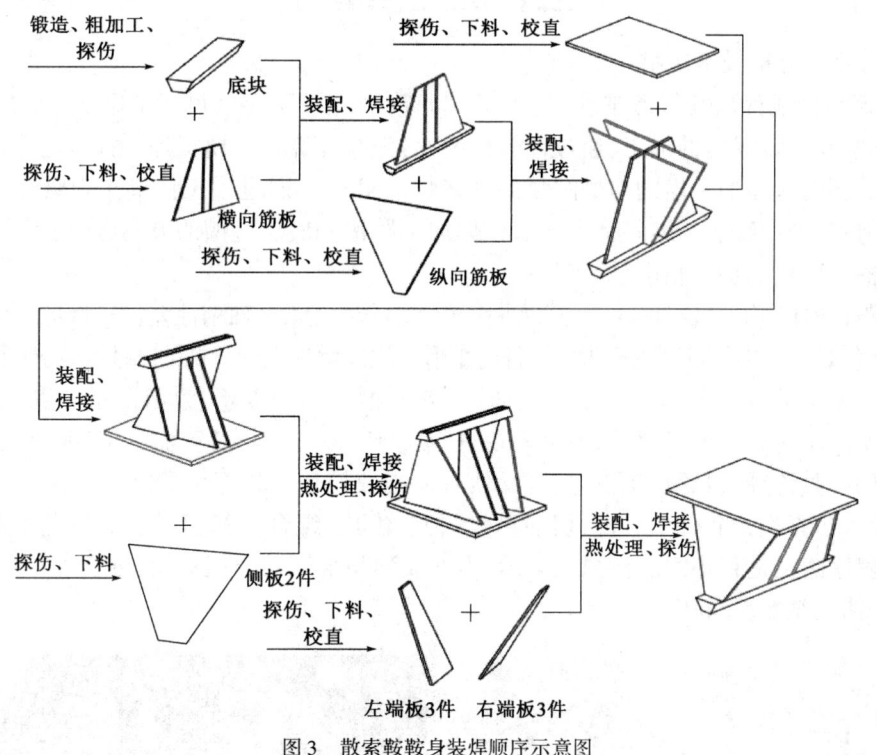

图3 散索鞍鞍身装焊顺序示意图

7) 焊接顺序的选择

焊接时按焊接工艺规程确定的焊接顺序进行操作施工,在焊接过程中,采用多人对称施焊、多次翻面焊接、锤击消应,以减小焊接变形,要求焊接工人必须是取得相应焊接资格证和上岗证的人员,必须严格按照监理工程师审查批准的焊接工艺规程进行施焊。

8) 焊后冷却方式及消应处理

焊接完后工件进行保温缓冷,防止产生冷裂纹,整个焊接过程中采取分阶段多次中间消应退火处理以消除焊接应力,焊接完成后再整体进行焊后退火消应热处理。工件进行焊后热处理目的是:消除或降低焊接残余应力;软化焊接热影响区的淬硬组织,提高焊接接头韧性;促使残余氢逸出;提高结构的几何稳定性,增强接头抵抗应力腐蚀的能力。

9）保证焊接质量的措施

所有焊工均必须持有资格证书，并在上岗前进行实际操作培训。

正式实施前进行焊接工艺评定，并选用高质量的焊接材料，焊接过程中严格执行工艺文件中按焊接工艺评定确定的焊接参数，严格控制焊接线能量。

焊前对坡口等进行严格检查和清理，使用低氢型焊丝及低氢型焊接方法 $CO_2$ 气体保护焊，控制焊缝中氢的含量。

焊接过程中根据焊接工艺规程进行中间消应退火处理；焊前按焊接工艺规程要求进行预热，由于工件很大，采用天然气加热的方式预热，既可以保证预热温度、层间温度，又保证预热均匀。

焊后将整个索鞍置于退火炉内按工艺规定进行整体退火热处理，以消除应力，并对焊缝进行100%探伤检查。

10）具体控制焊接变形措施

（1）为了满足焊接的可操作性、减小焊接变形以及焊接内应力，必须制订科学合理的装焊顺序。

（2）焊接过程中，要适时翻身，以避免和减小鞍体的焊接变形。

（3）为防止变形，在适当的部位加焊工艺拉筋，并采取偶数名焊工同时对称焊接的方法，对于长度大于1m的焊缝，采用分段退焊法，尽量减小焊接变形。

## 三、机加工工艺研究

1）机加工重难点分析及解决措施

（1）鞍槽圆弧绳槽线性尺寸保证难度大：为了保证鞍槽内圆弧绳槽尺寸的准确，加工时采用数控镗床来进行鞍槽侧壁和圆弧绳槽的加工，通过计算机编程，先在计算机上模拟加工检查程序的正确性，然后再进行实物加工，从而保证加工出的绳槽圆弧的准确性。最后再通过手工修磨出口处圆弧和棱边，保证鞍槽圆弧光滑平整。采用鞍头与鞍座体把合后整体加工鞍槽和底块键槽的方案，避免了多次装夹带来的误差，保证了鞍槽与底块的加工精度。

（2）由于索鞍鞍槽较深（约1200mm），主轴方向行程大，导致机床主轴刚性差：通过设置合理的切削参数，减小刀具的进刀量，且加工中尽量利用机床主轴外的矩形滑枕以增加主轴镗杆的刚性，从而保证加工精度。

（3）鞍槽为既有竖弯又有平弯的三维空间曲面，其鞍槽线性精度不易保证：散索鞍在计算机上采用软件中的CAD模块建立三维模型，利用加工模块进行加工工艺分析，设置加工工序余量，指定加工所用刀具，规划合理的刀具路径，设置加工工艺参数，然后编制数控加工程序（图4）。建立1:1机床模型，将产品三维模型导入仿真模拟软件中，进行切削参数调整、优化，组合分析出最佳的工艺参数，然后模拟加工（图5），检查程序路径是否正确。模拟加工后，零件模型与加工后模型对比，分析加工精度。最后将仿真无误后的程序拷贝至数控机床。

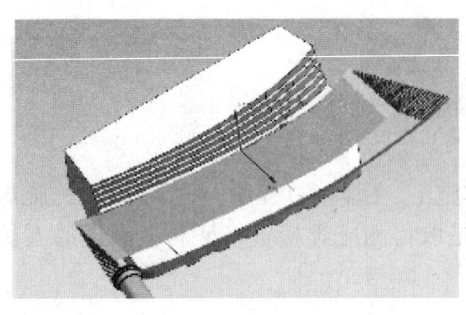
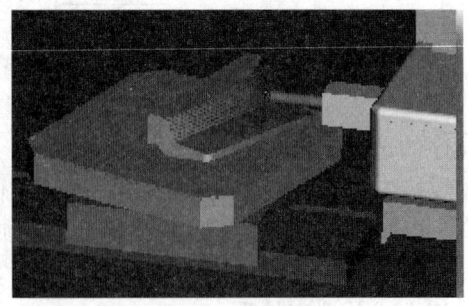

图4　铣削刀轨模拟　　　　　图5　加工仿真模拟

（4）散索鞍底部上承板安装槽与鞍头形位公差不易保证：鞍体底部上承板安装槽与鞍头的位置关系既要求安装槽面与散索鞍横向中线的垂直度和对称度，又要求与鞍槽中心竖直平面的垂直度。由于散索鞍外形尺寸大、质量大，鞍体底部的承板安放槽与鞍头间距离远，难以达到加工精度要求。为使加工精度

达到要求,在前期加工中需设置两组工艺基准:

①在鞍槽出口端部下方设置工艺基准块,在数控加工鞍槽时,对基准块与鞍槽中线垂直的端面和底面进行精加工,保证两基准面分别与鞍槽中线垂直,作为随后加工底槽的找正基准。

②在鞍体外侧靠中间位置的筋板上设置工艺基准块并将其与底部承板槽中线平行的侧面精加工作为后序的找正和测量基准面,保证该基准面顺筋板方向与通过 IP 点的基准中线平行并记录到基准中线的距离。加工底槽时,按端部基准平面和侧面筋板工艺块上的基准面找正,按侧面筋板上工艺块的基准面返尺寸定位底部承板槽的中线位置,进行承板槽各部位尺寸加工并控制两侧面与中线的对称,从而保证相关部位的形位公差要求,加工示意图见图6。

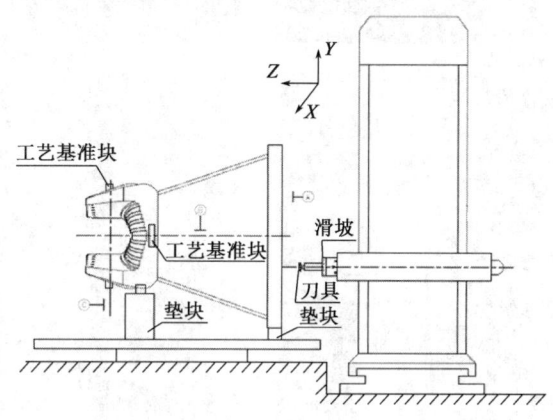

图6 散索鞍底部承板槽加工示意图

2)机加工设备的选择

散索鞍鞍头重约60t,散索鞍鞍座体重约44t,鞍头和鞍座体单件质量大,组合质量超过100t,为了保证机加工精度,减少装夹次数,避免多次装夹造成的精度误差,需要在带全数控回转工作台的大型数控镗铣床上进行机加工,随着装备水平的提高,机加工能力和精度得到了大力提升,目前散索鞍加工通常采用数控加工[4]进行加工,加工设备选用我公司的 TK6926、FB260 型大型数控镗铣床进行加工,TK6926 及 FB260 设备配置有全数控回转工作台(回转工作台的最大承重能力分别为180t、450t),机床控制系统均为德国西门子840D系统,拥有优秀的人机交互性、系统稳定性、伺服系统、位置测量系统和补偿系统,能保证多轴联动加工精度。TK6926 型数控设备用于散索鞍鞍头加工,FB260 型设备用于散索鞍座体以及散索鞍组合体整体精加工,制造车间安装有起吊能力分别为 400t、150t、100t 等不同规格的起吊行车,满足散索鞍分体和组合起吊的需要。

3)机加工工艺方案

针对散索鞍的结构特点,研究确定散索鞍的加工工艺方案为:鞍头的粗加工(部分精加工—与鞍座体结合面的精加工)→鞍座体的粗加工(部分精加工—与鞍头结合面的精加工)→鞍头和鞍座体组合精加工。加工过程见图7。

鞍头加工:在大型数控镗床先对散索鞍鞍头毛坯进行粗加工,粗加工散索鞍头底面、鞍槽及两端面。精加工底面及四周到位,并数控定位底面把合螺栓孔。工件平放,加工鞍槽拉杆孔凸台面,并定位拉杆孔中心,修整偏心的凸台外形。

鞍座体加工:在大型数控镗床先对散索鞍鞍座体进行粗加工,采用数控镗床粗加工底块键槽,精加工散索鞍鞍座体上平面及把合螺栓孔。

鞍头和鞍座体组合精加工:将鞍座体与鞍头用螺栓把合,在数控镗床先精加工骑缝销孔并装入钢销,然后再精加工散索鞍鞍槽、底部承板槽,加工时工件一次装夹定位,加工完鞍槽通过旋转工作台来加工底块,避免二次装夹带来的偏差。

a)鞍头加工

b)鞍座体加工

c)索鞍组合起吊调平

d)索鞍组合加工

图 7 散索鞍机加工

## 四、制作质量分析

散索鞍的组装尺寸和焊缝探伤符合技术规范要求。散索鞍各零部件的主要加工面的精度应满足图纸规定的要求。未注尺寸公差按《一般公差未注公差的线性和角度尺寸的公差》(GB/T 1804—2000)。各部件的主要加工件精度要求及检测结果见表1。

散索鞍加工精度要求　　　　表1

| 序号 | 实测项目 | | 规定值或允许偏差 | 检查方法 | 检查结果 |
|---|---|---|---|---|---|
| 1 | 散索鞍摆轴平面，底座下平面，中心索槽的竖直平面 | 平面度 | 0.08mm/m 及 0.5mm 全平面 | 机床检查 | 合格 |
| 2 | | 两平面的平行度误差 | <0.5mm | 机床、游标卡尺 | 合格 |
| 3 | | 表面粗糙度 | 12.5μm | 样板 | 合格 |
| 4 | | 尺寸精度 | 边长±1mm，对角线长度±2mm | 机床检查 | 合格 |
| 5 | 散索鞍摆轴中心线与索槽中心平面垂直度允差 | | ≤φ3mm | 机床检查 | 合格 |
| 6 | 散索鞍摆轴的对接面到索槽底面的高度允差 | | ±2mm | 机床检查 | 合格 |
| 7 | 鞍槽轮廓的圆弧半径(包括平弯圆弧半径) | | ±2/1000 | 机床检查 | 合格 |
| 8 | 鞍槽总宽度 | | ±2mm | 样板、游标卡尺/深度尺 | 合格 |
| 9 | 各槽深度和宽度按图纸加工，累积误差 | | ±2mm | | 合格 |
| 10 | 各槽对中心索槽的对称度 | | 0.5mm | 机床检查 | 合格 |
| 11 | 各加工后鞍槽底部及侧壁厚度的误差 | | ±5mm | 卷尺、游标卡尺 | 合格 |
| 12 | 散索鞍各槽曲线的平面、立面角度误差 | | ±0.2° | 机床检查 | 合格 |
| 13 | 鞍槽各面的表面粗糙度 | | 12.5μm | 样板 | 合格 |

## 五、结　语

悬索桥分体式散索鞍结构复杂,体积大,质量大,焊接难度大,优化焊接方案,做好焊接过程质量控制,确保产品焊接质量满足技术规范要求。同时,分体式散索鞍机加工需要配备100t以上的大型起吊设备,加工机床承重平台也需满足承重要求,散索鞍鞍槽是既有竖弯又有平弯的三维结构,鞍槽线性精度不易保证,为保证加工精度,需要加工机床具有回转平台,加工中能实现多轴联动。上述制造工艺保证了中国首例分体式散索鞍的成功制造,保证了索鞍的精度要求,为今后类似结构散索鞍的加工提供了参考。

**参考文献**

[1] 钱冬生,陈仁福.大跨度悬索桥的设计与施工[M].成都:西南交通大学出版社,2015.
[2] 全国铸造标准化技术委员会.焊接结构用铸钢件:GB/T 7659—2010[S].北京:中国标准出版社,2010.
[3] 全国钢标准化技术委员会.锅炉和压力容器用钢板:GB 713—2014[S].北京:中国标准出版社,2014.
[4] 杨冬.悬索桥鞍座的制造工艺形式及其槽道的加工方法[J].桥梁建设,1995,04:31-35.

# 14. 基于空间网格模型的桥梁加宽受力分析

孙承林[1]　邱体军[2]　唐国喜[2]　徐　栋[1]

(1.同济大学;2.安徽省交通规划设计研究总院股份有限公司)

**摘　要**　随着我国交通事业的快速发展,我国道路网中的交通量逐步增加。一些原有的桥梁难以满足通行需求,因此桥梁拓宽工程也越来越广泛。本文基于空间网格模型,以一座三跨预应力混凝土连续箱梁桥拓宽工程为背景,分别对桥梁加宽前后的整体受力和局部受力进行了精细化分析,探究了收缩徐变效应,活载效应等因素对桥梁加宽的受力影响。

**关键词**　混凝土桥梁　桥梁加宽　空间网格模型　收缩徐变　数值分析

## 一、引　言

随着我国社会经济的高速发展,公路网的交通量逐年增加。这使得大量早期修建的道路桥梁难以满足目前交通运营的需求,因此需要进行相应的改造,提高其交通承载能力[1],满足通行需求。

在这样的条件下,如果重新修建桥梁将会增大成本,这就需要在桥梁原有的基础上进行加宽加固,即在保证桥梁安全可靠的前提下,有效地利用原有桥梁的结构,使加宽后的桥梁满足现有的技术规范和准则,同时也要满足现有的功能要求[2]。经过调研分析,在满足现有技术要求和功能要求的前提下,对旧桥进行拓宽可有效控制横向拓宽的建设成本[3]。因此,综合考虑经济性和实用性两方面因素,可以对公路上不满足现行使用要求的旧桥进行加宽加固,从而使得旧桥能够被充分利用、完全发挥经济价值。

加宽加固工程是公路改建工程中一个技术含量较高的工程,其中关键性的技术问题包括:加宽的方法(不同桥型加宽方式、加宽方案的选择),加宽后桥梁基础沉降(加宽后新桥和旧桥刚度的差异性),桥面开裂(新桥和旧桥的连接缝受力是否合理),桥基是否可以承载等[4]。这些技术问题直接涉及桥梁的安全和稳定,在设计时应该引起高度重视。因此有必要对已有桥梁拼宽技术进行相关研究。对于桥梁加宽来讲,分析加宽后桥梁的整体受力情况与原桥的受力变化十分重要,同时接缝位置的受力也尤为关键,这是决定桥梁能否安全运营的基础。

本文采用实用精细化分析方法,通过建立空间网格模型来分析桥梁的受力情况,可以明确桥梁各位置加宽前后的受力变化,分析影响加宽桥梁受力状态的影响因素,为设计单位提供合理化建议。

## 二、计算分析方法与模型

### 1. 计算分析方法

本文将采用空间网格模型对加宽桥梁进行受力分析,通过建立网格模型将桥梁截面视为由若干块板组成。将结构离散成许多块板,对每一块板进行梁格划分,再将每一个板元由十字交叉的正交梁格组成,以十字交叉的纵横梁的刚度等代成相应板的刚度,用划分后的梁格来等效代替每块板的受力[5]。一片正交梁格就像是一张"网",即构成了空间网格模型。这样就可以准确的分析箱梁界面各个位置的应力水平及变化情况。

相较于单梁模型、平面梁格有限元模型,空间网格模型能够更全面地考虑及计算组合结构桥梁中的空间效应,能够有效提取出每个混凝土板单元与钢板单元中的受力情况。相较于实体板壳有限元模型,能够更方便地考虑收缩徐变效应对结构产生的影响,并且能够清晰地获取结构的整体和局部效应,而非整体效应和局部效应混合的结果。

通过建立加宽桥梁的空间网格模型(图1),可以将桥梁结构离散为底板、腹板、底板、翼缘板等部分,可以计算得到各位置在不同工况以及组合作用下的受力状态及加宽前后的应力变化情况,这样可以更加准确地分析桥梁加宽关键位置的影响因素与设计要点,对桥梁的整体受力和局部受力有了更加清晰的认识。

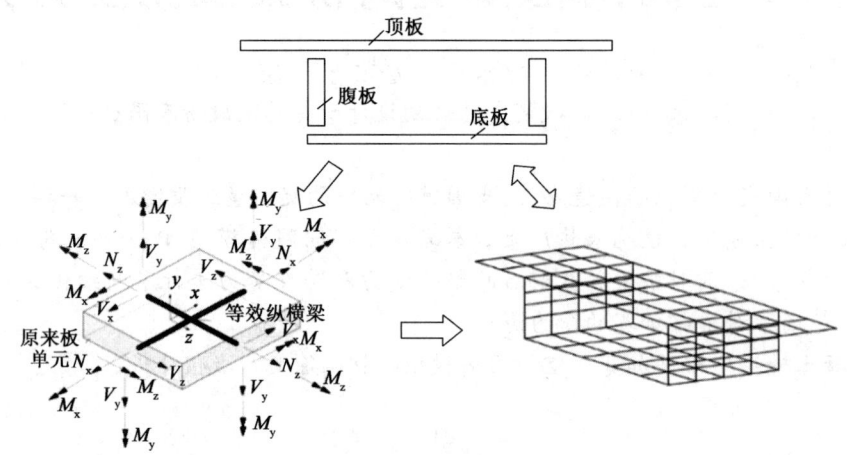

图1 空间网格模型结构离散原理示意图

### 2. 工程背景

加宽的既有桥梁为一座三跨等截面预应力混凝土现浇箱梁,单幅桥宽13.5m,截面为单箱三室。梁高2.2m,跨径为布置(28+40+28)m,全长96m。加宽部分桥梁单幅桥宽7m,采用三片预制小箱梁进行加宽,小箱梁的梁高为1.8m,单个小箱梁的宽度为2.2m,小箱梁的湿接缝宽度为30cm。由于桥梁下方原有道路的影响,因此原桥与新桥之前存在一定的错孔。跨径为布置(21.5+21.5+36+17)m,全长96m。拼宽后的平面布置图与跨径如图2所示。

现有桥梁与拼宽桥梁之间采用混凝土湿接缝浇筑的连接方式,湿接缝的长度为80cm。新旧桥梁连接后的标准拼宽横断面布置如图3所示。

### 3. 计算模型

为了分析桥梁各位置在加宽前后的应力变化及影响因素,将桥梁的顶板、腹板、底板进行分离,建立6自由度空间网格模型对其进行受力状态分析。最终完成的单幅桥全桥模型如图4所示,全桥共分为4205个节点和6238个单元。从连接缝处向两侧将原桥的各道腹板编号1-4号,新建小箱梁的编号为1-3号。

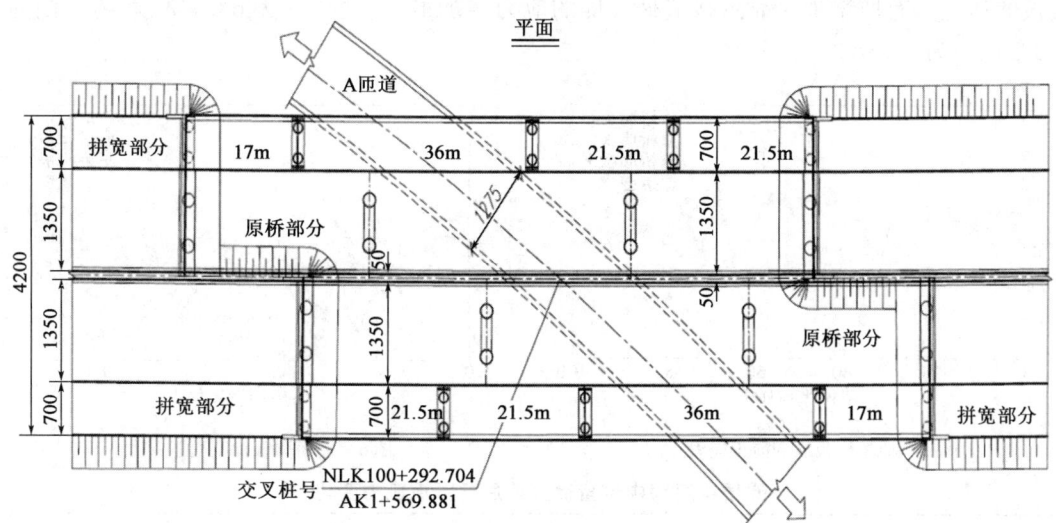

图 2 空间网格模型结构离散原理示意图(尺寸单位:mm)

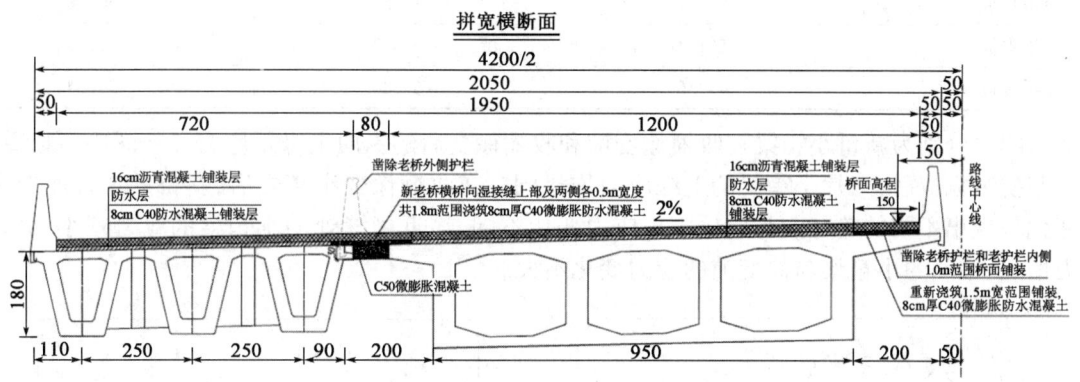

图 3 加宽后标准拼宽横断面布置图(尺寸单位:cm)

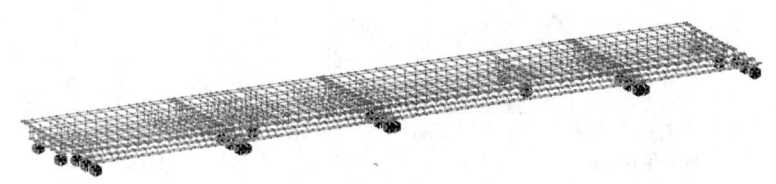

图 4 空间网格计算模型

## 三、桥梁加宽受力状态分析

对于加宽桥梁的整体受力状态的分析可以分成两个部分:一是桥梁加宽前后的整体受力变化,主要体现在桥梁的纵向受力变化;二是桥梁加宽后连接位置的受力情况,主要是横向的受力状态分析。

### 1. 整体受力分析

对于加宽桥梁的整体受力状态,主要关注原桥梁与新建桥梁的纵向受力状况。在新旧桥连接施工完成后与徐变十年后两个时间点,可以分别计算得到原桥各腹板的正应力分布情况。图 5 与图 6 分别为原桥腹板在收缩徐变前和收缩徐变后的纵向上缘正应力。从图中可以看出,原桥腹板正应力在新桥收缩徐变后有所增加。

为分析收缩徐变效应对原桥腹板纵向正应力的影响,以桥梁中跨跨中位置为代表分析徐变前后的腹板应力变化见表 1。通过计算结果对比可以得到,收缩徐变之前原桥的各腹板应力比较均匀,收缩徐变之后各腹板的压应力有所增加。靠近接缝处一侧的应力增加最大,变化率为64.1%;远离一侧的变化率增加最少,变化率为34.84%。

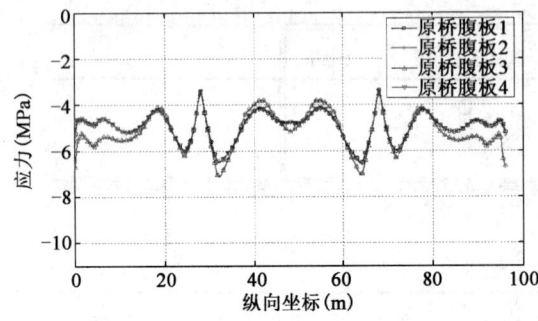

图5 原桥腹板徐变前正应力

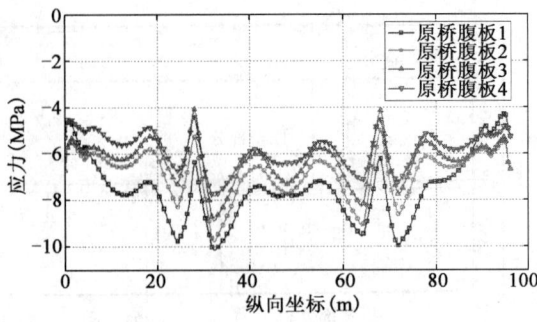

图6 原桥腹板徐变后正应力

原桥中跨跨中位置徐变前后各腹板应力变化　　　　　　　　　　　　　　　　　　　　　　　　表1

| 位　　置 | 徐变前(MPa) | 徐变后(MPa) | 变化率(%) |
|---|---|---|---|
| 原桥腹板1 | -4.721 | -7.747 | 64.10 |
| 原桥腹板2 | -5.161 | -7.751 | 50.18 |
| 原桥腹板3 | -5.164 | -7.322 | 41.79 |
| 原桥腹板4 | -4.736 | -6.386 | 34.84 |

图7与图8分别为新桥小箱梁在收缩徐变前和收缩徐变后的纵向上缘正应力。从图中可以看出,小箱梁在预制拼装完成后,三片小箱梁的上缘应力均相同。在收缩徐变十年之后,新桥的3片小箱梁的上缘应力变化呈现出不同的趋势。与原桥腹板应力变化不同,靠近接缝处的小箱梁的应力减小,远离接缝处的应力增大,中间的小箱梁与徐变前的应力变化不大。

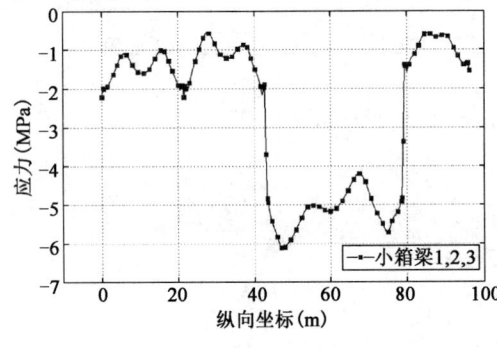

图7 新桥小箱梁徐变前正应力

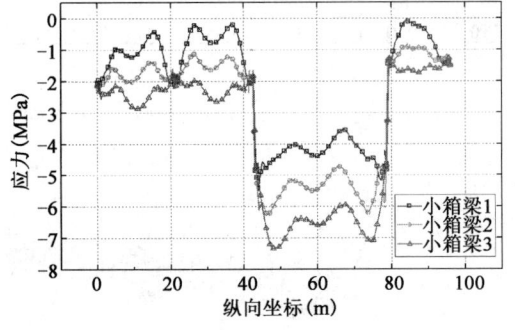

图8 新桥小箱梁徐变后正应力

同样以36m小箱梁中跨跨中位置为代表分析徐变前后的上缘正应力变化见表2。靠近接缝处的小箱梁的应力减少幅度为15.1%。远离接缝位置的应力增加变化幅度为27.5%。

新桥中跨跨中位置徐变前后各腹板应力变化　　　　　　　　　　　　　　　　　　　　　　　　表2

| 位　　置 | 徐变前(MPa) | 徐变后(MPa) | 变化率(%) |
|---|---|---|---|
| 小箱梁1 | -5.17 | -4.39 | -15.1 |
| 小箱梁2 | -5.17 | -5.46 | 5.6 |
| 小箱梁3 | -5.17 | -6.59 | 27.5 |

通过上述的分析可得,产生以上结果的主要原因是由于两座桥梁连接之后,两座桥在纵向上要保持变形协调。由于新桥的收缩徐变作用,会受到原桥的限制,所以使得原桥整体在纵向上呈现一个偏心受压状态,新桥呈现偏心受拉状态。两座桥在新桥收缩徐变前后的变形图如图9所示。因此,原桥腹板正应力均增大,且靠近接缝处一侧的腹板正应力增加变化率最大,远离一侧腹板变化最小。新桥小箱梁靠

近接缝处的一侧的正应力减少,远离的一侧正应力增加。

由此可以得出:两座桥在连接后的应力状态会由于新桥的收缩徐变发生改变。原桥的纵向应力会增加,新桥靠近接缝处的纵向应力会减少。靠近接缝一侧的应力变化比远离接缝一侧的应力变化更明显。因此,对于新桥设计时要考虑收缩徐变效应对整体受力的影响,在常规桥梁的设计过程中,桥梁的正应力一般不会出现明显的减少,但是对于加宽桥梁而言,需要考虑新桥由于收缩徐变带来的应力减少,防止与其他效应进行组合时出现拉应力超限。一方面,需要加强新桥的应力储备,尤其是靠近接缝一侧;另一方面,应尽量延后两座桥的连接时间,待新桥施工完成一段时间以后再进行连接。因为收缩徐变效应一般在施工刚完成时比较明显,之后会逐渐减小,这样就会减少两座桥梁连接之后的应力变化幅度。

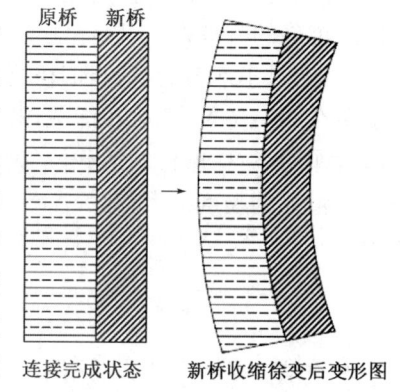

图9　收缩徐变后桥梁整体变形图

2. 局部受力分析

对于桥梁的局部受力分析,主要关注新旧桥梁之间的连接部位的受力状态,连接部位的受力情况是直接影响到桥梁加宽能否成功的关键因素。通过模型的计算可以得到接缝部位在不同影响因素下的应力大小。表3中列出了连接缝位置在不同影响因素下的应力情况。

连接处局部受力　　　　　　　　　　　表3

| 影响因素 | 纵向(MPa) | 横向(MPa) |
| --- | --- | --- |
| 活载作用 | 0.78 | 2.45 |
| 收缩徐变 | 2.23 | 1.75 |
| 基础沉降 | 0.69 | 3.62 |

连接缝的局部受力分析表明,连接带的纵向受力与整体受力相似,都是主要由受收缩徐变作用影响,而横向受力则主要受基础沉降和活载作用控制,如图10所示。

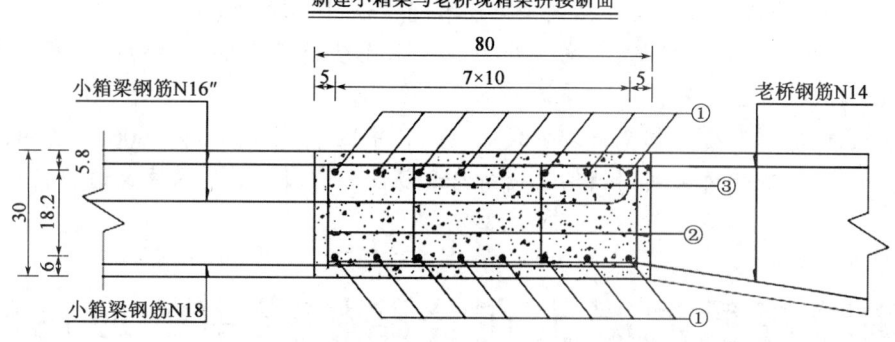

图10　桥面板横向连接大样图

对于一般的加宽桥梁,由于原桥已经建成多年,基础沉降已经基本完成。而新桥由于建成后在自重和活载的作用下,将会发生基础沉降变形。由于新旧桥梁的翼缘板之间通过纵向连接缝进行连接,所以当新桥发生基础沉降变形时,两桥之间的翼缘板将会产生约束变形。对于横向连接部位而言,其受力状态受新旧桥之间的不均匀沉降造成的新旧悬臂之间的位移差影响很大。由于新旧桥的翼缘宽度都比较小,两座桥梁翼缘板连接后刚度较大,因此翼缘板的根部应力对于新旧桥之间的位移差较为敏感。当新旧桥之间产生位移差较大时,就会在翼缘板根部与接缝位置位置产生较大的应力值。

因此,为了保证连接接缝处的运营安全,需要严格控制新桥的基础沉降量,在两座桥连接之前应采取一定的措施来减少连接后的基础沉降量。如在新桥施工完成后进行一段时间的压重使得沉降尽量多的在连接前发生。在两座桥连接后也要定期进行观测,在沉降量超过一定限值后,要进行相应的保护措施来控制沉降的继续发生,以保证桥梁的运营安全。

此外,对于活载而言,新旧桥之间的错孔,也会在一定程度上影响连接部位的横向受力。如果新旧桥的桥墩在同一位置,那么在活载作用下两座桥梁可以共同变形。而当两座桥梁之间存在错孔时,当桥梁在活载作用下,一座桥的活载位移会受到另一座桥的墩顶位置的限制,由此会在连接部位产生一定的拉应力。错孔的长度越大,那么所受到的变形限制产生的应力也会越大。因此新桥与原桥之间的错孔不宜太大。

## 四、结 语

本文从实际工程出发,采用空间网格模型分析桥梁加宽之后的受力情况。通过空间网格模型的计算分析,可以很清晰地得到加宽桥梁各位置的受力状态和应力变化情况。

(1)桥梁整体的纵向受力在桥梁加宽前后的应力变化,主要由于新旧桥横向连接后,新桥的收缩徐变作用造成。由于两座桥梁连接之后,要在纵向上要保持变形协调,导致原桥腹板正应力增加,靠近接缝处一侧的应力增加最大,远离一侧的变化率增加最少。新桥小箱梁靠近接缝一侧应力增加,远离一侧应力减小。

(2)对于桥梁的局部受力,其连接缝位置纵向受力主要由受收缩徐变作用影响,而横向受力则主要受基础沉降和活载作用控制。在活载作用下,新旧桥之间的错孔也会在接缝位置产生附加应力。

(3)为了保证桥梁加宽后的运营安全,需要控制新旧桥之间收缩徐变的影响。为防止出现与其他效应组合后拉应力超限,可以推迟新旧桥的连接时间。此外需要严格控制新桥的基础沉降,需要对其进行定期的监测。当沉降超过一定数值时,应采取相应措施,防止在接缝处位置产生过大的拉应力造成破坏。

**参考文献**

[1] 华斌,李捷,吴建平,等.预应力混凝土梁桥拓宽关键技术研究[J].现代交通技术,2006(05):72-76,84.

[2] 梁志广,袁磊.预应力混凝土箱梁桥拓宽拼接技术[J].铁道建筑,2009(05):22-25.

[3] 吴文清,翟建勋,张娴,赵昊,张慧.三向预应力混凝土连续箱梁桥横向加劲肋拓宽研究[J].现代交通技术,2018,15(02):22-29.

[4] 梁志广,周滨,袁磊.公路桥梁拓宽拼接方式综述[J].中国市政工程,2008(06):17-19,87.

[5] 徐栋,赵瑜,刘超.混凝土桥梁实用精细化分析与配筋设计[M].北京:人民交通出版社,2013.

# 15. 陶粒轻质混凝土在公路桥梁中的应用研究

孙运国[1,2] 郑连生[1,2] 杜建涛[1,2]

(1.天津市交通科学研究院;2.桥梁结构安全与耐久性国家地方联合共建工程实验室)

**摘 要** 陶粒轻质混凝土密度小,应用在桥梁工程中可有效降低结构自重,从而增加结构跨径。本文根据试验结果及工程经验,总结陶粒轻骨料的特性,以永定新河大桥实际工程为例,在结构设计、施工质量控制以及运营期性能三方面讨论陶粒轻质混凝土在大跨径桥梁中的应用效果。通过开展以上几方面工作,为陶粒轻质混凝土在桥梁工程中的推广应用提供参考。

**关键词** 陶粒轻质混凝土 桥梁工程 结构设计 施工质量控制 运营期性能

## 一、引言

轻质混凝土主要分为多孔混凝土和轻骨料混凝土,具有低密度、自重轻、抗震性能好等特点。根据《轻骨料混凝土应用技术标准》(JGT/T 12—2019)的定义,轻骨料混凝土主要指:用粗集料轻砂或普通砂、胶凝材料、外加剂和水配制而成的干表观密度不大于 $1950kg/m^3$ 的混凝土。根据骨料组成的不同,轻骨料混凝土又分成聚苯乙烯颗粒泡沫混凝土、空心玻璃微珠混凝土、陶粒混凝土等。

由于轻质混凝土具有良好的力学性能,且能够降低结构自重,轻质混凝土应用于各类建筑已有近百年历史。用于桥梁结构和建筑结构的最早记载年限分别为 1922 年和 1928 年。我国从 20 世纪 50 年代开始研发人造结构轻骨料,1956 年开始进行陶粒及陶粒混凝土制品的研究工作。20 世纪 90 年代后期,陶粒轻质混凝土开始应用于高层建筑与大跨径桥梁工程中。本文通过总结陶粒轻质混凝土特性及实际应用效果,以期为该类型混凝土推广应用提供参考。

## 二、陶粒轻质骨料特性

陶粒轻质混凝土的粗骨料主要包括粉煤灰陶粒、页岩陶粒、黏土陶粒、火山岩轻骨料等。轻细骨料主要包括陶砂、膨胀珍珠岩等。由于结构轻骨料混凝土强度要求较高,一般采用人造轻骨料加以配制。项目组根据试验结果及工程经验,对轻骨料性能有以下定性结论,可为陶粒轻质混凝土相关应用提供借鉴。

(1)高强轻骨料的性能主要决定于轻骨料内部孔隙和孔隙率,当孔隙由均匀密闭的球形小孔构成时,轻骨料的吸水率低,强度和弹性模量相对较高。材质中的硅含量高,轻骨料的强度一般也较高。

(2)由于轻骨料混凝土含砂率高于普通混凝土,集料级配变化对混凝土性能的影响程度相对较小。

(3)轻骨料粒径增大往往伴随着密度和颗粒强度下降,因此,制作高强轻骨料混凝土宜采用最大粒径不大于 20mm 的连续粒级高强轻骨料。混凝土的密度随选用轻骨料密度的下降而下降,但轻骨料密度越低,在施工中上浮的倾向性也越强。

(5)轻骨料的强度水平对混凝土强度的上限水平起控制作用,通常采用强度标号指标对轻骨料进行优选,而采用筒压强度进行现场质量控制。

(6)轻骨料颗粒弹性模量低于砂浆的弹性模量,但两者间的差值较小,这决定了两者间的相容性相对较好,有利于减轻混凝土受力时集料和砂浆界面的应力集中。

(7)圆球形轻骨料和砂浆间的黏结力较差,在施工时易从砂浆中脱离,并倾向于局部聚集。根据断裂力学(图1)原理,当混凝土中裂缝扩展至轻骨料界面时,球形颗粒出现较大 $\beta$ 的几率显然高于碎石形颗粒,且裂缝一旦沿球形颗粒界面开始扩展,$\beta$ 将迅速增大直至界面被破坏。因此,圆球形轻骨料比碎石形轻骨料产生界面破坏的概率更高,这对混凝土的强度不利。

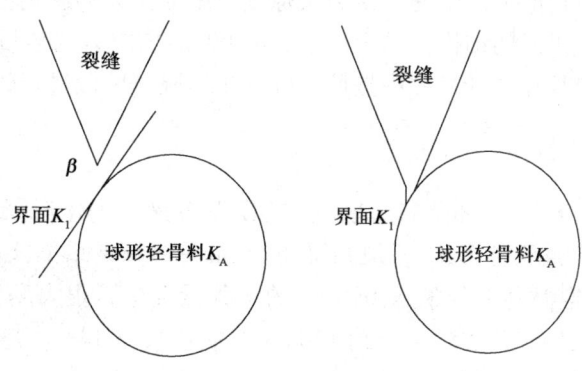

图 1 裂缝在圆球形轻骨料截面扩展示意图

(8)吸水率较高的轻骨料使用前需预湿,这可能造成混凝土的抗冻性下降,但有利之处在于能增强硬化初期混凝土的保湿能力,并使混凝土获得一定程度的自养护功能。

## 三、陶粒轻质混凝土的应用研究

2000年,在天津永定新河大桥南北引桥工程(以下简称"永定新河大桥")中使用了陶粒轻质混凝土。该桥是唐津高速公路(天津—唐山)二期工程中的一座大型桥梁,位于天津市滨海新区塘沽,由上下行结构相同的两座桥梁构成,桥梁总长1530.4m,宽12m,其中主桥长275.5m,跨径布置为(82.75 + 110 + 82.75)m;南引桥跨径布置为$3 \times 35m + 3 \times (4 \times 35)m + (30 + 3 \times 35)m$;北引桥跨径布置为$3 \times (4 \times 35)m + 5 \times 35m$。

以下内容将从设计、施工及运营期性能三方面分析永定新河大桥工程中高强轻骨料混凝土的应用情况。

### 1. 工程结构优化设计

永定新河大桥原设计为普通混凝土桥梁,经变更设计后改为采用陶粒轻骨料凝土制作上部结构(包括梁和桥面板)。轻骨料混凝土的设计标准为强度等级CL40,密度等级1900。设计的原则是充分利用陶粒轻质混凝土的特性对原设计的结构形式、跨度和基础构造进行优化,使桥梁在满足必要功能的前提下,寿命周期费用尽可能降低,实现功能和成本比值的最大化。在设计阶段,上部结构使用轻质材料,对桥梁结构的优化主要体现在以下几方面:

1)桥梁跨度加大

由于采用高强轻骨料混凝土,桥梁上部结构自重降约20%,在考虑施工起吊重量的情况下,可以加大桥梁跨度。优化设计将原设计的26m主梁跨度加大到35m。

2)主梁结构形式改变

原设计主梁每幅为4片简支大跨径板梁,优化后改为每幅2片预制箱梁,中间用现浇混凝土板相连,并采用3~5跨不等的连续结构,节省了预应力钢筋,增加了结构的整体性,增强了抗震性能。

由于轻质混凝土弹性模量为同强度等级混凝土的50%~70%,故采用陶粒混凝土的梁体刚度需要增强,同时考虑到主梁为少肋型截面,本桥梁高取为2.08m,高跨比为1/17。

预制梁高(中心)为2.0m,梁顶设2%横坡。跨中截面肋板厚18cm,顶板厚10cm,底板厚15cm。支点截面肋板厚35cm,顶板厚10cm,底板厚25cm。预制梁重约为95t。后浇桥面板21cm厚(包括磨耗层),预制梁顶部分11cm厚。该种截面主梁混凝土指标为$0.4m^3/m^2$,是一技术上比较合理,经济上比较节省的梁型。

主梁为连续梁结构,其施工工艺采用先简支后连续的施工方法。主梁分两次浇筑完成,首先完成预制梁结构,桥面板和纵向湿接缝混凝土为二次浇筑完成,与预制梁形成整体连续结构。现浇桥面板与预制梁构成叠合结构,由于两部分混凝土的浇筑时间不同,施加预应力的大小及时间也不同,而且结构体系由简支结构转变为连续构,故预应力产生的二次力及徐变收缩对梁体的影响都应引起高度重视。由于主梁预应力在不同的施工阶段、不同的结构体系上施加,每批施加预应力的数量及预应力束线形变化都会对梁体产生不同的效果,因此须在设计过程中按照实际施工步骤分阶段进行仿真分析,精确分析上、下两层梁体的相互影响。

3)下部结构尺寸减小

原设计采用$\phi 1.5m$钻孔灌注桩,$\phi 1.35m$墩柱,桩顶设系梁。优化后,钻孔灌注桩改为$\phi 1.0m$和$\phi 1.2m$两种,其中$\phi 1.0m$桩为通天柱形式,不设系梁,$\phi 1.2m$桩桩顶设系梁,墩柱为$\phi 1.0m$。

使用轻质混凝土取代普通混凝土,永定新河大桥的工程量发生了很大变化(图2):全桥上部结构使用约$10000m^3$陶粒轻质骨料,生产轻质混凝土约$13087m^3$,制成主梁144片、浇筑桥面板约$30000m^2$。全桥总计减少桥面铺装及下部结构混凝土使用量约$13509m^3$,另减少普通钢筋254.4t,预应力钢筋165.4t,锚具4592套,产生了明显的经济效益。图3为桥梁横断面图。

### 2. 结构施工和质量控制体系

同普通混凝土相比,陶粒轻质混凝土的施工工艺有一定的特殊性:对施工工艺的影响表现为轻骨料性能的变异性较大,通常需预湿处理,拌和物在运输、振捣过程中更易离析等;陶粒轻质混凝土质量对原材料的性能稳定性以及施工各环节影响质量因素的变化更加敏感,要求施工控制和管理更加严格。

图2 永定新河大桥现场情况

1) 轻骨料类型的选择

制作轻质混凝土对轻骨料自身性能的关注程度要远高于制作普通混凝土时对普通碎石集料性能的关注程度,这是因为:

① 作为混凝土中的弱组分,轻骨料的性能对混凝土的性能起控制作用;

② 作为一种人造材料,轻骨料自身性能的形成受多种因素的影响,使其始终处于一定程度的变异状态。

因此,结合上文对陶粒轻质骨料特性的总结,在原材料、粒型、级配、堆积密度、颗粒表观密度、桶压强度、强度标号及吸水率8个方面因素,对1999~2000年应用相对较广泛的4个品牌轻骨料进行对比分析(图4),在性能指标均满足项目需求的情况下,综合考虑生产规模和大批量生产时产品性能的稳定性,最终选择了上海某品牌陶粒轻质骨料。

图3 桥梁横断面图(尺寸单位:cm)

2) 轻骨料的预湿

轻骨料的预湿工艺是确保混凝土质量的基础。集料的多孔结构决定了它的高吸水率,同时吸水速度很快,如果不经预湿处理往往会造成拌和物坍落度的损失,使得混凝土的质量难以控制(图5)。一般的预湿工艺可采用浸泡和喷淋两种方法,本项目采用浸泡的方法进行预湿。经过测试,陶粒浸泡4h后,吸水率可达12h吸水率的94%,超过12h后吸水率变化不超过1%,故轻骨料的浸泡时间应不小于4h。

3) 投料、计量、拌和以及拌和物的运输

轻骨料预湿、明水沥掉后,表面还存有一定量的吸附水,这部分水应计入净用水量内。经测试陶粒的吸附水率为4%~5%。由于轻骨料混凝土对水量的变化比较敏感,所以对加水量的计量须准确。经试验研究,永定新河大桥确定的混凝土配合比见表1。拌和制度见图6。

永定新河大桥陶粒轻质混凝土配合比(单位:kg/m³)　　　表1

| 构件 | 水泥 | 陶粒 | 水 | 河砂 | 减水剂 | 引气剂 | 纤维 | 饮用水 | 坍落度 |
|---|---|---|---|---|---|---|---|---|---|
| 箱梁 | 520 | 550 | 135 | 750 | 3.12 | 0.026 | 0 | 160 | 8~12cm |
| 桥面板 | 520 | 550 | 135 | 750 | 2.60 | 0.026 | 1 | 160 | 5~8cm |

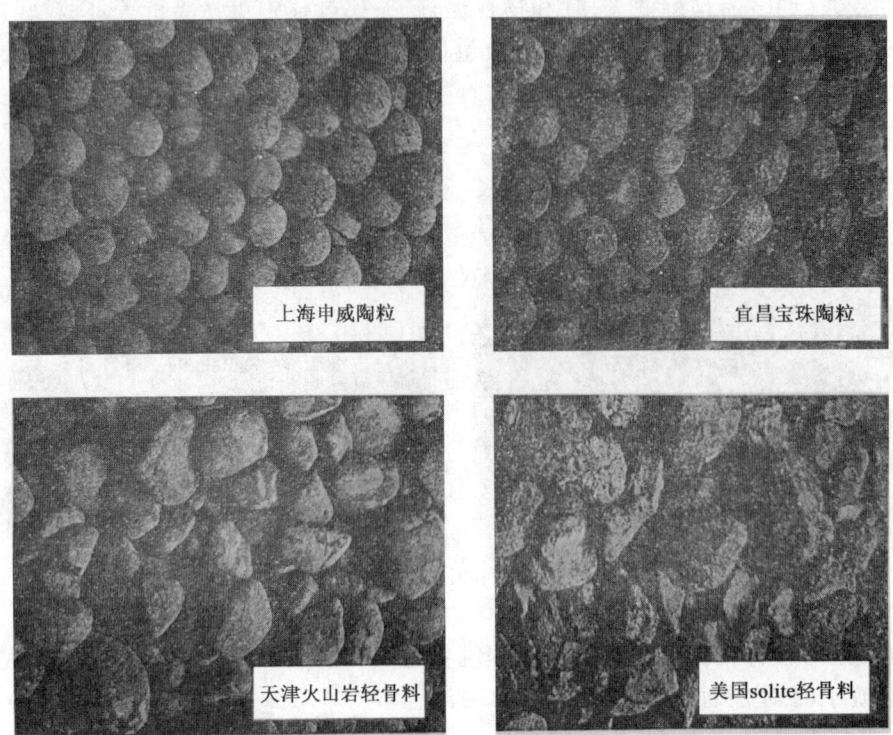

图 4　参与对比分析的轻骨料外观

图 5　集水池浸泡陶粒轻骨料

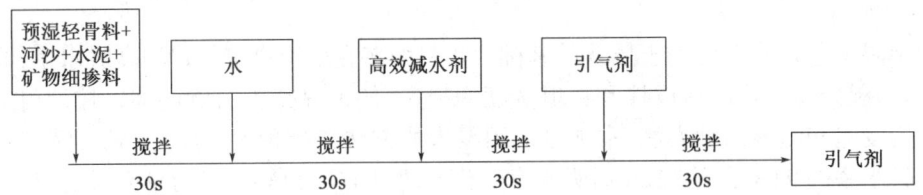

图 6　永定新河大桥陶粒轻质混凝土拌和制度

为减小陶粒上浮的概率,应结合《轻骨料混凝土应用技术标准》(JTG/T 12—2019)、《自密实混凝土应用技术规程》(JTJ/T 283—2012),基于富浆理论进行配合比设计,并考虑适当增大混凝土基体黏度,以进一步抑制骨料上浮[7]。因为轻骨料拌合物在运输过程中有离析的倾向,因此应该尽量缩短运输距离。同时,到达地点后还应该检测坍落度的情况,应严格控制坍落度变化。

4) 成型工艺

该工艺重点包括浇注和振捣、修整和养护。由于拌合物中的陶粒在浇注和振捣过程中有上浮的现象,所以轻骨料混凝土在浇注和振捣过程中应遵循分层浇注,每次浇注高度以30~50cm为宜。在振捣过程中采用振动力较小的设备,并应缩短振点距离。即遵循"振动时间短,振动距离短"的原则,振捣深度应向下层延伸5cm。梁体浇注完成后,应及时进行修整和养护,尽管轻骨料预湿后有一定的"自养护"能力,但养护时也该注意保湿措施,避免出现混凝土收缩裂缝。

3. 运营期结构性能跟踪观测

唐津高速公路是国道主干线中丹拉高速公路的支线,既连接我国东北地区与华东、华南地区的快速通道,也是天津市滨海新区和天津港对外的主要高速公路通道,不同区间货车占比60%~80%。唐津高速的枢纽地位决定了永定新河大桥长期处于高负荷运营状态,因此,对其运营状况进行了十余年的长期观测。

1)结构承载能力

永定新河大桥于2000年成桥时及2013年唐津高速改扩建时分别进行了静荷载试验。

2000年,根据《大跨径混凝土桥梁的试验方法》(YC4-4——1978)的要求设计了试验方案。试验结果为:偏载作用下,两片箱梁承担荷载分别为60%与40%,中载作用下挠度值相对误差为2%;所有工况试验效率最大为0.85,校验系数最大为0.91。

2013年,根据《公路桥梁承载能力检测评定规程》(JTG/T J21—2011)的要求设计了试验方案。试验结果为:偏载作用下,两片箱梁承担荷载分别为57%与43%,中载作用下挠度值相对误差为2.5%;所有工况试验效率最大为1.05,校验系数最大为0.86。

根据两次试验数据,在对称荷载作用下,两片箱梁受力一致,表明箱梁具有同样的承载能力;在偏载作用下,两片梁能够协同受力,表明结构具有良好的横向整体性能;应力、挠度校验系数均小于1,且未出现结构受力裂缝,表明承载能力满足设计要求;应力、挠度相对残余均小于20%,表明结构处于良好的弹性工作状态。

2)材质状况

由于陶粒轻质混凝土集料砂浆界面较密实,抗渗性能和抗其他腐蚀性介质侵入的能力更强,本节主要对成桥混凝土材质状况进行分析。

(1)耐久性病害统计。

根据桥梁历年外观病害检查结果,统计、分析桥梁结构累计出现的与耐久性相关的病害(主要包括混凝土胀裂、剥落、钢筋锈蚀等)数量。以耐久性病害面积与构件总面积比值表征病害程度,统计结果见表2及图7。

病害面积与构件总面积比值统计表　　　　表2

| 年份(年) | 主梁(‰) | 墩台(‰) |
|---|---|---|
| 2008 | 0.00 | 0.00 |
| 2012 | 0.20 | 0.00 |
| 2016 | 0.38 | 3.83 |
| 2017 | 0.47 | 4.48 |
| 2018 | 0.47 | 5.36 |
| 2019 | 0.87 | 7.37 |
| 2020 | 1.28 | 7.37 |

根据以上统计结果,截至2020年,永定新河大桥上部结构耐久性病害与构件总面积比值为1.28‰,下部结构为7.37‰。另对唐津高速天津段与永定新河大桥同一时期(2000年)建成的其他10座普通混凝土桥梁耐久性病害进行统计,上部结构耐久性病害与构件总面积比值为3.95‰~15.6‰,下部结构为2.83‰~7.59‰。

通过对比可知,永定新河大桥上部结构耐久性病害比例明显小于其他桥梁,而下部结构由于使用普通混凝土,耐久性病害与其他桥梁并无明显区别。

(2)混凝土碳化深度。

根据2018年检测结果,对永定新河大桥碳化深度与唐津高速天津段其他4座建设年代相近的桥梁共60个构件总计180个测点进行对比,各桥不同碳化深度数量占比见表3及图8、图9。

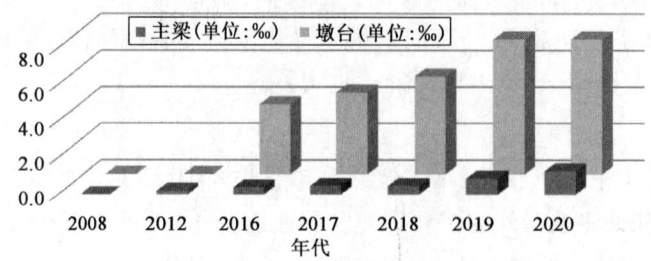

图7 病害面积与构件总面积比值对比示意图

**碳化深度统计表** 表3

| 桥名 (建设年代) | 上部结构测点 碳化深度数量占比(%) | | | 下部结构测点 碳化深度数量占比(%) | | | |
|---|---|---|---|---|---|---|---|
| | 4.5mm | 5mm | 5.5mm | 4.5mm | 5mm | 5.5mm | 6mm |
| 永定新河大桥(2000年) | 33.3 | 66.7 | 0.0 | 0.0 | 83.3 | 0.0 | 16.7 |
| 铁路东南环立交(2000年) | 33.3 | 66.7 | 0.0 | 33.3 | 50.0 | 16.7 | 0.0 |
| 京津塘立交桥(2000年) | 0.0 | 57.1 | 42.9 | 0.0 | 0.0 | 66.7 | 33.3 |
| 津塘公路互通(2000年) | 0.0 | 75.0 | 25.0 | 0.0 | 66.7 | 0.0 | 33.3 |
| 京山铁路桥(1998年) | 0.0 | 0.0 | 100.0 | 0.0 | 28.6 | 28.6 | 42.9 |

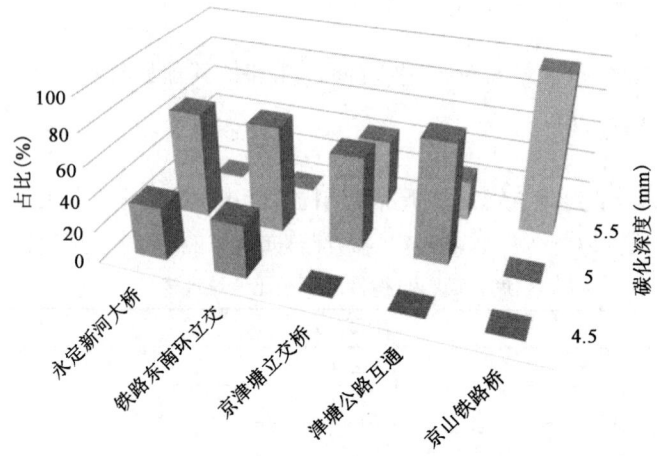

图8 上部结构碳化深度对比示意图

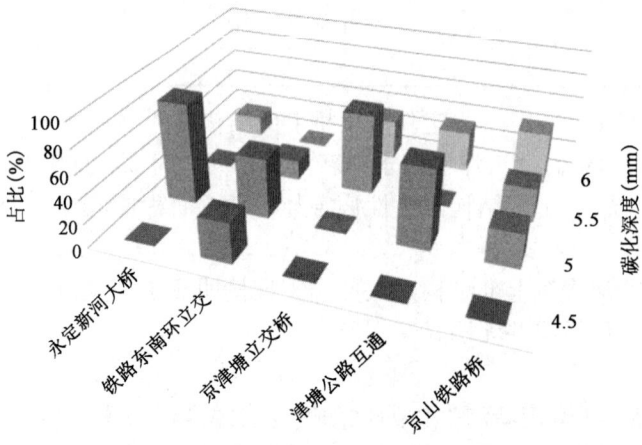

图9 下部结构碳化深度对比示意图

根据以上统计结果,永定新河大桥上部结构碳化深度均不大于5mm,与铁路东南环立交相同,材质发生碳化情况明显优于其他三座桥;下部结构测点碳化深度5~6mm,与其他桥梁无明显区别。

## 四、结 语

总结、梳理了陶粒轻质骨料的特性以及陶粒轻质混凝土在桥梁工程的应用,得出以下结论:

(1)陶粒轻质混凝土材料特性优点明显,应用在桥梁工程中可增加结构跨径,实现结构的进一步优化设计。

(2)陶粒轻质混凝土对施工质量更加敏感,因此须严格按照相关标准、规程的要求进行施工,并在各环节根据陶粒轻质混凝土的特性制定严格的操作流程。这是限制该类型混凝土广泛应用的主要原因,今后应将施工工艺的模块化、标准化作为研究方向。

(3)陶粒轻质混凝土能有效提高结构耐久性,与普通混凝土相比材质劣化速度明显降低。进一步研究其在沿海地区各类建筑中的应用是很有必要的。

**参考文献**

[1] 袁楠,等.轻质混凝土技术问题综述[J].混凝土与水泥制品,2021,4(4):27-30.
[2] 龚洛书,等.高强陶粒和高性能轻集料混凝土[J].混凝土,2000,2:7-11.
[3] 黄广胜.高强轻质混凝土在公路桥梁上的应用研究[D].成都:西南交通大学,2003.
[4] 穆龙飞,等.预湿骨料对陶粒混凝土性能影响的试验研究[J].混凝土与水泥制品,2019,11(11):66-69.
[5] 杨健辉,等.不同轻质混凝土的强度及耐久性影响因素分析[J].混凝土,2017,7:139-148.
[6] 曹诚,等.高强页岩粉煤灰陶粒混凝土在天津永定新河大桥中的应用[J].粉煤灰,2001,2(01):20-21.
[7] 高原,等.LC50轻质高强混凝土研发及工程应用[J].公路,2021,6(6):324-328.

# 16. 一种新型短束预应力混凝土技术研究与开发

王 勇[1,4] 朱春东[2] 张 伟[3] 贾洪波[3]

(1.杭州丰强工程设计咨询研究院有限公司;2.嘉兴市公路与运输管理中心;
3.浙江省乐清湾高速公司有限公司;4.杭州图强工程材料有限公司)

**摘 要** 目前预应力混凝土已成为国内外土建工程中最重要的一种结构材料,但是短束(4m以下)预应力问题,一直没有真正地解决。本文所述的先张自平衡预应力中空棒技术能有效地施加短钢束的永存预应力。对杆件预先施加预应力并实现自平衡,施工方便;预应力值准确,即使锚筋长度很短也能准确实现,损失可控;可实现短小结构混凝土预应力,具有划时代意义,可在预应力混凝土工程中推广应用。

**关键词** 预应力混凝土 短束预应力 先张自平衡预应力 中空棒

## 一、技术背景

预应力技术出现已有50多年历史,是在加筋混凝土尤其是钢筋混凝土技术发展后出现的一种技术。普通钢筋混凝土结构,主要利用钢筋抗拉强度高来弥补混凝土抗拉能力不足的特点,提高了混凝土结构的整体抗拉、弯、剪、压的能力,使混凝土结构的梁、板等跨度更大,柱、桩等承载力更大。但普通混凝土梁等下部容易出现开裂且变形挠度大,使跨度和承载力及耐久性方面出现不足,使用范围受到制约。预应力技术出现,改变了普通钢筋混凝土不足,使用范围大为扩展。混凝土结构中受拉主力钢筋用预应力筋代替,通过对预应力筋施加预应力,再将力传递到所穿过的混凝土中,使混凝土受压来弥补混凝土抗拉强度不足,提高抗开裂性,使梁板等构件做得更轻、跨度更大,提高耐久性。

预应力按施加预应力的手段分先张法和后张法两种。先张法是在一个混凝土构件预制场的预制台上先安装预应力筋,并张拉预应力。再上模板浇混凝土,待混凝土固结达到预定强度时释放预应力使钢筋的预应力传递到混凝土上形成预应力构件。早年的房屋建筑预制混凝土楼板通常用此方法预制。先张法的特点是工序少且简单,但预应力为直筋,不是曲线,一般为小型构件。可以是钢棒或钢丝。后张法是在混凝土构件中先预留预应力管道,待混凝土浇筑并固结后达到预定强度时,再穿入预应力筋并张拉,预应力锁定在混凝土构件上将力传递到构件中。其特点是可以直线和曲线筋,可以钢绞线和钢棒,范围广。大型的、复杂的结构,基本采用后张法,其缺点是施工工序多。

预应力钢筋有高强钢丝、高强钢绞线和高强钢棒。高强钢丝和高强钢绞线,单丝通常直径约3.5mm,用碳钢圆盘条多次冷拔而成,极限抗拉强度已达1860MPa,广泛用于预应力混凝土构件、岩土工程锚固中,也应用在一些缆索中。高强钢绞线通常见7根钢丝绕成一股。高强钢棒主要有实心精轧螺纹高强钢筋和圆钢棒,用合金钢制成,精轧而成。市场强度可达930MPa或更高。主要在预应力混凝土梁板的预应力筋,岩土锚杆等。

## 二、预应力混凝土技术存在的一些问题

预应力技术自诞生就获得了巨大的发展,目前预应力混凝土已成为国内外土建工程中最重要的一种结构材料,并用以处理结构设计,施工中用常规技术难以解决的各种疑难问题。我国近年来在混凝土工程技术,预应力技术应用方面取得了巨大进步。近二三十年来,我国预应力混凝土桥梁发展迅速,无论是在桥型、跨径,还是在施工方法与技术方面都有突破性进展,不少预应力混凝土桥梁的修建技术已达到国际先进水平。预应力钢绞线因材料延伸率低,预应力张拉变形小。过短时,小的回缩易致预应力失效,不易存储预应力,故做预应力筋一般长度在10m以上。精轧螺纹高强钢筋在现场张拉时,也易产生上述问题。预应力筋一般长度在4m以上。无论是采用高强钢丝、钢绞线,还是采用高强度粗钢筋,无论是选择先张法还是选择后张法工艺,短束预应力都是目前工程界的一个难题,其实质性原因是难以消除锚具回缩、钢筋回缩及施工工艺造成的预应力损失过大,而无法确保设计所需的永存预应力。工程实践中,由于短钢束的永存预应力不足而导致箱梁开裂屡见不鲜。

在实际工程中,预应力的应用还存在很多问题,如短束预应力问题。高强度精轧螺纹钢筋由于施工工艺简单、操作简便因而得到广泛使用。但在钢筋施工中,由于对其锚固过程中的应力损失常常不能有效控制,故造成一些混凝土结构的预应力不能满足设计要求甚至失效,导致结构出现较多病害。根据国内外相关资料,目前预应力技术需要对以下两个问题进行改进:一是短段构件预应力难以施加预应力;二是预应力在张拉后均不能移动。

综上所述,目前预应力技术需要两方面改进:一是解决短段构件预应力问题,如前所述钢绞线小于10m、钢棒小于4m不适合施加预应力。二是预应力筋在施加预应力后均不能移动。如大型梁结构需要跨径方向纵向预应力,也需要横向和竖向预应力,梁高4m左右或以下有些部位也需要预应力而现场预应力条件受限等情况;旧结构物加固需要预应力但现场施作预应力有难度等。为此,需要新的装置和张拉工具来实现改进。

先张法自平衡中空预应力棒技术兼具了以往的先张法和后张法的优点,能有效地施加短钢束的永存预应力,是具有划时代意义的预应力施工方法。自平衡中空预应力棒的技术在桥梁、建筑等领域势必会发挥积极作用,自平衡中空预应力棒在未来也将会得到大范围的推广及应用。

## 三、短束预应力先张法自平衡中空预应力棒的构造及其作用机理

先张自平衡预应力中空管由高强中空管、头部工作螺母、尾部工作螺母组成,配套辅助反力钢棒、工作内螺母、工作外螺母、压垫。通过工作外螺母与中空管的头部锚固螺母一侧与与之相邻,工作内

螺母为中空,旋转在工作外螺母内前端通过辅助反力钢棒压垫与反力钢棒相贴,通过外置压缩钢棒穿过工作内螺母中通道顶住压垫对内置反力钢棒施加一定压力,使中空管材伸长,锁紧工作内螺母,如图1所示。

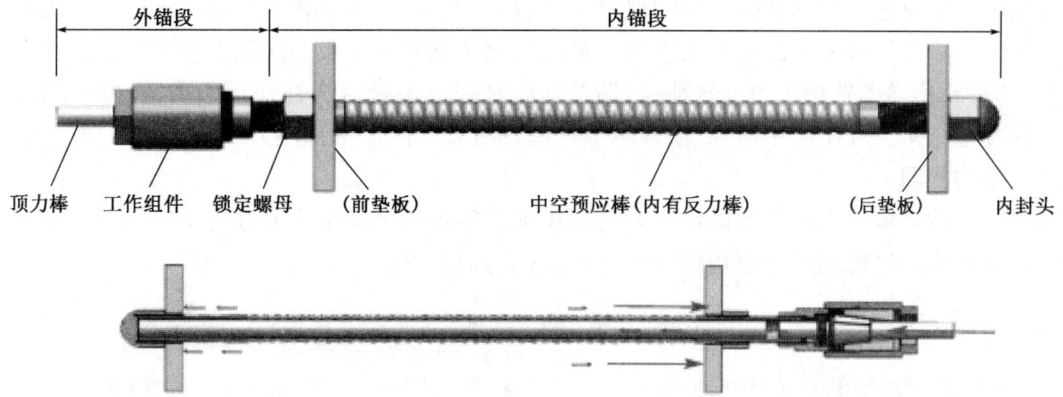

图1 自平衡预应力中空管结构及原理图

现场施工时,把自平衡预应力中空管放至需要施加的混凝土中,混凝土固结达到一定强度(一般不低于混凝土设计强度标准值的75%),混凝土与预应力中空管具有一定的黏结力后,解除工作内锚螺母,预应力由头尾锚固螺母将中空钢棒的预应力传递到混凝土。实现先张法预应力混凝土,施工极为简单方便、易控,如图2所示。

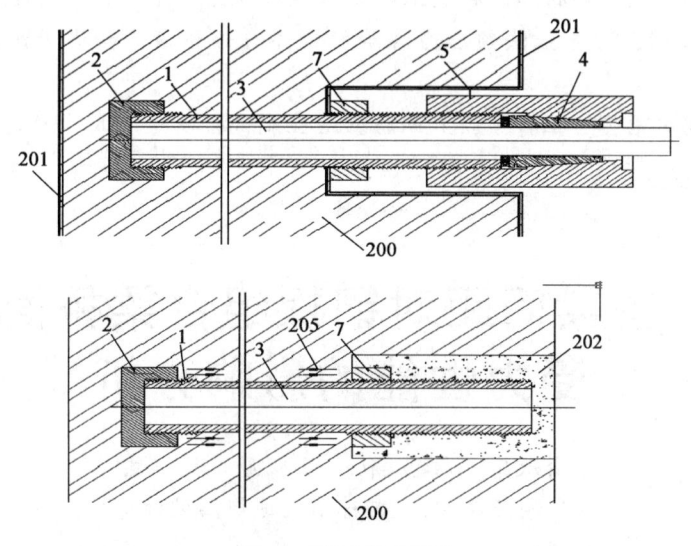

图2 现场安装示意图

混凝土固结到要求强度后,解除工作内锚螺母,预应力由头尾锚固螺母将中空钢棒的预应力传递到混凝土。

自平衡预应力中空管兼具了以往的先张法和后张法的优点,并能有效地保存短钢束的有效预应力,是一种具有划时代意义的预应力施工方法。通过本文的研究,要求研发出的自平衡预应力中空棒的成型产品满足以下要求:

(1)在施工现场不需要使用反力架和大型千斤顶,可以通过先张方式施加预应力;

(2)可以和钢筋一样运输和布置,运输和施工均很方便;

(3)在严格控制的场地内施加预应力,不需要在构筑上进行张拉施工控制,预应力数值准确可靠;

(4)采用先张法,不需要实施预应力管道内的压浆,减轻了现场施工作业时间;

（5）实现安装时造成的预应力无损失或缺失极小，即使对于很短的混凝土构件也能够有效施加预应力。

### 四、短束预应力先张拉自平衡预应力中空棒的应用前景展望

随着我国经济快速发展和基础设施的建设高潮，以及越来越多的预应力混凝土构筑物的建设，若继续沿用传统的预应力形式钢束的永存预应力不足而导致箱梁开裂等系列问题。鉴于此，本文建议在桥梁竖向短束预应力、桥梁体外预应力维修补强、端部支座补强及桥台后浇补强预应力等包括旧构筑物的加固预应力混凝土结构工程中应用研究，从根本上解决现有技术因短束预应力不能施加或损失极大等所产生的混凝土结构问题。

该类自平衡中空棒技术已经在乐清湾大桥引桥项目中箱梁竖向预应力进行了应用，通过该工程依托后续的监测可以得出这种新型短束预应力技术的实际传力机理。

### 五、结　语

（1）本文介绍了新型的自平衡短束预应力混凝土技术，该类锚杆能够在 4m 以下的短束预应力实现相关技术。

（2）对于短束预应力混凝土问题，采用新型的中空预应力棒技术能够从根本上解决在现有短束预应力所产生的箱梁开裂问题。同时，该类自平衡中空预应力棒受力特性使其桥梁、建筑等混凝土构筑物中的体外预应力进行加固补强工程中广泛应用的前景。

**参考文献**

[1] 褚海全,鲁笑举.新型内嵌筋材加固混凝土部件工具的研发[J].混凝土,2011(8):158-160.

[2] 陈萌,付瑞佳,王宝朝,等.先张法预应力螺旋肋钢棒自锚预应力传递长度的试验[J].工业建筑,2013(7):39-42.

[3] 王清湘,牟晓光,司炳君,等.三种预应力钢筋黏结性能试验研究[J].大连理工大学学报,2004(6):848-853.

# 17. 主梁间距对钢板组合梁桥面板受力性能的影响分析

俞承序[1]　秦立新[2]　白万鹏[2]　徐栋[1]

（1.同济大学；2.吉林省交通规划设计院）

**摘　要**　工业化建造和标准化设计是我国中小跨径桥梁当下的发展趋势和研究热点。钢板组合梁桥因其优良的结构性能以及与装配式结构自然匹配的构件组成，在中小跨径的装配式桥梁中具有良好的竞争力。本文基于空间网格模型，对二、三、四主梁形式的装配式钢板组合梁桥进行精细化分析。探究了主梁间距对不同截面形式钢板组合梁桥混凝土桥面板受力性能的影响。

**关键词**　钢板组合梁　装配化施工　混凝土桥面板　空间网格模型　主梁间距

### 一、引　言

随着我国桥梁工业化建造、标准化设计的不断深入，装配式桥梁的应用也随之与日俱增。装配式钢板组合梁桥造型简洁美观、结构力学性能优秀，同时具备施工快捷便利和经济效益良好等优点，在中小跨

径装配式桥梁中颇具竞争力,在我国获得较为广泛的应用。

虽然我国目前钢板组合梁桥的建设量不断增加,标准化设计的相关研究成果也逐渐丰富,我国学者从结构应力水平、刚度、钢梁稳定性等方面对钢板组合梁桥的截面设计参数进行了分析研究和优化[1-4]。然而,目前我国各省所采用的截面形式、主梁间距等总体结构参数的取值仍不尽相同。而主梁数和主梁间距对钢板组合梁桥混凝土桥面板的受力性能有较为明显的影响。主梁数量和主梁间距的变化将直接改变桥面板的横向跨度,影响其横向弯曲效应的大小。主梁间距的变化也同时改变了边、中梁的宽跨比,对桥面板中的剪力滞效应有一定的影响,改变纵向弯曲正应力在桥面板中的横向分布。由此可见,确定主梁间距对钢板组合梁桥受力性能的影响是标准化设计中不可或缺的一个环节,主梁间距取值的合理性将极大程度地影响各组成构件的受力状态以及结构整体受力的合理性,也是提高钢板组合梁桥综合效益的关键。

为此,本文将利用空间网格模型,对一座单跨35m跨径,桥面宽12.75m的四跨连续钢板组合梁进行精细化分析。针对二、三、四主梁这三种不同的截面形式,探究主梁间距对钢板组合梁桥混凝土桥面板受力性能的影响。

## 二、计算模型及分析方法

### 1. 结构形式

本文中研究对象的结构尺寸参考某实际工程中的双主梁钢板组合梁桥拟定。主梁的计算跨径为34.2m+2×35m+34.2m,总梁高2.2m,桥面全宽12.75m,结构布置及各部分构件尺寸如图1~图5所示。

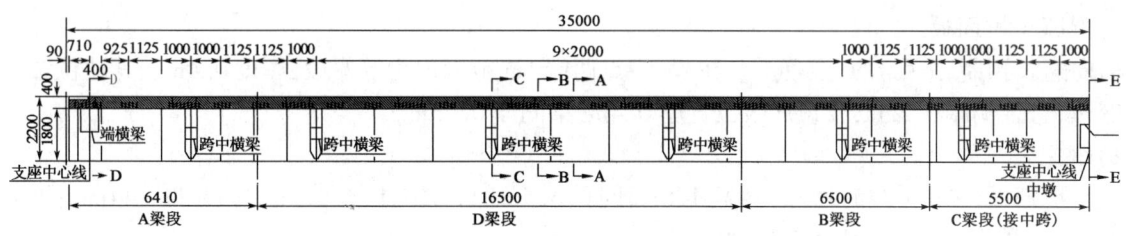

图1 边梁立面图(尺寸单位:mm)

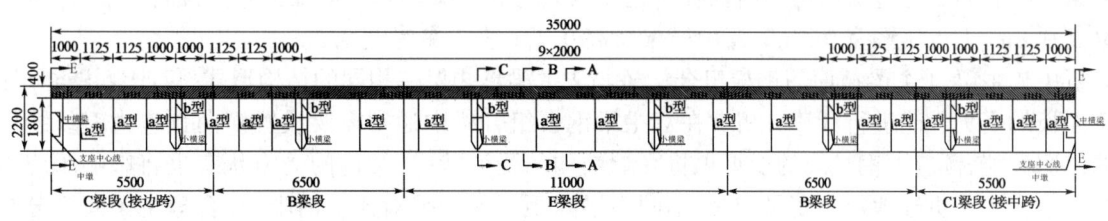

图2 中梁立面图(尺寸单位:mm)

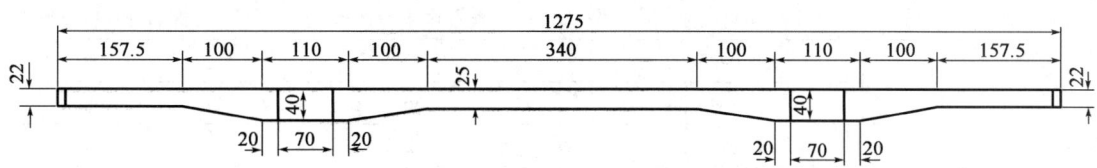

图3 变厚段混凝土桥面板(尺寸单位:mm)

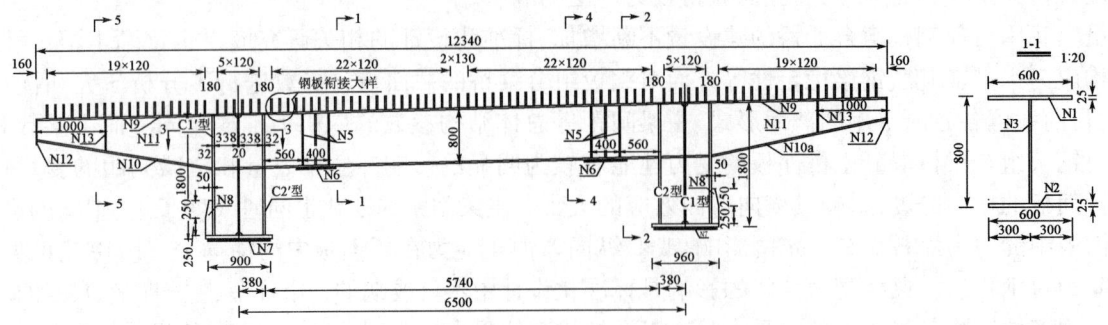

图 4 边支点端横梁结构示意图(尺寸单位:mm)

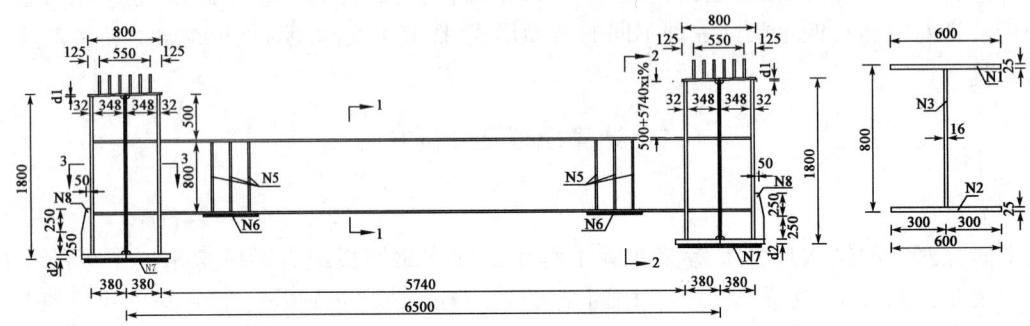

图 5 中支点端横梁结构示意图(尺寸单位:mm)

1)混凝土桥面板

横向通长预制,采用 C50 混凝土。在起、终点两端 1m 范围内为等厚段,厚度 0.4m。其他位置桥面板横向变厚,悬臂端厚 0.22m,梁顶加腋位置厚 0.4m,梁间厚 0.25m。

2)钢主梁

工字形截面,采用 Q345 钢材。梁高 1.8m,间距 6.5m。上翼缘板宽 0.8m,厚度 20～44mm;下翼缘板宽 0.96m,厚度 32～60mm;腹板厚度 20～28mm。

3)钢横梁

各跨设置 2 道端横梁和 6 道中横梁,均为工字钢梁,采用 Q345 钢。仅桥梁起、终点位置处的端横梁为大横梁,横向通长,通过剪力钉与桥面板相连。其余位置横梁均为小横梁,不与桥面板相连。中支点处横梁梁高 0.8m,上下翼缘宽 0.6m。跨中横梁梁高 0.4m,上下翼缘宽 0.3m。

分析中 3 主梁、4 主梁截面的钢板组合梁桥与 2 主梁形式保持相同的结构形式,仅改变主梁间距对混凝土桥面板的受力性能进行计算分析。在双主梁钢板组合梁中通常需要设置横向预应力钢绞线以提高结构的使用性能,预应力钢绞线的线形也将影响结构的受力状态,结构的受力状态也将影响预应力束形的布置。本文为了更好地控制变量,并使不同主梁间距下的结果对比更清晰,在合理主梁间距分析过程中,不同截面形式的钢板组合梁中均不设横向预应力。计算模型及其主要参数见表 1。

计算模型参数汇总表　　　　表 1

| 主梁数 | 主梁间距 $d_1$ (cm) | 悬臂长度 $d_2$ (cm) | 是否施加横向预应力 |
|---|---|---|---|
| 2 | 425 | 425 | 否 |
|  | 545 | 365 | 否 |
|  | 650(实际工程) | 312.5 | 否 |
|  | 710 | 282.5 | 否 |
|  | 765 | 255 | 否 |

续上表

| 主 梁 数 | 主梁间距 $d_1$ (cm) | 悬臂长度 $d_2$ (cm) | 是否施加横向预应力 |
|---|---|---|---|
| 3 | 320 | 317.5 | 否 |
|   | 385 | 252.5 | 否 |
|   | 430 | 207.5 | 否 |
|   | 455 | 182.5 | 否 |
|   | 480 | 157.5 | 否 |
| 4 | 255 | 255 | 否 |
|   | 295 | 195 | 否 |
|   | 320 | 157.5 | 否 |
|   | 335 | 135 | 否 |
|   | 350 | 112.5 | 否 |

## 2. 计算分析方法

《公路钢筋混凝土及预应力混凝土桥梁设计规范》(JTG 3362—2018)[5]中提出了若干种桥梁结构的实用精细化模型。本文将采用其中的"空间网格模型"对钢板组合梁桥进行计算分析。空间网格模型的基本原理是将复杂的桥梁结构离散成多块板元,再用十字正交梁格的纵、横向刚度等代每块板元的刚度[6]。图6中展示了空间网格模型对原结构的离散方式,通过这样的离散和重新组装,即可用空间上的正交网格来等代实际的桥梁结构。

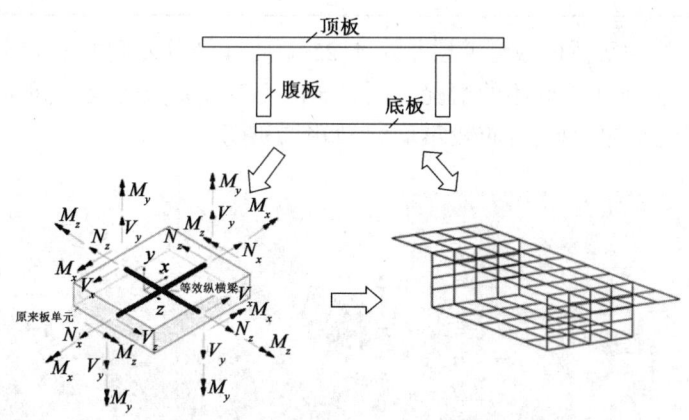

图 6 空间网格模型结构离散示意图[5]

文献[6]对空间网格模型分析方法在混凝土结构中的应用进行了深入的研究。结果表明,空间网格模型具有较好的计算精度,是一种可靠的实用精细化模型。相较于单梁、平面梁格模型,采用空间网格模型能够更全面地考虑并计算组合结构桥梁桥面板中的空间效应,能够有效提取出每个混凝土板单元的受力情况。相较于实体板壳有限元模型,能利用梁单元中的成熟算法,更方便地考虑收缩徐变效应对混凝土桥面板受力性能产生的影响,并且能够较为清晰地获取结构及构件中的整体和局部效应。

## 三、主梁间距对混凝土桥面板受力性能的影响

内力、应力最大值通常对一座桥梁的设计起控制性作用,是需要关注的重点。在预制装配式结构中,为了方便构件的预制加工,预制桥面板在各区段内的尺寸的设计通常是尽可能保持一致的。内力、应力在桥面板中的分布越均匀,材料的利用率则越高,也更便于预应力束和普通钢筋的配置。因此,内力、应力在桥跨中分布的均匀程度也是值得关注的指标。

在后续的计算分析中将主要关注以下几项内力、应力指标以评判混凝土桥面板的力学性能:桥面

板顶面纵向拉、压应力最大值;桥面板顶面纵向拉、压应力变异系数;桥面板横向正、负弯矩最大值;桥面板横向正、负弯矩极值点差值百分比。计算结果中,根据对称性,只列出半桥跨的计算结果。压应力和正弯矩为负值,拉应力和负弯矩为正值。桥面板中的压应力取基本组合值,拉应力和弯矩取频遇组合值。

1. 主梁间距对混凝土桥面板纵向正应力的影响

主梁间距的变化改变了边、中梁的宽跨比,将对结构的剪力滞效应将产生一定的影响,使得各截面位置处混凝土桥面板中纵向弯曲正应力在横桥向上的分布发生变化,从而影响桥面板中纵向弯曲正应力的最大值以及桥面板纵向应力在空间中分布的均匀性。

1)双主梁截面桥面板纵向正应力变化规律

双主梁截面各主梁间距下的混凝土纵向拉、压应力见表2。从表2中数据可知,主梁间距对桥面板顶面最大拉应力的影响有限,主梁间距变化3.4m,最大拉应力变幅仅为3.06%,拉应力变异系数浮动较小。桥面板顶面最大压应力及变异系数随主梁间距的增大,呈现先减小后增大的趋势。主梁间距超过6.5m后,最大压应力及变异系数的变化放缓。

双主梁半桥跨桥面板顶面纵向应力指标  表2

| 主梁间距(m) | 4.25 | 5.45 | 6.5 | 7.1 | 7.65 |
| --- | --- | --- | --- | --- | --- |
| 最大拉应力(MPa) | 7.64 | 7.41 | 7.44 | 7.50 | 7.42 |
| 拉应力变异系数 | 0.38 | 0.37 | 0.37 | 0.36 | 0.36 |
| 最大压应力(MPa) | -21.26 | -16.63 | -13.66 | -13.12 | -13.43 |
| 压应力变异系数 | 0.31 | 0.26 | 0.24 | 0.24 | 0.24 |

主梁间距为4.25m时,由于桥面板悬臂段长达4.25m,使其悬臂外侧的混凝土纵条在汽车荷载作用下的顶面压应力显著高于其他主梁间距的情况。同时压应力变异系数也较大,顶面纵向压应力分布呈现悬臂外侧大,横向跨中附近小的趋势,分布较不均匀,如图7所示。

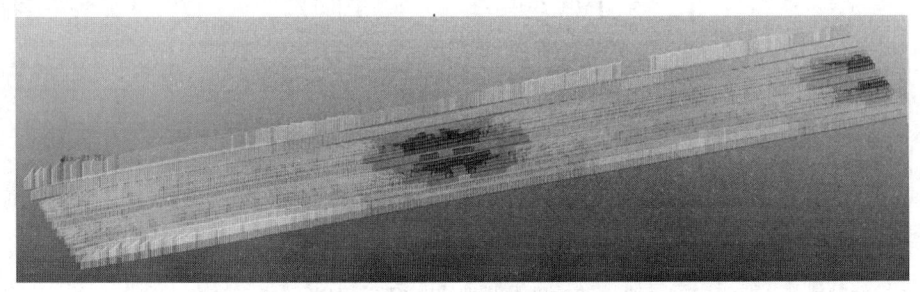

图7 双主梁4.25m间距模型半跨桥面板顶面纵向压应力图

综合桥面板顶面纵向拉压应力的最值和分布情况来看,应避免采用较小的主梁间距。主梁间距在6.5~7.65m均为较合理的取值,此时纵向最大拉压应力和变异系数差异均较小。

2)三主梁截面桥面板纵向正应力变化规律

三主梁截面各主梁间距下的混凝土纵向拉、压应力见表3。从表3中数据可知,随着主梁间距的增加,最大拉应力基本呈先减小后增加的趋势,最大压应力逐渐减小。主梁间距变化1.6m,最大拉拉应力变幅较小,为2.02%。拉压应力在半桥跨中分布的均匀程度也无明显差异。

但当主梁间距为3.2m时,与双主梁情况一致,桥面板顶面纵向最大压应力和变异系数均明显大于其他主梁间距的情况。主梁间距超过3.85m时,最大压应力变幅较小,仅为5.28%。

综合桥面板顶面纵向拉压应力的最值和分布情况来看,三主梁形式的钢板组合梁同样应避免采用较小的主梁间距。主梁间距在3.85~4.8m均为较合理的取值,此时纵向最大拉压应力和变异系数差异均较小。

**三主梁半桥跨桥面板顶面纵向应力指标** 表3

| 主梁间距(m) | 3.2 | 3.85 | 4.3 | 4.55 | 4.8 |
|---|---|---|---|---|---|
| 最大拉应力(MPa) | 7.95 | 7.92 | 7.85 | 8.01 | 7.99 |
| 拉应力变异系数 | 0.33 | 0.33 | 0.33 | 0.33 | 0.33 |
| 最大压应力(MPa) | −13.80 | −11.67 | −11.29 | −11.21 | −11.07 |
| 压应力变异系数 | 0.24 | 0.21 | 0.21 | 0.21 | 0.21 |

3) 四主梁截面桥面板纵向正应力变化规律

四主梁截面各主梁间距下的混凝土纵向拉、压应力见表4。采用四主梁截面时,在固定的桥宽下,主梁间距的变化范围有限。因而,对桥面板纵向正应力最值和分布均匀性的影响也较小。当主梁间距从 2.55m 增加到 3.5m 时,最大拉应力变幅仅 2.66%,最大压应力变幅 11.86%。

**四主梁半桥跨桥面板顶面纵向应力指标** 表4

| 主梁间距(m) | 2.55 | 2.95 | 3.2 | 3.35 | 3.5 |
|---|---|---|---|---|---|
| 最大拉应力(MPa) | 8.31 | 8.25 | 8.15 | 8.37 | 8.30 |
| 拉应力变异系数 | 0.30 | 0.30 | 0.30 | 0.30 | 0.30 |
| 最大压应力(MPa) | −10.90 | −10.52 | −10.50 | −10.08 | −9.68 |
| 压应力变异系数 | 0.19 | 0.19 | 0.18 | 0.18 | 0.18 |

## 2. 主梁间距对混凝土桥面板横向弯矩的影响

主梁间距的变化将直接影响桥面板的横向跨度,改变其横向弯曲效应的大小。在特定的桥宽下,随着主梁间距的增加,两侧悬臂长度减小,使得主梁位置处桥面板的横向负弯矩降低,而梁间跨度的增加也将导致桥面板横向跨中正弯矩的提高。

1) 双主梁截面桥面板横向弯矩变化规律

表5中列出了半桥跨横向最大正、负弯矩值。双主梁钢板组合梁桥横向最大负弯矩出现与主梁位置处的桥面板顶面,最大正弯矩则出现在横向跨中的桥面板底面。简要分析可知,随着主梁间距的增加,悬臂长度减小,则横向最大负弯矩随之减小,横向最大正弯矩则随之增加,与表7中数据的规律相符。

**双主梁半桥跨最大横向弯矩值** 表5

| 主梁间距(m) | 4.25 | 5.45 | 6.5 | 7.1 | 7.65 |
|---|---|---|---|---|---|
| 横向最大负弯矩(kN·m) | 190.3 | 154.7 | 121.8 | 104.3 | 100.6 |
| 横向最大正弯矩(kN·m) | −11.15 | −19.48 | −34.73 | −53.17 | −72.31 |

双主梁截面的钢板组合梁,其桥面板由于横向跨度较大、悬臂较长,将产生较大的横向拉应力,通常需要配置横向预应力钢绞线以提高它的抗裂性能。当桥面板顶、底面拉应力最值相差较大时,预应力束提供的预压应力难以对顶底面的拉应力同时提供较好的限制。当主梁间距取值在 6.5~7.1m 时,桥面板顶面横向拉应力最值和底面横向拉应力最值较为接近,有利于横向预应力钢绞线的配置,是较适合双主梁截面钢板组合梁桥的主梁间距取值。

2) 三主梁截面桥面板横向弯矩变化规律

表6中列出了半桥跨横向最大正、负弯矩值。图8所示为边、中梁位置处桥面板横向负弯矩差值百分比沿桥纵向的分布情况。三主梁在两处边、中梁间的正弯矩极值相等,因此不做差值分析。

从表6中数据可知,随主梁间距的增加,半跨横向最大正、负弯矩均呈先减小后增加的趋势。主梁间距为 3.85m 时,横向正弯矩取得最小值,主梁间距为 4.55m 时,横向负弯矩取得最小值。当主梁间距从 3.85m 增加至 4.3m 时,横向最大负弯矩减小 27.8%,横向最大正弯矩增加 18.1%。根据图8中的结果,随着主梁间距增加,负弯矩差值百分比总体呈先减小后增加的情况。当主梁间距为 4.55m 时,负弯矩差值百分比沿纵桥向的分布更平滑,平均差值百分比约为 10%,是较为理想的主梁间距取值。

三主梁半桥跨最大横向弯矩值 　　　　表6

| 主梁间距(m) | 3.2 | 3.85 | 4.3 | 4.55 | 4.8 |
|---|---|---|---|---|---|
| 横向最大负弯矩(kN·m) | 81.13 | 86.14 | 67.39 | 71.27 | 75.89 |
| 横向最大正弯矩(kN·m) | −32.41 | −21.74 | −25.67 | −31.69 | −36.63 |

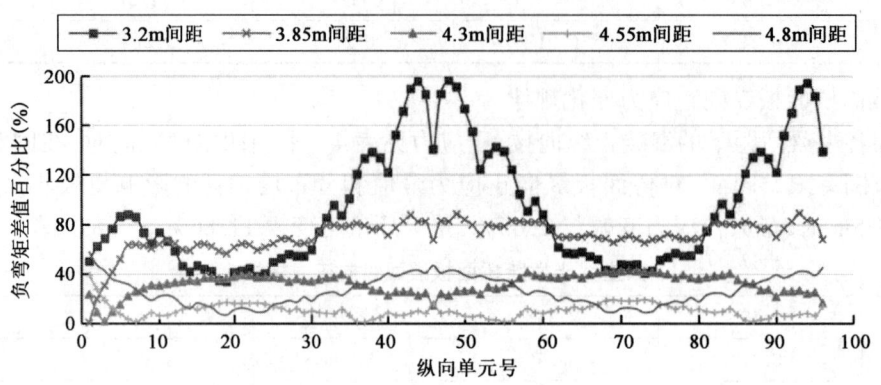

图8　三主梁负弯矩差值百分比沿桥纵向分布图

综合横向最大弯矩值和负弯矩差值百分比的情况,可以认为4.3~4.55m是三主梁截面组合梁桥较合理的主梁间距取值范围。

3)四主梁截面桥面板横向弯矩变化规律

表7中列出了半桥跨横向最大正、负弯矩值。图9所示为边、中梁位置处桥面板横向负弯矩差值百分比沿桥纵向的分布情况。图10所示为两个横向跨中区段桥面板横向正弯矩差值百分比沿桥纵向的分布情况。

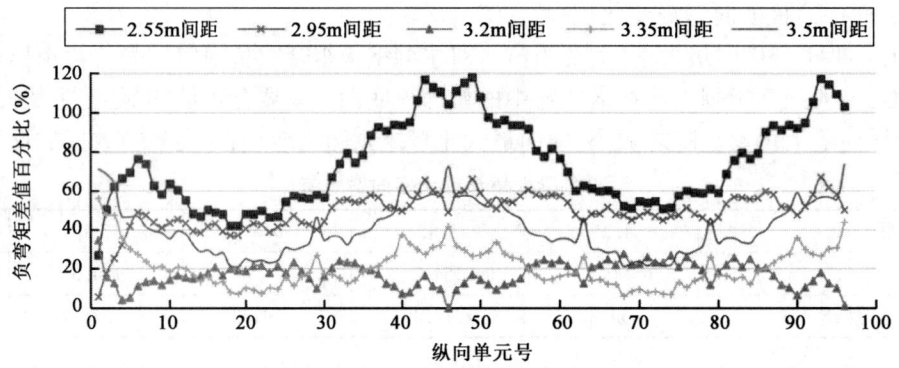

图9　四主梁负弯矩差值百分比沿桥纵向分布图

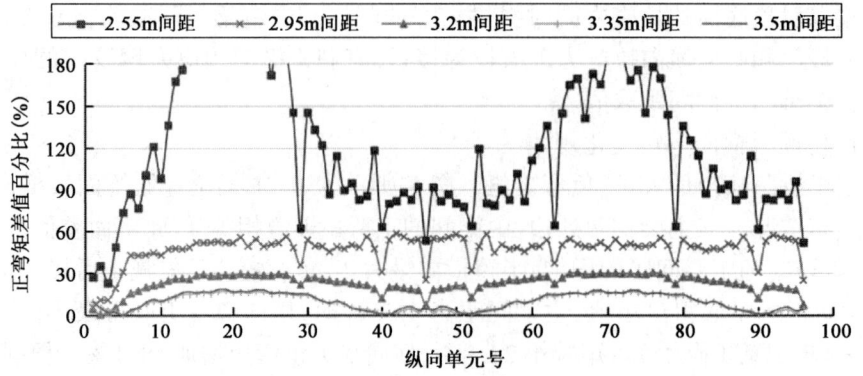

图10　四主梁正弯矩差值百分比沿桥纵向分布图

从表7中数据可知,随着主梁间距的增加,横向正弯矩不断增加,横向负弯矩呈先减小后增加的趋势,3.2m时取得最小值。如图10所示,随着主梁间距的增加,正、负弯矩差值百分比均基本呈先减小后增大的趋势。当主梁间距在3.2~3.35m时,正、负弯矩差值百分比较小,且差值百分比沿纵向的分布较均匀。

四主梁半桥跨最大横向弯矩值　　　　表7

| 主梁间距(m) | 2.55 | 2.95 | 3.2 | 3.35 | 3.5 |
|---|---|---|---|---|---|
| 横向最大负弯矩(kN·m) | 84.68 | 59.69 | 48.83 | 50.58 | 52.29 |
| 横向最大正弯矩(kN·m) | -20.48 | -22.49 | -25.87 | -28.66 | -31.05 |

综合横向最大弯矩值和负弯矩差值百分比的情况,可以认为3.2~3.35m是四主梁截面组合梁桥较合理的主梁间距取值范围。

## 四、结　语

(1)主梁间距对钢板组合梁桥桥面板纵向应力的峰值和分布均匀程度影响较小。但应避免采用较大的悬臂长度。悬臂长度太大时,混凝土桥面板悬臂外侧在车轮荷载作用下将产生较大的拉应力。

(2)主梁间距对桥面板横向拉应力峰值和分布均匀性有较大的影响。对于双主梁截面,横向最大拉应力分别出现于主梁位置处的桥面板顶面和横向跨中的桥面板底面,当主梁间距在6.5~7.1m范围内时,两处拉应力差值较小,有利于横向预应力钢绞线的布置。对于三主梁截面,主梁间距在4.3~4.55m时,桥面板横向负弯矩差值较小,沿桥纵向的分布更均匀,同时横向正、负弯矩最值也取得较小值。对于四主梁截面,主梁间距在3.2~3.35m时,桥面板横向正负弯矩差值均较小,沿桥纵向的分布更均匀,同时横向正、负弯矩最值也取得较小值。

(3)对于12.75m桥宽的钢板组合梁的桥面板受力性能而言,采用双主梁截面时,主梁间距取值建议在6.5~7.1m;采用三主梁截面时,主梁间距取值建议在4.3~4.55m;采用四主梁截面时,主梁间距取值建议在3.2~3.35m。

**参考文献**

[1] 石雪飞,马海英,刘琛.双工字钢组合梁桥钢梁设计参数敏感性分析与优化[J].同济大学学报(自然科学版),2018,46(04):444-451.
[2] 张通.简支钢板组合梁桥合理截面构造研究[D].西安:长安大学,2014.
[3] 王诗青,魏民.钢板-混凝土组合梁桥主要截面参数影响分析[J].工程与建设,2019,33(01):61-63.
[4] 刘明慧.钢板-混凝土组合梁桥截面优化研究[D].西安:西安科技大学,2019.
[5] 中华人民共和国交通运输部.公路钢筋混凝土及预应力混凝土桥涵设计规范:JTG 3362—2018[S].北京:人民交通出版社股份有限公司,2018.
[6] 徐栋,赵瑜,刘超.混凝土桥梁结构实用精细化分析与配筋设计[M].北京:人民交通出版社,2013.

# 18. 常泰长江大桥主塔结构偏心影响与稳定性分析

黄　侨[1]　郑　兴[1]　陆荣伟[2]　樊梓元[1]　宋晓东[1]
(1.东南大学交通学院;2.江苏省交通工程建设局)

**摘　要**　本文以常泰过江通道公铁两用斜拉桥为工程背景,针对其超高主塔的设计进行了研究。首先,对超大跨径斜拉桥适用的主塔结构形式进行了对比和分析,确定了各项性能更佳的空间钻石型桥塔作为其主塔形式。随后,采用中、美、欧规范和有限元方法对桥塔各关键断面的弯矩增大系数进行计算,为塔柱的配筋设计提供参考。最后,利用全桥精细化有限元模型对结构的线性屈曲模态和非线性稳定进行分析。结果显示,常泰长江大桥的稳定安全系数能够满足工程要求,桥塔底部混凝土的压碎将成为结构破坏的控制条件。

**关键词** 斜拉桥 主塔 空间钻石形 弯矩增大系数 稳定性

## 一、研究背景

斜拉桥是一种重要的桥梁结构体系,具有结构受力性能好、跨越能力大、结构造型优美等特点,被广泛应用于桥梁建设中。在斜拉桥的建造中,主塔的结构形式及设计方法对全桥的受力性能有着举足轻重的影响。由于跨度的加大,大跨斜拉桥索塔的设计越来越受到重视[1],尤其是出现超高塔的情况时,设计中应充分考虑各因素对桥塔弯矩增大系数的影响[2],桥塔的稳定性更是需要特别关注[3]。

常泰长江大桥由中铁大桥勘测设计院集团有限公司设计,是一座双塔双索面双层公铁两用斜拉桥[4-6],其跨径组合为142m+490m+1176m+490m+142m。主航道桥的主梁采用钢箱—桁架双层组合钢梁结构,上层桥面布置双向6车道高速公路,下层桥面上游侧布置两线城际铁路,下游侧布置4车道一级公路。全桥为半漂浮体系,在桥塔、辅助墩和过渡墩处设有竖向支座和横向支座。全桥结构总体布置和主梁标准横断面如图1、图2所示。

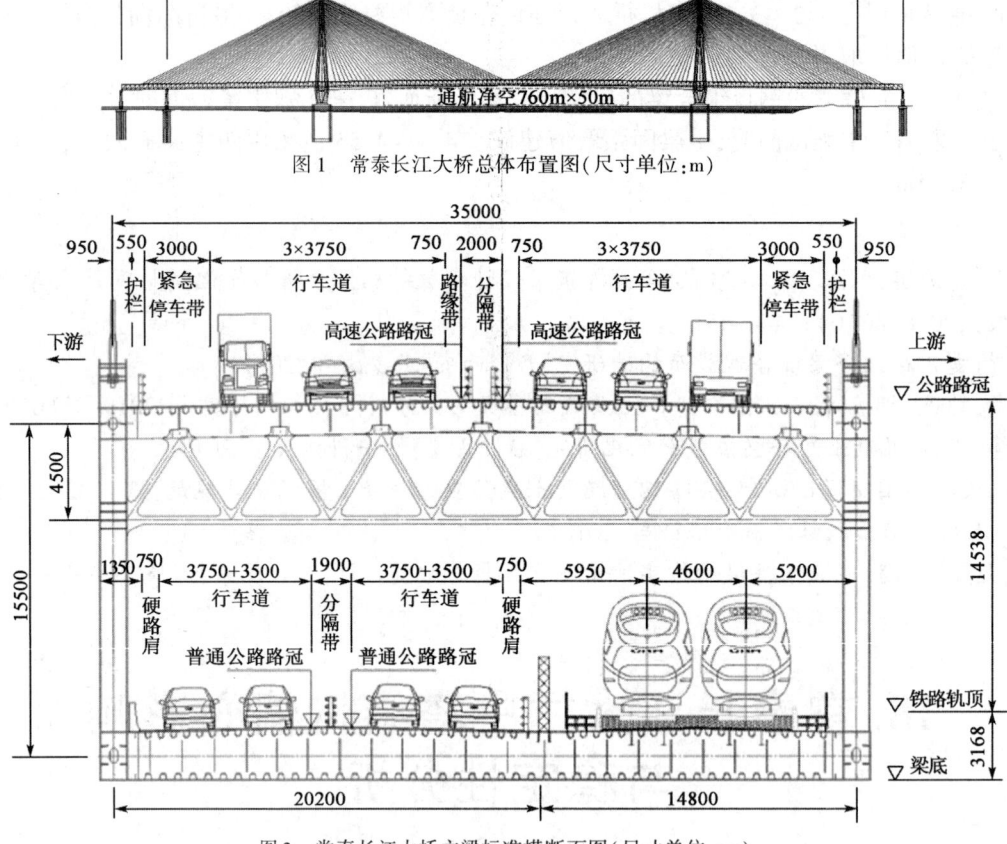

图1 常泰长江大桥总体布置图(尺寸单位:m)

图2 常泰长江大桥主梁标准横断面图(尺寸单位:cm)

## 二、主塔结构形式研究

### 1. 结构形式方案拟定

对现有的世界上超千米级别的特大跨径斜拉桥工程实例的高跨比进行调研,从安全性以及经济性来说,斜拉桥主塔高跨比宜定在0.28~0.30,即主塔高度宜取330~350m。因此将桥塔高度初步确定为330m,

随后根据国内外工程实际应用情况[7-9]、相关研究情况初步拟定四种形式的斜拉桥主塔结构形式,见表1。

主塔结构形式方案　　　　　　　　　　　　　　　表1

| 方　案 | 桥塔形式 | 横桥向 | 顺桥向 |
|---|---|---|---|
| 方案1 | 空间钻石形主塔 | 钻石形 | 钻石形 |
| 方案2 | 平面钻石形主塔 | 钻石形 | 独柱形 |
| 方案3 | 空间钻石—倒Y形组合主塔 | 钻石形 | 倒Y形 |
| 方案4 | 门字形主塔 | 门字形 | 独柱形 |

4种方案的简单图示如图3所示。

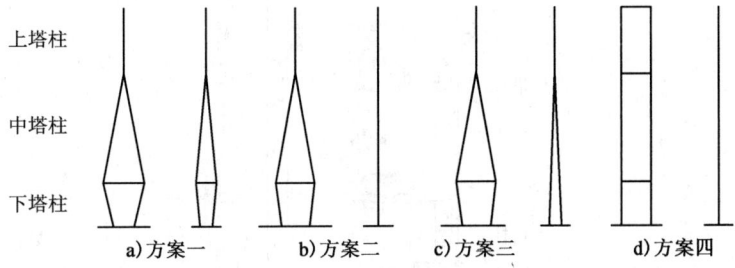

图3　主塔初步方案图示

在拟定的4种初步桥塔造型方案的基础上,利用有限元分析软件 MIDAS/Civil 建立初拟裸塔结构的梁单元有限元模型,如图4所示。使用现有的斜拉桥主塔分析方法,对四种初步方案的静、动力性能进行分析,为方案比选提供计算依据。

2. 方案比选及综合分析

对于所提出的4种主塔造型,基于前文调研结果以及裸塔结构的有限元模型初步分析的结果,从结构受力、美学、静动力性能、结构内涵等方面进行方案比选。

为使4种方案的对比结果更加明确,对每项比较内容进行4种方案的评价(按照各项分析结果进行1到4的排序),各方案在不同方面的评价情况见表2。

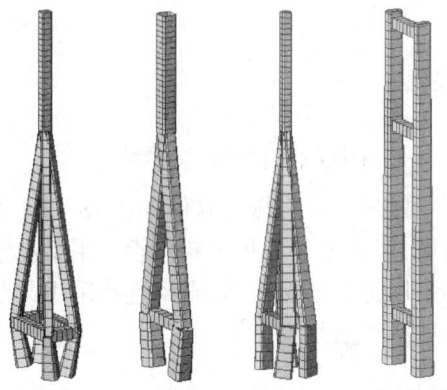

图4　4种方案空间有限元模型

主塔方案比选汇总表　　　　　　　　　　　　　　　表2

| 序　号 | 项　目 | 评价情况(排名/描述) | | | |
|---|---|---|---|---|---|
| | | 方案一 | 方案二 | 方案三 | 方案四 |
| 1 | 自重内力分布 | 2 | 4 | 3 | 1 |
| 2 | 温度响应 | 2 | 4 | 3 | 1 |
| 3 | 抗震性能 | 1 | 4 | 2 | 3 |
| 4 | 抗风性能(纵向) | 4 | 2 | 3 | 1 |
| 5 | 抗风性能(横向) | 2 | 1 | 3 | 4 |
| 6 | 整体刚度 | 1 | 4 | 2 | 3 |
| 7 | 稳定性 | 1 | 4 | 2 | 3 |
| 8 | 经济性 | 高跨比 H/L 均在经济范围 | | | |
| 9 | 美学评价 | 1 | 3 | 2 | 4 |
| 10 | 文化寓意 | 1 | 3 | 2 | 4 |
| 11 | 综合排序 | 1 | 4 | 2 | 3 |

综上所述,针对常泰过江通道的超千米级公铁两用斜拉桥的具体情况,鉴于多肢造型斜拉桥主塔结构在静、动力性能方面的表现,以及优美的造型和文化内涵,建议以方案一为基础造型。最终采用的空间钻石型桥塔形式如图5所示。

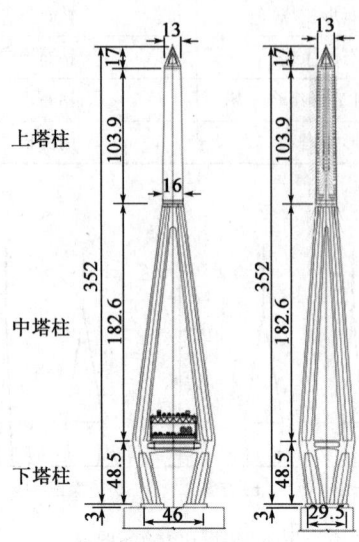

图5 空间钻石形桥塔(尺寸单位:m)

## 三、主塔偏心影响研究

### 1. MIDAS 梁单元模型

使用专业有限元软件 MIDAS/Civil 建立双塔三跨公铁两用斜拉桥模型,以空间梁单元模拟钢桁梁和桥塔,以桁架单元模拟斜拉索。主梁在索塔、辅助墩、边墩处设置支座对竖向、横向位移进行约束。支座均采用弹性连接模拟,索梁连接采用共节点方式模拟,索塔连接采用主从节点方式模拟。全桥有限元模型如图6所示。

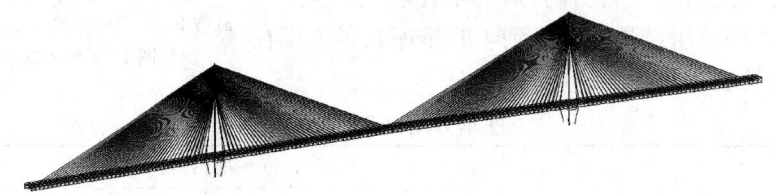

图6 MIDAS 全桥梁单元模型

基于 MIDAS/Civil 全桥模型,计算恒载和活载作用下的桥塔内力包络图,即所有节点断面(包括江侧和岸侧塔柱)在其最不利工况下可能出现的内力最大值。由于塔柱均为压弯构件,弯矩增大系数的研究在截面弯矩值较大时才有研究价值,故选取弯矩最大时的工况作为最不利荷载工况。在计算桥塔弯矩增大系数时,分别考虑以下4个影响因素:

(1)桥塔节段施工过程中自重导致的偏位;
(2)$P$-$\Delta$ 效应;
(3)施工误差导致的初始缺陷;
(4)混凝土收缩、徐变的影响。

首先,采用线性计算,不考虑施工阶段、混凝土收缩、徐变和初始缺陷的全桥模型计算桥塔弯矩增大前的基数;随后,在模型中考虑桥塔施工阶段、$P$-$\Delta$ 效应、初始缺陷和混凝土收缩、徐变,计算增大后的弯矩值。对两次计算的结果进行对比分析,即可得到考虑各影响因素时的桥塔弯矩增大系数。

## 2. 规范计算

在中国、美国和欧洲的桥梁设计规范中，对弯矩增大系数计算时采用了不同的方法，基本上可以分为基于刚度和基于曲率两大类。

《铁路桥涵混凝土结构设计规范》(TB 10092—2017)[10]（以下简称"《铁规》"）在计算弯矩增大系数时考虑了轴向荷载大小、构件尺寸、材料、偏心距影响及外荷载作用类型等因素。《公路钢筋混凝土及预应力混凝土桥涵设计规范》(JTG D3362—2018)[11]（以下简称"《公规》"）中采用的是基于曲率计算的方法，该方法规定的弯矩增大系数 $\eta$ 与偏心距大小、截面尺寸以及构件约束情况相关。同时，对于不同极限状态分别提供了相应的计算公式。欧洲桥梁规范《EN 1992—1—1》(1992)[12]（以下简称"《欧规》"）中基于名义刚度分析和基于曲率估计两种方法对弯矩增大系数进行计算。《美国公路桥梁规范》(AASHTO)(2017)[13]（以下简称"《美规》"）中的系数与截面尺寸、构件边界条件、轴力大小有关，并且考虑了材料的刚度折减系数，是基于刚度的计算方法。

## 3. 计算结果

将按照规范计算和有限元模型计算得到的弯矩增大系数计算结果见表3。表3中，在《铁规》《美规》的计算中，由于构件复杂的边界条件，构件计算长度系数按一定范围进行了取值，因此上、下塔柱的弯矩增大系数结果存在最大值和最小值。

弯矩增大系数的规范结果和有限元结果对比　　表3

| 规 范 | | 上 塔 柱 | 中 塔 柱 | 下 塔 柱 |
| --- | --- | --- | --- | --- |
| 《铁规》 | | 1.102～1.232 | 1.503 | 1.005～1.023 |
| 《公规》 | 承载能力极限状态 | 1.106 | 1.395 | 1.085 |
| | 正常使用极限状态 | 1.059 | 1.225 | 1.037 |
| 《欧规》 | 名义刚度法 | 1.028 | 1.351 | 1.015 |
| | 名义曲率法 | 1.164 | 1.618 | 1.025 |
| 《美规》 | 理论K值 | 1.006～1.012 | 1.357 | 1.000～1.001 |
| | 推荐K值 | 1.007～1.012 | 1.713 | 1.001～1.001 |
| 有限元数值分析结果 | | 1.031 | 1.211 | 1.127 |

由表3中的结果分析可知，对于常泰长江大桥的空间钻石形桥塔，各规范的计算结果与有限元计算结果均存在一定误差。对于上塔柱，构件受多对斜拉索锚固约束的影响，边界条件十分复杂，相较独立简单构件，规范计算方法对该复杂边界条件的构件适用性不佳；而对于下塔柱，构件长细比较小，此时规范公式适应性较差，造成规范计算结果与有限元计算结果相差较大。

对中塔柱而言，有限元模型中更符合实际约束情况，规范的计算结果与有限元相比均偏大。采用各种简化后的规范计算结果应具有一定的安全储备，得出的弯矩增大系数偏于安全也是合理的。

经过对规范计算和有限元模型计算结果进行对比可以发现，在条件允许时，可以采用有限元方法计算桥塔的弯矩增大系数，从而提高混凝土塔柱的配筋的合理性和经济性。

## 四、主塔稳定性计算

### 1. ANSYS 实体模型

采用通用有限元软件 ANSYS 对全桥模型进行精细化有限元建模。模型中桥塔部分的混凝土采用 Solid65 和 Solid185 实体单元模拟，钢筋采用 Link180 单元模拟。将钢筋单元的节点与离其最近的混凝土单元节点自由度进行耦合，上塔柱钢壳采用 Shell181 单元模拟。

主梁为双层钢桁架结构，其中桁架采用 Beam188 单元模拟，其余构件如正交异性板等均采用 Shell181 单元模拟。为了减少计算规模，采用子结构法将主梁分节段进行简化后，在全桥模型中进行计算。斜拉索根据 Ernst 公式计算得到等效弹性模量后,采用 Link180 单元进行模拟。全桥模型如图 7 所示。全桥模型共有 2404025 个单元,2839444 个自由度。

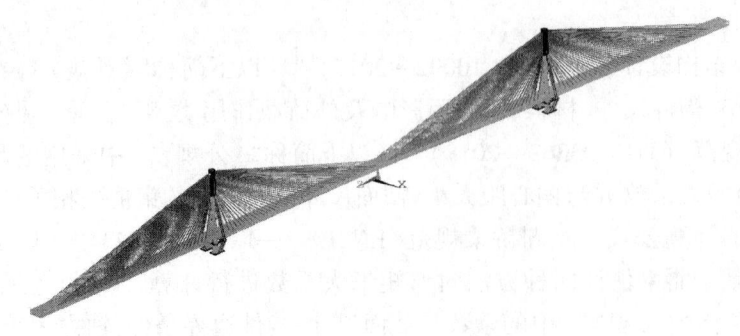

图 7　ANSYS 全桥精细化有限元模型

主要考虑恒载、活载和风荷载的作用。其中,活载按照桥塔内力最不利的影响线确定,风荷载分为 W1 作用水平和 W2 作用水平两个等级。计算荷载工况见表 4。

**桥塔稳定性分析中考虑的荷载组合**　　表 4

| 工况序号 | 恒载 | 活载 | 风荷载 |
| --- | --- | --- | --- |
| 1 | 包含自重、二期恒载、索力、辅助墩配重等 | 无 | 无 |
| 2 | | 纵桥向弯矩最大 | W1 纵风 |
| 3 | | 横桥向弯矩最大 | W1 纵风 |
| 4 | | 轴力最大 | W1 横风 |
| 5 | | 无 | W2 纵风 |
| 6 | | 无 | W2 横风 |

## 2. 线性屈曲分析结果

首先,对 ANSYS 全桥模型的各工况进行线性屈曲计算,计算中同时对恒载、活载和风荷载进行翻倍。计算得到线性屈曲稳定系数的计算结果见表 5。

**线性屈曲计算结果**　　表 5

| 工况序号 | 屈曲稳定系数 | 屈曲模态 |
| --- | --- | --- |
| 1 | 12.64 | 全桥横向失稳 |
| 2 | 11.48 | 全桥纵向失稳 |
| 3 | 11.44 | 全桥横向失稳 |
| 4 | 10.73 | 全桥横向失稳 |
| 5 | 12.58 | 全桥横向失稳 |
| 6 | 10.50 | 全桥横向失稳 |

考虑 W2 横风荷载的工况 6 的线弹性屈曲系数最小为 10.50,考虑 W1 横风荷载的工况 4 系数也相对较小。结果表明:横风荷载对线性屈曲系数的影响最为显著。由于拉索对整个结构提供了很强的纵向约束,全桥的纵向刚度相对大于横向刚度,因此绝大多数工况下屈曲模态均为全桥横向屈曲。

## 3. 非线性稳定分析结果

非线性稳定计算的本质是结构的承载力计算,因此以主要构件的材料破坏为判定结构失稳的依据,具体为:桥塔底部混凝土压应变达到极限压应变 0.003、主梁钢材应力达到极限强度或斜拉索应力达到极限强度。计算结果见表 6。

非线性稳定计算结果　　　　　　　表6

| 工况序号 | 稳定安全系数 | 破坏形态 |
|---|---|---|
| 1 | 2.79 | 塔底混凝土压碎 |
| 2 | 2.09 | |
| 3 | 2.08 | |
| 4 | 2.04 | |
| 5 | 2.18 | |
| 6 | 2.69 | |

计算结果表明,最小的稳定安全系数2.04出现在工况4,对应的活载为横向弯矩最大,风荷载为W1横风。在考虑材料非线性和几何非线性的稳定性分析中,无论活载分布和风荷载方向如何,所有荷载工况都具有相同的破坏模式,如图8所示。与线弹性分析的屈曲模式不同,非线性稳定的破坏形态由塔底混凝土压碎控制,即塔底江侧的混凝土压碎,靠江侧的钢筋受压屈服,在靠岸侧的钢筋则受拉屈服。钢梁和斜拉索在达到极限承载力时,具有较大的安全裕度,尚未屈服。

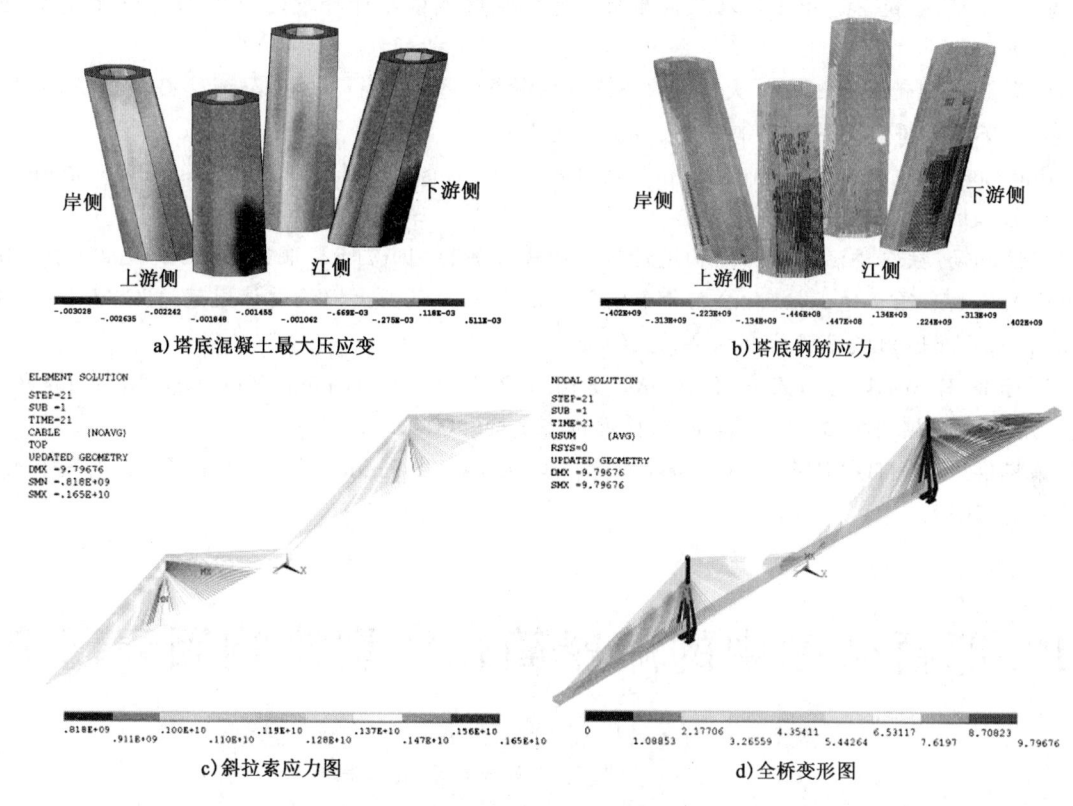

图8　非线性失稳破坏形态

## 五、结　语

本文针对常泰过江通道公铁两用斜拉桥工程实际背景,针对超大跨度斜拉桥的主塔选型进行研究,并对空间钻石形桥塔的弯矩增大系数以及结构在成桥状态的稳定性进行了计算,主要得到以下结论:

(1)对拟定的4种主塔结构形式进行分析,从结构受力、静动力性能、美学等多方面进行比选,最终推荐各项性能表现较优的空间钻石形桥塔为常泰长江大桥的主塔结构形式。

(2)空间钻石形桥塔的塔柱结构较为复杂,各国规范的简单计算方法将导致一定误差,推荐采用有限元方法计算各塔柱的弯矩增大系数,使配筋设计更为合理和经济。常泰长江大桥的有限元模型,中塔柱的弯矩增大系数最大为1.211。

(3) 常泰长江大桥的稳定性分析中,线性屈曲的稳定安全系数在 10～13,非线性稳定的安全系数最小为 2.04,均能够满足工程设计的要求。非线性稳定计算中,塔底位置的混凝土压碎是结构破坏的控制因素。

**参考文献**

[1] 黄侨,宋晓东,任远,等.常泰大桥主塔结构型式及设计施工方法研究[R].南京:东南大学,2020.
[2] 黄侨,黄义理,郑清刚,等.常泰长江大桥塔柱偏心距增大系数的计算方法[J].长安大学学报(自然科学版),2021,41(03):42-51.
[3] 黄侨,单彧诗,宋晓东,等.特大跨径地锚式悬索桥静力稳定性分析[J].哈尔滨工业大学学报,2020,52(06):140-148.
[4] 秦顺全,徐伟,陆勤丰,等.常泰长江大桥主航道桥总体设计与方案构思[J].桥梁建设,2020,50(03):1-10.
[5] 秦顺全,苑仁安,郑清刚,等.超大跨度公铁两用斜拉桥结构体系研究[J].桥梁建设,2020,50(04):1-8.
[6] 傅战工,郭衡,张锐,等.BIM 技术在常泰长江大桥主航道桥设计阶段的应用[J].桥梁建设,2020,50(05):90-95.
[7] 徐力,高宗余,梅新咏.沪通长江大桥公铁合建斜拉桥桥塔基础设计[J].桥梁建设,2015,45(3):7-12.
[8] 张喜刚.苏通大桥总体设计[J].公路,2004(7):1-11.
[9] Kondrat Boris Ivanovich. Construction of a Bridge on the Russian Island in the Eastern Bosphorus Strait in Vladivostok[Z].2013.
[10] 国家铁路局.铁路桥涵混凝土结构设计规范:TB 10092—2017[S].北京:中国铁道出版社,2017.
[11] 中华人民共和国交通运输部.公路钢筋混凝土及预应力混凝土桥涵设计规范:JTG 3362—2018[S].北京:人民交通出版社股份有限公司,2018.
[12] 欧洲标准.Eurocode2:Design of Concrete Structures-Part 1-1:General Rules and Rules for Buildings:BS EN 1992-1-1[S].布鲁塞尔:欧洲标准化委员会,2004.
[13] 美国标准.AASHTO LRFD Bridge Design Specifications(8th Edition)[S].华盛顿:美国国家公路与运输协会,2017.

# 19. 船桥碰撞中的船艏简化模型影响因素研究

曹家铖[1] 黄 侨[1] 宋晓东[1] 葛 晶[2] 蒋 浩[2]

(1. 东南大学交通学院;2. 江苏宏远科技工程有限公司)

**摘 要** 船桥碰撞试验研究中,如何建立准确而又高效的船艏简化模型一直是业内关注的重要问题。本文首先阐述了国内外学者对于三类不同船艏简化模型建立的前提条件和研究侧重点,并举例说明不同简化模型之间区别。其次开展圆弧形简化船艏与刚性墙的碰撞试验,并通过有限元模拟碰撞试验结果。最后分析简化船艏内部加劲肋和外层钢壳厚度对船艏模型刚度的影响。

**关键词** 船桥碰撞 船艏简化模型 碰撞试验 有限元模拟

## 一、引 言

近年来,伴随我国经济总量和种类的发展,国家运输业的快速发展要求提升交通路网工程的建设速度,一方面公路交通的发展使得长江等河流上跨江桥梁与日俱增,另一方面水路运输也因有着成本低、体量大的特点得到快速发展。但是运输业繁忙也使得航道中船舶撞击桥梁事故频发并导致严重的生命财产损失[1]。

船桥碰撞问题是一个在极短时间内由船舶结构、桥梁结构、桥梁防撞装置以及水的流体作用中发生巨大的能量转换的复杂的非线性动态响应过程。国内外专家学者对船桥碰撞问题的研究往往通过数值仿真和碰撞试验相结合的方式进行。在碰撞试验的研究中,考虑到船舶结构在碰撞过程中存在变形和能量转换,如何建立准确而又高效的船舶简化模型一直是业内关注的问题之一。

## 二、船舶简化模型研究现状

针对这一问题,研究人员在考虑船舶时主要有三种方法:一是将船舶考虑成刚体,侧重于桥梁结构或者桥梁防撞装置受到撞击后的结构损伤变形研究,通常该类碰撞试验采用落锤试验装置。王君杰等[2]通过有限元模拟钢制桥梁防撞装置承受船舶撞击荷载的性能,采用等比例的钢箱进行一系列的落锤试验,利用试验结果验证数值模型的可行性。樊伟等[3]在研究受压 UHPC 墩柱抗冲击性能时,开展 UHPC 墩柱与普通混凝土墩柱落锤冲击试验,锤头采用平头圆柱体,并认为落锤锤头形状与受冲击样体裂缝形态和跨中变形、冲击力等动态响应关联性较小,锤头形状仅对样体受冲击区域的局部损伤有影响。高家镛等[4]在模拟杭州湾大桥非通航孔柔性防撞设施的物理模型试验中,在船舶模型制作中采用木材制作且不考虑船舶的变形。

二是将船舶等效简化,考虑船舶变形对于整个船桥碰撞过程中的影响,侧重于船桥碰撞中的撞击力分析研究,通常采用刚度简化模型或质量—弹簧系统。方海等[5]在研究船桥碰撞中的船舶静态和动态刚度特性中,采用船舶简化模型进行准静态压缩试验和有限元模拟。船舶基于 1000DWT 的实船按 1∶10 建立简化模型,根据等效刚度原则将船舶内部结构简化为 4 个横隔板并与外层钢板焊接。高家镛等[4]在模拟东海大桥独立式防撞体开展的防撞能力模拟试验中,根据理论计算中得到的撞击力—变形曲线,建立多级压缩弹簧相连接的活动船舶模型,通过弹簧压缩变形来模拟实际船舶与防撞装置碰撞的变形与能量转换。

三是直接采用实船模型,侧重于船桥碰撞过程中船舶结构与桥梁结构、桥梁防撞装置之间能量转换问题的研究,通常采用全尺寸或缩尺实船模型。郑维钰等[6]为验证柔性防撞装置能否实现在发生船舶撞击桥梁及防撞装置后既能保护桥墩又能降低船舶在碰撞过程中发生的损伤,在宁波象山港白墩港大桥进行大型柔性防撞装置实船撞击实验,实验中采用空载时 250 t 的实际船舶。Kristjan Tabri 等[7]在研究船舶压舱水的晃动在船舶碰撞桥梁过程中的影响,开展两个全尺寸的船桥碰撞对照试验,模型考虑船舶惯性力、周围水的影响、被撞船舶的船舶内部大梁的弹性弯曲、船舶结构的内部变形和部分填充的压舱水的晃动效应。

考虑到在碰撞试验中若需进行多组对照试验,此时按照实船形状建立模型,船舶形状作为试验中的不变量想要保持一致较为困难且成本较高。因此本文采用方法二,将船舶简化为圆弧形状锤头建立等效模型,并通过开展圆弧形锤头与刚性墙的碰撞试验和有限元仿真来检验模型的正确性和准确性。

## 三、圆弧形简化船舶碰撞试验

### 1. 圆弧形简化船舶模型

圆弧形船舶模型参考长江流域常见的 500t 船型,船舶模型应包括船舶外板、甲板、横向舱壁和其他主要部件,但考虑到试验场地和经济性限制,要在进行碰撞试验中完全重现船舶内部结构显然是不现实的。因此,采取保留外部船舶钢壳并在内部架设矩形钢板设为加劲肋的方式简化船舶模型。通过测量圆弧形钢壳顶端压缩变形来定量分析碰撞过程中产生的压缩变形,同时圆弧形锤头在碰撞过程中与刚性墙接触面积的增大也可近似模拟实船与桥墩结构或桥梁防撞装置碰撞过程中接触面积的变化。船舶内部的龙骨结构采用等效刚度的方式简化成多个矩形板作为加劲肋。外层钢壳采用 8mm 的 Q235 钢板,内部加劲肋采用 6mm 的 Q235 钢板,钢板均采用激光切割方式保证精度,船舶内部加劲肋和外层钢壳通过焊接方式连接。船艏其余尺寸细节如图1所示。圆弧形简化船艏模型如图2所示。

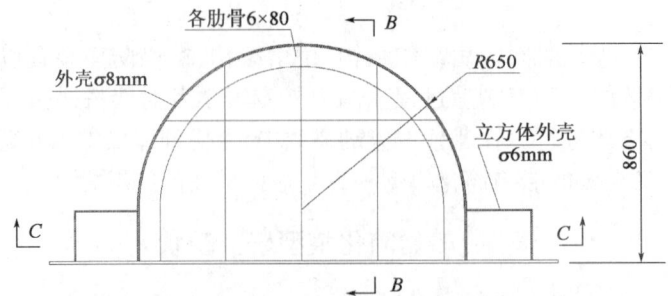

图1 船首模型的详细尺寸(尺寸单位:mm)

图2 圆弧形简化船艏模型

## 2. 简化船艏碰撞试验

碰撞试验采用大质量水平冲击试验机,利用落锤的自由落体产生的重力势能转换到撞击小车上,使其获得动能,即落锤通过钢索拉动小车,以一定的初速度在轨道上撞击反力墙。反力墙上架设一块厚度为50mm的钢板,反力墙与钢板之间通过16根螺栓连接,并在螺栓上布置16个压电式压力传感器。在本次碰撞试验中,首先由初速度大致计算出小车应牵引距离,然后将撞击小车牵引到距反力墙18m处,接着将钢索脱钩,落锤下落开始撞击。

## 3. 碰撞试验结果

圆弧形简化船艏碰撞后表面和内部结构破坏形式如图3所示,在圆弧形船艏接触到反力墙钢板表面后,船艏出现了屈曲破坏。变形从圆弧形船艏的顶端区域开始,接触面积由一条线状接触逐渐发展到矩形面积。由于外层钢壳和内部加劲肋的影响,圆弧形船艏上下表面出现了凹凸褶皱。此外,其内部加劲肋在碰撞过程中发生屈曲变形且变形迅速加大。

a) 表面破坏形式

b) 内部破坏形式

图3 碰撞试验结果

反力墙上16个压力传感器测得撞击力的时程曲线如图4所示。从图4中可以看出,传感器测得的数据主要分为两类:一是位于圆弧形船艏直接接触的区域内,试验数据以压力为主,二是位于直接接触区域两侧,试验数据以拉力为主,且数值大小远小于压力值。由于各个传感器实测的力方向一致,对16个传感器测得数据求合力,得到圆弧形船艏撞击反力墙的撞击力时程曲线如图5所示。船艏撞击力峰值为1856.317kN,相应时间为碰撞发生后0.0067s,圆弧形船艏顶端最大撞深为30mm。

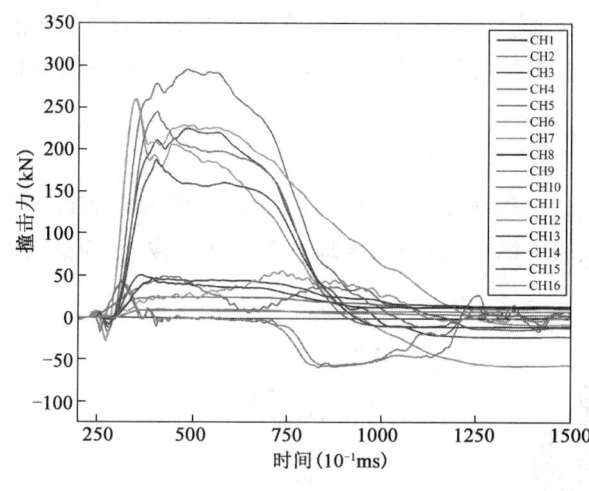

图4 反力墙上16个传感器的力时程曲线　　　　图5 简化船艏撞击反力墙的撞击力时程曲线

## 四、圆弧形简化船艏有限元模拟

### 1. 有限元模型设置

本文采用通用非线性显式有限元软件LS-DYNA对圆弧形船艏模型与刚性墙碰撞试验进行数值模拟,并与碰撞试验结果相比较,检验数值模拟的正确性。根据船艏的结构在建模中采用两种船舶模型网格尺寸:船艏采用10mm网格,船身采用500mm网格,如图6所示。

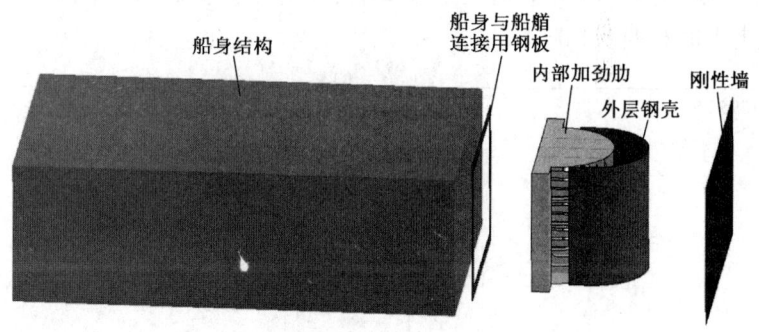

图6 船舶有限元模型示意图

船艏为碰撞的直接接触部位。船艏在船桥碰撞过程中会发生复杂变形且一直存在相互接触和能量转换,如船艏结构内部会发生屈曲、压溃等破坏形式,因此需要建立精细模型。船体中后部的船身结构在实际碰撞过程中远离撞击区域,仅提供质量参与碰撞相互作用,因此采用网格尺寸较大的刚性实体模拟船身结构。船艏和船身之间通过过渡单元相连接。

圆弧形船艏模型中Q235钢材采用弹塑性材料本构模型,并考虑到应变率的影响。采用Cowper-Symonds公式作为船艏模型的本构关系,该本构的屈服应力公式为:

$$\sigma_y = \left[1 + \left(\frac{\dot{\varepsilon}}{C}\right)^{\frac{1}{P}}\right](\sigma_0 + \beta E_p \varepsilon_p^{\text{eff}})$$

船艏钢材Q235的材料参数见表1。

船舶钢材 Q235 材料参数表　　　　表 1

| 密度 RO (kg/mm³) | 弹性模量 E (GPa) | 泊松比 PR | 失效应变 SIGY (GPa) | 塑性硬化模量 ETAN(GPa) | 硬化参数 β | 应变率参数 SRC | 应变率参数 SRP |
|---|---|---|---|---|---|---|---|
| $7.85 \times 10^{-6}$ | 210 | 0.3 | 0.235 | 1.18 | 0 | 40.4 | 5 |

考虑到碰撞过程中船舶结构会出现大变形的情况，因此在不同单元之间应设置接触模式。一是在圆弧形船舶和刚性墙之间采用面面接触的形式；二是船舶内部加劲肋和外层钢壳在发生变形后存在接触问题，也采用面面接触形式。同时船舶内部加劲肋也会存在相互接触问题，这里采用*CONTACT_SINGLE_SURFACE 的接触算法。

### 2. 有限元模拟结果

有限元模拟采用和碰撞试验相同加载方式，即给定整个船体初速度撞击刚性墙，有限元仿真的圆弧形船舶破坏形式和 Mises 应力图如图 7 所示。与碰撞试验的结果相比较，破坏形态基本一致，相应圆弧形船舶顶端撞深为 35.2mm。

图 7　简化船舶有限元模拟结果

有限元仿真的撞击力时程曲线如图 8 所示。有限元仿真的简化船舶撞击力峰值为 1895.75kN，相应时间为碰撞发生后 0.0085s。从图 9 中可以看出，碰撞试验和有限元模拟得到的结果吻合较好，峰值力偏差为 2.08%。此外，可以观察到有限元模拟得到撞击力峰值要比试验的峰值力出现得晚。有限元方法得到撞击力时程曲线局部图中可以观察到三个峰值力，对应于碰撞过程中圆弧形船舶内部加劲肋的参与，这与试验得到撞击力时程曲线相吻合。

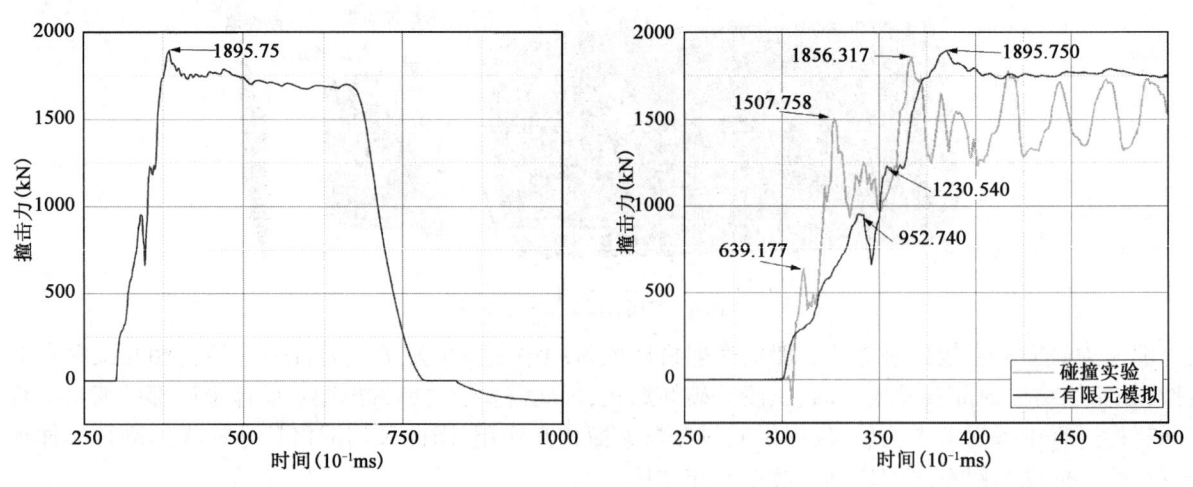

图 8　有限元模拟的撞击力时程曲线　　　　图 9　试验与有限元模拟结果对比

## 五、等效船舶模型的影响因素分析

我国不同流域中的船舶形式繁多，对应不同航道等级的船舶尺寸和形状也不尽相同。在碰撞试验中不同船舶在简化为圆弧形模型时需要改变对应的等效刚度，可通过多种方式改变等效刚度。一是通过改变内部加劲肋的厚度,另一种是改变外部钢壳的厚度。为了定量分析简化船艏刚度等效的影响因素,改变某一变量时应保证其余变量数值恒定。

1. 内部加劲肋厚度

本文选用圆弧形船艏的内部加劲肋厚度分别取 4mm、5mm、6mm、7mm、8mm、9mm 和 10mm 七种规格,此时船艏外层钢壳厚度为 8mm。绘制不同内部加劲肋厚度的简化船艏撞击刚性墙撞击力时程曲线图如图 10 所示。

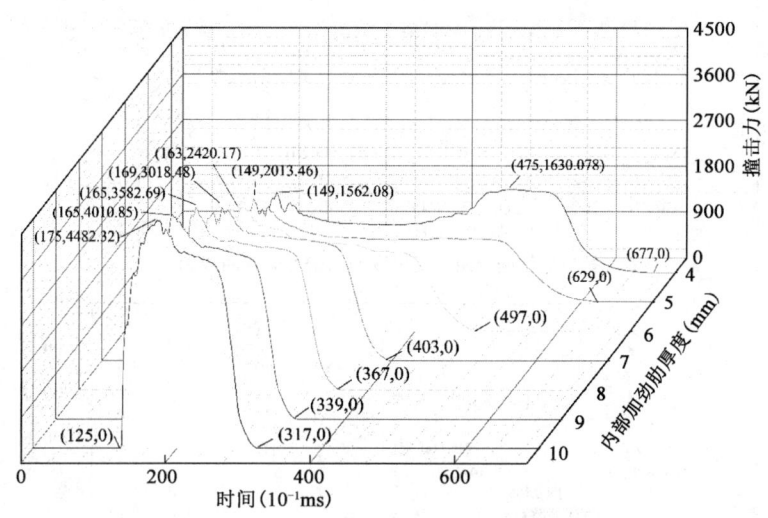

图 10 不同加劲肋厚度的撞击力时程曲线图

从图 10 中可以看出,七种规格加劲肋厚度的撞击力时程曲线大致可以分成两类,以 6mm 规格为分界线。当内部加劲肋钢板厚度大于 6mm 时,碰撞持续时间约为 0.02s,且峰值力出现在碰撞发生后 0.005s 左右,峰值力依次为 4482.32kN、4010.85kN、3582.69kN 和 3018.48kN,随着加劲肋厚度的减小而减小。这表明对于该类圆弧形船艏,内部加劲肋厚度在大于 6mm 范围内,增加内部加劲肋厚度时对改变等效刚度的影响较小。

当内部加劲肋厚度小于或者等于 6mm 时,从撞击力时程曲线可以看出,碰撞持续时间相差较大,随着加劲肋厚度的减小而增长。第一次峰值力出现时间接近 0.0024s,且峰值力依次为 2420.17kN、2013.46kN 和 1562.08kN,随着加劲肋厚度的减小而减小。这表明对于该类圆弧形船艏,内部加劲肋厚度在这个范围内时,该变量对等效刚度影响较大。

2. 外层钢壳厚度

除了简化船艏内部加劲肋厚度以外,船艏外层钢壳厚度也是影响因素之一。本文选择外层钢壳为 6、7、8、9 和 10mm 五种规格,此时圆形船艏内部加劲肋厚度选用 6mm。绘制不同外层钢壳厚度的简化船艏撞击刚性墙撞击力时程曲线图如图 11 所示。

从图 11 可以明显看出,五条撞击力时程曲线趋势基本一致,这表明外层钢壳厚度这一影响因素相较于内部加劲肋厚度来说影响较小。五种外层钢壳厚度下所对应的碰撞时间均在 0.036~0.04s,随着外层钢壳厚度减小而略有增加。对应的峰值力分别为 2508.39kN、2464.61kN、2417.17kN、2424.35kN 和 2363.56kN,撞击力达到最大峰值出现在 0.004s 左右。

3. 船艏与刚性墙撞击角度

圆弧形船艏与实船相比,在碰撞过程中的主要区别是,实船在撞击上桥墩结构或桥梁防撞装置时,由于实船船艏往往带有尖端,接触面积往往从一点发展到不规则面域,且面积不断扩大。因此本文选用船艏与刚性墙撞击角度为 0°、5°、10°、15°、20°、25°和 30°七种规格开展碰撞有限元模拟,改变圆弧形船艏与刚性墙接触面积的发展形式,此时采用的内部加劲肋厚度为 6mm,外层钢壳厚度为 8mm。绘制不同撞击角度下的圆弧形船艏撞击刚性墙撞击力时程曲线图如图 12 所示。

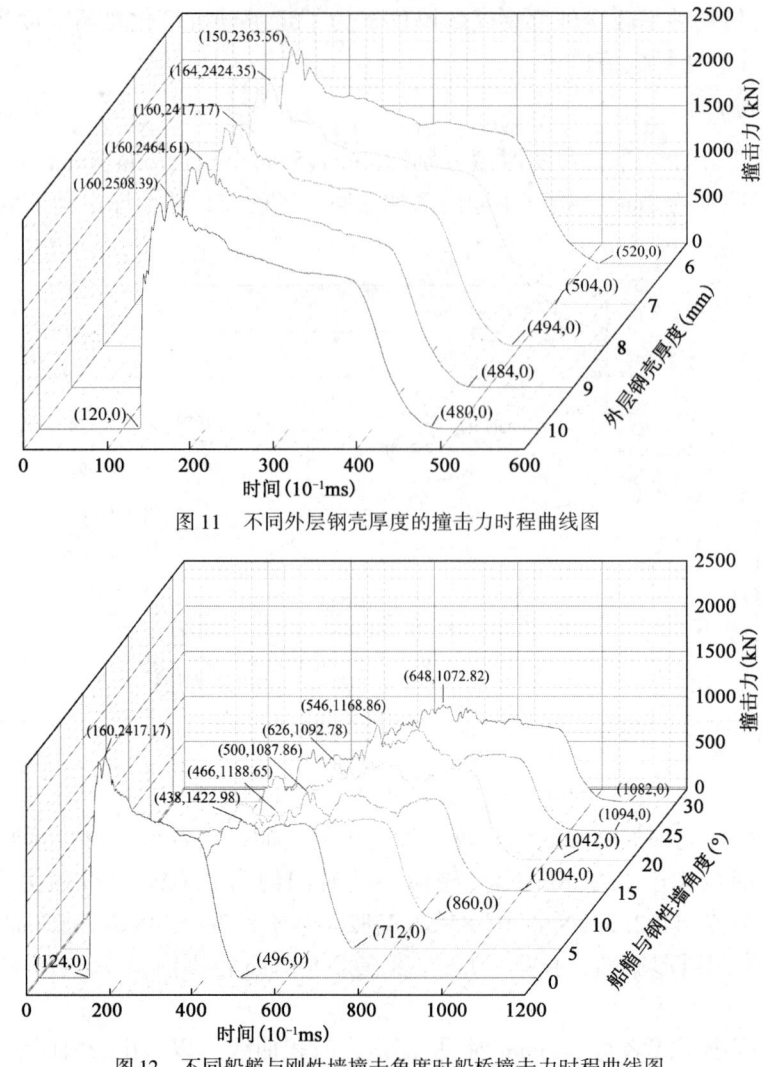

图 11 不同外层钢壳厚度的撞击力时程曲线图

图 12 不同船艏与刚性墙撞击角度时船桥撞击力时程曲线图

从图 12 中可以看出,当圆弧形船艏和刚性墙撞击角度为 0°时,即船艏正撞于刚性墙上,与其余呈一定角度撞击刚性墙得到的撞击力时程曲线形状完全不同。此时,碰撞过程持续时间较短为 0.0084s,峰值力在碰撞发生后 0.0036s 取得,撞击力为 2417.17kN。碰撞过程中,接触面积由一条线逐渐发展到规则的矩形面域,且面积随时间逐渐增大。

当简化船艏和刚性墙在竖直方向上呈一定角度时,撞击力时程曲线趋势相似。撞击力峰值分别为 1422.98kN、1188.65kN、1087.86kN、1092.78kN、1168.86kN 和 1072.82kN,且当角度逐渐增大时,撞击力峰值变化减缓。从图中还可以看出,不同于正撞工况,当碰撞成一定角度时,撞击力曲线往往趋于有多个峰值出现。这是因为在碰撞过程中,接触面由一点逐渐发展成不规则面域,此时内部加劲肋不断参与变形的结果。每当内部加劲肋结构发生屈曲、压溃变形时,对应到撞击力时程曲线中均可观察到峰值变化。

## 六、结　语

本文通过开展圆弧形简化船艏和刚性墙的碰撞试验和有限元模拟,研究了简化船艏碰撞过程中主要因素对等效刚度的影响,得出结论如下:

(1)采用大质量水平冲击试验机开展圆弧形船艏与反力墙碰撞试验,船艏撞击力峰值为 1856.317kN,相应时间为碰撞发生后 0.0067s,圆弧形船艏顶端最大撞深为 30mm。

(2)采用 LS-DYNA 对碰撞试验进行数值模拟,有限元仿真的简化船艏撞击力峰值为 1895.75kN,相应时间为碰撞发生后 0.0085s。有限元模拟值和碰撞试验的结果吻合较好,峰值力偏差仅为 2.08%

(3)在圆弧形状船艄模型中,通过改变内部加劲肋的厚度和改变外部钢壳的厚度的方式改变船艄模型的等效刚度,外层钢壳厚度这一影响因素相较于内部加劲肋厚度影响较小。

**参考文献**

[1] 项海帆,范立础,王君杰.船撞桥设计理论的现状与需进一步研究的问题[J].同济大学学报(自然科学版),2002(04):386-392.

[2] J. J. Wang, Y. C. Song, W. Wang, J. Li. Calibrations of numerical models by experimental impact tests using scaled steel boxes[J]. Engineering Structures,2018,173.

[3] 樊伟,杨涛,申东杰,等.受压UHPC圆形墩柱抗冲击试验及简化分析方法[J].中国公路学报,2019,32(11):165-175.

[4] 高家镛,张甫杰,马雪泉.桥梁防撞设施物理模型试验[J].上海船舶运输科学研究所学报,2011,34(01):1-7,37.

[5] Yunlei Wan, Lu Zhu, Hai Fang, Weiqing Liu, Yifeng Mao. Experimental testing and numerical simulations of ship impact on axially loaded reinforced concrete piers[J]. International Journal of Impact Engineering,2018,125.

[6] 郑维钰,杨黎明,董新龙.实船撞击实验防撞装置的撞击力分析[J].宁波大学学报(理工版),2012,25(02):99-102.

[7] Kristjan Tabri, Joep Broekhuijsen, Jerzy Matusiak, Petri Varsta. Analytical modelling of ship collision based on full-scale experiments[J]. Marine Structures,2008,22(1).

# 20. 多支点不平衡转体中斜拉桥支撑体系受力行为研究

孙全胜　顾子丰　刘　萌　孔丹丹　郭　阳

(东北林业大学土木工程学院)

**摘　要**　随着桥梁转体施工技术的成熟及广泛应用,仅单支点球铰平衡转体已经不能满足跨越高铁接触网等障碍的需求,常需要采用不平衡转体施工。为了保证不平衡转体过程的稳定性和安全性,提出撑脚与球铰协同受力的多支点转体方法。本文以哈西大街跨铁路转体斜拉桥为研究对象,采用跨越金属接触网的多支点转体施工方法,建立Abaqus有限元模型,同传统单支点转体对支撑体系的受力进行对比分析,研究了不同转动角速度、滑道摩擦因数与撑脚位置对支撑体系在转动过程中的受力影响。结果表明:相较于传统的单支点转体,多支点转体时撑脚受力增大128倍成为主要受力构件,球铰受力减小32.3%。转动角速度与撑脚和球铰的Mises应力呈正相关。滑道摩擦因数在0.02、0.04、0.06、0.08及0.1依次变化时,撑脚外缘摩擦应力相应增大112.7%、186.0%、309.5%及430.0%。随着撑脚的外移,撑脚Mises应力减小,球铰受力中心外移即中心$O$处Mises应力减小,边缘$R$处Mises应力增大。本文研究为今后多支点不平衡转体施工具有借鉴作用。

**关键词**　桥梁转体施工　高铁接触网　多支点转体方法　数值分析　支撑体系

## 一、引　言

转体施工是指桥梁结构先在成桥位置以外进行浇筑成形,通过转体就位的一种施工方法,能够较大限度地降低施工对所跨交通线的影响,常用的转体方法有竖转法、平转法、平转与竖转相结合法[1~4]。许多转体桥梁面临着边跨比较大、跨越障碍时梁底与障碍高差较小的困难。

传统的转体是单点支撑,即桥梁以球铰为支撑完成转体。传统的桥梁平转施工虽然具有很多优点,但转体过程中由于结构处于瞬态平衡状态,此时转体结构的整体稳定性最差[5,6]。魏赞洋[7,8]通过对跨朔黄铁路特大桥转体过程中振动检测数据与有限元模拟进行对比研究,研究结构在转体过程中的振动规律。对于转体桥梁来说,主梁的塔梁固结处与最大悬臂端、下部结构的转盘、转轴及球铰均在转动过程中受力复杂,是国内外学者研究的重点。孙永存[9]通过有限元软件对绥芬河斜拉桥转体过程中,加速、匀速两个过程主梁的受力及转盘与转轴的受力进行分析研究。尤其对于作为转体支撑体系的球铰,罗力军[10]通过建立球铰竖转摩阻力矩空间计算模型,推导更合理的摩阻力矩公式;刘建[11]对球铰进行动力时程分析不同速度及加速度球铰的应力,求得安全施工速度、加速度的限值;车晓军[12]采用理论分析、数值模拟计算和试验测量相结合的手段对桥梁平转法施工过程中的关键力学问题进行了深入的研究。

对于传统转体的施工监控、受力分析或计算理论方面研究较多,而对于两端极不对称或跨越障碍进行极不平衡转动的转体桥研究则较少。目前,吕宇[13]、赵凯兵[14]、郭昭赢[15,16]及徐浩然[17]等所选用的方法是附加前支腿辅助支撑技术、辅助支撑行走动力系统技术;但是武汉常青路转体桥的转体施工及吕宇等人的方法均大大增加了施工量、施工难度与转体难度。

其实转体系统的撑脚作为防止侧倾的辅助支撑部件,完全可以与球铰共同受力组成多支点转体的支撑体系,因此本文以哈西大街跨铁路斜拉桥(以下简称哈西斜拉桥)为研究对象,提出了撑脚辅助球铰的多支点不平衡转体的方法。在对转体过程中撑脚与球铰受力的影响因素分析的基础上,利用精细有限元分析、倾斜配重和不平衡称重[18-20],顺利完成了该桥的不平衡转体施工,对今后多支点不平衡转体施工具有借鉴作用。

## 二、工 程 概 况

哈西大街斜拉桥位于哈尔滨市哈西编组站,横跨20多条铁路线,跨径布置为(118 + 198 + 118)m,与铁路中线交角为80.4°,桥总长度434m,桥型布置与转体方位图如图1、图2所示,其中9号塔转体跨度为(97 + 101)m,10号塔转体跨度为(90 + 107)m,转体质量均约为28000t。

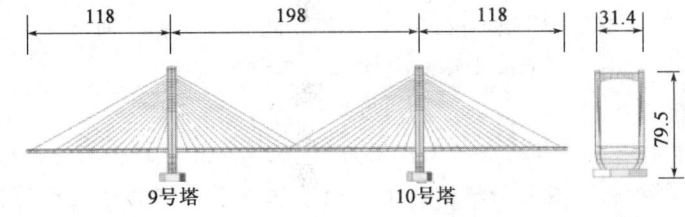

图1 桥型布置(尺寸单位:m)

图2 转体方位图

由于受到铁路线的限制,该桥边跨较常规斜拉桥要大(一般为0.45∶1~0.5∶1)。由于该桥10号塔边跨转动过程中跨越铁路金属接触网,梁底与金属接触网距离测量仅为151mm。考虑到转体过程的安全性,采用多支点不平衡转体的转体方法避免转动过程中梁底与接触网碰撞。多支点转体需要在中跨配重使得中跨侧撑脚着地,边跨侧翘起,从而增大梁底与接触网的间距,构成了撑脚与球铰共同受力的多支点转体系统,保证转体过程的顺利与安全。

多支点转体与传统转体系统不同之处主要为支撑体系。传统转体系统的支撑结构主要为球铰,而多支点转体的支撑体系则由球铰与撑脚共同组成。球铰直径为4500mm,总高度890mm,分上下两片,是支撑体系的受力部件之一。上转盘设有6个撑脚对称分布于梁纵轴线的两侧,并在撑脚下方设有1.4m宽的滑道。每个撑脚为双圆柱形,其中单个圆柱为$\phi 1200mm \times 30mm$的Q235钢管,钢管内灌注C40微膨胀混凝土。牵引盘直径$\phi 15m$,高度为0.7m。转体系统结构图如图3所示。支撑体系的细部结构如图4所示。

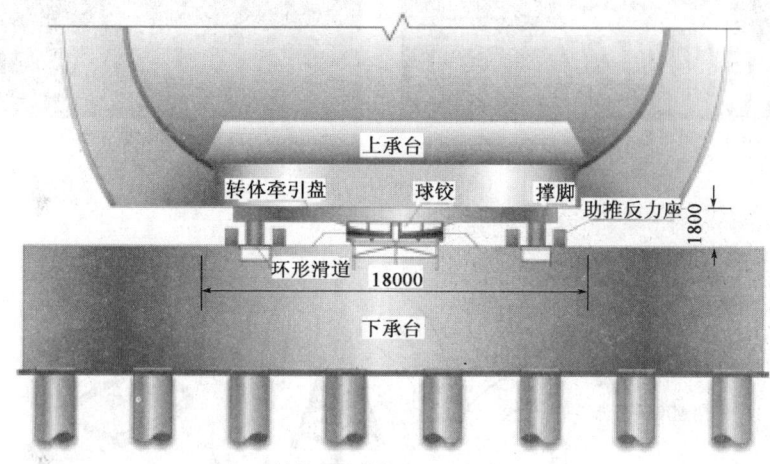

图3 转体系统结构图(尺寸单位:mm)

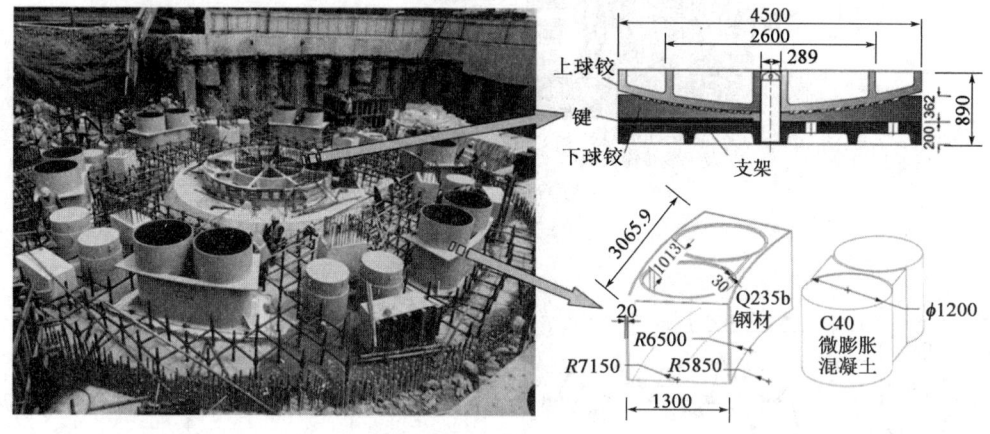

图4 支撑体系细部结构(尺寸单位:mm)

## 三、有限元模型的建立

1. 参数试验测定

1)球铰摩擦因数的测定

多支点不平衡转体前需采用不平衡称重,不同于平衡配重分为$M_z$大于$M_g$与$M_z$小于$M_g$两种情况,不平衡配重由于倾斜配重,$M_g$必然大于$M_z$。图5所示为称重试验过程。

根据不平衡称重试验测得结果,计算得到不平衡力矩$M_g = 14200 kN \cdot m$,摩阻力矩$M_z = 13000 kN \cdot m$,摩阻系数$\mu_0 = 0.0054$,偏心距$e = 0.051 m$。

2)转动角速度的测定

在转体结构上安装角速度传感器与采集模块相连接,通过无线传输模块将转动过程中采集的角速度传输至网上监测平台并进行记录。角速度采集流程如图6所示。多支点不平衡转体过程中的实测角速度如图7所示。

a) 千斤顶布置　　　　　　　　　b) 数据采集

图 5　称重试验过程

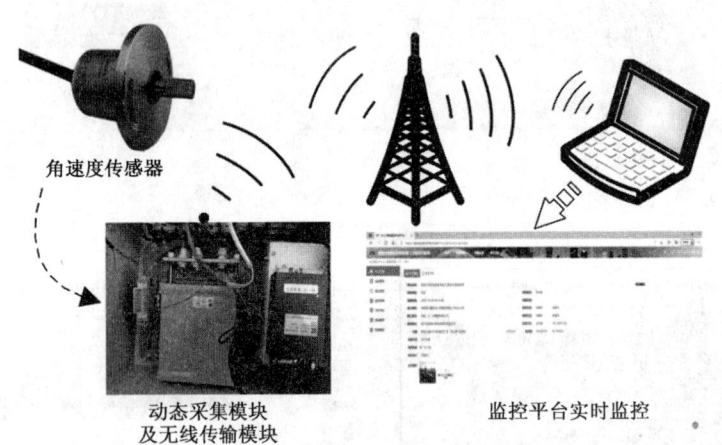

图 6　角速度采集流程

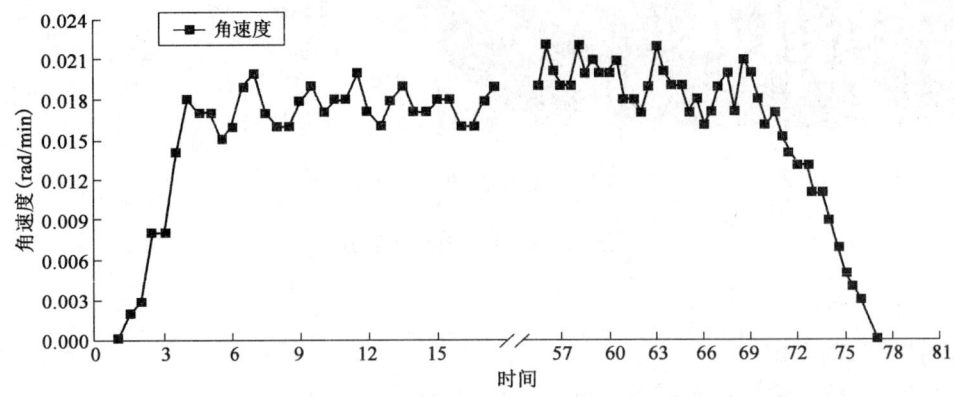

图 7　转动过程实测角速度

从图 7 可以看出，在匀速转动过程中转动角速度稳定在 0.016～0.024rad/min 区间。

## 2. 有限元模型的建立

多支点转体系统不同于传统单支点转体，整个转体结构在转动过程中的协同受力至关重要。因此，使用 Abaqus 建立准确精简的转体结构有限元模型，对比分析多支点转体与单支点转体，针对转动角速度、滑道摩擦因数与撑脚位置对支撑体系的受力影响进行深入研究。建模主要材料参数见表 1。

**主要构件材料表**　　　　　表1

| 部　位 | 细部构造 | 材　料 | 密度(kg/m³) | 泊松比 | 杨氏模量(MPa) | 单　元 |
|---|---|---|---|---|---|---|
| 上承台 | — | C40 混凝土 | $2.5 \times 10^3$ | 0.3 | $3.25 \times 10^4$ | C3D8R |
| 下承台 | — | C40 混凝土 | $2.5 \times 10^3$ | 0.3 | $3.25 \times 10^4$ | C3D8R |
| 球铰 | 上球铰 | Q345 钢材 | $7.85 \times 10^3$ | 0.28 | $2.06 \times 10^5$ | C3D8R |
| | 下球铰 | Q345 钢材 | $7.85 \times 10^3$ | 0.28 | $2.06 \times 10^5$ | C3D8R |
| 撑脚 | 撑脚钢管 | Q235b 钢材 | $7.85 \times 10^3$ | 0.274 | $2.06 \times 10^5$ | C3D8R |
| | 撑脚内混凝土 | C40 微膨胀混凝土 | $2.5 \times 10^3$ | 0.3 | $3.25 \times 10^4$ | C3D8R |

着地撑脚下表面与下承台上表面接触、上下球铰之间的接触均采用罚函数算法[21]的非线性算法的面—面接触。上下球铰的摩擦因数采用称重试验测出的 0.0054，撑脚滑道的摩擦因数拟选用 0.06。转体结构局部模型如图 8、图 9 所示。

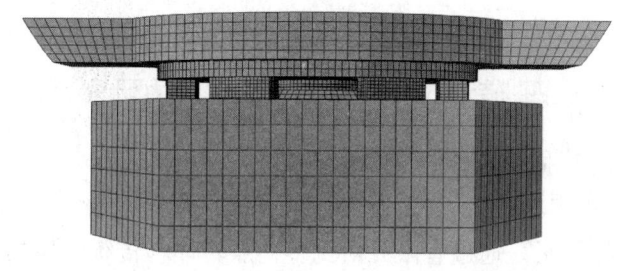

图 8　转体系统整体模型

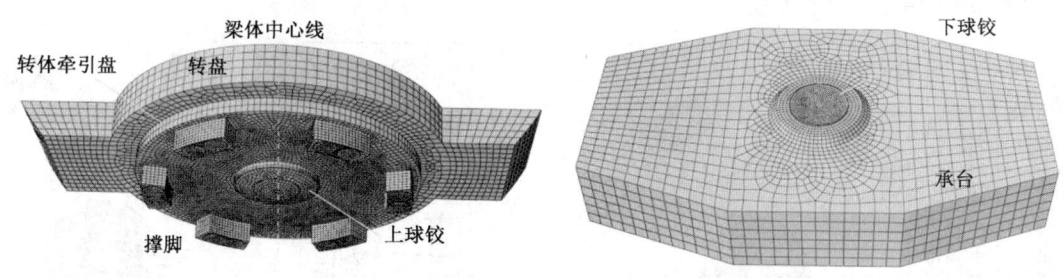

图 9　上下转盘有限元模型

Abaqus 局部模型通过不平衡荷载计算得到上承台顶面的均布力与弯矩，将均布力施加于顶面，并在上承台顶面耦合一特征点，将弯矩与转动速度施加在特征点上，使跨中侧撑脚与下承台顶面接触并发生转动，研究多种因素对支撑体系在转动过程中受力的影响。撑脚测点布置如图 10 所示。球铰测点布置如图 11 所示。

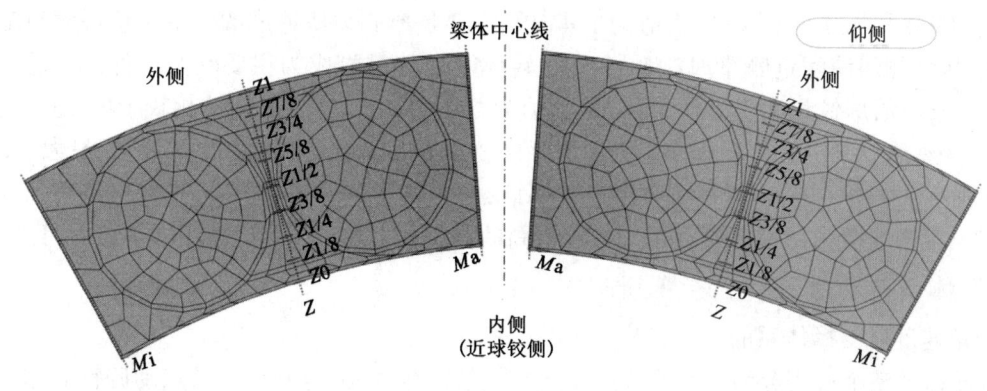

图 10　撑脚测点布置图

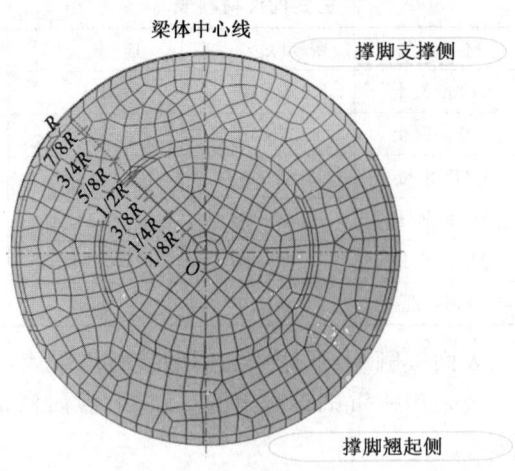

图 11 球铰测点布置图

## 四、转动过程支撑体系受力行为研究

### 1. 多支点转体与传统转体的对比分析

传统的转体方式是单支点平衡转体,其支撑体系仅有球铰单个支撑;多支点转体则是撑脚与球铰共同参与受力,组成多支点支撑体系。通过有限元对比多支点转体与传统转体的支撑体系在转动过程中的受力,分析多支点转体与传统转体的撑脚与球铰的受力变化。传统转体与多支点转体支撑体系的 Mises 应力云图分别如图 12、图 13 所示。

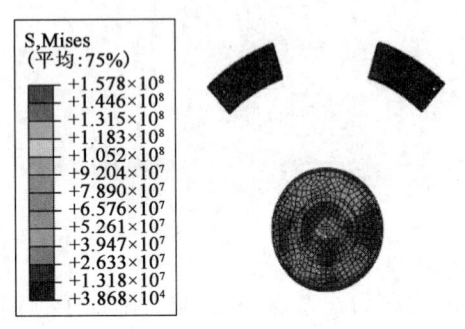

图 12 单支点平衡转体支撑体系 Mises
应力云图(单位:MPa)

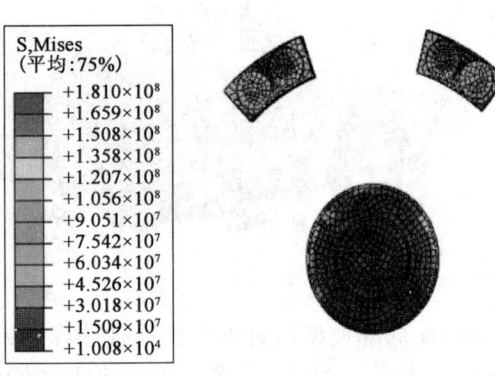

图 13 多支点转体支撑体系 Mises
应力云图(单位:MPa)

如图 12、图 13 所示,传统的单支点转体中球铰作为主要受力构件,最大受力处 Mises 应力值为 157.8MPa;撑脚最大受力处 Mises 应力值为 1.4MPa,主要是离心力所造成的。由于该桥倾斜配重增大了不平衡力矩,桥体倾斜使配重侧撑脚着地,多支点转体着地的撑脚成为主要受力构件,最大受力处 Mises 应力值为 181.0MPa,球铰最大受力处 Mises 应力值为 106.9MPa。多支点转体相较于单支点转体,球铰受力减小了 32.3%,最大 Mises 应力远小于其屈服强度 345MPa;撑脚受力增大了 128 倍,最大 Mises 应力相较于其屈服强度 235MPa,有 0.77 的强度储备。因此,对于多支点转体的桥梁,球铰可选用强度更小的钢材如 Q235 钢,而对于受力的撑脚则需选用强度更高的钢材如 Q355 钢,用以提供更高的强度储备。

### 2. 支撑体系转动过程受力影响研究

1) 转动角速度对支撑体系的受力影响

斜拉桥转体的整个过程分为四个阶段:加速转动、匀速转动、减速制动以及点动调整姿态。加速与减速过程较短,而匀速转动过程将持续数几十分钟,是历经时间最长的阶段[22]。整个过程难以保持一固定速度匀速转动,因此匀速转动阶段是将角速度控制于一个范围内。在旋转过程中,由于离心力的存在,势必会对转体结构产生"离心"的趋势,即会产生拉应力。同时,离心力的大小与转动速度密切相关,离心力与转动角速度的平方值成正比。因此随着转动速度的增大,离心力也明显增大[23],说明转动角速度是转体桥转动过程中的重要影响因素,本文针对转体角速度对多支点转体过程中支撑体系的受力进行研究分析。

通过对多支点转体过程中角速度的采集,得到匀速转动过程中角速度为0.016～0.024rad/min,故以0.016rad/min的角速度为基准,研究角速度为0.016rad/min、0.032rad/min、0.048rad/min、0.064rad/min、0.080rad/min下多支点转体支撑体系的受力。支撑体系Mises应力云图如图14、图15所示。

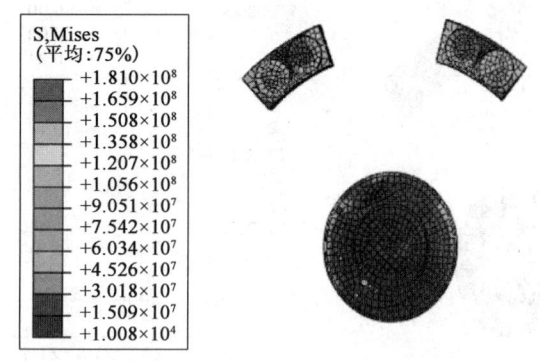

图14 转速0.016rad/min撑脚与球铰Mises应力云图(单位:MPa)

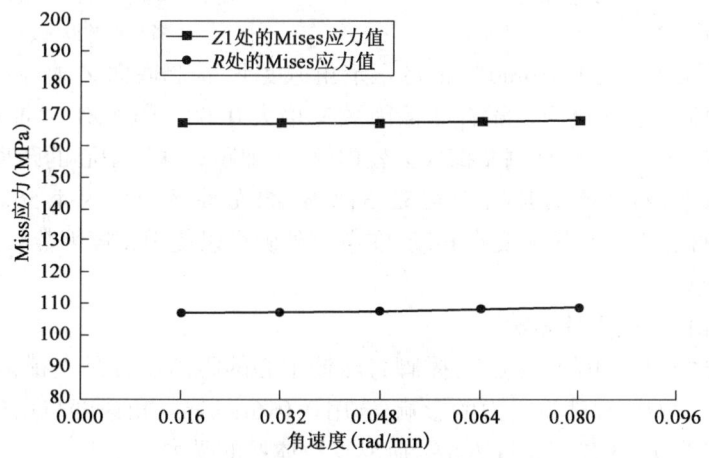

图15 五种角速度撑脚Z1处与球铰R的Mises应力曲线

如图14所示,撑脚底面Z轴与Ma轴之间区域(靠近梁体中线侧)的受力比Z轴与Mi轴之间区域(远离梁体中线侧)的受力大。受力撑脚底面Z轴的Mises应力最大值均取在Z1处。在多支点支撑体系中,球铰靠近着地撑脚一侧受力较大,且在边缘R处Mises应力取到最大值,球铰中心O处应力约为边缘R处应力的12.3%。

0.016rad/min角速度时撑脚Z1处的Mises应力为166.58MPa,球铰R处的Mises应力为104.48MPa;0.032rad/min角速度时撑脚Z1处Mises应力为166.89MPa,球铰R处Mises应力为107.25MPa。5种转动角速度撑脚Z1处与球铰R处的Mises应力曲线如图15所示。

如图15所示,撑脚底部Z1处与球铰R处的Mises应力与角速度呈现正相关的关系,这是转动角速度产生的离心力所导致的结果。每增大0.016rad/min的角速度,撑脚Z1处Mises应力仅增大0.18%,球铰R处Mises应力仅增大0.33%。

2)摩擦因数对支撑体系的受力影响

传统转体支撑体系仅上下球铰之间产生摩擦,而多支点转体中撑脚与滑道、上下球铰间均产生摩擦。

通过现场不平衡称重试验得到多支点支撑体系中球铰摩擦因数为0.054,此处仅研究撑脚与滑道之间的摩擦因数对支撑体系的受力影响。为了降低撑脚与滑道之间的摩擦因数与摩擦力,减少张力牵引设备的吨位,选用滑道刷涂润滑材料的方法。其中黄油法的摩擦因数为0.06,黄油加聚四氟乙烯粉的摩擦因数为$0.03\sim0.06$[24-26]。为了模拟滑道不同的摩擦因数,在0.016rad/min的恒定角速度下,假设撑脚与滑道间的摩擦因数为0.001、0.02、0.04、0.06、0.08和0.1。在没有摩擦的情况下,使用0.001的摩擦因数。

撑脚与球铰底面摩擦应力云图如图16所示,将摩擦因数0.001、0.02、0.04、0.06、0.08及0.1撑脚底面$Z$轴各节点摩擦应力值提取、整理并绘制如图17所示。

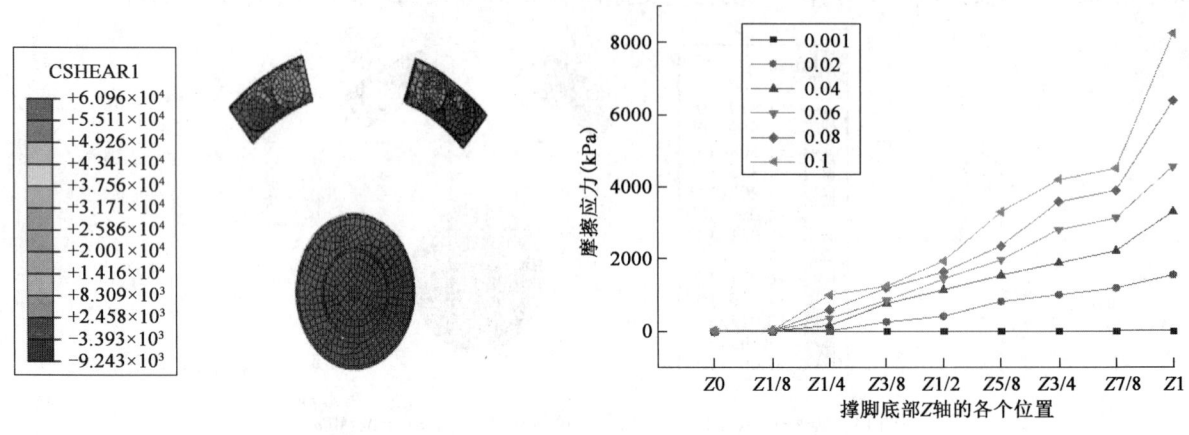

图16 摩擦因数0.001时撑脚与球铰摩擦应力云图(单位:kPa)

图17 不同摩擦因数撑脚底面$Z$轴各位置摩擦应力

从图16、图17可以看出:在0.016rad/min的恒定角速度下,撑脚底面$Z$轴各点摩擦应力与摩擦因数成正比,摩擦因数遵循库伦摩擦理论。随着摩擦因数每增大0.02,撑脚$Z1$处摩擦应力增大112.7%、186.0%、309.5%及430.0%。撑脚外侧摩擦应力较内侧大,即距离球铰中心的距离半径越大摩擦应力越大;在0.06的摩擦因数下,$Z1$处摩擦应力为4552.34KPa,$Z0$处摩擦应力为4.56kPa,外侧$Z1$处的摩擦应力是内侧$Z0$处的998倍。当采用多支点转动,在滑道外侧可以使用摩擦因数较小的聚四氟乙烯夹层,降低摩擦损耗与启动扭矩。

3)撑脚位置对支撑体系受力的影响

撑脚作为支撑体系"杠杆"中的"支点",撑脚与球铰中心的距离位置是支撑体系受力的重要影响因素。在此为研究撑脚位置对支撑体系受力的影响,选用0.016rad/min角速度与0.06摩擦因数,改变撑脚位置相距球铰中心半径为7.1m、7.3m与7.5m,研究支撑体系的受力。

撑脚与球铰Mises应力云图如图18所示,将距球铰半径为7.1m、7.3m及7.5m时撑脚底面$Z$轴各节点的Mises应力绘制如图19所示,球铰底面$R$轴各节点的Mises应力绘制如图20所示。

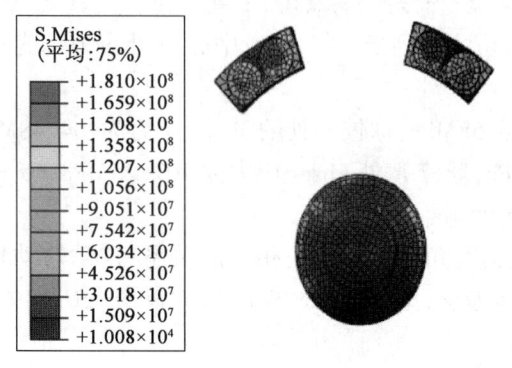

图18 距球铰半径为7.1m时撑脚与球铰Mises应力云图(单位:MPa)

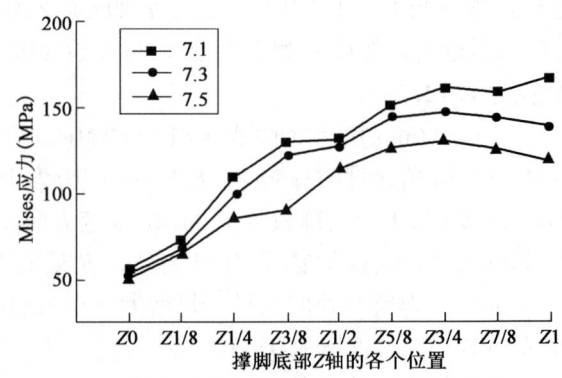

图19 不同位置撑脚底面$Z$轴各位置Mises应力

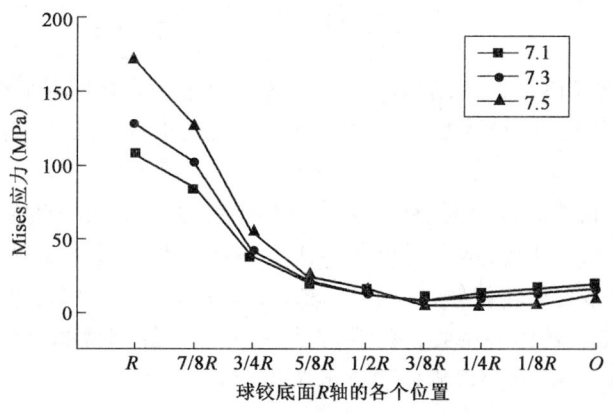

图 20　不同位置球铰底面 $R$ 轴各位置 Mises 应力

从图 18～图 20 可以看出:撑脚外移即增大距离球铰中心的半径,可以有效降低撑脚受力;撑脚位置由距离球铰中心 7.1m 处外移至 7.3m 处及 7.5m 处,Z1 处 Mises 应力值分别减小了 28.1MPa、19.4MPa,占比为 16.8%、13.9%。同时随着撑脚位置外移,球铰受力中心随之外移,球铰中心 $O$ 受力减小,靠近受力撑脚的边缘 $R$ 受力增大。撑脚位置由距离球铰中心 7.1m 处外移至 7.3m 处及 7.5m 处,$O$ 处 Mises 应力值分别减小了 2.69MPa、4.2MPa,$R$ 处 Mises 应力值分别增大 21.0MPa、43.5MPa,占比 19.6%、34.0%。外移撑脚位置虽然可以有效降低撑脚受力,但是随着撑脚受力的减小,球铰外缘受力增大。故撑脚位置需根据撑脚与球铰受力共同考虑,根据上述结论,撑脚位置移至距离球铰中心 7.3m 撑脚受力减小了 16.8%,球铰外缘受力增大 19.6%,而从距离球铰中心 7.3m 外移至 7.5m 时撑脚受力减小 13.9%,减小幅度降低至 82.7%;球铰外缘受力增大为 34.0%,增大幅度翻倍至 204.8%,故距离球铰中心 7.3m(球铰半径的 325%)的撑脚位置更为适合。

## 五、转 体 成 功

通过不平衡称重与受力行为研究,哈西大街斜拉桥跨过高铁接触网,成功转体,一举刷新世界寒区转体桥总质量最重、国内上跨铁路运营铁路股道最多、桥梁转体配重最"不平衡"和转体精度控制最精确(厘米级)四项之最,如图 21 所示。

图 21　转体成功

## 六、结 语

为了研究多支点转体支撑体系,本文通过 abaqus 有限元仿真模拟对不平衡转体,对比分析传统转体与多支点转体,针对转动角速度、摩擦因数以及撑脚位置在转动过程中对支撑体系的受力影响,得出如下结论:

(1)转体桥梁通常需要跨线转体,但往往在转体过程中许多障碍如高铁金属接触网等阻挡梁体转动且无法拆除,针对此类情况的转体桥,本文提出了撑脚与球铰共同受力的多支点转体系统。通过与传统单支点转体对比分析,可知多支点转体较传统转体球铰受力减小了 32.3%;撑脚受力增大 128 倍,成为主要受力构件。因此对于多支点转体的桥梁,球铰可选用强度更小的钢材如 Q235 钢,而对于受力的撑脚则需选用强度更高的钢材如 Q355 钢,用以提供更高的强度储备。

(2)本文研究 0.016rad/min、0.032rad/min、0.048rad/min、0.064rad/min、0.080rad/min 角速度下支数体系的受力。在多支点支撑体系中,球铰靠近受力撑脚一侧受力较大,且在 $R$ 处(边缘处)应力取到最大值,球铰中心 $O$ 处应力约为 $R$ 处应力的 12.3%。角速度每增大 0.016rad/min,撑脚 $Z1$ 处与球铰 $R$ 处 Mises 应力值仅增大 0.18%、0.33%。

(3)转体桥通常讨论球铰处摩擦因数的影响,本文针对撑脚与滑道处的摩擦因素进行分析。摩擦因数在 0.02、0.04、0.06、0.08 及 0.1 依次变化时,撑脚 Mises 应力值增大 112.7%、186.0%、309.5% 及 430.0%。从应力云图看出,撑脚外侧摩擦应力较内侧大,即距离球铰中心的距离半径越大摩擦应力越大;在 0.06 的摩擦因数下,$Z1$ 处摩擦应力为 4552.34kPa,$Z0$ 处摩擦应力为 4.56kPa,外侧 $Z1$ 处的摩擦应力为内侧 $Z0$ 处的 998 倍。

(4)在增大转体重量时,虽然可以通过外移受力撑脚降低撑脚的受力,但在外移撑脚的同时,球铰受力中心也在外移,使球铰靠近撑脚侧外缘受力增大。该桥的撑脚由距离球铰中心 7.1m 外移至 7.3m 时,撑脚受力减小 16.8%,球铰外缘受力增大 19.6%;而再由 7.3m 外移至 7.5m 时,撑脚减小幅度降低至 82.7%,球铰增大幅度翻倍至 204.8%,故该桥最佳撑脚位置为距球铰中心 7.3m 处(撑脚半径的 325%)。

本文对于跨越障碍过高的不平衡转体桥梁提出了多支点转体的施工方法,建立 abaqus 有限元模型,对比分析了多支点转体与传统转体,在传统转体的基础上得到了多支点转体的受力特点,针对转动角速度、摩擦因数及撑脚位置对支撑体系的受力影响展开研究。接下来的工作需要在多因素耦合作用下对有限元模型与工程监控实测数据的对比分析。改变撑脚与承台的接触形式,如在撑脚下增加滑轮,用以优化多支点转体系统,为今后采用多支点转体的工程提供可靠的参考与借鉴。

**参考文献**

[1] 李拉普.跨线连续箱梁桥平面转体施工技术[J].铁道标准设计,2009(08):55-57.
[2] 任慧,白宝鸿,焦鹏程.斜腿刚构桥转体施工控制技术研究[J].石家庄铁道学院学报(自然科学版),2008,21(04):52-56.
[3] 张解放.T形刚构桥转体施工技术[J].石家庄铁道学院学报,2006(04):114-117.
[4] 张文学,黄荐,王秀平.连续梁桥平转施工过程稳定影响因素分析[J].石家庄铁道大学学报(自然科学版),2012,25(04):30-33.
[5] 中华人民共和国交通运输部.公路桥涵施工技术规范:JTG/T F50—2011[S].北京:人民交通出版社,2011.
[6] 中华人民共和国交通部.公路钢筋混凝土及预应力混凝土桥涵设计规范:JTJ 3362—2018[S].北京:人民交通出版社股份有限公司,2018.
[7] 魏赞洋,黄荐,刘海陆.连续梁桥水平转体过程振动特性实测分析[J].公路,2015,60(06):79-82.
[8] 魏赞洋,张文学,黄荐,等.连续梁桥水平转体过程中振动加速度与整体稳定性的关系研究[J].铁道学报,2016,38(05):95-102.

[9] 孙永存.绥芬河斜拉桥水平转体阶段受力研究[D].哈尔滨:东北林业大学,2007.
[10] 罗力军.桥梁转体施工球铰竖转摩阻力矩精确计算方法[J].铁道建筑,2020,60(01):27-30.
[11] 刘建.平转法施工球铰受力分析及不平衡力矩预估[D].济南:山东大学,2019.
[12] 车晓军.平转法施工桥梁转动球铰受力精细化分析及平衡控制研究[D].武汉:武汉理工大学,2015.
[13] 吕宇.多支点桥梁转体系统关键技术及应用研究[D].武汉:华中科技大学,2019.
[14] 赵凯兵.基于极不平衡条件下钢箱梁桥转体施工的研究[J].铁道建筑技术,2018(08):60-63.
[15] 郭昭赢.不对称梁段多支点齿轮传动转体施工技术[J].筑路机械与施工机械化,2020,37(10):40-44.
[16] 郭昭赢.桥梁两支点转体施工技术的可行性研究[J].铁道建筑技术,2019(02):64-68.
[17] 徐浩然.基于辅助轨道的多支点转体桥施工关键技术研究[J].铁道建筑技术,2020(07):64-66+93.
[18] 魏峰,陈强,马林.北京市五环路斜拉桥转动体不平衡重称重试验分析[J].铁道建筑,2005(04):4-6.
[19] 马盈盈,尤忠义,高成明,古建军.昆楚高速大德大桥转体施工称重与不平衡配重研究[J].公路,2021,66(04):102-106.
[20] 郭英.平面转体结构不平衡力矩法称重、配重施工技术[J].铁道建筑技术,2017(08):53-57.
[21] 胡玉龙.邹城市上跨铁路立交桥转体结构力学特性研究[D].武汉:湖北工业大学,2019.
[22] J. Zhang, T. E. El-Diraby. Constructability Analysis of the Bridge Superstructure Rotation Construction Method in China[J]. Journal of Construction Engineering and Management,2006,132(4).
[23] 郭晓光.多因素耦合作用下斜拉桥转体施工力学行为研究[D].哈尔滨:东北林业大学,2012.
[24] Tongmin. W. (2008),"A brief introduction to the self balancing system of single ball hinged cable-stayed bridge",Technology of Highway and Transport,Vol 3 No. 24,pp. 84-86.
[25] Watanabe,E.,Maruyama,T.,Tanaka,H. and Takeda,S. (2000),"Design and construction of a floating swing bridge in Osaka",Marine Structures,Vol. 13 Nos 4-5,pp. 437-445,doi:10.1016/SO 951-8339(00)00016-2.
[26] WangJiawei,Sun Quansheng. Dynamic analysis of swivel construction method under multi-variable coupling effects[J]. International Journal of Structural Integrity,2019,10(4).

# 21. 刚柔复合型钢桥面铺装系服役感知大数据融合分析

孔燕[1] 蒋波[1] 周伟[1] 孔令林[2] 李娣[2] 张辉[2]

(1. 江苏泰州大桥有限公司;2. 江苏中路工程技术研究院有限公司)

**摘 要** 为了研究实桥服役状态下刚柔复合型钢桥面铺装系结构响应影响因素,本文基于服役状态感知系统与大数据融合分析方法,以采用刚柔复合型钢桥面铺装的泰州大桥为例,通过对海量使用条件感知数据挖掘分析,了解钢桥面铺装系性能衰变情况,全面掌握钢桥面铺装系真实服役状态,为结构设计与养护管理提供参考依据。研究表明:泰州大桥刚柔复合型铺装结构体系经过1000万次累计轴载作用,服役性能保持良好,刚度未衰减;高温季节采取洒水降温措施可有效降低铺装层温度,有效减小焊缝应变,对于延长桥面系服役寿命具有积极意义。

**关键词** 刚柔复合型钢桥面铺装 结构响应 大数据分析

# 一、引 言

随着国内桥梁的大规模建设,国内钢桥面铺装的发展也在迅速进步,形成了环氧沥青、复合浇筑式以及 ERS 等高性能钢桥面铺装技术。其中,泰州大桥采用的刚柔复合型钢桥面铺装(下层浇注+上层环氧)是国内外首创的钢桥面铺装方案,与刚性铺装和柔性铺装相比,其受力状况有较大的不同,铺装受力及变形性能温度敏感性高,铺装性能衰变规律也不同[1,2],但目前针对刚柔复合型铺装性能衰变规律研究甚少。

同时,目前桥梁健康监测系统主要监测对象为整体结构变形、力学响应监测,而不注重正交异性钢桥面板结构,几乎没有针对钢桥面系结构服役状态的监测,而桥面系又恰恰是桥梁结构易损伤部位。钢桥面系服役状态与荷载、温度、结构响应等密切相关[3],但传统分析方法多采用有限元分析,不能完全反映实际使用情况。目前,国内外几乎没有对实桥服役状态下的钢桥面系结构响应的研究,因此有必要利用温度传感器、应力应变传感器和动态称重系统建立钢桥面系服役状态感知系统,实现对桥面系实桥服役状态的感知,结合正交异性板刚柔复合型钢桥面铺装系结构特点,通过对实测大数据进行融合分析,全面掌握刚柔复合型钢桥面铺装系真实服役状态,探索评估使用条件对服役状态的影响。

# 二、监测位置选取

综合考虑桥梁结构的对称性和结构安全性等因素,服役状态感知系统需在关键截面安装传感器获取交通量、温度、荷载、应变和挠度等数据。

## 1. 动态称重系统

考虑有效性、可扩展性、经济性等,选择泰州大桥双向 6 车道(超车道、行车道、重车道)进行交通荷载动态监测,为避免动态称重系统施工过程对钢桥面原有铺装的开挖刻槽,保护钢桥面铺装层,同时延长传感器使用寿命,选择桥塔引桥桥头位置为动态称重系感知断面,同时桥面车道分界线采用实线,防止车辆变道(图1)。

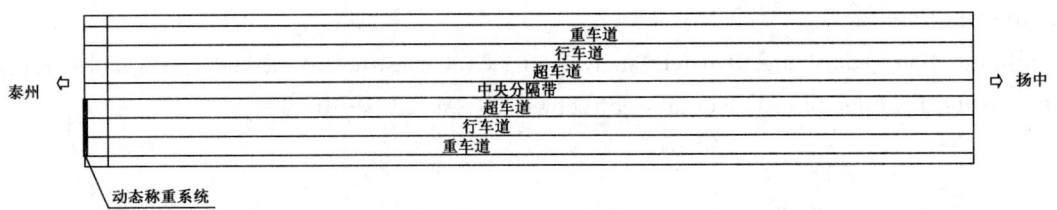

图 1 基于 WIM 的动态称重系统

考虑到大跨径钢桥面铺装体系为柔性结构,动态称重系统采用压电薄膜式,含有压电薄膜传感器、地感线圈以及摄像传感器。压电薄膜电阻根据轴重变化而变化,通过电压的变化计算出轴重大小,该信号还可以用于检测车辆的速度、轴距等数据的测量;地感线圈用于判别是否有车辆经过;摄像传感器用于保留视频资料并可安装车牌识别系统。

## 2. 温度监测系统

为了充分感知箱梁内温度,选取箱梁顶板、箱梁侧板、横隔板、箱梁底板、顶板 U 肋、箱梁内部空气六个位置分别布置温度传感器(图2)。

为避免频繁车辆荷载对温度传感器造成损害,选取 1/2 跨位置应急车道对环氧层、浇筑层和钢板表面安装温度传感器进行温度监测,选用价格经济、测量精度较高且适宜工程使用的铂电阻传感器,构建温度场监测系统(图3)。

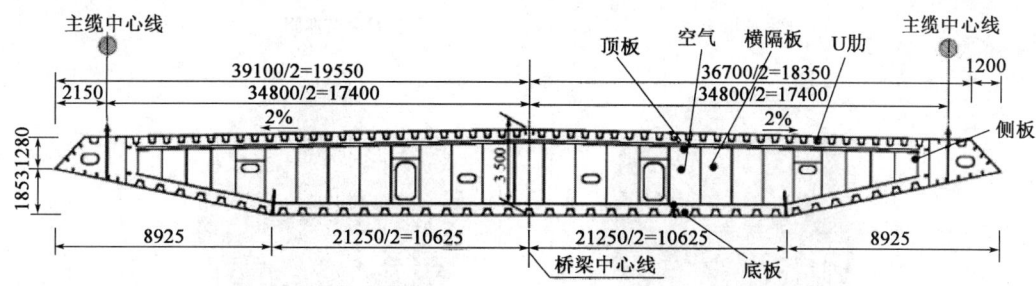

图2 钢箱梁内温度传感器布置(尺寸单位:mm)

3. 结构响应检测系统

根据工程经验及力学计算,悬索桥结构局部铺装最不利位置在1/4跨位置上坡段,同时正交异性钢板疲劳损伤容易出现在U肋与顶板的焊缝及横隔板与顶板的焊缝位置,因此选取此类位置安装传感器进行重点感知,建立结构响应监测系统。

为感知正交异性板应变情况,选用体积小、灵敏度高、动态响应好的电阻式应变计测量正交异性板U肋焊缝及横隔板与顶板焊缝处的应变。在传感器位置选择上,对于横隔板与顶板焊缝,每条焊缝布置2个应变传感器,对称分布于焊缝两侧;对于U肋与顶板焊缝,每条焊缝布置2个应变传感器,对称分布于焊缝两侧;相邻U肋间距中点布置1个应变传感器(图4)。

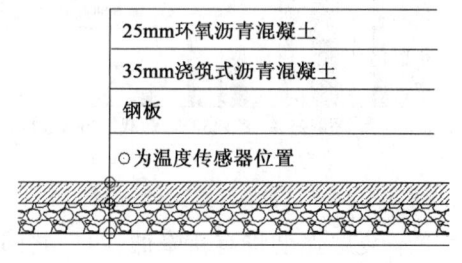

图3 铺装层温度传感器布置

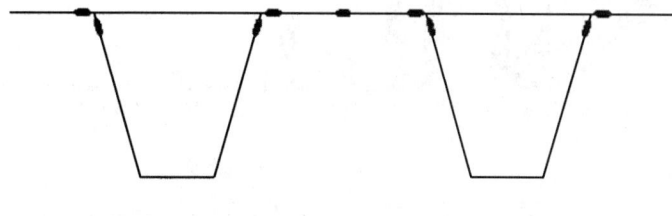

图4 应变传感器布置

为了分析正交异性钢板的刚度,感知肋间相对挠度,选用测量精度为0.01mm、工作温度范围广且价格适中的电阻式位移传感器用于测量肋间相对挠度。在传感器位置选择上,选择相邻横隔板跨中位置顶板肋间中点及其相邻两条U肋与顶板焊缝处为测点布置位移传感器(图5)。

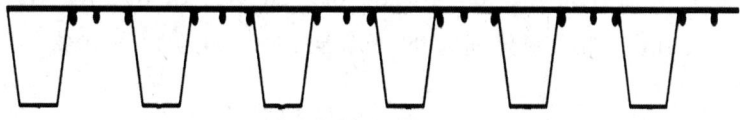

图5 位移传感器布置

## 三、动态称重数据多维分析

1. 通行车辆车型及超载分布

对2020年全年及2021年上半年期间动态称重数据进行分析:泰州大桥通行车辆中中2轴车为主要车型,占85%以上。其中,6—8月高温季节期间6轴货车约6.2%,其余正常使用期间6轴货车约5.9%,具体如图6所示。

通行车辆中货车占比约18%,动态称重系统显示货车超载情况如下:5—10月高温季节超载情况较为严重,2~6轴平均超载数量约24%,超载30%时超载数量比例约13%。

正常通行期间,超载货车约占交通总量的5.3%,超载25%的占总超载车辆的63%,2~6轴货车超载率在15%~33%浮动(图7)。

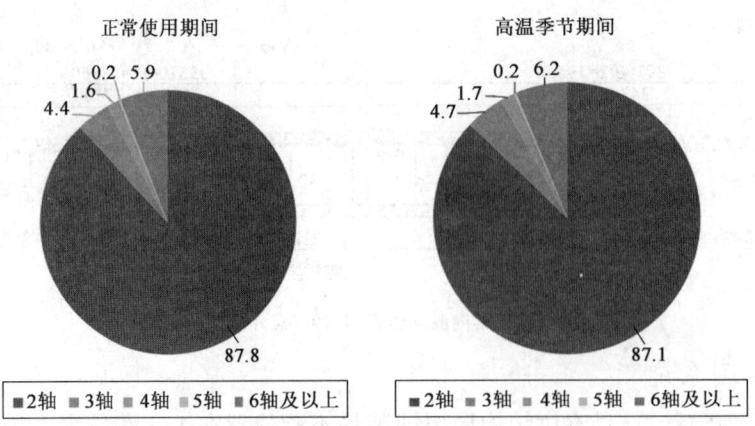

图6 通行车辆车型构成图

6—8月高温季节期间,超载货车约占交通总量的4.4%,超载25%的占总超载车辆的64%,2~6轴货车超载率在12%~33%浮动(图8)。

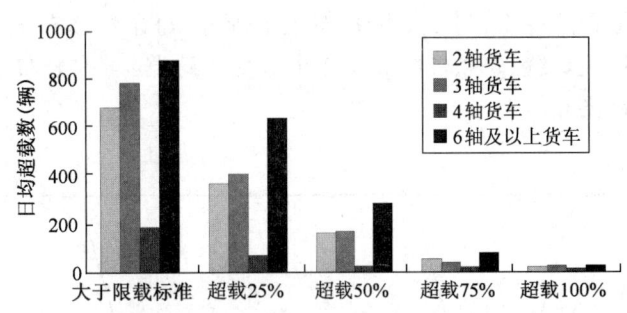

图7 正常通行期间货车日均超载车辆　　　　图8 高温季节通行期间货车日均超载车辆

较高水平的超载将加速铺装层使用性能衰减,同时高温天气下铺装层强度将有所降低,两者共同作用将使得钢桥面铺装更易产生病害,而对通行车辆的车型及超载分析显示,温度峰值与超载峰值将在同一时期出现,因此要重点关注此时期内钢桥面铺装层的监测与养护。

2. 轴载分布及累计轴载次数分析

统计车辆在全桥轴重区间分布频率结果如下,通过车辆轴重主要分布在0~2t,正常通行期间,一至六车道的0~10t分布频率分别为98.7%、90.5%、99.9%、99.8%、86.9%、62.4%;6~8月高温季节通行期间,一至六车道的0~10t分布频率分别为99.5%、95.1%、99.9%、99.9%、92.7%、75.2%,通行车辆轴载谱如图9所示。

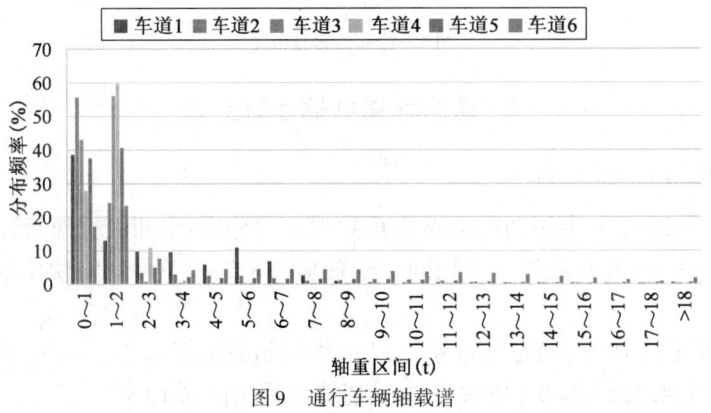

图9 通行车辆轴载谱

结合轴载分布情况计算泰州大桥轴载作用次数结果:各车道累计轴载次数逐年快速增长,截至2021年6月,累计轴载次数泰常方向重、行、超车道分别为953.7万次、347.8万次、11.5万次,常泰方向重、行、超车道分别达到设计寿命 3100 万次的 30.76%、11.22%、0.37%;分别为 1343.9 万次、529.9 万次、14.8 万次,分别达到设计寿命 3100 万次的 43.35%、17.09%、0.48%。以轴载作用次数最高的常态方向重车道计算,其服役进度为 43.35%,剩余使用寿命较为充裕,其他车道则远未达到设计寿命(图 10)。

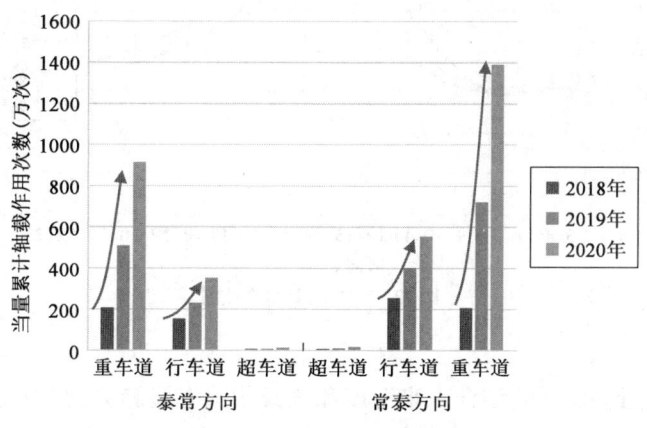

图 10　泰州大桥累计轴载作用次数

## 四、桥面系温度场多维分析

1. 极端低温温度场

(1) 以 2020 年 12 月低温季节中桥面系温度最低日为例,桥面系各部位达到的最低温度为:环氧层顶(−13.1℃) < 浇注层顶(−12.7℃) < 钢桥面板(−12.3℃) < 气温(−7℃),如图 11 所示。

(2) 桥面系温度随环境温度变化规律为:当环境温度升高时(8:00 ~ 14:00),环氧层顶温度 > 浇注层顶温度 > 钢桥面板温度;当环境温度降低时(14:00 ~ 次日 8:00),环氧层顶温度 < 浇注层顶温度 < 钢桥面板温度。桥面板与环氧层最大温差为 8.5℃。

(3) 极端低温条件下,由于直接受到日照、升温效果明显,环氧层顶最大温差为 21.7℃,浇筑层顶最大温差为 19.8℃,钢桥面板最大温差为 19.1℃。

(4) 钢桥面系在夜间长期处于 0℃ 以下。因此,需注意监测极端低温季节桥面系温度,防止雨雪天气桥面结冰带来的不利交通状况,以及冻融循环造成的桥面铺装破坏。

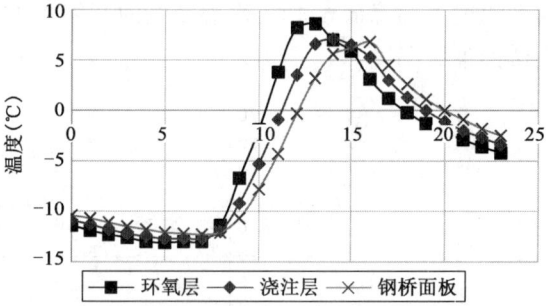

图 11　极端低温天气铺装层温度小时变化图

2. 极端高温温度场

选择极端最高气温可达到 40℃ 的 8 月作为极端高温季节,对泰州大桥桥面气温进行监测分析,结果如下(图 12):

(1) 高温季节桥面系温度横断面纵向分布规律为:环氧层温度 > 浇注层温度 > 钢板温度 > 气温。其中历史环氧层最高温度达 71.3℃,浇筑层最高温度 67.8℃,钢板最高温度 63℃。

(2) 随着环境温度的升高,由于铺装层及钢板温度传导延迟效应,桥面系温度由上而下随时间推移依次达到峰值。环氧层温度、浇注层温度、钢板温度分别于每天 11:00 ~ 16:00、12:00 ~ 16:00、14:00 ~ 17:00 出现持续高温。

(3) 以 2020 年 8 月 16 日为例,铺装层顶温度达到 60℃ 以上的持续时间达到 4h 以上,主要集中在 11:30 ~ 16:00。高温情况下,刚柔复合型钢桥面铺装层强度将显著降低,在重载车辆反复作用下,上层环氧沥青受力集中易开裂,下层浇筑式沥青变软易产生车辙病害[4~6],因此应在该时段内做好铺装层的温度控制。

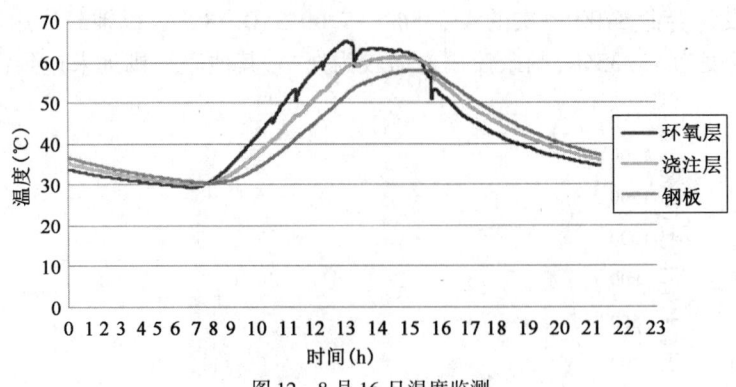

图12  8月16日温度监测

### 3. 高温洒水控温

根据铺装层极端温度到来时间,结合未来温度和气候状况发展趋势,在极端温度到来之前,及时洒水降温。根据桥面系极端高温季节温度监测结果,晴好天气状况下,刚柔复合型铺装上层环氧和下层浇注60℃以上的持续高温时段主要集中在11:30~15:30、13:00~16:00。因此控制温度需从9:30开始,提前进行洒水降温,按照每1~2h一次的频率进行洒水,其中12:00~14:00为铺装层极端高温出现时段,应适当加大洒水频率。

采取高温时段提前洒水降温措施共12d,12d内环氧层最高温度超过60℃的情况仅2d,且持续时间在2.5~3h,相比以往高温持续时间4.5h有所减少。以采取降温措施后的2020年8月17日(晴,最高气温37℃)温度监测数据为例(图13),与以往高温季节中2017年7月25日(晴,最高气温39℃)无降温措施,环氧层最高温度71.3℃,高温持续时间4.5h相比,环氧层最高温度为64.9℃,高温持续时间3.5h,桥面系温度大幅降低6.4℃,高温持续时间缩短1h,结合温度监测数据制定的洒水降温措施能够有效控制钢桥面铺装温度。

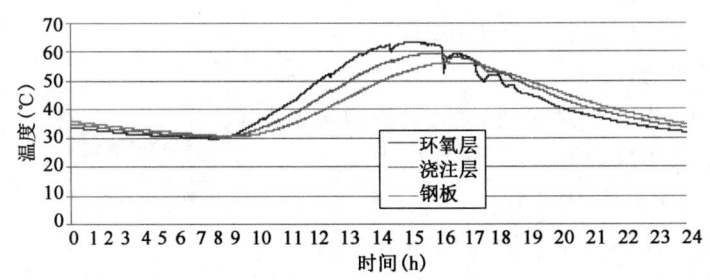

图13  8月17日洒水后温度监测

## 五、结构响应数据多维分析

### 1. 钢板-U肋焊缝应力谱

正常运行月份,钢板-U肋焊缝应力最大值为17MPa,94%的钢板-U肋焊缝应力分布于0~10MPa;10MPa以上占比不到6%,总体应力水平良好。

高温重载月份,钢板-U肋焊缝应力最大值28.2MPa,相较正常运行月份极值提高66%,72%的钢板-U肋焊缝应力分布于0~10MPa,27%的钢板-U肋焊缝分布于10~20 MPa,总体应力水平集中于0~15MPa,且近1%超过20MPa。高温重载情况下钢桥面板-U肋焊缝应力水平明显提高,两者对比如图14所示。

泰州大桥铺装结构的钢桥面板-U肋焊缝最大应力约为25.9MPa,达到钢板(Q345)屈服强度的7.5%;平均应力约为4.69MPa,达到钢板(Q345)屈服强度的1.34%。

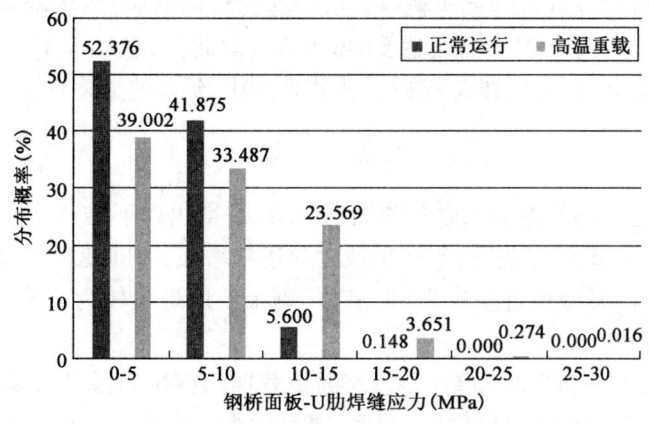

图 14　高温重载与正常运行下钢板焊缝应力分布频率对比

**2. 肋间相对挠度谱**

正常运行月份,肋间相对挠度最大值为 0.39mm,68% 的肋间相对挠度分布于 0~0.1mm,30% 分布于 0.1~0.2mm,总体控制在 0.3mm 以内。

高温重载月份,肋间相对挠度最大值 0.6mm,56% 的肋间相对挠度分布于 0~0.1mm,35% 分布于 0.1~0.2mm,8% 分布于 0.2~0.3mm,总体约 1% 超过 0.3mm。高温重载下桥面系刚度呈衰减趋势,肋间相对挠度明显增大,两者对比如图 15 所示。

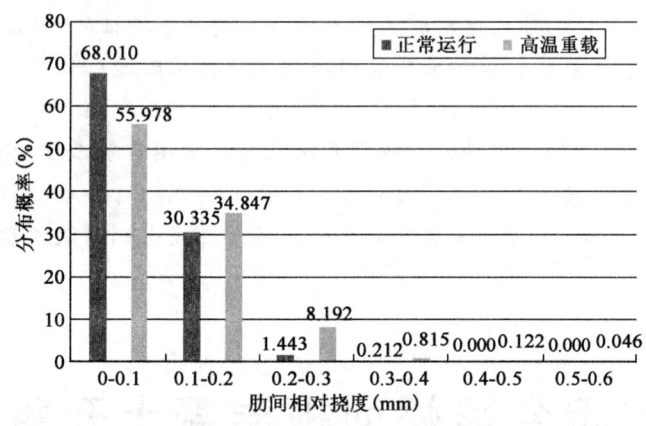

图 15　高温重载与正常运行下肋间相对挠度分布频率对比

铺装结构的最大肋间相对挠度约为 0.51mm,超过《公路钢结构桥梁设计规范》(JTG D64—2015)规范规定的肋间相对挠度限值(0.3mm)的 70%;平均肋间相对挠度约为 0.077mm,达到《公路钢结构桥梁设计规范》(JTG D64—2015)规范规定的肋间相对挠度限值(0.3mm)的 25.8%。考虑到最大相对挠度的出现频率极低,结合上文焊缝应力谱分析,可以推断泰州大桥刚柔复合型铺装结构体系服役性能保持良好,刚度未衰减。

**3. 洒水降温对结构响应影响**

结合主桥洒水记录表以及监测获得的应变数据,对洒水降温后的桥面系力学响应进行分析。选取 8 月 16 日、8 月 23 日、8 月 24 日各一个洒水时段作为分析时段,选取洒水前后车辆产生的应变数据进行对比分析。考虑到车辆的轴重、行驶速度均会对结构响应监测数据产生影响,为了更准确地反映洒水降温带来的影响,在数据选取时选择车重、速度相近的车辆数据进行对比,结果如图 16 所示。

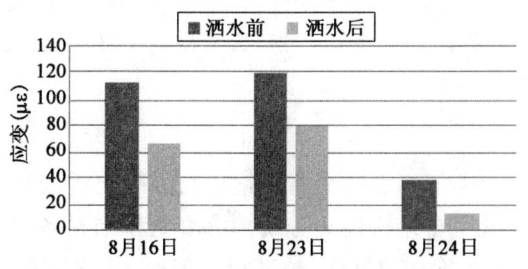

图 16　洒水前后焊缝应变变化对比

由图16可见,洒水降温可以有效降低车辆荷载所引起的结构响应,洒水降温后,钢桥面板与U肋焊缝应变,减小幅度在30%以上,平均减小幅度达到46.9%。因此,高温环境下运营的钢桥面铺装系可将每日高温时段降温措施常态化,以有效维护钢桥面铺装系性能,延长使用寿命。

## 六、结　语

通过对泰州大桥服役感知系统实测大数据进行融合分析,得出以下结论：

（1）泰州大桥超载情况处于可控范围,累计轴载次数逐年增长,但即使以轴载作用次数最高达1343.9万次的常泰方向重车道计算,其服役进度仅为43.35%,剩余使用寿命较为充裕,其他车道则远远未达到设计寿命。

（2）极端高温季节恰好与重载时段重合,导致高温重载期间钢桥面系结构响应水平明显高于正常运行时段。采取洒水降温措施可有效降低铺装层温度,降温后焊缝应变减小幅度在30%以上,平均减小幅度达到46.9%。

（3）结构响应大数据分析显示,钢桥面板-U肋焊缝平均应力约为4.69MPa,达到钢板(Q345)屈服强度的1.34%；平均肋间相对挠度约为0.077mm,达到《公路钢结构桥梁设计规范》(JTG D64—2015)规范规定的肋间相对挠度限值(0.3mm)的25.8%。泰州大桥刚柔复合型铺装结构体系服役性能保持良好,刚度未衰减。

**参考文献**

[1] 殷海华,孔燕,李娣.刚柔复合型桥面铺装在大跨径悬索桥中的应用[J].公路,2018(11).
[2] 丁华平.基于健康监测系统的多塔连跨特大型悬索桥结构动态特征研究[D].南京:南京大学,2019.
[3] 张辉,许映梅,高培伟,等.在役桥梁桥面铺装服役状态评估及改造结构体系研究[J].交通节能与环保,2018(03).
[4] 王强.浇注式沥青混凝土高温稳定性的影响因素探究[J].中国市政工程,2019(01).
[5] 潘友强,李娣.环氧沥青钢桥面铺装多维度检测评估体系研究[J].公路,2017(12).
[6] 丁幼亮,王高新,周广东,等.基于长期监测数据的润扬大桥扁平钢箱梁温度分布特性[J].中国公路学报,2013(02).

# 22. 某钢-混组合梁桥面板混凝土开裂问题分析

齐怀展　王蕊

（天津市交通科学研究院桥梁结构安全与耐久性国家实验室）

**摘　要**　某在建大跨钢-混组合桁架梁桥复工前检测发现混凝土面板存在较为典型的裂缝,且宽度较大,对结构安全及耐久性具有较大影响。本文针对具体病害,进行了专项检测及分析,探讨了病害成因并进行了理论计算分析,提出了抑制和防止裂缝产生的对应措施。

**关键词**　桥梁　钢-混组合梁　混凝土-收缩徐变　温度

## 一、引　言

钢-混组合梁是指将钢梁与混凝土桥面板通过抗剪连接件连接成整体并考虑共同受力的桥梁结构。钢-混组合结构能充分发挥混凝土和钢材各自的材料性能优势同时又具有良好的力学性能和施工性能,加上造价相对低廉,桥型轻盈美观,日益受桥梁工程界所欢迎。近年来国内外的工程应用和相关研究越来越多,在桥梁结构领域显现出了广阔的应用前景。

本文以某三跨变截面钢-混组合桁架桥为研究对象,对混凝土桥面板开裂原因进行分析。

## 二、工程概况

某桥为三跨变截面连续钢-混组合桁架桥,跨径布置为 95m + 140m + 95m = 330m,桥面宽 43m,分左右两幅,单幅宽 20.75m。桥面系由桁架梁、桁架间横向联系以及桥面混凝土板组成。主桥桥面板采用 28cmC55 混凝土,上弦杆腋角处加厚为 35cm 混凝土,桥面板混凝土与钢结构之间采用剪力钉和抗拔件连接,并在桥面混凝土板设有预应力钢束。混凝土桥面板分段浇筑,板内预应力钢束根据桥面板所分节段进行相应分批张拉施工。每幅桥横向由 6 榀桁架组成,一榀桁架由上弦杆、下弦杆和腹杆组成,上弦杆线形随道路纵断线形,下桁架线形为悬链线,腹杆为分为竖杆和斜杆,腹杆节点之间的间距随梁高变化,主梁横断面如图 1 所示。

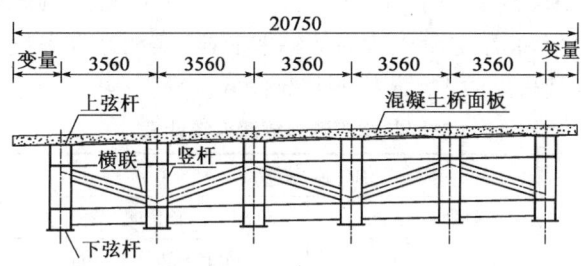

图 1 主梁横断面图(尺寸单位:mm)

桥梁采用支架施工,在边跨和主跨通航孔外搭设临时支撑,分节段拼装主梁钢结构;主梁合龙后在主梁钢桁架上浇注边跨混凝土;支架拆除;浇注负弯矩区混凝土;浇注其余节段混凝土;桥面板预应力张拉。在施工至边跨混凝土浇筑 51m 后停工,施工状态如图 2 所示。

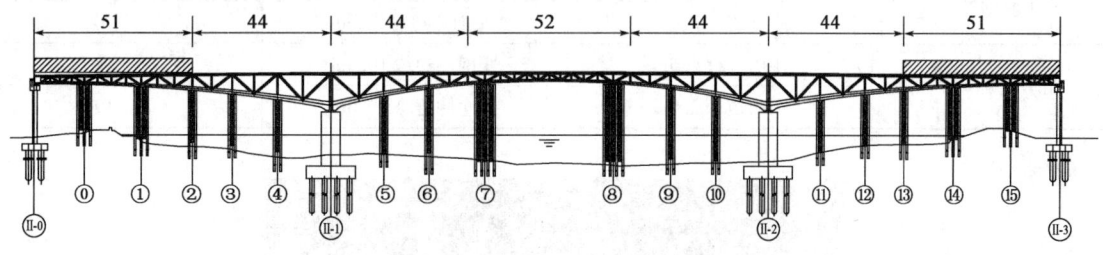

图 2 桥梁停工状态施工阶段立面图(尺寸单位:m)

## 三、混凝土面板开裂情况

停工 4 年后,复工检测时发现已浇注的 51m 混凝土桥面板产生表观裂缝,边墩附近位置为断续的纵向、斜向裂缝,裂缝宽度为 0.27~1.08mm,靠主跨侧为贯通的间距均匀的横向裂缝,裂缝宽度大多为 0.20mm 左右,最大裂缝宽度 0.24mm。横向裂缝在每榀主桁架顶部位置较宽,向两侧逐步变窄,典型裂缝分布如图 3 所示,裂缝照片见图 4、图 5。

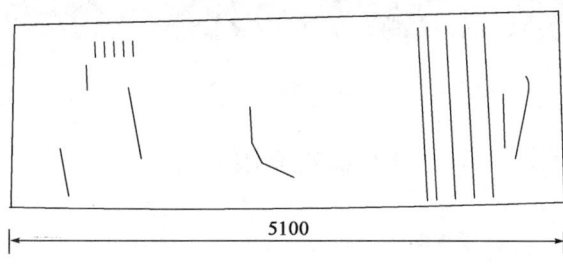

图 3 南岸左幅混凝土桥面板裂缝分布图(尺寸单位:m)

图4 混凝土面板典型横向裂缝

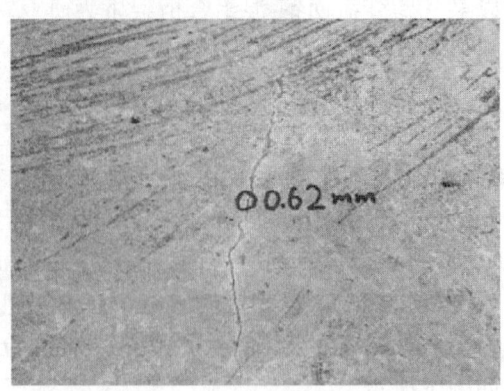
图5 混凝土面板典型斜向裂缝

为检测裂缝深度,分别对南、北岸混凝土桥面板钻取芯样,实测裂缝深度介于52～254mm,部分裂缝贯穿芯样全高,裂缝深度测量结果见表1。芯样照片见图6。

钻取芯样实测裂缝深度统计表　　　表1

| 孔跨位置 | 取芯位置 | | 裂缝深度(mm) |
|---|---|---|---|
| | 横桥向 | 顺桥向 | |
| 南岸左幅 | 距外边缘7.0m | 距北侧边缘11.3m | 200 |
| | 距外边缘4.0m | 距南侧边缘13.7m | 254 |
| 南岸右幅 | 距外边缘11.6m | 距南侧边缘16.0m | 142 |
| | 距外边缘10.0m | 距北侧边缘14.9m | 240 |
| 北岸右幅 | 距外边缘7.0m | 距北侧边缘13.8m | 52 |
| | 距外边缘3.0m | 距南侧边缘9.2m | 104 |
| 北岸左幅 | 距内边缘4.5m | 距南侧边缘10.8m | 120 |
| | 距内边缘3.0m | 距南侧边缘19.0m | 194 |

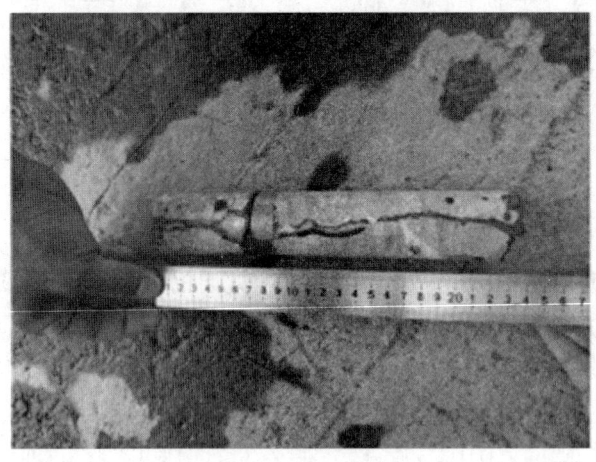
图6 混凝土芯样

## 四、病害原因分析

### 1. 混凝土收缩徐变

混凝土的收缩变形是一种不依赖于外界荷载和时间变化的变形形式,是混凝土内部一系列化学反应或者温度变化等引起混凝土水分变化,体积缩小的现象。当混凝土结构处于收缩状态,并受到一定的外界刺激后,在约束位置易产生拉应力。当收缩应力达到混凝土抗拉强度极限时,混凝土结构将发生收缩裂缝。

根据相关研究[1-3],影响混凝土收缩徐变因素主要有水泥种类、集料品种、混合料配和比、介质温度、混凝土龄期和养护条件等,这些因素的不确定性导致混凝土徐变和收缩的随机性。当前,只能通过对收缩徐变计算模式来综合考虑一些主要因素。多国均提出了被工程界普遍采用的收缩徐变模型,以评估长期收缩徐变下的结构受力性能,例如CEB-FIP系列模型、ACI209、B3、B4、AASHTO和GL2000模型等[4-7]。

### 2. 温度因素

桥梁结构受太阳辐射、空气对流等环境因素影响,同时自身也不断向外进行热辐射,结构内部形成不均匀的温度场,该温度场随着外界环境的变化和内部的热交换而发生变化。钢材的热物性参数较为稳定,混凝土以及沥青则因为原料问题,热物性参数在一定范围内变化。魏欣宇等[8]研究发现温度作用对桥梁结构的影响不能忽略,较大的温度作用会对钢-混组合梁造成不利影响。朱劲松等[9]分析了环境参数、材料参数、结构参数对组合梁竖向温度梯度的影响规律。

### 3. 有限元模型分析

采用桥梁结构计算分析软件MIDAS建立该钢-混组合梁桥精细有限元模型,混凝土收缩徐变计算依据《公路钢筋混凝土及预应力混凝土桥涵设计规范》(JTG 3362—2018)并考虑桥梁实际施工情况,温度作用依据《公路桥涵设计通用规范》(JTG D60—2015)取值。桥梁有限元模型如图7所示。

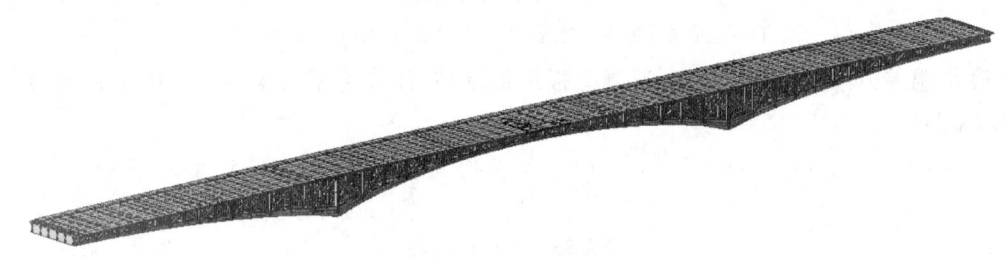

图7 桥梁有限元模型

以51m长混凝土桥面板为分析对象,考虑混凝土4年收缩徐变,计算结果见图8,混凝土板顶、底板均受拉,顶板最大拉应力值达3.4MPa,底板拉应力最大值达3.0MPa,均超过C55混凝土强度标准值2.7MPa。

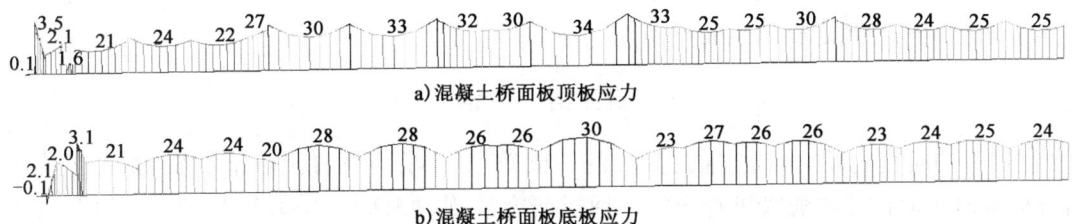

图8 收缩徐变作用下混凝土桥面板应力分布图(单位:MPa)

体系均匀升温27℃,计算结果见图9,混凝土板顶、底板均受拉,顶板拉应力最大值达1.3MPa,底板拉应力最大值达1.2MPa。

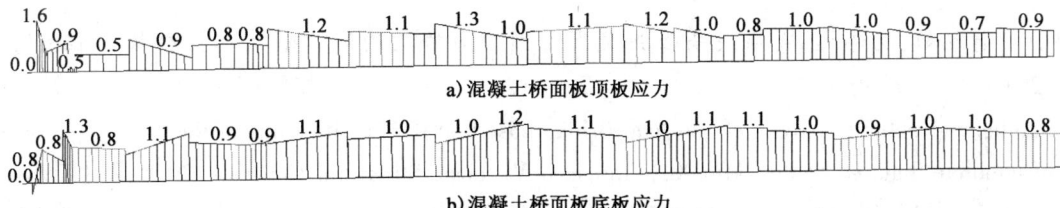

图9 体系均匀升温混凝土桥面板应力分布图(单位:MPa)

体系均匀降温25℃,计算结果见图10,混凝土板顶、底板均受压,顶板压应力最大值为0.9MPa,底板拉应力最大值达0.9MPa。

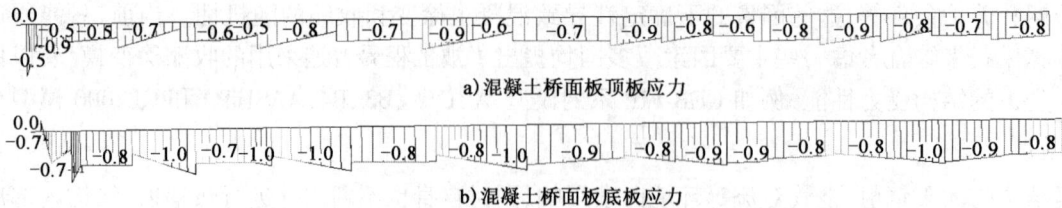

图10 体系均匀降温混凝土桥面板应力分布图(单位:MPa)

温度梯度正温差,计算结果见图11,混凝土板顶板受压,压应力最大值为3.4MPa,底板受拉,拉应力最大值达2.9MPa。

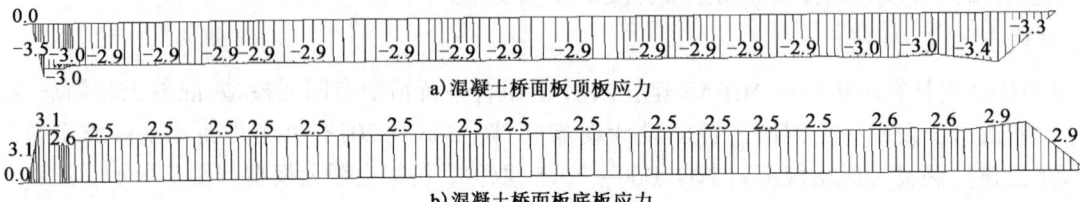

图11 温度梯度正温差混凝土桥面板应力分布图(单位:MPa)

温度梯度负温差,计算结果见图12,混凝土板顶板受拉,压应力最大值为1.7MPa,底板受压,压应力最大值达1.4MPa。

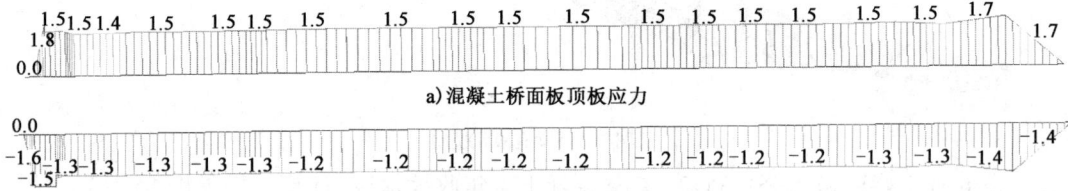

图12 温度梯度负温差混凝土桥面板应力分布图(单位:MPa)

由上述计算结果可知,收缩徐变因素是引起混凝土面板开裂的主导因素,在体系均匀温度变化和温度梯度的共同作用下,导致混凝土面板开裂。

## 五、结　语

本文在现有的研究成果基础上,通过实际的桥梁工程案例,对混凝土收缩徐变、温度作用等因素对钢-混组合梁混凝土面板开裂病害进行研究。通过研究发现收缩徐变是引起混凝土面板开裂的主导因素,温度影响也是不可忽略的。对于大跨度钢-混叠合梁,由于混凝土与钢结构热传导率的差异,二者协调受力更趋复杂,加强混凝土施工期养护,确定合理的施工顺序及时进行预应力张拉,是避免混凝土开裂的有效手段。

**参考文献**

[1] 田俊宝,曾尼娜,杨志远.粉煤灰高强混凝土对预应力桥梁的影响研究[J].桥梁工程,2020(10):199-201.

[2] Probabilistic structural analysis of São João Bridge based on the on-site study of the time-dependent behavior of concrete. Luis O. Santos, Min Xu, Francisco Virtuoso. Structural Concrete. 2020;21:1298-1308. https://doi.org/10.1002/suco,201900455.

[3] Rapid Prediction of Long-term Deflections in Steel-Concrete Composite Bridges Through a Neural Network

Model. Sushil Kumar, K. A. Patel, Sandeep Chaudhary, et al. International Journal of Steel Structures, 2021. https://doi.org/10.1007/s13296-021-00458-1.
[4] Development of a Novel Type of Open-Web Continuous Reinforced-Concrete Rigid-Frame Bridge, Yuancheng Peng, Zixiang Zhang. J. Bridge Eng., 2020, 25(8): 05020005.
[5] Using compression reinforcement and low-shrinkage concrete to control creep deflections. Helder Sousa, Stergios A. Mitoulis, Konstantinos Psarras, et al. Proceedings of the Institution of Civil Engineers-Bridge Engineering, 2019 https://doi:10.1680/jbren.19.00038.
[6] 陈英贵.大跨度铁路混凝土斜拉桥收缩徐变计算方法研究[J].世界桥梁,2020(48):89-93.
[7] 金礼俊,张志强,许俊.高速铁路钢桁加劲混凝土连续刚构桥梁长期行为预测研究[J].铁道建筑, 2020(7):27-33.
[8] 魏欣宇,陈克坚,徐昕宇.高海拔山区铁路钢-混凝土结合梁温度场和温度效应研究[J].铁道标准设计,2022.
[9] 朱劲松,李雨默,顾玉辉,等.钢箱-混凝土组合梁桥竖向温度梯度分析[J].公路工程,2021.

# 23. 人行悬带桥运营阶段受力分析

石雪飞[1]　彭佳伟[1]　朱　荣[2]

(1.同济大学土木工程学院;2.上海同济检测技术有限公司)

**摘　要**　悬带桥造型简洁、线形优美,是近年来人行桥选用的桥型之一。目前,悬带桥力学分析大多采用悬索理论。由于悬带桥在运营阶段主梁具有抗弯刚度,且具有较强的几何非线性,按照柔索理论计算悬带桥运营阶段的变形和位移会有一定误差,本文提出考虑桥面板抗弯刚度的悬带桥非线性微分方程,得到影响悬带桥内力和变形的参数;然后探究悬带桥的矢跨比、高跨比等参数对结构受力和变形的影响,为悬带桥的概念设计提供建议。

**关键词**　悬带桥　非线性　微分方程　内力变形　预应力

悬带桥由具有抗弯刚度的桥面板形成悬带,预应力混凝土悬带桥由先期架设的前期承重缆、混凝土桥面板以及施加预应力的后期缆组成;由于后期缆的预应力作用,混凝土桥面板受压,并且在运营阶段的荷载作用下不消压。由于其简洁的结构形式,悬带桥成为跨径在100～200m的人行景观桥的选择形式之一。悬带桥理念最早由德国里希·芬斯特瓦尔德(U. Finsterwalder)提出,由瑞士人Walther设计建造出世界上第一座现代悬带桥,其跨径为216.4m。悬带桥具有悬索桥的特点,由于桥面有抗弯刚度,使得悬带桥受力不完全与悬索桥相似。目前,悬带桥运营阶段静力计算的理论主要有悬索理论、平面杆系理论以及等代简支梁理论等方法。悬索理论以悬索桥结构分析方法在平截面假定条件下导出悬带桥变形公式,其虽然考虑了弯曲刚度和轴向刚度,且计算结果比较精确,但公式较为复杂,无法得到结构非线性的影响项,公式的影响因素繁多,求解较为复杂,不适用于工程的初步设计;平面杆系理论则未考虑结构弯曲刚度以及结构大变形对内力的影响,进行计算时会产生较大误差;等代简支梁则假定结构两端为铰接,将结构看作一次超静定的曲梁,通过力法求出结构内力变形,但是其没有考虑非线性影响,导致结果误差较大。常见运营阶段的受力分析方法均未全面考虑桥面板对变形和内力的作用,导致设计偏于安全,且端部桥面板厚度设计需要进行局部精细化计算。

由于悬带具有一定的抗弯刚度,悬带桥的活载刚度比柔性主缆悬索桥大很多,若将悬带视为索并忽略其抗弯刚度分析会产生一定误差。悬带的抗弯刚度有限,且桥梁矢高较小,具有很强的几何非线性,将其直接作为线性杆系结构进行分析会出现较大误差。因此,本文通过变形协调的非线性微分方程导出悬带桥的微分方程,探究悬带桥影响内力变形的组成项以及非线性影响因素,分析悬带桥内力和变形的特点。并根据微分方程的组成项探究矢跨比、高跨比等参数对悬带桥内力和变形的影响程度,为悬带桥概念设计提供建议。

## 一、悬带桥的受力特点

悬带桥的主索分为先张索和后张预应力索两部分。先张索的作用是承担桥面板自重,其变形可按照悬索理论进行求解;后张预应力索将预制节段紧贴,并使得混凝土内部产生压应力,以抵抗运营阶段活载产生的拉应力。张拉后张预应力会使得先张索的索力降低,但总体水平拉力增加。在运营阶段先张索与预应力索作用相同,此时混凝土与后张预应力索形成组合截面,抗弯刚度不能忽略。随着荷载增加,后张预应力索的拉应力增加、混凝土压应力减小,即轴压力不断减小,弯矩不断增大。当桥面板产生拉应力开裂时,认为该桥达到正常使用阶段极限状态。考虑桥梁的长期效应时,桥面板混凝土收缩徐变、先张索和后张预应力索的松弛会使得桥梁应力减小,降低正常使用极限状态的荷载。

在运营阶段,悬带桥的应力进程与拱桥相反,悬带桥内部压应力不断减小。通过预应力可以保证桥面板不开裂,材料处于弹性状态。在此状态下,考虑几何非线性的拱桥与悬带桥的平衡微分方程较为相似。悬带桥的最终破坏由材料强度控制,而拱桥则由稳定来控制。悬带桥的矢跨比较小,可将其看作翻转后反向加载的"坦拱"。可以通过仿照拱桥的微分方程推导出考虑桥面板抗弯刚度的悬带桥几何非线性微分方程,得到影响内力和变形的因素和几何非线性影响因素。

## 二、悬带桥几何非线性微分方程

悬带桥的几何非线性属于大位移小应变的几何非线性问题。当荷载作用时悬带桥的拉力会变化,进而影响弯矩和变形,与"坦拱"的受力平衡方程较为相似,可以通过仿照拱桥的非线性理论推导得到悬带桥的几何非线性微分方程,具体如下:

在端部固结的地方释放多余的约束,得到的悬带桥简支曲梁基本结构如图1所示,实线为初始态,虚线为施加荷载后的状态。在基本结构 AB 段取出微元,如图2所示。

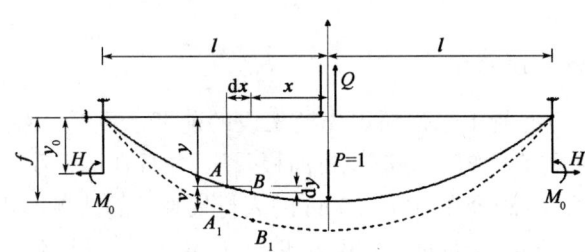
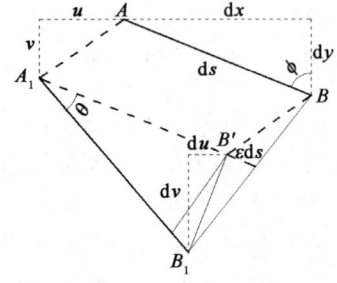

图1 悬带桥简支曲梁基本结构
注:实线为初始态,虚线为荷载态

图2 微元变形示意图

$$\frac{du}{ds} = \theta\tan(1+\varepsilon) - \varepsilon$$

$$\frac{dv}{ds} = \theta(1+\varepsilon) + \varepsilon\tan\varphi$$

$$\frac{d^2v}{dx^2} = \frac{d\theta}{dx}(1+\varepsilon) + \frac{\theta d\varepsilon}{dx} + \frac{d}{dx}(\varepsilon\tan\varphi) \tag{1}$$

式中:$u$、$v$——横向变形和纵向变形;

$\theta$——转角变位;

$\varphi$——曲线切线竖直方向倾角,$\tan\varphi = 1/y' = l^2/8fx$;

$ds$——微元段长度。

在小应变情况下,考虑剪切变形影响,变形与内力的关系满足下式:

$$\frac{d\theta}{ds} = -\frac{M}{EI} + \frac{d}{ds}\left(\frac{\alpha_s Q_x}{GA}\right)$$

$$\varepsilon = \frac{N}{EA} \quad (2)$$

将式(2)代入式(1)得到考虑弯矩和轴力情况下的平衡微分方程:

$$\frac{d^2v}{dx^2} = -\frac{M}{EI\cos\varphi} + \frac{d}{dx}\left(\frac{\alpha_s Q_x}{GA}\right) + \frac{N}{EA}\cdot\frac{d^2y}{dx^2} + \frac{d}{dx}\left(\frac{N}{EA}\right)\cdot\frac{dy}{dx} \quad (3)$$

$$\frac{du}{dx} = -\frac{dv}{dx}\cdot\frac{dy}{dx} + \frac{N}{EA}\left[1 + \left(\frac{dy}{dx}\right)^2\right] \quad (4)$$

式中:$M$——桥面板上任意点的弯矩,以下侧受拉为正;

$N$——桥面板上活载和恒载产生的轴力,以受拉为正;

$EI$、$EA$——桥面板的抗弯和轴向刚度。

对于等截面的悬带桥,可通过几何关系将轴力 $N$ 转化为水平力 $H$,$H$ 为活载和恒载产生的水平力。式(3)可化为:

$$\frac{d^2v}{dx^2} = -\frac{M}{EI\cos\varphi} + \frac{H}{EA\cos\varphi}\cdot\frac{d^2y}{dx^2}(1+\sin^2\varphi) \quad (5)$$

式中:$\sin^2\varphi = \left(\frac{dx}{ds}\right)^2 = \frac{1}{1+64(f/l)^2\cdot(x/l)^2}$。

将该微分方程沿坐标 $x$ 进行二重积分,可以得到挠度的公式。由式(5)看出,悬带桥的挠度主要与弯矩相关、与轴力的线形相关、与轴力非线性相关。同时得到影响悬带桥变形的参数有矢高、跨径、线形、桥面板抗弯刚度和轴向刚度等。

当考虑几何非线性时,引用拱桥弹性中心,得到悬带桥的内力平衡方程为:

$$M = M_0 + Q\cdot x - H\cdot(y_0 - y - v) + M^* \quad (6)$$

$$N = H\cos\theta - Q\sin\theta - N_p \quad (7)$$

式中:$y_0$——弹性中心竖向坐标;

$y$——悬带桥竖向坐标;

$v$——竖向挠度;

$M^*$——基本结构在荷载作用下的弯矩图。

对于悬带桥来说,通过式(5)得到变形的函数,然后通过式(6)得到新的弯矩,通过不断迭代可以逼近真实结果。由式(6)可知,在跨中部分 $y_0 - y > 0$,水平力使弯矩变小;在端部部分 $y_0 - y < 0$,水平力使弯矩变大。因此,按照悬带桥计算得到的挠度会比拱桥计算小,跨中正弯矩减小,端部负弯矩增大。按照线性计算变形偏于安全,弯矩在端部偏于不利。

对比与线性理论的控制方程:

$$\frac{d^2v}{dx^2} = -\frac{M}{EI\cos\varphi} + \frac{H}{EA\cos\varphi}\cdot\frac{d^2y}{dx^2} \quad (8)$$

$$M = M_0 + Q\cdot x - H_s\cdot(y_0 - y) + M^* \quad (9)$$

$$N = H\cos\theta - Q\sin\theta - N_p \quad (10)$$

式中:$N_p$——结构成桥时的轴力。

可以看出式(5)比式(8)多了轴力对挠度的非线性作用与剪力对挠度的作用,此为非线性对悬带桥的影响。

拱桥的微分方程如式(11)所示:

$$\frac{d^2v}{dx^2} = -\frac{M}{EI\cos\varphi} - \frac{H}{EA\cos\varphi}\cdot\frac{d^2y}{dx^2}\cdot(1+\sin^2\varphi) \quad (11)$$

对于悬带桥来说,荷载作用会使得端部产生拉力,由式(5)可知当拉力增大时会使得轴力对挠度的非线性作用抵消弯矩对挠度的作用,此时挠度会相比于线性计算得到的挠度偏小。由于式(5)中轴力的非线性项 $\sin^2\varphi$ 与矢跨比相关,当矢跨比增大会使轴力非线性项的系数变大,进而使得变形增加,悬带桥的非线性影响增加。相比于悬带桥,拱桥力的平衡方程在轴力的非线性项上 $\sin^2\varphi$ 前的符号为负,因此在荷载作用下拱桥轴力的非线性项增加了拱桥的变形。当荷载增大到一定程度,会使得在进行迭代计算过程中第二次迭代的挠度增量大于第一次计算的挠度增量,从而导致拱桥发生稳定性破坏。而悬带桥由于轴力非线性作用抵消挠度的产生,因此不会发生稳定性破坏。当拱桥比较"坦"时会由于非线性导致变形比较大;而悬带桥在相同矢跨比条件下的变形较小,因此拱桥在设计阶段矢跨比较大,而悬带桥的矢跨比较小。

## 三、参 数 分 析

为了探究悬带桥变形和内力的影响因素,给初步设计提供相关依据,本文建立了有限元模型对不同矢跨比、高跨比的桥梁进行模拟。通过有限元计算结果得到在满跨均布荷载作用下跨中较大部分弯矩都较小,仅在端部产生较大负弯矩。因此,本节参数分析在内力方面主要研究不同参数对端部负弯矩的影响程度。本节对悬带桥受力的影响因素进行参数分析,以得到不同参数对悬带桥内力变形的影响关系。

某悬带桥跨径为140m,初始成桥矢高为4m,桥面板为矩形截面,截面尺寸为 $0.5m \times 4m$,人群荷载为 $8kN/m$,考虑满跨加载和半跨加载两种工况,不考虑施工状态,在主索施加初张拉力,张拉力为 $8000kN$,将其按照成桥悬带的形状进行建模,在端部约束所有的自由度,计算满跨均布荷载和半跨均布荷载作用下的变形和内力。并在其他参数一定的条件下分别改变跨矢比 $l/f$、跨高比 $h/l$。建立的悬带桥 Midas Civil 有限元模型和参数分别如图3和图4所示。

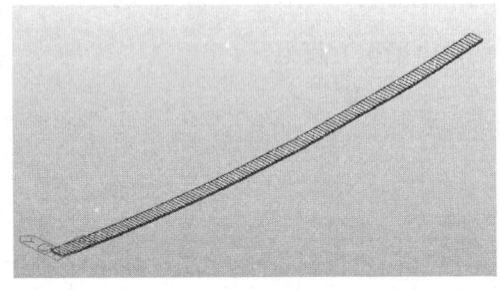

图3 悬带桥有限元模型图

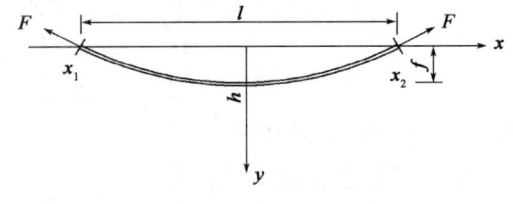

图4 悬带桥参数示意图

### 1. 矢跨比($f/l$)

矢跨比作为设计重要参数,其影响着悬带桥的内力和变形。根据悬带桥的挠度理论,挠度会影响荷载作用下的水平力大小 $H$;当跨径不变,改变矢跨比会改变悬带桥的形状;当矢跨比越小,桥面板刚度对活载的影响就越小。由式(5)可知,轴力作用下的非线性影响会减小,进而减小非线性对挠度和弯矩的影响。建立桥面板厚度为0.5m,跨径分别为100m、120m、140m、160m和180m,对每一个跨径,矢高分别为3m、4m、5m和5.5m的悬带桥模型,得到不同矢跨比参数,计算满跨均布荷载条件下的挠度和弯矩。其非线性影响程度为按照几何非线性计算结果与线性计算结果之差除以线性结果,通过非线性影响程度可以看出桥梁的几何非线性对桥梁的影响。由图5可以看出,在矢跨比较小时悬带桥的非线性较为明显,并随着矢跨比增大其与线性结果的误差逐渐减小。在同一跨径下非线性影响程度随矢跨比大致呈指数增长趋势;不同的跨径条件会改变非线性增长的速率大小。当矢跨比达到1/25时其误差仅有5%左右,矢跨比小于1/60后非线性影响会大于20%,当矢跨比小于1/30时需要考虑几何非线性对桥梁的影响。通过有限元计算得到悬带桥非线性挠度比线性挠度小,当矢跨比较大时可采用线性计算结果,偏于安全且误差也较小。

在不同跨径和矢高组合而成的矢跨比参数改变中可以看出,悬带桥端部弯矩对跨径改变比矢跨比改变更敏感。图6所示为0.5m厚桥面板端部弯矩非线性影响随矢跨比变化图,可以得到在100m和120m

情况下非线性影响程度随矢跨比的减小呈指数上升;在 160m 和 180m 情况下非线性影响程度随矢跨比的减小其增大趋势减缓。其端部弯矩的非线性影响系数均在 10% 以上,并且端部弯矩比按照线性计算结果偏大。因此在考虑端部截面设计时需要进行局部精细化分析。有限元计算得到在满跨均布荷载条件下悬带桥在跨中较大范围内正弯矩较小,仅在端部产生较大负弯矩。随着矢跨比的增大,在矢高较小时悬带桥的弯矩与线性计算结果相差较大,跨中弯矩随矢高的增大而减小,呈反比例关系;矢高较大时悬带桥与线性结果的误差将会减小。在矢高为 3m 的情况下悬带桥的弯矩之差与线性相差 13%。在矢高为 5m 的情况下悬带桥的弯矩之差与线性相差 10.4%。

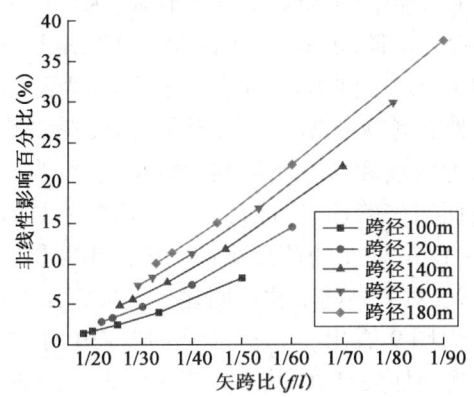

图 5  跨中挠度非线性影响随矢跨比改变图

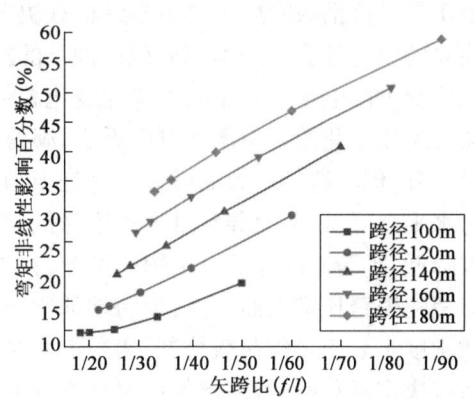

图 6  0.5m 厚桥面板端部弯矩非线性影响随矢跨比变化图

### 2. 高跨比($h/l$)

高跨比影响主梁抗弯刚度和轴向刚度的分配比例,高跨比增加,会改变主梁的长细比,进而影响抗弯刚度和轴向刚度对活载的分配比例,从而改变内力大小。增大高跨比,使得主梁趋向于梁,可以有效减小挠度。在保证悬带桥矢跨比为 1/35、跨径为 140m 的情况下,建立桥面板厚度分别为 0.2m、0.3m、0.4m 和 0.5m 的悬带桥模型,得到一组高跨比模型,计算满跨均布荷载条件下的挠度和弯矩。同时,建立另一组高跨比模型,保证矢跨比 1/35 和桥面板厚度 0.5m 不变,改变其跨径,分别为 120m、140m、160m 和 180m,计算满跨均布荷载条件下的挠度和弯矩。其非线性影响程度为按照几何非线性计算得到的挠度与线性计算之差除以线性挠度。由图 7 可以看出,当保证矢跨比和跨径相同时,跨中挠度非线性影响程度随高跨比约呈正比例增长;在保证矢跨比和桥面板厚度相同时,跨中挠度非线性影响程度随跨径增大而增大,且增大幅度逐渐减缓。由图 8 看出,当保证矢跨比相同时,跨中挠度非线性影响程度随高跨比减小而不断增大。桥面板厚度改变主要影响端部负弯矩的非线性程度,当桥面板厚度减小,其弯矩不断减小,主梁的受力模式趋向于索。高跨比降低导致悬带桥的刚度降低,并且增大了非线性影响程度;在端部弯矩方面,桥面板高度和跨径的增加都会导致端部弯矩增加,因此在设计过程中高跨比不宜太小,一般大于 1/500。

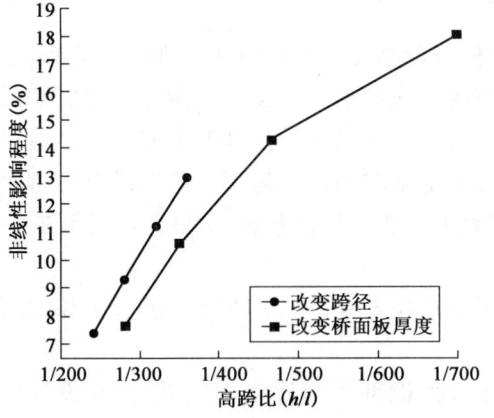

图 7  跨中挠度非线性影响随高跨比改变图

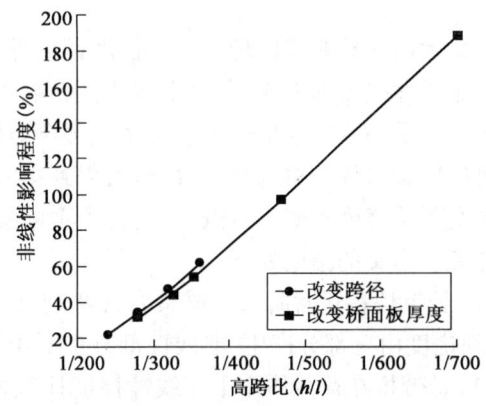

图 8  端部弯矩非线性影响随高跨比改变图

通过上述参数分析可知,悬带桥非线性影响的因素主要有矢高、跨径、桥面板厚度。其中,矢高和跨径共同影响其非线性因素,这是因为在微分方程中其非线性影响因子有 $y$ 对 $x$ 的二阶导数,即与 $f/l^2$ 有较大相关程度。当矢高增加、跨径减小会使得非线性影响变小,同时桥面板厚度会影响索的重力刚度与抗弯刚度的比例分配,进而影响荷载产生的非线性影响。悬带桥非线性与线性在挠度结果上相差10%以上,因此非线性影响不能忽略。初应力对悬带桥的挠度和内力影响;桥面板厚度对挠度影响较小,对弯矩影响较大。非线性导致弯矩相差7%以上,非线性影响较明显。端部高差仅影响线形形状,不影响弯矩和挠度。

由于悬带桥活载刚度主要由半跨荷载决定,且端部弯矩在半跨均布荷载情况下较大,因此以上述矢跨比建立的模型计算半跨均布荷载条件下的挠度和弯矩,以探究半跨均布荷载下的刚度和弯矩与满跨均布荷载情况下的刚度和弯矩随矢跨比变化趋势。图9与图10所示分别为0.5m桥面板厚度时活载刚度、弯矩随矢跨比变化图。由图9可以看出,满跨活载刚度随矢跨比增大而减小,半跨活载刚度随矢跨比先下降后上升,但随跨径增大而增大。这是因为在悬带桥中重力刚度和抗弯刚度共同抵抗变形,当矢跨比增大时水平力降低,从而导致重力刚度降低,半跨刚度降低;而当矢跨比较低时,由于矢高较低导致重力刚度减降低,半跨刚度降低。由图9可知,在矢跨比在 1/30~1/50 时半跨刚度最高。由图10可知,满跨端部弯矩随矢跨比增大而增大,半跨端部弯矩随跨径改变增大,对矢高的变化不明显。当矢跨比较大时,其活载刚度主要由半跨荷载控制,弯矩也由半跨荷载控制。由图9看出,当矢跨比小于1/30时,主要由半跨荷载决定活载刚度,因此保证跨径不变的情况下可以适当增加矢高,以减小先张索的索力,同时保证端部弯矩处于较小值。抗弯刚度较大程度影响悬带桥在受到非对称荷载下的变形程度,当不考虑抗弯刚度时受到半跨荷载作用下变形趋向于反对称形式,考虑了抗弯刚度后悬带桥趋向于梁的变形[18]。

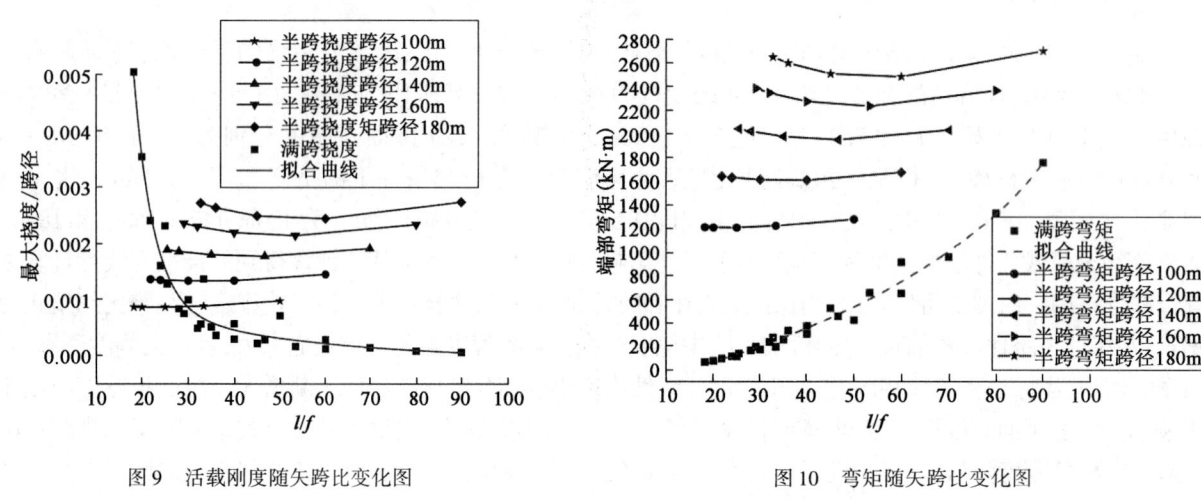

图9 活载刚度随矢跨比变化图　　　图10 弯矩随矢跨比变化图

## 四、结　语

本文运用拱桥非线性理论——挠度理论导出考虑桥面板抗弯刚度的悬带桥非线性微分方程,进而得到影响非线性挠度的组成项,得出非线性影响主要通过弯矩的变化和轴力引起的二阶挠度来影响最终内力和变形。采用线性结果得到悬带桥端部弯矩偏于不安全,线性计算得到的挠度偏于安全。随后对常见的几何参数和边界参数进行参数分析,得到影响悬带桥变形和挠度的因素。运用非线性微分方程解释在参数改变下的挠度和变形特点,最终得出不同参数对悬带桥内力和变形的影响,对概念设计具有一定的指导意义。本文的结论如下:

(1)悬带桥在运营阶段主梁具有抗弯刚度,在荷载作用下产生弯矩,挠度理论考虑了端部的弯矩变化,得到挠度由三部分产生,非线性部分主要由轴力产生。

(2)悬带桥在荷载作用下非线性挠度比线性结果小;非线性端部弯矩比线性结果大,在设计中必须考虑非线性产生的影响,采用线性结果对挠度偏安全,对端部弯矩偏于不利。

(3)悬带桥内力与变形受矢跨比影响较大,非线性影响随矢跨比增加成指数型增加,且增大跨径可以提高非线性影响程度;相同矢跨比情况下挠度非线性影响程度与跨径的倒数成正比例关系,随桥面板厚度增加而降低,且增速减弱。

(4)悬带桥内力和变形的控制因素由半跨满布荷载决定,且半跨荷载作用下内力及变形随矢跨比变化不明显,满跨荷载弯矩大小随矢跨比的增加成指数增加,活载刚度随矢跨比增加成反比例减小。高跨比主要影响半跨均布荷载下的挠度,矢跨比主要影响满跨均布荷载下的挠度。

**参考文献**

[1] StraskyJ. Stress Ribbon and Cable-Supported Pedestrian Bridges[M]. Thomas Telford Service Limited,2011.

[2] 冯阅,李兵,姜宝石.悬带桥的调查与分析[J].中外公路,2017,37(06):141-146.

[3] Arco DCD,Aparicio AC,Mari AR. Preliminary Design of Prestressed Concrete Stress Ribbon Bridge[J]. Journal of Bridge Engineering,2001,6(4):234-242.

[4] 龚文娟.应力带桥的设计方法研究[D].南京:东南大学,2007.

[5] Jure Radnić,Domagoj Matešan,Domagoj Buklijaš-Kobojević. Numerical model for analysis of stress-ribbon bridges[J]. Gradevinar,2015,67(10).

[6] 黄锦源.基于弯矩图理论的悬带桥方案设计及关键技术[J].中国市政工程,2019(01):82-85,112.

[7] 李子青.拱的挠度理论分析[J].华东公路,1994(02):18-21.

[8] Goldack A,Schlaich M,Meiselbach M. Stress Ribbon Bridges:Mechanics of the Stress Ribbon on the Saddle[J]. Journal of Bridge Engineering,2016,21(5):04015089.

[9] Juozapaitis Algirdas,Sandovič Giedrė,Jakubovskis Ronaldas,Gribniak Viktor. Effects of Flexural Stiffness on Deformation Behaviour of Steel and FRP Stress-Ribbon Bridges[J]. Applied Sciences,2021,11(6).

# 24. 复合材料——钢-混凝土组合实心墩柱及节点构造研究

王吉吉[1,2] 胡皓[1,2] 傅俊磊[1,2] 田浩[1,2]

(1.浙江省交通运输科学研究院;2.浙江省道桥检测与养护技术研究重点实验室)

**摘 要** 传统的钢筋混凝土结构存在结构性能劣化,以及抗剪强度低、延性差等抗震性能不足而导致桥梁破坏甚至倒塌的问题。关键节点以及对于耐久性要求高的桥梁需采用具有更加优越的防腐性能和抗震性能的桥墩形式。本文提出了一种复合材料——混凝土-钢组合墩柱,由玻璃纤维缠绕钢管混凝土得到,该组合柱预期具有优越的耐腐蚀性能、延性和抗震性能。本文对该组合柱与基础的节点构造和设计方法进行了介绍,为该组合柱的设计与应用提供思路。

**关键词** 复合材料 钢管 组合柱 墩柱节点 钢管混凝土

## 一、引 言

在传统的钢筋混凝土结构中,混凝土碳化开裂、钢筋锈蚀导致的基础设施老化,结构性能劣化等问题严重。对劣化的结构进行鉴定、加固、维修会产生巨额的费用。根据美国土木工程师学会于 2009 年给出的评估,仅对全美基础设施(主要用于钢筋混凝土结构)进行修复、加固,在五年内就需要投入约 2.2 万亿美元。对于我国而言,随着桥梁服役年限的增加以及部分桥梁缺乏检测和维护,每年由于钢筋混凝土耐久性问题造成数千亿元计的损失[1]。此外,我国位于世界两大地震带之间,地震活动频度高、强度大、震源浅、分布广,地震作用下桥梁震害不仅会带来经济损失和人员伤亡,交通的中断还会影响救援工作的开展。根据世界各国对震后受损桥梁的调查发现,钢筋混凝土墩柱存在由于抗震性能不足(如抗剪强度低、延性低)而产生桥梁破坏甚至倒塌的危害(图1)。因此,关键节点以及对于耐久性要求高的桥梁需采用具有更加优越的防腐性能和抗震性能的桥墩形式。

a) 墩柱钢筋锈蚀

b) 墩柱破坏引起整体倒塌

c) 墩柱剪切破坏

图1 钢筋混凝土桥墩病害

钢管混凝土柱承载能力强、延性好,外钢管可作为模板,施工方便。由于上述优点,钢管混凝土柱在高层建筑、拱桥中应用广泛,相关的施工技术和设计规范也已经趋于成熟。近期,四川省汶马高速克枯特大桥采用钢管混凝土柱作为桥墩,实现了全桥不用模板,克服了山区高速施工不便的难题,加快了施工进度,提升了施工质量。然而钢管暴露于空气中同样存在锈蚀造成的耐久性问题,此外钢管混凝土柱应用在墩柱较长的山区桥梁中时,仍需采用较大的截面设计以满足长细比的要求,对于轴向承载力来说产生了较大的浪费。近年来,纤维增强复合材料(Fiber Reinforced Polymer,简称FRP)由于其耐腐蚀性好、密度低、强度高、便于施工等优点,在结构加固及新型组合结构领域得到了广泛的应用[2]。现有研究表明,复合材料和传统的建筑材料(混凝土和钢材)优化组合能够极大地提升墩柱的抗震性能和耐腐蚀性能[3]。

复合材料——混凝土-钢实心组合柱(又称复合材料约束钢管混凝土柱,以下简称组合柱),在保留钢管混凝土柱优点的基础上,对钢管混凝土柱的性能进一步进行了优化,具有较好的抗腐蚀性能和抗震性能。钢管作为混凝土浇筑的模具稳定性好、便于施工,复合材料在工厂预制缠绕或现场包裹缠绕均可。

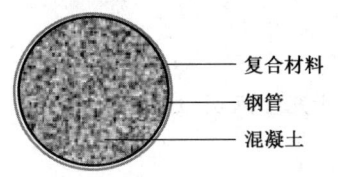

图2 组合柱截面形式

纤维以环向为主要缠绕方向,当墩柱在遇到局部撞击时可发挥约束效果,提升钢管混凝土柱抵抗撞击的能力。当采用玻璃纤维缠绕钢管混凝土柱时,由于玻璃纤维管环向的约束效果,钢管的厚度可进一步减小,降低钢材用量,较小吊装质量。该组合柱作为桥梁墩柱应用仍需要解决与桥梁其他构件(如承台、盖梁)的节点构造和设计问题(图2)。本文拟基于现有钢管混凝土柱与基础连接的文献和规范,提出组合柱与基础节点连接构造和设计方法。

## 二、钢管混凝土柱节点

复合材料——混凝土-钢组合柱的节点形式可参考钢管混凝土柱的设计。《钢管混凝土结构技术规程》(CECS28—2012)第6.7.1条规定:"钢管混凝土柱的柱脚可采用端承式或埋入式,单层厂房可采用杯口埋入式柱脚。埋入式柱脚的埋入深度,对于单层厂房不应小于1.5$D$,对于房屋建筑不应小于2$D$($D$为钢管混凝土柱直径)。"对于埋入式柱脚,CECS28—2012还列举了常规的增加抗拔力的措施,如焊接钢筋环或平头栓钉(图3)。对于埋入式节点,当埋深大于2$D$时,传力机理类似固端约束良好的悬臂梁,能为结构提供很好的抗弯刚度和延性;埋深较浅时,会导致基础的严重开裂。然而对于桥梁工程,承台或盖梁的深度无法满足埋入深度为2倍钢管直径,需要在埋入式节点区域通过构造方式增强抗拔、抗剪承载力,避免节点区域的过早开裂。

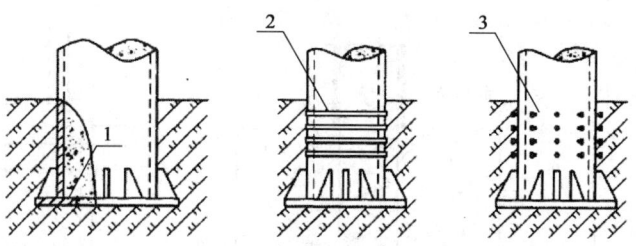

图3 埋入式柱脚构造示意图

1-柱脚板;2-贴焊钢筋环;3-平头栓钉

Marson and Bruneau[4]设计了钢管焊接在型钢上,型钢埋入基础的形式设计节点,通过试验分析了大尺寸钢管混凝土桥墩—基础节点抗弯承载力和延性系数,试验结果表明钢管混凝土桥墩达到了7%的柱端位移后,柱底端钢管才开始明显开裂,且滞回曲线饱满,表现出良好的抗震性能。Roeder 等[5]通过19个试件就连接形式、埋置深度、钢管强度、钢管形式、轴压比和钢管尺寸等方面对圆钢管混凝土基础连接进行了研究。研究结果表明:文中提出的法兰嵌入连接形式具有有效性和实用性;埋置较深的试件的偏移能力会超过抗震设计的最大偏移且承台没有较大的损坏;埋入式(ED)连接形式的非弹性能力比钢筋混凝土式(RC)要好。Stephens 等[6]在 Roeder 的基础上对钢管混凝土柱与盖梁的节点连接方式进行了研究。主要研究了埋入式(ER)、焊接钢筋式(WD)、钢筋笼式(RC)三种形式,包括八个试件。试验结果表明:ER 和 WD 连接方式具有较大的强度、刚度和变形能力,RC 连接方式则反之;对于 ER,盖梁的宽度可以是柱直径的2倍,减小圆环的宽度不影响其性能;对于 WD,伸入盖梁的焊接纵筋率起主要作用,该方式效果比 ER 差,未黏结的焊接纵筋和横向加固钢可以增加变形能力、韧性和减轻盖梁的损坏。曹万林等[7]对钢管混凝土柱脚-基础、型钢混凝土柱脚-基础等节点形式进行了锚固强度试验,验证了基础混凝土内不同配筋形式,钢管混凝土柱不同埋置深度对节点的极限荷载承载力的影响。研究表明,基础混凝土的开裂荷载随着埋置深度的增加而增加,节点的极限承载力随着埋置深度的增加而提高,节点的初始刚度随着埋置深度的增加而增加。基础混凝土内设置塑性抗拔钢筋,可提高柱脚节点的整体刚度,显著提高节点的抗拉拔能力。

综合现有规范和研究,钢管混凝土柱与基础的连接常见形式如图4所示,与基础的连接分别为端承式、埋入式、型钢连接和钢筋笼连接的形式。端承式为早期应用最广泛地连接方式,主要依靠螺栓提供抗拉和抗剪能力。埋入式节点通过将钢管埋入基础一定深度,由钢管承担弯矩、剪力,需要考虑埋置深度和相应的抗拔构造。钢筋笼式节点钢管不伸入构件,依靠纵向钢筋传递弯矩和剪力,存在不能提供足够转角而破坏的问题。此外,还有将钢管焊接通在型钢上,型钢埋入基础的节点形式。

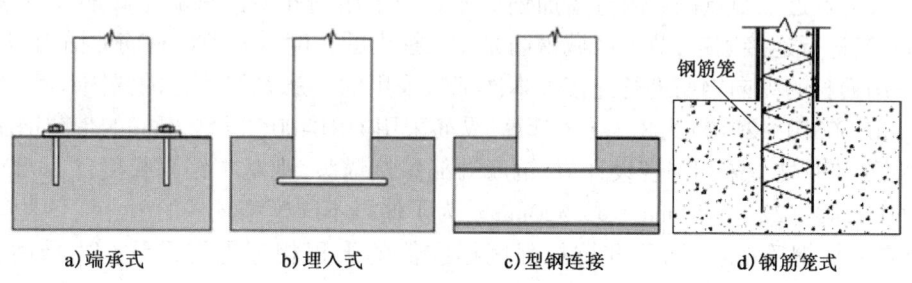

图4 钢管混凝土柱与连接

## 三、组合柱—基础节点设计

本文设计了三种组合柱与承台的节点形式,分别为埋入式、钢筋笼式、端承式,如图5所示。通过某截面柱子的案例对上述节点形式设计方法进行介绍。选择 Q235 等级的钢管,外钢管外径 $D = 406.4$ mm,钢管厚度 $t = 5.4$ mm。夹层混凝土强度等级 C35。钢管尺寸来源于《焊接钢管尺寸及单位长度重量》(GB/T 21835—2008)。

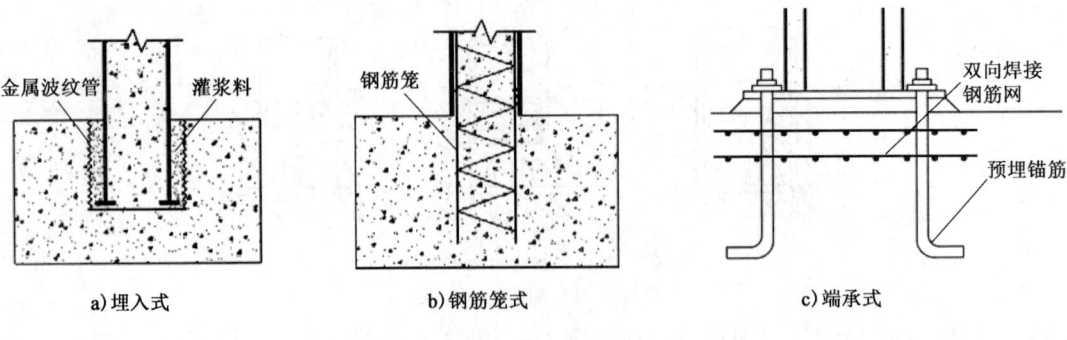

图 5 基础节点形式

**1. 埋入式节点 1**

埋入式节点(图 5a)参考了 Stephens 等[6]的研究成果,金属波纹管除了可以作为基础浇筑时节点区域的模板,还对节点区域提供约束。金属波纹管与钢管之间填充高强纤维增强混凝土,采用纤维增强混凝土的作用是增加节点区域混凝土的抗裂能力。埋入基础的部分填充混凝土以增加节点的刚度。研究表明钢管底部焊接抗剪环明显改善了节点的位移延性,且随着抗剪环宽度的增加而增加;设置抗剪环能明显提高试件的抗侧向荷载能力,但抗侧向荷载能力的提高并不随着抗剪环宽度的增加而持续增加;建议抗剪环宽度设置为 $8t \sim 16t$($t$ 为钢管壁厚)[8]。在组合柱的钢管底部焊接钢底板,固定双管位置,同时钢底板向外侧延伸一定 $8t \sim 16t$ 宽度以提升组合柱的抗拔能力。埋入深度 $L_e$ 根据 $45°$ 圆锥冲切破坏面计算,钢管的屈服强度 $f_y$ 为 235MPa,钢管的抗拉强度 $f_u$ 为 400MPa,混凝土抗压强度设计值 $f'_c$ 为 16.7MPa。假设当组合柱内的钢管达到屈服强度时,混凝土达到抗拉强度限值 $0.5\sqrt{f'_c}$,破坏模式为钢管与金属波纹管共同拔出,圆锥冲切破坏面从金属波纹管的外径处展开,则埋入深度为:

$$L_e \geq \sqrt{\frac{D_o^2}{4} + \frac{Dtf_u}{0.5\sqrt{f'_c}}} - \frac{D_o}{2} = \sqrt{\frac{600^2}{4} + \frac{406 \times 5.4 \times 400}{0.5\sqrt{16.7}}} - \frac{600}{2} = 420 (\text{mm}) \tag{1}$$

式中:$D_o$——金属波纹管外径直径,为 600mm。

该组合柱的埋入深度需大于 420mm,取 500mm 可以满足抗拉拔的要求。

**2. 埋入式节点 2**

钢筋笼式(图 5b)与传统钢筋混凝土柱节点的设计和施工工艺一致,对于施工单位的接受程度较高。节点区域钢管不埋入基础或盖梁,柱与其他构件通过钢筋笼传递弯矩和剪力。由于组合柱不配置纵向受力钢筋,钢筋笼式节点近在节点区域附近增加钢筋笼。当采用钻孔灌注桩的基础形式时,桩内纵向钢筋与节点区域钢筋笼进行连接固定,节点区域钢筋笼深入柱内的长度需要满足钢筋的锚固需求。当柱长较短时,通常可采用通长的纵向钢筋进行连接。本次试验采用的钢筋笼伸入柱的锚固长度根据《混凝土结构设计规范》(GB 50010—2010)式 8.3.1-3 计算,纵筋采用 HRB400 直径 22mm 的带肋钢筋,带肋钢筋系数 $\alpha$ 取 0.14,钢筋和混凝土采用强度设计值;钢筋端部焊接锚头,则基本锚固长度:$l_{ab} = 60\% \times \alpha f_y/f_t d = 0.6 \times 0.14 \times 360/1.43 \times 22 = 465(\text{mm})$,取 520mm。为了使得不同模型试件的节点设计具有可比性,钢筋笼式节点的配筋根据钢管/钢筋面积和抗拉强度标准值的乘积相等进行设计。当采用直径 22mm 的 HRB400 钢筋时,钢筋数量由式(2)确定:

$$n \geq \frac{A_{s,tube} f_{y,tube}}{A_{s,steel} f_{y,steel}} = \frac{3.14 \times 406 \times 6 \times 235}{380 \times 400} = 11.8 \tag{2}$$

选择 12 根直径 22mm 的 HRB400 钢筋,箍筋选择直径 10mm 的 HPB300 钢筋,间距 50mm 设置。

**3. 端承式节点**

对于端承式节点(图 5c),由锚栓承受柱弯矩在柱脚底板与基础间产生的拉力。参考《钢结构节点设计手册(第 3 版)》,在端板下部需预埋双向焊接钢筋网片防止混凝土局部压碎。假设最不利荷载组合下轴向压力为500kN,弯矩为400kN·m。首先拟定端板尺寸690mm×520mm×40mm(长$L$×宽$B$×厚$t$),根据式(2)计算端板下的最大压应力,验算是否小于混凝土抗压强度:

$$\sigma_{\max} = \frac{N}{BL} + \frac{6M}{BL^2} = \frac{500 \times 10^3}{520 \times 690} + \frac{6 \times 400 \times 10^6}{520 \times 690^2} = 11.1(\mathrm{MPa}) < 0.95 \times 16.7 = 15.9(\mathrm{MPa}) \quad (3)$$

由式(3)计算最小应力:

$$\sigma_{\min} = \frac{N}{BL} - \frac{6M}{BL^2} = \frac{500 \times 10^3}{690 \times 520} - \frac{6 \times 400 \times 10^6}{520 \times 690^2} = -8.301(\mathrm{MPa}) \quad (4)$$

根据最小和最大压应力计算压应力分布长度:

$$e = \frac{\sigma_{\max} L}{\sigma_{\max} + |\sigma_{\min}|} = \frac{11.088 \times 690}{11.088 + 8.301} = 394.6(\mathrm{mm}) \quad (5)$$

根据压应力分布长度计算压应力合力至锚栓距离:

$$x = d - \frac{e}{3} = 610 - \frac{394.6}{3} = 478.5(\mathrm{mm}) \quad (6)$$

压应力合力至轴心压力距离:

$$a = \frac{L}{2} - \frac{e}{3} = \frac{690}{2} - \frac{394.6}{3} = 213.5(\mathrm{mm}) \quad (7)$$

锚栓所受最大拉力:

$$N_t = \frac{M - N_a}{x} = \frac{400 \times 10^6 - 500 \times 10^3 \times 213.5}{478.5} = 612.85(\mathrm{kN}) < 4 \times 175.6 = 702.4(\mathrm{kN}) \quad (8)$$

锚固长度根据《混凝土结构设计规范》(GB 50010—2010)式8.3.1-3计算,锚筋为光圆钢筋,系数$\alpha$取0.16,保护层厚度超过$5d$,$\zeta_a$取0.7:

$$l_{ab} = \zeta_a \alpha \frac{f_t^a}{f_t} d = 0.7 \times 0.16 \times \frac{140}{1.57} \times 39 = 10 \times 39 = 390(\mathrm{mm}) \quad (9)$$

根据计算可知,单侧需设置4个直径39mm的Q235锚栓。锚固长度取500mm,锚筋端部弯曲成L形,长度为$4d$,取160mm。锚筋计算数据和计算结果总结见表1。锚筋布置见图6。

**锚筋计算数据**  表1

| 锚栓直径$d$(mm) | 39 | 弯矩$M$(kN·m) | 400 |
|---|---|---|---|
| 轴力$N$(kN) | 500 | 底板长$L$(mm) | 690 |
| 底板宽$B$(mm) | 520 | 锚栓至底板边缘距离$d$ | 610 |
| 混凝土强度等级 | C35 | 混凝土抗压强度设计值$f_c$(MPa) | 16.7 |
| 单侧锚栓个数$n$ | 4 | 混凝土抗拉强度设计值$f_t$(MPa) | 1.57 |
| 锚栓材质 | Q235 | 单个锚栓有效抗拉面积(mm²) | 975.8 |
| 锚栓抗拉强度设计值$f_t^a$(MPa) | 140 | 单个锚栓受拉承载力设计值(kN) | 175.6 |

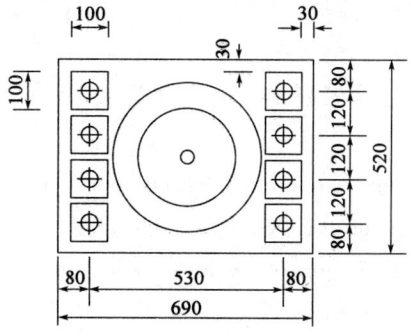

图6　锚筋布置图(尺寸单位:mm)

## 四、工程应用

由于普通钢筋笼式的节点连接形式与普通混凝土柱的节点形式基本一致,仅需要将柱内的纵筋伸入盖梁或基础,基础施工过程与普通混凝土柱一致,工程建设单位对于组合柱钢筋笼式节点的接受程度最高。本项目在104国道某农桥的2个墩柱中应用了组合柱,组合柱与基础和盖梁采用钢筋笼式的连接方式,施工关键步骤如图7所示。组合柱相关施工步骤简要介绍如下:

(1)架立组合柱钢筋笼,并与钻孔灌注桩伸出的纵筋可靠连接;

(2)将缠绕玻璃纤维布并防腐的钢管吊装穿过柱钢筋笼,调整垂直度并固定纤维缠绕钢管;

(3)在纤维缠绕钢管柱顶设立施工平台,将振捣棒插入柱底,分层浇筑混凝土,每浇筑1m高度的混凝土后缓慢提升振捣棒,将该层混凝土振捣密实;

(4)采用满堂支架或抱箍搭设盖梁模板,绑扎盖梁钢筋并浇筑盖梁混凝土。

图7 组合柱工程应用施工过程

## 五、结 语

本文提出了一种复合材料——混凝土-钢组合实心墩柱,由玻璃纤维缠绕钢管混凝土柱得到。该组合柱在保留钢管混凝土柱优点的基础上,对钢管混凝土柱的性能进一步进行了优化,具有较好的抗腐蚀性能和抗震性能。钢管作为混凝土浇筑的模具稳定性好、便于施工,复合材料在工厂预制缠绕或现场包裹缠绕均可。当墩柱在遇到局部撞击时可发挥环向缠绕纤维布的约束效果,提升钢管混凝土柱抵抗撞击的能力。基于现有钢管混凝土柱与基础连接的文献和规范,本文提出了组合柱与基础的节点构造形式,分别为埋入式节点形式、普通钢筋笼式和端承式节点形式,并对不同节点形式的计算方法进行了介绍。该组合柱在104国道某农桥的2个墩柱中得到了应用。

本论文的研究得到了浙江省交通运输厅科技项目(2019048,2019GCKY03)等项目的资助。

## 参考文献

[1] 张誉,蒋利学,张伟平,等.混凝土结构耐久性概论[M].上海:上海科学技术出版社,2003.

[2] 冯鹏,叶列平.FRP材料及结构在桥梁工程中的新应用[A].第十五届全国桥梁学术会议论文集[C].上海:同济大学出版社,2002:555-560.

[3] 滕锦光,余涛,黄玉龙,等.FRP管—混凝土—钢管组合柱力学性能的试验研究和理论分析[J].建筑钢结构进展,2006,8(5):1-7.

[4] Marson J,Bruneau M. Cyclic testing of concrete-filled circular steel bridge piers having encased fixed-based detail[J]. Journal of Bridge Engineering,2004,9(1):14-23.

[5] Lehman DE,Roeder CW. Foundation connections for circular concrete-filled tubes[J]. Journal of Constructional Steel Research,2012,78(11):212-225.

[6] Stephens MT,Lehman DE,Roeder CW. Concrete-Filled Tube Bridge Pier Connections for Accelerated Bridge Construction[R]. Department of Civil and Environment Engineering,University of Washington,2015.

[7] 曹万林,薛素铎,张毅刚,等.国家体育场桁架柱柱脚锚固性能试验研究[J].建筑结构学报,2007,28(2):126-133.
[8] 朱海清.埋入式钢管混凝土桥墩与钢筋混凝土梁节点抗震性能研究[D].武汉:武汉理工大学,2017.

# 25. 喷射 UHPC 加固既有 RC 梁抗弯性能研究

李 刚[1,2,3] 杨荣辉[1,2,3] 程飞翔[1,2,3] 张国志[1,2,3]

(1.中交第二航务工程局有限公司;2.长大桥梁建设施工技术交通行业重点实验室;
3.交通运输行业交通基础设施智能制造技术研发中心)

**摘 要** 我国桥梁工程已进入"建养并举"时代,新型加固材料、加固工艺的研究及应用层出不穷。目前,梁桥加固方法中以增大截面法应用最为广泛,其基本采用现浇工艺,存在安拆模板、中断交通等问题。为提升增大截面法的工效及加固效果,本文提出一种喷射 UHPC(超高性能混凝土)加固工艺,在研究喷射 UHPC 与既有混凝土结构黏结性能的基础上,开展多组喷射 UHPC 加固梁、现浇 UHPC 加固梁的四点抗弯试验,通过试验数据的横向对比、有限元模拟及理论分析,论证喷射 UHPC 加固工艺的可行性。试验结果表明:同等条件下,现浇 UHPC 的界面黏结性能优于喷射 UHPC,采取浅凿毛+锚筋处理可确保喷射加固层与既有梁体不会出现脱空和滑移;与加固前的试件相比,现浇加固可提升开裂荷载54%~80%、破坏荷载34%~42%,喷射加固可提升开裂荷载28%~54%,破坏荷载提升34%~41%,现浇加固工艺的抗裂性能更优;采用先喷射1/2厚度、安装钢筋网后再喷射的改进工艺,可减少加固层的孔洞,增强加固层与梁体的黏结性能,进而提升加固梁的抗裂性能;高强钢丝采用冷拔加工而延性不足,导致加固层与既有梁体的协同受力程度较低,高强钢丝脆断后出现主筋快速屈服、顶部混凝土大面积压溃的脆性破坏,冷拔高强钢丝网不宜用于梁体抗弯加固。结合有限元模拟及理论分析,进一步明确了加固梁的受力机理,分析表明加固层抗拉对梁体承载力的影响约为20%,承载力计算时不宜忽略加固层的抗拉贡献。

**关键词** 桥梁加固 喷射 UHPC 界面黏结 抗弯性能 高强钢丝网

## 一、概 述

近年来,我国桥梁工程建设已取得巨大成就,在役桥梁总量不断增加,以量大面广的中小跨径混凝土梁桥占比最多,面临着不同程度的结构劣化、超载、地震及泥石流等问题,结构性能及耐久性问题日益突出[1]。为保证既有桥梁的安全运行及合理使用寿命,维修加固成为新建桥梁外的主要选择,其具有建设周期短、经济性好、可行性高、绿色环保等优点,我国桥梁工程正进入"建养并举"的新局面。

钢筋混凝土梁常用的加固方法为增大截面法、粘贴钢板法、粘贴纤维法和预应力加固法等,以增大截面法应用最多,但多采用普通混凝土,加固后结构自重增加较大,加固效果不佳[2,3]。采用高性能混凝土可减小加固层自重并增强梁体的抗裂性能,成为改进增大截面法的主要方向,多位学者通过系列试验验证了高性能复合砂浆钢丝网[4,5]、超强高韧性树脂钢丝网混凝土[6,7]的加固效果,并依托工程项目进行示范推广。超高性能混凝土(UHPC)具有超高强度、延性与耐久性,可减少结构尺寸、简化连接构造,近年来已在加固领域得到广泛的研究及应用[8]。成煜、孔小芳等人开展 UHPC 加固梁抗弯试验研究[9,11],王春生、刘超等人则采用 UHPC 对服役期的 T 梁、槽梁的加固工程应用[12,13],均表明 UHPC 在梁桥加固领域具有良好的效果。

上述高性能混凝土加固层均采用现浇工艺,需安拆模板并长时间中断交通,更无法满足紧急抢修的需要。因此,本文提出一种采用免支模的喷射 UHPC 加固工艺,可进一步提升 UHPC 加固的工效及应用范围。在研究界面黏结性能的基础上,开展多组现浇 UHPC 加固梁、喷射 UHPC 加固梁的对比试验,分析喷射 UHPC 加固梁的受力特性及加固效果。

## 二、加固梁试验

### 1. 界面黏结试验

开展结构试验前,首先通过压剪试验,研究现浇 UHPC、喷射 UHPC 与既有混凝土结构的黏结性能,确定合理的界面处理工艺。压剪试验的参数为施工工艺(现浇、喷射)、界面处理方式(不处理、凿毛处理),并按凿毛深度分为浅凿毛(2mm)、深凿毛(5mm)。斜剪试验得到的界面黏结力见表1,可得到如下结论:

①无论采用何种处理方式,现浇的界面黏结强度均高于喷射;

②凿毛可提升黏结强度,但凿毛深度过大可能损伤既有混凝土构件,导致深凿毛的黏结前度略低于浅凿毛;

③采用浅凿毛处理,喷射 UHPC 的界面黏结强度均值为 18.7MPa,介于 12.4～20.7MPa,满足美国混凝土学会相关规范的要求[14],说明喷射 UHPC 与既有混凝土结构黏结良好。

界面黏结强度对比(斜剪试验)　　表1

| 施工工艺 | 界面黏结抗剪强度(MPa) | | |
|---|---|---|---|
| | 不处理 | 浅凿毛(2mm) | 深凿毛(5mm) |
| 现浇 | 15.1/17.4/19.9 | 20.5/21.7/23.6 | 19.8/21.2/20.1 |
| 喷射 | 9.4/9.9/8.7 | 18.5/18.3/19.4 | 18.2/17.7/15.2 |

### 2. 加固梁试验设计

试验共包括9组试件,试验参数为加固方式、加固层厚度、加固筋类型、加固筋安装位置和安装时机。1号试件为对照组,将无损试件直接加载至破坏,2~8号试件为研究组,首先加载至60%的破坏荷载以引入一定的损伤,采用不同工艺加固后进行二次加载,以评估加固效果。试验设计参数见表2,梁长 250cm、宽 15cm、高 30cm,混凝土强度等级为 C40,主筋、架立筋和箍筋均采用 HRB335 级,主筋直径 16mm、箍筋及架立筋直径 8mm。加固前的配筋率为 1.02%,界限受压区高度为 $0.26 < \xi_b = 0.52$,加固后的配筋率为 1.04%,界限受压区高度为 $0.22 < \xi_b$,试件均属于适筋梁。加固试件底面均进行凿毛处理,为避免加固层在加载后期出现剥离现象,沿纵向每间隔 20cm 植入一组 8mm 锚筋[4],加固钢筋网/钢丝网与锚筋连接。

试验设计参数　　表2

| 试件编号 | 加固方式 | UHPC强度(MPa) | 加固层厚度(cm) | 加固层处理 |
|---|---|---|---|---|
| S-L-1 | 不加固 | — | — | — |
| S-L-2 | 现浇加固 | 140 | 5 | 6mm钢筋网居中 |
| S-L-3 | 现浇加固 | 140 | 5 | 6mm钢筋网密贴梁底 |
| S-L-4 | 喷射加固 | 140 | 5 | 6mm钢筋网居中 |
| S-L-5 | 喷射加固 | 140 | 7 | 6mm钢筋网居中 |
| S-L-6 | 喷射加固 | 140 | 5 | 6mm钢筋网密贴梁底 |
| S-L-7 | 喷射加固 | 140 | 5 | 喷1/2后挂6mm网再喷 |
| S-L-8 | 喷射加固 | 140 | 5 | 4mm高强钢丝网 |
| S-L-9 | 现浇加固 | 140 | 5 | 4mm高强钢丝网 |

加固试件整体可分为现浇加固、喷射加固两类,可直接对比两种工艺的加固效果;加固层厚度均为 5cm,仅5号试件采用 7cm,用于分析同等加固效果下喷射加固层与现浇加固层的相对大小;加固筋包含 6mm 现场加工钢筋网(网眼 10cm×10cm)、4mm 高强钢丝网(网眼 4cm×4cm),以评估不同加固筋的加固效果;前期工艺试验表明,由于钢筋网节点的阻挡作用,节点后面不可避免地存在局部孔洞,提出增设钢筋网密贴梁底、喷射 1/2 加固层后再安装钢筋网两种改进措施,寻求改善喷射加固质量的方法。

## 3. 试件制作及加载

9根试验梁均采用立模现浇工艺预制,养护等强后进行四点抗弯试验,1号梁直接加载破坏,2~8号梁预加载至60%破坏荷载。加载完毕后,进行梁底浅凿毛、植筋、安装钢筋网及模板(图1),随后按试验分组进行喷射及现浇加固,养护28d后进行喷射试件的表面修整,除5号试件局部厚度不足(仅5cm)、8号试件的钢筋网与梁底间存在较大空隙之外,其余试件均完好(图2)。

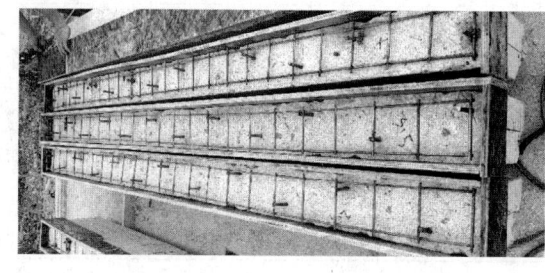

图1 凿毛、植筋、安装钢筋网及模板

图2 喷射加固

加载装置如图3所示,采用100t作动器进行四点抗弯分级加载,纯弯段长度为1m,试件的剪跨比为2,抗剪承载力不低于抗弯承载力,故试件不会发生抗剪破坏。沿梁高布置7片混凝土应变片,5号和6号应变片位于界面两侧,可通过应变值判定界面是否出现脱空及滑移;采用百分表测试四分点的位移,梁端采用千分表测试相对滑移量;为分析纵向主筋与高强钢丝网的协同受力性能,8号及9号试件的受拉主筋上布置钢筋应变片。

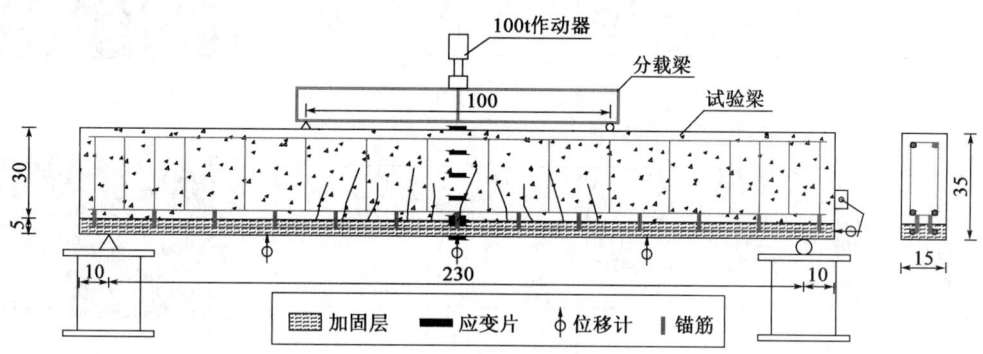

图3 试件加载及测试(尺寸单位:cm)

## 三、试验结果及分析

### 1. 破坏形态

各试件的混凝土强度、UHPC强度、开裂荷载、破坏荷载、残余荷载及破坏形态见表3。受搅拌机容量限制,1~7号试件与8~9号试件分两批浇筑,导致其强度出现较大的偏差,现浇UHPC的强度与设计值接近,喷射UHPC的强度略偏高。与未加固试件相比,现浇加固的开裂荷载提升54%~80%,破坏荷载提升34%~42%,喷射加固的开裂荷载提升28%~54%,破坏荷载提升34%~41%。与喷射加固相比,现浇加固的开裂荷载高26%,可能与现浇UHPC的密实度及抗拉强度更高有关;破坏荷载无显著差异,因为加固梁依然属于适筋梁,破坏荷载由配筋决定。钢筋网与高强钢丝网的有效配筋率接近,高强钢丝因冷拔而伸长率较小,拉应力达到极限抗拉强度而脆断,其极限承载力虽然略高,但钢丝断裂后顶部混凝土立即被大面积压溃,为脆性破坏。

破坏荷载及破坏形态 表3

| 试件编号 | 混凝土强度(MPa) | UHPC强度(MPa) | 开裂荷载(kN) | 破坏荷载(kN) | 残余荷载(kN) | 破坏形态 |
|---|---|---|---|---|---|---|
| S-L-1 | 42 | — | 35 | 134 | — | 钢筋屈服,挠度超限 |
| S-L-2 | 42 | 135 | 63 | 184 | 136 | 加固层断裂后局部脱开,钢筋屈服后顶部压溃 |
| S-L-3 | 42 | 135 | 54 | 180 | 136 | 加固层断裂后局部脱开,钢筋屈服后顶部压溃 |
| S-L-4 | 42 | 152 | 54 | 180 | 152 | 加固层断裂后局部脱开,钢筋屈服后顶部压溃 |
| S-L-5 | 42 | 152 | 54 | 180 | 162 | 加固层断裂后局部脱开,钢筋屈服后顶部压溃 |
| S-L-6 | 42 | 152 | 45 | 180 | 142 | 加固层断裂后局部脱开,钢筋屈服后顶部压溃 |
| S-L-7 | 42 | 152 | 54 | 180 | 144 | 加固层断裂后局部脱开,钢筋屈服后顶部压溃 |
| S-L-8 | 60 | 152 | 45 | 189 | 150 | 加固层断裂后局部脱开,钢丝断裂后立即压溃 |
| S-L-9 | 60 | 135 | 54 | 191 | 146 | 加固层断裂后局部脱开,钢丝断裂后立即压溃 |

分别选取1号、2号和4号三根具有代表性的试件,其裂缝开展情况及破坏形态如图4~图6所示。1号试件因裂缝(3.13mm)及挠度(L/185)超限判定为破坏,2号及4号试件均表现为加固层断裂、钢筋屈服及顶部混凝土压溃破坏,裂缝开展及最终破坏形态与适筋梁的典型破坏形态一致。黑色虚线之间为纯弯段,二次加载裂缝(红色线)基本沿着或接近预加载裂缝(黑色)开展,说明预加载导致的初始损伤对裂缝的发展影响较大。

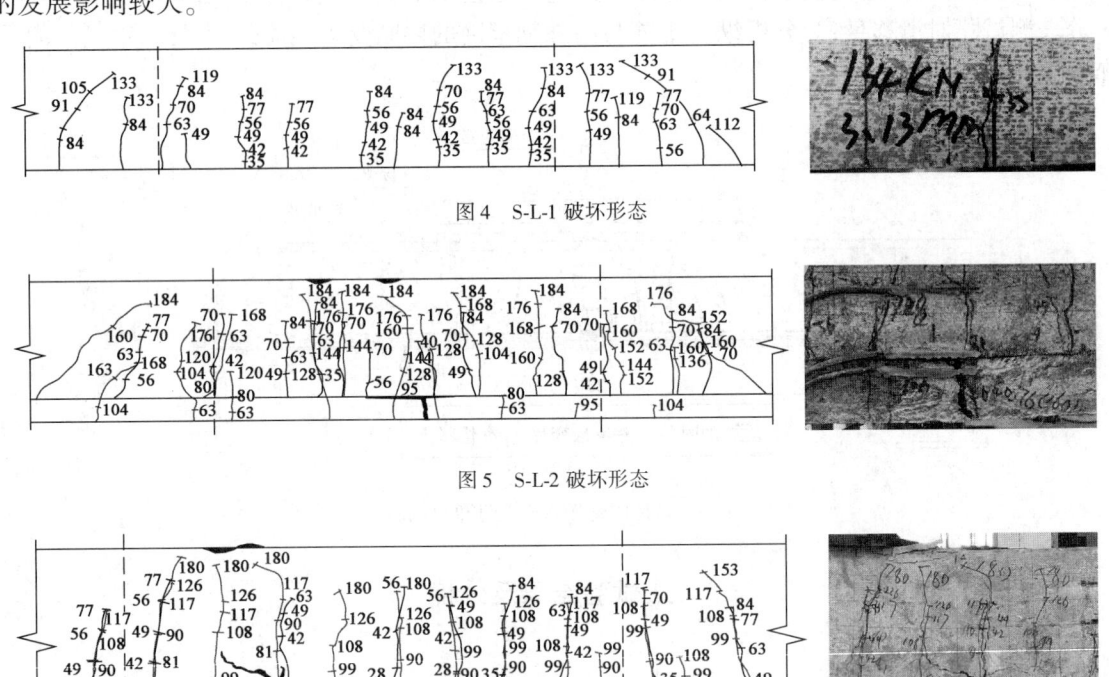

图4 S-L-1 破坏形态

图5 S-L-2 破坏形态

图6 S-L-4 破坏形态

## 2. 测试曲线

梁端千分表仅在梁体破坏时出现少量转动,说明加载过程中结合面黏结良好。各试件四分点及跨中的荷载-位移曲线如图7所示,曲线的整体走势及相对高低反映了试件的刚度大小及变化过程。由试验结果可知:

①加固后梁体的承载力及整体刚度得到显著提升;

②现浇加固梁的整体刚度高于喷射加固梁,8号及9号试件的混凝土模量高于1~7号试件,其刚度

均比同类加固梁的高；

③加载初期 1 号试件的位移最小,开裂后迅速增加至同级荷载中的最大值,说明预加载折减的刚度大于加固层增加的刚度,但试件开裂后 UHPC 加固层及加固筋可持续承受拉力,进而避免加固梁的整体刚度快速下降；

④对比 2 号、3 号试件的荷载-位移曲线可知,钢筋网密贴梁底导致钢筋到中性轴的距离减小、保护层厚度加大,使极限荷载略有降低、UHPC 加固层的裂缝更易开展及延伸；

⑤对比 4 号及 6 号试件的荷载-位移曲线可知,钢筋网密贴梁底可避免节点后的孔洞,进而改善喷射混凝土的加固效果；

⑥加载初期,5 号试件的刚度与现浇加固梁接近,后期与其他喷射加固梁无显著差异,说明增加喷射厚度可增强梁体的抗裂性能,因局部厚度不足导致试件提前破坏(最小厚度处),未能达到预期对比效果。

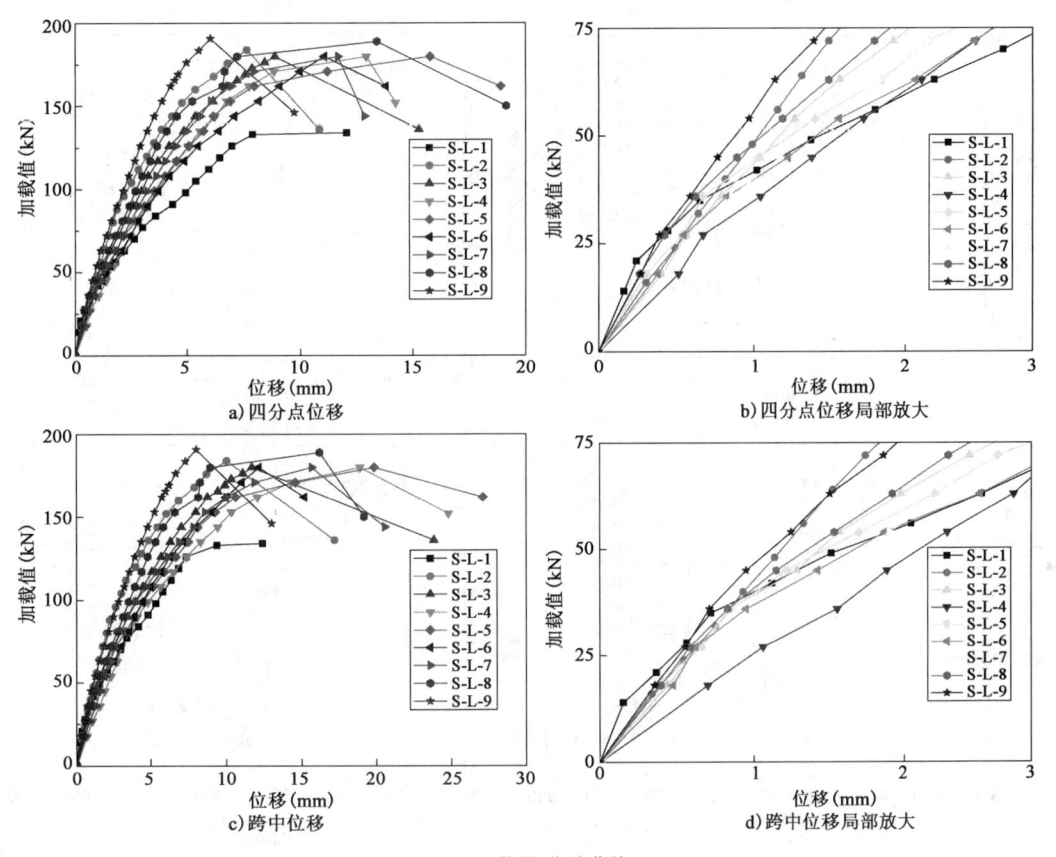

图 7 荷载-位移曲线

各试件开裂前后的荷载-应变曲线如图 8 所示,可得到如下结论：

①梁体开裂前,应变沿梁高方向的分布规律近似符合平截面假定；

②由 2 号、3 号以及 4 号、6 号试件对比可知,钢筋网密贴梁底时,加固层开裂后的应变会迅速增大；

③对比 6 号和 7 号试件可知,先喷射 1/2 厚度再安装钢筋网,可减小加固层的应变,增强抗裂能力；

④随着荷载的增加,2～7 号试件的混凝土应变随加固层应变一起增大,且界面上下的应变值较为接近,说明混凝土梁与加固层协同受力性能较好,且加载过程中界面未脱开；

⑤随着荷载的增加,8 号及 9 号试件的混凝土应变增长较小,加固层的应变迅速增加,且界面上下应变值相差较大(现场观察结果及梁端相对位移测试值均表明界面未脱开),说明混凝土梁与加固层协同受力性能较差,高强钢丝网延性不足导致加固层分担了更多的荷载,高强钢丝脆断后加固层迅速断裂,此时的荷载全部由混凝土梁承担,使主筋快速屈服,进而导致顶部混凝土大面积压溃。

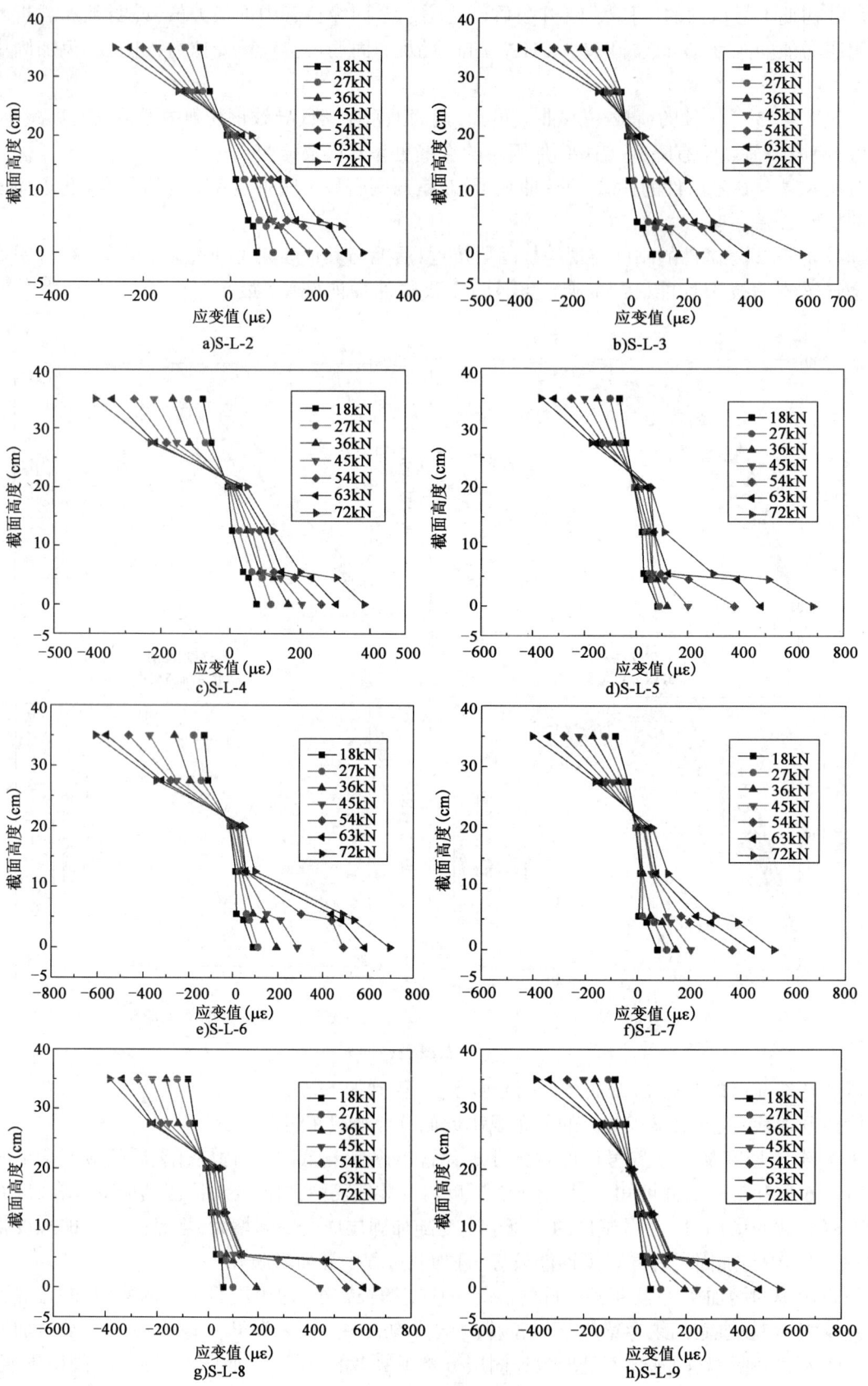

图 8 荷载-应变曲线

## 四、数值及理论分析

### 1. 数值分析

采用通用有限元软件建立各试件的实体模型,混凝土采用弥散开裂模型,本构曲线均包含下降段,受拉本构的参数为开裂强度$f_t$和断裂能Gf,UHPC受拉本构按实测曲线简化,考虑受拉屈服平台。钢筋及高强钢丝的受拉本构采用实测数据,钢筋具有应变硬化过程,高强钢丝因采用冷拔处理而无明显屈服平台(图9)。界面凿毛及锚筋可提升加固层与混凝土梁的黏结力,加载过程中界面未出现脱开及滑移现象,故梁体与加固层采用共节点方式处理。

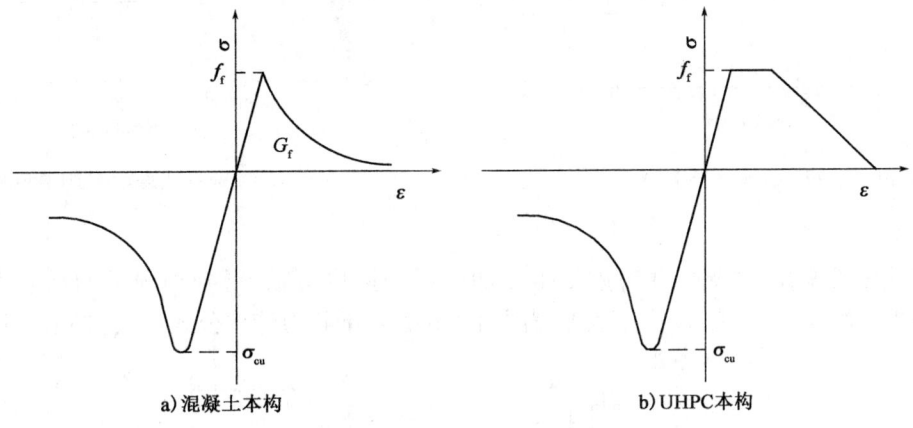

图9 混凝土及UHPC本构模型

根据贾艳东等人的研究[15],混凝土的断裂能与强度等级、集料类型等参数有关,C40混凝土的断裂能可取0.14~0.23N/mm。断裂能对混凝土的开裂、梁体的刚度变化影响较大,为确定断裂能的合理取值范围,以1号试件为例,分别提取断裂能为0.2N/mm、0.1N/mm和0.05N/mm三种参数下的位移值,断裂能取0.1N/m时,荷载—位移的计算曲线与实测曲线走势基本一致,且破坏荷载接近(图10)。

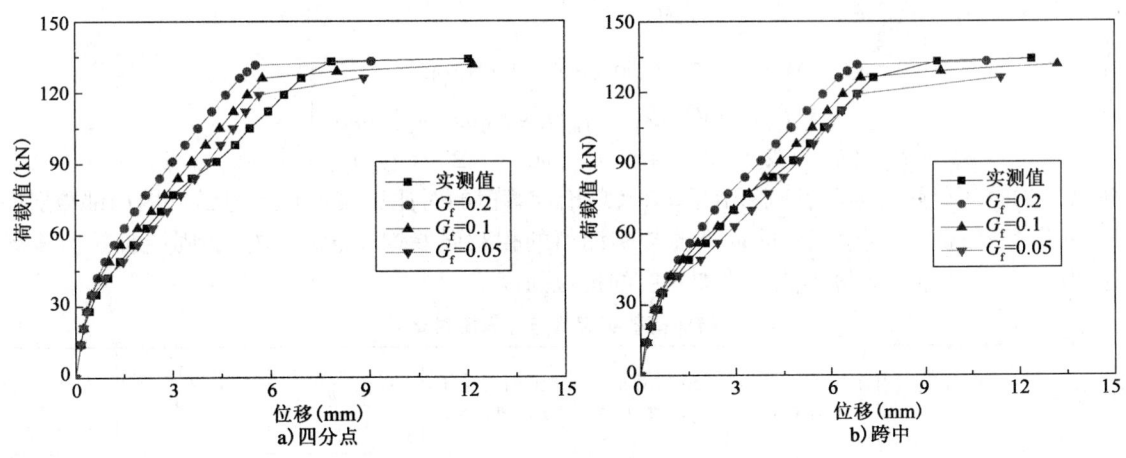

图10 荷载—位移曲线对比(S-L-1)

有限元模型的破坏荷载与实测值对比如表4所示,2号试件的荷载-位移曲线如图11所示,破坏荷载及荷载位移曲线走势均与实测值较为吻合,说明有限元模型的准确度较高。由于有限元模型未引入初始损伤,导致加固试件的整体刚度偏大,故四分点及跨中位移的计算值偏小,计算曲线整体位于实测曲线的左侧。为分析加固筋与主筋的协同受力程度,分别以2号和8号试件为例,提取主筋及加固筋的荷载—应变曲线(图12),2号试件的主筋及加固筋的应变曲线走势基本一致,两者差值逐步扩大,破坏前最大应变差约为340με;8号试件的加固筋应变显著大于主筋,最大差值为580με,主筋前期应变值偏大、后期应变值偏小,说明梁体的实际刚度低于有限元模型,且高强钢丝的实际伸长量小于计算值,两者协同受力性能比有限元模型反映的结果更差。

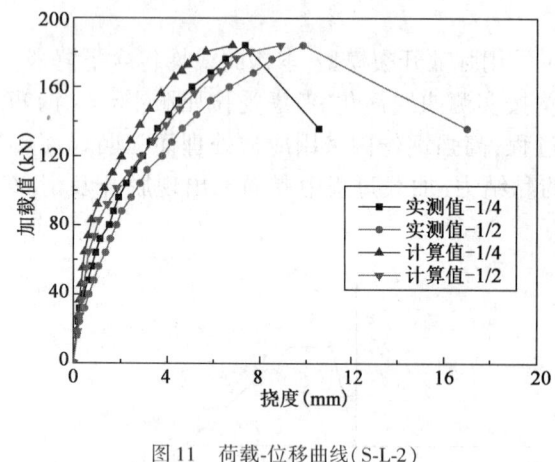

图11 荷载-位移曲线(S-L-2)

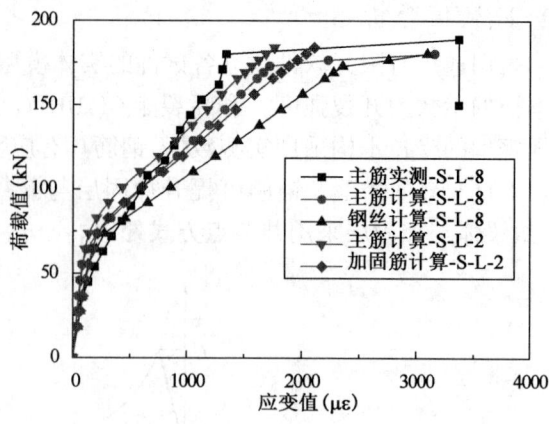

图12 钢筋应变实测值与计算值对比

## 2. 理论分析

按照矩形截面梁承载力方法,并考虑 UHPC 加固层的抗拉贡献,得到加固梁的承载力计算图示如图13所示,加固层厚度为t,UHPC抗拉强度极限值取6MPa,承载力计算公式如式(1)和式(2)所示。

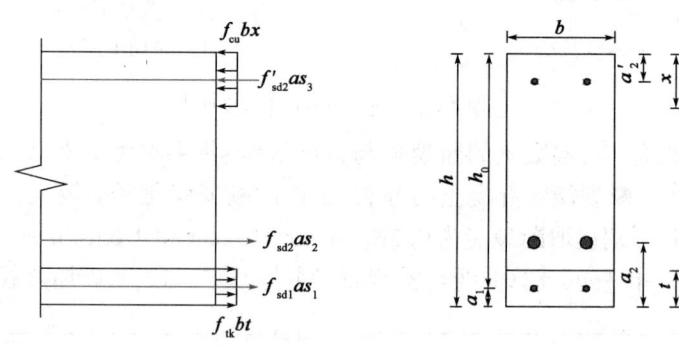

图13 加固梁承载力计算图示

$$f_{cu}bx + f'_{sd2}as_3 = f_{tk}bt + f_{sd1}as_1 + f_{sd2}as_2 \tag{1}$$

$$M_U = f_{tk}bt(h - t/2 - x/2) + f_{sd1}as_1(h0 - x/2) + f_{sd2}as_2(h - a2 - x/2) \tag{2}$$

各试件的破坏荷载实测值、有限元计算值及理论计算值的对比见表4,除5号试件因局部喷射厚度不足导致破坏荷载偏低外,其余试件的计算值与实测值的相对误差均在5%以内,加固层抗拉对承载力的贡献达20%左右,承载力计算不能忽略加固层的抗拉强度。

破坏荷载实测值与计算值对比　　　　　　　　　　　　　　　表4

| 试件编号 | 实测值①<br>(kN) | 有限元计算值②<br>(kN) | 理论计算值③<br>有纤维(kN) | 理论计算值④<br>无纤维(kN) | ②/① | ③/① | ④/① |
|---|---|---|---|---|---|---|---|
| S-L-1 | 134 | 131.6 | 134.8 | 134.8 | 0.98 | 1.01 | 1.01 |
| S-L-2 | 184 | 184.0 | 187.3 | 152.0 | 1.00 | 1.02 | 0.83 |
| S-L-3 | 180 | 184.0 | 185.4 | 150.7 | 1.02 | 1.03 | 0.84 |
| S-L-4 | 180 | 184.0 | 185.4 | 150.7 | 1.02 | 1.03 | 0.84 |
| S-L-5 | 180 | 201.6 | 203.4 | 153.6 | 1.12 | 1.13 | 0.85 |
| S-L-9 | 191 | 184.0 | 192.0 | 157.7 | 0.96 | 1.01 | 0.88 |

## 五、结　语

本文共开展 1 组无损梁和 8 组加固梁的四点抗弯试验,通过对试验结果的分析、有限元计算及理论分析,对现浇 UHPC、喷射 UHPC 加固梁的抗弯性能进行了初步研究,得到以下结论:

(1)同等条件下,喷射 UHPC 与既有混凝土结构间的黏结力低于现浇 UHPC,采用界面浅凿毛 + 锚筋处理工艺,可确保受荷时加固层不出现脱空和滑移。

(2)与未加固试件相比,现浇加固梁的开裂荷载提升 54% ~80%,破坏荷载提升 34% ~42%,喷射加固梁的开裂荷载提升 28% ~54%,破坏荷载提升 34% ~41%,两者均起到良好的加载效果,现浇加固梁的抗裂性能更优。

(3)改善喷射层质量方面:钢筋网密贴梁底会导致加固层开裂后的缝宽迅速增长,对加固梁的抗裂及极限承载力不利;先喷射 1/2 厚度再安装钢筋网,可减少加固层的孔洞,增强加固梁的抗裂能力。

(4)高强钢丝采用冷拔加工而延性不足,导致加固筋与主筋的协同受力程度较低,高强钢丝脆断后出现主筋快速屈服、部混凝土大面积压溃的脆性破坏,故冷拔高强钢丝网不宜用于梁体抗弯加固。

(5)梁体破坏前,纤维能有效约束加固层裂缝的开展,对抗弯承载力的贡献达 20% 左右,计算抗弯承载力时应考虑加固层的抗拉贡献。

由于 5 号试件局部厚度不足,未能得到喷射加固层与现浇加固层的合理厚度比,后续研究中可继续补充试件,并研究既损梁体加固后的有限元模拟方法,进而分析不同损伤程度下的加固效果分析,进一步完善研究成果。

**参考文献**

[1] 张方,黄俊豪,金聪鹤,等. 桥梁评估与加固理论 2019 年度研究进展[J]. 土木与环境工程学报(中英文),2020,42(05):76-88.

[2] 中华人民共和国交通运输部. 公路桥梁加固设计规范:JTGT/J 22—2008[S]. 北京:人民交通出版社,2008.

[3] 林上顺,陈柯丹,吴琛,等. UHPC 在混凝土梁的加固应用研究进展[J]. 福建工程学院学报,2021,19(03):255-260.

[4] 曾令宏. 高性能复合砂浆钢筋(丝)网加固混凝土梁试验研究与理论分析[D]. 长沙:湖南大学,2006.

[5] 龙凌霄. 高性能复合砂浆钢筋网加固 RC 梁受弯承载力研究[D]. 长沙:湖南大学,2005.

[6] 严猛. 超强高韧性树脂钢丝网混凝土及预应力简支梁桥加固理论研究[D]. 成都:西南交通大学,2015.

[7] 边菁生. HTRCS 加固 RC 梁抗弯性能研究[D]. 成都:西南交通大学,2018.

[8] 陈宝春,季韬,黄卿维,等. 超高性能混凝土研究综述[J]. 建筑科学与工程学报,2014,31(03):1-24.

[9] 成煜. UHPC 加固混凝土构件受弯性能及轴压性能试验研究[D]. 天津:天津大学,2018.

[10] 孔小芳. UHPC 加固钢筋混凝土梁的抗弯性能研究[J]. 工程抗震与加固改造,2020,42(04):46-54 +17.

[11] TANARSLAN H M. Flexural strengthening of NC beams with prefabricated ultra high performance fibre reinfonced concrete laminates [J]. Engineering Structures,2017(151):337-348.

[12] 刘超,马汝杰,王俊颜,等. 超高性能混凝土薄层加固法在槽形梁桥中的应用[J]. 桥梁建设,2017,47(05):112-116.

[13] 王春生,王世超,赵涛,段兰,王茜. 钢-UHPFRC 组合加固足尺混凝土 T 梁抗弯承载性能试验[J]. 长安大学学报(自然科学版),2018,38(06):117-126.

[14] 贾艳东. 不同粗骨料及强度等级混凝土的断裂性能及其实验方法研究[D]. 大连:大连理工大学,2003.

# 26. 基于精细化有限元模型的锚跨索股频率-索力计算分析

周昌栋[1] 高玉峰[2] 郑 红[3] 高润坤[4] 张 波[5]

(1. 宜昌市住建局；2. 西南交通大学；3. 中交第二航务工程局有限公司；
4. 宜昌市城市建设投资开发有限公司；5. 四川交大工程检测咨询有限公司)

**摘 要** 锚跨索股索力的控制影响着悬索桥主缆线形及安全。由于锚跨索股较短，边界条件、拉杆特性、索股抗弯刚度和锚头质量等因素对索力测试精度有一定程度影响，按两端铰支的均质拉索的频率-索力换算公式计算的索力误差往往偏大，不满足工程精度要求。建立了考虑拉杆特性及散索鞍影响的符合锚跨索股实际构造特点的精细化有限元模型，并通过工程实例验证了计算模型的正确性。研究了索股抗弯刚度、拉杆边界条件及锚头质量等因素对索股振动频率的影响。研究结果表明：这些影响因素均对索股振动频率有一定影响，某些情况下相对误差可能超过5%；拉杆边界条件对计算结果影响较大，其误差随索股张力的增加而增大；索股锚头质量对计算结果的影响也不应忽略。另外大量分析表明，当索股长度超过30m后可采用理想的两端铰支拉索的频率-索力换算公式，但应采用合理的索股长度取值。

**关键词** 悬索桥 锚跨索股 频率法 有限元法 自振基频

## 一、引 言

锚跨是悬索桥结构受力的关键部位，锚跨索股索力的控制影响着锚固体系的安全。在施工过程中，锚跨索股索力控制如果出现较大的偏差，会造成边跨和锚跨索力的不平衡，从而引起散索鞍的转动或滑动，同时索股也可能在鞍槽内出现滑动，进而引起边跨和中跨线形的改变。锚跨索股的控制精度影响着悬索桥结构的线形和安全，因此需要对每根索股索力进行准确测量及张拉控制。

目前，锚跨索力现场测试的主要方法包括油压表法、压力传感器法和频率法[1,2]。油压表法只能读出正在张拉索股的索力，一旦锚固则无法再次获得索力。且测量精度与千斤顶的量程及油压表的标定等因素有关，测试精度往往并不高，一般可作为索力测量的辅助校核手段。压力传感器法测量精度高，但要求压力传感器均匀受压，一旦出现偏心受压，测量数据将失真，因此其安装锚固要求高。另外，压力传感器较昂贵，全部索股均安装压力传感器有一定困难。该方法由于测量精度高，可对其他测试方法进行校核与修正。频率法因简单、快捷、经济和实用成为各类索结构的索力测试普遍采用的方法，但频率法应用的前提条件是首先要获得正确的频谱图，其次是频率换算索力公式中各项参数应尽量准确，否则将会带来较大误差[3,4]。

频率法在索力测试中的应用极广，但由于工程结构的复杂性，用两端铰接的柔性索的频率-索力换算公式误差偏大，不满足工程控制精度的要求，如何对频率法进行修正以获得真实索力一直是研究的热点。关于悬索桥锚跨索股索力已进行一些研究，许汉铮[5]将锚跨索股视为一端固定一端侧向弹性支承的柔性索，将锚固系统对索股的约束作用用侧向弹性支承等效，推导了索力计算公式，但公式推导中简化较多，未考虑散索鞍对索股的约束作用，索股锚头质量的影响也未考虑。甘泉[6]用固支欧拉梁的振型函数作为两端固结拉索的振型函数，采用能量法推导出拉索频率和索力的显式表达式。该方法可十分方便根据现场实测频率计算索力，但适合于两端固结的匀质索，不能考虑复杂边界条件，对锚跨索股并不适用。范剑锋[7]将锚跨索股简化为具有抗弯刚度的拉杆和柔性索的组合结构，通过Hamilton变分原理推导出锚跨索股索力的修正算法，该方法未考虑索的抗弯刚度、散索鞍对索股的约束作用及索股锚头质量的影响。曾贤强[8]针对悬索桥锚跨索股的两种锚固方式,分析了锚梁式锚固系统和拉杆式锚固系统的构造特点,建立了考虑锚梁(拉杆)影响的索股振动模型,给出了求解索力的迭代算法。王达[9,10]基于解析法建立锚跨索股的力学模型,利用能量法进行求解,得出索股索力与自振基频的关系表达式,但是并没有考虑散索鞍的约束作用及索股弯曲刚度的影响。

上述文献在建立锚跨索股索力计算公式时考虑锚固系统对索股振动的影响,相比匀质单索更加符合实际情况,但在推导中均假定索股上端为固结,未考虑散索鞍对索股的约束作用,与拉杆相连接处索股锚头质量一般也忽略不计,这些近似和假定降低了计算精度。因此,本文根据锚跨索股的实际构造特点,尽量减少计算假定,建立了锚跨索股的精细化有限元计算模型,充分考虑双拉杆、散索鞍、锚头质量及索股抗弯刚度的影响,以提高拉杆式锚固系统锚跨索股索力的计算精度。

## 二、锚跨索股精细化计算模型

悬索桥锚跨索股上端受散索鞍鞍座的约束,索股下端为一个起连接作用的锚头,通过螺母与拉杆的前端相连,通过锚固系统锚固在锚碇上,锚跨结构示意图如图1所示。拉杆的另一端穿过联接板,通过螺母与联接板相连,拉杆在联接板内存在一定的间隙,可以简化为铰接。索股锚固处的构造如图2所示。索股在安装及索力调整时,通过油压千斤顶张拉索股锚头,到位后拧紧螺母,以实现索股初始安装索力及后续索力的调整。随着散索鞍位置的移动及索股张力的变化,索股与散索鞍的切点位置是在不断变化的。其上端的"不分离点"是指索股与鞍座在该点始终不会出现相对滑动,因此不分离点与索股锚头间的索股无应力总长是保持不变的,可根据这一条件迭代计算出索股与鞍座的切点位置,以获得索股真实的受力状态。

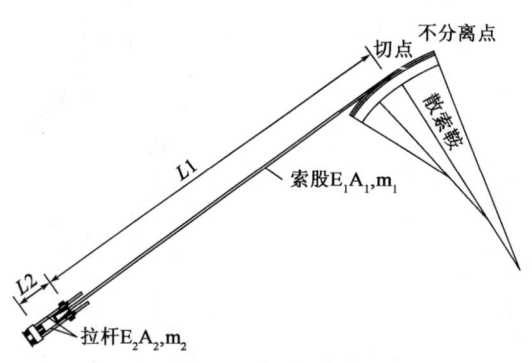

图1 锚跨结构示意图

采用 ANSYS 建立考虑散索鞍影响的锚跨索股精细化有限元模型,如图3所示。为尽量减少简化,拉杆按双拉杆考虑,并按拉杆实际截面考虑其抗弯刚度。索股按钢丝集束体考虑其抗弯刚度,索股的抗弯刚度介于按钢丝集束体完全分散和完全黏结两种情况计算所得的刚度。拉杆及索股均采用 BEAM4 单元模拟,并通过初应变来输入拉杆及索股中存在的张力。索股与拉杆间通过锚头相连,锚头按其等效面积采用 BEAM4 单元模拟,通过调整质量密度保证锚头质量的准确性。拉杆下端采用铰接,拉杆上端与锚头间通过节点自由度的耦合与释放实现固结与铰接的转换,索股下端与锚头间则采用固结。

为了准确考虑散索鞍对索股的约束关系,沿鞍座圆弧划分若干节点以模拟鞍座圆曲线,并将索股与鞍座可能相切的位置细分,各节点与鞍座圆心用刚度较大的单向只受压杆 LINK10 单元相连。鞍座圆弧上相邻两节点则采用 BEAM4 单元连接,以模拟与鞍座相接触部分的索股[11]。鞍座最上端点及鞍座圆心均采用固结。在计算索股与鞍座切点位置时,索股下端点到鞍座最上端点间索股的总无应力长度保持不变,与成桥时索股无应力长度相等,关于成桥状态锚跨索股无应力长度的计算可参考文献[11]。在有限元求解时,根据悬空段索股与接触段索股总的无应力长度保持不变这一条件,当模拟鞍座的某些只受压杆单元出现拉力时便退出工作,相当于索股与鞍座脱离,这样便模拟了索股与鞍座切点位置的变化。

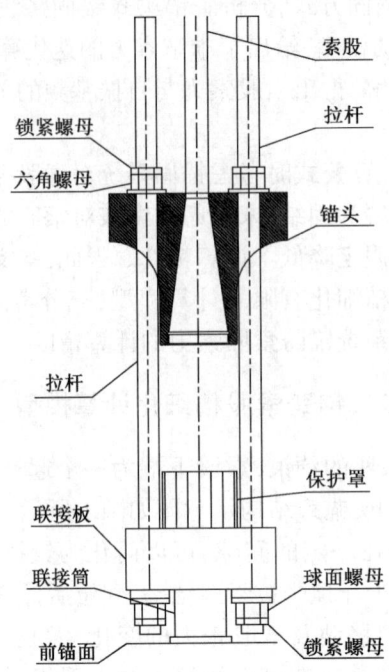

图 2 锚跨索股锚固系统示意图

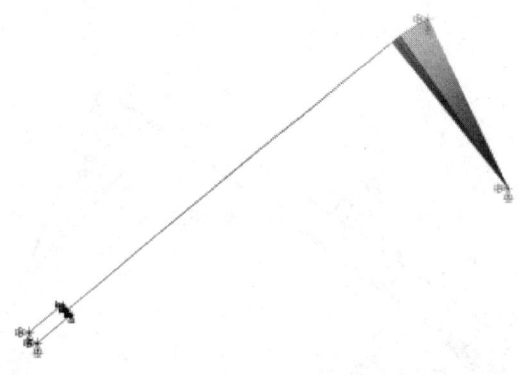

图 3 锚跨索股有限元计算模型

由于索股处于张紧状态,应采用大变形有应力模态法计算结构的频率,以考虑结构的几何刚度的影响。首先对结构施加自重进行静力计算,并打开几何非线性开关及应力刚化效应,以获得结构在自重及指定张力下的结构状态,并得到索股与鞍座的切点坐标。在此基础上修正节点坐标以得到正确的应力,同时将位移清零。然后,定义模态分析参数及选项进行特征值求解,计算出指定索力对应的频率和振型。

### 三、频率法测量索力原理

当考虑拉索的抗弯刚度但不计垂度影响时,拉索相当于轴向受拉梁,在无阻尼时的自由振动方程为[1]:

$$EI\frac{\partial^4 u(x,t)}{\partial x^4} - T\frac{\partial^2 u(x,t)}{\partial x^2} + m\frac{\partial^2 u(x,t)}{\partial x^2} = 0 \tag{1}$$

对式(1)采用分离变量法,假定拉索两端为铰支边界条件,经过单位换算可得到工程中常用的吊索索力 $T$ 与振动频率 $f_n$ 的关系为:

$$T = (4/1000)ml^2\left(\frac{f_n}{n}\right)^2 - \frac{n^2 EI\pi^2}{l^2} \tag{2}$$

式中:$T$——拉索索力,kN;

$m$——拉索的线密度,kg/m;

$l$——拉索锚固点之间的长度,m;

$f_n$——主振动频率,Hz;

$n$——主振频率阶次;

$E$——拉索弹性模量,kN/m$^2$;

$I$——拉索抗弯惯性矩,m$^4$。

式(2)是工程中常用的索力-频率计算公式,等号右边第二项即为索的抗弯刚度 EI 对索力的影响。为减小抗弯刚度对计算结果的影响,在实际应用中,应尽量采用低阶频率来计算索力。研究表明:当 $EI/l^2T \leq 0.01$ 时,可以忽略抗弯刚度对两端铰支拉索一阶频率的影响。对更高阶频率的计算,相应的要求还要高一些[1]。

## 四、频率-索力参数敏感性分析

如图1所示的锚跨结构,索股的弹性模量、截面面积及线密度分别为 $E_1, A_1, m_1$,索股从不分离点到锚头上端面总的无应力长度为 $S_0$,其中切点到锚头上端面的索长为 $L_1$,索股的抗弯刚度为 $E_1 I_1$,其值应介于按钢丝集束体完全分散和完全黏结两种情况计算所得的刚度。拉杆的弹性模量、截面面积及线密度分别为 $E_2 、A_2 、m_2$,拉杆长度 $L_2$ 指锚头上端面到联结板上端面的距离,拉杆的抗弯刚度为 $E_2 I_2$,按拉杆实际截面计算可得。索股锚头的质量为 $m_3$。基于通用有限元软件 Ansys 的锚跨索股有限元计算模型见图3。为定量分析,锚跨索股各参数取值见表1,在上述参数不变的情况下,分析索股抗弯刚度、锚头质量及边界条件对一阶竖向振动频率的影响。考虑到工程中常采用公式(2)按两端铰接均质单索进行频率-索力换算,因此采用两种单索模型进行计算比较,其中模型1中索股长度取切点到锚头上端面的距离,即 $L_1$;模型2中索股长度取切点到联结板上端面的距离,即 $L_1 + L_2$。

锚跨索股结构各部分计算参数　　　　　表1

| 构件 | 面积 $A(\text{m}^2)$ | 长度 $L(\text{m})$ | 质量 $m(\text{kg/m})$ | 弹模 $E(\text{GPa})$ | 抗弯惯矩 $I(\times 10^{-8} \text{m}^4)$ |
|---|---|---|---|---|---|
| 索股 | 0.00359 | 13.343 | 28.745 | 0.195 | 0.808 ~ 102.608 |
| 拉杆 | 0.00567 | 1.380 | 45.401 | 0.20 | 255.979 |

由于索股是由多根钢丝集束而成,其抗弯刚度不易准确计算,其取值见表1,最大值与最小值差异较大,两者之比约127:1。表2和表3列出了抗弯刚度取最大值和最小值时,按有限元法计算的不同索股张力对应的一阶频率。计算表明:索股抗弯刚度越大对应的计算频率越高,索股张力越大计算频率越高;按模型1和模型2采用公式(2)换算索力误差均超过5%,按模型1换算的索力偏小而按模型2换算则偏大,说明若按均值单索换算索力则计算索长应介于 $L_1$ 和 $L_1 + L_2$ 之间。

索股抗弯刚度取最大值时不同索力对应的计算频率　　　　　表2

| 张力(kN) | 计算频率(Hz) | 模型1(kN) | 误差(%) | 模型2(kN) | 误差(%) |
|---|---|---|---|---|---|
| 500 | 4.941 | 488.67 | -2.27 | 629.03 | 25.81 |
| 1000 | 6.825 | 942.44 | -5.76 | 1151.86 | 15.19 |
| 1500 | 8.121 | 1338.95 | -10.74 | 1634.63 | 8.98 |

索股抗弯刚度取最小值时不同索力对应的计算频率　　　　　表3

| 张力(kN) | 计算频率(Hz) | 模型1(kN) | 误差(%) | 模型2(kN) | 误差(%) |
|---|---|---|---|---|---|
| 500 | 4.818 | 475.10 | -4.98 | 578.49 | 15.70 |
| 1000 | 6.62 | 897.02 | -10.30 | 1092.20 | 9.22 |
| 1500 | 7.94 | 1290.45 | -13.97 | 1571.22 | 4.75 |

索股锚头质量 $m_3 = 394 \text{kg}$,表4列出了考虑索股锚头质量与否对计算频率的影响。图4给出了频率

和索力的相对计算误差。计算表明：当索力较小时，锚头质量对频率计算结果影响较小，随着索力的增加，不考虑锚头质量产生的误差呈非线性增加，当索力达到1500kN时，频率误差达3.75%，按模型1计算的索力误差为6.68%，按模型2计算的索力误差为8.13%。在以往的参考文献中一般不考虑锚头质量的影响，这将产生较大的误差。实际上在锚跨结构中索股锚头质量所占比例较大，本例中锚头质量为394kg，而整个索股的质量仅为383.5kg，可见计算中应考虑锚头质量的影响。

**索股锚头对计算频率的影响** 表4

| 锚头质量 | 张力(kN) | 计算频率(Hz) | 模型1(kN) | 误差(%) | 模型2(kN) | 误差(%) |
| --- | --- | --- | --- | --- | --- | --- |
| 考虑锚头质量 | 500 | 4.961 | 498.22 | -0.36 | 608.82 | 21.76 |
|  | 1000 | 6.723 | 919.65 | -8.03 | 1121.93 | 12.19 |
|  | 1500 | 8.006 | 1306.49 | -12.90 | 1592.93 | 6.20 |
| 不考虑锚头质量 | 500 | 5.003 | 506.79 | 1.36 | 619.25 | 23.85 |
|  | 1000 | 6.88 | 963.37 | -3.66 | 1175.16 | 17.52 |
|  | 1500 | 8.306 | 1406.67 | -6.22 | 1714.90 | 14.33 |

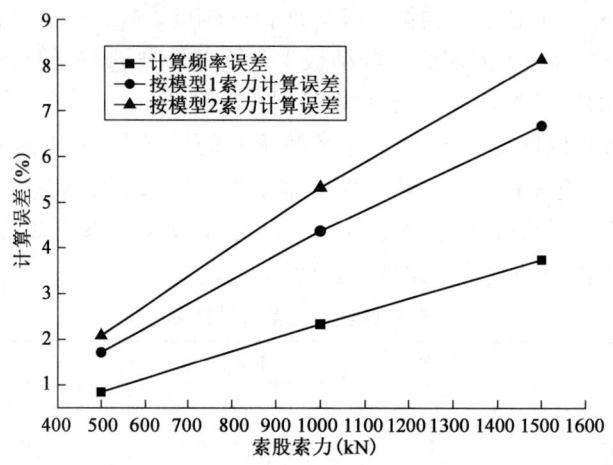

图4 索股锚头质量对计算频率的影响

表5列出了拉杆下端由铰接变为固接时计算频率的变化，此时索股的抗弯刚度取中间值。计算表明：当拉杆下端边界条件变为固接时，计算频率增加，说明锚跨索股的整体刚度提高了，这与实际情况是吻合的。另外，边界条件对频率的影响是比较明显的，索力较小时频率误差较小，随着索力的增加，误差基本呈线性增加，当索力达到1500kN，频率误差达6.33%，两种模型的索力误差较为接近，最大约13.1%。可见，边界条件对频率计算结果产生较大影响，在实际应用中应对边界条件进行识别，以使计算模型与实际更加接近。

**拉杆下端边界条件对计算频率的影响** 表5

| 锚头质量 | 张力(kN) | 计算频率(Hz) | 模型1(kN) | 误差(%) | 模型2(kN) | 误差(%) |
| --- | --- | --- | --- | --- | --- | --- |
| 下端铰接 | 500 | 4.961 | 498.22 | -0.36 | 608.82 | 21.76 |
|  | 1000 | 6.723 | 919.65 | -8.03 | 1121.93 | 12.19 |
|  | 1500 | 8.006 | 1306.49 | -12.90 | 1592.93 | 6.20 |
| 下端固接 | 500 | 5.09 | 524.76 | 4.95 | 641.14 | 28.23 |
|  | 1000 | 7.042 | 1009.54 | 0.95 | 1231.38 | 23.14 |
|  | 1500 | 8.513 | 1477.93 | -1.47 | 1801.67 | 20.11 |

## 五、公式法适用范围讨论

悬索桥锚跨索股的锚固系统主要有锚梁式和拉杆式两种形式,本文重点分析了拉杆式锚固系统索力的计算。关于锚跨索股的计算有文献研究了拉杆对锚跨索股振动的影响,建立相应计算公式,但公式推导过程中简化较多,降低了计算精度,同时公式的应用相对比较麻烦,因此工程应用中仍多采用两端铰支的均质拉索处理,按照式(2)进行索力计算,但什么情况可以采用式(2)计算以及如何应用是值得探讨的。对于拉杆式锚固构造各悬索桥基本类似,本文以伍家岗大桥为例,在前述研究的基础上,进一步分析了索股长度、拉杆长度对索股振动的影响,以总结式(2)的适应范围。

鉴于拉杆式锚跨索股的一般特点,取索股长度 10~50m,拉杆长度 0.5~2.5m,索股抗弯刚度取 1.6~200kN/m²(最小抗弯刚度至最大抗弯刚度区间),索股张力取 500~1500kN(约为空缆到成桥索力的变化区间),按照本文方法建立锚跨索股精细化有限元计算模型,通过大量计算分析,获得各参数对锚跨索力的影响规律,确定了在保证计算精度的前提下按式(2)计算的适用范围和应用条件。因篇幅所限,仅列出索股长度 30m、索股索力 500kN 和 1500kN 时按模型1、模型2 计算索力的误差,如图5、图6所示。

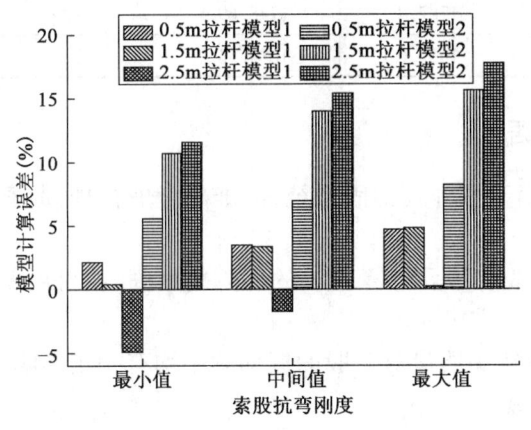

图5 索力500kN、索长30m 公式法计算误差

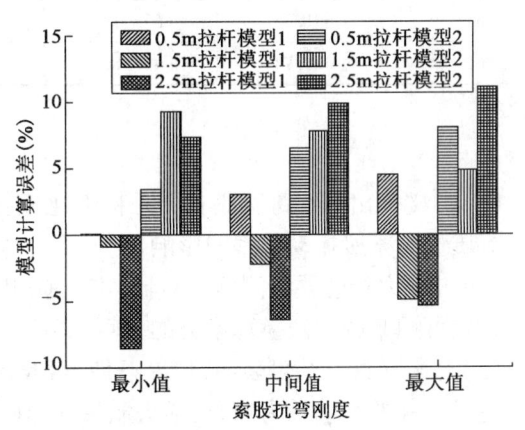

图6 索力1500kN、索长30m 公式法计算误差

计算分析表明:当索股长度超过30m,索股索力较小时可采用模型1计算索股索力,即按锚头上端面到切点间的索股长度按式(2)计算索力,误差在5%以内;当索股长度超过30m,索股索力较大时可取模型1和模型2计算的平均值,误差在5%以内。当索股长度小于30m时,按公式法计算误差较大,应按照本文所提有限元法进行索股索力的计算分析。

## 六、工程应用

宜昌市伍家岗大桥是主跨1160m的钢箱梁悬索桥,主缆采用预制平行钢丝索股法(PPWS)架设。每根主缆由85股127丝和6股91丝索股组成,单丝直径为6mm的镀锌高强钢丝。主缆锚固采用预应力锚固系统,通过拉杆、锚固连接器连接到预应力钢绞线锚固到锚碇混凝土上,江南侧采用重力式锚碇,江北侧采用隧道式锚碇。在锚跨索股安装时,为了提高索股的张拉精度及后期健康监测的需要布置大量高精度压力传感器,该传感器性能稳定、测试精度高,可用于频率法换算索力的校核与修正,实践证明压力传感器所测值与真实值十分接近,在工程实际中可视为真实值。为验证本文所提有限元法计算方法的正确性,取江南侧锚跨几根装有压力传感器的索股进行索力比较,索股计算参数见表6,索股的抗弯刚度取中间值,索股锚头质量为394kg,散索鞍鞍槽圆弧半径为5.879m。

索股计算参数表　　　　　　　　　　　　表6

| 索股编号 | $L_1$(m) | $L_2$(m) | $m_1$(kg/m) | $m_2$(kg/m) | $E_1I_1$(kN·m$^2$) | $E_2I_2$(kN·m$^2$) |
|---|---|---|---|---|---|---|
| 30 | 12.954 | 1.285 | 28.745 | 90.80 | 100.83 | 511.96 |
| 41 | 13.160 | 1.30 | 28.745 | 90.80 | 100.83 | 511.96 |
| 51 | 13.330 | 1.385 | 28.745 | 90.80 | 100.83 | 511.96 |
| 62 | 13.508 | 1.30 | 28.745 | 90.80 | 100.83 | 511.96 |

表7列出了空缆状态下及加劲梁架设完成后部分锚跨索股压力传感器实测值与有限元计算值的对比,表明有限元计算值与传感器实测值接近,最大相对误差不超过3%,可见,本文所提出的锚跨索股有限元精细化模拟方法能较大程度地提高频率法换算索力的计算精度。

锚跨索股有限元计算值与实测值的比较　　　　　　　　　　表7

| 索股编号 | 空缆状态 | | | 吊梁完成后 | | |
|---|---|---|---|---|---|---|
| | 传感器读数 | 有限元计算值 | 误差(%) | 传感器读数 | 有限元计算值 | 误差(%) |
| 30 | 554.71 | 545.83 | −1.6 | 1667.2 | 1637.47 | −1.8 |
| 41 | 559.18 | 570.12 | 1.9 | 1705.3 | 1729.32 | 1.4 |
| 51 | 691.76 | 678.15 | −2.0 | 1787.9 | 1748.69 | −2.3 |
| 62 | 425.74 | 436.80 | 2.5 | 1651.6 | 1684.55 | 2.0 |

## 七、结　语

(1)本文提出的锚跨索股有限元精细化模拟方法适用于拉杆式锚固系统,能准确考虑拉杆、散索鞍及锚头质量对索股振动频率的影响。

(2)与压力传感器实测索力对比,本文提出的锚跨索股有限元计算方法的计算精度高,相对误差在3%以内,可用于频率法换算索力的计算。

(3)有限元计算结果表明,边界条件、索股抗弯刚度及锚头质量对索股的振动频率均有一定影响,其中以边界条件的影响最为明显,锚头质量的影响也不容忽视。

(4)研究表明,当索股长度超过30m后,可方便地采用公式法进行频率—索力的换算,相对误差在5%以内。

## 参考文献

[1] 李国强,顾明,孙利民.拉索振动、动力检测与振动控制理论[M].北京:科学出版社,2014.
[2] 郭明渊,陈志华,刘红波,等.拉索索力测试技术与抗刚度研究进展[J].空间结构,2016,22(3):34-43.
[3] 刘红义,和海芳,谢进财,等.基于频率法的短索索力计算公式误差分析[J].铁道建筑,2019,59(10):15-18.
[4] 齐东春,郭健,沈锐利.悬索桥短吊索索力测试的探讨[J].中国工程科学,2010,12(07):77-83.
[5] 许汉铮,黄平明.大跨径悬索桥主缆锚跨张力控制[J].长安大学学报(自然科学版),2002,22(5):32-34,41.
[6] 甘泉,王荣辉,饶瑞.基于振动理论的索力求解的一个实用计算公式[J].力学学报,2010,42(5):983-987.
[7] 范剑锋,刘涛,彭自强,等.基于索梁组合结构的悬索桥锚跨段索力修正算法[J].公路交通科技,2019,36(4):66-71.
[8] 曾贤强.大跨度悬索桥锚跨索股振动特性及索力测试研究[D].成都:西南交通大学,2012.
[9] 王达,邓洁,陈春苗,等.大跨度悬索桥锚跨索股张力计算参数影响分析[J].公路交通科技,2015,32(1):63-68.

[10] 王达,李宇鹏,刘扬.大跨度悬索桥锚跨索股张力精细化控制分析[J].中国公路学报,2014,27(1):51-56.

[11] 齐东春.大跨径悬索桥主缆精细化计算研究[D].成都：西南交通大学,2012.

# 27. 节段装配式扶壁挡土墙结构静力力学性能研究

苏 昶 石雪飞

（同济大学土木工程学院）

**摘 要** 随着预制化、装配化进程的发展,针对挡土墙线性工程的特点,依托广东省汕尾陆丰至深圳龙岗段改扩建工程,本文提出了节段装配式扶壁挡土墙结构。该结构由预制底板和预制面板组成,预制结构内外伸连接钢筋,通过现场后浇混凝土连接区域连接挡土墙的预制底板与面板。为研究该结构的静力力学性能及预制板间连接的可靠性,开展了足尺试验研究,并结合ABAQUS有限元计算结果,得到该预制装配结构的承载能力及破坏模式,为未来节段装配式挡土墙的设计与应用提供理论依据。

**关键词** 装配式 挡土墙 有限元 力学性能

## 一、引 言

预制化、装配化是现代工程建设的发展方向,是提高工程结构施工质量和效率、降低现场施工人员劳动强度的重要途径[1]。预制装配式混凝土结构体系最初起源于1875年的英国,经过140多年的发展和完善,已成功应用于工业厂房、停车场、民用住宅等建筑。在欧美等发达国家和地区,预制装配式混凝土结构占总土木工程数量的比例分别为美国35%、俄罗斯50%、欧洲35%~40%[2,3]。对于挡土墙,许多工程技术人员与学者也尝试进行预制化、装配化,国内外许多研究学者对新型装配式挡土墙的结构设计与施工工艺进行了深入的研究,认为装配式挡土墙有环保美观、结构设计合理、施工速度快、工艺完善、技术可行等优点[4-6],具有推广价值。

预制结构间的连接是装配式挡土墙设计的关键[7],本文依托于广东省汕尾陆丰至深圳龙岗段改扩建工程,提出了一种通过后浇混凝土连接区域的节段装配式扶壁挡土墙结构,并开展了现场足尺静力试验,为未来该结构的设计应用提供了理论支撑。

## 二、节段装配式扶壁挡土墙概念设计

### 1. 工程概况

随着我国经济建设的快速发展,人民群众出行需求不断增长,交通压力不断增大。对于20世纪建造的双向四车道高速公路,已难以支撑如今的交通需求,为了尽可能地节约工程成本,广东省交通厅提出将原四车道改扩建为六车道的概念设想,依托于广东省汕尾陆丰至深圳龙岗段改扩建工程,在不增加原路基宽度的基础上,将原道路两侧放坡设计变更为道路两侧挡土墙的设计方案。

该工程的改扩建前与改扩建后的断面形式,分别如图1a)、b)所示。

施工过程分为挡土墙装配施工、路基填筑和路面铺装三部分。路基填筑由场外路基填料生产或拌和,土方车（前四后八）运输,采用挖机摊铺整平,20t振动压路机碾压。路面施工场外路基填料拌和,土方车（前四后八）运输,采用摊铺机摊铺,双钢轮压路机、振动压路机和轮胎压路机碾压。复压轮胎压路机为重型压路机总质量约26t。土方车（前四后八）一般满载运输,质量约70t（含车辆自重）。

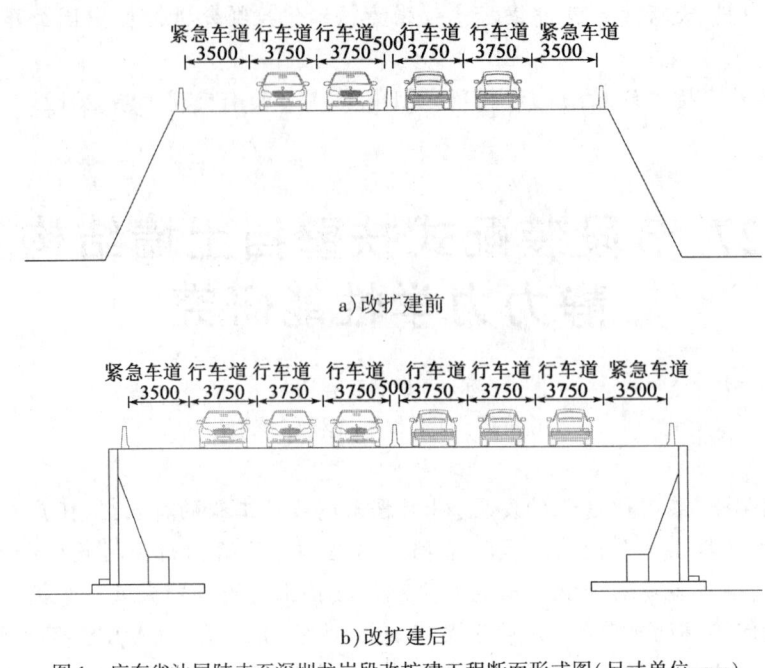

a) 改扩建前

b) 改扩建后

图1 广东省汕尾陆丰至深圳龙岗段改扩建工程断面形式图(尺寸单位:mm)

## 2. 节段装配式扶壁挡土墙结构形式

节段装配式扶壁挡土墙概念设计方案如图2a)所示,其由面板、底板和扶壁板组成。扶壁板将面板和底板连接起来,具有加固作用,以改善受力条件,改善结构的刚度和整体性。考虑到节段预制和现场施工起重条件的限制,将面板与扶壁板、底板分别进行预制,通过现浇湿接缝和抗推挡块的方式进行连接。

节段装配式扶壁挡土墙几何尺寸如图2b)所示,面板高度8.0m,厚度0.3m,宽度2.0m,底板长度6.2m,厚度0.5m,宽度2.0m,在底板与面板之间设置一个厚度0.5m的肋板,肋板分4.5m×1.7m和竖直1.5m上下两段,在肋板与底板之间设1.2m×1.5m现浇湿接缝,在面板与底板之间设0.3m×0.6m现浇抗推挡块。

节段装配式扶壁挡土墙配筋形式如图2c)、d)所示,面板内竖向钢筋为$\phi12@150mm$,水平分布钢筋为$\phi12@150mm$;底板内横向钢筋为$\phi16@150mm$,水平分布钢筋为$\phi12@150mm$;肋板内外侧受拉主筋为$\phi25@105mm$,分布钢筋为$\phi12@150mm$;湿接缝内外侧受拉主筋为$\phi32@105mm$,分布钢筋为$\phi12@150mm$。

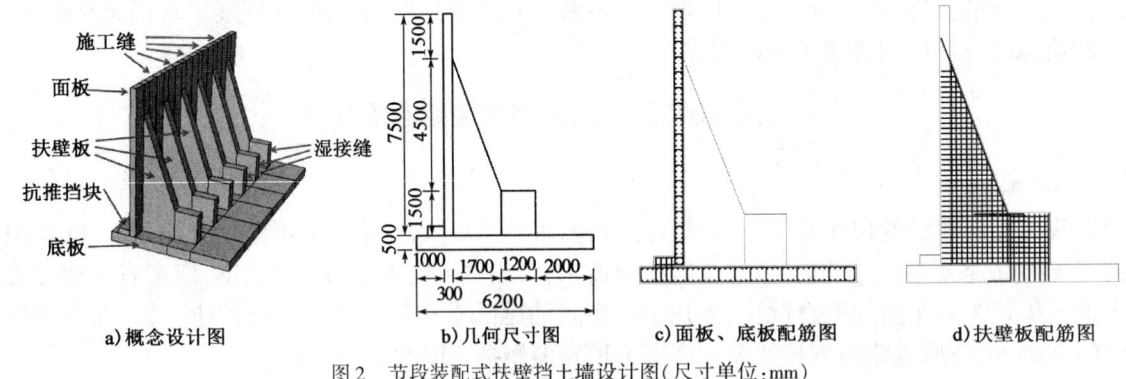

a) 概念设计图　　b) 几何尺寸图　　c) 面板、底板配筋图　　d) 扶壁板配筋图

图2 节段装配式扶壁挡土墙设计图(尺寸单位:mm)

## 三、试 验 概 况

### 1. 设计状态分析

采用朗金(Rankine)土压力理论分析填土对挡土墙的作用。经过现场试验勘测,取墙后填土为碎石土等粗粒土,内摩擦角$\psi 35°$,黏聚力$c=0$,填土重度$\gamma=19kN/m^3$,主动土压力系数$K_a=\tan^2(45°-\psi/2)=$

0.271。取挡土墙高度 $H=7.5\mathrm{m}$,计算得到每延米主动土压力值为 $E_a=1/2 \cdot \gamma K_a H^2=144.816\mathrm{kN/m}$,土侧压力合力点距离墙底位置 $\Delta h=1/3 \cdot H=2.5\mathrm{m}$。取挡土墙节段宽度 $b=2\mathrm{m}$,计算得到填土侧压力产生的墙底剪力为 $V_1=E_a \cdot b=289.6\mathrm{kN}$,墙底弯矩为 $M_1=E_a \cdot b \cdot \Delta h=724.1\mathrm{kN} \cdot \mathrm{m}$。

施工期间,挡土墙结构的最不利工况出现在当填土铺设完成、上方运行土方运输车和压路机等施工设备时。施工车辆荷载作用在墙后填土上所引起的附加土体侧压力,可以等效换算成等代均布土层厚度,并采用朗金土压力理论分析该等代土层对挡土墙的作用。取施工车辆重 $\sum G=54.2\mathrm{t}$,棱体破坏长度 $l_0=l+h \cdot \tan\psi=10.15\mathrm{m}$,计算得到换算均布土层厚度为 $h_1=\sum G/\gamma B l_0=0.55\mathrm{m}$。由此,施工车辆荷载引起土侧压力产生的墙底剪力为 $V_2=\gamma K_a h_1 H b=42.5\mathrm{kN}$,墙底弯矩为 $M_2=1/2 \cdot \gamma K_a h_1 H^2 b=159.3\mathrm{kN} \cdot \mathrm{m}$。

使用期间,依据《公路路基设计规范》(JTG D30—2015)附录 H 挡土墙设计计算条文说明,车辆荷载作用在挡土墙墙背填土上所引起的附加土体侧压力,可以换算成等代均布土层厚度来计算。取墙高 $H=7.5\mathrm{m}$,线性内插得到车辆附加荷载标准值为 $q=13.125\mathrm{kN/m^3}$,等代均布土层厚度为 $h_2=q/\gamma=0.6908\mathrm{m}$。由此,车辆荷载引起土侧压力产生的墙底剪力为 $V_3=\gamma K_a h_2 H b=53.3\mathrm{kN}$,墙底弯矩为 $M_3=1/2 \cdot \gamma K_a h_2 H^2 b=200.1\mathrm{kN} \cdot \mathrm{m}$。

2. 试验方案

本试验中,采用自平衡加载体系,通过混凝土地梁的预埋螺杆固定挡土墙试件的底板,使用千斤顶张拉精轧螺纹钢筋的方式对预埋螺杆施加预紧力,以模拟挡土墙底板上部土体的压重效应。

如图3所示,试验采用两千斤顶同一水平高度对称顶推挡土墙试件的方式进行加载,为使加载系统施加到试验对象上的内力状态反映结构实际内力状态,需要选取恰当的加载高度。对于关注试验对象破坏的加载,截面的弯矩和剪力是影响失效模式的主要参数。因此,研究以"试验加载的弯剪比和设计最不利状态的弯剪比相等"的原则确定加载装置的加载高度(距离地面3.65m)。

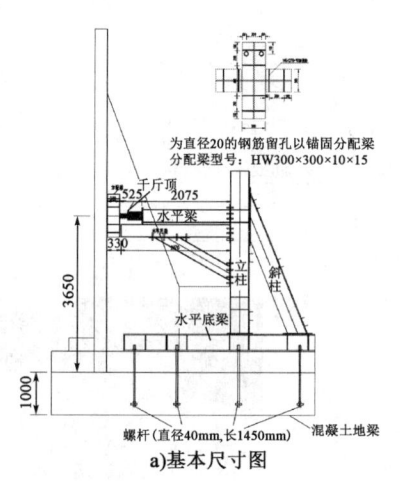

a)基本尺寸图　　b)现场加载图

图3　试验加载方案设计图

3. 测试内容

试验测试内容主要包括:荷载加载值、试件面板水平位移、试件底板上翘位移、混凝土表面应变和钢筋应变,并观测试验过程中裂缝发展情况。

(1)荷载加载值。如图4a)所示,在千斤顶加载的端部设置压力计,通过压力传感器确定施加在挡土墙试件加载高度上的荷载值。

(2)试件面板与底板位移。在挡土墙试件面板的部分高度断面布置位移计或全站仪反光贴,每个断面按左侧、右侧、中部布置三个,测量试件面板随着荷载逐渐增大发生的水平位移值和试件面板变形状态曲线。如图4b)所示,在试件底板的两个选取断面布置位移计,每个断面按左侧、右侧布置两个位移计,测量试件底板随着荷载逐渐增大发生的竖直位移值和试件底板上翘变形状态。

(3) 混凝土应变。节段装配式扶壁挡土墙的扶壁板为受弯构件,如图4c)所示,在其受压区与受拉区、以及预制构件间后浇湿接缝断面位置布置适当数量的应变片,以记录混凝土的应变变化情况。

(4) 钢筋应变。节段装配式扶壁挡土墙的扶壁板受拉主筋为主要受力构件,如图4d)所示,在其关键破坏截面、以及连接钢筋位置布置适当数量的应变片,以记录钢筋的应变变化情况。

(5) 裂缝。在逐级加载的过程中,仔细观察试件的裂缝发展情况,并用记号笔标注裂缝位置,记录裂缝发展历程,测试裂缝宽度,总结试件破坏过程中裂缝发展变化规律。

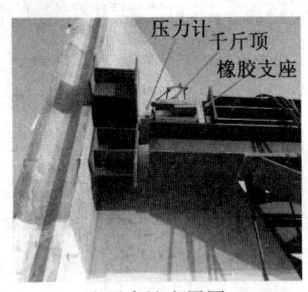
a) 压力计布置图

b) 位移计布置图

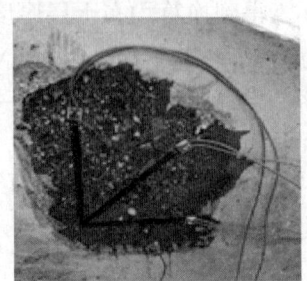
c) 混凝土应变片

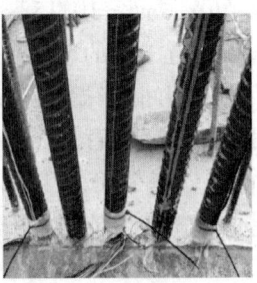
d) 钢筋应变片

图4 试验前期准备工作图

## 四、试验结果分析

### 1. 裂缝发展状态

试验中,按静力加载方案进行单调加载,最终进行了24级加载,基于构件裂缝开展以及最终破坏形态(图5),将试验构件随荷载的响应分为以下4个阶段:

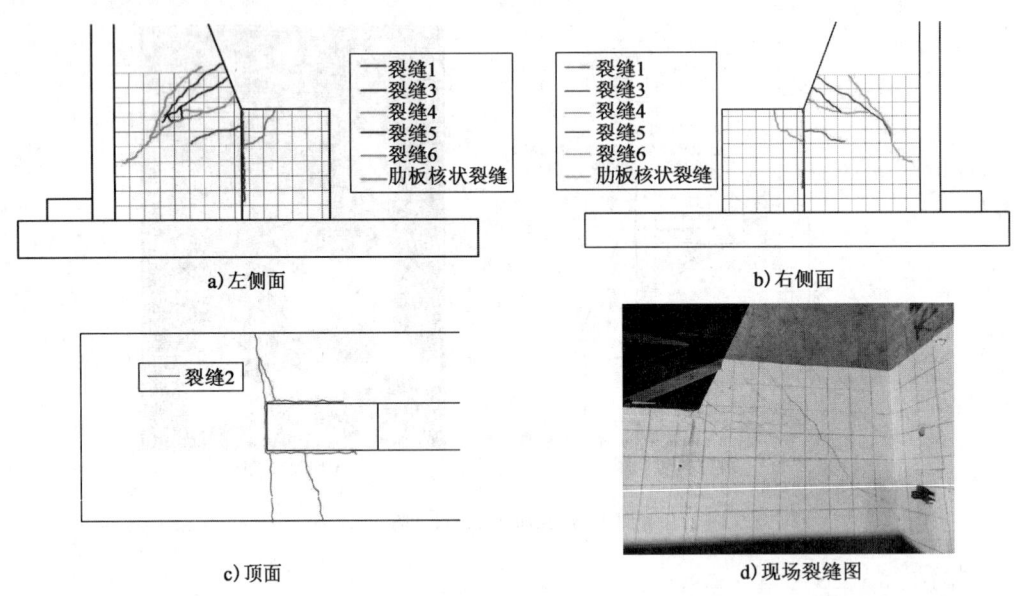

图5 试验裂缝描述

(1) 弹性阶段:两千斤顶加载合力从0加载至254kN左右时,挡土墙处于弹性变形阶段,构件未出现明显裂缝。

(2) 裂缝出现阶段:两千斤顶加载合力超过254kN,逐渐加载至912kN。当加载合力达到254kN时,扶壁板湿接缝位置处出现首裂缝,并沿湿接缝向下延伸;当合力达到307kN时,底板湿接缝位置处出现第二条裂缝;当合力达到399kN时,底板湿接缝位置处裂缝向底板延伸并横向贯通底板,扶壁板湿接缝上部位置出现第三条裂缝;随着荷载的进一步增加,底板湿接缝裂缝沿湿接缝延伸致使现浇块和底板脱开,扶壁板湿接缝裂缝沿湿接缝向下延伸,第三条裂缝发展缓慢。

(3) 裂缝发展阶段:两千斤顶加载合力超过912kN,逐渐加载至1454kN。当加载合力达到1010kN时,在扶壁板湿接缝处第一道和第三道裂缝之间出现第四道和第五道裂缝,并迅速向面板方向延伸;当加载合力达到1135kN时,在扶壁板后浇块侧面出现第六道裂缝,并向湿接缝位置延伸;随着加载合力的增加,第二道、第四道和第五道裂缝宽度发展较快,第一道、第三道和第六道裂缝宽度始终发展较慢。

(4) 破坏阶段:两千斤顶加载合力超过1454kN,逐渐加载至1642kN。当加载合力达到1454kN时,扶壁板裂缝发展完全,此后无新裂缝出现,原有裂缝随着荷载增加逐渐发展,结构达到极限状态。

### 2. 荷载-位移曲线

如图6a)所示,为节段装配式扶壁挡土墙墙顶荷载-位移曲线,该曲线中水平轴为立板顶部水平位移(单位:mm),该值为面板顶部测量水平位移值(T-1、T-2、T-3)减去面板底部测量水平位移值(D-11、D-12、D-13)并减去底板端部测量上翘位移值(D-41、D-42)折合到的面板顶部水平位移值(乘8除3.2),经过对3组实测数据对比分析,数据误差均在5%以内,可以取平均值作为面板顶部水平位移的代表值,竖轴表示两千斤顶的水平加载合力(单位:kN)。

试验过程中,在弹性阶段(0~254kN),荷载-位移曲线呈线性关系;当裂缝(肋板湿接缝处第一道裂缝和底板湿接缝处第二道裂缝)开展后,特别是底板与后浇块之间湿接缝的脱开,致使结构刚度降低,面板顶部水平位移出现增加,在结构裂缝出现阶段(254~847kN),结构总体刚度有所降低但变化不大,面板顶部水平位移有所增加;在结构裂缝发展阶段(847~1454kN),肋板第四、第五、第六道裂缝相继出现并迅速向面板方向延伸,底板湿接缝处裂缝继续沿湿接缝方向出现脱开,结构具有较明显的塑性特征,结构刚度明显降低,荷载-位移曲线出现平缓趋势;在达到结构极限阶段(1454~1642kN)时,肋板第四道裂缝宽度迅速增加,且在肋板内部出现核状斜裂缝,荷载-位移曲线平缓,结构较难持力进入极限状态。试验中,荷载-位移曲线主要分为三段,斜率总体渐渐趋于平缓。

如图6b)所示,为不同加载工况下,节段装配式扶壁挡土墙的面板变形示意图。从图中可以看出,墙身变形基本符合悬臂梁变形趋势,且以底面为固结点。同时,可以看出,在试验结构弹性阶段,无较大变形,在荷载为254kN时加载点高度断面最大位移仅为0.61mm,而面板顶部位移也较小,仅1.49mm,且墙身变形为墙身上端微微弯曲,不是严格的斜直线。随着荷载的进一步增加,在试验裂缝发展阶段和结构极限阶段,外荷载从254kN至1642kN时,结构位移迅速增加,且最终破坏时结构基本呈直线倾斜状态。

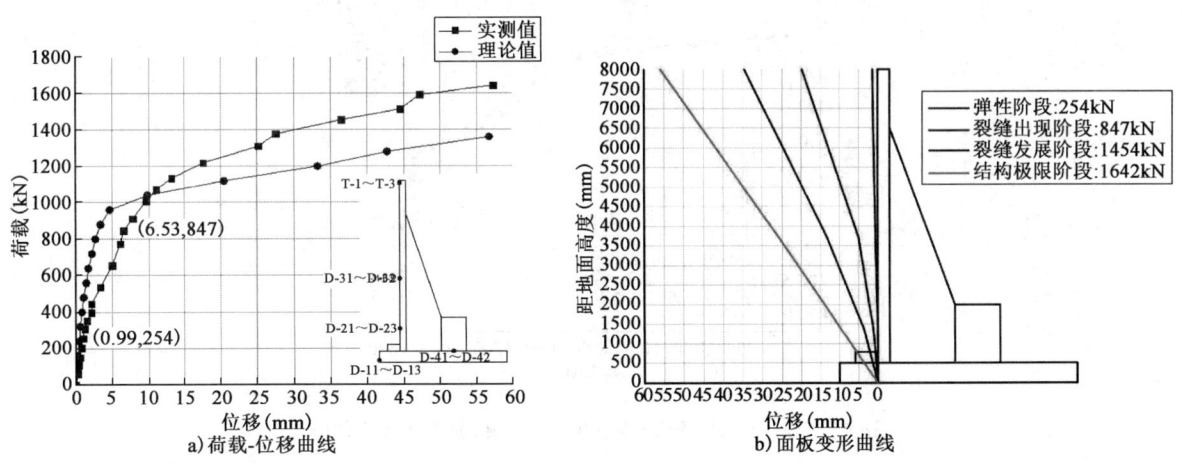

图6 节段装配式扶壁挡土墙位移变化情况

### 3. 扶壁板应变分析

如图7a)所示,为编号C-1~C-3的受拉区混凝土应变随外荷载的变化曲线图。当外荷载在0~399kN范围内,混凝土应变-荷载曲线基本成直线上升趋势,混凝土处于弹性工作阶段;当外荷载达到399kN时,混凝土微应变达到100,部分混凝土应变-荷载曲线出现拐点,随后混凝土应变片数据出现无规律的变化,表明混凝土结构出现开裂,随后出现结构内部的应力重分布,因此,在此之后的应变片数据出现了无规律性的剧烈震荡。试验过程中,在加载工况9(399kN)时,在肋板转角之上位置出现结构第一道开裂裂缝,这表明应变片监测数据与试验过程中观察到的现象基本是一致的。

如图7b)所示,为编号 S-11 ~ S-13 的受拉钢筋应变随外荷载的变化曲线图。当外荷载处于 0 ~ 847kN 范围内,钢筋应变较低,且应变-荷载曲线基本成直线关系,当外荷载达到 847kN 时,钢筋应变曲线出现拐点,表明此处混凝土结构开裂导致钢筋应变水平急剧增加,此后,随着外荷载的增加,钢筋应变继续增长,当外荷载达到 1310kN 时,钢筋应变达到 2000 左右,换算得到钢筋应力 412MPa,进入屈服状态,这与试验过程中观察到的现象是一致的。

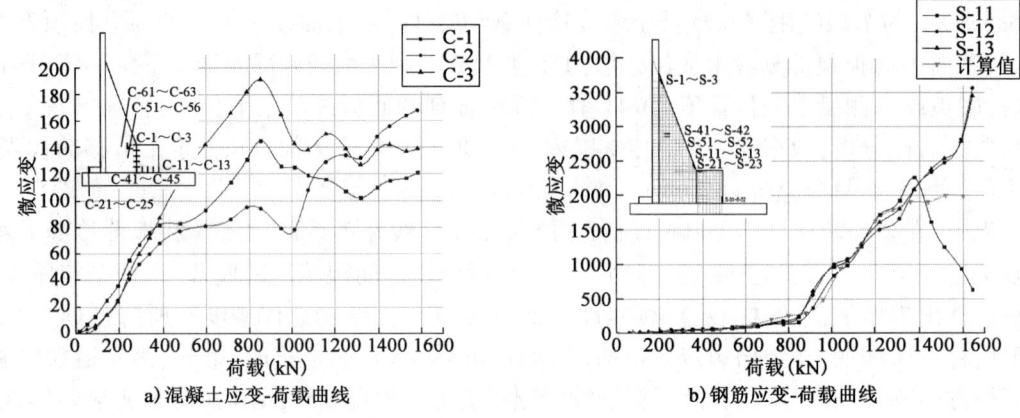

a) 混凝土应变-荷载曲线　　　　b) 钢筋应变-荷载曲线

图7　节段装配式扶壁挡土墙扶壁板受拉区应变-荷载曲线图

如图8所示,为编号 C-21 ~ C-25 的受压区混凝土应变随外荷载的变化曲线图。在结构弹性阶段,混凝土压应力增长缓慢,且基本成直线增长关系;在裂缝出现阶段,由于裂缝的开展,混凝土压应变出现增加趋势,应变-荷载曲线出现变陡的趋势;在裂缝发展阶段,随着裂缝宽度的不断发展,混凝土压应力增长趋势明显变大,应变-荷载曲线明显变陡;在结构极限阶段,混凝土压应变迅速增长,达到800,换算得到混凝土名义压应力27.6MPa,未达到极限压应力状态,混凝土未出现压溃现象,但应变-荷载曲线已经十分陡峭,结构进入极限状态。

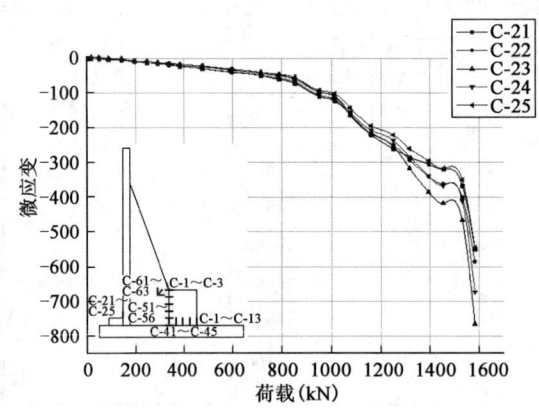

图8　节段装配式扶壁挡土墙受压区的混凝土应变-荷载曲线图

### 4. 湿接缝应变分析

如图9a)所示,为编号 C-51 ~ C-56 的湿接缝混凝土微应变随外荷载的变化曲线图。在荷载达到 254KN 时,C-51 应变片测量微应变达到 500,出现可见的湿接缝脱开;随后,C-52、C-53、C-54、C-55 应变片测量微应变相继达到 500,表明随着外荷载的增加,肋板与现浇块之间的竖向湿接缝从上向下逐渐脱开;竖向湿接缝最底侧应变片(C-56)的数据始终较小,表明竖向湿接缝的最底侧部位不会脱开。

如图9b)所示,为编号 S-21 ~ S-23 的连接钢筋应变随外荷载的变化曲线图。外荷载处于 0 ~ 203kN 范围内,钢筋应变较低,且应变-荷载曲线基本成直线关系;当外荷载处于 203 ~ 912kN 范围内,钢筋应变曲线稳步上升,表明该处湿接缝脱开,但脱开裂缝宽度发展缓慢;当外荷载达到912kN时,钢筋应变-荷载曲线出现拐点,之后钢筋应变迅速增加,表明该处脱开裂缝宽度迅速开展导致连接钢筋开始受力;当外荷载达到1590kN时,钢筋应变接近2000,换算钢筋应力412MPa,进入屈服状态。

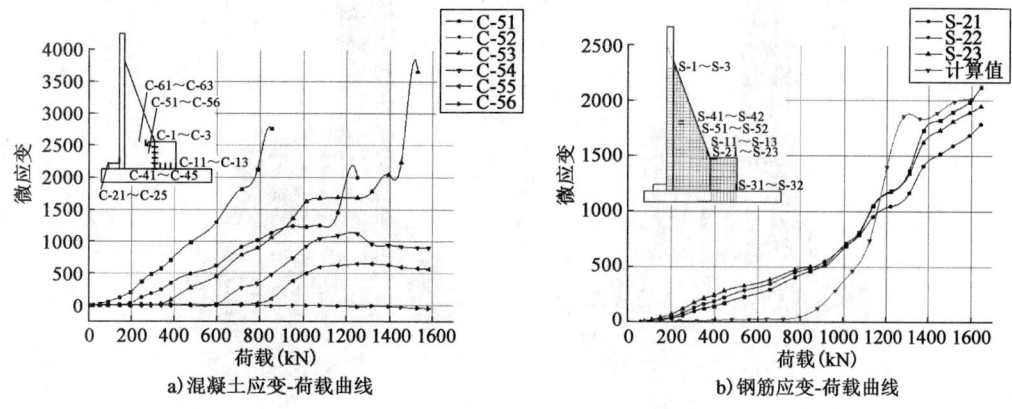

a) 混凝土应变-荷载曲线　　　　　b) 钢筋应变-荷载曲线

图9　后浇块与扶壁板湿接缝的应变-荷载曲线图

由于底板与后浇块之间的湿接缝处于直角处,无法跨缝布置应变片,所以将应变片布置在横向湿接缝之上的现浇块内,导致C-41~C-45应变片的数据杂乱无规律,无法得到可靠的信息。

如图10所示,为编号S-31~S-32的连接钢筋应变随外荷载的变化曲线图。当外荷载处于0~445kN范围内,钢筋应变曲线稳步上升,表明从开始加载,该处湿接缝就脱开导致钢筋开始受力,且脱开裂缝宽度发展较快,当外荷载达到445kN时,钢筋微应变接近2000,进入屈服状态;之后随着荷载的增加,钢筋应力进入屈服平台而导致应变急剧增加,在荷载达到1219kN时,钢筋微应变达到10000左右。

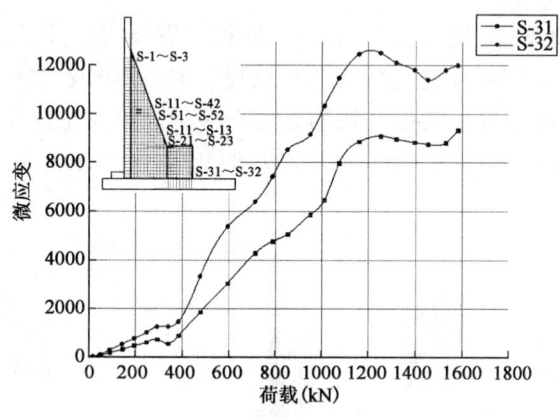

图10　后浇块与底板湿接缝的连接钢筋应变-荷载曲线图

## 五、有限元分析

### 1. 模型概况

使用大型通用有限元软件 ABAQUS/CAE 2020 对节段装配式扶壁挡土墙结构的静力试验力学性能进行计算分析[7]。

在建立模型及划分单元上,混凝土挡土墙、混凝土地梁、锚杆等采用实体模型,并划分为C3D8R计算单元;型钢反力架、型钢分配梁等采用壳体模型,并划分为S4R计算单元;挡土墙钢筋、地梁钢筋采用桁架模型,并划分为T3D2计算单元。有限元计算模型如图11所示。

在材料特性上,挡土墙混凝土为C50,密度2500kg/m³,弹性模量32500MPa,泊松比0.2;地梁混凝土采用C30,密度2500kg/m³,弹性模量30000MPa,泊松比0.2;混凝土塑性力学特性采用CDP塑性损伤模型,其数值参考《混凝土结构设计规范》(GB 50010—2010);挡土墙及地梁钢筋为HRB400钢筋,反力架及分配梁型钢为 Q345 钢材,密度 7800kg/m³,弹性模量 206000MPa,泊松比 0.3,钢材塑性力学特性采用双折线简化模型。

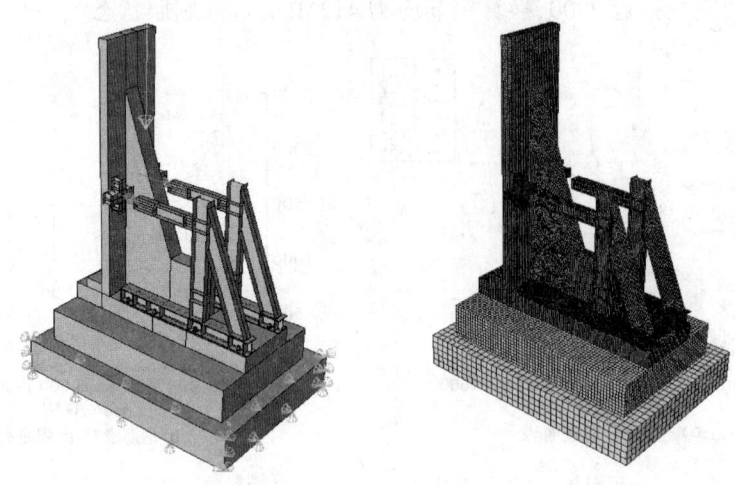

图 11　有限元计算模型图

在接触关系上,钢筋、锚杆等采用"embedded"约束嵌入挡土墙及地梁混凝土中,以模拟钢筋、锚杆与混凝土间的黏结滑移关系;装配式挡土墙构件间采用"tie"约束以模拟新旧混凝土间的黏结关系;地梁、反力架与挡土墙底板间以及锚杆垫板与反力架间接触面建立"法向硬接触,切向库伦摩擦"的接触对,设置不同的摩擦因数。

2. 力学性能分析

如图 12 所示,随着外荷载增加,扶壁板与后浇块、底板与后浇块湿接缝部分的混凝土主拉应力最大,当外荷载达到 300kN 时,该区域混凝土达到极限抗拉强度,随后该区域出现应力重分布,最大主拉应力区域从该处向外逐渐扩展;在面板与底板抗推挡块附近存在混凝土最大主压应力,达 2.17MPa;随着混凝土开裂,扶壁板倒角内外侧斜钢筋开始承受拉应力,达 27.87MPa。这与试验中观察到的挡土墙混凝土开裂现象是相似的。

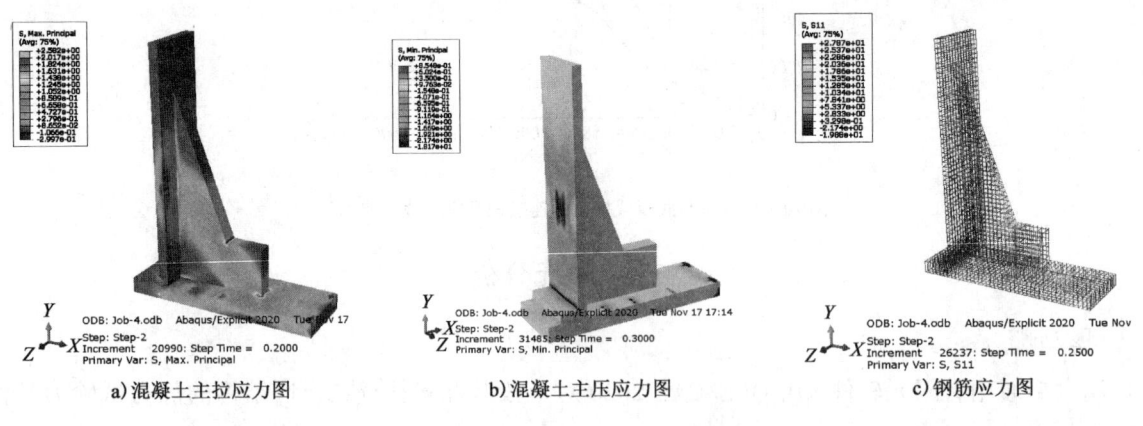

a) 混凝土主拉应力图　　　　b) 混凝土主压应力图　　　　c) 钢筋应力图

图 12　开裂荷载(300kN)下挡土墙力学性能图

如图 13 所示,当外荷载达到 1600kN 时,扶壁板与后浇块、底板与后浇块连接区域部分的钢筋进入屈服状态,挡土墙混凝土的最大主压应力区域仍为面板与底板抗推挡块附近,最大主压应力达 16.17MPa,扶壁板与后浇块混凝土大部分区域进入塑性,该部分钢筋进入屈服阶段,在此处形成塑性铰,结构进入极限状态。

a) 钢筋应力图　　　　b) 混凝土主压应力图　　　　c) 混凝土塑性区域图

图 13　极限荷载(1600kN)下挡土墙力学性能图

随着外荷载增加,结构最大主拉应力区域为扶壁板与后浇块、底板与后浇块湿接缝部分,该区域混凝土首先达到极限抗拉强度后出现开裂,塑性区域由扶壁板倒角处和扶壁板底端不断向扶壁板内部扩展,混凝土受拉区退出工作后,扶壁板内受拉区钢筋开始受力,斜钢筋进入屈服阶段,结构该处出现塑性铰,进入极限状态,节段装配式扶壁混凝土结构以面板和扶壁板根部固结的悬臂梁模式受弯破坏。

## 六、结　语

为了推动挡土墙预制化、装配化的发展与应用,依托于广东省汕尾陆丰至深圳龙岗段改扩建工程,本文提出了节段装配式扶壁挡土墙结构形式,开展现场足尺静力试验,并结合有限元分析结果,得到以下结论:

(1)节段装配式扶壁挡土墙结构由面板、底板和扶壁板组成,考虑到预制及施工的条件限制,将长线性的挡土墙工程进行短长度分段,并将其面板与扶壁板、底板分别进行预制,通过现浇湿接缝和抗推挡块的方式进行连接。

(2)结合现场试验及有限元计算结果,节段装配式扶壁挡土墙结构的开裂荷载为250kN,极限荷载为1640kN,首裂缝为扶壁板与后浇块的湿接缝,主裂缝为扶壁板倒角处向面板延伸的裂缝以及底板与后浇块的湿接缝。

(3)节段装配式扶壁挡土墙在施工期、正常使用工况频遇组合加载力作用下,结构尚未出现裂缝,且连接区域湿接缝未出现脱开,结构符合长期使用要求。

**参考文献**

[1] 肖绪文,曹志伟,刘星,等.我国建筑装配化发展的现状、问题与对策[J].建筑结构,2019,49(19):1-4,24.

[2] Precast and Prestressed Concrete Institute. PCI design handbook[R]. Chicago:Precast and Prestressed Concrete Institute,2017.

[3] 徐伟,武春杨.国外装配式建筑研究综述[J].上海节能,2019(10):810-813.

[4] 徐健,刘泽,黄天棋,等.装配式挡土墙设计与施工的关键问题研究[J].城市建设理论研究,2018(6):88-91.

[5] 叶兴成,刘益志,章宏生.新型装配扶壁式挡土墙结构设计与施工工艺[J].江苏水利,2017(5):37-40.

[6] 刘曙光,方琦,钟桂辉,等.新型装配式悬臂混凝土挡土墙承载性能试验[J].同济大学学报(自然科学版),2020,48(7):937-944,952.

[7] 石亦平,周玉蓉.ABAQUS有限元分析实例详解[M].北京:机械工业出版社,2006.

# 28. 大跨悬索桥主缆钢丝加速腐蚀及腐蚀规律研究

傅俊磊[1,2]　洪　华[1,2]　曹素功[1,2,3]　田　浩[1,2]

(1.浙江省道桥检测与养护技术研究重点实验室；2.浙江省交通运输科学研究院；
3.同济大学桥梁工程系)

**摘　要**　本文针对悬索桥主缆钢丝易受腐蚀问题，开展悬索桥主缆钢丝在持力状态下的电解加速腐蚀试验，探讨主缆钢丝平均质量损失率和截面损失率随应变和时间增长的变化规律。结果表明：随着应变水平的增加，腐蚀时间的增长，持力状态下的钢丝腐蚀越明显；加速腐蚀情况下，$3000\mu\varepsilon$ 钢丝平均质量损失率 4d 是 1d 的 6.40 倍，且 1~4d 分别是 $2000\mu\varepsilon$ 下的 1.17 倍、1.22 倍、2.27 倍以及 3.02 倍；最大截面损失率随着应变和时间的增加而增大，可考虑采用最大截面损失率来衡量钢丝腐蚀等级。

**关键词**　悬索桥主缆　持力钢丝　电解加速腐蚀　质量损失率　截面损失率

## 一、引　言

主缆作为悬索桥主要承力结构，后期几乎不可更换，被称为悬索桥的"生命索"[1]。然而，主缆钢丝正常使用期间经常会与它所处的环境介质之间发生物理、化学抑或是电化学作用，这就是所谓的钢丝腐蚀[2-4]。我国由于腐蚀问题所造成的直接或间接经济损失大概占国民生产总值的 1%~5%[5]。其中，持力状态下钢丝腐蚀及其养护问题是全世界关注的一个热点问题，也是一个世界性的难题。以往设计时安全系数取大值，但是经济性差，近代设计安全系数有所降低，但是腐蚀问题就变得更加敏感。

国内外学者对主缆钢丝的腐蚀问题进行了一定的有益研究。陈小雨等[6]利用中性盐雾试验，对悬索桥主缆镀锌钢丝的剩余抗力和腐蚀外观之间的对应关系进行了研究，明确了通过检测钢丝腐蚀外观判断其剩余抗力。张振浩等[7]通过疲劳强度与钢材强度的关系以及腐蚀引起的钢材抗力衰变，得到了钢材腐蚀疲劳抗力时变模型。Airong Chen 等[8]建立了腐蚀钢丝屈服载荷和极限载荷的退化模型。Cui Chuanjie 等[9]通过盐雾环境下 Q345 钢表面点蚀的实验研究，计算了腐蚀坑的最大深度，建立了腐蚀坑数学模型。现有成果对钢丝腐蚀问题的研究多集中于无应力状态下，而鲜有对持力状态下主缆钢丝腐蚀的试验研究。但现实工程中主缆钢丝的腐蚀问题多发生于持力状态下，对持力状态下主缆钢丝的试验研究意义重大[10]。本文为研究持力状态下主缆钢丝腐蚀随时间发展的变化规律，设计了一套可预加荷载的电解加速腐蚀试验装置，用以分析持力状态下主缆钢丝的表观腐蚀规律。

## 二、试验方案设计及实施

### 1. 设计思路

本试验的目的在于研究不同应变水平下主缆钢丝腐蚀随时间发展的变化规律，对于试验设计有三个关键点：
(1) 如何将主缆钢丝长时间保持较高的应变水平；
(2) 试验中如何加速腐蚀主缆钢丝；
(3) 如何对不同腐蚀程度的主缆钢丝进行评定。

经过对各种室内加速试验方案的比选，最终选取了预加荷载的电解加速腐蚀试验方案对不同应变等级下的主缆钢丝进行腐蚀试验。原因是这种试验方法可以更真实模拟出持力状态下主缆钢丝的腐蚀现状。

### 2. 试验装置

依照设计思路,设计出如图 1 所示试验装置,该装置由持力装置、腐蚀池、通电回路、钢丝、氯化钠溶液五个部分组成。

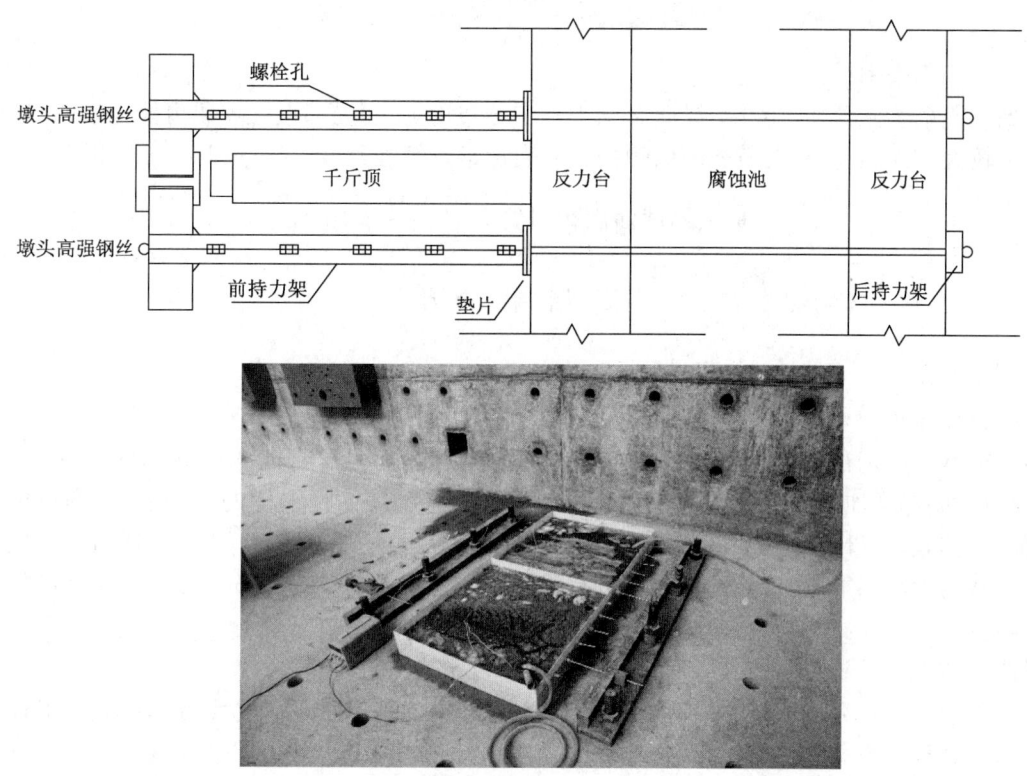

图 1　预加荷载的电解加速腐蚀试验装置

在主缆钢丝上粘贴应变片,利用千斤顶施加对墩头钢丝的拉力,利用 dasp 静态采集仪装置对主缆钢丝上的应变进行测定。在千斤顶将主缆钢丝拉伸到目标应变后,千斤顶稳压,通过特制的应变持力装置持力后将千斤顶卸载,拉力通过持力装置作用到钢台座,最后由地锚承担,使主缆钢丝保持住目标应变。钢丝穿过电解腐蚀池,利用法拉利电解原理对主缆钢丝进行加速腐蚀。腐蚀池设计为半封闭的溶液槽盛,放浓度为 5% 的 NaCl 电解液。

### 3. 试验工况

因为实际运营中的主缆钢丝应变水平多介于 1000～3000με[11],所以本试验设计 4 种不同应变分别为 0、1000με、2000με、3000με。腐蚀的时间设置为 0、1、2、3、4 天共 5 种时间尺度。总通电电流保持为 1A,通过法拉利电解定律计算可以得出每根钢丝的理论通电电流量,可以得到对应的腐蚀率。

考虑到试验数据离散性,为保证数据的有效性,每个工况试件设置为 3 根,共 60 根直径 5.25mm 的钢丝试件。0～4d,每天拿出 3 根/工况×4 工况 = 12 根,第 4 天完成 60 根钢丝电解加速腐蚀试验。

### 4. 试验观测参数

采用直流稳压电源进行通电试验(图 1),设定好通电量与电流密度,依据法拉利电解定律进行电解试验。每批次工况试验结束后,将试件卸下,利用以下参数对主缆钢丝表面腐蚀形态规律进行观测。

1) 腐蚀后主缆钢丝表观规律

对于腐蚀后主缆钢丝表观规律进行统计,在接触式观测的基础上,利用超景深三维显微系统进行细致观测。

2) 质量损失率

通常情况下,主缆钢丝的腐蚀率可以用质量损失率来衡量。主缆钢丝通电腐蚀前称重为 $M_0$。腐蚀后,对各时间未腐蚀段质量称量,记作 $M_1$,腐蚀段除锈后称重 $M_2$,并进行记录,按照以下公式计算质量损失率。

$$质量损失率 = \frac{M_0 - M_1 - M_2}{M_0 - M_1} \times 100\% \tag{1}$$

3) 最大截面损失率

考虑到主缆钢丝在腐蚀过程中,纵向腐蚀不一定分布均匀,而局部点蚀现象可能比较明显,横截面的面积损失率较大,考虑采用最大横截面面积损失率表示钢丝腐蚀程度。按照以下公式计算:

$$最大横截面面积损失率 = \frac{S_{腐蚀}}{S_{总面积}} \times 100\% \tag{2}$$

## 三、结 果 分 析

### 1. 外观分析

1) 外观试验结果

观察主缆钢丝分别在保持 $0\mu\varepsilon$、$1000\mu\varepsilon$、$2000\mu\varepsilon$、$3000\mu\varepsilon$ 应变下腐蚀 $0\sim4d$ 后的外观形态,可以发现,随着通电时间的增加,首先是镀锌涂层发生破坏,这种涂层破坏是整体的、非剥落式的溶蚀破坏。伴随着涂层的整体破坏,母材受到了电解反应,析出褐色以及黑色的腐蚀产物。通电时间越长,发生的腐蚀面积增大。在持力状态下,这种腐蚀产物基本是沿主缆钢丝的纵向上均匀分布,钢丝的直径随着通电时间的增加减少,宏观上的局部腐蚀较少。

2) 外观试验结果分析

由于不同于钢板的显微成像,主缆钢丝本身构件有宏观曲率,过小的放大倍率不能精确地扫描出钢丝局部表征的特性。当放大倍率过高时,地表的随机振动会对显微镜头的聚焦过程产生较大的干扰,导致很多情况下无法成像。由此一来,如何选取适当的放大倍率是整个局部表征识别工作的重点。经过不断地研究,发现 500 倍是非常适合做此种主缆钢丝局部表征识别的放大倍率。

利用 500 倍放大倍率超景深三维显微成像技术对腐蚀后主缆钢丝进行扫描,结果如图 2 所示(为避免冗繁,此处仅列出部分结果)。

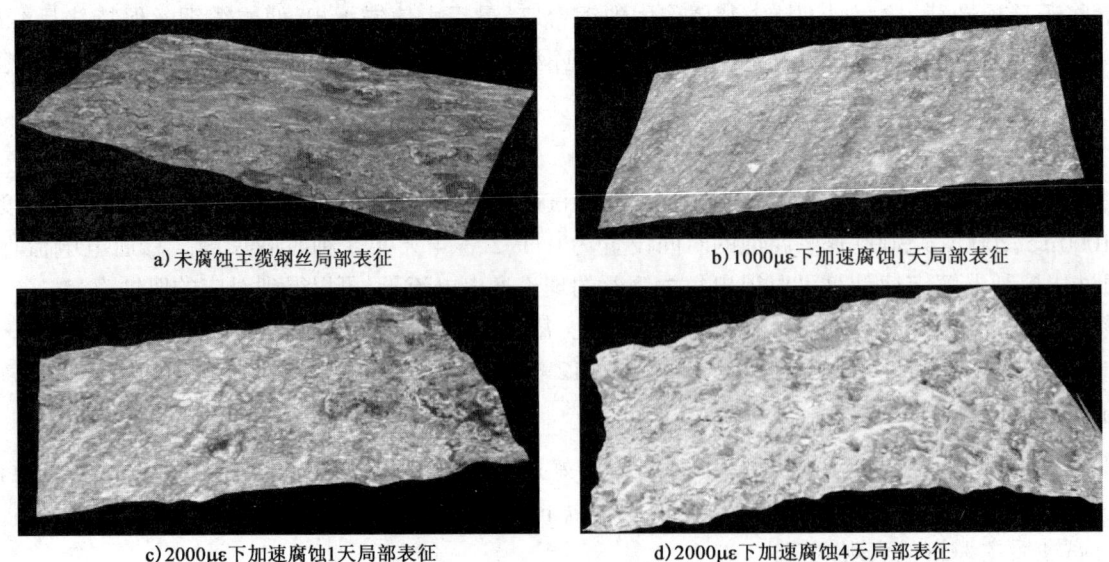

a) 未腐蚀主缆钢丝局部表征　　　　　b) $1000\mu\varepsilon$ 下加速腐蚀 1 天局部表征

c) $2000\mu\varepsilon$ 下加速腐蚀 1 天局部表征　　　　　d) $2000\mu\varepsilon$ 下加速腐蚀 4 天局部表征

图 2　主缆钢丝腐蚀表征对比

为更直观、清晰地描述上述外观特征,利用 D. F. D( Depth from Defocus)技术,进行三维图像的绘制,局部点蚀坑成像结果如图3所示。

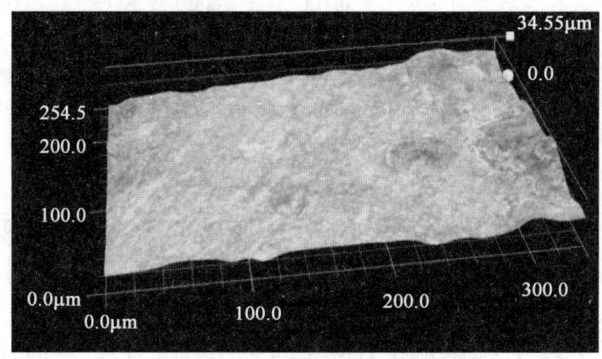
a) 2000με下加速腐蚀1天局部表征

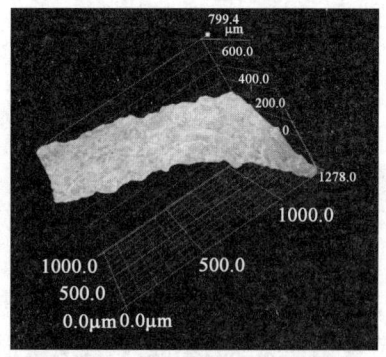
b) 2000με下加速腐蚀4天局部表征

图3　D.F.D技术主缆钢丝腐蚀表征对比

由图2、图3可知:

(1)高应变水平会显著地加速钢丝的腐蚀,无论是对于涂层还是钢丝母材。对比各应变状态下第一天的腐蚀形态,0με和1000με两种应变水平下,主缆钢丝的涂层还没有发生整体溶蚀,而持有2000με应变的主缆钢丝的涂层基本有50%的溶蚀程度,至于3000με应变的试样,涂层对母材的保护作用基本消失,已经可以观察到裸露的母材;

(2)时间的增长,对主缆钢丝局部表征的起伏有很大影响,腐蚀时间越长,局部表面起伏越剧烈。

## 2. 腐蚀过程中质量损失率的变化规律

经过对腐蚀后高强钢丝表观形态的分析,可以清楚地发现对于高强钢丝而言,腐蚀对于钢丝的侵蚀非常均匀,表现出非常良好的材性。因此,首先考虑是否可以用主缆钢丝的质量损失率对钢丝腐蚀后的材性建立起一个直观对应关系,如果这种对应关系是存在的,那么将对主缆钢丝的剩余性能评估起到非常有益的作用。对所有电解加速腐蚀的主缆钢丝数据进行处理,结果见表1。

不同应变水平及腐蚀时间下平均质量损失率　　　　表1

| 应　变 | 腐蚀时间 | | | |
|---|---|---|---|---|
| | 1d | 2d | 3d | 4d |
| 0με | 1.10 | 2.31 | 4.83 | 8.45 |
| 1000με | 1.23 | 4.03 | 5.81 | 8.73 |
| 2000με | 3.77 | 5.39 | 6.67 | 9.33 |
| 3000με | 4.40 | 6.59 | 15.12 | 28.14 |

由图4、图5试验结果可知:

(1)持力3000με电解加速腐蚀4d,与自然腐蚀420d试验结果[6]接近,且变化趋势一致,表明利用持力电解加速腐蚀的试验方法可靠,且本法可极大的缩减试验研究时间。

(2)3000με下加速腐蚀平均质量损失率4d是1d的6.40倍,表明钢丝平均质量损失率随着时间增长呈非线性增长,整体呈现出随着时间的增长腐蚀速率变快的趋势。

(3)3000με下加速腐蚀1~4d平均质量损失率分别是2000με下的1.17倍、1.22倍、2.27倍以及3.02倍,表明应变水平越高,钢丝腐蚀越明显。产生这种现象的主要原因是在持有高应变水平使得主缆钢丝局部腐蚀产生的基材缺陷不断拉伸、扩展,导致越高应变的钢丝腐蚀越快,伴随着直径的变小,会加剧腐蚀。其次,在持有高应变状态下,主缆钢丝的电阻会下降,在外界电化学电位不变的情况下,会加强电流密度,使得其腐蚀加剧。

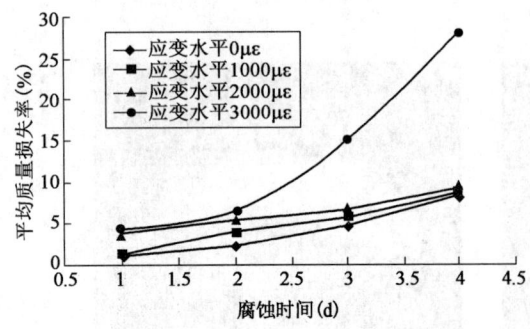 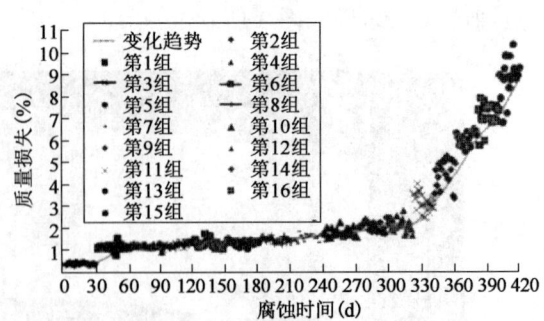

图4　不同应变水平下质量损失率随时间变化曲线　　　　　图5　钢丝均匀腐蚀质量损失变化率[6]

以无应变钢丝腐蚀为基准,以其质量损失率为分母,其他持有应变的钢丝质量损失率对其做比值得到质量损失比率,将时间作为观测的角度,那么将四天的腐蚀过程分开来,形成各个时间点上质量损失比率和应变的关系,如图6所示。

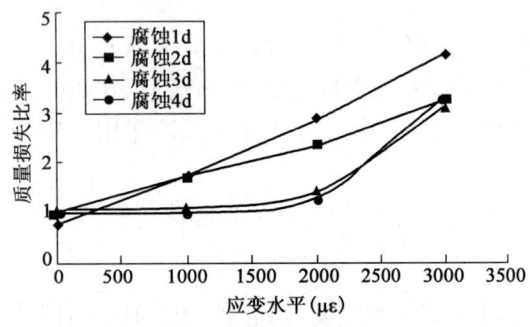

图6　不同时间应变水平对质量损失比率的影响

由图6分析结果可知,在腐蚀的前两天,应变对于质量损失比率的影响近似线性分布,随着时间的增长,逐渐呈现出指数分布的形式。时间越长,应变水平对质量损失效应越显著。

### 3. 腐蚀过程中最大截面损失率的变化规律

质量损失率参数分析的不足之处在于,由于保护涂层的存在以及腐蚀过程随机性导致的腐蚀不均匀分布使得我们无法较好的对试验数据进行拟合分析。这导致我们不得不退而求其次研究钢丝腐蚀最大截面损失率的变化规律,结果见表2。

不同应变水平及腐蚀时间下平均最小直径　　　　　表2

| 应变 | 腐蚀时间 | | | |
|---|---|---|---|---|
| | 1d | 2d | 3d | 4d |
| 0με | 5.16 | 5.14 | 5.07 | 4.82 |
| 1000με | 5.17 | 5.14 | 5.01 | 4.73 |
| 2000με | 5.17 | 5.09 | 4.97 | 4.66 |
| 3000με | 5.13 | 5.07 | 4.87 | 4.56 |

由图7、图8分析结果可知:

(1)随着时间的推移,最大截面损失率增大。应变水平的增加会加剧主缆钢丝的腐蚀进程,最大截面损失率随应变水平增大而增大。

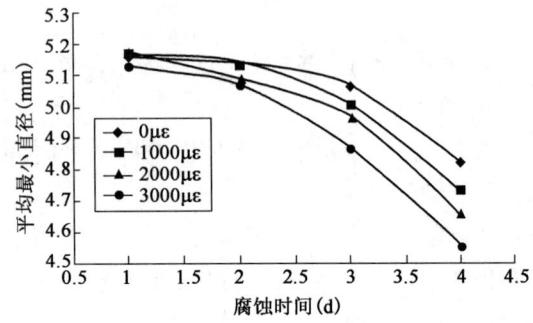 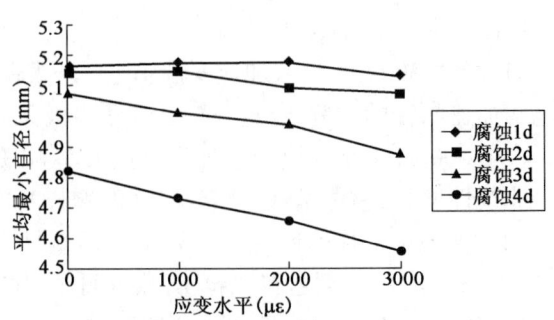

图7　不同应变水平下钢丝平均最小直径随时间变化曲线　　　　　图8　不同时间应变水平对平均最小直径的影响

(2)对比分析平均质量损失率、最大截面损失率随应变水平、时间的发展规律,得出最大截面损失率与应变、时间两变量相关关系更好。可以通过拟合得到高强钢丝受腐蚀后最小直径随着时间、应变水平的变化规律,在相关研究中可以考虑采用最大截面损失率作为核心中间变量来衡量主缆钢丝的腐蚀等级。

## 四、结　语

本文基于预加荷载电解加速腐蚀试验装置,开展了主缆钢丝电解加速腐蚀试验研究,探讨了主缆钢丝的表观腐蚀规律,主要结论如下:

(1)应变水平和腐蚀时间对主缆钢丝腐蚀有显著影响,应变水平越高,腐蚀时间越长,钢丝局部表面起伏越剧烈。

(2)持力钢丝电解加速腐蚀4d质量损失,与自然腐蚀420d试验结果接近,且变化趋势一致。

(3)3000$\mu\varepsilon$下加速腐蚀平均质量损失率4d是1d的6.40倍,且1~4d分别是2000$\mu\varepsilon$下的1.17倍、1.22倍、2.27倍以及3.02倍。

(4)应变水平越高,腐蚀时间越长,镀锌涂层发生溶蚀破坏后,钢丝基材缺陷不断拉伸、扩展,导致钢丝腐蚀加快,即腐蚀程度呈非线性增长。

(5)随着时间的增加,最大截面损失率增大。应变水平的增加会加剧主缆钢丝的腐蚀进程,最大截面损失率随应变水平增大而增大,且与两变量相关性较好。

本文的研究得到了浙江省交通运输厅科技项目(2014H20、2019048、2020048)等项目的资助。

**参考文献**

[1] 万田保,陈巍,沈锐利,等.基于主缆内部输气的大跨度悬索桥除湿系统总体设计[J].桥梁建设,2020,50(S2):55-61.

[2] 张强先,赵华伟,方园,等.悬索桥主缆钢丝腐蚀与防护的应用进展[J].南京工业大学学报(自然科学版),2020,42(3):278-283.

[3] 范厚彬,田浩,曹素功,等.悬索桥主缆内部温湿度变化机理模型试验研究[J].桥梁建设,2017,47(2):42-47.

[4] 陈小雨,唐茂林,沈锐利.悬索桥主缆钢丝腐蚀速率的影响因素分析[J].重庆交通大学学报(自然科学版),2015,34(1):25-29.

[5] 柯伟.中国腐蚀调查报告[M].北京:化学工业出版社,2003:30-56.

[6] 陈小雨,唐茂林.悬索桥主缆镀锌钢丝腐蚀过程及抗力变化试验研究[J].桥梁建设,2018,48(1):60-84.

[7] 张振浩,陈济功,朱迅.基于神经网络的斜拉桥钢箱梁局部连接细节腐蚀疲劳可靠度研究[J].中国公路学报,2019,32(12):186-196.

[8] Airong Chen, Yunyi Yang, Rujin Ma, Luwei Li, Hao Tian, Zichao Pan. Experimental study of corrosion effects on high-strength steel wires considering strain influence [J]. Construction and Building Materials, 2020, 240: 117910.

[9] CuiChuanjie, Ma Rujin, Chen Airong, et al. Experimental study and 3D cellular automata simulation of corrosion pits on Q345 steel surface under salt-spray environment [J]. Corrosion Science, 2019, 154: 80-89.

[10] 姚国文,刘超越,吴国强.酸雨环境-荷载耦合作用下拉索腐蚀损伤机理研究[J].重庆交通大学学报(自然科学版),2016,35(6):6-10.

[11] 李陆蔚.主缆钢丝腐蚀后考虑应变因素影响的形态与力学性能演变模型[D].上海:同济大学,2017.

# 29. 京台高速公路(北京段)桥梁钻孔灌注桩试桩研究与应用

潘可明　王　航　张　为

(北京市市政工程设计研究总院有限公司)

**摘　要**　本文依托京台高速公路(北京段)桥梁工程建设,介绍了第一标段瀛海特大桥的钻孔灌注桩试桩实验方案,对试桩实验数据进行分析。通过试桩实验及桩基内力检测结果,确定合理的土层侧阻力取值,为地勘参数修正提供理论依据,并应用于本工程钻孔灌注桩的设计与施工。目前,该项目已经通车近5年,观测结果正常,取得了预期的良好效果,其研究成果及工程经验可为其他项目借鉴。

**关键词**　京台高速公路　试桩实验　侧阻力　钻孔灌注桩

## 一、引　言

### 1. 桥梁简介

京台高速公路(北京段)是国家高速网的重要组成部分,是首都途经河北、天津、山东、江苏、安徽、浙江、连接台北,沟通华北、华中和东南沿海的主要通道。高速公路全长约26.6km,共有36座桥梁,桥梁占比50%,其中特大桥1座,即瀛海特大桥,桥梁全长5.87km,双幅桥宽40.6～44.6m。上部结构大多采用35m跨径预应力混凝土现浇箱梁,下部结构采用花瓶墩接四桩承台(图1、图2),钻孔灌注桩直径为1.2m,设计桩长35～40m。

图1　瀛海特大桥

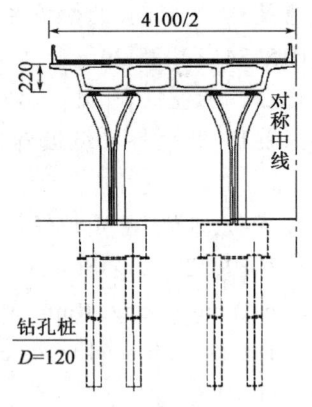

图2　桥梁断面图(尺寸单位:cm)

### 2. 实验桥区地质概况

实验桥区地面高程在30～32m,该区域表层以厚度不均的人工堆积之房渣土、素填土(土层③)为主,人工堆积层以下主要为第四纪沉积的黏性土、粉土(土层④)、砂土层(土层⑤),局部夹有卵砾石(土层⑥)。瀛海高架典型工程地质地层情况见图3,埋深约20m土层为粉质黏土,20～25m土层为中砂细砂层,25～30m为圆砾卵石层,30m以下为粉质黏土层。

### 3. 试桩目的与意义

常规桩基设计过程中,地质勘察单位按照规范参考数值提供地勘参数,一般情况下其为范围值,由勘察单位根据经验选取,无法达到精细化设计要求。瀛海特大桥钻孔桩数量众多,通过本次试桩实验,可验证、确定合理的地勘参数,精细化设计确定桩长,提高工程质量;实验成果也可全线推广应用。本次试桩实验于2015年初开展研究,2015—2016年在瀛海特大桥B段实际工程中应用,2016年底京台高速(北京段)建成通车。通车5年来,经监测单位观测,桥梁工作正常,沉降数值稳定均在规范允许范围以内。本次试桩实验取得了良好的经济和社会效益,符合低碳、节能减排的高速公路设计理念,为北京市的后续大型公路工程,如新机场高速、新机场联络线高速、密涿高速、京密高速等大型公路项目积累了数据,为完善北京市大兴区地质参数指标体系提供依据。

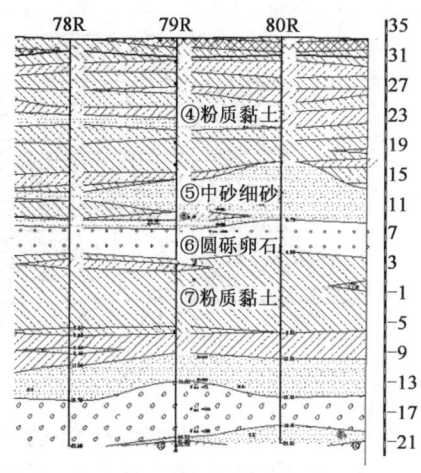

图3 典型工程地质地层(尺寸单位:m)

## 二、试桩方法及原理

传统桩基静载实验有堆载法、锚桩法和自平衡法三种(表1)。堆载法反力由堆载物提供,反力装置由堆载物、主梁、次梁、千斤顶和支承墩等构成(图4);锚桩法则通过锚桩承受上拔力提供反力,由锚桩和钢反力架组成反力装置(图5),它是灌注桩试桩实验最常用的方法。自平衡试桩法是桩内预埋加载设备即荷载箱,通过它将力传递到桩身,使其上部桩侧极限摩阻力及自重与下部桩侧极限摩阻力及极限桩端阻力相平衡来维持加载,从而获得桩承载力(图6)。

**锚桩法、堆载法及自平衡法比选** 表1

| 实验方法 | 实验原理 | 优点 | 缺点 |
| --- | --- | --- | --- |
| 堆载法 | 将配重物直接堆放在桩身上,直观地反映桩的承载力。加载方式采用慢速维持荷载法逐级加载 | 反力由配重提供,费用较低 | 对土体扰动,影响实验数据 |
| | | 场地要求低。满足堆载空间即可,无需考虑锚桩上拔力 | 堆载平台易倾斜,实验安全存在隐患 |
| | | | 压力由堆载自重控制,不够精确 |
| 锚桩法 | 在抗压试验桩周围同时另做4颗锚桩,由周围4根桩提供拉力,通过千斤顶使试验桩受压,以达到测试承载力的目的 | 对周围土体影响较小,实验数据准确 | 需浇筑四颗锚桩,增加费用 |
| | | 压力由千斤顶提供,可精确控制实验荷载 | 受锚桩反力控制,加载压力大小受限 |
| 自平衡法 | 将荷载箱置于桩平衡点处,通过实验数据绘制上、下段桩的荷载-位移曲线,从而得到试桩的极限承载力 | 占地小,数据准确,可精确控制实验 | 费用较高,周期较长,专利技术转让等问题烦琐 |

瀛海特大桥试桩实验经比选最终确定采用锚桩法(图7),主要原因如下:
(1)锚桩法精度较高,实验数据准确。
(2)本实验工程桩可作为锚桩使用,其间距为7~10m,满足架设实验装置要求。
(3)采用工程桩作为锚桩,避免了锚桩法费用较高的缺点,同时节约工程占地。
(4)由于可以充分利用既有工程桩,实验速度较快,检测操作工艺成熟。

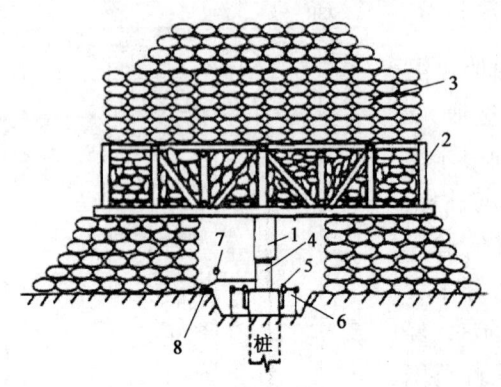
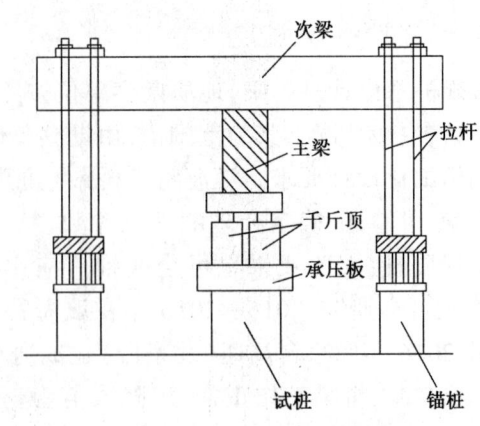

图 4　堆载法载荷实验示意图　　　　　图 5　锚桩法载荷实验示意图

1-主梁;2-堆架;3-砂包堆重;4-千斤顶;5、6、7、8-荷载与位移测试系统

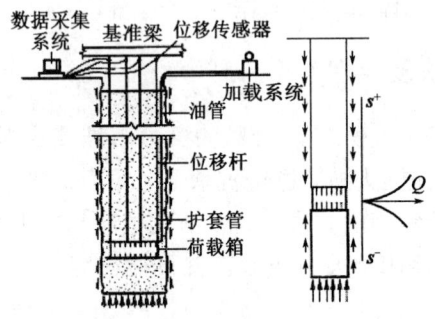

图 6　桩基自平衡静载实验示意图　　　　图 7　实验现场

## 三、试桩实验方案

### 1. 实验位置选取及桩基布置

1）实验位置

本次实验位于瀛海特大桥 78R～80R 处,采用 4 颗工程桩作为反力锚桩,在 4 颗锚桩中间设置抗压试验桩。采用锚桩提供的反力对抗压试验桩提供压力荷载,抗压试验桩平面布置,如图 8 所示。

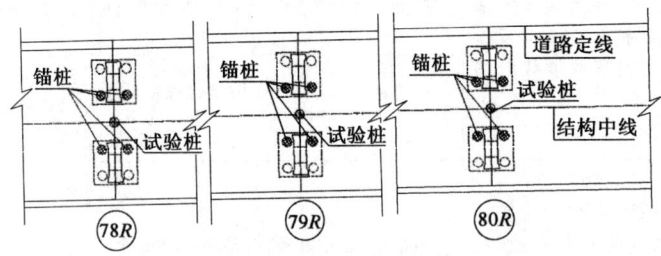

图 8　桩基平面布置图

2）锚桩及抗压试验桩的布置

抗压试验桩通过肩挑四根锚桩来对自己施加压力,其反力来自地下土体对锚桩产生的摩阻力。锚桩的摩阻力与抗压试验桩的摩阻力来自同一地层条件,即自相作用,避免了极限荷载计算值与实际真值的偏差。

本次实验采用两个相邻承台内侧四颗工程桩作为锚桩,4 颗锚桩之间新建一颗抗压试验桩。具体布置如图 9、图 10 所示。

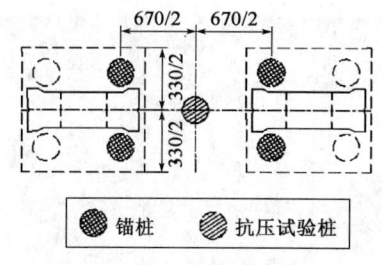

图9 实验桩布置平面图(尺寸单位:cm)

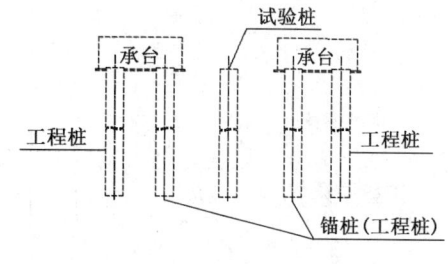

图10 实验桩布置立面图

### 2. 实验步骤及流程

#### 1)实验流程总体介绍

本次试桩实验流程及主要步骤如图11所示。

图11 实验流程图

#### 2)抗压试验桩构造及设计承载力

抗压试验桩分为桩头及桩身两部分。桩身采用C30混凝土,直径1.2m,桩长40m,其设计承载力及配筋与工程桩保持一致,即单桩设计承载力5800kN。抗压试验桩桩头局部压应力较大,采用C50无收缩混凝土,桩头1.2m范围内需进行扩头处理,桩头直径1.6m,用钢护筒加强(图12)。

#### 3)锚桩构造及抗拉承载力

(1)锚桩抗拔承载力。

锚桩提供的抗拉承载力根据土层对桩身产生的摩阻力确定,计算方法参照《公路桥涵地基与基础设计规范》(JTG 3363—2019)。

$$N_n = u \sum_{i=1}^{n} q_{ni} l_i$$
$$q_{ni} = \beta \sigma'_{vi}$$

式中:$N_n$——单桩负摩阻力,kN;

$u$——桩身周长,m;

$l_i$——各土层厚度,m;

$q_{ni}$——与$l_i$对应的各土层与桩侧负摩阻力计算值,kPa,当计算值大于正摩阻力时,取正摩阻力值;

$\beta$——负摩阻力系数。

$\sigma'_{vi}$——桩侧第$i$层土平均竖向有效应力,kPa。

桩基抗拉承载力由侧摩阻力及桩身自重组成,实验位置设计桩顶拉力最大值为3300kN,4根锚桩提供的最大上拔力合力为13200kN。

(2)锚桩构造。

根据桩周各土层累计侧阻力与桩身自重合力可计算出桩身内力,由桩身内力可计算出桩基配筋及承载力。桩基上部内力较大,轴力随埋深逐渐减小,原设计桩基钢筋受拉承载力为2760kN,不满足作为锚桩最大桩顶拉力,桩顶锚桩主筋需加强。桩基埋深12m处桩身拉力为2500kN,主筋需加强30%,12~40m埋深处内力较小,维持原配筋率即可。桩基实验时桩头主筋竖直受拉,实验完毕后将桩头主筋恢复为喇叭状锚固于承台内(图13)。

#### 4)实验加载

按照《公路桥涵施工技术规范》(JTG/T F50—2011)中相关技术规定,加载采用单循环法一次逐级加载至最大值后分级卸载。原设计78R~80R单桩承载力特征值为5800kN,根据《建筑桩基检测技术规范》(JGJ 106—2003),实验桩压力荷载至少需加至两倍设计承载力,本次设计加载最大值为13000kN。

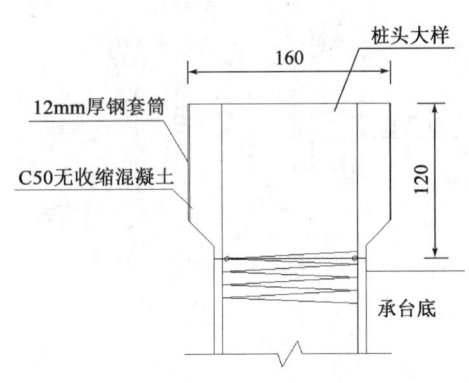
图12 抗压试验桩桩头构造立面图(尺寸单位:cm)

图13 锚桩桩顶钢筋

(1)荷载分级:加载采用慢速维持荷载法,共分为10级,每级加载为1300kN;
(2)位移观测:每级加载后在第1h内应在5min、10min、15min、30min、45min、60min测读1次,以后每隔30min测读一次。

本实验锚桩作为工程桩使用,在静载实验过程中对各锚桩的上拔量进行位移监测,原则上根据锚桩监测结果,控制锚桩上拔量不超过5mm。本次实验对3根抗压试验桩进行单桩竖向抗压静载荷实验,加载终止条件如下:

①桩顶沉降量大于前一级荷载作用下沉降量的5倍,且桩顶总沉降量超过40mm;
②桩顶沉降量大于前一级荷载作用下沉降量的2倍,且经24h尚未达到相对稳定标准;
③已达到设计最大加载值且桩顶沉降达到相对稳定标准;
④锚桩上拔量超过5mm。

5)桩身内力检测
(1)钢筋应力计测试原理。
本实验拟采用振弦式钢筋计进行内力监测。其主要工作原理是钢筋计受力引起弹性钢弦的振动频率变化,通过频率仪测得钢弦的频率变化即可得出钢筋所受作用力的大小(图14)。

(2)钢筋应力计布置。
根据勘察资料,本工程桩侧土层主要为黏性土、粉土和砂卵石类土互层为主的土层。为了测试不同土层的侧阻力,每一个截面设2只钢筋测力计,在桩端可安设4个传感器及3个土压力盒。

3.试桩结果分析

1)桩基沉降
实验加载完成后,锚桩最大上拔量1.07~4.36mm,实际抗压

图14 振弦式钢筋应力计

试验桩的最大加荷值为14300kN,沉降量见表2。

抗压试验桩沉降量　　　　表2

| 墩　号 | 11700kN时沉降量(mm) | 13000kN时沉降量(mm) | 14300kN时沉降量(mm) | 锚桩上拔量(mm) |
|---|---|---|---|---|
| 78 | 6.52 | 8.1 | 9.67 | 1.07 |
| 79 | 9.22 | 12.13 | 15.88 | — |
| 80 | 11.89 | 15.38 | 16.14 | 4.36 |

2)地质参数分析
根据桩身应变片测得数据,桩侧阻力随着桩顶力增大而逐渐加大。当桩顶力达到14300kN时,桩侧阻力达到最大,同时桩侧阻力沿埋深逐渐增大。埋深27m处侧阻力达到160kPa。

根据各抗压试验桩在不同条件下桩身钢筋应力计的检测结果，通过分析各抗压试验桩不同断面处的轴力值及不同土层的平均侧阻力值(图15)，结合岩土工程勘察报告，对场地内主要地层的侧阻力建议值汇总见表3。

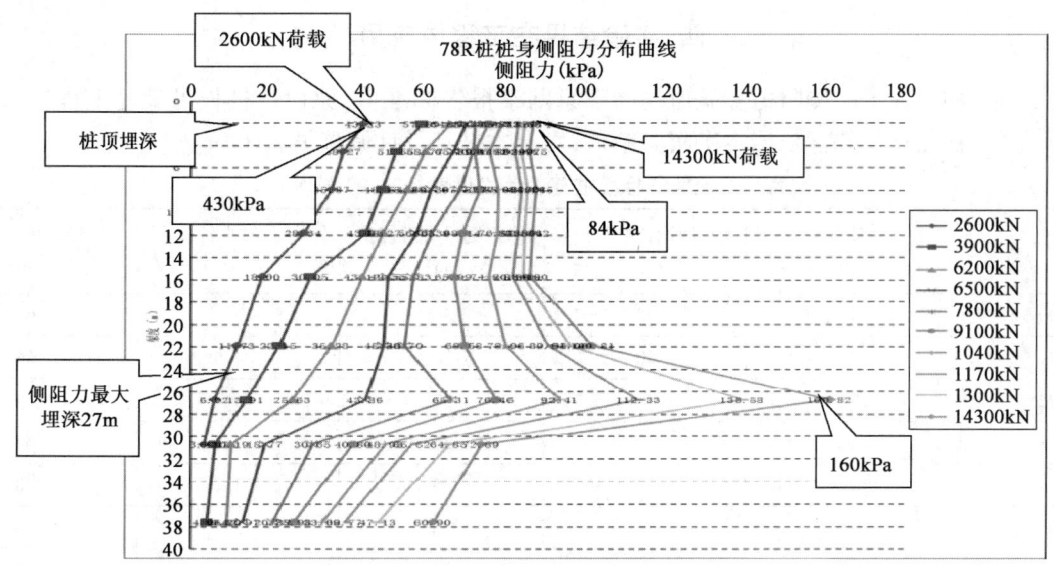

图15　桩身侧阻力分布曲线

各地层侧阻力建议值　　　　　　　　　　　　　　　　　　　　　　　　　　　表3

| 地 层 岩 性 | 原勘察报告土层测阻力标准值(kPa) | 本实验修正土层侧阻力建议值(kPa) | 提高比例系数 |
| --- | --- | --- | --- |
| 粉质黏土③层 | 40 | 55 | 37.5% |
| 粉土③$_1$层 | 50 | 65 | 30% |
| 粉质黏土④层 | 50 | 55 | 10% |
| 粉土④$_1$层 | 60 | 75 | 25% |
| 细砂—中砂④$_2$层 | 60 | 80 | 33.3% |
| 粉质黏土⑤层 | 55 | 70 | 27.3% |
| 粉土⑤$_1$层 | 65 | 85 | 30.8% |
| 中砂—细砂⑥层 | 65 | 95 | 46.2% |
| 粉质黏土⑥$_2$层 | 60 | 75 | 25% |
| 圆砾—卵石⑥$_1$层 | 110 | 150 | 36.4% |
| 粉质黏土⑦层 | 60 | 85 | 41.7% |
| 粉土⑦$_1$层 | 65 | 95 | 46.2% |
| 粉质黏土⑧层 | 60 | 85 | 41.7% |
| 粉土⑧$_1$层 | 70 | 95 | 35.7% |
| 粉质黏土⑧层(桩端土层) | 230(容许值) | 230(建议容许值) | |

### 4. 小结

(1)本桥桩基设计为摩擦桩，桩长较长，桩基承载力主要由侧摩阻提供，本次实验重点针对桩侧阻力进行分析。

(2)原勘察报告侧阻力基本合理，其经验取值略保守。

(3)由于抗压试验的抗拔桩基作为工程桩，实验中抗拔单桩最大加载值已经达到300余吨，为避免进一步加载造成工程桩病害，本次实验最终加载数据仅达到10级左右的抗压桩加载标准，未能达到检测桩端土极限承载力等指标的要求。对于桩端承载力来说由于加载数据较小,部分数据不够准确(受外界干扰等),因此本次实验未整理桩端实验结果。

(4)主要土层的实验修正侧阻力与原勘察报告比可提高10%～46.2%。

## 四、实验结果在工程中应用

试桩结果表明:各土层侧阻力实验值均高于原勘察报告标准值,原设计桩长可满足工程要求且承载力富余较多,具备优化条件。根据本次实验结果,对本桥桩基设计调整见表4。

京台高速第二标段桩基设计优化表(90～99号墩)　　　　表4

| 墩号 | 桩基数量（根） | 原设计桩长（m） | 修正侧阻力后桩长（m） | 单桩减少桩长（m） | 合计减少桩长（m） |
|---|---|---|---|---|---|
| 90 | 16 | 40 | 36 | 4 | 64 |
| 91 | 16 | 40 | 36 | 4 | 64 |
| 92 | 16 | 40 | 36 | 4 | 64 |
| 93 | 16 | 40 | 36 | 4 | 64 |
| 94 | 16 | 38 | 35 | 3 | 48 |
| 95 | 16 | 38 | 35 | 3 | 48 |
| 96 | 16 | 38 | 35 | 3 | 48 |
| 97 | 16 | 38 | 35 | 3 | 48 |
| 98 | 16 | 40 | 36 | 4 | 64 |
| 99 | 16 | 40 | 36 | 4 | 64 |

注:因篇幅有限,仅列出部分成果。

瀛海特大桥B段优化桩基2551颗,共计优化桩长10204m,节约钢材717t、混凝土10714 $m^3$,在取得准确地质参数、精细化设计的前提下,节约造价约1200万元。

## 五、沉降观测成果

2017—2019年,对瀛海特大桥B段优化及未优化区域的桥梁桩基进行了变形监测(图16),旨在通过观测获得不同桩长的桩基沉降量(通过观测桥梁墩柱沉降量),进而获得桩长优化后的沉降特性。对瀛海镇B段高架桥桩基优化与未优化区域沉降平均值对比分析表明(表5),未优化区域(桩长较长)比较优化区域的桩基沉降平均值数值略小,随着观测年限的增加最终的观测结果表明本桥桥墩沉降总体基本趋于稳定。

图16　现场观测

**沉降观测平均值对比表** 表5

| 基础位置 | 建成未通车(mm) | 通车一年(mm) | 通车两年(mm) |
| --- | --- | --- | --- |
| 未优化 | +0.51 | -3.30 | -3.79 |
| 优化后36m | -0.68 | -3.83 | -4.44 |
| 优化后35m | -0.56 | -4.85 | -5.95 |

注：表中沉降正值代表上升，负值代表下降。

## 六、结语与建议

（1）京台高速公路（北京段）瀛海特大桥试桩实验为优化桩基设计提供了精确的理论依据，本桥工程规模大，桩基数量众多，试桩实验对桥梁基础精细化设计、提高工程质量具有重要意义。

（2）通过对试桩实验及桩身内力监测结果分析，原勘察报告建议的土层桩基侧阻力取值偏于保守。本工程实验结果对地勘报告中主要地层侧阻力进行了适当的修正。

（3）本次实验本着节约原则，利用工程桩作为锚桩，其受控于桩基抗拉承载力及桩基侧阻力提供上拔力等因素，抗压试验桩荷载压力值（由工程锚桩提供）未达到破坏极限值；后续实验可继续优化锚桩（或加载重量），获得精确桩底承力数值。

（4）本次实验未在桩身范围布设位移监控应变片，后续实验应补充测量桩身位移及桩底位移值，对桩基沉降影响因素进行深入研究。

（5）通过桥梁运营以后近几年的沉降观测结果表明：随着桩基长度的缩减，其沉降位移也会增加。本次优化与未优化区域桩基沉降变化值不大，由于整体沉降对结构内力影响不大，未发现桥梁上下部结构病害。

（6）对于类似本项目的现浇混凝土连续箱梁，由于其对不均匀沉降较为敏感，如考虑优化桩长，主梁的设计计算中应适当加大不均匀沉降的作用值，确保结构安全。同时，也应看到桩土作用是复杂的科学问题，不可盲目以承载力为控制，追求经济性为目标大幅缩减基础体量；应本着实事求是的态度，在有条件的地区通过实验验证等手段，恰当的缩减桩长才是合理的。

**参考文献**

[1] 中华人民共和国交通运输部.公路桥涵施工技术规范：JTG/T F50—2011[S].北京：人民交通出版社，2011.

[2] 中华人民共和国交通部.公路桥涵地基与基础设计规范：JTG D63—2007[S].北京：人民交通出版社，2007.

[3] 中华人民共和国交通部.建筑桩基检测技术规范：JGJ 106—2003[S].北京：人民交通出版社，2003.

[4] 孙其越.大直径深长钻孔灌注桩单桩竖向承载性能研究[D].上海：同济大学，2008.

[5] 戴国亮，等.自平衡试桩法在桥梁大吨位桩基中的应用与研究[J].公路交通科技，2002(6).

[6] 中华人民共和国交通运输部.基桩静载试验 自平衡法：JT/T 738—2009[S].北京：人民交通出版社，2009.

# 30. 组合钢板梁桥桥面板横向弯矩分布特性分析

田 畅 向 达 刘玉擎

(同济大学桥梁工程系)

**摘 要** 组合钢板梁桥中,混凝土桥面板通常被视为横向支撑于钢板梁上的单向板,其横向弯矩为重要设计参数。而钢板梁几何参数各异,使得钢板梁对桥面板的回转约束存在差异,进而影响横向弯矩的分布。为此,以三主梁钢板组合梁桥实桥为背景开展有限元分析,以三个典型横截面为例,讨论了横向跨中荷载和悬臂荷载两种情况下桥面板的横向弯矩分布,并通过参数分析研究了桥面板和钢板梁关键构造尺寸对横向弯矩分配比例的影响。结果表明:钢板梁处的桥面板负弯矩受钢梁竖向加劲肋及横梁影响显著,在纵桥向随着钢梁横向抗弯刚度变化呈现周期性变化;桥面板弯矩分配比例随着钢梁和桥面板构造尺寸变化而变化,其中桥面板厚度、钢梁腹板高度和钢梁竖向加劲肋尺寸等参数对弯矩分配比例的影响较大,而钢梁腹板厚度和横梁高度等参数的影响较小。

**关键词** 组合钢板梁 桥面板 横向弯矩 有限元分析 参数分析

## 一、引 言

三主梁钢板组合梁桥具有较低的生命周期成本、环境影响小、高跨高比和简单的施工程序等优点,近年来得到了较多应用。三主梁钢板组合梁桥由钢筋或预应力混凝土板、三根纵向工字钢梁、横向支撑组成。钢梁腹板上焊有加劲肋,并常采用横向支撑以保持结构横向整体性。横向支撑常采用工字梁形式,通常设计为不与上层混凝土桥面板连接。此时,混凝土桥面板可被视为由钢板梁支撑的横向单向受力板,其横向弯矩成为重要的设计指标。

荷载作用下,三主梁钢板组合梁桥截面的典型桥面板横向弯矩分布如图1所示。横向跨中加载时,桥面板跨中产生正弯矩 $M_2$,在钢梁支撑处产生负弯矩 $M_1$ 和 $M_3$。$M_1$、$M_2$ 和 $M_3$ 的相对大小将受钢主梁对桥面板回转约束的影响。悬臂端加载时,将在悬臂根部产生最大负弯矩 $M'_1$,由于钢主梁的回转约束弱于理想固结约束,将有一部分悬臂负弯矩将转移到横向跨中,即 $M'_2$。为保证设计的安全、经济,有必要研究三主梁钢板组合梁桥桥面板横向弯矩的分布规律和影响因素。

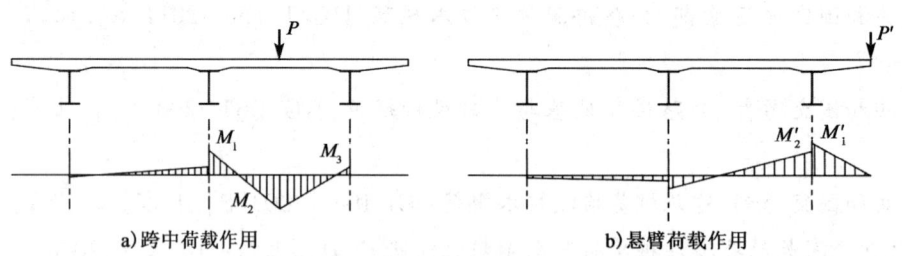

a) 跨中荷载作用     b) 悬臂荷载作用

图1 组合钢板梁桥面板活载横向弯矩分布

既往研究对于三主梁钢板组合梁桥梁在外荷载作用下桥面板横向弯矩分布的关注较少。对于混凝土箱梁桥,Knittel(1965)和 Kupfer(1969)等人开发了集中载荷直接施加于腹板上方时的桥面板横向弯矩的计算方法。Kurian 和 Menon(2005)开展了三维有限元分析,对用于单室箱梁桥桥面板横向弯矩的框架分析模型进行了误差分析,提出了一组用于修正框架分析模型结果的系数。但与箱梁桥不同的是,组合钢板梁为开口截面,且其横向截面抗弯刚度受加劲肋、横撑影响较为显著。

目前,主要规范,如 AASHTO(AASHTO 2002)、日本规范 JRA 2012 和中国规范 JTG 3362 仅针对混凝

土梁做了相关规定,认为连续桥面板横向弯矩可计算为具有同等跨径的简支板跨中最大弯矩 $M_0$ 与分布系数的乘积。AASHTO、日本规范规定连续板的最大正弯矩 $M_2$、负弯矩 $M_1$ 可分别设计为 $M_0$ 的 80%、−80%,而中国规范推荐这两个分配系数为 50%、−70%。这些规范建议的分布系数均为常数,未能考虑三主梁钢板组合梁几何参数变化的影响。此外,主要规范中对悬臂端加载时向跨中传递的负弯矩 $M_2'$ 值的关注较少。

为此,以一实桥为背景开展有限元分析,研究了横向跨中荷载和悬臂荷载作用下桥面板横向弯矩分布规律,并且通过变参分析探究了钢板梁和混凝土桥面板构造尺寸变化对弯矩分配的影响。

## 二、有限元模拟计算

### 1. 有限元模型

以某组合梁桥截面尺寸(图2)为基础,在 ABAQUS 中建立跨度为 40m 的简支钢板—混凝土组合梁模型,主梁采用板式加劲肋和工字型截面横梁,其纵向间距分别为 2.5m 和 5m。如图3所示,利用组合梁纵向(Z 向)的对称性,仅建立全桥二分之一模型,在相关边界上均采用对称约束。对该模型施加纵向条形均布荷载,荷载横向位置考虑作用在跨中和悬臂端两种情况。横向荷载宽度设置为 10mm,以模拟桥梁横断面的集中荷载。仅考虑混凝土处于弹性阶段的情况,条形荷载 $P$ 集度设置为 25kN/m。这样的简化便于分析,通过适当叠加该简化载荷下的载荷效应,可得到考虑实际轴宽的多车道荷载下的荷载效应。跨中荷载与钢主梁腹板中心线距离 2125mm,悬臂荷载与钢主梁腹板中心线距离 1750mm。钢梁的端部位移受到约束,以形成简支边界条件。根据本文完成的网格细化研究的结果,钢梁上翼缘沿厚度方向使用了 4 个单元,单元尺寸为 6.25mm。钢板梁和混凝土板的其他区域分别采用 40mm 和 50mm 单元。

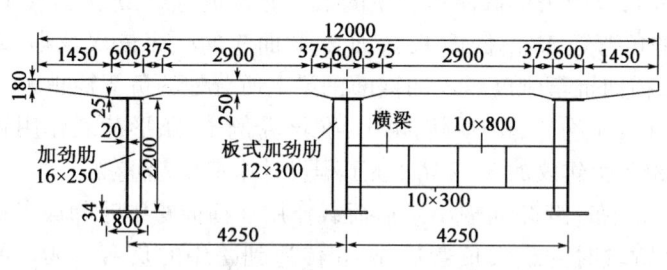

图2 模型截面构造与尺寸(尺寸单位:mm)

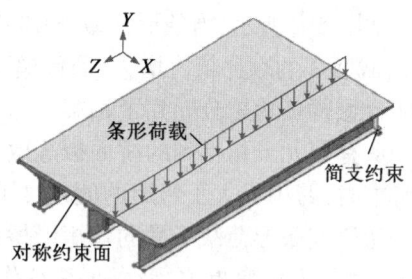

图3 模型约束与荷载

混凝土弹性模量设为 36.3GPa,钢材弹性模量设为 210GPa。钢板梁和混凝土桥面板均采用八节点线性六面体缩减积分单元 C3D8R 模拟。钢筋采用 T3D2 桁架单元模拟,并通过 embedded 命令嵌入混凝土中。假设钢梁与混凝土桥面板之间能完全共同作用,在钢梁—混凝土界面上采用"捆绑"约束。有限元计算中采用动力显式求解方法。

### 2. 横向弯矩分布

为研究沿 $X$ 方向的横向弯矩分布,考虑到钢梁横向抗弯刚度沿纵桥向的纵向变化,选择未加劲的横截面(截面1),具有横向腹板加劲肋的横截面(截面2)和具有横向腹板加劲肋和横梁的横截面(截面3)为三个代表性截面,如图4所示。

随后,通过弯矩应力关系公式 $M = \sigma I/y$(截面宽度假定为 1m),将截面 $X$ 方向应力转化为等效弯矩,并沿着 $X$ 方向输出,如图 5a)、b) 所示。

如图 5a) 所示,当条形荷载作用在横向跨中时,三个关键截面均在跨中产生最大正弯矩 $M_2$,在钢梁支撑处产生最大负弯矩 $M_1$,且截面3、截面2、截面1的最大负弯矩 $M_1$ 依次增大。考虑到钢梁横向抗弯刚度由截面3、截面2、截面1的顺序逐次增大,可知桥面板弯矩分布受钢梁横向抗弯刚度影响较大,且钢梁横向抗弯刚度越大的截面支点负弯矩越大。

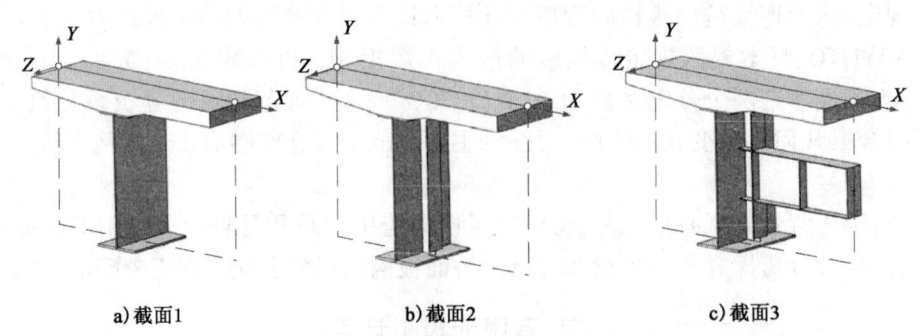

a) 截面1　　　　　　b) 截面2　　　　　　c) 截面3

图4　有限元模型的三个代表性截面

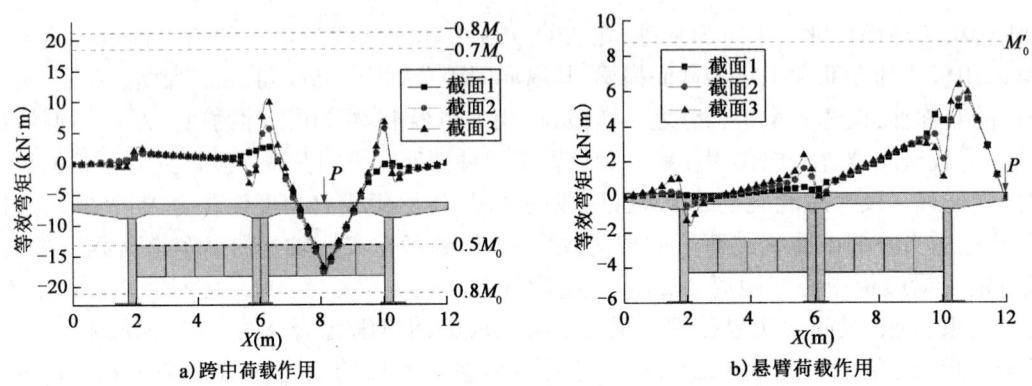

a) 跨中荷载作用　　　　　　b) 悬臂荷载作用

图5　桥面板等效弯矩沿X方向分布

如图5b)所示，当条形荷载作用在悬臂端时，三个关键截面所产生的最大悬臂负弯矩 $M_1'$ 由截面1、截面2、截面3的顺序依次增大，而传递到跨中的负弯矩 $M_2'$ 由截面1、截面2、截面3的顺序依次减小，说明一部分悬臂负弯矩分配到了钢梁上，且在钢梁横向抗弯刚度越大的截面钢梁上所分配的负弯矩越大。

从有限元分析得到的桥面板等效弯矩沿X方向分布图中可以得出，在该算例中，条形荷载作用在横向跨中时，跨中最大正弯矩的值超过了JTG 3362所建议的 $50\% M_0$，在工程设计中应引起重视。

为研究条形荷载下横向弯矩沿桥梁纵向的分布，沿Z向输出条形荷载作用在横向跨中时的最大负弯矩 $M_1$ 和最大正弯矩 $M_2$ 及条形荷载作用在悬臂端时的最大负弯矩 $M_1'$ 和传递到跨中的负弯矩 $M_2'$，如图6a)、b)所示。

由图6a)可知，条形荷载作用在横向跨中时，$M_1$ 在横梁支撑和布置竖向加劲肋截面取得局部峰值，无加劲肋处取得最小值，这表明竖向加劲肋和横梁对以其为中心一定纵向长度范围内的桥面板的 $M_1$ 有增大作用，该增大作用随与竖向加劲肋和横梁纵向距离的增大而减弱。而横梁和竖向加劲肋对 $M_2$ 的纵向分布几乎没有影响，但 $M_2$ 受到全桥简支约束的影响沿跨中方向有小幅增加。

由图6b)可知，条形荷载作用在悬臂端时，$M_1'$ 在横梁支撑和布置竖向加劲肋截面取得局部峰值，$M_2'$ 在横梁支撑和布置竖向加劲肋截面取得局部谷值，这表明钢梁的横向抗弯刚度对桥面板负弯矩向钢梁的传递有较大影响。横梁与竖向加劲肋对以其为中心一定纵向长度范围内的 $M_1'$ 有增强作用，而对 $M_2'$ 有减弱作用。

## 三、参数化分析

由有限元模型的计算可知，钢梁的横向抗弯刚度对桥面板的横向弯矩分布有较大影响。为研究桥面板和钢梁构造尺寸变化对桥面板横向弯矩分布的影响，以某组合梁桥构造尺寸为基础，选择可改变桥面板、钢主梁和横梁三者横向抗弯线刚度的6个参数：桥面板厚度 $h_c$、桥面板跨度 $l_1$、钢梁腹板厚度 $t_w$、钢梁腹板高度 $h_w$、竖向加劲肋尺寸 $l_s \cdot t_s$ 以及横梁高度 $h_{cb}$ 进行了变参分析，如图7所示。

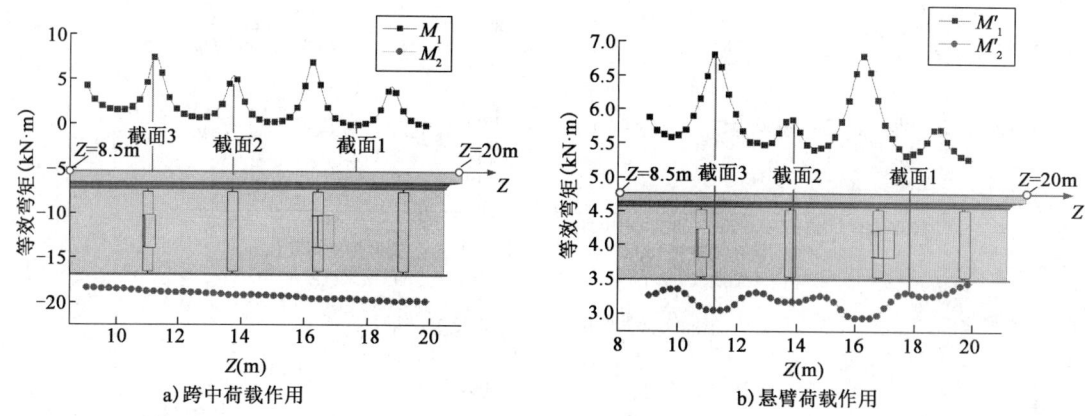

a) 跨中荷载作用　　　　b) 悬臂荷载作用

图 6　桥面板等效弯矩沿 $Z$ 方向分布

变参分析中的等效弯矩均为取得峰值处截面的弯矩,即横向跨中荷载作用时,支点最大负弯矩 $M_1$ 和跨中最大正弯矩 $M_2$ 采用布置横梁处截面的弯矩;悬臂荷载作用时,传递到跨中的负弯矩 $M'_2$ 采用未布置横梁和加劲肋处截面的弯矩。为方便与规范中所给的参考常系数进行比较,变参结果均采用等效弯矩与规范中建议的简支板的最大正弯矩 $M_0$ 的比值,即横向弯矩分配比例。

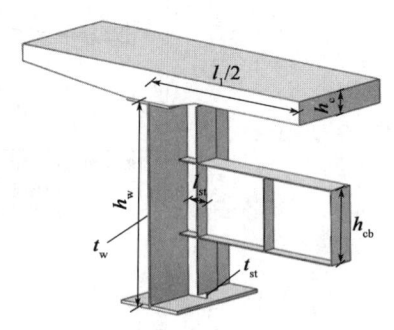

图 7　参数分析所选用的几何参数

如图 8、图 9 所示,在横向跨中荷载作用下,跨中最大正弯矩 $M_2$ 随着桥面板厚度 $h_c$ 的增大而增大,随着桥面板跨度 $l_1$、钢梁腹板厚度 $t_w$、钢梁腹板高度 $h_w$、竖向加劲肋尺寸 $l_s \cdot t_s$ 和横梁高度 $h_{cb}$ 的增大而减小;支点最大负弯矩 $M_1$ 随着 $l_1$、$t_w$、$h_w$、尺寸 $l_s \cdot t_s$ 和 $h_{cb}$ 的增大而增大,随着 $h_c$ 的增大而减小;在横向悬臂条形荷载作用下,传递到跨中的负弯矩 $M'_2$ 随着 $h_c$、$h_w$ 和 $h_{cb}$ 的增大而增大,随着 $l_1$、$t_w$ 和尺寸 $l_s \cdot t_s$ 的增大而减小。

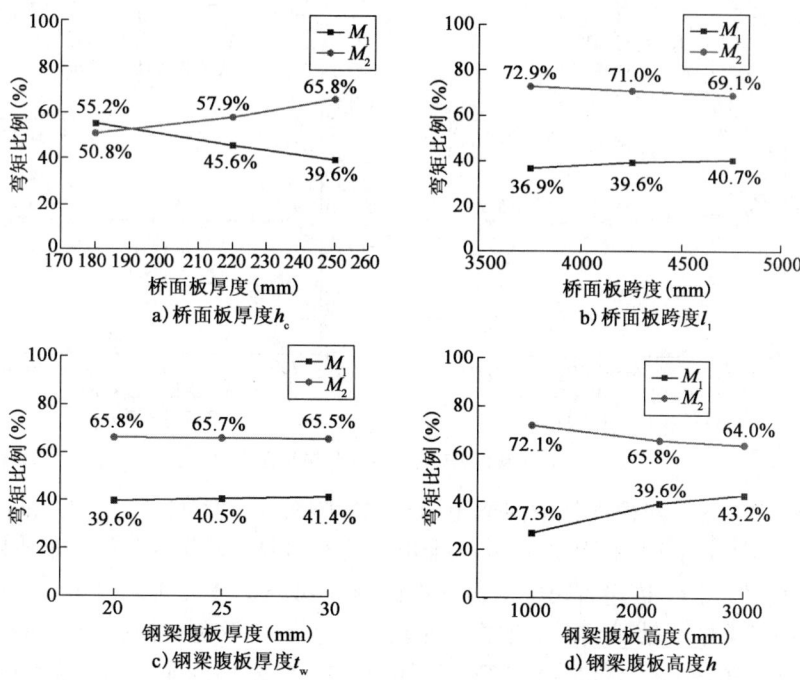

a) 桥面板厚度 $h_c$　　　b) 桥面板跨度 $l_1$

c) 钢梁腹板厚度 $t_w$　　　d) 钢梁腹板高度 $h$

图 8

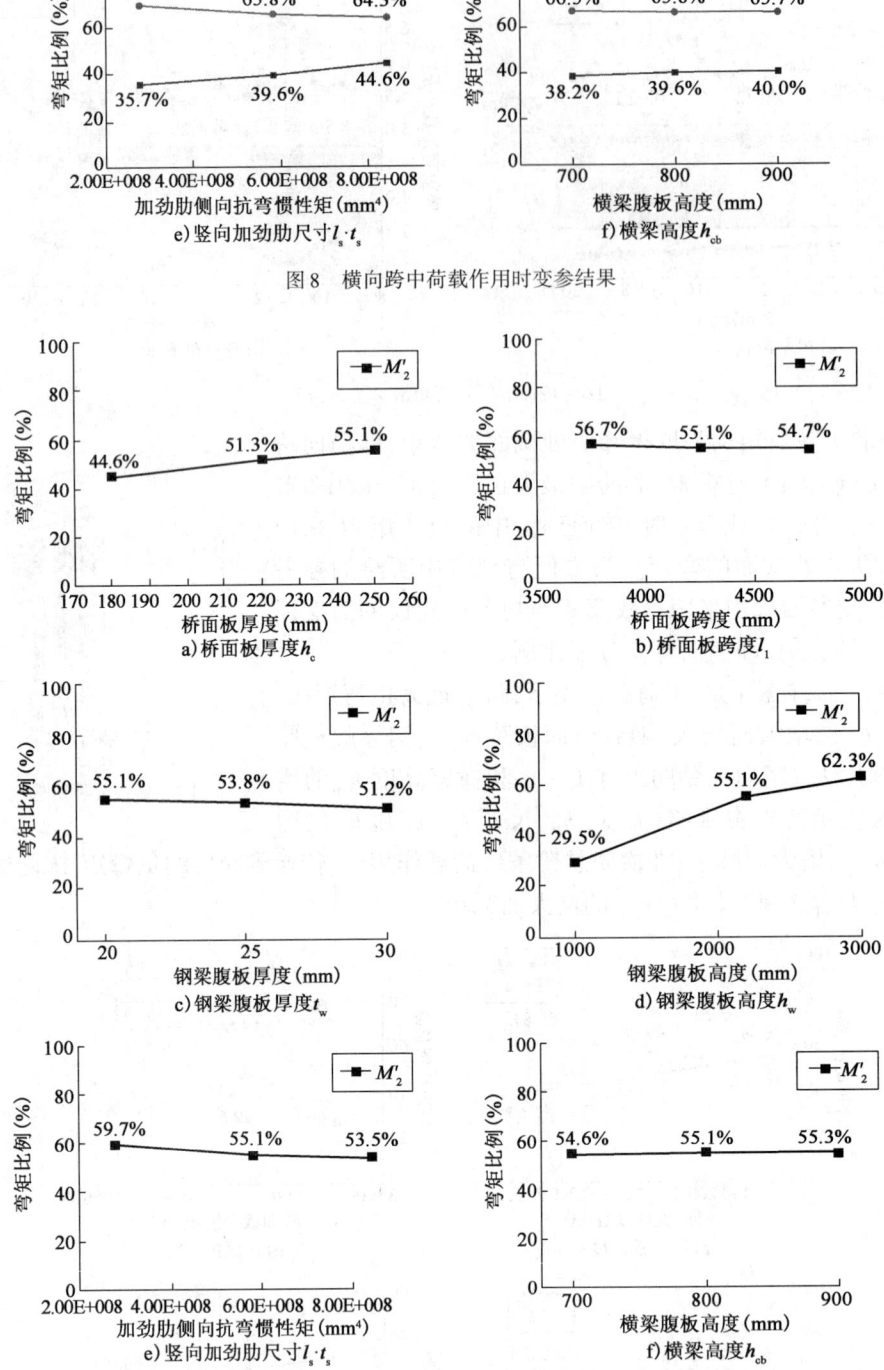

图8 横向跨中荷载作用时变参结果

图9 横向悬臂荷载作用时变参结果

其中，$h_c$、$h_w$ 和尺寸 $l_s \cdot t_s$ 对桥面板横向弯矩分布的影响较大。例如，$h_c$ 从180mm 增加到250mm，跨中条形荷载作用下，跨中正弯矩比例从50.8%逐渐增大到65.8%，支点最大负弯矩比例从55.2%逐渐降低到39.6%；悬臂荷载作用下，传递到跨中的负弯矩比例从44.6%增大到55.1%。$h_w$ 从1000mm 增大到3000mm（变化过程中横梁中心轴线相对于钢主梁腹板的位置始终不变），横向跨中荷载作用下，跨中正弯矩比例从72.1%降低到64.0%，支点最大负弯矩比例从27.3%增加到43.2%；悬臂荷载作用下，传递到跨中的负弯矩比例从29.5%增大到62.3%。

$l_1$、$t_w$ 和 $h_{cb}$ 对桥面板横向弯矩分布影响较小。例如，$h_{cb}$ 从700mm 增加到900mm（变化过程中小横梁中心轴线相对钢主梁的位置始终不变),跨中荷载作用下,跨中正弯矩比例从 66.5% 降低到 65.8% ,支点最大负弯矩比例从 38.2% 增大到 40.0% ;悬臂荷载作用下,传递到跨中的负弯矩比例从 54.6% 降低到 55.3%。

与规范相比,三主梁钢板组合梁桥中的分配系数存在一定差异。在变参分析中,横向跨中荷载作用下,支点负弯矩比例 $M_1/M_0$ 其最大值接近 55.2% ,表明 JTG 3362—2018 所建议的 70% 较为保守;而最大正弯矩比例 $M_2/M_0$ 其最大值接近 73% ,大于 JTG 3362—2018 所建议的 50%。

## 四、结　语

(1)横向跨中条形荷载作用下,桥面板支点负弯矩大小与钢梁横向抗弯刚度成正相关,并在纵桥向随钢梁横向抗弯刚度变化出现周期性变化,在横向抗弯刚度最大的横梁支撑截面产生最大支点负弯矩;横向跨中正弯矩纵向变化平缓,在纵桥向跨中截面取得最大值。横向悬臂条形荷载作用下,分配到钢主梁的弯矩与其横向抗弯刚度成正相关,且部分悬臂负弯矩传递到跨中端。

(2)三主梁钢板组合梁桥中的分配系数与设计规范中的分配系数有较大不同。在变参分析中,横向跨中条形荷载作用下,支点负弯矩比例 $M_1/M_0$ 其最大值接近 55.2% ,表明 JTG 3362—2018 所建议的 70% 较为保守;而最大正弯矩比例 $M_2/M_0$ 其最大值接近 73%。

(3)变参分析表明,横向跨中荷载作用时,桥面板支点处的负弯矩与桥面板跨度 $l_1$、钢梁腹板厚度 $t_w$、钢梁腹板高度 $h_w$ 及竖向加劲肋尺寸 $l_s \cdot t_s$ 成正相关,与桥面板厚度 $h_c$ 成负相关;横向悬臂荷载作用时,桥面板向钢梁传递的弯矩与 $h_c$、$h_w$ 成正相关,与 $l_1$、$t_w$、尺寸 $l_s \cdot t_s$ 及 $h_{cb}$ 成负相关。

(4) $h_c$、$h_w$、尺寸 $l_s \cdot t_s$ 等参数对桥面板横向弯矩分配比例影响较大,而 $l_1$、$t_w$ 和 $h_{cb}$ 等参数对桥面板横向弯矩分布影响较小。例如,跨中条形荷载作用下,$h_c$ 从 180mm 增加到 250mm ,跨中正弯矩比例从 50.8% 增大到 65.8% ,支点最大负弯矩比例从 55.2% 降低到 39.6% ;$h_{cb}$ 从 700mm 增加到 900mm ,跨中正弯矩比例从 66.5% 降低到 65.8% ,支点最大负弯矩比例从 38.2% 增大到 40.0%。

**参考文献**

[1] Knittel, G. 1965. "The analysis of thin-walled box-girders of constant symmetrical cross-section." Beton-Stahlbetonbau 60 (9): 205-210.

[2] Kurian, B., and D. Menon. 2005. "Correction of errors in simplified transverse bending analysis of concrete box-girder bridges." J. Bridge Eng. 10 (6): 650-657. https://doi.org/10.1061/(ASCE)1084-0702(2005)10:6(650).

[3] AASHTO LRFD Bridge Design Specifications, Eighth Edition, American Association of state Highway and Transportation Officials, 2017.

[4] 日本道路协会.道路桥示方书·同解说,钢桥篇.2002.3.

[5] 中华人民共和国交通运输部.公路钢筋混凝土及预应力混凝土桥涵设计规范:JTG 3362—2018[S].北京:人民交通出版社股份有限公司,2018.

[6] 中华人民共和国住房和城乡建设部.混凝土结构设计规范:GB 50010—2010[S].北京:中国建筑工业出版社,2010.

[7] Valente I., Cruz P. J. S., "Experimental Analysis of Perfobond Shear Connection Between Steel and Lightweight Concrete", Construction Steel Research. 2004, 60: 465-479.

[8] 庄茁,张帆,岑松,等.ABAQUS非线性有限元分析与实例[M].北京:科学出版社,2005.

[9] Cook RA, Klingner RE, Behavior and design of ductile multiple anchor steel-concrete connections, Research rep. no. 1126-3;1989.

[10] 蔺钊飞.组合梁桥钢-混凝土结合部设计方法研究[D].上海:同济大学,2016.

[11] 赵品,叶见曙.波形钢腹板箱梁桥面板横向内力计算的框架分析法[J].东南大学学报(自然科学版),2012,42(05):940-944.

# 31. 基于焊根处关键测点应力变化的钢桥面板纵肋顶板焊接细节疲劳失效判据研究

吴晓东[1,2,3,4]　黄　灿[1,2,3,4]

(1. 中交第二航务工程局有限公司；2. 长大桥梁建设施工技术交通行业重点实验室；
3. 交通运输行业交通基础设施智能制造研发中心；
4. 中交公路长大桥建设国家工程研究中心有限公司)

**摘　要**　针对运用断裂力学对纵肋顶板焊接细节的疲劳寿命进行评估时，疲劳细节失效时临界裂纹尺寸的选取不统一的问题，提出了一种新的焊接细节疲劳寿命统一标准。以纵肋顶板焊接细节焊根处疲劳裂纹作为研究对象，建立不同参数组合情况下的有限元模型，对该焊接细节焊根处疲劳裂纹的扩展过程进行模拟。提取了不同参数组合下关键测点应力变化与裂纹扩展深度之间的关系曲线，通过焊根处测点应力变化与裂纹扩展深度关系曲线作为评估依据，以同一应力下降水平对试验模型的疲劳寿命进行统一并修正。研究结果表明：有限元模型能正确模拟实验模型焊接细节的受力特性；关键测点的应力变化与裂纹扩展变化曲线基本不受施加应力幅、熔透率和顶板厚度等参数的影响，各参数组合下曲线变化规律大致相同，并提取出了代表变化曲线；通过代表曲线对测试数据进行了修正，通过修正前后数据测点拟合曲线的相关系数 $R^2$ 对比发现，修正后数据测点的离散性显著降低。

**关键词**　正交异性钢桥面板　断裂力学　疲劳裂纹扩展模拟　疲劳失效判据统一

## 一、引　言

正交异性钢桥面板具有承载能力高，跨越能力大，制造施工方便等优点，因此在国内外桥梁中被广泛采用[1]。由于构造和受力均较为复杂，正交异性钢桥面板存在多处疲劳易损细节，其中纵肋和顶板处的疲劳细节尤为突出。由构造细节、焊接初始缺陷和受力形式等影响，纵肋与顶板焊缝疲劳细节主要有以下4种疲劳破坏模式，如图1所示，其中B处疲劳破坏模式由于发生在纵肋内部，裂纹的形成和发展初期肉眼难以观测到，只有当裂纹贯穿板厚导致桥面铺装层损坏时才被发现，另外修复此类裂纹相当困难，并且需要中断交通，其危害尤为严重[2-3]。

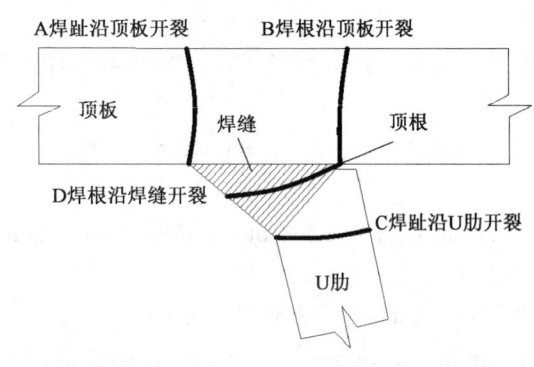

图1　纵肋与顶板焊接细节疲劳失效模式

针对该焊接细节，国内外学者运用断裂力学进行了大量的研究。当用断裂力学评估纵肋顶板焊接细节的疲劳寿命时，判定此细节疲劳失效时临界裂纹尺寸的选取至关重要。由于当前尚无规范对此参数进行明确规定，国内外学者在对此疲劳易损细节应用断裂力学进行评估时所取参考值存在较大差别。顾萍等[4]采用断裂力学对正交异性钢桥面板纵肋顶板和纵肋隔板两处典型的疲劳易损焊接细节进行了评估，在计算纵肋顶板焊接细节处疲劳裂纹扩展寿命时，选取顶板厚度作为临界裂纹的尺寸。姜苏[5]在纵肋顶板焊接细节引入初始裂纹，选择贯穿板厚的裂纹作为临界裂纹尺寸的判别依据，运用断裂力学评估了此疲劳热点的疲劳寿命，并且与 Eurocode[6] 规范中疲劳寿命进行了对比。刘益铭等[7]结合试验，运用断裂力学模拟了纵肋隔板疲劳易损细节处的三维裂纹的扩展规律，选取贯穿纵肋板厚作为判断临界裂纹尺寸的依据。张清华等[8]在纵肋顶板焊接细节对三维疲劳裂纹进行数值模拟,选取贯穿板厚一半时的裂纹尺寸作为临界裂纹尺寸,通过计算裂纹尖端的应力强度因子 $K$ 值来评估裂纹的扩展规律,并模拟和对比了起始于焊趾和焊根处的疲劳裂纹扩展。Cheng 等[9]通过疲劳试验研究了不同荷载工况下纵肋顶板焊接细节处裂纹扩展规律,在判定结构疲劳失效时,选取纵肋竖向挠度达到初始加载时竖向挠度的 1.33 倍时作为试件疲劳失效依据。Fu 等[10-11]和王春生等[12]通过疲劳试验和有限元数值模拟,分析了不同熔透率对纵肋顶板焊接细节的疲劳性能影响,在确定试件的疲劳寿命时,选取裂纹贯穿板厚 70% 时作为结构疲劳失效的判据。Xiao 等[13]通过断裂力学对纵肋顶板焊接细节的疲劳寿命进行评价时,取顶板厚度作为临界裂纹尺寸。本文提出了一种新的焊接细节疲劳寿命统一标准:以纵肋与顶板焊接构造细节为研究对象,通过建立与已有文献中试验模型相对应的有限元模型来对疲劳裂纹扩展进行数值模拟,提取了不同参数组合下的有限元模型中焊根部位关键测点应力下降水平与裂纹扩展深度之间的关系曲线,并通过所得到的代表性曲线对已有文献中试验模型疲劳寿命进行统一与修正。

## 二、试验模型简介

以纵肋与顶板焊接细节处焊根附近关键测点应力随裂纹扩展的变化规律为研究目标,根据文献[10]中的试件模型,建立与之相对应的有限元模型。疲劳实验试件模型包含半边纵肋腹板以及顶板,沿纵肋方向长度为 300mm,横向宽度为 600mm。试件的顶板通过 8 个直径为 24mm 的高强度螺栓锚固在试验工装上。试件主要结构参数为:U 肋腹板厚度 8mm,顶板厚度为 14mm 或 16mm,纵肋腹板与顶板夹角为 78°,熔透率取 80% 部分熔透和 100% 完全熔透两种,疲劳试验模型尺寸如图 2 所示。疲劳试验过程中通过振动疲劳试验机进行加载,加载面积为 100mm×160mm,疲劳试验模型加载方式如图 3 所示。每个试件所施加的应力幅通过测点 CD1 的应力,即距离焊趾 5mm 处的横向应力来控制,模型试件具体测点布置如图 4 所示。本试验共施加 3 种应力幅:55MPa、80MPa、100MPa。一共分为 4 组,每组 10 个试件,其中 1 个试件作为备用。本试验试件详细情况如表 1 所列。

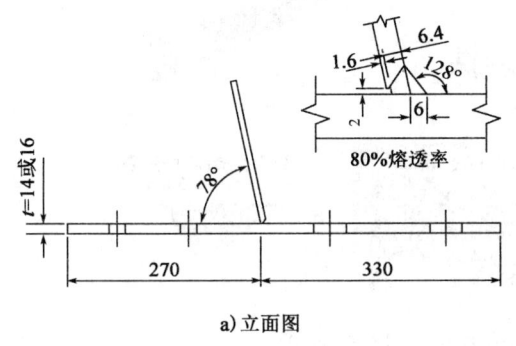

a) 立面图

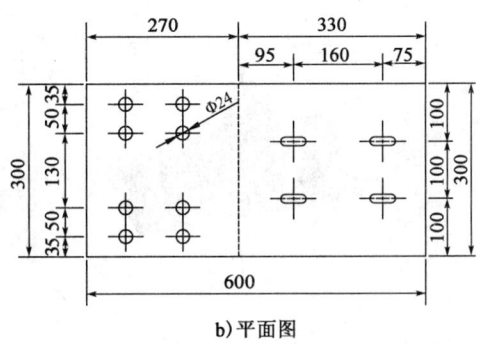

b) 平面图

图 2 疲劳试验模型详细尺寸(尺寸单位:mm)

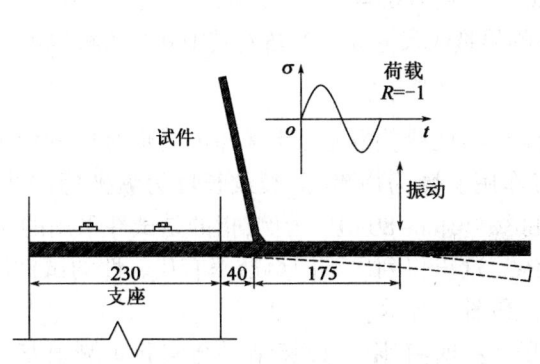

图 3 疲劳试验模型加载示意图(尺寸单位:mm)

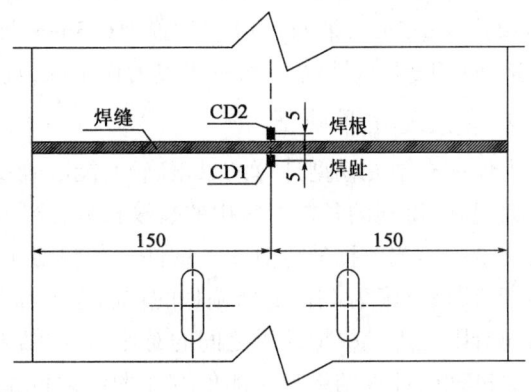

图 4 模型试件关键测点位置(尺寸单位:mm)

模型试件详细情况汇总　　表1

| 顶板厚度(mm) | 熔 透 率 | 控制应力幅(MPa) | 试件个数 |
|---|---|---|---|
| 14 | 100% | 55 | 3 |
|  |  | 80 | 3 |
|  |  | 100 | 3 |
| 16 |  | 55 | 3 |
|  |  | 80 | 3 |
|  |  | 100 | 3 |
| 14 | 80% | 55 | 3 |
|  |  | 80 | 3 |
|  |  | 100 | 3 |
| 16 |  | 55 | 3 |
|  |  | 80 | 3 |
|  |  | 100 | 3 |

## 三、有限元模型建立与验证

### 1. 有限元模型建立

为了对纵肋与顶板焊接细节焊趾及焊根附近关键测点应力随疲劳裂纹扩展规律进行深入研究,本文建立了与文献[10]中试验试件相对应的有限元模型。为较为精确地模拟裂纹扩展,纵肋与顶板焊接细节处引入的初始裂纹位于距焊根0.5mm处,其位置及尺寸如图5所示。

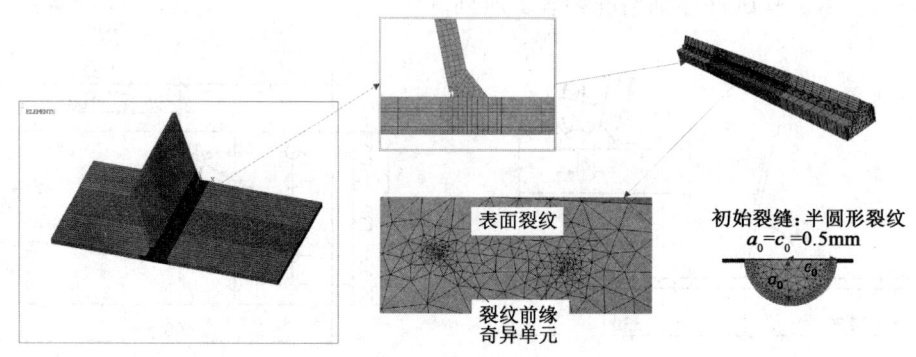

图5　有限元模型及初始裂纹位置、尺寸(尺寸单位:mm)

裂纹扩展中对裂纹最深处,即中裂纹的扩展步长做如下设置:第1~5步扩展步长设置为0.1mm,第6~10步设置为0.2mm,第11~15步设置为0.3mm,第16~20步设置为0.4mm,第21~25步设置为0.5mm,随后的扩展步中裂纹扩展步长统一设置为0.6mm,直至达到临界裂纹尺寸$a_f = 0.75d$,其中$d$为顶板厚度。

### 2. 有限元结果验证

为保证有限元模型计算结果正确性,能准确反应试验模型的受力状态,计算各扩展步对应的疲劳作用次数,与已得到的各扩展步中的裂纹长度,绘制以疲劳作用次数为横坐标,裂纹长度为纵坐标的曲线,并与文献中实测数据进行对比。试件命名规则如下:以80%-14mm-80MPa为例,指的是试件采用的80%熔透率,顶板厚度为14mm,所施加的控制应力幅为80MPa。这里仅列出不同熔透率有代表性的试件试验结果与有限元理论模拟结果之间的对比,对比结果如图6和图7所示。

通过理论计算结果与实测值变化曲线之间的对比可以发现:有限元计算结果与实验实测值基本吻合,所建立的有限元模型能够正确模拟纵肋与顶板焊接细节的力学特性。

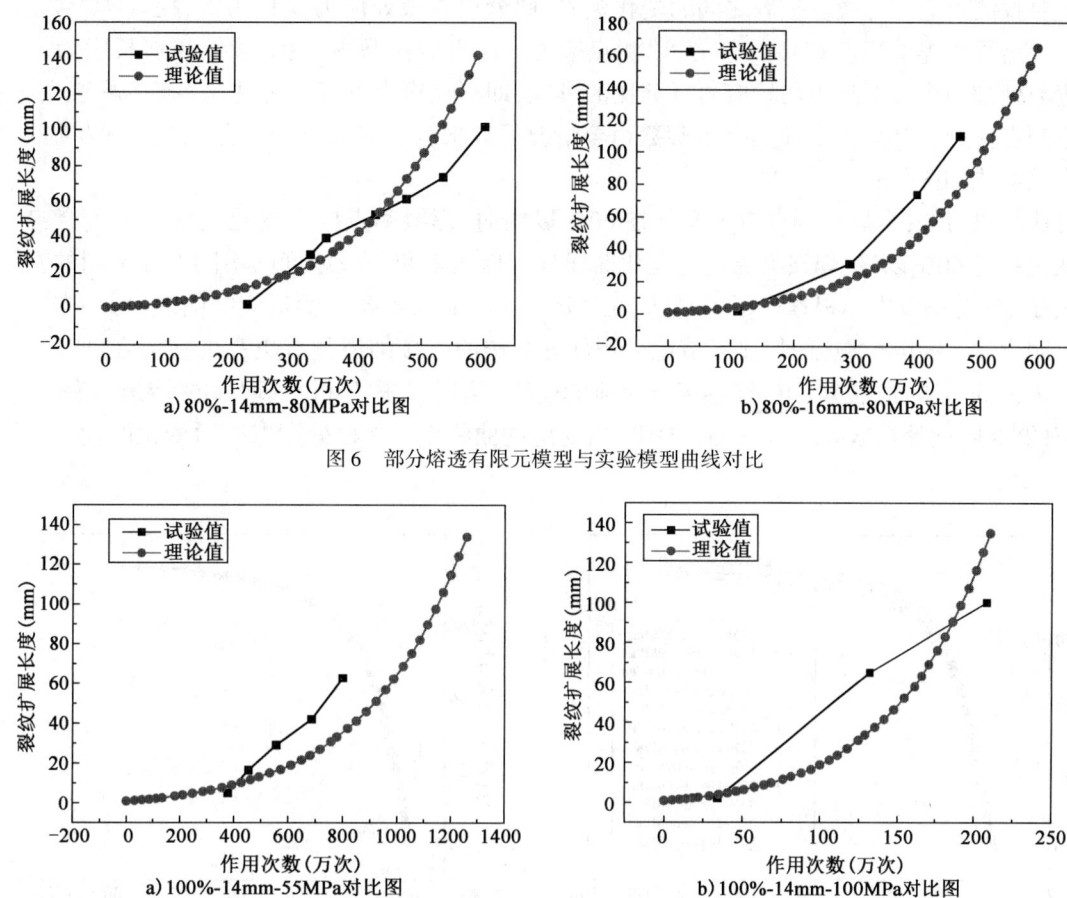

图6　部分熔透有限元模型与实验模型曲线对比

图7　全熔透有限元模型与实验模型曲线对比

## 四、焊根处测点应力变化规律

随着纵肋顶板焊接细节处疲劳裂纹发展，焊接细节局部刚度随之发生变化，从而导致局部应力重新分配，即局部应力会随着裂纹的不断扩展而逐渐下降。文献[10]对焊接细节焊趾及焊根附近关键测点应力随裂纹扩展进行了相关的研究，其中CD1为焊趾处关键测点应力，CD2为焊根处关键测点应力。部分测试结果如图8所示。

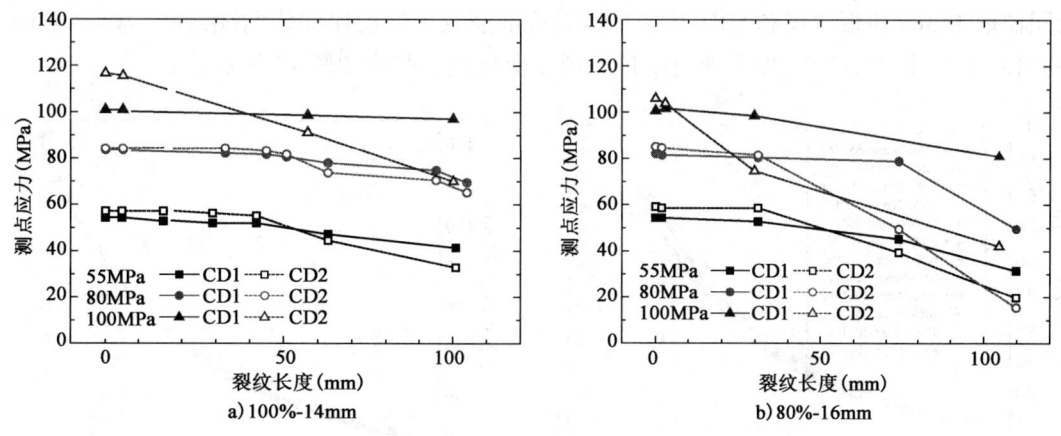

图8　测点应力随裂纹扩展变化

对比结果表明：各参数组合情况下焊趾及焊根处测点应力均随裂纹扩展出现不同程度的下降。而应力随裂纹扩展是否存在一定的规律性则有待进一步的研究。

为了寻找测点应力与裂纹扩展之间的变化关系,此处以焊根处应力变化为例,提取各参数组合情况下裂纹扩展过程中焊根测点 CD2 处应力,以测点应力下降百分比为纵坐标,裂纹扩展长度为横坐标,并将测点应力处理为应力下降占初始应力百分比的形式,即测点应力下降百分比=(初始测点应力−扩展裂纹对应测点应力)/初始测点应力。各参数组合情况下焊根测点应力下降百分比与裂纹扩展长度之间的关系变化曲线如图9所示。

由对比结果可知,当焊根测点应力变化在60%以内时,焊根测点应力变化曲线基本重合;当焊根测点应力变化超过60%以后,焊根测点应力变化曲线根据熔透率和顶板厚度的不同形成不同的发展趋势,但相差仅在3%范围以内。根据最不利原则,此处选取14mm顶板厚度所对应的曲线,另一方面,部分文献研究表明[14-15],采用全熔透的焊接细节比采用部分熔透的焊接细节具有更高的疲劳强度,同时考虑到当前焊接工艺的限制,选取以80%熔透率所对应的曲线。综合上述分析,选取80%熔透率和14mm顶板厚度对应的曲线,此处选取80%-14mm-80MPa所对应的曲线作为焊根处测点应力变化的代表曲线,结果如图10所示。

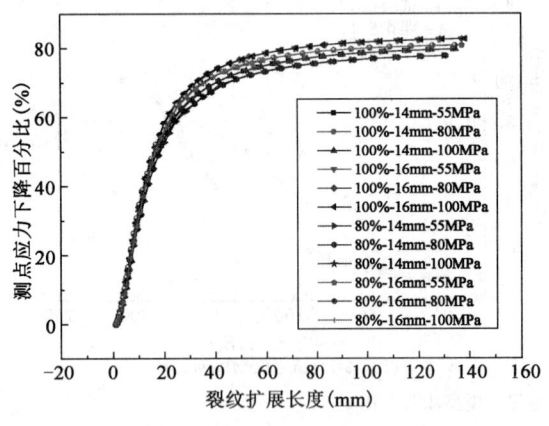 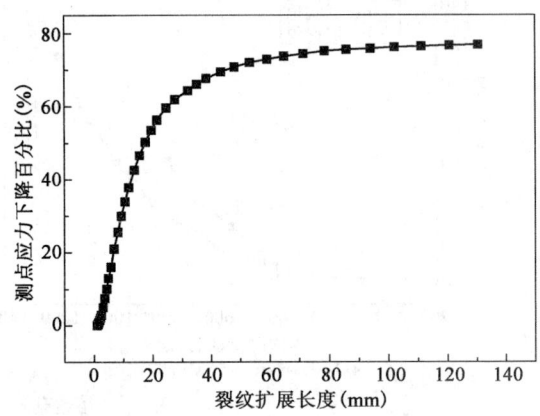

图9　各参数组合焊根测点应力变化规律对比　　　　图10　焊根测点应力变化规律代表曲线

为了最终得到裂纹扩展深度与关键测点应力变化之间的关系曲线,继续对焊接细节焊根处裂纹扩展长度与扩展深度之间的变化规律(以下简称裂纹扩展规律)进行进一步研究,其中裂纹扩展深度表示为裂纹深度占板厚的百分比形式,各参数组合下裂纹扩展规律变化曲线如图11所示。

由对比结果可知,纵肋顶板焊接细节焊根处裂纹扩展规律基本保持一致,由于顶板厚度的影响,在裂纹扩展后期会对曲线的发展产生有限的影响,差别仅为1%,由于差别较小,同时为了保持前后的一致性,此处同样取14mm顶板厚度和80%熔透率所对应的裂纹扩展规律变化曲线,并以80%-14mm-80MPa所对应的曲线作为其代表曲线,焊根处裂纹扩展规律变化代表曲线如图12所示。

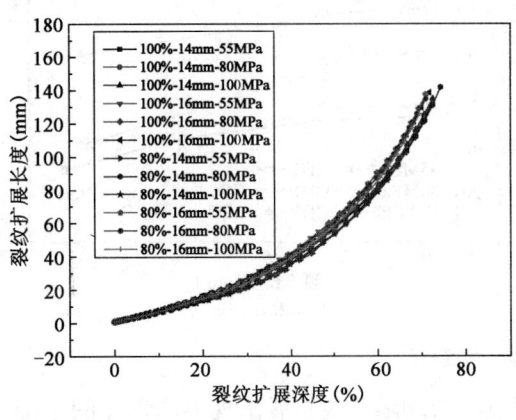 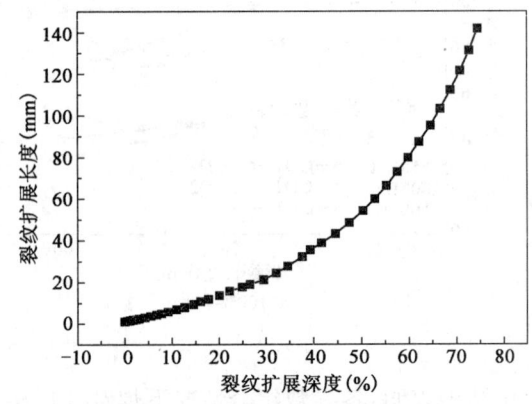

图11　各参数组合下焊根处裂纹扩展曲线对比　　　　图12　焊根处裂纹扩展规律变化代表曲线

## 五、基于焊根处应力变化曲线评估标准的统一

以文献[10]中实测试验数据作为参考数据进行评估,将文献中实测数据放在图10上,对比如图13所示。

通过前述焊根测点应力变化代表曲线和裂纹扩展规律代表曲线,即图10和图12,两者结合可以得到焊根测点应力下降百分比与裂纹扩展深度之间的变化关系,焊根处测点应力下降百分比与裂纹扩展深度变化关系代表曲线如图14所示。

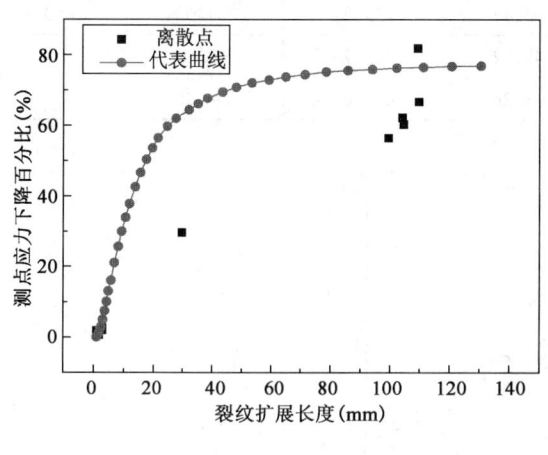 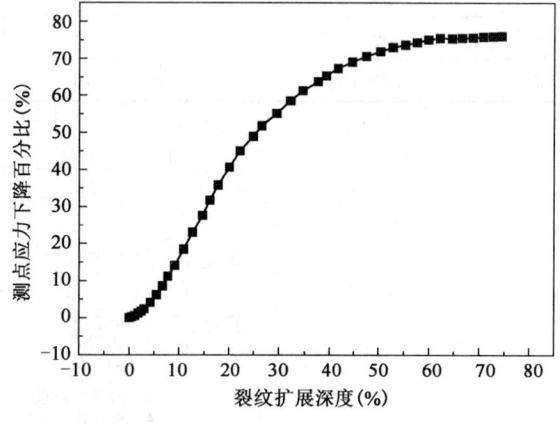

图13　实测值与代表曲线对比图　　　　　　　图14　测点应力与裂纹扩展深度变化代表关系曲线

以裂纹长度为中间变量,将以上实测数据测点转换到图14中,转换后结果如图15所示。

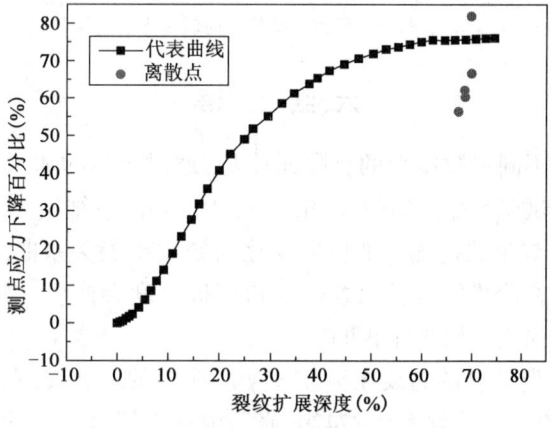

图15　转化后测点位置

由图15可知,可选择的应力下降标准有多个,由于焊根测点在裂纹扩展初期应力下降较为剧烈,而裂纹扩展后期焊根测点应力下降基本停止,同时结合具体实测数据,此处选择以55%的应力下降作为统一标准,以$\Delta c$来表示测点与统一标准之间的板厚差,通过计算板厚差值之间的疲劳寿命进而得到相应的疲劳寿命差值,从而实现通过统一焊根测点应力下降对测点对应的疲劳寿命进行修正。修正后结果如表2所示。

将测点修正前与修正后数据分别拟合并与规范中标准$S-N$曲线对比,数据的对比结果如图16所示。通常将能否降低数据的离散程度作为判断所提方法是否有效的标准之一[16]。数据离散性的大小可以通过拟合曲线的相关系数$R^2$的大小来进行衡量,$R^2$越接近1说明数据的拟合效果越好,数据的离散性越小。通过图中数据对比可以发现:通过以上测点修正前后数据的拟合,修正前拟合直线的相关系数$R^2$为0.62282,修正后拟合直线的相关系数$R^2$为0.87429,相关系数$R^2$提高0.25147。由此可以说明修正后数据的离散性更小,通过焊根处测点应力的统一下降水平对实测数据进行修正这一方法,对降低数据的

离散性有较好效果。

试验结果疲劳寿命修正　　　　表2

| 测点编号 | 测点位置对应裂纹深度（%） | 统一位对应裂纹深度（%） | 测点对应板厚（mm） | 修正前疲劳寿命（万次） | 修正疲劳寿命差值（万次） | 修正后疲劳寿命（万次） | 名义应力（MPa） |
|---|---|---|---|---|---|---|---|
| 1 | 62.18 | | 14 | 603.6 | 308.71 | 362.98 | 80.7 |
| 2 | 69.93 | | 16 | 469.87 | 204.17 | 41.53 | 56.2 |
| 3 | 69.86 | 29.51 | 16 | 765.47 | 233.57 | 237.02 | 80.7 |
| 4 | 68.69 | | 16 | 849.82 | 343.76 | 86.93 | 100.5 |
| 5 | 67.35 | | 16 | 748.26 | 450.02 | 298.24 | 77.9 |

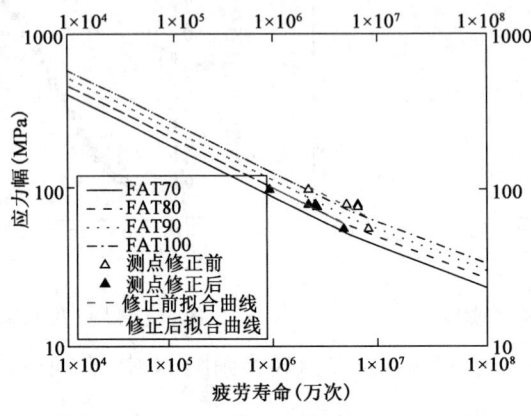

图16　测点数据修正前后对比

## 六、结　语

基于断裂力学方法,建立不同参数组合的有限元模型,通过提取焊根关键测点应力变化与裂纹扩展深度之间的关系曲线,对实测试验数据进行修正和统一,并得到以下结论:

(1)不同参数组合情况下焊根关键测点的应力变化与裂纹扩展关系曲线具有相同的发展规律,其曲线变化基本不受应力幅影响,在曲线发展后期熔透率和顶板厚度会产生一定的影响,但是最大差别仅为3%,因此可以认为此模型中,曲线发展规律相同。

(2)通过修正前后数据点所拟合的曲线在标准 $S$-$N$ 曲线中的对比发现,通过由焊根处应力变化曲线修正后数据点所拟合的曲线的相关系数为0.87429,修正前测点拟合曲线的相关系数为0.62282,通过焊根测点应力变化曲线对测点数据所对应疲劳寿命进行修正,能有效降低试验数据的离散性。

(3)焊根处应力在裂纹扩展初期急剧降低,后期应力下降速度随裂纹扩展逐渐放慢,最终趋于平稳,根据焊根测点应力变化曲线变化趋势,建议焊根测点位置选取15%~65%区间内任一应力下降水平作为纵肋顶板焊接细节的统一评估标准。

**参考文献**

[1] 张清华,卜一之,李乔.正交异性钢桥面板疲劳问题的研究进展[J].中国公路学报,2017,30(3):14-30.

[2] 孟凡超,张清华,谢红兵,等.正交异性钢桥面板抗疲劳关键技术[M].北京:人民交通出版社股份有限公司,2018.

[3] 张清华,崔闯,卜一之,等.港珠澳大桥正交异性钢桥面板疲劳特性研究[J].土木工程学报,2014(9):110-119.

[4] 顾萍,周聪.铁路正交异性钢桥面板典型疲劳裂纹寿命估算[J].铁道学报,2012,34(1):97-102.

[5] 姜苏.基于断裂力学的正交异性钢桥面板与纵肋焊接细节疲劳寿命评估[D].成都:西南交通大学,2014.

[6] BS EN 1993-1-9:2005 Eurocode 3:Design of Steel Structure-Part1-9:Fatigue[S].British:European Committee for Standardization,2005.

[7] 刘益铭,张清华,崔闯,等.正交异性钢桥面板三维疲劳裂纹扩展数值模拟方法[J].中国公路学报,2016,29(7):89-95.

[8] 张清华,金正凯,刘益铭,等.钢桥面板纵肋与顶板焊接细节疲劳裂纹扩展三维模拟方法[J].中国公路学报,2018,31(1):57-66.

[9] Cheng B,Ye X,Cao X,et al. Experimental study on fatigue failure of rib-to-deck welded connections in orthotropic steel bridge decks[J]. International Journal of Fatigue, 2017: 157-167.

[10] Fu Z,Ji B,Zhang C,et al. Fatigue performance of roof and U-rib weld of orthotropic steel bridge deck with different penetration rates[J]. Journal of Bridge Engineering,2017,22(6):04017016.

[11] Fu Z,Ji B,Zhang C,et al. Experimental study on the fatigue performance of roof and U-rib welds of orthotropic steel bridge decks[J]. KSCE Journal of Civil Engineering,2018,22(1):270-278.

[12] 王春生,翟慕赛,唐友明,等.钢桥面板疲劳裂纹耦合扩展机理的数值断裂力学模拟[J].中国公路学报,2017,30(3):82-95.

[13] Xiao Z G,Yamada K,Ya S,et al. Stress analyses and fatigue evaluation of rib-to-deck joints in steel orthotropic decks[J]. International Journal of Fatigue,2008,30(8):1387-1397.

[14] Dung C V,Sasaki E,Tajima K,et al. Investigations on the effect of weld penetration on fatigue strength of rib-to-deck welded joints in orthotropic steel decks[J]. International Journal of Steel Structures,2015,15(2):299-310.

[15] 胡广召.正交异性钢桥面板U肋与面板全熔透焊接接头疲劳性能研究[D].北京:北京交通大学,2018.

[16] Dong P. A structural stress definition and numerical implementation for fatigue analysis of welded joints[J]. International Journal of Fatigue,2001,23(10):865-876.

# 32. 大跨径钢桥桥面铺装黏结机理与设计研究
## ——以嘉鱼长江公路大桥为例

程 斌[1]　林贤光[1]　邓丽娟[2]

(1.武汉城市职业学院;2.湖北省交通规划设计院股份有限公司)

**摘 要** 钢桥面铺装作为桥梁的功能层,其材料的优良性、结构的适宜性、性能的优异性及施工的便利性等对桥梁行车质量及铺装使用寿命至关重要。通过对大跨径钢箱梁正交异性桥面板铺装受力状态、受力特点、铺装结构层的力学分析方法进行讨论,总结出钢桥面铺装主要病害特点,并通过对嘉鱼长江公路大桥钢桥面结构条件、环境气候特点、铺装材料、力学仿真分析、铺装经济性分析等方面进行研究,拟定出适合该桥结构的桥面铺装层方案。研究表明,该铺装结构的界面安全性、变形协调性能、抗疲劳性能、维修保养便捷性及抗滑性能表现良好,符合全寿命设计理念,为铺装层的材料选择和结构设计提供依据。

**关键词** 钢箱梁　正交异性板　铺装层结构　病害分析　设计

# 一、引　言

钢桥面铺装是大跨径桥梁建设的关键技术之一,正交异性钢桥面板以其自重轻、极限承载力大、适用范围广等优点广泛应用于大跨径公路桥梁钢箱梁。由于正交异性钢桥面变形大、铺装层薄、剪应力大所带来的铺装技术问题一直是一个世界性难题。我国大跨径钢桥的研究已有 20 多年历史,积累了不少经验,但我国幅员辽阔,有些地区气候条件恶劣,加之重载超载车辆较多,钢桥面铺装早期病害严重[1]。

造成钢桥面铺装早期病害的原因有很多,其中最主要的是对于正交异性钢桥面铺装的认识不够。钢桥面铺装问题的解决,需要从力学机理、材料组成、铺装结构设计和工程施工等方面综合研究,其前提是必须明确铺装层的受力状态及特点。正交异性板温度变化明显,影响桥面铺装层变形,大跨径钢桥还要受到强风及其他各因素对其产生的震动作用,且遇水生锈。因此,钢桥面铺装力学响应研究有利于优化铺装体系结构及材料设计。

## 二、钢桥面铺装主要病害

钢桥面铺装由于铺筑在柔性正交异性钢板上,其变形远远大于一般路面铺装,并且工作条件恶劣,其破坏类型除具有普通路面铺装的常见破坏类型外,还具有自身独特的一些破坏类型[2]。

### 1. 疲劳开裂

钢桥面在荷载作用下面板变形导致纵向加劲肋、横隔板、纵隔板、主梁肋等加劲部件与钢桥面板焊接处成为高应力区,并在这些位置处的铺装层表面产生较大的负弯矩。因此,钢桥面铺装的疲劳开裂出现在铺装层表面,然后逐渐向底面发展。纵向加劲肋、纵隔板、主梁肋顶部的桥面铺装表面会出现纵向裂缝,横隔板顶部的桥面铺装表面会出现横向裂缝。疲劳开裂如图 1 所示。

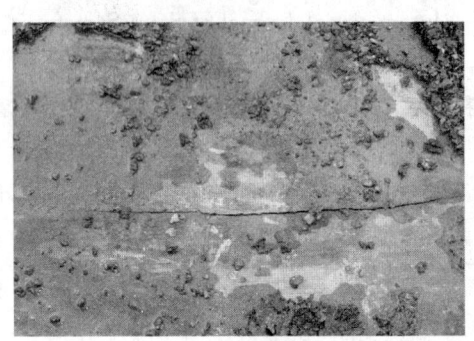
a)面板开裂

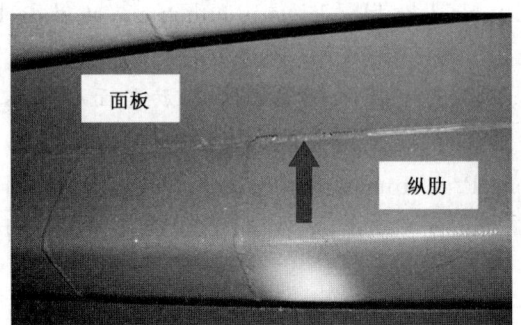
b)纵肋开裂

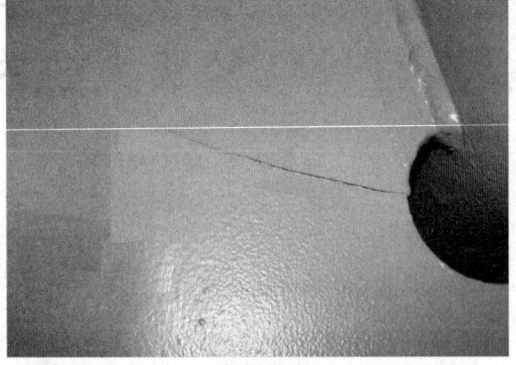
c)横隔板开裂

图 1　疲劳开裂图

### 2. 黏结层剪切破坏

在钢桥面铺装体系中,铺装层与钢板间的黏结作用对保证整个正交异性钢桥面铺装体系的复合作用,以及在交通荷载作用下铺装层与钢桥面板的协调变形至关重要。钢桥面正交异性钢板由于局部刚度变化大,导致荷载作用下铺装层与钢板之间在U肋两侧及横隔板两侧出现剪力流,剪力随局部刚度变化增大而增大。在高温季节,黏结层材料的抗剪强度降低,此时很容易发生剪切滑移破坏。

3. 车辙

产生车辙的原因可归纳为重载交通、渠化交通和铺装层材料的性质等,高温更是产生车辙的重要因素。钢桥面的车辙主要是薄层沥青混凝土铺装层本身的残余变形累积和混合料的侧向剪切位移所形成的。

4. 搓板、壅包

钢桥面沥青混凝土铺装在受到较大的车轮水平荷载作用时,铺装表面也会出现搓板(或波浪)和壅包破坏。造成这种破坏的原因是车辆荷载引起的垂直力和水平力的综合作用,使结构层内产生的剪应力超过材料的抗剪强度,同时也与行驶车辆的冲击、振动等动力作用有关。

5. 气包

由于钢桥面铺装下面是正交异性钢板,钢的导热性好,层间会出现特有的高温气包。高温气包的形成是由于钢板与铺装层间的水分或黏结层材料的溶剂在高温下(夏季钢板的温度可达到70℃)变成气体,致密的混凝土导致气体无法泄出,使铺装层表面形成局部隆起。

另外,铺装表面结合料的高温老化、行车过程中的油滴污染、硬物压痕等因素对铺装的使用状况均会造成很大的影响。

## 三、桥面铺装结构层的力学分析方法

铺装层是一层较为薄弱的结构层,它附着于钢箱梁顶板上,受到各种箱梁特性的影响,这种影响因为铺装层相对较低的弹性模量而变得非常明显。以铺装层作为研究对象时,钢箱梁结构上的微小变化都可能会影响到铺装层。钢箱梁的特性比铺装层本身的特性更显著地影响其受力状态,如顶板厚度等。将铺装层按一定方式简化成顶板的一部分,分析简化后结构的受力状态,铺装层的受力状态可随之确定[3]。

1. 抗弯刚度等效处理方法

桥面顶板上作用的竖向荷载在顶板中产生的应力主要是薄板应力分量,主要引起弯曲效应,而铺装是依附于薄板上的较弱的结构。在考虑顶板的抗弯效果时,可以将铺装层的刚度叠加在顶面钢板的刚度之上。

(1)计算桥面顶板和铺装的抗弯刚度值。

替换后板的抗弯刚度的计算公式:

$$D = \frac{Eh^2}{12(1-\mu^2)} \quad (1)$$

将板和铺装层的厚度($h$)、弹性模量($E$)和泊松比($\mu$)代入式(1)求出抗弯刚度值总和:

$$D = D_b + \sum_{i=1}^{n} D_{pi} = \frac{E_b h_b^3}{12(1-\mu_b^2)} + \sum_{i=1}^{n} \frac{E_{pi} h_{pi}^3}{12(1-\mu_{pi}^2)} \quad (2)$$

式中:下标b——板的相关参数;

下标p——铺装的相关参数;

$n$——铺装层数。

(2)依据抗弯刚度相等的原则,计算折算后的钢板等效厚度。

按抗弯刚度折算出的板的等效厚度:

$$h = \sqrt[3]{12\frac{D}{E_b}(1-\mu_b^2)} = \sqrt[3]{\sum_{i=1}^{n} \frac{E_{pi}(1-\mu_b^2)}{E_b(1-\mu_{pi}^2)} h_{pi}^3 + h_b^3} \quad (3)$$

进一步而言,将铺装和顶板的自重折算到厚度$h$的等效层中,这时,其替换后顶板密度计算公式为:

$$\rho = \frac{\rho_b h_b + \sum_{i=1}^{n} \rho_{pi} h_{pi}}{h} \tag{4}$$

式中：$h$——计算出的等效厚度。

这样就按抗弯刚度等效的原则将结构上部的顶板和铺装组合层换算为厚度为 $h$ 的单一等效层。这一等效层的模量与顶层钢板相同，厚度为等效厚度，密度为等效密度。在有限元计算过程中不必再对铺装的影响做特殊考虑。

(3) 有限元计算中用这一等效层去替换原来的箱梁顶板和铺装层进行计算，求出位移和应变。

(4) 按照厚度计算铺装层顶或层间位置的应变。

2. 单元刚度矩阵叠加处理方法

将铺装层的单元刚度整体叠加到对应位置钢板的单元刚度矩阵上。只要用铺装和顶面钢板的材料参数分别计算单元刚度矩阵，将这两个刚度矩阵相加就得到顶面钢板和铺装层的组合层的单元刚度，将其作为一层单元，进行总体刚度矩阵叠加求解，得到各结点的位移。用单元刚度矩阵叠加的方法来处理铺装层也存在与抗弯刚度等效同样的问题，所采用的应变计算方式也基本相同，根据下面的公式来计算应变：

$$[\varepsilon] = z[B][\delta] \tag{5}$$

式中：$z$——薄板单元的应变计算点离厚度中心的高度。

上面两种计算方法如果铺装层及顶板钢板的厚度越薄，平面尺寸越大，则越接近薄板假定，上述简化方式越接近真实的状态。

## 四、嘉鱼长江公路大桥桥面铺装设计分析

### 1. 工程概况

主桥采用主跨 920m 的双塔七跨不对称混合梁斜拉桥方案，桥跨布置为 (70+85+72+73)m + 920m + (330+100)m，主桥钢箱梁全宽 38.5m，主梁内轮廓高 3.8m。

钢箱梁由桥面顶板、底板、内腹板、外腹板、横隔板、风嘴、索梁锚固构造等组成（图2）。

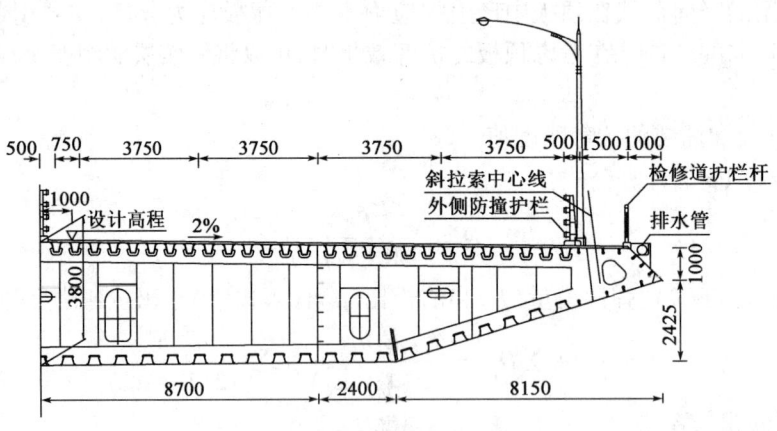

图2  1/2 钢箱梁横断面布置图（尺寸单位：mm）

嘉鱼长江公路大桥属于刚度较大的斜拉桥结构，各构件厚度均较大，有利于形成刚度较大的桥面系结构，从而减少铺装结构变形。因此，相对柔性变形特征而言，嘉鱼长江公路大桥钢桥面铺装结构更应具备与桥面系相匹配的刚度属性，减小桥面板与铺装结构间的相对位移，有效降低拉应力与剪应力等不利因素影响[4]。

### 2. 桥面铺装材料分析

嘉鱼长江公路大桥所处位置属亚热带季风气候区，年平均气温 14.5~20.8℃，极端最高气温 40.2℃，

极端最低气温为-12℃,温差较大,年平均降水量1577.4mm,年日照时数1754.5h,并且承担较大的通行压力。在此条件下,嘉鱼长江公路大桥所用的铺装材料必须具有优良的高温抗车辙能力、低温抗裂性能、防渗水性能、抗滑性能及抗疲劳性能,并需具备与桥面系结构良好的变形协调性,除了考虑桥面保护需要以外,应着重选用具有较高高温稳定性能的铺装材料。

### 3. 铺装结构层选用

结合嘉鱼长江公路大桥的铺装使用条件,对"双层EA""下层GA+上层改性SMA"及"下层EA+上层改性SMA"3种铺装方案的材料特性、使用寿命、维养特征、施工工艺、工程造价等指标进行了对比说明,如表1所示。

**三种典型钢桥面铺装对比汇总** 表1

| 方案特征 | 双层EA | 下层GA+上层改性SMA | 下层EA+上层改性SMA |
| --- | --- | --- | --- |
| 铺装体系 | 双层同质铺装体系:<br>(1)具有良好的界面安全性、变形协调性能及优异的抗疲劳性能和高温稳定性。<br>(2)表层抗滑性能一般,易于出现"一裂到底"的现象 | 双层异质铺装体系:<br>(1)界面安全性、变形协调性能、抗滑性能和维养便捷性较好。<br>(2)抗疲劳性能及高温抗车辙性能相对较差 | 双层异质铺装体系:<br>界面安全性、变形协调性能、抗疲劳性能、高低温稳定性及抗滑性能均表现优异 |
| 使用寿命 | 高 | 高 | 高 |
| 维养特点 | 养护工作量较大,修复较困难,面积较大时需封闭交通 | 养护工作量较小,主要修复改性SMA磨耗层,修复较简单,无须封闭交通 | 养护工作量较小(主要修复改性SMA磨耗层),主要修复改性SMA,修复较简单,无须封闭交通 |
| 受力分析 | 上表面横向、纵向拉应力均较大,各温度下最大层间剪应力均较大 | 上表面横向、纵向拉应力均适中,各温度下最大层间剪应力均适中 | 上表面横向、纵向拉应力均较小,各温度下最大层间剪应力均较小 |
| 施工工艺 | 环氧沥青混凝土施工对时间温度的要求较高,需要施工技术经验更加丰富且具有更多有铺装施工能力的队伍 | 浇注式沥青混凝土施工对温度要求较高,在施工设备上需专用高温施工设备,相对而言,施工单位较少 | 环氧沥青混凝土施工对时间温度的要求较高,需要施工技术经验更加丰富且具有更多有铺装施工能力的队伍 |
| 经济性 | 单位面积造价最高 | 单位面积造价低,但对施工设备要求较高 | 单位面积造价较低 |

对不同钢桥面铺装材料及铺装结构、使用寿命、维养特征、施工工艺及铺装经济性进行分析比较,"下层EA+上层改性SMA"铺装方案和"下层GA+上层改性MA"铺装方案在材料特性、使用寿命、受力状态、施工工艺,以及工程造价、运营后维修、保养便捷性等方面综合表现相对优异。

根据前述分析,主桥钢箱梁桥面铺装采用上层40mm高弹改性沥青混凝土SMA10+下层30mm环氧沥青混凝土EA10铺装方案。

"上层改性SMA+下层EA"铺装体系是一种双层异质铺装结构[5],钢桥面铺装结构见图3。

设计方案说明:

(1)铺装上层40mm高弹改性沥青混凝土SMA10:一方面保证表面磨耗层在高温重载条件下具有较好的高温抗变形性能;另一方面其优异的表面粗糙度确保了行车安全,特别是潮湿多雨季节的抗滑性能。此外,SMA10作为表面磨耗层易于施工、维护。

(2)铺装下层30mm环氧沥青混凝土EA10:作为复合结构承重层,具备板优异的强度与耐久性能,并且其刚度与嘉鱼长江公路大桥结构刚度更匹配,有利于减小不同结构之间存在的相对变形。同时,密级配保证了下面层的密水性,有助于保护板不受水汽腐蚀影响。环氧沥青混凝土采用热拌环氧沥青混凝土。

(3)环氧树脂防水黏结材料:确保具备优异的黏结与剪切性能,保证铺装复合结构形成有效整体。同时,具备良好的抗水分腐蚀性能,显著提高复合结构耐久性,改善钢桥面板敏感构件疲劳性能。

(4)防腐材料为环氧富锌漆,其具备极高的与钢桥面板黏结强度,高温下黏结强度有所衰减,但整体黏结性能稳定;其与环氧树脂黏结层所性能的复合层黏结强度满足技术指标要求。

钢板进行喷砂除锈处理,要求清洁度达到Sa2.5级,粗糙度应达到40~80μm。在喷砂除锈处理3h之内喷涂环氧富锌漆,环氧富锌漆厚度为60~80μm,防水黏结层为环氧沥青黏结层。防腐施工结束后洒布环氧沥青黏结料,黏结层洒布时要保证桥面干净、无污染,环氧沥青黏结料洒布量不少于$0.68L/m^2$。黏结料洒布后48h内进行下层环氧沥青混凝土铺装,铺装厚度宜为25~30mm;上层铺装采用改性SMA铺装,铺装厚度宜为30~45m,上下层铺装之间采用环氧沥青黏结层,撒布量不少于$0.45L/m^2$。

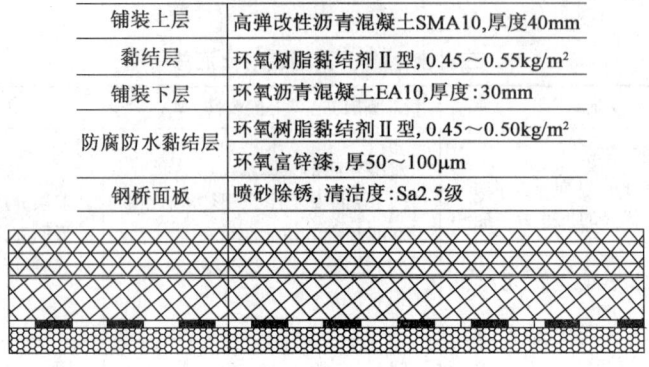

图3 钢桥面铺装结构示意图

该铺装结构是一种长寿命桥面沥青铺装结构,由性能优异的环氧沥青混凝土(或环氧树脂碎石)铺装下层作为防水保护基层,与环氧沥青防水黏结层一起形成安全的防水黏结体系和承重层,为铺装磨耗层提供稳定的铺装基础和可靠的铺装界面;改性SMA作为桥面铺装的磨耗层,可以提供较好的表面抗滑性能,且一般采用改性SMA,或者适当添加抗车辙剂,以提高其高温抗车辙性能,从而提供舒适、安全的行车环境[6]。

该结构的优点是双层异质,对于不同层位的不同功能要求采用不同的材料予以满足,铺装下层采用力学性能优异的EA,铺装下层与钢板形成可靠粘接,保护钢板承担荷载。铺装上层采用路用性能优良的改性SMA磨耗层,使得整个铺装结构体系既具有良好的高、低温稳定性能,又具有表面层抗滑性能较好、易于后期维护的特点。

该结构的缺点是,铺装下层环氧沥青混凝土对施工环境(温度、湿度等)的要求较高,容易因为施工质量而影响整个铺装结构的使用效果;工程实践中总体使用状况良好,存在的病害以裂缝和鼓包为主。

"下层EA+上层改性SMA"铺装结构虽然施工要求相对严格,但其界面安全性、变形协调性能、使用寿命、建养成本及抗滑性能均表现优异。

## 4.钢桥面铺装的力学仿真分析

正交异性钢桥面板由顶板、加劲肋及横肋共同组成,铺设其上的铺装对行车荷载作用的响应明显不同于一般道路上的铺装特征,具有很大的局部效应[7]。采用"整桥—局部箱梁段—正交异性板"的"三阶段力学分析方法"对嘉鱼长江公路大桥钢桥面铺装体系进行仿真分析,得到以下结论:

(1)通过嘉鱼长江公路大桥整桥模型计算得到,在恒载及车辆荷载作用下,最大竖向弯矩出现在跨中处,故斜拉桥跨中箱梁段为受力最不利箱梁段。

(2)通过铺装受力最不利箱梁段模型计算得到,车流荷载作用下钢箱梁局部梁段受力最不利的位置在纵轴的28~32m节段,在横轴的11~14m节段,故在此节段取正交异性板细化计算。

(3)本次分析计算采用大型通用有限元分析程序ANSYS,箱梁顶板、底板、腹板、横隔板、横向加劲肋等用空间壳单元Shell63模拟,纵向加劲肋用空间梁单元Beam4模拟,桥面铺装层用三维体单元Solid45模拟。对于正交异性大跨径钢桥,轮载在横桥向主要分为三种情况[8]:荷位Ⅰ,车辆荷载对称施加于加劲肋的正上方;荷位Ⅱ,车辆荷载以一加劲肋一边为中心对称施加于正上方;荷位Ⅲ,车辆荷载施加于两加劲肋中心之间的正上方,见图4。

通过对钢桥面铺装正交异性板受力控制荷位分析,结果表明无论是以铺装上表面的最大拉应力为控制指标,还是以铺装上表面的最大竖向位移或铺装层间的剪切应力、竖向拉应力为控制指标,横肋顶部附近的横向荷位Ⅲ都是最不利荷位。对应的正交异性板铺装上表面最大横向拉应力为1.303MPa,最大纵向拉应力为1.022MPa,最大竖向位移为0.313mm,最大层间剪切应力为0.138MPa,最大层间竖向拉应力为0.835MPa,满足规范要求。

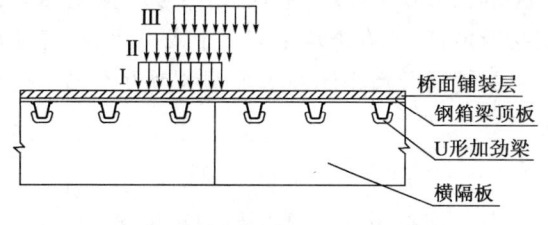

图4 横向载荷作用示意图

## 五、结　语

大跨度正交异性板桥面铺装的设计必须从桥梁结构特性入手,分析桥梁和沥青铺装层在车辆荷载下的力学特性,揭示沥青铺装层的受力特性与荷载、温度、铺装层材料性质,以及桥梁结构的特性(如横隔板的布置、加劲肋的结构参数、桥面钢板的厚度等)之间的对应关系,从而为铺装层的结构设计提供理论依据。同时,在满足桥梁设计的同时,对桥梁结构特别是钢箱梁结构的刚度、材料、施工工艺等提出要求,从而减少铺装层的破坏,使得桥梁建设更加经济。

嘉鱼长江公路大桥钢桥面铺装的设计结合了正交异性钢桥面板的抗疲劳分析和钢箱梁顶板在车轮荷载下的局部受力分析,优化了箱梁纵隔板位置及不同梁段的板厚配置;适当增大了桥面板厚度、加大U肋和板肋高度,优化了U肋与桥面板、横隔板过U肋孔形状、U肋与横隔板的焊接形式,细部构造的设计加强了正交异性钢桥面板应力集中部位的抗疲劳性。

**参考文献**

[1] 黄卫.大跨径桥梁钢桥面铺装设计理论与方法[M].北京:中国建筑工业出版社,2006.
[2] 钱晋.大跨径桥梁钢桥面铺装的设计方法[D].武汉:湖北工业大学,2011.
[3] 李昶,顾兴宇.大跨径钢桥面铺装力学分析与结构设计[M].南京:东南大学出版社,2007.
[4] 贺旭洲,李盛洋.嘉鱼长江公路大桥钢桥面铺装方案研究[J].交通科技,2019(04):33-36.
[5] 米军.大跨径钢桥面环氧沥青混凝土铺装技术研究[D].重庆:重庆交通大学,2010.
[6] 王民,方明山,张革军,李江,文峰.港珠澳大桥钢桥面沥青铺装结构设计[J].桥梁建设,2019(04):69-74.
[7] 周思全,朱文恒,周敏.杨泗港长江大桥正交异性钢桥面铺装层仿真分析[J].交通科技,2020(04):28-31.
[8] 王波.有限元在军山大桥钢桥面铺装大修养护中的研究应用[J].四川建材,2016(01):43-45.

# 33. 桥梁超大型沉井基础水动力性能评价和结构选型研究

魏　凯[1]　裘　放[1]　秦顺全[1,2]　蒋振雄[3]

(1.西南交通大学土木工程学院;2.中国中铁大桥勘测设计院集团有限公司;
3.江苏省交通工程建设局)

**摘　要**　本文通过试验和数值手段对台阶型沉井截面形状、台阶宽度及台阶埋深等因素对局部冲刷的影响进行了研究,研究了各个因素的局部冲刷规律及机理。研究发现,圆端形截面的局部冲刷深度与所受水流力较小,截面形式较优;台阶宽度越宽,防冲刷效果越好,但应考虑防冲刷需求及造价;在一定深度范围内,降低台阶埋深有利于减小冲刷,超过该范围,台阶失效。

**关键词**　大型沉井基础　水动力优化　选型　水槽试验　数值模拟　台阶型沉井

# 一、引　言

沉井基础因其结构整体性好、刚度大、承载能力高、便于运输和水下施工等优点[1],已成为常见的深水桥梁基础形式之一。随着桥梁建设向着深水、大跨、多功能方向发展,沉井基础所需的承载力逐渐增大,相应的沉井尺寸越来越大,因此带来的沉井局部冲刷也越来越严重[2]。局部冲刷是由于水流被结构物阻挡,从而侵蚀泥沙的自然现象。由于水流带走基础周围的泥沙,导致地基侧向承载力降低,结构固有频率改变,从而直接或间接对结构安全造成了威胁[3]。局部冲刷过程包含水流、泥沙和结构物三者的相互作用,涉及水动力、泥沙输运等理论,作用机理十分复杂[4]。国内外众多学者对局部冲刷进行诸多方面的研究。梁发云等[2]对比了不同截面形式、尺寸、布置方式的沉井冲刷形态,总结了不同截面形状的沉井冲刷规律。Fael等[5]研究了不同截面形状和入射角度对局部冲刷深度的影响,发现形状因子与入射角因子对冲刷的影响程度相近且不能忽略。Farooq等[6]对桥墩的不同截面形状和不同防护形式进行了研究,发现八边形截面形式和带凹槽护圈防护形式对减小冲刷深度最佳。Jalbi等[7]基于有限元分析,根据沉井刚度提出了沉井尺寸优化公式,并且与已有研究吻合良好。Zhao等[8]通过水槽试验研究了不同高宽比的矩形沉井在不同入射角下的局部冲刷,发现采用双曲函数预测冲刷深度的发展优于指数函数。刘延芳等[9]运用数值模拟方法研究了圆形、矩形沉井在不同的流速、流向等条件下的冲刷深度,与物理模型对比吻合良好。孙明祥[10]研究了方形沉井的尺寸对冲刷的影响,以及河床局部冲刷形态和冲刷深度随时间和沉井距床面的距离的变化规律,得出随沉井尺寸的增大,冲刷范围不断增大;随沉井距床面的距离越小,冲刷深度越大,且冲刷范围为一圆形区域。

目前对沉井结构形式的研究较为单一,主要集中于圆形、方形的长直型沉井,且沉井尺寸大、自重大的问题仍未能解决。沉井截面尺寸主要取决于沉井自重及地基承载力,与沉井下截面相比,沉井上截面所需面积较小,仅用于承担桥梁上部结构荷载,因此长直型沉井就会导致承载力的浪费及造价的增加。与常规沉井相比,台阶型沉井既能满足下截面承载能力的需求,又能承担上部结构荷载,减少浪费,其应用前景广阔。目前对台阶型沉井的冲刷研究较为匮乏,对台阶型沉井的认识不够清晰,本文基于水槽试验与数值模拟手段,对台阶型沉井的防冲刷规律进行研究,从不同的截面形状、台阶宽度及台阶埋深等方面对沉井局部冲刷性能进行研究,得到不同设计参数下的最大冲刷深度的发展规律及冲刷机理,为大型沉井基础的选型提供借鉴。

# 二、水槽试验

本部分对常泰长江大桥的基础结构开展了水槽试验研究,针对不同沉井截面,从冲刷深度和受力两方面进行了对比分析,探究不同台阶宽度、埋置深度的沉井的冲刷规律,得到较为优化的冲刷和受力基础形式。

## 1. 试验装置

试验在长60m、宽2m、深1.8m的西南交通大学中型波流水槽中进行,水槽中间设有一个长5m、宽2m、深1m的冲刷段土槽,如图1所示。测试架用来固定模型,保证模型的稳定性,试验过程中,水流通过双向造流泵实现循环利用。

## 2. 试验模型及工况

试验模型分为常规型沉井和台阶型沉井。常规型沉井采用不同形式的横截面,如图2a)所示。三种截面形状的投影长度与投影宽度一致,分别为38.5cm和19.9cm。台阶型沉井模型如图2b)所示,$w$为台阶型沉井台阶宽度,$h$为台阶型沉井台阶埋置深度,$h$为负时,台阶埋置在河床以下。需要说明的是,试验过程中台阶以上模型保持统一,均为常规型沉井尺寸,即投影长度与投影宽度为38.5cm与19.9cm。具体试验工况如表1所示。

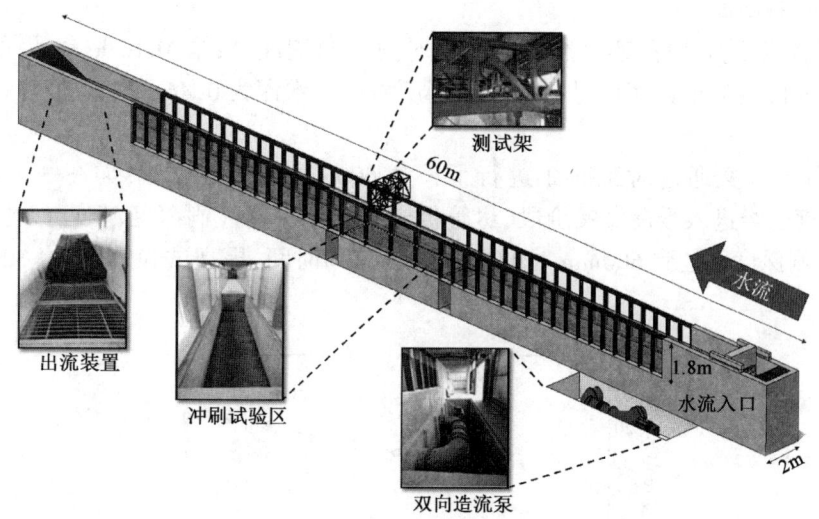

图1 波流水槽试验系统

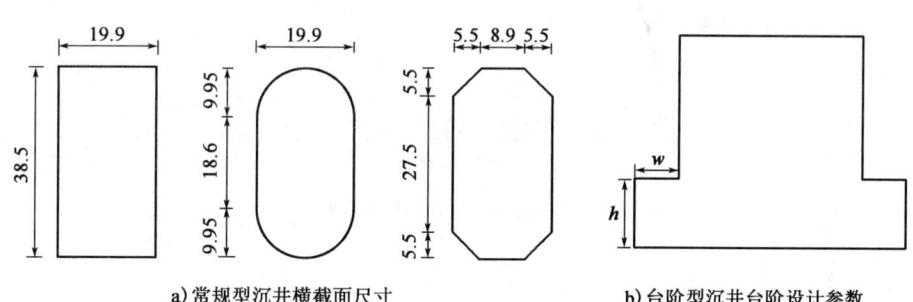

a) 常规型沉井横截面尺寸　　　　　b) 台阶型沉井台阶设计参数

图2 沉井外形设计参数(尺寸单位:cm)

试 验 工 况 表　　　　表1

| 工况 | 截面形状 | 台阶宽度(cm) | 台阶埋深(cm) | 台阶形式 |
| --- | --- | --- | --- | --- |
| 1 | 矩形 | 无台阶 | — | — |
| 2 | 圆端形 | | | |
| 3 | 棱形 | | | |
| 4 | 圆端形 | 3 | 3 | 平台阶 |
| 5 | | 4.5 | | |
| 6 | | 6 | | |
| 7 | 圆端形 | 4.5 | 3 | 平台阶 |
| 8 | | | -5 | |
| 9 | | | -10 | |

### 3. 试验条件

试验采用中值粒径为0.215mm、密度为2.39g/cm³的泥沙。式(1)是HEC-18冲刷深度计算公式中计算起动流速的方法,本文采用式(1)计算泥沙起动流速,其值为0.33m/s。为保证试验为动床冲刷,采用0.365m/s作为试验流速。

$$V_c = K_u y^{\frac{1}{6}} d_{50}^{\frac{1}{3}} \tag{1}$$

式中:$V_c$——起动流速;

$K_u = 6.19$;

　$y$——水深；

　$d_{50}$——泥沙中值粒径。

为了避免水深较浅,防止墩前壅水影响马蹄涡对河床的掏蚀,根据 Melville 等[11] 的建议,水深大于 1.43 倍的墩宽,根据模型的最大宽度进行计算得到所需最小水深为 0.46m,本文最终采取 0.5m 作为试验水深。

为确定试验时间,本文通过对工况 2 进行了长达 600min 的冲刷试验,如图 3 所示。发现冲刷至 300min 时,冲刷深度已经进入缓慢发展阶段,尽管仍未到达到平衡冲刷深度,但已经能够表征冲刷发展特点,且 300min 冲刷深度已达到 600min 时的 88%。为节约时间,提高试验效率,将 300min 作为冲刷试验的截止时间。

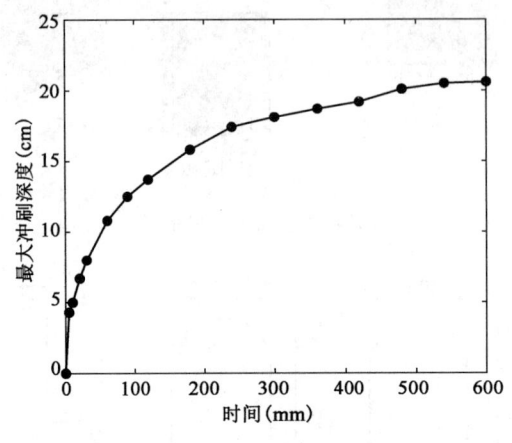

图 3　600min 最大冲刷深度发展

## 4. 试验过程

为保证水流流速为 0.365m/s,首先对空水槽进行了流速剖面的测量,通过多普勒流速仪(ADV)对模型安装位置不同水深的流速进行了测量,如图 4a)所示。每一深度连续测量 20s,取 20s 的平均值作为该深度的流速值。根据图 4b)可知,在水深 0.2m 以上,流速基本稳定,因此本文采用水面下 0.1m 位置处的流速值作为流速剖面特征值,与设计流速进行比较。

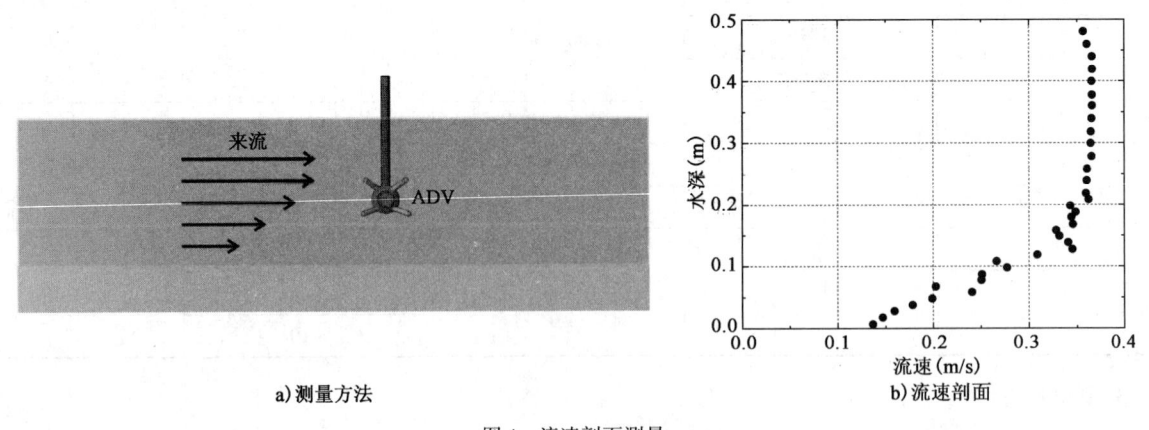

a) 测量方法　　　　　　　　　　　　　　　b) 流速剖面

图 4　流速剖面测量

水流力试验在无泥沙条件下进行,开始之前,在测试架上安装测力天平,并将模型与测力天平固定,同时保证模型底部与水槽底部贴近且不接触,如图 5a)所示。模型安装完成后,向水槽内注水至设计水深,静置一段时间,等到水面平稳后开始进行试验。试验过程中,待流速稳定后,开始通过测力天平对模型受到的水流力进行记录。采集 1min 时长的水流力数据,通过平均化处理,得到沉井所受水流力。

a) 水流力试验模型安装

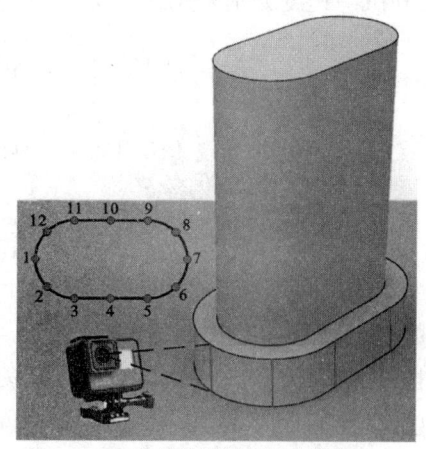
b) 冲刷试验冲刷深度测量

图 5　模型安装与测量

冲刷试验开始之前,安装模型,对河床进行整平,并将水槽注水至 0.5m 深度处,静置一段时间,使河床恢复至自然状态,并保证水面无震荡。试验过程中,待流速稳定后开始计算冲刷时间,通过对不同时刻的沉井周围冲刷深度进行测量(图 5b),最终得到冲刷发展的时间历程。

## 三、数 值 模 拟

### 1. 数值模拟方法

本文采用 RNG $k-\varepsilon$ 湍流模型的 RANS 方程作为不可压缩黏性流的控制方程,其方程形式如下:

$$\frac{\partial}{\partial x_i}(u_i A_i) = 0 \tag{2}$$

$$\frac{\partial u_i}{\partial t} + \frac{1}{V_F}\left(u_j A_j \frac{\partial u_i}{\partial x_j}\right) = -\frac{1}{\rho}\frac{\partial p}{\partial x_i} + G_i + f_i \tag{3}$$

式中:$x_i$——坐标轴;

　　　$u_i$——流速的分量;

　　　$A_i$——面积分数;

　　　$t$——时间;

　　　$V_F$——流体体积分数;

　　　$\rho$——水的密度;

　　　$p$——压强;

　　　$G_i$——重力加速度分量;

　　　$f_i$——黏性加速度。

RNG $k-\varepsilon$ 湍流模型具有精度高,计算时间短等优点,其方程形式如下:

$$\frac{\partial k_T}{\partial t} + \frac{1}{V_F}\left[u A_x \frac{\partial k_T}{\partial x} + v A_y \frac{\partial k_T}{\partial y} + w A_z \frac{\partial k_T}{\partial z}\right] = P_T + G_T + \text{Diff}_{k_T} - \varepsilon_T \tag{4}$$

$$\frac{\partial \varepsilon_T}{\partial t} + \frac{1}{V_F}\left[u A_x \frac{\partial \varepsilon_T}{\partial x} + v A_y \frac{\partial \varepsilon_T}{\partial y} + w A_z \frac{\partial \varepsilon_T}{\partial z}\right] = \frac{C_{1\varepsilon} \varepsilon_T}{k_T}(P_T + C_{3\varepsilon} G_T) + \text{Diff}_\varepsilon - C_{2\varepsilon}\frac{\varepsilon_T^2}{k_T} \tag{5}$$

式中:$k_T$——湍流动能;

　　　$P_T$——湍流动能生成项;

　　　$G_T$——浮力产生的湍流能量项;

　　　$\text{Diff}_{k_T}$——湍流扩散项,$\varepsilon_T$ 是耗散率,$C_{1\varepsilon}$,$C_{2\varepsilon}$ 和 $C_{3\varepsilon}$ 是无量纲系数。

泥沙的上升速度和沉降速度分别采用式(6)和式(7)：

$$U_l = a_i d_*^{0.3} (\theta_s - \theta'_{cr})^{1.5} \sqrt{\frac{g d_{50}(\rho_s - \rho)}{\rho}} \tag{6}$$

$$U_s = \frac{\nu}{d_{50}} [(10.36^2 - 1.049 d_*^3)^{0.5} - 10.36] \tag{7}$$

$$\theta'_{cr} = \theta_{cr} \frac{\cos\psi\sin\omega + \sqrt{\cos^2\omega\tan^2\varphi - \sin^2\psi\sin^2\omega}}{\tan\varphi} \tag{8}$$

式中：$U_l$——上升速度；

$a_i$——挟带系数，推荐默认值为0.018；

$d_*$——无量纲粒径，其值为$d_* = [g(s-1)/\nu^2]^{1/3} d_{50}$；

$\nu$——运动黏度，其值为$10^{-6}$ m²/s；

$d_{50}$——泥沙中值粒径；

$\rho_s$——泥沙密度；

$\rho$——水的密度；

$U_s$——沉降速度；

$\theta'_{cr}$——修正的临界希尔兹数，其值由式(8)给出；

$\psi$——水流与上坡方向的夹角；

$\omega$——泥沙床面坡角；

$\varphi$——泥沙休止角；

$\theta_{cr}$——临界希尔兹数。

推移质的输运方程为：

$$u_{\text{bedload},i} = \frac{q_{b,i}}{\delta_i c_{b,i} f_b} \tag{9}$$

式中：$u_{\text{bedload},i}$——推移质运动速度；

$q_{b,i}$——推移质输沙率；

$\delta_i$——推移质厚度；

$c_{b,i}$——沙床物料中第$i$种物质的体积分数；

$f_b$——泥沙的临界沉积分数。

2. 数值模拟模型

数值模拟模型还原了试验工况，如图6所示。

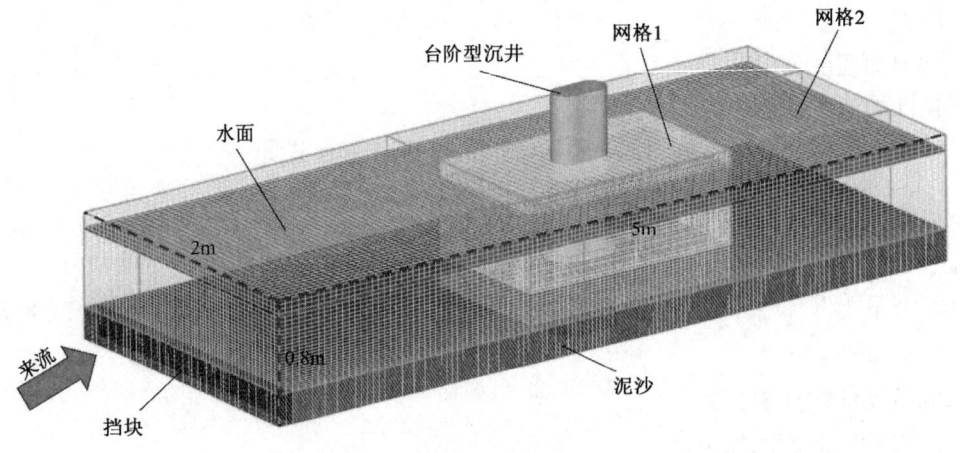

图6 数值模拟模型

数值模拟模型冲刷段尺寸(长×宽×高)为5m×2m×0.8m,高度方向分为0.2m的泥沙层、0.5m的水流层及0.1m的空气层。沉井结构中心布置在距入口3m的位置,既保证了水流发展长度,又保证了漩涡脱落所需空间。入口处设置挡块,防止水流直接对泥沙进行冲刷,破坏冲刷地形,影响数值结果。

网格主要划分为两部分,如图6所示,一是结构周围的精密网格,二是远离结构的粗糙网格,同时为保证对冲刷的捕捉,泥沙层附近网格采用较为精密的网格,网格总数达71万。入口边界采用速度入口,出口采用出流边界,上边界采用大气边界,下边界和两侧边界采用墙边界。

## 四、结果与讨论

### 1. 横截面影响

图7a)为不同截面沉井的最大冲刷深度,冲刷起始阶段,冲刷深度发展较快,随着时间的推移,冲刷深度逐渐变缓,其中圆端形和梭形的沉井的最大冲刷深度较为接近,矩形沉井最大冲刷深度较为严重,约为前两者冲刷深度的2倍,冲刷性能较差。图7b)为根据沉井所受的水流力计算得出的阻力系数,圆端形截面因其平滑的结构形状,使作用在结构上的水流力较小,相应的阻力系数也较小,矩形截面因其较大的直接受力面积,其阻力系数约为圆端形结构的3倍。因此结合冲刷及水流力性能,圆端形截面较优。

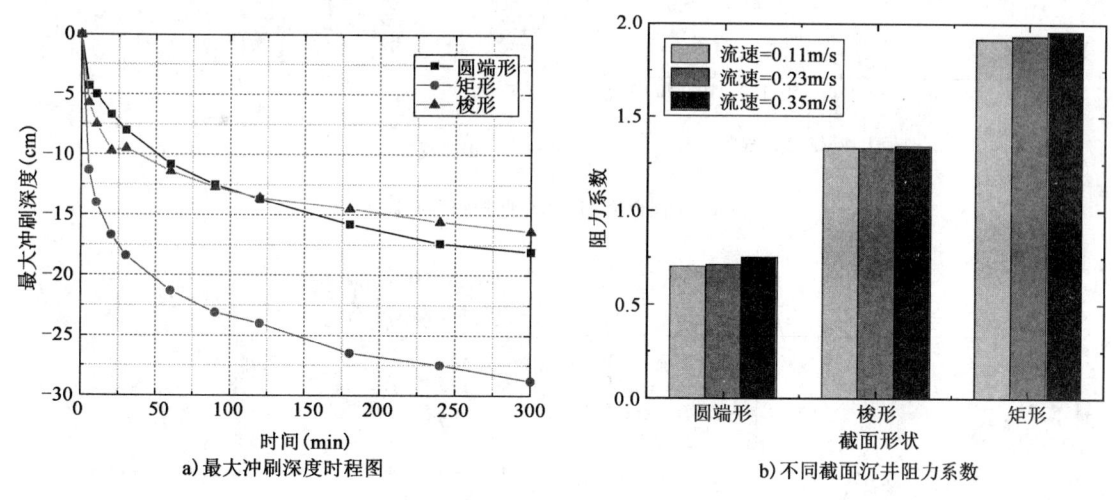

a) 最大冲刷深度时程图

b) 不同截面沉井阻力系数

图7 不同截面沉井最大冲刷深度与阻力系数

### 2. 台阶宽度的影响

图8a)为不同台阶宽度下沉井周围最大冲刷深度的时程变化。随着时间的推移,最大冲刷深度逐渐增加,增长速度逐渐减缓,随着台阶宽度的增加,最大冲刷深度逐渐减小。与无台阶沉井相比,不同台阶宽度在300min时的最大冲刷深度分别为无台阶沉井最大冲刷深度的95.6%、71.8%、62.4%。主要原因是随着台阶宽度的增加,台阶对于下切水流及马蹄涡的阻挡面积增加,同时台阶宽度的增加对于加速水流的阻挡也相应增加,如图8a)~d)所示。特别对于台阶宽度为6cm的工况,强度较大的加速水流几乎全部作用于台阶之上,其防护效率较优。但值得注意的是,当台阶宽度小于某一临界值时,其减冲作用并不明显,当达到该临界值时,冲刷深度大幅度减小,继续增加台阶宽度,冲刷深度仍有减小趋势,但减小幅度不大,同时过度增加台阶宽度还会增加造价。

### 3. 台阶埋深的影响

图9a)为不同台阶埋深下台阶周围最大冲刷深度时程变化图。在冲刷前120min,冲刷深度大小依次是无台阶、埋深-10cm,埋深-5cm,埋深+3cm,原因是+3cm台阶宽度从冲刷起始阶段就可以起到冲刷防护作用,如图9b)所示,由于台阶的存在,加速水流大部分作用在台阶之上,因此冲刷深度最小。而-5cm和-10cm工况在起始阶段,台阶位于河床之下,冲刷发展过程与无台阶沉井类似,当冲刷至台阶位

置处,台阶的阻挡作用得以发挥,具体位置为 -5cm 埋深的 10~20min,-10cm 埋深的 90~120min。在 120min 之后,冲刷深度发生变化,-10cm 冲刷深度最小,-5cm 冲刷深度其次,+3cm 冲刷深度加深。主要原因是冲刷坑形状为倒梯形,而台阶埋置越深,所阻挡的有效冲刷范围越大,台阶的阻挡作用越明显,如图9c)和图9d)所示。在300min时,随着台阶埋深的减小,最大冲刷深度与无台阶沉井相比,减小程度分别为61.9%、66.9%、71.8%。值得注意的是,当台阶埋深超过最大冲刷深度,台阶将失效,因此在一定范围内降低台阶埋深对冲刷的防护效果较好。

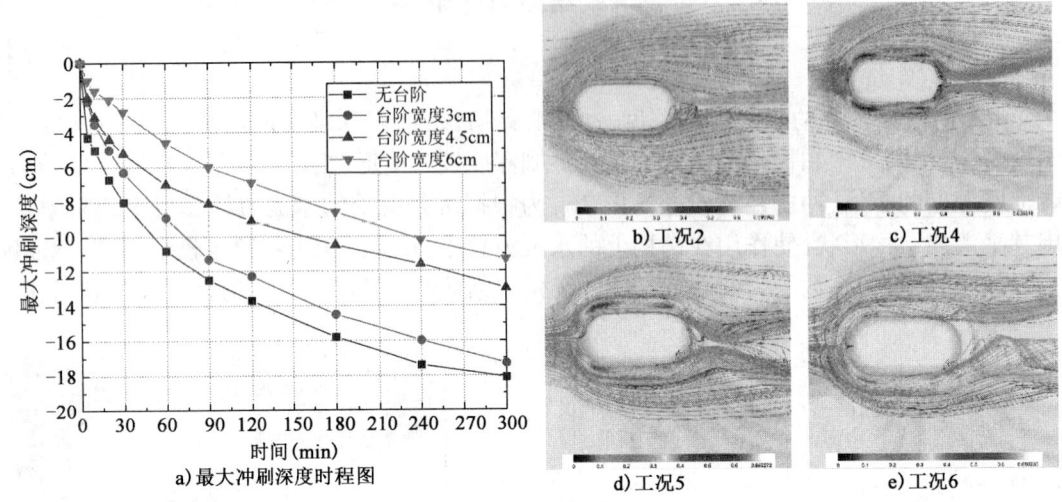

图8 不同台阶宽度最大冲刷深度与机理

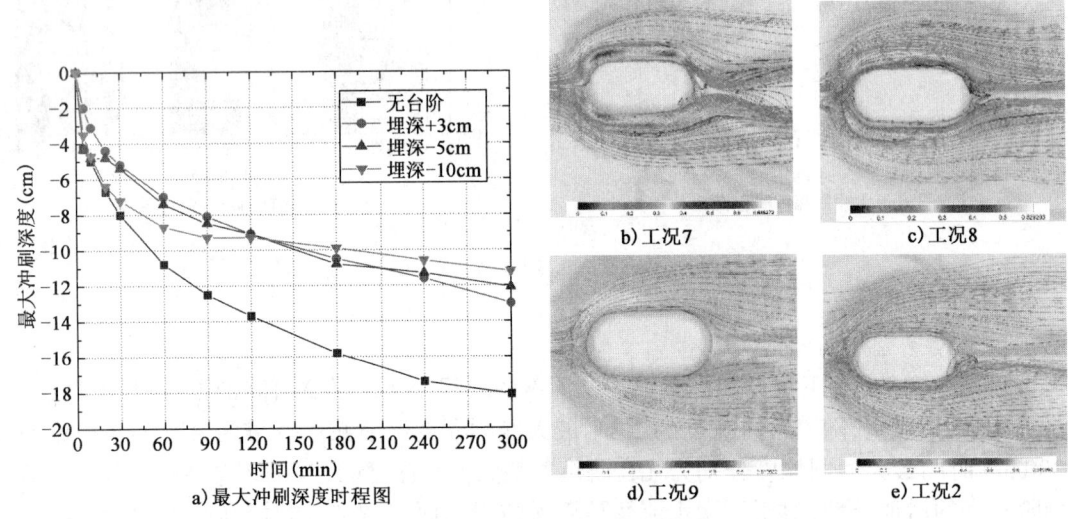

图9 不同台阶埋置深度下台阶周围最大冲刷深度时程变化图及机理分析图

## 五、结 语

通过开展的台阶型沉井基础结构方案的研究,采取水槽模型试验及数值模拟方法,研究不同结构形式对沉井冲刷的影响规律,提出台阶型沉井的选型建议,得出的主要结论有:

(1)综合考虑水流力、冲刷性能,圆端形截面沉井与梭形、矩形截面的沉井相比具有较大的优势,其冲刷深度及水流力均较小。

(2)随着台阶宽度的增加,台阶对下切水流、马蹄涡及加速水流的阻挡作用增加,冲刷深度减小,有利于结构的冲刷防护。

## 参考文献

[1] 李军堂,秦顺全,张瑞霞.桥梁深水基础的发展和展望[J].桥梁建设,2020,50(03):17-24.
[2] 梁发云,王琛,黄茂松,等.沉井基础局部冲刷形态的体型影响效应与动态演化[J].中国公路学报,2016,29(09):59-67.
[3] 熊文,邹晨,叶见曙.基于动力特性识别的桥墩冲刷状态分析[J].中国公路学报,2017,30(05):89-96.
[4] 齐梅兰,石粕辰.局部冲刷坑发展过程的泥沙输运特性[J].水利学报,2018,49(12):1471-1480.
[5] FAEL C, LANÇA R, CARDOSO A. Effect of pier shape and pier alignment on the equilibrium scour depth at single piers[J]. International Journal of Sediment Research, 2016, 31(3): 244-250.
[6] FAROOQ R, GHUMMAN A R. Impact Assessment of Pier Shape and Modifications on Scouring around Bridge Pier[J]. Water, 2019, 11(9): 1761.
[7] JALBI S, SHADLOU M, BHATTACHARYA S. Impedance functions for rigid skirted caissons supporting offshore wind turbines[J]. Ocean Engineering, 2018, 150: 21-35.
[8] ZHAO M, ZHU X, CHENG L, et al. Experimental study of local scour around subsea caissons in steady currents[J]. Coastal Engineering, 2012, 60(2): 30-40.
[9] 刘延芳,鲍卫刚,贾界峰.桥梁墩台局部冲刷的数值模拟分析[J].公路,2012(04):30-35.
[10] 孙明祥.波流作用下沉井局部冲刷特性研究[D].成都:西南交通大学,2018.
[11] MELVILLE B W, RAUDKIVI A J. Flow Charackteristics in Local Scour at Bridge Piers[J]. Journal of Hydraulic Research, 1977, 15(4): 373-380.

# 34. 钢箱梁桥静载试验校验系数影响因素分析

何连海[1]　周海川[2]　刘　鹏[3]　张建东[1]

(1. 苏交科集团股份有限公司在役长大桥梁安全与健康国家重点实验室;
2. 江苏省交通运输厅公路事业发展中心;3. 南京工业大学)

**摘　要**　为解决目前公路钢箱梁桥静载试验计算过程中不考虑附属结构刚度造成的校验系数偏差问题,本文通过有限元仿真,分析了铺装和护栏刚度对钢箱梁桥静载试验校验系数的影响。结果表明,铺装和护栏刚度对简支钢箱梁桥静载试验校验系数的计算具有一定影响,不可忽略;在中载和偏载工况下,简支钢箱梁桥考虑铺装比不考虑铺装的底板应力校验系数分别大3.13%、3.86%,挠度校验系数分别大9.26%、9.24%;在中载工况下,简支钢箱梁桥考虑护栏比不考虑护栏的底板应力校验系数大2.46%,挠度校验系数大12.55%。

**关键词**　钢箱梁桥　静载试验　校验系数　铺装　护栏

## 一、引　言

校验系数是公路钢梁桥荷载试验评定最重要的指标之一,校验系数的计算精度直接决定桥梁承载能力评定的可靠程度[1-2]。然而在实际工程中经常发生校验系数失真的情况,主要是因为校验系数与理论计算值和实测值有关,实测值偏差一般较小,而理论计算值往往忽略钢桥面铺装、护栏刚度对结构受力的影响,与真实值相比有较大差异[3-4]。

许多学者对校验系数进行了相关研究。王通[5]基于概率统计对自锚式悬索桥分部位校验系数合理取值进行研究,并建立了自锚式悬索桥不同部位校验系数的评判标准。宋龙龙[6]分析了预应力混凝土箱梁桥铺装、不同铺装层厚度、护栏对校验系数的影响,并给出了护栏沿桥梁横向参与受力的合理分布特点。王凌波等[7]提出了校验系数影响因子的概念,总结了不同参数桥梁的校验系数取值范围变化规律,提出了包含理论值修正计算、校验系数范围优化分析、误判概率评估算法的桥梁静载试验优化评定方法。孙韦等[8]使用MATLAB对大量公路混凝土箱梁桥荷载试验主控截面的挠度测试值及其校验系数进行了统计分析,结果表明,挠度及其校验系数均服从正态分布。然而上述研究工作主要针对混凝土桥,对于钢箱梁桥静载试验校验系数的研究较少。

本文通过有限元仿真,分析考虑铺装、护栏刚度对简支钢箱梁桥静载试验校验系数的影响,为我国今后钢箱梁桥静载试验提供参考。

## 二、有限元建模

以某跨省道简支钢箱梁桥为研究对象,该桥跨径50m,梁体断面为单箱三室截面(见图1),钢箱梁中心线处梁高2.3m,单幅桥梁顶面总宽16.9m,顶板主要采用U肋,底板采用T形肋,全桥钢材采用Q345D。使用有限元分析软件Midas Civil 2018建立简支钢箱梁桥梁格模型,如图2所示。

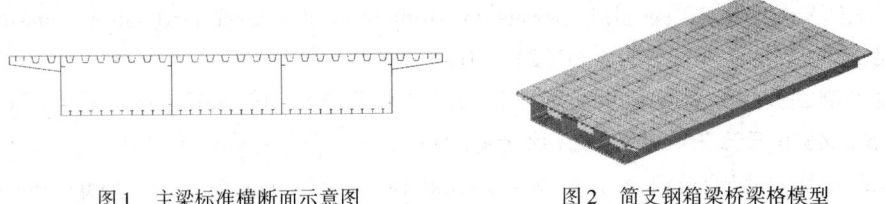

图1 主梁标准横断面示意图  图2 简支钢箱梁桥梁格模型

## 三、计算工况及结果分析

### 1. 铺装

在有限元模型的基础上,使用板单元建立桥面铺装,铺装的弹性模量为32.5GPa,泊松比0.2,铺装厚度为5cm。加载车型如图3所示,布载方案如图4所示。其中,中载工况下荷载效率为0.93,偏载工况下荷载效率为0.92。

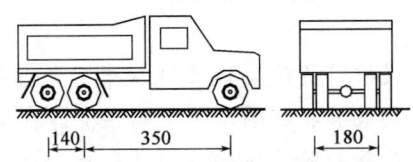

图3 加载车型示意图(尺寸单位:cm)

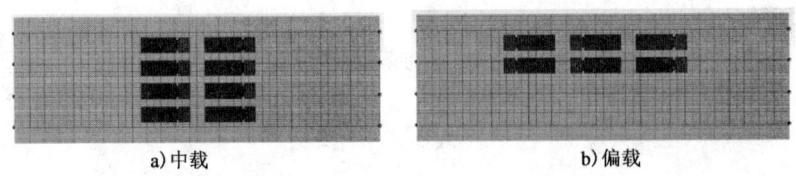

a) 中载  b) 偏载

图4 加载车布载方案

分别对简支钢箱梁桥考虑铺装工况的跨中截面挠度、应力进行计算,其中中载工况和偏载工况的挠度取各个梁格计算结果平均值,应力取底板应力最大值,结果如表1所示。

## 简支钢箱梁桥跨中截面考虑铺装挠度和应力计算结果  表1

| 工况 | 中载 | | 偏载 | |
|---|---|---|---|---|
| | 挠度(mm) | 应力(MPa) | 挠度(mm) | 应力(MPa) |
| 无铺装 | -27.14 | 31.61 | -27.08 | 35.83 |
| 有铺装 | -24.84 | 30.65 | -24.79 | 34.50 |
| (有铺装—无铺装)/无铺装 | -8.5% | -3% | -8.5% | -3.7% |

由表1可见,中载工况和偏载工况下,考虑铺装均使得简支钢箱梁桥挠度和底板应力减小,这主要是因为铺装增大主梁的刚度。其中在中载和偏载工况下,考虑铺装使得简支钢箱梁桥挠度减小量达到最大,为8.5%;在偏载工况下,考虑铺装使得简支钢箱梁桥底板应力减小量达到最大,为3.7%。有无铺装对挠度的影响均大于对底板应力的影响,其中在中载工况下,考虑铺装对挠度的影响比对底板应力的影响偏差达到最大,为5.5%。总体来看,铺装对挠度和底板应力的计算有一定的影响,在实际计算中,不可忽略。

根据《公路桥梁荷载试验规程》(JTG/T J21-01—2015),校验系数是指在桥梁荷载试验中某一测点的实测值(挠度、应变)与其对应的理论计算值(挠度、应变)的比值。公路钢梁桥校验系数取值范围为0.75~1.00,其表达式如下：

$$\eta = \frac{S_e}{S_s} \quad (1)$$

式中：$\eta$——校验系数；

$S_e$——静载试验荷载作用下,某一加载试验项目对应的加载控制截面内力或位移的最大实测值；

$S_s$——静载试验荷载产生的同一加载控制截面内力或位移的最不利效应计算值。

由式(1)得出,在中载工况下,简支钢箱梁桥考虑铺装比不考虑铺装的底板应力校验系数大3.13%,挠度校验系数大9.26%。在偏载工况下,简支钢箱梁桥考虑铺装比不考虑铺装的底板应力校验系数大3.86%,挠度校验系数大9.24%。这说明考虑铺装后,简支钢箱梁桥挠度和底板应力校验系数均有一定程度的增加,若在实际静载试验计算中不考虑铺装,结构受力会偏不安全。

2. 护栏

在有限元模型的基准上,增加护栏,护栏采用C40混凝土,护栏截面示意如图5所示,有限元模型如图6所示。

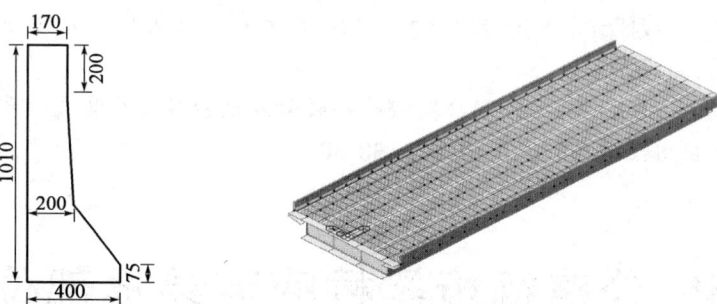

图5 护栏截面示意图(尺寸单位:mm)　　图6 护栏的有限元模型

试验荷载采用表1中的中载加载方案,荷载效率为0.94。在中载试验荷载工况下,跨中截面最大挠度和底板应力计算结果如表2所示。

## 简支钢箱梁桥跨中截面考虑护栏应力和挠度计算结果  表2

| 项目 | 无护栏 | 有护栏 | (有护栏-无护栏)/无护栏 |
|---|---|---|---|
| 应力(MPa) | 31.61 | 30.85 | -2.4% |
| 挠度(mm) | -26.9 | -23.9 | -11.2% |

由表 2 可见,简支钢箱梁桥考虑护栏对挠度的影响为 -11.2%,大于考虑铺装对挠度的影响;而考虑护栏对底板应力的影响较小,仅为 -2.4%,明显小于考虑铺装对底板应力的影响。这说明护栏对于钢箱梁桥的刚度贡献更大,但对于底板应力分布的影响不大,主要是由于护栏以纵梁的形式分布在主梁两侧,而铺装以共节点的方式布设在各个梁格内,导致梁格受力变化更大。

同样由式(1)得出,在中载工况下,简支钢箱梁桥考虑护栏比不考虑护栏的底板应力校验系数大 2.46%,挠度校验系数大 12.55%。这同样说明,简支钢箱梁桥在实际静载试验计算中应考虑护栏,否则会使结构受力偏不安全。

## 四、结 语

(1)在中载和偏载工况下,考虑铺装使得简支钢箱梁桥挠度减小量达到最大,为 8.5%;在偏载工况下,简支钢箱梁桥考虑铺装比不考虑铺装的底板应力减小量达到最大,为 3.7%。考虑铺装对简支钢箱梁桥挠度的影响大于对底板应力的影响,其中在中载工况下,考虑铺装对挠度的影响比对底板应力的影响偏差达到最大,为 5.5%。在中载工况下,简支钢箱梁桥考虑护栏比不考虑护栏的挠度减小 -11.2%,大于考虑铺装对挠度的影响,而考虑护栏比不考虑护栏对底板应力的影响较小,仅为 -2.4%。

(2)考虑铺装和护栏会增大简支钢箱梁桥的挠度、应力校验系数,若在实际静载试验计算中不考虑铺装,结构受力会偏不安全。在中载载工况下,简支钢箱梁桥考虑铺装比不考虑铺装的底板应力校验系数大 3.13%,挠度校验系数大 9.26%;在偏载工况下,简支钢箱梁桥考虑铺装比不考虑铺装的底板应力校验系数大 3.86%,挠度校验系数大 9.24%。在中载工况下,简支钢箱梁桥考虑护栏比不考虑护栏的底板应力校验系数大 2.46%,挠度校验系数大 12.55%。

**参考文献**

[1] 夏超,黄福伟,张晓东,等.20m 预应力混凝土简支空心板桥的结构校验系数统计分析[J].西南科技大学学报,2013,28(04):1-3,70.
[2] 何春伟.梁式桥的铺装及护栏对静载试验校验系数的影响分析[D].重庆:重庆交通大学,2015.
[3] 勾凤山.基于荷载试验的简支空心板梁桥影响因素敏感性研究[J].山东工业技术,2017(01):98-99.
[4] 马占凯.小箱梁桥荷载试验校验系数影响因素研究[J].黑龙江交通科技,2016,39(04):67-68,71.
[5] 王通.基于稳健回归分析法的自锚式悬索桥荷载试验研究[D].西安:长安大学,2018.
[6] 宋龙龙.桥梁荷载试验校验系数影响因素分析[D].西安:长安大学,2014.
[7] 王凌波,蒋培文,马印平,赵煜.桥梁静载试验校验系数及优化评定方法研究[J].公路交通科技,2015,32(06):62-68.
[8] 孙韦,马超.基于 MATLAB 的高速公路常见桥梁荷载试验挠度及其校验系数的常值范围分析[J].公路交通科技(应用技术版),2013,9(07):38-40.

# 35. 公路钢桁梁桥疲劳易损部位分析

李传喜　姚 悦　吉伯海

(河海大学土木与交通学院)

**摘 要** 随着车流量及载重增加,加上外部环境恶劣、养护不及时等因素影响,我国公路钢桁梁桥易出现疲劳病害。基于对公路钢桁梁桥的疲劳病害调研,总结出我国公路钢桁梁桥疲劳重点部位,通过数值模拟的方法对典型疲劳细节受力特征进行分析,并结合实桥裂纹特征,得到重点部位的疲劳易损细节及分布规律,为公路钢桁梁桥的现场养护提供参考。

**关键词** 钢桁梁桥 疲劳病害 养护 重点部位

## 一、引言

钢桁梁桥使用钢桁架组成的空间结构作为主梁的截面形式,具有自重小、刚度大、受力明确及运输方便等特点,随着我国不断推进公路钢结构桥梁建设,钢桁梁桥在公路桥梁中的应用也越来越广泛[1-2]。

随着服役年限的增加及车流量增长,钢桁梁桥的疲劳问题也逐渐凸显[3-4],如钢桁梁桥结构裂纹一旦萌生,将迅速扩展,严重情况下将导致杆件断裂,影响行车安全。由于钢桁梁桥构造相对复杂,大部分裂纹位置较为隐蔽,且实桥检测中裂纹检测率一般较低,如50mm以下的裂纹检测率通常不超过50%[5]。此外,钢桁梁桥疲劳开裂细节多,不同细节的开裂特征也不尽相同,这也进一步增加了现场维修难度。因此,有必要总结钢桁梁桥疲劳重点部位,明确重点部位中疲劳易损细节及分布规律,为公路钢桁梁桥的现场养护提供指导,同时也为钢桁梁桥的设计优化提供参考。

本文基于国内钢桁梁桥疲劳病害实例,首先基于调研结果,总结出疲劳重点部位,然后建立有限元模型,通过数值模拟对重点部位的受力特征进行分析,最后结合实桥病害分布规律及数值模拟结果,得到重点部位疲劳易损细节及分布规律,提高现场检测效率。

## 二、公路钢桁梁桥疲劳重点部位

由于部分钢桁梁桥设计荷载等级低、局部构造细节不合理及桥位环境恶劣等因素,部分钢桁梁桥已经发现疲劳裂纹[6-7]。国内两座典型跨黄河公路钢桁梁桥,主桥桥跨结构均为多跨连续栓焊钢桁梁桥,2003年对钢桁梁桥进行检查发现部分细节出现疲劳开裂,开裂部位及数量如表1所示。由表1可知,该桥出现疲劳开裂的部位包括纵梁与横梁节点、横梁与弦杆节点及腹杆与弦杆节点。从表1中的数据可以看出,开裂最严重的是纵梁与横梁节点,开裂节点总数为67处,占总节点数量的9.8%,且裂纹最长达160mm,依据《公路桥梁技术状况评定标准》(JTG/T H21—2011)(简称《评定标准》)[8]中规定桁梁端横梁与纵梁连接处下端以及腹杆接头处裂纹长度大于50mm时,标度为5,即材料严重缺损或出现严重的功能性病害,因此该节点开裂已严重影响结构承载力。

某钢桁梁桥疲劳开裂情况　　　　表1

| 开裂部位 | 开裂细节及数量 | 位置分布 | 裂纹特征 |
| --- | --- | --- | --- |
| 纵梁与横梁节点 | 纵梁端部切口(40处)、连接角钢(27处) | 主要位于边纵梁 | 角钢及纵梁腹板撕裂,最长裂纹达160mm |
| 横梁与弦杆节点 | 横梁端部 | 仅位于端横梁 | 腹板撕裂,最长裂纹达40mm |
| 腹杆与弦杆节点 | 节点板及腹杆 | — | 裂纹位于栓孔边缘 |

对于横梁与弦杆节点,两座桥的裂纹均位于横梁端部细节,且仅分布于端横梁,最长裂纹达40mm,根据《评定标准》,截面削弱且已经影响结构承载力。此外,由钢桁梁桥传力路径可知,即桥面传来的荷载作用于纵梁之上,由纵梁传递至横梁,然后由横梁传至主桁架并最终传至基础,横梁一旦发生疲劳断裂,荷载将无法传递,严重影响桥梁的运营安全。横梁端部撕裂的案例在国外较为常见,如美国已有数十座系杆拱桥和钢桁梁桥在该节点发现大量疲劳裂纹[9]。对于腹杆与弦杆节点,部分节点存在疲劳裂纹,且均位于栓孔边缘,由于这些裂纹均位于螺栓帽下方或板件接触面上,开裂前期发现困难,随着裂纹扩展,易导致疲劳断裂。

嫩江钢桥[4]自2002年检测后经过近两年的运营,钢桁梁桥出现新增12条裂纹,开裂部位均位于腹杆与弦杆节点,最大长度达20cm,可见,腹杆与弦杆节点一旦开裂将以较快的速度扩展,实桥养护时应重点关注。对全桥横梁与弦杆节点进行抽检,竖腹杆共检测27处,斜腹杆共检测26处,初始裂纹长度及数量如图1所示。由图1可知,存在缺陷的竖腹杆为17处,缺陷率高达63%,且最长裂纹达450mm,存在缺陷的斜腹杆为14处,缺陷率高达53.8%,裂纹长度主要处于50～200mm之间,由此推测,超过50%的腹杆与弦杆节点存在疲劳裂纹。当车辆通过桥梁时,桥梁振动明显,从而也说明构件开裂对桥梁刚度产生不利影响。此外,抽取12处桥面纵横梁进行检测,发现1处纵梁开裂,裂纹总长达160mm,已对结构的承载性能产生不利影响。

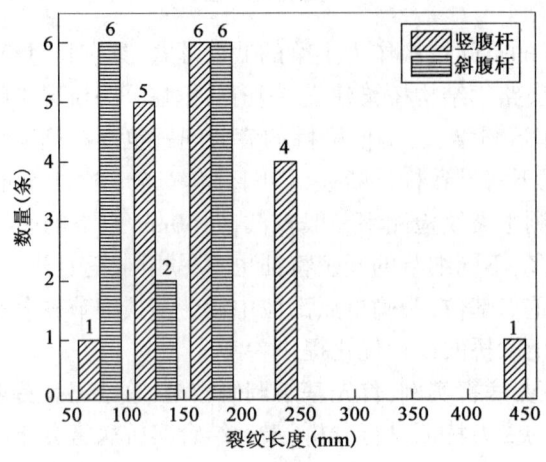

图1 初始裂纹分布情况

基于多座钢桁梁桥疲劳实例及受力特征,得到公路钢桁梁桥疲劳重点部位,主要包括横梁与弦杆节点、纵梁与横梁节点及腹杆与弦杆节点。

## 三、重点部位受力分析

### 1. 数值模拟验证方法

为了明确疲劳重点部位分布规律,通过数值模拟的方法,对重点部位的应力特征进行分析。采用ABAQUS软件建立某简支钢桁梁桥模型,模型由主桁、联结系、桥面结构、桥面铺装组成,其中主桁包括上弦杆、下弦杆、斜腹杆及竖腹杆,联结系包括上平纵向联结系、横向联结系,桥面结构包括纵梁、横梁及混凝土板。上、下弦杆为箱形截面,截面高度600mm、宽度500mm、板厚40mm;斜、竖腹杆为H形截面,截面高度500mm、宽度400mm、板厚16mm;横梁为工字形截面,截面高度700mm,上翼缘宽500mm,下翼缘宽800mm,上、下翼缘厚32mm,腹板厚20mm,间距6610mm;纵梁为工字形截面,截面高度392mm,上、下翼缘宽400mm,上、下翼缘厚20mm,腹板厚16mm,间距700mm;混凝土板与桥面铺装厚度分别为250mm、100mm。

模型中采用Q345qD钢材,弹性模量取$2.06 \times 10^5$ MPa,泊松比0.3;钢筋混凝土板弹性模量取$3.25 \times 10^4$ MPa,泊松比0.2;桥面铺装弹性模量取1000MPa,泊松比0.3。为了便于计算,将模型中使用螺栓连接的部位简化Merge连接和Tie连接,钢梁与桥面板之间采用Merge连接,不考虑其剪切滑移作用。全桥模型网格尺寸为100mm,单元类型为C3D8R,模型约包含46.8万个单元,全桥模型及总体尺寸如图2所示。

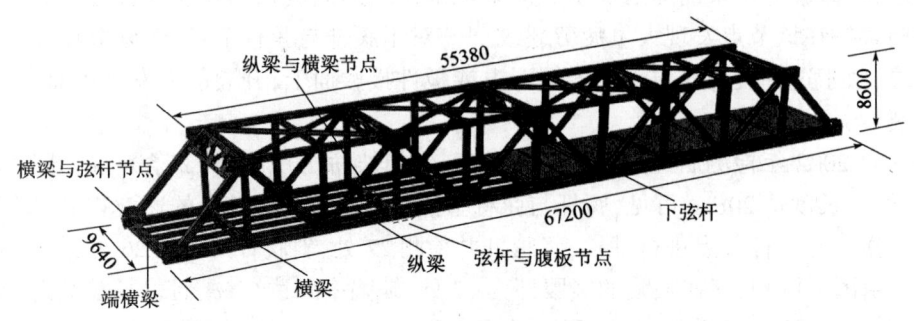

图2 钢桁梁桥有限元模型及总体尺寸(尺寸单位:mm)

钢桁梁全桥模型尺寸大,对研究细节进行网格细化后,模型网格数量较多且计算耗时较长。因此,采取建立子模型的方法对钢桁梁全桥模型进行粗网格划分。基于上述调研结果,钢桁梁桥疲劳病害主要分布于横梁与弦杆节点、纵梁与横梁节点及腹杆与弦杆节点。因此,子模型取横梁与弦杆节点(子模型一)、纵梁与横梁节点(子模型二)及弦杆与腹杆节点(子模型三)进行分析,如图3所示。为便于建立模型,全桥模型中未建立焊缝,子分析模型中建立了焊缝,焊脚尺寸为10mm。子模型全局网格尺寸为20mm,细化网格取2mm,其间采用四面体单元过渡。

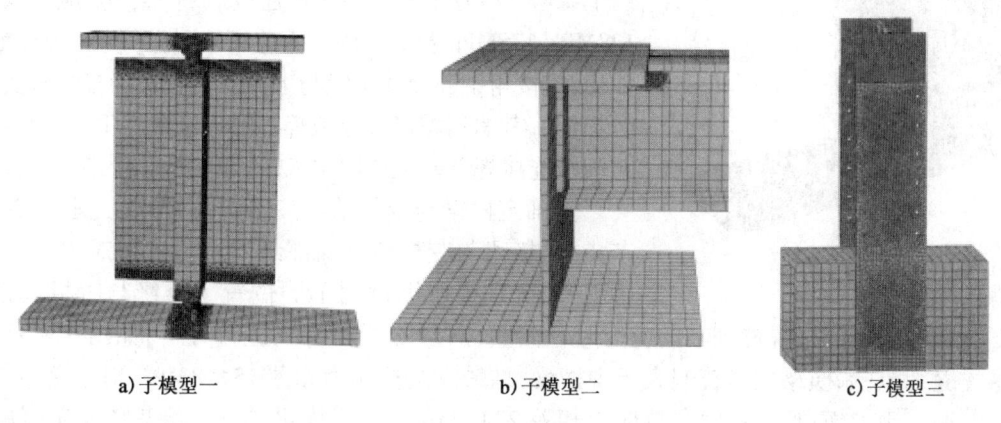

图3 子模型

车辆荷载采用《公路钢结构桥梁设计规范》(JTG D64—2015)[10]规定的疲劳荷载计算模型Ⅲ,如图4a)所示。疲劳车的轴间距为1.2 m + 6 m + 1.2 m,车轮横桥向着地宽度为0.6m,顺桥向着地长度为0.2m,单侧轴重为60 kN,荷载集度为0.5MPa。利用FORTRAN编制的DLOAD子程序进行加载。车辆荷载顺桥向共设置137个分析步,按照顺桥向将车辆荷载从未上桥移动到整车通过全桥,其中$e_x$为车辆荷载纵向中心轴距桥面铺装顺桥向端部的距离,即从初始距离$e_x = -4500.83$mm移动到终止距离$e_x = 70963.28$mm,步长550.83mm,如图4c)所示。

考虑到钢桁梁上部结构的对称性及车辆正常行驶习惯,横桥向取一个荷载工况,令车辆中心线与车道中心线重合,即$e_y = 1750$mm,如图4b)所示。

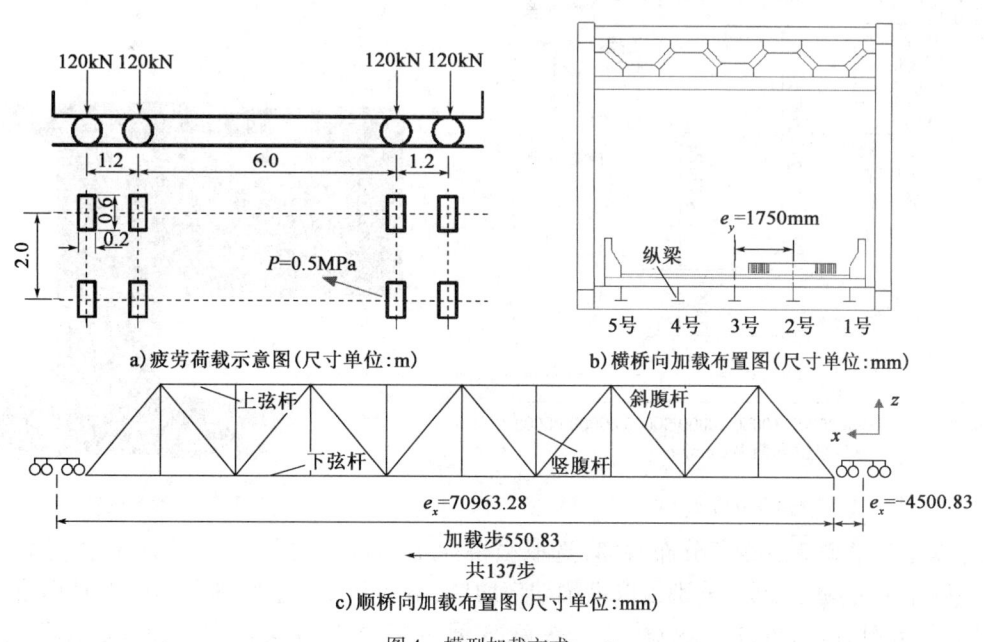

图4 模型加载方式

## 2. 横梁与弦杆节点

横梁是钢桁梁桥主要的传力构件之一,将桥面荷载通过横梁与主桁节点传至主桁,主要受到弯矩与剪力共同作用。为了明确该节点中易出现疲劳病害的构造细节,截取子模型应力云图,如图5所示。由应力云图可知,横梁与弦杆节点应力较大的部位主要包括上翼缘与腹板连接焊缝(点1)、连接角钢肢交线上缘(点2)及下翼缘与腹板连接焊缝(点3),应力大小分别为128MPa、175MPa及61MPa。由此可知,与下翼缘与腹板连接焊缝相比,连接角钢肢交线上缘与上翼缘和腹板连接焊缝更易出现疲劳损伤。考虑到焊接会导致焊缝附近区域产生应力集中,上翼缘与腹板连接焊缝开裂风险更大,这与实桥开裂细节一致[9]。

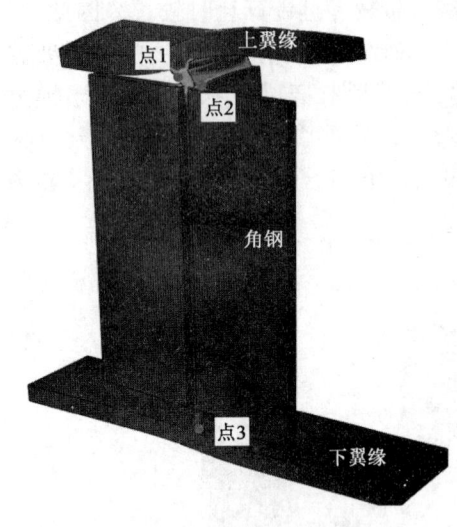

图5 子模型应力云图

为确定横梁与弦杆节点疲劳分布规律,选取中横梁与弦杆节点、端横梁与弦杆节点局部细节应力进行对比。结合上述应力云图,分别提取纵桥向不同位置上翼缘与腹板连接焊缝、连接角钢及下翼缘与腹板连接焊缝细节的应力时程曲线,对节点受力特征进行分析,如图6所示。对于横梁端部上缘焊缝细节,端横梁应力普遍大于中横梁,且最大主拉应力相差154.8MPa;对于角钢上缘细节,端横梁应力普遍大于中横梁,且最大主拉应力相差224.2MPa;对于横梁端部下缘焊缝细节,端横梁应力普遍大于中横梁,且最大主拉应力相差61.7MPa。综上所述,车辆荷载作用下,端横梁细节应力明显大于中横梁,即端横梁易出现疲劳损伤,这与实桥裂纹分布规律一致[6]。

## 3. 纵梁与横梁节点

纵梁与横梁节点主要作用是将纵梁上的荷载传至横梁,由横梁传至主桁架,主要受到弯矩与剪力共同作用。为了明确该节点中易出现疲劳病害的构造细节,截取子模型应力云图,如图7所示。根据应力云图可知,纵梁与横梁节点应力较大的部位主要包括纵梁端部切口(点1)、连接角钢肢交线上缘(点2),应力大小分别为22.5MPa、4.6MPa。由此可知,纵梁端部切口更易发生疲劳损伤,这与上述实桥开裂细节吻合[7]。

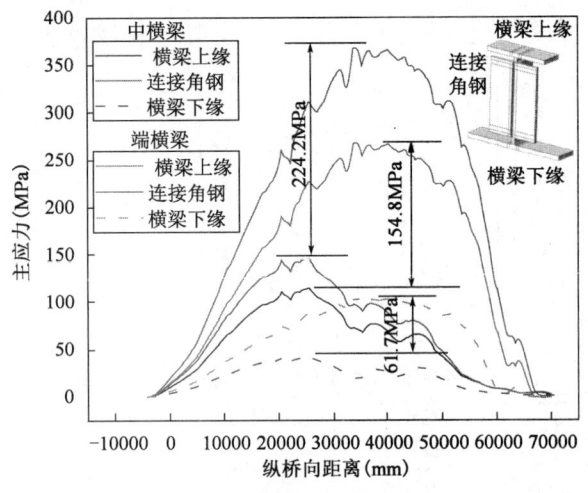

图6 横梁与弦杆节点应力

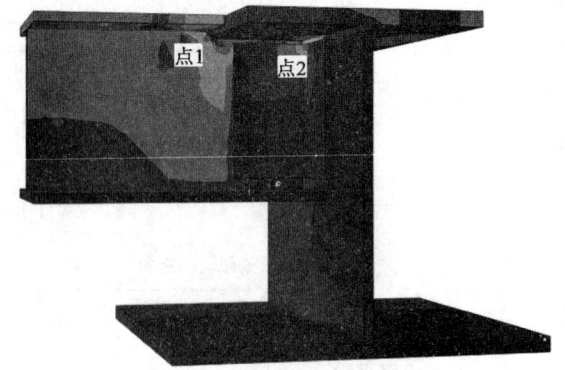

图7 子模型应力云图

为确定纵梁与横梁节点疲劳分布规律,选取横桥向不同位置的节点,纵梁分布位置如图4b)所示。结合纵梁与横梁节点应力云图,分别提取纵梁端部切口、角钢肢交线上缘细节的应力时程曲线,如图8所示。对于纵梁端部切口细节,1号纵梁、2号纵梁、3号纵梁、4号纵梁最大主拉应力分别为24.1MPa、30.7MPa、20MPa、8.5MPa,可以看出1号纵梁、2号纵梁、3号纵梁应力明显大于4号纵梁,且由纵梁的位置可知,1号纵梁、2号纵梁、3号纵梁位于轮迹线附近。此外,1号纵梁、2号纵梁明显大于3号纵梁,且都靠近横桥向边缘,即靠近主桁架。连接角钢上缘应力变化规律与纵梁端部切口相似,不赘述。由上述分析可知,车轮轨迹线附近且靠近主桁侧的节点受力较大,即车轮轨迹线附近且靠近主桁的节点易出现疲劳损伤。

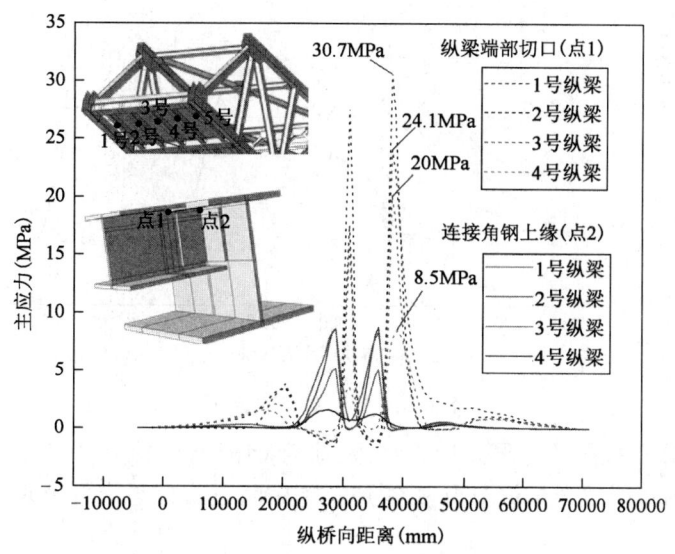

图 8　纵梁与横梁节点应力

### 4. 腹杆与弦杆节点

腹杆与弦杆节点将腹杆、弦杆连接成整体,组成完整的桁架,从而将桥面荷载经支座传至基础,杆件主要受到轴向拉力或压力作用。为了明确该节点中易出现疲劳病害的构造细节,截取子模型应力云图,如图9所示。根据应力云图可知,腹杆与弦杆节点应力较大的部位主要包括节点板与腹杆连接部位第一排螺栓孔边缘(点1)、节点板与弦杆连接部位第一排螺栓孔边缘(点2),应力大小分别为2.1MPa、2.5MPa;由应力云图分析可知,应力较大主要集中于螺栓孔边缘,可能的原因是开孔部位截面削弱,应力集中程度显著。

为确定弦杆与腹杆节点疲劳分布规律,选取跨中、1/4跨、边跨节点局部细节应力进行对比,如图10所示。对于点1,边跨节点与1/4跨节点应力大小相差不大,且明显大于跨中节点;对于点2,边跨、1/4跨、跨中节点应力分别为4.2MPa、5.0MPa、5.6MPa,1/4跨、跨中节点应力明显大于边跨,且跨中节点应力大于1/4跨,但相差较小。结合点1与点2应力,1/4跨与跨中附近节点较不利,且1/4跨附近节点最不利,与文献[2]最不利节点位置基本一致。因此,实桥养护时应重点关注跨中及1/4跨附近节点,尤其是1/4跨附近节点。

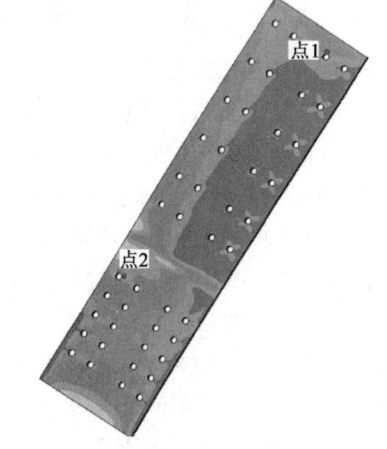

图 9　子模型应力云图

## 四、结　语

(1)基于相关资料及受力特征,得到公路钢桁梁桥疲劳重点部位,包括横梁与弦杆节点、纵梁与横梁节点及腹杆与弦杆节点。

(2)基于数值模拟,得到不同节点中疲劳易损伤细节,即横梁与弦杆节点包括上翼缘与腹板焊缝、角钢肢交线上缘及下翼缘与腹板焊缝,纵梁与横梁节点包括纵梁端切口、角钢肢交线上缘,腹杆与弦杆节点包括节点板栓孔边缘。

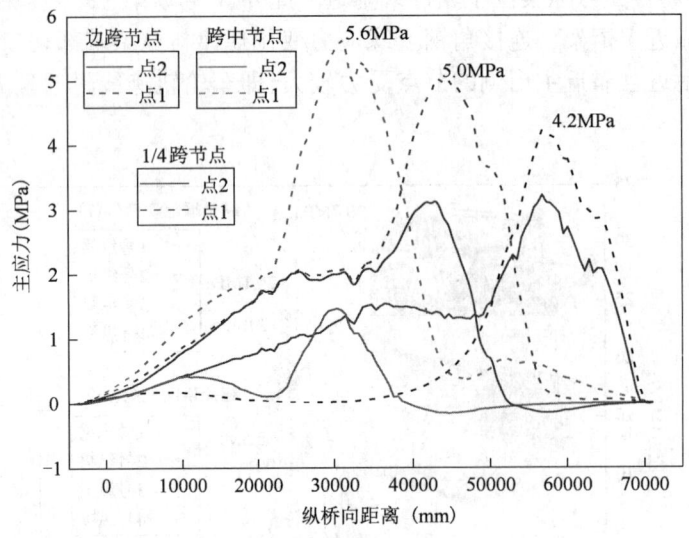

图10 弦杆与腹杆节点应力

（3）结合实桥裂纹分布规律及有限元计算结果,确定钢桁梁桥疲劳重点部位易损位置,即端横梁与弦杆节点、车轮轨迹线附近纵梁与横梁节点、1/4跨及跨中附近腹杆与弦杆节点,以提高检测针对性与检测效率。

**参考文献**

[1] 吉伯海,傅中秋.钢桥[M].2版.北京:人民交通出版社股份有限公司,2019.
[2] 王卉.钢桁架桥节点高强螺栓失效的力学性能及处置对策研究[D].南京:东南大学,2019.
[3] 王化兵.山东高速桥梁维修加固技术手册[M].北京:人民交通出版社,2011.
[4] 冯晓霞.公路钢桁桥安全性能评估研究[D].北京:北京交通大学,2007.
[5] CAMPBELL L E,CONNOR R J,WHITEHEAD J M,et al. Benchmark for Evaluating Performance in Visual Inspection of Fatigue Cracking in Steel Bridges [J]. Journal of Bridge Engineering,2020,25(1):04019128.
[6] 杨光,陈惟珍,刘学.某公路钢桁架桥的典型病害及加固方法初探[J].山西建筑,2007(01):266-267.
[7] 陈惟珍.钢桁梁桥评定与加固:理论、方法和实践[M].北京:科学出版社,2012.
[8] 中华人民共和国交通运输部.公路桥梁技术状况评定标准:JTG/T H21—2011[S].北京:人民交通出版社,2011.
[9] 任伟平.焊接钢桥结构细节疲劳行为分析及寿命评估[D].成都:西南交通大学,2008.
[10] 中华人民共和国交通运输部.公路钢结构桥梁设计规范:JTG D64—2015[S].北京:人民交通出版社股份有限公司,2015.

# 36. 自动补偿扭转效应的钢丝绳吊索电磁弹式索力传感器的研发

魏 巍[1] 段元锋[1] 段元昌[2]
（1.浙江大学建筑工程学院;2.杭州健而控科技有限公司）

**摘 要** 吊索作为悬索桥桥梁主缆与桥面的重要承接部分,其受力状态直接影响桥梁的安全运营。

为此,对其进行准确、长久的索力监测显得尤为重要。本文采用基于磁弹效应和磁电层合元件的电磁弹传感器,建立了实时无损索力监测试验平台。针对钢丝绳吊索,在张拉施工过程及后期运行阶段均可能存在索体扭转现象。试验发现,索体扭转变形对电磁弹传感器的输出信号产生较大影响,测量误差偏大。为研究钢丝绳扭转程度对电磁弹索力传感器监测数据的影响,以 $\phi$52mm 钢丝绳吊索作为试验对象,设计了一套锚头转动角度固定工装,通过加载过程中设置不同的锚头初始转动角度实现钢丝绳产生不同程度的扭转变形,在满足张拉过程荷载要求的前提下,得到不同转动角度下的传感器标定曲线。进而,采用 BP 神经网络,进行锚头转动工况下索力的预测。试验结果表明,利用该方法进行未知扭转角度时的索力预测,预测误差小于4%,克服了钢丝绳扭转对电磁弹传感器的影响,满足了工程需求。

**关键词** 钢丝绳吊索扭转 电磁弹式传感器 传感器标定 BP 神经网络 K-折交叉验证

# 一、引 言

吊索作为悬索桥中连接主缆索夹与加劲梁的关键构件,同时也是整个悬索桥结构体系中最脆弱的构件之一[1],其受力状态直接影响全桥的安全运营。如何准确快速实现吊索索力监测已经成为迫切需要解决的工程问题。根据磁弹效应原理[2-7]可知,应力能够改变铁磁材料本身磁特征值,当铁磁构件处于饱和磁场强度环境下,能够通过传感器测量其本身的磁特征值来表征施加在构件上的外荷载[8],进而实现对吊索、斜拉索、预应力筋等一系列桥梁构件的荷载检测。基于该原理的索力传感器一般称为磁弹传感器[8],其具有原理简单、实时无损、使用寿命长等优点。目前该类索力传感器已得到国内外学者的广泛研究与工程实际应用。磁通量传感器均采用接入副线圈,并利用电磁感应原理采集感应信号,进而换算至磁特征值。一般来说,利用感应线圈作为检测元件会存在现场安装困难、感应信号过小、测量精度受限等不利因素。针对以上不足,浙江大学段元锋团队[9-14]研发的电磁弹式(Elasto-Magneto-Electric,EME)传感器利用智能磁电层合元件代替传统感应线圈作为检测元件,研究表明,与传统磁通量传感器相比电磁弹式索力传感器克服了传统线圈需要绕线、信号弱、磁电转换效率低等不足,提高了索力检测精度。

对于悬索桥结构吊索部位,其构造形式一般分为平行钢丝束吊索、钢丝绳吊索及刚性吊索(采用钢拉杆为索体)[15]。由以上分类可以看出,平行钢丝束吊索及刚性吊索在张拉时时基本呈现轴向变形。若其构造为钢丝绳,由于其外层各股钢丝呈螺旋线型布置,吊索本身在张拉时会产生扭转,且荷载越大,其截面形式越密实,钢丝绳在张拉过程中既产生轴向变形,也会产生切向变形,此时,铁磁材料将会从两个方向同时改变自身的磁特征参数。目前已有针对构件扭矩研发的磁通量传感器,[16-18]但是尚无传感器可以实现考虑扭转效应的轴力监测。对于吊索而言,当存在扭转现象时,由于现有电磁弹式传感器未考虑扭转效应,从而输出的磁特性值无法与索力建立唯一的数学关系,造成较大的测量误差,不能满足实际工程需要。BP 神经网络作为一个经典的小样本数据回归与分类的机器学习算法,在桥梁工程领域已成功应用在抗风性能研究[19]、温度场监控及结构挠度监测[20-21]、结构损伤识别等领域[22],有望实现扭转角度未知情况下电磁弹式索力传感器的索力自动补偿。

为研究钢丝绳在加载过程中扭转变形对电磁弹传感器采集信号的影响,本文首先在实验室对钢丝绳吊索进行轴向拉伸实验,为表征钢丝绳吊索不同程度的扭转变形,记录了钢丝绳吊索加载至设计值时锚头转动的总角度,随后设置一组锚头转动初始角度,同时设计一种锚头固定工装,使其能够旋转至初始角度后保持固定,以模拟不同工况下的钢丝绳扭转情况;随后,提出一种考虑扭转变形的钢丝绳吊索电磁弹传感器索力标定及修正方法,利用电磁弹式传感器进行吊索在锚头不同转动角度下的索力标定,得到各个工况下设定荷载的标定曲线,对磁特性信号与励磁脉冲电流进行多项式拟合,并提取多项式系数。最后利用建 BP 神经网络,以各个工况下的多项式拟合系数、索力为样本集。在完成网络参数优化后,以实验室实际测量数据进行网络测试,分析结果预测误差及适用性。

## 二、电磁弹式传感器基本原理

对于铁磁材料构件,当其放置于磁场环境中并达到饱和磁化,若构件因承受外荷载而产生形变,材料磁特性会发生改变。承受不同的外荷载会表现出不同的磁特性参数。这时,通过测量材料不同的磁特征值就可反算得到实际承受的外荷载。

对于本次考虑扭转效应的钢丝绳索力测量试验,其构件属于正磁致伸缩效应的铁磁材料,根据Joule效应及应力对铁磁材料的影响[23-25],得到磁弹效应原理下的索力测量基本公式,如式(1)所示:

$$\sigma = \frac{3\lambda_s M_s}{2K_u} B \sin^2\theta_0 \cos\theta_0 \tag{1}$$

式中:$\sigma$——所受应力;

$\lambda_s$——磁致伸缩常数;

$K_u$——单轴各向异性常数;

$M_s$——饱和磁化强度;

$\theta_0$——应力方向与磁化轴的夹角;

$B$——构件磁感应强度。

由公式可以看出,当铁磁构件磁化强度达到饱和后且只考虑轴向应力时,系数$K_u$、$\theta_0$为定值;由此可以得到所受应力只与铁磁构件磁感应强度有关。为此,若可以检测出构件的磁感应强度,就可以确定构件荷载的大小。

为更加准确、高效表征铁磁构件磁感应强度,采用智能磁电层合元件代替传统副线圈作为传感元件[12]。本文所介绍的电磁弹传感器采用智能磁电传感元件是由Terfenol-D(磁致伸缩元件)/PMN-PT(压电元件)/Terfenol-D三种材料层合而成[12,26]。其基本工作原理基于磁致伸缩材料和压电材料乘积效应[26],即磁致伸缩材料在磁场中产生应变,应变信号传递至压电元件产生电信号,实现磁电转换。磁电转换公式,如式(2)所示[26]。与传统感应线圈相比,其具有磁电转换效率高、磁场变换响应速度快、体积小等优点。

$$\alpha_V = \left(\frac{dV}{dB}\right)_{com} = K \left(\frac{dV}{dS}\right)_{mags} \left(\frac{dS}{dB}\right)_{piezo} \tag{2}$$

式中:$\left(\frac{dV}{dS}\right)_{mags}$——磁致伸缩系数;

$\left(\frac{dS}{dB}\right)_{piezo}$——压电系数,在两者材料和体积分数确定时,$K$为一常数值。

通过磁电转换系数,可以通过输出的磁特征信号对构件磁场进行表征[27],如式(3)所示。结合式(1)及式(3),可以得到应力与电磁弹传感器输出电信号$V_{ME}$的对应关系,如式(4)所示。通过信号调理及数据处理,得到磁特征值$V_{EME}$与$\sigma$之间的对应关系,如式(5)所示。

$$B = \alpha_V V_{ME} \tag{3}$$

$$\sigma = \frac{3\lambda_s M_s}{2K_u} \alpha_V V_{ME} \sin^2\theta_0 \cos\theta_0 \tag{4}$$

$$\sigma = \alpha_V f(\lambda_s, M_s, K_u, \theta_0) V_{ME} = \varphi V_{EME} \tag{5}$$

## 三、电磁弹式传感器实验室标定

### 1. 标定试验平台搭建

为了研究钢丝绳在加载过程中扭转变形对电磁弹传感器信号的影响,需要完成钢丝绳不同扭转程度的定量设置。图1a)展示了本次标定试验中的锚头固定设备的平面图。该设备包括转动杆及角度挡,其中转动杆对称焊接在锚头两侧(此时不对实验索施加外力)。图1b)及图1c)分别为本次标定试验加载系统的实物图及示意图。总体来说,本次试验将试验用钢丝绳吊索安装在静力加载架内(承载极限12000kN),同时电磁弹式传感器安装在实验索上,利用液压千斤顶(YDC2500kN-100)完成拉力加载,荷载值通过压力传感器采集;试验索为一根$\phi$52mm钢丝绳吊索(公称抗拉强度为1960MPa,结构形式为8×55SWS+IWR),同时,调整电磁弹传感器位置,使其能够处于高低温交变试验箱(2000mm×1600mm×

1600mm)之内,完成不同温度下的传感器标定试验。此外,图1d)电磁弹传感器构造示意图。

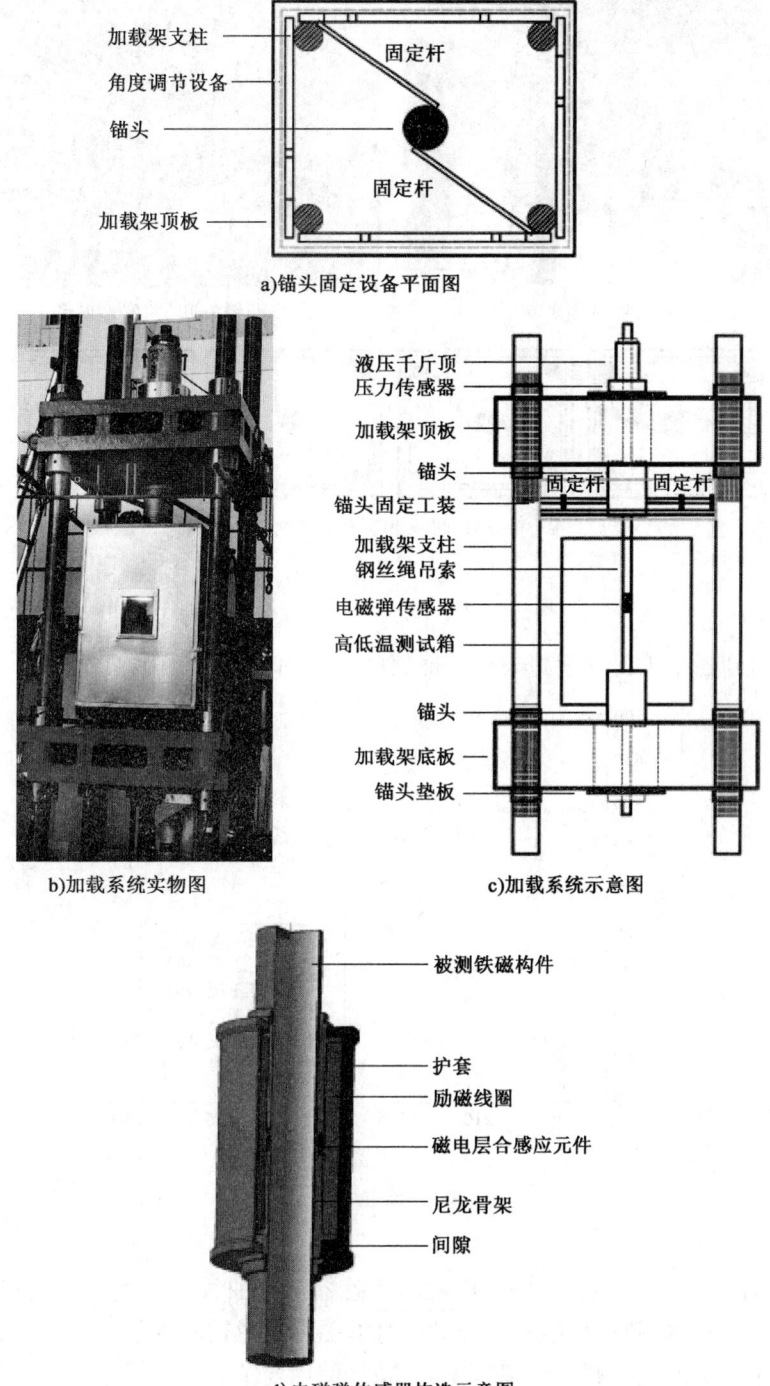

图1 实验室标定系统示意图

## 2. 标定参数及工况设定

按照吊索设计索力300kN,本次试验确定加载区间为100~450kN。针对固定设备,首先以千斤顶作为加载装置,对钢丝绳进行加载,此时钢丝绳吊索除加载架上下垫板外无其他约束装置。进而得到锚头转动的最大弧长,并结合锚头周长得到加载至450kN时的最大转动角度为33cm/80cm×360°=148.5°。考虑加载架及角度固定装置安装的便捷性,设置锚头固定初始角度,分别是0°、50°、90°、120°及150°,当锚头转动到以上角度后保持固定。加上锚头转动工况,总共设计6种试验工况,如图2所示,对这6种工况依次进行标定。

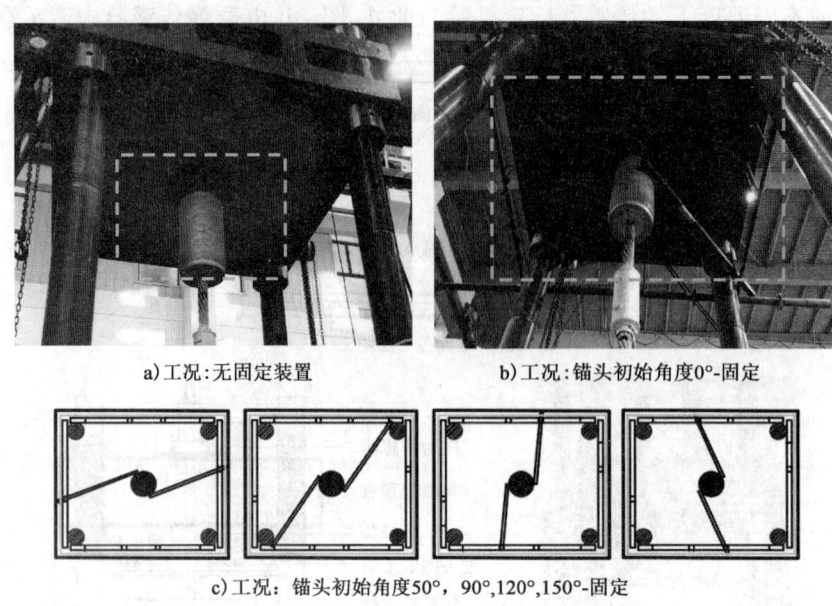

a) 工况：无固定装置　　b) 工况：锚头初始角度0°-固定

c) 工况：锚头初始角度50°，90°，120°，150°-固定

图2 标定工况示意图

### 3. 标定结果

通过以上试验，得到各个工况下索力与磁特征值的关系曲线，如图3所示。

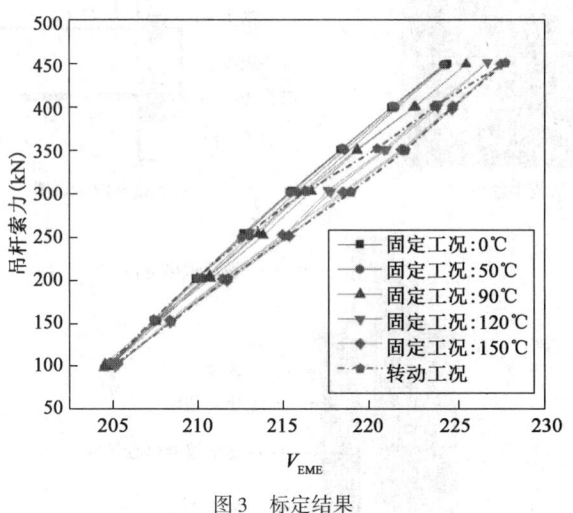

图3 标定结果

从中可以看出：

(1) 当设置不同的锚头初始固定角度时，电磁弹传感器标定曲线会产生明显偏移，且荷载越大，偏移程度越大。这说明钢丝绳在加载过程中的扭转变形对电磁弹传感器输出信号产生明显的影响。此外，当锚头固定不动时，各个工况的加卸载曲线基本重合，满足使用要求。

(2) 同样对于锚头固定工况，当锚头初始固定角度较小时（小于50°），其与初始角度为0°时的标定曲线基本重合，说明此时的钢丝绳扭转变形对电磁弹传感器输出信号基本无影响。但是当初始转动角度继续增大时，标定曲线则会产生偏移，这说明当钢丝绳扭转程度较小时，对电磁弹传感器的实际使用影响偏小，随着钢丝绳扭转程度不断增大，对电磁弹传感器的影响也会随之增大。

(3) 当锚头不固定时，及锚头随荷载的增加产生转动，可以看出该工况下的标定曲线并不重合，说明钢丝绳吊索本身的扭转变形已经对电磁弹传感器的输出信号产生影响。也可以看出，当加载小于250kN时，锚头基本没有产生转动，当荷载继续增大至450kN，可以发现，标定点会产生明显偏移，直至靠近150°锚头固定工况标定曲线，但是在卸载过程中，标定曲线基本沿初始角度150°固定工况返回，这说明钢丝绳反向扭转与卸载存在一定滞后。

在实际工程应用中通常无法得到钢丝绳扭转情况,这意味着无法确定施加荷载与电磁弹输出值的对应关系,这会对钢丝绳吊索索力实际检测精度造成较大的偏差,影响吊索使用状态评估。为减小钢丝绳扭转对索力测量的影响,本文提出基于 BP 神经网络,利用不同温度及锚头转动角度下的磁特性信号曲线特性,完成索力预测。

## 四、基于 BP 神经网络的钢丝绳吊索索力预测

### 1. BP 神经网络模型设计

在第二节提出磁特征值是由磁特征信号处理得到,为提取更多的特征量作为训练集中的输入层数据,本次训练集输入层样本确定为拟合磁特征信号曲线多项式系数,输出层为索力预测值。当输入层及输出层节点个数确定后,需要对隐含层个数及节点数进行优化,使网络实现可靠的学习能力及泛化能力,同时网络结构不会过于复杂,避免陷入局部最优。由于本次试验得到的数据样本数量相对偏少(共计 651 组),隐含层层数或节点数过多的神经网络不仅训练时间长,而且容易产生过度训练问题,故本次索力预测所采用的网络结构为单隐层网络,即"输入层—隐含层—输出层",具体网络模型如图 4 所示。在得到网络最优参数后,通过训练不同扭转角度的磁特征信号曲线,完成索力预测。

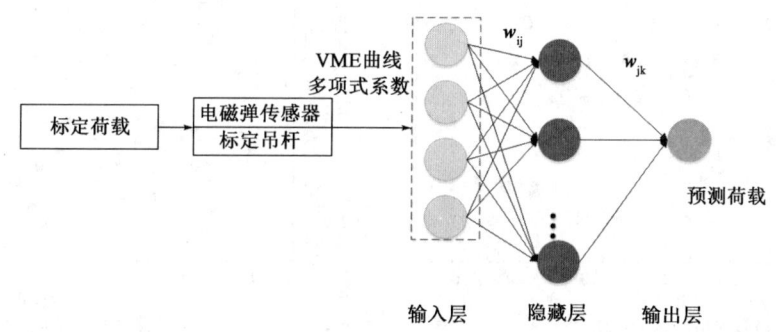

图 4 BP 神经网络模型示意图

### 2. BP 神经网络参数设定

对于本次 BP 神经网络,按以下步骤进行训练:

本次训练共选取数据集数量为 651 组,将标定数据分为两类,其中旋转工况数据(共 56 组)设置为测试集,各个固定角度标定数据(共 595 组)设置为训练集,并将所有数据随机排序,以消除数据顺序对预测结果的影响;利用 K-折交叉验证,以确定最优隐含层结点个数。此外,由于特征点的单位及量级存在较大差别,为保证数据训练精度,需要对训练数据做归一化处理,使训练集、验证集、测试集数据值均保持在[0,1]内。

本次 BP 神经网络训练平台软件选用 MATLAB,其内置机器学习工具箱可以完成 BP 神经网络的搭建和参数设置,考虑数据集规模、训练时间、网络性能评判准则等因素,结合文献[28],得到本次 BP 神经网络的设置参数,见表 1。

BP 神经网络参数设置  表1

| BP 神经网络参数项目 | 具体参数 |
| --- | --- |
| 输入层特征量个数 | 5 |
| 隐含层节点个数 | 12 |
| 输出层特征量个数 | 1 |
| 激活函数 | 输入层—隐藏层:Tansig;隐藏层—输出层:Purelin |
| 学习率 | 0.0001 |
| 各层权重值 | [0,1] |
| 训练迭代次数 | 100 |
| 网络性能函数 | MSE |

续上表

| BP 神经网络参数项目 | 具体参数 |
| --- | --- |
| 网络训练目标值 | $1 \times 10^{-6}$ |
| 网络训练函数 | Levenberg-Marquardt BP algorithm(Trainlm) |

3. 吊索索力预测及数据分析

根据上一小节训练集与测试集的布置情况及参数设定,进行优化后的 BP 神经网络训练,为得到 BP 神经网络的预测精度,将测试集(实际值,未经过训练)带入网络内,得到预测值并计算预测值与测试值之间的误差。图 5a)比较了预测值与试验值,从图 5a)中可以看出,这两组数据偏差较小,说明经过 BP 神经网络修正后的电磁弹传感器可以基于锚头固定转动工况下的标定数据,完成对无固定工况的索力预测;图 5b)为预测值与试验值之间的相对误差示意图,可以看出两者之间相对误差的绝对值小于 4%,基本达到预期对电磁弹传感器信号的预测,满足实际工程需求。

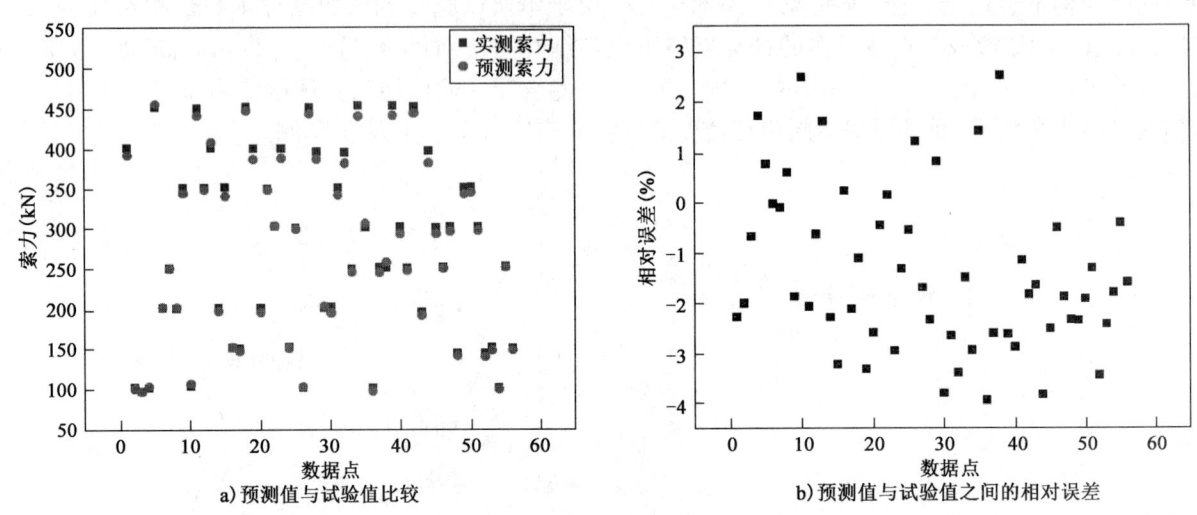

a) 预测值与试验值比较    b) 预测值与试验值之间的相对误差

图 5　BP 神经网络预测结果

结合第三节标定试验结果及本节的预测结果可以得到,虽然目前电磁弹索力传感器具有相当高的测试精度,但是在钢丝绳吊索张拉过程中考虑扭转影响时,目前的电磁弹理论还未具有高精度检测的能力。这时可以通过 BP 神经网络回归预测完成电磁弹传感器信号的修正,消除钢丝绳扭转变形的影响,使其可以应对后期钢丝绳索类结构的索力检测。

## 五、结　语

通过以上标定试验及数据分析,可以得到以下结论:

(1)通过试验发现,当钢丝绳张拉过程中产生扭转变形,会对电磁弹式索力传感器信号造成较大影响,需要进行修正补偿。

(2)设计了一套锚头转动固定工装,得到电磁弹式索力传感器在钢丝绳吊索不同扭转程度下的标定曲线。

(3)基于 BP 神经网络,将传感器磁特征信号曲线特性作为输入信号,以不同转动角度的锚头固定工况标定数据作为训练集,锚头转动工况作为测试集,并结合 K-折交叉验证确定最优隐含层节点个数,进行索力补偿。结果表明,预测值与试验值相对误差小于 4%,表明所研发的考虑钢丝绳扭转效应的电磁弹式索力传感器实现了未知扭转角度情况下的钢丝绳吊索索力监测,满足工程实际需求。

**参考文献**

[1] An Y, Spencer Jr B, Ou J. A test method for damage diagnosis of suspension bridge suspender cables[J]. Computer-Aided Civil and Infrastructure Engineering, 2015, 30(10): 771-784.

[2] Jiles D. Theory of the magnetomechanical effect[J]. Journal of physics D: applied physics, 1995, 28

(8): 1537.

[3] Jiles D C, Thoelke J, Devine M. Numerical determination of hysteresis parameters for the modeling of magnetic properties using the theory of ferromagnetic hysteresis[J]. IEEE Transactions on magnetics, 1992, 28(1): 27-35.

[4] Kvasnica B, Fabo P. Highly precise non-contact instrumentation for magnetic measurement of mechanical stress in low-carbon steel wires[J]. Measurement Science and Technology, 1996, 7(5): 763.

[5] 田民波. 磁性材料[M]. 北京:清华大学出版社有限公司, 2001.

[6] 宛德福. 马兴隆. 磁性物理学[M]. 北京:电子工业出版社, 1999.

[7] 严密, 彭晓领. 磁学基础与磁性材料[M]. 杭州:浙江大学出版社, 2006.

[8] Wang M L, Wang G, Zhao Y. Application of EM stress sensors in large steel cables, Sensing issues in civil structural health monitoring: Springer, 2005: 145-154.

[9] Duan Y-F, Zhang R, Dong C-Z, et al. Development of elasto-magneto-electric (EME) sensor for in-service cable force monitoring [J]. International Journal of Structural Stability and Dynamics, 2016, 16(04): 1640016.

[10] Duan Y-F, Zhang R, Zhao Y, et al. Smart elasto-magneto-electric (EME) sensors for stress monitoring of steel structures in railway infrastructures[J]. Journal of Zhejiang University-SCIENCE A, 2011, 12(12): 895-901.

[11] Duan Y-F, Zhang R, Zhao Y, et al. Steel stress monitoring sensor based on elasto-magnetic effect and using magneto-electric laminated composite[J]. Journal of Applied Physics, 2012, 111(7): 07E516.

[12] Zhang R, Duan Y, Or S W, et al. Smart elasto-magneto-electric (EME) sensors for stress monitoring of steel cables: design theory and experimental validation[J]. Sensors, 2014, 14(8): 13644-13660.

[13] 田章华, 张海东, 罗云, 等. 基于磁弹效应的螺纹钢筋全量应力监测[J]. 结构工程师, 2017, 33(04): 111-116.

[14] 尹文霞, 周仙通, 段元锋, 等. 基于磁弹效应的高强钢丝应力监测实验研究[J]. 结构工程师, 2013, 29(05): 113-118.

[15] 中华人民共和国交通部. 公路悬索桥吊索:JT/T 449—2001 [S]. 北京:人民交通出版社, 2001.

[16] Huang Y, Zhang X, Zhuang S, et al. Research on Non-contact Torque Sensing Method by Magnetoelastic Effect [C]. International Conference in Communications, Signal Processing, and Systems, 2017: 2020-2027.

[17] 吴素艳. 基于磁弹效应的扭矩传感技术研究[D]. 天津:天津大学, 2017.

[18] 张晓梅. 基于磁弹效应的非接触式扭矩传感方法研究[D]. 天津:天津大学, 2018.

[19] 段文博. 基于优化神经网络的桥梁施工监控与T构的抗风性能研究[D]. 天津:河北工业大学, 2016.

[20] Wen J-W, Chen C, Yan X-C. Based on BP neural network forecast bridge temperature field and its effect on the behavior of bridge deflection[C]. Proceedings 2011 International Conference on Transportation, Mechanical, and Electrical Engineering (TMEE), 2011: 1333-1336.

[21] 周家刚. BP神经网络在大跨径斜拉桥施工控制中的应用研究[D]. 西安:长安大学, 2003.

[22] Geng X, Lu S, Jiang M, et al. Research on FBG-based CFRP structural damage identification using BP neural network[J]. Photonic Sensors, 2018, 8(2): 168-175.

[23] Tang D, Huang S, Chen W, et al. Study of a steel strand tension sensor with difference single bypass excitation structure based on the magneto-elastic effect [J]. Smart materials and structures, 2008, 17(2): 025019.

[24] 唐德东. 基于磁弹效应的钢缆索索力在线监测关键技术探索[D]. 重庆:重庆大学, 2007.

[25] 文西芹,赵明光,杜玉玲,等.铁磁材料的逆磁致伸缩效应实验研究[J].淮海工学院学报(自然科学版),2005(01):11-13.

[26] Ryu J,Priya S,Uchino K,et al. Magnetoelectric effect in composites of magnetostrictive and piezoelectric materials[J]. Journal of electroceramics,2002,8(2):107-119.

[27] 张茹.基于磁弹效应和磁电层合材料的在役钢结构应力监测研究[D].杭州:浙江大学,2014.

[28] Zhang R,Duan Y,Zhao Y,et al. Temperature compensation of Elasto-Magneto-Electric(EME) sensors in cable force monitoring using BP Neural Network[J]. Sensors,2018,18(7):2176.

# 37. 基于各国规范的预应力筋松弛损失计算方法对比分析

武时宇 刘钊

(东南大学桥梁研究中心)

**摘 要** 预应力损失过大是大跨预应力混凝土梁桥出现下挠病害的重要原因之一。本文重点关注预应力钢绞线松弛损失对预应力混凝土梁的影响,首先对比分析了中国《公路钢筋混凝土及预应力混凝土桥涵设计规范》(JTG 3362—2018)(简称"《公预规》")、美国 AASHTO-LR FD2007 规范(简称"AASHTO 规范")、欧洲 EN 1992-1-1(2004)Eurocode 2 规范(简称"EN 1992 规范")和澳大利亚桥梁设计规范 AS 5100.5—2004 规范(简称"AS 5100.5 规范")中钢绞线松弛损失的计算方法;其次着重分析了初始应力比、温度作用对钢绞线松弛损失的影响;最后,以一根悬臂预应力混凝土模型梁为例,研究了钢绞线松弛损失对其结构行为的影响。研究表明,初始应力比越大、预应力钢绞线温度越高,钢绞线松弛损失越大;随着松弛损失的增大,预应力混凝土悬臂梁的挠度不断增大。

**关键词** 预应力混凝土梁桥 预应力损失 钢绞线 松弛 挠度

## 一、引 言

部分大跨预应力混凝土梁桥在长期服役后出现了跨中下挠过大、梁体开裂等各类病害[1],虽然成因可能有多种,但一般认为预应力损失过大是重要原因之一[2]。预应力损失分为瞬时损失及长期损失[3]。对于后张梁而言,瞬时损失项包括摩阻损失、锚具变形和力筋内缩损失、混凝土弹压损失;长期损失包括预应力筋松弛损失、混凝土收缩和徐变引起的预应力损失。李准华等通过对比几种规范的预应力损失计算方法,分析了预应力损失对梁桥造成的影响,研究表明若预应力损失计算偏小,将会严重影响桥梁内力计算及挠度计算的准确性[2]。赵桉等分析了影响桥梁下挠的因素,研究发现桥梁长期受力性能对混凝土收缩徐变、预应力松弛损失及斜裂缝等因素较为敏感[4]。Bažant 等指出节段现浇大跨预应力混凝土桥梁的下挠对预应力损失较为敏感[5],尤其需要关注预应力松弛损失带来的影响,通过分析不同文献中预应力松弛试验数据,对欧洲模式规范和美国相关规范进行温度修正,扩大了规范中经验公式的应用范围。Atutis 等指出松弛损失较为关键[6],因其影响预应力筋的有效应力大小,随着时间的推移,预应力筋松弛损失可能达到初始应力的 20% 左右。

目前,桥梁工程中低松弛预应力钢绞线得到广泛应用,普通松弛钢绞线已较少使用,故本文以低松弛预应力钢绞线作为研究对象,文中出现的预应力钢绞线均指低松弛预应力钢绞线。各国规范关于预应力钢绞线松弛损失的计算方法各不相同,考虑的影响因素也存在差异,特别是现有松弛计算模型基于常温、均匀应力的室内环境试验,尚未考虑高温环境加快金属蠕变、增大松弛损失的影响。另外,钢绞线在生产过程中经过盘条表面处理、拉拔配丝、捻制及稳定化处理等步骤,若稳定化处理过程中温度控制不当,会使预应力钢绞线松弛性能不达标[7]。在设计时对预应力损失的预估不足,将导致桥梁结构后期产生各类病害。本文首先对比分析了各国规范中关于预应力钢绞线松弛损失的计算模型,之后对影响松弛损失的因素进行探讨,包括初始应力水平和温度作用等,最后以一根预应力混凝土悬臂梁为研究对象,分析预应力松弛损失对其结构行为的影响。

## 二、各国规范预应力松弛计算模型

1. 《公路钢筋混凝土及预应力混凝土桥涵设计规范》(JTG 3362—2018)[8](以下简称《公预规》)

公预规中钢绞线松弛损失的计算方法如下:

$$\sigma_{l5} = \psi \cdot \xi \left(0.52 \frac{\sigma_{pe}}{f_{pk}} - 0.26\right)\sigma_{pe} \tag{1}$$

式中:$\psi$——张拉系数,$\psi = 1$;

$\xi$——松弛系数,$\xi = 0.3$;

$\sigma_{pe}$——传力锚固时的预应力钢绞线应力,$\sigma_{pe} = \sigma_{con} - \sigma_{l1} - \sigma_{l2} - \sigma_{l4}$。

若需分阶段计算钢绞线的松弛损失时,中间值与终极值的比值可按表1确定。

钢绞线松弛损失中间值与终极值比值    表1

| 时间(d) | 2 | 10 | 20 | 30 | 40 |
|---|---|---|---|---|---|
| 比值 | 0.50 | 0.61 | 0.74 | 0.87 | 1.00 |

注:钢绞线松弛损失的终极值由式(1)计算。

2. 美国 AASHTO 规范[9]

AASHTO 规范计算钢绞线松弛损失的方法分为近似计算方法和精确计算方法。当构件为标准预制构件,且处于普通环境条件和加载条件,可按近似计算方法取钢绞线的松弛损失为17MPa。精确计算方法给出如下公式用于计算钢绞线的松弛损失。

$$\Delta f_{pR1} = \frac{f_{pt}}{K_L}\left(\frac{f_{pt}}{f_{py}} - 0.55\right) \tag{2}$$

式中:$f_{pt}$——钢绞线传力锚固时的应力,不小于 $0.55f_{py}$;

$K_L$ 取 30。

文献[10]指出预应力长期损失中,混凝土收缩徐变会影响钢绞线的松弛损失,故 AASHTO 规范根据 Tadros 等的研究给出了如下公式,计算钢绞线的松弛损失[11]。

$$\Delta f_{pR1} = \left[\frac{f_{pt}}{K'_L}\frac{\lg(24t)}{\lg(24t_i)}\left(\frac{f_{pt}}{f_{py}} - 0.55\right)\right]\left[1 - \frac{3(\Delta f_{pSR} + \Delta f_{pCR})}{f_{pt}}\right]K_{id} \tag{3}$$

式中,$K'_L$ 取45;第二项考虑了混凝土收缩、徐变对钢绞线松弛损失的影响,可近似取0.67。

3. 欧洲 EN 1992 规范[12]

EN 1992 规范将钢绞线的松弛损失定义为预应力变化值与初始预应力的百分比,可由式(4)计算。

$$\frac{\Delta\sigma_{pr}}{\sigma_{pi}} = 0.66\rho_{1000}e^{9.1\mu}\left(\frac{t}{1000}\right)^{0.75(1-\mu)}10^{-5} \tag{4}$$

式中:$\Delta\sigma_{pr}$——钢绞线松弛损失绝对值;

$\sigma_{pi}$——对于后张法是传力锚固后的初始应力值;

$\mu = \sigma_{pi}/f_{pk}$,其中 $f_{pk}$ 为钢绞线抗拉强度特征值;

$\rho_{1000}$——平均温度20℃、1000h的钢绞线松弛率,为方便计算,可近似取2.5%。文献[12]指出钢绞线松弛损失的最终值大约在500000h(约为57年)时达到。

同时,EN 1992 规范通过引入与温度相关的等效时间变量,来考虑由于温度效应对钢绞线松弛损失的影响。等效时间由下式计算：

$$t_{eq} = \frac{1.14^{T_{max}-20}}{T_{max}-20}\sum_{i=1}^{n}\left[T_{(\Delta t_i)}-20\right]\Delta t_i \tag{5}$$

式中：$T_{(\Delta t_i)}$——时间间隔 $\Delta t_i$ 内的温度；

$T_{max}$——热处理过程中的最高温度。

### 4. 澳大利亚 AS 5100.5 规范

AS 5100.5 规范中给出了如下公式计算钢绞线的松弛损失。

$$R = \lg(5.4t^{\frac{1}{6}}) \cdot k_5 \cdot \frac{T}{20} \cdot R_b \tag{6}$$

式中：$t$——时间（d）；

$k_5$——初始应力与极限强度比值有关的系数，根据文献[13]选取；

$T$——平均温度，不小于20℃；

$R_b$——初始应力$0.7f_p$温度20℃1000h后的基本松弛值，取2%。

为了比较各国规范计算钢绞线松弛损失的差异，假定相同条件进行对比分析，选定钢绞线种类为1860级$\phi^s15.2mm(1\times7)$低松弛钢绞线，不考虑超张拉，假定锚固应力为$0.75f_p$，所处环境温度为20℃，拟定的条件如表2所示。根据不同规范得到的钢绞线松弛损失计算结果如图1所示。

钢绞线松弛损失对比分析拟定条件 表2

| 预应力筋种类 | 施工方法 | 抗拉强度（MPa） | 锚固应力（MPa） | 温度（℃） |
| --- | --- | --- | --- | --- |
| 低松弛钢绞线 | 一次张拉 | 1860 | 1395 | 20 |

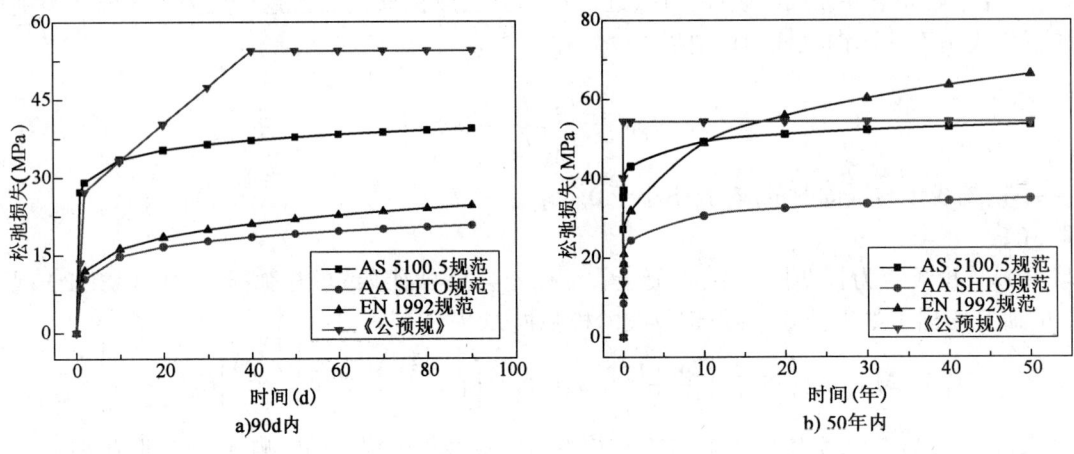

图1 不同规范钢绞线松弛损失计算结果

图1a)为90d内钢绞线松弛损失的变化规律，从图中可以发现，AASHTO规范和EN 1992规范计算得到的前期预应力松弛损失比AS 5100.5规范和《公预规》计算得到的前期预应力松弛损失低，90d时AASHTO规范和EN 1992规范计算得到的松弛损失值相差不大，《公预规》计算得到的预应力筋松弛损失具有明显的阶段性，大致分为三个阶段，《公预规》计算得到的松弛损失值比其他规范计算得到的松弛损失值更大。

图1b)为50年内钢绞线松弛损失的变化规律，从图中可以发现，各国规范计算得到的松弛损失终极值各不相同，松弛损失发展规律为前期快、后期慢，EN 1992规范计算的松弛损失后期发展曲线斜率比其余规范大，而《公预规》计算的松弛损失后期不再发展，从表1可知，《公预规》中预应力松弛损失在40d内完成，这可能与实际情况不符。

## 三、影响因素探讨

从各国规范给出的钢绞线松弛损失计算方法来看,均建立了考虑初始应力水平的时效松弛损失模型。各国规范给出的钢绞线松弛计算方法是基于20℃、1000h室内标准控制应力下的松弛试验结果的修正,对于温度变化对钢绞线松弛的影响考虑还不充分,而通常钢绞线的实际服役环境存在较大的温度变化。以下将讨论初始应力水平、温度作用对钢绞线松弛损失的影响。

### 1. 初始应力比的影响

陆光闾通过分析试验数据发现,钢绞线的松弛损失随着初始应力与名义强度之比的增大而增大[14-15],这是钢绞线初始应力接近比例极限所致,钢绞线的松弛率与初始应力水平随时间发展的关系如图2所示。当初始应力比大于0.75时,松弛损失将急剧增大。姚慧芳等指出多数预应力结构只考虑高应力状态下的钢绞线松弛问题[16];对于低应力下的疲劳结构应关注低应力状态下的钢绞线松弛问题。曾滨等研究发现疲劳对钢绞线的应力松弛有放大和加速作用[17]。

根据各国规范给出的松弛损失计算方法,计算初始应力比分别为0.5、0.6、0.7和0.8的钢绞线松弛率,与文献[15]中的试验结果对比如图3所示。图3a)为初始应力比为0.5时不同规范的计算结果,由于《公预规》不考虑初始应力比小于0.5时的松弛损失,AASHTO规范不考虑初始应力比小于0.55时的松弛损失,故只列出AS 5100.5规范和EN 1992规范的计算结果,在初始应力比为0.5时,AS 5100.5规范高估了钢绞线的松弛损失,EN 1992规范低估了钢绞线的松弛损失。图3b)为初始应力比为0.6时不同规范的计算结果,AASHTO规范和EN 1992规范均低估了钢绞线的松弛损失,《公预规》在松弛时间100h内低估了

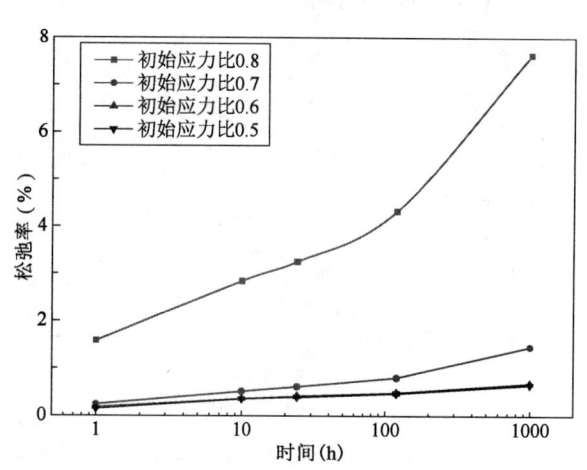

图2 不同初始应力比下钢绞线松弛(横轴是以10为底的对数坐标)

钢绞线的松弛损失,100h后高估了预应力钢绞线的松弛损失,而AS 5100.5规范高估了预应力钢绞线的松弛损失。图3c)为初始应力比为0.7时不同规范的计算结果,各规范计算结果的趋势与初始应力比为0.6时的相似,不同的是公预规高估钢绞线松弛损失的松弛时间由100h后变为24h后。图3d)为初始应力比为0.8时不同规范的计算结果,当初始应力比大于0.75后,松弛损失将迅速增大,从图中可发现,当初始应力比较高时,各规范均低估了钢绞线的松弛损失。从试验结果中可发现,1000h后钢绞线的松弛损失可能不断增大,松弛损失未出现收敛趋势。

### 2. 温度作用对钢绞线松弛损失的影响

文献[17]通过钢绞线室内松弛试验研究发现,由于钢绞线与试验机在温度升降过程中表现出不同步的热变形量,即使环境温度保持在20℃±2℃内,钢绞线的松弛损失也会随温度的波动而发生明显变化。AS 5100.5规范中直接通过预应力钢绞线的平均温度与20℃的比值对预应力钢绞线的松弛损失进行修正,EN 1992规范通过等效时间来考虑温度的影响,《公预规》和AASHTO规范中没有明确说明温度效应对钢绞线松弛损失的影响。温度会影响金属的蠕变速率,温度越高金属蠕变速率越快,温度将使钢绞线的松弛速率呈非线性变化[1]。Bažant等根据金属活化能原理,将温度对钢绞线松弛损失的影响考虑为等效时间,以此对松弛损失计算方法进行修正,等效时间定义为[5]:

$$t_{eq} = \int_0^\tau A_T(\tau') d\tau' \tag{7}$$

式中:$\tau$——实际时间;

$A_T$——阿伦尼乌斯系数,可由式(8)计算得到。

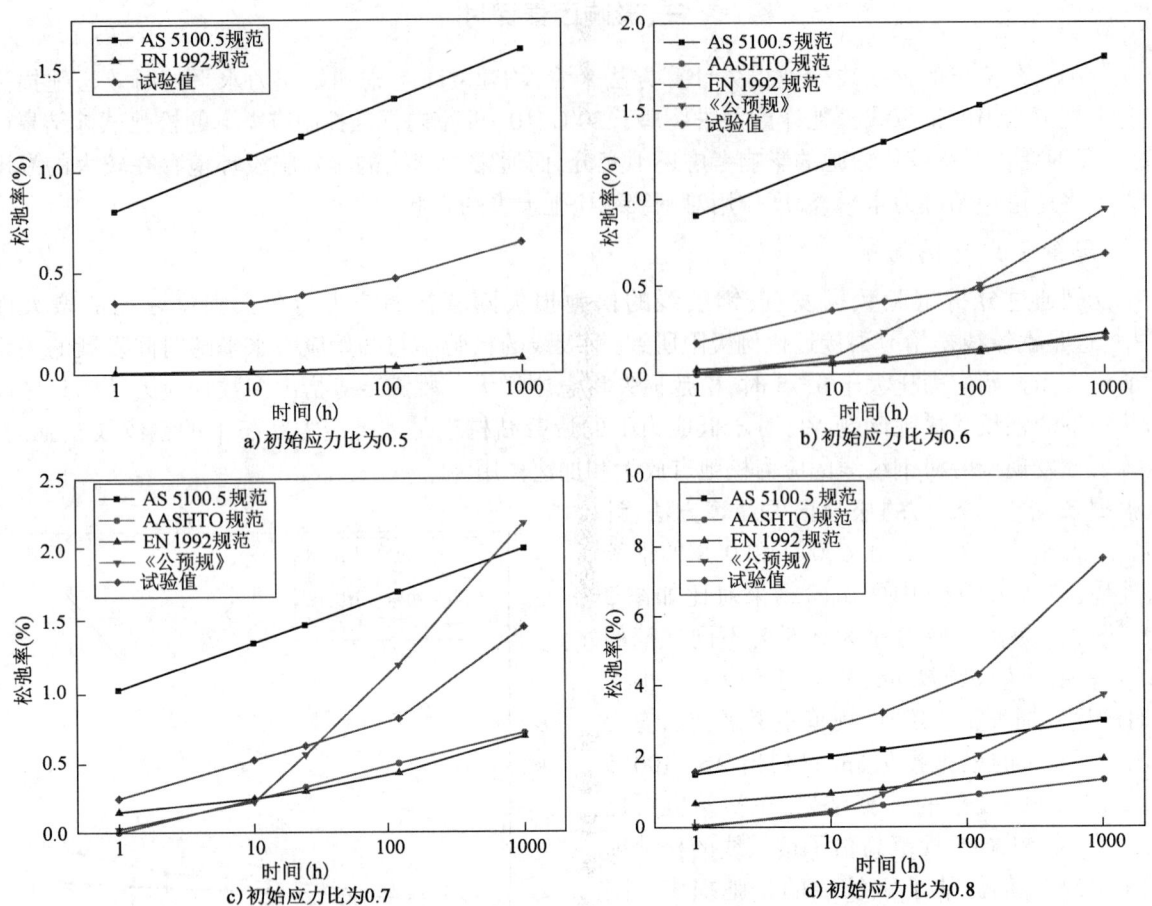

图3 不同初始应力比松弛损失计算值与试验值对比（横轴是以10为底的对数坐标）

$$A_T(t) = \exp\left[\frac{Q}{k_B T_0} - \frac{Q}{k_B T(t)}\right] \tag{8}$$

式中：$Q$——钢绞线金属流动活化能；

$k_B$——玻尔兹曼常数；文献[5]给出$Q/k_B$可近似取14600K；

$T_0$——参考室温，$T_0 = 298K$；

$T(t)$——$t$时刻钢绞线的实际温度。

此外，文献[5]指出位于炎热地区服役的桥梁结构，内部的钢绞线温度可能达到40℃以上。为了研究不同温度作用下钢绞线松弛损失的规律，将各规范考虑不同温度效应的计算结果与日本新光线缆公司的试验数据[5]进行对比，不同温度下松弛损失计算值与试验值对比结果如图4所示。

AASHTO规范中的松弛时间由式(7)进行修正，由于公预规中对于钢绞线松弛损失直接受温度作用产生的影响没有充分考虑，故在此不做比较。从图中可以知，AASHTO规范和EN 1992规范均低估了不同温度作用下钢绞线的松弛损失，AS 5100.5规范在钢绞线温度小于60℃时，短期松弛时间内高估了钢绞线的松弛损失，但随着松弛时间的发展，将低估钢绞线的松弛损失。

## 四、算例分析

设有跨度为10m的预应力混凝土矩形截面悬臂梁，截面尺寸$b \times h = 0.4m \times 1m$，悬臂梁自由端集中荷载50kN，计算简图如图5所示。梁内受拉区配有2束1860级低松弛钢绞线12$\phi^s$15.2mm，直线布筋，混凝土强度等级为C50。本例中每根钢绞线的张拉控制力为195kN，假设在考虑松弛损失之外的每根钢绞线有效预加力为167kN。

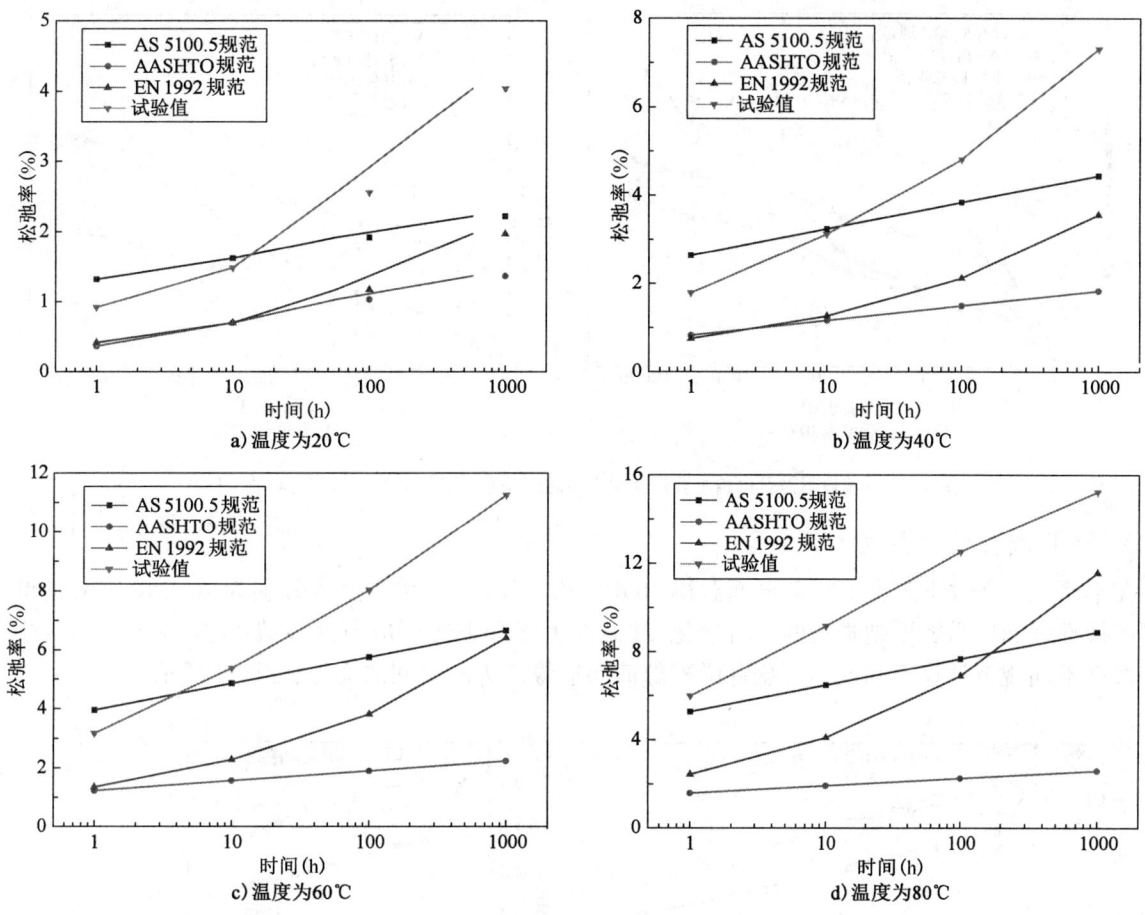

图 4 不同温度下松弛损失计算值与试验值对比(横轴是以 10 为底的对数坐标)

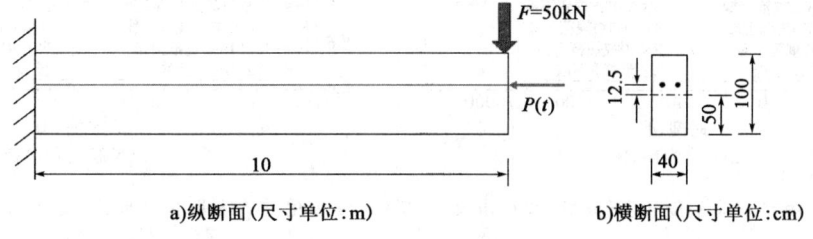

图 5 悬臂梁算例简图

以下讨论悬臂梁有效预加力、根部截面边缘应力和端部挠度三个指标在不同温度下因钢绞线松弛损失而产生的变化规律。

1. 有效预加力

由假设条件可知悬臂梁在 $t=0$d 时有效预加力为 4008kN,为更好描述不同温度下有效预加力随时间的变化,定义有效预加力衰减率如下:

$$\alpha = \frac{P(t=0) - P(t)}{P(t=0)} \tag{9}$$

式中,$P(t=0)=4008$kN;$P(t)$ 为不同时间段内悬臂梁的有效预加力。

钢绞线所处环境温度分别为 20℃ 和 30℃ 情形下有效预加力的衰减率变化如图 6 所示。从图 6 中可知,《公预规》40d 后不再变化,其他规范在 10000d 后没有收敛趋势,其中 EN 1992 规范计算的有效预加力衰减率大致以指数方式加速,100d 后增速明显。

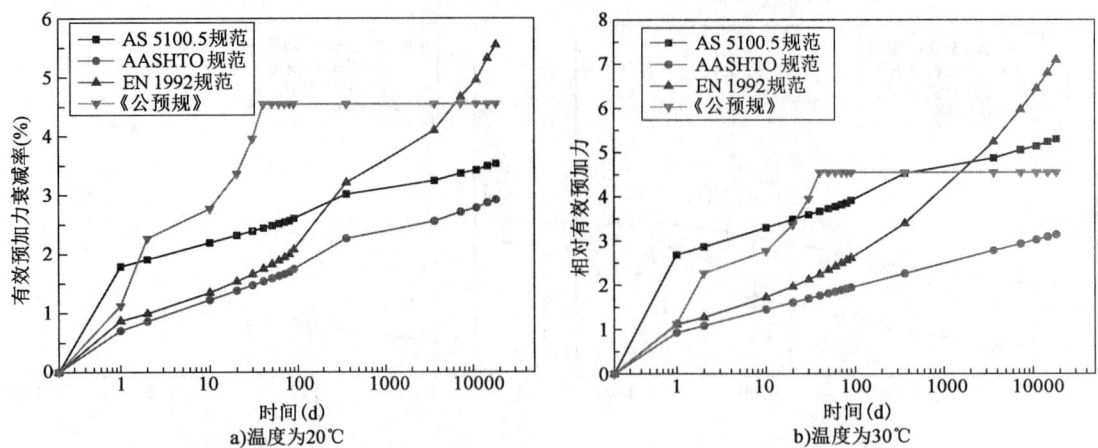

图6 不同温度下悬臂梁相对有效预加力与时间关系(横轴是以10为底的对数坐标)

### 2. 根部截面边缘应力

在本例配束条件下悬臂梁根部截面获得10MPa均匀压应力,考虑温度分别为20℃和30℃情形下的悬臂梁根部截面应力随松弛损失的经时变化,该截面上缘和下缘压应力逐步减小,上缘压应力减小更明显。根据不同规范计算不同温度下悬臂梁根部截面边缘应力随时间的变化,如图7所示。

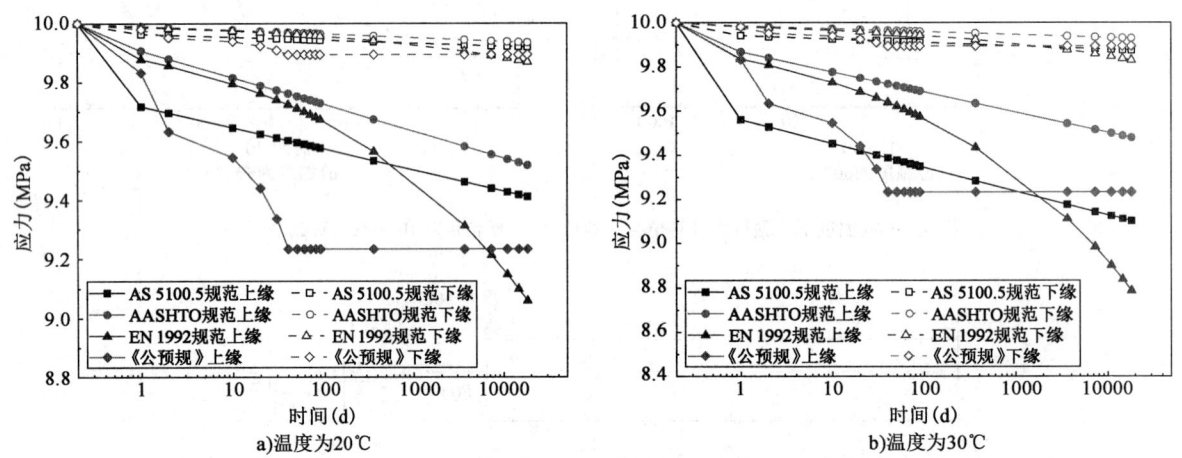

图7 不同温度下悬臂梁根部截面边缘应力随时间的变化(横轴是以10为底的对数坐标)

从图7中可以发现,悬臂梁根部截面边缘压应力随温度的升高而降低,上缘压应力降速比下缘明显,且随着时间的增长,下降趋势不收敛,这意味着随时间的推移,悬臂梁根部截面曲率也随之变化。

### 3. 悬臂梁端部挠度

为更好分析温度影响,分别计算钢绞线所处环境温度为20℃和30℃时,悬臂端在外荷载作用下的挠度。在此定义,在30℃和20℃时因预应力松弛损失引起的挠度变化率为:

$$\beta(t) = \frac{f_T(t) - f_0(t)}{f_0(t)} \tag{10}$$

式中:$f_0(t)$——按规范计算的20℃时的挠度值;

$f_T(t)$——30℃时随时间变化的挠度值。

挠度变化率随时间的变化趋势如图8所示。从图8中可以发现,除了AASHTO规范外,其余规范计算得到的挠度变化率随时间的推移逐渐增大。AS 5100.5规范计算得到的挠度变化率较大,EN 1992规范计算得到的挠度变化率随时间的推移增长速率逐渐加快。

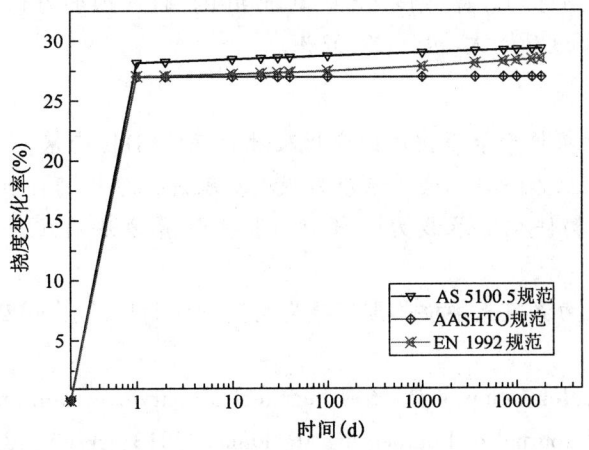

图8 挠度变化率与时间的关系(横轴是以10为底的对数坐标)

为了考察钢绞线松弛损失受基准温度变化影响情况,采用 EN 1992 规范公式进行松弛损失计算,进而计算出悬臂梁有效预加力、根部截面应力和端部挠度三项指标随时间推移的变化情况,列于表3。

钢绞线松弛损失引起的悬臂梁指标变化(EN 1992 规范)　　　　表3

| 时间(d) | 温度(℃) | 有效预加力(kN) | 根部截面上缘压应力(MPa) | 端部挠度(mm) |
|---|---|---|---|---|
| 100 | 20℃ | 3924.58 | 9.67 | 0.51 |
|  | 30℃ | 3903.32 | 9.56 | 0.65 |
|  | 变化率(%) | -0.54 | -1.14 | 27.45 |
| 1000 | 20℃ | 3879.28 | 9.47 | 0.79 |
|  | 30℃ | 3871.75 | 9.31 | 1.01 |
|  | 变化率(%) | -0.19 | -1.69 | 27.85 |
| 10000 | 20℃ | 3809.53 | 9.16 | 1.21 |
|  | 30℃ | 3749.76 | 8.92 | 1.56 |
|  | 变化率(%) | -1.57 | -2.62 | 28.93 |

从表3中可知,钢绞线的环境温度由20℃变为30℃时,悬臂梁有效预加力在100d、1000d和10000d三个时间段内分别降低0.54%、0.19%和1.57%,根部截面上缘压应力分别降低1.14%、1.69%和2.62%,端部挠度分别增大27.45%、27.85%和28.93%。可见,悬臂梁端挠度随时间推移增速明显,并对温度变化十分敏感。

## 五、结　语

各国规范对于预应力钢绞线松弛损失的计算模型均是建立在20℃、1000h内的松弛试验上。依据各国规范计算的松弛损失一般在30~50MPa,约占有效预应力的2%~4%。然而既有研究表明,钢绞线的初始应力比和服役温度对松弛损失影响较大,本文考虑桥梁的实际服役情况,对此开展研究,主要结论如下:

(1)列举了中国、美国、欧洲、澳大利亚相关规范对钢绞线松弛损失的计算公式,各国规范均考虑初始应力比的影响,但《公预规》及 AASHTO 规范未考虑环境温度对钢绞线松弛损失的影响。

(2)结合已有文献试验数据和各国规范计算可知,当初始应力比大于0.75时,松弛损失将急剧增大;若初始应力比低于0.5时,松弛损失影响不明显。

(3)根据规范计算的不同环境温度的松弛损失与试验结果相比偏低,钢绞线的环境温度越高,松弛损失越大。

(4)以某预应力混凝土悬臂梁为例,分别进行了20℃和30℃两种环境温度下,悬臂梁有效预加力、根部截面应力和端部挠度三项指标的计算,结果表明,10000d 内,有效预加力和根部截面上缘压应力减小,但变化幅度较小,而端部挠度逐渐增大,可达28.93%。

## 参考文献

[1] 厉勇辉. 在役 PC 变截面梁桥开裂下挠成因分析及性能评估[D]. 南京:东南大学,2019.
[2] 李准华,刘钊. 大跨度预应力混凝土梁桥预应力损失及敏感性分析[J]. 世界桥梁,2009(1).
[3] 高玉婷. 中美欧混凝土构件抗剪承载力和预应力损失计算方法对比分析[D]. 大连:大连理工大学,2016.
[4] 赵桉,刘钊. 大跨径预应力混凝土梁桥长期下挠影响因素探讨[C]. 中国公路学会桥梁和结构工程分会,2013.
[5] Bažant, Zdeněk P, Yu Q. Relaxation of Prestressing Steel at Varying Strain and Temperature: Viscoplastic Constitutive Relation[J]. Journal of Engineering Mechanics,2013,139(7):814-823.
[6] Atutis M, Valivonis J, Atutis E. Experimental study of concrete beams prestressed with basalt fiber reinforced polymers. Part II: Stress relaxation phenomenon[J]. Composite Structures,2018: S0263822318301119.
[7] 赵学刚,梁云科. 1960MPa 级低松弛预应力钢绞线的生产实践[J]. 天津冶金,2018(S1):35-38.
[8] 中华人民共和国交通运输部. 公路钢筋混凝土及预应力混凝土桥涵设计规范:JTG 3362—2018[S]. 北京:人民交通出版社股份有限公司,2018.
[9] AASHTO LRFD Bridge Design Specifications[S]. Washington, D. C.: American Association of State Highway and Transportation Officials,2009.
[10] Youakim SA, Ghali A, Hida SE, et al. Prediction of Long-Term Prestress Losses[J]. PCI Journal. 2007,52(2):116-130.
[11] Tadros MK, Al-Omaishi N, Seguirant SP, et al. Prestress Losses in Pretensioned High-Strength Concrete Bridge Girders[R]. Washington, D. C.: Transportation Research Board,2003.
[12] British Standards. BS EN 1992-1-1:2004 Eurocode 2: Design of Concrete Structures-Part 1-1: General rules and rules for buildings[S]. London: British Standards Institution,2004.
[13] AS 5100. 5-2004 Australian Standard Bridge Design Part 5: Concrete[S]. Sydney: Standards Australia International Ltd,2004.
[14] 陆光闾. 预应力高强钢丝松弛性能研究[J]. 土木工程学报,1997,30(6):41-46.
[15] 陆光闾. 低松弛预应力钢丝松弛性能研究[J]. 上海铁道大学学报,1997(2):46-52.
[16] 姚慧芳,陈德荣,王钦堂. 高强钢丝和钢绞线松弛问题探讨[J]. 公路交通技术,2007(003):134-136.
[17] 曾滨,许庆,徐曼. 1860MPa 钢丝疲劳松弛交互作用性能试验研究[J]. 工业建筑,2019,49(11):159-162,168.
[18] 王胜文. 钢绞线松弛性能试验的几个影响因素[J]. 工程与试验,2015(S1):11-13.

# 38. 中欧公路桥梁抗震规范加速度反应谱对比分析

李佳滕 刘钊

(东南大学桥梁研究中心)

**摘 要** 本文对我国《公路桥梁抗震设计规范》(JTG/T 2231-01—2020)和《欧洲桥梁抗震设计规范》(简称"欧洲规范"(第8册)的加速度反应谱进行了对比,结果表明中欧规范加速度反应谱形状相似,但在反应谱平台段起始周期、特征周期等系数的取值上存在差异,且欧洲规范 EC8 通过性能系数 $q$ 考虑结构非弹性变形的影响。最后在相似的设防水准下,对某五跨连续刚构桥采用两种规范进行了反应谱分析,结果表明欧洲规范 EC8 加速度反应谱作用下结构的内力和位移响应大于我国规范。

**关键词**　公路桥梁　抗震设计　欧洲规范 EC8　加速度反应谱　规范对比

## 一、概　　述

目前常见的桥梁抗震分析方法包括反应谱法、动力时程分析法及功率谱法等。虽然时程分析法能够给出结构的地震响应历程,并且对结构的非线性分析具有优势,但反应谱法具有概念清晰、计算简单的优势,仍是桥梁抗震设计的主要分析方法。然而,各国桥梁抗震设计规范中的加速度反应谱规定不尽相同,本文对比分析了我国与欧洲桥梁抗震设计规范的加速度反应谱,并结合算例进行了初步探讨。

在经历 1976 年唐山大地震后,我国于 1977 年颁布了《公路工程抗震设计规范》(试行),首次涉及桥梁抗震分析;1986 年启动对该规范修订,形成《公路工程抗震设计规范》(JTG 004—89),该规范对反应谱法已有明确规定。2008 年我国颁布了《公路桥梁抗震设计细则》(JTG/T B02-01—2008)(简称《08 细则》),该规范修订了水平加速度反应谱,反应谱周期增加到了 10s,并引入了场地系数、阻尼调整系数、竖向设计加速度反应谱等概念。《公路桥梁抗震设计规范》(JTG/T 2231-01—2020)(简称《公路桥梁抗震设计规范》或"中国规范")是我国现行的《公路桥梁抗震设计规范》,于 2020 年 9 月开始实施。与《08 细则》相比,新规范在抗震设计概念、地震作用计算、抗震分析方法等方面进行了改进,包括修改设计加速度反应谱相关参数取值,取消谱比函数等。

《欧洲桥梁抗震设计规范》包括 10 册,其中第 8 册为结构抗震设计,记为欧洲规范 EC8(或者 EN 1998),其中欧洲规范 EC8-1 为一般抗震设计原则、地震作用和建筑结构抗震,欧洲规范 EC8-2 为桥梁结构抗震设计,对于建筑结构与桥梁结构的加速度反应谱规定是相同的。

## 二、中欧桥梁抗震设计规范中的加速度反应谱对比

### 1. 中国桥梁抗震设计规范加速度反应谱

《公路桥梁抗震设计规范》规定设计加速度反应谱 $S(T)$ 应按以下公式计算[1]:

$$S(T) = \begin{cases} S_{max}(0.6T/T_0 + 0.4) & T \leq T_0 \\ S_{max} & T_0 < T \leq T_g \\ S_{max}(T/T_0) & T_g < T \leq 10 \end{cases} \quad (1)$$

式中:$T$——结构自振周期;

$T_0$——反应谱上升段最大周期,取 0.1s;

$T_g$——特征周期;

$S_{max}$——设计加速度反应谱最大值。

设计加速度反应谱最大值 $S_{max}$ 由下式确定:

$$S_{max} = 2.5 C_i C_s C_d A \quad (2)$$

式中:$C_i$——抗震重要性系数;

$C_s$——场地系数,水平向和竖向分别按规范取值;

$C_d$——阻尼调整系数,$C_d = 1 + \dfrac{0.05 - \xi}{0.08 + 1.6\xi}$;

$A$——水平向基本地震动峰值加速度。

### 2. 欧洲规范 EC8 加速度反应谱

欧洲规范 EC8-1 分别给出了弹性反应谱及设计反应谱的计算公式,其中水平向及竖向弹性反应谱计算公式不同,水平向弹性反应谱 $S_e(T)$ 按以下公式计算[2]:

$$S_e(T) = \begin{cases} a_g \cdot S \cdot \left[1 + \dfrac{T}{T_B} \cdot (\eta \cdot 2.5 - 1)\right] & 0 \leq T \leq T_B \\ a_g \cdot S \cdot \eta \cdot 2.5 & T_B \leq T \leq T_C \\ a_g \cdot S \cdot \eta \cdot 2.5 \left[\dfrac{T_C}{T}\right] & T_C \leq T \leq T_D \\ a_g \cdot S \cdot \eta \cdot 2.5 \left[\dfrac{T_C T_D}{T^2}\right] & T_D \leq T \leq 4s \end{cases} \quad (3)$$

式中：$a_g$——A 类场地的地面设计加速度，其中 $a_g = \gamma_1 \cdot a_{gR}$；

$\gamma_1$——抗震重要性系数；

$a_g$——地面峰值加速度；

$T_B$——加速度反应谱平台段下限周期；

$T_C$——加速度反应谱平台段上限周期；

$T_D$——常位移反应起始周期；

$S$——场地土系数，对 A 类场地，$S = 1.0$；

$\eta$——阻尼调整系数，其中，$\eta = \sqrt{10/(5+\xi)} \geq 0.55$，$\xi$ 为黏滞阻尼比，$\xi$ 取 5% 时，$\eta = 1.0$。

为了考虑结构弹塑性变形的有利影响，欧洲规范 EC8 引入了性能系数 $q$ 对弹性反应谱进行折减，结构的延性越好，$q$ 值越大。设计反应谱 $S_d(T)$ 按下式计算：

$$S_d(T) = \begin{cases} a_g \cdot S \cdot \left[\dfrac{2}{3} + \dfrac{T}{T_B} \cdot \left(\dfrac{2.5}{q} - \dfrac{2}{3}\right)\right] & 0 \leq T \leq T_B \\ a_g \cdot S \cdot \dfrac{2.5}{q} & T_B \leq T \leq T_C \\ a_g \cdot S \cdot \dfrac{2.5}{q} \cdot \left[\dfrac{T_C}{T}\right] \geq \beta a_g & T_C \leq T \leq T_D \\ a_g \cdot S \cdot \dfrac{2.5}{q} \cdot \left[\dfrac{T_C T_D}{T^2}\right] \geq \beta a_g & T_D \leq T \end{cases} \quad (4)$$

式中：$\beta$——水平设计反应谱的下限系数，规范推荐取值 0.2；

其余系数意义与弹性反应谱相同。

## 3. 中欧抗震设计规范的加速度反应谱特征对比

对比中欧抗震设计规范的加速度反应谱及相关规定，不同之处主要有：

(1) 两种规范反应谱形状相似，均包括直线上升段、水平段与下降段。我国抗震规范下降段与 $T^{-1}$ 呈线性关系；欧洲规范 EC8 下降段分为两段，分别与 $T^{-1}$ 及 $T^{-2}$ 呈线性关系。

(2) 欧洲规范 EC8 中水平向与竖向弹性反应谱采用不同的公式计算；在我国《公路桥梁抗震设计规范》中，竖向设计反应谱采用与水平设计谱相同图形、相同公式，仅场地系数、特征周期采用不同的规定。

(3) 欧洲规范 EC8 除给出弹性反应谱外，还给出了考虑性能系数 $q$ 的设计反应谱，$q$ 的引入考虑了结构非弹性变形能力，对弹性反应谱进行折减，结构的延性越好，$q$ 值越大[3]；我国《公路桥梁抗震设计规范》中的重要性系数 $C_i$ 考虑了桥梁弹塑性的影响，但重要性系数 $C_i$ 由桥梁抗震设防类别决定，结构形式及材料的影响并未充分考虑。

(3) 我国《公路桥梁抗震设计规范》设计反应谱平台段起始点固定在 0.1s；欧洲规范 EC8 反应谱平台段的开始时间，与场地类别及地震类别相关，取值范围为 0.05 ~ 0.2s。

(4) 欧洲规范 EC8 弹性反应谱截至 4s，我国《公路桥梁抗震设计规范》的设计反应谱截至 10s。

(5) 我国《公路桥梁抗震设计规范》设计反应谱特征周期与区域图上的特征周期及场地类别相关，水平向取值范围为 0.2 ~ 0.9s；在已知地震类别情况下，欧洲规范 EC8 反应谱特征周期仅与场地类别相关，水平向取值范围为 0.4 ~ 0.8s。

(6)我国《公路桥梁抗震设计规范》设计反应谱场地系数与场地类别及抗震设防烈度相关,水平向取值范围为0.72~1.3;在确定地震类别的情况下,欧洲规范EC8反应谱场地系数仅与场地类别相关,水平向取值范围为1.0~1.4。

(7)两中欧规范的阻尼调整系数计算公式不同,但均以黏滞阻尼比5%为准,即阻尼比为5%时,阻尼调整系数取1。

## 三、某五跨连续刚构桥采用两种规范的地震响应对比分析

为了便于将不同规范的反应谱进行更直观对比,以某五跨连续刚构桥为例,在顺桥向分别输入对应的反应谱进行计算,对比结构在不同反应谱荷载工况下的内力与位移响应。

### 1. 连续刚构桥的基本结构参数

某二级公路上的五跨连续刚构桥(图1),跨径布置为60m+3×100m+60m,主梁为单箱单室预应力混凝土(PC)变截面连续箱梁,跨中主梁截面如图2所示,桥墩为钢筋混凝土双薄壁墩,单肢采用1.3×6.25m矩形截面,墩身高36m。

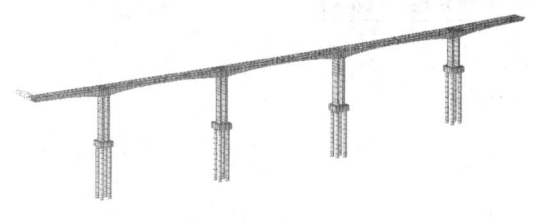

图1 五跨连续刚构桥立面图

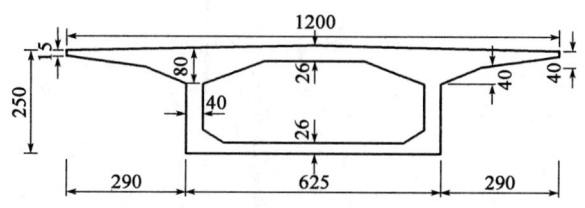

图2 跨中主梁截面图(尺寸单位:cm)

### 2. 反应谱参数选取

在我国公路桥梁抗震设计中,采用E1、E2两水准设计。对于二级公路上的C类桥,E2水准对应50年超越概率10%的地震。比照欧洲规范EC8,在此取Ⅱ类桥,反应谱取Type-1和Type-2。

我国《公路桥梁抗震设计规范》与欧洲规范EC8均依据土层平均剪切波速和场地覆盖土层厚度进行场地类别的划分,两规范中的场地土类别划分具有一定的对应关系,现假设桥位地面峰值加速度为0.2g,场地土为我国《公路桥梁抗震设计规范》中的Ⅱ类土(欧洲规范EC8中的B类土),抗震重要性系数1.0(对应我国《公路桥梁抗震设计规范》中的C类桥、欧洲规范EC8中的Ⅱ类桥),阻尼比0.05,求出反应谱计算公式相关参数,数值见表1、表2。

表1中为我国《公路桥梁抗震设计规范》中E2地震作用下加速度反应谱;表2中Type-1、Type-2分别对应欧洲规范EC8中两类地震作用下的弹性反应谱,绘制反应谱图形如下。

我国抗震规范中的反应谱公式参数　　表1

|  | E2 |
| --- | --- |
| 特征周期 $T_g$ | 0.4 |
| 重要性系数 $C_i$ | 1.0 |
| 场地系数 $C_s$ | 1.0 |
| 阻尼调整系数 $C_d$ | 1.0 |
| 峰值加速度 $A$ | 0.2g |

EC8规范反应谱公式参数　　表2

|  | Type-1 | Type-2 |
| --- | --- | --- |
| $S$ | 1.2 | 1.35 |
| $T_B$ | 0.15 | 0.05 |

续上表

|  | Type-1 | Type-2 |
|---|---|---|
| $T_C$ | 0.5 | 0.25 |
| $T_D$ | 2.0 | 1.2 |
| $\eta$ | 1.0 | 1.0 |

由图3可知，反应谱特征周期EC8-Type-1最大，为0.5s，中国规范为0.4s，欧洲规范EC8-Type-2最小，为0.25s；欧洲规范EC8反应谱平台高度高于我国规范，本例中欧洲规范EC8-Type-2约是中国规范的1.27倍，欧洲规范EC8-Type-2约是EC8-Type-1的1.12倍；欧洲规范EC8-Type-1平台段最长，为0.35s，其次为中国规范的0.3s，EC8-Type-2平台段长度最短，为0.2s；下降段欧洲规范EC8-Type-1反应谱值最大，EC8-Type-2与中国规范反应谱曲线有三个交点，在1.48s之后EC8-Type-2反应谱值小于中国规范，这是因为该段反应谱与$T^{-2}$正相关，衰减速度快于中国规范。

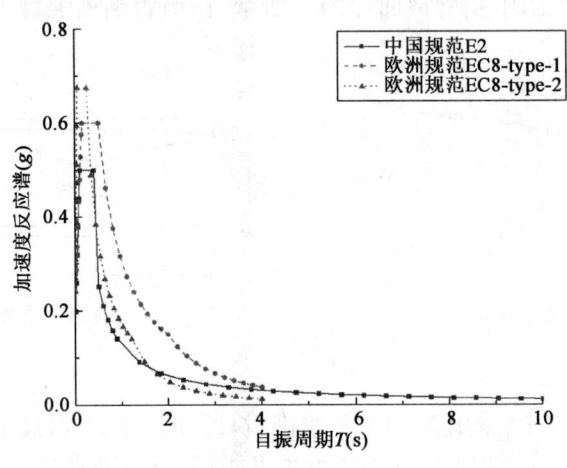

图3 中欧规范反应谱图形

### 3. 基本动力特性

利用midas Civil里的多重Ritz向量法计算刚构桥前30阶动力特性，前8阶动力特性列于表3。

刚构桥前8阶动力特性　　　　表3

| 振型阶数 | 1 | 2 | 3 | 4 | 5 | 6 | 7 | 8 |
|---|---|---|---|---|---|---|---|---|
| 周期(s) | 1.61 | 1.26 | 0.86 | 0.84 | 0.68 | 0.59 | 0.52 | 0.42 |
| 振型描述 | 一阶正对称侧弯 | 一阶反对称侧弯 | 二阶正对称侧弯 | 一阶正对称竖弯 | 一阶反对称竖弯 | 二阶反对称侧弯 | 二阶正对称竖弯 | 三阶正对称侧弯 |

经过计算，前30阶振型X、Y、Z三个方向的振型参与质量分别达到了99.82%、99.86%、99.55%，满足规范要求的90%。

### 4. 不同反应谱作用下的内力与位移对比分析

分别输入本节"2.反应谱参数选取"中计算得到的反应谱，提取三个反应谱工况作用下结构的弯矩$M_y$、剪力$F_z$及顺桥向位移$D_x$。

1) $M_y$弯矩值对比

中国规范、欧洲规范EC8-Type-1、欧洲规范EC8-Type-2三组反应谱荷载工况作用下，结构$M_y$弯矩如图4~图6所示。

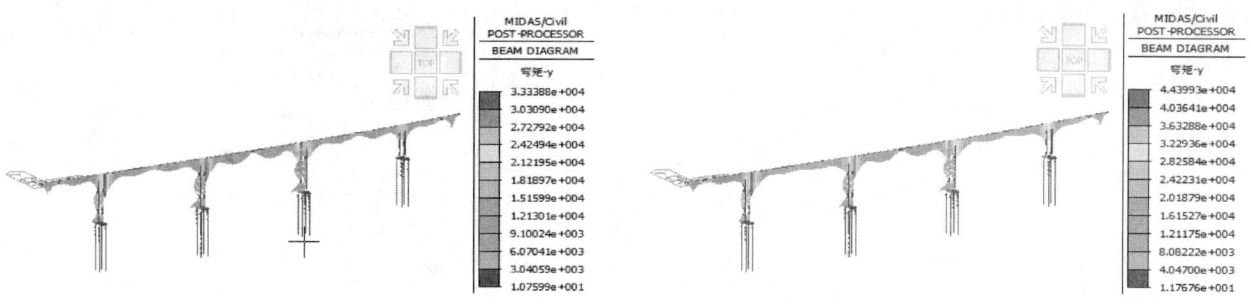

图 4 中国规范反应谱荷载工况下结构 $M_y$ 弯矩图(单位:kN·m)

图 5 欧洲规范 EC8-Type-1 反应谱荷载工况下结构 $M_y$ 弯矩图(单位:kN·m)

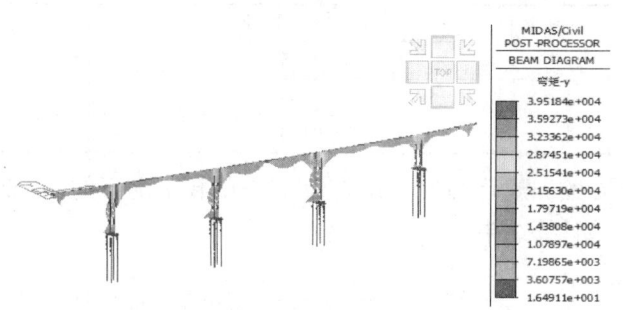

图 6 欧洲规范 EC8-Type-2 反应谱荷载工况下结构 $M_y$ 弯矩图(单位:kN·m)

三个反应谱工况下主梁与薄壁墩 $M_y$ 最大值计算结果见表4。

主梁与薄壁墩 $M_y$ 最大值(单位:kN·m)　　表4

|  | 主梁 $M_y$ 最大值 | 薄壁墩 $M_y$ 最大值 |
|---|---|---|
| 中国规范 | 33339 | 18672 |
| 欧洲规范 EC8-Type-1 | 44399 | 22356 |
| 欧洲规范 EC8-Type-2 | 39518 | 21273 |

由表4可知,该刚构桥在欧洲规范 EC8-Type-1 反应谱荷载工况下的 $M_y$ 最大,其次为 EC8-Type-2 工况,均大于中国规范计算结果。

2) 剪力值 $F_z$ 对比

中国规范、欧洲规范 EC8-Type-1、欧洲规范 EC8-Type-2 三组反应谱荷载工况作用下,结构 $F_z$ 剪力如图7~图9所示。

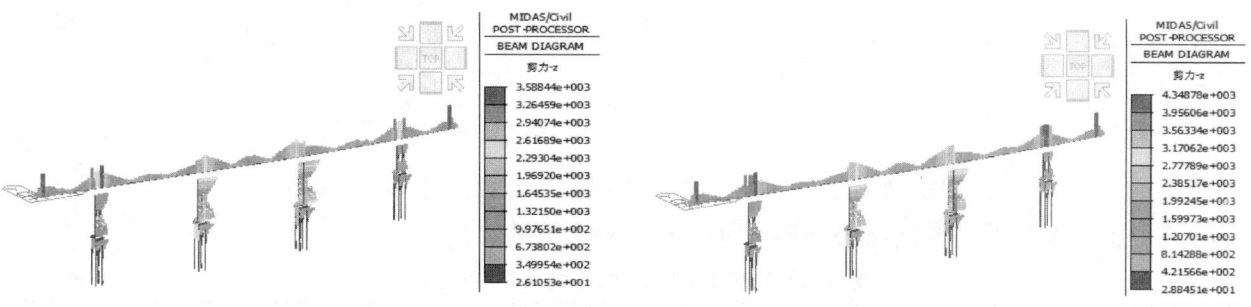

图 7 中国规范反应谱荷载工况下结构 $F_z$ 剪力图(单位:kN)

图 8 欧洲规范 EC8-Type-1 反应谱荷载工况下结构 $F_z$ 剪力图(单位:kN)

图9 欧洲规范 EC8-Type-2 反应谱荷载工况下结构 $F_z$ 剪力图(单位:kN)

三个反应谱工况下主梁与薄壁墩 $F_z$ 最大值计算结果见表5。

主梁与薄壁墩 $F_z$ 最大值(单位:kN)　　　　　　　　　　　　　　　表5

| | 主梁 $F_z$ 最大值 | 薄壁墩 $F_z$ 最大值 |
|---|---|---|
| 中国规范 | 3265 | 2647 |
| 欧洲规范 EC8-Type-1 | 4349 | 3150 |
| 欧洲规范 EC8-Type-2 | 4150 | 3018 |

由表5可知,该刚构桥在欧洲规范 EC8-Type-1 反应谱荷载工况下的 $F_z$ 最大,其次为欧洲规范 EC8-Type-2 工况,均大于中国规范计算结果。

3)顺桥向位移 $D_x$ 对比

中国规范、欧洲规范 EC8-Type-1、欧洲规范 EC8-Type-2 三组反应谱荷载工况作用下,结构顺桥向位移 $D_x$ 输出结果如图10~图12所示。

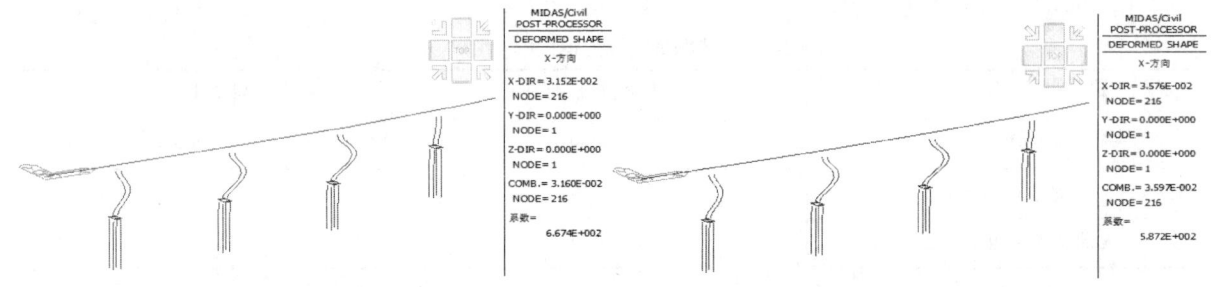

图10　中国规范反应谱荷载工况下　　　　图11　欧洲规范 EC8-Type-1 反应谱荷载工况下
　　　结构 $D_x$ 位移图(单位:mm)　　　　　　　　　　结构 $D_x$ 位移图(单位:mm)

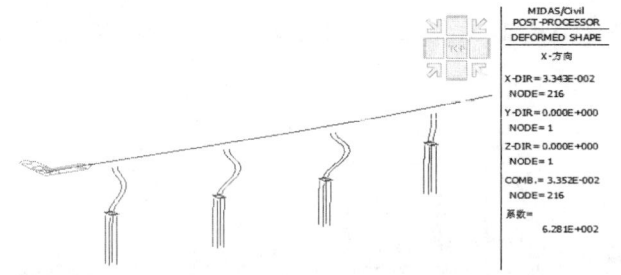

图12　欧洲规范 EC8-Type-2 反应谱荷载工况下结构 $D_x$ 位移图(单位:mm)

三个反应谱工况下主梁与薄壁墩顺桥向位移 $D_x$ 最大值见表6。

主梁与薄壁墩顺桥向位移 $D_x$ 最大值(单位:mm)　　　　　　　　　　表6

| | 主梁 $D_x$ 最大值 | 薄壁墩 $D_x$ 最大值 |
|---|---|---|
| 中国规范 | 9.7 | 24.9 |
| 欧洲规范 EC8-Type-1 | 11.7 | 29.9 |
| 欧洲规范 EC8-Type-2 | 11.2 | 28.0 |

由表6可知,该刚构桥在欧洲规范 EC8-Type-1 反应谱荷载工况下的 $D_X$ 最大,其次为欧洲规范 EC8-Type-2 工况,均大于中国规范计算结果。

综合计算结果可知,对于本刚构桥,欧洲规范 EC8-Type-1 反应谱荷载工况下结构的内力和位移响应最大,其次为 EC8-Type-2 工况,均大于中国规范。欧洲规范 EC8-Type-2 反应谱平台段高度较高,但其平台段范围为 0.05~0.25s,欧洲规范 EC8-Type-1 反应谱平台段高度低于 EC8-2,但平台段范围为 0.15~0.5s。自振周期 $T$ 大于 0.28s 时,欧洲规范 EC8-Type-1 反应谱值大于 EC8-Type-2 反应谱值,本刚构桥前12 阶振型的周期均大于 0.28s,$X$ 向振型参与质量最大的振型周期为 0.3s,由此可知 EC8-Type-1 工况下结构内力与位移响应大于 EC8-Type-2 工况的原因。

## 四、结 语

本文对我国《公路桥梁抗震设计规范》和欧洲规范 EC8 的加速度反应谱进行对比,得到以下主要结论:

(1)中欧公路桥梁抗震设计规范加速度反应谱形式类似,均包括直线上升段、水平段与下降段,但欧洲规范下降段后段按 $T^{-2}$ 速率下降,中国规范考虑设计反应谱下降段仅按 $T^{-1}$ 速率下降,设计更偏安全。

(2)中国规范设计反应谱平台段起始周期为 0.1s,由于欧洲规范考虑了远近场地震动的影响,其反应谱平台段起始周期与场地类别及地震类别相关,比中国规范更加合理。

(3)欧洲规范中的设计反应谱通过引入性能系数 $q$ 来考虑结构非弹性变形对抗震的有利影响,$q$ 的取值较为灵活,结构的延性越好,$q$ 值越大。中国规范在重要性系数 $C_i$ 中考虑了结构的非弹性变形能力,并对地震作用进行了调整,但在桥梁抗震设防类别相同的情况下,即使桥梁结构形式及材料不同,中国规范中的重要性系数 $C_i$ 取值仍固定,这将使延性较好的结构设计偏保守。

(4)本文结合一座多跨连续刚构进行了反应谱抗震分析,计算结果表明,欧洲规范 EC8-Type-1 反应谱荷载工况下结构的内力和位移响应最大,其次为 EC8-Type-2 工况,均大于中国规范。此外,该刚构桥 $X$ 向振型参与质量最大的振型周期为 0.3s,此周期对应的 EC8-type-1 反应谱值大于 EC8-type-2,故虽然 EC8-type-2 反应谱平台高度较高,但 EC8-type-1 反应谱作用下刚构桥的内力与位移响应更大。

**参考文献**

[1] 中华人民共和国交通运输部.公路桥梁抗震设计规范:JTG/T 2231-01—2020[S].北京:人民交通出版社股份有限公司,2020.
[2] European Committee for Standardization. Eurocode8 : design of structures for earthquake resistance-Part 1: general rules seismic actions and rules for buildings[S]. 2004.
[3] 陆本燕,刘伯权,邢国华,等.中欧桥梁抗震设计规范有关条文的比较与研究[J].世界地震工程,2010,26(03):109-114.
[4] 叶爱君,管仲国.桥梁抗震[M].北京:人民交通出版社股份有限公司,2017.
[5] 韩笑.中外桥梁抗震设计规范对比分析[D].兰州:兰州交通大学,2014.

# 39. 桥梁装配式预应力混凝土护栏研发

常志军[1]　宋广龙[1]　杜艳爽[2]　金秀男[1]

(1. 中交公路规划设计院有限公司;2. 北京深华达交通工程检测有限公司)

**摘　要**　为提高混凝土护栏防护性能、施工效率和质量,开发出一种桥梁装配式预应力混凝土护栏。本文首先以规范为基础,并结合实际需求开发出装配式预应力混凝土护栏结构形式;然后采用理论分析、计算机仿真分析确定施加预应力值及护栏的防护性能,最后通过实车足尺碰撞试验进一步验证护栏的防护性能,证明该护栏防护性能达到SS级,可提高施工效率,节约资源,节省成本,降低施工难度。

**关键词** 装配式 预应力 桥梁混凝土护栏 计算机仿真分析 实车足尺碰撞试验

根据文献[1]可知,我国公路护栏形式主要有波形梁护栏、混凝土护栏、缆索护栏,其中常采用波形梁护栏和混凝土护栏两种形式。混凝土护栏具有防撞能力强、导向功能好、在交通量大的路段可大幅度减少碰撞事故损失、日常养护和维修工作量小、节省养护费用等特点,因此被广泛应用于桥梁。混凝土护栏虽然有以上优点,但同时也存在一些问题。混凝土护栏目前多以现浇的施工形式进行安装,这种施工形式存在施工难度大、施工时间长等特点,同时现浇式混凝土护栏不能移动,对于高速公路改(扩)建来说,易造成资源浪费,因此研究开发一款防护性能高、易拆装的混凝土护栏是亟待解决的问题。基于此,笔者开展装配式预应力混凝土护栏的研究。

## 一、护栏防护等级确定及构造研究

### 1. 护栏防护等级确定

文献[1]、文献[2]中规定,根据车辆驶出桥外或驶入对向行车道可能造成事故严重程度等级,应按表1的规定选取桥梁护栏的防护等级。从表1中可以看出,高速公路桥梁护栏防护等级不得低于SB级,最高等级为SS级。为了最大限度保证车辆通行安全,开发SS级装配式预应力混凝土护栏。

桥梁护栏防护等级的选取　　　　表1

| 公路等级 | 设计速度(km/h) | 车辆驶出桥外或进入对向行车道的事故严重程度等级 | |
| --- | --- | --- | --- |
| | | 高 | 中 |
| 高速公路 | 120 | 六(SS、SSm)级 | 五(SA、SAm)级 |
| 高速公路 | 100、80 | 五(SA、SAm)级 | 四(SB、SBm)级 |
| 一级公路 | 100、80 | 五(SA、SAm)级 | 四(SB、SBm)级 |
| 一级公路 | 60 | 四(SB、SBm)级 | 三(A、Am)级 |
| 二级公路 | 80、60 | 四(SB)级 | 三(A)级 |
| 三级公路 | 40、30 | 三(A)级 | 二(B)级 |
| 四级公路 | 20 | | |

### 2. 护栏方案确定

1)装配式护栏方案拟定

装配式施工特点:①施工进度快。装配式施工可以在现场制作出所需要的基本构件,在施工现场便可以完成组合安装工作,既可以减少工人的工作量,又可以减少现场作业量;施工周期短,节省了人力和物力,降低了施工成本,具有可钉、可粘贴等许多优良性能。根据相关资料显示,装配式建筑的基本构件可以使工作效率提高到3~5倍。②提高质量。装配式施工的构件在工厂进行标准化生产,质量比现场生产更有保证,更可以得到有效控制。③环保。由于采用工厂化生产,使得施工现场的施工垃圾大量减少,因而达到环保效果。④降低工程造价。构件采用工厂统一制定的方式,机械化程度高,极大降低了人工成本;构件的标准化生产可以节省材料,减少浪费。⑤保障施工安全。桥梁护栏施工危险程度高,装配式护栏能减少施工时间,从而降低施工风险。

护栏的开发目标为易拆装,装配式满足这一需求,同时因装配式施工优势明显,所以选择开发装配式混凝土护栏。

2)预应力护栏方案确定

护栏与基础的连接直接关系到护栏的安全防护性能。目前护栏与基础的连接有预埋钢管桩的方式,钢管桩影响护栏的防撞性能。预埋钢管桩分为施加预应力和非预应力两种形式。

在钢筋混凝土的结构中,由于混凝土极限拉应变低,在使用荷载作用下,构件中钢筋的应变大大超过混凝土的极限拉应变。钢筋混凝土构件中的钢筋强度得不到充分利用。为了充分利用高强度材料,弥补混凝土与钢筋拉应变之间的差距,把预应力运用到钢筋混凝土结构中,即在外荷载作用到构件上之前,预先用某种方法,在构件上(主要在受拉区)施加压力,构成预应力钢筋混凝土结构。当构件承受由外荷载产生的拉力时,首先抵消混凝土中已有的预压力,然后随荷载增加,才能使混凝土受拉而后出现裂缝,因而延迟了构件裂缝的出现和开展。预应力钢筋混凝土比非预应力钢筋混凝土抵抗荷载能力更强,同时也能更好地控制护栏碰撞时单片护栏的变形和整体位移,有利于提高车辆碰撞时护栏的导向性能,因此护栏开发拟采用预应力构件连接护栏和基础来提高护栏的防护性能。

3)护栏构造确定

装配式预应力混凝土护栏与混凝土护栏的区别主要体现在装配式和预应力两个方面,因此装配式预制混凝土护栏外观形式与规范保持一致。依据文献[1-4]以及多年护栏研究经验确定SS级装配式预制混凝土护栏的外观尺寸及组成部分。装配式预应力混凝土护栏主要包括护栏上部结构、翼缘板、预埋件三大部分,预应力构件包括预埋固定端保护罩、预埋固定端螺母、预埋管、钢棒、张拉端垫板、张拉端螺母、聚乙烯(PE)保护帽板,预应力主要施加在钢棒上,具体结构见图1、图2。

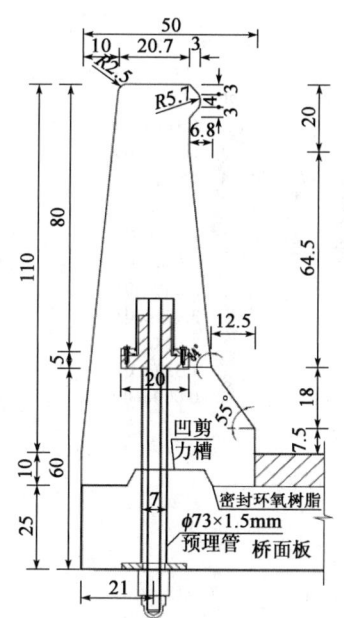

图1 护栏横断面图(尺寸单位:cm)

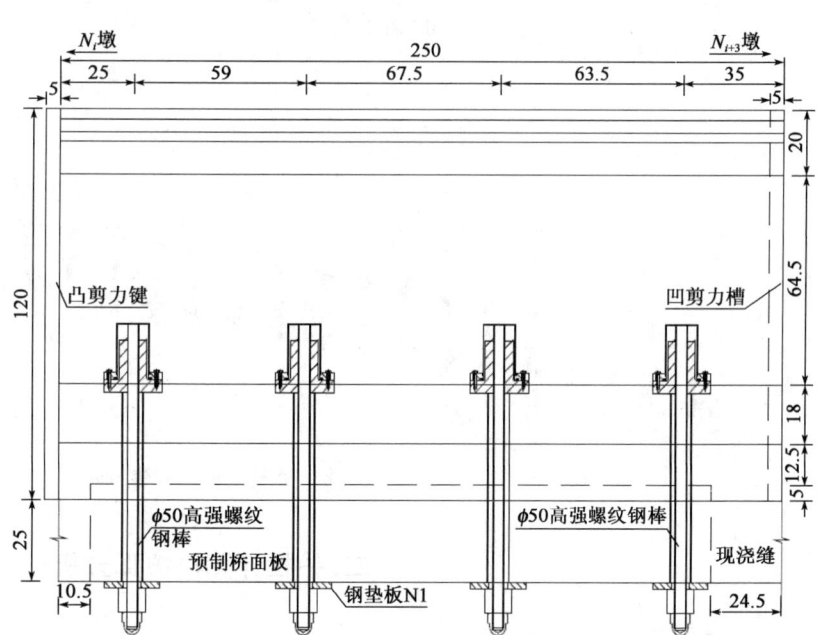

图2 护栏横侧面图(尺寸单位:cm)

4)预应力值分析

(1)预应力值拟定。

对护栏施加预应力,当护栏受到碰撞力后,预埋件受到的拉力首先抵消预埋件中已有的预压力,因而预应力值除了考虑预埋件自身的承受范围外,还需要根据碰撞力确定。

本护栏拟采用$\phi 50$高强螺纹钢棒,抗拉强度不小于1080MPa,所能承受拉力不大于2119.5kN。课题组依据多年的护栏研究经验,考虑SS级混凝土护栏碰撞力,拟定SS级装配式预应力混凝土护栏施加500kN的预应力。

(2)力学分析。

护栏的倾覆力主要由车辆的碰撞力$F_{碰}$产生,而护栏的抗倾覆力主要由护栏的自重$G$及预埋件的抗力提供。护栏倾覆时绕$o$点转动,如图3所示。

2.5m长度范围内护栏的倾覆弯矩:$M_{碰} = Fh = 528\text{N} \times 1.15\text{m} = 607.2\text{kN} \cdot \text{m}$

2.5m长度范围内护栏混凝土部分自重:$F_{护栏} = 0.38\text{m}^2 \times 2500 \text{kg/m}^3 \times 9.8\text{N/kg} = 9310\text{N/m}$

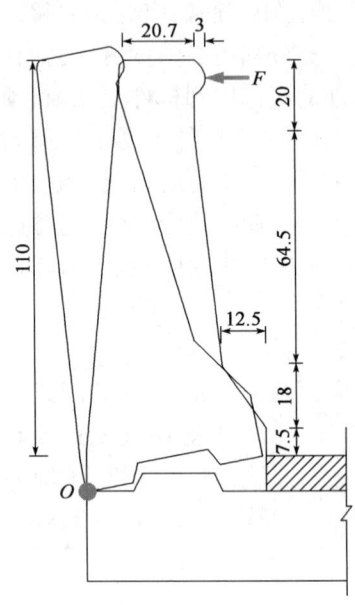

图3 护栏受力图(尺寸单位:cm)

$M_{护栏} = F_{护栏} L = 9.31 \text{kN/m} \times 0.215 \text{m} \times 2.5 \text{m} = 5 \text{kN} \cdot \text{m}$;

$M_{预埋件} + M_{护栏} \geq M_{碰}$

$M_{预埋件} = n F_{预埋件} L = 4 \times F_{预埋件} \times 0.21 \text{m}$

求得 $F_{预埋件} = 717 \text{kN}$。

课题组对预埋件施加500kN的预应力,护栏所承受的碰撞力大部分被预应力抵消,提高了护栏的防撞能力。

(3)计算机仿真分析。

以大型货车为例,分析M50高强螺纹钢的受力(螺纹钢未施加预应力)。

大型货车碰撞处的10根高强螺纹钢的应力较大,最大应力400MPa左右,最大变形1.3mm左右(图4),可见该M50高强螺纹钢完全满足使用要求。目前该高强螺纹钢的设计屈服强度930MPa,抗拉强度1080MPa。

最大应力400MPa,则受到的最大力为785kN,施加500kN的预应力能满足需求。

图4 螺杆应变图(单位:mm)

## 二、护栏计算机仿真分析

### 1. 护栏模型建立

建立护栏的有限元模型,护栏高度1.1m,总长40m,单节护栏2.5m,每节护栏用4根高强螺纹钢固定在桥面板上,护栏混凝土强度等级C45,采用dyna MAT159号材料模拟,配筋钢筋等级HRB400,采用dyna MAT24进行模拟,高强螺纹钢屈服强度930MPa,抗拉强度1080MPa,采用MAT24进行模拟,桥面板假设为刚体,护栏整体有限元模型如图5所示,护栏配筋模型如图6所示。

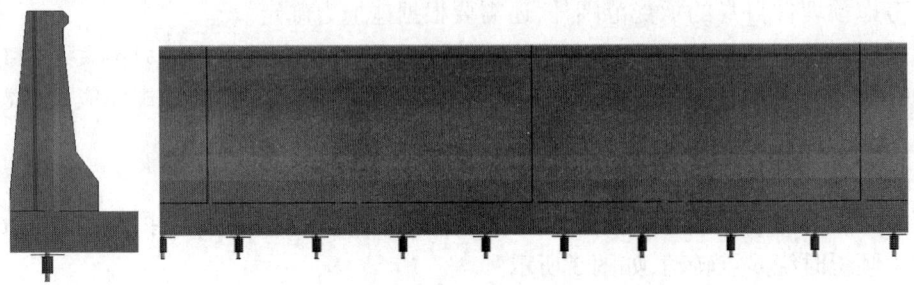

图5 护栏整体有限元模型

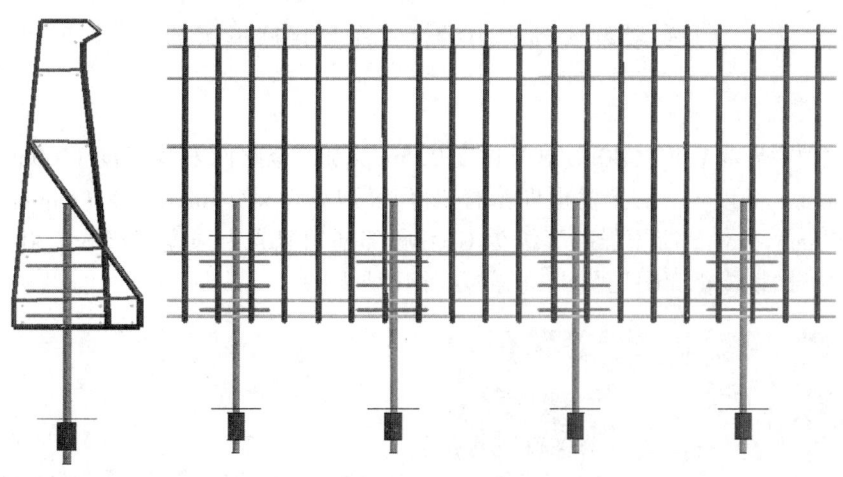

图6 护栏配筋模型

## 2.仿真结果分析

对建立的护栏模型和车辆模型进行仿真碰撞,小客车、大客车、大货车的前后碰撞对比情况,见图7。由图7可知,三种车型撞向护栏后,车辆有所损伤,但可接受;车辆驶出状态正常,满足规范的各项要求[7];护栏变形在可接受范围。因此,新型桥梁中分带护栏能达到六(SS)级防护需求。

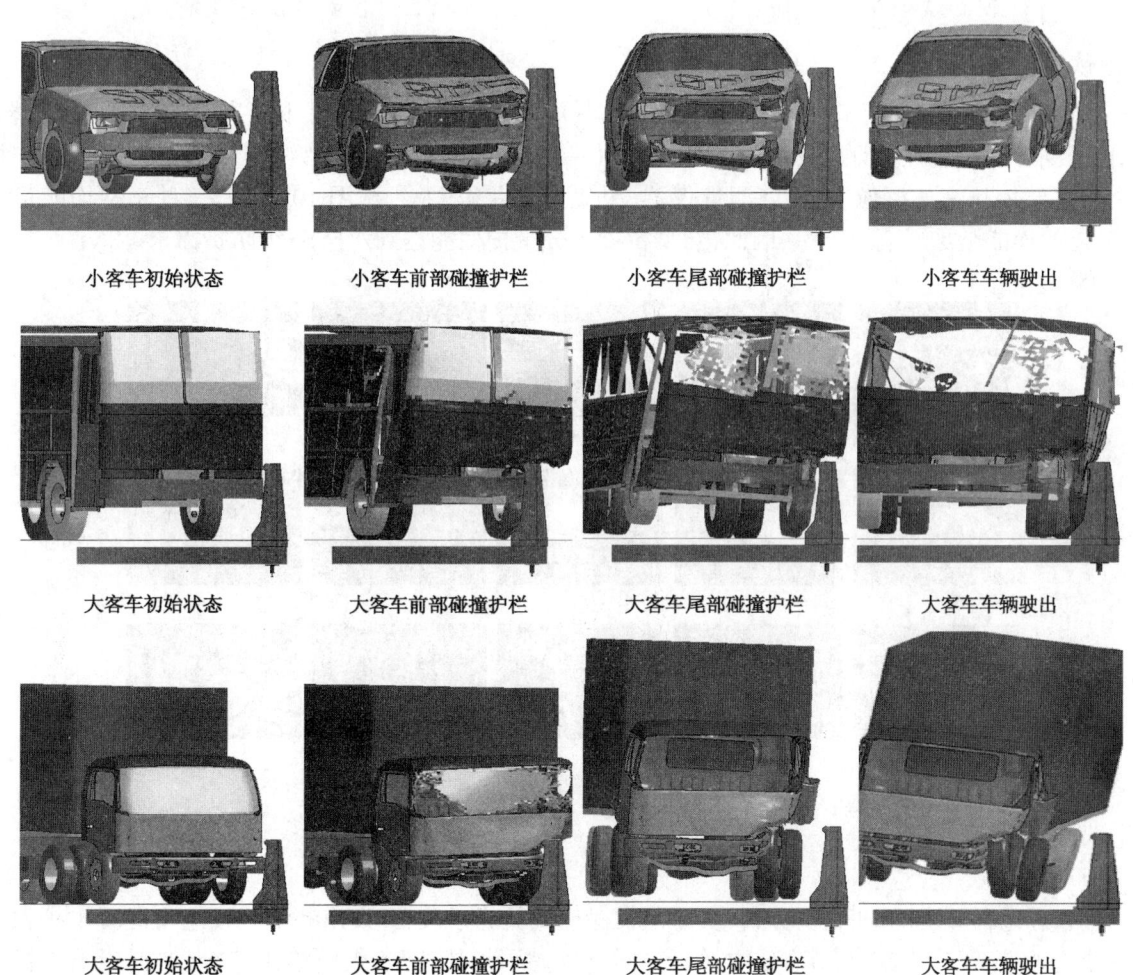

图7 各车型碰撞情况

## 三、装配式预应力护栏实车足尺碰撞试验

### 1. 护栏模型建立

实车碰撞试验护栏样品总长度40m,单节长度2.5m。顶部至路面安装高度1100mm,墙体顶部宽为207mm,底部宽500mm,高度1.2m,护栏预埋钢管尺寸为$\phi73mm \times 1.5mm \times 300(mm)$,高强螺纹钢棒尺寸为$\phi50mm \times 1000mm$,护栏混凝土强度等级为C50;底部基础混凝土强度等级为C30;路面混凝土强度等级为C25。试验护栏整体正面图见图8,高强螺纹钢棒见图9。

图8　试验护栏整体正面图　　　　　　　　　　图9　高强螺纹钢棒

### 2. 试验结果分析

实车足尺碰撞试验是指车辆碰撞护栏的试验,其中护栏根据设计图纸、相关规范要求加工、安装,车辆根据《公路护栏安全性能评价标准》(JTG B05-01—2013)要求按1∶1比例采用。实车足尺碰撞中相关参数获取主要依靠高速摄像、加速度测量仪器、采集系统获得[5-6]。由图10可知,三种车型均能正常驶出,各项指标均能满足规范要求[7],因此,新型桥梁中分带护栏能达到六(SS)级防护需求。

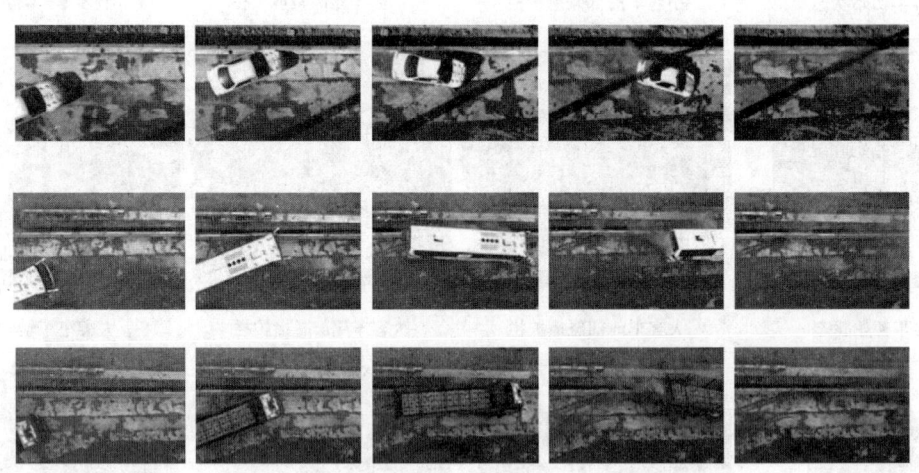

图10　各车型碰撞轨迹图

## 四、结　语

笔者以理论计算、计算机仿真分析、实车足尺碰撞试验为手段,开发出装配式预应力混凝土护栏。该护栏降低施工难度、节约资源、节省成本、绿色环保,提高了护栏质量、保障施工安全,对混凝土护栏未来的发展具有一定的指导意义;通过施加预应力提高了该护栏的防撞性能,保证了行车安全,可降低事故严重程度,减少人员伤亡和财产损失,降低维护费用和其他相关费用,提高公路运输效益。

## 参考文献

[1] 中华人民共和国交通运输部.公路交通安全设施设计规范:JTG D81—2017[S].北京:人民交通出版社股份有限公司,2017.

[2] 中华人民共和国交通运输部.公路交通安全设施设计细则:JTG/T D81—2017[S].北京:人民交通出版社股份有限公司,2017.

[3] 中华人民共和国住房和城乡建设部.混凝土结构设计规范:GB 50010—2010[S].北京:中国建筑工业出版社,2015.

[4] 卫军,张萌,杨曼娟,等.混凝土结构道路护栏设计计算方法[J].浙江大学学报,2014,48(2):249-253.

[5] 余长春.新型A级波形梁护栏实车足尺碰撞试验[J].广东公路交通,2015,(5):51-54.

[6] 刘小勇,张颖.凤凰型美观混凝土护栏的实车碰撞试验研究[J].公路工程,2010,35(3):167-172.

[7] 中华人民共和国交通运输部.公路护栏安全性能评价标准:JTG B05-01—2013[S].北京:人民交通出版社,2013.

# 40. 车辆荷载作用下钢箱梁焊缝应力响应特性研究

吴 飞[1] 尹华杰[2] 裴辉腾[3]

(1.江西省交通工程集团有限公司;2.江西省交通建设工程质量监督管理局;
3.江西省交通设计研究院有限责任公司)

**摘 要** 依托某大跨径悬索桥钢箱梁工程实例,基于ANSYS软件建立全桥梁单元模型与局部钢箱梁板单元模型,并将不同尺度的模型进行耦合,实现钢箱梁边界条件的准确模拟;然后,依据公路桥梁通行车辆荷载特点,设置车轮荷载在4种不同的横向位置加载的工况,计算不同工况下U肋对接焊缝、U肋与横隔板焊接焊缝的应力响应特点与差异;最后,分析各类焊缝在车辆荷载作用下的应力响应影响面,确定车轮荷载对焊缝的影响范围与程度,为钢箱梁疲劳计算的焊缝模拟与疲劳应力响应计算提供一定的参考。

**关键词** 钢箱梁 混合模型 应力响应 焊缝 影响面

## 一、引 言

近20年来,我国桥梁建设飞速发展,目前世界已投入运营的各类大跨桥梁中,我国的桥梁占比极高且跨径排名靠前。与此同时,钢箱梁因其自重轻、施工方便、可工厂制造以及极限承载力大非常适合承受面荷载等优点,在大跨径桥梁中得到广泛应用。但由于钢箱梁具有构造复杂、难以控制施工质量及直接承受较大荷载的特点以及限于当时技术条件,包括桥梁设计、施工、材料、体系缺陷、超载交通及结构安全监管手段的缺乏,"重建轻养""被动事后"的桥梁监管养护方式,致使钢箱梁桥结构性能在运营期间难以满足要求,而其中最为严重的是钢箱梁疲劳开裂的问题。国内外较多钢箱梁桥在运营一段时间,甚至部分桥梁在运营几年后就出现了较为严重的钢箱梁焊缝开裂问题,究其原因主要有以下几个方面:①钢箱梁顶板直接承受车轮荷载的往复作用;②钢箱梁内部焊缝极多,焊接过程中极易出现应力残留与应力集中;③现场焊接焊缝易存在初始裂纹。特别是近年来,随着区域经济的发展需求,交通流迅速增大,通行车辆也越来越重,钢箱梁焊缝疲劳呈现早发性、多发性、再现性状态,针对这些问题国内外学者开展了多项研究。欧洲、日本、美国等自20世纪70年代开始,先后对钢箱梁桥面板进行了大量的疲劳试验研究。日本通过对多座钢箱梁桥面板进行现场应力测试,采集数据并进行钢箱梁面板疲劳寿命评估,明确了钢

---

**基金项目**:江西省交通厅科技项目(编号:2019H0010;2019H0015)

桥面板疲劳设计的强制性标准。欧洲科研机构在欧洲煤钢联营(ECSC)的资助下,开展了一项"钢桥正交异性桥面板疲劳强度的研究",试验在欧洲6个国家的实验室中进行,明确了钢结构设计与焊接的一系列标准。国内童乐为针对开口肋钢桥面板疲劳性能进行了模型和实桥试验,对照中国钢结构设计规范中的疲劳分类,提出了关键部分适用的疲劳强度,并建立了初步的疲劳荷载谱;李爱群等研究了温度对大跨度焊接钢桥桥面板疲劳损伤的影响;王春生等运用断裂力学方法对老龄钢桥的疲劳性能进行评估,确定钢桥面板的疲劳损伤与剩余寿命。

然而,由于钢箱梁复杂的构造细节,以及试验所用试件少,试验装置昂贵,边界条件难以模拟等问题,许多复杂问题还没有研究清楚,对于有些问题研究甚至得出相悖的结论,得出的结论也还缺乏可靠性。因此,为了更好地将正交异性钢桥面板在实际工程中的推广应用,亟待对钢箱梁的疲劳机理及其特性进行研究。鉴于此,本文以国内某大跨径悬索桥钢箱梁为研究对象,通过分别建立全桥梁单元模型与钢箱梁节段板壳模型,并将两类不同尺度的模型进行耦合,形成多尺度混合模型,模拟荷载作用下钢箱梁边界条件;然后以此多尺度模型为基准,针对易出现疲劳的焊缝,研究车轮荷载下桥面板焊缝的应力响应特征,进行各关键焊缝受力性能分析,计算各细节应力响应影响面,从而获得车辆荷载作用下,对各类焊缝的响应范围与程度,为钢箱梁焊缝疲劳问题的研究提供一定的参考。

## 二、多尺度数值模型建立

模型是指能够对结构做出承载能力评估和响应分析的一种数值表示。有限元建模就是将连续的结构离散为有限的单元体。有限元方法分析速度快,准确度高而且对真实结构模拟准确,因此在工程实际中得到广泛的应用。本文研究的重点是车辆荷载作用下,各类焊缝的应力响应特点,因此需要通过建立大桥钢箱梁板壳模型以对各细节的应力进行详细分析,同时为了获取钢箱梁的受力状态以及准确模拟钢箱梁的应力边界条件,还建立了全桥杆系有限元模型,并最终将杆系模型与钢箱梁细部模型结合形成多尺度混合有限元模型。

本研究依托工程为某大跨径悬索桥,主跨1650m,北边跨578m,南边跨485m,大桥主梁共126个制造梁段,其中108个标准梁段,18个特殊梁段,每个标准梁段长18m,5个横隔板间距,每个横隔板间距为3.6m,每两个标准梁段组成了一个吊装段。标准梁段为扁平流线型分离式双箱断面,梁宽为36m(外到外双主梁),高3.5m,每个封闭钢箱宽度为14m;纵向每隔3.6m设置一道板式横隔板,钢箱梁顶板厚14mm,底板厚10mm,横隔板厚9mm,纵隔板厚16mm,U形加劲肋厚7mm,I形加劲肋厚10mm,横隔板加劲肋厚8mm,纵隔板加劲肋厚10mm。有限元模型采用Shell63单元,单元最小尺寸20mm,共153965个单元,焊缝网格划分及焊缝位置应力的提取方向(压为正,拉为负),见图1。局部模型建立完成后,为精确模拟钢箱梁局部模型的边界条件及其受力状态,以达到局部模型在承受外荷载特别是车辆荷载时受力情况与响应特点与实桥一致的要求,将局部模型与全桥模型进行耦合,以主桥模型节点为主节点在局部模型节点处进行自由度耦合,构成由杆梁单元与板壳单元结合的混合模型,组合后的模型见图2。

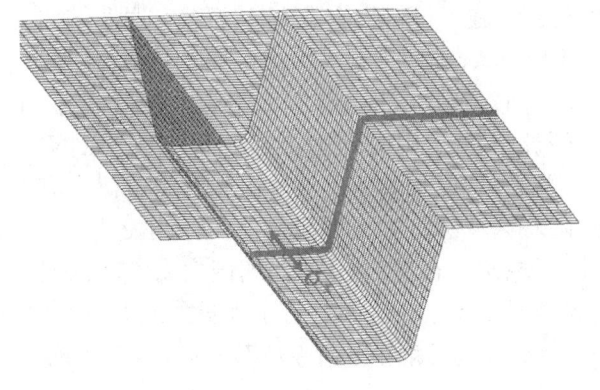 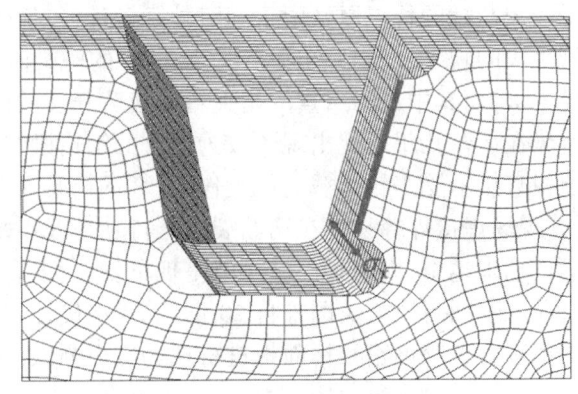

a) U肋对接焊缝　　　　　　　　　　b) U肋与横隔板连接焊缝

图1　钢箱梁板件网格划分与应力方向

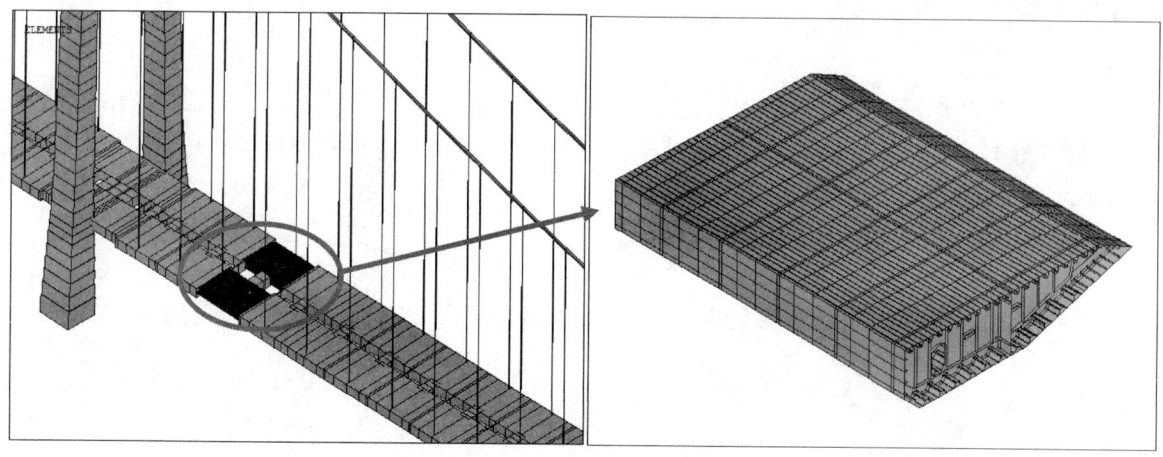

图 2 全桥与局部箱梁多尺度混合模型

## 三、加载工况设置

钢箱梁组成部件较多,容易出现疲劳裂纹的焊缝种类也非常多,主要包括 U 肋对接处、U 肋与顶板焊接处、U 肋与横隔板焊接处、横隔板与顶板焊接处、顶板对接处以及其他一些部件焊缝。由于受力状况不同以及在结构中的数量不同,正交异性钢桥面板易出现疲劳裂纹的构造细节,在桥梁运营过程中出现疲劳裂纹的概率存在较大差异,对于出现概率较大的构造细节应该给予特别的关注和重点的研究。日本钢结构委员会于 2007 年对日本阪神高速公路和首都高速公路钢桥面板已出现疲劳裂纹的焊缝类型进行统计,发现所有的疲劳焊缝中 U 肋对接焊处、U 肋与顶板焊接处、U 肋与横隔板连接处、主梁腹板竖向加劲肋与顶板焊接连接处均有疲劳裂纹出现,分别占疲劳裂纹总数的 20.9%、3.6%、56.3%、9.7%。因此,主要针对疲劳开裂概率较大的 U 肋对接焊缝与 U 肋与横隔板连接焊缝,在车辆荷载作用下的应力响应情况进行研究。结合各国疲劳设计标准与规范,在疲劳位置研究以及影响线计算中采用轴重 100kN,单轮重 50kN 的车辆荷载施加到有限元模型。单轮的着地宽度(横桥向)和长度(顺桥向)分别为 0.3m 和 0.2m。此外,车辆荷载作用下钢箱梁各类焊缝的应力响应情况受加载位置影响极大。因此,本文首先设计 4 种加载工况,各个加载工况距离焊缝的位置不同。图 3 为以中间 U 肋与顶板对接焊缝为例所设置的 4 个加载工况,应力响应的计算过程考虑铺装层对车轮荷载的扩散作用。

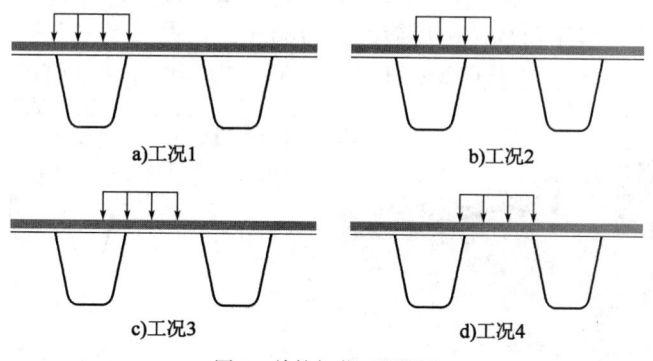

图 3 单轮加载工况设置

## 四、车辆荷载下焊缝响应

为对比研究车辆荷载下各类焊缝的应力响应,基于建立的多尺度混合模型,主要计算分析不同工况下焊缝的应力响应。此外,不仅横向位置会影响钢箱梁焊缝的应力响应,随着车轮荷载距焊缝纵向距离的变化,焊缝的应力响应也会有所不同。因此,以标准梁段中部焊缝为研究对象,分别计算车轮从梁段起始点(坐标设置为 -9m)开始,然后经过焊缝正上方(坐标设置为 0),最后驶离梁段末端(坐标设置为 9m),整个过程焊缝的应力响应。由此,可以获得各个加载工况下的焊缝应力响应影响线,从而把握焊缝响应的整体特征。

### 1. U肋对接处

对于U肋对接处焊缝,横向加载工况为工况1,纵向车轮作用于坐标0处时,车轮荷载作用焊缝的应力响应云图如图4a)所示。图4b)为不同横向加载工况下,车轮荷载沿钢箱梁标准梁段首部(-9m)至末尾(+9m)的过程中焊缝的应力响应。

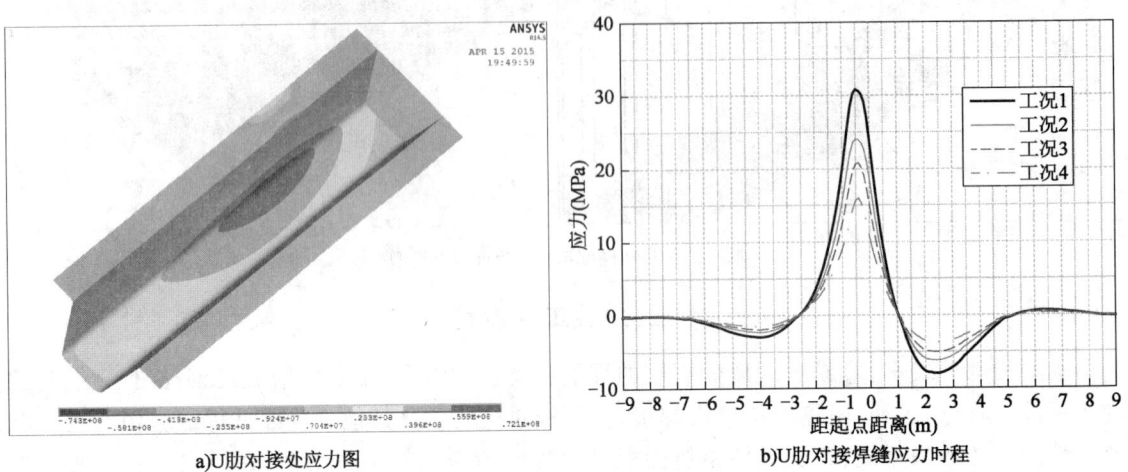

a)U肋对接处应力图　　　　b)U肋对接焊缝应力时程

图4　车轮荷载作用下U肋对接处响应

由图4a)可见,车轮荷载作用下,U肋在接焊缝位置出现明显的应力集中现象,车辆荷载对焊缝的影响极大。图4b)中针对不同工况下(车轮横向作用位置不同),焊缝的应力响应也存在较大差别,而且当车轮荷载作用在该细节正上方时,在该点引起的应力最大,且为压应力。当车轮荷载作用在距该点2.5m左右时,在该点引起拉应力,且此时拉应力达到最大。车轮荷载由远到近,再驶离的过程中,在该点只引起1个主要的疲劳应力循环。对比不同工况下的应力,可以发现,当轮载作用在U肋对接焊缝正上方(工况1)时,在该焊缝处引起的应力幅最大,应力幅约为40MPa。

### 2. U肋与横隔板连接处

对于U肋与横隔板连接处焊缝,该焊缝的连接构造中U肋连续通过横隔板,且横隔板处切有过焊孔。选取U肋与横隔板连接处焊缝末端U肋腹板上纵桥向应力为评价指标,当横向加载为工况2,纵向车轮同样作用于坐标0处时,车轮荷载作用焊缝的应力响应云图见图5 a)。图5b)为不同横向加载工况下,车轮荷载沿标准梁段由远及近到再驶离的过程中U肋与横隔板连接处焊缝的应力响应。

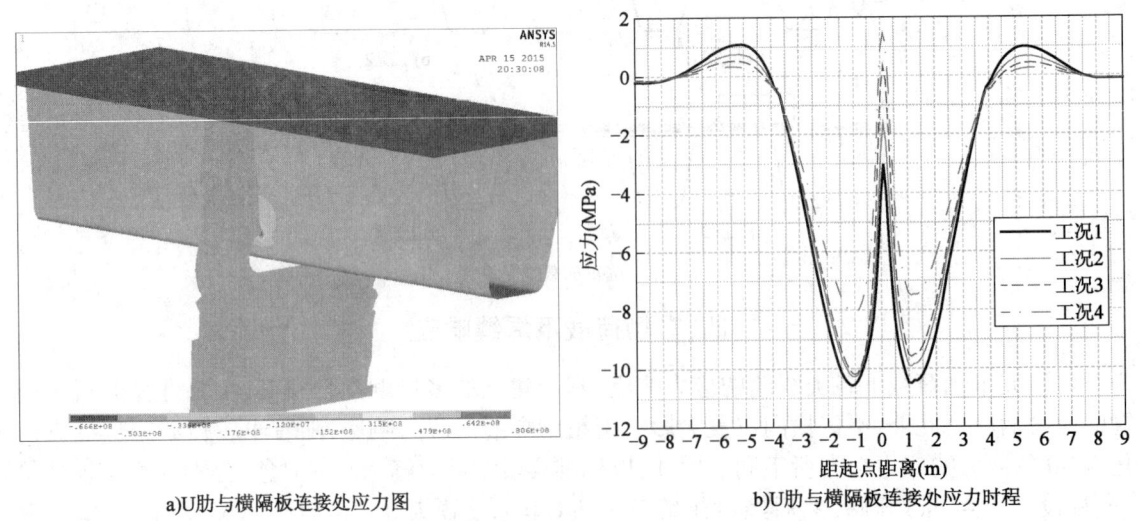

a)U肋与横隔板连接处应力图　　　　b)U肋与横隔板连接处应力时程

图5　车轮荷载作用下U肋与横隔板连接处响应

由图5a)可以看出,车轮荷载作用下,U肋与横隔板过焊孔相交处的应力最大,此处的应力集中现象也比较明显。如图5b)所示,当车轮荷载作用在该焊缝正上方时,焊缝产生压应力,而当车轮荷载沿纵向距离该焊缝1.0m左右时,在该点引起最大拉应力。车轮荷载作用下,在该点引起2个主要的应力循环,应力对于横隔板对称。对比不同的工况,可以发现,当车荷载作用在U肋与横隔板连接处的正上方时,在该细节处引起的疲劳应力幅最大,应力幅为15MPa。

## 五、焊缝应力响应特性分析

由车辆荷载作用下焊缝的应力响应云图与时程曲线不难发现,车辆荷载作用下焊缝的应力响应具有很强的局部效应。也就是说,车辆荷载在纵向、横向位置不同即离焊接细节的距离不同,将会对焊接细节的应力产生很大影响,为了更加直观的体现车轮荷载在纵向、横向的不同位置上时各类焊接细节的应力响应,获取车辆荷载作用下焊缝的应力响应特性,在多尺度混合模型中以0.1m为步长进行U肋对接焊缝处应力与U肋与横隔板在过焊孔相接触的应力响应影响面进行计算,计算结果见图6。

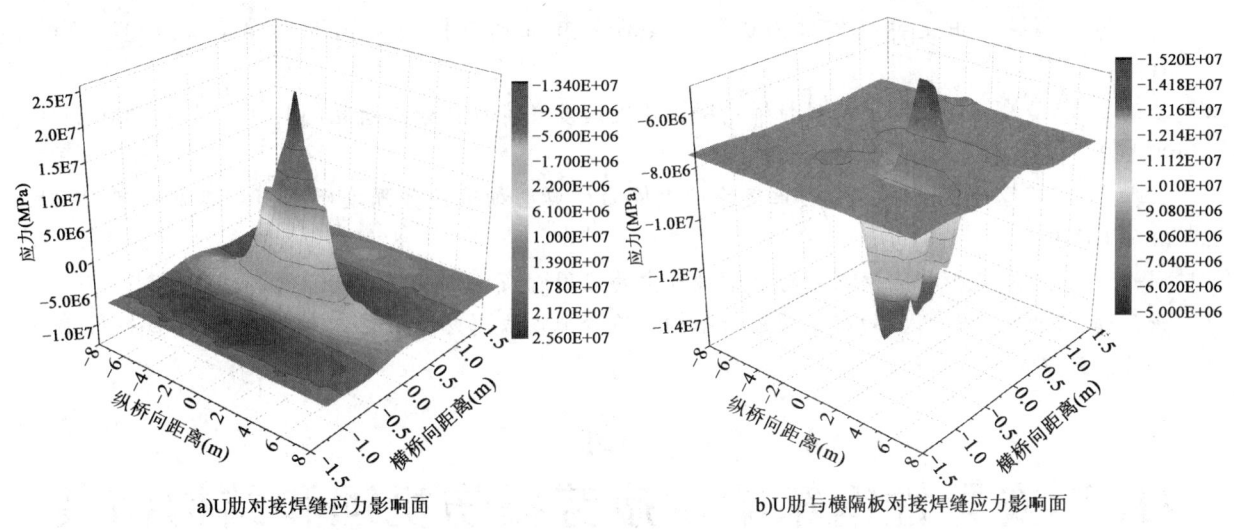

a)U肋对接焊缝应力影响面　　　　b)U肋与横隔板对接焊缝应力影响面

图6　车辆荷载作用下焊缝应力影响面

通过图6a)与图6b)不同焊缝的焊缝应力影响面对比可以发现,各类焊缝的影响面有很大的差别,车辆荷载作用下,焊缝影响面的形状以及影响面峰值的个数与大小均有差异。同时,各类焊缝的影响面又具有很多共性,图6中各类焊缝影响面的尖峰均靠近细节位置,应力大小随着荷载距细节位置距离的增大而迅速下降,且沿横桥向的下降速度比沿顺桥向的下降速度要快,即对同一个焊接细节,荷载在横向的影响范围较小,在纵向的影响范围较大。通过对图6中两类焊缝应力影响面峰值数据分析可以确定在焊接细节的疲劳分析中横桥向需考虑距离细节位置左右各1m即2m范围的荷载影响,而顺桥向需考虑距离细节位置左右各2m即4m范围的荷载影响,超出该范围内的荷载对焊接细节的影响即引起焊接细节的应力可以忽略不计,而一般车辆横向轮距为1.8m,长度大于3m,因此在同一时刻对于同一疲劳细节只需考虑一辆车对该细节的影响。此外,荷载沿顺桥向靠近或者远离焊缝时,在不同横向位置的荷载其影响线形状基本一致,只是峰值有所差别,而荷载沿横桥向靠近或者远离焊接细节时,在不同顺桥向位置的荷载其影响线形状不同,说明荷载的横向位置影响焊接细节的应力大小,对应力的分布影响较小,而荷载的纵向位置不仅影响焊接细节的应力大小,更重要的是对应力的分布影响较大。

## 六、结　语

本文首先利用ANSYS软件建立某大桥全桥以及局部有限元模型,为了准确模拟钢箱梁构件的边界条件,将局部精细化板壳模型与全桥杆系模型进行耦合,并以此为基础开展在车辆荷载作用下各类焊缝应力响应的特性研究,所得主要结论如下:

（1）车辆距离焊缝由远及近然后再驶离的过程中，不同焊缝应力响应存在很大的差别，特别是焊缝应力响应的时程形状及峰值的个数与大小差异很大。同时，拉应力与压应力在整个时程中均会出现，各类焊缝的应力响应的极值均在靠近焊缝的位置，且应力水平随着荷载距焊缝距离的增大而迅速下降；

（2）对各类焊缝进行应力分析时，针对具体的焊缝荷载在横向的影响范围较小，一般为2m范围，而纵向的影响范围较大，一般为4m范围，超出荷载影响范围的荷载对焊缝的应力响应影响可以忽略不计。因此，针对公路桥梁钢箱梁焊缝疲劳应力进行计算时，可以忽略车辆同时作用的影响，即在同一时刻对于同一焊缝只需考虑一辆车对其造成的疲劳效应。

**参考文献**

[1] 马如进,徐世桥,王达磊,等.基于大数据的大跨悬索桥钢箱梁疲劳寿命分析[J].华南理工大学学报（自然科学版）,2017,45(06):66-73.

[2] European Coal and Steel Community. European recommendations for bolted connections with injection bolts [M]. Brussels: ECSC publication, 1994.

[3] 童乐为,沈祖炎.正交异性钢桥面板静力实验和有限元分析[J].同济大学学报,1997,25(6):617-622.

[4] 丁幼亮,李爱群,缪长青.大跨斜拉桥扁平钢箱梁的多尺度损伤分析研究[J].工程力学,2007,(07):99-103+121.

[5] 王春生,翟慕赛,Houankpo TON.正交异性钢桥面板典型细节疲劳强度研究[J].工程力学,2020,37(8),102-111.

[6] 周丹.多尺度建模模拟方法在大跨桥梁设计中的应用[J].北方交通,2020,(02):1-6+11.

[7] 杨云逸,徐世桥,马如进.短杆钢箱桁架结构数值模拟方法探究[J].佳木斯大学学报(自然科学版),2017,35(06):930-934.

# 41. 正交异性钢箱梁桥疲劳损伤机理和结构铺装

郝 苏[1]　徐 剑[2]　朱尧于[3]

（1. 北京ACII工程技术有限公司；2. 交通部公路科学研究院道路中心；
3. 中交公路长大桥建设国家工程研究中心有限公司）

**摘　要**　基于轻质和承重结构的优越性，在很多情况下正交异性钢箱梁是大跨度桥梁的唯一选择。但这一类结构桥面系承受较高频率的重车轮载集中力，制造过程中需要大量焊接，导致出现局部初始缺陷的概率较高，使得局部疲劳裂纹和损伤成为困扰正交异形钢箱梁桥安全维护和管养的一个突出问题。

针对正交异性钢箱梁桥面系的局部结构弱点，本文对疲劳裂纹产生和扩展的机理进行了分析，提出应用一种新正交异型结构复合材料铺装，可以增强桥面系结构刚度和强度，缓冲分散重车轮载的集中力。应用弹性力学正交异性板理论，得到了对应的正交异性钢桥板整体结构的解析解。完成了5组试件试验验证用，进行了有限元数值分析。

**关键词**　正交异性　钢箱梁桥　疲劳损伤　结构铺装

## 一、引　言

疲劳、腐蚀和磨损是导致工程结构失效的3个主要因素，它们同时出现在正交异性钢桥面上。但在大多数实际情况下，腐蚀并不是由结构特征直接决定的，也同环境和材质直接相关联；磨损是桥面铺装不可避免但可以预计的过程；而疲劳是危及正交异性钢箱梁桥长期安全运营的常见隐患。近几十年来在全世界范围内修复正交异性钢箱梁局部疲劳损伤似乎已成为这类桥梁管养界的常态化工作。

## 二、正交异性钢箱梁体疲劳裂纹成因

1. 焊接质量

图1是日本桥梁协会在2013年根据全日本探测到的7000多条正交异性钢箱梁疲劳裂纹位置的统计。从此图可以发现所有的疲劳裂纹都在焊缝区域或始于焊缝,可以归类为3组:(1)桥面顶板与U肋之间焊缝,即图中位置①,占比18.9%;(2)U肋穿过横隔板的交接处焊缝或邻近部位,即图中位置③和④,占比38.2%;(3)顶板,U肋,横隔板三者相交处焊缝附近,即图中位置②和⑤,或顶板与同横隔板平行纵肋的焊缝,即图中位置⑦。这3组位置即是通常的结构"疲劳热点"。显然,焊接质量是造成"疲劳热点"位置产生疲劳裂纹的原因之一。

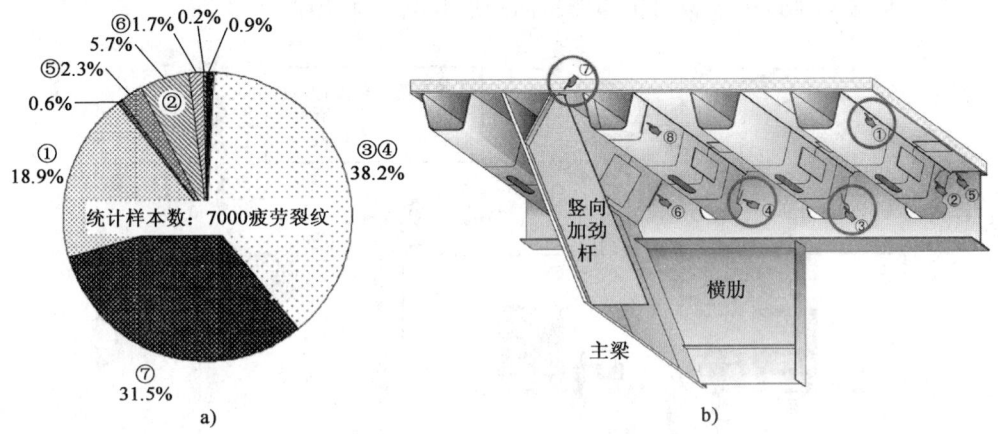

图1 正交异性钢箱梁7000疲劳裂纹位置统计

图1b)表示的是裂纹在一个开放式正交异性钢箱梁剖面中位置;在封闭式正交异性钢箱梁桥中裂纹位置类似。图2在作者构建的一个封闭式正交异性钢箱梁有限元模型的剖面示意图,类似图1结构中的疲劳热点位置和探测到的疲劳裂纹。

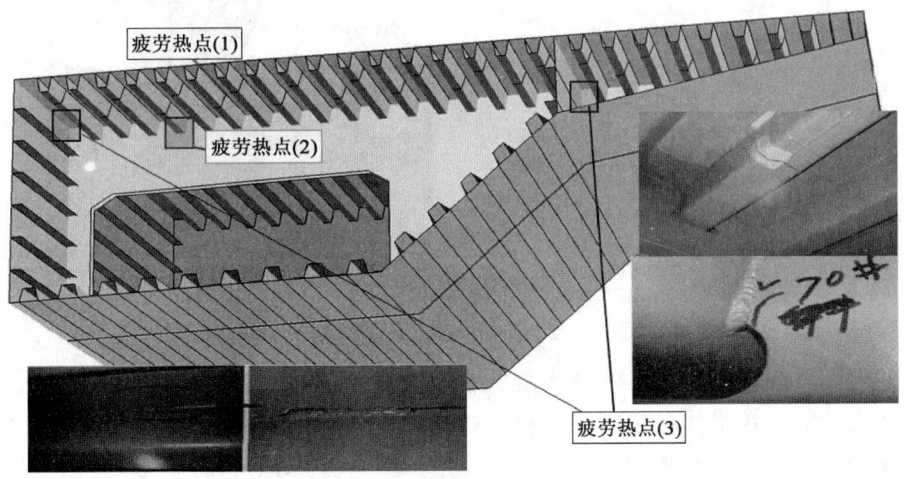

图2 封闭式正交异性钢箱梁疲劳裂纹位置

应该看到,近二十年来桥梁焊接工艺已经取得了长足进步。业界主要的正交异性钢箱梁制造厂家基本上对图1中(1)组,即图2热点(1),实现了自动化焊接;对(2)和(3)组位置焊缝已经实现部分自动化焊接。因此可以预见近年投入运行的正交异性钢箱梁桥中出现焊缝疲劳裂纹的概率将会大大降低。

2. 结构因素

虽然正交异性钢箱梁结构中疲劳裂纹集中在焊缝区域及其附近,但并不是所有焊接连接处都是疲劳热点。多年工程实践,包括图1和图2的结果,表明疲劳裂纹的产生主要集中在结构几何突变处,同时与结构的局部和整体应力分布和水平有直接的关系。下面对此做一简单分析。

考虑一辆卡车在桥面上,轮下正交异性钢箱梁顶板局部承受的应力可以简单分为两类:(Ⅰ)对应于桥梁自身(恒载)和车辆自重(动载)在箱梁整体作用力组合的力所产生的应力,主要表现为顺桥向弯矩所造成的应力(图3);(Ⅱ)车轮与钢箱梁表面接触力产生的接触应力和对应于局部横桥向弯矩的应力(图4)。例如,相隔一段距离的两个人站在一个桥上,每个人脚下桥面都感受到这个人的接触压力和局部弯矩应力,即前述(Ⅱ)类应力;两个人及桥梁自身重量在此处造成弯矩应力,即前述(Ⅰ)类应力。在另一方面,正交异性钢箱梁的U肋设计主要是为了提高桥体顺桥向抗弯截面模量,即减小桥体中(Ⅰ)类应力,对桥体横桥向强度和刚度无贡献。与U肋垂直的横隔板则是为了增强横桥向抗弯截面模量,即增强桥体承受(Ⅱ)类应力的强度。在某些开放式正交异性钢箱梁的设计中,横隔板也是顺桥向主梁和桥面系之间的支撑。但总的来说横隔板对桥体顺桥向强度和刚度无贡献。

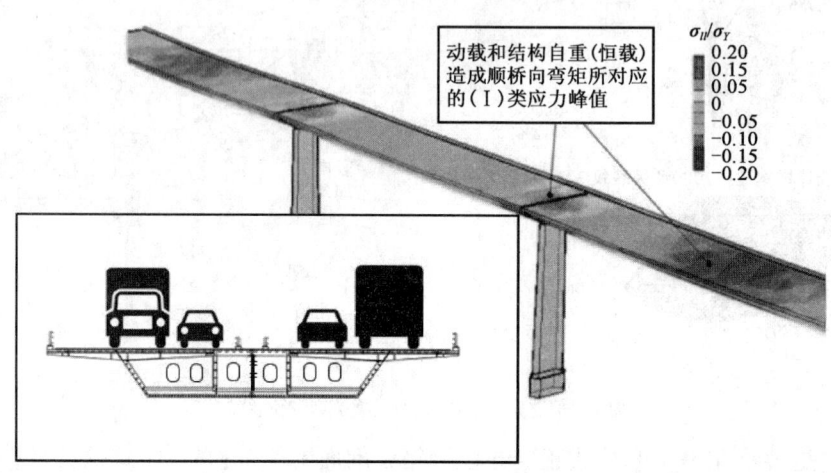

图3 桥体结构恒载和车辆动载在正交异形钢箱梁体造成的(Ⅰ)类应力有限元模拟

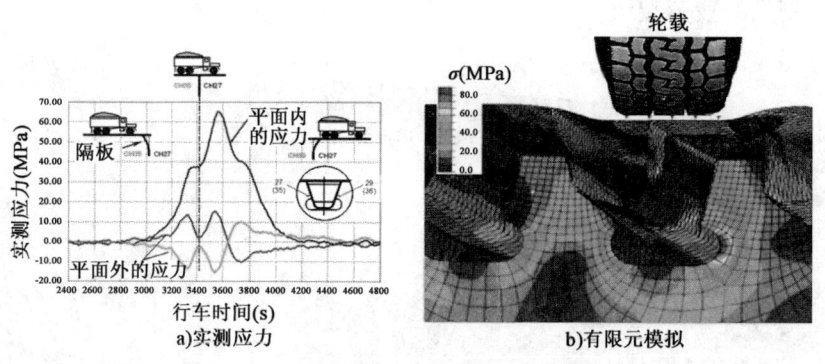

图4 接触应力和有限元模拟

为保证结构轻质,控制焊缝总长度,并预留足够焊接、管养和维修空间,常规正交异性钢箱梁设计中横隔板间距为2.5~3m。在横隔板之间的钢箱梁桥面横桥向刚度和强度偏弱,这是造成如图3b)所示U肋横桥向较大挠曲的原因;在这种条件下,顶板U肋间焊缝成为图1和图2中的(1)类疲劳热点。若焊缝质量未达标,在重车轮载反复作用下会诱发疲劳裂纹。又由于钢箱梁桥面顶板U肋系统顺桥向刚度强,横桥向刚度弱,在与横隔板相交处横桥向刚度突然加强;这种几何的突然变化和刚度的不协调,导致U肋和横隔板顺桥向形变不协调,可能诱发前述(2)类疲劳热点的疲劳裂纹。也导致顶板与横隔板,或与其平行的纵肋相交部的局部应力集中,这是图1和图2中(3)类焊缝疲劳热点的成因。

3. 桥面铺装及与钢桥面的结合度

为了减缓车轮对钢桥面的冲击,防止桥面锈蚀,保证通过车辆载人的舒适度,合理和长久耐用的铺装是正交异性钢箱梁桥面系的重要组成,也是这类桥梁在管养方面经常出现的问题。

从减轻自重的角度出发,一般采用薄结构层做铺装层,例如,沥青混凝土和水泥混凝土。但为了满足美观、舒适的要求,沥青混凝土材料越来越多地被采用,水泥混凝土铺装层在高等级公路上反而用得越来越少。为了保证同桥面的结合度,在正交异形钢箱梁桥面多采用沥青—环氧树脂混合料铺装。图5是两类铺装的例子。

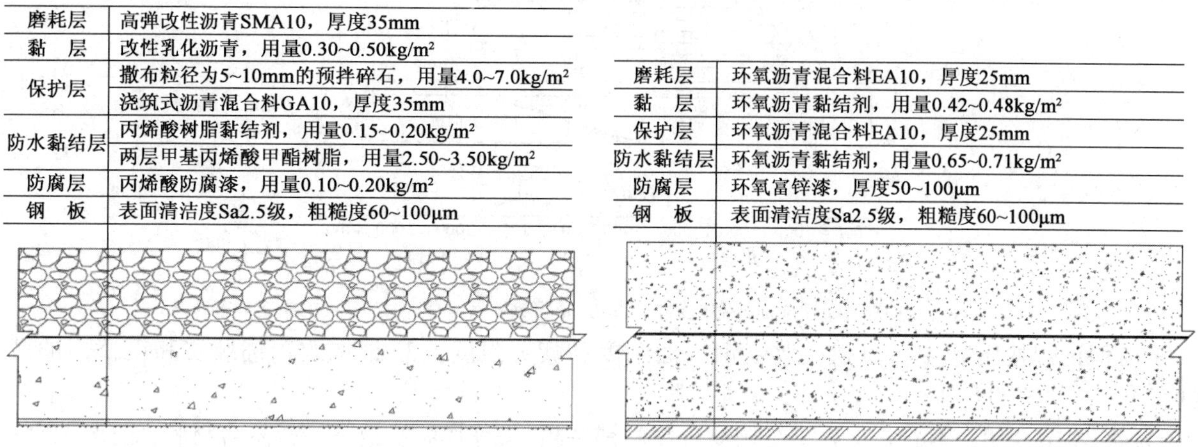

| 磨耗层 | 高弹改性沥青SMA10,厚度35mm |
| --- | --- |
| 黏 层 | 改性乳化沥青,用量0.30~0.50kg/m² |
| 保护层 | 撒布粒径为5~10mm的预拌碎石,用量4.0~7.0kg/m²<br>浇筑式沥青混合料GA10,厚度35mm |
| 防水黏结层 | 丙烯酸树脂黏结剂,用量0.15~0.20kg/m²<br>两层甲基丙烯酸甲酯树脂,用量2.50~3.50kg/m² |
| 防腐层 | 丙烯酸防腐漆,用量0.10~0.20kg/m² |
| 钢 板 | 表面清洁度Sa2.5级,粗糙度60~100μm |

| 磨耗层 | 环氧沥青混合料EA10,厚度25mm |
| --- | --- |
| 黏 层 | 环氧沥青黏结剂,用量0.42~0.48kg/m² |
| 保护层 | 环氧沥青混合料EA10,厚度25mm |
| 防水黏结层 | 环氧沥青黏结剂,用量0.65~0.71kg/m² |
| 防腐层 | 环氧富锌漆,厚度50~100μm |
| 钢 板 | 表面清洁度Sa2.5级,粗糙度60~100μm |

图5 JTGT 3364-02—2019规范给出的两类铺装例子

由于钢箱梁桥面铺装处于如图4所示类似"软地基"的基础之上,大跨度桥梁本身的变形、位移、振动都将直接影响铺装层的工作状态。除正常铺装层自身温度变化的影响外,桥跨结构的季节性温度变化严重影响铺装层的变形。因此,过往的工程实践统计数据显示钢箱梁桥面铺装的病害程度一般是常规桥梁铺装的数倍,平均使用寿命小于10年。

影响正交异性钢箱梁桥面铺装寿命的一个特殊原因是钢桥面与铺装材料在物理性质上的差异;表1列出了钢与混凝土的对比。当环境温度变化,或在较高面内基体应力状态下,这种差异会导致高出基体应力数倍的连接面剪力,破坏铺装材料与钢桥面的结合。图6是一个实测的焊缝附近60mm厚铺装材料和10mm厚钢桥面结合后内部截面的应变分布;由于材料弹性模量和泊松比的不同,在外力作用下连接的材料内部结合面两侧出现高峰值但符合不同的自平衡内应变。这一现象揭示了结合面上存在的撕裂连接的内剪力。

钢桥面钢材与混凝土铺装材料物理常数对比    表1

|  | 弹性模量(MPa) | 热膨胀系数 | 泊 松 比 | 热传导系数(W/mc) |
| --- | --- | --- | --- | --- |
| 混凝土 | $3.7 \times 10^4$ | $1.0 \times 10^{-6}$ | 0.16 | 1.26 |
| 钢 | $2.06 \times 10^5$ | $12.5 \times 10^{-6}$ | 0.33 | 50 |
| 差比 | 1/6 | 1/10 | 1/2 | >20 |

## 三、新正交异型结构复合材料铺装板

在正交异型钢箱梁结构问世到21世纪第一个10年,用于超大跨度桥梁的正交异型钢箱梁设计传统规范允许超薄(小于12mm)钢箱梁板设计来减小结构重量。但桥面在车辆车轮长期反复冲击下,全世界范围内许多这类桥梁面板焊缝本身或其周边出现反复接触载荷造成的疲劳裂纹。不可能由于个别局部裂纹更换百米长钢箱梁,裂纹在车载下的继续扩展可能引发灾难性后果;焊接封闭裂纹会在焊缝周围引发新的裂纹,因此一般只能从改进桥面铺装来保证桥梁安全。传统方法是在桥面上覆盖混凝土或环氧树脂等。由于这类材料同钢铁材料特性相差悬殊,难以与钢桥面紧密黏合;在温度变化和车辆轮载作用下,一般3~5年后铺装会脱落,需要重新处理。这已成为困扰业界的一个普遍问题。

根本改善正交异性钢箱梁桥面的抗疲劳强度需要解决下列3个问题:

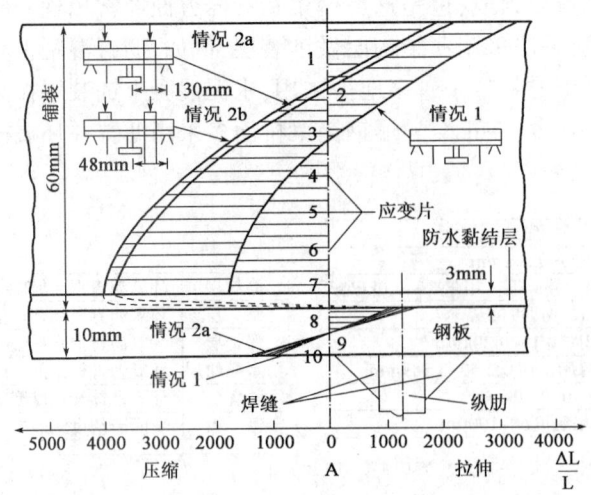

图6 实测焊缝附近60mm厚铺装材料和10mm厚钢桥面结合后内部截面的应变分布

(1)保证焊接质量;(2)增强或改善钢桥面刚度和疲劳强度;(3)根本改善铺装层和钢桥面的结合强度。

为此,本节介绍一类新正交异型结构复合材料铺装板,又称作波纹板基结构复合材料,它是美国专利所提出U形波纹抗暴抗冲击复合材料板的进一步发展,源于宏观拱形桥梁设计的理念。我们熟知,相对于其他中小跨度桥梁形式,拱桥在撑载能力方面有许多优势。有近千年桥龄仍坚如磐石的赵州桥是一个最好的例子。U形复合结构材料板的基本原理是将拱桥的宏观结构特性埋植于复合材料板的微观结构中,再加上合理的选材(用不同材料性质优化搭配)取得轻材质的强度和抗冲击抗疲劳特性最佳组合,见图7。

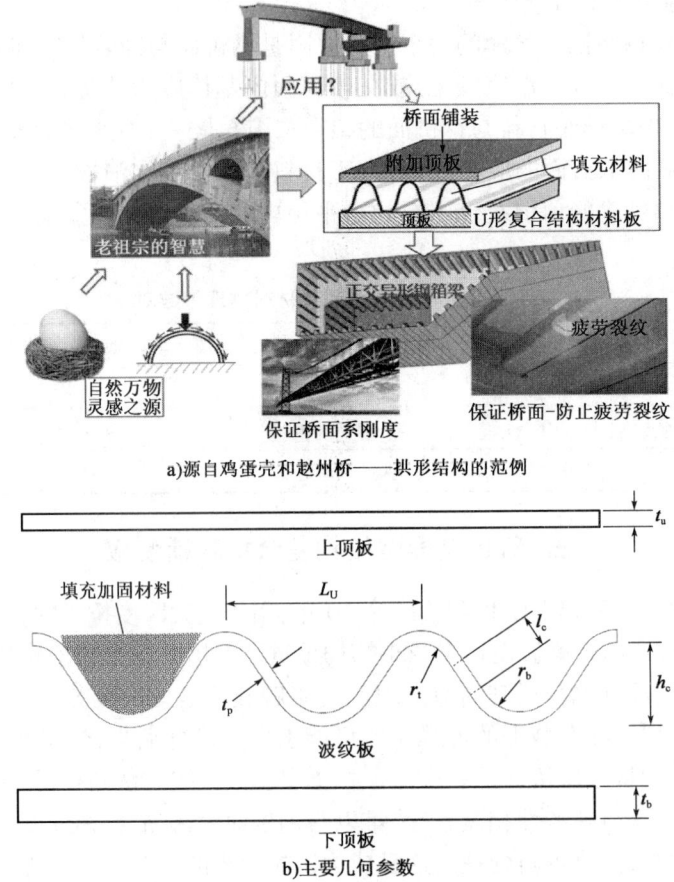

a)源自鸡蛋壳和赵州桥——拱形结构的范例

b)主要几何参数

图7 正交异型U形复合结构材料铺装板

对于正交异性钢箱梁在桥梁工程的应用,U形复合结构材料铺装板的设计着眼于下列目标:

增强结构承载面的抗压和抗冲击等常规强度;改善其抗疲劳和耐磨性等耐久性指标;增强结构整体和局部的强度和刚度。

这类板基结构复合材料自身还必须满足下列条件:满足抗压和抗冲击等常规强度指标及疲劳强度和耐磨性等耐久性指标;满足自身局部结构附加的刚性和稳定性要求。

很明显,将U形复合结构材料铺装板置于正交异性钢箱梁桥面之上且板波纹的纵向与U肋纵向正交时,这一复合结构材料铺装板将贡献于桥体的横桥向刚度和强度。但铺装板自身局部必须具有承受重车轮载垂直压力和冲击力及刹车时作用在面板切向力的强度和稳定性,如图8a)所示。为此,这一复合结构材料板的另一创新点是在波形板内置入加强肋块,如图8b)所示。U形复合结构材料铺装板可以代替图5所示常规铺装层中25mm到35mm的保护层,通过焊接或栓接方式与正交异性钢箱梁桥面板相连接。图9是有限元计算在图8a)垂直载荷条件下U形复合结构材料破坏模式。

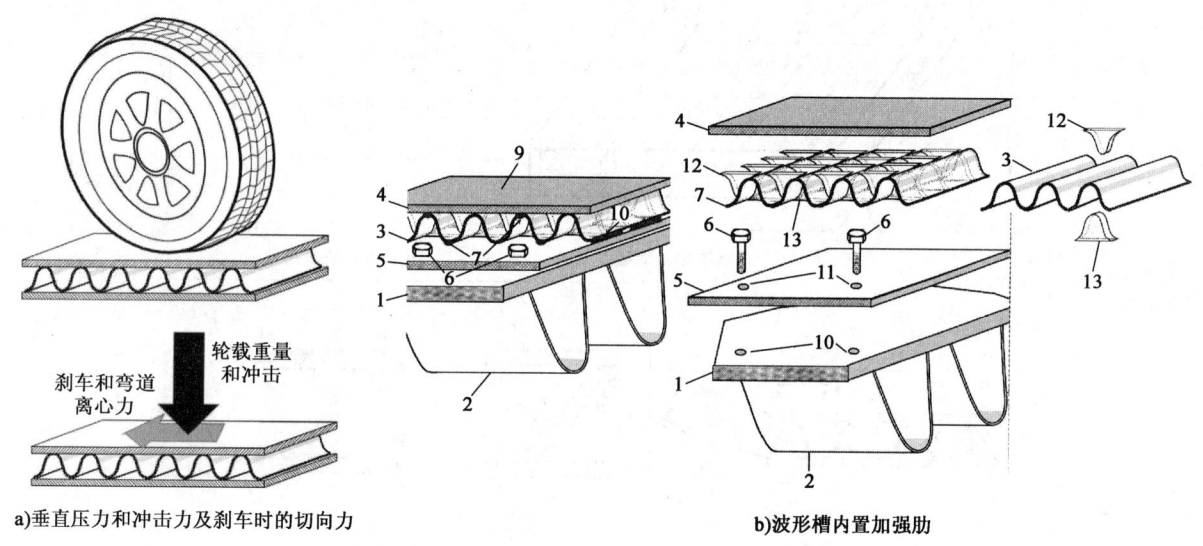

a)垂直压力和冲击力及刹车时的切向力　　　　　b)波形槽内置加强肋

图8　受力和加强肋

1-正交异性钢箱梁桥箱梁顶板;2-U肋;3-波形板;4-上顶板;5-下顶板;6-螺栓;7-点焊;8-焊缝;9-上置铺装;10-承载面板预留孔;11-下顶板预留孔;12-上空腔肋块;13-下空腔肋块

## 四、理 论 分 析

考虑一座桥梁包含如图9a)所示正交异性钢箱梁桥面板,其上置有如图9c)所示U形复合结构材料铺装板(简称为"复合钢桥面板");其中的U形复合结构材料铺装板以下简称"U铺装板"。这类钢桥面板的工程设计实践需要下列量化关系:

设计要素1:图7b)和图8b)所示几何参数变化时"U铺装板"的局部结构力学性质和其在压剪荷载下强度;

设计要素2:正交异性钢箱梁桥面板上置不同几何参数"U铺装板"后整体结构力学性质和承受能力。

本节从要素2的分析开始。根据小变形"正交异性弹性板"理论[6,7],对图9所示结构形变的控制方程如下:

$$D_x \frac{\partial^4 w(x,y)}{\partial x^4} + 2 H_{xy} \frac{\partial^4 w(x,y)}{\partial x^2 \partial y^2} + D_y \frac{\partial^4 w(x,y)}{\partial y^4} = p(x,y) + N_x \frac{\partial^2 w(x,y)}{\partial x^2} + N_y \frac{\partial^2 w(x,y)}{\partial y^2} \quad (1)$$

图9所示"复合钢桥面板"的坐标系统(三维笛卡正交坐标)原点O在正交异性钢箱梁桥面板的板面

中点,即U铺装板板与钢箱梁桥面接触面的中点;式(1)中$w(x,y)$代表垂直于板面($z$方向)的位移;$p(x,y)$是板面分布载荷,$N_x,N_x$分别为平板面内沿$x,y$方向的轴向力;$D_x,D_x$分别代表正交异性板沿$x,y$方向的刚度;扭转刚度$H_{xy}$可由由下式定义:

$$H_{xy} = \frac{1}{2}[4C + v_y D_x + v_x D_y] \tag{2}$$

式中:$C$——扭转刚度系数;

$v_x,v_y$——沿$x,y$方向的泊松比。

对于图9所示结构,首先考虑式(1)中板面垂直于位移$w$满足下列理想边界条件,见图10。

$$w\left(y = \pm\frac{L}{2}\right) = 0; w\left(x = -\frac{l}{2}\right) = \phi_1; w\left(x = \frac{l}{2}\right) = \phi_2 \tag{3}$$

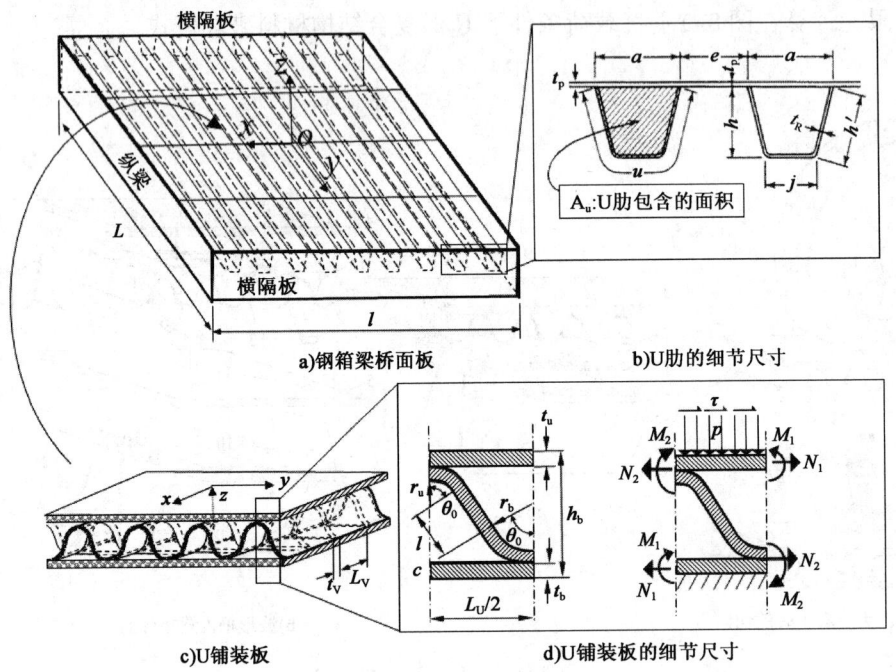

图9 整体加固正交异性钢箱梁复合钢桥面板

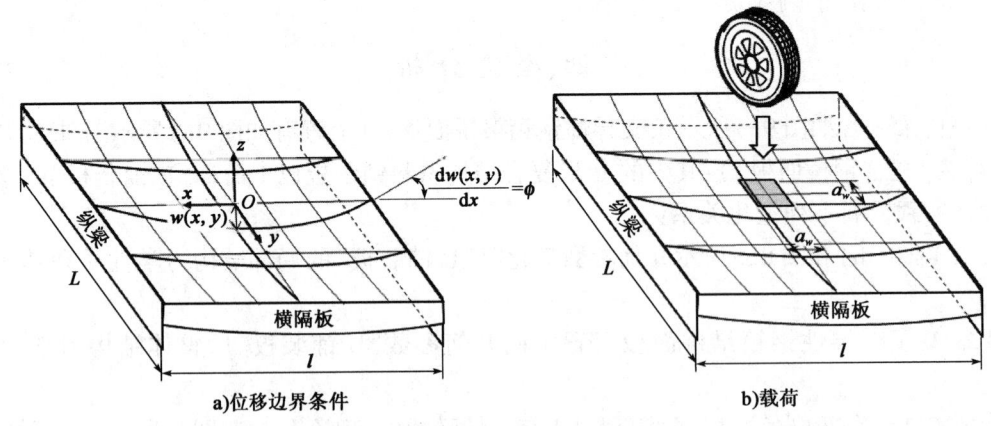

图10 式(1)所描送整体加固正交异性钢箱梁复合钢桥面板的力学边界条件

对于有图9形状U肋的正交异性钢箱梁桥面板,在没有安装"U铺装板"和假设泊松比$v_x,v_y$为零的条件下,即:

$$v_x = 0; v_y = 0 \tag{4}$$

钢桥面板的刚度可由下两式给出[3]

$$D_x = \frac{t_P^2 E}{12}, D_y = \frac{EI_R}{a+e} \tag{5}$$

式中:$E$——杨氏弹性模量。

目前还没有精确计算正交异性钢箱梁桥面板扭转刚度$H_{xy}$或扭转刚度系数$C$的表达式[3,4];一般只能通过试验或数值方法求得。这也是影响正交异性钢箱梁U肋细节精确设计的一个难点。对于未加U铺装板的正交异性钢箱梁桥面板,U肋顺向刚度远大于横向,即:

$$D_x << D_x \tag{6}$$

因此,当$N_x,N_y$分别为零,控制方程式(1)退化为:

$$2H_{xy}\frac{\partial^4 w(x,y)}{\partial x^2 \partial y^2} + D_y \frac{\partial^4 w(x,y)}{\partial y^4} = p(x,y) \tag{7}$$

设计手册[3]所给出的大部分计算式和图表是根据此公式得出的。

显然,图9c)所示U铺装板的一个主要功能是增加正交异性钢箱梁桥面板的横桥向刚度,即增加置$D_x$;因此式(7)不再适用。本文探求有普遍指导意义的理论解,即偏微分方程式(1)的解析解。假设当$N_x$为零,式(4)成立,对应于图9中复合钢桥面板的刚度参量$D_x,D_y,H_{xy}$采用下列公式求得:

$$D_x = E\int z^2 dydz; D_y = E\int z^2 dxdz; \tag{8a}$$

$$D_{x\varphi} = G\int(y^2+z^2)dydz; D_{y\varphi} = G\int(y^2+z^2)dydz; \tag{8b}$$

式中:$D_{x\varphi},D_{y\varphi}$——复合钢桥面板$x,y$截面的极惯性矩;

$G$——剪切弹性模量。

扭转刚度$H_{xy}$由下式近似:

$$H_{xy} = \frac{1}{2}(D_{x\varphi} + D_{y\varphi}) \tag{9}$$

为避免繁杂计算,对U肋等线环状封闭几何面在求解过程中采用了Bledt公式:

$$D_\varphi = \frac{4GA_0^2}{\oint \frac{ds}{t}} \tag{10}$$

式中:$A_0$——封闭几何所包含面积;

$\oint \frac{ds}{t}$——对封闭线环的线积分;

$t$——封闭线环的宽度,例如,U肋壁厚$t_P$[3]。

式(1)右侧的荷载函数$p(x,y)$由轮载确定。根据弹性力学解[13],图8a)所示作用在图9的U铺装板面平面坐标原点的单个轮载可以近似表达为宽度$a_W$的荷载函数$P(x,y)$:

$$P(x,y) = \begin{cases} f(y) & |x| \leq a_W/2, |y| \leq a_W/2 \\ 0 & |x| > a_W/2, |y| > a_W/2 \end{cases}; f(y) = P_0 \kappa_W \sqrt{a_W^2 - y^2} \tag{11}$$

式中:$P$——由轮载决定常数;

$\kappa_W$——由材料和轮胎半径决定的常数;

$P_0$——由轮载$P$决定的常数。

各国桥梁设计规范中对$a_W$的取值有规定,大概在150mm到250mm之间

$$P_0 = \frac{P}{\kappa_W a_W \int_{-a_W/2}^{a_W/2} \sqrt{a_W^2 - y^2} dy} \tag{12}$$

荷载$p(x,y)$可以表达为如下形式的傅立叶级数:

$$p(x,y) = \sum_{m=1}^{\infty}\sum_{n=1}^{\infty} p_{mn}\cos\left(\frac{\pi m x}{l}\right)\cos\left(\frac{\pi n y}{L}\right) \qquad (13)$$

同时,式(1)确定的位移函数 $w(x,y)$ 可以表达为下沿 y 方向展开的傅立叶级数:

$$w(x,y) = \sum_{n=1}^{\infty} X(x)\cos\left(\frac{\pi n y}{L}\right) \qquad (14)$$

式(13)、式(14)代入式(1),得到求解 $X(x)$ 的微分方程:

$$\left[\frac{d^4}{dx^4} + a_2\frac{d^2}{dx^2} + a_4\right]X(x) = \sum_{m=1}^{\infty} p_{mn}\cos\left(\frac{\pi m x}{l}\right) \qquad (15)$$

其中

$$a_2 = \frac{2H_{xy}(n\pi)^2}{L^2 D_x} - \frac{N_y}{D_x}, \quad a_4 = \frac{D_y(n\pi)^4}{L^4 D_x} \qquad (16)$$

函数 $X(x)$ 可以表达为下列形式:

$$X(x) = X_0(x) + X_p(x) \qquad (17)$$

$X_0(x)$ 为微分方程(14)的通解,即式(14)右侧荷载函数项为零时的解,求得如下:

$$X_0 = C_1 e^{-\frac{\sqrt{-2\sqrt{a_2^2-4a_4}-2a_2}\,x}{2}} + C_2 e^{\frac{\sqrt{-2\sqrt{a_2^2-4a_4}-2a_2}\,x}{2}} + C_3 e^{-\frac{\sqrt{-2\sqrt{a_2^2-4a_4}-2a_2}\,x}{2}} + C_4 e^{\frac{\sqrt{-2\sqrt{a_2^2-4a_4}-2a_2}\,x}{2}} \qquad (18)$$

其中常数 $C_1$、$C_2$、$C_3$、$C_4$ 根据边界条件(3)确定。特解 $X_p(x)$ 沿 x 方向展开为傅立叶级数:

$$X_p(x) = \sum_{m=1}^{\infty} w_{mn}\cos\left(\frac{\pi m y}{l}\right) \qquad (19)$$

代入式(14)可以求得常数系数 $w_{mn}$ 如下:

$$w_{mn} = \frac{p_{mn}}{\left(\frac{\pi m}{l}\right)^4 + a_2\left(\frac{\pi m}{l}\right)^2 + a_4} \qquad (20)$$

其中,常数 $a_2$,$a_4$ 由式(15)决定,包含刚度系数 $D_x$、$D_y$、$H_{xy}$ 的量值反映了 U 铺装板的贡献;$a_2$ 中包含顺桥向整体内力 $N_y$,反映了整体受力状态的影响。

## 五、试验准备和部分数值计算

为了验证 U 形板铺装的结构性能和疲劳寿命,按照 JTGT 3364-02—2019 中附录 D 五点加载复合梁疲劳试验方法,准备了如表2所示的5组 U 形板铺装复合梁试件[14]。

U 形板铺装复合梁试件 表2

| | 对比组:<br>常规钢板铺装 | 试件组Ⅰ:<br>U 板方案 A | 试件组Ⅱ:<br>U 板方案 B | 试件组Ⅲ:<br>U 板方案 C | 试件组Ⅳ:<br>U 板方案 D |
|---|---|---|---|---|---|
| 铺装 | 3.5cm 高弹 SMA-10 黏层<br>2.5cm 环氧沥青混合料 EA-10 防水黏结层 | 3.5cm 高弹 SMA-10 黏层<br>防水黏结层 | 2.5cm 高弹 SMA-10 黏层<br>防水黏结层 | 3.5cm 高弹 SMA-10 黏层<br>防水黏结层 | 3.5cm 高弹 SMA-10 黏层<br>防水黏结层 |
| 钢板 | 防腐层<br>14mm 钢板 | 防腐层<br>Ⅰ型-U 铺装板 | 防腐层<br>Ⅰ型-U 铺装板 | 防腐层<br>Ⅱ型-U 铺装板 | 防腐层<br>Ⅲ型-U 铺装板 |
| 数量 | 1组2个钢板试件<br>(1,2) | 1组2个 U 板试件<br>(A1,A2) | 1组2个 U 板试件<br>(B1,B2) | 1组2个 U 板试件<br>(C1,C2) | 1组2个 U 板试件<br>(D1,D2) |

注:防腐层——环氧富锌漆;防水黏结层——环氧沥青黏结剂;黏层——环氧沥青黏结剂。

图11和图12分别是 U 板方案 C 试件设计图纸和加工好的试件照片。有关铺装的研究见参考文献[15]。

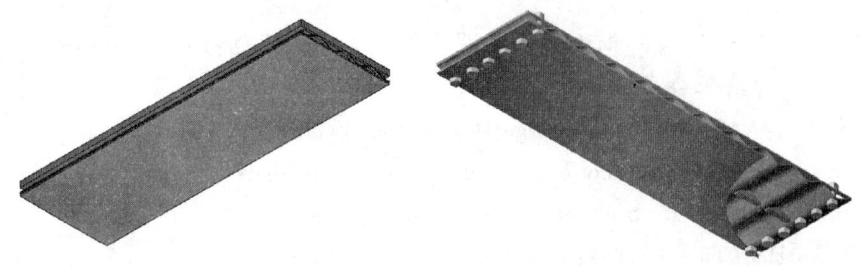

图 11　U 板方案 A 和 C 的计算机辅助设计模型

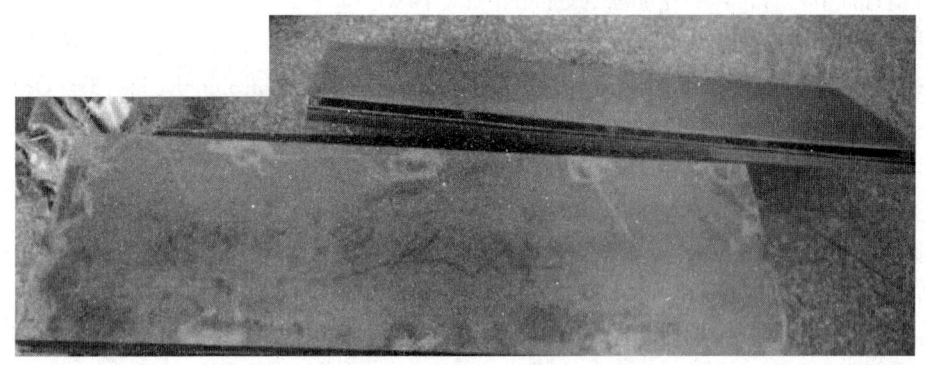

图 12　U 板方案 A 试件

## 六、结　语

探讨正交异性钢箱梁疲劳裂纹萌生和扩展的诱因和机理。正交异性钢箱梁桥实现了轻质和高强度及高整体刚度的复合优越性。但其局部几何的复杂性造成了应力集中和保证焊接质量的难度;这两个原因的组合使得钢箱梁桥某些局部的焊缝成为疲劳损伤"热点"。在另一方面,由于钢桥面与上置的混凝土和沥青等铺装在弹性模量、屈服强度、热膨胀系数等基本材料性质方面差异,在外栽和日晒等常规环境条件下两类材料之间不可能形成稳固黏接。结果是钢桥面对铺装材料的加固作用有限,反之削弱了后者对钢桥面的保护导致。由于正交异性钢箱梁桥相比较钢筋混凝土桥局部刚度较低;重载卡车轮栽可能会造成桥面局部较大的变形,在上述因素综合作用下诱发疲劳裂纹。

显然,只有严格保证焊接质量同时显著减小局部集中应力才能彻底根除正交异性钢箱梁桥的疲劳裂纹隐患。但由于这类桥梁的整体性能基本上由 U 肋横隔板纵梁局部焊接的结构设计决定;局部应力集中与之俱来。在焊接质量方面,根据日本桥梁协会在 2013 年 7000 多个现场检测到疲劳裂纹的统计,按位置大致可以分成三组疲劳"热点":第一组是桥面顶板与 U 肋之间焊缝,占比 18.9%;第二组在 U 肋穿过横隔板的交接处焊缝或邻近部位,占比 38.2%;第三组包括顶板,U 肋,横隔板三者相交处焊缝周边,和顶板与同横隔板平行纵肋的焊缝,占比 39%。由于第一组"热点"焊缝平直,在近年制作的正交异性钢箱梁中焊接质量逐渐得到控制。但对其他两组"热点"的质量控制仍是工程实践的挑战。

针对上述讨论的正交异性钢箱梁桥面系特点,本文提出了应用一类三种新正交异型结构复合材料铺装来改善疲劳寿命。这类复合材料的作用是:①增强桥面系结构刚度,减小局部应力集中;②代替常规桥面铺装底层黏接层,加固铺装层同时缓冲和分散重车轮载对桥面钢板的冲击。这类新复合材料的特点是将拱形这一宏观承力结构形式植入到复合材料的细观单元设计,以得到较高的抗冲击和抗减轻性能。根据重车轮载对桥面垂直冲撞压力和刹车剪切力两种加载模式制定的边界条件,应用弹性力学正交异性板理论得到了对应的正交异性钢桥板加结构复合材料铺装解析解,并完成了 5 组试验验证用试件和有限元数值分析。

## 参考文献

[1] 中华人民共和国行业标准. 公路钢桥面铺装设计与施工技术规范: JTGT 3364—02—2019[S]. 北京: 人民交通出版社股份有限公司, 2019.

[2] 美国桥梁设计规范: AASHTO LRFD Bridge Design Specification[S]. 2016.

[3] Wolchuk R. Design Manual for Orthotropic Steel Plate Deck Bridges 正交异性钢箱梁桥设计手册[M]. American Institute of Steel Construction (AISC), Chicago, 1963.

[4] Wolchuk R. 同 Su Hao(郝苏)的私人通信. 2012.

[5] Su Hao. Closure to "I35W Bridge Collapse"[J]. ASCE J of Bridge Engineering, V. 18(9), 2013, 929-930.

[6] Timoshenko, Goodier. Theory of Plates & Shells[M]. 1980.

[7] 黄克智. 板壳理论[M]. 北京: 清华大学出版社, 1960.

[8] Su Hao. Structural Fatigue Damage Evaluation in Bridges and Orthotropic Decks, 3rd Orthotropic Bridge Conference Proceedings, June 26-28, 2013, Sacramento, California.

[9] 美国专利 US9222260B1, 优先权日期 2009 年 4 月 10 日.

[10] 国际智产优先权 PCT/IB2019/000224.

[11] 日本桥梁设计规范[S]. 道路桥指示方书, 同解说 2012.

[12] Eurocode 3 (2005). Design of Steel Structures - Part 1-9: Fatigue[S]. EN 1993-1-9.

[13] 恩伊穆斯海里什维里. 数学弹性理论的几个基本问题[M]. 赵惠元, 范天佑, 王成译. 北京: 科学出版社, 2018.

[14] 严二虎, 郝苏. U 形板铺装试验方案-IB20201109.

[15] 严二虎, 徐剑. 之江大桥钢桥面铺装设计与施工技术研究研究报告[R]. 2011.

# 42. UHPC 钢纤维分布检测与抗弯性能有限元模拟

张天野[1]　岳秀鹏[2]　樊健生[1]　董永泉[2]　肖靖林[1]　窦文强[2]

(1. 清华大学土木工程系; 2. 山东省沾临高速有限公司)

**摘　要**　相较于普通混凝土, UHPC 具有更好的韧性、更高的抗拉强度, 主要得益于掺和在其中的钢纤维。钢纤维的增韧作用, 与其在基质中的分布方向紧密相关。本文基于沾临公路黄河特大桥的 UHPC 桥面板, 对桥面板原位取样, 采用电感试验法进行钢纤维分布方向的测定。根据测定结果开展精细有限元建模, 推算桥面板 UHPC 在不同方向抗弯性能的差异。结果表明, 该桥面板钢纤维在板长方向即布料方向分布比例最高, 板长方向 UHPC 的抗弯承载力较板宽方向高 30%。

**关键词**　UHPC 钢纤维分布　电感试验法　有限元法

## 一、引　言

随着社会经济的高速进步和基础设施的不断完善, 普通混凝土由于强度较低、脆性明显等诸多限制, 不再能满足建筑领域快速发展的要求。相较普通混凝土而言, UHPC 在耐久性、密实度、强度、延性等方面均有明显优势, 逐步被应用于大跨度桥梁中。UHPC 优良的性能得益于掺和在其中的钢纤维, 钢纤维的几何形状、类型、体积掺量、分布方向均会对 UHPC 的力学性能产生影响。针对 UHPC 内部钢纤维分布的方向特点及增韧效果, 国内外学者开展了相关研究。Oldrich(2014 年)等的研究表明, 影响纤维分布方向的因素很多, 主要包括纤维形状、体积含量、混凝土配合比和浇筑方式。Qi(2018 年)等通过试验发现,钢纤维分布方向决定了 UHPC 破坏截面的形态,当纤维与破坏面的夹角在 30°~45°之间时,纤维对基体的增韧效果最明显。邵旭东(2020年)等开展了钢纤维对 UHPC 轴拉性能和弯拉性能的影响对比研究,结果表明,钢纤维对于弯拉性能的提高程度远大于轴拉性能,轴拉初裂强度与弯拉初裂强度受钢纤维含量影响较小,主要由混凝土基体决定。赵健(2020年)等针对不同纤维含量下钢纤维在混凝土中的分布规律展开研究,发现纤维含量的增加使得纤维分布更加均匀。

为了准确考量 UHPC 的性能,基质中钢纤维分布方向的测定显得至关重要。就测定方法而言,主要包括非破坏性检测和破坏性检测。非破坏性检测主要是利用钢纤维和混凝土材料不同的物理特性,采用外加电场、磁场等方法来测定钢纤维在基体中的分布情况,主要包括 X 射线法、交流电阻抗光谱法、C 型磁铁探针法、电阻率测量法、电感试验法等。破坏性检测主要包括人工统计法和数字图像处理法。不同方法的优缺点如表 1[9,10]所示。综合考虑试验精度、试验成本、操作难度等因素,本文采用电感试验法进行钢纤维分布方向的测定。

不同钢纤维测定方法比较　　　表1

| 评 价 方 法 | 优 点 | 缺 点 |
| --- | --- | --- |
| X 射线成像法 | 直观,视觉效果好 | 不能定量分析,只能定性评价 |
| 数字图像处理法 | 测量精度高 | 对设备要求高,数据处理复杂 |
| 交流电阻抗光谱法 | 可定量分析 | 设备贵,电极阻抗影响准确性 |
| 电阻率测量法 | 可定量分析 | 混凝土龄期、湿度影响准确性 |
| 电感试验法 | 可定量分析,精度较高 | 不适用于大试件和原位测试 |
| C 型磁铁探针法 | 快速,可原位测试 | 仅适用于较薄试件及结构表面 |
| 人工计数法 | 简单易操作,无设备要求 | 费时费力,易出错 |

本文以沾临公路黄河特大桥的 UHPC 预制桥面板为背景,对桥面板的 UHPC 材料进行实体采样,使用电感法进行钢纤维方向的测定,根据测定结果建立精细有限元模型,测算桥面板不同方向的抗弯性能差异。

## 二、试验设计与结果

### 1. 试验装置与计算方法

电感试验法以基质和钢纤维的电磁性差异为基础,通过研究交流电场的变化规律,来进行无损检测。电感试验的设备包括两部分,一部分是精密型 TH2811D LCR 数字电桥仪,另一部分是空心亚克力圆柱壳体,圆柱体的外径 210mm、内径 200mm、高 200mm。在圆柱体的中部和下部缠绕有两盘线圈,每盘 20 圈,为 0.8mm 粗的绝缘漆包铜线,两盘铜线之间的间距为 10cm。试验设备如图 1 所示。

在试验过程中,通过数字电桥仪为铜线圈提供 10kHz、1V 的交流电,使绝缘线圈的内部形成较为稳定、近似均匀的磁场。将 UHPC 试件放置到圆柱体内部,钢纤维会与外部线圈产生的磁场互感,导致线圈电感变化,变化的电感数据通过数字电桥仪进行采集。

本实验的基本原理如下。首先基于三点假设:(1)在圆柱形铜线圈内部产生的磁场近似均匀;(2)钢纤维之间的互感忽略不计;(3)钢的磁导率远高于混凝土,

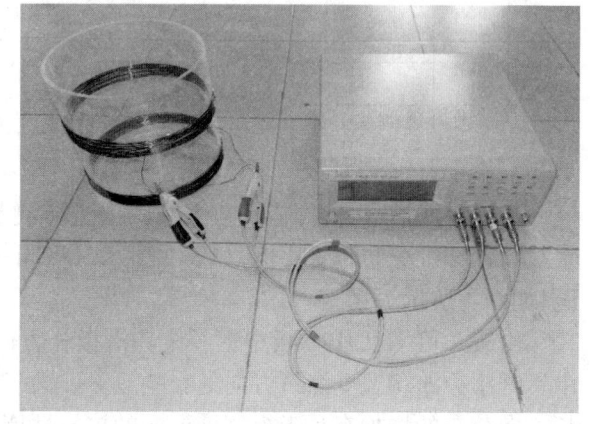

图 1 电感试验仪器设备

忽略混凝土基体产生的扰动影响。当试件内部的钢纤维受到外加磁场作用时,每根钢纤维均会发生两极分化,与外部的通电线圈产生互感。根据电磁理论,互感系数($\Delta L$)正比于磁通量($\varphi$),反比于电流强度

($I$),如式(1)所示。本试验中,由数字电桥仪提供的电流强度固定,因此互感系数可由磁通量表征,而磁通量的大小与线圈中钢纤维数量和钢纤维与磁感线方向夹角有关。对于一固定方向,钢纤维越密集,朝向与该方向的夹角越小,则测得的电感改变量越大。

$$\Delta L_i = \frac{\varphi_i}{I} \quad (1)$$

本试验将试件沿桥面板长(X)、宽(Y)、高(Z)这三个主轴方向依次放入线圈中,测定三个方向的电感改变量,进行相应的计算。三个方向电感改变量相差越大,说明钢纤维的在不同方向的分布越不均匀。根据 Cavalaro 等人的推导证明,钢纤维分布方向系数、钢纤维分布相对比例可通过式(2)、式(3)计算得到:

$$\eta_i = 1.03\sqrt{\frac{\Delta L_i(1+2\gamma) - \Delta L\gamma}{\Delta L(1-\gamma)}} - 0.1 \quad (i = x,y,z) \quad (2)$$

$$C_i = \frac{\eta_i}{\sum_{i=x,y,z} \eta_i} \quad (3)$$

式中:$\eta_i$——钢纤维的方向分布系数;

　　　$\gamma$——形状因子,建议取 0.05;

　　　$\Delta L_i$——三个主轴方向的电感变化量;

　　　$\Delta L$——总电感变化量;

　　　$C_i$——不同方向钢纤维的相对分布比例。

## 2. 试验过程及结果

首先进行试件的分区和取样。将桥面板沿宽度方向分为 9 等分,每分宽 500mm,取中部(M 区)和边部(S 区)的一块,再将边部分为 4 个小区域(S1 区、S2 区、S3 区、S4 区),每个区域宽度 100mm。分区情况如图 2 所示。在 M 区取样 4 块,在 S2-S4 各取样 2 块,在 S1 区取样 3 块,共 13 块试件。采用圆孔水钻的方式进行取样,每个试件为贯穿桥面板的圆柱体,直径 60mm,高度 170mm。试件如图 3 所示。

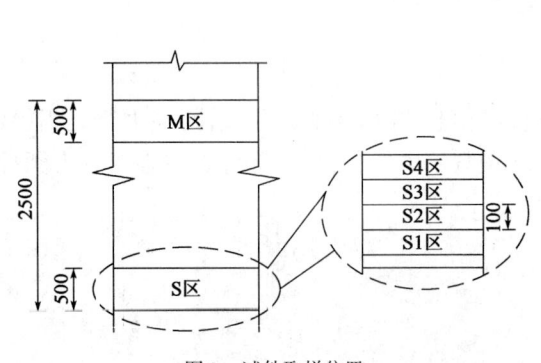

图 2　试件取样位置　　　　　　　　　图 3　钢纤维方向测定试件

取样完成后,将试件依次放入线圈中进行测量。通过式(2)、式(3)进行计算,得到钢纤维分布方向系数与钢纤维分布相对比例,如表 2 所示。将同一位置的结果平均化处理,比较不同位置钢纤维分布情况,如图 4 所示。

由表 2 可知,UHPC 板中钢纤维在沿板长方向分布最多,这与材料浇筑的方向相一致,说明 UHPC 板中钢纤维分布状况受浇筑方向的影响显著。由于 UHPC 板实际受力模式为沿长度方向抗弯,钢纤维在板长方向分布的增加有利于提高该方向的抗拉性能,此种浇筑方向更为合理有效。

根据图 4 可知,不同位置钢纤维的分布情况不同,与板边缘距离越小,钢纤维在板长方向分布越多。钢纤维在板宽和板高方向的分布,在 S2~S4 区内有较大差别,在 M 区和 S1 区的差别很小。钢纤维分布的变化趋势在板边缘区域(S 区)最为明显。

钢纤维分布测量结果  表2

| 试件序号 | 位置 | 钢纤维分布方向系数 | | | 钢纤维分布相对比例 | | |
|---|---|---|---|---|---|---|---|
| | | $\eta_x$ | $\eta_y$ | $\eta_z$ | $C_x$ | $C_y$ | $C_z$ |
| 1 | M | 0.548 | 0.444 | 0.487 | 0.387 | 0.286 | 0.326 |
| 2 | M | 0.589 | 0.435 | 0.448 | 0.432 | 0.278 | 0.290 |
| 3 | M | 0.552 | 0.457 | 0.472 | 0.391 | 0.298 | 0.311 |
| 4 | M | 0.567 | 0.439 | 0.470 | 0.408 | 0.282 | 0.310 |
| 5 | S4 | 0.575 | 0.511 | 0.382 | 0.416 | 0.349 | 0.234 |
| 6 | S4 | 0.568 | 0.505 | 0.398 | 0.409 | 0.344 | 0.247 |
| 7 | S3 | 0.569 | 0.519 | 0.379 | 0.410 | 0.358 | 0.233 |
| 8 | S3 | 0.569 | 0.514 | 0.386 | 0.410 | 0.352 | 0.238 |
| 9 | S2 | 0.590 | 0.456 | 0.424 | 0.434 | 0.297 | 0.269 |
| 10 | S2 | 0.601 | 0.501 | 0.357 | 0.445 | 0.340 | 0.215 |
| 11 | S1 | 0.632 | 0.415 | 0.410 | 0.482 | 0.261 | 0.257 |
| 12 | S1 | 0.655 | 0.368 | 0.422 | 0.509 | 0.224 | 0.267 |
| 13 | S1 | 0.617 | 0.423 | 0.423 | 0.465 | 0.268 | 0.268 |

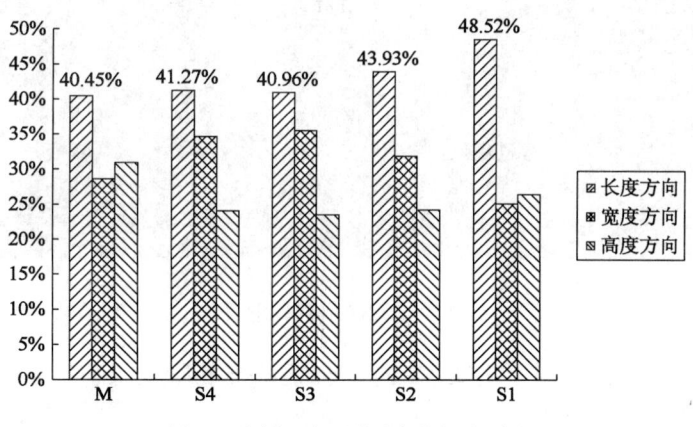

图4 不同位置钢纤维分布的相对比例

## 三、有限元模拟

本文将混凝土基质和钢纤维作为两种材料,采用有限元进行模拟,测算其抗折性能,等效为不配筋桥面板的抗弯性能。

对于材料本构,由于试验中UHPC的本构曲线本身含有钢纤维的影响,难以将钢纤维抽离后得到混凝土基质的本构,因此本节采用C80混凝土进行模拟。混凝土的强度指标及本构曲线参考《混凝土结构设计规范》(GB 5000—2010)附录C.2。钢纤维的本构曲线采用双折线式,尺寸和强度指标如表3所示。采用Abaqus自带的CDP模型(各项参数如表4所示),由于不是往复荷载,不考虑混凝土材料的损伤。

对于钢纤维参数,如果采用100mm×100mm×400mm的梁进行三点扛折模拟,经计算需要约8万根钢纤维,会耗费大量机时。因此,参考苏家伦等人的试验,采用40mm×40mm×160mm的缩尺梁进行模拟。以3cm×3cm×3cm为一个基本单元,进行钢纤维的组装。钢纤维的旋转角度和位置经过Excel随机数设定,满足前述的测量结果,三向分布比例X:Y:Z=0.409:0.316:0.275。组装完成后,将该基本单元进行阵列操作,布满整个缩尺梁。每个单元含41根钢纤维,整梁含5166根钢纤维。

对于模型单元及网格划分,对于混凝土采用C3D8R实体单元,对于钢纤维采用T3D2桁架单元。由于纤维数量众多,若考虑钢纤维在混凝土基质中的滑移,则需要添加众多的黏结层单元,导致单元数量太多而难以计算。因此,混凝土基质和钢纤维之间采用嵌入(Embedded)方式进行结合,不考虑钢纤维的弯曲和滑移。钢纤维和混凝土的单元尺寸如果相差太大,则无法体现钢纤维对混凝土的约束作用,最终确定钢纤维的网格尺寸为6.5mm,混凝土的网格尺寸为5mm。

钢纤维基本力学指标　　　　　　　　　　　　　　　　　　　　　　　　表3

| 尺寸 | 屈服强度$f_y$(MPa) | 抗拉强度$f_s$(MPa) | 峰值应变$\varepsilon$ | 弹性模量$E_s$(MPa) |
| --- | --- | --- | --- | --- |
| 长度13mm 直径0.2mm | 1100 | 1600 | 28.5% | $2.06 \times 10^5$ |

CDP模型中的混凝土参数　　　　　　　　　　　　　　　　　　　　　　表4

| 膨胀角 | 偏心率 | $f_{b0}/f_{c0}$ | $K$ | 黏结系数 |
| --- | --- | --- | --- | --- |
| 30° | 0.1 | 1.16 | 0.67 | 0.0005 |

对于边界条件,梁的两侧采用简支,上表面中间点采用位移加载,加载点与周围10mm×40mm的区域进行绑定(Coupling),以此实现三点抗折的模拟过程。试件如图5所示。

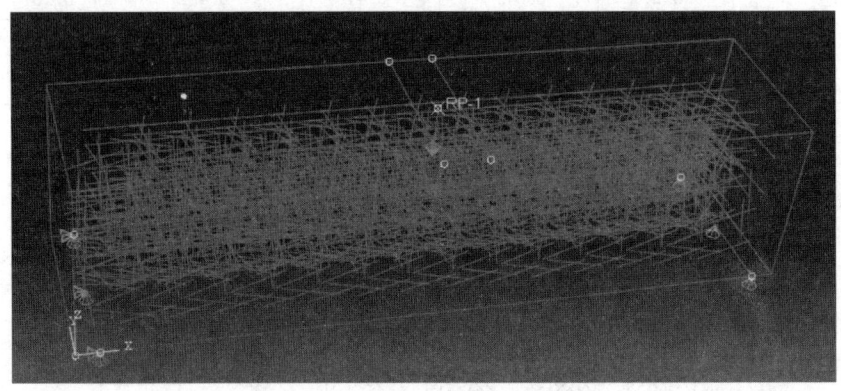

图5　三点抗折有限元试件

分别对素混凝土梁、含钢纤维混凝土梁(X向)、含钢纤维混凝土梁(Y向)进行三点抗折有限元模拟,得到的荷载-挠度曲线如图6所示。

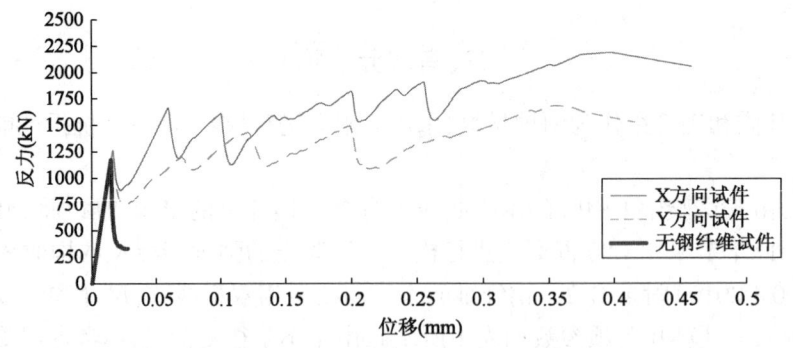

图6　三点抗折有限元模拟荷载-挠度曲线

根据图6,无钢纤维梁的初裂荷载和峰值荷载均为1171kN,对应的跨中挠度为0.015mm;X方向梁的初裂荷载为1263kN,峰值荷载为2189kN,对应的跨中挠度为0.397mm;Y方向梁的初裂荷载为1261kN,峰值荷载为1682kN,对应的跨中挠度为0.355mm。钢纤维的存在大大提高了混凝土梁的峰值荷载和变形性能,但对于初裂荷载则几乎没有影响。在数值模拟过程中,钢纤维增强混凝土梁出现了反复多次的荷载先下降后上升趋势,这与同类试验中混凝土裂缝的扩展和钢纤维的拉拔交替相吻合。

本次有限元模拟中,钢纤维在三个主轴方向的实际分布比例为X∶Y∶Z=0.407∶0.317∶0.276,X

方向分布比例高出 Y 方向 28.39%。相较于 Y 方向梁，X 方向梁的峰值荷载高出 30.14%，对应的挠度高出 11.83%。因此，钢纤维的分布方向对于混凝土梁的抗弯性能有较大影响。

目前，关于比较钢纤维对不同强度混凝土基质的增强作用的研究较少。C80 混凝土与桥面板 UHPC 混凝土基质相比，后者的强度更高，与钢纤维之间的黏结力更强，钢纤维的增强作用应该更加明显。采用 C80 混凝土的模拟结果进行保守估计，桥面板的 UHPC 在布料方向（X 方向）的抗弯承载力高出垂直方向（Y 方向）30%。

## 四、结　语

本文对 UHPC 桥面板试件进行钢纤维测定，采用有限元模拟的方法对其在两个方向的抗弯性能进行测算，主要工作与结论如下：

（1）采用电感法测定钢纤维分布，结果显示，钢纤维分布沿桥面板长度方向（布料方向）的相对比例最高，沿宽度和高度方向的分布大致相同；在板边缘区域，越靠近边缘，钢纤维沿长度方向的分布比例越高。

（2）根据试验结果进行有限元模拟，由结果推算，无配筋 UHPC 桥面板在板长方向较板宽方向的抗弯承载力高出 30%。

**参考文献**

[1] Yazici s, Inan G, Tabak V. Effect of aspect ratio and volume fraction of steel fiber on the mechanical properties of SFRC[J]. Constr Build Mater, 2007, 21(6): 1250-1253.

[2] Wille k, Tue N V, Parra-Montesinos G J. Fiber distribution and orientation in UHP-FRC beams and their effect on backward analysis[J]. Mater Struct, 2014, 47(11): 1825-1838.

[3] Qiu M H, Zhang Y, Qu S Q, et al. Effect of reinforcement ratio, fifiber orientation, and fifiber chemical treatment on the direct tension behavior of rebar-reinforced UHPC[J]. Construction and Building Materials, 2020, 256.

[4] Cavalaro S H P, Lopez R, Torrents J M, et al. Improved assessment of fibre content and orientation with inductive method in SFRC[J]. Materials & Structures, 2015, 48(6): 1859-1873.4

[5] Oldrich S, Giedrius Z, John E B, et al. Influence of formwork surface on the orientation of steel fibers within self-compacting concrete and on the mechanical properties of casting strutural element[J]. Cement and Concrete Composites, 2014, 50: 60-72.

[6] Qi jn, Wu Z M, Mac Z J, et al. Pullout behavior of straight and hooked-end steel fibers in UHPC matrix with various embedded angles[J]. Construcion and Building Materials, 2018, 191: 764-774.

[7] 邵旭东, 李芳园, 邱明红, 等. 钢纤维特性对 UHPC 轴拉性能与弯拉性能的影响及对比研究[J]. 中国公路学报, 2020, 33(04): 51-64.

[8] 赵健, 廖霖, 张帆, 等. 钢纤维混凝土弯曲性能和纤维分布试验研究[J]. 建筑材料学报, 2020, 23(04): 838-845.

[9] 陈建强. 改性聚酯纤维混凝土的纤维分散性检测方法和耐久性研究[D]. 北京科技大学, 2018.

[10] 赵健, 廖霖, 张帆, 等. 钢纤维混凝土弯曲性能和纤维分布试验研究[J]. 建筑材料学报, 2020, 23(04): 838-845.

[11] 中华人民共和国国家标准. 混凝土结构设计规范: GB 50010—2010[S]. 北京: 中国建筑工业出版社, 2010.

[12] 苏家伦, 吴炎海, 林清. 钢纤维活性粉末混凝土弯曲抗折性能试验研究[A]. 中国力学学会结构工程专业委员会、广州大学土木工程学院、中国力学学会《工程力学》编委会、清华大学土木工程系、清华大学结构工程与振动重点实验室: 中国力学学会工程力学编辑部, 2009: 4.

# 43. 超大变直径扩盘桩基混凝土配合比设计与应用研究

高建新　杜安裔

(中交一公局第二工程有限公司)

**摘　要**　矿粉对混凝土的影响是多方面的,包括增强混凝土的强度、流动性、和易性等,在满足施工需要的同时降低生产成本,部分取代水泥的作用,使得在提升施工质量的同时提升经济效益。所设计的超大变直径扩盘 C30 桩基混凝土,解决了本项目两大难点(超大变径混凝土施工阻力大和 18m 以下 5 个固结体内扩盘混凝土施工阻力大),值得在施工现场中进行推广。但配置人员应该注意根据具体的施工需求来进行添加矿粉比例,以免影响混凝土本身的性能。

**关键词**　超缓凝　矿粉　天然砂　大体积　超大变直径扩盘桩基

## 一、导　言

本工程为沾临高速公路二标引黄济青干渠大桥 13 号墩固结扩盘桩施工,引黄济青干渠大桥起点桩号为 K47+458/K47+468,终点桩号 K48+441,13 号墩固结扩盘桩桩号为:ZK47+949.5(YK47+954.5)。

## 二、扩盘桩基形式

### 1. 桩型

本项目由于大桥横跨两道引黄济青引用水渠,桥梁跨径达 100 多 m,两道水渠之间空间狭小,无设置群桩的空间,所以单桩承载力要求达到 26000kN。设计桩型为固结扩盘桩,桩长 64m,桩身自上而下 18m 直径为 3.5m,以下除扩盘处外全变为 2.5m 直径;设置 5 个固结体内扩盘,桩盘间距 10m,盘径 4.5m,盘高 2.3m,桩盘固结体直径 5.5m,高度 3.3m。施工过程中困难比较大,对混凝土的性能要求比较高。针对混凝土做了大量工作,提升了 C30 水下混凝土的流动性、和易性、扩展度、丁环扩展度等各项指标,改善了混凝土对扩盘位置的有效填充,有利于水泥土固结体护壁;满足施工和规范要求,从而方便施工和提升桩基的完整性。

### 2. 钢筋笼

引黄济青大桥 13 号墩桩基钢筋笼设计长度为 64m,钢筋笼往下部 1.4m 范围为变径段,外径由 320cm 变为 350cm;往下 15.4 范围外径为 350cm;往下部 1.2m 范围为变经段,外径由 350cm 变为 250cm;往下部 46m 范围外径均为 250cm。钢筋笼由 $\Phi 28mm$ 桩顶连接主筋、$\Phi 32mm$ 主筋、$\Phi 28mm$ 定位筋、$\Phi 16mm$ 耳筋、$\Phi 12mm$ 劲环筋及 $\Phi 54mm \times 1.5m$ 声测管组成。单根桩钢筋笼重约 20t。

根据现场实际情况,钢筋笼分段下放、钢筋连接采用锥套锁紧接头;此接头为一级接头,抗拉强度高,相比直螺纹套筒连接速度快,效率高。由于桩基存在变径段,钢筋需要现场弯曲,上口直径 3.5m 的钢筋笼向内侧弯曲,下口直径 2.5m 的钢筋笼向外侧弯曲,在斜面的位置完成连接,采用钢筋弯曲液压钳完成此项工作。

### 3. 固结体护壁

由于本项目桩基上部 18m 处桩径达 3.5m,孔壁弧度小,易塌孔,而且该段土层有两层稍密的粉土层,更增加了塌孔的风险。

为了减小塌孔风险,本项目桩基上部 3.5m 直径部位采用了水泥土固结体护壁(图1)方式;该方式护壁效果好,造价比钢护筒低,而且还能增加桩的摩擦力,效果比钢护筒好。

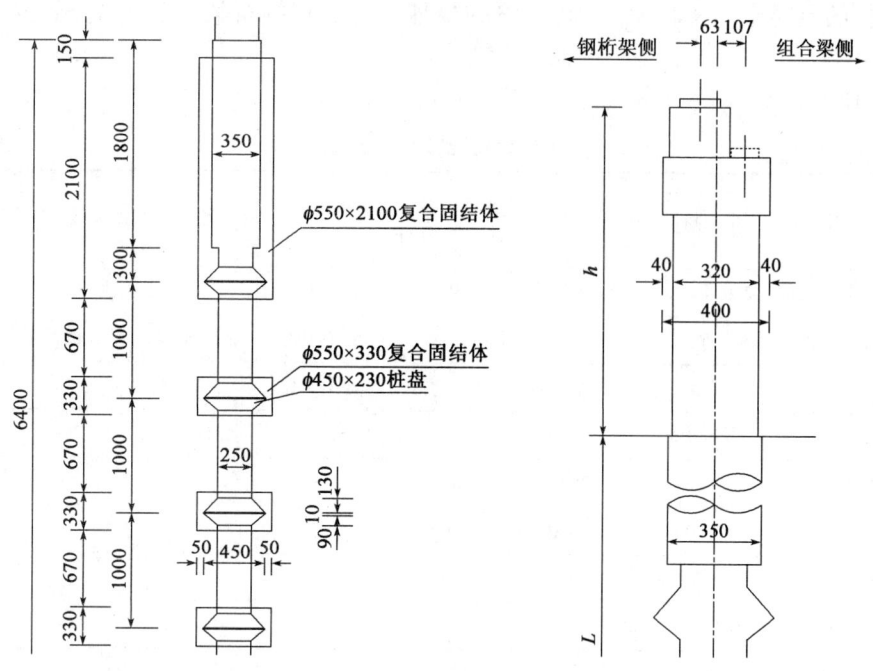

图 1  水泥土复合体护壁(尺寸单位:cm)

### 4. 主要工程量

本桥 13 号墩台共有桩基 4 根,桩径 3.5m 变径 2.5m(18m 深处变径);其中 2.5m 直径段设有 5 个直径 4.5m 的盘体。理论混凝土工程量:1836.4m³、理论钢筋量:81.67t、固结体水泥用量:256.4t。过程中,需要严格遵循"因地制宜"原则,根据当地地方标准技术规程要求。

## 三、扩盘桩基混凝土配合比设计应用分析

### 1. 材料应用分析

矿粉是冶炼生铁过程中产生的具有中水硬性的粉末,包括氧化钙、氧化铁、氧化镁等成分,具有增强强度的作用,在混凝土配置过程中加入能够有效改变混凝土本身的性能,增强混凝土的强度,使其符合项目施工材料需求,提高建筑项目施工质量。不同的矿粉对混凝土的性能影响也是不同的。为了明确矿粉在混凝土中的应用优势,技术人员将用有矿粉配合比与无矿粉配合比做对比,进行混凝土的制作,并对制作的混凝土质量与性能进行分析,从而找出最佳的扩盘桩基混凝土配合比。基于此,本文将建筑施工领域与普通混凝土相关的标准法规作为基础,对有矿粉的混凝土的配合比进行试验分析,明确矿粉在混凝土中的具体应用。

1)试验材料

试验应用的水泥为滨州山水水泥有限公司生产的 P.O 42.5 普通硅酸盐水泥;矿粉为西王金属科技有限公司生产的 S95 级矿粉,掺量 20%;外加剂为 BRJ-YJ 聚羧酸超缓凝高性能减水剂,掺量 1.2%;粗集料为淄博九顶矿业科技有限公司生产的 5~10mm、10~20mm 的连续级配碎石;细集料为山东省水发名元科技工程有限公司生产的 Ⅱ 区中砂;水是滨州的自来水。

2)试验流程

严格按照配合比设计试验规程 JGJ 55—2011,开展混凝土配合比的试验,将 C30 水下桩基混凝土作为研究对象,通过多次试配明确机矿粉在混凝土制作中的最大掺量,确保混凝土的各项性能达到最优,各项性能的最优标准为:混凝土的和易性、凝结时间、扩展度满足要求;混凝土的强度满足设计要求;混凝土的坍损在标准范围内。在试验过程中,试验人员分别按照矿粉为 0%、10%、20% 的比例,将矿粉代替水泥进行优化,并对制作的混凝土进行性能检测,包括混凝土的扩展度及抗压强度,找出性能最优异的配合

比,本次试验制作的混凝土用于桥梁工程,最终的最佳配合比根据桥梁工程对混凝土各项性能的要求决定。

具体的配合比如表1~表6所示。

**0%矿粉混凝土配合比** 表1

| 工程名称 | 引黄济青干渠大桥 | | 浇筑部位 | 右幅13-1号桩基(室内)单位(kg) | | 设计强度等级 | | C30 水下 |
|---|---|---|---|---|---|---|---|---|
| 设计坍落度 | 180~220 | | 每盘方量 | 35L | 48% | 水胶比 | | 0.39 |
| 材料名称 | 水泥 | 砂 | 碎石 | | 矿粉0% | 外加剂1 | 外加剂2 | 自来水 |
| 材料产地 | 滨州山水 | 水发名元 | 淄博九顶 | 淄博九顶 | 西王金属 | 百瑞吉 | — | 滨州 |
| 规格型号 | P.O 42.5 | Ⅱ区中砂 | 5-10 | 10-20 | S95级 | BRJ-YJ | — | 自来水 |
| 理论配比 | 445 | 822 | 267 | 623 | | 5.34 | — | 173 |
| 含水率% | — | 0.000 | 0.000 | 0.000 | | | | |
| 含水量 | — | 0 | 0 | 0 | | | | |
| 每盘用量 | 15.58 | 28.76 | 9.35 | 21.81 | | 0.1869 | | 6.0550 |

注:混凝土坍落扩展度:550mm,混凝土丁环扩展度:505mm,混凝土凝结时间:≤24h,28d强度:47.7MPa。

**5%矿粉混凝土配合比** 表2

| 工程名称 | 引黄济青干渠大桥 | | 浇筑部位 | 右幅13-1号桩基(室内)单位(kg) | | 设计强度等级 | | C30 水下 |
|---|---|---|---|---|---|---|---|---|
| 设计坍落度 | 180~220 | | 每盘方量 | 35L | 48% | 水胶比 | | 0.39 |
| 材料名称 | 水泥 | 砂 | 碎石 | | 矿粉0% | 外加剂1 | 外加剂2 | 自来水 |
| 材料产地 | 滨州山水 | 水发名元 | 淄博九顶 | 淄博九顶 | 西王金属 | 百瑞吉 | — | 滨州 |
| 规格型号 | P.O 42.5 | Ⅱ区中砂 | 5-10 | 10-20 | S95级 | BRJ-YJ | — | 自来水 |
| 理论配比 | 423 | 822 | 267 | 623 | 22 | 5.340 | — | 173 |
| 含水率% | — | 0.000 | 0.000 | 0.000 | | | | |
| 含水量 | — | 0 | 0 | 0 | | | | |
| 每盘用量 | 14.81 | 28.76 | 9.35 | 21.81 | 0.77 | 0.1869 | | 6.0550 |

注:混凝土坍落扩展度:565mm,混凝土丁环扩展度:510mm,混凝土凝结时间:18~24h,28d强度:47.6MPa。

**10%矿粉混凝土配合比** 表3

| 工程名称 | 引黄济青干渠大桥 | | 浇筑部位 | 右幅13-1号桩基(室内)单位(kg) | | 设计强度等级 | | C30 水下 |
|---|---|---|---|---|---|---|---|---|
| 设计坍落度 | 180~220 | | 每盘方量 | 35L | 48% | 水胶比 | | 0.39 |
| 材料名称 | 水泥 | 砂 | 碎石 | | 矿粉0% | 外加剂1 | 外加剂2 | 自来水 |
| 材料产地 | 滨州山水 | 水发名元 | 淄博九顶 | 淄博九顶 | 西王金属 | 百瑞吉 | — | 滨州 |
| 规格型号 | P.O 42.5 | Ⅱ区中砂 | 5-10 | 10-20 | S95级 | BRJ-YJ | — | 自来水 |
| 理论配比 | 400 | 822 | 267 | 623 | 45 | 4.80 | — | 173 |
| 含水率% | — | 0.000 | 0.000 | 0.000 | | | | |
| 含水量 | — | 0 | 0 | 0 | | | | |
| 每盘用量 | 14.00 | 28.76 | 9.35 | 21.81 | 1.58 | 0.168 | | 6.0550 |

注:混凝土坍落扩展度:575mm,混凝土丁环扩展度:525mm,混凝土凝结时间:24~28h,28d强度:44.3MPa。

**15%矿粉混凝土配合比**  表4

| 工 程 名 称 | 引黄济青干渠大桥 | | 浇筑部位 | 右幅13-1号桩基(室内)单位(kg) | | 设计强度等级 | | C30 水下 |
|---|---|---|---|---|---|---|---|---|
| 设计坍落度 | 180-220 | | 每盘方量 | 35L | 48% | 水胶比 | | 0.39 |
| 材料名称 | 水泥 | 砂 | 碎石 | | 矿粉10% | 外加剂1 | 外加剂2 | 自来水 |
| 材料产地 | 滨州山水 | 水发名元 | 淄博九顶 | 淄博九顶 | 西王金属 | 百瑞吉 | — | 滨州 |
| 规格型号 | P.O42.5 | Ⅱ区中砂 | 5-10 | 10-20 | S95级 | BRJ-YJ | — | 自来水 |
| 理论配比 | 378 | 822 | 267 | 623 | 67 | 5.340 | — | 173 |
| 含水率% | — | 0.000 | 0.000 | 0.000 | — | — | — | — |
| 含水量 | — | 0.0 | 0.0 | 0.0 | — | — | — | — |
| 每盘用量 | 13.23 | 28.76 | 9.35 | 21.81 | 2.35 | 0.1869 | — | 6.0550 |

注:混凝土坍落扩展度:585mm,混凝土丁环扩展度:535mm,混凝土凝结时间:≥30h,28d强度:41.9MPa。

**20%矿粉混凝土配合比**  表5

| 工 程 名 称 | 引黄济青干渠大桥 | | 浇筑部位 | 右幅13-1号桩基(室内)单位(kg) | | 设计强度等级 | | C30 水下 |
|---|---|---|---|---|---|---|---|---|
| 设计坍落度 | 180~220 | | 每盘方量 | 35L | 48% | 水胶比 | | 0.39 |
| 材料名称 | 水泥 | 砂 | 碎石 | | 矿粉0% | 外加剂1 | 外加剂2 | 自来水 |
| 材料产地 | 滨州山水 | 水发名元 | 淄博九顶 | 淄博九顶 | 西王金属 | 百瑞吉 | — | 滨州 |
| 规格型号 | P.O42.5 | Ⅱ区中砂 | 5-10 | 10-20 | S95级 | BRJ-YJ | — | 自来水 |
| 理论配比 | 356 | 822 | 267 | 623 | 89 | 5.340 | — | 173 |
| 含水率% | — | 0.000 | 0.000 | 0.000 | — | — | — | — |
| 含水量 | — | 0.0 | 0.0 | 0.0 | — | — | — | — |
| 每盘用量 | 12.46 | 28.76 | 9.35 | 21.81 | 3.12 | 0.1869 | — | 6.0550 |

注:混凝土坍落扩展度:610mm,混凝土丁环扩展度:565mm,混凝土凝结时间:≥30h,28d强度:40.5MPa。

**20%矿粉混凝土配合比**  表6

| 工 程 名 称 | 引黄济青干渠大桥 | | 浇筑部位 | 右幅13-1号桩基(室内)单位(kg) | | 设计强度等级 | | C30 水下 |
|---|---|---|---|---|---|---|---|---|
| 设计坍落度 | 180~220 | | 每盘方量 | 35L | 48% | 水胶比 | | 0.39 |
| 材料名称 | 水泥 | 砂 | 碎石 | | 矿粉0% | 外加剂1 | 外加剂2 | 自来水 |
| 材料产地 | 滨州山水 | 水发名元 | 淄博九顶 | 淄博九顶 | 西王金属 | 百瑞吉 | — | 滨州 |
| 规格型号 | P.O42.5 | Ⅱ区中砂 | 5-10 | 10-20 | S95级 | BRJ-YJ | — | 自来水 |
| 理论配比 | 356 | 822 | 267 | 623 | 89 | 5.340 | — | 173 |
| 含水率% | — | 0.000 | 0.000 | 0.000 | — | — | — | — |
| 含水量 | — | 0.0 | 0.0 | 0.0 | — | — | — | — |
| 每盘用量 | 12.46 | 28.76 | 9.35 | 21.81 | 3.12 | 0.1869 | — | 6.0550 |

注:混凝土坍落扩展度:610mm,混凝土丁环扩展度:565mm,混凝土凝结时间:≥30h,28d强度:40.5MPa。

3)试验结果

20%的矿粉混凝土中,混凝土中重度为2330kg/m³、坍落度为215 mm、7d抗压强度为36.1MPa、28d抗压强度为40.5MPa;根据桥梁工程的实际状况,试验中矿粉掺量为25%的时候,混凝土各项指标有所下降,所以选择20%的矿粉加入混凝土是最佳的掺量,满足现场施工及规范要求(图2、图3)。

图 2　20% 的矿粉配合比扩展度图　　　　图 3　20% 的矿粉配合比丁环扩展度图

通过上述试验可知,矿粉掺和最佳比例 20%,矿粉砂掺和比例数据符合规范(最佳比例不超过总数的 25%)要求。同时,超缓凝减水剂和矿粉在混凝土中的应用具有显著的优势,可以显著提升混凝土的性能,还可以降低混凝土生产的成本,提升工程经济效益。

具体而言,矿粉和减水剂的优势主要体现在以下几方面:

(1)工作性能优势,矿粉通过减水剂调整后,其中矿粉里含有较多的有机质,将其用于混凝土中,可以有效改善混凝土的和易性,从而提升混凝土的保水性以及黏聚性,有助于混凝土的振捣及凝结。特别是在水泥应用标准调整之后,20% 的矿粉混凝土妥善解决了强度过大影响工作性能这一问题,使混凝土工作性能符合相关标准要求。与此同时,加矿粉的混凝土可以有效降低混凝土拌和过程中的水化热及含气量,还可以延长混凝土的初凝时间和终凝时间,有助于混凝土质量的提升。

(2)对混凝土强度产生影响,在早期矿粉掺加量较小时,矿粉能够增加混凝土的强度,但对混凝土后期的强度影响较小。

(3)对混凝土耐久性方面的影响。耐久性主要可以表现在混凝土抗渗性能、抗侵蚀性能、抗冻性能等方面上,矿粉掺加量越多对混凝土黏度的影响也越大,导致混凝土表面积增大,因而在配制过程中可通过加入矿粉中和水泥作用,增加混凝土本身的坍落度,降低混凝土的黏聚性和保水性。随着矿粉掺加量的增多,混凝土的渗透高度也是越小,且呈现正比例关系,可见矿粉对混凝土抗渗性能方面有较大影响,能够明显提升混凝土的抗渗性能。同时,在混凝土缓凝上也有不俗表现,随着矿粉的掺加,混凝土的凝结时间也在延长,混凝土自身的抗凝性在增强,这也使得混凝土的泵送性能有所增强。另外,矿粉掺加对混凝土碳化深度也有影响,但影响不大,因而对碳化深度带来的侵蚀性影响也不大。

(4)超缓凝减水剂对大体积混凝土及现场混凝土施工过长起到了关键性作用,调配混凝土的各项指标使之满足规范要求。

(5)在混凝土的各项指标满足规范要求的同时,也解决超大变径混凝土施工阻力大的问题和 18m 以下 5 个固结体内扩盘混凝土施工阻力大的问题。

## 2. 现场施工配合比分析

2021 年 7 月 12 日施工 K47+949 处跨越胶东调水输水河高低输沙渠的引黄济青大桥 13 号墩右—1 号固结扩盘桩基。

首根混凝土的浇筑采用拔球法施工。导管底口至桩孔底端的间距控制在 0.3m 左右,首批混凝土储料斗设计容积为:满足导管初次埋置深度取 1.0m。

$$V = \frac{\pi D^2}{4}(H_1 + H_2) + \frac{\pi d^2}{4}h_1$$

式中：$V$——灌注首批混凝土所需数量（$m^3$）；

$D$——桩孔直径（m）；

$H_1$——桩孔底至导管底端间距，本工程取 0.3m；

$H_2$——导管初次埋置深度（m），本工程取 1.0m；

$d$——导管内径（m）；

$h_1$——桩孔内混凝土达到埋置深度 $H_2$ 时，导管内混凝土柱平衡导管外泥浆压力所需的高度（m）。

$$h_1 = \frac{H_w \gamma_w}{\gamma_c}$$

式中：$H_w$——泥浆自由面到混凝土顶面高度（m）；

$\gamma_w$——泥浆重度（$g/cm^3$）；

$\gamma_c$——混凝土重度（$g/cm^3$）。

泥浆重度按值取用为 1.1$g/cm^3$，混凝土重度取用 2.4$g/cm^3$，导管内径取用 325mm，桩径 2.5m，泥浆面高程取常水位+0.2m，考虑 1.08 扩孔系数，可计算得桩径首盘混凝土方量为 9.5$m^3$。

根据施工计划选用 2$m^3$ 的料斗，首灌配合两台罐车（12$m^3$）。在开始灌注时罐车连续迅速放料，保证混凝土不间断供应，满足首灌混凝土连续工作条件。同时考虑储料斗高度，需配备 2 辆泵车（1 辆备用），一辆 100t 汽车吊。

首批混凝土灌注时应注意导管下口至孔底的距离在 25~40cm 之间，储料斗容量应保证首批混凝土能使导管初次埋置≥1m 和填充导管底间隙的需要。在"剪球"时罐车同时连续将混凝土送入储料斗，在首批混凝土灌注后，测量混凝土面高程。

3. 混凝土的连续浇筑（图 4、图 5）

首批混凝土浇筑成功后，连续浇筑，直至完成整根桩的浇筑。混凝土终凝前，与该桩相距小于 5m 的邻近桩位不能进行钻孔作业。导管采用汽车吊提拔、拆除，并使混凝土储料斗口高出护筒顶不小于 3m。导管安装时其底口至桩孔底端的间距控制在 0.3m 左右，首盘混凝土储料斗设计容积应满足导管初次埋置深度大于 1.0m。之后施工过程中，必须根据混凝土面上升高度严格控制拆除导管节数，使导管埋置深度控制在 2~6m 范围内。

图 4 混凝土灌注扩展度

图 5 混凝土灌注

灌注过程中混凝土面每上升 4m 左右（根据方量预估）用测深锤探测孔内混凝土面高程。严格控制混凝土质量，随时检测混凝土坍落度，并根据规范要求抽样制作混凝土试件，以检验桩基混凝土质量。

为确保成桩质量，桩顶加灌 0.5m 高度。灌注过程中，指定专人负责填写水下混凝土灌注记录。

待混凝土灌注 28d 后进行桩基检测，采用桩基 100% 超声波无破损检测方法进行，对超声波检测存在缺陷的桩,通过钻孔取芯检测合格后,方可进行下一工序施工。

(1) 引黄济青大桥 108m 跨径钢桁梁 13 号共用墩采用固结扩盘桩技术;桩顶力取值为 26000kN。

(2) 复合固结体厚度为 3.3m,为盘体最大直径处往上 1.8m,往下 1.5m;采用高压旋喷工艺施工。

(3) 高压旋喷采用 P.O 42.5 普通硅酸盐水泥,水泥掺入比为 15%,喷射水泥浆压力不小于 36～37MPa;高压旋喷复合固结体施工完成养护 7d 后方可进行成孔扩盘作业。

(4) 旋挖钻必须有可靠措施保证旋切钻头扩盘时旋扩臂能张开至 4.5m。成孔后必须对盘腔尺寸进行检测,满足设计要求后方可进行下一工序施工。

(5) 旋挖固结扩盘桩终孔后,委托第三方用伞形成孔质量检测仪对桩孔、盘腔进行扫描检测(图 6～图 8),检测项目有:孔深、孔径、盘位、盘腔直径和盘腔高度。

图 6　成孔检测图

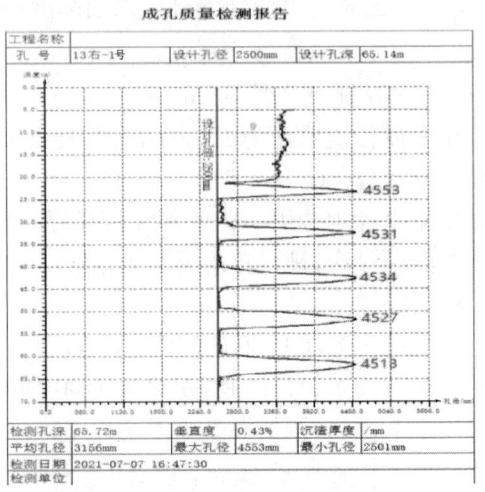

图 7　成孔检测数据图

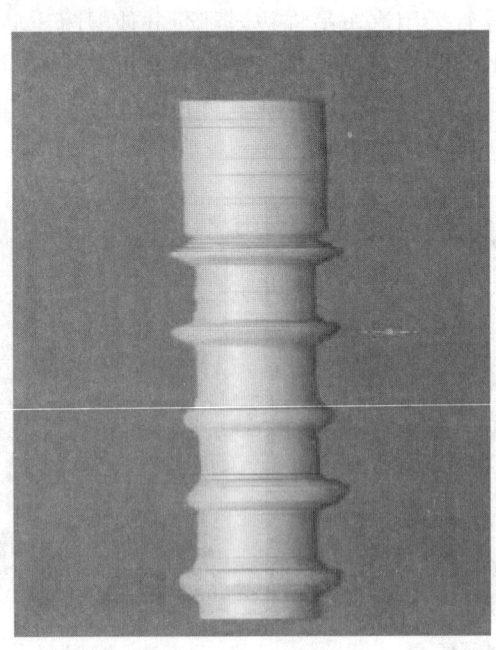

图 8　成孔检测效果图

4. 扩盘桩施工技术难点

(1) 下放钢筋笼、孔口接钢筋笼,引黄济青大桥 13 号墩桩基钢筋笼设计长度为 64m,钢筋笼往下 1.4m 范围为变径段,外径由 320cm 变为 350cm;再往下 15.4m 范围外径为 350cm;再往下部 1.2m 范围为变径段,外径由350cm变为250cm;再往下46m范围外径均为250cm。钢筋笼由Φ28mm桩顶连接主筋、Φ32mm主筋、Φ28mm定位筋、Φ16mm耳筋、Φ12mm劲环筋及Φ54mm×1.5m声测管组成。单根桩钢筋笼重约20t。

根据现场实际情况,钢筋笼分段下放、钢筋连接采用锥套锁紧接头,抗拉强度高,相比直螺纹套筒连接速度快,效率高。由于桩基存在变径段,钢筋需要现场弯曲,上口直径3.5m的钢筋笼向内侧弯曲,下口直径2.5m的钢筋笼向外侧弯曲,在斜面的位置完成连接,采用钢筋弯曲液压钳完成此项工作。

(2)浇筑混凝土时,混凝土受到5个盘不同方向的阻力及变径的阻力(图9),混凝土为大体积超缓凝大扩展度混凝土,混凝土受到阻力也可以进行反压,利用混凝土自重来进行,把泥浆从扩盘中挤压出来。从250cm小直径变为350cm大直径阻力比较大,我们采用大料斗进行灌注混凝土(图10)。

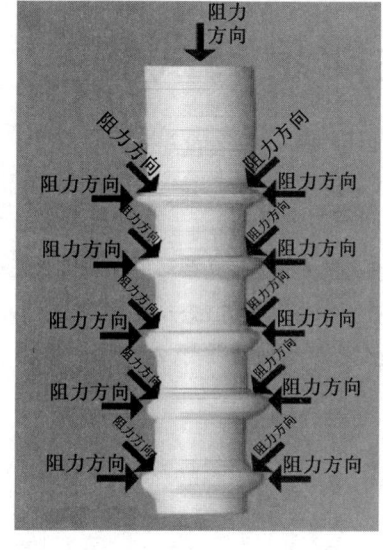
图9 灌注混凝土受力效果图

图10 灌注混凝土变径部位图

## 四、结 语

综上所述,矿粉等量取代一部分水泥来配制混凝土,与相同坍落度的商品混凝土相比,其需水量更少,置换率更大,并且呈现正比变化趋势。而要达到相同坍落度则可通过调整外加剂或是水的用量来实现。混凝土抗渗性能试验主要是通过对照组比较来得到相关验证,观察两组样品顶面是否有出现渗水现象,然后将其劈开,观察是否有渗水现象。结果显示掺加矿粉配制的混凝土的抗渗性能更强,密实性也更好。确定合适的加矿粉混凝土的配合比,可提升混凝土的各项性能,实现混凝土结构的优化,提升混凝土的应用质量,克服超大变直径扩盘桩基混凝土灌注的问题,促进我国建筑行业的健康可持续发展。希望本文的分析可以为相关研究提供参考。

**参考文献**

[1] 杨忠良.道路桥梁工程施工中混凝土施工技术的应用[J].工程技术研究,2018(05):68-69.
[2] 邱金林.桥梁工程混凝土施工中常见质量问题及控制措施分析[J].交通世界,2018(23).
[3] 戴治宇.混凝土施工技术在高速公路桥梁施工中的应用方法[J].交通世界,2018(27).
[4] 中华人民共和国行业标准.普通混凝土配合比设计规范:JGJ 55—2011[S].北京:建筑工业出版社,2011.
[5] 中华人民共和国行业标准.公路工程质量检验评定标准:JTG F80/1—2017[S].北京:人民交通出版社股份有限公司,2018.
[6] 中华人民共和国行业标准.公路桥涵施工技术规范:JTG/T F50—2011[S].北京:人民交通出版社,2011.

[7] 中华人民共和国国家标准.混凝土结构工程施工质量验收规范:GB 50204—2015[S].北京:中国建筑工业出版社,2015.

[8] 中华人民共和国行业标准.公路桥涵地基与基础设计规范:JTG 3363—2019[S].北京:人民交通出版社股份有限公司,2019.

[9] 中华人民共和国行业标准.大直径扩底灌注桩技术规程:JGJ/T225—2010[S].北京:中国建筑工业出版社,2011.

[10] 中华人民共和国行业标准.公路工程施工安全技术规范:JTG F90—2015[S].北京:人民交通出版社股份有限公司,2015.

# 44. UHPC 桥面板抗弯性能足尺试验

张天野[1]　杜　健[2]　肖靖林[1]　窦金峰[2]　樊健生[1]　徐长靖[2]

（1. 清华大学土木工程系；2. 山东省沾临高速有限公司）

**摘　要**　UHPC 桥面板具有显著的力学性能优势，近年来被逐步应用于组合桥梁体系。本文以在建工程沾临高速公路黄河特大桥为例，针对其 UHPC 桥面板部分，开展试验研究，验证其在不同工况下是否发生开裂。试验结果表明，各种工况下桥面板仅出现一条微小裂缝，不影响其耐久性，板的最大挠跨比为 1/1436，满足规范的挠度限值。

**关键词**　UHPC 桥面板　足尺试验　抗弯性能

## 一、引　言

超高性能混凝土（UHPC）的历史可追溯到 20 世纪 90 年代，1993 年法国 Bouygues 实验室成功研制出活性粉末混凝土（RPC），1998 年清华大学覃维祖教授首次向国内引入介绍 RPC 材料，并开展了相关的技术研究。近年来，UHPC 已经作为新型高性能材料，被逐步应用到桥梁工程领域。就材料本身而言，相较于普通混凝土，UHPC 在诸多属性上具有优势，例如抗压抗拉强度更高、徐变系数更小、抗裂性能更好等。就桥面板而言，UHPC 桥面板的厚度比普通混凝土桥面板更小，抗疲劳性能也优于钢桥面板。在大跨桥梁中的钢-UHPC 组合箱梁桥面系，便是由钢箱梁和 UHPC 桥面板组成，其组合箱梁自重和桥面板厚度比钢-混凝土组合箱梁桥面板显著降低。

目前，国内已有多座桥梁将 UHPC 应用于桥面板部分，如洞庭湖二桥（跨径 1480m、钢桁架悬索桥）、佛陈大桥（跨径 230m、三跨连续钢箱梁桥）、昭华大桥（跨径 396m、自锚式悬索桥）等。采用 UHPC 桥面板不仅提高了桥梁的力学性能，也大大降低了桥梁自重，节省了工程费用。以洞庭湖二桥为例，原方案采用普通混凝土桥面板，厚度达到 31cm；新的方案采用 UHPC 桥面板，厚度为 14cm，减少一半以上，这不仅使桥面板更加经济合理，也减少了对基础承载力的要求，削减了主塔桩基础长度。

国内外针对 UHPC 材料组分、本构等诸多方面，已经开展了较多详细的研究。然而，针对 UHPC 桥面板的抗弯性能研究相对较少，且主要以缩尺试件或小型试件为主，足尺板试验较少，具体如表 1 所示。

国内外对 UHPC 桥面板的研究列举　　　　表 1

| 研　究　者 | 研　究　内　容 |
|---|---|
| Toutlemen(2005) | 带肋 UHPC 板的抗弯和抗冲切设计方法 |
| 马胤超(2009) | UHPC 双向板抗弯和抗剪性能（1:3 缩尺试验） |

续上表

| 研究者 | 研究内容 |
|---|---|
| 赵秋(2020) | 配筋率、板厚、钢纤维掺量对UHPC板抗弯性能的影响(小型试件:1200mm×300mm×60~75mm) |
| 王哲(2020) | UHPC单向板冲切和抗弯性能试验研究(小型试件:700mm×800mm×40~60mm) |

本文以在建项目沾临高速公路黄河特大桥为背景,研究UHPC桥面板的抗弯性能。本文的创新点在于,进行现场足尺试验,而并非单独制作缩尺试件,更具有说服力和真实性。通过采用加载块进行荷载施加,考察桥面板在各种工况下是否发生开裂,挠度是否满足要求,进而完成抗弯性能的验证性试验研究。

## 二、简介

沾临高速公路黄河特大桥全长4630m,包括南北两侧堤外引桥、两侧跨大堤桥、两侧堤内引桥、主桥共七个部分,其中主桥部分长962m,具体布置如图1所示。主桥为双塔钢混组合梁(UHPC)斜拉桥,主梁采用双边箱钢混组合梁,由边钢箱、钢横梁及预制桥面板组成,桥面板采用厚度为17cm的UHPC层,主梁截面如图2所示。主桥的标准梁段长度12m,钢横梁间距为4m,每块预制板相当于被分成跨度为4m的三跨连续简支板。

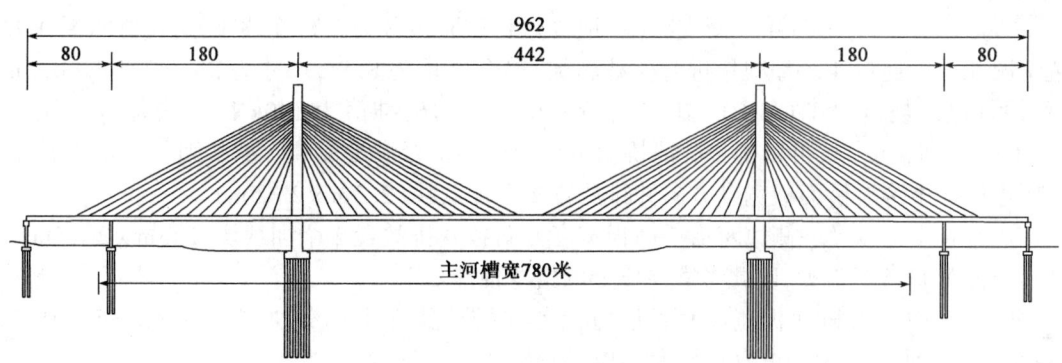

图1 主桥跨径布置图(尺寸单位:m)

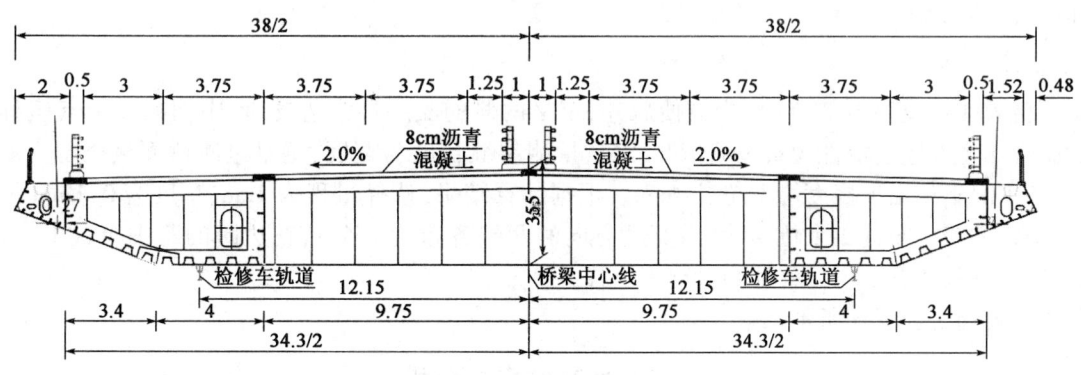

图2 主桥跨径布置图(尺寸单位:m)

## 三、试验设计

### 1. 试件参数

本次试验采用的预制板尺寸为:11.64m×4.5m×0.17m,板的两端设置有燕尾榫和部分楔形槽。桥面板采用双层双向配筋,沿纵向和横向均配置 φ18 带肋钢筋,钢筋牌号为 HRB400,间距为 100mm。桥面板顶部和底部的保护层厚度均为 20mm。为提高板的受弯能力,对沿纵向的钢筋每根施加 16MPa 的预应力。桥面板的制作流程具体包括:①绑扎钢筋网、模具整理;②UHPC 制作、布料、振捣;③试件覆膜保湿、脱模、养护。

浇筑成形的预制板如图 3 所示,板侧楔形槽如图 4 所示。

图 3　浇筑成形的预制板　　　　　　　　　　图 4　预制板侧面楔形槽

### 2. 加载方式

沿长度方向(11.64m)通过 4 个简支支座(钢轨),将试验板分为 3 跨连续梁,这与桥面板在大桥中的实际布置情况相符。通过 4 个加载块进行荷载施加,单个质量为 8.8t,尺寸为 3m×2.5m×0.5m。根据《公路桥涵设计通用规范》(JTG D60—2015),最大车轴重力标准值为 140kN。2 个加载块质量之和为 17.6t,大于国家标准的要求,可以初步验证桥面板受弯性能是否满足标准。加载细节具体如下:

(1)工况 1:在中跨沿桥面板宽度方向并排放置 2 个加载块(2.5m×2=5m)。

(2)工况 2:在中跨以及一侧边跨沿桥面板宽度方向各并排放置 2 个加载块(2.5m×2=5m),这种方式可以使得支座处负弯矩最大,以此考察支座处的抗弯性能。

(3)工况 3:在中跨沿桥面板宽度和长度方向各并排放置 2 个加载块(2.5m×2=5m,0.5m×2=1m),这种方式可以使得跨中处正弯矩最大,以此考察跨中处的抗弯性能。

(4)钢轨:为使桥面板能够均匀受力,在加载块和桥面板之间垫置钢轨。

(5)压重块:为避免桥面支座脱空,在左右两侧放置压重块。

加载块位置如图 5 所示。

### 3. 量测布置

桥面板被 4 个支座分为 3 跨,为方便叙述,定义两侧的支座称为边支座,中间的 2 个支座称为中支座。试验观测主要包括定性观察裂缝情况、定量量测裂缝长度与宽度、定量量测桥面板挠度。通过初步计算,在各工况下桥面板挠度均不超过 3mm。根据计算结果,选择量程为 1cm、精度为 0.1mm 的机械位移计,在中跨的跨中布置 2 个位移计(沿宽度方向的两端各布置 1 个),在边跨的跨中布置 1 个位移计。同时,在中支座处布置 1 个位移计测量支座位移。

具体布置情况如图 6 所示。

## 四、试验结果与分析

### 1. 试验现象

依次进行三种工况的加载,观察加载后的裂缝发育情况:

(1)工况 1:在各处均未发现裂缝。

(2)工况 2:在中支座处出现一条极其微小的裂缝,肉眼难以辨别其长度,测得裂缝的最大宽度小于 0.02mm。其他关键位置如中跨跨中、边跨跨中均未发现可见裂缝,采用仪器观察也未发现。

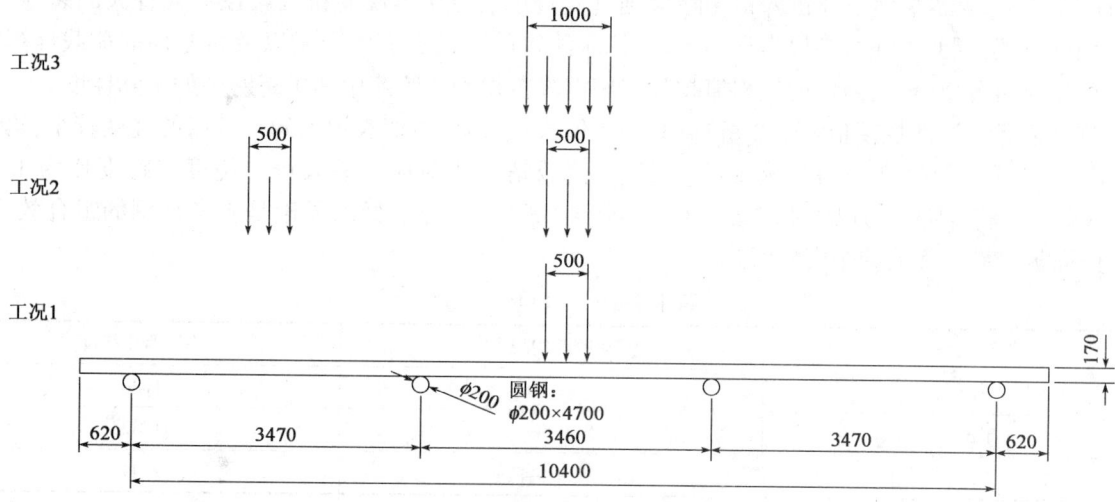

图5 加载块位置示意图(尺寸单位:mm)

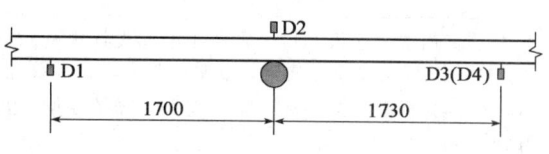

图6 位移计布置(尺寸单位:mm)

(3)工况3:工况2中的裂缝有所张拉,在中支座板侧形成一条可见裂缝。测量得到裂缝的平均宽度为0.03mm,最大宽度为0.05mm,长度约为2.5cm。该裂缝平均宽度小于0.05mm,不违背混凝土长期使用状态下的耐久性要求。其他关键位置如中跨跨中、边跨跨中为发现可见裂缝,采用仪器观察也未发现。

具体的加载过程如图7所示。

图7 加载实况

## 2. 挠度分析

每个工况均测量了3处跨中位移值与1处支座沉降量。需要注意的是,试验中测得的位移值均包括支座沉降在内,后续需要将支座沉降量扣除得到真实挠度。由于本实验桥面板没有发育大的裂缝,可视为等截面连续梁,因此可通过结构力学的方法,依靠测得的 1 处支座沉降量以及所施加的荷载计算得到其他 3 处支座沉降量,再用跨中的位移值扣除支座沉降量得到边跨跨中和中跨跨中的实际挠度。

处理前后各工况的挠度值如表 2 所示,其中正值表示沉降,负值表示上升。各点的挠度较小,均小于 3mm。其中工况 3 的挠度约为工况 1 的 2 倍,与荷载情况相对应。最大跨中挠度与跨度比为 1/1436(2.41/3460)。将挠跨比与规范要求进行对比,如表 3 所示。由此可知,无论是否考虑钢的组合效应,该 UHPC 桥面板均满足规范的挠度限值。

跨中挠度(尺寸单位:mm)　　　　　　　　　　　　　　　　表 2

| 工 况 | 边跨跨中挠度 | 中跨跨中挠度 |
|---|---|---|
| 工况 1 | -0.20 | 1.26 |
| 工况 2 | 1.50 | 1.32 |
| 工况 3 | -0.44 | 2.41 |

挠度结果与规范要求　　　　　　　　　　　　　　　　表 3

| 情 况 | 规 范 要 求 | 试验结果 |
|---|---|---|
| 仅考虑 UHPC 板 | 根据《公路钢筋混凝土及预应力混凝土桥涵设计规范》(JTG 3362—2018),钢筋混凝土受弯构件挠度乘以长期增长系数 $\eta_\theta$ = 1.35,由汽车荷载(不计冲击力)和人群荷载频遇组合在主梁产生最大挠跨比不应超过 1/600 | 1/1063 (1/1436 × 1.35) |
| 考虑组合效应 | 根据《公路钢结构桥梁设计规范》(JTG D64—2015),计算竖向挠度时,应采用不计冲击力的汽车车道荷载频遇值,对于斜拉桥主梁的最大挠跨比不应超过 1/400 | 1/1436 |

## 五、结　语

本文以沾临高速公路黄河特大桥为背景,进行现场试验,对其 UHPC 桥面板的抗弯性能开展验证性研究,主要工作与结论如下:

(1)开展了足尺桥面板试验,设置 3 种工况,检验桥面板抗弯性能。

(2)各种工况下,桥面板出现一条微小裂缝,平均宽度为 0.03mm,最大宽度为 0.03mm,长度为 2.5cm,不影响耐久性。

(3)各种工况下,桥面板最大挠跨比为 1/1436,满足规范要求。

## 参考文献

[1] Richard P,Cheyrezy M. Composite of Reactive Powder of Concrete Research[J]. Cement and Concrete Research,1995,25(7):1501-1511.

[2] 覃维祖,曹峰.一种超高性能混凝土——活性粉末混凝土[J].工业建筑,1999(04):18-20.

[3] 陈宝春,季韬,黄卿维,等.超高性能混凝土研究综述[J].建筑科学与工程学报,2014,31(03):1-24.

[4] 邵旭东,曹君辉.面向未来的高性能桥梁结构研发与应用[J].建筑科学与工程学报,2017,34(05):41-58.

[5] Toutlemonde F,Resplendino J,Sorelli L,et al. Innovative design of ultra high-performance fiber reinforced concrete ribbed slab:experimental validation and preliminary detailed analyses[C].//7th International Symposium on Utilization of High Strength/High Performance Concrete,Washington DC(USA).2005:1187-1206.

[6] 马胤超.RPC 双向带肋板的性能研究[D].长沙:湖南大学,2009.

[7] 赵秋,杨明,李聪,杨建平.配筋 UHPC 板抗弯性能实验研究[J].宁夏大学学报(自然科学版),2019,

[8] 王哲.钢-超高性能混凝土组合箱梁桥面系受力行为及应用研究[D].北京:清华大学,2020.
[9] 中华人民共和国行业标准.公路桥涵设计通用规范:JTG D60—2015[S].北京:人民交通出版社股份有限公司,2015.
[10] 中华人民共和国行业标准.公路钢筋混凝土及预应力混凝土桥涵设计规范:JTG 3362—2018[S].北京:人民交通出版社股份有限公司,2018.
[11] 中华人民共和国行业标准.公路钢结构桥梁设计规范:JTG D64—2015[S].北京:人民交通出版社股份有限公司,2015.

# 45. 养护工艺对超高性能混凝土(UHPC)性能影响研究

徐兴伟[1,2]　刘锦成[1,2]　王阳春[1,2]

(1.山东高速工程检测有限公司;2.桥梁结构大数据与性能诊治提升重点实验室)

**摘　要**　超高性能混凝土是最先进的水泥基土木工程材料,文中介绍了养护工艺对其性能的影响在UHPC研究中具有重要意义。通过对力学性能和水化程度比较,研究了不同养护方式、养护温度以及养护时间对UHPC性能的影响,优化了养护工艺。结果表明:UHPC脱模后热水90℃养护48h后再标准养护的养护制度最优,该养护制度能够促进UHPC的水化反应进程,激发掺合料活性,提高混凝土密实度,且干燥收缩主要在热水养护期间内完成。

**关键词**　UHPC　养护制度　强度　收缩

## 一、引　言

超高性能混凝土(UHPC)是一种高强高韧性,同时具有优异耐久性能的新型超高强水泥基材料。它的制备机理是通过剔除粗集料、降低水胶比、提高组分活性及最紧密堆积从而达到材料的均匀性与致密性,同时还通过不同养护手段激发其水化进度与改变水化产物的结构形貌与分布。养护制度对混凝土的性能表现有较大的关系,较高的养护温度会加快水泥的水化进程,改善微观结构,提高混凝土力学性能。

本文根据项目《基于全寿命周期的钢混组合桥梁建管养一体化技术研究》,针对UHPC超高性能混凝土在常温养护下强度激发较低、自收缩较大等问题,依据已有UHPC配合比设计,在试验室从养护方式出发,讨论温度、时间对UHPC物理力学性能差异,优化得出在该配合比下的最佳养护制度。

## 二、原材料与试验方法

1. 原材料

(1) 水泥:比表面积402$m^2$/kg,标准稠度用水量27.5%,初凝103min,终凝177min,28d抗压强度60MPa,化学成分见表1;

(2) 微珠:白色粉煤灰微珠,球体密度2.53g/$cm^3$,表观密度0.66g/$cm^3$,化学成分见表1;

(3) 硅灰:灰白色硅灰,比表面积224000$cm^2$/g,需水量不超过114%,化学成分见表1;

(4) 砂:石英砂粒径≤0.6mm;

(5) 减水剂:聚羧酸高效减水剂,固含量30%,减水效率30%左右;

(6) 钢纤维:直径0.22mm,长径比60,抗拉强度不低于2800MPa,弹性模量不低于190GPa,密度7.7g/cm³。

**原材料化学成分分析**　　表1

| 名称 | 含量(%) | | | | | | | | |
|---|---|---|---|---|---|---|---|---|---|
| | $SiO_2$ | $Al_2O_3$ | $CaO$ | $MgO$ | $Fe_2O_3$ | $Na_2O$ | $K_2O$ | $SO_3$ | Loss |
| 水泥 | 20.2 | 4.28 | 62.94 | 2.29 | 3.26 | 0.08 | 0.74 | 2.75 | 2.67 |
| 微珠 | 56.82 | 16.20 | 5.34 | 1.71 | 3.88 | 0.15 | 2.45 | 0.19 | 8.04 |
| 硅灰 | 93.74 | 0.1 | 0.07 | 0.27 | 1.29 | 0.18 | 0.45 | 1.36 | 3.75 |

## 2. 试样制备及养护方式

（1）成形：

首先将按照UHPC配合比配方称量好的胶凝材料倒入振动搅拌机中搅拌3min，然后将混合均匀的水与聚羧酸减水剂慢慢倒入搅拌机中继续搅拌3min，之后将集料倒入搅拌机中搅拌5min，最后将UHPC倒出，置于100mm×100mm×100mm、100mm×100mm×400mm模具中成形，成形室温度应保持在20℃±2℃，相对湿度应不低于50%，一天后拆模。

（2）养护：

将拆模后的试件分别按照表2所示三种养护方式进行养护，按照养护方式（常温养护、蒸汽养护与热水养护）、养护温度（50℃、80℃及90℃）及养护时间（6h、12h、24h、48h、72h）三个方面对UHPC试件的养护制度进行编号。

**试件编号对应养护方式**　　表2

| 养护方式 | 编号 | 养护过程 |
|---|---|---|
| 标准养护 | B | 试件成形24h后脱模蒸直接标准水养 |
| 蒸汽养护 | Z | 试件成形24h后脱模蒸汽养护一定时间再标准水养 |
| 热水养护 | R | 试件成形24h后脱模热水养护一定时间再标准水养 |

注：R90-24——90℃热水养护24h。

（3）测试方法：

对经过养护后的试件按照《混凝土物理力学性能试验方法标准》（GB/T 50081—2019）进行力学性能测试；

按照《普通混凝土长期性能和耐久性能试验方法标准》（GB/T 50082—2009）对试件进行干燥收缩率性能测试；

采用恒温箱干燥法测定水化程度：就是试样先在恒温箱中，以105℃加热至恒定质量，质量损失计为可蒸发水含量；然后将其放在高温炉中加热至950℃左右的温度烘干至恒定质量，烧失量计为非蒸发水含量，即结合水。根据结合水的多少，从而来判断胶凝材料水化程度的大小。

## 三、试验结果与讨论

### 1. 养护方式对UHPC性能的影响

将试件分三种养护方式养护，其中蒸养和热水养护温度都是90℃，时间为24h，分别对三种养护方式的试件7d、28d和90d龄期进行强度以及水化程度测试分析。

图1为三种养护方式对UHPC的强度影响，对比结果显示：在相同养护龄期下，标准养护的试块强度最低，其次是蒸汽养护的试块、热水养护试块的强度最高。90℃养护24h时的28d强度，蒸汽养护较标准养护的UHPC抗压强度提高了21MPa，约15.3%，抗折强度提高了4.75MPa，约14.8%；热水养护较标准养护的UHPC抗压强度提高了28.8MPa，约21.2%，抗折强度提高了5.85MPa，约21.7%。这是由于热水养护中，更能使试件受热均匀，加热养护加速了水化速率，并且水环境条件下水分会随着试件毛细管孔

进入试块内部,提高胶凝材料的水化量,提高 UHPC 试件的强度。

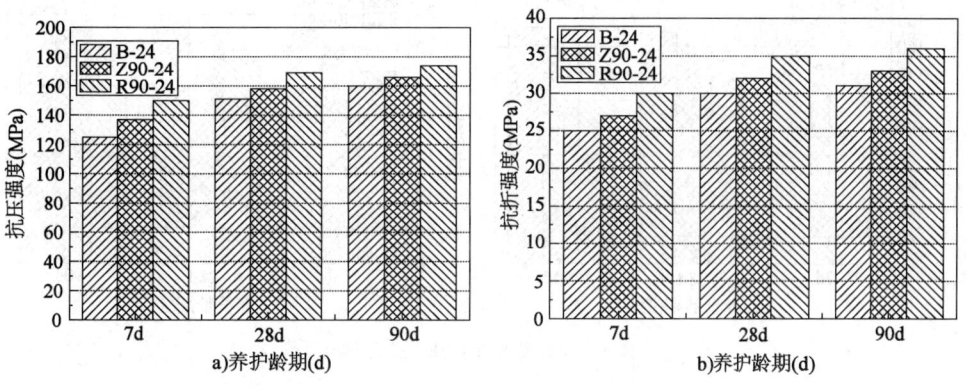

图 1　养护方式对 UHPC 强度影响

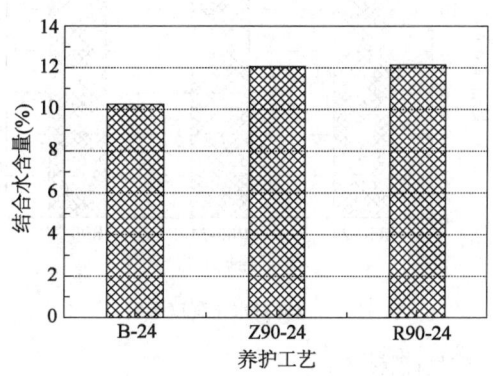

图 2　三种养护方式水化程度比较

图 2 为三种养护方式的 28d 试块结合水含量比较,从图像看出标准养护的化学结合水含量最低,其次是蒸汽养护,热水养护的试块化学结合水含量最高,说明热水养护的试块水化程度最大,与强度结果一致。

综上所述,热水养护是最佳的养护方式,高温养护能够更早激发胶凝材料活性,加快反应速度,提高 UHPC 强度,此外,热水环境能够更好保持温度稳定,保证胶凝材料周边有较多的水分,促使水胶比较低的 UHPC 中的胶凝材料加大水化量,生成更多的 C-S-H 凝胶,增加混凝土密实度,提高 UHPC 强度。因热水养护方式最好,下面试验都采用试件热水养护。

2. 养护温度对 UHPC 力学性能影响

图 3 为采用 50℃、80℃及 90℃热水养护 24h 时各个龄期 UHPC 试件的强度。热水养护 24h 时的 28d 强度,80℃养护的 UHPC 抗压强度较 50℃养护的 UHPC 提高了 12.5MPa,约 8.47%,抗折强度提高了 1.5MPa,约 4.91%;90℃养护的 UHPC 抗压强度较 50℃养护的 UHPC 提高了 18.5MPa,约 12.54%,抗折强度提高了 2.3MPa,约 7.54%。

图 4 为不同温度对 UHPC 水化程度的影响,从图像看出,温度越高,水化程度越大,温度对 UHPC 的水化程度起到重要的作用。

由对比结果可知:在相同的养护方式及养护时间时,养护温度越高,抗压强度与抗折强度在这三个时间段的强度越高,可见温度的提高可以加速水化反应的速率,提高 UHPC 试块的早期强度,这是由于高温环境能够更好地激发微珠和硅灰的火山灰活性,硅灰和微珠粉会迅速与水泥水化产物发生二次水化反应,C-S-H 凝胶的体积增加,孔隙率降低,孔结构得到改善,同时,钢纤维和基体的黏结能力也得以增强。通过对比试验可知,几种养护温度中,90℃热水养护效果最佳,将养护温度定为 90℃。

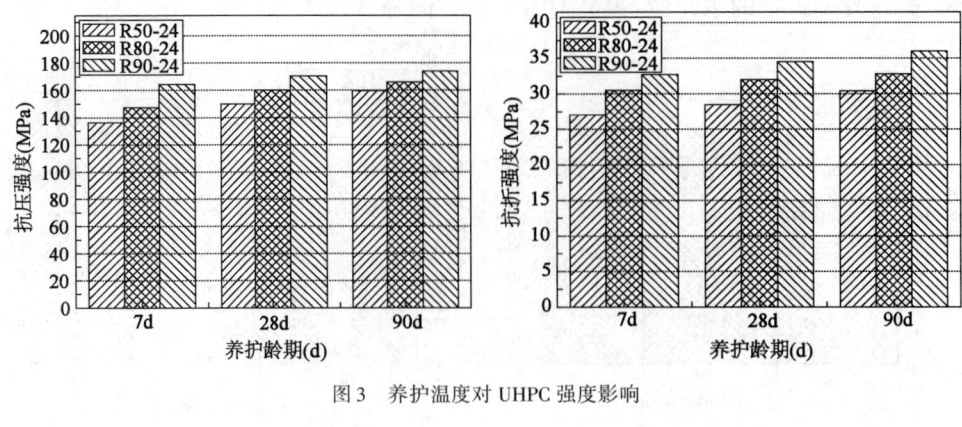

图3 养护温度对UHPC强度影响

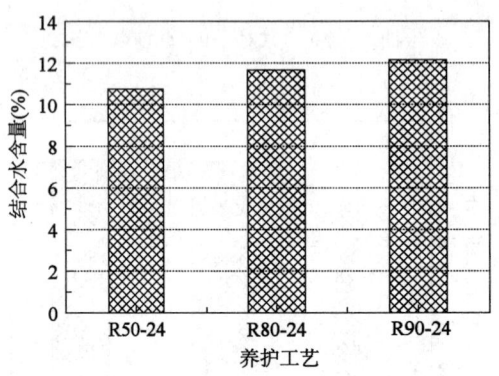

图4 温度对水化程度影响

### 3. 养护时间对UHPC力学性能影响

图5为养护时间对UHPC强度的影响,采用90℃热水养护UHPC试块6h、12h、24h、48h、72h时各个龄期的抗压强度与抗折强度。90℃热水养护的28d试块抗压强度,热养护12h的试块强度比热养护6h高出7.5MPa,约5.07%;热养护24h的试块强度比热养护12h高出10MPa,约6.43%;热养护48h的试块强度比热养护24h高出9.5MPa,约5.74%;热养护72h的试块强度比热养护48h高出4.5MPa,约2.57%。90℃热水养护的28d试块抗折强度,热养护12h的试块强度比热养护6h高出1.8MPa,约6.04%;热养护24h的试块强度比热养护12h高出1.2MPa,约3.80%;热养护48h的试块强度比热养护24h高出2.6MPa,约7.93%;热养护72h的试块强度比热养护48h高出0.7MPa,约1.98%。当养护方式与养护温度相同时,随着热水养护时间的延长,UHPC试件的抗压强度与抗折强度均呈现上升的现象。热养护时间由6h延长至48h时强度均出现了明显的增长,但当时间由48h延长至72h时,强度虽然都有所提高但并不明显。还可以看出,当热养护时间越长时,UHPC试件代表7d、28d及90d强度的曲线距离越小,说明强度增长越小,热养护时间的延长同样会加速水化物的水化速率。

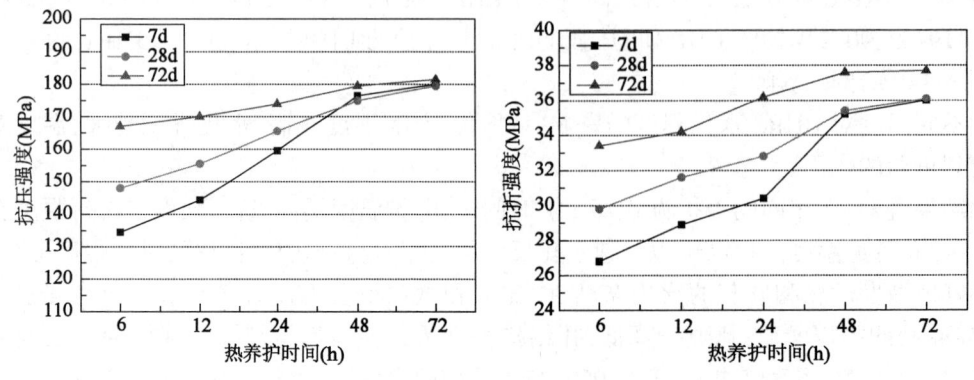

图5 养护时间对UHPC强影响

图 6 为随养护时间增长，UHPC 水化程度的变化，从图像中看到，随着养护时间的延长，水化程度逐渐增大，但 72h 与 48h 的水化程度变化较小，说明 48h 的热水养护已经基本满足 UHPC 水化需求。

结合上面两个图像分析得到，养护时间的延长能提高 UHPC 试块的强度和水化程度，48h 的养护时间最佳，在满足性能的同时保证经济性。因此将该 UHPC 的养护制度定为脱模后 90℃热水养护 48h，之后再标准养护。

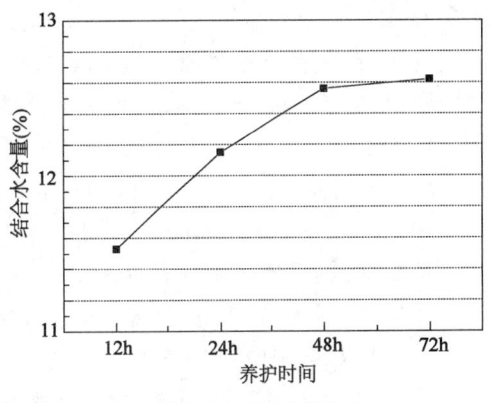

图 6 结合水含量随时间变化

## 四、养护工艺对 UHPC 收缩性能影响

采用 90℃热水养护 48h 后进行标准养护的工艺与标准养护工艺进行对比,,并从 1d 龄期开始对 UHPC 试块的干燥收缩率进行测量，并与标准养护下的 UHPC 试块干燥收缩率进行对比。图 7 为 UHPC 在 90℃热水养护 48h 养护制度下的收缩率与标准养护下的收缩率对比，从图中看到，高温养护的阶段内就基本收缩完成，而标准养护随着时间增加，两者的尺寸收缩越来越大，早期曲线较陡，斜率较大，收缩较快，但最终曲线呈现逐渐平缓趋势。

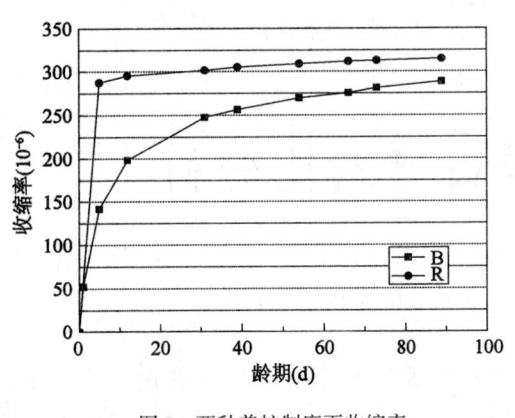

图 7 两种养护制度下收缩率

标准养护下 UHPC 试件的干燥收缩主要在 28d 内完成，在 14d 龄期时曲线斜率稍有下降，此时收缩率为 $198 \times 10^{-6}$，28d 龄期的收缩率为 $247 \times 10^{-6}$，90d 龄期的收缩率为 $288 \times 10^{-6}$，较 28d 龄期收缩占 90d 收缩的 85.8%，因此 28d 龄期后上升趋势变缓慢。

热水养护的收缩主要发生在热水养护时间以内，在 4d 内，曲线斜率较大，4d 龄期的收缩率为 $287 \times 10^{-6}$，与标准养护的 90d 收缩率接近，并且之后变化量很小，90d 收缩率仅为 $315 \times 10^{-6}$，仅增长了 9.7%，这说明热水养护后的 UHPC 的干燥收缩主要在热水养护时间内完成，并且与标准养护试块 90d 龄期的收缩率接近，因此，热水养护在热养护期间接近收缩完成，而标准养护的收缩在 90d 接近完成。

高温热水养护工艺下，胶凝材料的活性增大，使得 UHPC 的水化过程得到快速进行，基本上在养护期间内完成水化过程，因此将反应过程中产生的收缩在早期得到了释放；而标准养护因为温度较低，水化反应速率较慢，胶凝材料进行慢慢水化的过程，因此，收缩是个逐渐变大的过程。

热水养护后 UHPC 的干燥收缩明显降低，这是因为在养护过程中，热水环境可以为水胶比很低的 UHPC 提供充足的水分，并在一定程度上促进水化反应发生，生成较多的水化产物，提高混凝土的致密性，进而阻碍内部自由水向外部环境的扩散，抑制干燥收缩的发生。

综上所述，在优化后的热水 90℃养护 48d 养护制度下，UHPC 的干燥收缩率基本完成，标准养护下，28d 龄期的收缩开始放慢，在 90d 龄期收缩接近完成。

## 五、结　　语

(1) 最佳的养护工艺为 UHPC 试块脱模后热水 90℃养护 48h 后，取出标准养护。

(2) 高温热水养护能够保持环境温度均匀性，提高胶料水化量，激发微珠和硅灰的火山灰活性，促进二次水化反应的发生，提高 UHPC 致密性和强度。

(3) 热养护时间的延长能增加 UHPC 的力学性能和水化程度，但 48h 后增长趋于缓慢。

(4) 在优化后的养护制度下，UHPC 的干燥收缩率基本完成，标准养护的收缩主要在 90d 内完成。

## 参考文献

[1] 阎培渝.超高性能混凝土(UHPC)的发展与现状[J].科技导航,2010(15):36-41.
[2] 邵旭东,曹君辉.面向未来的高性能桥梁结构研发与应用[J].建筑科学与工程学报,2017,34(05):41-58.
[3] Porteneuvea C, Korbb J, Petitb D, et al. Structure-texture correlation in ultra-high Performance concrete: a nuclear magnetic resonance study[J]. Cement and Concrete Research,2002,32(1):7-101.
[4] 杨胜江.不同养护制度对RPC混凝土力学性能的试验[J].低温建筑技术,2013,181(05):20-22.
[5] 葛晓丽,刘加平,王育江,等.未水化水泥颗粒后期水化对UHPC性能的影响[J].土木建筑与环境工程,2016,38(01):40-45.
[6] 王秋维,王志伟,陶毅,等.配合比及养护制度对活性粉末混凝土强度影响的试验研究[J].西安建筑科技大学学报(自然科学版),2017,49(03):382-387.
[7] 廖娟,张涛,戚文占,等.养护制度对活性粉末混凝土(RPC)强度及韧性的影响[J].四川建筑科学研究,2013,39(06):257-260.
[8] 崔存森.养护制度对超高性能混凝土收缩徐变及其基本力学性能的影响[D].北京交通大学,2018.
[9] 徐海宾,邓宗才.新型超高性能混凝土力学性能试验研究[J].混凝土,2014,294(04):20-23.
[10] 沈楚琦.工程化超高性能混凝土的制备与性能研究[D].武汉理工大学,2019.

# 46. 中外钢桥梁规范疲劳设计对比分析

陈艺旋[1]  刘朋[1]  赵健[2]  安路明[2]  王元清[3]

(1. 沈阳工业大学;2. 中铁建大桥工程局集团南方工程有限公司;3. 清华大学)

**摘　要**　本文针对中国、美国、英国及欧洲规范的钢桥疲劳设计进行概述和总结,对各国规范的疲劳设计准则、疲劳荷载模型、疲劳验算方法三个方面进行了分析和对比,研究发现各国规范在疲劳验算方面均采用安全寿命设计,但在疲劳设计准则和疲劳荷载模型方面存在差异。首先是各国疲劳设计准则存在不同,欧洲规范和美国规范采用的是极限状态设计法,英国规范和中国规范采用的是容许应力法;其次是各国疲劳荷载不同,中国规范与欧洲规范在疲劳车总重以及最大轴重上采用相同荷载和轴距,但美国规范中的标准疲劳车总重较小,但单个最大轴重较大;最后各国规范对于疲劳设计寿命方面也有差异,中国规范与欧洲规范疲劳设计寿命都为100年,英国为120年,美国为75年。本文对钢桥疲劳设计研究具有一定借鉴意义。

**关键词**　设计准则　荷载模型　疲劳验算　规范

## 一、引　言

近年来,由于钢结构桥梁具有自重轻、施工方便等优点,在大跨度桥梁中广泛应用,随之而来的钢结构桥梁疲劳问题也逐渐严重。桥梁设计人员对结构承载力的认识已经非常充分,但却对疲劳荷载作用导致构件或者连接失效没有充分的认识。由于环境侵蚀、车流量过大以及车辆超载等原因造成桥梁坍塌的事件时有发生,因此桥梁的疲劳破坏日益受到相关部门及研究人员的高度重视,疲劳问题对于钢桥构件的安全性和耐久性至关重要。

目前各国的钢桥规范,尤其是疲劳设计部分条文的差异较大,且普遍缺乏系统的疲劳损伤评估和设计细则,对关键受力构件如钢桥面板等的疲劳设计未作强制性要求。英国、美国、日本和欧洲的规范对于桥梁疲劳设计有相同的安全判定准则,并对疲劳强度的等级进行了划分,而我国规范对疲劳设计规定相对简单。本文主要选取中国桥梁设计规范 JTG D64—2015 和 JTG D60—2015、美国 AASHTO、英国 BS 5400 以及欧洲 Eurocode 中钢桥梁疲劳设计的主要内容进行对比分析，包括疲劳设计准则、疲劳荷载、疲劳验算三方面的内容。

## 二、美国规范 AASHTO

1. 疲劳设计准则

美国公路桥梁规范在全球颇具影响，能够反映当今世界公路桥梁行业的发展水平，被美国及许多其他地方的桥梁工程界使用和参考。美国早期的疲劳设计准则来源于铁路设计规范，在抗疲劳设计中使用的是限定各点的最大应力的方法。

美国国家公路与运输协会标准采用安全寿命设计方法，AASHTO 针对由荷载引起的疲劳问题定义了两种疲劳极限状态：疲劳极限状态 1 对应无限寿命条件下疲劳和断裂的荷载组合；疲劳极限状态 2 对应安全寿命下疲劳和断裂的荷载组合。

2. 疲劳荷载模型

AASHTO 的标准疲劳车辆简化模型通过大量调查数据基础得到。调查认为，240kN 的车辆总重能够代表美国重车。通过对疲劳车轴重比例及轴距参数分析，认为四轴、五轴车疲劳影响最为严重，考虑联轴效应，最终采用了变主轴距三轴疲劳车辆模型作为疲劳评估标准荷载。美国标准疲劳车辆模型如图 1 所示。

AASHTO 对车轮荷载作用面积进行了说明，认为荷载面积为 510mm×255mm，与其他国家规范也有较为明显的差异。轴重分别为 35KN,145KN,145KN,疲劳模型如图 1 所示。在疲劳验算时要考虑荷载动力效应的影响，处桥面接缝处动力系数 (IM) 为 0.75 外，其余所有构件动力系数 (IM) 均为 0.15，因此疲劳车辆总重应为：

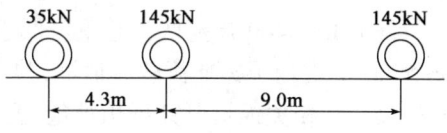

图 1 AASHTO 规范标准疲劳车示意图

$$325 \times (1 + IM) \tag{1}$$

3. 疲劳验算方法

在 AASHTO 中，疲劳计算还考虑了冲击效应，冲击系数取 1.15。在疲劳验算时，仅考虑一辆车单独加载在车道中心线上，没有涉及车辆的横向随机分布。美国规范 AASHTO 规定，在进行疲劳验算应依据以下公式进行：

$$\gamma \Delta f \leq (\Delta F)_n \tag{2}$$

式中：$\gamma$——荷载分项系数，疲劳极限状态 1 时，取 1.50；疲劳极限状态 2 时，取 0.75。

$\Delta f$——疲劳荷载作用效应，疲劳荷载作用下的活载应力幅(MPa)。

$(\Delta F)_n$——公称疲劳抗力(MPa)，对于疲劳极限状态 1，其取值均为表 1 中常幅疲劳临界值 $(\Delta F)_{TH}$；疲劳极限状态 2 下，计算方法见式(3)与式(4)。

$$(\Delta F)_n = \left(\frac{A}{N}\right)^{\frac{1}{3}} \geq \frac{1}{2}(\Delta F)_{TH} \tag{3}$$

$$N = 365 \times 75 \times n \times (ADTT)_{SL} \tag{4}$$

该式中 A 是与疲劳细节分类有关的常数，可查表 2 获得；$n$ 是每辆卡车通过时在疲劳处产生的循环次数。$(\Delta F)_{TH}$ 是常幅下的疲劳临界值，与疲劳细节分类有关，可查表 1 获得。此外，值得注意的是美国规范的疲劳设计寿命年限为 75 年，式(4)中的 75 即表示此含义。

各疲劳细节对应的常幅疲劳极限 $(\Delta F)_{TH}$ 表1

| 疲劳细节 | A | B | B′ | C | C′ | D | E | E′ |
|---|---|---|---|---|---|---|---|---|
| 常幅疲劳极限 | 165.0 | 110.0 | 82.7 | 69.0 | 82.7 | 48.3 | 31.0 | 17.9 |

各疲劳细节A对应的材料常数 表2

| 疲劳细节 | A | B | B′ | C | C′ | D | E | E′ |
|---|---|---|---|---|---|---|---|---|
| 材料常数A | 82.0 | 39.3 | 20.0 | 14.4 | 14.4 | 7.21 | 3.61 | 1.28 |

## 三、英国规范 BS 5400

### 1. 疲劳设计准则

BS 5400 从概率论和疲劳影响因素的角度,较为完整地阐述了公路和铁路桥梁的抗疲劳设计问题,包括基本假定、构造细节的分类、应力计算方法、疲劳验算荷载和疲劳损伤度验算等内容,并说明了疲劳设计的方法和步骤。

BS 5400 采用无限疲劳寿命设计方法和有限疲劳寿命设计方法两种方法进行设计。有限疲劳寿命设计方法认为,若最大应力幅 $\Delta\sigma_{max}$ 满足规范要求,即 $\Delta\sigma_{max} \leq [\Delta\sigma]$,结构寿命便满足疲劳设计要求;无限疲劳寿命设计方法是在构造细节的 $\sigma - \varepsilon$ 曲线及应力谱情况下,用 Palmegren-Miner 线性损伤累积法则计算构件的损伤度 $D$,若 $D \leq [D]$,即认为结构的抗疲劳设计满足要求。

### 2. 疲劳荷载模型

英国 BS 5400 规范认为总重量低于 30kN 的汽车不会引起桥梁的疲劳损伤。对于公路桥,英国规范 BS 5400 中规定了标准荷载频值谱,共分为 25 种型号的车辆,给出了总重、各轴重、每百万车辆出现频率等参数。经相关人员研究得出结论,型号为 4A–H 的车辆会对桥梁产生不利影响,对其造成大的损伤,因此将此类车辆定为标准疲劳车模型示意图如图 2 所示。

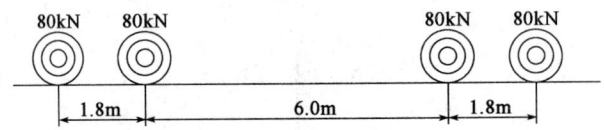

图 2 英国公路桥梁标准疲劳车辆模型

如图 2 所示,总轴重为 320kN,轴重比例分配方式为均匀分配,每轴重 80kN。纵向轮间距分别为 1.8m、6m、1.8m,横向轮间距为 1.8m,着地面积为 200mm×200mm 的矩形(或直径为 225mm 的圆形)。荷载冲击系数最大值为 1.25,并且仅在伸缩缝附近加载时才予以考虑。特别指出,该标准疲劳荷载不仅适用于一般钢桥疲劳设计,对于焊接正交异性钢桥面板的疲劳设计同样是适用的。

### 3. 疲劳验算方法

英国规范 BS 5400 中规定了 2 种验算桥梁疲劳的方法,分别是考虑疲劳损伤度的方法和不考虑疲劳损伤度的方法。其中考虑疲劳损伤度的方法需要计算出疲劳细节处的应力变化时程,再根据蓄水池法得到该处的应力幅,从而依据 Miner 线性累积法则得到该处的损伤度。本章计算暂时不考虑损伤,具体方法是通过计算将标准疲劳车辆荷载加载时在构造细节处产生的大应力和小应力,疲劳应力幅即为二者之差。通过规范可查得不同细节分类对应的容许应力幅。如果疲劳应力幅小于容许应力幅,则疲劳设计符合规范要求,如果疲劳应力幅大于容许应力幅,则疲劳设计不符合规范要求。此外,英国规范的疲劳设计寿命年限为 120 年。

## 四、欧洲规范 Eurocode

### 1. 疲劳设计准则

欧洲 Eurocode3 规范是基于极限状态法的设计规范,它从基本假定和计算方法、疲劳荷载和应力谱以及疲劳强度和构造细节分类等几方面论述了结构的抗疲劳设计。在大量试验结果的基础上,并考虑结构几何尺寸和缺陷对结构疲劳抗力的影响,给出了杆件、连接和接头的疲劳抗力评估方法。

与 BS 5400 类似,Eurocode3 规定的抗疲劳设计包含两类设计准则,即绝对安全设计准则和损伤容许设计准则。绝对安全设计准则要求结构在使用寿命期间不再需要任何疲劳检测和再评定;损伤容限准则要求结构在定期的疲劳检测和维护前提下可以安全使用至下一个检测周期。

## 2. 疲劳荷载模型

欧洲规范认为桥梁疲劳是由交通荷载对应的应力幅值谱所引起的,其疲劳应力幅值谱由以下因素决定:车辆形状、轴重、车辆间距、交通车辆组成和车辆动力效应,针对不同的等级处理方法,Eurocode1 规范中给出了 5 种疲劳荷载模型,根据分析,FLM3 最能体现城市钢桥通车情况,故本文对疲劳荷载模型 3 做具体分析。

疲劳模型 3 采用一辆四轴车,轴重均为 120kN 的货车作为评估标准。车辆模型仅考虑总重大于 100kN 货车产生的疲劳影响,按照道路类型给出了相应的年交通量建议值,如表 3 所示。

Eurocode 年交通量建议值　　　　表 3

| 编号 | 交通等级 | 每年每慢车道 |
|---|---|---|
| 1 | 普通公路或高速公路单行车方向有不少于两条车道车流量里有高比率的货车 | $20 \times 10^6$ |
| 2 | 普通公路或高速公路车流量里有中等比率的货车 | $0.5 \times 10^6$ |
| 3 | 主要公路车流量里有低比率的货车 | $0.125 \times 10^6$ |
| 4 | 地方公路车流量里有低比率的货车 | $0.05 \times 10^6$ |

Eurocode 认为,在采用该疲劳模型时,应考虑同一车道有两辆该疲劳车模型,车辆间距不小于 40m,疲劳车模型如图 3 所示。各轴重均为 120kN,标准疲劳车模型轮载面积采用 1:1 正方形加载,边长均为 400mm,其中 W1 是车道宽度,X 是桥梁的纵轴方向。

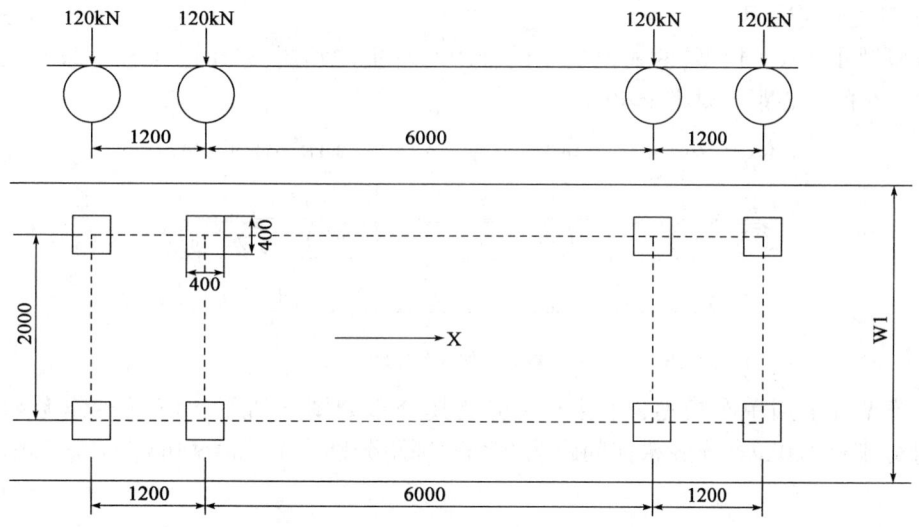

图 3 欧洲规范疲劳荷载模型(尺寸单位:mm)

一般情况下,只考虑一辆疲劳车单独作用在不利车道上,但当同一车道上的 2 辆疲劳车的中心距大于或等于 40m 时,应考虑 2 辆疲劳车同时作用在该车道的情况,且在此情况下,另一辆车的轴重应由 120kN 变为 36kN。荷载冲击系数最大值为 1.3,并且仅在伸缩缝附近加载时才予以考虑。

## 3. 疲劳验算方法

Eurocode 规定,对于某一特定构造细节,当所有应力幅均低于该细节常幅疲劳极限时,无须进行疲劳验算。其余情况下的疲劳验算采用等效应力幅法,验算公式如下:

$$\gamma_{Ff} \Delta\sigma_{E2} \leq \frac{\Delta\sigma_R}{\gamma_{Mf}} \tag{5}$$

式中:$\gamma_{Ff}$——荷载分项系数,对于钢桥梁取 1.0。

$\Delta\sigma_{E2}$——200 万次循环对应的等效常幅应力。

$\Delta\sigma_R$——200 万次循环疲劳强度参考值。

$\gamma_{Mf}$——疲劳强度分项系数,采用绝对安全设计时 $\gamma_{Ff} = 1.15 \sim 1.35$,采用损伤容限设计时 $\gamma_{Ff} = 1 \sim 1.15$。

### 五、中国规范 JTG D60—2015、JTG D64—2015 和 GB 50017—2017

1. 疲劳设计准则

各国疲劳设计准则非常相似,我国《钢结构设计规范》(GB 50017—2017)规定疲劳计算采用容许应力幅法,对于常幅疲劳的计算公式为:

$$\Delta\sigma \leq [\Delta\sigma] \tag{6}$$

式中:$\Delta\sigma$——常幅疲劳的容许应力幅值。

我国钢结构规范疲劳设计采取荷载标准值而不是采用以基于概率的极限状态设计方法。目前我国钢结构设计将结构细部分为 8 类,包括:高强度螺栓摩擦型连接、连孔构件、翼缘焊缝、横向加劲肋、横向角焊缝连接和节点板连接等。

2. 疲劳荷载模型

我国 2015 年发布的《公路钢结构桥梁设计规范》(JTG D64—2015)主要参考了欧洲 Eurocode1 规范对疲劳荷载模型的规定,给出了用于钢桥疲劳设计的三种疲劳荷载模型。

疲劳荷载模型Ⅰ采用等效车道荷载,集中荷载为 $0.7p_k$,均布荷载为 $0.3q_k$。其中 $p_k$ 和 $q_k$ 按公路Ⅰ级车道荷载标准取值;应考虑多车道的影响,横向车道加载系数按照现行《公路桥涵设计通用规范》(JTG D60—2015)的相关规定选用。

疲劳荷载模型Ⅱ为双车模型,两辆模型车的轴距与轴重均相同,单车的车辆荷载参数如图 4 所示。加载时两辆模型车的中心距不得小于 40m。

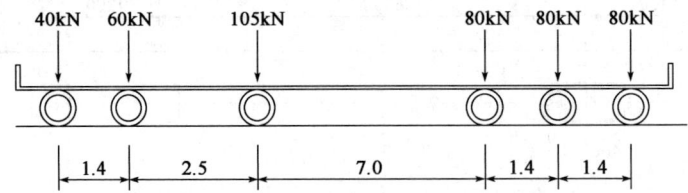

图 4 疲劳荷载模型Ⅱ加载车参数(尺寸单位:m)

疲劳荷载模型Ⅲ采用单车模型,模型车轴重及其分布如图 5 所示。该车共分为 4 轴,轴总重为 480kN,前后轴分别重 120kN。车轮横向间距为 2.0m,轴距分别为 1.2m、6.0m、1.2m。触地长宽分别为 0.2m、0.6m。

3. 疲劳验算方法

钢结构设计规范 16.2 中规定:钢结构疲劳验算的公式如式(7)、式(8)所示。

$$\Delta\sigma \leq \gamma_t [\Delta\sigma_c] \tag{7}$$

$$\Delta\sigma = \sigma_{max} - \sigma_{min} \tag{8}$$

$$\gamma_t = \left(\frac{25}{t}\right)^{0.25} \tag{9}$$

式中：$\Delta\sigma$——构造细节处的名义正应力幅；

$\sigma_{max}, \sigma_{min}$——由标准疲劳车辆荷载影响面加载时在构造细节处产生的大应力和小应力；

$\gamma_t$——与板厚有关的修正系数，$t \geq 25mm$ 时，$\gamma_t$ 的计算公式见式(9)；

$[\Delta\sigma_c]$——正应力常幅疲劳极限，也即对于循环次数为 500 万次的应力幅。

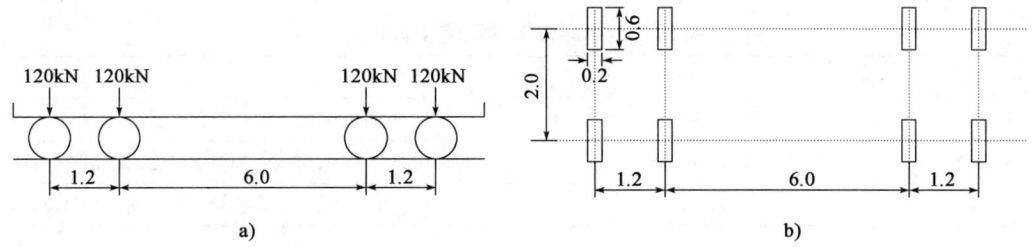

图 5 疲劳荷载模型Ⅲ加载车参数(尺寸单位：m)

当疲劳细节不满足式(7)时，考虑用式(8)对构造细节进行疲劳验算。其中 $\Delta\sigma_R$ 是对应于循环次数为 200 万次的疲劳容许应力幅。此外，中国规范规定桥梁的疲劳设计寿命年限为 100 年。

## 六、各国规范对比分析

### 1. 疲劳设计准则

目前公路钢结构桥梁抗疲劳设计主要思想和方法包括无限寿命设计法、安全寿命设计法和损伤安全设计法等。但现行的各国规范抗疲劳设计准则总体上可分为两种：无限寿命设计和安全寿命设计；而损伤容限设计法则主要应用于基于断裂力学的工程领域。AASHTO、BS 5400、Eurocode，以及我国规范中均包含有无限寿命设计方法，由于 BS 5400 中疲劳细节 S-N 曲线没有疲劳稳定极限（S-N 曲线水平段部分），因此其无限寿命设计标准是最大应力幅不超过应力容许值 $\sigma_H$。其他规范均是以疲劳稳定极限来控制应力幅大小。除我国规范外，AASHTO、BS 5400 和 Eurocode 均给出了安全寿命设计准则。而我国规范采用单一无限寿命设计思想，计算方法采用的是容许应力法。

### 2. 疲劳荷载

目前国内外公路钢结构桥梁抗疲劳设计常用的疲劳荷载有三种形式：车辆荷载频值谱、标准疲劳车以及强度设计时所采用的标准活载车辆。这三种形式的荷载均考虑了车辆自重、车轮冲击作用，此外对于含有水平曲线的桥梁，三者均考虑了车辆行驶过程中对桥梁的向心力（或离心力）作用。

对于车辆荷载频值谱，BS 5400 根据英国主要公路桥车辆通行情况及不同类型车辆重量及其相对出现频率，将车辆划分为 25 种标准车辆类型。与 BS 5400 所给出的荷载谱不同，AASHTO 通过单车道日均货车疲劳荷载频率，规定了货车荷载情况。Eurocode 中疲劳荷载模型 3 是由一系列出现频率较高的重车组成。

各国规范标准疲劳车辆类型并无本质区别，可将 BS 5400 中（4A-H）标准疲劳车、Eurocode 中（FLM3）荷载模型、中国规范（模型Ⅲ）荷载模型中的标准车轴数、车载作用面积、疲劳车总重以及最大轴重进行对比分析，如表 4 所示。

各国标准疲劳荷载汇总　　　表4

| 规　范 | 轴数(个) | 车载作用面积($mm^2$) | 疲劳车辆总重(kN) | 最大轴重(kN) |
|---|---|---|---|---|
| 美国规范 | 3 | 510×255 | 325×(1+$IM$) | 80 |
| 英国规范(4A-H) | 4 | 200×200 | 315 | 145 |
| 欧洲规范(FLM3) | 4 | 400×400 | 480 | 120 |
| 中国规范(模型Ⅲ) | 4 | 200×600 | 480 | 120 |

从表4中可以看出,中国钢桥疲劳车辆模型主要采用定轴距模型,与欧洲规范车辆荷载模型类似;美国规范中的标准疲劳车辆总重较小,但是其单个最大轴重比较大。对于钢桥的疲劳问题,各国存在这差异。英国 BS 5400 规格认为重量小于 30kN 的车辆不会引起结构的疲劳损伤,而欧洲 Eurocode 1 规范则认为重量小于 100kN 的车辆均不会引起桥梁疲劳损伤。

各国规范疲劳荷载都计入了活载冲击作用的影响,但在冲击系数的选取上有差距,如表5所示。

各国规范中冲击系数取值及其规定　　　　表5

| 规　范 | 冲击系数 | 备　　注 |
|---|---|---|
| AASHTO | 1.75 或 1.15 | 桥面板接缝处取 1.75,其余位置取 1.15 |
| BS 5400 | 1.00 ~ 1.25 | 与结构类型无关,与截面和伸缩缝之间的相对位置有关 |
| Eurocode | 1.00 ~ 1.30 | 与结构类型无关,与截面和伸缩缝之间的相对位置有关 |

通过表5可以看出,AASHTO 规范冲击系数相对较大,主要是因为 AASHTO 采用直接增大疲劳荷载的计算方法来考虑,而 BS 5400 和 Eurocode 规定只有对距离桥梁伸缩缝较近的截面进行疲劳验算时要考虑荷载冲击作用的影响。BS 5400 采取的是调整伸缩缝附近的影响线来计入荷载冲击的影响,Eurocode 则是通过损伤因子来计入荷载冲击作用的影响;中国桥规对于冲击系数没有明确规定。

## 3. 疲劳验算方法

各国疲劳验算方法均是基于疲劳设计准则进行确定,但在系数的确定上存在不同。如表6所示。

各国规范疲劳验算方法比较　　　　表6

| 规　范 | 疲劳验算公式 | 荷载分项系数 | 疲劳强度分项系数 | 疲劳设计寿命年限 |
|---|---|---|---|---|
| AASHTO | $\gamma \Delta f \leq (\Delta F)_n$ | 1.5 或 0.75 | 无 | 75 年 |
| BS 5400 | 无 | 无 | 无 | 120 年 |
| Eurocode | $\gamma_{Ff}\Delta\sigma_{E2} \leq \dfrac{\Delta\sigma_R}{\gamma_{Mf}}$ | 1.0 | 1 ~ 1.35 | 100 年 |
| 中国规范 | $\Delta\sigma \leq \gamma_t [\Delta\sigma_e]$ | 无 | 无(与板厚有关) | 100 年 |

从表6可以看出,各国规范在疲劳设计寿命方面存在不同,中国规范与欧洲规范疲劳设计寿命都为 100 年,英国为 120 年,美国为 75 年。

由于疲劳设计准则的不同,各国规范在疲劳验算时所运用的验算公式相同,在参数的选取上有差异。BS 5400 和中国规范对荷载分项系数和疲劳强度分项系数没有准确要求。AASHTO 的荷载分项系数在疲劳极限状态 1 时,取 1.50;疲劳极限状态 2 时,取 0.75。Eurocode 采用极限状态的应力幅法进行疲劳验算,规范对于钢桥来说,荷载分项系数为 1;但其疲劳强度分项系数根据不同设计准则进行确定,采用绝对安全设计时 $\gamma_{Ff} = 1.15 \sim 1.35$,采用损伤容限设计时 $\gamma_{Ff} = 1 \sim 1.15$。

## 七、结　　语

本文针对桥梁的疲劳设计,概述了中国《公路钢结构桥梁设计规范》(JTG D64—2015)、《公路桥涵设计通用规范》(JTG D60—2015)、美国《AASHTO LRFD Bridge Design Specifications》、英国 BS 5400 及欧洲 Eurocode,从疲劳设计准则、疲劳车辆荷载模型、疲劳验算方法进行总结分析和对比,结论如下:

(1)各国规范在疲劳验算方面均采用安全寿命设计,但疲劳设计准则存在不同 Eurocode 和 AASHTO 采用的是极限状态设计法,BS 5400 和中国规范采用的是容许应力法。

(2)中国规范与欧洲规范在疲劳车总重以及最大轴重上相同;美国规范中的标准疲劳车总重较小,但是其单个最大轴重较大。

(3)中国规范与欧洲规范疲劳设计寿命都为 100 年,英国为 120 年,美国为 75 年。

**参考文献**

[1] 韩冰,蒲黔辉,施洲. 正交异性钢桥面板足尺寸模型疲劳试验研究[J]. 桥梁建设 2016,46(4).

[2] 王兵见,史耀中,陈可.公路钢箱梁疲劳安全分析方法研究[J].桥梁工程,2020(10):226-229.
[3] 美国州际公路及运输工作者协会.钢桥疲劳设计指导性规范[S].国外桥梁,1992.
[4] 王启迪,正交异性钢桥面板典型疲劳病害评估与预测[D].北京:北京建筑大学,2019.
[5] Washington,DC:Association of State Highway and Transportation Officials. AASHTO. LRFD Bridge Design Specifications. 3rd Ed,2017.
[6] British Standard Institution. BS5400. Part10:code of practice for fatigue,1980.
[7] European Committee for Standardization (CEN). EN 1993-2 Eurocode 3. Design of steel structures,part2:Steel bridges,2005.
[8] 陈蕴威,刚果(布)1号公路 Loukouni 大桥静力优化和疲劳性能研究[D].北京:清华大学,2015.
[9] European Committee for Standardization (CEN). EN 1991-2 Eurocode 1. Actions on structures,part2:Traffic loads on bridges,2003.
[10] 中华人民共和国国家标准.钢结构设计规范:GB 50017—2017[S].北京:中国建筑工业出版社,2017.
[11] 中华人民共和国行业标准.公路钢结构桥梁设计规范:JTG D64—2015[S].北京:人民交通出版社股份有限公司,2015.
[12] 中华人民共和国行业标准.公路桥涵设计通用规范:JTG D60—2015[S].北京:人民交通出版社股份有限公司,2015.
[13] 何志军.钢结构桥梁的疲劳设计解析[J].黑龙江交通科技.2021(6):216-218.

# 47. 非保向力对明珠湾大桥恒载作用下稳定性分析

陆鸿萍[1] 刘朋[1] 赵健[2] 安路明[2] 王元清[3]

(1.沈阳工业大学建筑与土木工程学院;2.中国铁建大桥工程局集团有限公司;3.清华大学土木工程系)

**摘要** 为了研究广州明珠湾大桥吊杆的非保向力和桥面系对钢桁拱桥稳定性的影响,本文以明珠湾钢桁拱桥为研究对象,建立整桥有限元模型,进行了特征值屈曲分析,研究了吊杆和桥面系对整桥稳定性的影响。结果表明:考虑吊杆的非保向力后拱桥的稳定安全系数提高10%,增加了钢桁拱桥的安全性;考虑几何和材料双重非线性时,整桥稳定安全系数比线性时小15%。本文研究结论可为后续桥梁稳定性研究提供借鉴。

**关键词** 稳定性 非保向力 有限元 钢桁拱桥

## 一、引言

钢桁拱桥结构具有承载力高、跨越能力强、刚度大、施工速度快且造型优美等特点。近年来,我国大跨度桥梁中,钢桁拱桥应用较广泛。伴随着设计理念的独特性和新颖性,施工工艺的先进性,高强材料的广泛应用性,并适应当今经济的飞速发展,桥梁的发展趋势正在向大跨度方向迈进。史上桥梁结构失稳的例子有许多,不论是在建造过程中还是在运营阶段都有因桥梁失稳而造成人员的伤亡。1971年原联邦德国 Koblebz 桥和1925年苏联的莫兹尔桥均是杆件受压失稳导致桥梁毁坏;温哥华第二海峡桥、巴尔顿桥都是因为施工过程中支架压屈失稳而发生的破坏,桥梁失稳发生垮塌事故是灾难性的。为此,对于桥梁尤其是大跨度桥梁的稳定性理论的研究是不容忽视的一个重要问题。近年来针对国内大量的钢桁拱桥的建设,许多学者对该类拱桥的稳定性进行研究。

拱作为压弯构件当其所承受的荷载达到临界值的时候,拱会失去其原有的平衡状态,在其面内可能发生面内失稳,或发生面外失稳。对于中、下承式双肋拱桥,当拱肋侧倾时,柔性吊杆会对其产生水平恢复力,有抑止拱肋倾斜作用,这种恢复力(非保向力)会有效地提高拱肋的稳定性。对于拱上立柱,当在平面内失稳时,立柱倾斜产生的非保向力将会加速失稳的趋势;平面外失稳时,立柱倾斜产生对桥面向外的拉力,非保向力也有加速拱肋倾斜的作用,目前考虑非保向力对稳定性影响的研究还较少[3]。钢桁拱桥设计过程中,可将桥面荷载简化为竖向荷载加在拱肋上来分析拱肋的稳定性,把非保向力当作竖向保向力来考虑,其中竖向保向力是指作用在拱轴线上的,方向竖直向下并沿跨度均匀分布,在拱肋侧倾过程中保持方向不变的荷载。目前,考虑非保向力和考虑竖向保向力对钢桁拱桥稳定性计算的影响程度的研究相对较少。因此,本文以广州明珠湾大桥为研究对象,建立了有限元模型分析了竖向保向力和非保向钢桁拱桥稳定性的影响,同时也对两个模型进行了非线性(材料非线性和双重非线性)稳定分析。

## 二、稳定性分析

### 1. 稳定问题的分类

当钢桁拱桥在外荷载的作用下,其稳定平衡状态逐渐开始丧失,此时钢桁拱桥在垂直方向受到微小的影响后,结构迅速发生破坏,造成事故发生。稳定问题不是强度问题,两者存在明显不同。强度问题确定稳定平衡状态下的最大应力,而稳定问题是结构发生变形,结构在临界荷载对应的临界状态。因此,多数强度问题的求解属于一阶分析,稳定问题属性二阶分析。

稳定问题主要有两类问题,平衡分支失稳(第一类)和极值点失稳(第二类)。第一类稳定问题理想的状态是结构没有初始缺陷,结构的稳定转变为计算特征值,所以计算过程简单。第一类稳定问题的临界荷载与第二类稳定问题的荷载上限相等。第二类稳定问题为结构处于平衡的状态,随着荷载的增加,在应力比较大的区域出现塑性变形,结构的变形迅速增大,当荷载达到一定数值时,即使不再增加,结构变形也自行迅速增大而致使结构破坏。

对于稳定性法分析比较复杂,特别是非线性问题的求解,因此采用有限元理论进行求解。

### 2. 有限元理论

第一类稳定问题:结构为小变形,材料为线弹性。其特征方程为:

$$\{d\} = ([K_0 + \lambda[K_\sigma^*]])\lambda\{F^*\} \tag{1}$$

当 $K_0 + \lambda[K_\sigma^*] = 0$ 时,结构丧失稳定性;

考虑几何非线性后,总体平衡方程:

$$([K_0] + [K_\sigma] + [K_L])\{d\} = \{F\} \tag{2}$$

$$[K_L^*] = \int([B_L]^T[D][B_N^*] + [B_N]^T[D][B_L] + [B_N]^T[D][B_N^*])dV \tag{3}$$

当拱结构发生屈曲时,结构的应力大于材料的弹性极限,这时按弹塑性理论计算的稳定安全系数就可能大于超过实际值。钢拱桥稳定性分析需要结合材料非线性,材料非线性的分析的本构关系的选取。其基本平衡方程为:

$$([K_0] + [K_\sigma])\{d\} = \{F\} \tag{4}$$

双重非线性的基本方程变为:

$$([K_0] + [K_\sigma] + [K_L])\{d\} = \{F\} \tag{5}$$

式中,$\lambda$ 是一个常数;$[k_0]$ 为小位移弹性刚度矩阵;$[k_L]$ 为初位移矩阵;$[k_\sigma]$ 为初应力刚度矩阵;$\{F\}$ 为等效节点荷载;$\{d\}$ 为节点位移;$[k_L]$,$[k_\sigma]$ 是 $\{d\}$ 的函数;$\{F\}$ 外荷载的相对值所组成的列向量;$[K_\sigma^*]$ 是与 $\{F^*\}$ 相应的几何刚度矩阵;求出最低值 $\lambda_1$,$\{F\}_k = \lambda_1\{F^*\}$ 就可求出屈曲荷载。

对于非保向力对明珠湾大桥恒载作用下稳定性分析,结构比较复杂,假设为线性问题是很不够的,常常需要进一步考虑为非线性问题。因此,对于非线性稳定性问题来说,有限单元法是最为有效的数值分析方法。

## 三、工程概况

明珠湾大桥工程线路起始于万顷沙岛的万环西路,止于南沙经济开发区虎门联络道,是南沙明珠湾区的重要交通通道,路线横跨南沙街和珠江街,西起于珠江街万环西路,向东跨越龙穴南水道后,东接虎门联络道,全线大致呈西南~东北走向,全长约10.42km,主线长9.1km,规划为60m宽的城市主干路,双向八车道。明珠湾大桥主桥采用(96+164+436+164+96+60)m中承式六跨连续钢桁拱桥,全长1016m。主梁为三主桁钢桁梁结构,桁间距18.1m,边桁桁高10.369m,中桁桁高10.685m。主桁均采用三片桁架结构,桥面双层布置,上层为双向八车道公路,两侧为人行道,主桥桥面总宽43.2m,水中引桥桥面总宽42.6m。下层两侧预留双车道,中间为管线走廊。

主桥主跨为三片桁拱结构,边跨及次边跨为平桁结构,边跨及主拱肋均为"N"形桁式。边桁拱顶至中墩支点高度为109m,拱肋下弦线形采用二次抛物线,其矢高98m,矢跨比为1/4.45;拱肋上弦部分线形也采用二次抛物线,与次边跨上弦之间采用R=450m的反向圆曲线进行过渡。拱顶处拱肋上下弦高11m,钢桁架边桁桁高10.369m,中桁桁高0.685m,中间支点处桁高52.52m(其中拱肋加劲弦高23.166m),如图1所示。

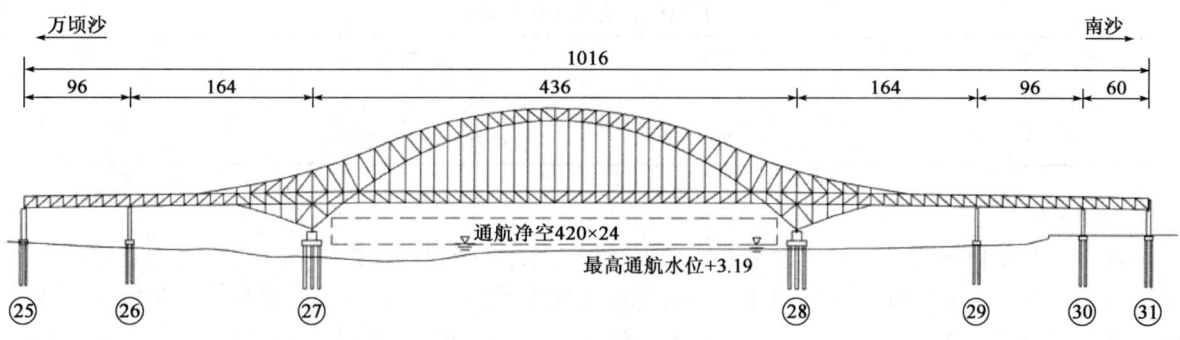

图1 明珠湾大桥桥型立面图(尺寸单位:m)

全桥基本节间距为12m,在主墩顶拱脚处由于桁高较高,部分区段采用14m节间,主桥共有81个节间。

## 四、分析模型

### 1. 计算模型

本文通过Midas有限元软件建立了两个模型,其中模型A为全桥模型,模型B为无桥面系和吊杆模型。分析计算钢桁拱桥在恒载作用下的失稳情况,以及在横向风载和纵向风载的稳定安全系数。荷载通过增量的方式不断增加,一直到数倍恒载荷载下模型屈曲,计算非线性稳定时还可以算到后屈曲阶段。利用有限元Midas建立了两个有限元模型,见图2和图3。

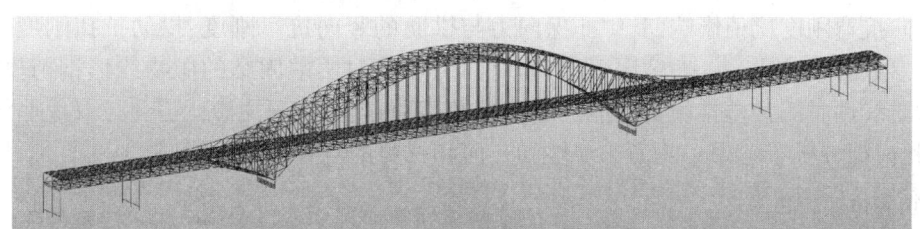

图2 模型A的有限元模型

### 2. 单元类型和参数

根据图纸建立(96+164+436+164+96+60)m六跨中承式连续钢桁拱的空间模型,材料重度按照实际杆件的重量调整得到。模型 A：有桥面系和吊杆，共有 6676 个节点（含墩、拱、主梁以及主从节点），桥划分单元共 10758 个，其中梁单元 8067 个，桁架单元 81 个，板单元 2620 个。模型 B：无桥面系和吊杆，共有 6676 个节点，全桥全为梁单元划分单元共 8067 个。模型结构与荷载特点如表 1 所示。

图 3　模型 B 的有限元模型

为了考虑桥面系和吊杆对钢桁拱桥稳定性的影响，有限元模型建立了钢桥面板结构，以板单元模拟桥面板，与桥面板形成整体受力结构体系的纵肋、横梁采用梁单元模拟，吊索和吊杆采用桁架单元。钢桁拱桥的非线性稳定性的影响主要集中在拱肋，所以吊杆和桥面板都采用线性单元，拱肋和桥墩采用非线性单元。

**计算模型的结构与荷载特点**　　　　　　　　　　　表 1

| 模　型 | 结构形式 | 荷载情况 | 目　的 |
|---|---|---|---|
| 模型 A | 有桥面系和吊杆 | 拱肋自重和桥面系自重 | 分析非保向力影响 |
| 模型 B | 无桥面系和吊杆 | 拱肋自重和桥面系自重 | 分析竖向保向力影响 |

## 3. 本构关系

钢材力学性能根据塑性流动应力为指标表示本构关系，而断裂过程则由以断裂应变为指标的断裂准则来表示。且本构关系与断裂准则的各项参数间相互独立无耦合关系，也相对更易于标定因而在现代工程中得到了广泛的应用与发展。本文采用 Q460 钢材应力应变模型，并结合试验给出了 Q460D 本构模型，完成了应变项修正的 MJC 本构模型各项参数标定。

$$\varepsilon_{eq} = \frac{1}{\sqrt{2}}\sqrt{(\varepsilon_1-\varepsilon_2)^2+(\varepsilon_2-\varepsilon_3)^2+(\varepsilon_3-\varepsilon_1)^2} \tag{6}$$

$$\sigma_{eq} = \{\alpha(A+B\varepsilon_{eq}^n)+(1-\alpha)[A+Q(1-e^{-\beta\varepsilon_{eq}})]\}(1+Cln\varepsilon^*)(1-FT^{*m}) \tag{7}$$

式中，$\varepsilon_{eq}$ 为等效应变；$\sigma_{eq}$ 为等效应力；$\varepsilon^*$ 为等效应变率；$A = 434.63\text{MPa}$，$B = 666.54\text{MPa}$，$C = 0.0404$，$Q = 217.61\text{MPa}$，$n = 0.57726$，$\beta = 16.819$，$\alpha = 0.85$。

## 五、分析结果

目前针对非保向力作用的研究主要针对拱结构的弹性稳定问题以及特定桥例的非保向力影响研究。本次特征值屈曲分析以明珠湾大桥为研究对象，考虑其桥面系的侧向抗弯刚度远大于拱肋的侧向抗弯刚度，假设桥面侧向抗弯刚度为无穷大。分析了主要包括非保向力影响系数主要受矢跨比及桥面侧向抗弯刚度与拱肋侧向抗弯刚度比值影响，其中非保向力与拱肋的竖向抗弯刚度、拱肋抗扭刚度以及桥面系的竖向抗弯刚度参数影响较小。一般情况下，当非保向力作用对两端固结的抛物线形钢桁拱时，考虑几何非线性及材料非线性时的弹塑性稳定性能的影响参数，不仅与矢跨比相关，还受与双重非线性相关的参数的影响，因此模拟分析了考虑了几何非线性和几何和材料的双重非线性影响。

### 1. 特征值屈曲分析

通过 Midas 计算分析得到两个模型的特征值，前六个模态结果见表 2，进行对比分析，见图 4。全桥模型为模型 A，此模型较为准确的模拟该桥的实际受力情况，也能全面的考察非保向力对全桥的稳定性影响。从图 4 可以看出，考虑竖向保向力时，竖向保向力是加大拱的侧倾趋势，而非保向力则是限制拱肋侧倾，因此考虑非保向力比竖向保向力稳定安全系数要大。比较可知，由于非保向力的存在，模型 A 的稳定安全系数比模型 B 大 1.5 倍。

稳定安全系数表  表2

| 模 态 数 | 模 型 A | 模 型 B |
| --- | --- | --- |
| 1 | 10.0480 | 5.8761 |
| 2 | 11.0231 | 5.8793 |
| 3 | 16.1993 | 5.8821 |
| 4 | 16.2370 | 5.8854 |
| 5 | 16.3457 | 7.1928 |
| 6 | 16.3839 | 7.1971 |

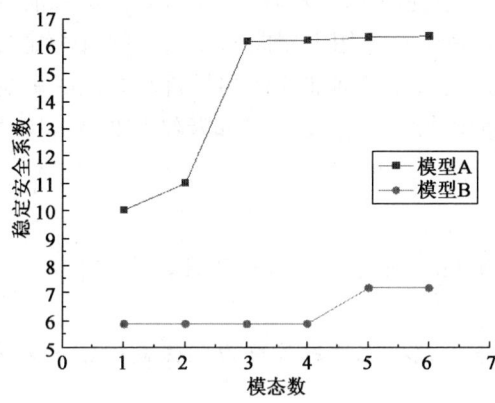

图4　稳定安全系数对比曲线

模型 A 在第3模态显著上升,之后数值平稳,且符合规范要求;模型 B 初始阶段数值平稳,在第5模态略微上升。本桥是中承式拱桥,柔性吊杆和立柱的非保向力的作用都存在。钢拱上立柱对全桥稳定性存在不利影响,柔性吊杆的恢复力对稳定性的提高比后者的降低作用较大,因此总体上非保向力还是提高了全桥的稳定性。

2. 弹塑性稳定极限承载力分析

对二类弹塑性稳定极限承载力分析,模型加载从零开始不断递增,直到结构发生失稳破坏。其中两个模型都考虑了材料非线性和双重非线性的影响,采用荷载位移法进行非线性屈曲分析,图5为模型 A 材料非线性与双重非线性稳定安全系数对比曲线,可以看出,材料非线性稳定安全系数明显和双重非线性稳定安全系数都呈阶梯形增加,在1~10阶稳定安全系数增加显著,最后稳定安全系数趋向平缓。

图6为模型 B 线性与非线性稳定安全系数对比曲线,从图中可以看出,模态4与模态8双重非线性

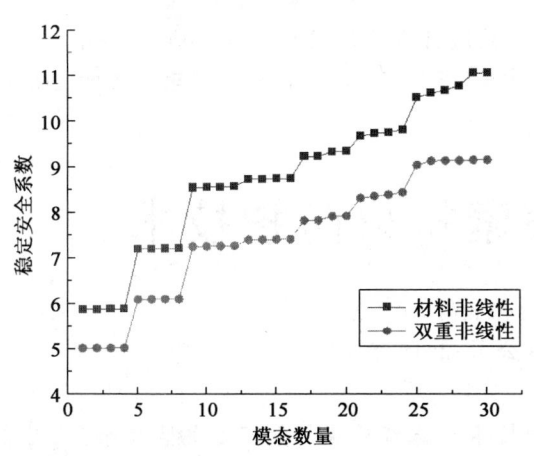

图5　模型 A 线性与非线性稳定安全系数对比曲线

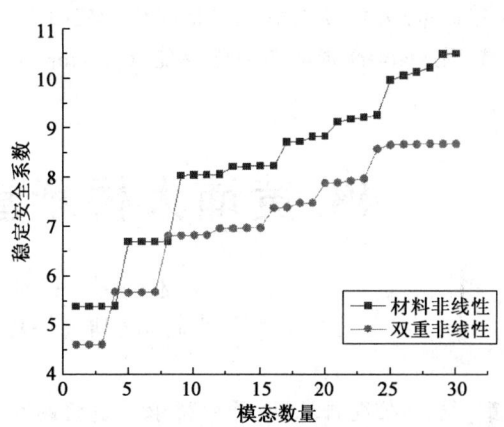

图6　模型 B 线性与非线性稳定安全系数对比曲线

稳定安全系数大于材料非线性,材料非线性稳定安全系数显著增加趋势,双重非线性稳定安全系数趋向于平缓。两者最后差距最为明显,材料非线性是双重非线性的 1.2 倍。可见吊杆的非保向力有利于提高全桥的稳定性,同时体现了较好的柔性。

## 六、结　语

本文通过对明珠湾大桥建立两个全桥有限元模型,分析了钢桁拱吊杆和桥面系对桥梁整体稳定的影响,考虑弹塑性稳定考虑材料非线性和几何非线性双重非线性影响的稳定安全系数,进行了通过有限元结果分析,主要结论如下:

(1)广州明珠湾桁架拱桥有限元分析结果表明考虑非保向力有利于全桥的稳定性能提高。弹塑性稳定分析考虑非保向力稳定安全系数提高 10% 左右,特征值分析结果前者比后者提高 50%。

(2)通过对广州明珠湾钢桁拱桥恒载作用下屈曲的双重非线性稳定性分析,大桥的稳定安全系数线性结果比非线性结果大 13%~17%,可见几何非线性和材料非线性的影响不可忽视。

(3)拱桥吊杆和桥面系的钢桁拱桥稳定性受材料和及结构的影响较大,不考虑吊杆的非保向力,非线性稳定安全系数下降 15%。

**参考文献**

[1] 谢肖礼,杨创捷,邱辰,等.1000m 级中承式拱桥试设计研究[J].同济大学学报(自然科学版),2021,49(04):487-498.

[2] 金成棣,令狐云云,赵天麟.下承式拱桥考虑吊杆力非保向效应的稳定性[J].上海公路,2021(01):34-37+119.

[3] 金成棣,陈宁,安静洁.考虑非保向效应的单榀拱肋系杆拱桥稳定性分析[J].城市道桥与防洪,2020(06):214-219+26.

[4] 马琦.双重非线性对大跨度钢管混凝土拱桥面内稳定性的影响[D].北京交通大学,2020.

[5] 吴领领.中承式空间 Y 形钢箱拱桥静力及稳定特性参数影响分析[D].长安大学,2020.

[6] 董锐,陈亚钊,郑穆然,等.带 L 形横撑的大跨 CFST 桁式拱桥稳定性分析[J].土木工程学报,2020,53(05):89-99+128.

[7] 施洲,张勇,张育智,等.大跨度铁路下承式钢桁梁柔性拱桥稳定性研究[J].中国铁道科学,2019,40(04):52-58.

[8] 谢裕平.桥面系连接刚度对中承式钢管混凝土拱桥动力特性和稳定性的影响[J].公路,2019,64(05):106-108.

[9] 詹昊,廖海黎.拱桥钢箱吊杆驰振稳定性数值计算研究[J].武汉理工大学学报(交通科学与工程版),2018,42(05):766-771.

[10] 夏正春.大跨度钢桁梁柔性拱桥稳定性能研究[J].铁道标准设计,2017,61(06):73-76.

[11] 黄博.Q460D 钢动态力学性能及 Taylor 杆拉伸撕裂数值预报研究[D].哈尔滨理工大学,2020.

# 48. 黄埔大桥承重缆索抗火防护技术

赵　超[1]　姚健勇[1]　孟伟毅[2]　阮　欣[2]

(1.广州珠江黄埔大桥建设有限公司;2.同济大学桥梁系)

**摘　要**　在役斜拉桥、悬索桥承重缆索的抗火防护技术是保证桥梁运营安全的重要条件,结合黄埔大桥南汊悬索桥、北汊斜拉桥上主缆、吊索以及斜拉索的抗火防护需求,本文介绍了基于玄武岩纤维复合材料的两种抗火防护体系,在制定应用于实桥的防护方案过程中引入了分级防护的概念,面向各类缆索提出了针对性的抗火防护方案,并在实施中得到了很好的验证。

**关键词** 桥梁承重缆索 玄武岩纤维材料 车辆火灾 防护体系 施工技术

## 一、引 言

火灾对桥梁结构安全的影响逐渐被重视,其中桥梁承重缆索抗火问题尤为突出。缆索在桥梁结构体系中发挥重要作用,应力水平高、截面面积小,火灾易对截面纤细的缆索造成影响。目前的设计规范中,尚没有专门对缆索抗火性能的关注,使得缆索在火灾中受损率较高。尤其是车辆火灾,发生概率高、随机性大。造成缆索损伤的事故时有发生。针对这一问题,研究人员进行了包括火场数值模拟、缆索高温情况下损伤过程、缆索防护技术等多方面的研究。本文基于黄埔大桥承重缆索抗火防护案例对于上述问题进行了讨论。

黄埔大桥位于我国广州市珠江后航道与狮子洋之间的水面上,主桥分为南北汊两座,南汊为悬索桥,北汊为斜拉桥。同时大桥作为连接广澳的重要交通路线,来往车辆较多,且临近工业区,经常有装载危险化学品以及易燃易爆品的车辆通行,车辆火灾问题较为突出。缆索抗火问题对保证运营安全具有重要意义,需要对主缆、吊索、斜拉索等分别开展研究。

## 二、黄埔大桥工程概况

黄埔大桥南汊悬索桥跨径组合为 290m + 1108m + 350m。主缆采用预制平行钢丝索股,矢跨比为 1∶10。主缆通长索股有 147 根,北边跨设 6 根背索,南边跨设 2 根背索,均在主索鞍上进行锚固。每根索股由 127 根 $\phi5.2$mm 镀锌高强钢丝组成,钢丝公称抗拉强度为 1670MPa。索股组成的主缆架设时竖向排列形成近似正六边形,通过紧缆使主缆形成圆形截面,索夹内直径分别为 795.6mm(北边跨)、779.9mm(中跨)、785.2mm(南边跨)。主缆采用"$\phi4$mm 镀锌缠绕钢丝 + 涂装防护"的方式进行密封防护。

悬索桥采用钢丝绳吊索,吊索钢丝绳公称直径 56mm,公称抗拉强度为 1770MPa,结构形式为 8×55SWS + IWR,外部施加聚乙烯护套保证吊索密封性能。吊索之间的间距为 12.8m。桥梁总体布置情况如图 1 所示。

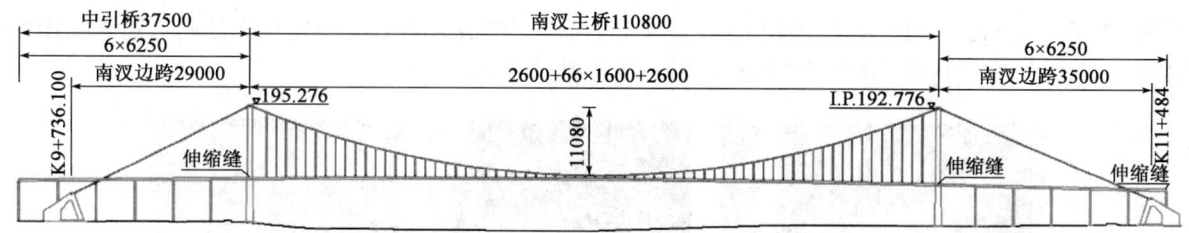

图 1 黄埔大桥南汊悬索桥总体布置图(尺寸单位:cm)

黄埔大桥北汊斜拉桥跨径布置为 383m + 322m,斜拉索采用热挤聚乙烯高强钢丝拉索,由若干根高强镀锌钢丝平行并拢、扎紧而成,钢丝公称抗拉强度达到 1670MPa,最外层直接挤裹高密度聚乙烯作为密封防护结构。根据受力情况的不同,桥上各斜拉索防护层厚度在 9~11mm 之间,拉索外径在 111~143mm 之间。拉索在主跨上的标准索距为 16m,锚跨部分索距为 12m。斜拉桥总体布置情况如图 2 所示。

黄埔大桥 2008 年底正式竣工并开通运营后,交通量持续走高,至 2020 年,交通高峰时期日车流量达到 10.75 万车次。通行车辆中危化品运输车辆比例高,火灾防控压力大。针对这一问题,大桥管理部门采用了桥上布置简易消防设施、加强危化品运输车辆管控、加强消防救援预案等方式对于车辆火灾进行防范。2020 年 11 月 9 日上午 9 点,一辆大巴在引桥区域突然起火,由于消防救援及时,未造成人员伤亡,未造成结构损伤;但事故桥面南行交通受阻,北行行车缓慢,对于周边环境的交通也造成了一定程度的影响。这一案例提醒管理部门,应积极开展研究工作,进一步提升大桥结构,尤其是承重缆索系统的抗火性能。

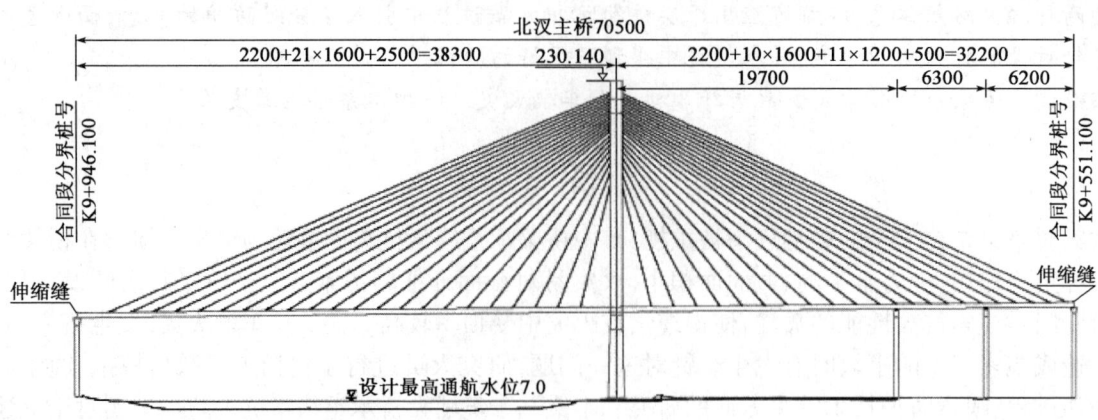

图2 黄埔大桥北汊斜拉桥总体布置图(尺寸单位:cm)

从综合防护的角度出发,桥梁缆索抗火防护既需要考虑耐火隔热性能,保证各类火灾条件下缆索不发生力学损伤,同时也需要考虑防护体系耐久性问题,减缓环境作用对缆索长期性能的影响。对于在役桥梁,防护施工期间要尽量减小对于桥梁交通的影响。黄埔大桥同时有主缆、吊索和斜拉索的防护需求,技术体系研发过程中如果能同时适应各类缆索的直径和防护特点,则对工程实施、质量管控等具有事半功倍的效果。

## 三、玄武岩纤维抗火防护技术

目前,一般采用在缆索外部施加防护结构的方式提升缆索抗火性能。现已有分别采用硅酸铝、防火涂料、陶瓷纤维等不同材料组成的抗火防护体系,这些抗火防护体系的抗火隔热效果也经过了数值模拟的方式得到了验证。国外也有公司针对缆索的防爆抗火问题,设计开发了缆索防爆盔甲。这些防护措施,大多针对新建桥梁,其中一些防护结构仅适用于特定尺寸的缆索,适用范围有一定局限,均难以满足黄埔大桥缆索抗火防护需求。因此,黄埔大桥组织开展了基于玄武岩纤维缆索抗火防护体系。

### 1. 玄武岩纤维

玄武岩纤维(图3a)以玄武岩矿石作为单一原料,是一种经过破碎、熔融、拉丝等工序制作而成的连续纤维,直径 $7\sim25\mu m$。然后经过加捻、纺织等工艺,可以制作成各类具有稳定化学性质与优秀隔热性能的各类玄武岩纱、布等材料,被广泛应用到多种抗火隔热产品中。

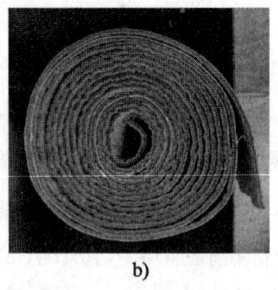

a)     b)     c)

图3 玄武岩纤维产品

经过处理后的玄武岩连续纤维表面粗糙度较大,可以同其他材料相结合,形成各种具有多种不同性质的复合材料。这一特点为针对特殊需求开发专用防护材料提供了便利。

### 2. 玄武岩纤维产品

针对黄埔大桥缆索抗火防护的需求特点,通过多维度、多工况的原材料与实体模拟试验,不断优化改进材料防火性能以及耐候密封性能,以玄武岩纤维材料为基础,研发了两种新型玄武岩纤维产品:复合纤维抗火带(简称"FCFR抗火带")与纤维密封胶带(简称"B-FRS密封带")。

FCFR抗火带(图3b)采用单丝直径为9~11μm的玄武岩纤维经过特殊纺织、热压、淋膜等工艺加工而成,产品轻质疏松,内部呈多孔纤维状,保证了材料良好的隔热性能,根据《绝热材料稳态热阻及有关特性的测定—防护热板法》(GB/T 10294—2008)中的规定,通过试验测得的FCFR抗火带在540℃条件下的导热系数为0.069W/(m·K)。同时,产品质地柔软且具有韧性,内层还增设了高强黏结层,使其可以利用缠带机在缆索表面进行缠包。但是,FCFR抗火带自身有空隙,难以阻挡各类外界环境因素的作用,若长时间直接接触外界环境,易产生性能退化、产品破损等问题。因此,可以将它布置在防护结构内层保证体系的隔热性能。

B-FRS密封带(图3c)由纤维密封胶和玄武岩纤维复合专业带组成。其中玄武岩纤维复合专业带由玄武岩纤维细纱通过纺织、烘干、热压等工艺制成,在产品中主要作为加筋材料发挥作用,保证B-FRS密封带的力学性能。纤维密封胶为一种单组分材料,主要起到密封阻燃的作用。两类材料通过进行一道或者多道黏缠一体式自然固化工艺形成B-FRS密封带。根据密封带的厚度、玄武岩纤维复合专业带层数的不同,可分为厚度为2.0~3.0mm的普通型B-FRS密封带和厚度为3.0~4.0mm的增强型B-FRS密封带。试验证明,各类B-FRS密封带均具有良好的密封性能,最大承压力高于0.4MPa,并可以保证热空气作用、荧光紫外照射、酸碱盐溶液长时间浸泡后仍保持自身性能。燃烧试验证明,B-FRS密封带点燃温度在650℃以上,火焰离开后会自然熄灭。根据《防火封堵材料》(GB/T 23864—2009)中的规定,评定B-FRS密封带的耐火极限到达了A3级别。将B-FRS密封带施加在抗火防护体系外层,有助于保证抗火防护体系长期性能,并有效避免缆索外部防护结构被点燃而引起的火灾扩散现象。

### 3. 缆索抗火防护体系

针对桥梁承重缆索防火、耐候的需求,将上述玄武岩复合材料产品有机结合使用,充分发挥各自产品优点,组成适用于桥梁承重缆索的抗火防护体系。

针对火灾影响不显著的区域,可仅施加B-FRS密封带,如图4a)所示。这样一方面防止极端情况下缆索出现火灾后缆索外层防护结构被点燃;另一方面,也可以提升缆索的耐候性能。

在火灾过程中周围温度较高的区域,为保证抗火防护体系的隔热性能,可以采用两种产品的组合形式,如图4b)所示:外层采用B-FRS密封带作为阻燃密封层,提升缆索系统的密封性能,在其内层采用具有自黏性能的FCFR抗火带,使FCFR抗火带同缆索紧密结合,发挥其隔热作用,保证各类火灾中内部缆索的温度不过高。FCFR抗火带厚度一般为3.5mm,基于防护需求的不同,可以选择施加一层或多层FCFR抗火带。

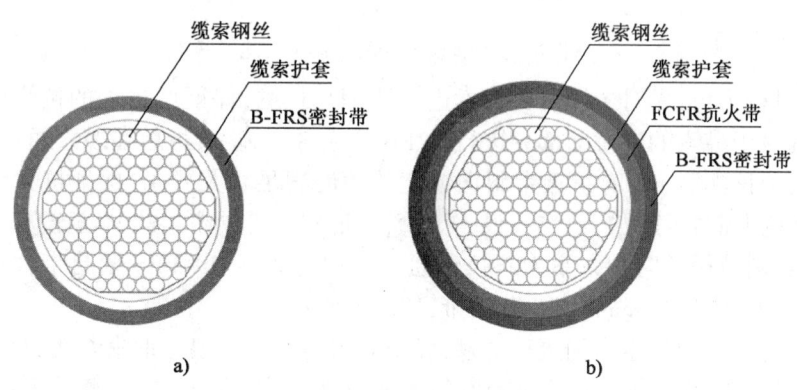

图4 缆索抗火防护体系

## 四、缆索抗火防护方案

桥梁火灾主要由通行车辆引起,受到火灾影响比较显著的也是近桥面处的缆索。针对缆索的不同区域,采用不同的防护方式,可以有效地降低防护工程成本。黄埔大桥在抗火防护方案确定过程中,也引入了分级防护的思想。

研究中采用了数值模拟方法,分析了各类车辆火灾作用下缆索不同高度处的钢丝温度,以确定近桥面区域重点防护的范围。以放热能力最强,造成损伤最严重的油罐车火灾为例,各类缆索不同高度处钢丝温度变化情况如图5所示。

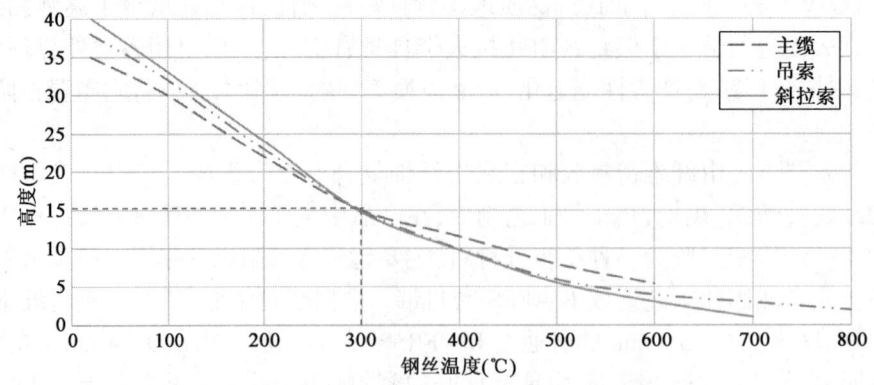

图5 油罐车火灾各类缆索最高温度随高度变化情况

参考国外规范,将300℃作为高温作用下钢丝性能损伤的临界温度。根据图5,基本可以确定,油罐车火灾对于各类缆索的影响范围,主要为距桥面垂直高度15m的范围。因此,确定主缆近桥面防护范围为桥面15m以上,其余部分可以考虑施加较低一级的抗火防护措施。对于吊索、斜拉索,考虑到其对于结构重要性相对主缆较小,综合造价、救援措施等,决定对于吊索和斜拉索采用桥面12m以上的范围作为近桥面范围,进行重点防护。

黄埔大桥南汊桥悬索桥的防护方案为:主缆通长均施加增强型B-FRS密封带;在桥面15m以上范围内的近桥面区域在B-FRS密封带内增设3.5mmFCFR抗火带,保证近桥面区域主缆钢丝在火灾中不受到损伤。吊索通长施加普通型B-FRS密封带,并对于距离桥面12m以上范围内的吊索增设3.5mmFCFR抗火带。如图6所示。

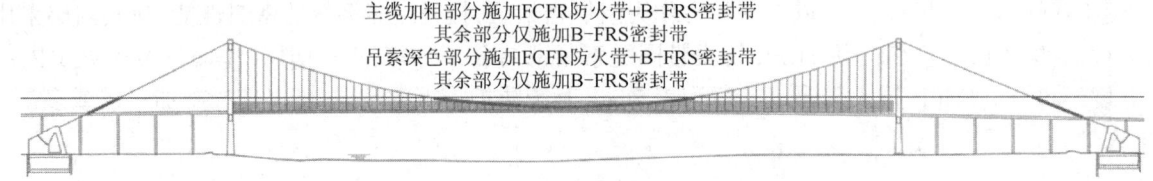

图6 黄埔大桥南汊桥抗火防护方案

防护方案实施过程为:首先对主缆以及吊索进行清理与打磨,保证所施加的抗火防护体系与缆索的紧密结合,之后应当对于缆索的近桥面部分进行FCFR抗火带的施工,最后在缆索通长均施加B-FRS密封带。实施过程中,应该注意FCFR抗火带斜向缠绕的角度满足相关要求,保证抗火防护体系的隔热性能,并在施加FCFR抗火带后每隔1~1.5m设一卡箍,保证抗火带同缆索的紧密连接。

黄埔大桥北汊桥斜拉桥的防护方案为斜拉索通长施加普通型B-FRS密封带,对于近桥面区域,即距桥面12m以下的范围增设3.5mmFCFR防火带,如图7所示。

实施方案为:首先对于斜拉索表面进行清理,保证防护体系可以很好地附着在斜拉索表面;然后在斜拉索上安装并调整缠带机,保证FCFR抗火带的斜向缠绕角度,然后开始操作缠带机自下而上进行缠绕。最后在斜拉索上进一步施加B-FRS密封带。另外施工中需要注意,为保证FCFR抗火带同斜拉索的紧密结合,也需要每隔1~1.5m设一卡箍。

## 五、缆索抗火防护方案防护效果

基于数值模拟方法,对于缆索抗火防护体系的防护效果进行了验证。火灾参数按对外放热能力最强的油罐车火灾取用,计算了主缆和吊索在施加3.5mmFCFR抗火带防护前后缆索内钢丝最高温度随时间的变化情况、斜拉索在施加防护前后缆索内钢丝最高温度变化情况如图8所示。

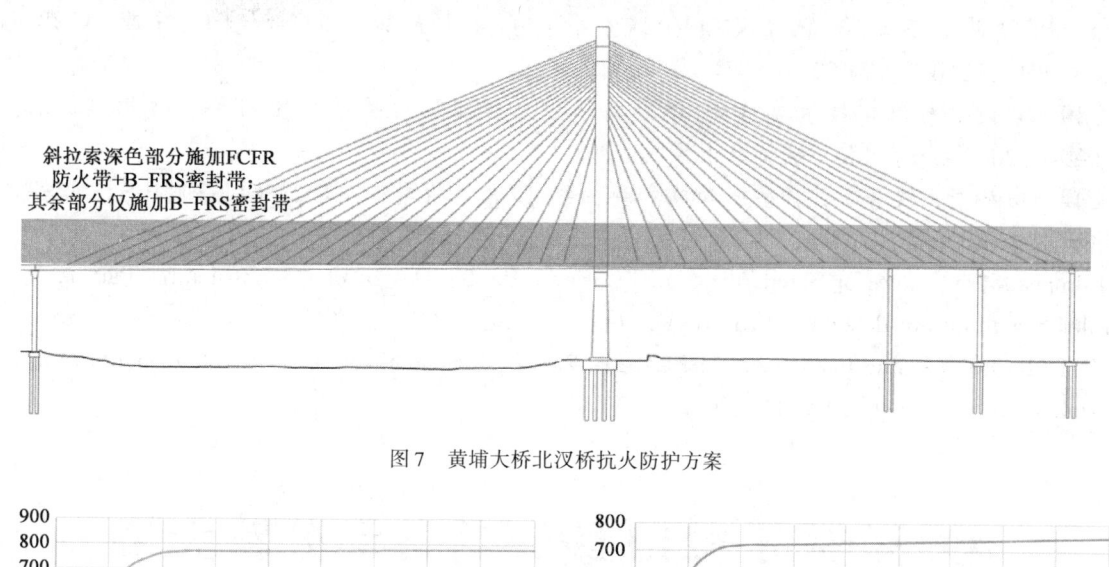

图7 黄埔大桥北汊桥抗火防护方案

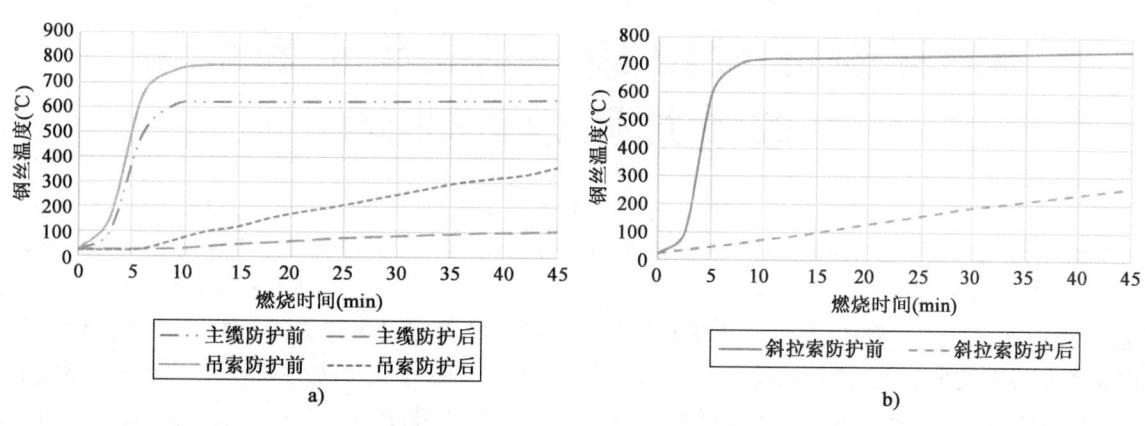

图8 油罐车火灾下施加防护前后主缆与吊索内部钢丝温度–时间变化曲线

计算表明防护体系对于各类缆索的防护效果显著：在施加3.5mmFCFR抗火带后，各类缆索的钢丝温度变化曲线均有很大变化，温度上升速率明显放缓；同时，钢丝最高温度也较防护前有极大降低，其中，火灾发生45min时，主缆钢丝温度为106℃，而防护前钢丝温度为633℃，防护后钢丝最高温度仅为防护前钢丝温度的16.8%。吊索防护后钢丝最高温度为360℃，而防护前为780℃；防护后的钢丝最高温度为防护前钢丝温度的46.2%。在不考虑防护体系时，斜拉索钢丝温度将达到750℃，而施加防护体系后，斜拉索钢丝温度降低到260℃，防护后钢丝最高温度仅为防护前钢丝温度的34.6%。

## 六、结　语

本文以黄埔大桥南北汊两座桥梁为例，全方面地介绍了一种基于玄武岩纤维复合材料的新型桥梁承重缆索抗火防护技术，包括抗火防护材料、抗火防护结构、抗火防护方案、实施要点以及防护效果。研究表明：基于玄武岩纤维复合材料的缆索防护体系能够很好地适应缆索火灾特点；分级防护方法在对缆索进行有效防护的基础上，提高防护系统的经济性，适应在役桥梁的防护需求。后续将在更加精细化的防护标准和施工方法上进一步开展研究工作。

**参考文献**

[1] 马明雷.桥梁车致火灾及基于性能的抗火设计方法[D].上海:同济大学土木工程学院,2016.
[2] 范进,吕志涛.高温后预应力钢丝性能的试验研究[J].工业建筑,2002(09):30-31.
[3] 陈胜.大跨悬索桥主缆防护的分析研究[D].大连:大连理工大学,2012.
[4] 王莹,刘沐宇.大跨径悬索桥缆索抗火模拟方法[J].中南大学学报(自然科学版),2016,047(006):2091-2099.

[5] 李艳,汪剑,周国华.大跨径悬索桥缆索体系抗火设计研究[J].公路,2018,v.63(05):99-106.
[6] 徐玉林,诸葛萍,孙莉莉,等.桥梁CFRP缆索外包陶瓷纤维的防火性能研究[J].宁波大学学报(理工版),2019,32(02):97-102.
[7] 全国绝热材料标准化技术委员会.绝热材料稳态热阻及有关特性的测定 防护热板法:GB/T 10294—2008[S].北京:中国标准出版社,2008.
[8] 全国消防标准化技术委员会第七分技术委员会.防火封堵材料:GB 23864—2009[S].北京:中国标准出版社,2010.
[9] European Committee for Standardization. EC Eurocode. 3: Design of steel structures-Part 1.2: General rules-Structural fire design[S]. DD ENV,1993.
[10] PTI(Post-Tensioning Institute). PTI DC45.1-12: Recommendations for stay-cable design, testing, and installation[S]. Phoenix,AZ: PTI,2012.

# 49. 开封市 S213 线开封黄河公路大桥改造加固设计研究

高洪波　胡承泽　丁志凯

(中交第二公路勘察设计研究院有限公司)

**摘　要**　20世纪90年代,我国修建的大批黄河上的公路常规梁桥多采用大跨径T梁,运营30多年来,随着经济的飞速发展,交通量及荷载的迅猛发展,此类大跨径T梁普遍存在跨中结构性开裂、刚度降低、耐久性降低等病害,亟需加固改造。针对大跨径T形梁桥体外预应力加固中普通混凝土结构锚固块构件尺寸大、增加恒载多、施工复杂、工期长等问题,设计研究高强耐候钢结构和超高性能混凝土(UHPC)2种锚固块,采用有限元和试验相结合法分析2种体外预应力加固锚固块的可行性。设计质量管理中创新采用了检测设计一体化新模式,通过理论分析与试验跨验证相结合的方式,确定50m T梁采用体外预应力加固方案,加固后荷载试验验证了体外索加固措施的有效性。

**关键词**　T形梁　体外预应力　锚固块　有限元法　检测设计一体化　桥梁加固

## 一、工程概况

开封黄河公路大桥位于开封市东北30km处黄河干流上,全长4475m,共108跨,其中20m预应力T梁31跨,50m预应力T梁77跨,设计荷载等级为汽车—超20级、挂车—120,人群荷载3.5 kN/m²,于1989年12月建成通车。该桥自2000年起历经了多次加固改造,主要为:①取消了人行道,行车道由双向两车道变更为双向四车道;②对全桥桥面进行了更换,对全桥31跨20m预应力T梁梁底粘贴钢板、腹板斜向粘贴钢板加固;③对第6跨20m T梁梁底增设体外预应力加固;④对全桥横隔板粘贴钢板加固。

但该桥经历多次加固并未彻底解决桥梁问题,同时受超载车辆影响,自2016年起的历年桥梁检测评定中,20m预应力T梁虽现状良好,但由于50m预应力T梁未曾加固,存在大量受力裂缝,局部混凝土甚至呈破碎状,仍被评定为4类危桥。为提升该桥安全性能,确保人民群众生命财产安全,对该桥启动加固改造工程。图1为开封黄河公路大桥改造后桥梁整体照片。

图1 改造后桥梁整体照片

## 二、主要加固设计方案

经专项检测发现,该桥20m预应力T梁现状良好,现状承载能力满足设计荷载等级(汽车—超20级、挂车—120,以下同);50m预应力T梁存在大量受力裂缝,局部混凝土甚至呈破碎状,原设计状态(双向两车道)承载能力能够满足设计荷载等级要求,但现状(双向四车道)承载能力由于出现了新增裂缝不能满足设计荷载等级要求。

针对50m预应力T梁,根据《公路桥梁承载能力检测评定规程》(JTG/T J21—2011)将检测结果引入检算过程,在最不利荷载组合作用下,50m预应力T梁的抗弯承载能力均不能满足原设计85规范和承载能力检测评定规程要求,最小富裕系数仅0.87;最大拉应力和主拉应力达4MPa左右,超过了2.7MPa的限值。

结合专项检测及检算结果综合分析病害成因,桥面布置改变及恒载增加是梁体病害产生的影响因素之一,但超大交通量及大量超重车辆是造成梁体病害的最主要因素,重车的行驶车道与梁体病害程度密切关联。

### 1. 技术指标

加固改造设计的主要技术标准如下:

(1)设计荷载:汽车—超20、挂车—120(维持原设计荷载等级)。
(2)通航标准:V级航道。
(3)桥面宽度:维持桥面现状宽度不变,50cm(护栏) + 1750cm(双向行车道) + 50cm(护栏) = 1850cm(全宽)。

### 2. 设计内容

加固改造主要设计内容为:

(1)50m预应力T梁体外预应力加固,及其跨中附近梁底混凝土碎裂加固。
(2)20m、50m预应力T梁及桥墩盖梁、桩基耐久性恢复提升。
(3)更换或修复桥梁伸缩缝、支座等附属构件。
(4)全桥护栏安全性提升改造。
(5)全桥上、下部结构混凝土剥落露筋及裂缝修复。
(6)南北引道路面及交安设施改造提升。
(7)桥梁施工监控及运营阶段长期监测监控系统。

其中50m T梁体外预应力采用2束6-$\phi^s$15.2 mm环氧涂覆无黏结钢绞线成品索,锚下控制张拉应力$\sigma_{con}$ =930MPa。T梁体外预应力加固总体布置如图2所示。

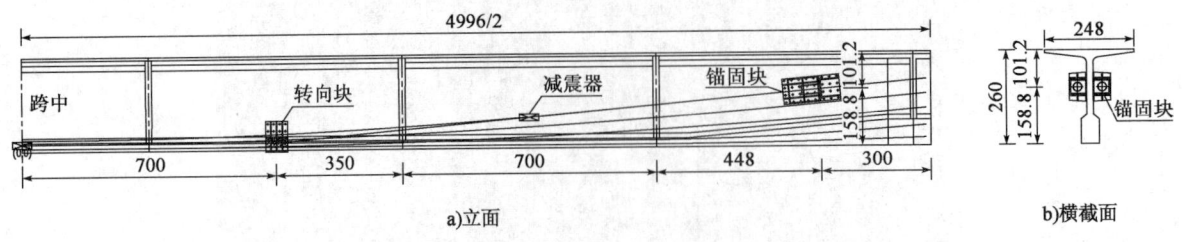

图 2　T 梁体外预应力加固总体布置(尺寸单位:cm)

## 三、锚固块设计研究

以该桥 50 m T 梁体外预应力加固为研究对象,提出了高强耐候钢结构锚固块和 UHPC 锚固块方案。

### 1. 高强耐候钢结构锚固块

高强耐候钢结构锚固块采用 Q460qNH 钢,主要由加强钢板、基座钢板、传力钢板、加劲钢板、锚垫板、钢管、粘贴钢板、锚栓及灌注型粘钢胶等组成。由于 T 梁端部位置腹板变厚,为减小应力集中,增设 8 mm 厚底钢板。锚固块与 T 梁腹板采用对穿螺栓进行锚固,同时底钢板与梁体间压注结构胶。高强耐候钢结构锚固块方案布置如图 3 所示。

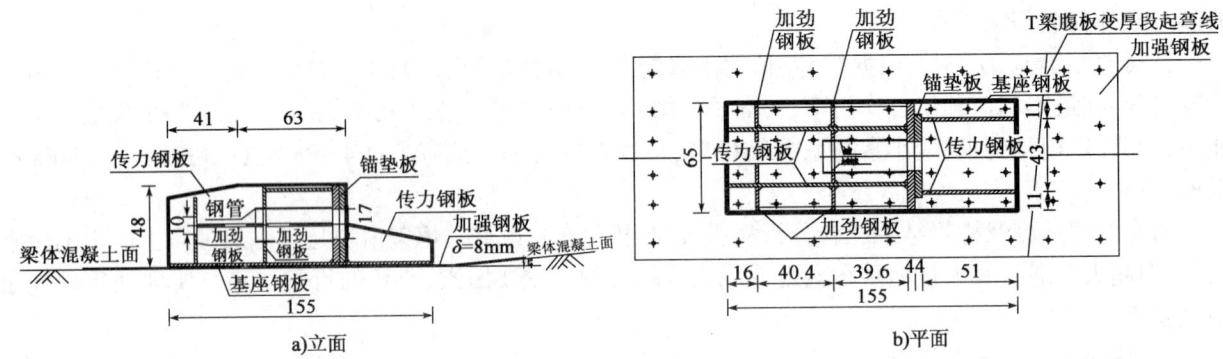

图 3　高强耐候钢结构锚固块方案布置(尺寸单位:cm)

### 2. UHPC 锚固块

UHPC 锚固块主要由底板及梯形锚固块组成,根据锚具大小、安装施工及配套装置要求综合拟定最小尺寸。底板主要作用为减小应力集中,厚 5cm,沿桥梁纵向长 270cm;UHPC 锚固块通对穿植筋与 T 梁腹板连接。UHPC 锚固块方案布置如图 4 所示。

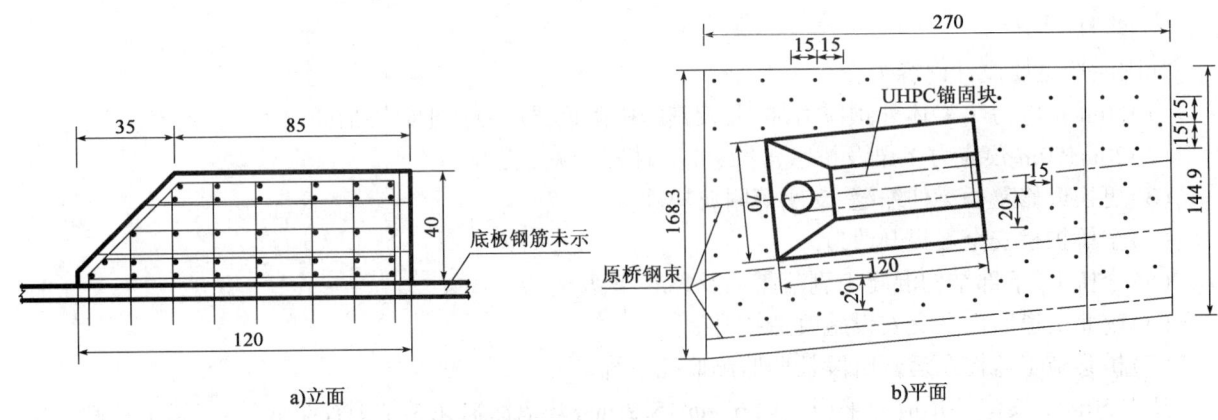

图 4　UHPC 锚固块方案(尺寸单位:cm)

## 3. 有限元计算分析

采用 MIDAS FEA 有限元程序分别建立2种锚固块仿真实体分析模型,模型的相关构造尺寸、材料的特性按照实际参数取值。模型边界条件均约束底板,不考虑梁体与锚固块之间的滑移。计算荷载考虑结构自重和预应力张拉力,荷载均布分布在锚垫板上。

高强耐候钢结构锚固块仿真模型采用四面体实体单元模型(图5a),UHPC 锚固块仿真模型采用六面体实体单元模型(图5b)。对T梁锚固区进行实体有限元建模分析,选取第1道横隔板与第3道横隔板之间梁体建立有限元实体模型(图5c),边界条件为梁端固结,T梁混凝土抗压强度设计值28.5MPa,抗拉强度设计值 2.45MPa,重量密度取 26kN/m³,弹性模量 35GPa,泊松比取 0.2。

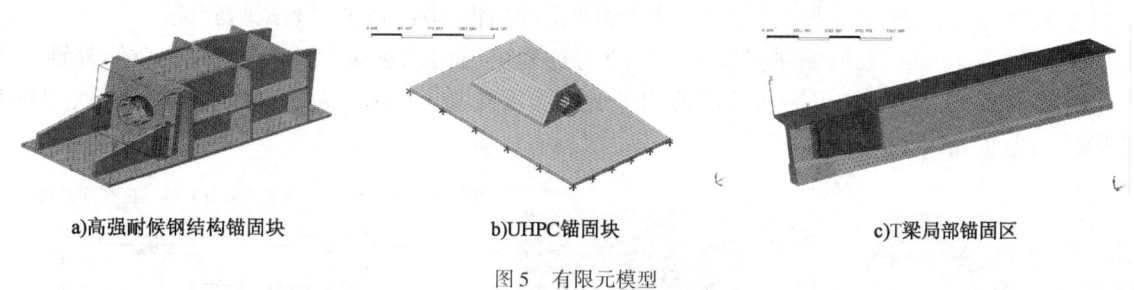

a)高强耐候钢结构锚固块　　b)UHPC锚固块　　c)T梁局部锚固区

图5　有限元模型

分别计算2种方案锚固块的局部应力、位移情况,以及施加张拉控制力后T梁腹板与锚固块结合面处腹板局部应力和位移。

1)高强耐候钢结构锚固块分析结果

利用 Mises 应力屈服准则判定高强耐候钢结构锚固块应力是否满足要求。在最大张拉控制应力下,计算高强耐候钢结构锚固块 Mises 应力(图6)和最大位移。计算结果表明:高强耐候钢结构锚固块的最大 Mises 应力和最大位移分别为95.1MPa 和 0.084mm,最大 Mises 应力出现在传力钢板与锚垫板相接处,小于 Q460qNH 钢材的屈服强度460MPa,锚固块强度满足规范要求,锚固块位移较小,结构处于弹性状态。

2)UHPC 锚固块分析结果

UHPC 锚固块纵向最大拉应力为0.71MPa,最大压应力为4.87MPa,均小于 UHPC 材料限值。UHPC 锚固块最大主拉应力为1.63MPa,最大主压应力为4.97 MPa,均小于 UHPC 材料强度,纵向最大位移为0.018 mm,结构处于弹性状态。

3)T梁锚固区局部

在最大张拉控制应力下,对T梁腹板与锚固块结合面处施加剪切荷载。其中高强耐候钢结构锚固块方案T梁锚固区局部主拉应力云图如图7所示。

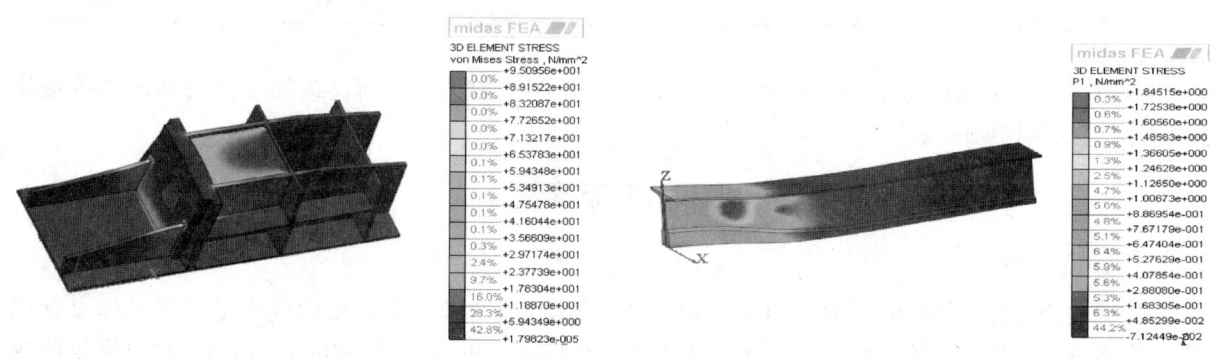

图6　高强耐候钢结构锚固块 Mises 应力云图　　图7　T梁锚固区局部主拉应力云图(高强耐候钢结构锚固块方案)

计算结果表明:T梁锚固区局部的最大主拉应力分别为1.84 MPa(高强耐候钢结构锚固块方案)、1.86 MPa(UHPC 锚固块方案)。在最不利荷载工况作用下,T梁锚固区局部最大拉应力为0.64 MPa。在考虑体外预应力对T梁腹板锚固区域影响下,可按照最不利应力叠加原理综合主拉应力:1.86 MPa + 0.64 MPa = 2.50 MPa < 2.7 MPa(规范限值),局部应力满足要求,结构均处于安全状态。

综上所述,2种方案锚固块结构强度均小于材料强度,位移均在弹性范围内,T梁局部受力也满足要求,理论计算表明2种方案均是可行的。

### 4. 锚固块试验分析

由于UHPC对这种小尺寸结构的施工质量要求较高,灌注混凝土时措施要求多,如需蒸汽养护等措施,造价较高,目前应用少;而高强耐候钢结构锚固块可工厂化预制、现场拼装,施工便捷,技术成熟,耐腐蚀,从施工便捷及造价方面考虑,推荐采用高强耐候钢结构锚固块方案。为验证高强耐候钢结构锚固块方案的可实施性,选取该桥某跨作为试验跨,进行高强耐候钢结构锚固块方案试验验证。

选取该桥一跨作为试验跨,测量张拉体外预应力过程中结构的响应。试验过程中,对体外预应力采用50%、80%、100%三级张拉,安装传感器监测T梁锚固区混凝土应力,以及2片边梁上锚固块相对滑移量。现场试验布置如图8所示。

  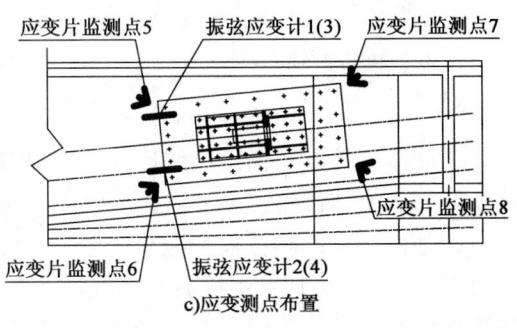

a)试验跨　　　　b)高强耐候钢结构锚固块局部　　　　c)应变测点布置

图8　现场试验布置

根据试验监测数据分析,锚固区附近混凝土应变实测值未出现异常数据,锚固区应力满足设计要求。2片边梁上锚固块相对滑移实测结果见表1。由表1可知:锚固块与T梁腹板相对滑移最大值为0.0148mm,锚固块的滑移较小。

**2片边梁上锚固块相对滑移实测结果**　　　　　　　　　　　　　　　　　　　　　　表1

| T梁编号 | 测点编号 | 不同工况下相对滑移量(mm) | | |
|---|---|---|---|---|
| | | 一级张拉 | 二级张拉 | 三级张拉 |
| 1号 | 1 | -0.0032 | -0.0045 | -0.0057 |
| | 2 | -0.0031 | -0.0076 | -0.0102 |
| 7号 | 3 | -0.0021 | -0.0029 | -0.0022 |
| | 4 | -0.005 | -0.0106 | -0.0148 |

注:1号、7号梁为边梁。

以上试验结果表明锚固块的应力以及位移均在设计控制值内,方案可行,最终在该桥加固中批量使用了高强耐候钢结构锚固块。

## 四、设计创新管理

### 1. 总体设计原则

设计以"安全适用、技术可靠、经久耐用、经济合理、环境保护"及全寿命周期成本最优为总体设计原则;依靠检测设计一体化优势,通过专项检测、调研总结和理论分析,充分研究桥梁病害成因,以恢复使用功能、提高承载能力、增强安全性和耐久性为目的,通过针对性的反复方案比选,提出适合本项目的桥梁加固改造方案,恢复桥梁技术状况等级为2类;同时,设计最大限度利用既有结构、控制工程规模,并充分运用新材料、新技术及新工艺。

## 2. 设计特点及难点

（1）T梁加固方案直接决定工程总造价。该桥全长4475m，共108跨，虽只有20m和50m预应力T梁两种结构形式，但50m预应力T梁占77跨共计536片，其加固方案直接决定着工程总造价。

（2）桥梁病害复杂，加固改造难度大。该桥历经多次加固改造，一直未彻底解决问题，特别是50m预应力T梁，受超载车辆影响，出现大量受力裂缝，甚至出现混凝土破碎现象，承载能力安全系数最低仅0.87，且出现了最大约4MPa的拉应力，故桥梁承载力提升和应力改善难度非常大。

（3）新老规范、新政策的融合应用。该桥加固设计需兼顾新规范新政策要求，全面提升桥梁承载能力、耐久性能及安全防护能力。其中，加固设计荷载维持原设计85规范汽车—超20级、挂车—120，其他技术标准按照《公路工程技术标准》（JTG B01—2014）执行。

（4）兼顾管养多元化需求。为适应新时代桥梁运营管理需求，需同步建设桥梁长期监测监控系统，以实现"主动预防式"的结构安全监测理念。

## 3. 项目采用的新技术、创新内容及取得的成效

针对项目特点，勘察设计团队创新设计、突破关键技术难点，争创精品工程，设计中采用了多项新技术或创新内容，主要有如下几点：

（1）检测设计一体化模式的应用。本项目采用检测设计一体化模式，有利于项目开展。检测设计人员一起开展各种专项检测，通过检算分析评估桥梁现状承载能力，并通过荷载试验进一步核实，为加固设计提供基础资料。

（2）试验检测辅助设计方式的应用。设计阶段通过理论分析与试验跨验证相结合的方式，确定50m预应力T梁采用体外预应力加固方案；加固后通过专项检测和荷载试验，验证了体外预应力加固措施的有效性，使现状承载能力提高达10%以上，满足了规范要求，消除了超限拉应力，增加了压应力储备达0.6MPa以上，有效闭合既有裂缝宽度达0.01mm。

（3）体外预应力加固体系集成创新设计。体外预应力锚固块、转向块设计为模块化钢结构，以利于工厂化、标准化制作与施工；预应力索设计为整体可更换式，以利于后期维护与更换。

（4）混凝土耐久性提升新材料的应用。积极采用水泥结晶型防腐新材料，有效提升结构混凝土耐久性能。

（5）同步设计施工和运营期长期监测及监控系统，全面提升桥梁运营管理水平。针对桥梁施工监控和健康监测系统在硬件、软件、传输方式及数据处理方面的共性，基于耐久性、适用性原则集中在硬件设备共享、模型传递及数据延续方面，将桥梁施工期的监控延伸到运营期的结构监测系统，构建一个集约高效、技术先进、易于管理、开放兼容、实用经济、符合公路桥梁管理需求的现代化、信息化的桥梁管理平台，全面提升桥梁运营管理水平。

## 五、改造加固后效果

该桥加固改造后，桥梁使用功能及安全性能得到全面提升，尤其提高了50m预应力T梁的承载能力和刚度，恢复了压应力储备和抗裂性能，改善了行车安全和舒适性，其中主梁抗弯承载能力最小安全系数由0.87提升至1.04，同时满足新旧规范要求，并且具备了0.6MPa～1.3MPa的压应力储备，经桥梁检测和荷载试验评定为2类桥，达到了预期加固改造目标。50m预应力T梁加固前后主要加固效果对比见表2。

50m预应力T梁加固前后主要加固效果对比表　　表2

| 部位 | 验算规范 | 承载能力安全系数 | | 应力状况（MPa） | | 备注 |
| --- | --- | --- | --- | --- | --- | --- |
| | | 加固前 | 加固后 | 加固前 | 加固后 | |
| 边梁 | 85规范 | 0.91 | 1.07 | 3.64 | -0.90 | 原规范不考虑现浇层参与受力 |
| | 15规范 | — | 1.13 | — | — | 考虑改造后现浇层参与受力 |

续上表

| 部位 | 验算规范 | 承载能力安全系数 | | 应力状况（MPa） | | 备注 |
|---|---|---|---|---|---|---|
| | | 加固前 | 加固后 | 加固前 | 加固后 | |
| 中梁 | 85规范 | 0.87 | 1.04 | 3.97 | −0.60 | 原规范不考虑现浇层参与受力 |
| | 15规范 | — | 1.10 | — | — | 考虑改造后现浇层参与受力 |

注：表中"85规范"为：①《公路工程技术标准》（JTJ 01—97）②《公路桥涵设计通用规范》（JTJ 021—89）③《公路钢筋混凝土及预应力混凝土桥涵设计规范》（JTJ 023—85）

表中"15规范"为：①《公路工程技术标准》（JTG B01—2014）②《公路桥涵设计通用规范》（JTG D60—2015）③《公路钢筋混凝土及预应力混凝土桥涵设计规范》（JTG 3362—2018）

为确保桥梁结构运营安全，在桥头设置了限高限重设施，严禁超载车辆通行，该桥运营至今加固改造效果良好。

## 六、结　语

S213线开封黄河公路大桥改造工程于2019年10月开工建设，2020年12月通车运营，针对该桥的桥梁加固，主要总结如下：

(1)项目采用检测设计一体化模式，有利于项目开展。检测设计人员一起开展各种专项检测，通过检算分析评估桥梁现状承载能力，并通过荷载试验进一步核实，为加固设计提供基础资料。

(2)对于既有桥梁的维修加固设计，完善的基础资料是保证加固设计成功的基石，详细的计算分析是拟定合理、可行的加固方案的重要依据。

(3)通过理论分析与试验跨验证相结合的方式，提出了高强度耐候钢结构锚固块及UHPC锚固块方案，有限元计算结果表明2种方案均可行，确定50m T梁采用体外预应力加固方案，加固后荷载试验验证了体外索加固措施的有效性。

(4)桥梁维修加固设计实际上是一个动态设计的过程，现场实际情况与原竣工图纸也不尽完全相同。在本项目的施工过程中，设计人员多次前往施工现场配合施工需要，实现了设计、施工的良好互动。重视后期服务工作不仅可以保证工程的顺利进行，而且可以提高设计质量。

**参考文献**

[1] 付星燃,胡承泽,高洪波.大跨径T梁体外预应力加固锚固块设计研究[J].世界桥梁,2020.49(1):6.

[2] 苗建宝,冯威,许冰.体外预应力加固混凝土梁延性分析与试验研究[J].世界桥梁,2019,47(3):76-80.

[3] 廖卫东,陈露一,高立强,等.武汉军山长江大桥超高性能混凝土组合桥面改造技术及实施效果分析[J].桥梁建设,2019,47(6):65-69.

[4] 李双,吴熠哲,朱慈祥.预应力混凝土连续梁桥二次加固及效果分析[J].桥梁建设,2019,49(5):113-118.

[5] 李满来.体外预应力加固桥梁转向块混凝土配制研究[J].世界桥梁,2018,46(4):91-94.

[6] 李树忱,董旭,彭元诚.波形钢腹板箱梁体外预应力隔板式转向结构试验研究[J].桥梁建设,2018,48(3):17-22.

[7] 刘明才,胡仲春,谷守法,等.波形钢腹板特大桥体外预应力设计及应用研究[J].世界桥梁,2017,45(1):45-50.

[8] 陈涛,江红涛,柯卫峰.某连续箱梁桥体外预应力门槛梁锚固块设计研究[J].世界桥梁,2016,44(1):40-45.

[9] 王晓东,李东彬.新型预制钢筋混凝土梁体外预应力加固设计[J].铁道勘察,2015,41(1):106-108.

[10] 高荣雄,李敬,袁卫军,等.体外预应力加固T梁及相关优化研究[J].土木工程与管理学报,2014,31(1):7-12.

# 50. 面向建设需求的超高性能混凝土力学指标控制研究

徐 召  王宏博  马汝杰  陈 昊

(山东省交通规划设计院集团有限公司)

**摘　要**　在沾临高速公路黄河特大桥主桥桥面板超高性能混凝土应用中,为提升工程建设品质,提高UHPC应用水平,开展了面向建设需求的UHPC力学指标控制研究。从工程设计荷载作用出发,结合施工工艺和工序要求,确定项目的应用指标,进而在建设施工中提出力学指标控制要求,并推荐工程应用的抗弯强度与抗拉强度比值,为工程建设的质量和效率提供保障。

**关键词**　超高性能混凝土　建设指标需求　抗压强度　抗拉强度　抗弯强度　抗弯/抗拉比值　检测频次

## 一、引　言

超高性能混凝土(Ultra-High Performance Concrete,UHPC)具有超高的力学性能,其抗压强度为普通混凝土(NC)的3~6倍,抗拉强度为NC的5~8倍,以及超高的耐久性能,其氯离子扩散系数可达到NC的1/55,被认为是近30年最重要的创新型水泥基工程材料,能较好地适应当前桥梁工程高强、轻质、耐久和快速化施工的需求,也能符合社会可持续发展对高性能材料发展要求[1-2]。

丹麦学者在20世纪80年代研制成功UHPC后,以法国、美国、德国、瑞士、韩国及日本为代表的发达国家迅速开展UHPC材料、结构及施工应用等方面的研究,并根据应用情况制定相应的标准;UHPC引入中国后,依靠其性能优势成为国内研究应用的热点材料,性能不断改进,组分也不断优化,价格逐步降低,应用日趋广泛[3-4],在大跨径复杂桥梁工程中的应用尤为普遍。

UHPC早期研究主要集中于材料性能层面:抗压、抗拉、抗弯及耐久性等,近10年的研究侧重结构研发应用。随着UHPC新结构和新体系的研发,在实际工程中充分发挥UHPC性能特点、合理控制力学指标成为推广UHPC应用关键一环。本文依托在建桥梁工程,从建设需求出发,开展关键力学指标控制研究。

## 二、工　程　概　况

沾临高速公路黄河特大桥是沾化至临淄高速公路的重大控制性工程,其由北向南的跨径组成为:(18×30.5)m小箱梁 +(75+130+75)m变截面钢混组合连续梁 +(8×54+9×50)m钢混组合梁 +80+180+442+180+80m双塔组合梁斜拉桥 +(2×80+14×50)m钢混组合梁 +(2×80)m变截面钢混组合连续梁 +(14×50)m钢混组合梁 +(75+130+75)m变截面钢混组合连续梁 +(27×30)m小箱梁。

黄河大桥主桥采用双塔双索面钢混组合梁斜拉桥,如图1所示,跨径布置为80+180+442+180+80=962m,桥塔采用门形钢筋混凝土塔。

主梁标准横断面如图2所示,主梁采用双边钢箱钢混组合梁,是由双边箱梁、工字形钢横梁与UHPC桥面板组合而成的整体式断面,其中双边钢箱横桥向间距18.7m,桥面宽34m,含检修道宽38m。钢梁与桥面板组合后桥梁中心线处梁高3.55m,顶面设双向2%横坡,预制UHPC桥面板厚17cm,上铺8cm厚沥青混凝土铺装。UHPC混凝土预制面板共计324块,4468.6m³,最大的预制块尺寸为12000mm×9075mm×170mm,重约48t。

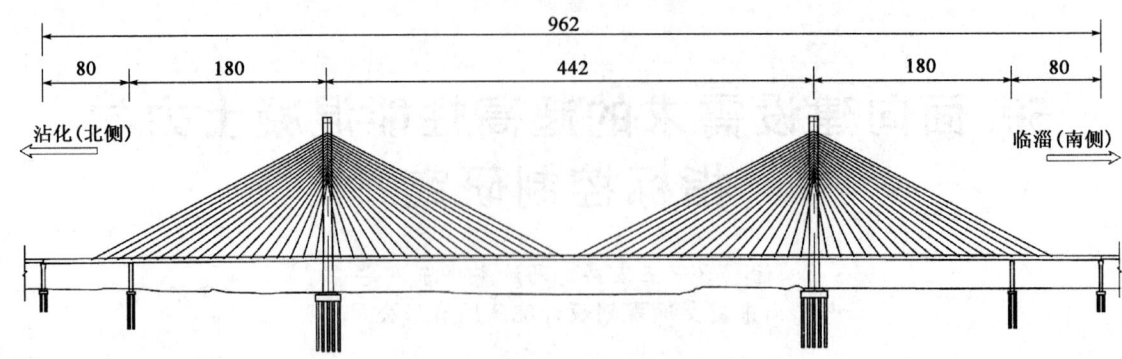

图 1 黄河特大桥主桥立面布置图(尺寸单位:m)

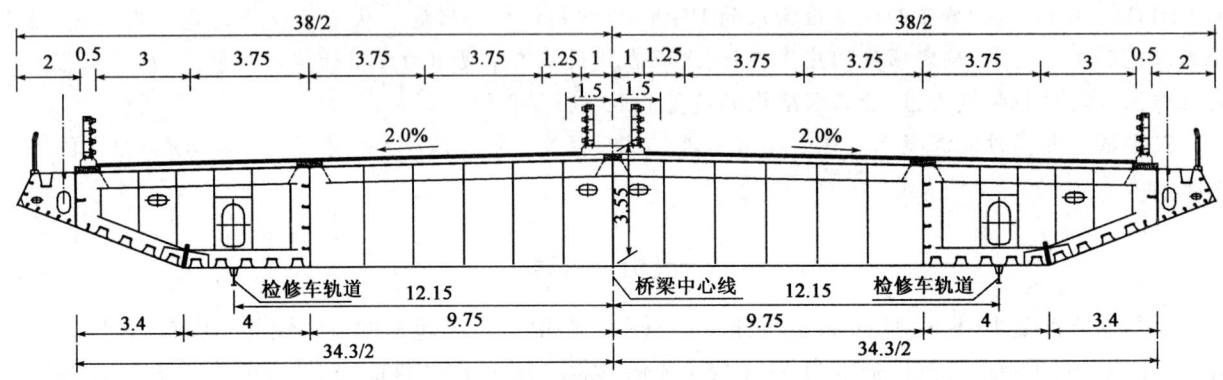

图 2 主梁标准横断面(尺寸单位:m)

## 三、设计力学指标控制

考虑黄河特大桥钢-UHPC组合梁结构体系的新颖性和受力性能的复杂性,结合设计荷载计算要求和施工过程受力情况,发挥UHPC桥面板高强、轻薄的特点,控制材料力学指标[5]。

基于设计荷载的最不利组合作用计算,UHPC局部弯拉应力为9.2MPa,成桥状态下辅助墩墩顶弯拉应力3.5MPa;基于预制桥面板工厂生产和桥位顶推滑移施工过程的受力计算,顶推阶段桥面板最大弯拉应力4.2MPa。

结合结构安全系数和国内外的UHPC研究情况等因素,确定UHPC桥面板主要的材料力学指标如表1及表2所示。

预制桥面板 UHPC 力学指标控制标准　　　表1

| 序号 | 材料性能(标准蒸汽养护7d) | 指标 |
| --- | --- | --- |
| 1 | 抗压强度(MPa) | ≥150 |
| 2 | 弹性极限抗拉强度(MPa) | ≥7 |
| 3 | 抗拉强度(MPa) | ≥8 |
| 4 | 抗拉强度/弹性抗拉强度 | ≥1.1 |
| 5 | 初裂抗弯强度(MPa) | ≥12 |
| 6 | 抗弯强度(MPa) | ≥18 |
| 7 | 弹性模量(GPa) | 45～55 |

现浇湿接缝 UHPC 指标控制标准　　　表2

| 序号 | 材料性能(标准养护28d) | 指标 |
| --- | --- | --- |
| 1 | 抗压强度(MPa) | ≥120 |
| 2 | 3d 抗压强度(MPa) | ≥80 |

续上表

| 序　号 | 材料性能(标准养护28d) | 指　标 |
|---|---|---|
| 3 | 弹性抗拉强度(MPa) | ≥7 |
| 4 | 抗拉强度(MPa) | ≥8 |
| 5 | 抗拉强度/弹性抗拉强度 | ≥1.1 |
| 6 | 弹性模量(GPa) | 45～55 |
| 7 | 收缩应变终值(με) | ≤800 |

注:1. 标准蒸汽养护:在《混凝土物理力学性能试验方法》(GB/T 50081—2019)规定的试验环境下,静停24h后脱模;将脱模后的试件放入蒸养箱,以不超过15℃/h的速率升温至90℃±1℃,恒温48h,然后以不大于15℃/h的速率降温至20℃±5℃。蒸汽养护完成后,置于规定的试验环境下存放至7d龄期。

　　2. 标准常温养护:按《混凝土物理力学性能试验方法》(GB/T 50081—2019)规定的标准养护,至28d龄期。

## 四、建设力学指标控制

### 1. 抗压强度控制

抗压强度是普通混凝土质量控制和质量检验评定的重要指标,是现场试验室最容易测定的指标,因此UHPC的建设力学指标控制首先延用抗压强度。根据预制桥面板和现浇湿接缝的抗压强度设计指标,结合同养试件的检验要求,提出施工现场同养试件测定值≥150MPa(预制桥面板)/≥120MPa(现浇湿接缝)的指标控制要求。

抗压强度同养试件标准尺寸为100mm立方块,每组6个试件,取与平均值偏差小于15%的试件测定值的平均值作为该组试件抗压强度测定值。与平均值偏差小于15%的试件数量不应低于4个;否则,应重新进行试验。抗压强度现场试验如图3所示。

图3　抗压强度现场试验

### 2. 抗拉强度控制

超高性能混凝土的抗拉强度是明显优于普通混凝土的强度指标之一,也是众多国内外学者重点关注的指标之一。基于抗拉强度,可将UHPC划分为应变软化、低应变硬化和高应变强化3种类型;也可以根据强度值划分为UT05/UT07/UT10等。根据设计力学指标控制要求,黄河桥UHPC桥面板采用的是低应变强化型、UT07型材料,现场按照同养试件测定值≥8MPa控制。

目前国内抗拉强度测定的试件尺寸分为2种——"小哑铃型"[6]和"大哑铃型"[7],具体尺寸如图4所示。为更好地测定抗拉试件的强度变化规律,推荐使用"大哑铃型"试件,但在施工过程中为应用方便,推荐使用"小哑铃型"试件。每组试件6个,试件开裂位置位于标距内试件为有效拉伸试件,有效拉伸试件数量不应小于4个。当有效拉伸试件数量小于4个时,该组试件无效。以所有有效拉伸试件的平均值作为测定值。

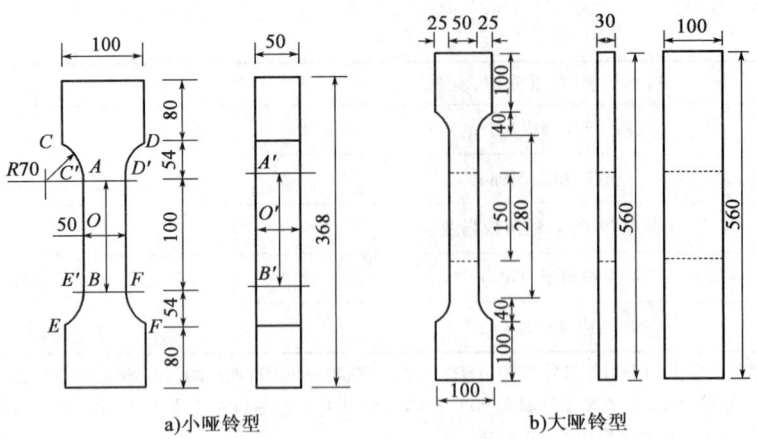

图 4 抗拉试件(尺寸单位:mm)

虽然抗拉强度是工程设计及施工重点要求和关注的力学指标,但在实际操作中,对试模质量、试件成型质量(尺寸和均匀性等)、试验仪器及试验人员的操作水平有很高的要求,抗拉强度指标控制对实际施工存在"不友好"现象。抗拉强度现场试验如图 5 所示。

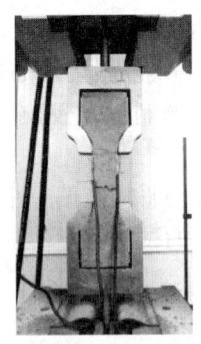

图 5 抗拉强度现场试验

### 3. 抗弯强度控制

抗弯强度指标是结构设计最关注的力学性能之一,初裂抗弯强度是结构上控制是否开裂的原则性指标,抗弯强度是判定其极限承载力的重要依据。结合试验室的研究和现场施工的要求,提出施工现场同养试件测定值≥20MPa的指标控制要求[8,9]。

抗弯强度同养试件尺寸为 100mm×100mm×400mm,每组 3 个试件,以 3 个试件的平均值作为该组试件的测定值。当最大值或最小值与中间值之差超过中间值的 15%,则把最大及最小值一并舍除,取中间值作为该组试件的测定值。当最大值和最小值与中间值的差均超过中间值的 15%,则该组试件的试验结果无效。抗弯强度现场试验如图 6 所示。

图 6 抗弯强度现场试验

抗弯强度指标测定仪器一般施工单位和质检单位均具有,且抗弯试件的制备要求及试验操作相对简单成熟,为更好推动现场对拉伸性能(直拉—抗拉强度,弯拉—抗弯强度)的控制,本文基于 UHPC 制备过程中的相关试验,开展了抗拉强度和抗弯强度相对关系研究。

选择 6 个典型配合比,每个配合比制备 5 组试件(1 组抗拉、1 组抗弯),共计 30 组试件,计算抗弯强度与抗拉强度测定值的比例,结果如图 7 所示:抗弯强度与抗拉强度比值介于 2.4~2.6 之间。在施工现场,为方便将抗弯强度用于质量指标控制,推荐抗弯强度/抗拉强度比值 2.5 控制,即将抗弯强度的测定值按比例缩小后作为抗拉强度的测定值,进而开展强度指标评定。

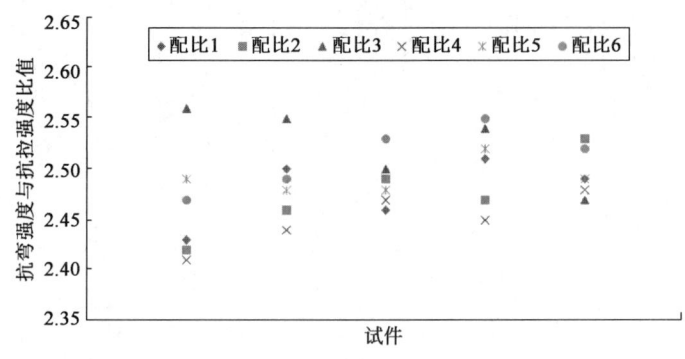

图 7 抗弯强度/抗拉强度

### 4. 检测频次控制

超高性能混凝土一般采用预混料成品供应,制备原材料(除纤维外)经混合均匀后,直接现场加水及纤维搅拌应用。本项目考虑单块预制板及单个顶推轮次 UHPC 方量,为更好控制材料的力学指标,提出施工前控制及施工过程控制两种方式。

面向施工前控制,提出从预混料供应商处开始按频次抽检预混料,抗拉强度抽检频次是抗压及抗弯强度的 1/2;施工方和监理方入场检验按照供应商抽检频次的 1/3 频次进行材料性能复检;考虑现浇湿接缝及预制桥面板总用量的不同,采用不同的抽检频次控制预混料质量。

面向施工过程控制,按照施工频次及质量验收频次确定力学强度指标的抽检频次,并通过预留同养试件完成相关指标测定。

## 五、结　　语

本文依托沾临高速公路黄河特大桥工程,开展了超高性能混凝土力学指标控制研究。从设计荷载计算要求和施工过程受力情况明确了 UHPC 的设计力学指标控制,面向实际施工建设过程,提出了抗压强度、抗拉强度及抗弯强度的施工现场控制性指标;通过试验数据统计分析提出了抗弯强度/抗拉强度的比例,施工现场按照 2.5 的比例控制 UHPC 拉伸性能;结合材料的供应方式、应用构件位置、力学指标控制要求,提出了分层次、分指标、分对象的检测频次控制,有效保证了黄河桥主桥桥面板 UHPC 的力学指标控制。

**参考文献**

[1] 文子豪,周金枝,毛伟琦,等.超高性能混凝土应用于铁路组合梁结构的设计研究[J].桥梁建设,2021,51(3):72-76.
[2] 黄祥,刘天舒,丁庆军.超高性能混凝土研究综述[J].混凝土,2019(9):12.
[3] 邵旭东,樊伟,黄政宇.超高性能混凝土在结构中的应用[J].土木工程学报,2021,54(1):1-13.
[4] 滕锦光.新材料组合结构[J].土木工程学报,2018,51(12):1-11
[5] 杨松霖,刁波.超高性能钢纤维混凝土力学性能[J].交通工程运输学报,2011,11(2):8-13.
[6] 中国建筑材料协会标准.超高性能混凝土基本性能与试验方法:T/CBMF 37—2018,T/CCPA 7—

2018[S]. 北京:中国建材工业出版社,2018.

[7] 中国工程建设标准化协会团体标准. 超高性能混凝土(UHPC)技术要求:T/CECS 10107—2020[S]. 北京:中国标准出版社,2020.

[8] 金航. 超高性能混凝土拉伸性能实验研究[D]. 杭州:浙江工业大学,2020.

[9] 刘建忠,韩方玉,周华新,等. 超高性能混凝土拉伸力学行为的研究进展[J]. 材料导报,2017,31(23):24-32.

# Ⅳ 养护管理、检测、加固及其他

# 1. 基于长标距 FBG 传感器的混凝土梁监测技术研究

王亚奇[1]　欧阳歆泓[2]　丁文胜[1]

(1. 镇江市公路事业发展中心；2. 苏交科集团检测认证有限公司)

**摘　要**　为了在桥梁健康监测中准确获取结构变形，本文对基于长标距光纤布拉格光栅(FBG)传感器的变形监测技术进行了研究。该方法采用高耐久性的玄武岩纤维材料对 FBG 进行了封装，并利用分布式 FBG 传感系统获取了分布式应变，进而采用基于共轭梁法的变形计算算法实现结构的变形监测。本文以一简支混凝土梁为研究对象进行试验验证，结果表明长标距 FBG 传感技术能够准确获得结构变形。

**关键词**　桥梁结构　光纤光栅　长标距　健康监测

## 一、引　言

近年来，国内外桥梁损坏及坍塌事故屡屡发生，究其原因不尽相同，桥梁所处的地质条件、设计不合理、施工缺陷和运营超载等都有可能造成安全事故。这些事故的发生也折射出桥梁结构监测技术和手段的不足。有效地监测和评估桥梁在施工阶段和运营期内的结构状态，对预防桥梁安全事故和延长桥梁服务寿命具有十分重要的意义。

结构变形是反映桥梁结构整体性能的宏观指标，是桥梁结构健康监测的重要内容。目前，绝大多数的监控监测系统能够有效地监测桥梁结构在温度变化、基础沉降、混凝土收缩徐变和运营车辆荷载作用下的变形和损伤。然而在地震发生期间，因地面的强烈震动导致传统的监测设备(GPS 技术、加速度传感器)缺少稳定的参考点而失效；应变片传感器由于耐久性能较差、易受外界电磁干扰和长期不可靠性，使其不适用于结构变形的监测。光纤布拉格光栅(FBG)传感器具备抗电磁干扰能力强、电绝缘性能好、耐腐蚀、体积小、质量轻、传输容量大等优点，且同时具备静态和动态测试的能力，在桥梁结构的健康监测系统中具有广泛的应用前景。本文以一简支混凝土梁为试验研究对象，采用长标距 FBG 传感技术进行结构变形监测研究。

## 二、基于分布式长标距 FBG 传感器的监测原理

### 1. 长标距 FBG 传感器

FBG 传感技术中的裸光纤光栅比较脆弱，在恶劣工作环境中非常容易破坏，无法在桥梁工程粗放式施工和恶劣的工况条件下使用。此外，普通 FBG 传感器的测量标距一般较小，很难对桥梁这种局部性能离散大的结构进行较准确地监测，尤其是在混凝土出现裂缝破坏后。因此，为了使常规的 FBG 传感器适应桥梁结构的变形监测，需要对其进行二次开发，一方面采用力学性能和耐久性优良的封装材料进行封装，另一方面增加测量标距。

单个长标距 FBG 传感器结构示意图如图 1 所示，封装材料采用抗腐材料玄武岩纤维材料(BFRP)，通过 FBG 传感器测得的是标距范围内的平均应变。长标距 FBG 传感器的测量标距通常可以在 5~200cm 的范围内随意调整，适用于大型桥梁工程的健康监测；在其测量标距内为平均应变，这降低了局部应力集中和混凝土裂缝对传感器使用性能的影响，混凝土结构的局部损伤也不会导致传感器的破坏。采用玄武岩纤维材料进行封装的 FBG 传感器，其耐久性和稳定性更加优异，适合在恶劣的野外环境下使用。此外，长标距 FBG 传感器可进行串联，单根光纤便可以实现多个长标距 FBG 传感器的数据采集和传输工作，便于进行分布式布设。

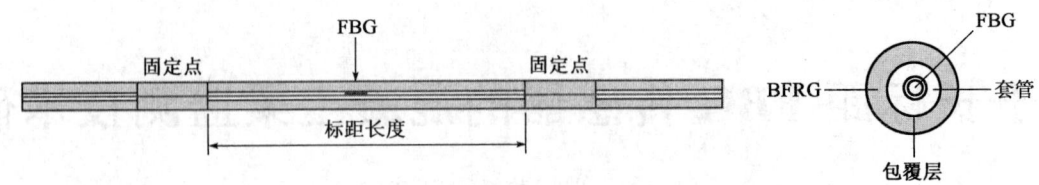

图 1　长标距 FBG 传感器结构示意图

## 2. 应变监测

FBG 全称 fiber Bragg Grating,即光纤布拉格光栅,又称光纤光栅,即在普通光纤内形成的空间相位周期性分布的光栅。如图 2 所示,当一束宽带光源经过 FBG 时,满足 Bragg 条件的波长将产生反射,其余波长将透过 FBG 继续传输。FBG 反射光中心波长的变化反映了外界被测信号的变化情况。当桥梁结构发生变形时,在外力的作用下,机械伸长会使光栅栅格发生变化,同时弹光效应还使得光纤材料的折射率发生变化,FBG 中心波长为 1300nm,每个应变(με)将导致 1.01pm 的波长改变量;当桥梁结构周围的温度发生变化时,由于光纤材料的热胀和热光效应,会使得其折射率发生变化,温度每变化 1℃,FBG 中心波长改变量为 9.1pm。因此,通过监测每段 FBG 反射光波长的变化量,可实现对应变和温度扰动的监测。FBG 中心波长 $\lambda_b$、光纤纤芯有效折射率 $n$ 和光栅周期 $\Lambda$ 之间的关系为:

$$\lambda_b = 2n\Lambda \tag{1}$$

当外力或温度发生变化时,FBG 反射光中心波长的变化量为:

$$\Delta\lambda_b = (1 - P_\varepsilon) \cdot \Delta\varepsilon \cdot \lambda_b + (\alpha_f + \xi) \cdot \Delta T \tag{2}$$

式中:$\Delta\varepsilon$——应变变化量;

$\Delta T$——温度变化量;

$P_\varepsilon$——光纤的有效弹光系数;

$\alpha_f$——热膨胀系数;

$\xi$——热光系数。

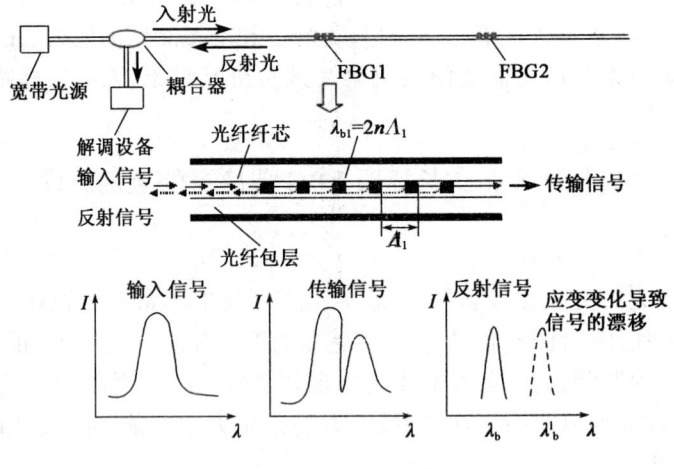

图 2　FBG 传感原理示意图

## 3. 位移监测

对于受弯构件,若测得结构的应变,可采用二次积分计算得到结构的挠度(位移)。然而二次积分容易将应变的测量误差继续放大,从而导致位移计算结果的误差也较大。1860 年,奥托·莫尔首先提出了一种共轭梁法,该方法假设有一与实际梁等长的虚梁(共轭梁),并将实际梁的曲率分布等效成等值的虚荷载施加到共轭梁上,则共轭梁上任一点处的弯矩值与实际梁相应位置的挠度值是相等的,即可用测得的应变分布和实际中和轴高度计算出梁的挠度分布。本文仅考虑简支梁的位移监测,简支梁的共轭梁即

为其本身,计算模型如图3所示。由共轭梁法的定义可知:

$$\kappa(x) = \frac{M(x)}{EI} = \frac{\varepsilon(x)}{z} = q'(x) \tag{3}$$

式中：$\kappa(x)$——实际梁曲率分布；

$M(x)$——实际梁弯矩分布；

$\varepsilon(x)$——实际梁应变分布；

EI——梁截面抗弯刚度；

$z$——实际梁上传感器的位置到截面中和轴的距离；

$q'(x)$——共轭梁等效荷载分布。

则梁上第 $i$ 单元的曲率为：

$$\overline{\kappa}_i = \frac{\overline{M}_i}{EI_i} = \frac{\overline{\varepsilon}_i}{z_i} = \overline{q}'_i \tag{4}$$

根据上式可求得共轭梁第 $j,j+1(1 \leqslant j \leqslant n-1)$ 单元分界点处弯矩 $M'_j$:

$$M'_j = l^2 \left[ \frac{j}{n} \sum_{i=1}^{n} \overline{q}'_i (n-i+0.5) - \sum_{i=1}^{j} \overline{q}'_i (j-i+0.5) \right] \tag{5}$$

将 $l = L/n$ 带入式(5)可以得到实际梁对应点变形 $v_j$:

$$v_j = \frac{L^2}{n^2} \left[ \frac{j}{n} \sum_{i=1}^{n} \overline{\kappa}_i (n-i+0.5) - \sum_{i=1}^{j} \overline{\kappa}_i (j-i+0.5) \right] \tag{6}$$

假定顶部受压、底部受拉的第 $i$ 单元在顶部和底部均布设有传感器,传感器之间的距离为 $h_i$,测得的应变变化量为 $\overline{\varepsilon}_{i,u}$ 和 $\overline{\varepsilon}_{i,b}$,那么式(2)中的 $\overline{\kappa}_i$ 为:

$$\overline{\kappa}_i = \frac{\overline{\varepsilon}_{i,b} - \overline{\varepsilon}_{i,u}}{h_i} \tag{7}$$

由上述的推导分析可见,只要确保合理的单元划分和精确的应变测量,便可以保证结构位移监测的精度。但是该方法仅在结构处于线弹性条件下具有较高的精度,当结构出现了裂缝后,需要对中和轴高度的变化进行适当修正。

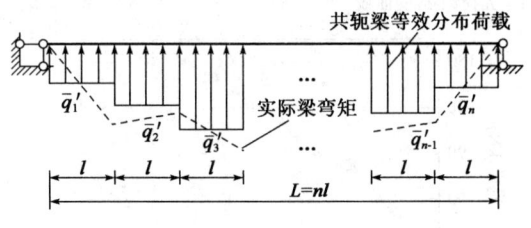

图3 简支梁模型

## 三、基于长标距FBG传感技术的混凝土梁变形识别

1. 试验概况

试验模型为一简支混凝土梁,全长2000mm,两端支座间距为1800mm,梁截面为150mm×300mm的矩形截面,混凝土强度为C30,混凝土保护层厚度为20mm。配筋采用HRB335热轧钢筋,纵向主筋和箍筋的布置方式如图4所示。该梁采用四点弯曲加载的方式,加载点位于两端支座间的三分点处,间距为600mm,采用逐级加载的模式,每级荷载为10kN,预期的破坏模式为弯曲破坏。沿着梁纵向以支座处和加载点为分界将其划分为3个长度单元,分别为单元1~3(E1~E3),单元长度均为600mm。在梁底部

布设 FBG,锚固点位于单元分界线的位置。同时在梁中点处和加载点处安装了 3 个位移计(P1~P3)。对于每一级加载,FBG 传感器重复测量 5 次,并取平均值作为该级荷载下的测量数据。

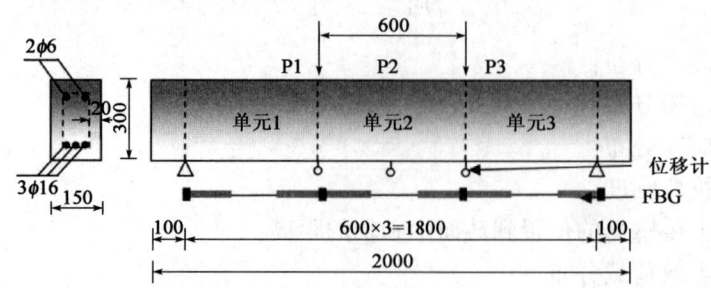

图 4 混凝土梁尺寸及 FBG 传感器布设示意图(尺寸单位:mm)

## 2. 应变测量结果

图 5a)~图 5c)分别给出了通过 FBG 传感器得到的混凝土梁各单元应变监测结果。可见,随着荷载逐级增加,混凝土底部的应变逐渐增大。图中荷载应变曲线存在两个明显的转折点。当荷载等级低于 40~50kN 时,混凝土梁处于线弹性状态,其底部应变量随着荷载的增加而略有增大;当荷载等级达到 50kN 时,荷载应变曲线的斜率明显减小,这说明此时混凝土梁底部发生了开裂现象,导致应变的增长速率加快,此外应变量随着荷载的增加几乎保持线性增大;当荷载等级达到 150kN 时,荷载应变曲线的斜率进一步减小,此时应变随着荷载的增加而急速增大,这说明此时梁底部受拉区的纵向钢筋发生了屈服,若进一步加载混凝土梁将发生全面破坏。通过上面分析可知,荷载应变曲线斜率的变化能够准确地反映混凝土梁在外不同荷载作用下的工作状态。

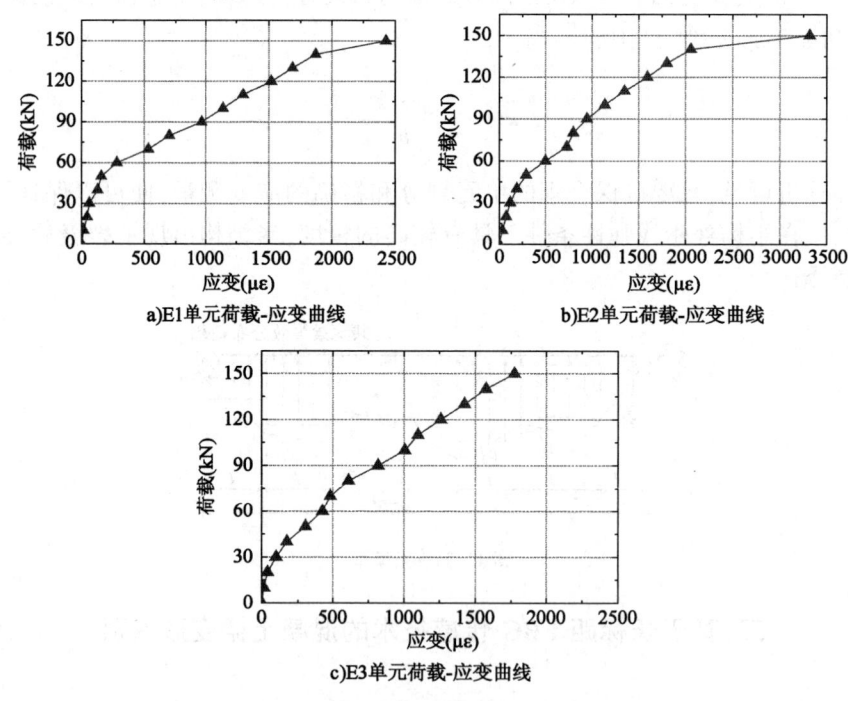

图 5 各单元 FBG 传感器应变监测结果

## 3. 变形监测结果

假设混凝土梁的中和轴位于截面中间位置,即中和轴高度 $y=150$mm。在试验过程中,仅在梁底面布设了 FBG 传感器。把各单元监测到的平均应变、中和轴高度以及 FBG 传感器标距长度代入式(6),则可以得到各级荷载下梁不同位置处的变形,如图 6 所示。为了进行对比分析,图中还给出了通过位移计实测得到的变形结果。在荷载等级较低时,混凝土底部未出现开裂现象,此时各单元的应变监测值相对较小,由FBG传感器监测的变形与位移计实测的结果存在较大的差别。当荷载等级达到50kN时,混凝土底部出现了开裂现象,此时FBG传感器变形监测结果与位移计实测结果的差别明显减小,且各单元的位移随着荷载的增加而线性增大。随着荷载等级的进一步提高,裂缝宽度也随之不断增大,使得FBG传感器的应变重分布现象愈发明显,从而对位移监测的精度产生一定的影响。因此在实际监测工作中,传感器锚固点的位置尽可能避开裂缝最易开展的位置。当荷载超过90kN之后,混凝土梁进入全面破坏状态,此时中和轴位置迅速上移,中和轴高度恒定的假定也将失效。若继续假定中和轴位于截面中间位置,必将在一定程度上导致变形监测结果大于实际变形,且监测误差随着荷载的增加不断增大。当荷载达到150kN时,P1~P3点变形监测误差分别达到30%、43%和12%。

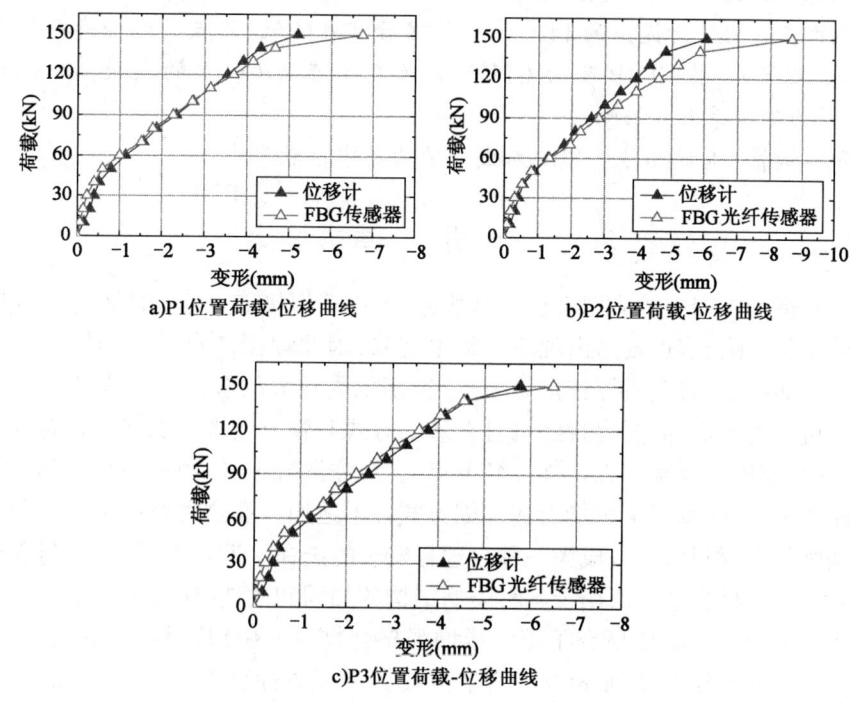

图6 FBG传感器监测位移与位移计实测比较

## 四、结　语

本文采用高耐久性的玄武岩纤维材料对FBG进行了封装,并利用分布式FBG传感系统获取了分布式应变,进而采用基于共轭梁法的变形计算算法实现了结构的变形监测。本文以一简支混凝土梁为研究对象进行了试验验证,结果表明由长标距FBG传感器所测应变计算得到的结构变形与位移计的实测结果吻合良好;在实际监测工作中,传感器锚固点的位置尽可能避开裂缝最易开展的位置。

**参考文献**

[1] 李爱群,缪长青.桥梁结构健康监测[M].北京:人民交通出版社,2009.
[2] 周智,欧进萍.土木工程智能健康监测与诊断系统[J].传感器技术,2001,20(11):1-4.
[3] 刘德煜.GPS与微波干涉测量在桥梁动挠度测量中的对比分析[J].桥梁建设,2009(3):81-84.
[4] 李宏男,任亮.结构健康监测光纤光栅传感技术[M].北京:中国建筑工业出版社,2008.
[5] 田石柱,温科,王大鹏.基于长标距光纤光栅传感器的钢梁损伤定位研究[J].激光与光电子学进展,2013,50(4):77-82.
[6] 潘勇,赵飞,杨才千.基于分布式长标距FBG传感器的新沭河大桥加固效果监测研究[J].市政技术,2016,34(2):169-172.

## 2. 圆钢管 K 型节点 FRP 加固的应力集中效应分析

李雯雯　熊治华　孟扬

(西北农林科技大学水利与建筑工程学院)

**摘　要**　本文对碳纤维增强聚合物(CFRP)加固的圆形空心截面(CHS)间隙 K 型节点(CFRP-CHS K 型节点)连接处的热点应力进行了有限元模拟实验研究。通过比较测点的应力集中系数,发现 K 型节点连接处的热点应力在利用了所提出的 FRP 方案加固后有效降低,节点的疲劳寿命得以有效延长。此外,本文还进行了参数研究,将 CFRP 改为 GFRP,且改变了连接 CFRP 的层数,以评估 FRP 类型以及 CFRP 加固层数对应力集中系数的影响。

**关键词**　圆管　钢管　K 型节点　FRP 加固　应力集中系数

### 一、引　言

焊接钢管节点在桥梁工程中的应用现已非常普遍,但由于焊接节点结构的不连续性以及一些在焊接过程中不可避免的工艺缺陷,节点处易出现应力集中现象,因此焊接节点是钢结构中疲劳裂纹起始的最常见位置。尤其对于如拱桥吊杆、横撑连接等节点,长期承受较大的应力幅。为防止过度的整体或局部疲劳损伤而导致的可靠度下降,需要寻找经济且有效的方式对管节点进行加强。在钢管节点的补强工程实践中,常见方法有将螺栓或焊接加强件连接到节点上、灌注混凝土;但当存在如空间、时间、经济成本等诸多限制的老旧桥梁中,某些场景下可能上述加固方式并不适用。在这种情况下,采用力学性能优越、抗腐蚀性好的纤维增强复合材料(FRP)成为一种合理且安全的选择。近几十年来,通过表面附着应用的纤维增强聚合物(FRP)复合材料已广泛用于各种类型结构的加固和改造,Hollaway LC 及 Zhao X – L 的研究表明了这种方法的有效性。Jiao H 研究了碳纤维增强聚合物(CFRP)片材约束的圆形空心截面,证明了复合材料的增强效果。在使用 FRP 加固提高管节点疲劳性能方面已有一些探索和成果,Fam 等人提出了一种修复技术,利用纵向 FRP 层黏合到对角线上并缠绕在主弦上以形成交替的 v 形图案,然后再加上用于锚固的圆周层对疲劳开裂的铝 CHS-K 型节点进行修复,发现在应用 CFRP 层时若使用建议的修复技术以及足够的质量控制水平,可以有效恢复焊接节点的全部强度。Nadauld 和 Pantelides 测试了 GFRP 强化铝 CHS-K 型节点的疲劳性能,发现 GFRP 修复的节点裂纹范围为焊缝长度的 24% ~ 66%,承受的静态拉伸应力比没有已知裂纹的铝节点大 1.17 ~ 1.25 倍。Tong 等和 Xu 等对 CHS-K 型节点的疲劳性能进行了实验和数值研究。

本文首先介绍了采用单向和双向 CFRP 板对圆形空心截面(CHS)制成的间隙 K 型节点进行加固的方案,然后对 CFRP 加固节点展开影响因素数值计算,考虑的参数包括连接 CFRP 板的层数和其他条件均不改变情况下将 CFRP 更换为 GFRP,并分析了不同 FRP 材料、加固方案对圆管节点应力集中效应的影响规律。

### 二、计算节点及 CFRP 加固方案

首先对由 CFRP 加固的节点和未加固的节点进行有限元模拟。CFRP 加固节点编号为 CK1-3,其中的"C"是指此试件经 CFRP 加固,"1"是指此试件为 FRP 加固试件系列中的 1 号试件,"3"是针对试件所包裹的连接 CFRP 层数为 3 层。未加固的节点编号为 K0。

对于钢节点试件,支管长 $L_0 = 1782$mm,支架长度 $L_1 = 800$mm,钢级为 Q235B,根据《碳素结构钢》(GB/T 700—2006),其最小规定屈服应力为 235MPa。试件基本参数见表 1。

试 件 基 本 参 数　　　　表1

| 试件 | 几何参数 | | | | | | CFRP 层数 | | |
|---|---|---|---|---|---|---|---|---|---|
| | 主管(mm)$d_0 \times t_0$ | 支管(mm)$d_1 \times t_1$ | $\theta(°)$ | $2\gamma$ | $\tau$ | $\beta$ | 主管CFRP | 连接CFRP | 锚固CFRP |
| CK1-3 | $219 \times 8.15$ | $127 \times 6.18$ | 45 | 27.4 | 0.75 | 0.58 | 4 | 3 | 2 |
| K0 | $219 \times 8.15$ | $127 \times 6.18$ | 45 | 27.4 | 0.75 | 0.58 | — | — | — |

CFRP加固方案分别如图1~图3所示,主要将加固的CFRP分为三个部分:①主管CFRP;②连接CFRP;③锚固CFRP。其中采用了两种类型的CFRP片材:双向CFRP片材和单向CFRP片材。主管CFRP采用双向CFRP片材,连接CFRP和锚固CFRP采用单向CFRP片材。连接区域附近的主管周围采用双向CFRP黏合,可以提高主管的刚度。而对于连接CFRP,其功能在于增强支管和主管之间的力传递。使用单向FRP片材形成的锚固CFRP部分主要用于锚固,使CFRP同钢管之间包裹紧密、减少加固部分钢管的裸露。在实际实验中,锚固部分还能起到抑制冠根和冠趾的剥离效应的作用。

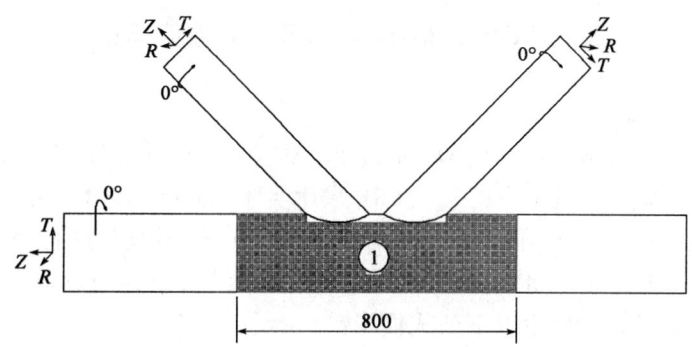

图1　主管CFRP的布置(尺寸单位:mm)

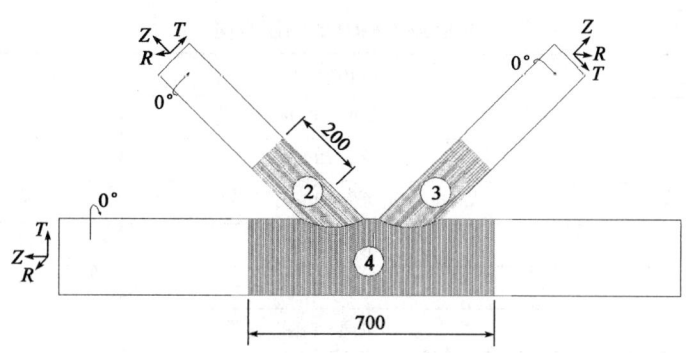

图2　连接CFRP的布置(尺寸单位:mm)

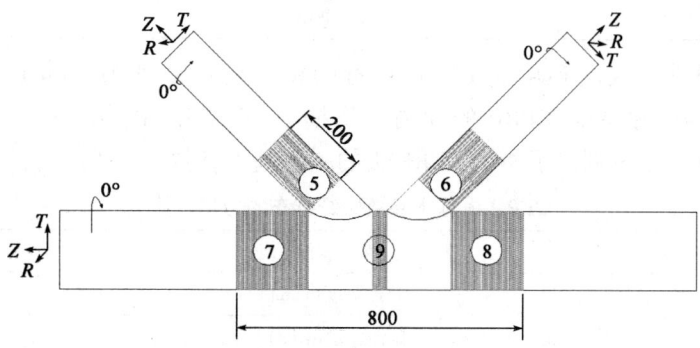

图3　锚固CFRP的布置(尺寸单位:mm)

本文中试件 CK1-3 采用了 4 层主管 CFRP(双向 CFRP 片材)、3 层连接 CFRP(单向 CFRP 片材)和 2 层锚固 CFRP(单向 CFRP 片材),双向 FRP 和单向 FRP 基本参数见表 2。CFRP-CHS-K 型钢节点的主要参数符号定义如图 4 所示。

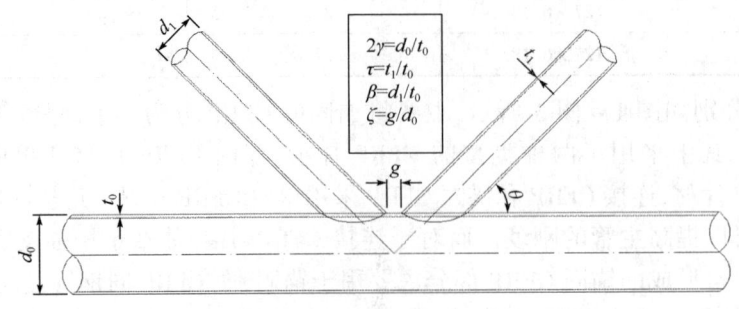

图 4  CFRP-CHS-K 型钢节点示意图

## 三、CFRP-CHS-K 型钢节点的数值模拟

### 1. 单元与材料

钢管节点采用实体单元(C3D8R),网格尺寸为 20mm 左右。假定钢节点为低碳钢的标准线弹性特性,即杨氏模量 $E_s = 206\text{GPa}$,泊松比 $\nu_s = 0.3$。CFRP 采用实体单元(C3D8R),分别按照图 1～图 3 所示的 CFRP 加固方案,将 CFRP 分为 9 个不同的区域。分别考虑各区域的铺层方向,表 2 列出了 CK1-3 节点有限元模型的 CFRP 铺层方向。每个 CFRP 层的纤维从相应的参考方向逆时针取向。支撑上连接 CFRP 的旋转角度为 90°,而弦上的旋转角度由以下公式估算:

$$\theta_{cf} = \arctan\left[\frac{4\zeta \cdot \sin\theta + (6+\pi)\beta}{(4\pi - 2\arcsin\beta)\sin\beta}\right] \tag{1}$$

其中 $\zeta$、$\beta$ 和 $\theta$ 在图 4 中定义。

各区域 CFRP 的铺层方向　　　　　　　　　　　　　　　　　表 2

| CFRP 布置区域 | CFRP 类型 | 铺层方向 |
| --- | --- | --- |
| ① | 双向 CFRP | [0,0,0,0] |
| ② | 单向 CFRP | [90,90,90] |
| ③ | 单向 CFRP | [90,90,90] |
| ④ | 单向 CFRP | [90,90,90] |
| ⑤ | 单向 CFRP | [0,0] |
| ⑥ | 单向 CFRP | [0,0] |
| ⑦ | 单向 CFRP | [0,0] |
| ⑧ | 单向 CFRP | [0,0] |
| ⑨ | 单向 CFRP | [0,0] |

CFRP 假定为线弹性。双向和单向 CFRP 片材的拉伸模量分别为 130GPa 和 250GPa,分别基于 0.211mm 和 0.167mm 的标称厚度,CFRP 的面内剪切模量($G_{12}$)和泊松比($\nu_{12}$)来自制造商的数据表:$G_{12} = 7.17\text{GPa}$,$\nu_{12} = 0.3$。表 3 列出了所用 CFRP 板的一些基本参数。

CFRP 板基本参数碳纤维布的力学性能　　　　　　　　　　　　表 3

| 材　料 | 性　能 | 数　值 |
| --- | --- | --- |
| 双向 CFRP | 公称厚度(mm) | 0.211 |
| | 拉伸模量(GPa) | 130 |
| | 抗拉强度(MPa) | 1563 |

续上表

| 材料 | 性能 | 数值 |
|---|---|---|
| 单向 CFRP | 公称厚度(mm) | 0.167 |
| | 拉伸模量(GPa) | 250 |
| | 抗拉强度(MPa) | 3789 |

2. 加载条件

加载条件参考文献 11,两支管铰接,在主管一端施加轴向压缩荷载。理想情况下,根据力平衡条件,一支管受压,一支管受拉,在此荷载条件下对测试样品进行分析。

## 四、CFRP-CHS-K 型钢节点的测试结果和讨论

为了对 CFRP 强化效果进行评估,根据应力集中系数(SCF)比较了 CFRP 强化和未强化节点的热点应力。SCF 是热点应力与名义应力的比值(即 $SCF = \sigma_{hs}/\sigma_n$)。

在本文中,名义应力不考虑 CFRP 的影响,因此,理论上 SCF 之间的差异实际上反映了在相同荷载下不同试件热点应力的差异。根据之前的研究(如 CIDECT Design Guide No.8),CHS 间隙 K 型钢节点的关键热点位置通常位于冠趾、冠根和鞍座。因此,本文侧重于这些位置,选取主管受拉侧(C0、C90、C180、C270)和支管受拉侧(B0、B90、B180、B270)的热点应力进行分析(图5)。

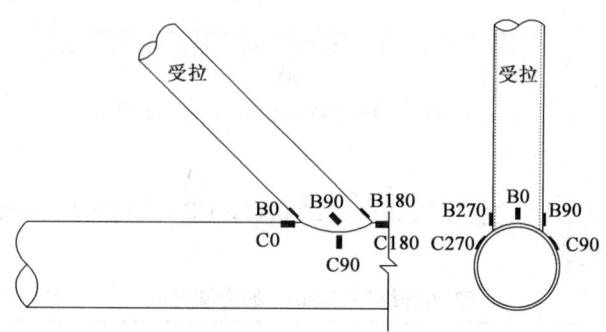

图 5 热点应力数据取点处示意

基于上述分析,通过测量受拉一侧支管及主管的热点应力,得到了未强化和由 CFRP 强化试件的试验试件的应力集中系数(SCF),见表4。本文中 CK1-3 试件 SCF 数据与背景实验中由 CFRP 加固的试件 CK1-43 的 SCF 数据吻合度较好。

试件的 SCF　　　　表4

| 试件类型 | 试件 | 受拉侧主管的 SCF | | | | 受拉侧支管的 SCF | | | |
|---|---|---|---|---|---|---|---|---|---|
| | | C0 | C90 | C180 | C270 | B0 | B90 | B180 | B270 |
| CFRP 加固 | CK1-3 | 0.68 | 2.91 | 2.98 | 1.91 | 1.20 | 1.65 | 1.83 | 1.55 |
| 未加固 | K0 | 2.20 | 3.45 | 3.59 | 2.50 | 2.21 | 2.07 | 2.42 | 1.91 |
| CFRP 加固 | CK1-43 | 0.11 | 2.95 | 3.11 | 1.98 | 1.01 | 1.54 | 2.60 | 1.58 |

注:CFRP 加固试件 CK1-43 的相关数据源于背景实验。

## 五、FRP-CHS-K 型钢节点疲劳性能参数分析

为了确定 FRP 加强对 FRP-CHS-K 型节点在热点应力实验中 SCF 的变化,引入了一个无量纲系数 $\psi$,其定义如下:

$$\psi = \frac{SCF_{FRP}}{SCF_0} \tag{2}$$

与CIDECT中描述的方法一样,仅计算抗拉侧的应力集中系数,即沿抗拉支管和主管上的冠根(C0和B0)、鞍座(C0、B0)和冠趾(C180和B180)处。$SCF_{FRP}$和$SCF_0$分别指由CFRP加固和未加固节点得到的SCF。

### 1. CFRP加固前后对比

经过分析对比(SCF数据见表4,对比图如图6所示),发现相较未加固试件(K0),CFRP加固过后主管和支管的最大应力集中系数平均分别降低31%和27%。$\psi$在0.31~0.83之间。

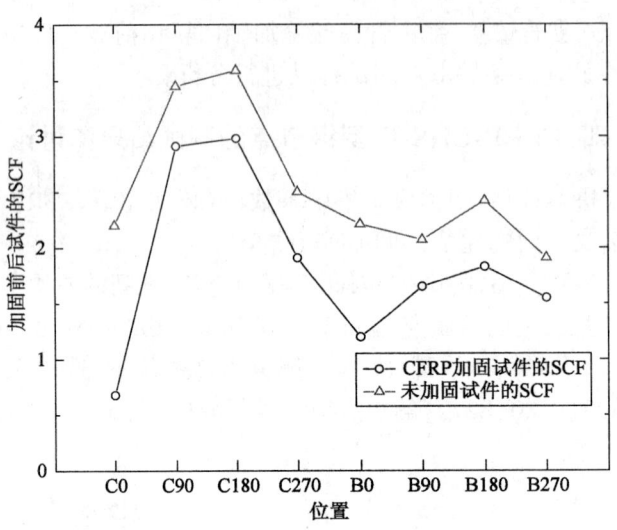

图6 CFRP加固试件与未加固试件的SCF对比

### 2. FRP类型对强化的影响

保持FRP铺层层数及位置不改变,使用玻璃纤维布(GFRP)进行加固,研究不同类型FRP对热点应力降低的效果。GFRP参数见表5。

玻璃纤维布(GFRP)的力学性能　　表5

| 材料 | 参数 | 数值 |
| --- | --- | --- |
| GFRP | E1(MPa) | 38600 |
| | E2(MPa) | 8270 |
| | E3(MPa) | 8270 |
| | Nu12 | 0.26 |
| | Nu13 | 0.26 |
| | Nu23 | 0.33 |
| | G12(MPa) | 4140 |
| | G13(MPa) | 4140 |
| | G23(MPa) | 3100 |

经过分析对比(SCF数据见表6,对比图如图7所示),相较未加固试件,GFRP加固试件(GK2-3)主管和支管的最大应力集中系数(SCF)平均分别降低15%和13%。

使用不同类型FRP加固后试件的SCF　　表6

| 试件类型 | 试件编号 | 受拉侧主管的SCF | | | | 受拉侧支管的SCF | | | |
| --- | --- | --- | --- | --- | --- | --- | --- | --- | --- |
| | | C0 | C90 | C180 | C270 | B0 | B90 | B180 | B270 |
| CFRP加固 | CK1-3 | 0.68 | 2.91 | 2.98 | 1.91 | 1.20 | 1.65 | 1.83 | 1.55 |
| GFRP加固 | GK2-3 | 1.51 | 3.12 | 3.21 | 2.20 | 1.76 | 1.87 | 2.09 | 1.73 |
| 未加固 | K0 | 2.20 | 3.45 | 3.59 | 2.50 | 2.21 | 2.07 | 2.42 | 1.91 |

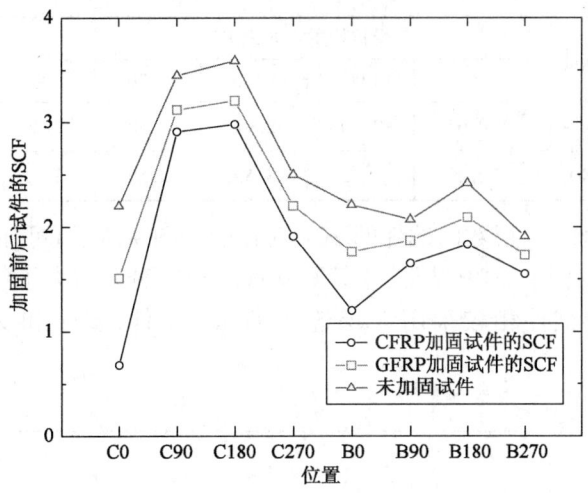

图7 不同类型FRP加固试件与未加固试件的SCF对比

而相较采用CFRP加固试件(CK1-3),GFRP加固后试件(GK2-3)主管和支管的SCF分别增大了约20.51%和16.61%(图7)。因此,可以认为在GFRP材料参数如表5,CFRP材料参数如表2,且在保持FRP的铺层区域划分和铺层方向不改变的情况下,在降低热点应力从而提高疲劳性能方面,使用CFRP加固效果优于使用GFRP加固。

使用GFRP加固或CFRP加固都对$\psi$有一定的影响(图8),且采用CFRP加固的$\psi$在0.31~0.83之间,采用GFRP加固的$\psi$在0.69~0.91之间。两种加固方式的$\psi$都小于1,即认为使用CFRP或GFRP都可以降低CFRP-CHS-K型钢节点主管支管节点处的热点应力。

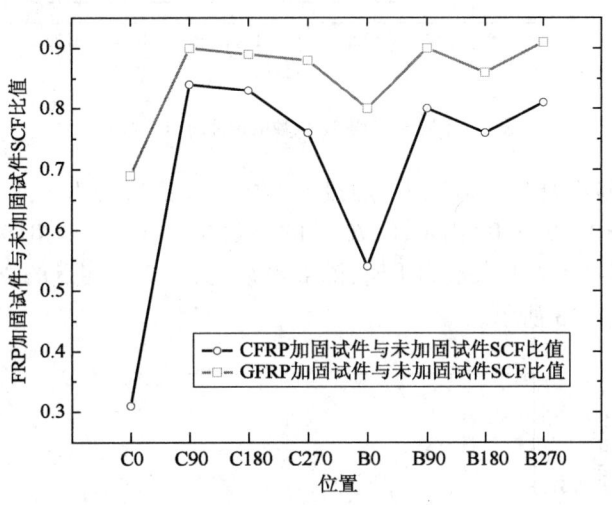

图8 不同类型FRP加固后试件与未加固试件SCF的比值

3. 连接CFRP类型对强化的影响

保持FRP铺层层数及位置不改变,仍采用CFRP,研究不同连接部分CFRP的层数对热点应力降低的效果。不同CFRP层数的加固后试件的应力集中系数(SCF)见表7。

不同连接CFRP层数(1,3,5)试件的SCF    表7

| 连接CFRP层数 | 试件 | 受拉侧主管的SCF | | | | 受拉侧支管的SCF | | | |
| --- | --- | --- | --- | --- | --- | --- | --- | --- | --- |
| | | C0 | C90 | C180 | C270 | B0 | B90 | B180 | B270 |
| 3 | CK1-3 | 0.68 | 2.91 | 2.98 | 1.91 | 1.20 | 1.65 | 1.83 | 1.55 |
| 1 | CK3-1 | 0.70 | 2.95 | 3.03 | 2.02 | 1.25 | 1.70 | 1.86 | 1.59 |

续上表

| 连接CFRP层数 | 试件 | 受拉侧主管的SCF | | | | 受拉侧支管的SCF | | | |
| --- | --- | --- | --- | --- | --- | --- | --- | --- | --- |
| | | C0 | C90 | C180 | C270 | B0 | B90 | B180 | B270 |
| 5 | CK4-5 | 0.67 | 2.90 | 2.97 | 1.90 | 1.20 | 1.65 | 1.82 | 1.55 |
| 0 | K0 | 2.20 | 3.45 | 3.59 | 2.50 | 2.21 | 2.07 | 2.42 | 1.91 |

经对比分析(不同连接CFRP层数的试件的SCF对比图如图9所示)可知,采用1层连接CFRP进行加固的试件相较于采用3层连接CFRP试件,主管和支管的SCF分别增大了约2.83%和2.77%;而采用5层连接CFRP进行加固的试件相较采用3层连接CFRP试件,主管和支管的SCF分别减小了约0.68%和0.14%。

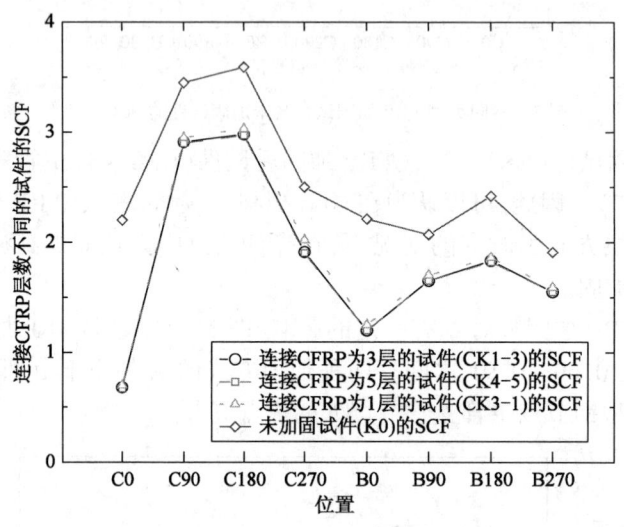

图9 不同连接CFRP层数的试件的SCF对比

在其他铺层层数及方向不改变的情况下,连接CFRP层数依次变为1、3、5时,经分析可知:在连接CFRP层数为3和5时,C180、C270、B0、B90、B270处的$\psi$值相近;C0、C90、B180处在连接CFRP层数为5时表现出最小的$\psi$值;当连接CFRP层数为1时,除C90外,其余7处测点的$\psi$均为3种层数中所得的最大值。结果分别如图10~图13所示。

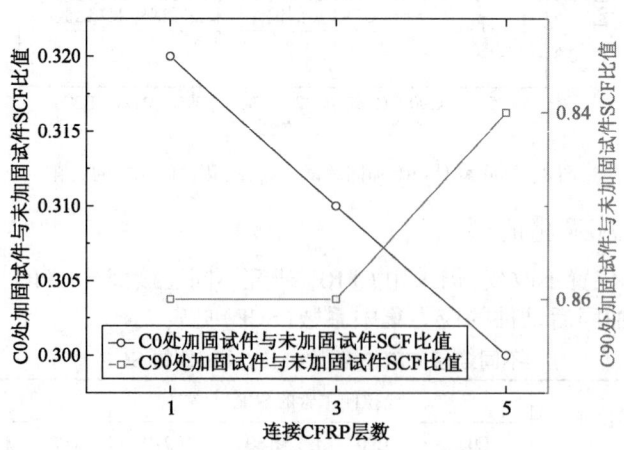

图10 不同连接CFRP层数(1、3、5)情况下加固试件C0、C90处与未加固试件SCF的比值$\psi$

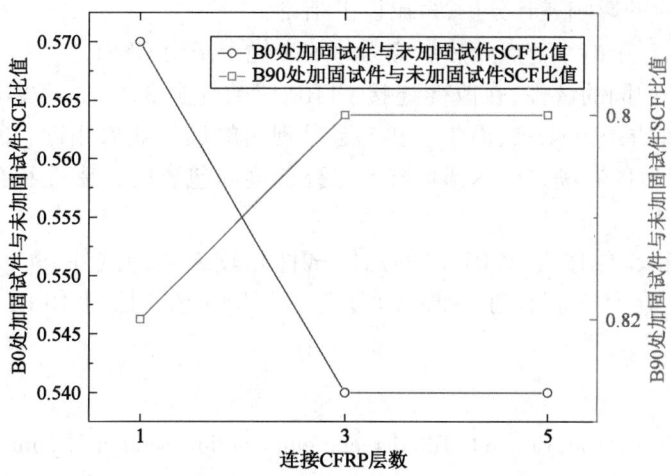

图 11　不同连接 CFRP 层数下加固试件 B0、B90 处与未加固试件 SCF 的比值 $\psi$

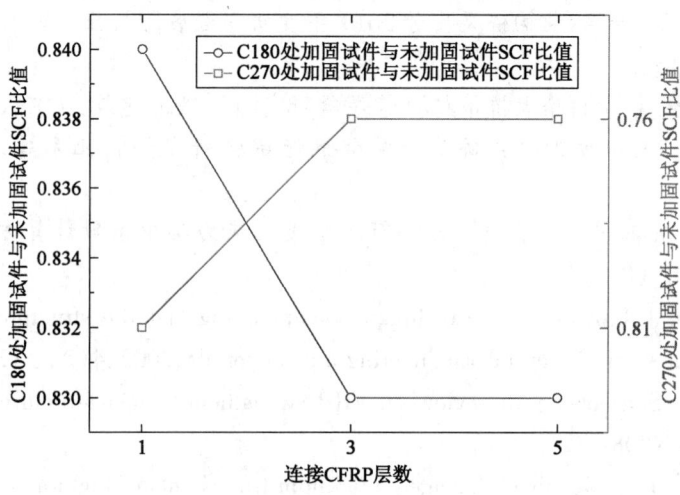

图 12　不同连接 CFRP 层数下加固试件 C180、C270 处与未加固试件 SCF 的比值 $\psi$

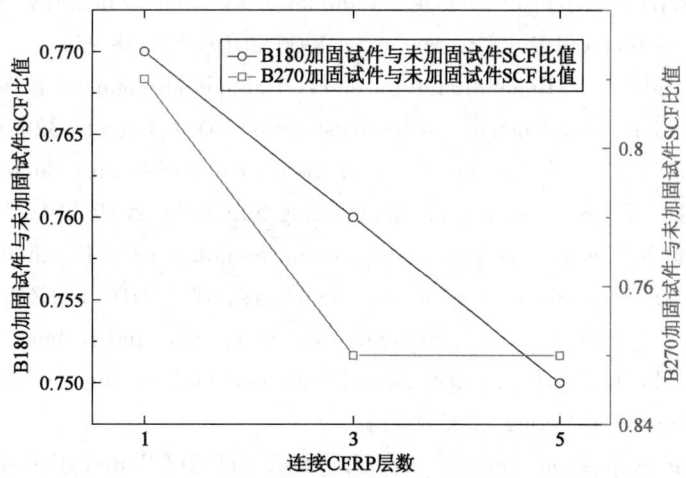

图 13　不同连接 CFRP 层数下加固试件 B180、B270 处与未加固试件 SCF 的比值 $\psi$

## 六、结　　语

本文首先对管节点 CFRP 加固数值模型与背景实验的数据进行对比验证,然后对加固材料、FRP 层

数等参数对应力集中效应的影响展开分析,得出以下结论:

(1)采用 CFRP 加固对于减小节点处热点应力的效果优于采用 GFRP。

(2)对于使用 CFRP 加固的试件,在改变连接 CFRP 层数为 1、3、5 时,考虑降低应力集中系数的贡献,3 层和 5 层 CFRP 的效果优于 1 层,而 3 层和 5 层呈现出的加强效果相近。因此在工程实际中,考虑到加固及维护工作的经济性,在满足已达到足够的包裹长度和包裹的紧密性和有效性的前提下,可考虑采用 3 层 CFRP。

(3)由于采用 3 层和 5 层连接 CFRP 层的加固试件相较未加固试件,SCF 比值非常相近,考虑可能是 CFRP 在减小热点应力方面存在一临界厚度。后续将继续探讨 CFRP 减小热点应力的影响因素。

## 参考文献

[1] Liu Y, Xiong Z, Feng Y, et al. Concrete-filled rectangular hollow section X joint with Perfobond Leister rib structural performance study: Ultimate and fatigue experimental Investigation[J]. Steel and Composite Structures, 2017, 24(4): 455-465.

[2] 张清华, 崔闯, 卜一之, 等. 钢结构桥梁疲劳 2019 年度研究进展[J]. 土木与环境工程学报(中英文), 2020, 42(05): 147-158.

[3] 陈兵, 赵雷, 杨弘, 等. 拉萨柳梧大桥吊杆疲劳寿命研究[J]. 铁道建筑, 2007(04): 6-8.

[4] 周志祥, 向红, 徐勇. 大跨度钢桁拱桥节点疲劳性能试验研究[J]. 土木建筑与环境工程, 2010, 32(06): 60-66.

[5] 陈康明, 黄汉辉, 吴庆雄, 等. 基于钢管 K 型节点刚度的应力集中系数计算方法[J]. 建筑结构学报, 2020, 41(04): 42-50, 118.

[6] Hollaway L C, Cadei J. Progress in the technique of upgrading metallic structures with advanced polymer composites[J]. Progress in Structural Engineering and Materials, 2002, 4(2): 131-148.

[7] Zhao X L, Zhang L. State-of-the-art review on FRP strengthened steel structures[J]. Engineering structures, 2007, 29(8): 1808-1823.

[8] Fam A, Witt S, Rizkalla S. Repair of damaged aluminum truss joints of highway overhead sign structures using FRP[J]. Construction and Building Materials, 2006, 20(10): 948-956.

[9] Fam A, Witt S, Rizkalla S. Repair of damaged aluminum truss joints of highway overhead sign structures using FRP[J]. Construction and Building Materials, 2006, 20(10): 948-956.

[10] Nadauld J D, Pantelides C P. Rehabilitation of cracked aluminum connections with GFRP composites for fatigue stresses[J]. Journal of Composites for Construction, 2007, 11(3): 328-335.

[11] Tong L, Xu G, Zhao X L, et al. Experimental and theoretical studies on reducing hot spot stress on CHS gap K-joints with CFRP strengthening[J]. Engineering Structures, 2019, 201: 109827.

[12] Xu G, Tong L, Zhao X L, et al. Numerical analysis and formulae for SCF reduction coefficients of CFRP-strengthened CHS gap K-joints[J]. Engineering Structures, 2020, 210: 110369.

[13] Zhao X L, Herion S, Packer J A, et al. Design guide for circular and rectangular hollow section welded joints under fatique loading[C]//Design guide for circular and rectangular hollow section welded joints under fatique loading. TUV-Verlag, 2000: 1-121.

[14] Tong L, Xu G, Zhao X L, et al. Fatigue tests and design of CFRP-strengthened CHS gap K-joints[J]. Thin-Walled Structures, 2021, 163(4): 107694.

[15] Lesani M, Bahaari M R, Shokrieh M M. Numerical investigation of FRP-strengthened tubular T-joints under axial compressive loads[J]. Composite Structures, 2013, 100: 71-78.

# 3. 基于远程视频的润扬大桥动态线形监测与动力特性参数识别

袁守国[1]　张伊青[1]　马志国[3]　李枝军[2]　汤啸天[1]　张建东[2]

(1. 江苏现代路桥有限责任公司；2. 南京工业大学土木工程学院；
3. 河海大学港口海岸与近海工程学院)

**摘　要**　为实现对特大跨桥梁动态位移的远距离非接触式高精度测量，本文基于改进归一化互相关模板匹配算法和亚像素处理技术研究了远程视频动态位移测试方法。改进归一化互相关算法可在保证匹配精确性和稳定性的前提下，通过优化搜索过程，实现模板的快速匹配；通过引入亚像素技术进一步提高了图像识别精度。将该方法应用于润扬大桥悬索桥和斜拉桥现场测试，获取了运营状态下主梁位移、速度和加速度时程曲线，并识别出了主梁竖向自振频率。通过与该桥结构健康监测(SHM)系统分析结果对比，验证了视频法的有效性和鲁棒性。结果表明：该方法能够实现特大跨桥梁动态位移的远距离毫米级精度测试，且可用于多点动态位移测试与结构动力特性参数识别。

**关键词**　视频监测　动态位移　远距离　大跨桥梁　亚像素

## 一、引　言

近年来发生的大跨度及特殊结构桥梁出现异常振动现象及垮塌事故引起了很大关注，桥梁的安全问题已成为重大的社会问题，桥梁健康监测的研究与新型监测系统的研发再次引起了大家的关注。位移是大跨桥梁安全性评价的一项重要指标，可为桥梁的结构损伤和健康监测提供有效的参数。对于大跨度桥梁，由于其结构的特殊性和建筑地理位置的复杂性，运用传统方法对其动态位移进行测量存在诸多局限性。目前大跨桥梁常用的动态位移测量方法主要有GPS、激光测振仪以及雷达干涉测量方法等。GPS可实现全天在线监测，然而其成本较高且测量精度有限，易受干扰信号影响。激光测振仪测量精度较高，但在远距离测量时需要使用高强度激光束，会危害人体健康。雷达测量方法测距长且精度高，却需要在结构上安装反射面。

近年来，基于视频图像处理技术的非接触式位移测试方法引发了国内外广泛的研究兴趣。浙江大学叶肖伟等人基于数字图像处理技术和二维互相关模板匹配算法进行目标跟踪，利用现场标定板进行标定，对香港青马大桥跨中位移进行了精确测量，测量结果与GPS测量结果吻合度较好，但此方法仍需要采用人工标靶。国外学者Fukuda et al、Lee和Shinozuka分别开发了基于视频传感的位移测量系统，通过处理拍摄的视频图像来提取结构的位移时程曲线。美国哥伦比亚大学的Dongming Feng 和Maria Q. Feng.采用了一种新颖的方向码匹配算法(Orientation Code Matching,简称OCM)实现对结构动态位移的远距离测量。目前国内基于视频传感技术的位移测量方法多采用有标靶的形式且测量距离有限；由于视频图像处理中像素分辨率不足，导致位移测量精度和鲁棒性不够。此外，国外研究中针对特大跨桥梁的现场实测较少，且缺少与结构健康监测系统实测数据的对比分析。

为实现对特大跨桥梁动态位移的远距离非接触式高精度测量，本文研究了基于改进归一化互相关模板匹配算法和亚像素处理技术的视频传感的动态位移测试方法。改进归一化互相关算法可在保证匹配精确性和稳定性的前提下，通过优化搜索过程，实现快速匹配；亚像素技术利用插值函数提高了图像识别精度。将该方法应用于润扬长江大桥悬索桥现场实测，验证了视频传感技术在特大跨桥梁动态位移测量方面的优越性。

## 二、视频传感位移测量原理

### 1. 视频传感位移测量系统的组成

视频传感位移测量系统由摄像机、镜头、笔记本电脑等组成,见表1。基于视频传感技术的动态位移测量方法的基本原理是模板匹配技术,运用模板匹配程序对摄像机拍摄到的结构振动过程的视频进行计算处理,视频图像被读取为一系列灰度图像,在第一帧图像或指定帧图像上选定部分区域作为模板,通过模板匹配技术将选定模板在连续图像中进行定位。得到像素坐标系下的位移曲线后,再利用转化因子,将其转化为物理坐标,从而得到其位移时程曲线。为了减少计算时间,搜索区域可被限制在靠近图像中模板位置的预定义区域(Region of Interest,简称ROI)。

视频传感位移测量系统主要硬件组成    表1

| 系统组成 | 型号 | 技术规格 |
|---|---|---|
| 摄像机 | Point Grey GS3-U3-23S6M-C | 最大分辨率:1920×1200<br>帧频率:162FHS<br>传感器类型:CMOS<br>像素大小:5.8μm |
| 镜头 | SMC Pentax Reflex | 1000mm F11 |
| 镜头 | KOWA LM100JC | 2/3" 100mm/F2.5 |
| 笔记本电脑 | Thinkpad T450S | Intel i7-5600U CPU@2.60GHz |

### 2. 归一化互相关模板匹配算法原理

归一化互相关模板匹配(Normalized Cross Correlation,简称NCC)算法的优点是抗白噪声干扰能力强,且在灰度变化及几何畸变不大的情况下精度很高,它的这种优点非常突出,但该方法受局部光照变化的影响,且匹配速度较慢。针对该问题,本文采用的NCC匹配算法在保证匹配精度的前提下,利用卡尔曼滤波预测方法提高了算法的速度,增强了算法对实际应用的适应性。

NCC匹配算法是一种经典的匹配算法。通过计算模板图像和搜索图像的互相关值确定匹配的程度。互相关值最大时的位置决定了模板图像在搜索图像中的位置。假设搜索图像 $S$ 的尺寸为 $M×M$,模板 $T$ 的尺寸为 $N×N$,其中 $M>N$,$M$、$N$ 代表图像像素大小。模板 $T$ 在图像 $S$ 上平移,模板所覆盖的子图记作 $S^{i,j}$,$(i,j)$ 为子图左上角顶点在搜索图 $S$ 中的坐标。搜索图和模板的相似性通过度量函数来度量,归一化互相关匹配度量定义为式(1),当模板 $T$ 在搜索图 $S$ 中匹配时,$R(i,j)$ 取最大值,即:

$$R(i,j) = \frac{\sum_{m=1}^{M}\sum_{n=1}^{N} S^{i,j}(m,n)T}{\sqrt{\sum_{m=1}^{M}\sum_{n=1}^{N}[S^{i,j}(m,n) - \overline{S^{i,j}}]} \times \sqrt{\sum_{m=1}^{M}\sum_{n=1}^{N}[T(m,n) - \overline{T}]^2}} \quad (1)$$

### 3. 亚像素技术

图像的最小组成单位是像素,也称物理分辨率。当位移量小于物理分辨率时,测试硬件设备无法正常识别出来。这时我们采用亚像素方法,在软件上实现对像素单位更细的划分,从而可以检测出相对较小的位移量。已有的亚像素算法有图像灰度插值法、相关系数拟合(插值)法和梯度法(基于灰度的梯度法和基于相似函数的梯度法两大类),这三种算法是目前最常用的数字图像亚像素定位算法。本文测试系统采用基于灰度的双三次样条插值亚像素方法,该计算方法对噪声具有较好的鲁棒性,同时计算速度较快,在实际应用中具有较好的适应性。

## 三、润扬大桥主梁动态位移现场实测

润扬大桥由主跨为1490m的南汊悬索桥和主跨406m的北汊斜拉桥组成。其中,南汊悬索桥跨径布置为470m+1490m+470m,北汊斜拉桥采用176m+406m+176m的三跨双塔双索面钢箱梁斜拉桥。润扬大桥自2005年通车以来,交通量增长显著,2018平均日交通总量达到5.85万次,其中货车比例16%,6轴货车相对其他轴次货车通行量较大。交通量及行车荷载的增长,加剧了钢桥面铺装病害,也给交通运行带来很大的影响。钢桥面铺装及正交异性板疲劳损伤问题日益突出,相关部门在开展相关研究后决定开展超高性能混凝土钢桥面铺装重置。桥面更换期间采用了全站仪、GPS(RTK)以及远程视频技术三种测量手段相互配合校验的方法对大桥的桥面线形、挠度进以及动态变形进行了观测,同时与结构健康监测(SHM)系统数据进行了对比验证。

### 1. 远程视频测点布置

根据视野通透情况,测试位置选在大桥附近环龙酒店7楼餐厅外阳台、沿江大提等位置,其中环龙酒店7楼餐厅外阳台可以同时观看到悬索桥和斜拉桥两座主跨桥梁。测试前,将视频位移传感系统架设在稳定的地面上,对润扬大桥悬索桥进行现场测试(图1a),数据采集点距离南汊悬索桥跨中约1000m。选择桥梁一侧钢箱梁上特征明显区域作为待测目标。在对南汊悬索桥观测的同时,在环龙酒店7楼餐厅外阳台对北汊斜拉桥也进行了观测(图1b),斜拉桥观测位置距离主跨跨中距离约为1km,镜头焦距同样为100mm。本文选取斜拉桥正常工况和拥堵工况的跨中挠度进行了对比分析,测试时间超过3h。

a)南汊悬索桥监测　　　　　　　　　b)北汊斜拉桥监测

图1　润扬大桥远程监测现场

### 2. SHM系统测点布置

润扬大桥安装有SHM系统,包括GPS测量子系统和在线模态识别系统。GPS测量系统安装在四分点位置。在线模态识别系统中悬索桥主梁的振动监测截面有9个,共布置了29个低频单向加速度传感器。根据润扬大桥在线模态识别系统中测点布置,本文选择润扬大桥4/8和2/8两个典型测点位置进行动态视频位移测试,如图2所示。

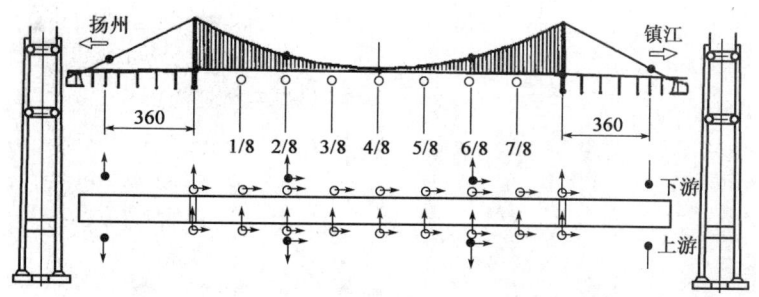

图2　润扬大桥悬索桥振动监测测点布置(尺寸单位:m)

注:↑表示横桥向放置传感器,→表示顺桥向放置传感器。

## 四、悬索桥动态位移测试结果分析

### 1. 视频位移与 GPS 测试结果对比分析

2020 年 9 月 2 日下午,在沿江大堤位置和环龙酒店 7 楼餐厅外阳台位置处分别利用远程视频监测技术对南汊悬索桥跨中竖向位移进行连续观测,观测时间超过 2h。其中,环龙酒店 7 楼餐厅外阳台测点距离大桥跨中 1700m,镜头焦距为 100mm。选取正常运营状态下获取的视频位移时程曲线与 SHM 系统的 GPS 数据进行了对比。图 3 为润扬大桥悬索桥桥跨中视频位移数据与 GPS 位移时程数据的对比曲线,数据时长为 1h。

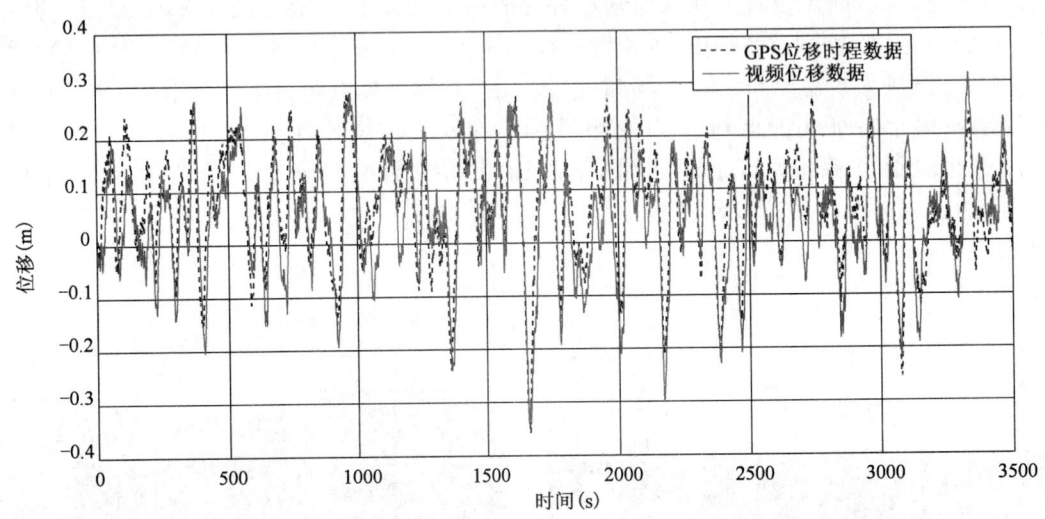

图 3  润扬大桥悬索桥跨中视频位移与 GPS 位移时程数据对比曲线

对于长度在 1000m 以上的大跨度悬索桥,视频位移方法的精度与 GPS 的准静态精度相当,且可以实现多点动态同步采集,视频位移法在多点同步测试方面优于 GPS 测试方法。视频位移采样频率为 10Hz,GPS 采样频率为 1Hz。为了进行对比,对视频位移数据进行了降采样处理。从图 3 中可以看出,两者整体吻合良好。跨中最大下挠约为 0.4m,上挠约为 0.2m,上下最大位移幅值约 0.6m。

### 2. 视频位移多点同步识别与时空分布

视频位移方法的优点在于能够多点同步识别。为了研究视频位移获取振型的可行性,采用一台相机对润扬大桥悬索桥半跨 8 个点进行了同步识别,如图 4 所示。图 5 和图 6 分别为 8 个不同测点同步测量的动态位移时空分布曲曲线和动态位移时程曲线,从图 5、图 6 中可以看出某一刻 8 个测点构成的主梁空间线形,也可以看出同一位置不同时刻的动态线形变化曲线,即每个时刻主梁的线形动态变化情况。

图 4  用于多点同步模态识别的视频图像

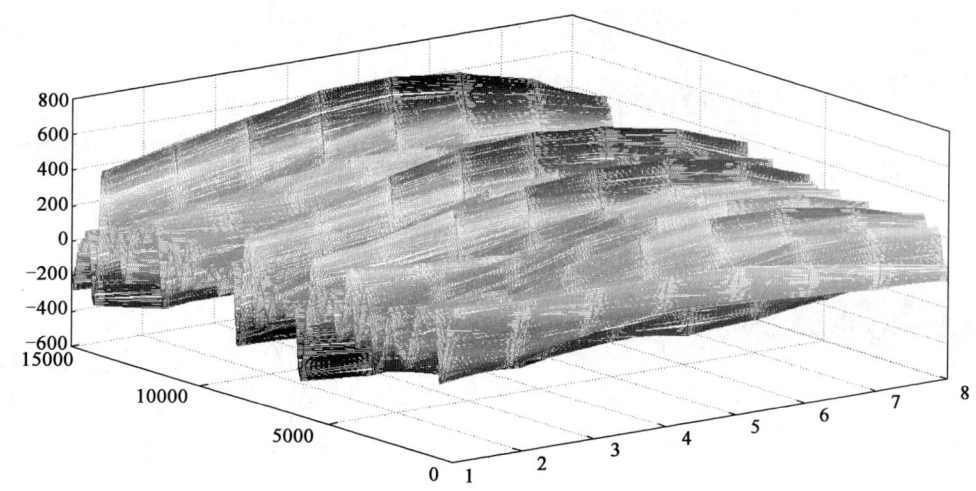

图 5 润扬大桥悬索桥多点动态位移时空分布曲线

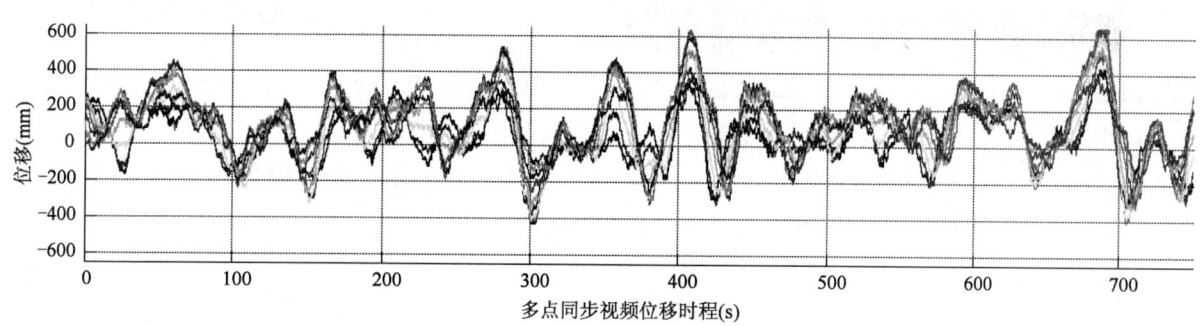

图 6 润扬大桥悬索桥多点动态位移测量时程曲线

从图 6 中可以看出,不同测点的动态位移具有随机性,但幅值和相位具有空间相关性。根据不同测点动态位移时程曲线相位,可以将其分为几种典型的位移模式:同相位(如 300～350s)、180°反相位(360～380s)和中间相位(400～440s)。根据其幅值可以分为同幅值(平坦段)、凹形段和凸性段。

### 3. 视频位移模态参数与 SHM 振动系统结果对比

以润扬大桥悬索桥为例,选取主跨跨中位移进行模态分析,获取了该桥的模态参数。采用功率谱密度方法对润扬大桥的动力响应数据进行分析。

图 7a)、图 7b) 和图 7c) 分别为 3600s(1h) 位移、速度和加速度时程曲线,图 7d)、图 7e) 和图 7f) 分别为其响应频谱曲线。从竖向振动位移、速度和加速度频谱曲线中均可以清晰地识别出多阶频谱峰值,前四阶振动频率分别为 0.122Hz、0.234Hz、0.337Hz 和 0.371Hz。

图 8 和图 9 分别为结构健康监测系统测得 4/8 测点和全部测点处竖向频谱图。对比图 7 和图 8、图 9 可知,视频法测得结果与结构健康监测系统结果吻合,视频法测试结果与其具有一致性,进一步验证了远程监测系统测试结果的准确性。

## 五、桥面铣刨前后润扬大桥北汊斜拉桥动态位移及其动力性能测试

### 1. 桥面铣刨前后桥面动态位移测试

润扬大桥北汊斜拉桥桥面重置前后,利用视频技术进行了远程动态线形监控与动力性能评估。图 10 所示为视觉图像法实测跨中竖向位移实测曲线变化情况,可以看出,前 1h(前 4000s)桥面车辆运营正常,中间约 1h 出现了严重的拥堵现象,随后桥面车辆正常运营。视频位移时程曲线主要包括两种工况:①正常运营状态;②拥堵状态。

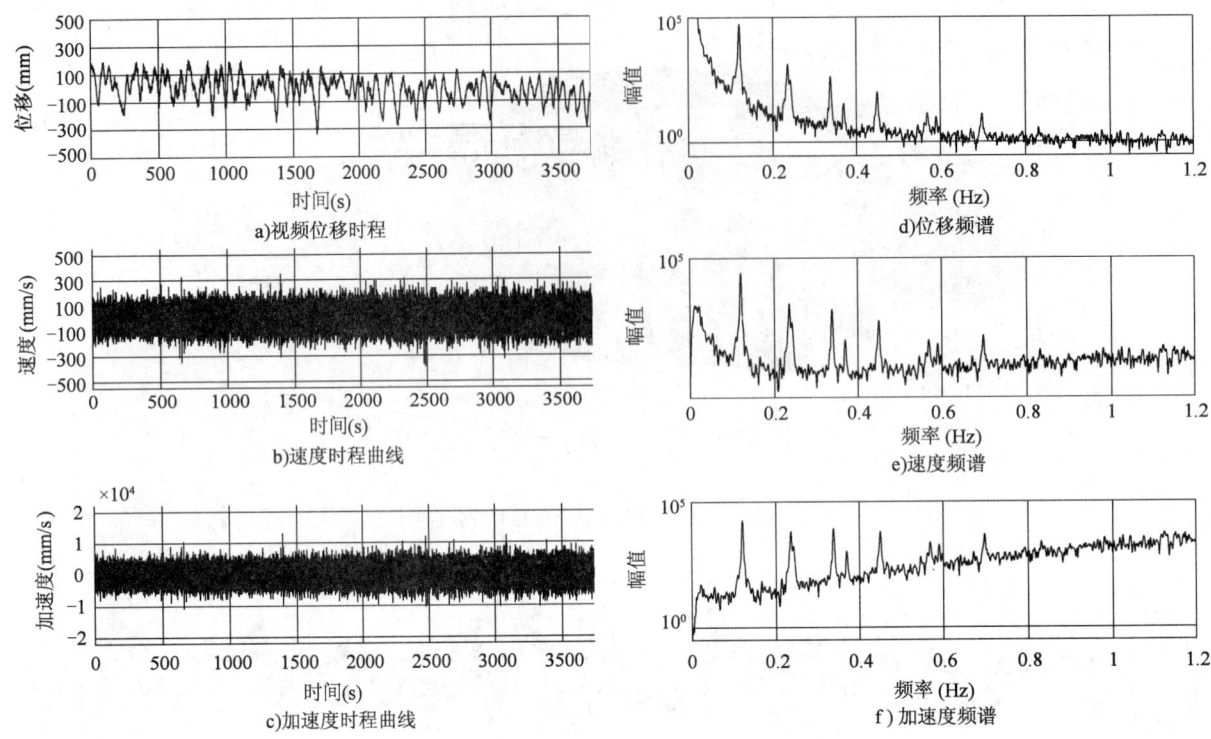

图 7 跨中竖向动态响应时程曲线及其频谱图

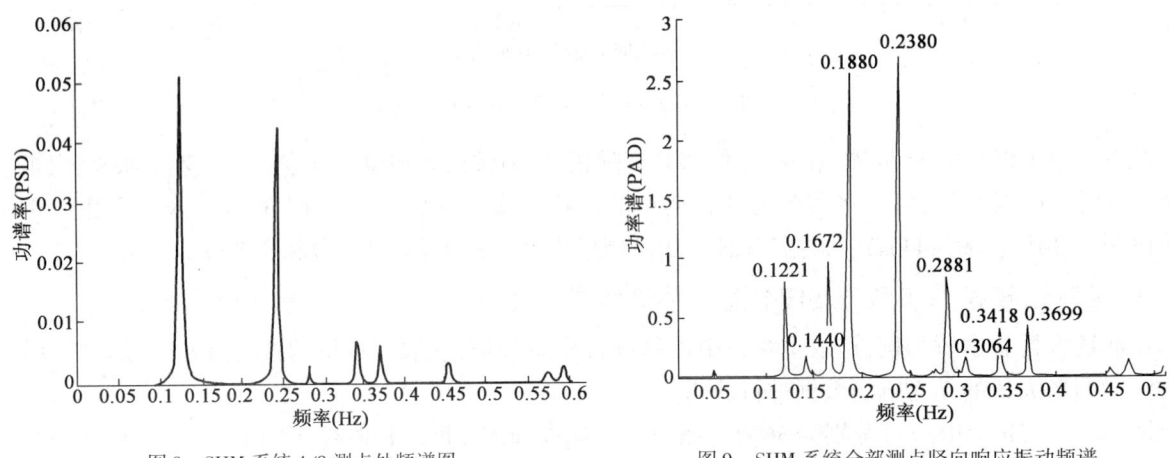

图 8 SHM 系统 4/8 测点处频谱图  图 9 SHM 系统全部测点竖向响应振动频谱

图 10 润扬大桥北汊斜拉桥桥面置换现场情况

图11a)和图11b)分别为远程视频位移时程曲线和GPS位移时程曲线,通过对比GPS数据和视觉位移数据可以看出两者整体变化情况一致,数据吻合较好。正常状态下的跨中位移幅值约为100mm,重车作用下位移可以达到200mm;在拥堵状态下最大位移幅值达到300mm。拥堵状态下幅值小于成桥试验时的最不利挠度值。

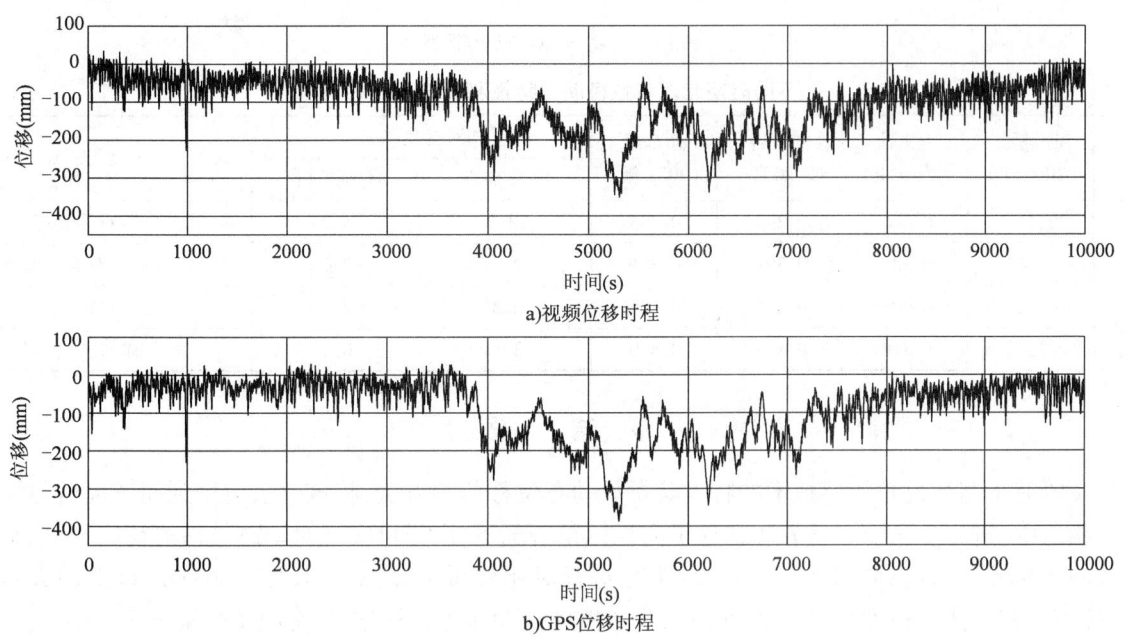

图11　主跨跨中视频位移与GPS位移对比

**2. 桥面铣刨前后桥面动力性能测试**

根据视频位移数据,利用基于环境激励的模态参数识别方法对斜桥桥面铣刨前后的动力特性进行了识别。从跨中竖向视觉位移频谱图(图12)可以清楚地看出,前四阶频率分别为0.276Hz、0.381 Hz、0.608 Hz和0.818 Hz。为对结构整体性能进行评价,对不同状态和时期润扬大桥北汊斜拉桥动力特性测试结果进行了统计,见表2。起刨后,结构一阶竖向弯曲振型频率增大为0.293Hz,其振型如图13所示。铺装层起刨前后,结构动力特性参数也发生了变化,与铺装前相比,第一阶竖向自振频率增大6.2%,第二阶变化2.6%,第三阶变化2.8%,第四阶变化0.2%,这表明桥梁质量减少会引起结构自振频率值增加,尤其是低阶频率。

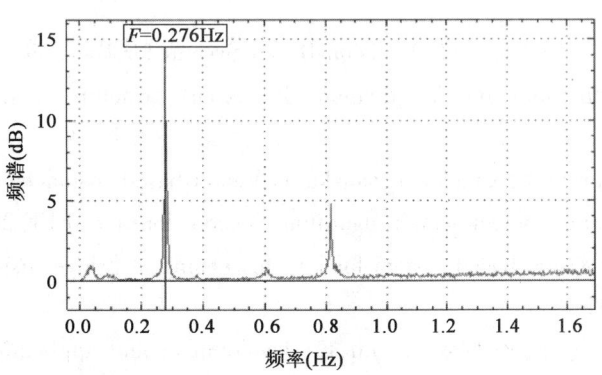

图12　跨中竖向视觉位移频谱图(2020年9月2日)

从表2中还可以看出,润扬大桥北汊斜拉桥的低阶自振频率从2005年成桥到现在模态频率表现出不断下降的趋势,自振频率变化明显。与成桥试验结果相比,第一阶竖向自振频率变化13.2%,第二阶变化7.7%,第三阶变化6.8%,第四阶下降3.9%,表明结构的整体刚度和性能呈现出一定的下降趋势。

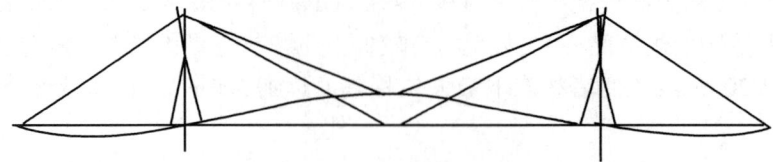

图 13　主梁一阶对称竖弯振型

不同时期北汊斜拉桥动力特性测试结果统计表　　表 2

| 序号 | 成桥<br>(2005年) | 起刨前<br>(2020年) | 铺装后<br>(2020年) | 通车后<br>(2021年) | 相对变化(%) | | 主梁振型 |
| --- | --- | --- | --- | --- | --- | --- | --- |
| | | | | | 15年前后 | 起刨前后 | |
| 1 | 0.313 | 0.276 | 0.293 | 0.293 | 13.2 | 6.2 | 一阶对称竖弯 |
| 2 | 0.410 | 0.381 | 0.391 | 0.391 | 7.7 | 2.6 | 一阶反对称竖弯 |
| 3 | 0.649 | 0.608 | 0.625 | 0.625 | 6.8 | 2.8 | 二阶对称竖弯 |
| 4 | 0.850 | 0.818 | 0.820 | 0.820 | 3.9 | 0.2 | 三阶对称竖弯 |

## 六、结　语

本文研究了基于视频传感技术的特大跨桥梁动态位移监测方法,将该方法应用到润扬大桥悬索桥动态位移测试中,进一步验证了该方法在远距离无标靶情况下,同样可实现对动态位移的精确测试,显示出该方法的优越性。通过对视频位移和 GPS 数据进行对比分析可知,对于长度在 1000m 以上的大跨度悬索桥,视频位移方法的精度与 GPS 的准静态精度相当,且可以实现多点动态同步采集。

通过以主梁多个断面为测量目标,实现了对结构动态位移的远距离高精度测试,而无须安装人工标靶,该方法能够对难以接触的结构进行远程测试。以上测试结果分析表明,基于视频传感技术的测试方法可用于特大跨桥梁动态位移的高精度测试,其精度可以达到毫米级。利用视频位移数据可以较好地识别大桥的动力特性参数。对比分析润扬大桥通车 15 年前后动力特性参数,润扬大桥北汊斜拉桥结构自振频率变化较为明显的下降,建议加强对润扬大桥北汊斜拉桥动力性能的长期观测与评价工作。

**参考文献**

[1] 陈伟欢,吕中荣,倪一清,等.基于数码摄像技术的高耸结构动态特性监测[J].振动与冲击,2011,30(7):5-9.

[2] 季云峰.无目标计算机视觉技术在斜拉索振动测试中的应用研究[J].振动与冲击,2013,32(20):184-188.

[3] Ye X. W., Ni Y. Q., Wai T. T., et al. A Vision-Based Sysetm for Dynamic Displacement Measurement of Long-Span Bridges: Alogrithm and Verification[J]. Smart Structures and Systems, 2013, 12(3-4): 363-379.

[4] Fukuda Y, Feng MQ, Narita Y, Kaneko S, Tanaka T. Vision-based displacement sensor for monitoring dynamic response using robust object search algorithm. Sensors Journal, IEEE 2013, 13:4725-4732.

[5] Lee JJ, Shinozuka M. A vision-based system for remote sensing of bridge displacement. NDT & E International 2006, 39:425-431.

[6] Lee, J. Fukuda, Y. Shinozuka, M. Cho, S. Yun, C. Development and application of avision-based displacement measurement system for structural health monitoring of civil structures. Smart Struct. Syst. 2007, 3:373-384.

[7] Ribeiro D, Calçada R, Ferreira J, Martins T. Non-contact measurement of the dynamic displacement of railway bridges using an advanced video-based system. Engineering Structures 2014, 75:164-180.

[8] Busca, G., Cigada, A., Mazzoleni, P., Zappa, E. Vibration monitoring of multiple bridge points by means of

a unique vision-based measuring system. Exp. Mech. 2014,54: 255-271.
[9] Dongming Feng, Maria Q. Feng, Ekin Ozer and Yoshio Fukuda. A Vision-Based Sensor for Noncontact Structural Displacement Measurement. Sensor,15,16557-16575.
[10] 杨通钰,彭国华.基于NCC的图像匹配快速算法[J].现代电子技术,2010(22):107-109.
[11] 伍卫平.图像相关技术的亚像素位移算法与实验研究[D].武汉:华中科技大学,2009.
[12] 李枝军,李爱群,韩晓林.润扬大桥悬索桥动力特性分析与实测变异性研究[J].土木工程学报,2004(4):92-98.
[13] 李枝军,李爱群,韩晓林,等.润扬大桥悬索桥在线模态分析系统的设计与实现研究[J].振动与冲击,2008(6):32-35,86.

# 4. 常泰长江大桥沉井施工智能监控系统研发与应用

李 浩　吕昕睿

(中交第二航务工程局有限公司)

**摘　要**　常泰长江大桥5号墩采用的圆端台阶形沉井,为世界最大尺寸水中钢沉井,其平面尺寸为95.0m×57.8m,高72.0m。由于巨型水下沉井施工过程复杂,难度巨大,因此必须采用合理、即时、有效的方法进行监测。本文依托常泰长江大桥沉井项目开展沉井施工智能化监控技术研究,开发智能化实时监控系统,建立全方位高精度数据采集网络,即时捕捉沉井姿态、挠度和应力等信息,针对沉井取土下沉重难点研发智能决策算法,根据监测数据实时生成决策指令,确保了沉井安全、有序、稳定下沉。

**关键词**　桥梁工程　水下沉井　监控系统　智能决策

## 一、工程概况

常泰长江大桥位于泰州大桥与江阴大桥之间,距离泰州大桥约32km,距离江阴大桥约27km。大桥起自泰兴市六圩港大道,跨长江主航道,经录安洲,跨长江夹江,止于常州市新北区港区大道,路线全长10.03km,公铁合建段长5299.2m,普通公路接线长4730.8m。项目采用"高速公路+城际铁路+普通公路"方式过江,跨江采用桥梁方案。大桥主航道桥采用142+490+1176+490+142=2440m双层斜拉桥,桥梁上层为高速公路,下层为城际铁路和普通公路。主塔采用沉井基础,沉井基础平面呈圆端形,立面为台阶形,沉井底面尺寸95.0m×57.8m(横桥向×纵桥向),圆端半径28.9m;沉井顶面尺寸77.0m×39.8m(横桥向×纵桥向),圆端半径19.9m。沉井顶高程+7.0m,底高程为-65.0m,总高72.0m,基础持力层为密实中粗砂;沉井为填充混凝土的钢壳结构,是目前在建最大水中钢沉井基础。常泰长江大桥沉井结构如图1所示。

## 二、系统功能设计

1. 系统需求分析

随着国内大跨径多功能桥梁建设逐渐兴起,沉井基础在桥塔及锚碇基础上的应用日益增多,沉井尺寸呈现增大趋势。目前特大型沉井施工所需监测种类众多,而且由于沉井尺寸大,单个监测项目监测仪器布设甚至就多达上百个,对采集到的数据进行后续的分类、处理、异常数据识别与剔除对人员专业性要求高。而大型沉井施工过程中,由于沉井姿态快速变化,甚至需要每一个小时就要调整下沉井开挖,传统监测方法远远不能满足实际施工的需要。在施工决策方面,沉井下沉施工实时取土井孔或点位通常会将水文地质条件、施工环境、沉井姿态、井下泥面标高、沉井底面反力等主要影响因素进行综合分析而确定。

然而,这种下沉施工指令都是基于经验作出决策,根据现场实时影响因素对具体方案再进行调整,在姿态平稳、结构安全的情况下平均每日下发一组指令,如出现姿态倾斜过快、结构安全风险逐渐递增的趋势,人工指令很难保证及时动态地干预,导致决策方案相对现场施工进度较为滞后,且人工指令过于依赖决策者的主观经验,影响决策方案正确性。

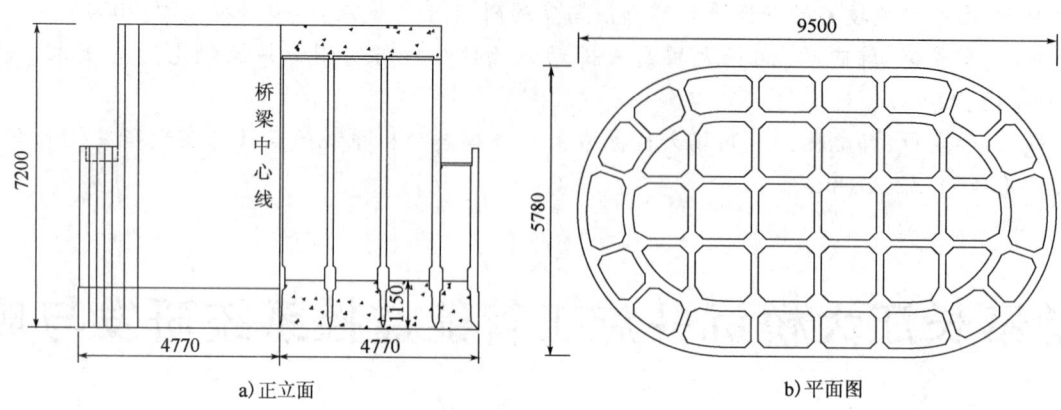

图1 常泰长江大桥沉井结构图(尺寸单位:cm)

在沉井基础施工过程中,需要对沉井各个施工阶段的重要参数进行监测,以及时掌握沉井结构内部应力及整体稳定性,因此需要开发出一套智能监控系统,在沉井定位着床过程中,通过实时监测其平面位置和姿态,并对锚缆系统和注水系统进行智能控制,及时纠偏;在沉井取土下沉过程中,严格控制沉井姿态,并预判沉井下沉姿态,避免发生偏斜,控制沉井下沉速度,避免突沉的发生。在着床、取土、下沉等工序中,通过实时监测系统,实时反映沉井结构受力状态,确保沉井构件处于合理的应力范围之内。提供直观的施工数据监测界面,对常泰沉井施工监控数据进行实时分析与展示,并对监测数据超限事件进行实时预警和自动决策。

## 2. 系统功能设计

针对以上沉井施工监控需求分析结果,常泰长江大桥沉井施工智能监控系统功能设计如下:①实时采集沉井几何姿态、结构内力状态、泥面形态等数据,采用全息数字化施工模型进行实时数据展示,并具有发布预警功能;②由三维声呐扫描点云数据后处理软件自动拟合沉井轮廓与水下地形;③智能决策系统根据监测和已有取土作业数据进行工效分析和数据训练,基于机器学习算法分析确定最优的井孔取土顺序和取土量等作业指令;④系统发送指令到取土设备控制系统,执行泥面成型和盲区取土作业。取土过程中,实时监测沉井结构状态;当完成指令作业后,将泥面形态和取土作业数据及时反馈至监测系统,结合实时监测数据评判情况并分析下一步作业指令。

## 三、系统总体架构设计

监控系统采用云端B/S网页架构,服务器、数据库等应用程序均部署在云端,用户可随时通过互联网访问系统,对沉井施工监控数据进行实时分析,结合结构计算结果自动得出阶段性施工指令,对现场施工取土设备运行状态实时监测,由每天的施工数据自动生成报表,对监测数据超限事件进行实时预警。系统通过手机应用程序(App)将施工综合信息推送到相关管理人员。系统总体结构由自动化传感测试子系统、数据库存储与管理子系统、分析与预警子系统、用户界面子系统和智能辅助决策子系统组成,如图2所示。

### 1. 自动化传感测试子系统

自动化传感测试子系统负责传感器信号的采集、调理、预处理和传输。由于水中作业环境较为特殊,选择的监测仪器设备必须能在复杂环境下长期稳定可靠运行,其必须具备温漂小、时漂小和可靠性高等特点,尽可能选择已在大型工程中广泛使用并证明效果良好的监测仪表及传感设备。通过高速率无线通信设备在沉井施工现场建立无线采集网络,实时将各类监测数据传输至云端服务器,保证了监控数据的即时性和完整性,并将数据与沉井结构 BIM(建筑信息模型)相关联,如图 3 所示。

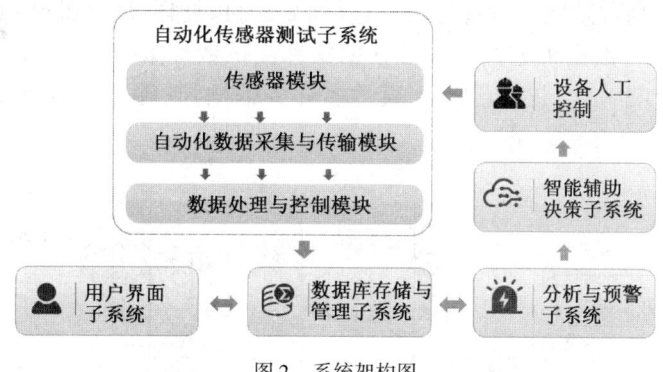

图 2 系统架构图

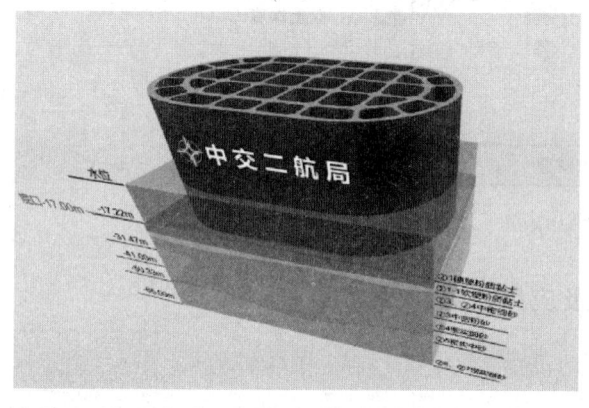

图 3 沉井结构 BIM

2. 数据库存储与管理子系统

该子系统部署在云端服务器,可实现所有数据的平台管理工作,完成数据的归档、查询、存储等操作,在系统全寿命期内统一组织与管理数据信息,为系统维护与管理提供便利,也为各应用子系统提供可靠的分布式数据交换与存储平台,方便开发与使用。建立与各种监测数据的数据类型、数据规模相匹配,并与其采集、预处理、后处理功能要求相适应的分布式数据存储结构,以及相应的数据交换模式,构建云端数据库。

3. 分析与预警子系统

该系统的中心任务是设置合理的预警阈值范围,将数据采集系统获得的结构响应信息转化为反映沉井结构状态的信息,当安全风险达到一定级别时向施工管理人员发出预警警报;同时系统根据实时数据分析和评估沉井施工的安全状态和风险等级,当评估结构低于安全标准时自动连接安全响应自动设备进行数据交互,发出操作指令或启动信息,及时在施工现场启动相应的危险处理措施。

4. 用户界面子系统

用户界面子系统提供数据采集和实时展示功能,通过接收数据采集和传输子系统上送的数据,实时解算并进行初步分析,对处理结果进行展示,主要包括实时数据的展示、与模型的关联、系统设备工作工况的查看以及监测系统提供的专业专题,同时提供与模型的接口,在模型上可以直接提取到实时数据处理模块解算的数据,并可以在查看实时数据时反向定位到结构模型。系统中的数据查询、可视化展示、相关预警与评估设置、报表生成与下载等交互功能都通过本子系统实现。

5. 智能辅助决策子系统

智能辅助决策子系统采集沉井下沉施工相关实时数据,根据数据分布情况确定各个影响因素权重,根据采集数据与因素权重训练与更新沉井决策模型，沉井决策模型根据实时数据分析最优决策指令，向沉井施工现场自动输出决策指令。采用基于一维卷积神经网络学习模型（1D-CNN）的智能决策算法如下：首先对沉井姿态、泥面高程及取土设备等数据进行归一化预处理，反演推理构建相匹配的取土点位和取土深度目标值数据集。将数据集划分为训练数据集和测试数据集，输入到1D-CNN模型中，网络结构中的卷积层、池化层、批量归一化层相互连接，通过多任务输出层，输出孔位和取土量的预测值，如图4所示。

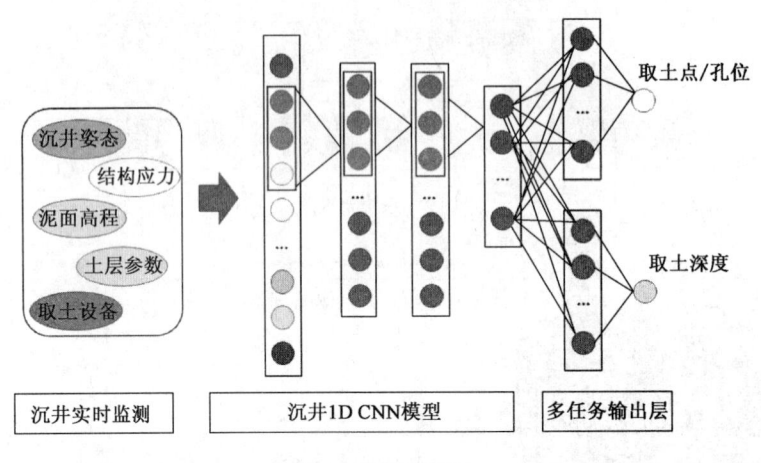

图4　系统架构图

## 四、系统研发及应用效果

### 1. 沉井定位着床、混凝土浇筑阶段

在沉井定位着床监控界面，结合三维模型展示了水文环境、沉井姿态扭转、沉井姿态倾角、上游锚揽拉力、下游锚揽拉力、沉井底口中心偏位/坐标、沉井距离下沉目标位置等实时数据值，可通过三维模型姿态实时查看数据超限情况，并根据姿态偏差实时分析缆力调整指令，确保沉井稳定下沉，如图5所示。在混凝土浇筑界面可查看每个井孔的混凝土浇筑情况，包括浇筑高度、速度、时间以及完成情况，在浇筑的过程中对沉井姿态及受力情况进行仿真模拟和预测分析，根据提前预设好的混凝土浇筑顺序进行偏差对比分析，提供了即时的工效统计结果，如图6所示。

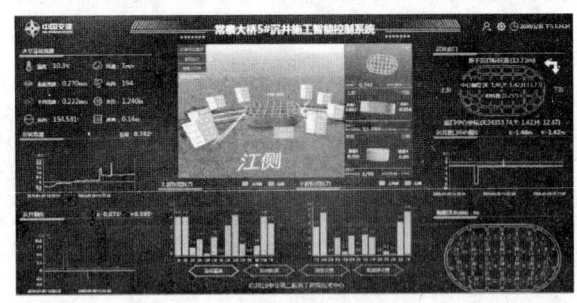
图5　定位着床监控界面

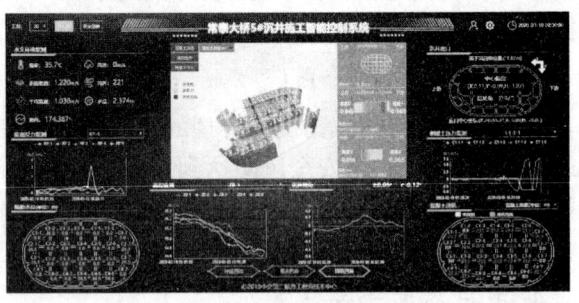
图6　混凝土浇筑监控界面

### 2. 沉井取土下沉阶段

沉井着床后应采取措施使其尽快下沉，取土下沉阶段在整个工程进度中起重要作用。在下沉监控界面展示了水文环境、沉井底面反力、沉井倾角、高程坐标、沉井侧壁土压力、静力水准仪、下沉监测等监测实时数据，通过三维视角可切换沉井姿态、取土设备、隔舱泥面等监测项目，全方位反映沉井结构实时状态，如图7所示。在智能辅助决策界面，以三维场景的方式展示辅助决策计算结果，用不同颜色标识沉井各个井孔的建议开挖状态，如图8所示。系统根据监测和已有取土作业数据进行工效分析和数据训练，

实时生成井孔取土顺序和取土量等作业指令,并持续通过数据样本的更新,完成不同工况下的自动迭代,最终优化的施工指令数据通过云端传输至取土设备控制系统,决策结果以短信方式推送到管理者手机端。智能决策结果数据见表1。

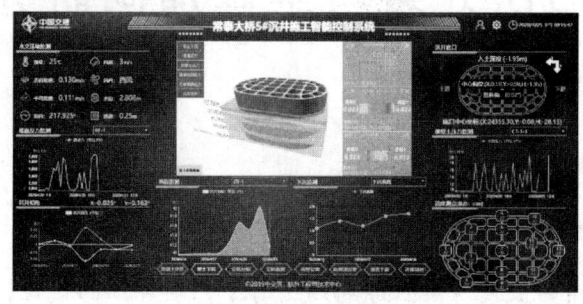

图7 取土下沉监控界面

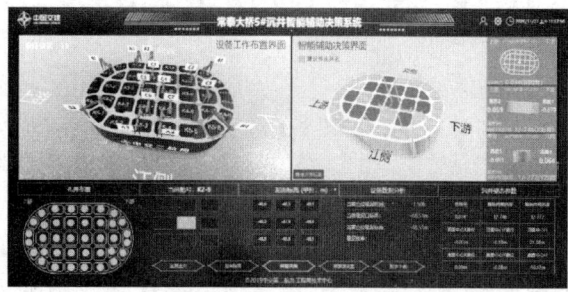

图8 智能辅助决策界面

**智能决策结果数据** 表1

| 井孔编号 | 作业指令 | 施工设备数量 | 施工设备编号 | 作业时间(h) | 作业深度(m) | 作业路径 | 异常情况建议 |
|---|---|---|---|---|---|---|---|
| K1-1 | 开挖 | 2 | C2、C3 | 5、6 | 1.1 | 5-6-7-8 | 无 |
| K1-2 | 不开挖 | 0 | — | — | — | — | 无 |
| K1-3 | 开挖 | 1 | C6 | 2 | 0.5 | 2-3-4 | 无 |
| K1-4 | 开挖 | 1 | C7 | 3 | 0.7 | 5-6-7 | 无 |
| K1-5 | 不开挖 | 0 | — | — | — | — | 无 |

在施工控制指标方面,整个施工过程中沉井姿态平稳、结构受力合理,一旦出现姿态预警,系统能立即指挥现场及时纠偏,全过程未出现倾斜风险,保证了沉井上塔式起重机、门式起重机能连续作业;着床精度中心位置达到厘米级别,扭转角小于0.03°,井孔内泥面高差控制在1.5m以内,沉井姿态偏斜控制在1/200以内,实现了水中巨型沉井的安全可控下沉。

## 五、结　语

常泰长江大桥沉井施工智能监控系统集实时监测、综合预警、智能决策等功能于一体,基于机器学习算法得出最优作业指令,完成预警与决策信息即时推送,实现了沉井监测数据实时自动采集、数据高精度无线传输、立体直观展示及异常点位自动预警的功能,解决了大型沉井施工过程中监测难、控制难、决策慢的问题。在沉井施工过程中应用该系统可将原来的传统人工监测变为现在的实时自动化采集、分析、预警和指令生成,通过信息化、自动化、可视化手段实时采集并分析、展示沉井施工监控数据,在提高施工监控效率、从施工全过程保障沉井顺利施工的同时节约了人力物力投入,对于节能环保、减少工程造价具有较大优势。工程实践证明,将本系统应用于沉井工程中,提高了施工效率,保障了施工质量与安全,形成以智能监控系统为支撑的绿色能源解决方案,开创了新的信息化施工监控平台与监控手段,颠覆了沉井传统下沉施工理念,带来了沉井施工控制的创新,可为类似工程施工提供指导性依据和可参考的方案,其推广和应用前景广泛,具有重要的意义。

**参考文献**

[1] 胡冬勇.江阴长江公路大桥北锚碇基础特大沉井施工方法[J].广西交通科技,2003(3):52-55.
[2] 蔡勋林.超大沉井排水下沉的安全控制研究[J].石家庄铁道大学学报(自然科学版),2014,27(S1):1-4.
[3] 韦庆冬.五峰山长江特大桥沉井基础施工监控[J].桥梁建设,2019,49(03):108-113.
[4] 刘毅,唐炫,冯德定.马鞍山长江大桥北锚碇沉井监测分析[J].公路,2015,60(12):107-113.
[5] 胡冬勇.江阴长江公路大桥北锚碇基础特大沉井施工方法[J].广西交通科技,2003(3):52-55.

# 5. 正交异性钢桥面板疲劳损伤开裂与维修加固研究

雷俊卿[1] 黄祖慰[2] 郭殊伦[1]

(1. 北京交通大学土木建筑工程学院；
2. 交通运输部路网监测与应急处置中心)

**摘 要** 本文针对正交异性钢桥面板箱梁桥的疲劳开裂问题进行分析研究,对其材料性能、钢桥面板的桥面铺装、结构构造、疲劳受力特点、疲劳开裂产生的成因与部位等问题进行了比较详细的讨论,给出了疲劳开裂问题解决的对策,并结合英国赛文桥(SEVERN Bridge)的维修加固案例,进行了实际工程分析研究。研究结果可为正交异性钢桥面板箱梁桥的疲劳开裂与维修加固提供技术参考。

**关键词** 正交异性钢桥面板 疲劳开裂 损伤病害 处治对策 维修加固 耐久性

## 一、引 言

正交异性钢桥面板(Orthotropic steel deck)是用纵向与横向互相垂直的加劲肋(纵肋和横肋)连同桥面盖板所组成的共同承受车轮荷载的结构。这种结构由于其刚度在互相垂直的两个方向上有所不同,因而在结构受力特性上呈各向异性。

正交异性钢桥面板除作为桥面板外,还是主梁截面的组成部分,它既是纵横梁的上翼缘,又是主梁的上翼缘。传统的分析方法把其分成以下3个结构体系加以研究:

(1)主梁体系。主梁体系是由盖板和纵肋组成主梁的上翼缘,是主梁结构的一部分。

(2)桥面体系。桥面体系是由纵肋、横梁和盖板组成的结构,盖板成为纵肋和横梁的共同上翼缘。该体系支承在主梁上,仅承受桥面车轮荷载。研究证明,因具备相当大的塑性储备能力,该结构体系的实际承载能力远大于按小挠度弹性理论所求得的承载力。

(3)盖板体系。盖板体系仅指盖板,它被视作支承在纵肋和横梁上的各向同性连续板,直接承受车轮局部荷载,并把荷载传递给纵肋和横梁。盖板应力可呈薄膜应力状态,盖板具有很大的超额承载力。

## 二、钢桥面板和桥面铺装的材料及性能

### 1. 钢桥面板厚度

国内外一些大跨度桥梁的钢箱梁,其桥面板多为正交各向异性板。其钢板厚度一般为12~20mm,从强度方面考虑,钢桥面板实际上只需6~8mm厚就可满足需要,但由于薄钢板刚度过小,在车辆荷载的集中力作用下会产生过大的局部变形,对桥面铺装层受力极为不利,因此钢桥面板厚度都在14mm以上,并且桥面板下部必须用密布的纵肋及垂直的横肋或横隔板来加劲。钢桥面板厚度的增加对改善铺装层的受力状态是有利的。

增加钢板的厚度可以很好地改善铺装层的受力状态,明显降低铺装层内部的最大横向拉应力和剪切应力;可以显著增强整个桥面铺装体系结构的刚度,从而减小整个桥面体系的变形,有效地控制铺装层的开裂破坏和黏结层的滑动破坏。一方面钢板厚度的增加会大幅改善铺装层受力,可以适当减薄铺装层厚度,减轻自重,但另一方面钢板厚度的增加会增加桥梁的自重,增大桥梁的恒载,对整个桥梁结构产生不利影响。因此需要综合分析正交各向异性桥面板与桥面铺装的共同作用。

### 2. 桥面铺装与钢桥面板的共同作用

我国在大跨度悬索桥、斜拉桥等的钢箱梁桥面的沥青混凝土铺装方面,还有许多问题有待解决,诸

如:材料的黏结性能与强度和变形性能、厚铺装或薄铺装、与铺装结构设计变量相关的正交各向异性桥面板的钢板裸板厚度、U形加劲肋刚度(开口宽度、闭口宽度、间距、高度、厚度)、横隔板间距等,由此带来的铺装层最大拉应力、铺装层与钢板间最大剪应力、钢桥面板的挠跨比、钢桥面板最大拉应力和最大剪应力等,仍需更进一步研究与计算分析。

桥面铺装一般会出现开裂、铺装材料与桥面板分离、车辙以及抗滑能力不足等问题,多数情况下都因铺装材料所致。

## 三、钢桥疲劳的力学特征与裂纹的产生

1. 桥梁结构的荷载与应力

桥梁结构中的应力脉动,主要由活载(车辆荷载、风载等)及其引起的桥梁振动所造成。当应力变动的幅度达到一定水平时,即使在平均应力远小于屈服强度的情况下也能发生疲劳破坏。

(1)铁路桥梁的车辆活载应力所占比重较公路桥梁大,列车引起的桥梁振动也较大,因此疲劳问题就更为突出。

(2)公路桥中某些应力变化较大的连接部位也要注意其疲劳破坏。斜拉桥的拉索及相关构造在风致振动作用下也可能出现疲劳破坏现象。

2. 钢桥疲劳裂纹产生的部位

经过研究,疲劳裂纹通常发生在钢桥的下列部位:①焊缝跟部或焊趾;②倒角;③冲孔或钻孔;④剪切处开边或锯开边;⑤高接触压力下的表面;⑥张紧索的根部。

除了上述构造细部外,疲劳裂纹还可能由于机械损伤形成的刻痕或擦痕以及焊接缺陷而出现,此外,下列外因也会引起疲劳:①荷载具有较高的动静比;②荷载频繁作用;③采用焊接(某些焊接细部具有较低疲劳强度);④复杂接头;⑤环境影响。

疲劳破坏一般会经历裂纹形成、裂纹扩展及疲劳断裂3个阶段。在交变荷载作用下,在结构有缺陷部位或有应力集中部位,结构形成塑性变形晶粒,在晶界面之间滑移形成微裂纹,裂纹扩展再形成宏观裂纹,随之继续扩展到一定程度,截面强度开始削弱,直至截面应力达到强度极限则瞬间断裂。疲劳断口则由疲劳源区、疲劳扩展区和瞬断区3个区域构成。断裂一般位于应力集中部位,如拐弯、轴臂的过渡处。

3. 正交异性板钢桥面箱梁疲劳裂纹产生的位置

常见的正交异性板钢桥面箱梁横断面,钢板厚度为14~20mm,在早期设计中,有些厚度为10~12mm。公路桥钢桥面板与U肋焊接容易产生疲劳开裂,裂纹主要出现在下列位置:

(1)纵肋腹板与盖板连接的角焊缝处。

(2)U形纵肋下缘与浮运隔板焊接处,包括纵向裂纹和横向裂纹。

(3)纵肋与横隔板之间开口处,包括焊缝连接处。

(4)U肋嵌补段纵向对接焊缝的裂纹。

正交异性钢桥面板的主要疲劳病害如图1所示。

对铁路桥或公路桥来说,S-N 曲线应是统一的。以英国的 BS 5400 规范为例,它将钢桥的典型构造细部分为9类,其 S-N 曲线称为"$\sigma_r$-N 曲线",表达式为:

$$N = K_2 \sigma_r^{-m}$$
$$\text{或 } \lg N = \lg K_2 - m \lg \sigma_r$$

## 四、钢桥面板的应力特点

钢桥面板的应力经计算分析后,具有以下一些特点:

(1)在一辆车加载时,主梁体系的应力很小,主要是桥面体系和盖板中的应力。

(2)车轮荷载对钢桥面板的应力起着决定性的作用,但轮荷载作用的影响范围相当有限。

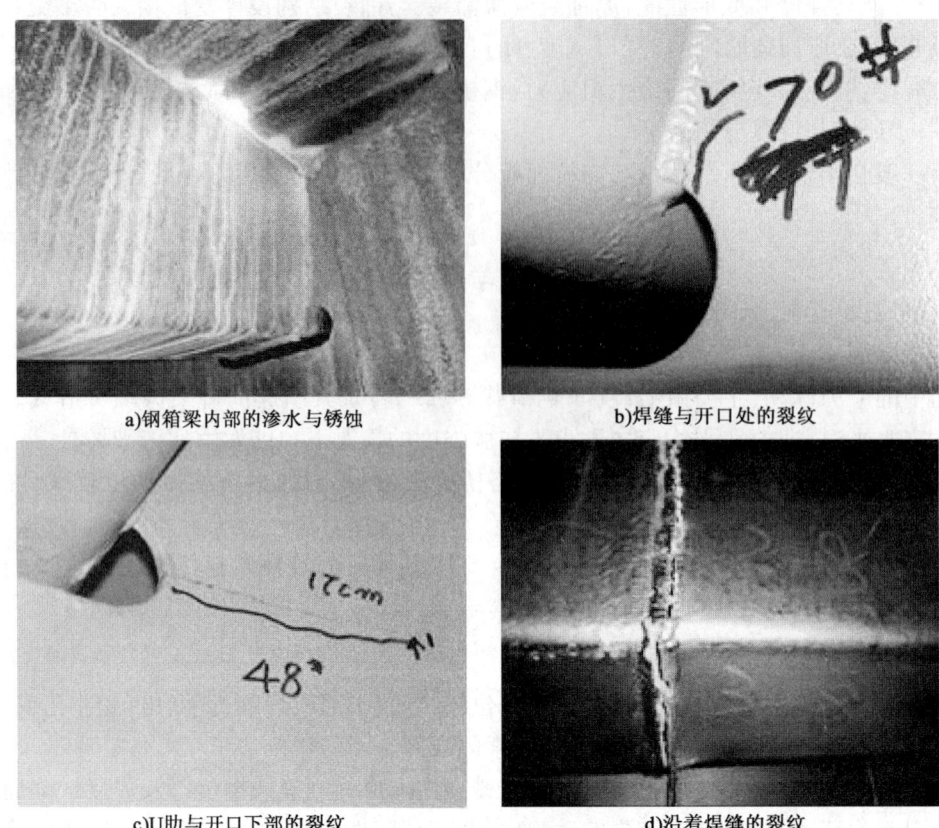

a) 钢箱梁内部的渗水与锈蚀　　b) 焊缝与开口处的裂纹

c) U肋与开口下部的裂纹　　d) 沿着焊缝的裂纹

图 1　正交异性钢桥面板的主要疲劳病害示意图

(3) 对钢桥面板的某一部位,一辆车通过一次所产生的应力循环次数与应力纵向影响线的长度和车辆轴距有关。

(4) 盖板平面的薄膜应力很小,主要起作用的为面外的弯曲应力。

(5) 沿宽度方向按线性分布,还存在纵肋腹板平面外的弯曲应力和平面内薄膜应力。

(6) 横梁下翼缘仅为平面内薄膜应力,且宽度方向分布均匀;横梁腹板上的应力也主要是平面内的薄膜应力,仅在与纵肋腹板的连接附近的腹板处存在一定的平面外的弯曲应力。

(7) 横梁腹板上让纵肋通过的开孔处的应力集中现象较为明显。

钢桥抗疲劳设计开孔处的应力特征与分布如图 2 所示。

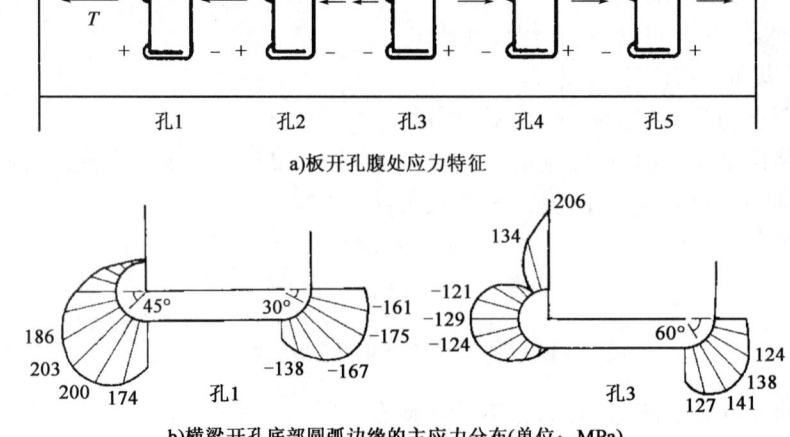

a) 板开孔腹处应力特征

b) 横梁开孔底部圆弧边缘的主应力分布(单位:MPa)

图 2　钢桥抗疲劳设计开孔处的应力特征与分布

## 五、疲劳开裂问题及对策

### 1. 正交异性钢桥面板受力与变形

桥面板在局部轮载作用下绕U肋腹板反复弯曲转动,由于其厚度较小,加之早期部分车辆超载通行,U肋与桥面板纵向角焊缝的焊趾及焊跟位置容易因为局部应力幅过大产生裂纹,逐渐扩展并延伸至桥面。

疲劳裂纹形成的成因复杂,与多种因素相关,如弧形缺口形状、横隔板厚度、桥面板、竖向刚度等。正交异性钢桥面板疲劳问题产生的关键在于纵肋与横肋交叉部位纵肋与顶板焊接部位的连接细节,其产生的原因和引发的结果见表1。

正交异性钢桥面板几种主要变形　　　　　表1

| 序号 | 原因 | 结果 |
| --- | --- | --- |
| 1 | 桥面板局部变形 | 产生桥面板和肋板的横向应力 |
| 2 | 桥面板整体变形 | 由于肋的位移差异导致的桥面横向应力 |
| 3 | 肋的纵向弯曲变形 | 像连续梁(由横隔板支撑)一样的纵向弯剪 |
| 4 | 横隔板面内弯曲变形 | 在加劲梁之间出现横隔板的弯曲和剪切变形 |
| 5 | 横隔板扭曲变形 | 由于肋的转动,横隔板的面外发生弯曲 |
| 6 | U肋扭曲变形 | 由于开口导致的肋板壁的面外变形 |
| 7 | 体系整体变形 | 主梁的弯曲变形产生轴向应力、弯曲应力和剪切应力 |

上述变形,都会影响正交异性钢板的刚度与稳定性。

### 2. 疲劳问题主要对策

1)控制应力变化的幅值

需要有效控制应力幅,设法让应力在一定范围内变化,可以采取以下几种方法:

(1)U肋内外焊接,通过机器人焊接保证质量。

(2)单面焊双面成形的全融透焊接。

(3)采用宽厚边的U肋。

2)控制结构疲劳损伤及超载

(1)控制结构疲劳损伤,包括控制初始缺陷、做好防腐工作、利用栓接钢板处理残余应力及提高强度和刚度来抑制初始变形等措施。

(2)控制汽车车辆超载,包括限制过桥车质量、安排车辆分车道行驶并控制车轴质量和挂车轴重。

设计时考虑不同的荷载作用到U肋的中部、U肋腹板上方附近或作用到U肋的两边等,可以结合BIM技术,并借助于软件的分析,设法控制局部应力。控制汽车车辆超载(不同的荷载模式)的方式如图3所示。

### 3. 内外双面焊接技术

作为正交异性钢桥面板内焊技术创新,机器人内焊接技术具有以下几项特点:

(1)双面焊熔透率大于80%。

(2)速度快,6根15m U肋并联,焊接时间小于45min。

(3)12根焊枪全部配备摄像头,实时监控焊缝质量。

为了满足内焊焊缝返修要求,相关企业研制了一套U肋内焊焊缝修磨机器人,可以从$X$、$Y$、$Z$三个方向进行U肋内焊任意位置的焊缝修磨。

由该技术施焊形成的焊缝具有可焊可检特性。可焊是指U肋的内外角焊缝都可以进行焊接;焊缝的任何位置均可以修磨和补焊,具有可修复性;可检是指磁粉检测机器人可检测U肋内焊缝的任意位置,100%外观检查并在行业内首次实现存档,通过常规超声波和相控阵检测可以检测内部质量。

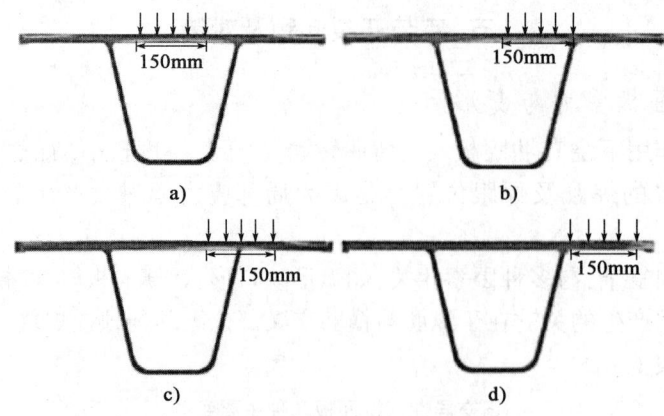

图3 控制汽车车辆超载(不同的荷载模式)

2017年10月,《公路桥梁正交异性钢桥面板U肋双面焊接技术指南》被列入中国公路学会2017年标准编制计划,并通过了专家的大纲评审,该指南在2019年已进入公开征求意见阶段;2020年11月,《公路桥梁正交异性钢桥面板U肋双面焊接技术指南》(T/CHTS 10029—2020)在成都的WTC论坛上正式发布。

## 六、典型钢桥面板疲劳损伤加固案例分析

1. 钢桥的管养检测评估与维修加固

(1)监控。现场监控可以获得更多关于结构当前状态的信息,并根据最终目标荷载效应预测结果为维修、改造或者重建提供依据。现场监控的实施最终必须以应力范围内的数据为准,并可靠地执行疲劳寿命评估。

(2)无损检测。各种无损检测方法被用于评估在役结构的完整性,常用的无损检测方法包括目视检测(VT)、磁粉检测(MT)、着色渗透探伤(PT)、涡流检测(ET)、超声波检测(UT)和X射线检测(RT)。

(3)维修加固。对于连续焊接钢板梁桥腹板,如发现较严重的裂纹,可以通过加钢板及两侧加螺栓的方法来加固。提高细节疲劳强度亦可采用冷改造措施,如在沿桥纵向的U肋,或桥面板裂缝较宽的位置使用角钢、贴钢板或碳纤维等方式。

2. 英国赛文桥(SEVERN Bridge)维修加固案例分析

1966年,英国建成了世界上第一座采用流线型钢箱梁为加劲梁的赛文桥。当时的悬索桥或悬索与斜拉混合桥,均以钢桁梁结构为主,英国率先在赛文桥上取得技术突破。随着时间的推移,赛文桥也逐渐出现一些病害,英国的技术人员对表2所列的多种加固方法进行了对比和分析,采用了例如添加钢板、加轻型钢桁梁再加混凝土桥面板,以及对U肋的加固方法,包括角钢体系、倒U形体系、纵肋钢板体系,或用底部两个U肋进行加强等。典型钢桥面板疲劳损伤加固示意图如图4所示。

正交异性钢桥面维修加固方法　　　　表2

| 加固方式 | 旧桥面 | 既有裂缝 | 材料 | 结构形式 | 连接方式 | 受力方式 |
| --- | --- | --- | --- | --- | --- | --- |
| 高性能混凝土 | 除去 | 不修补 | 混凝土 | 浇筑层 | 黏结 | 完全组合 |
| 压型铝板加固 | 除去 | 不修补 | 铝板 | 板式 | 黏结/螺栓 | 部分组合 |
| 压型钢板加固 | 除去 | 不修补 | 钢板 | 板式 | 黏结/螺栓 | 部分组合 |
| 两层钢板加固 | 除去 | 不修补 | 钢板 | 板式 | 黏结 | 完全组合 |
| 预制夹层板加固 | 除去 | 不修补 | 预制板 | 板式 | 黏结 | 完全组合 |
| 肋内填充混凝土 | 不除去 | 不修补 | 混凝土 | 浇筑 | 黏结 | 部分组合 |

采取加固措施的原则包括控制初始裂纹和减小局部荷载。

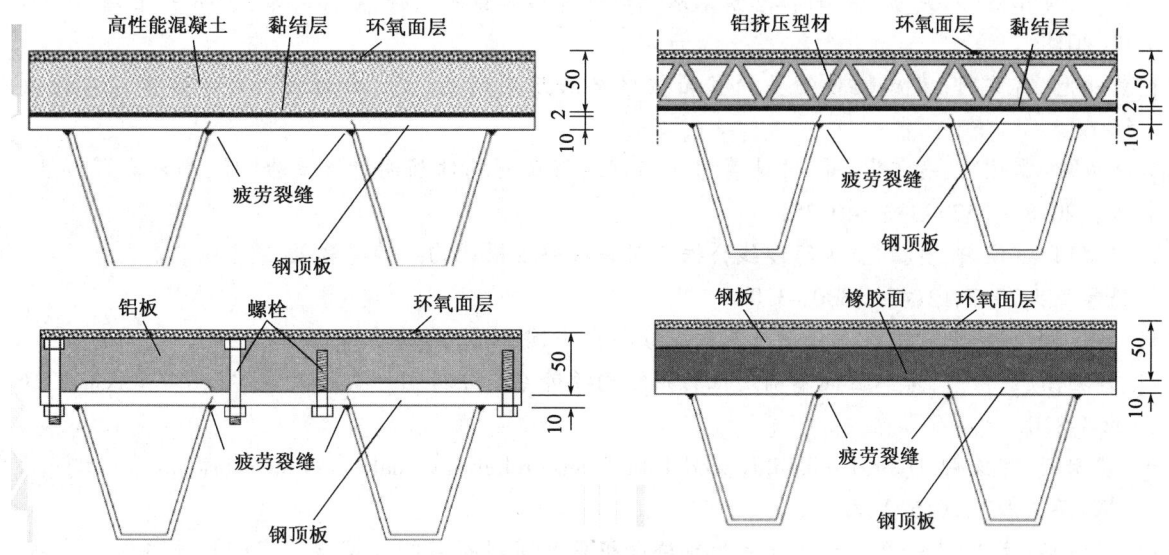

图 4 典型钢桥面板疲劳损伤加固示意图

通过对正交异性钢桥面板的材料性能、受力特点、疲劳及加固问题的探讨,形成以下几项基本观点:

(1)正交异性钢桥面板的材料性能在向高强度、高性能的方向发展,试验研究还在向纵深进行。

(2)随着钢桥的构件足尺模型试验研究日益增多,可依托所积累的基础数据,建立疲劳试验数据库,归纳分析经验与教训,为钢桥的设计、制造、施工安装、运营期的养护维修提供技术支撑。

(3)钢桥抗疲劳设计的理念正在逐渐地得到完善,设计细节的预防和改善措施的采用,将有利于减少裂纹的发生。例如,钢桥面板的厚度增加到 14~18mm,U 肋厚度采用 8~10mm,横隔板间距加密,钢桥面板和 U 肋工地对接接头由焊接改为栓接,U 肋嵌补段对接焊缝裂纹将不复存在。

(4)工厂智能制造的科技进步、高品质的制造质量是提高正交异性钢桥面板疲劳性能的关键,这包括了使用先进的工装设备、使用机器人进行 U 肋的内外焊接技术,以及采用相控阵的检测技术、超声波和 X 光的探伤技术等,再加上合理的工艺设计、相关零部件的加工精度、组装精度等,保障了加工制造的质量,可以预防焊接制造缺陷的发生。

(5)钢桥面板疲劳损伤开裂问题不可避免,必须加强养护维修并及时修复与加固。

## 七、致　谢

本论文得到国家自然科学基金两项项目资助(项目号:51778043,51578047)、中国国家铁路集团有限公司(原铁道部)重点课题资助(项目编号:2014G004-B,P2019G002);中国交通建设集团重大科研课题项目资助(项目编号:2014-ZJKJ-03),在此一并表示感谢!

**参考文献**

[1] 雷俊卿. 大跨度桥梁结构理论与应用[M]. 2 版. 北京:清华大学出版社,北京交通大学出版社,2015.

[2] 雷俊卿,黄祖慰,曹珊珊,等. 大跨度公铁两用斜拉桥研究进展[J]. 科技导报,2016,34(21):27-33.

[3] Zuwei Huang, Junqing Lei, Shulun Guo, Jian Tu. Fatigue Performance of U-rib Butt Weld in Orthotropic Steel Deck[J], Engineering Structures, 2020, 211(3).

[4] 黄祖慰,雷俊卿,桂成中,等. 斜拉桥正交异性钢桥面板疲劳试验研究[J]. 浙江大学学报(工学版),2019,3(53):1071-1082.

[5] 曹珊珊,雷俊卿,黄祖慰. 钢桁梁斜拉桥复合式索锚结构疲劳试验研究[J],中南大学学报(自然科学

[6] 刘飞,黄祖慰,刘昊苏,等.斜拉悬索体系钢桥设计施工技术初探[C].南京:2018年全国桥梁学术会议,2018.
[7] 黄祖慰,雷俊卿.考虑横坡的多箱室箱梁梁格法应用研究[J].西南交通大学学报,2018,1(53):56-63.
[8] 桂成中,雷俊卿,黄祖慰,等.外伸翼缘加劲钢箱形压弯构件屈曲特性试验[J].浙江大学学报(工学版),2018,2(52):333-340,351.
[9] 曹珊珊,雷俊卿,黄祖慰.大跨多线公铁两用斜拉桥索锚结构疲劳荷载效应[J].中南大学学报(自然科学版),2017,12(48):3301-3308.
[10] 雷俊卿.公路悬索桥检测评估与养护维修[J].中国公路,2017(3):87-89.
[11] 曹珊珊,雷俊卿,考虑区间不确定性的钢结构疲劳寿命分析[J].吉林大学学报(工学版),2016(2):804-810.
[12] 曹珊珊,雷俊卿.Hybrid reliability model for fatigue reliability analysis of steel bridges[J].中南大学学报(英文版),2016,2(23).
[13] 张清华,崔闯,卜一之,等.正交异性钢桥面板足尺节段疲劳模型试验研究[J].土木工程学报,2015(4):72-83.
[14] 唐亮,黄李骥,刘高,等.正交异性钢桥面板足尺模型疲劳试验[J].土木工程学报,2014(3):112-122.
[15] 王春生,付炳宁,张芹,等.正交异性钢桥面板足尺疲劳试验[J].中国公路学报,2013,26(2):69-76.
[16] 赵欣欣.正交异性钢桥面板疲劳设计参数和构造细节研究[D].北京:中国铁道科学研究院,2010.
[17] 王斐,赵君黎,雷俊卿.公路钢结构桥梁的疲劳设计研究[J],公路,2007(10):17-20.

# 6. 已有锈蚀栓钉连接件推出试验结果的重新评估

何东洋[1] 徐晓青[2] 谭红梅[1]

(1.重庆交通大学山区桥梁及隧道工程国家重点实验室;2.同济大学土木工程学院)

**摘 要** 在钢-混凝土组合结构服役期间,处于氯盐环境下的栓钉连接件存在锈蚀风险。当前,研究者们研究锈蚀栓钉连接件的抗剪性能时,采用的栓钉加速锈蚀方案不同,锈蚀程度的测量方法也存在差异。本文利用COMSOL Multiphysics有限元软件模拟了已有的加速锈蚀试验,根据栓钉周围的氯离子浓度和电流密度分布模拟结果,定性地预测了栓钉的锈蚀分布形态,包括沿栓钉高度的锈蚀分布和截面上的锈蚀形态。随后,根据栓钉连接件的受剪机理,对已有的锈蚀栓钉连接件推出试验结果进行修正,并将修正后的数据统一绘制到以栓钉根部截面实际面积损失率为横坐标、以截面均匀锈蚀连接件抗剪承载力为纵坐标的图中。结果表明,大部分的试验结果需要进行修正,但是修正后的数据仍然具有较大的离散性,很难得到一个可靠的栓钉根部锈蚀程度与连接件抗剪承载力之间的关系式。

**关键词** 栓钉剪力连接件 锈蚀环境 锈蚀形态 氯离子浓度 加速锈蚀试验

## 一、引 言

栓钉锈蚀是栓钉连接件和钢-混凝土组合结构性能退化的原因之一。现有研究表明,锈蚀会降低栓钉材料的名义强度和弹性模量及栓钉连接件的抗剪承载力和抗剪刚度,从而影响钢-混凝土组合结构的使用性能和承载力。因此,准确揭示锈蚀栓钉的锈蚀状态及锈蚀程度,并合理分析其对栓钉连接件的力学性能的影响,是钢-混凝土组合结构全寿命设计和维护的关键问题之一。

目前有诸多研究者开展了锈蚀后栓钉连接件抗剪性能研究,但是没有形成统一的栓钉锈蚀程度与连接件抗剪承载力关系式。这主要有两方面原因:一是栓钉连接件的加速锈蚀环境条件对栓钉的锈蚀分布形态有着重要影响,但是研究者们在进行栓钉连接件加速锈蚀试验时所采用的锈蚀方案不同,使得栓钉在发生锈蚀反应时所处的外在环境不一致,从而影响栓钉表面的初始锈蚀反应位置及各个部位的锈蚀反应速率,导致不同研究者得到的栓钉锈蚀状态不相同。二是研究者们仅将栓钉的锈蚀率作为参数研究栓钉锈蚀对抗剪承载力的影响,而忽略了锈蚀沿栓钉高度的分布以及在根部横截面的分布形态对抗剪性能的重要影响。尽管有些研究者们使用多个栓钉截面的直径平均损失率,甚至是在每一截面取多向直径的平均损失率来求取栓钉的锈蚀率,但是除了作者曾使用3D扫描设备测量锈蚀沿栓钉高度和栓钉截面的不均匀分布形态外,鲜有其他相关报道。

为了对已有锈蚀栓钉连接件的推出试验结果进行重新评估,本文利用COMSOL Mutiphysics有限元仿真软件对上述栓钉连接件的加速锈蚀试验进行仿真模拟,并基于锈蚀理论,由有限元计算结果定性地判断处于不同锈蚀环境下栓钉的锈蚀分布形态。最后,基于栓钉锈蚀分布形态对连接件抗剪承载力影响的理论分析,评估了现有研究者们提出的连接件锈蚀程度与抗剪承载力之间关系的合理性。

## 二、已有栓钉连接件锈蚀试验

### 1. 加速锈蚀试验相关理论

加速锈蚀试验是研究栓钉连接件锈蚀最常用的实验室方法之一。锈蚀环境条件一般通过将试件浸泡在3%~5%的NaCl溶液中模拟,同时对试件施加恒电流或恒电压,以加速栓钉锈蚀的电化学反应进程。现将氯离子在混凝土中的传递机理及加速锈蚀试验所涉及的法拉第定律简述如下。

1)氯离子传递机理

在栓钉连接件的通电加速锈蚀试验中,氯离子在混凝土中的传递主要依靠氯离子的扩散作用和电迁移作用。

(1)扩散。

根据Fick定律,氯离子在混凝土中的二维扩散可用式(1)表示:

$$\frac{\partial C}{\partial t} = D \cdot \left( \frac{\partial^2 C}{\partial x^2} + \frac{\partial^2 C}{\partial y^2} \right) \tag{1}$$

式中:$C$——氯离子浓度;

$D$——扩散系数;

$x$、$y$——平面直角坐标;

$t$——时间。

(2)电迁移。

氯离子在外加电场作用下的迁移可用Nernst-Planck方程来模拟,即式(2):

$$J_e = D \frac{z_i F E}{RT} C \tag{2}$$

式中:$J_e$——电迁移过程中氯离子的通量,kg·m²·s;

$D$——氯离子扩散系数,m²/s;

$F$——法拉第常数,为96485C/mol;

$z_i$——电荷数;

$R$——理想气体常数,为8.314J/(K·mol);

$T$——绝对温度,K;

$E$——静电势,V/m。

2）法拉第定律

假设外加电流消耗在铁的溶解过程中,加速锈蚀试验过程中的质量损失可用法拉第定律进行评估。栓钉中铁的预期质量损失与外加电流强度成正比,即：

$$\Delta w = \frac{MI}{F}t \tag{3}$$

式中：$\Delta w$——钢的质量损失,g；

$I$——电流强度,A；

$t$——加速腐蚀试验的时间,s；

$M$——铁的相对原子质量；

$F$——法拉第常数。

## 2. 已有栓钉连接件锈蚀试验方案和结果

1）加速锈蚀试验方案

表1总结了已有加速锈蚀试验方案的基本情况。根据栓钉布置的不同,研究者们设计的推出试件可分为单钉单排(P-1)、四钉双排(P-2)和双钉单排(P-3)三种类型。此外,还有三种浸泡方法。对于I-1法,混凝土板的一侧表面覆盖有充满NaCl溶液的海绵；对于I-2法,推出试件完全浸泡在NaCl溶液中；而对于I-3法,在双钉单排样式连接件的两个栓钉之间的混凝土板底面上钻孔,并在混凝土板底面装设锈蚀池,使得孔隙内部也充满NaCl溶液。

已有加速锈蚀试验方案汇总　　　　表1

| 研究者 | 试件样式 | $d$(mm) | 加速方法 | $i$(mA/cm$^2$) | 浸泡方法 | $w$(%) | 锈蚀率测量方法 |
| --- | --- | --- | --- | --- | --- | --- | --- |
| 龚匡晖等 | P-1 | 16 | 恒电流 | 0.839 | I-1 | 5 | 面积损失率 |
| 吴麟等 | P-2 | 16,10 | 恒电流 | 0.2 | I-2 | 5 | 面积损失率 |
| 荣学亮等 | P-3 | 16 | — | — | I-3 | 3 | 质量损失率 |
| Wang等 | P-2 | 10 | 恒电流 | 0.2 | I-2 | 5 | 面积损失率 |
| 黄素清等 | P-2 | 10,13 | — | — | I-2 | 5 | 面积损失率 |

注：$d$为栓钉直径；$i$为电流密度值；$w$为NaCl溶液的质量分数。

2）锈蚀栓钉连接件的推出试验结果

如图1所示,以锈蚀后栓钉抗剪承载力与锈蚀前栓钉抗剪承载力的比值为纵坐标,以栓钉的锈蚀率为横坐标。值得注意的是,这些研究者采用的栓钉锈蚀率测量方法不同(表1),锈蚀率可能是截面面积损失率或质量损失率,但均是沿栓钉高度各个截面的平均锈蚀率。由图1可明显看出,栓钉的抗剪承载力随栓钉锈蚀率的增加而不断降低,但是数据的离散程度明显较大。

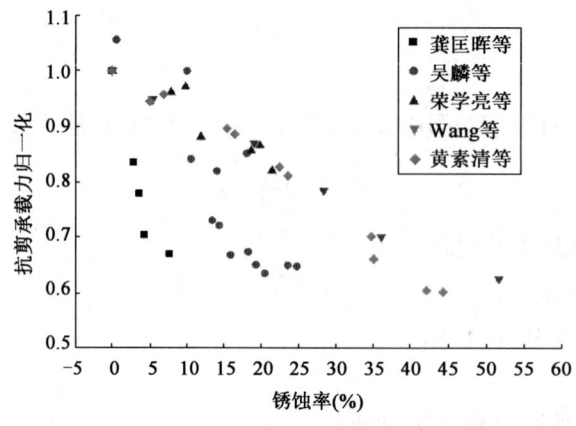

图1　栓钉锈蚀率与抗剪承载力的关系

栓钉根部集中锈蚀(HD-R型锈蚀)对抗剪承载力的影响最大,栓钉杆部集中锈蚀(HD-S型锈蚀)次之,栓钉头部集中锈蚀(HD-H 型锈蚀)对抗剪承载力的影响最小。同时,栓钉根部横截面上翼缘集中锈蚀(SD-U 型锈蚀)和下翼缘集中锈蚀(SD-L 型锈蚀)对抗剪承载力的影响较大,而左/右侧集中锈蚀(SD-S 型锈蚀)的影响较小。因此,只有对不同加速锈蚀试验后栓钉根部截面的面积损失率和锈蚀形态进行评估,才能得到合理的结果。

为了定性比较不同研究者的试验数据,本文以栓钉根部截面均匀锈蚀(SD-N 型)为标准锈蚀截面形态,对所有栓钉的实测锈蚀程度和抗剪承载力进行了修正。表2展示了不同锈蚀形态的栓钉的数据修正方法。首先,考虑沿栓钉高度方向的锈蚀分布,以 HD-H 型锈蚀为例,根部截面实际面积损失率小于实测质量损失率或平均面积损失率。若用图2中的横轴表示栓钉根部截面的实际面积损失率,则数据点应向左移动。然后,考虑栓钉根部横截面的锈蚀形态对抗剪承载力的影响。以 SD-U 型锈蚀为例,若以图1中纵坐标轴表示 SD-N 型截面锈蚀的连接件抗剪承载力,则实测承载力将小于相同锈蚀程度的 SD-N 型连接件的名义抗剪承载力,数据点应向上移动。

数 据 修 正 方 法　　表2

| HD(锈蚀沿栓钉高度分布形态) | 数据点移动方式 | SD(锈蚀在根部截面上的分布形态) | 数据点移动方式 |
|---|---|---|---|
| HD-H | 左移 | SD-U | 上移 |
| HD-S | 左移 | SD-L | 上移 |
| HD-R | 右移 | SD-S | 下移 |

## 三、栓钉连接件锈蚀试验的有限元仿真模拟

本研究通过使用 COMSOL Mutiphysics 有限元仿真软件,结合栓钉连接件的对称性,针对1/2试件建立二维模型。模型的几何尺寸与具体试件保持一致。模型由混凝土板、钢板和栓钉三部分构成。其中混凝土板的材料定义为 Concrete,假定此部分混凝土为完全饱和状态。钢板和栓钉的材料均定义为 Iron,假定此部分不可被氯离子渗入内部。具体参数取值见表3。通过 COMSOL Mutiphysics 软件中的"稀物质传递"模块,以及"电场"模块进行多物理场耦合,模拟试验中栓钉连接件的通电加速锈蚀环境。下面以吴麟等的试验为例介绍栓钉连接件加速锈蚀试验的模拟过程及模拟结果。

模型关键参数取值　　表3

| 材　料 | $\sigma(S/m)$ | $\varepsilon_r$ | $D_c(m^2/s)$ |
|---|---|---|---|
| Concrete | 0.02 | 6 | $24.51 \times 10^{-12}$ |
| Iron | $1.12 \times 10^7$ | 14.2 | — |

注:$\sigma$ 为电导率;$\varepsilon_r$ 为相对介电常数;$D_c$ 为氯离子扩散系数。

1. 吴麟等的试验模型(S-W 模型)

1)锈蚀试验设计简介

吴麟等采用四钉双排(P-2 型)试件和全试件浸泡法(I-2 法)进行推出试件的通电加速锈蚀试验。锈蚀池中为5%的 NaCl 溶液,即浓度为900mol/m³。以试验中的 B05A 试样为例,试验设定的栓钉电流密度为0.2mA/cm²。由于该试件的预期锈蚀程度为5%,根据法拉第定律,加速锈蚀的试验时间为31d。

2)有限元仿真建模

B05A 试件的有限元模的几何尺寸及网格划分样式如图2a)所示,模型进行了较细化物理场控制网格划分,在栓钉附近的网格划分比较密集,完整网格单元包含1086个域单元和182个边界元。根据通过试件电流大小不变的原则以及试验设定的栓钉电流密度值为0.2mA/cm²,图2b)所示的电场边界条件中钢板和混凝土板边界处的法向电流密度1、2的大小通过计算均设定为2A/m²,箭头方向为法向电流密度方向。在图2c)所示的稀物质传递场中,混凝土板表面氯离子浓度为900mol/m³,边界条件流入1的方向为箭头所示方向。模型瞬态研究计算的时间与试验时间一致,均为31d,设定单位时间步长为1d。

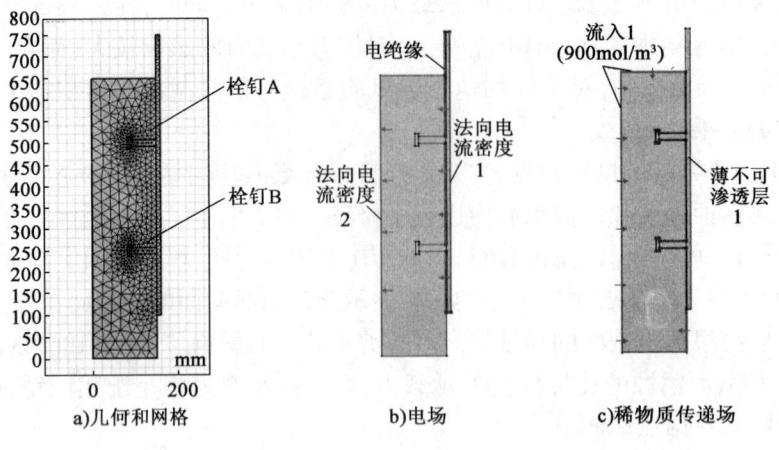

图2 S-W模型

3) 有限元计算分析

通过有限元仿真模拟计算得到栓钉连接件中的氯离子浓度在不同时刻的分布云图,如图3所示。由图3可明显看出,外界的氯离子首先在栓钉头部汇聚,然后高浓度氯离子聚集区(高于图例最大值2000 mol/m³的区域)逐渐向栓钉根部扩展。由于栓钉表面的氯离子在达到氯离子临界浓度后,附近的pH值才随之下降到可以使得栓钉表面的钝化膜脱钝的状态。由此可判断锈蚀是在栓钉头部处最早开始的。根据云图中高浓度氯离子聚集区的变化过程可以发现,栓钉B的下侧氯离子聚集较早,且最终浓度大于其上侧和栓钉A的两侧氯离子浓度。

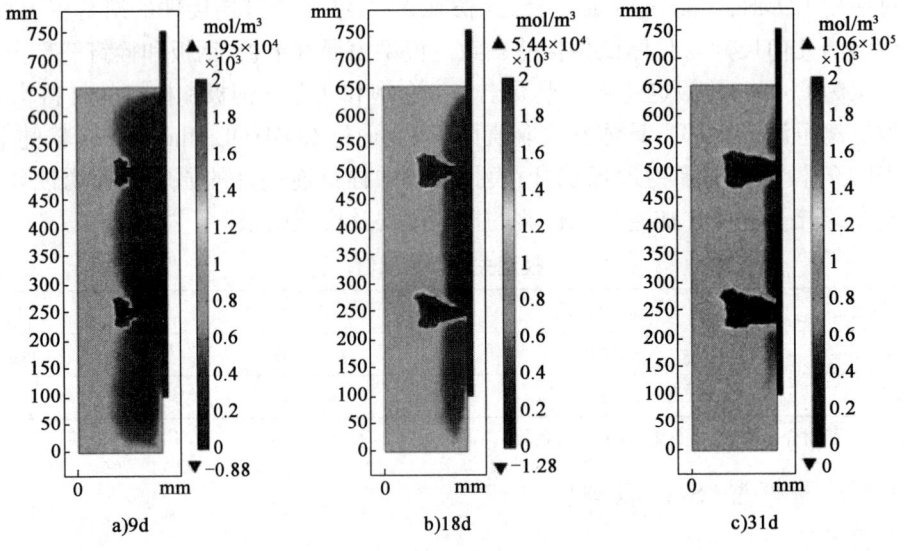

图3 S-W模型内部的氯离子分布云图

栓钉A、B上下两侧的电流密度值沿栓钉高度的数值变化曲线如图4所示。图例中栓钉头部左侧截面高度为80mm,根部截面高度为150mm。由图4可以看出,栓钉B下侧的电流密度曲线明显高于另外三条基本相重合的曲线,且在数值上约为三条曲线电流密度值的1.5倍以上。另外,各条曲线在栓钉头部处的电流密度值均明显高于栓钉杆部,且栓钉头部的电流密度值均约为杆部电流密度值的3倍。由于电流密度值越大,代表着锈蚀反应的反应速率越大。因此,栓钉在头部的锈蚀反应较快,且在该模型中,栓钉B下侧的锈蚀反应程度相应较高。

综上所述,栓钉A、B在沿栓钉高度的锈蚀分布上,均属于HD-H型锈蚀。在沿栓钉横截面的锈蚀分布上,栓钉A、B横截面的不均匀分布形态主要呈SD-U型锈蚀和SD-L型锈蚀。另外,对于栓钉B的根部截面而言,其SD-L型锈蚀形态相对更为明显。

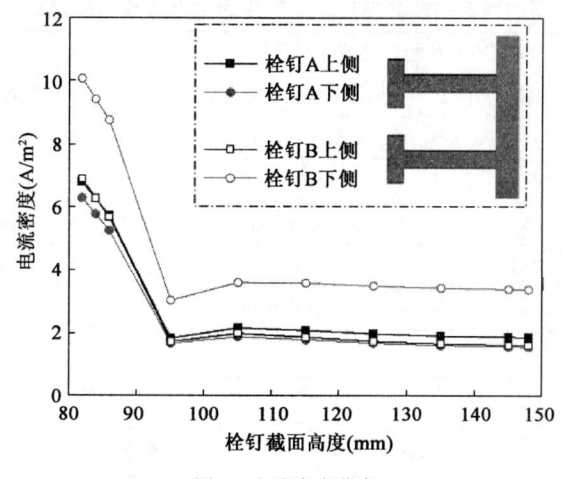

图 4 电流密度分布

4) 锈蚀栓钉连接件的推出试验数据修正

根据前文的有限元分析结果,栓钉连接件中 A、B 栓钉的根部截面集中锈蚀形态为 SD-U 型锈蚀和 SD-L 型锈蚀,如图 5 所示。另外,栓钉沿高度的锈蚀分布形态为 HD-H 型锈蚀。根据表 2 中的数据修正方法,数据点的修正移动过程如图 6 所示。针对图 6 中抗剪承载力归一值大于 1.0 的数据点,其代表着栓钉锈蚀后所对应的抗剪承载力不减反增,考虑到数据的准确性,本文将相应的数据点直接舍弃。

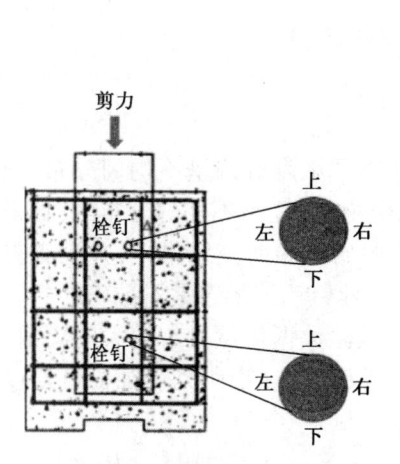

图 5 S-W 模型栓钉根部截面锈蚀形态示意图

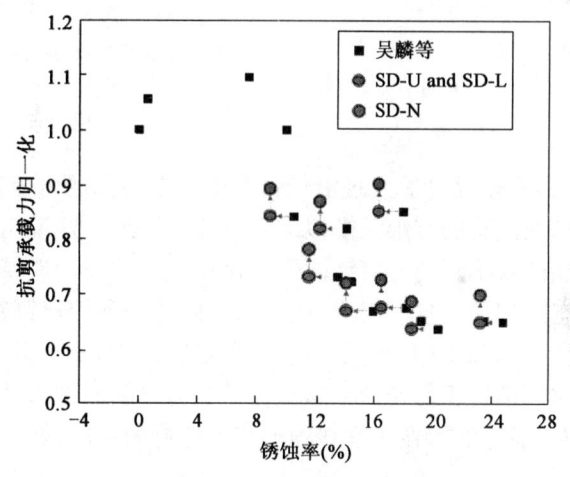

图 6 吴麟等的数据修正过程

## 2. 已有锈蚀栓钉连接件推出试验结果的重新评估

本文利用 COMSOL Mutiphysics 有限元软件仿真模拟获得的各个锈蚀试验后的栓钉锈蚀分布形态见表 4。这些不同的锈蚀试验所对应的栓钉锈蚀分布形态具有较大的差别。通过表 2 所列的数据点修正方法,各个锈蚀栓钉连接件推出试验的试验数据修正方法见表 4。

根据表 4 中的数据修正方案,修正后的栓钉锈蚀程度与抗剪承载力的对应关系如图 7 所示。其中,浅色数据点为修正后的数据,深色数据点为文献中对应的原始数据。可明显看出,修正后的数据点仍然呈现出较大的离散性。以龚匡晖等的数据修正为例,其修正前数据就位于图的最下层,这也表明该研究中所获得的栓钉锈蚀率对连接件的承载力影响最大。但是,根据其有限元仿真模拟获得的栓钉锈蚀分布形态,即沿栓钉高度分布的 HD-H 型锈蚀和根部截面的 SD-S 型锈蚀,其数据点需要进一步往左下方移动。修正后的数据点不仅没有向数据集中处汇集,反而相背而行,进一步增加了数据点的离散性。因此,根据当前的修正结果很难得到一个准确的锈蚀栓钉连接件抗剪承载力的预测公式。本文建议在进一步研究锈蚀栓钉剪力连接件的抗剪性能时,应准确测量栓钉的三维锈蚀分布形态。

有限元获得的栓钉锈蚀分布形态及对应的推出试验结果修正方法汇总　　表4

| 研 究 者 | 有限元获得的栓钉锈蚀分布形态 | | 试验数据修正方法 | |
| --- | --- | --- | --- | --- |
| | HD(沿栓钉高度分布形态) | SD(根部截面分布形态) | 横坐标轴 | 纵坐标轴 |
| 龚匡晖等 | HD-H | SD-S | 左移 | 下移 |
| 吴麟等 | HD-H | SD-U 和 SD-L | 左移 | 上移 |
| 荣学亮等 | HD-R | SD-S | 右移 | 下移 |
| Wang 等 | HD-H | SD-U 和 SD-L | 左移 | 上移 |
| 黄素清等 | HD-H | SD-U 和 SD-L | 左移 | 上移 |

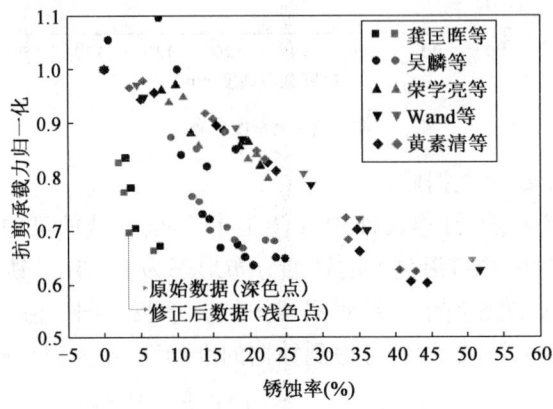

图7　修正后的锈蚀栓钉连接件推出试验的数据

## 四、结　语

(1)有限元计算发现沿栓钉高度各个截面的电流密度和氯离子浓度普遍呈不均匀分布。此外,不同加速锈蚀试验的有限元模拟结果也并不一致。这说明栓钉的锈蚀形态是呈不均匀分布的,且采用不同加速锈蚀试验得到的栓钉锈蚀形态存在较大差异。遗憾的是,在原始试验研究结果中,并没有提供栓钉锈蚀形态的相关信息。因此,这些已有研究中利用栓钉锈蚀率反映栓钉锈蚀形态是不准确的。

(2)经过修正后的关于栓钉锈蚀程度和抗剪承载力关系的试验数据仍然具有较大的离散性,很难得到可靠的栓钉根部锈蚀率与抗剪承载力之间的关系式。本文建议在进一步研究锈蚀栓钉连接件的抗剪性能时,最好能够在三维基础上获得栓钉的精准锈蚀分布形态。

**参考文献**

[1] XU X Q,HE D Y.,ZENG S W,et al. Effect of concrete cracks on the corrosion of headed studs in steel and concrete composite structures[J]. Construction and Building Materials. 2021(293):123440.

[2] WANG B,LIU X L,DU J T. Experimental research and simulation on the mechanical performance degradation of corroded stud shear connectors[J]. Mathematical Problems in Engineering. 2019(2019):2846467.

[3] 余志武,匡亚川,龚匡晖,等.加速锈蚀钢-混凝土组合梁的性能试验研究[J].铁道科学与工程学报,2010,7(03):1-5.

[4] CHEN J,ZHANG H P,YU Q Q. Static and fatigue behavior of steel-concrete composite beams with corroded studs[J]. J Constr. Steel Res,2019(156):18-27.

[5] 龚匡晖.氯离子作用下钢-混凝土组合梁的耐久性研究[D].长沙:中南大学,2009.

[6] 吴麟.栓钉锈蚀钢-混凝土组合梁性能试验研究[D].杭州:浙江大学,2013.

[7] 荣学亮,黄侨.锈蚀栓钉连接件力学性能试验研究[J].土木建筑与环境工程,2012,34(02):15-20.

[8] WANG W L,CHEN J,JIN W L. Experimental investigation of corroded stud shear connectors subjected to fatigue loading[J]. J. Mater. Civil Eng. 2017,29(1):04016175.

[9] 黄素清,陈驹,蒋遂宇,等.锈蚀推出试件的承载力影响因素分析[C].全国混凝土结构基本理论及工程应用学术会议.南宁:中国土木工程学会教育工作委员会,2014.

[10] XU X Q,LIU Y Q. Analytical and numerical study of the shear stiffness of rubber-sleeved stud[J]. Journal of Constructional Steel Research,2016(123):68-78.

[11] VIGNERI V,ODENBREIT C,BRAUN M. Numerical evaluation of the plastic hinges developed in headed stud shear connectors in composite beams with profiled steel sheeting[J]. Structures,2019(21):103-110.

[12] XU X Q,ZHOU X H,LIU Y Q. Fatigue life prediction of rubber-sleeved stud shear connectors under shear load based on finite element simulation[J]. Engineering Structures,2021(227):111449.

[13] MIA M M,BHOWMICK A K. A finite element based approach for fatigue life prediction of headed shear studs[J]. Structures,2019(19):161-172.

# 7. 宁夏黄河公路桥梁养护与管理实践

王晓东　李正武

(宁夏公路管理中心)

**摘　要**　宁夏回族自治区是黄河流经的重要省份,自1970年第一座黄河公路大桥——老叶盛黄河公路大桥建成以来,已经有近20座黄河公路大桥相继建成。黄河大桥是区域经济社会发展的动脉所在,其运营安全历来得到充分的重视,宁夏黄河公路大桥的养护与管理一直以"夯实桥梁先行支撑,构建长效管理新机制"为指引,不断取得进步。本文介绍了宁夏在役黄河公路大桥的基本运营情况、养护管理的主要举措、取得的成效和对于未来的展望。

**关键词**　宁夏　黄河公路大桥　养护　管理

## 一、引　言

"十三五"以来,宁夏国省干线桥梁尤其是黄河公路大桥养护坚持以养护管理规范化、精细化为抓手,以建设桥梁安全责任体系为切入点,以推进桥梁养管转型升级为突破,定向发力,完善制度,创新管理,不断夯实安全基石,构建长效管理新机制。

## 二、在役跨黄河桥梁概况

截至2020年底,宁夏在役跨黄河桥梁44376延米/21座,其中特大桥15座、大桥6座。

按技术等级分类:国家高速公路桥梁3816延米/3座,省级高速公路桥梁1878延米/1座,普通国道桥梁5141延米/6座,省道桥梁13036延米/6座,其他线路桥梁20505延米/5座。

按结构类型分类:斜拉桥2座,悬索桥1座,箱梁桥11座,T梁桥4座,拱桥1座,其他类型桥2座。

按技术状况分类:一类桥6座,二类桥11座,三类桥4座。

## 三、养护与管理的主要举措

1. 聚焦现代养管体系建设,推动制度建设升级

以制度建设年为契机,坚持问题导向,注重适用管用为目标。一是系统梳理归类交通运输部、宁夏回族自治区及宁夏回族自治区交通运输厅、宁夏公路管理中心4个层级现行公路养管相关法律法规、制度等134项,构建了宁夏国省干线桥梁养管支撑等安全运行8大责任体系。二是修订《宁夏公路管理中心

公路桥梁养护管理办法》等10项制度,规范完善内业"两图五表",9项记录及30类档案。三是出台宁夏地方标准《公路桥梁结构状态监测技术规程》,规范桥梁结构状态监测技术与分析预警。四是制定《桥梁维修加固工程竣(交)工验收指标》,填补国内此项空白,有效指导验收质量鉴定工作。五是编制《宁夏公路桥梁养护手册》《巡检口袋书》和《宁夏公路管理中心普通国省干线长大桥梁安全运营风险辨识手册》。六是建立桥隧技术状况定期公示机制,利用媒介主动公开,为社会车辆择优选择运输路线提供便利。七是推行"一路一案、一路多段、一路多方"及"4个清单"管理模式。

**2. 聚焦主体责任落实,推动安全提质升级**

一是投入专项资金,对管养桥梁设置限载标志和信息公示牌,并动态更新,对桥梁名称、结构类型、管养单位、监管单位及联系电话等详细信息进行公开,接受广大群众监督。二是投入专项资金,创新性地在全区国省干线推行"四长制"(区域、路、桥、隧长),明确职责,压实责任,实行"一桥二牌"管理,构建责任明确、协调高效、监管严格、保障有力的管理新机制。三是健全完善桥梁安全应急预案、创立多元联动的应急协调保障机制,会同公安交管部门率先在全区高速公路建立"四联三创",即联勤、联动、联责、联管,创建联合文明执法示范样板、创建绿色畅行通道、创建标准化基层站点工作机制,进一步提高了联管效能。

**3. 聚焦桥梁先进支撑,推动日常养管升级**

一是制定《桥梁外委检测五年计划》,将跨黄河桥梁全部纳入外委检测,其中已完成检测的黄河桥梁有16座(图1)。同时引入第三方技术咨询机构把脉问诊,提高检测精度。二是推行专业养护。分类制定处治措施,建立3年项目库,分步实施。投入专项资金加固维修黄河桥梁9座。扭转被动加固局面,有效提高桥梁安全通行能力。三是建立"三特"桥梁库,将黄河桥梁全部纳入"三特"桥梁库管理,重点关注,安排专项资金,做到"普桥普养、特桥特养"(图2)。

图1 青银高速公路银川黄河特大桥检测

图2 青银高速公路银川黄河特大桥静载试验

**4. 聚焦补齐资料缺失短板专项行动,推动档案管理提质升级**

完善的桥梁基础资料是规范有效开展桥梁管理的前提,为此,在全公路管理系统开展补齐资料缺失短板专项行动,收集、整理、归档桥隧档案管理资料,成果丰硕,初步实现了桥梁基础资料、管理资料、检查资料、维修资料等全过程动态技术档案管理目标。

**5. 聚焦科技兴桥建设,推广应用新技术新工艺**

宁夏公路管理中心始终立足加强科技兴桥建设,依靠和培养自身人才,通过引进推广、科技研发、技术合作等方式,大力推进区内公路桥梁管养信息化。一是投入专项资金,在定武高速公路沙坡头黄河特大桥、京藏高速公路吴忠黄河大桥2座黄河桥梁上安装健康监测系统。投入专项资金,建立宁夏公路桥梁健康管理大数据云平台,并对桥梁管理系统进行升级维护,定制"宁夏版本"。二是在桥梁加固改造中,大胆探索,积极引进"璧可法"灌缝、粘贴钢板和碳纤维板(布)的被动加固和矮塔斜拉、施加体(内)外预应力、预张紧钢丝绳等主动加固新技术、新材料和新工艺(图3)。

a) G109线石嘴山黄河大桥矮塔斜拉加固

b) 京藏高速公路吴忠黄河特大桥体外预应力加固

c) 银川黄河辅道桥加固工程(体外预应力)

d) 银川黄河辅道桥加固工程(粘贴钢板)

图3 新技术、新材料和新工艺的应用

## 四、取得的成效

经过不断拓展思路、创新举措,宁夏公路管理中心已初步构筑了宁夏桥梁安全运营新防线,取得了显著的工作成效。

1. 制度建设更趋完善

宁夏公路管理中心不仅制定了《宁夏公路管理中心长大桥隧养护管理和安全运行实施细则》等一系列内部管理制度办法,建立了"四长制"应急联动管控机制,还出台了《公路桥梁结构状态监测技术规程》《公路养护工程预算编制办法及定额》等宁夏地方标准。针对桥梁加固工程质量鉴定抽查项目的国内空白,制定了《桥梁维修加固工程竣(交)工验收指标》。主推"方案+清单""制度+细则"管理模式。制度建设更趋完善,管理水平及效率有效提高。

2. 技术状况大幅提升

截至2020年底,公路跨黄河桥梁一、二类比例达到了81%,消除了四、五类桥梁。桥梁病害处治从被动维修加固转变为主动预防,从事后应急抢修转变为事前预防处治,桥梁养护管理步入了良性轨道。"十三五"以来未发生因桥梁结构原因引发的责任事故。

3. 科技水平稳步提升

将信息化、智能化的现代科技融入桥隧管养,积极探索研究引进桥隧加固新技术、新工艺已成为区内桥隧养护的共识。较为系统完备的桥梁健康监测系统已在3座特大桥梁上安装应用,桥梁健康管理大数据云平台的研发应用,将初步实现桥梁资产管理、桥梁运营状态可视化展现、综合管养业务管理、结构状态分析与评估、管养智能辅助决策支持等功能,大幅提高桥隧养护决策水平和效率。

### 4. 档案管理更加规范

进一步完善了桥隧技术档案，统筹掌握桥隧动态信息，收集整理建立了涵盖桥隧设计、施工、验收、养护、运营、维修加固等全过程、全系统的桥隧档案，并实现"一档两建"目标。

## 五、未来展望

（1）持续提高宁夏黄河公路桥梁养护管理现代化水平，发挥创新引领作用，充分运用新理念、新技术、新材料、新装备，推动全区国省干线公路改革转型和提质增效。

（2）加大治超力度，强化部门联动、综合治理，抓好源头末端管控，确保黄河公路桥梁运营安全。同时加强应急救援演练，提升应急处置能力。推动桥梁养护从"保持良好技术状况"到"提升本质安全水平"转变。

（3）进一步完善大数据时代基于云平台、人工智能、物联网的桥梁信息化管理系统，深化桥梁健康监测数据采集、存储、传输、分析方面的技术应用，推动桥梁养护由依靠传统要素驱动向更加注重创新驱动转变。

（4）立足宁夏回族自治区总体功能定位，进一步完善各类管理体制机制，逐步建立现代化、数字化、智能化公路桥梁养护管理新格局，推动公路养护治理体系和治理能力现代化，助力加快建设交通强国。

# 8. 基于信息模型的常规结构桥梁健康监测与智能巡检技术应用

葛胜锦[1] 牛天培[2] 闫 龙[1] 傅 琨[1]

（1.中交柏嘉工程技术研究院有限公司；2.西安公路勘察设计院有限公司）

**摘 要** 为保障中小跨径常规结构桥梁的安全运营，以BIM模型为载体，结合桥梁结构特点与运营状况开展健康监测，及时发现运营期潜在的结构损伤，并借助智能巡检技术，构建工程病害智能标记体系，辅助桥梁养护决策，有效降低工程运营成本。

**关键词** 桥梁 BIM技术 健康监测 智能巡检

## 一、引 言

目前，我国桥梁工程的健康监测重点在于斜拉桥、悬索桥等大跨径、复杂结构，而国内公路桥梁超过90%、总数约85万座均为梁式桥，且随着时间的推移，进入维养加固期的桥梁会越来越多，常规桥梁也将成为公路及市政道路运维管理工作的主体和重点。

20世纪60年代，美国Silver Bridge桥梁的倒塌促使Pontis和Bridgit系统产生，其中Pontis系统在中小跨径桥梁管理维护领域应用状况良好。1999年，丹麦参考欧洲的桥梁养护管理体系研发了Danbro系统，用于桥梁检查评估及养护资金优化配置等相关工作。目前，我国中小桥梁的安全监管以人工巡检为主，不仅数据管理难度大，且病害信息利用率低，运营安全难以得到有效保障。当前国内常规结构桥梁的健康监测与智能检测技术尚未建立，如何利用BIM（建筑信息模型）、物联网等工程信息化技术对常规桥梁进行监测及巡检养护，是桥梁运营维护期重要的研究方向。

## 二、项目概况

随着城市周边游的升温，城市周边旅游公路现代化的道路管理、养护手段和新技术应用不足，信息化水平亦相对滞后的问题日益突出。本项目依托陕西省西安市的关中环线旅游公路，其典型桥梁为常规预制拼装桥梁,选取一座 4×30m 的箱梁桥和一座 6×25m 的空心板桥,将通常用于大型复杂新建桥梁的信息化、智能化相关理念、方法、技术、系统等引入常规梁式桥梁中,并开展针对性优化调整,探索常规结构桥梁的建管养一体化信息技术解决方案。

## 三、BIM 模型及管理系统

为便于项目可视化管理,首先对桥梁主体结构及相应传感设备进行 BIM 建模,精确掌控传感器所在位置。BIM 管理系统基于 WebGL 技术进行前端展示,并与桥梁监测数据进行联动管理。对项目桥梁模型进行地理定位显示,可查看具体结构物所在区域以及监测项目的分布情况,如图 1 所示。

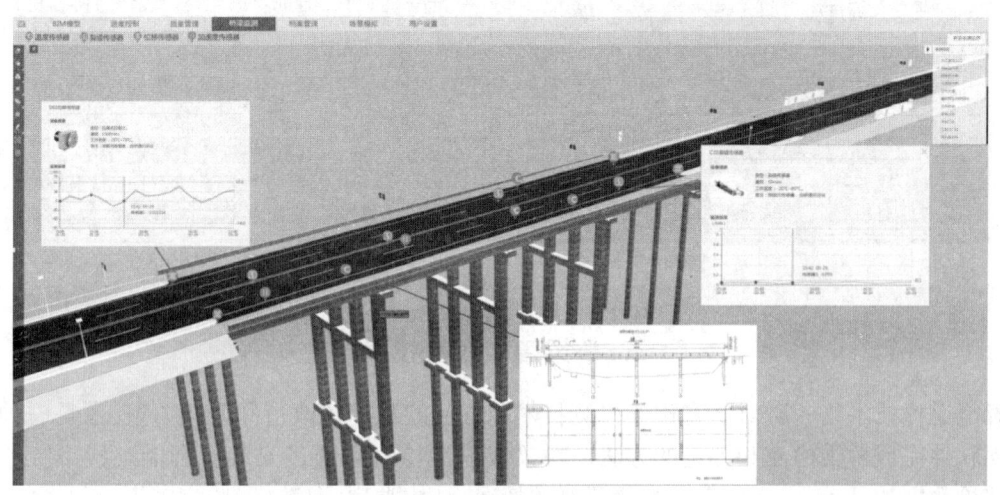

图 1　BIM 模型与监测点布置

系统内的监测项目可通过搜索快速查找需要的结构物,并调转至结构具体监测数据界面。同时为便于平面定位,提供结构物二维展示界面,可在结构整体或局部布置传感器,使得监测现场布点位置一目了然,并且通过不同颜色图标提示测点数据是否正常。数据正常时,传感器图标颜色为绿色;数据告警时,根据告警等级由高到低,传感器图标颜色依次为红色、橙色、黄色。

桥梁智能巡检以 BIM 模型为基础,对其进行构件划分及编码。桥梁构件总体划分为上部结构、下部结构、桥面系以及其他结构四个部分。其中,上部结构又划分为 $1\sim n$ 号上部承重构件(板梁、T 梁)、$1\sim n$ 号上部一般构件(湿接缝、铰缝);下部结构划分为 $1\sim n$ 号立柱、$1\sim n$ 号盖梁、$1\sim n$ 号台身台帽等;桥面系划分为 $1\sim n$ 号伸缩缝、$1\sim n$ 号桥面铺装等。

## 四、桥梁健康监测

桥梁健康监测系统研发了静态和动态数据的接收及呈现功能,并可根据时间选择实时及历史数据。其中,静态数据的接收可根据实际监测频率来设置。目前,支持采集时间间隔在 5min(含)以上,动态数据接收及呈现支持加速度计类的设备,并且采用触发形式的采集方式,时程曲线图可在界面上直接导出。常规桥梁健康监测数据对比分析曲线如图 2 所示。

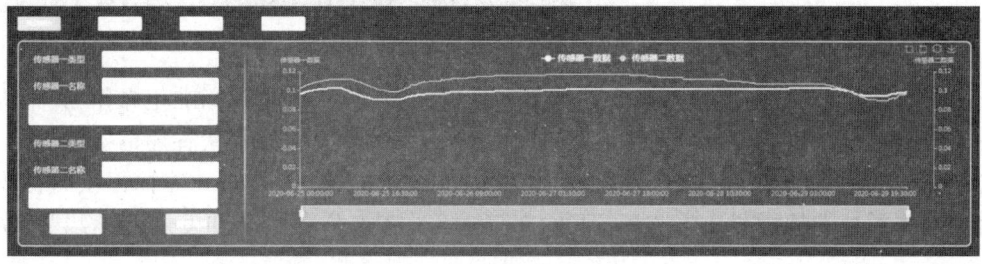

图 2　常规桥梁健康监测数据对比分析曲线

预警通知可以查询项目任意时间段内的告警情况,通过其中的确认操作可消除相关告警(图3)。同时,系统内嵌成熟的数据模板,可以对年、月、周、日等时间段内的数据进行分析,并生成Excel和Word形式的报表。

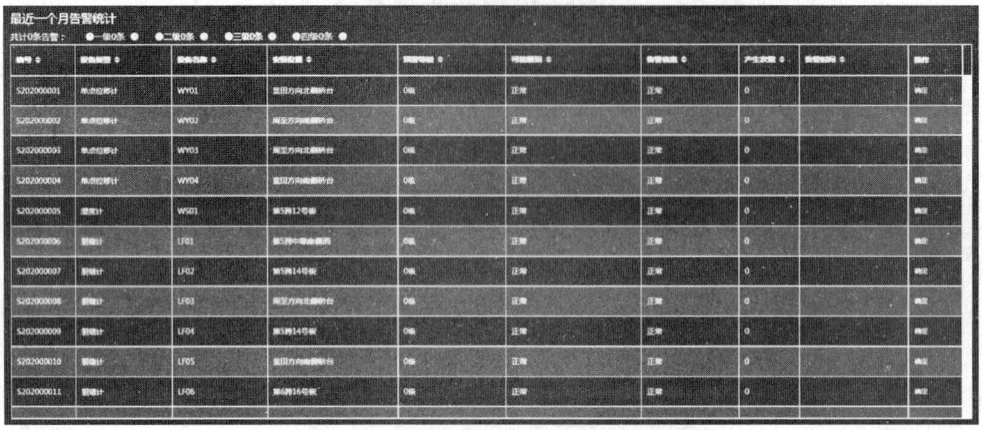

图3 常规桥梁健康监测预警通知

## 五、桥梁智能巡检技术

桥梁智能巡检技术是一种对既有桥梁检测技术和方法的数字化改造和升级方案,也是一种通过计算机技术辅助软件完成桥梁检测和评定的方法。桥梁智能巡检时可通过安装有智能巡检系统的平板电脑完成常规巡检数据的录入,录入信息包括桥梁基本情况、结构类型、参数模型、病害记录(图4)等,根据规范要求,可进行技术状态评定并自动生成检测报告(表1)。

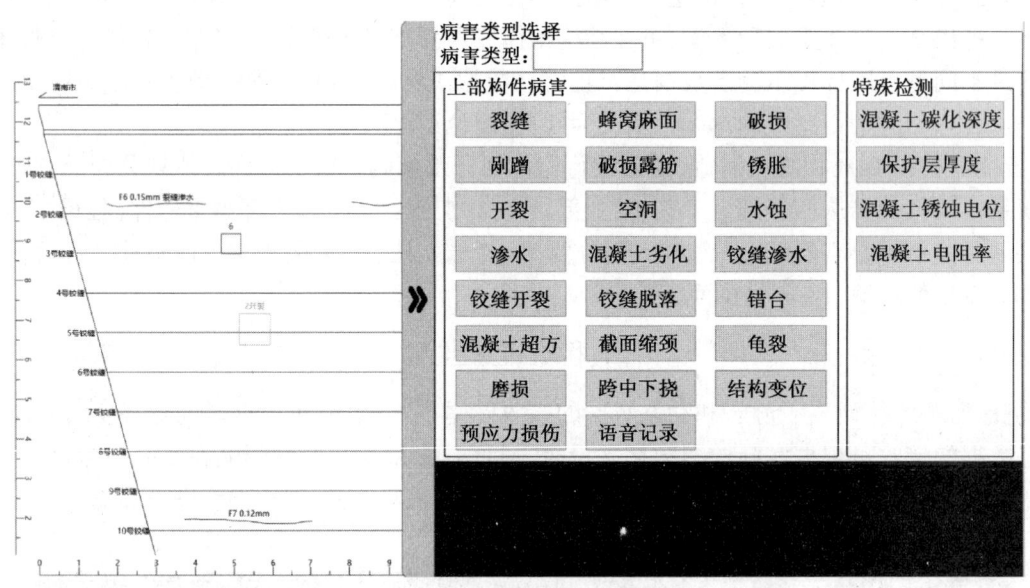

图4 病害记录

与传统巡检方法比较,智能巡检可减少数据录入报告的中间环节,实现标准化操作,大幅提升桥梁巡检质量和效率,让桥梁巡检达到桥梁定检同等工作深度水平,为桥梁的技术状态评估提供支持。

基于可视化与数字化的病害记录及评定,可为桥梁技术状况评定、维修和养护提供数据支持。通过基于构件表面展开图技术的桥梁病害监管,可直接了解桥梁病害分布状况和发展变化趋势,实现桥梁病害监管。

检测报告样例                                                                                                  表1

| 序号 | 部位 | 桥梁部件及评级 | | | 构件评定 | | | | | |
|---|---|---|---|---|---|---|---|---|---|---|
| | | 部件名称 | 技术状况等级 | 技术状况评分 | 构件名称 | 构件总数量 | 有病害构件数 | t值 | 最低评分 | 平均得分 |
| 1 | 上部结构 63分 3类 | 上部承重构件 | 3 | 60.39 | 空心板 | 56 | 52 | 4.16 | 45.28 | 72.15 |
| 2 | | 上部一般构件 | 2 | 83.67 | 铰缝 | 49 | 29 | 4.45 | 80 | 88.16 |
| 3 | | 支座 | 3 | 77.02 | 支座 | 224 | 160 | 2.3 | 80 | 100 |
| 4 | 下部结构 81分 2类 | 翼墙耳墙 | 1 | 100 | 翼墙耳墙 | 2 | 0 | 10 | 100 | 100 |
| 5 | | 锥坡护坡 | 1 | 100 | 锥坡护坡 | 2 | 0 | 10 | 100 | 100 |
| 6 | | 桥墩 | 2 | 80.05 | 桥墩 | 18 | 8 | 6.84 | 65 | 83.89 |
| 7 | | 桥台 | 2 | 80.07 | 桥台 | 2 | 2 | 10 | 65 | 65 |
| 8 | | 墩台基础 | 1 | 100 | 墩台基础 | 10 | 0 | 8.1 | 100 | 100 |
| 9 | | 河床 | — | — | 河床 | — | — | — | — | — |
| 10 | | 调治构造物 | — | — | 调治构造物 | — | — | — | — | — |
| 11 | 桥面系 64分 3类 | 桥面铺装 | 3 | 61.74 | 桥面铺装 | 1 | 0 | ∞ | 61.74 | 61.74 |
| 12 | | 伸缩缝装置 | 3 | 64.54 | 伸缩缝 | 2 | 2 | 10 | 51.74 | 68.37 |
| 13 | | 人行道 | — | — | — | — | — | — | — | — |
| 14 | | 护栏 | 2 | 85 | 护栏 | 2 | 0 | 10 | 75 | 87.5 |
| 15 | | 排水系统 | 3 | 77.26 | 泄水孔泄水管 | 14 | 14 | 7.3 | 80 | 80 |
| 16 | | 照明标志 | 1 | 100 | 标志 | 1 | 0 | ∞ | 100 | 100 |

## 六、结　语

常规结构桥梁在公路交通领域占比最大,也是在运营管理过程中最容易被忽视的结构物。本文以桥梁 BIM 为依托,研发了智慧健康监测和智能巡检系统,及时获取了桥梁安全性指标及运营状态信息,判断了桥梁结构是否满足预定的功能要求,制定了针对性的维修加固策略,可为同类型桥梁全生命周期管理提供科学依据。

**参考文献**

[1] P D Thompson. The PONTIS Bridge Management System[J]. Structural Engineering International,1998,8(4):303-308.

[2] H Hawk,E P Small. The BRIDGIT Bridge Management System[J]. Structural Engineering International,1998,8(4):309-314.

[3] Lauridsen J,Lassen B. The Danish Bridge Management System DANBRO[J]. Management of Highway Structures,1999.

[4] 石德菊.中小桥梁群运营期结构状态监测系统研究[D].重庆:重庆交通大学,2015.

# 9. 结合交通荷载机器视觉融合监测的桥梁群数字孪生系统

淡丹辉[1]　应宇锋[2]　葛良福[1]　官　华[2]

(1. 同济大学土木工程学院桥梁工程系；2. 浙江舟山跨海大桥有限公司)

**摘　要**　桥梁是交通基础设施系统中重要的一环，桥梁的智慧化和数字化管理养护是即将到来的智慧交通基础设施系统的重要内容。本文针对区域交通基础设施网络中的桥梁群，提出了基于实测交通荷载连接的桥梁网数字孪生系统。通过在目标桥梁上设置基于WIM和多源异构机器视觉信息融合的全桥面交通荷载监测系统，以及路网中桥梁群的轻量化响应监测系统，来获取物理空间中桥梁群的实测荷载和响应信息。通过建立相应数字空间中的力学分析模型，以实测荷载为连接纽带，来实现区域交通基础设施网络中的全体桥梁的工作状态感知和安全预警，为进一步构建智慧交通基础设施系统形成重要支撑。通过上海周边区域桥梁群的数字孪生系统初步实现，证明本文所提的技术框架的可行性和未来发展前景。

**关键词**　桥梁群数字孪生系统　交通荷载监测　AI驱动的机器视觉　多源信息融合　结构健康监测

## 一、引　言

随着互联网技术的快速发展，物理世界数字化的理念被逐渐提出，并引起了越来越多研究者的关注。其中，最具代表性的是"数字孪生模型"，即通过对物理实体全方位的实时监测与控制，以数字化的形式动态呈现某一物理实体的行为。

数字孪生模型同时包括物理空间中的物理原型和数字空间的数字模型，其关键在于建立两种对象之间的信息交互通道和相互作用机制。对于土木工程领域，与物理世界工程结构的原型相对应的数字模型是天然现成的，这些数字模型包括服务于设计的2D、3D图纸模型，以及服务于受力分析的力学模型。这些数字模型多服务于工程结构的设计、施工，而很少继续为后继的运营阶段提供服务。随着越来越多的桥梁在运营期出现问题，有必要探寻新的技术和理念以保障其结构安全。

结构健康监测技术可以把握结构在运营期的健康状态和安全风险，同时它也可提供两种对象之间的信息连接纽带和相互作用业务，因此，结构健康监测是数字孪生的理想应用领域。近年来，随着物联网、云计算、仿真等技术的飞速发展，数字孪生思想和技术在结构健康监测领域也有了初步应用。Davila Delgado J M等人提出了一种用于描述健康监测系统BIM模型的自动化建立方法，该模型支持关键结构性能参数的动态可视化展示，以及无缝更新和长期管理。Yuan等针对施工临时结构的监测问题，提出了一种基于CPS的临时结构监测系统，并结合施工现场的物理结构建立了临时结构的数字模型。Ozer E和Feng M Q建立了一个包含桥梁有限元模型、智能手机、分布式计算设施的CPS框架，利用智能手机获取结构振动信息，通过无线方式将数据传到服务器，然后识别桥梁的模态频率并对有限元模型进行更新，从而评估结构的可靠性。Kang等人提出了基于多媒体技术的数字孪生，为了实现物理与虚拟空间的同步，利用传感器采集的数据更新数字仿真模型，然后模拟了几种极端荷载工况，以确保桥梁的健康。然而，由于对两种对象之间的信息交互方式和相互作用的业务认识不够具体和深入，上述工作仅在理论上建立了数字空间模型和实际物理结构之间的联系，并没有实质性实现数字孪生在土木工程中的深度应用。

事实上，桥梁结构的最主要荷载为交通荷载。因此，交互的方式和业务自然而然地围绕着交通荷载监测和响应监测。RuiHou等建立了一高速公路桥的CPS框架,该框架结合机器视觉技术,建立了车辆视频和动态称重信息之间的匹配关系,结合健康监测系统,确立了桥梁响应与车辆车重的匹配关系,为桥梁响应溯源分析奠定了基础,也展现了数字孪生技术应用的广阔空间。本文作者于2019年、2020年提出的基于机器视觉的全桥面交通荷载识别方法,初步解决了桥梁交通荷载的实测问题,并建立了基于实测交通荷载的箱梁桥防倾覆监测方法,以及基于机器视觉实测的交通荷载模型仿真方法。这些研究,已经展现了在一定范围内的路网桥梁群上实现数字孪生技术的良好前景。

为此,本文将在前面研究的基础上,提出一种基于交通荷载实测信息连接的桥梁数字孪生模型,利用机器视觉和动态称重信息融合,监测路网内目标桥梁的全桥面交通流荷载,并根据分析目的的不同,建立路网内桥梁群的有限元模型,使其独立运行于云端服务器上,通过将桥梁工程原型上实测得到的交通荷载施加于数字模型上,使其具备在线力学效应的分析计算能力,并根据分析结果,实现对桥梁原型的工作状态的预测、评估,以及对极端事件的安全预警等功能。

## 二、桥梁群数字孪生系统框架介绍

本系统可分为三个子系统,分别为基于机器视觉和动态称重信息融合的交通荷载监测子系统、目标桥梁的工作状态实时监控子系统,以及路网临近桥梁群的工作状态预警子系统。三个子系统各自对应于路网的特定地理位置,如图1所示。

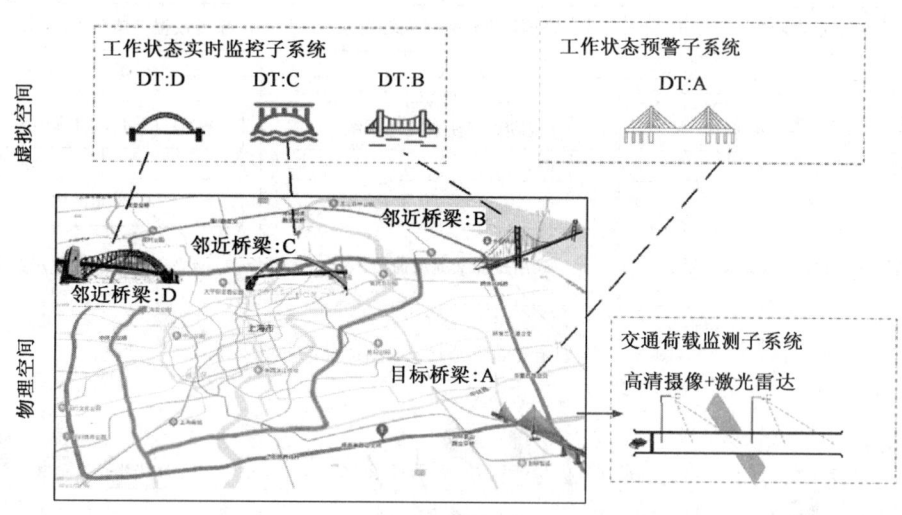

图1 路网桥梁数字孪生系统组成

### 1. 交通荷载监测子系统

交通荷载监测的实质是桥面移动竖向力的实时测量,这包括力的大小和力的即时作用位置。在本文作者于2019年提出的全桥面交通荷载监测技术中,力的大小由WIM系统负责,力的位置则通过以视频监测为基础的机器视觉系统来完成。为了实现全桥面交通流荷载的实时感知,在该技术的基础上,本文提出一种基于多源信息的改进型全桥面交通荷载监测系统,其技术路线如图2所示。

该系统由硬件子系统和软件子系统组成。硬件子系统是车辆质量、车视频和车辆点云信息的获取设备,由高清摄像头视觉和激光雷达在内的多源视觉传感网络、动态称重系统和数据现场采集和处理系统、数据通信系统组成。这些设备均是目前市场成熟产品,其各项技术参数均能满足系统的需要。硬件部分均安装于目标桥梁的桥面,摄像头和激光雷达将根据桥梁跨度大小,在桥面布置成网络状,压电石英动态称重传感器埋设于靠近伸缩缝的引桥或路面铺装层中。

软件子系统由边缘端软件、两种云端数据库、远程通信控制系统、全桥面交通荷载感知云端软件平台和各种功能模块构成,负责完成对全桥面交通荷载的实时感知。平台软件的主要功能模块包括:动态称重与视频图像信息融合模块(SMWI)、基于卷积神经网络的多移动目标检测模块(TD)、车辆特征点的光学测量模块(OM)、多车辆轨迹跟踪模块(TT)、多视场移动目标匹配或转交接模块(MFVC),以及全桥面交通荷载融合识别模块(IMTL)。上述各软件模块在统一的软件平台调度下协力完成桥面交通荷载的实时识别任务,如图3所示。

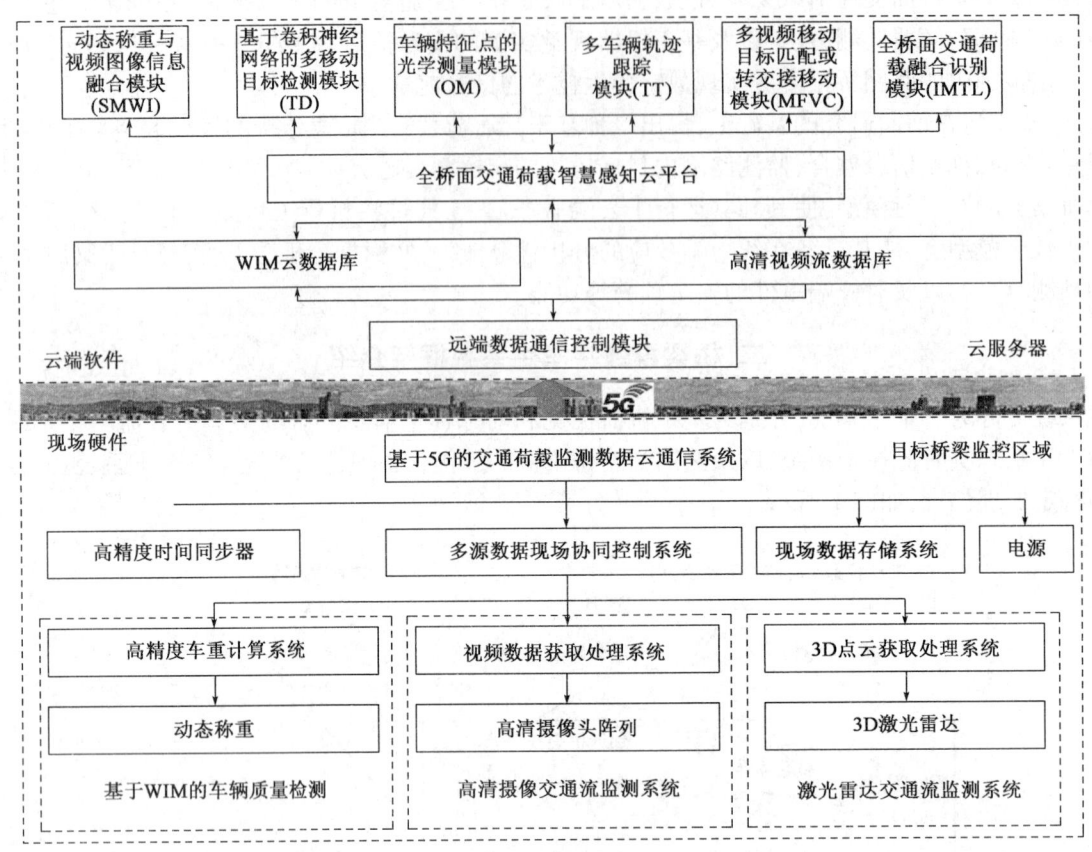

图 2　改进型全桥面交通荷载监测系统技术路线

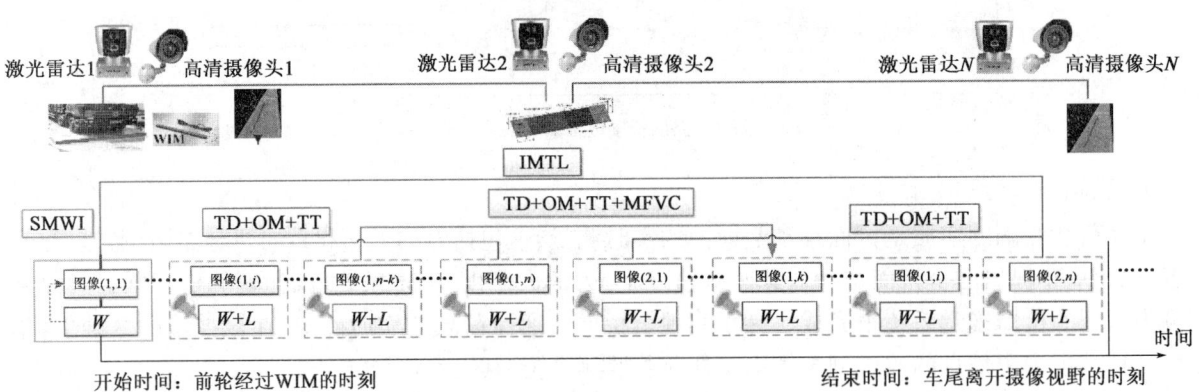

图 3　各软件模块沿桥面纵向的分布

注:$W$ 指车辆质量;$L$ 指纵向距离。

为了提高车辆的纵向定位精度,除了在使用高清摄像头感知多目标车辆即时位置之外,还可利用固定基激光雷达来获取桥面的三维点云图像,进而通过信息融合实现校正车辆的纵向坐标信息,实现更高精度的位置感知。这时,可以采用双 YOLO-v3 的网络结构,实现对两种不同视频信号的移动车辆目标检测,然后再采用特征级信息融合方式,得到车辆目标点桥面坐标的高精度估计,如图4所示。

通常选择物理交通路网干线上的某一单体桥梁作为监测目标,布置交通荷载监测子系统。可选择以该桥的全部桥面为监测范围,沿长度方向布置高清摄像头阵列和 Lidar 阵列,并在两侧引桥部分路面铺装层内埋设动态称重传感器,并确保其横向布置的中心线在第一个摄像头的视野之内或 Lidar 传感器扫描范围之内。多个摄像头的视野沿桥面纵向有一定的重叠,以确保整个桥面都能被视频图像信号覆盖。Lidar 扫描信息和高清摄像头得到视频图像信息是为了实时监测桥面所有通行车辆的即时位置,而动态称重信息则是为了获得车辆的质量和轴重信息。三种信息获取装置需要同步上传至云端服务器,以便进行集中处理。交通荷载监测子系统传感器布设情况如图 5 所示。

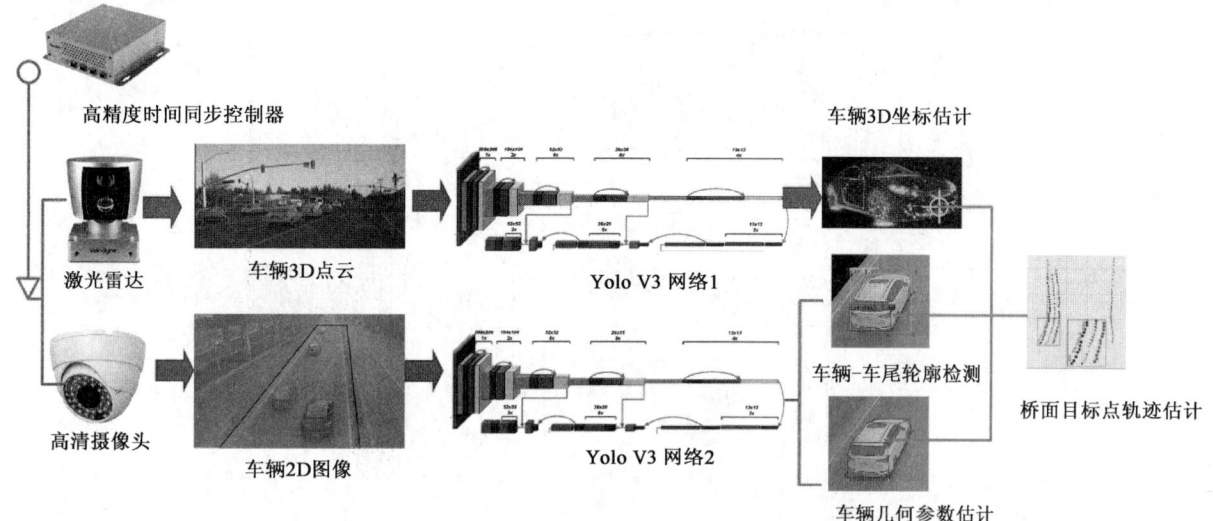

图 4 高清摄像头和激光雷达视频信号的双 Yolo-v3 网络融合目标探测模型

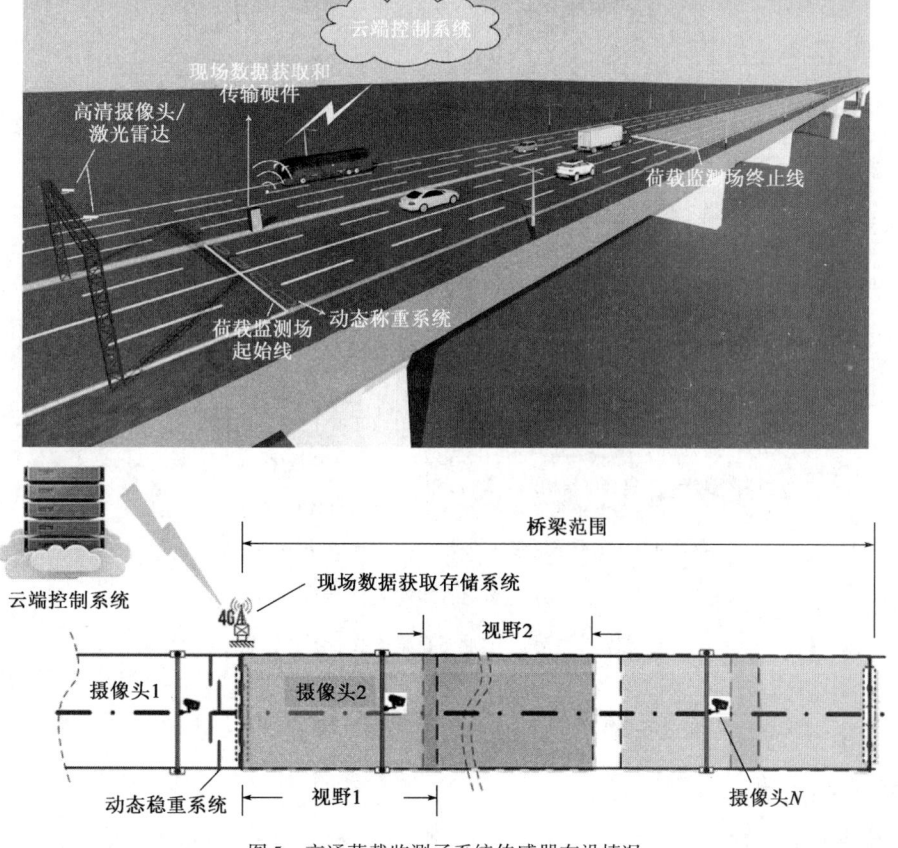

图 5 交通荷载监测子系统传感器布设情况

## 2. 目标桥梁和临近桥梁的数字孪生系统

目标桥梁工作状态实时监控子系统和临近桥梁工作状态预警子系统由多个桥梁的数字孪生模型组成。通常,一个桥可以有任意数量的数字孪生模型,模型间的区别在于分析的目的不同。根据特定目的,可以对实测的交通荷载进行不同方式的加载,并计算模型上特定位置的力学响应,以估计相同位置上桥梁结构的物理响应,从而实现状态监测和预警。由于数字空间中交通荷载的移动过程几乎不需要时间,因此可以实现大余量的安全预警。目标桥梁和临近桥梁的数字孪生系统如图6所示。

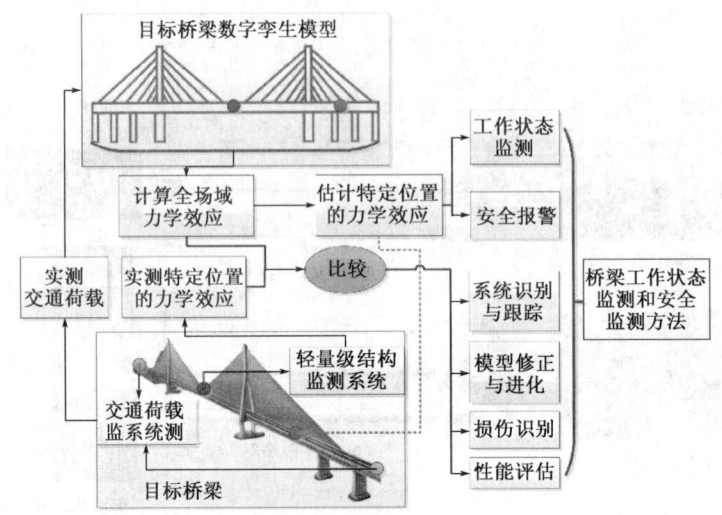

a) 目标桥梁的数字孪生系统

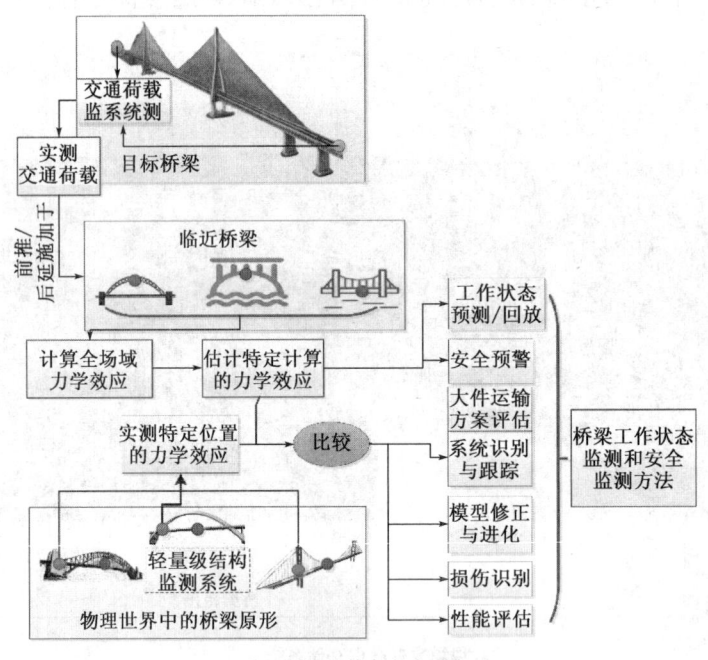

b) 临近桥梁的数字孪生系统

图6 目标桥梁和临近桥梁的数字孪生系统

## 三、桥梁群数字孪生系统初步应用

### 1. 全桥面交通荷载监测

根据上文构建的交通基础设施数字孪生系统原型框架,本文作者先后在上海宝山地区同济路桥匝道桥(2016年)、宁波市核心城区的甬江大桥(2017年)、庆丰大桥(2017年)上实施了交通荷载监测系统,并设计了几个待建的规模不一的交通荷载监测方案。这些已实施的或设计中的交通荷载监测系统的具体信息见表1。

已实施的或设计中的交通荷载监测系统具体信息  表1

| 序号 | 桥梁类型 | 覆盖桥面长度(m) | 高清摄像机 | WIM车道 | 实施时间(年) |
| --- | --- | --- | --- | --- | --- |
| 1 | 同济路高架匝道桥 | 108 | 2 | 2 | 2016 |
| 2 | 甬江大桥斜拉桥 | 210 | 6 | 2+2 | 2017 |
| 3 | 庆丰大桥匝道桥 | 260 | 4 | 2 | 2017 |
| 4 | 郑济高铁黄河特大桥 | 2016 | 24 | 6 | 2021—2022 |
| 5 | 上海市昆阳路斜拉桥 | 440 | 18 | 6 | 2020—2021 |
| 6 | 红河大桥悬索桥 | 700 | 4 | 2 | 2021 |
| 7 | 绍兴市智慧快速路路网桥梁 | 138000 | 12 | 26 | 2022 |

其中,上海市同济路T4匝道桥交通荷载监测系统建成于2016年(图7),系统的主要目的是监测由异常交通模式引起的高架桥梁的安全风险。该系统配置有400万像素红外高清摄像机1台、高精度动态称重系统1套,目前已处于正常运营状态,可持续为科学研究提供现场数据。

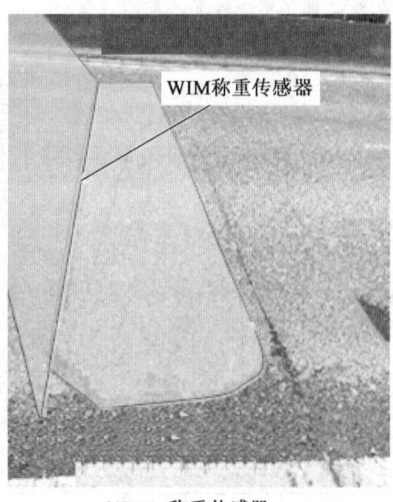

a)红外高清摄像机　　　　b)WIM称重传感器　　　　c)同济路匝道桥交通视频信号

图7　上海市同济路T4匝道桥交通荷载监测系统

利用上文提到的交通荷载识别技术,对同济路匝道桥的交通荷载进行监测识别。选择2018年1月14日15—16时的实测WIM数据和监控视频,成功地识别得到了一段长度达10min的全桥面交通流荷载,为了兼顾结构交通荷载动测需求和识别算法单步识别的最大耗时,特设置交通荷载视频采样帧速率为15Hz。

为了展示识别效果,图8给出其中的三个不同采样时刻的全桥面交通荷载分布云图。在每一时刻的桥面上,各车辆的位置坐标被准确测量,其精度完全满足该三跨连续匝道桥的整桥结构分析的需求,各车辆的质量则以代表车辆矩形框内的云图颜色来展现,其测量数值直接来自WIM系统的车重。

2. 实测交通荷载及其短时效应:防倾覆

针对同济路T4匝道桥进行的交通荷载监测,其最大目的是对城区交通荷载的超载超限车辆及其形成的不利车队进行实时监控,并根据监测识别结果,对其可能造成的桥梁安全事故,比如桥梁倾覆事件、梁桥断裂事件进行预判,进而形成对城市高架桥梁的交通荷载的管控机制。由于城市空间的稀缺性,很多城市高架桥梁及其入口匝道桥都采用了中间独柱墩的整体箱形梁桥,这些桥梁的抗倾覆能力有限,因此在一些极端交通荷载下有可能存在倾覆危险。

为了预测这类桥梁在交通荷载下发生倾覆的危险,我们建立了箱梁实时倾覆预警分析数字孪生模型,将同济路T4匝道桥实测得到的一段全桥面交通流荷载加载于该模型上,重点分析其中中间独柱墩的支座反力,并通过支座反力是否为零来判断是否有倾覆风险,其分析原理可参见前期的工作。本例只给出其中持续时间为10s的交通流荷载作用下支座反力的分析结果,如图9所示。

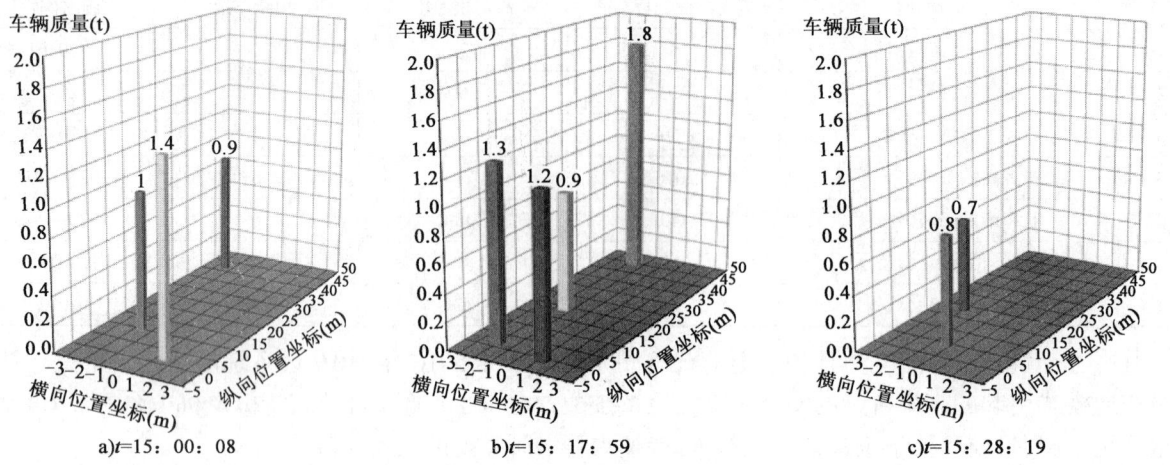

图8 上海市同济路N4匝道桥全桥面交通流荷载(2018年1月14日)

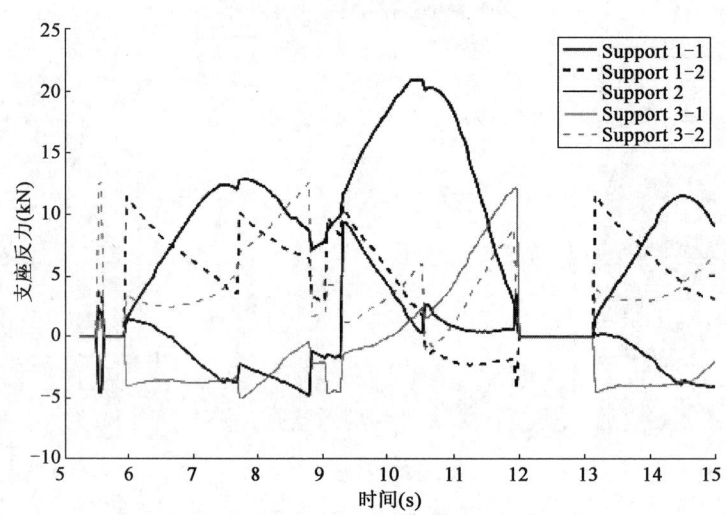

图9 实测交通流荷载作用下箱梁实时倾覆预警分析数字孪生模型的支座反力分析结果

图9给出了在该段实测交通流荷载作用下,通过箱梁实时倾覆预警数字孪生模型分析得到的5座支座反力计算结果(不计入重力效应的影响)。其中,Support-2为中墩支座反力时程,Support1-1,Support1-2,Support3-1和Support3-2分别为两个边墩的四个支座反力时程。从图中可以发现,中墩支座一直处于受压状态,而边墩四个支座反力值处于正负交替状态。整个过程中,支座反力的最小值约为 –5kN,而经计算在自重作用下边墩支座反力约为787kN,即车辆荷载引起的支座反力可以忽略不计,该桥在监测过程中不存在倾覆的危险。

由于采用了简单的结构力学分析原理,该箱梁实时倾覆预警数字孪生模型对实测交通荷载的短时效应分析过程迅速,结果准确,判断倾覆风险的原理简单可行,非常适用于目标桥梁(同济路匝道桥)的实时防倾覆报警。同时,对于该路线上的其他箱梁桥,也可在该段实测荷载实际到达之前,加载于对应的数字孪生模型上,进行防倾覆预警和交通管控,以实现数字空间的桥梁数字孪生模型和物理空间的箱梁桥原型的相互作用,为保障桥梁和交通安全服务。

## 四、结　语

桥梁结构的主要功能是承受交通荷载,因此它是影响桥梁结构设计的主要荷载形式。在运营期内,交通荷载也是影响桥梁结构功能性和可靠性的最主要因素。本文建议的基于桥梁交通荷载监测的路网桥梁群数字孪生系统，构建了一个沟通物理世界和数字世界的交互系统，通过实桥的荷载监测，得到实测的交通荷载，将其加载于桥梁数字孪生模型，分析得到半实测半理论力学效应分析结果，通过对比桥梁原型的实测信息，即可实现对物理空间的桥梁结构的安全预警、状态评估和疲劳寿命评估等目的。本文建议的通过实测交通荷载来作为桥梁和其对应数字孪生模型之间交互的途径，可以实现车轮以下路网交通基础设施群的互联互通和协同交互，从而为未来的智慧公路建设增加一项重要功能。

**参考文献**

[1] Grieves M, Vickers J. Digital Twin: Mitigating Unpredictable, Undesirable Emergent Behavior in Complex Systems[J]. Springer International Publishing, 2017: 85-113.

[2] Delgado J D, Butler L J, Brilakis I, et al. Structural Performance Monitoring Using a Dynamic Data-Driven BIM Environment[J]. Journal of Computing in Civil Engineering, 2018, 32(3): 04018009.

[3] Yuan X, Anumba C J, Parfitt M K. Cyber-physical systems for temporary structure monitoring[J]. Automation in Construction, 2016, 66(jun.): 1-14.

[4] Ozer E, Feng M Q. Structural Reliability Estimation with Participatory Sensing and Mobile Cyber-Physical Structural Health Monitoring Systems[J]. Applied Sciences, 2019, 9(14): 2840.

[5] Kang J S, Chung K, Hong E J. Multimedia knowledge-based bridge health monitoring using digital twin[J]. Multimedia Tools and Applications, 2021: 1-16.

[6] Rui H A, Sj B, Jpl A, et al. Cyber-physical system architecture for automating the mapping of truck loads to bridge behavior using computer vision in connected highway corridors[J]. Transportation Research Part C: Emerging Technologies, 2020(111): 547-571.

[7] D Dan, Ge L, Yan X. Identification of moving loads based on the information fusion of weigh-in-motion system and multiple camera machine vision[J]. Measurement, 2019(144): 155-166.

[8] Ge L, Dan D, Li H. An accurate and robust monitoring method of full-bridge traffic load distribution based on YOLO-v3 machine vision[J]. Structural Control and Health Monitoring, 2020(27).

[9] Ge L, Dan D, X Yan, et al. Real time monitoring and evaluation of overturning risk of single-column-pier box-girder bridges based on identification of spatial distribution of moving loads[J]. Engineering Structures, 2020, 210(May1): 110383.1-110383.13.

[10] Dan D, Yu X, Yan X, et al. Monitoring and Evaluation of Overturning Resistance of Box Girder Bridges Based on Time-Varying Reliability Analysis[J]. Journal of Performance of Constructed Facilities, 2020, 34(1): 04019101.

# 10. 大跨悬索桥涡振事件的监测、智慧感知和在线预警

淡丹辉[1]　李厚金[1]　官 华[2]　吴向阳[2]

(1. 同济大学土木工程学院桥梁工程系; 2. 浙江舟山跨海大桥有限公司)

**摘　要**　本文基于涡振时工程结构呈现单模态类正弦振动的振动特性，提出了基于递归希尔伯特变换方法的悬索桥涡振智慧监测感知和预警方法。该方法首先用实时加速度积分算法实现从加劲梁上的加速度监测数据到动位移的实时计算，进而利用递归希尔伯特变换得到涡振时结构位移的实时解析信号；利用实时位移解析信号的单模态近圆形轨迹特征，提出了用于表征涡振事件发展态势的涡振指标及其实时在线提取算法，实现对涡振事件的第一时间预警和全过程跟踪感知。同时，本文还给出了涡振期

间结构涡激共振的瞬时频率、相位与幅值等关键运动参数的在线实时识别方法,为涡振事件全过程实时监控和进一步的评估和管养决策奠定了基础。通过数值仿真研究和某实桥涡振监测数据,证明了所建议方法的精确性、可靠性和工程可行性。

**关键词** 悬索桥 涡振 加速度积分 递归希尔伯特变换 智慧感知 实时在线计算

# 一、引　言

涡激共振主要是气流流经桥梁等钝体断面结构产生周期性的漩涡脱离,并且对桥梁反作用周期性自激力,在流固耦合作用下产生的高度非线性的结构自激振动。对于悬索桥及各类工程结构,随着跨度的增加,伴随而来的是结构柔度的增加和阻尼比的降低,并且更容易发生涡振事件,通常在 6~12m/s 的低风速区间内就会发生这种单模态的大幅振动。尽管涡振不会直接导致结构倒塌,但是可能会对工程结构的关键部件造成严重的疲劳问题;对于桥梁结构,涡振还会直接影响行车舒适性和安全性。近年来,许多缆索结构桥梁产生了涡振事件,如韩国的 Yi Sun-sin 大桥、我国的西堠门大桥和丹麦的大海带桥等。桥梁涡振的大振幅给行车与行人带来不适,且这类事件往往会造成广泛的社会恐慌和讨论。然而,因为桥梁涡振属于限幅振动,在桥梁设计与建造过程中,允许这类振动的发生,并主要通过限制涡振最大振幅来进行控制。目前对于桥梁结构产生涡振事件,往往通过封锁交通并进行振动控制,这种处理的方式是滞后的。随着桥梁涡振事件的频繁发生与社会关注度的不断增长,目前的监测与控制技术已不能满足现代桥梁发展的需要。近年来,桥梁管理部门与研究者正将更多精力投入涡振事件的实时监测与控制,并亟待开发一种可以对悬索桥及大跨工程结构涡振事件进行实时监测与预警的理论和系统。

针对实际桥梁,随着桥梁结构健康监测的发展,许多大跨桥梁结构建立了健康监测系统,主要通过布设相关结构响应监测硬件,如加速度计、位移计、应力传感器、应变传感器等,以及桥梁环境监测仪器,如风速仪、温度计、湿度计等。虽然目前的监测仪器及数据主要是用于相关统计规律分析以及理论研究,并未建立起基于健康监测数据的实桥涡振监测系统,但是为涡振的监测识别与计算工作建立了基础,并且基于实桥监测数据进行涡振识别被认为是最可靠的方法。一些研究人员进行了相关基于监测数据统计分析的涡振预测研究,如 Li 等通过对西堠门大桥健康监测系统收集的大量风环境数据进行聚类分析,识别出涡振期间的风速和风向数据,并分析风速场与桥梁涡振间的关系。Xu 等同样通过对西堠门大桥的加速度和风场统计数据进行了分析,建立了涡振期间桥址范围的平均风速和风向分布模型,并提出基于加速度监测数据的涡振区频率比与 RMS 指标用于预测涡振的产生,Cao 等在其研究基础之上以 RMS = $5cm/s^2$ 为评价标准,对监测数据进行拟合外推与涡振预测。

这些研究工作主要是通过对海量实桥监测数据进行统计分析和批处理得到涡振期间的桥梁结构响应与环境特性,建立相关数学统计模型,并提出指标用于判别涡振的产生。但这些方法也存在一定的缺陷:①判别指标是基于批处理的数据统计分析计算出来的,无法实现涡振事件及时报警和涡振事件的全过程状态实时感知;②无法实时监测涡振事件中桥梁的基本运动学参数和动力学参数;③无法实时监测和再现涡振期间的桥梁全桥振动姿态;④涡振判别指标及其标准是从长期积累得到监测数据的统计分析中得到的,仅适用于特定桥梁、特定位置加速度监测数据和特定模态频率的涡振事件,缺乏普遍适用性,无法用于其他桥梁。

由于目前实验与数值仿真方法准确性不足,难以投入实桥应用,基于健康监测的涡振预测的批处理统计分析方法又存在诸多应用局限,故本文给出一种可广泛应用于各类实桥的在线实时涡振事件预测及计算方案。该算法首先通过 Zhen 等提出的实时递归加速度积分算法实现实桥的在线位移监测,随后通过建立实时递归希尔伯特变换方法,基于信号数据处理后的实、虚部复平面表达及评估实现涡振的识别、预警和跟踪,并实现对涡振的实时全过程测量,可以得到桥梁涡振的开始和结束时刻以及桥梁涡振过程中丰富的振动特性,如瞬时频率、相位、幅值等。该算法具有实时性高(秒级)、精度高、准确和直观等特点,并且通过仿真算例和实桥监测数据验证了其有效性。

## 二、涡振机理及监测尝试

涡振是大跨桥梁风致振动的典型现象。对于大跨桥梁，气流通过桥梁断面时产生周期性的漩涡脱落，当漩涡脱落频率与桥梁固有频率接近时则有可能激发涡振。桥梁涡振主要具有以下特征：①涡振通常是在较低风速时产生的有限振幅振动；②当激励频率接近桥梁固有频率时产生涡振锁定现象，并且桥梁产生大幅度的振动；③振动幅值与结构断面形状、阻尼、质量、施密特数等有关；④漩涡脱落可以引发弯曲振动和扭转振动。从运动方程和位移响应模式出发，可以得到涡振期间位移的近似谐波与环境随机振动下的位移响应存在明显的差异，涡振发生时，桥梁振动近似一种单模态的振动形式，其频谱呈现单一能量峰值，其余峰值能量很小，桥梁结构响应主要为单频变幅（近似恒幅）谐波信号；而正常环境激励下的结构响应成分复杂，为多阶模态共同作用下的随机振动，产生无规律响应。这种差异为桥梁涡振的判别创造了条件，涡振信号的近似谐波特性也对本文的工作产生了启发。

### 1. 涡振判别方法

桥梁正常运营状态下的环境激励随机振动和涡激共振时的振动特性有明显区别，因此，在对桥梁等工程结构进行涡振判别时，最简单的方法就是基于桥梁监测数据，通过肉眼识别振动响应时程，如加速度信号、位移信号中的稳定正弦振动段，若符合涡振的振动规律则判断有涡振产生。此外，基于涡振的单模态振动特性，也可以通过对一段数据进行频谱分析并进行人工识别，若频谱中仅显示单一频谱峰值，则说明有涡振产生。

目前开展的涡振自动识别研究相当有限，主要是通过数学统计分析方法对实桥监测数据进行海量数据的信息挖掘。Li 等通过聚类分析方法获得桥梁涡振期间的平均风速、平均风向，并获得风速场和涡振模式之间的关系；Xu,Cao 等通过拟合桥梁涡振期间风速、风向的概率分布模型，识别涡振期间加速度 RMS 值以及响应频率比等参数的统计规律等。基于统计规律，当实桥风环境参数或特征量满足拟合的概率分布模型或大于参数评价阈值即判断涡振产生。Huang 等采用随机减量法进行实桥监测信号处理，并将处理后信号的峰值变异系数（COV）定义为特征指标，基于长期监测数据计算结果采用高斯分布建立阈值。当输入信号计算所得变异系数低于阈值则被识别为涡振，否则为随机振动。

涡振的准确识别目前仍具有困难，各类方法均存在一定的问题。对于监测信号，肉眼判断误差大、准确性低，并且受技术人员的个人因素影响大，极容易误判或漏判；批处理频谱分析方法同样需要进行人工干预，难以在线实时判断；实桥监测信号的数据统计分析方法无法实时准确进行涡振识别，并且无法识别涡振期间的桥梁振动信息，需要数年的监测数据积累的识别方法难以推广应用。目前诸多方法难以准确感知涡振的发生、发展和结束的全过程，更不必说涡振期间桥梁的振动状态信息。因此，本文基于桥梁涡振时的类正弦振动特性，采用了实时递归希尔伯特变换方法将时域一维监测信号进行处理转换为二维复平面向量，当涡振发生时，该二维复平面向量图形呈现标准的圆形，可以清晰、直观地识别桥梁涡振的发生，并且可基于递归希尔伯特变化方法进一步进行桥梁涡振监控计算。

### 2. 涡振幅值测量方法

为了测量桥梁涡振期间结构动态位移，传统的位移响应监测方法主要有摄像法、GPS 观测法、线性可变差动变压器（LVDT）法等。但是上述方法均存在测量精度不足、测量同步性差、成本高等缺点，位移监测的实时性差并且需要固定的位移观测参考点。

正因为直接测量方法难以实现涡振期间桥梁振动幅值的测量，一些学者从实验室出发，基于风洞试验结果计算实桥涡振幅值。这种方法分为两步，首先通过进行桥梁节段模型风洞试验并获取锁定现象下的桥梁涡振幅值，随后考虑弹性气动力随桥梁长度的变化，并代入涡振预测模型得到桥梁涡振响应。但是对于桥梁涡振的精确建模目前尚未实现，Scanlan 最先对桥梁涡振进行建模获得了桥梁振动的单自由度 van der Pol-type 方程，Marra 等通过基于模型的非线性最小化方法识别风洞模型的空气弹性参数。然而，在实桥涡振时的质量与阻尼变化条件下，仍难以准确计算桥梁涡振幅值。

与直接位移测量方法相对应的基于加速度积分得到结构位移方法有很久的研究历史。加速度积分可分为频域积分和时域积分两大类,频域积分由于傅里叶变换和反变换操作往往会给积分结果造成较大的截断误差;时域积分方法直接对加速度信号进行处理,但是一直存在基线漂移和噪声干扰的问题,并且基于信号批处理的加速度积分算法无法实现涡振的在线实时测量。

综上所述,本文给出一种可广泛适用于各类工程结构的涡振事件监测、感知和实时预警方案。该算法首先通过淡丹辉、郑文昊等人的发明专利"基于递归最小二乘法的实时加速度积分算法的动位移监测方法"(专利号:201710691327.1)提出的实时递归加速度积分算法,以及淡丹辉、李厚金的"大跨悬索桥涡振事件的实时识别和监测预警方法"(专利号:202011331924.1)发明专利方法,实现实桥的在线位移监测,随后通过建立的实时递归希尔伯特变换方法,得到涡振位移解析信号及其复平面轨迹,据此建立涡振事件表征指标,实现对涡振的识别、预警和跟踪,以及对涡振参数的实时全过程高精度实时测量。通过仿真算例和实桥监测数据,验证了建议方案的有效性。

## 三、实桥应用

悬索桥的健康监测系统,监测内容包括主梁多向加速度、应变、位移,环境参数如温湿度,风场特性,如风速、风向等,丰富的监测数据为进行该桥涡振事件模拟创造了良好的基础。基于本文的桥梁涡振事件智慧感知系统和主要算法,主要使用某桥的加速度监测数据。该桥主跨上游将7个双向(竖向、横向)加速度计布置在7个八等分点处,其中V8~V14通道监测竖向加速度数据,H1~H7通道监测横向加速度数据。在主跨下游八等分点处布置V1~V7竖向加速度传感器(图1)。各传感器同步采样,采样频率为50Hz。

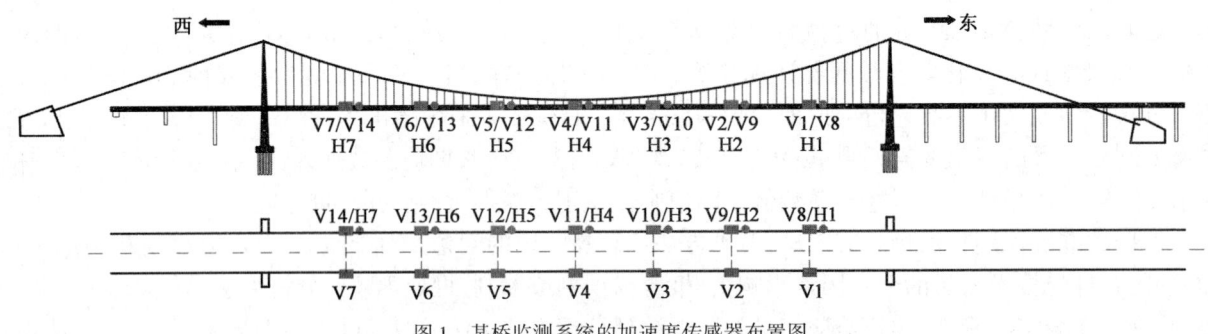

图1 某桥监测系统的加速度传感器布置图

本文选用2020年某日全天的加速度监测数据进行分析。通过实时加速度积分方法对加速度数据进行积分,通过频谱分析得到涡振期间结构一阶基频$f_s = 0.2268$Hz,通过多次分析调试确定滤波截止频率$\omega_c = 0.01\pi$,积分准确性较高,递归滤波参数$q = 0.299$,传递函数幅值$|H(\omega)| = 0.3975$(图2)。

通过加速度积分程序运行得到2020年6月12日全天的位移时程。从该段时间内的涡振位移时程可以大致看出涡振的产生、稳定振动以及衰减过程。涡振稳定段加速度幅值约25mg,积分所得稳定段位移约12cm。通过将局部积分结果与理论位移结果对比,积分值与理论值在整个振动历程的波形上具有很高的一致性,积分结果保留了完整的振动信息(图3)。

单通道的加速度积分很好地得到了桥梁振动位移时程,对应桥梁上的单点或单个断面涡振期间的振动状态。为了进一步认识整座桥梁在涡振期间的振动行为,可以通过将桥梁纵向多个同步监测的加速度通道进行同步积分,并以桥梁纵向位置为横坐标,同步积分所得各测点位移为控制点进行样条插值拟合得到各时刻的桥梁形态。如图4所示,可以明显看到涡振期间桥梁的纵向运动姿态,主要为三阶振动模态。

通过递归希尔伯特变换算法对该桥积分位移信号进行处理,选取涡振区局部信号(00:59:00—01:00:00)和非涡振区局部信号(02:19:00—02:20:00)绘制涡振圆。由图5可以看出,涡振期间的递归希尔伯特变换呈现明显的圆形特征,而非涡振区间的涡振曲线杂乱无章。通过对涡振区和非涡振区涡振指标

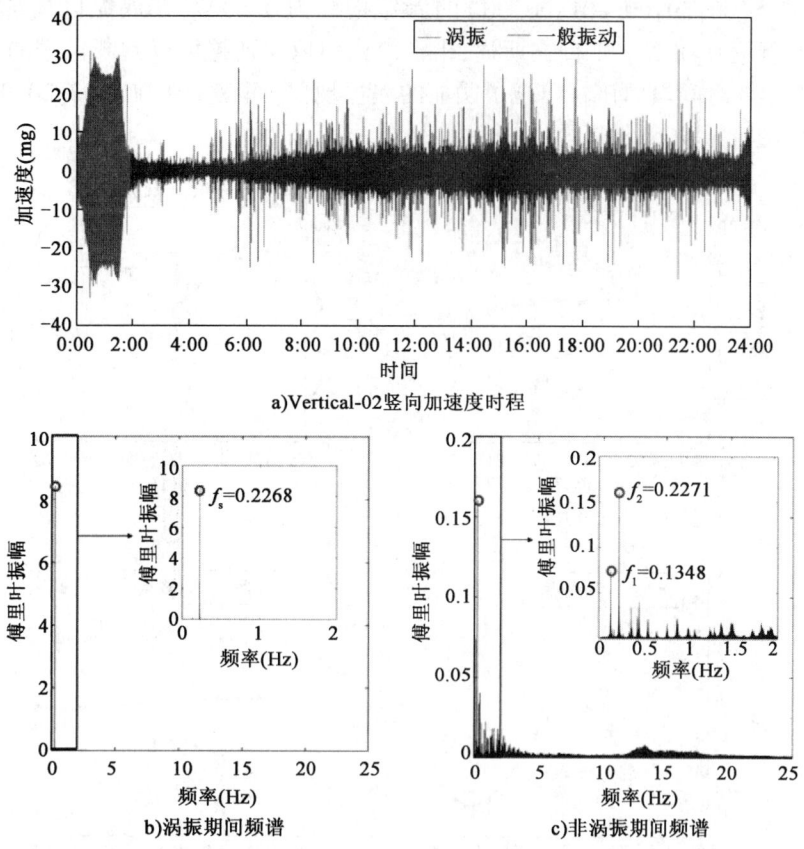

a) Vertical-02竖向加速度时程

b) 涡振期间频谱

c) 非涡振期间频谱

图 2 某桥监测系统的涡振期间加速度记录及其频谱

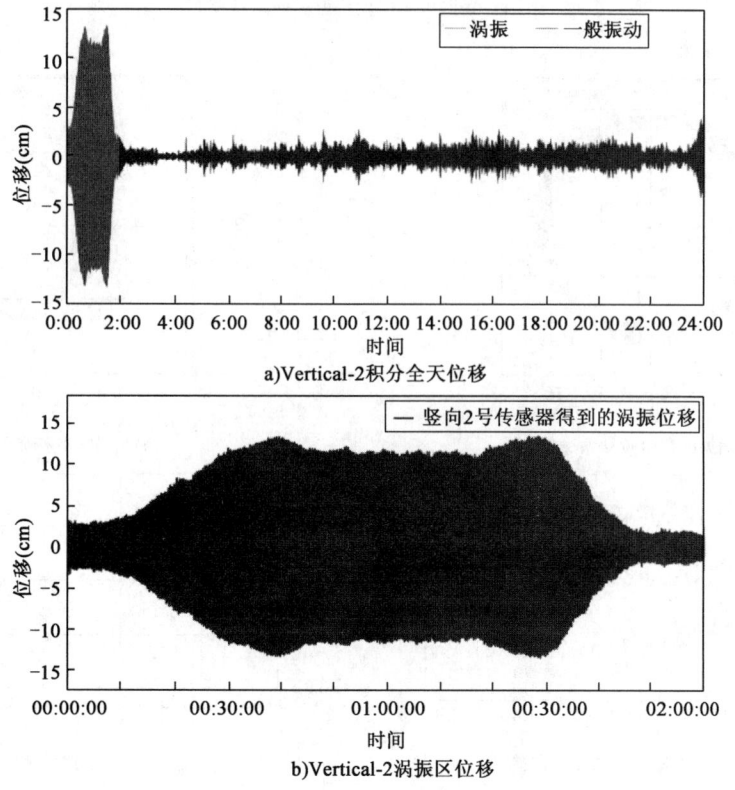

a) Vertical-2积分全天位移

b) Vertical-2涡振区位移

图 3 某桥监测系统的涡振期间加速度记录及其频谱

计算,涡振区局部信号(00:59:00—01:00:00)的涡振指标为0.8327,非涡振区局部信号(02:19:00—02:20:00)的涡振指标为0.0026。如前文所述,半径变化率越大则越可以判断涡振的发生,因此,可以确认00:59:00—01:00:00时间段内该桥出现了明显的涡振现象,而02:19:00—02:20:00时间段内涡振指标数值很小,为环境随机振动。

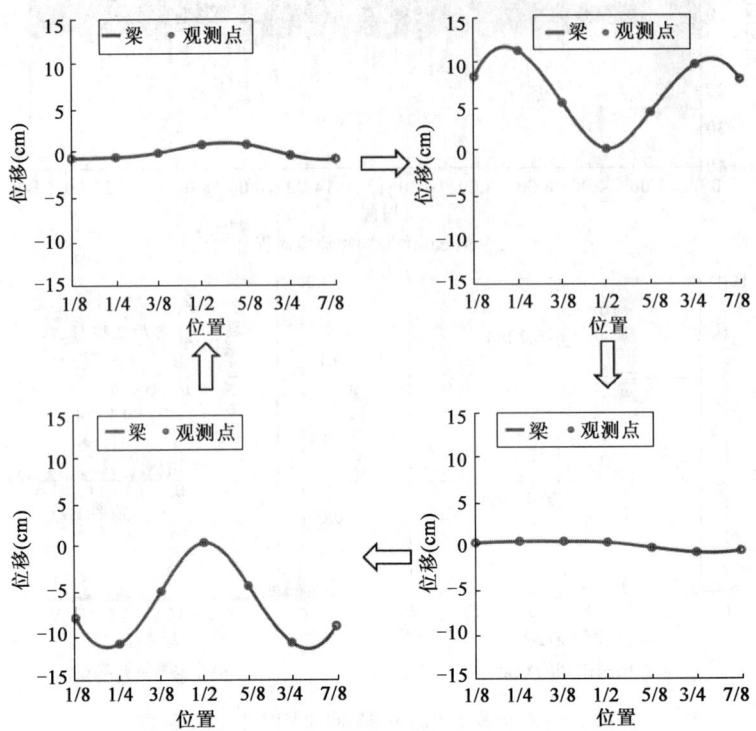

图4 涡振中单周期桥梁纵向运动姿态

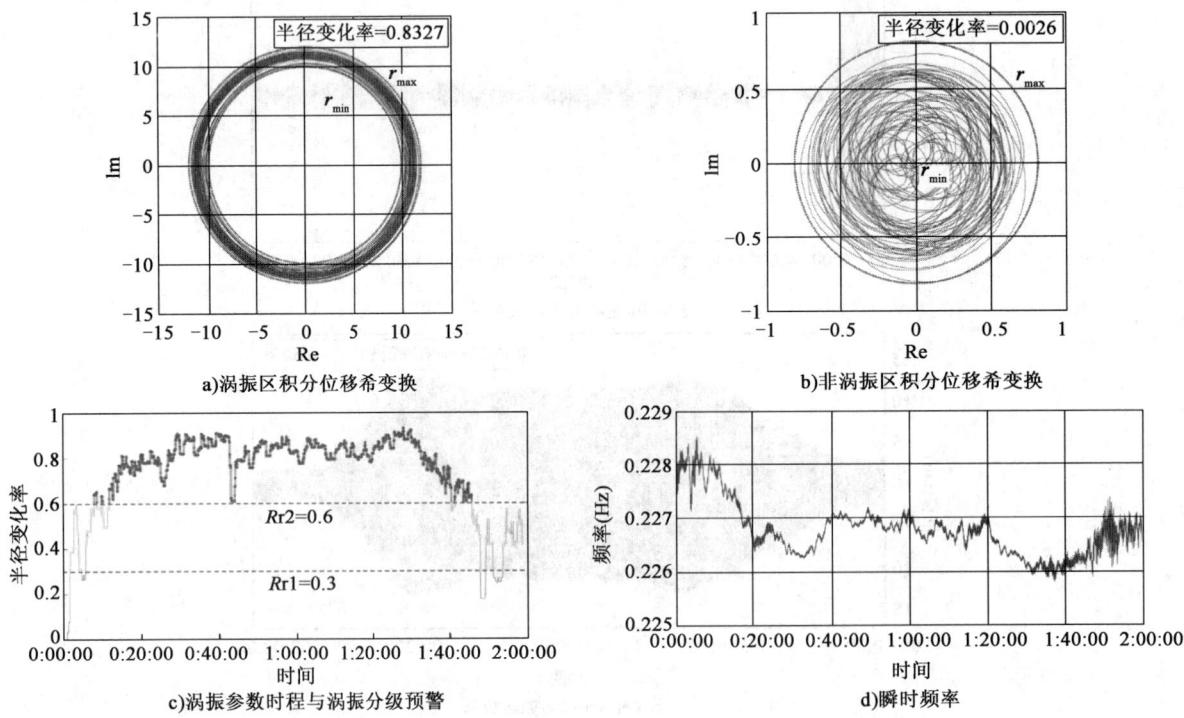

图5 某桥监测系统的涡振期位移轨迹及其涡振

在图5c)中,通过对递归实时希尔伯特变换后的涡振信号进行实时涡振指标和涡振参数计算,实现涡振前、涡振产生、涡振中、涡振消亡和涡振后的全过程准确感知。该计算方法运算速度快、稳定性高、基于递归希尔伯特算法计算结果,并进一步可以与实时加速度积分算法集成监测系统,在进行涡振各阶段识别分析上具有很高的分辨率,极限识别分辨率可达毫秒级。

为了保证该涡振事件智慧感知系统中实时加速度积分模块和后续涡振参数计算模块可正常同步运行,本文选择将涡振识别的时间分辨率设置为1s,即每秒进行一次涡振参数计算并进行涡振判断。为了对大致判断的涡振区间(0—2时)进一步进行精细涡振区间判断,通过计算并绘制出涡振参数半径变化率的时程曲线,并可以通过设定阈值进行涡振多级预警。通过对递归希尔伯特圆的观察,当半径变化率 = 0.3 时该图形出现明显的圆形态,可作为涡振一级预警指标进行防范。当半径变化率 = 0.6 时,递归希尔伯特圆呈现标准的圆形态,可说明产生了明显的涡振,因此作为涡振二级预警指标进行涡振预警。

结合数值模拟和实桥监测数据验证,本文提出的方法基于实时振动监测信号可以很好地进行悬索桥的涡振识别和监测预警工作。首先对实时加速度信号进行积分得到位移,实时感知涡振时的桥梁振动和工作状态。随后基于短时递归希尔伯特变换可实时识别涡振事件,并且获得桥梁涡振过程中的瞬时频率、相位以及振幅等丰富振动信息,通过实桥验证,单通道的监测信号计算即可实现秒级别的实时涡振报警。正因为该方法使用便捷、计算成本低、识别频率高并且计算结果丰富且直观,加速度、位移等多种监测信号均可以用于涡振的监测和识别,除悬索桥外其他可能发生涡振的工程结构,如缆索、塔、高层建筑等,以及风洞实验室中模型均可广泛使用本方法进行涡振实时监测与智慧感知。

## 四、结　语

本文提出了基于递归希尔伯特变换方法结合实时递归加速度积分算法形成的实时在线桥梁涡振感知计算方案,通过对理想正弦信号的模拟和某悬索桥大桥2020年6月12日的实桥监测数据进行计算分析,结果表明本方法可以准确、高效判断涡振事件的开始和结束时刻,并识别、测量桥梁涡振期间的瞬时频率、相位与幅值等振动特性,实现桥梁涡振的实时在线全过程智慧感知。本文主要结论如下:

(1)相较于传统批处理希尔伯特变换,递归希尔伯特变换计算结果更加准确稳定,大幅缩短了波动段的长度,并且可以用于实际工程的涡振监测。

(2)通过对桥梁多通道加速度同步积分实现了桥梁涡振期间振动姿态的重现。对实桥监测信号处理分析,建立半径变化率分别为0.3和0.6的两级涡振预警判别阈值,可以第一时间识别并预警出某桥在00:07:58—01:45:36时段内存在明显的涡振现象。

(3)通过对实桥涡振参数计算发现桥梁涡振特征,结果表明,当桥梁瞬时振幅处于较低水平时通过参数识别已经判定出涡振现象的产生。

**参考文献**

[1] Sarpkaya T. A critical review of the intrinsic nature of vortex-induced vibrations[J]. Journal of Fluids & Structures,2004,19(4):389-447.

[2] Li H,Laima S,Ou J,et al. Investigation of vortex-induced vibration of a suspension bridge with two separated steel box girders based on field measurements[J]. Engineering Structures,2011,33(6):1894-1907.

[3] Daniel Cantero,Ole Øiseth,Anders Rønnquist. Indirect monitoring of vortex-induced vibration of suspension bridge hangers[J]. Structural Health Monitoring,2018,17(4).

[4] Hwang Y C,Kim S,Kim H K. Cause investigation of high-mode vortex-induced vibration in a long-span suspension bridge[J]. Structure and Infrastructure Engineering,2019,16(8):1-10.

[5] Larsen A,Esdahl S,Andersen J E,et al. Storebælt suspension bridge - vortex shedding excitation and mitigation by guide vanes[J]. Journal of Wind Engineering & Industrial Aerodynamics,2000,88(2):283-296.

[6] Zhiwen Huang, Yanzhe Li, Xugang Hua, Zhengqing Chen, Qing Wen. Automatic Identification of Bridge Vortex-Induced Vibration Using Random Decrement Method[J]. Applied Sciences, 2019, 9(10).

# 11. 黄河下游(山东段)黄河公路大桥养护管理技术发展与创新

李怀峰　张运清　吴军鹏　孟　涛

(山东省交通规划设计院集团有限公司)

**摘　要**　黄河公路大桥因其自身长大特殊复杂的特点,进行科学合理的养护维修加固技术与管理养护至关重要。本文梳理了近年来部分大桥养护维修加固采用的新技术、新工艺、新材料,以及已开展的大桥养护管理模式的创新探索,初步总结了一些具有推广价值的养护技术和管理成果,为类似黄河公路大桥养护与管理提供参考。

**关键词**　黄河公路大桥　管养技术发展　管理模式　创新

## 一、引　言

黄河下游河道被称为"地上悬河"。为促进黄河两岸交通及经济发展,先后建成了多座跨黄河公路桥梁。桥梁运营时间的增长,加之行车荷载以及自然环境的影响,对桥梁的养护管理也提出了更高的要求。针对这类长大特殊复杂结构,在桥梁使用期限内保障结构的运营安全,进行科学合理的养护维修加固技术与管理养护至关重要。

本文梳理了近年来黄河下游(山东段)部分黄河公路大桥养护维修案例,着重介绍了其中新技术、新工艺、新材料等的应用,同时对大桥养护管理模式的创新方面的探索也作了初步讨论,总结了一些具有推广价值的养护技术和管理成果,力求能够为类似桥梁养护与管理提供参考。

## 二、桥梁基本情况

目前,黄河下游(山东段)已建成的桥梁主桥的结构形式有斜拉桥、连续梁(刚构)桥、矮塔斜拉桥、钢桁梁桥等。表1按照桥梁类型列出了已建成部分桥梁的基本情况。

**部分已建成桥梁基本情况**　　表1

| 序号 | 桥梁类型 | 桥　名 | 主桥跨径组合(m) | 建成时间(年) |
|---|---|---|---|---|
| 1 | 斜拉桥 | 国道104线济南黄河公路大桥 | 40+94+220+94+40 | 1982 |
| 2 | | 东营胜利黄河大桥 | 60.5+136.5+288+136.5+60.5 | 1987 |
| 3 | | 利津黄河公路大桥 | 40+120+310+120+40 | 2001 |
| 4 | | 滨博高速公路滨州黄河大桥 | 2×42+2×300+2×42 | 2004 |
| 5 | | 青银高速公路济南黄河大桥 | 60+60+160+386 | 2008 |
| 6 | | 建邦黄河大桥 | 53.5+56.5+2×300+56.5+53.5 | 2010 |
| 7 | | 济齐黄河公路大桥 | 40+175+410+175+40 | 2018 |
| 8 | | 青兰高速公路黄河大桥 | 180+430+180 | 2019 |

续上表

| 序号 | 桥梁类型 | 桥　名 | 主桥跨径组合(m) | 建成时间(年) |
|---|---|---|---|---|
| 9 | 连续梁（刚构）桥 | 东明黄河公路大桥 | 75 + 7 × 120 + 75 | 1993 |
| 10 | | 京台高速公路济南黄河大桥 | 65 + 160 + 210 + 160 + 65 | 1999 |
| 11 | | 荣乌高速公路东营黄河公路大桥 | 116 + 200 + 220 + 200 + 116 | 2005 |
| 12 | | 鄄城黄河公路大桥 | 70 + 11 × 120 + 70 | 2015 |
| 13 | | 东新高速公路东明黄河公路大桥 | 3 × (67 + 6 × 120 + 67) + (67 + 6 × 120 + 67) | 2019 |
| 14 | 矮塔斜拉桥 | 惠青黄河公路大桥 | 133 + 220 + 133 | 2007 |
| 15 | | 济阳黄河公路大桥 | 107 + 195 + 216 + 195 + 107 | 2008 |
| 16 | 钢桁梁桥 | 平阴黄河大桥 | 96.8 + 112 + 96.7 | 1970 |
| 17 | | 国道 205 线滨州黄河大桥 | 4 × 112 | 1972 |
| 18 | | 济南长清黄河大桥 | 102 + 4 × 168 + 102 | 2018 |
| 19 | | 青兰高速公路黄河大桥跨大堤桥 | 180 + 180 | 2019 |

从建成时间看，表1中多数桥梁已服役10～50年，进入了养护期，需要采取科学合理的养护维修技术，以满足桥梁运行安全及交通需求。部分桥梁虽建成时间较短，但也面临着如何实现大桥的精准养护问题，以保障大桥良好的服务水平和技术状况。

## 三、黄河公路大桥的养护维修

桥梁是否能够长期正常使用，不仅取决于设计、材料、施工质量，更依赖于后期养护水平，目前在役黄河公路大桥有相当一部分进入了养护需求增长期，为保证桥梁结构安全、满足使用功能、有效延长桥梁使用寿命，需要采取必要的养护维修技术。如国道105线平阴黄河大桥，为增设非机动车道、减小上部结构自重，将主桥混凝土桥面板改为正交异性钢桥面；国道104线济南黄河大桥(一桥)，为改善桥梁安全性和耐久性，采用换索、桥面系维修、碳纤维布加固、拉索和锚头防腐等措施；国道106线东明黄河大桥，为彻底解决主梁抗剪承载力不足和跨中下挠问题，采用增设斜拉体系加固技术进行改造；G3京台高速公路济南黄河大桥(二桥)，为延缓腹板开裂病害，采用了粘贴钢板加固，为提高顶底板开裂后的耐久性，采用了粘贴碳纤维布的方案。下面详细介绍几座近年来黄河公路大桥养护维修加固采用的新技术、新工艺及新材料。

1. 国道105线平阴黄河大桥

1) 桥梁概况

平阴黄河公路大桥是国道105线山东省聊城市境内一座跨河大桥，由主桥、南引桥和北引桥组成(图1)。其中，主桥为(96.0 + 112.0 + 96.0) + (96.0 + 112.0 + 96.0)m两联连续栓焊钢桁架。桁架高11m，节间长8m，主桁横向中心距10m，车行道净宽9m。平阴黄河公路大桥南北引桥，上部结构为预应力混凝土装配式简支梁，横向由5片主梁通过端中三道横隔板形成整体，顶部现浇10～20cm钢筋混凝土桥面板。

2) 养护维修历史

该桥从建成通车至今进行了加宽改造、引桥桥面板维修，以及后续全面维修，各年份桥梁病害处治措施见表2。

a) 主桥桥面　　　　　　　　　　　　　　b) 主桥立面

图 1　国道 105 线平阴黄河公路大桥

**各年份桥梁病害处治措施一览表**　　　　　　　　　　　　　　　　　　表 2

| 年份(年) | 项目 | 病害处治措施 |
|---|---|---|
| 2006 | 桥面板改造 | 主桥:拆除原桥面板并增设正交异形钢桥面板,主桁外增设托架加宽 2m 非机动车道。<br>引桥:原桥两侧各增设一片钢主梁,原主梁外增设托架加宽 2m 非机动车道 |
| 2014 | 引桥桥面板维修 | 拆除引桥原桥面板后重新浇筑整体桥面板,更换伸缩缝装置,对栏杆护栏进行了涂层修复 |
| 2016 | 主桥 U 肋 | 维修撕裂严重 U 肋 |
| 2017 | 引桥横隔 | 每跨布设 3 道钢桁架横隔板 |
| 2017—2018 | 主、引桥全面维修 | 主桥:钢板撕裂、焊缝开裂病害钢板加固处理,钢构件进行了整体涂装;更换病害伸缩缝钢齿板。<br>引桥:钢构件整体涂装;更换病害伸缩缝钢齿板;更换人行道纵梁全部支座;对南引桥桥头铺装整体挖除重新浇筑 C50 聚丙烯腈纤维钢筋混凝土面板 |

## 2. 国道 104 线济南黄河大桥(一桥)

### 1) 桥梁概况

济南黄河公路大桥(图 2)位于济南市北郊,汇集了国道 104 线、国道 105 线、国道 308 线、国道 309 线四条国道,桥梁全长 2023.44m,由主桥和南、北引桥组成,主桥为五孔连续预应力混凝土箱梁双塔双索面悬浮式斜拉桥,跨径组合为(40 + 94 + 220 + 94 + 40) = 488m,引桥分为南北引桥两部分。南引桥 24 孔,北引桥 27 孔,上部结构为 30m 跨径的先张预应力混凝土简支组合箱梁桥。

a) 主桥平面图　　　　　　　　　　　　　　b) 主桥立面图

图 2　国道 104 线济南黄河公路大桥

2) 养护维修历史

济南黄河公路大桥自1982年8月通车以来,进行了多次维修,各年份桥梁病害处治措施见表3。

各年份桥梁病害处治措施一览表  表3

| 年份(年) | 项 目 | 病害处治措施 |
|---|---|---|
| 1995 | 主桥斜拉索 | 更换全桥斜拉索;拉索更换为直径7mm的镀锌高强钢丝拉索,换索的索力与原来保持一致;防护体系为PU+PE外护套组合。<br>其他:拉索锚箱防锈除锈、增设斜拉索减振设施、更新主桥伸缩缝、整修桥面铺装、修补主梁及索塔裂缝等。 |
| 2003 | 全桥大修 | 主桥:更换人行道栏杆为钢栏杆;维修部分桥面铺装;粘贴钢板条加固边跨斜腹板裂缝;修补桥面板及横隔板裂缝;伸缩缝更换为D300型梳齿板橡胶组合伸缩缝;修补下锚头索座裂缝;对桥面防护罩缝隙封闭灌胶处理。<br>引桥:人行道栏杆改为钢栏杆;铣刨原桥面铺装回铺5cm的沥青混凝土;拆除桥面板,修补槽型梁裂缝,顶升槽形梁,铺设16cm厚40号现浇混凝土桥面板;修补下部结构墩柱、盖梁的裂缝;更换D80型梳齿板橡胶组合伸缩缝及GJZ橡胶支座。 |
| 2009 | 主桥维修 | 粘贴碳纤维布修补主梁顶板裂缝;粘贴钢板加固腹板、斜腹板裂缝;对拉索、锚头、预应力锚头等钢构件除锈防腐;重铺桥面铺装上层3cm SMA-10;增设了索塔处主梁检查通道;设立桥梁永久观测点;增设限载设施。 |
| 2012 | 主桥、引桥维修 | 主桥:主跨跨中斜腹板采用水泥基渗透结晶型防水涂层涂刷;采用丙乳砂浆或高强细石混凝土进行修补锈胀开裂混凝土。<br>引桥:端横隔板角隅处缝隙采用钢板加固;对L-50-3号墩柱的碳纤维板清除后,粘贴两层碳纤维布 |
| 2013 | 主桥斜拉索维修 | 采用MF2000G非硫化不干性防腐密封胶、MF860F聚硫防腐密封胶对全桥的斜拉索上、下锚头及下锚头套筒进行防腐处理 |
| 2018 | 主桥、引桥维修 | 主桥:对PE索套破损进行焊补;对主桥索塔及边跨进行涂装;对人行道铺装开裂及部分人行道板进行更换;对主桥桥面采用含砂雾封层恢复表面功能。<br>引桥:引桥主梁腹板斜向裂缝粘贴碳纤维布;对人行道铺装开裂及部分人行道板进行更换;引桥支座更换;对南北引桥采用含砂雾封层恢复表面功能。 |

3. 东营胜利黄河大桥

1) 桥梁概况

东营胜利黄河大桥(图3)位于东营市垦利区东北侧,是胜利油田接通黄河南北的一条主要干道。大桥全长2817.46m,由主桥及南北引桥组成。其中主桥长682m,主桥为五孔连续钢斜拉桥,上部结构为连续双箱正交异性板钢梁斜拉桥,跨径组合(60.5+136.5+288+136.5+60.5)m,主跨288m,塔顶高程78.6m。引桥长2135.46m,其中南引桥长722.73m,共计24跨;北引桥长1412.73m,共计47跨。引桥上部结构采用30m预应力混凝土小箱梁。

2) 养护维修历史

为保障大桥的正常安全运营,该桥进行多次维修,各年份桥梁病害处治措施见表4。

a) 主桥平面图　　　　　　　　　　　b) 主桥立面图

图 3　东营胜利黄河大桥

**各年份桥梁病害处治措施一览表**　　　　　　　　　　　　　　　　　　表 4

| 年份(年) | 项目 | 病害处治措施 |
|---|---|---|
| 2000 | 主引桥 | 主引桥静动载试验及宏观检测,发现主桥路面不平顺、支座橡胶垫被挤出 |
| 2003 | 主引桥 | 主引桥分析计算及安全检测,发现 U 肋对接焊缝质量普遍不合格;桥面维修加固,引桥采用10cm厚钢纤维混凝土+3cm厚沥青混凝土铺装 |
| 2004 | 引桥 | 大桥安全检测,进行引桥开裂箱梁加固 |
| 2007 | 主桥 | 发现桥面板有开焊现象,对大桥进行全面检测,发现个别 U 肋脱焊、裂缝;对 4-11' 索体进行剥开检查 |
| 2008 | 引桥 | 引桥箱梁斜裂缝加固 |
| 2009 | 主桥 | 发现部分 U 肋开焊现象(两侧无索边跨较多),进行安全检测 |
| 2013 | 主桥 | 主桥动、静载试验;索力测试;桥面线形测试;主桥宏观检查及钢结构微观检查 |
| 2015 | 主引桥 | 主桥外观检测;桥面线形测试;主桥拉索、焊缝、螺栓专项检测;预应力钢筋锈蚀检测;主桥风振调查;引桥外观抽查;桥面线形测量。主桥被评为四类桥梁 |
| 2019 | 主引桥 | 主桥、引桥全面检测 |
| 2021 | 主引桥 | 主桥改造:主桥钢箱梁病害加固及重新涂装;更换主桥斜拉索;铣刨原桥面铺装重铺上层3cm厚高黏高弹 SMA-10+下层5.5cm厚超高性能混凝土(UHPC);更换检修道板、护栏及抑流板;更换伸缩缝及支座;桥塔裂缝及局部破损处置后采用弹性聚合物改性水泥涂料涂刷,采用(环氧)封闭期+通用环氧树脂漆+氟碳面漆进行防护;桥墩局部病害处置后采用高强钢丝布加固。引桥改造:拆除上部结构、盖梁及墩柱,保留桩基及地系梁、承台;地基注浆方案加固补强桩基;重建墩柱、盖梁和上部结构,新的上部结构采用30m先简支后结构连续小箱梁 |

### 4. 国道 106 线东明黄河公路大桥

**1) 桥梁概况**

国道106线东明黄河公路大桥(图4)位于山东省菏泽市与河南省濮阳市之间。主桥长990m,主桥为(75+7×120+75)m 的连续刚构组合体系,原设计荷载为汽—超20级、挂—120。

a) 改造后主桥平面图

b) 改造后主桥立面图

图 4 国道 106 线东明黄河公路大桥

2) 养护维修历史

随着国家经济的高速发展和交通流量的迅猛增长,尤其是大规模的晋煤东运车辆超载运行,使该桥产生了相当大的损害。桥梁管理部门在 1997 年对桥梁的检查中发现梁腹板开裂和跨中下挠,并从 1997 年开始对主桥箱梁的裂纹和桥面的线形进行连续监测,各年份桥梁病害处治措施见表 5。

各年份桥梁病害处治措施一览表　　　　　表 5

| 年份(年) | 项目 | 病害处治措施 |
| --- | --- | --- |
| 2003 | 主桥维修 | 基于 2002 年的检测结果,在主梁底板增设体外预应力束,采用 $\Phi 15.24$ 无黏结镀锌钢绞线,钢束的张拉控制应力采用标准强度的 70%。同时对开裂区段的腹板左右对称采用粘贴钢板和加厚腹板补强 |
| 2007 | 主桥荷载试验 | 2007 年对大桥进行荷载试验,对照同济大学 1993 年 10 月提交的《东明黄河公路大桥竣工试验鉴定报告》,试验结果表明,东明黄河大桥主桥加固后的工作性能及刚度能满足要求,达到了预期的效果 |
| 2010 | 专项检测 | 腹板外侧裂缝与纵向呈 40°~60° 的斜向夹角,共 363 条,上、下游对称,缝宽最大值为 0.30mm,缝长最大值 4.76m;腹板上、下游内侧新增竖向和斜向裂缝分别为 657 条和 781 条,缝宽最大值为 0.32mm,最大缝长 2.33m |
| 2012—2016 | 主桥维修 | 采用斜拉体系加固法对主桥进行加固改造。加固工程中,新增桩基 32 根,8 个承台扩大施工,新增 16 个塔柱,斜拉索 62 根,钢托梁 32 个,钢托架 62 个 |
| 2016 | 荷载试验 | 荷载试验结果表明:桥梁受力得到改善,跨中截面高度得到抬升,结构自振频率得到极大改善,结构竖向位移响应也明显减少,加固效果明显。该桥斜拉体系加固主梁施工技术的成功应用,可为今后斜拉体系加固的设计和施工提供参考 |

## 5. G3 京台高速公路济南黄河大桥(二桥)

1) 桥梁概况

G3 京台高速公路济南黄河公路大桥(济南黄河二桥,图 5)位于济南市西部,是一座跨越黄河的特大桥。大桥全长 5750m,由主桥及南北引桥和引道组成,其中,主桥为 (65 + 160 + 210 + 160 + 65)m = 660m 五跨预应力混凝土刚构-连续梁体系,引桥为 35m 标准跨径的装配式预应力混凝土简支 T 梁桥,下部结构形式为薄壁式桥墩、肋板式桥台、钢筋混凝土钻孔灌注桩基础;桥面铺装为沥青混凝土结构。

2) 养护维修历史

自通车以来,大桥曾进行过多次维修,各年份桥梁病害处治措施见表 6。

a) 主桥平面图

b) 主桥立面图

图 5　G3 京台高速公路济南黄河公路大桥（济南黄河二桥）

各年份桥梁病害处治措施一览表　　　　表 6

| 年份（年） | 项目 | 病害处治措施 |
| --- | --- | --- |
| 2009 | 主桥维修 | 箱梁内部：对顶板、腹板、横隔板、预应力齿板等部位的裂缝封闭处理；在顶板部分区域粘贴碳纤维布（条）；在腹板部分区域粘贴钢板（条）；在腹板部分区域采用钢丝绳网片＋聚合物砂浆外加层加固方法进行加固补强；部分钢筋外露情况未处理。<br>箱梁外部：在底板部分区域粘贴碳纤维布（条） |
| 2013 | 主、引桥维修 | 主桥：混凝土裂缝封闭，中跨跨中粘贴碳纤维布。<br>引桥：重浇封锚混凝土和挡块，混凝土局部修补 |
| 2014 | 主、引桥维修 | 主桥：混凝土裂缝封闭，混凝土局部修补。<br>引桥：维修挡块，支座加垫钢板 |
| 2018 | 主桥维修 | 更换主桥 L-119、R-119、R-114 三道伸缩缝 |
| 2019 | 主桥维修 | 更换主桥 L-118-1 号和 L-118-2 号支座 |

## 6. G20 青银高速公路济南黄河大桥（济南黄河三桥）

### 1）桥梁概况

G20 青银高速公路济南黄河大桥（济南黄河三桥，图 6）是青岛—银川高速公路跨越黄河一座特大桥，桥梁全长 4473.04m，主桥采用独塔双索面斜拉桥，主梁采用扁平流线型全钢箱形断面，跨径布置为（60＋60＋160＋386）m。主桥结构体系为多跨弹性支承独塔钢斜拉桥，塔墩固结，全桥共 96 根斜拉索，呈空间扇形分布，双索面，为改善主梁抗风性能和防护锚箱，箱梁两侧设置风嘴。桥塔采用倒 Y 形，塔柱采用空心箱形截面，为单箱单室。主桥两端各设一道 D800 优质钢伸缩缝。支座采用球型钢支座。

a) 主桥平面图

b) 主桥立面图

图 6　G20 青银高速公路济南黄河大桥（济南黄河三桥）

2) 养护维修历史

自通车以来，大桥曾进行过多次维修，各年份桥梁病害处治措施见表7。

各年份桥梁病害处治措施一览表　　表7

| 年份(年) | 项　目 | 病害处治措施 |
|---|---|---|
| 2012 | 河滩和堤外引桥维修 | 对上部梁体的裂缝进行了封闭处理；对上部梁体病害部位采用丙乳砂浆进行修补；对伸缩缝混凝土破损部位采用丙乳砂浆或高强细石混凝土进行修补；更换引桥4处支座损坏的连接件 |
| 2013 | 引桥维修 | 对主要受力结构(如梁底板等)的裂缝进行封闭处理；对上部结构梁板混凝土局部破损部位采用丙乳砂浆或高强细石混凝土进行修补；铣刨主桥(西桥头)行车道存在网裂的沥青铺装，重铺高黏度沥青混合料 |
| 2015 | 主桥斜拉索维修 | 对斜拉索阻尼器、钢箱梁阻尼器等锈蚀、脱落部位除锈清理后重做重防腐涂装；钢桥面喷砂除锈，焊接剪力件，回铺5cm SBS沥青混凝土SMA-5(添加钢桥面直拌高强沥青改性剂SBH)+防水黏结层(高黏度沥青)；对4套除湿机、钢箱梁配套4台的桥检车以及2台检修电梯进行维修 |
| 2017 | 南侧堤外引桥 | 如L79~L86、R73、R84共10跨采用体外预应力加固补强方案；对需维修桥跨采用在箱梁桥面板底面粘贴玄武岩不锈钢丝网格方案；对需维修桥跨未压浆管道采取补压浆措施；对加固桥跨箱梁全部外露表面采用修复砂浆进行涂装防护 |

### 7. 济阳黄河公路大桥

1) 桥梁概况

济阳黄河公路大桥(图7)北起济阳县城，跨越黄河后，经章丘区，与济南机场高速公路相接。济阳黄河公路大桥主桥全长821m，为(107.5+195+216+195+107.5)m四塔单索面部分斜拉桥，采用塔梁固接、梁墩分离的结构体系，引桥上部结构为预应力钢筋混凝土简支箱梁。

a)主桥平面图

b)主桥立面图

图7　济阳黄河公路大桥

2) 养护维修历史

为保障大桥的正常安全运营，该桥进行多次维修，各年份桥梁病害处治措施见表8。

### 8. 养护技术发展与创新

以上黄河公路大桥维修加固过程中科学合理地运用新材料、新技术，如东营胜利黄河大桥主桥换索时对索力进行精确调整，优化全桥索力，调整桥梁合理受力状态；G3京台高速公路济南黄河大桥引桥箱梁提高承载能力采用体外预应力加固技术，提高箱梁顶板耐久性采用具有较高的强度和耐高温、耐腐蚀的玄武岩不锈钢丝网格；为提高桥面板整体刚度东营胜利黄河大桥主桥桥面铺装采用超高性能混凝土(UHPC)；补强桥塔塔柱采用具有优越的抗腐蚀能力和耐久性高强钢丝布，上述新材料、新技术的应用不仅保障了桥梁运营安全，而且具有较好的经济效益，实现了安全与经济的双重良好效果。

各年度桥梁病害处治措施一览表　　　　表8

| 年份(年) | 项　　目 | 病害处治措施 |
|---|---|---|
| 2009 | 主引桥维修 | 在原桥面的基础上铺装一层沥青混凝土 |
| 2014 | 主引桥维修 | 拉索防护系统的维修:修复、补充脱离、缺失的护筒;对护筒内黄油缺失的重新进行灌注;密封圈开裂处采用密封胶进行封闭;对钢板锈蚀处应先进行除锈,再进行涂装防护。拉索PE护套病害程度采用外加热式的热风焊接、外加热套管修复;对上部梁体的裂缝进行封闭处理;对上部梁体病害部位采用丙乳砂浆修补;整个塔柱修补处理后进行防腐涂装;对于支座脱空采用充填结构胶或加垫钢板调平。<br>中分带排水:在中央分隔带处先用砂浆找平,再铺设热熔沥青防水层,使之排水顺畅 |
| 2018 | 主引桥维修 | 对全桥沥青铺装进行铣刨,重铺3cm SMA-10沥青铺装 |

## 四、管养模式的创新探索

保障黄河公路大桥的长期安全运行,除了依靠养护技术的发展创新外,还需要不断探索科学合理的养护管理模式,传统的被动式养护管理方式已无法有效满足长大特殊复杂结构养护管理的需求。

目前,研究人员针对黄河公路大桥开展了桥梁养护模式的探索,结合具体养护管理需求,着力打造先进的大型桥梁管养服务体系,提升桥梁养护管理水平,保障公路桥梁运营安全,实现全寿命周期的最优养护策略。

1. 桥梁养护全过程咨询服务

先后在平阴黄河公路大桥和济齐黄河公路大桥开展了桥梁养护全过程咨询服务,通过桥梁定期检测及养护咨询项目的实施,查明大桥缺陷和损伤(既存在或潜在)的性质、部位、严重程度及发展趋势,评定各部件的使用功能和技术状况,分析和评价既有缺陷和损伤对相关结构使用功能和承载能力的影响,以此确定桥梁技术状况,完善桥梁技术资料档案,并以此为依据编制桥梁年度养护计划、中长期养护计划和应急预案等,对养护管理提供咨询服务,提升桥梁养护管理水平,保障公路桥梁运营安全。

2. 大桥综合养护总承包

在国道104线济南黄河公路大桥开展了综合养护总承包,以系统化的思路对大桥的养护管理进行整体统一的设计与规划,实现日常检查养护—检测/监测—结构评估—安全预警—处置建议—监督处置—效果反馈的动态管理过程,从而建立了完善的大桥养护管理体系。

为避免在大桥养护管理作中出现在作业水平参差不齐的局面,保证作业数据的一致性、标准性、连续性和可比性,从制定专用技术标准和手册、"一体化的养护"项目实施、强大的技术服务与管理支撑三个方面对大桥的养护管理作业进行整体、统一的规范。

## 五、结　　语

黄河公路大桥因其自身具有长大、特殊、复杂结构特点,为保障结构的运营安全,养护维修技术的发展及养护模式的创新非常重要。本文梳理了近年来黄河公路大桥养护维修加固采用的新技术、新工艺和新材料,并初步总结了对大桥的养护管理模式的探索工作,取得了一些具有推广价值的技术和管理成果,为类似黄河公路大桥管理与养护技术提供了参考。

**参考文献**

[1] 李怀峰,王志英,陈国红.黄河下游(山东段)黄河公路大桥的技术发展与创新.中国公路学会桥梁和结构工程分会2016年全国桥梁学术会议论文集[C].北京:人民交通出版社股份有限公司,2016.
[2] 张劲泉,李承昌,郑晓华,等.桥梁拉索与吊索[M].北京:人民交通出版社,2013.
[3] 中华人民共和国交通运输部.公路桥梁加固设计规范:JTG/T J22—2008[S].北京:人民交通出版社,

2008.
[4] 牛进民.东明黄河公路大桥维修加固工程[J].山东交通科技,2008(4).
[5] 徐刚年,王有志,袁泉,等.斜拉体系加固东明黄河公路大桥主梁锚固区段模型试验研究[J].世界桥梁,2018,46(3).
[6] 徐刚年.斜拉体系加固变截面连续梁桥力学性能研究[D].济南:山东大学 2019.
[7] 刘多特.斜拉体换索技术研究[D].重庆:重庆交通大学,2010.

# 12. 基于 BIM + GIS 的高速公路建设项目协同管理系统应用

高立勇[1]　岳秀鹏[1]　董永泉[1]　窦金锋[2]

(1. 山东高速基础设施建设有限公司;2. 山东高速沾临高速有限公司)

**摘　要**　高速公路是全国交通网络中的重要一环,为了解决高速公路建设过程中管理困难的问题,本研究依托沾化至临淄高速公路,开发了 BIM 综合应用协同管理系统,基于建筑信息模型(BIM) + 地理信息系统(GIS)引擎,打通进度、计量、物联及视频的数据交互通道,满足项目可视化管控及精细化管理需求。实践证明:BIM 协同系统的应用全面提升高速公路信息化管理水平,有效压缩管理层级,提高管理效率,为建设品质高速公路提供了良好的辅助管理平台。

**关键词**　建筑信息模型(BIM)　地理信息系统(GIS)　高速公路　可视化管控　精细化管理

## 一、引　言

高速公路是现代经济社会发展的重要基础设施,是构筑交通现代化的重要基础,也是我国交通事业发展的重要组成部分。当前社会经济不断发展,汽车数量快速增加,出行和运输需求不断提高,对高速公路建设管理提出了更高的要求,传统管理模式已经难以满足日益严格的管理需求。

高速公路项目具有征迁难度大、技术工艺复杂等诸多特点,工程管理难度极大。因其从设计施工到运维管养,中间大部分环节都存在大量的管理难题,例如图纸与现实差异极大、过程资料失真、施工质量监管、工程进度监控、土地征拆管理等。因此,不少工程人表示,交通工程尤其是高速公路建设是一项"粗放型"工程。面对上述管理问题,亟待一种新技术来提升工程管理信息化和标准化水平,提高设计成果利用率,最大限度保证高速公路建设有条不紊地进行。

近年来,BIM 技术和 GIS 技术在工程建设领域应用越来越广,其数字化、标准化、规范化、可视化的优点给工程建设管理带来了极大的便利。BIM 技术以其特有的可视化、协调性、模拟性、优化性等特征,可以快速高效地实现工程质量、进度、成本的综合管理,在项目精细化管理中发挥着至关重要的作用。但对于规模大、路线长的高速公路项目,BIM 技术存在模型数据量大、可视化预处理时间长等缺点。经过几十年的发展,GIS 技术的研究和应用已经逐渐趋于成熟,它具有采集、管理、分析和输出地理信息与空间数据的功能,以分析模型为驱动实现空间综合分析和动态预测能力,并能产生高层次的地理信息,为高速公路全线的宏观管理提供技术支撑,但微观、精细仍然是其技术方面的劣势。高速公路建设工程具有路线跨度长、区域范围广、施工工点复杂多样等特点,决定了单独应用 BIM 技术或 GIS 技术推进交通运输行业信息化管理具有局限性。因此,将 BIM 与 GIS 两者优势相结合,能够更好地为工程项目提供丰富全面的可视化管理信息。"GIS + BIM"是新一轮交通强国建设的重要技术手段,BIM 与 GIS 的跨界融合,使微观领域的 BIM 信息和宏观领域的 GIS 信息相交换和互操作,实现了数字技术应用从单体到城市建筑群和公路工程管理的延伸拓展,提升了 BIM 技术应用的广度和深度,为公路工程等新基建智慧化升级、数字化转型带来了新的契机。

基于此,本文以沾化至临淄高速公路为工程依托,建立基于 BIM + GIS 的可视化信息管理系统,加强高速公路项目建设管理力度,为"建设至美沾临,打造品质工程"奠定管理基础。

## 二、工程概况

沾化至临淄高速公路工程路线全长 107.584km,经过滨州市和淄博市 7 个区县,主线采用双向六车道高速公路标准,设计速度 120km/h,路基宽度 34.5m。全线共设特大桥 4 座、大桥 15 座;互通立交 13 处,其中枢纽互通 4 处;分离立交 31 处,其中与铁路交叉 6 处;服务区 3 处、养护工区 2 处、监控通信分中心 2 处、桥梁监控通信站 1 处(黄河特大桥)、匝道收费站 9 处;互通立交连接线 2 处。沾化至临淄高速公路局部枢纽立交如图 1 所示。

图 1　局部枢纽立交图

## 三、BIM + GIS 管理系统的构建及应用

建立完善的信息管理系统有助于高速公路建设者更好地管理高速公路建设工作,提高工作效率,保障工程质量。

### 1. BIM 数据导入 GIS 平台的方法

(1)第一种方法是通过自行研发的 BIM 插件,将 BIM 数据导入 GIS 平台软件。该方法是基于 BIM 软件提供的数据接口进行二次开发,也就是基于 BIM 软件的原生支撑,将 BIM 数据转换到 GIS 数据库。这种方法的优点在于数据质量可以得到保障,获取的数据信息量丰富,如模型的 LOD(Levels of Detail)层也能原生接入,能最大限度地满足应用需求。但对不同的 GIS 软件和 BIM 软件都需要开发一套接口工具,需要对 GIS 软件和 BIM 软件的数据结构都有足够的了解,而且对研发能力的要求较高。

(2)第二种方法是通过中间数据格式实现 BIM 与 GIS 的数据交互。该方法是将 BIM 模型按照 IFC 标准组织生成 IFC 格式数据,或者转换成 FBX、OBJ、OSG 等模型数据格式,GIS 软件可直接读取。这种方法的优点在于转换简单,一般常用的 BIM 软件都支持导出 IFC 等格式的数据,但这种方法可能出现数据丢失、数据转换质量不佳、数据转换时间过长等问题。

(3)第三种方法是 GIS 软件直接读取 BIM 数据。这种方法从 GIS 软件内部支持了 BIM 数据的接入,不仅省时省力,而且可以保证读取的 BIM 数据质量。但目前受限于 BIM 软件的产品模式,GIS 软件可直接读取的 BIM 数据格式还较少。

为了更好地保留 BIM 的几何信息和属性信息,本文项目管理系统采用第一种方法实现将 BIM 数据导入 GIS 平台中。

### 2. 管理平台的建设

本研究基于 GIS + BIM 技术开发了高速公路 BIM 综合应用协同管理平台(图 2),实现地形、影像、高精地图、三维实景模型、BIM 模型等三维信息数据集成。以三维 GIS + BIM 为数据底座,通过数据服务调用外部实时监测、业务信息的数据,并关联到对应三维模型所在位置。通过三维平台建立从物联网终端到应用前台的数据通道,实现了静态三维模型、高精地图数据与动态业务信息、实时监控信息的关联与应用。

图 2　BIM + GIS 管理平台

### 3. BIM + GIS 可视化管理平台应用

#### 1)精细化模型应用

对于复杂结构、节点构造,其空间关系通过二维图纸往往较难清晰表达,极易发生各专业及专业内部的碰撞,基于精细化 BIM 模型同步进行了图纸校核、视距检查、碰撞冲突等可视化校验,提前发现二维图纸中难以发现的问题,将大量问题消除在施工阶段,减少因设计疏忽导致的损失、浪费和返工。

项目管理模块中集成了精细化 BIM 模型,同时将设计过程中的全部设计资料集成到 BIM 协同管理平台,实现以模型为载体集成多源数据信息,减少查阅纸质材料的时间及信息遗漏,形成纸质材料和电子材料的双重保障,减少后期返工。

图 3 所示为精细化 BIM 模型,图 4 所示为 BIM 协同管理平台图纸集成。

 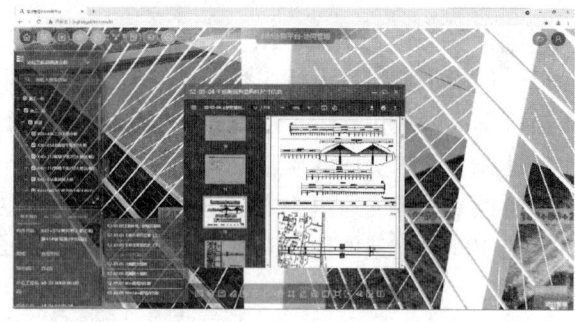

图 3　精细化 BIM 模型　　　　　　　　　　图 4　BIM 协同管理平台图纸集成

#### 2)电子沙盘

采用轻量化模型加载机制,系统在前端真实、直观、准确地表达高速公路工程整体形象及周边环境信息,并提供基于三维模型的设计图纸、桩号、设计及建设相关数据信息的交互式浏览和可视化展示,支座媲美真实场景的沉浸式场景(图5)。通过对工程断点进行标注(图6),并辅以文字和图片进行说明,能快速定位工程断点的位置及存在的问题,便于及时开展协调工作;通过漫游功能,全面直观地展现三维工程实体及建设场地环境,便于快速了解项目总体情况和建设效果。使用人员通过该模块可以轻松了解工程施工过程及竣工后的情况。

#### 3)视频影像集成应用

平台通过物联网技术与现场视频监控对接,精准定位工程现场视频监控位置,实现平台的远程视频管理,此外,平台支持对多个视频进行同时查看,随时掌握现场实际工作情况。现场设置多处影像采集器,黄河特大桥等重点控制性工程区域适当加密摄像机的布置密度,通过现场的实时监控(图7),让施工违规现场无处遁形,及时发现并消灭安全隐患,成为建设平安智慧工地的有力保障。无人机定期获取现场工程情况并及时上传平台(图8),帮助建设管理人员及时了解施工现场情况,掌握工程进度,同时无人机巡查可实现工程断点情况的实时监测。

图5 电子沙盘　　　　　　　　　　　　　图6 断点信息标注

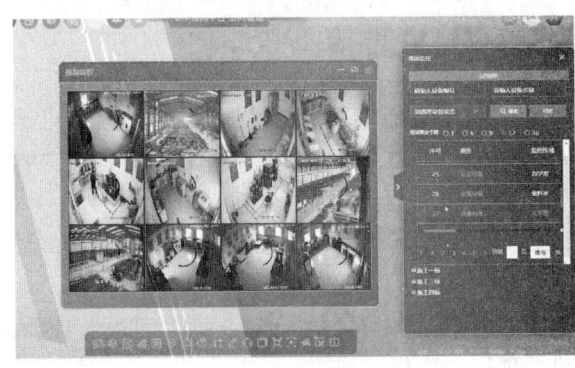 

图7 视频监控　　　　　　　　　　　　　图8 无人机航飞

4)施工交通仿真模拟应用

平台集成了黄河特大桥主桥施工仿真模拟视频,直观详细地展示主桥施工工序,在方案评审中为专家作出科学决策提供支持。同时,辅助施工单位进行技术交底,工程从业者可从宏观角度了解施工工序,从而保证施工技术交底的质量。

平台也集成了交通组织方案仿真模拟视频(图9),根据仿真结果对交通组织方案进行优化,将各个枢纽施工期间对交通的影响降到最低,仿真分析的结果为施工交通组织方案优化提供量化分析和技术支持。

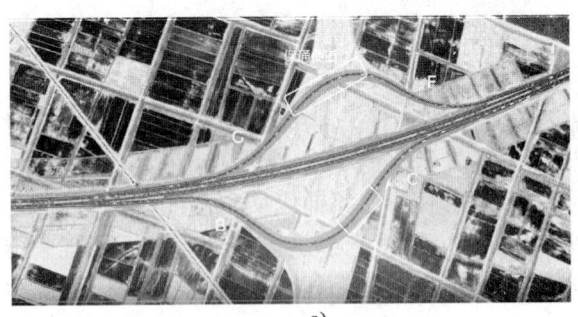 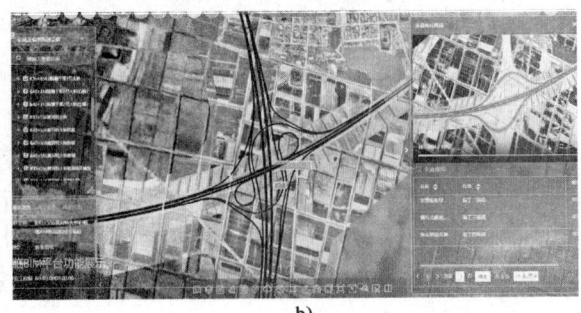

a)　　　　　　　　　　　　　　　　　　b)

图9 交通仿真模拟

5)进度、自动化计量管理

通过将施工日报等业务数据与BIM模型挂接,实现模型和数据的信息互通,以不同的着色表示不同的施工状态,实现从标段、单位工程、构件多个维度工程进度的可视化把控和进度精细化管理。

平台支持接入计量数据实现项目的自动精准计量,并以柱状图的形式进行直观展示,计量情况一目了然,同时,可便捷查询主桥构件施工工序状态和自动化计量情况。此外,在黄河特大桥创新开展了自动化计量功能,有效压缩支付前置工作周期,提高计量效率,解决传统工程计量复杂烦琐问题和内业工作量大导致的超计量、重复工作问题。

系统借助BIM精细化模型、施工资料日志,将工程设计进度、实际进度、预期进度以三维专题图的形式在前端展现,便于用户快速、直观地查看工程的实时施工情况,使业主能够实时了解和有效控制施工进度。图10~图12所示分别为BIM综合应用协同管理平台的计量管理、形象进度管理、线上审批系统功能。

图10 计量管理

图11 形象进度管理

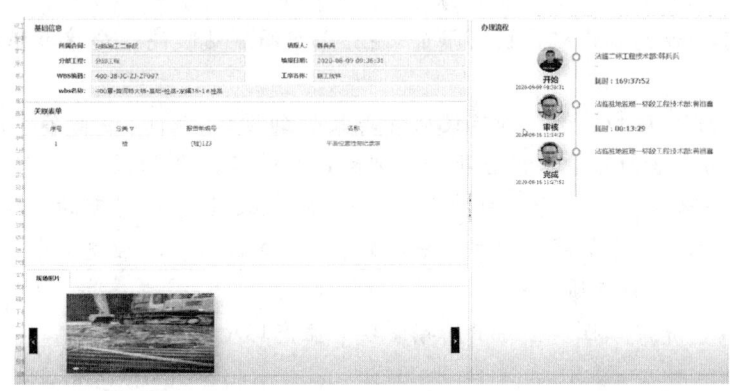

图12 线上审批系统

## 四、结 语

随着公路信息化的发展,传统的工程建设管理技术和手段已不能满足项目的需求。近年来,BIM与GIS的快速发展且日趋成熟,给工程项目管理人员提供了新的解决思路。本文通过BIM+GIS融合技术,并在沾化至临淄高速公路工程中进行实践尝试,通过构建三维GIS场景,叠加BIM模型和数据,实现大场景下公路工程与地形影像的交互和小场景下BIM模型的业务查询和操作,有效提高项目管理的信息化水平。通过本项目的应用尝试,初步形成了一套BIM+GIS的项目管理应用流程和方法,对于提升高速公路建设水平具有重要的作用。

**参考文献**

[1] 任晓春.铁路勘察设计中BIM与GIS结合方法讨论[J].铁路技术创新,2014(5):80-82.

[2] 闵世平,赵亮亮.三维GIS技术在铁路全生命周期中的应用探讨[J].铁路技术创新,2014(5):83-88.

[3] 钱意.BIM与GIS的有效结合在轨交全寿命周期中的应用探讨[J].地下工程与隧道,2013(3):40-42

[4] 王玲莉,戴晨光,马瑞. GIS与BIM集成在城市建筑规划中的应用研究[J]. 地理空间信息,2016,14(6):75-78+8.

[5] Kang T. W., Hong C. H.. A study on software architecture for effective BIM/GIS-based facility management data integration[J]. Automation in Construction,2015,54:25-38.

[6] 刘茂华,王岩,孙秀波,等. BIM与3DGIS结合实现室内、外三维一体化方法研究[J]. 科技通报,2017,33(7):171-173+192.

[7] 刘万斌. 基于BIM和GIS的三维建筑信息管理系统研究[D]. 郑州:华北水利水电大学,2019.

[8] 王越,吴风华. BIM与GIS集成的三维建模方法研究[J]. 测绘与空间地理信息,2018,41(7):192-194.

[9] 史艾嘉. BIM技术与GIS技术融合应用研究[J]. 价值工程,2019,38(21):179-181.

[10] 石胜华. 融合BIM与GIS技术的高速公路项目动态管理平台[J]. 中国交通信息化,2017(11):137-139.

# 13. 浅谈全寿命周期管理在公路和桥梁工程项目中的应用

刘兆新[1]  窦金锋[2]

(1. 山东高速基础设施建设有限公司;2. 山东高速沾临高速公路有限公司)

**摘　要**　本文阐述了公路和桥梁工程建设从管理策划到设计、施工、运营各个阶段出发的全寿命周期管理的有关内容,面向公路和桥梁工程全寿命周期和项目管理流程的设计,从环境、资源、能源、技术、经济、管理等方面构建公路和桥梁工程项目建设管理体系,实现全寿命周期的最优化,顺利完成建设任务。重视管理工程中的工程全寿命周期管理系统思维,应用全新的管理理念和管理模式,保证能够科学化管理工程成本、施工进度及施工质量。

**关键词**　公路工程　桥梁工程　全寿命周期管理　生态环境　技术经济

## 一、引　言

随着时代的发展,旧时的工程管理思维早已经不适用于现代工程管理。对此,本文在结合前人研究成果的基础上,提出了工程管理的新概念,全寿命周期管理是工程管理系统思维的理论延伸和实践展现,是对整个工程进行系统管理之后,使整个工程在其寿命周期体现最优化的管理方式。工程全寿命周期管理旨在将工程管理的不同要素在全寿命的维度上进行分配和合成,最终达到实现工程全寿命周期系统最优化的管理模式。据此,本文在分析传统工程管理的局限性的基础上,对工程管理系统思维下的工程全寿命周期管理进行了较为详细的阐述,希望能够给相关工作者提供一定的研究思路。一般来说,工程管理系统思维以更加系统与规范的管理思维模式,根据工程管理各项事务间的必然联系,从全局入手看待对整个工程的管理,需要从业者具备较强的系统思维与逻辑性思维能力,必须做到对工程管理方案的不断优化,以此提高工程管理的经济价值与社会效益。

## 二、管理理念系统集成

工程项目全寿命周期管理模式是将项目在不同阶段独立的管理过程通过集成化和统一化形成一个新的管理系统。集成化不是指独立管理子系统的简单叠加,而是管理理念、管理思想、管理目标、管理组织、管理方法和管理手段等方面的有机集成。而统一化是指管理语言和管理规则的统一，以及管理信息系统的集成化。工程项目全寿命管理的目标是项目全过程的目标，它不仅要反映建设期的目标，还要反映项目运营期的目标，是两种目标的有机统一。管理理念应该从全局出发，考虑工程项目的整体目标，结合工程项目各阶段特殊的要求，制定整个项目全寿命周期管理过程中的管理理念，在全寿命管理的不同阶段运用动态控制原理进行控制和调整。其次，应确定全寿命周期管理的目标系统任务。在管理理念的指导下，应该针对各个具体的不同方面，制定各个方面的目标，如质量、工期、成本、安全的控制和合同、信息的管理及组织协调等。

1. 实施全寿命周期管理的原因

本文阐述的公路和桥梁工程建设时间范围即是公路和桥梁工程的全寿命周期，即前期策划、设计、施工、运营，直到工程使用寿命结束进行拆除。全寿命周期与传统的工程管理模式不同，传统的工程管理模式往往把建设的各阶段分割开来，各参建单位分头作业互不影响，造成各阶段的参建单位只注重本阶段的工作而忽视了对项目整体目标达成的影响。全寿命周期管理使工程建设和运行期间的目标一致，统一各单位管理模式、管理方法，对各建设阶段的工作从不同的专业角度进行优化，做好信息的沟通和交流，最终达到良好的预定目标。传统的工程管理方法往往只重视工程的建设阶段，而对于项目建成后的运营效果视而不见。对于全寿命周期管理而言，项目运营阶段的效果是评判全寿命周期管理建设效益的重要指标。因此，公路和桥梁工程建设项目管理需要从项目的立项开始就考虑运营阶段的能耗、对环境的影响等因素；项目管理者需要归纳各方面的因素，从项目的全生命周期角度，对项目的实施进行全寿命周期的绿色健康管理。

2. 全寿命周期系统分析

在工程管理系统的思维模式之下，工程管理是具有一定功能和价值的创造系统。这种管理模式在一定程度上根据工程质量和技术指标等进行全过程的管理，使得工程建设处于一种开放的环境条件下，与工程项目的环境之间存在很大的联系。尤其是对工程全寿命周期进行系统分析，系统环境是工程管理的重大指标，指在全寿命周期中对工程系统产生重大的影响，系统环境是工程所有内部和外界因素的综合。在工程管理的全寿命周期中，首先，工程系统要求系统环境提供各种资源等，这是保证工程建设能够完成的前提和保证；其次，工程系统还需要向外界提供服务，以满足社会发展的需求，以实现工程系统的真实价值。

3. 工程项目全寿命周期管理的原则

（1）系统性原则。公路和桥梁工程项目建设工程管理涉及建筑、经济、环境、能源等多个领域，是一个跨学科的管理问题，要想处理好错综复杂的关系，必须采用系统性原则解决各种矛盾，所以项目的管理者需要用系统和辩证的思想来平衡这些问题。根据项目的特点和目标统筹规划各种资源，优化管理流程，使整个系统高效、有序运行，最终实现预定目标。

（2）客观性原则。客观性是指事物的本质、特征和发展都受到客观因素的影响，对事物的认识需要从客观规律出发，对事物有合理的预期和目标，在认识的过程中遵循客观规律，才能得出正确、合理的结论。对于公路和桥梁工程而言，每个项目都有各自的特点，管理者需要客观认识项目的特殊性，根据项目的实际情况对管理办法进行灵活变通，避免生搬硬套，使管理模式适应于每一个建设项目，达到最佳的建设运营效果。

（3）平衡性原则。全寿命周期管理的建设需要讲究绿色化、经济化、实用性等原则，这些原则既矛盾又辩证统一。绿色是要公路和桥梁工程与生态、与环境的和谐；经济性是项目实施的基础，没有经济性的项目只能是空谈；实用性是项目建成后功能实用，且使用环境健康舒适。公路和桥梁工程项目全寿命周期管理就是要平衡好各方的关系，管理一旦失衡就会导致项目无法达到应有的目标。

4. 工程全寿命周期管理系统构架

工程全寿命周期管理系统构架实际上就是依据工程规划发展、策划依据、工程施工、后期监管及运营维护等内容，从建设工程的开发管理、设计管理、施工管理和运营管理四个阶段对工程管理的内容、流程等进行深入的研究，从高层管理角度来分析和规划工程。工程全寿命周期管理系统主要就是在分析工程发展规律的前提下，有机结合实际目标和情况来创新工程技术水平，不断促进更加科学的发展工程，提高工程生命力。工程全寿命周期管理系统包括三部分内容：

（1）细致化管理工程寿命周期所有阶段内容，需要依据工程实际寿命实施工程分类，工程管理可以分为后期完善、中期运行及前期计划等。从管理角度来说，依据工程技术监管、规划工程投资、决策管理工程、工程质量监督等方面进行分析。

（2）从工程全寿命周期管理方法和管理理念来监督管理工程。利用上述方式监督管理的时候，不但需要注重工程的经济效益和质量，还应该衡量社会效益。

（3）需要在建设规定时候注重维护和运行工程。在能够保证工程全寿命周期管理的模式下，不断优化工程资源，落实可持续发展战略，达到合理配置资源以及再利用资源的目的。工程管理中比较重要的就是工程全寿命周期，从全局方面来分析工程，保证能够实现工程自身价值。从基本规律角度来分析工程全寿命周期系统，建立工程全寿命周期管理系统机制，并且有机结合管理系统思维。有效科学地配合上述两者，保证能够多方式全面检测工程，科学评估系统价值、系统要素和系统环境。所以，工程全寿命周期管理系统是新时代发展的必然趋势，能够全面提高工程全寿命周期管理的层级。

5. 协调工程全寿命周期管理系统

工程系统全寿命周期管理包括多种内容，因为环境相对比较复杂，协调管理是实现工程全寿命周期的关键。工程管理系统能够在一定程度上统一规划工程结构，确保能够在系统差异基础上整体布局系统功能。

（1）协调目标一致性，此时需要所有分系统能够为工程功能服务。完善工程所有系统以便于能够最优化工程性能。所以，保证目标一致性能够良好解决系统矛盾和分歧，为顺利施工提供保障。

（2）协调结构合理性，此时需要分析整体和部分的作用和联系。部分和整体具备相互发展和相互制约的关系，可以在一定程度上有效解决实际问题。

（3）协调功能整体性，实际上保证工程运行的整体性。不能由于系统内部限制导致分裂，在一定程度上影响工程性能。所以，协调功能整体性主要就是体现在调试产出能力和功能配置方面，不可以忽视系统问题，要协调系统内部整体作用和局部作用，需要合理使用先进管理手段和科学技术来调节工程。

## 三、基于系统思维的工程全寿命周期管理

目前，在一些领域，传统的管理模式片面追求技术经济指标，忽略项目整体价值的弊端已逐步显现出来。一方面，华而不实的功能设置及重复功能的设置屡见不鲜，造成了功能重复投资和闲置；另一方面，工程项目一些必需的功能往往被忽略，造成了项目刚投运就面临生产改造的尴尬局面。而通过全寿命周期管理，集成管理理念及目标以后，工程项目追求从策划到报废回收全寿命周期的投入最小化、产出最大化、安全可靠化、设计标准适当化、功能适用化、操作运行维护简单快捷化、工艺标准化、实施可操作化、环境协调化、各方满意化、风险最小化、可回收持续发展化。

1. 加强对工程全寿命周期管理的系统分析

工程建设前期，管理人员必须要以系统的眼光对整个工程管理全寿命周期进行深入分析，并且对其工程量、质量标准、工程限额等进行充分了解，并掌握工程特征及其在相应地域施工过程中可能遇到的突发性问题，为工程项目的后期建设打下坚实的基础。同时还需要加强对业主、设计单位及政府相关部门的沟通与交流，切实把握工程实况，了解各类不确定性因素可能会给工程带来的影响，并预先对工程项目的管理进行系统规划，以此为全寿命周期管理系统框架的确立提供前提保障。

2. 构建工程全寿命周期管理系统框架

对工程全寿命周期的管理需要以传统的管理理念为依托，融入对工程规划设计、项目建设及后期养

护等的系统管理。对此,工程管理人员必须拟定好明确的项目管理目标,加强系统管理思维理论与全寿命周期管理实践的融合。一方面,管理者必须结合工程特性制定出具有较强针对性与适宜性的管理方案;另一方面,也需要应用好具有较强先进性与科学性特征的管理理论与管理模式,并将其合理应用于工程管理实践环节中,以此为工程质量、工程效益等的提升打下坚实的基础。

### 3. 加强全寿命周期统筹管理

由于工程管理本身就具有较强的系统性,涉及学科较为广泛,参建各方人员关系等也较为复杂,项目建设环节中交叉流程极多,所以必须做好相应的统筹管理工作。工程管理人员必须结合全寿命周期管理模式与传统管理模式之间的差异,对项目建设及管理目标进行统筹协调,同时还需要加强对工程建设流程的协调工作,确保参建各方都能够以高度投入的状态参与到工程施工环节中来,以此实现对项目建设管理模式的优化。

### 4. 合理选择全寿命管理对策

基于工程管理系统思维及全寿命周期管理理念,在实际工程管理的过程中,管理人员必须结合工程特性制定出具有较高可行性的管理规章制度,对相关人员的责任进行明确,并且加强与参建各方人员的交流,尤其注意对设计方与施工方的统筹管理,以此进一步提高全寿命周期管理的实际成效。

## 四、结　语

为保障工程的质量与效益,应该合理引入系统管理思维,加强对工程全寿命周期的管理,对参建各方的工作内容及其关系进行合理协调,不断提高工程管理的系统性与科学性,继而在提升工程质量的同时,为可持续发展打下坚实的基础。总而言之,当前越来越多的人能够正确了解工程管理系统思维与全寿命周期管理的内涵与重要性,这也意味着人们在工程项目建设当中越来越重视管理工程中的全寿命周期和管理系统思维。工程全寿命周期管理是一个系统性的过程,它在理论和实践中慢慢形成,其中所包含的内容是比较丰富的,同时知识面也比较广泛。工程管理系统思维,会对传统的工程管理知识进行有效的总结和重新的应用工作,能够对我国的经济发展以及工程行业的建设产生较强的推动作用。

### 参考文献

[1] 颜成书.工程项目全寿命周期绿色管理研究[D].重庆:重庆大学,2007.
[2] 谢俊良.工程管理系统思维与工程全寿命期管理[J].中华民居(下旬刊),2014(07):357.
[3] 成虎,韩豫.工程管理系统思维与工程全寿命期管理[J].东南大学学报(哲学社会科学版),2012,14(2):36-40+126.
[4] 郑炯.浅析工程管理系统思维与工程全寿命期管理[J].建材与装饰,2016(39):153-154.
[5] 万冬君.基于全寿命期的建设工程项目集成化管理模式研究[J].土木工程学报.2012,45(52):267-271.
[6] 孙凌志.建设工程项目全寿命周期一体化管理模式研究[D].青岛:山东科技大学.2007.

# 14. 绿色公路建设管理效果综合评价研究

常发岗[1]　岳秀鹏[2]　徐长靖[2]　夏建平[2]　李　晨[2]
(1.山东高速沾临高速公路有限公司;2.山东高速基础设施建设有限公司)

**摘　要**　针对公路工程项目绿色公路建设管理效果综合评价问题,以沾化至临淄高速公路项目为研究对象,基于AHP层次分析法对绿色公路建设管理效果综合评价影响因素进行细化,从三个方面分为11项影响因素对绿色公路建设管理效果进行分析,确定指标权重,并基于该权重构建一套科学的公路工程项目绿色公路建设管理效果综合评价体系。通过工程实例表明:该方法能够在公路工程项目绿色公路建设管理效果综合评价中做出准确评价,对促进公路工程项目的可持续发展具有重要的现实意义。

**关键词** 绿色公路建设 公路工程 可持续发展 层次分析 评价体系

为大力推进可持续发展的理念,自交通运输部2016年7月下发了《关于实施绿色公路建设的指导意见》以来,绿色公路理念逐渐发展为全国公路建设的重要指导思想[1]。"绿水青山就是金山银山",绿色公路建设可以有效促进公路工程项目可持续发展目标的实现,提高服务与运营质量,避免环境污染问题,有效提高资源利用率[2]。绿色公路建设项目管理不同于一般建设项目管理,它的最终目标是实现项目的可持续发展,协调好经济成本与生态环境的平衡,因此需要对绿色公路建设项目管理做出科学准确的评价[3]。文献[4-5]分析了我国当前绿色公路建设存在的问题,并提出绿色公路建设应通过科学管理,在保证工程项目安全、质量的同时,最大程度地节约资源,减少造成环境污染的施工活动;文献[6-7]认为,绿色公路建设的关键,应该是通过管理措施、技术措施从源头上避免环境污染问题的发生;文献[8-10]系统地阐述了国内外绿色公路建设的发展现状,并从政府的角度出发,提出适合我国国情的推广建议。

为确保公路工程项目绿色公路建设管理效果,提高公路工程项目绿色公路建设管理效率,就需要对公路工程项目绿色公路建设管理效果综合评价展开研究。目前,国内外专家学者的研究主要集中在绿色公路建设管理中,对绿色公路建设管理效果评价研究较少[11]。因此,本文以沾化至临淄高速公路工程项目(简称"沾临高速公路")为研究对象,系统地对影响绿色公路建设管理效果的因素进行分析,基于AHP层次分析法确定指标权重,并基于模糊理论,构建沾临高速公路绿色公路建设管理效果综合评价体系。

## 一、绿色公路建设基础理论

目前国内对绿色公路建设还没有统一的定义,但通过文献[12-15]可知,绿色公路建设是个非常庞杂的系统,它不仅仅是单一运用绿色公路建设技术,还应在工程项目施工过程中做到施工现场环境保护、降低噪声、防止扬尘、废弃物处理、封闭施工等,最大程度地节约资源,保护好生态环境,做到可持续发展。

尽管绿色公路建设的定义不尽相同,但对于绿色公路建设的具体内容已经基本达成共识。文献[16-18]对绿色公路建设进行深入研究,将绿色公路建设的具体内容归纳概括为六个方面,即节能、节水、节地、节材、环保(四节一环保)和绿色公路建设管理。

不同于传统施工,绿色公路建设是以可持续发展的观点,通过运用新技术、新材料对传统的施工技术加以利用[19]。绿色公路建设具有以下特点:①地域性。绿色公路建设应综合考虑经济发展水平、气候条件、文化发展程度、地理位置,因地制宜,选择合理的施工方案,制订一套相适应的绿色公路建设标准[20]。②综合性。绿色公路建设要做到对各阶段不断优化,它是一个涉及多个学科、多个维度、多个专业的项目系统,通过协调各部门合作。因此,要实现绿色公路建设应做到及时组织管理各学科高效的信息交互,综合考量,选择合适的绿色公路建设方法[21]。③全寿命周期。项目全寿命周期由项目前期准备阶段、项目建设阶段、项目使用运营阶段、处理维修阶段4个阶段组成[22]。在全寿命周期中,不管是项目的策划、设计、建设阶段,还是使用、运营阶段,都应考虑到绿色公路建设所带来的影响,因此绿色公路建设的概念是影响工程项目全寿命周期的[23]。④目标多元化。绿色公路建设过程中,势必会面临质量与环保、进度与环保的冲突,当它们出现矛盾的时候,如何在实现可持续发展的同时又能实现工程项目的质量目标、进度目标,实现目标多元化,达成工程项目的整体优化,是沾临项目办在管理工程中需要认真考量的地方[24]。

## 二、评价体系的构建

### 1. 工程概况

沾临高速公路是《山东省高速公路网中长期规划(2014—2030年)调整方案》中"纵四"沾化(鲁冀

界)至临沂(鲁苏界)高速公路的一部分,北接国高秦滨线垦口至沾化高速公路,南连在建的临淄至临沂高速公路。本项目是连接山东半岛蓝色经济区、黄河三角洲高效生态经济区与济南都市圈联系的重要通道,通过与垦口至沾化高速公路以及规划临淄至临沂高速公路的连接,对进一步完善山东省南北综合运输通道、加强与京津冀和长江经济带的联系具有重要意义。

由于该项目经过多个村庄,项目办在组建之初就收到了大量12345信访投诉件,其中多数为扬尘污染和噪声等方面的投诉。为确保沾临高速公路顺利进行,项目办决定加大管控力度,要求施工单位加强绿色公路建设,打造"绿色工地",以减少施工过程中扬尘污染和噪声等问题对周边居民造成的影响。

2. 绿色公路建设管理效果综合评价指标的选定

绿色公路建设管理效果综合评价体系的构建,应以绿色公路建设的具体内容所强调的"四节一环保"为出发点,综合考虑沾临高速公路周边环境、自身问题,并结合实际施工过程中可能出现的各种状况。因此,影响本项目绿色公路建设管理效果的因素非常多,为避免评价指标的缺失和重复,本文根据沾临高速公路自身绿色公路建设管理的现状,结合《绿色公路建设导则》《绿色公路建设策划》等文件,考虑"绿色公路建设"与质量、进度的关系,结合具有绿色公路建设管理经验的施工单位人员、施工单位现场管理人员以及绿色公路建设现场管理领域专家的建议,采用AHP层次分析法、问卷调查法构建一套符合本项目绿色公路建设管理效果综合评价指标体系。

通过AHP层次分析法、问卷调查法将本文的指标评价体系分为目标层、准则层、实际层三层次,其中准则层包括综合管理,降低对周边环境、居民影响的措施,工程资源节约与利用措施3个评价指标,实际层包括绿色公路建设规划管理、绿色公路建设评价管理、人员技能与健康管理、噪声污染控制措施、扬尘污染控制措施、材料的质量标准、材料的选用要求等11个评价指标,具体的指标评价构成如表1所示。

绿色公路建设管理效果综合评价指标体系　　　　　表1

| 目标层 | 准则层 | 实际层 |
| --- | --- | --- |
| 绿色公路建设管理效果综合评价($A$) | 综合管理($B_1$) | 绿色公路建设规划管理($C_{11}$) |
| | | 绿色公路建设评价管理($C_{12}$) |
| | | 人员技能与健康管理($C_{13}$) |
| | 降低对周边环境、居民影响的措施($B_2$) | 噪声污染控制措施($C_{21}$) |
| | | 扬尘污染控制措施($C_{22}$) |
| | | 建筑垃圾污染控制措施($C_{23}$) |
| | | 水污染控制措施($C_{24}$) |
| | | 生态影响控制措施($C_{25}$) |
| | 工程资源节约与利用措施($B_3$) | 材料的质量标准($C_{31}$) |
| | | 质量的检验($C_{32}$) |
| | | 材料的选用要求($C_{33}$) |

### 三、绿色公路建设管理效果综合评价

1. 层次分析法确定绿色公路建设管理效果综合评价指标权重

1)构造两两比较的判断矩阵

由于AHP层次分析法在确定指标权重方面应用较为广泛且该方法具有满足精确度要求、操作简单的特点,因此本文采用AHP层次分析法确定绿色公路建设管理效果综合评价指标体系权重,具体步骤如下:

传统的 AHP 采用 1~9 级标度法来构造判断矩阵,具体见表2[25]。

1~9 级标度法　　　　表2

| 标 度 值 | 含 义 |
|---|---|
| 1 | 二者优劣程度相当 |
| 3 | 前者稍优于后者 |
| 5 | 前者优于后者 |
| 7 | 前者甚优于后者 |
| 9 | 前者极优后者 |
| 2,4,6,8 | 优劣程度为上述相邻判断的取值 |
| 0~1 | $E_{ji} = 1/E_{ij}$ |

具体判断矩阵见表3。

判断矩阵 $D-E$　　　　表3

| $D$ | $E_1$ | $E_2$ | … | $E_n$ |
|---|---|---|---|---|
| $E_1$ | 1 | $d_{12}$ | … | $d_{1n}$ |
| $E_2$ | $d_{21}$ | 1 | … | $d_{2n}$ |
| … | … | … | 1 | $d_{3n}$ |
| $E_n$ | $d_{n1}$ | $d_{n2}$ | $d_{n3}$ | 1 |

邀请30名不同领域的专家,按照沾临高速公路的实际情况,采用专家评分法,对表1中各指标的重要程度进行排序,可以得到目标层 $A$、准则层 $B$ 中共4个评价指标的判断矩阵,如表4~表7所示。

目标层($A$)指标判断矩阵　　　　表4

| $A$ | $B_1$ | $B_2$ | $B_3$ |
|---|---|---|---|
| $B_1$ | 1 | 1/2 | 1/3 |
| $B_2$ | 2 | 1 | 1/2 |
| $B_4$ | 3 | 2 | 1 |

准则层($B_1$)指标判断矩阵　　　　表5

| $B_1$ | $C_{11}$ | $C_{12}$ | $C_{13}$ |
|---|---|---|---|
| $C_{11}$ | 1 | 3 | 3 |
| $C_{12}$ | 1/3 | 1 | 2 |
| $C_{13}$ | 1/3 | 1/2 | 1 |

准则层($B_2$)指标判断矩阵　　　　表6

| $B_2$ | $C_{21}$ | $C_{22}$ | $C_{23}$ | $C_{24}$ | $C_{25}$ |
|---|---|---|---|---|---|
| $C_{21}$ | 1 | 2 | 2 | 3 | 4 |
| $C_{22}$ | 1/2 | 1 | 1 | 2 | 3 |
| $C_{23}$ | 1/2 | 1 | 1 | 2 | 3 |
| $C_{24}$ | 1/3 | 1/2 | 1/2 | 1 | 2 |
| $C_{25}$ | 1/4 | 1/3 | 1/3 | 1/2 | 1 |

准则层($B_3$)指标判断矩阵　　　　　　　　　　　　表7

| $B_3$ | $C_{31}$ | $C_{32}$ | $C_{33}$ |
| --- | --- | --- | --- |
| $C_{31}$ | 1 | 3 | 1/3 |
| $C_{32}$ | 1/3 | 1 | 1/5 |
| $C_{33}$ | 3 | 5 | 1 |

2）层次分析法具体步骤

根据萨迪等思想[26]，以判断矩阵 A 为例，层次分析法具体步骤如下：

（1）对判断矩阵 A 进行列向量归一化处理，计算 $M_{ij}$，如式（1）所示

$$M_{ij} = \frac{A_{ij}}{\sum_{i=1}^{n} A_{ij}}, i = 1,2,\cdots n, j = 1,2\cdots n \tag{1}$$

（2）对归一化处理得到的 $M_{ij}$ 进行行求和，得

$$M_i = \sum_{j=1}^{n} M_{ij} \tag{2}$$

（3）将求和得到的 $M_i = (M_1, M_2, \cdots, M_n)^T$ 做归一化处理得

$$w_i = \frac{M_i}{\sum_{i=1}^{n} M_i}, i = 1,2,\cdots n \tag{3}$$

通过计算最终可得特征向量

$$W = (w_1, w_2, \cdots, w_n)^T \tag{4}$$

式中：$w_1 \sim w_n$——各个因素的权重值。

（4）计算最大特征根的近似值

$$l_{max} = \frac{1}{n} \sum_{i=1}^{n} \frac{(AW)_i}{w_i} \tag{5}$$

3）判断矩阵的一致性检验

（1）计算一致性指标 $R_{CI}$

$$R_{CI} = \frac{l_{max} - n}{n - 1} \tag{6}$$

式中：$n$——判断矩阵 A 的阶数

（2）查找平均随机一致性指标 $I_{RI}$，计算一致性比率 $K_{CR}$

$$K_{CR} = \frac{R_{CI}}{I_{RI}} \tag{7}$$

式中：$I_{RI}$——平均随机一致性指标。

$I_{RI}$ 具体取值如表8所示[27]。

平均随机一致性指标 $I_{RI}$ 的取值　　　　　　　　　　　表8

| $n$ | 11 | 10 | 9 | 8 | 7 | 6 | 5 | 4 | 3 | 2 | 1 |
| --- | --- | --- | --- | --- | --- | --- | --- | --- | --- | --- | --- |
| $I_{RI}$ | 1.51 | 1.49 | 1.45 | 1.41 | 1.32 | 1.24 | 1.12 | 0.90 | 0.58 | 0 | 0 |

当满足一致性比率 $K_{CR} = \frac{R_{CI}}{I_{RI}}$ 小于 0.1 时，即可以认为矩阵的一次性检验通过，否则应对矩阵 A 进行修正，直到符合条件为止[28]。

4）绿色公路建设管理效果综合评价指标权重

表4～表7中指标判断矩阵均为3阶或5阶（$n = 3$ 或 5），将其代入式（1）～式（7）中，可得目标层 A、准则层 $B_1$、$B_2$、$B_3$ 中各个指标的权重向量均满足一致性比率 $K_{CR} < 0.1$，权重向量分配均通过一致性检验。具体如表9所示。

各级指标权重  表9

| n | $B_n$ | $C_{1n}$ | $C_{2n}$ | $C_{3n}$ |
|---|---|---|---|---|
| 1 | 0.163 | 0.594 | 0.387 | 0.258 |
| 2 | 0.297 | 0.249 | 0.194 | 0.106 |
| 3 | 0.540 | 0.157 | 0.194 | 0.636 |
| 4 | | | 0.129 | |
| 5 | | | 0.096 | |
| $l_{max}$ | 3.010 | 3.055 | 5.133 | 3.006 |
| $R_{CI}$ | 0.005 | 0.027 | 0.033 | 0.003 |
| $I_{RI}$ | 0.58 | 0.58 | 1.12 | 0.58 |
| $K_{CR}$ | 0.0086<0.1 | 0.047<0.1 | 0.037<0.1 | 0.0051<0 |

## 2. 沾临高速公路绿色公路建设管理效果综合评价

邀请长期从事绿色公路建设管理人员以及具有扎实的绿色公路建设管理知识的专家教授,采用专家打分法对绿色公路建设管理效果综合评价指标进行打分,具体打分成绩见表10。

专家打分成绩汇总表(满分为10分)  表10

| 指标 | $B_1$ | $B_2$ | $B_3$ | $C_{11}$ | $C_{12}$ | $C_{13}$ | $C_{21}$ | $C_{22}$ | $C_{23}$ | $C_{24}$ | $C_{25}$ | $C_{31}$ | $C_{32}$ | $C_{33}$ |
|---|---|---|---|---|---|---|---|---|---|---|---|---|---|---|
| 分数 | 9 | 7 | 8 | 9 | 7 | 7 | 6 | 8 | 9 | 10 | 8 | 8 | 7 | 9 |

将表9中各级指标权重与表10中相对应的打分成绩计算加权得分,根据计算结果对沾临高速公路实际绿色公路建设管理效果进行评价。具体等级标准评价见表11[29]。

得分与评价等级  表11

| 得分 | [0,6) | [6,7) | [7,8) | [8,9) | [9,10) |
|---|---|---|---|---|---|
| 等级 | 很差 | 较差 | 一般 | 较好 | 很好 |

利用表9、表10计算加权得分可得准则层三个指标得分与目标层沾临高速公路绿色公路建设管理效果综合评价得分具体得分,见表12。

加权得分汇总表  表12

| 指标层 | A | $B_1$ | $B_2$ | $B_3$ |
|---|---|---|---|---|
| 得分 | 8.406 | 8.092 | 7.546 | 8.530 |

通过表12中加权得分结合表11可以得知:沾临高速公路绿色公路建设管理效果综合评价为较好,准则层中"综合管理"与"工程资源节约与利用措施"两个指标综合评价均为较好,而准则层中"降低对周边环境、居民影响的措施"综合评价为一般,应对其加以改进。

## 四、结　语

本文采用AHP层次分析法,结合项目现场实际,针对实际工程项目特点,对沾临高速公路实际绿色公路建设管理效果进行了深入研究,建立了较为完整、科学的整套效果评价体系,真实反映出项目实际绿色公路建设管理效果,为项目办下一步工作的开展提供了依据。

本文计算结果与工程实际绿色公路建设管理效果基本吻合,验证了本文评价结果的全面性、准确性。本方法为沾临项目办下一步工作的开展提供了依据,对沾临高速公路及类似工程实际绿色公路建设管理效果综合评价提供参考,对于公路工程项目的可持续发展具有一定的实践指导和现实意义。

**参考文献**

[1] 石朝辉.绿色施工理念在市政工程施工中的运用[J].工程技术研究,2017(04):160+193.

[2] 周丹,李书源.绿色理念应用于市政工程施工的途径分析[J].江西建材,2017(06):111+115.
[3] 郑盛东.浅析绿色施工管理理念在建筑工程施工中的应用[J].工程建设与设计,2019(04):242-243.
[4] 贾晨琛.施工全过程视域下绿色施工评价体系研究[D].南昌:南昌大学,2018.
[5] 廖劲松.建筑工程绿色施工技术研究[J].山东工业技术,2019(07):118.
[6] 董瑞常.绿色公路理念在公路建设中的应用与体现[J].绿色环保建材,2019(03):101+104.
[7] 申琪玉,李惠强.绿色施工应用价值研究[J].施工技术,2005(11):60-62.
[8] 许华.浅谈土木工程中的绿色施工和可持续发展[J].城市建设理论研究(电子版),2018(26):160.
[9] 住建部编制完成《绿色施工推广应用技术公告(征求意见稿)》[J].建筑技术开发,2017,44(17):25.
[10] 陈火生.我国绿色施工的发展现状研究[J].河南科技,2018(32):77-79.
[11] 陈兴华,苑庆涛,任余阳.我国绿色施工技术的发展与展望[J].建筑技术,2018,49(06):644-647.
[12] 王军平.浅谈土木工程中的绿色施工和可持续发展[J].居舍,2018(35):3.
[13] 胡志平.绿色节能理念下的施工技术发展探析[J].绿色环保建材,2018(11):46+51.
[14] 王为林.可持续发展条件下的建筑施工——全面绿色施工[J].郑州铁路职业技术学院学报,2008(02):42-44.
[15] 郭波.基于绿色施工技术的发展研究[J].建筑技术开发,2018,45(19):115-116.
[16] 何晓君,倪建国.广东省绿色施工发展现状及推广对策研究[J].广东土木与建筑,2018,25(07):53-55.
[17] 楚巧南.可持续发展理论指导下绿色施工的实施策略[J].中国高新区,2018(02):174-175.
[18] 艾鹏.绿色节能环保在工程施工中的可持续发展应用[J].建材与装饰,2018(06):57.
[19] 李洪欣,陈远,王大海.我国绿色施工发展的思索[J].绿色建筑,2012,4(01):60-62.
[20] 何瑞丰,赵泽俊.我国绿色施工的发展现状与实施途径[J].广西工学院学报,2007(S1):76-78+81.
[21] 王小峰.浅谈土木工程中的绿色公路建设和可持续发展[J].淮海工学院学报(社会科学版),2010,8(06):25-26.
[22] 郭庆军,赛云秀,姚科权.绿色施工效益最大化目标规划模型分析[J].西安工业大学学报,2011,31(01):89-92+102.
[23] 肖绪文.绿色施工发展中的几个关键问题[J].施工企业管理,2016(08):69-71.
[24] 竹隰生,任宏.可持续发展与绿色施工[J].基建优化,2002(04):33-35.
[25] 张吉军.模糊层次分析法(FAHP)[J].模糊系统与数学,2000(2):80-88.
[26] 伍凯,谢超.模糊层次分析法下的常德首能项目绿色施工管理综合评价[J].建筑技术开发,2018,45(20):110-113.
[27] 王妍.绿色工程项目管理绩效评价研究[D].长春:吉林建筑大学,2017.
[28] 王爽,董晶,姬兴宇.基于层次分析法绿色施工评价指标体系构建研究[J].吉林建筑大学学报,2016,33(03):93-96.
[29] 李翔玉,孙剑,瞿启忠.建设工程绿色施工环境影响因素评价研究[J].环境工程,2015,33(03):118-121+140.

# 15. 信息化在高速公路质量管控中的综合应用

常发岗[1]　岳秀鹏[1]　徐长靖[1]　闫凝[2]　肖飞[2]　董士山[2]

(1.山东高速沾临高速公路有限公司;2.山东高速基础设施建设有限公司)

**摘　要**　在高速公路项目的质量管控领域当中,信息化方向已然成了一个主流的发展趋势,并对传统的项目管理方式造成了极大的影响。通过提升高速公路信息化和智能化管理水平,可以为高速公路的快速发展奠定良好的基础。本文以此为背景,以正在建设的山东沾化至临淄高速公路项目为依托,对高速公路工程项目质量管控信息化的实际发展现状进行深入研究,并从思想、技术与人才等方面进行分析,最后提出有效的综合应用建议,希望能够为相关的工程管理提供有益的借鉴。

**关键词** 高速公路 质量管控 信息化 综合应用

# 一、引 言

由于高速公路管理工作中涉及较多的环节,影响因素也是多方面的[1],以往高速公路工程质量安全业务管理主要依靠"人力"管理,容易出现关键信息脱节问题,从而导致质量问题。且在问题出现后难以对根源进行追踪,因此也就无法保证同类质量问题不再重现[2]。此外,传统的质量管控体系由于对施工过程的监管力度比较薄弱,对于质量问题的溯源追踪十分困难[3]。

高速公路项目质量管控信息化是高速公路工程建设管理的一大趋势,只有强化高速公路工程的信息化管理,才能提高高速公路工程建设水平,也才能确保高速公路工程建设的高效组织实施[4]。

沾临高速公路是《山东省高速公路网中长期规划(2014—2030年)调整方案》中"纵四"沾化(鲁冀界)至临沂(鲁苏界)高速公路的一部分,是连接山东半岛蓝色经济区、黄河三角洲高效生态经济区与济南都市圈联系的重要通道。通过与埕口至沾化高速公路以及规划临淄至临沂高速公路的连接,对进一步完善山东省南北综合运输通道、加强与京津冀和长江经济带的联系具有重要意义。

## 二、原材料质量追溯体系信息化

1. 实现内容

公路工程建设的原材料质量直接决定着工程施工质量。质量追溯是指工程自原材料进场到施工完成的整个施工过程的双向溯源。

质量追溯体系的信息化建设主要是指在采集分析生产环节信息数据的基础上,针对原材料进场、半成品加工、施工全过程、成品检验4个主要环节,借助物联网、互联网、云计算、大数据分析等技术手段整合工程质量相关的人、机、料、法、环五要素,打通从原材料到半成品再到工程实体的完整数据链条,达到工程质量"来源可知、去向可追、质量可查、责任可究"的目的。原材料审核流程见图1。

图1 原材料审核流程

通过原材料线上登记将供货商信息登记管理,建立质量追溯系统,建立供应商评分机制、不合格原材料退场机制、拌和站预警机制、结构物实体检验机制,实现质量过程数字化、规范化、标准化管控。

原材料质量追溯体系信息化的实现步骤见图2。

2. 项目应用

当前,山东高速集团沾临项目办已应用质量追溯体系,累计监管试验数据110万条、水泥混凝土生产约6000万 $m^3$、水稳混合料生产约1.3亿t、沥青混合料生产约4000万t、成品检验13万次,为质量溯源提供了大量数据,有效监管原材料进场、拌和生产、成品检验。同时结合进场材料试验检验以及大数据分析、云计算等手段对原材料及半成品进行监管,建立客商管理台账。山东高速集团沾临项目办累计收录供应商1000余家,监管进场记录近20万余条,形成原材料供应商的黑名单、白名单,为高速公路项目原材料供应商提供选择依据。客商管理台账见图3。

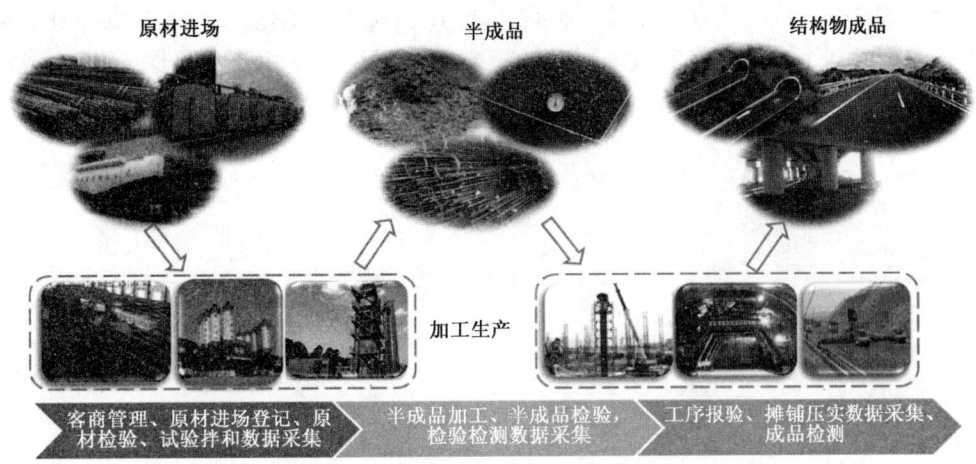

图2　质量追溯体系信息化实现途径

查询条件

所属合同 沾临施工一标段　生产批号　使用部位
供货单位　规格型号　审核状态 全部 注册中 已注册

进场原材料列表

| 生产批号 | 仓库名称 | 所属分类 | 规格型号 | 采购数量 | 单位 | 使用部位 | 所属合同 | 供货单位 | 业务日期 | 状态 |
|---|---|---|---|---|---|---|---|---|---|---|
| F202001A02188F2... | 现场钢筋加工场 | 钢筋 | HRB400Eφ25 | 36 | T | 400章 | 沾临施工一标段 | 山东莱钢永锋钢铁... | 2020-03-06 | 注册中 |
| D202001A12093D2... | 现场钢筋加工场 | 钢筋 | HRB400Eφ28 | 36 | T | 400章 | 沾临施工一标段 | 山东莱钢永锋钢铁... | 2020-03-06 | 注册中 |
| A202003A03001A2... | 现场钢筋加工场 | 钢筋 | HPB300φ10 | 33 | T | 400章 | 沾临施工一标段 | 山东莱钢永锋钢铁... | 2020-03-06 | 注册中 |
| 1 | 拌合站 | 粗集料（水泥砼） | 10-20mm | 240 | m3 | 400章 | 沾临施工一标段 | 淄博洪泉石料厂 | 2020-03-06 | 已注册 |
| 1 | 拌合站 | 粗集料（水泥砼） | 10-20mm | 131 | m3 | 400章 | 沾临施工一标段 | 淄博洪泉石料厂 | 2020-03-07 | 已注册 |
| 1 | 拌合站 | 粗集料（水泥砼） | 10-20mm | 490 | m3 | 400章 | 沾临施工一标段 | 淄博洪泉石料厂 | 2020-03-08 | 已注册 |
| 2 | 拌合站 | 粗集料（水泥砼） | 16-31.5mm | 586 | m3 | 400章 | 沾临施工一标段 | 淄博洪泉石料厂 | 2020-03-09 | 已注册 |
| 1 | 拌合站 | 粗集料（水泥砼） | 10-20mm | 474 | m3 | 400章 | 沾临施工一标段 | 淄博洪泉石料厂 | 2020-03-09 | 已注册 |
| 1 | 拌合站 | 粗集料（水泥砼） | 10-20mm | 369 | m3 | 400章 | 沾临施工一标段 | 淄博洪泉石料厂 | 2020-03-10 | 已注册 |
| 2 | 拌合站 | 粗集料（水泥砼） | 16-31.5mm | 512 | m3 | 400章 | 沾临施工一标段 | 淄博洪泉石料厂 | 2020-03-10 | 已注册 |
| 1 | 拌合站 | 粗集料（水泥砼） | 10-20mm | 412 | m3 | 400章 | 沾临施工一标段 | 淄博洪泉石料厂 | 2020-03-11 | 已注册 |
| 2 | 拌合站 | 粗集料（水泥砼） | 16-31.5mm | 590 | m3 | 400章 | 沾临施工一标段 | 淄博洪泉石料厂 | 2020-03-11 | 已注册 |
| 3 | 拌合站 | 粗集料（水泥砼） | 5-10mm | 1015 | m3 | 400章 | 沾临施工一标段 | 淄博洪泉石料厂 | 2020-03-11 | 已注册 |
| 1 | 拌合站 | 粗集料（水泥砼） | 10-20mm | 453 | m3 | 400章 | 沾临施工一标段 | 淄博洪泉石料厂 | 2020-03-11 | 已注册 |
| 2 | 拌合站 | 粗集料（水泥砼） | 16-31.5mm | 545 | m3 | 400章 | 沾临施工一标段 | 淄博洪泉石料厂 | 2020-03-12 | 已注册 |

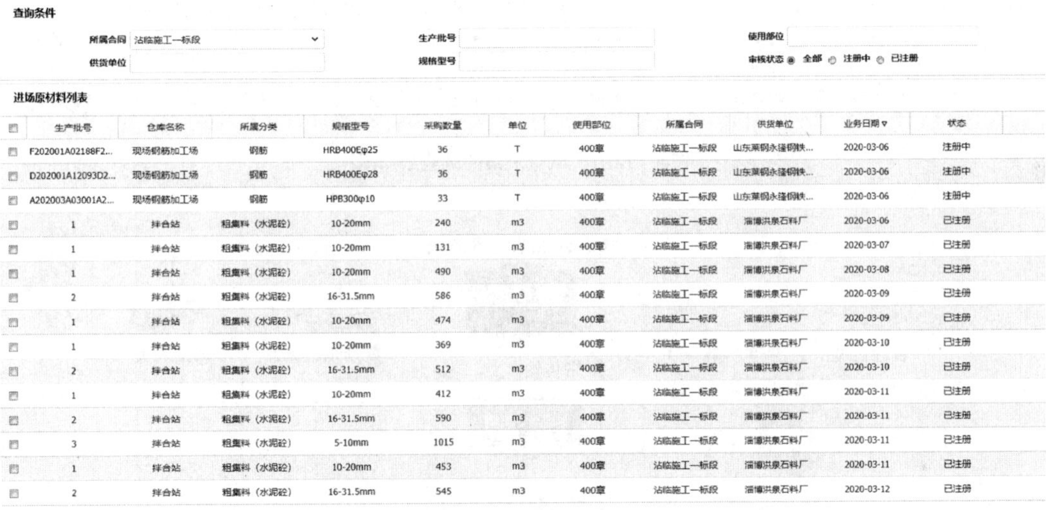

图3　客商管理台账

## 三、试验数据采集及管理系统信息化

### 1. 试验数据采集系统信息化

在高速公路工程施工过程中，试验检测数据是判定施工质量好坏的重要依据。实时监管及共享试验过程数据和结果数据，对提高施工质量管控水平具有重要意义。

基于物联网、互联网技术，利用采集端软硬件，实现对万能机、压力机、抗折抗压一体机等施工机械的工作过程状态进行监控，可以实现针入度、软化点、延伸度、稳定度、燃烧炉等试验数据的实时采集上传，试验数据更加真实、操作过程更加简化。所采集的试验数据见图4。

### 2. 试验数据管理系统信息化

依据《公路水运试验检测数据报告编制导则》（JT/T 828—2019）及释义手册等规范标准，开发建立一套基于B/S结构的试验资料管理系统，为试验人员提供一个规范、准确、权威的数据处理平台，可以自动处理试验原始数据，生成含有符合规范要求的图形、报表的试验报告。同时能向实现试验数据信息的云端共享，提高工作效率，提升工作质量，实现对试验资料和试验设备的管理。试验资料管理系统的实现途径见图5。

### 3. 项目应用

试验资料管理系统已在山东高速集团沾临项目办上应用，做到了输入试验数据后自动生成试验报告，出具了16万余份试验报告，实现了试验资料规范化、出具过程无纸化、试验工作共享化。减少人员上报和纸质资料审核，提高了试验工作的效率。试验资料管理系统的使用流程见图6，所生成的规范化试验报表见图7。

| 操作 | 试验室名称 | 试验名称 | 设备名称 | 试件编号 | 施工部位 | 试验日期 ▽ | 试件尺寸 | 龄期 | 设计强度 | 强度代表值 | 是否合格 | 附件 |
|---|---|---|---|---|---|---|---|---|---|---|---|---|
| | 沾临二标二分... | 混凝土试件抗... | 压力机 | YP-2021-ZL22-... | 黄河特大桥南... | 2021-08-27 | 150*150*150 | 28 | C40 | 47.3 | 合格 | 附件列表 |
| | 沾临二驻地办... | 混凝土试件抗... | 沾临二驻地办... | YP-2021-JL2-Z... | K101+387淄博... | 2021-08-27 | 150*150*150 | 28 | C50 | 58.4 | 合格 | 附件列表 |
| | 沾临二标三分... | 混凝土试件抗... | 压力机 | YP-2021-ZL23-... | 黄河特大桥南... | 2021-08-27 | 150*150*150 | 28 | C50 | 60.1 | 合格 | 附件列表 |
| | 沾临二标三分... | 混凝土试件抗... | 压力机 | YP-2021-ZL23-... | 黄河特大桥南... | 2021-08-27 | 150*150*150 | 28 | C50 | 59.8 | 合格 | 附件列表 |
| | 沾临二标三分... | 混凝土试件抗... | 压力机 | YP-2021-ZL23-... | K50+503张洛... | 2021-08-27 | 150*150*150 | 28 | C50 | 59.4 | 合格 | 附件列表 |
| | 沾临二标二分... | 混凝土试件抗... | 压力机 | YP-2021-ZL22-... | 黄河特大桥南... | 2021-08-27 | 150*150*150 | 28 | C40 | 47.6 | 合格 | 附件列表 |
| | 沾临二驻地办... | 混凝土试件抗... | 沾临二驻地办... | YP-2021-JL2-Z... | K88+551.5寿... | 2021-08-27 | 150*150*150 | 28 | C50 | 59.0 | 合格 | 附件列表 |
| | 沾临三标试验室 | 混凝土试件抗... | 沾临三标压力机 | 1 | 边坡防护、附... | 2021-08-27 | 150*150*150 | 28 | C25 | 30.6 | 合格 | 附件列表 |
| | 沾临二标三分... | 混凝土试件抗... | 压力机 | YP-2021-ZL23-... | K36+854韩墩... | 2021-08-27 | 150*150*150 | 28 | C50 | 60.1 | 合格 | 附件列表 |
| | 沾临三标试验室 | 混凝土试件抗... | 沾临三标压力机 | 2 | 边坡防护、附... | 2021-08-27 | 150*150*150 | 28 | C25 | 30.8 | 合格 | 附件列表 |

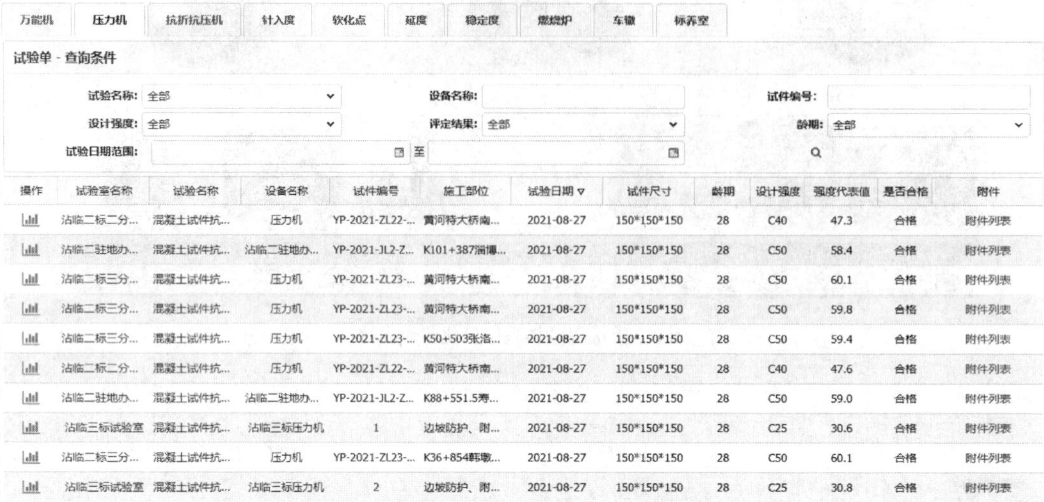

图4　压力机试验采集的试验数据图

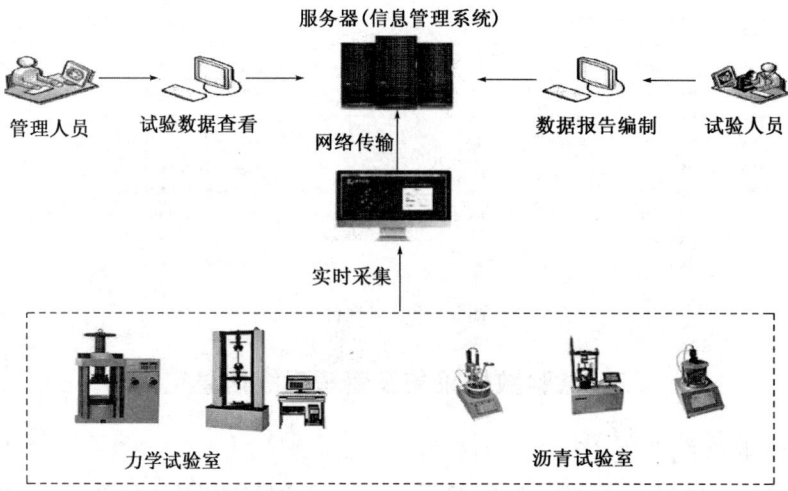

图5　试验资料管理系统信息化的实现途径

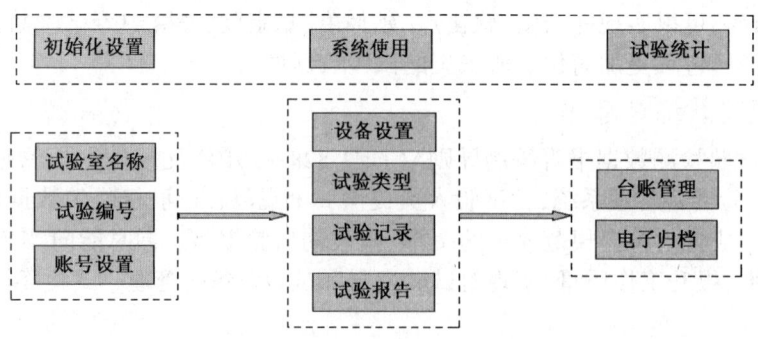

图6　试验资料管理系统使用流程示意图

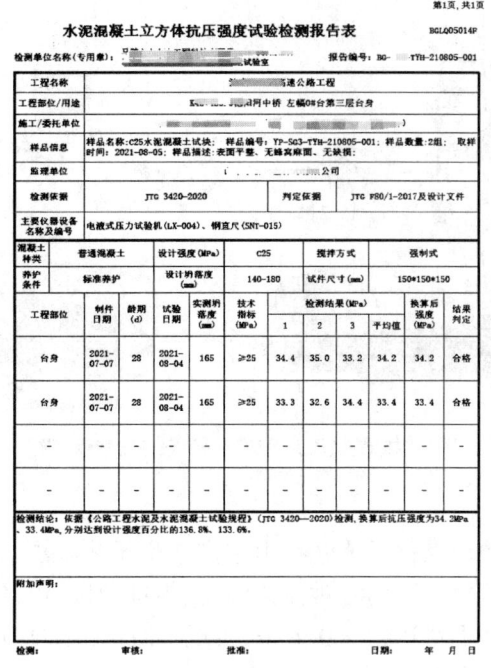

图7 规范化试验报表

## 四、工序管理系统信息化

### 1. 实现内容

高速公路工程施工过程中,系统的质量控制贯穿于每一道施工工序的过程中。因此,能否建立一个高效的工序管理系统直接影响施工质量。

通过工序管控系统的开发,将施工过程标准化、规范化融入工序管控之中,在每一道工序的报验过程中,采集施工过程中的质检数据、人员信息、影像资料等,确保对影响质量安全的关键工序、隐蔽工序等的检验记录实现全覆盖。工序管理信息化流程见图8。

图8 工序管理信息化流程图

### 2. 项目应用

工序管理信息化已在山东高速集团沾临项目落地,通过现场手机端工序报验、监理审核、平台记录,对公路工程路基、桥梁、隧道、路面、附属结构物等工程以及1.5万多个分项工程部位完成了线上检验。工序检验系统的信息化提高了施工过程规范化管理,切实有效地提高了施工过程的质量。

## 五、沥青路面施工中的质量管控信息化

### 1. 实现内容

沥青路面质量施工中的质量管控信息化主要是指运用物联网、互联网、北斗卫星定位系统、地理信息系统(GIS)等技术,将原材料沥青试验、沥青混合料运输轨迹和装卸料时长等影响因素与路面质量检验的数据相关联,并对沥青路面摊铺碾压过程的相关数据进行采集,有效管控施工过程,实现沥青路面质量溯源监管。施工机械数据采集设备安装示意图见图9。对沥青路面施工过程中的关键指标进行科学有效的实时监控,使路面施工过程一直处于"受控"状态,以过程控制为主体,实时监控、及时发现影响质量的因素,达到综合控制沥青路面施工质量稳定性、延长路面使用周期的目的。其主要实现途径见图10。

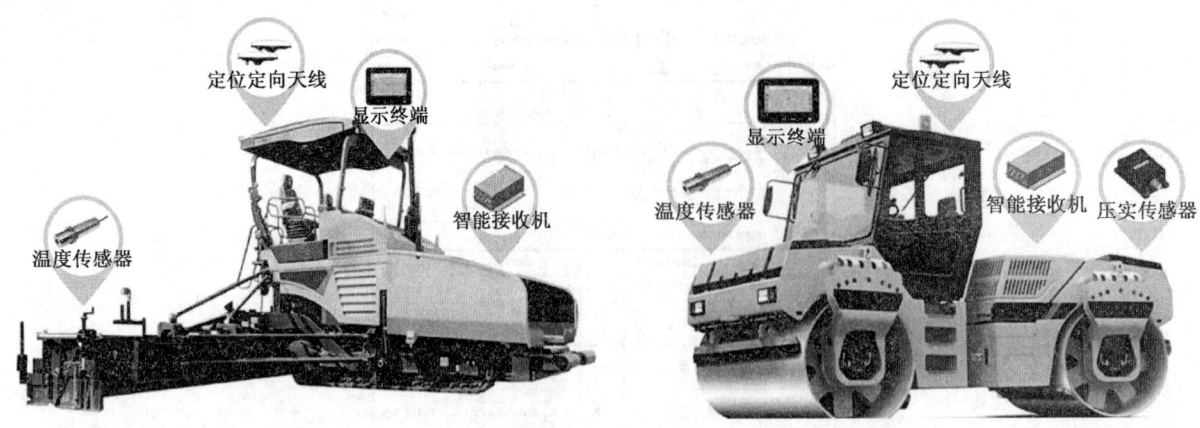

图9 摊铺机、压路机数据采集设备安装示意图

## 2. 项目应用

沥青路面施工中的质量管控信息化系统已在山东高速集团沾临项目中应用。除了对路面原材料检测、混合料运输数据采集、关联、分析外,同时对摊铺温度、摊铺速度,以及压路机压实遍数、压实速度、压实温度、振动等数据进行采集,数据量达到300万条,实现了沥青路面施工过程全方位无死角管控。沥青路面摊铺压实可视化实时示意图见图11。

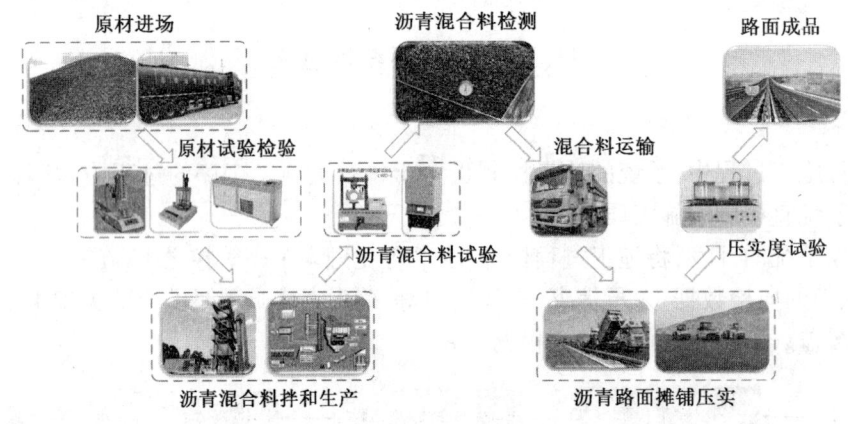

图10 沥青路面施工中的质量管控信息化实现途径

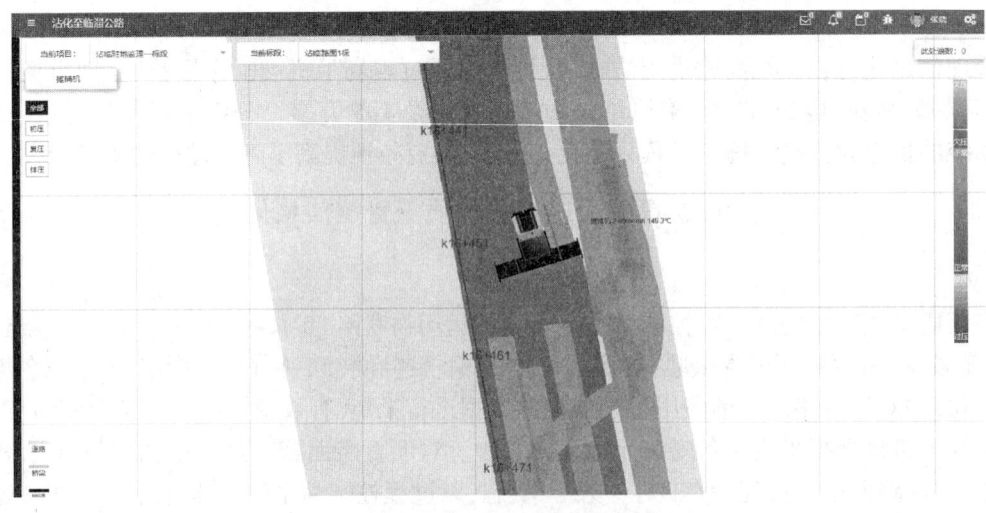

图11 沥青路面摊铺压实可视化实时示意图

## 六、拌和站生产中的质量管控信息化

### 1. 实现内容

拌和站生产的半成品质量直接影响高速公路工程质量。利用互联网技术，将拌和站的生产数据实时采集到系统中，对生产过程中出现的问题发送短信预警以提高生产管理效率。

根据拌和站类型不同，将拌和站各项指标进行分类管控。具体的数据采集指标分类见表1，所采集的数据见图12。

不同类型拌和站的数据采集指标分类表 表1

| 序号 | 类型 | 数据采集指标 |
|---|---|---|
| 1 | 水泥混凝土拌和站 | 施工配合比和理论配合比信息；<br>砂、石、水泥、粉煤灰、矿粉、水、外加剂实际用量和配比用量；<br>搅拌时间、浇筑部位、强度等级、操作员 |
| 2 | 水稳拌和站 | 施工配合比和理论配合比信息；<br>数据采集时间间隔不超过10分钟；<br>碎石、水泥实际用量和配比用量 |
| 3 | 沥青拌和站 | 级配信息（施工配比、理论配比）；<br>碎石、矿粉、沥青、添加剂、油石比实际用量和配比用量；集料温度、沥青温度、出料温度、搅拌时间 |

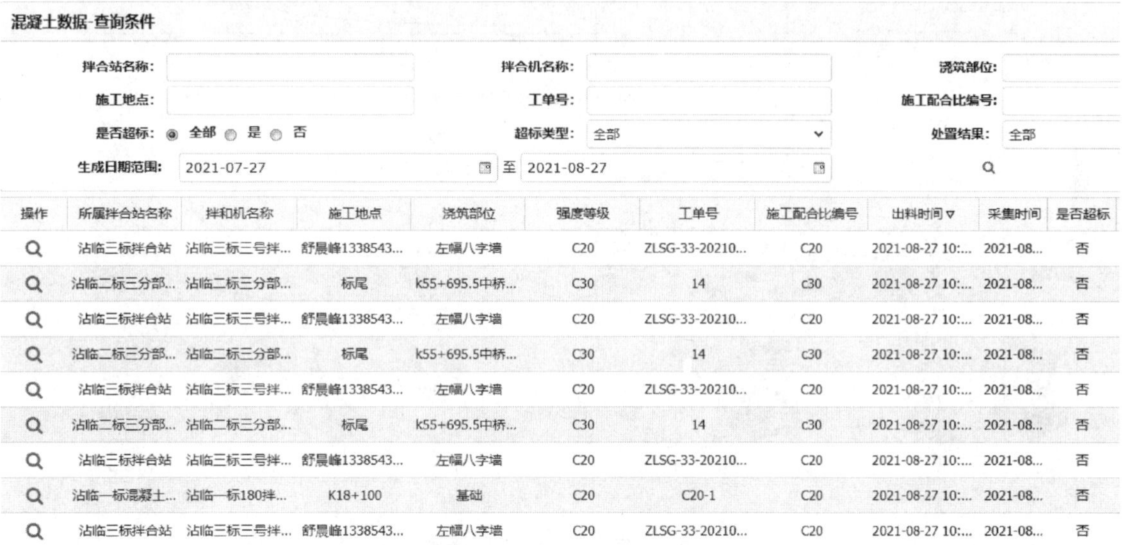

混凝土数据-查询条件

拌合站名称： 拌合机名称： 浇筑部位：
施工地点： 工单号： 施工配合比编号：
是否超标： 全部 是 否 超标类型：全部 处置结果：全部
生成日期范围：2021-07-27 至 2021-08-27

| 操作 | 所属拌合站名称 | 拌和机名称 | 施工地点 | 浇筑部位 | 强度等级 | 工单号 | 施工配合比编号 | 出料时间 | 采集时间 | 是否超标 |
|---|---|---|---|---|---|---|---|---|---|---|
| | 沾临三标拌合站 | 沾临三标三号拌... | 舒晨峰1338543... | 左幅八字墙 | C20 | ZLSG-33-20210... | C20 | 2021-08-27 10:... | 2021-08... | 否 |
| | 沾临二标三分部... | 沾临二标三分部... | 标尾 | k55+695.5中桥... | C30 | 14 | c30 | 2021-08-27 10:... | 2021-08... | 否 |
| | 沾临三标拌合站 | 沾临三标三号拌... | 舒晨峰1338543... | 左幅八字墙 | C20 | ZLSG-33-20210... | C20 | 2021-08-27 10:... | 2021-08... | 否 |
| | 沾临二标三分部... | 沾临二标三分部... | 标尾 | k55+695.5中桥... | C30 | 14 | c30 | 2021-08-27 10:... | 2021-08... | 否 |
| | 沾临三标拌合站 | 沾临三标三号拌... | 舒晨峰1338543... | 左幅八字墙 | C20 | ZLSG-33-20210... | C20 | 2021-08-27 10:... | 2021-08... | 否 |
| | 沾临二标三分部... | 沾临二标三分部... | 标尾 | k55+695.5中桥... | C30 | 14 | c30 | 2021-08-27 10:... | 2021-08... | 否 |
| | 沾临三标拌合站 | 沾临三标三号拌... | 舒晨峰1338543... | 左幅八字墙 | C20 | ZLSG-33-20210... | C20 | 2021-08-27 10:... | 2021-08... | 否 |
| | 沾临一标混凝土... | 沾临一标180拌... | K18+100 | 基础 | C20 | C20-1 | C20 | 2021-08-27 10:... | 2021-08... | 否 |
| | 沾临三标拌合站 | 沾临三标三号拌... | 舒晨峰1338543... | 左幅八字墙 | C20 | ZLSG-33-20210... | C20 | 2021-08-27 10:... | 2021-08... | 否 |

图12 拌和站生产数据图

### 2. 项目应用

目前，山东高速集团沾临项目已实现了拌和站数据采集及分析过程的信息化。各类拌和站采集数量如下：混凝土拌和站累计采集6000万$m^3$，水稳拌和站采集1.3亿t，沥青拌和站采集4000万t。累计发送各类短信150万条。通过项目应用，提高了拌和站配合比等生产质量指标的信息化管控水平，提高了工作效率，减少了人员成本，避免了偷工减料等现象。

## 七、智能张拉与压浆施工中的质量管控信息化

### 1. 实现内容

在桥梁的建设过程中,梁的预应力智能张拉和智能压浆可以起到提高梁的耐久性、抗裂性和承载力的作用。随着智能张拉压浆设备的不断升级,如今已经可以实现智能张拉压浆过程中的数据采集、实时上传,通过对智能张拉压浆数据的实时上传,实现对预应力钢筋的张拉力和伸长量、压浆压力、浆量、保压时间等生产过程指标的质量实时监管,加强梁生产过程中张拉压浆环节的质量管控。

根据《公路桥涵施工技术规范》(JTG/T F50—2011)中关于预应力智能张拉和智能压浆相关要求,其数据采集指标见表2。预应力智能张拉数据见图13。

预应力智能张拉和智能压浆的数据采集指标分类表　　　　表2

| 序号 | 类型 | 数据采集指标 |
|---|---|---|
| 1 | 预应力智能张拉 | 记录张拉加载速率、持荷时间、回缩量、张拉记录、张拉力、伸长值;记录梁型、梁号、桥名等信息 |
| 2 | 智能压浆 | 记录压浆稳压时间、压浆压力、循环时间、水胶比、压浆记录;记录梁型、梁号、桥名等信息 |

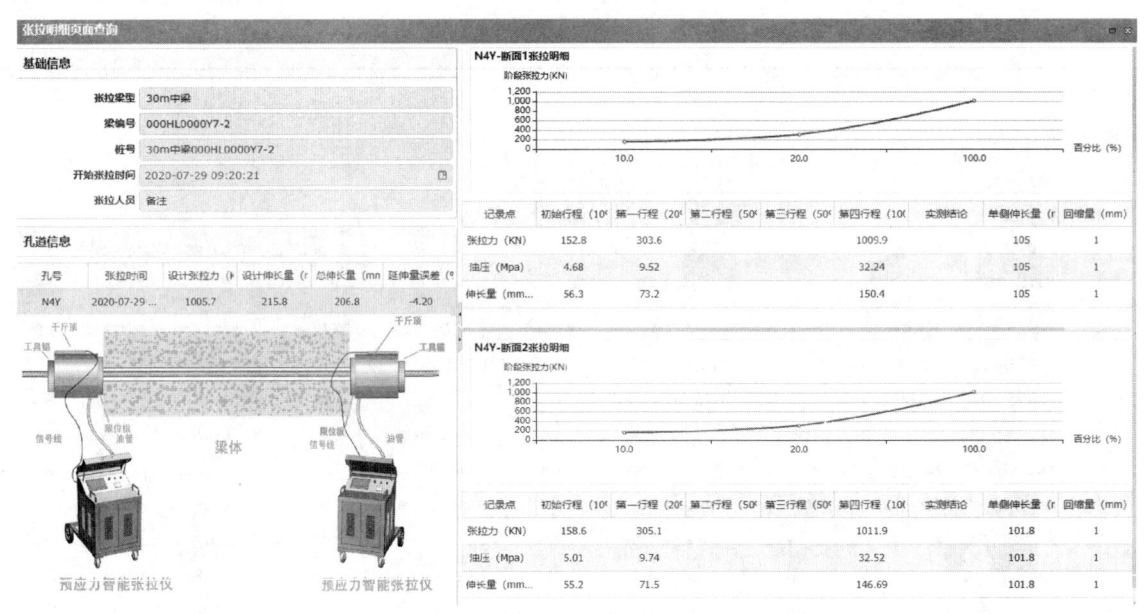

图13　预应力智能张拉数据图

### 2. 项目应用

通过在山东高速集团沾临项目上的应用,已针对123台张拉压浆设备的施工质量实现了动态监控,采集了13万余条数据,完成对张拉力、伸长量、持续张拉时间、压浆压力、返浆压力、浆量、压浆时间、持压时间等指标数据的采集和记录、上传,有效提高张拉压浆规范施工,提高梁的生产质量。施工示意图见图14。

图 14　智能张拉压浆施工中的质量管控信息化示意图

## 八、软基处理施工中的质量管控信息化

### 1. 实现内容

通过互联网、物联网、大数据分析及云计算等综合技术应用,对软基处理(沾临高速公路主要为加固土桩和浆喷桩)施工的基础数据等进行实时、全面、准确地采集,对水泥及混凝土用量、桩长、打桩时长、成桩次数等指标进行监控及实时上传共享,对软基处理施工的全过程实现质量管控信息化。桩基施工数据采集设备安装示意图见图 15。

### 2. 项目应用

软基处理的加固土桩和浆喷桩质量管控信息化已在山东高速集团沾临项目上应用,监管桩机设备 200 余台,管控近 500 万余延米加固土桩及水泥粉煤灰碎石桩(CFG 桩),对加固土桩和浆喷桩的桩长、材料用量、材料配比等指标数据实时上传。在应用过程中,逐步解决了现场施工操作不规范、打桩时间不足等问题,通过施工过程监管和取芯验证,提高了成桩合格率,实现了针对隐蔽工程施工质量的有效监管。沾临项目加固土桩监控结果数据见图 16。将桩基处理实时数据进行上传共享,形成软基处理可视化效果图,见图 17。

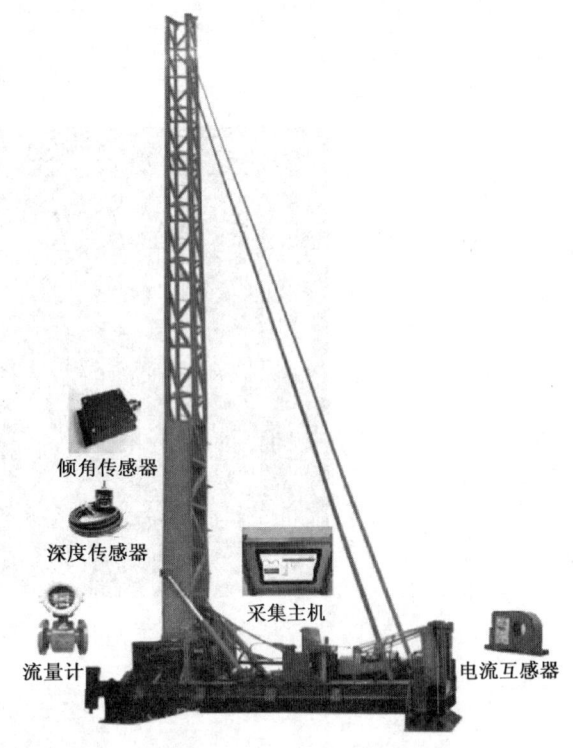

图 15　桩基施工数据采集设备安装示意图

## 九、高速公路质量管控中的信息化手段

### 1. 视频云监控

通过视频监控将施工现场接入网络,建立视频云监管,将项目各单位视频监控接入到智慧云平台,可通过电脑端和手机端实时查看现场施工,也可进行视频回放,实现了施工现场可视化。

山东高速集团沾临项目中已接入 2200 余个摄像头,并于重点部位进行视频录像,对涉铁、涉水、特大桥等重点部位进行全过程监管。视频云监控效果图见图 18。

通过现场安装视频摄像头,后台搭建智能分析系统,将施工现场视频画面回传并进行智能分析,实现对施工现场人员的行为识别,并可远程喊话违规行为。

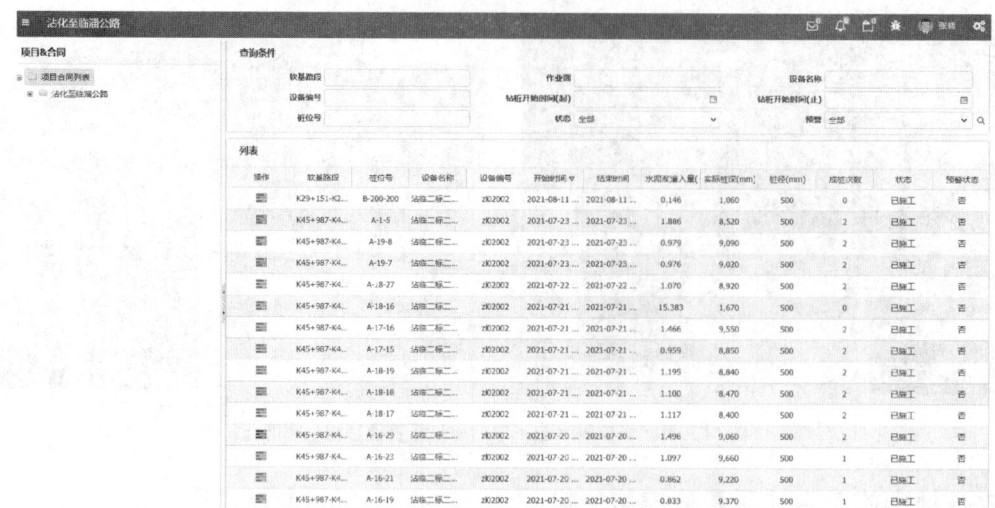

图16 沾临项目加固土桩质量监控结果数据图

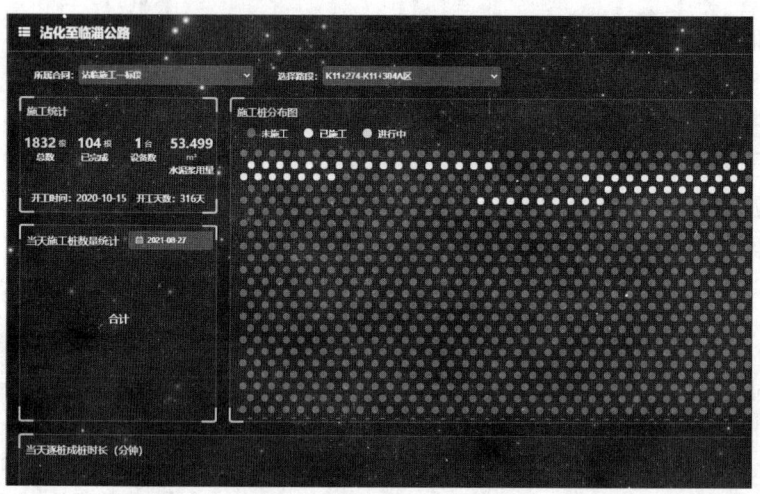

图17 软基处理可视化效果图

图18 高速公路施工的视频云监控效果图

## 2. 无人机航拍

公路工程建设过程中,为了能对项目施工进展有直观了解,对整体项目施工过程可视化监管,可以运用无人机航拍技术。将阶段性的施工进展做航拍记录并进行剪辑,将反映每个标段施工进展的视频文件上传到智慧云平台,可有效了解项目的整体进展,为制订施工计划、调度施工进度、管控施工质量提供可视化参考。

山东高速集团沾临项目中已广泛应用无人机航拍技术,已保存2200余个视频文件,对所有项目的整体施工进展有了全面可视化监管,保存的影像资料也为后续项目的质量管控提供参考。航拍视频示意图见图19。

## 十、结　语

目前,我国的高速公路建设仍在不断扩大。高速公路建设任务艰巨,需要一个健全、完善的信息系统的支持,要想提高高速公路质量管理工作的质量,则要充分地利用现代信息技术。

山东高速集团沾临项目办根据公路工程质量安全管理各项业务模块不同的需求,综合考虑业务分类、深度挖掘业务原理、融合业务管理理念,利用物联网、北斗定位、GIS系统、云计算、大数据分析等技术,将物联网与设备、施工工艺相结合,创新性地开发了工程建设智慧云平台。逐步实现质量安全业务去人力化、快捷溯源化、可视化、实时化,加强了质量安全业务的事前、事中控制。

图19　航拍视频手机端查看

**参考文献**

[1] 张亚鹏.论高速公路施工质量信息化管理系统的应用[J].甘肃科技纵横,2016,45(08):48-50.
[2] 陈智敏.基于我国高速公路信息化和智能化建设的研究[J].科技传播,2016,8(13):105-106.
[3] 梁祖怀.高速公路工程项目管理信息化的应用分析[J].黑龙江交通科技,2020,43(12):2.
[4] 陈珊.浅谈高速公路信息化项目建设管理[J].装备维修技术,2021(6):1.
[5] 王俊义.高速公路工程质量管理信息化规划及实施应用[J].江西建材,2019(02):98+100.
[6] 章永超.基于数据的高速公路建设质量信息化技术研究[J].公路,2018,63(12):237-239.
[7] 王发.高速公路建设工程管理信息化应用研究——以保宜高速公路建设为例[J].湖北工业大学学报,2014,29(1):62-64+75.
[8] 张西斌,房建果,王鹏轶,等.影响高速公路建设质量的若干因素及对策[C]//全国公路工程关键技术与管理信息化学术会议.2003.
[9] 龚德俊,肖利君.高速公路建设信息化技术研究与应用[C]//中国公路学会.第五届全国公路科技创新高层论坛论文集(下卷).北京:人民交通出版社,2010.
[10] 王琪.高速公路施工企业信息化管理系统及应用研究[J].公路交通科技(应用技术版),2012,8(10):223-226.

# 16. 旧桥拓宽改造风险评估与控制

范海宾[1]　葛　飞[1]　王卫东[1]　董　锐[2]

(1.中交一公局集团有限公司;2.山东高速基础设施建设有限公司)

**摘　要**　本文根据桥梁的测试结果和以某旧桥的改建为工程背景,结合桥梁改建工作方案,以旧桥本身和新桥的桩基础施工对旧桥的影响,对旧桥的影响拆除过程的风险评估以及基于风险评估结果、项目安全性及其顺利完成而制定的风险管理措施,研究结果可为此类桥梁的改建提供参考。

**关键词** 旧桥拓宽 改造风险评估 控制

# 一、引 言

由于我国经济的快速增长和城市化进程的加快,许多旧桥的桥面宽度和交通负荷水平无法满足当前的交通需求,成为限制交通的"瓶颈"。由于经济、施工期、现有交通等其他因素,建议不要简单地关闭交通,拆除旧桥并重建新桥。有效地使用旧桥进行改建是一种在不中断交通状况下提供经济和社会效益的选择。

当前,我国在新建桥梁和改建桥梁方面处于顶峰,但在改建我国旧桥梁的过程中,有关风险评估的研究相对较少。本文结合旧桥梁的技术现状,结合改造施工方案,对施工过程中的风险来源进行评估,并建立相应的风险管理措施,以某座桥梁的改建为工程研究背景,为这类桥梁的改建提供参考。

## 二、旧桥拓宽的基本方法

1. 桥梁加宽设计

1)加宽方案

桥位处路线调整情况:本桥平纵线形及横坡均与皆有桥梁保持一致,其中右幅采用等宽拼宽形式,拼宽范围为原桥后两孔,拼宽宽度为 0~2.2m,拼宽桥梁结构采用等宽拼宽,切除原桥悬臂长度 50cm,拼宽桥梁与原桥保留 2cm 伸缩缝,拼宽箱梁宽度采用 2.7m 等宽拼宽,箱梁中心线长度为 25.106m + 25.137m。通过调整护栏外形实现平面曲线外线。

2)改扩建方案

(1)桥面系:既有桥梁切除 50cm 悬臂后,凿除外侧 1.35m 范围沥青混凝土铺装,拆除既有桥梁右侧护栏。

(2)上部结构:切除既有桥梁右侧悬臂 50cm,新旧箱梁悬臂之间留 2cm 缝隙。

(3)桥墩:新建墩柱与箱梁固结。

(4)桥台:将既有桥梁桥台的外侧耳背墙及盖梁端部切除,切除后与既有桥梁上部箱梁悬臂切除后对齐。原桥台台帽端部植筋,与新做加宽部分连为整体。

(5)下部结构施工完成后,安装支座,现浇上部箱梁。

(6)新做桥面系:新做原桥铺装层 1m 范围内 9cm 后混凝土现浇层,施工纵向伸缩缝、护栏、桥面排水、横向伸缩缝等桥面设施。

(7)新做桥头搭板、锥护坡等附属设施。

3)加宽桥梁设计

(1)加宽桥梁箱梁中心线跨径为 25.106m + 25.137m,右转角 90°,与既有桥梁等宽拼宽。

(2)加宽上部结构采用现浇预应力混凝土箱梁,梁高 1.4m。

(3)加宽桥墩采用墩梁固结,桥台采用 GYZ450×99mm 型板式橡胶支座。

4)既有桥梁改造设计

(1)既有桥梁桥面系:既有桥梁切除 50cm 悬臂后,切除外侧 1.35m 范围内沥青混凝土铺装,拆除既有桥梁右侧护栏。

(2)既有桥梁上部:将既有桥梁桥台的右侧耳背墙及盖梁端部切除,切除后既有与既有桥梁上部边板(切除悬臂后)竖向对齐。

5)附属结构设计

(1)桥头搭板:右侧新做加宽搭板。

(2)伸缩缝:拼宽箱梁与原箱梁之间新做纵向 D40 伸缩缝,桥台处新做 D80 伸缩缝。

(3)护栏:拆除既有桥梁右侧护栏,新做 SS 级防撞护栏。

(4)桥面排水:本桥均采用分散排水;泄水孔设置在桥面较低一侧护轮带内侧。在护栏底部设置横向排水管,箱梁结构外侧设置挡水块,在桥面铺装下层设防水层。

(5)锥护坡:拆除既有桥梁右侧锥坡,新做加宽部分的台前护坡和锥坡。

2. 增设钢筋混凝土悬臂排梁

这是改建桥梁拓宽的最简单方法,可以与其他桥梁加固补强方法结合使用。这种桥梁拓宽方法适用于拱桥和梁式桥,并且通常适用于拓宽在两侧拓宽的旧桥。最大的优点是无须铺展桥墩,而且加固量很小。

3. 单边新建桥梁

如果原始道路的改建是单面拓宽的,或者原始桥梁成为交通大动脉的"瓶颈",需要紧急拓宽并且不能中断交通,请使用荷载标准降低该情况等。通常,可以在旧桥的一侧新建造新桥,以提高交通容量和环境容量。

4. 增设边梁或边拱

拆除一侧(或两侧)的栏杆和人行道板后,在一侧(或两侧)增加侧梁(或侧拱肋),以达到拓宽桥梁的目的。新的侧梁铰接到原始的主梁上,主梁仅承受自身的静载荷,人行道静载荷和人群载荷,而不承受原始主梁传递的剪力,并且是侧向载荷分布。以这种方式拓宽桥梁时,有必要测量桥墩顶宽度是否可以在新梁或拱肋上放置,如果不够,则拓宽墩帽处理。

## 三、工程背景

1. 旧桥概况

该桥建于1959年,长235.19 m,桥面宽8.0 m。上层建筑使用跨度为10m×22.2m的钢筋混凝土简支T形梁,单跨横向包含7个T形梁。每个T形截面的梁肋高度为1.13m,腹板宽度为0.18m,且翼缘板宽度为0.60m,翼缘的厚度为0.09m。下部结构采用重力墩和基座来扩展基础。桥梁的设计荷载为汽—13级、拖—60,河流通航等级为Ⅴ级。旧桥的立面如图1所示。2009年,对桥梁的技术状态进行了测试,并被评定为D级或"不合格"状态。根据桥梁检查报告,桥梁的主要病害如上部结构T形梁的底部有许多横向裂缝,其中一些扩展到了腹板。最大裂缝宽度为0.44mm,其中30多个裂缝。规格限制为0.20mm,并且在最大冲刷深度2.05 m处冲刷了桥墩基础周围的河床。

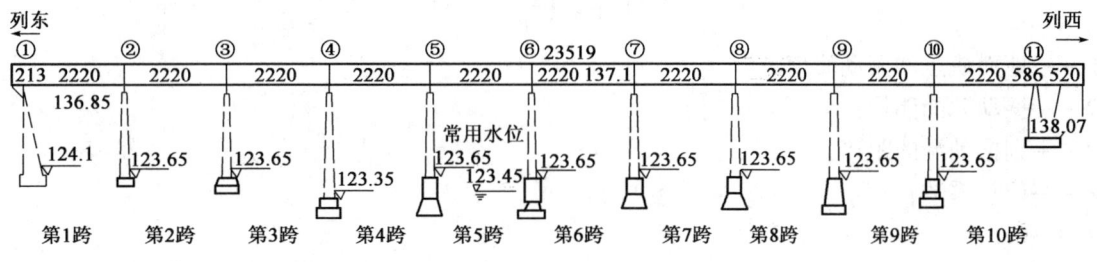

图1 旧桥立面图(尺寸单位:mm)

2. 旧桥改造施工方案

鉴于该桥已投入使用很长时间,设计负荷水平低,技术条件差,无法满足当前的负荷和交通需求,因此将采取拆除和改建计划。重建桥的总长度为234.0m,跨径布置为2×33.5m + 2×50m + 2×33.5m,这是具有固定横截面的连续现场梁桥。桥的横截面布置如下,双向六车道桥,总宽度为38.0 m,分为上部和下部两部分。每个宽度为19.0m,上部结构使用横截面均匀的现浇预应力钢筋混凝土箱形箱梁桥。梁的高度是2.5m,下部结构采用坚固的基台,花瓶形墩和钻孔的桩基。桥梁的设计荷载为A级—城,人群荷载根据《城市桥梁设计标准》(CJ 11—2011)获得。由于该桥位于城市的主要道路上,因此该桥的重建工作的总体流程是先建造桥的下游侧半幅,然后保持旧桥以便在施工期间不会中断交通。打开正常交通的桥梁,拆除旧桥和管线,在上游侧半幅建造桥梁。

### 3. 老桥结构部分拆除施工

为保证桩基施工空间及后续施工的需求,需先拆除老桥加宽段钢筋混凝土护栏、老桥箱梁翼缘板及台帽边缘等部分结构。

1) 结构拆除部分

(1) 桥面系:既有桥梁切除50cm悬臂后,凿除外侧1.35m范围沥青混凝土铺装,拆除既有桥梁右侧护栏。

(2) 上部结构:切除既有桥梁右侧悬臂50cm。

(3) 桥台:将既有桥梁桥台的外侧耳背墙及盖梁端部切除,切除后与既有桥梁上部箱梁悬臂切除后对齐。

2) 拆除工艺

(1) 桥面铺装。桥面铺装铲除采用空气压缩机结合风镐进行,铲除时应注意控制深度,以箱梁顶与桥面铺装层结合面为界。不可凿除过深以影响箱梁顶板,也不可在板上留有不稳定的沥青混凝土层,桥面铺装铲除要求干净彻底,在凿除完铺装层、清理杂质后,用清水清理表面。

(2) 混凝土结构部分。采用绳锯静力切割既有桥梁右侧上部外侧50cm范围的悬臂及护栏时,不对箱梁造成损伤。

## 四、风险源评估

### 1. 新桥桩基施工对旧桥影响分析

根据新桥的布置,新桥墩相对靠近旧桥墩2号、4号、6号、8号和10号,最短距离约为10.0m。新桥使用钻孔桩,桩径为1.8m。在钻孔桩的施工过程中,由于挖掘机在开挖现场激振,使钻点产生土体震荡,介质以波的形式为土体向四周传播。其中表面波会引起表面振动,随着钻点距离增加,表面振动的强度会降低。

当围绕钻点的一定范围内的表面振动达到一定强度时,地表会与周围的结构产生共振,造成不同程度的影响。国内外学者对人为振动进行了大量研究,并提出了各种关于地面动运动衰减规律的经验公式。可归结为:

$$V = K\left(\frac{QM}{R}\right)^N \tag{1}$$

式中:$V$——地面质点的振动峰值;

$Q$——振动源的能量;

$R$——到振动源的距离;

$K$、$N$——位点系数;

$M$——0.5。

由上式可知,新桥桩对旧桥基础的影响主要与二者之间的距离以及落锤的激发能有关。质点振动的峰值随着距离的增加而呈负指数衰减,参见类似地点的桩基施工现场。振动阻尼定律的现场测试表明,峰值振动阻尼率在距震源10.0 m内非常快,安全距离受建筑振动的影响。由于本工程中新桥桩基础与旧桥基础之间的最短距离约为10.0 m,因此对新桥钻孔桩的施工过程有一定的影响。关于旧桥的结构,这是该项目的风险来源之一。

### 2. 旧桥拆除施工风险分析

控制爆破拆除、综合拆除、静态爆破拆除、机械拆除是桥梁常用的拆除方法。根据施工单位提供的旧桥拆除的特殊施工计划,本项目将采用机械拆除的方法,采用逆序法将拆除分为三个阶段。第一阶段,拆除桥面系构建采用人工配合小型机。凿开桥面铺装,完全开放湿接缝混凝土,使梁和板完全分开。第二阶段，用桥梁建筑机械将梁板提升，将其放置在梁运输平板车上，运输至桥头，并用炮锤销毁。第三阶段，通过使用金刚圆盘锯——切割桥墩和立柱，沿着计划的切割线切割已建成的钢制基座和钢制围堰。切割后的零件由自卸卡车提起并运输到指定位置。机械拆卸方法对水路运输的影响较小，拆卸过程对周围环境的污染较小，噪声也较小。它可以控制在原始建筑物的区域内，主要用于航道桥的拆除。尽管从理论分析来看，机械拆除是可行的，但经过多年的使用，旧桥梁的强度、刚度和稳定性已不同程度地下降。此外，在拆卸过程中还有许多意想不到的因素，这增加了安全风险。风险的主要来源是：第一，拆除过程中对混凝土残渣的损坏；第二，施工过程中的机械损伤；第三，主梁提升过程中的稳定性问题；第四，拆除顺序不当可能导致的倒塌损坏；第五，水上作业的重点和难处，如安全问题在于安全拆除主梁。

3. 危险因素分析

1）重大危险源识别

根据 JDK116+612 中桥拼宽施工工序，对可能发生的危险源（表1）进行识别。

危险源辨识表　　　　　　　　　　　　　　　　表1

| 序号 | 施工工序 | 事故类别 | 伤害方式 | 引发事故主要原因 |
|---|---|---|---|---|
| A001 | 支架安装 | 构件起吊 起重伤害 | 构件从高处突然落下 | 吊装时没有专人进行指挥；吊装构件用钢丝绳有磨损或强度不够 |
| A002 | | 构件安装 高处坠落 | 施工人员从高处坠落 | 操作工人没有佩戴安全带或救生衣；操作平台防护不到位 |
| A003 | 支架预压 | 预压块起吊 起重伤害 | 重物突然从高处落下 | 安装时没有专人进行指挥；吊装用钢丝绳有磨损或强度不够；操作工人没有佩戴安全带及救生衣；工作平台防护不到位 |
| A004 | | 预压块就位 高处坠落 淹溺 | 构件坠落；施工人员从高处坠落；施工人员淹溺；预压块倾倒 | 支架本身不满足结构要求；预压块摆放不合理或倾斜；工人没有佩戴安全带及救生衣；工作平台防护不到位 |
| A005 | 钢筋及预应力安装 | 机械伤害、物体打击 | 加工及安装时挤伤、碰伤等 | 作业人员操作失误；作业为未按照规程进行 |
| A006 | | 高处坠落 | 不当操作事故（闪失、碰撞等） | 操作工人没有佩戴安全带或救生衣；操作平台防护不到位 |
| A007 | 混凝土浇筑 | 高处坠落 | 构件坠落；施工人员从高处坠落；施工人员淹溺 | 现浇箱梁本身不满足结构要求；工人没有佩戴安全带及救生衣；工作平台防护不到位 |
| A008 | 预应力施工 | 机械伤害 | 钢绞线或夹片等飞出伤人 | 张拉操作未按照规程进行；张拉器具或钢绞线等质量不符合要求 |
| A009 | 支架拆除 | 物体打击 | 落物伤人（物体打击） | 在拆除时，高空抛掷构配件，砸伤工人或路过行人；架体上物体堆放不牢或意外碰落，砸伤工人或过路行人；整体倾倒，砸伤工人或过路行人等 |
| A010 | 临时用电 | 触电 | 触电 | 临时用电设备安装不符合要求；未按照安全用电执行 |
| A011 | 雷击 | 设备损坏，雷击伤人 | 多种 | 施工过程中遇雷雨天气 |

续上表

| 序号 | 施工工序 | 事故类别 | 伤害方式 | 引发事故主要原因 |
|---|---|---|---|---|
| A012 | 吊车安装及使用 | 机械伤害、物体打击 | 加工及安装时挤伤、碰伤等 | 作业人员操作失误；作业为未按照规程进行 |
| A013 | 吊车安装及使用 | 高处坠落 | 不当操作事故（闪失、碰撞等） | 操作工人没有佩戴安全带或救生衣；操作平台防护不到位 |
| A014 | 六级大风 | 支架倾覆 | 财产损失、人员伤亡 | 大风破坏性大无三防应急预案；支架不满足抗风要求 |
| A015 | 整个施工过程 | 物体打击 | 落物伤人 | 整个施工过程中,物件偶然下落,砸伤过路行人或桥下船只人员 |
| A016 | 焊接作业 | 火灾 | 财产损失、人员伤亡 | 临时用电不符合要求造成火灾；电焊作业未按规程进行 |

2）危险因素评估

根据上节危险源的识别,对支架施工过程中可能遇到的各种风险事故进行汇总分析。危险因素评估采用 LECD 法。

（1）LECD 评估方法。危险源的危险度通过此法来计算,即把危险源诱发事故的可能性、人员暴露于危险环境中的频繁程度、一旦发生事故可能造成后果的严重程度三种因素的量化值之乘积,作为该危险源的危险度,即：危险度 $D = L \times E \times C$（L—事故发生的可能性, E—人员暴露于危险环境中的频繁程度, C—一旦发生事故可能造成的后果）。L、E、C 赋值标准见表2。

LECD 评估表　　　　　　　　　　　　　　表2

| 分数值 | 事故发生的可能性 | 分数值 | 事故发生的可能性 |
|---|---|---|---|
| 10 | 完全可以预料到 | 0.5 | 很不可能,完全意外 |
| 6 | 相当可能 | 0.2 | 极不可能 |
| 3 | 可能,但不经常 | 0.1 | 实际不可能 |
| 1 | 可能性小,可以设想 | | |

| 分数值 | 人员暴露于危险环境中的频繁程度 | 分数值 | 人员暴露于危险环境中的频繁程度 |
|---|---|---|---|
| 10 | 连续暴露 | 2 | 每月几次暴露 |
| 6 | 每天几次暴露 | 1 | 每年几次暴露 |
| 3 | 每周几次暴露 | 0.5 | 非常罕见地暴露 |

| 分数值 | 一旦发生事故可能造成的后果 | 分数值 | 一旦发生事故可能造成的后果 |
|---|---|---|---|
| 100 | 2000万元及以上经济损失,3人及以上死亡 | 7 | 150万~300万经济损失,重伤或4人以上轻伤 |
| 40 | 1000万~2000万经济损失,2~3人死亡 | 3 | 70万~150万经济损失,1~3人轻伤 |
| 15 | 300万~100万经济损失,1人死亡或3人以上重伤 | 1 | 1万~70万经济损失,微伤 |

危险性等级划分标准

| D 值 | 危险度 | D 值 | 危险度 |
|---|---|---|---|
| >320 | 极其危险,不能继续作业 | 20~70 | 一般危险,需要注意 |
| 161~320 | 高度危险,需立即整改 | <20 | 稍有危险,可以接受 |
| 71~160 | 显著危险,需要整改 | | |

(2)危险因素评估表格。

根据上述评估方法汇总见表3。

危险因素评估表

表3

| 序号 | 活 动 | 主要关键设备 | 影响条件 | 潜 在 危 险 | 可能发生的事故 | 作业条件危险评价 ||||危险等级 |
|---|---|---|---|---|---|---|---|---|---|---|
| | | | | | | L | E | C | D | |
| 1 | 支架安装 | 钢丝绳 | 钢丝绳质量不好 | 高处落下 | 人员伤亡 | 1 | 10 | 3 | 30 | 2 |
| 2 | 支架安装 | 信号工 | 无专人指挥 | 高处落下 | 人员伤亡 | 3 | 10 | 3 | 90 | 3 |
| 3 | 支架安装 | 防护工具 | 未佩戴安全防护装置 | 高处落下 | 人员伤亡 | 3 | 10 | 3 | 90 | 3 |
| 4 | 支架安装 | 防护工具 | 施工平台防护不到位 | 高处落下 | 人员伤亡 | 3 | 10 | 3 | 90 | 3 |
| 5 | 预压 | 钢丝绳 | 钢丝绳质量不好 | 高处落下 | 人员伤亡 | 1 | 10 | 3 | 30 | 2 |
| 6 | 预压 | 信号工 | 无专人指挥 | 高处落下 | 人员伤亡 | 3 | 10 | 3 | 90 | 3 |
| 7 | 预压 | 防护工具 | 未佩戴安全防护装置 | 高处落下 | 人员伤亡 | 3 | 10 | 3 | 90 | 3 |
| 8 | 预压 | 防护工具 | 施工平台防护不到位 | 高处落下 | 人员伤亡 | 3 | 10 | 3 | 90 | 3 |
| 9 | 预压 | 预压 | 堆放不合理 | 倾倒 | 财产损失、人员伤亡 | 1 | 10 | 3 | 30 | 2 |
| 10 | 预压 | 支架构造 | 构造不满足要求 | 支架坍塌 | 财产损失、人员伤亡 | 0.5 | 6 | 15 | 45 | 2 |
| 11 | 预压 | 操作工 | 未按照要求安装到位 | 工字钢倾覆 | 财产损失、人员伤亡 | 1 | 6 | 15 | 90 | 3 |
| 12 | 钢筋及预应力安装 | 防护工具 | 未佩戴安全防护装置 | 高处落下 | 人员伤亡 | 3 | 10 | 3 | 90 | 3 |
| 13 | 钢筋及预应力安装 | 防护工具 | 施工平台防护不到位 | 高处落下 | 人员伤亡 | 3 | 10 | 3 | 90 | 3 |
| 14 | 钢筋及预应力安装 | 操作工 | 未按照规程操作 | 物体打击 | 人员伤亡 | 3 | 2 | 7 | 42 | 2 |
| 15 | 混凝土浇筑 | 防护工具 | 未佩戴安全防护装置 | 高处落下 | 人员伤亡 | 3 | 10 | 3 | 90 | 3 |
| 16 | 混凝土浇筑 | 防护工具 | 施工平台防护不到位 | 高处落下 | 人员伤亡 | 3 | 10 | 3 | 90 | 3 |
| 17 | 混凝土浇筑 | 支架构造 | 构造不满足要求 | 支架坍塌 | 财产损失、人员伤亡 | 1 | 2 | 15 | 30 | 2 |
| 18 | 混凝土浇筑 | 操作工 | 模板、支架未按照要求安装到位 | 工字钢倾覆 | 财产损失、人员伤亡 | 1 | 2 | 15 | 30 | 2 |
| 19 | 预应力施工 | 张拉器具 | 质量不合格 | 机械伤害 | 人员伤亡 | 1 | 6 | 7 | 42 | 2 |
| 20 | 预应力施工 | 操作工 | 未按规程操作 | 机械伤害 | 人员伤亡 | 1 | 6 | 7 | 42 | 2 |
| 21 | 支架拆除 | 支架构件 | 拆除材料乱堆 | 物体打击 | 人员伤亡 | 1 | 2 | 7 | 75 | 3 |
| 22 | 支架拆除 | 操作工 | 未按顺序拆除 | 支架坠落 | 财产损失、人员伤亡 | 1 | 6 | 5 | 30 | 2 |

续上表

| 序号 | 活动 | 主要关键设备 | 影响条件 | 潜在危险 | 可能发生的事故 | 作业条件危险评价 | | | | 危险等级 |
|---|---|---|---|---|---|---|---|---|---|---|
| | | | | | | L | E | C | D | |
| 23 | 支架拆除 | 支架设备 | 设计不合理 | 支架坠落 | 财产损失、人员伤亡 | 1 | 6 | 5 | 30 | 2 |
| 24 | 临时用电 | 设备 | 用电设备不符合要求 | 触电 | 人员伤亡 | 1 | 6 | 5 | 30 | 2 |
| 25 | 临时用电 | 操作人员 | 操作违规 | 触电 | 人员伤亡 | 3 | 6 | 3 | 54 | 2 |
| 26 | 6级以上大风 | 设备及人员 | 天气 | 支架倾覆 | 财产损失、人员伤亡 | 3 | 1 | 40 | 120 | 3 |
| 27 | 雷击 | 设备及人员 | 天气 | 设备损坏，人员伤亡 | 财产损失、人员伤亡 | 1 | 6 | 7 | 42 | 2 |

根据危险等级标准可以看出，支架施工危险等级均处于3级以下，项目部根据实际情况采取加强安全巡查与安全教育、确保安全技术交底覆盖率达到100%等措施，以防止安全事故的发生。

## 五、风险控制措施

首先，旧桥上部结构的承载力仍能满足汽—13级和拖—60的设计载荷要求。由于该桥已经运行了50多年，因此交通量很大，并且该桥的技术条件也很差。在新桥开放之前，必须对旧桥进行维护，因此建议采取限载措施，吨位限制为15t。其次，埋深旧桥中的扩展基础的深度不符合《公路桥涵地基与基础设计规范》(JTG D63—2007)的结构要求。在建造新的桥桩基础之前，有必要对旧的桥基础和未完全埋入的墩基础进行加固。深度应通过抛石或浇注水下混凝土进行处理。再次，开挖新桥的桩基时，会产生一定量的振动，并以振动波的形式传播到周围，这可能会导致旧桥的基础变形和桥墩的倾斜事故。开挖结构前部的振动较大，应控制落锤的行程，并应尽可能使用落锤的低冲击力。对于开挖作业顺序，桩工顺序主要决定挤入方向，先安装旧桥附近的桩，再安装远离旧桥的桩。

## 六、结 语

旧桥的改造是一项技术含量高、施工难度大的工程，施工风险要比新桥高。因此，在重建旧桥之前，应对桥的技术条件进行全面检查和评估，以证明重建计划的可行性和合理性。本文基于相似场地桩基础施工的减振规律的现场测试，评估了新桥梁基础施工对旧桥梁的影响，将进一步研究打桩过程的振动响应的理论分析。

**参考文献**

[1] 曹淑上,赵晓斌,杨记峰,等.秀山西门桥拓宽改造设计研究与实践[J].重庆建筑,2018,17(12):5-7.
[2] 徐廷霞,李攀,李岩.既有拓宽改造混凝土梁桥现状研究[J].江西建材,2018(04):154-155.
[3] 缪锋.旧桥拓宽改造风险评估与控制[J].福建工程学院学报,2016,14(01):10-14.

# 17. 旧桥加固技术在高速公路改扩建工程中的应用研究

邢兰景　朱世超　甄倩倩　张 晓
(山东高速基础设施建设有限公司)

**摘 要**　随着我国经济社会的快速发展，现有双向四车道高速公路普遍存在交通荷载过大和交通量过于繁重的现象。为此，对现有双向四车道高速公路改扩建成为交通发展的必然趋势，但由于高速公路运营时间长、养护不及时、车辆超载等原因,部分旧桥亟须进行拆除重建或加固。本文以日兰高速公路巨野西至菏泽段改扩建工程为依托,提出了旧桥加固措施,在提升旧桥承载力和耐久性的同时,相比拆除方案节省了工程造价,可为类似改扩建工程提供参考。

**关键词** 改扩建 旧桥加固 植筋 凿毛 注浆

## 一、引 言

本工程旧桥维修加固分别是盖梁加固、墩柱加固、薄壁台加固3种形式。盖梁加固主要是大、中桥加固,盖梁加固采用增大截面方法,在盖梁两侧各加厚25cm混凝土,并增设主筋和骨架钢筋,对盖梁两侧凿毛后采用植筋方式与新浇筑混凝土连接;墩柱加固主要采用增大截面法的加固方案,即增大墩身混凝土截面面积,并在增加的混凝土与原墩身之间植入钢筋;薄壁台加固主要是对原有薄壁台台背植入锚杆及对薄壁台台身加厚。应用此方案进行旧桥加固后,桥梁承载力和耐久性均得到大幅提升,满足相关技术要求。

## 二、工程概况

日照至兰考高速公路巨野至菏泽段改扩建工程是G1511日兰高速公路、G35济广高速公路、G3W德上高速公路3条国家高速公路的重合路段,是鲁西南地区重要的交通干线。项目起自济广高速公路与日兰高速公路交叉的王官屯枢纽立交,终点为日兰高速公路与菏宝高速公路交叉的曹州枢纽立交。项目建成后,对改善现有通行条件、促进山东省西部经济隆起带建设和新旧动能转换重大工程实施、带动以菏泽为中心的区域经济快速发展等方面将发挥重要的交通引领作用。

## 三、施工材料准备

本项目原有桥梁维修加固部位不同,所采用的混凝土类型不同。主要分为3类:墩柱加固采用C40自密实微膨胀混凝土;盖梁加固采用C40普通混凝土;薄壁台加固采用C30补偿收缩混凝土。

1. C40自密实微膨胀混凝土

(1)水泥:PO42.5水泥。
(2)水:水采用混凝土拌和站地下水,已通过检测,符合施工要求。
(3)砂:Ⅱ类中砂。
(4)碎石:(5~20mm)连续级配碎石,碎石比例为(5~10mm)碎石:(10~20mm)碎石=40%:60%。
(5)防水剂:膨胀剂为HT-F1Ⅰ型(掺量:10%)
(6)减水剂:聚羧酸高性能减水剂,HT-GJ标准型(掺量:1.5%)

2. C40普通混凝土

(1)水泥、水及砂与C40自密实微膨胀混凝土一致。
(2)碎石:(5~20mm)连续级配碎石,碎石比例为(5~10mm)碎石:(10~20mm)碎石=40%:60%。

3. C30补偿收缩混凝土

(1)水泥、水及砂与C40自密实微膨胀混凝土一致。
(2)碎石:(5~20mm)连续级配碎石,碎石比例为(5~10mm)碎石:(10~20mm)碎石=40%:60%。
(3)膨胀剂:膨胀剂为HT-FW型(掺量:6%)
(4)减水剂:聚羧酸高性能减水剂,HT-GJ标准型(掺量:1.5%)

## 四、旧桥加固施工工艺

1. 加固植筋施工

1)钻孔、清理、灌胶、插入钢筋

(1)钻孔:钻孔前先凿除其混凝土保护层暴露出钢筋,然后采用冲击电锤钻孔,钻孔时需保证钻机、钻头与加固表面垂直,孔径比锚筋直径大 2~4mm;孔位应避让构造钢筋,孔道应顺直。

(2)清理钻孔:孔道先用硬鬃毛刷往返旋转清刷 3 次,再以高压干燥空气吹去孔底灰尘水分,内外反复 3 次,保证孔内干燥。植筋前先用丙酮或工业酒精擦拭孔壁、孔底和植入钢筋。

(3)灌胶:将植筋胶通过胶枪灌入孔道;从孔底灌注至孔深 2/3 处,待插入钢筋后,胶即充满整个孔洞。

(4)插入钢筋:在植筋胶灌入后立即单向旋转插入钢筋,直至达到设计深度。植入钢筋应保证钢筋与孔壁间隙基本均匀,校正钢筋的位置和垂直度。

2)植筋胶性能要求

本项目采用植筋锚固用胶黏剂,胶黏剂必须满足《公路桥梁加固设计规范》(JTG/T J22—2008)第 4.6 的要求[1]。对完全固化的胶黏剂,其检验结果应符合实际无毒卫生等级要求。胶黏剂采用无溶剂型改性环氧胶黏剂,符合 A 级胶性能。具体指标要求见表 1。

胶黏剂性能要求一览表　　表 1

| 性能项目 | | A 级胶性能要求 | 试验方法标准 |
| --- | --- | --- | --- |
| 胶体性能 | 劈裂抗拉强度(MPa) | ≥12 | GB 50367 附录 G |
| | 抗弯强度(MPa) | ≥60 | GB/T 2570 |
| | 抗压强度(MPa) | ≥80 | GB/T 2569 |
| 黏结能力 | 钢-钢(钢套筒法)拉伸抗剪强度标准值(MPa) | ≥17 | GB 50367 附录 J |
| | 约束拉拔条件下带肋钢筋与混凝土的黏结强度(MPa) C30 $\phi25$ | ≥11 | GB 50367 附录 K |
| | 约束拉拔条件下带肋钢筋与混凝土的黏结强度(MPa) C60 $\phi25$ $l=125mm$ | ≥17 | GB 50367 附录 K |
| 不挥发物含量(固体含量)(%) | | ≥99 | GB/T 2793 |

3)验收标准

钻孔直径允许偏差为 +2mm、-1mm;钻孔深度、垂直度和位置应满足规范要求。具体要求见表 2。

植筋钻孔深度、垂直度、位置允许偏差表　　表 2

| 植筋位置 | 钻孔深度允许偏差(mm) | 钻孔垂直度允许偏差(mm/m) | 位置允许偏差(mm) |
| --- | --- | --- | --- |
| 上、下部结构 | +10,0 | 3° | 5 |
| 承台与基础 | +20,0 | 5° | 10 |
| 连接节点 | +5,0 | 2° | 5 |

4)施工质量控制措施

(1)植筋的焊点离胶面距离不小于 10cm。

(2)施工时要采用降温措施,如焊接施工时用冰水浸透棉纱布包裹植筋胶面根部钢筋。

(3)严禁对一根植筋连续焊接,应采用循环焊接施工的方法,即对一批焊接钢筋逐点、逐根焊接。

(4)植筋施工应连续,避免植入钢筋长期暴露锈蚀,必须要保证植入钢筋与拼接新结构钢筋可靠焊接。

(5)严禁采用将植筋胶直接涂抹在钢筋上植入孔中的植筋方式。

(6)废孔处理:施工中钻出的废孔,应采用高于构件混凝土一个强度等级的水泥砂浆、聚合物水泥砂浆或锚固胶黏剂进行填实,必要时应植入钢筋。

## 2. 盖梁加固施工

盖梁加固采用增大截面方法，在盖梁两侧各加厚25cm厚混凝土，并增设主筋和骨架钢筋，如图1所示，对盖梁两侧进行凿毛，并采用植筋方式与新浇筑混凝土连接[2]。

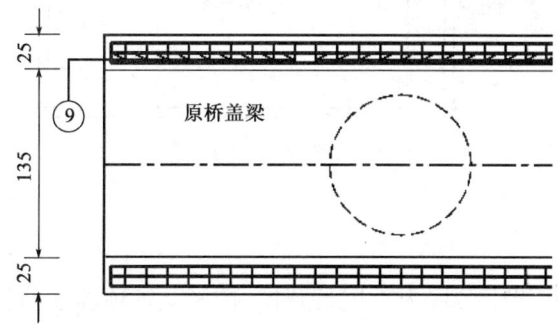

图1 盖梁加固示意图(尺寸单位:cm)

（1）具体施工工艺流程为：场地整平→测量放样→搭设支架→原混凝土表面处理→植筋→钢筋绑扎→支模→浇筑混凝土→拆模并养护。

（2）场地整平：现场根据施工位置先做好"三通一平"（通水、通电、通路及平整工作），场地平整采用15cm厚C20混凝土浇筑。

（3）测量放样：测量组根据加固盖梁图纸采用全站仪在地面先放样出加宽位置，并计算出盖梁加宽后总厚度及总高度。

（4）支架搭设：盖梁加固采用盘扣支架（$\phi48 \times 3.5mm$钢管）搭设对拉双排支架形式，纵向立杆布设间距为60cm，横向立杆在盖梁底板对应的位置间距为60cm，在高度方向横杆布设间距为100cm，剪刀撑设置于外侧立面两端与地面呈45°角，设置长度为3.6m，并且由底至顶连续设置，设置时应注意搭接长度应大于1m。支架结构由上往下依次为：钢平模（底模）→10cm×10cm横向方木，间距30cm→纵向15cm×15cm方木，间距60cm→可调顶托→立杆（纵、横杆）→底托→15cm厚C20混凝土基础→处理后地基。

（5）原混凝土表面处理：支架搭设完成后，对原有盖梁表面进行打磨，如有混凝土表面钢筋外露、麻面等破损时，清除破损部分的混凝土碎块，除去钢筋锈迹。

（6）植筋：根据植筋工艺施工，植筋设计长度为15cm；插入钢筋为$\phi16$HRB400钢筋，长度为35cm。顶底层钢筋沿纵向每隔一根箍筋设置一根，中间两层植筋梅花形布置，沿纵向每隔30cm设置一根。

（7）钢筋绑扎：钢筋绑扎时，要求钢筋焊接采用单面焊，焊缝最小长度为5d。为保证钢筋保护层厚度满足设计要求，在钢筋骨架外侧绑上混凝土垫块，要求每平方米不少于4个，保护层垫块采用梅花形布置，垫块所用混凝土强度等级必须与墩柱所用混凝土强度等级一致；设计盖梁加固保护层厚度为5.4cm。

（8）支模：盖梁加固模板采用全新竹胶板拼装，使用前先根据盖梁加固尺寸制作模板，安装前均匀涂刷脱模剂。模板固定采用植筋加长、螺栓固定的方式。加长钢筋采用$\phi16$螺纹钢（或三段式止水螺栓）与竹胶板采用蝴蝶卡扣固定，如图2所示。加长钢筋焊接与植筋采用双面焊接，并套PVC管防止漏浆；设置间距为50cm。侧模、端模安装完毕后由测量人员测出模板高程，并推算加固盖梁高程，标识盖梁顶浇筑位置，并在侧模上流出浇筑口（15cm×15cm），便于后期浇筑。

（9）加固盖梁浇筑：混凝土浇筑时因既有盖梁与既有梁板顶高度不满足料斗浇筑施工，计划采用人工浇筑。混凝土要连续浇筑，水平分层、一次灌成，每层厚度不超过30cm，在下层混凝土初凝或能重塑前浇筑完上层混凝土。

（10）拆模并养护：梁混凝土初凝后，用土工布或塑料布覆盖混凝土顶面洒水养生。当盖梁混凝土抗压强度达到2.5MPa以上，并保证不至因拆模而受损坏时，可拆除侧模，侧模拆除后再采用土工布缠绕、全覆盖，保持湿润，继续洒水养生。当盖梁养生至7d后，开始拆除支架。

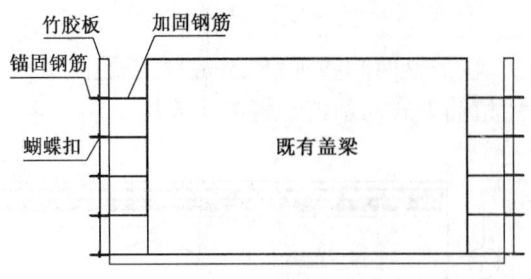

图 2 盖梁加固模板示意图

### 3. 墩柱加固施工

1) 场地清理

(1) 用挖机对原有墩柱加固范围 2m 内土进行开挖,挖深至桩顶高程(具体深度根据现场来定)。

(2) 墩柱范围 30cm 须配合人工开挖,避免机械开挖损坏墩柱。

(3) 人工夯实后采用 5cmC20 混凝土对基底进行硬化处理,作为垫层。

2) 原有墩柱凿毛

(1) 墩柱加固高度为桩基顶高程沿墩柱 2.4m,宽度为原有墩柱直径 $D+40\text{cm}$,如图 3 所示。

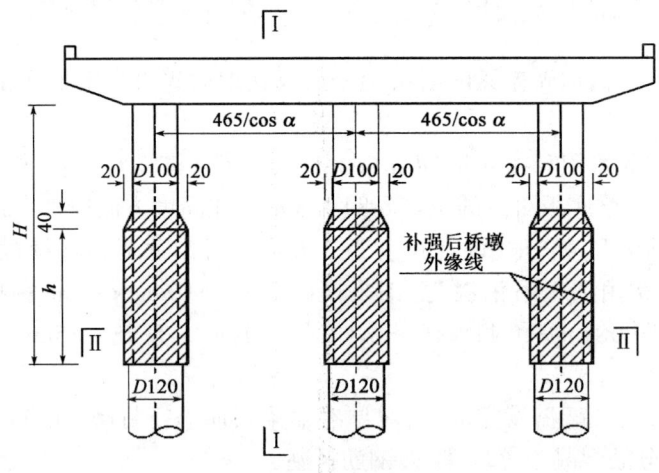

图 3 墩柱加固示意图

(2) 墩柱凿毛采用手持凿毛机(或自动升降凿毛机),凿毛成凹凸不小于 6mm 的粗糙面,并冲洗干净。

3) 植筋与钢筋帮扎

植筋与钢筋绑扎的原则与盖梁加固的方式基本保持一致。

4) 支模

(1) 加固墩柱模板采用定性钢模板,直径根据加固桥梁墩柱而定。

(2) 支模时为防止浇筑混凝土过程中漏浆,在模板接缝处用采用双面胶条进行塞垫,保证接缝紧密不漏浆。

(3) 模板在使用前必须将钢模用钢丝打磨干净并涂刷脱模剂,模板不得有锈斑,保证在拆模后混凝土外观质量。

(4) 支模采用吊车配合支立,现将半边模板支立后再拼装另一半模板,施工人员逐一对螺栓孔用高强螺栓连接并调整到紧固状态,严禁留有未设置螺栓的部位。

5) 浇筑

(1) 加固墩柱采用 C40 自密实微膨胀混凝土,由项目部拌和站集中拌和,罐车运至现场。C40 自密实微膨胀混凝土性能指标见表 3。

## IV 养护管理、检测、加固及其他

**自密实微膨胀混凝土参数要求**　　表3

| 自密实性能 | 性能指标 | 性能等级 | 技术要求 | 检测结果 |
|---|---|---|---|---|
| 填充性 | 坍落扩展度(mm) | SF1 | 550~655 | 580 |
|  | 扩展时间T500(S) | VS1 | ≥2 | 5.8 |
| 间隙通过性 | 坍落扩展度与J环扩展度差值(mm) | PA1 | 25<PA1≤50 | 32 |
| 抗离析性 | 离析率(%) | SR1 | ≤20 | 15 |
|  | 粗集料振动离析率(%) | $f_m$ | ≤10 | 4.6 |

(2)浇筑时采用溜槽配合浇筑,浇筑时应从四周均匀浇筑,如图4所示。

6)拆模及养生

(1)混凝土强度达到2.5MPa以上,且其表面及棱角不因拆模而受损时,方可拆除。

(2)待混凝土初凝后覆盖土工布等保水材料,墩柱养生采用薄膜不间断滴灌养生法,即墩外侧裹紧塑料布,旁边设置水桶,通过水管连接到加固墩柱顶,不间断向土工布供水,保持混凝土处于湿润状态,养护龄期不得少于7d。

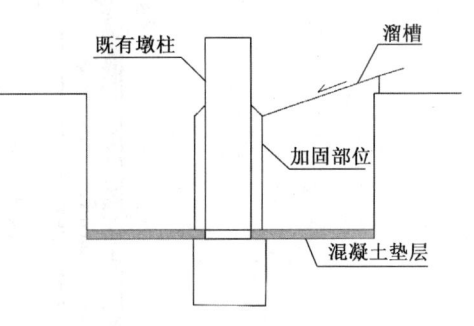

图4　混凝土浇筑示意图

7)质量验收标准

(1)自密实混凝土出厂坍落度与T500(S)时间检验时,同配合比检验应不小于1次,检测结果应符合强度检测结果。

(2)现场实测混凝土坍落度应符合设计要求,混凝土拌合物不得发生外沿沁浆和中心集料堆积现象。

### 4. 薄壁台加固施工

薄壁台加固设计分为两大块:第一块是对原有薄壁台台背植入锚杆注浆;第二块是薄壁台台身加厚。

1)原有薄壁台台背锚杆注浆

(1)台背锚杆注浆设计采用钢花管注浆锚杆,锚体采用φ50×3.2mm无缝钢花管,其锚固构件钢垫板采用180×180(δ=14)mm,锚固垫板与补强层竖向钢筋采用双面焊连接;锚垫板与锚杆之间通过止浆塞进行连接[3]。

(2)根据设计锚杆布设图,放样出锚杆位置,设计锚位中心在薄壁台承台往上1.8m,横向间距按照2m/cosα布设,现场采用红油漆标识出锚杆孔位置,便于施工。

(3)采用钻杆进行打孔,打孔深度为5m,钻进角度为80°,钻孔完成后,对锚杆的孔深、孔径进行检查。锚杆沿其轴线方向每10cm开一对φ4mm出浆孔,梅花状布置,钢花管底部50cm长度内的10个出浆孔为φ6mm;并且每隔1m焊上对中支架,花管之间采用10cm长的螺纹套管连接,接缝处外加焊接,接头处应错开布置,统一平面的接头个数不超过50%;锚杆安装应插到孔底,外露长度为7.7cm。

(4)注浆:注浆液采用水灰比为1:1的42.5普通硅酸盐水泥纯水泥浆,注浆最大瞬间压力不超过0.5MPa,为确保注浆的密实性及结构的安全性,施工时应采用反复间歇注浆,注浆方式为注浆机、搅拌设备及高压浆液输送管路相结合的方式(原理同梁板压浆);搅拌设备自动拌和水泥浆,水泥浆拌和完成后通过注浆机、输送管道通入钢锚杆直至注浆溢出结束[4]。

(5)封堵锚杆:注浆完成后,应迅速采用止浆塞封堵,并将锚杆与锚垫板相连接。施工时一根锚杆压浆施工结束后,再施工下一根锚杆,不得同时施工。

(6)台身前墙在地面线以上50cm处按照2m间距设置排水孔,排水孔倾斜角度为5°,孔径φ90mm,钻穿范围孔内填塞碎石。

(7)施工质量控制:应按照施工设计要求做好各类材料的验收、检测工作。施工中应严格控制注浆孔的位置、孔深及注浆压力。注浆前应抽取 1~2 个台背土样并封存好以备后期对比使用，压浆完毕后应进行抽芯质检。

2）台身加厚施工

（1）薄壁台台身凿毛采用自主研发改造的立面机械凿毛机，如图 5 所示。凿毛标准为露出混凝土集料且集料分布均匀，然后将浮渣清理干净。

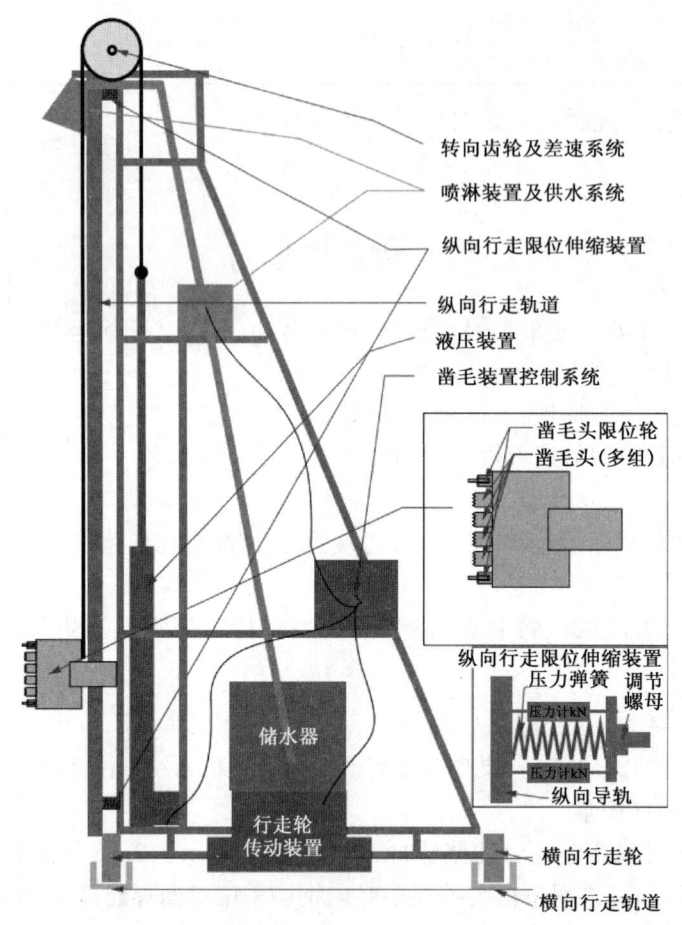

图 5　立面机械凿毛机示意图

（2）植筋及钢筋绑扎：植筋按照设计图纸分为两类，一种是植入承台钢筋，植入长度为 26cm；一种是植入台身钢筋，植入长度为 15cm。钢筋绑扎按照图纸设计由钢筋加工场统一制作，拉运至现场绑扎。

（3）模板安装：台身加固模板采用平面钢模板，模板使用前要打磨、涂抹隔离剂；采用吊车配合人工对模板进行安装。模板顶部设置两处 20cm×20cm 的浇筑孔，用于混凝土浇筑时使用。

（4）模板固定：薄壁墙模板固定方式与盖梁一致，采用"钢筋加长、螺栓加固"的方式，在既有平模上打孔，上中下四层加固；侧面同样采用此方式加固，加长钢筋与通长钢筋双面焊接，如图 6 所示。

（5）混凝土浇筑：薄壁台加固采用 C30 补偿收缩混凝土，由拌和站集中拌和，罐车运输至现场。混凝土浇筑通过模板预留浇筑孔进行灌注，灌注至混凝土溢出为止。混凝土浇筑采用人工配合溜槽，与墩柱浇筑方式一致。混凝土振捣方式与盖梁振捣方式一致，采用手持振捣棒。浇筑混凝土时要留足试验用的同养试块，现场不少于一组[5]。

（6）拆模并养护：对于补偿收缩混凝土需要延长模板留置时间，留置时间不得小于 72h，满足 72h 后拆模湿润养生。养护采用土工布覆盖、满布塑料薄膜，并配合养生桶滴灌养生，养生天数不少于 7d。

（7）质量验收标准：为了防止浇筑后混凝土裂缝，必须加强质量检查，保证施工质量。在浇筑混凝土期间，必须指派专人检查混凝土的浇筑、养生质量，始终保持控制状态。覆盖养护时，外露混凝土表面要覆盖密实，不得外露。

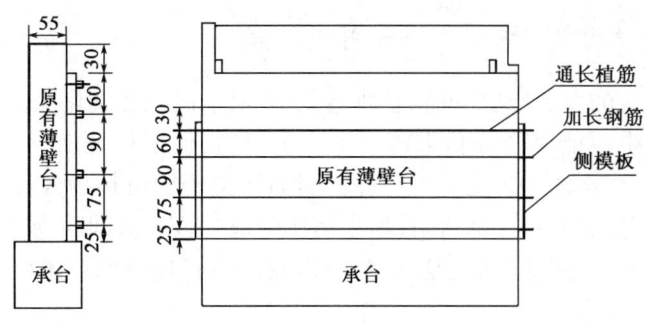

图6 模板固定示意图

## 五、结　语

本文以日照至兰考高速公路巨野西至菏泽段改扩建工程为依托,分别从施工材料准备、加固植筋施工、盖梁加固施工、墩柱加固施工、薄壁台加固施工(台背锚杆注浆、台身加厚)等几个方面详细阐述了旧桥加固技术,特别是立面凿毛装置的成功应用,极大提升了凿毛效率,改善了凿毛效果。该旧桥加固技术在本工程得到了成功实践,可为今后同类工程的施工起到参考、指导作用。

## 参考文献

[1] 中华人民共和国交通运输部.公路桥梁加固施工技术规范:JTG/T J23—2008[S].北京:人民交通出版社,2008.

[2] 张秋晨,吴志隆,蒋凌杰.改扩建高速公路既有桥梁病害分析及加固处治[J].西部交通科技,2020,(01):127-129.

[3] 杨娜.安新高速公路改扩建工程老桥加固方案[J].交通标准化,2007,(09):93-96.

[4] 王聪.浅谈高速公路改扩建旧桥拆除及加固技术[J].北方交通,2015,(08):59-61.

[5] 中华人民共和国交通运输部.公路桥涵施工技术规范:JTG/T 3650—2020[S].北京:人民交通出版社股份有限公司,2020.

# 18.既有连跨石拱桥的结构状态评定与加固设计研究

杨　强[1]　李　壮[2]　赵　耿[1]　于　坤[3]　王海山[3]

(1.济南金衢公路勘察设计研究有限公司;2.山东高速沾临高速公路有限公司;
3.山东省交通规划设计院集团有限公司)

**摘　要**　本文以济南市省道103线改建工程二仙石拱桥为工程背景,研究了既有连跨石拱桥因路线高程提高改造的加固设计方法。首先,通过外观检测和静载试验对连跨石拱桥的结构状态和力学性能进行了评定分析,获得了桥梁的当前结构状态。其次,提出了路线高程改造的填土加固设计方案,分别对填土材料和拱圈进行加固。最后,通过数值有限元分析验证了加固方案下石拱桥的力学性能和承载能力。研究表明:虽然二仙石拱桥存在拱圈渗水泛白、腹拱圈开裂、桥墩衬砌脱落等病害,但是结构技术状态良好,结构力学性能满足规范要求。加固改造方案下石拱桥的受力性能相对加固前更好,虽然拱圈局部存在拉应力增大的现象,但是拱圈主体结构的承载能力完全满足要求。本论文可以为石拱桥结构状态评估和加固改造评估提供工程案例参考。

**关键词**　既有桥梁　连跨石拱桥　病害分析　状态评定　荷载试验　加固设计

# 一、引言

石拱桥在我国具有悠久的发展历史,蕴涵着建筑美学、民俗民风和文化交流等内容,是我国桥梁建筑文化的典型象征。由于石拱桥能够充分利用砖石等圬工材料、便于就地取材、造型优美等原因,我国在20世纪八九十年代修建了大量的石拱桥[1,2]。然而,因为圬工桥梁材料耐久性与环境侵蚀等原因,许多石拱桥出现了诸多病害问题,如墩台沉降、台背填土挤压隆起、漏水、基础冲刷、拱圈开裂等[3,4],显著地影响了石拱桥的承载能力与安全,因此需要通过系统地检测评估石拱桥的技术状态,为这些桥梁的加固利用提供科学决策。

本文以山东省济南市省道 103 线改建工程二仙石拱桥为工程背景开展研究,二仙大桥为 9×20m 无铰等截面空腹式悬链线石拱桥,桥长 222.7m、全宽 23m,该桥 1996 年 4 月开工并于 1997 年 8 月建成。运营使用 23 年后,该桥梁出现了拱圈渗水、侧墙开裂、桥墩开裂等病害。在近期开展的省道 103 线改扩建工程中,为了改善该路段桥梁两侧道路纵坡偏大的问题,路线改造方案为在桥梁路段整体抬高约 2m,考虑到该石拱桥已经出现的病害问题,需要对桥梁技术状态进行全面评估分析,以此确定石拱桥路面高程抬高的加固设计方案,并对设计方案的可行性进行验算分析,确保能够满足新路线方案下石拱桥的改造要求。

# 二、二仙大桥概述

二仙大桥为 9×20m 无铰等截面空腹式悬链线石拱桥,如图 1 所示。上部结构为空腹式圬工拱,横向布设 2 片拱;下部结构采用砌石重力式墩台、扩大基础;桥面铺装为沥青混凝土,无伸缩缝。全桥 10 座墩台基础均砌筑在基岩上,采用明挖基坑施工。主拱圈厚度 75cm,净跨 20m,矢跨比 1/2.5,全宽分两幅施工,每孔分环分段砌筑,分段处设置空缝。主拱圈施工采用九孔半幅碗扣式钢管支架及加工制作的钢架拱盔,施工时对称与墩身砌筑,拱盔两侧砌筑进度保持一致,主拱圈砌筑完成后,砂浆强度达到 70% 以上,分三级卸落拱架。副拱圈为等截面圆弧拱,净跨 5m,拱厚 25cm,矢跨比为 1/4,副拱圈在主拱圈砌筑砂浆达到设计强度,主拱圈拱架卸落后,开始砌筑。副拱圈砌筑砂浆达到设计强度的 70% 以上,开始砌筑护拱及侧墙,侧墙高度随竖曲线变化。

图 1 二仙大桥现状图

为了改善该路段桥梁两侧道路纵坡偏大的问题,路线改造方案为在桥梁路段整体抬高约 2m。为了评估二仙大桥填土抬高高程设计的可行性、安全性,需要对既有桥梁状态进行检测评定,根据桥梁技术状态条件确定合理的加固设计方案,满足路线改造需求。

# 三、桥梁技术状态的检测与评估

对二仙大桥在加固改造前开展结构技术状态的检测与评估,开展外观检测与荷载试验。外观检测主要是查明桥梁存在的缺损及缺损程度与分布特征、分析桥梁现存缺损对结构造成的安全隐患,对桥梁技术状况作出总体评定。荷载试验需要测试桥跨结构在试验荷载作用下的控制截面应力和挠度,并与理论计算比较,检验实际结构控制截面应力与挠度值是否满足设计与规范要求,为该桥的质量评定提供依据。

1. 桥梁技术状况评定

检测发现全桥主拱圈存在渗水泛白、局部流膏结晶等病害,且多存在于拱脚及拱顶位置,如图2a)所示。全桥腹拱圈存在局部渗水泛白问题,且0~1号腹拱圈距0号台2m距左侧1m处存在1条斜向裂缝、长度1.6m、最大宽度1mm,如图2b)。下部结构中9号台左侧侧墙距顶部1m、3m存在2条斜向裂缝,长度分别为1.5m、2m,裂缝沿砌缝开裂,如图2c)所示。9号台右侧侧墙距底部1.6m存在2处砌缝脱落,面积分别为100cm×10cm和50cm×40cm。0号台右侧侧墙距顶部0.4~3m距前墙0.4~6m存在渗水泛白,如图2d)所示。3号墩身左侧面距顶部1m存在1处沿砌缝斜向开裂、最大宽度2mm,如图2e)。3号、7号、8号墩身左侧面顶部位置各存在1处砌缝脱落,面积分别为100cm×60cm、50cm×40cm、150cm×20cm。桥面铺装在0号、9号台顶、1~8号墩顶桥面铺装上下游行车道位置各存在1条横向裂缝,长度3~8m,如图2f)所示。0号台顶桥面铺装距左侧3m有1处网裂面积$S=100cm×50cm$;5号和7号跨桥面铺装距左侧3m各存在1处沉陷、网裂,面积分别为200cm×100cm和100cm×100cm;9号台顶桥面铺装距左侧5m存在1处沉陷,面积$S$为100cm×80cm。

图2 二仙大桥典型桥梁病害图

根据上述检测病害,对桥梁技术状态进行评定分析[5],得到桥梁主拱圈77.1分、拱上结构75.7分、桥台66.5分、桥墩82.2分、桥面铺装72.0分。结合桥梁各个部件的权重系数,综合得到桥梁上部结构评分76.8分、桥梁下部结构评分83.1分、桥面系评分82.6分,最终桥梁技术状态评定分数为80.5分,桥梁为2类结构。

2. 桥梁静载试验

对二仙大桥进行了荷载试验,测试了第8号和第9号跨的结构挠度和应变,分别在拱桥和拱顶布置了应变传感器,在四分点位置布置了挠度传感器,采用6辆三轴工程车进行荷载试验,每辆车重量约为380kN,轴重分布为80kN+150kN+150kN,测试了拱脚最大负弯矩、拱顶最大正弯矩及跨中最大竖向位移等工况,试验荷载效应在0.95~1.05,满足规范要求。

由于试验工况较多,这里给出了8号跨跨中拱顶正弯矩的试验工况,图3a)、b)分别是试验车辆布置图以及现场车辆试验图。表1和表2分别给出了该试验工况下的应变测点与挠度测点结果。可以看出，结构的实测挠度和实测应变均小于计算结果，应变校验系数在0.44~0.50，位移校验系数在0.43~0.79，相对残余应变和相对残余挠度均在10%以内。其他荷载试验工况也表明：主要测点应变校验系数均小于1.0，该桥的强度满足规范要求，主要测点挠度校验系数均小于1.0，该桥的刚度满足规范要求；试验残余应变统计值的最大值为10.0%，试验残余挠度统计值的最大值为18.2%，均小于20%，说明该桥的整体结构基本接近弹性工作状态；试验过程中与结束后均未发现肉眼可见裂缝。总体说明二仙大桥满足设计要求。

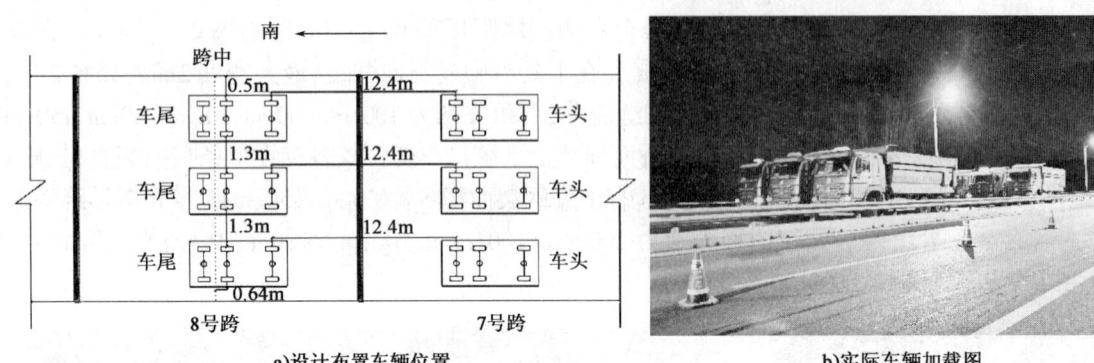

图3 二仙大桥8号跨拱顶正弯矩试验工况

**第8号跨拱顶正弯矩试验工况的应变采集数据分析表** 表1

| 测点位置 | 计算应变值（μɛ） | 实测最大应变值（μɛ） | 残余应变值（μɛ） | 实测弹性应变值（μɛ） | 校验系数 | 相对残余应变（%） |
|---|---|---|---|---|---|---|
| 1号 | 38 | 20 | 2 | 18 | 0.47 | 10.0 |
| 2号 | 38 | 18 | 1 | 17 | 0.45 | 5.6 |
| 3号 | 36 | 16 | 0 | 16 | 0.44 | 0.0 |
| 4号 | 34 | 17 | 0 | 17 | 0.50 | 0.0 |
| 5号 | 30 | 15 | 0 | 15 | 0.50 | 0.0 |

**第8号跨拱顶正弯矩试验工况的应变采集数据分析表** 表2

| 测点位置 | 计算挠度值（mm） | 实测最大挠度值（mm） | 残余挠度值（mm） | 实测弹性挠度值（mm） | 校验系数 | 相对残余应变（%） |
|---|---|---|---|---|---|---|
| 1号 | 1.07 | 0.88 | 0.04 | 0.84 | 0.79 | 4.5 |
| 2号 | 1.03 | 0.67 | 0.02 | 0.65 | 0.63 | 3.0 |
| 3号 | 0.96 | 0.56 | 0.03 | 0.53 | 0.55 | 5.4 |
| 4号 | 0.88 | 0.45 | 0.01 | 0.44 | 0.50 | 2.2 |
| 5号 | 0.77 | 0.36 | 0.03 | 0.33 | 0.43 | 8.3 |

## 四、桥梁加固设计方案与计算

### 1. 桥梁加固设计方案

根据检测结论，现状二仙大桥结构状态满足设计规范要求，不存在明显的承载能力退化。因此，针对二仙大桥给出了路线抬高高程的设计方案如图4所示，将原路面的60cm厚桥面铺装层进行逐层刨铣，每层刨铣20cm，在旧桥上铺填2m厚的泡沫轻质土，并采用喷锚混凝土加固腹拱圈、在主拱圈拱脚填筑1m高的混凝土等措施进行加固。旧路面铺装层刨铣过程中从跨中依次对称向拱脚处刨铣，刨铣完成后对基底进行整平碾压,保证基底地基承载力在100kPa以上,并采用泡沫轻质土分层浇筑施工。为了确保泡沫轻质土分层浇筑的施工安全,从拱脚至拱顶对称均衡填筑。

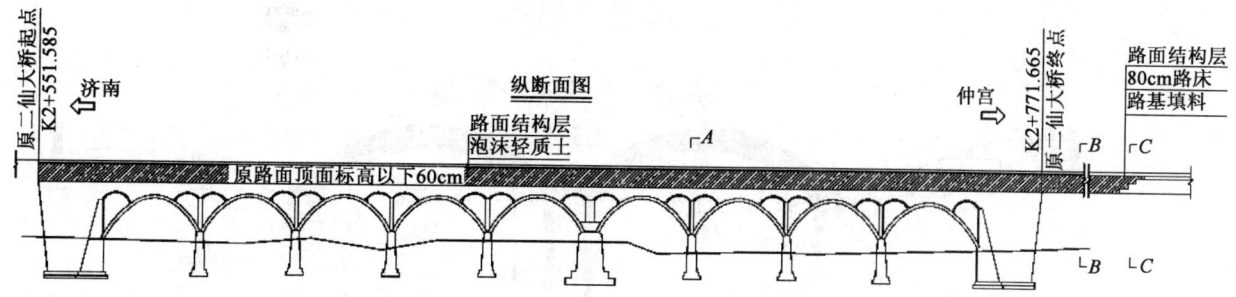

图4 二仙大桥填土抬高高程设计立面图

图5为石拱桥腹拱加固设计图。采用喷锚混凝土施工工法加固施工,喷射混凝土强度等级不小于C30,采用硅酸盐或普通硅酸盐水泥;粗集料采用坚硬的碎石或卵石,粒径不宜大于12mm;集料级配采用连续级配,细集料采用坚硬耐久的中砂或粗砂,细度模数大于2.5;可根据需要掺加添加剂,但应选用对混凝土强度及其与基岩黏结力基本无影响、无腐蚀作用的添加剂;选用对喷射混凝土强度和收缩影响小的速凝剂,初凝时间不大于3min,终凝时间不大于12min。喷射混凝土钢筋网选用D8钢筋网,钢筋种类为HPB300,钢筋网搭接长度不小于30$d$;锚固钢筋采用$D=10mm$的HRB400钢筋,钢筋纵横向间距40cm,梅花形布置,每平方米布置13根,锚固钢筋应锚固在岩石之间的砌缝中,避免在腹拱圈岩面上钻孔植筋的方式施工。

## 2. 桥梁加固后结构承载能力验算

考虑到填土抬高高程后拱圈所受填土荷载增加,需要进一步验算二仙大桥的结构承载力和力学性能。采用MIDAS CIVIL建立桥梁结构的杆系有限元模型,如图6所示,初步验算表明杆系单元和板单元验算结果基本接近,以下为杆系单元的验算分析结果。

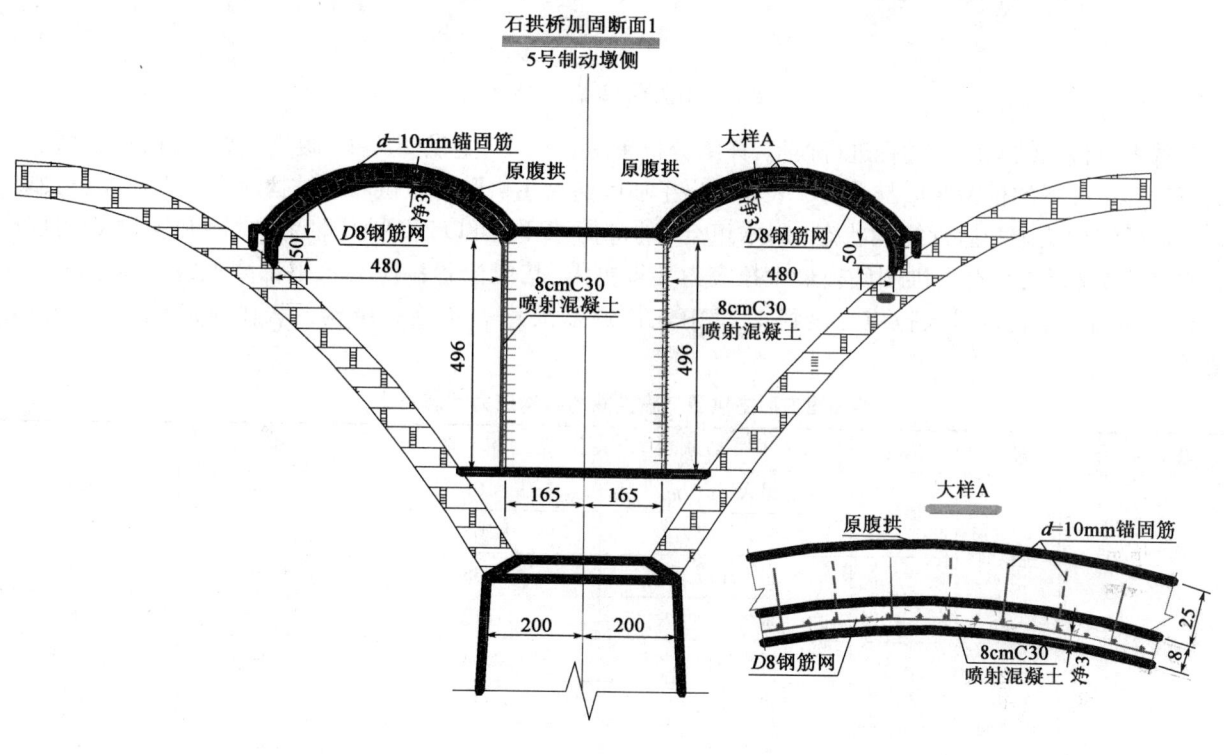

图 5

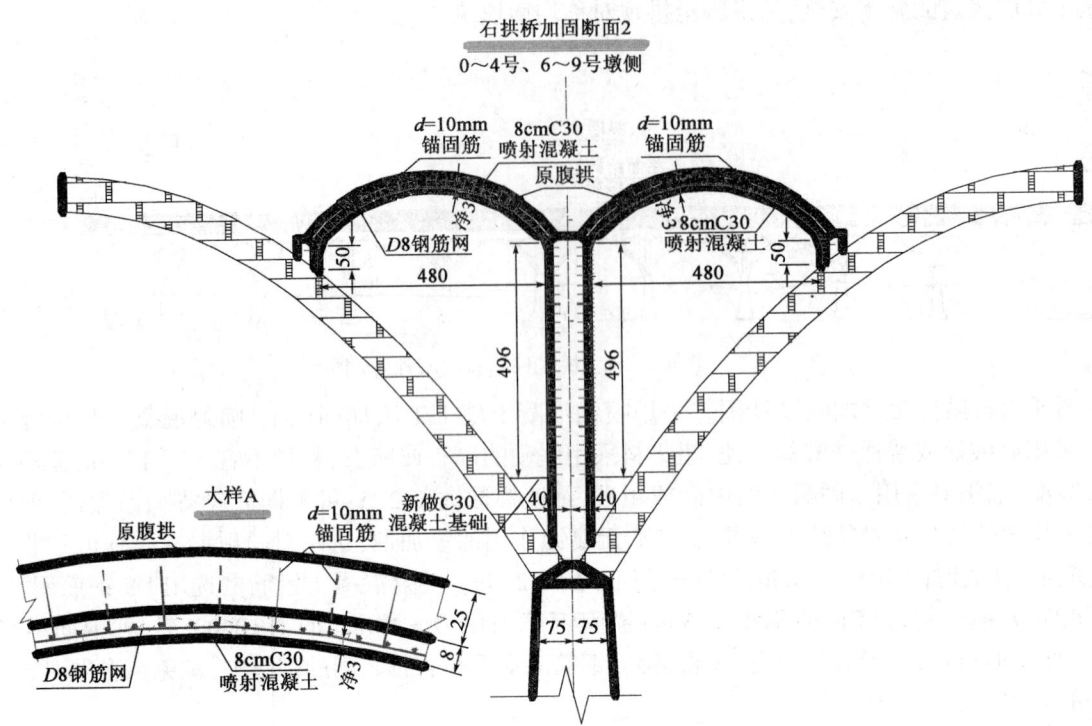

图5 二仙大桥腹拱圈加固设计图(尺寸单位:cm)

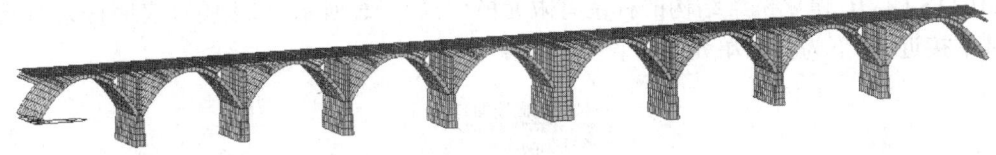

图6 二仙大桥结构有限元模型图

首先对桥梁结构施工过程进行模拟,详细分析了墩台施工、主拱圈施工、腹拱圈施工、拱背填料和二期恒载等工况下的桥梁变形与受力。表3给出了加固前后主拱圈与腹拱圈的结构应力状态对比,分别比较了成桥结构状态和运营结构状态(基本组合)的应力水平,可以看到加固后主拱圈和腹拱圈的压应力水平都提高了,只有主拱圈底板最大拉应力变得更大,其他位置拉应力水平都降低或者压应力水平提高。加固后结构的最大拉应力达到4.21MPa,因此需要进一步验算结构的极限承载能力是否满足要求。

加固前后主拱圈与腹拱圈的结构应力状态对比　　表3

| 设计状态 | 部件 | 位置 | 应力 | 加固前 | 加固后 | 增量 |
| --- | --- | --- | --- | --- | --- | --- |
| 成桥状态 | 主拱圈 | 顶板 | 最大压应力 | -4.01 | -5.59 | -1.58 |
|  |  |  | 最大拉应力 | 0.26 | 0.15 | -0.11 |
|  |  | 底板 | 最大压应力 | -2.36 | -3.19 | -0.83 |
|  |  |  | 最大拉应力 | 1.81 | 2.71 | 0.90 |
|  | 腹拱圈 | 顶板 | 最大压应力 | -2.34 | -3.04 | -0.70 |
|  |  |  | 最大拉应力 | 0.84 | 0.91 | 0.07 |
|  |  | 底板 | 最大压应力 | -2.49 | -2.85 | -0.36 |
|  |  |  | 最大拉应力 | 1.15 | 1.46 | 0.31 |

续上表

| 设计状态 | 部件 | 位置 | 应力 | 加固前 | 加固后 | 增量 |
|---|---|---|---|---|---|---|
| 使用状态（基本组合） | 主拱圈 | 顶板 | 最大压应力 | -4.81 | -7.51 | -2.70 |
| | | | 最大拉应力 | 0.77 | 0.33 | -0.44 |
| | | 底板 | 最大压应力 | -2.84 | -4.06 | -1.22 |
| | | | 最大拉应力 | 2.16 | 4.21 | 2.05 |
| | 腹拱圈 | 顶板 | 最大压应力 | -3.17 | -4.82 | -1.65 |
| | | | 最大拉应力 | 2.02 | 1.99 | -0.03 |
| | | 底板 | 最大压应力 | -2.99 | -3.57 | -0.58 |
| | | | 最大拉应力 | 2.81 | 1.96 | -0.85 |

本文单独分析泡沫轻质土荷载作用下主拱圈和腹拱圈的应力,分析泡沫轻质土加载对拱圈应力的影响。结果显示:泡沫轻质土加载对主拱圈造成的应力增量较小,顶板最大压应力为-0.76MPa,最大拉应力为0.05MPa;底板最大压应力为-0.40MPa,最大拉应力为0.43MPa。泡沫轻质土加载对腹拱圈造成的应力增量较小,顶板最大压应力为-0.35MPa,最大拉应力为0.21MPa;底板最大压应力为-0.08MPa,最大拉应力为0.04MPa。

根据《公路圬工桥涵设计规范》(JTG D61—2005)第4.0.4条~第4.0.10条规定[6],按照偏心受压构件,对加固后腹拱圈的极限承载力进行验算。砌体受压构件,当受压偏心距在限值范围内时,承载力应满足:

$$\gamma_0 N_d < \varphi A f_{cd} \tag{1}$$

式中:$\gamma_0$——结构重要性系数,取为1.1;

$N_d$——轴向力设计值;

$A$——构件截面面积;

$f_{cd}$——砌体轴心抗压强度设计值,取为 $4.22 \times 1.2 = 5.064$ MPa;

$\varphi$——砌体偏心受压构件承载力影响系数,按下式计算:

$$\varphi = \frac{1}{\frac{1}{\varphi_x} + \frac{1}{\varphi_y} - 1} \tag{2}$$

式中:$\varphi_x$、$\varphi_y$——分别为 $x$ 方向和 $y$ 方向偏心受压构件承载力影响系数。

按单向偏心受压构件验算,则 $\varphi_x = 1$,$\varphi_y$ 按下式计算:

$$\varphi_y = \frac{1 - \left(\frac{e_y}{y}\right)^m}{1 + \left(\frac{e_y}{i_x}\right)^2} \cdot \frac{1}{1 + \alpha\beta_y(\beta_y - 3)\left[1 + 1.33\left(\frac{e_x}{i_y}\right)^2\right]} \tag{3}$$

式中:$\beta_y$——构件在 $y$ 方向的长细比,按《公路圬工桥涵设计规范》(JTG D61—2005)第5.1.4条第1款规定,可取为3,即不计长细比对受压构件承载力的影响;

$e_y$——轴向力在 $y$ 方向的偏心距。

当轴向力偏心距超过限值时,其承载力应按下式计算:

$$\gamma_0 N_d \leqslant \varphi \frac{A f_{tmd}}{\frac{Ae}{W} - 1} \tag{4}$$

式中:$f_{tmd}$——构件受拉边层的弯曲抗拉强度设计值,对于通缝取为0.059MPa。

腹拱圈底板采用喷锚混凝土的措施进行加固。杆系模型中,喷锚混凝土等效为8cm厚的C30混凝土,采用联合截面法建模。提取联合截面中砌体部分的内力,对腹拱圈截面强度进行验算。验算结果表明所有拱圈单元均满足承载能力要求,限于验算结果太多这里没有给出所有模型详细验算结论,仅给出了第八孔腹拱圈的强度验算结果见表4。这些验算分析表明本加固设计方案合理、可靠、安全。

第八孔腹拱圈正截面强度验算表　　　　表4

| 单元/位置 | 轴力设计值(kN) | 抗力(kN) | 是否通过 | 单元/位置 | 轴力设计值(kN) | 抗力(kN) | 是否通过 |
|---|---|---|---|---|---|---|---|
| 左拱脚1 | -244.21 | 1034.29 | 是 | 左拱脚2 | -275.57 | 2238.91 | 是 |
| 42495J端 | -322.40 | 1827.82 | 是 | 42506J端 | -496.41 | 2132.48 | 是 |
| 42496I端 | -327.20 | 1373.64 | 是 | 42507I端 | -219.73 | 1265.17 | 是 |
| 42496J端 | -331.99 | 2096.55 | 是 | 42507J端 | -371.26 | 2158.56 | 是 |
| 42497I端 | 116.34 | 255.57 | 是 | 42508I端 | -153.14 | 978.60 | 是 |
| 42497J端 | -339.98 | 2070.68 | 是 | 42508J端 | -385.09 | 2051.91 | 是 |
| 42498I端 | -101.35 | 1052.01 | 是 | 42509I端 | -141.91 | 1685.51 | 是 |
| 42498J端 | -373.77 | 1841.63 | 是 | 42509J端 | -397.62 | 1854.93 | 是 |
| 42499I端 | -247.04 | 1637.49 | 是 | 42510I端 | -237.12 | 1562.76 | 是 |
| 拱顶1 | -411.93 | 1690.59 | 是 | 42510J端 | -410.54 | 1712.03 | 是 |
| 拱顶1 | -368.58 | 1661.02 | 是 | 42511I端 | -388.32 | 1608.53 | 是 |
| 42500J端 | -357.38 | 1575.27 | 是 | 拱顶2 | -374.40 | 1676.22 | 是 |
| 42501I端 | -395.99 | 1707.16 | 是 | 拱顶2 | -428.34 | 1709.36 | 是 |
| 42501J端 | -196.33 | 1468.35 | 是 | 42512J端 | -250.76 | 1647.95 | 是 |
| 42502I端 | -381.91 | 1856.01 | 是 | 42513I端 | -379.49 | 1855.94 | 是 |
| 42502J端 | -97.08 | 988.40 | 是 | 42513J端 | -112.54 | 1116.85 | 是 |
| 42503I端 | -372.46 | 2052.94 | 是 | 42514I端 | -340.19 | 2069.13 | 是 |
| 42503J端 | -120.31 | 541.80 | 是 | 42514J端 | -335.59 | 1624.40 | 是 |
| 42504I端 | -361.46 | 2157.01 | 是 | 42515I端 | -331.00 | 2086.84 | 是 |
| 42504J端 | -201.98 | 1108.89 | 是 | 42515J端 | -152.85 | 426.94 | 是 |
| 42505I端 | -490.61 | 2139.66 | 是 | 42516I端 | -320.54 | 1804.41 | 是 |
| 右拱脚1 | -274.88 | 2238.91 | 是 | 右拱脚2 | -273.76 | 1222.51 | 是 |

## 五、结　语

本文以山东省济南市省道103线改建工程二仙石拱桥线路改造填土抬高高程为工程背景,给出了多跨石拱桥的结构病害检测与状态评定,开展了荷载试验对结构状态进行定量评估分析,根据评估结论给出了石拱桥填土抬高高程的加固设计方案,并通过数值有限元分析验证了加固设计方案的可靠性与合理性。主要研究结论如下:

(1)桥梁外观检测表明主拱圈存在渗水泛白、局部流膏结晶等病害,腹拱圈存在开裂和渗水泛白等病害,桥墩存在开裂和衬砌脱落等病害,桥面系存在开裂和沉陷等病害。根据规范评估得到桥梁技术状态评定分数为80.5分,桥梁为2类结构。

(2)桥梁静载试验表明主要测点应变校验系数均小于1.0,主要测点挠度校验系数均小于1.0,试验残余应变和残余挠度均小于20%,说明该桥的整体结构基本接近弹性工作状态。

(3)根据路线改造需求,需对石拱桥进行填土抬高高程,将原路面的60cm厚桥面铺装层进行刨铣,在旧桥上铺填2m厚的泡沫轻质土,并采用在腹拱圈底板喷锚混凝土、在主拱圈拱脚填筑1m高的混凝土等措施进行加固,加固后承载能力验算表明结构加固能够改善石拱桥的受力且承载能力满足要求。

## 参考文献

[1] 徐勇.拱桥的起源与石拱桥的发展[J].世界桥梁,2013,41(3):85-92.
[2] 谢嘉雯.古石拱桥文化意蕴研究——潇贺古道生态文化系列研究之六[J].美术界,2018(3):88-89.
[3] 洪晓江,余明东,李鑫.农村公路石拱桥检测及承载能力评定[J].交通科技与经济,2017,19(3):27-31.
[4] 李鹏程.石拱桥健康检测评估方法研究——以百节桥为例[J].公路交通技术,2017,33(1):74-77.
[5] 中华人民共和国交通运输部.公路桥梁荷载试验规程:JTG/T J21-2011[S].北京:人民交通出版社,2011.
[6] 中华人民共和国交通部.公路圬工桥涵设计规范:JTG D61—2005[S].北京:人民交通出版社,2005.

# 19. 钢管混凝土系杆拱桥的浮托牵引拆除

徐建秋[1]　陈　祺[1]　冯泉钧[2]

(1.江苏路航建设工程有限公司;2.无锡路桥集团股份有限公司)

**摘　要**　拆除运河上钢管混凝土系杆拱桥,往往会受到环境和通航条件等多种因素的限制,无法采用惯用的建桥施工逆程序来拆除。本文重点叙述将桥梁主体结构利用驳船浮托,将拱骨整体牵引到岸上进行拆除的新方法(简称"拖浮法"),从而取得了安全、高效、经济和基本不碍航的良好效果。

**关键词**　钢管混凝土系杆拱桥　拖拉拆除　拆除顺序　关键技术

## 一、工程概况

锡溧漕河大桥跨越江苏省宜兴市锡溧运河(图1),主桥为钢管混凝土系杆拱桥结构的公路桥梁,建成于1999年,主要技术指标如下:

(1)设计荷载:汽—超20级挂—100人群3.8kN/m。
(2)行车宽10.75m 桥面净宽2×10.45m 人行道宽2.35m 桥面总宽27.2m。
(3)跨径布置:过渡孔20m+钢管混凝土系杆拱桥主跨60m+过渡孔20m。
(4)航道通航等级:老桥按五级航道设计,通航净空标准38m×5m。现在确定改为Ⅲ级航道,设计要求通航净孔为$b \cdot h = 70m \times 5m$。

老桥主体结构特点:拱肋、系梁、刚性吊杆、全部采用了钢管混凝土构件,具体规格见表(钢管混凝土主拱骨架计算)。桥面中横梁为预应力后涨钢筋混凝土构件,与中间拱片系梁连接,中横梁间距2.5m,吊杆间距为5m。

老桥原设计构思,是把空心的拱肋、系杆和吊杆先组成一个空腹桁架,然后利用浮吊船(起重船),将每榀桁架安装到桥台上,并将三片桁架利用设计中的风撑和少量横梁构成一整体。然后分别对每片桁架钢管内泵送倒置C40混凝土。完成上部结构的无支架安装。不仅节省了大量的水中支架,方便了通航,还加快了施工速度。这可为原设计的一大特色,详见老桥建成后的照片。

## 二、老桥拆除方案的选择

经比较老桥在建造时的现场环境条件与现有的情况不大相同,并有较大的区别:

(1)起重量的不同,原来组合好后的拱片空腹桁架仅42.9t,仅需50~60t的浮吊船就能把它安装到桥墩上,而现在钢管内填满混凝土后,一片桁架就重320t,需要起重量400~500t的浮吊船才能吊起,这么大的浮吊内河不容易找到。

图 1　锡漂漕河大桥

（2）当前老桥上下游均有高压线、光缆、自来水管、燃气管和热电厂的蒸汽管道和各种设施障碍，一般都不愿意迁移，会影响拆除工程的顺利进展。

（3）运河上船只的通航密度较往年已大幅增加，据统计每天通过的船舶达800艘左右，而且还有每天10个船队通过，这么高密度的流量，交通压力很大，起重浮吊船要横向移动施工，存在较高风险。

（4）当浮吊船拆除到最后一榀拱片时，还有一个横向稳定问题很难维护，以前可用横向揽风绳牵制牢，现在船舶舾装水平以上高度提高，无法设置缆风索。即侧向稳定无法解决。

由于以上条件的限制，说明老桥拱片拆除作业已不宜在水面上实施。只能利用航道规定的临时断航时间4h的范围内，利用驳船边拖拉、边浮运的方法，将拱桥浮托牵引到岸上后再进行二次拆除，此即拖拉法拆桥的来由。

## 三、拖拉法拆除老桥的总体布置（图2）

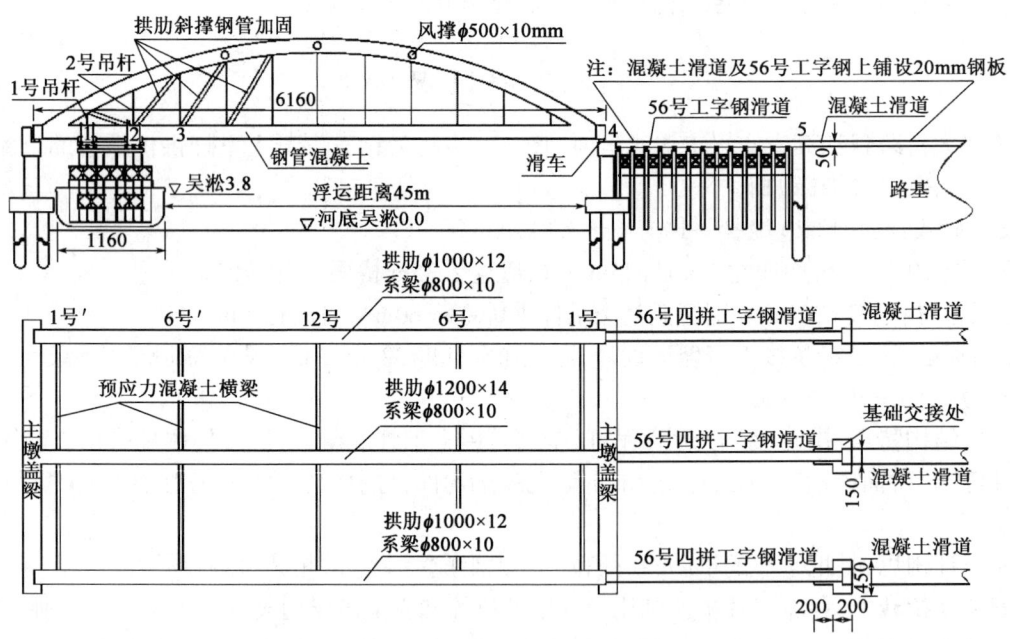

图 2　总体布置图（尺寸单位：mm）

## 四、老桥拆除的施工顺序

（1）根据拱桥的受力特性，拆除桥面恒载，要求不宜发生较大偏载或过大的集中荷载，桥面可以采用竖向分层或纵向分条逐步拆除，并利用老桥面做运输废料路线。

（2）按拖拉计算，西侧系杆与拱肋之间，需加设临时4个斜撑，该支撑可在桥面板未拆除前架设，暂以少量电焊进行临时固定,待桥面恒载几乎全部拆除后,在拱肋和系梁处于低应力状态时进行全部满焊。此时横梁仅保留(端横梁、跨中及跨长1/4处)共5根。

(3)搭设钢结构支架及滑道梁。在拆除20m过渡孔的预制桥面板后,在三榀拱骨的延伸线上,按图3的布置,进行振动打桩,打入的钢管桩规格为$\phi 426 \times 8$mm,入土深度为8m,纵向间距为1.5m,横向间距为2m,上部为3根36Ia工字钢,形成多个"门架"结构,门架横梁上部为4-56Ia滑道梁。

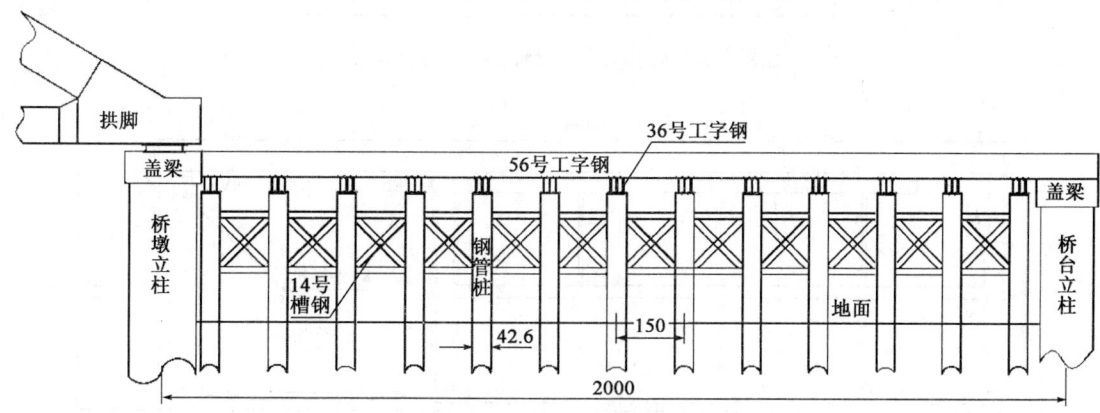

图3 搭设钢结构支架及滑道梁

必须注意盖梁的支撑面、后方引道上混凝土导梁滑动面与滑道梁的两端必须持平,不能有"错台"出现。

(4)在老桥引坡上浇筑混凝土滑道基础。滑道基础长55m,与钢支架滑道梁相连接。混凝土滑道基础设计时,充分考虑了公路施工碾压后的地基土壤的计算指标,并取地基土的允许压应力$[\delta] = 45$t/m² = 4.5MPa,弹性模量$E_o = 100$MPa,C30混凝土$E = 3 \times 10^4$MPa。

由拖拉计算可知,以中间拱片支承在滑车上的集中力最大为1537KN,滑车下面每个滚轴上的作用力为1537/3 = 512.3(kN),滚轴长度为40cm。因此,集中力作用在滑道混凝土基础上的计算长度$L$,可按弹性地基梁计算。

$$L = h \cdot \sqrt[3]{\frac{E_c}{6E_o}} = 50 \times \sqrt[3]{\frac{3 \times 10^4}{6 \times 100}} = 184 \text{cm}$$

式中:$h$——混凝土基础梁的厚度,50cm。

因此,基础梁的计算简图如图4所示。

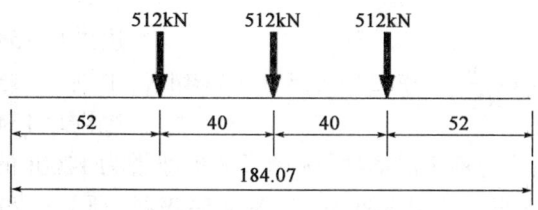

图4 基础梁的计算简图(尺寸单位:mm)

计算可得基础梁地基反力$\delta = 5.5$MPa < $[4.5 \times 1.3 = 5.85]$MPa(图5),基础梁的计算内力为$M_{max} = 14.86$t·m,$Q = 623$kN。

滑道面钢板厚度$\delta = 20$mm,其压力按45°扩散。

其底部混凝土局部承压应力$\delta = \dfrac{512}{2 \times 2 \times 60} = 2.13$(kN/cm²) = 21.3MPa

$$\delta = 21.3 \text{MPa} < [28.5] \text{MPa}$$

(5)安装牵引卷扬机。卷扬机安装在东侧引道上,距离"拱片"拖拉点约100m处,根据拖拉计算总的牵引力,因此安装两台牵引力为8t的卷扬机配套定滑轮、动滑轮组成牵引设施,卷扬机后方设置相应的地锚(图6)。

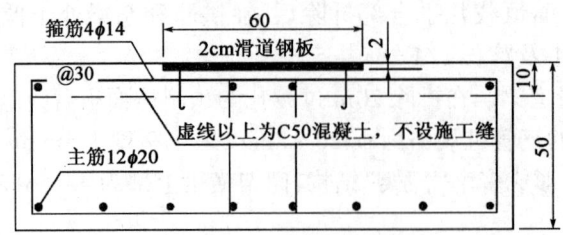

图 5　基础梁地基反力计算简图(尺寸单位:mm)

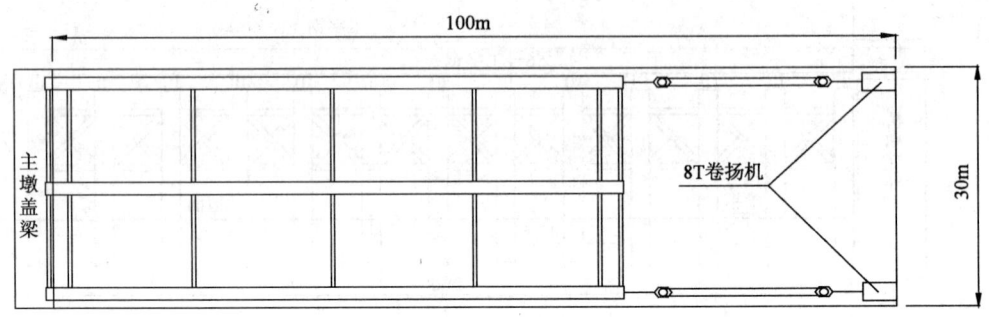

图 6　安装牵引卷扬机

(6)驳船上安装顶升支架。根据计算三片拱骨的总重为8827kN,驳船位设在西岸,有桥墩受限,驳船只能靠着桥墩承台停靠,驳船支架设置在第二个节间位置,如图 7 所示。

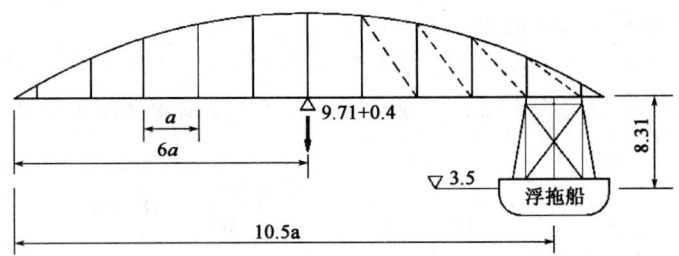

图 7　驳船上安装顶升支架(尺寸单位:m)

作用在驳船上的重力为:

$$P = G \times \frac{6a}{10.5a} = 8827 \times 0.571 = 5040 \text{kN} \begin{cases} \text{边拱片 } 1545\text{kN} \\ \text{中拱片 } 1950\text{kN} \\ \text{边拱片 } 1545\text{kN} \end{cases}$$

根据这个载重高度及支架自身稳定的需要,选择了一条载重为1700t的驳船。在驳船上搭设由贝雷梁构成的"井"字形支架,如图8所示。其船底铺有15cm厚碎石,顶部有δ10 mm厚的钢垫板,以便均匀地传递应力。在各贝雷梁之间利用扣件,使各贝雷梁和船体形成整体。支架顶部的标高可利用船舱内进水或排水重量进行调节,当驳船船舱内进水后,船体下沉,就可将船舶航行到西岸拱片的第二节间内就位,然后,船舱排水,将支架托住系梁,系梁与支架捆绑成一体。此时,船体的吃水面积,见图8的尺寸线。

(7)在拱片的东拱脚,利用千斤顶同步顶升,拆除盆式支座,设置滑道梁并安装好"滑车"如图9所示。

(8)拱桥整体浮托牵引过河。拱桥拖拉过河,宜选择航道内运输船舶为最稀少的时间段,移船是从7:00~9:00,在这段时间内可考虑将事先压好水的浮拖船移到西拱脚,通过调节水箱内水量,使浮托钢支架顶升到接触拱片系梁底部,并用精轧螺纹钢将系梁与支架捆绑牢固。然后,再将浮托抬起15cm使拱脚脱离支座。同时,利用小舢板船将四个方向的缆风绳迅速与设定好的锚碇连接好,并稍涨紧,用来控制拖拉时拱桥的行走方向,并避免拖拉时水流的影响,如图10所示。

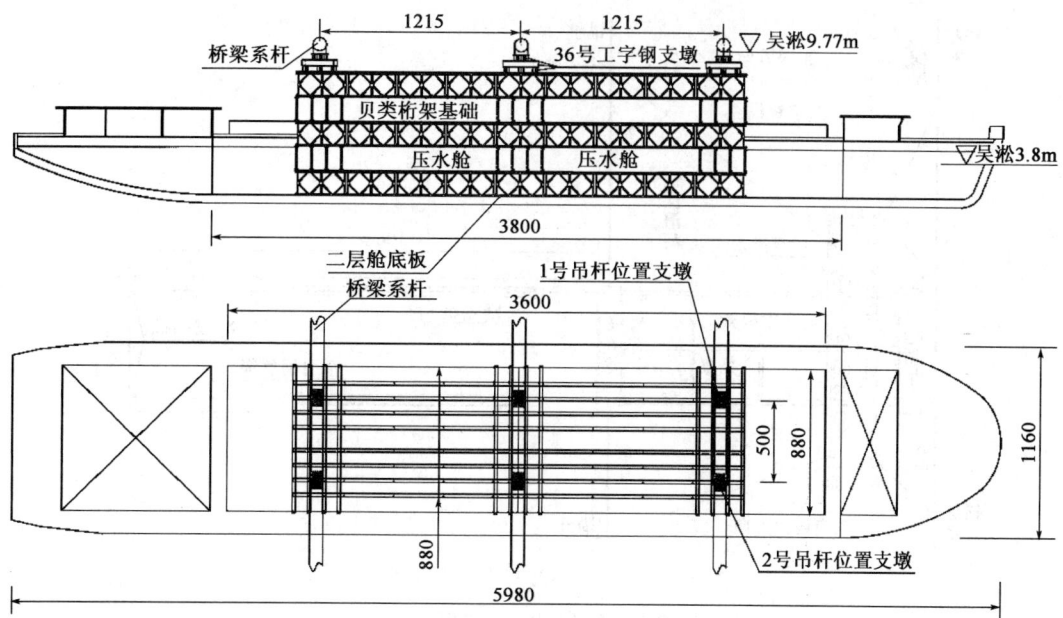

图 8 搭设支架(尺寸单位:mm)

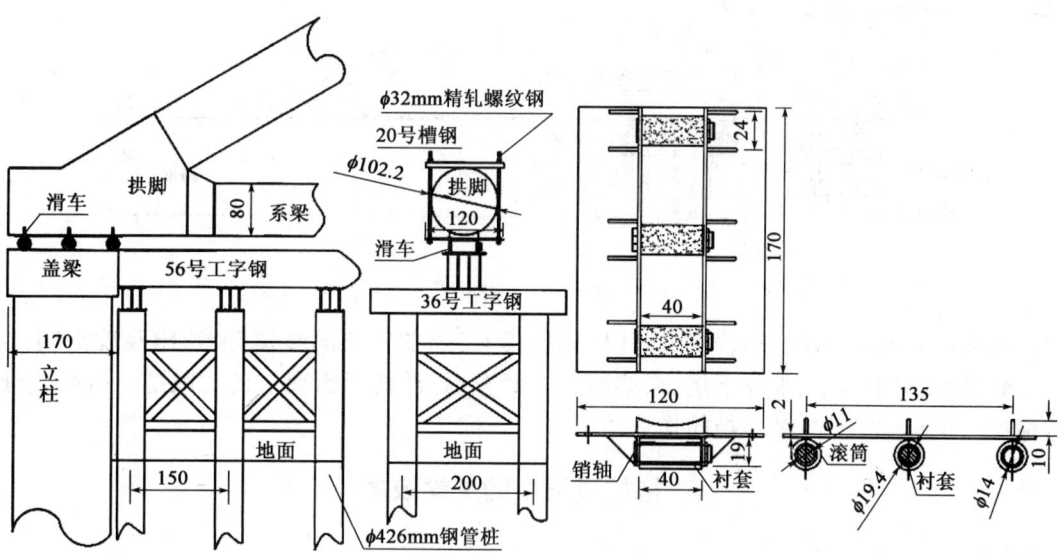

图 9 安装"滑车"

a)

图 10

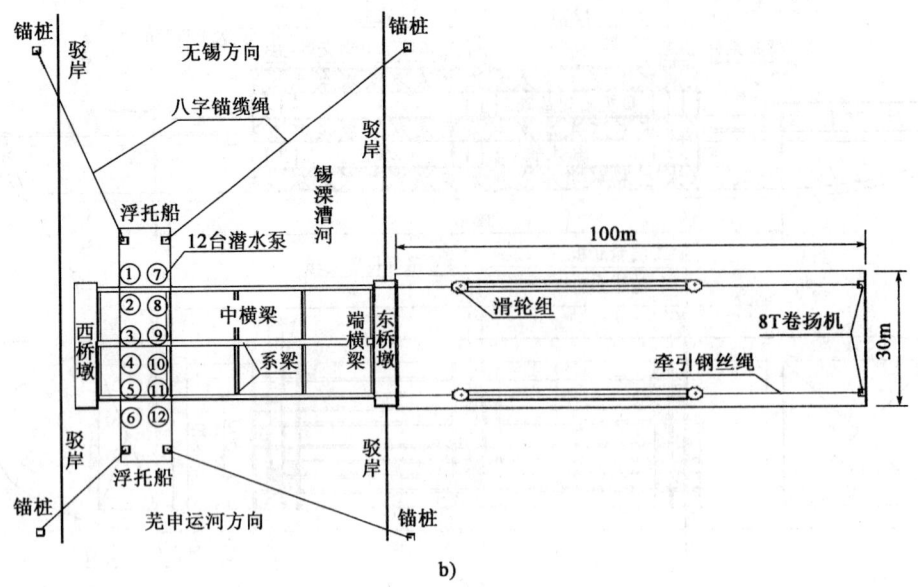

图 10 拱桥整体浮托牵引过河

(9)靠西拱脚3号吊杆下安装滑车(图11)。

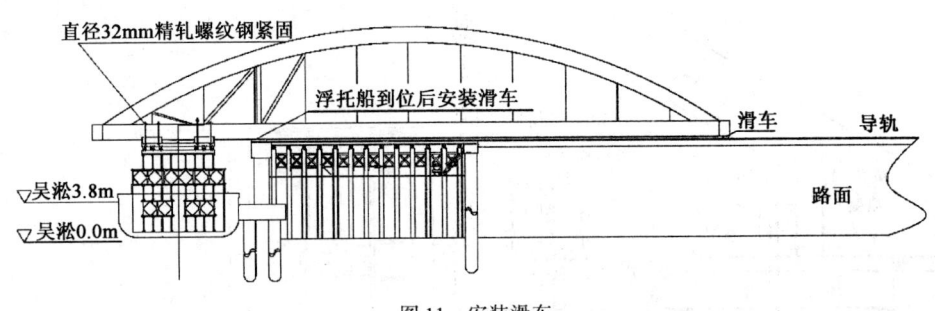

图 11 安装滑车

当浮托船拖拉靠到东岸桥墩承台时,浮托船船舱排水,船舶支架同步顶升,留出高度空间,在东侧3号吊杆下安装滑车,船舶压水,船体下沉,系梁搁置在滑车后,浮托船撤离。此时航道可以恢复通航。桥梁可继续拖拉,直至全部上岸,整个拖拉作业结束。

## 五、拖拉过程中的关键技术

### 1. 船体的稳定性计算

驳船上支架的顶标高距水面6.4m,顶部受到拱桥的竖向荷载后,很容易使船体倾斜而失去稳定,造成重大事故,这是本方案的关键问题。为保证浮托的稳定性,宜先从构造上考虑,将系梁与驳船支架捆绑成一体,当它倾斜时,引起互相约束从而提高船体侧倾时的稳定性。其计算原理如图12所示。

令船体(在宽度"b"方向)倾斜"$\theta$"角后,可得:

① 作用在船体上的力矩为 $M_K = P_x \cdot H\theta$。

② 船体底面的反力"$\delta$"对船体的反作用力 $\delta$ 构成一抵抗力矩 $M_K$,即:

$$M_P = W\delta = \frac{I_x}{b/2}(这里取水的容量为1t/m,则 \delta = 1 \cdot h = h,而 \frac{h}{b/2} = \theta)$$

$$= I_x \cdot \theta \quad (t \cdot m)$$

③ 梁AB(或桁架)在A点转动角 $\theta = 1$ 时所需的力矩。取结构力学中的名称为抗挠劲度S,则产生任意角度"$\theta$"时,在A支撑点产生的抵抗力矩 $M_\theta$ 为:

$$M_\theta = S\theta$$

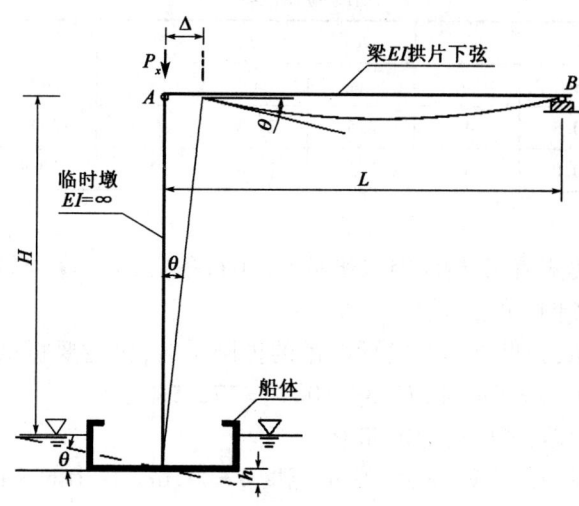

图 12　船体的稳定性计算

当 AB 为常截面刚度为 EI 的简支梁时,可得 $S = \dfrac{3EI}{L}$

④如果 $M_x < M_P + M_\theta$ 时,结构便处于稳定状态。

当 $M_x = M_P + M_\theta$ 时,结构便处于临界状态,由此可得临界力 $P_k$,即 $P_x \cdot H\theta = I_x \theta + S\theta$

$$\therefore P_k = \frac{1}{H}(I_x + S) \cdots \quad (t) \cdots \tag{1}$$

同理在船的纵向为无约束状态下。可得船体在纵向($y$ 方向)失稳时的临界力 $P_y$:

$$P_y = \frac{I_y}{H}$$

⑤因船体在同一时间内纵向和横向均有发生倾斜失稳的可能,所以可以根据杆件截面双向偏心受压时的尼克勤公式写成船体失稳时的临界力 $P_k$ 为:

$$P_k = \frac{1}{\dfrac{1}{P_x} + \dfrac{1}{P_y} - \dfrac{1}{P_o}} \approx \frac{1}{\dfrac{1}{P_x} + \dfrac{1}{P_y}} = \frac{P_x \cdot P_y}{P_x + P_y} \cdots \quad (t) \cdots \tag{2}$$

因为 $P_o$ 为轴心受压时承载能力,一般相对较大,为偏安全和方便计算,将其忽略不计。

尼克勤公式,参见《公路圬工桥涵设计规范》(JTG D61—2005)。

为验证上述公式的正确性,本文选择工地上常用的浮吊(起重船)二台,按其接水面的实际尺寸的 1/100 缩小,做了木质船的模型浮吊,进行模拟试验。最后得到了满意的试验结果。模型的尺寸和试验结果,见图 13 和表 1。

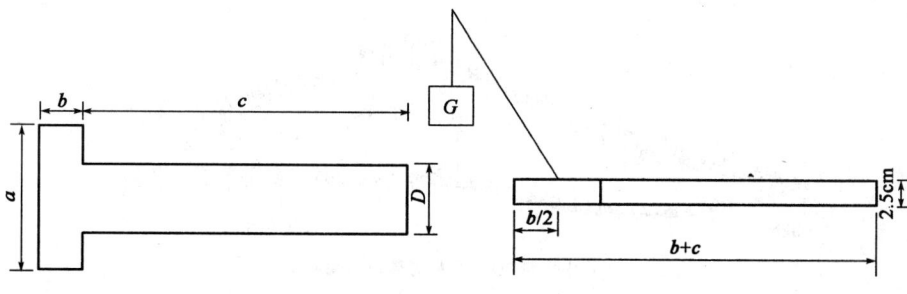

图 13　模型平面

试 验 结 果　　　　　　　　　表1

| 模型 | a | b | c | D | h | H | $I_x$ | $I_y$ | 实测 G | 计算 G | 误差 |
|---|---|---|---|---|---|---|---|---|---|---|---|
|  | cm | cm | cm | cm | cm | cm | cm⁴ | cm⁴ | g | g | % |
| ① | 14.5 | 7.5 | 20.5 | 4 | 2.5 | 27.4 | 2015 | 12544 | 60.0 | 63.13 | 5 |
| ② | 21.0 | 8.5 | 20.0 | 4 | 2.5 | 27.8 | 7245 | 15087 | 172.5 | 176.0 | 2.0 |

试验结果说明：

(1) 表中计算值略大于实测值,分析原因未将吊臂(小行条)自重的影响计算在内。

(2) 失稳的状态是突然倾倒,无法预估。

(3) 本试验属于正常模拟,如果要知道实际浮吊的极限承载,仅需要将试验的实测值乘以$(100)^3$g,即相当于极限吊重为$60(100)^3$g=60t 和 $172.5g(100)^3=172.5$t。

由式(2)可算得本次拖拉时,驳船的稳定如下：

已知驳船接触水面的面积为：长度 $\ell=58.91$m,宽度 $b=11.6$m,拱桁的 $S$ 仅算 3 根系梁(偏安全)为：

$$S = \frac{3EI}{\ell} = \frac{3 \times 2.1 \times 10^7 \times (0.01357 \times 2 + 0.02378)}{(60-10)} = 21386(\text{t} \cdot \text{m})$$

## 2. 拱片的加固设计及计算

### 1) 加固构思

当驳船就位后,船舱就开始抽水,船体就将拱片托起,原来的拱脚单支承力便位移到 1 号和 2 号吊杆处的四边形框架上。考虑到这个位置及邻近的框架很容易发生"畸变"变形,从而使相关杆件产生过大的弯矩和剪力,甚至使吊杆由拉杆变为压杆。为减小这种不利影响,所以在新支承点附件的 4 个框架内加设斜撑,如图 14 所示。此图是通过进一步的分析后,发现最不利支承状态是当驳船拖拉到东岸位置,在 3 号吊杆下增设滑车时最为不利。由此,图 14 是整个拖拉作业时的最不利状态图。

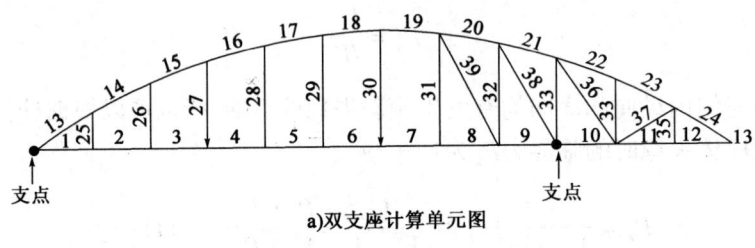

a) 双支座计算单元图

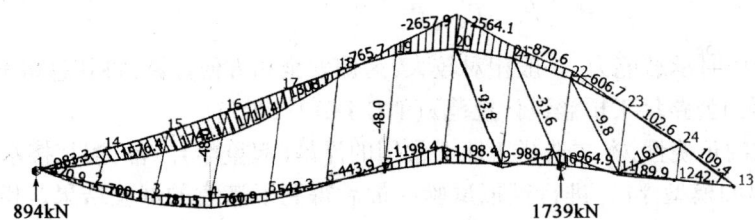

b) 边拱弯矩图(斜杆旁数值端弯矩)

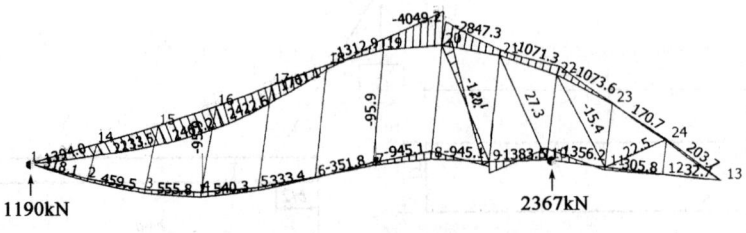

c) 中拱弯矩图(吊杆旁数值为端弯矩)

图 14　最不利状态图

2)拖拉计算的要点及重要杆件的计算结果。

(1)拖拉拱片的特点是其杆件全部为钢管混凝土构件,经钻芯检测管内混凝土没有脱空现象,管内混凝土可按完整的圆形截面计算其几何特性值。

(2)钢管内混凝土强度等级,因急于拆除未开"天宽"检测到实际强度等级,只能按设计强度等级C40进行结构计算。

(3)钢管和混凝土两种材料,按弹性模量之比,将混凝土换算钢质材料计算,计算中取混凝土C40弹性模量$E_c = 3.3 \times 10^4$MPa,钢板卷制后的钢管的弹性模量$E_a = 2.06 \times 10^5$MPa,同时取Ⅰ级钢的允许压应力$[\delta_c] = 145$MPa 允许弯应力为$[\delta_w] = 145$MPa,允许应力按施工提高系数为1.3计算。

(4)本次施工计算,采用与设计时相同的相关规范,主要是采用规范,即按允许应力法进行应力验算。

(5)各构件几何力学特性值表,见表2。

**杆件几何特性值表** 表2

| 杆件名称 | 面积 $F$ ($m^2$) | 惯量矩 $I$ ($m^4$) | 截面模量 $W$ ($m^3$) | 单位重 $g$ (kN/m) | 钢绞线 ovm 锚 (股) | 备注 |
|---|---|---|---|---|---|---|
| 边拱肋 $\phi1000 \times 12$ | 0.1553 | 0.01357 | 0.02310 | 21.63 | | |
| 中拱肋 $\phi1200 \times 14$ | 0.223 | 0.023784 | 0.03400 | 31.07 | | |
| 中系梁 $\phi800 \times 10$ | 0.1002 | 0.004803 | 0.01200 | 13.9 | $16 \times 7$ | 吊杆 |
| 边系梁 $\phi800 \times 10$ | 0.1002 | 0.004803 | 0.01200 | 13.9 | $12 \times 7$ | $i = 5.95$ |
| 边吊杆 $\phi180 \times 14$ | 0.0072 | $2553 \times 10^{-8}$ | | 10.3 | 6 | $\lambda = 127$ |
| 中吊杆 $\phi180 \times 14$ | 0.0072 | $2553 \times 10^{-8}$ | | 10.3 | 10 | $\phi = 0.422$ |
| 钢管斜撑 $\phi600 \times 10$ | 0.01854 | $80875 \times 10^{-8}$ | | 0.146 | | |

注:1. 单位重 $g$ 已含混凝土质量。
2. 钢绞线每股中有 $7\phi25$ 高强钢丝,标准强度为1860MPa。

3)计算结果

(1)应力计算,见表3。

**拱片各杆件最大应力表** 表3

| 杆件名称 | 边拱肋 | 中拱肋 | 边系梁 | 中系梁 | 边吊杆 | 中吊杆 | 边斜撑 | 中斜撑 |
|---|---|---|---|---|---|---|---|---|
| 单元号 | 19 | 19 | 7 | 7 | 33 | 33 | 39 | 39 |
| 轴向力(kN) | -835 | -1197 | 809 | 1160 | -263 | -481 | -1589 | -2051 |
| 弯矩(kN·m) | -2658 | -4049 | -1198 | -945 | | | -94 | -120 |
| 应力最大值(绝对值)(MPa) | -120 | -124 | -128 | -90 | -86.5 | -158 | -137 | -178 |
| 应力控制值 | [140]×1.3 | [140]×1.3 | [140]×1.3 | [140]×1.3 | [140]×1.3 | [140]×1.3 | [140]×1.3 | [140]×1.3 |

(2)挠度计算。

最大挠度发生在4号节点:

边拱片 $\quad \Delta f = -0.0724$m $\quad \dfrac{\Delta f}{L} = \dfrac{0.0724}{60-15} = \dfrac{1}{625} > \left[\dfrac{L}{800}\right]$

中拱片 $\quad \Delta f = -0.0493$m $\quad \dfrac{\Delta f}{L} = \dfrac{0.0493}{60-15} = \dfrac{1}{913} < \left[\dfrac{L}{800}\right]$

计算表明,除个别挠度稍大外,其余均在可控范围之内。关于竖向挠度较大的一个值按资料。

## 六、结 语

因水运事业的发展,和旧桥周边环境的改变,给航道桥梁拆除带来诸多不便。利用拖拉法拆除钢管混凝土系杆拱桥,可在规定的断航时间 4.5h 范围内将主桥整体拖拉到岸上,收到了良好的效果和社会声誉,能先为类似桥梁的拆除开创参考和交流经验的机会。我们为此感到荣幸。

**参考文献**

[1] 钱令希.超静定结构学[M].上海:上海科技出版社,1958.
[2] 潘家铮.弹性地基上的梁及框架[M].上海:上海科学技术出版社,1960.
[3] 中华人民共和国交通运输部.JTG 3362—2018:公路钢筋混凝土及预应力混凝土桥涵设计规范[S].北京:人民交通出版社股份有限公司,2018.
[4] 中华人民共和国交通部.JTJ 025—86:公路桥涵钢结构及木结构设计规范[S].北京:人民交通出版社,1986.